forma
do plural

nível
de língua

inção de
asses de
palavras

♦ n LING antepenúltima sílaba

antepenultimate [æntɪpɪˈnʌltɪmɪt] *adj*
form antepenúltimo

preposições
usadas

appropriation [əˌprəʊprɪˈeɪʃən] *n* 1 apropriação 2 (verbas, fundos) afetação [**of**, **de**];
appropriation of money for a new rail-
way station afetação de verbas a uma
nova estação ferroviária

approval [əˈpruːvəl] *n* aprovação; autorização

approve [əˈpruːv] *vt* aprovar; ratificar;
Parliament has approved the new legis-
lation o Parlamento aprovou a nova legislação

exemplo
de uso

phrasal verb

♦ **approve of** *vt* 1 ver com bons olhos,
mostrar-se favorável a 2 gostar de

approving [əˈpruːvɪŋ] *adj* de aprovação

distinção de
palavras
homógrafas

approximate[1] [əˈprɒksɪmɪt] *adj* aproximado

approximate[2] [əˈprɒksɪmeɪt] *vi* aproximar-
-se [**to**, **de**]; *it does not even approximate*
to the average nem sequer se aproxima da
média

approximately [əˈprɒksɪmɪtli] *adv* aproximadamente

arbitrator [ˈɑːbɪtreɪtə] *n* (num conflito) árbitro

área
geográfica

arbor [ˈɑːbə] *n* 1 árvore 2 (máquina) eixo ❖
EUA Arbor Day Dia da Árvore

distinção
de sentidos

arbour [ˈɑːbə] *n* caramanchão

© Porto Editora

1.ª edição: maio de 1973
Reimpresso em novembro de 2022

O título **DICIONÁRIOS ACADÉMICOS** está devidamente registado.
Reservados todos os direitos. Esta publicação não pode ser reproduzida ou transmitida, no todo ou em parte,
sob qualquer forma ou por qualquer meio eletrónico ou mecânico, nomeadamente fotocópia, gravação ou
outros, para qualquer finalidade, sem prévia autorização escrita da Editora.

www.**portoeditora**.pt

Execução gráfica **Bloco Gráfico**
Unidade Industrial da Maia.
Sistema de Gestão Ambiental
certificado pela APCER,
com o n.º 2006/AMB.258.
DEP. LEGAL 291700/09
ISBN 978-972-0-01501-3

A **cópia ilegal** viola os direitos dos autores.
Os prejudicados somos todos nós.

DICIONÁRIO
de
INGLÊS-PORTUGUÊS
PORTUGUÊS-INGLÊS

DICIONÁRIOS ACADÉMICOS

BERTRAND
LIVREIROS

We hereby certify this book was bought at the oldest operating bookshop in the world.

Livraria Bertrand do Chiado, Lisboa, Portugal

GUIA DO UTILIZADOR

Entrada

As entradas encontram-se ordenadas alfabeticamente e destacadas a negrito. São registadas com inicial minúscula, a não ser que se escrevam preferencialmente com inicial maiúscula (nomes de planetas, nomes geográficos, nomes de deuses, siglas, etc.), ou nos casos em que a palavra tem um sentido diferente com maiúscula.

> **terra** *nf* **1** *(superfície terrestre)* land **2** *(terreno)* soil; ground **3** *(país)* land; country
> **Terra** *nf* *(planeta)* Earth

Geralmente, a entrada é constituída por uma única palavra, mas também pode ser uma palavra composta.

> **bottle-opener** ['bɒtləʊpnə] *n* abre-garrafas; tira-cápsulas
> **água-oxigenada** *nf* hydrogen peroxide

Para além de palavra composta, a entrada pode também ser uma sigla ou uma forma abreviada.

> **DNA** [*sigla de* **deoxyribonucleic acid**]
> ADN [*sigla de* ácido desoxirribonucleico]
>
> **DDR** [*sigla de* **dose diária recomendada**]
> RDA [*sigla de* recommended daily allowance]
>
> **Xmas** *n* [*abrev. de* **Christmas**]
>
> **d. C.** [*abrev. de* **depois de Cristo**] AD [*abrev. de* Anno Domini]

Na parte *Português-Inglês*, as grafias duplas decorrentes do Acordo Ortográfico são agrupadas na mesma entrada.

> **caracterizar** ou **caraterizar** *vt* **1** *(descrever)* to characterize **2** *(ilustrar)* to typify **3** (maquilhagem) to do the make-up for ♦ *vp* to be characterized [**por**, by]

> **espetro** ou **espectro** *nm* **1** spectre; ghost **2** FÍS spectrum ❖ *espetro solar* solar spectrum

O símbolo ⇒ indica uma remissão para uma forma preferencial ou mais usal.

> **center** ['sentə] *n,vt* EUA ⇒ **centre**

> **loiro** *adj,nm* ⇒ **louro**

As palavras com a mesma grafia mas com pronúncia diferente (homógrafas) são registadas com números em expoente.

> **accent**[1] ['æksent] *n* **1** pronúncia, sotaque **2** (tónico, gráfico) acento **3** ênfase
> **accent**[2] [ək'sənt] *vt* **1** acentuar **2** frisar; salientar

> **colher**[1] /ê/ *nf* **1** (objeto) spoon **2** (conteúdo) spoonful; *uma colher de farinha* a spoonful of flour **3** (construção) trowel
> **colher**[2] /ê/ *vt* **1** (frutos, flores, legumes) to pick **2** (cereais) to harvest

O registo de entradas no feminino ocorre nos seguintes casos:

a) nomes femininos com formação irregular

> **embaixatriz** *nf* ambassadress

b) nomes femininos que possuam sentidos diferentes da forma masculina correspondente

> **porca** *nf* **1** (animal) sow **2** (peça) screw nut
> ❖ *aí é que a porca torce o rabo* that's where the shoe pinches

As palavras estrangeiras são assinaladas em itálico.

> ***amateur*** [ˈæmətʃʊə] *n,adj* amador
>
> ***croqui*** *nm* sketch

Transcrição fonética

Na parte *Inglês-Português*, os símbolos utilizados para a transcrição fonética são os do Alfabeto Fonético Internacional (AFI). Todas as entradas são tratadas foneticamente, com exceção das siglas e abreviaturas. A informação aparece entre parênteses retos [ ], junto do vocábulo da entrada.

O sinal ' indica o acento tónico, que é sempre marcado antes da sílaba tónica. A correspondência entre os símbolos fonéticos utilizados neste dicionário e as letras que os representam é apresentada a seguir a este guia.

Na parte *Português-Inglês*, regista-se a indicação de pronúncia, no caso das palavras homógrafas.

> **lobo**[1] /ó/ *nm* lobe; *lobo da orelha* ear's lobe
> **lobo**[2] /ô/ *nm* wolf

Informações gramaticais

A categoria gramatical é registada a seguir à transcrição fonética, de forma abreviada e em itálico, de acordo com a lista de abreviaturas. As diferentes categorias gramaticais de uma entrada são separadas pelo símbolo ♦.

> **bootleg** ['buːtleg] *n col* gravação pirata ♦ *adj* ilegal; pirata ♦ *vi* {*pret e pp* -gg-} **1** (gravações, material informático) piratear **2** fazer contrabando de bebidas alcoólicas

> **militar** *adj2g* military; *agente da policia militar* military policeman; *policia militar* military police ♦ *nm* soldier; member of the army; *ser militar* to be in the army ♦ *vi* to militate; to be a militant; to be an active member [**em**, of]

O símbolo ◆ introduz um phrasal verb.

> **coop** [kuːp] *n* galinheiro, capoeira
> ◆ **coop up** *vt* (espaço reduzido) fechar ❖ *to feel cooped up* sentir-se preso

As regências, ou seja, as preposições usadas com os verbos, adjetivos e nomes, são indicadas após a tradução.

> **abound** [əˈbaʊnd] *vi* abundar [**with**, em]; estar repleto [**in**, de]; *the river abounded in fish* o rio estava repleto de peixe

> **assinante** *n2g* **1** (jornais, revistas, telefone) subscriber [**de**, to] **2** (documento, petição) signer

Este dicionário indica ainda plurais, comparativos, superlativos, pretéritos, particípios passados e particípios presentes.

Traduções e exemplos

Os diferentes sentidos de uma palavra são identificados através de números árabes.

Quando o plural de uma entrada tem um sentido diferente do singular, a sua tradução é apresentada a seguir ao símbolo ♦.

> **asset** ['æset] *n* **1** vantagem **2** (pessoa) trunfo, elemento valioso ♦ *npl* **1** posses; bens; *real assets* bens de raiz **2** ECON ativo; *assets and liabilities* ativo e passivo

> **filho** *nm* **1** son **2** (de animal) young ♦ *nmpl* (rapazes, raparigas) children; (só rapazes) sons ❖ *filho de peixe sabe nadar* a chip off the old block

Quando não existe um equivalente na língua de chegada, regista-se uma definição/explicação da entrada.

> **commuter** [kə'mjutə] *n* pessoa que faz regularmente um percurso longo entre a casa e o emprego ❖ *commuter belt* arredores

> **alheira** *nf* cul bread and garlic sausage

Os exemplos de uso (a negrito) são associados, sempre que possível, ao sentido correspondente.

> **inject** [ın'dʒekt] *vt* **1** injetar [**into**, a/em; **with**, com]; *he was injected with peniciline* ele levou uma injeção de penicilina **2** vacinar [**against**, contra] **3** *fig* (dinheiro, energia, etc.) dar uma injeção de *fig*; *to inject new life into something* dar um novo fôlego a

> **cambalhota** *nf* **1** somersault; roll; *dar uma cambalhota* to do a somersault **2** (queda) tumble

As expressões (locuções, expressões idiomáticas, provérbios, etc.), que não estão diretamente associadas a um sentido em particular, encontram-se no final da entrada após o símbolo ❖.

> **stitch** [stɪtʃ] *n* {*pl* -es} **1** ponto **2** pontada ♦ *vt,i* **1** coser **2** costurar **3** suturar ❖ *a sticth in time could save nine* mais vale prevenir do que remediar; *to be in stitches* partir-se a rir

> **calcanhar** *nm* heel ❖ *calcanhar de Aquiles* Achilles heel; *não chegar aos calcanhares de alguém* not to be fit to tie somebody's shoelaces

Outras informações

Quando um vocábulo ou sentido são usados apenas numa determinada área geográfica, a indicação respetiva é registada de forma abreviada e em itálico, tanto na língua de partida como na língua de chegada.

> **flan** [flæn] *n* **1** *GB* tarte **2** *EUA* pudim

> **celular** *adj2g* cell; cellular ♦ *nm Bras* mobile phone *GB*; cellphone *EUA*

O nível de língua em que uma palavra ou um sentido são usados é indicado de forma abreviada, tanto na língua de partida como na língua de chegada.

> **abs** [æbz] *npl col* (músculos) abdominais

> **balúrdio** *nm col* (dinheirão) packet *col*

> **ginásio** *nm* gymnasium; gym *col*

Se uma palavra ou um sentido estiverem associados a uma determinada área temática, esta é indicada em maiúsculas de forma abreviada.

> **bandwidth** ['bændwɪdθ] *n* INFORM largura
> de banda
>
> **automobilista** *n2g* 1 motorist 2 DESP motor racer*GB*; auto racer*EUA*

Para ajudar a identificar mais rapidamente a tradução que se pretende, indicam-se, entre parênteses, contextos, ou sinónimos (em itálico).

> **feed** [fiːd] *vt* {*pret e pp* fed} 1 alimentar;
> dar de comer a 2 (*amamentar*) dar de mamar a; dar o biberão a ♦ *vi* alimentar-se
> [**on**, de]; *to feed on plants* alimentar-se
> de plantas ♦ *n* 1 (animal) ração 2 (bebé)
> alimento
>
> **constar** *vi* 1 (*estar registado*) to be reported
> [**em**, in]; *conforme consta nos autos* as it
> is reported in the minutes 2 (*dizer-se*) to
> be told; *constou-me que* I heard that
> 3 (*consistir*) to consist [**de**, of] 4 (assunto)
> to be [**de**, about]

SÍMBOLOS

♦	separa diferentes categorias gramaticais
◆	introduz um phrasal verb
❖	introduz expressões em que a entrada se combina com outras palavras
⇒	remete para a palavra onde se encontra a tradução
1, **2**, ...	separam diferentes sentidos de uma palavra
[ ]	delimitam a transcrição fonética, regências e informações complementares
/ /	delimitam a indicação de pronúncia
( )	delimitam contextos e sinónimos
{ }	delimitam informações gramaticais
®	identifica uma marca registada

TRANSCRIÇÃO FONÉTICA

Vogais

[æ]	man	[mæn]	[ɪ]	bit	[bɪt]
[ɑ:]	dark	[dɑːk]	[ɒ]	lot	[lɒt]
[e]	red	[red]	[ɔ:]	all	[ɔːl]
[ɜ:]	girl	[gɜːl]	[ʊ]	book	[bʊk]
[ə]	footer	['fʊtə]	[u:]	moon	[muːn]
[i:]	bee	[biː]	[ʌ]	cut	[kʌt]
[i]	achy	['eɪki]			

Ditongos

[aɪ]	why		[əʊ]	low
[aʊ]	how		[ɪə]	fear
[eə]	bear		[ɔɪ]	soil
[eɪ]	date		[ʊə]	moor

Consoantes

[b]	back	[bæk]	[ŋ]	king	[kɪŋ]
[d]	data	['deɪtə]	[p]	people	['piːpl]
[dʒ]	judge	[dʒʌdʒ]	[r]	rabbit	['ræbɪt]
[f]	fact	[fækt]	[s]	source	[sɔːs]
[g]	goal	[gəʊl]	[ʃ]	sugar	['ʃʊgə]
[h]	heart	[hɑːt]	[t]	toad	[təʊd]
[j]	yard	[jɑːd]	[tʃ]	chair	[tʃeə]
[ʒ]	vision	['vɪʒən]	[θ]	throat	[θrəʊt]
[k]	key	[kiː]	[ð]	that	[ðæt]
[l]	ladder	['lædə]	[v]	vast	[vɑːst]
[m]	manor	['mænə]	[w]	wall	[wɔːl]
[n]	nail	[neɪl]	[z]	rose	[rəʊz]

ABREVIATURAS

abrev.	abreviatura/sigla	*lit*	literário
adj	adjetivo	*loc*	locução
adv	advérbio; adverbial	*m*	masculino
ant	antigo	*mod*	modal
art	artigo	*mult*	multiplicativo
Bras	Brasil	*n*	nome
cal	calão	*num*	numeral
Can	Canadá	*ofens*	ofensivo
card	cardinal	*ord*	ordinal
col	coloquial	*p*	pronominal
comp	comparativo	*pej*	pejorativo
conj	conjunção; conjuncional	*pess*	pessoal
contr	contração	*pl*	plural
def	definido	*pop*	popular
dem	demonstrativo	*poss*	possessivo
det	determinante	*pp*	particípio passado
Esc	Escócia	*p pres*	particípio presente
EUA	Estados Unidos da América	*prep*	preposição; preposicional
exist	existencial	*pret*	pretérito
f	feminino	*pron*	pronome
fig	figurado	*quant*	quantificador
form	formal	*refl*	reflexo
GB	Grã-Bretanha	*rel*	relativo
gír	gíria	*superl*	superlativo
i	intransitivo	*t*	transitivo
indef	indefinido	*téc*	técnico
infant	infantil	*univ*	universal
interj	interjeição	*v*	verbo
interr	interrogativo	*vulg*	vulgarismo
inv	invariável	*2g*	2 géneros
irón	irónico	*2n*	2 números
joc	jocoso		

AER	Aeronáutica	GEOM	Geometria
AGR	Agricultura	GRAM	Gramática
ANAT	Anatomia	HIST	História
ARQ	Arquitetura	INFORM	Informática
ARQUEOL	Arqueologia	LING	Linguística
ART	Artes Plásticas	LIT	Literatura
ASTROL	Astrologia	MAT	Matemática
ASTRON	Astronomia	MEC	Mecânica
BIOL	Biologia	MED	Medicina
BOT	Botânica	MIL	Militar
CIN	Cinema	MIN	Mineralogia
COM	Comércio	MIT	Mitologia
CUL	Culinária	MÚS	Música
DESP	Desporto	NÁUT	Náutica
DIR	Direito	POL	Política
ECON	Economia	PSIC	Psicologia
ELET	Eletricidade	QUÍM	Química
FARM	Farmácia	RÁD	Rádio
FIL	Filosofia	REL	Religião
FIN	Finanças	TEAT	Teatro
FÍS	Física	TIP	Tipografia
FOT	Fotografia	TV	Televisão
GEOG	Geografia	ZOOL	Zoologia
GEOL	Geologia		

INGLÊS-PORTUGUÊS

A

a¹ [eɪ] *n* {*pl* a's} **1** (letra) a **2** [com maiúscula] MÚS lá **3** [com maiúscula] (escola) nota mais alta

a² [eɪ] *art indef* um; uma ♦ *prep* cada; em; por; *twice a week* duas vezes por semana

AA [*sigla de* **Alcoholics Anonymous**] AA [*sigla de* Alcoólicos Anónimos]

aback [ə'bæk] *adv* *to be taken aback* ser apanhado de surpresa

abandon [ə'bændən] *n* despreocupação; excessivo à-vontade; *in abandon* despreocupadamente ♦ *vt* **1** abandonar; deixar **2** desistir de ❖ *to abandon all hope of* perder qualquer esperança de

abandoned [ə'bændənd] *adj* **1** abandonado; *an abandoned village* uma aldeia abandonada **2** dissoluto; depravado **3** despreocupado

abandonment [ə'bændənmənt] *n* **1** abandono **2** desistência

abase [ə'beɪs] *vt* humilhar; rebaixar; *to abase oneself* humilhar-se

abate [ə'beɪt] *vi* **1** diminuir **2** acalmar ♦ *vt* **1** diminuir; reduzir; *new measures to abate crime* novas medidas para reduzir a criminalidade **2** acabar com **3** ECON *form* abater; deduzir **4** DIR anular

abatement [ə'beɪtmənt] *n* diminuição; redução

abattoir ['æbətwɑː] *n* matadouro

abbess ['æbəs] *n* abadessa

abbey ['æbɪ] *n* abadia, mosteiro

abbot ['æbət] *n* abade

abbreviate [ə'briːvɪeɪt] *vt* **1** abreviar [to, para]; *Great Britain is abbreviated to GB* Grã-Bretanha abrevia-se para GB **2** resumir; encurtar

abbreviation [ə,briːvɪ'eɪʃən] *n* abreviatura

ABC [,eɪbiː'siː] *n* **1** abecedário **2** bê-á-bá, primeiras noções

abdicate ['æbdɪkeɪt] *vi* abdicar; *the king abdicated* o rei abdicou ♦ *vt* **1** abdicar; renunciar a; *to abdicate a right* renunciar a um direito **2** (dever, responsabilidade) demitir-se de; *to abdicate every responsibility in* demitir-se de qualquer responsabilidade relacionada com

abdication [,æbdɪ'keɪʃən] *n* **1** abdicação **2** renúncia

abdomen ['æbdəmən] *n* abdómen

abdominal [æb'dɒmɪnəl] *adj* abdominal

abduct [əb'dʌkt] *vt* **1** raptar; sequestrar **2** ANAT abduzir

abduction [əb'dʌkʃən] *n* **1** rapto **2** ANAT abdução

abductor [əb'dʌktə] *n* **1** raptor **2** ANAT abdutor

aberrant ['æbərənt] *adj* aberrante

aberration [,æbə'reɪʃən] *n* aberração

abet [ə'bet] *vt* {*pret e pp* -tt-} **1** (crime) ser cúmplice de **2** encorajar

abhor [əb'hɔː] *vt* {*pret e pp* -rr-} abominar; detestar; *she abhors all sorts of violence* ela considera abomináveis todas as formas de violência

abide [ə'baɪd] *vt* {*pret e pp* abode, abided} suportar; tolerar; *he can't abide me* ele não me suporta

♦ **abide by** *vt* **1** (regra, decisão) acatar **2** (promessa) cumprir

abiding [ə'baɪdɪŋ] *adj* permanente, duradouro

ability [ə'bɪlɪti] n {pl -ies} capacidade, aptidão ❖ *to the best of one's ability* o melhor que se pode

abject ['æbdʒekt] adj abjeto, miserável

abjection [æb'dʒekʃən] n abjeção

abjure [əb'dʒʊə] vt abjurar; renunciar a

ablative ['æblətɪv] adj,n ablativo

ablaze [ə'bleɪz] adj 1 em chamas 2 brilhante; *his eyes were ablaze* os olhos dele brilhavam 3 excitado; *he was ablaze with anger* ele estava numa fúria

able ['eɪbəl] adj capaz, competente; *to be able to* conseguir, ser capaz de

ablution [ə'bluːʃən] n ablução

ably ['eɪbli] adv habilmente

abnegation [,æbnɪ'geɪʃən] n abnegação; renúncia; *an act of abnegation* um ato de abnegação

abnormal [æb'nɔːməl] adj 1 anormal 2 estranho

abnormality [,æbnɔː'mælɪti] n {pl -ies} anormalidade, anomalia

aboard [ə'bɔːd] adv a bordo; *all aboard!* todos a bordo! ◆ prep a bordo de

abode [ə'bəʊd] pret e pp de to abide ◆ n form residência; morada; domicílio ❖ *right of abode* autorização de residência

abolish [ə'bɒlɪʃ] vt abolir; *to abolish death penalty* abolir a pena de morte

abolition [,æbə'lɪʃən] n abolição

abolitionism [,æbə'lɪʃənɪzəm] n abolicionismo

abolitionist [,æbə'lɪʃənɪst] n abolicionista

A-bomb ['eɪbɒm] n bomba atómica

abominable [ə'bɒmɪnəbəl] adj abominável, horrível

abominate [ə'bɒmɪneɪt] vt abominar; detestar

abomination [ə,bɒmɪ'neɪʃən] n abominação

aboriginal [,æbə'rɪdʒɪnəl] adj,n aborígene

aborigine [,æbə'rɪdʒɪni] n aborígene

abort [ə'bɔːt] vt,i MED abortar ◆ vt abortar; cancelar; *abort mission* cancelar a missão

abortion [ə'bɔːʃən] n aborto voluntário

abortive [ə'bɔːtɪv] adj falhado

abound [ə'baʊnd] vi abundar [with, em]; estar repleto [in, de]; *the river abounded in fish* o rio estava repleto de peixe

about [ə'baʊt] prep 1 sobre, a respeito de 2 cerca de; *a man of about thirty* um homem com cerca de trinta anos 3 quase; prestes; *about to leave* prestes a sair 4 por; *I wandered about for an hour* vagueei durante uma hora 5 em; *there's something about him that I like* há algo nele que eu gosto ◆ adv aqui e ali ❖ *how about this?* que tal?; *that's about it* acho que está tudo

above [ə'bʌv] prep 1 sobre, por cima de; *above the clouds* por cima das nuvens 2 superior a, acima de; *above average* acima da média ◆ adv 1 de cima 2 anteriormente; *as I mentioned above* conforme mencionei acima 3 mais de; *children of 5 and above* crianças a partir dos 5 anos inclusive ❖ *above all* sobretudo

above-board [ə,bʌv'bɔːd] adj legítimo

above-mentioned [ə,bʌv'menʃənd] adj supracitado, supramencionado

above-named [ə,bʌv'neɪmd] adj supracitado; supramencionado

abracadabra [,æbrəkə'dæbrə] n abracadabra

abrasion [ə'breɪʒən] n 1 (pele) esfoladela; arranhão 2 desgaste, fricção

abrasive [ə'breɪsɪv] adj 1 abrasivo 2 fig contundente ◆ n abrasivo ❖ *abrasive paper* lixa

abreast [ə'brest] adv lado a lado [of, com] ❖ *to keep abreast of/with* manter-se atualizado

abridge [ə'brɪdʒ] vt abreviar; resumir; encurtar

abridgement [ə'brɪdʒmənt] n resumo

abridgment [ə'brɪdʒmənt] n 1 resumo 2 adaptação 3 simplificação

abroad [ə'brɔːd] *adv* no estrangeiro; para o estrangeiro

abrupt [ə'brʌpt] *adj* 1 repentino 2 brusco, rude

abruptly [ə'brʌptli] *adv* repentinamente, bruscamente

abruptness [ə'brʌptnəs] *n* 1 brusquidão; rudeza 2 precipitação

abs [æbz] *npl col* (músculos) abdominais

ABS [*sigla de* **anti-lock braking system**] ABS

abscess ['æbses] *n* (*pl* -es) abcesso

abscissa ['æbsisə] *n* (*pl* -es) abcissa

abseil ['æbseil] *n* DESP rapel ♦ *vi* DESP fazer rapel

abseiling ['æbseiliŋ] *n* GB DESP rapel

absence ['æbsəns] *n* 1 ausência 2 falta; *absence of evidence* falta de provas

absent[1] ['æbsənt] *adj* 1 ausente [from, de] 2 distraído ❖ *long absent soon forgotten* quem não aparece esquece

absent[2] [əb'sent] *vt* ausentar-se [from, de]; retirar-se [from, de]

absentee [ˌæbsən'tiː] *n* pessoa ausente

absenteeism [ˌæbsən'tiːizm] *n* absentismo

absent-minded [ˌæbsənt'maindid] *adj* distraído; esquecido

absent-mindedly [ˌæbsənt'maindidli] *adv* distraidamente

absent-mindedness [ˌæbsənt'maindidnəs] *n* distração; ausência

absinth ['æbsinθ] *n* absinto

absinthe ['æbsinθ] *n* ⇒ **absinth**

absolute ['æbsəluːt] *adj* 1 absoluto, total; *absolute majority* maioria absoluta 2 *col* perfeito; *an absolute fool* um perfeito idiota ♦ *n* absoluto

absolutely [ˌæbsə'luːtli] *adv* 1 absolutamente 2 completamente, totalmente ♦ *interj* (concordância) claro! ❖ *absolutely not!* de forma alguma!

absolution [æbsə'luːʃən] *n* absolvição

absolutism ['æbsəluːtizəm] *n* absolutismo

absolutist [æbsə'luːtist] *adj,n* HIST,POL absolutista

absolve [əb'zɒlv] *vt* 1 absolver [from/of, de]; *to be absolved from blame* ser absolvido de todas as culpas 2 (pecados) perdoar [from/of, -]; *he was absolved of all his sins* obteve a remissão de todos os pecados

absorb [əb'zɔːb] *vt* 1 absorver; incorporar 2 amortecer; *to absorb a shock* amortecer um choque 3 *fig* captar a atenção de

absorbent [əb'zɔːbənt] *adj,n* absorvente

absorbing [əb'zɔːbiŋ] *adj* 1 absorvente 2 *fig* envolvente; muito interessante

absorption [əb'zɔːpʃən] *n* absorção

abstain [əb'stein] *vi* 1 privar-se; abster-se [from, de]; *to abstain from alcohol* abster-se de beber álcool 2 (votos) abster-se

abstainer [əb'steinə] *n* 1 abstémio 2 (eleições) abstencionista

abstemious [əb'stiːmiəs] *adj* sóbrio, moderado

abstention [əb'stenʃən] *n* abstenção

abstentionism [əb'stenʃənizəm] *n* abstencionismo

abstentionist [əb'stenʃənist] *adj,n* abstencionista

abstinence ['æbstinəns] *n* abstinência [from, de]

abstinent ['æbstinənt] *adj* abstinente

abstract[1] ['æbstrækt] *adj* abstrato ♦ *n* resumo

abstract[2] [əb'strækt] *vt* 1 resumir 2 deduzir [from, de] 3 (informação) recolher 4 *col* surripiar; desviar

abstraction [əb'strækʃən] *n* 1 abstração 2 distração

abstruse [əb'struːs] *adj* complexo, obscuro

absurd [əb'sɜːd] *adj* absurdo

absurdity [əb'sɜːditi] *n* (*pl* -ies) absurdo

abundance [ə'bʌndəns] *n* abundância

abundant [ə'bʌndənt] *adj* abundante [in, em]; rico [in, em]

abundantly [ə'bʌndəntli] *adv* em abundância

abuse[1] [ə'bju:s] *n* 1 abuso; *drug abuse* consumo de drogas 2 maus-tratos; *physical abuse* maus-tratos físicos 3 insultos

abuse[2] [ə'bju:z] *vt* 1 insultar 2 maltratar 3 abusar de

abusive [ə'bju:sɪv] *adj* 1 insultuoso 2 violento

abut [ə'bʌt] *vi* ser contíguo [on, a]; confinar [on, com]

abyss [ə'bɪs] *n* abismo

a/c [*abrev. de* account] c/ [*abrev. de* conta]

AC [*sigla de* alternating current] CA [*sigla de* corrente alternada]

acacia [ə'keɪʃə] *n* acácia

academic [ˌækə'demɪk] *adj* académico, universitário; *academic qualifications* habilitações literárias; *academic year* ano letivo ♦ *n* (universidade) académico

academical [ˌækə'demɪkəl] *adj* académico; universitário

academy [ə'kædəmi] *n* {*pl* -ies} 1 academia 2 escola superior

acarus ['ækərəs] *n* {*pl* -ri} ácaro

accede [ək'si:d] *vi* 1 aceder [to, a]; *he acceded to my request* ele acedeu ao meu pedido 2 ocupar (um lugar) [to, a]; *to accede to the throne* subir ao trono

accelerate [ək'seləreɪt] *vt,i* acelerar

acceleration [əkˌselə'reɪʃən] *n* aceleração

accelerator [ək'seləreɪtə] *n* acelerador

accent[1] ['æksent] *n* 1 pronúncia, sotaque 2 (tónico, gráfico) acento 3 ênfase

accent[2] [ək'sənt] *vt* 1 acentuar 2 frisar; salientar

accentuate [ək'sentʃueɪt] *vt* 1 salientar; realçar 2 LING acentuar

accentuation [əkˌsentʃu'eɪʃən] *n* acentuação

accept [ək'sept] *vt* 1 (oferta, proposta) aceitar 2 (*concordar*) admitir

acceptable [ək'septəbəl] *adj* aceitável

acceptance [ək'septəns] *n* 1 aceitação 2 acolhimento, receção

acceptation [ˌæksep'teɪʃən] *n* 1 aceção; sentido 2 aceitação; aprovação

access ['ækses] *n* 1 acesso [to, a]; *easy of access* de fácil acesso; *to give access to* dar acesso a 2 ingresso ♦ *vt* INFORM aceder a

accessibility [əkˌsesɪ'bɪlɪti] *n* accessibilidade

accessible [ek'sesɪbəl] *adj* acessível [to, a]

accession [ək'seʃən] *n* 1 (poder, trono) ascensão [to, a] 2 entrada, acesso

accessory [ək'sesəri] *n* 1 (moda, peças) acessório 2 DIR cúmplice; *accessory to murder* cúmplice de um assassínio ♦ *adj* acessório

accident ['æksɪdənt] *n* 1 acidente 2 acaso; *by accident* por acaso ❖ *accidents will happen* acontece a qualquer um

accidental [ˌæksɪ'dentəl] *adj* acidental

accidentally [ˌæksɪ'dentli] *adv* acidentalmente

acclaim [ə'kleɪm] *n* 1 aclamação; aplauso 2 elogios; boa aceitação; *to receive critical acclaim* ter boas críticas ♦ *vt* 1 aclamar; aplaudir 2 elogiar; *his new book has been widely acclaimed* o novo livro dele tem sido muito elogiado

acclamation [ˌæklə'meɪʃən] *n* 1 aclamação 2 aplauso, boa aceitação

acclimate [ə'klaɪmət] *vt* EUA aclimatar ♦ *vi* EUA aclimatar-se

acclimation [əklaɪ'meɪʃən] *n* EUA aclimatação

acclimatize [ə'klaɪmətaɪz] *vt* aclimatar ♦ *vi* aclimatar-se

accolade ['ækəleɪd] *n* 1 elogio, louvor 2 galardão

accommodate [ə'kɒmədeɪt] *vt* 1 alojar; acolher; ter espaço para; *the house is large enough to accommodate a big family* a casa é suficientemente grande uma família numerosa 2 adaptar; *to accommo-*

date oneself to adaptar-se a **3** satisfazer as necessidades de

accommodating [əˈkɒmədeɪtɪŋ] *adj* prestável

accommodation [əˌkɒməˈdeɪʃən] *n GB* alojamento

accompaniment [əˈkʌmpənɪmənt] *n* MÚS,CUL acompanhamento

accompanist [əˈkʌmpənɪst] *n* MÚS acompanhante

accompany [əˈkʌmpəni] *vt* acompanhar; *she accompanied him to the museum* ela foi com ele ao museu

accomplice [əˈkɒmplɪs] *n* cúmplice

accomplish [əˈkɒmplɪʃ] *vt* **1** conseguir; cumprir **2** realizar; levar a cabo; concretizar

accomplished [əˈkɒmplɪʃt] *adj* **1** realizado, acabado **2** bem sucedido

accomplishment [əˈkɒmplɪʃmənt] *n* **1** realização, concretização **2** feito, façanha ♦ *npl* talentos, dotes

accord [əˈkɔːd] *n* **1** acordo; consenso **2** harmonia ♦ *vi* concordar **2** harmonizar-se ♦ *vt* conceder [to, a] ❖ *in accord with* de acordo com; *in one accord* em sintonia; *of one's own accord* espontaneamente

accordance [əˈkɔːdəns] *n in accordance with* em conformidade com

according [əˈkɔːdɪŋ] *adv* conforme; segundo; consoante ❖ *according as* conforme; na medida em que; *according to* de acordo com; segundo; *according to age* por ordem de idades

accordingly [əˈkɔːdɪŋli] *adv* **1** em conformidade **2** por consequência

according to [əˈkɔːdɪŋtə] *loc prep* de acordo com, segundo

accordion [əˈkɔːdiən] *n* acordeão

accordionist [əˈkɔːdiənɪst] *n* acordeonista

account [əˈkaʊnt] *n* **1** COM conta; *GB current account* conta-corrente; *deposit account* conta a prazo; *joint account* conta conjunta **2** registo **3** relato; descrição **4** importância; valor; *of no account* sem importância ♦ *npl* contabilidade; contas; *accounts department* departamento de contabilidade ♦ *vt ant* considerar; tomar em consideração ❖ *on account of* por causa de; *on every account* em todos os aspetos, *on no account* em nenhuma circunstância; *to take into account* tomar em consideração

♦ **account for** *vt* **1** explicar; justificar **2** representar; *the party accounts for 40% of the votes* o partido representa 40% dos votos **3** destruir; matar

accountability [əˌkaʊntəˈbɪlɪti] *n* responsabilidade

accountable [əˈkaʊntəbəl] *adj* responsável [for, por]

accountancy [əˈkaʊntənsi] *n* (profissão) contabilidade

accountant [əˈkaʊntənt] *n* contabilista

accounting [əˈkaʊntɪŋ] *n* (profissão) contabilidade

accredit [əˈkredɪt] *vt* **1** acreditar; reconhecer; credenciar **2** oficializar; homologar

accredited [əˈkredɪtɪd] *adj* **1** (diplomata) acreditado; *the ambassador was accredited in Spain* o embaixador foi acreditado em Espanha **2** credenciado **3** certificado

accumulate [əˈkjuːmjʊleɪt] *vt* acumular; juntar ♦ *vi* acumular-se; juntar-se

accumulation [əˌkjuːmjʊˈleɪʃən] *n* acumulação

accumulative [əˈkjuːmjələtɪv] *adj* acumulativo

accumulator [əˈkjuːmjʊleɪtə] *n* ELET acumulador

accuracy [ˈækjərəsi] *n* exatidão, precisão

accurate [ˈækjərət] *adj* **1** exato, preciso **2** correto

accurately [ˈækjərətli] *adv* **1** com precisão **2** fielmente

accusation [ˌækjuːˈzeɪʃən] *n* acusação, denúncia

accusative   20

accusative [əˈkjuːzətɪv] *adj,n* acusativo

accuse [əˈkjuːz] *vt* 1 acusar [of, de] 2 culpar [of, por]

accused [əˈkjuːzd] *n* DIR acusado; *to stand accused of* ser acusado de

accuser [əˈkjuːzə] *n* 1 acusador; denunciante 2 advogado de acusação

accustom [əˈkʌstəm] *vt* acostumar [to, a]; habituar [to, a]; *to accustom oneself to* habituar-se a, adaptar-se a

accustomed [əˈkʌstəmd] *adj* habituado [to, a]; acostumado [to, a]; *to become/get accustomed to* habituar-se a

ace [eɪs] *n* ás; *ace of spades* ás de espadas; *a soccer ace* um ás do futebol ♦ *adj col* fantástico

acetate [ˈæsɪteɪt] *n* acetato

acetone [ˈæsɪtəʊn] *n* acetona

ache [eɪk] *n* dor ♦ *vi* 1 doer; *I am aching all over* dói-me o corpo todo; *my head aches* tenho dores de cabeça 2 *fig,col* estar ansioso [for/to, por]; *I was aching to meet him* estava ansiosa para me encontrar com ele

achieve [əˈtʃiːv] *vt* 1 atingir; alcançar; *to achieve success* alcançar o sucesso 2 realizar; concretizar

achievement [əˈtʃiːvmənt] *n* 1 realização 2 façanha, feito

achiever [əˈtʃiːvə] *n* empreendedor

aching [ˈeɪkɪŋ] *adj* dorido

achy [ˈeɪki] *adj* [*comp* -ier, *superl* -iest] com dores; *my head is rather achy* dói-me um bocado a cabeça

acid [ˈæsɪd] *adj,n* ácido ❖ (ecologia) *acid rain* chuva ácida; *acid test* prova de fogo

acidity [əˈsɪdɪti] *n* acidez

acknowledge [əkˈnɒlɪdʒ] *vt* 1 reconhecer 2 admitir 3 (carta) acusar receção de 4 agradecer; mostrar-se reconhecido em relação a

acknowledgement [əkˈnɒlɪdʒmənt] *n* 1 reconhecimento 2 manifestação de apreço ♦ *npl* (livro, jornal) agradecimentos

acme [ˈækmɪ] *n* cúmulo; apogeu

acne [ˈækni] *n* acne

acorn [ˈeɪkɔːn] *n* bolota

acoustic [əˈkuːstɪk] *adj* acústico

acoustics [əˈkuːstɪks] *n* (estudo do som) acústica ♦ *npl* (de local) acústica; *the acoustics are excellent* tem uma acústica excelente

acquaint [əˈkweɪnt] *vt* 1 familiarizar; travar conhecimento [with, com]; *to get acquainted with someone* travar conhecimento com alguém; *I got acquainted with the new technologies* familiarizei-me com as novas tecnologias 2 informar; pôr ao corrente; *he acquainted me with the facts* ele pôs-me ao corrente do sucedido

acquaintance [əˈkweɪntəns] *n* 1 conhecimento; *some acquaintance on the matter* algum conhecimento na matéria 2 (pessoa) conhecido

acquiesce [ˌækwɪˈes] *vi* 1 concordar [to, com]; *to acquiesce to a request* anuir a um pedido 2 consentir [in, em]; aceder [in, a]; *the students acquiesced in studying two extra hours* os estudantes acederam a estudar mais duas horas

acquire [əˈkwaɪə] *vt* 1 adquirir; obter; receber 2 (hábito) adotar; *to acquire a new habit* adotar um novo hábito

acquisition [ˌækwɪˈzɪʃən] *n* aquisição

acquit [əˈkwɪt] *vt* [*pret e pp* -tt-] 1 DIR absolver [of, de]; *she was acquitted of murder* ela foi absolvida do crime de assassínio 2 isentar de ♦ *vp* (*portar-se*) sair-se; *to acquit oneself well* sair-se bem; *to acquit oneself badly* sair-se mal

acquittal [əˈkwɪtəl] *n* absolvição

acre [ˈeɪkə] *n* (medida) acre

acrid [ˈækrɪd] *adj* 1 acre 2 *fig* sarcástico

acrimonious [ˌækrɪˈməʊniəs] *adj* 1 sarcástico 2 (discussão) aceso

acrobat [ˈækrəbæt] *n* acrobata

acrobatic [ˌækrəˈbætɪk] *adj* acrobático

addition

acrobatics [ˌækrəˈbætɪks] *npl* 1 acrobacia 2 *fig* agilidade

acronym [ˈækrənɪm] *n* acrónimo

acropolis [əˈkrɒpəlɪs] *n* acrópole

across [əˈkrɒs] *prep* 1 através de; por 2 sobre; *across the Atlantic* sobre o Atlântico ♦ *adv* de um lado ao outro

acrylic [əˈkrɪlɪk] *adj,n* acrílico

act [ækt] *n* 1 ato; feito 2 TEAT ato 3 decreto; lei; *Act of Parliament* lei ♦ *vi* 1 agir, atuar [on, de acordo com]; *he acted on my advice* ele seguiu os meus conselhos 2 TEAT.CIN.TV representar 3 (advogado) representar; *a lawyer acted on his behalf* teve um advogado a representá-lo ♦ *vt* fazer o papel de; *to act the fool* fazer de tolo ❖ *in the very act* em flagrante delito; *to put on an act* fingir

acting [ˈæktɪŋ] *n* 1 TEAT.CIN representação 2 (atividade) teatro ♦ *adj* provisório

actinium [ækˈtɪnɪəm] *n* actínio

action [ˈækʃən] *n* 1 ação 2 (comportamento) ato; atuação 3 MIL. combate 4 DIR ação judicial ❖ *out of action* 1 fora de serviço 2 fora de ação; *to go into action* entrar em ação

actionable [ˈækʃənəbəl] *adj* punível por lei

action packed [ˈækʃənˌpækd] *adj* cheio de ação/aventura

activate [ˈæktɪveɪt] *vt* ativar; acionar

activation [ˌæktɪˈveɪʃən] *n* ativação; acionamento

active [ˈæktɪv] *adj* 1 ativo; *active voice* voz ativa 2 (vulcão) em atividade ❖ MIL. *on active service* no ativo

activism [ˈæktɪvɪzəm] *n* ativismo

activist [ˈæktɪvɪst] *n* ativista

activity [ækˈtɪvɪti] *n {pl* -ies} atividade

actor [ˈæktə] *n* ator; *leading/supporting actor* ator principal/secundário

actress [ˈæktrɪs] *n* atriz

actual [ˈæktʃʊəl] *adj* 1 verdadeiro, real 2 exato

actuality [ˌæktʃʊˈælɪti] *n {pl* -ies} realidade; *in actuality* na realidade

actually [ˈæktʃʊəli] *adv* na realidade, efetivamente

actuate [ˈæktʃʊeɪt] *vt* 1 acionar 2 impulsionar; motivar

acuity [əˈkjuːɪti] *n* acuidade

acumen [ˈækjʊmen] *n* perspicácia

acupuncture [ˈækjʊˌpʌŋktʃə] *n* acupunctura

acupuncturist [ˌækjʊˈpʌŋktʃərɪst] *n* acupunctor

acute [əˈkjuːt] *adj* 1 agudo; *acute accent/angle* acento/ângulo agudo 2 intenso 3 aguçado 4 (raciocínio) perspicaz

ad [æd] *n col* anúncio

adage [ˈædɪdʒ] *n* adágio, provérbio

adagio [əˈdɑːdʒɪəʊ] *adv,n* MÚS adágio

adapt [əˈdæpt] *vt* adaptar; *to adapt for television* adaptar para a televisão; *to adapt oneself to a new way of life* adaptar-se a um novo estilo de vida ♦ *vi* adaptar-se

adaptable [əˈdæptəbəl] *adj* adaptável

adaptation [ˌædæpˈteɪʃən] *n* adaptação

adapter [əˈdæptə] *n* adaptador

add [æd] *vt* 1 acrescentar; adicionar 2 juntar, anexar 3 (contas) somar ♦ **add up** *vt* somar, adicionar ♦ *vi* fazer sentido

addendum [əˈdendəm] *n {pl* -a} adenda

adder [ˈædə] *n* víbora

addict[1] [ˈædɪkt] *n* 1 viciado 2 (drogas) toxicodependente 3 *fig* fanático

addict[2] [əˈdɪkt] *vt* viciar; *to addict oneself to* viciar-se em

addicted [əˈdɪktɪd] *adj* 1 drogado; viciado [to, em] 2 *fig* fanático [to, de/por]

addiction [əˈdɪkʃən] *n* 1 (vício) dependência [to, em relação a] 2 (drogas) toxicodependência 3 *fig* fanatismo

addictive [əˈdɪktɪv] *adj* viciante

addition [əˈdɪʃən] *n* 1 aumento, acrescento 2 MAT soma, adição ❖ *in addition to* além de

additional [ə'dɪʃənəl] *adj* adicional

additive ['ædɪtɪv] *adj,n* aditivo

addle ['ædəl] *adj* podre; choco; *addle egg* ovo podre ♦ *vt* confundir ♦ *vi* (ovo) apodrecer

address [ə'dres] *n* 1 endereço; direção; *address book* livro de endereços 2 discurso ♦ *vt* 1 endereçar [to, a] 2 dirigir [to, a]; *to address oneself to someone* dirigir-se a alguém 3 tratar [as, por] 4 (problema, situação) abordar 5 empenhar-se [to, em]; *to address oneself to something* empenhar-se em alguma coisa ❖ *address card* cartão de visita

addressee [ædre'si:] *n* destinatário

addresser [ə'dresə] *n* 1 remetente 2 requerente

adept [ə'dept] *adj* 1 perito; especialista [at/in, em] 2 dotado

adequacy ['ædɪkwəsi] *n* 1 suficiência 2 adequação

adequate ['ædɪkwɪt] *adj* 1 suficiente 2 satisfatório

adhere [əd'hɪə] *vi* 1 aderir [to, a]; *to adhere to a cause* aderir a uma causa 2 (regras) seguir [to, -] 3 (*colar*) aderir

adherence [əd'hɪərəns] *n* 1 (causa, ideia) adesão [to, a] 2 (regras) observância [to, a]

adherent [əd'hɪərənt] *n* apoiante

adhesion [əd'hɪ:ʒən] *n* (estar colado) aderência

adhesive [əd'hi:sɪv] *adj,n* adesivo ❖ *adhesive tape* fita adesiva

adipose ['ædɪpəʊs] *adj* adiposo

adjacent [ə'dʒeɪsənt] *adj* adjacente [to, a]

adjectival [ædʒɪk'taɪvəl] *adj* adjetival

adjective ['ædʒɪktɪv] *n* adjetivo

adjoin [ə'dʒɔɪn] *vt* ser contíguo a; confinar com

adjoining [ə'dʒɔɪnɪŋ] *adj* contíguo, adjacente

adjourn [ə'dʒɜːn] *vt* 1 adiar; diferir 2 suspender; interromper; *the meeting was adjourned at ten o'clock* a sessão foi interrompida às dez horas ♦ *vi* 1 suspender-se 2 (deslocamento) passar [to, para]

adjournment [ə'dʒɜːnmənt] *n* 1 adiamento 2 suspensão

adjudge [ə'dʒʌdʒ] *vt* 1 considerar 2 DIR declarar; *to adjudge someone guilty* declarar alguém culpado 3 DIR decretar

adjudicate [ə'dʒuːdɪkeɪt] *vi* pronunciar uma sentença; julgar ♦ *vt* adjudicar

adjudication [ə,dʒuːdɪ'keɪʃən] *n* julgamento; decisão

adjudicator [ə'dʒuːdɪkeɪtə] *n* árbitro, juiz

adjunct ['ædʒʌŋkt] *n* adjunto

adjust [ə'dʒʌst] *vt* 1 ajustar; adaptar [to, a] 2 retificar ♦ *vi* adaptar-se; *to adjust to the new rules* adaptar-se às novas regras

adjustable [ə'dʒʌstəbəl] *adj* ajustável, regulável

adjusted [ə'dʒʌstɪd] *adj* 1 adaptado 2 equilibrado 3 afinado

adjustment [ə'dʒʌstmənt] *n* 1 ajuste 2 adaptação

adjuvant ['ædʒəvənt] *adj* que ajuda ♦ *n* assistente; auxiliar; adjuvante

ad-lib [æd'lɪb] *vt,i* improvisar ♦ *n* improvisação ♦ *adj* improvisado

administer [əd'mɪnɪstə] *vt* 1 administrar; gerir 2 (*dar*) administrar 3 aplicar

administrate [əd'mɪnɪstreɪt] *vt,i* (negócios) administrar

administration [əd,mɪnɪ'streɪʃən] *n* 1 administração, gestão 2 governo

administrative [əd'mɪnɪstrətɪv] *adj* administrativo

administrator [əd,mɪnɪs'treɪtə] *n* administrador, gerente

admirable ['ædmərəbəl] *adj* admirável

admiral ['ædmərəl] *n* almirante

admiration [ædmə'reɪʃən] *n* admiração

admire [əd'maɪə] *vt* admirar

admirer [əd'maɪərə] *n* admirador

admiring [əd'maɪərɪŋ] *adj* que admira, de admiração

admissible [əd'mısıbəl] *adj* admissível

admission [əd'mıʃən] *n* 1 admissão 2 entrada; *admission free* entrada gratuita 3 reconhecimento [of, de]

admit [əd'mıt] *vt* 1 admitir; *he admitted his guilt* ele admitiu a sua culpa 2 permitir a entrada de 3 aceitar; tolerar [of, -]; *that admits of no excuse* isso não tem desculpa 4 receber [into, em]; *I was admitted into the living room* fui recebido na sala
♦ **admit to** *vt* reconhecer, confessar

admittance [əd'mıtəns] *n* acesso; entrada; *no admittance* entrada proibida

admonish [əd'mɒnıʃ] *vt* 1 repreender [for, por]; censurar [for, por]; *he was admonished for his behaviour* foi repreendido pelo seu comportamento 2 advertir

admonition [ˌædmə'nıʃən] *n* 1 repreensão 2 advertência

ado [ə'duː] *n much ado about nothing* muito barulho por nada; *without further ado* sem mais demoras

adolescence [ˌædə'lesəns] *n* adolescência

adolescent [ˌædə'lesənt] *adj,n* adolescente

adopt [ə'dɒpt] *vt* 1 adotar; perfilhar; *to adopt a child* adotar uma criança 2 assumir 3 aceitar

adopted [ə'dɒptıd] *adj* adotado, adotivo

adoption [ə'dɒpʃən] *n* adoção

adoptive [ə'dɒptıv] *adj* adotivo

adorable [ə'dɔːrəbəl] *adj* adorável

adoration [ˌædə'reıʃən] *n* adoração

adore [ə'dɔː] *vt* adorar; venerar

adorn [ə'dɔːn] *vt* adornar; enfeitar [with, com]

adornment [ə'dɔːnmənt] *n* adorno, enfeite

adrenalin [ə'drenəlın] *n* adrenalina

Adriatic [ˌeıdrı'ætık] *adj* adriático ♦ *n* (mar) Adriático

adrift [ə'drıft] *adv* 1 à deriva 2 sem rumo
❖ *to go adrift* ir por água abaixo

adroit [ə'drɔıt] *adj* hábil

ADSL [*sigla de* **Asymmetrical Digital Subscriber Line**] ADSL (linha de ligação digital assimétrica)

adulate ['ædʒʊleıt] *vt* adular; lisonjear

adulation [ˌædʒʊ'leıʃən] *n* adulação, lisonja

adulator ['ædʒəleıtə] *n* adulador; lisonjeador

adult ['ædʌlt] *adj,n* adulto

adulterate [ə'dʌltəreıt] *vt* adulterar

adulteration [əˌdʌltə'reıʃən] *n* adulteração

adulterer [ə'dʌltərə] *n* adúltero

adulteress [ə'dʌltərıs] *n* adúltera

adulterous [ə'dʌltərəs] *adj* adúltero

adultery [ə'dʌltərı] *n* {*pl* -ies) adultério

adulthood ['ædʌlthʊd] *n* idade adulta

advance [əd'vɑːns] *n* 1 avanço 2 progresso 3 (dinheiro) adiantamento ♦ *vt* 1 fazer avançar; fazer progredir 2 promover; favorecer 3 (dinheiro) adiantar 4 (tempo, data) antecipar 5 (preços) aumentar 6 apresentar; *may I advance my opinion?* posso apresentar a minha opinião? ♦ *vi* 1 avançar [on/towards, em direção a] 2 progredir 3 (preços) subir ❖ *advance notice* pré-aviso; *in advance* antecipadamente; *col to make advances to someone* tentar seduzir alguém

advanced [əd'vɑːnst] *adj* 1 avançado; *advanced technology* tecnologia de ponta 2 (nível, estudos) superior 3 (doença) adiantado

advancement [əd'vɑːnsmənt] *n* 1 avanço; progresso 2 (trabalho) promoção

advantage [əd'vɑːntıdʒ] *n* 1 vantagem [over, sobre] 2 superioridade 3 benefício ❖ *to take advantage of something* tirar partido de alguma coisa; *to take advantage of someone* aproveitar-se de alguém

advantageous [ˌædvən'teıdʒəs] *adj* vantajoso

advent ['ædvent] *n* advento

adventure [əd'ventʃə] *n* 1 aventura 2 risco 3 especulação financeira ♦ *vt* aventurar;

arriscar ♦ vi aventurar-se; arriscar-se ❖
adventure film filme de aventuras; *adventure playground* parque infantil
adventurer [əd'ventʃərə] n aventureiro
adventuress [əd'ventʃərɪs] n aventureira
adventurous [əd'ventʃərəs] adj aventureiro
adverb ['ædvɜ:b] n advérbio
adverbial [æd'vɜ:bɪəl] adj adverbial
adversary ['ædvəsəri] n {pl -ies} adversário
adversative [əd'vɜ:sətɪv] adj LING adversativo ♦ n LING conjunção adversativa
adverse ['ædvɜ:s] adj 1 negativo; *adverse effect* efeito negativo 2 desfavorável; *adverse weather conditions* condições meteorológicas desfavoráveis 3 contrário
adversely [əd'vɜ:sli] adv negativamente
adversity [əd'vɜ:sɪti] n {pl -ies} adversidade
advert[1] [əd'vɜ:t] vi referir; fazer referência [to, a]
advert[2] ['ædvɜ:t] n col anúncio; *the adverts* publicidade
advertise ['ædvətaɪz] vi 1 (produto) publicitar; anunciar [on/in, em]; *to advertise on television* anunciar na televisão 2 pôr um anúncio [for, à procura de]; *to advertise for a job* pôr um anúncio à procura de emprego ♦ vt anunciar; fazer publicidade a
advertisement [əd'vɜ:tɪsmənt] n 1 (jornal) anúncio 2 (rádio, televisão) anúncio publicitário
advertiser ['ædvətaɪzə] n (publicidade) anunciante
advertising ['ædvətaɪzɪŋ] n 1 publicidade; *advertising campaign* campanha publicitária 2 anúncios; *advertising sheet* folha de anúncios
advice [əd'vaɪs] n 1 conselho; *to give a piece of advice* dar um conselho 2 aconselhamento
advisable [əd'vaɪzəbəl] adj aconselhável

advise [əd'vaɪz] vt 1 aconselhar [to, a; against, a não]; *I advised him against doing such a thing* aconselhei-o a não fazer tal coisa; *I advised him to study harder* aconselhei-o a estudar mais 2 recomendar 3 form informar [of, sobre; that, que]
advisedly [əd'vaɪzdli] adv com conhecimento de causa
adviser [əd'vaɪzə] n 1 conselheiro 2 consultor
advisory [əd'vaɪzəri] adj consultivo
advocacy ['ædvəkəsi] n defesa [of, de]
advocate[1] ['ædvəkɪt] n 1 defensor 2 Esc (tribunal) advogado
advocate[2] ['ædvəkeɪt] vt advogar; defender
aeon ['i:ən] n col eternidade, séculos; *to take aeons to finish* levar séculos a acabar
aerate ['eəreɪt] vt 1 arejar 2 (líquido, bebida) gaseificar 3 (sangue) oxigenar
aeration [eə'reɪʃən] n 1 arejamento 2 (líquido, bebida) gaseificação 3 (sangue) oxigenação
aerial ['eərɪəl] n GB (rádio, televisão) antena; *dish/parabolic aerial* antena parabólica ♦ adj aéreo
aerobic [eə'rəubɪk] adj 1 (ser vivo) aeróbio 2 (exercício) aeróbico
aerobics [eə'rəubɪks] n aeróbica
aerodrome ['eərədrəum] n aeródromo
aerodynamic [eərəudaɪ'næmɪk] adj aerodinâmico
aerodynamics [eərəudaɪ'næmɪks] n aerodinâmica
aeronaut ['eərəunɔ:t] n aeronauta
aeronautic [eərəu'nɔ:tɪk] adj aeronáutico
aeronautical [eərəu'nɔ:tɪkəl] adj aeronáutico
aeronautics [eərəu'nɔ:tɪks] n aeronáutica
aeroplane ['eərəpleɪn] n GB avião, aeroplano
aerosol ['eərəsɒl] n aerossol

aerospace ['eərəspeis] *adj* aeroespacial ♦ *n* espaço aéreo

aesthetic [i:s'θetik] *adj* estético

aesthetics [i:s'θetiks] *n* estética

afar [ə'fɑ:] *adv let from afar* à distância, de longe

affability [ˌæfə'bılıti] *n* afabilidade

affable ['æfəbəl] *adj* afável

affair [ə'feə] *n* 1 negócio 2 assunto; *affairs of state* assuntos de Estado 3 acontecimento; caso 4 *col* aventura, caso amoroso

affect [ə'fekt] *vt* 1 afetar 2 prejudicar 3 (emoções) impressionar; comover; contagiar; *they were affected by the joy in the streets* eles deixaram-se contagiar pela alegria das ruas 4 fingir; *to affect indifference* fingir indiferença

affectation [ˌæfek'teiʃən] *n* afetação

affected [ə'fektid] *adj* afetado

affection [ə'fekʃən] *n* afeição

affectionate [ə'fekʃənit] *adj* afetuoso

affective [ə'fektiv] *adj* afetivo

affectivity [ə'fektiviti] *n* afetividade

affiliate[1] [ə'filieit] *vt* 1 fazer um consórcio [to/with, com]; *to affiliate somebody to a society* fazer entrar alguém para uma sociedade 2 perfilhar; adotar

affiliate[2] [ə'filiit] *n* sucursal; filial

affiliated [ə'filieitid] *adj* filiado

affiliation [ə,fili'eiʃən] *n* filiação

affinity [ə'finiti] *n* (*pl* -ies) afinidade

affirm [ə'fɜ:m] *vt* afirmar; declarar

affirmation [ˌæfə'meiʃən] *n* afirmação

affirmative [ə'fɜ:mətiv] *adj* afirmativo ♦ *n* afirmativa

affix[1] ['æfiks] *n* afixo

affix[2] [ə'fiks] *vt* 1 anexar 2 acrescentar

afflict [ə'flikt] *vt* 1 afligir; atormentar 2 atribular 3 atacar; acometer; *to be afflicted with a disease* ser acometido de uma doença

afflicting [ə'fliktiŋ] *adj* aflitivo; angustiante

affliction [ə'flikʃən] *n* aflição

affluence ['æfluəns] *n* abundância, riqueza

affluent ['æfluənt] *adj* rico, próspero ♦ *n* (rio) afluente

afford [ə'fɔ:d] *vt* 1 poder; ter recursos para; *I can't afford it* não tenho dinheiro para isso 2 proporcionar

afforestation [ə,foris'teiʃən] *n* florestação

affray [ə'frei] *n* tumulto; rixa

affront [ə'frʌnt] *n* afronta; insulto [to, a] ♦ *vt* fazer uma afronta a; ofender; *to feel affronted* sentir-se ofendido

Afghan ['æfgæn] *adj,n* (pessoa) afegão

afghani [æf'gæni] *n* (moeda) afegâni

Afghanistan [æf'gænistɑ:n] *n* Afeganistão

afield [ə'fi:ld] *adv far/further afield* mais longe

afloat [ə'fləut] *adj* a boiar, a flutuar; *to keep afloat* conservar-se à tona

afoot [ə'fut] *adv* 1 a acontecer, em movimento 2 a pé

aforesaid [ə'fɔ:sed] *adj* supramencionado

afraid [ə'freid] *adj* com medo, receoso ❖ *I'm afraid not/so* receio que não/sim; *I'm afraid that* lamento informar que

afresh [ə'freʃ] *adv* outra vez, de novo

Africa ['æfrikə] *n* África

African ['æfrikən] *adj,n* africano

Afro-American [ˌæfrəuə'merikən] *adj,n* afro-americano

aft [ɑ:ft] *adj,adv* atrás, à popa

after ['ɑ:ftə] *prep* depois, após, atrás de; *day after day* dia após dia ♦ *adv* 1 depois; *soon after* logo depois 2 seguinte; *the day after* no dia seguinte ❖ *after all* afinal; *to name somebody after somebody* dar o nome de alguém a outra pessoa

after-effect ['ɑ:ftərifekt] *n* 1 efeito secundário 2 repercussão 3 sequela

afterglow ['ɑ:ftəgləu] *n* 1 crepúsculo 2 bem-estar

afterlife ['ɑ:ftəlaif] *n* vida depois da morte

aftermath ['ɑːftəmæθ] n rescaldo, período posterior

afternoon [ˌɑːftə'nuːn] n tarde; *good afternoon* boa tarde; *in the afternoon* à tarde

afters ['ɑːftəz] n col sobremesa

aftersales ['ɑːftəseɪlz] adj pós-venda

aftershave ['ɑːftəʃeɪv] n aftershave

afterward ['ɑːftəwəd] adv ⇒ **afterwards**

afterwards ['ɑːftəwədz] adv depois, mais tarde

again [ə'gen] adv 1 outra vez, uma vez mais 2 além disso ❖ *never again* nunca mais; *now and again* de vez em quando; *once again* uma vez mais; *then again* por outro lado; *time and again* vezes sem conta

against [ə'genst] prep 1 contra; *against the law* contra a lei 2 em contraste com

agate ['ægət] n MIN ágata

age ['eɪdʒ] n 1 (pessoa) idade 2 (período) idade; época; *Middle Ages* Idade Média ♦ vt,i envelhecer ❖ *I haven't seen you for ages* há séculos que não te vejo; *to be under age* ser menor de idade; *to come of age* atingir a maioridade

aged ['eɪdʒd] adj 1 com a idade de; *to be aged 20* ter 20 anos 2 idoso, velho; *the aged* os idosos 3 (vinho, queijo) envelhecido

ageing ['eɪdʒɪŋ] adj 1 envelhecido 2 de envelhecimento; *the ageing process* o processo de envelhecimento ♦ n envelhecimento

agency ['eɪdʒənsi] n {pl -ies} 1 agência 2 organismo

agenda [ə'dʒendə] n ordem do dia

agent ['eɪdʒənt] n 1 agente 2 delegado; representante

agglomerate[1] [ə'glɒmərət] adj,n aglomerado

agglomerate[2] [ə'glɒməreɪt] vt aglomerar ♦ vi aglomerar-se

agglomeration [əˌglɒmə'reɪʃən] n aglomeração

agglutinate[1] [ə'gluːtɪnɪt] adj aglutinado

agglutinate[2] [ə'gluːtɪneɪt] vt aglutinar ♦ vi aglutinar-se

agglutination [əˌgluːtɪ'neɪʃən] n aglutinação

aggrandize [ə'grændaɪz] vt engrandecer; ampliar

aggravate ['ægrəveɪt] vt 1 agravar; piorar 2 col irritar

aggravating ['ægrəveɪtɪŋ] adj 1 agravante 2 irritante

aggravation [ˌægrə'veɪʃən] n 1 agravamento 2 maçada 3 irritação

aggregate[1] ['ægrɪgɪt] adj,n 1 agregado 2 total

aggregate[2] ['ægrɪgeɪt] vt 1 agregar; juntar 2 perfazer um total de

aggregation [ˌægrɪ'geɪʃən] n agregação; agregado

aggression [ə'greʃən] n 1 (comportamento) agressividade 2 (ataque) agressão

aggressive [ə'gresɪv] adj agressivo

aggressiveness [ə'gresɪvnəs] n agressividade

aggressor [ə'gresə] n agressor

aggrieve [ə'griːv] vt 1 lesar 2 ofender

aggrieved [ə'griːvd] adj 1 ofendido 2 DIR lesado; *aggrieved party* parte lesada

aghast [ə'gɑːst] adj horrorizado [at, com]; chocado [at, com]

agile ['ædʒaɪl] adj ágil

agility [ə'dʒɪlɪti] n agilidade

agitate ['ædʒɪteɪt] vt 1 agitar 2 inquietar ❖ *to agitate for/against* fazer campanha em favor de/contra

agitated ['ædʒɪteɪtɪd] adj agitado, inquieto

agitation [ˌædʒɪ'teɪʃən] n 1 agitação; ansiedade 2 campanha [for/against, em favor de/contra]

agitator ['ædʒɪteɪtə] n (pessoa) agitador

aglow [ə'gləʊ] adj 1 resplandecente [with, de] 2 afogueado

agnostic [æg'nɒstɪk] adj,n agnóstico

agnosticism [æg'nɒstɪsɪzəm] n agnosticismo

ago [ə'gəʊ] adv há; *a short time ago* há pouco tempo

agog [ə'gɒg] adj ansioso, excitado

agonize ['ægənaɪz] vi 1 agonizar 2 atormentar-se; torturar-se [over/about, com]; *stop agonizing over that problem* para de te torturares com esse problema

agonizing ['ægənaɪzɪŋ] adj 1 (dor) atroz 2 angustiante

agony ['ægəni] n (pl -ies) 1 agonia 2 sofrimento atroz

agrarian [ə'greəriən] adj agrário

agree [ə'gri:] vi 1 concordar [with, com; to, em; about/on, em relação a]; *I don't agree with you* não concordo contigo; *we agreed about the price* concordámos em relação ao preço 2 (factos, declarações) coincidir 3 consentir [to, em] ♦ vt 1 acordar; *it was agreed that* acordou-se que 2 aceitar; aprovar

agreeable [ə'gri:əbl] adj 1 agradável 2 disposto [to, a]

agreement [ə'gri:mənt] n 1 acordo, entendimento; *gentlemen's agreement* acordo de cavalheiros 2 contrato 3 LING concordância

agricultural [ˌægrɪ'kʌltʃərəl] adj agrícola

agriculture ['ægrɪˌkʌltʃə] n agricultura

agriculturist [ˌægrɪ'kʌltʃərɪst] n agricultor; agrónomo

agronomist [ə'grɒnəmɪst] n agrónomo

agronomy [ə'grɒnəmi] n agronomia

aground [ə'graʊnd] adj,adv encalhado; *to run aground* encalhar

ah [ɑ:] interj (surpresa, alegria, espanto) ah!

aha [ɑ:'hɑ:] interj (descoberta) ah-ah!

ahead [ə'hed] adv à frente, para a frente ❖ *straight ahead* mesmo em frente; *to be ahead of* ir à frente de; *to go ahead with* avançar com; levar adiante

AI [sigla de **Amnesty International**] AI [sigla de Amnistia Internacional]

aid [eɪd] n 1 ajuda; assistência; apoio; *to come to the aid of* vir em auxílio de 2 recurso; material; *audiovisual aids* recursos audiovisuais; *teaching aids* material pedagógico ♦ vt ajudar; assistir; apoiar ❖ *first aid* primeiros socorros

AIDS [eɪdz] [sigla de **Acquired Immune Deficiency Syndrome**] SIDA [sigla de Síndrome de Imunodeficiência Adquirida]

aileron ['eɪlərɒn] n (avião) aileron

ailing ['eɪlɪŋ] adj 1 doente 2 em mau estado

ailment ['eɪlmənt] n achaque

aim [eɪm] n 1 objetivo; meta; *the aim of the programme* o objetivo do programa 2 pontaria [at, para/a]; *to take aim at* fazer pontaria para ♦ vt 1 apontar; *to aim a gun at* apontar uma arma a 2 dirigir; atirar ♦ vi 1 fazer pontaria; apontar [at, a; for, para]; *she's aiming at the centre* está a apontar ao centro 2 *fig* ter como objetivo; *he aims at being a journalist* ele tenciona ser jornalista; *what are you aiming at?* onde quer chegar? ❖ *to aim high* ter grandes ambições

aimless ['eɪmləs] adj sem objetivos

aimlessly ['eɪmləsli] adv sem destino, sem rumo

aioli [aɪ'əʊli] n molho espesso e frio à base de maionese com alho

air [eə] n 1 (atmosfera) ar; *a breath of fresh air* uma lufada de ar fresco; *in the open air* ao ar livre 2 via aérea; *by air* por via aérea 3 (aparência) ar 4 MÚS ária ♦ vt 1 expor ao ar; arejar; ventilar 2 exprimir; revelar 3 EUA TV transmitir; pôr no ar ♦ vi arejar ❖ *in the air* no ar; iminente; *to put on airs* dar-se ares

airbag ['eəbæg] n (automóvel) airbag

airbed ['eəbed] n colchão insuflável

airborne ['eəbɔ:n] adj 1 aerotransportado 2 no ar

air-conditioned [eəkən'dɪʃənd] *adj* climatizado

air conditioner [eəkən'dɪʃənə] *n* (aparelho) ar condicionado

air conditioning [eəkən'dɪʃənɪŋ] *n* (sistema) ar condicionado

aircraft ['eəkrɑːft] *n* {*pl* aircraft} avião, aeronave ❖ *aircraft carrier* porta-aviões

aircraft-carrier ['eəkrɑːftkærɪə] *n* porta-aviões

aircrew ['eəkruː] *n* (avião) tripulação

airfield ['eəfiːld] *n* campo de aviação

air force ['eəfɔːs] *n* força aérea ❖ *air force base* base aérea

airgun ['eəgʌn] *n* espingarda de pressão

airing ['eərɪŋ] *n* ventilação; arejamento

airlift ['eəlɪft] *n* ponte aérea ♦ *vt* aerotransportar

airline ['eəlaɪn] *n* companhia de aviação; *airline ticket* bilhete de avião

airliner ['eəlaɪnə] *n* avião grande de passageiros

airmail ['eəmeɪl] *n* correio aéreo ♦ *vt* enviar por correio aéreo

airman ['eəmən] *n* {*pl* -men} 1 aviador 2 piloto da força aérea

airplane ['eəpleɪn] *n EUA* avião

airport ['eəpɔːt] *n* aeroporto

air-raid ['eəreɪd] *n* ataque aéreo ♦ *adj* de ataque aéreo ❖ *air-raid warning* aviso de ataque aéreo; *air-raid shelter* abrigo anti-aéreo

airship ['eəʃɪp] *n* dirigível

airspace ['eəspeɪs] *n* espaço aéreo (de determinado país)

airtight ['eətaɪt] *adj* hermético

airtime ['eətaɪm] *n* tempo de antena

airwaves ['eəweɪvz] *n pl* ondas hertzianas ❖ TV,RÁD *on the airwaves* no ar; nos meios de comunicação social

airy ['eəri] *adj* {*comp* -ier, *superl* -iest} 1 (ambiente) arejado 2 (comportamento) despreocupado

aisle [aɪl] *n* 1 corredor; coxia 2 (igreja) nave ❖ *to walk down the aisle* casar

aitch [eɪtʃ] *n* (letra) agá

ajar [ə'dʒɑː] *adv* entreaberto

aka [*sigla de* also known as] vulgo

akimbo [ə'kɪmbəʊ] *adv with arms akimbo* de mãos na cinta

akin [ə'kɪn] *adj* parecido [to, com]; semelhante [to, a]

alabaster ['æləbɑːstə] *n* alabastro

alarm [ə'lɑːm] *n* 1 alarme; *false alarm* falso alarme 2 alerta; *to raise the alarm* lançar o alerta 3 medo; sobressalto; *in alarm* em sobressalto ♦ *vt* alarmar; assustar ❖ (relógio) *alarm clock* despertador; *burglar alarm* alarme antirroubo; *fire alarm* alarme de incêndio

alarming [ə'lɑːmɪŋ] *adj* alarmante

alas [ə'læs] *adv* infelizmente ♦ *interj* (tristeza, lamento) ai de mim!

Albania [æl'beɪniə] *n* Albânia

Albanian [æl'beɪniən] *adj,n* albanês

albatross ['ælbətrɒs] *n* {*pl* -es} albatroz

albino [æl'biːnəʊ] *n* albino

album ['ælbəm] *n* álbum

alchemist ['ælkəmɪst] *n* alquimista

alchemy ['ælkəmi] *n* alquimia

alcohol ['ælkəhɒl] *n* álcool; *alcohol abuse* consumo excessivo de álcool

alcohol-free [ælkəhɒl'friː] *adj* sem álcool

alcoholic [ælkə'hɒlɪk] *adj,n* alcoólico

alcoholism ['ælkəhɒlɪzəm] *n* alcoolismo

alcove ['ælkəʊv] *n* 1 nicho 2 recanto

alder ['ɔːldə] *n* amieiro

ale [eɪl] *n* cerveja

aleatory ['æliətəri] *adj* MÚS aleatório

alert [ə'lɜːt] *adj* 1 alerta 2 de sobreaviso [to, em relação a] 3 consciente [to, de]; *to be alert to the problems ahead* estar consciente dos problemas a enfrentar ♦ *n* alerta; *to be on full alert* estar em alerta máximo; *to give the alert* dar o alerta ♦ *vt* alertar [to, para]; *to alert somebody to something* alertar alguém para algo

alga ['ælgə] n {pl algae} alga

algebra ['ældʒıbrə] n álgebra

Algeria [æl'dʒıərıə] n Argélia

Algerian [æl'dʒıərıən] adj,n argelino

algorithm ['ælgərıðəm] n algoritmo

alias ['eılıəs] n {pl -es} nome falso, pseudónimo ◆ adv aliás

alibi ['ælıbaı] n {pl -s} álibi ◆ vi dar uma desculpa [for, por]; *to alibi for one's mistake* dar uma desculpa por um erro

alien ['eılıən] adj **1** (proveniência) estrangeiro **2** (invulgaridade) estranho [to, a] **3** extraterrestre; *alien beings* seres extraterrestres ◆ n **1** estrangeiro **2** extraterrestre

alienate ['eılıəneıt] vt **1** alienar; afastar **2** DIR alienar; transferir

alienation [,eılıə'neıʃən] n alienação

alight [ə'laıt] vi **1** (de meio de transporte) descer [from, de]; *to alight from the train* descer do comboio **2** (de cavalos) desmontar **3** (pássaros) aterrar, pousar ◆ adj **1** (fogo) incendiado; em chamas; *to set alight* incendiar, deitar fogo a **2** (luz) aceso; iluminado **3** (temperamento) vivo

align [ə'laın] vt,i alinhar; *to align oneself with a faction* apoiar uma facção

alignment [ə'laınmənt] n alinhamento; *in alignment with* alinhado com; *out of alignment* desalinhado

alike [ə'laık] adj parecido, semelhante ◆ adv da mesma maneira; *to dress alike* vestir-se da mesma forma

alimentary [,ælı'mentərı] adj alimentar ❖ *alimentary canal* tubo digestivo

alimony ['ælıməunı] n {pl -ies} pensão de alimentos

alive [ə'laıv] adj **1** (existência) vivo **2** enérgico **3** (local) animado; a fervilhar [with, de] ❖ *no man alive* ninguém; *to be alive and kicking* estar bem vivo; *wanted dead or alive* procura-se vivo ou morto

alkaline ['ælkəlaın] adj alcalino

alkaloid ['ælkələıd] n alcaloide

all [ɔːl] adj todo, toda, todos, todas; *all night long* durante toda a noite ◆ pron todo, toda, todos, todas; tudo; *all of you* todos vós; *that is all* é tudo ◆ adv totalmente ❖ *all but you* todos menos tu; *all right* muito bem; *not at all!* não tem de quê!; *once and for all* de uma vez por todas

allay [ə'leı] vt **1** form aliviar; acalmar; suavizar **2** dissipar; *to allay suspicion* dissipar as suspeitas

allegation [,ælı'geıʃən] n alegação

allege [ə'ledʒ] vt alegar

alleged [ə'ledʒd] adj presumível, alegado

allegiance [ə'liːdʒəns] n lealdade [to, a]; fidelidade [to, a]; *oath of allegiance* juramento de fidelidade

allegoric [,ælı'gɒrık] adj alegórico

allegorical [,ælı'gɒrıkəl] adj alegórico

allegory ['ælıgərı] n {pl -ies} alegoria

allegro [ə'legrəu] adv,adj,n MÚS alegro

alleluia [,ælı'luːjə] interj,n ⇒ **hallelujah**

allergen ['ælədʒen] n alergénio

allergenic [,ælə'dʒenık] adj alergénico

allergic [ə'lɜːdʒık] adj alérgico [to, a]

allergy ['ælədʒı] n alergia [to, a]

alleviate [ə'liːvıeıt] vt aliviar; mitigar; suavizar

alleviation [ə,liːvı'eıʃən] n alívio; conforto

alley ['ælı] n {pl -s} viela, beco; *blind alley* beco sem saída ❖ *EUA to be right up/down somebody's alley* ser ideal para alguém

alliance [ə'laıəns] n **1** aliança [between, entre; with, com] **2** afinidade ❖ *in alliance with* juntamente com

alligator ['ælıgeıtə] n jacaré

all-in [ɔːl'ın] adj,adv **1** com tudo incluído **2** exausto

alliteration [ə,lıtə'reıʃən] n aliteração

all-nighter [ɔːl'naıtə] n col (estudo, trabalho, divertimento) directa

allocate ['æləkeıt] vt **1** atribuir [to, a]; colocar à disposição; *the government has allocated funds to medical research* o governo atribuiu fundos para pesquisa médica; *the organizing committee allocated us a car* a comissão organizadora colocou um carro à nossa disposição; *the teacher allocated an hour to each student* o professor atribuiu uma hora a cada aluno 2 repartir; distribuir; *to allocate funds* repartir fundos

allocation [ˌæləˈkeɪʃən] n 1 atribuição 2 alocação; afetação

allot [əˈlɒt] vt {pret e pp -tt-} 1 (objeto, bilhete) atribuir; reservar 2 (local) adjudicar

allow [əˈlaʊ] vt 1 (ato) permitir; aprovar; sancionar; *allow me to* permita-me que; *to be allowed to* ter autorização para 2 (opinião) admitir; reconhecer 3 (dinheiro) conceder; *to allow a discount* conceder um desconto; *to allow money* conceder dinheiro ❖ *no dogs allowed* proibida a entrada de cães

◆ **allow for** vt 1 (prevenção) contar com; admitir; *to allow for all possibilities* admitir todas as possibilidades 2 (atenuantes) ter em conta; *allowing for the circumstances* tendo em conta as circunstâncias

◆ **allow of** vt admitir

allowable [əˈlaʊəbəl] adj 1 admissível; permitido 2 (impostos) dedutível

allowance [əˈlaʊəns] n 1 ajuda de custo 2 pensão; abono; *family allowance* abono de família 3 mesada 4 exceção; *to make an allowance for* abrir uma exceção para

alloy¹ [ˈælɔɪ] vt 1 (metais) ligar [with, com] 2 fig misturar; amalgamar

alloy² [ˈælɔɪ] n 1 (metais) liga 2 fig mistura

all-terrain [ˌɔːltəˈreɪn] adj (veículos) todo o terreno

allude [əˈluːd] vi aludir, fazer alusão [to, a]

allure [əˈlʊə] vt atrair; fascinar; encantar ◆ n atração; fascínio; encanto

alluring [əˈlʊərɪŋ] adj sedutor, fascinante

allusion [əˈluːʒən] n alusão [to, a]; referência [to, a]

allusive [əˈluːsɪv] adj alusivo [to, a]; referente [to, a]

ally¹ [ˈælaɪ] n aliado; confederado

ally² [əˈlaɪ] vt aliar; unir ◆ vi aliar-se, associar-se [to/with, a]

almanac [ˈɔːlmənæk] n almanaque

almighty [ɔːlˈmaɪti] adj 1 onipotente; todo-poderoso 2 fig enorme

almond [ˈɑːmənd] n 1 amêndoa 2 amendoeira

almost [ˈɔːlməʊst] adv quase; praticamente; *almost certainly* quase de certeza

alms [ɑːmz] npl (no passado) caridade; esmola; *alms box* caixa de esmolas

aloe [ˈæləʊ] n aloés

aloft [əˈlɒft] adv no ar; no alto; por cima de tudo

alone [əˈləʊn] adj só, sozinho; *all alone* completamente só ◆ adv somente; apenas ❖ *leave me alone!* deixa-me em paz!; *let alone* muito menos; quanto mais

along [əˈlɒŋ] adv 1 ao longo de; ao comprido; *along the street* ao longo da rua; *along the wall* a todo o comprimento da parede 2 juntamente; em companhia de ❖ *come along!* anda também!

alongside [əˌlɒŋˈsaɪd] prep 1 ao lado de; junto a 2 em comparação com ◆ adv 1 (coisas) lado a lado 2 (pessoas) em conjunto

aloof [əˈluːf] adj reservado, distante ◆ adv à distância

aloud [əˈlaʊd] adv alto; em voz alta

alpaca [ælˈpækə] n alpaca

alpha [ˈælfə] n alfa

alphabet [ˈælfəbet] n alfabeto

alphabetical [ˌælfəˈbetɪkəl] adj alfabético

alphabetize [ˈælfəbətaɪz] vt ordenar alfabeticamente

Alpine [ˈælpaɪn] adj alpino

already [ɔːlˈredi] adv já; *he has already come* ele já veio

Alsatian [ælˈseɪʃən] adj,n alsaciano ◆ n GB (cão) pastor-alemão

also ['ɔːlsəu] adv 1 também; igualmente 2 além disso

altar ['ɔːltə] n altar

alter ['ɔːltə] vt 1 alterar; modificar; mudar 2 EUA (animal doméstico) castrar ♦ vi alterar-se; modificar-se; *things have altered* as coisas mudaram

alteration [,ɔːltə'reɪʃən] n alteração; mudança

altercate ['ɔːltəkeɪt] vi altercar; discutir

altercation [,ɔːltə'keɪʃən] n altercação; querela

alter ego [ɑːltər'iːgəu] n alter ego

alternate[1] ['ɔːltɜːnət] adj 1 alternado 2 EUA alternativo ❖ *on alternate days* dia sim, dia não

alternate[2] ['ɔːltəneɪt] vt alternar [between, entre; with, com]; *an annual cycle of drought alternating with flood* um ciclo anual de seca alternando com cheias ♦ vi alternar-se; revezar-se

alternately [ɔːl'tɜːnətli] adv 1 à vez 2 em alternativa

alternation [,ɔːltə'neɪʃən] n alternância

alternative [ɔːl'tɜːnətɪv] adj alternativo; *alternative medicine* medicina alternativa ♦ n alternativa

although [ɔːl'ðəu] conj embora; ainda que

altitude ['æltɪtjuːd] n altitude, altura; *at high altitude* a grande altitude

alto ['æltəu] n {pl -s} MÚS contralto

altogether [,ɔːltə'geðə] adv 1 (soma) ao todo; no conjunto 2 (situação, conceito) completamente; na totalidade ❖ *not altogether* de forma alguma

altruism ['æltruːɪzəm] n altruísmo

altruist ['æltruːɪst] n altruísta

aluminium [,ælə'mɪnɪəm] n GB alumínio

aluminum [ə'luːmɪnəm] n EUA alumínio

alveolar [ælvɪ'əulə] adj alveolar

alveolus [æl'viːələs] n {pl alveoli} ANAT alvéolo

always ['ɔːlweɪz] adv sempre

Alzheimer's [,alˈzaɪmɜːs] n (doença de) Alzheimer

am ['əm, æm] 1.ª pessoa singular presente indicativo de to be

a.m. [,eɪ'em] adv da manhã; *it's 4 a.m.* são quatro da manhã

amalgam [ə'mælgəm] n amálgama

amalgamate [ə'mælgəmeɪt] vt amalgamar; misturar; fundir ♦ vi amalgamar-se [with, com]; combinar-se [with, com]; fundir-se [with, com]

amalgamation [ə,mælgə'meɪʃən] n amálgama [of, de]; mistura [of, de]; fusão [of, de]; *amalgamation of sounds* amálgama de sons

amass [ə'mæs] vt juntar; acumular; reunir

amateur ['æmətʃuə] n,adj amador

amaze [ə'meɪz] vt surpreender; espantar; encher de pasmo

amazed [ə'meɪzd] adj 1 espantado [at/by, com] 2 maravilhado [at/by, com]

amazement [ə'meɪzmənt] n espanto, surpresa

amazing [ə'meɪzɪŋ] adj 1 (surpresa) espantoso; incrível 2 fantástico; estupendo

Amazon ['æməzən] n 1 (rio) Amazonas 2 amazona

ambassador [æm'bæsədə] n embaixador

amber ['æmbə] adj de âmbar ♦ n âmbar

ambidextrous [,æmbɪ'dekstrəs] adj 1 ambidextro 2 fig hipócrita; falso

ambience ['æmbɪəns] n ambiente, atmosfera

ambient ['æmbiənt] adj 1 (ar) ambiente; *ambient temperature* temperatura ambiente 2 (meio) ambiental; *ambient music* música ambiental

ambiguity [,æmbɪ'gjuːəti] n {pl -ies} ambiguidade

ambiguous [æm'bɪgjuəs] adj ambíguo

ambit ['æmbɪt] n âmbito

ambition [æm'bɪʃən] n ambição

ambitious [æm'bɪʃəs] adj ambicioso

ambivalence [æm'bivələns] *n* ambivalência

ambivalent [æm'bivələnt] *adj* ambivalente

amble ['æmbəl] *n* passo tranquilo ♦ *vi* 1 andar devagar; *to amble along* ir devagar; *to amble in/out* entrar/sair devagar 2 (cavalo) andar a passo travado

ambulance ['æmbjʊləns] *n* ambulância

ambulatory ['æmbjʊlətəri] *adj* ambulatório; *ambulatory service* serviço ambulatório ♦ *n* (corredor, claustro) deambulatório

ambush ['æmbʊʃ] *n* emboscada; cilada; *to get caught in an ambush* cair numa emboscada ♦ *vt* armar uma emboscada a

amen ['ɑːmen] *interj* (concordância) amém! ❖ *to say amen to* dizer amém a

amenable [ə'miːnəbəl] *adj* 1 receptivo 2 DIR imputável

amend [ə'mend] *vt* 1 rever 2 emendar; corrigir ♦ *vi* emendar-se; corrigir-se

amendment [ə'mendmənt] *n* emenda [to, a], correção [to, a]

amends [ə'mendz] *npl* *to make amends* corrigir um erro

amenity [ə'meniti] *n* {*pl* -ies) 1 local de lazer 2 (em instalações) equipamento; comodidade; *hotel amenities* equipamentos de hotel

America [ə'merikə] *n* América

American [ə'merikən] *adj,n* americano

americium [æməˈriːʃɪəm] *n* amerício

amethyst ['æməθɪst] *n* ametista

amiable ['eɪmɪəbəl] *adj* amável, afável

amicable ['æmɪkəbəl] *adj* amigável

amid [ə'mɪd] *prep* no meio de; entre

amidst [ə'mɪdst] *prep* no meio de; entre

amiss [ə'mɪs] *adj* errado; que está mal ♦ *adv* mal; *to take (something) amiss* levar (alguma coisa) a mal

amity ['æmɪti] *n* *form* amizade; boas relações

ammo ['æməʊ] *n* *col* munições

ammonia [ə'məʊnɪə] *n* amoníaco

ammunition [æmjə'nɪʃən] *n* 1 munições 2 *fig* argumentos

amnesia [æm'niːʒɪə] *n* amnésia

amnesty ['æmnəsti] *n* amnistia; *to be freed under an amnesty* ser libertado por amnistia ♦ *vt* amnistiar ❖ *Amnesty International* Amnistia Internacional

amoeba [ə'miːbə] *n* {*pl* -s) ameba; amiba

among [ə'mʌŋ] *prep* 1 entre; no meio de; *one among many* um entre muitos 2 de entre; *which would you choose among all these?* qual escolherias de entre estes todos

amongst [ə'mʌŋst] *prep* ⇒ among

amoral [eɪ'mɒrəl] *adj* amoral

amorous ['æmərəs] *adj* amoroso; terno, carinhoso

amorphous [ə'mɔːfəs] *adj* amorfo

amortization [əmɔːtaɪ'zeɪʃən] *n* amortização

amortize ['æmətaɪz] *vt* amortizar

amount [ə'maʊnt] *n* 1 (dinheiro) montante, quantia, importância [of, de]; total [of, de] 2 quantidade [of, de]; *a large amount of things* uma grande quantidade de coisas ♦ *vi* 1 (quantia) perfazer [to, -]; ascender [to, a]; importar [to, em]; *the losses amount to 10,000 dollars* os prejuízos ascendem a 10 000 dólares 2 (significado) equivaler [to, a]; dar [to, em]; *it all amounted to nothing* não deu em nada

ampere ['æmpeə] *n* ampere

amphetamine [æm'fetəmɪn] *n* anfetamina

amphibian [æm'fɪbɪən] *adj,n* anfíbio

amphibious [æm'fɪbɪəs] *adj* anfíbio

amphitheatre [æmfɪ'θɪətə] *n* anfiteatro

ample ['æmpəl] *adj* 1 (quantidade) bastante; mais que suficiente 2 (dimensões) amplo, espaçoso 3 avantajado

amplification [æmplɪfɪ'keɪʃən] *n* amplificação

amplifier ['æmplɪfaɪə] *n* amplificador

amplify ['æmplɪfaɪ] *vt* **1** (som) amplificar **2** (ideias) desenvolver

amplitude ['æmplɪˌtjuːd] *n* amplitude

amputate ['æmpjəteɪt] *vt* amputar

amputation [ˌæmpjə'teɪʃən] *n* amputação

amulet ['æmjʊlət] *n* amuleto

amuse [ə'mjuːz] *vt* divertir; entreter; *the children were amused by the clowns* as crianças estavam divertidas com os palhaços ♦ *vp* divertir-se; entreter-se

amusement [ə'mjuːzmənt] *n* **1** divertimento; distração **2** passatempo ♦ *npl* diversões ❖ *amusement park* parque de diversões

amusing [ə'mjuːzɪŋ] *adj* divertido; engraçado

an [æn,ən] *art indef* [usa-se antes de vogal ou h mudo] um, uma; *an hour ago* há uma hora; *an old man* um senhor idoso

anachronism [ə'nækrəˌnɪzəm] *n* anacronismo

anaemia [ə'niːmɪə] *n* anemia

anaemic [ə'niːmɪk] *adj* anémico

anaesthesia [ˌænɪs'θiːʒə] *n* anestesia

anaesthetic [ˌænɪs'θetɪk] *adj GB* anestésico ♦ *n* **1** *GB* anestesiante **2** *GB* anestesia; *under anaesthetic* sob anestesia

anaesthetist [ə'niːsθətɪst] *n* anestesista

anaesthetize [ə'niːsθətaɪz] *vt* anestesiar

anagram ['ænəgræm] *n* anagrama

anal ['eɪnəl] *adj* anal

analgesic [ˌænəl'dʒiːzɪk] *adj,n* analgésico

analogic [ˌænə'lɒdʒɪk] *adj* ⇒ **analogical**

analogical [ˌænə'lɒdʒɪkəl] *adj* analógico

analogous [ə'næləgəs] *adj* análogo [to/with, a]

analogue ['ænəlɒg] *n* análogo ♦ *adj* analógico

analogy [ə'nælədʒɪ] *n* (*pl* -ies) analogia

analyse ['ænəlaɪz] *vt* analisar

analyser ['ænəlaɪzə] *n* analista; analisador

analysis [ə'næləsɪs] *n* (*pl* analyses) análise ❖ *in the final/last analysis* em última análise

analyst ['ænəlɪst] *n* **1** analista; comentador **2** psicanalista

analytic [ˌænə'lɪtɪk] *adj* analítico

analytical [ˌænə'lɪtɪkəl] *adj* analítico

anaphora [ə'næfərə] *n* LING anáfora

anaphoric [ˌænə'fɒrɪk] *adj* anafórico

anarchic [æ'nɑːkɪk] *adj* anárquico

anarchism ['ænəkɪzəm] *n* anarquismo

anarchist ['ænəkɪst] *n* anarquista

anarchy ['ænəki] *n* anarquia

anastrophe [ə'næstrəfɪ] *n* LING anástrofe

anathema [ə'næθɪmə] *n* anátema

anatomic [ˌænə'tomɪk] *adj* anatómico

anatomical [ˌænə'tomɪkəl] *adj* anatómico

anatomist [ə'nætəmɪst] *n* anatomista

anatomize [ə'nætəmaɪz] *vt* anatomizar; dissecar

anatomy [ə'nætəmɪ] *n* (*pl* -ies) anatomia

ancestor ['ænsəstə] *n* antepassado; ascendente

ancestral [æn'sestrəl] *adj* ancestral

ancestry ['ænsəstrɪ] *n* (*pl* -ies) ascendência; antepassados

anchor ['æŋkə] *n* **1** NÁUT âncora; *to cast anchor* lançar âncora; *to weigh anchor* levantar âncora **2** *fig* sustentáculo **3** *EUA* (noticiário) pivô; apresentador ♦ *vt* **1** NÁUT ancorar **2** (objetos) prender [to, a]; fixar [to, a] **3** TV (noticiário) apresentar; *she anchors the 8 o'clock news* ela apresenta o noticiário das 8 ♦ *vi* NÁUT ancorar

anchorage ['æŋkərɪdʒ] *n* ancoradouro

anchorman ['æŋkəˌmæn] *n* (*pl* -men) (televisão, rádio) pivô; apresentador

anchorwoman ['æŋkəˌwʊmən] *n* (*pl* -men) (televisão, rádio) pivô; apresentadora

anchovy ['æntʃəvɪ] *n* (*pl* -ies) anchova

ancient ['eɪnʃənt] *adj* **1** antigo; *ancient civilizations* civilizações antigas **2** muito velho ❖ *the ancients* os povos antigos

and [ænd,ənd] *conj* e; *a hundred and one* cento e um; *and so on* etc.

andante [æn'dæntɪ] *n,adj,adv* MÚS andante

androgyne ['ændrodʒaɪn] *n* andrógino

DACIN-DP-3

androgynous [æn'drɒdʒɪnəs] *adj* andrógino

androgyny [æn'drɒdʒɪni] *n* androginia

android ['ændrɔɪd] *n* androide

anecdotal [ænɪk'dəʊtəl] *adj* anedótico

anecdote ['ænɪkdəʊt] *n* história cómica

anemia [ə'niːmiə] *n EUA* ⇒ **anaemia**

anemic [ə'niːmɪk] *adj EUA* ⇒ **anaemic**

anemone [ə'nemənɪ] *n* {*pl* -s} anémona

anesthesia [ænɪs'θiːzɪə] *n EUA* ⇒ **anaesthesia**

anesthesiologist [ˌænəsθiːzi'ɒlədʒɪst] *n EUA* ⇒ **anaesthetist**

anesthetic [ænəs'θətɪk] *adj,n EUA* ⇒ **anaesthetic**

anesthetize [ə'niːsθətaɪz] *vt EUA* ⇒ **anaesthetize**

aneurism ['ænjərɪzəm] *n* MED aneurisma

anew [ə'njuː] *adv* de novo; outra vez

angel ['eɪndʒəl] *n* anjo

angelic [æn'dʒelɪk] *adj* angélico

angelical [æn'dʒelɪkəl] *adj* ⇒ **angelic**

anger ['æŋgə] *n* raiva; cólera; ira; *in a fit of anger* num acesso de cólera ♦ *vt* encolerizar; enfurecer

angina [æn'dʒaɪnə] *n* angina de peito

angioma [ændʒi'əʊmə] *n* MED angioma

angle ['æŋgəl] *n* 1 MAT ângulo; *an angle of 45 degrees* um ângulo de 45 graus 2 esquina; canto; *the house was at an angle* a casa ficava numa esquina 3 (*ponto de vista*) ângulo; perspetiva; *taken from that angle* nessa perspetiva 4 cana de pesca ♦ *vi* 1 pescar à cana 2 *fig* (conceito, ato) direcionar-se [**towards**, para]; tender [**towards**, para]; *it all angled towards his conviction* tudo tendia para a sua condenação ❖ *the picture is hanging at an angle* a imagem não está bem enquadrada

angler ['æŋglə] *n* pescador à linha

Anglican ['æŋglɪkən] *adj,n* anglicano

Anglicanism ['æŋglɪkəˌnɪzəm] *n* REL anglicanismo

anglicism ['æŋglɪˌsɪzəm] *n* anglicismo

anglicize ['æŋglɪsaɪz] *vt* anglicizar

angling ['æŋglɪŋ] *n* pesca à linha

Anglo-American [æŋgləʊə'merɪkən] *adj,n* anglo-americano

Anglo-Saxon [æŋgləʊ'sæksən] *adj,n* anglo--saxão

Angola [æŋ'gəʊlə] *n* Angola

Angolan [æŋ'gəʊlən] *adj,n* angolano

angora [æŋ'gɔːrə] *n* angorá

angrily ['æŋgrɪli] *adv* furiosamente

angry ['æŋgri] *adj* {*comp* -ier, *superl* -iest} zangado [**at/with**, com; **about/over**, por causa de]; *I'm angry over his attitude* estou zangado por causa da atitude dele; *she was angry at her friend* estava zangada com o amigo

anguish ['æŋgwɪʃ] *n* angústia, sofrimento, dor; *to be in anguish* estar angustiado ♦ *vt* angustiar

anguishing ['æŋgwɪʃɪŋ] *adj* angustiante

angular ['æŋgjʊlə] *adj* 1 angular 2 (feições) ossudo

animal ['ænɪməl] *n* 1 animal 2 *fig,pej* (pessoa) bruto ♦ *adj* animal

animality [ænɪ'mælɪti] *n* animalidade; natureza animal

animate[1] ['ænɪmət] *adj* 1 (*com vida*) animado 2 (*movimento*) vigoroso; enérgico

animate[2] ['ænɪmeɪt] *vt* 1 (*ambiente*) animar; dar vida a; alegrar 2 (*ação*) encorajar; incentivar

animated ['ænɪmeɪtɪd] *adj* animado; *animated cartoon* desenho animado

animation [ænɪ'meɪʃən] *n* 1 animação; entusiasmo 2 (filme) animação 3 cinema de animação

animator ['ænɪmeɪtə] *n* (cinema) animador

animism ['ænɪˌmɪzəm] *n* animismo

animist ['ænɪmɪst] *adj,n* animista

animosity [ænɪ'mɒsɪti] *n* {*pl* -ies} animosidade; aversão; inimizade; hostilidade

anise ['ænɪs] *n* (planta) anis

aniseed ['ænɪsiːd] *n* (sementes) anis

anisette [ænɪ'zet] *n* (licor) anis

ankle ['æŋkəl] n tornozelo; (calçado) *ankle boots* botins; (meias) *ankle socks* soquetes
annalist ['ænəlɪst] n cronista; historiador
annals ['ænəlz] npl anais; *in the annals of history* nos anais da História
annex¹ ['æneks] n ⇒ **annexe**
annex² [ə'neks] vt anexar; juntar
annexation [ænek'seɪʃən] n anexação
annexe ['æneks] n (construção, documento) anexo
annihilate [ə'naɪəleɪt] vt aniquilar; destruir; exterminar
annihilation [ə,naɪə'leɪʃən] n aniquilação
anniversary [ænɪ'vɜːsərɪ] n {pl -ies} aniversário
annotate ['ænəteɪt] vt anotar
annotation [ænə'teɪʃən] n 1 anotação 2 nota explicativa
annotator ['ænəteɪtə] n 1 anotador 2 comentador
announce [ə'naʊns] vt 1 anunciar 2 avisar 3 fazer saber; dar a conhecer
announcement [ə'naʊnsmənt] n 1 anúncio; *to make an announcement* anunciar algo 2 declaração pública 3 aviso
announcer [ə'naʊnsə] n 1 (rádio, televisão) locutor, apresentador 2 anunciador
annoy [ə'nɔɪ] vt 1 aborrecer; irritar; zangar 2 incomodar; importunar
annoyance [ə'nɔɪəns] n 1 aborrecimento; irritação 2 incómodo
annoying [ə'nɔɪɪŋ] adj incomodativo, irritante
annual ['ænjʊəl] adj anual ♦ n (publicação) anuário
annually ['ænjʊəlɪ] adv anualmente
annuity [ə'njuːɪtɪ] n {pl -ies} anuidade
annul [ə'nʌl] vt {pret e pp -ll-} anular; invalidar; tornar sem efeito; *to annul a marriage* anular um casamento
annular ['ænjʊlə] adj anelado; arredondado
annulment [ə'nʌlmənt] n anulação

anodyne ['ænədaɪn] adj anódino; inofensivo ♦ n 1 FARM calmante 2 lit paliativo
anoint [ə'nɔɪnt] vt ungir [with, de/com]
anointment [ə'nɔɪntmənt] n 1 unção 2 sagração
anomalous [ə'nɒmələs] adj anómalo
anomaly [ə'nɒməlɪ] n {pl -ies} anomalia
anonym ['ænənɪm] n anónimo
anonymity [ænə'nɪmɪtɪ] n anonimato
anonymous [ə'nɒnɪməs] adj 1 anónimo 2 incaracterístico
anorak ['ænəræk] n anoraque
anorexia [ænə'reksɪə] n anorexia
anorexic [ænə'reksɪk] adj,n anorético
another [ə'nʌðə] adj,pron outro; *another thing* outra coisa; *one or another* um ou outro
answer ['ɑːnsə] n 1 resposta [to, a]; réplica [to, a]; *in answer to* em resposta a 2 (problema) solução ♦ vi 1 responder [to, a]; *to answer to an advertisement* responder a um anúncio 2 reagir [to, a] 3 solucionar [to, -]; *to answer to a problem* dar solução a um problema 4 corresponder [to, a]; *to answer to the description* corresponder à descrição ♦ vt 1 responder; *answer me* responde-me 2 atender; *to answer the door* ir ver quem está à porta; *to answer the phone* atender o telefone ❖ DIR *to answer in law* comparecer em juízo; *he answers to the name of John* ele dá pelo nome de John; (correspondência comercial) *in answer to your letter...* em resposta à sua carta
♦ **answer back** vt,i ripostar, replicar; contra-argumentar
♦ **answer for** vt responder por; garantir; responsabilizar-se por; *to answer for the quality of a product* responder pela qualidade de um produto
answerable ['ɑːnsərəbəl] adj (pessoa) responsável [for, por; to, perante]; *he is answerable for all his actions* ele é responsável por todos os seus atos; *to be*

answerable to someone ter de prestar contas a alguém

answering machine [ˈɑːnsərɪŋməˈʃiːn] *n* atendedor automático

answering service [ˈɑːnsərɪŋsɜːvɪs] *n* serviço de atendimento de chamadas

ant [ænt] *n* formiga

antacid [ˌæntˈæsɪd] *adj,n* antiácido

antagonism [ænˈtægənɪzəm] *n* antagonismo [**towards/to**, contra; **between**, entre]

antagonist [ænˈtægənɪst] *n* antagonista, opositor

antagonistic [ænˌtægəˈnɪstɪk] *adj* 1 antagónico 2 contrário [**to**, a]; *he is antagonistic to the new political ideas* ele é contrário às novas ideias políticas

antagonize [ænˈtægənaɪz] *vt* 1 hostilizar 2 malquistar-se com 3 opor-se a

Antarctic [æntˈɑːktɪk] *adj* antártico ♦ *n* Antártico

Antarctica [æntˈɑːktɪkə] *n* Antártida

ante [ˈæntɪ] *n* (jogo de cartas) aposta; parada; *to up the ante* subir a parada ♦ *vi* (jogo de cartas) apostar, fazer uma aposta

ant-eater [ˈæntˌiːtə] *n* papa-formigas

antecedence [ˌæntɪˈsiːdəns] *n* antecedência, precedência

antecedent [ˌæntɪˈsiːdənt] *n* antecedente ♦ *npl* antepassados ♦ *adj* antecedente, precedente

antechamber [ˈæntɪˌtʃeɪmbə] *n* antecâmara

antedate [ˈæntɪˌdeɪt] *vt* 1 antedatar, pré-datar 2 anteceder, ser anterior a

antelope [ˈæntɪləʊp] *n* antílope

antenatal [ˌæntɪˈneɪtəl] *adj* pré-natal

antenna [ænˈtenə] *n* {*pl* antennae, antennas} 1 (animal) antena 2 *EUA* (rádio, televisão) antena

antepenult [ˌæntɪpɪˈnʌlt] *adj* 1 *form* antepenúltimo 2 LING da antepenúltima sílaba ♦ *n* LING antepenúltima sílaba

antepenultimate [ˌæntɪpɪˈnʌltɪmɪt] *adj* *form* antepenúltimo

anterior [ænˈtɪərɪə] *adj* 1 (posicionamento) anterior; da frente 2 (tempo) anterior; precedente

anteroom [ˈæntɪrʊm] *n* antecâmara

anthem [ˈænθəm] *n* hino

anthology [ænˈθɒlədʒi] *n* {*pl* -ies} antologia

anthracite [ˈænθrəsaɪt] *n* antracite

anthrax [ˈænθræks] *n* antraz

anthropoid [ˈænθrəpɔɪd] *adj,n* antropoide

anthropological [ˌænθrəpəˈlɒdʒɪkəl] *adj* antropológico

anthropologist [ˌænθrəˈpɒlədʒɪst] *n* antropólogo

anthropology [ˌænθrəˈpɒlədʒi] *n* antropologia

anti-aircraft [ˌæntɪˈɛəkrɑːft] *adj* antiaéreo

antibiotic [ˌæntɪbaɪˈɒtɪk] *adj,n* antibiótico

antibody [ˈæntɪbɒdi] *n* {*pl* -ies} anticorpo

anticipate [ænˈtɪsɪpeɪt] *vt* 1 antecipar; prever; esperar; *I anticipate the worst* prevejo o pior 2 adiantar-se a; prevenir

anticipation [ænˌtɪsɪˈpeɪʃən] *n* 1 antecipação; *thank you in anticipation* agradecemos antecipadamente 2 expectativa

anticlimax [ˌæntɪˈklaɪmæks] *n* {*pl* -es} anticlímax

anticlockwise [ˌæntɪˈklɒkwaɪz] *adj* no sentido contrário ao dos ponteiros do relógio

antics [ˈæntɪks] *npl* palhaçadas

anticyclone [ˌæntɪˈsaɪkləʊn] *n* anticiclone

anticyclonic [ˌæntɪsaɪˈklɒnɪk] *adj* anticiclónico

antidepressant [ˌæntɪdɪˈpresənt] *adj,n* antidepressivo

antidote [ˈæntɪdəʊt] *n* antídoto [**to/for**, para/contra]

antifreeze [ˈæntɪfriːz] *n* (automóvel) anticongelante

Antigua and Barbuda [ænˈtiːɡənbɑːbjuːdə] *n* Antígua e Barbuda

antihero [ˌæntɪ'hɪərəʊ] n anti-herói

antihistamine [ˌæntɪ'hɪstəmiːn] n anti-histamínico

antihistaminic [ˌæntɪhɪstə'miːnɪk] adj FARM anti-histamínico

antimony ['æntɪməni] n antimónio

antinomic [ˌæntɪ'nɒmɪk] adj antinómico; antitético; oposto

antinomy [æn'tɪnəmi] n antinomia; antítese; oposição

antinuclear [ˌæntɪ'njuːklɪə] adj antinuclear

antioxidant [ˌæntɪ'ɒksɪdənt] n antioxidante

antipathetic [ˌæntɪpə'θetɪk] adj form contrário [to, a]

antipathy [æn'tɪpəθi] n {pl -ies} form antipatia [to/towards, por]

antipersonnel [ˌæntɪpɜːsə'nel] adj antipessoal; *antipersonnel mines* minas antipessoais

antipodes [æn'tɪpədiːz] npl antípodas

antipyretic [ˌæntɪpɪ'retɪk] adj,n FARM antipirético

antiquarian [ˌæntɪ'kweərɪən] n antiquário ♦ adj de antiguidades; *antiquarian bookshop* alfarrabista

antiquary ['æntɪkwəri] n {pl -ies} 1 (negociante) antiquário 2 colecionador de antiguidades 3 (estudioso) arqueólogo

antiquated ['æntɪkweɪtɪd] adj form antiquado

antique [æn'tiːk] adj antigo ♦ n (período, objeto) antiguidade; *antique dealer* negociante em antiguidades

antiquity [æn'tɪkwɪti] n {pl -ies} (tempo) antiguidade ♦ npl (objetos) antiguidades

antiracism [ˌæntɪ'reɪsɪzm] n antirracismo

antiracist [ˌæntɪ'reɪsɪst] adj,n antirracista

antirevolutionary [ˌæntɪrevə'luːʃənəri] adj antirrevolucionário

anti-Semite [ˌæntɪ'siːmaɪt] n antissemita

anti-Semitic [ˌæntɪsə'mɪtɪk] adj antissemita

anti-Semitism [ˌæntɪsə'mɪtɪzəm] n antissemitismo

antiseptic [ˌæntɪ'septɪk] adj,n antisséptico

antisocial [ˌæntɪ'səʊʃəl] adj 1 antissocial 2 pouco sociável

antispasmodic [ˌæntɪspæz'mɒdɪk] adj,n FARM antiespasmódico

anti-tank [ˌæntɪ'tæŋk] adj antitanque

anti-terrorist [ˌæntɪ'terərɪst] adj antiterrorista

antitetanic [ˌæntɪtɪ'tænɪk] adj FARM antitetânico

antithesis [æn'tɪθɪsɪs] n {pl antitheses} antítese

antithetical [ˌæntɪ'θetɪkəl] adj antitético

antitoxin [ˌæntɪ'tɒksɪn] n antitoxina

anti-virus ['æntɪvaɪrəs] adj antivírus; *anti-virus software/program* antivírus

anti-wrinkle [ˌæntɪ'rɪŋkəl] adj (cosmética) antirrugas; *anti-wrinkle cream* creme antirrugas

antler ['æntlə] n (animal) haste

antonym ['æntənɪm] n antónimo

antonymous [æn'tɒnɪməs] adj antónimo

antonymy [æn'tɒnɪmi] n antonímia

anus ['eɪnəs] n ânus

anvil ['ænvɪl] n bigorna

anxiety [æŋ'zaɪəti] n {pl -ies} 1 ansiedade [about/over, em relação a] 2 ânsia [to, de]

anxiolytic [ˌæŋgzɪə'lɪtɪk] adj,n ansiolítico

anxious ['æŋkʃəs] adj 1 ansioso [about/for, em relação a] 2 (situação) aflitivo; de angústia 3 ansioso [to, por]; desejoso [to, por]

anxiously ['æŋkʃəsli] adv 1 ansiosamente 2 impacientemente

any ['eni] adj,pron 1 algum; alguma; alguns; algumas; *are there any left?* sobrou algum? 2 qualquer; qualquer que; seja qual for; *any will do* qualquer um serve 3 nenhum; nenhuma; *I don't like any of your friends* não gosto de nenhum dos teus amigos ❖ *are you any better?* estás melhor?; *not any more* já não

anybody ['ɛnɪbədi] *pron* 1 alguém; *is anybody there?* está aí alguém? 2 ninguém; *don't tell anybody!* não digas a ninguém! 3 qualquer pessoa

anyhow ['ɛnɪhaʊ] *adv* 1 de qualquer modo; seja como for 2 de qualquer maneira

anyone ['ɛnɪwʌn] *pron* 1 alguém; *if anyone sees her, tell me* se alguém a vir, digam-me 2 ninguém; *there wasn't anyone there* não estava ninguém lá 3 qualquer pessoa; *anyone but him* todos menos ele

anything ['ɛnɪθɪŋ] *pron* 1 alguma/qualquer coisa; *is there anything I can do for you?* posso ajudá-lo em alguma coisa? 2 nada; *I don't need anything* não preciso de nada 3 qualquer coisa; *or anything* ou qualquer coisa assim ❖ *not anything like that* nada disso; *to be anything but...* ser tudo menos...

anyway ['ɛnɪweɪ] *adv* 1 seja como for; de qualquer modo; *thanks, anyway* de qualquer modo, obrigado 2 (em conversa) bem; *anyway, I'd better go now* bem, é melhor ir indo

anywhere ['ɛnɪweə] *adv* 1 em/a qualquer parte; *his house is miles away from anywhere* a casa dele fica longe de tudo 2 em/a lugar nenhum; *I can't find them anywhere* não os encontro em lado nenhum

aorta [eɪ'ɔːtə] *n* (artéria) aorta

apace [ə'peɪs] *adv* depressa

apart [ə'pɑːt] *adv* 1 separado [from, de] 2 à parte; de parte ❖ *apart from* para além de

apartheid [ə'pɑːthaɪt] *n* apartheid

apartment [ə'pɑːtmənt] *n* 1 EUA apartamento 2 *form* quarto; divisão

apathetic [æpə'θetɪk] *adj* apático

apathy ['æpəθi] *n* {*pl* -ies} apatia

ape [eɪp] *n* 1 (grande porte) macaco 2 *fig* imitador; *to play the ape* ser macaco de imitação 3 *fig* tolo; parvo ♦ *vt* imitar; macaquear ❖ *cal* (fúria, excitação) *to go ape (over)* ter um ataque (por causa de); passar-se (por causa de)

aperitif [ə,perɪ'tiːf] *n* (bebida) aperitivo

apex ['eɪpeks] *n* {*pl* -es} 1 cimo, cume 2 vértice; ponta

aphasia [ə'feɪzjə] *n* afasia

aphasic [ə'feɪzɪk] *adj* afásico

aphid ['eɪfɪd] *n* pulgão

aphonia [eɪ'fəʊnɪə] *n* MED afonia

aphonic [eɪ'fɒnɪk] *adj* afónico

aphorism ['æfə,rɪzəm] *n* aforismo

aphrodisiac [,æfrə'dɪzɪæk] *n,adj* afrodisíaco

aphtha ['æfθə] *n* {*pl* aphthae} afta

apiary ['eɪpjəri] *n* {*pl* -ies} colmeal

apiece [ə'piːs] *adv* cada um, por peça

apnoea [æ'pniːə] *n* apneia

apocalypse [ə'pɒkəlɪps] *n* apocalipse

apocalyptic [ə,pɒkə'lɪptɪk] *adj* apocalíptico

apogee ['æpədʒiː] *n* apogeu

apologist [ə'pɒlədʒɪst] *n* apologista; defensor

apologize [ə'pɒlədʒaɪz] *vi* desculpar-se [to, a; for, por]; pedir desculpa [to, a; for, por]; *he must apologize to his mother* ele tem de pedir desculpa à mãe; *I apologize for the delay* peço desculpa pelo atraso

apologue ['æpə,lɒg] *n* LIT apólogo

apology [ə'pɒlədʒi] *n* {*pl* -ies} desculpa [for, por]

apoplectic [,æpə'plektɪk] *adj* furioso

apostle [ə'pɒsəl] *n* apóstolo

apostolic [,æpə'stɒlɪk] *adj* apostólico

apostrophe [ə'pɒstrəfi] *n* 1 (sinal gráfico) apóstrofo 2 (retórica) apóstrofe

apothem ['æpəθem] *n* GEOM apótema

apotheosis [ə,pɒθɪ'əʊsɪs] *n* {*pl* apotheoses} *form* apoteose

appal [ə'pɔːl] *vt* {*pret e pp* -ll-} horrorizar; chocar; *to be appalled at something* ficar horrorizado com alguma coisa

appalling [əˈpɔːlɪŋ] *adj* horrível, chocante

apparatus [ˌæpəˈreɪtəs] *n* (*pl* -es) **1** equipamento; *camping apparatus* equipamento de campismo **2** aparelho; *digestive apparatus* aparelho digestivo

apparent [əˈpærənt] *adj* **1** evidente [to, para]; *it is apparent that...* é evidente que... **2** (indício) aparente

apparently [əˈpærəntli] *adv* **1** ao que parece, ao que tudo indica **2** aparentemente

apparition [ˌæpəˈrɪʃən] *n* (*espetro*) aparição

appeal [əˈpiːl] *n* **1** apelo; pedido **2** DIR recurso; *to make an appeal* recorrer de uma sentença **3** *fig* atração; atrativo; *the appeal of nature* a atração da natureza ♦ *vi* **1** apelar [to, a]; *to appeal to one's sense of honour* apelar ao sentido de honra de alguém **2** pedir auxílio [for, para] **3** pedir; solicitar; angariar [for, para]; *to appeal for funds to help the homeless* angariar fundos para os sem-abrigo **4** DIR recorrer [against, de; to, a]; *he appealed against the referee's decision* ele recorreu da decisão do árbitro **5** *fig* atrair; despertar interesse; *to appeal to the eye* atrair o olhar ♦ *vt* DIR apelar de ❖ *Court of Appeal* Tribunal de Última Instância; *notice of appeal* intimação; *right to appeal* direito de resposta

appealing [əˈpiːlɪŋ] *adj* **1** atraente **2** apelativo **3** (situação) comovente

appear [əˈpɪə] *vi* **1** aparecer; surgir; *he appeared at last* finalmente ele apareceu **2** comparecer [before, perante] **3** parecer; *his essay appears to be the best* a composição dele parece ser a melhor; *so it appears* assim parece

appearance [əˈpɪərəns] *n* **1** aparência; *appearances can be deceptive* as aparências iludem **2** aparecimento; *to make an appearance on TV* aparecer na televisão **3** comparência

appease [əˈpiːz] *vt* apaziguar; pacificar; acalmar

appeasement [əˈpiːzmənt] *n* apaziguamento

appellative [əˈpelətɪv] *adj,n* LING apelativo

append [əˈpend] *vt* juntar [to, a]; anexar [to, a]; adicionar [to, a]

appendant [əˈpendənt] *n* anexo; apêndice ♦ *adj* ligado; junto

appendicitis [əˌpendɪˈsaɪtɪs] *n* apendicite

appendix [əˈpendɪks] *n* (*pl* -ixes, -ices) apêndice

appetence [ˈæpɪtəns] *n* **1** apetência **2** desejo; apetite

appetite [ˈæpɪtaɪt] *n* apetite [for, por]

appetizer [ˈæpɪtaɪzə] *n* aperitivo

appetizing [ˈæpɪtaɪzɪŋ] *adj* apetitoso

applaud [əˈplɔːd] *vt* **1** aplaudir **2** louvar; elogiar ♦ *vi* aplaudir

applause [əˈplɔːz] *n* aplausos

apple [ˈæpəl] *n* maçã; *apple pie* torta de maçã

appliance [əˈplaɪəns] *n* aparelho; *electrical appliance* eletrodoméstico

applicable [ˈæplɪkəbəl] *adj* aplicável

applicant [ˈæplɪkənt] *n* candidato [for, a]

application [ˌæplɪˈkeɪʃən] *n* **1** candidatura **2** aplicação; uso **3** requerimento **4** INFORM aplicação

applied [əˈplaɪd] *adj* aplicado

apply [əˈplaɪ] *vt* **1** aplicar; *to apply a law* aplicar uma lei **2** adotar ♦ *vi* **1** candidatar-se [for, a]; *to apply for a job* candidatar-se a um emprego **2** aplicar-se [to, a]; *this doesn't apply to you* isto não se aplica a ti ❖ *to apply one's mind to something* empenhar-se em algo; concentrar-se em algo

appoint [əˈpɔɪnt] *vt* **1** nomear; *he was appointed as chairman of the commission* foi nomeado presidente da comissão; *to appoint a committee* nomear um comité **2** fixar; marcar; *at the appointed time* à hora marcada

appointee [əˈpɔɪntiː] *n* pessoa nomeada

appointment [əˈpɔɪntmənt] *n* **1** compromisso; marcação **2** nomeação [of, de]

3 consulta [**to**, em]; *dental appointment* consulta no dentista
appose [əˈpəʊz] *vt* apor; pôr junto a
apposite [ˈæpəzɪt] *adj* apropriado
apposition [æpəˈzɪʃən] *n* LING aposição
appraisal [əˈpreɪzəl] *n* avaliação [**of**, de]; apreciação [**of**, de]
appraise [əˈpreɪz] *vt* avaliar; apreciar
appraiser [əˈpreɪzə] *n* EUA avaliador
appreciable [əˈpriːʃəbəl] *adj* apreciável
appreciate [əˈpriːʃieɪt] *vt* 1 avaliar; apreciar 2 ficar grato por; ficar reconhecido por; *I appreciate what you have done* estou reconhecido pelo que fez 3 estar consciente de; aperceber-se de ♦ *vi* valorizar-se; *the sapphire will appreciate in value* a safira valorizar-se-á
appreciation [əˌpriːʃiˈeɪʃən] *n* 1 gratidão; reconhecimento 2 avaliação [**of**, de] 3 consciência, noção 4 valorização
appreciative [əˈpriːʃətɪv] *adj* 1 apreciativo 2 agradecido [**of**, por] 3 (crítica, comentário) elogioso
apprehend [æprɪˈhend] *vt* 1 (compreensão) apreender; captar; *to apprehend the meaning of a sentence* compreender o significado de uma frase 2 apreender; deter; *to apprehend a suspect* deter um suspeito 3 *form* recear
apprehension [æprɪˈhenʃən] *n* 1 apreensão 2 detenção
apprehensive [æprɪˈhensɪv] *adj* apreensivo [**about/for**, em relação a]
apprentice [əˈprentɪs] *n* aprendiz ♦ *vt* pôr como aprendiz
apprenticeship [əˈprentɪʃɪp] *n* aprendizagem
apprise [əˈpraɪz] *vt* informar [**of**, de/que]; pôr ao corrente [**of**, de]
approach [əˈprəʊtʃ] *n* 1 aproximação [**of**, de]; *the approach of Christmas made everybody happy* a proximidade do Natal alegrava toda a gente 2 acesso [**to**, a] 3 abordagem [**to**, a]; *his approach to the*

question was a bit controversial a forma como ele abordou a questão foi um pouco controversa ♦ *vi* aproximar-se ♦ *vt* abordar [**about/for**, acerca de]; *to approach a question* abordar uma questão; *he's not easy to approach* ele não é uma pessoa acessível
approachable [əˈprəʊtʃəbəl] *adj* acessível
approaching [əˈprəʊtʃɪŋ] *adj* 1 que se aproxima 2 (carro) em sentido inverso
approbation [æprəˈbeɪʃən] *n* 1 aprovação 2 aceitação ❖ *goods on approbation* bens entregues à condição
appropriate[1] [əˈprəʊpriət] *adj* 1 apropriado [**for/to**, a] 2 oportuno
appropriate[2] [əˈprəʊprieɪt] *vt* 1 (*destinar*) afetar [**for**, a]; *to appropriate money for new infrastructures* afetar dinheiro a novas infraestruturas 2 (*roubar*) apropriar-se indevidamente de
appropriation [əˌprəʊpriˈeɪʃən] *n* 1 apropriação 2 (verbas, fundos) afetação [**of**, de]; *appropriation of money for a new railway station* afetação de verbas a uma nova estação ferroviária
approval [əˈpruːvəl] *n* aprovação; autorização
approve [əˈpruːv] *vt* aprovar; ratificar; *Parliament has approved the new legislation* o Parlamento aprovou a nova legislação
♦ **approve of** *vt* 1 ver com bons olhos; mostrar-se favorável a 2 gostar de
approving [əˈpruːvɪŋ] *adj* de aprovação
approximate[1] [əˈprɒksɪmɪt] *adj* aproximado
approximate[2] [əˈprɒksɪmeɪt] *vi* aproximar-se [**to**, de]; *it does not even approximate to the average* nem sequer se aproxima da média
approximately [əˈprɒksɪmɪtli] *adv* aproximadamente
approximation [əˌprɒksɪˈmeɪʃən] *n* aproximação [**of/to**, a/de]

apricot ['eɪprɪkɒt] n damasco; *apricot tree* damasqueiro

April ['eɪprəl] n abril ❖ *April fool's day* dia das mentiras

apron ['eɪprən] n avental

apt ['æpt] adj **1** apropriado; acertado **2** (pessoa) com grandes capacidades **3** propenso [to, a]

aptitude ['æptɪtjuːd] n dom, talento [for, para]

aqualung ['ækwəlʌŋ] n (mergulho) escafandro autónomo

aquamarine [ækwəmə'riːn] n água-marinha

aquaplane ['ækwəpleɪn] n DESP aquaplano ♦ vi fazer aquaplanagem

aquarelle [ˌækwə'rel] n ART aguarela

aquarellist [ækwə'relɪst] n aguarelista

Aquarian [ə'kweərɪən] adj,n aquariano

aquarium [æ'kweərɪəm] n {pl -iums, -ia} aquário

Aquarius [ə'kweərɪəs] n (constelação, signo) Aquário

aquarobics [ˌækwə'rəʊbɪks] n DESP hidroginástica

aquatic [ə'kwætɪk] adj aquático

aqueduct ['ækwɪdʌkt] n aqueduto

aqueous ['eɪkwɪəs] adj aquoso; *aqueous humour* humor aquoso

aquiline ['ækwɪlaɪn] adj *aquiline nose* nariz aquilino

Arab ['ærəb] n,adj (pessoa, cavalo) árabe

arabesque [ærə'besk] n arabesco

Arabia [ə'reɪbɪə] n Arábia

Arabian [ə'reɪbɪən] adj árabe; da Arábia

Arabic ['ærəbɪk] adj,n (língua) árabe; *Arabic numerals* numeração árabe

arable ['ærəbəl] adj arável

arachnid [ə'ræknɪd] n aracnídeo

arbitrary ['ɑːbɪtrərɪ] adj arbitrário

arbitrate ['ɑːbɪtreɪt] vt servir de árbitro a; mediar; *to arbitrate a quarrel* mediar um conflito

arbitration [ˌɑːbɪ'treɪʃən] n (conflito) arbitragem

arbitrator ['ɑːbɪtreɪtə] n (num conflito) árbitro

arbor ['ɑːbə] n **1** árvore **2** (máquina) eixo ❖ *EUA Arbor Day* Dia da Árvore

arbour ['ɑːbə] n caramanchão

arbutus [ɑː'bjuːtəs] n {pl -es} BOT medronheiro

arc [uːk] n arco

arcade [ɑː'keɪd] n **1** (arcos) arcada **2** (lojas) galeria; *shopping arcade* galeria comercial

arch [ɑːtʃ] n **1** arco; abóbada; ARQ *depressed arch* arco abatido, ARQ *pointed arch* ogiva **2** curva do pé; *to have fallen arches* ter pés chatos ♦ adj malicioso; *an arch look* uma expressão maliciosa ♦ vt **1** arquear **2** abobadar ♦ vi **1** arquear-se; abaular-se **2** formar abóbada

archaeological [ˌɑːkɪə'lɒdʒɪkəl] adj arqueológico

archaeologist [ɑːkɪ'ɒlədʒɪst] n arqueólogo

archaeology [ɑːkɪ'ɒlədʒɪ] n arqueologia

archaic [ɑː'keɪɪk] adj arcaico

archaism [ɑː'keɪɪzəm] n arcaísmo

archangel ['ɑːkeɪndʒəl] n arcanjo

archbishop [ɑːtʃ'bɪʃəp] n arcebispo

archduke [ɑːtʃ'djuːk] n arquiduque

archeological [ˌɑːkɪə'lɒdʒɪkəl] adj EUA ⇒ **archaeological**

archeologist [ɑːkɪ'ɒlədʒɪst] n EUA ⇒ **archaeologist**

archeology [ɑːkɪ'ɒlədʒɪ] n EUA ⇒ **archaeology**

archer ['ɑːtʃə] n arqueiro

archery ['ɑːtʃərɪ] n tiro ao arco

archetype ['ɑːkɪtaɪp] n arquétipo

archipelago [ɑːkɪ'pelagəʊ] n {pl -s, -es} arquipélago

architect ['ɑːkɪtekt] n arquiteto

architectonic [ɑːkɪtek'tɒnɪk] adj arquitetónico

architectonics [ɑːkɪtek'tɒnɪks] n arquitetónica

architectural [ɑːkɪˈtektʃərəl] *adj* arquitetural

architecture [ˈɑːkɪtektʃə] *n* arquitetura

archives [ˈɑːkaɪvz] *n pl* arquivo; *the company's archives* os arquivos da empresa

archivist [ˈɑːkɪvɪst] *n* arquivista

archway [ˈɑːtʃweɪ] *n* arcada

Arctic [ˈɑːktɪk] *adj* ártico ♦ *n* Ártico

ardent [ˈɑːdənt] *adj* ardente; fervoroso

ardour [ˈɑːdə] *n* ardor; paixão

arduous [ˈɑːdjuəs] *adj* árduo

are [ɑː] *n* (medida) are ♦ *2ª pessoa singular e 1ª, 2ª e 3ª pessoas plural do presente indicativo de* to be

area [ˈeərɪə] *n* 1 área; superfície 2 região; zona ❖ *(telefone) area code* indicativo

arena [əˈriːnə] *n* 1 arena 2 estádio 3 anfiteatro 4 *fig* contexto

aren't [ɑːnt] *contr de* are + not

Argentina [ˌɑːdʒənˈtiːnə] *n* Argentina

Argentine [ˈɑːdʒəntaɪn] *adj,n* argentino

Argentinian [ˌɑːdʒenˈtɪnɪən] *adj,n* argentino

argil [ˈɑːdʒɪl] *n* argila

argol [ˈɑːgɒl] *n* (vinho) tártaro

argon [ˈɑːgɒn] *n* árgon

argot [ˈɑːgəʊ] *n* gíria; *teenage argot* gíria dos adolescentes

arguable [ˈɑːgjuəbəl] *adj* discutível

arguably [ˈɑːgjuəblɪ] *adv* possivelmente; provavelmente

argue [ˈɑːgjuː] *vt* 1 discutir [with, com; about/over, sobre]; *he argued with his friend* ele discutiu com o amigo; *they argued over what they should do* eles discutiram sobre o que deveriam fazer 2 argumentar [against, contra; for, em favor de]; *to argue against nuclear weapons* argumentar contra as armas nucleares 3 arguir

arguer [ˈɑːgjuə] *n* argumentador

argument [ˈɑːgjumənt] *n* 1 discussão 2 argumento

argumentation [ˌɑːgjumenˈteɪʃən] *n* argumentação

argumentative [ˌɑːgjuˈmentətɪv] *adj* 1 argumentativo 2 contestatário; conflituoso

aria [ˈɑːrɪə] *n* ária

arid [ˈærɪd] *adj* 1 árido 2 sem interesse

aridity [əˈrɪdɪtɪ] *n* aridez

Aries [ˈeəriːz] *n* (constelação, signo) Carneiro

arise [əˈraɪz] *vi* {*pret* arose, *pp* arisen} 1 aparecer; surgir 2 (vento, tempestade) levantar-se ❖ *should the need arise* se for necessário; *should the occasion arise* se houver oportunidade

aristocracy [ˌærɪˈstɒkrəsɪ] *n* {*pl* -ies} aristocracia

aristocrat [ˈærɪstəkræt] *n* aristocrata

aristocratic [ˌærɪstəˈkrætɪk] *adj* aristocrático

arithmetic [əˈrɪθmətɪk] *adj* aritmético ♦ *n* aritmética

arithmetical [ˌærɪθˈmetɪkəl] *adj* aritmético

arithmetician [əˌrɪθməˈtɪʃən] *n* (estudioso) aritmético

ark [ɑːk] *n* REL arca ❖ *Ark of the Covenant* Arca da Aliança; *Noah's Ark* Arca de Noé

arm [ɑːm] *n* 1 braço 2 (casaco) manga 3 (árvore) ramo 4 (mar) braço 5 *fig* poder; autoridade ♦ *vt* 1 armar 2 (explosivo) armadilhar ♦ *vi* armar-se ❖ *arm in arm* de braço dado; *to keep someone at arm's length* manter alguém à distância; *with folded arms* de braços cruzados; *with open arms* de braços abertos

armada [ɑːˈmɑːdə] *n* armada

armament [ˈɑːməmənt] *n* armamento

armature [ˈɑːmətʃə] *n* armadura

armband [ˈɑːmbænd] *n* (faixa, boia) braçadeira

armchair [ˈɑːmtʃeə] *n* poltrona

armed [ˈɑːmd] *adj* armado [with, com/de]; *armed robbery* assalto à mão armada

Armenia [ɑːˈmiːnɪə] *n* Arménia

Armenian [ɑːˈmiːnɪən] *adj,n* arménio

armful ['ɑːmfʊl] n braçada [of, de]

armhole ['ɑːmhəʊl] n (vestuário) cava

armillary ['ɑːmɪləri] adj armilar; *armillary sphere* esfera armilar

armistice ['ɑːmɪstɪs] n armistício

armorial [ɑːˈmɔːriəl] adj heráldico ❖ *armorial bearings* brasão de armas

armory ['ɑːməri] n (pl -ies) → **armoury**

armour ['ɑːmə] n 1 armadura 2 MIL blindagem

armoured ['ɑːməd] adj blindado

armourer ['ɑːmərə] n armeiro

armour-plate [ˌɑːməˈpleɪt] vt blindar

armoury ['ɑːməri] n (pl -ies) arsenal

armpit ['ɑːmpɪt] n axila, sovaco

arms ['ɑːmz] n pl 1 armas; *to lay down one's arms* depor as armas 2 (profissão militar) armas; *to bear arms* servir como soldado ❖ *arms ban* embargo de armas; *arms race* corrida ao armamento; *by force of arms* à mão armada

arm-wrestle [ˌɑːmˈresəl] vi fazer braço de ferro

arm-wrestling [ˌɑːmˈreslɪŋ] n braço de ferro

army ['ɑːmi] n (pl -ies) 1 exército; *to be in the army* ser militar 2 multidão [of, de]

aroma [əˈrəʊmə] n aroma

aromatherapist [əˌrəʊməˈθerəpɪst] n aromaterapeuta

aromatherapy [əˌrəʊməˈθerəpi] n aromaterapia

aromatic [ˌærəˈmætɪk] adj aromático

aromatize [əˈrəʊmətaɪz] vt aromatizar

around [əˈraʊnd] prep,adv 1 à volta de; em torno de 2 aproximadamente; cerca de 3 por aí ❖ *see you around!* até à próxima!

arousal [əˈraʊzəl] n 1 o despertar 2 excitação (sexual)

arouse [əˈraʊz] vt 1 despertar; desencadear; *the subject aroused his interest* o assunto despertou-lhe o interesse 2 estimular; excitar

arraign [əˈreɪn] vt processar; acusar [for/on, por/de]; *to be arraigned on a charge of murder* ser acusado de assassinato

arraignment [əˈreɪnmənt] n processo-crime; acusação

arrange [əˈreɪndʒ] vt 1 organizar; ordenar; *to arrange the books in alphabetical order* ordenar os livros alfabeticamente 2 marcar; combinar; *to arrange a meeting* combinar uma reunião 3 tratar de; encarregar-se de 4 (música) compor [for, para]; *a symphony arranged for piano* uma sinfonia composta para piano

arrangement [əˈreɪndʒmənt] n 1 acordo 2 plano 3 (objetos, mobília) disposição 4 arranjo; *a flower arrangement* um arranjo floral 5 MÚS arranjo ♦ npl preparativos [for, para]

array [əˈreɪ] n 1 seleção; série; conjunto [of, de] 2 MIL formação militar 3 INFORM tabela ♦ vt 1 dispor 2 MIL pôr em ordem de batalha; *the enemy forces were arrayed on the opposite hill* as forças inimigas estavam em formação na colina oposta

arrears [əˈrɪəz] npl dívidas em atraso ❖ *to be in arrears with something* ter algo em atraso

arrest [əˈrest] n 1 prisão; detenção; *the police made several arrests* a polícia fez várias detenções; *to be under arrest* estar preso 2 arresto; embargo ♦ vt 1 prender; deter; *to arrest someone for something* prender alguém por ter cometido algo 2 embargar, apreender 3 conter; *the company tried to arrest the losses* a empresa tentou conter os prejuízos 4 chamar a atenção de; atrair

arrhythmia [əˈrɪθmɪə] n arritmia

arrival [əˈraɪvəl] n 1 chegada; *on arrival* à chegada 2 pessoa que chega

arrive [əˈraɪv] vi 1 chegar [at/in, a]; *to arrive at a conclusion* chegar a uma conclusão; *to arrive in Portugal* chegar a Portugal 2 *col* fazer sucesso; *they really arrived when they made their first record* eles tiveram um grande sucesso quando gravaram o primeiro disco 3 nascer

arrogance ['ærəgəns] *n* arrogância

arrogant ['ærəgənt] *adj* arrogante

arrogate ['ærəgeɪt] *vt* arrogar, atribuir [to, a]; *he arrogated to himself the right to change the law* ele arrogou-se ao direito de mudar a lei

arrow ['ærəu] *n* 1 flecha 2 seta

arse [ɑːs] *n* GB *vulg* rabo

arsenal ['ɑːsənəl] *n* arsenal [of, de]

arsenic ['ɑːsnɪk] *n* 1 (elemento químico) arsénio 2 arsénico

arson ['ɑːsən] *n* fogo posto

arsonist ['ɑːsənɪst] *n* incendiário

art [ɑːt] *n* 1 arte 2 manha, astúcia ♦ *npl* Letras; *Faculty of Arts* Faculdade de Letras ❖ *arts and crafts* artes e ofícios; *fine arts* belas-artes

artefact ['ɑːtɪfækt] *n* artefacto

artemisia [ˌɑːtɪˈmɪzɪə] *n* BOT artemísia

arterial [ɑːˈtɪərɪəl] *adj* 1 arterial 2 (estrada) principal

arteriosclerosis [ɑːˌtɪərɪəʊsklɪˈrəʊsɪs] *n* arteriosclerose

artery ['ɑːtərɪ] *n* {*pl* -ies} (vaso, estrada) artéria

artesian [ɑːˈtiːzɪən] *adj* artesiano; *artesian well* poço artesiano

artful ['ɑːtfʊl] *adj* 1 (pessoa) astuto 2 (esquema) engenhoso

artfully ['ɑːtfʊlɪ] *adv* 1 astuciosamente 2 habilmente

arthritic [ɑːˈθrɪtɪk] *adj* artrítico

arthritis [ɑːˈθraɪtɪs] *n* artrite

arthrosis [ɑːˈθrəʊsɪs] *n* artrose

artichoke ['ɑːtɪtʃəʊk] *n* alcachofra

article ['ɑːtɪkəl] *n* 1 artigo 2 peça; *an article of clothing* uma peça de roupa 3 (jornal) artigo 4 cláusula 5 LING artigo; *the*

definite article artigo definido ♦ *vt* contratar para estágio [to, em]

articulate[1] [ɑːˈtɪkjʊlɪt] *adj* 1 (discurso) articulado 2 (pessoa) eloquente 3 (pensamento) claro; coerente 4 (animal) articulado

articulate[2] [ɑːˈtɪkjʊleɪt] *vt* 1 articular; pronunciar claramente 2 exprimir

articulation [ɑːˌtɪkjʊˈleɪʃən] *n* 1 articulação 2 expressão

artifice ['ɑːtɪfɪs] *n* 1 estratagema 2 astúcia; manha

artificial [ˌɑːtɪˈfɪʃəl] *adj* artificial; *artificial limb* prótese

artificiality [ˌɑːtɪfɪʃɪˈælɪti] *n* {*pl* -ies} artificialidade

artificialize [ˌɑːtɪˈfɪʃəlaɪz] *vt* 1 tornar artificial 2 estilizar

artillery [ɑːˈtɪlərɪ] *n* {*pl* -ies} artilharia

artisan ['ɑːtɪzæn] *n* artesão

artist ['ɑːtɪst] *n* artista

artistic [ɑːˈtɪstɪk] *adj* artístico

artistically [ɑːˈtɪstɪkəlɪ] *adv* artisticamente

artless ['ɑːtləs] *adj* simples, natural

arty ['ɑːti] *adj* *col* com pretensões artísticas

arum ['eərəm] *n* BOT jarro

as [əz] *conj* 1 como; *such as* tal como 2 conforme; *as I was saying...* conforme dizia... 3 enquanto; *she talked as she painted* ela falava enquanto pintava 4 porque ♦ *prep* como; *I work as a teacher* trabalho como professor ❖ *as... as* tão... como; *as for* no que concerne; *as soon as* logo que

asap [*sigla de* as soon as possible] o mais cedo possível

asbestos [æsˈbestəs] *n* asbesto, amianto

ascend [əˈsend] *vt,i* subir; ascender; *to ascend the throne* ascender ao trono ❖ *in ascending order* por ordem crescente

ascendancy [əˈsendənsi] *n* supremacia [over, sobre]

ascendant [əˈsendənt] *n* ASTROL ascendente ♦ *adj* ascendente; em ascensão

ascendency [əˈsendənsi] *n* ⇒ **ascendancy**

ascendent [əˈsendənt] *n,adj* ⇒ **ascendant**

ascension [ə'senʃən] n ascensão

Ascension [ə'senʃən] n REL Ascensão

ascent [ə'sent] n 1 subida 2 ladeira

ascertain [ˌæsə'teɪn] vt 1 averiguar 2 comprovar

ascetic [ə'setɪk] adj ascético ♦ n asceta

asceticism [ə'setɪsɪzəm] n ascetismo

ascribe [ə'skraɪb] vt 1 atribuir [to, a] 2 imputar [to, a]; *to ascribe something to someone* imputar algo a alguém

aseptic [ə'septɪk] adj asséptico

asexual [eɪ'sekʃʊəl] adj assexuado

asexuality [eɪˌsekʃʊ'ælɪti] n assexualidade

ash [æʃ] n cinza ♦ *Ash Wednesday* Quarta-Feira de Cinzas; *as pale as ashes* branco como a cal

ashamed [ə'ʃeɪmd] adj envergonhado; *to be ashamed of* ter vergonha de

ashore [ə'ʃɔː] adv em terra; para terra ❖ *to go ashore* desembarcar; *to run ashore* encalhar

ashtray ['æʃtreɪ] n cinzeiro

Asia ['eɪʃə] n Ásia

Asian ['eɪʃən] adj,n asiático

Asiatic [ˌeɪʃi'ætɪk] adj asiático

aside [ə'saɪd] adv à parte, de lado; *to stand aside* colocar-se de lado ♦ n aparte ♦ prep à parte, exceto ❖ *to speak aside* falar em privado

asinine ['æsɪnaɪn] adj estúpido

ask [ɑːsk] vt,i 1 perguntar [about, acerca de; for, por]; *to ask a question* fazer uma pergunta; *he asked about her accident* ele quis saber do acidente; *he called asking for me* ele telefonou a perguntar por mim 2 pedir; *to ask a favour* pedir um favor 3 convidar; *to ask somebody out to dinner* convidar alguém para jantar

♦ **ask after** vt perguntar por

♦ **ask out** vt convidar para sair

askance [ə'skæns] adv de lado; de soslaio; *to look askance at* olhar de lado para

askew [ə'skjuː] adv de lado

aslant [ə'slɑːnt] adv de lado; obliquamente

asleep [ə'sliːp] adj 1 a dormir; adormecido; *to be asleep* estar a dormir; *to fall asleep* adormecer 2 (perna, braço, etc.) dormente

asparagus [ə'spærəgəs] n espargo

aspect ['æspekt] n 1 aspeto [of, de] 2 (edifício) orientação

aspen ['æspən] n faia preta

asperity [æ'sperɪti] n (pl -ies) 1 (atitude) severidade 2 (superfície) aspereza

asphalt ['æsfælt] n asfalto ♦ vt asfaltar

asphyxia [æs'fɪksɪə] n asfixia

asphyxiate [æs'fɪksɪeɪt] vt,i asfixiar

asphyxiation [æsˌfɪksɪ'eɪʃən] n asfixia

aspic ['æspɪk] n CUL gelatina com peixe, carne, ovos ou legumes

aspirant [ə'spaɪərənt] n aspirante; candidato [to, a]

aspirate ['æspɪreɪt] vt 1 (fluidos, ar) aspirar 2 LING aspirar

aspiration [ˌæspɪ'reɪʃən] n 1 ambição; aspiração [of, de] 2 LING som aspirado

aspire [ə'spaɪə] vi aspirar [to/after, a]; ambicionar [to/after, -]; *to aspire after a political career* ambicionar uma carreira política; *he aspired to the leadership of the party* ele ambicionava a liderança do partido

aspirin ['æsprɪn] n aspirina

aspiring [ə'spaɪərɪŋ] adj aspirante (a)

ass [ɑːs] n 1 col,pej (pessoa) burro, imbecil 2 EUA vulg rabo ❖ cal *to be a pain in the ass* ser um chato

assail [ə'seɪl] vt 1 atacar [with, com] 2 (dúvidas, problemas) assaltar; *to be assailed by doubts* ser assaltado por dúvidas

assailant [ə'seɪlənt] n atacante; agressor

assassin [ə'sæsɪn] n assassino

assassinate [ə'sæsɪneɪt] vt assassinar; *a plot to assassinate the President* uma conspiração para assassinar o Presidente

assassination [əˌsæsɪ'neɪʃən] n assassinato

assault [ə'sɔːlt] n 1 agressão [on, contra] 2 ataque 3 assalto ♦ vt 1 agredir 2 atacar ❖ *assault and battery* insulto e agressão; *to be taken by assault* ser tomado de assalto

assay [ə'seɪ] vt 1 analisar, testar 2 experimentar ♦ n 1 análise; teste 2 amostra

assemblage [ə'semblɪdʒ] n 1 reunião 2 conjunto; coleção 3 MEC montagem

assemble [ə'sembəl] vt 1 reunir; juntar 2 MEC montar; *to assemble a car* montar um carro

assembly [ə'sembli] n {pl -ies} 1 reunião 2 assembleia 3 ajuntamento 4 MEC montagem

assent [ə'sent] n 1 concordância 2 consentimento [to, a]; *the Chairman gave his assent to the committee's proposals* o Presidente aprovou as propostas da comissão ♦ vi 1 concordar [to, com] 2 consentir [to, em]

assert [ə'sɜːt] vt 1 afirmar; *to assert oneself* afirmar-se 2 fazer valer; defender; *to assert one's rights* defender os próprios direitos

assertion [ə'sɜːʃən] n afirmação

assertive [ə'sɜːtɪv] adj assertivo; afirmativo

assess [ə'ses] vt 1 analisar 2 avaliar; *to assess a property* avaliar uma propriedade 3 tributar, coletar

assessment [ə'sesmənt] n 1 avaliação; *continuous assessment* avaliação contínua 2 estimativa, cálculo 3 tributação; imposto

assessor [ə'sesə] n 1 avaliador 2 perito 3 assessor

asset ['æset] n 1 vantagem 2 (pessoa) trunfo, elemento valioso ♦ npl 1 posses; bens; *real assets* bens de raiz 2 ECON ativo; *assets and liabilities* ativo e passivo

asseverate [ə'sevəreɪt] vt asseverar

assiduity [ˌæsɪ'djuːtɪ] n {pl -ies} assiduidade

assiduous [ə'sɪdjuəs] adj assíduo

assiduously [ə'sɪdjuəslɪ] adv assiduamente

assign [ə'saɪn] vt 1 atribuir [to, a]; *to assign a job to someone* atribuir uma tarefa a alguém 2 nomear [to, para]; destacar [to, para] 3 DIR (bens) transferir; ceder

assignation [ˌæsɪg'neɪʃən] n 1 (secreto) encontro amoroso 2 atribuição 3 destacamento

assignment [ə'saɪnmənt] n 1 (cargo) nomeação 2 tarefa 3 missão

assimilate [ə'sɪmɪleɪt] vt assimilar ♦ vi integrar-se [into, em]; *they assimilated easily into the new community* eles integraram-se facilmente na nova comunidade

assimilation [əˌsɪmɪ'leɪʃən] n 1 assimilação 2 integração

assist [ə'sɪst] vt 1 ajudar, auxiliar [in/with, em] 2 prestar assistência a [in, em]; *the nurses assisted the doctor in the operation* as enfermeiras prestaram assistência ao médico na operação ♦ vi ajudar

assistance [ə'sɪstəns] n ajuda; auxílio

assistant [ə'sɪstənt] n 1 assistente 2 ajudante; *an assistant cook* um ajudante de cozinha

associate[1] [ə'səʊʃiət] n 1 sócio 2 (crime) cúmplice

associate[2] [ə'səʊʃieɪt] vt associar [with, a]; *he was associated with the former government* ele estava ligado ao governo anterior ♦ vi relacionar-se [with, com]; *to associate with somebody* pertencer ao círculo de relações de alguém ❖ *to be associated with* ser associado a

association [əˌsəʊsɪ'eɪʃən] n associação ❖ *in association with* com a colaboração de

associative [ə'səʊʃjətɪv] adj associativo

assort [ə'sɔːt] vt classificar; ordenar ❖ *to assort with* acompanhar

assorted [ə'sɔːtɪd] adj (bombons, camisas) sortido

assortment [əˈsɔːtmənt] n 1 sortido, seleção 2 grupo

assuage [əˈsweɪdʒ] vt aliviar; acalmar

assume [əˈsjuːm] vt 1 supor; presumir; *to assume guilt* presumir a culpa; *let's assume that...* suponhamos que... 2 assumir; *to assume responsibilities* assumir as responsabilidades 3 adotar; *she assumed an air of indifference* pôs um ar de indiferença

assumption [əˈsʌmpʃən] n 1 suposição; hipótese 2 (poder) tomada [of, de] ❖ *on the assumption that* supondo que

assurance [əˈʃʊərəns] n 1 garantia [of, de] 2 confiança; segurança 3 seguro; *life assurance* seguro de vida

assure [əˈʃʊə] vt 1 assegurar [of, de]; *he assured us of his ability to solve the problem* ele assegurou-nos da sua capacidade para resolver o problema 2 garantir [of, que] ❖ *rest assured* fica descansado

astatine [ˈæstətiːn] n ástato

asterisk [ˈæstərɪsk] n asterisco ◆ vt marcar com asterisco

astern [əˈstɜːn] adv à ré, atrás

asteroid [ˈæstərɔɪd] n asteroide

asthma [ˈæsmə] n asma

asthmatic [æsˈmætɪk] adj,n asmático

astigmatic [ˌæstɪɡˈmætɪk] adj astigmático

astigmatism [əˈstɪɡmətɪzəm] n astigmatismo

astonish [əˈstɒnɪʃ] vt 1 surpreender; *you astonish me* surpreendes-me 2 espantar; *we were astonished by the news* ficámos espantados com a notícia

astonished [əˈstɒnɪʃt] adj admirado [at, com], espantado [at, com]

astonishing [əˈstɒnɪʃɪŋ] adj espantoso; surpreendente

astonishment [əˈstɒnɪʃmənt] n surpresa; espanto

astound [əˈstaʊnd] vt surpreender; confundir; espantar; *the news astounded me* a notícia deixou-me perplexo

astounding [əˈstaʊndɪŋ] adj espantoso

astral [ˈæstrəl] adj astral

astray [əˈstreɪ] adv *to go astray* perder-se, extraviar-se

astride [əˈstraɪd] prep,adv às cavalitas (em)

astringent [əˈstrɪndʒənt] adj 1 adstringente 2 fig severo

astrolabe [ˈæstrəleɪb] n astrolábio

astrologer [əˈstrɒlədʒə] n astrólogo

astrological [ˌæstrəˈlɒdʒɪkəl] adj astrológico

astrology [əˈstrɒlədʒi] n astrologia

astronaut [ˈæstrənɔːt] n astronauta

astronautics [ˌæstrəˈnɔːtɪks] n astronáutica

astronomer [əˈstrɒnəmə] n astrónomo

astronomical [ˌæstrəˈnɒmɪkəl] adj astronómico

astronomy [əˈstrɒnəmi] n astronomia

astrophysicist [ˌæstrəʊˈfɪzɪsɪst] n astrofísico

astrophysics [ˌæstrəʊˈfɪzɪks] n astrofísica

astute [əˈstjuːt] adj astuto

astuteness [əˈstjuːtnɪs] n astúcia

asunder [əˈsʌndə] adv lit aos pedaços

asylum [əˈsaɪləm] n asilo; *to seek political asylum* procurar asilo político

asymmetric [ˌeɪsɪˈmetrɪk] adj assimétrico

asymmetrical [ˌeɪsɪˈmetrɪkəl] adj ⇒ **asymmetric**

asymmetry [æˈsɪmɪtri] n assimetria

asyndeton [əˈsɪndɪtən] n assíndeto

at [ət] prep 1 em, a; *at hand* à mão; *at home* em casa 2 de, contra; *to shoot at someone* disparar contra alguém 3 para, por; *at last* por fim; *at least* pelo menos 4 INFORM arroba ❖ *at all* absolutamente; *at most* quando muito; *at once* 1 imediatamente 2 ao mesmo tempo

ATB [sigla de **all-terrain bicycle**] BTT [sigla de Bicicleta Todo-o-Terreno]

atheism [ˈeɪθiɪzəm] n ateísmo

atheist [ˈeɪθiɪst] n ateu

atheistic [ˌeɪθiˈɪstɪk] adj ateu

Athens ['æθənz] *n* Atenas

athlete ['æθliːt] *n* atleta ❖ (micose) *athlete's foot* pé de atleta

athletic [æθ'letɪk] *adj* atlético ❖ *athletic sports* atletismo

athletics [æθ'letɪks] *n* atletismo

Atlantic [ət'læntɪk] *adj,n* atlântico; *the Atlantic (Ocean)* o (Oceano) Atlântico

atlas ['ætləs] *n* (*pl* -es) (livro) atlas

ATM *EUA* [*sigla de* **Automatic Teller Machine**] Caixa Multibanco

atmosphere ['ætməsfɪə] *n* 1 atmosfera 2 ambiente

atmospheric [ætməs'ferɪk] *adj* atmosférico

atoll ['ætɒl] *n* atol

atom ['ætəm] *n* átomo ❖ *atom bomb* bomba atómica

atomic [ə'tɒmɪk] *adj* atómico

atomization [ætəmaɪ'zeɪʃən] *n* atomização

atomize ['ætəmaɪz] *vt* 1 atomizar 2 pulverizar 3 (*destruir*) reduzir a átomos

atomizer ['ætəmaɪzə] *n* pulverizador

atone [ə'təʊn] *vi* 1 (culpa) expiar [**for**, -] 2 (erro) reparar [**for**, -]; *to atone for a fault* reparar um erro

atonement [ə'təʊnmənt] *n* 1 (culpa) expiação 2 (erro) reparação

atonic [ə'tɒnɪk] *adj* LING átono

atony ['ætəni] *n* 1 LING atonicidade 2 MED atonia, fraqueza

atrium ['eɪtrɪəm] *n* (*pl* atria, atriums) 1 ANAT aurícula 2 átrio

atrocious [ə'trəʊʃəs] *adj* 1 atroz 2 horrível

atrocity [ə'trɒsɪti] *n* (*pl* -ies) atrocidade

atrophy ['ætrəfi] *n* (*pl* -ies) atrofia ♦ *vt,i* atrofiar

attach [ə'tætʃ] *vt* 1 anexar [**to**, a]; *a document attached to a letter* um documento anexo a uma carta 2 prender; *to attach something to* prender algo a 3 atribuir; *to attach importance to* atribuir importância a

attaché [ə'tæʃeɪ] *n* (diplomacia) adido ❖ (mala) *attaché case* pasta para documentos

attached [ə'tætʃd] *adj* 1 (documento) em anexo 2 ligado [**to**, a] 3 *col* (pessoa) comprometido

attachment [ə'tætʃmənt] *n* 1 acessório 2 INFORM (e-mail) anexo 3 afeto; carinho 4 ligação [**to/for**, a]

attack [ə'tæk] *n* 1 ataque [**of**, de; **on**, a]; *heart attack* ataque cardíaco; *to be under attack* estar sob ataque; *to launch an attack on* lançar uma investida sobre 2 atentado; *an attack on the president's life* um atentado à vida do Presidente ♦ *vt* 1 atacar; *the enemy attacked at night* o inimigo atacou à noite 2 criticar violentamente

attacker [ə'tækə] *n* atacante, agressor

attain [ə'teɪn] *vt* 1 alcançar, atingir; *to attain power* atingir o poder; *the country attained its independence in 1961* o país alcançou a independência em 1961 2 (sonho, objetivo) realizar

attainable [ə'teɪnəbəl] *adj* alcançável; possível

attainment [ə'teɪnmənt] *n* 1 êxito 2 (sonho, objetivo) realização

attempt [ə'tempt] *n* 1 tentativa [**at**, de] 2 atentado [**on somebody's life**, contra alguém] ♦ *vt* tentar

attend [ə'tend] *vt* 1 assistir a; *to attend a meeting* assistir a uma reunião 2 frequentar; *to attend school* frequentar a escola 3 tratar de; cuidar de; ocupar-se de; *to attend patients* cuidar de doentes ♦ *vi* assistir; estar presente

❖ **attend to** [ə'tend tə] *vt* 1 tratar de; lidar com 2 (clientes) atender

attendance [ə'tendəns] *n* 1 assistência; frequência [**at**, a/de] 2 presença, comparência

attendant [ə'tendənt] *n* 1 empregado 2 assistente; *flight attendant* assistente de bordo 3 acompanhante ♦ *adj* consequente

attention [ə'tenʃən] *n* atenção [to, a]; (carta) *for the attention of* à atenção de; *to pay attention to* prestar atenção a

attentive [ə'tentɪv] *adj* 1 atento; *an attentive audience* uma audiência atenta 2 atencioso [to, com], solícito [to, com]

attentively [ə'tentɪvli] *adv* 1 atentamente 2 atenciosamente

attenuate [ə'tenjʊeɪt] *vt,i* 1 atenuar 2 suavizar

attenuation [ə,tenjʊ'eɪʃən] *n* atenuação

attest [ə'test] *vt* atestar; confirmar; *witnesses attested his account of the attack* testemunhas confirmaram o seu relato do ataque ♦ *vi* testemunhar

attestation [,æte'steɪʃən] *n* testemunho

attic ['ætɪk] *n* sótão

attire [ə'taɪə] *n* 1 vestuário; traje; apresentação; *in formal attire* de traje formal 2 adorno 3 armação do veado ♦ *vt* 1 vestir; *he was elegantly attired in a cashmere coat* ele estava elegantemente vestido com um casaco de caxemira 2 ornamentar

attitude ['ætɪtjuːd] *n* atitude [towards, perante]

attorney [ə'tɜːni] *n* 1 (magistrado) procurador 2 *EUA* advogado ❖ *Attorney General* Procurador-geral da República

attract [ə'trækt] *vt* 1 atrair; seduzir; *to attract investors* atrair investidores 2 captar; *to attract attention* chamar a atenção ❖ *to be attracted to* ter uma atração por

attraction [ə'trækʃən] *n* 1 atração 2 atrativo

attractive [ə'træktɪv] *adj* atrativo [to, para]

attribute¹ ['ætrɪbjuːt] *n* atributo

attribute² [ə'trɪbjuːt] *vt* atribuir [to, a]

attribution [,ætrɪ'bjuːʃən] *n* atribuição

attributive [ə'trɪbjʊtɪv] *adj* atributivo

attrition [ə'trɪʃən] *n* 1 atrito 2 desgaste

attune [ə'tjuːn] *vt* harmonizar ❖ *to attune to* habituar-se a; *to be attuned to* estar em sintonia com

atypical [eɪ'tɪpɪkəl] *adj* atípico

aubergine ['əʊbəʒiːn] *n* beringela

auburn ['ɔːbən] *adj* (cabelo) ruivo

auction ['ɔːkʃən] *n* 1 leilão; *to be sold at/by auction* ser vendido em leilão; *to put something up for auction* pôr algo à venda em leilão 2 hasta pública ♦ *vt* leiloar ❖ *auction house* leiloeira

auctioneer [,ɔːkʃə'nɪə] *n* leiloeiro

audacious [ɔː'deɪʃəs] *adj* 1 audacioso 2 atrevido; descarado

audacity [ɔː'dæsɪti] *n* (*pl* -ies) 1 audácia 2 atrevimento; descaramento

audible ['ɔːdɪbəl] *adj* audível

audience ['ɔːdɪəns] *n* 1 público; *target audience* público-alvo 2 audiência, entrevista formal

audio ['ɔːdɪəʊ] *adj,n* áudio

audiobook ['ɔːdɪəʊ,bʊk] *n* audiolivro

audiotape ['ɔːdɪəʊteɪp] *n* audiocassete

audiovisual [,ɔːdɪəʊ'vɪʒʊəl] *adj* audiovisual

audit ['ɔːdɪt] *n* auditoria ♦ *vt* 1 fazer uma auditoria a 2 (contas, reclamações) examinar oficialmente

auditing ['ɔːdɪtɪŋ] *n* auditoria

audition [ɔː'dɪʃən] *n* 1 TEAT,CIN audição; *to hold auditions for the leading role* fazer audições para o papel principal 2 (capacidade de ouvir) audição ♦ *vi* TEAT,CIN ir a uma audição [for, para]; *to audition for a part* ir a uma audição para um papel

auditor ['ɔːdɪtə] *n* auditor

auditorium [,ɔːdɪ'tɔːrɪəm] *n* (sala) auditório

auditory ['ɔːdɪtəri] *adj* auditivo

augmentative [ɔːg'mentətɪv] *adj,n* LING aumentativo

au gratin [əʊ'grætɪn] *adj* CUL gratinado

augur ['ɔːgə] *vt,i* agourar; pressagiar; *to augur well* ser de bom agouro; *to augur ill* ser de mau agouro

august ['ɔːgəst] *adj* majestoso

August ['ɔːgəst] *n* agosto

aunt [ɑːnt] n tia

au pair [əʊˈpeə] n jovem que vai para casa de uma família num país estrangeiro tomar conta de crianças e aprender a língua desse país

aura [ˈɔːrə] n aura

aureole [ˈɔːrɪəʊl] n auréola

auricle [ˈɔːrɪkəl] n ANAT (coração, ouvido) aurícula

auricular [ɔːˈrɪkjʊlə] adj auricular

aurora [əˈrɔːrə] n (pl -rae) aurora

auscultate [ˈɔːskəlteɪt] vt auscultar

auscultation [ˌɔːskəlˈteɪʃən] n auscultação

auspices [ˈɔːspɪsɪz] npl under the auspices of sob os auspícios de

auspicious [ɔːˈspɪʃəs] adj auspicioso

austere [ɔːˈstɪə] adj austero

austerity [ɔːˈsterɪti] n (pl -ies) austeridade

austral [ˈɔːstrəl] adj austral

Australia [ɒˈstreɪlɪə] n Austrália

Australian [ɒˈstreɪlɪən] adj,n australiano

Austria [ˈɒstrɪə] n Áustria

Austrian [ˈɒstrɪən] adj,n austríaco

authentic [ɔːˈθentɪk] adj autêntico

authenticate [ɔːˈθentɪkeɪt] vt autenticar; this painting has been authenticated as a Rembrandt este quadro foi autenticado como um Rembrandt

authentication [ɔːˌθentɪˈkeɪʃən] n autenticação

authenticity [ˌɔːθenˈtɪsɪti] n autenticidade

author [ˈɔːθə] n 1 autor 2 escritor

authoritarian [ɔːˌθɒrɪˈteərɪən] adj autoritário

authoritarianism [ɔːˌθɒrɪˈteərɪənɪzəm] n autoritarismo

authoritative [ɔːˈθɒrɪtətɪv] adj 1 autorizado 2 autoritário

authority [ɔːˈθɒrɪti] n (pl -ies) 1 autoridade, poder; local authority poder local 2 autorização 3 autoridade, perito ♦ npl autoridades

authorization [ˌɔːθəraɪˈzeɪʃən] n autorização

authorize [ˈɔːθəraɪz] vt autorizar

authorship [ˈɔːθəʃɪp] n autoria

autism [ˈɔːtɪzəm] n autismo

autistic [ɔːˈtɪstɪk] adj autista

autobiographical [ˌɔːtəbaɪəˈɡræfɪkəl] adj autobiográfico

autobiography [ˌɔːtəbaɪˈɒɡrəfi] n autobiografia

autobus [ˈɔːtəʊbʌs] n autocarro

autocracy [ɔːˈtɒkrəsi] n (pl -ies) autocracia

autocrat [ˈɔːtəkræt] n autocrata

autocratic [ˌɔːtəˈkrætɪk] adj autocrático

autocue [ˈɔːtəʊkjuː] n (televisão) teleponto

auto-da-fé [ˌɔːtəʊdəˈfeɪ] n auto de fé

autodidact [ˌɔːtəʊˈdaɪdækt] n autodidata

autograph [ˈɔːtəɡrɑːf] n autógrafo; to ask for an autograph pedir um autógrafo ♦ vt autografar

automatic [ˌɔːtəˈmætɪk] adj automático

automation [ˌɔːtəˈmeɪʃən] n automação

automatism [ɔːˈtɒmətɪzəm] n automatismo

automatize [ɔːˈtɒmətaɪz] vt automatizar

automaton [ɔːˈtɒmətən] n (pl -ons, -a) autómato

automobile [ˈɔːtəməʊbiːl] n automóvel

autonomous [ɔːˈtɒnəməs] adj autónomo

autonomy [ɔːˈtɒnəmi] n autonomia

autopilot [ˈɔːtəʊpaɪlət] n piloto automático

autopsy [ˈɔːtɒpsi] n (pl -ies) autópsia

autumn [ˈɔːtəm] n outono

autumnal [ɔːˈtʌmnəl] adj outonal

auxiliary [ɔːɡˈzɪlɪəri] adj,n auxiliar

avail [əˈveɪl] n vantagem ♦ vi aproveitar-se; to avail oneself of an opportunity aproveitar uma oportunidade ❖ to be of no avail ser em vão

availability [əˌveɪləˈbɪlɪti] n disponibilidade ❖ limited availability stock limitado

available [əˈveɪləbəl] adj disponível [to, para]; to make something available to disponibilizar para

avalanche [ˈævəlɑːnʃ] n avalancha

avant-garde [ˌævɔːŋˈɡɑːd] n vanguarda ◆ adj de vanguarda

avarice [ˈævərɪs] n avareza

avaricious [ˌævəˈrɪʃəs] adj avarento

avatar [ˈævətɑː] n avatar

avenge [əˈvendʒ] vt vingar [on, em]; *to avenge oneself on someone* vingar-se em alguém; *he swore to avenge his brother* ele jurou vingar o irmão

avenger [əˈvendʒə] n vingador

avenue [ˈævɪnjuː] n 1 avenida 2 via, meio

average [ˈævərɪdʒ] n média; *above average* acima da média; *below average* abaixo da média; *on average* em média ◆ adj 1 médio; *average income* rendimento médio 2 mediano; *of average height* de estatura média ◆ vt 1 fazer uma média de; *our mail averages 20 letters a day* o nosso correio ronda a média de 20 cartas por dia 2 calcular a média de

averse [əˈvɜːs] adj avesso [to, a]; *he's not adverse to...* ele não diz que não a...

aversion [əˈvɜːʃən] n aversão [to, a]

avert [əˈvɜːt] vt 1 evitar 2 desviar [from, de]; *she averted her eyes from the terrible sight* ela desviou a vista do terrível cenário

avian [ˈeɪvɪən] adj das aves; *avian flu* gripe das aves

aviary [ˈeɪvɪəri] n (pl -ies) aviário

aviation [ˌeɪvɪˈeɪʃən] n aviação

avid [ˈævɪd] adj ávido [for, de]

avidity [əˈvɪdɪti] n avidez

avidly [ˈævɪdli] adv avidamente

avocado [ˌævəˈkɑːdəʊ] n abacate

avoid [əˈvɔɪd] vt 1 evitar 2 esquivar-se a; fugir a; *to avoid taxes* fugir aos impostos 3 DIR anular, invalidar ❖ *to avoid something like the plague* fugir de algo como o diabo da cruz

avoidable [əˈvɔɪdəbəl] adj evitável

avoidance [əˈvɔɪdəns] n 1 evitamento 2 fuga; *tax avoidance* fuga ao fisco

avow [əˈvaʊ] vt 1 confessar; *to avow one's guilt* confessar a culpa 2 admitir; *to avow oneself defeated* admitir a derrota

await [əˈweɪt] vt aguardar; esperar

awake [əˈweɪk] adj 1 acordado; *to stay awake* ficar acordado 2 consciente; *to be awake to* estar consciente de ◆ vt,i (pret awoke, pp awoken) 1 acordar, despertar; *the noise awoke me* o barulho acordou-me 2 fig suscitar

awaken [əˈweɪkən] vt,i despertar, acordar

awakening [əˈweɪkənɪŋ] n despertar; acordar ❖ *a rude awakening* uma grande desilusão

award [əˈwɔːd] n 1 prémio; galardão; *the award for* o prémio para 2 condecoração 3 bolsa de estudo 4 indemnização 5 MIL,DIR sentença; *to enforce an award* fazer cumprir uma decisão dos tribunais ◆ vt 1 premiar; galardoar 2 conceder; outorgar; atribuir [to, a]; *to award a compensation to someone* atribuir uma compensação a alguém 3 adjudicar

aware [əˈweə] adj 1 consciente [of, de] 2 ciente [of, de]; informado [of, sobre]

awareness [əˈweənɪs] n consciência [of, de]; conhecimento [of, de] ❖ *awareness programme* programa de sensibilização

awash [əˈwɒʃ] adj inundado [with, de]

away [əˈweɪ] adv 1 longe, ao longe 2 ausente ❖ *far away* longe; *right away* imediatamente

awe [ɔː] n 1 profundo respeito; reverência; *to stand in awe of* sentir um profundo respeito por; *in/with awe* com imenso respeito 2 temor; receio ◆ vt intimidar

awesome [ˈɔːsəm] adj 1 imponente; impressionante 2 EUA col fenomenal

awful [ˈɔːfəl] adj horrível, terrível; *an awful weather* um tempo horrível ❖ *an awful lot (of)* muito, um monte (de)

awfully [ˈɔːfəli] adv muito; *awfully cold* muito frio

awkward ['ɔːkwəd] *adj* 1 desajeitado; *he's rather awkward with his hands* ele é bastante desajeitado com as mãos 2 embaraçoso; incómodo 3 inoportuno 4 difícil; *an awkward question* uma pergunta difícil

awkwardly ['ɔːkwədli] *adv* 1 desajeitadamente 2 sem elegância 3 embaraçosamente

awkwardness ['ɔːkwədnɪs] *n* 1 embaraço 2 (situação, assunto) delicadeza

awl [ɔːl] *n* furador

awning ['ɔːnɪŋ] *n* toldo

awry [ə'raɪ] *adj* torto ❖ *to go awry* dar para o torto

axe [æks] *n* machado ♦ *vt* 1 (custos) cortar em; reduzir 2 suprimir; eliminar ❖ *to get the axe* ser despedido; *to have an axe to grind* puxar a brasa à sua sardinha

axeman ['æksmən] *n* 1 lenhador 2 MÚS *cal* guitarrista

axial ['æksɪəl] *adj* axial

axilla [æk'sɪlə] *n* {*pl* -ae} ANAT axila

axiom ['æksɪəm] *n* axioma

axiomatic [æksɪə'mætɪk] *adj* axiomático

axis ['æksɪs] *n* eixo

axle ['æksəl] *n* (roda) eixo

azalea [ə'zeɪlɪə] *n* BOT azálea

Azerbaijan [æzə'baɪdʒɑːn] *n* Azerbaijão

Azerbaijani [æzəbaɪ'dʒɑːni] *adj,n* azerbaijano

Azores [ə'zɔːz] *n* Açores

azure ['æʒə] *adj,n* azul-celeste

B

b [biː] *n* {*pl* b's} **1** (letra) b **2** [com maiúscula] (escola) bom **3** [com maiúscula] MÚS si

B2B [*sigla de* business to business] B2B

B2C [*sigla de* business to consumer] B2C

BA [*sigla de* Bachelor of Arts] licenciatura em Letras; licenciado em Letras

baa [baː] *vi* balir

babble ['bæbəl] *vt* **1** balbuciar **2** tagarelar; *the kids couldn't stop babbling* os miúdos não paravam de tagarelar **3** murmurar ♦ *n* **1** balbucio **2** murmúrio; sussurro

baboon [bə'buːn] *n* babuíno

baby ['beɪbɪ] *n* {*pl* -ies} **1** bebé; criança de colo; *col,pej* **you're just like a little baby!** és uma autêntica criança! **2** *col* querido, amor ♦ *vt* {*pret e pp* -ied} tratar como uma criança ❖ *I was left holding the baby* eu é que paguei as favas

Babygro ['beɪbɪgrəʊ] *n* babygro

babyish ['beɪbɪʃ] *adj* infantil

babysit ['beɪbɪsɪt] *vi* {*pret e pp* -sat} tomar conta de crianças

babysitter ['beɪbɪˌsɪtə] *n* babysitter

baby-walker ['beɪbɪˌwɔːkə] *n* voador

baccalaureate [ˌbækə'lɔːrɪət] *n* (escolaridade) bacharelato

bachelor ['bætʃələ] *n* **1** solteiro **2** (universidade) licenciado; *bachelor's degree* licenciatura

bacillus [bə'sɪləs] *n* {*pl* -i} bacilo

back [bæk] *n* **1** costas; *the back of a chair* as costas de uma cadeira **2** (animal) dorso; *the back of a horse* a garupa de um cavalo **3** (espaço) traseiras; fundos; *at the back of the house* nas traseiras da casa **4** DESP (futebol) defesa **5** (página) verso **6** (livro) contracapa ♦ *adj* **1** posterior; traseiro; de trás **2** secundário; *back street* estrada secundária ♦ *adv* para trás, atrás ♦ *vt* **1** fazer recuar **2** sustentar, apoiar **3** endossar; *to back a cheque* endossar um cheque ❖ (revista, jornal) *back copy* número antigo; (livro) *back cover* contracapa; *col get off my back!* não chateies!; *to back the wrong horse* apostar no cavalo errado; *to talk behind someone's back* falar nas costas de alguém; *with one's back to the wall* entre a espada e a parede

◆ **back down** *vi* recuar

◆ **back off** *vi* **1** afastar-se **2** *fig* não insistir

◆ **back up** *vi* (veículo) fazer marcha-atrás; recuar ♦ *vt* **1** proteger **2** apoiar; sustentar **3** INFORM fazer cópia de segurança de

backache ['bækeɪk] *n* dor nas costas

backbite ['bækbaɪt] *vt* {*pret* -bit, *pp* -bitten} dizer mal de

backbiter ['bækbaɪtə] *n* difamador

backbiting ['bækbaɪtɪŋ] *n* má-língua

backboard ['bækbɔːd] *n* espaldar

backbone ['bækbəʊn] *n* **1** coluna vertebral **2** base

backcloth ['bækklɒθ] *n* GB pano de fundo

backdoor ['bækdɔ] *n* porta das traseiras, porta de serviço; *he went out the backdoor* ele saiu pela porta das traseiras ❖ *to get in through the backdoor* conseguir lugar desleamente

backfire [ˌbæk'faɪə] *vi* sair pela culatra

backgammon ['bækgæmən] *n* (jogo) gamão

background ['bækgraʊnd] *n* **1** (quadro) último plano; fundo **2** antecedentes; proveniência **3** fundo; *background music* música de fundo ❖ *to be in the background* estar nos bastidores

backing ['bækɪŋ] *n* **1** apoio **2** MÚS acompanhamento

backlash ['bæklæʃ] *n* reação forte e negativa

backlighting [ˌbækˈlaɪtɪŋ] n contraluz

backlit [bækˈlɪt] adj 1 em contraluz 2 IN-FORM retroiluminado

backpack ['bækpæk] n EUA mochila

backscratcher [ˌbækˈskrætʃə] n 1 utensílio para esfregar as costas 2 col graxista fig

backside [ˌbækˈsaɪd] n 1 parte de trás 2 col traseiro ❖ to do nothing but sit on one's backside não mexer uma palha

backslide [ˌbækˈslaɪd] vi {pret e pp -slid} 2 reincidir; ter uma recaída

backsliding [ˌbækˈslaɪdɪŋ] n reincidência

backspace ['bækspeɪs] vi retroceder n IN-FORM tecla de retrocesso

backstage [ˌbækˈsteɪdʒ] adv nos bastidores

backstairs ['bæksteəz] n pl escada de serviço ♦ adj clandestino; secreto

backstitch ['bækstɪtʃ] n {pl -es} pesponto ♦ vt pespontar

backstreet ['bækstriːt] n rua secundária

backstroke ['bækstrəʊk] n DESP (natação) costas ♦ vi nadar de costas

backup ['bækʌp] n 1 apoio 2 (polícia) reforços 3 INFORM cópia de segurança ♦ adj de reserva; de segurança; backup file ficheiro de segurança

backward ['bækwəd] adj 1 atrás 2 atrasado; lento ♦ adv EUA ⇒ backwards

backwardness ['bækwədnɪs] n atraso

backwards ['bækwədz] adv 1 para trás; (tempo) looking backwards olhando para trás 2 ao contrário ❖ backwards and forwards para trás e para a frente; I know it backwards eu sei isso de cor e salteado

backwater ['bækwɔːtə] n 1 água represada 2 (sítio tranquilo) refúgio

backyard [ˌbækˈjɑːd] n 1 pátio traseiro 2 EUA quintal das traseiras

bacon ['beɪkən] n bacon ❖ to bring home the bacon sustentar a família; to save one's bacon salvar a pele

bacteria [bækˈtɪərɪə] npl bactérias

bacteriologist [bækˌtɪərɪˈɒlədʒɪst] n bacteriologista

bacteriology [bækˌtɪərɪˈɒlədʒi] n bacteriologia

bacterium [bækˈtɪərɪəm] n {pl bacteria} bactéria

bad [bæd] adj {comp worse, superl worst} 1 mau 2 nocivo, prejudicial 3 perigoso 4 (dor) forte 5 (dente) cariado ❖ from bad to worse de mal a pior; not bad! nada mau!; that's too bad 1 azar o teu/vosso 2 é uma pena

badge ['bædʒ] n 1 insígnia; divisa 2 (identificação) crachá 3 (polícia) distintivo

badger ['bædʒə] n texugo ♦ vt importunar

badly ['bædli] adv 1 mal; to think badly of pensar mal de 2 gravemente; badly wounded gravemente ferido 3 muito; to go badly wrong correr muito mal

bad-mannered [bædˈmænəd] adj mal-educado

badminton ['bædmɪntən] n badminton

badness ['bædnɪs] n 1 maldade 2 má qualidade

bad-tempered [bædˈtempəd] adj mal-humorado

baffle ['bæfəl] vt 1 deixar perplexo; desconcertar; I was baffled by his behaviour fiquei estupefacto com o comportamento dele 2 frustrar

bag [bæg] n 1 saca, saco, bolsa 2 mala ♦ vt 1 ensacar 2 meter na mala 3 GB fig,col agarrar, fisgar ❖ bag and baggage de armas e bagagens; (grávida) bag of waters bolsa de águas; bags of montes de; it's in the bag está no papo; to be a bag of bones ter só pele e osso; to have bags under the eyes ter olheiras

bagel ['beɪgəl] n (pão) rosca

bagful ['bægfʊl] n saco cheio ❖ bagfuls of montes de

baggage ['bægɪdʒ] n 1 EUA bagagem; excess baggage excesso de bagagem 2 MIL equipamento

baggy ['bægi] adj {comp -ier, superl -iest} (roupa) largo

balloonist

bagpipe ['bægpaɪp] *n* ⇒ **bagpipes**
bagpiper ['bægpaɪpə] *n* (gaita de foles) gaiteiro
bagpipes ['bægpaɪps] *npl* gaita de foles
baguette [bæˈget] *n* (pão) cacete
Bahamas [bəˈhɑːməz] *n* Baamas
Bahamian [bəˈheɪmɪən] *adj,n* baamiano
Bahrain [bɑːˈreɪn] *n* Barém
Bahraini [bɑːˈreɪnɪ] *adj,n* barenita
bail [beɪl] *n* caução, fiança; *to stand bail*
pagar a fiança a alguém; *to be out on bail*
estar em liberdade sob fiança; *to release
somebody on bail* libertar alguém sob
fiança ♦ *vt* 1 pagar a fiança a 2 (sarilho)
salvar
♦ **bail out** *vt* 1 pagar a fiança a 2 tirar
de apuros ♦ *vi* saltar de paraquedas
bailiff ['beɪlɪf] *n* oficial de justiça
bain-marie [ˌbeɪnməˈriː] *n* CUL banho-
-maria
bait [beɪt] *n* isco; engodo; chamariz; *to
take the bait* morder a isca ♦ *vt* 1 iscar; *to
bait a hook* iscar um anzol 2 tentar; aliciar 3 *fig* picar; arreliar
bake [beɪk] *vt* 1 (forno) cozer; *to bake a
cake* levar um bolo ao forno 2 assar; *the
potatoes were baked together with the
turkey* as batatas foram assadas com o
peru ♦ *vi* 1 cozer 2 *col,fig* assar*fig*; morrer
de calor*fig*
bakehouse ['beɪkhaʊs] *n* padaria
baker ['beɪkə] *n* padeiro ❖ *baker's* padaria
bakery ['beɪkərɪ] *n* (*pl* -ies) padaria
baking ['beɪkɪŋ] *n* (forno) cozedura ❖ *baking powder* fermento em pó
balance ['bæləns] *n* 1 balança 2 (conta) balanço, saldo; *balance sheet* balanço de
contas 3 equilíbrio; *to keep one's balance*
manter o equilíbrio; *to lose one's balance*
perder o equilíbrio 4 oscilação 5 proporção; harmonia ♦ *vt* 1 equilibrar [with,
com]; ECON *to balance one's accounts*
equilibrar as contas 2 contrabalançar
[with, com] 3 (conta) tirar o saldo a ♦ *vi*
manter-se equilibrado ❖ *balance of trade*

balança comercial; *balance of payments*
balança de pagamentos
balancing ['bælənsɪŋ] *n* estabilização
balcony ['bælkənɪ] *n* (*pl* -ies) 1 varanda
2 (teatro) segundo balcão
bald [bɔːld] *adj* 1 calvo, careca; *bald tyres*
pneus carecas; *to go bald* ficar careca
2 direto; *a bald lie* uma mentira descarada
baldhead ['bɔːldhed] *n* pessoa calva, careca
baldly ['bɔːldlɪ] *adv* francamente; sem rodeios; *to say it baldly* para falar francamente
baldness ['bɔːldnɪs] *n* 1 calvície 2 nudez
(de terrenos, montes, etc.)
bale [beɪl] *n* fardo; pacote; resma; pilha; *a
bale of newspapers* uma resma de jornais
♦ *vt* enfardar, empacotar
baleful ['beɪlful] *adj* ameaçador
balk [bɔːk] *n* 1 obstáculo; dificuldade; impedimento ♦ *vt* 1 impedir, frustrar 2 mostrar-se relutante [at, perante]; *he balked
at the idea of moving to another town* ele
mostrou-se relutante perante a ideia de se
mudar para outra cidade
ball [bɔːl] *n* 1 bola; *to play ball* jogar à
bola 2 (lã) novelo 3 (olho) globo ocular
4 baile ♦ *npl vulg* tomates ❖ *col I'm having
a ball* estou a divertir-me à grande
ballad ['bæləd] *n* balada
ballerina [ˌbæləˈriːnə] *n* bailarina
ballet ['bæleɪ] *n* ballet
ballistic [bəˈlɪstɪk] *adj* balístico ❖ *col (fúria)
to go ballistic* passar-se*col*
ballistics [bəˈlɪstɪks] *n* balística
balloon [bəˈluːn] *n* (geral) balão; *to blow
up a balloon* encher um balão ♦ *vi* 1 (meio
de transporte) voar em balão 2 encher-se
3 (*aumentar rapidamente*) subir em flecha;
the divorce rate has ballooned a taxa de
divórcio subiu em flecha ❖ *the balloon
went up* o escândalo rebentou
ballooning [bəˈluːnɪŋ] *n* balonismo
balloonist [bəˈluːnɪst] *n* balonista

ballot ['bælət] *n* 1 voto, votação; *by secret ballot* por voto secreto 2 escrutínio; total de votos contados ♦ *vi* votar ❖ (eleições) *ballot box* urna; *ballot paper* boletim de voto

ballpark ['bɔːlpɑːk] *n* 1 estádio de basebol 2 nível; área

ballpen ['bɔːlpen] *n* esferográfica

ballpoint ['bɔːlpɔɪnt] *n* esferográfica

ballroom ['bɔːlrʊm] *n* salão de baile ❖ *ballroom dancing* danças de salão

balm [bɑːm] *n* bálsamo

balmy ['bɑːmi] *adj* {*comp* -ier, *superl* -iest} (tempo) agradável; calmante

baloney [bə'ləʊni] *n EUA col* disparate, tolice

balsam ['bɔːlsəm] *n* bálsamo

balsamic [bɔːl'sæmɪk] *adj* balsâmico

baluster ['bæləstə] *n* balaústre

balustrade [ˌbælə'streɪd] *n* balaustrada

bamboo [bæm'buː] *n* {*pl* -s} bambu

bamboozle [bæm'buːzəl] *vt* 1 *col* intrujar, enganar 2 *col* confundir

ban [bæn] *n* interdição [on, de]; proibição [on, de] ♦ *vt* 1 proscrever 2 interditar 3 proibir [from, de]; *to ban somebody from doing something* proibir alguém de fazer alguma coisa

banal [bə'nɑːl] *adj* banal

banality [bə'næliti] *n* {*pl* -ies} banalidade

banana [bə'nɑːnə] *n* banana ❖ (ficha) *banana plug* banana; *col* (fúria) *to go bananas* passar-se *col*

band [bænd] *n* 1 (música, rádio) banda 2 bando; grupo 3 tira; faixa
♦ *band together vi* associar-se [against, contra]

bandage ['bændɪdʒ] *n* ligadura ♦ *vt* proteger com ligadura, ligar; *his arm was bandaged* o braço dele estava ligado

band-aid ['bændeɪd] *n* penso rápido

bandit ['bændɪt] *n* bandido

bandmaster ['bændˌmɑːstə] *n* regente de banda

bandsman ['bændzmən] *n* {*pl* -men} músico de uma banda

bandstand ['bændstænd] *n* coreto

bandwidth ['bændwɪdθ] *n INFORM* largura de banda

bandy ['bændi] *adj* {*comp* -ier, *superl* -iest} arqueado ♦ *vt* trocar; *to bandy ideas* trocar ideias

bandy-legged ['bændɪlegd] *adj* de pernas arqueadas

bane [beɪn] *n* destruição; ruína

bang [bæŋ] *n* 1 pancada 2 estrondo; *with a bang* com estrondo ♦ *vt* bater; bater em; *to bang the door* bater a porta violentamente ♦ *vi* 1 fazer barulho 2 chocar [into, contra]; *I banged into the wall* eu fui contra a parede ❖ *bang on!* exato!; *to go bang* rebentar

banger ['bæŋə] *n* 1 *col* salsicha 2 *col* (carro) lata velha 3 *col* (foguete) petardo

Bangladesh [ˌbæŋglə'deʃ] *n* Bangladeche

Bangladeshi [ˌbæŋglə'deʃi] *adj,n* bangladechiano

bangle ['bæŋgəl] *n* bracelete; pulseira

bang-up ['bæŋʌp] *adj EUA* formidável; requintado; espetacular; *a bang-up dinner* um jantar todo fino

banish ['bænɪʃ] *vt* 1 banir [from, de] 2 desterrar [to, para]; exilar [from, de; to, para]; *he was banished from the country* foi expulso do país 3 acabar com; livrar-se de

banister ['bænɪstə] *n* corrimão

banjo ['bændʒəʊ] *n* {*pl* -es, -s} banjo

bank [bæŋk] *n* 1 (instituição) banco 2 (rio, lago) margem; *river bank* margem do rio 3 baixio 4 rampa; inclinação 5 base; ficheiro; banco; *blood bank* banco de sangue ♦ *vt* depositar [with, em]; *to bank money with a certain bank* depositar dinheiro num certo banco ❖ *bank account* conta bancária; *bank balance* saldo bancário; (funcionário) *bank clerk* bancário;

bank loan empréstimo bancário; *bank rate* taxa de juros
  ◆ **bank on** *vt* contar com; *I wouldn't bank on it* eu não ficaria a contar com isso
banker ['bæŋkə] *n* 1 banqueiro 2 (casa de jogo) responsável pela banca
banking ['bæŋkɪŋ] *n* banca; instituições bancárias ◆ *adj* bancário
banknote ['bæŋknəʊt] *n GB* (banco) nota
bankrupt ['bæŋkrʌpt] *adj,n* falido; *to go bankrupt* abrir falência, falir ◆ *vt* arruinar
bankruptcy ['bæŋkrʌptsi] *n {pl -ies}* bancarrota, falência
banner ['bænə] *n* 1 faixa 2 bandeira; insígnia 3 (Internet) banner ❖ (jornalismo) *banner headline* manchete
banns ['bænz] *npl* (casamento) banhos
banquet ['bæŋkwɪt] *n* banquete ◆ *vi* banquetear-se
banter ['bæntə] *n* galhofa ◆ *vi* estar na galhofa
baobab ['beɪəʊ,bæb] *n* embondeiro
baptism ['bæptɪzəm] *n* batismo; batizado ❖ *baptism of fire* batismo de fogo
baptismal [bæp'tɪzməl] *adj* batismal
Baptist ['bæptɪst] *adj,n REL* batista
baptistery ['bæptɪstri] *n {pl -ies}* 1 batistério 2 pia batismal
baptize [bæp'taɪz] *vt* batizar
bar [bɑː] *n* 1 barra 2 grade 3 (chocolate) barra, tablete 4 obstáculo 5 (bebidas) bar 6 tribunal ◆ *vt {pret e pp -rr-}* 1 trancar; *the door was barred with an iron bar* a porta foi trancada com uma barra de ferro 2 impedir *{from*, de} 3 cortar o acesso a 4 proibir a entrada de ❖ *bar code* código de barras; *bar of the court* barra do tribunal; *behind bars* atrás das grades
Bar [bɑː] *n* advocacia; *to be called to the Bar* tornar-se advogado
barb [bɑːb] *n* 1 (arame) farpa 2 *fig* (comentário) farpa *fig* ◆ *vt* prover de farpas

Barbadian [bɑː'beɪdɪən] *adj,n* barbadense; barbadiano
Barbados [bɑː'beɪdɒs] *n* Barbados
barbarian [bɑː'beərɪən] *adj,n* bárbaro
barbaric [bɑː'bærɪk] *adj* bárbaro
barbarity [bɑː'bærɪti] *n {pl -ies}* barbaridade, crueldade
barbecue ['bɑːbɪkjuː] *n* 1 (equipamento) espeto; grelha de churrasco 2 churrasco; *to have a barbecue* fazer/organizar um churrasco ◆ *vt {p pres* barbecuing, *pret e pp* barbecued} fazer um churrasco com
barbed ['bɑːbd] *adj* 1 farpado; *barbed wire* arame farpado 2 mordaz
barber ['bɑːbə] *n* (pessoa) barbeiro; cabeleireiro ❖ *barber's* (estabelecimento) barbeiro; cabeleireiro
barbershop ['bɑːbəʃɒp] *n* barbearia
barbiturate [bɑː'bɪtjʊrɪt] *n* barbitúrico
barcarole ['bɑːkərəʊl] *n MÚS,LIT* barcarola
bard [bɑːd] *n* bardo
bare [beə] *adj* 1 despido; nu 2 (carácter) desarmado; sem defesa 3 (decoração) liso; simples; despojado ◆ *vt* descobrir; destapar ❖ *LING bare infinitive* infinitivo sem to; *the bare minimum* o estritamente necessário; *the bare truth* a verdade nua e crua; *to bare one's soul* revelar os segredos mais íntimos; *to lay bare* revelar; *with one's bare hands* com as próprias mãos
bareback ['beəbæk] *adv* sem selim; *to ride bareback* montar em pelo
barebones ['beə,bəʊnz] *n col* magricela, trinca-espinhas
barefaced ['beə,feɪst] *adj* sem vergonha, descarado
barefoot ['beəfʊt] *adj,adv* descalço
bareheaded ['beə,hedɪd] *adj* sem chapéu, em cabelo
barely ['beəli] *adv* (quantidade, tempo) mal
bareness ['beənəs] *n* 1 aridez 2 local deserto
bargain ['bɑːgɪn] *n* 1 *COM* contrato; ajuste; negócio; *to close a bargain* fechar um ne-

gócio; *to make a bargain with someone* fazer negócio com alguém 2 (compra) pechincha; *my car was a bargain* o meu carro foi uma pechincha ♦ *vi* 1 COM negociar 2 (compra) regatear ❖ *to drive a hard bargain* não ser para brincadeiras; *that's more than I bargained for* é mais do que eu esperava

bargaining ['bɑːgɪnɪŋ] *n* (preços) regateio

barge [bɑːdʒ] *n* barca ♦ *vi* 1 (local) irromper [into, por]; *he barged into the room* ele irrompeu pelo quarto dentro 2 (pessoa) encontrar-se casualmente [into, com]; deparar-se [into, com]; *I barged into him last night* deparei-me com ele ontem à noite
♦ **barge in** *vi* intrometer-se; meter-se na conversa

bargepole ['bɑːdʒpəʊl] *n* (barca) vara

baritone ['bærɪtəʊn] *n* barítono

barium ['beərɪəm] *n* bário

bark [bɑːk] *n* 1 (cães) latido 2 (árvore) casca de árvore; cortiça ♦ *vt* (árvore) descascar; descortiçar ♦ *vi* ladrar, latir [at, para/a] ❖ *his bark is worse than his bite* cão que ladra não morde

barking ['bɑːkɪŋ] *n* latido ❖ *to be barking mad* ser completamente doido

barley ['bɑːli] *n* cevada; (bebida) *barley water* cevada

barm [bɑːm] *n* levedura

barmaid ['bɑːmeɪd] *n* empregada de bar

barman ['bɑːmən] *n* {*pl* -men} empregado de bar

barmy ['bɑːmi] *adj* {*comp* -ier, *superl* -iest} GB *col* chalado, chanfrado

barn [bɑːn] *n* celeiro

barnacle ['bɑːnəkəl] *n* (molusco) perceve

barometer [bə'rɒmɪtə] *n* barómetro

barometric [,bærə'metrɪk] *adj* barométrico

baron ['bærən] *n* barão

baroness ['bærənɪs] *n* baronesa

baroque [bə'rɒk] *adj,n* barroco

barrack ['bærək] *vt* 1 (tropas) aquartelar; *the troops were barracked near the beach* as tropas estavam aquarteladas perto da praia 2 berrar com, gritar com ♦ *vi* MIL prover de barracas

barracking ['bærəkɪŋ] *n* 1 apupos, vaias 2 aquartelamento

barracks ['bærəks] *n* 1 MIL quartel; *confined to barracks* detido no quartel 2 (casas) bloco; *the barracks was an eyesore* o bloco era um atentado à vista

barrage ['bærɑːʒ] *n* 1 MIL barragem; *barrage fire* fogo de barragem 2 bombardeio [of, de]; rajada [of, de]

barrel ['bærəl] *n* 1 barrica; barril; pipo; *a wine barrel* um pipo de vinho 2 cano de espingarda ♦ *vt* 1 embarrilar; embarricar 2 *col* conduzir na brida

barrel-organ ['bærələʊgən] *n* MÚS realejo

barren ['bærən] *adj* infrutífero, improdutivo

barricade ['bærɪkeɪd] *n* barricada; bloqueio ♦ *vt* 1 (contestação) obstruir; barricar; *the demonstrators barricaded the road* os manifestantes barricaram a estrada; *they barricaded themselves inside the house* eles barricaram-se dentro de casa 2 (ruas) bloquear; *the police barricaded the road* a polícia bloqueou a estrada

barrier ['bærɪə] *n* barreira [to, a]; obstáculo [to, a]; *a barrier to progress* uma barreira ao progresso ❖ (Sol) *barrier cream* creme protetor

barrister ['bærɪstə] *n* GB advogado; *a barrister of five years' standing* um advogado com cinco anos de prática

barrow ['bærəʊ] *n* 1 (obras, jardinagem) carrinho de mão 2 (venda de rua) banca móvel 3 (pré-história) túmulo

bartender ['bɑːtendə] *n* EUA empregado de bar

barter ['bɑːtə] *n* troca; comércio por troca, permuta de géneros ♦ *vt* (géneros) trocar, permutar [for, por] ❖ *to barter informa-*

tion traficar informações

basalt ['bæsɔːlt] *n* basalto

base [beɪs] *n* **1** (objetos) base; *the base of the lamp* a base do candeeiro **2** (conceitos, objetos) base [for, de]; sustentáculo [for, de] **3** MIL base; *military base* base militar **4** (componentes) base; fundo **5** ponto de partida **6** QUÍM,MAT base ♦ *adj* **1** *lit* (comportamento) baixo; ignóbil; vil; *base language* linguagem grosseira **2** (moeda) falso; *base coin* moeda falsa ♦ *vt* **1** basear [on/upon, em]; *I based my answer on what I had studied* baseei a minha resposta no que tinha estudado **2** estabelecer, afirmar; fundamentar; *on what grounds do you base your version?* quais são os fundamentos para a sua versão? ♦ *base point* ponto de referência; *base price* preço base; *to get to first base* alcançar a primeira vitória

baseball ['beɪsbɔːl] *n* basebol

baseless ['beɪsləs] *adj* infundado

baseline ['beɪslaɪn] *n* **1** (basebol) linha das bases **2** (ténis) linha de fundo **3** ponto de partida

basement ['beɪsmənt] *n* cave

baseness ['beɪsnɪs] *n* baixeza, vileza

bash [bæʃ] *n* pancada; amolgadela; *my car has a bash* o meu carro tem uma amolgadela ♦ *vt* bater com; amolgar; *to bash one's head* bater com a cabeça ♦ *vi* bater [into, contra]; *I bashed into a wall* bati contra um muro ♦ *to give it a bash* tentar a sorte

♦ **bash up** *vt* **1** (carro) destruir **2** (pessoas, situações) cilindrar; atacar

bashful ['bæʃfʊl] *adj* envergonhado, tímido

bashfulness ['bæʃfʊlnɪs] *n* timidez, acanhamento

basic ['beɪsɪk] *adj* **1** básico; *basic education* educação básica **2** fundamental; essencial **3** vital [to, para] ♦ *n* o essencial ♦ *the basics* o essencial

basil ['bæzəl] *n* manjericão

basilica [bə'sɪlɪkə] *n* basílica

basin ['beɪsən] *n* **1** bacia; recipiente; tigela **2** lavatório **3** bacia hidrográfica **4** ancoradouro

basis ['beɪsɪs] *n* {*pl* -es} base; *on the basis of* com base em ♦ *on a regular/temporary basis* regularmente/temporariamente

bask [bɑːsk] *vi* **1** (ao sol) refastelar-se [in, a], estender se [in, a]; *I love to bask in the sun* adoro refastelar-me ao sol **2** *fig* deliciar-se [in, com]; rejubilar [in, com]; *to bask in someone's favour* rejubilar com as atenções de alguém

basket ['bɑːskɪt] *n* cesto, cesta; *shopping basket* cesto de compras ♦ *col* *basket case* chanfrado

basketball ['bɑːskɪtbɔːl] *n* basquetebol, básquete; *basketball player* basquetebolista

basketful ['bɑːskɪtfʊl] *n* cesto cheio [of, de]; *a basketful of groceries* um cesto cheio de produtos de mercearia

basketwork ['bɑːskɪtwɜːk] *n* **1** (ofício) cestaria **2** (objeto) obra de vime

bas-relief [bærɪ'liːf] *n* baixo-relevo

bass [bæs,beɪs] *n* (instrumento, cantor) baixo; *bass player* baixista

basset ['bæsɪt] *n* (cão) basset, podengo

bassoon [bə'suːn] *n* fagote

bassoonist [bə'suːnɪst] *n* fagotista

bastard ['bæstəd] *n* *vulg* filho da mãe

baste [beɪst] *vt* **1** CUL (comida a assar) regar com molho **2** (costura) alinhavar

basting ['beɪstɪŋ] *n* (linha) alinhavo

bastion ['bæstɪən] *n* **1** (castelo) bastião **2** *fig* baluarte

bat [bæt] *n* **1** morcego **2** (basebol, críquete) taco ♦ *vi* {*pret e pp* -tt-} DESP bater; *he batted skilfully* ele bateu a bola com perícia

batch [bætʃ] *n* {*pl* -es} **1** fornada; *of the same batch* da mesma fornada **2** (quantidade) batelada; magote; *batches of people* bateladas de gente ♦ *vt* acondicionar; *to batch the merchandise* acondicionar a mercadoria ♦ INFORM *batch file* ficheiro de comandos

bath [bɑ:θ] n 1 banho; *to have/take a bath* tomar banho; *to run a bath* preparar um banho 2 banheira; *I'm in the bath* estou na banheira ♦ *npl* piscina pública ♦ *vt* dar banho a; *he was bathing the baby* ele estava a dar banho ao bebé ♦ *vi* tomar banho; *I am bathing* estou a tomar banho ❖ *bath salts* sais de banho; *bubble bath* banho de espuma; *Turkish bath* banho turco

bathe [beɪð] *vi* 1 (mar, rio, lagoa, lago) tomar banho [in, em], banhar-se [in, em]; nadar [in, em]; *she was bathing in the sea* ela estava a tomar banho no mar 2 EUA (banheira) tomar banho ♦ *vt* 1 MED lavar; desinfetar; *to bathe a wound* desinfetar uma ferida 2 *fig* banhar; encharcar; *he was bathed in sweat* ele estava encharcado em suor; *she had her face bathed in tears* estava com a face banhada em lágrimas 3 *fig* (luz) banhar; inundar; *the house was bathed in light* a casa estava inundada de luz

bather ['beɪðə] n banhista

bathhouse ['bɑ:θhaʊz] n 1 banhos públicos 2 balneário

bathing ['beɪθɪŋ] n banho ❖ EUA *bathing suit* fato de banho

bathmat ['bɑ:θmæt] n 1 tapete para banheira 2 tapete de casa de banho

bathrobe ['bɑ:θrəʊb] n roupão de banho

bathroom ['bɑ:θrʊm] n quarto de banho, casa de banho

bathtub ['bɑ:θtʌb] n banheira

baton ['bætən] n 1 (polícia) bastão 2 MÚS batuta 3 DESP (estafeta) testemunho

batrachian [bəˈtreɪkɪən] *adj,n* batráquio

batsman ['bætsmən] n {*pl* -men} (basebol, críquete) batedor

battalion [bəˈtæljən] n batalhão

batten ['bætn] n sarrafo, ripa ♦ *vi* enriquecer à custa de outrem

batter ['bætə] n 1 DESP batedor 2 CUL (fritos) massa ♦ *vt* 1 (pessoas) espancar, bater em, desancar; *to be battered by someone*

ser espancado por alguém 2 (edificações) derrubar, demolir; arrombar; *to batter a wall* derrubar um muro ♦ *vi* 1 (batida forte) martelar [on, em; at, a]; bater [on, em; at, a]; *to batter at the door* bater violentamente à porta 2 MIL atacar com artilharia, bombardear

battery ['bætəri] n {*pl* -ies} 1 pilha 2 bateria; *a battery of tests* bateria de testes; MIL *horse battery* bateria montada; *to recharge the battery* recarregar a bateria

battle ['bætəl] n 1 MIL batalha; combate; *to join the battle* entrar no combate 2 disputa [with, com]; *to do battle with someone* entrar em disputa com alguém 3 *fig* luta [for, por; against, contra]; *the battle for human rights* a luta pelos direitos humanos ♦ *vi* batalhar, combater, lutar [for, por; against, contra]; *to battle for freedom* lutar pela liberdade ❖ MIL *battle paint* tinta de camuflagem; *battle station* posto de combate; *to fight a losing battle* travar uma luta perdida

battle cry ['bætəl‚kraɪ] n grito de guerra

battledore ['bætəl‚dɔ:] n (badminton) raqueta

battlefield ['bætəl‚fi:ld] n campo de batalha

battlements ['bætəlmənts] *npl* ameias

battleplane ['bætəl‚pleɪn] n MIL avião de combate

battleship ['bætəl‚ʃɪp] n couraçado

battleships ['bætl‚ʃɪps] n (jogo) batalha naval

bauble ['bɔ:bəl] n bugiganga

bawdy ['bɔ:di] *adj* {*comp* -ier, *superl* -iest} obsceno, picante

bawl [bɔ:l] n 1 berro, grito 2 canto estridente ♦ *vi* 1 gritar, berrar 2 vociferar

♦ **bawl out** *vt col* repreender; passar uma descompostura a

bay [beɪ] n 1 baía; enseada 2 louro, loureiro 3 cavalo baio ♦ *vi* uivar ❖ *bay window* janela saliente; *to keep at bay* manter-se à distância

bayonet ['beɪənɪt] n MIL baioneta ♦ vt MIL atacar com baioneta

bazaar [bəˈzɑː] n 1 (Oriente) bazar 2 (caridade) quermesse; bazar

bazooka [bəˈzuːkə] n bazuca

B & B (hotel) [sigla de bed and breakfast] alojamento e pequeno-almoço

BBQ [sigla de barbecue]

BBS [sigla de bulletin board system] BBS

be [biː] vi {pret was/were, pp been} 1 ser; existir; you are what you are não podes deixar de ser quem és 2 estar; he was as happy as can ever be ele não podia estar mais feliz; they are at home eles estão em casa; to be wrong estar enganado 3 ficar; situar-se; their house is near the beach a casa deles fica perto da praia 4 ter; be careful! tem cuidado!; to be right ter razão 5 (tomar posição) ser [for, por; against, contra]; he is for the renovation of the party ele é pela renovação do partido; they are against the new regulation eles são contra os novos regulamentos ❖ be that as it may seja como for; if I were you se eu fosse a ti; col let me be! deixa-me em paz!

♦ **be in** vi 1 estar em casa 2 estar na moda, estar in

♦ **be in for** vt estar prestes a; to be in for a surprise estar prestes a ter uma surpresa

♦ **be off** vi 1 estar de saída 2 (comida) estar seco; estar estragado

beach [biːtʃ] n {pl -es} praia; to walk on the beach passear pela praia; to be on the beach estar na praia ♦ vt,i encalhar; dar à costa; a whale beached during the night uma baleia deu à costa durante a noite ❖ beach ball bola de praia; bola insuflável

beachwear ['biːtʃweə] n roupa de praia

beacon ['biːkən] n 1 baliza; boia luminosa; the beacon guided the ship a boia luminosa guiou o navio 2 farol 3 guru; ídolo

bead [biːd] n 1 (ornamento) conta; bead necklace colar de contas; to thread beads enfiar contas 2 gota; beads of sweat gotas de suor ♦ npl rosário; terço; to tell one's beads rezar o terço ♦ vt 1 ornamentar com contas 2 (fio) enfiar (contas); fazer (um colar); to bead a necklace fazer um colar de contas

beady ['biːdi] adj {comp -ier, superl -iest} (olho) pequeno e brilhante

beagle ['biːgəl] n (cão) bigle

beak [biːk] n 1 (ave) bico 2 fig,col (nariz grande) penacho ♦ vt 1 agarrar com o bico; to beak a prey agarrar uma presa com o bico 2 debicar

beaker ['biːkə] n 1 copo de plástico 2 proveta

beam [biːm] n 1 (apoio) trave, viga, barrote 2 (luz) feixe; raio; laser beam feixe de laser 3 DESP trave olímpica ♦ vi 1 (luz, lume) brilhar; irradiar 2 sorrir abertamente [at, perante] ♦ vt (rádio) transmitir; emitir; enviar

beaming ['biːmɪŋ] adj brilhante, luminoso

bean [biːn] n 1 feijão 2 semente; grão; broad bean fava; coffee bean grão de café ❖ col (segredo) to spill the beans descair-se

beanery ['biːnəri] n EUA restaurante barato

beansprout ['biːnspraʊt] n rebento de soja

beanstalk ['biːnstɔːk] n 1 BOT estaca de feijoeiro 2 BOT estaca de fava

bear [beə] n 1 urso 2 ECON especulador 3 Ursa; the Great Bear a Ursa Maior; the Little Bear a Ursa Menor ♦ vt {pret bore, pp born, borne} 1 form carregar, sustentar; levar 2 (direção) voltar; you must bear right now tens que voltar à direita agora 3 sofrer; viver em sofrimento; he bore a life of misery ele levava uma vida de infelicidade 4 dar à luz; she bore two children ela deu à luz dois filhos 5 (atitudes) suportar; tolerar; *I cannot bear that* não posso tolerar isso 6 arcar com; *to bear the responsibility* assumir a responsabilidade; *to bear the blame* levar com as culpas 7 produzir; *this plant bears beautiful flowers* esta planta produz flores lindas ❖ *to bear a grudge against somebody* guardar rancor a alguém; *to bear in mind* ter presente

◆ **bear down** vt 1 (confronto) enfrentar; combater 2 (objeto) pressionar [on, -]; carregar [on, em]; empurrar [on, -]; *bear down on the switch* pressiona o botão

◆ **bear out** vt confirmar; corroborar; apoiar

◆ **bear up** vi aguentar-se; não se deixar abater

◆ **bear with** vt ter paciência com

bearable ['beərəbəl] adj suportável, tolerável

beard ['bɪəd] n 1 barba; *his beard is long* ele tinha a barba comprida 2 (bode) barbicha ◆ vt enfrentar

bearded ['bɪədɪd] adj barbudo

beardless ['bɪədləs] adj sem barba

bearer ['beərə] n 1 (objeto, documento) portador [of, de]; *bearer cheque* cheque ao portador 2 (título) detentor

bearing ['beərɪŋ] n 1 relação; *that has no bearing on the subject* isso não tem qualquer relação com o assunto 2 (modos) gesto; porte; *she had a majestic bearing* ela tinha um porte majestoso

bearish ['beərɪʃ] adj 1 ECON (tendência) baixista 2 grosseiro

beast [bi:st] n besta; *beast of burden* besta de carga; *col,pej you're such a beast!* és um bruto!

beastly ['bi:stli] adj {comp -ier, superl -iest} 1 col (comportamento) brutal 2 GB col desagradável

beat [bi:t] n 1 pancada; golpe 2 MÚS ritmo, marcação de compasso; *listen to the beat of the music* ouve o ritmo da música 3 (coração) pulsação 4 (polícia) giro,

ronda; *the police officer was on his beat* o polícia estava a fazer o giro ◆ vt {pret beat, pp beaten} 1 (pessoas) bater em; espancar; *he was beaten* ele foi espancado 2 (em objeto) bater em; dar pancadas em 3 (competição) vencer, derrotar; bater; *she always beats me at chess* ela derrota-me sempre no xadrez; *to beat a record* bater um recorde 4 CUL bater; mexer; *to beat the eggs* bater os ovos 5 MÚS bater o compasso 6 (asas) bater; agitar 7 (terreno) bater; explorar ◆ vi 1 (coração) bater; pulsar; *his heart is beating* o coração dele está a bater 2 (mar, chuva) bater [on, against, contra]; *the waves were beating against the rocks* as ondas batiam contra as rochas 3 (asas) bater; agitar ❖ *beat it!* põe-te a andar!; *if you can't beat them, join them* se não os consegues vencer, junta-te a eles; *that really beats me* essa não consigo compreender; *to beat about/around the bush* pôr-se com rodeios; *EUA to beat one's brains out* queimar os neurónios

◆ **beat back** vt obrigar a retroceder; rechaçar; *they beat back the enemy troops* obrigaram as tropas inimigas a retroceder

◆ **beat down** vt (preço) fazer baixar; reduzir; *to beat down the price of the house* fazer baixar o preço da casa ◆ vi 1 (sol) escaldar 2 (chuva) cair com força; *the rain was beating down* chovia torrencialmente

◆ **beat off** vt livrar-se de; escapar a; *to beat off the police* livrar-se da polícia

◆ **beat out** vt 1 (fogo) abafar; extinguir; *to beat the fire out with a blanket* abafar o fogo com um cobertor 2 (ameaça) obrigar a contar; arrancar; *he beat the truth out of him* arrancou-lhe a verdade 3 (ritmo) bater; marcar; martelar; *to beat out the rhythm on the drums* marcar o ritmo na bateria 4 EUA derrotar; vencer; superar; *he beat him out in the last round* derrotou-o no último assalto

◆ **beat up** *vt* espancar

◆ **beat up on** *vt EUA* culpabilizar; martirizar; atormentar; *stop beating up on yourself* para de te martirizares

beaten ['bi:tn] *pp de* to beat ◆ *adj* 1 batido; *beaten track* caminho batido 2 (pessoa) exausto 3 (competição) derrotado

beater ['bi:tə] *n* 1 (caça) batedor 2 (eletrodoméstico) batedeira 3 (objeto) malho, pilão

beatific [bɪə'tɪfɪk] *adj* beatífico

beatification [bɪˌætɪfɪ'keɪʃən] *n* beatificação

beatify [bɪ'ætɪfaɪ] *vt* beatificar

beating ['bi:tɪŋ] *n* 1 espancamento; tareia 2 derrota

beatitude [bɪ'ætɪtjuːd] *n* beatitude ❖ REL *the Beatitudes* as Bem-Aventuranças

beautician [bjuː'tɪʃən] *n* esteticista

beautiful ['bjuːtɪfʊl] *adj* 1 belo; bonito 2 excelente; fantástico 3 agradável

beauty ['bjuːti] *n* {*pl* -ies) 1 beleza; *beauty contest* concurso de beleza 2 (pessoa) beldade ❖ *beauty is in the eye of the beholder* quem o feio ama bonito lhe parece

beaver ['bi:və] *n* castor

because [bɪ'kɒz] *conj* 1 porque; uma vez que 2 por causa [of, de]; devido [of, a]

beck [bek] *n* 1 *lit* aceno; sinal, *to give a beck to someone* acenar a alguém 2 *GB* regato, ribeiro ◆ *vi lit* acenar ❖ *to be at someone's beck and call* estar sempre às ordens de alguém; *to have someone at one's beck and call* ter alguém a seu mando

beckon ['bekən] *vt,i* 1 acenar, chamar por sinais [to, a]; *he beckoned to his friend* ele fez sinal ao amigo 2 atrair; *he was beckoned by a life of adventures* sentia-se atraído por uma vida de aventuras

become [bɪ'kʌm] *vi* {*pret* became, *pp* become) 1 tornar-se; fazer-se; *to become famous* ficar famoso; *to become suspicious of* começar a desconfiar de 2 suceder [of,

a]; ser feito [of, de]; *what has become of your father?* que é feito do teu pai? ◆ *vt* 1 (comportamento) ser próprio de; ficar bem a; *it does not become you to say such a thing* não te fica bem dizer uma coisa dessas 2 (roupa) ficar bem a; assentar bem a

becoming [bɪ'kʌmɪŋ] *adj* 1 (comportamento) apropriado, conveniente 2 (estilo) atraente

bed [bed] *n* 1 cama, leito; *double bed* cama de casal; *single bed* cama de solteiro; *he was in bed all day* ele esteve na cama o dia todo; *to go to bed* ir para a cama, deitar-se; *to make the bed* fazer a cama 2 (rio, mar, lago) leito; *the bed of a river* o leito de um rio 3 (para edificação) base; fundamento 4 (jardim) canteiro [of, de]; *a bed of daisies* um canteiro de margaridas 5 (pedras) leito; camada; estrato ◆ *vt* 1 assentar 2 *col* dormir com (alguém) 3 encalhar; *the ship bedded in the beach* o navio encalhou na praia ❖ *GB* (hotel) *bed and breakfast* meia-pensão; *as you make your bed so you must lie on it* cada qual se deita na cama que faz; *feather bed* colchão de penas; *he got out of bed on the wrong side* ele acordou com os pés de fora; *col to go to bed with someone* ir para a cama com alguém

◆ **bed down** *vt* deitar; *to bed down the baby* deitar o bebé ◆ *vi* ir dormir; passar a noite; *to bed down somewhere* ir dormir a algum lado

bedazzle [bɪ'dæzl] *vt* 1 deslumbrar, ofuscar 2 (pessoa) confundir

bedbug ['bedbʌg] *n* percevejo

bedclothes ['bedkləʊdz] *npl* roupa da cama

bedding ['bedɪŋ] *n* roupa de cama

bedeck [bɪ'dek] *vt* adornar, ataviar, enfeitar [with, com]; *the school was bedecked with flags* a escola estava enfeitada de bandeiras

bedevil [bɪ'devəl] *vt* **1** (feitiço) lançar bruxedo a; enfeitiçar **2** *fig* atormentar, massacrar

bed-frame ['bedfreɪm] *n* armação da cama

bedlam ['bedləm] *n* confusão; desordem

bed-linen ['bed,lɪnən] *n* jogo de lençóis

bedpan ['bedpæn] *n* arrastadeira, aparadeira

bed-post ['bedpəʊst] *n* coluna da cama

bedraggled [bɪ'drægəld] *adj* desarrumado; desmazelado

bedrock ['bedrɒk] *n* **1** leito de rocha **2** fundamento

bedroom ['bedrʊm] *n* quarto

bedside ['bedsaɪd] *n* **1** cabeceira **2** beira da cama ❖ *bedside carpet* tapete do quarto; *bedside table* mesa de cabeceira

bedspread ['bedspred] *n* colcha, coberta da cama

bedstead ['bedsted] *n* armação da cama

bedtime ['bedtaɪm] *n* hora de deitar ❖ *bedtime story* história para adormecer

bee [biː] *n* abelha

beech [biːtʃ] *n* {*pl* -es} faia

beef [biːf] *n* {*pl* -s} carne de vaca ❖ *beef up vt* reforçar; fortalecer; melhorar

Beefeater ['biːf,iːtə] *n* guarda da Torre de Londres

beefsteak ['biːfsteɪk] *n* (frito, grelhado) bife

beefy ['biːfi] *adj* {*comp* -ier, *superl* -iest} *col* gordo; possante

beehive ['biːhaɪv] *n* colmeia; cortiço

beekeeper ['biː,kiːpə] *n* apicultor

beekeeping ['biː,kiːpɪŋ] *n* apicultura

been [biːn,'bɪn] *pp de* to be

beep [biːp] *n* (som) bip ♦ *vi* **1** fazer bip **2** buzinar

beeper ['biːpə] *n* pager, bip

beer [bɪə] *n* cerveja ❖ *col beer belly* barriga de cerveja

beerhouse ['bɪəhaʊs] *n* cervejaria

beet [biːt] *n EUA* beterraba ❖ *to turn as red as a beet* ficar vermelho como um tomate

beetle ['biːtl] *n* escaravelho; *potato beetle* escaravelho da batata ♦ *vi col* movimentar-se; atarefar-se; *he's beetling somewhere around* ele anda algures por aí

beetroot ['biːtruːt] *n* beterraba

befall [bɪ'fɔːl] *vt,i lit* suceder, acontecer; *he thought that nothing would befall him* ele pensava que nada lhe aconteceria

befit [bɪ'fɪt] *vt form* ser conveniente; ser apropriado a; adequar-se a; *his suit befitted the occasion* o fato dele adequava-se à ocasião

befitting [bɪ'fɪtɪŋ] *adj form* adequado, conveniente

before [bɪ'fɔː] *prep* **1** (tempo) antes de **2** (sítio) em face de; perante ♦ *adv* **1** antes, anteriormente **2** anterior; *the day before* na véspera ♦ *conj* antes de/que

beforehand [bɪ'fɔːhænd] *adv* antecipadamente; de antemão

befriend [bɪ'frend] *vt* solidarizar-se com; tornar-se amigo de

befuddle [bɪ'fʌdəl] *vt* confundir; estontear

beg [beg] *vt* **1** pedir; rogar; implorar; *I beg your pardon* peço perdão; *I beg you to come with me* peço-te que venhas comigo; *to beg for forgiveness* pedir perdão **2** mendigar, pedir; *to beg a coin* pedir uma esmola ❖ *form I beg of you!* imploro-te!; *form I beg to announce* tomo a liberdade de anunciar; *form I beg to inform you* tenho a honra de o informar

beget [bɪ'get] *vt* {*pret* begot, *pp* begotten} gerar; causar, motivar; *hatred begot war* o ódio gerou a guerra

beggar ['begə] *n* **1** mendigo; pedinte **2** *fig* malandreco, malandro; *you little beggar!* seu malandreco! ♦ *vt form* reduzir à miséria; empobrecer; *the floods beggared the region* as inundações empobreceram a região ❖ *beggars cannot be choosers* a cavalo dado não se olha o dente; *it beggars description* é indescritível

begging ['begɪŋ] *n* **1** pedido; súplica **2** mendicância ♦ *adj* mendicante

bell

begin [bɪˈgɪn] *vt,i* {*pret* began, *pp* begun}
1 principiar, começar; encetar; *let the
game begin!* que comece o jogo!; *to begin
to study* começar a estudar **2** começar,
principiar, iniciar [by, por; with, com];
he began by asking me a question ele começou por me fazer uma pergunta ❖ *to
begin with* em primeiro lugar

beginner [bɪˈgɪnə] *n* principiante, *beginner's luck* sorte de principiante

beginning [bɪˈgɪnɪŋ] *n* princípio [of, de],
início [of, de], começo [of, de]

begonia [bɪˈɡəʊnɪə] *n* BOT begónia

begrudge [bɪˈgrʌdʒ] *vt* **1** invejar; cobiçar
2 ver com maus olhos

beguile [bɪˈgaɪl] *vt* iludir, enganar [with,
com]; induzir [into, a]; *to beguile someone with promises* iludir alguém com
promessas; *to beguile someone into doing something* induzir alguém a fazer alguma coisa

behalf [bɪˈhɑːf] *n* *on behalf of* em nome
de; *on my behalf* no meu interesse

behave [bɪˈheɪv] *vp* comportar-se; portar-
-se; *behave yourselves!* comportem-se! ♦
vi **1** proceder; *he is behaving rather
childishly* ele está a proceder como se
fosse uma criança **2** (coisa, substância) agir;
reagir

behavior [bɪˈheɪvjə] *n* EUA ⇒ behaviour

behaviour [bɪˈheɪvjə] *n* comportamento

behead [bɪˈhed] *vt* decapitar

beheading [bɪˈhedɪŋ] *n* decapitação

behind [bɪˈhaɪnd] *prep* atrás de, detrás de;
to put someone behind bars pôr alguém
atrás das grades ♦ *adv* atrás, detrás; *far
behind* bem atrás ♦ *n col* traseiro ❖ *behind
one's back* por trás das costas; *to be behind somebody* apoiar alguém

behindhand [bɪˈhaɪndˌhænd] *adv* com
atraso

behold [bɪˈhəʊld] *vt* {*pret e pp* beheld} *lit*
contemplar; observar, ver; *behold!* con-
templai!

beholden [bɪˈhəʊldən] *adj* grato, agradecido [to, a]; *to feel beholden to someone*
ter uma dívida de gratidão para com alguém

beholder [bɪˈhəʊldə] *n* observador; contemplador ❖ *beauty is in the eye of the
beholder* quem o feio ama bonito lhe parece

beige [beɪʒ] *adj,n* (cor) bege

being [ˈbiːɪŋ] *n* **1** ser; *human being* ser humano **2** existência ❖ *for the time being*
por agora

Belarus [beləˈrus] *n* Bielorrússia

Belarusian [beləˈrʌʃən] *adj,n* bielorrusso

belay [bɪˈleɪ] *vt* **1** bloquear; cercar **2** amarrar; atar

belch [beltʃ] *n* {*pl* -es} arroto ♦ *vi* arrotar ♦
vt (*expelir*) vomitar *fig*

belfry [ˈbelfrɪ] *n* {*pl* -ies} campanário

Belgian [ˈbeldʒən] *adj,n* belga

Belgium [ˈbeldʒəm] *n* Bélgica

belief [bɪˈliːf] *n* {*pl* -s} fé [in, em]; crença
[in, em] ❖ *beyond belief* sobremaneira; *it
is past all belief* é incrível

believe [bɪˈliːv] *vt* **1** acreditar em; confiar
em; crer em; *believe it or not* acredites ou
não; *believe me* podes crer; *I couldn't believe my eyes* nem estava a acreditar no
que estava a ver; *I believe you* eu acredito
em ti **2** julgar, pensar; *I believe he is
wrong* eu penso que ele está enganado ♦
vi crer, acreditar [in, em]; ter fé [in, em];
I believe in you eu confio em ti; *to believe in God* acreditar em Deus ❖ *seeing
is believing* ver para crer; *you wouldn't
believe* não ias acreditar

believer [bɪˈliːvə] *n* **1** crente; fiel **2** (*causa*)
defensor, apoiante

belittle [bɪˈlɪtl] *vt* amesquinhar; menosprezar; depreciar

Belize [bɪˈliːz] *n* Belize

Belizean [bɪˈliːzɪən] *adj,n* belizense

bell [bel] *n* **1** campainha; *to ring the bell*
tocar à campainha **2** sino **3** guizo

bell-bottoms [ˈbelbɒtəmz] *npl* calças à boca de sino

bellflower [ˈbelflaʊə] *n* BOT campainha

belligerence [bɪˈlɪdʒərəns] *n* beligerância

belligerent [bɪˈlɪdʒərənt] *n* beligerante

bellow [ˈbeləʊ] *n* 1 (bovino) mugido 2 (pessoa, animal) rugido; brado ♦ *vi* 1 (bovino) mugir 2 (pessoa, animal) rugir; bramir; bradar; *the man bellowed in the dark* o homem bradou no escuro ♦ *vt* berrar; gritar; *to bellow an order* gritar uma ordem

bellows [ˈbeləʊz] *n* fole

bell-tower [ˈbeltaʊə] *n* campanário; torre sineira

belly [ˈbeli] *n* {*pl* -ies} *col* barriga; pança ❖ *belly button* umbigo; (mergulho) *belly flop* chapa

bellyache [ˈbelieɪk] *n col* dor de barriga

bellyful [ˈbelɪfʊl] *n col* barrigada

belong [bɪˈlɒŋ] *vi* 1 pertencer [to, a]; *this book belongs to my aunt* este livro pertence à minha irmã 2 fazer parte [to, de] 3 relacionar-se [to, com]; ligar-se [to, a] 4 ter lugar [on, em]; *the books belong on the bookcase* o lugar dos livros é na estante

belonging [bɪˈlɒŋɪŋ] *adj* pertencente ♦ *npl* pertences; bens; *personal belongings* objetos pessoais

beloved [bɪˈlʌvɪd] *adj,n* querido; amado

below [bɪˈləʊ] *prep* 1 abaixo de; *below sea level* abaixo do nível do mar 2 por baixo de; *below the table* por baixo da mesa ♦ *adv* 1 em baixo; por baixo; *as mentioned below* como abaixo indicado 2 abaixo; *one floor below* um andar abaixo

belt [belt] *n* 1 cinto; cinturão 2 (local) faixa; zona; *belts of vineyards* zonas de vinha 3 GEOG estreito de mar ♦ *vt* 1 (vestuário) cingir; apertar 2 *col* bater; espancar 3 *fig* disparar; correr como uma seta; *she belted down the stairs* ela disparou escadas abaixo ❖ (karaté) *black belt* cinturão negro; *safety belt* cinto de segurança; *to hit below the belt* acertar com um golpe baixo; *to tighten one's belt* apertar o cinto

♦ **belt out** *vt col* cantar alto; *to belt out a song* cantar a plenos pulmões

♦ **belt up** *vi* 1 pôr o cinto de segurança 2 *col* calar-se; fechar o bico

belvedere [ˈbelvɪdɪə] *n* mirante; miradouro

bench [bentʃ] *n* {*pl* -es} 1 banco; assento; *park bench* banco de jardim 2 (oficina, laboratório) banca 3 (tribunal) lugar do juiz 4 (desporto) banco; *to be on the bench* ser suplente

bencher [ˈbentʃə] *n* 1 DIR juiz 2 POL deputado

bend [bend] *n* curva; *a bend in the river* uma curva no rio ♦ *vt* {*pret e pp* bent} 1 (corpo, objeto) curvar; encurvar; arquear 2 contornar; desviar-se de; *to bend the rules* contornar as regras 3 (ajoelhar-se) *to bend the knees* dobrar os joelhos ♦ *vi* 1 curvar-se, inclinar-se [over, sobre]; *he bent over the water* ele inclinou-se sobre a água 2 deixar-se persuadir [to, por]; ceder [to, a]; *he bent to his daughter's requests* ele cedeu aos pedidos da filha ❖ *he sends me round the bend* ele põe-me fora de mim; *to bend over backwards to gain something* dar tudo por tudo por alguma coisa

beneath [bɪˈniːθ] *prep* 1 debaixo de, sob; *beneath the car* debaixo do carro 2 indigno de

benediction [ˌbenɪˈdɪkʃən] *n* bênção

benefactor [ˈbenɪfæktə] *n* benfeitor

benefactress [ˈbenɪfæktrɪs] *n* benfeitora

beneficence [bɪˈnefɪsəns] *n form* beneficência

beneficent [bɪˈnefɪsənt] *adj form* beneficente, caridoso; generoso

beneficial [ˌbenɪˈfɪʃəl] *adj* benéfico [to, para]; vantajoso [to, para]

beneficiary [ˌbenɪˈfɪʃəri] *n* {*pl* -ies} beneficiário

benefit ['benɪfɪt] n 1 (vantagem) benefício; proveito; *I did it for your benefit* fi-lo por ti; *I've given him the benefit of the doubt* eu ainda lhe dei o benefício da dúvida 2 beneficência; *benefit concert* concerto de beneficência 3 subsídio; *supplementary benefit* rendimento mínimo; *unemployment benefit* subsídio de desemprego ♦ vt beneficiar; favorecer ♦ vi beneficiar [from, com; by, por]; tirar partido [from, de]; *everybody benefits from that* saem todos a ganhar

benevolence [bɪ'nevələns] n benevolência

benevolent [bɪ'nevələnt] adj 1 (pessoa) benévolo; benevolente 2 de beneficência; de caridade

Bengali [beŋ'gɔːli] adj,n bengali

benign [bɪ'naɪn] adj 1 benigno 2 (pessoa) afável 3 (clima) agradável; ameno

benignant [bɪ'nɪgnənt] adj agradável, afável

Benin ['beniːn] n Benim

Beninese [‚benɪ'niːz] adj,n beninense

bent [bent] adj 1 inclinado; curvado 2 (objeto) torto; deformado 3 col corrupto ♦ n inclinação, tendência

benzine ['benziːn] n benzina

benzoin ['benzəʊɪn] n benjoim

bequeath [bɪ'kwiːð] vt 1 legar, deixar em testamento [to, a] 2 (para a posteridade) deixar; transmitir; legar

bequest [bɪ'kwest] n legado; herança

bereave [bɪ'riːv] vt privar [of, de]; despojar [of, de]

bereaved [bɪ'riːvd] adj de luto

bereavement [bɪ'riːvmənt] n 1 luto 2 falecimento

beret ['bereɪ] n boina; barrete

beriberi [‚berɪ'berɪ] n beribéri

berkelium [bɜː'kiːlɪəm] n berquélio

berm [bɜːm] n berma

Bermuda [bɜː'mjuːdə] n Bermudas

berry ['berɪ] n {pl -ies} baga, bago

berserk [bə'zɜːk] adj col descontrolado; passado; col *to go berserk* perder as estribeiras, passar-se col

berth [bɜːθ] n 1 (navio, comboio, avião) beliche 2 (barcos) ancoradouro ♦ vi ancorar, fundear; *the ship berthed* o navio ancorou

beryllium [be'rɪlɪəm] n berílio

beset [bɪ'set] vt {p pres besetting, pret e pp beset} 1 preocupar [by/with, com]; perturbar [by/with, com]; *to be beset with problems* estar cheio de problemas; *he is beset by the thought that he won't win* está obcecado com a ideia de que vai perder 2 assediar [by, por]; atacar [by, por]

beside [bɪ'saɪd] prep ao lado de; junto de ❖ *that's beside the point* isso não vem ao caso; *to be beside oneself* estar fora de si

besides [bɪ'saɪdz] adv além disso, de qualquer forma ♦ prep 1 para além de 2 exceto; a não ser

besiege [bɪ'siːdʒ] vt sitiar, cercar

besmear [bɪ'smɪə] vt sujar; manchar

besotted [bɪ'sɒtɪd] adj perdido de amores [with, por]

bespatter [bɪ'spætə] vt enlamear; salpicar

besprinkle [bɪ'sprɪŋkəl] vt 1 (líquido) aspergir, borrifar [with, com]; *she besprinkled her face with water* ela borrifou a cara com água 2 (pó) polvilhar

best [best] adj,n {superl de good} o melhor; *at one's best* no seu melhor; *my best friend* o meu melhor amigo ♦ adv {superl de well} melhor; *I like this best* eu prefiro este; *which coat suits me best?* que casaco me fica melhor? ❖ *all the best* tudo de bom; *best before* consumir de preferência antes de

bestow [bɪ'stəʊ] vt conceder, conferir, outorgar [on, a]; *to bestow a title on someone* conferir um título a alguém

bestowal [bɪ'stəʊəl] n concessão

bestseller [‚best'selə] n best-seller

bet [bet] n 1 aposta; *do you want a bet?* queres apostar?; *he won the bet* ele ganhou a aposta; *I made a £5 bet* fiz uma aposta de 5 libras **2** palpite **3** (casamento) partido; *he's not a very good bet* ele não é um bom partido ♦ *vt {p pres* betting, *pret e pp* bet} apostar [**on**, em]; *I bet my boots that she won't call* tenho a certeza de que ela não vai telefonar; *I bet you £5 that he can't do it* aposto 5 libras contigo em como ele não consegue; *I've bet on horse number 5* apostei no cavalo número 5 ❖ *col to hedge one's bets* salvaguardar-se; *col you bet!* podes crer!

beta ['bi:tə] *n* beta

beta tester [ˌbeɪtə'testər] *n* INFORM beta tester

betray [bɪ'treɪ] *vt* **1** trair, atraiçoar; *to betray someone's trust* atraiçoar alguém **2** denunciar, revelar; *the tears betrayed her feelings* as lágrimas traíram-na **3** (relação amorosa) enganar; atraiçoar

betrayal [bɪ'treɪəl] *n* traição

betrayer [bɪ'treɪə] *n* traidor

better ['betə] *adj (comp de* good) melhor [**than**, que]; *he's better than his word* ele fez mais do que tinha prometido ♦ *adv (comp de* well) melhor; *he swims better than he used to* ele nada melhor do que antes; *I like coffee better with sugar* gosto mais do café com açúcar; *I'm feeling much better* sinto-me muito melhor; *you could do better* podias fazer melhor ♦ *vt* ultrapassar; superar ♦ *vp* melhorar; aperfeiçoar-se ❖ *better and better* cada vez melhor; *better late than never* mais vale tarde do que nunca; *better luck next time!* fica para a próxima!; *for better or for worse* para o melhor e para o pior; *so much the better* tanto melhor; *to get the better of someone* levar a melhor sobre alguém

betting ['betɪŋ] *n* aposta ❖ *betting shop* agência de apostas

between [bɪ'twi:n] *prep* entre, no meio de; *between you and me* cá entre nós *adv* no meio; entre; *the houses had trees in between* havia árvores entre as casas

bevel ['bevəl] *n* chanfradura; recorte ♦ *vt* chanfrar; recortar; biselar

beverage ['bevərɪdʒ] *n* bebida

bevy ['bevi:] *n {pl* -ies} **1** grupo **2** (pássaros) bando

beware [bɪ'weə] *vi* ter cuidado [**of**, com]; *beware of the dog* cuidado com o cão

bewilder [bɪ'wɪldə] *vt* confundir, desorientar

bewilderment [bɪ'wɪldəmənt] *n* confusão, desorientação

bewitch [bɪ'wɪtʃ] *vt* **1** (magia) enfeitiçar; encantar **2** (atração) seduzir; fascinar

bewitching [bɪ'wɪtʃɪŋ] *adj* encantador; sedutor

beyond [bɪ'jɒnd] *prep* além; para além de ♦ *adv* do outro lado; para além de; *we could see the mountains and beyond* conseguíamos ver as montanhas e para além ♦ *n* (o) além ❖ *beyond control* incontrolável; *beyond doubt* sem sombra de dúvida

Bhutan [bu:'tɑ:n] *n* Butão

Bhutanese [bu:tə'ni:z] *adj,n* butanês

biannual [ˌbaɪ'ænjʊəl] *adj* semestral, bianual

bias ['baɪəs] *n {pl* -es} **1** preconceito [**towards**, em relação a; **against**, contra] **2** favorecimento [**towards**, de] **3** (vocação) inclinação, pendor, propensão, tendência; *to have no artistic bias* não ter propensão para a arte **4** (direção) viés, direção oblíqua; diagonal; *this cloth was cut on the bias* este tecido foi cortado na diagonal ♦ *vt* influenciar; predispor; condicionar; *his political views biased his decision* as ideias políticas dele influenciaram a decisão

biased ['baɪəsd] *adj* tendencioso, parcial

biassed ['baɪəsd] *adj* ⇒ biased

biaxial [baɪ'æksɪəl] *adj* FÍS biaxial

bib [bɪb] *n* **1** babete **2** (avental, bibe, jardineiras) peitilho

bibelot ['bɪbələʊ] n bibelô

Bible ['baɪbəl] n Bíblia

biblical ['bɪblɪkəl] adj bíblico

bibliographer [,bɪblɪ'ɒɡrəfə] n bibliógrafo

bibliographical [,bɪblɪə'ɡræfɪkəl] adj bibliográfico

bibliography [,bɪblɪ'ɒɡrəfɪ] n bibliografia [on, sobre]

bibliophile ['bɪblɪəʊfaɪl] n bibliófilo

bicarbonate [baɪ'kɑːbənɪt] n bicarbonato

bicentenary [,baɪsen'tiːnərɪ] n,adj bicentenário

biceps ['baɪseps] n {pl biceps} bíceps

bicker ['bɪkə] vi altercar, discutir [about/over, acerca de; with, com]

bickering ['bɪkərɪŋ] adj conflituoso ♦ n conflito; discussão

bicolour [baɪ'kʌlə] adj bicolor

bicycle ['baɪsɪkəl] n bicicleta; *to go by bicycle* ir de bicicleta

bid [bɪd] n 1 (leilão) lanço, licitação [for, por]; *he made a bid of £5 for the old book* ele fez uma licitação de 5 libras pelo livro antigo 2 (preço) orçamento [for, para]; *a bid for the house* um orçamento para a casa 3 tentativa [for, de/para; to, para]; *to make a bid to control something* fazer uma tentativa para controlar alguma coisa ♦ vt {pret bid, pp bidden} 1 (leilão) licitar, oferecer [for, por]; *he bid £100 for the painting* ele ofereceu 100 libras pelo quadro 2 form (convenção) desejar; *he bade me good morning* desejou-me um bom dia 3 form convidar; *they bade us sit down* convidaram-nos a sentar ♦ vi concorrer [for, para]; *two firms have bid for the contract* duas firmas concorreram para o contrato

bidder ['bɪdə] n licitador

bidding ['bɪdɪŋ] n 1 lanço, oferta 2 ordem; mando

bide [baɪd] vi ant esperar; aguardar ♦ *to bide one's time* esperar pelo momento certo

bidet ['biːdeɪ] n bidé

biennial [baɪ'enɪəl] adj bienal, bianual

biennium [baɪ'enɪəm] n biénio

bifid ['baɪfɪd] adj BOT,ZOOL bífido

bifurcate ['baɪfɜːkeɪt] vt,i bifurcar ♦ adj bifurcado

bifurcation [,baɪfɜː'keɪʃən] n bifurcação

big [bɪɡ] adj {comp bigger, superl biggest} 1 (tamanho) grande; volumoso 2 (idade) mais velho; *my big brother* o meu irmão mais velho 3 (importância) grande; *big ideas for the future* grandes planos para o futuro ❖ col *big deal!* grande coisa!; col *big word* palavra difícil; col *in big letters* em maiúsculas

bigamist ['bɪɡəmɪst] n bígamo

bigamous ['bɪɡəməs] adj bígamo

bigamy ['bɪɡəmɪ] n bigamia

big-bellied [bɪɡ'belɪd] adj col barrigudo, pançudo

biggie ['bɪɡɪ] n 1 col sucesso 2 col pessoa importante ❖ col *no biggie* nada de importante

bight [baɪt] n GEOG enseada

bigot ['bɪɡət] n pej fanático

bigoted ['bɪɡətɪd] adj intolerante, fanático

bigotry ['bɪɡətrɪ] n fanatismo, intolerância

bigwig ['bɪɡwɪɡ] n col pessoa importante

bike [baɪk] n 1 col bicicleta; *to ride a bike* andar de bicicleta 2 col mota

bikeway ['baɪkweɪ] n ciclovia

bikini [bɪ'kiːnɪ] n biquíni

bilateral [baɪ'lætərəl] adj bilateral

bile [baɪl] n 1 bílis 2 lit mau humor

bilge ['bɪldʒ] n 1 NÁUT porão 2 col lérias

biliary ['bɪlɪərɪ] adj biliar

bilingual [baɪ'lɪŋɡwəl] adj,n bilingue

bilingualism [baɪ'lɪŋɡwəlɪzəm] n bilinguismo

bilious ['bɪlɪəs] adj 1 maldisposto 2 repulsivo

bilk [bɪlk] vt enganar; defraudar; usurpar ♦ n vigarista, trapaceiro

bill [bɪl] n 1 conta; fatura; *could we have the bill, please?* trazia-nos a conta, por favor? 2 POL proposta de lei; *the government passed a new tax Bill* o governo aprovou uma nova proposta de lei de tributação 3 *EUA* nota; *a five-dollar bill* uma nota de cinco dólares 4 *EUA* POL carta; *Bill of Rights* carta de direitos 5 anúncio; edital; cartaz 6 (pássaro) bico 7 (espetáculos) alinhamento, rol de artistas ♦ vt 1 faturar; enviar a fatura a; *bill me for the expenses* envia-me a fatura das despesas 2 (cartazes) anunciar ❖ COM *bill of exchange* letra de câmbio; *stick no bills* afixação proibida

billiard [ˈbɪlɪəd] adj *billiard ball/cue/table* bola/taco/mesa de bilhar

billiards [ˈbɪlɪədz] n bilhar; *to play billiards* jogar bilhar

billion [ˈbɪljən] n 1 mil milhões, milhar de milhão 2 *GB ant* bilião

billsticking [ˈbɪlˌstɪkɪŋ] n (cartazes) afixação

bimbo [ˈbɪmbəʊ] n *col,pej* (insulto) cabeça-oca

bimonthly [baɪˈmʌnθlɪ] adj,adv 1 bimensal, duas vezes por mês 2 bimestral, de dois em dois meses

bin [bɪn] n 1 caixote do lixo 2 caixa, caixote

binary [ˈbaɪnərɪ] adj binário

bind [baɪnd] vt {*pret* e *pp* bound} 1 (coisas) amarrar; ligar; *she bound her hair* ela amarrou o cabelo; *the nurse bound his wounds* a enfermeira ligou-lhe as feridas 2 (pessoas) ligar, unir; *bound by marriage* unidos por casamento 3 (ornamentar) debruar 4 obrigar moralmente; comprometer; *I am bound by my promise* estou obrigado pela minha promessa 5 CUL ligar ♦ n *col* situação desconfortável; *to put someone in a bit of a bind* colocar alguém numa situação desagradável

  ♦ **bind together** vt ligar; unir

binder [ˈbaɪndə] n 1 capa de argolas 2 (pessoa, máquina) encadernador

bindery [ˈbaɪndərɪ] n oficina de encadernação

binding [ˈbaɪndɪŋ] n encadernação ♦ adj obrigatório [on/upon, para]

binge [bɪndʒ] n 1 farra 2 comezaina 3 borracheira ♦ vi empanturrar-se [on, com/de]

bingo [ˈbɪŋgəʊ] n (jogo) bingo ♦ interj bingo!; eureka!

binoculars [bɪˈnɒkjʊləz] npl binóculos

binomial [baɪˈnəʊmɪəl] n binómio ♦ adj binomial

bio [abrev. de biography]

biochemistry [ˌbaɪəʊˈkemɪstrɪ] n bioquímica

biodegradable [ˌbaɪəʊdɪˈgreɪdəbəl] adj biodegradável

biofuel [ˌbaɪəʊˈfjuːəl] n biocombustível

biogenesis [ˌbaɪəʊˈdʒenɪsɪs] n biogénese

biographer [baɪˈɒgrəfə] n biógrafo

biographical [ˌbaɪəʊˈgræfɪkəl] adj biográfico

biography [baɪˈɒgrəfɪ] n {pl -ies} biografia

biohazard [ˌbaɪəʊˈhæzəd] n ameaça biológica

biologic [ˌbaɪəˈlɒdʒɪk] adj ⇒ biological

biological [ˌbaɪəˈlɒdʒɪkəl] adj biológico

biologist [baɪˈɒlədʒɪst] n biólogo

biology [baɪˈɒlədʒɪ] n biologia

biomass [ˈbaɪəʊmæs] n biomassa

biome [ˈbaɪəʊm] n (ambiente) bioma

bionic [baɪˈɒnɪk] adj biónico

bionics [baɪˈɒnɪks] n biónica

biopsy [ˈbaɪɒpsɪ] n biópsia

biorhythm [ˌbaɪəʊˈrɪθəm] n biorritmo

biosecurity [ˌbaɪəʊsɪˈkjʊərɪtɪ] n biossegurança

biosphere [ˈbaɪəʊsfɪə] n biosfera

biosynthesis [ˌbaɪəʊˈsɪnθɪsɪs] n biossíntese

biotechnology [ˌbaɪəʊtekˈnɒlədʒɪ] n biotecnologia

bittersweet

bioterrorism [ˌbaɪəʊˈterərɪzəm] *n* bioterrorismo, terrorismo biológico

biowarfare [ˌbaɪəʊˈwɔːfeə] *n* guerra biológica

bipartition [ˌbaɪpɑːˈtɪʃən] *n* bipartição

biped [ˈbaɪped] *adj,n* bípede

bipedal [baɪˈpedəl] *adj* bípede

biplane [ˈbaɪpleɪn] *n* biplano

birch [bɜːtʃ] *n* (*pl* -es) 1 BOT vidoeiro, bétula 2 (*chicote*) vergasta, chibata ◆ *vt* açoitar, vergastar

bird [bɜːd] *n* 1 ave, pássaro; *bird of prey* ave de rapina 2 *col,pej* miúda; garina ❖ *a bird in the hand is worth two in the bush* mais vale um pássaro na mão do que dois a voar; *to kill two birds with one stone* matar dois coelhos de uma só cajadada

birdcage [ˈbɜːdkeɪdʒ] *n* gaiola

birdlime [ˈbɜːdlaɪm] *n* visco

birdseed [ˈbɜːdsiːd] *n* alpista

birdsong [ˈbɜːdsɒŋ] *n* trinado; gorjeio

biro [ˈbaɪrəʊ] *n col* esferográfica

birth [bɜːθ] *n* 1 nascimento; *date of birth* data de nascimento 2 parto 3 descendência ❖ *birth rate* taxa de natalidade; *to give birth to* dar à luz

birthday [ˈbɜːθdeɪ] *n* aniversário, dia de aniversário; *happy birthday* parabéns, feliz aniversário

birthmark [ˈbɜːθmɑːk] *n* sinal de nascença

birthplace [ˈbɜːθpleɪs] *n* terra natal

bis [bɪs] *interj* bis!, outra vez!

biscuit [ˈbɪskɪt] *n* GB biscoito, bolacha

bisect [baɪˈsekt] *vt* dividir em duas partes iguais

bisection [baɪˈsekʃən] *n* bissecção

bisector [baɪˈsektə] *n* GEOM bissetor

bisexual [baɪˈseksjʊəl] *adj,n* bissexual

bishop [ˈbɪʃəp] *n* (cargo, xadrez) bispo

bismuth [ˈbɪzməθ] *n* bismuto

bison [ˈbaɪsən] *n* bisonte

bissextile [baɪˈsekstaɪl] *adj* bissexto ◆ *n* ano bissexto

bistoury [ˈbɪstʊrɪ] *n* (*pl* -ies) MED bisturi

bistro [ˈbɪstrəʊ] *n* restaurante pequeno

bit [bɪt] *n* 1 bocado [of, de], pedaço [of, de]; *a little bit* um bocadinho 2 *col* (tempo) momento, instante 3 (cavalo) freio 4 (livro, filme) excerto 5 INFORM bit ❖ *a bit too much* um pouco exagerado; *bit by bit* a pouco e pouco

bitch [bɪtʃ] *n* (*pl* -es) 1 cadela 2 *vulg* cabra, puta *vulg* ◆ *vi* 1 dizer mal 2 EUA *cal* lamuriar-se, queixar-se [at, a; about, de]; *stop bitching about your job* para de te queixares do teu emprego

bite [baɪt] *n* 1 mordedura, mordidela; dentada; *the dog gave me a bite* o cão mordeu-me 2 (inseto) mordidela; picada; *a mosquito bite* uma picada de mosquito 3 (comida) trinca; bocado; *give me a bite of that* dá-me uma trinca 4 *col* refeição rápida; *let's grab a bite!* vamos comer qualquer coisa ◆ *vt* {*pret* bit, *pp* bitten} 1 morder, ferrar 2 (inseto) picar; *I've been bitten by a bee* fui picada por uma abelha 3 (*corroer*) roer; *to bite one's fingernails* roer as unhas ❖ *to begin to bite* começar a doer; *what's biting you?* que é que se passa contigo?

◆ **bite back** *vt* conter; reprimir; *she bit back the words* ela conteve as palavras

◆ **bite into** *vt* cortar; *the rope had bitten into his wrists* a corda cortara lhe os pulsos

◆ **bite off** *vt* arrancar com os dentes

biting [ˈbaɪtɪŋ] *adj* 1 (tempo) cortante, penetrante 2 mordaz; cáustico

bitmap [ˈbɪtmæp] *n* INFORM bitmap

bitter [ˈbɪtə] *adj* 1 (sabor, pessoa) amargo, azedo 2 (tempo) cortante, penetrante 3 *fig* (experiência, situação) duro ◆ *n* GB cerveja amarga

bitterly [ˈbɪtəlɪ] *adv* amargamente ❖ *it is bitterly cold* está um frio de rachar

bitterness [ˈbɪtənɪs] *n* amargura, azedume

bittersweet [ˈbɪtəˌswiːt] *adj* 1 agridoce 2 (chocolate) amargo

bitumen ['bɪtjəmɪn] n betume

bivalve ['baɪvælv] n,adj bivalve

bivouac ['bɪvuæk] n bivaque ♦ vi {pret e pp -ck-} bivacar

biweekly [baɪ'wiːklɪ] adj 1 quinzenal 2 bissemanal ♦ adv 1 quinzenalmente 2 bissemanalmente

bizarre [bɪ'zɑː] adj bizarro

blab [blæb] vi {pret e pp -bb-} col ser indiscreto; revelar um segredo [to, a]; *he's been blabbing to the press* ele tem andado a passar informações à imprensa

blabber ['blæbə] vi col falar demasiado, tagarelar [on, sobre]

blabbermouth ['blæbəˌmaʊθ] n col linguarudo; fala-barato

black [blæk] adj 1 (cor) preto, negro; *a black sweater* uma camisola preta 2 (raça) negro; africano 3 escuro, sombrio; *black clouds* nuvens escuras 4 fig sinistro 5 fig carrancudo, aborrecido, zangado; *he gave me a black look* ele deitou-me um olhar zangado 6 fig mau; feio; *the situation is not as black as it's painted* a situação não é tão má como a pintam ♦ vt 1 (calçado) engraxar; *he's blacking his shoes* ele está a engraxar os sapatos 2 boicotar ♦ n 1 (cor) negro, preto; *she was dressed in black* ela estava vestida de preto 2 (pessoa) negro; africano ❖ ASTRON *black hole* buraco negro; *black humour* humor negro; *black magic* magia negra; *black market* mercado negro; *black sheep* ovelha negra; HIST *Black Death* Peste Negra; *I want my coffee black* quero o meu café simples; *to put down in black and white* pôr por escrito

♦ **black out** vi desmaiar ♦ vt 1 (como protesto) boicotar 2 cortar a eletricidade; ficar sem eletricidade

blackball ['blækbɔːl] vt votar contra, rejeitar; excluir

blackberry ['blækbəri] n {pl -ies} amora silvestre

blackbird ['blækbɜːd] n melro

blackboard ['blækbɔːd] n (escola) quadro

blackcap ['blækˌkæp] n 1 toutinegra 2 amora negra

blackcurrant [ˌblæk'kʌrənt] n groselha negra

blacken ['blækən] vt 1 (cor) enegrecer; escurecer 2 fig (reputação) difamar; denegrir; desacreditar

blacklead ['blækled] n grafite

blackleg ['blækleg] n GB pej fura-greves ♦ vi {pret e pp -gg-} GB pej furar greves

blacklist ['blæklɪst] n lista negra

blackmail ['blækˌmeɪl] n chantagem; *emotional blackmail* chantagem emocional ♦ vt fazer chantagem com; chantagear

blackmailer ['blækˌmeɪlə] n chantagista

blackness ['blæknɪs] n escuridão

blackout ['blækˌaʊt] n 1 apagão 2 desmaio 3 perda de memória 4 (protesto) blackout; *news blackout* blackout informativo

blacksmith ['blækˌsmɪθ] n ferreiro

blackspot ['blækspot] n 1 (acidentes) ponto negro 2 (situação, etc.) área problemática

bladder ['blædə] n 1 bexiga 2 câmara de ar

blade [bleɪd] n 1 lâmina; *razor blade* lâmina de barbear 2 (remo, hélice) pá 3 (erva) pé

blade-bone ['bleɪdbəʊn] n ANAT omoplata

blame [bleɪm] vt 1 culpar [for, por/de]; *he was blamed for the accident* ele foi responsabilizado pelo acidente 2 censurar; repreender; julgar; *who am I to blame you?* quem sou eu para te julgar? ♦ n culpa [for, de]; *the blame for a crime* a culpa de um crime; *to bear the blame* assumir a culpa; *to put the blame on someone* deitar as culpas a alguém

blameless ['bleɪmləs] adj inocente

blanch [blɑːntʃ] vt 1 (cor) branquear 2 CUL (frutos, legumes) escaldar; pelar ♦ vi empalidecer

bland [blænd] adj 1 brando, suave 2 (comida) insípido 3 (música) calmo

blank [blæŋk] adj 1 em branco; *blank sheet of paper* folha em branco 2 (expressão facial) indiferente, inexpressivo 3 (cassete, CD) virgem 4 (recusa, negação) total ♦ n espaço em branco

  ♦ **blank out** vt tapar; cobrir ♦ vi 1 desmaiar, perder os sentidos 2 *fig* (memória) desvanecer-se

blanket [blæŋkɪt] n 1 cobertor 2 *fig* (camada) manto [of, de]; *a blanket of snow* um manto de neve ♦ vt cobrir [in/with, de]; *the road was blanketed with mud* a estrada estava toda enlameada ♦ adj abrangente ❖ *to be a wet blanket* ser um desmancha-prazeres

blankness [blæŋknɪs] n 1 (tonalidade) brancura, claridade 2 (feições) inexpressividade 3 (estado de espírito) perturbação, confusão

blare [bleə] vi fazer barulho, estrondear ♦ vt emitir (som alto) ♦ n barulheira

blaspheme [blæsˈfiːm] vt,i blasfemar [against, contra]; *to blaspheme against God* blasfemar contra Deus

blasphemer [blæsˈfiːmə] n blasfemador

blasphemous [blæsfəməs] adj blasfemo

blasphemy [blæsfəmi] n {pl -ies} blasfémia

blast [blɑːst] n 1 (vento) rajada [of, de]; *icy blasts of the north wind* rajadas geladas das nortadas 2 explosão; detonação ♦ vt 1 abrir por meio de detonação; *to blast a tunnel* abrir um túnel com explosivos 2 *fig* destruir, arrasar; *to blast someone's reputation* destruir a reputação de alguém ❖ *col blast you!* maldito sejas!; *at full blast* com toda a potência; *EUA col the vacation were a blast!* as férias foram o máximo!

blasted [blɑːstɪd] adj *col* maldito

blasting [blɑːstɪŋ] n rebentamento, explosão, detonação

blast-off [blɑːstɒf] n (foguetão espacial) lançamento

blast-pipe [blɑːstpaɪp] n tubo de escape

blatant [bleɪtənt] adj descarado; gritante

blaze [bleɪz] n 1 chama, labareda 2 *fig* esplendor, brilho [of, de]; *the blaze of the sun* o brilho do sol 3 *fig* (sentimentos) explosão [of, de]; *in a blaze of anger* numa explosão de fúria 4 (tiros) rajada [of, de]; *a blaze of machine-gun fire* uma rajada de tiros de metralhadora ♦ vi 1 (chamas) arder 2 (olhos) brilhar, resplandecer [with, de]; *her eyes blazed with anger* os olhos dela brilhavam de fúria 3 *fig* (sentimentos) explodir [with, de]; irradiar [with, de] ♦ vt *fig* abrir; explorar; *to blaze a trail* abrir caminho

blazer [bleɪzə] n (casaco) blazer

blazing [bleɪzɪŋ] adj 1 (visão) brilhante, resplandecente 2 (temperatura, situação) escaldante

blazon [bleɪzən] n brasão ♦ vt (placa) gravar; inscrever

bleach [bliːtʃ] vt 1 (roupa) desbotar; branquear 2 (cabelo) descolorar, oxigenar ♦ vi branquear-se; desbotar ♦ n {pl -es} lixívia

bleachers [bliːtʃəz] npl FUA (estádio, pavilhão) bancada descoberta

bleaching [bliːtʃɪŋ] n branqueamento; aplicação de lixívia ❖ *bleaching powder* pó para branquear; cloreto de cal

bleak [bliːk] adj 1 (situação) pouco prometedor 2 (tempo) desagradável 3 (local) desolado

blear [blɪə] vt 1 (vista) ofuscar; turvar 2 tornar remeloso ♦ vi ficar remeloso

bleary [blɪəri] adj {comp -ier, superl -iest} (vista) enevoado, turvo ❖ *bleary eyes* olhos congestionados

bleary-eyed [blɪərɪaɪd] adj com os olhos congestionados

bleat [bliːt] vi 1 balir 2 (pessoa) lamuriar--se; choramingar ♦ n balido

bleb [bleb] n 1 (pele) borbulha 2 (vidro) bolha

bleed [bliːd] vi {pret e pp bled} sangrar, deitar sangue; **to bleed from the nose** deitar sangue pelo nariz; **your nose is bleeding** estás a deitar sangue pelo nariz ♦ vt 1 MED (tratamento) sangrar 2 extorquir dinheiro; **they bled us white/dry** deixaram-nos sem dinheiro nenhum ❖ irón **my heart bleeds for** a pena que eu tenho de

bleeding [ˈbliːdɪŋ] n hemorragia

bleep [bliːp] n 1 (som) bip 2 (aparelho) pager, bip ♦ vi (aparelho) fazer bip ♦ vt chamar através do bip, chamar através do pager

blemish [ˈblemɪʃ] vt 1 (nódoa) manchar; sujar 2 (reputação) difamar; denegrir ♦ n 1 (roupa, fruta) mancha; marca 2 (reputação) mancha; falta; desonra

blench [blentʃ] vi assustar-se; estremecer; **to blench in fear** estremecer de medo

blend [blend] vt 1 misturar, combinar; **blend the sugar, the flour and the eggs together** misture o açúcar, a farinha e os ovos 2 juntar, adicionar [**into**, a]; **blend the flour into the eggs and sugar** junta a farinha aos ovos e ao açúcar ♦ vi 1 (substâncias) misturar, fundir [**into**, em] 2 (circunstâncias) combinar [**with**, com]; **their voices blend well with each other** as duas vozes combinam bem ♦ n mistura; combinação; **a blend of feelings** uma mistura de sentimentos; **this is a good blend of coffee** esta é uma boa mistura de café

blender [ˈblendə] n liquidificador

bless [bles] vt {pret e pp blessed, blest} 1 abençoar; **God bless you** Deus te abençoe 2 agradecer [**for**, por]; **you will bless me for this one day** ainda me vais agradecer por isto um dia ❖ (depois de espirro) **bless you!** santinho!; **to be blessed with** ser bafejado por

blessed [ˈblest] adj 1 abençoado 2 col,irón (aborrecimento) bendito; **the whole blessed day** todo o santo dia

blessing [ˈblesɪŋ] n 1 bênção 2 aprovação; aval ❖ **a blessing in disguise** um mal que vem por bem

blest [blest] adj ⇒ **blessed**

blight [blaɪt] n 1 BOT cresta, queima 2 fig má influência; maldição ♦ vt 1 BOT queimar, crestar 2 fig arrasar, destruir, arruinar ❖ **to cast a blight on someone's happiness** arruinar a felicidade de alguém

blind [blaɪnd] adj 1 cego [**to**, a]; **to go blind** ficar cego, cegar; **to be blind from birth** ser cego de nascença 2 (objeto) opaco; impenetrável ♦ vt 1 cegar; ofuscar 2 fig iludir; enganar ♦ n estore, persiana; **shut the blinds** fecha as persianas ❖ **blind alley** beco sem saída; **to be as blind as a bat** ser cego como uma toupeira; **to turn a blind eye to something** fechar os olhos a algo

blinder [ˈblaɪndə] n GB col grande partida; grande golo

blindfold [ˈblaɪndˌfəʊld] n (para olhos) venda ♦ vt vendar os olhos de ♦ adv de olhos vendados ❖ **I could do it blindfold** podia fazê-lo de olhos fechados

blinding [ˈblaɪndɪŋ] adj 1 (luz) ofuscante 2 col extraordinário, fantástico

blind man's buff [ˌblaɪndmænzˈbʌf] n cabra-cega

blindness [ˈblaɪndnɪs] n cegueira

blink [blɪŋk] vi 1 (olhos) pestanejar; piscar os olhos 2 (luz) cintilar; tremeluzir ♦ vt pestanejar ♦ n 1 (olhos) piscar 2 (luz) clarão ❖ **in the blink of an eye** num piscar de olhos

blinker [ˈblɪŋkə] n antolho; pala

blinking [ˈblɪŋkɪŋ] adj GB col maldito

bliss [blɪs] n felicidade absoluta

blissful [ˈblɪsfʊl] adj 1 (pessoa) muito feliz 2 total; **blissful ignorance** ignorância total

blister ['blɪstə] n bolha; *blisters in the paint* bolhas na tinta; *the shoes gave me blisters* os sapatos fizeram-me bolhas ♦ vt,i empolar; provocar bolhas

blistery ['blɪstəri] adj cheio de bolhas

blithe [blaɪð] adj despreocupado

blizzard ['blɪzəd] n nevasca

bloat [bləʊt] vt,i inchar

bloated ['bləʊtɪd] adj 1 inchado 2 (após refeição) empanturrado 3 col envaidecido

blob [blɒb] n 1 (substância) bolha; borrão; *a blob of paint* um borrão de tinta 2 (na paisagem) ponto

block [blɒk] n 1 bloco [of, de]; *block of flats* bloco de apartamentos; *block of stone* bloco de pedra 2 EUA quarteirão; *it is four blocks from here* fica a quatro quarteirões daqui 3 (estado mental) bloqueio, obstrução; *mental block* bloqueio mental ♦ vt 1 obstruir, bloquear; fechar; *the road was blocked* a estrada estava bloqueada 2 (obstáculo) tapar; encobrir; *to block the view* tapar a vista ❖ *to lay one's head on the block* pôr a reputação em risco; *to knock someone's block off* partir a cara a alguém

● **block off** vt (rua, janela, porta) cortar; obstruir; selar

● **block out** vt 1 (luz, vista) tapar 2 (notícia, pensamento) abafar

blockade [blɒˈkeɪd] n bloqueio; cerco; *to impose a blockade* fazer um bloqueio; *to raise/lift a blockade* levantar um bloqueio ♦ vt bloquear; *the ships blockaded the harbour* os navios bloquearam o porto

blockbuster ['blɒkˌbʌstə] n (filme) campeão de bilheteira; (livro, CD) êxito de venda

blockhead ['blɒkhed] n col,pej imbecil

blockhouse ['blɒkhaʊs] n 1 MIL fortaleza 2 casa de toros de madeira

blog [blɒg] n (Internet) blogue, blog

blogger ['blɒgə] n (Internet) bloguista

blogosphere ['blɒgəsfɪə] n (Internet) blogosfera

bloke [bləʊk] n GB col tipo; gajo

blond [blɒnd] adj,n louro

blonde [blɒnd] adj,n loura

blondish ['blɒndɪʃ] adj alourado; *blondish hair* cabelo alourado

blood [blʌd] n sangue; *blood donor* dador de sangue; *blood group* grupo sanguíneo; *blood pressure* tensão arterial; *blood type* tipo de sangue ❖ *in cold blood* a sangue frio; *to run in one's blood* estar no sangue de alguém

bloodhound ['blʌdhaʊnd] n (cão) sabujo

bloodless ['blʌdləs] adj 1 (golpe, revolução) sem derramamento de sangue 2 pálido

bloodshed ['blʌdʃed] n derramamento de sangue

bloodshot ['blʌdʃɒt] adj (olho) injetado de sangue

bloodstain ['blʌdsteɪn] n mancha de sangue

bloodsucker ['blʌdsʌkə] n (animal, pessoa) sanguessuga

bloodthirsty ['blʌdθɜːsti] adj 1 (pessoa) sanguinário 2 (história, filme) violento

bloody ['blʌdi] adj {comp -ier, superl -iest} 1 (violência) sangrento; *bloody Sunday* domingo sangrento 2 (pessoa, coisa) ensanguentado 3 (temperamento) sanguinário 4 cal maldito ♦ vt manchar de sangue; ensanguentar ❖ cal *bloody hell!* raios partam!; cal *not bloody likely!* nem pensar!

bloom [bluːm] n 1 BOT flor; *the roses are in full bloom* as rosas estão em flor 2 fig frescura, beleza; *the bloom of youth* a frescura da juventude ♦ vi florescer; desabrochar ❖ *to come into bloom* desabrochar

bloomer ['bluːmə] n col,ant disparate, parvoíce

blooming ['bluːmɪŋ] adj florescente

blooper ['bluːpə] n EUA calinada; argolada

blossom

blossom ['blɒsəm] n flor; *orange blossom* flor de laranjeira; *the trees are in full blossom* as árvores estão em flor ♦ vi florescer; desabrochar

blot [blɒt] n 1 borrão de tinta 2 *fig* mancha [on, em]; *a blot on one's reputation* uma mancha na reputação ♦ vt 1 (*sujar*) borratar; manchar; *fig to blot one's copybook* manchar o currículo 2 (*limpar*) absorver com papel mata-borrão

blotch [blɒtʃ] n (*pl* -es) mancha; pinta

blotting ['blɒtɪŋ] adj que absorve a tinta; *blotting paper* papel mata-borrão

blouse [blaʊz] n blusa

blow [bləʊ] n 1 pancada; golpe; murro 2 (emoções) golpe; choque; baque 3 ação [for, em defesa de; against, contra] ♦ vt {*pret* blew, *pp* blown} 1 soprar; *to blow a candle* apagar uma vela com o sopro 2 (ar) fazer voar, levar; *a gust of wind blew the leaves* uma rajada de vento levou as folhas 3 (detonação) rebentar; fazer explodir 4 (instrumento) tocar 5 assoar; *to blow one's nose* assoar o nariz 6 (pneu) furar 7 cal (dinheiro) esbanjar; estourar 8 cal estragar; dar cabo de; *you blew it!* deste cabo de tudo! ♦ vi 1 ventar; soprar 2 (instrumento) soar 3 (pneu) furar ❖ col *blow me down!* essa agora!; cal *blow the expense!* que se lixe a despesa!; *to blow one's mind* revolucionar-nos o pensamento; *to blow one's top/stack* perder a cabeça; *to blow the whistle on* denunciar

♦ **blow about** vt dispersar; espalhar ♦ vi esvoaçar; *the leaves blew about* as folhas esvoaçavam

♦ **blow away** vt 1 matar; liquidar; *he was blown away with three shots* foi morto com três tiros 2 derrotar completamente; arrasar; *he blew away the other players* derrotou os outros jogadores 3 surpreender; *the book blew away the readers* o livro surpreendeu os leitores 4 levar; arrancar; *the wind blew away the*

trees o vento arrancou as árvores 5 *fig* desperdiçar; *to blow away one's life* desperdiçar a vida

♦ **blow down** vt abater; derrubar; *the wind blew down the trees* o vento derrubou as árvores ♦ vi tombar com o vento; *the tree blew down* a árvore tombou

♦ **blow in** vt EUA esbanjar; *he blew in all his money* esbanjou a fortuna toda ♦ vi 1 col chegar; aparecer inesperadamente; *he blew in* ele apareceu inesperadamente 2 soprar; *a warm, salty breeze blew in from the sea* uma brisa quente e salgada soprou do mar

♦ **blow off** vt 1 levar (pelos ares); arrebatar; *the wind blew the hat off* o vento levou o chapéu pelos ares 2 explodir; desfazer com explosão; *the car was blown off* o carro ficou desfeito com a explosão 3 EUA cal ignorar; *they blew off the president* ignoraram o presidente ♦ vi ir pelos ares

♦ **blow out** vt 1 (chama) apagar; *he blew out the candles* apagou as velas 2 (tempestade) amainar; acalmar 3 EUA derrotar facilmente; arrasar; *they blew out the other team* arrasaram a outra equipa 4 (com o sopro) encher; inchar; fazer; *she blew out a bubble* fez uma bola de sabão ♦ vi 1 (chama) apagar-se 2 (pneu) rebentar 3 ELET fundir; *the fuse blew out* o fusível fundiu

♦ **blow over** vt levar pelo ar; derrubar; deitar ao chão; *the wind blew the chairs over* o vento derrubou as cadeiras ♦ vi (tempestade, situação crítica) parar, passar; acalmar, amainar

♦ **blow up** vt 1 fazer explodir, detonar; *the terrorists blew up the plane* os terroristas fizeram explodir o avião 2 (balão, pneu) encher 3 FOT ampliar; aumentar; *to blow up a photo* ampliar uma fotografia ♦ vi 1 explodir; rebentar; *the bomb blew up* a bomba explodiu; *fig he blew up* ele explodiu (de fúria) 2 (tempestade) vir; preparar-se; *there's a storm blowing up* vem aí uma tempestade

blower ['bləʊə] n ventilador; ventoinha

blowfly ['bləʊflaɪ] n varejeira

blowout ['bləʊˌaʊt] n 1 (pneu) rebentamento 2 col festança 3 EUA vitória fácil

blowpipe ['bləʊpaɪp] n maçarico

blowtorch ['bləʊtɔːtʃ] n EUA maçarico

blowup ['bləʊʌp] n 1 (fotografia) ampliação 2 col discussão

blow-up ['bləʊʌp] n {pl blow-ups} FOT ampliação

blubber ['blʌbə] n gordura de baleia ♦ vi chorar alto

bludgeon ['blʌdʒən] n cacete, moca ♦ vt 1 (com moca) espancar, bater em 2 instigar, forçar [into, a]; *to bludgeon someone into doing something* instigar alguém a fazer algo

blue [bluː] adj 1 (cor) azul 2 triste, deprimido 3 obsceno; pornográfico ♦ n (cor) azul ❖ *out of the blue* inesperadamente

blueberry ['bluːbəri] n mirtilo

bluebottle ['bluːˌbɒtəl] n varejeira

blue-collar ['bluːˌkɒlə] adj (trabalho, trabalhador) manual

blues [bluːz] n blues

bluff [blʌf] n bluff; simulação ♦ vt,i fazer bluff ❖ *I called his bluff* desafiei-o a provar o que dizia

bluish ['bluːɪʃ] adj azulado

blunder ['blʌndə] n erro, gafe; deslize; bacorada; *to make a blunder* cometer uma gafe ♦ vi 1 errar; cometer uma gafe; fazer asneira 2 embater, esbarrar [against/into, contra]; *to blunder against the furniture* esbarrar contra a mobília 3 cambalear [around, por]; *he blundered around the room* ele cambaleou pelo quarto

blunderer ['blʌndərə] n trapalhão; desajeitado

blunt [blʌnt] adj 1 brusco, áspero; direto; *a blunt question* uma pergunta direta 2 (objeto) embotado; rombo; *a blunt knife* uma faca por afiar ♦ vt 1 (emoções) mitigar, atenuar; conter; *to blunt someone's enthusiasm* cortar o entusiasmo de alguém 2 (faca, lápis) embotar

bluntly ['blʌntli] adv sem rodeios; diretamente

bluntness ['blʌntnɪs] n 1 (opinião) aspereza; clareza 2 (faca, lápis) embotamento

blur [blɜː] n 1 névoa 2 mancha 3 (memória) confusão ♦ vt {pret e pp -rr-} turvar; toldar

blurb [blɜːb] n informação publicitária

blurred [blɜːd] adj 1 turvo; indistinto 2 (fotografia) desfocado 3 (recordações) vago

blurt [blɜːt] vt,i deixar escapar (palavras) ♦ *blurt out* vt (palavras) soltar a língua; deixar escapar

blush [blʌʃ] vi corar; *to blush with embarrassment* corar de vergonha ♦ n {pl -es} rubor; vermelhidão; *spare my blushes!* não me faças corar!

blusher ['blʌʃə] n (cosmética) blush

blushing ['blʌʃɪŋ] n rubor ♦ adj 1 (rosto) corado 2 fig tímido; embaraçado

bluster ['blʌstə] vi 1 falar alto; ralhar; berrar 2 (vento) soprar; zunir ♦ n 1 tumulto; algazarra 2 (vento) zunido

BMX DESP [sigla de **Bicycle Motocross**] BMX

boar [bɔː] n 1 javali 2 varrão

board [bɔːd] n 1 prancha; placa; (madeira) tábua 2 (jogos lúdicos) tabuleiro; *chess board* tabuleiro de xadrez 3 (escola) quadro; *go to the board* vai ao quadro 4 (aviso) placa; cartaz 5 comida, sustento 6 administração; *board of directors* conselho de administração 7 NÁUT,AER bordo; *welcome on board* bem-vindos a bordo ♦ vt 1 (chão) assoalhar 2 (meio de transporte) subir a bordo de ♦ vi 1 (hotelaria) hospedar, alojar; *to board someone* dar alojamento a alguém 2 (meio de transporte) embarcar; *I boarded* *at Heathrow Airport* embarquei no aeroporto de Heathrow ❖ (hotelaria) *board and lodging* cama e mesa; (hotelaria) *full board* pensão completa; *half board* meia-pensão; *to go by the board* ir por água abaixo

◆ **board up** *vt* (janela, porta) entaipar

boarder ['bɔːdə] *n* aluno interno

boarding ['bɔːdɪŋ] *n* **1** (meio de transporte) embarque; *boarding card/pass* cartão de embarque **2** alojamento **3** (para chão) tábuas

boarding-house ['bɔːdɪŋhaʊz] *n* pensão, hospedaria

boarding-school ['bɔːdɪŋskuːl] *n* internato, colégio interno

boast [bəʊst] *vi pej* vangloriar-se, gabar-se [about/of, de]; *he's always boasting about his car* está sempre a gabar-se do carro ◆ *vt* **1** ostentar **2** gabar; elogiar ◆ *n pej* bazófia; ostentação

boaster ['bəʊstə] *n* fanfarrão, gabarola

boastful ['bəʊstfʊl] *adj* gabarola, presunçoso

boasting ['bəʊstɪŋ] *n* gabarolice

boat [bəʊt] *n* barco; *to travel by boat* viajar de barco ❖ *to be in the same boat* estar no mesmo barco

boating ['bəʊtɪŋ] *n* passeio de barco; *to go boating* ir passear de barco

boatload ['bəʊtləʊd] *n* **1** carregamento, carga **2** barco cheio

boatman ['bəʊtmən] *n {pl -men}* barqueiro

boatrace ['bəʊtreɪs] *n* regata

bob [bɒb] *vt* **1** (com a cabeça) mover; acenar; *to bob one's head* acenar com a cabeça **2** (cabelo) cortar curto ◆ *vi* **1** (em água) balancear-se; oscilar **2** (pessoa) sair de vista; esgueirar-se; desaparecer; *to bob behind the trees* desaparecer atrás das árvores ◆ *n* **1** cabelo curto **2** *pop* xelim ❖ *bits and bobs* coisas; pertences

bobbin ['bɒbɪn] *n* (costura) bobina; carrinho

bobby pin *n EUA* (cabelo) gancho

bobsleigh ['bɒbsleɪ] *n* trenó ◆ *vi* andar de trenó

bobtail ['bɒbteɪl] *n* (cavalo, cão) cauda curta

bode [bəʊd] *vt* prognosticar, pressagiar; *to bode well* ser um bom presságio; *to bode ill* ser um mau presságio

bodge ['bɒdʒ] *vt col* remendar; improvisar conserto em ◆ *n col* remendo; conserto

bodice ['bɒdɪs] *n* corpete

bodily ['bɒdɪli] *adj* corporal; físico ◆ *adv* em peso

boding ['bəʊdɪŋ] *n* presságio, pressentimento; agoiro ◆ *adj* agoirento

bodkin ['bɒdkɪn] *n* **1** (costura) agulha sem ponta **2** (papel, ilhós) furador

body ['bɒdi] *n {pl -ies}* **1** corpo **2** cadáver **3** corporação ❖ *in a body* todos juntos; *over my dead body!* só por cima do meu cadáver

bodyboard ['bɒdɪbɔːd] *n DESP* bodyboard

body-builder ['bɒdɪbɪldə] *n* (musculação) culturista

body-building ['bɒdɪbɪldɪŋ] *n* musculação; culturismo

bodyguard ['bɒdɪgɑːd] *n* guarda-costas

bodysuit ['bɒdɪsuːt] *n EUA* (roupa) body

bodywork ['bɒdɪwɜːk] *n* (automóvel) carroçaria

bog [bɒg] *n* **1** lameiro, lamaçal **2** *cal* retrete ◆ *vt,i {pret e pp -gg-}* atolar

◆ **bog down** *vt* atolar; *to be bogged down* estar atolado; *fig,col to be bogged down in work* estar atolado de trabalho

bogey ['bəʊgi] *n* **1** bicho-papão **2** preocupação **3** *col* (nariz) macaco

bogeyman ['bəʊgɪmæn] *n* bicho-papão

boggy ['bɒgi] *adj {comp -ier, superl -iest}* pantanoso; lamacento

bogus ['bəʊgəs] *adj* falso; fictício

bohemian [bəʊ'hiːmɪən] *adj* boémio

bohrium ['bɔːrɪəm] *n* bóhrio

bonded

boil [bɔɪl] *vt* 1 (líquido) ferver 2 CUL cozer ♦ *vi* 1 (líquido) ferver [at, a]; *let it boil for five minutes* deixa ferver durante cinco minutos; *water boils at 100 degrees centigrade* a água ferve a 100 graus centígrados 2 CUL cozer ♦ *n* 1 fervura; ebulição; *first bring it to the boil* primeiro deixe levantar fervura; *to come to the boil* levantar fervura 2 (pele) espinha; furúnculo ❖ (temperatura elevada) *to be boiling hot* estar a ferver; (emoções) *to be boiling* estar a ferver; *to be boiling with activity* estar a fervilhar de atividade; *to go off the boil* perder o interesse; *to make one's blood boil* ficar com os nervos à flor da pele
◆ **boil away** *vi* evaporar-se
◆ **boil down** *vi* diminuir com a fervura
◆ **boil over** *vi* 1 (líquido a ferver) ir por fora 2 *fig.col* (fúria) saltar a tampa
boiler [ˈbɔɪlə] *n* caldeira
boiling [ˈbɔɪlɪŋ] *adj* a ferver ♦ *n* fervura; *boiling point* ponto de ebulição
boisterous [ˈbɔɪstərəs] *adj* turbulento; vivaço
bold [bəʊld] *adj* 1 arrojado, ousado 2 atrevido; insolente 3 (traços, cores) bem marcado 4 (impressão) a negro, em negrito ♦ *n* negrito, bold
boldness [ˈbəʊldnɪs] *n* 1 arrojo, audácia 2 descaramento; atrevimento
bolero [bəˈlɛərəʊ] *n* (dança, música) bolero
bolide [ˈbəʊlaɪd] *n* ASTRON bólide
Bolivia [bəˈlɪ:vɪə] *n* Bolívia
Bolivian [bəˈlɪ:vɪən] *adj,n* boliviano
bolster [ˈbəʊlstə] *n* travesseiro ♦ *vt* incentivar; estimular; apoiar
bolt [bəʊlt] *n* 1 parafuso; cavilha de ferro 2 (porta, janela) ferrolho, lingueta 3 (trovoada) raio, corisco; *bolt of lightning* raio 4 rolo de tecido ♦ *vi* 1 fugir, mover-se repentinamente [for, para]; *she made a bolt for the door* ela fugiu para a porta 2 unir-se, apertar-se, juntar-se ♦ *vt* 1 comer depressa, engolir sem mastigar 2 (porta, janela) fechar com ferrolho 3 unir, apertar, juntar ❖ *a bolt from the blue* algo de inesperado e desagradável; *to shoot one's bolt* dar tudo por tudo; *to sit bolt upright* sentar-se direito
bomb [bɒm] *n* bomba ♦ *vi* 1 bombardear 2 *fig.col* fracassar ♦ *vt* bombardear ❖ *bomb disposal* desminagem; *bomb disposal squads* brigadas antiminas; *atom bomb* bomba atómica
◆ **bomb out** *vt* bombardear
bombard [bɒmˈbɑ:d] *vt* 1 bombardear [with, com]; *fig to bombard someone with questions* bombardear alguém com perguntas 2 atacar
bombardment [bɒmˈbɑ:dmənt] *n* bombardeamento
bombast [ˈbɒmbæst] *n* pompa
bombastic [bɒmˈbæstɪk] *adj* pomposo
bomber [ˈbɒmə] *n* 1 (avião) bombardeiro 2 (pessoa) bombista
bombing [ˈbɒmɪŋ] *n* bombardeamento
bombproof [ˈbɒmpru:f] *adj* à prova de bomba ❖ *bombproof shelter* abrigo anti-aéreo
bombshell [ˈbɒmʃel] *n* 1 MIL obus 2 má notícia; bomba
bonbon [ˈbɒnbɒn] *n* bombom; caramelo
bond [bɒnd] *n* 1 laço, ligação [between, entre; of, de]; *there is a strong bond between them* há uma forte ligação entre eles; *bonds of friendship* laços de amizade 2 compromisso [with, com]; obrigação moral [with, com]; *to enter a bond with someone* fazer um contrato com alguém 3 ECON obrigação, título de dívida; promessa de pagamento 4 cadeia, cativeiro, prisão ♦ *vt,i* amarrar(-se); ligar(-se); unir(-se)
bondage [ˈbɒndɪdʒ] *n* escravidão; cativeiro
bonded [ˈbɒndɪd] *adj* 1 ECON garantido por escritura 2 (bem) hipotecado

bondholder ['bɒndhəʊldə] n obrigacionista

bonding ['bɒndɪŋ] n formação de laços afetivos

bondman ['bɒndmən] n {pl -men} escravo, servo

bondsman ['bɒndzmən] n {pl -men} 1 (negócios) fiador 2 (condição) escravo; servo

bone [bəʊn] n 1 osso; (faca) *bone handle* cabo de osso; *she's all skin and bone* ela é só pele e osso; *to have a good bone structure* ter uma boa estrutura óssea 2 (peixes) espinha ◆ npl restos mortais ◆ vt (carne) desossar; (peixe) retirar as espinhas a ❖ *bone of contention* causa de discussão; *close to the bone* verdade que dói; *frozen to the bone* transido de frio; *the bare bones* o cerne da questão; *to cut something to the bone* reduzir ao essencial; *to feel it in one's bones* ter um pressentimento; *to have a bone to pick with* ter algo de que se queixar; *to make no bones about* não hesitar

bonehead ['bəʊnhed] n col estúpido; idiota

bonesetter ['bəʊnˌsetə] n endireita

bonfire ['bɒnfaɪə] n fogueira

bonnet ['bɒnɪt] n 1 GB (automóvel) capô 2 (cabeça) touca

bonny ['bɒni] adj {comp -ier, superl -iest} bonito, formoso

bonsai ['bɒnsaɪ] n bonsai

bonus ['bəʊnəs] n {pl -es} bónus, prémio

bony ['bəʊni] adj {comp -ier, superl -iest} 1 ossudo 2 cheio de espinhas; *bony fish* peixe cheio de espinhas

boo [buː] interj fora! ◆ n apupo ◆ vt,i apupar, vaiar

boob [buːb] n 1 cal mama 2 GB col gafe, asneira 3 EUA idiota

booby ['buːbi] n {pl -ies} col tolo, pateta ❖ *booby trap* objeto armadilhado

boogie ['buːgi] vi col abanar o esqueleto col ◆ n 1 MÚS. boogie-woogie 2 dança; *to go for a boogie* ir abanar o esqueleto

book [bʊk] n livro; volume, tomo ◆ npl livros de contabilidade de uma empresa ◆ vt 1 reservar, marcar; *the hotel is fully booked* o hotel está cheio; *I booked a table at the restaurant* reservei uma mesa no restaurante 2 contratar (artista, profissional) 3 multar 4 DESP advertir ❖ *book token* cheque-livro; *by the book* de acordo com as regras; *in my book* em minha opinião

◆ **book in** vi 1 (hotel) fazer uma reserva 2 (hotel) fazer o registo

◆ **book up** vt,i reservar; *to be booked up* estar cheio, ter lotação esgotada

bookbinder ['bʊkˌbaɪndə] n encadernador

bookbinding ['bʊkˌbaɪndɪŋ] n encadernação

bookcase ['bʊkˌkeɪs] n estante

bookie ['bʊki] n col agente de apostas

booking ['bʊkɪŋ] n 1 marcação; reserva 2 contratação ❖ *booking office* bilheteira

bookish ['bʊkɪʃ] adj 1 apaixonado pela leitura 2 (conhecimento) livresco

book-keeper ['bʊkˌkiːpə] n contabilista; guarda-livros

book-keeping ['bʊkˌkiːpɪŋ] n contabilidade

booklet ['bʊklɪt] n folheto

bookmaker ['bʊkˌmeɪkə] n agente de apostas

bookmark ['bʊkmɑːk] n 1 marcador de livro 2 INFORM marcador de sites na Internet ◆ vt INFORM (site da Internet) marcar

bookseller ['bʊkˌselə] n livreiro

bookshelf ['bʊkʃelf] n {pl -ves} estante (para livros)

bookshop ['bʊkʃɒp] n livraria

bookstall ['bʊkstɔːl] n quiosque

bookstore ['bʊkstɔː] n EUA livraria

bookworm ['bʊkwɜːm] n col rato de biblioteca fig

boom [buːm] n 1 estrondo; estampido; detonação 2 (crescimento repentino) boom [in, em]; *a boom in exports* um boom nas ex-

boron

portações ♦ *interj* bum! ♦ *vi* 1 (grande barulho) retumbar 2 *fig* prosperar

boomerang ['buːməˌræŋ] *n* 1 bumerangue 2 *fig* faca de dois gumes*fig* ♦ *vi* sair o tiro pela culatra*fig*

booming ['buːmɪŋ] *adj* 1 ribombante 2 *fig* próspero

boon [buːn] *n* bênção*fig*

boor [buə] *n* labrego, patego

boorish ['buərɪʃ] *adj* rude; grosseiro

boost [buːst] *vt* 1 levantar; *to boost someone's morale* levantar o moral de alguém 2 aumentar 3 incentivar, impulsionar, fomentar; *to boost the economy* impulsionar a economia 4 (publicidade) promover ♦ *n* 1 incentivo; empurrão*fig* [to, a]; *to give a boost* dar um incentivo 2 fomento 3 aumento 4 (publicidade) promoção

booster ['buːstə] *n* 1 reforço 2 (vacina) reforço 3 (foguetão) propulsor 4 *EUA* apoiante

boot [buːt] *n* 1 (calçado) bota 2 *GB* mala do carro 3 *col* pontapé 4 INFORM iniciação do sistema; INFORM *boot disk* disquete de arranque ♦ *vt* 1 *col* dar um pontapé a, chutar 2 INFORM iniciar (o sistema) ❖ *the boot is on the other foot* os papéis inverteram-se; (despedimento) *to get the boot* ser posto na rua, *to lick someone's boots* dar graxa a alguém

bootee [buː'tiː] *n* 1 (bebé) carapim 2 (senhora) botim

booth [buːθ] *n* 1 cabina; *phone booth* cabina telefónica 2 (feira) stand

bootlace ['buːtˌleɪs] *n* atacador, cordão

bootleg ['buːtleg] *n col* gravação pirata ♦ *adj* ilegal; pirata ♦ *vi* {*pret e pp* -gg-} (gravações, material informático) piratear 2 fazer contrabando de bebidas alcoólicas

bootstrap ['buːtstræp] *n* 1 puxadeira de bota 2 INFORM programa de arranque ❖ *to pull oneself up by one's bootstraps* subir a pulso

booty ['buːti] *n* saque, bens pilhados

booze [buːz] *n col* (álcool) bebida; *to be off the booze* deixar de beber ♦ *vi col* (embebedar-se) meter-se nos copos*pop*

boozer ['buːzə] *n* 1 *col* bêbedo 2 *GB* pub, bar

borate ['bɔːreɪt] *n* borato

borax ['bɔːræks] *n* borato de sódio

border ['bɔːdə] *n* 1 fronteira [between, entre; with, com]; *the border between France and Spain* a fronteira entre França e Espanha; *the border with Germany* a fronteira com a Alemanha 2 margem; extremidade 3 limite 4 orla ♦ *vt* 1 fazer fronteira com; confinar com; *Portugal borders Spain* Portugal faz fronteira com Espanha 2 limitar 3 orlar; debruar ❖ *to border on/upon* andar muito próximo de

bordering ['bɔːdərɪŋ] *adj* limítrofe, fronteiriço

borderland ['bɔːdəlænd] *n* zona fronteiriça

borderline ['bɔːdəlaɪn] *n* 1 fronteira 2 limite; *on the borderline* no limite ♦ *adj* 1 fronteiriço 2 limite; *a borderline case* um caso limite

bore [bɔː] *pret de* to bear ♦ *n* 1 maçada, aborrecimento 2 furo, buraço 3 broca ♦ *vt* 1 aborrecer, maçar; *col* *to bore someone stiff* maçar profundamente alguém 2 perfurar [through/into, -], brocar [through/into, -]

boreal ['bɔːrɪəl] *adj* boreal

bored [bɔːd] *adj* aborrecido; *to get bored* aborrecer-se

boredom ['bɔːdəm] *n* aborrecimento

borer ['bɔːrə] *n* 1 furador 2 broca 3 sonda

boring ['bɔːrɪŋ] *adj* aborrecido, maçador

born [bɔːn] *pp de* to bear ♦ *adj* 1 nascido [in, em], nascido e criado 2 nato; *a born leader* um líder nato ❖ *I wasn't born yesterday!* não nasci ontem!; *to be born with a silver spoon in one's mouth* nascer num berço de ouro

boron ['bɔːrɒn] *n* boro

DAC/N-DF-6

borough ['bʌrə] n 1 município 2 bairro 3 cidade pequena

borrow ['bɒrəʊ] vt 1 pedir emprestado; *can I borrow a pen?* emprestas-me uma caneta?; *he borrowed a car from a friend* ele pediu um carro emprestado a um amigo 2 *fig (copiar)* plagiar

borrower ['bɒrəʊə] n aquele que pede emprestado

borrowing ['bɒrəʊɪŋ] n 1 empréstimo 2 *(cópia)* plágio [**from**, de]

bosh [bɒʃ] n GB ant,col tolice; *that's all bosh* que disparate!

Bosnia-Herzegovina [,bɒznɪə,hɜːzə gəʊvɪnə] n Bósnia e Herzegovina

Bosnian ['bɒznɪən] adj,n bósnio

bosom ['bʊzəm] n 1 *(mulher)* peito 2 seio; coração ❖ **bosom friend** amigo do peito

boss [bɒs] n {pl -es} 1 col *(chefe)* patrão; *show them who's the boss!* mostra-lhes quem manda! 2 *pej* cabecilha 3 bossa; saliência ♦ adj EUA cal excelente, formidável ♦ vt col mandar em; *to boss around/about* dar ordens

bossy ['bɒsɪ] adj {comp -ier, superl -iest} mandão

botanical [bə'tænɪkəl] adj botânico

botanist ['bɒtənɪst] n botânico

botany ['bɒtənɪ] n botânica

botch [bɒtʃ] n {pl -es} col *(trabalho mal feito)* borrada col ♦ vt col atamancar ❖ **to botch things up** estragar tudo

botcher ['bɒtʃə] n col trapalhão

botch-up ['bɒtʃʌp] n col *(trabalho mal feito)* borrada

both [bəʊθ] pron ambos, os dois ❖ *both...and...* tanto... como...; não só... mas também...

bother ['bɒðə] n maçada; incómodo; *it's no bother* não é incómodo nenhum, não custa nada; *I've had a bit of a bother with the car* tenho tido alguns problemas com o carro ♦ vt 1 incomodar; *I'm sorry to bother you* desculpe incomodá-lo 2 preo-cupar ♦ vi incomodar-se [**about/with**, com]; preocupar-se [**about/with**, com]; *they didn't even bother to reply* eles nem sequer se deram ao trabalho de responder ♦ interj chatice!; *bother! I missed my train!* que chatice! perdi o comboio! ❖ **to go to the bother of** dar-se ao trabalho de

bothersome ['bɒðəsəm] adj aborrecido, incómodo

Botswana [bɒt'swɑːnə] n Botsuana

bottle ['bɒtəl] n 1 garrafa [**of**, de]; *a bottle of wine* uma garrafa de vinho 2 frasco [**of**, de]; *a bottle of perfume* um frasco de perfume 3 *(bebé)* biberão 4 *fig,col (atrevimento)* lata *fig*; *she's got a lot of bottle!* ela tem muita lata! ♦ vt 1 engarrafar 2 guardar em frasco(s) ❖ **bottle bank** vidrão; **bottle green** verde-garrafa; **bottle opener** abre-garrafas; tira-cápsulas; *pop to hit the bottle* meter-se nos copos

◆ **bottle out** vi col acobardar-se; fraquejar

◆ **bottle up** vt *(sentimentos)* reprimir

bottleneck ['bɒtəlnek] n 1 *(trânsito)* engar-rafamento 2 obstáculo

bottle-opener ['bɒtləʊpnə] n abre-garrafas; tira-cápsulas

bottom ['bɒtəm] n 1 fundo [**of**, de]; *at the bottom of the page* no fundo da página 2 parte inferior [**of**, de] 3 *(rabo)* traseiro 4 *(rio)* leito; *(mar)* fundo 5 *(roupa)* parte de baixo ♦ adj *(posição)* de baixo; último ♦ vt descer, bater no fundo ❖ pop *(brinde)* **bottoms up!** saúde!; *at bottom* no fundo; *from the bottom of the heart* do fundo do coração; *from top to bottom* de alto a baixo; *the bottom line* o resultado; *to get to the bottom of it* ir ao fundo da questão

◆ **bottom on** vi basear-se em

◆ **bottom out** vi atingir o ponto mais baixo; chegar ao fundo

bottomless ['bɒtəmləs] adj 1 sem fundo 2 inesgotável; ilimitado

bough [baʊ] n ramo de árvore

boulder ['bəʊldə] n pedregulho

boulevard ['buːləvɑː] n avenida

bounce [baʊns] n 1 (bola) ressalto 2 vitalidade; energia ♦ vt 1 (bola) fazer saltar; fazer ressaltar 2 (cheque) recusar, devolver ♦ vi 1 (bola) ressaltar; saltar 2 (cheque) ser devolvido

◆ **bounce back** vi recuperar

bouncer ['baʊnsə] n col porteiro, segurança

bouncing ['baʊnsɪŋ] adj forte; vigoroso; saudável

bouncy castle [,baʊnsɪ'kɑːsəl] n castelo insuflável (onde as crianças podem brincar aos saltos)

bound [baʊnd] pret e pp de to bind ♦ adj 1 provável, esperado; it's bound to rain soon vai chover não tarda; he's bound to go está prestes a ir embora 2 ligado, preso, atado; sujeito, obrigado 3 destinado [for, a]; bound for London com destino a Londres 4 encadernado ♦ n 1 salto, pulo 2 repercussão ♦ vi saltar ♦ vt 1 delimitar 2 fazer fronteira com; the US is bounded by Canada and Mexico os Estados Unidos fazem fronteira com o Canadá e o México 3 restringir

boundary ['baʊndərɪ] n (pl -ies) 1 fronteira [between, entre] 2 limite [of, de]

boundless ['baʊndləs] adj ilimitado

bounty ['baʊntɪ] n (pl -ies) recompensa, prémio; bounty hunter caçador de recompensas

bouquet [buːˈkeɪ] n (ramo, aroma) bouquet; buquê

bourbon ['bɜːbən] n (bebida) bourbon

bourgeois ['bʊəʒwɑː] adj,n burguês

bourgeoisie [,bʊəʒwɑːˈziː] n burguesia

bout [baʊt] n 1 período 2 (doença) ataque [of, de]; crise [of, de] 3 (esgrima) assalto; (boxe) combate

boutique [buːˈtiːk] n (loja) boutique

bovine ['bəʊvaɪn] adj,n bovino

bow[1] [baʊ] n 1 vénia; to take a bow fazer uma vénia 2 NÁUT proa de um navio ♦ vt inclinar; (saudação, respeito, etc.) to bow one's head inclinar a cabeça ♦ vi 1 fazer uma vénia [before/to, a] 2 inclinar-se; curvar-se; she bowed over the child ela curvou-se sobre a criança 3 ceder; submeter-se [to, a]

◆ **bow down** vi submeter-se; curvar-se

◆ **bow out** vi retirar-se [of, de]

bow[2] [bəʊ] n 1 arco; bow and arrows arco e flechas 2 MÚS (instrumento de corda) arco 3 (adorno) laço ♦ vt arquear; curvar ♦ vi 1 MÚS manejar o arco 2 arquear ❖ (colarinho) bow tie laço

bowel ['baʊəl] n intestino; tripa col ♦ npl entranhas

bowl [bəʊl] n 1 taça [of, de]; tigela [of, de]; a bowl of cereals uma taça de cereais 2 (salada) saladeira ♦ vt 1 GB DESP lançar 2 EUA (bowling) atirar, lançar ♦ vi EUA jogar bowling; (bowling) lançar a bola

bowler ['bəʊlə] n 1 (críquete) lançador 2 jogador de bowling 3 (chapéu) coco

bowling ['bəʊlɪŋ] n bowling; bowling alley pista de bowling

box [bɒks] n (pl -es) 1 caixa [of, de], box of chocolates caixa de chocolates; box of matches caixa de fósforos 2 caixote [of, de]; cardboard box caixote de cartão 3 TEAT camarote 4 quadrado; put a cross in the box assinale com uma cruz o quadrado 5 (endereço) apartado; P.O. Box 47 apartado 47 6 col televisão 7 cabina; phone box cabina telefónica 8 BOT (árvore, madeira) buxo ♦ vt 1 encaixotar 2 (boxe) combater com; esmurrar, socar 3 puxar; she boxed his ears puxou-lhe as orelhas ♦ vi (boxe) ter um combate; combater [against, com]; he's boxed against the champion ele teve um combate com o campeão

boxer ['bɒksə] *n* 1 pugilista, boxeur 2 (cão) boxer ❖ (roupa interior masculina) *boxer shorts* boxers

boxing ['bɒksɪŋ] *n* boxe; pugilato ❖ *GB Boxing Day* o dia seguinte ao do Natal

box office ['bɒksɒfɪs] *n* 1 receita da bilheteira; *box-office hit* êxito de bilheteira 2 bilheteira

boy [bɔɪ] *n* 1 rapaz; menino 2 filho ♦ *interj* (surpresa, prazer, aborrecimento, etc.) caramba! ❖ *boy scout* escuteiro

boycott ['bɔɪkɒt] *n* boicote [of/on/against, a]; *a boycott of/on/against foreign products* um boicote aos produtos estrangeiros ♦ *vt* boicotar

boyfriend ['bɔɪfrend] *n* namorado

boyhood ['bɔɪhʊd] *n* infância; adolescência

boyish ['bɔɪɪʃ] *adj* (comportamento, aparência) arrapazado

bra [brɑː] *n* soutien; *padded bra* soutien almofadado

brace [breɪs] *n* 1 ligadura; cinta 2 abraçadeira 3 (caça) parelha 4 (sinal gráfico) chaveta 5 berbequim ♦ *npl* 1 (dentes) aparelho 2 *GB* suspensórios ♦ *vt* 1 prender; apertar 2 sustentar; estabilizar 3 endireitar; *brace your shoulders!* endireita os ombros! 4 tonificar ♦ *vp* 1 segurar-se; *I braced myself to the handrail* segurei-me ao corrimão 2 preparar-se [for, para]; mentalizar--se [for, para]; *they braced themselves for bad news* eles prepararam-se para as más notícias

bracelet ['breɪslɪt] *n* 1 pulseira 2 (relógio) bracelete

bracing ['breɪsɪŋ] *adj* fortificante; revigorante

bracket ['brækɪt] *n* 1 parêntesis; *in brackets* entre parêntesis 2 suporte; esteio; *shelf bracket* suporte de estante 3 faixa; escalão; *his income belongs to a high bracket* o salário dele integra um escalão alto; *people in the bracket of 30-40* pessoas na faixa dos 30 aos 40 anos ♦ *vt* 1 colocar entre parêntesis 2 agrupar ❖ *round brackets* parênteses curvos; *square brackets* parênteses retos

brackish ['brækɪʃ] *adj* (água) salobra

brag [bræg] *n* fanfarronice ♦ *vi* {*pret e pp* -gg-} gabar-se [about, de]

bragging ['brægɪŋ] *n* gabarolice; fanfarronice

Brahman ['brɑːmən] *n* brâmane

braid [breɪd] *n* 1 (costura) galão 2 trança ♦ *vt* 1 (costura) colocar galão em 2 entrançar; entrelaçar; *she braided her hair* ela entrançou o cabelo

Braille [breɪəl] *n* braille

brain [breɪn] *n* 1 cérebro; *brain damage/death* morte/lesão cerebral 2 (pessoa) cérebro*fig*, cabeça*fig* ♦ *npl* 1 miolos 2 inteligência

brainless ['breɪnləs] *adj* desmiolado, idiota

brainstorm ['breɪnstɔːm] *n* 1 *GB* momento de distração 2 *EUA* ideia luminosa

brainstorming ['breɪnstɔːmɪŋ] *n* brainstorming

brainteaser ['breɪntiːzə] *n* quebra-cabeças

brainwash ['breɪnwɒʃ] *vt* fazer uma lavagem ao cérebro a

brainy ['breɪnɪ] *adj* {*comp* -ier, *superl* -iest} *col* muito inteligente

braise [breɪz] *vt* CUL estufar

brake [breɪk] *n* travão; freio; *to apply the brake/to put on the brake* travar ♦ *vt,i* travar ❖ *to brake hard* travar a fundo; *to put the brake on* pôr travão a

bramble ['bræmbəl] *n* silva, sarça

bran [bræn] *n* farelo

branch [brɑːntʃ] *n* {*pl* -es} 1 ramo; *fig new branches of technology* novos ramos tecnológicos 2 ramal; *branch line* ramal de caminho de ferro 3 entroncamento 4 (rio) braço 5 sucursal, filial; secção ♦ *vi* 1 ramificar-se 2 bifurcar-se

◆ **branch off** vi 1 (rua) bifurcar-se 2 ramificar-se

◆ **branch out** vi expandir-se; desenvolver-se

brand [brænd] n 1 marca; *brand of whisky* marca de uísque 2 tipo 3 ferrete 4 *fig* estigma ◆ vt 1 (gado) marcar a ferro quente 2 *fig* etiquetar, rotular ❖ *brand image* imagem de marca; *brand leader* líder de mercado

branding-iron ['brændɪŋaɪərən] n ferrete, tição

brand-new [brænd'njuː] adj novo em folha

brandy ['brændi] n brandy

brash [bræʃ] adj {comp -er, superl -est} 1 insolente 2 berrante; garrido

brass [brɑːs] n {pl -es} 1 latão; *brass foundry* fundição de latão 2 MÚS metais 3 *cal* (dinheiro) cobres 4 *col* lata*fig*; *to have the brass to* ter lata para ◆ vt cobrir de latão ❖ *brass band* banda filarmónica

brassed off ['brɑːsdɒf] adj col farto

brassiere ['bræsɪə] n form soutien

brassy ['brɑːsi] adj {comp -ier, superl -iest} 1 de latão 2 (cor) acobreado 3 (som) estridente; *brassy music* música estridente 4 *pej* que dá nas vistas 5 *pej* descarado

brat [bræt] n col,pej fedelho

bravado [brə'vɑːdəʊ] n {pl -es, -s} fanfarronice

brave [breɪv] adj {comp -er, superl -est} corajoso ◆ vt 1 desafiar 2 enfrentar ◆ n EUA HIST guerreiro índio ❖ *to brave it out* enfrentar a situação; aguentar; *to put a brave face on* fazer boa cara

bravery ['breɪvəri] n {pl -ies} coragem; bravura

bravo [ˌbrɑː'vəʊ] interj bravo!

brawl [brɔːl] n 1 (pancadaria) rixa 2 burburinho ◆ vi 1 andar à pancada 2 fazer burburinho

brawler ['brɔːlə] n zaragateiro

brawn [brɔːn] n 1 força muscular 2 GB CUL carne da cabeça do porco ou da vitela, cozida e servida fria em fatias

brawny ['brɔːni] adj {comp -ier, superl -iest} musculoso

bray [breɪ] n zurro ◆ vi zurrar

braze [breɪz] vt soldar; estanhar; bronzear ◆ n solda

brazen ['breɪzən] adj descarado, desavergonhado ◆ vt *to brazen it out* aguentar de cabeça erguida

brazier ['breɪzə] n 1 latoeiro; caldeireiro 2 braseiro; caldeira

Brazil [brə'zɪl] n Brasil

Brazilian [brə'zɪlɪən] adj,n brasileiro

Brazil wood [brə'zɪlwʊd] n pau-brasil

breach [briːtʃ] n {pl -es} 1 abertura [in, em]; brecha, fenda [in, em]; *a breach in the roof* uma fenda no telhado 2 infração, violação [of, de] 3 quebra de compromisso 4 (relações) rompimento; rutura ◆ vt 1 abrir uma brecha em 2 infringir; violar; *he breached the law* ele violou a lei 3 (acordo) quebrar; *the Government breached the agreement with the unions* o Governo quebrou o compromisso com os sindicatos ❖ DIR *breach of the peace* atentado à ordem pública; *breach of trust* abuso de confiança; *to step in the breach* suprir falhas

bread [bred] n pão; *new/stale bread* pão fresco/seco ❖ *this is my daily bread* este é o pão nosso de cada dia

breadboard ['bredbɔːd] n tábua do pão

breadcrumb ['bredkrʌm] n (pão) migalha ◆ npl pão ralado

breaded ['bredɪd] adj panado; *breaded chops* costeletas panadas

breadth [bredθ] n 1 largura 2 amplitude; extensão 3 tolerância

breadthways ['bredθweɪz] adv à largura

breadthwise ['bredθwaɪz] adv à largura

breadwinner ['bredwɪnə] n ganha-pão

break [breɪk] *n* **1** fratura **2** quebra **3** rutura; rompimento **4** (corrente elétrica) corte **5** pausa; intervalo; interrupção; *coffee break* pausa para café; *without break* sem interrupção **6** (bilhar) tacada **7** oportunidade **8** (Bolsa) baixa no mercado **9** (prisão) fuga ♦ *vt* {*pret* broke, *pp* broken} **1** partir; quebrar **2** fraturar **3** destruir; desmanchar **4** infringir; transgredir **5** (animal) domar **6** (recorde) bater **7** (código) decifrar ♦ *vi* **1** partir-se; quebrar-se **2** avariar **3** falhar **4** dispersar-se **5** (onda) rebentar **6** (tempo) melhorar, abrir; *if the weather breaks, we'll go for a walk* se o tempo abrir vamos dar um passeio ❖ *break of day* o romper do dia; *to break the news* dar as notícias; *to break a habit* perder um hábito; *to break a promise* quebrar uma promessa; *to break the ice* quebrar o gelo; *to break somebody's heart* dar um desgosto a alguém

♦ **break away** *vi* **1** separar-se; afastar-se; *he broke away from his friends* afastou-se dos amigos **2** dissidir; *he broke away from the party* dissidiu do partido

♦ **break down** *vt* **1** deitar abaixo **2** ultrapassar; *it took a long time to break down her prejudices* levou muito tempo a vencer os preconceitos dela **3** decompor; dividir; *she broke down the process into several steps* dividiu o processo em várias etapas **4** demolir; *they broke down the old house* demoliram a casa antiga ♦ *vi* **1** avariar; *my car broke down* o meu carro avariou **2** fracassar; *the peace talks broke down* as conversações de paz falharam **3** (esgotamento) ir-se abaixo

♦ **break for** *vt EUA* correr para; disparar para; *he broke for the fire escape* disparou para a saída de emergência

♦ **break in** *vt* **1** acostumar-se a; habituar-se a; *he broke in his new boots* começou a habituar-se às botas novas **2** domar ♦ *vi* **1** (roubo, arrombamento) forçar a entrada **2** interromper; *he broke in to make a suggestion* interrompeu para fazer uma sugestão

♦ **break into** *vt* **1** (assalto, arrombamento) forçar a entrada **2** entrar (para o mercado); *the company broke into the market* a empresa entrou para o mercado **3** começar; desatar; *she broke into a song* desatou a cantar **4** interromper; *he broke into the meeting* interrompeu a reunião

♦ **break off** *vt* **1** interromper; *he broke off the speech* interrompeu o discurso **2** (relação, compromisso) acabar com; *they broke off their engagement* desmancharam o noivado **3** cortar ♦ *vi* **1** parar; deter-se; *they broke off to rest* pararam para descansar **2** desprender-se; *the gem broke off the ring* a pedra soltou-se do anel

♦ **break out** *vi* **1** evadir-se; *he broke out of jail* fugiu da prisão; *to break out of routine* fugir à rotina **2** (guerra, fogo, epidemia) rebentar; declarar-se; *he broke out in a rash* apareceu-lhe uma alergia; *the war broke out* a guerra rebentou

♦ **break through** *vt* **1** abrir uma brecha em; atravessar; *the army broke through the enemy lines* o exército atravessou as linhas inimigas **2** vencer; ultrapassar; *she broke through her limitations* ultrapassou as suas limitações ♦ *vi* aparecer; irromper; *the sun broke through* o sol apareceu

♦ **break up** *vt* **1** dividir; *she broke up the class into groups* dividiu a turma em grupos **2** pôr termo a; acabar com; interromper; *the police broke up the fight* a polícia pôs termo à luta ♦ *vi* **1** acabar; *the meeting broke up* a reunião acabou; (relação) *they broke up* eles acabaram **2** dispersar(-se); separar-se; *the group broke up* o grupo dispersou-se

♦ **break with** *vt* cortar relações com; quebrar; *she broke with her father* cortou relações com o pai; *they broke with the tradition* quebraram a tradição

breakable ['breɪkəbəl] *adj* frágil

breakage ['breɪkɪdʒ] *n* 1 fratura; rutura 2 dano material

breakdance ['breɪkdæns] *vi* dançar break

breakdancing ['breɪkdænsɪŋ] *n* (dança) break; breakdance

breakdown ['breɪkdaʊn] *n* 1 colapso 2 esgotamento 3 fracasso 4 (máquina, carro) avaria; *breakdown truck* reboque 5 análise; descrição

breaker ['breɪkə] *n* 1 onda grande 2 interruptor

breakfast ['brekfəst] *n* pequeno-almoço; *to have breakfast* tomar o pequeno-almoço ♦ *vi* tomar o pequeno-almoço

break-in ['breɪkɪn] *n* arrombamento

breaking ['breɪkɪŋ] *n* 1 fratura 2 rutura 3 arrombamento 4 transgressão

breaking-point ['breɪkɪŋpɔɪnt] *n* ponto de rutura; limite

breakneck ['breɪknek] *adj* (rapidez) vertiginoso

breakthrough ['breɪkθruː] *n* 1 descoberta importante 2 avanço

breakup ['breɪkʌp] *n* separação; rutura

breakwater ['breɪkˌwɔːtə] *n* quebra-mar; paredão

bream [briːm] *n* sargo

breast [brest] *n* 1 mama, seio; MED *breast cancer* cancro da mama 2 peito; *chicken breast* peito de frango 3 (roupa) peito 4 *fig,lit* coração ♦ *vt* atacar de frente, arrostar, enfrentar ❖ *to make a clean breast of something* desabafar

breastbone ['brestbəʊn] *n* esterno

breastfeed ['brestfiːd] *vt,i* (bebé) amamentar

breastfeeding ['brestˌfiːdɪŋ] *n* amamentação; aleitamento

breastplate ['brestpleɪt] *n* 1 couraça, escudo 2 (esgrima) almofada 3 (prelados) peitoral

breaststroke ['breststrəʊk] *n* (natação) bruços; *to swim breaststroke* nadar bruços

breath [breθ] *n* 1 respiração; *to take a deep breath* respirar fundo 2 fôlego; *to be short/out of breath* estar sem fôlego 3 hálito; *bad breath* mau hálito ❖ *breath test* teste de alcoolémia

breathalyzer ['breθəˌlaɪzə] *n* alcoolímetro

breathe [briːð] *vt* respirar; inalar ♦ *vi* 1 respirar; *to breathe heavily* arquejar, ofegar 2 soprar [on, para]; *he breathed on his cold hands* soprou para as mãos frias ❖ *don't breathe a word!* nem uma palavra!; *to breathe a sigh of relief* dar um suspiro de alívio; col *to breathe down somebody's neck* andar em cima de alguém; *to breathe new life into something* trazer nova vida a

♦ **breathe in** *vt,i* inspirar

♦ **breathe out** *vt,i* expirar

breathing ['briːðɪŋ] *n* respiração

breathless ['breθləs] *adj* sem fôlego, ofegante

breathtaking ['breθˌteɪkɪŋ] *adj* assombroso; impressionante

breech [briːtʃ] *n* {pl -es} (arma) culatra ♦ *npl* calções até aos joelhos

breed [briːd] *n* 1 raça; espécie; variedade 2 ninhada 3 *fig* geração; fornada; *a new breed of* uma nova geração de ♦ *vt* {pret e pp bred} 1 gerar; produzir 2 (animais) criar, fazer criação de ♦ *vi* 1 multiplicar-se, reproduzir-se 2 propagar-se

breeder ['briːdə] *n* 1 criador de animais 2 (animal) reprodutor

breeding ['briːdɪŋ] *n* 1 criação 2 produção 3 educação

breeze [briːz] *n* 1 brisa, aragem 2 *col,fig* (tarefa fácil) canja *fig* ♦ *vi* correr uma brisa

breezy ['briːzi] *adj* {comp -ier, superl -iest} 1 ventoso 2 jovial

brevet ['brevɪt] *n* patente, diploma ♦ *vt* agraciar com patente

breviary ['bri:viəri] *n* {*pl* -ies} REL breviário

brevity ['breviti] *n* 1 brevidade 2 concisão

brew [bru:] *n* 1 (chá, café) infusão 2 *col* cerveja; *home brew* cerveja caseira 3 fermentação ◆ *vt* preparar ◆ *vi* 1 fermentar 2 (chá) ficar em infusão; *the tea is brewing* o chá está em infusão 3 *fig* preparar-se ◆ **brew up** *vi* 1 fazer o chá 2 (tempestade, problema) preparar-se

brewer ['bru:ə] *n* cervejeiro

brewery ['bru:əri] *n* {*pl* -ies} (fábrica) indústria cervejeira

brewing ['bru:ɪŋ] *n* fabrico de cerveja

bribe [braɪb] *vt* subornar ◆ *n* suborno

briber ['braɪbə] *n* subornador

bribery ['braɪbəri] *n* {*pl* -ies} suborno

bric-a-brac ['brɪkəˌbræk] *n* (objetos) bricabraque

brick [brɪk] *n* 1 tijolo 2 (jogos para crianças) cubo 3 *col,ant* bom camarada ◆ *vt* 1 construir com tijolos 2 tapar com tijolos ❖ *a brick of ice-cream* uma caixa de gelado; *col* *to drop a brick* dar barraca

bricklayer ['brɪkˌleɪə] *n* pedreiro

brickwork ['brɪkˌwɜ:k] *n* obra de tijolo ou ladrilho

bridal ['braɪdəl] *adj* nupcial

bride [braɪd] *n* noiva; *the bride and groom* os noivos

bridegroom ['braɪdɡrʊm] *n* noivo

bridesmaid ['braɪdzˌmeɪd] *n* dama de honor

bridge [brɪdʒ] *n* 1 ponte 2 cana do nariz 3 (jogo de cartas) bridge 4 NÁUT ponte de comando ◆ *vt* 1 unir através de ponte 2 *fig* unir ❖ *I'll cross that bridge when I come/get to it* quando for a altura decido o que fazer; *that is water under the bridge* isso são águas passadas; *to bridge a gap* preencher uma lacuna

bridle ['braɪdəl] *n* 1 rédeas 2 NÁUT amarra de navio ◆ *vt* 1 enfrear, refrear, pôr o freio a 2 (emoções) refrear, conter 3 *fig* su-

jeitar ◆ *vi* mostrar desagrado [at, em relação a] ❖ *bridle path* caminho equestre

brief [bri:f] *adj* 1 breve; curto; *let's make a brief break* vamos fazer um breve intervalo 2 resumido; conciso; sucinto; *the letter was very brief* a carta era muito concisa ◆ *n* {*pl* -s} 1 instruções 2 DIR causa, caso ◆ *vt* 1 resumir, encurtar 2 dar instruções a; *they were briefed to start the search* receberam instruções para iniciarem as buscas 3 informar [on, de], pôr ao corrente [on, de]; *they were briefed on the situation* foram postos ao corrente da situação ❖ *in brief* em resumo

briefcase ['bri:fkeɪs] *n* pasta

briefing ['bri:fɪŋ] *n* briefing

briefly ['bri:fli] *adv* 1 brevemente 2 sucintamente

briefness ['bri:fnɪs] *n* 1 brevidade 2 concisão

briefs [bri:fs] *n* (roupa interior masculina) slip

brigade [brɪ'ɡeɪd] *n* brigada

brigadier [brɪɡə'dɪə] *n* brigadeiro

bright [braɪt] *adj* 1 brilhante 2 (luz, cor) forte 3 (dia) luminoso 4 (pessoa) perspicaz, vivo ❖ *look on the bright side* vê o lado positivo

brighten ['braɪtən] *vt* 1 iluminar 2 alegrar; animar ◆ *vi* 1 (dia, tempo) iluminar-se; ficar luminoso 2 brilhar 3 alegrar-se; animar-se ◆ **brighten up** *vt* 1 (tempo) iluminar 2 alegrar, animar; dar um aspeto mais alegre a ◆ *vi* 1 (tempo) melhorar 2 alegrar-se; animar-se

brightness ['braɪtnɪs] *n* 1 luminosidade 2 brilho 3 esplendor 4 inteligência

brilliance ['brɪliəns] *n* 1 brilho 2 brilhantismo 3 esplendor

brilliant ['brɪliənt] *adj* 1 (luz, talento) brilhante 2 *col* excelente; espantoso

brilliantine [ˌbrɪliən'ti:n] *n* brilhantina

brim [brɪm] n 1 aba; *the brim of the hat* a aba do chapéu 2 orla; borda; *he stood at the brim of the lake* ele estava na borda do lago ♦ vi transbordar [with, de] ❖ *full to the brim* quase a transbordar

♦ **brim over** vi transbordar [with, de]

brimful ['brɪmfʊl] adj a transbordar [of, de]

brimming ['brɪmɪŋ] adj completamente cheio; a transbordar

brine [braɪn] n salmoura ♦ vt pôr de salmoura

bring [brɪŋ] vt (pret e pp brought) 1 trazer 2 causar 3 atrair; *the exhibition brought many tourists* a exposição atraiu muitos turistas 4 levar, acompanhar; *I'll bring you to the door* eu acompanho-te à porta ❖ *to bring charge against* acusar em tribunal; *to bring home the bacon* ganhar o sustento da casa; *to bring nearer* aproximar; *to bring to an end* pôr um ponto final a; *to bring to mind* recordar; *to bring to light* revelar

♦ **bring about** vt 1 causar; provocar 2 conduzir a; levar a

♦ **bring around/round** vt 1 (perda de consciência) reanimar 2 convencer; persuadir

♦ **bring back** vt 1 restabelecer; recuperar; *the old legislation was brought back* a legislação antiga foi restabelecida 2 devolver 3 trazer à memória; fazer lembrar

♦ **bring down** vt 1 fazer baixar; fazer aterrar; *the pilot brought the plane down* o piloto fez aterrar o avião 2 (pessoas, animais) abater 3 depor 4 derrubar 5 baixar (os preços); *the supermarket brought down its prices* o supermercado baixou os preços 6 fig (aplausos) deitar (a casa) abaixo

♦ **bring forth** vt 1 trazer; originar; gerar 2 dar à luz 3 (divulgar) trazer a público; *he brought forth his decision* trouxe a público a sua decisão

♦ **bring forward** vt 1 antecipar; *his departure has been brought forward* a sua partida foi antecipada 2 (propostas, projetos) apresentar

♦ **bring in** vt 1 lançar; introduzir 2 chamar 3 fazer entrar; ganhar; *he brings in £20 per week* ganha 20 libras por semana 4 (veredito) pronunciar

♦ **bring off** vt (tarefa difícil) levar a cabo; ter êxito em

♦ **bring on** vt 1 causar; provocar; *dust brings on her asthma* o pó provoca-lhe asma 2 fazer desabrochar; desenvolver

♦ **bring out** vt 1 realçar 2 publicar 3 revelar

♦ **bring to** vt (perda de consciência) reanimar

♦ **bring together** vt juntar; reunir

♦ **bring up** vt 1 criar; educar 2 colocar; mencionar; *the question was brought up* a questão foi colocada 3 vomitar; *he brought up his dinner* vomitou o jantar

brink [brɪŋk] n borda, margem ❖ *on the brink of...* à beira de..., prestes a...

brioche ['briːɒʃ] n CUL brioche

brisk [brɪsk] adj 1 ativo; enérgico 2 rápido 3 alegre, jovial 4 refrescante; fresco

brisket ['brɪskɪt] n (animais) peito; *beef brisket* peito de novilho

briskness ['brɪsknɪs] n 1 energia; vigor 2 vivacidade; dinamismo

bristle ['brɪsəl] n cerda; pelo; *the bristles of a paintbrush* os pelos de um pincel ♦ vt eriçar ♦ vi 1 eriçar-se 2 indignar-se [at, com]

bristly ['brɪsli] adj hirsuto; *bristly hair* cabelo hirsuto

Brit [brɪt] n col (pessoa) inglês, britânico

Britain ['brɪtən] n Grã-Bretanha

British ['brɪtɪʃ] adj britânico; *he is British* ele é inglês ♦ npl *the British* o povo britânico

Briton ['brɪtən] n 1 britânico, inglês 2 HIST bretão

brittle ['brɪtəl] *adj* quebradiço; frágil

broach [brəʊtʃ] *n* {*pl* -es} **1** (assar) espeto **2** furador, sovela, broca ♦ *vt* (assunto) abordar; *she broached the subject carefully* ela abordou o assunto cuidadosamente

broad [brɔːd] *adj* **1** largo; extenso; *it is one metre broad* tem um metro de largura **2** geral; lato; *the broad opinion* a opinião geral **3** aberto; *a broad smile* um sorriso aberto **4** (pronúncia) forte, cerrado ♦ *n* EUA *cal,ofens* gaja ❖ *in broad daylight* em pleno dia

broadband ['brɔːdbænd] *n* banda larga

broadbrimmed ['brɔːd,brɪmd] *adj* de aba larga

broadcast ['brɔːdkɑːst] *n* RÁD,TV emissão; transmissão; *live broadcast* transmissão em direto ♦ *adj* (rádio, televisão) emitido, difundido, transmitido ♦ *vi* **1** emitir, difundir; *the show was broadcast last week* o programa foi transmitido a semana passada **2** divulgar

broadcasting ['brɔːd,kɑːstɪŋ] *n* **1** radiodifusão **2** (rádio, televisão) emissão

broaden ['brɔːdən] *vt* alargar; ampliar ♦ *vi* alargar-se; ampliar-se ❖ *to broaden one's horizons* alargar os horizontes

♦ **broaden out** *vi* alargar; ampliar-se

broadening ['brɔːdənɪŋ] *n* alargamento ♦ *adj* ampliador

broadly ['brɔːdli] *adv* **1** de modo geral **2** abertamente

broadminded ['brɔːdmaɪndɪd] *adj* tolerante, liberal

broad-shouldered ['brɔːdʃəʊldəd] *adj* espadaúdo

broadside ['brɔːdsaɪd] *n* **1** costado do navio **2** (crítica) ataque violento ♦ *adv* de lado

brocade [brəʊ'keɪd] *n* (tecido) brocado

broccoli ['brɒkəli] *n* brócolos

brochure ['brəʊʃʊə] *n* brochura

broil [brɔɪl] *vt* EUA,Can CUL assar na grelha ♦ *vi* (calor) tostar*fig*; assar*fig*; *I'm broiling in the sun* estou a tostar ao sol

broiler ['brɔɪlə] *n* **1** grelha; grelhador **2** frango para assar na grelha

broke [brəʊk] *pret de* to break ♦ *adj* **1** *col* teso; sem cheta **2** falido

broken ['brəʊkən] *pp de* to break ♦ *adj* **1** partido; quebrado **2** destroçado; *my heart is broken* tenho o coração destroçado **3** desfeito; *broken home* lar desfeito **4** abatido; debilitado **5** (terreno, superfície) irregular **6** (sono, conversa) intermitente

broken-down [,brəʊkən'daʊn] *adj* **1** em mau estado; avariado **2** degradado **3** velho, gasto

broken-hearted [,brəʊkən'hɑːtɪd] *adj* (mágoa) destroçado

broker ['brəʊkə] *n* **1** (Bolsa de valores) corretor **2** mediador; intermediário ♦ *vt* mediar; *to broker a deal* mediar um negócio

brolly ['brɒli] *n* {*pl* -ies} GB *col* chuço

bromine ['brəʊmiːn] *n* bromo

bronchial ['brɒŋkɪəl] *adj* (infeção) dos brônquios ❖ *bronchial tubes* brônquios

bronchiole ['brɒŋkɪ,əʊl] *n* ANAT bronquíolo

bronchitis [brɒŋ'kaɪtɪs] *n* bronquite

bronze [brɒnz] *n* **1** bronze **2** (cor) bronze, cobre ♦ *adj* **1** de bronze; *bronze medal* medalha de bronze **2** acobreado ♦ *vi* *col* bronzear-se ♦ *vt* bronzear; acobrear ❖ HIST *the Bronze Age* a Idade do Bronze

brooch [brəʊtʃ] *n* {*pl* -es} broche, alfinete

brood [bruːd] *n* **1** (aves) ninhada **2** *col,fig* filhos; prole, descendência **3** *col,fig* geração ♦ *vi* **1** chocar; *the chicken was brooding* a galinha estava a chocar **2** matutar [about/on/over, em]; *he kept on brooding over the matter* ele continuou a cismar no assunto ❖ *brood hen* galinha choca

brooding ['bruːdɪŋ] *adj* **1** perturbador **2** absorto, pensativo ♦ *n* meditação

broody ['bru:di] *adj* 1 (galinha) choca 2 pensativo

brook [brʊk] *n* ribeiro, regato

broom [bru:m] *n* 1 vassoura 2 giesta

broomstick ['bru:mstɪk] *n* cabo de vassoura

broth [brɒθ] *n* CUL caldo

brothel ['brɒθəl] *n* bordel

brother ['brʌðə] *n* {*pl* brothers} 1 irmão 2 *col* colega, companheiro 3 REL irmão 4 confrade ♦ *interj* (surpresa, contrariedade) caramba!

brotherhood ['brʌðəhʊd] *n* 1 irmandade, confraria 2 fraternidade

brother-in-law ['brʌðərɪnlɔ:] *n* cunhado

brotherly ['brʌðəli] *adj* fraterno, fraternal

brow [braʊ] *n* 1 testa 2 sobrolho, sobrancelha; *to crease/wrinkle/knit your brow* franzir/carregar o sobrolho 3 cume

brown [braʊn] *adj* 1 (cor) castanho; *brown eyes* olhos castanhos 2 moreno; *brown skin* pele morena ♦ *n* (cor) castanho ♦ *vt* 1 (Sol) bronzear 2 CUL alourar; *to brown the onions* alourar a cebolas ♦ *vi* 1 (Sol) bronzear-se 2 CUL alourar ❖ *brown bread* pão integral; *brown rice* arroz integral; *brown sugar* açúcar amarelo

brownie ['braʊni] *n* (bolo de chocolate) brownie

brownish ['braʊnɪʃ] *adj* acastanhado

browse [braʊz] *vi* 1 pastar [on, -]; alimentar-se [on, de]; *deers browse on tree leaves* os veados alimentam-se de folhas de árvores; *only one cow browsed in the field* só uma vaca pastava no campo 2 *fig* dar uma vista de olhos; *he picked up a magazine and browsed through it for a while* ele pegou numa revista e folheou-a por uns instantes; *she browsed in the bookshop while she was waiting* ela foi dar uma vista de olhos pela livraria enquanto esperava 3 INFORM pesquisar

browser ['braʊzə] *n* (Internet) browser

bruise [bru:z] *n* 1 nódoa negra; pisadura 2 (fruta) pisadura 3 mossa; amolgadela ♦ *vi* 1 ficar com pisadura(s) 2 (fruta) ficar tocado/pisado; *peaches bruise easily* os pêssegos ficam pisados facilmente ♦ *vt* 1 pisar; magoar; *I've bruised my leg* magoei-me na perna 2 *fig* ferir; *her leaving bruised his pride* a sua partida feriu o orgulho dele

bruiser ['bru:zə] *n col* matulão; brutamontes

bruising ['bru:zɪŋ] *n* nódoa negra; pisadura ♦ *adj* doloroso; traumatizante

brunch [brʌntʃ] *n* brunch

Brunei ['bru:naɪ] *n* Brunei

brunette [bru:'net] *n* morena ♦ *adj* moreno

brunt [brʌnt] *n to bear/take/suffer the brunt of something* apanhar com a pior parte de

brush [brʌʃ] *n* {*pl* -es} 1 (cabelo, dentes, limpeza) escova 2 brocha, pincel 3 escovadela 4 toque leve 5 conflito menor [with, com] 6 cauda de raposa 7 matagal; mato ♦ *vt* 1 escovar; *you must brush your teeth* tens de escovar os dentes; *he brushed the dust from his coat* ele escovou o pó do casaco 2 (com brocha ou pincel) pintar 3 tocar ao de leve em, roçar em; *the car brushed the bushes* o carro roçou nos arbustos

❖ **brush aside** *vt* pôr de parte; varrer do pensamento

❖ **brush away** *vt* 1 (lama, poeira) limpar 2 (lágrimas) enxugar 3 varrer

❖ **brush down** *vt* escovar

❖ **brush off** *vt* 1 (neve, lama) limpar 2 (inseto) repelir 3 *col* (desprezo) mandar (alguém) passear *fig*; ignorar

❖ **brush up** *vt* rever; pôr em dia

brush-off ['brʌʃɒf] *n col to give somebody the brush-off* mandar alguém passear *fig*

brushwood ['brʌʃwʊd] *n* 1 matagal; mato 2 restolho

brusque [bruːsk] adj (atitude, palavras) brusco

Brussels sprout [ˌbrʌslzˈspraʊt] n couve--de-bruxelas

brutal [ˈbruːtəl] adj brutal; cruel

brutality [bruːˈtæləti] n {pl -ies} brutalidade; crueldade

brutalize [ˈbruːtəˌlaɪz] vt brutalizar

brute [bruːt] adj 1 bruto 2 animalesco ◆ n 1 (pessoa) bruto 2 (animal) besta

brutish [ˈbruːtɪʃ] adj brutal; bestial

BTW (Internet, email) [sigla de by the way] a propósito

bubble [ˈbʌbəl] n 1 bolha; *air bubble* bolha de ar 2 bola; *soap bubble* bola de sabão; *to blow bubbles* fazer bolas de sabão ◆ vi 1 formar bolhas; borbulhar 2 fig transbordar [with, de]; *she was bubbling with excitement* ela estava a transbordar de entusiasmo ❖ *bubble bath* banho de espuma; *bubble gum* pastilha elástica; (banda desenhada) *speech bubble* balão

bubbly [ˈbʌbli] adj 1 (bebida) com bolhinhas; espumoso 2 fig vivaço; alegre ◆ n col espumante

bubonic [buˈbɒnɪk] adj bubónico

buccal [ˈbʌkəl] adj bucal

buccaneer [ˌbʌkəˈnɪə] n 1 pirata; corsário 2 pej comerciante pouco fiável; especulador ◆ vi piratear

buck [bʌk] n 1 (bode, gamo, coelho, etc.) macho 2 cavalo de volteio 3 EUA col dólar ◆ vi 1 (cavalo) corcovear 2 col (problemas, confusões) evitar; *he carefully bucked the issue* cuidadosamente evitou a questão ❖ *buck teeth* dentes salientes; *this is where the buck stops* agora é da minha responsabilidade; *to make a fast buck* ganhar dinheiro fácil; *to pass the buck* passar a batata quente

◆ **buck up** vt,i 1 animar; alegrar 2 apressar-se 3 incentivar; atiçar

bucket [ˈbʌkɪt] n balde; *he was carrying a bucket of water* ele trazia um balde de

água ◆ vi col chover a cântaros ❖ (automóveis, aviões, comboios) *bucket seats* assentos individuais; *to cry buckets* debulhar-se em lágrimas; col *to kick the bucket* bater a bota

buckhorn [ˈbʌkhɔːn] n (veado) armação

buckle [ˈbʌkəl] n fivela ◆ vt (fivela) apertar; afivelar; *his coat belt was buckled* ele trazia o cinto do casaco apertado ◆ vi 1 dobrar; ceder; *his legs buckled under the weight* as pernas dele cederam sob o peso 2 (calor) deformar-se; *the rails buckled with the heat* os carris deformaram-se com o calor

◆ **buckle down** vi pôr mãos à obra

buckwheat [ˈbʌkwiːt] n trigo-mourisco

bucolic [bjuːˈkɒlɪk] adj lit bucólico

bud [bʌd] n 1 rebento 2 (flor) botão; *rose bud* botão de rosa 3 EUA col pá ◆ vi 1 rebentar; deitar rebentos 2 dar flor ❖ *cotton bud* cotonete; fig *to nip something in the bud* abafar algo à nascença

Buddha [ˈbʊdə] n Buda

Buddhism [ˈbʊdɪzəm] n budismo

Buddhist [ˈbʊdɪst] adj,n budista

budding [ˈbʌdɪŋ] adj promissor; em ascensão

buddy [ˈbʌdi] n {pl -ies} 1 amigo; companheiro 2 EUA col (vocativo) pá

budge [bʌdʒ] vt 1 mover, agitar 2 fazer mudar de opinião ◆ vi 1 mover-se, mexer-se; *don't budge!* não te mexas! 2 ceder, mudar de opinião [on, sobre]; *she will never budge on that matter* ela nunca irá mudar de opinião sobre esse assunto

◆ **budge up** vi apertar-se (no assento para dar lugar a mais um)

budgerigar [ˈbʌdʒərɪgɑː] n periquito

budget [ˈbʌdʒɪt] n orçamento; *to draw up a budget* fazer um orçamento ◆ adj económico; barato; *budget prices* preços económicos ◆ vt,i 1 orçamentar [for, para], fazer o orçamento [for, de]; *they are budgeting for the trip* eles estão a fazer o orçamento da viagem 2 *fig* (tempo, dinheiro) gerir

budgetary ['bʌdʒətrɪ] *adj* orçamental

buff [bʌf] *n* 1 pele de búfalo 2 cor de camurça, bege; *he was wearing a buff coat* ele trazia um casaco bege ♦ *n* 1 aficionado, entusiasta 2 perito, especialista; *he is a computer buff* ele é um perito em informática ♦ *vt* polir; puxar o lustro a

buffalo ['bʌfələʊ] *n* {*pl* -es} búfalo

buffer ['bʌfə] *n* 1 amortecedor 2 para-choques 3 *ant* velho maluco 4 *fig* barreira; tampão 5 INFORM buffer, memória intermédia ♦ *vt* amortecer

buffet[1] ['bʌfɪt] *n* bofetada ♦ *vt* 1 esbofetear 2 fustigar; *the wind buffeted the window* o vento fustigava a janela

buffet[2] ['bʌfeɪ] *n* 1 bufete, bar 2 copo-d'água ❖ (comboio) *buffet car* carruagem-bar

buffoon [bʌ'fu:n] *n* palhaço, brincalhão

bug [bʌg] *n* 1 percevejo; pulgão 2 inseto; bicho 3 (aparelho) escuta; *there was a bug in the office* havia uma escuta no escritório 4 INFORM cito, falha, deteito ♦ *vt* {*pret e pp* -gg-} 1 pôr uma escuta em; *someone has bugged my telephone* alguém pôs uma escuta no meu telefone 2 *col* chatear, irritar; *stop bugging me!* para de me chatear! ❖ *to be bitten by a bug* estar muito entusiasmado

bugbear ['bʌgbeə] *n* fantasma*fig*; pesadelo*fig*

bugger ['bʌgə] *n* 1 *vulg* sodomita 2 *cal* gajo 3 *cal* chato ♦ *vt,i* 1 *vulg* sodomizar 2 *vulg* chatear; *stop buggering about!* para de chatear!; *bugger off!* desaparece! ♦ *interj vulg* merda!

buggy ['bʌgɪ] *n* 1 buggy 2 carrinho de bebé

bugle ['bju:gəl] *n* MÚS corneta

bugler ['bju:glə] *n* MÚS corneteiro

build [bɪld] *n* constituição ♦ *vt* {*pret e pp* built} 1 construir; edificar; erigir 2 fundar; basear ♦ *vi* 1 construir 2 aumentar;

desenvolver-se; acumular-se ❖ *to build bridges* estabelecer contactos

♦ **build in** *vt* 1 embutir; *the new shelves were built in* as prateleiras novas foram embutidas 2 integrar

♦ **build up** *vt,i* 1 elogiar; *the critics built up the new play* os críticos elogiaram a nova peça 2 fortalecer; *after her illness she had to build up* após a doença teve de se fortalecer 3 aumentar; *his confidence built up* a confiança dele aumentou 4 construir; criar; *he built his fortune up from scratch* construiu a fortuna do nada

♦ **build up to** *vt* preparar-se para; *she has been building up to the opening night* tem estado a preparar-se para a noite de estreia

builder ['bɪldə] *n* construtor

building ['bɪldɪŋ] *n* 1 edifício; prédio 2 construção; *building industry* construção civil

bulb [bʌlb] *n* 1 bolbo 2 lâmpada

bulbous ['bʌlbəs] *adj* 1 bolboso 2 (nariz) abatatado

Bulgaria [bʌl'geərɪə] *n* Bulgária

Bulgarian [bʌl'geərɪən] *adj,n* búlgaro

bulge [bʌldʒ] *n* 1 saliência; bojo; protuberância 2 *fig* subida; aumento; *a bulge in birthrate* um aumento da taxa de natalidade ♦ *vi* 1 fazer bojo, ser saliente; estar inchado 2 estar cheio [with, de]; estar a abarrotar [with, de]; *the room was bulging with children* a sala estava a abarrotar de crianças

bulgy ['bʌldʒɪ] *adj* bojudo

bulimia [bʊ'lɪmɪə] *n* bulimia

bulimic [bʊ'lɪmɪk] *adj,n* bulímico

bulk [bʌlk] *n* 1 tamanho [of, de], volume [of, de], massa [of, de]; proporção; *a building of great bulk* um edifício de grandes proporções 2 grossura, grandeza 3 corpulência, estatura 4 capacidade, bojo, envergadura 5 carga de um navio

6 maioria [of, de] ♦ vi 1 amontoar-se, empilhar-se; aglomerar-se; *the bags were bulked everywhere* os sacos amontoavam-se por todo o lado 2 tornar-se mais espesso, encorpar ❖ *his problems bulked large in his thoughts* os problemas estavam constantemente no pensamento dele

bulkhead ['bʌlkhed] n (barco, avião, veículo) tabique; divisão

bulky ['bʌlki] adj {comp -ier, superl -iest} 1 volumoso 2 corpulento

bull [bʊl] n 1 touro 2 (elefante, baleia) macho 3 bula pontifícia 4 alvo; *to hit the bull* atingir o alvo 5 col disparate, treta ♦ ECON *bull market* mercado em alta; *to take the bull by the horns* pegar o touro pelos cornos

bulldog ['bʊldɒg] n buldogue ❖ GB (caderno, pasta) *bulldog clip* mola

bulldozer ['bʊlˌdəʊzə] n buldózer

bullet ['bʊlɪt] n (arma) bala; *bullet hole* buraco da bala

bulletin ['bʊlɪtɪn] n 1 boletim; *annual bulletin* boletim anual 2 noticiário 3 comunicado oficial ❖ EUA *bulletin board* placard informativo

bulletproof ['bʊlɪtpruf] adj à prova de bala; *bulletproof vest* colete à prova de bala

bullfight ['bʊlfaɪt] n tourada, corrida de touros

bullfighter ['bʊlˌfaɪtə] n toureiro

bullfighting ['bʊlˌfaɪtɪŋ] n tauromaquia

bullfinch ['bʊlfɪntʃ] n {pl -es} (ave) pisco

bullion ['bʊlɪən] n (ouro, prata) barra

bullish ['bʊlɪʃ] adj 1 ECON com tendência altista 2 otimista

bullock ['bʊlək] n boi castrado

bullring ['bʊlrɪŋ] n arena; praça de touros

bull's-eye ['bʊlzaɪ] n centro do alvo; *to hit/score a bull's-eye* acertar no alvo

bullshit ['bʊlʃɪt] n vulg tretas; asneiras; *to talk bullshit* dizer disparates ♦ vt vulg vir com cantigas para cima de; aldrabar

bully ['bʊli] n {pl -ies} rufião ♦ vt 1 implicar com 2 intimidar; aterrorizar 3 forçar, obrigar [into, a]; *they bullied him into stealing* eles obrigaram-no a roubar ❖ irón *bully for you!* grande façanha!

bullying ['bʊlɪŋ] n bullying

bulrush ['bʊlrʌʃ] n {pl -es} junco

bulwark ['bʊlwək] n 1 baluarte [against, contra] 2 proteção [against, contra] ♦ npl (navio) amurada

bum [bʌm] n 1 col vagabundo; vadio 2 GB col rabo; nádegas ♦ vt col cravar; *can I bum you off a coin?* posso cravar-te uma moeda? ♦ vi {pret e pp -mm-} preguiçar ♦ adj col miserável; rasca, foleiro

bumble ['bʌmbl] vi 1 balbuciar; resmungar 2 andar aos tropeções

bumblebee ['bʌmbəlbi:] n zângão; abelhão

bummed [bʌmd] adj col (infeliz) chateado ❖ col *bummed out* em baixo; deprimido

bummer ['bʌmə] n col chatice

bump [bʌmp] n 1 inchaço, galo; *a bump on the head* um galo na cabeça 2 mossa, amolgadela; *the car has a big bump* o carro tem uma grande mossa 3 pancada; barulho; *I heard a bump upstairs* ouvi um barulho lá em cima 4 solavanco; *the bumps in the road* os solavancos na estrada 5 AER poço de ar ♦ vt 1 esbarrar-se contra 2 bater com; *to bump one's head* bater com a cabeça ♦ vi 1 trepidar; *the car was bumping along the road* o carro trepidava pela estrada fora 2 bater [against/into, contra], chocar [against/into, contra]; *I bumped into the table* choquei contra a mesa

◆ **bump into** vt 1 esbarrar-se contra 2 cruzar-se com; encontrar (alguém) por acaso

◆ **bump off** vt cal (matar) liquidar

◆ **bump up** vi (preços) aumentar

bumper ['bʌmpə] n para-choques; *bumper sticker* autocolante colado no para-choques ♦ adj excecional, extraordi-

bureau

nário ❖ **bumper cars** carrinhos de choque; *the traffic was bumper to bumper for several hours* o tráfego esteve congestionado durante várias horas

bumpkin ['bʌmpkɪn] *n col* parolo; labrego

bumptious ['bʌmpʃəs] *adj* presunçoso, vaidoso

bumpy ['bʌmpi] *adj* {*comp* -ier, *superl* -iest} acidentado; com altos e baixos

bun [bʌn] *n* 1 *GB* pão doce, pequeno e redondo 2 pão de leite 3 (penteado) puxo ♦ *npl EUA cal* nádegas ❖ *GB col* **to have a bun in the oven** estar grávida

bunch [bʌntʃ] *n* {*pl* -es} 1 (flores) ramo; ramalhete; *a bunch of flowers* um ramo de flores 2 feixe; molho 3 cacho; *a bunch of grapes* um cacho de uvas 4 (pessoas) grupo 5 *DESP* (corridas, ciclismo) pelotão ♦ *npl* 1 (penteado) totós; *the little girl tied her hair in bunches* a menina fez totós 2 montes ♦ *vt* 1 fazer feixes com, fazer ramos com 2 agrupar; juntar; *they usually bunch together every Sunday* eles geralmente juntam-se todos aos domingos; *let's bunch up all these books* vamos lá juntar estes livros todos ❖ *the best of a bad bunch* o único que se aproveita; *the pick of the bunch* o melhor entre os melhores

bundle ['bʌndəl] *n* 1 maço; trouxa; feixe; molho; *a bundle of laundry* uma trouxa de roupa 2 embrulho; pacote 3 *INFORM* (software e hardware) lote ♦ *vt* 1 enfeixar; fazer molhos de 2 empacotar 3 *INFORM* integrar ❖ **to be a bundle of laughs** ser um ponto; **to be a bundle of nerves** estar uma pilha de nervos; **to go a bundle on** gostar muito de

◆ **bundle into** *vt* empurrar; atirar; arremessar

◆ **bundle off** *vt* despachar (alguém); mandar embora

◆ **bundle up** *vt* 1 juntar; enfeixar; pôr num molho 2 agasalhar

bung [bʌŋ] *n* tampão; rolha; batoque ♦ *vt* 1 tapar; *they bunged the bottle* eles taparam a garrafa 2 *col* pôr; pousar 3 *GB col* atirar; enfiar; *I just bunged the toys into the trunk* atirei com os brinquedos para dentro da arca

◆ **bung up** *vt* entupir; (canos, nariz) *to be bunged up* estar entupido; *my nose is bunged up* tenho o nariz entupido

bungalow ['bʌŋɡələʊ] *n* bangaló

bungee ['bʌndʒi] *n* corda elástica

bungee jumping [,bʌndʒi'dʒʌmpɪŋ] *n* bungee-jumping

bungle ['bʌŋɡəl] *n col* engano; confusão ♦ *vt* 1 *col* estragar 2 *col* confundir; *stop bungling things!* para de armar confusão!

bungler ['bʌŋɡlə] *n* trapalhão; desastrado

bunion ['bʌnjən] *n* joanete

bunk [bʌŋk] *n* 1 tarimba; beliche; *the children slept in a bunk bed* as crianças dormiam num beliche 2 *GB col* disparates; asneiras ♦ *vi* (fora de casa) dormir ❖ *col* **to do a bunk** pôr-se a milhas

bunker ['bʌŋkə] *n* 1 bunker 2 carvoeira

bunny ['bʌni] *n* {*pl* -ies} *col* coelhinho

Bunsen burner [,bʌnsən'bɜːnə] *n* bico de Bunsen

buoy [bɔɪ] *n NÁUT* boia; *life buoy* boia salva-vidas ♦ *vt* 1 balizar com boias 2 fazer boiar

◆ **buoy up** *vt* 1 pôr a flutuar 2 *fig* animar

buoyancy ['bɔɪənsi] *n* 1 capacidade de flutuação 2 bom humor; otimismo

buoyant ['bɔɪənt] *adj* 1 flutuante 2 alegre; otimista

burden ['bɜːdən] *n* 1 carga; fardo 2 tonelagem, capacidade 3 *fig* cuidados, aflições ♦ *vt* 1 carregar; sobrecarregar 2 onerar

bureau ['bjʊərəʊ] *n* {*pl* -x, -s} 1 agência, escritório 2 *EUA* departamento governamental 3 *GB* (móvel) secretária 4 *EUA* cómoda

bureaucracy [bjʊˈrɒkrəsi] n {pl -ies) burocracia

bureaucrat [ˈbjʊrəʊˌkræt] n burocrata

bureaucratic [ˌbjʊrəʊˈkrætɪk] adj burocrático

bureaucratize [ˌbjʊˈrɒkrətaɪz] vt burocratizar

burette [bjʊˈret] n QUÍM bureta

burgeon [ˈbɜːdʒən] vi 1 BOT rebentar 2 lit expandir-se; germinar

burger [ˈbɜːgə] n col hambúrguer

burglar [ˈbɜːglə] n assaltante; ladrão ❖ *burglar alarm* alarme antirroubo

burglary [ˈbɜːgləri] n {pl -ies) (em edifício) assalto; roubo

burgle [ˈbɜːgəl] vt forçar a entrada de; assaltar; *they burgled the house* eles assaltaram a casa

burial [ˈberiəl] n enterro, funeral ❖ *burial ground* cemitério

burin [ˈbjʊərɪn] n buril, cinzel

Burkina Faso [beˌkiːnəˈfæsəʊ] n Burquina Faso

burl [bɜːl] n (tecido, árvore) nó

burlap [ˈbɜːlæp] n serapilheira

burlesque [bɜːˈlesk] adj burlesco; caricatural ♦ n 1 (estilo) burlesco 2 (espetáculo) farsa, paródia 3 EUA espetáculo erótico ♦ vt parodiar; ridicularizar

burly [ˈbɜːli] adj {comp -ier, superl -iest) corpulento, entroncado

Burma [ˈbɜːmə] n (atual Myanmar) Birmânia

Burmese [bɜːˈmiːz] adj,n birmanês

burn [bɜːn] n 1 queimadura 2 escaldadela ♦ vt {pret e pp burnt) queimar; escaldar; esturricar; *to be burnt alive* ser queimado vivo ♦ vi queimar; escaldar; arder; *the house burnt to the ground* a casa ficou em cinzas; *this tea burns* este chá está a escaldar; fig *his cheeks were burning* tinha a cara a arder; fig *he was burning with enthusiasm* ele ardia de entusiasmo ❖ *to burn one's boats* queimar os últimos cartuchos; *to burn the midnight oil* queimar

as pestanas; *to burn the candle at both ends* trabalhar dia e noite

❖ **burn down** vt incendiar ♦ vi arder; ser destruído pelo fogo

❖ **burn out** vi 1 extinguir-se 2 (lâmpada) fundir 3 gastar-se; esgotar-se

❖ **burn up** vi 1 arder; ser destruído pelo fogo 2 (pessoa) estar cheio de calor ♦ vt (combustível) consumir ❖ *to be burning up with fever* estar a arder em febre

burner [ˈbɜːnə] n (fogão) boca

burning [ˈbɜːnɪŋ] adj 1 em chamas 2 (calor) abrasador 3 (desejo) ardente 4 vital, crucial ♦ n 1 incineração 2 incêndio 3 queimadura

burnt-out [ˌbɜːntˈaʊt] adj 1 carbonizado, calcinado 2 (pessoa) esgotado

burp [bɜːp] n col arroto ♦ vi col arrotar ♦ vt col fazer arrotar; *to burp the baby* fazer o bebé arrotar

burr [bɜː] n (pronúncia) 'r' carregado

burrow [ˈbʌrəʊ] n lura; toca ♦ vt escavar, cavar; *the dog burrowed a hole* o cão escavou um buraco ♦ vi 1 escavar uma toca/lura 2 escavar, cavar 3 vasculhar, remexer [into, em]; *to burrow into the past* remexer no passado

bursar [ˈbɜːsə] n 1 (faculdade) tesoureiro 2 bolseiro

bursary [ˈbɜːsəri] n {pl -ies) 1 tesouraria 2 bolsa de estudo

burst [ˈbɜːst] n 1 explosão 2 rebentamento; estoiro 3 (palmas) salva ♦ vt {pret e pp burst) rebentar ♦ vi 1 rebentar; estoirar 2 partir; quebrar

❖ **burst in** vi entrar subitamente

❖ **burst in on/upon** vt interromper bruscamente; irromper por; *she burst in on the meeting* irrompeu pela reunião

❖ **burst into** vt 1 começar subitamente a; desatar a; *the car burst into flames* o carro começou a arder; *she burst into tears* desatou a chorar 2 irromper por

◆ **burst out** vt desatar a; começar a; *he burst out crying* desatou a chorar ◆ vi 1 exclamar 2 sair precipitadamente [of, de]; *he burst out of the room* saiu precipitadamente do quarto

Burundi [bə'rʊndi] n Burundi

Burundian [bə'rʊndɪən] adj,n burundiano

bury ['beri] vt 1 sepultar; enterrar; soterrar 2 fig absorver [in, em]; *he is buried in his work* está embrenhado no trabalho ❖ *let's bury the hatchet* vamos fazer as pazes

bus [bʌs] n (pl -es) autocarro; *by bus* de autocarro ◆ vt transportar de autocarro; *the children were bused early in the morning* as crianças foram no autocarro da escola de manhã bem cedo ❖ *bus conductor* revisor; *bus driver* condutor do autocarro; *bus stop* paragem de autocarro

bush [bʊʃ] n (pl -es) 1 BOT arbusto 2 mata, matagal ◆ vt guarnecer de arbustos ❖ *to beat about the bush* contornar a questão

bushed [bʊʃt] adj col estourado; exausto

bushy ['bʊʃi] adj cerrado; denso

busily ['bɪzɪli] adj energicamente; diligentemente

business ['bɪznɪs] n (pl -es) 1 negócio; *business trip* viagem de negócios 2 profissão; emprego 3 objeto; assunto 4 estabelecimento comercial, loja ❖ *business card* cartão de visita; *business hours* horário de expediente; *let's talk about business now* vamos ao que interessa!; *mind your own business!* mete-te na tua vida!; (empresa) *to be in business* estar em atividade

businesslike ['bɪznɪslaɪk] adj 1 profissional 2 eficiente 3 prático 4 metódico 5 formal; sério

businessman ['bɪznɪsˌmən] n homem de negócios; empresário

businesswoman ['bɪznɪswʊmən] n (pl -men) mulher de negócios; empresária

busk [bʌsk] vi ser artista de rua

busker ['bʌskə] n artista de rua

bust [bʌst] n 1 (estátua) busto 2 peito; busto ◆ adj 1 col falido 2 col estragado ◆ vt 1 col estragar; dar cabo de; *he busted his car* ele deu cabo do carro 2 (polícia) prender; desmantelar; fazer busca em; *the police are busting the whole neighbourhood* a polícia está a fazer uma busca pelas redondezas ❖ *col to go bust* falir

◆ **bust out** vi evadir-se; fugir; *to bust out of jail* fugir da cadeia

◆ **bust up** vt,i (relação, casamento) romper; acabar

buster ['bʌstə] n col,pej camarada; colega; amigo

bustle ['bʌsəl] n 1 azáfama; *the house was in a bustle* a casa estava numa azáfama 2 alarido ◆ vi 1 andar atarefado 2 fazer barulho

bustling ['bʌslɪŋ] adj 1 movimentado; animado 2 cheio; muito concorrido

bust-up ['bʌstʌp] n 1 col discussão 2 col (relação) separação

busy ['bɪzi] adj (comp -ier, superl -iest) 1 ocupado; atarefado 2 movimentado; agitado; concorrido; *this is a very busy street* esta é uma rua muito movimentada ◆ vp ocupar-se; dedicar-se; *I'm busying myself organizing my library* estou a dedicar-me a organizar a minha biblioteca ❖ (telefone) *busy signal* sinal de ocupado; *I'm busy now* agora não posso

busybody ['bɪzɪˌbɒdi] n (pl -ies) col mexeriqueiro

but [bʌt] conj mas, porém; *I would like to go, but I don't have the time* eu gostaria de ir, mas não tenho tempo ◆ prep exceto; *all but you* todos exceto tu ◆ adv 1 apenas, somente; *there is but a problem* há apenas um problema 2 mesmo; *nobody but nobody can say such a thing* ninguém, mesmo ninguém, pode dizer tal coisa ◆ n senão

butane ['bjuːteɪn] *n* butano

butcher ['bʊtʃə] *n* **1** talhante **2** *fig* carniceiro *fig*, carrasco *fig* ♦ *vt* **1** (animais para consumo) abater **2** chacinar **3** *fig* massacrar ❖ *butcher's* talho

butchery ['bʊtʃəri] *n* {*pl* -ies} **1** atividade de talhante **2** *ant* açougue; talho **3** chacina; carnificina; mortandade

butler ['bʌtlə] *n* mordomo

butlery ['bʌtləri] *n* {*pl* -ies} despensa

butt [bʌt] *n* **1** cabeçada **2** (animal) marrada **3** coronha **4** cabo, extremidade, ponta; *the butt of the spear* a ponta da espada **5** (cigarro) beata **6** *EUA col* rabo; traseiro ♦ *vt,i* **1** marrar, dar marrada **2** abrir caminho; forçar; *he butted his way through the crowd* ele abriu caminho entre a multidão

♦ **butt in** *vi* intrometer-se; interromper

♦ **butt out** *vi col* não se meter; *butt out!* não te metas!

butter ['bʌtə] *n* manteiga ♦ *vt* barrar com manteiga ❖ *butter dish* manteigueira; *butter wouldn't melt in her mouth* de sonsa não tem nada

♦ **butter up** *vt col* dar graxa a; engraxar

buttercup ['bʌtəˌkʌp] *n* BOT ranúnculo amarelo

butterfly ['bʌtəˌflaɪ] *n* {*pl* -ies} **1** borboleta **2** (natação) mariposa; *butterfly stroke* braçada de mariposa ❖ *to have butterflies in one's stomach* estar com nervos miudinhos

buttery ['bʌtəri] *adj* amanteigado ♦ *n* {*pl* -ies} (universidade, escola) refeitório

buttock ['bʌtək] *n* nádega ♦ *npl col* traseiro

button ['bʌtən] *n* **1** botão; *to do up a button* apertar um botão; *to undo a button* desapertar um botão **2** *EUA* crachá; *he had a button on his lapel* ele trazia um crachá na lapela ♦ *vt,i* abotoar; *he buttoned his jacket* ele abotoou o casaco ❖ *chocolate buttons* drageias de chocolate

buttonhole ['bʌtənˌhəʊl] *n* **1** (botão) casa **2** botoeira **3** *GB* flor na lapela ♦ *vt* **1** abrir casas em **2** *fig* abordar; obrigar a ouvir

buttress ['bʌtrɪs] *n* {*pl* -es} **1** contraforte **2** *fig* pilar ♦ *vt* **1** defender com contraforte; reforçar; *the wall of the castle was buttressed* a muralha do castelo foi reforçada **2** *fig* reforçar; fortalecer; *to buttress an idea* reforçar uma ideia

buxom ['bʌksəm] *adj* (mulher) roliça, rechonchuda

buy [baɪ] *vt* {*pret e pp* bought} **1** comprar; adquirir **2** oferecer; pagar; *let me buy you a drink* deixe-me oferecer-lhe uma bebida **3** *EUA* subornar, comprar *fig* **4** *col* (acreditar) engolir; *I didn't buy his story* não engoli a história dele ❖ *to buy time* ganhar tempo

♦ **buy in** *vt* abastecer-se de

♦ **buy into** *vt* comprar ações de; comprar parte de; *he bought into a computer business* comprou parte de um negócio de computadores

♦ **buy off** *vt* subornar; comprar *fig*; *the witness was bought off* a testemunha foi subornada

♦ **buy out** *vt* comprar a parte de

♦ **buy up** *vt* comprar; açambarcar; *she must have bought up the entire store* deve ter comprado a loja toda

buyer ['baɪə] *n* **1** comprador **2** controlador de compras

buzz [bʌz] *n* {*pl* -es} **1** zumbido **2** murmúrio **3** *fig* boato; rumor **4** *col* (telefone) toque **5** *col* excitação ♦ *vi* **1** zumbir **2** murmurar; cochichar; *what are you buzzing?* que estás a murmurar? **3** *col* dar um toque; *why don't you buzz me when you're free for lunch?* e se me desses um toque quando estiveres livre para almoço? **4** AER fazer um voo rasante

♦ **buzz off** *vi col* pôr-se a andar

buzzard ['bʌzəd] *n* abutre, urubu

buzzer ['bʌzə] *n* **1** botão do intercomunicador **2** (despertador, forno, etc.) campainha

buzzword ['bʌzwɜːd] *n* palavra da moda

by [baɪ] *prep* **1** por; *to divide/multiply six by two* dividir/multiplicar seis por dois **2** de; *to go by train* ir de comboio **3** em; *his money increased by millions* o dinheiro dele cresceu em milhões **4** com; *what could they mean by that?* que quererão eles dizer com isso? **5** a; *one by one* um a um **6** por volta de; *I'll get there by noon* eu chegarei lá por volta do meio-dia **7** conforme; *you must act by the rules* tens de seguir as regras ♦ *adv* perto; *he is walking by* ele anda por perto ❖ *by all means* faça favor; *by and by* logo; *by oneself* sozinho; *by the way* a propósito

bye [baɪ] *interj col* adeus!; tchau!

bye-bye ['baɪbaɪ] *interj col* adeus!; tchau!

bygone ['baɪgɒn] *adj* passado ♦ *n* coisa antiga ❖ *let bygones be bygones* o que lá vai lá vai

bylaw ['baɪlɔː] *n* lei autárquica

bypass ['baɪpɑːs] *n* (*pl* -es) **1** (estrada) variante; *he drove through the bypass* ele seguiu pela variante **2** MED (operação) bypass ♦ *vt* **1** contornar; *fig to bypass the law* contornar a lei **2** evitar; *to bypass the subject* evitar o assunto

by-product ['baɪˌprɒdʌkt] *n* **1** (produto) derivado **2** *fig* consequência [**of**, de]

by-road ['baɪrəʊd] *n* estrada secundária; atalho

bystander ['baɪˌstændə] *n* espectador

bystreet ['baɪstriːt] *n* viela, ruela

byte [baɪt] *n* byte

byway ['baɪweɪ] *n* **1** estrada secundária; atalho **2** viela

byword ['baɪˌwɜːd] *n* **1** arquétipo; expoente máximo **2** sinónimo; *to be a byword for* ser sinónimo de

Byzantine [bɪ'zæntaɪn] *adj,n* bizantino

C

c [si:] *n* {*pl* c's} **1** (letra) c **2** [com maiúscula] (escola) bom **3** [com maiúscula] MÚS dó

cab [kæb] *n* **1** táxi; *to get a cab* apanhar um táxi **2** (autocarro, camião) cabine de condutor

cabal [kə'bæl] *n* **1** cabala, conspiração; *to plot a cabal against someone* planear uma cabala contra alguém ♦ *vi* intrigar, conspirar

cabalist ['kæbəlɪst] *n* cabalista

cabalistic [,kæbə'lɪstɪk] *adj* cabalístico

cabaret ['kæbəreɪ] *n* cabaré

cabbage ['kæbɪdʒ] *n* **1** couve **2** (pessoa) vegetal

cabby ['kæbi] *n* {*pl* -ies} *col* motorista de táxi

cabin ['kæbɪn] *n* **1** cabana **2** (navio) camarote **3** (avião) cabine

cabinet ['kæbɪnət] *n* **1** armário **2** vitrina **3** conselho de ministros; *cabinet reshuffle* remodelação ministerial; *shadow cabinet* governo-sombra

cabinet-maker ['kæbɪnət,meɪkə] *n* marceneiro

cabinet-making ['kæbɪnət,meɪkɪŋ] *n* marcenaria

cable ['keɪbəl] *n* **1** cabo; fio; *electrical cable* fio elétrico **2** cabograma; telegrama **3** TV televisão por cabo ♦ *vt* **1** telegrafar; *I cabled them the good news* enviei-lhes um telegrama com as boas notícias **2** prender com cabo

cable car ['keɪbəlkɑ:] *n* teleférico

cablegram ['keɪbəl,græm] *n* cabograma

cablevision ['keɪbəlvɪʒən] *n* TV cabo, televisão por cabo

cabman ['kæbmən] *n* {*pl* -men} **1** cocheiro **2** *col* taxista

cacao [kə'kaʊ] *n* (árvore) cacaueiro; (semente) cacau

cachalot ['kæʃə,lɒt] *n* cachalote

cachet ['kæʃeɪ] *n* prestígio

cachou [kə'ʃu:] *n* catechu

cacique [kæ'si:k] *n* cacique

cackle ['kækəl] *n* **1** cacarejo **2** (*risada*) casquinada ♦ *vi* **1** (galinha) cacarejar **2** (riso) casquinar

cacophonous [,kæ'kɒfənəs] *adj* cacofónico

cacophony [,kæ'kɒfəni] *n* {*pl* -ies} cacofonia

cactus ['kæktəs] *n* {*pl* -es, -i} cato

CAD *n* INFORM [*sigla de* **computer-aided design**] CAD

cadastre [kə'dæstə] *n* DIR (propriedade) cadastro

cadaver [kə'deɪvə] *n* cadáver

caddie ['kædi] *n* (golfe) caddie

caddy ['kædi] *n* {*pl* -ies} lata para chá

cadence ['keɪdəns] *n* cadência; ritmo

cadet [kə'det] *n* cadete

cadge [kædʒ] *vt col* pedinchar; cravar ♦ *vi col* viver de expedientes

cadger ['kædʒə] *n col* crava

cadmium ['kædmɪəm] *n* cádmio

Caesarean [sɪ'zeərɪən] *n* cesariana; *Caesarean section* cesariana

caesium ['si:zɪəm] *n* césio

café ['kæfeɪ] *n* (estabelecimento) café

cafeteria [,kæfə'tɪərɪə] *n* **1** cafetaria **2** cantina

caffeine ['kæfi:n] *n* cafeína

cage [keɪdʒ] *n* **1** gaiola; *bird cage* gaiola de pássaros **2** jaula ♦ *vt* engaiolar; enjaular; *to feel caged in* sentir-se preso

cajole [kə'dʒəʊl] *vt* aliciar [into, a]; *she always cajoles people into doing things for her* ela convence sempre as pessoas a fazer coisas por ela

cajolery [kə'dʒəʊləri] *n* {*pl* -ies} (persuasão) falinhas mansas

cake [keɪk] *n* **1** bolo; *birthday cake* bolo de aniversário; *chocolate cake* bolo de chocolate; *to make/bake a cake* fazer um bolo **2** barra; *a cake of soap* uma barra de sabão ♦ *vt* cobrir [**with**, com/de]; *his shoes were caked with mud* os sapatos dele estavam cobertos de lama ♦ *vi* endurecer, fazer crosta ❖ *EUA cake pan* forma para bolos; *GB cake tin* forma para bolos; *it's a piece of cake!* é canja!; *to sell like hot cakes* vender que nem castanhas quentes; *you can't have your cake and eat it* não se pode ter tudo

calabash [ˈkæləbæʃ] *n* {*pl* -es} BOT cabaça; cabaceira

calamitous [kəˈlæmɪtəs] *adj* calamitoso

calamity [kəˈlæmɪti] *n* {*pl* -ies} calamidade

calcification [ˌkælsɪfɪˈkeɪʃən] *n* calcificação

calcify [ˈkælsɪˌfaɪ] *vt,i* **1** calcificar **2** petrificar

calcination [ˌkælsɪˈneɪʃən] *n* calcinação

calcine [ˈkælsaɪn] *vt,i* calcinar

calcium [ˈkælsɪəm] *n* cálcio

calculate [ˈkælkjʊˌleɪt] *vt* **1** calcular; *to calculate the cost of wages* calcular o custo dos salários **2** avaliar **3** premeditar ♦ *vi* calcular ❖ *to be calculated to* ser concebido para; *to calculate on* contar com

calculating [ˈkælkjʊleɪtɪŋ] *adj* calculista

calculation [ˌkælkjʊˈleɪʃən] *n* **1** cálculo **2** atitude calculista

calculator [ˈkælkjʊˌleɪtə] *n* calculadora; *pocket calculator* calculadora de bolso

calculus [ˈkælkjʊləs] *n* {*pl* -i} MAT, MED cálculo

calendar [ˈkælɪndə] *n* calendário ❖ *calendar year* ano civil

calf [kɑːf] *n* {*pl* -ves} **1** vitela, bezerro; (vaca) *to be in calf* estar prenhe **2** cria **3** (pele) calfe **4** barriga da perna

calfskin [ˈkɑːfˌskɪn] *n* (pele) calfe

calibrate [ˈkælɪˌbreɪt] *vt* calibrar

calibration [ˌkælɪˈbreɪʃən] *n* calibragem

calibre [ˈkælɪbə] *n* calibre

californium [ˌkælɪˈfɔːnɪəm] *n* califórnio

caliph [ˈkeɪlɪf] *n* califa

caliphate [ˈkælɪfeɪt] *n* califado

calix [ˈkeɪlɪks] *n* {*pl* -ices} cálice

call [kɔːl] *vt* **1** chamar; *your mother's calling you* a tua mãe está a chamar-te **2** telefonar a; *I'll call you after dinner* telefono-te depois do jantar **3** convocar; anunciar; *to call a meeting* convocar uma reunião; *to call a strike* convocar uma greve **4** considerar; *I wouldn't call him an honest person* não o considero uma pessoa honesta ♦ *vi* **1** chamar **2** fazer uma visita [**round at**, a] **3** passar [**at**, em]; *to call at the supermarket* passar no supermercado **4** telefonar, ligar; *I tried calling last night* tentei ligar ontem à noite **5** (pássaro) piar **6** (comboio) parar [**at**, em]; *this train calls at all stations* este comboio para em todas as estações ♦ *n* **1** chamamento **2** grito; apelo; *a call for help* um pedido de auxílio, uma forma de chamar a atenção **3** telefonema; *to make a call* fazer uma chamada; *to take a call* atender um telefonema **4** (pássaro) pio **5** visita; *to make/pay a call on someone* fazer uma visita a alguém **6** (jogo) vez; *it's your call* é a tua vez **7** procura; *there's not much call for these boots* estas botas não têm muita procura **8** MED, FARM serviço; *to be on call* estar de serviço ❖ *call box* cabina telefónica; *to call attention to* chamar a atenção para; *to call into question* pôr em causa; (trabalho) *to call it a day* dar o dia por terminado; *to call somebody names* insultar alguém

♦ **call back** *vt,i* voltar a telefonar

♦ **call for** *vt* **1** exigir; requerer; *this calls for a celebration* isto exige uma celebração **2** chamar por **3** (pessoa) ir buscar

♦ **call in** *vt* **1** (médico, polícia) chamar **2** (dinheiro) retirar de circulação **3** (produto) retirar do mercado

◆ **call out** *vt* 1 (bombeiros, médico) chamar 2 (greve) convocar 3 gritar

◆ **call up** *vt* 1 MIL mobilizar para 2 (memórias) recordar 3 *col* telefonar

caller ['kɔːlə] *n* 1 visitante, visita 2 pessoa que faz um telefonema

calligraphy [kə'lɪgrəfɪ] *n* (arte) caligrafia

calling ['kɔːlɪŋ] *n* 1 vocação 2 profissão 3 convocação

callosity [kə'lɒsɪtɪ] *n* {*pl* -ies} calosidade

callous ['kæləs] *adj* duro; insensível

callow ['kæləʊ] *adj* {*comp* -er, *superl* -est} *pej* inexperiente, imaturo

callus ['kæləs] *n* {*pl* -es} calo; *he had calluses on his hands* ele tinha calos nas mãos

calm [kɑːm] *adj* calmo; tranquilo; sereno; *to keep calm* ficar calmo ◆ *n* 1 calma 2 tranquilidade; sossego ◆ *vt* acalmar; *to calm oneself* acalmar-se ◆ *vi* acalmar(-se)

◆ **calm down** *vt* acalmar ◆ *vi* acalmar-se

calmness ['kɑːmnɪs] *n* calma; tranquilidade

caloric [kə'lɒrɪk] *adj* calórico

calorie ['kælərɪ] *n* caloria

calorific [kælə'rɪfɪk] *adj* calórico

calvary ['kælvərɪ] *n* calvário

calve [kɑːv] *vi* (vaca) parir

Calvinism ['kælvɪnɪzəm] *n* REL calvinismo

Calvinist ['kælvɪnɪst] *adj,n* REL calvinista

calyx ['keɪlɪks] *n* cálice

camaraderie [kæmə'rɑːdərɪ] *n* camaradagem; companheirismo

camber ['kæmbə] *n* curvatura, arqueamento ◆ *vt,i* arquear, curvar

Cambodia [kæm'bəʊdɪə] *n* Camboja

Cambodian [kæm'bəʊdɪən] *adj,n* cambojano

cambric ['kæmbrɪk] *n* (tecido) cambraia

camcorder ['kæmkɔːdə] *n* câmara de vídeo

camel ['kæməl] *n* 1 camelo 2 (cor) bege, cor de camelo

camellia [kə'miːlɪə] *n* camélia

cameo ['kæmɪəʊ] *n* {*pl* -s} 1 camafeu 2 (cinema, televisão) aparição/atuação especial

camera ['kæmərə] *n* 1 máquina fotográfica 2 (televisão, cinema) câmara ❖ *in camera* em segredo de justiça; à porta fechada; *on camera* no ecrã

cameraman ['kæmərəmæn] *n* {*pl* -men} (televisão, cinema) operador de câmara

Cameroon [kæmə'ruːn] *n* Camarões

Cameroonian [kæmə'ruːnɪən] *adj,n* camaronês

camomile ['kæməmaɪl] *n* camomila

camouflage ['kæməflɑːʒ] *n* camuflagem ◆ *vt* camuflar

camp [kæmp] *n* 1 acampamento; *to break camp* levantar acampamento; *to pitch camp* montar acampamento 2 MIL campo; *refugee camp* campo de refugiados 3 *fig* partido, facão ◆ *vi* acampar ◆ *adj col* efeminado; amaneirado ❖ *camp site* parque de campismo; *army camp* acampamento militar; *holiday/summer camp* colónia de férias

campaign [kæm'peɪn] *n* campanha [for, por; against, contra]; *to lead/conduct/run a campaign* liderar uma campanha ◆ *vi* fazer campanha [for, por; against, contra]; *to campaign against nuclear weapons* fazer campanha contra as armas nucleares

campaigner [kæm'peɪnə] *n* 1 manifestante 2 defensor; ativista 3 POL militante

campanula [kæm'pænjʊlə] *n* BOT campânula

camper ['kæmpə] *n* 1 campista 2 (veículo) caravana

campfire ['kæmpfaɪə] *n* fogueira

camphor ['kæmfə] *n* cânfora

camping ['kæmpɪŋ] *n* campismo ❖ *camping site* parque de campismo; *no camping* proibido acampar; *to go camping* ir acampar

campsite ['kæmpsaɪt] *n GB* parque de campismo

campus ['kæmpəs] n {pl -es} campus; **university campus** campus universitário

can[1] [kæn] n 1 lata; **garbage can** lata do lixo 2 bidão; **petrol can** bidão de combustível 3 EUA cal prisão 4 EUA casa de banho ♦ vt {pret e pp -nn-} 1 EUA col despedir; **he was canned** foi despedido 2 EUA col parar; **can the noise, I'm on the telephone** para de fazer barulho, estou ao telefone 3 enlatar ❖ **can opener** abre--latas; col **a can of worms** um caso difícil; GB **to carry the can** assumir as culpas

can[2] [kən,kæn] v mod {pret e pp could} 1 (capacidade) conseguir, saber; **he can touch the ceiling** ele consegue chegar ao teto; **she can speak French** ela sabe falar francês 2 (autorização) poder; **you can go to the party** podes ir à festa 3 (sugestão) poder, **we can go to another restaurant** podemos ir a outro restaurante 4 (possibilidade) poder; **I can win the race** posso vencer a corrida

Canada ['kænədɑː] n Canadá

Canadian [kə'neidiən] adj,n canadiano

canal [kə'næl] n canal

canapé ['kænəpei] n CUL canapé

canary [kə'neəri] n {pl -ies} canário

cancan ['kænkæn] n (dança) cancã

cancel ['kænsəl] vt {pret e pp -ll-} 1 cancelar 2 anular 3 revogar 4 neutralizar

cancellation [kænsə'leiʃən] n 1 cancelamento 2 anulação 3 desmarcação

cancer ['kænsə] n cancro

Cancer ['kænsə] n (constelação, signo) Caranguejo

cancerous ['kænsərəs] adj canceroso

candelabrum [kændi'læbrəm] n {pl -a} candelabro

candid ['kændid] adj franco; sincero

candidacy ['kændidəsi] n candidatura

candidate ['kændideit] n candidato [for, a/para]; **to stand as a candidate** apresentar a candidatura

candidature ['kændidətʃə] n candidatura

candidly ['kændidli] adv francamente

candied ['kændid] adj cristalizado

candle ['kændəl] n vela ❖ **to burn the candle at both ends** matar-se a trabalhar

candlelight ['kændəllait] n luz da(s) vela(s)

candlestick ['kændəlstik] n castiçal

candour ['kændə] n franqueza; sinceridade

candy ['kændi] n {pl -ies} EUA guloseima; caramelo; bombom ♦ vt,i cristalizar

candyfloss ['kændiflos] n GB algodão--doce

cane [kein] n 1 cana 2 vime; **cane chairs** cadeiras de vime 3 bastão 4 bengala ♦ vt bater com a cana/bengala em

canine ['keinain] adj canino ♦ n 1 (dente) canino 2 cão

canister ['kænistə] n 1 (chá, café) lata; caixa 2 garrafa

canker ['kæŋkə] n gangrena ♦ vt,i gangrenar

cannabis ['kænəbis] n (planta, droga) canábis

canned [kænd] adj 1 enlatado; de conserva 2 (música, gargalhadas) pré-gravado 3 cal bêbedo

cannelloni [kænə'ləuni] npl canelones

canner ['kænə] n EUA conserveiro

cannery ['kænəri] n {pl -ies} fábrica de conservas

cannibal ['kænibəl] n canibal

cannibalism ['kænibəlizəm] n canibalismo

cannibalistic [kænibə'listik] adj canibal

cannon ['kænən] n 1 canhão 2 (bilhar) carambola ♦ vi 1 embater [into, contra]; **she came running and cannoned into me** ela veio a correr e chocou contra mim 2 (bilhar) carambolar ❖ **cannon fodder** carne para canhão

cannonball ['kænənbɔːl] n bala de canhão

cannot [kæ'not] contr de can + not

canny ['kæni] adj {comp -ier, superl -iest} astuto; sagaz canoe [kə'nu:] n NÁUT canoa ♦ vi 1 andar de canoa 2 DESP praticar canoagem

canoeing [kə'nu:ɪŋ] n canoagem

canoeist [kə'nu:ɪst] n canoísta

canon ['kænən] n 1 cânone 2 cónego

canonical [kə'nɒnɪkəl] adj canónico

canonization [ˌkænənaɪ'zeɪʃən] n canonização

canonize ['kænənaɪz] vt canonizar

canopy ['kænəpɪ] n {pl -ies} 1 dossel 2 pálio 3 toldo 4 abrigo, cobertura

cant [kænt] n 1 hipocrisia 2 gíria 3 recorte; chanfradura

can't [kɑ:nt] contr de cannot

cantata [kæn'tɑ:tə] n cantata

canteen [kæn'ti:n] n 1 cantina 2 faqueiro 3 cantil

canter ['kæntə] n meio galope de cavalo; the horse set off at a canter o cavalo saiu a meio galope ♦ vi andar a meio galope

canvas ['kænvəs] n {pl -es} 1 (tecido) lona, tela 2 (pintura) tela; on canvas em tela 3 (navio) vela

canvass ['kænvəs] n angariação de votos ♦ vi fazer campanha porta a porta [for, para] ♦ vt 1 solicitar o voto de 2 sondar; fazer uma sondagem sobre 3 (estudar) examinar; the proposition is being canvassed a proposta está a ser examinada

canvasser ['kænvəsə] n (eleições) pessoa que faz campanha de porta em porta

canvassing ['kænvəsɪŋ] n 1 angariação de votos; campanha porta a porta 2 sondagem informal

canyon ['kænjən] n desfiladeiro

canyoning ['kænjənɪŋ] n canyoning

cap [kæp] n 1 boné, touca; gorro, barrete 2 tampa, cápsula; to put the cap back on the bottle pôr a cápsula novamente na garrafa 3 (pistola de brinquedo) fulminante 4 fig remate 5 fig plafond ♦ vt 1 cobrir, tapar 2 superar 3 GB DESP (futebol) convocar para a seleção; to cap someone for convocar alguém para ❖ cap in hand humildemente; to cap it all ainda por cima; if the cap fits se a carapuça servir

capability [ˌkeɪpə'bɪlɪtɪ] n {pl -ies} capacidade [for, para]

capable ['keɪpəbəl] adj 1 capaz [of, de] 2 competente 3 suscetível [of, de]

capacitate [kə'pæsɪteɪt] vt capacitar ❖ to be capacitated to estar habilitado a

capacity [kə'pæsɪtɪ] n {pl -ies} 1 (espaço) capacidade; to fill to capacity esgotar a lotação 2 aptidão [for, para]; he has a capacity for maths ele tem uma grande aptidão para a matemática 3 (funções) qualidade

cape [keɪp] n 1 GEOG cabo 2 capa; capote

caper ['keɪpə] n 1 BOT alcaparra 2 cabriola 3 (brincadeira) partida 4 col atividade ilegal ♦ vi andar às cabriolas

Cape Verde [ˌkeɪp'vɜ:d] n Cabo Verde

Cape Verdean [ˌkeɪp'vɜ:dɪən] adj,n cabo-verdiano

capillary [kə'pɪlərɪ] adj,n capilar

capital ['kæpɪtəl] n 1 (cidade) capital 2 ECON capital 3 (letra) maiúscula 4 ARQ capitel ♦ adj 1 capital, essencial 2 (crime) gravíssimo; capital punishment pena de morte 3 maiúsculo

capitalism ['kæpɪtəlɪzəm] n capitalismo

capitalist ['kæpɪtəlɪst] adj,n capitalista

capitalization [ˌkæpɪtəlaɪ'zeɪʃən] n ECON capitalização

capitalize ['kæpɪtəˌlaɪz] vt 1 capitalizar 2 escrever com maiúsculas ❖ capitalize on/upon vt tirar proveito de

capitol ['kæpɪtəl] n capitólio

capitulate [kə'pɪtjəˌleɪt] vi 1 capitular [to, perante] 2 render-se [to, a]

capitulation [kəˌpɪtjə'leɪʃən] n capitulação

capon ['keɪpən] n (galo) capão

cappuccino [ˌkæpu'tʃiːnəʊ] n capuchino

caprice [kə'priːs] n capricho

capricious [kə'prɪʃəs] adj caprichoso

Capricorn ['kæprɪkɔːn] n (constelação, signo) Capricórnio

caprine ['kæpraɪn] *adj* caprino

capri pants [,kæprɪ'pænts] *npl* (calças) corsários

capsize [kæp'saɪz] *vt,i* (barco) virar

capsule ['kæpsjuːl] *n* cápsula

captain ['kæptɪn] *n* **1** capitão; comandante; *captain of the team* capitão da equipa **2** *fig* líder; chefe ◆ *vt* **1** DESP capitanear; *he captained the English team* ele capitaneou a equipa inglesa **2** liderar; chefiar ◆ *he captained them to victory* ele conduziu-os à vitória

captaincy ['kæptɪnsi] *n* (*pl* -ies) (cargo, funções) capitania

caption ['kæpʃən] *n* **1** (texto) título **2** (filme, fotografia) legenda ◆ *vt* legendar

captioning ['kæpʃənɪŋ] *n* legendagem

captivate ['kæptɪveɪt] *vt* cativar; fascinar

captivating ['kæptɪˌveɪtɪŋ] *adj* cativante; fascinante

captive ['kæptɪv] *adj,n* cativo, prisioneiro

captivity [kæp'tɪvɪti] *n* (*pl* -ies) cativeiro; *in captivity* em cativeiro

capture ['kæptʃə] *vt* **1** capturar; prender **2** conquistar; tomar; *to capture a castle* tomar um castelo **2** *fig* captar ◆ *n* **1** captura **2** (cidade) tomada; conquista

car [kaː] *n* **1** carro, automóvel; *to go by car* ir de carro **2** (comboio) carruagem **3** (balão) cesta **4** (elevador) plataforma ◆ *car pool* grupo de pessoas que partilham o mesmo carro para irem trabalhar

carafe [kə'ræf] *n* (*pl* -s) garrafa

caramel ['kærəmel] *n* **1** caramelo **2** açúcar caramelizado

caramelize ['kærəmə,laɪz] *vt,i* CUL caramelizar

carapace ['kærəpeɪs] *n* carapaça

carat ['kærət] *n* (ouro) quilate; *an 18-carat gold ring* um anel de ouro de 18 quilates

caravan ['kærəvæn] *n* (veículo, deserto) caravana

caravanning ['kærəvænɪŋ] *n* campismo em roulotte

caravel ['kærəvel] *n* NÁUT caravela

carbine ['kaːbaɪn] *n* carabina

carbohydrate [,kaːbəʊ'haɪdreɪt] *n* hidrato de carbono

carbon ['kaːbən] *n* carbono; *carbon dioxide* dióxido de carbono ◆ *carbon copy* cópia (a papel químico); *carbon paper* papel químico

carbonic [kaː'bɒnɪk] *adj* carbónico

carbonize ['kaːbənaɪz] *vt* carbonizar

carboy ['kaːbɔɪ] *n* (ácidos) garrafão

carbuncle ['kaːbʌŋkəl] *n* **1** furúnculo **2** (gema) carbúnculo

carburation [,kaːbjʊ'reɪʃən] *n* carburação

carburettor ['kaːbəretə] *n* GB carburador

carcass ['kaːkəs] *n* **1** (animal) carcaça **2** (navio) casco **3** estrutura; armação

carcinogen [kaː'sɪnədʒən] *n* substância cancerígena

carcinogenic [,kaːsɪnə'dʒenɪk] *adj* cancerígeno

carcinoma [,kaːsɪ'nəʊmə] *n* MED carcinoma

card [kaːd] *n* **1** (geral) cartão **2** carta de jogar; *pack of cards* baralho de cartas; *to play cards* jogar às cartas **3** (papel) cartão **4** (lã) carda ◆ *vt* (lã) cardar ◆ *to have a card up one's sleeve* ter um trunfo na manga; *to lay the cards on the table* pôr as cartas na mesa; *to play one's cards right* jogar as cartas certas

cardboard ['kaːdbɔːd] *n* cartão; *cardboard box* caixa de cartão ◆ *adj* (personagem) sem profundidade

cardiac ['kaːdɪæk] *adj* cardíaco; *cardiac arrest/failure* paragem cardíaca

cardigan ['kaːdɪgən] *n* casaco de malha

cardinal ['kaːdɪnəl] *n* **1** REL cardeal **2** numeral cardinal **3** (cor) cardinal ◆ *adj* **1** cardeal; *cardinal points* pontos cardeais **2** cardinal; *cardinal number* numeral cardinal

cardiologist [,kaːdɪ'ɒlədʒɪst] *n* cardiologista

cardiology [ˌkɑːdɪˈɒlədʒɪ] n cardiologia

cardiopulmonary [ˌkɑːdɪəʊˈpʊlmənərɪ] adj MED cardiopulmonar

cardiorespiratory [ˈkɑːdɪəʊˌrespɪrətərɪ] adj MED cardiorrespiratório

cardiovascular [ˌkɑːdɪəʊˈvæskjʊlə] adj MED cardiovascular; *cardiovascular disease* doença cardiovascular

cardsharp [ˈkɑːdˌʃɑːp] n batoteiro

care [keə] n 1 cuidado; *medical care* assistência médica; *take care!* tem cuidado! 2 tratamento; (têxteis) *care label* etiqueta de tratamento; *to take care of a problem* tratar de um problema; *to take care of someone* tratar de alguém 3 encargo, preocupação; *she hasn't a care in the world* ela não tem qualquer preocupação ♦ vi importar-se [about, com]; col *I couldn't care less what you think* estou-me nas tintas para o que pensas; *we could be starving for all they care* poderíamos estar a morrer de fome se dependesse deles; *would you care to wait here?* importa-se de esperar aqui?

◆ care for vt 1 tratar de; cuidar de 2 gostar de 3 form desejar; *would you care for a drink?* deseja uma bebida?

career [kəˈrɪə] n carreira; vida profissional ♦ adj de carreira; *he's a career soldier* ele é um soldado de carreira ♦ vi mover-se a alta velocidade; *the car careered down the hill* o carro desceu a colina a alta velocidade ❖ *careers advice* orientação profissional; *careers office* gabinete de saídas profissionais

careerist [kəˈrɪərɪst] adj,n pej oportunista

carefree [ˈkeəfriː] adj despreocupado; descontraído

careful [ˈkeəfl] adj cuidadoso [with, com] ❖ *be careful!* tem cuidado

carefully [ˈkeəfəlɪ] adv cuidadosamente

carefulness [ˈkeəfəlnɪs] n cuidado; atenção

careless [ˈkeələs] adj descuidado

carelessness [ˈkeələsnɪs] n descuido; falta de atenção

caress [kəˈres] n carícia ♦ vt acariciar

caretaker [ˈkeəteɪkə] n 1 GB (edifício) porteiro 2 EUA (crianças, doentes, idosos) acompanhante ♦ adj provisório

careworn [ˈkeəwɔːn] adj cansado; preocupado

cargo [ˈkɑːgəʊ] n {pl -es} carga; carregamento

Caribbean [kəˈrɪbɪən] n Caraíbas ♦ adj,n caribenho

caricature [ˈkærɪkəˌtjʊə] n 1 caricatura 2 paródia ♦ vt 1 caricaturar 2 parodiar

caricaturist [ˈkærɪkəˌtjʊrɪst] n caricaturista

caries [ˈkeərɪːz] n cárie

carillon [kəˈrɪljən] n carrilhão

caring [ˈkeərɪŋ] adj bondoso; compreensivo

carious [ˈkeərɪəs] adj MED cariado; *carious teeth* dentes cariados

carjacking [ˈkɑːdʒækɪŋ] n carjacking

carmine [ˈkɑːmaɪn] adj,n (cor, pigmento) carmim

carnage [ˈkɑːnɪdʒ] n massacre, carnificina

carnation [kɑːˈneɪʃən] n cravo

carnival [ˈkɑːnɪvəl] n 1 Carnaval 2 feira popular 3 festa popular

carnivore [ˈkɑːnɪˌvɔː] n carnívoro

carnivorous [kɑːˈnɪvərəs] adj carnívoro

carob [ˈkærəb] n BOT alfarroba; *carob tree* alfarrobeira

carol [ˈkærəl] n 1 cântico; *Christmas carol* cântico de Natal 2 (pássaros) gorjeio, canto ♦ vi {pret e pp -ll-} 1 cantar; entoar cânticos 2 (pássaros) gorjear

carotid [kəˈrɒtɪd] n carótida

carousel [kærəˈuːzel] n 1 (aeroporto) tapete rolante (para bagagens) 2 EUA carrossel

carp [kɑːp] n {pl carp} carpa ♦ vi col queixar-se [at, a; about, de]; *he's always carping at his friends* ele está sempre a queixar-se aos amigos

carpenter ['kɑːpɪntə] n carpinteiro

carpentry ['kɑːpɪntri] n carpintaria

carpet ['kɑːpɪt] n 1 alcatifa 2 tapete; carpete; passadeira ♦ vt 1 alcatifar 2 cobrir [with, de] 3 GB col dar um sermão a ❖ *magic carpet* tapete voador; *red carpet* passadeira vermelha; *to be on the carpet* estar metido em sarilhos; *to sweep something under the carpet* tentar encobrir algo

carpool ['kɑːpuːl] vi viajar em grupo no mesmo carro para o trabalho

carpus ['kɑːpəs] n {pl carpi} ANAT carpo

carriage ['kærɪdʒ] n 1 GB (comboio) carruagem 2 coche, carruagem 3 transporte; porte; *carriage forward* porte pago pelo destinatário; *carriage free/paid* transporte pago

carriageway ['kærɪdʒˌweɪ] n GB faixa de rodagem

carrier ['kærɪə] n 1 (empresa, companhia aérea) transportadora 2 portador; *to be carrier of a disease* ser portador de uma doença ❖ *carrier bag* saco das compras

carrier-pigeon ['kærɪəˌpɪdʒɪn] n pombo-correio

carrion ['kærɪən] n carne putrefacta

carrot ['kærət] n 1 cenoura 2 incentivo; estimulo

carry ['kæri] vt 1 levar; carregar; *he carried the luggage into the room* levou as malas para o quarto; *she carried the joke too far* levou a brincadeira longe demais 2 transportar; *the ship carries crude oil* o barco transporta crude 3 trazer; *I always carry my ID* trago sempre o meu bilhete de identidade 4 MED transmitir; *many diseases are carried by insects* muitas doenças são transmitidas por insetos 5 (peso) suportar; *these pillars carry the roof* estes pilares suportam o telhado 6 (meios de comunicação) trazer, transmitir; *the newspaper carries a description of the accident* o jornal traz uma descrição do acidente 7 ter, vender; *this store doesn't carry cigarettes* esta loja não vende cigarros 8 comportar-se; *the children carried themselves very well* as crianças comportaram-se muito bem 9 col ganhar; *col to carry the day* ganhar o dia ♦ vi (som) alcançar [to, -]; *the sound of the music carried to the street* o som da música alcançava a rua ♦ n alcance; *a golf drive with a carry of 300 metres* uma tacada de golfe com um alcance de 300 metros ❖ *to carry a burden* carregar um fardo; *to carry a lot of weight* ser muito importante

♦ **carry away** vt 1 levar 2 entusiasmar; arrebatar; *to be carried away by* deixar-se levar por

♦ **carry forward** vt (soma) fazer o transporte de

♦ **carry off** vt 1 pegar em 2 (prémio) levar; arrecadar 3 concretizar com êxito 4 (morte) ceifar fig ❖ *to carry it off* sair-se airosamente

♦ **carry on** vt continuar com; manter ♦ vi 1 continuar; prosseguir 2 portar-se, comportar-se

♦ **carry out** vt 1 realizar; levar a cabo 2 cumprir com

♦ **carry through** vt levar a cabo

carrycot ['kærɪkɒt] n (bebé) alcofa

carrying ['kærɪɪŋ] n transporte; *carrying charge* custos de transporte ♦ adj transportador

carsick ['kɑːˌsɪk] adj (viagem de carro) enjoado

carsickness ['kɑːˌsɪknɪs] n (viagem de carro) enjoo

cart [kɑːt] n 1 carroça; charrete 2 carrinho de mão 3 EUA (supermercado) carro das compras ♦ vt transportar; levar; *we've been carting the furniture* andámos a transportar a mobília ❖ *cart track* caminho de terra; *to put the cart before the horse* pôr o carro à frente dos bois

cartel [kɑːˈtel] n cartel

cartilage ['kɑːtɪlɪdʒ] n cartilagem

cartload ['kɑːtləʊd] n carregamento, carrada

cartographer [kɑːˈtɒɡrəfə] n cartógrafo

cartographic [ˌkɑːtəˈɡræfɪk] adj cartográfico

cartography [kɑːˈtɒɡrəfi] n cartografia

cartomancy ['kɑːtəʊˌmænsɪ] n cartomancia

carton ['kɑːtən] n 1 caixa de cartão 2 pacote, embalagem 3 (tabaco) maço

cartoon [kɑːˈtuːn] n 1 desenho animado; *animated cartoons* desenhos animados 2 (jornalismo) cartoon 3 banda desenhada

cartoonist [kɑːˈtuːnɪst] n 1 (jornalismo) cartoonista 2 autor de banda desenhada 3 (desenhos animados) animador

cartridge ['kɑːtrɪdʒ] n 1 (arma) cartucho 2 (máquina fotográfica) rolo 3 (caneta) carga, recarga 4 (impressora) tinteiro

cartwheel ['kɑːtwiːl] n 1 roda de carroça 2 (ginástica) roda; *to do a cartwheel* fazer a roda

carve [kɑːv] vt 1 esculpir [into/out/on, em]; *the statue is carved out of marble* a estátua foi esculpida em mármore 2 (madeira) gravar, talhar [into/out/on, em]; *they carved their initials on the tree* gravaram as iniciais na árvore 3 (carne) trinchar

♦ **carve up** vt 1 repartir 2 cortar

carvel ['kɑːvəl] n NÁUT caravela

carver ['kɑːvə] n 1 entalhador 2 escultor 3 (faca) trinchante

carving ['kɑːvɪŋ] n 1 escultura 2 entalhamento ❖ *carving knife* faca de trinchar

cascade [kæˈskeɪd] n cascata ♦ vi cair em cascata; *the water cascaded over the rocks* a água caía em cascata pelas rochas

case [keɪs] n 1 (geral) caso; *a hopeless case* um caso perdido 2 MED,DIR caso 3 mala; *to carry the cases upstairs* levar as malas para cima 4 caixa; *a case of wine* uma caixa de vinho 5 estojo; *a jewel case* um guarda-joias 6 argumento; *a good case for lowering the prices* bons argumentos a favor da redução dos preços ♦ vt 1 encaixotar 2 revestir; *the wire is cased in rubber* o fio está revestido de borracha 3 col fazer o reconhecimento de ❖ *a case in point* um bom exemplo; *as the case may be* segundo o caso; *in any case* de qualquer modo; *in case of fire, ring the bell* em caso de incêndio, toque o alarme; *in no case* em nenhuma circunstância; *in that case* nesse caso; *lower case* letra minúscula; *upper case* letra maiúscula

case-harden ['keɪsˌhɑːdən] vt endurecer

casement ['keɪsmənt] n 1 janela 2 caixilho

case-sensitive [ˌkeɪsˈsensɪtɪv] adj INFORM sensível às diferenças entre maiúsculas e minúsculas

cash [kæʃ] n dinheiro, numerário; *to pay in cash* pagar em dinheiro ♦ vt levantar, descontar; *where can I get this cheque cashed?* onde posso levantar este cheque? ❖ *cash and carry* armazém grossista; *cash card* cartão multibanco; *cash dispenser* caixa multibanco; *cash flow* fluxo financeiro; *cash on delivery* à cobrança; *cash register* caixa registadora

cashbook ['kæʃbʊk] n ECON livro caixa

cashew [kæˈʃuː] n caju

cashier [kæˈʃɪə] n caixa, tesoureiro; *he works as a cashier at the bank* ele trabalha como caixa no banco ♦ vt MIL destituir

cashmere [kæʃˈmɪə] n caxemira

cashpoint ['kæʃpɔɪnt] n GB caixa multibanco

casing ['keɪsɪŋ] n cobertura; revestimento; *this wire has a rubber casing* este fio tem um revestimento de borracha

casino [kəˈsiːnəʊ] n {pl -s) casino

cask [kɑːsk] n barril

casket ['kɑːskɪt] n 1 guarda-joias 2 EUA caixão

cassava [kəˈsɑːvə] n mandioca

casserole ['kæsərəʊl] n 1 caçarola 2 CUL guisado; *lamb casserole* guisado de borrego ♦ vt CUL guisar; cozinhar na caçarola; *to casserole meat* guisar carne

cassette [kə'set] *n* cassete; *cassette player* leitor de cassetes

cassock ['kæsək] *n* sotaina

cast [kɑːst] *n* 1 CIN,TEAT elenco; *the cast of the film* o elenco do filme 2 molde 3 lançamento; arremesso 4 tonalidade; *a grey fabric with a silvery cast* um tecido cinzento com tonalidades prateadas ♦ vt (*pret e pp* cast) 1 lançar; arremessar; *the fishermen cast their nets into the sea* os pescadores lançaram as redes ao mar 2 moldar; fundir; *to cast bronze* fundir bronze 3 TEAT distribuir os papéis ❖ *to cast an eye over something* dar uma vista de olhos a algo; *to cast a spell on* lançar um feitiço a; *to cast light on something* esclarecer algo; *to cast pearls before swine* dar pérolas a porcos

◆ **cast aside** *vt* 1 rejeitar; abandonar; descartar 2 pôr de parte

◆ **cast away** *vt* 1 abandonar 2 desembaraçar-se de ❖ *to be cast away* naufragar

◆ **cast off** *vt* 1 libertar-se de 2 tirar 3 deitar fora ♦ *vi* NÁUT soltar as amarras

◆ **cast out** *vt* expulsar

castanets [,kæstə'nets] *n* MUS castanholas

castaway ['kɑːstə,weɪ] *adj,n* náufrago

caste [kɑːst] *n* (classe) casta

castellan ['kæstə,lən] *n* castelão

caster ['kɑːstə] *n* 1 (móveis) rodízio 2 pimenteiro; saleiro; açucareiro ❖ *caster sugar* açúcar extrafino

casting ['kɑːstɪŋ] *n* 1 fundição 2 peça fundida 3 arremesso 4 TEAT,CIN casting, distribuição de papéis

cast-iron ['kɑːst,aɪən] *n* ferro fundido ♦ *adj* 1 de ferro fundido 2 *fig* (saúde) de ferro *fig* 3 *fig* sólido; irrefutável; a toda a prova

castle ['kɑːsəl] *n* 1 castelo; *sand castle* castelo de areia 2 (xadrez) torre ❖ *to build castles in the air* fazer castelos no ar

castor ['kɑːstə] *n* 1 (móveis) rodízio 2 galheteiro 3 pimenteiro; saleiro; açucareiro ❖ *castor oil* óleo de rícino

castrate [kæ'streɪt] *vt* castrar

castration [kæ'streɪʃən] *n* castração

casual ['kæʒuəl] *adj* 1 casual; *a casual meeting* encontro acidental 2 ocasional; *they are casual readers of the paper* eles são leitores ocasionais do jornal 3 descontraído 4 informal; *casual wear* roupa informal 5 temporário

casually ['kæʒuəli] *adv* 1 casualmente 2 descontraidamente 3 informalmente 4 temporariamente

casualness ['kæʒuəlnıs] *n* 1 casualidade 2 informalidade 3 desinteresse

casualty ['kæʒuəlti] *n* (*pl* -ies) 1 (acidente) vítima 2 MIL baixa 3 GB (hospital) urgências

cat [kæt] *n* 1 gato 2 felino ❖ *has the cat got your tongue?* o gato comeu-te a língua?; *to be like a cat on hot bricks* estar muito nervoso; *when the cat's away, the mice will play* patrão fora, dia santo na loja

CAT [*sigla de* Computerized Axial Tomography] TAC [*sigla de* Tomografia Axial Computorizada]

catacombs ['kætəku:mz] *n pl* catacumbas

catalog ['kætəlɒg] *n,vt* EUA ⇒ catalogue

catalogue ['kætəlɒg] *n* catálogo ♦ *vt* 1 catalogar; *I'm cataloguing the paintings* estou a catalogar os quadros 2 fazer o inventário de

cataloguing ['kætəlɒgɪŋ] *n* catalogação

catalyse ['kætəlaɪz] *vt* catalisar

catalysis [kə'tælɪsɪs] *n* QUIM catálise

catalyst ['kætəlıst] *n* catalisador

catamaran [,kætəmə'ræn] *n* catamarã

catapult ['kætəpʌlt] *n* 1 GB fisga 2 catapulta ♦ *vt* catapultar [to, para]

cataract ['kætə,rækt] *n* 1 MED catarata 2 *lit* (água) catarata

catarrh [kə'tɑː] *n* catarro

catastrophe [kə'tæstrəfi] *n* catástrofe

catastrophic [ˌkætə'strɒfɪk] *adj* catastrófico

catcall ['kætkɔːl] *n* (espetáculo) apupo; vaia

catch [kætʃ] *vt* {*pret e pp* caught} 1 apanhar; agarrar 2 alcançar 3 (animal) capturar 4 (doença) contrair, apanhar; *to catch a cold* apanhar uma constipação 5 (autocarro, avião) apanhar 6 *col* entender; *I didn't catch a thing* não apanhei nada 7 surpreender ♦ *vi* 1 ficar preso [**on/in**, em]; *the jacket caught in the door* o casaco ficou preso na porta 2 (fogo) atear-se ♦ *n* 1 captura 2 pesca; *sea catch* pescado 3 (porta) trinco 4 *fig,col* (armadilha) senão; *where's the catch?* o que é que não me estás a dizer; ❖ *to catch sight of/a glimpse of* ver de relance; *to catch somebody red-handed* apanhar alguém com a boca na botija; *to be a good catch* ser um bom partido

♦ **catch on** *vi* 1 compreender [**to**, -]; *he never catches on to the jokes* nunca atinge as piadas 2 (tornar-se popular) pegar; *that fashion caught on quickly* essa moda pegou rapidamente

♦ **catch out** *vt* 1 apanhar; *the cheater was caught out* o batoteiro foi apanhado 2 surpreender; *they were caught out by the storm* foram surpreendidos pela tempestade

♦ **catch up** *vi* 1 alcançar [**with**, -]; *the last runner caught up with the first ones* o último corredor alcançou os primeiros 2 pôr em dia; atualizar-se [**with/on**, em relação a]; *we have to catch up on/with the news* temos de pôr as novidades em dia 3 (criminoso) apanhar [**with**, -]

catch-22 [kætʃtˌtwentɪ'tuː] *adj* (situação) em que não se pode ganhar; *it's a catch-22 situation* preso por ter cão e preso por não ter

catcher ['kætʃə] *n* DESP (basebol) recetor

catching ['kætʃɪŋ] *adj* 1 (doença) contagioso 2 cativante; *a catching personality* uma personalidade cativante

catch phrase ['kætʃfreiz] *n* 1 slogan 2 frase feita

catchword ['kætʃwɜːd] *n* 1 palavra de ordem 2 slogan 3 (teatro) deixa

catchy ['kætʃi] *adj* que fica no ouvido

catechesis [ˌkætə'kizɪs] *n* {*pl* -es} catequese

catechism ['kætəkɪzəm] *n* catecismo

catechist ['kætəkɪst] *n* REL catequista

catechize ['kætəkaɪz] *vt* 1 REL catequizar 2 interrogar

categorical [ˌkætə'gɒrɪkəl] *adj* categórico

categorization [ˌkætəgəraɪ'zeɪʃən] *n* classificação; categorização

categorize ['kætəgəraɪz] *vt* classificar; categorizar

category ['kætəgəri] *n* {*pl* -ies} categoria

catenary [kə'tiːnəri] *n* {*pl* -ies} GEOM catenária

♦ **cater** ['keɪtə] *vi* 1 (restauração) fornecer o catering [**for**, de] 2 (ter como público-alvo) dirigir-se [**for**, a] 3 (satisfazer) atender [**for**, a]

♦ **cater to** *vt* satisfazer; servir os interesses de

caterer ['keɪtərə] *n* (restauração) fornecedor

catering ['keɪtərɪŋ] *n* catering

caterpillar ['kætəpɪlə] *n* (larva, correia metálica) lagarta

catharsis [kə'θɑːsɪs] *n* {*pl* -es} *form* catarse

cathartic [kə'θɑːtɪk] *adj* catártico

cathedral [kə'θiːdrəl] *n* catedral

catheter ['kæθɪtə] *n* cateter

catheterize ['kæθɪtəraɪz] *vt* cateterizar; algaliar

cathetus ['kæθətəs] *n* GEOM cateto

cathode ['kæθəʊd] *n* cátodo

cathodic [kə'θɒdɪk] *adj* catódico

Catholic ['kæθəlɪk] *adj,n* católico

Catholicism [kə'θɒlɪsɪzəm] *n* catolicismo

catlike ['kætlaɪk] *adj* felino ♦ *adv* como um gato

CAT scan ['kætskæn] n (exame) TAC

cattle ['kætəl] n gado

catty ['kæti] adj (comp -ier, superl -iest) malicioso; maldoso

catwalk ['kætwɔːk] n passarela

caucus ['kɔːkəs] n (pl -es) 1 reunião política 2 facão eleitoral

caudal ['kɔːdəl] adj caudal

cauldron ['kɔːldrən] n caldeirão

cauliflower ['kɔli,flauə] n couve-flor

caulk [kɔːk] vt calafetar

causal ['kɔːzəl] adj LING causal

causality [kɔːˈzælɪti] n causalidade

causative ['kɔːzətɪv] adj LING causativo

cause [kɔːz] n 1 causa; motivo [of, de; for, para/de]; to give cause for concern ser um motivo de preocupação; you have no cause for complaint não tens razão de queixa 2 (defesa de princípios) causa; the cause of women's rights a causa dos direitos das mulheres 3 DIR ação judicial ♦ vt causar; provocar ❖ to cause offence ofender

causer ['kɔːzə] n causador

causeway ['kɔːzweɪ] n 1 calçada 2 (rua) passeio

caustic ['kɔːstɪk] adj cáustico

cauterization [,kɔːtəraɪˈzeɪʃən] n MED cauterização

cauterize ['kɔːtəraɪz] vt MED cauterizar

cautery ['kɔːtəri] n (pl -ies) cautério

caution ['kɔːʃən] n 1 cautela; cuidado; proceed with caution avance com prudência 2 advertência; reprimenda; he got off with a caution safou-se com uma reprimenda 3 caução; garantia; caution money fiança ♦ vt avisar; advertir [against, em relação a]; to be cautioned for receber uma advertência por

cautionary ['kɔːʃənri] n admonitório

cautious ['kɔːʃəs] adj prudente; cauteloso

cavalcade [,kævəlˈkeɪd] n desfile

cavalier [,kævəˈlɪə] n form cavalheiro ♦ adj arrogante; insolente

cavalry ['kævəlri] n (pl -ies) cavalaria

cave [keɪv] n gruta; caverna ❖ cave painting pintura rupestre

♦ cave in vi aluir; ceder

cavern ['kævən] n caverna

cavernous ['kævə:nəs] adj cavernoso; cavernous eyes olhos encovados; cavernous voice voz cavernosa

caviar ['kævɪɑː] n caviar

cavil ['kævɪl] n implicância ♦ vi (pret e pp -ll-) implicar [about/at, com]

caving ['keɪvɪŋ] n espeleologia

cavity ['kævɪti] n (pl -ies) 1 cavidade 2 (dente) cárie

caw [kɔː] vi (corvo) grasnar ♦ n (corvo) grasnido

CD n [sigla de Compact Disc] CD ❖ CD player leitor de CD; CD writer gravador de CD

CD-R n [sigla de CD-Recordable]

CD-ROM n [sigla de Compact Disc Read-Only Memory] CD-ROM

cease [siːs] vt suspender ♦ vi cessar, parar [from/to, de]; to cease to do something parar de fazer algo ❖ to cease fire cessar fogo; without cease sem cessar

ceasefire [,siːsˈfaɪə] n cessar-fogo

cedar ['siːdə] n cedro

cede [siːd] vt DIR ceder; conceder

cedilla [sɪˈdɪlə] n cedilha

ceiling ['siːlɪŋ] n 1 teto 2 limite; ponto máximo ❖ col (fúria) to hit the ceiling passar-se

celebrant ['selɪbrənt] n celebrante

celebrate ['selɪbreɪt] vt 1 festejar; comemorar; we're celebrating the anniversary of our wedding estamos a comemorar o aniversário do nosso casamento 2 REL celebrar; to celebrate mass celebrar a missa

celebrated ['selɪbreɪtɪd] adj célebre

celebration [,selɪˈbreɪʃən] n 1 celebração; comemoração 2 festejo; festa; New Year's celebrations festejos do Ano Novo

celebrity [səˈlebrɪti] n (pl -ies) (pessoa, fama) celebridade celery ['seləri] n aipo

celestial [sɪ'lestɪəl] adj 1 celestial 2 celeste

celibacy ['selɪbəsi] n celibato

celibate ['selɪbət] adj,n celibatário

cell [sel] n 1 (prisão, mosteiro) cela 2 célula 3 (favo de mel) alvéolo 4 téc pilha 5 EUA telemóvel

cellar ['selə] n 1 cave 2 adega, garrafeira

cellist ['tʃelɪst] n violoncelista

cello ['tʃeləʊ] n {pl -s} violoncelo

cellophane ['seləʊfeɪn] n celofane

cellphone ['selfəʊn] n telemóvel

cellular ['seljʊlə] adj celular; cellular telephone telefone celular

cellulite ['seljʊlaɪt] n (acumulação) celulite

cellulitis ['selju'laɪtɪs] n (inflamação, infeção) celulite

celluloid ['seljʊlɔɪd] n 1 celuloide 2 fig cinema

cellulose ['seljʊləʊs] n celulose

Celsius ['selsɪəs] n Celsius; 12 degrees Celsius 12 graus Celsius

Celt [kelt] n celta

Celtic ['keltɪk] adj,n celta

cement [sɪ'ment] n cimento ♦ vt 1 cimentar 2 fig fortalecer ❖ cement mixer betoneira

cemetery ['semətri] n {pl -ies} cemitério

censer ['sensə] n REL turíbulo

censor ['sensə] n censor ♦ vt censurar

censorship ['sensəʃɪp] n censura

censurable ['senʃərəbəl] adj (crítica) censurável; his behaviour was censurable o comportamento dele foi censurável

censure ['senʃə] n form (crítica) censura ♦ vt 1 form (crítica) censurar [for, por] 2 repreender [for, por]

census ['sensəs] n {pl -es} censo; recenseamento

cent [sent] n 1 cêntimo 2 col tostão

centaur ['sentɔː] n MIT centauro

centaury ['sentɔːri] n {pl -ies} BOT centáurea

centenarian [sentɪ'neərɪən] n pessoa de cem anos ♦ adj centenário

centenary [sen'tiːnəri] adj,n centenário

centennial [sen'tenɪəl] adj,n EUA centenário

center ['sentə] n,vt EUA ⇒ centre

centesimal [sen'tesɪməl] adj centesimal

centiare ['sentɪɑː] n centiare

centigrade ['sentɪgreɪd] adj,n centígrado; twelve degrees centigrade doze graus centígrados

centigramme ['sentɪgræm] n centigrama

centilitre ['sentɪliːtə] n centilitro

centimetre ['sentɪmiːtə] n centímetro

centipede ['sentɪpiːd] n centopeia

central ['sentrəl] adj central; central heating aquecimento central; (carro) central locking fecho centralizado

centralization [sentrəlaɪ'zeɪʃən] n centralização

centralize ['sentrəlaɪz] vt centralizar

centralizing ['sentrəlaɪzɪŋ] adj centralizador

centre ['sentə] n 1 (geral) centro; centre of gravity centro de gravidade; a banking and financial centre um centro bancário e financeiro; in the centre no centro 2 DESP (futebol) médio 3 CUL recheio ♦ vt centrar ♦ vi centrar-se [around, em]; girar [around, em torno de] ❖ to be the centre of attention ser o centro das atenções

centrepiece ['sentəpiːs] n 1 centro de mesa 2 prato forte fig

centrifugal [sentrɪ'fjʊgəl] adj centrífugo

centrifugation [ˌsentrɪ'fjuːgeɪʃən] n centrifugação

centrifuge ['sentrɪfjuːdʒ] n centrifugadora ♦ vt centrifugar

centripetal [sen'trɪpɪtəl] adj centrípeto

centrist ['sentrɪst] adj,n centrista

centurion [sen'tjʊərɪən] n centurião

century ['sentʃəri] n {pl -ies} século; centuries ago há séculos; in the 21st century no século XXI

ceramic [sə'ræmɪk] adj 1 cerâmico 2 de cerâmica

chain

ceramics [sə'ræmɪks] *n* (arte, objetos) cerâmica

cereal ['sɪərɪəl] *n* cereal; (pequeno-almoço) *box of cereal* embalagem de cereais

cerebellum [serə'beləm] *n* {*pl* -a} cerebelo

cerebral ['serəbrəl] *adj* cerebral

cerebrum ['serəbrəm] *n* {*pl* -a} ANAT cérebro

ceremonial [serə'məʊnɪəl] *adj* 1 de cerimónia 2 protocolar ◆ *n* cerimonial

ceremonious [serə'məʊnɪəs] *adj* cerimonioso

ceremony ['serəmənɪ] *n* {*pl* -ies} cerimónia ❖ *to stand on ceremony* fazer cerimónia

cerise [sə'riːz] *adj,n* (cor) cereja

cerium ['sɪərɪəm] *n* cério

cert [sɜːt] *n* col certezinha; *it's a cert that he'll win* de certezinha que ele vai ganhar

certain ['sɜːtən] *adj* 1 certo; confiante; *to be almost certain* ser quase certo 2 certo, determinado; *a certain man* um certo homem ◆ *pron* alguns; *certain of those present...* alguns dos presentes... ❖ *for certain* de certeza; *to make certain of* certificar-se de

certainly ['sɜːtənlɪ] *adv* 1 certamente, com certeza 2 claro; *certainly not* claro que não

certainty ['sɜːtəntɪ] *n* {*pl* -ies} 1 certeza 2 coisa certa; coisa segura

certifiable [sɜːtɪ'faɪəbl] *adj* 1 MED que deve ser internado 2 col doido

certificate[1] [sə'tɪfɪkət] *n* 1 certidão, certificado; *birth/death certificate* certidão de nascimento/óbito 2 (saúde) atestado

certificate[2] [sə'tɪfɪkeɪt] *vt* certificar

certificated [sə'tɪfɪkeɪtɪd] *adj* certificado; diplomado; *certificated nurse* enfermeira diplomada

certification [sɜːtɪfɪ'keɪʃən] *n* certificação

certifier ['sɜːtɪˌfaɪə] *n* certificador

certify ['sɜːtɪfaɪ] *vt* certificar ❖ *to certify somebody insane* atestar a insanidade mental de alguém; *certified as a true copy* cópia autenticada

certitude ['sɜːtɪtjuːd] *n* form certeza

cervical ['sɜːvɪkəl] *adj* 1 cervical 2 do útero

cervix ['sɜːvɪks] *n* colo do útero

cessation [se'seɪʃən] *n* form cessação [of, de]

cesspit ['sespɪt] *n* fossa

cesspool ['sespuːl] *n* ⇒ **cesspit**

cetacean [sɪ'teɪʃən] *adj,n* cetáceo

Ceylon [sɪ'lɒn] *n* (atual Sri Lanka) Ceilão

CFC [*sigla de* **chlorofluorocarbon**] CFC [*sigla de* clorofluorcarboneto]

Chad [tʃæd] *n* Chade

chafe [tʃeɪf] *vt* 1 esfolar, *her new shoes chafed her feet* os sapatos novos esfolaram-lhe os pés 2 esfregar; friccionar; *he chafed his cold hands* esfregou as mãos geladas 3 (pele) irritar; *the necklace chafed her neck* o colar irritou-lhe o pescoço ◆ *vi* irritar-se [at/under, com]; *they are beginning to chafe at/under these restrictions* eles já estão a ficar irritados com estas restrições

chaff [tʃɑːf] *n* {*pl* -s} 1 (cereais) folhelho 2 palha ◆ *vt col* (troça) fazer pouco de ❖ *to separate the wheat from the chaff* separar o trigo do joio

chaffer ['tʃæfə] *vi* 1 regatear; *to chaffer over prices* regatear os preços 2 col tagarelar [about, sobre]; *the girls were chaffering about the party* as raparigas estavam a tagarelar sobre a festa ◆ *n* regateio

chagrin ['ʃægrɪn] *n* (contrariedade) desgosto; *much to his chagrin, he was not offered the job* para seu grande desgosto, não lhe ofereceram o emprego ◆ *vt* (contrariedade) desgostar

chain [tʃeɪn] *n* 1 corrente, correia; *bicycle chain* correia da bicicleta 2 colar; fio; *gold chain* fio de ouro 3 cadeia [of, de]; série [of, de] ◆ *vt* acorrentar; prender ❖ *chain of events* sucessão de acontecimentos; *chain reaction* reação em cadeia; *chain store* sucursal de uma cadeia de lojas; *in chains* acorrentado; *food chain* cadeia alimentar

chair [tʃeə] *n* 1 cadeira; *pull up a chair* puxa uma cadeira; *to sit on a chair* sentar-se numa cadeira 2 (debate, associação) presidente 3 (universidade) cátedra [of, de]; *to hold the chair of* ter a cátedra de ♦ *vt* presidir a; *to chair a meeting* presidir a uma reunião

chairman ['tʃeəmən] *n* {*pl* -men} (empresa, reunião) presidente

chairmanship ['tʃeəmənʃɪp] *n* (empresa, reunião) presidência

chairperson ['tʃeəpɜːsən] *n* (reunião, reunião) presidente

chairwoman ['tʃeəwʊmən] *n* {*pl* -men} (reunião, empresa) presidente

chaise longue ['ʃeɪzlɒŋ] *n* chaise-longue

chalet ['ʃæleɪ] *n* chalé

chalice ['tʃælɪs] *n* cálice

chalk [tʃɔːk] *n* 1 giz; *a piece of chalk* um pau de giz; *coloured chalk* giz colorido 2 (pedra) greda branca ♦ *vt* marcar com giz, desenhar com giz, escrever com giz; *a line was chalked round the body* desenharam a giz o contorno do corpo

♦ **chalk out** *vt* (projetos) gizar; delinear

chalky ['tʃɔːki] *adj* {*comp* -ier, *superl* -iest} 1 calcário; *chalky soil* solo calcário 2 sujo de giz

challenge ['tʃælɪndʒ] *n* 1 desafio; repto; *to issue a challenge* lançar um desafio; *to take up a challenge* aceitar um desafio; *to face a challenge* enfrentar um desafio 2 desafio; provocação ♦ *vt* 1 desafiar [to, para] 2 pôr à prova 3 pôr em questão 4 (coisa difícil) constituir um desafio para

challenger ['tʃælɪndʒə] *n* 1 desafiador 2 concorrente 3 aspirante ao título

challenging ['tʃælɪndʒɪŋ] *adj* 1 que constitui um desafio; estimulante 2 (tom, atitude) de desafio

chamber ['tʃeɪmbə] *n* câmara; *chamber music* música de câmara ♦ *npl* gabinete de magistrado; *judge's chambers* gabinete do juiz ❖ *in chambers* à porta fechada

chamberlain ['tʃeɪmbəlɪn] *n* camareiro

chambermaid ['tʃeɪmbəmeɪd] *n* (hotel) camareira

chameleon [kə'miːlɪən] *n* camaleão

chamfer ['tʃæmfə] *n* chanfradura, meia-cana ♦ *vt* chanfrar

chamois ['ʃæmwɑː] *n* camurça; (pele) *chamois leather* camurça

champ ['tʃæmp] *n col* campeão ♦ *vt col* mastigar com ruído ♦ *vi col,fig* estar impaciente, estar morto [to, por]; *to be champing to do something* estar mortinho por fazer algo

champagne [ʃæm'peɪn] *n* champanhe

champion ['tʃæmpɪən] *n* 1 campeão; *world chess champion* campeão mundial de xadrez 2 defensor, apoiante [of, de] ♦ *vt* defender; apoiar

championship ['tʃæmpɪənʃɪp] *n* 1 campeonato 2 título de campeão 3 defesa [of, de]

chance [tʃɑːns] *n* 1 oportunidade [of, de; to, para]; *the chance of a lifetime* uma oportunidade única; *to give someone a second chance* dar uma segunda oportunidade a alguém; *to miss the chance* de perder a oportunidade de; *she doesn't stand a chance* ela não tem qualquer hipótese 2 possibilidade [of, de]; probabilidade [of, de]; *chances are she's already there* ela provavelmente já lá está; *there's an outside chance* há uma possibilidade remota 3 acaso; sorte; *can you come by any chance?* por acaso podes vir?; *it all happened by chance* aconteceu tudo por acaso; *to leave things to chance* deixar correr as coisas 4 risco; *to take a chance* correr um risco ♦ *adj* fortuito, casual; *chance meeting* encontro casual ♦ *vt* fig arriscar ❖ *game of chance* jogo de azar

♦ **chance on/upon** *vt* encontrar por acaso

chancel ['tʃɑːnsəl] *n* coro (de igreja)

chancellor ['tʃɑːnsələ] n chanceler ✤ GB *Chancellor of the Exchequer* ministro das Finanças

chancy ['tʃɑːnsɪ] adj {comp -ier, superl -iest} col arriscado; incerto

chandelier [ʃændə'lɪə] n lustre

change [tʃeɪndʒ] vt 1 mudar; alterar; *I've changed my mind* mudei de ideias; *let's change the subject* vamos mudar de assunto; *she's changed jobs* ela mudou de emprego 2 trocar; *to change places with someone* trocar de lugar com alguém 3 (roupa) mudar; *the nappy needs changing* a fralda precisa de ser mudada; *to change the sheets* mudar os lençóis 4 (dinheiro) cambiar [for/into, para]; *to change euros into pounds* trocar euros por libras 5 (transportes) (fazer transbordo) trocar de; *you have to change bus downtown* tens de mudar de autocarro na baixa ♦ vi 1 mudar; *he's changed a lot* ele mudou muito 2 mudar de roupa 3 (transportes) fazer transbordo ♦ n 1 mudança [of, de; in, em]; *a change for the better* uma mudança para melhor 2 (roupa) muda; *a change of clothes* uma muda de roupa 3 (moedas) trocado; *I have £10 in change* tenho £10 em dinheiro trocado 4 (dinheiro) troco 5 (transportes) mudança, transbordo ✤ *a change of heart* uma mudança de ideias; *for a change* para variar; *to change hands* mudar de dono

♦ **change down** vi (caixa de velocidades) reduzir [into, para]; *you must change down into second* tens de reduzir para segunda

♦ **change over** vi 1 mudar [to, para] 2 passar [from, de; to, para]

♦ **change up** vi GB (caixa de velocidades) meter [to, -]; *you must change up into third* tens de meter a terceira

changeable ['tʃeɪndʒəbəl] adj 1 (circunstâncias) variável 2 (pessoas) inconstante

changed [tʃeɪndʒt] adj novo; diferente

changeless ['tʃeɪndʒləs] adj imutável; permanente; constante

changeover ['tʃeɪndʒəʊvə] n 1 mudança 2 (estafetas) passagem do testemunho

changing ['tʃeɪndʒɪŋ] adj mutável; transformável; *a changing world* um mundo em transformação ✤ *changing room* balneário

channel ['tʃænəl] n 1 (curso de água) canal 2 TV,RÁD canal; *to switch channels* mudar de canal ♦ npl fig vias; trâmites ♦ vt {pret e pp -ll-} canalizar [into, para]; *a lot of money has been channelled into this project* foi canalizado muito dinheiro para este projeto

channel-surf ['tʃænəlsɜːf] vi EUA TV fazer zapping

channel-surfing ['tʃænəlsɜːfɪŋ] n EUA TV zapping

chant [tʃɑːnt] n 1 canto; cântico; *Gregorian chant* canto gregoriano 2 (manifestações) slogan; frase de protesto ♦ vt 1 entoar 2 (multidão) repetir; gritar; *to chant slogans* gritar frases de protesto ♦ vi 1 cantar 2 entoar frases de protesto

chaos ['keɪɒs] n caos

chaotic [keɪ'ɒtɪk] adj caótico

chap [tʃæp] n 1 GB col indivíduo, tipo 2 col companheiro; camarada 3 (lábios) ieiro

chapel ['tʃæpəl] n capela ✤ *chapel of rest* câmara ardente

chaperon ['ʃæpərəʊn] n 1 ant,form (de meninas solteiras) chaperon; pau de cabeleira 2 (crianças) responsável; vigilante

chaplain ['tʃæplɪn] n capelão

chapter ['tʃæptə] n 1 capítulo 2 época 3 (Sé) cabido

character ['kærəktə] n 1 (personalidade) temperamento, feitio 2 (conduta moral) carácter; integridade 3 (ficção) personagem 4 col (pessoas) ponto; cromo 5 (símbolo) carácter

characteristic [ˌkærəktəˈrɪstɪk] n característica [of, de] ♦ adj característico; típico

characterization [ˈkærəktəraɪˌzeɪʃən] n (descrição) caracterização

characterize [ˈkærəktəˌraɪz] vt 1 caracterizar; definir; distinguir 2 descrever; *the main character is characterized as a villain* a personagem principal é descrita como um vilão

characterless [ˈkærəktələs] adj pouco interessante; banal

charade [ʃəˈrɑːd] n (situação) farsa ♦ npl (jogo) charadas, enigmas

charcoal [ˈtʃɑːkəʊl] n carvão

charge [ˈtʃɑːdʒ] vt 1 cobrar 2 (bateria) carregar; *I must charge my mobile* tenho de carregar o meu telemóvel 3 DIR acusar [with, de]; *he's been charged with murder* foi acusado de assassínio 4 form incumbir; encarregar; *I've been charged to make the beds* fui incumbido de fazer as camas 5 (arma) carregar; *to charge a gun* carregar uma pistola ♦ vi 1 cobrar [for, -]; *the museum charges for admission* o museu cobra a entrada 2 atacar, investir [at, contra]; *the police charged at the crowd* a polícia investiu contra a multidão ♦ n 1 taxa; tarifa; *free of charge* sem taxas; *there's an admission charge of £10* há uma taxa de admissão de £10 2 despesa; *transport charges* despesas de transporte 3 DIR acusação; queixa 4 (ataque) carga, investida; *a police charge* uma carga policial 5 responsabilidade; *he's in charge of the office* ele está à frente do escritório; *she has charge of the children* ela é responsável pelas crianças 6 (energia) carga; *the battery is on charge* a bateria está a carregar 7 (explosivo, arma) carga ❖ *to charge to someone's account* pôr na conta de alguém; DIR *to press charges against* apresentar queixa contra

chargeable [ˈtʃɑːdʒəbəl] adj 1 tributável; *chargeable activity* atividade tributável 2 DIR suscetível de acusação

charged [ˈtʃɑːdʒd] adj 1 ELET carregado 2 fig (ambiente) carregado; pesado 3 fig (assunto) emotivo

charger [ˈtʃɑːdʒə] n 1 (bateria) carregador 2 lit corcel

chariot [ˈtʃærɪət] n quadriga

charisma [kəˈrɪzmə] n carisma

charismatic [ˌkærɪzˈmætɪk] adj carismático

charitable [ˈtʃærɪtəbəl] adj 1 (pessoa) caridoso; generoso 2 (ato, organização) beneficente

charity [ˈtʃærɪti] n {pl -ies} 1 instituição de caridade 2 caridade; compaixão 3 esmolas; *to live out on charity* viver de esmolas

charlatan [ˈʃɑːlətən] n charlatão; impostor

charm [ˈtʃɑːm] n 1 (pessoa, local) encanto; charme 2 (pulseira, fio) berloque 3 talismã; amuleto ♦ feitiço ♦ vt 1 encantar; seduzir 2 enfeitiçar ❖ *my plan worked like a charm* o meu plano funcionou às mil maravilhas

charmer [ˈtʃɑːmə] n 1 sedutor 2 encantador; *snake charmer* encantador de serpentes

charming [ˈtʃɑːmɪŋ] adj 1 (pessoa) fascinante; sedutor 2 (coisa) amoroso; encantador

charnel [ˈtʃɑːnəl] n ossário; *charnel house* ossário

chart [tʃɑːt] n 1 gráfico; quadro; diagrama; *sales chart* gráfico de vendas 2 NÁUT carta ♦ npl (vendas) tabelas; top; *this song is in the charts* esta canção está no top ♦ vt 1 fazer o gráfico de; fazer o diagrama de 2 NÁUT fazer a carta marítima de 3 (plano) delinear; traçar 4 (percurso) seguir; registar

charter [ˈtʃɑːtə] n 1 (povoações) carta régia; foral 2 (direitos) decreto 3 (instituição) carta; *United Nations Charter* Carta das Nações Unidas 4 NÁUT,AER fretamento; *charter flight* voo fretado ♦ vt 1 (povoações) conceder foral a 2 (direitos) decretar 3 NÁUT,AER fretar

chartered ['tʃɑːtəd] adj 1 diplomado 2 certificado; *to be a chartered accountant* ser um contabilista certificado

chary ['tʃeərɪ] adj {comp -ier, superl -iest} cuidadoso; prudente

chase [tʃeɪs] vt perseguir; andar atrás de; *he's being chased by the police* anda a ser perseguido pela polícia ♦ vi andar atrás [after, de] ♦ n 1 perseguição, *cur chase* perseguição de carro 2 *form* caça

♦ **chase around** vi andar de um lado para o outro

♦ **chase away** vt afugentar; espantar

♦ **chase up** vt 1 ir à procura de 2 pressionar [about, em relação a]

chasm ['kæzəm] n abismo; fosso

chassis ['ʃæsɪ] n {pl chassis} chassi

chaste [tʃeɪst] adj 1 (pessoa) casto; puro 2 (coisa) sóbrio; simples

chasten ['tʃeɪsən] vt disciplinar; meter na ordem

chastity ['tʃæstɪtɪ] n 1 castidade 2 sobriedade; simplicidade

chat [tʃæt] vi {pret e pp -tt-} col conversar, cavaquear [about, sobre] ♦ n col conversa, cavaqueira, *I will have a chat with her* vou ter uma conversa com ela ❖ (Internet) *chat room* fórum de discussão

♦ **chat up** vt col atirar-se a; fazer-se a

chatter ['tʃætə] vi 1 tagarelar; dar à língua; *stop chattering!* parem com a conversa! 2 (pássaros) chilrear 3 (macacos) guinchar 4 (coisas) bater; *my teeth chattered because of the cold* o frio até me fez bater os dentes ♦ n 1 col conversa fiada 2 ruído; *the chatter of the machines* o ruído das máquinas 3 (pássaros) chilreio 4 (macacos) guincho

chatterbox ['tʃætəbɒks] n {pl -es} col tagarela

chatty ['tʃætɪ] adj {comp -ier, superl -iest} 1 (pessoa) tagarela 2 (tom) coloquial; informal

chauffeur ['ʃəʊfə] n motorista ♦ vt levar de carro

chauvinism ['ʃəʊvɪ,nɪzəm] n 1 (raça) chauvinismo 2 (sexo) machismo

chauvinist ['ʃəʊvənɪst] n,adj n 1 (país, raça) chauvinista 2 (sexo) machista

cheap [tʃiːp] adj {comp -er, superl -est} 1 barato 2 de preço reduzido 3 EUA forreta 4 pej de má qualidade 5 pej de mau gosto ❖ (escrúpulos) *to feel cheap* sentir-se mal

cheapen ['tʃiːpən] vt 1 embaratecer; baixar o preço de 2 fig (dignidade) rebaixar; *to cheapen oneself* rebaixar-se

cheapskate ['tʃiːpskeɪt] n col,pej forreta; sovina

cheat [tʃiːt] n 1 (pessoa) batoteiro, trapaceiro; *you cheat!* seu batoteiro! 2 (ato) fraude ♦ vi 1 (jogos) fazer batota [at, em]; *he always cheats at cards* ele faz sempre batota a jogar cartas 2 (escola) copiar ♦ vt burlar; enganar ❖ (relação) *to cheat on somebody* enganar alguém; trair alguém; *to cheat somebody out of something* extorquir algo a alguém

cheater ['tʃiːtə] n batoteiro

cheating ['tʃiːtɪŋ] n 1 (jogos) batotice 2 (ato) fraude 3 (relação) traição

check [tʃek] vt 1 verificar; conferir 2 (doenças, inimigos) deter; sustar; travar; *the rebel forces have been checked* as forças rebeldes foram detidas 3 (sentimentos) reprimir; conter 4 (xadrez) fazer xeque a ♦ vi 1 verificar 2 coincidir [with, com]; *her story checks with his* a história dela coincide com a dele ♦ n 1 verificação; revisão; controlo 2 (padrão) xadrez; *check skirt* saia de xadrez 3 (jogo de xadrez) xeque 4 EUA cheque 5 EUA (restaurante) conta; *can I have* *the check, please?* trazia-me a conta, se faz favor? **6** bilhete, senha; *I lost the check for my coat* perdi a senha do meu casaco ❖ *check yourself!* modera a linguagem!; *to check one's coat* deixar o casaco no vestiário; *to keep someone in check* manter alguém na ordem

◆ **check in** *vi* **1** (hotel) registar-se **2** (aeroporto) fazer o check-in

◆ **check off** *vt* colocar um visto em; verificar

◆ **check on** *vt* **1** (bebé) dar uma olhadela **a 2** vigiar; controlar

◆ **check out** *vi* (hotel) pagar a conta; deixar o hotel ◆ *vt* **1** verificar; confirmar **2** dar uma olhadela a **3** tirar informações sobre

◆ **check up** *vi* informar-se; tirar informações [**on**, sobre]

checkbook ['tʃekbʊk] *n EUA* livro de cheques

checked [tʃekt] *adj* axadrezado

checkerboard ['tʃekəbɔːd] *n EUA* tabuleiro de damas

checkers ['tʃekəz] *n EUA* (jogo) damas

check-in ['tʃekɪn] *n* (aeroporto, hotel) check-in

checking ['tʃekɪŋ] *n* verificação ❖ *EUA checking account* conta-corrente

checkmate ['tʃekˌmeɪt] *n* **1** (xadrez) xeque-mate **2** *fig* fracasso total ◆ *vt* **1** (xadrez) dar o xeque-mate a **2** *fig* dar o último golpe a

checkout ['tʃekaʊt] *n* **1** (supermercado) caixa **2** (hotel) checkout

checkpoint ['tʃekpɔɪnt] *n* posto de controlo

checkup ['tʃekʌp] *n MED* check-up

cheek [tʃiːk] *n* **1** bochecha; face; *rosy cheeks* faces rosadas **2** *GB col* descaramento; lata*col*; *he had the cheek to come late* ele teve o descaramento de chegar atrasado **3** [geralmente no plural] *col* nádega ◆ *vt* ser insolente para ❖ *to turn the other cheek* dar a outra face

cheekbone ['tʃiːkbəʊn] *n ANAT* malar; maçã do rosto*col*

cheeky ['tʃiːki] *adj* {*comp* -ier, *superl* -iest} *GB* descarado; atrevido

cheep [tʃiːp] *n* pio; chilreio ◆ *vi* piar; chilrear

cheer [tʃɪə] *n* **1** aclamação; aplauso; *the cheers of the crowd* o aplauso da multidão **2** entusiasmo; alegria **3** (saudação) viva; *cheers!* saúde! ◆ *vt* **1** aclamar, dar vivas a; *to cheer the winner* dar vivas ao vencedor **2** animar, fazer subir o moral de; *people were cheered by the news* as pessoas animaram-se com as notícias ◆ *vi* aplaudir; dar vivas; mostrar entusiasmo; *the crowd cheered* a multidão aplaudia

◆ **cheer up** *vt* animar ◆ *vi* animar-se; alegrar-se

cheerful ['tʃɪəfʊl] *adj* **1** alegre **2** entusiasta **3** (notícias) animador

cheerfulness ['tʃɪəfʊlnɪs] *n* boa disposição

cheering ['tʃɪərɪŋ] *n* aplausos, aclamações ◆ *adj* animador

cheerio ['tʃɪərɪˌəʊ] *interj GB col* adeus!, até logo!

cheerleader ['tʃɪəliːdə] *n* animador(a) de claque

cheerless ['tʃɪələs] *adj* **1** (pessoa) triste; desanimado, descontente **2** (tempo, situação) tristonho; deprimente

cheers [tʃɪəz] *interj* (brinde) saúde!

cheery ['tʃɪəri] *adj* {*comp* -ier, *superl* -iest} alegre; animador

cheese [tʃiːz] *n* queijo ❖ (fotografia) *say cheese!* sorriam!

cheeseburger ['tʃiːzbɜːgə] *n* cheeseburger, hambúrguer de queijo

cheesecake ['tʃiːzkeɪk] *n* cheesecake

cheesy ['tʃiːzi] *adj* **1** de queijo **2** *EUA col* foleiro

cheetah ['tʃiːtə] *n* chita

chef [ʃef] *n* {*pl* -s} chefe de cozinha

chemical ['kemɪkəl] *adj* químico ♦ *n* produto químico

chemist ['kemɪst] *n* 1 químico 2 *GB* (pessoa) farmacêutico 3 *GB* (estabelecimento) farmácia

chemistry ['kemɪstri] *n* 1 (ciência, empatia) química 2 (substância) composição; comportamento

chemo ['ki:məʊ] *n col* quimioterapia

chemotherapy [ˌki:məʊˈθerəpi] *n* quimioterapia

cheque [tʃek] *n* cheque; *to pay by cheque* pagar em cheque; *to write a cheque* passar um cheque

chequebook ['tʃekbʊk] *n GB* livro de cheques

chequered ['tʃekəd] *adj* 1 axadrezado; *a chequered dress* um vestido axadrezado; DESP *chequered flag* bandeira axadrezada 2 *fig* (vida, carreira, etc.) com altos e baixos

cherish ['tʃerɪʃ] *vt* 1 gostar muito de; estimar muito 2 dar muito valor a 3 nutrir, acalentar; *to cherish a hope* acalentar uma esperança

cherry ['tʃeri] *n* (*pl* -ies) 1 (fruto) cereja 2 (árvore) cerejeira 3 (cor) vermelho-cereja

cherub ['tʃerəb] *n* querubim

chess [tʃes] *n* (jogo) xadrez

chessboard ['tʃesbɔːd] *n* tabuleiro de xadrez

chessman ['tʃesmən] *n* (*pl* -men) peça de xadrez; *to set up the chessmen* preparar o tabuleiro de xadrez

chest [tʃest] *n* 1 peito 2 arca; baú; caixote ❖ *chest of drawers* cómoda; *to get something off one's chest* desabafar

chestnut ['tʃesnʌt] *n* 1 (fruto) castanha 2 (árvore) castanheiro 3 (madeira, cor) castanho ❖ (história, piada) *that's an old chestnut!* essa já é velha!

chesty ['tʃesti] *adj* com problemas respiratórios

chevron ['ʃevrən] *n* (em manga) divisa militar

chew [tʃuː] *vt,i* 1 mastigar; mascar 2 roer; *to chew one's nails* roer as unhas

♦ **chew over** *vt* remoer; repensar; *I've been chewing the problem over* tenho estado a dar voltas à cabeça

chewing gum ['tʃuːɪŋɡʌm] *n* pastilha elástica

chewy ['tʃuːi] *adj* (*comp* -ier, *superl* -iest) (comida) duro

chic [ʃiːk] *adj* chique, sofisticado ♦ *n* elegância; sofisticação

chicane [ʃɪˈkeɪn] *n* (corridas) chicana ♦ *vi form* chicanar; intrujar

chick [tʃɪk] *n* 1 passarinho; pintainho 2 *cal* rapariga, miúda

chicken ['tʃɪkɪn] *n* 1 galinha; frango; *to keep chickens* fazer criação de galinhas 2 (carne) frango 3 *col,pej* cobarde; medricas ❖ *don't count your chickens before they're hatched* não deites foguetes antes do tempo

♦ **chicken out** *vi* acobardar-se; não ter coragem [of, para]; não se atrever [of, a]

chickenfeed ['tʃɪkɪnfiːd] *n* (dinheiro) ninharia

chicken-hearted ['tʃɪkɪnhɑːtɪd] *adj pej* cobardola

chickenpox ['tʃɪkɪnpɒks] *n* varicela

chickpea ['tʃɪkpiː] *n* grão-de-bico

chicory ['tʃɪkəri] *n* chicória

chief [tʃiːf] *n* (*pl* -s) chefe [of, de]; comandante [of, de] ♦ *adj* principal ❖ *chief executive officer* diretor executivo

chiefly ['tʃiːfli] *adv* principalmente; sobretudo

chieftain ['tʃiːftən] *n* chefe de tribo

chiffon ['ʃifɒn] *n* (tecido) chiffon

chignon ['ʃiːnjɒ̃] *n* (cabelo) puxo

chilblain ['tʃɪlbleɪn] *n* frieira

child [tʃaɪld] *n* (*pl* children) 1 criança 2 filho; *she's an only child* ela é filha única ❖ *child abuse* abuso de menores; *child benefit* abono de família; *child labour* trabalho infantil

childbearing ['tʃaɪld,beərɪŋ] *n* maternidade ❖ *of childbearing age* em idade fértil

childbirth ['tʃaɪldbɜ:θ] *n* parto

childcare ['tʃaɪldkeə:] *n* apoio social à criança

childhood ['tʃaɪldhʊd] *n* infância

childish ['tʃaɪldɪʃ] *adj* 1 infantil 2 *pej* acriançado; *he is rather childish* ele é muito acriançado

childishness ['tʃaɪldɪʃnɪs] *n* infantilidade

childless ['tʃaɪldləs] *adj* sem filhos; *childless couple* casal sem filhos

childproof ['tʃaɪldpruf] *adj* (objeto, fechadura) sem perigo para as crianças

children ['tʃɪldrən] *n pl* ⇒ **child** ❖ LIT *children's literature* literatura infantil

Chile ['tʃɪlɪ] *n* Chile

Chilean ['tʃi:lɪən] *adj,n* chileno

chill [tʃɪl] *n* 1 (doença) resfriado, constipação; *to catch a chill* apanhar um resfriado 2 (emoções) calafrio, arrepio; *to send a chill down somebody's spine* provocar calafrios 3 (temperatura) frio ♦ *adj* frio, gélido; *a chill wind* um vento gélido; *fig we exchanged chill greetings* cumprimentámo-nos friamente ♦ *vt* 1 arrefecer 2 pôr no frigorífico 3 *fig* aterrorizar; *to be chilled by something* ficar gelado de medo com alguma coisa 4 *fig* esfriar o entusiasmo de; desanimar ♦ *vi* 1 arrefecer; ficar frio; *it is chilling fast* está a ficar um frio de rachar ❖ *serve chilled* sirva gelado

♦ **chill out** *vi col* relaxar, descontrair

chilli ['tʃɪli] *n* chili, malagueta

chilly ['tʃɪli] *adj* {*comp* -ier, *superl* -iest} 1 frio, gélido 2 (pessoas, situações) reservado, frio

chime [tʃaɪm] *n* (sinos, campainha) toque ♦ *vt* 1 (sino) tocar 2 (relógio) dar (horas); *the clock chimed three o'clock* o relógio deu três horas ♦ *vi* 1 (sinos) tocar; *the church bells chimed* os sinos da igreja tocaram 2 (relógio) dar as horas

chimney ['tʃɪmni] *n* chaminé; *chimney sweeper* limpa-chaminés

chimp [tʃɪmp] *n col* chimpanzé

chimpanzee [,tʃɪmpæn'zi:] *n* chimpanzé

chin [tʃɪn] *n* queixo ❖ *to keep one's chin up* não desanimar

china ['tʃaɪnə] *n* porcelana

China ['tʃaɪnə] *n* China

chinaware ['tʃaɪnə,weə] *n* louça de porcelana

chinchilla [tʃɪn'tʃɪlə] *n* chinchila

Chinese [tʃaɪ'ni:z] *adj,n* chinês

chink [tʃɪŋk] *n* 1 fenda, falha, abertura [in, em]; *a chink in the wall* uma fenda na parede 2 nesga [in, em]; *a chink of light* uma nesga de luz 3 (vidro) tinido ♦ *vi* tilintar ❖ *a chink in somebody's armour* o ponto fraco de alguém

chintz [tʃɪnts] *n* {*pl* -es} (tecido) chita

chinwag ['tʃɪnwæg] *n GB col* conversa, cavaqueira

chip [tʃɪp] *n* 1 lasca; apara; estilhaço CUL batata frita 3 (jogo) ficha; *hundred-dollar chips* fichas de cem dólares 4 INFORM chip, circuito integrado ♦ *vt* 1 lascar 2 (batatas) cortar em palitos 3 rachar ♦ *vi* lascar; *this china chips easily* esta louça lasca facilmente ❖ *she's a chip off the old block* tal mãe, tal filha

♦ **chip in** *vi* 1 (conversa) intervir; intrometer-se 2 (com dinheiro) contribuir

chipboard ['tʃɪpbɔ:d] *n* (construção) aglomerado

chiropodist [kɪ'rɒpədɪst] *n* quiropodista

chiropody [kɪ'rɒpədi] *n* quiropodia

chirp [tʃɜ:p] *n* (pássaros) chilreio ♦ *vi* 1 (pássaros) chilrear 2 (grilo) cricrilar

chirpy ['tʃɜ:pi] *adj* {*comp* -ier, *superl* -iest} *col* alegre

chirr [tʃɜ:] *n* (grilo) cricri; (insetos) canto ♦ *vi* (grilo) cricrilar; (cigarra) fretenir

chirrup ['tʃɪrəp] *n,vi* ⇒ **chirp**

chisel ['tʃɪzəl] *n* 1 (pedra) cinzel 2 (madeira) escopro; formão ♦ *vt* {*pret e pp* -ll-}

1 (pedra) cinzelar, gravar 2 (madeira) talhar 3 *col,fig* burlar [**out of**, em]

chit [tʃɪt] n 1 comprovativo; certificado 2 *col* (rapariga) fedelha; *she's a spoilt chit* é uma fedelha mimada

chitchat ['tʃɪt,tʃæt] n *col* cavaqueira ♦ vi {*pret e pp* -tt-} *col* cavaquear; *they spent all night chitchatting* passaram toda a noite a cavaquear

chivalrous ['ʃɪvəlrəs] adj cavalheiresco

chivalry ['ʃɪvəlri] n 1 (comportamento) cavalheirismo 2 (sistema) cavalaria

chives [tʃaɪvz] npl cebolinho

chloride ['klɔːraɪd] n cloreto

chlorine ['klɔːriːn] n cloro

chloroform ['klɒrəfɔːm] n clorofórmio

chlorophyll ['klɒrəfɪl] n clorofila

chock [tʃɒk] n calço; cunha ♦ vt (objetos) calçar

chock-a-block [,tʃɒkə'blɒk] adj *col* a abarrotar, à cunha

chock-full ['tʃɒkfʊl] adj *col* repleto, cheio

chocolate ['tʃɒklɪt] n 1 chocolate 2 bombom; *a box of chocolates* uma caixa de bombons

chocotherapy [,tʃɒkə'θerəpi] n chocoterapia

choice [tʃɔɪs] n 1 escolha; *to make a choice* escolher 2 alternativa; opção 3 variedade [**of**, de] ♦ adj (qualidade) selecionado; de primeira

choir ['kwaɪə] n 1 coro, grupo coral 2 (igreja) coro

choirboy ['kwaɪəbɔɪ] n menino de coro

choke [tʃəʊk] vi 1 asfixiar; sufocar; *to choke to death* morrer de asfixia 2 engasgar-se ♦ vt 1 (pessoa) estrangular 2 entupir, obstruir [**with**, de] ❖ *to choke on something* engasgar-se com alguma coisa

◆ **choke back** vt (sentimentos) reprimir; conter

choked ['tʃəʊkt] adj 1 (voz) embargado 2 (emoções) engasgado

choker ['tʃəʊkə] n (joia) gargantilha

cholera ['kɒlərə] n (doença) cólera

cholesterol [kə'lestərɒl] n colesterol

chomp [tʃɒmp] vt,i *col* mastigar ruidosamente, trincar ♦ n *col* trinca

choose [tʃuːz] vt {*pret* chose, *pp* chosen} escolher; optar por; preferir ♦ vi 1 escolher [**between**, entre]; *choose between these two* escolhe um destes dois 2 preferir; *do as you choose* faz como preferires 3 resolver, decidir [**to**, -]; *to choose to do something* resolver fazer alguma coisa

choosy ['tʃuːzi] adj *col* esquisito; difícil de contentar

chop [tʃɒp] n 1 golpe 2 machadada 3 (carne) costeleta; *lamb chops* costeletas de borrego ♦ vt 1 (com machado) cortar; *to chop wood* cortar madeira 2 CUL (cebolas) picar 3 CUL (carne) cortar em bocadinhos 4 *col* (dinheiro, energia) reduzir, fazer cortes em; *the budget has been chopped by half* o orçamento foi reduzido para metade ♦ vi 1 dar golpes 2 *col* mudar; vacilar

◆ **chop down** vt deitar abaixo; derrubar

◆ **chop up** vi CUL picar; cortar aos bocadinhos

chopper ['tʃɒpə] n 1 (carne) cutelo 2 *col* helicóptero ♦ npl *col* dentes

choppy ['tʃɒpi] adj {*comp* -ier, *superl* -iest} (mar) agitado

chopstick ['tʃɒpstɪk] n (talheres orientais) pauzinho

choral ['kɔːrəl] adj coral

chorale [kɒ'rɑːl] n MÚS (composição) coral

chord [kɔːd] n 1 MÚS acorde 2 GEOM,ANAT corda ❖ *to touch a chord in someone* sensibilizar alguém

chore [tʃɔː] n 1 tarefa 2 maçada

choreograph ['kɒrɪəgrɑːf] vt,i coreografar

choreographer [,kɒrɪ'ɒgrəfə] n coreógrafo

choreographic [,kɒrɪə'græfɪk] adj coreográfico

choreography [,kɒrɪ'ɒgrəfi] n coreografia

chorister ['kɒrɪstə] n MÚS corista

chorus ['kɔːrəs] n {pl -es} **1** coro; *church chorus* coro da igreja **2** refrão **3** (voz) coro [of, de]; *a chorus of protest* um coro de protestos

chrism ['krɪzəm] n REL crisma

Christ [kraɪst] n Cristo ♦ *interj col,ofens* (surpresa, aborrecimento) Jesus!; meu Deus!

christen ['krɪsən] vt **1** REL (cerimónia) batizar; *the baby was christened* o bebé foi batizado **2** dar nome a, batizar **3** fig estrear; inaugurar

christening ['krɪsnɪŋ] n batismo; (cerimónia) batizado

Christian ['krɪstʃən] adj,n cristão ♦ adj caridoso ❖ *Christian name* primeiro nome

Christianity [krɪstɪ'ænɪti] n **1** (fé, religião) cristianismo **2** (crentes) cristandade

christianize ['krɪstʃənaɪz] vt REL cristianizar

Christmas ['krɪsməs] n Natal; *Christmas card* cartão de Boas Festas; *Christmas carol* cântico de Natal; *Christmas Eve* véspera de Natal; *Merry Christmas!* Feliz Natal!

chromatic [krəʊ'mætɪk] adj cromático

chrome [krəʊm] n cromado ♦ vt cromar

chromic ['krəʊmɪk] adj crómico

chromium ['krəʊmɪəm] n crómio

chromosome ['krəʊməsəʊm] n cromossoma

chronic ['krɒnɪk] adj **1** crónico; *chronic disease* doença crónica **2** inveterado; *a chronic alcoholic* um alcoólico inveterado

chronicle ['krɒnɪkəl] n crónica; relato ♦ vt narrar, relatar

chronicler ['krɒnɪklə] n cronista; relator

chronograph ['krɒnəgrɑːf] n cronógrafo

chronological [krɒnə'lɒdʒɪkəl] adj cronológico

chronology [krə'nɒlədʒi] n {pl -ies} cronologia

chronometer [krə'nɒmɪtə] n cronómetro

chrysalis ['krɪsəlɪs] n {pl -es} crisálida

chrysanthemum [krə'sænθɪməm] n crisântemo

chubby ['tʃʌbi] adj {comp -ier, superl -iest} rechonchudo; gorducho

chubby-faced ['tʃʌbɪˌfeɪst] adj (cara) bochechudo, bolachudo

chuck [tʃʌk] vt **1** col atirar; *chuck me the ball* atira-me a bola **2** col livrar-se de **3** col mandar embora **4** col (relacionamento, emprego) deixar; *he chucked his job* ele deixou o emprego
♦ **chuck away** vt col deitar fora

chuckle ['tʃʌkəl] n riso abafado ♦ vi rir disfarçadamente

chuffed ['tʃʌfd] adj GB col muito contente [about, com]

chug [tʃʌg] n **1** (som na água) chape **2** ruído do motor; zoada ♦ vi {pret e pp -gg-} (motores) zoar

chum [tʃʌm] n col amigo, companheiro

chump [tʃʌmp] n **1** col tonto, idiota **2** CUL coxa de carneiro ❖ *to be off one's chump* estar maluco

chunk [tʃʌŋk] n **1** col pedaço; *a chunk of cheese* um pedaço de queijo **2** col grande fatia [of, de]

chunky ['tʃʌŋki] adj {comp -ier, superl -iest} **1** grosso e pesado **2** (comida) com pedaços grandes **3** (pessoa) corpulento

church [tʃɜːtʃ] n {pl -es} (edifício, comunidade) igreja; *church hall* salão paroquial

churchyard ['tʃɜːtʃjɑːd] n (junto a igreja) cemitério

churlish ['tʃɜːlɪʃ] adj grosseiro; indelicado

churn [tʃɜːn] n **1** (recipiente para leite) leiteira **2** (fabrico de manteiga) batedeira ♦ vt **1** (leite, natas) bater **2** fazer (manteiga) **3** agitar; revolver ♦ vi **1** (líquido) agitar-se **2** (estômago) embrulhar-se fig
♦ **churn out** vt produzir em série

chute [ʃuːt] n **1** descida; rampa **2** conduta **3** col paraquedas

chyme [kaɪm] n BIOL quimo

cicada [sɪ'kɑːdə] n cigarra

cicatrize ['sɪkə,traɪz] *vt,i* MED *téc* cicatrizar

cider ['saɪdə] *n* sidra

cigar [sɪ'gɑː] *n* charuto

cigarette [,sɪgə'ret] *n* cigarro; *cigarette case* cigarreira; *cigarette ends* pontas de cigarro

cigarillo [sɪgə'rɪləʊ] *n* cigarrilha

cilia ['sɪlɪə] *n pl* ANAT cílios

cilium ['si:lɪəm] *n* ANAT cílio

cinch [sɪntʃ] *n* {*pl* -es} **1** *col* (facilidade) canja *fig* **2** *col* certeza; *it's a cinch!* está no papo!

cinder ['sɪndə] *n* cinza; *to burn (something) to a cinder* reduzir a cinzas

Cinderella [,sɪndə'relə] *n* LIT Cinderela, Gata-Borralheira

cinema ['sɪnəmə] *n* cinema; *to go to the cinema* ir ao cinema

cinematographer [,sɪnəmə'tɒgrəfə] *n* CIN diretor de fotografia

cinematographic [,sɪnəmætə'græfɪk] *adj* cinematográfico

cinematography [,sɪnəmə'tɒgrəfi] *n* cinematografia

cinnamon ['sɪnəmən] *n* canela; *cinnamon stick* pau de canela

cinque [sɪŋk] *n* (jogo) quina

circa ['sɜːkə] *prep form* à volta de; cerca de; *he was born circa 1250* ele nasceu cerca de 1250

circle ['sɜːkəl] *n* **1** GEOM círculo, circunferência *fig* **2** (*esfera social*) círculo, meio; *large circle of friends* grande círculo de amigos; *literary circle* meio literário **3** TEAT balcão; *dress circle* balcão de primeira; *upper circle* segundo balcão ♦ *vt* **1** traçar um círculo em torno de **2** rodear, circundar; *to circle an area* circundar uma zona ♦ *vi* andar às voltas [**around**, em torno de] ❖ *to come full circle* voltar ao ponto de partida; *to go round in circles* enrolar um assunto; não ir a lado nenhum

circuit ['sɜːkɪt] *n* **1** circuito; (eletricidade) *a break in the circuit* uma falha no circuito; (desporto) *racing circuit* circuito para competição **2** *col* volta; *how many circuits are there left?* quantas voltas faltam?

circular ['sɜːkjʊlə] *adj* **1** (forma) circular, redondo **2** (argumento) tortuoso ♦ *n* (carta) circular

circularity [,sɜːkjʊ'lærɪti] *n* circularidade

circulate ['sɜːkjʊleɪt] *vi* **1** circular; *blood circulates through the body* o sangue circula pelo corpo **2** (notícia, boato) circular **3** (trânsito) circular; fluir ♦ *vt* **1** fazer circular **2** (notícia, boato) divulgar

circulation [,sɜːkjʊ'leɪʃən] *n* **1** circulação; (sangue) *bad circulation* má circulação **2** (jornal, revista) tiragem

circulatory ['sɜːkjʊlətri] *adj* circulatório

circumcise ['sɜːkəmsaɪz] *vt* circuncidar

circumcision [,sɜːkəm'sɪʒən] *n* circuncisão

circumference [sə'kʌmfərəns] *n* circunferência

circumflex ['sɜːkəm,fleks] *n* acento circunflexo

circumscribe ['sɜːkəm,skraɪb] *vt* **1** *form* limitar, restringir **2** GEOM circunscrever

circumscription ['sɜːkəm,skrɪpʃən] *n* circunscrição

circumspect ['sɜːkəm,spekt] *adj form* prudente

circumstance ['sɜːkəmstəns] *n* circunstância ♦ *npl* situação financeira ❖ *under no circumstance* em circunstância alguma; *under the circumstances* tendo em conta as circunstâncias

circumstantial [,sɜːkəm'stænʃəl] *adj* **1** circunstancial **2** *form* pormenorizado

circumstantiate [,sɜːkəm'stænʃɪeɪt] *vi* fundamentar; *to circumstantiate a theory* fundamentar uma teoria

circus ['sɜːkəs] *n* {*pl* -es} circo

cirrhosis [sɪ'rəʊsɪs] *n* cirrose

cistern ['sɪstən] *n* cisterna

citadel ['sɪtədəl] *n* cidadela

citation [saɪ'teɪʃən] *n* **1** menção honrosa [**for**, por] **2** citação **3** citação judicial

cite ['saɪt] vt 1 form citar, mencionar; exemplificar com; *to cite several facts* exemplificar com variados factos 2 (autor, livro) citar 3 DIR citar judicialmente

citizen ['sɪtɪzən] n cidadão

citizenship ['sɪtɪzənʃɪp] n cidadania

citric ['sɪtrɪk] adj cítrico

citron ['sɪtrən] n 1 BOT lima 2 BOT cidra

citronella [ˌsɪtrə'nelə] n BOT erva-cidreira

citrus ['sɪtrəs] n {pl -es} citrino; *citrus fruits* citrinos

city ['sɪti] n {pl -ies} cidade

city-state ['sɪtɪˌsteɪt] n cidade-estado

civet ['sɪvɪt] n almíscar

civic ['sɪvɪk] adj 1 cívico 2 autárquico

civics ['sɪvɪks] n educação cívica

civil ['sɪvl] adj 1 civil; *civil aviation* aviação civil 2 (atividade) público; *civil service* função pública 3 (comportamento) delicado, educado

civilian [sɪ'vɪlɪən] adj,n civil; *civilian casualties* baixas civis

civility [sɪ'vɪlɪti] n {pl -ies} 1 cortesia; educação 2 civismo

civilization [ˌsɪvɪlaɪ'zeɪʃən] n civilização

civilize ['sɪvɪlaɪz] vt (sociedade) civilizar; educar

clack [klæk] n estalido, ruído seco ♦ vt,i estalar

clad [klæd] adj 1 lit vestido [in, de] 2 lit coberto [in, de]

claim [kleɪm] n 1 reclamação [on, de]; reivindicação [on, de]; *union's claim* reivindicação do sindicato 2 solicitação 3 direito [to, a]; *he has a claim to the property* ele tem direito à propriedade 4 form afirmação, alegação; *an unsubstantial claim* uma afirmação não fundamentada ♦ vt 1 reclamar; reivindicar; *to claim responsibility for a bombing* reivindicar a autoria de um atentado 2 (posse) reclamar; *to claim a piece of land* reclamar um terreno 3 solicitar 4 alegar [to, que]; dizer [to, que]; *they claim to be saying the truth* eles asseveram estar a falar a verdade ♦ vi participar [on, a]; *to claim on the insurance* participar ao seguro ✧ *to claim lives of many people* custar a vida a muita gente; *to claim someone's attention* solicitar/exigir a atenção de alguém; *to lay claim to something* declarar a posse de alguma coisa

claimant ['kleɪmənt] n 1 form requerente 2 (trono) pretendente [to, a]

clairvoyant [ˌkleə'vɔɪənt] adj,n vidente

clam [klæm] n amêijoa

clamber ['klæmbə] vi trepar; *they clambered up the hill* subiram pelo monte acima

clammy ['klæmi] adj {comp -ier, superl -iest} 1 (mãos, pele, tempo) húmido 2 (parede) ressuado

clamour ['klæmə] n 1 clamor; brado; *a clamour of voices* um clamor de vozes 2 pressão pública; onda de protesto [for, em relação a] ♦ vi 1 (opinião pública) bradar [for, por] 2 gritar

clamp [klæmp] n 1 (carpintaria) torno 2 (automóvel mal estacionado) bloqueador de rodas ♦ vt 1 prender com gancho; apertar 2 (automóvel mal estacionado) bloquear
  ◆ **clamp down on** vt refrear, conter; tomar medidas contra

clampdown ['klæmpdaʊn] n repressão [on, a]

clam up ['klæmʌp] vi {pret e pp -mm-} col (não falar) fechar-se em copas

clan [klæn] n 1 clã 2 col grupo, tropa col

clandestine [klæn'destɪn] adj form clandestino

clang [klæŋ] n som metálico ♦ vi soar

clank [klæŋk] n ruído metálico ♦ vt,i retinir

clansman ['klænzmən] n {pl -men} membro de um clã

clap [klæp] n 1 aplauso 2 palmada [on, em] 3 estrondo; *a clap of thunder* o estrondo de um trovão 4 cal (doença) gonorreia ♦ vt 1 aplaudir; *to clap someone's*

speech aplaudir o discurso de alguém
2 dar uma palmada a 3 *col* enfiar, meter;
he was clapped in prison enfiaram-no na
prisão ♦ *vi* aplaudir ❖ (felicitações) *to clap
somebody on the back* dar uma palmadinha nas costas de alguém

clapper ['klæpə] *n* (sino) badalo

clapperboard ['klæpəbɔːd] *n* (cinema, televisão) claquete

clapping ['klæpɪŋ] *n* aplauso, palmas

claret ['klærɪt] *n* (vinho) bordéus ♦ *adj,n*
(cor) bordeaux; bordô

clarification [ˌklærɪfɪ'keɪʃən] *n* clarificação

clarify ['klærɪfaɪ] *vt* clarificar; esclarecer

clarifying ['klærɪˌfaɪɪŋ] *adj* clarificador; esclarecedor; *a clarifying explanation* uma
explicação esclarecedora

clarinet ['klærɪnɪt] *n* clarinete

clarinettist [ˌklærɪ'netɪst] *n* clarinetista

clarity ['klærɪtɪ] *n* 1 (som, imagem) clareza;
nitidez 2 (pensamento) lucidez

clash [klæʃ] *n* {*pl* -es} 1 (ideias) conflito,
confronto, oposição [**between**, entre]
2 choque, embate ♦ *vi* 1 entrar em conflito [**with**, com]; *demonstrators clashed
with the police* os manifestantes envolve-
ram-se em confrontos com a polícia
2 chocar 3 (datas) sobrepor-se; coincidir
4 não combinar; *these colours clash* estas
cores não combinam ❖ *a clash of interests* conflito de interesses; *personality
clash* choque de personalidades

clasp [klɑːsp] *n* 1 fivela; *the clasp on a
belt* a fivela de um cinto 2 (joia) fecho
3 colchete 4 abraço ♦ *vt* 1 abraçar; *to
clasp somebody in your arms* abraçar alguém 2 fechar; afivelar; prender com colchete; *she clasped the necklace* ela aper-
tou o colar 3 apertar; *to clasp somebody's
hand* apertar a mão a alguém

clasp-knife ['klɑːspnaɪf] *n* {*pl* -knives} navalha de mola

class [klɑːs] *n* {*pl* -es} 1 turma; *we were in
the same class* andávamos na mesma

turma 2 *EUA* (liceu, universidade) finalistas;
the class of '96 os finalistas de 96 3 aula;
evening classes aulas noturnas 4 estilo;
classe; *to have class* ter estilo 5 posição,
classe social; *lower/middle/upper class*
classe baixa/média/alta; *the class struggle*
luta de classes 6 (meios de transporte)
classe; *to travel first class* viajar em primeira classe ♦ *vt* 1 classificar [as, como]
2 catalogar [as, como] ❖ *to be in a class
by itself* ser caso único

classic ['klæsɪk] *adj* clássico ♦ *n* (filme, livro, escritor, etc.) clássico

classical ['klæsɪkəl] *adj* clássico; *classical
music* música clássica

classicism ['klæsɪsɪzəm] *n* (arte) classicismo

classification [ˌklæsɪfɪ'keɪʃən] *n* classificação

classified ['klæsɪfaɪd] *adj* 1 classificado;
(anúncios) *classified ads* anúncios classificados 2 secreto, confidencial

classify ['klæsɪfaɪ] *vt* 1 (organização) classificar 2 (serviços secretos) classificar como
confidencial

classmate ['klɑːsmeɪt] *n* colega de turma

classroom ['klɑːsrʊm] *n* sala de aula

classy ['klɑːsɪ] *adj* {*comp* -ier, *superl* -iest}
col com classe; sofisticado

clatter ['klætə] *n* barulho; estrépito; *the
clatter of cutlery* o barulho dos talheres ♦
vi fazer barulho ♦ *vt* fazer barulho com

clause [klɔːz] *n* 1 (tratado, acordo) cláusula
2 oração; *main/subordinate clause* oração principal/subordinada

claustrophobia [ˌklɔːstrə'fəʊbɪə] *n* claustrofobia

claustrophobic [ˌklɔːstrə'fəʊbɪk] *adj* claustrofóbico

clavicle ['klævɪkəl] *n* clavícula

clavier [klə'vɪə] *n* MÚS teclado

claw [klɔː] *n* 1 (felinos) garra; *sharp claws*
garras afiadas 2 (pássaros) presa 3 (escorpião, caranguejos) pinça ♦ *vt* arranhar; *the
cat clawed my hand* o gato arranhou a

minha mão ❖ **to claw one's way up** subir a pulso; **to get one's claws into somebody** deitar as garras a alguém

clay [kleɪ] *n* barro ❖ **clay pigeon shooting** tiro aos pratos

clayey ['kleɪɪ] *adj* argiloso; **clayey soil** solo argiloso

clean [kliːn] *adj* **1** limpo; lavado; **clean hands** mãos limpas **2** *fig* (moral) sem mancha **3** *fig* decente; inocente; **clean joke** anedota decente **4** *téc* não radiativo; não poluente **5** (papel) branco; **a clean sheet of paper** uma folha em branco ♦ *adv col* completamente; absolutamente; **I clean forgot it was her birthday** esqueci-me completamente do aniversário dela ♦ *vt,i* limpar; lavar ❖ **clean slate** vida nova; **clean whisky** uísque puro; **to be clean** estar livre de drogas; **to come clean** confessar; **to have (something) cleaned** levar à lavandaria

◆ **clean out** *vt* **1** fazer uma limpeza a fundo em **2** *col* roubar tudo; depenar *col*

◆ **clean up** *vt* **1** (espaço) limpar; arrumar **2** acabar com ♦ *vi* **1** (espaço) arrumar **2** *col* fazer dinheiro

clean-cut [kliːnˈkʌt] *adj* **1** (contornos) bem definido **2** (aspeto) regular

cleaner ['kliːnə] *n* **1** empregado de limpeza **2** produto de limpeza ❖ **cleaner's** lavandaria

cleaning ['kliːnɪŋ] *n* limpeza; **to do the cleaning** fazer a limpeza

cleanliness ['klenlɪnəs] *n* limpeza

cleanly ['kliːnlɪ] *adv* **1** suavemente **2** sem poluir **3** de acordo com as regras

cleanse [klenz] *vt* **1** *form* limpar; purificar; purgar **2** (ferida, pele) limpar, lavar; **the nurse cleansed the wound** a enfermeira limpou a ferida

cleanser ['klenzə] *n* **1** produto de limpeza **2** (pele) leite de limpeza

clean-shaven ['kliːnˈʃeɪvən] *adj* sem barba

cleansing ['klenzɪŋ] *n* limpeza

clear [klɪə] *adj* **1** claro; transparente; **clear glass** vidro transparente **2** limpo, límpido; **clear sky** céu limpo; **clear skin** pele limpa; **clear water** água límpida **3** livre, desimpedido [of, de]; **clear of debt** livre de dívidas; **clear of suspicion** livre de suspeitas; **the road is clear** a estrada está desimpedida **4** (conceito) claro, evidente; esclarecedor; **a clear case of murder** um caso evidente de assassínio **5** (som, imagem) nítido; distinto; **clear photograph** fotografia nítida **6** (quantia) limpo, líquido; **I'll get clear one thousand euros** eu vou ganhar mil euros limpos ♦ *adv* distintamente; claramente; **I can hear you loud and clear** ouço-te distintamente; **loud and clear** alto e bom som ♦ *vi* **1** (céu, atmosfera) desanuviar **2** desvanecer-se; **the mist cleared** a névoa desvaneceu-se **3** (líquido) ficar limpo ♦ *vt* **1** (cano, passagem) desobstruir; desimpedir **2** (mesa) levantar; **to clear the table** levantar a mesa **3** (ideias, problema) esclarecer **4** (obstáculo) saltar **5** (ordem) autorizar; **the plane took off as soon as it was cleared** o avião descolou assim que obteve autorização **6** ilibar; **she was cleared of all charges** foi ilibada de todas as acusações **7** saldar, liquidar; **to clear one's debts** liquidar as dívidas ❖ **clear conscience** consciência tranquila; **all clear!** o caminho está livre!; **in the clear** livre de perigo; **to clear the ground** desbravar terreno; **to keep clear of** manter-se afastado de; **to make oneself clear** explicar-se

◆ **clear away** *vt* (objetos) arrumar ♦ *vi* (nevoeiro) dissipar-se

◆ **clear off** *vi col* ir embora; desaparecer ♦ *vt* (dívida) liquidar

◆ **clear out** *vt* **1** (armário, quarto) esvaziar; fazer uma arrumação geral a **2** (objetos velhos) deitar fora ♦ *vi col* desandar; pôr-se a andar; **clear out of my sight!** desanda da minha vista!

◆ **clear up** *vt* **1** (problema) resolver; esclarecer; **let's clear things up** vamos lá es-

clarecer isto 2 (arrumações) arrumar ♦ vi
1 (tempo) abrir; melhorar 2 (doença) passar

clearance ['klɪərəns] n 1 licença, autorização 2 remoção; eliminação

clearance sale ['klɪərəns,seɪl] n liquidação
total

clear-headed [,klɪə'hedɪd] adj lúcido

clearing ['klɪərɪŋ] n 1 clareira 2 (objetos,
papeladas) arrumação

clearly ['klɪəli] adv 1 claramente; distintamente 2 evidentemente

clearness ['klɪənɪs] n 1 clareza, evidência
2 transparência

clear-sighted [,klɪə'saɪtɪd] adj perspicaz;
clarividente; lúcido

cleavage ['kliːvɪdʒ] n 1 (mulher) decote
2 clivagem

cleave [kliːv] vt,i fender, rachar; clivar ♦ vi
{pp cleaved, clove, pret cleaved, cleft} ficar
preso [to, a]

cleaver ['kliːvə] n cutelo

clef [klef] n MÚS clave; *bass/treble clef* clave
de fá/sol

cleft [kleft] n fenda, racha ❖ *cleft palate*
fenda palatina; *in a cleft stick* entre a espada e a parede

clemency ['klemənsi] n 1 *form* clemência
2 (clima) suavidade

clement ['klemənt] adj 1 *form* clemente
2 (clima) temperado

clementine ['kleməntaɪn] n BOT clementina

clench ['klentʃ] vt 1 (punhos, dentes) cerrar; *she clenched her teeth* ela cerrou os
dentes 2 (mão, dentes) agarrar com força;
prender; apertar; *he clenched her arm* ele
agarrou-lhe o braço 3 (prego, cavilha) firmar

clepsydra ['klepsɪdrə] n {pl -ae} clepsidra

clergy ['klɜːdʒi] n clero

clergyman ['klɜːdʒɪmən] n {pl -men} clérigo

clerical ['klerɪkəl] adj 1 clerical 2 de escritório; administrativo

clerk [klɑːk] n 1 empregado de escritório
2 funcionário 3 EUA (loja) empregado de
balcão

clever ['klevə] adj {comp -er, superl -est}
1 inteligente 2 engenhoso 3 hábil, habilidoso 4 *col,pej* esperto; *don't try and get
clever with me!* não tentes armar-te em
esperto comigo!

cleverness ['klevənɪs] n 1 inteligência
2 habilidade 3 engenho

cliché [kliː'ʃeɪ] n cliché

click [klɪk] n 1 (som) estalido; clique; *the
key turned with a click* a chave rodou
com um clique 2 INFORM clique ♦ vt estalar; *to click one's fingers* estalar os dedos
♦ vi 1 estalar; produzir um estalido 2 IN-
FORM clicar [on, em/sobre] 3 *col* (ideia) tornar-se claro 4 *col* (funcionar) fazer sucesso
❖ *to click into place* encaixar; *to click the
heels together* bater os calcanhares

clickable ['klɪkəbəl] adj clicável

client ['klaɪənt] n cliente, freguês

clientele ['kliːɒn,tel] n clientela

cliff [klɪf] n falésia; penhasco

cliff-hanger ['klɪf,hæŋə] n 1 momento de
suspense 2 LIT,CIN,TV história de suspense

climacteric [,klaɪmæk'terɪk] n 1 (pessoa)
momento crítico, crise 2 MED (menopausa,
andropausa) climactério ♦ adj 1 (situação)
crítico, complicado; crucial 2 MED climac-
térico

climactic [,klaɪ'mæktɪk] adj culminante

climate ['klaɪmɪt] n 1 clima 2 ambiente,
atmosfera ❖ *a change of climate* mudança de ares

climatic [klaɪ'mætɪk] adj climatérico

climax ['klaɪmæks] n {pl -es} clímax; apogeu; *the climax of someone's life* o apogeu da vida de alguém ♦ vi atingir o clímax [in/with, com]

climb [klaɪm] n 1 subida; escalada; *a steep
climb* uma subida íngreme ♦ vt,i 1 trepar
a; subir; *to climb the stairs* subir as escadas; *to climb a tree* trepar a uma árvore
2 escalar; *to climb a mountain* escalar

uma montanha **3** subir; elevar-se; ascender; *the sun climbed in the sky* o sol elevou-se no céu

◆ **climb down** vi (discussão) ceder; recuar

climber ['klaɪmə] n **1** alpinista **2** (planta) trepadeira

climbing ['klaɪmɪŋ] n **1** alpinismo; montanhismo **2** (ato) subida; escalada

clinch [klɪntʃ] n **1** col abraço forte **2** (boxe) corpo a corpo ◆ vt **1** agarrar; segurar; firmar; *to clinch an agreement* segurar um acordo **2** resolver; *that clinches it!* isto trata do assunto!

clincher ['klɪntʃə] n **1** col fator decisivo **2** (carpintaria) grampo

cling [klɪŋ] vi {pret e pp clung} **1** segurar--se, agarrar-se [to, a]; *cling on tight!* agarra-te bem! **2** ser fiel [to, a]; *to cling to a belief* ser fiel a uma crença **3** colar-se [to, a]; *his shirt clung to his body* a camisa colava-se-lhe ao corpo

clingfilm ['klɪŋfɪlm] n película aderente

clinging ['klɪŋɪŋ] adj **1** pej possessivo; *a clinging boyfriend* um namorado possessivo **2** (aroma) persistente **3** (roupa) justo; *a clinging dress* um vestido justo

clingy ['klɪŋɪ] adj pegajoso

clinic ['klɪnɪk] n **1** clínica; *dental clinic* clínica de medicina dentária **2** (hospital) ambulatório

clinical ['klɪnɪkəl] adj **1** clínico; *clinical medicine* medicina clínica **2** (comportamento); distante (quarto, edifício) frio

clink [klɪŋk] n **1** (vidros, metais) tinido **2** GB col prisão; *he's in the clink* ele está na prisão ◆ vi tinir; *the coins clinked in his pocket* as moedas tiniam no bolso dele

clip [klɪp] n **1** (para papel) clipe **2** (construção) grampo **3** (cabelo) gancho; *hair clip* gancho de cabelo **4** safanão; puxão; *a clip on the ear* um puxão de orelhas **5** TV videoclip; teledisco **6** (filmes) excerto ◆ vt {pret e pp -pp-} **1** (forma) recortar **2** (peque-

nos cortes) aparar; *I've been clipping the hedge* estive a aparar a sebe **3** (bilhetes) picar **4** fig (sílabas) comer; *don't clip the words* não comas as palavras ❖ *to clip someone's wings* cortar as asas a alguém; *at a good clip* a grande velocidade

clipboard ['klɪpbɔːd] n **1** bloco com mola **2** INFORM clipboard; área de transferência

clipper ['klɪpə] n **1** cortador **2** NÁUT veleiro rápido ❖ *grass clipper* aparador de relva; *hedge clipper* tesoura de poda; *nail clippers* corta-unhas

clippers ['klɪpəz] npl corta-unhas

clipping ['klɪpɪŋ] n recorte; *newspaper clippings* recortes de jornal ◆ npl aparas

clique [kliːk] n pej grupo exclusivista

clitoris ['klɪtərɪs] n clitóris

cloaca [kləʊˈeɪkə] n cloaca

cloak [kləʊk] n **1** capa; capote **2** manto; cobertura **3** fig disfarce, máscara; *a cloak for his evil intentions* um disfarce para as suas intenções perversas ◆ vt **1** encapotar; encobrir **2** fig mascarar; disfarçar ❖ *cloak and dagger story* romance de capa e espada

cloakroom ['kləʊkruːm] n **1** vestiário **2** GB casa de banho

clock [klɒk] n **1** (torre, parede) relógio; *clock dial* mostrador; *clock hand* ponteiro do relógio **2** col conta-quilómetros ❖ *round the clock* noite e dia sem parar

◆ **clock in** vi (entrada de trabalho) picar o ponto

◆ **clock out** vi (saída de trabalho) picar o ponto

clockmaker ['klɒkmeɪkə] n relojoeiro

clockwise ['klɒkwaɪz] adj no sentido dos ponteiros do relógio

clockwork ['klɒkwɜːk] n mecanismo de corda; *clockwork toy* brinquedo de corda ❖ *like clockwork* com regularidade

clod [klɒd] n **1** (terra) torrão **2** col estúpido

clodhopper ['klɒdˌhɒpə] n **1** (calçado) sapatão **2** col campónio

clog [klɒg] n soco, tamanco ♦ vt 1 (animais) pear 2 (trânsito, máquinas) empancar; entupir; *the road is clogged with traffic* a estrada está entupida de trânsito

cloister ['klɔɪstə] n claustro

clone [kləʊn] n BIOL clone ♦ vt BIOL clonar

cloning ['kləʊnɪŋ] n clonagem

close¹ [kləʊs] adj 1 (local, família) próximo 2 íntimo, chegado 3 (inspeções) detalhado, minucioso 4 (competição) renhido ♦ adv perto

close² [kləʊz] n 1 form encerramento, fecho 2 form fim; *to draw to a close* aproximar-se do fim ♦ vt 1 fechar; *to close the door* fechar a porta 2 encerrar; terminar 3 cerrar; *to close the ranks* cerrar as fileiras 4 (passagem) obstruir; bloquear 5 fechar; concluir; *to close a bargain* fechar um negócio ♦ vi 1 encerrar; fechar; *the shop closed at 5 o'clock* a loja fechou às cinco horas 2 aproximar-se [on, de]; *they closed on me* eles aproximaram-se de mim

♦ **close down** vi 1 (loja, negócio) fechar; encerrar 2 TV,RÁD (emissão) sair do ar; encerrar a emissão

♦ **close in** vi 1 aproximar-se [on, de] 2 (dias) encurtar

♦ **close off** vt fechar; vedar

♦ **close up** vt (loja, casa) fechar ♦ vi 1 (pessoas) aproximar-se 2 (ferida) cicatrizar 3 MIL (tropas) cerrar fileiras

closed [kləʊzd] adj 1 fechado; encerrado 2 (grupo) restrito

closedown ['kləʊzdaʊn] n 1 encerramento 2 TV,RÁD fecho de emissão

close-fisted [ˌkləʊsˈfɪstɪd] adj avarento, sovina; agarrado

close-fitting [ˌkləʊsˈfɪtɪŋ] adj (roupa) justo

closely ['kləʊslɪ] adv 1 atentamente 2 bem de perto 3 (investigação) minuciosamente 4 intimamente [to, a]

closeness ['kləʊsnɪs] n 1 (distância) proximidade 2 intimidade 3 (estudo) rigor, minúcia; exatidão

close-run [ˌkləʊsˈrʌn] adj (competição) renhido

closet ['klɒzɪt] n 1 EUA armário 2 gabinete ♦ adj secreto; *closet admirer* admirador secreto ♦ vt (em divisão) fechar; *to be closeted with* estar fechado com; *to closet oneself* enclausurar-se, isolar-se ❖ *to come out of the closet* assumir-se

close-up ['kləʊsʌp] n close-up; grande plano

closing ['kləʊzɪŋ] adj de encerramento; de fecho ❖ *closing date* data-limite

closure ['kləʊʒə] n 1 (estabelecimento) encerramento 2 (passagem) bloqueio

clot [klɒt] n 1 grumo 2 coágulo; *blood clot* coágulo de sangue 3 GB col estúpido; parvo ♦ vt,i coagular

cloth [klɒθ] n 1 tecido 2 pano 3 toalha de mesa

clothe [kləʊð] vt 1 vestir 2 cobrir [in, de]; revestir [in, de] ❖ *to be clothed in* estar vestido de

clothes [kləʊðz] npl roupa

clothes-hanger ['kləʊðzˌhæŋə] n cabide

clothes-line ['kləʊðzˌlaɪn] n (corda) estendal da roupa

clothes-peg ['kləʊðzpeg] n (de roupa) mola

clothing ['kləʊðɪŋ] n vestuário; *clothing industry* confeções

cloud [klaʊd] n nuvem; *a cloud of smoke* uma nuvem de fumo ♦ vt 1 (céu) nublar; escurecer 2 turvar; *you'll cloud the beer if you shake the barrel* vais turvar a cerveja se abanares o barril 3 fig confundir 4 fig,lit obscurecer ♦ vi 1 ficar nublado 2 enevoar-se ❖ (provérbio) *every cloud has a silver lining* não há mal sem bem; *to be in the clouds* andar na Lua; *to be on cloud nine* estar no sétimo céu

♦ **cloud over** vi enublar-se

cloudburst ['klaʊdbɜːst] n aguaceiro

cloudiness ['klaʊdɪnɪs] n 1 (nuvens) nebulosidade 2 fig obscuridade

cloudless ['klaʊdləs] adj sem nuvens

cloudy [ˈklaʊdi] *adj* {*comp* -ier, *superl* -iest} 1 (céu) nublado 2 sombrio 3 (líquido) turvo 4 melancólico, triste 5 vago, confuso

clout [klaʊt] *n* 1 *col* sapatada; sopapo 2 *fig* influência, poder ♦ *vt* bater em; dar uma sapatada em

clove [kləʊv] *n* 1 cravo-da-índia 2 (alho) dente

cloven [ˈkləʊvən] *adj* dividido em dois

clover [ˈkləʊvə] *n* trevo

clown [klaʊn] *n* 1 palhaço 2 *fig,pej* imbecil, parvo; *to make a clown of oneself* fazer figura de parvo ♦ *vi pej* fazer palhaçadas; *stop clowning around!* para de fazer palhaçadas!

clowning [ˈklaʊnɪŋ] *n* palhaçadas

clownish [ˈklaʊnɪʃ] *adj* apalhaçado

club [klʌb] *n* 1 clube; associação; *club member* sócio de clube; *club subscription* quota do clube; *football club* clube de futebol; *to join a club* entrar para um clube 2 clava, maça; cassetete; *police clubs* cassetetes da polícia 3 (golfe) taco 4 (de dança) discoteca ♦ *npl* naipe de paus; *the king of clubs* o rei de paus ♦ *vt* bater com clava em; bater com cassetete em

clubber [ˈklʌbə] *n* 1 *col* frequentador de discotecas 2 *col* membro de clube

clubbing [ˈklʌbɪŋ] *n col* ronda das discotecas

cluck [klʌk] *n* cacarejo ♦ *vi* cacarejar

clue [kluː] *n* indício, pista ❖ *not to have a clue* não fazer a mínima ideia

clump [klʌmp] *n* 1 (árvores, arbustos) maciço [of, de]; *a clump of oaks* um maciço de carvalhos 2 (terra, lama) torrão [of, de] 3 ruído de passos pesados ♦ *vt* amontoar ♦ *vi* 1 andar pesadamente 2 amontoar-se; *houses clumped all around* as casas amontoavam-se em redor

clumsily [ˈklʌmzɪli] *adv* desajeitadamente

clumsiness [ˈklʌmzɪnɪs] *n* falta de jeito

clumsy [ˈklʌmzi] *adj* {*comp* -ier, *superl* -iest} 1 desastrado, trapalhão 2 (objeto) tosco

cluster [ˈklʌstə] *n* 1 (pessoas, objetos) aglomeração; amontoado 2 (uvas, bananas, etc.) cacho [of, de] 3 tufo [of, de]; *a cluster of wild flowers* um tufo de flores silvestres 4 enxame; *a cluster of bees* um enxame de abelhas ♦ *vi* 1 amontoar-se 2 agrupar-se [around, em torno de] ♦ *vt* amontoar; empilhar

clutch [klʌtʃ] *n* {*pl* -es} 1 (automóvel) embraiagem; *clutch pedal* pedal da embraiagem; *to let in the clutch* carregar na embraiagem; *to let out the clutch* tirar o pé da embraiagem 2 (ovos, pintainhos) ninhada ♦ *npl fig* (poder) garras; *to fall into the clutches of* cair nas garras de ♦ *vt* agarrar, apertar; *the mother clutched the baby in her arms* a mãe segurou com força o bebé ❖ *to clutch at straws* agarrar-se a uma última esperança

clutter [ˈklʌtə] *n* confusão, desordem; desarrumação; *to be all in a clutter* estar tudo atravancado ♦ *vt* atravancar

c/o [*sigla de* **care of**] a/c [*sigla de* ao cuidado de]

coach [kəʊtʃ] *n* {*pl* -es} 1 *GB* camioneta, autocarro 2 *GB* (comboio) carruagem 3 carruagem, coche 4 DESP treinador; *football coach* treinador de futebol 5 explicador; *a mathematics coach* explicador de matemática ♦ *vt* 1 dar explicações [for, para; in, de]; *she is being coached in French* ela tem explicações de francês; *to be coached for an exam* ter explicações para um exame 2 DESP treinar

coaching [ˈkəʊtʃɪŋ] *n* 1 DESP treino 2 explicações

coachman [ˈkəʊtʃmən] *n* {*pl* -men} cocheiro

coachwork [ˈkəʊtʃwɜːk] *n* (automóvel) carroçaria

coagulant [kəʊˈæɡjələnt] *adj,n* coagulante

coagulate [kəʊˈæɡjəleɪt] *vt,i* coagular

coagulum [kəʊˈæɡjələm] *n* {*pl* coagula} coágulo

coal [kəʊl] n carvão ❖ *coal tar* alcatrão

coalition [ˌkəʊəˈlɪʃən] n coligação; aliança

coalman [ˈkəʊlmæn] n (pl -men) carvoeiro

coal tar [ˈkəʊltɑː] n alcatrão

coarse [kɔːs] adj 1 rude; grosseiro 2 áspero 3 grosso; *coarse salt* sal grosso 4 (vinho) carrascão

coarsen [ˈkɔːsən] vt tornar grosseiro ♦ vi tornar-se grosseiro

coarseness [ˈkɔːsnɪs] n grosseria

coast [kəʊst] n GEOG costa; *the south coast of England* a costa sul da Inglaterra ♦ vi 1 NÁUT costear; cabotar 2 (automóvel) ir em ponto morto 3 (bicicleta) ir em roda livre 4 fig avançar a velocidade de cruzeiro ❖ *the coast is clear* o caminho está livre

coastal [ˈkəʊstəl] adj litoral; costeiro

coaster [ˈkəʊstə] n base para copos

coastguard [ˈkəʊstgɑːd] n 1 (organização) Guarda Costeira 2 (funcionário) guarda-costeira

coasting [ˈkəʊstɪŋ] n NÁUT navegação costeira

coastline [ˈkəʊstlaɪn] n litoral; costa

coat [kəʊt] n 1 casaco; *a fur coat* um casaco de peles; *coat and skirt* conjunto de saia e casaco 2 (animais) pelo 3 demão [of, de]; *coat of paint* demão de tinta 4 camada [of, de]; *coat of dust* camada de pó ♦ vt 1 cobrir [with/in, de]; *to coat with paint* cobrir com tinta 2 revestir [with, com] ❖ *coat of arms* brasão

coating [ˈkəʊtɪŋ] n 1 revestimento 2 película 3 (tinta) demão 4 CUL cobertura

co-author [kəʊˈɔːθə] n coautor

coax [kəʊks] vt convencer; *to coax somebody into doing something* convencer alguém a fazer alguma coisa; *to coax somebody out of doing something* convencer alguém a não fazer alguma coisa

cob [kɒb] n 1 espiga de milho, maçaroca 2 cisne macho 3 argamassa 4 pedaço redondo

cobalt [ˈkəʊbɔːlt] n 1 cobalto 2 (cor) azul-cobalto

cobble [ˈkɒbəl] n (calçada) pedra arredondada ♦ vt 1 calcetar, pavimentar com pedras arredondadas 2 (calçado) remendar

cobbled [ˈkɒbəld] adj calcetado; *cobbled street* calçada

cobbler [ˈkɒblə] n 1 EUA bebida gelada feita de açúcar, vinho e limão 2 ant sapateiro

cobblestone [ˈkɒblstəʊn] n (calçada) pedra arredondada

cobweb [ˈkɒbwəb] n teia de aranha

coca [ˈkəʊkə] n BOT coca

cocaine [kəʊˈkeɪn] n cocaína

coccyx [ˈkɒksɪks] n (pl coccyges, coccyxes) cóccix

cock [kɒk] n 1 galo 2 (aves) macho 3 (arma de fogo) cão 4 vulg pila cal 5 cal tretas ♦ vt 1 levantar, erguer 2 engatilhar; *to cock a pistol* engatilhar uma pistola 3 (aba de um chapéu) virar para cima

cockatoo [ˌkɒkəˈtuː] n cacatua

cockiness [ˈkɒkɪnɪs] n presunção; arrogância; petulância

cockle [ˈkɒkəl] n amêijoa

cockney [ˈkɒknɪ] n 1 natural do East End londrino 2 dialeto do East End londrino

cockpit [ˈkɒkpɪt] n cockpit

cockroach [ˈkɒkrəʊtʃ] n (pl -es) barata

cockscomb [ˈkɒkskəʊm] n crista

cock-sure [ˌkɒkˈʃʊə] adj presunçoso, arrogante

cocktail [ˈkɒkteɪl] n (bebida, aperitivo) cocktail

cocky [ˈkɒki] adj (comp -ier, superl -iest) col presumido; arrogante

coco [ˈkəʊkəʊ] n (pl -s) BOT coqueiro; coco

cocoa [ˈkəʊkəʊ] n 1 cacau 2 (bebida) chocolate quente

coconut [ˈkəʊkənʌt] n coco

cocoon [kəˈkuːn] n casulo ♦ vt 1 envolver 2 proteger [from/against, de]; resguardar [from/against, de]

cod [kɒd] n bacalhau

COD [sigla de cash on delivery] à cobrança

coddle ['kɒdəl] vt **1** mimar; acarinhar **2** CUL cozer em lume brando

code [kəʊd] n código; *in code* codificado ◆ vt codificar ❖ *code of practice* deontologia; *EUA* (telefone) *area code* indicativo; (telefone) *dialling code* indicativo

codex ['kəʊdeks] n (pl -dices) códice

codfish ['kɒd,fɪʃ] n bacalhau

codger ['kɒdʒə] n excêntrico; *old codger* velhote excêntrico

codification [,kəʊdɪfɪ'keɪʃən] n codificação

codify ['kəʊdɪfaɪ] vt codificar

coeducation [kəʊ,edju'keɪʃən] n ensino misto

coefficient [,kəʊɪ'fɪʃənt] n coeficiente

coerce [kəʊ'ɜːs] vt **1** coagir [into, a] **2** forçar [into, a], obrigar [into, a]

coercion [kəʊ'ɜːʃən] n form coação

coexist [,kəʊɪg'zɪst] vi coexistir [with, com]

coexistence [,kəʊɪg'zɪstənse] n coexistência [with, com]

coexistent [,kəʊɪg'zɪstənt] adj coexistente

coffee ['kɒfi] n café; *black/white coffee* café simples/com leite

coffeepot ['kɒfipɒt] n cafeteira

coffer ['kɒfə] n cofre, arca, baú ◆ npl fundos (monetários) ◆ vt guardar em cofre

coffin ['kɒfɪn] n caixão ◆ vt meter em caixão

coffle ['kɒfəl] n **1** (camelos) cáfila **2** caravana

cog [kɒg] n **1** dente de roda **2** roda dentada

cognac ['kɒnjæk] n conhaque

cognition [kɒg'nɪʃən] n form cognição

cognitive ['kɒgnɪtɪv] adj cognitivo

cogwheel ['kɒgwiːl] n roda dentada

cohabit [kəʊ'hæbɪt] vi coabitar [with, com]; viver juntos

cohabitation [,kəʊhæbɪ'teɪʃən] n coabitação

cohere [kəʊ'hɪə] vi **1** ser coerente; ser congruente; *an argument that fails to cohere* um argumento que não é coerente **2** aderir, pegar-se, unir-se; *to make two surfaces cohere* fazer com que duas superfícies se unam

coherence [kəʊ'hɪərəns] n coerência

coherent [,kəʊ'hɪərənt] adj coerente

cohesion [kəʊ'hiːʒən] n coesão

cohesive [,kəʊ'hiːsɪv] adj coeso

coil [kɔɪl] n **1** rolo, corda enrolada **2** laçada **3** espiral **4** bobine **5** (cabelo) caracol **6** (contracção) DIU, dispositivo intrauterino ◆ vt **1** (corda, cabelo) enrolar **2** (cabo) recolher ◆ vi **1** (rio) serpentear **2** enrolar-se; enroscar-se

coin [kɔɪn] n moeda ◆ vt **1** cunhar **2** fig (palavras, expressões) inventar, forjar ❖ *coin slot* ranhura para introduzir moedas; *the other side of the coin* o reverso da medalha; *to pay someone in his own coin* pagar a alguém na mesma moeda; *to toss/flip a coin* atirar a moeda ao ar

coinage ['kɔɪnɪdʒ] n **1** cunhagem de moeda **2** sistema monetário **3** neologismo

coincide [,kəʊɪn'saɪd] vi **1** coincidir [with, com]; *her holidays don't coincide with mine* as férias dela não coincidem com as minhas **2** ser da mesma opinião

coincidence [kəʊ'ɪnsɪdəns] n coincidência

coincident [kəʊ'ɪnsɪdənt] adj **1** coincidente [with, com] **2** com a mesma opinião

coincidental [kəʊ,ɪnsɪ'dentəl] adj casual; acidental

coining ['kɔɪnɪŋ] n cunhagem de moedas

coitus ['kəʊɪtəs] n coito

coke [kəʊk] n **1** (carvão) coque **2** col cocaína

col [kɒl] n GEOL garganta, ravina

colander ['kʌləndə] n **1** coador **2** (alimentos sólidos) escorredor ◆ vt **1** coar **2** escorrer

cold [kəʊld] adj **1** frio **2** indiferente; insensível **3** sem entusiasmo ◆ n **1** frio **2** constipação ◆ adv completamente; terminantemente ❖ *cold cream* creme facial;

in cold blood a sangue-frio; *to get cold feet* ficar com medo; *to give the cold shoulder to* tratar (alguém) de modo indelicado ou frio

cold-blooded [ˈkəʊldblʌdɪd] *adj* 1 (animal) de sangue frio 2 (pessoa) frio; insensível 3 (crime) a sangue-frio 4 (criminoso) cruel

cold-hearted [ˈkəʊldhɑːtɪd] *adj* insensível; sem compaixão

coldness [ˈkəʊldnɪs] *n* 1 frio 2 frieza; indiferença

cold-shoulder [ˌkəʊldˈʃəʊldə] *vt* 1 tratar com indiferença 2 ignorar (alguém)

coleslaw [ˈkəʊlslɔː] *n* salada de couve e cenoura

colic [ˈkɒlɪk] *n* cólica

coliseum [ˌkɒlɪˈsɪəm] *n* coliseu

colitis [kɒˈlaɪtɪs] *n* MED colite

collaborate [kəˈlæbəreɪt] *vi* colaborar [with, com; in/on, em]; *he's been collaborating with a new firm* tem estado a colaborar com uma empresa nova; *the company collaborated on that project* a empresa colaborou nesse projeto

collaboration [kəˌlæbəˈreɪʃən] *n* colaboração [with, com; between, entre]

collaborator [kəˈlæbəreɪtə] *n* colaborador

collapse [kəˈlæps] *n* 1 MED colapso 2 desabamento; desmoronamento; derrocada; aluimento 3 (negócios, finanças) quebra 4 (preços, valores) descida a pique 5 fracasso ♦ *vi* 1 desabar; desmoronar; aluir; *the whole building collapsed* o edifício desabou por completo 2 (pessoa) sofrer um colapso; desfalecer; *he collapsed at the end of the long race* ele desfaleceu no final da longa corrida 3 (projetos) ir por água abaixo *fig* 4 falir 5 (preços, valores) descer a pique

collar [ˈkɒlə] *n* 1 colarinho; *what size of collar is this shirt?* qual é o tamanho do colarinho desta camisa? 2 (animais) coleira ♦ *vt* 1 pôr um colarinho ou uma coleira a 2 agarrar pelos colarinhos 3 *col* (*intercetar alguém*) apanhar 4 *cal* (polícia) capturar ❖

hot under the collar furioso; *I'm out of the collar* estou desempregado

collarbone [ˈkɒləbəʊn] *n* clavícula

collate [kəˈleɪt] *vt* 1 reunir 2 (documentos escritos, factos) confrontar, comparar

collateral [kəˈlætərəl] *adj* 1 paralelo; colateral 2 (parente) colateral ♦ *n* garantia

collation [kɒˈleɪʃən] *n* 1 confronto, comparação 2 reunião; compilação

colleague [ˈkɒliːg] *n* colega

collect [kəˈlekt] *vt* 1 juntar; reunir; coligir 2 colecionar; *she collects stamps* ela coleciona selos 3 angariar [for, para]; *he's collecting votes for the party* anda a angariar votos para o partido 4 arrecadar; *she collected three gold medals* ela arrecadou três medalhas de ouro 5 ir buscar; *I have to collect the children* tenho de ir buscar as crianças 6 (pó) ganhar ♦ *vi* reunir-se; acumular-se ♦ *adj, adv* 1 à cobrança; *I'll send you the books collect* mando-te os livros à cobrança 2 a pagar no destinatário; *collect call* chamada a pagar no destinatário ❖ *to collect one's thoughts* concentrar-se; acalmar-se

collectable [kəˈlektəbəl] *adj* colecionável

collected [kəˈlektɪd] *adj* 1 calmo; tranquilo 2 (obra) coligido, reunido

collection [kəˈlekʃən] *n* 1 coleção [of, de] 2 compilação [of, de] 3 (caridade) coleta 4 cobrança 5 (lixo, correio, objetos) recolha

collective [kəˈlektɪv] *adj* coletivo ♦ *n* cooperativa

collectivism [kəˈlektɪˌvɪzəm] *n* coletivismo

collector [kəˈlektə] *n* 1 colecionador 2 cobrador

college [ˈkɒlɪdʒ] *n* 1 (ensino superior) instituto; escola superior 2 *EUA* universidade; faculdade 3 *GB* (universidade) colégio universitário 4 (conjunto de pessoas) colégio

collegiate [kəˈliːdʒɪɪt] *adj* 1 colegial 2 académico, universitário 3 que se divide em colégios

collide [kə'laɪd] vi 1 colidir [with, com]; chocar [with, com]; *the bus collided with a van* o autocarro chocou com uma carrinha 2 entrar em conflito [with, com]

colliery ['kɒlɪərɪ] n (pl -ies) mina de carvão

collision [kə'lɪʒən] n 1 colisão; choque 2 conflito

collocate ['kɒləkeɪt] vt form combinar ◆ vi LING (palavras) ser regido [with, por]

collocation [kɒlə'keɪʃən] n (palavras) colocação; coocorrência

colloquial [kə'ləʊkwɪəl] adj coloquial; informal

colloquialism [kə'ləʊkwɪəlɪzəm] n coloquialismo

colloquium [kə'ləʊkwɪəm] n colóquio

collude [kə'luːd] vi conluiar-se [with, com]; conspirar [with, com]

collusion [kə'luːʒən] n 1 conluio 2 conivência [between/with, com]

cologne [kə'ləʊn] n água-de-colónia

Colombia [kə'lɒmbɪə] n Colômbia

Colombian [kə'lɒmbɪən] adj,n colombiano

colon ['kəʊlən] n 1 cólon 2 dois pontos (:)

colonel ['kɜːnəl] n coronel

colonial [kə'ləʊnɪəl] adj colonial ◆ n colono

colonist ['kɒlənɪst] n 1 colono 2 colonizador

colonization [kɒlənaɪ'zeɪʃən] n colonização

colonize ['kɒlənaɪz] vt colonizar

colonizer ['kɒlənaɪzə] n colonizador

colony ['kɒlənɪ] n (pl -ies) colónia

color ['kʌlə] n,adj EUA ⇒ **colour** ◆ vt,i EUA ⇒ **colour**

coloration [kʌlə'reɪʃən] n coloração; colorido

colored ['kʌləd] adj,n EUA ⇒ **coloured**

colorful ['kʌləfʊl] adj EUA ⇒ **colourful**

colossal [kə'lɒsəl] adj colossal

colosseum [kɒlə'sɪəm] n coliseu

colossus [kə'lɒsəs] n (pl -i, -uses) colosso

colour ['kʌlə] n 1 cor; colorido; *dark colour* cor escura; *light/bright colour* cor clara; *to change colour* mudar de cor 2 (raça) cor; *people of all colours* pessoas de todas as cores ◆ npl 1 (nação, regimento) bandeira; *to salute the colours* saudar a bandeira 2 insígnias ◆ adj a cores; *colour television* televisão a cores ◆ vt 1 colorir, dar cor a, pintar; *she colours her hair red* ela pinta o cabelo de ruivo 2 tingir ◆ vi 1 corar 2 mudar de cor; *the leaves have already started to colour* as folhas já começaram a mudar de cor ❖ **colour bar** discriminação racial; *in colour* a cores

colour-blind ['kʌləblaɪnd] adj daltónico

colour-blindness ['kʌləblaɪndnəs] n daltonismo

coloured ['kʌləd] adj 1 colorido 2 de cor; *coloured pencil* lápis de cor

colourful ['kʌləfʊl] adj 1 colorido 2 invulgar, interessante 3 pitoresco 4 (linguagem) vulgar

colouring ['kʌlərɪŋ] n 1 cor; colorido 2 aparência 3 (alimentar) corante

colourless ['kʌlələs] adj 1 incolor 2 pálido 3 desinteressante

colt [kəʊlt] n 1 potro, poldro 2 GB (desporto) júnior

column ['kɒləm] n coluna

columnist ['kɒləmnɪst] n (jornalismo) cronista, colunista

coma ['kəʊmə] n coma

comatose ['kəʊmətəʊz] adj em estado de coma

comb [kəʊm] n 1 pente; *to run a comb through one's hair* dar uma penteadela ao cabelo 2 (onda, galo, monte) crista 3 (mel) favo ◆ vt 1 pentear; *to comb one's hair* pentear o cabelo, pentear-se 2 (lã) cardar 3 fig passar a pente fino

combat ['kɒmbət] n combate; *killed in combat* morto em combate ◆ vt (resistência) combater, lutar contra; *to combat in-*

flation combater a inflação ❖ **combat car** carro de combate

combatant ['kɒmbətənt] *n* combatente

combative ['kɒmbətɪv] *adj* combativo

combination [kɒmbɪ'neɪʃən] *n* **1** combinação [**of**, de] **2** (cofre) combinação; código

combine [kəm'baɪn] *n* associação; corporação; grupo industrial ♦ *vt* **1** combinar [**with**, com]; associar [**with**, a] **2** aliar; *to combine efforts* aliar esforços ♦ *vi* **1** combinar-se **2** associar-se; unir-se; aliar-se; *local trade combined to fight against multinationals* o comércio local uniu-se para lutar contra as multinacionais **3** (empresas) fundir-se; *the two companies combined* as duas empresas fundiram-se ❖ **combine harvester** ceifeira debulhadora

combo ['kɒmbəʊ] *n* **1** grupo de jazz **2** *col* combinado

combustible [kəm'bʌstəbəl] *adj* inflamável, combustível

combustion [kəm'bʌstʃən] *n* combustão

come [kʌm] *vi* (*pret* came, *pp* come) **1** vir [**on**, de]; *to come by train* vir de comboio; *to come on a coach* vir de camioneta; *to come to dinner/lunch* vir jantar/almoçar **2** aproximar-se **3** chegar **4** proceder; resultar **5** *col* (orgasmo) vir *se vulg* ❖ *come again?* como?, quê?; *come what may* haja o que houver; *coming!* já vai!; *to come home* regressar; *to come near* aproximar-se; (veículo) *to come to a halt* parar; *to come to an end* terminar; *to come true* realizar-se

◆ **come about** *vi* acontecer; suceder; *it came about by chance* aconteceu por acaso

◆ **come across** *vt* (coisa, pessoa) encontrar por acaso; *I came across her in a shop* encontrei-a por acaso numa loja ♦ *vi* **1** ser entendido; ser transmitido; *her explanation came across* a explicação dela foi entendida **2** parecer; *he came across*

as being intelligent pareceu ser inteligente **3** sair(-se bem/mal); *he came across very well in the exam* saiu-se muito bem no exame

◆ **come after** *vt* andar atrás de; perseguir

◆ **come along** *vi* **1** avançar; progredir; *is your work coming along?* o trabalho está a progredir? **2** aparecer; *a new opportunity will come along* uma nova oportunidade irá aparecer **3** vir; ir

◆ **come apart** *vi* desfazer-se

◆ **come around** *vi* **1** *EUA col* aparecer (em casa); *come around!* aparece lá em casa! **2** *EUA* concordar [**with**, com]; *he finally came around with me* acabou por concordar comigo **3** ser; *Christmas is coming around* around next week o Natal é na próxima semana **4** *EUA* recuperar a consciência/os sentidos

◆ **come away** *vi* **1** soltar-se; sair; *the pages of the book came away* as páginas do livro soltaram-se **2** afastar-se; *come away from the window* afasta-te da janela **3** vir embora

◆ **come back** *vi* **1** regressar [**from**, de] **2** voltar [**to**, a] **3** estar na moda novamente **4** (recordação) voltar à cabeça; *her answer just came back to me* acabei de me lembrar da resposta dela **5** responder; ripostar

◆ **come before** *vt* **1** comparecer perante **2** ser apresentado a; *your case will come before the commission* o seu caso será apresentado à comissão **3** ter prioridade sobre

◆ **come between** *vt* interpor-se entre; meter-se entre

◆ **come by** *vt* **1** arranjar; adquirir; *how did you come by that first edition?* como é que arranjaste essa primeira edição? **2** *EUA* passar por; *we'll come by your house later* passamos em vossa casa mais tarde

◆ **come down** *vi* 1 baixar; *the water level has come down* o nível da água baixou 2 aparecer em 3 ser deitado abaixo; ser demolido; *that old building has come down* aquele edifício antigo foi deitado abaixo 4 cair; despenhar-se; *the plane came down in the sea* o avião despenhou-se no mar 5 (avião) aterrar 6 descer; *he came down in my opinion* desceu na minha consideração

◆ **come down on** *vt* castigar; criticar

◆ **come down with** *vt* apanhar; *she came down with a cold* apanhou uma constipação

◆ **come for** *vt* 1 ir/vir buscar; *I'll come for you at five o'clock* vou buscar-te às cinco horas 2 ir/vir atrás de; *the police came for him* a polícia foi atrás dele

◆ **come forward** *vi* 1 oferecer-se; voluntariar-se; *no one came forward for the job* ninguém se ofereceu para o trabalho 2 avançar; *she came forward to help the old lady* ela avançou para ajudar a senhora idosa

◆ **come from** *vt* ser de; vir de; *he comes from London* ele é de Londres

◆ **come in** *vi* 1 chegar; *this package came in for you* chegou esta encomenda para ti 2 entrar; *come in* entre 3 usar-se; estar na moda; *long skirts are coming in again* as saias compridas vão usar-se novamente 4 ficar em; *he came in second* ficou em segundo lugar 5 subir; *the tide is coming in* a maré está a subir 6 intervir; *he came in on the middle of her answer* interrompeu a meio da resposta dela 7 participar; *come in on the race* participa na corrida

◆ **come into** *vt* 1 herdar; *she came into a fortune* herdou uma fortuna 2 ter a ver com; estar relacionado com; *he doesn't come into the story* ele não tem a ver com a história

◆ **come off** *vt* 1 cair de; *he came off his horse* caiu do cavalo 2 (droga) largar; *he came off heroin* largou a heroína ◆ *vi* 1 descolar; *the wall paper came off* o papel de parede descolou 2 soltar-se; *the button came off* o botão soltou-se 3 correr; *the presentation came off well* a apresentação correu bem 4 sair; *did the stain come off?* a nódoa saiu?

◆ **come on** *vi* 1 acender; *he crossed when the green light came on* ele atravessou quando o semáforo ficou verde 2 aparecer; *I have a headache coming on* tenho uma dor de cabeça a aparecer 3 melhorar; *her French is coming on* o seu francês está a melhorar

◆ **come on to** *vt* 1 abordar; *we'll come on to that in a few moments* abordaremos esse assunto dentro de momentos 2 atirar-se a; insinuar-se a; *he came on to her* atirou-se a ela

◆ **come out** *vi* 1 vir a público; tornar-se conhecido; sair; *the truth came out* a verdade veio a público; *the results came out* os resultados saíram 2 ser publicado; *his new book has come out* o novo livro dele já foi publicado 3 declarar-se; *he came out against* declarou-se contra 4 (lua, sol, estrelas) aparecer; nascer; *the sun has come out* o sol já nasceu 5 (flores) desabrochar; abrir 6 entrar em greve 7 debutar

◆ **come out with** *vt* sair-se com

◆ **come over** *vt* dar; *I don't know what came over him* não sei o que é que lhe deu ◆ *vi* 1 aparecer; *come over for dinner* aparece para jantar 2 vir para cá 3 parecer; *she came over nervous* pareceu nervosa

◆ **come round** *vi* 1 aparecer; *why don't you come round for lunch?* por que não apareces para o almoço? 2 chegar; *Easter is coming round* a Páscoa está a chegar 3 (desmaio) voltar a si; recuperar os senti-

dos; *he is coming round* está a voltar a si
4 ceder; *after a while she came round*
passado um bocado ela cedeu
◆ come through *vt* 1 escapar a; *he
came through the accident* escapou ao
acidente 2 infiltrar-se por; penetrar por ◆
vi 1 chegar; *the news just came through*
as notícias acabaram de chegar 2 sair; *the
results will come through today* os resultados saem hoje
◆ come up *vi* 1 surgir; *that matter
came up in the meeting* essa questão surgiu durante a reunião 2 chegar; *my birthday is coming up* o meu aniversário está a
chegar 3 ir a tribunal; *the case will come
up in two days* o caso vai a tribunal dentro de dois dias 4 (vaga) abrir; surgir; *a
vacancy has come up in my office* surgiu
uma vaga no meu escritório 5 aparecer;
he came up to town last week apareceu
na cidade na semana passada 6 (sol, lua)
nascer; *the sun had come up* o sol já tinha nascido 7 (flores) abrir; *the roses are
coming up* as rosas estão a abrir 8 (especialmente em Oxford ou Cambridge) entrar
para a universidade; *she came up last
year* entrou para a universidade no ano
passado
◆ come up against *vt* deparar-se com
◆ come up with *vt* arranjar; *he came
up with a plan* arranjou um plano
comeback ['kʌmbæk] *n* 1 regresso 2 resposta
comedian [kə'miːdɪən] *n* cómico; humorista
comedienne [kəmiːdɪ'ən] *n* cómica; humorista
comedo ['kɒmɪdəʊ] *n* {*pl* comedones,
comedos} (pele) ponto negro
comedy ['kɒmɪdɪ] *n* {*pl* -ies} comédia
comestibles [kə'mestɪbəlz] *n pl* produtos
alimentares
comet ['kɒmɪt] *n* cometa
comfit ['kʌmfɪt] *n* confeito

comfort ['kʌmfət] *n* 1 conforto; bem-
-estar; *material comfort* conforto material
2 (coisa, luxo) comodidade 3 alívio, consolação; *it was a comfort to know that
they were already in town* foi um alívio
saber que já estavam na cidade ◆ *vt*
1 consolar 2 tranquilizar 3 reconfortar ❖
if it's any comfort... se serve de consolo....
comfortable ['kʌmfətəbəl] *adj* 1 confortável; cómodo 2 (pessoa) bem; à vontade
3 (rendimento) bom
comfortably ['kʌmfətəblɪ] *adv* confortavelmente
comforter ['kʌmfətə] *n* 1 (pessoa) consolador 2 *EUA* edredão
comforting ['kʌmfətɪŋ] *adj* reconfortante
comfy ['kʌmfɪ] *adj col* confortável
comic ['kɒmɪk] *adj* cómico ◆ *n* 1 humorista 2 livro de banda desenhada ◆ *npl*
EUA banda desenhada ❖ *EUA comic book*
livro de banda desenhada; *comic strip*
história de banda desenhada
comical ['kɒmɪkəl] *adj* cómico
coming ['kʌmɪŋ] *n* vinda; chegada ◆ *adj*
1 que está para chegar 2 (tempo) próximo
comma ['kɒmə] *n* vírgula
command [kə'mɑːnd] *n* 1 ordem; *he gave
a command* ele deu uma ordem 2 domínio, controlo, comando; *his command of
English is perfect* ele tem um domínio
perfeito do Inglês 3 INFORM comando
4 MIL divisão; oficiais em comando ◆ *vt*
1 mandar, ordenar; *he commanded the
attack* ele ordenou o ataque 2 dominar;
controlar 3 MIL dirigir; *he commanded
the whole operation* ele dirigiu toda a
operação 4 inspirar; infundir; impor ❖
MIL *command post* posto de comando; *he
was in full command of his faculties* ele
estava na plena posse das suas faculdades; *he is the second in command of the
organization* ele é o número dois da or-

ganização; *to be in command of the situation* dominar a situação

commandant ['kɒməndænt] *n* comandante

commander [kə'mɑːndə] *n* **1** comandante **2** (navio) capitão

commandership [kə'mɑːndəʃɪp] *n* comenda

commanding [kə'mɑːndɪŋ] *adj* **1** superior; *commanding officer* comandante **2** proeminente; de destaque

commandment [kə'mɑːndmənt] *n* mandamento

commando [kə'mɑːndəʊ] *n* {*pl* -es, -s} **1** (soldado) comando **2** (divisão) comandos

commemorate [kə'meməreɪt] *vt* **1** comemorar; celebrar **2** recordar solenemente; evocar

commemoration [kə,memə'reɪʃən] *n* comemoração [of, de]

commemorative [kə'memərətɪv] *adj* comemorativo

commencement [kə'mensmənt] *n form* princípio [of, de]

commend [kə'mend] *vt* **1** louvar [for, por], elogiar [for, por]; *I was commended for my work* fui elogiado pelo meu trabalho **2** recomendar [to, a]

commendation [,kɒmen'deɪʃən] *n* **1** louvor, elogio **2** (prémio) distinção

comment ['kɒment] *n* comentário [about/on, sobre]; *no comments* sem comentários; *to make a comment about* comentar ◆ *vt* comentar; observar ◆ *vi* fazer comentários [on, sobre]

commentary ['kɒməntəri] *n* {*pl* -ies} **1** (desporto) relato **2** (texto, televisão) comentário [on, a/sobre]; *running commentary* comentário em direto ❖ *commentary box* tribuna de imprensa

commentator ['kɒmənteɪtə] *n* (meios de comunicação social) comentador; analista

commerce ['kɒmɜːs] *n* comércio

commercial [kə'mɜːʃəl] *adj* comercial ◆ *n* (televisão, rádio) anúncio publicitário, reclame ❖ (publicidade) *commercial artist* criativo; *commercial break* pausa para a publicidade

commercialization [kə,mɜːʃəlaɪ'zeɪʃən] *n* comercialização [of, de]

commercialize [kə'mɜːʃəlaɪz] *vt pej* comercializar; tornar comercial

commie ['kɒmi] *adj,n col,pej* (comunista) comuna

commiserate [kə'mɪzəreɪt] *vi* **1** manifestar solidariedade [with, a; over, em relação a]; *to commiserate with somebody over...* dizer a alguém o quanto se lamenta que... **2** compadecer-se [with, de]; apiedar-se [with, de]

commiseration [kə,mɪzə'reɪʃən] *n* compaixão ◆ *npl* condolências

commissariat [,kɒmɪ'seərɪət] *n* MIL (departamento) comissariado

commission [kə'mɪʃən] *n* **1** comissão; *to work on commission* trabalhar à comissão **2** (*grupo de pessoas*) comissão **3** trabalho; encomenda; *I have a commission for a new painting* fizeram-me uma encomenda de um novo quadro ◆ *vt* **1** encomendar; *these chairs were commissioned for the department* estas cadeiras foram encomendadas para o departamento **2** contratar; *he commissioned an artist to paint his portrait* ele contratou um artista para lhe pintar o retrato **3** MIL dar patente oficial a; *he was commissioned as officer in the air force* ele recebeu a patente de oficial na força aérea ❖ *commission agent* comissionista; *out of commission* fora de serviço

commissionaire [kə,mɪʃəneə] *n* (hotel, sala de espetáculos) porteiro; rececionista

commissioner [kə'mɪʃənə] *n* comissário

commit [kə'mɪt] *vt* {*pret e pp* -tt-} **1** cometer; praticar; *to commit a crime* cometer um crime **2** (hospital, lar) internar [to, em]

3 (prisão) deter 4 destinar [to, a]; aplicar [to, em] ♦ *vp* 1 (dedicação) empenhar-se; aplicar-se 2 comprometer-se; *they committed themselves to finishing the work on time* eles comprometeram-se a terminar a tarefa a tempo ❖ *to commit suicide* suicidar-se; *to commit to memory* memorizar; *to commit to paper* pôr por escrito; registar

commitment [kəˈmɪtmənt] *n* 1 empenho; dedicação 2 obrigação; responsabilidade 3 compromisso

committal [kəˈmɪtəl] *n* 1 (hospital psiquiátrico) internamento 2 (prisão) detenção

committed [kəˈmɪtɪd] *adj* 1 empenhado [to, em]; dedicado [to, a] 2 comprometido

committee [kəˈmɪti] *n* comité; *to be/sit on a committee* ser membro de um comité

commode [kəˈməʊd] *n* 1 (mobília) cómoda 2 (para doentes) arrastadeira

commodity [kəˈmɒdɪti] *n* {*pl* -ies} 1 produto; mercadoria 2 matéria-prima

common [ˈkɒmən] *adj* {*comp* -er, *superl* -est} 1 banal; vulgar 2 frequente; normal 3 comum 4 ordinário; grosseiro ❖ (escola) *common room* sala de convívio; *in common use* de uso corrente; *it's common knowledge that...* toda a gente sabe que...

commoner [ˈkɒmənə] *n* plebeu

commonly [ˈkɒmənli] *adv* comummente

commonplace [ˈkɒmənpleɪs] *n* lugar-comum ♦ *adj* vulgar; comum

commons [ˈkɒmənz] *n* o povo; o vulgo ❖ POL *the Commons* a Câmara dos Comuns

Commonwealth [ˈkɒmənˌwelθ] *n* Comunidade Britânica

commotion [kəˈməʊʃən] *n* 1 agitação; confusão 2 distúrbios

communal [ˈkɒmjunəl] *adj* 1 comum; em comum 2 comunitário

commune¹ [ˈkɒmjuːn] *n* (comunidade) comuna

commune² [kəˈmjuːn] *vi* 1 estar em comunhão [with, com] 2 comunicar [with, com]

communicable [kəˈmjuːnɪkəbəl] *adj* 1 (doença) contagioso, transmissível 2 (ideia, conceito) fácil de explicar

communicate [kəˈmjuːnɪkeɪt] *vt* 1 comunicar [to, a]; revelar [to, a]; divulgar [to, a]; *he communicated his decision to the press* ele divulgou a sua decisão à imprensa 2 (doença) transmitir; contagiar ♦ *vi* 1 comunicar [with, com] 2 (espaços) estar em comunicação; ser adjacentes 3 REL comungar

communicating [kəˈmjuːnɪkeɪtɪŋ] *adj* comunicante; anexo; adjacente; *communicating rooms* quartos adjacentes; *communicating door* porta de comunicação

communication [kəˌmjuːnɪˈkeɪʃən] *n* 1 comunicação 2 comunicado; notificação 3 passagem, ligação

communicative [kəˈmjuːnɪkətɪv] *adj* comunicativo

communicator [kəˈmjuːnɪˌkeɪtə] *n* comunicador

communion [kəˈmjuːnɪən] *n* 1 REL comunhão 2 REL confraternidade 3 (partilha, proximidade) comunhão

communiqué [kəˈmjuːnɪkeɪ] *n* comunicado oficial

communism [ˈkɒmjuˌnɪzəm] *n* comunismo

communist [ˈkɒmjunɪst] *adj,n* comunista

community [kəˈmjuːnɪti] *n* {*pl* -ies} 1 comunidade 2 população ❖ *community centre* centro social; *community service* serviço comunitário

commutable [kəˈmjuːtəbəl] *adj* comutável

commutation [ˌkɒmjuˈteɪʃən] *n* 1 comutação 2 troca; substituição

commutative [kəˈmjuːtətɪv] *adj* comutativo; de comutação

commutator [ˈkɒmjuˌteɪtə] *n* comutador

commute [kə'mjuːt] vi (trajeto longo entre casa e emprego) ir e vir todos dias; *he commutes everyday by car* ele desloca-se todos os dias para o emprego de carro ♦ vt 1 permutar; trocar 2 DIR comutar [to, para]; *the judge commuted the sentence to ten years imprisonment* o juiz comutou a sentença para dez anos de prisão

commuter [kə'mjuːtə] n pessoa que faz regularmente um percurso longo entre a casa e o emprego ❖ *commuter belt* arredores

Comoran [kə'mɔːrən] adj,n comorense

Comoros ['kɒmərəuz] n Comores

compact[1] [kəm'pækt] adj {comp -er, superl -est} 1 compacto; denso 2 (espaço) apertado 3 conciso ♦ vt compactar; comprimir ❖ *compact disc* disco compacto; CD; *compact disc player* leitor de discos compactos; leitor de CD

compact[2] ['kɒmpækt] n estojo de pó de arroz

companion [kəm'pænjən] n 1 companheiro 2 (profissão) acompanhante 3 (livro) guia

companionship [kəm'pænjənʃɪp] n 1 companheirismo 2 companhia

company ['kʌmpəni] n {pl -ies} 1 companhia 2 visita 3 empresa 4 (teatro, dança) companhia ❖ *two's company, three is a crowd* dois é bom, três é de mais

comparable ['kɒmpərəbəl] adj comparável [to/with, a/com]

comparative [kəm'pærətɪv] adj 1 comparativo 2 relativo; *he lived in comparative comfort* ele vivia com um relativo conforto ♦ n grau comparativo

comparatively [kəm'pærətɪvəli] adv comparativamente

compare [kəm'peə] vt comparar [with, com; to, a] ♦ vi ser comparável, comparar-se [with, com] ♦ n lit comparação; *beyond compare* sem comparação

comparison [kəm'pærɪsən] n comparação

compartment [kəm'pɑːtmənt] n 1 compartimento 2 divisão

compass ['kʌmpəs] n {pl -es} 1 bússola 2 fig âmbito; *within the compass of* no âmbito de 3 (instrumento de desenho) compasso ♦ vt (compreender) abranger ❖ *compass point* ponto cardeal; *compass rose* rosa dos ventos

compassion [kəm'pæʃən] n compaixão; pena

compassionate [kəm'pæʃənɪt] adj compassivo

compatibility [kəm,pætə'bɪlɪti] n compatibilidade [between, entre; with, com]

compatible [kəm'pætɪbəl] adj compatível [with, com]

compatriot [kəm'pætrɪət] n compatriota

compel [kəm'pel] vt {pret e pp -ll-} 1 obrigar; forçar; *they compelled me to resign* eles obrigaram-me a pedir a demissão 2 impelir

compelling [kəm'pelɪŋ] adj 1 (argumentos, razões) de peso 2 envolvente; apaixonante 3 (impulso, necessidade) irresistível

compendium [kəm'pendɪəm] n {pl -ums, -a} compêndio

compensate ['kɒmpənseɪt] vt 1 (contrabalançar) compensar 2 indemnizar [for, por]; ressarcir [for, por] ♦ vi servir de compensação [for, a]

compensation [,kɒmpən'seɪʃən] n 1 compensação 2 indemnização [for, por]

compensatory [,kɒmpen'seɪtəri] adj compensatório

compete [kəm'piːt] vi 1 competir [with/against, com; for, para] 2 (em competição, em prova, etc.) participar [in, em] 3 disputar entre si [for, -] 4 (empresas) ser concorrente [with, de]

competence ['kɒmpətəns] n competência [for, para]

competent ['kɒmpɪtənt] adj competente

competition [,kɒmpə'tɪʃən] n 1 competição 2 concorrência

competitive [kəm'petitiv] *adj* 1 competitivo 2 (desporto) de competição

competitively [kəm'petitivli] *adv* de forma competitiva

competitiveness [kəm'petitivnəs] *n* competitividade

competitor [kəm'petitə] *n* 1 participante em competição 2 concorrente

compilation ['kompı,leıʃən] *n* compilação

compile [kəm'paıl] *vt* compilar; coligir

compiler [kəm'paılə] *n* compilador

complacency [kəm'pleısənsi] *n pej* autocomplacência

complacent [kəm'pleısənt] *adj pej* autocomplacente

complain [kəm'pleın] *vi* 1 (protesto) queixar-se [about, de; to, a]; *they complained to the police* eles queixaram-se à polícia 2 lamentar-se [about, em relação a]; lamuriar-se [about, em relação a] 3 (doença, dor) queixar-se [of, de]; *he was complaining of a stomach ache* ele queixava-se de dores de estômago

complaint [kəm'pleınt] *n* queixa; reclamação; *complaints book* livro de reclamações

complement ['komplımənt] *n* 1 complemento [to, a] 2 LING complemento 3 acessório [to, de] 4 conjunto; *the full complement of* a totalidade de ♦ *vt* complementar; funcionar como complemento de

complementary [,komplı'mentəri] *adj* complementar

complete [kəm'pli:t] *adj* 1 completo; *the complete works of* as obras completas de 2 acabado, concluído; *your job is not complete* o teu trabalho não está concluído 3 *(total)* absoluto; *a complete surprise* uma verdadeira surpresa; *a complete idiot* um idiota chapado ♦ *vt* 1 completar 2 acabar; concluir 3 preencher; *to complete a form* preencher um formulário

completely [kəm'pli:tli] *adv* completamente

completion [kəm'pli:ʃən] *n* 1 remate 2 conclusão; acabamento

complex ['kompleks] *adj* complexo, complicado ♦ *n* {*pl* -es} complexo

complexion [kəm'plekʃən] *n* (rosto) pele, tez

complexity [kəm'pleksıti] *n* {*pl* -ies} complexidade

compliance [kəm'plaıəns] *n* 1 conformidade 2 obediência [with, a]; acatamento [with, de] 3 INFORM compatibilidade

compliant [kəm'plaıənt] *adj* 1 em conformidade [with, com] 2 submisso; dócil 3 INFORM compatível

complicate ['komplıkeıt] *vt* complicar

complicated ['komplı,keıtıd] *adj* complicado

complication ['komplı,keıʃən] *n* complicação

compliment[1] ['komplımənt] *n* elogio ♦ *npl* cumprimentos, saudações; (cartão, postal) *with the compliments of* com os cumprimentos de

compliment[2] ['komplımənt] *vt* dar os parabéns a [on, por]; elogiar [on, por]

complimentary [,komplı'mentəri] *adj* 1 elogioso 2 (relações-públicas) gratuito; de cortesia

comply [kəm'plaı] *vi* 1 obedecer [with, a]; cumprir [with,] 2 (pedido) aceder [with, a]

component [kəm'pəunənt] *n,adj* componente

comport [kəm'po:t] *vi* 1 ser compatível [with, com]; INFORM *the program doesn't comport with the computer* este programa não é compatível com o computador 2 (coerência) ser consistente [with, com] ♦ *vp* comportar-se [with, com], portar-se [with, com]

compose [kəm'pəuz] *vt* 1 compor 2 (texto) redigir; escrever 3 pôr em ordem ♦ *vp* recompor-se; acalmar-se; *compose yourself!*

acalma-te! ❖ **to be composed of** ser constituído por

composed [kəm'pəʊzd] *adj* sossegado; recatado

composer [kəm'pəʊzə] *n* compositor

composite ['kɒmpəzɪt] *adj,n* composto

composition [ˌkɒmpə'zɪʃən] *n* composição

compositor [kəm'pɒzɪtə] *n* TIP (impressão) compositor

compost ['kɒmpɒst] *n* estrume

composure [kəm'pəʊʒə] *n* compostura, serenidade

compound[1] ['kɒmpaʊnd] *n* **1** (substância, palavra) composto **2** conjunto; combinação **3** recinto ◆ *adj* composto; complexo

compound[2] [kəm'paʊnd] *vt* **1** compor; combinar **2** (doença, problema, dificuldade) agravar, complicar ◆ *vi* transigir; dar-se por satisfeito; chegar a acordo [**with**, com] ❖ **to be compounded of** ser composto de

comprehend [ˌkɒmprɪ'hend] *vt* **1** compreender, perceber, entender **2** abranger; abarcar; *this issue comprehends several difficult problems* esta questão abrange uma série de problemas difíceis

comprehensible [ˌkɒmprɪ'hensɪbəl] *adj* compreensível; inteligível

comprehension [ˌkɒmprɪ'henʃən] *n* compreensão, entendimento ❖ (escola) *listening comprehension* compreensão auditiva; (escola) *reading comprehension* leitura e interpretação

comprehensive [ˌkɒmprɪ'hensɪv] *adj* **1** exaustivo; abrangente **2** (seguro) contra todos os riscos

compress[1] ['kɒmpres] *n* compressa

compress[2] [kəm'pres] *vt* **1** comprimir **2** reduzir; condensar

compressed [kəm'prest] *adj* **1** comprimido; *compressed air bottle* garrafa de ar comprimido **2** condensado; reduzido

compression [kəm'preʃən] *n* compressão

compressor [kəm'presə] *n* MEC compressor

comprise [kəm'praɪz] *vt* **1** abranger **2** incluir; conter; *the book comprises twenty short stories* o livro inclui vinte contos **3** constituir; **to be comprised of** ser constituído por

compromise ['kɒmprəmaɪz] *n* **1** (transigência) compromisso [**between**, entre] **2** meio termo; solução de compromisso; *to come to/reach a compromise* chegar a uma solução de compromisso ◆ *vt* comprometer; pôr em perigo, pôr em risco; *they compromised the entire operation* eles comprometeram toda a operação; *to compromise oneself* comprometer a sua reputação ◆ *vi* transigir; aceitar um compromisso; chegar a um acordo; *he was not willing to compromise on the price* ele não estava disposto a transigir no preço

compromising ['kɒmprəˌmaɪzɪŋ] *adj* comprometedor

compulsion [kəm'pʌlʃən] *n* **1** coação **2** compulsão

compulsive [kəm'pʌlsɪv] *adj* **1** compulsivo; inveterado **2** irresistível

compulsory [kəm'pʌlsəri] *adj* obrigatório

computation [ˌkɒmpju:'teɪʃən] *n form* cômputo; cálculo

compute [kəm'pju:t] *vt* calcular; fazer o cômputo de; *to compute something at...* estimar (algo) em...

computer [kəm'pju:tə] *n* computador; *computer science* informática; *computer virus* vírus informático

computer-aided [kəmˌpju:tər'eɪdɪd] *adj* assistido por computador

computerization [kəmˌpju:tərɪ'zeɪʃən] *n* informatização

computerize [kəm'pju:təraɪz] *vt* informatizar; computorizar

computer-literate [kəmˌpju:tə'lɪtərɪt] *adj* com conhecimentos de informática

computing [kəm'pjuːtɪŋ] n informática
comrade ['kɒmreɪd] n camarada
comradeship ['kɒmreɪdʃɪp] n camaradagem
con [kɒn] n 1 contra; *the pros and cons* os prós e os contras 2 *col* patranha, peta; vigarice; *his cons were know all over town* as vigarices dele eram conhecidas por toda a cidade 3 *cal* condenado; criminoso; *a dangerous con* um criminoso perigoso ♦ *vt* {*pret e pp* -nn-} 1 *col* vigarizar [out of, em]; *to con someone out of a large sum of money* vigarizar alguém numa grande soma de dinheiro 2 levar a crer [into, que]; persuadir [into, a]
concatenate [kɒn'kætɪneɪt] vt 1 concatenar 2 encadear
concatenation [kɒnˌkætə'neɪʃən] n 1 concatenação 2 encadeamento
concave ['kɒnkeɪv] adj côncavo
concavity [kɒn'kævɪti] n {pl -ies} concavidade
conceal [kən'siːl] vt 1 dissimular 2 ocultar [from, de]; esconder [from, de]; *they concealed the whole truth from me* eles ocultaram-me toda a verdade
concealed [kən'siːld] adj escondido, oculto
concealer [kən'siːlə] n 1 (cosmética) corretor 2 encobridor, sonegador
concealment [kən'siːlmənt] n ocultação; encobrimento
concede [kən'siːd] vt 1 reconhecer, admitir; *to concede defeat* reconhecer a derrota; *to concede that...* admitir que... 2 DESP (golos, pontos) sofrer; *the french team conceded a goal* a equipa francesa sofreu um golo ♦ *vi* 1 aceder [to, a]; concordar [to, em] 2 conceder; ceder
conceit [kən'siːt] n presunção; vaidade
conceited [kən'siːtɪd] adj presunçoso [about, em relação a]
conceivable [kən'siːvəbəl] adj concebível

conceive [kən'siːv] vt 1 (criança) conceber 2 (ideias) conceber; criar; *to conceive a plan* conceber um plano 3 compreender; *I cannot conceive why he acted that way* não consigo compreender por que é que ele agiu daquele modo ♦ *vi* 1 engravidar 2 imaginar [of, -]; *to conceive of something as...* entender algo como...
concentrate ['kɒnsəntreɪt] vt concentrar [on, em]; *they concentrated all their efforts on saving the ship* eles concentraram todos os seus esforços no resgate do navio ♦ *vi* 1 concentrar-se [on, em] 2 centrar-se [on, em] 3 convergir [in, para]; centralizar-se [in, em] ♦ *n* concentrado
concentration [ˌkɒnsən'treɪʃən] n concentração
concentric [kən'sentrɪk] adj concêntrico
concept ['kɒnsept] n conceito [of, de]
conception [kən'sepʃən] n (ideia, bebé) conceção
conceptual [kən'septʃuəl] adj conceptual
conceptualism [kən'septʃuəlɪzəm] n conceptualismo
concern [kən'sɜːn] n 1 preocupação [about/over/for, com] 2 interesse; *it's no concern of mine* não tenho nada a ver com isso; *it's none of his concern* não é nada que lhe diga respeito; *it's of no concern to you* não te diz respeito 3 negócio, empresa ♦ *vt* 1 dizer respeito a; afetar 2 (texto, filme, etc.) referir-se a; ser sobre ❖ *to whom it may concern* a quem de direito
concerned [kən'sɜːnd] adj 1 preocupado [about/for, com] 2 visado; interessado ❖ *as far as I'm concerned* no que me diz respeito
concerning [kən'sɜːnɪŋ] prep acerca de; sobre
concert[1] ['kɒnsət] n MÚS concerto ❖ *in concert* ao vivo

concert² [kən'sɜːt] *vt* concertar, harmonizar, ajustar

concertgoer ['kɒnsətgəʊə] *n* frequentador de concertos

concertina [ˌkɒnsəti'niːnə] *n* concertina

concertmaster ['kɒnsətmɑːstə] *n EUA,Can* MÚS primeiro-violino

concerto [kən'tʃeətəʊ] *n (pl* -s) (composição) concerto

concession [kən'seʃən] *n* 1 concessão 2 tarifa reduzida

concessionaire [kənˌseʃə'neə] *n* concessionário

concessionary [kən'seʃənəri] *adj* (tarifa, preço) reduzido

concessive [kən'sesɪv] *adj* LING concessivo

conch [kɒŋk] *n (pl* -s) búzio; caramujo

concierge [ˌkɒnsi'eəʒ] *n* porteiro

conciliate [kən'sɪlieɪt] *vt* 1 (divergências) resolver; *they were able to conciliate their divergences* eles conseguiram sanar as divergências entre eles 2 conciliar; harmonizar 3 apaziguar; pacificar

conciliation [kənˌsɪli'eɪʃən] *n* conciliação

concise [kən'saɪs] *adj* 1 conciso; sucinto 2 (edição) reduzido

conciseness [kən'saɪsnɪs] *n* concisão

concision [kən'sɪʒən] *n* concisão

conclave ['kɒŋkleɪv] *n* conclave

conclude [kən'kluːd] *vt* 1 concluir [with, com]; terminar [with, com] 2 (deduzir) concluir [from, de]; inferir [from, de]; *what can we conclude from that?* que podemos concluir daí? 3 (negócio, acordo) firmar ♦ *vi* concluir; terminar

concluding [kən'kluːdɪŋ] *adj* final; concludente

conclusion [kən'kluːʒən] *n* 1 conclusão 2 (tratado, reunião) conclusão; final

conclusive [kən'kluːsɪv] *adj* conclusivo

conclusively [kən'kluːsɪvli] *adv* definitivamente

concoct [kən'kɒkt] *vt* 1 confecionar; preparar 2 *fig* engendrar; maquinar

concoction [kən'kɒkʃən] *n* 1 (comida, bebida) mistela 2 esquema

concomitant [kən'kɒmɪtənt] *adj form* concomitante ♦ *n* constante [of, de]

concord ['kɒŋkɔːd] *n* 1 LIT concórdia, união, harmonia; *to live in concord* viver em harmonia 2 LING concordância

concordance [kən'kɔːdəns] *n* (livro) índice

concordat [kɒn'kɔːdæt] *n* concordata

concourse ['kɒŋkɔːs] *n* átrio; entrada

concrete ['kɒnkriːt] *n* 1 betão; cimento 2 FIL concreto ♦ *adj* 1 concreto 2 de betão; *a concrete wall* um muro de betão ♦ *vt* cobrir de betão; cimentar ❖ *concrete mixer* betoneira

concretion [kɒn'kriːʃən] *n* concreção; solidificação

concubine ['kɒŋkjubaɪn] *n* concubina

concur [kən'kɜː] *vi (pret e pp* -rr-) 1 concordar [with, com]; *I fully concur with you* concordo plenamente consigo 2 coincidir 3 conjugar-se [to, para]

concurrence [kən'kʌrəns] *n* 1 concordância 2 (acontecimentos) coincidência; conjugação; combinação; *there was a concurrence of accidents* houve uma conjugação de acasos

concurrent [kən'kʌrənt] *adj* 1 simultâneo 2 concertado

concuss [kən'kʌs] *vt* 1 ferir 2 abalar

concussion [kən'kʌʃən] *n* 1 concussão cerebral 2 abalo

condemn [kən'dem] *vt* 1 DIR condenar [to, a]; sentenciar [to, a]; *to condemn to death* condenar à morte 2 repudiar; criticar [for, por]; censurar [for, por]; *everybody condemned her attitude* toda a gente censurou a atitude dela

condemnable [kən'demnəbl] *adj* condenável, censurável

condemnation [ˌkɒndem'neɪʃən] *n* 1 condenação 2 censura [of, de]

condemned [kən'demd] *adj* 1 condenado 2 censurado

condensation [ˌkɒndenˈseɪʃən] n condensação

condense [kənˈdens] vt 1 condensar 2 (resumir) condensar [into/to, em]; reduzir [into/to, para] ♦ vi condensar-se

condensed [kənˈdenst] adj condensado

condescend [ˌkɒndɪˈsend] vi 1 condescender [to, em] 2 dignar-se [to, a] 3 tratar de forma condescendente [towards, -]

condescending [ˌkɒndɪˈsendɪŋ] adj condescendente

condescension [ˌkɒndɪˈsenʃən] n condescendência

condiment [ˈkɒndɪmənt] n condimento

condition [kənˈdɪʃən] n 1 condição; on one condition com uma condição; I'll do it on condition that you'll help me eu faço-o na condição de tu me ajudares 2 situação; of humble condition de origem humilde 3 estado; in good condition em bom estado 4 (contrato) cláusula [of, de] 5 doença; problema; he's got a heart condition ele sofre do coração ♦ vt 1 condicionar; I'm conditioned by my work eu estou condicionado pelo meu trabalho 2 (cabelo, pele) tratar de ❖ to be out of condition estar em baixo de forma; working conditions condições de trabalho

conditional [kənˈdɪʃənəl] adj 1 condicional 2 dependente [on/upon, de] ♦ n condicional

conditioner [kənˈdɪʃənə] n 1 (cabelo, roupa) amaciador 2 creme hidratante

conditioning [kənˈdɪʃənɪŋ] n condicionamento

condole [kənˈdəʊl] vi transmitir as condolências [with, a]; they condoled with the family eles apresentaram os pêsames à família

condolence [kənˈdəʊləns] n condolência; please accept my condolences os meus sentimentos

condom [ˈkɒndəm] n preservativo

condominium [ˌkɒndəˈmɪnɪəm] n EUA condomínio

condone [kənˈdəʊn] vt admitir; pactuar com

condor [ˈkɒndɔː] n condor

conduce [kənˈdjuːs] vi contribuir [to, para]; conduzir [to, a]

conducive [kənˈdjuːsɪv] adj 1 favorável [to, a]; propício [to, a] 2 conducente [to, a]

conduct[1] [ˈkɒndəkt] n 1 conduta, procedimento 2 organização [of, de]

conduct[2] [kənˈdʌkt] vt 1 levar a cabo; realizar 2 gerir, dirigir; they conducted the whole operation eles dirigiram toda a operação 2 MÚS reger; to conduct an orchestra reger uma orquestra 4 (visita) guiar; conducted visit visita guiada 5 DIR conduzir; to conduct an inquiry conduzir um inquérito ♦ vp comportar-se; portar-se

conduction [kənˈdʌkʃən] n condução, transmissão

conductivity [ˌkɒndʌkˈtɪvɪti] n condutividade

conductor [kənˈdʌktə] n 1 ELET condutor 2 MÚS (orquestra, coro) regente, maestro 3 (transportes) revisor 4 líder; guia

conduit [ˈkɒndjʊɪt] n 1 (tubo) conduta 2 intermediário

cone [kəʊn] n cone

confect [kənˈfekt] vt (compotas, doces, etc.) confecionar

confection [kənˈfekʃən] n 1 CUL doce 2 mistura [of, de]; combinação [of, de]

confectioner [kənˈfekʃənə] n pasteleiro, confeiteiro ❖ (estabelecimento) confectioner's confeitaria

confectionery [kənˈfekʃnəri] n artigos de confeitaria

confederacy [kənˈfedərəsi] n (pl -ies) confederação

confederate[1] [kənˈfedərət] n 1 confederado 2 cúmplice

DACIN-OP-10

confederate² [kən'fedəreıt] vi confederar-
-se

confederation [kən,fedə'reıʃən] n confederação

confer [kən'fɜ:] vt conferir [**on/upon**, a];
conceder [**on/upon**, a]; outorgar [**on/upon**,
a]; atribuir [**on/upon**, a]; *to confer a title*
conceder um título ♦ vi 1 consultar [**with**,
-]; aconselhar-se [**with**, com]; *he conferred with his parents before making the
decision* ele aconselhou-se com os pais
antes de tomar a decisão 2 conferenciar
[**with**, com]

conference ['kɒnfərəns] n conferência
[**on**, sobre]; *conference room* sala de reuniões

confess [kən'fes] vt 1 confessar; *he confessed everything to the police* ele con-
fessou tudo à polícia 2 declarar; *he confessed himself guilty* declarou-se culpado
3 reconhecer; admitir; *I confess I am surprised* reconheço que estou surpreendida
♦ vi 1 confessar; *to confess to a crime*
confessar um crime 2 REL confessar-se

confession [kən'feʃən] n confissão

confessional [kən'feʃənəl] n confessionário ♦ adj confessional

confessor [kən'fesə] n REL confessor

confetti [kən'fetı] npl confetes, confetti

confidant ['kɒnfıdænt] n (sexo masculino)
confidente

confidante ['kɒnfıdænt] n (sexo feminino)
confidente

confide [kən'faıd] vt 1 confidenciar [**to**,
a]; *can I confide you a secret?* posso con-
fidenciar-te um segredo? 2 *form* confiar
[**to**, a]; *this task was confided to me
alone* esta tarefa foi-me confiada somente
a mim
♦ **confide in** vt 1 confiar em 2 contar
um segredo a

confidence ['kɒnfıdəns] n 1 confiança
2 autoconfiança; segurança 3 (segredo)
confidência

confident ['kɒnfıdənt] adj confiante, seguro ❖ *to be confident that...* ter a certeza que...

confidential [,kɒnfı'denʃəl] adj 1 confidencial 2 particular; *they're having a
confidential talk* eles estão a ter uma conversa particular

confidentially [,kɒnfı'denʃəlı] adv confidencialmente

configuration [kən,fıgjʊ'reıʃən] n configuração

configure [kən'fıgə] vt configurar

confine [kən'faın] vt 1 prender [**to**, em];
encarcerar [**to**, em] 2 limitar [**to**, a], restringir [**to**, a] ❖ *to be confined to bed* estar acamado

confined [kən'faınd] adj (espaço) reduzido;
limitado

confinement [kən'faınmənt] n prisão;
clausura

confines ['kɒnfaınz] n confins, fronteiras

confirm [kən'fɜ:m] vt 1 confirmar 2 ratificar; *the peace treaty was at last confirmed* o tratado de paz foi por fim ratifi-
cado 3 REL crismar

confirmation [,kɒnfə'meıʃən] n 1 confirmação 2 ratificação 3 REL crisma

confirmed [kən'fɜ:md] adj 1 confirmado
2 inveterado; incorrigível

confiscate ['kɒnfıskeıt] vt confiscar; *the
police confiscated all his possessions* a
polícia confiscou-lhe todos os bens

confiscation [,kɒnfıs'keıʃən] n confiscação

conflagration [,kɒnflə'greıʃən] n conflagração

conflict¹ ['kɒnflıkt] n conflito [**over**, por;
with, com; **between**, entre]

conflict² [kən'flıkt] vi entrar em conflito
[**with**, com]

conflicting [kən'flıktıŋ] adj 1 (opiniões, interesses) oposto; contrário 2 contraditório

confluence ['kɒnfluəns] n confluência [**of**,
de]

confluent ['kɒnfluənt] *adj,n* **1** confluente **2** afluente

conform [kən'fɔːm] *vi* **1** ajustar-se [to/with, a] **2** estar em conformidade [with, com] **3** obedecer [to/with, a]; *you must conform with the law* tens de obedecer à lei

conformation [ˌkɒnfɔː'meɪʃən] *n* configuração

conformism [kən'fɔːmɪzm] *n* **1** conformismo; convencionalismo **2** REL (Protestantismo) conformismo

conformist [kən'fɔːmɪst] *adj,n* conformista

conformity [kən'fɔːmɪti] *n* {*pl* -ies} conformidade

confound [kən'faʊnd] *vt* confundir; baralhar ♦ *confound it!* raios partam!

confounded [kən'faʊndɪd] *adj* confuso

confront [kən'frʌnt] *vt* **1** enfrentar; *you must confront the problem* tens de enfrentar o problema **2** confrontar [with, com]; *I confronted him with the truth* confrontei-o com a verdade

confrontation [ˌkɒnfrən'teɪʃən] *n* confronto

confuse [kən'fjuːz] *vt* **1** confundir; atrapalhar **2** baralhar; *don't confuse my papers* não baralhes os meus papéis **3** (engano) confundir [with, com]

confused [kən'fjuːzd] *adj* confuso

confusion [kən'fjuːʒən] *n* **1** confusão **2** desordem

congenial [kən'dʒiːniəl] *adj* (pessoa, atmosfera) agradável; simpático

congenital [kən'dʒenɪtəl] *adj* **1** congénito; *congenital disease* doença congénita **2** *fig* inato

conger ['kɒŋgə] *n* congro

congest [kən'dʒest] *vt* congestionar ♦ *vi* congestionar-se

congestion [kən'dʒestʃən] *n* **1** congestão **2** congestionamento; *traffic congestion* congestionamento de trânsito

conglomerate[1] [kən'glɒmərət] *n* **1** ECON conglomerado **2** GEOL aglomerado

conglomerate[2] [kən'glɒməreɪt] *vt* conglomerar ♦ *vi* conglomerar-se

conglomeration [kənˌglɒmə'reɪʃən] *n* conglomeração; conglomerado

Congo ['kɒŋgəʊ] *n* Congo

Congolese [ˌkɒŋgə'liːz] *adj,n* congolês

congratulate [kən'grætʃʊleɪt] *vt* felicitar [on/for, por]; dar os parabéns [on/for, por]; *I congratulated him on his birthday* dei-lhe os parabéns ❖ *to congratulate oneself for* congratular-se por

congratulations [kənˌgrætʃʊ'leɪʃənz] *n* **1** parabéns **2** felicitações ❖ *to offer somebody our congratulations for...* dar os parabéns a alguém por...

congratulatory [kən'grætʃʊlətəri] *adj* de felicitação

congregate ['kɒŋgrɪgeɪt] *vi* **1** congregar-se **2** reunir-se; *they congregated at table* eles reuniram-se à mesa

congregation [ˌkɒŋgrɪ'geɪʃən] *n* congregação

congress ['kɒŋgres] *n* {*pl* -es} congresso

congressman ['kɒŋgrɪsmən] *n* {*pl* -men} **1** congressista **2** *EUA* membro da Câmara dos Representantes

congruent ['kɒŋgruənt] *adj* congruente

congruous ['kɒŋgruəs] *adj* congruente [with, com]

conic ['kɒnɪk] *n* MAT secção cónica ♦ *adj* MAT cónico; *conic section* secção cónica

conical ['kɒnɪkəl] *adj* cónico

conjecture [kən'dʒektʃə] *n* conjetura; hipótese; suposição ♦ *vt,i* conjeturar; supor

conjoint [kən'dʒɔɪnt] *adj* conjunto; associado; *conjoint efforts* esforços conjuntos

conjugal ['kɒndʒʊgəl] *adj* conjugal

conjugate ['kɒndʒʊgeɪt] *vt* conjugar; LING *to conjugate a verb* conjugar um verbo ♦ *vi* conjugar-se

conjugation [ˌkɒndʒʊ'geɪʃən] *n* conjugação

conjunction [kən'dʒʌŋkʃən] n 1 conjunção 2 associação [of, de; with, com] ❖ *in conjunction with* em conjunto com

conjunctiva [kən'dʒʌŋktɪvə] n ANAT (membrana) conjuntiva

conjunctive [kən'dʒʌŋktɪv] adj conjuntivo

conjunctivitis [kən,dʒʌŋktɪ'vaɪtɪs] n conjuntivite

conjuncture [kən'dʒʌŋktʃə] n conjuntura

conjure ['kʌndʒə] vi 1 fazer magia; fazer passes de magia 2 (espíritos) invocar; conjurar

◆ conjure up vt 1 (espíritos) invocar 2 (memórias) evocar; recordar

conjurer ['kʌndʒərə] n ilusionista; prestidigitador

conjuring [,kʌn'dʒərɪŋ] n 1 ilusionismo 2 feitiçaria

conk [kɒŋk] n GB col nariz; penca col

◆ conk out vi 1 (máquina) falhar, avariar 2 (pessoa) adormecer

connect [kə'nekt] vt 1 unir [to/with, a]; ligar [to/with, a]; *the bridge connects Porto with Gaia* a ponte liga o Porto a Gaia 2 relacionar [with, com]; associar [with, a]; *I didn't connect you with your brother* não te associei ao teu irmão 3 (eletricidade) ligar; *you must connect this wire to the lamp* tens de ligar este fio ao candeeiro 4 (chamada telefónica) fazer a ligação; *don't hang up, I'm going to connect you* não desligue, vou fazer a ligação ◆ vi 1 (comboio, autocarro) fazer a ligação [with, com]; *this train connects with the bus that goes to the centre of the town* este comboio faz ligação com o autocarro que vai para o centro da cidade 2 comunicar [with, com]

connected [kə'nektɪd] adj ligado [with, a]; relacionado [with, com] ❖ *to be well connected* ter bons contactos

connecting [kə'nektɪŋ] adj 1 de união; de ligação 2 (espaços) que comunica

connection [kə'nekʃən] n 1 relação [between, entre; with, com; to, a] 2 (meios de transporte, telefone) ligação 3 (eletricidade) contacto ◆ npl contactos ❖ *in connection with* no que diz respeito a

connective [kə'nektɪv] adj conjuntivo; *connective tissue* tecido conjuntivo

connexion [kə'nekʃən] n ⇒ connection

connivance [kə'naɪvəns] n conivência

connive [kə'naɪv] vi 1 ser conivente [at, em; with, com] 2 fazer vista grossa [at, a]

connoisseur [,kɒnə'sɜː] n entendido [of, em]

connotation [,kɒnə'teɪʃən] n conotação

conquer ['kɒŋkə] vt 1 conquistar 2 (dificuldade, problema) vencer

conquering ['kɒŋkərɪŋ] adj vitorioso; triunfante

conqueror ['kɒŋkərə] n conquistador; vencedor

conquest ['kɒŋkwest] n conquista [of, de]

conscience ['kɒnʃəns] n consciência

conscientious [,kɒnʃi'enʃəs] adj consciencioso ❖ *conscientious objector* objetor de consciência

conscious ['kɒnʃəs] adj 1 consciente 2 deliberado 3 ciente [of, de] ◆ n PSIC consciente

consciousness ['kɒnʃəsnɪs] n estado de consciência; *to lose/regain consciousness* perder/recuperar os sentidos

conscript[1] ['kɒnskrɪpt] n MIL recruta

conscript[2] [kən'skrɪpt] vt MIL recrutar; *to be conscripted to* ser recrutado para

conscription [kən'skrɪpʃən] n MIL recrutamento

consecrate ['kɒnsɪkreɪt] vt 1 consagrar 2 dedicar [to, a] 3 REL ordenar; *he was consecrated bishop* ele foi ordenado bispo

consecrated ['kɒnsɪkreɪtɪd] adj consagrado; sagrado; *consecrated ground* solo sagrado

consecration [,kɒnsɪ'kreɪʃən] n 1 consagração; sagração 2 (de bispo) ordenação

consecutive [kən'sekjʊtɪv] adj consecutivo

consensual [kən'sensjʊəl] adj consensual

consensus [kən'sensəs] n consenso; *the consensus of opinion* a opinião geral

consent [kən'sent] n consentimento, permissão, autorização; *to give one's consent to* dar consentimento a, autorizar ♦ vi autorizar, permitir [**to**, -] ❖ *age of consent* idade núbil; *by common consent* de mútuo acordo

consenting [kən'sentɪŋ] adj responsável; *consenting adults* pessoas maiores e vacinadas

consequence ['kɒnsɪkwəns] n consequência; resultado ❖ *in consequence* por conseguinte

consequent ['kɒnsɪkwənt] adj consequente; subsequente ❖ *to be consequent on* resultar de

consequential [,kɒnsɪ'kwenʃəl] adj consequente; resultante

consequently ['kɒnsɪkwəntlɪ] adv consequentemente

conservation [,kɒnsə'veɪʃən] n 1 conservação 2 defesa do ambiente ❖ *conservation area* zona protegida

conservationist [,kɒnsə'veɪʃənɪst] n ambientalista

conservatism [kən'sɜːvətɪzəm] n conservadorismo

conservative [kən'sɜːvətɪv] adj,n conservador ❖ *at a conservative estimate* calculando por baixo

conservatoire [kən'sɜːvətwɑː] n GB conservatório

conservator ['kɒnsɜːvətə] n (museu) conservador

conservatory [kən'sɜːvətrɪ] n {pl -ies} 1 GB estufa 2 EUA conservatório

conserve [kən'sɜːv] n CUL compota; *peach conserve* compota de pêssego ♦ vt 1 (património) conservar; proteger; preservar 2 (água, energia) poupar

consider [kən'sɪdə] vt 1 considerar; *I consider it an honour to be here* considero uma honra estar aqui 2 reflitir sobre; ponderar; *I'm considering the proposition* estou a reflitir sobre a proposta 3 (problema, possibilidade) examinar; estudar; *the commission is considering the alternatives* a comissão está a examinar as alternativas 4 (perigo) avaliar, medir 5 levar em consideração; ter em conta ❖ *all things considered,...* pensando bem,...

considerable [kən'sɪdərəbəl] adj considerável

considerate [kən'sɪdərɪt] adj atencioso; simpático

consideration [kən,sɪdə'reɪʃən] n 1 consideração [**for**, por], respeito [**for**, por] 2 reflexão

considering [kən'sɪdərɪŋ] prep tendo em conta ♦ adv col apesar de tudo; pensando bem

consign [kən'saɪn] vt 1 form expedir [**to**, ao cuidado de]; *the package has been consigned to you* a encomenda foi expedida ao seu cuidado; *they consigned the goods* eles mandaram as mercadorias à consignação 2 confiar [**to**, a] 3 relegar [**to**, para]; *to be consigned to oblivion* ser relegado ao esquecimento

consignment [kən'saɪnmənt] n 1 consignação; *on consignment* à consignação 2 (mercadorias) remessa [**of**, de]

consist [kən'sɪst] vi 1 consistir [**in**, em]; *the plan consisted in leaving at eight o'clock* o plano consistia em partir às oito horas 2 ser composto [**of**, por]

consistency [kən'sɪstənsɪ] n 1 coerência; lógica 2 (textura) consistência

consistent [kən'sɪstənt] adj consistente

consolation [ˌkɒnsəˈleɪʃən] n 1 consolo; conforto 2 consolação; *consolation prize* prémio de consolação

console[1] [ˈkɒnsəʊl] n 1 consola; *game console* consola de jogos 2 (televisão, rádio, computador) suporte, mesa

console[2] [kənˈsəʊl] vt consolar [with, com]

consolidate [kənˈsɒlɪdeɪt] vt 1 consolidar; reforçar 2 unir; fundir; unificar

consolidation [kənˌsɒlɪˈdeɪʃən] n 1 consolidação; reforço 2 união; fusão

consols [kənˈsɒlz] n pl ECON fundos consolidados; títulos da dívida pública consolidada

consonance [ˈkɒnsənəns] n 1 LING consonância 2 *fig* harmonia; acordo; *he was in consonance with the government* ele estava de acordo com o governo

consonant [ˈkɒnsənənt] n (som, letra) consoante

consort[1] [ˈkɒnsɔːt] n consorte; *prince consort* príncipe consorte

consort[2] [kənˈsɔːt] vi 1 consorciar-se [with, com] 2 *pej* conviver [with, com]

consortium [kənˈsɔːtɪəm] n {pl consortia} consórcio

conspicuous [kənˈspɪkjuəs] adj 1 conspícuo; que dá nas vistas 2 visível 3 evidente; óbvio

conspiracy [kənˈspɪrəsi] n {pl -ies} conspiração

conspirator [kənˈspɪrətə] n conspirador

conspiratorial [kənˌspɪrəˈtɔːriəl] adj conspiratório

conspire [kənˈspaɪə] vi 1 conspirar [against, contra; with, com] 2 unir-se [against, contra]

constable [ˈkʌnstəbəl] n GB (polícia) agente

constabulary [kənˈstæbjʊləri] n {pl -ies} GB (força pública) polícia

constancy [ˈkɒnstənsi] n 1 constância; perseverança 2 fidelidade; lealdade

constant [ˈkɒnstənt] adj,n constante

constellation [ˌkɒnstɪˈleɪʃən] n constelação

consternation [ˌkɒnstəˈneɪʃən] n consternação

constipate [ˈkɒnstɪpeɪt] vt 1 obstipar, provocar prisão de ventre a 2 *fig* obstruir

constipation [ˌkɒnstɪˈpeɪʃən] n prisão de ventre

constituency [kənˈstɪtjuənsi] n {pl -ies} 1 círculo eleitoral 2 eleitorado de um círculo eleitoral 3 apoio político

constituent [kənˈstɪtjuənt] n 1 (círculo eleitoral) eleitor 2 componente; constituinte

constitute [ˈkɒnstɪtjuːt] vt 1 constituir 2 designar 3 representar

constitution [ˌkɒnstɪˈtjuːʃən] n 1 constituição 2 composição [of, de]

constitutional [ˌkɒnstɪˈtjuːʃənəl] adj constitucional

constitutive [ˈkɒnstɪtjuːtɪv] adj constitutivo

constrain [kənˈstreɪn] vt 1 constranger 2 obrigar [to, a]; forçar [to, a]

constrained [kənˈstreɪnd] adj 1 constrangido; de constrangimento; *he had a constrained look* ele tinha um ar constrangido 2 obrigado; forçado; *to feel constrained to* ver-se obrigado a

constraint [kənˈstreɪnt] n 1 constrangimento; inibição 2 coação 3 restrição [of, de; on, a]

constrict [kənˈstrɪkt] vt 1 apertar; *the watchstrap constricted her wrist* a correia do relógio apertava-lhe o pulso 2 limitar; restringir 3 (movimentos) dificultar

constricting [kənˈstrɪktɪŋ] adj 1 (roupa) incómodo; apertado 2 *fig* estreito; limitado; restrito

constriction [kənˈstrɪkʃən] n 1 constrição 2 (peito, garganta) aperto 3 limitação; restrição

constrictive [kənˈstrɪktɪv] adj 1 constritivo 2 restritivo

constrictor [kən'strɪktə] n constritor; *boa constrictor* jiboia

construct[1] [kən'strʌkt] vt 1 construir; edificar 2 montar 3 (ideias, teorias) idealizar; elaborar

construct[2] ['kɒnstrʌkt] n constructo

construction [kən'strʌkʃən] n construção ❖ *construction site* obra

constructive [kən'strʌktɪv] adj construtivo

constructor [kən'strʌktə] n 1 construtor; empreiteiro 2 (empresa) construtora

construe [kən'stru:] vt interpretar

consul ['kɒnsəl] n cônsul

consulate ['kɒnsjʊlɪt] n consulado

consult [kən'sʌlt] vt consultar [on, em relação a]; pedir conselho a [on, em relação a] ♦ vi aconselhar-se [with, com; about, em relação a]; trocar impressões [with, com; about, em relação a]; *why don't you consult with your father?* porque não te aconselhas com o teu pai?

consultant [kən'sʌltənt] n 1 consultor; *legal consultant* consultor jurídico 2 GB médico especialista

consultation [kɒnsəl'teɪʃən] n 1 troca de impressões 2 (livro, pessoa) consulta

consultative [kən'sʌltətɪv] adj consultivo

consulting [kən'sʌltɪŋ] n consultoria ♦ adj de consulta ❖ *consulting hours* horas de consulta; *consulting room* consultório

consumable [kən'sju:məbəl] adj consumível ♦ npl consumíveis

consume [kən'sju:m] vt 1 consumir; gastar; *my car consumes too much fuel* o meu carro consome demasiado combustível 2 (fogo) reduzir a cinzas; *the fire consumed the entire house* a casa ficou reduzida a cinzas ❖ *to be consumed with jealousy* morrer de ciúmes

consumer [kən'sju:mə] n consumidor

consumerism [kən'sju:mərɪzəm] n 1 consumismo 2 defesa do consumidor

consumerist [kən'sju:mərɪst] adj pej consumista

consuming [kən'sju:mɪŋ] adj devorador; ardente; *a consuming passion* uma paixão devoradora

consummate[1] ['kɒnsəmɪt] adj consumado, perfeito

consummate[2] ['kɒnsəmeɪt] vt 1 (relação, amor) consumar 2 form completar; concretizar; *the plan must be fully consummated* o plano deve ser concretizado na totalidade

consummation [kɒnsə'meɪʃən] n 1 form (relação, amor) consumação 2 form concretização

consumption [kən'sʌmpʃən] n consumo

contact ['kɒntækt] n (geral) contacto [with, com; between, entre]; *to lose contact with someone* perder o contacto com alguém ♦ vt contactar; entrar em contacto com; *we'll contact you soon* em breve o contactaremos ❖ *contact lenses* lentes de contacto; *radio contact* contacto via rádio

contagion [kən'teɪdʒən] n 1 contágio 2 doença contagiosa

contagious [kən'teɪdʒəs] adj contagioso; infecioso

contain [kən'teɪn] vt 1 conter; incluir; *this package contains fragile objects* esta embalagem contém objetos frágeis 2 refrear; *you must contain your enthusiasm* tens de refrear o teu entusiasmo ❖ *to contain oneself* controlar-se

container [kən'teɪnə] n 1 recipiente 2 embalagem 3 contentor

containment [kən'teɪnmənt] n form contenção

contaminant [kən'tæmɪnənt] n contaminante

contaminate [kən'tæmɪneɪt] vt contaminar

contamination [kən,tæmɪ'neɪʃən] n contaminação

contemplate ['kɒntempleɪt] vt 1 (observar) contemplar; admirar 2 pensar em; considerar a hipótese de; *I'm contemplating buying a flat* estou a pensar em comprar um apartamento

contemplation [ˌkɒntem'pleɪʃən] n contemplação

contemplative ['kɒntem,pleɪtɪv] adj contemplativo

contemporaneity [kən,tempərə'niːəti] n contemporaneidade

contemporaneous [kən,tempə'reɪnɪəs] adj form contemporâneo [with, de]

contemporary [kən'tempərərɪ] adj,n contemporâneo

contempt [kən'tempt] n 1 desprezo [for, por]; desdém [for, por] 2 DIR desrespeito [of, a]

contemptibility [kən,temptɪ'bɪlɪti] n baixeza, carácter desprezível

contemptible [kən'temptɪbəl] adj desprezível

contemptuous [kən'temptjuəs] adj form desdenhoso [of, de]

contend [kən'tend] vi competir [for, por]; disputar [for, -]; *the two teams are contending for the championship* as duas equipas estão a disputar o campeonato ♦ vt form sustentar; afirmar
♦ contend with vt (dificuldades) lidar com; enfrentar

contender [kən'tendə] n 1 candidato [for, a] 2 concorrente [for, a] 3 adversário

content¹ ['kɒntent] n 1 (livro, discurso) conteúdo 2 teor

content² [kən'tent] adj satisfeito [with, com]; *she seems content with life* ela parece satisfeita com a vida ♦ vt contentar, satisfazer; *her answer seemed to content him* a resposta dela pareceu satisfazê-lo ♦ n lit contentamento; *a smile of pure content* um sorriso de puro contentamento
❖ to be content with contentar-se com;

to your heart's content quanto te apetecer

contented [kən'tentɪd] adj satisfeito; de satisfação

contention [kən'tenʃən] n 1 form opinião, convicção 2 form discussão, disputa

contentious [kən'tenʃəs] adj 1 (assunto, decisão) controverso; polémico 2 (pessoa) conflituoso

contentment [kən'tentmənt] n satisfação; contentamento

contest¹ ['kɒntest] n 1 concurso; *beauty contest* concurso de beleza 2 competição 3 (boxe) combate

contest² [kən'test] vt 1 form contestar; *I intend to contest the judge's decision* eu pretendo contestar a decisão do juiz 2 disputar; *to contest an election* disputar uma eleição

contestant [kən'testənt] n 1 concorrente 2 candidato [for, a] 3 adversário

context ['kɒntekst] n contexto

contextualization [kən,tekstjuəlaɪ'zeɪʃən] n contextualização

contextualize [kən'tekstjuəlaɪz] vt contextualizar

contiguous [kən'tɪgjuəs] adj form contíguo [to/with, a]

continence ['kɒntɪnəns] n 1 continência 2 castidade

continent ['kɒntɪnənt] n continente

continental [ˌkɒntɪ'nentəl] adj continental

contingency [kən'tɪndʒənsi] n form contingência; eventualidade ❖ *contingency plan* plano de emergência

contingent [kən'tɪndʒənt] adj form dependente [on/upon, de] ♦ n contingente, grupo

continual [kən'tɪnjuəl] adj contínuo; constante

continuation [kən,tɪnju'eɪʃən] n continuação [of, de]

continue [kən'tɪnjuː] vt continuar; prosseguir ♦ vi 1 prosseguir; continuar 2 durar;

prolongar-se; *the strike continued for a week* a greve durou uma semana ❖ *to be continued* continua; *continued on page 5* continua na página 5

continuity [ˌkɒntrɪ'njuːəti] n continuidade [between, entre] ❖ (televisão, rádio) *continuity announcer* locutor de continuidade

continuous [kən'tɪnjuəs] adj contínuo; constante

continuum [kən'tɪnjuəm] n {pl continuums, continua} form contínuo; *the continuum of time* o contínuo do tempo

contort [kən'tɔːt] vt contorcer; deformar ♦ vi contorcer-se [with, de]

contortion [kən'tɔːʃən] n contorção

contortionist [kən'tɔːʃənɪst] n contorcionista

contour ['kɒntuə] n contorno ♦ vt desenhar em contorno ❖ AFR *contour flying* voo rasante; (mapa) *contour lines* curvas de nível

contraband ['kɒntrəbænd] n contrabando ♦ adj de contrabando

contrabandist ['kɒntrəbændɪst] n contrabandista

contrabass ['kɒntrəbeɪs] n {pl -es} MÚS contrabaixo

contraception [ˌkɒntrə'sepʃən] n contracepção

contraceptive [ˌkɒntrə'septɪv] adj,n contracetivo

contract[1] ['kɒntrækt] n contrato; acordo; *to sign a contract* assinar um contrato

contract[2] [kən'trækt] vt 1 (estreitar) contrair; *to contract the muscles* contrair os músculos 2 form (dívida, doença) adquirir, contrair; *my son's contracted pneumonia* o meu filho contraiu pneumonia 3 contratar ♦ vi contrair-se, *metal contracts as it cools* o metal contrai-se à medida que arrefece

❖ **contract out** vt subcontratar

contraction [kən'trækʃən] n contração

contractor [kən'træktə] n 1 contratante; contratador 2 (construção) empreiteiro

contractual [kən'træktjuəl] adj contratual

contradict [ˌkɒntrə'dɪkt] vt 1 contradizer; *their statements contradict each other* as declarações deles são contraditórias 2 refutar; desmentir ❖ *to contradict oneself* contradizer-se, entrar em contradição

contradiction [ˌkɒntrə'dɪkʃən] n contradição [between, entre]

contradictory [ˌkɒntrə'dɪktəri] adj contraditório

contraindicate [ˌkɒntrə'ɪndɪkeɪt] vt FARM contraindicar

contraindication [ˌkɒntrəɪndɪ'keɪʃən] n FARM contraindicação [for, de]

contralto [kən'traltəu] n {pl -s} contralto ♦ adj de contralto

contraption [kən'træpʃən] n col maquineta, engenhoca

contrariety [ˌkɒntrə'raɪəti] n 1 oposição 2 contradição 3 contrariedade

contrary ['kɒntrəri] adj contrário [to, a]; oposto [to, a] ♦ n form contrário

contrast[1] ['kɒntrɑːst] n contraste [between, entre; with/to, com]

contrast[2] [kən'trɑːst] vt 1 comparar; confrontar 2 fazer o contraste [with, entre] 3 contrapor [with, a] ♦ vi contrastar [with, com]

contravention [ˌkɒntrə'venʃən] n violação [of, de], infração [of, de]

contribute [kən'trɪbjuːt] vt 1 (dinheiro) contribuir com [to, para] 2 (jornalismo) escrever [to, para] ♦ vi 1 contribuir [to, para]; *several factors contributed to his bankruptcy* diversos fatores contribuíram para a falência dele 2 (publicação) ser colaborador [to, de] 3 (debate) participar [to, em]

contribution [ˌkɒntrɪ'bjuːʃən] n 1 contribuição [to, para]; contributo [to, para] 2 (publicação) colaboração 3 intervenção; participação

contributor [kən'trɪbjutə] n 1 (publicação) colaborador [to, de] 2 (doação) benemérito

contrition [kən'trɪʃən] n form contrição

contrivance [kən'traɪvəns] n 1 maquineta; engenhoca 2 pej artimanha [to, para]; esquema [to, para]

contrive [kən'traɪv] vt 1 inventar 2 arranjar 3 improvisar 4 conseguir ❖ *to contrive to (do something)* arranjar forma de (fazer algo)

contrived [kən'traɪvd] adj artificial; simulado

control [kən'trəʊl] n 1 (geral) controlo [of, de] 2 restrição; *to impose controls on* impor restrições a 3 mecanismo de controlo; botão; *the volume control* o botão do som ♦ vt {pret e pp -ll-} 1 controlar 2 dominar; *the Romans controlled a vast empire* os Romanos eram senhores de um vasto império 3 (fiscalizar) controlar; verificar; *to control the production quality* controlar a qualidade da produção ❖ *control panel* painel de controlo; *out of control* descontrolado; *to gain control of* assumir o controlo de; *to go out of control* descontrolar-se; *under control* sob controlo

controller [kən'trəʊlə] n 1 controlador 2 inspetor 3 mecanismo de controlo

controversial [ˌkɒntrə'vɜːʃəl] adj controverso; polémico

controversy ['kɒntrəvɜːsɪ] n {pl -ies} controvérsia; polémica

controvert ['kɒntrəvɜːt] vt discutir, contestar; *that matter has been controverted in the meeting* esse assunto foi discutido na reunião

contuse [kən'tjuːz] vt MED contundir, pisar

contusion [kən'tjuːʒən] n contusão

convalesce [ˌkɒnvə'les] vi convalescer

convalescence [ˌkɒnvə'lesəns] n convalescença

convalescent [ˌkɒnvə'lesənt] adj,n convalescente

convection [kən'vekʃən] n convecção

convene [kən'viːn] vi form reunir ♦ vt form convocar

convenience [kən'viːnɪəns] n 1 conveniência; *marriage of convenience* casamento por conveniência 2 comodidade ❖ *convenience store* loja de conveniência

convenient [kən'viːnɪənt] adj 1 conveniente [for, para] 2 cómodo; prático 3 (lugar) bem situado [for, em relação a]

convent ['kɒnvənt] n convento

convention [kən'venʃən] n 1 convenção 2 congresso

conventional [kən'venʃənəl] adj convencional; tradicional

conventual [kən'ventʃʊəl] adj,n conventual

converge [kən'vɜːdʒ] vi convergir [on, em/para]

convergence [kən'vɜːdʒəns] n convergência

convergent [kən'vɜːdʒənt] adj convergente

conversant [kən'vɜːsənt] adj form familiarizado [with, com]

conversation [ˌkɒnvə'seɪʃən] n conversa ❖ *conversation piece* tema de conversa; *to run out of conversation* ficar sem assunto

conversational [ˌkɒnvə'seɪʃənəl] adj coloquial

converse[1] ['kɒnvɜːs] adj,n form contrário

converse[2] [kən'vɜːs] vi form conversar [about, acerca de]

conversely [kən'vɜːslɪ] adv inversamente ❖ *... and conversely* ... e vice-versa

conversion [kən'vɜːʃən] n 1 conversão [to, em] 2 transformação [into, em]

convert[1] ['kɒnvɜːt] n convertido [to, a]

convert[2] [kən'vɜːt] vt 1 converter [to, em/para] 2 transformar [to, em]; *coal can be converted to gas* o carvão pode ser transformado em gás **3** cambiar [**into**, em]; *to convert pounds into euros* cambiar libras em euros ♦ *vi* converter-se [**to**, a; **into**, em]

converter [kən'vɜːtə] *n* **1** *téc* conversor; *currency converter* conversor de moeda **2** *téc* transformador

convertible [kən'vɜːtɪbəl] *adj* conversível [**into**, em] ♦ *n* (carro) descapotável

convex ['kɒnveks] *adj* convexo

convexity [ˌkɒn'veksɪtɪ] *n* (*pl* -ies) convexidade

convey [kən'veɪ] *vt* **1** *form* transportar [**from**, de; **to**, para], levar [**from**, de; **to**, para]; *your luggage will be conveyed by taxi from the airport to your hotel* a sua bagagem será transportada de táxi do aeroporto para o hotel **2** expressar; transmitir; *the look in his eyes conveyed his anger* a expressão dos olhos dele transmitia a sua fúria **3** DIR transferir, ceder

conveyance [kən'veɪəns] *n* **1** *form* transporte **2** DIR cedência

conveyer [kən'veɪə] *n* transportador, portador ❖ *conveyer belt* tapete rolante

convict¹ ['kɒnvɪkt] *n* recluso; presidiário

convict² [kən'vɪkt] *vt* condenar [**of**, por]; *to be convicted of* ser condenado por, ser declarado culpado de

conviction [kən'vɪkʃən] *n* **1** convicção **2** condenação [**for**, por]

convince [kən'vɪns] *vt* convencer; persuadir; *I'm convinced that he's telling the truth* estou convencido de que ele está a dizer a verdade

convincing [kən'vɪnsɪŋ] *adj* **1** convincente **2** claro; inequívoco

convivial [kən'vɪvɪəl] *adj* **1** (pessoa) jovial; alegre **2** (ambiente) animado; festivo

convocation [ˌkɒnvə'keɪʃən] *n* **1** *form* convocatória **2** *form* (*reunião*) assembleia

convoluted ['kɒnvəluːtɪd] *adj* **1** complicado; rebuscado **2** enrolado

convoy ['kɒnvɔɪ] *n* **1** (veículos) caravana; *the cars crossed the desert in convoy* os carros atravessaram o deserto em caravana **2** escolta; *under convoy* sob escolta ♦ *vt* escoltar

convulse [kən'vʌls] *vt* **1** provocar convulsões a **2** sacudir **3** *fig* abalar ♦ *vi* ter convulsões; *to convulse with pain* contorcer-se de dores ❖ *to be convulsed with laughter* estar morto de riso

convulsion [kən'vʌlʃən] *n* convulsão; espasmo ❖ *to be in convulsions* morrer de rir

convulsive [kən'vʌlsɪv] *adj* convulsivo

coo [kuː] *vt,i* arrulhar ♦ *n* arrulho ❖ *to coo over something/someone* babar-se por algo/alguém

cook [kʊk] *n* cozinheiro ♦ *vt* **1** cozinhar; (refeição) preparar, fazer **2** *fig,col* falsificar; *she was sacked for cooking the books* ela foi despedida por falsificar as contas ♦ *vi* **1** cozinhar **2** (comida) cozer; *make sure the meat cooks for at least an hour* certifica-te de que a carne coze pelo menos uma hora ❖ *what's cooking?* que se passa?

♦ **cook up** *vt* (história, desculpa) inventar; fabricar

cooker ['kʊkə] *n GB* fogão

cookery ['kʊkərɪ] *n* culinária

cookie ['kʊkɪ] *n* **1** *EUA* bolacha, biscoito **2** (Internet) cookie

cooking ['kʊkɪŋ] *n* culinária; cozinha ♦ *adj* de cozinha

cookout ['kuːkaʊt] *n EUA* (ar livre) churrasco

cookware ['kʊkweə] *n* utensílios de cozinha

cool [kuːl] *adj* **1** (tempo, água, mãos) fresco; frio; *it's a cool evening* está uma noite fresca; (rótulos) *keep in a cool place* manter em local fresco **2** calmo; descontraído; *to keep a cool head* não perder a cabeça; *to keep cool* manter a calma **3** frio, distante [**towards**, com]; *he's a cool and calculating person* ele é uma pessoa fria e calculista; *he was rather cool towards me* ele foi bastante frio comigo 4 *col* fantástico; espantoso 5 *col* elegante, sofisticado; *you look cool in that new dress* ficas o máximo nesse vestido novo ♦ *vt* 1 refrescar; arrefecer; *they opened the windows to cool the room* eles abriram as janelas para arrefecer a sala 2 acalmar; *col* **come on, cool it!** vá lá, acalmem-se! ♦ *vi* refrescar; arrefecer; *let the tea cool* deixa o chá arrefecer ♦ *n* fresco; *I love going out in the cool of the evening* adoro sair no fresco da noite ♦ *adv* calmamente; *to play it cool* reagir calmamente ❖ *as cool as a cucumber* fresco como uma alface*fig*; *to keep a cool head* manter a cabeça fria

◆ **cool down** *vt,i* 1 arrefecer; refrescar 2 acalmar

◆ **cool off** *vi* 1 refrescar 2 *col* acalmar; esfriar os ânimos

cooler ['kuːlə] *n* 1 refrigerador 2 *EUA* mala térmica 3 *EUA* ar condicionado

coolness ['kuːlnɪs] *n* 1 frescura 2 frieza 3 calma; sangue-frio

coop [kuːp] *n* galinheiro, capoeira

◆ **coop up** *vt* (espaço reduzido) fechar ❖ *to feel cooped up* sentir-se preso

co-op ['kəʊɒp] *n col* cooperativa

cooperage ['kuːpərɪdʒ] *n* tanoaria

cooperate [kəʊ'ɒpəreɪt] *vi* 1 cooperar [**with**, com] 2 colaborar, ajudar

cooperation [kəʊˌɒpə'reɪʃən] *n* 1 cooperação; colaboração 2 auxílio; ajuda

cooperative [kəʊ'ɒpərətɪv] *adj* 1 cooperante 2 conjunto 3 cooperativo ♦ *n* cooperativa

coordinate[1] [kəʊ'ɔːdɪnɪt] *adj* coordenado; *coordinate clause* oração coordenada ♦ *n* coordenada

coordinate[2] [kəʊ'ɔːdɪneɪt] *vt* coordenar

coordination [kəʊˌɔːdɪ'neɪʃən] *n* coordenação [**of**, de]

coordinative [kə'ɔːdɪnətɪv] *adj* coordenativo

coordinator [kə'ɔːdɪneɪtə] *n* coordenador

co-owner [kəʊ'əʊnə] *n* coproprietário

cop [kɒp] *n col* polícia ♦ *vt* {pret e pp -pp-} *GB col* apanhar ❖ *GB cop that!* olha para aquilo!

◆ **cop out** *vi* acobardar-se; fraquejar

cope [kəʊp] *vi* 1 safar-se; arranjar-se; *I don't know how you cope!* não sei como consegues! 2 lidar [**with**, com]; *he coped very well with this situation* ele lidou muito bem com esta situação

copier ['kɒpɪə] *n* fotocopiadora

copilot ['kəʊ'paɪlət] *n* copiloto

copious ['kəʊpɪəs] *adj* abundante; copioso

copper ['kɒpə] *n* 1 QUÍM cobre; *the chemical symbol for copper is Cu* o símbolo químico do cobre é Cu 2 (cor) cobre; *copper hair* cabelo acobreado 3 *cal* polícia ♦ *npl GB* trocos, cobres*pop* ♦ *vt* cobrir com cobre

copulate ['kɒpjʊleɪt] *vi* copular [**with**, com]

copulation [ˌkɒpjʊ'leɪʃən] *n* cópula

copulative ['kɒpjʊlətɪv] *adj* 1 copulativo 2 de ligação

copy ['kɒpɪ] *n* {pl -ies} 1 cópia [**of**, de]; *I kept a copy of the letter* fiquei com uma cópia da carta 2 (publicação) exemplar; *this book has sold over a million copies* este livro vendeu mais de um milhão de exemplares 3 imitação; reprodução ♦ *vt* 1 copiar 2 reproduzir 3 imitar 4 fotocopiar ♦ *vi* (exame) copiar

copybook ['kɒpɪbʊk] *adj GB* correto, perfeito ♦ *n* caderno

copycat ['kɒpɪkæt] *n col* macaco de imitação ♦ *adj* copiado; imitado

copyist ['kɒpɪɪst] *n* 1 copista 2 *pej* imitador

copyright ['kɒpɪraɪt] *n* direitos de autor [**for/on**, de]; copyright [**for/on**, de]

copywriter ['kɒpɪraɪtə] *n* redator publicitário

coral ['kɒrəl] *adj,n* coral

cord [kɔːd] *n* 1 corda; cordel; *I tied the suitcase with a piece of cord* amarrei a mala com uma corda 2 cabo; *to connect the power cord* ligar o cabo de ligação 3 ANAT cordão 4 ANAT corda; *vocal cords* cordas vocais ♦ *npl* col calças de bombazina; *a pair of cords* umas calças de bombazina ♦ *vt* (com cordas) atar

cordage ['kɔːdɪdʒ] *n* NÁUT cordame

cordial ['kɔːdɪəl] *adj* cordial, afetuoso ♦ *n* (bebida) cordial

cordiality [ˌkɔːdɪˈælɪtɪ] *n* cordialidade; afeição; sinceridade

cordless ['kɔːdləs] *adj* sem fio

cordon ['kɔːdn] *n* (soldados, polícias, veículos, etc.) cordão

corduroy ['kɔːdʒʊərɔɪ] *n* (*pl* -s) bombazina ♦ *npl* calças de bombazina

core [kɔː] *n* 1 BOT (frutos) caroço 2 centro, núcleo; *the earth's core* o centro da Terra 3 *form* cerne [of, de]; âmago [of, de]; *the core of the problem* o cerne da questão ♦ *adj* fundamental; *core issue* questão fundamental ♦ *vt* (frutos) descaroçar ❖ *core curriculum* currículo obrigatório; *she's American to the core* ela é americana até à medula

coriander [ˌkɒrɪˈændə] *n* coentro

cork [kɔːk] *n* 1 cortiça 2 rolha; *to pull the cork out of a bottle* tirar a rolha de uma garrafa ♦ *vt* fechar com rolha
♦ **cork up** *vt* (sentimentos) reprimir

corked ['kɔːkt] *adj* (vinho) com sabor a cortiça

corkscrew ['kɔːkskruː] *n* saca-rolhas ♦ *adj* em espiral; torcido ♦ *vt* torcer; enroscar

corn [kɔːn] *n* 1 GB trigo 2 EUA milho 3 calo

cornea ['kɔːnɪə] *n* córnea

corner ['kɔːnə] *n* 1 canto 2 esquina [of, de]; *at the corner of the avenue and the main street* na esquina da avenida com a rua principal 3 monopólio 4 DESP (futebol) canto; *corner kick* pontapé de canto ♦ *vt* 1 encurralar 2 monopolizar; *to corner the market* controlar o mercado ♦ *vi* (automóvel) fazer uma curva ❖ *from all corners of the world* de todas partes do mundo, *it's just around the corner* é mesmo ali ao virar da esquina; *the vacations are just around the corner* as férias estão quase a chegar; *to be in a tight corner* estar numa situação difícil; *to force somebody into a corner* encostar alguém à parede

cornerstone ['kɔːnəstəʊn] *n* 1 pedra angular 2 base; pilar

cornfield ['kɔːnfiːld] *n* 1 GB campo de trigo 2 EUA campo de milho

cornflakes ['kɔːnfleɪks] *npl* flocos de cereais

cornflour ['kɔːnflaʊə] *n* farinha de milho

cornflower ['kɔːnflaʊə] *n* BOT centáurea

cornice ['kɔːnɪs] *n* cornija

cornucopia [ˌkɔːnjʊˈkəʊpɪə] *n* (vaso, figura) cornucópia

corny ['kɔːnɪ] *adj* col parolo; piroso

corolla [kəˈrɒlə] *n* BOT corola

corollary [kəˈrɒlərɪ] *n* (*pl* -ies) *form* corolário

coronary ['kɒrənərɪ] *adj* coronário ♦ *n* enfarte do miocárdio

coronation [ˌkɒrəˈneɪʃən] *n* coroação

coroner ['kɒrənə] *n* juiz de instrução

corporal ['kɔːpərəl] *adj* corporal ♦ *n* MIL cabo

corporate ['kɔːpərɪt] *adj* 1 da empresa; corporativo 2 coletivo; *corporate responsibility* responsabilidade coletiva

corporation [ˌkɔːpəˈreɪʃən] *n* sociedade; corporação; empresa

corporatism ['kɔːpərətɪzəm] *n* corporativismo

corps [kɔː] *n* (*pl* corps) (associação, exército) corpo

corpse [kɔːps] n cadáver

corpus [ˈkɔːpəs] n {pl corpora, corpuses} 1 corpus 2 conjunto, coletânea

corpuscle [ˈkɔːpəsl] n (sangue) glóbulo

correct [kəˈrekt] adj 1 correto, certo; *he gave a correct answer* ele respondeu acertadamente 2 (convencional) correto ♦ vt corrigir; retificar ❖ *if my memory is correct* se bem me lembro

correction [kəˈrekʃən] n correção ❖ (líquido) *correction fluid* corretor

correctional [kəˈrekʃənəl] adj correcional; de correção; *correctional facility* casa de correção

corrective [kəˈrektɪv] adj,n corretivo

correctness [kəˈrektnɪs] n correção

correlate [ˈkɒrɪleɪt] vt correlacionar ♦ vi estar relacionado [with, com] ♦ n correlativo

correlation [ˌkɒrɪˈleɪʃən] n correlação [between, entre; with, com]

correspond [ˌkɒrɪˈspɒnd] vi 1 corresponder [with/to, a]; equivaler [with/to, a] 2 ser coerente [with, com]; ser consistente [with, com] 3 trocar correspondência [with, com]

correspondence [ˌkɒrɪˈspɒndəns] n 1 correspondência [between, entre] 2 (correio) correspondência ❖ *correspondence course* curso por correspondência

correspondent [ˌkɒrɪˈspɒndənt] n (jornal, carta) correspondente ♦ adj correspondente

corresponding [ˌkɒrɪˈspɒndɪŋ] adj correspondente

corridor [ˈkɒrɪdɔː] n corredor

corroborate [kəˈrɒbəreɪt] vt corroborar; confirmar

corroboration [kəˌrɒbəˈreɪʃən] n corroboração; confirmação

corroborative [kəˈrɒbərətɪv] adj corroborante

corrode [kəˈrəʊd] vt 1 corroer 2 oxidar; *the sea air corrodes the pipes* o ar do mar oxida os canos 3 fig desgastar ♦ vi 1 ficar corroído 2 oxidar; *this metal does not corrode easily* este metal não oxida facilmente

corrosion [kəˈrəʊʒən] n 1 corrosão 2 desgaste

corrosive [kəˈrəʊsɪv] adj 1 corrosivo 2 desgastante

corrugated [ˈkɒrəgeɪtɪd] adj ondulado; enrugado

corrugation [ˌkɒrəˈgeɪʃən] n ondulação; enrugamento

corrupt [kəˈrʌpt] adj 1 corrupto; *corrupt judge* juiz corrupto 2 impuro 3 INFORM corrompido; danificado; *he sent me a corrupt file* ele enviou-me um ficheiro corrompido ♦ vt 1 corromper 2 INFORM danificar ❖ *corrupt practices* corrupção

corruptible [kəˈrʌptɪbəl] adj corruptível

corruption [kəˈrʌpʃən] n 1 corrupção 2 corruptela

corsair [ˈkɔːseə] n corsário

corset [ˈkɔːsɪt] n espartilho

cortex [ˈkɔːteks] n {pl -tices} córtex

cortical [ˈkɔːtɪkəl] adj cortical

cortisone [ˈkɔːtɪzəʊn] n cortisona

corvette [kɔːˈvet] n NÁUT corveta

cos [kɒs] n BOT alface romana ♦ conj col porque; *I missed the class cos I was ill* eu faltei à aula porque estava doente

cosecant [kəʊˈsiːkənt] n GEOM cossecante

cosine [ˈkəʊsaɪn] n cosseno

cosiness [ˈkəʊzɪnɪs] n conforto; ambiente acolhedor

cosmetic [kɒzˈmetɪk] n cosmético; produto de beleza ♦ adj 1 cosmético 2 superficial; de superfície

cosmic [ˈkɒzmɪk] adj 1 cósmico 2 gigantesco; prodigioso

cosmographer [kɒzˈmɒgrəfə] n cosmógrafo

cosmographic [ˌkɒzməˈgræfɪk] adj cosmográfico

cosmography [kɒz'mɒgrəfi] *n* cosmografia

cosmological [ˌkɒzmə'lɒdʒɪkəl] *adj* cosmológico

cosmologist [kɒz'mɒlədʒɪst] *n* cosmologista

cosmology [kɒz'mɒlədʒi] *n* cosmologia

cosmonaut ['kɒzmənɔːt] *n* cosmonauta

cosmopolitan [ˌkɒzmə'pɒlɪtən] *adj,n* cosmopolita

cosmos ['kɒzmɒs] *n* cosmos; universo

cosset ['kɒsɪt] *vt* mimar; apaparicar; *she's always cosseted her children* ela sempre mimou os filhos

cost [kɒst] *n* 1 custo; despesa, encargo 2 preço ♦ *npl* (tribunal) custas ♦ *vt* {*pret e pp* cost} 1 custar; *fig that mistake cost him his job* esse erro custou-lhe o emprego 2 *col* ficar caro; *it will cost you to go by plane* vai-te ficar caro ir de avião 3 orçamentar; *I had the car repair costed in that garage* pedi um orçamento para o conserto do carro naquela garagem ❖ *cost of living* custo de vida; *at all costs* a todo o custo; *custe o que custar; at cost price* a preço de custo; *at no extra cost* sem tarifas adicionais; *at the cost of* à custa de; *to cost an arm and a leg* custar os olhos da cara; *to cut costs* reduzir despesas; *to my cost* a minha custa

costal ['kɒstəl] *adj* costal

Costa Rica [ˌkɒstə'riːkə] *n* Costa Rica

Costa Rican [ˌkɒstə'riːkən] *adj,n* costa-riquenho

cost-effective [ˌkɒstɪ'fektɪv] *adj* rentável

costly ['kɒstli] *adj* dispendioso; caro

costume ['kɒstjuːm] *n* 1 traje 2 (roupa) máscara, fantasia

cosy ['kəʊzi] *adj* {*comp* -ier, *superl* -iest} confortável; acolhedor ♦ *n* {*pl* -ies} abafador; *tea cosy* abafador para o chá

cot [kɒt] *n* 1 berço 2 *EUA* (campismo) cama de lona

cotangent [kəʊ'tændʒənt] *n* GEOM cotangente

coterie ['kəʊtəri] *n* círculo restrito; capelinha

cottage ['kɒtɪdʒ] *n* casa de campo ❖ *cottage cheese* requeijão

cottager ['kɒtɪdʒə] *n* camponês

cotton ['kɒtn] *n* 1 algodão 2 *GB* linha; *go get a needle and cotton* vai buscar uma agulha e linha ❖ *cotton bud* cotonete; *EUA cotton candy* algodão-doce; *GB cotton wool* algodão em rama

couch [kaʊtʃ] *n* {*pl* -es} sofá ♦ *vt* (*exprimir*) formular [in, em]; *the decision was couched in clear terms* a decisão foi formulada em termos claros ❖ *couch potato* viciado em televisão

cougar ['kuːgə] *n* puma

cough [kɒf] *n* tosse; *I have a bad cough* estou com uma tosse terrível ♦ *vi* tossir; *you're coughing a lot* andas a tossir muito ❖ *cough drop/lozenge* pastilha contra a tosse; *cough mixture/syrup* xarope da tosse

♦ **cough up** *vt* 1 expelir 2 *col* (dinheiro) largar

coughing ['kɒfɪŋ] *n* tosse; *coughing fit* ataque de tosse

could [kʊd] *pret de* can

council ['kaʊnsl] *n* 1 conselho; *Council of Europe* Conselho da Europa 2 câmara municipal ❖ *council housing* habitação social

councillor ['kaʊnsɪlə] *n* membro de um conselho

councilman ['kaʊnslmən] *n EUA* vereador municipal

councilor ['kaʊnsɪlə] *n EUA* ⇒ **councillor**

counsel ['kaʊnsəl] *n* 1 *form* conselho 2 *DIR* advogado; *counsel for the defense* advogado de defesa; *counsel for the prosecution* advogado do ministério público ♦ *vt* {*pret e pp* -ll-} 1 aconselhar; *she counselled them not to accept the proposal* ela aconselhou-os a não aceitar a proposta **2** recomendar **3** (profissional) fazer aconselhamento a ❖ *he kept his own counsel* não revelou as suas intenções

counselling ['kaʊnsəlɪŋ] *n* orientação psicológica

counsellor ['kaʊnsələ] *n* **1** *GB* conselheiro; consultor **2** *EUA* advogado

count [kaʊnt] *n* **1** contagem; cálculo; *to make a count* fazer um cálculo **2** *DIR* acusação; *he was found guilty on all counts* ele foi considerado culpado de todas as acusações **3** motivo; razão; *on a number of counts* por vários motivos **4** (título) conde ♦ *vt* **1** contar; fazer a contagem de; *to count the votes* fazer a contagem dos votos **2** calcular; *to count the cost* calcular as despesas **3** incluir; *we were 20 counting the driver* éramos 20 incluindo o motorista **4** considerar; *I count myself honoured to be here* considero-me honrado por estar aqui ♦ *vi* **1** contar; *count to twenty* contar até vinte; *counting from today* a contar a partir de hoje **2** valer, ter importância; *his opinion doesn't count much* a opinião dele não tem grande importância ❖ *don't count your chickens before they're hatched* não deites foguetes antes do tempo; *to lose count of* perder a conta de

❖ **count down** *vi* fazer contagem decrescente

❖ **count in** *vt* incluir; contar com

❖ **count on/upon** *vt* contar com

❖ **count out** *vt* **1** (dinheiro) contar moeda à moeda **2** *DESP* (boxe) pôr fora de combate **3** não incluir; não contar com

countdown ['kaʊnt.daʊn] *n* contagem decrescente

countenance ['kaʊntnəns] *n* **1** *form* semblante, fisionomia, expressão **2** proteção; apoio; *terrorists will get no countenance here* os terroristas não terão qualquer apoio aqui ♦ *vt form* permitir; tolerar; *we*

will never countenance violence não toleraremos a violência

counter ['kaʊntə] *n* **1** balcão; guiché; *this counter has just closed* este balcão acabou de fechar **2** contador; *to set the counter to zero* colocar o contador no zero **3** (jogo) ficha **4** *EUA* (cozinha) balcão ♦ *vt* **1** rebater; refutar; *to counter an accusation* rebater uma acusação **2** *(combater)* contrariar; fazer frente a; *to counter a problem* fazer frente a um problema ♦ *vi* responder ♦ *adv* contra, de encontro a, em sentido inverso a; *to run counter to* agir contra ❖ *this medicine is available over the counter* este medicamento é de venda livre; *to buy/sell something under the counter* comprar/vender algo ilegalmente

counteract [.kaʊntə'rækt] *vt* contrariar; neutralizar

counteraction [.kaʊntə'rækʃən] *n* oposição; neutralização

counteractive [.kaʊntə'ræktɪv] *adj* oposto, contrário

counterattack ['kaʊntərətæk] *n* contra--ataque ♦ *vt,i* contra-atacar

counterbalance ['kaʊntəbæləns] *n* fator de equilíbrio; contrapeso [**to**, a] ♦ *vt* contrabalançar; equilibrar

countercharge ['kaʊntət.ʃɑːdʒ] *n* **1** contra--acusação **2** *MIL* retaliação ♦ *vt* **1** fazer uma contra-acusação **2** *MIL* retaliar

counterclockwise [.kaʊntə'klɒkwaɪz] *adj,adv EUA* em sentido contrário aos ponteiros do relógio

countercultural [.kaʊntə'kʌltʃərəl] *adj* contracultural; alternativo

counterculture [.kaʊntə'kʌltʃə] *n* contra-cultura

countercurrent ['kaʊntəkʌrənt] *n* contra-corrente ♦ *adj* que vai contra a corrente

counterespionage [.kaʊntər'espɪənɑːʒ] *n* contraespionagem

counterfeit ['kaʊntəfɪt] *vt* 1 contrafazer; falsificar; *they have counterfeited thousands of bank notes* eles falsificaram centenas de notas bancárias 2 (emoções) simular ♦ *adj* falso, fictício; *he showed a counterfeit passport at the airport* ele apresentou um passaporte falso no aeroporto ♦ *n* 1 imitação, cópia 2 contrafação, falsificação

counterfeiter ['kaʊntəfɪtə] *n* falsificador

counterfoil ['kaʊntəfɔɪl] *n* (cheque, compra) talão

counterintelligence [ˌkaʊntərɪn'telɪdʒəns] *n* contrainformação

countermand [ˌkaʊntə'mɑːnd] *vt* anular, cancelar; *his order was countermanded by his superior* a ordem dele foi anulada pelo seu superior ♦ *n* contraordem

countermarch ['kaʊntəmɑːtʃ] *n* contramarcha ♦ *vt,i* contramarchar; fazer contramarcha

countermeasure [ˌkaʊntə'meʒə] *n* medida preventiva

counteroffensive [ˌkaʊntərə'fensɪv] *n* contraofensiva

counterpart ['kaʊntəpɑːt] *n* 1 homólogo 2 equivalente 3 duplicado; cópia

counterpoint ['kaʊntəpɔɪnt] *n* contraponto

counterpoise ['kaʊntəpɔɪz] *n,vt* ⇒ **counterbalance**

counterproductive [ˌkaʊntəprə'dʌktɪv] *adj* contraproducente

counter-revolution [kaʊntərevə'luːʃən] *n* contrarrevolução

countersign ['kaʊntəsaɪn] *n* MIL contrassenha ♦ *vt* (documento) ratificar

countertenor [ˌkaʊntə'tenə] *n* contratenor

counterterrorism ['kaʊntəˌterərɪzəm] *n* antiterrorismo

counterweigh [ˌkaʊntə'weɪ] *vt,i* contrabalançar

counterweight ['kaʊntəweɪt] *n* contrapeso

counterwork ['kaʊntəwɜːk] *n* ação em contrário ♦ *vt,i* contrariar, opor; contra-atacar

countess ['kaʊntɪs] *n* {*pl* -es} (título) condessa

counting ['kaʊntɪŋ] *n* contagem

countless ['kaʊntləs] *adj* inúmero, sem conta

country ['kʌntrɪ] *n* {*pl* -ies} 1 país, nação; pátria 2 (região) campo 3 área, zona 4 música country ♦ *adj* 1 rural, do campo 2 (música) country

countryman ['kʌntrɪmən] *n* {*pl* -men} 1 compatriota 2 camponês

countryside ['kʌntrɪsaɪd] *n* (região) campo

countrywoman ['kʌntrɪwʊmən] *n* {*pl* -men} 1 compatriota 2 camponesa

county ['kaʊntɪ] *n* {*pl* -ies} condado ♦ *adj* GB *col* da classe alta

coup [kuː] *n* golpe ❖ *coup de grace* golpe de misericórdia; *coup d'état* golpe de estado

coupé ['kuːpeɪ] *n* cupé; coupé

couple ['kʌpəl] *n* 1 par; dois; *a couple of socks* um par de meias; *we'll be back in a couple of weeks* estaremos de volta dentro de duas semanas 2 casal; *they're a nice couple* eles são um casal simpático ♦ *vt* 1 ligar, unir, juntar 2 associar 3 emparelhar; atrelar; (comboio) *they coupled the carriages together* eles atrelaram as carruagens ❖ *coupled with* associado a

couplet ['kʌplɪt] *n* (estrofe) dístico

coupling ['kʌplɪŋ] *n* ligação, junção; atrelagem; *the coupling of the carriages* a atrelagem das carruagens

coupon ['kuːpɒn] *n* 1 vale de desconto 2 cupão; *to fill in the coupon* preencher o cupão 3 (totoloto, totobola) boletim

courage ['kʌrɪdʒ] *n* coragem

courageous [kə'reɪdʒəs] *adj* corajoso

courgette [kʊə'ʒet] *n* GB curgete

courier ['kʊriə] n 1 (serviço) correio expresso 2 (profissional) mensageiro 3 guia turístico

course [kɔːs] n 1 rumo, direção 2 rota; *the plane changed course* o avião mudou de rota 3 decurso [of, de]; *in the course of the year* ao longo do ano 4 campo; pista, percurso; *golf course* campo de golfe 5 (estudos) curso [in, de]; *my brother is taking a course in painting* o meu irmão está a tirar um curso de pintura 6 CUL (refeição) prato; *we had a 3 course dinner* tivemos um jantar de 3 pratos 7 corrente, curso; *the course of the river* o curso do rio ♦ vi correr; fluir ❖ *in due course* na devida altura; *in the course of time* com o passar do tempo; *of course!* claro!

court [kɔːt] n 1 tribunal; *she took her husband to court* ela levou o marido a tribunal 2 DESP campo de ténis; *tennis court* campo de ténis 3 corte, residência real; palácio, paço; *Court of Versailles* palácio de Versailles 4 comitiva, séquito; *he belongs to the Spanish court* ele pertence à comitiva espanhola 5 pátio ♦ vt 1 cortejar; fazer a corte a 2 conquistar; granjear 3 (perigo) expor-se a ♦ vi ant namorar ❖ *court martial* conselho de guerra; *court of inquiry* comissão de investigação; *court order* intimação; notificação; *high court* supremo tribunal; *supreme court* Supremo Tribunal de Justiça; *the ball is in your court* a bola está do teu lado

courteous ['kɜːtiəs] adj cortês

courtesan [ˌkɔːtɪˈzæn] n cortesã; prostituta de luxo

courtesy ['kɜːtɪsɪ] n {pl -ies} 1 cortesia; *courtesy call* visita de cortesia 2 favor; atenção ❖ *by courtesy of* com a permissão de; (automóvel) *courtesy light* lâmpada interior

courthouse ['kɔːthaʊs] n tribunal

courtier ['kɔːtiə] n cortesão

courtly ['kɔːtli] adj {comp -ier, superl -iest} cortês ♦ adv cortesmente ❖ HIST,LIT *courtly love* amor cortês

court-martial [ˌkɔːtˈmɑːʃəl] n conselho de guerra

courtroom ['kɔːtrʊm] n (tribunal) sala de audiências

courtship ['kɔːtʃɪp] n 1 galanteio, corte 2 (animais) rituais de acasalamento

courtyard ['kɔːtjɑːd] n pátio

couscous ['kʊskʊs] n cuscuz

cousin ['kʌzn] n primo

couturier [kuˈtjʊəriei] n (moda) costureiro; estilista

cove [kəʊv] n angra; enseada

covenant ['kʌvənənt] n 1 convénio, contrato; pacto; *there is a covenant between the two companies* existe um acordo entre as duas empresas 2 GB promessa escrita ♦ vt,i comprometer; prometer por escrito; *I covenanted to pay £60 a year* comprometi-me a pagar 60 libras por ano

cover ['kʌvə] n 1 tampa; capa; cobertura 2 (livro, revista) capa 3 colcha 4 forro 5 sobrescrito; *under plain cover* num envelope em branco 6 proteção 7 MIL proteção; *to take cover from enemy fire* proteger-se do fogo inimigo 8 (seguro) cobertura [against, contra]; *we've got cover against fire* temos cobertura contra incêndio; *full cover* seguro contra todos os riscos 9 COM cobertura 10 falsa identidade; disfarce ♦ vt 1 cobrir [with, com]; *the floor is covered with mud* o chão está coberto de lama 2 tapar; *to cover one's eyes* tapar os olhos 3 ocupar; *the city covers an area of 25 square miles* a cidade ocupa uma área de 25 milhas quadradas 4 proteger; cobrir; *they covered our retreat* eles cobriram a nossa retirada 5 (período de tempo) abranger; *the book covers the period from 1840 to 1920* o livro abrange o período que decorre entre 1840 e 1920 6 (sentimentos, factos) dissimular; ocultar 7 (seguro) cobrir; *the house is covered against fire* a casa tem seguro contra incêndios 8 DESP (adversário) marcar 9 percorrer; *we covered the distance in 2 hours* fizemos o percurso em 2 horas 10 (jornalista) fazer a cobertura de ♦ vi 1 substituir [for, -]; *I covered for him while he was ill* eu substituí-o enquanto ele esteve doente 2 encobrir [for, -] ♦ MÚS *cover version* nova versão

♦ **cover up** vt 1 cobrir; tapar 2 ocultar; encobrir 3 dissimular ♦ vi cobrir-se; tapar-se

♦ **cover up for** vt encobrir

coverage ['kʌvərɪdʒ] n 1 (meios de comunicação social) cobertura 2 EUA (seguros) cobertura

covering ['kʌvərɪŋ] n 1 cobertura; revestimento 2 camada

coverlet ['kʌvəlɪt] n (cama) colcha, coberta

covert ['kʌvət] adj 1 encoberto; dissimulado 2 secreto ♦ n abrigo; esconderijo

cover-up ['kʌvərʌp] n encobrimento; ocultação de factos

covet ['kʌvɪt] vt cobiçar; invejar; ambicionar

covetous ['kʌvɪtəs] adj form cobiçoso

cow [kaʊ] n 1 vaca 2 (mamíferos) fêmea; *cow elephant* elefanta 3 vulg (mulher) vaca ♦ vt intimidar; atemorizar ❖ EUA col *it's ok, don't have a cow* está tudo bem, não te irrites; col *you can sit there till the cows come home* podes esperar até as galinhas terem dentes

coward ['kaʊəd] n cobarde

cowardice ['kaʊədɪs] n cobardia

cowardly ['kaʊədlɪ] adj cobarde

cowbell ['kaʊbel] n (gado) badalo

cowboy ['kaʊbɔɪ] n 1 vaqueiro; cowboy 2 GB col (negócios) trapaceiro

cower ['kaʊə] vi aninhar-se; *to cower in a corner* aninhar-se num canto 2 encolher-se de medo

cowhide ['kaʊhaɪd] n couro ♦ vt chicotear

cowl [kaʊl] n 1 capuz 2 (chaminé) cata-vento

cowshed ['kaʊʃed] n estábulo; vacaria

coy [kɔɪ] adj {comp -er, superl -est} 1 dissimulado; sonso 2 reservado

coyote [kɔɪˈəʊti] n coiote

CPU n INFORM [sigla de **central processing unit**] UCP [sigla de Unidade Central de Processamento]

crab [kræb] n 1 caranguejo 2 col (parasita) chato ♦ vi {pret e pp -bb-} col lamuriar-se

crabbed ['kræbɪd] adj 1 intrincado, confuso; *the letter was written in crabbed handwriting* a carta estava escrita numa caligrafia confusa 2 rezingão; mal-humorado

crabby ['kræbɪ] adj rezingão

crack [kræk] n 1 fenda; abertura; racha; *there's a crack in this cup* esta chávena está rachada 2 estalido, estalo 3 (trovão) estouro, estrondo 4 col tentativa; *to have a crack at* experimentar 5 col boca, piada [about, sobre] 6 col (droga) crack 7 craque, ás; *this player is a crack* este jogador é um craque ♦ vt 1 rachar; fender 2 partir; *to crack eggs into a frying-pan* partir ovos para a frigideira 3 col (piadas) mandar; *he's always cracking jokes* ele está sempre a mandar piadas 4 decifrar; resolver; *they cracked the code and opened the safe* eles descobriram o código e abriram o cofre 5 col (garrafa) abrir; *he cracked a bottle of his best wine* ele abriu uma garrafa do melhor vinho que tinha ♦ vi 1 rachar; abrir fendas 2 estalar 3 (voz) fraquejar 4 col (pessoa) ir-se abaixo; (sistema) sofrer um colapso ❖ *at the crack of dawn* de madrugada; col *to crack a smile* deixar fugir um sorriso; *they're not giving us a fair crack of the whip* eles não nos estão a dar a mínima oportunidade; col *to get cracking* pôr mãos à obra; começar a mexer

◆ **crack down on** vt **1** tomar medidas severas contra **2** atuar com severidade em relação a

◆ **crack up** vi **1** (pessoa) ir-se abaixo; ter um colapso **2** partir-se a rir *col* ◆ vt (riso) partir todo *col*; *you crack me up!* partes--me todo *col*

crackdown ['krækdaʊn] n medidas repressivas [on, contra]

cracked ['krækt] adj **1** rachado; estalado; fendido **2** *col* com um parafuso a menos *fig*

cracker ['krækə] n **1** bolacha de água e sal **2** *col* (coisa, pessoa) espetáculo *col*, espanto *col* **3** (fogo de artifício) petardo **4** pirata informático

crackers ['krækəz] adj *col* louco, doido

cracking ['krækɪŋ] adj **1** *GB col* excelente; sensacional **2** *GB col* bastante rápido

crackle ['krækl] vi **1** dar estalidos **2** (fogo) crepitar ◆ n **1** estalido **2** (fogo) crepitação

crackling ['kræklɪŋ] n **1** estalidos **2** crepitação

crackpot ['krækpɒt] adj,n *col* maluco; disparatado

cradle ['kreɪdl] n **1** berço; *to rock the cradle* embalar o berço **2** *fig* lugar de origem [of, de] **3** (auscultador do telefone) suporte **4** *GB* andaime ◆ vt **1** embalar **2** segurar com cuidado ❖ *from the cradle to the grave* toda a vida

craft [krɑːft] n **1** arte; ofício **2** habilidade; destreza **3** *ant* manha **4** NÁUT barco; embarcação **5** AER avião ◆ vt trabalhar; *a crafted vase* um vaso trabalhado ❖ *craft fair* feira de artesanato

craftiness ['krɑːftɪnɪs] n manha, astúcia

craftsman ['krɑːftsmən] n {pl -men} artesão; artífice

craftsmanship ['krɑːftsmənʃɪp] n **1** habilidade **2** perfeição

crafty ['krɑːfti] adj {comp -ier, superl -iest} astuto; manhoso

crag [kræg] n rochedo; penhasco

craggy ['krægi] adj {comp -ier, superl -iest} escarpado, íngreme

cram [kræm] vt **1** enfiar, meter; *he crammed the bank notes into his pocket* ele enfiou as notas no bolso **2** encher [with, de], atafulhar [with, de] **3** empanturrar-se de ◆ vi *col* (estudar à pressão) marrar [for, para]; *he was cramming for his finals* ele estava a marrar para os exames finais ◆ n **1** (estudo apressado) marranço **2** multidão compacta **3** empanturramento ❖ *to be crammed with* estar a abarrotar de

cramp [kræmp] n **1** grampo; braçadeira **2** cãibra; *I had a cramp in my leg* tive uma cãibra na perna ◆ npl dores fortes ◆ vt **1** entravar, restringir; limitar **2** (grampo) apertar ◆ vi ter uma cãibra

cramped ['kræmpt] adj estreito; apertado

crampon ['kræmpən] n (gelo, neve) crampon

cranberry ['krænbəri] n {pl -ies} arando

crane [kreɪn] n **1** guindaste, grua **2** grou ◆ vt estender, esticar **-se**

cranial ['kreɪnɪəl] adj ANAT craniano

cranium ['kreɪnɪəm] n {pl craniums, crania) crânio

crank [kræŋk] n **1** manivela; *to turn the crank* rodar a manivela **2** *col* excêntrico; fanático; *religious crank* fanático religioso **3** *EUA col* rabugento ◆ vt dar à manivela de

cranky ['kræŋki] adj {comp -ier, superl -iest} **1** *col* excêntrico **2** *EUA* rabugento

cranny ['kræni] n {pl -ies} fenda, rachadela ❖ *every nook and cranny* todos os cantos e recantos

crap [kræp] n **1** *cal* merda *cal*; *cut the crap!* deixa-te de merdas! *cal* **2** *cal* (tolices) merdices *cal* ◆ npl *EUA* dados; *to shoot craps* jogar dados ◆ adj *cal* de merda *cal* ◆ vi {pret e pp -pp-} *cal* cagar *cal*

crash [kræʃ] n {pl -es} **1** (carro) choque; colisão **2** (carro, avião) acidente; *plane crash* acidente de avião **3** estrondo; *it fell* *down with a crash* caiu com um estrondo **4** (barulho de coisas a partir) estrépito **5** (computador) avaria **6** ECON colapso financeiro ♦ *vt* **1** (veículos) bater com; *she crashed her car* ela bateu com o carro **2** deixar cair com estrondo **3** (festa) entrar sem convite; *they crashed the party* eles entraram na festa sem convite ♦ *vi* **1** (veículos) colidir, bater, chocar; *the car crashed into a tree* o carro bateu contra uma árvore **2** (avião) cair; *the plane crashed* o avião caiu **3** despedaçar-se; *the plates crashed to the ground* os pratos despedaçaram-se no chão **4** (computador) rebentar **5** ECON falir; *the company crashed* a empresa faliu **6** EUA *cal* dormir; *can I crash at your place tonight?* posso dormir em tua casa esta noite? ❖ (estrada) *crash barriers* barreiras de proteção; *crash course* curso intensivo; *crash helmet* capacete; *crash land* aterragem de emergência

crash-land ['kræʃlænd] *vi* AER fazer uma aterragem forçada

crash-test ['kræʃtest] *vt* (carro novo) testar a resistência aos choques; *crash-test dummy* boneco utilizado nos testes de resistência de um carro novo aos choques

crass [kræs] *adj* crasso

crate [kreɪt] *n* **1** caixa [of, de]; grade [of, de]; *crate of beer* grade de cerveja **2** *col,ant* (carro, avião) lata *fig* ♦ *vt* embalar; encaixotar

crater ['kreɪtə] *n* cratera

cravat [krə'væt] *n* (acessório de homem) lenço de pescoço

crave [kreɪv] *vt* **1** estar cheio de vontade de **2** esperar ansiosamente **3** precisar de ♦ *vi* **1** ter ganas [for, de]; estar mortinho *fig* [for, por] **2** estar em ânsias [for, por] **3** (gravidez) sentir desejos [for, de] **4** sentir necessidade [for, de]

craving ['kreɪvɪŋ] *n* **1** desejo forte [for, de] **2** (bebidas, tabaco, afeto, atenção, etc.) necessidade forte [for, de]

crawfish ['krɔːfɪʃ] *n* ⇒ **crayfish**

crawl [krɔːl] *vi* **1** rastejar **2** gatinhar; *the baby crawled across the bedroom* o bebé gatinhou pelo quarto **3** estar cheio [with, de], estar repleto [with, de]; *the kitchen was crawling with ants* a cozinha estava infestada de formigas **4** *col,pej* lamber as botas *fig* [to, a]; *to crawl to somebody* lamber as botas a alguém *fig* **5** (trânsito) andar a passo de caracol *fig* ♦ *n* **1** rasteja **2** *fig* (lentidão) passo de caracol *fig*; *the traffic was moving at a crawl* o trânsito andava a passo de caracol **3** DESP (natação) crawl ❖ *col I heard a noise that made my skin crawl* ouvi um barulho que me fez arrepiar

crawler ['krɔːlə] *n* **1** pessoa ou coisa que rasteja ou se desloca lentamente **2** *col* lambe-botas

crawling ['krɔːlɪŋ] *adj col* cheio [with, de]; a abarrotar [with, de]; *the museum was crawling with people* o museu estava a abarrotar de gente

crayfish ['kreɪfɪʃ] *n {pl -es}* lagostim do rio

crayon ['kreɪən] *n* **1** lápis de cera; *box of crayons* caixa de lápis de cera **2** (lápis) pastel ♦ *vt,i* **1** desenhar com lápis de cera **2** desenhar a pastel

craze [kreɪz] *n* (moda, tendência) loucura, mania ♦ *vt,i* enlouquecer

crazed ['kreɪzd] *adj* **1** (olhar, expressão) de louco **2** louco; doido

crazily ['kreɪzɪli] *adv* loucamente; como um louco

craziness ['kreɪzɪnɪs] *n* loucura

crazy ['kreɪzi] *adj {comp -ier, superl -iest}* louco; doido

creak [kriːk] *vi* ranger; chiar ♦ *n* rangido; chiadeira

creaking ['kriːkɪŋ] *n* chiadeira, rangido; *the creaking of the door* a chiadeira da porta

cream [kriːm] *n* **1** nata **2** *fig* elite; nata *fig*; *the cream of society* a nata da sociedade *fig*

3 (cosmética) creme 4 FARM pomada,
creme; *put some cream on that burn* põe
pomada nessa queimadura 5 (cor) creme ♦
adj (cor) creme ♦ *vt* CUL bater até ficar cremoso ❖ (pastel) *cream cake* nata; *cream
tea* lanche em que se serve chá e scones
com natas e compota; *creamed potatoes*
puré de batata

♦ **cream off** *vt* selecionar (o melhor)

creamery ['kriːməri] *n* {*pl* -ies} 1 leitaria
2 fábrica de laticínios

creamy ['kriːmi] *adj* {*comp* -ier, *superl* -iest}
1 cremoso 2 com nata 3 (cor) creme

crease [kriːs] *n* 1 prega, dobra 2 ruga
3 vinco ♦ *vt* 1 enrugar 2 vincar ♦ *vi* enrugar-se

create [kriːeɪt] *vt* 1 criar; produzir, gerar;
to create a precedent criar um precedente 2 lançar; *to create a new fashion*
lançar uma nova moda 3 nomear; dar o
título de; *he was created duke* foi-lhe
dado o título de duque ♦ *vi* GB *col* fazer
uma cena ❖ *to create a sensation* fazer
sensação

creation [kriːeɪʃən] *n* criação [of, de]

creative [kriːeɪtɪv] *adj* criativo ♦ *n* (publicidade) criativo

creativity [ˌkriːeɪˈtɪvəti] *n* criatividade

creator [kriːeɪtə] *n* 1 criador 2 autor

creature ['kriːtʃə] *n* criatura

crèche [kreɪʃ] *n* creche

credence ['kriːdəns] *n form* crédito; credibilidade

credentials [krɪˈdenʃəlz] *n* 1 referências
2 carta credencial

credibility [ˌkredɪˈbɪləti] *n* credibilidade

credible ['kredɪbəl] *adj* credível

credit ['kredɪt] *n* 1 FIN crédito; *you have
£20 to your credit* tem um crédito de 20
libras 2 credibilidade; *he has no credit
with the public* ele não tem credibilidade
junto ao público 3 motivo de orgulho
[to, para]; *you're a credit to your team* és
um motivo de orgulho para a tua equipa

4 reconhecimento [for, por] 5 (educação)
crédito; *she hasn't enough credits to get
her degree* ela não tem créditos suficien-
tes para terminar o curso ♦ *npl* CIN genérico ♦ *vt* 1 GB acreditar em; dar crédito a;
his statement is hard to credit é difícil
acreditar nas suas declarações 2 reconhecer [with, -]; *nobody credited him with
any good quality* ninguém lhe reconhecia
qualquer qualidade 3 FIN creditar; *the
cheque has been credited to your account* o cheque foi creditado na sua conta
❖ *credit card* cartão de crédito; *no credit
given* não se fia; *to buy (something) on
credit* comprar (alguma coisa) a crédito;
to give somebody credit for reconhecer o
mérito de alguém por; *to take credit for*
colher os louros de *fig*

creditable ['kredɪtəbəl] *adj* louvável; honroso

creditor ['kredɪtə] *n* credor

credo ['kriːdəʊ] *n* {*pl* -s} credo

credulity [krəˈdjuːlɪti] *n* credulidade

credulous ['kredjʊləs] *adj* crédulo

creed [kriːd] *n* REL,POL credo; doutrina

creek [kriːk] *n* 1 GB enseada, angra 2 EUA
riacho

creep [kriːp] *n* 1 *col,pej* (pessoa repugnante)
estafermo, verme *fig* 2 *col,pej* lambe-botas
3 arrastamento ♦ *npl col* (horror, medo) arrepios, calafrios; *old castles give me the
creeps* os castelos velhos assustam-me ♦
vi {*pret e pp* crept} 1 (pessoa, animal) rastejar; arrastar-se 2 (trânsito) andar a passo
de caracol *fig* 3 (planta) trepar ❖ *to creep
up on (somebody)* aproximar-se sorratei-
ramente de (alguém); *to make one's flesh
creep* provocar calafrios/arrepios

creeper ['kriːpə] *n* trepadeira

creeping ['kriːpɪŋ] *adj* 1 BOT que trepa;
creeping plants plantas trepadeiras
2 crescente, gradual; progressivo

creepy ['kriːpi] *adj* {*comp* -ier, *superl* -iest}
sinistro; horripilante

cremate [krɪ'meɪt] *vt* cremar

cremation [krɪ'meɪʃn] *n* cremação

crematorium [,kremə'tɔːrɪəm] *n {pl* crematoria, crematoriums} crematório

creole ['kriːəʊl] *adj,n* crioulo

crepe [kreɪp] *n* (tecido, borracha, panqueca) crepe

crescendo [krɪ'ʃendəʊ] *n {pl* -s} crescendo

crescent ['kresənt] *n* 1 crescente, (lua) *crescent moon* quarto crescente 2 rua em forma de meia-lua ❖ *crescent roll* croissant

cress [kres] *n {pl* -es} agrião

crest [krest] *n* 1 (pássaro, onda) crista; poupa 2 (estrada, encosta, rampa) cume [of, de] 3 armas, brasão

crestfallen ['krest,fɔːlən] *adj* abatido; desanimado

cretin ['kretɪn] *n col* cretino, idiota

cretinism ['kretɪnɪzəm] *n* 1 MED atraso mental 2 *fig* imbecilidade

cretinous ['kretɪnəs] *adj* cretino

crevasse [krɪ'væs] *n* (glaciar) fenda

crevice ['krevɪs] *n* (rocha) fenda, abertura

crew [kruː] *n* 1 AER NÁUT tripulação 2 equipa 3 *pej* súcia, corja ❖ *vt,i* tripular ❖ *crew member* membro da tripulação; *film crew* equipa de filmagem; *ground crew* pessoal de terra

crib [krɪb] *n* 1 manjedoura 2 *GB* presépio 3 *EUA* berço 4 *col* cábula; cópia ❖ *vt {pret e pp* -bb} *col* copiar; plagiar; *I cribbed the answers off her* copiei as respostas por ela ❖ *vi* copiar

cribber ['krɪbə] *n col* cábula; plagiador

crick [krɪk] *n* mau jeito; *a crick in the back* um jeito nas costas; *a crick in the neck* um torcicolo ❖ *vt* dar um jeito a; *to crick one's neck* dar um jeito ao pescoço

cricket ['krɪkɪt] *n* 1 grilo 2 críquete

crier ['kraɪə] *n* pregoeiro

crime [kraɪm] *n* crime; delito

criminal ['krɪmɪnəl] *n* criminoso ❖ *adj* 1 criminal; criminoso 2 penal; *criminal code* código penal ❖ *criminal record* cadastro

criminality [,krɪmɪ'nælɪti] *n* criminalidade

criminologist [,krɪmɪ'nɒlədʒɪst] *n* criminologista

criminology [,krɪmɪ'nɒlədʒi] *n* criminologia

crimp [krɪmp] *n* 1 ondulação 2 enrugamento ❖ *vt* 1 (cabelo) frisar; ondular 2 (tecido, papel) enrugar ❖ *to put a crimp in* colocar entraves em

crimson ['krɪmzn] *adj,n* carmesim

cringe [krɪndʒ] *vi* 1 encolher-se de medo; recuar; *the dog cringed when it saw my stick* o cão recuou quando viu o meu pau 2 ficar envergonhado [at, com]; ficar embaraçado [at, com]; *we all cringed at his jokes* ficámos todos embaraçados com as piadas dele 3 rebaixar-se [to, perante]

crinkle ['krɪŋkl] *n* ruga ❖ *vt* enrugar ❖ *vi* 1 enrugar-se 2 ondular

crinoline ['krɪnəlɪn] *n* (tecido) crinolina

cripple ['krɪpl] *n* aleijado, inválido ❖ *vt* 1 aleijar; tornar inválido; *the accident crippled him for life* o acidente fez dele um inválido para toda a vida 2 *fig* prejudicar gravemente; paralisar

crippled ['krɪpəld] *adj* 1 inválido; mutilado 2 gravemente prejudicado

crippling ['krɪplɪŋ] *adj* 1 (doença, acidente) que provoca invalidez 2 (dor) atroz 3 catastrófico

crisis ['kraɪsɪs] *n {pl* crises} 1 crise 2 (doença) ponto crítico

crisp [krɪsp] *adj* 1 (cabelo) crespo, encaracolado 2 firme, decidido; *a crisp reply* uma resposta decidida 3 (pão, biscoito) estaladiço, crocante 4 (hortaliça, fruta) fresco 5 (tempo) fresco ❖ *n* (pacote) batata frita ❖ *vt* tornar estaladiço ❖ *to burn something to a crisp* esturricar algo

criss-cross ['krɪskrɒs] *adj* com linhas cruzadas; entrelaçado ❖ *adv* de forma entrecruzada ♦ n 1 emaranhado (de ruas) 2 linhas cruzadas ♦ vt cruzar; entrecruzar ♦ vi cruzar-se; entrecruzar-se

criterion [kraɪˈtɪərɪən] n (pl criteria) critério

critic [ˈkrɪtɪk] n 1 (profissional) crítico 2 detrator

critical [ˈkrɪtɪkəl] adj crítico

criticism [ˈkrɪtɪsɪzəm] n crítica

criticize [ˈkrɪtɪsaɪz] vt 1 criticar [for, por], censurar [for, por] 2 (filme, peça, etc.) fazer a crítica de ♦ vi criticar; he does nothing but criticize ele só critica

critique [krɪˈtiːk] n crítica ♦ vt fazer a crítica de

croak [krəʊk] n 1 (rãs) coaxar 2 (corvo) crocitar ♦ vi 1 coaxar 2 crocitar 3 fig resmungar 4 cal (morrer) bater a bota fig

Croatia [krəʊˈeɪʃə] n Croácia

Croatian [krəʊˈeɪʃən] adj,n croata

crochet [ˈkrəʊʃeɪ] n croché; crochet hook agulha de croché ♦ vi fazer croché ♦ vt fazer em croché

crock [krɒk] n 1 vaso de barro, vasilha; louça de barro 2 col traste velho ♦ vt col (inutilizar) espatifar

crockery [ˈkrɒkərɪ] n louça de barro

crocodile [ˈkrɒkədaɪl] n 1 crocodilo 2 pele de crocodilo

croissant [ˈkrwaːsɒ̃] n croissant

crony [ˈkrəʊnɪ] n (pl -ies) compincha

crook [krʊk] n 1 col vigarista 2 cajado; shepherd's crook cajado de pastor 3 curva, curvatura ♦ vt (curvar) vergar ❖ by hook or by crook de qualquer maneira; on the crook de forma desonesta

crooked [ˈkrʊkɪd] adj 1 torto; torcido 2 (caminho) sinuoso 3 col (pessoa) corrupto

croon [kruːn] vt,i cantar suavemente; cantarolar; cantar com sentimento

crop [krɒp] n 1 colheita; to get the crops in fazer a colheita 2 (pessoas, coisas) grupo; fornada 3 (cabelo) corte à escovinha 4 (aves) papo ♦ vt 1 cortar 2 colher 3 ceifar 4 (cabelo) cortar à escovinha

5 (pasto) pastar ♦ vi dar uma colheita; the potatoes have cropped well this year as batatas deram uma boa colheita este ano ❖ a crop of lies um monte de mentiras

cropper [ˈkrɒpə] n to come a cropper falhar completamente

croquette [krəʊˈket] n croquete

crosier [ˈkrəʊʒə] n REL báculo

cross [krɒs] n (pl -es) 1 cruz; (marca) to mark with a cross marcar com uma cruz 2 (raças, espécies) cruzamento 3 fig cruz fig, tormento 4 diagonal; draw a line on the cross faço um traço na diagonal 5 DESP (futebol) passe cruzado ♦ adj zangado [with, com], furioso [with, com]; Dad was really cross with me o Pai estava mesmo zangado comigo ♦ vt 1 (rua, oceano, ponte, etc.) atravessar; to cross the street atravessar a rua 2 transpor; to cross a fence transpor uma vedação 3 (cheque) cruzar 4 (planos) frustrar; contrariar 5 (animais, plantas) cruzar 6 (braços, pernas, dedos) cruzar; she crossed her arms ela cruzou os braços ♦ vi 1 atravessar; you must cross to other side of the river tens de atravessar para o outro lado do rio 2 cruzar-se; I crossed with your sister today hoje cruzei-me com a tua irmã ❖ cross my heart (and hope to die)! juro por Deus!; to cross one's mind passar pela cabeça; REL to cross oneself fazer o sinal da cruz; to cross someone's path atravessar-se no caminho de alguém; no cross no crown sem sofrimento não há glória

♦ cross off vt cortar; riscar

crossbar [ˈkrɒsbaː] n 1 (baliza) trave; barra 2 barra transversal

crossbeam [ˈkrɒsbiːm] n trave-mestra

crossbones [ˈkrɒsbəʊnz] n pl ossos colocados em cruz como símbolo da morte ❖ skull and crossbones bandeira pirata

crossbow [ˈkrɒsbəʊ] n (arma) besta

crossbred [ˈkrɒsbred] adj híbrido

crossbreed ['krɒsbriːd] *vt* cruzar ♦ *n* cruzamento; híbrido

cross-country [ˌkrɒs'kʌntri] *n* corta-mato ♦ *adj* de corta-mato

crosscut ['krɒskʌt] *vt* cortar transversalmente ♦ *n* 1 corte transversal 2 serra manobrada por duas pessoas

cross-dressing [ˌkrɒs'dresɪŋ] *n* travestismo

cross-examination [ˌkrɒsɪɡzæmɪ'neɪʃən] *n* interrogatório

cross-eyed ['krɒsaɪd] *adj* estrábico

crossfire ['krɒsfaɪə] *n* fogo cruzado

crossing ['krɒsɪŋ] *n* 1 cruzamento 2 travessia (geralmente marítima) 3 (peões) passadeira

cross-legged ['krɒslegd] *adj,adv* de perna cruzada

crossly ['krɒsli] *adv* de mau humor; zangado

crosspatch ['krɒspætʃ] *n* (*pl* -es) resmungão; rabugento

cross-purposes [ˌkrɒs'pɜːpəsɪz] *npl* (mal-entendido) *to be talking at cross-purposes* estarem a falar de coisas diferentes

cross-reference [ˌkrɒs'refrəns] *n* remissão

cross-referencing [ˌkrɒs'refrənsɪŋ] *adj* (nota, índice) remissivo

crossroads ['krɒsrəʊdz] *n* cruzamento; encruzilhada

cross-section [ˌkrɒs'sekʃən] *n* 1 secção; corte transversal 2 (população) amostra representativa

cross-stitch [ˌkrɒs'stɪtʃ] *n* ponto de cruz ♦ *vt* bordar a ponto de cruz

crosswalk ['krɒswɔːk] *n* EUA passadeira

crosswind ['krɒswɪnd] *n* vento lateral

crosswise ['krɒsˌwaɪz] *adv* transversalmente

crossword ['krɒsˌwɜːd] *n* palavras cruzadas

crotch [krɒtʃ] *n* entrepernas

crotchet ['krɒtʃɪt] *n* semínima

crouch [kraʊtʃ] *vi* pôr-se de cócoras; agachar-se; *I crouched behind the sofa* agachei-me atrás do sofá

croup [kruːp] *n* 1 (cavalo, etc.) garupa 2 MED garrotilho

croupier ['kruːpɪə] *n* (jogo) crupiê

crow [krəʊ] *n* 1 corvo 2 canto do galo 3 (criança) palrar alegre ♦ *vi* {*pret* crew, crowed, *pp* crowed} 1 (galo) cucuricar, cantar 2 (criança) palrar alegremente 3 *col* gabar-se [about/over, de] ❖ *as the crow flies* a direito; EUA *col* *to eat crow* ser forçado a reconhecer o erro

crowbar ['krəʊbɑː] *n* pé de cabra

crowd [kraʊd] *n* 1 multidão; ajuntamento; *in crowds* em massa 2 turba, populaça 3 grupo; *I miss my college crowd* tenho saudades do meu grupo do colégio ♦ *vt* 1 encher; *the fans crowded the concert hall* os fãs encheram a sala do concerto 2 acotovelar; dar encontrões a 3 *fig* pressionar ♦ *vi* aglomerar-se; apinhar-se; *we crowded into the hall* reunimo-nos à entrada ❖ *to go with/follow the crowd* deixar-se levar

crowded ['kraʊdɪd] *adj* 1 cheio de gente; a abarrotar de gente 2 (dia, agenda) cheio; sobrecarregado

crowfoot ['krəʊfʊt] *n* BOT rainúnculo

crown [kraʊn] *n* 1 coroa 2 [com maiúscula] *fig* poder real, monarquia 3 (moeda) coroa 4 (chapéu) copa 5 (monte) topo; cume; *crown of the hill* cume do monte 6 (dentes) coroa ♦ *vt* 1 coroar; *to be crowned king* ser coroado rei 2 premiar, recompensar; *success has crowned her years of effort* os seus anos de esforço foram recompensados com o sucesso 3 *fig* rematar, consumar 4 (dentes) colocar uma coroa em 5 *col* bater na cabeça de ❖ *crown jewels* joias da coroa; *crown prince* herdeiro da coroa; *col* *to crown it all* para cúmulo

crowning ['kraʊnɪŋ] adj supremo; culminante ♦ n coroação

crow's foot ['krəʊzfʊt] n {pl -feet} (ruga) pé de galinha

crucial ['kruːʃəl] adj crucial [to/for, para]

crucifix ['kruːsɪfɪks] n {pl -es} crucifixo

crucifixion [kruːsɪˈfɪkʃən] n crucificação

crucify ['kruːsɪfaɪ] vt 1 crucificar 2 fig (crítica) deitar abaixo fig 3 fig (derrota) esmagar fig

crude [kruːd] adj {comp -er, superl -est} 1 aproximado; geral 2 vulgar; ordinário 3 grosseiro; rudimentar 4 (material) bruto ♦ n crude

cruel ['kruːəl] adj 1 cruel [to, com] 2 doloroso

cruelty ['kruːəltɪ] n {pl -ies} crueldade

cruet ['kruːɪt] n galheteiro; cruet set/stand galheteiro

cruise [kruːz] n cruzeiro; to go on/for a cruise fazer um cruzeiro ♦ vi 1 fazer um cruzeiro; we went cruising in the Mediterranean fizemos um cruzeiro no Mediterrâneo 2 circular [at, a]; deslocar-se [at, a]; the car was cruising at 60 km/h o carro circulava a 60 km por hora ❖ MIL cruise missile míssil cruzeiro; cruising speed velocidade de cruzeiro

cruiser ['kruːzə] n 1 (navio) cruzador 2 iate de cruzeiro

crumb [krʌm] n 1 migalha 2 pedaço; fragmento

crumble ['krʌmbəl] vt esmigalhar; esboroar ♦ vi esboroar-se; desfazer-se; to crumble into dust desfazer-se em pó

crummy ['krʌmɪ] adj {comp -ier, superl -iest} col péssimo; horrível

crump [krʌmp] n 1 pancada forte 2 queda violenta 3 MIL cal explosão de granada ♦ vi (granada) explodir

crumpet ['krʌmpɪt] n GB pequeno bolo redondo com buracos no topo, comido com manteiga quente

crumple ['krʌmpl] vt 1 amarrotar; enrugar 2 (papel) amarfanhar ♦ vi amarrotar--se; enrugar-se

crunch [krʌntʃ] vt dar uma dentada a; to crunch an apple dar uma dentada numa maçã ♦ vi 1 roer [on, -]; the dog was crunching on a bone o cão estava a roer um osso 2 ranger; fazer um ruído seco ♦ n 1 rangido; ruído seco 2 fig momento da verdade; when it comes to the crunch no momento da verdade

crunchy ['krʌntʃɪ] adj estaladiço, crocante

crupper ['krʌpə] n 1 (cavalo) garupa 2 (arreio) retranca

crusade [kruːˈseɪd] n 1 cruzada 2 campanha [against, contra; for, por]; a crusade against smoking uma campanha contra o tabaco ♦ vi fazer campanha [against/for, contra/por]

crusader [kruːˈseɪdə] n 1 HIST cruzado 2 defensor [for, de]

crush [krʌʃ] n {pl -es} 1 (multidão) aperto; confusão; I got lost in the crush perdi-me na confusão 2 esmagamento 3 col paixoneta; to have a crush on ter uma paixoneta por ♦ vt 1 esmagar 2 CUL triturar 3 (gelo) picar 4 (uvas) pisar 5 comprimir, apertar 6 fig subjugar, dominar; esmagar; to crush a rebellion esmagar uma revolta 7 fig destruir; all his hopes were crushed todas as esperanças dele foram destruídas ❖ (multidões) crush barrier barreira de proteção

crushed ['krʌʃt] adj 1 esmagado 2 britado; triturado; moído 3 (tecido) enrugado 4 fig destroçado

crusher ['krʌʃə] n 1 britadeira 2 triturador

crushing ['krʌʃɪŋ] adj 1 esmagador 2 aniquilador; terrível 3 (comentário) demolidor

crust [krʌst] n 1 crosta; GEOL the earth's crust a crosta terrestre 2 côdea 3 (terra, neve) camada; *a thin crust of ice* uma fina camada de gelo ♦ vt,i encrostar

crustacean [krʌˈsteɪʃən] adj,n crustáceo

crusty [ˈkrʌsti] adj (comp -ier, superl -iest) 1 estaladiço 2 impertinente, rabugento

crutch [krʌtʃ] n (pl -es) 1 muleta 2 apoio

crux [krʌks] n (pl cruxes) âmago; cerne

cry [kraɪ] n (pl cries) 1 choro 2 grito [of, de; for, por] 3 pedido; apelo 4 pregão 5 palavra de ordem ♦ vt 1 chorar 2 gritar 3 pedir, rogar; *to cry mercy* pedir misericórdia 4 apregoar ♦ vi 1 chorar [over/about], por causa de; for, por]; *the baby is crying* o bebé está a chorar; *she's crying for her mother* ela está a chorar pela mãe 2 gritar [for, por] 3 pedir, rogar; *to cry for help* pedir ajuda 4 (cão) ladrar, latir ❖ *to cry for the moon* exigir o impossível; *to cry one's eyes out* chorar como uma Madalena; *to cry over spilt milk* chorar sobre leite derramado; *to cry wolf* dar um falso alarme, (impaciência) *for crying out loud!* por amor de Deus!

♦ **cry down** vt dizer mal de
♦ **cry off** vi desistir
♦ **cry out** vi gritar
♦ **cry up** vt elogiar; exaltar

crybaby [ˈkraɪbeɪbi] n chorão; mimalho

crying [ˈkraɪɪŋ] n choro ♦ adj 1 gritante, flagrante 2 urgente, premente

cryogenics [ˌkraɪəˈdʒeniks] n criogenia

crypt [krɪpt] n cripta

crystal [ˈkrɪstəl] n cristal ♦ adj 1 de cristal 2 transparente; cristalino

crystal-clear [ˈkrɪstəlklɪə] adj 1 límpido; cristalino 2 (significado) claro; evidente

crystalline [ˈkrɪstəlaɪn] adj cristalino; QUÍM *crystalline compound* composto cristalino

crystallization [ˌkrɪstəlaɪˈzeɪʃən] n cristalização

crystallize [ˈkrɪstəlaɪz] vt,i cristalizar

crystallography [ˌkrɪstəˈlɒɡrəfi] n GEOL cristalografia

cub [kʌb] n 1 cria, filhote 2 pej fedelho ♦ vt ZOOL dar à luz

Cuba [ˈkjuːbə] n Cuba

Cuban [ˈkjuːbən] adj,n cubano

cubature [ˈkjuːbətjʊə] n cubatura

cube [kjuːb] n 1 cubo; *a sugar cube* um cubo de açúcar; *an ice cube* um cubo de gelo 2 MAT cubo; *the cube of 3 is 27* 3 ao cubo são 27 ♦ vt 1 MAT elevar ao cubo; *3 cubed is 27* 3 ao cubo são 27 2 CUL cortar em cubinhos ❖ *cube root* raiz cúbica

cubic [ˈkjuːbɪk] adj cúbico

cubicle [ˈkjuːbɪkl] n cubículo

cubism [ˈkjuːbɪzəm] n cubismo

cubist [ˈkjuːbɪst] adj,n cubista

cuckoo [ˈkʊkuː] n (ave) cuco ♦ adj col maluco ❖ *cuckoo clock* relógio de cuco

cucumber [ˈkjuːkʌmbə] n pepino

cuddle [ˈkʌdl] n abraço; *to give somebody a cuddle* dar um abraço a alguém ♦ vt 1 abraçar 2 embalar ♦ vi 1 abraçar-se 2 aconchegar-se

cuddly [ˈkʌdli] adj 1 fofo 2 amoroso

cudgel [ˈkʌdʒəl] n cacete ♦ vt (pret e pp -ll-) dar cacetadas em ❖ *to cudgel one's brains* puxar pela cabeça; *to cross the cudgels* dar-se por vencido; *to take up the cudgels for* sair em defesa de

cue [kjuː] n 1 (teatro) deixa 2 (música) sinal de entrada 3 sinal 4 (bilhar) taco

cuff [kʌf] n 1 (camisa) punho 2 EUA (calças) dobra 3 tabefe, sopapo ♦ vt esbofetear ❖ *off the cuffs* de improviso

cufflinks [ˈkʌflɪŋkz] npl botões de punho

cuisine [kwɪˈziːn] n cozinha; *French cuisine* cozinha francesa

cul-de-sac [ˌkʌldəˈsæk] n (pl culs-de-sac, cul-de-sacs) beco sem saída

culinary [ˈkʌlɪnəri] adj form culinário

cull [kʌl] vt 1 (grupo de animais) eliminar (os mais fracos ou indesejados) 2 selecionar; eleger 3 (informação) recolher; *the facts were culled from various sources* os factos foram recolhidos através de várias fontes

culminate [ˈkʌlmɪneɪt] *vi* culminar [in, em]

culminating [ˈkʌlmɪneɪtɪŋ] *adj* culminante; *culminating point* ponto culminante

culmination [ˌkʌlmɪˈneɪʃən] *n* auge [of, de]

culpability [ˌkʌlpəˈbɪlɪtɪ] *n* culpabilidade

culpable [ˈkʌlpəbəl] *adj* culpado

culprit [ˈkʌlprɪt] *n* 1 culpado 2 responsável

cult [kʌlt] *n* 1 culto 2 REL seita

cultivate [ˈkʌltɪveɪt] *vt* 1 cultivar 2 *fig* aperfeiçoar, cultivar, desenvolver; *to cultivate the mind* cultivar o espírito 3 cativar; ganhar a estima de

cultivated [ˈkʌltɪveɪtɪd] *adj* 1 (pessoa) culto 2 cultivado

cultivation [ˌkʌltɪˈveɪʃən] *n* 1 cultivo, [of, de] 2 (intelectual) aperfeiçoamento 3 (intelectual) cultura

cultivator [ˈkʌltɪveɪtə] *n* 1 agricultor, lavrador 2 (máquina) cultivador

cultural [ˈkʌltʃərəl] *adj* cultural

culture [ˈkʌltʃə] *n* cultura

cultured [ˈkʌltʃəd] *adj* 1 culto 2 de cultura; *cultured pearl* pérola de cultura

cumbersome [ˈkʌmbəsəm] *adj* incómodo; desconfortável

cumin [ˈkʌmɪn] *n* cominhos

cummin [ˈkʌmɪn] *n* ⇒ cumin

cumulate [ˈkjuːmjʊleɪt] *vt* 1 acumular 2 aglomerar ♦ *vi* 1 acumular-se 2 aglomerar-se

cumulative [ˈkjuːmjʊlətɪv] *adj* cumulativo

cunning [ˈkʌnɪŋ] *n* manha; astúcia ♦ *adj* 1 manhoso; astuto 2 hábil; engenhoso

cup [kʌp] *n* 1 chávena; *tea cup* chávena de chá 2 (prémio) taça 3 cálice 4 (soutien) copa ♦ *vt* {*pret e pp* -pp-} (mãos) colocar em concha ❖ DESP (futebol) *cup final* final de campeonato; *it's not my cup of tea* não faz o meu género; *that's another cup of tea* isso é uma coisa muito diferente

cupboard [ˈkʌbəd] *n* (louça, roupa, etc.) armário

cupola [ˈkjuːpələ] *n* ARQ cúpula

cupping-glass [ˈkʌpɪŋɡlɑːs] *n* MED ventosa

cur [kɜː] *n* 1 (cão) rafeiro 2 *col* (pessoa) canalha

curable [ˈkjʊərəbəl] *adj* que tem cura

curaçao [kjʊərəˈsəʊ] *n* (licor) curaçau

curacy [ˈkjʊərəsɪ] *n* {*pl* -ies} 1 coadjutoria eclesiástica 2 vicariato

curative [ˈkjʊərətɪv] *adj* curativo; *the curative powers of a new drug* os poderes curativos de uma nova droga

curator [kjʊəˈreɪtə] *n* (museu) conservador; curador

curatorship [kjʊəˈreɪtəʃɪp] *n* curadoria

curb [kɜːb] *n* 1 (cavalo) barbela do freio 2 freio 3 EUA (rua) passeio ♦ *vt* refrear; dominar; *to curb one's enthusiasm* controlar o entusiasmo ❖ *to keep a curb on* manter controlado

curbside [ˈkɜːbsaɪd] *n* EUA (estrada) berma

curd [kɜːd] *n* coalhada, requeijão ♦ *vi* coalhar

curdle [ˈkɜːdl] *vt,i* coagular; coalhar ❖ *terror curdled his blood* o sangue gelou-se-lhe de medo

cure [kjʊə] *n* 1 cura [for, para] 2 (problema) remédio *fig*; solução 3 (processo) recuperação ♦ *vt* 1 curar [of, -]; *this medicine will cure you of your cough* este remédio vai-te curar a tosse 2 (alimentos) curar 3 *fig* (problema) combater; eliminar ❖ *to be past cure* ser incurável; *to cure an evil* reparar um mal; *what can't be cured, must be endured* o que não tem remédio remediado está

curfew [ˈkɜːfjuː] *n* recolher obrigatório

curia [ˈkjʊərɪə] *n* {*pl* -ae} cúria

curial [ˈkjʊərɪəl] *adj* curial

curiosity [ˌkjʊərɪˈɒsɪtɪ] *n* {*pl* -ies} 1 curiosidade [about, em relação a] 2 (objeto, fenómeno) raridade, curiosidade ❖ *curiosity killed the cat* a curiosidade matou o gato

curious ['kjʊərɪəs] *adj* 1 curioso [**about**, acerca de] 2 estranho; invulgar

curium ['kjʊərɪəm] *n* cúrio

curl [kɜ:l] *n* 1 (cabelo) caracol 2 ondulação 3 espiral ♦ *vt* 1 encaracolar; ondular 2 encarquilhar ♦ *vi* 1 encaracolar-se 2 ondular; ficar ondulado 3 encarquilhar-se ❖ *to curl one's lip* fazer uma careta

curling-iron ['kɜ:lɪŋərən] *n* ferro de frisar

curlpaper ['kɜ:lpeɪpə] *n* (cabelo) papelote

curly ['kɜ:lɪ] *adj* {*comp* -ier, *superl* -iest} encaracolado ❖ *curly brackets* chavetas

currant ['kʌrənt] *n* 1 (passa) corinto 2 groselha

currency ['kʌrənsɪ] *n* {*pl* -ies} 1 moeda; *foreign currency* moeda estrangeira 2 circulação, curso

current ['kʌrənt] *adj* 1 atual 2 (mês, ano) em curso 3 (legislação) vigente 4 (número de publicação) último ♦ *n* 1 (água, ar, eletricidade) corrente 2 tendência ❖ *GB current account* conta-corrente

currently ['kʌrəntlɪ] *adv* atualmente

curriculum [kə'rɪkjʊləm] *n* {*pl* -a} currículo

curry ['kʌrɪ] *n* CUL caril; *chicken curry* caril de galinha ♦ *vt* CUL preparar com caril ❖ *to curry favour with* procurar cair nas boas graças

curse [kɜ:s] *n* 1 praga; maldição; *to put a curse on someone* rogar uma praga a alguém 2 palavrão ♦ *vi* praguejar ♦ *vt* 1 rogar uma praga a 2 amaldiçoar

cursed ['kɜ:sɪd] *adj* 1 maldito 2 abominável, detestável

cursor ['kɜ:sə] *n* INFORM cursor ♦ *vi* INFORM mover o cursor

cursory ['kɜ:sərɪ] *adj* 1 rápido 2 superficial; apressado

curt [kɜ:t] *adj* brusco, seco

curtail [kɜ:'teɪl] *vt* 1 reduzir 2 restringir 3 encurtar

curtain ['kɜ:tn] *n* 1 cortina; *curtain of smoke* cortina de fumo; *to draw the curtains* fechar as cortinas 2 TEAT pano de boca do palco; *curtain call* chamada ao palco ♦ *vt* colocar cortina(s) em ❖ *to be curtains for* ser o fim de

curtly ['kɜ:tlɪ] *adv* secamente, bruscamente

curtsy ['kɜ:tsɪ] *n* {*pl* -ies} reverência ♦ *vi* fazer uma reverência

curvaceous [kɜ:'veɪʃəz] *adj* (corpo) curvilíneo

curvature ['kɜ:vətʃə] *n* curvatura

curve [kɜ:v] *n* 1 curva ♦ *vt* curvar, encurvar ♦ *vi* 1 fazer uma curva 2 encurvar-se

curved ['kɜ:vd] *adj* curvo; encurvado

curvilinear [ˌkɜ:vɪ'lɪnɪə] *adj* curvilíneo

cushion ['kʊʃən] *n* 1 almofada 2 (bilhar) tabela 3 *fig* amortecedor ♦ *vt* 1 almofadar 2 pôr sobre almofadas 3 *fig* atenuar; amortecer

cushy ['kʊʃɪ] *adj* {*comp* -ier, *superl* -iest} (trabalho, estilo de vida) fácil, pouco exigente; *col a cushy job* um bom tacho

cusp [kʌsp] *n* 1 cúspide 2 ponta; extremidade

cuss [kʌs] *n* {*pl* -es} praga; maldição ♦ *vt,i col* praguejar ❖ *I don't give a tinker's cuss* estou-iné nas tintas

cussed ['kʌsɪd] *adj* 1 teimoso; difícil 2 maldito

custard ['kʌstəd] *n* creme de leite e ovos

custard-apple ['kʌstədæpəl] *n* BOT anona

custodian [kʌs'təʊdɪən] *n* guarda; conservador

custody ['kʌstədɪ] *n* 1 custódia [**of**, de], guarda [**of**, de] 2 detenção; *to be held/kept in custody* estar detido ❖ *for protection*

custom ['kʌstəm] *n* costume, uso; hábito ❖ *EUA custom clothes* roupa feita por encomenda

customary ['kʌstəmərɪ] *adj* usual, habitual

custom-build ['kʌstəmbɪld] *vt* {*pret e pp* -built} fazer à medida

customer ['kʌstəmə] *n* freguês; cliente ❖ *customer services* serviço de apoio ao cliente

custom house ['kʌstəmhaʊz] *n* alfândega; *custom house officer* empregado da alfândega; *custom house regulations* regulamento da alfândega

customize ['kʌstəmaɪz] *vt* 1 fazer à medida 2 personalizar, adaptar

custom-made ['kʌstəmmeɪd] *adj* 1 feito por encomenda 2 feito à medida

customs ['kʌstəmz] *n* alfândega; *to go through customs* passar pela alfândega

cut [kʌt] *n* 1 golpe; corte; incisão 2 ECON redução; corte 3 (roupa) corte 4 (quinhão) parte; fatia ♦ *adj* talhado, cortado; lapidado; *cut glass* vidro lapidado ♦ *vt* {*pret e pp* cut} 1 cortar; *I've had my hair cut* fui cortar o cabelo; *to cut in half* cortar ao meio 2 trinchar 3 talhar 4 abrir; *to cut a hole* abrir um buraco 5 ECON fazer cortes em; reduzir ♦ *vi* 1 cortar 2 ser cortante ❖ CIN cut! corta!; *to be a cut above the rest* ser melhor que os outros; *to cut a long story short* resumindo e concluindo; *EUA col to cut classes* faltar às aulas

◆ **cut away** *vt* eliminar; *you should cut away these paragraphs* devias eliminar estes parágrafos

◆ **cut back** *vt* 1 reduzir; *they are cutting back posts* estão a reduzir os postos de trabalho 2 podar; aparar; *the gardener is cutting back the tree* o jardineiro está a podar a árvore ♦ *vi* fazer cortes [on, em]; *they are cutting back on costs* estão a reduzir nas despesas

◆ **cut down** *vt* 1 reduzir; diminuir; cortar; *try cutting down expenses* tenta diminuir as despesas 2 cortar; deitar abaixo; *the tree has been cut down* a árvore foi cortada 3 *fig* (matar) ceifar; *fig they were cut down by the plague* as vidas deles foram ceifadas

pela peste 4 reduzir; diminuir; cortar [on, em]; *you should cut down on smoking* devias cortar no tabaco

◆ **cut in** *vi* 1 interromper; intervir; *he cut in on the conversation* ele interveio na conversa 2 atravessar-se; *the driver cut in dangerously in front of the other car* o condutor atravessou-se na frente do outro carro 3 disparar; *the safety device cuts in automatically* o dispositivo de segurança dispara automaticamente

◆ **cut off** *vt* 1 cortar; *the water has been cut off in my building* a água foi cortada no meu prédio 2 isolar; *the village was cut off by the flood* a aldeia ficou isolada pelas cheias 3 deserdar 4 cortar a palavra a; *she was cut off in the middle of the sentence* foi-lhe cortada a palavra a meio da frase

◆ **cut out** *vt* 1 recortar; cortar 2 retirar; eliminar 3 pôr um fim a ♦ *vi* 1 *fig* nascer; *he's cut out to be a doctor* nasceu para ser médico 2 parar ❖ *cut it out!* para com isso!

◆ **cut up** *vt* 1 cortar; cortar aos bocados; *she cut up the apple* ela cortou a maçã aos pedacinhos 2 *fig* (transtornar) dilacerar

cutaneous [kju:'teɪnjəs] *adj* cutâneo

cutback ['kʌtbæk] *n* redução, diminuição

cute [kju:t] *adj* {*comp* -er, *superl* -est} 1 *col* giro, amoroso 2 fino, esperto; *don't get cute with me* não te armes em espertinho comigo

cuticle ['kju:tɪkl] *n* cutícula

cutie ['kjuti] *n col* (pessoa atraente) coisa fofa

cutis ['kju:tɪs] *n* derme

cutler ['kʌtlə] *n* cuteleiro

cutlery ['kʌtləri] *n* talheres

cutlet ['kʌtlɪt] *n* costeleta

cut-price [,kʌt'praɪs] *adj* a preço reduzido; mais barato

cutter ['kʌtə] *n* 1 cortador; talhador 2 x--ato

cutting ['kʌtɪŋ] n 1 corte 2 recorte; *press/newspaper cuttings* recortes de jornal 3 BOT estaca ♦ adj 1 de corte; *cutting tool* ferramenta de corte 2 cortante 3 mordaz ♦ EUA CUL *cutting board* tábua (de cozinha); *cutting edge* 1 gume 2 vantagem

cutting-edge ['kʌtɪŋedʒ] adj inovador, pioneiro ♦ *cutting-edge technology* tecnologia de ponta

cuttlefish ['kʌtl̩fɪʃ] n {pl -es} (molusco) choco

cyanide ['saɪənaɪd] n cianeto

cybercafe ['saɪbəkæfeɪ] n cibercafé

cybercafé ['saɪbəkæfeɪ] n cibercafé

cybercrime ['saɪbəkraɪm] n cibercrime

cyberculture ['saɪbəkʌltʃə] n cibercultura

cybernaut [ˌsaɪbə'nɔt] n cibernauta

cybernetics [ˌsaɪbə'netɪks] n cibernética

cybersex ['saɪbəseks] n cibersexo

cyberspace ['saɪbəspeɪs] n ciberespaço

cyberterrorism [ˌsaɪbə'terərɪzəm] n ciberterrorismo

cyborg ['saɪbɔg] n ciborgue

cyclamen ['sɪkləmən] n (planta) cíclame, ciclâmen

cycle ['saɪkl] n 1 ciclo [of, de] 2 (máquina) programa 3 bicicleta ♦ vi andar de bicicleta; ir de bicicleta ♦ *cycle counter* contador de rotações; *cycle lane/path* ciclovia; *cycle race track* velódromo

cyclic ['saɪklɪk] adj cíclico

cyclical ['saɪklɪkəl] adj ⇒ cyclic

cycling ['saɪklɪŋ] n ciclismo ♦ *to go cycling* ir andar de bicicleta

cyclist ['saɪklɪst] n ciclista

cyclone ['saɪkloʊn] n ciclone

cyclonic [saɪ'klɒnɪk] adj ciclónico

cylinder ['sɪlɪndə] n 1 cilindro 2 (de gás) botija

cylindrical [sɪ'lɪndrɪkəl] adj cilíndrico

cymbal ['sɪmbəl] n címbalo

cynic ['sɪnɪk] adj,n cínico

cynical ['sɪnɪkəl] adj cínico

cynicism ['sɪnɪsɪzəm] n cinismo

cypress ['saɪprɪs] n {pl -es} cipreste

Cypriot ['sɪprɪət] adj,n cipriota

Cyprus ['saɪprəs] n Chipre

cyst [sɪst] n quisto

cystic ['sɪstɪk] adj quístico

cytology [saɪ'tɒlədʒi] n citologia

cytoplasm ['saɪtəʊplæzəm] n citoplasma

czar [tzɑ·] n czar

czarina [tzɑ·ˈriːnə] n czarina

Czech [tʃek] adj,n checo

Czech Republic [tʃekrɪ'pʌblɪk] n República Checa

D

d [di:] n {pl d's} **1** (letra) d **2** [com maiúscula] MÚS ré

dab [dæb] n *(pequena quantidade)* gota; salpico; pouquinho; *a dab of glue* uma gota de cola ♦ vt,i {pret e pp -bb-} **1** tocar levemente [at, em]; *she dabbed at the wound with wet cotton* ela tocou levemente na ferida com algodão húmido **2** aplicar um pouquinho de [on, em]

dabble ['dæbəl] vt agitar [in, em]; *to dabble one's hands in the water* chapinhar com as mãos na água ♦ vi fazer qualquer coisa como passatempo [at/in, -]; *to dabble in politics* dedicar-se vagamente à política

dad [dæd] n col papá

daddy ['dædi] n {pl -ies} infant papá

daffodil ['dæfədɪl] n narciso amarelo

daft [dɑ:ft] adj tolo; *don't be daft!* não sejas tolo!

dagger ['dægə] n punhal

dahlia ['deɪliə] n dália

daily ['deɪli] n {pl -ies} (jornal) diário ♦ adj diário; de todos os dias ♦ adv diariamente ❖ *to earn one's daily bread* ganhar o pão nosso de cada dia

daintiness ['deɪntɪnɪs] n **1** delicadeza, elegância **2** esmero

dainty ['deɪnti] adj {comp -ier, superl -iest} delicado

dairy ['deəri] n {pl -ies} leitaria ♦ adj leiteiro; *dairy cattle* gado leiteiro ❖ *dairy produce* laticínios

dairyman ['deərimən] n {pl -men} leiteiro

dais [deɪs] n {pl -es} estrado

daisy ['deɪzi] n {pl -ies} margarida ❖ *to be pushing up the daisies* estar morto e enterrado

dally ['dæli] vi **1** fingir que se trabalha **2** perder tempo [over, com] **3** entreter-se [with, com]; divertir-se [with, com]

Dalmatian [dæl'meɪʃən] n ZOOL (cão) dálmata

daltonic [dɒl'tɒnɪk] adj daltónico

daltonism ['dɒltənɪzəm] n daltonismo

dam [dæm] n barragem; represa ♦ vt {pret e pp -mm-} **1** represar; construir uma barragem em **2** fig conter; reprimir

damage ['dæmɪdʒ] n **1** prejuízo; *to do serious damage to* prejudicar gravemente **2** dano; estrago; *to cause serious damage to* fazer grandes estragos em **3** MED lesão; *brain damage* lesão cerebral ♦ npl indemnização por perdas e danos; *to sue someone for damages* intentar uma ação contra alguém por perdas e danos ♦ vt **1** prejudicar **2** danificar **3** (hipóteses) comprometer ❖ *damage repair* reparação de avarias; *the damage is done* o mal está feito

damaging ['dæmɪdʒɪŋ] adj prejudicial [to, a]

dame [deɪm] n **1** *EUA* col tipa; miúda **2** [com maiúscula] *GB* título honorífico concedido a uma mulher

damn [dæm] adj maldito; *this damn car has broken down again* este maldito carro avariou outra vez ♦ vt **1** condenar **2** amaldiçoar ♦ adv col (reforço expressivo) muito; *I know you damn well* conheço-te de ginjeira ♦ interj bolas! ❖ *his promise isn't worth a damn* a promessa dele não vale um chavo; *I don't give a damn about him* estou-me nas tintas para ele

damnation [dæm'neɪʃən] n condenação

damned ['dæmd] adj col maldito ♦ adv col muito; *damned hot* quente como o caraças! col ❖ *I'll be damned!* diabos me levem!

damning ['dæmɪŋ] adj condenatório

damp [dæmp] adj húmido; *a damp cloth* um pano húmido ♦ n humidade; *a patch*

dashing

of damp on the wall uma mancha de humidade na parede ♦ *vt* 1 humedecer 2 (som, fogo) abafar 3 *fig* desanimar

dampen ['dæmpən] *vt* 1 humedecer 2 *fig* (interesse) esfriar 3 *fig* desanimar

damper ['dæmpə] *n* 1 fim; *to put the damper on* pôr um fim a 2 (piano) abafador

dampness ['dæmpnɪs] *n* humidade

damp-proof ['dæmppru:f] *adj* GB (parede) *damp-proof course* camada isoladora

damson ['dæmzən] *n* ameixa pequena

dance [dɑ:ns] *n* 1 dança 2 (festa) baile ♦ *vt,i* dançar; *to dance a waltz* dançar uma valsa ❖ *dance floor* pista de dança; *dance hall* salão de baile

dancer ['dɑ:nsə] *n* bailarino; dançarino

dancing ['dɑ:nsɪŋ] *n* dança ♦ *adj* dançante

dandelion ['dændɪlaɪən] *n* dente-de-leão

dandruff ['dændrʌf] *n* caspa; *dandruff shampoo* champô anticaspa

dandy ['dændi] *adj* {*comp* -ier, *superl* -iest} EUA *col* estupendo ♦ *n* {*pl* -ies} dândi, janota

Dane [deɪn] *n* (pessoa) dinamarquês

danger ['deɪndʒə] *n* perigo [of, de] ❖ *danger money* subsídio de risco

dangerous ['deɪndʒərəs] *adj* perigoso, arriscado

dangle ['dæŋgl] *vi* baloiçar ♦ *vt* 1 baloiçar 2 pendurar 3 *fig* (oferecer) acenar com ❖ (expectativa, impasse) *to leave someone dangling* deixar alguém pendurado

Danish ['deɪnɪʃ] *adj,n* dinamarquês

dank [dæŋk] *adj* húmido e frio

dapper ['dæpə] *adj* (homem) elegante; janota

dapple ['dæpl] *vt* 1 salpicar 2 matizar

dare [deə] *n* desafio; provocação ♦ *vi* atrever-se [to, a]; *how dare you?* como te atreves? ♦ *vt* {*pret e pp* dared} desafiar [to, a]; *to dare somebody to do something* desafiar alguém a fazer alguma coisa

daredevil ['deədevl] *adj,n* temerário; audacioso

daring ['deərɪŋ] *adj* ousado; audaz ♦ *n* coragem; ousadia

dark [dɑ:k] *adj* 1 escuro 2 (pele) moreno 3 sombrio; obscuro 4 secreto; misterioso ♦ *n* 1 escuro; escuridão 2 anoitecer ❖ *to be in the dark* não saber de nada; *to look on the dark side of things* ser pessimista

darken ['dɑ:kn] *vt,i* 1 escurecer 2 *fig* entristecer

darkness ['dɑ:knɪs] *n* escuridão

darkroom ['dɑ:kru:m] *n* (fotografia) câmara escura

darling ['dɑ:lɪŋ] *n* querido; amor ♦ *adj* amoroso; encantador

darmstadtium ['dɑ:mstætiəm] *n* darmstádio

darn [dɑ:n] *n* cerzidura ♦ *vt* 1 cerzir 2 *col* maldizer ♦ *adj,adv* ⇒ **damn**

darnel ['dɑ:nl] *n* BOT joio

darner ['dɑ:nə] *n* cerzidor, cerzideira

dart [dɑ:t] *n* dardo ♦ *npl* jogo dos dardos ♦ *vt* lançar; *to dart a glance* lançar um olhar ♦ *vi* precipitar-se ❖ *to make a sudden dart for* precipitar-se para

dartboard ['dɑ:tbɔ:d] *n* (dardos) alvo

dash [dæʃ] *n* 1 (tempero) pitada; *a dash of pepper* uma pitada de pimenta 2 (bebida) gota 3 (escrita) travessão 4 (código Morse) traço 5 corrida; *he made a dash for the door* ele precipitou-se para a porta ♦ *vt* 1 arremessar 2 despedaçar 3 *fig* (esperanças) reduzir a nada ♦ *vi* 1 correr; *to dash into the room* irromper pelo quarto 2 despachar-se; *I must dash* tenho que me despachar ❖ *dash it!* maldição!

♦ **dash off** *vi* sair a correr ♦ *vt* escrever à pressa

dashboard ['dæʃbɔ:d] *n* (carro) painel de instrumentos

dashing ['dæʃɪŋ] *adj* 1 elegante 2 *ant* garboso

data ['deɪtə] *npl* dados; informação; *data bank* banco de dados

database ['deɪtəˌbeɪs] *n* base de dados

dataglove ['deɪtəˌɡlʌv] *n* luva usada na realidade virtual

date [deɪt] *n* 1 data; *date of birth* data de nascimento; *to set a date* marcar uma data 2 *EUA* encontro 3 BOT tâmara ♦ *vt* 1 datar 2 *EUA* andar com; *she's dating my brother* ela anda com o meu irmão ♦ *vi* 1 datar [from, de]; remontar [back to, a] 2 *EUA* sair juntos; namorar ❖ *at a later date* mais tarde; *to be out of date* estar desatualizado; *to be up to date* estar atualizado; *to date* até à data

dated ['deɪtɪd] *adj* antiquado

date palm ['deɪtpɑːm] *n* BOT tamareira

dative ['deɪtɪv] *adj,n* dativo

daub [dɔːb] *vt* 1 (tinta) sarapintar [with, com]; borrar [with, com] 2 (argamassa) cobrir [with, com]; *to daub the wall with clay* cobrir a parede com argamassa ♦ *n* 1 mancha [of, de]; salpico [of, de] 2 pintura tosca 3 (argamassa) revestimento

daughter ['dɔːtə] *n* filha

daughter-in-law ['dɔːtərɪnlɔː] *n* nora

daunt [dɔːnt] *vt* intimidar ❖ *nothing daunted* sem se deixar intimidar

dauntless ['dɔːntləs] *adj* destemido; intrépido

dawdle ['dɔːdl] *vi* 1 (progressão lenta) mandriar; fazer cera *fig* 2 demorar uma eternidade [over, a]

dawn [dɔːn] *n* 1 amanhecer, madrugada; *at dawn* de madrugada; *at the break/crack of dawn* ao amanhecer 2 *fig* início [of, de]; *the dawn of civilization* o início da civilização ♦ *vi* 1 amanhecer 2 *fig* surgir ❖ *it has just dawned on me* fiquei agora a compreender

day [deɪ] *n* dia ♦ *npl* tempos; *during my school days* nos meus tempos de escola ❖ (comboio, autocarro) *day return* bilhete de ida e volta

daybreak ['deɪbreɪk] *n* amanhecer

daydream ['deɪdriːm] *n* devaneio ♦ *vi* sonhar acordado

daydreamer ['deɪdriːmə] *n* sonhador

day-labourer ['deɪleɪbə] *n* jornaleiro

daylight ['deɪlaɪt] *n* luz do dia ❖ *GB col daylight robbery* roubo; roubalheira

daylight-saving [ˌdeɪlaɪtˈseɪvɪŋ] *adj* (horário) de verão; *daylight-saving time* hora de verão

day nursery ['deɪˌnɜːsri] *n* creche; infantário

day-school ['deɪskuːl] *n* externato

daze [deɪz] *vt* aturdir ♦ *n* confusão; estupefação ❖ *in a daze* aturdido; desorientado

dazzle ['dæzl] *vt* 1 ofuscar; encandear; *the light dazzled my eyes* a luz encandeou-me 2 deslumbrar ♦ *n* 1 (luz) brilho ofuscante 2 deslumbramento

dazzling ['dæzlɪŋ] *adj* 1 ofuscante 2 deslumbrante

deacon ['diːkən] *n* diácono

deactivate [diːˈæktɪveɪt] *vt* desativar

dead [ded] *adj* 1 morto; *dead body* cadáver 2 que não funciona; *the phone is dead* o telefone não funciona 3 (corpo) dormente 4 *col* de rastos 5 total; *dead silence* silêncio total ♦ *adv col* completamente ♦ *npl* (os) mortos ❖ *dead end* beco sem saída; *dead weight* peso morto

deadbeat ['dedbiːt] *n* 1 *col* mandrião 2 *col* caloteiro

deaden ['dedn] *vt* amortecer; atenuar; *to deaden a shock* amortecer um choque

dead-end ['ded'end] *adj* 1 sem saída 2 *fig* sem futuro

deadline ['dedlaɪn] *n* prazo; data-limite; *to meet a deadline* cumprir um prazo

deadlock ['dedlɒk] *n* impasse; *to reach a deadlock* chegar a um impasse

deadly ['dedli] *adj* [*comp* -ier, *superl* -iest] 1 mortal, fatal 2 total; absoluto 3 *col* aborrecido ♦ *adv* terrivelmente; *deadly tired* terrivelmente cansado

deadwood ['dedwud] *n,adj* (pessoa) inútil

deaf [def] *adj {comp* -er, *superl* -est} 1 surdo; *deaf and dumb* surdo-mudo 2 insensível [to, a]; indiferente [to, a] ❖ *to be as deaf as a post* ser surdo como uma porta; *to turn a deaf ear to* fazer ouvidos moucos a

deaf-and-dumb ['defʌnd,dʌm] *adj ant,ofens* surdo-mudo

deafen ['defn] *vi* ensurdecer

deafening ['defnɪŋ] *adj* ensurdecedor

deaf-mute [def'mju:t] *n ofens* surdo-mudo

deafness ['defnɪs] *n* surdez

deal [di.l] *n* 1 COM acordo; negócio; *to strike/make/cut a deal* fazer/fechar um negócio 2 (jogo de cartas) vez de dar cartas 3 quantidade; *a good deal* bastante 4 GB madeira de pinho; tábua de pinho ♦ *vt {pret e pp* dealt} 1 (cartas) dar 2 (droga) traficar ♦ *vi* 1 dar as cartas 2 negociar [in, em]; *he deals in art* negocia em arte

♦ **deal out** *vt* 1 repartir; distribuir 2 fazer; *he dealt out justice* fez justiça ♦ *vi* dar as cartas; *it's your turn to deal out* é a tua vez de dar as cartas

♦ **deal with** *vt* 1 lidar com; *he's dealing with a new case* está a tratar de um caso novo 2 negociar com; *I've never dealt with them* nunca tive negócios com eles

dealer ['di:lə] *n* 1 negociante; comerciante 2 traficante 3 jogador que dá as cartas

dealership ['di:ləʃɪp] *n* concessionário

dealing ['di:lɪŋ] *n* negócio; comércio ♦ *npl* negócios; transações

dean [di:n] *n* reitor

dear [dɪə] *adj {comp* -er, *superl* -est} 1 querido; amoroso 2 importante [to, para] 3 (cartas comerciais) Caro; Excelentíssimo; *Dear John* Caro João; *Dear Sir* Exmo. Sr. ♦ *n* querido, amor ❖ *oh, dear!/Dear me!* valha-me Deus!; *to cost somebody dear* sair muito caro a alguém

dearly ['dɪəli] *adv* 1 muito 2 caro; *he paid dearly for his mistake* o erro ficou-lhe muito caro

dearth [dɜːθ] *n* escassez [of, de]

death [deθ] *n* 1 morte 2 fim ❖ *death rate* taxa de mortalidade; *to be at death's door* estar às portas da morte

death-bell ['deθbel] *n* dobre a finados

death-duty ['deθ,dju:ti] *n* direito sucessório

debase [dɪ'beɪs] *vt* 1 humilhar; rebaixar; *to debase yourself* humilhar-se 2 adulterar 3 desvalorizar

debasement [dɪ'beɪsmənt] *n* 1 humilhação; degradação 2 adulteração 3 desvalorização

debatable [dɪ'beɪtəbəl] *adj* discutível

debate [dɪ'beɪt] *n* 1 debate [on/about, sobre]; *a debate on abortion* um debate sobre o aborto; *to be under debate* estar em debate; *to hold a debate* fazer um debate ♦ *vt* 1 debater; discutir 2 (dúvida) pensar em; *he was debating what to do* estava a pensar no que devia fazer

debater [dɪ'beɪtə] *n* participante em debate

debating [dɪ'beɪtɪŋ] *n* debate

debauchery [dɪ'bɔːtʃəri] *n {pl* -ies) devassidão

debilitate [dɪ'bɪlɪteɪt] *vt* debilitar; enfraquecer

debilitating [dɪ'bɪlɪteɪtɪŋ] *adj* debilitante

debilitation [dɪ,bɪlɪ'teɪʃn] *n* debilitação

debility [dɪ'bɪlɪti] *n* debilidade

debit ['debɪt] *n* COM débito; *my account is in debit* a minha conta está devedora ♦ *vt* debitar [with, em]; *the money has been debited from my account* o dinheiro foi debitado na minha conta ❖ *debit card* cartão de débito; *on the debit side* como inconveniente

debrief [dɪ'briːf] *vt* recolher o testemunho de ♦ *vi* fazer o relatório

debriefing [dɪ'briːfɪŋ] *n* interrogatório

debris ['deɪbriː] n destroços; escombros

debt [det] n dívida; *to run into debt* endividar-se

debtor ['detə] n devedor

debug [diːˈbʌg] vt {*pret e pp* -gg-} 1 INFORM localizar e eliminar erros de 2 remover escutas de

debunk [diːˈbʌŋk] vt 1 desmistificar; desconstruir 2 desacreditar

début ['deɪbjuː] n 1 estreia 2 (sociedade) debute; *to make one's début* debutar ♦ vi 1 estrear 2 debutar

débutante ['debjuːtɑːnt] n 1 debutante 2 estreante

decade ['dekeɪd] n década

decadence ['dekədns] n decadência

decadent ['dekədənt] adj decadente

decaf ['diːkæf] n col descafeinado

decaffeinated [diːˈkæfɪneɪtɪd] adj,n descafeinado

decagon ['dekəgən] n decágono

decagonal [dɪˈkægənl] adj decagonal

decagram ['dekəgræm] n EUA ⇒ decagramme

decagramme ['dekəgræm] n decagrama

decalcification [diːkælsɪfɪˈkeɪʃən] n descalcificação

decalcify [diːˈkælsɪfaɪ] vt descalcificar

decalitre ['dekəliːtə] n decalitro

decalogue ['dekəlog] n decálogo

decametre ['dekəmiːtə] n decâmetro

decamp [dɪˈkæmp] vi 1 (*fugir*) desaparecer, escapulir-se [to, para; from, de]; *they decamped to the beach* eles escapuliram-se para a praia; *we decamped from the party as soon as we could* debandámos da festa mal pudemos 2 levantar acampamento

decant [dɪˈkænt] vt decantar; *to decant wine* decantar vinho

decantation [diːkænˈteɪʃən] n decantação

decanter [dɪˈkæntə] n licoreira

decanting [dɪˈkæntɪŋ] n decantação

decapitate [dɪˈkæpɪteɪt] vt decapitar

decapitation [dɪkæpɪˈteɪʃən] n decapitação

decasyllabic [dekəsɪˈlæbɪk] adj decassilábico

decasyllable ['dekəsɪləbəl] n decassílabo

decathlon [dɪˈkæθlɒn] n decatlo

decay [dɪˈkeɪ] n 1 decomposição; apodrecimento 2 deterioração 3 (dentes) cárie 4 decadência; declínio; *economical decay* declínio económico ♦ vi 1 apodrecer 2 estar em declínio; estar em decadência 3 deteriorar-se; ficar degradado 4 estar em ruína ♦ vt apodrecer

decaying [dɪˈkeɪŋ] adj 1 podre; estragado 2 (dente) cariado 3 decadente

decease [dɪˈsiːs] n DIR falecimento, morte ♦ vi DIR falecer

deceased [dɪˈsiːst] adj,n falecido

deceit [dɪˈsiːt] n engano; fraude

deceitful [dɪˈsiːtfəl] adj enganador

deceive [dɪˈsiːv] vt 1 enganar 2 levar [into, a]; *he was deceived into signing the papers* ele foi forçado a assinar os documentos ❖ *to deceive oneself* iludir-se

deceiver [dɪˈsiːvə] n impostor

decelerate [diːˈseləreɪt] vi abrandar ♦ vt reduzir a velocidade de

deceleration [diːseləˈreɪʃən] n abrandamento

December [dɪˈsembə] n dezembro

decency ['diːsnsɪ] n {*pl* -ies} decência; decoro

decennary [dɪˈsenərɪ] n decénio ♦ adj decenal

decennial [dɪˈseniəl] n decénio

decennium [dɪˈseniəm] n decénio

decent ['diːsənt] adj decente

decentralization [diːsentrəlaɪˈzeɪʃən] n descentralização

decentralize [diːˈsentrəlaɪz] vt descentralizar

decentralizing [diːˈsentrəlaɪzɪŋ] adj descentralizador

deception [dɪˈsepʃən] n engano; fraude

deceptive [dɪˈseptɪv] *adj* enganador

decibel [ˈdesɪbel] *n* (som) decibel

decide [dɪˈsaɪd] *vi* 1 decidir; decidir-se; *to decide against doing something* decidir não fazer alguma coisa; *he decided to leave* ele decidiu ir-se embora 2 (*escolher*) optar [on, por] ♦ *vt* 1 (geral) decidir; *I'm old enough to decide my future* já tenho idade suficiente para decidir o meu futuro 2 julgar; *the Court of Appeal will decide the case* o Tribunal de Apelo julgará o caso

decided [dɪˈsaɪdɪd] *adj* nítido; evidente

decidedly [dɪˈsaɪdɪdlɪ] *adv* decididamente

deciding [dɪˈsaɪdɪŋ] *adj* decisivo

deciduous [dɪˈsɪdʒuəs] *adj* caduco; *deciduous tree* árvore de folha caduca

decigram [ˈdesɪgræm] *n* decigrama

decilitre [ˈdesɪliːtə] *n* decilitro

decimal [ˈdesɪməl] *adj* decimal

decimalize [ˈdesɪməlaɪz] *vt* reduzir a sistema decimal

decimate [ˈdesɪmeɪt] *vt* dizimar

decimation [desɪˈmeɪʃən] *n* dizimação

decimetre [ˈdesɪmiːtə] *n* decímetro

decipher [dɪˈsaɪfə] *vt* decifrar

decision [dɪˈsɪʒən] *n* 1 decisão; *to make/take a decision* tomar uma decisão 2 resolução; determinação

decisive [dɪˈsaɪsɪv] *adj* 1 decisivo 2 (pessoa) determinado

decisiveness [dɪˈsaɪsɪvnɪs] *n* 1 carácter decisivo 2 (pessoa) determinação

deck [dek] *n* 1 NÁUT coberta, convés; *lower deck* primeiro convés; *upper deck* coberta superior 2 (navio, autocarro) piso 3 EUA (cartas) baralho; *to shuffle the deck* baralhar as cartas ♦ *vt* enfeitar [with, com] ❖ *to clear the decks* arrumar a casa; desbravar caminho *fig*; *to hit the deck* dar um trambolhão

deckchair [ˈdektʃeə] *n* espreguiçadeira

declaim [dɪˈkleɪm] *vt,i* declamar; *to declaim a poem* declamar um poema

declaimer [dɪˈkleɪmə] *n* declamador

declamation [dekləˈmeɪʃən] *n* declamação

declamatory [dɪˈklæmətərɪ] *adj* declamatório; *a declamatory style* tom declamatório

declaration [dekləˈreɪʃən] *n* declaração [of, de]; *declaration of income* declaração dos rendimentos

declarative [dɪˈklærətɪv] *adj* declarativo

declare [dɪˈkleə] *vt* 1 declarar; afirmar 2 anunciar; *they declared their intention to get married* eles anunciaram a sua intenção de casarem ♦ *vi* pronunciar-se [for, a favor de; against, contra] ❖ *to declare bankruptcy* abrir falência; *to declare war on* declarar guerra a

declared [dɪˈkleəd] *adj* declarado

declassify [dɪˈklæsɪfaɪ] *vt* levantar a confidencialidade de

declension [dɪˈklenʃən] *n* LING declinação

declinable [dɪˈklaɪnəbəl] *adj* declinável

declination [deklɪˈneɪʃən] *n* 1 inclinação 2 EUA recusa ❖ *magnetic declination* variação magnética

decline [dɪˈklaɪn] *n* 1 declínio; *to fall into decline* entrar em declínio 2 decréscimo; *a decline in production* um decréscimo da produção ♦ *vt* 1 (convite, oferta) recusar 2 LING declinar ♦ *vi* 1 decrescer; *the number of students is declining* o número de estudantes está a diminuir o piorar; deteriorar-se 3 (convite, oferta) recusar

declining [dɪˈklaɪnɪŋ] *adj* 1 em declínio 2 em baixa; decrescente ❖ *in one's declining years* no fim da vida

declivity [dɪˈklɪvɪtɪ] *n* (*pl* -ies) declive

declutch [diːˈklʌtʃ] *vi* (automóvel) desembraiar

decode [diːˈkəʊd] *vt* descodificar; decifrar

decoder [diːˈkəʊdə] *n* descodificador

decolonization [diːkɒlənaɪˈzeɪʃən] *n* descolonização

decolonize [diːˈkɒlənaɪz] *vt* descolonizar

decompose [ˌdiːkəmˈpəʊz] *vt* decompor ♦ *vi* decompor-se

decomposing [ˌdiːkəmˈpəʊzɪŋ] *adj* em decomposição; *decomposing bodies* corpos em decomposição

decomposition [ˌdiːkɒmpəˈzɪʃən] *n* decomposição

decompress [ˌdiːkəmˈpres] *vt* descomprimir

decompression [ˌdiːkəmˈpreʃən] *n* descompressão

decongestant [ˌdiːkənˈdʒestənt] *n,adj* descongestionante

decontaminate [ˌdiːkənˈtæmɪneɪt] *vt* descontaminar

decontamination [diːkənˌtæmɪˈneɪʃən] *n* descontaminação

décor [ˈdeɪkɔː] *n* 1 decoração 2 TEAT cenário

decorate [ˈdekəreɪt] *vt* 1 decorar [**with**, com] 2 condecorar [**for**, por]; *he was decorated for his achievements* ele foi condecorado pelos seus feitos

decoration [dekəˈreɪʃən] *n* 1 decoração; enfeite 2 condecoração

decorative [ˈdekərətɪv] *adj* decorativo; ornamental

decorator [ˈdekəreɪtə] *n* decorador

decorous [ˈdekərəs] *adj* decoroso

decorum [dɪˈkɔːrəm] *n* decoro

decoy[1] [ˈdiːkɔɪ] *n* 1 engodo; chamariz 2 (pássaros) armadilha

decoy[2] [dɪˈkɔɪ] *vt* (armadilha) atrair por meio de engodo [**into**, para]; aliciar [**into**, a]

decrease[1] [ˈdiːkriːs] *n* decréscimo [**in**, em; **of**, de]

decrease[2] [dɪˈkriːs] *vi* diminuir; baixar; *crime is decreasing* o crime está a diminuir ♦ *vt* diminuir; reduzir

decreasing [dɪˈkriːsɪŋ] *adj* decrescente

decree [dɪˈkriː] *n* 1 decreto; *to issue a decree* emitir um decreto 2 EUA DIR deliberação; sentença ♦ *vt* decretar

decrepit [dɪˈkrepɪt] *adj* decrépito

decriminalization [diːˌkrɪmɪnəlaɪˈzeɪʃən] *n* despenalização

decriminalize [diːˈkrɪmɪnəlaɪz] *vt* despenalizar

decry [dɪˈkraɪ] *vt* desacreditar; denegrir; difamar

decrypt [ˈdiːkrɪpt] *vt* INFORM descodificar

dedicate [ˈdedɪkeɪt] *vt* 1 dedicar [**to**, a] 2 consagrar [**to**, a]; *the church was dedicated to Saint Paul* a igreja foi consagrada a S. Paulo

dedicated [ˈdedɪkeɪtɪd] *adj* 1 dedicado [**to**, a] 2 especializado

dedication [ˌdedɪˈkeɪʃən] *n* 1 dedicação [**to**, a]; entrega [**to**, a] 2 dedicatória

deduce [dɪˈdjuːs] *vt* deduzir [**from**, de]; concluir [**that**, que]

deduct [dɪˈdʌkt] *vt* 1 deduzir [**from**, de]; descontar [**from**, de] 2 subtrair [**from**, de]; *to deduct 10 from 50* subtrair 10 de 50

deductible [dɪˈdʌktɪbəl] *adj* dedutível

deduction [dɪˈdʌkʃən] *n* (quantia, conclusão) dedução

deductive [dɪˈdʌktɪv] *adj* dedutivo

deed [diːd] *n* 1 feito; ação 2 DIR escritura

deem [diːm] *vt* 1 considerar; *to deem necessary* considerar necessário 2 supor; *I never deemed that possible* nunca imaginei que tal fosse possível

deep [diːp] *adj* 1 profundo 2 (respiração) fundo 3 (sentimento) intenso 4 (som) grave 5 (cor) carregado ♦ *adv* profundamente ❖ *deep down* no íntimo; *to be in deep water* estar metido numa alhada; *to take a deep breath* respirar fundo

deepen [ˈdiːpən] *vt* 1 aprofundar 2 intensificar ♦ *vi* 1 aprofundar-se; tornar-se mais profundo 2 intensificar-se

deep-fry [diːpˈfraɪ] *vt* CUL fritar em óleo/ azeite abundante

deeply [ˈdiːpli] *adv* profundamente; intensamente

deep-rooted [ˌdiːpˈruːtɪd] *adj* profundamente enraizado

deep-sea [ˌdiːpˈsiː] *adj* em alto mar

deep-seated [ˌdiːpˈsiːtɪd] *adj* profundamente enraizado

deep-set [ˈdiːpset] *adj* (olhos) encovado

deer [dɪə] *n* (*pl* deer) veado

deface [dɪˈfeɪs] *vt* 1 desfigurar 2 estragar

defamation [ˌdefəˈmeɪʃən] *n* difamação

defamatory [dɪˈfæmətəri] *adj* difamatório

defame [dɪˈfeɪm] *vt* difamar

default [dɪˈfɔːlt] *n* 1 falta [on, em relação a]; omissão; negligência 2 incumprimento de pagamento, *you are in default on this month's instalment* estás em falta em relação à prestação deste mês 3 ausência; não comparência; DESP *to win by default* vencer por falta de comparência do adversário ♦ *vi* 1 não cumprir os compromissos 2 (*não pagar*) faltar [on, com]; *he defaulted on this month's instalment* ele não pagou a prestação deste mês 3 DESP não comparecer ❖ *in default of* à falta de; DIR *to judge by default* julgar à revelia

defaulter [dɪˈfɔːltə] *n* incumpridor

defeat [dɪˈfiːt] *n* derrota; *to admit defeat* admitir a derrota ♦ *vt* 1 derrotar; *Portugal defeated France by 2 goals to 1* Portugal derrotou a França por dois golos a um 2 (*planos, intenções*) frustrar

defeatism [dɪˈfiːtɪzəm] *n* derrotismo

defeatist [dɪˈfiːtɪst] *adj,n* derrotista

defecate [ˈdefəkeɪt] *vi form* defecar

defecation [ˌdefəˈkeɪʃən] *n form* defecação

defect[1] [dɪˈfekt] *vi* desertar [from, de]; *he defected from his country* ele fugiu do seu país

defect[2] [ˈdiːfekt] *n* defeito [in, em]

defection [dɪˈfekʃən] *n* deserção

defective [dɪˈfektɪv] *adj* defeituoso

defector [dɪˈfektə] *n* desertor

defence [dɪˈfens] *n* GB defesa; *in defence of* em defesa de

defenceless [dɪˈfensləs] *adj* indefeso

defend [dɪˈfend] *vt* defender [from/against, de]; proteger [from/against, de] ♦ *vi* DESP jogar à defesa

defendant [dɪˈfendənt] *n* réu

defender [dɪˈfendə] *n* 1 defensor [of, de] 2 DESP defesa

defending [dɪˈfendɪŋ] *adj* de defesa

defense [dɪˈfens] *n* EUA ⇒ defence

defenseless [dɪˈfensləs] *adj* EUA ⇒ defenceless

defensible [dɪˈfensɪbəl] *adj* 1 defensável; *a defensible theory* uma teoria sustentável 2 justificável

defensive [dɪˈfensɪv] *adj* defensivo ♦ *n* defensiva

defer [dɪˈfɜː] *vt* adiar; *to defer a meeting* adiar uma reunião ♦ *vi* (*aceitar*) submeter-se [to, a] ❖ *deferred payment* pagamento a prestações

deference [ˈdefərəns] *n form* deferência

deferential [ˌdefəˈrenʃəl] *adj* deferente; respeitador

deferment [dɪˈfɜːmənt] *n* adiamento

defiance [dɪˈfaɪəns] *n* desobediência

defiant [dɪˈfaɪənt] *adj* (atitude) desafiador

deficiency [dɪˈfɪʃənsi] *n* (*pl* -ies) 1 deficiência, insuficiência 2 carência

deficient [dɪˈfɪʃənt] *adj* 1 deficiente, insuficiente 2 com carência(s)

deficit [ˈdefɪsɪt] *n* 1 défice 2 falta [in, de]

defile [dɪˈfaɪl] *vt* profanar

define [dɪˈfaɪn] *vt* 1 definir 2 determinar 3 caracterizar 4 delimitar

definite [ˈdefɪnɪt] *adj* 1 definido; *definite article* artigo definido 2 definitivo ❖ *to be definite about* ter a certeza de

definitely [ˈdefɪnɪtli] *adv* sem dúvida ❖ *definitely not!* claro que não!

definition [ˌdefɪˈnɪʃən] *n* definição [of, de]

definitive [dɪˈfɪnɪtɪv] *adj* 1 definitivo; final 2 fundamental

deflagrate [ˈdefləgreɪt] *vi* deflagrar

deflagration [ˌdeflə'greɪʃən] n deflagração

deflate [ˌdiː'fleɪt] vt 1 esvaziar; *I deflated the balloon* eu esvaziei o balão 2 *fig* humilhar 3 *fig* desanimar 4 ECON praticar a deflação em ♦ vi esvaziar-se; *the tyre deflated* o pneu esvaziou-se

deflated [ˌdiː'fleɪtɪd] adj 1 em baixo; desiludido 2 *(sem ar)* vazio 3 ECON que sofreu deflação

deflation [ˌdiː'fleɪʃən] n 1 ECON deflação 2 esvaziamento

deflationary [ˌdiː'fleɪʃənri] adj deflacionário

deflect [dɪ'flekt] vt desviar [**from**, de] ♦ vi desviar-se

deflection [dɪ'flekʃən] n desvio

deflower [ˌdiː'flaʊə] vt desflorar

defog [diː'fɒg] vt EUA ⇒ **demist**

deforest [ˌdiː'fɒrɪst] vt desflorestar

deforestation [diːˌfɒrɪs'teɪʃən] n desflorestação

deform [dɪ'fɔːm] vt deformar

deformation [ˌdiːfɔː'meɪʃən] n deformação

deformed [dɪ'fɔːmd] adj deformado

deformity [dɪ'fɔːmɪtɪ] n {pl -ies} deformidade

defragment [dɪ'frægmənt] vt INFORM desfragmentar

defraud [dɪ'frɔːd] vt 1 defraudar 2 extorquir [**of**, -]; *I was defrauded of all my money* extorquiram-me todo o dinheiro

defray [dɪ'freɪ] vt (despesas) custear; cobrir

defrost [ˌdiː'frɒst] vt,i descongelar

defroster [ˌdiː'frɒstə] n EUA (carro) desembaciador

deft [deft] adj {comp -er, superl -est} hábil

defunct [dɪ'fʌŋkt] adj form extinto

defuse [ˌdiː'fjuːz] vt 1 (bomba) desativar 2 *fig* acalmar; *to defuse the situation* acalmar as coisas

defy [dɪ'faɪ] vt 1 desafiar 2 (leis) transgredir 3 tornar impossível; *to defy description* ser indescritível

degenerate[1] [dɪ'dʒenərət] adj,n degenerado

degenerate[2] [dɪ'dʒenəreɪt] vi degenerar [**into**, em]

degeneration [dɪˌdʒenə'reɪʃən] n degeneração

degradation [ˌdegrə'deɪʃən] n degradação

degrade [dɪ'greɪd] vt 1 degradar 2 rebaixar ♦ vi degradar-se

degrading [dɪ'greɪdɪŋ] adj degradante

degree [dɪ'griː] n 1 grau; *degree centigrade* grau centígrado 2 licenciatura; curso 3 etapa ❖ *by degrees* a pouco e pouco; *to some degree* até certo ponto

dehumanization [diːˌhjuːmənaɪ'zeɪʃn] n desumanização

dehumanize [ˌdiː'hjuːmənaɪz] vt desumanizar

dehumidifier [ˌdiːhjuː'mɪdɪfaɪə] n desumidificador

dehumidify [ˌdiːhjuː'mɪdɪfaɪ] vt desumidificar

dehydrate [ˌdiː'haɪdreɪt] vt desidratar

dehydration [ˌdiːhaɪ'dreɪʃən] n desidratação

deictic ['daɪktɪk] n LING deítico

deification [ˌdiːɪfɪ'keɪʃən] n divinização

deify ['diːɪfaɪ] vt divinizar

deign [deɪn] vt dignar-se [**to**, a]; *she didn't deign to look at me* ela não se dignou a olhar para mim

deity ['diːɪtɪ] n {pl -ies} divindade

dejected [dɪ'dʒektɪd] adj desanimado

dejection [dɪ'dʒekʃən] n desânimo

dekko ['dekəʊ] n col olhadela; *to have/take a dekko at something* dar uma vista de olhos a algo

delamination [diːˌlæmɪ'neɪʃən] n laminação

delay [dɪ'leɪ] n 1 atraso 2 adiamento ♦ vt 1 atrasar; reter; demorar 2 adiar; *the match had to be delayed* o jogo teve que ser adiado ♦ vi atrasar-se ❖ *without delay* sem demora delectable [dɪ'lektəbəl] adj delicioso

delegate[1] ['delɪgət] n delegado

delegate[2] ['delɪgeɪt] vt 1 delegar [to, em]; *the minor tasks were delegated to his assistant* as tarefas de menor importância foram delegadas no assistente dele 2 encarregar [to, de]; *to delegate somebody to do something* encarregar alguém de alguma coisa

delegation [delɪ'geɪʃən] n delegação

delete [dɪ'liːt] vt 1 apagar 2 eliminar; suprimir

deletion [dɪ'liːʃən] n eliminação; supressão

deliberate[1] [dɪ'lɪbəreɪt] vi deliberar [on/about, sobre]; refletir [on/about, sobre]

deliberate[2] [dɪ'lɪbərət] adj deliberado; intencional

deliberation [dɪˌlɪbə'reɪʃən] n deliberação

deliberative [dɪ'lɪbərətɪv] adj deliberativo; *deliberative assembly* assembleia deliberativa

delicacy ['delɪkəsi] n {pl -ies} 1 delicadeza 2 (comida) manjar

delicate ['delɪkɪt] adj delicado; suave

delicatessen [delɪkə'tesn] n charcutaria

delicious [dɪ'lɪʃəs] adj delicioso

delight [dɪ'laɪt] n prazer; deleite ♦ vt deliciar; deleitar; *he delighted us with his words* ficámos encantados com o que disse ♦ vi ter prazer [in, com]; deliciar-se [in, com] ❖ *to take delight in* ter prazer em

delighted [dɪ'laɪtɪd] adj encantado [at, com]

delightful [dɪ'laɪtfəl] adj delicioso; encantador

delimit [dɪ'lɪmɪt] vt delimitar; *to delimit a property* demarcar uma propriedade

delimitation [dɪˌlɪmɪ'teɪʃən] n delimitação

delineate [dɪ'lɪnɪeɪt] vt 1 (desenho) traçar; esboçar 2 delinear; definir

delineation [dɪˌlɪnɪ'eɪʃən] n 1 delineação 2 definição

delinquency [dɪ'lɪŋkwənsi] n {pl -ies} delinquência

delinquent [dɪ'lɪŋkwənt] adj,n delinquente

delirious [dɪ'lɪrɪəs] adj 1 delirante 2 louco de alegria; em êxtase

delirium [dɪ'lɪrɪəm] n delírio ❖ *delirium tremens* delírio alcoólico

deliver [dɪ'lɪvə] vt 1 entregar 2 (discurso, sentença) pronunciar; proferir; *to deliver a verdict* proferir um veredito 3 MED assistir ao parto de 4 (golpe, murro) desferir 5 libertar [from, de] ♦ vi 1 fazer entregas ao domicílio 2 cumprir ❖ *to deliver an ultimatum* fazer um ultimato; *to deliver the goods* cumprir o prometido

deliverance [dɪ'lɪvərəns] n libertação [from, de]

deliverer [dɪ'lɪvərə] n 1 distribuidor 2 *lit* libertador

delivery [dɪ'lɪvəri] n {pl -ies} 1 entrega 2 (discurso) dicção 3 (bebé) parto ❖ *delivery service* serviço de entrega ao domicílio

delouse [diː'laʊs] vt despiolhar

delta ['deltə] n (letra, rio) delta

delude [dɪ'luːd] vt enganar; iludir

deluge ['deljuːdʒ] n 1 dilúvio 2 inundação; enchente 3 *fig* torrente [of, de]; *a deluge of questions* uma torrente de perguntas ♦ vt inundar; *fig he was deluged with letters* ele foi inundado de cartas

delusion [dɪ'luːʒən] n ilusão ❖ *delusions of grandeur* mania das grandezas

delusive [dɪ'luːsɪv] adj ilusório

delve [delv] vi remexer [into, em]; vasculhar [into, -]

demagnetization [diːˌmægnətaɪ'zeɪʃən] n desmagnetização

demagnetize [diː'mægnətaɪz] vt desmagnetizar

demagogic [deməˈɡɒɡɪk] adj demagógico

demagogue ['deməgɒg] *n* demagogo

demagogy ['deməgɒgi] *n* demagogia

demand [dɪ'mɑːnd] *n* 1 exigência; *to give in to someone's demands* ceder às exigências de alguém 2 reivindicação [*for*, de]; *a demand for a 5% pay increase* reivindicação de um aumento salarial de 5% 3 COM (*solicitação*) procura [*for*, de]; *to be in demand* ser muito procurado; *to meet demand* satisfazer a procura ♦ *vt* 1 exigir; *I demand an explanation* exijo uma explicação 2 reivindicar

demanding [dɪ'mɑːndɪŋ] *adj* exigente; difícil

demarcate ['diːmɑːkeɪt] *vt* demarcar

demarcation [,diːmɑː'keɪʃən] *n* demarcação

dematerialize [,diːmə'tɪrɪəlaɪz] *vt* desmaterializar ♦ *vi* desmaterializar-se

demean [dɪ'miːn] *vt* rebaixar

demeaning [dɪ'miːnɪŋ] *adj* humilhante

demeanour [dɪ'miːnə] *n form* comportamento; conduta

demented [dɪ'mentɪd] *adj* desnorteado

dementia [dɪ'menʃə] *n* demência

demerit [diː'merɪt] *n* 1 demérito 2 EUA (*escola*) falta disciplinar

demigod ['demɪgɒd] *n* semideus

demijohn ['demɪdʒɒn] *n GB* garrafão

demilitarization [,diːmɪlɪtəraɪ'zeɪʃən] *n* desmilitarização

demilitarize [,diː'mɪlɪtəraɪz] *vt* desmilitarizar

demineralization [,diːmɪnərəlaɪ'zeɪʃən] *n* desmineralização

demineralize [,diː'mɪnərəlaɪz] *vt* desmineralizar

demise [dɪ'maɪz] *n* 1 *form* falecimento 2 *form* fim

demisemiquaver [,demɪsemɪ'kweɪvə] *n GB* MÚS fusa

demission [dɪ'mɪʃən] *n* (*cargo público importante*) demissão

demist [diː'mɪst] *vt* desembaciar

demiurge ['demiːdʒ] *n* demiurgo

demo ['deməʊ] *n* 1 *col* demonstração; *demo tape* cassete de demonstração 2 *GB col* manifestação

demob [,diː'mɒb] *vt* (*pret e pp* -bb-) *col* desmobilizar

demobilization [diː,məʊbɪlaɪ'zeɪʃən] *n* desmobilização

demobilize [diː'məʊbɪlaɪz] *vt* (*tropas*) desmobilizar

democracy [dɪ'mɒkrəsi] *n* {*pl* -ies} democracia

democrat ['deməkræt] *n* democrata

democratic [,demə'krætɪk] *adj* democrático

democratization [dɪ,mɒkrətaɪ'zeɪʃən] *n* democratização

democratize [dɪ'mɒkrətaɪz] *vt* democratizar

demographer [diː'mɒgrəfə] *n* demógrafo

demographic [,demə'græfɪk] *adj* demográfico

demography [diː'mɒgrəfi] *n* demografia

demolish [dɪ'mɒlɪʃ] *vt* 1 demolir 2 *fig* (*proposta, argumentos*) arrasar; deitar por terra 3 EUA *col* (*comida*) devorar

demolishing [dɪ'mɒlɪʃɪŋ] *adj* demolidor

demolition [,demə'lɪʃən] *n* demolição

demon ['diːmən] *n* 1 demónio 2 ás [*at*, em/de]

demoniac [dɪ'məʊnɪæk] *adj* demoníaco; diabólico

demonstrable [dɪ'mɒnstrəbəl] *adj* demonstrável

demonstrate ['demənstreɪt] *vt* demonstrar ♦ *vi* participar numa manifestação; manifestar-se [*against*, contra; *for*, por]; *they demonstrated against nuclear weapons* eles participaram numa manifestação contra as armas nucleares

demonstration [,deməns'treɪʃən] *n* 1 demonstração 2 manifestação

demonstrative [dɪ'mɒnstrətɪv] *adj* 1 (*pessoa*) expansivo 2 demonstrativo

depend

demonstrator ['demənstreɪtə] *n* 1 manifestante 2 demonstrador

demoralization [dɪ,mɒrəlaɪ'zeɪʃən] *n* desmoralização

demoralize [dɪ'mɒrəlaɪz] *vt* desmoralizar

demote [dɪ'məʊt] *vt* despromover

demotic [dɪ'mɒtɪk] *adj* 1 (escrita) demótico 2 *form* popular

demotion [dɪ'məʊʃən] *n* despromoção

demure [dɪ'mjʊə] *adj* discreto; recatado

demystify [,di:'mɪstɪfaɪ] *vt* desmistificar

den [den] *n* 1 covil 2 (crianças) esconderijo

denationalization [di:,næʃnəlaɪ'zeɪʃən] *n* privatização

denationalize [,di:'næʃnəlaɪz] *vt* desnacionalizar; privatizar

denaturalization [di:,nætʃrəlaɪ'zeɪʃən] *n* desnaturalização

denaturalize [di:'nætʃrəlaɪz] *vt* desnaturalizar

denature [di:'neɪtʃə] *vt* desnaturar

dengue ['deŋgi] *n* MED dengue

deniable [dɪ'naɪəbəl] *adj* negável; refutável

denial [dɪ'naɪəl] *n* 1 desmentido [of, de] 2 negação [of, de]; recusa [of, de]

denigrate ['denɪgreɪt] *vt* denegrir

denim ['denɪm] *n* {*pl* -s} ganga

Denmark ['denmɑ:k] *n* Dinamarca

denominate [dɪ'nɒmɪneɪt] *vt* denominar

denomination [dɪ,nɒmɪ'neɪʃən] *n* 1 credo; confissão 2 (moedas, notas) valor

denominator [dɪ'nɒmɪneɪtə] *n* MAT denominador

denotation [,di:nəʊ'teɪʃən] *n* denotação

denote [dɪ'nəʊt] *vt* 1 denotar 2 representar 3 indicar

denouement [deɪ'nu:mɒŋ] *n* desfecho; desenlace

denounce [dɪ'naʊns] *vt* 1 denunciar; *he denounced his friend to the police* ele denunciou o amigo à polícia 2 (tratado, acordo) pôr termo a

dense [dens] *adj* {*comp* -er, *superl* -est} 1 denso; espesso 2 *col* estúpido

density ['densɪti] *n* {*pl* -ies} densidade

dent [dent] *n* amolgadela ♦ *vt* 1 amolgar 2 *fig* (orgulho, reputação) abalar; enfraquecer

dental ['dentəl] *adj* dental; dentário; *dental appointment* consulta no dentista; *dental floss* fio dental

dentist ['dentɪst] *n* dentista

dentistry ['dentɪstri] *n* medicina dentária

dentition [den'tɪʃən] *n* dentição

denture ['dentʃə] *n* (dentes) placa ♦ *n pl* dentadura postiça

denude [dɪ'nju:d] *vt* 1 desnudar 2 despojar [of, de]

denunciation [dɪ,nʌnsi'eɪʃən] *n* denúncia

deny [dɪ'naɪ] *vt* 1 negar 2 recusar; rejeitar 3 desmentir 4 (emoções) reprimir ❖ *there's no denying that...* não há como negar que...; *to deny yourself something* privar-se de alguma coisa

deodorant [di:'əʊdərənt] *n* desodorizante

deodorize [di:'əʊdəraɪz] *vt* desodorizar; perfumar (com desodorizante)

deontological [di:,ɒntə'lɒdʒɪkl] *adj* deontológico

deontology [di:,ɒn'tɒlədʒi] *n* deontologia

depart [dɪ'pɑ:t] *vi* 1 partir [from, de]; sair [from, de]; *the train departed from Lisbon at seven o'clock* o comboio partiu de Lisboa às sete horas 2 (assunto) desviar-se [from, de] ❖ *to depart this life* falecer

departed [dɪ'pɑ:tɪd] *adj,n* falecido; defunto

department [dɪ'pɑ:tmənt] *n* 1 departamento 2 ministério 3 (loja) secção ❖ *to be somebody's department* ser da competência de alguém

departmental [di:pɑ:t'mentəl] *adj* departamental

departure [dɪ'pɑ:tʃə] *n* 1 partida [for, para]; *departure lounge* sala de embarque 2 abandono [from, de]

depend [dɪ'pend] *vi* depender
♦ **depend on/upon** *vt* 1 depender de 2 confiar em

dependability [dɪ,pendə'bɪlɪti] n fiabilidade

dependable [dɪ'pendəbəl] adj fiável; de confiança

dependance [dɪ'pendəns] n EUA ⇒ **dependence**

dependant [dɪ'pendənt] n EUA (família) dependente

dependence [dɪ'pendəns] n dependência [on, em relação a]; **drug dependence** toxicodependência

dependency [dɪ'pendənsi] n 1 (construção) dependência 2 POL domínio; **the country is an American dependency** o país está sob domínio americano

dependent [dɪ'pendənt] adj dependente [on/upon, de]

depersonalization [dɪ,pɜːsənəlaɪ'zeɪʃən] n despersonalização

depersonalize [dɪ'pɜːsənəlaɪz] vt despersonalizar

depict [dɪ'pɪkt] vt retratar; representar; descrever

depiction [dɪ'pɪkʃən] n representação; retrato

depilate ['depɪleɪt] vt depilar

depilation [,depɪ'leɪʃən] n depilação

depilatory [dɪ'pɪlətəri] adj,n depilatório

deplete [dɪ'pliːt] vt 1 reduzir 2 esgotar; gastar; consumir; **to deplete the food reserves** esgotar as reservas de comida 3 esvaziar

depleted [dɪ'pliːtɪd] adj 1 esgotado; gasto 2 (urânio) empobrecido

depletion [dɪ'pliːʃən] n esgotamento

deplorable [dɪ'plɔːrəbəl] adj deplorável

deplore [dɪ'plɔː] vt 1 condenar 2 deplorar

deploy [dɪ'plɔɪ] vt 1 MIL (tropas) desdobrar 2 utilizar eficazmente ♦ vi MIL (tropas) desdobrar-se

deployment [dɪ'plɔɪmənt] n 1 (tropas, equipamento) posicionamento estratégico 2 form utilização eficaz

depolarization [diː,pəʊləraɪ'zeɪʃən] n despolarização

depolarize [diː'pəʊləraɪz] vt despolarizar

deponent [dɪ'pəʊnənt] n DIR depoente ♦ adj LING,DIR depoente; **deponent verb** verbo depoente

depopulate [,diː'pɒpjʊleɪt] vt despovoar

depopulation [,diː'pɒpjʊ'leɪʃən] n despovoamento

deport [dɪ'pɔːt] vt deportar [to, para]

deportation [,diːpɔː'teɪʃən] n deportação

deportee [,diːpɔː'tiː] n deportado

deportment [dɪ'pɔːtmənt] n GB postura

depose [dɪ'pəʊz] vt 1 depor; **the king was deposed after the revolution** o rei foi deposto após a revolução 2 testemunhar ♦ vi (tribunal) depor; prestar testemunho

deposit [dɪ'pɒzɪt] n 1 depósito; (banco) **to make a deposit** fazer um depósito 2 (dinheiro) entrada; **I put down a deposit on a car** paguei a entrada para um carro 3 caução 4 sedimento ♦ vt 1 depositar; fazer um depósito de; **to deposit money on a bank account** depositar dinheiro numa conta bancária 2 pousar; deixar 3 (sedimento) deixar depositar ❖ GB **deposit account** conta a prazo

depositary [dɪ'pɒzɪtri] n (pl -ies) depositário

deposition [,depə'zɪʃən] n 1 depoimento 2 deposição 3 depósito; sedimento

depositor [dɪ'pɒzɪtə] n depositante

depository [dɪ'pɒzɪtəri] n (pl -ies) 1 (armazém) depósito 2 (pessoa) depositário

depot ['depəʊ] n 1 depósito; armazém 2 GB (autocarros) garagem; parque 3 EUA (comboio) estação

depravation [,deprə'veɪʃən] n depravação

deprave [dɪ'preɪv] vt depravar

depraved [dɪ'preɪvd] adj depravado

depravity [dɪ'prævɪti] n depravação

deprecate ['deprɪkeɪt] vt 1 censurar; condenar 2 rebaixar; depreciar

deprecation [ˌdeprɪ'keɪʃən] n 1 reprovação; condenação 2 depreciação; rebaixamento

deprecatory ['deprɪkətəri] adj 1 crítico; reprovatório 2 depreciatório

depreciate [dɪ'pri:ʃɪeɪt] vt 1 depreciar 2 desvalorizar ♦ vi ECON desvalorizar-se

depreciation [dɪˌpri:ʃi'eɪʃən] n desvalorização

depredate ['depdreɪt] vt saquear; devastar; *the troops depredated the village* as tropas saquearam a aldeia

depredation [ˌdepdrɪ'deɪʃən] n saque, devastação

depress [dɪ'pres] vt 1 deprimir 2 (preços) reduzir; baixar 3 (botão) premir

depressant [dɪ'presənt] adj,n calmante, sedativo

depressed [dɪ'prest] adj 1 deprimido 2 em recessão

depressing [dɪ'presɪŋ] adj deprimente

depression [dɪ'preʃən] n 1 depressão 2 (terreno) desnível

depressive [dɪ'presɪv] adj depressivo ♦ n deprimido

depressurization [di:ˌpreʃəraɪ'zeɪʃən] n despressurização

depressurize [di:'preʃəraɪz] vt despressurizar

deprivation [ˌdeprɪ'veɪʃən] n 1 privação; *to suffer deprivations* sofrer privações 2 carência 3 penúria; miséria

deprive [dɪ'praɪv] vt 1 privar [of, de] 2 despojar [of, de] ❖ *to deprive oneself of something* privar-se de algo

depth [depθ] n 1 profundidade 2 espessura; *this wall is one metre in depth* esta parede tem um metro de espessura 3 intensidade ❖ *to be out of your depth* estar como peixe fora de água

depurate ['depjureɪt] vt depurar

depuration [ˌdepju'reɪʃən] n depuração

deputation [ˌdepju'teɪʃən] n delegação

depute [dɪ'pju:t] vt designar [for, para]; incumbir [to, de]; *they were deputed for the mission* eles foram designados para a missão

deputy ['depjuti] n (pl -ies) 1 substituto 2 deputado 3 EUA (polícia) subdelegado

derail [dɪ'reɪl] vt 1 (comboio) provocar descarrilamento em 2 (plano) fazer fracassar

derailment [ˌdɪ'reɪlmənt] n descarrilamento

derange [dɪ'reɪndʒ] vt transtornar; enlouquecer

deranged [dɪ'reɪndʒd] adj transtornado; louco

derangement [dɪ'reɪndʒmənt] n 1 transtorno; loucura 2 desordem

derby ['dɑ:bi] n (pl -ies) 1 (jogo) derby 2 EUA chapéu de coco

deregulate [di:'regjuleɪt] vt liberalizar

deregulation [di:ˌregju'leɪʃən] n liberalização

derelict ['derɪlɪkt] adj (edifício) abandonado; em ruínas

dereliction [ˌderɪ'lɪkʃən] n 1 abandono 2 negligência

deride [dɪ'raɪd] vt ridicularizar

derision [dɪ'rɪʒən] n escárnio

derisive [dɪ'raɪsɪv] adj trocista

derisory [dɪ'raɪsəri] adj irrisório

derivation [ˌderɪ'veɪʃən] n derivação

derivative [dɪ'rɪvətɪv] adj sem originalidade ♦ n derivado

derive [dɪ'raɪv] vi 1 derivar [from, de] 2 (causa) ser originado [from, por] ♦ vt obter [from, de]; retirar [from, de]; *I derive pleasure from my work* eu retiro prazer do meu trabalho

dermal ['dɜ:məl] adj dérmico

dermatitis [ˌdɜ:mə'taɪtɪs] n dermatite

dermatological [ˌdɜ:mətə'lɒdʒɪkəl] adj dermatológico

dermatologist [ˌdɜ:mə'tɒlədʒɪst] n dermatologista

dermatology [dɜːməˈtɒlədʒɪ] n dermatologia

dermatosis [dɜːməˈtəʊsɪs] n MED dermatose

dermis [ˈdɜːmɪs] n derme

derogate [ˈderəgeɪt] vi 1 diminuir; *to derogate from something* tirar o mérito de alguma coisa 2 *fig* desviar-se [from, de]; *he derogated from the right track* ele desviou-se do bom caminho

derogation [derəˈgeɪʃən] n menosprezo

derogatory [dɪˈrɒgətərɪ] adj depreciativo

derrick [ˈderɪk] n 1 grua; guindaste 2 (petróleo) torre de perfuração/sondagem

descale [diːˈskeɪl] vt desincrustar

descaling [diːˈskeɪlɪŋ] n desincrustação

descant [ˈdeskænt] n MÚS contraponto ♦ vi 1 MÚS cantar em contraponto 2 *fig* dissertar [upon, sobre]

descend [dɪˈsend] vt descer; *she descended the stairs* ela desceu as escadas ♦ vi 1 descer 2 (noite) cair 3 abater-se [on/upon, sobre] ❖ *to descend to somebody's level* descer ao nível de alguém ♦ **descend from** vt descender de

descendant [dɪˈsendənt] n descendente

descending [dɪˈsendɪŋ] adj descendente ❖ *in descending order* por ordem decrescente

descent [dɪˈsent] n 1 descida 2 declive 3 ascendência; *they are of African descent* eles são de ascendência africana

describe [dɪsˈkraɪb] vt 1 descrever [as, como] 2 caracterizar [as, como]; definir [as, como] 3 (traçar) descrever; *to describe a curve* descrever uma curva

description [dɪsˈkrɪpʃən] n 1 descrição; *the film is beyond description* nem encontro palavras para descrever o filme 2 classe; espécie; *of the worst description* da pior espécie

descriptive [dɪsˈkrɪptɪv] adj descritivo

desecrate [ˈdesɪkreɪt] vt profanar; *to desecrate a tomb* profanar um túmulo

desecrating [ˈdesɪkreɪtɪŋ] adj profanador

desecration [desɪˈkreɪʃən] n profanação

desecrator [ˈdesɪkreɪtə] n profanador

desensitization [diːsensɪtaɪˈzeɪʃn] n dessensibilização

desensitize [diːˈsensɪtaɪz] vt dessensibilizar

desert[1] [dɪˈzɜːt] n merecimento; mérito ♦ vt,i abandonar; desertar [from, de]

desert[2] [ˈdezət] adj,n deserto; ermo

deserted [dɪˈzɜːtɪd] adj 1 ermo 2 abandonado

deserter [dɪˈzɜːtə] n MIL desertor

desertion [dɪˈzɜːʃən] n 1 MIL deserção 2 DIR abandono do lar

deserve [dɪˈzɜːv] vi (pessoa) merecer [to, -]; *he deserved to win the award* ele mereceu ganhar o prêmio vt 1 (pessoa) merecer 2 (assunto) ser digno de; ser merecedor de; *this matter deserves our attention* este assunto é merecedor da nossa atenção

deservedly [dɪˈzɜːvədlɪ] adv merecidamente

deserving [dɪˈzɜːvɪŋ] adj digno [of, de]; merecedor [of, de]

desiccate [ˈdesɪkeɪt] vt,i 1 desidratar 2 ressequir

desiccated [ˈdesɪkeɪtɪd] adj 1 seco; CUL *desiccated coconut* coco ralado 2 desidratado

design [dɪˈzaɪn] n 1 (criação) design; *industrial design* design industrial 2 (decoração) padrão; motivo; *a floral design* um padrão floral 3 planta; projeto 4 intenção; objetivo; *by design* de propósito ♦ vt 1 desenhar; *he designed the whole collection* ele desenhou toda a coleção 2 conceber; projetar; planear 3 destinar; *to be designed for children* ser destinado às crianças ❖ *to have designs on* andar de olho em

designate[1] [ˈdezɪgnət] adj designado, nomeado

designate[2] ['dezɪgneɪt] vt 1 designar; denominar 2 (nomeação) indigitar; nomear; *he was designated chairman of the organization* ele foi nomeado presidente da organização 3 indicar

designation [,dezɪg'neɪʃən] n 1 (nome) designação; denominação 2 (cargo) nomeação

designer [dɪ'zaɪnə] n 1 designer 2 (moda) estilista, costureiro

designing [dɪ'zaɪnɪŋ] adj intriguista; manipulador

desinence ['desɪnəns] n LING desinência

desirable [dɪ'zaɪərəbəl] adj 1 (pessoa, coisa) desejável; apetecível 2 (ato) aconselhável; recomendável

desire [dɪ'zaɪə] n 1 desejo [for, por; to, de]; *the desire to make something* o desejo de fazer alguma coisa 2 vontade [to, de]; *to have no desire to* não querer 3 ânsia [for, de] ♦ vt 1 desejar 2 ansiar (por) ❖ *it leaves a lot to be desired* deixa muito a desejar

desired [dɪ'zaɪəd] adj desejado

desirous [dɪ'zaɪərəs] adj form desejoso [of, de]

desist [dɪ'zɪst] vi form cessar [from, de]

desk [desk] n 1 secretária 2 (escola) carteira 3 receção; balcão; *information desk* balcão de informações ❖ EUA (hotel) *desk clerk* rececionista

desktop ['desktop] n área de trabalho ♦ adj de secretária, *desktop computer* computador de secretária

desolate[1] ['desələt] adj 1 (local) deserto 2 (pessoa) desolado 3 (perspetivas) sombrio

desolate[2] ['desəleɪt] vt 1 (lugar) devastar 2 (pessoa) destroçar

desolation [,desə'leɪʃən] n 1 (local) desolação; devastação 2 (sentimento) tristeza; amargura

despair [dɪ'speə] n desespero; *to be in despair* estar desesperado; *to drive somebody to despair* levar alguém ao desespero ♦ vi 1 desesperar [of, com] 2 perder a esperança; não ter esperança [of, de]

desperado [,despə'rɑːdəʊ] n {pl -es} malfeitor

desperate ['despərɪt] adj desesperado ❖ *desperate cases require desperate remedies* para grandes males, grandes remédios

desperately ['despərɪtli] adv 1 desesperadamente 2 gravemente; *desperately ill* gravemente doente

desperation [,despə'reɪʃən] n desespero

despicable [dɪ'spɪkəbəl] adj desprezível; vil

despise [dɪs'paɪz] vt desprezar; *she despised him for his behaviour* ela considerava desprezível o comportamento dele

despite [dɪ'spaɪt] prep apesar de

despondency [dɪs'pɒndənsi] n desânimo

despondent [dɪs'pɒndənt] adj desanimado

despot ['despɒt] n déspota

despotic [dɪ'spɒtɪk] adj despótico

despotism ['despətɪzəm] n despotismo

dessert [dɪ'zɜːt] n sobremesa

dessertspoon [dɪ'zɜːt,spuːn] n colher de sobremesa

destabilize [dɪ'steɪbɪlaɪz] vt desestabilizar

destination [,destɪ'neɪʃən] n (viagens) destino

destine ['destɪn] vt destinar

destined ['destɪnd] adj 1 (intenção) destinado [for/to, a]; *this money is destined for the poor* este dinheiro está destinado aos pobres 2 (viagens) com destino [for, a]; *destined for Paris* com destino a Paris 3 (sorte) predestinado [to, a]

destiny ['destɪni] n {pl -ies} destino; fado; sorte

destitute ['destɪtjuːt] adj form pobre

destitution [,destɪ'tjuːʃən] n form miséria

destroy [dɪ'strɔɪ] vt 1 destruir 2 aniquilar 3 exterminar, matar

destroyer [dɪ'strɔɪə] n 1 destruidor, exterminador 2 MIL contratorpedeiro

destructible [dɪ'strʌktɪbəl] *adj* destrutível

destruction [dɪ'strʌkʃən] *n* 1 destruição; devastação 2 ruína; perdição

destructive [dɪ'strʌktɪv] *adj* destrutivo

desultory ['desəltəri] *adj* 1 irregular 2 desmotivado; desinteressado

detach [dɪ'tætʃ] *vt* 1 destacar [from, de]; separar [from, de] 2 MIL destacar [to, para] ❖ *to detach oneself from* distanciar-se de

detachable [dɪ'tætʃəbəl] *adj* 1 destacável 2 desmontável

detached [dɪ'tætʃt] *adj* 1 (objeto) autónomo; separado 2 (edifício) independente 3 (comportamento) distante 4 (perspetiva) imparcial

detachment [dɪ'tætʃmənt] *n* 1 (objeto) separação 2 (comportamento) distância; desapego 3 (perspetiva) imparcialidade 4 (tropas) destacamento 5 (retina) descolamento

detail ['diːteɪl] *n* 1 pormenor; detalhe; *in detail* pormenorizadamente; *to go into details* entrar em pormenores 2 MIL destacamento ♦ *vt* 1 pormenorizar; especificar 2 MIL destacar [to, para] ❖ *detail part* peça avulsa

detailed ['diːteɪld] *adj* pormenorizado; detalhado

detain [dɪ'teɪn] *vt* 1 (polícia) deter 2 reter; demorar

detainee [diːteɪ'niː] *n* detido

detect [dɪ'tekt] *vt* notar; detetar; aperceber-se de; *to detect a flaw* detetar uma falha

detection [dɪ'tekʃən] *n* 1 deteção 2 (investigação criminal) descoberta 3 (doença) despistagem

detective [dɪ'tektɪv] *n* detetive ❖ *detective story* romance policial

detector [dɪ'tektə] *n* detetor; *smoke detector* detetor de incêndios

detention [dɪ'tenʃən] *n* 1 (prisão) detenção 2 (escola) castigo

deter [dɪ'tɜː] *vt* {*pret e pp* -rr-} 1 dissuadir [from, de]; desencorajar [from, de] 2 impedir [from, de]

detergent [dɪ'tɜːdʒənt] *adj,n* detergente

deteriorate [dɪ'tɪərɪəreɪt] *vt* deteriorar ♦ *vi* 1 deteriorar-se 2 (saúde) piorar; agravar-se ❖ *to deteriorate into* degenerar em

deterioration [dɪ,tɪərɪə'reɪʃən] *n* 1 deterioração 2 agravamento

determinant [dɪ'tɜːmɪnənt] *adj form* determinante; *a determinant circumstance* uma circunstância determinante ♦ *n form* causa determinante

determinate [dɪ'tɜːmɪnɪt] *adj* determinado; definido

determination [dɪ,tɜːmɪ'neɪʃən] *n* determinação; resolução

determinative [dɪ'tɜːmɪnətɪv] *adj* determinativo, determinante

determine [dɪ'tɜːmɪn] *vt* 1 (estabelecer, descobrir) determinar 2 (fronteira) delimitar, definir 3 *form* decidir, resolver; *we determined to leave after dinner* decidimos partir a seguir ao jantar

determined [dɪ'tɜːmɪnd] *adj* 1 (decisão) decidido 2 (pessoa) determinado; resoluto

determinedly [dɪ'tɜːmɪndli] *adv* com determinação

determiner [dɪ'tɜːmɪnə] *n* determinante

determinism [dɪ'tɜːmɪnɪzəm] *n* determinismo

determinist [dɪ'tɜːmɪnɪst] *adj,n* determinista

deterrent [dɪ'terənt] *adj* dissuasor; impeditivo ♦ *n* 1 impedimento 2 força dissuasora

detest [dɪ'test] *vt form* detestar; abominar

detestable [dɪ'testəbəl] *adj form* detestável; abominável

dethrone [dɪ'θrəʊn] *vt* destronar

dethronement [dɪ'θrəʊnmənt] *n* destronamento; deposição

detonate ['detəneɪt] *vt* detonar; fazer explodir ♦ *vi* detonar; explodir

detonation [detə'neɪʃən] n detonação; explosão

detonator ['detəneɪtə] n detonador

detour ['diːtʊə] n desvio; *to make a detour* fazer um desvio ♦ vi EUA fazer um desvio ♦ vt EUA desviar

detox ['diːtɒks] n col desintoxicação ♦ vt,i col desintoxicar

detoxicate [diː'tɒksɪˌkeɪt] vt ⇒ **detoxify**

detoxify [diː'tɒksɪfaɪ] vt desintoxicar

detract [dɪ'trækt] vi (*desvalorizar*) diminuir [from, -]

detraction [dɪ'trækʃən] n detração

detractor [dɪ'træktə] n detrator

detriment ['detrɪmənt] n detrimento, prejuízo; *to the detriment of* em detrimento de

detrimental [detrɪ'mentəl] adj prejudicial [to, a]

detritus [dɪ'traɪtəs] n detritos; entulho

deuce [djuːs] n 1 (cartas, dados) dois 2 (ténis) quarenta igual

devaluation [diːˌvæljuˈeɪʃən] n desvalorização

devalue [diːˈvæljuː] vt ECON desvalorizar 2 (pessoa, coisa, ato) depreciar; menosprezar; *do not devalue his work* não menosprezes o trabalho dele

devastate ['devəsteɪt] vt 1 devastar 2 (pessoa) destroçar, arrasar; *she was devastated when she heard the news* ela ficou arrasada quando soube da notícia

devastated ['devəsteɪtɪd] adj 1 arrasado; destroçado 2 chocado

devastating ['devəsteɪtɪŋ] adj 1 (destruição) devastador 2 (efeito) demolidor 3 (emoções) chocante 4 col (aparência) irresistível

devastation [devə'steɪʃən] n devastação; destruição

develop [dɪ'veləp] vt 1 (geral) desenvolver 2 FOT revelar 3 (doença) chocar; *to develop flu* chocar uma gripe 4 (hábito) adquirir; *to develop a taste for* adquirir o

gosto de 5 (conhecimentos) aprofundar; consolidar ♦ vi 1 desenvolver-se 2 evoluir [into, para] 3 transformar-se [into, em] 4 (situação) ocorrer; *riots began to develop* começaram a ocorrer motins

developer [dɪ'veləpə] n 1 FOT revelador 2 (terrenos, propriedades) promotora imobiliária

developing [dɪ'veləpɪŋ] adj em desenvolvimento ♦ n FOT revelação

development [dɪ'veləpmənt] n 1 desenvolvimento; progresso 2 crescimento; expansão 3 novos factos; *the latest developments* os últimos acontecimentos 4 FOT revelação

deviance ['diːvɪəns] n (comportamentos) desviância

deviant ['diːvɪənt] adj 1 (comportamento) desviante 2 (pessoa) perverso

deviate ['diːvɪeɪt] vi 1 desviar-se [from, de] 2 afastar-se [from, de] 3 divergir [from, de]

deviation [diːvɪ'eɪʃən] n desvio [from, em relação a]

device [dɪ'vaɪs] n 1 aparelho, dispositivo; *safety device* dispositivo de segurança 2 engenho; mecanismo; *an explosive device* um engenho explosivo 3 estratagema

devil ['devl] n demónio, diabo; *you lucky devil!* seu sortudo!

devilish ['devəlɪʃ] adj diabólico

devious ['diːvɪəs] adj 1 sinuoso; tortuoso 2 astuto

devise [dɪ'vaɪz] vt 1 (plano) conceber; engendrar 2 DIR (bens imobiliários) legar ♦ n DIR (bens imobiliários) legado

devitalize [diː'vaɪtəlaɪz] vt desvitalizar

devoid [dɪ'vɔɪd] adj desprovido [of, de]

devolution [diːvə'luːʃən] n POL descentralização

devolve [dɪ'vɒlv] vt,i delegar [to, em]; transferir [to, para]

devote [dɪ'vəʊt] vt dedicar [to, a]; consagrar [to, a]

devoted [dɪ'vəʊtɪd] *adj* dedicado; extremoso

devotee [devəʊ'tiː] *n* 1 REL devoto 2 adepto [of, de]

devotion [dɪ'vəʊʃən] *n* 1 (fé) devoção [to, a] 2 (atitude) dedicação [to, a]; entrega [to, a] 3 lealdade

devour [dɪ'vaʊə] *vt* 1 devorar; *fig to devour a book* devorar um livro 2 *fig* consumir; *to be devoured by* ser consumido por

devouring [dɪ'vaʊərɪŋ] *adj* devorador; voraz

devout [dɪ'vaʊt] *adj* 1 REL devoto, fervoroso 2 (comportamento) sincero

dew [djuː] *n* orvalho

dewdrop ['djuːdrɒp] *n* gota de orvalho

dewfall ['djuːfɔl] *n* orvalhada

dewlap ['djuːlæp] *n* papada, barbela

dexterity [deks'terɪti] *n* destreza, habilidade

dexterous ['dekstərəs] *adj* hábil

diabetes [daɪə'biːtiːz] *n* diabetes

diabetic [daɪə'betɪk] *adj,n* diabético

diabolical [daɪə'bɒlɪkəl] *adj* 1 diabólico 2 *GB col* horrível

diacritic [daɪə'krɪtɪk] *adj* LING diacrítico ♦ *n* LING sinal diacrítico

diadem ['daɪədem] *n* diadema

diagnose ['daɪəgnəʊz] *vt* MED diagnosticar; *his illness was diagnosed as pneumonia* foi-lhe diagnosticada uma pneumonia

diagnosis ['daɪəgnəʊsɪs] *n* (*pl* diagnoses) diagnóstico [of, de]

diagnostic ['daɪəgnɒstɪk] *adj* diagnóstico; *a diagnostic test* um teste diagnóstico

diagonal [daɪ'ægənəl] *adj,n* diagonal

diagram ['daɪəgræm] *n* diagrama

dial [daɪl] *n* 1 (relógio, contador) mostrador 2 (telefone) disco ♦ *vt* (*pret e pp* -ll-) (número de telefone) discar, marcar; *to dial a wrong number* marcar um número errado

dialect ['daɪəlekt] *n* dialeto

dialectic [daɪə'lektɪk] *n* ⇒ dialectics

dialectical [daɪə'lektɪkəl] *adj* dialético

dialectics [daɪə'lektɪks] *n* dialética

dialogue ['daɪəlɒg] *n* diálogo

dial-up ['daɪəlʌp] *adj* por modem

dialysis [daɪ'ælɪsɪs] *n* (*pl* dialyses) diálise

diameter [daɪ'æmɪtə] *n* diâmetro; *1 metre in diameter* 1 metro de diâmetro

diametrically [daɪə'metrɪkəli] *adv* diametralmente

diamond ['daɪəmənd] *n* 1 diamante 2 (forma) losango ♦ *npl* (cartas) ouros

diapason [daɪə'peɪsn] *n* MÚS diapasão

diaper ['daɪəpə] *n* EUA fralda

diaphanous [daɪ'æfənəs] *adj lit* diáfano, transparente

diaphragm ['daɪəfræm] *n* diafragma

diarrhoea [daɪə'rɪə] *n* diarreia

diarrhoeic [daɪə'riːk] *adj* MED diarreico

diary ['daɪəri] *n* (*pl* -ies) diário; *to keep a diary* ter um diário

diaspora [daɪ'æspərə] *n* diáspora

diastole [daɪ'æstəli] *n* diástole

diatribe ['daɪətraɪb] *n* diatribe [against, contra]

dice [daɪs] *n* 1 (*pl de* die) (objeto, jogo) dados; *to play dice* jogar aos dados; *to roll dice* lançar os dados 2 (*pl* dices) (forma) cubinho ♦ *vi* CUL cortar em cubinhos ♦ *vi* (jogo) lançar os dados ❖ *to dice with death* brincar com a morte

dichotomic [daɪkə'tɒmɪk] *adj* dicotómico

dichotomy [daɪ'kɒtəmi] *n* (*pl* -ies) dicotomia

dick [dɪk] *n* 1 *cal* pila*cal* 2 *cal* (ofensivo) imbecil; estúpido

dicker ['dɪkə] *vi col* (preços, reivindicações) (*negociar*) regatear ♦ *n col* regateio

dictate[1] ['dɪkteɪt] *n* ditame; preceito

dictate[2] [dɪk'teɪt] *vt* 1 (texto) ditar; *she dictated a letter* ela ditou uma carta 2 (regras) estipular; impor ♦ *vi* (texto) ditar

dictation [dɪk'teɪʃən] *n* ditado; *to take dictation* fazer um ditado

dictator [dɪk'teɪtə] n ditador

dictatorial [ˌdɪktə'tɔːrɪəl] adj ditatorial

dictatorship [dɪk'teɪtəʃɪp] n ditadura

diction ['dɪkʃən] n dicção

dictionary ['dɪkʃənəri] n {pl -ies} dicionário; *to look up a word in a dictionary* procurar uma palavra num dicionário

did [dɪd] pret de to do

didactic [dɪ'dæktɪk] adj didático

didactics [dɪ'dæktɪks] n didática

diddle ['dɪdl] vt GB col enganar, vigarizar, burlar; *he diddled me out of £300* ele burlou-me em 300 libras

didn't ['dɪdənt] contr de did + not

die [daɪ] vi 1 morrer; falecer; *she died of cancer* ela morreu de cancro; *to die from starvation* morrer de fome 2 (aparelho) deixar de funcionar; avariar 3 (emoções) esmorecer ♦ n cunho; molde; *die casting* fundição em molde ❖ *to die a natural death* morrer por causas naturais; (desejo) *to be dying for* estar mortinho por; *the die is cast* a sorte está lançada

♦ **die away** vi (som) desvanecer-se; extinguir-se

♦ **die down** vi 1 (fogo) extinguir-se; apagar-se 2 (emoção) acalmar, sossegar 3 (vento, tempestade) amainar, aplacar

♦ **die out** vi 1 (raça, espécie) extinguir-se 2 (costume) desaparecer

diehard ['daɪhɑːd] adj teimoso; obstinado ♦ n 1 conservador 2 reacionário

diesel ['diːzəl] n diesel; *diesel oil* gasóleo

diet ['daɪət] n dieta; *to be on a diet* estar de dieta ♦ adj (alimento) magro; baixo em calorias

dietary ['daɪətəri] adj alimentar

dietetic [ˌdaɪə'tetɪk] adj dietético; de dieta

dietetics [ˌdaɪə'tetɪks] n dietética

dietician [ˌdaɪə'tɪʃən] n dietista, nutricionista

differ ['dɪfə] vi 1 ser diferente [from, de; in, em] 2 discordar [about/on/over, em

relação a]; *I beg to differ* permita-me que discorde

difference ['dɪfərəns] n 1 diferença [between, entre] 2 divergência; desacordo ❖ *to make a difference* ser importante

different ['dɪfərənt] adj 1 diferente [from, de]; distinto [from, de] 2 col original; fora do vulgar

differential [ˌdɪfə'renʃəl] adj,n diferencial

differentiate [ˌdɪfə'renʃɪeɪt] vi fazer distinção [between, entre] ♦ vt distinguir; *I cannot differentiate one brother from the other* não consigo distinguir um irmão do outro

differentiation [ˌdɪfərenʃɪ'eɪʃən] n diferenciação

difficult ['dɪfɪkəlt] adj difícil; complicado

difficulty ['dɪfɪkəlti] n {pl -ies} dificuldade [in, em]

diffidence ['dɪfɪdəns] n 1 timidez 2 insegurança

diffident ['dɪfɪdənt] adj 1 tímido 2 inseguro [about, em relação a]

diffraction [dɪ'frækʃən] n fís difração

diffuse[1] [dɪ'fjuːs] adj difuso

diffuse[2] [dɪ'fjuːz] vt (luz, calor, informação) difundir ♦ vi difundir-se

diffuser [dɪ'fjuːzə] n difusor

diffusion [dɪ'fjuːʒən] n difusão

dig [dɪg] n 1 ARQUEOL escavação 2 col boca; indireta; *to have a dig at* mandar uma boca a ♦ npl GB alojamento ♦ vt {pret e pp dug} 1 (terreno) cavar, escavar 2 (coisas) espetar; *the child dug the pen into the rubber* a criança espetou a caneta na borracha 3 col pescar; perceber; *I can't dig this* não pesco nada disto 4 col curtir; *I don't dig football* não curto futebol ♦ vi cavar, escavar ❖ *to dig one's own grave* cavar a própria sepultura

♦ **dig in** vi 1 col (comida) atacar 2 MIL entrincheirar-se; *the soldiers dug in* os soldados entrincheiraram-se

- **dig into** vt 1 *(investigar)* vasculhar 2 *(recorrer a)* lançar mão de
- **dig out** vt 1 (com puxão) remover; extrair; *the doctor dug out the bullet* o médico extraiu a bala 2 (informação, objeto) desencantar; desenterrar; *I dug out this old record in the attic* desencantei este disco antigo no sótão
- **dig up** vt 1 desenterrar; *the gardener dug up the plant* o jardineiro desenterrou a planta 2 (dados) desencantar; desenterrar; descobrir; *he dug up some information about the politician* desenterrou umas informações sobre o político

digest[1] ['daɪdʒəst] n resumo; sumário

digest[2] [dɪd'ʒest] vt 1 (alimentos) digerir 2 (conhecimentos) assimilar

digestible [dɪ'dʒestɪbəl] adj digerível

digestion [dɪ'dʒestʃən] n digestão

digestive [dɪ'dʒestɪv] adj,n digestivo

digger ['dɪgə] n 1 (pessoa) cavador 2 (máquina) escavadora

digit ['dɪdʒɪt] n 1 dígito, algarismo 2 (pé, mão) dedo

digital ['dɪdʒɪtəl] adj digital

digitalis [dɪdʒɪ'teɪlɪs] n BOT dedaleira

digitize ['dɪdʒɪtaɪz] vt INFORM digitalizar

dignify ['dɪgnɪfaɪ] vt 1 dignificar; trazer distinção a 2 enobrecer; *the tower dignified the church* a torre enobrecia a igreja 3 (prémio, honraria) contemplar [with, com]

dignitary ['dɪgnɪtəri] n {pl -ies} dignitário

dignity ['dɪgnɪti] n {pl -ies} 1 dignidade 2 (função) alto cargo

digress [daɪ'gres] vi 1 divagar 2 desviar-se [from, de]; *don't digress from the main subject* não te desvies do assunto principal

digression [daɪ'greʃən] n divagação; digressão

digressive [daɪ'gresɪv] adj digressivo

dike [daɪk] n EUA ⇒ dyke

dilapidate [dɪ'læpɪdeɪt] vt 1 deixar ao abandono 2 degradar ♦ vi degradar-se; desmoronar-se

dilapidated [dɪ'læpɪdeɪtɪd] adj em mau estado; degradado

dilapidation [dɪ,læpɪ'deɪʃən] n degradação

dilate [daɪ'leɪt] vt 1 dilatar 2 (olhos) arregalar ♦ vi 1 dilatar-se 2 (olhos) arregalar-se

dilation [daɪ'leɪʃən] n 1 dilatação 2 *form* adiamento

dilatory ['dɪlətəri] adj 1 dilatório 2 lento; *to be dilatory in doing something* demorar muito a fazer algo

dilemma [dɪ'lemə] n dilema

dilettante [dɪlə'tænti] n {pl dilettantes, dilettanti} diletante

dilettantism [,dɪlə'tæntɪzəm] n diletantismo

diligence ['dɪlɪdʒəns] n diligência; zelo

diligent ['dɪlɪdʒənt] adj diligente; zeloso

diligently ['dɪlɪdʒəntli] adv diligentemente

dillydally ['dɪlɪ,dæli] vi col fazer que faz; perder tempo

diluent ['dɪljʊənt] adj,n diluente, dissolvente

dilute [daɪ'luːt] vt 1 (líquido) diluir, dissolver [with, em]; *to dilute juice with water* diluir sumo em água 2 (intensidade) atenuar; enfraquecer ♦ adj 1 (líquido) diluído 2 (intensidade) atenuado, fraco

dilution [daɪ'luːʃən] n 1 (líquidos) diluição [with, em] 2 (intensidade) atenuação

dim [dɪm] adj {comp dimmer, superl dimmest} 1 *fig* (luz) fraco, pálido 2 (falta de nitidez) fusco; turvo 3 (memória) vago 4 col (pessoa) tolo 5 (futuro) pouco prometedor ♦ vt (luz) diminuir, baixar; *to dim the lights* baixar as luzes ♦ vi 1 (luz) diminuir 2 esbater-se; desvanecer-se; esmorecer ❖ (automóvel) *dim lights* mínimos; *to take a dim view of* mostrar-se cético em relação a

dime [daɪm] n (dólar americano) dez cêntimos; col *it's not worth a dime* não vale um chavo

dimension [dɪ'menʃən] n 1 dimensão 2 aspeto

diminish [dɪ'mɪnɪʃ] vt 1 diminuir; reduzir 2 rebaixar; menosprezar ♦ vi diminuir

diminishing [dɪ'mɪnɪʃɪŋ] adj decrescente

diminution [dɪmɪ'njuːʃən] n diminuição, redução [in, em; of, de]

diminutive [dɪ'mɪnjʊtɪv] n LING diminutivo ♦ adj (tamanho, espaço) diminuto

dimness ['dɪmnɪs] n 1 (luz) penumbra 2 imprecisão 3 col (pessoa) imbecilidade 4 (futuro) falta de perspetivas

dimple ['dɪmpəl] n (rosto) covinha

dimwit ['dɪmwɪt] n col,pej palerma, pateta

din [dɪn] n estrondo; barulheira, chinfrineira; *to kick up a din* fazer uma barulheira ♦ vi fazer barulho; estrondear

dine [daɪn] vi jantar

♦ *dine out* vi jantar fora

diner ['daɪnə] n 1 comensal 2 EUA carruagem-restaurante 3 EUA restaurante barato

dinghy ['dɪŋi] n bote; *rubber dinghy* barco de borracha

dingy ['dɪndʒi] adj {comp -ier, superl -iest} 1 (local) obscuro 2 sujo

dining-car ['daɪnɪŋkɑː] n carruagem-restaurante; vagão-restaurante

dining-room ['daɪnɪŋruːm] n sala de jantar

dining-table ['daɪnɪŋteɪbəl] n mesa de sala de jantar

dinner ['dɪnə] n jantar ❖ *dinner service* serviço de mesa

dinosaur ['daɪnəsɔː] n dinossauro

dint [dɪnt] n amolgadela, pancada ❖ *by dint of* à custa de

diocesan [daɪ'ɒsɪsən] adj diocesano

diocese ['daɪəsɪs] n diocese

dioptre [daɪ'ɒptə] n dioptria

dioptrics [daɪ'ɒptrɪks] n dióptrica

dioxide [daɪ'ɒksaɪd] n dióxido

dip [dɪp] n 1 declive 2 (solo) depressão 3 mergulho; *to go for a dip* ir dar um mergulho 4 (preços, lucros, temperatura) descida acentuada 5 CUL molho ♦ vt {pret e pp -pp-} 1 (líquido) mergulhar [in/into, em] 2 afundar [into, em]; *to dip one's feet into the sand* afundar os pés na areia ♦ vi 1 descer a pique 2 (superfície) afundar ❖ (gastar dinheiro) *to dip into one's savings* meter a mão ao bolso; GB (carros) *to dip the headlights* pôr os médios

diphtheria [dɪf'θɪərɪə] n difteria

diphtheric [dɪf'θerɪk] adj MED diftérico

diphthong ['dɪfθɒŋ] n ditongo

diploma [dɪ'pləʊmə] n {pl -s} diploma

diplomacy [dɪ'pləʊməsi] n diplomacia

diplomat ['dɪpləmæt] n diplomata

diplomatic [dɪplə'mætɪk] adj diplomático

dipper ['dɪpə] n (colher) concha ❖ EUA *the Big Dipper* Ursa Maior; EUA *the Little Dipper* Ursa Menor

dipstick ['dɪpstɪk] n (óleo do carro) vareta medidora

diptych ['dɪptɪk] n {pl -s} díptico

dire ['daɪə] adj {comp -er, superl -est} 1 extremo, grave 2 horrível ❖ *to be in dire need of* ter necessidade urgente de; *to be in dire straits* estar em apuros

direct [dɪ'rekt] adj 1 (geral) direto; *a direct consequence* uma consequência direta 2 imediato 3 (pessoa) franco; frontal 4 LING direto; *direct object* objeto direto; *direct speech* discurso direto ♦ vt 1 dirigir [to, para] 2 direcionar [to/towards, para]; orientar [to/towards, para] 3 (organização) dirigir; coordenar; *to direct an operation* coordenar uma operação 4 endereçar [to, a] 5 CIN realizar; *to direct a film* realizar um filme 6 (atenção) concentrar [to, em]

direction [dɪ'rekʃən] n 1 direção 2 orientação; *sense of direction* sentido de orientação 3 CIN realização ♦ npl orientações; indicações

directional [dɪˈrekʃənəl] *adj* direcional

directive [dɪˈrektɪv] *n* diretiva

directly [dɪˈrektli] *adv* **1** diretamente **2** (tempo) imediatamente; logo **3** (falar) abertamente **4** mesmo, precisamente

directness [dɪˈrektnɪs] *n* franqueza

director [dɪˈrektə] *n* **1** diretor **2** coordenador; organizador **3** CIN realizador

directorate [dɪˈrektərɪt] *n* **1** conselho diretivo; conselho de administração **2** (departamento) diretoria

directorship [dɪˈrektəʃɪp] *n* (cargo) diretoria

directory [dɪˈrektərɪ] *n* {*pl* -ies} **1** lista telefónica **2** livro de moradas **3** INFORM diretório

directrix [dɪˈrektrɪks] *n* {*pl* directrices} MAT diretriz

dirge [dɜːdʒ] *n* **1** canto fúnebre **2** *fig* lamúria

dirigible [ˈdɪrɪdʒɪbəl] *n* dirigível

dirt [dɜːt] *n* **1** imundície; porcaria **2** *fig* (escândalo) podres ❖ *to treat someone like dirt* tratar alguém abaixo de cão

dirtiness [ˈdɜːtɪnɪs] *n* sujidade, imundície; porcaria

dirty [ˈdɜːti] *adj* {*comp* -ier, *superl* -iest} **1** sujo, imundo **2** indecente, obsceno; *dirty words* palavras obscenas **3** desprezível; *to be a dirty little coward* ser um covardolas desprezível ♦ *vt* sujar ❖ *dirty work* trafulhices; *that's a dirty trick* isso é um golpe baixo

disability [dɪsəˈbɪlɪti] *n* {*pl* -ies} **1** deficiência; invalidez **2** incapacidade

disable [dɪsˈeɪbəl] *vt* **1** (pessoa) incapacitar **2** (mecanismo) desativar

disabled [dɪsˈeɪbəld] *adj* **1** (pessoa) com deficiência **2** (mecanismo) desativado ♦ *npl* *the disabled* pessoas com deficiência

disadvantage [dɪsədˈvɑːntɪdʒ] *n* desvantagem

disadvantaged [dɪsədˈvɑːntɪdʒd] *adj* (pessoas) desfavorecido

disadvantageous [dɪsædvɑːnˈteɪdʒəs] *adj* desvantajoso [to, para]

disaffected [dɪsəˈfektɪd] *adj* **1** descontente **2** revoltado **3** dissidente

disaffection [dɪsəˈfekʃən] *n* **1** descontentamento **2** revolta

disagree [dɪsəˈɡriː] *vi* **1** discordar [with, de; on/about, em relação a]; *to disagree with somebody about* discordar de alguém em relação a **2** (informação) divergir; não coincidir **3** (alimentos, bebidas) não cair bem; *scotch disagrees with my stomach* o uísque não cai lá muito bem no meu estômago **4** (situação) não fazer bem; *this weather disagrees with me* este tempo não me faz nada bem

disagreeable [dɪsəˈɡriːəbəl] *adj* **1** desagradável **2** (pessoa) mal-encarado

disagreement [dɪsəˈɡriːmənt] *n* **1** desacordo, divergência **2** (dados) discrepância

disallow [dɪsəˈlaʊ] *vt* **1** rejeitar; desaprovar **2** desautorizar; *to be disallowed by someone* ser desautorizado por alguém **3** DESP (golo) anular

disappear [dɪsəˈpɪə] *vi* **1** desaparecer [from, de] **2** ausentar-se; *to disappear for a while* ausentar-se por uns tempos **3** (medos, preocupações) desvanecer-se

disappearance [dɪsəˈpɪərəns] *n* desaparecimento [of, de]

disappoint [dɪsəˈpɔɪnt] *vt* desapontar, desiludir, dececionar

disappointed [dɪsəˈpɔɪntɪd] *adj* desiludido; desapontado

disappointment [dɪsəˈpɔɪntmənt] *n* desilusão; deceção

disapproval [dɪsəˈpruːvəl] *n* reprovação [of, de]; censura [of, de]

disapprove [dɪsəˈpruːv] *vi* **1** (condenar) não aprovar [of, -]; reprovar [of, -]; *I disapprove of all your actions* não aprovo nenhum dos teus atos **2** não ver com bons olhos; não gostar [of, de]; *to disapprove of someone* não gostar de alguém

disapproving [ˌdɪsəˈpruːvɪŋ] *adj* desaprovador; reprovador; *to be disapproving of something* ser contra algo

disarm [dɪsˈɑːm] *vt* 1 (armas) desarmar; *the police disarmed the gang* a polícia desarmou o bando 2 (bomba) desativar 3 *fig* deixar desarmado 4 *fig* (censura) neutralizar ♦ *vi* desarmar-se; *the country disarmed* o país desarmou-se

disarmament [dɪsˈɑːməmənt] *n* desarmamento

disarrange [ˌdɪsəˈreɪndʒ] *vt* desordenar; descompor

disarrangement [ˌdɪsəˈreɪndʒmənt] *n* de sarranjo, desordem; desorganização

disarray [ˌdɪsəˈreɪ] *n* desordem; confusão; *his flat was in disarray* o apartamento dele estava desarrumado ♦ *vt* desarranjar ❖ *my hair was in a complete disarray* o meu cabelo estava todo despenteado; *the skirt was in disarray* a saia estava toda amassada

disarticulate [ˌdɪsɑːˈtɪkjəleɪt] *vt* desarticular

disarticulation [ˌdɪsɑːtɪkjəˈleɪʃən] *n* desarticulação

disassociate [ˌdɪzəˈsəʊʃɪeɪt] *vt* ⇒ **dissociate**

disaster [dɪˈzɑːstə] *n* 1 catástrofe; calamidade 2 *col* desastre

disastrous [dɪˈzɑːstrəs] *adj* desastroso; catastrófico

disband [dɪsˈbænd] *vt* 1 (grupo, organização) dissolver 2 suprimir 3 dispersar ♦ *vi* dissolver-se; *the organization disbanded* a organização dissolveu-se

disbelief [ˌdɪsbɪˈliːf] *n* incredulidade; descrença

disbelieve [ˌdɪsbɪˈliːv] *vt* duvidar de; não acreditar em; *to disbelieve someone* duvidar de alguém ♦ *vi* ser descrente; não acreditar [in, em]

disbeliever [ˌdɪsbɪˈliːvə] *n* descrente; incrédulo

disburse [dɪsˈbɜːs] *vt* desembolsar; gastar

disbursement [dɪsˈbɜːsmənt] *n* desembolso; dispêndio

disc [dɪsk] *n* disco; *disc jockey* disco-jóquei; INFORM *hard disc* disco duro

discard [dɪsˈkɑːd] *vt* 1 desfazer-se de; deitar fora 2 descartar; pôr de parte; *to discard a possibility* descartar uma possibilidade

discarding [dɪsˈkɑːdɪŋ] *n* (jogo de cartas) descarte

discern [dɪsˈɜːn] *vt* 1 (visão) discernir; entrever 2 distinguir 3 (entendimento) perceber; descortinar

discerning [dɪsˈɜːnɪŋ] *adj* 1 perspicaz 2 exigente 3 (olhos, ouvido) educado

discernment [dɪsˈɜːnmənt] *n* discernimento

discharge[1] [ˈdɪstʃɑːdʒ] *n* 1 descarga 2 (funcionário) despedimento 3 (hospital) alta [from, de] 4 (detido) libertação

discharge[2] [dɪsˈtʃɑːdʒ] *vt* 1 (carga) descarregar; desembarcar; *to discharge a container* descarregar um contentor 2 (detido) pôr em liberdade 3 (hospital) dar alta a [from, de]; *he was discharged from hospital* ele teve alta do hospital 4 (cargo) dispensar [from, de] 5 (líquido) verter 6 disparar; *to discharge a gun on the enemy* disparar sobre o inimigo ♦ *vi* 1 desaguar 2 supurar

disciple [dɪsˈaɪpəl] *n* 1 discípulo; apóstolo 2 seguidor

disciplinary [ˈdɪsɪˌplɪnərɪ] *adj* disciplinar

discipline [ˈdɪsɪplɪn] *n* 1 disciplina; rigor; ordem; *strict discipline* disciplina rigorosa 2 (universidade) cadeira; disciplina ♦ *vt* 1 disciplinar 2 castigar, punir; *he was severely disciplined* ele foi severamente punido

disc jockey [ˈdɪskdʒɒkɪ] *n* disco-jóquei

disclaimer [dɪsˈkleɪmə] *n* 1 desmentido 2 limitação de responsabilidade

disclose [dɪs'kləʊz] *vt* 1 (segredo) revelar; *the truth was disclosed* a verdade foi revelada 2 (informação) trazer à luz do dia; publicar, noticiar

disclosure [dɪs'kləʊʒə] *n* revelação

disco ['dɪskəʊ] *n col* discoteca

discolor [dɪs'kʌlə] *vt,i EUA* ⇒ discolour

discoloration [dɪs,kʌlə'reɪʃn] *n EUA* ⇒ discolouration

discolour [dɪs'kʌlə] *vt* 1 desbotar; descolorar 2 manchar ♦ *vi* 1 desbotar; perder a cor; *the shirt discoloured* a camisa desbotou 2 ficar manchado

discolouration [dɪs,kʌlə'reɪʃən] *n* 1 descoloração 2 desbotamento

discolouring [dɪs'kʌlərɪŋ] *adj* descolorante

discomfort [dɪs'kʌmfət] *n* desconforto; incómodo; mal-estar; *physical discomfort* mal-estar físico ♦ *vt* causar desconforto a

discompose [,dɪskəm'pəʊz] *vt* (perturbação) transtornar

discomposure [,dɪskəm'pəʊʒə] *n* 1 (estado mental) transtorno; agitação 2 (local) desordem; confusão

disconcert [,dɪskən'sɜːt] *vt* 1 desconcertar; deixar perplexo 2 (planos) estragar

disconcerting [,dɪskən'sɜːtɪŋ] *adj* desconcertante

disconnect [,dɪskə'nekt] *vt* 1 separar [from, de]; *to disconnect a link from the chain* separar um elo da corrente 2 desligar 3 (consumos domésticos) cortar; *to disconnect power* cortar a eletricidade

disconnection [,dɪskə'nekʃən] *n* 1 separação [from, de] 2 (gás, eletricidade, água) corte

disconsolate [dɪs'kɒnsəlɪt] *adj* desolado [at, com]

discontent [,dɪskən'tent] *n* descontentamento

discontented [,dɪskən'tentɪd] *adj* descontente [with, com]

discontentment [,dɪskən'tentmənt] *n* descontentamento

discontinuance [,dɪskən'tɪnjʊəns] *n* (*interrupção*) suspensão

discontinue [,dɪskən'tɪnjuː] *vt* 1 (*interromper*) suspender 2 deixar de fabricar

discontinuity [,dɪskɒntɪ'njuːɪtɪ] *n* {*pl* -ies} 1 descontinuidade 2 interrupção 3 quebra

discontinuous [,dɪskən'tɪnjʊəs] *adj* descontínuo; intermitente; com interrupções

discord ['dɪskɔːd] *n* 1 discórdia; discordância 2 MÚS dissonância

discordant [dɪs'kɔːdənt] *adj* 1 discordante; discrepante; *discordant information* informações discrepantes 2 de discórdia

discotheque ['dɪskətek] *n* discoteca

discount[1] ['dɪskaʊnt] *n* desconto, redução (de preço); *at a discount* com desconto

discount[2] [dɪs'kaʊnt] *vt* 1 (preço) descontar, abater; *to discount ten per cent* fazer um desconto de dez por cento 2 (ideia, opinião) (*não dar valor a*) dar um desconto a; ignorar

discourage [dɪs'kʌrɪdʒ] *vt* 1 desanimar; desencorajar; *stop discouraging me* não me desanimes 2 dissuadir [from, de]; *to discourage someone from doing something* dissuadir alguém de fazer alguma coisa 3 prevenir; tentar evitar

discouragement [dɪs'kʌrɪdʒmənt] *n* 1 desânimo; desalento 2 dissuasão

discouraging [dɪs'kʌrɪdʒɪŋ] *adj* 1 desanimador 2 dissuasivo

discourse[1] ['dɪskɔːs] *n* 1 discurso 2 (escrito) dissertação 3 debate

discourse[2] [dɪs'kɔːs] *vi* discorrer, dissertar [on/upon, sobre]

discourteous [dɪs'kɜːtɪəs] *adj* indelicado, descortês

discourtesy [dɪs'kɜːtəsɪ] *n* {*pl* -ies} indelicadeza; grosseria

discover [dɪs'kʌvə] *vt* **1** descobrir **2** encontrar; achar

discoverer [dɪs'kʌvərə] *n* **1** descobridor **2** explorador

discovery [dɪs'kʌvəri] *n* {*pl* -ies} descoberta; descobrimento

discredit [dɪs'kredɪt] *n* **1** descrédito; *he was brought into discredit* ele caiu em descrédito **2** vergonha [to, para]; *to be a discredit to* ser uma vergonha para ♦ *vt* **1** desacreditar **2** questionar; pôr em dúvida

discreet [dɪs'kriːt] *adj* discreto

discrepancy [dɪs'krepənsi] *n* {*pl* -ies} discrepância

discrepant [dɪs'krepənt] *adj* discrepante; divergente; *to have discrepant points of view* ter pontos de vista divergentes

discrete [dɪs'kriːt] *adj* distinto; diferenciado

discretion [dɪs'kreʃən] *n* **1** discrição **2** discernimento; *to use one's discretion* usar de discernimento

discretionary [dɪs'kreʃənəri] *adj* arbitrário

discriminate [dɪs'krɪmɪneɪt] *vi* **1** ser discriminatório [**against**, para com]; *to discriminate against immigrants* discriminar os imigrantes **2** estabelecer a diferença [**between**, entre]; fazer a distinção [**between**, entre]; *to discriminate between what's right and what's not* estabelecer a diferença entre o que está bem e o que está mal ♦ *vt* discriminar; distinguir, diferenciar

discriminating [dɪs'krɪmɪˌneɪtɪŋ] *adj* **1** criterioso; exigente **2** (diferenças) distintivo

discrimination [dɪsˌkrɪmɪˈneɪʃən] *n* **1** discriminação; *gender discrimination* discriminação sexual **2** discernimento; *to lack discrimination* ter falta de discernimento

discriminatory [dɪs'krɪmɪnətəri] *adj* discriminatório

discrown [dɪs'kraʊn] *vt* depor, descoroar; *the king was discrowned* o rei foi deposto

discursive [dɪs'kɜːsɪv] *adj* **1** discursivo **2** (estilo) digressivo

discus ['dɪskəs] *n* {*pl* disci} DESP disco; (competição) *the discus* lançamento do disco; *to throw the discus* lançar o disco

discuss [dɪs'kʌs] *vt* **1** falar sobre **2** (texto) abordar **3** refletir sobre **4** discutir, debater; *scientists discussed cloning thoroughly* os cientistas debateram a fundo a clonagem

discussion [dɪs'kʌʃən] *n* **1** debate [**on**, sobre] **2** (análise) estudo **3** (texto) abordagem

disdain [dɪs'deɪn] *n* desdém; desprezo [**for**, por]; *to look at someone in disdain* olhar para alguém com desprezo ♦ *vt* desprezar; menosprezar

disdainful [dɪs'deɪnfʊl] *adj* desdenhoso

disease [dɪ'ziːz] *n* **1** doença; enfermidade **2** *fig* mal

disembark [ˌdɪsɪm'bɑːk] *vt* (navio, avião, autocarro) desembarcar; *to disembark a ship's cargo* desembarcar a carga de um navio ♦ *vi* (navio, avião, autocarro) desembarcar [**from**, de]; *everybody disembarked from the plane* toda a gente saiu do avião

disembarkation [ˌdɪsembɑːˈkeɪʃən] *n* desembarque

disembowel [ˌdɪsɪm'baʊəl] *vt* estripar; esventrar

disenchant [ˌdɪsɪn'tʃɑːnt] *vt* desencantar; desiludir

disenchantment [ˌdɪsɪn'tʃɑːntmənt] *n* desencanto; desilusão

disencumber [ˌdɪsɪn'kʌmbə] *vt* desembaraçar; desimpedir

disengage [ˌdɪsɪn'geɪdʒ] *vt* **1** (objetos) desprender; desengatar; *to disengage a hook* desengatar um gancho **2** (compromisso) libertar; descomprometer; *to disengage someone from a promise* libertar alguém de uma promessa 3 MIL desocupar; *the army disengaged the territory* o exército desocupou o território 4 (telefone) desimpedir; *the line is disengaged* a linha está desimpedida ♦ vi (tropas em combate) retirar

disentail [ˌdɪsɪnˈteɪl] vt (morgadio) desvincular

disentangle [ˌdɪsɪnˈtæŋɡəl] vt 1 desenredar; desemaranhar; *to disentangle a ball of wool* desemaranhar um novelo de lã 2 separar [from, de]; *he disentangled the key from the ring* ele retirou a chave do porta-chaves

disfavour [dɪsˈfeɪvə] n desaprovação ❖ *to fall into disfavour* cair em desgraça

disfigure [dɪsˈfɪɡə] vt 1 desfigurar 2 (local) descaracterizar

disfigurement [dɪsˈfɪɡəmənt] n 1 (pessoa) desfiguração 2 (local) descaracterização

disfranchise [dɪsˈfræntʃaɪz] vi DIR,COM privar de direitos

disgorge [dɪsˈɡɔːdʒ] vt 1 vomitar 2 expelir; emitir 3 (líquido) verter

disgrace [dɪsˈɡreɪs] n 1 desgraça 2 vergonha; *you are the disgrace of the family* és a vergonha da família ♦ vt desgraçar; desonrar; *he disgraced the family's good name* ele desonrou o bom nome da família ❖ *to fall into disgrace* cair em desgraça

disgraceful [dɪsˈɡreɪsfʊl] adj vergonhoso

disgruntled [dɪsˈɡrʌntəld] adj 1 descontente 2 ressentido

disguise [dɪsˈɡaɪz] n disfarce; máscara; *in disguise* disfarçado ♦ vt 1 disfarçar; *he disguised his voice* ele disfarçou a voz 2 mascarar; *she disguised herself as a fairy* ela mascarou-se de fada 3 (sentimentos, erros) esconder; ocultar ❖ *a blessing in disguise* um mal que vem por bem

disgust [dɪsˈɡʌst] n 1 nojo; repugnância [at, perante; for, por] 2 *fig* revolta; indignação ♦ vt 1 enojar; *you disgust me*

metes-me nojo 2 *fig* revoltar; indignar; *the situation disgusted me* a situação revoltou-me

disgusting [dɪsˈɡʌstɪŋ] adj 1 nojento; repugnante 2 (situação) chocante

dish [dɪʃ] n {pl -es} 1 (recipiente, comida) prato 2 antena parabólica 3 *col,fig* (pessoa atraente) brasa*col* ♦ npl louça; *to do the dishes* lavar a louça
  ♦ **dish out** vt 1 (comida) servir 2 distribuir; repartir 3 (castigo) administrar; dar

disharmonious [dɪshɑːˈməʊnɪəs] adj desarmonioso; discordante

disharmony [dɪsˈhɑːməni] n {pl -ies} desarmonia

dishcloth [ˈdɪʃklɒθ] n pano da louça

dishearten [dɪsˈhɑːtn] vt desanimar; desencorajar

disheartening [dɪsˈhɑːtnɪŋ] adj desanimador; desencorajante

dishevel [dɪˈʃevəl] vt {pret e pp -ll-} 1 desgrenhar; despentear 2 descompor; desalinhar

dishevelled [dɪˈʃevəld] adj 1 (cabelos) despenteado 2 (roupa) descomposto

dishonest [dɪsˈɒnɪst] adj desonesto

dishonesty [dɪsˈɒnɪsti] n {pl -ies} desonestidade

dishonor [dɪsˈɒnə] n,vt EUA ⇒ **dishonour**

dishonour [dɪsˈɒnə] n 1 desonra; infâmia; ignomínia ♦ vt 1 desonrar; infamar; *he dishonoured his family name* ele desonrou o nome da família 2 (compromisso) não honrar 3 negar pagamento a; *the bank dishonoured the cheque* o banco negou o pagamento do cheque

dishonourable [dɪsˈɒnərəbəl] adj 1 (pessoa) vil; indigno 2 (comportamento) vergonhoso

dishwasher [ˈdɪʃwɒʃə] n máquina de lavar louça

disillusion [ˌdɪsəˈluːʒən] vt desiludir; desapontar; dececionar ♦ n desilusão; desapontamento, deceção disincentive [ˌdɪsɪnˈsentɪv] n desincentivo

disinclination [ˌdɪsɪnklɪˈneɪʃən] n relutância

disincorporate [ˌdɪsɪnˈkɔːpəreɪt] vt COM (sociedade) dissolver, desfazer

disinfect [ˌdɪsɪnˈfekt] vt desinfetar; to disinfect a wound desinfetar uma ferida

disinfectant [ˌdɪsɪnˈfektənt] adj,n desinfetante

disinfection [ˌdɪsɪnˈfekʃən] n desinfeção

disinformation [ˌdɪːzɪnfɔːˈmeɪʃən] n desinformação

disingenuous [ˌdɪsɪnˈdʒenjuəs] adj falso, dissimulado

disinherit [ˌdɪsɪnˈherɪt] vt deserdar

disintegrate [dɪsˈɪntɪgreɪt] vi 1 (objeto) desintegrar-se 2 desfazer-se; dissolver-se; the company disintegrated a empresa dissolveu-se ♦ vt 1 desintegrar 2 destruir

disintegration [dɪsˌɪntɪˈgreɪʃən] n desintegração

disinterest [dɪsˈɪntɪrest] n 1 desinteresse, indiferença 2 imparcialidade

disinterested [dɪsˈɪntərɪstɪd] adj desinteressado

disjoin [dɪsˈdʒɔɪn] vt desconjuntar; desmantelar; to disjoin a machine desconjuntar uma máquina

disjoint [dɪsˈdʒɔɪnt] vt 1 desconjuntar; desmembrar 2 deslocar

disjointed [dɪsˈdʒɔɪntɪd] adj 1 (objeto) desarticulado; desconjuntado 2 (discurso) desconexo; incoerente

disjunction [dɪsˈdʒʌŋkʃən] n 1 separação; divisão 2 LING disjunção

disjunctive [dɪsˈdʒʌŋktɪv] adj 1 dividido 2 LING disjuntivo

disk [dɪsk] n INFORM disco; disk drive unidade de disco, drive

diskette [dɪsˈket] n disquete

dislike [dɪsˈlaɪk] n 1 aversão [for, por] 2 antipatia [for/of, por]; to take a dislike to someone ganhar antipatia por alguém ♦ vt não gostar de; antipatizar com

dislocate [ˈdɪsləkeɪt] vt 1 (membro) deslocar; to dislocate one's shoulder deslocar o ombro 2 fig (funcionamento) perturbar; desorganizar

dislocation [ˌdɪsləˈkeɪʃən] n 1 (membro) deslocamento 2 (situação) perturbação

dislodge [dɪsˈlɒdʒ] vt remover; retirar

dislodgement [dɪsˈlɒdʒmənt] n remoção

disloyal [dɪsˈlɔɪəl] adj desleal [to, para com]

disloyalty [dɪsˈlɔɪəlti] n {pl -ies} deslealdade [to, para com]

dismal [ˈdɪzməl] adj 1 (atmosfera) carregado; pesado 2 col péssimo; horrível

dismantle [dɪsˈmæntəl] vt desmantelar; desmontar; the ship was dismantled o navio foi desmantelado

dismantling [dɪsˈmæntlɪŋ] n desmantelamento; desmontagem

dismay [dɪsˈmeɪ] n 1 consternação; to my dismay para minha consternação 2 preocupação, inquietação; he looked at us in dismay ele olhou-nos com preocupação ♦ vt 1 consternar 2 inquietar, preocupar; desconcertar

dismember [dɪsˈmembə] vt 1 (corpo) desmembrar; esquartejar 2 (país, império) dividir; desmantelar

dismemberment [dɪsˈmembəmənt] n 1 desmembramento 2 dissolução; divisão

dismiss [dɪsˈmɪs] vt 1 (cargo) despedir 2 (consulta, sessão) mandar embora 3 (informação) pôr de lado; menosprezar ❖ class dismissed a aula terminou

dismissal [dɪsˈmɪsəl] n 1 (cargo) despedimento 2 (consulta, sessão) autorização de saída 3 (ideia, sugestão) rejeição

dismissive [dɪsˈmɪsɪv] adj desdenhoso ❖ to be dismissive of fazer pouco caso de

disobedience [ˌdɪsəˈbiːdɪəns] n desobediência

disobedient [ˌdɪsəˈbiːdɪənt] adj desobediente

disobey [dɪsəˈbeɪ] vt,i 1 desobedecer; *to disobey one's parents* desobedecer aos pais 2 não respeitar, desrespeitar; *to disobey an order* desrespeitar uma ordem

disobliging [dɪsəˈblaɪdʒɪŋ] adj pouco prestável; pouco solícito

disorder [dɪsˈɔːdə] n 1 *(desarrumação)* desordem; confusão; *the house was in complete disorder* a casa estava numa confusão completa 2 (situação) tumulto; distúrbio 3 MED indisposição; *stomach disorder* indisposição estomacal 4 PSIC distúrbio; perturbação ♦ vt 1 desordenar; desorganizar 2 PSIC perturbar

disorderly [dɪsˈɔːdəlɪ] adj 1 desordenado; desarrumado 2 (comportamento) turbulento

disorganization [dɪsˌɔːgənaɪˈzeɪʃən] n desorganização

disorganize [dɪsˈɔːgənaɪz] vt desorganizar

disorientate [dɪsˈɔːrɪənteɪt] vt desorientar

disorientation [dɪsˌɔːrɪənˈteɪʃn] n desorientação

disown [dɪsˈəʊn] vt repudiar; rejeitar

disparage [dɪˈspærɪdʒ] vt denegrir; rebaixar; desdenhar de

disparaging [dɪˈspærɪdʒɪŋ] adj depreciativo

disparate [ˈdɪspərɪt] adj díspar; distinto

disparity [dɪˈspærɪtɪ] n {pl -ies} disparidade; desigualdade

dispassionate [dɪsˈpæʃənɪt] n 1 desapaixonado 2 imparcial

dispatch [dɪˈspætʃ] n {pl -es} 1 comunicação; despacho; *important dispatch* comunicação importante; *government dispatch* despacho governamental 2 envio; expedição; *dispatch of special troops* envio de tropas especiais 3 prontidão; rapidez ♦ vt 1 enviar; *he was dispatched to war* ele foi enviado para a guerra 2 (carta, encomenda, mensagem) despachar; expedir 3 *fig (matar)* liquidar ❖ *to do something with dispatch* fazer algo com prontidão

dispel [dɪˈspel] vt {pret e pp -ll-} dissipar

dispensable [dɪˈspensəbəl] adj dispensável

dispensary [dɪˈspensərɪ] n {pl -ies} enfermaria

dispensation [dɪspenˈseɪʃən] n 1 administração 2 licença, autorização 3 isenção; dispensa

dispense [dɪˈspens] vt 1 distribuir; atribuir; *to dispense food to the homeless* distribuir comida pelos sem-abrigo 2 FARM preparar; *new medicines are being dispensed* estão a ser preparados medicamentos novos 3 (serviço público) administrar; *to dispense justice* administrar justiça 4 isentar; dispensar [from, de]; *he was dispensed from work* ele foi dispensado do trabalho

♦ **dispense with** vt prescindir de; passar sem; deixar de usar

dispenser [dɪˈspensə] n 1 (máquina) distribuidor automático; *soft drink dispenser* máquina de refrigerantes 2 (banco) caixa; *cash dispenser* caixa multibanco 3 (líquidos) doseador

disperse [dɪˈspɜːs] vt dispersar; espalhar; *the wind dispersed the leaves* o vento dispersou as folhas ♦ vi dispersar; *the demonstrators dispersed* os manifestantes dispersaram

dispersion [dɪˈspɜːʃən] n dispersão

dispirit [dɪˈspɪrɪt] vt desanimar, desalentar

dispirited [dɪˈspɪrɪtɪd] adj desanimado, desalentado

displace [dɪsˈpleɪs] vt 1 deslocar 2 (pessoas) desalojar 3 substituir 4 suplantar

displacement [dɪsˈpleɪsmənt] n 1 deslocamento 2 (pessoas) desalojamento 3 (governo, pessoa, sistema) substituição

display [dɪˈspleɪ] n 1 (apresentação) exibição; demonstração; *a display of gymnastics* um sarau de ginástica 2 (mostra) exposição; *to be on display* estar em exposição 3 INFORM (ato) visualização 4 INFORM (aparelho) ecrã, monitor; *colour display* monitor a cores 5 pej ostentação; *display of richness* ostentação de riqueza ♦ *vt* **1** exibir; fazer uma demonstração de **2** expor **3** INFORM visualizar **4** *fig* demonstrar, evidenciar; *to display one's ignorance* demonstrar ignorância **5** *pej* ostentar

displease [dɪs'pliːz] *vt* **1** *form* desagradar a **2** contrariar

displeased [dɪs'pliːzd] *adj* descontente [at, com]

displeasing [dɪs'pliːzɪŋ] *adj* desagradável

displeasure [dɪs'pleʒə] *n* desagrado [at, em relação a]

disposable [dɪ'spəʊzəbəl] *adj* **1** descartável **2** disponível

disposal [dɪ'spəʊzəl] *n* **1** (resíduos) tratamento **2** (propriedade) transferência **3** (disponibilidade) disposição; *to be at one's disposal* estar ao dispor ❖ *disposal field* aterro sanitário

dispose [dɪ'spəʊz] *vt* dispor; colocar
♦ **dispose of** *vt* **1** deitar fora; desfazer-se de; livrar-se de **2** (*matar*) liquidar **3** (tarefa) despachar; tratar de **4** *form* dispor de

disposed [dɪ'spəʊzd] *adj* **1** disposto [to, a] **2** predisposto [to, para]; propenso [to, a] **3** (objetos) disposto; organizado ❖ *to be favourably disposed to* estar recetivo a

disposition [ˌdɪspə'zɪʃən] *n* **1** temperamento **2** tendência [to, para] **3** (objetos) disposição [of, de]

dispossess [ˌdɪspə'zes] *vt* espoliar [of, de]; expropriar [of, de]

dispossession [ˌdɪspə'zeʃən] *n* expropriação

disproof [dɪs'pruːf] *n* refutação; contestação

disproportion [ˌdɪsprə'pɔːʃən] *n* desproporção [between, entre]

disproportionate [ˌdɪsprə'pɔːʃnɪt] *adj* desproporcionado [to, em relação a]

disprove [dɪs'pruːv] *vt* **1** refutar; contestar **2** desmentir

disputable [dɪs'pjuːtəbəl] *adj* **1** (opinião, gosto) discutível; *disputable taste* gosto

discutível **2** (argumentação) questionável; refutável

disputant [dɪs'pjuːtənt] *adj,n* disputante

dispute [dɪ'spjuːt] *n* **1** discussão; *domestic disputes* discussões domésticas **2** conflito; disputa; litígio; *labour disputes* conflitos laborais **3** controvérsia; polémica; *dispute between the two political parties* controvérsia entre dois partidos políticos ♦ *vt* **1** (argumentação) contestar; pôr em questão **2** (assunto) discutir **3** disputar; *to dispute a seat* disputar um lugar ♦ *vi* discutir [about, por causa de] ❖ *to be beyond dispute* ser irrefutável

disqualification [dɪsˌkwɒlɪfɪ'keɪʃən] *n* **1** (prova, competição) desqualificação; desclassificação **2** (condução) apreensão; *disqualification from driving* apreensão da carta

disqualify [dɪs'kwɒlɪfaɪ] *vt* **1** desqualificar [from, de]; desclassificar [from, de]; *to disqualify a team from a competition* desclassificar uma equipa **2** declarar incapaz

disquiet [dɪs'kwaɪət] *n* desassossego; inquietação ♦ *vt* inquietar; desassossegar

disregard [ˌdɪsrɪ'ɡɑːd] *n* **1** indiferença [for, por]; desinteresse [for, por] **2** menosprezo [for, em relação a] **3** desrespeito [for, por]; *disregard for human rights* desrespeito pelos direitos humanos ♦ *vt* **1** não prestar atenção a; passar por cima de; ignorar **2** desrespeitar **3** menosprezar

disrepair [ˌdɪsrɪ'peə] *n* mau estado

disreputable [dɪs'repjʊtəbəl] *adj* **1** com má reputação; com má fama **2** (comportamento) vergonhoso

disrepute [ˌdɪsrɪ'pjuːt] *n* má reputação

disrespect [ˌdɪsrɪ'spekt] *n* falta de respeito [for, por]; desrespeito [for, por] ❖ *no disrespect* sem ofensa

disrespectful [ˌdɪsrɪs'pektfʊl] *adj* desrespeitoso [to, com]

disrupt [dɪs'rʌpt] *vt* 1 interromper 2 perturbar a ordem de 3 afetar

disruptive [dɪs'rʌptɪv] *adj* insubordinado, indisciplinado

dissatisfaction [dɪˌsætɪs'fækʃən] *n* insatisfação [**with**, em relação a]

dissatisfactory [ˌdɪsætɪs'fæktəri] *adj* insatisfatório

dissatisfied [dɪ'sætɪsfaɪd] *adj* insatisfeito [**with**, com]

dissect [dɪ'sekt] *vt* 1 ANAT dissecar; *to dissect a frog* dissecar uma rã 2 *fig* (texto, assunto) (*análise profunda*) dissecar

dissection [dɪ'sekʃən] *n* dissecação

disseize [ˌdɪs'siːz] *vt* DIR desapossar; expropriar

dissemble [dɪ'sembəl] *vt* 1 fingir; *to dissemble care* fingir preocupação 2 (*ocultar*) dissimular ♦ *vi* fingir; *to be dissembling* estar a fingir

disseminate [dɪ'semɪneɪt] *vt* 1 (doença, semente) disseminar; propagar 2 (informação) divulgar, difundir

dissemination [dɪˌsemɪ'neɪʃən] *n* 1 disseminação; propagação 2 divulgação

dissension [dɪ'senʃən] *n* conflito; desavença

dissent [dɪ'sent] *n* 1 desacordo; discórdia; *voices of dissent* vozes de discórdia 2 REL dissidência; *Church dissent* dissidência religiosa ♦ *vi* 1 discordar [**from**, de]; *to dissent from a generalized idea* discordar de uma ideia generalizada 2 REL entrar em dissidência

dissenter [dɪ'sentə] *n* dissidente

dissertation [ˌdɪsə'teɪʃən] *n* 1 dissertação [**on**, sobre] 2 discurso [**on**, sobre]

disserve [dɪ's3ːv] *vt* prejudicar

dissidence ['dɪsɪdəns] *n* 1 (ato) dissidência 2 divergência

dissident ['dɪsɪdənt] *adj,n* dissidente

dissimilar [dɪ'sɪmɪlə] *adj* diferente [**to**, de]; distinto [**to**, de]

dissimilarity [ˌdɪsɪmɪ'lærɪti] *n* {*pl* -ies} diferença [**between**, entre; **in**, de]; *dissimilarities between brother and sister* diferenças entre irmão e irmã

dissimulate [dɪ'sɪmjʊleɪt] *vt* (*ocultar*) dissimular ♦ *vi* fingir

dissimulation [dɪˌsɪmjə'leɪʃən] *n form* dissimulação; fingimento; hipocrisia

dissipate ['dɪsɪpeɪt] *vt* desperdiçar; esbanjar; *to dissipate one's fortune* dissipar a fortuna ♦ *vi* 1 dissipar-se; *the fog dissipated* o nevoeiro dissipou-se 2 (emoções) desvanecer-se; esmorecer; *the excitement dissipated* o entusiasmo esmoreceu

dissipation [ˌdɪsɪ'peɪʃən] *n* 1 dissipação; desvanecimento 2 esbanjamento 3 desperdício

dissociate [dɪ'səʊʃɪeɪt] *vt* dissociar [**from**, de]; desvincular [**from**, de]; separar [**from**, de]; *he dissociated himself from the firm* ele desvinculou-se da firma

dissociation [dɪˌsəʊʃɪ'eɪʃən] *n* dissociação; separação; *inevitable dissociation* separação inevitável

dissoluble [dɪ'sɒljəbəl] *adj* dissolúvel; *to be dissoluble in water* ser dissolúvel em água

dissolute ['dɪsəluːt] *adj* dissoluto, devasso

dissolution [ˌdɪsə'luːʃən] *n* 1 *form* dissolução [**of**, de]; *the dissolution of marriage* a dissolução do casamento 2 desintegração 3 (sociedade) vício, devassidão

dissolve [dɪ'zɒlv] *vt* 1 (em líquido) dissolver, diluir [**in**, em] 2 (situação) dissolver; desfazer; *Government was dissolved* o Governo foi dissolvido ♦ *vi* 1 (líquido) dissolver-se [**in**, em] 2 dispersar; *the crowd dissolved* a multidão dispersou 3 desvanecer-se

dissolvent [dɪ'zɒlvənt] *adj,n* dissolvente

dissonance ['dɪsənəns] *n* 1 MÚS dissonância 2 contraste 3 desacordo; *to be in dissonance with someone* estar em desacordo com alguém

distrain

dissonant ['dɪsənənt] adj 1 MÚS dissonante 2 contrastante 3 discordante; divergente

dissuade [dɪ'sweɪd] vt dissuadir [from, de]; *he was dissuaded from going abroad* dissuadiram-no de ir para o estrangeiro

dissuasion [dɪ'sweɪʒən] n dissuasão

dissuasive [dɪ'sweɪsɪv] adj dissuasivo

dissyllabic [ˌdɪsɪ'læbɪk] adj LING dissilábico

dissyllable [dɪ'sɪləbəl] n LING dissílabo

distaff ['dɪstɑːf] n (para fiar) roca

distance ['dɪstəns] n 1 distância; *at/from a distance* de longe; *in the distance* ao longe 2 (percurso) distância; intervalo; *the distance between one place and the other* a distância entre um local e outro 3 fig (comportamento) distância; reserva; *to keep one's distance* manter a distância ♦ vt distanciar [from, de]; afastar [from, de] ❖ *distance learning* ensino à distância; *seeing it from a distance* passado este tempo todo; *to be within walking distance* poder ir a pé; *to go the distance with dignity* prosseguir dignamente até ao fim

distant ['dɪstənt] adj 1 distante, longínquo 2 (parente) afastado 3 (viagem) longo 4 (comportamento) reservado 5 (estado de espírito) ausente

distantly ['dɪstəntli] adv 1 ao longe, à distância 2 (comportamento) friamente 3 (estado de espírito) distraidamente

distaste [dɪs'teɪst] n aversão [for, a]

distasteful [dɪs'teɪstfʊl] adj desagradável

distemper [dɪs'tempə] n 1 (pintura) têmpera 2 (cães) esgana

distension [dɪs'tenʃən] n MED dilatação

distich ['dɪstɪk] n LIT (versos) dístico

distil [dɪs'tɪl] vt 1 destilar; *to distil water* destilar água 2 fig resultar; derivar [from, de]

distill [dɪs'tɪl] vt,i EUA ⇒ distil

distillation [ˌdɪstɪ'leɪʃən] n destilação

distiller [dɪs'tɪlə] n destilador

distillery [dɪs'tɪləri] n {pl -ies} destilaria

distinct [dɪs'tɪŋkt] adj 1 distinto [from, de]; diferente [from, de] 2 nítido, evidente ❖ *as distinct from* em oposição a

distinction [dɪs'tɪŋkʃən] n 1 distinção [between, entre]; diferença [between, entre] 2 distinção; honra

distinctive [dɪs'tɪŋktɪv] adj distintivo; característico

distinguish [dɪs'tɪŋgwɪʃ] vi fazer a distinção [between, entre] ♦ vt 1 distinguir [from, de]; *to distinguish one thing from the other* diferenciar uma coisa da outra 2 (mérito) distinguir; honrar; *to be distinguished by the president* receber uma distinção do presidente 3 (sentidos) discernir; captar ♦ vp distinguir-se; salientar-se; destacar-se

distinguishable [dɪs'tɪŋgwɪʃəbəl] adj distinguível

distinguished [dɪs'tɪŋgwɪʃt] adj distinto; notável

distort [dɪs'tɔːt] vt 1 (declarações, sons) distorcer; *to distort one's voice* distorcer a voz; *to distort someone's words* distorcer as palavras de alguém 2 (aspeto) deformar; *to distort one's face* deformar o rosto

distortion [dɪs'tɔːʃən] n distorção

distract [dɪs'trækt] vt 1 distrair [from, de] 2 desviar a atenção de 3 prejudicar a concentração de

distracted [dɪs'træktɪd] adj 1 distraído 2 transtornado [with, com]

distracting [dɪs'træktɪŋ] adj 1 que distrai; que entretém 2 perturbador; desestabilizador

distraction [dɪs'trækʃən] n 1 distração [from, de] 2 (atividade) diversão; entretenimento 3 aflição; perturbação

distrain [dɪs'treɪn] vi DIR penhorar; apreender; *to distrain someone's goods* apreender os bens de alguém

distraint [dɪ'streɪnt] *n* DIR embargo; penhora

distraught [dɪ'strɔːt] *adj* transtornado

distress [dɪ'stres] *n* 1 aflição; angústia; *to be in distress* estar numa aflição 2 (físico) dor; desconforto 3 perigo; *a ship was in distress* um navio estava em perigo 4 (pobreza) miséria; *many people live in distress* muita gente vive na miséria ♦ *vt* angustiar, afligir

distressed [dɪ'strest] *adj* 1 aflito; transtornado 2 (pobreza) em dificuldades

distressing [dɪ'stresɪŋ] *adj* angustiante; perturbador

distribute [dɪ'strɪbjuːt] *vt* 1 distribuir; entregar; *to distribute goods* distribuir mercadoria 2 (divisão) repartir

distribution [dɪstrɪ'bjuːʃən] *n* distribuição

distributive [dɪ'strɪbjətɪv] *adj* distributivo

distributor [dɪ'strɪbjətə] *n* distribuidor

district ['dɪstrɪkt] *n* 1 distrito; região 2 (administração) comarca; bairro; *tax district* bairro fiscal 3 (cidade) zona ❖ *EUA district attorney* advogado do Ministério Público

distrust [dɪs'trʌst] *n* desconfiança [of, em relação a] ♦ *vt* 1 não confiar em 2 desconfiar de; suspeitar de

distrustful [dɪs'trʌstfʊl] *adv* desconfiado [of, de]

disturb [dɪs'tɜːb] *vt* 1 perturbar; inquietar 2 (interrupção) incomodar; *I hate to disturb you* peço imensa desculpa por incomodá-lo 3 perturbar a ordem de; *to disturb the peace* perturbar a ordem pública ❖ *don't disturb!* não incomodar!

disturbance [dɪs'tɜːbəns] *n* 1 distúrbio; tumulto 2 (estado mental) perturbação

disturbed [dɪs'tɜːbd] *adj* 1 perturbado 2 preocupado; inquieto

disturbing [dɪs'tɜːbɪŋ] *adj* perturbador

disuse [dɪs'juːs] *n* desuso

ditch [dɪtʃ] *n* {*pl* -es} 1 (estrada) valeta 2 (terreno) fosso, vala; rego; *muddy ditch* vala lamacenta ♦ *vt* 1 *col* largar; despachar; *he ditched her pretty soon* ele largou-a bem depressa 2 *col* desfazer-se de

ditchwater [dɪtʃ'wɔːtə] *n col as dull as ditchwater* aborrecido de morte

dither ['dɪðə] *vi* hesitar; vacilar ♦ *n* hesitação ❖ *to be all of a dither* estar muito nervoso; *to be in a dither* não saber o que fazer

dithyramb ['dɪθɪræm] *n* LIT ditirambo

ditto ['dɪtəʊ] *adv col* idem

ditty ['dɪti] *n* {*pl* -ies} cançoneta

diuresis [daɪə'riːsɪs] *n* MED diurese

diuretic [daɪə'retɪk] *adj,n* diurético

diva ['diːvə] *n* diva

divan [dɪ'væn] *n* divã

dive [daɪv] *n* 1 mergulho; *to go for a dive* ir dar um mergulho 2 descida a pique 3 *col* (local) espelunca ♦ *vi* 1 mergulhar [into, em] 2 descer a pique 3 enfiar-se [in/into, em/por]; *to dive into the crowd* enfiar-se pelo meio da multidão
♦ **dive in** *vi* 1 mergulhar; atirar-se de cabeça 2 *col* (refeição) atacar

diver ['daɪvə] *n* mergulhador

diverge [daɪ'vɜːdʒ] *vi* 1 divergir [from, de] 2 (estrada) bifurcar-se 3 (opinião) divergir; discordar

divergence [daɪ'vɜːdʒəns] *n* divergência

divergent [daɪ'vɜːdʒənt] *adj* divergente

diverse [daɪ'vɜːs] *adj* diverso; diferente

diversification [daɪˌvɜːsɪfɪ'keɪʃən] *n* diversificação; *diversification of offer* diversificação da oferta

diversify [daɪ'vɜːsɪfaɪ] *vt* diversificar ♦ *vi* diversificar-se

diversion [daɪ'vɜːʃən] *n* 1 desvio 2 manobra de diversão 3 diversão; entretenimento

diversionary [daɪ'vɜːʃənəri] *adj* (tática, manobra) de diversão

do

diversity [daɪˈvɜːsɪti] n {pl -ies} diversidade

divert [daɪˈvɜːt] vt 1 desviar; *to divert people's attentions* desviar a atenção das pessoas 2 distrair

divest [daɪˈvest] vt 1 despojar [of, de] 2 privar [of, de]

divide [dɪˈvaɪd] vt 1 dividir [by/into, por]; *divide six by three* divide seis por três 2 repartir [among, por; between, por]; distribuir [among, por; between, por] 3 (desacordo) dividir ♦ vi 1 dividir-se 2 (caminho) bifurcar-se ♦ n (diferença) fosso [between, entre]

dividend [ˈdɪvɪdənd] n dividendo

divider [dɪˈvaɪdə] n 1 (dossier) separador 2 (espaço) divisória

divination [ˌdɪvɪˈneɪʃən] n adivinhação

divinatory [dɪˈvɪnətəri] adj divinatório

divine [dɪˈvaɪn] adj {comp -er, superl -est} 1 divino 2 sagrado 3 ant fantástico ♦ vt adivinhar; *to divine the future* adivinhar o futuro ❖ *divine service* missa

diviner [dɪˈvaɪnə] n adivinho

diving [ˈdaɪvɪŋ] n 1 mergulho 2 saltos para a água ❖ (piscina) *diving board* prancha

diving-suit [ˈdaɪvɪŋsuːt] n fato de mergulho

divinity [dɪˈvɪnɪti] n {pl -ies} 1 divindade 2 EUA teologia

divisible [dɪˈvɪzəbəl] adj divisível [by, por; into, em]

division [dɪˈvɪʒən] n 1 divisão 2 desacordo, discórdia

divisional [dɪˈvɪʒənəl] adj divisionário

divisor [dɪˈvaɪzə] n MAT divisor

divorce [dɪˈvɔːs] n divórcio ♦ vi divorciar-se; *they divorced after two years of marriage* eles divorciaram-se após dois anos de casamento ♦ vt 1 divorciar-se de 2 dissociar [from, de]

divorcé [dɪˈvɔːseɪ] n {f divorcée} divorciado

divulge [daɪˈvʌldʒ] vt divulgar; revelar

dizziness [ˈdɪzɪnɪs] n vertigem; tontura

dizzy [ˈdɪzi] adj {comp -ier, superl -iest} 1 tonto, zonzo 2 (velocidade) vertiginoso

DJ n [sigla de **disc jockey**] DJ (disco-jóquei)

Djibouti [dʒɪˈbuːti] n Djibuti

DNA [sigla de **deoxyribonucleic acid**] ADN [sigla de ácido desoxirribonucleico]

do¹ [dəʊ] n {pl -s} MÚS dó

do² [duː] vt {pret did, pp done} 1 fazer; preparar; praticar 2 lavar; *to do the dishes* lavar a loiça; *to do the laundry* lavar a roupa 3 arranjar; *to do your hair* arranjar o cabelo; *to do your nails* arranjar as unhas 4 imitar; *he does his father very well* ele imita muito bem o pai 5 estudar; *I did History for 2 years* estudei História durante 2 anos 6 visitar 7 enganar; *to be done* ser enganado 8 cozinhar; *I like the meat well done* gosto da carne bem passada ♦ vi 1 passar (de saúde); *how do you do?* como tem passado?, como vai? 2 bastar [for, para], servir [for, para], *the wine won't do for everyone* o vinho não vai chegar para todos

◆ **do away with** vt 1 suprimir 2 livrar-se de; pôr de parte 3 col matar

◆ **do down** vt 1 col dizer mal de; *she has been doing him down* tem andado a dizer mal dele 2 intrujar; *he did her down* ele intrujou-a

◆ **do for** vt 1 arranjar 2 acabar com ❖ (sarilho) *to be done for* estar feito; estar arrumado

◆ **do in** vt 1 (matar) liquidar; *he did her in* liquidou-a 2 (extenuar) deixar de rastos; *the walk did me in* o passeio deixou-me de rastos 3 dar cabo de

◆ **do out** vt 1 decorar 2 fazer uma limpeza a fundo a

◆ **do out of** vt col burlar em; levar em; *he's been done out of £20* foi burlado em 20 libras

docile 210

◆ **do over** vt 1 (decoração, pintura) renovar 2 cal (espancar) dar uma tareia a; *he's been done over* levou uma tareia

◆ **do up** vt 1 apertar; fechar; *do up your shoelaces* aperta os cordões 2 renovar; restaurar 3 (vestir) arranjar; *she's doing herself up for dinner* ela está a arranjar-se para jantar 4 embrulhar; empacotar ◆ vi apertar; fechar; *the dress does up at the back* o vestido fecha nas costas

◆ **do with** vt 1 precisar de; *I could do with some help* uma ajuda vinha a calhar 2 fazer a; *what have I done with my glasses?* o que é que fiz aos meus óculos? 3 ter a ver com; estar relacionado com 4 acabar de; *I've done with reading the book* acabei de ler o livro

◆ **do without** vt passar sem; *I can't do without coffee* não posso passar sem café

docile ['dɒʊsaɪl] adj dócil, meigo

docility [dəʊ'sɪlɪti] n docilidade

dock [dɒk] n 1 doca 2 estaleiro; *to work in the docks* trabalhar nos estaleiros 3 DIR teia do tribunal ◆ vi 1 NÁUT acostar; *the ship docked* o navio acostou 2 (nave espacial) acoplar; *the two spacecrafts docked* as duas naves espaciais acoplaram ◆ vt 1 NÁUT acostar 2 acoplar 3 reter, deduzir; *to dock five per cent to pay taxes* deduzir cinco por cento para pagar os impostos 4 VET (cauda) cortar; *to dock a dog's tail* cortar a cauda de um cão ❖ **dock worker** estivador

docker ['dɒkə] n estivador

docket ['dɒkɪt] n GB (encomenda) guia

dockland ['dɒklənd] n zona portuária

dockyard ['dɒkjɑːd] n estaleiro

doctor ['dɒktə] n 1 médico; *to go to the doctor* ir ao médico 2 (grau académico) doutorado [of, em] ◆ vt 1 falsificar; manipular; *they've probably doctored the results* eles provavelmente manipularam os resultados 2 (comida, bebida) adulterar

3 (animal) castrar ❖ col *you're the doctor* tu é que mandas

doctorate ['dɒktərɪt] n doutoramento

doctrinaire ['dɒktrɪneə] adj doutrinário

doctrine ['dɒktrɪn] n doutrina

docudrama ['dɒkjʊdrɑːmə] n CIN,TV docudrama

document ['dɒkjʊmənt] n (geral) documento ◆ vt documentar

documental [dɒ'kjʊmentəl] adj documental

documentary [,dɒkjʊ'mentəri] n 1 documentário ◆ adj documental

documentation [,dɒkjʊmen'teɪʃən] n documentação

dodder ['dɒdə] vi col cambalear

doddle ['dɒdəl] n GB col canja fig; *it's a doddle!* está no papo!

dodecagon [dəʊ'dekəgən] n GEOM dodecágono

dodge [dɒdʒ] n 1 estratagema; *to do all sorts of dodges* pôr em prática todo o tipo de estratagemas 2 (movimento) desvio ◆ vt esquivar-se a; fugir a; evitar; *to dodge taxes* fugir aos impostos ◆ vi (movimento) desviar-se

dodgem ['dɒdʒem] n GB (feiras populares) carrinho de choque

dodger ['dɒdʒə] n trapaceiro, embusteiro

dodgy ['dɒdʒi] adj 1 col suspeito 2 col arriscado

doe [dəʊ] n 1 corça 2 (coelho, lebre) fêmea

doer ['duːə] n empreendedor

does [dʌz] 3ª pessoa singular presente indicativo de to do

doesn't ['dʌznt] contr de does + not

dog [dɒg] n 1 ZOOL cão 2 (raposa, lobo) macho 3 col gajo col; *you're such a dirty dog!* és um canalha! ◆ vt {pret e pp -gg-} perseguir; *to dog a criminal* perseguir um criminoso ❖ **dog days** canícula; (provérbio) *barking dogs seldom bite* cão que ladra não morde; fig,col *he hasn't got a dog's chance* ele não tem a mínima hipótese; *to* *lead a dog's life* ter uma vida de cão; *col you lucky dog!* seu sortudo!

dog collar ['dɒgkɒlə] *n* coleira

doge [dəʊdʒ] *n* doge

doggerel ['dɒgərəl] *n* versalhada; *to write doggerel* escrever umas versalhadas ♦ *adj* de má qualidade; *doggerel rhymes* rimas de má qualidade

doggy ['dɒgi] *n* {*pl* -ies} *infant* cãozinho

doghouse ['dɒghaʊs] *n* EUA casota do cão

dogma ['dɒgmə] *n* dogma

dogmatic [dɒg'mætɪk] *adj* dogmático

dogmatism ['dɒgmətɪzəm] *n* dogmatismo

do-gooder [du:'gʊdə] *n col* alma caridosa

dog-tired ['dɒgtaɪəd] *adj col* derreado; de rastos

doily ['dɔɪli] *n* {*pl* -ies} (prato, bolo) base rendada de papel

doing ['du:ɪŋ] *n* trabalho; obra; *is that your doing?* isto é obra tua? ♦ *npl* atividades

do-it-yourself [du:ɪtjə'self] *n* bricolage

dole [dəʊl] *n GB* subsídio de desemprego ♦ **dole out** *vt* repartir; dar

doll [dɒl] *n* 1 boneca; *doll's house* casa de bonecas 2 *EUA col* boneca; amor ♦ **doll up** *vt* enfeitar; embonecar

dollar ['dɒlə] *n* dólar

dollop ['dɒləp] *n col* colherada

dolly ['dɒli] *n* {*pl* -ies} *infant* boneca

dolmen ['dɒlmen] *n* {*pl* -s} dólmen

dolphin ['dɒlfɪn] *n* golfinho

dolt [dəʊlt] *n* parvo, idiota

domain [də'meɪn] *n* domínio

dome [dəʊm] *n* cúpula

domestic [də'mestɪk] *adj* 1 doméstico 2 POL interno; nacional 3 (pessoa) caseiro

domesticate [də'mestɪkeɪt] *vt* domesticar

domestication [də,mestɪ'keɪʃən] *n* domesticação

domesticity [,dəʊme'stɪsɪti] *n* {*pl* -ies} vida familiar

domicile ['dɒmɪsaɪl] *n* domicílio, residência, habitação

domiciliary [,dɒmɪ'sɪliəri] *adj* domiciliário ❖ *domiciliary services* serviços ao domicílio

dominant ['dɒmɪnənt] *adj* dominante

dominate ['dɒmɪneɪt] *vt* 1 dominar; controlar 2 elevar-se sobre

dominating ['dɒmɪneɪtɪŋ] *adj* (pessoa) dominador; autoritário

domination [,dɒmɪ'neɪʃən] *n* domínio

domineer [,dɒmɪ'nɪə] *vi* comportar-se tiranicamente

domineering [,dɒmɪ'nɪərɪŋ] *adj* dominador; autoritário

Dominica [,dʊmɪ'ni:kə] *n* Dominica

Dominican [də'mɪnɪkən] *adj,n* dominicano

Dominican Republic [də,mɪnɪkən rɪ'pʌblɪk] *n* República Dominicana

domino ['dɒmɪnəʊ] *n* {*pl* -es} peça de dominó; *set of domino* jogo de dominó ♦ *npl* dominó; *to play dominoes* jogar dominó

don [dɒn] *n* (universidade) professor; *he is a don of Portuguese in a British university* ele é leitor de Português numa universidade britânica ♦ *vt* {*pret e pp* -nn-} 1 vestir 2 *fig* assumir ❖ *to be a don at something* ser exímio em alguma coisa

donate [dəʊ'neɪt] *vt* doar {to, a}

donation [dəʊ'neɪʃən] *n* 1 donativo 2 (ato) doação

donator [dəʊ'neɪtə] *n* doador

done [dʌn] *pp de* to do ♦ *adj* 1 feito 2 fatigado; cansado ❖ *done!* pronto!; *well done!* bom trabalho!; *no sooner said than done* foi dito e feito

donkey ['dɒŋki] *n* burro, jumento

donnish ['dɒnɪʃ] *adj* de professor; *with a donnish air* com ar de professor

donor ['dəʊnə] *n* 1 doador 2 dador; *blood donor* dador de sangue

do-nothing ['du:nʌθɪŋ] *n* desocupado; preguiçoso, inútil

don't [dəʊnt] *contr de* do + not

doodle ['duːdl] n sarrabisco ♦ vi sarrabiscar

doom [duːm] n 1 destino, fatalidade; *to be trapped in the ties of doom* estar preso nas malhas do destino 2 perdição, ruína; condenação ♦ vt condenar [to, a]

doomed [duːmd] adj condenado [to, a]

Doomsday ['duːmzdeɪ] n dia do Juízo Final

door [dɔː] n porta; *to answer the door* ver quem está à porta ✢ *out of doors* ao ar livre

doorbell ['dɔːbel] n campainha da porta

doorframe ['dɔːfreɪm] n (porta) caixilho

doorkeeper ['dɔːkiːpə] n porteiro

doorknob ['dɔːnɒb] n puxador da porta

doorman ['dɔːmən] n porteiro

doormat ['dɔːmæt] n 1 tapete 2 col,pej capacho

doorpost ['dɔːpəʊst] n umbral, ombreira

doorstep ['dɔːstep] n soleira ✢ *on my doorstep* ao pé da minha casa

door-to-door [dɔːtə'dɔː] adj porta a porta; ao domicílio

doorway ['dɔːweɪ] n entrada; *in the doorway* à entrada

dope [dəʊp] n 1 col droga 2 col idiota; *stop being such a dope!* deixa de ser idiota! ♦ vt 1 drogar; dopar 2 (comida, bebida) pôr droga em

dopey ['dəʊpi] adj 1 col drogado 2 col palerma; imbecil

doping ['dəʊpɪŋ] n doping

dork [dɔːk] n col nabo fig, parvo

dormant ['dɔːmənt] adj inativo, parado

dormer ['dɔːmə] n clarabóia

dormitory ['dɔːmətrɪ] n {pl -ies} 1 dormitório 2 EUA (universidade) residência estudantil ✢ *dormitory town* cidade-dormitório

dormouse ['dɔːmaʊs] n {pl -mice} (roedor) arganaz

dorsal ['dɔːsəl] adj dorsal

dory ['dɔːri] n {pl -ies} ZOOL dourada

DOS n INFORM [sigla de **Disk Operating System**] DOS

dosage ['dəʊsɪdʒ] n posologia

dose [dəʊs] n dose; porção; *to take a medicine in small doses* tomar um medicamento em doses pequenas ♦ vt 1 dosear 2 medicar [with, com]; *to dose oneself up* automedicar-se

dosh [dɒʃ] n col (dinheiro) massa col

dossal ['dɒsəl] n (igreja) dossel

dossier ['dɒsɪeɪ] n dossier

dot [dɒt] n ponto; pinta ♦ vt {pret e pp -tt-} 1 pôr ponto(s) em; *to dot the i's* pôr pontos nos is 2 salpicar [with, de]; *the landscape was dotted with white houses* a paisagem estava salpicada de casas brancas ✢ *in the year dot* há muitos anos atrás; *on the dot* em ponto

dotcom ['dɒtkɒm] n empresa que vende bens e/ou serviços na Internet ♦ adj com base na Internet

dote [dəʊt] vi adorar [on, -]; babar-se [on, por]

doting ['dəʊtɪŋ] adj babado; *doting father* pai babado

dotted ['dɒtɪd] adj tracejado

dotty ['dɒti] adj {comp -ier, superl -iest} 1 GB col parvinho 2 fig maluco fig [about, por]; *he is dotty about sports* ele é maluco por desporto

double ['dʌbəl] n 1 dobro 2 CIN duplo 3 sósia; *to have a double* ter um sósia ♦ npl DESP (ténis, badminton) pares ♦ adj 1 duplo; duplicado 2 de casal; *double bed* cama de casal 3 (sentido) ambíguo; dúbio ♦ vi 1 duplicar(-se) 2 funcionar também [as, como] ♦ vt 1 duplicar 2 dobrar ao meio; *she doubled the towel* ela dobrou a toalha ao meio ✢ *double agent* agente duplo; MÚS *double bass* contrabaixo; *double chin* queixo duplo; *double glazing* vidro duplo; *on the double* imediatamente; *to play a double game* fazer jogo duplo

◆ **double back** vi dar meia volta; voltar para trás

◆ **double up** vt dobrar ◆ vi **1** (a rir, com dores) contorcer-se; *to double up in laughter* partir-se a rir **2** (quarto, casa) partilhar, dividir

double-check ['dʌbəltʃek] vt tornar a verificar

double-click ['dʌbəlklɪk] vi INFORM fazer duplo clique [on, em/sobre]

double-cross ['dʌblkrɒs] vt col enganar; trair; *he double-crossed me* ele traiu-me

double-decker [dʌbəl'dekə] n autocarro de dois andares ◆ adj de duas camadas

double-faced ['dʌblfeɪsd] adj **1** (roupa) reversível, com duas faces; *a double-faced jacket* um casaco reversível **2** fig (pessoa) hipócrita, de duas caras fig

double-park ['dʌblpɑːk] vi estacionar em segunda fila

doublet ['dʌblɪt] n **1** parelha **2** ant gibão

doubt [daut] n **1** dúvida [about, sobre]; *to have doubts on the matter* ter dúvidas sobre a questão; *has anyone got any doubt?* alguém tem alguma dúvida?; *to be in doubt about something* ter dúvidas em relação a algo **2** suspeita [about/on, em relação a]; desconfiança [about/on, em relação a]; *to cast doubt on someone* lançar suspeitas sobre alguém ◆ vi ter dúvidas ◆ vt **1** duvidar de; *I've never doubted his word* eu nunca duvidei da palavra dele **2** desconfiar de; *I doubt anything he tells* eu desconfio de tudo o que ele diz ❖ *beyond the shadow of a doubt* sem sombra de dúvida; *to be in doubt* não ser certo; ser uma incerteza; *to give someone the benefit of the doubt* dar a alguém o benefício da dúvida; *no doubt* sem dúvida; *when in doubt* em caso de dúvida

doubter ['dautə] n cético, incrédulo

doubtful ['dautful] adj **1** duvidoso **2** incerto

doubtless ['dautləs] adv sem dúvida

doubtlessly ['dautləsli] adv indubitavelmente

dough [dəu] n **1** CUL massa; *cake dough* massa de bolo **2** col (dinheiro) massa fig

doughnut ['dəunʌt] n (bolo) donut®

doughy ['dəui] adj pastoso

dour [duə] adj severo, austero

douse [daus] vt **1** (chama, fogo) apagar **2** molhar; encharcar

dove [dʌv] n **1** pomba **2** POL pacifista

dovecote ['dʌvkəut] n pombal

dovetail ['dʌvteɪl] vt atarraxar; encaixar ◆ vi bater certo [with, com]

dowdy ['daudi] adj {comp -ier, superl -iest} deselegante

down [daun] adv abaixo; para baixo; *they all looked down* todos olharam para baixo; *to bring something down* trazer alguma coisa para baixo; *three floors down* três andares abaixo ◆ adj **1** descendente **2** em baixo; abatido; *to look down* estar em baixo ◆ prep abaixo; *the boat moved down the river* o barco movia-se rio abaixo ◆ n **1** penugem; lanugem **2** buço **3** GB colina ◆ vt **1** derrubar; abater; *to down one's opponents* vencer os opositores **2** engolir; devorar; *he downed dinner* ele devorou o jantar ❖ *(pagamento) down payment* entrada; *down to* até; *down with traitors!* abaixo os traidores!; *he is down and out* ele está completamente arruinado; DESP *the local team was down by two* a equipa local terminou com uma desvantagem de dois golos; *to be down on one's luck* estar em maré de pouca sorte; col *two down, one to go* duas já cá cantam, falta uma

downbeat ['daunbiːt] adj desanimado; deprimido ◆ n MÚS compasso acentuado

downcast ['daunkɑːst] adj abatido; cabisbaixo

downfall ['daunfɔːl] n queda; ruína

downgrade ['daʊngreɪd] *vt* **1** despromover; rebaixar; desprestigiar **2** desprezar; negligenciar

downhearted [‚daʊn'hɑːtɪd] *adj* desanimado; abatido

downhill [‚daʊn'hɪl] *adv* pela encosta abaixo; *to go downhill* descer a encosta ♦ *adj* **1** inclinado, a descer **2** *col* fácil ♦ *n* DESP downhill ❖ *to go downhill* ir de mal a pior

download [‚daʊn'ləʊd] *vt,i* INFORM transferir (informação), carregar ♦ *n* INFORM transferência, carregamento

downmarket [‚daʊn'mɑːkɪt] *adj* GB de pouca qualidade ♦ *adv* GB para as massas

downpour ['daʊnpɔː] *n* aguaceiro

downright ['daʊnraɪt] *adj* inequívoco; categórico ♦ *adv* francamente

down-river ['daʊnrɪvə] *adv* a jusante; corrente abaixo

downscale [‚daʊn'skeɪl] *vt* **1** diminuir **2** restringir **3** reduzir a envergadura de; reduzir as dimensões de **4** (empresa) diminuir o número de efetivos de **5** tornar apelativo para as massas ♦ *adj* **1** EUA pimba*col*, popular **2** EUA barato

Down's syndrome ['daʊnz‚sɪndrəʊm] *n* síndrome de Down, trissomia 21

downstairs [‚daʊn'steəz] *adv* em baixo; para baixo; *are you downstairs?* estás aí em baixo? ♦ *adj* no andar de baixo

downstream ['daʊnstriːm] *adv* a favor da corrente

downtown [‚daʊn'taʊn] *adv* EUA na baixa; *to go shopping downtown* fazer compras na baixa ♦ *n* EUA centro da cidade, baixa; *downtown Chicago* baixa de Chicago

downtrodden ['daʊntrɒdn] *adj* oprimido

downturn ['daʊn‚tɜːn] *n* baixa; descida

downward ['daʊnwəd] *adj* descendente

downwards ['daʊnwədz] *adv* para baixo; *the birth rate is downwards* a taxa de natalidade está em baixa

downy ['daʊni] *adj* {*comp* -ier, *superl* -iest} **1** penugento **2** *fig* macio, suave, fofo

dowry ['daʊəri] *n* {*pl* -ies} dote

dowser ['daʊzə] *n* vedor

doze [dəʊz] *n* soneca; *to have a doze* fazer uma soneca ♦ *vi* dormitar; *to be dozing* estar a dormitar

♦ **doze off** *vi* adormecer

dozen ['dʌzn] *n* dúzia; *half a dozen* meia dúzia ❖ *dozens of* montes de

dozy ['dəʊzi] *adj* **1** sonolento **2** GB *col* idiota

dpi INFORM [*sigla de* **dots per inch**]

drab [dræb] *adj* **1** (cor) apagado **2** monótono

drachma ['drækmə] *n* (antiga moeda) dracma

draft [drɑːft] *n* **1** esboço; anteprojeto **2** rascunho **3** COM saque, letra, ordem de pagamento; *I got the draft* eu recebi a ordem de pagamento **4** MIL recrutamento obrigatório **5** EUA,Can DESP contratação **6** EUA corrente de ar ♦ *vt* **1** esboçar; *to draft a project* delinear um projeto **2** (texto) fazer o rascunho de **3** destacar [to, para] **4** EUA MIL recrutar; *to be drafted to serve in the air forces* ser recrutado para a força aérea ❖ DIR *draft bill* anteprojeto de lei; MIL *draft lodger* desertor

draftsman ['drɑːftsmən] *n* {*pl* -men} desenhador

drag [dræg] *vt* **1** dragar; *to drag a river* dragar um rio **2** arrastar **3** puxar à força **4** NÁUT (âncora) garrar ♦ *vi* (tempo) arrastar-se; *time dragged* o tempo arrastava-se ♦ *n* **1** draga **2** *fig* estorvo [on, para] **3** *col* chatice; *what a drag!* que seca! **4** *col* (cigarro) passa*col*; *to take a drag* dar uma passa ❖ *drag artist* travesti

♦ **drag along** *vt* arrastar

♦ **drag in** *vt* mencionar; chamar à baila

♦ **drag on** *vi* prolongar-se; arrastar-se

♦ **drag out** *vt* deixar arrastar; prolongar

♦ **drag up** *vt* (história, escândalo) desenterrar

draw

drag and drop ['drægən,drɒp] *vt* INFORM arrastar e largar (com o rato)

dragnet ['drægnet] *n* (pesca) rede de arrasto

dragon ['drægən] *n* dragão

dragonfly ['drægənflaɪ] *n* libélula

dragoon [drə'guːn] *n* (soldado) dragão

drain [dreɪn] *n* 1 escoadouro 2 sarjeta 3 cano de esgoto ♦ *vt* 1 drenar 2 escoar 3 esvaziar 4 escorrer 5 secar ♦ *vi* 1 escoar-se 2 esvaziar-se 3 esgotar-se 4 secar ❖ *colour drained from his face* o rosto dele ficou sem pinta de sangue; *everything went out the drain* foi tudo por água abaixo; *that's money down the drain* isso é deitar dinheiro pela janela fora

drainage ['dreɪnɪdʒ] *n* 1 drenagem 2 saneamento

drainpipe ['dreɪnpaɪp] *n* cano de esgoto

drake [dreɪk] *n* (macho) pato

drama ['drɑːmə] *n* drama; *drama series* série dramática

dramatic [drə'mætɪk] *adj* dramático

dramatics [drə'mætɪks] *npl* fingimento; teatro

dramatist ['dræmətɪst] *n* dramaturgo

dramatization [,dræmətaɪ'zeɪʃən] *n* dramatização

dramatize ['dræmətaɪz] *vt* 1 fazer a adaptação teatral de 2 fazer a adaptação televisiva de 3 *fig* exagerar ♦ *vi* dramatizar; exagerar

dramaturgy ['dræmətɜːdʒi] *n* dramaturgia

drank [dræŋk] *pret de* to drink

drape [dreɪp] *n* 1 (tecido) prega 2 EUA cortina ♦ *vt* 1 drapear 2 (decoração) cobrir [in, com]

draper ['dreɪpə] *n* comerciante de tecidos ❖ *draper's (shop)* loja de tecidos

drapery ['dreɪpəri] *n* {*pl* -ies} 1 tecido 2 GB comércio de tecidos ♦ *npl* EUA reposteiros

drastic ['dræstɪk] *adj* drástico

draught [drɑːft] *n* 1 corrente de ar 2 gole; trago ♦ *npl* (jogo) damas ❖ (bebida, cerveja) *on draught* de pressão

draughtboard ['drɑːftbɔːd] *n* GB (jogo de damas) tabuleiro

draughts [drɑːfts] *n pl* GB jogo das damas

draughtsman ['drɑːftsmən] *n* {*pl* -men} desenhador

draughtswoman ['drɑːftswʊmən] *n* {*pl* -men} desenhadora

draw [drɔː] *n* 1 DESP empate 2 sorteio; extração 3 atração, chamariz ♦ *vt* {*pret* drew, *pp* drawn} 1 desenhar 2 puxar; *to draw the curtains* abrir ou fechar as cortinas 3 atrair, chamar 4 tirar; *to draw water from a well* tirar água do poço 5 (dente, unha) arrancar, extrair 6 (conta bancária) levantar (dinheiro) 7 (letra de câmbio) sacar 8 (cheque) passar ♦ *vi* 1 desenhar 2 puxar ❖ *to draw a breath* respirar; *to draw a comparison* fazer uma comparação; *to draw blood* tirar sangue; *to draw lots* tirar à sorte; *to draw near* aproximar-se

♦ **draw back** *vt* puxar; *she drew back a chair* puxou uma cadeira ♦ *vi* afastar-se; recuar; *he drew back from the fire* afastou-se do lume

♦ **draw in** *vi* 1 (dias) ficar mais curto; *in October the days draw in* em outubro os dias ficam mais curtos 2 (dia) acabar; *the day is drawing in* o dia está a acabar 3 aproximar-se; chegar; *the night is drawing in* a noite está a aproximar-se

♦ **draw off** *vt* (líquido) tirar; retirar

♦ **draw on** *vt* recorrer a; valer-se de ♦ *vi* 1 aproximar-se; *winter is drawing on* o inverno está a aproximar-se 2 passar; *it got colder as the days drew on* foi arrefecendo à medida que os dias passavam

♦ **draw out** *vt* 1 pôr à vontade; fazer falar 2 prolongar 3 (dinheiro) levantar ♦ *vi* (dias) ficar maior

♦ **draw up** *vt* 1 (documento) redigir 2 puxar 3 endireitar; *he drew himself up* endireitou-se ♦ vi parar; *the taxi drew up at the curb* o taxi parou junto ao passeio

drawback ['drɔːbæk] n desvantagem

drawbridge ['drɔːbrɪdʒ] n ponte levadiça

drawee [drɔːˈiː] n COM sacado

drawer ['drɔːə] n 1 gaveta 2 sacador de cheque

drawing ['drɔːɪŋ] n 1 desenho 2 *EUA* sorteio ❖ *drawing board* estirador

drawing-room ['drɔːɪŋruːm] n 1 sala de visitas 2 sala de desenho

drawl [drɔːl] n voz arrastada; sotaque arrastado ♦ vt dizer arrastadamente ♦ vi falar arrastadamente

drawn [drɔːn] pp *de* to draw

dread [dred] n medo [of, de]; pavor [of, de] ♦ vt temer; recear; *she dreaded everything would go wrong* ela tinha medo que corresse tudo mal ❖ *I dread to think!* nem quero imaginar!

dreadful ['dredfʊl] adj terrível

dream [driːm] n 1 sonho; *to have a dream* ter um sonho; *to fulfil a dream* concretizar um sonho 2 ilusão, fantasia; *he lived in a world of dreams* vivia num mundo de fantasia ♦ vi 1 sonhar [about, com; of, em]; *I dreamt of you* eu sonhei contigo; *I dreamt about a trip* eu sonhei com uma viagem 2 fantasiar ♦ vt 1 sonhar [that, que] 2 imaginar [that, que] ♦ adj 1 de sonho; fantástico; *a dream house* uma casa de sonho 2 imaginário ❖ *I wouldn't dream of asking him that* nem em sonhos lhe pediria tal; *not in your wildest dreams* nem pensar nisso; *this is a dream come true* isto é a realização de um sonho; *to have a bad dream* ter um pesadelo

♦ **dream up** vt inventar; imaginar

dreamer ['driːmə] n sonhador

dreamless ['driːmləs] adj sem sonhos

dreamy ['driːmi] adj (comp -ier, superl -iest) 1 sonhador 2 col fantástico

dreariness ['drɪərɪnɪs] n monotonia; sensaboria

dreary ['drɪəri] adj (comp -ier, superl -iest) monótono; sem interesse

dredge [dredʒ] vt 1 dragar; *to dredge the river* dragar o rio 2 CUL polvilhar [with, com]

♦ **dredge up** vt 1 dragar 2 fig (escândalo) desenterrar

dredger ['dredʒə] n draga

dredging ['dredʒɪŋ] n dragagem

dregs [dregz] npl 1 borra 2 escória

drench [drentʃ] vt encharcar; ensopar

dress [dres] n (pl -es) 1 vestido; *evening dress* vestido de noite 2 roupa; *to spend money on dress* gastar dinheiro em roupa ♦ vi 1 vestir-se; *to be dressed in* estar vestido de/com 2 arranjar-se [for, para]; *I must dress for dinner* tenho de me arranjar para o jantar ♦ vt 1 vestir 2 (feridas) pensar, cobrir; *to dress a wound* cobrir uma ferida 3 CUL (salada) temperar 4 CUL preparar; arranjar; *to dress the meat* preparar a carne ❖ (sala de espetáculos) *dress circle* primeiro balcão; *dress parade* parada militar; TEAT *dress rehearsal* ensaio geral

♦ **dress down** vi vestir-se de forma informal ♦ vt dar um raspanete a

♦ **dress up** vi 1 arranjar-se 2 mascarar-se [as, de]

dresser ['dresə] n 1 *GB* aparador 2 *EUA* cómoda 3 (teatro) assistente de camarim

dressing ['dresɪŋ] n 1 (feridas) curativo; penso 2 (salada) molho 3 *EUA* (carne, etc.) recheio ❖ *dressing room* camarim

dressing-down ['dresɪŋdaʊn] n sermão, repreenda

dressing-gown ['dresɪŋgaʊn] n roupão

dressmaker ['dresˌmeɪkə] n costureiro; modista

dressmaking ['dresˌmeɪkɪŋ] n costura

dressy ['dresi] adj (comp -ier, superl -iest) bem vestido

drew [dru:] *pret de* to draw

dribble ['drɪbəl] *n* 1 baba 2 gota 3 DESP driblagem ♦ *vi* 1 babar-se; *to start to dribble* começar a babar-se 2 gotejar; pingar ♦ *vt* DESP driblar

dried [draɪd] *adj* 1 seco; *dried fruits* frutos secos 2 (leite) em pó

drier ['draɪə] *n* ⇒ **dryer**

drift [drɪft] *n* 1 (nevoeiro, neve) banco 2 movimentação; deriva; *the drift of population towards the big cities* a movimentação da população em direção às grandes cidades 3 linha de pensamento; *do you get my drift?* percebes o que quero dizer? ♦ *vi* 1 andar à deriva; *the ship was drifting* o navio andava à deriva 2 (nevoeiro, neve, gelo) formar bancos 3 vaguear [**about/around**, por] ❖ *you should let things drift* devias deixar correr as coisas

  ♦ **drift apart** *vi* distanciar-se

  ♦ **drift off** *vi* adormecer

drifter ['drɪftə] *n* 1 vagabundo 2 traineira

drill [drɪl] *n* 1 broca 2 perfurador 3 exercício; *spelling drills* exercícios de ortografia; *military drills* exercícios militares; *fire drill* simulação de incêndio 4 GB etiqueta; modos ♦ *vi* fazer furo(s); fazer perfurações; *to drill for oil* perfurar para encontrar petróleo ♦ *vt* 1 brocar 2 perfurar, furar; *to drill the ground in search of water* perfurar o solo em busca de água 3 exercitar; treinar ❖ *safety drill* instruções de segurança

drink [drɪŋk] *n* 1 bebida 2 bebida alcoólica ♦ *vt* {*pret* drank, *pp* drunk} beber ♦ *vi* (bebidas alcoólicas) beber ❖ *to drink a toast to* fazer um brinde a; *to drink like a fish* beber como um desalmado; *he doesn't drink* ele é abstémio

  ♦ **drink in** *vt* 1 absorver 2 beber *fig*; *he drank in her words* ele bebia as suas palavras 3 deleitar-se com

  ♦ **drink to** *vt* brindar a; beber à saúde de

  ♦ **drink up** *vt* acabar de beber; *drink up your milk* acaba de beber o leite ♦ *vi* beber tudo; beber até ao fim

drinkable ['drɪŋkəbl] *adj* potável

drinker ['drɪŋkə] *n* bebedor; *to be a heavy drinker* beber muito

drinking ['drɪŋkɪŋ] *n* bebida; *to have a drinking problem* ser alcoólico

drip [drɪp] *n* 1 gota 2 goteira 3 *col* mosquinha-morta ♦ *vt,i* pingar; gotejar

dripping ['drɪpɪŋ] *n* CUL banha ♦ *adj* encharcado; *to be dripping wet* estar encharcado

drive [draɪv] *n* 1 passeio de carro 2 caminho, estrada 3 (automóvel) tração 4 (vendas) campanha 5 impulso 6 instinto; 7 energia; dinamismo 8 INFORM unidade de disco ♦ *vt* {*pret* drove, *pp* driven} 1 conduzir, guiar; levar (de carro) [**to**, a] 2 levar; impelir; atirar; *the waves drove the boat to the rocks* as ondas atiraram o barco para as rochas 3 fazer mover ♦ *vi* conduzir; *I don't drive* não tenho carta (de condução) ❖ *to drive someone mad/crazy/insane* pôr alguém maluco; *to drive oneself too hard* ser demasiado exigente consigo mesmo

  ♦ **drive away** *vt* 1 enxotar; afugentar 2 expulsar

  ♦ **drive off** *vt* afugentar; pôr em fuga ♦ *vi* ir embora

  ♦ **drive out** *vt* afastar; *he was driven out of the market by his opponent* foi afastado do mercado pelo concorrente ♦ *vi* (*partir*) sair (de carro)

drivel ['drɪvl] *n* 1 baba 2 asneiras, disparates ♦ *vi* 1 babar-se; *the baby was drivelling* o bebé estava a babar-se 2 dizer asneiras, disparatar; *stop drivelling* para de dizer asneiras

drivelling ['drɪvlɪŋ] *adj* chapado; *drivelling idiot* idiota chapado

driven ['drɪvən] *pp de* to drive

driver ['draɪvə] *n* condutor; automobilista
❖ *EUA* **driver's license** carta de condução

driving ['draɪvɪŋ] *n* condução ◆ *adj* 1 impulsionador 2 (chuva) torrencial

drizzle ['drɪzəl] *n* chuva miudinha; morrinha ◆ *vi* chuviscar

droll [drəʊl] *adj* cómico, engraçado

dromedary ['drɒmədəri] *n* {*pl* -ies} dromedário

drone [drəʊn] *n* 1 ZOOL zângão 2 zumbido ◆ *vi* zumbir

drool [druːl] *n* baba ◆ *vi* babar-se; *fig* **he drooled at the sight of her** ele babava-se quando a via

droop [druːp] *vi* 1 inclinar-se; curvar-se 2 murchar 3 *fig* (entusiasmo) arrefecer

drop [drɒp] *n* 1 gota; pingo 2 descida; *a drop in temperature* uma descida da temperatura 3 entrega, distribuição; lançamento 4 (*rebuçado*) drope ◆ *vi* {*pret e pp* -pp-} 1 gotejar; pingar 2 cair 3 cair desmaiado, desfalecer; *to work until you drop* trabalhar até desfalecer 4 abater, ceder 5 baixar; *birth rate dropped* a taxa de natalidade baixou ◆ *vt* 1 deixar cair 2 deixar; largar 3 DIR retirar; *to drop a charge* retirar uma queixa 4 (voz) baixar 5 (velocidade, preços) reduzir 6 perder; *the team hasn't dropped a single match* a equipa não perdeu um único jogo ❖ *col* **drop dead!** vai passear!; *to drop the subject* mudar de assunto; *that's just a drop in the ocean* isso é só uma gota no oceano

◆ **drop away** *vi* 1 afastar-se 2 (quantidade, interesse) diminuir

◆ **drop back** *vi* ficar para trás

◆ **drop by/in/round** *vi* aparecer; fazer uma visita

◆ **drop off** *vi* 1 adormecer 2 diminuir

◆ **drop out** *vi* 1 abandonar os estudos 2 (competição) desistir 3 retirar (de circulação) 4 marginalizar-se

droplet ['drɒplɪt] *n* gotícula

dropout ['drɒpaʊt] *n* 1 (escola) desistente 2 (sociedade) marginal

dropper ['drɒpə] *n* conta-gotas

dropsy ['drɒpsi] *n* MED hidropisia

dross [drɒs] *n* 1 lixo 2 (metal) escória

drought [draʊt] *n* seca

drove [drəʊv] *pret de* to drive ◆ *n* 1 rebanho; manada 2 chusma

drown [draʊn] *vi* afogar-se; *to drown at sea* afogar-se no mar ◆ *vt* 1 afogar 2 inundar [with, de] 3 (som) sobrepor-se a; abafar ❖ *to drown one's sorrows* afogar as mágoas

drowning ['draʊnɪŋ] *n* afogamento

drowse ['draʊz] *vi* dormitar

drowsiness ['draʊzɪnɪs] *n* sonolência

drowsy ['draʊzi] *adj* {*comp* -ier, *superl* -iest} sonolento

drudge [drʌdʒ] *n* escravo; lacaio; pau para toda a colher *fig* ◆ *vi* trabalhar como um escravo

drudgery ['drʌdʒəri] *n* {*pl* -ies} trabalho duro; trabalho ingrato

drug [drʌg] *n* 1 droga; *drug addict* toxicodependente; *drug addiction* toxicodependência; *drug pusher* traficante de droga; *to be on drugs* drogar-se; *to take drugs* drogar-se 2 FARM medicamento ◆ *vt* {*pret e pp* -gg-} 1 drogar 2 deitar droga em

druggist ['drʌgɪst] *n* EUA farmacêutico

drugstore ['drʌgstɔː] *n* EUA farmácia; drogaria

druid ['druːɪd] *n* druida

drum [drʌm] *n* 1 MÚS tambor; *to beat a drum* bater o tambor 2 ANAT (ouvido) tímpano 3 (petróleo) barril; bidão ◆ *npl* MÚS bateria; *to play drums* tocar bateria ◆ *vi* 1 tocar bateria; tocar tambor 2 tamborilar; *to drum with one's fingers* tamborilar com os dedos

◆ **drum out** *vt* expulsar [of, de]

◆ **drum up** *vt* 1 (entusiasmo, apoio) obter; suscitar 2 (negócio) atrair

drumbeat ['drʌmbiːt] *n* rufo de tambor

drummer ['drʌmə] *n* baterista

drumstick ['drʌmˌstɪk] *n* 1 (bateria) baqueta 2 CUL (frango) coxinha

drunk [drʌŋk] *pp de* to drink ♦ *adj,n* bêbedo; *to get drunk* embebedar-se

drunkard ['drʌŋkəd] *n* bêbedo

drunken ['drʌŋkən] *adj* bêbedo

drunkenness ['drʌŋkənnɪs] *n* embriaguez; *to be in a state of drunkenness* estar em estado de embriaguez

drupe [druːp] *n* BOT drupa

dry [draɪ] *adj* {comp drier, superl driest} 1 seco; enxuto; *dry cough* tosse seca; *dry toast* torrada seca; *dry wine* vinho seco 2 *col* sequioso 3 árido; *dry soil* solo estéril 4 *fig* sarcástico, mordaz, cáustico; *to have a dry sense of humour* ter um sentido de humor cáustico 5 *fig* insípido; desinteressante ♦ *vt* 1 secar; enxugar 2 esgotar ♦ *vi* secar ❖ *dry land* terra firme; *dry law* lei seca

♦ **dry out** *vi* 1 secar 2 (alcoólico) fazer uma desintoxicação

♦ **dry up** *vi* 1 (rio, poço) secar 2 limpar a loiça 3 (fundos, reserva) esgotar-se

dry-clean ['draɪˈkliːn] *vt* limpar a seco

dry-cleaner's [ˌdraɪˈkliːnəz] *n* (limpeza a seco) lavandaria

dry-cleaning [ˌdraɪˈkliːnɪŋ] *n* limpeza a seco

dryer ['draɪə] *n* (roupa, cabelo) secador

dryness ['draɪnɪs] *n* 1 secura 2 aridez

dual ['djuːəl] *adj* duplo; GB *dual carriageway* via rápida

dualism ['djuːəlɪzəm] *n* dualismo

dualist ['djuːəlɪst] *n* dualista

dualistic [ˌdjuːəˈlɪstɪk] *adj* dualista

duality [djuːˈælɪti] *n* {pl -ies} dualidade

dub [dʌb] *vt* {pret e pp -bb-} 1 alcunhar; apelidar 2 armar; *to be dubbed knight* ser armado cavaleiro 3 (filme) dobrar [into, em]; *the film was dubbed into English* o filme foi dobrado em Inglês

dubbing ['dʌbɪŋ] *n* CIN dobragem

dubious ['djuːbiəs] *adj* 1 ambíguo; dúbio 2 duvidoso; suspeito 3 indeciso, hesitante

dubnium ['dʌbniəm] *n* QUÍM (elemento químico) dúbnio

ducal ['djuːkəl] *adj* ducal

ducat ['dʌkət] *n* (moeda) ducado

duchess ['dʌtʃɪs] *n* {pl -es} duquesa

duchy ['dʌtʃi] *n* {pl -ies} ducado

duck [dʌk] *n* {pl duck, ducks} 1 ZOOL pato 2 *col* amor, querido ♦ *vt* 1 baixar; desviar; *he ducked his head* ele baixou a cabeça 2 fugir; esquivar-se a; *to duck responsibility* fugir à responsabilidade ♦ *vi* 1 mergulhar; *he ducked quickly* ele mergulhou rapidamente 2 baixar-se; esconder-se; *he ducked as soon as he saw me* ele baixou-se mal me viu

duckling ['dʌklɪŋ] *n* patinho

duct [dʌkt] *n* 1 conduta 2 ANAT canal ❖ EUA *duct tape* fita adesiva

duct tape ['dʌktˌteɪp] *n* fita adesiva

dud [dʌd] *n* inutilidade ♦ *npl col* roupas ♦ *adj* inútil; ineficaz ❖ *dud cheque* cheque sem cobertura

dude [duːd] *n* EUA *col* tipo; meu *col*

dudgeon ['dʌdʒən] *n in high dudgeon* em fúria, muito indignado

due [djuː] *adj* 1 esperado; *the train is due at 5 p.m.* o comboio deve chegar às 5 da tarde 2 próprio; *in due time* na altura própria 3 exato, certo 4 (dívida) que vence ♦ *n* justo; direito; *you must give him his due* tens de lhe dar o que é dele de direito ♦ *npl* quotas ♦ *adv* em direção a ❖ *due to* devido a; *after due consideration* após a necessária reflexão

duel ['djuːəl] *n* 1 duelo 2 *fig* conflito ♦ *vi* {pret e pp -ll-} bater-se em duelo [with, com]

dueller ['djuːələ] *n* duelista

duellist ['djuːəlɪst] *n* duelista

duet ['djuːet] *n* dueto

duff [dʌf] *adj* GB *col* inútil

duffel ['dʌfəl] n 1 tecido grosso de lã 2 EUA (campismo) equipamento

dug [dʌg] pret e pp de to dig ♦ n teta

duke [duːk] n {f duchess} duque

dukedom ['duːkdəm] n ducado

dull [dʌl] adj 1 monótono 2 desinteressante 3 inexpressivo; a dull face uma face inexpressiva 4 vagaroso; lento 5 opaco; sem brilho 6 escuro; sombrio 7 (som) surdo ♦ vt 1 atenuar 2 (som) amortecer 3 embotar; entorpecer

dullness ['dʌlnɪs] n 1 monotonia 2 lentidão 3 falta de brilho

duly ['djuːli] adv 1 devidamente 2 pontualmente

dumb [dʌm] adj {comp -er, superl -est} 1 calado; silencioso 2 pej estúpido, idiota ❖ dumb show mímica; (restaurante) dumb waiter elevador para louça e comida

dumb-bell ['dʌmbel] n 1 DESP haltere 2 EUA col imbecil

dumbfound [ˌdʌm'faʊnd] vt deixar atónito; deixar sem fala

dumbness ['dʌmnɪs] n 1 mudez 2 pej estupidez

dummy ['dʌmi] n {pl -ies} 1 (de montra, costureiro) manequim 2 (ventríloquo) boneco 3 imitação 4 GB chupeta 5 col palerma ♦ adj falso

dump [dʌmp] n 1 lixeira; an illegal dump of toxic waste uma lixeira ilegal de resíduos tóxicos 2 MIL depósito 3 col,pej (local) espelunca ♦ vt 1 despejar 2 livrar-se de; abandonar 3 pousar 4 depositar 5 col deitar; livrar-se de; I dumped my boyfriend deixei o meu namorado 6 ECON vender a preço muito baixo; fazer dumping de 7 INFORM transportar ❖ dump truck camião de descargas; that's not worth a dump isso não vale nada

dumpbin ['dʌmpbɪn] n (promoção de produtos) expositor

dumping ['dʌmpɪŋ] n 1 despejo, descarga 2 ECON dumping ❖ no dumping proibido deitar lixo

dumpling ['dʌmplɪŋ] n (doce, salgado) bolinho

dumps [dʌmps] n col to be in the dumps estar na mó de baixo

dumpster ['dʌmpstə] n EUA contentor do lixo

dumpy ['dʌmpi] adj {comp -ier, superl -iest} gorducho

dun [dʌn] adj pardo; escuro; sombrio ♦ n col credor ♦ vt {pret e pp -nn-} (dívida) cobrar; to dun a debt cobrar uma dívida

dunce [dʌns] adj,n ignorante, estúpido, parvo

dunderhead ['dʌndəhed] n estúpido

dune [djuːn] n duna

dung [dʌŋ] n estrume

dungarees [ˌdʌŋgə'riːz] npl 1 GB jardineiras 2 EUA fato-macaco

dungeon ['dʌndʒən] n masmorra, calabouço

dunghill ['dʌŋhɪl] n pilha de estrume; esterqueira

duo ['djuːəʊ] n {pl -s} duo

duodecimal [ˌdjuːəʊ'desɪməl] adj duodecimal

duodenum [ˌdjuːəʊ'diːnəm] n {pl -s, -a} duodeno

dupe [djuːp] n ingénuo ♦ vt aldrabar; intrujar

duple ['djuːpl] adj duplo ❖ MÚS duple time compasso binário

duplex ['djuːpleks] n 1 EUA casa geminada 2 (apartamento) dúplex

duplicate[1] ['djuːplɪkɪt] adj,n duplicado; to make a duplicate of fazer uma cópia de

duplicate[2] ['djuːplɪkeɪt] vt 1 fazer um duplicado de; fazer uma cópia de 2 fotocopiar 3 repetir

duplication [ˌdjuːplɪ'keɪʃən] n 1 cópia 2 repetição

duplicator ['djuːplɪkeɪtə] n fotocopiadora

duplicity [dju:'plɪsɪti] *n* {*pl* -ies} duplicidade

durability [djʊərə'bɪlɪti] *n* durabilidade

durable ['djʊərəbəl] *adj* duradouro; resistente

duration [djʊ'reɪʃən] *n* duração [of, de]

duress [djʊ'res] *n* coação; *under duress* sob coação

during ['djʊərɪŋ] *prep* durante

dusk [dʌsk] *n lit* crepúsculo ◆ *vi* escurecer; anoitecer

dust [dʌst] *n* poeira; pó; *to clean the dust* limpar o pó ◆ *vt* **1** limpar o pó a; *have you dusted your room?* limpaste o pó no teu quarto? **2** polvilhar [with, com] ◆ *vi* limpar o pó ❖ *to allow the dust to settle* deixar assentar a poeira; *to throw dust in someone's eyes* lançar poeira aos olhos de alguém
  ◆ **dust down** *vt* escovar
  ◆ **dust off** *vt* (pó, migalhas) limpar

dustbin ['dʌstbɪn] *n GB* contentor do lixo

dustcart ['dʌstkɑ:t] *n GB* carro do lixo

duster ['dʌstə] *n* pano do pó

dustman ['dʌstmən] *n* {*pl* -men} *GB* lixeiro

dustpan ['dʌstpæn] *n* apanhador

dusty ['dʌsti] *adj* {*comp* -ier, *superl* -iest} **1** empoeirado; poeirento **2** (cor) acinzentado

Dutch [dʌtʃ] *adj,n* holandês; neerlandês ◆ *npl* the Dutch os holandeses ❖ *that's all double Dutch to me* isso para mim é grego

Dutchman ['dʌtʃmən] *n* {*pl* -men} holandês

dutiful ['dju:tɪfʊl] *adj* obediente; cumpridor

duty ['dju:ti] *n* {*pl* -ies} **1** dever; obrigação **2** direito; imposto **3** serviço; *to be on/off duty* estar/não estar de serviço

duty-bound ['dju:tibaʊnd] *adj* moralmente obrigado

duty-free ['dju:tifri:] *adj* isento de impostos

duvet ['du:veɪ] *n GB* edredão

DVD [*sigla de* **digital video/versatile disc**] DVD

dwarf [dwɔ:f] *adj,n* {*pl* -s} anão; *dwarf tree* árvore anã ◆ *vt* fazer parecer mais pequeno; esmagar *fig*

dwarfism ['dwɔ:fɪzəm] *n* nanismo

dwell [dwel] *vi* {*pret e pp* dwelt} *form* habitar, morar, residir; *to dwell in a town* residir numa cidade
  ◆ **dwell on/upon** *vt* **1** pensar em **2** conversar sobre **3** ser sobre; tratar de

dweller ['dwelə] *n* habitante, morador

dwelling ['dwelɪŋ] *n form* habitação, residência

dwindle ['dwɪndl] *vi* **1** diminuir; baixar **2** enfraquecer

dye [daɪ] *n* **1** tinta; *hair dye* tinta para o cabelo **2** coloração, matiz ◆ *vt* **1** pintar; *to dye one's hair* pintar o cabelo **2** tingir; *to dye (something) blue* tingir (alguma coisa) em azul

dyer ['daɪə] *n* tintureiro

dying ['daɪɪŋ] *adj* **1** moribundo **2** último; *dying wish* último desejo

dyke [daɪk] *n* **1** dique **2** canal; leito de rio **3** *cal,pej* fufa *cal* ◆ *vt* represar; cercar de diques; *to dyke a stream* represar um riacho

dynamic [daɪ'næmɪk] *adj* dinâmico ◆ *n* dinâmica

dynamics [daɪ'næmɪks] *n* (ciência) dinâmica

dynamism ['daɪnəmɪzəm] *n* dinamismo

dynamite ['daɪnəmaɪt] *n* **1** dinamite; *dynamite cartridge* cartucho de dinamite **2** *fig* bomba; *this rock band is pure dynamite* este grupo rock é uma autêntica bomba ◆ *vt* dinamitar

dynamo ['daɪnəməʊ] *n* {*pl* -s} **1** dínamo **2** (pessoa) poço de energia *fig*

dynamometer [daɪnə'mɒmɪtə] *n* dinamómetro

dynastic [dɪ'næstɪk] *adj* dinástico
dynasty ['dɪnəsti] *n* {*pl* -ies} dinastia
dysenteric [dɪsn'terɪk] *adj* MED disentérico
dysentery ['dɪsɪntri] *n* disenteria
dysfunction [dɪs'fʌŋkʃən] *n* disfunção
dysfunctional [dɪs'fʌŋkʃənəl] *adj* disfuncional
dyslexia [dɪs'leksiə] *n* dislexia

dyslexic [dɪs'leksɪk] *adj,n* disléxico
dyspepsia [dɪs'pepsiə] *n* MED dispepsia
dyspeptic [dɪs'peptɪk] *adj* MED dispéptico
dysphasia [dɪs'feɪʒə] *n* disfasia
dyspnoea [dɪs'pni:ə] *n* MED dispneia
dyspnoeic [dɪs'pni:ɪk] *adj* MED dispneico
dysprosium [dɪ'sprəʊzɪəm] *n* QUÍM (elemento químico) disprósio

E

e [iː] n {pl e's} **1** (letra) e **2** [com maiúscula]
MÚS mi

each [iːtʃ] adj cada; **each day** cada dia ♦
adv,pron cada um ❖ **each other** um ao outro

eager [ˈiːgə] adj ansioso [**to/for**, por] ❖ col
eager beaver trabalhador incansável

eagerly [ˈiːgəli] adv ansiosamente

eagerness [ˈiːgənɪs] n ânsia [**to**, de]

eagle [ˈiːgəl] n águia ❖ **eagle eye** olhos de
lince

eagle owl [ˈiːgəlaʊl] n ZOOL mocho-real

ear [ɪə] n **1** orelha **2** ouvido; **to have an
ear for** ter ouvido para **3** espiga; **wheat
ears** espigas de trigo ❖ **to be up to one's
ears** in estar muito atarefado com; **to go
in at one ear and out at the other** entrar
por um ouvido e sair por outro

earache [ˈɪəreɪk] n dor de ouvidos

eardrum [ˈɪədrʌm] n tímpano

earl [ɜːl] n {f countess} conde

earlobe [ˈɪələʊb] n (orelha) lóbulo

early [ˈɜːli] adv **1** cedo **2** no princípio;
early in the year no princípio do ano ♦
adj **1** prematuro; **an early childbirth** um
parto prematuro **2** primeiro ❖ **early retirement** pré-reforma; **the early bird
catches the worm** Deus ajuda quem ma-
druga

earn [ɜːn] vt **1** (dinheiro) ganhar; receber;
how much do you earn? quanto ganhas?
2 valer **3** merecer ❖ **to earn one's living**
ganhar a vida

earnest [ˈɜːnɪst] adj **1** sério **2** sincero ❖ **in
earnest** a sério

earnestly [ˈɜːnɪstli] adv seriamente

earnestness [ˈɜːnɪstnɪs] n **1** seriedade
2 sinceridade **3** veemência; **to speak in
earnestness** falar com fervor

earnings [ˈɜːnɪŋz] n **1** salário **2** lucro

earphones [ˈɪəfəʊnz] n auriculares

earpiece [ˈɪəpiːs] n (telefone) auscultador

earplug [ˈɪəplʌg] n (ouvido) tampão

earring [ˈɪərɪŋ] n brinco

earshot [ˈɪəʃɒt] n alcance do ouvido

ear-splitting [ˈɪəsplɪtɪŋ] adj ensurdecedor

earth [ɜːθ] n **1** (planeta) Terra; **the planet
Earth** o planeta Terra **2** solo **3** (raposa, texugo, etc.) toca **4** ELET ligação à terra ♦ vt
ELET ligar à terra ❖ **to come back to earth**
regressar à realidade; **to move heaven and
earth** revolver o céu e a terra; **who on
earth did that?** quem diabo fez isso?

earthbound [ˈɜːθbaʊnd] adj **1** preso à
terra **2** terra a terra

earthen [ˈɜːθən] adj **1** de terra **2** de barro;
earthen pottery louça de barro

earthenware [ˈɜːθənweə] n louça de barro;
cerâmica

earthling [ˈɜːθlɪŋ] n terráqueo

earthly [ˈɜːθli] adj {comp -ier, superl -iest}
terreno; material ❖ **to be no earthly use**
não servir para nada; **to have no earthly
chance** não ter a menor hipótese

earthquake [ˈɜːθkweɪk] n terramoto

earthwork [ˈɜːθwɜːk] n fortificação

earthworm [ˈɜːθwɜːm] n minhoca

earthy [ˈɜːθi] adj **1** terroso **2** grosseiro;
earthy jokes anedotas grosseiras

earwax [ˈeəwæks] n (ouvidos) cera

ease [iːz] n **1** facilidade; **for ease of transportation** para maior facilidade de transporte **2** à-vontade; desenvoltura; **to be
perfectly at ease** estar perfeitamente à
vontade **3** tranquilidade; **to lead a life of
ease** levar uma vida sem preocupações ♦
vt **1** aliviar; **to ease the pain** aliviar a dor
2 tranquilizar; **to ease the population**
tranquilizar a população **3** minorar;
to ease the effects of the war mitigar os
efeitos da guerra **4** mover com cuidado ♦
vi **1** (dor, tensão) abrandar; aliviar **2** me-

lhorar ❖ *ease of mind* paz de espírito; MIL *stand at ease!* descansar!; *to be ill at ease* estar inquieto

◆ **ease off** vi 1 abrandar 2 (trabalho) diminuir

◆ **ease up** vi (dor, tensão, chuva) abrandar

easel ['i:zəl] n (pintura) cavalete

easily ['i:zɪli] adv 1 facilmente 2 claramente; *they are easily the best* eles são claramente os melhores

east [i:st] n este, leste ♦ adj de leste

Easter ['i:stə] n Páscoa; *Easter eggs* ovos de Páscoa

easterly ['i:stəli] adj leste; *easterly wind* vento leste ♦ n vento de leste

eastern ['i:stən] adj oriental, de leste

east-northeast ['i:stnɔ:θi:st] n és-nordeste

east-southeast ['i:stsauθi:st] n és-sudeste

East Timor [i:st'ti:mɔ] n Timor-Leste

East Timorese [i:st,ti:mɔ'ri:z] adj,n timorense

eastward ['i:stwəd] adj leste ♦ adv para leste

easy ['i:zi] adj {comp -ier, superl -iest} 1 fácil; *easy to operate* fácil de manejar 2 tranquilo 3 agradável [on, a/para] ❖ *easier said than done* é mais fácil dizer que fazer; *easy come, easy go* tão depressa vem como desaparece; *take it easy!* tem calma!

easy-going [i:zi'gəuɪŋ] adj 1 descontraído 2 tolerante; *easy-going people* pessoas tolerantes

eat [i:t] vt,i {pret ate, pp eaten} comer ❖ *to eat like a bird* comer como um passarinho; *to eat like a horse* comer que nem um abade; *to eat one's heart out* roer-se de inveja

◆ **eat away** vt 1 corroer 2 desgastar

◆ **eat away at** vt 1 gastar; absorver 2 fig (preocupações) consumir

◆ **eat into** vt 1 corroer; *acid eats into the metal* o ácido corrói o metal 2 (tempo, dinheiro) (consumir) absorver

◆ **eat up** vt 1 comer; *eat up the soup* come a sopa 2 fig devorar; *he eats up books* ele devora livros 3 fig (consumir) absorver 4 fig (inveja) roer

eatable ['i:təbl] adj comestível; *eatable plants* plantas comestíveis

eatables ['i:təblz] n pl comestíveis

eater ['i:tə] n comedor

eating ['i:tɪŋ] n alimentação ❖ *eating disorder* distúrbio alimentar

eaves [i:vz] npl (telhado) beiral

eavesdrop ['i:vzdrɒp] vi {pret e pp -pp-} escutar às escondidas

eavesdropper ['i:vzdrɒpə] n abelhudo; bisbilhoteiro

ebb [eb] n 1 baixa-mar 2 fig declínio ♦ vi 1 (maré) baixar 2 diminuir 3 fig esmorecer; *to be ebbing* estar a esmorecer ❖ *the ebb and flow of economy* os altos e baixos da economia; *to be at a low ebb* estar deprimido

ebony ['ebəni] n {pl -ies} ébano

e-book ['i:buk] n livro eletrónico; e-book

e-business ['i:bɪznɪs] n negócio realizado através da internet

eccentric [ɪk'sentrɪk] adj,n excêntrico

eccentricity [,ɪksen'trɪsɪti] n {pl -ies} excentricidade

ecclesiastic [ɪ,kli:zi'æstɪk] adj eclesiástico ♦ n clérigo

ecclesiastical [ɪ,kli:zi'æstɪkl] adj eclesiástico

echo ['ekəʊ] n {pl -es} 1 eco 2 fig repercussão ♦ vi fazer eco; ecoar [with, com] ♦ vt 1 ecoar 2 fig repetir; fazer eco de; imitar; *to echo someone's opinions* repetir as opiniões de alguém ❖ *echo box* caixa de ressonância

éclair ['eɪkleə] n (bolo) éclair

eclectic [ɪk'lektɪk] adj eclético

eclecticism [ɪk'lektɪsɪzəm] n ecletismo

eclipse [ɪ'klɪps] n eclipse ♦ vt 1 eclipsar 2 fig ofuscar

ecliptic [ɪˈklɪptɪk] n eclíptica ♦ adj eclíptico

eclogue [ˈeklɒg] n LIT écloga

ecocatastrophe [ˌekəʊkəˈtæstrəfi] n catástrofe ecológica

ecocentre [ˌekəʊˈsentə] n ecocentro

eco-friendly [ˌekəʊˈfrendli] adj amigo do ambiente; ecológico

ecological [ˌiːkəˈlɒdʒɪkəl] adj ecológico

ecologist [ɪˈkɒlədʒɪst] n ecologista

ecology [ɪˈkɒlədʒi] n ecologia

e-commerce [ˈiːkɒmɜːs] n comércio eletrónico

economic [ˌiːkəˈnɒmɪk] adj 1 económico; *economic development* desenvolvimento económico 2 rentável

economical [ˌiːkəˈnɒmɪkəl] adj 1 económico; *an economical car* um carro económico 2 poupado

economically [ˌiːkəˈnɒmɪkli] adv economicamente

economics [ˌiːkəˈnɒmɪks] n (ciência) economia

economist [ɪˈkɒnəmɪst] n economista

economize [ɪˈkɒnəmaɪz] vi (poupar) economizar [on, em]; *I have to economize* tenho de poupar

economy [ɪˈkɒnəmi] n {pl -ies} economia; *to make economies* fazer economias ❖ *economy class* classe turística; *economy size* tamanho familiar

ecosystem [ˈiːkəʊsɪstəm] n ecossistema

ecotourism [ˌiːkəʊˈtʊrɪzəm] n ecoturismo

ecstasy [ˈekstəsi] n {pl -ies} 1 êxtase 2 (droga) ecstasy

ecstatic [ɪkˈstætɪk] adj extático; em êxtase

Ecuador [ˌekwəˈdɔː] n Equador

Ecuadorian [ˌekwəˈdɔːrɪən] adj,n equatoriano

ecumenical [ˌiːkjʊˈmenɪkəl] adj ecuménico

ecumenicism [ˌiːkjʊˈmenɪsɪzəm] n ecumenicidade

eczema [ˈeksɪmə] n eczema

eddy [ˈedi] vi redemoinhar ♦ n {pl -ies} redemoinho

edema [ɪˈdiːmə] n EUA edema

Eden [ˈiːdn] n Éden; Paraíso; *Garden of Eden* Jardim do Éden

Edenic [iːˈdenɪk] adj edénico

edge [edʒ] n 1 aresta 2 borda; *to be on the edge of a cliff* estar na borda de um precipício 3 fio; gume; *the edge of the knife* o gume da faca 4 fig (voz) tom agressivo [to, em] ♦ vt 1 debruar; *to be edged with* ser debruado de, ter uma orla de 2 afiar; *to edge a knife* afiar uma faca ♦ vi avançar lentamente ❖ *to be on edge* ter os nervos em franja; *to be on the edge of* estar à beira de; estar no limiar de; *to have an edge on someone* ter leve vantagem sobre alguém; *to take the edge off something* suavizar algo

edging [ˈedʒɪŋ] n orla; guarnição

edgy [ˈedʒi] adj {comp -ier, superl -iest} 1 nervoso; agitado 2 na moda

edible [ˈedɪbəl] adj comestível

edict [ˈiːdɪkt] n decreto

edification [ˌedɪfɪˈkeɪʃən] n (aperfeiçoamento moral) edificação

edifice [ˈedɪfɪs] n 1 edifício 2 (ideias) estrutura

edify [ˈedɪfaɪ] vt (aperfeiçoamento moral) edificar

edifying [ˈedɪfaɪɪŋ] adj edificante, *an edifying experience* uma experiência edificante

edit [ˈedɪt] vt 1 (texto) rever; preparar para publicação 2 (publicação) coordenar; *to edit the sports section in a paper* coordenar a secção desportiva de um jornal 3 (filme) montar

editing [ˈedɪtɪŋ] n 1 (texto, filme) edição 2 (publicação) coordenação

edition [ɪˈdɪʃən] n 1 edição 2 (televisão, rádio) emissão

editor [ˈedɪtə] n 1 editor 2 diretor; *editor of a paper* diretor de um jornal 3 (texto)

DACNN-0P-15

revisor **4** (filme) responsável pela montagem

editorial [ˌedɪˈtɔːrɪəl] *adj,n* editorial ❖ *editorial office* redação; *editorial page* página de artigos de opinião

educate [ˈedjʊkeɪt] *vt* (instrução) educar

educated [ˈedjʊkeɪtɪd] *adj* instruído; culto

education [ˌedjʊˈkeɪʃən] *n* ensino; educação

educational [ˌedjʊˈkeɪʃənəl] *adj* educativo, pedagógico

educator [ˈedjʊkeɪtə] *n form* educador

eduction [iːˈdʌkʃən] *n* **1** extração **2** (máquina) descarga **3** escape; *eduction valve* válvula de escape

eel [iːl] *n* enguia

eerie [ˈɪərɪ] *adj* misterioso; estranho

eerily [ˈɪərɪlɪ] *adv* misteriosamente

efface [ɪˈfeɪs] *vt* **1** apagar **2** ocultar ❖ *to efface oneself in the crowd* desaparecer por entre a multidão

effect [ɪˈfekt] *n* efeito [of, de; on, em]; *to produce a strange effect* criar um efeito estranho ♦ *npl* bens; *to keep someone's effects* conservar os bens de alguém ♦ *vt* **1** efetuar **2** realizar ❖ *for effect* para impressionar; *in effect* efetivamente; em vigor; *it was all to no effect* foi tudo inútil; CIN *special effects* efeitos especiais; *to come into effect* entrar em vigor; *or words to that effect* ou qualquer coisa no género

effective [ɪˈfektɪv] *adj* **1** eficaz **2** real; efetivo **3** vigente; em vigor

effectively [ɪˈfektɪvlɪ] *adv* **1** eficazmente **2** com efeito

effectiveness [ɪˈfektɪvnɪs] *n* eficácia

effeminacy [ɪˈfemɪnəsɪ] *n* efeminação

effeminate [ɪˈfemɪnɪt] *adj pej* efeminado

effervesce [ˌefəˈves] *vi* **1** efervescer **2** *fig* estar muito animado; estar elétrico

effervescence [ˌefəˈvesəns] *n* efervescência

effervescent [ˌefəˈvesənt] *adj* efervescente

effete [ɪˈfiːt] *adj* **1** mole; fraco **2** ineficaz **3** decadente

efficacy [ˈefɪkəsɪ] *n form* eficácia

efficiency [ɪˈfɪʃənsɪ] *n* **1** eficiência; eficácia **2** (máquina) rendimento ❖ *efficiency curve* curva de rendimento

efficient [ɪˈfɪʃənt] *adj* **1** eficiente, eficaz **2** (máquina) com bom rendimento

effigy [ˈefɪdʒɪ] *n* {*pl* -ies} efígie

effluent [ˈefluənt] *n form* (poluição) efluente

effort [ˈefət] *n* esforço; *not to be worth the effort* não valer a pena

effortless [ˈefətləs] *adj* fácil; sem esforço

effusion [ɪˈfjuːʒən] *n* (geral) efusão

effusive [ɪˈfjuːsɪv] *adj* efusivo; expansivo

e. g. {*sigla de* **exempli gratia**} por exemplo

egalitarian [ɪˌɡælɪˈteərɪən] *adj* igualitário

egg [eɡ] *n* **1** ovo; *to lay an egg* pôr um ovo **2** óvulo ❖ *to put all one's eggs in one basket* arriscar tudo numa só coisa

eggcup [ˈeɡkʌp] *n* (recipiente) oveiro

eggnog [ˈeɡnɒɡ] *n* ponche de ovo

eggplant [ˈeɡplɑːnt] *n EUA* beringela

eggshell [ˈeɡʃel] *n* casca de ovo ❖ *eggshell china* porcelana fina

eggwhisk [ˈeɡwɪsk] *n* batedor de ovos

ego [ˈiːɡəʊ] *n* ego

egocentric [ˌiːɡəʊˈsentrɪk] *adj* egocêntrico

egocentrism [ˌiːɡəʊˈsentrɪzəm] *n* egocentrismo

egoism [ˈiːɡəʊɪzəm] *n* egoísmo

egoist [ˈiːɡəʊɪst] *n* egoísta

egoistic [ˌiːɡəʊˈɪstɪk] *adj* egoísta

egoistical [ˌiːɡəʊˈɪstɪkəl] *adj* ⇒ **egoistic**

egregious [ɪˈɡriːdʒəs] *adj* egrégio

egress [ˈiːɡres] *n* saída

Egypt [ˈiːdʒɪpt] *n* Egito

Egyptian [ɪˈdʒɪpʃən] *adj,n* egípcio

eh [eɪ] *interj* **1** (surpresa) eh! **2** (pergunta) hã?

eiderdown [ˈaɪdədaʊn] *n* edredão

eight [eɪt] *num card,n* oito

eighteen [eɪˈtiːn] *num card,n* dezoito

eighteenth [eɪˈtiːnθ] *num ord,n* décimo oitavo ❖ *on the eighteenth* no dia dezoito

eighth [eɪtθ] *num ord,n* oitavo ❖ *on the eighth* no dia oito

eighth-finals [eɪtθˈfaɪnəlz] *npl* oitavos de final

eightieth [ˈeɪtiəθ] *num ord,n* octogésimo

eighty [ˈeɪti] *num card,n* oitenta ❖ (década) *the eighties* os anos oitenta; *to be in one's eighties* ter 80 e tal anos

einsteinium [aɪnˈstaɪniəm] *n* QUÍM (elemento químico) einstéinio

either [ˈaɪðə] *pron* 1 ambos 2 nenhum 3 um ou outro; *do it either way* fá-lo de um modo ou de outro ♦ *adv* também não ♦ *conj* ou; *you can take either a book or a magazine* podes levar ou um livro ou uma revista

ejaculate [ɪˈdʒækjʊleɪt] *vi* 1 ejacular 2 exclamar

ejaculation [ɪˌdʒækjʊˈleɪʃən] *n* ejaculação

eject [ɪˈdʒekt] *vt* 1 ejetar 2 expulsar ♦ *vi* AER ejetar-se

ejection [ɪˈdʒekʃən] *n* 1 (cassete, de avião) ejeção 2 expulsão

ejector [ɪˈdʒektə] *n* ejetor ❖ *ejector seat* assento ejetável

eke out [ˈiːkaʊt] *vt* 1 (dinheiro) esticar *fig* 2 aumentar; *he ekes out his salary by doing odd jobs* ele complementa o salário fazendo uns biscates ❖ *to eke out a living* sobreviver à justa com o que se ganha

elaborate[1] [ɪˈlæbərət] *adj* elaborado, detalhado

elaborate[2] [ɪˈlæbəreɪt] *vi* entrar em detalhes [on, em relação a] ♦ *vt* elaborar; desenvolver

elaboration [ɪˌlæbəˈreɪʃən] *n* 1 elaboração 2 detalhe 3 complexidade

elapse [ɪˈlæps] *vi* decorrer

elastic [ɪˈlæstɪk] *adj,n* elástico

elasticity [ˌiːlæsˈtɪsɪti] *n* 1 elasticidade 2 flexibilidade

elate [ɪˈleɪt] *vt* entusiasmar

elated [ɪˈleɪtɪd] *adj* eufórico [at/by, com]

elation [ɪˈleɪʃən] *n* euforia

elbow [ˈelbəʊ] *n* 1 ANAT cotovelo 2 ângulo 3 esquina ♦ *vt* dar uma cotovelada a; acotovelar ❖ *elbow grease* trabalho duro; *at one's elbow* à mão

elbowroom [ˈelbəʊrʊm] *n* 1 espaço; liberdade de movimentos 2 *fig* margem de manobra

elder [ˈeldə] *adj* mais velho ♦ *n* 1 ancião 2 o mais velho; *you must respect your elders* deves respeitar os mais velhos 3 sabugueiro

elderly [ˈeldəli] *adj* idoso; *the elderly* os idosos

eldest [ˈeldɪst] *adj* o mais velho

e-learning [ˈiːlɜːnɪŋ] *n* e-learning

elect [ɪˈlekt] *adj* eleito; *the President elect* o Presidente eleito ♦ *vt* 1 eleger [to, para]; *she has been elected to the committee* ela foi eleita para o comité 2 decidir-se por; escolher ♦ *n pl the elect* os eleitos

election [ɪˈlekʃən] *n* eleição; *election campaign* campanha eleitoral; *to hold an election* convocar eleições

elective [ɪˈlektɪv] *adj* eletivo; QUÍM *elective affinity* afinidade eletiva

elector [ɪˈlektə] *n* eleitor

electoral [ɪˈlektərəl] *adj* eleitoral; *electoral roll/register* caderno eleitoral

electorate [ɪˈlektərɪt] *n* eleitorado

electric [ɪˈlektrɪk] *adj* 1 elétrico; *electric meter* contador da eletricidade 2 (ambiente) excitante

electrical [ɪˈlektrɪkəl] *adj* elétrico ❖ *electrical appliance* eletrodoméstico; *electrical engineering* engenharia eletrotécnica

electrician [ɪˌlekˈtrɪʃən] *n* eletricista

electricity [ɪˌlekˈtrɪsɪti] *n* 1 eletricidade 2 (ambiente) excitação

electrification [ɪˌlektrɪfɪˈkeɪʃən] *n* eletrificação

electrify [ɪˈlektrɪfaɪ] *vt* 1 eletrificar 2 *fig* entusiasmar electrifying [ɪˈlektrɪfaɪɪŋ] adj excitante; eletrizante

electrocardiogram [ɪˌlektrəʊˈkɑːdɪəgræm] n eletrocardiograma

electrochemistry [ɪˌlektrəʊˈkemɪstri] n eletroquímica

electrocute [ɪˈlektrəkjuːt] vt eletrocutar

electrocution [ɪˌlektrəˈkjuːʃən] n eletrocussão

electrode [ɪˈlektrəʊd] n elétrodo

electroencephalogram [ɪˌlektrəʊɪnˈsefələgræm] n MED eletroencefalograma

electroencephalograph [ɪˌlektrəʊɪnˈsefələgræf] n MED eletroencefalógrafo

electrolysis [ɪˌlekˈtrɒlɪsɪs] n eletrólise

electrolyte [ɪˈlektrəlaɪt] n eletrólito

electrolytic [ɪˌlektrəˈlɪtɪk] adj eletrolítico

electromagnet [ɪˌlektrəʊˈmægnɪt] n eletroíman

electromagnetic [ɪˌlektrəʊmægˈnetɪk] adj eletromagnético

electromagnetism [ɪˌlektrəʊˈmægnətɪzəm] n eletromagnetismo

electron [ɪˈlektrɒn] n eletrão

electronic [ɪˌlekˈtrɒnɪk] adj eletrónico ❖ electronic mail correio eletrónico

electronics [ɪˌlekˈtrɒnɪks] n eletrónica ♦ npl sistema eletrónico

electrostatic [ɪˌlektrəʊˈstætɪk] adj eletrostático

electrotherapy [ɪˌlektrəʊˈθerəpi] n eletroterapia

elegance [ˈelɪgəns] n elegância

elegant [ˈelɪgənt] adj elegante

elegiac [elɪˈdʒaɪək] adj elegíaco

elegy [ˈelɪdʒi] n {pl -ies} LIT elegia

element [ˈelɪmənt] n 1 elemento 2 fator; element of chance fator sorte 3 (aparelho elétrico) resistência ♦ npl rudimentos ❖ in/out of one's element dentro/fora do seu ambiente

elemental [elɪˈmentəl] adj 1 básico; fundamental 2 (simples) elementar

elementary [ˌelɪˈmentəri] adj elementar; básico

elephant [ˈelɪfənt] n elefante

elevate [ˈelɪveɪt] vt 1 elevar 2 aumentar 3 (carreira) promover [to, a]; he was elevated to head of the department foi movido a diretor do departamento

elevated [ˈelɪveɪtɪd] adj elevado

elevation [elɪˈveɪʃən] n 1 elevação 2 (carreira) promoção 3 altura 4 (edifício) alçado

elevator [ˈelɪveɪtə] n 1 EUA elevador 2 monta-cargas

eleven [ɪˈlevən] num card,n onze ♦ n equipa; onze; the first eleven o onze inicial

eleventh [ɪˈlevənθ] num ord,n décimo primeiro ❖ at the eleventh hour à última da hora; on the eleventh no dia onze

elf [elf] n {pl elves} duende

elicit [ɪˈlɪsɪt] vt 1 obter [from, de]; to elicit information from someone obter informações de alguém 2 suscitar [from, da parte de]

elicitation [ɪˌlɪsɪˈteɪʃən] n 1 obtenção gradual 2 dedução

elide [ɪˈlaɪd] vt elidir

eligibility [elɪdʒəˈbɪlɪti] n elegibilidade

eligible [ˈelɪdʒəbəl] adj elegível [for, para]

eliminate [ɪˈlɪmɪneɪt] vt 1 eliminar [from, de]; our team was eliminated from the competition a nossa equipa foi eliminada da competição 2 excluir; pôr de parte 3 col (matar) liquidar

elimination [ɪˌlɪmɪˈneɪʃən] n eliminação [from, de]

eliminatory [ɪˈlɪmɪnətəri] adj eliminatório

elision [ɪˈlɪʒən] n elisão

elite [eɪˈliːt] n elite ♦ adj de elite

elitism [ɪˈliːtɪzm] n elitismo

elitist [ɪˈliːtɪst] adj elitista

elixir [ɪˈlɪksə] n elixir

Elizabethan [ɪˌlɪzəˈbiːθən] adj HIST isabelino

elk [elk] n alce

ellipse [ɪˈlɪps] n GEOM elipse

elliptic [ɪ'lɪptɪk] *adj* elíptico; *elliptic cross-section* corte elíptico

elliptical [ɪ'lɪptɪkəl] *adj* elíptico

elm [elm] *n* olmo

elocution [ˌeləˈkjuːʃən] *n* elocução

elongate ['iːlɒŋɡeɪt] *vt* alongar

elope [ɪ'ləʊp] *vi* fugir da casa dos pais

elopement [ɪ'ləʊpmənt] *n* fuga com uma pessoa para se casar com ela

eloquence ['eləkwəns] *n* eloquência

eloquent ['eləkwənt] *adj* eloquente

El Salvador [el'sælvədɔː] *n* El Salvador

else [els] *adv* mais; *anybody else?* mais alguém? ❖ *or else* se não, vais ver

elsewhere [ˌels'weə] *adv* noutro lado

elsewise [ˌels'waɪz] *adv* de outra maneira

elucidate [ɪ'luːsɪdeɪt] *vt form* elucidar; esclarecer

elucidation [ɪˌluːsɪ'deɪʃən] *n form* esclarecimento

elude [ɪ'luːd] *vt* 1 fugir a; escapar a 2 evitar

elusive [ɪ'luːsɪv] *adj* 1 (pessoa) esquivo, elusivo 2 vago, evasivo

emaciate [ɪ'meɪsɪeɪt] *vt,i* definhar

emaciation [ɪˌmeɪsɪ'eɪʃən] *n* definhamento

email ['iːmeɪl] *n* INFORM correio eletrónico ❖ *vt* INFORM enviar por correio eletrónico

e-mail ['iːmeɪl] *n,vt* ⇒ email

emanate ['eməneɪt] *vi* 1 emanar [from, de] 2 (documento, instrução) proceder [from, de]; *the document emanated from the management* o documento proveio da administração

emanation [eməˈneɪʃən] *n* emanação

emancipate [ɪ'mænsɪpeɪt] *vt* emancipar [from, de]

emancipation [ɪˌmænsɪ'peɪʃən] *n* emancipação

emasculate[1] [ɪ'mæskjʊlɪt] *adj* efeminado

emasculate[2] [ɪ'mæskjʊleɪt] *vt* 1 enfraquecer 2 *form* castrar

embalm [ɪm'bɑːm] *vt* embalsamar

embalmer [ɪm'bɑːmə] *n* embalsamador

embank [ɪm'bæŋk] *vt* represar

embankment [ɪm'bæŋkmənt] *n* represa

embargo [ɪm'bɑːɡəʊ] *n* (*pl* -es) (*proibição*) embargo [on, sobre]; *to lift/rise/take off the embargo* levantar o embargo ❖ *vt* 1 impor um embargo sobre; proibir 2 embargar ❖ *trade embargo* embargo comercial

embark [ɪm'bɑːk] *vt,i* embarcar; *to embark on a ship* embarcar num navio

❖ **embark on/upon** *vt* empreender; iniciar

embarkation [ˌembɑː'keɪʃən] *n* embarque

embarrass [ɪm'bærəs] *vt* embaraçar; fazer passar uma vergonha

embarrassed [ɪm'bærəst] *adj* 1 embaraçado 2 embaraçoso; *an embarrassed silence* um silêncio embaraçoso

embarrassing [ɪm'bærəsɪŋ] *adj* embaraçoso ❖ *how embarrassing!* que vergonha!

embarrassment [ɪm'bærəsmənt] *n* 1 embaraço; vergonha 2 dificuldade; *financial embarrassments* problemas financeiros

embassy ['embəsɪ] *n* (*pl* -ies) embaixada

embed [ɪm'bed] *vt* {*pret e pp* -dd-} 1 embutir 2 (pedras, joias) incrustar 3 fixar; firmar [in, em]; *to embed in concrete* firmar em cimento 4 *fig* (memória) gravar; *to be embedded in somebody's memory* ficar gravado na memória de alguém

embellish [ɪm'belɪʃ] *vt* 1 embelezar 2 adornar [with, com] 3 (relato) romancear; tornar mais interessante

embellishment [ɪm'belɪʃmənt] *n* 1 embelezamento 2 adorno

ember ['embə] *n* brasa

embezzle [ɪm'bezəl] *vt* (dinheiro) desfalcar [from, de]; desviar [from, de]

embezzlement [ɪm'bezəlmənt] *n* (dinheiro) desfalque; desvio

embitter [ɪm'bɪtə] *vt* (pessoa) amargurar; tornar amargo

emblem ['embləm] *n* 1 emblema; *sporting emblem* emblema desportivo 2 símbolo [of, de]

emblematic [,emblə'mætɪk] *adj* emblemático

embodiment [ɪm'bɒdɪmənt] *n* personificação [of, de]

embody [ɪm'bɒdɪ] *vt* 1 personificar 2 expressar 3 abarcar; incorporar [in, em]

embolden [ɪm'bəʊldən] *vt* encorajar; dar confiança a

embolism ['embəlɪzəm] *n* embolia

emboss [ɪm'bɒs] *vt* gravar em relevo [on, em]

embrace [ɪm'breɪs] *vt* 1 abraçar; dar um abraço a 2 abarcar; englobar 3 (oportunidade) aproveitar; aceitar; *to embrace an opportunity* aproveitar uma oportunidade 4 (doutrina, tendência) adotar; aderir a 5 (religião) converter-se a; *to embrace a religion* converter-se a uma religião ♦ *vi* abraçar-se; dar um abraço; *they embraced* eles deram um abraço ♦ *n* abraço

embrasure [ɪm'breɪʒə] *n* 1 (porta, janela) vão 2 (fortificações) canhoeira

embroider [ɪm'brɔɪdə] *vt* 1 bordar [with, com]; *the dress was embroidered with flowers* o vestido tinha um bordado de flores 2 *fig* (relato) romancear [with, com]; tornar mais interessante [with, através de]

embroidery [ɪm'brɔɪdərɪ] *n* {*pl* -ies} 1 bordado 2 (história) floreado

embroil [ɪm'brɔɪl] *vt* envolver [in, em]; enredar [in, em]; *she refused to get embroiled in the argument* ela recusou envolver-se na discussão

embryo ['embrɪəʊ] *n* {*pl* -s} embrião

embryologist [,embrɪ'ɒlədʒɪst] *n* embriologista

embryology [,embrɪ'ɒlədʒɪ] *n* embriologia

embryonic [,embrɪ'ɒnɪk] *adj* embrionário

emend [ɪ'mend] *vt* emendar; corrigir

emerald ['emərəld] *adj,n* (pedra, cor) esmeralda

emerge [ɪ'mɜːdʒ] *vi* 1 emergir [from, de]; *the sun emerged from behind the clouds* o sol emergiu por detrás das nuvens 2 surgir ❖ *it emerged that...* veio-se a saber que...

emergence [ɪ'mɜːdʒəns] *n* emergência, aparecimento

emergency [ɪ'mɜːdʒənsɪ] *n* {*pl* -ies} emergência ❖ *EUA* (hospital) *emergency room* urgências

emergent [ɪ'mɜːdʒənt] *adj* emergente

emeritus [ɪ'merɪtəs] *adj* jubilado

emersion [ɪ'mɜːʃən] *n* emersão

emery ['emərɪ] *n* esmeril

emetic [ɪ'metɪk] *adj,n* emético

emigrant ['emɪgrənt] *adj,n* emigrante

emigrate ['emɪgreɪt] *vi* emigrar [from, de; to, para]

emigration [,emɪ'greɪʃən] *n* emigração

eminence ['emɪnəns] *n* eminência ❖ (cardeais) *Your Eminence* Eminência

eminent ['emɪnənt] *adj* eminente; notável

emir [e'mɪə] *n* emir

emirate ['emɪrət] *n* emirato

emissary ['emɪsərɪ] *n* {*pl* -ies} emissário

emission [ɪ'mɪʃən] *n* (gás, luz, calor) emissão

emit [ɪ'mɪt] *vt* {*pret e pp* -tt-} 1 emitir 2 (dinheiro) pôr em circulação

emollient [ɪ'mɒlɪənt] *adj,n* FARM emoliente

emoluments [ɪ'mɒljumənts] *n* (pagamento) emolumentos; honorários

emoticon [ɪ'məʊtɪkɒn] *n* (Internet) emoticon

emotion [ɪ'məʊʃən] *n* emoção

emotional [ɪ'məʊʃənəl] *adj* 1 emocional 2 (pessoa) emotivo; sentimental 3 emocionado; comovido; *to get emotional* emocionar-se

emotive [ɪ'məʊtɪv] *adj* emotivo

empathy ['empəθɪ] *n* empatia

emperor ['empərə] *n* imperador

emphasis ['emfəsɪs] *n* ênfase [on, em]

emphasize ['emfəsaɪz] *vt* realçar; dar importância a; destacar

emphatic [ɪm'fætɪk] *adj* 1 categórico; explícito 2 enfático

emphysema [ˌemfɪ'siːmə] *n* MED enfisema

empire ['empaɪə] *n* império

empirical [ɪm'pɪrɪkl] *adj* empírico

empiricism [ɪm'pɪrɪsɪzəm] *n* empirismo

employ [ɪm'plɔɪ] *vt* 1 empregar; contratar 2 *form* recorrer a; fazer uso de; *the police had to employ force* a polícia teve de usar a força 3 (tempo) ocupar ♦ *n form* emprego; *in the employ of* ao serviço de

employee [ˌɪmplɔɪ'iː] *n* funcionário; empregado

employer [ɪm'plɔɪə] *n* patrão, entidade patronal; *body of employers* patronato

employment [ɪm'plɔɪmənt] *n* 1 emprego; *employment office* centro de emprego 2 *form* uso [of, de]; recurso [of, a]

emporium [ɪm'pɔːrɪəm] *n* (*pl* -s) (*estabelecimento comercial*) grande armazém; bazar

empower [ɪm'paʊə] *vt* 1 habilitar; permitir; *to empower somebody to do something* autorizar alguém a fazer alguma coisa 2 reconhecer plenos poderes a

empress ['emprɪs] *n* imperatriz

emptiness ['emptɪnɪs] *n* vazio

empty ['empti] *adj* (*comp* -ier, *superl* -iest) 1 vazio 2 vago 3 (palavras, promessas, etc.) vão ♦ *vt* 1 esvaziar; *the police made him empty out his pockets* a polícia obrigou-o a esvaziar os bolsos 2 desocupar ♦ *vi* esvaziar-se; ficar vazio ♦ *n* (geralmente no plural) embalagem vazia ❖ *on an empty stomach* de estômago vazio; em jejum

empty-handed [ˌempti'hændɪd] *adj* de mãos vazias

emptying ['emptiɪŋ] *n* esvaziamento

emu ['iːmjuː] *n* (*pl* -s) (ave) ema

emulate ['emjʊleɪt] *vt* emular

emulation [ˌemjʊ'leɪʃən] *n* emulação

emulator ['emjʊleɪtə] *n* 1 êmulo 2 INFORM emulador

emulous ['emjʊləs] *adj* êmulo

emulsifier [ɪ'mʌlsɪfaɪə] *n* emulsionante

emulsify [ɪ'mʌlsɪfaɪ] *vt* emulsionar

emulsion [ɪ'mʌlʃən] *n* emulsão

enable [ɪ'neɪbl] *vt* permitir; possibilitar

enact [ɪ'nækt] *vt* 1 TEAT representar 2 promulgar; decretar ❖ *as by law enacted* nos termos da lei

enactment [ɪ'næktmənt] *n* lei; decreto

enamel [ɪ'næməl] *n* esmalte ♦ *vt* esmaltar

enamoured [ɪ'næməd] *adj* encantado [of, com]

encamp [ɪn'kæmp] *vi* acampar

encampment [ɪn'kæmpmənt] *n* acampamento

encephalic [ˌensɪ'fælɪk] *adj* MED encefálico

encephalitis [enˌsefə'laɪtɪs] *n* encefalite

encephalopathy [ˌensefə'lɒpəθi] *n* MED encefalopatia

enchant [ɪn'tʃɑːnt] *vt* 1 encantar; cativar 2 enfeitiçar

enchanting [ɪn'tʃɑːntɪŋ] *adj* encantador

enchantment [ɪn'tʃɑːntmənt] *n* 1 encanto 2 (*feitiço*) encantamento

enchantress [ɪn'tʃɑːntrɪs] *n* 1 sedutora 2 feiticeira

encircle [ɪn'sɜːkl] *vt* rodear; cercar

enclave ['enkleɪv] *n* enclave

enclitic [ɪn'klɪtɪk] *adj* LING enclítico

enclose [ɪn'kləʊz] *vt* 1 cercar; rodear 2 anexar [in, a] ❖ *please find enclosed our catalogue* junto enviamos o nosso catálogo

enclosure [ɪn'kləʊʒə] *n* 1 recinto; área fechada 2 cerca 3 (documento) anexo

encode [ɪn'kəʊd] *vt* codificar

encompass [ɪn'kʌmpəs] *vt* abranger; abarcar; englobar

encore ['ɒŋkɔː] *interj* bis! ♦ *n* repetição ♦ *vt* bisar

encounter [ɪn'kaʊntə] *n* 1 encontro inesperado 2 confronto ♦ *vt* 1 encontrar-se com 2 defrontar-se com ❖ *close encounters* encontros imediatos

encourage [ɪnˈkʌrɪdʒ] *vt* 1 encorajar [to, a]; animar [to, a] 2 estimular; fomentar; promover ❖ *don't encourage him!* não lhe dês corda!

encouragement [ɪnˈkʌrɪdʒmənt] *n* encorajamento, estímulo

encouraging [ɪnˈkʌrɪdʒɪŋ] *adj* encorajador; animador

encroach [ɪnˈkrəʊtʃ] *vt* 1 (propriedade alheia) invadir 2 abusar de 3 usurpar; *to encroach upon somebody's time* roubar o tempo a alguém

encroachment [ɪnˈkrəʊtʃmənt] *n* 1 (propriedade alheia) invasão 2 usurpação; *the encroachment on the rights of another* a usurpação dos direitos de outro 3 abuso

encrust [ɪnˈkrʌst] *vt* incrustar ♦ *vi* formar crosta

encrypt [ɪnˈkrɪpt] *vt* INFORM encriptar, codificar

encrypting [ɪnˈkrɪptɪŋ] *n* INFORM encriptação, codificação; *encrypting program* programa de encriptação

encryption [ɪnˈkrɪpʃən] *n* encriptação

encumber [ɪnˈkʌmbə] *vt* 1 estorvar 2 sobrecarregar [with, com]; *to be encumbered with debts* estar sobrecarregado de dívidas

encumbrance [ɪnˈkʌmbrəns] *n* 1 estorvo 2 dificuldade 3 sobrecarga

encyclical [ɪnˈsɪklɪkəl] *n* encíclica

encyclopaedia [ɪnˌsaɪkləˈpiːdiə] *n* enciclopédia

encyclopaedic [ɪnˌsaɪkləˈpiːdɪk] *adj* enciclopédico

encyclopaedist [ɪnˌsaɪkləˈpiːdɪst] *n* enciclopedista

end [end] *n* 1 fim [of, de]; *at the end* por fim; *in the end* no fim de contas, no final; *to put an end to* acabar com; *to the very end* até ao fim 2 extremidade; ponta; *end to end* pelas extremidades; *from end to*

end dum extremo a outro 3 objetivo; fim; *to what end?* com que objetivo?, para que fim? 4 (telefone) lado 5 *fig* morte ♦ *vt* 1 acabar; terminar 2 pôr um fim a; acabar com ♦ *vi* acabar; terminar ❖ *end product* produto final; *loose ends* pontas soltas; (dinheiro) *to make ends meet* governar-se

endanger [ɪnˈdeɪndʒə] *vt* ameaçar; pôr em perigo

endangered [ɪnˈdeɪndʒəd] *adj* ameaçado; em perigo

endear [ɪnˈdɪə] *vt* ganhar a estima de ❖ *to endear oneself to somebody* tentar cair nas boas graças de alguém

endearing [ɪnˈdɪərɪŋ] *adj* encantador; cativante

endearment [ɪnˈdɪəmənt] *n* ternura

endeavour [ɪnˈdevə] *n form* esforço; empenhamento ♦ *vi form* esforçar-se [to, por]; empenhar-se [to, em]; fazer o possível [to, por]

endemic [enˈdemɪk] *adj* 1 (espécie) endémico 2 característico; *to be endemic to* ser característico de

ending [ˈendɪŋ] *n* 1 fim; final; *happy ending* final feliz 2 (palavra) terminação

endive [ˈendɪv] *n* 1 *GB* endívia 2 *EUA* chicória

endless [ˈendləs] *adj* interminável

endlessly [ˈendlɪsli] *adv* interminavelmente

endmost [ˈendməʊst] *adj* o mais distante

endocarp [ˈendəʊkɑːp] *n* BOT endocarpo

endocrine [ˈendəʊkraɪn] *adj* endócrino

endogenous [enˈdɒdʒənəs] *adj* endógeno

endorse [ɪnˈdɔːs] *vt* 1 (cheque, etc.) endossar 2 apoiar publicamente 3 sancionar

endorsee [ˌɪndɔːˈsiː] *n* endossado

endorsement [ɪnˈdɔːsmənt] *n* 1 (cheque) endosso 2 apoio público 3 (produto, serviço) promoção

endorser [ɪnˈdɔːsə] *n* endossante

endoscope [ˈendəʊskəʊp] *n* endoscópio

endoscopy [enˈdɒskəpi] *n* endoscopia

endosmosis [,endɒz'məʊsɪs] n endosmose

endow [ɪn'daʊ] vt (fundos) doar
  ◆ **endow with** vt dotar de
endowment [ɪn'daʊmənt] n 1 donativo 2 dom; talento
endpaper ['endpeɪpə] n (livro) guarda
endurable [ɪn'djʊərəbəl] adj suportável
endurance [ɪn'djʊərəns] n resistência; *beyond/past endurance* insupoitável; *endurance test* prova de resistência
endure [ɪn'djʊə] vt 1 suportar; aguentar 2 resistir a ◆ vi perdurar ❖ *what can't be cured must be endured* o que não tem remédio remediado está
enduring [ɪn'djʊərɪŋ] adj duradouro; persistente
endwise ['endwaɪz] adv longitudinalmente
enema ['enɪmə] n clister
enemy ['enəmɪ] adj,n {pl -ies} inimigo
energetic [,enə'dʒetɪk] adj enérgico; dinâmico
energetically [,enə'dʒetɪklɪ] adv energicamente
energize ['enədʒaɪz] vt 1 dar energia a 2 estimular 3 dinamizar
energizing ['enədʒaɪzɪŋ] adj energético
energy ['enədʒɪ] n {pl -ies} energia ❖ *to put all one's energy into* não se poupar a esforços para
energy-giving ['enədʒɪ,gɪvɪŋ] adj energético
enervate ['enəveɪt] vt 1 enervar 2 debilitar
enervating ['enəveɪtɪŋ] adj 1 enervante 2 debilitante
enfeeble [ɪn'fiːbəl] vt debilitar
enfold [ɪn'fəʊld] vt envolver [in, em]; *to enfold someone in one's arms* abraçar alguém
enforce [ɪn'fɔːs] vt 1 pôr em vigor 2 impor 3 fazer cumprir; fazer respeitar; *to enforce the law* fazer cumprir a lei
enforcement [ɪn'fɔːsmənt] n 1 coação; imposição 2 (lei) cumprimento; execução

enfranchise [ɪn'fræntʃaɪz] vt 1 conceder direito de voto a 2 emancipar
enfranchisement [ɪn'fræntʃɪzmənt] n 1 concessão de direito de voto 2 libertação
engage [ɪn'geɪdʒ] vt 1 contratar [as, como]; *I engaged him as my assistant* contratei-o como meu assistente 2 (atenção) chamar; atrair; captar 3 (tempo) ocupar 4 encaixar, engatar [with, em/com]; *to engage the first gear* meter a primeira velocidade; *this wheel engages with that one* esta roda engata naquela ◆ vi 1 dedicar-se [in, a] 2 combater ❖ *to engage in politics* lançar-se na política
engaged [ɪn'geɪdʒd] adj 1 ocupado 2 comprometido; noivo 3 GB (telefone, linha) ocupado; *engaged tone* sinal de ocupado
engagement [ɪn'geɪdʒmənt] n 1 compromisso 2 noivado 3 (máquina) engate, encaixe
engaging [ɪn'geɪdʒɪŋ] adj encantador
engender [ɪn'dʒendə] vt engendrar
engine ['endʒɪn] n 1 motor 2 (comboio) locomotiva; *engine driver* maquinista
engineer [,endʒɪ'nɪə] n 1 engenheiro; *civil engineer* engenheiro civil; *electrical engineer* engenheiro eletrotécnico 2 responsável pelas máquinas; *engineer surveyor* perito de máquinas 3 EUA (caminhos de ferro) maquinista ◆ vt 1 engendrar 2 tramar; maquinar 3 (genética) manipular
engineering [,endʒɪ'nɪərɪŋ] n engenharia
engine room ['endʒɪnruːm] n casa das máquinas
England ['ɪŋglənd] n Inglaterra
English ['ɪŋglɪʃ] adj,n inglês ◆ npl the *English* os ingleses ❖ *in plain English* em palavras simples; *the English Channel* o Canal da Mancha
Englishman ['ɪŋglɪʃmən] n inglês
English-speaking [ɪŋglɪʃ'spiːkɪŋ] adj de língua inglesa
engrail [ɪn'greɪl] vt serrilhar

engrave [ɪnˈgreɪv] *vt* gravar [**on**, em; **with**, com]; *fig* **to engrave on the memory** gravar na memória; **to engrave with an inscription** gravar com uma inscrição

engraver [ɪnˈgreɪvə] *n* (profissional) gravador

engraving [ɪnˈgreɪvɪŋ] *n* gravura

engross [ɪnˈgrəʊs] *vt* absorver [**in**, em]; **to be engrossed in one's work** estar absorto no trabalho

engrossing [ɪnˈgrəʊsɪŋ] *adj* absorvente; apaixonante

enhance [ɪnˈhɑːns] *vt* 1 realçar 2 melhorar 3 aumentar 4 INFORM otimizar

enhancement [ɪnˈhɑːnsmənt] *n* 1 realce 2 melhoria 3 aumento 4 INFORM otimização

enhancer [ɪnˈhɑːnsə] *n* intensificador; **flavour enhancer** intensificador de sabor

enigma [ɪˈnɪgmə] *n* enigma

enigmatic [ˌenɪgˈmætɪk] *adj* enigmático

enjoy [ɪnˈdʒɔɪ] *vt* 1 gozar de; desfrutar de; **to enjoy good health** gozar de boa saúde 2 apreciar; gostar de ❖ **to enjoy oneself** divertir-se; **enjoy your meal!** bom apetite!

enjoyable [ɪnˈdʒɔɪəbəl] *adj* agradável

enjoyment [ɪnˈdʒɔɪmənt] *n* prazer

enlarge [ɪnˈlɑːdʒ] *vt* 1 alargar 2 ampliar; **to enlarge a photograph** ampliar uma fotografia 3 prorrogar; **to enlarge the payment of a bill** prorrogar o prazo de pagamento duma letra

enlargement [ɪnˈlɑːdʒmənt] *n* 1 alargamento 2 ampliação

enlighten [ɪnˈlaɪtn] *vt* 1 instruir; iluminar 2 informar 3 esclarecer; **to enlighten a person on something** esclarecer alguém sobre alguma coisa

enlightening [ɪnˈlaɪtnɪŋ] *adj* esclarecedor

enlightenment [ɪnˈlaɪtənmənt] *n* esclarecimento ❖ HIST **the Enlightenment** Iluminismo

enlist [ɪnˈlɪst] *vt* 1 recrutar 2 angariar; aliciar ♦ *vi* 1 alistar-se [**in**, em]; **he's enlisted**

in the navy alistou-se na marinha 2 inscrever-se [**in**, em]

enlistment [ɪnˈlɪstmənt] *n* alistamento, recrutamento

enliven [ɪnˈlaɪvən] *vt* animar

enmesh [ɪnˈmeʃ] *vt* enredar [**in**, em]; **he was enmeshed in his own lies** ele foi apanhado na teia das próprias mentiras

enmity [ˈenmɪtɪ] *n* [*pl* -ies] *form* inimizade; hostilidade

ennoble [ɪˈnəʊbəl] *vt* enobrecer

ennoblement [ɪˈnəʊblmənt] *n* enobrecimento

enology [iːˈnɒlədʒɪ] *n* EUA enologia

enormity [ɪˈnɔːmɪtɪ] *n* [*pl* -ies] 1 enormidade 2 atrocidade

enormous [ɪˈnɔːməs] *adj* enorme

enough [ɪˈnʌf] *adj* suficiente [**for**, para], bastante [**for**, para] ♦ *adv* bastante; suficientemente ❖ **I've had enough of it!** já chega!

enounce [ɪˈnaʊns] *vt* enunciar

enquire [ɪnˈkwaɪə] *vt,i* ⇒ **inquire**

enquiry [ɪnˈkwaɪərɪ] *n* GB ⇒ **inquiry**

enrage [ɪnˈreɪdʒ] *vt* enfurecer; **to enrage a person** pôr uma pessoa furiosa

enrapture [ɪnˈræptʃə] *vt* arrebatar

enrich [ɪnˈrɪtʃ] *vt* 1 enriquecer 2 valorizar

enriching [ɪnˈrɪtʃɪŋ] *adj* enriquecedor ❖ **enriching agent** adubo

enrichment [ɪnˈrɪtʃmənt] *n* enriquecimento

enrol [ɪnˈrəʊl] *vt* {*pret e pp* -ll-} 1 inscrever [**in**, em]; matricular [**in**, em] 2 (exército) alistar 3 registar ♦ *vi* inscrever-se; matricular-se

enrolment [ɪnˈrəʊlmənt] *n* inscrição, matrícula

ensemble [ɒnˈsɒmbəl] *n* (roupa, música, etc.) conjunto

ensign [ˈensaɪn] *n* bandeira

ensilage [ˈensɪlɪdʒ] *vt* ensilar ♦ *n* ensilagem

enslave [ɪnˈsleɪv] vt escravizar ❖ *to be enslaved to* ser escravo de

ensnare [ɪnˈsneə] vt 1 armar cilada a 2 iludir

ensue [ɪnˈsjuː] vi 1 seguir-se 2 resultar [from, de]

ensuing [ɪnˈsjuːɪŋ] adj seguinte; subsequente

ensure [ɪnˈʃʊə] vt → **insure**

entail [ɪnˈteɪl] vt 1 supor; implicar; consistir em 2 DIR (propriedade) vincular 3 transmitir ◆ n 1 DIR vínculo 2 herança; *to break entail* invalidar um testamento; *to cut off the entail* deserdar

entangle [ɪnˈtæŋɡəl] vt enredar [in, em]; emaranhar [in, em]; *he was entangled in the net* ele ficou emaranhado na rede

entanglement [ɪnˈtæŋɡəlmənt] n confusão; complicação

enter [ˈentə] vi entrar; *please enter* faça o favor de entrar ◆ vt 1 (atividade) entrar para; ingressar em; *to enter the army* entrar para o exército 2 inscrever(-se) em 3 participar em 4 INFORM introduzir; *you must enter the code* tens de introduzir o código 5 (proposta) apresentar 6 (despesas) lançar [in, em] 7 DIR intentar; *to enter an action against* intentar uma ação contra ❖ *it never entered my head that* nem sequer me passou pela cabeça que

◆ **enter into** vt 1 (explicação) lançar-se em 2 (negociações) entrar em 3 participar em 4 ser importante para; *what you think doesn't enter into it* o que tu pensas não vem ao caso

enterprise [ˈentəpraɪz] n 1 empresa 2 projeto; empreendimento 3 iniciativa; dinamismo

enterprising [ˈentəpraɪzɪŋ] adj empreendedor

entertain [ˌentəˈteɪn] vt 1 entreter 2 (ideia) considerar; tomar em consideração; *I will entertain your proposal* vou considerar a sua proposta ◆ vt,i (visitas) receber

entertainer [ˌentəˈteɪnə] n entertainer; animador

entertaining [ˌentəˈteɪnɪŋ] adj divertido

entertainment [ˌentəˈteɪnmənt] n 1 entretenimento; *entertainment industry* indústria do espetáculo 2 form (convidados) receção

enthral [ɪnˈθrɔːl] vt 1 cativar 2 fascinar 3 entusiasmar

enthrone [ɪnˈθrəʊn] vt entronizar

enthronement [ɪnˈθrəʊnmənt] n entronização

enthusiasm [ɪnˈθjuːzɪæzəm] n entusiasmo [for, por]

enthusiast [ɪnˈθjuːzɪæst] n entusiasta

enthusiastic [ɪnˌθjuːzɪˈæstɪk] adj entusiástico

entice [ɪnˈtaɪs] vt 1 atrair; seduzir 2 aliciar; incitar; *to entice somebody into doing something* convencer alguém a fazer alguma coisa

enticing [ɪnˈtaɪsɪŋ] adj tentador

entire [ɪnˈtaɪə] adj inteiro; todo

entirely [ɪnˈtaɪəli] adv inteiramente, totalmente

entirety [ɪnˈtaɪəti] n {pl -ies} form totalidade

entitle [ɪnˈtaɪtl] vt 1 dar direito [to, a] 2 (livro, texto) intitular ❖ (pessoa) *to be entitled to* ter direito a

entity [ˈentɪti] n {pl -ies} entidade

entomology [ˌentəˈmɒlədʒi] n {pl -ies} entomologia

entourage [ˌɒntʊˈrɑːʒ] n comitiva; séquito

entrails [ˈentreɪlz] npl entranhas; vísceras

entrance[1] [ˈentrəns] n 1 entrada [to, para/de]; *front entrance* entrada principal 2 ingresso, admissão; *entrance fee* joia

entrance[2] [ɪnˈtrɑːns] vt extasiar; deslumbrar; fascinar

entrancing [ɪnˈtrɑːnsɪŋ] adj fascinante; arrebatador

entrap [ɪnˈtræp] vt {pret e pp -pp-} 1 induzir [into, a]; *to be entrapped into signing* *a contract* ser induzido a assinar um contrato **2** apanhar em armadilha

entreat [ɪn'triːt] *vt* implorar [**for**, -]; suplicar [**for**, por]; *she entreated us for our help* ela implorou-nos que a ajudássemos

entreaty [ɪn'triːti] *n* (*pl* -ies) súplica

entrecôte ['ɒntrəkəʊt] *n* entrecosto

entrée ['ɒntreɪ] *n* **1** CUL entrada **2** admissão

entrench [ɪn'trentʃ] *vt* entrincheirar ♦ *vi* entrincheirar-se

entrenchment [ɪn'trentʃmənt] *n* entrincheiramento

entrepreneur [,ɒntrəprə'nɜː] *n* empresário

entrust [ɪn'trʌst] *vt* confiar [**with/to**, a]; *to entrust a person with something/to entrust something to a person* confiar alguma coisa a alguém

entry ['entri] *n* (*pl* -ies) **1** entrada [**into**, em] **2** acesso; *lines of entry into* vias de acesso a **3** lançamento; registo de entrada **4** (dicionário, enciclopédia) verbete

entryphone ['entrifəʊn] *n* porteiro automático

entwine [ɪn'twaɪn] *vt* (ramo, fita) entrelaçar; entrançar

enumerate [ɪ'njuːməreɪt] *vt* enumerar, contar

enumeration [ɪ,njuːmə'reɪʃən] *n* **1** enumeração **2** lista

enunciate [ɪ'nʌnsɪeɪt] *vt* **1** anunciar, expor **2** expressar; pronunciar; articular; *to enunciate clearly* articular com clareza

enunciation [ɪ,nʌnsɪ'eɪʃən] *n* **1** enunciação; exposição **2** articulação, pronúncia

enunciative [ɪ'nʌnsɪətɪv] *adj* enunciativo

envelop [ɪn'veləp] *vt* envolver [**in**, em]

envelope ['envɪləʊp] *n* **1** envelope, sobrescrito **2** invólucro

enviable ['envɪəbəl] *adj* invejável

envious ['envɪəs] *adj* invejoso [**of**, de]

environment [ɪn'vaɪərənmənt] *n* **1** ambiente; meio **2** arredores, subúrbios

environmental [ɪn,vaɪərən'mentəl] *adj* **1** ambiental, ecológico; *environmental impact* impacto ambiental **2** ambientalista

environmentalism [ɪn,vaɪərən'mentəlɪzəm] *n* proteção do ambiente, ecologia

environmentalist [ɪn,vaɪərən'mentəlɪst] *n* ambientalista; ecologista

environmentally [ɪn,vaɪərən'mentəli] *adv* *environmentally sensitive area* área protegida

environment-friendly [ɪn,vaɪərənmənt'frendli] *adj* amigo do ambiente

environs [ɪn'vaɪərɒnz] *n pl* subúrbios [**of**, de]; arredores [**of**, de]; *the environs of the city* os arredores da cidade

envisage [ɪn'vɪzɪdʒ] *vt* **1** prever **2** conceber, imaginar

envoy ['envɔɪ] *n* enviado, mensageiro

envy ['envi] *n* inveja [**at/of/towards**, de]; *out of envy* por inveja ♦ *vt* **1** invejar **2** cobiçar ❖ *green with envy* morto de inveja

enwrap [ɪn'ræp] *vt* (*pret e pp* -pp-) **1** envolver **2** enrolar, embrulhar

enzyme ['enzaɪm] *n* enzima

epaulette [epə'let] *n* dragona

ephebe [ɪ'fiːb] *n* efebo

ephemeral [ɪ'femərəl] *adj* efémero

epic ['epɪk] *n* **1** (poema); epopeia **2** CIN épico ♦ *adj* **1** épico **2** enorme, gigantesco

epicarp ['epɪkɑːp] *n* BOT epicarpo

epicene ['episiːn] *adj* epiceno

epicentre ['epɪ,sentə] *n* epicentro

epicure ['epɪkjʊə] *n* **1** epicurista **2** gourmet

epicurean [,epɪkjʊ'riːən] *adj,n* epicurista

epicureanism [,epɪkjʊ'riːənɪzəm] *n* FIL epicurismo

epicurism ['epɪkjʊrɪzəm] *n* epicurismo

epidemic [epɪ'demɪk] *n* epidemia, peste ♦ *adj* epidémico

epidermal [,epɪ'dɜːməl] *adj* epidérmico

epidermic [,epɪ'dɜːmɪk] *adj* ⇒ **epidermal**

epidermis [,epɪ'dɜːmɪs] *n* epiderme

epidural [ˌepɪ'djuːrəl] *adj,n* epidural

epigastrium [ˌepɪ'gæstrɪəm] *n* ANAT epigástrio

epiglottis [ˌepɪ'glɒtɪs] *n* {*pl* epiglottises} epiglote

epigone ['epɪgəʊn] *n* epígono

epigram ['epɪgræm] *n* epigrama

epigraph ['epɪgrɑːf] *n* epígrafe

epilepsy ['epɪlepsi] *n* epilepsia

epileptic [ˌepɪ'leptɪk] *adj,n* epilético

epilog ['epɪlɒg] *n EUA* ⇒ **epilogue**

epilogue ['epɪlɒg] *n* epílogo

epiphany [ɪ'pɪfəni] *n* epifania

Epiphany [ɪ'pɪfəni] *n* REL Epifania

episcopacy [ɪ'pɪskəpəsi] *n* 1 episcopado 2 bispado

episcopal [ɪ'pɪskəpəl] *adj* episcopal

episcopate [ɪ'pɪskəʊpɪt] *n* 1 episcopado 2 bispado

episode ['epɪsəʊd] *n* episódio

episodic [ˌepɪ'sɒdɪk] *adj* episódico

epistle [ɪ'pɪsəl] *n* epístola

epistolary [ɪ'pɪstələri] *adj* epistolar; LIT *epistolary novel* romance epistolar

epistolography [ˌɪˌpɪstə'lɒgrəfɪ] *n* epistolografia

epitaph ['epɪtɑːf] *n* epitáfio

epithelium [ˌepɪ'θiːlɪəm] *n* {*pl* -s, -a} epitélio

epithet ['epɪθet] *n* epíteto

epitome [ɪ'pɪtəmi] *n* 1 epítome [of, de] 2 personificação [of, de]

epitomize [ɪ'pɪtəmaɪz] *vt* 1 condensar 2 personificar; tipificar

epoch ['iːpɒk] *n* época

epoch-making ['iːpɒkmeɪkɪŋ] *adj* que fez história

equable ['ekwəbəl] *adj* 1 uniforme; regular 2 calmo

equal ['iːkwəl] *adj* 1 igual; idêntico; equivalente [to, a]; *the two squares are equal in size* os dois quadrados são iguais em tamanho 2 equilibrado ♦ *vt* {*pret e pp* -ll-} 1 igualar; pôr-se ao nível de 2 MAT ser

igual a ♦ *n* igual; par; *she has no equal* ela não tem igual *on equal terms* em pé de igualdade; *to be equal to* estar à altura de

equality [ɪ'kwɒlɪti] *n* igualdade

equalization [ˌiːkwəlaɪ'zeɪʃən] *n* 1 igualação 2 nivelamento 3 (finanças) regularização de dividendos ❖ *equalization fund* caixa de compensação

equalize ['iːkwəlaɪz] *vi* DESP igualar o marcador; empatar ♦ *vt* 1 igualar 2 equilibrar

equanimity [ˌiːkwə'nɪmɪti] *n* 1 equanimidade, firmeza, constância 2 serenidade, imparcialidade 3 retidão

equanimous [ɪ'kwænɪməs] *adj* equânime, imparcial

equate [ɪ'kweɪt] *vt* 1 equiparar [with, a] 2 comparar [with, a]

equation [ɪ'kweɪʒən] *n* MAT equação

equator [ɪ'kweɪtə] *n* equador

equatorial [ˌekwə'tɔːrɪəl] *adj* equatorial

Equatorial Guinea [ˌekwətɔːrɪəl'gɪnɪ] *n* Guiné Equatorial

Equatorial Guinean [ˌekwətɔːrɪəl'gɪnɪən] *adj,n* equato-guineense

equestrian [ɪ'kwestrɪən] *adj* equestre ♦ *n* cavaleiro

equestrianism [ɪ'kwestrɪənɪzəm] *n* hipismo

equiangular [ˌiːkwɪ'æŋgjʊlə] *adj* equiângulo

equidistance [ˌiːkwɪ'dɪstəns] *n* equidistância

equidistant [ˌiːkwɪ'dɪstənt] *adj* equidistante [from, de]

equilateral [ˌiːkwɪ'lætərəl] *adj* equilátero

equilibrium [ˌiːkwɪ'lɪbrɪəm] *n* {*pl* -s, -a} equilíbrio

equine ['ekwaɪn] *adj* equino ♦ *n* ZOOL equídeo

equinox ['iːkwɪnɒks] *n* {*pl* -es} equinócio

equip [ɪ'kwɪp] *vt* {*pret e pp* -pp-} 1 equipar [with, com; for, para] 2 apetrechar; prover do necessário 3 preparar [for, para]

equipment [ɪ'kwɪpmənt] n equipamento; material

equitable ['ekwɪtəbəl] adj equitativo, justo

equity ['ekwɪti] n {pl -ies} 1 equidade, justiça 2 ECON ação ❖ *equity capital* capital social; *equity market* mercado de ações

equivalence [ɪ'kwɪvələns] n equivalência

equivalent [ɪ'kwɪvələnt] adj,n equivalente

equivocal [ɪ'kwɪvəkəl] adj 1 equívoco 2 ambíguo; duvidoso

equivocate [ɪ'kwɪvəkeɪt] vi responder com evasivas; usar de subterfúgios

equivocation [ɪ,kwɪvə'keɪʃən] n 1 subterfúgio; evasiva 2 equívoco

era ['ɪərə] n era, época

eradicate [ɪ'rædɪkeɪt] vt 1 erradicar; *to eradicate crime* erradicar o crime 2 extirpar, destruir

eradication [ɪ,rædɪ'keɪʃən] n 1 erradicação 2 extirpação

erase [ɪ'reɪz] vt 1 apagar, safar 2 raspar, rasurar 3 destruir

eraser [ɪ'reɪzə] n borracha; *ink eraser* borracha de tinta

erasure [ɪ'reɪʃə] n rasura

erbium ['ɜːbɪəm] n QUÍM (elemento químico) érbio

erect [ɪ'rekt] adj 1 ereto; hirto 2 vertical; erguido ♦ vt 1 erigir, erguer, elevar 2 fundar, construir, instituir 3 (bandeira) içar

erectile [ɪ'rektaɪl] adj erétil

erection [ɪ'rekʃən] n 1 (corpo) ereção 2 (monumento) construção 3 (estrutura) montagem

ergot ['ɜːgɒt] n BOT cravagem

Eritrea [,erɪ'treɪə] n Eritreia

Eritrean [,erɪ'triːən] adj,n eritreu

ermine ['ɜːmɪn] n arminho

erode [ɪ'rəʊd] vt 1 GEOL erodir 2 corroer; desgastar 3 fig minar ♦ vi 1 GEOL sofrer erosão 2 desgastar-se

erosion [ɪ'rəʊʒən] n erosão

erosive [ɪ'rəʊsɪv] adj 1 erosivo 2 corrosivo 3 desgastante

erotic [ɪ'rɒtɪk] adj erótico

eroticism [ɪ'rɒtɪsɪzəm] n erotismo

err [ɜː] vi 1 errar, equivocar-se 2 pecar; *to err on the side of mercy* pecar por excessiva bondade ❖ *to err is human* errar é humano

errand ['erənd] n recado, mensagem; *errand boy* moço de recados; *to run errands for somebody* fazer recados a alguém

errant ['erənt] adj 1 errante 2 andante; *knight errant* cavaleiro andante

erratic [ɪ'rætɪk] adj irregular; inconstante ❖ *erratic driving* condução pouco segura

erratum [e'rɑːtəm] n {pl errata} errata

erroneous [ɪ'rəʊnɪəs] adj errôneo, falso

error ['erə] n erro; engano; equívoco ❖ *errors and omissions excepted* salvo erro ou omissão

eruct [ɪ'rʌkt] vt,i eructar; arrotar

eructation [ɪ,rʌk'teɪʃən] n eructação, arroto

erudite ['erudaɪt] adj erudito; culto

erudition [,eru'dɪʃən] n erudição

erupt [ɪ'rʌpt] vi 1 entrar em erupção 2 (borbulhas, alergia) aparecer 3 (dentes) romper 4 fig explodir

eruption [ɪ'rʌpʃən] n 1 (vulcão) erupção 2 (borbulha, alergia) aparecimento

eruptive [ɪ'rʌptɪv] adj eruptivo

escalate ['eskəleɪt] vi 1 aumentar; subir em flecha 2 intensificar-se 3 alastrar ❖ *to escalate into* terminar em; degenerar em

escalator ['eskəleɪtə] n escada rolante

escalope ['eskələʊp] n CUL escalope; *veal escalope* escalope de vitela

escapade [,eskə'peɪd] n peripécia; aventura

escape [ɪ'skeɪp] n 1 fuga [from/of, de]; evasão [from/of, de] 2 (líquido, gás) fuga 3 saída; *fire escape* saída de emergência ♦ vi escapar [from, de]; fugir [from, de]; evadir-se [from, de] ♦ vt evitar, escapar a, escapar de; *to escape pursuit* escapar à perseguição ❖ *to escape notice* passar despercebido; *to have a narrow escape* escapar por um triz

escarpment [ɪˈskɑːpmənt] *n* escarpa

eschatological [ˌeskətəˈlɒdʒɪkəl] *adj* REL escatológico

eschatology [ˌeskəˈtɒlədʒi] *n* REL escatologia

eschew [ɪsˈtʃuː] *vt* 1 evitar 2 abster-se de

escort[1] [ˈeskɔːt] *n* 1 escolta; *under police escort* sob escolta policial 2 acompanhamento; séquito 3 acompanhante

escort[2] [ɪˈskɔːt] *vt* escoltar [to, a/até]; acompanhar sob escolta [to, a/até]

escudo [eˈskuːdəʊ] *n* (antiga moeda) escudo

Eskimo [ˈeskɪməʊ] *adj,n* esquimó

esophagus [ɪˈsɒfəɡəs] *n* EUA esófago

esoteric [ˌesəʊˈterɪk] *adj* esotérico

espadrille [ˈespədrɪl] *n* (calçado) alpercata

esparto [ɪˈspɑːtəʊ] *n* BOT esparto

especial [ɪˈspeʃəl] *adj* 1 específico; particular 2 invulgar; excepcional

especially [ɪˈspeʃəli] *adv* 1 especialmente; particularmente 2 sobretudo

Esperanto [ˌespəˈræntəʊ] *n* esperanto

espionage [espiəˈnɑːʒ] *n* espionagem

esplanade [ˈespləneɪd] *n* marginal; avenida à beira-mar

espouse [ɪˈspaʊz] *vt* 1 adotar, aderir a 2 defender; apoiar

espresso [eˈspresəʊ] *n* café expresso; *espresso machine* máquina de café

essay [ˈeseɪ] *n* 1 LIT ensaio 2 ensaio, tentativa, experiência 3 (escola) composição, redação ♦ *vt* 1 tentar; experimentar 2 testar

essayist [ˈeseɪɪst] *n* LIT ensaísta

essence [ˈesəns] *n* 1 essência [of, de]; essencial [of, de] 2 (perfume) essência 3 CUL extrato

essential [ɪˈsenʃəl] *adj* essencial; indispensável ♦ *n* 1 essencial; principal 2 necessidade básica

establish [ɪˈstæblɪʃ] *vt* 1 estabelecer; constituir 2 fundar; instituir 3 determinar; provar; demonstrar 4 (*consagrar*) afirmar [as, como]

establishment [ɪˈstæblɪʃmənt] *n* estabelecimento; *teaching establishment* estabelecimento de ensino

estate [ɪˈsteɪt] *n* 1 propriedade 2 GB urbanização 3 bens, fortuna; *life estate* bens vitalícios ❖ *estate agency* agência imobiliária

esteem [ɪˈstiːm] *n* estima, consideração, apreço; *to hold in high esteem* ter em alta estima ♦ *vt* estimar, apreciar, considerar

ester [ˈestə] *n* éster

estimate[1] [ˈestɪmət] *n* 1 estimativa [of, de]; avaliação [of, de] 2 orçamento

estimate[2] [ˈestɪmeɪt] *vt* 1 estimar [at, em]; avaliar [at, em] 2 prever ♦ *vi* fazer um orçamento [for, para] ❖ *estimated time of arrival* hora prevista de chegada

estimation [ˌestɪˈmeɪʃən] *n* 1 opinião 2 avaliação, cálculo 3 estima, consideração

Estonia [eˈstəʊniə] *n* Estónia

Estonian [eˈstəʊnɪən] *adj,n* estónio

estrange [ɪˈstreɪndʒ] *vt* 1 indispor [from, contra] 2 afastar [from, de]; separar [from, de] ❖ *estranged couple* casal separado

estuary [ˈestʃʊəri] *n* (*pl* -ies) estuário

etching [ˈetʃɪŋ] *n* (gravura, arte) água-forte

eternal [ɪˈtɜːnəl] *adj* 1 eterno 2 *fig* infindável; incessante

eternalize [ɪˈtɜːnəlaɪz] *vt* eternizar; imortalizar; perpetuar

eternity [ɪˈtɜːnɪti] *n* (*pl* -ies) eternidade

ether [ˈiːθə] *n* éter

ethereal [ɪˈθɪəriəl] *adj* etéreo

ethic [ˈeθɪk] *n* ética; *work ethic* ética do trabalho

ethical [ˈeθɪkəl] *adj* ético

ethics [ˈeθɪks] *n* ética; *medical/professional ethics* ética médica/profissional

Ethiopia [i:θi'əupiə] n Etiópia
Ethiopian [i:θi'əupiən] adj,n etíope
Ethiopic [i:θi'əupik] n (língua) etíope
ethnic ['eθnik] adj étnico
ethnographer [eθ'nɒgrəfə] n etnógrafo
ethnographic [eθnə'græfik] adj etnográfico
ethnographical [eθnə'græfikəl] adj etnográfico
ethnography [eθ'nɒgrəfi] n etnografia
ethnologic [eθnə'lɒdʒik] adj etnológico
ethnologist [eθ'nɒlədʒist] n etnólogo
ethnology [eθ'nɒlədʒi] n etnologia
ethyl ['i:θail] n etilo
etiolation [i:tiəu'leiʃən] n (plantas) estiolamento
etiquette ['etiket] n etiqueta, boas maneiras
etymological [etimə'lɒdʒikəl] adj etimológico
etymology [eti'mɒlədʒi] n (pl -ies) etimologia
etymon ['etimɒn] n étimo, vocábulo de origem
EU [sigla de European Union] UE [sigla de União Europeia]
eucalyptus [ju:kə'liptəs] n eucalipto
Eucharist ['ju:kərist] n Sagrada Eucaristia
Eucharistic [ju:kə'ristik] adj eucarístico
eugenics [ju'dʒeniks] n eugenia
eulogy ['ju:lədʒi] n (pl -ies) 1 elogio [to, a; of/on, de] 2 elogio fúnebre
eunuch ['ju:nək] n eunuco
euphemism ['ju:fimizəm] n eufemismo
euphonic [ju:'fɒnik] adj 1 eufónico 2 suave, harmónico, melodioso
euphony ['ju:fəni] n eufonia
euphoria [ju:'fɔ:riə] n euforia
euphoric [ju:'fɒrik] adj eufórico
eureka [juə'ri:kə] interj heureca!
eurhythmics [ju:'riðmiks] n DESP ginástica rítmica
eurhythmy [ju:'riðmi] n euritmia

euro ['juərəu] n (pl -s) (moeda europeia) euro
Europe ['juərəp] n Europa
European [juərə'piən] adj,n europeu ❖ European Union União Europeia
Europeanize [juərə'piənaiz] vt europeizar
europium [juə'rəupiəm] n QUÍM (elemento químico) európio
euthanasia [ju:θə'neiziə] n eutanásia
evacuate [i'vækjueit] vt,i 1 evacuar [from, de; to, para] 2 despejar; esvaziar 3 desocupar
evacuation [ivækju'eiʃən] n evacuação
evade [i'veid] vt 1 fugir a; evitar; to evade the law fugir à lei 2 escapar-se a
evaluate [i'væljueit] vt 1 avaliar 2 estimar; calcular
evaluation [ivælju'eiʃən] n avaliação; estimativa
evangelical [i:væn'dʒelikəl] adj evangélico
evangelist [i'vændʒilist] n evangelista
evangelistic [ivændʒi'listik] adj evangelizador
evangelization [ivændʒilai'zeiʃən] n evangelização
evangelize [i'vændʒilaiz] vt evangelizar
evaporate [i'væpəreit] vt 1 evaporar 2 dissipar ♦ vi 1 evaporar-se; to evaporate in the open air evaporar-se ao ar livre 2 fig dissipar-se
evaporation [ivæpə'reiʃən] n evaporação
evaporator [i'væpəreitə] n vaporizador
evasion [i'veiʒən] n 1 evasão; fuga; tax evasion evasão fiscal, fuga ao fisco 2 evasiva
evasive [i'veisiv] adj evasivo
eve [i:v] n véspera [of, de]
even ['i:vən] adv 1 ainda, até, até mesmo; even better ainda melhor; even if mesmo que; even so mesmo assim 2 mesmo; even now agora mesmo ♦ adj 1 plano, liso, regular; even surface superfície plana 2 uniforme, constante 3 equili-

brado 4 (número) par; *even number* número par ♦ *vt* 1 nivelar 2 igualar 3 equilibrar ❖ *even as we speak* neste preciso momento; *even though* embora; *an even match* um jogo equilibrado; *not even* nem sequer; *to get even with somebody* vingar-se de alguém; *we're even* estamos quites

even-handed [ˌiːvənˈhændɪd] *adj* justo; imparcial; *to part even-handed* dividir irmãmente

evening [ˈiːvnɪŋ] *n* fim do dia; tardinha; *in the evening* ao fim do dia ♦ *adj* 1 vespertino 2 da noite; CIN *evening show* sessão da noite ❖ *evening dress* 1 vestido de noite 2 traje de cerimónia

evenly [ˈiːvənli] *adv* 1 uniformemente 2 equilibradamente

event [ɪˈvent] *n* 1 acontecimento, caso; *in the event of* no caso de 2 DESP prova; competição ❖ *at all events* seja como for; *in any event* aconteça o que acontecer

even-tempered [ˌiːvənˈtempəd] *adj* plácido; sereno

eventful [ɪˈventful] *adj* 1 cheio de acontecimentos 2 animado; agitado

eventual [ɪˈventʃuəl] *adj* 1 final 2 consequente

eventuality [ɪventʃuˈælɪti] *n* (*pl* -*ies*) eventualidade; possibilidade

ever [ˈevə] *adv* 1 sempre; *for ever* para sempre 2 já, alguma vez; *have you ever been to England?* já estiveste alguma vez em Inglaterra? 3 nunca; *hardly ever* quase nunca ❖ *ever since* desde (que); desde então

everlasting [ˌevəˈlɑːstɪŋ] *adv* perpétuo; eterno

evermore [ˌevəˈmɔː] *adv* eternamente; sempre; *for evermore* para sempre

every [ˈevri] *adj* 1 cada, cada um; *every other day* dia sim, dia não 2 todos; *every day* todos os dias ❖ *every man for himself* salve-se quem puder; *every now and* *then* de quando em quando; *every three days* de três em três dias

everybody [ˈevrɪbɒdi] *pron* toda a gente

everyday [ˈevrɪdeɪ] *adj* quotidiano

everyone [ˈevrɪwʌn] *pron* toda a gente

everything [ˈevrɪθɪŋ] *pron* tudo

everywhere [ˈevrɪweə] *adv* em toda a parte

evict [ɪˈvɪkt] *vt* (casa) despejar [**from**, de]; desalojar [**from**, de]

eviction [ɪˈvɪkʃən] *n* (inquilino, ocupante) despejo

evidence [ˈevɪdəns] *n* 1 prova [**of**, de]; *he destroyed the evidence of the crime* ele destruiu as provas do crime; *documentary evidence* prova documental 2 depoimento, testemunho; *to give evidence* prestar depoimento, testemunhar; *to take somebody's evidence* recolher o depoimento de alguém ♦ *vt* demonstrar; provar ❖ *on the evidence of* com base em; *to be in evidence* evidenciar-se; destacar-se

evident [ˈevɪdənt] *adj* evidente; óbvio

evidently [ˈevɪdəntli] *adv* evidentemente

evil [ˈiːvəluə] *adj* 1 mau, perverso 2 (influência) prejudicial, nocivo ♦ *n* 1 mal 2 maldade ❖ *evil eye* mau-olhado

evildoer [ˈiːvəluə] *n* malfeitor

evil-minded [ˈiːvəlmaɪndɪd] *adj* mal-intencionado

evince [ɪˈvɪns] *vt* 1 evidenciar 2 provar, justificar, demonstrar

eviscerate [ɪˈvɪsəreɪt] *vt* estripar

evocation [ˌevəˈkeɪʃən] *n* evocação

evocative [ɪˈvɒkətɪv] *adj* evocativo [**of**, de]

evoke [ɪˈvəuk] *vt* 1 evocar 2 provocar

evolution [ˌiːvəˈluːʃən] *n* evolução

evolutionary [ˌiːvəˈluːʃənəri] *adj* 1 (processo) evolutivo 2 (teoria) evolucionista

evolutionism [ˌiːvəˈluːʃənɪzəm] *n* evolucionismo

evolutionist [ˌiːvəˈluːʃənɪst] *n* evolucionista

evolve [ɪˈvɒlv] *vt* desenvolver ♦ *vi* **1** desenvolver-se **2** evoluir

ewe [juː] *n* ovelha

exacerbate [ɪɡˈzæsəbeɪt] *vt* exacerbar; agravar

exacerbation [ɪɡzæsəˈbeɪʃən] *n* exacerbação; agravamento

exact [ɪɡˈzækt] *adj* **1** exato; preciso; perfeito **2** rigoroso; escrupuloso ♦ *vt* **1** exigir [**from**, de] **2** requerer ❖ *exact sciences* ciências exatas

exactitude [ɪɡˈzæktɪtjuːd] *n* exatidão; precisão

exactly [ɪɡˈzæktli] *adv* exatamente ❖ *not exactly* não propriamente

exaggerate [ɪɡˈzædʒəreɪt] *vt,i* exagerar

exaggeration [ɪɡzædʒəˈreɪʃən] *n* exagero

exalt [ɪɡˈzɔːlt] *vt* **1** (*promover*) elevar [**to**, a] **2** exaltar; louvar **3** reforçar; intensificar

exaltation [eɡzɔːlˈteɪʃən] *n* **1** elevação **2** exaltação; louvor

exam [ɪɡˈzæm] *n* exame; (exame, teste) *exam paper* enunciado; *to take/sit an exam* fazer um exame

examination [ɪɡzæmɪˈneɪʃən] *n* **1** *form* exame **2** inspeção **3** investigação, inquérito **4** interrogatório

examine [ɪɡˈzæmɪn] *vt* **1** examinar, inspecionar **2** (escola) fazer um exame a **3** DIR interrogar [**on**, acerca de], inquirir [**on**, acerca de]

examinee [ɪɡzæmɪˈniː] *n* examinando

examiner [ɪɡˈzæmɪnə] *n* examinador

example [ɪɡˈzɑːmpəl] *n* exemplo; *for example* por exemplo; *to set a good example* dar o exemplo

exasperate [ɪɡˈzɑːspəreɪt] *vt* **1** exasperar, irritar **2** agravar

exasperating [ɪɡˈzɑːspəreɪtɪŋ] *adj* exasperante; irritante

exasperation [ɪɡzɑːspəˈreɪʃən] *n* exasperação; irritação

excavate [ˈekskəveɪt] *vt* **1** escavar **2** desenterrar

excavation [ekskəˈveɪʃən] *n* escavação

excavator [ˈekskəveɪtə] *n* **1** (máquina) escavadora **2** escavador

exceed [ɪkˈsiːd] *vt* exceder; ultrapassar; *to exceed the speed limit* ultrapassar o limite de velocidade

exceedingly [ɪkˈsiːdɪŋli] *adv* extremamente

excel [ɪkˈsel,ekˈsel] *vt* exceder, ultrapassar, vencer; *to excel oneself* superar-se ♦ *vi* ser muito bom [**at/in**, em]; sobressair [**at/in**, em]

excellence [ˈeksələns] *n* excelência

Excellency [ˈeksələnsi] *n* (*pl* -ies) (título) Excelência; *Your/His Excellency* Vossa/Sua Excelência

excellent [ˈeksələnt] *adj* excelente

except [ɪkˈsept] *prep* **1** exceto, menos, fora **2** salvo **3** à exceção de ♦ *vt* excluir [**from**, de] ❖ *except for* com a exceção de

exception [ɪkˈsepʃən] *n* exceção [**to**, a]; *with the exception of* com a exceção de ❖ *the exception proves the rule* a exceção confirma a regra; *to take exception to* ofender-se com

exceptionable [ɪkˈsepʃənəbəl] *adj* censurável

exceptional [ɪkˈsepʃənəl] *adj* excecional

excerpt [ˈeksɜːpt] *n* excerto [**from**, de]; extrato [**from**, de]

excess [ɪkˈses] *n* (*pl* -es) **1** excesso [**of**, de]; *excess baggage/luggage* excesso de bagagem **2** (comércio) excedente [**of**, de] ♦ *adj* em excesso ❖ *in excess of* superior a

excessive [ɪkˈsesɪv] *adj* excessivo

exchange [ɪksˈtʃeɪndʒ] *n* **1** troca; permuta **2** (dinheiro) câmbio **3** (ideias, estudantes) intercâmbio **4** (telefone) central telefónica ♦ *vt* **1** trocar [**for**, por; **with**, com]; *I exchanged seats with Bill* troquei de lugar com o Bill **2** (dinheiro) cambiar [**for**, por] ❖ *in exchange for* em troca de

exchequer [ɪks'tʃekə] *n GB* Ministério das Finanças; *the Chancellor of the Exchequer* o ministro das Finanças

excipient [ɪk'sɪpɪənt] *n* FARM excipiente

excise[1] [ɪk'saɪz] *vt* extirpar

excise[2] ['eksaɪz] *n* imposto de consumo

excision [ɪk'sɪʒn] *n* excisão, amputação

excitable [ɪk'saɪtəbəl] *adj* excitável; nervoso

excite [ɪk'saɪt] *vt* 1 excitar 2 provocar; despertar 3 entusiasmar

excitement [ɪk'saɪtmənt] *n* 1 excitação 2 entusiasmo

exciting [ɪk'saɪtɪŋ] *adj* excitante; estimulante

exclaim [ɪks'kleɪm] *vt,i* exclamar

exclamation [ɪksklə'meɪʃn] *n* exclamação; *GB exclamation mark* ponto de exclamação; *EUA exclamation point* ponto de exclamação

exclamatory [ɪks'klæmətəri] *adj* exclamatório

exclude [ɪk'sklu:d] *vt* 1 excluir [from, de] 2 deixar de fora 3 pôr de parte; rejeitar

exclusion [ɪk'oklu:ʒən] *n* exclusão [from, de] ❖ *to the exclusion of* excluindo

exclusive [ɪk'sklu:sɪv] *adj* 1 exclusivo 2 (jornalismo) em exclusivo 3 (clube) elitista; fechado 4 único ♦ *n* (jornalismo) exclusivo ❖ *exclusive of* não contando com; excluindo

exclusivism [ɪk'sklu:sɪvɪzəm] *n* exclusivismo

exclusivity [ˌɪksklu:'sɪvɪti] *n* exclusividade

excommunicate [ˌɪkskə'mju:nɪkeɪt] *vt* excomungar

excommunication [ˌɪkskəmju:nɪ'keɪʃn] *n* excomunhão

excoriate [ɪks'kɔ:rɪeɪt] *vt* escoriar

excoriation [ɪkskɔ:rɪ'eɪʃn] *n* escoriação

excrement ['ekskrɪmənt] *n* excremento

excrescence [ɪk'skresəns] *n* excrescência

excrete [ɪk'skri:t] *vt* excretar

excretion [ɪk'skri:ʃn] *n* excreção

excretory [ɪk'skri:təri] *adj* excretor

excruciate [ɪk'skru:ʃɪeɪt] *vt* martirizar, atormentar

excruciating [ɪk'skru:ʃɪeɪtɪŋ] *adj* atroz; insuportável

excursion [ɪks'kɜ:ʃən] *n* excursão; passeio

excursionist [ɪks'kɜ:ʃənɪst] *n* excursionista

excusable [ɪks'kju:zəbəl] *adj* desculpável

excuse[1] [ɪks'kju:z] *n* desculpa [for, por/para]; justificação [for, por/para]

excuse[2] [ɪks'kju:s] *vt* 1 desculpar [for, por] 2 justificar 3 dispensar [from, de]; *can I be excused from football practice?* pode dispensar-me do treino de futebol? ❖ *excuse me* com licença; desculpe; *excuse me?* como disse?; *to excuse oneself* desculpar-se; pedir licença para se ausentar

execrable ['eksɪkrəbəl] *adj* execrável

execrate ['eksɪkreɪt] *vt* considerar execrável; abominar

executable ['eksɪkju:təbəl] *adj* executável

execute ['eksɪkju:t] *vt* 1 cumprir; realizar; levar a cabo 2 (pena de morte) executar; *he was executed for murder* ele foi executado por homicídio 3 MÚS interpretar 4 DIR (testamento) cumprir

execution [ˌeksɪ'kju:ʃn] *n* 1 execução [of, de]; cumprimento [of, de] 2 (morte) execução 3 MÚS interpretação 4 DIR (testamento) cumprimento

executioner [ˌeksɪ'kju:ʃənə] *n* executor; carrasco

executive [ɪg'zekjʊtɪv] *n* 1 (profissional) executivo 2 (governo) comité central ♦ *adj* 1 (função, cargo) executivo 2 (serviço, objeto, espaço) para executivos

executor [ɪg'zekjʊtə] *n* DIR executor testamentário

exegesis [ˌeksɪ'dʒi:sɪs] *n* {*pl* exegeses} exegese

exegetic [eksɪ'dʒetɪk] *adj* exegético

exemplar [ɪg'zemplə] *n* 1 (edição) exemplar 2 modelo; ideal

exemplarity [ɪgzem'plærɪti] *n* exemplaridade

exemplary [ɪg'zempləri] *adj* exemplar

exemplification [ɪg,zemplɪfɪ'keɪʃən] *n* exemplificação

exemplify [ɪg'zemplɪfaɪ] *vt* exemplificar

exempt [ɪg'zempt] *adj* livre [**from**, de]; isento [**from**, de]; *exempt from taxation* isento de imposto ♦ *vt* **1** isentar [**from**, de] **2** dispensar [**from**, de]; *to be exempted from military service* ser dispensado do serviço militar

exemption [ɪg'zempʃən] *n* isenção [**from**, de]

exequies ['eksɪkwiz] *n pl* (funeral) exéquias

exercise ['eksəsaɪz] *n* **1** (geral) exercício; *exercise book* livro de exercícios; *exercise of authority* exercício de autoridade; *physical exercise* exercício físico **2** prática [**of**, de]; aplicação [**of**, de] ♦ *vt* **1** exercer; empregar; aplicar **2** exercitar; treinar ♦ *vi* exercitar-se, fazer exercício ❖ *to be exercised about* estar preocupado com

exert [ɪg'zɜːt] *vt* **1** exercer **2** recorrer a; fazer uso de ❖ *to exert oneself* esforçar-se

exertion [ɪg'zɜːʃən] *n* esforço

exfoliate [eks'fəʊlieɪt] *vt,i* esfoliar

exfoliation [,eksfəʊli'eɪʃən] *n* esfoliação; peeling

exhalation [,eksha'leɪʃən] *n* exalação

exhale [eks'heɪl] *vt,i* **1** (ar) expirar **2** (cheiro) exalar

exhaust [ɪg'zɔːst] *n* **1** (automóvel) escape; *exhaust pipe* tubo de escape **2** descarga ♦ *vt* **1** (cansaço) extenuar **2** (recursos, tema, etc.) esgotar

exhausting [ɪg'zɔːstɪŋ] *adj* fatigante; extenuante

exhaustion [ɪg'zɔːstʃən] *n* esgotamento

exhaustive [ɪg'zɔːstɪv] *adj* exaustivo

exhibit [ɪg'zɪbɪt] *n* **1** (exposição) obra exposta; objeto exposto **2** DIR prova apresentada em tribunal ♦ *vt* **1** (artes) expor **2** apresentar; manifestar; dar mostras de

exhibition [,eksɪ'bɪʃən] *n* **1** (artes) exposição **2** demonstração **3** *pej* (comportamento) cena

exhibitionism [,eksɪ'bɪʃənɪzəm] *n* exibicionismo

exhibitionist [,eksɪ'bɪʃənɪst] *n* exibicionista

exhibitor [ɪg'zɪbɪtə] *n* expositor

exhilarate [ɪg'zɪləreɪt] *vt* animar; entusiasmar; estimular

exhilarating [ɪg'zɪləreɪtɪŋ] *adj* entusiasmante; estimulante

exhort [ɪg'zɔːt] *vt* exortar [**to**, a]

exhortation [,egzɔː'teɪʃən] *n* exortação

exhumation [,ekshjʊ'meɪʃən] *n* exumação

exhume [eks'hjuːm] *vt* exumar, desenterrar

exigency ['eksɪdʒənsi] *n* **1** necessidade **2** urgência; emergência; *in this exigency* nesta emergência

exigent ['eksɪdʒənt] *adj* **1** urgente, de emergência **2** exigente ❖ *exigent of* que exige

exiguity [eksɪ'gjuːɪti] *n* exiguidade

exiguous [eg'zɪgjʊəs] *adj* exíguo

exile ['egzaɪl] *n* **1** exílio, desterro **2** (pessoa) exilado, desterrado ♦ *vt* exilar [**to**, para], desterrar [**to**, para]

exist [ɪg'zɪst] *vi* **1** existir **2** sobreviver; subsistir [**on**, com]; *she exists on tea and bread* ela sobrevive a pão e água

existence [ɪg'zɪstəns] *n* **1** existência **2** vida

existent [ɪg'zɪstənt] *adj* existente

existential [,egzɪs'tenʃəl] *adj* existencial

existentialism [,egzɪs'tenʃəlɪzəm] *n* existencialismo

existentialist [,egzɪs'tenʃəlɪst] *adj,n* existencialista

existing [ɪg'zɪstɪŋ] *adj* **1** existente **2** atual

exit ['eksɪt] *n* **1** saída [**from**, de] **2** TEAT saída de palco

ex-libris [eks'lɪbrɪs] *n* ex-líbris

exodus ['eksədəs] *n* êxodo

exonerate [ɪg'zɒnəreɪt] *vt* 1 (acusação) ilibar [from, de] 2 (culpa) absolver [from, de] 3 (obrigação) desonerar [from, de]; libertar [from, de]

exoneration [ɪgzɒnə'reɪʃən] *n* 1 (acusação) ilibação 2 (culpa) absolvição 3 (obrigação) desoneração

exorbitance [ɪg'zɔːbɪtəns] *n* exorbitância, excesso

exorbitant [ɪg'zɔːbɪtənt] *adj* exorbitante

exorcism ['eksɔːsɪzəm] *n* exorcismo

exorcist ['eksɔːsɪst] *n* exorcista

exorcize ['eksɔːsaɪz] *vt* 1 exorcizar 2 esconjurar

exordium [ek'sɔːdɪəm] *n* (*pl* -s, -a) RET exórdio

exosmosis [ˌeksɒs'məʊsɪs] *n* exosmose

exotic [ɪg'zɒtɪk] *adj* exótico

exoticism [ɪg'zɒtɪsɪzəm] *n* exotismo

expand [ɪks'pænd] *vt* 1 expandir; ampliar 2 dilatar, alargar ♦ *vi* 1 expandir-se; ampliar-se 2 desenvolver-se 3 dilatar-se, alargar-se 4 (pessoa) ser mais expansivo
♦ **expand on/upon** *vt* (escrito, relato) desenvolver

expanse [ɪks'pæns] *n* extensão [of, de]

expansion [ɪks'pænʃən] *n* 1 (cidade) desenvolvimento 2 (negócio) expansão 3 (população) aumento 4 (metal) dilatação

expansive [ɪks'pænsɪv] *adj* expansivo, comunicativo; **to become expansive** tornar-se expansivo

expansiveness [ɪks'pænsɪvnɪs] *n* expansividade

expatriate [eks'pætrɪeɪt] *vt* expatriar, exilar, desterrar

expatriation [eksˌpætrɪ'eɪʃən] *n* expatriação, desterro, exílio

expect [ɪk'spekt] *vt* 1 esperar; estar na expectativa de; aguardar; contar com 2 *col* (*supor*) imaginar; **I expect so** imagino que sim ❖ **to expect too much (of)** ter expectativas demasiado elevadas (em relação a);

to be expecting estar grávida; **only to be expected** que já era de esperar

expectancy [ɪk'spektənsi] *n* expectativa; esperança

expectant [ɪk'spektənt] *adj* expectante ❖ **expectant mother** futura mãe

expectation [ˌekspek'teɪʃən] *n* expectativa, esperança ❖ **according to expectation** conforme se esperava

expectorant [ɪk'spektərənt] *adj,n* (medicamento) expetorante

expectorate [ɪk'spektəreɪt] *vt,i* expetorar

expectoration [ɪkspektə'reɪʃən] *n* expetoração

expedient [ɪk'spiːdɪənt] *adj* 1 adequado; oportuno 2 *pej* conveniente ♦ *n* meio, recurso

expedition [ˌekspə'dɪʃən] *n* 1 expedição 2 rapidez, diligência

expeditionary [ˌekspə'dɪʃənəri] *adj* expedicionário; MIL **expeditionary force** força expedicionária

expeditious [ˌekspɪ'dɪʃəs] *adj* expedito; diligente; despachado

expel [ɪk'spel] *vt* {*pret e pp* -ll-} 1 expulsar [from, de] 2 expelir

expend [ɪk'spend] *vt* 1 (dinheiro) despender [on/in, em]; gastar [on/in, em] 2 (tempo, energia, recursos) aplicar; empregar [on/in, em]

expendable [ɪk'spendəbəl] *adj* dispensável, substituível

expenditure [ɪk'spendɪtʃə] *n* 1 gasto, despesa 2 (esforço, tempo, energia) dispêndio

expense [ɪk'spens] *n* despesa, gasto ❖ **all expenses paid** com tudo incluído; **at the expense of** à custa de

expensive [ɪk'spensɪv] *adj* caro; dispendioso

experience [ɪk'spɪərɪəns] *n* experiência [of, em]; **to lack experience** não ter experiência; **to speak from experience** falar por experiência ♦ *vt* 1 sentir 2 (problemas) ter 3 conhecer

experiment [ɪk'sperɪmənt] n experiência ♦ vi fazer experiências [**on/with**, em/com]; *to experiment on animals* fazer experiências em animais

experimental [ɪkˌsperɪ'mentəl] adj experimental

experimentation [ɪkˌsperɪmen'teɪʃən] n experimentação; experiências

expert ['ekspɜːt] adj,n especialista; perito

expertise [ˌekspɜː'tiːz] n perícia, competência

expiration [ekspɪ'reɪʃən] n 1 vencimento; termo 2 (respiração) expiração 3 falecimento ❖ EUA (comida, medicamentos) *expiration date* prazo de validade

expire [ɪk'spaɪə] vi 1 (prazo) terminar; expirar 2 falecer 3 (respiração) expirar

expiry [ɪk'spaɪərɪ] n termo; vencimento; *expiry date* prazo de validade

explain [ɪk'spleɪn] vt explicar ♦ vi explicar-se

◆ **explain away** vt justificar; dar uma explicação satisfatória para

explanation [eksplə'neɪʃən] n explicação [**for/of**, para]

explanatory [ɪk'splænətərɪ] adj explicativo

expletive [ɪk'spliːtɪv] adj LING expletivo ♦ n LING frase ou palavra expletiva

explicate ['eksplɪkeɪt] vt (teoria, análise literária) interpretar; explicar

explication [eksplɪ'keɪʃən] n (teoria, análise literária) interpretação; explicação

explicit [ɪk'splɪsɪt] adj 1 explícito 2 categórico

explode [ɪk'spləʊd] vt 1 explodir com; rebentar com 2 fig lançar o descrédito sobre; desmentir; *to explode a theory* desacreditar uma teoria ♦ vi 1 explodir 2 fig rebentar [**with**, de]; *to explode with laughter* rebentar de riso 3 (aumentar rapidamente) disparar.fig

exploit[1] ['eksplɔɪt] n proeza, feito

exploit[2] [ɪk'splɔɪt] vt 1 (desonestidade) explorar; aproveitar-se de; *to exploit children's work* explorar o trabalho infantil 2 (rentabilizar) explorar; *to exploit mineral resources* explorar os recursos minerais

exploitable [ɪk'splɔɪtəbəl] adj explorável

exploitation [eksplɔɪ'teɪʃən] n (pessoas, recursos) exploração

exploiter [ɪk'splɔɪtə] n pej explorador

exploration [eksplɔː'reɪʃən] n (viagem, estudo) exploração [**of**, de]

explore [ɪk'splɔː] vt 1 (viagem) explorar 2 (assunto) explorar, analisar ♦ vi fazer exploração; *to go exploring* ir fazer uma exploração

explorer [ɪk'splɔːrə] n explorador, aventureiro

explosion [ɪk'spləʊʒən] n 1 (bomba, protestos) explosão 2 fig subida em flecha

explosive [ɪk'spləʊzɪv] adj,n explosivo

exponent [ɪk'spəʊnənt] n 1 (teoria) defensor 2 MAT expoente

exponential [ekspə'nenʃəl] adj exponencial

export[1] ['ekspɔːt] n 1 exportação 2 artigo de exportação

export[2] [ɪk'spɔːt] vt exportar

exportable [ɪk'spɔːtəbəl] adj exportável

exportation [ekspɔː'teɪʃən] n exportação

exporter [ɪk'spɔːtə] n exportador

expose [ɪk'spəʊz] vt 1 expor [**to**, a]; *the coast is exposed to harsh north winds* a costa está exposta a nortadas cortantes 2 sujeitar [**to**, a] 3 denunciar; revelar 4 FOT expor ❖ (exibicionismo) *to expose oneself* exibir-se nu

exposé [ek'spəʊzeɪ] n revelação; declaração

exposition [ekspə'zɪʃən] n 1 exposição; enunciação 2 (indústria) feira

expository [eks'pɒzɪtərɪ] adj 1 expositivo 2 enunciativo

exposure [ɪk'spəʊʒə] n 1 exposição 2 denúncia; revelação 3 (jornalismo) publicidade, cobertura 4 MED hipotermia 5 FOT tempo de exposição

express [ɪk'spres] *vt* 1 expressar, exprimir 2 (carta, encomenda) enviar por correio expresso ♦ *adj* 1 expresso, manifesto 2 (transporte) expresso, rápido; *express bus* camioneta expresso 3 GB (correio) expresso, urgente; *express post/mail/delivery* correio expresso 4 *EUA* (faixa) rápida ♦ *n* (meio de transporte) expresso, rápido ♦ *adv* GB por expresso; *to send/deliver something express* enviar/entregar alguma coisa por expresso

expression [ɪk'spreʃən] *n* expressão

expressionism [ɪk'spreʃənɪzəm] *n* ART,LIT expressionismo

expressionist [ɪk'spreʃənɪst] *adj,n* expressionista

expressionless [ɪk'spreʃənləs] *adj* 1 sem expressão 2 impassível

expressive [ɪk'spresɪv] *adj* 1 expressivo 2 revelador [of, de]

expressiveness [ɪk'spresɪvnɪs] *n* expressividade

expressly [ɪk'spresli] *adv* expressamente; claramente

expressway [ɪk'spreswei] *n* EUA via rápida

expropriate [ɪk'sprəuprieit] *vt* DIR expropriar, alienar

expropriation [ˌɪksprəupri'eiʃən] *n* expropriação

expulsion [ɪk'spʌlʃən] *n* expulsão [from, de]

expurgation [ˌekspə'geiʃən] *n* expurgação

exquisite ['ekskwɪzɪt] *adj* 1 belo, elegante 2 requintado

ex-serviceman [eks'sɜːvɪsmən] *n* ex-combatente

extemporaneous [ɪkˌstempə'reiniəs] *adj* improvisado

extend [ɪk'stend] *vt* 1 ampliar, alargar 2 (tempo) dilatar; adiar; *to extend a deadline* dilatar um prazo 3 abranger, englobar, tornar-se extensivo a; ir além de 4 oferecer; estender; *to extend your hand to somebody* estender a mão a alguém 5 *form* endereçar [to, a]; apresentar [to, a]; *to extend a welcome to somebody* dar as boas-vindas a alguém; *to extend condolences/sympathies to somebody* apresentar condolências a alguém ♦ *vi* 1 continuar, prolongar-se; *the valley extends as far as the river* o vale prolonga-se ao longo do rio 2 durar, persistir, fazer-se sentir ❖ (banco) *to extend credit to somebody* conceder crédito a alguém

extended [ɪk'stendɪd] *adj* alargado; *extended family* família alargada

extensible [ɪk'stensɪbəl] *adj* extensível

extension [ɪk'stenʃən] *n* 1 (construção) alargamento; ampliação 2 GB (edifício) anexo [of, de] 3 (tempo) prolongamento 4 extensão; ELET *extension lead* extensão elétrica; (cabelo) *hair extensions* extensões do cabelo

extensive [ɪk'stensɪv] *adj* extenso, vasto; *extensive damage* danos consideráveis

extensor [ɪk'stensə] *n* ANAT extensor

extent [ɪk'stent] *n* 1 extensão; dimensão 2 amplitude; alcance ❖ *to a great/large extent* em grande medida; *to some/a certain extent* até certo ponto

extenuate [ɪk'stenjueit] *vt* *form* atenuar; minorar

extenuating [ɪk'stenjueitiŋ] *adj* atenuante

extenuation [ɪkstenju'eiʃən] *n* atenuação, diminuição, mitigação

exterior [ɪk'stiəriə] *n* 1 exterior; *the exterior of a building* a fachada de um edifício 2 aparência, aspeto ♦ *adj* exterior; externo

exteriority [ɪkˌstiəri'ɒrɪti] *n* exterioridade

exterminate [ɪk'stɜːmineit] *vt* (espécie) exterminar

extermination [ɪkstɜːmɪ'neiʃən] *n* extermínio, exterminação

exterminator [ɪks'tɜːmineitə] *n* exterminador

extern ['ekstɜːn] n médico externo

external [ɪk'stɜːnəl] adj exterior; externo ❖ POL *External Affairs* Negócios Estrangeiros; FARM (medicamentos) *for external use only* uso externo

externalize [ek'stɜːnəlaɪz] vt exteriorizar

extinct [ɪk'stɪŋkt] adj (espécie, vulcão) extinto

extinction [ɪk'stɪŋkʃən] n extinção

extinguish [ɪk'stɪŋgwɪʃ] vt 1 (fumo, fogo, luz) apagar; *please extinguish your cigarette* por favor, apague o cigarro 2 acabar com

extinguisher [ɪk'stɪŋgwɪʃə] n extintor; *fire extinguisher* extintor (de incêndios)

extirpate ['ekstɜːpeɪt] vt extirpar

extirpation [ekstɜː'peɪʃən] n extirpação

extort [ɪk'stɔːt] vt extorquir [from, a]

extortion [ɪk'stɔːʃən] n extorsão

extortioner [ɪk'stɔːʃənə] n extorsionista

extra ['ekstrə] adj extra, adicional; *at no extra cost* sem custos adicionais ♦ n 1 extra 2 CIN figurante 3 (jornal) edição extra ♦ adv 1 extra; à parte; *accommodation costs are extra* os custos de alojamento são à parte 2 super; *they are extra nice* eles são super simpáticos ❖ GB DESP *extra time* prolongamento

extract[1] ['ekstrækt] n (texto, concentrado) extrato

extract[2] [ɪk'strækt] vt 1 extrair [from, de] 2 tirar; *to extract a tooth* tirar um dente 3 *fig* extorquir [from, de]; arrancar [from, de]; *to extract the truth from somebody* arrancar a verdade a alguém

extraction [ɪk'strækʃən] n extração; *coal extraction* extração de carvão; MED *to have an extraction* tirar um dente

extractor [ɪk'stræktə] n exaustor; *extractor fan* exaustor

extracurricular [ekstrəkə'rɪkjʊlə] adj extracurricular

extradite ['ekstrədaɪt] vt DIR extraditar

extradition [ekstrə'dɪʃən] n extradição

extrajudicial [ekstrədʒuː'dɪʃəl] adj extrajudicial

extramarital [ekstrə'mærɪtəl] adj extraconjugal

extraneous [ɪks'treɪnɪəs] adj 1 secundário; irrelevante 2 externo

extranet ['ekstrənet] n INFORM extranet

extraordinarily [ɪks'trɔːdɪnərɪli] adv extraordinariamente

extraordinary [ɪks'trɔːdnri] adj extraordinário; *extraordinary meeting/session* reunião/sessão extraordinária; *how extraordinary!* incrível!

extrapolate [ɪk'stræpəleɪt] vt extrapolar

extrasensory [ekstrə'sensəri] adj extrassensorial

extraterrestrial [ekstrətə'restrɪəl] adj,n extraterrestre

extraterritorial [ekstrəterɪ'tɔːrɪəl] adj extraterritorial

extrauterine [ekstrə'juːtəraɪn] adj extrauterino

extravagance [ɪk'strævəgəns] n extravagância

extravagant [ɪk'strævəgənt] adj 1 extravagante 2 gastador; esbanjador 3 (preço) exorbitante

extravasate [ek'strævəseɪt] vt,i extravasar

extravasation [ekstrævə'seɪʃən] n extravasamento

extreme [ɪk'striːm] adj 1 extremo; *extreme poverty* pobreza extrema 2 excecional 3 DESP radical ♦ n extremo ❖ REL *extreme unction* Extrema-Unção; *in the extreme* ao máximo

extremely [ɪk'striːmli] adv extremamente

extremism [ɪk'striːmɪzəm] n extremismo

extremist [ɪk'striːmɪst] adj,n extremista

extremity [ɪk'stremɪti] n {pl -ies} extremidade, limite

extricate ['ekstrɪkeɪt] vt 1 libertar [from, de]; livrar [from, de] 2 recuperar

extrinsic [eks'trɪnsɪk] adj extrínseco, externo

extrovert ['ekstrəvɜːt] n,adj extrovertido

extrusion [ɪk'stru:ʒən] n extrusão

exuberance [ɪg'zju:bərəns] n exuberância; vitalidade

exuberant [ɪg'zju:bərənt] adj 1 exuberante; eufórico 2 (vegetação) exuberante

exudation [,eksju:'deɪʃən] n exsudação, transpiração

exude [ɪg'zju:d] vt 1 (cheiro, líquido) exalar, emitir 2 irradiar; *he exuded happiness* ele irradiava alegria ♦ vi (cheiro, líquido) sair

exult [ɪg'zʌlt] vi regozijar-se [at/in, com]

exultant [ɪg'zʌltənt] adj exultante; triunfante

exultation [,egzʌl'teɪʃən] n exultação; regozijo

eye [aɪ] n 1 olho 2 vista; visão 3 (perspetiva) olhar 4 (agulha) olho 5 colcheta ♦ vt (pres eyeing) fitar, observar; admirar ❖ *eye contact* contacto visual; *eye patch* pala; (provérbio) *an eye for an eye, a tooth for a tooth* olho por olho, dente por dente; *GB col my eye!* o tanas!; *there is more to that than meets the eye* há mais que se lhe diga; *to make eyes at somebody/to give somebody the eye* fazer olhinhos a alguém; *to set eyes on* pôr a vista em

eyeball ['aɪbɔ:l] n ANAT globo ocular ♦ vt col olhar, observar

eyebrow ['aɪbraʊ] n sobrancelha

eye-catching ['aɪkætʃɪŋ] adj chamativo; vistoso

eyeglass ['aɪglɑ:s] n monóculo ♦ npl EUA óculos

eyelash ['aɪlæʃ] n {pl -es} pestana ❖ *to flutter your eyelashes* fazer olhinhos

eyelet ['aɪlɪt] n ilhó

eyelid ['aɪlɪd] n pálpebra

eyeliner ['aɪlaɪnə] n (cosmética) eyeliner

eye-opener ['aɪ,əʊpnə] n revelação; grande surpresa

eyepiece ['aɪpi:s] n ocular

eyeshade ['aɪʃeɪd] n pala, viseira

eyeshadow ['aɪʃædəʊ] n (cosmética) sombra (para os olhos)

eyesight ['aɪsaɪt] n vista, visão; *an eyesight test* um teste de visão

eyesore ['aɪsɔ:] n (edifício) mamarracho, aberração

eyestrain ['aɪstreɪn] n vista cansada

eyetooth ['aɪtu:θ] n {pl -teeth} dente canino superior ❖ *to give your eyetooth for something* dar tudo para ter alguma coisa

eyewash ['aɪwɒʃ] n FARM colírio

eyewitness ['aɪwɪtnəs] n testemunha ocular

eyrie ['eəri] n (ave de rapina) ninho

F

f [ef] *n* {*pl* **f's**} **1** (letra) f **2** [com maiúscula] MÚS fá **3** [com maiúscula] (escola) negativa

fab [fæb] *adj col* fabuloso; espetacular; bestial

fable ['feɪbəl] *n* fábula; lenda

fabric ['fæbrɪk] *n* tecido; *woollen fabrics* tecidos de lã

fabricate ['fæbrɪkeɪt] *vt* **1** inventar, forjar; *to fabricate a document* forjar um documento **2** *téc* fabricar, produzir

fabrication [fæbrɪ'keɪʃən] *n* **1** (história) invenção **2** (objetos) fabrico

fabulous ['fæbjələs] *adj* **1** (aspeto, sentimento) fabuloso, espantoso **2** (ficção) fantástico, mítico

façade [fə'sɑːd] *n* **1** ARQ fachada **2** *fig* aparência

face [feɪs] *n* **1** cara, face, rosto **2** careta; *to pull a face* fazer uma careta **3** (relógio) mostrador ♦ *vt* **1** deparar com, ver-se confrontado [**with**, com]; *to be faced with a problem* ver-se confrontado com um problema **2** enfrentar, encarar; *you must face the problem* tens de encarar o problema **3** admitir, reconhecer **4** estar virado para; estar orientado para; estar de frente para; *the house was faced north* a casa estava virada a norte ❖ *face cream* creme facial; *GB face flannel* toalha de rosto; *face powder* pó de arroz; *in the face of* perante; *let's face it!* sejamos realistas!; *on the face of it* à primeira vista; *GB col* *to have the face to do something* ter a lata de fazer alguma coisa; *to keep a straight face* conter o riso; *to lose face* perder a face

faceless ['feɪsləs] *adj* anónimo

facelift ['feɪslɪft] *n* **1** (rosto) lifting **2** *fig* remodelação

face-off ['feɪsɒf] *n* **1** DESP (hóquei no gelo) início do jogo **2** *fig* confronto; braço de ferro

facet ['fæsɪt] *n* **1** (joia) faceta **2** *fig* aspeto

face-to-face [feɪstə'feɪs] *adj* frente a frente; cara a cara

facial ['feɪʃəl] *adj* facial ♦ *n* limpeza de pele

facilitate [fə'sɪlɪteɪt] *vt form* facilitar

facilitation [fəsɪlɪ'teɪʃən] *n* facilitação

facilities [fə'sɪlɪtɪz] *n pl* **1** instalações; *school facilities* instalações escolares **2** equipamento ❖ *shopping facilities* galeria comercial; *transport facilities* meios de transporte

facility [fə'sɪlɪti] *n* {*pl* **-ies**} **1** facilidade **2** talento [**for**, para] **3** dispositivo; mecanismo ♦ *npl* instalações

facing ['feɪsɪŋ] *n* **1** cobertura, revestimento **2** (peça de roupa) forro; entretela

facsimile [fæk'sɪmɪli] *n* fac-símile

fact [fækt] *n* **1** facto **2** realidade; verdade ❖ *as a matter of fact* por acaso; *to know for a fact that* saber de fonte segura que

fact-finding ['fæktfaɪndɪŋ] *adj* (comissão) de investigação

faction ['fækʃən] *n* facção

factious ['fækʃəs] *adj* **1** (opiniões) faccioso; tendencioso **2** (carácter, ação) insidioso

factor ['fæktə] *n* **1** fator [**in**, de]; causa [**in**, de]; *the main factor in somebody's action* a causa principal dos atos de alguém **2** (níveis) coeficiente ❖ *factor 10 suntan oil* protetor solar de fator 10

factorial [fæk'tɔːrjəl] *adj,n* MAT fatorial

factory ['fæktəri] *n* {*pl* **-ies**} fábrica ❖ *factory floor* área de produção numa fábrica; *factory price* preço de fábrica

factotum [fæk'təʊtəm] *n* faz-tudo; habilidoso

factual ['fæktʊəl] *adj* factual; objetivo

faculty ['fækəltɪ] *n {pl* -ies} **1** (capacidade, universidade) faculdade **2** dom, aptidão [for, para] **3** EUA corpo docente

fad [fæd] *n* **1** moda **2** mania

faddy ['fædi] *adj {comp* -ier, *superl* -iest} GB *col,pej* esquisito; extravagante

fade [feɪd] *vi* **1** (cor) desbotar; perder a cor; *the painting faded* o quadro desbotou **2** (memória, imagem) desvanecer-se, diluir-se **3** (luz) escurecer; *light was fading outside* escurecia lá fora **4** (intensidade) esmorecer; desvanecer-se ♦ *vt* desbotar, fazer perder a cor

♦ **fade away** *vi* **1** (imagem, som) desvanecer-se; esfumar-se **2** (pessoa) decair

♦ **fade in** *vt* **1** (som) aumentar **2** (imagem) aparecer progressivamente

♦ **fade out** *vt* (som, imagem) fazer desaparecer progressivamente ♦ *vi* desaparecer progressivamente; desvanecer-se; esmorecer

faeces ['fiːsiːz] *npl form* fezes

faff [fæf] *vi col* perder tempo; empatar; *to faff about* perder tempo

fag [fæg] *n* **1** GB *col* cigarro, GB *fag end* beata **2** EUA *cal* maricas, larilas **3** *col* chatice, seca; *it is such a fag to clean up* fazer arrumações é uma chatice; *what a fag!* que seca! **4** GB caloiro ♦ *vi* **1** trabalhar muito **2** GB (caloiro a aluno mais velho) servir [for, -]; prestar serviços [for, a] ❖ *the fag end of something* os restos de alguma coisa

fagged ['fægd] *adj col* cansado; estourado

faggot ['fægət] *n GB* almôndega

Fahrenheit ['færənhaɪt] *n,adj* Fahrenheit; *twelve degrees Fahrenheit* doze graus Fahrenheit

fail [feɪl] *vt* **1** faltar, falhar; *words fail me* faltam-me as palavras **2** deixar ficar mal **3** (escola) reprovar, chumbar ♦ *vi* **1** falhar; *my concentration failed* faltou-me a concentração **2** (promessa) não cumprir; *he failed to keep his word* ele faltou à palavra **3** (máquinas) avariar **4** (saúde) ressentir-se ❖ *I fail to see* não estou a compreender; *without fail* sem falta

failing ['feɪlɪŋ] *n* **1** (mecanismo) falha **2** (personalidade) fraqueza; defeito ♦ *adj* em declínio ♦ *prep* à falta de; *failing that* se isso não for possível

fail-safe ['feɪlseɪf] *adj* de segurança; *fail-safe door* porta de segurança

failure ['feɪljə] *n* **1** fracasso; falhanço **2** falha, avaria **3** insuficiência; *kidney failure* insuficiência renal **4** falência

faint [feɪnt] *adj {comp* -er, *superl* -est} **1** (pessoa) fraco; com tonturas **2** (cor) desmaiado **3** ligeiro; leve; vago; *a faint accent* um ligeiro sotaque; *a faint hope* uma vaga esperança **4** (intensidade) frouxo, brando; *faint protests* protestos frouxos ♦ *vi* desmaiar [from, com/por causa de]; *she fainted from the heat* ela desmaiou com o calor ♦ *n* desmaio ❖ *not to have the faintest idea* não fazer a mais pequena ideia

faint-hearted ['feɪnt,hɑːtɪd] *adj* tímido; medroso ❖ *not for the faint-hearted* não aconselhado a pessoas impressionáveis

fainting ['feɪntɪŋ] *adj* débil, frouxo, fraco ❖ GB *fainting fit* desmaio; EUA *fainting spell* desmaio

faintness ['feɪntnɪs] *n* **1** fraqueza; debilidade **2** MED tonturas

fair [feə] *adj* **1** justo **2** (pessoa, ato) correto; honesto **3** GB (quantidade) considerável; apreciável **4** (cabelo, pele) claro **5** (tempo) ameno **6** *lit* belo, formoso ♦ *n* **1** feira; *book fair* feira do livro **2** GB feira popular ♦ *adv* honestamente; corretamente ❖ *col fair enough!* de acordo!; *col fair's fair!* é justo!; *to play fair* fazer jogo limpo

fairground ['feəgraʊnd] *n* recinto de feira popular

fairly ['feəlɪ] *adv* **1** razoavelmente **2** (correção) com justiça; imparcialmente

fair-minded ['feə,maɪndɪd] *adj* (carácter) justo; correto

fairness ['feənəs] *n* **1** justiça; imparcialidade **2** (pele) tez clara **3** (cabelo) louro **4** *lit* beleza

fairy ['feəri] *n* (*pl* -ies) fada ❖ *fairy godmother* fada-madrinha; (Natal) *fairy lights* luzes decorativas; *fairy tale* conto de fadas

fairyland ['feəri,lænd] *n* país das fadas

faith [feɪθ] *n* **1** REL fé **2** confiança; *blind faith* confiança cega **3** credo, religião ❖ *in good faith* de boa fé

faithful ['feɪθful] *adj* fiel [to, a] ◆ *npl* **1** REL crentes, fiéis **2** DESP,POL apoiantes

faithfully ['feɪθfʊli] *adv* fielmente ❖ *GB* (carta formal) *Yours Faithfully* atentamente

faithfulness ['feɪθfʊlnəs] *n* fidelidade

faithless ['feɪθləs] *adj* **1** (convicção) descrente; sem fé **2** (comportamento) desleal; falso

fake [feɪk] *n* **1** (objeto) falsificação; imitação **2** (pessoa) impostor; charlatão ◆ *adj* **1** falso; *fake money* dinheiro falso **2** artificial; *fake fur* pele artificial ◆ *vt* **1** (objetos) falsificar, forjar; *they faked the documents* eles forjaram os documentos **2** (pessoas) simular; fingir; *he faked pain* ele fingiu ter dores

fakir [fəˈkɪə] *n* faquir

falcon ['fɔːlkən] *n* falcão

falconer ['fɔːkənə] *n* falcoeiro

falconry ['fɔːlkənri] *n* falcoaria

Falkland Islands [,fɔːklənd'aɪləndz] *n* Ilhas Falkland; Ilhas Malvinas

fall [fɔːl] *n* **1** queda; *to have a fall* cair **2** (níveis) baixa [in, de]; quebra [in, de]; *a fall in prices* descida dos preços **3** EUA outono ◆ *npl* (água) cataratas ◆ *vi* (*pret* fell, *pp* fallen) **1** (pessoa, objeto) cair [out of/from, de]; *he fell from the stepladder* ele caiu do escadote **2** (edificação) ruir **3** (preços, temperatura) baixar; diminuir; descer **4** POL cair, ser

derrubado; *the government has fallen* o governo caiu **5** DESP,MIL ser derrotado; perder ❖ *to fall asleep* adormecer; *to fall ill* adoecer; *to fall in love with* apaixonar-se por; *to fall into the clutches of* cair nas garras de; *to fall short of* não conseguir; *to fall to pieces* desfazer-se

◆ **fall about** *vi col* partir-se a rir [with, com]

◆ **fall apart** *vi* **1** desfazer-se; *his car is falling apart* o carro dele está a cair aos pedaços **2** ir por água abaixo; *his business is falling apart* o negócio dele está a ir por água abaixo **3** (sentimentos) sofrer muito; *to be falling apart* estar em grande sofrimento

◆ **fall away** *vi* **1** (intensidade) esmorecer; *enthusiasm fell away* o entusiasmo esmoreceu **2** (terreno) descer; *the village falls away to the river* a aldeia desce até ao rio **3** (de superfície) descolar; desprender-se **4** (sentimentos) desvanecer-se; diluir-se

◆ **fall back** *vi* **1** MIL retirar; bater em retirada; *the soldiers fell back* os soldados bateram em retirada **2** recuar, retroceder

◆ **fall back on** *vt* recorrer a; *to fall back on one's savings* recorrer às poupanças

◆ **fall behind** *vi* **1** (posicionamento) ficar para trás **2** (desempenho) atrasar-se; *to fall behind with one's work* atrasar-se no trabalho

◆ **fall down** *vi* **1** (pessoa, objeto) cair; *to fall down the stairs* cair pelas escadas abaixo **2** (edificação) cair; ruir; *the house is falling down* a casa está a cair **3** *fig* (projeto) cair por terra; ir por água abaixo; *the plan fell down* o plano foi por água abaixo

◆ **fall for** *vt* **1** *col* (mentiras) cair em; deixar-se levar por; *I'm not falling for that one* não caio nessa **2** *col* (pessoa, objeto) apaixonar-se por; ficar caidinho por

◆ **fall in** vi 1 (edificação) aluir; desabar; *the ceiling has fallen in* o teto desabou 2 MIL formar fileira; *the soldiers fell in* os soldados formaram fileiras

◆ **fall in with** vt 1 juntar-se a 2 concordar com

◆ **fall off** vi 1 (níveis) diminuir; baixar; *prices have fallen off* os preços baixaram 2 desprender-se; soltar-se

◆ **fall out** vi 1 zangar-se; ver; *she's fallen out with her parents* ela zangou-se com os pais 2 MIL sair da fileira; dispersar; *the soldiers fell out* os soldados dispersaram 3 cair

◆ **fall over** vt tropeçar em ◆ vi (queda) desequilibrar-se

◆ **fall through** vi col falhar; ir por água abaixo; *the plan fell through* o plano foi por água abaixo

◆ **fall to** vt 1 (dever) caber a; *it fell to him to cook* coube-lhe cozinhar 2 (começar a) pôr-se a; dar-lhe para; *he fell to complaining* começou a protestar

fallacious [fəˈleɪʃəs] adj form enganador

fallacy [ˈfæləsɪ] n {pl -ies} falácia

fallback [ˈfɔːlbæk] adj alternativo; de recurso; *fallback position* solução de recurso

fallen [ˈfɔːlən] pp de to fall ◆ adj caído ❖ MED *fallen arches* pés chatos

fallible [ˈfælɪbəl] adj falível

falling-out [ˈfɔːlɪŋaʊt] n col desentendimento; zanga

Fallopian tube [fəˈləʊpɪənˈtjuːb] n trompa de Falópio

fallout [ˈfɔːlaʊt] n poeiras radioativas

fallow [ˈfæləʊ] adj 1 de pousio 2 (tempo) de pausa ◆ n terra de pousio

false [fɔːls] adj 1 falso; *false moustache* bigode falso; *to bear false witness* prestar falso testemunho 2 (pessoa) dissimulado; fingido ❖ *false alarm* falso alarme; DESP *false start* falsa partida; *under false pretences* fraudulentamente

falsehood [ˈfɔːlshʊd] n falsidade

falsetto [fɔːlˈsetəʊ] n falsete

falsification [ˌfɔːlsɪfɪˈkeɪʃən] n falsificação

falsify [ˈfɔːlsɪfaɪ] vt falsificar

falsity [ˈfɔːlsɪtɪ] n {pl -ies} 1 form (facto, situação) falsidade; mentira 2 form (carácter) hipocrisia

falter [ˈfɔːltə] vi 1 (ação) vacilar, hesitar 2 (fala) titubear

fame [feɪm] n fama

famed [feɪmd] adj famoso [for, por]

familiar [fəˈmɪlɪə] adj 1 familiar, conhecido 2 familiarizado [with, com] ❖ *to become all too familiar* tornar-se corriqueiro

familiarity [fəˌmɪlɪˈjærɪtɪ] n {pl -ies} familiaridade

familiarize [fəˈmɪlɪəraɪz] vt familiarizar [with, com]; acostumar [with, a]; ❖ *to familiarize oneself with* familiarizar-se com

family [ˈfæmɪlɪ] n {pl -ies} família; *family planning* planeamento familiar; *family tree* árvore genealógica; *to run in the family* ser de família

famine [ˈfæmɪn] n fome; *famine relief* luta contra a fome

famished [ˈfæmɪʃt] adj col faminto, esfomeado

famous [ˈfeɪməs] adj famoso [for, por]; célebre [for, por]

fan [fæn] n 1 (pessoa) fã [of, de] 2 (máquina) ventoinha 3 (objeto) leque ◆ vt 1 abanar 2 ventilar 3 fig atiçar, avivar; *to fan a fire* atiçar o fogo ❖ *fan club* clube de fãs; *to fan oneself* abanar-se com leque

◆ **fan out** vi abrir-se em leque ◆ vt dispersar

fanatic [fəˈnætɪk] n 1 pej fanático 2 col entusiasta; fã; *a football fanatic* um fã de futebol

fanatical [fəˈnætɪkəl] adj fanático

fanaticism [fəˈnætɪsɪzəm] n fanatismo

fancier [ˈfænsɪə] n (animais, plantas) criador

fanciful ['fænsɪfʊl] adj 1 fantasioso; imaginário 2 extravagante

fancy ['fænsi] n {pl -ies} 1 afeto, afeição [for, a]; gosto [for, por]; *I took a fancy to swimming* eu tomei gosto pela natação 2 (atitude) fantasia, capricho; *a passing fancy* um capricho passageiro 3 *lit* fantasia, imaginação; *a world of fancy* um mundo de fantasia; *flights of fancy* devaneios ♦ vt 1 GB apetecer, desejar; *she fancied a cake* apetecia-lhe um bolo 2 GB *col* gostar de, sentir-se atraído por 3 julgar [that, que] ♦ adj {comp -ier, superl -iest} 1 (estilo) extravagante, rebuscado; elaborado; *fancy language* linguagem elaborada 2 EUA refinado; *fancy food* comida refinada 3 (preços) exorbitante, excessivo ❖ GB *fancy that!* imaginem só!; *to fancy oneself as* imaginar-se; *to take somebody's fancy* chamar a atenção de alguém

fanfare ['fænfeə] n fanfarra

fang [fæŋ] n (dente) presa

fanlight ['fænlaɪt] n 1 GB (janela, porta) bandeira 2 EUA clarabóia

fantasize ['fæntəsaɪz] vi fantasiar [about, sobre]

fantastic [fæn'tæstɪk] adj 1 fantástico; *what a fantastic day!* que dia fantástico!; *fantastic creatures* seres fantásticos 2 *col* (quantidade) excecional

fantasy ['fæntəsi] n {pl -ies} fantasia

fanzine ['fænzi:n] n fanzine

FAQ [sigla de **frequently asked question**] FAQ (questões mais frequentes colocadas pelos utilizadores)

far [fɑː] adv 1 (localização) longe [from, de] 2 (nível) bastante; muito; *to be far above average* estar bastante acima da média ♦ adj {comp farther, superl farthest} 1 (localização) longínquo; distante 2 extremo; POL *the far left/right* a extrema esquerda/direita ❖ *far from it* longe disso; *as far as I am concerned* no que me diz respeito; *as far as I know* tanto quanto sei; *Far East*

Extremo Oriente; EUA *Far West* faroeste; *so far so good* até aqui tudo bem

faraway ['fɑːrəweɪ] adj distante

farce [fɑːs] n farsa

fare [feə] n 1 (bilhete) tarifa; *return fare* tarifa de ida e volta; *special fare* tarifa especial 2 (táxi) passageiro ♦ vi desenrascar-se

farewell [ˌfeə'wel] n despedida; *to bid farewell to someone* despedir-se de alguém

far-fetched [fɑː'fetʃd] adj rebuscado; forçado

far-flung [fɑː'flʌŋ] adj 1 (localização) longínquo 2 espalhado

farm [fɑːm] n quinta; herdade; *to work on a farm* trabalhar numa quinta ♦ adj do campo ♦ vt 1 (terra) cultivar, lavrar 2 (gado) criar, fazer criação de ♦ vi 1 cultivar a terra 2 (gado) fazer criação de animais ❖ EUA *farm belt* região agrícola

◆ *farm out* vt contratar; delegar em

farmer ['fɑːmə] n lavrador, agricultor

farmhand ['fɑːmhænd] n trabalhador agrícola

farmhouse ['fɑːmhaʊz] n granja; casa de quinta

farming ['fɑːmɪŋ] n 1 agricultura 2 pecuária ❖ *farming industry* indústria agropecuária

farmyard ['fɑːmjɑːd] n pátio da quinta

far-off [fɑːr'ɒf] adj (tempo, espaço) longínquo, distante

far-out [fɑːr'aʊt] adj estranho; bizarro

far-reaching [fɑː'riːtʃɪŋ] adj de grande alcance

farrier ['færɪə] n (de cavalos) ferrador

far-sighted [fɑː'saɪtɪd] adj 1 perspicaz 2 EUA que vê mal ao perto

fart [fɑːt] n 1 vulg peido vulg 2 cal (pessoa) chato; *he's a boring old fart* ele é um chato ♦ vi vulg peidar-se vulg, largar-se

farther ['fɑːðə] adv mais longe ♦ adj mais distante; mais longínquo

farthest ['fɑːðɪst] *adv* mais longe; mais distante ♦ *adj* mais distante; mais longínquo ❖ **at the farthest** o mais tardar

farthing ['fɑːðɪŋ] *n* moeda inglesa antiga que valia um quarto de um péni ❖ *col I don't care a farthing* estou-me nas tintas; *col that's not worth a brass farthing* isso não vale um chavo

fascicle ['fæsɪkəl] *n* BOT,TIP fascículo

fascinate ['fæsɪneɪt] *vt* fascinar; seduzir

fascinating ['fæsɪneɪtɪŋ] *adj* fascinante; encantador

fascination [ˌfæsɪ'neɪʃən] *n* fascínio [for, por]

fascism ['fæʃɪzəm] *n* fascismo

fascist ['fæʃɪst] *adj,n* fascista

fashion ['fæʃən] *n* 1 moda; *the latest fashion* a última moda 2 (comportamento) modo; forma; *one's usual fashion* o nosso modo habitual ♦ *vt* moldar; talhar ❖ *fashion designer* estilista; *fashion show* desfile de moda; *to be in fashion* estar na moda; *to go out of fashion* passar de moda; *out of fashion* fora de moda

fashionable ['fæʃənəbəl] *adj* 1 moderno 2 da moda; *a fashionable restaurant* um restaurante da moda

fast [fɑːst] *adj* 1 (velocidade) rápido; veloz; *a fast car* carro veloz 2 (tempo) adiantado; *my watch is fast* o meu relógio está adiantado ♦ *adv* 1 (velocidade) depressa, rapidamente; *he is driving fast* ele está a conduzir depressa 2 (sono) profundamente; *to be fast asleep* dormir profundamente 3 (intensidade) firmemente; *hold fast!* segura-te bem! ♦ *vi* jejuar ♦ *n* (*comp* -er, *superl* -est) jejum, abstinência; REL *fast day* dia de abstinência ❖ *fast forward* movimento acelerado; *fast lane* via rápida; *how fast are you going?* a que velocidade vais?; *it was fast time to leave* eram mais do que horas para ir embora; *col* (discordância) *not so fast!* alto lá!; *to be a fast talker* ser um fala-barato

fasten ['fɑːsən] *vt* 1 (vestuário, cinto) apertar; *fasten your seat belt* aperte o cinto de segurança 2 (objetos) prender 3 (nó, laço) atar 4 (portas, janelas) trancar; *fasten the front door* fecha a porta da frente 5 (dentes, braços) cerrar ♦ *vi* 1 (vestuário) apertar; *my skirt won't fasten* a minha saia não aperta 2 (portas, janelas) fechar

♦ **fasten on** *vt* 1 (pessoa) agarrar-se a 2 (atenção) concentrar-se em

♦ **fasten up** *vt* (vestuário) apertar; fechar

fastener ['fɑːsənə] *n* (roupa) fecho; botão; colchete

fastidious [fæ'stɪdɪəs] *adj* meticuloso, minucioso

fat [fæt] *adj* (*comp* -er, *superl* -est) 1 gordo 2 (volume) espesso, grosso 3 *col* avultado 4 CUL com gordura; gorduroso ♦ *n* 1 gordura 2 CUL banha; *hog's fat* banha de porco ❖ *to get fat* engordar

fatal ['feɪtəl] *adj* fatal; mortal

fatalism ['feɪtəlɪzəm] *n* fatalismo

fatalist ['feɪtəlɪst] *n* fatalista

fatalistic [ˌfeɪtə'lɪstɪk] *adj* fatalista

fatality [fə'tælɪtɪ] *n* (*pl* -ies) 1 (acidente) vítima mortal 2 fatalidade

fatally ['feɪtəlɪ] *adv* fatalmente

fate [feɪt] *n* destino; sorte

fated ['feɪtɪd] *adj* destinado [to, a]

fateful ['feɪtfʊl] *adj* fatídico; fatal

fat-free ['fætfriː] *adj* (alimento) magro; *fat-free yoghurts* iogurtes magros

father ['fɑːðə] *n* 1 pai; *to be a father of three* ser pai de três filhos 2 *fig* (criador) pai; mentor; *the father of the revolution* o mentor da revolução 3 REL padre; *the Holy Father* o Santo Padre ♦ *vt* conceber ❖ *Father's day* dia do Pai; *from father to son* de pais para filhos; (provérbio) *like father, like son* tal pai, tal filho; *col you are your father's son* és bem o filho de teu pai

fatherhood ['fɑːðəhʊd] *n* paternidade

father-in-law ['fɑːðərɪnˌlɔː] *n* {*pl* fathers-in-law} sogro

fatherland ['fɑːðəlænd] *n* pátria

fatherless ['fɑːðələs] *adj* sem pai

fatherly ['fɑːðəli] *adj* paternal

fathom ['fæðəm] *n* NÁUT braça ♦ *vt* compreender

fathomless ['fæðəmləs] *adj lit* insondável; impenetrável

fatigue [fə'tiːg] *n* (corpo, espírito) fadiga, cansaço ♦ *npl* MIL farda de combate ♦ *vt* cansar, fatigar

fatness ['fætnɪs] *n* gordura

fatso ['fætsəʊ] *n* {*pl* -es} *cal,pej* bucha, gorducho

fat-soluble [ˌfæt'sɒljəbəl] *adj* lipossolúvel

fatten ['fætən] *vt,i* 1 (físico) engordar; *I'm fattening* estou a engordar 2 *col* (dinheiro) enriquecer

fattening ['fætnɪŋ] *adj* (comida) que engorda

fatty ['fæti] *adj* {*comp* -ier, *superl* -iest} 1 (substância, comida) gordo 2 adiposo ♦ *n* {*pl* -ies} *col,pej* (pessoa) bucha, gorducho

fatuous ['fætjʊəs] *adj* pouco inteligente

faucet ['fɔːsɪt] *n EUA* torneira

fault [fɔːlt] *n* 1 (responsabilidade) culpa; *it wasn't my fault* não tive culpa; *that's entirely your fault* a culpa é toda tua 2 (mecanismo) falha [in, em]; *there is a fault in the system* há uma falha no sistema 3 (personalidade) defeito; *for all his faults* apesar dos defeitos 4 DESP falta 5 GEOL falha; *tectonic fault* falha tectónica ♦ *vt* censurar, criticar [on, por]; *to fault someone on something* culpar alguém por alguma coisa ❖ *to a fault* em excesso; *to be at fault* estar errado; *to find fault with* implicar com

faultless ['fɔːltləs] *adj* irrepreensível

faulty ['fɔːlti] *adj* {*comp* -ier, *superl* -iest} 1 (mecanismo) defeituoso 2 (raciocínio) incorreto

fauna ['fɔːnə] *n* fauna

favor ['feɪvə] *n,vt EUA* ⇒ favour

favour ['feɪvə] *n* 1 (ato) favor; *can I ask you a favour?* posso pedir-te um favor?; *to do something as a favour* fazer alguma coisa por favor; *to owe somebody a favour* dever um favor a alguém 2 aprovação 3 (tratamento) favoritismo; *to be treated with favour* ser beneficiado ♦ *vt* 1 (opção) preferir 2 favorecer; beneficiar ❖ *irón do me a favour!* não posso crer!; (cheque) *in somebody's favour* à ordem de alguém; *to be in favour of* ser a favor de

favourable ['feɪvərəbəl] *adj* 1 (opinião, circunstância) favorável 2 agradável, bom 3 (lucro) vantajoso, proveitoso

favourite ['feɪvərɪt] *adj,n* favorito, preferido

favouritism ['feɪvərɪtɪzəm] *n* favorecimento; parcialidade

fawn [fɔːn] *n* ZOOL (cria de cerva) enho ♦ *adj* (cor) bege ♦ *vt* adular, bajular [on, -]; *to fawn on one's superiors* bajular os superiores

fawner ['fɔːnə] *n* adulador, bajulador

fawning ['fɔːnɪŋ] *n* lisonja, adulação ♦ *adj* bajulador

fax [fæks] *n* fax; *send the application by fax* envie a candidatura por fax ♦ *vt* enviar por fax ❖ *fax machine* aparelho de fax

faze [feɪz] *vt* perturbar

fear [fɪə] *n* medo; receio; temor [of, de; for, por]; *fear of flying* medo de voar; *fear of the dark* medo do escuro ♦ *vt* recear; ter medo de; temer que ♦ *vi* ter medo; temer [for, por] ❖ *fear of heights* vertigens; *to fear the worst* temer o pior; *to be in fear of one's life* temer pela vida; *without fear of favour* com justiça

fearful ['fɪəfʊl] *adj* 1 (pessoa) medroso, receoso 2 (situação) assustador 3 *GB col* terrível, horrível

fearless ['fɪələs] *adj* destemido, intrépido

fearlessness ['fɪəlɪsnɪs] n intrepidez, audácia

fearsome ['fɪəsəm] adj form assustador; temível

feasibility [ˌfiːzə'bɪlɪti] n viabilidade

feasible ['fiːzəbəl] adj viável

feast [fiːst] n 1 banquete, festim; *to hold a feast in honour of somebody* dar um banquete em honra de alguém 2 REL festividade; romaria 3 *fig* deleite, regalo ♦ vi banquetear-se [on, com]; regalar-se [on, com] ❖ *to feast one's eyes on something* deleitar-se com alguma coisa

feat [fiːt] n feito, proeza

feather ['feðə] n (ave) pena; pluma ♦ vt encher de penas ❖ *feather bed* colchão de penas; (provérbio) *birds of a feather flock together* diz-me com quem andas, dir-te-ei quem és

featherbrained ['feðəbreɪnd] adj col despistado

featherweight ['feðəweɪt] n (boxe) peso pluma

feature ['fiːtʃə] n 1 característica; traço 2 artigo de fundo [on, sobre]; reportagem [on, sobre]; *a feature on drug addiction* um artigo sobre a toxicodependência 3 CIN longa-metragem ♦ npl ANAT feições, traços; *he had hard features* ele tinha feições duras ♦ vt 1 retratar, representar; *the movie features country life* o filme retrata a vida no campo 2 promover; publicitar; *to feature a new product* promover um novo produto 3 CIN apresentar ♦ vi entrar, aparecer [in, em]; *my favourite actor features in this film* o meu ator preferido entra neste filme

featureless ['fiːtʃələs] adj descaracterizado; banal

febrile ['fiːbraɪl] adj febril

February ['februəri] n fevereiro

feces ['fiːsiːz] npl EUA ⇒ **faeces**

feckless ['feklɪs] adj sem energia, frouxo

fecund ['fiːkənd] adj form fecundo, fértil

fecundity [fe'kʌndɪti] n form fecundidade, fertilidade

federal ['fedərəl] adj federal

federalism ['fedərəlɪzəm] n federalismo

federalist ['fedərəlɪst] adj,n federalista

federate¹ ['fedərɪt] adj federado

federate² ['fedəreɪt] vi federar

federation [ˌfedə'reɪʃən] n federação

fed up [ˌfed'ʌp] adj col farto [with, de]; cheio [with, de]

fee [fiː] n 1 (advogado, médico) honorários 2 (escola, universidade) propina 3 (associação) quota 4 bilhete; taxa; *entrance fee* bilhete de entrada

feeble ['fiːbəl] adj 1 (pessoa) fraco, débil 2 (argumento) pouco convincente

feeble-minded [ˌfiːbəl'maɪndɪd] adj imbecil

feebleness ['fiːbəlnɪs] n 1 (pessoa) fraqueza, debilidade 2 (argumento) fragilidade

feed [fiːd] vt {pret e pp fed} 1 alimentar; dar de comer a 2 (amamentar) dar de mamar a; dar o biberão a ♦ vi alimentar-se [on, de]; *to feed on plants* alimentar-se de plantas ♦ n 1 (animal) ração 2 (bebé) comida

feedback ['fiːdbæk] n (som, reação) feedback

feeder ['fiːdə] n 1 téc alimentador 2 (estrada, linha de comboio) ramal ❖ *to be a fussy feeder* ser esquisito com a comida

feeding ['fiːdɪŋ] n alimentação, comida ❖ *feeding bottle* biberão; AGR *feeding ground* pasto

feel [fiːl] vt 1 (tato) tocar 2 sentir 3 ser afetado por 4 (opinião) achar; pensar ♦ vi {pret e pp felt} sentir-se; *I feel sad* sinto-me triste ♦ n 1 tato; toque; textura; *I like the feel of this sweater* gosto da textura desta camisola 2 (lugar) atmosfera; ambiente 3 sensibilidade; *to have a feel for music* ter sensibilidade para música ❖ *to feel hungry* ter fome; *to feel like doing* *something* apetecer fazer alguma coisa; *to feel sorry for* ter pena de; *to get the feel of* habituar-se a

◆ **feel for** *vt* 1 (pessoa) ter pena de; lamentar; *I feel for him* tenho pena dele 2 (objeto) procurar às apalpadelas

feeler ['fiːlə] *n* (inseto) antena ❖ *col* **to put out feelers** apalpar o terreno

feel-good ['fiːlgʊd] *adj* agradável; leve; *col feel-good movie* filme levezinho

feeling ['fiːlɪŋ] *n* 1 sentimento 2 sensação; impressão 3 opinião [**on/about**, sobre] 4 sensibilidade; *he lost feeling in the arm* ele perdeu a sensibilidade no braço ◆ *adj* terno; compassivo ❖ *no hard feelings* sem ressentimentos

feign [feɪn] *vt* simular; fingir

feint [feɪnt] *n* 1 DESP finta; *to make a feint* fazer uma finta 2 papel pautado ◆ *vt* fintar

feisty ['faɪsti] *adj* determinado

feldspar ['feldspɑː] *n* (mineral) feldspato

felicitate [fɪ'lɪsɪteɪt] *vt* felicitar, congratular [**on**, por]

felicitation [fɪ,lɪsɪ'teɪʃən] *n* felicitação

felicity [fə'lɪsɪti] *n* {*pl* -ies} *form* felicidade

feline ['fiːlaɪn] *adj,n* felino

fell [fel] *pret de* to fall ◆ *vt* (árvore) abater, derrubar

felling ['felɪŋ] *n* corte, abate

fellow ['feləʊ] *n* 1 companheiro, colega 2 *col* tipo, indivíduo 3 GB (academia, universidade) membro ◆ *adj* próximo; semelhante ❖ *fellow citizen* concidadão; *fellow countryman* compatriota

fellowship ['feləʊʃɪp] *n* 1 companheirismo, camaradagem 2 associação 3 (universidade) bolsa

felon ['felən] *n* criminoso

felonious [fɪ'ləʊnɪəs] *adj* criminoso; *a felonius act* um ato criminoso

felony ['feləni] *n* {*pl* -ies} crime grave

felt [felt] *pret e pp de* to feel ◆ *n* feltro

felt-tip ['felttɪp] *n* caneta de feltro; marcador

female ['fiːmeɪl] *adj* 1 (sexo) feminino 2 fêmea ◆ *n* 1 fêmea 2 mulher ❖ (parafuso) *female screw* porca

feminine ['femɪnɪn] *adj,n* feminino

femininity [,femɪ'nɪnɪti] *n* feminilidade

feminism ['femɪnɪzəm] *n* feminismo

feminist ['femɪnɪst] *adj,n* feminista

femur ['fiːmə] *n* {*pl* femurs, femora} fémur

fen [fen] *n* pântano; paul

fence [fens] *n* 1 cerca, sebe 2 (equitação) obstáculo 3 *col* recetador; *the police caught the fence* a polícia apanhou o recetador ◆ *vt* 1 cercar; murar 2 *col* recetar; *to fence stolen objects* recetar objetos roubados ◆ *vi* 1 DESP esgrimir 2 *fig* (questões) esquivar-se, desviar-se [**with**, de]; *he's fencing with the questions* ele está a esquivar-se às perguntas ❖ *to sit on the fence* não tomar partido

◆ **fence in** *vt* 1 (terreno) cercar 2 *fig* limitar

◆ **fence off** *vt* separar com cerca

fencer ['fensə] *n* esgrimista

fencing ['fensɪŋ] *n* 1 esgrima 2 (cerca) material de vedação

fend [fend] *vi* defender-se; cuidar de si próprio ❖ *to fend for oneself* desenrascar-se

◆ **fend off** *vt* 1 (golpe) aparar; desviar-se de 2 (questão) esquivar-se a

fender ['fendə] *n* 1 (lareira) guarda-fogo 2 EUA (automóvel) guarda-lama ❖ EUA *col fender bender* choque leve

fennel ['fenl] *n* funcho

ferment[1] ['fɜːment] *n form* agitação; efervescência*fig*

ferment[2] [fə'ment] *vt* (bebida, comida) fermentar ◆ *vi* 1 (bebida) levedar; *wine was fermenting* o vinho estava a levedar 2 (situação) estar em efervescência*fig*

fermentation [,fɜːmen'teɪʃən] *n* fermentação

fermium ['fɜːmɪəm] n QUÍM (elemento químico) férmio

fern [fɜːn] n (planta) feto

ferocious [fəˈrəʊʃəs] adj 1 feroz; cruel 2 terrível; intenso 3 (opinião, argumento) contundente

ferocity [fəˈrɒsɪti] n {pl -ies} ferocidade; crueldade

ferret ['ferɪt] n ZOOL furão ♦ vi col vasculhar, remexer [about/around, -]; *he ferreted around the desk* ele vasculhou a secretária

♦ **ferret out** vt (mistério) descobrir; deslindar

ferry ['feri] n {pl -ies} NÁUT ferryboat ♦ vt NÁUT (de ferryboat) transportar; *they were ferried to town* eles foram de ferryboat para a cidade

ferryboat ['feribəʊt] n ferryboat

fertile ['fɜːtaɪl] adj 1 fértil; fecundo 2 produtivo

fertility [fɜːˈtɪlɪti] n fertilidade

fertilization [ˌfɜːtɪlaɪˈzeɪʃən] n fertilização

fertilize ['fɜːtɪlaɪz] vt 1 fertilizar 2 fecundar 3 (solo) adubar, estrumar

fertilizer ['fɜːtɪlaɪzə] n fertilizante

ferule ['feruːl] n palmatória

fervent ['fɜːvənt] adj fervoroso, ardente

fervor ['fɜːvə] n EUA ⇒ **fervour**

fervour ['fɜːvə] n fervor; entusiasmo

fester ['festə] vi 1 (ferida) supurar 2 (situação) deteriorar-se; *things started to fester* as coisas deterioraram-se

festival ['festɪvəl] n 1 festival; *a film festival* um festival de cinema 2 feriado religioso

festive ['festɪv] adj festivo; alegre

festivity [fesˈtɪvɪti] n {pl -ies} (ambiente) festa ♦ npl festividades

festoon [fesˈtuːn] vt engrinaldar, adornar, decorar [with, com]; *the room was festooned with balloons* a sala estava decorada com balões ♦ n (decoração) festão, grinalda

fetch [fetʃ] vt ir buscar, trazer; *fetch me a glass of water* traz-me um copo de água; *my dad fetched me from school* o meu pai foi buscar-me à escola ❖ (cão) *fetch!* busca!; *to fetch a deep breath* respirar fundo

fetching ['fetʃɪŋ] adj atraente

fetid ['fetɪd] adj form fétido

fetish ['fetɪʃ] n {pl -es} fetiche

fetishism ['fetɪʃɪzəm] n fetichismo

fetishist ['fetɪʃɪst] n fetichista

fettle ['fetəl] n estado; condições; *to be in fine fettle* estar em bom estado ❖ (pessoa) *to be in fine fettle* estar em boa forma

fetus ['fiːtəs] n EUA ⇒ **foetus**

feud [fjuːd] n 1 conflito [over, por causa de] 2 HIST feudo ♦ vi disputar, rivalizar [with, com]

feudal ['fjuːdəl] adj feudal

feudalism ['fjuːdəlɪzəm] n feudalismo

fever ['fiːvə] n 1 febre 2 moda; mania

feverish ['fiːvərɪʃ] adj 1 febril 2 (situação, comportamento) exaltado

few [fjuː] adj,pron poucos; *few of them came* poucos vieram ❖ *a few* alguns; uns tantos; *as few as* só; apenas; *quite a few* bastantes

fiancé [fiˈɑːnseɪ] n noivo

fiancée [fiˈɑːnseɪ] n noiva

fiasco [fiˈæskəʊ] n {pl -s} fiasco, fracasso

fib [fɪb] n col peta, patranha; *to tell fibs* contar petas ♦ vi mentir, dizer petas; *you're fibbing!* estás a mentir!

fibber ['fɪbə] n col mentiroso

fiber ['faɪbə] n EUA ⇒ **fibre**

fibre ['faɪbə] n (alimentos, tecido) fibra

fibreglass ['faɪbəglɑːs] n fibra de vidro

fibrocement [ˌfaɪbrəʊsɪˈment] n fibrocimento

fibroma [faɪˈbrəʊmə] n {pl -ta} MED fibroma

fibrosis [faɪˈbrəʊsɪs] n fibrose

fibrous ['faɪbrəs] adj fibroso

fibula ['fɪbjələ] n {pl -ae} ANAT perónio

fickle ['fɪkəl] *adj* 1 (pessoa) inconstante; volúvel 2 (tempo) incerto, instável

fiction ['fɪkʃən] *n* 1 ficção; narrativa 2 ilusão, fantasia

fictional ['fɪkʃənəl] *adj* ficcional

fictitious [fɪk'tɪʃəs] *adj* fictício

fiddle ['fɪdəl] *n* 1 *col* violino 2 *col* estratagema, artimanha, golpe ♦ *vi* mexer [with, em]; brincar [with, com] ♦ *vt col (falsificar)* manipular; (empresa) *to fiddle the books* manipular as contas ❖ *to be as fit as a fiddle* estar em forma; *to be on the fiddle* estar metido em negócios obscuros; *to play second fiddle to someone* desempenhar um papel secundário

♦ **fiddle about/around** *vi* perder tempo

fiddler ['fɪdlə] *n* 1 *col* violinista 2 vigarista

fidelity [fɪ'delɪti] *n {pl* -ies} fidelidade

fidget ['fɪdʒɪt] *vi* remexer-se; não parar quieto ♦ *n col* (criança) traquinas, diabrete ❖ *GB* *to have the fidgets* ter bichos-carpinteiros

fidgety ['fɪdʒɪti] *adj col* irrequieto, impaciente

fiduciary [fɪ'djuːʃjəri] *adj* fiduciário

fief [fiːf] *n* HIST feudo

field [fiːld] *n* 1 AGR campo; *to plough the field* lavrar o campo 2 (saber) área, campo [of, de]; *in the field of history* no campo da História 3 DESP campo; *playing field* campo de jogos; *to take the field* entrar em campo 4 pelotão; *to lead the field* chefiar o pelotão 5 (mercado) setor; *to lead the field* liderar o setor 6 (petróleo, gás) jazida ♦ *vt* 1 (competição) fazer-se representar por 2 (questões) enfrentar, lidar com ❖ *EUA field hockey* hóquei em campo; *field hospital* hospital de campanha; *field of vision* campo de visão; *field sports* caça e pesca; *field trip* visita de estudo; *to play the field* sair com muita gente (evitando relação séria)

fieldmouse ['fiːldmaʊs] *n {pl* -mice} rato do campo

fieldwork ['fiːldwɜːk] *n* trabalho de campo

fiend [fiːnd] *n* 1 fanático 2 diabo; demónio 3 (pessoa) monstro

fiendish ['fiːndɪʃ] *adj* diabólico; perverso

fierce [fɪəs] *adj* feroz; violento

fierceness ['fɪəsnɪs] *n* ferocidade; crueldade

fiery ['faɪəri] *adj {comp* -ier, *superl* -iest} 1 (cor) rubro 2 ardente; fogoso 3 intenso; veemente 4 (comida) picante 5 (bebida) muito forte

fife [faɪf] *n* pífaro

fifteen [ˌfɪf'tiːn] *num card,n* quinze ♦ *n GB* equipa de râguebi

fifteenth [ˌfɪf'tiːnθ] *num ord,n* décimo quinto ❖ *on the fifteenth* no dia quinze

fifth [fɪfθ] *num ord,n* quinto ❖ *on the fifth* no dia cinco; *EUA col* *to feel like the fifth wheel* sentir-se a mais

fifthly ['fɪfθli] *adv* em quinto lugar

fiftieth ['fɪftiəθ] *num ord,n* quinquagésimo

fifty ['fɪfti] *num card,n* cinquenta ❖ (década) *the fifties* os anos cinquenta; *to be in one's fifties* ter 50 e tal anos

fifty-fifty [ˌfɪfti'fɪfti] *adj,adv* a meias; em duas partes iguais

fig [fɪg] *n* 1 figo 2 figueira

fight [faɪt] *n* 1 *(altercação)* luta; rixa; *to pick a fight* provocar uma luta 2 (ideais, esforço) luta [against, contra; for, por]; *a fight for better wages* luta por salários melhores; *the fight against hunger* a luta contra a fome 3 discussão [over, por; about, por; causa de]; *they had a fight over the car* tiveram uma discussão por causa do carro ♦ *vt {pret e pp* fought} 1 lutar contra; combater; *to fight injustice* lutar contra a injustiça 2 contestar; *to fight someone till the end* contestar alguém até ao fim 3 (eleições) disputar ♦ *vi* 1 lutar; bater-se [against, contra; over/about/for, por]; *to fight for better work conditions* lutar por

melhores condições de trabalho 2 discutir [**about/over**, por causa de] ❖ **to fight
like cat and dog** dar-se como cão e gato;
to put up a fight dar luta

◆ **fight back** vt 1 (emoções) reprimir;
she fought back her tears ela conteve as
lágrimas 2 combater; **he fought back his
illness** ele lutou contra a doença ◆ vi
1 defender-se; opor resistência 2 retaliar;
the army fought back o exército retaliou

◆ **fight off** vt (dificuldades) lutar contra,
combater; superar

fighter ['faɪtə] n 1 batalhador; lutador
2 (avião) caça

fighting ['faɪtɪŋ] n combate; luta; **close
fighting** luta corpo a corpo ◆ adj batalhador, lutador

figurative ['fɪgərətɪv] adj 1 (sentido) figurado 2 (representação) figurativo

figure ['fɪgə] n 1 MAT algarismo 2 (valor
exato) número; quantia 3 (formas) figura;
linha 4 (esquema) diagrama 5 LIT figura;
figure of speech figura de retórica ◆ vt
1 EUA calcular; imaginar 2 (imagem) representar; retratar ◆ vi 1 (fazer parte) figurar [in, em], constar [in, de]; **his name
did not figure in the list** o nome dele não
figurava na lista 2 EUA col fazer sentido;
ter lógica ❖ DESP **figure skating** patinagem artística; col **that figures!** isso explica
tudo!; **to cut a fine figure** fazer boa figura; **to cut a poor figure** fazer uma triste
figura

◆ **figure on** vt contar com

◆ **figure out** vt EUA col compreender;
deslindar; **to figure something out by
oneself** deslindar alguma coisa por si próprio 2 EUA col calcular

figurehead ['fɪgəhɛd] n 1 (navio) figura de
proa 2 (pessoa) fantoche

Fiji ['fiːdʒiː] n Fiji

Fijian ['fiːdʒiːən] adj,n fijiano

filament ['fɪləmənt] n filamento

filch [fɪltʃ] vt col (roubar) fanar

filcher ['fɪltʃə] n col gatuno, larápio

file [faɪl] n 1 (documentos) ficheiro; dossier, arquivo [on, sobre]; **here's our file
on the Middle East** aqui está o nosso dossier sobre o Médio Oriente; **on file** nos arquivos 2 INFORM ficheiro 3 (unhas, madeira,
metais) lima 4 fila; **in single file** em fila indiana ◆ vt 1 (documentação) arquivar [un-
der, em]; **file this under B** arquiva isto na
letra B 2 (queixa) registar 3 (usar lima) limar ◆ vi (pessoas) desfilar ❖ **file dust** limalha; DIR **to file a complaint** apresentar
queixa

filename ['faɪlneɪm] n (computador) nome
de ficheiro

filet ['fɪleɪ] n EUA ⇒ **fillet**

filial ['fɪljəl] adj (filhos) filial; **filial duties**
deveres de filho

filiation [ˌfɪliˈeɪʃən] n filiação

filibuster ['fɪlɪˌbʌstə] n POL obstrucionista
◆ vi DIR,POL obstruir; fazer obstrucionismo

filigree ['fɪlɪgriː] n filigrana

filing ['faɪlɪŋ] n (documentação) arquiva-
mento ◆ npl (metais) limalha ❖ **filing cabinet** arquivo

fill [fɪl] vt 1 encher [with, com/de]; **she
filled the jug with water** ela encheu o jarro
de água 2 (emprego) preencher, ocupar; **to
fill a vacancy** preencher uma vaga 3 (fissura) tapar; encher 4 (dentes) obturar 5 EUA
aviar; **to fill a prescription** aviar uma receita ◆ vi 1 encher; **to fill to the brim** encher até à borda 2 (espaço) encher-se; **the
show room filled** a sala de espetáculos en-
cheu-se ❖ col **I've had my fill of it!** já estou
farto disso!

◆ **fill in** vt 1 (documento, tempo) preencher; **fill in this form** preencha este impresso 2 informar; pôr ao corrente; **I'll fill
him in** eu ponho-o ao corrente ◆ vi (função) substituir [for, -]; **I'll fill in for him**
eu substituo-o

◆ **fill out** vt (documentos) preencher ◆ vi
engordar

◆ **fill up** *vt* **1** (recipiente) encher até cima **2** (espaço, documento) preencher tudo **3** (comida) empanturrar ◆ *vi* encher

filler ['fɪlə] *n* (substância) enchimento

fillet ['fɪlɪt] *n* CUL filete ◆ *vt* cortar em filetes

fill-in ['fɪlɪn] *n* substituto

filling ['fɪlɪŋ] *n* **1** (dente) chumbo **2** (almofadas) enchimento **3** (bolo, etc.) recheio ❖ *filling station* bomba de gasolina

filly ['fɪli] *n* {*pl* -ies} poldra, potra

film [fɪlm] *n* **1** CIN filme; *to shoot a film* rodar um filme **2** FOT rolo **3** (*camada*) película ◆ *vt,i* filmar ❖ *film fan* cinéfilo; *film festival* festival de cinema; *film library* cinemateca; *film star* estrela de cinema

filmgoer ['fɪlmɡəʊə] *n* GB cinéfilo

film-maker ['fɪlm,meɪkə] *n* realizador; cineasta

filmography [,fɪlm'ɒɡrəfi] *n* filmografia

filter ['fɪltə] *n* filtro ◆ *vt* filtrar; depurar ◆ *vi* **1** filtrar-se **2** entrar pouco a pouco [into, em] ❖ (trânsito) *traffic filter* faixa de mudança de direção

filtering ['fɪltərɪŋ] *n* filtragem

filth [fɪlθ] *n* imundície; sujidade

filthiness ['fɪlθɪnɪs] *n* porcaria; obscenidade

filthy ['fɪlθi] *adj* {*comp* -ier, *superl* -iest} **1** sujo, imundo **2** obsceno ❖ *filthy rich* podre de rico

filtration [fɪl'treɪʃən] *n* filtração

fin [fɪn] *n* barbatana

finable ['faɪnəbəl] *adj* sujeito a multa

final ['faɪnəl] *adj* **1** final; último **2** (decisão) definitivo ◆ *n* (competição) final ◆ *npl* GB (universidade) exames finais ❖ *and that's final!* e ponto final!

finale [fɪ'nɑːli] *n* final

finalist ['faɪnəlɪst] *n* finalista

finality [faɪ'nælɪti] *n* {*pl* -ies} carácter definitivo

finalize ['faɪnəlaɪz] *vt* ultimar; concluir

finally ['faɪnəli] *adv* **1** finalmente **2** definitivamente

finance [faɪ'næns] *n* finanças ◆ *vt* financiar; atribuir fundos a

financial [faɪ'nænʃəl] *adj* financeiro ❖ GB *financial year* ano fiscal

financially [faɪ'nænʃəli] *adv* financeiramente

financier [fɪ'nænsɪə] *n* financiador

financing [faɪ'nænsɪŋ] *n* financiamento

finch [fɪntʃ] *n* {*pl* -es} (ave) tentilhão

find [faɪnd] *n* achado; *it was quite a find* foi mesmo um achado ◆ *vt* {*pret e pp* found} **1** encontrar; descobrir **2** (recursos) arranjar; *I couldn't find the time to go there* não arranjei tempo para lá ir **3** (opinião) considerar **4** DIR (julgamento) declarar; *to be found guilty* ser declarado culpado

◆ **find out** *vt* **1** descobrir; *he found out the truth* ele descobriu a verdade **2** apanhar; *his teacher found him out cheating* o professor apanhou-o a copiar

finder ['faɪndə] *n* achador; descobridor ❖ *finders keepers* quem acha encaixa

finding ['faɪndɪŋ] *n* **1** invenção; descoberta **2** DIR veredito

fine [faɪn] *adj* **1** (condição) excelente; *a fine day* um dia excelente **2** (objeto) bom, de boa qualidade **3** (modos) requintado, fino **4** (espessura) fino; *fine grained sand* areia fina ◆ *adv* muito bem; *that's fine* está muito bem ◆ *n* multa, coima; *to impose a fine on a person* multar alguém ◆ *vt,i* multar [for, por] ❖ *fine print* letra miudinha; *in fine* em suma; *the fine arts* as belas-artes

finely ['faɪnli] *adv* **1** (espessura) finamente **2** (requinte) primorosamente **3** delicadamente

finery ['faɪnəri] *n* {*pl* -ies} trajes de cerimónia; atavios

fine-tune [,faɪn'tjuːn] *vt* afinar; ajustar; aperfeiçoar

finger ['fɪŋgə] n ANAT dedo ♦ vt 1 tocar em 2 MÚS dedilhar ❖ *he didn't stir a finger* ele não mexeu uma palha; *to be all fingers and thumbs* ser desajeitado com as mãos; *to lay a finger on* tocar em; *to let slip through one's fingers* deixar fugir por entre os dedos

fingering ['fɪŋgərɪŋ] n MÚS dedilhação

fingernail ['fɪŋgəneɪl] n unha

fingerprint ['fɪŋgəprɪnt] n impressão digital

fingerstall ['fɪŋgəstɔːl] n dedeira

fingertip ['fɪŋgətɪp] n ponta do dedo ❖ *to have something at one's fingertips* ter alguma coisa à mão

finicky ['fɪnɪki] adj 1 picuinhas 2 minucioso

finish ['fɪnɪʃ] n 1 (processo) fim, remate, fecho 2 (superfície) acabamento ♦ vt 1 acabar; terminar; *he has already finished the book* ele já terminou o livro 2 (acabamentos) polir, aperfeiçoar 3 col liquidar; acabar com ♦ vi (processo) terminar; concluir; acabar; *he finished third* ele ficou em terceiro lugar ❖ *to fight to the finish* lutar até ao fim; *to be in at the finish* ficar até ao fim

♦ **finish off** vt 1 (matar) acabar com 2 (ato) terminar; concluir

finished ['fɪnɪʃt] adj acabado, terminado

finishing ['fɪnɪʃɪŋ] n acabamento ❖ *finishing blow* golpe de misericórdia; (corrida) *finishing line* meta

finite ['faɪnaɪt] adj finito

Finland ['fɪnlənd] n Finlândia

Finn [fɪn] n finlandês

Finnish ['fɪnɪʃ] adj,n finlandês ♦ npl the Finnish os finlandeses

fiord ['fiːɔːd] n fiorde

fir [fɜː] n abeto

fire ['faɪə] n 1 (incêndio) fogo; *to poke up the fire* atiçar o fogo 2 (chamas) lume; CUL *on slow fire* em lume brando 3 MIL descarga de armas de fogo, tiro ♦ vt 1 col (em-

prego) despedir; demitir 2 (arma de fogo) disparar; *to fire a gun* disparar uma arma 3 fig (ânimos) excitar; provocar ♦ vi disparar [at, contra]; *to fire at someone* disparar contra alguém ❖ *fire alarm* alarme de incêndio; *fire drill* simulação de incêndio; *fire engine* carro dos bombeiros; *fire extinguisher* extintor; *fire hydrant* boca de incêndio; *fire station* quartel dos bombeiros; *a burnt child dreads the fire* gato escaldado de água fria tem medo; *electric fire* aquecedor elétrico; *to be on fire* estar a arder; *to catch fire* incendiar-se, *to miss fire with* passar ao lado de

firearm ['faɪəɑːm] n arma de fogo

firebomb ['faɪəbɒm] n bomba incendiária

firebrand ['faɪəbrænd] n incitador

firefighter ['faɪəfaɪtə] n bombeiro

firefly ['faɪəflaɪ] n pirilampo

fireguard ['faɪəgɑːd] n guarda-fogo

firelighter ['faɪəlaɪtə] n GB acendalha

fireman ['faɪəmən] n (pl -men) bombeiro

fireplace ['faɪəpleɪs] n fogão de sala; lareira

fireproof ['faɪəpruːf] adj à prova de fogo

firewall ['faɪəwɔːl] n INFORM firewall

firewood ['faɪəwʊd] n lenha

firework ['faɪəwɜːk] n (dispositivo) fogo de artifício ♦ npl (espetáculo) fogo de artifício

fireworks ['faɪəwɜːkz] n pl fogo de artifício

firing ['faɪərɪŋ] n 1 tiroteio 2 despedimento ❖ *firing line* linha de fogo

firm [fɜːm] n empresa; firma comercial ♦ adj 1 firme; seguro 2 (convicções) sólido; inabalável; resoluto; *to express firm opinions* ter convicções fortes 3 (disciplina) duro; rigoroso ♦ vt firmar; fixar ❖ *to hold firm* manter-se firme; *to take a firm hold of* agarrar com firmeza

firmament ['fɜːməmənt] n lit firmamento

firmly ['fɜːmli] adv firmemente

firmness ['fɜːmnɪs] n firmeza

first [fɜːst] *num ord,n* primeiro ♦ *n* **1** o primeiro **2** o princípio; *from first to last* do princípio ao fim ♦ *adv* primeiro; em primeiro lugar; *I would say that first* eu diria isso em primeiro lugar ❖ *at first* no princípio; *first aid* primeiros socorros; *First Lady* Primeira Dama; *on the first* no dia um

first-aid [fɜːstˈeɪd] *adj* de primeiros socorros; *first-aid kit* caixa de primeiros socorros

first-born [fɜːstˈbɔːn] *adj,n* primogénito

first-class [fɜːstˈklɑːs] *adj* **1** (transportes) de primeira classe **2** (qualidade) excelente ♦ *adv* em primeira classe; em primeira

first-hand [ˌfɜːstˈhænd] *adj,adv* em primeira mão

firstly [ˈfɜːstli] *adv* em primeiro lugar

first-rate [fɜːstˈreɪt] *adj* de primeira ordem; excelente

fiscal [ˈfɪskəl] *adj* fiscal

fish [fɪʃ] *n* {*pl* -es} peixe ♦ *vi* **1** pescar **2** *fig* andar à procura [for, de] ❖ *to be a queer fish* ser uma pessoa excêntrica; *to feel like a fish out of the water* sentir-se como um peixe fora de água; *to have other fish to fry* ter coisas mais importantes a tratar

fishbowl [ˈfɪʃbaʊl] *n* aquário

fisherman [ˈfɪʃəmən] *n* {*pl* -men} pescador

fishery [ˈfɪʃəri] *n* {*pl* -ies} **1** área de pesca; *coast fishery* pesca costeira; *deep-sea fishery* pesca no mar alto **2** viveiro

fishing [ˈfɪʃɪŋ] *n* pesca; *fishing line* linha de pesca; *fishing net* rede de pesca; *fishing rod* cana de pesca

fishmonger [ˈfɪʃmʌŋgə] *n GB* peixeiro ❖ *GB fishmonger's* peixaria

fishy [ˈfɪʃi] *adj* {*comp* -ier, *superl* -iest} **1** *col* duvidoso, suspeito **2** a peixe

fission [ˈfɪʃən] *n* fissão

fissure [ˈfɪʃə] *n* fissura, fenda

fist [fɪst] *n* punho; mão fechada ♦ *vt* dar murros a ❖ *fist law* lei do mais forte; *to grease someone's fist* subornar alguém

fistula [ˈfɪstjʊlə] *n* MED fístula

fit [fɪt] *vt* **1** ajustar a; adaptar a **2** (roupa) assentar; *it fits you well* assenta-te bem **3** caber em; *the key doesn't fit the lock* a chave não serve na fechadura **4** instalar **5** (factos) ser consistente com ♦ *vi* **1** (conveniências) convir; ser próprio **2** (objetos) ajustar-se; encaixar-se **3** servir ♦ *n* ataque [of, de]; *a fit of temper* um ataque de mau génio ♦ *adj* **1** próprio, conveniente **2** apropriado [for, para]; adequado [for, para]; *he is not fit for the position* ele não se adequa ao lugar **3** (saúde) em boa forma **4** apto [for, para]; *fit for duty* apto para o serviço ❖ *as fit as a fiddle* são como um pero; (processo) *by fits and starts* aos solavancos; *to fit someone like a glove* assentar como uma luva; *to be in fits* rir-se que nem um perdido; *water fit to drink* água potável

♦ **fit out** *vt* apetrechar [with, com]; equipar [with, com]

fitful [ˈfɪtfʊl] *adj* descontínuo

fitness [ˈfɪtnɪs] *n* **1** (saúde) boa forma **2** adequação [for, a] ❖ *fitness centre* ginásio

fitted [ˈfɪtɪd] *adj* **1** ajustado; adaptado **2** (mobiliário) embutido; *fitted wardrobe* armário embutido **3** equipado [with, com]; *is the car fitted with a radio?* o carro está equipado com rádio?

fitting [ˈfɪtɪŋ] *adj* próprio; conveniente ♦ *n* (roupa) prova ♦ *npl* acessórios

fitting-room [ˈfɪtɪŋrʊm] *n* (loja de roupa) gabinete de prova, provador

five [faɪv] *num card,n* cinco

fivefold [ˈfaɪvfəʊld] *adj* quíntuplo

fiver [ˈfaɪvə] *n* **1** *GB col* nota de cinco libras **2** *EUA col* nota de cinco dólares

fix [fɪks] *vt* **1** (objetos) fixar; firmar **2** (olhos, atenção) fixar [on/upon, em] **3** (acordo) firmar, estabelecer 4 (avaria) arranjar, consertar; *can you fix this radio?* és capaz de arranjar este rádio? 5 (data) marcar; *can you fix a date for the meeting?* pode marcar uma data para a reunião? 6 *col* (competição) subornar ♦ *n* 1 (situação crítica) enrascada, encrenca; *to be in a fix* estar numa enrascada 2 *col* fraude; *the election was a fix!* as eleições foram uma fraude!

♦ **fix on** *vt* escolher; determinar

♦ **fix up** *vt* 1 organizar 2 (construção) desenrascar 3 (conserto) arranjar

fixated ['fɪkseɪtɪd] *adj* obcecado [**on**, por]

fixation [fɪk'seɪʃən] *n* obsessão

fixed ['fɪkst] *adj* 1 fixo 2 (resultados) manipulado

fixture ['fɪkstʃə] *n GB* (acontecimento desportivo) desafio; encontro ♦ *npl* 1 (casa) recheio fixo 2 instalações; *bathroom fixtures* instalações sanitárias

fizz [fɪz] *n* {*pl* -es} 1 (bebida) gás 2 (vinho) espumante ♦ *vi* 1 (bebida) efervescer; borbulhar 2 (som) assobiar

fizzle ['fɪzəl] *vi* 1 (bebida) borbulhar 2 (som) sibilar

fizzy ['fɪzi] *adj* {*comp* -ier, *superl* -iest} com gás; gasoso

flabbergasted ['flæbəgɑːstɪd] *adj col* estupefacto; sem palavras

flabbiness ['flæbɪnɪs] *n* 1 (substância, corpo) flacidez 2 (carácter) moleza, frouxidão

flabby ['flæbi] *adj* {*comp* -ier, *superl* -iest} 1 *col* (músculos) flácido 2 *col* (carácter) frouxo

flaccid ['flæsɪd] *adj* flácido

flaccidity [flə'sɪdɪti] *n* flacidez

flag [flæg] *n* bandeira; estandarte; *to hoist the flag* içar a bandeira; *to strike the flag* arriar a bandeira ♦ *vt* assinalar ♦ *vi* (entusiasmo) afrouxar; esmorecer ❖ *to keep the flag flying* não se deixar dominar; *to*

show the flag fazer ofício de corpo presente

flagellate ['flædʒəleɪt] *vt* flagelar

flagellation [flædʒə'leɪʃən] *n* flagelação

flagpole ['flægpəʊl] *n* (bandeira) haste; mastro

flagrant ['fleɪgrənt] *adj* flagrante

flagstaff ['flægstɑːf] *n* (bandeira) haste; mastro

flagstone ['flægstəʊn] *n* laje

flail [fleɪl] *vt* 1 (cereais) malhar 2 (braços, pernas) agitar ♦ *vi* espernear; esbracejar ♦ *n* malho, mangual

flair [fleə] *n* 1 dom [**for**, para]; talento [**for**, para] 2 estilo; elegância

flake [fleɪk] *n* floco [**of**, de]; *flake of snow* floco de neve ♦ *vi* (tinta) lascar, escamar

flaky ['fleɪki] *adj* {*comp* -ier, *superl* -iest} 1 às lascas 2 folhado; *flaky pastry* massa folhada 3 *EUA col* estranho

flamboyant [flæm'bɔɪənt] *adj* 1 (pessoa) extravagante 2 vistoso; colorido

flame [fleɪm] *n* 1 chama; labareda 2 *fig* paixão; *fig old flame* paixão antiga ♦ *vi* 1 arder 2 brilhar 3 (fúria, entusiasmo) inflamar-se ❖ *to go up in flames* arder

flame-thrower ['fleɪmθrəʊə] *n* lança-chamas

flaming ['fleɪmɪŋ] *adj* 1 em chamas; a arder 2 (discurso, paixão) intenso 3 (cor) berrante

flamingo [flə'mɪŋgəʊ] *n* {*pl* -es, -s} flamingo

flan [flæn] *n* 1 *GB* tarte 2 *EUA* pudim

flange [flændʒ] *n* rebordo

flank [flæŋk] *n* flanco; ilharga; *to take the flank of the enemy* atacar o inimigo pelos flancos ♦ *vt* ladear; flanquear

flannel ['flænl] *n* flanela ♦ *npl* calças de flanela

flap [flæp] *n* 1 (casaco, chapéu) aba 2 (livro) badana 3 (asas) batimento ♦ *vt,i* {*pret e pp* -pp-} 1 (asas) bater 2 (com mãos) abanar, sacudir; enxotar 3 *col* entrar em pânico; estar

agitado; *don't flap!* não entres em pânico!
❖ *flap table* mesa de abas; *col to be in a flap* estar aflito

flare [fleə] *n* sinal luminoso ♦ *vi* **1** arder **2** *fig* perder a paciência, encolerizar-se
♦ **flare up** *vi* (violência, conflitos) eclodir; rebentar

flash [flæʃ] *n* {*pl* -es} **1** clarão [of, de]; *a flash of lightning* o clarão de um relâmpago **2** centelha **3** FOT flash **4** *fig* (emoções) acesso [of, de]; *a flash of anger* um acesso de fúria ♦ *vi* **1** (luz) brilhar, reluzir; piscar **2** (velocidade) passar como um raio **3** (olhos, fúria) chispar ❖ *in a flash* num instante; *it flashed into my mind* ocorreu-me de súbito; *to be a flash in the pan* ser sol de pouca dura

flashback ['flæʃbæk] *n* flashback

flashcard ['flæʃkɑːd] *n* (ensino) cartão com uma palavra ou imagem

flashlight ['flæʃlaɪt] *n EUA* lanterna

flashy ['flæʃi] *adj* {*comp* -ier, *superl* -iest} vistoso, aparatoso

flask [flɑːsk] *n* **1** frasco de gargalo estreito **2** *GB* garrafa-termo **3** porta-bebida

flat [flæt] *n* **1** *GB* andar, apartamento **2** (veículos) pneu vazio **3** (terreno) planície **4** MÚS bemol ♦ *adj* **1** plano; liso **2** achatado, chato **3** (pneu) vazio; em baixo **4** raso; *flat shoes* sapatos rasos **5** (som, cor) monótono **6** categórico; decisivo ♦ *adv* **1** (posição) horizontalmente **2** (tempo) exatamente, precisamente

flat-footed [ˌflæt'fʊtd] *adj* **1** com pé chato **2** *col* desastrado

flatly ['flætli] *adv* **1** (negação) categoricamente **2** (voz) sem emoção

flatmate ['flætmeɪt] *n GB* companheiro de apartamento

flatness ['flætnɪs] *n* **1** (superfície) lisura, planura **2** *fig* (comportamento) insipidez; aridez

flatten ['flætən] *vt* **1** aplanar, achatar **2** *fig* (pessoa) derrubar, deitar ao chão **3** *fig* (competição, discussão) cilindrar

flatter ['flætə] *vt* **1** lisonjear; gabar; adular; *I am flattered that he remembered me* sinto-me lisonjeado pelo facto de ele se lembrar de mim **2** (aparência) favorecer ❖ *don't flatter yourself!* não te iludas!

flatterer ['flætərə] *n* adulador

flattering ['flætərɪŋ] *adj* (roupa, etc.) que favorece

flattery ['flætəri] *n* {*pl* -ies} lisonja; adulação

flatulence ['flætjələns] *n* flatulência

flatulent ['flætjələnt] *adj* flatulento

flaunt [flɔːnt] *vt* ostentar, exibir

flaunter ['flɔːntə] *n* exibicionista

flautist ['flɔːtɪst] *n GB* flautista

flavor ['fleɪvə] *n EUA* ⇒ flavour

flavour ['fleɪvə] *n* sabor; gosto; aroma ♦ *vt* CUL condimentar [with, com]; aromatizar [with, com]

flavouring ['fleɪvərɪŋ] *n* **1** condimento; tempero **2** aromatizante

flavourless ['fleɪvələs] *adv* insípido, sem sabor

flaw [flɔː] *n* falha, defeito

flawless ['flɔːləs] *adj* impecável; perfeito

flax [flæks] *n* (planta, fibra) linho

flaxseed ['flæksiːd] *n* linhaça; semente do linho; *flaxseed oil* óleo de linhaça

flay [fleɪ] *vt* **1** (animal) esfolar; tirar a pele a **2** *fig* (pessoa) espancar **3** *fig* (críticas) arrasar; criticar severamente

flea [fliː] *n* pulga ❖ *flea market* feira da ladra

fleck [flek] *n* mancha, pinta, nódoa [of, de]; *flecks of dust* manchas de pó ♦ *vt* manchar [with, com]; salpicar [with, com/de]

fled [fled] *pret e pp de* to flee

fledgling ['fledʒlɪŋ] *n* **1** (quando aprende a voar) pássaro jovem **2** *fig* novato

flee [fliː] vt,i {pret e pp fled} escapar, fugir [from, de; to, para]; *they fled the country* fugiram do país

fleece [fliːs] n 1 velo; tosão ♦ vt 1 (ovelhas) tosquiar 2 *fig (explorar)* esfolar, depenar, roubar

fleecy ['fliːsi] adj {comp -ier, superl -iest} lã-zudo; felpudo

fleet [fliːt] n 1 (navios) frota; armada 2 (carros) comitiva; cortejo

fleeting ['fliːtɪŋ] adj fugaz, efémero

Fleming ['flemɪŋ] n (pessoa) flamengo

Flemish ['flemɪʃ] adj,n flamengo ♦ npl the *Flemish* os flamengos

flesh [fleʃ] n 1 carne 2 (fruta) polpa ❖ *flesh wound* ferida superficial; *in the flesh* em carne e osso

fleshy ['fleʃi] adj {comp -ier, superl -iest} 1 (pessoa) rechonchudo 2 (frutos) suculento; carnudo

flew [fluː] pret de to fly

flex [fleks] vt 1 (coisa) dobrar; curvar; vergar 2 (músculos) fletir; dobrar ♦ n {pl -es} GB ELET cabo

flexibility [ˌfleksɪ'bɪlɪti] n flexibilidade

flexible ['fleksɪbəl] adj flexível

flexicurity ['fleksikjʊərəti] n flexigurança; flexissegurança

flexion ['flekʃən] n flexão; inclinação; curvatura

flexitime ['fleksɪtaɪm] n (trabalho) horário flexível

flick [flɪk] n 1 pancada leve; movimento rápido 2 (dedos) piparote 3 (chicote) zurzidela 4 unhada ♦ npl GB col,ant cinema ♦ vt 1 mover rapidamente; virar 2 (pó) sacudir 3 (chicote) zurzir 4 (livro) folhear 5 (máquinas) premir ♦ vi mover-se rapidamente; virar-se

flicker ['flɪkə] n 1 (luz) tremeluzir 2 (olhos) pestanejo 3 movimento vacilante 4 *fig* sinal ♦ vi 1 (luz) tremeluzir 2 (olhos) pestanejar 3 (decisão) vacilar, hesitar

flier ['flaɪə] n ⇒ **flyer**

flight [flaɪt] n 1 voo 2 (aves) bando 3 (escadas) lanço 4 fuga ❖ *flight attendant* assistente de bordo; *flight recorder* caixa negra

flimsy ['flɪmzi] adj {comp -ier, superl -iest} 1 frágil; fraco 2 (tecido) fino 3 (argumento, desculpa) débil; inconsistente ♦ n (papel) duplicado

flinch [flɪntʃ] vi 1 (susto, dor) estremecer 2 retrair-se [from, perante]; vacilar [from, perante]; *to flinch from doing something* retrair-se perante algo

fling [flɪŋ] n 1 lançamento 2 (divertimento) borga 3 *col* aventura (amorosa) ♦ vt {pret e pp flung} arremessar; atirar ❖ *to fling oneself at* atirar-se a; *to fling one's arms around somebody* abraçar alguém; *in full fling* em plena atividade; *to have a fling at* fazer uma tentativa

♦ **fling off** vt desembaraçar-se de

♦ **fling out** vt 1 desfazer-se de; livrar-se de 2 rejeitar

flint [flɪnt] n 1 (pedra) pederneira 2 (isqueiro) pedra

flintlock ['flɪntlɒk] n fuzil

flinty ['flɪnti] adj {comp -ier, superl -iest} 1 (superfície) duro; pedregoso 2 (pessoa) insensível, frio

flip [flɪp] vt 1 (com os dedos) atirar ao ar 2 (botão, máquina) premir; pressionar 3 (cozinhados, páginas) virar, voltar ♦ vi {pret e pp -pp-} *col* (fúria) ter um ataque; passar-se *col*

flip-flop ['flɪpflɒp] n 1 (ginástica) flip-flop 2 *col* mudança radical ♦ npl (chinelos) havaianas

flip-flops ['flɪpflɒpz] n pl chinelas de dedo

flippancy ['flɪpənsi] n falta de seriedade; superficialidade

flippant ['flɪpənt] adj pouco sério

flipper ['flɪpə] n barbatana

flirt [flɜːt] n 1 pessoa namoradeira 2 flirt, namorico ♦ vi namoriscar [with, com]; *to flirt with someone* namoriscar com alguém ❖ **to flirt with an idea** brincar com uma ideia

flirtation [flɜːˈteɪʃən] n flirt

flirtatious [flɜːˈteɪʃəs] adj namoradeiro

flit [flɪt] vi {pret e pp -tt-} **1** esvoaçar; **to flit from tree to tree** esvoaçar de árvore em árvore **2** (atividade, ideia) saltar; **to flit from one thing to another** saltar de uma coisa para outra

float [fləʊt] n **1** boia **2** (cortejos) carro alegórico **3** ECON dinheiro em caixa ◆ vi **1** (água) flutuar, boiar; vogar **2** (ar) planar ◆ vt **1** pôr a flutuar **2** (sugestão) propor **3** FIN (empresa) lançar na Bolsa

floating [ˈfləʊtɪŋ] adj **1** flutuante **2** fig (situação) inconstante, variável ❖ (eleições) **floating voter** indeciso

flock [flɒk] n **1** (pássaros) bando **2** (ovelhas) rebanho **3** (pessoas) multidão **4** rebanho; paroquianos

floe [fləʊ] n massa de gelo flutuante

flog [flɒg] vt {pret e pp -gg-} (com chicote) açoitar; fustigar ❖ **to flog a dead horse** esforçar-se inutilmente

flogging [ˈflɒgɪŋ] n açoite

flood [flʌd] n **1** cheia, inundação **2** fig (grande quantidade) torrente [of, de] ◆ vt **1** inundar, alagar **2** fig encher [with, de] ◆ vi alagar-se; transbordar ❖ **to be flooded with** ser inundado por

floodgate [ˈflʌdgeɪt] n comporta

flooding [ˈflʌdɪŋ] n inundação, cheia

floor [flɔː] n **1** chão **2** (casa) andar; **ground floor** rés do chão; **to live on the second floor** viver no segundo andar; **top floor** último andar **3** (discoteca) pista de dança **4** (em debate) palavra; **to ask for the floor** pedir a palavra; **to have the floor** ter a palavra ◆ vt **1** soalhar **2** (adversário) derrubar, deitar por terra **3** fig desorientar, confundir

floorboard [ˈflɔːbɔːd] n soalho

floorcloth [ˈflɔːklɒθ] n pano do chão

flooring [ˈflɔːrɪŋ] n pavimento

flop [flɒp] n col fiasco, fracasso ◆ vi {pret e pp -pp-} **1** cair pesadamente; afundar-se **2** col ser um fiasco, fracassar ❖ **to go flop** ir por água abaixo

floppy [ˈflɒpi] adj {comp -ier, superl -iest} mole; frouxo ❖ INFORM **floppy disk** disquete

flora [ˈflɔːrə] n flora

floral [ˈflɔːrəl] adj floral ❖ **floral tribute** coroa de flores

florescence [flɔːˈresns] n BOT florescência

florescent [flɔːˈresnt] adj florescente

floriculture [ˈflɔːrɪˌkʌltʃə] n floricultura

floriculturist [ˌflɔːrɪˈkʌltʃərɪst] n floricultor

florid [ˈflɒrɪd] adj (estilo) floreado; pomposo

florin [ˈflɒrɪn] n (antiga moeda) florim

florist [ˈflɒrɪst] n florista

floss [flɒs] n fio dental ◆ vt EUA (dentes) limpar com fio dental

flotation [fləʊˈteɪʃən] n ECON flutuação

flounce [flaʊns] n **1** folho **2** gesto de desagrado ◆ vt (tecido) debruar; fazer folhos em ◆ vi mover-se com irritação

flounder [ˈflaʊndə] n ZOOL solha ◆ vi **1** debater-se **2** (lama, neve) patinhar **3** fig vacilar

flour [ˈflaʊə] n farinha ◆ vt **1** enfarinhar **2** CUL passar por farinha; **to flour the fish** passar o peixe por farinha

flourish [ˈflʌrɪʃ] n {pl -es} **1** (movimento) floreio **2** (ato) aparato **3** (ornamento) floreado ◆ vi **1** florescer, prosperar; **trade is flourishing** o comércio prospera **2** (planta) medrar ◆ vt (movimento) brandir, menear

flourishing [ˈflʌrɪʃɪŋ] adj florescente; próspero ◆ n florescimento, prosperidade

floury [ˈflaʊəri] adj {comp -ier, superl -iest} farinhento

flout [flaʊt] vt (lei, regra) desobedecer; transgredir, infringir

flow [fləʊ] n **1** (líquido, trânsito) fluxo [of, de]; **the flow of blood** o fluxo de sangue;

fly

the flow of the river o fluxo do rio 2 (mar) maré; *the ebb and flow of the sea* a maré baixa e a maré alta ♦ vi 1 (líquido) fluir 2 (rio, regato) correr 3 (maré) encher

flower ['flauə] n flor; *in flower* em flor ♦ vi 1 BOT florir, florescer 2 *fig* (ideias) florescer; dar fruto ❖ (estabelecimento) *flower shop* florista; *to burst into flower* florir

flowerbed ['flauəbed] n canteiro de flores

flowering ['flauərɪŋ] n florescimento

flowerpot ['flauəpɒt] n vaso

flowery ['flauərɪ] adj {comp -ier, superl -iest} 1 (cheiro) a flores 2 (padrão) florido 3 (estilo) floreado, rebuscado

flowing ['fləuɪŋ] adj fluido

flown [fləun] pp de to fly

flu [fluː] n gripe ❖ *flu remedy* antigripal

fluctuate ['flʌktjueɪt] vi 1 (em líquido) flutuar 2 ECON oscilar 3 *fig* variar

fluctuation [,flʌktʃu'eɪʃən] n oscilação; variação

flue [fluː] n (chaminé) cano

fluency ['fluːənsɪ] n fluência [in, em]; *fluency in English* fluência em Inglês

fluent ['fluːənt] adj (línguas) fluente [in, em]

fluff [flʌf] n 1 (aves) penugem 2 (sujidade) cotão 3 (roupa) borboto ♦ vt 1 enfunar 2 *col* (exames) chumbar em/a

fluffy ['flʌfɪ] adj {comp -ier, superl -iest} fofo

fluid ['fluːɪd] n líquido ♦ adj fluido

fluidity [fluː'ɪdɪtɪ] n fluidez

fluke [fluːk] n col golpe de sorte

flummox ['flʌməks] vt col confundir; embaraçar

flump [flʌmp] vt arremessar ao chão

flung [flʌŋ] pret e pp de to fling

flunk [flʌŋk] vi EUA col (escola) chumbar; reprovar ♦ n EUA col chumbo; reprovação

fluorescence [,fluə'resəns] n fluorescência

fluorescent [,fluə'resənt] adj fluorescente

fluoride ['fluəraɪd] n 1 QUÍM fluoreto 2 (dentífrico) flúor

fluorine ['fluəriːn] n (elemento químico) flúor

flurry ['flʌrɪ] n {pl -ies} 1 burburinho; bulício 2 (chuva) bátega [of, de]; *a flurry of rain* uma bátega de chuva 3 (vento) rajada [of, de]; *a flurry of wind* uma rajada de vento ❖ *to be in a flurry* estar agitado

flush [flʌʃ] n {pl -es} 1 rubor 2 (emoção) ar rebatimento [of, de], acesso [of, de]; *a flush of anger* um acesso de raiva 3 (quantidade) afluxo; afluência 4 (autoclismo) descarga 5 (jogo) série de cartas do mesmo naipe ♦ adj 1 rico, abundante [with, em]; *to be flush with money* estar cheio de dinheiro 2 ao mesmo nível, nivelado [with, com]; *these cupboards are flush with the wall* estes guarda-louças estão nivelados com a parede ♦ vi corar ♦ vt (quarto de banho) puxar; *to flush the toilet* puxar o autoclismo

fluster ['flʌstə] n perturbação, confusão; enervamento; *to be all in a fluster* estar todo nervoso ♦ vt perturbar; enervar

flute [fluːt] n flauta

flutist ['fluːtɪst] n EUA flautista

flutter ['flʌtə] n 1 agitação; *to be in a flutter* estar em grande agitação 2 bater de asas 3 pestanejo 4 MED (coração, pulso) batimento irregular ♦ vi 1 (no ar) ondular 2 bater as asas, esvoaçar 3 (pulso) estar alterado, bater descompassadamente ♦ vt agitar

fluvial ['fluːvɪəl] adj form fluvial

flux [flʌks] n {pl -es} mudança permanente; *to be in a state of flux* estar constantemente a mudar

fly [flaɪ] n {pl flies} 1 ZOOL mosca 2 braguilha; carcela ♦ vi {pret flew, pp flown} 1 voar 2 (avião) pilotar 3 (pressa) despachar-se; apressar-se ♦ vt 1 sobrevoar; *to fly the ocean* sobrevoar o oceano 2 (avião) pilotar 3 (papagaio, balão) lançar 4 (bandeira) hastear 5 fugir de, evadir-se de; *they flew the country* fugiram do país

● **fly at** vt atirar-se a

● **fly into** vt EUA atirar-se a; *the man flew into him in rage* o homem atirou-se a ele numa fúria

flycatcher ['flaɪ,kætʃə] n (pássaro) papa-moscas

flyer ['flaɪə] n 1 col piloto 2 (avião) passageiro 3 (ave, inseto) voador 4 panfleto; brochura

flying ['flaɪɪŋ] n voo ◆ adj voador ❖ **flying saucer** disco voador; GB **flying visit** visita relâmpago

flyleaf ['flaɪliːf] n {pl -leaves} (livro) guarda

flywheel ['flaɪwiːl] n volante

foal [fəʊl] n potro ◆ vi (égua, burra) parir ❖ *the horse is in foal* a égua está prenhe

foam [fəʊm] n 1 (líquido) espuma 2 (boca) baba ◆ vi 1 (líquido) espumar, fazer espuma 2 (boca) babar-se ❖ **shaving foam** espuma para a barba

foamy ['fəʊmi] adj {comp -ier, superl -iest} espumoso

fob [fɒb] n corrente de relógio de bolso

focal ['fəʊkəl] adj crucial; central

focalize ['fəʊkəlaɪz] vt 1 FOT focar 2 (assunto) concentrar [on, em]

focus ['fəʊkəs] n {pl focuses, foci} 1 FÍS foco 2 foco, centro [of, de]; *to be the focus of attention* ser o centro das atenções 3 (questão) âmago, parte essencial [of, the]; *the focus of someone's intervention* o essencial da intervenção de alguém ◆ vt,i 1 focar [on, -]; *the beams of light focused on the aircraft* os holofotes focaram o avião 2 concentrar(-se) [on, em]; *focus on work* concentra-te no trabalho ❖ *out of focus* desfocado; *to be in focus* estar focado

fodder ['fɒdə] n (gado) forragem

foe [fəʊ] n lit inimigo

foetal ['fiːtəl] adj (embrião) fetal

foetus ['fiːtəs] n {pl -es} (embrião) feto

fog [fɒg] n 1 nevoeiro 2 fig confusão; *col to be in a fog* estar confundido ◆ vt 1 (super-

fície) embaciar 2 fig tornar confuso ❖ **fog bank** banco de nevoeiro; **fog lights** faróis de nevoeiro

foggy ['fɒgi] adj {comp -ier, superl -iest} enevoado, nebuloso ❖ *I don't have the foggiest idea!* não faço a mínima ideia!

foghorn ['fɒghɔːn] n sirene de nevoeiro

fogy ['fəʊgi] n col bota de elástico

foible ['fɔɪbəl] n ponto fraco

foil [fɔɪl] n 1 CUL papel de alumínio 2 contraponto [for/to, para]; contraste [for/to, para] 3 (esgrima) florete ◆ vt (plano) frustrar ❖ *to act as a foil to* realçar

foist [fɔɪst] vt impor; impingir; *to foist a rule on someone* impor uma regra a alguém

fold [fəʊld] n 1 (tecido) prega 2 (papel) dobra, vinco 3 (ovelhas) curral ◆ vt 1 (papel, tecido) dobrar; *to fold a letter* dobrar uma carta 2 (braços) cruzar 3 (objetos) fechar; *to fold the umbrella* fechar o guarda-chuva 4 (cobertura) (envolver) enrolar; *fold the sheet of paper round the tube* enrole a folha de papel em torno do tubo ◆ vi 1 col ir à falência 2 (flores) enrolar-se; fechar-se ❖ *to fold back the sleeves* arregaçar as mangas

● **fold up** vi 1 (tecido, papel) dobrar 2 COM falir; abrir bancarrota

folder ['fəʊldə] n dossier; pasta

folding ['fəʊldɪŋ] adj articulado

foliage ['fəʊlɪdʒ] n folhagem

foliate ['fəʊlɪət] vi laminar

foliated ['fəʊlɪeɪtɪd] adj laminado

foliation [,fəʊlɪ'eɪʃən] n foliação

folio ['fəʊlɪəʊ] n {pl -s} (livro) fólio

folk [fəʊk] n povo; gente ◆ npl 1 EUA col pais 2 col malta; gente ❖ **folk dance** dança folclórica; **folk song** canção popular

folklore ['fəʊklɔː] n folclore

folkloric ['fəʊˌklɔːrɪk] adj folclórico

follicle ['fɒlɪkəl] n folículo

footnote

follow ['fɒləʊ] vi 1 seguir-se; *as follows* como se segue; *he went first and I followed* ele foi primeiro e eu depois; *what follows?* que vem a seguir? 2 compreender, perceber; *do you follow?* estás a compreender?; *I don't quite follow* não estou a perceber bem 3 significar; resultar, ser consequência de; *it doesn't follow that I like him* isso não significa que eu gosto dele, *it followed that* daí resultou que ◆ vt 1 seguir; perseguir; *the police followed the robbers* a polícia perseguiu os assaltantes 2 (regras) seguir; cumprir; *to follow the instructions* seguir as instruções 3 (assunto, programa) seguir; acompanhar 4 (percurso, carreira) seguir; enveredar por ❖ *to follow suit* fazer o mesmo

◆ **follow out** vt (ordem) executar; cumprir

◆ **follow through** vt levar a cabo

◆ **follow up** vt investigar; debruçar-se sobre

follower ['fɒləʊə] n seguidor

following ['fɒləʊɪŋ] prep depois de, a seguir a, *following that event* depois disso ◆ n 1 seguidores; admiradores 2 seguinte(s)

follow-up ['fɒləʊʌp] n continuação

folly ['fɒlɪ] n {pl -ies} loucura; tolice

fond [fɒnd] adj 1 carinhoso 2 apreciador; *to be fond of* gostar muito de 3 (anseios) vão; irrealizável

fondle ['fɒndəl] vt acariciar; afagar

fondness ['fɒndnɪs] n ternura; carinho

fondue ['fɒnduː] n fondue

font [fɒnt] n 1 (igreja) pia batismal 2 (letra) fonte

food [fuːd] n comida; alimento ❖ *food for thought* coisas em que pensar; *food poisoning* intoxicação alimentar; *food value* valor nutritivo

foodstuffs ['fuːdstʌfs] npl géneros alimentícios

fool [fuːl] n 1 tolo; parvo; *don't be a fool* não sejas parvo; *to be no fool* não ser nada tolo; *to make a fool of oneself* fazer figura de parvo; *to play the fool* fazer de tolo 2 HIST (corte) bobo ◆ vt enganar; *don't let yourself be fooled* não te deixes enganar ◆ vi brincar ❖ *All Fools' Day* dia dos enganos

foolhardy ['fuːlˌhɑːdɪ] adj imprudente; irrefletido

foolish ['fuːlɪʃ] adj 1 (ato) insensato; disparatado 2 (pessoa) parvo

foolishly ['fuːlɪʃlɪ] adv estupidamente

foolishness ['fuːlɪʃnɪs] n tolice, parvoíce

foolproof ['fuːlpruːf] adj infalível

foot [fʊt] n {pl feet} 1 pé; *on foot* a pé 2 pata; *the foot of the horse* a pata do cavalo 3 (montanha) sopé 4 (escadas, página) fundo {of, de} 5 (medida, verso) pé ❖ *foot brake* travão de pé; *to knock somebody off his feet* fazer alguém perder o equilíbrio; *to put one's foot down* bater o pé; mostrar firmeza

footage ['fʊtɪdʒ] n imagens; *real footage* imagens reais

foot-and-mouth disease [ˌfʊtənˈmaʊ θdɪziːz] n febre aftosa

football ['fʊtbɔːl] n 1 futebol; *football player* futebolista 2 bola de futebol

footballer ['fʊtbɔːlə] n GB futebolista

footboard ['fʊtbɔːd] n estribo

footbridge ['fʊtbrɪdʒə] n ponte pedonal

footer ['fʊtə] n rodapé

footgear ['fʊtɡɪə] n calçado

foothold ['fʊthəʊld] n 1 apoio para o pé 2 ponto de apoio

footing ['fʊtɪŋ] n 1 equilíbrio 2 base; fundamento ❖ *to be on an equal footing with* estar em pé de igualdade com

footlights ['fʊtlaɪts] npl luzes da ribalta

footman ['fʊtmən] n {pl -men} lacaio, criado

footmark ['fʊtmɑːk] n pegada

footnote ['fʊtnəʊt] n nota de rodapé

footpath ['fʊtpɑːθ] n caminho; vereda

footprint ['fʊtprɪnt] n pegada

footslog ['fʊtslɒg] vi {pret e pp -gg-} caminhar com dificuldade

footstep ['fʊtstep] n passo ❖ *to follow in somebody's footsteps* seguir os passos de alguém

footstool ['fʊtstuːl] n banquinho para os pés

footwear ['fʊtweə] n calçado

footwork ['fʊtwɜːk] n 1 (dança, desporto) jogo de pés 2 habilidade; perícia

fop [fɒp] n (pessoa) vaidoso; queque *col*

foppish ['fɒpɪʃ] adj (modos) afetado

for [fɔː] prep 1 para; *for you* para ti 2 durante; *for a long time* durante muito tempo 3 a favor de; *to vote for* votar em 4 por; *I took him for a German* eu tomei-o por um alemão 5 a; para; *for sale* à venda 6 (proporções) em; *five for seven have tried it* cinco em sete experimentaram ♦ conj porque ❖ *as for me* quanto a mim; *but for* se não fosse; *for all I know* tanto quanto eu sei; *for all that* apesar de tudo isso

forage ['fɒrɪdʒ] n forragem ♦ vt,i 1 vasculhar 2 procurar [for, -]

foray ['fɒreɪ] n 1 saque, pilhagem 2 incursão [into, em] ♦ vt saquear; devastar

forbade [fə'bæd] pret de to forbid

forbear[1] [fɔː'beə] vi {pret forbore, pp forborne} form evitar, abster-se [from, de]; *to forbear from doing something* abster-se de fazer alguma coisa ❖ *to forbear with* mostrar-se paciente com

forbear[2] ['fɔːbeə] n antepassado

forbearance [fɔː'beərəns] n tolerância; paciência

forbearing [fɔː'beərɪŋ] adj paciente, tolerante; indulgente

forbid [fə'bɪd] vt {pret forbade, pp forbidden} 1 proibir [to, de]; *to forbid someone to do something* proibir alguém de fazer

alguma coisa 2 impedir [to, de] ❖ *God forbid that...* Deus não permita que...

forbidden [fə'bɪdən] pp de to forbid ♦ adj proibido

forbidding [fə'bɪdɪŋ] adj 1 proibitivo 2 severo; intimidatório

forbore [fɔː'bɔː] pret de to forbear

force [fɔːs] n 1 força; *propelling force* força motriz 2 (violência) força; *by force* à força ♦ vt 1 (ato) forçar [to, a]; obrigar [to, a]; *I was forced to go* forçaram-me a ir 2 (ordem) impor [on/upon, a]; *to force a task on someone* impor uma tarefa a alguém 3 (força física) forçar; arrancar à força; *to force a lock* forçar uma fechadura; *to force one's way* abrir caminho à força ❖ *by force of circumstance* por motivos de força maior; *by force of habit* por força do hábito; *to come into force* entrar em vigor

◆ **force back** vt 1 (ataque) repelir; fazer recuar 2 (emoção) reprimir

◆ **force down** vt 1 (comida) engolir à força 2 (avião) obrigar a aterrar

◆ **force on** vt 1 (decisão, regra) impor 2 (ato) intensificar; reforçar

forced [fɔːst] adj forçado

force-feed ['fɔːsfiːd] vt {pret e pp force-fed} alimentar à força

forceful ['fɔːsfʊl] adj 1 (pessoa) assertivo; firme 2 (argumentação) convincente

forceps ['fɔːsɪps] npl fórceps

forcible ['fɔːsɪbəl] adj 1 forçado; *a forcible entry* uma entrada forçada 2 (argumentação) concludente; convincente

forcibly ['fɔːsɪbli] adv à força

ford [fɔːd] vt passar a vau ♦ n vau

fore [fɔː] adj anterior, dianteiro; (animais) *fore quarter* quarto dianteiro; *the fore side* a parte anterior

forearm ['fɔːrɑːm] n antebraço

forearmed ['fɔːrɑːmd] adj prevenido ❖ *forewarned is forearmed* homem prevenido vale por dois

forebode [fɔːˈbəʊd] *vt* prognosticar; pressentir

foreboding [fɔːˈbəʊdɪŋ] *n* presságio; pressentimento

forecast [ˈfɔːkæst] *n* previsão; prognóstico; *weather forecast* previsão meteorológica ♦ *vt* prever; prognosticar; vaticinar

foreclose [fɔːˈkləʊz] *vt,i* (hipoteca) executar

forecourt [ˈfɔːkɔːt] *n* GB espaço amplo e aberto em frente a um edifício (garagem, hotel, etc.)

foredate [ˈfɔːdeɪt] *vt* pré-datar

forefather [ˈfɔːfɑːðə] *n* antepassado

forefinger [ˈfɔːfɪŋɡə] *n* dedo indicador

forefront [ˈfɔːfrʌnt] *n at/in/to the fore-front of* à frente de; na linha da frente de

forego [fɔːˈɡəʊ] *vt* {*pret* forewent, *pp* fore-gone} *form* ser anterior a; preceder

foregoing [fɔːˈɡəʊɪŋ] *adj* antecedente; precedente

foreground [ˈfɔːɡraʊnd] *n* primeiro plano

forehand [ˈfɔːhænd] *n* (ténis, etc.) serviço

forehead [ˈfɔːrəd] *n* fronte, testa

foreign [ˈfɒrɪn] *adj* 1 estrangeiro; *foreign language* língua estrangeira 2 externo; *foreign policy* política externa 3 *form* estranho; *foreign body* corpo estranho ❖ *foreign currency* divisas; GB **Foreign Office** Ministério dos Negócios Estrangeiros; GB **Foreign Secretary** Ministro dos Negócios Estrangeiros

foreigner [ˈfɒrɪnə] *n* estrangeiro

foreland [ˈfɔːlənd] *n* GEOG cabo, promontório

foreleg [ˈfɔːleɡ] *n* pata dianteira

forelock [ˈfɔːlɒk] *n* melena

foreman [ˈfɔːmən] *n* {*pl* -men} 1 capataz 2 presidente dos jurados

foremost [ˈfɔːməʊst] *adj* primeiro; principal

forensic [fəˈrensɪk] *adj* forense ❖ *forensic medicine* medicina legal

forerunner [ˈfɔːrʌnə] *n* 1 precursor 2 sinal

foresee [fɔːˈsiː] *vt* {*pret* -saw, *pp* -seen} prever

foreseeable [fɔːˈsiːəbəl] *adj* 1 previsível 2 próximo

foresight [ˈfɔːsaɪt] *n* previsão; previdência

foreskin [ˈfɔːskɪn] *n* prepúcio

forest [ˈfɒrɪst] *n* floresta ❖ *forest fire* incêndio florestal; *forest ranger* guarda--florestal

forestall [fɔːˈstɔːl] *vt* antecipar-se a; prevenir

forester [ˈfɒrɪstə] *n* guarda-florestal

forestry [ˈfɒrɪstri] *n* silvicultura

foretaste [ˈfɔːteɪst] *n* amostra

foretell [fɔːˈtel] *vt* {*pret e pp* -told} predizer; pressagiar; vaticinar

forethought [ˈfɔːθɔːt] *n* previdência; cautela

foretoken [fɔːˈtəʊkən] *n* presságio ♦ *vt* pressagiar

foretold [fɔːˈtəʊld] *adj* previsto; antecipado

forever [fəˈrevə] *adv* 1 para sempre; eternamente; *forever and ever* para todo o sempre 2 *col* sempre

forewarn [fɔːˈwɔːn] *vt* prevenir [of, em relação a]; avisar [of, em relação a]

forewoman [ˈfɔːwʊmən] *n* {*pl* -men} 1 (fábrica, oficina) mestra 2 (julgamento) presidente de júri

foreword [ˈfɔːwɜːd] *n* prefácio

forfeit [ˈfɔːfɪt] *vt* 1 (regalia) perder 2 (negociação) abdicar de; ceder ♦ *n* 1 multa 2 abdicação

forfeiture [ˈfɔːfɪtʃə] *n* DIR confiscação

forgave [fəˈɡeɪv] *pret de* to forgive

forge [fɔːdʒ] *vt* 1 (ferro) forjar 2 (dinheiro, obras de arte) falsificar; contrafazer 3 *fig* (relações) consolidar; *to forge a relationship* cimentar uma relação ♦ *n* forja

♦ **forge ahead** *vi* seguir em frente; progredir

forger [ˈfɔːdʒə] *n* falsificador

forgery [ˈfɔːdʒəri] *n* {*pl* -ies} falsificação

DACIN-DP-18

forget [fə'get] *vt* {*pret* forgot, *pp* forgotten} esquecer-se de, esquecer; *I've forgotten your name* esqueci-me do seu nome ♦ *vi* esquecer [**about**, -]; esquecer-se [**to**, de]; *don't forget to bring a big suitcase* não te esqueças de trazer uma mala grande ❖ *forget it!* não penses mais nisso!; *to forget oneself* descontrolar-se; perder a cabeça

forgetful [fə'getfʊl] *adj* esquecido

forgetfulness [fə'getfʊlnɪs] *n* esquecimento

forget-me-not [fə'getmɪˌnɒt] *n* miosótis

forgettable [fə'getəbəl] *adj* para esquecer

forgivable [fə'gɪvəbəl] *adj* perdoável; desculpável

forgive [fə'gɪv] *vt* {*pret* -gave, *pp* -given} perdoar [**for**, por]; *she forgave him for what he had done* ela perdoou-lhe pelo que ele tinha feito

forgiveness [fə'gɪvnɪs] *n* perdão

forgiving [fə'gɪvɪŋ] *adj* indulgente; tolerante

forgotten [fə'gɒtn] *pp de* to forget ♦ *adj* esquecido; abandonado

fork [fɔːk] *n* 1 garfo 2 AGR forcado; forquilha 3 (estrada) bifurcação ♦ *vi* bifurcar-se ❖ **fork out** *vt,i* desembolsar

forlorn [fə'lɔːn] *adj* 1 abandonado, desamparado 2 vão

form [fɔːm] *n* 1 forma; *to take the form of* assumir a forma de 2 tipo; *in any form* de qualquer tipo 3 (documento) impresso; formulário; *to fill out a form* preencher um formulário 4 (condição física, disposição) forma; *to be on form* estar em forma; *to be off form* estar em baixo de forma 5 banco comprido 6 GB (escola) ano, turma ♦ *vt* 1 formar; fazer; *to form a class* formar uma turma 2 (educação) formar; moldar ♦ *vi* formar-se

formal ['fɔːməl] *adj* 1 formal; *formal letter* carta formal 2 oficial; *a formal declaration of war* declaração oficial de guerra

formalism ['fɔːməlɪzəm] *n* formalismo

formalist ['fɔːməlɪst] *n* formalista

formality [fɔː'mælɪti] *n* {*pl* -ies} formalidade

formalize ['fɔːməlaɪz] *vt* 1 formalizar 2 oficializar 3 dar forma a

formally ['fɔːməli] *adv* 1 formalmente 2 oficialmente

format ['fɔːmæt] *n* formato; configuração ♦ *vt* 1 configurar 2 INFORM formatar

formation [fɔː'meɪʃən] *n* formação ❖ MIL *in formation* em formatura

formative ['fɔːmətɪv] *adj* formativo; instrutivo

former ['fɔːmə] *adj* anterior; precedente ♦ *n* o primeiro; *the former mentioned* o primeiro mencionado ❖ *in former times* antigamente

formerly ['fɔːməli] *adv* outrora; antigamente

formidable ['fɔːmɪdəbəl] *adj* 1 extraordinário; incrível 2 temível; *a formidable adversary* um adversário temível

formula ['fɔːmjələ] *n* {*pl* -as, -ae} 1 fórmula; *a chemical formula* uma fórmula química 2 (bebé) substituto do leite materno 3 (expressão) cliché; lugar-comum ❖ (automobilismo) *Formula One* Fórmula Um

formulary ['fɔːmjələri] *n* {*pl* -ies} formulário

formulate ['fɔːmjuleɪt] *vt* formular; elaborar; desenvolver; *to formulate an opinion* expressar uma opinião

formulation [ˌfɔːmjə'leɪʃən] *n* formulação

fornicate ['fɔːnɪˌkeɪt] *vi pej* fornicar

fornication [ˌfɔːnɪ'keɪʃən] *n pej* fornicação

for-profit [fə'prɒfɪt] *adj* com fins lucrativos

forsake [fə'seɪk] *vt* {*pret* -sook, *pp* -saken} 1 *lit* abandonar; deixar 2 *lit* renunciar a; prescindir de

forsaken [fə'seɪkən] *adj* abandonado; desamparado

forswear [,fɔː'sweə] vt {pret -swore, pp -sworn} renunciar a

fort [fɔːt] n forte; fortaleza ❖ **to hold the fort for someone** substituir alguém na sua ausência

forte ['fɔːteɪ] adj,n MÚS forte ♦ n ponto forte

forth [fɔːθ] adv 1 adiante; para a frente; **back and forth** para trás e para a frente 2 (tempo) diante; **from that day forth** daquele dia em diante

forthcoming [,fɔːθ'kʌmɪŋ] adj 1 (acontecimento) próximo 2 disponível; **the money will soon be forthcoming** o dinheiro estará em breve disponível 3 (pessoa) aberto [about, em relação a]

forthright ['fɔːθraɪt] adj frontal, direto

fortieth ['fɔːtiəθ] adj,num ord quadragésimo

fortification [,fɔːtɪfɪ'keɪʃən] n fortificação

fortify ['fɔːtɪfaɪ] vt 1 (fortificações) fortificar 2 (físico, espírito) fortalecer; revigorar

fortitude ['fɔːtɪtjuːd] n força; coragem; estoicismo

fortnight ['fɔːtnaɪt] n GB quinzena, quinze dias

fortnightly ['fɔːtnaɪtli] adj GB quinzenal ♦ adv GB quinzenalmente

fortress ['fɔːtrəs] n {pl -es} fortaleza; forte

fortuitous [fəˈtjuːɪtəs] adj fortuito; casual

fortunate ['fɔːtʃənət] adj 1 (pessoa) afortunado; sortudo 2 (acontecimento) feliz

fortunately ['fɔːtʃənətli] adv felizmente

fortune ['fɔːtʃən] n 1 fortuna; **to make a fortune** fazer fortuna 2 sorte; **fortune smiles on her** a sorte sorri-lhe 3 destino; **to tell someone's fortune** ler a sorte de alguém

fortune-teller ['fɔːtʃən,telə] n adivinho; vidente

forty ['fɔːti] num card,n quarenta ❖ (década) **the forties** os anos quarenta; **to be in one's fifties** ter 40 e tal anos

forum ['fɔːrəm] n fórum

forward ['fɔːwəd] adv 1 (movimento) para a frente; **a step forward** um passo em frente; **backwards and forwards** para trás e para a frente 2 (tempo) em diante; **from that moment forward** dali em diante ♦ adj 1 (movimento) para a frente; **forward movement** movimento para a frente 2 (posicionamento) da frente, dianteiro; **the forward seat** o lugar da frente 3 inovador; adiantado; avançado 4 (ato) atrevido ♦ vt 1 (correspondência) enviar; remeter 2 (ação) impulsionar; estimular; fomentar ♦ n DESP avançado, atacante ❖ (ginástica) **forward roll** cambalhota; **to put the clock forward** adiantar o relógio

forwarding ['fɔːwədɪŋ] n expedição; envio ❖ **forwarding address** nova direção

forwardness ['fɔːwədnɪs] n atrevimento; audácia

forwards ['fɔːwədz] adv ⇒ forward

fossil ['fɒsəl] n fóssil

fossilization [,fɒsəlaɪ'zeɪʃən] n fossilização

fossilize ['fɒsəlaɪz] vi,t fossilizar

foster ['fɒstə] vt 1 (criança) acolher; criar 2 (atividade) promover; fomentar; estimular ♦ adj adotivo; de criação; de acolhimento ❖ **foster child** filho adotivo; **foster family** família de acolhimento; **foster parents** pais adotivos

fosterage ['fɒstərɪdʒ] n 1 (atividade) patrocínio; apoio, encorajamento 2 (família) acolhimento de criança

foul [faʊl] adj 1 imundo; sujo 2 mau; **foul weather** mau tempo 3 (ar) viciado 4 (água) estagnada 5 (comportamento) indecente; obsceno; grosseiro; **foul language** linguagem obscena 6 lit abominável, vil, infame ♦ n DESP falta ♦ vt 1 DESP cometer falta contra 2 sujar; emporcalhar 3 (água, ar) empestar; contaminar 4 (mecanismos, redes) enredar ♦ vi 1 DESP cometer falta 2 (mecanismos, redes) enredar-se ❖ **foul play** jogo sujo; *to be in a foul mood* estar de mau humor

◆ **foul up** *vt col* estragar; *you've fouled it all up* estragaste tudo

foul-up ['faʊlʌp] *n* {*pl* foul-ups} asneirada; trapalhada

found [faʊnd] *vt* **1** (organização) fundar; criar; instituir **2** basear [on, em] **3** *téc* (metal, vidro) fundir ◆ *pret e pp de* to find

foundation [faʊn'deɪʃən] *n* **1** (instituição) fundação **2** criação; fundação **3** (construção) alicerces **4** (moral) princípio; fundamento **5** (argumentação) razão de ser **6** (cosmética) base

founder ['faʊndə] *n* fundador; *GB* **founder member** sócio-fundador ◆ *vi* **1** fracassar **2** (navio) afundar-se

founding ['faʊndɪŋ] *n* fundação [of, de]

foundry ['faʊndri] *n* {*pl* -ies} fundição

fountain ['faʊntɪn] *n* **1** fonte; fontanário **2** (líquido) jato ❖ *fountain pen* caneta de tinta permanente

fountainhead ['faʊntɪnhed] *n* manancial

four [fɔː] *num card,n* quatro ❖ *from the four corners of the world* dos quatro cantos do mundo; *to be on all fours* estar de gatas

four-eyes ['fɔːaɪs] *n col,pej* caixa de óculos

fourfold ['fɔːfəʊld] *adj* quádruplo ◆ *adv* quatro vezes

four-poster ['fɔːpəʊstə] *n* cama de dossel

foursome ['fɔːsəm] *n* grupo de quatro

fourteen [fɔː'tiːn] *num card,n* catorze

fourteenth [fɔː'tiːnθ] *num ord,n* décimo quarto ❖ *on the fourteenth* no dia catorze

fourth [fɔːθ] *num ord,n* quarto ❖ *on the fourth* no dia quatro

fourthly ['fɔːθli] *adv* em quarto lugar

four-wheel drive [fɔːwiːl'draɪv] *n* (veículos) tração às quatro rodas

fowl [faʊl] *n* ave de capoeira ◆ *vi* caçar aves ❖ *neither fish nor fowl* nem carne nem peixe

fox [fɒks] *n* {*pl* -es} **1** ZOOL raposa **2** *fig,pej* espertalhão; velhaco ◆ *vt GB col* confundir; ludibriar ❖ *fox hunt* caça à raposa; *to play the fox* usar de manha

foxglove ['fɒksglʌv] *n* (planta) dedaleira

foxhole ['fɒkshəʊl] *n* toca de raposa

foxhound ['fɒkshaʊnd] *n* cão de caça de raposa

fox-hunting ['fɒkshʌntɪŋ] *n* caça à raposa

foxtrot ['fɒkstrɒt] *n* (música e dança) foxtrot ◆ *vi* dançar o foxtrot

foxy ['fɒksi] *adj* {*comp* -ier, *superl* -iest} **1** manhoso; matreiro **2** *EUA col* sensual, atraente

foyer ['fɔɪeɪ] *n* (sala de espetáculos) foyer

fracas ['frækɑː] *n* desordem; rixa

fraction ['frækʃən] *n* fração; MAT *decimal fraction* fração decimal ❖ *for a fraction of second* em menos de um segundo

fractional ['frækʃənəl] *adj* **1** MAT fracionário **2** minúsculo

fractious ['frækʃəs] *adj* irritadiço

fracture ['fræktʃə] *n* fratura; *a fracture of the leg* uma fratura na perna ◆ *vt* fraturar ◆ *vi* fraturar-se

fragile ['frædʒaɪl] *adj* frágil

fragility [frə'dʒɪlɪti] *n* fragilidade

fragment ['frægmənt] *n* fragmento

fragmentary ['frægməntəri] *adj* fragmentário

fragmentation [ˌfrægmən'teɪʃən] *n* fragmentação

fragrance ['freɪgrəns] *n* fragrância; aroma

fragrant ['freɪgrənt] *adj* fragrante; aromático

frail [freɪl] *adj* frágil; delicado

frailty ['freɪlti] *n* {*pl* -ies} fraqueza, fragilidade

frame [freɪm] *n* **1** (para fotografia) moldura, passe-partout **2** (janela, porta) caixilharia **3** (tema, objeto) estrutura **4** (corpo) constituição física **5** (óculos) armação **6** CIN,TV fotograma ◆ *vt* **1** (quadro, fotografia) emoldurar; encaixilhar **2** (assunto) enquadrar;

contextualizar 3 *col* tramar, incriminar; *to frame someone for something* incriminar alguém de alguma coisa 4 *form* conceber; engendrar ❖ *frame of mind* estado de espírito; *frame of reference* sistema de valores

framer ['freɪmə] *n* criador; autor; estratega

frame-up ['freɪmʌp] *n col* armadilha

framework ['freɪmwɜːk] *n* 1 armação; estrutura 2 (ideias, etc.) sistema

franc [fræŋk] *n* (antiga moeda) franco

France [frɑːns] *n* França

franchise ['fræntʃaɪz] *n* 1 ECON franchise; direito de exploração, concessão; *franchise holder* concessionário 2 POL sufrágio; *universal franchise* sufrágio universal ◆ *vt* ECON ceder direito de exploração de

Franciscan [,fræn'sɪskən] *adj,n* REL franciscano

francium ['frænsɪəm] *n* frâncio

francophone ['fræŋkəʊ,fəʊn] *adj,n* francófono

frank [fræŋk] *adj* franco; sincero; honesto; *to be frank* para ser sincero; *to be frank with somebody* ser honesto com alguém ◆ *vt* (carta) franquear

frankly ['fræŋkli] *adv* sinceramente, francamente

frankness ['fræŋknɪs] *n* franqueza; sinceridade

frantic ['fræntɪk] *adj* 1 frenético 2 (pessoa) desvairado; descontrolado; *to be frantic with joy* estar doido de alegria

fraternal [frə'tɜːnəl] *adj* fraternal

fraternally [frə'tɜːnəli] *adv* fraternalmente

fraternity [frə'tɜːnɪti] *n* {*pl* -ies} 1 fraternidade 2 comunidade; classe; *the medical fraternity* a classe médica 3 *EUA* (universidade) república masculina

fraternization [,frætənaɪ'zeɪʃən] *n* confraternização

fraternize ['frætənaɪz] *vi* confraternizar [with, com]

fratricidal [,frætrɪ'saɪdl] *adj* fratricida

fratricide ['frætrɪsaɪd] *n* 1 (ato) fratricídio 2 (pessoa) fratricida

fraud [frɔːd] *n* 1 fraude; burla 2 burlão; impostor

fraudulent ['frɔːdjələnt] *adj* fraudulento

fraught [frɔːt] *adj* 1 (situação) problemático; delicado 2 (pessoa) angustiado; preocupado 3 (problemas) cheio [with, de]

fray [freɪ] *vi* 1 (tecido) esfiapar-se 2 (ânimos) aquecer; exaltar-se ◆ *vt* (ânimos) aquecer; exaltar ◆ *n* (empenho) desafio; luta

frazzle ['fræzəl] *n GB col to be burnt to a frazzle* estar completamente queimado; *GB col to be worn to a frazzle* estar arrasado

freak [friːk] *n* 1 *col,pej* (pessoa) anormal 2 aberração; bizarria; *a freak of nature* uma aberração da natureza 3 *col* (entusiasmo) fã; *to be a sports freak* ser maluco por desporto ◆ *adj col* insólito; estranho ◆ *vi* (nervos, fúria) ter um ataque *fig*
◆ **freak out** *vt* assustar ◆ *vi col* perder a cabeça; passar-se *col*

freckle ['frekəl] *n* sarda

freckled ['frekəld] *adj* 1 (rosto) sardento 2 (animal) malhado

freckly ['frekli] *adj* {*comp* -ier, *superl* -iest} sardento

free [friː] *adj* 1 (pessoas, ideias) livre; *free association* livre associação de ideias; *free at last!* finalmente livre!; *to do something of your own free will* fazer alguma coisa de livre vontade 2 (lugar) desocupado; vago; livre; *is this seat free?* este lugar está livre? 3 (preço) grátis, gratuito; *free entry* entrada gratuita 4 (para tarefa) disponível; livre; *is there anybody free to help me?* está alguém disponível para me ajudar? 5 (regras, obrigações) isento; *free from taxes* isento de impostos 6 livre, liberto [of/from, de]; *free of all one's previous engagements* liberto de todos os anteriores compromissos ♦ *adv* gratuitamente, de graça; *for free* de graça ♦ *vt* 1 libertar; pôr em liberdade; *to free a prisoner* libertar um prisioneiro 2 (coisas) soltar; desatar 3 (para tarefas) disponibilizar 4 (regras) isentar ❖ ECON *free enterprise* iniciativa privada; *free fall* queda livre; DESP (futebol) *free kick* pontapé de livre; ECON *free market* mercado livre; DIR *free pardon* amnistia; *free pass* livre--trânsito; *free will* livre-arbítrio

free-and-easy [ˌfriːənˈiːzɪ] *adj* descontraído, informal

freebie [ˈfriːbɪ] *n col* brinde; oferta

freedom [ˈfriːdəm] *n* liberdade

freelance [ˈfriːlɑːns] *n* freelance, trabalhador independente ♦ *adj* (trabalho, trabalhador) freelance; independente ♦ *adv* (trabalho) como freelance; em regime de freelance; *to work freelance* trabalhar em regime de freelance ♦ *vi* trabalhar como freelance

freelancer [ˈfriːlɑːnsə] *n* (trabalhador) freelancer

freeload [ˈfriːləʊd] *vi col* viver às custas de alguém

freeloader [ˈfriːləʊdə] *n col,pej* (pessoa) parasita

freely [ˈfriːlɪ] *adv* livremente

freeman [ˈfriːmən] *n* {*pl* -men} cidadão; homem livre

freemason [ˈfriːˌmeɪsən] *n* mação

freemasonry [ˈfriːˌmeɪsənrɪ] *n* maçonaria

free pass [ˈfriːpæs] *n* livre-trânsito

free-range [ˌfriːˈreɪndʒ] *adj* do campo; caseiro

freestyle [ˈfriːstaɪl] *n* estilo livre

freethinker [ˈfriːˌθɪŋkə] *n* livre-pensador

freeware [ˈfriːweə] *n* INFORM freeware

freeway [ˈfriːweɪ] *n EUA* autoestrada

freewheeling [ˌfriːˈwiːlɪŋ] *adj col* despreocupado; descontraído

freeze [friːz] *vt* {*pret* froze, *pp* frozen} 1 congelar; *to freeze food* congelar comida; *fig to freeze wages* congelar salários 2 (imagem) parar; fazer pausa em; *freeze the film there* para o filme aí ♦ *vi* 1 congelar; *the water froze* a água congelou 2 (frio) estar gelado; *I'm freezing!* estou gelado! 3 (movimento) parar; imobilizar--se; *freeze right there!* quieto já! ♦ *n* 1 (processo) congelamento 2 (atividade, movimento) interrupção; paragem; *a freeze on production* uma paragem na produção 3 *GB* (tempo) vaga de frio

◆ **freeze out** *vt* excluir de; pôr de parte
◆ **freeze up** *vi* congelar, gelar

freezer [ˈfriːzə] *n* 1 arca frigorífica 2 *EUA* congelador

freezing [ˈfriːzɪŋ] *n* congelação ♦ *adj* gelado; *a freezing wind* um vento gelado

freight [freɪt] *n* 1 (transportes) carga 2 *EUA* comboio de mercadorias ♦ *vt* (mercadoria) despachar

freightage [ˈfreɪtɪdʒ] *n* fretagem

freighter [ˈfreɪtə] *n* navio/avião de carga

French [frentʃ] *adj,n* francês ♦ *npl the French* os franceses ❖ *EUA French fries* batatas fritas; *col* (beijo) *French kiss* linguado*col*; *to take French leave* despedir-se à francesa

Frenchman [ˈfrentʃmən] *n* {*pl* -men} (pessoa) francês

Frenchwoman [ˈfrentʃwʊmən] *n* {*pl* -men} (pessoa) francesa

frenetic [frɪˈnetɪk] *adj* frenético

frenzy [ˈfrenzɪ] *n* {*pl* -ies} 1 (situação) frenesi; agitação 2 (emoções) arrebatamento

frequence [ˈfriːkwəns] *n* ⇒ frequency

frequency [ˈfriːkwənsɪ] *n* {*pl* -ies} frequência

frequent[1] [ˈfriːkwənt] *adj* frequente, habitual

frequent[2] [friːˈkwent] *vt* frequentar

frequently [ˈfriːkwəntlɪ] *adv* frequentemente

fresco [ˈfreskəʊ] *n* {*pl* -es} (pintura) fresco

fresh [freʃ] *adj* {*comp* -er, *superl* -est} 1 fresco; *fresh air* ar fresco 2 (cor) berrante; vivo **3** (comportamento) atrevido **4** (água) doce ❖ **to make a fresh start** começar de novo

freshen ['freʃən] vt refrescar ♦ vi (tempo) arrefecer

◆ **freshen up** vt refrescar ♦ vi refrescar-se

fresher ['freʃə] n GB caloiro

freshly ['freʃli] adv há pouco; recentemente

freshman ['freʃmən] n {pl -men} EUA caloiro

freshness ['freʃnɪs] n (temperatura, vigor) frescura

freshwater ['freʃwɔːtə] adj de água doce

fret [fret] vi {pret c pp -tt-} preocupar-se [about/over, com] ♦ n preocupação ❖ **to be in a fret** estar muito preocupado

fretful ['fretful] adj **1** (aflição) agitado; preocupado **2** irritável; rabugento

fretwork ['fretwɜːk] n obra de talha

friar ['fraɪə] n frade; monge

friary ['fraɪəri] n {pl -ies} mosteiro

fricandeau ['frɪkəndəʊ] n {pl -s} CUL fricandó ♦ vi CUL preparar fricandó

fricassee [ˌfrɪkəˈsiː] n CUL fricassé

fricative ['frɪkətɪv] adj (consoante) fricativo ♦ n consoante fricativa

friction ['frɪkʃən] n **1** atrito, fricção **2** (situação) conflito; tensão

Friday ['fraɪdi] n sexta-feira, **on Friday** na sexta

fridge [frɪdʒ] n col frigorífico

fried [fraɪd] adj frito; **fried food** fritos

friend [frend] n **1** amigo; **to make friends** fazer amigos **2** adepto; defensor ❖ **a friend in need is a friend indeed** os amigos são para as ocasiões

friendless ['frendləs] adj sem amigos

friendly ['frendli] adj {comp -ier, superl -iest} agradável; cordial ♦ n {pl -ies} GB DESP jogo amigável

friendship ['frendʃɪp] n amizade

fries [fraɪz] npl batatas fritas

frieze [friːz] n ARQ friso

frigate ['frɪgɪt] n fragata

fright [fraɪt] n susto; **to get a fright** apanhar um susto ❖ col **to look a fright** estar com um aspeto horrível

frighten ['fraɪtən] vt assustar; amedrontar

◆ **frighten away/off** vt assustar; espantar

◆ **frighten into** vt pressionar; coagir

frightened ['fraɪtənd] adj assustado, apavorado

frightening ['fraɪtənɪŋ] adj assustador; alarmante

frightful ['fraɪtful] adj GB col horrível, terrível

frightfully ['fraɪtfʊli] adv **1** assustadoramente; terrivelmente **2** col muito; extremamente

frigid ['frɪdʒɪd] adj **1** (sexualidade) frígido **2** (comportamento) distante **3** (temperatura) gélido

frigidity [frɪˈdʒɪdɪti] n frigidez

frill [frɪl] n (costura) folho ♦ npl acessórios

fringe [frɪndʒ] n **1** GB (cabelo, tira) franja **2** orla, margem **3** POL ala, facção ❖ (emprego) **fringe benefits** regalias

frisk [frɪsk] n **1** salto de alegria **2** (exame) revista ♦ vt EUA col revistar ♦ vi saltar de alegria

frisky ['frɪski] adj {comp -ier, superl -iest} alegre; brincalhão

fritter ['frɪtə] n (com farinha) frito

frivolity [frɪˈvɒlɪti] n {pl -ies} frivolidade; futilidade

frivolous ['frɪvələs] adj frívolo; fútil

frizz [frɪz] vt,i col (cabelo) frisar

frizzle ['frɪzəl] vt,i crestar; chamuscar

frizzy ['frɪzi] adj {comp -ier, superl -iest} (cabelo) frisado

fro [frəʊ] adv para trás; **to and fro** para a frente e para trás, de um lado para o outro

frog [frɒg] n rã ❖ **to have a frog in one's throat** estar com dores de garganta

frogman ['frɒgmən] n homem-rã

frolic ['frɒlɪk] vi {*pret e pp* frolicked} divertir-se; galhofar ♦ *n* travessura; galhofa

frolicsome ['frɒlɪksəm] *adj* brincalhão; folgazão

from [frɒm] *prep* 1 (origem) de; *from New York* de Nova Iorque 2 (tempo, lugar) a partir de; de; *from now on* a partir de agora 3 (limites) desde [**to**, a]; de [**to**, a]; *from time to time* de tempos a tempos

front [frʌnt] *n* 1 frente; parte dianteira; *to sit at the front* sentar-se à frente 2 MET frente; *cold front* frente fria 3 GB faixa costeira 4 MIL frente de combate 5 (atividades ilegais) fachada ♦ *adj* fronteiro; dianteiro; da frente; *front door* porta da frente; MIL *front line* linha da frente ♦ *vt,i* estar em frente de; estar voltado para; *the house fronts south* a casa está voltada para sul ❖ *front desk* receção; *front money* adiantamento; EUA (empresa) *front office* gerência; (jornal) *front page* primeira página

frontal ['frʌntəl] *adj form* frontal

frontier ['frʌntɪə] *n* 1 fronteira [**between**, entre] 2 EUA região inexplorada ♦ *npl* (conhecimento) limites ❖ *frontier post* posto fronteiriço

frontispiece ['frʌntɪspiːs] *n* (livro) frontispício

frontrunner ['frʌntrʌnə] *n* (prova, concurso) favorito

frost [frɒst] *n* geada
♦ **frost over/up** vi cobrir-se de geada

frostbite ['frɒstbaɪt] *n* frieira

frostbitten ['frɒstˌbɪtən] *adj* crestado pelo frio

frosting ['frɒstɪŋ] *n* 1 EUA glacé; merengue 2 camada de geada

frosty ['frɒsti] *adj* {*comp* -ier, *superl* -iest} 1 (tempo, comportamento) gelado, gélido 2 (superfície) coberto de geada

froth [frɒθ] *n* 1 (líquido) espuma; *the froth of the sea* a espuma do mar 2 (pessoa, animal) baba ♦ vi 1 (líquido) espumar; produzir espuma 2 (pessoa, animal) babar; espumar pela boca ❖ *col* *to froth at the mouth* espumar de raiva

frothy ['frɒθi] *adj* {*comp* -ier, *superl* -iest} 1 (líquido) espumoso 2 (coisa) frívolo; inútil

frown [fraʊn] vi franzir o sobrolho ♦ *n* sobrolho franzido; má cara
♦ **frown upon** *vt* ver com maus olhos; reprovar

frozen ['frəʊzn] *pp de* to freeze ♦ *adj* 1 congelado 2 *col* (pessoa) cheio de frio 3 paralisado; *to be frozen with fear* estar paralisado de medo ❖ (comida) *frozen food* congelados

fructiferous [ˌfrʌk'tɪfərəs] *adj* frutífero

fructification [ˌfrʌktɪfɪ'keɪʃən] *n* frutificação

fructify ['frʌktɪfaɪ] vi frutificar; dar frutos

frugal ['fruːɡəl] *adj* frugal; parco

frugality [fruː'ɡælɪti] *n* frugalidade; parcimónia

fruit [fruːt] *n* 1 BOT fruto 2 (alimento) fruta; *fruit salad* salada de fruta 3 *fig* (resultados) frutos; *to bear fruit* dar frutos ♦ vi dar fruto ❖ *fruit juice* sumo de fruta; *fruit tree* árvore de fruto

fruitcake ['fruːtkeɪk] *n* 1 bolo de frutas 2 *col* maluco; excêntrico

fruiterer ['fruːtərə] *n* vendedor de frutas ❖ *fruiterer's* frutaria

fruitful ['fruːtfʊl] *adj* 1 (planta, terreno) fértil 2 (ação) produtivo

fruition [fruː'ɪʃən] *n* *to come to fruition* dar frutos, dar resultados

fruitless ['fruːtləs] *adj* infrutífero; vão

fruity ['fruːti] *adj* {*comp* -ier, *superl* -iest} 1 (aroma, sabor) frutado 2 (anedota) picante 3 (voz) sonante

frump [frʌmp] *n* *col,pej* (mulher) espantalho

frustrate [frʌs'treɪt] *vt* (pessoas, planos) frustrar

frustrated [frʌs'treɪtɪd] *adj* frustrado

frustrating [frʌsˈtreɪtɪŋ] *adj* frustrante
frustration [frʌsˈtreɪʃən] *n* 1 (pessoas) frustração 2 (planos, projetos) fracasso
fry [fraɪ] *vt,i* fritar; *to fry eggs* estrelar ovos ♦ *n* CUL fritada
fryer [ˈfraɪə] *n* frigideira; sertã
frying [ˈfraɪɪŋ] *n* fritura ❖ *frying pan* frigideira; *out of the frying pan into the fire* de mal a pior
frying pan [ˈfraɪɪŋpæn] *n* frigideira
fry-up [ˈfraɪʌp] *n* GB *col* refeição de comida frita (ovos, bacon, batatas, etc.)
fuchsia [ˈfjuːʃə] *adj,n* fúcsia; fúchsia
fuck [fʌk] *vt,i vulg* foder ♦ *n vulg* foda ♦ *interj vulg* foda-se! ❖ *vulg fuck all!* que se lixe!; *vulg what the fuck is this?* mas que merda é esta?
fucker [ˈfʌkə] *n vulg* filho da puta
fucking [ˈfʌkɪŋ] *adj vulg* fodido; de merda
fuddle [ˈfʌdəl] *vt* GB aturdir; atordoar ♦ *n* confusão; desnorteamento
fudge [fʌdʒ] *n* 1 CUL caramelo mole 2 *col* disparates ♦ *vt* 1 falsificar 2 (questões) evitar; fugir a; *to fudge the issue* fugir à questão
fuel [ˈfjʊəl] *n* 1 combustível 2 (motores) carburante 3 *fig* incentivo ♦ *vt* 1 (combustível) abastecer 2 *fig* fomentar; alimentar *fig* ❖ *to add fuel to the flames* lançar achas para a fogueira
fug [fʌg] *n col* ar abafado
fuggy [ˈfʌgi] *adj* {*comp* -ier, *superl* -iest} (atmosfera) abafado
fugitive [ˈfjuːdʒɪtɪv] *n* fugitivo
fugue [fjuːg] *n* MÚS fuga
fulcrum [ˈfʌlkrəm] *n* {*pl* fulcra, fulcrums} fulcro
fulfil [fʊlˈfɪl] *vt* 1 (desejo, sonho) concretizar; realizar; *to fulfil a dream* concretizar um sonho 2 (dever, função) cumprir; desempenhar 3 (*satisfazer*) preencher; *to fulfil all the requirements* preencher todos os requisitos ❖ (satisfação pessoal) *to fulfil oneself* realizar-se

fulfill [fʊlˈfɪl] *vt* EUA ⇒ fulfil
fulfilled [fʊlˈfɪld] *adj* realizado; concretizado
fulfilling [fʊlˈfɪlɪŋ] *adj* compensador
fulfillment [fʊlˈfɪlmənt] *n* EUA ⇒ fulfilment
fulfilment [fʊlˈfɪlmənt] *n* 1 (carreira) realização 2 (desejo, sonho) concretização 3 (dever) cumprimento
full [fʊl] *adj* 1 cheio [of, de] 2 inteiro; *in full time* a tempo inteiro 3 *col* cheio, enfartado 4 máximo; total; *at full volume* no volume máximo 5 detalhado, pormenorizado 6 (corpo) cheio 7 (roupa) largo 8 (sabor) intenso ♦ *adv* diretamente; em cheio ♦ *n* tudo ❖ (hotel) *full board* pensão completa; *full house* lotação esgotada; GB *full stop* ponto final; *in full* 1 (texto) por extenso 2 (pagamento) na totalidade
fullback [ˈfʊlbæk] *n* (jogador) defesa
full-blooded [ˌfʊlˈblʌdɪd] *adj* 1 (animal) de puro sangue 2 (ato) vigoroso; enérgico
full-grown [fʊlˈgrəʊn] *adj* EUA ⇒ fully-grown
full-length [ˌfʊlˈleŋθ] *adj* 1 (retrato) de corpo inteiro 2 (roupa) comprido 3 até ao chão ❖ *full-length film* filme de longa-metragem
full-page [ˈfʊlpeɪdʒ] *adj* (anúncio) de página inteira
full-scale [ˌfʊlˈskeɪl] *adj* 1 (desenho, modelo) em tamanho natural 2 (conflito, investigação) em grande escala
full-time [ˌfʊlˈtaɪm] *adj,adv* a tempo inteiro
fully [ˈfʊli] *adv* 1 inteiramente, completamente 2 (relato) exaustivamente
fully-grown [fʊliˈgrəʊn] *adj* GB adulto; completamente desenvolvido
fulsome [ˈfʊlsəm] *adj* excessivo, exagerado
fumble [ˈfʌmbəl] *vt* remexer desajeitadamente em ♦ *vi* 1 procurar [for, -]; *to fum-*

ble for words procurar as palavras certas 2 remexer [**with, em**]

fume [fju:m] *vi* 1 (gases, vapor) deitar fumo; fumegar 2 *fig* (comportamento) ferver de irritação ♦ *n* (poluição) fumo; gás

fumigate ['fju:mɪgeɪt] *vt* fumigar

fumigation [ˌfju:mɪ'geɪʃən] *n* fumigação

fun [fʌn] *adj* divertido; alegre ♦ *n* 1 divertimento; *to be great fun* ser um grande divertimento 2 gozo; brincadeira; *we did it for fun* foi na brincadeira ❖ *to make fun of* gozar com

function ['fʌŋkʃən] *n* 1 função; *to perform a function* desempenhar uma função; MAT *X is a function of Y* X é uma função de Y 2 *form* cerimónia ♦ *vi* 1 *(estar em atividade)* funcionar 2 (função) funcionar [**as**, como]

functional ['fʌŋkʃənəl] *adj* funcional

functionary ['fʌŋkʃnərɪ] *n* {*pl* -ies} (governo, partido) funcionário

fund [fʌnd] *n* fundo; verba; *public funds* fundos públicos; *to be short of funds* ter escassez de verbas ♦ *vt* financiar

fundamental [ˌfʌndə'mentəl] *adj* fundamental, essencial ♦ *n* (no plural) princípios básicos

fundamentalism [ˌfʌndə'mentəlɪzm] *n* fundamentalismo

fundamentalist [ˌfʌndə'mentəlɪst] *adj,n* fundamentalista

fundamentally [ˌfʌndə'mentəlɪ] *adv* 1 fundamentalmente; essencialmente 2 radicalmente

funding ['fʌndɪŋ] *n* financiamento

fund-raiser [ˌfʌnd'reɪzə] *n* 1 angariador de fundos 2 cerimónia de angariação de fundos

funeral ['fju:nərəl] *n* funeral ❖ *funeral home/parlour* casa funerária

funereal [fju:'nɪərɪəl] *adj* fúnebre

funfair ['fʌnfeə] *n* GB feira popular; parque de diversões

fungicide ['fʌndʒɪsaɪd] *n* fungicida

fungus ['fʌŋgəs] *n* {*pl* fungi, funguses} fungo

funicular [fju:'nɪkjələ] *n* funicular

funk [fʌŋk] *n* 1 MÚS funk 2 GB medo ♦ *vt* GB fugir a ❖ *to be in a funk* estar morto de medo

funky ['fʌŋkɪ] *adj* {*comp* -ier, *superl* -iest} 1 *col* (coisas) fixe; giro 2 MÚS funky

funnel ['fʌnəl] *n* 1 funil 2 GB (navio, comboio) chaminé ♦ *vi* (caminho) afunilar ♦ *vt* 1 verter por um funil 2 *fig* canalizar [**to**, para]; direcionar [**to**, para]

funny ['fʌnɪ] *adj* {*comp* -ier, *superl* -iest} 1 engraçado; divertido 2 estranho, esquisito 3 *col* maldisposto ❖ *to go funny* avariar-se

fur [fɜ:] *n* 1 (animal) pelo 2 (roupa) pele 3 (depósito mineral) tártaro 4 (língua) saburra

furbish ['fɜ:bɪʃ] *vt* 1 (limpezas) polir; puxar o lustro a 2 (arranjos) restaurar; renovar

furious ['fjʊərɪəs] *adj* 1 (comportamento) furioso 2 (ação) desenfreado

furl [fɜ:l] *vt* enrolar; NÁUT *to furl the sails* enrolar as velas

furnace ['fɜ:nɪs] *n* fornalha, forno ❖ *it's like a furnace!* está um forno!

furnish ['fɜ:nɪʃ] *vt* 1 (casas) mobilar 2 fornecer; *to furnish somebody with something* fornecer algo a alguém

furnisher ['fɜ:nɪʃə] *n* fornecedor

furnishing ['fɜ:nɪʃɪŋ] *n* fornecimento; abastecimento ♦ *npl* mobília, móveis, equipamento

furniture ['fɜ:nɪtʃə] *n* mobiliário; mobília

furrier ['fʌrɪə] *n* peleiro

furrow ['fʌrəʊ] *n* 1 (pele) ruga 2 (terra) sulco; rego ♦ *vt* 1 (pele) enrugar 2 (testa) franzir; encorrilhar 3 *lit* (terra) sulcar

furry ['fɜ:rɪ] *adj* {*comp* -ier, *superl* -iest} peludo; felpudo

further ['fɜ:ðə] *adv* 1 mais adiante; mais longe; *don't go any further* não vás mais longe; *nothing can be further from the truth* nada pode estar mais longe da verdade; *to go one step further* ir mais longe 2 avante; *to take something further* levar alguma coisa avante 3 ainda; *he further added that he knew everything* ele acrescentou ainda que sabia de tudo 4 *form* para além disso; *further, he won the competition* para além disso, venceu a competição ♦ *adj* mais; *are there further questions?* há mais perguntas? ♦ *vt* desenvolver; promover ❖ *further down the road* no futuro; COM *further to your letter* em seguimento da vossa carta

furtherance [ˈfɜːðərəns] *n* desenvolvimento; promoção

furthermore [ˌfɜːðəˈmɔː] *adv* além disso

furthermost [ˈfɜːðəməʊst] *adj form* mais distante

furthest [ˈfɜːðɪst] *adv* mais longe; *that's the furthest I can go* isso é o mais longe que consigo ir ♦ *adj* mais afastado; *the furthest house in the street* a casa mais afastada da rua

furtive [ˈfɜːtɪv] *adj* furtivo

furuncle [ˈfjʊrʌŋkl] *n* MED furúnculo

fury [ˈfjʊəri] *n* (*pl* -ies) fúria

furze [fɜːz] *n* tojo

fuse [fjuːz] *n* 1 ELET fusível; *to blow a fuse* qucimar uui fusível 2 GB ELET *col* curto-circuito 3 (detonação, foguete) rastilho; mecha ♦ *vt* (metais) fundir, derreter ♦ *vi* 1 GB (lâmpada) fundir 2 *fig* fundir-se; unir-se ❖ *fuse box* caixa de fusíveis; (pessoa) *to blow a fuse* enfurecer-se

fuselage [ˈfjuːzəlɑːʒ] *n* fuselagem

fusil [ˈfjuːzɪl] *n* MIL mosquete

fusilier [ˌfjuːzəˈlɪə] *n* mosqueteiro

fusillade [ˌfjuːzəˈleɪd] *n* 1 MIL descarga cerrada 2 *fig* (perguntas, críticas) torrente

fusion [ˈfjuːʒən] *n* fusão ❖ *fusion bomb* bomba de hidrogénio

fuss [fʌs] *n* 1 agitação; confusão; *to kick up a fuss* armar confusão 2 espalhafato; estardalhaço ♦ *vt EUA col* chatear; irritar; *stop fussing me!* não me chateies! ♦ *vi* (com ninharias) preocupar-se [about/over, com] ❖ *col* *I'm not fussed* é-me indiferente, GB *to make a fuss of someone* cumular alguém de atenções

fussy [ˈfʌsi] *adj* (*comp* -ier, *superl* -iest) 1 (forma de ser) picuinhas 2 (gostos) esquisito

fusty [ˈfʌsti] *adj* (*comp* -ier, *superl* -iest) 1 (atmosfera) bolorento; bafiento 2 (pessoa) antiquado

futile [ˈfjuːtaɪl] *adj* vão, inútil

futility [fjuːˈtɪlɪti] *n* (*pl* -ies) inutilidade

future [ˈfjuːtʃə] *adj,n* futuro ❖ *for future reference* a título de informação

futurism [ˈfjuːtʃərɪzəm] *n* futurismo

futuristic [ˌfjuːtʃəˈrɪstɪk] *adj* futurista

futurology [ˌfjuːtʃəˈrɒlədʒi] *n* futurologia

fuze [fjuːz] *n,vt,i EUA* → **fuse**

fuzz [fʌz] *n* 1 (corpo) pelo 2 cabelo frisado 3 *col,pej* bófia, polícia

fuzzy [ˈfʌzi] *adj* (*comp* -ier, *superl* -iest) 1 penugento 2 (cabelo) crespo 3 (imagem) tremido; desfocado 4 (ideias, situação) impreciso, vago

G

g [dʒiː] n {pl g's} **1** (letra) g **2** [com maiúscula] MÚS sol; *G clef* clave de sol

gab [gæb] vi {pret e pp -bb-} col tagarelar ♦ n col tagarelice ❖ *the gift of the gab* o dom da palavra

gabardine ['gæbədiːn] n gabardina

gabble ['gæbəl] vi resmungar; algaraviar ♦ n algaraviada

Gabon [gæ'bɒn] n Gabão

Gabonese [,gæbə'niːz] adj,n gabonês

gad [gæd] vi {pret e pp -dd-} col vaguear

gadabout ['gædəbaʊt] n col vagabundo

gadfly ['gædflaɪ] n **1** moscardo **2** grande chato col

gadget ['gædʒɪt] n engenhoca; dispositivo

gadolinium [,gædə'lɪnɪəm] n QUÍM (elemento químico) gadolínio

Gaelic ['geɪlɪk] n,adj gaélico

gaff [gæf] n arpão ❖ GB *to blow the gaff* deixar escapar um segredo

gaffe [gæf] n gafe

gaffer ['gæfə] n **1** (filme, programa) eletricista **2** GB col chefe

gag [gæg] vt {pret e pp -gg-} **1** amordaçar **2** silenciar ♦ vi **1** engasgar-se [on, com] **2** sentir náuseas ♦ n **1** mordaça **2** col piada

gaga ['gɑːgɑː] adj col gagá; *to go gaga* ficar gagá

gage [geɪdʒ] n,vt EUA ⇒ **gauge**

gaggle ['gægl] n bando; *a gaggle of geese* um bando de gansos

gaiety ['geɪəti] n {pl -ies} alegria; animação ♦ npl festividades

gaily ['geɪli] adv alegremente

gain [geɪn] n **1** aumento; *weight gain* aumento de peso **2** ganho; proveito **3** lucro ♦ vt **1** ganhar; *to gain ground* ganhar terreno **2** adquirir; *to gain experience* adquirir experiência **3** conquistar; alcançar; *to gain support* conquistar apoio **4** (relógio) adiantar ♦ vi **1** (relógio) adiantar-se

2 FIN (ações) subir ❖ *to gain in popularity* tornar-se mais popular

gainful ['geɪnfʊl] adj **1** lucrativo **2** remunerado

gainsay [geɪn'seɪ] vt {pret e pp -said} contradizer; negar; *there's no gainsaying his ability* a sua capacidade é indiscutível

gait [geɪt] n passo

gal [gæl] n col rapariga

gala ['gɑːlə] n gala

galactic [gə'læktɪk] adj galáctico

galantine ['gæləntiːn] n CUL galantina

galaxy ['gæləksi] n {pl -ies} galáxia

gale [geɪl] n vendaval; tempestade

gall [gɔːl] n col descaramento

gallant ['gælənt] adj **1** corajoso **2** galanteador

gallantry ['gæləntri] n {pl -ies} **1** coragem **2** cortesia

gall bladder ['gɔːlblædə] n ANAT vesícula biliar

galleon ['gælɪən] n (navio) galeão

gallery ['gæləri] n {pl -es} galeria

galley ['gæli] n **1** galé **2** (navio) cozinha

Gallic ['gælɪk] adj,n gaulês

gallicism ['gælɪsɪzəm] n galicismo

galliot ['gælɪət] n NÁUT galeota

gallium ['gælɪəm] n gálio

gallnut ['gɔːlnʌt] n BOT bugalho

gallon ['gælən] n (medida de capacidade) galão

galloon [gə'luːn] n (costura) galão

gallop ['gæləp] n galope; *at a gallop* a galope ♦ vi galopar ❖ *to gallop through one's work* despachar o trabalho

galloping ['gæləpɪŋ] adj galopante

gallows ['gæləʊz] n forca

gallstone ['gɔːlstəʊn] n cálculo biliar

galoot [gə'luːt] n col desastrado

galore [gə'lɔː] adj,adv em abundância

galosh [gə'lɒʃ] n {pl -es} galocha

galvanic [gæl'vænɪk] adj galvânico

galvanization [ˌgælvənaɪ'zeɪʃən] n galvanização

galvanize ['gælvənaɪz] vt 1 galvanizar 2 incentivar [into, a]; the defeat galvanized us into action a derrota incentivou-nos a entrar em ação

Gambia ['gæmbiə] n Gâmbia

Gambian ['gæmbiən] adj,n gambiano

gambit ['gæmbɪt] n 1 (xadrez) gambito 2 estratagema

gamble ['gæmbəl] n 1 jogo a dinheiro 2 jogada; aposta 3 risco; to take a gamble correr um risco ♦ vi 1 jogar a dinheiro 2 contar [on, com] 3 brincar [with, com]; to gamble with life brincar com a vida ♦ vt arriscar

gambler ['gæmblə] n jogador a dinheiro

gambling ['gæmblɪŋ] n jogo a dinheiro

gambol ['gæmbəl] vi {pret e pp -ll-} saltitar

game [geɪm] n 1 jogo; card game jogo de cartas 2 brincadeira; divertimento; passatempo 3 (atividade, animais) caça; game park reserva de caça; big game caça grossa 4 intenções; what's his game? que é que ele pretende? 5 col profissão ♦ adj 1 arrojado 2 disposto [for, a]; pronto [for, para]; to be game for estar preparado para ♦ vi jogar a dinheiro

gamekeeper ['geɪmkiːpə] n couteiro

gamete ['gæmiːt] n gâmeta

gaming ['geɪmɪŋ] n jogo, gaming debt dívida de jogo

gamma ['gæmə] n (letra) gama

gammon ['gæmən] n GB presunto

gamut ['gæmət] n gama [of, de]

gander ['gændə] n ganso

gang [gæŋ] n 1 gang, gangue 2 malta; the whole gang a malta toda

♦ gang up on vt 1 conspirar contra 2 unir-se contra

ganger ['gæŋə] n GB capataz

ganglion ['gæŋgliən] n {pl -ia} gânglio

gangplank ['gæŋplæŋk] n (navio) prancha de embarque

gangrene ['gæŋgriːn] n gangrena ♦ vt,i gangrenar

gangster ['gæŋstə] n gângster; bandido

gangway ['gæŋweɪ] n 1 (navio) passadiço 2 (autocarro, teatro, etc.) corredor central

gaol [dʒeɪl] n,vt GB ⇒ jail

gap [gæp] n 1 vazio; abertura 2 espaço em branco 3 lacuna; to fill a gap preencher uma lacuna 4 (tempo) intervalo ❖ age gap diferença de idades

gape [geɪp] n 1 boca aberta 2 bocejo 3 abertura, fenda ♦ vi 1 bocejar 2 olhar de boca aberta [at, para]; pasmar [at, para]

gaping ['geɪpɪŋ] adj 1 (boca) aberto 2 (pessoa) boquiaberto

garage ['gærɑːʒ] n 1 garagem 2 (reparações) oficina ♦ vt meter/guardar na garagem

garb [gɑːb] n 1 vestuário 2 aparência ♦ vt vestir ❖ to be garbed in estar vestido de

garbage ['gɑːbɪdʒ] n 1 EUA lixo; EUA garbage can caixote do lixo; EUA garbage truck camião do lixo 2 col ninharias 3 col disparates

garble ['gɑːbəl] vt 1 deturpar 2 selecionar 3 falsificar

garden ['gɑːdn] n 1 jardim 2 horta 3 quintal 4 pomar ♦ npl jardim público, parque ♦ vi jardinar ❖ garden party receção ao ar livre; to lead somebody up the garden path enganar alguém

gardener ['gɑːdnə] n jardineiro

gardenia [gɑːˈdiːniə] n gardénia

gardening ['gɑːdnɪŋ] n jardinagem

gargle ['gɑːgl] vi gargarejar [with, com] ♦ n 1 gargarejo 2 líquido para gargarejar

gargoyle ['gɑːgɔɪl] n gárgula

garish ['geərɪʃ] adj 1 vistoso; aparatoso 2 (luz) brilhante

garland ['gɑːlənd] n grinalda ♦ vt 1 engrinaldar 2 coroar [with, com/de] ❖ to carry away the garland conquistar a vitória

garlic ['gɑːlɪk] n alho; bulb/clove of garlic cabeça/dente de alho

garment ['gɑːmənt] *n form* peça de roupa

garner ['gɑːnə] *vt* 1 armazenar 2 (informação) recolher

garnet ['gɑːnɪt] *n* (mineral) granada ♦ *adj,n* (cor) grená

garnish ['gɑːnɪʃ] *n* 1 (comida) guarnição 2 adorno ♦ *vt* 1 (comida) guarnecer [with, com] 2 adornar [with, com] 3 DIR notificar

garnishing ['gɑːnɪʃɪŋ] *n* 1 CUL guarnição 2 ornamentação

garret ['gærɪt] *n* águas-furtadas

garrison ['gærɪsən] *n* guarnição militar ♦ *vt* guarnecer com soldados

garter ['gɑːtə] *n* liga

gas [gæs] *n* {*pl* -es} 1 gás 2 EUA gasolina 3 *col* tagarelice ♦ *vt* asfixiar com gás ♦ *vi col* tagarelar ❖ **gas burner/jet** bico de gás, **gas chamber** câmara de gás; **gas furnace** forno a gás; **gas pipeline** gasoduto; EUA **gas station** bomba de gasolina ♦ **gas up** *vt* EUA (depósito) atestar

gaseous ['gæsɪəs] *adj* gasoso

gash [gæʃ] *n* {*pl* -es} golpe profundo ♦ *vt* golpear; cortar

gasify ['gæsɪfaɪ] *vt* gaseificar ♦ *vi* gaseificar-se

gaslighting [gæs'laɪtɪŋ] *n* iluminação a gás

gasoline ['gæsəliːn] *n* EUA gasolina

gasometer [gæ'sɒmɪtə] *n* gasómetro

gasp [gɑːsp] *vi* respirar a custo; arfar ♦ *to* 1 respiração difícil 2 sobressalto ❖ *to gasp for air* respirar a custo; *to be at one's last gasp* estar a dar as últimas

gassy ['gæsi] *adj* {*comp* -ier, *superl* -iest} 1 GB gasoso 2 EUA flatulento

gastric ['gæstrɪk] *adj* gástrico

gastritis [gæs'traɪtɪs] *n* gastrite

gastroenteritis [ˌgæstrəʊentə'raɪtɪs] *n* MED gastroenterite

gastronome ['gæstrənəʊm] *n* gastrónomo

gastronomic [ˌgæstrə'nɒmɪk] *adj* gastronómico

gastronomy [gæs'trɒnəmi] *n* gastronomia

gate [geɪt] *n* 1 portão; porta; entrada 2 barreira; vedação 3 (espectadores) afluência ❖ *to give someone the gate* pôr alguém na rua

gatecrasher ['geɪtkraʃə] *n col* (festa) intruso

gatekeeper ['geɪtkiːpə] *n* 1 porteiro 2 (caminho de ferro) guarda-barreira

gateway ['geɪtweɪ] *n* 1 entrada; porta 2 caminho [to, para/de]

gather ['gæðə] *vt* 1 juntar; reunir; agrupar 2 (frutos, flores) colher 3 obter 4 (costura) franzir 5 deduzir; concluir [from, de] ♦ *vi* 1 reunir-se; juntar-se 2 acumular-se 3 formar-se ❖ *to gather breath* tomar alento; *to gather flesh* engordar; *to gather one's thoughts* concentrar-se; *to gather strength* recuperar forças

gathering ['gæðərɪŋ] *n* 1 reunião 2 colheita; recolha 3 (costura) franzido

gauche [gəʊʃ] *adj* desastrado

gaudy ['gɔːdi] *adj* {*comp* -ier, *superl* -iest} *pej* berrante; piroso

gauge [geɪdʒ] *n* 1 instrumento de medição 2 medida 3 calibre 4 escala 5 (via-férrea) distância entre os trilhos 6 *fig* indicador [of, de] ♦ *vt* 1 avaliar 2 calcular ❖ (caminhos de ferro) *narrow gauge* via estreita

gaunt [gɔːnt] *adj* 1 muito magro 2 (lugar) desolado

gauntlet ['gɔːntlɪt] *n* 1 HIST manopla 2 luva ❖ *to throw down the gauntlet* lançar um desafio

gauze [gɔːz] *n* gaze

gave [geɪv] *pret de* to give

gavel ['gævəl] *n* (juiz, leiloeiro) martelo

gawky ['gɔːki] *adj* {*comp* -ier, *superl* -iest} desajeitado

gawp [gɔːp] *vi* estar boquiaberto; *to gawp at* olhar atónito para

gay [geɪ] *adj,n* homossexual

gaze [geɪz] *n* olhar fixo ♦ *vi* olhar fixamente [at/upon, para]

gazelle [gə'zel] *n* gazela

gazer ['geɪzə] n 1 contemplador 2 observador

gazette [gə'zet] n 1 jornal oficial 2 (publicação) gazeta

gazetteer [ˌgæzə'tɪə] n dicionário geográfico

GB [sigla de **Great Britain**] GB [sigla de Grã-Bretanha]

gear [gɪə] n 1 engrenagem 2 (automóvel, bicicleta) velocidade, mudança; *first gear* primeira velocidade 3 equipamento; material; *camping gear* equipamento de campismo ♦ vt 1 engrenar, engatar 2 adaptar ✣ *GB gear lever, gear stick* alavanca de mudanças; *out of gear* desorganizado

gearbox ['gɪəbɒks] n (automóvel) caixa de velocidades

gearshift ['gɪəʃɪft] n EUA (automóvel) alavanca de mudanças

gearwheel ['gɪəwiːl] n roda dentada

gecko ['gekəʊ] n {pl -s, -es} ZOOL lagartixa

gee [dʒiː] interj EUA col (surpresa, aborrecimento) caramba!

geek [giːk] n col totó, palerminha

gel [dʒel] n (cabelo, duche) gel

gelatine [ˈdʒeləˈtiːn] n gelatina

gelatinous [dʒɪ'lætɪnəs] adj gelatinoso

geld [geld] vt castrar ♦ adj 1 castrado 2 estéril

gelder ['geldə] n capador

gelding ['geldɪŋ] n 1 animal castrado 2 castração

gem [dʒem] n 1 gema, pedra preciosa 2 (pessoa, coisa) joia

geminate[1] ['dʒemɪnɪt] adj 1 geminado 2 duplo ♦ n consoante geminada

geminate[2] ['dʒemɪneɪt] vt 1 duplicar 2 geminar

gemination [ˌdʒemɪ'neɪʃən] n 1 duplicação 2 geminação

Gemini ['dʒemɪnaɪ] n {pl -s} (constelação, signo) Gémeos

gemstone ['dʒemstəʊn] n pedra preciosa

gender ['dʒendə] n 1 género; *feminine/masculine gender* género feminino/masculino 2 sexo

gene [dʒiːn] n gene

genealogical [ˌdʒiːnɪə'lɒdʒɪkəl] adj genealógico

genealogist [ˌdʒiːnɪ'ælədʒɪst] n genealogista

genealogy [ˌdʒiːnɪ'ælədʒɪ] n {pl -ies} genealogia

general ['dʒenərəl] n MIL general ♦ adj 1 geral 2 comum; público

generality [ˌdʒenə'rælɪti] n {pl -ies} generalidade

generalization [ˌdʒenərəlaɪ'zeɪʃən] n generalização

generalize ['dʒenərəlaɪz] vt,i generalizar [about, sobre]

generally ['dʒenərəli] adv geralmente, em geral ✣ *generally speaking* duma maneira geral

general-purpose [ˌdʒenərəl'pɜːpəs] adj multiusos

generate ['dʒenəreɪt] vt 1 gerar 2 produzir; motivar; causar

generation [ˌdʒenə'reɪʃən] n 1 geração 2 (energia) produção ✣ *generation gap* conflito de gerações

generative ['dʒenərətɪv] adj gerador; generativo

generator ['dʒenəreɪtə] n 1 (dispositivo) gerador 2 produtor

generatrix ['dʒenəˌreɪtrɪks] n {pl -ices} GEOM geratriz

generic [dʒə'nerɪk] adj genérico; (medicamento) *generic drug* genérico

generosity [ˌdʒenə'rɒsɪti] n {pl -ies} generosidade

generous ['dʒenərəs] adj 1 generoso 2 abundante

genesis ['dʒenɪsɪz] n génese [of, de]; criação [of, de]; origem [of, de]; *the genesis of the universe* a origem do universo

genet ['dʒenɪt] n ZOOL gineta

genetic [dʒə'netɪk] *adj* genético

genetically [dʒə'netɪkəli] *adv* genetica-
mente ❖ *genetically modified food* alimentos transgénicos

genetics [dʒə'netɪks] *n* genética

genial ['dʒi:njəl] *adj* 1 amável; cordial
2 (clima) ameno

geniality [dʒi:ni'ælɪti] *n* 1 afabilidade
2 (clima) amenidade

genie ['dʒi:ni] *n* (*pl* -ies) (espírito) génio

genital ['dʒenɪtəl] *adj* genital

genitive ['dʒenɪtɪv] *adj,n* genitivo

genius ['dʒi:niəs] *n* (*pl* -es) 1 génio 2 talento [for, para]

genocide ['dʒenəsaɪd] *n* genocídio

genome ['dʒi:nəʊm] *n* genoma

genre [ʒɑ̃:nr] *n* (artes) género, estilo

gent [dʒent] *n col* cavalheiro; senhor ❖ *the
gents* quarto de banho dos homens

genteel [dʒen'ti:l] *adj* distinto; refinado

gentile ['dʒentaɪl] *adj,n* gentio

gentility [dʒen'tɪlɪti] *n form* gentileza

gentle ['dʒentl] *adj* (*comp* -er, *superl* -est)
1 suave 2 (pessoa) bondoso; afável 3 (família) nobre

gentlefolk [,dʒentl'fəʊk] *n* 1 nobreza
2 gente fina

gentleman ['dʒentlmən] *n* (*pl* -men) cavalheiro; *gentleman's agreement* acordo de
cavalheiros

gentlemanly ['dʒentlmənli] *adj* cavalheiresco, cortês

gently ['dʒentli] *adv* suavemente

gentry ['dʒentri] *n* pequena nobreza

genuflect ['dʒenjuflekt] *vi* genufletir, ajoelhar [before, diante]

genuflection [dʒenju'flekʃən] *n form* genuflexão

genuine ['dʒenjuɪn] *adj* genuíno

genus ['dʒenəs] *n* (*pl* genera) (taxonomia)
género

geocentric [dʒi:əʊ'sentrɪk] *adj* geocêntrico

geodesic [dʒi:əʊ'di:sɪk] *adj* geodésico

geographer [dʒi:'ɒɡrəfə] *n* geógrafo

geographic [dʒi:ə'ɡræfɪk] *adj* geográfico

geographical [dʒi:ə'ɡræfɪkəl] *adj* geográfico

geography [dʒi:'ɒɡrəfi] *n* (*pl* -ies) geogra-
fia

geologic [dʒi:ə'lɒdʒɪk] *adj* geológico

geological [dʒi:ə'lɒdʒɪkəl] *adj* geológico

geologist [dʒi:'ɒlədʒɪst] *n* geólogo

geology [dʒi:'ɒlədʒi] *n* (*pl* -ies) geologia

geometer [dʒɪ'ɒmɪtə] *n* geómetra

geometric [dʒɪə'metrɪk] *adj* geométrico

geometrical [dʒɪə'metrɪkəl] *adj* ⇒ geometric

geometrician [,dʒɪəme'trɪʃən] *n* geómetra

geometry [dʒɪ'ɒmətri] *n* (*pl* -ies) geometria

geophysical [,dʒi:əʊ'fɪzɪkəl] *adj* geofísico

geophysicist [,dʒi:əʊ'fɪzɪsɪst] *n* geofísico

geophysics [,dʒi:əʊ'fɪzɪks] *n* geofísica

geopolitical [,dʒi:əʊpə'lɪtɪkl] *adj* geopolítico

geopolitics [,dʒi:əʊ'pɒlɪtɪks] *n* geopolítica

Georgia ['dʒɔ:dʒə] *n* Geórgia

Georgian ['dʒɔ:dʒən] *adj,n* georgiano

geothermal [dʒi:əʊ'θɜ:məl] *adj* geotérmico

geranium [dʒə'reɪniəm] *n* (flor) gerânio

geriatric [dʒerɪ'ætrɪk] *adj* geriátrico

geriatrician [,dʒerɪə'trɪʃən] *n* geriatra

geriatrics [,dʒerɪ'ætrɪks] *n* geriatria

germ [dʒɜ:m] *n* 1 germe, micróbio 2 embrião

German ['dʒɜ:mən] *adj,n* alemão ❖ *German measles* rubéola

Germanic [dʒɜ:'mænɪk] *adj* germânico

germanium [dʒɜ:'meɪniəm] *n* QUÍM (elemento químico) germânio

Germany ['dʒɜ:məni] *n* Alemanha

germicide ['dʒɜ:mɪsaɪd] *n* germicida

germinate ['dʒɜ:mɪneɪt] *vt,i* germinar

germination [,dʒɜ:mɪ'neɪʃən] *n* germinação

gerund ['dʒerənd] *n* gerúndio

gesso ['dʒesəʊ] *n* ART gesso

gest [dʒest] *n* 1 LIT gesta 2 história

gestate [ˈdʒesteɪt] vt gerar

gestation [dʒesˈteɪʃən] n gestação

gesticulate [dʒesˈtɪkjʊleɪt] vt,i gesticular

gesticulation [dʒestɪkjʊˈleɪʃən] n gesticulação

gesture [ˈdʒestʃə] n 1 gesto 2 aceno 3 fig atitude, ação 4 fig sinal; *as a gesture of* em sinal de ♦ vi fazer gestos; fazer sinal

get [get] vt (pret e pp got) 1 obter [from, de] 2 comprar 3 (doença) contrair 4 conseguir 5 (emprego) arranjar 6 (transporte) apanhar 7 entender; *did you get the message?* entendeste o recado? 8 levar; trazer; *get me a glass of water* traz-me um copo de água 9 vt (lugar) chegar; *get she home late* chegou a casa tarde ❖ *get the door* vai ver quem está à porta; *get the phone* atende o telefone; *to get even* vingar-se; *to get rid of* livrar-se de

♦ **get about** vi passear; sair

♦ **get across** vt 1 (rua, ponte) atravessar 2 comunicar; transmitir; *he couldn't get the idea across* não conseguiu transmitir a ideia

♦ **get along** vi 1 dar-se bem; *they don't get along very well* não se dão muito bem 2 sair; ir embora; *we should be getting along* temos de ir andando 3 progredir

♦ **get around** vi 1 sair; passear 2 espalhar-se; *the news got around* a notícia espalhou-se ♦ vt (problema) dar a volta a; livrar-se de

♦ **get around to** vt ter tempo para; decidir-se a

♦ **get at** vt 1 criticar; *she's always getting at him* está sempre a implicar com ele 2 subornar 3 chegar a 4 descobrir; *she will do anything to get at the truth* fará qualquer coisa para descobrir a verdade

♦ **get away** vi 1 ir embora 2 escapar 3 (férias) ir para fora

♦ **get away from** vt afastar-se de; *we're getting away from the main point* estamos a afastar-nos do que interessa

♦ **get away with** vt (impunidade) safar-se com; escapar com

♦ **get back** vt recuperar; *did you get your umbrella back?* recuperaste o teu guarda-chuva? ♦ vi regressar; *I'll get back at five o'clock* volto às cinco horas

♦ **get back at** vt vingar-se de

♦ **get back to** vt 1 voltar a ligar; *I'll get back to you later* volto a ligar-te mais tarde 2 responder a 3 retomar

♦ **get behind** vt atrasar-se; *he got behind with the payment* atrasou-se no pagamento

♦ **get by** vi sobreviver [with, com] ♦ vt passar

♦ **get down** vt 1 deprimir 2 anotar; *get this message down* anota esta mensagem 3 engolir; *he got the tablet down* engoliu a pastilha ♦ vi baixar-se

♦ **get down to** vt concentrar-se em; *I must get down to work* tenho de me concentrar no trabalho

♦ **get in** vi 1 chegar; chegar a casa 2 ser eleito ♦ vt 1 chamar 2 entregar; enviar 3 entrar em; *they couldn't get in the club* não conseguiram entrar na discoteca

♦ **get into** vt 1 passar-se com; *I don't know what's got into him* não sei o que se passou com ele 2 meter-se em; *she's got into piano lessons* meteu-se em lições de piano 3 entrar em

♦ **get off** vt 1 enviar 2 livrar de; livrar-se de 3 adormecer; *she is getting the baby off* está a adormecer o bebé 4 partir ♦ vi 1 sair; *she gets off at five o'clock* sai às cinco horas 2 começar 3 escapar; safar-se

♦ **get on** vt 1 colocar; pôr 2 entrar para; subir para; *get on the bus* entra para o autocarro ♦ vi 1 progredir; avançar 2 relacionar-se; *he gets on well with his col-*

leagues dá-se bem com os colegas 3 envelhecer

◆ **get on to** *vt* 1 contactar 2 descobrir; localizar 3 passar a

◆ **get out** *vt* tirar; *you must get me out of here* tens de me tirar daqui ◆ *vi* 1 escapar 2 (prisão) sair; *she got out of the car* saiu do carro 3 vir a público

◆ **get out of** *vt* 1 livrar-se de 2 arrancar; tirar de; *he got the truth out of her* arrancou-lhe a verdade 3 desabituar-se de

◆ **get over** *vt* 1 (doença) recuperar de 2 (crise) superar; ultrapassar 3 *(transmitir)* fazer passar; *she got the idea over* fez passar a ideia

◆ **get over with** *vt* 1 acabar; terminar 2 libertar-se de

◆ **get round** *vt* 1 contornar; evitar 2 convencer ◆ *vi* vir a público

◆ **get round to** *vt* ter tempo para; decidir-se a

◆ **get through** *vt* 1 atravessar; ultrapassar 2 (exame) passar em 3 acabar 4 gastar; usar ◆ *vi* 1 conseguir chegar [to, a] 2 (telefone) contactar [to, com]; *I can't get through to him* não o consigo contactar 3 explicar-se; fazer-se entender

◆ **get together** *vi* 1 encontrar-se 2 juntar-se

◆ **get up** *vi* levantar-se ◆ *vt* 1 acordar 2 organizar 3 mascarar

◆ **get up to** *vt* fazer; preparar; *what have you been getting up to?* que tens feito?

getaway ['gɛtəweɪ] *n col* fuga

getter-up ['gɛtərʌp] *n* 1 promotor 2 organizador

get-together ['gɛttəgɛðə] *n* reunião

getup ['gɛtʌp] *n col* vestimenta

geyser ['giːzə] *n* 1 gêiser 2 esquentador de água

Ghana ['gɑːnə] *n* Gana

Ghanaian [gɑːˈneɪən] *adj,n* ganês

ghastly ['gɑːstli] *adj* {*comp* -ier, *superl* -iest} 1 pálido; cadavérico 2 horrível

ghetto ['gɛtəʊ] *n* {*pl* -s} gueto

ghost [gəʊst] *n* fantasma

ghostly ['gəʊstli] *adj* {*comp* -ier, *superl* -iest} fantasmagórico

ghoul [guːl] *n* pessoa mórbida

giant ['dʒaɪənt] *n* gigante ◆ *adj* gigantesco

gib [dʒɪb] *n* contrachaveta ◆ *vi* prender com chaveta

gibber ['dʒɪbə] *vi* falar atabalhoadamente

gibberish ['dʒɪbərɪʃ] *n* algaraviada

gibbet ['dʒɪbɪt] *n* forca ◆ *vt* 1 enforcar 2 condenar à forca

gibe [dʒaɪb] *n* escárnio; sarcasmo ◆ *vi* escarnecer [**about/at**, de]

giblets ['dʒɪblɪts] *npl* miúdos de aves

giddy ['gɪdi] *adj* {*comp* -ier, *superl* -iest} 1 com tonturas 2 estouvado

gift [gɪft] *n* 1 prenda 2 brinde 3 doação 4 dom [**for**, para]

gifted ['gɪftɪd] *adj* talentoso; dotado

gift-wrapped ['gɪftræpt] *adj* embrulhado (para oferecer)

gig [gɪg] *n* 1 concerto, atuação 2 (veículo) cabriolé

gigabyte ['dʒɪgəbaɪt] *n* gigabyte

gigantic [dʒaɪˈgæntɪk] *adj* gigantesco

gigawatt ['gɪgəwɒt] *n* gigawatt

giggle ['gɪgl] *n* risadinha; gargalhada ◆ *vi* rir sem motivo ❖ *for a giggle* na brincadeira

gigolo ['dʒɪgələʊ] *n* gigolô

gild [gɪld] *vt* dourar ❖ *to gild the lily* embelezar o que já é belo

gill[1] [gɪl] *n* (peixe) guelra

gill[2] [dʒɪl] *n GB* 142 ml; *EUA* 118 ml

gilt [gɪlt] *adj,n* dourado

gilthead ['gɪlθed] *n* ZOOL dourada

gimcrack ['dʒɪmkræk] *adj* barato; de má qualidade ◆ *n* 1 artigo barato e mal feito 2 (maquinismo) peça insignificante

gimmick ['gɪmɪk] *n* estratagema

gin [dʒɪn] *n* (bebida) gim

ginger ['dʒɪndʒə] *n* 1 gengibre 2 (cabelos) cor ruiva 3 *fig* vivacidade ◆ *adj* 1 de gengibre 2 ruivo

ginger ale [ˈdʒɪndʒəreɪl] n (bebida) ginger ale

gingerbread [ˈdʒɪndʒəbred] n biscoito ou bolo de gengibre

gingerly [ˈdʒɪndʒəli] adv cautelosamente

gingersnap [ˈdʒɪndʒəsnæp] n EUA bolacha de gengibre

gingivitis [dʒɪndʒɪˈvaɪtɪs] n gengivite

gipsy [ˈdʒɪpsi] n (pl -ies) ⇒ **gypsy**

giraffe [dʒɪˈrɑːf] n girafa

gird [gɜːd] vt {pret e pp girt, girded} 1 cingir [with, com] 2 rodear [with, com] ❖ **to gird oneself for** preparar-se para; **to gird up one's loins** preparar-se para entrar em ação

girder [ˈgɜːdə] n viga, trave

girdle [ˈgɜːdl] n 1 (vestuário) cinta 2 cinturão, faixa 3 fig cintura; **girdle of walls** cintura de muralhas ❖ vt cercar, rodear

girl [gɜːl] n 1 menina; rapariga 2 filha

girlfriend [ˈgɜːlfrend] n 1 namorada 2 EUA amiga

girlhood [ˈgɜːlhʊd] n (rapariga) adolescência

girlish [ˈgɜːlɪʃ] adj 1 ameninado 2 feminino

girth [gɜːθ] n 1 contorno; perímetro 2 (pessoa) corpulência 3 cilha ❖ vt 1 cilhar 2 lit rodear; cingir

gist [dʒɪst] n essencial, ideia geral

give [gɪv] n elasticidade; maleabilidade ❖ vt {pret gave, pp given} 1 dar, oferecer 2 fornecer, enviar 3 pagar 4 render 5 (palavra) empenhar 6 sacrificar 7 (cumprimentos) transmitir ❖ vi 1 ceder; dar de si 2 dar [to, a]; **he gives to the church** ele dá dinheiro à igreja ❖ **to give a hand** dar uma mão; **to give a lift** dar uma boleia; **to give evidence** prestar declarações

◆ **give away** vt 1 dar; oferecer 2 mostrar; trair 3 contar; revelar 4 conduzir ao altar; **he gave the bride away** conduziu a noiva ao altar 5 entregar

◆ **give back** vt devolver; restituir; **the operation gave him back his sight** a operação restituiu-lhe a vista

◆ **give in** vi 1 ceder 2 render-se ❖ vt entregar

◆ **give in to** vt ceder a

◆ **give off** vt 1 (calor, luz) emitir 2 (cheiro) exalar

◆ **give on/onto** vt dar para; abrir para; **the door gives on to the garden** a porta abre para o jardim

◆ **give out** vt 1 distribuir 2 (som, calor) emitir 3 anunciar ❖ vi 1 deixar de trabalhar; parar 2 chegar ao fim

◆ **give over** vt entregar; distribuir ❖ vi col parar

◆ **give over to** vt consagrar a; dedicar a

◆ **give up** vi desistir ❖ vt 1 abandonar; deixar de; **to give up smoking** deixar de fumar 2 dar; oferecer; dedicar ❖ **to give oneself up** entregar-se; render-se

◆ **give up on** vt desistir de; perder as esperanças em relação a

giveaway [ˈgɪvəweɪ] n 1 revelação involuntária 2 brinde ❖ adj (preço baixo) simbólico

given [ˈgɪvən] pp de to give ❖ adj 1 dado 2 determinado 3 propenso [to, a] ❖ **given name** nome de batismo; **given that** dado que

giver [ˈgɪvə] n dador, doador

gizmo [ˈgɪzməʊ] n maquineta; geringonça

gizzard [ˈgɪzəd] n 1 (aves) moela 2 (crustáceos, insetos) canal alimentar

glacé [ˈglæseɪ] adj **glacé fruit** fruta cristalizada; (bolos) **glacé icing** cobertura de glacé

glacial [ˈgleɪʃəl] adj 1 GEOL glaciário 2 glacial 3 fig (olhar) gélido

glaciation [gleɪʃˈeɪʃən] n glaciação

glacier [ˈglæsɪə] n glaciar

glad [glæd] adj alegre, contente ❖ **glad to meet you!** prazer em conhecer!

gladden [ˈglædn] vt alegrar

glade [gleɪd] *n* clareira

gladiator ['glædɪeɪtə] *n* HIST gladiador

gladiolus [ˌglædɪ'əʊləs] *n* {*pl* -li} gladíolo

gladly ['glædlɪ] *adv* 1 alegremente 2 com prazer 3 de boa vontade

glamor ['glæmə] *n EUA* ⇒ **glamour**

glamorous ['glæmərəs] *adj* glamoroso; atraente; sedutor

glamour ['glæmə] *n* glamour; charme

glance [glɑːns] *n* 1 olhar; vista de olhos [at, a] 2 vislumbre [of, de] ◆ *vi* dar uma vista de olhos [at, a] ❖ *at a glance* de relance; *at first glance* à primeira vista

gland [glænd] *n* glândula

glandular ['glændjʊlə] *adj* glandular

glare [gleə] *n* 1 luz ofuscante 2 olhar furioso ◆ *vi* 1 lançar um olhar furioso [at, a] 2 ter uma luz ofuscante

glaring ['gleərɪŋ] *adj* 1 (luz) brilhante 2 (cor) berrante 3 (olhar) feroz; furioso 4 (erro, falta) evidente

glass [glɑːs] *n* {*pl* -es} 1 vidro 2 cristal 3 copo ◆ *vt* envidraçar ❖ *clear as glass* claro como água; *to have a glass* beber um copo

glasses ['glɑːsəz] *n pl* óculos

glasshouse ['glɑːshaʊs] *n* estufa

glass-making ['glɑːsmeɪkɪŋ] *n* hialurgia

glassware ['glɑːsweə] *n* objetos de vidro

glasswork ['glɑːswɜːk] *n* objetos de vidro

glassworks ['glɑːswɜːks] *n* vidraria

glassy ['glɑːsɪ] *adj* {*comp* -ier, *superl* -iest} 1 (aparência) vítreo 2 (olhar) vidrado 3 (água) transparente

glaucoma [glɔː'kəʊmə] *n* glaucoma

glaze [gleɪz] *n* 1 (louça) vidrado 2 lustro; brilho 3 CUL cobertura ◆ *vt* 1 (louça) vidrar 2 envidraçar 3 lustrar

glazed ['gleɪzd] *adj* 1 (louça, olhar) vidrado 2 (janela, porta) envidraçado 3 (papel) acetinado 4 CUL coberto de glacé

glazier ['gleɪzɪə] *n* vidraceiro

gleam [gliːm] *n* 1 brilho 2 clarão 3 raio [of, de]; *gleams of sunshine* raios de sol 4 *fig* vislumbre ◆ *vi* brilhar; reluzir ❖ *a gleam of hope* um raio de esperança

glean [gliːn] *vt* 1 rebuscar 2 (informações) recolher ◆ *vt,i* respigar

glee [gliː] *n* alegria, gozo

glen [glen] *n* vale estreito entre duas colinas

glib [glɪb] *adj* 1 *pej* (pessoa) com muita lábia 2 *pej* (resposta, observação) simplista

glibness ['glɪbnɪs] *n* 1 lábia; desenvoltura 2 (linguagem) fluência 3 *pej* superficialidade

glide [glaɪd] *n* 1 deslize 2 voo planado 3 LING semivogal ◆ *vi* 1 deslizar 2 planar

glider ['glaɪdə] *n* planador

glimmer ['glɪmə] *n* 1 luz fraca 2 reflexo 3 vislumbre ◆ *vi* 1 reluzir 2 cintilar ❖ *a glimmer of hope* um raio de esperança

glimpse [glɪmps] *n* vislumbre; relance; *to catch a glimpse of* ver de relance ◆ *vt* entrever, ver de relance

glint [glɪnt] *n* brilho; fulgor ◆ *vi* luzir; brilhar ❖ *with a glint in her eye* com um brilhozinho nos olhos

glisten ['glɪsən] *n* brilho; cintilação ◆ *vi* brilhar; cintilar [with, com]

glitch [glɪtʃ] *n* ELET,INFORM falha, problema técnico, avaria ◆ *vi* ELET,INFORM avariar

glitter ['glɪtə] *n* brilho ◆ *vi* brilhar; reluzir

glittering ['glɪtərɪŋ] *adj* brilhante; reluzente

gloat [gləʊt] *vi* 1 regozijar-se [over, com] 2 armar-se

global ['gləʊbəl] *adj* 1 global 2 à escala mundial

globalization [ˌgləʊbəlaɪ'zeɪʃən] *n* globalização

globe [gləʊb] *n* 1 globo 2 esfera

globetrotter ['gləʊbtrɒtə] *n* viajante incansável

globule ['glɒbjuːl] *n* glóbulo

gloom [gluːm] *n* 1 tristeza, melancolia 2 pessimismo 3 obscuridade

gloomy [ˈgluːmi] *adj* (*comp* -ier, *superl* -iest) 1 escuro; sombrio 2 triste 3 deprimido

glorification [ˌglɔːrɪfɪˈkeɪʃən] *n* 1 glorificação 2 triunfo, apoteose 3 celebração

glorify [ˈglɔːrɪfaɪ] *vt* 1 glorificar 2 *col* engrandecer [with, com]

glorious [ˈglɔːriəs] *adj* 1 glorioso 2 esplêndido

glory [ˈglɔːri] *n* (*pl* -ies) 1 glória 2 beleza; esplendor 3 fama

gloss [glɒs] *n* (*pl* -es) 1 lustro, brilho; *to take the gloss off* tirar o lustro a 2 (comentário) glosa; anotação 3 (cosmética) bâton de brilho 4 *fig* (falsa aparência) verniz *fig* ♦ *vt* 1 glosar; comentar 2 polir, lustrar 3 envernizar

glossary [ˈglɒsəri] *n* (*pl* -ies) glossário

glossy [ˈglɒsi] *adj* (*comp* -ier, *superl* -iest) 1 brilhante, polido 2 (capa, impressão) brilhante; *glossy magazine* revista cara

glottis [ˈglɒtɪs] *n* glote

glove [glʌv] *n* luva ♦ *vt* enluvar ❖ (automóvel) *glove compartment* porta-luvas; *to fit like a glove* assentar como uma luva

glow [gləʊ] *n* 1 brilho 2 (metal, etc.) incandescência 3 (face) rubor 4 *fig* sensação de bem-estar ♦ *vi* 1 brilhar 2 (metal, etc.) estar incandescente 3 *fig* resplandecer [with, de/com]

glower [ˈglaʊə] *n* olhar ameaçador ♦ *vi* olhar ameaçadoramente [at, para]

glowing [ˈgləʊɪŋ] *adj* 1 (fogo) ardente 2 (lenha, carvão) incandescente 3 (cores) vivo 4 (face) afogueado 5 (relato) entusiasmado

glow-worm [ˈgləʊwɜːm] *n* pirilampo

glucose [ˈgluːkəʊs] *n* glicose

glue [gluː] *n* 1 cola 2 grude ♦ *vt* colar, grudar

gluey [ˈgluːi] *adj* (*comp* -uier, *superl* -uiest) pegajoso

glum [glʌm] *adj* (*comp* -mmer, *superl* -mmest) abatido; desanimado

glumly [ˈglʌmli] *adv* 1 sem ânimo 2 melancolicamente

glut [glʌt] *n* 1 superabundância, excesso [of, de] 2 fartura; empanturramento ♦ *vt* (*pret e pp* -tt-) 1 QUÍM saturar 2 empanturrar 3 (mercado) inundar ❖ *to glut oneself on* empanturrar-se de

gluten [ˈgluːtən] *n* glúten

glutton [ˈglʌtən] *n* glutão

gluttonous [ˈglʌtənəs] *adj* glutão; guloso

gluttony [ˈglʌtəni] *n* 1 gula, gulodice 2 voracidade

glycerin [ˈglɪsəriːn] *n* glicerina

glycerine [ˈglɪsəriːn] *n* glicerina

GMT [*sigla de* **Greenwich Mean Time**] TMG [*sigla de* Tempo Médio de Greenwich]

gnarl [nɑːl] *vi* rosnar, roncar ♦ *n* (árvores) rugosidade na casca

gnash [næʃ] *vt* (dentes) ranger

gnat [næt] *n* mosquito

gnaw [nɔː] *vt* 1 roer, corroer 2 *fig* atormentar

gnawing [ˈnɔːɪŋ] *adj* 1 roedor 2 devorador 3 (dúvida, remorso) constante

gnome [nəʊm] *n* gnomo

gnosis [ˈnəʊsɪs] *n* gnose

gnostic [ˈnɒstɪk] *adj,n* gnóstico

Gnosticism [ˈnɒstɪsɪzəm] *n* gnosticismo

go [gəʊ] *vi* (*pret* went, *pp* gone) 1 ir; ir embora; partir 2 desaparecer 3 ficar; *he went crazy* ficou doido 4 (máquina) funcionar 5 correr; *how are things going?* tudo a correr bem? 6 (tempo) passar 7 (distância) percorrer 8 caber [in/into, em]; encaixar [in/into, em] 9 (campainha) tocar 10 (tribunal) recorrer ♦ *n* (*pl* -es) 1 energia; dinamismo 2 tentativa; *to have a go at it* fazer uma tentativa 3 (jogo) vez; *it's your go* é a tua vez 4 uso, atividade ❖ *to go too far* ir longe de mais; *to go to sleep* adormecer

♦ **go about** *vt* 1 começar; dedicar-se a 2 andar a fazer ♦ *vi* (boato) correr

◆ **go after** vt andar atrás de; ir atrás de

◆ **go against** vt ir contra; opor-se a

◆ **go ahead** vi 1 (projeto) avançar [**with**, com] 2 ir à frente [**of**, de]

◆ **go along** vi 1 continuar 2 progredir

◆ **go along with** vt concordar com

◆ **go around/round** vi 1 andar por aí 2 (boato) correr

◆ **go at** vt atirar-se a; atacar

◆ **go away** vi 1 ir embora 2 ir para fora; *I'm going away next week* vou para fora na próxima semana 3 passar

◆ **go back** vi 1 voltar; voltar atrás 2 remontar [**to**, a]; *the castle goes back to the 12th century* o castelo remonta ao século XII

◆ **go back on** vt voltar atrás com; *he went back on his word* voltou atrás com a palavra

◆ **go by** vt 1 (regras, princípios) guiar-se por; seguir 2 deixar-se levar por ◆ vi passar; *many years have gone by* já passaram muitos anos

◆ **go down** vi 1 descer 2 diminuir 3 (sol) pôr-se 4 afundar; naufragar 5 passar de geração em geração 6 (jogo) perder 7 ir abaixo; *my computer went down* o meu computador foi abaixo

◆ **go down with** vt col (doença) apanhar

◆ **go for** vt 1 atacar 2 apontar para; ter em vista 3 escolher; ir para; *I would go for the yellow wall paper* eu ia para o papel de parede amarelo 4 aplicar-se a; *my advice goes for you too* o meu conselho também se aplica a ti

◆ **go in** vi entrar

◆ **go in for** vt 1 participar em 2 fazer 3 interessar-se por; *I go in for painting* interesso-me por pintura

◆ **go into** vt 1 entrar em 2 seguir; *he wants to go into teaching* quer seguir o ensino 3 (colisão) bater contra

◆ **go off** vi 1 (pessoa) ir embora 2 (bomba) explodir 3 (alarme) tocar 4 deixar de fun-

cionar; *the radio went off* o rádio desligou-se 5 estragar-se; *the meat has gone off* a carne estragou-se 6 (dor) passar 7 adormecer 8 piorar ◆ vt perder o interesse por

◆ **go off with** vt 1 fugir com 2 levar

◆ **go on** vi 1 ligar-se 2 continuar 3 acontecer; passar-se; *what's going on?* que se passa? 4 ir à frente 5 queixar-se [**about**, de]

◆ **go out** vi 1 ir sair 2 (namorar) andar [**with**, com] 3 apagar-se; *the candle went out* a vela apagou-se 4 (televisão, rádio) dar 5 entrar em greve 6 passar de moda 7 (maré) baixar

◆ **go over** vt 1 examinar; rever 2 revistar 3 ver; visitar

◆ **go over to** vt mudar para; passar para; *he went over to another supplier* mudou para outro fornecedor

◆ **go through** vt 1 (experiência) passar por 2 rever 3 procurar em; revistar 4 atravessar; furar 5 gastar ◆ vi ser aceite; ser aprovado

◆ **go through with** vt realizar; levar a cabo

◆ **go under** vi 1 falir 2 afundar

◆ **go up** vi 1 subir 2 (preços, temperatura, etc.) aumentar 3 aproximar-se [**to**, de] 4 explodir ❖ *to go up in flames* incendiar-se

◆ **go with** vt 1 acompanhar 2 combinar com 3 estar incluído em 4 associar-se a

goad [gəʊd] n 1 aguilhão 2 fig estímulo ◆ vt 1 aguilhoar 2 incitar [**into/on**, a]

go-ahead ['gəʊəhed] adj col dinâmico ◆ n col ordem para avançar

goal [gəʊl] n 1 objetivo, meta 2 DESP baliza 3 DESP golo

goalie ['gəʊli] n col guarda-redes

goalkeeper ['gəʊlˌkiːpə] n guarda-redes

goalpost ['gəʊlpəʊst] n poste da baliza

goat [gəʊt] n cabra ❖ *to act/to play the goat* fazer figura de parvo

goatee [gəʊˈtiː] n pera, barbicha

goatherd ['gəʊthɜːd] n cabreiro

gob [gɒb] n 1 pedaço, bocado 2 GB cal boca; *shut your gob!* cala a boca!

gobble ['gɒbəl] vt devorar ♦ vi (peru) fazer gluglu

go-between ['gəʊ,bɪtwi:n] n intermediário

goblet ['gɒblɪt] n cálice

goblin ['gɒblɪn] n duende

gobsmacked ['gɒbsmækd] adj atónito; estupefacto

go-cart ['gəʊkɑ:t] n 1 DESP kart 2 EUA (bebé) voador

God [gɒd] n Deus ❖ *for God's sake!* por amor de Deus!; *thank God!* graças a Deus!

god-awful ['gɒdɔ:fʊl] adj col terrível; horrível

godchild ['gɒdtʃaɪld] n afilhado

goddam ['gɒdæm] adj cal maldito ♦ interj cal porra! cal

goddaughter ['gɒdɔ:tə] n afilhada

goddess ['gɒdɪs] n deusa

godfather ['gɒdfɑ:ðə] n padrinho

God-fearing [gɒd'fɪərɪŋ] adj REL devoto; temente a Deus

godforsaken ['gɒdfəseɪkən] adj (lugar) abandonado

godless ['gɒdləs] adj herege, ateu

godlike ['gɒdlaɪk] adj divino

godly ['gɒdli] adj {comp -ier, superl -iest} divino

godmother ['gɒdmʌðə] n madrinha

godparents ['gɒd,peərənts] npl padrinhos

godson ['gɒdsʌn] n afilhado

go-getter ['gəʊgetə] n col lutador

goggle ['gɒgl] vt (olhos) arregalar ♦ vi olhar atónito [at, para]

goggles ['gɒglz] n pl óculos de proteção

going ['gəʊɪŋ] n 1 ida, partida 2 andamento 3 velocidade ♦ adj 1 atual; em vigor 2 próspero

goitre ['gɔɪtə] n MED bócio

go-kart ['gəʊkɑ:t] n DESP kart

go-karting ['gəʊkɑ:tɪŋ] n DESP karting

gold [gəʊld] n 1 ouro 2 fig riqueza, dinheiro ♦ adj 1 de ouro 2 dourado ❖ *all*

that glitters is not gold nem tudo o que luz é ouro

gold-digger ['gəʊld,dɪgə] n 1 pesquisador de ouro 2 pej explorador, aventureiro

golden ['gəʊldən] adj dourado ❖ (favorito) *golden boy* menino dourado; *golden goose* galinha dos ovos de ouro

goldfinch ['gəʊldfɪntʃ] n {pl -es} pintassilgo

goldsmith ['gəʊld,smɪθ] n ourives

golf [gɒlf] n golfe ❖ *golf club* taco de golfe; clube de golfe; *golf course* campo de golfe

golfer ['gɒlfə] n jogador de golfe

golosh [gə'lɒʃ] n {pl -es} ⇒ galosh

gondola ['gɒndələ] n gôndola

gondolier [,gɒndə'lɪə] n gondoleiro

gone [gɒn] pp de to go ♦ adj 1 desaparecido 2 morto 3 (tempo) depois de; *it's gone 9 o'clock* já passa das nove ❖ *to be gone on* estar louco por

gong [gɒŋ] n 1 gongo 2 col medalha; prémio

goniometer [,gəʊnɪ'ɒmɪtə] n goniómetro

gonorrhoea [,gɒnə'rɪə] n gonorreia

good [gʊd] adj 1 bom 2 de boa qualidade 3 amável [to/about, cm/com] 4 benéfico [for, para] 5 (condições) vantajoso 6 hábil [at, em/a] 7 (importância) considerável 8 adequado [for, para] ♦ n bem ❖ *for good* para sempre; *good afternoon!* boa tarde!; *that is as good as done* isso está praticamente feito; *to be good for* servir para

goodbye [gʊd'baɪ] interj adeus!, até logo! ♦ n despedida, adeus

good-for-nothing [,gʊdfə'nʌθɪŋ] adj,n inútil

good-humoured [,gʊd'hju:məd] adj 1 bem-disposto 2 alegre

good-looking [,gʊd'lʊkɪŋ] adj bonito; atraente

good-natured [,gʊd'neɪtʃəd] adj bondoso

goodness ['gʊdnɪs] *n* bondade ❖ *for goodness sake!* por amor de Deus!; *my goodness!* meu Deus!

goodnight ['gʊdnaɪt] *interj* boa noite!

goods [gʊdz] *n pl* 1 mercadorias 2 bens, artigos ❖ *to deliver the goods* cumprir o prometido; *to have the goods on someone* ter provas contra alguém

good-tempered [,gʊd'tempəd] *adj* 1 bem--disposto 2 afável

goodwill [,gʊd'wɪl] *n* boa vontade ❖ *to be in a person's goodwill* estar nas boas graças de alguém

goody ['gʊdi] *n* {*pl* -ies) (personagem) o bom (da fita, da história) ♦ *npl* guloseimas ♦ *interj infant* viva!; eia!

goose [gu:s] *n* {*pl* geese) ganso; gansa ❖ *goose pimples* pele de galinha

gooseberry ['gʊzbəri] *n* {*pl* -ies) groselha

gooseflesh ['gu:sfleʃ] *n* pele de galinha

gore [gɔ:] *n* sangue (derramado) ♦ *vt* ferir com os cornos

gorge [gɔ:dʒ] *n* desfiladeiro ♦ *vt,i* 1 engolir, devorar 2 empanturrar-se [on, de]

gorgeous ['gɔ:dʒəs] *adj* 1 deslumbrante 2 esplêndido

gorilla [gə'rɪlə] *n* gorila

gorse [gɔ:s] *n* urze

gory ['gɔ:ri] *adj* {*comp* -ier, *superl* -iest) horrível, sórdido ❖ *in gory detail* com todos os pormenores

gosh [gɒʃ] *interj col* caramba!

gospel ['gɒspəl] *n* 1 normas; princípios 2 MÚS gospel

Gospel ['gɒspəl] *n* REL Evangelho

gossamer ['gɒsəmə] *n* 1 fio muito delgado 2 teia de aranha 3 tecido muito fino

gossip ['gɒsɪp] *n* 1 bisbilhotice, má-língua 2 tagarelice 3 (pessoa) coscuvilheiro, bisbilhoteiro ♦ *vi* 1 coscuvilhar, bisbilhotar 2 tagarelar ❖ *gossip column* coluna social

gossipy ['gɒsɪpi] *adj col* bisbilhoteiro

got [gɒt] *pret e pp de* to get

Gothic ['gɒθɪk] *adj* gótico ♦ *n* estilo gótico

gouache [gu'ɑ:ʃ] *n* ART guache

gouge [gaʊdʒ] *vt* 1 escavar 2 regatear 3 *fig* enganar

gourd [gʊəd] *n* cabaça, abóbora

gourmand ['gʊəmənd] *n* guloso, glutão

gourmet ['gʊəmeɪ] *n* gastrónomo ♦ *adj* gastronómico

gout [gaʊt] *n* MED gota

govern ['gʌvən] *vi* governar ♦ *vt* 1 governar 2 dirigir 3 (região) administrar 4 (empresa) gerir 5 determinar 6 LING reger

governess ['gʌvənəs] *n* governanta

governing ['gʌvənɪŋ] *adj* governativo, dirigente ❖ *governing body* conselho diretivo; conselho de administração

government ['gʌvnmənt] *n* 1 governo; *government department* ministério 2 administração

governmental [,gʌvən'mentəl] *adj* governamental

governor ['gʌvənə] *n* 1 governador; diretor 2 (instituição) membro do conselho diretivo 3 *GB col* patrão; chefe

gown [gaʊn] *n* 1 vestido; *evening gown* vestido de noite 2 (juiz) toga 3 (médico) bata

GPS [*sigla de* **Global Positioning System**] GPS (Sistema de Navegação por Satélite)

grab [græb] *vt* 1 agarrar; *fig to grab a chance* agarrar uma oportunidade 2 *col* apanhar 3 *col,fig* interessar ♦ *n* tentativa de agarrar/apanhar ❖ *to be up for grabs* estar à disposição

grace [greɪs] *n* 1 graça; charme 2 REL graça divina 3 prazo; *a week's grace* o prazo de uma semana 4 oração antes das refeições 5 cortesia ♦ *vt* 1 honrar [with/by, com] 2 adornar ❖ *to fall from grace* cair em desgraça

graceful ['greɪsfʊl] *adj* 1 gracioso 2 gentil

graceless ['greɪsləs] *adj* 1 sem graça 2 desajeitado

gracious ['greɪʃəs] *adj* 1 amável 2 elegante

gradation [grə'deɪʃən] n gradação

grade [greɪd] n 1 categoria; *grade B eggs* ovos da categoria B; *first grade player* jogador de primeira categoria 2 EUA (escola) ano 3 (escola) classificação, nota 4 EUA nível; grau 5 MIL posto ♦ vt 1 classificar 2 nivelar ❖ EUA *grade school* escola primária; *to make the grade* alcançar os objetivos

gradual ['grædʒuəl] adj gradual

graduate[1] ['grædʒuɪt] n 1 (universidade) licenciado 2 EUA (ensino secundário) diplomado

graduate[2] ['grædʒueɪt] vi 1 licenciar-se [from, em] 2 EUA (ensino secundário) diplomar-se ♦ vt escalonar; marcar

graduation [,grædʒu'eɪʃən] n 1 (universidade) licenciatura 2 EUA (ensino secundário) formatura 3 graduação

graffiti [grə'fi:ti] n grafiti

graft [grɑ:ft] n 1 enxerto 2 EUA corrupção 3 GB col trabalho; *hard graft* trabalho duro ♦ vt enxertar [onto, em] ♦ vi GB col trabalhar arduamente

grafter ['grɑ:ftə] n 1 enxertador 2 EUA es croque 3 GB col trabalhador

grafting ['grɑ:ftɪŋ] n enxerto

Grail [greɪl] n REL Graal ❖ *the Holy Grail* o Santo Graal

grain [greɪn] n 1 grão [of, de] 2 cereal 3 (madeira) veio ♦ vt granular ❖ *a grain of sense* um pingo de senso; *to go against the grain* ir contra os princípios de alguém

grainy ['greɪni] adj granuloso

gram [græm] n (peso) grama

grammar ['græmə] n gramática ❖ GB *grammar school* escola secundária

grammarian [grə'meəriən] n gramático

grammatical [grə'mætɪkəl] adj 1 gramatical 2 correto

gramme [græm] n ⇒ gram

gramophone ['græməfəʊn] n gramofone

gramp [græmp] n col avozinho

granary ['grænəri] n {pl -es} 1 celeiro 2 GB trigo

grand [grænd] adj 1 magnífico; fantástico 2 grande 3 ilustre ♦ n GB col mil libras; EUA col mil dólares ❖ *grand piano* piano de cauda

grandad ['grændæd] n col avozinho

grandaddy ['grændædi] n col avozinho

grandchild ['græntʃaɪld] n {pl -children} neto

granddaughter ['græn,dɔːtə] n neta

grandeur ['grændʒə] n 1 grandiosidade; esplendor 2 (pessoa) nobreza; distinção

grandfather ['grænd,fɑːðə] n avô ❖ *grandfather clock* relógio de parede

grandiloquence [græn'dɪləkwəns] n grandiloquência

grandiloquent [græn'dɪləkwənt] adj grandiloquente

grandiose ['grændɪəʊs] adj grandioso

grandiosity [,grændɪ'ɒsɪti] n grandiosidade

grandma ['grænmɑː] n col avó

grandmother ['græn,mʌðə] n avó

grandpa ['grænpɑː] n col avô

grandparents ['græn,peərənts] n pl avós

grandson ['grænsʌn] n neto

grandstand ['grændstænd] n tribuna

grand-uncle ['græn,ʌŋkəl] n tio-avô

grange ['greɪndʒ] n granja, quinta

granite ['grænɪt] n granito

granitic [grə'nɪtɪk] adj granítico

granny ['græni] n col avozinha

granola [grə'nəʊlə] n EUA (pequeno-almoço) muesli

grant [grɑːnt] vt 1 (desejo) conceder 2 garantir; admitir ♦ n 1 concessão 2 (estudos) bolsa; subsídio ❖ *I grant you that* reconheço que; *to take somebody for granted* não dar o devido valor a alguém; *to take something for granted* tomar algo como certo

grant-in-aid [,grɑːntɪn'eɪd] n 1 subsídio do Estado 2 bolsa

granular ['grænjʊlə] *adj* granular

granulate ['grænjʊleɪt] *vt,i* granular

granulation [grænjʊ'leɪʃən] *n* granulação

granule ['grænjuːl] *n* grânulo

grape [greɪp] *n* uva; *grape harvest* vindima

grapefruit ['greɪpfruːt] *n* toranja

grapeshot ['greɪpʃɒt] *n* MIL metralha

grapevine ['greɪpvaɪn] *n* videira ✢ *to hear it on the grapevine* ouvir dizer

graph [græf] *n* gráfico, diagrama ✢ *graph paper* papel milimétrico

graphic ['græfɪk] *adj* 1 gráfico 2 (descrição) pormenorizado

graphics ['græfɪks] *n* grafismo ✦ *npl* INFORM gráficos

graphite ['græfaɪt] *n* grafite

graphologist [græ'fɒlədʒɪst] *n* grafólogo

graphology [græ'fɒlədʒi] *n* grafologia

grapple ['græpl] *vt* 1 lutar [with, com] 2 (problema) lidar [with, com]

grasp [grɑːsp] *n* 1 força de pulso 2 *fig* controlo; domínio 3 *fig* alcance; *success is within our grasp* o êxito está ao nosso alcance 4 *fig* compreensão; conhecimentos ✦ *vt* 1 agarrar, apanhar 2 compreender 3 *fig* aproveitar; *you should grasp this opportunity* devias agarrar esta oportunidade

grass [grɑːs] *n* {*pl* -es} 1 relva; *don't walk on the grass* não pise a relva 2 pasto, erva 3 arbusto 4 GB *col* bufo 5 *col* (*marijuana*) erva; *to smoke grass* fumar erva ✦ *vi* GB *col* bufar [on, -]

grasshopper ['grɑːshɒpə] *n* gafanhoto

grassland ['grɑːslænd] *n* pradaria

grassy ['grɑːsi] *adj* {*comp* -ier, *superl* -iest} coberto de erva

grate [greɪt] *n* (lareira) grelha, grade ✦ *vt* CUL ralar; raspar ✦ *vi* 1 ranger [on, em]; *the chalk grated on the blackboard* o giz rangia no quadro 2 (som) fazer impressão ✢ *to grate on one's nerves* enervar

grateful ['greɪtfʊl] *adj* grato [for, por; to, a]

gratefulness ['greɪtfʊlnɪs] *n* gratidão

grater ['greɪtə] *n* ralador, raspador

gratification [grætɪfɪ'keɪʃən] *n* 1 gratificação, prémio 2 prazer, satisfação

gratify ['grætɪfaɪ] *vt* 1 satisfazer 2 ser gratificante para 3 gratificar, premiar

gratifying ['grætɪfaɪɪŋ] *adj* gratificante

grating ['greɪtɪŋ] *n* grade; grelha ✦ *adj* (som, voz) agudo; irritante

gratis ['grætɪs] *adj,adv* grátis

gratitude ['grætɪtjuːd] *n* gratidão [to, a; for, por]

gratuitous [grə'tjuːɪtəs] *adj* gratuito

gratuitousness [grə'tjuːɪtəsnɪs] *n* gratuidade

gratuity [grə'tjuːɪti] *n* (dinheiro) gratificação

grave [greɪv] *n* sepultura, túmulo ✦ *adj* 1 grave, sério 2 (pessoa) sério 3 LING (acento) grave ✢ *to dig one's own grave* cavar a própria sepultura; *to have one foot in the grave* estar com os pés para a cova

gravedigger ['greɪvdɪgə] *n* coveiro

gravel ['grævəl] *n* gravilha; cascalho ✦ *vt* {*pret e pp* -ll-} (cascalho) pavimentar

gravestone ['greɪvstəʊn] *n* lápide

graveyard ['greɪvjɑːd] *n* 1 cemitério 2 sucata

gravitate ['grævɪteɪt] *vi* 1 gravitar [towards, em direção a] 2 deslocar-se [towards, em direção a] 3 ser atraído [towards, por]

gravitation [grævɪ'teɪʃən] *n* FÍS gravitação

gravitational [grævɪ'teɪʃənəl] *adj* gravitacional

gravity ['grævɪti] *n* 1 FÍS gravidade 2 (situação) gravidade; seriedade 3 (pessoa) ponderação

gravy ['greɪvi] *n* {*pl* -ies} CUL molho de carne

gray [greɪ] *n,adj,vi* EUA ⇒ **grey**

grayish ['greɪɪʃ] *adj* EUA ⇒ **greyish**

graze [greɪz] *n* arranhadela ✦ *vi* (animal) pastar ✦ *vt* 1 (animais) apascentar 2 (pele) arranhar 3 roçar

grease [griːs] *n* 1 gordura 2 óleo; massa lubrificante ♦ *vt* 1 CUL untar 2 lubrificar ❖ *to grease someone's palm* subornar alguém

greasy ['griːsi] *adj* {*comp* -ier, *superl* -iest} 1 gorduroso, oleoso 2 escorregadio 3 *pej* falso

great [greit] *adj* 1 grande; *it gives me great pleasure to* tenho o grande prazer de 2 excelente; ótimo, *that's great!* isso é ótimo! 3 (pessoa) ilustre; importante 4 vasto, imenso ♦ *adv col* muito bem

Great Britain [greit'britn] *n* Grã-Bretanha

greatcoat ['greitkəʊt] *n* sobretudo

great-granddaughter [greit'græn,dɔːtə] *n* bisneta

great-grandfather [greit'græn,fɑːðə] *n* bisavô

great-grandmother [greit'græn,mʌðə] *n* bisavó

great-grandparents [greit'græn,peərənts] *n* bisavós

great-grandson [greit'grænsʌn] *n* bisneto

great-great-grandfather [greitgreit'grænd,fɑːðə] *n* trisavô

great-great-grandmother [greitgreit'græn,mʌðə] *n* trisavó

great-great-grandson [greitgreit'grænsʌn] *n* trineto

greatly ['greitli] *adv* muito; imenso

greatness ['greitnis] *n* grandeza; grandiosidade

great-uncle ['greit,ʌŋkəl] *n* tio-avô

Greece [griːs] *n* Grécia

greed [griːd] *n* 1 (poder, riqueza); ganância 2 (comida) gula

greediness ['griːdinis] *n* 1 (poder, riqueza); ganância 2 (comida) gula

greedy ['griːdi] *adj* {*comp* -ier, *superl* -iest} 1 (poder, riqueza) ganancioso 2 glutão

Greek [griːk] *adj,n* grego ❖ *that's all Greek to me* isso para mim é chinês

green [griːn] *adj* 1 verde; *dark green* verde escuro; *light green* verde claro 2 que não está maduro; *the apples are green* as ma-

ças estão verdes 3 *fig* (produto) ecológico; *amigo do ambiente* 4 *fig* inexperiente; ingênuo ♦ *n* 1 (cor) verde 2 relva, relvado ♦ *npl* hortaliça; legumes ♦ *vi* reverdecer ❖ (imaturidade) *to be as green as grass* estar muito verde; *to be green with envy* estar verde de inveja; *to give the green light to* dar luz verde para avançar

greenery ['griːnəri] *n* {*pl* -ies} verdura, folhagem

green-eyed ['griːnaid] *adj* 1 de olhos verdes 2 *fig* invejoso ❖ *the green-eyed monster* o ciúme; a inveja

greenfinch ['griːnfintʃ] *n* {*pl* -es} (ave) verdelhão

greengage ['griːngeidʒ] *n* (ameixa) rainha-cláudia

greengrocer ['griːn,grəʊsə] *n* vendedor de fruta e hortaliça ❖ (estabelecimento) *greengrocer's* pomar; frutaria

greenhorn ['griːnhɔːn] *n col* novato

greenhouse ['griːnhaʊs] *n* estufa ❖ *greenhouse effect* efeito de estufa

greenish ['griːniʃ] *adj* esverdeado

Greenland ['griːnlənd] *n* Gronelândia

Greenlander ['griːnləndə] *n* gronelandês

greenness ['griːnnis] *n* 1 verdura, frescura 2 inexperiência

greet [griːt] *vt* 1 (*saudar*) cumprimentar 2 acolher; receber

greeting ['griːtiŋ] *n* saudação, cumprimento ❖ *birthday greetings* parabéns; *greetings card* cartão de felicitação

gregarious [grɪ'geəriəs] *adj* gregário; sociável

Gregorian [grɪ'gɔːriən] *adj* gregoriano

grenade [grə'neid] *n* granada

grenadier [grenə'diə] *n* MIL granadeiro

grew [gruː] *pret de* to grow

grey [grei] *adj* 1 (cor) cinzento 2 (cabelo) grisalho 3 *fig* triste; sombrio ♦ *n* 1 (cor) cinzento 2 (cabelo) brancas

greyhound ['greihaʊnd] *n* (cão) galgo

greyish ['greiiʃ] *adj* GB acinzentado

grid [grid] *n* grelha

griddle ['grɪdl] n CUL placa para grelhar

gridiron ['grɪdaɪən] n 1 grelha; grade 2 EUA campo de futebol americano

grief [griːf] n dor; pesar

grievance ['griːvəns] n 1 ofensa 2 queixa 3 ressentimento

grieve [griːv] vt afligir; entristecer ♦ vi sofrer [for, por]

grievous ['griːvəs] adj 1 grave 2 penoso; doloroso

griffin ['grɪfən] n MIT grifo

griffon ['grɪfən] n ⇒ **griffin**

grill [grɪl] n 1 grelhador 2 grelha 3 CUL grelhado e churrascaria ♦ vt 1 grelhar 2 fig torturar com perguntas ♦ vi fig tostar; he's grilling in the sun ele está a tostar ao sol

grille [grɪl] n grade; gradeado

grim [grɪm] adj 1 sinistro 2 severo; carrancudo 3 cruel; brutal 4 depressivo

grimace ['grɪməs] n 1 careta 2 (dor) esgar ♦ vi fazer caretas

grime [graɪm] n sujidade

grimy ['graɪmi] adj {comp -ier, superl -iest} sujo, imundo

grin [grɪn] vi sorrir [with/at, para]; to grin from ear to ear sorrir de orelha a orelha ♦ n sorriso largo ❖ to grin and bear it aguentar e não bufar; wipe that grin off your face tira esse sorriso da cara

grind [graɪnd] vt {pret e pp ground} 1 (cereais) triturar, moer 2 EUA CUL (carne) picar 3 (dentes) ranger 4 afiar 5 esmagar ♦ vi trabalhar arduamente; estudar com afinco ♦ n 1 col seca; the party was a grind a festa foi uma seca 2 col tarefa dura 3 EUA col estudioso, marrão col ❖ to grind the faces of the poor explorar os desgraçados; to grind to a halt chiar até parar

◆ **grind down** [phr] vt oprimir

grinder ['graɪndə] n 1 moinho, mó 2 (facas) amolador 3 (dente) molar

grinding ['graɪndɪŋ] adj incomodativo; desagradável ❖ grinding poverty miséria extrema

grindstone ['graɪndstəʊn] n pedra de amolar

gringo ['grɪŋgəʊ] n col,pej gringo

grip [grɪp] n 1 aperto 2 aderência; the tyres lost their grip os pneus perderam a aderência 3 pega; punho; cabo 4 EUA maleta 5 fig controlo; domínio ♦ vt 1 agarrar 2 (atenção) interessar; captar o interesse de ♦ vi 1 (pneus) aderir 2 prender ❖ to come to grips with a problem resolver um problema; to lose one's grip perder o controlo

gripe [graɪp] vi col queixar-se [at/about, de] ♦ n queixa ♦ npl MED cólicas

grisly ['grɪzli] adj {comp -ier, superl -iest} terrível, sinistro

grist [grɪst] n grão; to be all grist to the mill valer tudo (para atingir determinado fim)

gristle ['grɪsl] n cartilagem

grit [grɪt] n 1 areia; gravilha 2 col coragem; determinação ♦ vt (estrada) ensaibrar ❖ to grit one's teeth ranger os dentes

gritty ['grɪti] adj {comp -ier, superl -iest} 1 arenoso 2 corajoso; determinado

grizzle ['grɪzl] vi GB col choramingar; lamuriar-se

groan [grəʊn] vi 1 gemer [with, de/com]; the man was groaning with pain o homem estava a gemer de dores 2 ranger ♦ n 1 gemido 2 protesto ❖ moaning and groaning sempre a queixar-se

grocer ['grəʊsə] n merceeiro ❖ (estabelecimento) grocer's mercearia

grocery ['grəʊsəri] n {pl -ies} EUA mercearia ♦ npl artigos de mercearia

grog [grɒg] n (bebida) grogue

groggy ['grɒgi] adj {comp -ier, superl -iest} col tonto

groin [grɔɪn] n virilha

groom [grʊm] n 1 noivo 2 moço de estrebaria 3 camareiro ♦ vt 1 (cavalos) tratar 2 preparar [for, para]; arranjar [for, para] ♦ vi (animal) limpar-se

groove [gru:v] n 1 ranhura; encaixe 2 *col* rotina; *to get stuck in a groove* ficar preso à rotina ♦ vt 1 entalhar 2 *EUA col* curtir

groovy ['gru:vi] adj {comp -ier, superl -iest} fabuloso, fantástico

grope [grəup] n apalpadela ♦ vi andar às apalpadelas; tatear ♦ vt *pej* apalpar

gross [grəus] n grosa ♦ adj 1 grosseiro; ordinário 2 *EUA col*; nojento 3 crasso; flagrante; *gross error* erro crasso 4 gordo 5 FIN total, bruto; *gross income* rendimento bruto; *gross national product* produto nacional bruto ♦ vt (rendimento bruto) ganhar ❖ *in the gross* ao todo

grossly ['grəusli] adv 1 grosseiramente 2 extremamente

grotesque [grəu'tesk] adj,n grotesco

grotto ['grɒtəu] n {pl -s} gruta

grotty ['grɒti] adj 1 *col* asqueroso 2 *col* horrível 3 *col* maldisposto

grouch [grautʃ] n 1 *col* resmungão, rabugento 2 *col* queixume 3 *col* má disposição ♦ vi *col* resmungar

grouchy ['grautʃi] adj rabugento

ground [graund] pret e pp de to grind ♦ n 1 chão 2 solo, terra 3 campo; *football ground* campo de futebol 4 ART fundo 5 (conhecimentos) área ♦ npl 1 motivos; pretextos; *grounds for complaint* razões de queixa 2 jardins, parque 3 (bebidas) depósito; *coffee grounds* depósito do café ♦ vt 1 (avião) impedir de levantar voo 2 (barco) encalhar 3 (fundamentar) basear [in/on, em] 4 *EUA col* proibir de sair 5 *EUA* (eletricidade) ligar à terra ♦ vi encalhar ♦ adj terrestre; MIL *ground forces* forças terrestres ❖ (companhia aérea) *ground staff* pessoal de terra; *ground rule* regra básica; *below ground* morto e enterrado; *on the ground* no terreno; *to be on dangerous ground* estar a pisar areias movediças; *to be on one's own ground* estar a jogar em casa*fig*; *to lose ground* perder terreno

grounding ['graundɪŋ] n 1 (conhecimentos) bases [in, de] 2 (barco) encalhamento

groundless ['graundləs] adj infundado

groundnut ['graundnʌt] n amendoim

groundsheet ['graundʃi:t] n tela impermeável

groundsman ['graundzmən] n {pl -men} encarregado de recinto desportivo

groundwork ['graundwз:k] n trabalho de base

group [gru:p] n 1 grupo, agrupamento 2 MÚS banda, grupo ♦ vt agrupar ♦ vi agrupar-se ❖ *group therapy* terapia de grupo

grouping ['gru:pɪŋ] n agrupamento, série

grouse [graus] n 1 ZOOL galo silvestre 2 *col* resmunguice ♦ vi *col* resmungar

grout [graut] n estuque; argamassa ♦ vt estucar

grove [grəuv] n 1 arvoredo; alameda 2 (frutos) pomar

grovel ['grɒvl] vi {pret e pp -ll-} 1 humilhar-se [to/before, perante] 2 arrastar-se; prostrar-se 3 rebolar-se [in, em]

groveller ['grɒvlə] n *pej* adulador

grovelling ['grɒvlɪŋ] adj servil; bajulador

grow [grəu] vi {pret grew, pp grown} 1 crescer 2 aumentar 3 desenvolver-se 4 tornar-se, ficar; *it's growing late* está a ficar tarde 5 melhorar ♦ vt 1 cultivar 2 (cabelo, unhas) deixar crescer 3 aumentar ❖ *to grow old* envelhecer; *to grow to like something* acabar por gostar de alguma coisa

♦ **grow apart** vi afastar-se

♦ **grow away from** vt afastar-se de

♦ **grow into** vt tornar-se; transformar-se em; *he grew into a strong man* tornou-se um homem forte 2 adaptar-se a; integrar-se em

♦ **grow on** vt cativar; *it grows on you* acaba-se por gostar

♦ **grow out** vi 1 tornar-se demasiado grande [of, para] 2 deixar [of, de]; *she* *grew out of playing with dolls* ela deixou de brincar com bonecas

◆ **grow up** vi 1 crescer 2 desenvolver-se

❖ **grow up!** não sejas infantil!; *when I grow up* quando eu for grande; *when I was growing up* quando eu era pequeno

grower ['grəʊə] n (cultivo) produtor

growing ['grəʊɪŋ] adj 1 crescente 2 de/em crescimento; *growing pains* dores de crescimento

growl [graʊl] vi 1 rosnar [**at**, a]; *the dog growled at the strangers* o cão rosnou aos estranhos 2 *fig* resmungar ◆ n 1 rosnadela; grunhido 2 *fig* resmungadela

grown [grəʊn] pp de to grow ◆ adj crescido; adulto

grown-up ['grəʊnʌp] adj,n col adulto

growth [grəʊθ] n 1 (pessoas, plantas) crescimento 2 aumento [**in**, de] 3 tumor

grub [grʌb] n 1 ZOOL larva; verme 2 col paparoca ◆ vt,i {pret e pp -bb-} 1 cavar 2 fig vascular

grudge [grʌdʒ] n 1 ressentimento; rancor [**against**, em relação a] 2 inveja ◆ vt 1 fazer contrariado; mostrar má vontade em relação a 2 invejar ❖ *to bear a grudge* guardar rancor

gruel ['gru:əl] n CUL papa de aveia

gruelling ['gru:əlɪŋ] adj 1 (experiência) duro; penoso 2 (corrida, viagem) fatigante

gruesome ['gru:səm] adj horrível; macabro

gruff [grʌf] adj 1 (voz) grave 2 (comportamento) rude

grumble ['grʌmbəl] n 1 rosnadela 2 queixa ◆ vi 1 resmungar [**at/about**, contra] 2 roncar; *my belly is grumbling* a minha barriga está a roncar

grumbler ['grʌmblə] n resmungão, rabugento

grumbling ['grʌmblɪŋ] adj resmungão ◆ n 1 queixume 2 estrondo; *the grumbling of a thunder* o estrondo de um trovão

grumpiness ['grʌmpɪnɪs] n má disposição; mau humor

grumpy ['grʌmpi] adj col rabugento; resmungão

grunge [grʌndʒ] n EUA cal lixo, porcaria 2 (música, moda) grunge

grunt [grʌnt] n 1 grunhido ◆ vi 1 (animal) grunhir 2 resmungar 3 fig roncar

guarantee [ˌgærən'ti:] n 1 garantia; *to be under guarantee* estar dentro da garantia 2 caução, fiança ◆ vt garantir; assegurar ❖ *to be guaranteed for* ter uma garantia de

guarantor [ˌgærən'tɔ:] n DIR fiador

guaranty ['gærənti] n {pl -ies} DIR garantia; caução, fiança

guard [gɑ:d] n 1 guarda; vigilância [**on/over**, a]; *to be on guard* estar de guarda; *to be under guard* estar sob vigilância 2 guarda; sentinela 3 GB (comboio) guarda de estação 4 (máquina) dispositivo de segurança ◆ vt 1 guardar 2 proteger [**against/from**, de] 3 ter cuidado com; *guard your tongue* tem cuidado com a língua ❖ *to be on one's guard against* estar de pé atrás em relação a; *to catch somebody off his guard* apanhar alguém desprevenido; *to drop one's guard* baixar a guarda

guarded ['gɑ:dɪd] adj 1 protegido 2 sob vigilância 3 (pessoa) cauteloso

guardian ['gɑ:dɪən] n 1 guardião 2 DIR tutor ❖ *guardian angel* anjo da guarda

guardianship ['gɑ:dɪənʃɪp] n tutela, custódia, guarda; *she was under her mother's guardianship* ela estava sob a tutela da mãe

Guatemala [ˌgwætə'mɑ:lə] n Guatemala

Guatemalan [ˌgwɑ:tə'mɑ:lən] adj,n guatemalteco

guava ['gwɑ:və] n 1 (fruto) goiaba 2 (árvore) goiabeira

guerrilla [gə'rɪlə] n guerrilheiro

guess [ges] n {pl -es} 1 suposição; conjetura 2 tentativa; *I give you two guesses* tens duas tentativas ◆ vt 1 adivinhar 2 col supor ◆ vi adivinhar ❖ *guess what!* sabes uma coisa?; *at a rough guess* aproximadamente; *I guess not!* parece que não!; *I guess so!* parece que sim!; *to make a wild guess* dizer à sorte; *your guess is as good as mine* sei tanto como tu

guesswork ['gesw3:k] *n* suposição, conjetura

guest [gest] *n* 1 convidado; visita 2 hóspede ♦ *vi col* aparecer como convidado [on, em]; *she's guesting on his show* ela aparece como convidada no espetáculo dele ❖ *guest of honour* convidado de honra; *be my guest!* faça favor!

guesthouse ['gesthaʊs] *n* pensão

guestroom ['gestrʊm] *n* quarto de hóspedes

guffaw [gʌ'fɔ:] *n col* gargalhada ♦ *vi* rir à gargalhada

Guianese [ˌgaɪə'ni:zˌˌgi:'ni:z] *adj,n* guianês

guidance ['gaɪdəns] *n* 1 orientação [on/about, sobre] 2 direção ❖ *for your guidance* a título de informação

guide [gaɪd] *n* 1 guia; (livro) *guide to France* guia de França; (pessoa) *tour guide* guia turístico 2 (documento) guia; modelo ♦ *vt* guiar; orientar [to, até]: *he guided us to the railway station* ele orientou-nos até à estação de comboio ❖ (invisuais) *guide dog* cão-guia

guidebook ['gaɪdbʊk] *n* guia, roteiro

guided ['gaɪdɪd] *adj* 1 orientado; dirigido 2 (excursão) com guia ❖ *guided tour* visita guiada

guideline ['gaɪdlaɪn] *n* diretriz

guiding ['gaɪdɪŋ] *adj* orientador; diretivo

guild [gɪld] *n* corporação, associação

guile [gaɪl] *n* 1 astúcia 2 artimanha

guileless ['gaɪlləs] *adj* ingénuo

guillotine ['gɪləti:n] *n* guilhotina ♦ *vt* (pessoa, papel) guilhotinar

guilt [gɪlt] *n* 1 culpa 2 remorso [about/at, em relação a]

guiltless ['gɪltləs] *adj* inocente

guilty ['gɪlti] *adj* {*comp* -ier, *superl* -iest} culpado [of, de; about, por] ❖ *to plead*

guilty/not guilty declarar-se culpado/inocente

guinea ['gɪnɪ] *n* (antiga moeda) guinéu

Guinea-Bissau [ˌgɪnɪbɪ'saʊ] *n* Guiné-Bissau

guinea fowl ['gɪnɪfaʊl] *n* ZOOL galinha-da-índia

Guinean ['gɪnɪən] *adj,n* guineense

guinea-pig ['gɪnɪpɪg] *n* 1 porquinho-da-índia 2 (experiência) cobaia

guinea pig ['gɪnɪpɪg] *n* 1 ZOOL porquinho-da-índia 2 *fig* (experiência) cobaia

guise [gaɪz] *n* forma; aparência ❖ *in the guise of* disfarçado de; *under the guise of* sob a aparência de

guitar [gɪ'tɑ:] *n* guitarra

guitarist [gɪ'tɑːrɪst] *n* guitarrista

gulch [gʌltʃ] *n* {*pl* -es} EUA ravina

gulf [gʌlf] *n* 1 golfo; *Persian Gulf* Golfo Pérsico 2 *fig* fosso [between, entre]

gull [gʌl] *n* ZOOL gaivota

gullet ['gʌlɪt] *n* 1 esófago 2 garganta

gullibility [ˌgʌlɪ'bɪlɪti] *n* credulidade

gullible ['gʌlɪbəl] *adj* crédulo, ingénuo

gully ['gʌli] *n* {*pl* -ies} barranco

gulp [gʌlp] *n* 1 gole; trago [of, de]; *in one gulp* de um só gole 2 gole em seco ♦ *vt* engolir ♦ *vi* engolir em seco; *he gulped when he saw the bill* ele engoliu em seco quando viu a conta
♦ **gulp back** *vt* engolir; *to gulp back one's tears* engolir as lágrimas

gum [gʌm] *n* 1 ANAT gengiva 2 (*resina*) goma 3 cola 4 borracha 5 (guloseima) goma 6 pastilha elástica; *chewing gum* pastilha elástica ♦ *vt* colar ❖ *to be up a gum tree* estar numa situação difícil

gumboil ['gʌmbɔɪl] *n* (gengiva) abcesso

gumboot ['gʌmbu:t] *n* bota de borracha

gumption ['gʌmpʃən] *n col* bom senso

gun [gʌn] *n* 1 arma de fogo; pistola; *gun licence* licença de porte de arma 2 EUA *col* assassino 3 (lubrificação) pistola ❖ *to stick to one's guns* teimar

gunboat ['gʌnbəʊt] *n* MIL,NÁUT canhoneira

gunfight ['gʌnfaɪt] n tiroteio; luta armada
gunfighter ['gʌnfaɪtə] n atirador; guerrilheiro
gunfire ['gʌnfaɪə] n tiroteio
gunge [gʌndʒ] n col porcaria; imundície
gunman ['gʌnmən] n {pl -men} 1 bandido 2 atirador
gunner ['gʌnə] n MIL artilheiro
gunnery ['gʌnəri] n MIL artilharia
gunplay ['gʌnpleɪ] n (armas) disparos
gunpowder ['gʌnpaʊdə] n pólvora
gunrunner ['gʌn,rʌnə] n traficante de armas
gunrunning ['gʌn,rʌnɪŋ] n tráfico de armas
gunshot ['gʌnʃɒt] n tiro, disparo
gunsight ['gʌnsaɪt] n (arma) mira
gunsmith ['gʌn,smɪθ] n armeiro
gunstock ['gʌnstɒk] n (espingarda) coronha
gunwale ['gʌnəl] n NÁUT amurada
gurgle ['gɜːgl] vi 1 (água) borbulhar 2 gorgolejar ♦ n gorgolejo
guru ['guːruː] n guru
gush [gʌʃ] n {pl -es} 1 jorro {of, de]; a gush of blood um jorro de sangue 2 (emoções) efusão ♦ vi 1 brotar, jorrar; the water gushed out from the pipe a água jorrou da conduta 2 (emoções) babar-se fig; manifestar-se efusivamente [over/about, em relação a] ♦ vt jorrar; the wound gushed blood jorrava sangue da ferida
gushing ['gʌʃɪŋ] adj efusivo; exuberante
gusset ['gʌsɪt] n entretela
gust [gʌst] n 1 rajada {of, de]; gust of wind rajada de vento 2 fig (fúria) ataque ♦ vi (vento) soprar em rajadas ❖ gust of rain chuvada
gustation [gʌs'teɪʃən] n gustação
gustatory ['gʌstətəri] adj gustativo
gusto ['gʌstəʊ] n gosto; satisfação
gusty ['gʌsti] adj {comp -ier, superl -iest} 1 forte; tempestuoso 2 ventoso

gut [gʌt] n 1 ANAT intestino, tripa pop 2 col pança; beer gut pança de cerveja ♦ npl 1 fig entranhas 2 col coragem; to have the guts to do something ter a coragem para fazer algo ♦ adj col instintivo; gut reaction reação instintiva ♦ vt {pret e pp -tt-} 1 (animal) estripar 2 (fogo) destruir; the house was gutted in the fire a casa ficou destruída no incêndio ❖ I hate his guts não posso com ele; to work one's guts out matar-se a trabalhar
gutless ['gʌtləs] adj fraco; cobarde
gutsy ['gʌtsi] adj col corajoso; com garra
gutter ['gʌtə] n 1 valeta, sarjeta 2 caleira ❖ pej gutter press imprensa sensacionalista
guttural ['gʌtərəl] adj gutural
guy [gaɪ] n col tipo, indivíduo ♦ npl col pessoal; come on, guys vá lá, pessoal
Guyanese [,gaɪə'niːz] adj,n guianês
guzzle ['gʌzl] vt 1 col (comida) devorar 2 col (bebida) emborcar
guzzler ['gʌzlə] n devorador; fig this car is a gas guzzler este carro bebe gasolina
gym [dʒɪm] n 1 col ginásio 2 col ginástica
gymkhana [dʒɪm'kɑːnə] n gincana
gymnasium [dʒɪm'neɪzɪəm] n {pl -iums} ginásio
gymnast ['dʒɪmnæst] n ginasta
gymnastics [dʒɪm'næstɪks] n ginástica
gynaecological [,gaɪnɪkə'lɒdʒɪkəl] adj ginecológico
gynaecologist [,gaɪnɪ'kɒlədʒɪst] n ginecologista
gynaecology [,gaɪnɪ'kɒlədʒi] n ginecologia
gynoecium [,dʒaɪnɪ'sɪəm] n BOT gineceu
gyp [dʒɪp] n 1 cal problema 2 cal dor ♦ vt {pret e pp -pp-} cal aldrabar
gypsy ['dʒɪpsi] adj,n {pl -ies} cigano
gyrate [dʒaɪə'reɪt] vi girar
gyration [dʒaɪə'reɪʃən] n giro; rotação
gyratory ['dʒaɪərətəri] adj giratório

H

h [eɪtʃ] n {pl h's} (letra) h

haberdashery ['hæbədæʃəri] n loja de
miudezas

habit ['hæbɪt] n 1 hábito; *by/out of/from
habit* por hábito 2 (droga) dependência
3 REL hábito

habitable ['hæbɪtəbəl] adj habitável

habitat ['hæbɪtæt] n habitat

habit-forming ['hæbɪtfɔːmɪŋ] adj que cria
dependência

habitual [həˈbɪtʃuəl] adj 1 habitual; usual
2 (mau hábito) inveterado

habituate [həˈbɪtʃueɪt] vt form habituar
[to, a]

habitué [həˈbɪtʃueɪ] n frequentador habi
tual

hack [hæk] n 1 golpe; pancada 2 INFORM
pirataria informática 3 EUA col táxi 4 tosse
seca 5 pej jornalista medíocre ♦ vt 1 cor
tar, abrir; *they hacked their way through
the jungle* eles abriram o caminho pela
selva, *to hack something to pieces* cortar
algo aos pedaços 2 col suportar; *I can't
hack this anymore* eu não suporto mais
isto 3 INFORM (computador, ficheiro) entrar
ilegalmente em ♦ vi 1 cortar 2 INFORM
(computador, ficheiro) entrar ilegalmente;
to hack into a computer entrar ilegal
mente num computador

hacker ['hækə] n (Internet) pirata informá
tico, hacker

hacking ['hækɪŋ] adj (tosse) seco

hackles ['hæklz] n pl (aves) penugem do
pescoço; (animais) pelo no pescoço ❖ *to
get somebody's hackles up* enfurecer al
guém; *to make somebody's hackles rise*
pôr alguém com os cabelos em pé

hackneyed ['hæknɪd] adj pej banal; batido;
hackneyed expression cliché

hacksaw ['hæksɔː] n serra de arco (para
metais)

haematology [ˌhiːməˈtɒlədʒi] n GB hema
tologia

haematoma [ˌhiːməˈtəʊmə] n MED hema
toma

haemodialysis [ˌhiːməʊdaɪˈælɪsɪs] n MED
hemodiálise

haemoglobin [ˌhiːməʊˈɡləʊbɪn] n GB he
moglobina

haemophilia [ˌhiːməʊˈfɪliə] n GB hemofi
lia

haemophiliac [ˌhiːməʊˈfɪliæk] n,adj GB
hemofílico

haemorrhage ['hemərɪdʒ] n hemorragia ♦
vi ter uma hemorragia

haemorrhoids ['hemərɔɪdz] npl GB he
morroidas

hafnium ['hæfnɪəm] n QUIM (elemento quí
mico) háfnio

haft [hɑːft] n (ferramenta, faca, punhal, etc.)
cabo; (ferramenta) cabo ♦ vt pôr um cabo em; pôr
um punho em

hag [hæg] n pej bruxa, velha feia

haggard ['hægəd] adj macilento; abatido

haggle ['hægl] vi regatear; *to haggle
over/about the price* regatear o preço

haggler ['hæglə] n regateador

hagiography [ˌhægɪˈɒɡrəfi] n hagiografia

hail [heɪl] n 1 granizo, saraiva 2 fig chuva;
a hail of bullets uma chuva de balas ♦ vi
1 granizar, saraivar 2 ser originário
[from, de]; *she hailed from England* ela
era originária de Inglaterra ♦ vt 1 saudar,
aclamar; *they were hailed as heroes* eles
foram aclamados como heróis 2 chamar;
I hailed a taxi chamei um táxi ❖ REL *Hail
Mary* Ave-Maria

hailstone ['heɪlstəʊn] n pedra de granizo

hailstorm ['heɪlstɔːm] n saraivada

hair [heə] n 1 cabelo; *to have one's hair
cut* ir cortar o cabelo 2 (corpo) pelos; *hair
remover* depilatório 3 (animal) pelo ❖

keep your hair on mantém a calma; *to hang by a hair* estar por um fio

hairband ['heəbænd] *n* bandolete

hairbrush ['heəbrʌʃ] *n* {*pl* -es} escova de cabelo

haircloth ['heəklɒθ] *n* crinolina

haircut ['heəkʌt] *n* corte de cabelo; *to have a haircut* cortar o cabelo

hairdo ['heədu:] *n* {*pl* -s} *col* penteado

hairdresser ['heədresə] *n* (profissional) cabeleireiro ❖ (estabelecimento) *hairdresser's* cabeleireiro

hairdressing ['heədresɪŋ] *n* (atividade profissional) cabeleireiro

hairdryer ['heədraɪə] *n* secador de cabelo

hairgrip ['heəgrɪp] *n* gancho do cabelo

hairless ['heələs] *adj* 1 calvo 2 sem pelo

hairline ['heəlaɪn] *n* 1 raiz dos cabelos 2 linha fina

hairnet ['heənet] *n* rede para o cabelo

hairpiece ['heəpi:s] *n* (cabelo) postiço; peruca

hairpin ['heəpɪn] *n* gancho de cabelo ❖ *hairpin bend* curva fechada

hair-raising [ˌheəˈreɪzɪŋ] *adj* medonho; assustador

hair-splitting [heəˈsplɪtɪŋ] *adj* 1 (pormenor) subtil; mínimo 2 minucioso

hairspray ['heəspreɪ] *n* (cabelo) laca

hairstyle ['heəstaɪl] *n* penteado; corte de cabelo

hairstylist ['heəstaɪlɪst] *n* cabeleireiro

hairy [heəri] *adj* {*comp* -ier, *superl* -iest} 1 cabeludo, peludo 2 *col* assustador

Haiti ['heɪti] *n* Haiti

Haitian ['heɪʃən] *adj,n* haitiano

hake [heɪk] *n* (peixe) abrótea

half [hɑːf] *n* {*pl* halves} 1 metade; *a day and a half* um dia e meio 2 (jogo) parte 3 (ano escolar) semestre ♦ *adj* meio; *half a dozen* meia dúzia ♦ *adv* 1 meio; *half done* meio feito 2 metade; *he earns half as much as me* ele ganha metade do que eu ganho ❖ *better half* cara-metade; *half and half* metade de cada; (hotel) *half*

board meia-pensão; *to go halves on* pagar a meias

halfback ['hɑːfbæk] *n* (futebol) médio

half-baked ['hɑːfbeɪkd] *adj* 1 CUL meio cru 2 *col* mal concebido

half-breed ['hɑːfbriːd] *adj,n* 1 mestiço 2 híbrido

half-brother ['hɑːfbrʌðə] *n* meio-irmão

half-caste ['hɑːfkeɪst] *n,adj* mestiço

half-dead ['hɑːfded] *adj* (cansaço) meio--morto

half-hearted ['hɑːfˌhɑːtɪd] *adj* pouco entusiasmado; indiferente

half-mast ['hɑːfmɑːst] *n* (posição) meia haste; *at half-mast* a meia haste

halfpenny ['heɪpni] *n* {*pl* -pence, -pennies} *GB* meio cêntimo

half-sister ['hɑːfsɪstə] *n* meia-irmã

half-time ['hɑːftaɪm] *n* 1 (jogo) intervalo 2 (trabalho) meio tempo

half-tone ['hɑːftəʊn] *n* 1 MÚS meio-tom 2 (impressão) meio tom

half-truth ['hɑːftruːθ] *n* meia-verdade

halfway ['hɑːfweɪ] *adv* a meio caminho; a meio ♦ *adj* intermédio ❖ *to meet (somebody) halfway* chegar a um acordo

half-wit ['hɑːfwɪt] *n* pateta; idiota

half-witted ['hɑːfwɪtɪd] *adj* pateta; idiota

half-yearly ['hɑːfjɪəli] *adj* semestral; *half-yearly dividends* dividendos semestrais ♦ *adv* semestralmente

halitosis [ˌhælɪˈtəʊsɪs] *n* mau hálito

hall [hɔːl] *n* 1 entrada; vestíbulo 2 *EUA* corredor 3 (concertos, espetáculos) sala 4 (universidade) refeitório ❖ *hall stand* bengaleiro; *hall of residence* residência universitária

hallelujah [ˌhælɪˈluːjə] *interj,n* aleluia

hallmark ['hɔːlmɑːk] *n* 1 (ouro, prata, platina) contraste 2 marca de qualidade 3 imagem de marca; traço distintivo ♦ *vt* (ouro, prata, platina) gravar o contraste em

hallo [həˈləʊ] *interj GB* olá!

hallow ['hæləʊ] *vt* 1 santificar; consagrar 2 reverenciar

hand

hallowed ['hæləʊd] adj santo; sagrado

Halloween [,hæləʊ'i:n] n véspera do dia de Todos os Santos

Hallowe'en [,hæləʊ'i:n] n ⇒ Halloween

hallucinate [hə'lu:sɪneɪt] vi ter alucinações

hallucination [hə,lu:sɪ'neɪʃən] n alucinação

hallucinogen [,hælu:'sɪnədʒən] n alucinogénio

hallucinogenic [hæ,lu:sɪnə'dʒenɪk] adj alucinogénio

hallway ['hɔːlweɪ] n EUA entrada

halo ['heɪləʊ] n {pl -s, -es} auréola; halo

halogen ['hælədʒen] n halogéneo

halt [hɔːlt] n 1 paragem, pausa; severe flooding brought traffic to a halt as fortes inundações impediram o trânsito de circular; 10 minutes' halt paragem de 10 minutos 2 (comboios) apeadeiro ♦ vt 1 parar, deter; the police halted the demonstrators a polícia deteve os manifestantes 2 (processo) suspender, interromper ♦ vi parar, deter-se; the procession halted in front of the church a procissão parou à frente da igreja ❖ halt! pare!, to call a halt to pôr fim a; to come to a halt parar

halter ['hɔːltə] n (cavalo) cabresto

halterneck ['hɔːltənek] n vestido ou blusa feminina sem costas

halting ['hɔːltɪŋ] adj hesitante; indeciso

halve [hɑːv] vt 1 dividir a meio; partir a meio; he halved the apple ele partiu a maçã a meio 2 (despesas, tempo) reduzir a metade

ham [hæm] n 1 presunto; a ham sandwich uma sande de presunto; a slice of ham uma fatia de presunto 2 radioamador 3 pej (ator) canastrão; cabotino ♦ vt,i {pret e pp -mm-} TEAT exagerar; representar artificialmente

hamburger ['hæmbɜːgə] n hambúrguer

ham-fisted ['hæmfɪstɪd] adj desajeitado

ham-handed ['hæmhændɪd] adj EUA ⇒ ham-fisted

hamlet ['hæmlɪt] n aldeia, terriola

hammer ['hæmə] n 1 martelo 2 (piano) martelo 3 (arma) cão 4 DESP martelo ♦ vt 1 martelar; pregar; to hammer a nail pregar um prego 2 col,fig (derrotar) esmagar; we hammered the other team esmagámos a outra equipa 3 col,fig (criticar) atacar fortemente ♦ vi 1 martelar 2 bater insistentemente [at, a]; the police hammered at the door os polícias bateram à porta com força ❖ let's go at it hammer and tongs vamos a isso com unhas e dentes; the hammer and the sickle o martelo e a foice; to hammer one's point home insistir muito, to come under the hammer ser leiloado

◆ hammer away vi trabalhar com afinco; trabalhar arduamente [at, em]

◆ hammer in vt enfiar à martelada

◆ hammer out vt 1 trabalhar com o martelo 2 (acordo) chegar a; negociar

hammering ['hæmərɪŋ] n 1 ruído do martelo 2 batimento 3 fig,col (derrota, crítica violenta) tareia fig; coça fig; to take a hammering apanhar uma tareia fig

hammock ['hæmək] n cama de rede

hamper ['hæmpə] vt dificultar, entravar; the search was hampered by the rain a chuva dificultou a busca ♦ n cesto, cabaz; a picnic hamper um cesto de piquenique

hamster ['hæmstə] n hamster

hamstring ['hæmstrɪŋ] n ANAT tendão do jarrete ♦ vt {pret e pp -strung} limitar; paralisar; neutralizar; the government is hamstrung by lack of funds o governo está limitado pela falta de fundos

hand [hænd] n 1 ANAT mão; hand in hand de mãos dadas; to hold hands dar as mãos 2 (relógio) ponteiro 3 (cartas) jogo, mão; to have a good hand ter um bom jogo; to show one's hand mostrar o jogo 4 (cartas) partida; to play a hand of bridge jogar uma partida de bridge 5 (medida) palmo 6 ajuda; give/lend me a hand with this table dá-me uma ajuda com esta mesa; I need a hand preciso de uma ajuda 7 (controlo) mão *fig*; *the country is in the hands of the rebels* o país está nas mãos dos rebeldes; *this child needs a firm hand* esta criança precisa de um pulso firme; *to get out of hand* descontrolar-se 8 (influência) dedo *fig*; *I think she had a hand in this* eu acho que isto tem o dedo dela 9 aplauso; *let's give him a big hand* vamos recebê-lo com um grande aplauso ♦ *vt* passar; *will you hand me the salad?* passas-me a salada? ❖ *hands off!* tira as patas!; *hands up!* mãos ao ar!; *at first hand* em primeira mão; *Christmas is at hand* o Natal está a chegar; *from hand to hand* de mão em mão; *I know the city like the back of my hand* eu conheço a cidade como as palmas das minhas mãos; *on my right/left hand* à minha direita/esquerda; *on one's hands and knees* de gatas; *on the one hand... on the other hand* por um lado... por outro lado; *the package was delivered by hand* o pacote foi entregue em mão; *they are hand in glove* eles são unha com carne; *to ask for someone's hand in marriage* pedir a mão de alguém em casamento; *to be in good hands* estar em boas mãos; *to have a situation well in hand* ter uma situação sob controlo; *to have one's hands full* estar muito ocupado; *to have one's hands tied* estar de mãos atadas

♦ **hand around/round** *vt* 1 oferecer; passar 2 fazer circular

♦ **hand back** *vt* devolver

♦ **hand down** *vt* transmitir; passar de uma geração para a outra

♦ **hand in** *vt* entregar; apresentar; *to hand in one's resignation* apresentar a demissão

♦ **hand on** *vt* 1 passar; dar 2 transmitir

♦ **hand out** *vt* 1 distribuir 2 (conselho) dar 3 (castigo) aplicar

♦ **hand over** *vt* 1 entregar 2 transmitir 3 ceder

handbag ['hændbæg] *n* mala de senhora; carteira

handball ['hændbɔːl] *n* andebol

handbell ['hændbel] *n* sineta; campainha

handbill ['hændbɪl] *n* prospeto

handbook ['hændbʊk] *n* 1 manual 2 guia

handbrake ['hændbreɪk] *n* (automóvel) travão de mão

handcart ['hændkɑːt] *n* carreta, carrinho de mão

handcuff ['hændkʌf] *vt* algemar

handcuffs ['hændkʌfs] *npl* algemas

handful ['hændful] *n* 1 mão-cheia [of, de]; punhado [of, de] 2 *fig* meia dúzia [of, de] ❖ (pessoas, coisas) *to be a handful* não dar um minuto de descanso

handicap ['hændɪkæp] *n* 1 MED deficiência; *mental handicap* deficiência mental; *physical handicap* deficiência física 2 impedimento, obstáculo; desvantagem 3 (corrida) desvantagem; *he has a handicap of 100 metres* ele tem uma desvantagem de 100 metros ♦ *vt* {*pret e pp* -pp-} 1 prejudicar; colocar em desvantagem 2 impedir, embaraçar

handicapped ['hændɪkæpt] *adj* 1 MED deficiente 2 desfavorecido ♦ *npl the handicapped* as pessoas com deficiência(s)

handicraft ['hændɪkrɑːft] *n* 1 artesanato 2 peça de artesanato 3 (escola) trabalhos manuais

handiwork ['hændɪwɜːk] *n* 1 trabalho manual 2 obra

handkerchief ['hæŋkətʃɪf] *n* {*pl* -s, -ves} lenço de mão

handle ['hændl] *n* 1 manivela 2 maçaneta; *door handle* maçaneta da porta 3 (cesto, balde) asa 4 (vassoura, faca, espada) cabo ♦ *vt* 1 tocar em; mexer em 2 manusear; *handle with care* manusear com cuidado 3 lidar com; resolver; *he handled the situation very well* ele resolveu a situação muito bem 4 tratar de; *she handles the company's accounts* ela trata da contabilidade da empresa 5 vender; negociar em ♦

vi (carro, barco) responder, reagir; *the car handles well, even in rough weather* o carro responde bem, mesmo com mau tempo ❖ *handle with care* frágil; *to fly off the handle* perder as estribeiras; *to get a handle on someone/something* começar a entender alguém/algo

handlebar ['hændlbɑː] n (bicicleta, mota) guiador

handlebars ['hændlbɑːz] n pl (bicicleta, mota) guiador

handler ['hændlə] n 1 treinador; tratador 2 transportador

handling ['hændlɪŋ] n 1 abordagem; tratamento 2 manuseamento 3 COM embalagem e transporte 4 toque

handmade ['hændmeɪd] adj feito à mão

handout ['hændaʊt] n 1 folheto 2 (aula, conferência) material de apoio 3 (imprensa) comunicado 4 esmola

handover ['hændəʊvə] n (poder, responsabilidade, etc.) transferência

handpicked ['hændpɪkd] adj (fruta, legumes) apanhado à mão

handrail ['hændreɪl] n corrimão

handsaw ['hændsɔː] n serrote

handset ['hændset] n (telefone) auscultador

handshake ['hændʃeɪk] n aperto de mão

handsome ['hænsəm] adj 1 (pessoa) atraente 2 (objeto, edifício) bonito 3 generoso; chorudo 4 esplêndido

hands-on ['hændzɒn] adj (experiência, ensino) prático

handstand ['hændstænd] n DESP pino

hand-to-hand [ˌhændtəˈhænd] adj,adv corpo a corpo

handwriting ['hændraɪtɪŋ] n caligrafia

handwritten ['hændrɪtn] adj manuscrito

handy ['hændi] adj (comp -ier, superl -iest) 1 col hábil [with, com] 2 prático; útil 3 à mão, perto ❖ *to come in handy* dar jeito

handyman ['hændɪmæn] n habilidoso; faz-tudo

hang [hæŋ] vt (pret e pp hung) 1 pendurar; suspender; *to hang a painting* pendurar

um quadro 2 enforcar 3 (parede) aplicar, colocar; *to hang wallpaper* colocar papel de parede ◆ vi 1 estar suspenso; estar pendurado 2 ser enforcado; *he hung for his crime* foi enforcado pelo crime 3 depender [on, de] ❖ *to hang by a thread* estar por um fio; *to get the hang of* ajeitar-se a

◆ **hang back** vi 1 ficar para trás 2 hesitar

◆ **hang in** vi col aguentar-se; *hang in there!* força!

◆ **hang on** vi 1 agarrar-se; *hang on to the handrail* agarra-te ao corrimão 2 esperar; *hang on for ten minutes* espera dez minutos 3 aguentar; sobreviver

◆ **hang onto** vt 1 agarrar; segurar; *she hung onto her purse* ela segurou a carteira 2 não esquecer; reter na memória; *she hangs onto the past* ela não esquece o passado

◆ **hang out** vt 1 andar por; *he usually hangs out near the beach* ele costuma andar pelos lados da praia 2 estender; pendurar; *she was hanging out the washing* ela estava a estender a roupa

◆ **hang together** vi 1 manter-se unido 2 ser coerente; *the story didn't hang together* a história não era coerente

◆ **hang up** vt,i (telefone) desligar; *she hung up the phone* ela desligou o telefone

hangar ['hæŋə] n hangar

hangdog ['hæŋdɒg] adj (expressão) envergonhado

hanger ['hæŋə] n cabide

hanger-on [ˌhæŋərˈɒn] n (pl hangers-on) parasita fig

hang-glide ['hæŋglaɪd] vi DESP praticar asa-delta

hang-glider ['hæŋglaɪdə] n (aparelho) asa-delta

hang-gliding ['hæŋglaɪdɪŋ] n (atividade) asa-delta

hanging ['hæŋɪŋ] *n* 1 enforcamento 2 tapeçaria (de parede) ♦ *adj* 1 punível com enforcamento 2 suspenso; pendente

hangman ['hæŋmən] *n* {*pl* -men} 1 carrasco 2 (jogo) forca

hangout ['hæŋaʊt] *n col* poiso; lugar predileto

hangover ['hæŋəʊvə] *n* 1 ressaca 2 vestígio [from, de]

hang-up ['hæŋʌp] *n* 1 *col* complexo 2 *col* problema

hank [hæŋk] *n* meada

hanker ['hæŋkə] *vi* desejar, ansiar [for/after, -]

haphazard [hæp'hæzəd] *adj* desorganizado

haphazardly [hæp'hæzədli] *adv* à sorte; ao acaso

happen ['hæpən] *vi* acontecer; ocorrer; *something has happened to my sister* aconteceu alguma coisa à minha irmã ❖ *as it happens* ao que parece; *if anything should happen to me* se alguma coisa me acontecer; *I happened to meet him* encontrei-o por acaso; *it happens to be true* acontece que é verdade; *whatever happens* haja o que houver

happening ['hæpənɪŋ] *n* acontecimento; evento

happily ['hæpɪli] *adv* felizmente ❖ *and they lived happily ever after* e viveram felizes para sempre

happiness ['hæpɪnɪs] *n* felicidade

happy ['hæpi] *adj* {*comp* -ier, *superl* -iest} 1 feliz 2 satisfeito; contente; *to be happy to* ter prazer/gosto em

hara-kiri [ˌhærə'kɪri] *n* haraquíri

harangue [hə'ræŋ] *n* arenga ♦ *vt* arengar

harass [hə'ræs] *vt* 1 assediar 2 importunar

harassment [hə'ræsmənt] *n* 1 assédio; perseguição 2 tensão; pressão

harbinger ['hɑːbɪndʒə] *n* 1 emissário; precursor 2 prenúncio; presságio

harbour ['hɑːbə] *n* 1 NÁUT porto; *artificial harbour* porto artificial 2 *fig* refúgio ♦ *vt* 1 abrigar 2 esconder; *the criminal was harboured by his friends* o criminoso foi escondido pelos amigos 3 acalentar; nutrir; *to harbour a grudge against someone* guardar rancor contra alguém

hard [hɑːd] *adj* 1 sólido; duro 2 difícil 3 severo [on, com] 4 prejudicial [on, a] 5 (tempo) desagradável ♦ *adv* 1 duramente 2 bruscamente ❖ INFORM *hard disk* disco rígido; *hard drugs* drogas duras; *hard luck!* pouca sorte!

hardback ['hɑːdbæk] *n* livro de capa dura

hardball ['hɑːdbɔːl] *n* EUA DESP basebol ❖ *to play hardball* fazer jogo duro

hard-bitten [ˌhɑːd'bɪtən] *adj* 1 duro; tenaz 2 calejado; experiente

hard-boiled [ˌhɑːd'bɔɪld] *adj* 1 (alimento, ovo) cozido 2 (pessoa) duro; insensível

hardcopy ['hɑːdkɒpi] *n* cópia em papel; *hardcopy dictionaries* dicionários em papel

hardcover ['hɑːdkʌvə] *n* livro de capa dura

harden ['hɑːdn] *vt,i* 1 endurecer; enrijecer 2 (metal) temperar 3 solidificar; firmar 4 fixar; estabilizar; *oil prices hardened* o preço do petróleo estabilizou

hardened ['hɑːdənd] *adj* 1 (metal) temperado 2 inveterado

hard-hearted [ˌhɑːd'hɑːtɪd] *adj* insensível, impiedoso, empedernido

hardly ['hɑːdli] *adv* 1 dificilmente 2 mal 3 quase nunca; *I hardly see him* quase nunca o vejo 4 com dureza; *he was hardly treated* trataram-no com dureza ❖ *hardly anyone* quase ninguém

hardness ['hɑːdnɪs] *n* 1 dureza 2 severidade 3 dificuldade

hardship ['hɑːdʃɪp] *n* dificuldade; provação

hardware ['hɑːdweə] *n* 1 INFORM hardware 2 ferragens; ferramentas

hardwired ['hɑːdwaɪəd] *adj* INFORM ligado por cabo

hard-working ['hɑːdˌwɜːkɪŋ] *adj* trabalhador; aplicado

hardy ['hɑːdi] *adj* {*comp* -ier, *superl* -iest} **1** robusto, forte **2** (planta) resistente **3** corajoso; intrépido

hare [heə] *n* lebre

harebrained ['heəbreɪnd] *adj* (ideia) disparatado, insensato

harem ['heərəm] *n* harém

haricot ['hærɪkəʊ] *n* feijão

harlequin ['hɑːlɪkwɪn] *n* arlequim

harlot ['hɑːlət] *n lit,ant* meretriz; prostituta

harm [hɑːm] *n* mal; malefício; prejuízo; dano; *he meant no harm* ele não fez isso por mal; *little harm will come of that* isso não fará grande mal; *no harm done* não houve qualquer problema; *physical harm* dano físico ♦ *vt* **1** magoar **2** fazer mal a; prejudicar ❖ *to be out of harm's way* estar a salvo

harmful ['hɑːmfʊl] *adj* prejudicial, nocivo

harmless ['hɑːmləs] *adj* inofensivo

harmonic [hɑːˈmɒnɪk] *adj* harmónico

harmonica [hɑːˈmɒnɪkə] *n* MÚS harmónica

harmonious [hɑːˈməʊnɪəs] *adj* harmonioso

harmonium [hɑːˈməʊnɪəm] *n* MÚS harmónio

harmonization [ˌhɑːmənaɪˈzeɪʃən] *n* harmonização

harmonize ['hɑːmənaɪz] *vt* harmonizar ♦ *vi* harmonizar-se {**with**, com}

harmony ['hɑːməni] *n* {*pl* -ies} harmonia

harness ['hɑːnɪs] *n* **1** arreio; *to put the harness round the horse's head* pôr o arreio na cabeça do cavalo **2** arnês **3** cinto; correia ♦ *vt* **1** arrear, aparelhar; *to harness the horse* aparelhar o cavalo **2** explorar; aproveitar; rentabilizar; *to harness natural resources* explorar os recursos naturais ❖ *to be in harness* estar em atividade; *to be out of harness* estar reformado; *to work in harness with each other* cooperar

harp [hɑːp] *n* MÚS harpa ♦ *vi* tocar harpa ❖ *to harp on about something* estar sempre a bater na mesma tecla

harpist ['hɑːpɪst] *n* harpista

harpoon [hɑːˈpuːn] *n* arpão ♦ *vt* arpoar

harpsichord ['hɑːpsɪkɔːd] *n* MÚS cravo

harpsichordist ['hɑːpsɪkɔːdɪst] *n* MÚS cravista

harquebus ['hɑːkwɪbəs] *n* {*pl* -es} arcabuz

harrow ['hærəʊ] *vt* **1** AGR gradar; arar; lavrar; *to harrow the soil* lavrar o solo **2** *fig* atormentar, aborrecer ♦ *n* arado; charrua

harrowing ['hærəʊɪŋ] *adj* lancinante, dilacerante

harry ['hæri] *vt* maltratar; oprimir

harsh [hɑːʃ] *adj* **1** (voz, som) estridente **2** (palavra, castigo) duro **3** (cor) vivo

harshly ['hɑːʃli] *adv* **1** de modo desagradável **2** com severidade

harshness ['hɑːʃnɪs] *n* **1** (som) estridência **2** (textura) aspereza **3** (palavras, tratamento) severidade **4** (clima) rigor

hart [hɑːt] *n* ZOOL (com mais de 6 anos) veado

harvest ['hɑːvɪst] *n* **1** colheita; apanha; (uvas) vindima; *harvest time* época das colheitas **2** ceifa, sega **3** *fig* resultado ♦ *vt* **1** (colheita) colher **2** ceifar; segar **3** *fig* angariar; *they were harvesting new associates* eles estavam a angariar mais sócios ❖ *to reap the harvest* colher o que se semeou

harvester ['hɑːvɪstə] *n* **1** ceifeiro **2** (máquina) ceifeira

harvesting ['hɑːvɪstɪŋ] *n* colheita

has [hæz] *3ª pessoa singular presente indicativo de* to have

has-been ['hæzbiːn] *n pej* pessoa acabada; velha glória

hash [hæʃ] *n* {*pl* -es} **1** CUL fricassé de carne e legumes **2** *fig* confusão; *to make a hash of something* baralhar tudo **3** *col* (droga) haxixe; *to smoke hash* fumar haxixe ♦ *vt* CUL fazer picado de

hashish ['hæʃɪʃ] n haxixe

hasp [hæsp] n 1 (portas, janelas) fecho 2 anel de cadeado ♦ vt (ferrolho) fechar

hassium ['hæsɪəm] n QUÍM (elemento químico) hássio

hassle ['hæsəl] n confusão; complicação ♦ vt 1 molestar 2 col chatear ♦ vi discutir

hassock ['hæsək] n 1 almofada pequena (para ajoelhar na igreja) 2 tufo de relva

haste [heɪst] n pressa; precipitação; make haste! despachem-se!

hasten ['heɪsn] vt apressar; acelerar ♦ vi 1 apressar-se [to, a]; he hastened to call me ele apressou-se a telefonar-me 2 ir depressa

hastily ['heɪstɪli] adv 1 apressadamente 2 precipitadamente

hastiness ['heɪstɪnɪs] n pressa; precipitação

hasty ['heɪsti] adj {comp -ier, superl -iest} 1 apressado; rápido 2 precipitado; irrefletido

hat [hæt] n chapéu

hatband ['hætbænd] n fita de chapéu

hatch [hætʃ] n {pl -es} 1 incubação 2 NÁUT, AER escotilha; under hatches no porão 3 comporta ♦ vi sair da casca ♦ vt 1 (galinha) chocar 2 tramar; arquitetar; to hatch a plan arquitetar um plano

hatchery ['hætʃəri] n {pl -ies} 1 (aves) incubadora 2 (peixes) viveiro

hatchet ['hætʃɪt] n machado

hatching ['hætʃɪŋ] n (aves) choco

hatchway ['hætʃweɪ] n NÁUT escotilha

hate [heɪt] n ódio; full of hate cheio de ódio ♦ vt odiar, detestar ❖ I hate to say it lamento dizê-lo

hateful ['heɪtfʊl] adj detestável

hatpin ['hætpɪn] n alfinete de chapéu

hatred ['heɪtrɪd] n ódio [of, a]

hatstand ['hætstænd] n bengaleiro para chapéus

hatter ['hætə] n chapeleiro ❖ hatter's chapelaria

haughtiness ['hɔːtɪnɪs] n altivez; arrogância

haughty ['hɔːti] adj {comp -ier, superl -iest} altivo; arrogante

haul [hɔːl] n 1 arrasto 2 (distância) puxão 3 pescaria 4 (roubo) pilhagem ♦ vt 1 arrastar; puxar; fishermen hauled the boat to the beach os pescadores puxaram o barco para a praia 2 rebocar

◆ haul down vt arriar

◆ haul up vt 1 (bandeira, vela) içar 2 levar a tribunal

haulage ['hɔːlɪdʒ] n transporte; camionagem ❖ haulage company transportadora

haunch [hɔːntʃ] n {pl -es} anca; quadril

haunt [hɔːnt] vt 1 (fantasma) assombrar 2 perseguir, obcecar, atormentar; the idea of leaving haunted her a ideia de partir atormentava-a ♦ n 1 lugar preferido 2 esconderijo

haunted ['hɔːntɪd] adj 1 assombrado; encantado 2 (expressão) perturbado

Havana [hə'vænə] n charuto de Havana

have [hæv] vt {pret e pp had} 1 ter 2 comer, beber 3 (banho, refeição) tomar 4 agarrar; he had her by the arm agarrou-a pelo braço 5 (visitas, notícias) receber 6 (operação, tratamento) fazer 7 permitir; tolerar ❖ to have a bad time passar um mau bocado; have a good time! diverte-te!

◆ have back vt receber/aceitar de volta; I still haven't had my book back ainda não recebi o meu livro de volta

◆ have on vt 1 trazer vestido; she had her new trousers on ela estava com as calças novas 2 deixar ligado; she had the television on all night deixou a televisão ligada a noite toda 3 enganar; he had her on with his story ele enganou-a com a história dele 4 instalar; I have the new computer on instalei o computador novo

haven ['heɪvn] n 1 porto 2 abrigo; refúgio

haversack ['hævəsæk] n mochila

havoc ['hævək] n estragos; destruição

haw [hɔː] n (espinheiro) baga

Hawaii [həˈwaɪɪ] n Havai

Hawaiian [həˈwaɪən] adj,n havaiano

hawk [hɔːk] n ZOOL falcão ♦ vt vender na rua; apregoar ✣ *hawk nose* nariz aquilino; *to watch someone like a hawk* observar alguém atentamente

hawser [ˈhɔːzə] n amarra

hawthorn [ˈhɔːθɔːn] n espinheiro-bravo

hay [heɪ] n feno ✣ *to hit the hay* ir para a cama; deitar-se

haystack [ˈheɪstæk] n meda (de feno) ✣ *to look for a needle in a haystack* procurar uma agulha no palheiro

haywire [ˈheɪwaɪə] adj 1 col confuso 2 col louco ✣ *to go haywire* ficar maluco

hazard [ˈhæzəd] n 1 risco, perigo; *at all hazards* custe o que custar; *at the hazard of* com risco de; *to run the hazard of* correr o risco de 2 azar; *hazard games* jogos de azar ♦ vt 1 arriscar 2 pôr em perigo; pôr em risco; *you're hazarding the whole operation* estás a pôr em perigo toda a operação

hazardous [ˈhæzədəs] adj perigoso [to/for, para]

haze [heɪz] n 1 bruma, neblina; nuvem; *a haze of smoke* uma nuvem de fumo 2 imprecisão; incerteza ♦ vt 1 enevoar 2 ofuscar; toldar; *smoke hazed the atmosphere* o fumo toldou a atmosfera ✣ *to be in a haze* ter a cabeça a andar à roda

hazel [ˈheɪzəl] n 1 (árvore) aveleira 2 (fruto) avelã ♦ adj,n cor de avelã

hazelnut [ˈheɪzlnʌt] n avelã

hazy [ˈheɪzɪ] adj [comp -ier, superl -iest] 1 nebuloso, enevoado 2 vago 3 (cor) difuso

he [hiː] pron pess 1 (pessoa, animal) ele 2 aquele; quem ♦ n (pessoa) rapaz; (animal) macho

head [hed] n 1 cabeça 2 chefe; diretor; responsável; *head of the department* chefe do departamento 3 cabecilha; *head of the gang* cabecilha do bando 4 topo; ponta; cabeceira; *head of the table* cabeceira da mesa; *head of the stairs* topo das escadas 5 título; cabeçalho; *the head for the newspaper* o cabeçalho do jornal 6 (água) jato; *head of steam* jato de vapor ♦ vt 1 dirigir; mandar; gerir; *he heads several enterprises* ele gere várias empresas 2 DESP cabecear; *the footballer headed the ball and scored* o futebolista cabeceou a bola e marcou golo ♦ vi dirigir-se [for, a/para]; *where are you heading?* para onde vai? ✣ *head boy* representante dos alunos; *head of cattle* cabeça de gado; *head office* escritório central; *heads or tails* cara ou coroa; *champagne has gone to my head* o champanhe já me subiu à cabeça; *from head to foot* da cabeça aos pés; *to be head over heels in love* estar perdido de amores; *to be off one's head* estar fora de si; *to have a head start on other people* levar vantagem sobre outras pessoas; *to keep one's head* manter a cabeça fria; *to keep one's head above water* manter-se livre de dívidas; *to take the head* tomar a dianteira

headache [ˈhedeɪk] n dor de cabeça

headband [ˈhedbænd] n fita para a cabeça; banda de cabeça

headed [ˈhedɪd] adj timbrado

header [ˈhedə] n 1 mergulho de cabeça 2 (futebol) cabeçada 3 (página) cabeçalho

heading [ˈhedɪŋ] n título, cabeçalho

headlamp [ˈhedlæmp] n ⇒ **headlight**

headland [ˈhedlənd] n cabo, promontório

headless [ˈhedləs] adj 1 decapitado, sem cabeça 2 fig desgovernado

headlight [ˈhedlaɪt] n (veículo) farol dianteiro

headline [ˈhedlaɪn] n cabeçalho

headlong [ˈhedlɒŋ] adv,adj 1 de cabeça 2 impensado

headman [ˈhedmən] n [pl -men] chefe; diretor

headmaster [ˌhedˈmɑːstə] n diretor de escola

head-on [ˌhedˈɒn] *adj* (colisão, oposição) frontal ♦ *adv* de frente, frontalmente

headphones [ˈhedfəʊnz] *npl* auscultadores

headquarters [ˈhedˌkwɔːtə] *npl* 1 sede 2 MIL quartel-general

headrest [ˈhedrest] *n* apoio para a cabeça

headship [ˈhedʃɪp] *n* chefia; direção

headstand [ˈhedstænd] *n* DESP pino

headstone [ˈhedstəʊn] *n* (sepultura) lápide

headstrong [ˈhedstrɒŋ] *adj* teimoso; obstinado

headway [ˈhedweɪ] *n* progresso

headword [ˈhedwɜːd] *n* (dicionário) entrada

heady [ˈhedi] *adj* {*comp* -ier, *superl* -iest} (bebida alcoólica) forte

heal [hiːl] *vt,i* 1 curar, sarar 2 cicatrizar ❖ *time heals all sorrows* o tempo tudo cura

healer [ˈhiːlə] *n* curandeiro

healing [ˈhiːlɪŋ] *n* 1 cura 2 cicatrização ♦ *adj* curativo; cicatrizante

health [helθ] *n* 1 saúde 2 (brinde) saúde; *your health!* à sua saúde! ❖ *health centre* centro de saúde; *health food* alimentos naturais

healthy [ˈhelθi] *adj* {*comp* -ier, *superl* -iest} 1 saudável; são 2 (quantidade, valor) substancial 3 (conversa, debate) franco ❖ *healthy as a horse* são como um pero

heap [hiːp] *n* monte, pilha; *a heap of books* uma pilha de livros; *fig,col I've got heaps of time* tenho montes de tempo ♦ *vt* amontoar; empilhar; *they heaped the books in several piles* eles empilharam os livros em vários montes

hear [hɪə] *vt* {*pret e pp* heard} 1 ouvir 2 ouvir dizer; *I heard he's got a new job* ouvi dizer que ele tem um emprego novo ♦ *vi* ouvir ❖ *hear, hear!* apoiado!; *I won't hear of it!* nem pensar!

♦ **hear from** *vt* ter notícias de

♦ **hear out** *vt* ouvir até ao fim; *the students heard the teacher out* os alunos ouviram a professora até ao fim

hearer [ˈhɪərə] *n* ouvinte

hearing [ˈhɪərɪŋ] *n* 1 (sentido) audição 2 DIR audiência ❖ *hearing aid* prótese auditiva

hearsay [ˈhɪəseɪ] *n* boato, rumor

hearse [hɜːs] *n* carro fúnebre

heart [hɑːt] *n* 1 coração 2 seio, centro 3 coragem; ânimo ♦ *npl* (cartas) copas ❖ *at heart* no íntimo; *by heart* de cor; *cross my heart and hope to die* juro!

heartache [ˈhɑːteɪk] *n* desgosto

heartbeat [ˈhɑːtbiːt] *n* batimento cardíaco

heartbreak [ˈhɑːtbreɪk] *n* desgosto de amor

heartbreaking [ˈhɑːtbreɪkɪŋ] *adj* de cortar o coração

heartbroken [ˈhɑːtbrəʊkən] *adj* desgostoso; inconsolável

heartburn [ˈhɑːtbɜːn] *n* azia

hearten [ˈhɑːtn] *vt* animar; encorajar; incitar

heartening [ˈhɑːtnɪŋ] *adj* encorajador, animador

heartfelt [ˈhɑːtfelt] *adj* sincero; fervoroso

hearth [hɑːθ] *n* lareira

heartless [ˈhɑːtləs] *adj* cruel; desumano

heart-rending [ˈhɑːtrendɪŋ] *adj* comovente

heartsome [ˈhɑːtsəm] *adj* alegre, jovial; *heartsome laughters* gargalhadas joviais

heart-to-heart [ˌhɑːttəˈhɑːt] *n* conversa franca/íntima ♦ *adj* franco; íntimo

hearty [ˈhɑːti] *adj* {*comp* -ier, *superl* -iest} 1 (gesto, receção) caloroso 2 (pessoa, comportamento) alegre 3 (refeição) abundante

heat [hiːt] *n* 1 calor 2 ardor; veemência 3 ZOOL cio 4 DESP eliminatória; *he won the second heat* ele venceu a segunda eliminatória ♦ *vt,i* aquecer ❖ *to get into a heat* enfurecer-se

♦ **heat up** *vt,i* aquecer

heated [ˈhiːtɪd] *adj* 1 aquecido; com aquecimento 2 (comida) requentado 3 (discussão) aceso, acalorado

heater ['hi:tə] *n* aquecedor; radiador

heath [hi:θ] *n* charneca; tojal

heathen ['hi:ðən] *adj,n* pagão

heather ['heðə] *n* urze

heating ['hi:tɪŋ] *n* aquecimento

heatstroke ['hi:tstrəʊk] *n* insolação

heatwave ['hi:tweɪv] *n* vaga de calor

heave [hi:v] *vt* 1 (com esforço) puxar, arrastar; *to heave the sofa* arrastar o sofá 2 arremessar ♦ *vi* 1 palpitar, agitar-se 2 (ombros) encolher; *to heave the shoulders* encolher os ombros 3 ter vómitos; *that makes my stomach heave* isso dá-me voltas ao estômago ♦ *n* 1 puxão 2 náusea; vómito 3 palpitação; fluxo e refluxo, *the heave of the sea* o fluxo e o refluxo do mar ❖ *to heave a sigh of relief* suspirar de alívio

heaven ['hevn] *n* 1 céu 2 *fig* paraíso ❖ *good heavens!* meu Deus!; *thank heavens!* graças a Deus!

heavenly ['hevənli] *adj* 1 celeste, celestial 2 *fig* divinal ♦ *adv* divinalmente

heaviness ['hevɪnɪs] *n* 1 peso 2 tristeza

heavy ['hevi] *adj* (*comp* -ier, *superl* -iest) 1 pesado 2 (ambiente, temperatura) opressivo 3 (expressão) triste 4 (chuva, fogo) intenso 5 (tarefa, trabalho) árduo 6 (constituição) sólido

Hebraic [hi:'breɪk] *adj* hebraico

Hebrew ['hi:bru:] *n* hebreu ♦ *adj* hebraico

heck [hek] *n col* *what the heck are you doing?* que diabo estás a fazer? ♦ *interj col* bolas!

heckle ['hekl] *vt* interromper com gritos

hectare ['hekta:] *n* (medida) hectare

hectic ['hektɪk] *adj* frenético

hectogram ['hektəgræm] *n* (medida) hectograma

hectolitre ['hektəli:tə] *n* (medida) hectolitro

hector ['hektə] *vt,i* 1 intimidar 2 tiranizar

hedge [hedʒ] *n* 1 sebe 2 *fig* barreira; proteção ♦ *vt* 1 cercar com sebes 2 esconder; encobrir ♦ *vi* 1 proteger-se [against, de] 2 esquivar-se [on, a]; *to hedge on a question* esquivar-se a uma pergunta ❖ *hedge clippers* tesouras de podar; *col to hedge your bets* dar uma no cravo e outra na ferradura

hedgehog ['hedʒhɒg] *n* ouriço-cacheiro

hedgerow ['hedʒrəʊ] *n* sebe viva

hedonism ['hi:dənɪzəm] *n* hedonismo

hedonist ['hi:dənɪst] *n* hedonista

hedonistic [hi:də'nɪstɪk] *adj* hedonista

heed [hi:d] *n* cuidado; atenção; *pay heed to my advice* toma atenção aos meus conselhos ♦ *vt* estar atento a; prestar ouvidos a; *to heed someone* prestar ouvidos a alguém

heedless ['hi:dləs] *adj* desatento; descuidado

heehaw ['hi:hɔ:] *n* 1 zurro 2 *col* gargalhada

heel [hi:l] *n* 1 calcanhar 2 (calçado) salto; tacão

hegemony [hi'gemənɪ] *n* {*pl* -ies} hegemonia; supremacia

heifer ['hefə] *n* vitela; novilho

height [haɪt] *n* 1 altura; *what height are you?* quanto medes? 2 altitude 3 estatura; *average height* estatura média 4 auge [of, de] 5 intensidade; dimensão

heighten ['haɪtn] *vt* 1 aumentar; intensificar 2 realçar

heightening ['haɪtnɪŋ] *n* aumento; intensificação

heinous ['heɪnəs] *adj* atroz; horrendo

heir [eə] *n* 1 herdeiro [to, de] 2 sucessor [to, de]

heirdom ['eədəm] *n* 1 herança 2 DIR direito de herança

heiress ['eərɪs] *n* herdeira [to, de]

heirloom ['eəlu:m] *n* 1 joia de família *fig* 2 DIR herança

held [held] *pret e pp de* to hold

helicoidal [helɪ'kɔɪdəl] *adj* helicoidal

helicopter ['helɪkɒptə] *n* helicóptero

heliocentric [hi:lɪəʊ'sentrɪk] *adj* ASTRON heliocêntrico

heliport ['helɪpɔ:t] *n* heliporto

helium ['hi:lɪəm] *n* hélio

helix ['hi:lɪks] *n* {*pl* helixes, helices} 1 ANAT (ouvido) hélice 2 ARQ voluta

hell [hel] *n* inferno ❖ *a hell of a noise* um barulho dos diabos; *to go through hell on earth* comer o pão que o diabo amassou

Hellenic [he'li:nɪk] *adj* helénico

hellish ['helɪʃ] *adj* infernal

hello [he'ləʊ] *interj* 1 olá! 2 (telefone) está?, está lá?

helm ['helm] *n* 1 NÁUT leme 2 *fig* governo; direção ♦ *vt* dirigir, governar ❖ *to be at the helm* ter as rédeas do poder; *to take the helm* assumir o comando

helmet ['helmɪt] *n* 1 capacete 2 HIST,MIL elmo

helmsman ['helmzmən] *n* {*pl* -men} homem do leme

help [help] *n* 1 socorro; auxílio; ajuda; *do you need any help?* precisas de ajuda? 2 empregado doméstico; *my help missed work today* a minha empregada doméstica não veio trabalhar hoje ♦ *vt,i* 1 auxiliar [with, com]; ajudar [with, com] 2 ser útil 3 (dor) aliviar 4 evitar ♦ *vp* servir-se [to, de]; *help yourself to some fruit* sirva-se de fruta ❖ *I could not help it* não pude evitar; *so help me God* se Deus quiser; *there's no help for it* não há remédio; *to be past help* já não ter remédio; (após queda) *to help someone to their feet* ajudar alguém a levantar-se

◆ **help out** *vt* ajudar; dar uma mão a

helper ['helpə] *n* auxiliar; ajudante

helpful ['helpfʊl] *adj* 1 útil 2 prestável

helping ['helpɪŋ] *n* (comida) dose ❖ *to give a helping hand* dar uma ajuda

helpless ['helpləs] *adj* 1 desamparado; indefeso 2 impotente 3 irremediável; sem remédio

helplessness ['helplɪsnɪs] *n* 1 desamparo 2 impotência

helpline ['helplaɪn] *n* (telefone) linha de apoio

helpmate ['helpmeɪt] *n* companheiro

helter-skelter [,heltə'skeltə] *adj* desordenado; desorganizado ♦ *n* confusão ♦ *adv* precipitadamente; apressadamente

helve [helv] *n* (machado, arma) cabo

hem [hem] *n* bainha; *the hem needs sewing* a bainha tem que ser cosida ♦ *vt* fazer a bainha de; *to hem a pair of trousers* fazer a bainha de umas calças

hemicycle ['hemɪsaɪkl] *n* hemiciclo

hemiplegia [,hemɪ'pli:dʒə] *n* MED hemiplegia

hemiplegic [,hemɪ'pli:dʒɪk] *adj,n* MED hemiplégico

hemisphere ['hemɪsfɪə] *n* hemisfério

hemistich ['hemɪstɪk] *n* LIT (versos) hemistíquio

hemlock ['hemlɒk] *n* (planta) cicuta

hemoglobin [,hi:məʊ'gləʊbɪn] *n* EUA ⇒ **haemoglobin**

hemorrhage ['hemərɪdʒ] *n* EUA ⇒ **haemorrhage**

hemp [hemp] *n* cânhamo

hemstitch ['hemstɪtʃ] *n* (costura) ponto aberto

hen [hen] *n* 1 galinha; *hen coop* capoeira 2 (aves) fêmea ❖ *hen party/night* despedida de solteira

hence [hens] *adv* 1 *form* por isso; daí 2 *form* daqui a; dentro de

henceforth [,hens'fɔ:θ] *adv* de hoje em diante

henceforward [,hens'fɔ:wəd] *adv* de hoje em diante; doravante

henchman ['hentʃmən] *n* {*pl* -men} capanga

hennery ['henəri] *n* {*pl* -ies} galinheiro, capoeira

hepatic [hɪ'pætɪk] *adj* hepático

hepatitis [,hepə'taɪtɪs] *n* hepatite

heptagon ['heptəgən] *n* heptágono

her [hɜ:] *pron pess* 1 ela, a; *this gift is for her* esta prenda é para ela; *I know her very well* conheço-a muito bem 2 lhe, a ela; *are you going to give her a ring?* vais telefonar-lhe? ♦ *adj poss* dela; seu, sua, seus, suas

herald ['herəld] *n* **1** arauto; mensageiro **2** precursor ♦ *vt* **1** prenunciar; *the clouds heralded a rainy day* as nuvens prenunciavam um dia de chuva **2** proclamar [*as, -*]; *he was heralded as the best piano player* ele foi proclamado o melhor pianista

heraldic [həˈrældɪk] *adj* heráldico ❖ *heraldic bearing* brasão

heraldry ['herəldri] *n {pl -ies}* heráldica

herb [hɜːb] *n* CUL,MED erva ❖ *herb shop* ervanário

herbal ['hɜːbəl] *adj* de ervas; *herbal tea* tisana

herbalist ['hɜːbəlɪst] *n* ervanário ❖ (loja) *herbalist's* ervanário

herbarium [hɜːˈbeərɪəm] *n* herbário

herbicide ['hɜːbɪsaɪd] *n* herbicida

herbivore ['hɜːbɪvɔː] *n* herbívoro

herbivorous [hɜːˈbɪvərəs] *adj* herbívoro

herculean [ˌhɜːkjuˈliːən] *adj* hercúleo

herd [hɜːd] *n* **1** rebanho; manada; *the herd is grazing* a manada está a pastar **2** multidão ♦ *vt* **1** arrebanhar **2** associar, agrupar; *children were herded by their age* as crianças foram agrupadas por faixas etárias ❖ *pej the common herd* a ralé

herdsman ['hɜːdzmən] *n {pl -men}* pastor; vaqueiro

here [hɪə] *adv* aqui; cá ❖ *here and now* imediatamente; *here you are* aqui tem

hereabout [ˌhɪərəˈbaʊt] *adv* algures por aqui, nas imediações, nas redondezas; *he lives hereabout* ele vive algures por aqui

hereafter [ˌhɪərˈɑːftə] *adv* daqui em diante

hereby [ˌhɪəˈbaɪ] *adv* (carta, contrato) por este meio; por este modo

hereditary [hɪˈredɪtəri] *adj* hereditário

heredity [hɪˈredɪti] *n {pl -ies}* hereditariedade

herein [ˌhɪərˈɪn] *adv form* (cartas, documentos) aqui

heresy ['herəsi] *n {pl -ies}* heresia

heretic ['herətɪk] *n* herege

heretical [hɪˈretɪkəl] *adj* herege

hereto [ˌhɪəˈtuː] *adv form* até aqui, até hoje, até agora

hereunder [hɪərˈʌndə] *adv* abaixo; *hereunder you can see the results* abaixo poderá consultar os resultados

herewith [ˌhɪəˈwɪð] *adv* (carta) junto, em anexo

heritage ['herɪtɪdʒ] *n* **1** herança **2** património; *world heritage* património mundial

hermaphrodite [hɜːˈmæfrədaɪt] *adj,n* hermafrodita

hermaphroditism [hɜːˈmæfrədɪtɪzəm] *n* hermafroditismo

hermeneutic [ˌhɜːmɪˈnjuːtɪk] *adj* hermenêutico

hermeneutics [ˌhɜːmɪˈnjuːtɪks] *n* hermenêutica

hermetic [hɜːˈmetɪk] *adj* hermético

hermetically [hɜːˈmetɪkəli] *adv* hermeticamente; *hermetically closed* hermeticamente fechado; *hermetically sealed* selado hermeticamente

hermit ['hɜːmɪt] *n* eremita

hermitage ['hɜːmɪtɪdʒ] *n* ermida, eremitério

hernia ['hɜːnɪə] *n* hérnia

hero ['hɪərəʊ] *n {pl -es}* **1** herói (livro, filme) **2** protagonista ❖ idolo

heroic [hɪˈrəʊɪk] *adj* heroico

heroics [hɪˈrəʊɪks] *n pl* exagero

heroin ['herəʊɪn] *n* (droga) heroína

heroine ['herəʊɪn] *n* **1** (pessoa) heroína **2** (livro, filme) protagonista

heroism ['herəʊɪzəm] *n* heroísmo

heron ['herən] *n* garça

herpes ['hɜːpiːz] *n* herpes

herring ['herɪŋ] *n {pl herrings, herring}* arenque ❖ *red herring* **1** arenque fumado **2** pista falsa

hers [hɜːz] *pron poss* dela; seu, sua, seus, suas; *is this coat hers?* este casaco é dela?

herself [hɜːˈself] *pron pess refl* 1 se; a si própria; *she stretched herself on the couch* ele estendeu-se no sofá 2 ela própria; *she cooked dinner herself* ela própria fez o jantar

hesitant [ˈhezɪtənt] *adj* hesitante

hesitate [ˈhezɪteɪt] *vi* hesitar; vacilar; *he hesitated before answering* ele hesitou antes de responder; *don't hesitate to call me if you have doubts* não hesite em chamar-me quando tiver dúvidas

hesitating [ˈhezɪteɪtɪŋ] *adj* hesitante; vacilante

hesitation [ˌhezɪˈteɪʃən] *n* hesitação

heterodox [ˈhetərədɒks] *adj* heterodoxo

heterodoxy [ˈhetərədɒksi] *n* heterodoxia

heterogamy [ˌhetəˈrɒgəmi] *n* BIOL heterogamia

heterogeneity [ˌhetərəʊdʒɪˈniːəti] *n* (*pl* -ies) heterogeneidade

heterogeneous [ˌhetərəʊˈdʒiːnɪəs] *adj* heterogéneo

heteronym [ˈhetərəʊnɪm] *n* heterónimo

heterosexual [ˌhetərəʊˈseksjʊəl] *adj,n* heterossexual

heterosexuality [ˌhetərəʊseksjʊˈælɪti] *n* heterossexualidade

heuristic [hjʊəˈrɪstɪk] *adj* heurístico

heuristics [hjʊəˈrɪstɪks] *n* heurística

hew [hjuː] *vt* (*pret* hewed, *pp* hewed, hewn) 1 cortar; talhar; picar; *to hew stone* cortar pedra 2 escavar; *to hew a tunnel* escavar um túnel

hexagon [ˈheksəgən] *n* hexágono

hexameter [hekˈsæmɪtə] *n* (verso) hexâmetro

hey [heɪ] *interj* 1 ei!, oiça! 2 olá!

hi [haɪ] *interj* 1 *col* olá! 2 *col* ei!

hiatus [haɪˈeɪtəs] *n* (*pl* -es) 1 hiato 2 lacuna

hibernate [ˈhaɪbəneɪt] *vi* hibernar

hibernation [ˌhaɪbəˈneɪʃn] *n* hibernação

hiccup [ˈhɪkʌp] *n* 1 soluço; *to have hiccups* ter soluços 2 *fig,col* contrariedade ♦ *vi* ter soluços; soluçar

hid [hɪd] *pret de* to hide

hidden [ˈhɪdn] *pp de* to hide ♦ *adj* escondido, oculto

hide [haɪd] *vt* (*pret* hid, *pp* hidden) 1 esconder; *to hide something from someone* esconder algo de alguém 2 ocultar; encobrir ♦ *vi* esconder-se; *where are you hiding?* onde estás escondido? ♦ *n* esconderijo

hide-and-seek [ˌhaɪdənˈsiːk] *n* (jogo) escondidas; *to play hide-and-seek* jogar às escondidas

hideaway [ˈhaɪdəweɪ] *n* esconderijo; refúgio

hidebound [ˈhaɪdbaʊnd] *adj* conservador; cabeça-dura

hideous [ˈhɪdɪəs] *adj* horrível; hediondo

hideout [ˈhaɪdaʊt] *n* esconderijo; refúgio

hiding [ˈhaɪdɪŋ] *n* 1 esconderijo 2 *col* sova ❖ *to go into hiding* esconder-se; fugir

hierarchical [ˌhaɪəˈrɔːkɪkəl] *adj* hierárquico

hierarchize [ˈhaɪərɑːkaɪz] *vt* hierarquizar

hierarchy [ˈhaɪərɑːki] *n* (*pl* -ies) hierarquia

hieroglyph [ˈhaɪərəglɪf] *n* hieróglifo

hi-fi [ˈhaɪfaɪ] *n* (aparelhagem) alta-fidelidade ♦ *adj* de alta fidelidade

higgledy-piggledy [ˌhɪgldɪˈpɪgldi] *adv* em desordem; às avessas ♦ *adj* em pantanas; desarrumado

high [haɪ] *adj* 1 alto 2 elevado; *high taxes* impostos elevados 3 solene 4 forte 5 pleno; *high summer* pleno verão 6 animado; *we were all in high spirits* estávamos todos animados 7 *cal* (drogas) pedrado *col* ❖ *High Court* Supremo Tribunal; *high jump* salto em altura; *high school* escola secundária

highbrow [ˈhaɪbraʊ] *n,adj pej* intelectual

high-class [ˌhaɪˈklɑːs] *adj* 1 de classe alta 2 de primeira ordem

higher-up [ˌhaɪərˈʌp] *n col* maioral *col*, mandachuva *col*

high-flown [ˌhaɪˈfləʊn] *adj* pomposo

high-flying [ˌhaɪˈflaɪŋ] *adj* ambicioso

high-handed [ˌhaɪˈhændɪd] *adj* autoritário

high-heeled [ˌhaɪˈhiːld] *adj* de tacão alto

highland [ˈhaɪlənd] *n the Highlands* as terras altas da Escócia

Highlander [ˈhaɪləndə] *n* habitante das terras altas da Escócia

highlight [ˈhaɪlaɪt] *n* **1** ponto alto; *the highlight of the guided tour is the castle* o ponto alto da visita guiada é o castelo **2** destaque ♦ *npl* madeixas; *she had highlights put in her hair* ela fez madeixas ♦ *vt {pret e pp -lighted}* **1** destacar; realçar **2** (documentos) assinalar com marcador fluorescente **3** (cabelo) fazer madeixas em

highlighter [ˈhaɪlaɪtə] *n* marcador fluorescente

highly [ˈhaɪli] *adv* **1** altamente; extremamente **2** muito bem; favoravelmente

high-minded [ˌhaɪˈmaɪndɪd] *adj* nobre; altruísta

highness [ˈhaɪnɪs] *n* **1** altura; elevação **2** (título) alteza; *Your Highness* Sua Alteza

high-pitched [ˌhaɪˈpɪtʃd] *adj* **1** (som, voz) agudo; estridente **2** (estilo) rebuscado

high-powered [ˌhaɪˈpaʊəd] *adj* **1** (motor, veículo) muito potente **2** (equipa, tarefa) dinâmico

high-profile [ˌhaɪˈprəʊfaɪl] *adj* (cargo, pessoa) influente; proeminente

high-ranking [ˌhaɪˈrænkɪŋ] *adj* (cargo, função) de categoria elevada

high-rise [ˈhaɪraɪz] *adj* (edifício) com muitos andares ♦ *n* arranha-céus

high-sounding [ˈhaɪsaʊndɪŋ] *adj pej* (discurso) bombástico

high-speed [ˌhaɪˈspiːd] *adj* de alta velocidade

high-spirited [ˌhaɪˈspɪrɪtɪd] *adj* **1** dinâmico; enérgico **2** (cavalo) fogoso

high-tech [ˌhaɪˈtek] *adj* de ponta

highway [ˈhaɪweɪ] *n* estrada nacional

hijack [ˈhaɪdʒæk] *n* (avião) desvio; sequestro ♦ *vt* (avião) desviar; sequestrar; *to hijack a plane* desviar um avião

hijacker [ˈhaɪdʒækə] *n* (avião) sequestrador; pirata do ar

hijacking [ˈhaɪdʒækɪŋ] *n* desvio de avião

hike [haɪk] *n* **1** (passeio agradável) caminhada; marcha; *to go for a hike* ir fazer uma caminhada **2** *col* (dinheiro) subida súbita ♦ *vi* fazer caminhadas ❖ *take a hike!* vai dar uma volta!

hiker [ˈhaɪkə] *n* caminhante

hiking [ˈhaɪkɪŋ] *n* realização de caminhadas

hilarious [hɪˈleərɪəs] *adj* hilariante

hilarity [hɪˈlærɪtɪ] *n* hilaridade

hill [hɪl] *n* colina ❖ *to be over the hill* começar a ficar velho

hillbilly [ˈhɪlbɪli] *n {pl -ies}* EUA *pej* saloio, parolo

hillman [ˈhɪlmən] *n* montanhês; serrano

hillock [ˈhɪlək] *n* cerro; pequeno outeiro

hillside [ˈhɪlsaɪd] *n* ladeira

hilltop [ˈhɪltɒp] *n* cume; topo

hilly [ˈhɪli] *adj {comp -ier, superl -iest}* montanhoso

hilt [hɪlt] *n* (espada) punho

him [hɪm] *pron pess* **1** ele, o; *I work for him* eu trabalho para ele; *I know him* conheço-o **2** lhe; *are you going to give him a ring?* vais telefonar-lhe?

himself [hɪmˈself] *pron pess refl* **1** se; a si próprio; *he stretched himself on the couch* ele estendeu-se no sofá **2** ele mesmo; ele próprio; *he did the job himself* ele próprio fez o serviço

hind [haɪnd] *n* (animal) cerva ♦ *adj* posterior; traseiro

hinder[1] [ˈhɪndə] *vt* **1** impedir [from, de]; *he hindered me from talking* ele impediu-me de falar **2** travar; entravar; *she hindered his advances* ela travou os avanços dele

hinder[2] [ˈhaɪndə] *adj* **1** posterior **2** traseiro; *hinder legs* patas traseiras

hindquarters [ˈhaɪndkwɔːtəz] *npl* (animal) quartos traseiros

hindrance ['hɪndrəns] n 1 obstáculo; impedimento 2 embaraço; estorvo

hindsight ['haɪndsaɪt] n in hindsight olhando para trás

Hindu ['hɪnduː] adj,n hindu

Hinduism ['hɪnduɪzəm] n hinduísmo

hinge [hɪndʒ] n 1 dobradiça; gonzo; the door was off the hinges a porta estava fora dos gonzos 2 charneira 3 ponto principal; you're missing the hinge of the problem não estás a perceber o ponto principal do problema ♦ vt pôr gonzos em; to hinge the door pôr gonzos nas portas ♦ vi 1 girar sobre gonzos 2 depender [on, de]

hint [hɪnt] n 1 (sugestão) dica; palpite 2 pista 3 (insinuação) indireta ♦ vt 1 dar a entender [that, que]; sugerir [that, que] 2 (mencionar) fazer alusão [at, a] ❖ to drop a hint mandar uma indireta; to take a hint perceber uma indireta

hinterland ['hɪntələænd] n interior (do país)

hip [hɪp] n anca; hip joint articulação da anca

hip-hop ['hɪphɒp] n hip-hop

hippie ['hɪpi] n,adj hippie

hippocampus [ˌhɪpə'kæmpəs] n 1 ANAT hipocampo 2 ZOOL cavalo-marinho

hippopotamus [ˌhɪpə'pɒtəməs] n {pl -es, -mi} hipopótamo

hire ['haɪə] vt 1 alugar; to hire a house alugar uma casa; to hire a bicycle by the hour alugar uma bicicleta à hora 2 contratar; to hire a person contratar uma pessoa ♦ n aluguer; for hire para alugar; the hire of the house o aluguer da casa ❖ COM hire purchase venda a prestações; is this taxi for hire? este táxi está livre?

♦ **hire out** vt 1 alugar 2 (pessoas) contratar

hiring ['haɪərɪŋ] n 1 contratação 2 aluguer

hirsute ['hɜːsjuːt] adj 1 lit hirsuto; hirsute hair cabelo hirsuto 2 fig agreste; rude; hirsute temper temperamento rude

his [hɪz] adj,pron poss dele; seu, sua, seus, suas

Hispanic [hɪ'spænɪk] adj,n hispânico

hiss [hɪs] n {pl -es} 1 assobio; silvo; the hiss of the snake o silvo da cobra 2 pateada, apupo; the hiss of the audience os apupos do público ♦ vt,i 1 assobiar; silvar 2 apupar; patear

hissing ['hɪsɪŋ] adj sibilante

histologist [hɪ'stɒlədʒɪst] n histologista

histology [hɪ'stɒlədʒi] n histologia

historian [hɪ'stɔːrɪən] n historiador

historic [hɪ'stɒrɪk] adj histórico

historical [hɪ'stɒrɪkl] adj histórico; a historical event um acontecimento histórico

historiographer [hɪˌstɒrɪ'ɒɡrəfə] n historiógrafo

historiography [hɪˌstɒrɪ'ɒɡrəfi] n historiografia

history ['hɪstəri] n {pl -ies} 1 história; to make history entrar para a história 2 MED historial

histrionic [ˌhɪstrɪ'ɒnɪk] adj histriónico; teatral

hit [hɪt] n 1 pancada; golpe 2 lance feliz 3 êxito; sucesso; a musical hit um êxito musical 4 fig (piada) boca 5 INFORM (site) (visita) acesso ♦ vt {pret e pp hit} 1 bater em; dar uma pancada em 2 acertar em; atingir 3 (sentimentos) afetar; magoar 4 alcançar 5 ir de encontro a ♦ vi colidir; chocar ❖ to hit the books começar a estudar; to hit the bottle começar a beber; let's hit the road! vamos embora!

♦ **hit back** vi retaliar; ripostar; he hit back at the accusations retaliou contra as acusações

♦ **hit on/upon** vt descobrir por acaso; encontrar; he hit on the solution for the problem descobriu a solução do problema

♦ **hit out** vi atacar; agredir; he hit out at the burglar ele atacou o ladrão

hit-and-run [ˌhɪtənˈrʌn] *adj* 1 (acidente) de atropelamento e fuga 2 (ataque, gesto) de surpresa

hitch [hɪtʃ] *n* {*pl* -es} 1 empurrão, sacudidela 2 NÁUT nó, laçada, laço 3 impedimento; dificuldade; problema; *I can do it without a hitch* eu faço isso sem qualquer problema ♦ *vt* 1 prender; atar 2 atrelar 3 (boleia) apanhar; *to hitch a lift* apanhar boleia ♦ *vi col* andar à boleia; *he's hitching around the country* ele anda à boleia pelo país ❖ *col* **to get hitched** dar o nó

hitchhike [ˈhɪtʃhaɪk] *vi* andar à boleia; ir à boleia

hitchhiker [ˈhɪtʃhaɪkə] *n* pessoa que pede boleia

hitherto [ˌhɪðəˈtuː] *adv* até agora, até aqui

hitman [ˈhɪtmæn] *n cal* assassino contratado

IIIV [sigla de **Human Immunodeficiency Virus**] HIV [sigla de vírus da imunodeficiência humana] ❖ *HIV negative* seronegativo; *HIV positive* seropositivo

hive [haɪv] *n* colmeia; cortiço ♦ *vt* (abelhas) meter em colmeia ❖ *the factory was a hive of activity* havia um fervilhar de atividade na fábrica

♦ **hive off** *vt* separar ♦ *vi col* pirar-se; pôr-se a andar

hives [haɪvz] *npl* urticária

hoard [hɔːd] *vt* amontoar; acumular ♦ *n* depósito secreto [of, de]; esconderijo [of, de]

hoarding [ˈhɔːdɪŋ] *n* 1 amontoado, acumulação 2 (publicidade) cartaz de estrada

hoarse [hɔːs] *adj* rouco; roufenho

hoarseness [ˈhɔːsnɪs] *n* rouquidão

hoary [ˈhɔːri] *adj* {*comp* -ier, *superl* -iest} 1 *lit* branco, grisalho; *hoary head* cabeça grisalha 2 (*história, piada*) velho; antigo 3 coberto de geada

hoax [həʊks] *vt* 1 burlar 2 pregar uma partida a ♦ *n* {*pl* -es} 1 burla 2 partida; *to play a hoax on someone* pregar uma partida a alguém

hoaxer [ˈhəʊksə] *n* 1 vigarista 2 brincalhão

hobble [ˈhɒbəl] *vi* mancar; coxear ♦ *vt* 1 (patas de animais) atar 2 *fig* pôr entraves a

hobby [ˈhɒbi] *n* {*pl* -ies} hobby; passatempo

hobby-horse [ˈhɒbihɔːs] *n* 1 cavalinho de pau 2 *fig* tema preferido

hobgoblin [hɒbˈgɒblɪn] *n* duende

hobnob [ˈhɒbnɒb] *vi* {*pret e pp* -bb-} *col* confraternizar [**with**, com]; conviver [**with**, com]; *to hobnob with your friends* conviver com os amigos

hobo [ˈhəʊbəʊ] *n* EUA vagabundo

hockey [ˈhɒki] *n* hóquei

hoe [həʊ] *n* enxada, sachola ♦ *vt* cavar, sachar

hog [hɒg] *n* 1 porco castrado 2 *fig,pej* porco; grosseirão ♦ *vt col* açambarcar ❖ *hog's lard* banha de porco; *col* **to go the whole hog** ir até ao fim

hogwash [ˈhɒgwɒʃ] *n* 1 (porcos) lavagem 2 *col* treta; *that sounds like hogwash to me* isso parece-me tudo uma treta

hoist [hɔɪst] *vt* 1 levantar; içar; *to hoist the anchor* levantar a âncora 2 (bandeira) hastear ♦ *n* 1 monta-cargas 2 grua ❖ *hoist bridge* ponte levadiça; *hoist engine* guincho; *hoist truck* camião-guindaste

hoity-toity [ˌhɔɪtiˈtɔɪti] *adj* arrogante; presumido; pretensioso

hold [həʊld] *n* 1 apoio 2 (barco, avião) porão 3 influência; domínio 4 cela, prisão ♦ *vt* {*pret e pp* held} 1 segurar 2 abraçar 3 (exército) controlar 4 (prisão, cativeiro) manter em 5 ter, possuir 6 (lugar) guardar 7 aguentar; sustentar 8 (velocidade, quantidade, nível) manter 9 conter; ter capacidade para ♦ *vi* 1 aguentar-se; resistir; *the defense is holding* a defesa está a aguentar-se 2 valer; ser válido; *the rule holds for everyone* a regra é válida para todos ❖ *to hold a conversation* ter uma conversa; *to hold all the cards* estar em vantagem; *to hold the fort* manter-se firme; *to be on hold* estar à espera; *to lay hold of* apoderar-se de

◆ **hold against** *vt* usar contra; *his acts were held against him* os atos dele foram usados contra ele

◆ **hold back** *vt* 1 conter; *the police was unable to hold back the crowd* a polícia não foi capaz de controlar a multidão 2 omitir; *he held back important facts* omitiu factos importantes ◆ *vi* hesitar

◆ **hold down** *vt* 1 controlar; suprimir; reprimir; *the rioters were held down* os desordeiros foram controlados 2 (emprego) manter; *he can't hold down a job for more than a month* não consegue manter um emprego por mais de um mês

◆ **hold forth** *vi* dissertar [on/about, sobre]

◆ **hold off** *vt* 1 manter à distância; *the troops held off the enemy* as tropas mantiveram o inimigo à distância 2 adiar; *she held off the trip* adiou a viagem 3 resistir a; *the troops held off the attacks* os soldados resistiram aos ataques ◆ *vi* não chover; *the rain held off during the walk* não choveu durante o passeio

◆ **hold on** *vi* 1 agarrar-se [to, a]; *hold on to the handrail* agarra-te ao corrimão 2 segurar; *she held on tightly to her purse* segurou a carteira com firmeza 3 manter-se fiel; *he held on to his decision until the end* manteve-se fiel à sua decisão até ao fim 4 esperar; aguentar; *they held on until the firemen arrived* aguentaram até à chegada dos bombeiros

◆ **hold out** *vt* 1 estender; *she held out the newspaper to her father* estendeu o jornal ao pai 2 (esperança) ter; *he doesn't hold out much hope of recovery* não tem muitas esperanças de recuperar ◆ *vi* 1 lutar [for, por] 2 esconder (informação); *he was holding out on the police* ele estava a esconder informações da polícia 3 resis-

tir; aguentar; *the rebels didn't hold out against the attack* os rebeldes não resistiram ao ataque 4 durar; *the food will hold out for a week* a comida dura uma semana

◆ **hold over** *vt* adiar; *the meeting was held over for the next day* a reunião foi adiada para o dia seguinte

◆ **hold to** *vt* manter; cumprir; *she held to her decision* ela manteve a decisão

◆ **hold together** *vt* 1 segurar; *that nail won't hold together the two pieces of wood* esse prego não vai segurar os dois pedaços de madeira 2 manter juntos ◆ *vi* 1 manter(-se) juntos; *they've held together all these years* mantiveram-se juntos estes anos todos 2 ser coerente

◆ **hold up** *vt* 1 levantar; elevar; erguer; *he held his arm up* ergueu o braço 2 apoiar; sustentar; suportar; *these beams hold the balcony up* estas vigas sustentam a varanda 3 reter; atrasar; impedir; *I was held up by traffic* fiquei retida pelo trânsito 4 (à mão armada) assaltar; *the bank was held up* o banco foi assaltado ◆ *vi* aguentar; durar

◆ **hold with** *vt* [usado na negativa] concordar com

holder ['həʊldə] *n* 1 detentor; titular 2 defensor 3 recipiente 4 suporte

holding ['həʊldɪŋ] *n* 1 (empresa) holding 2 (museu) espólio; coleção 3 posse

hold-up ['həʊldʌp] *n* 1 assalto à mão armada 2 (motivo) atraso 3 (trânsito) engarrafamento

hole [həʊl] *n* 1 buraco; cova; *to dig a hole* cavar um buraco 2 (rato, lebre, coelho) toca 3 vazio; falha; lacuna 4 *fig* embaraço; *I'm in such a hole!* estou numa situação tão difícil! 5 *fig* (casa pequena) buraco*fig*; *he lived in a hole* ele vivia num buraco ◆ *vt* 1 esburacar; furar 2 (golfe) meter no buraco ❖ *he was caught like a rat in a hole* ele foi apanhado na ratoeira; *to put someone in a hole* colocar alguém entre a espada e a parede; *to pick holes in some-*

thing apontar os pontos fracos de alguma coisa

◆ **hole up** vi 1 esconder-se 2 (animal) hibernar

holiday ['hɒlɪdeɪ] n 1 feriado 2 férias; *holiday resort* estância turística; *to take a holiday* fazer férias

holiness ['həʊlɪnɪs] n santidade; *Your Holiness the Pope* Sua Santidade o Papa

holistic [həʊ'lɪztɪk] adj holístico

Holland ['hɒlənd] n Holanda

holler ['hɒlə] n grito; berro ◆ vt,i gritar; berrar

hollow ['hɒləʊ] adj 1 oco; vazio; *fig hollow words* palavras ocas 2 côncavo; *hollow surface* superfície côncava 3 cavado; *hollow cheeks* faces cavadas 4 (riso) forçado ◆ n 1 buraco; concavidade 2 desnível; depressão; reentrância, *the hollow in the ground* o desnível do solo ◆ vt 1 escavar; *to hollow a tunnel* escavar um túnel 2 esvaziar

holly ['hɒli] n {pl -ies} azevinho

holm [həʊm] n BOT azinheira

holmium ['həʊlmɪəm] n QUÍM (elemento químico) hólmio

holocaust ['hɒləkɔːst] n holocausto

hologram ['hɒləgræm] n holograma

holster ['həʊlstə] n coldre

holy ['həʊli] adj {comp -ier, superl -iest} santo; sagrado ❖ *holy water* água benta

homage ['hɒmɪdʒ] n homenagem {to, a}

home [həʊm] n 1 casa; lar 2 terra natal 3 (crianças, idosos) lar 4 BOT,ZOOL habitat 5 (basebol) base ◆ adj 1 de casa; *home address* morada 2 DESP da casa; *home team* equipa da casa 3 nacional; interno 4 natal; *home country* terra natal ◆ adv a casa; para casa ❖ *home sweet home* lar doce lar; *make yourself at home* fique à vontade

homecoming ['həʊm,kʌmɪŋ] n regresso a casa

home-grown ['həʊm,grəʊn] adj 1 de produção nacional 2 de cultivo próprio

homeland ['həʊmlənd] n pátria; terra natal

homeless ['həʊmləs] adj sem abrigo ◆ npl *the homeless* os sem-abrigo

homely ['həʊmli] adj {comp -ier, superl -iest} 1 simples, modesto 2 acolhedor, confortável 3 EUA feio

home-made ['həʊmmeɪd] adj caseiro

homeopath ['həʊmɪəpæθ] n homeopata

homeopathic [,həʊmɪə'pæθɪk] adj MED homeopático

homeopathy [,həʊmi'ɒpəθi] n homeopatia

homeowner ['həʊm,əʊnə] n 1 (casa) proprietário 2 morador; residente

homepage ['həʊm,peɪdʒ] n (Internet) página principal, homepage

homesick ['həʊmsɪk] adj nostálgico; *to be homesick* estar com saudades de casa

homesickness ['həʊm,sɪknɪs] n saudades de casa; nostalgia

homestead ['həʊmsted] n herdade

homeward ['həʊmwəd] adj,adv para casa

homework ['həʊmwɜːk] n (escola) trabalho de casa

homey ['həʊmi] adj EUA ⇒ homely

homicidal [,hɒmɪ'saɪdl] adj homicida

homicide ['hɒmɪsaɪd] n 1 (crime) homicídio 2 (pessoa) homicida

homily ['hɒmɪli] n {pl -ies} REL homilia

homing ['həʊmɪŋ] adj 1 que regressa a casa 2 (mecanismo) de orientação automática ❖ *homing pigeon* pombo-correio

homoeopathic [,həʊmɪə'pæθɪk] adj ⇒ homeopathic

homoeopathy [,həʊmi'ɒpəθi] n ⇒ homeopathy

homogeneous [,hɒməʊ'dʒiːnɪəs] adj homogéneo

homogenize [hə'mɒdʒənaɪz] vt homogeneizar

homograph ['hɒməgrɑːf] n palavra homógrafa

homographic [,hɒmə'græfɪk] adj homógrafo

homologous [hə'mɒləgəs] *adj* (geral) homólogo

homonym ['hɒmənɪm] *n* palavra homónima

homonymous [hə'mɒnɪməs] *adj* LING homónimo

homonymy [hə'mɒnɪmi] *n* homonímia

homophone ['hɒməfəʊn] *n* palavra homófona

homophonous [hə'mɒfənəs] *adj* homófono

homosexual [ˌhəʊməʊ'seksjʊəl] *adj,n* homossexual

homosexuality [ˌhəʊməʊseksjʊ'ælɪti] *n* homossexualidade

Honduran [hɒn'djʊərən] *adj,n* hondurenho

Honduras [hɒn'djʊərəs] *n* Honduras

honest ['ɒnɪst] *adj* 1 honesto, íntegro 2 sincero, franco

honestly ['ɒnɪstli] *adv* 1 honestamente 2 francamente

honesty ['ɒnəsti] *n* 1 honestidade 2 sinceridade; franqueza

honey ['hʌni] *n* 1 mel 2 *col* (forma de tratamento) querido, amor

honeybee ['hʌnɪbiː] *n* abelha

honeycomb ['hʌnɪkəʊm] *n* favo de mel

honeymoon ['hʌnɪmuːn] *n* 1 lua de mel 2 *fig* estado de graça; *the honeymoon of this government is over* terminou o estado de graça deste governo ♦ *vi* passar a lua de mel [in, em]

honeysuckle ['hʌnɪsʌkl] *n* madressilva

honk [hɒŋk] *n* 1 (ganso) grasnido 2 buzinadela ♦ *vt,i* 1 (ganso) grasnar 2 buzinar

honor ['ɒnə] *n,vt* EUA ⇒ **honour**

honorable ['ɒnərəbl] *adj* EUA ⇒ **honourable**

honorarium [ˌɒnə'reərɪəm] *n* {*pl* -s, -ia} honorários

honorary ['ɒnərəri] *adj* honorário; *honorary chairman* presidente honorário

honorific [ˌɒnə'rɪfɪk] *adj* honorífico

honour ['ɒnə] *n* honra; *in honour of* em honra de; *to have the honour of* ter a honra de ♦ *vt* honrar; *to honour an agreement* honrar um acordo ❖ *to do the honours of the house* fazer as honras da casa; (universidade) *to take honours in* licenciar-se em; *will you do me the honour of...?* dá-me a honra de...?; *with full military honours* com honras militares

honourable ['ɒnərəbl] *adj* honrado ❖ *honourable mention* menção honrosa

hood [hʊd] *n* 1 capuz; touca 2 EUA (automóvel) capô 3 GB capota

hooded ['hʊdɪd] *adj* com capuz; coberto

hoodlum ['huːdləm] *n* vigarista; rufia

hoodwink ['hʊdwɪŋk] *vt* enganar, ludibriar

hoof [hʊf] *n* {*pl* -s, -ves} 1 ZOOL casco 2 *cal* pata ♦ *vt col* percorrer a pé; *to hoof it* ir a pé

hook [hʊk] *n* 1 cabide; *hang your coat on the hook* pendura o casaco no cabide 2 anzol 3 colchete 4 (boxe) gancho 5 (telefone) descanso; *to leave the phone off the hook* deixar o telefone fora do descanso ♦ *vt* 1 pescar; *he hooked a fish* ele pescou um peixe 2 acolchetar 3 prender; pendurar ❖ *hook and eye* colchete de gancho; *by hook or by crook* dê lá por onde der; *to let somebody off the hook* libertar alguém de um compromisso

♦ **hook up** *vt* 1 (eletrónica) conectar; ligar [to, a] 2 apertar com colchete ♦ *vi* juntar-se

hooked [hʊkt] *adj* 1 (objeto) curvo 2 (nariz) aquilino 3 *col* viciado [on, em]

hooker ['hʊkə] *n* EUA *col* prostituta

hookup ['hʊkʌp] *n* 1 acoplamento 2 ligação; aliança

hooligan ['huːlɪgən] *n* hooligan

hooliganism ['huːlɪgənɪzəm] *n* hooliganismo

hoop [huːp] *n* arco, aro

hooray [hʊ'reɪ] *interj,n* hurra!

hoot [huːt] *n* 1 (coruja, mocho) pio 2 (carro) buzinadela 3 (comboio, sirene) apito, silvo 4 *pej,col* vaia ♦ *vi* 1 (coruja, mocho) piar 2 buzinar [at, a], apitar [at, a] 3 *col* vaiar; apupar 4 (comboio, sirene) assobiar, silvar, apitar ♦ *col he doesn't care two hoots* ele está-se nas tintas

hooter [ˈhuːtə] *n* 1 buzina; sirene 2 *col* nariz ♦ *npl EUA cal* mamas*cal*

hoover [ˈhuːvə] *n* aspirador ♦ *vt* aspirar

hop [hɒp] *n* 1 salto, pulo 2 baile, bailarico 3 BOT lúpulo ♦ *vi* 1 saltar, saltitar, pular 2 *col* (comboio, avião, etc.) entrar; *hop in!* entra!; *we hopped onto a plane for London* metemo-nos num avião para Londres ♦ *vt col* (avião) apanhar; *to hop a plane to Paris* apanhar um avião para Paris ♦ *GB hop it!* põe-te a andar!; *to be on the hop* andar sempre ocupado; *to catch somebody on the hop* apanhar alguém desprevenido

hope [həʊp] *n* esperança ♦ *vi* ter esperança; *to hope for better days* acreditar que dias melhores virão ♦ *vt* esperar; *I hope she comes* espero que ela venha ❖ *don't get your hopes up* não tenhas muitas esperanças, *I hope not!* espero que não!; *I hope so!* espero que sim; *to have little hope of* ter poucas esperanças de, *to lose hope of* perder a esperança de

hopeful [ˈhəʊpfʊl] *adj* 1 esperançoso; otimista 2 prometedor

hopefully [ˈhəʊpfʊli] *adv* 1 com esperança 2 com sorte

hopeless [ˈhəʊpləs] *adj* 1 sem esperança; desesperado 2 *col* (pessoa) nulidade; desastre

hopelessness [ˈhəʊplɪsnɪs] *n* desespero; desânimo

hopper [ˈhɒpə] *n* alimentador, conduto

hopping [ˈhɒpɪŋ] *adj* a saltar, a pé-coxinho ❖ *to be hopping mad* ser doido varrido

hopscotch [ˈhɒpskɒtʃ] *n* (jogo) macaca

horde [hɔːd] *n* 1 (pessoas) multidão 2 bando

horizon [həˈraɪzn] *n* horizonte

horizontal [ˌhɒrɪˈzɒntəl] *adj* horizontal ❖ DESP *horizontal bar* barra fixa

hormonal [hɔːˈməʊnəl] *adj* hormonal

hormone [ˈhɔːməʊn] *n* hormona

horn [hɔːn] *n* 1 chifre, corno 2 (inseto) antena 3 MÚS trombeta; corneta 4 buzina

horned [hɔːnd] *adj* com chifres, com cornos ❖ *horned cattle* gado vacum

hornet [ˈhɔːnɪt] *n* vespão

horny [ˈhɔːni] *adj* (*comp* -ier, *superl* -iest) 1 córneo 2 caloso

horology [həˈrɒlədʒi] *n* relojoaria

horoscope [ˈhɒrəskəʊp] *n* horóscopo

horrendous [həˈrendəs] *adj* horrendo; medonho

horrible [ˈhɒrɪbəl] *adj* horrível; terrível

horrid [ˈhɒrɪd] *adj* horrível, horroroso

horrific [həˈrɪfɪk] *adj* horrível

horrify [ˈhɒrɪfaɪ] *vt* horrorizar; chocar

horror [ˈhɒrə] *n* horror, pavor ❖ *horror film* filme de terror

hors d'oeuvre [ɔːˈdɜːvr] *n* (aperitivo) hors-d'oeuvre

horse [hɔːs] *n* (animal, aparelho de ginástica) cavalo; *horse riding* equitação ❖ *hold your horses!* aguenta os cavalos!; *never look a gift horse in the mouth* a cavalo dado não se olha o dente

horseback [ˈhɔːsbæk] *adj,adv* montado, a cavalo ❖ *EUA horseback riding* equitação

horsebox [ˈhɔːsbɒks] *n* reboque para transporte de cavalos

horse-drawn [ˈhɔːsdrɔːn] *adj* puxado a cavalos

horseflesh [ˈhɔːsfleʃ] *n* carne de cavalo

horsehair [ˈhɔːsheə] *n* crina de cavalo

horseman [ˈhɔːsmən] *n* (*pl* -men) cavaleiro

horsemanship [ˈhɔːsmənʃɪp] *n* equitação

horseplay [ˈhɔːspleɪ] *n* palhaçadas; *to indulge in horseplay* fazer palhaçadas

horsepower [ˈhɔːspaʊə] *n* 1 cavalo-vapor 2 potência (em cavalos)

horseradish [ˈhɔːsrædɪʃ] *n* rábano picante

horseshoe [ˈhɔːsʃuː] n ferradura

horsey [ˈhɔːsɪ] adj 1 apaixonado por cavalos 2 pej equino

horticultural [ˌhɔːtɪˈkʌltʃrəl] adj hortícola

horticulture [ˈhɔːtɪkʌltʃə] n horticultura

horticulturist [ˌhɔːtɪˈkʌltʃərɪst] n horticultor

hosanna [həʊˈzænə] n REL hosana

hose [həʊz] n mangueira ♦ vt regar
  ♦ hose down vt lavar com a mangueira; dar uma mangueirada a

hosiery [ˈhəʊzɪərɪ] n (artigos) meias

hospice [ˈhɒspɪs] n estabelecimento para doentes terminais

hospitable [hɒˈspɪtəbəl] adj hospitaleiro

hospital [ˈhɒspɪtəl] n hospital

hospitality [ˌhɒspɪˈtælɪtɪ] n {pl -ies} hospitalidade

hospitalization [ˌhɒspɪtəlaɪˈzeɪʃn] n hospitalização

hospitalize [ˈhɒspɪtəlaɪz] vt hospitalizar

host [həʊst] n 1 anfitrião, dono da casa 2 TV,RÁD apresentador 3 (país, cidade) anfitrião; the host city for the Olympic Games cidade anfitriã dos Jogos Olímpicos; to play host to a conference ser palco de uma conferência 4 BIOL hospedeiro 5 REL hóstia ♦ vt 1 receber, ser o anfitrião de 2 TV,RÁD apresentar

hostage [ˈhɒstɪdʒ] n refém

hostel [ˈhɒstəl] n estalagem, pousada

hosteller [ˈhɒstələ] n alberguista

hostess [ˈhəʊstɪs] n 1 anfitriã 2 (televisão) apresentadora 3 (avião) hospedeira

hostile [ˈhɒstaɪl] adj 1 hostil [to, em relação a] 2 agressivo [to, com]

hostility [hɒˈstɪlɪtɪ] n {pl -ies} 1 hostilidade 2 agressividade

hot [hɒt] adj 1 quente; to be hot ter/estar com calor 2 (comida) picante 3 (temperamento) exaltado 4 (tema) controverso 5 (notícias) de última hora 6 (objeto) roubado 7 (pessoa) sexy 8 (disputa) renhido 9 (filme, livro) espetacular, fantástico ❖

hot dog cachorro-quente; (problema) hot potato batata quente

hot-air balloon [ˌhɒteəbəˈluːn] n balão, aeróstato

hotbed [ˈhɒtbed] n 1 viveiro de plantas 2 fig antro

hot-blooded [ˈhɒtblʌdɪd] adj fogoso, apaixonado

hotchpotch [ˈhɒtʃpɒtʃ] n col mixórdia; salgalhada

hotel [həʊˈtel] n hotel ❖ hotel industry indústria hoteleira

hotelier [həʊˈtelɪeɪ] n hoteleiro

hotelkeeper [ˌhəʊtelˈkiːpə] n EUA hoteleiro

hothead [ˈhɒthed] n pessoa que se exalta com facilidade

hotheaded [ˈhɒtˈhedɪd] adj impulsivo; impetuoso

hothouse [ˈhɒthaʊs] n estufa

hotly [ˈhɒtlɪ] adv intensamente, acaloradamente

hotplate [ˈhɒtpleɪt] n 1 (fogão) placa 2 (cozinha) chapa elétrica

hotpot [ˈhɒtpɒt] n estufado

hotshot [ˈhɒtʃɒt] n col craque

hot-tempered [hɒtˈtempəd] adj colérico

hot-water bottle [hɒtˌwɔːtəˈbɒtəl] n botija de água quente

hound [haʊnd] n cão de caça ♦ vt perseguir

hour [ˈaʊə] n 1 hora; half an hour meia hora 2 horário; visiting hours horário de visitas ❖ (relógio) hour hand ponteiro das horas

hourglass [ˈaʊəglɑːs] n ampulheta

hourly [ˈaʊəlɪ] adj 1 de hora em hora 2 à hora ♦ adv de hora em hora

house [haʊs] n 1 casa; at my house em minha casa; to set up house montar casa 2 empresa; estabelecimento comercial 3 (parlamento) câmara; House of Commons Câmara dos Comuns; House of Lords Câmara dos Lordes 4 (nobreza) Casa; the House of Windsor a Casa de

Windsor ♦ vt alojar, acolher, albergar, receber ❖ (bebidas, comida) **on the house** por conta da casa; **to be under house arrest** estar sob prisão domiciliária

housebreaker ['haʊsˌbreɪkə] n ladrão (de casas)

housecoat ['haʊskəʊt] n bata

household ['haʊshəʊld] n agregado familiar

householder ['haʊshəʊldə] n 1 (casa) proprietário 2 (casa) inquilino

housekeeper ['haʊsˌki:pə] n (empregada doméstica) governanta

housekeeping ['haʊsˌki:pɪŋ] n governo da casa

housemaid ['haʊsmeɪd] n empregada doméstica

housemate ['haʊsmeɪt] n companheiro de casa

houseplant ['haʊsplænt] n planta de interior

housetrain ['haʊstreɪn] vt (animal de estimação) educar; ensinar

housewarming ['haʊswɔ:mɪŋ] n inauguração de uma casa

housewife ['haʊswaɪf] n dona de casa

housework ['haʊswɜ:k] n trabalho doméstico

housing ['haʊzɪŋ] n habitação; alojamento ❖ **the housing market** o mercado imobiliário

hovel ['hɒvl] n casebre

hover ['hʌvə] vi 1 pairar [over, sobre]; planar [over, sobre] 2 hesitar [between, entre], vacilar [between, entre] ❖ **to hover near somebody/something** rondar alguém/algo

hovercraft ['hʌvəkrɑ:ft] n hovercraft

how [haʊ] adv 1 como; **how do you do?** como está? 2 quanto; **how many?** quantos? 3 que; **how kind of you!** que simpático! ❖ **how about you?** e tu?; **how's that?** o que é que disseste?

however [haʊˈevə] adv 1 no entanto, todavia, contudo 2 de qualquer modo, seja

como for 3 por muito; **however intelligent she may be...** por muito inteligente que ela seja... 4 como; **however did you find us?** como é que nos encontraste? ♦ conj como; **you can go however you like** podes ir como bem entenderes

howitzer ['haʊɪtsə] n MIL morteiro

howl [haʊl] n 1 uivo 2 gemido ♦ vi, t 1 uivar; **the dogs howled all night** os cães uivaram toda a noite 2 gemer ❖ **to howl with laughter** rir a bandeiras despregadas

howler ['haʊlə] n col bacorada

howling ['haʊlɪŋ] n 1 uivo; **the howling of the wolves** os uivos dos lobos 2 (vento) sibilar 3 ruído ♦ adj 1 uivante 2 col enorme; **to be a howling success** fazer um sucesso estrondoso

HP [sigla de **horse-power**] cv [sigla de cavalo-vapor]

HTML INFORM (Internet) [sigla de **Hypertext Mark-up Language**] HTML

HTTP [sigla de **Hypertext Transfer Protocol**] HTTP

hub [hʌb] n 1 cubo da roda; eixo 2 fig centro [of, de]

hubbub ['hʌbʌb] n algazarra; tumulto

hubby ['hʌbi] n (pl -ies) col marido

hubcap ['hʌbkæp] n (carro) tampão (do pneu)

huddle ['hʌdl] n 1 grupo pequeno 2 monte, pilha ♦ vt juntar, amontoar ♦ vi 1 encolher-se 2 juntar-se, amontoar-se 3 EUA fig (grupo pequeno) reunir-se

hue [hju:] n matiz, cor, tonalidade ❖ **to raise a hue and cry against** levantar um grande protesto contra

huff [hʌf] n fúria; **to get into a huff** irritar-se, encolerizar-se ♦ vt irritar; enfurecer ♦ vi enfurecer-se; irritar-se ❖ **to huff and puff** bufar com força

huffy ['hʌfi] adj (comp -ier, superl -iest) 1 irritado 2 irritável

hug [hʌg] n abraço; **she gave me a hug** ela deu-me um abraço ♦ vt (pret e pp -gg-)

1 abraçar 2 cingir com os braços ❖ *to hug oneself with joy* sentir-se satisfeito

huge [hjuːdʒ] *adj* 1 (edifício, objeto, valor) enorme 2 (êxito) estrondoso

hulk [hʌlk] *n* 1 (navio) carcaça 2 *fig* (pessoa) brutamontes

hull [hʌl] *n* 1 (navio) casco 2 BOT vagem; casca ♦ *vt* (cereais) descascar

hullabaloo [ˌhʌləbə'luː] *n col* barulho, algazarra

hullo [hə'ləʊ] *interj* GB *col* olá!

hum [hʌm] *n* 1 zumbido; *the hum of the bees* o zumbido das abelhas 2 sussurro ♦ *vi* {pret e pp -mm-} 1 zumbir 2 sussurrar; murmurar 3 cantarolar 4 *fig* (atividade) fervilhar [with, de]; *the office was humming with activity* o escritório estava a fervilhar de atividade ♦ *vt* cantarolar ❖ *to hum and haw* mostrar-se reticente

human ['hjuːmən] *adj* humano; *human being* ser humano ♦ *n* ser humano

humane [hjuː'meɪn] *adj* humano, humanitário

humanism ['hjuːmənɪzəm] *n* humanismo

humanist ['hjuːmənɪst] *adj,n* humanista

humanitarian [hjuːˌmænɪ'teərɪən] *adj* humanitário ♦ *n* filantropo

humanitarianism [hjuːˌmænɪ'teərɪənzəm] *n* humanitarismo

humanity [hjuː'mænɪtɪ] *n* {pl -ies} humanidade

humanization [ˌhjuːmənaɪ'zeɪʃn] *n* humanização

humanize ['hjuːmənaɪz] *vt* humanizar

humankind [ˌhjuːmən'kaɪnd] *n* género humano; humanidade

humanoid ['hjuːmənɔɪd] *adj,n* humanoide

humble ['hʌmbəl] *adj* humilde; modesto; *humble origins* origens humildes; *my humble opinion* a minha modesta opinião ♦ *vt* humilhar ❖ *my humble apologies* as minhas sinceras desculpas; *to eat humble pie* reconhecer que se estava errado

humbleness ['hʌmbəlnɪs] *n* humildade

humbug ['hʌmbʌg] *n* 1 asneiras; disparates 2 (pessoa) impostor

humdrum ['hʌmdrʌm] *adj* monótono

humid ['hjuːmɪd] *adj* húmido

humidification [hjuːmɪdɪfɪ'keɪʃən] *n* humidificação

humidifier [hjuː'mɪdɪfaɪə] *n* humidificador

humidify [hjuː'mɪdɪfaɪ] *vt* humidificar

humidity [hjuː'mɪdɪtɪ] *n* humidade

humiliate [hjuː'mɪlɪeɪt] *vt* humilhar

humiliating [hjuː'mɪlɪeɪtɪŋ] *adj* humilhante

humiliation [hjuːˌmɪlɪ'eɪʃn] *n* humilhação

humility [hjuː'mɪlɪtɪ] *n* humildade

hummingbird ['hʌmɪŋbɜːd] *n* (ave) colibri

humongous [ˌhjuː'mʌŋɡəs] *adj col* enorme

humor ['hjuːmə] *n,vt* ⇒ **humour**

humorist ['hjuːmərɪst] *n* humorista

humorous ['hjuːmərəs] *adj* engraçado; morístico

humour ['hjuːmə] *n* 1 humor; *sense of humour* sentido de humor 2 (disposição) humor; *in a good/bad humour* de bom/mau humor; *to be in no humour for* não estar com disposição para 3 temperamento ♦ *vt* fazer a vontade de

humourless ['hjuːmələs] *adj* sem sentido de humor

hump [hʌmp] *n* 1 corcunda 2 (camelo) bossa 3 (superfície) lomba ♦ *vt* 1 *col* carregar com; *I'm tired of humping all this luggage* estou farto de carregar com esta bagagem toda 2 *cal* ter relações sexuais com ♦ *vi cal* ter relações sexuais ❖ *we're over the hump* o pior já passou

humpback ['hʌmpbæk] *n* corcunda

humph [hʌmf] *interj* (descontentamento) safa!

humus ['hjuːməs] *n* húmus

hunch [hʌntʃ] *n* {pl -es} 1 *col* palpite; *it was just a hunch* foi só um palpite 2 pressentimento; *to have a hunch that* ter o pressentimento que ♦ *vt* curvar; arquear; *to hunch one's shoulders* encolher os ombros

hunchback ['hʌntʃbæk] n pej corcunda

hundred ['hʌndrəd] num card,n cem ♦ n cento, centena

hundredfold ['hʌndrədfəʊld] adj,adv cêntuplo; *to increase a hundredfold* centuplicar

hundredth ['hʌndrədθ] num ord,n centésimo

hundredweight ['hʌndrədweɪt] n (peso) quintal

Hungarian [hʌŋˈgeəriən] adj,n húngaro

Hungary ['hʌŋgəri] n Hungria

hunger ['hʌŋgə] n 1 fome; *to die of hunger* morrer à fome 2 fig (desejo) ânsia [for, de]; sede [for, de]; *hunger for change* ânsia de mudança ♦ vi 1 ter fome [for, de] 2 ansiar [for/after, por] ❖ *to go on hunger strike* fazer greve de fome

hungover ['hʌŋgəʊvə] adj ressacado

hungry ['hʌŋgri] adj (comp -ier, superl -iest) 1 esfomeado, faminto; *to get hungry* ficar com fome 2 (desejo) ávido [for, de]

hunk [hʌŋk] n 1 col (comida) pedaço, naco 2 col,fig (homem atraente) borracho

hunker ['hʌŋkə] vi aninhar-se; acocorar-se; agachar-se

hunkers ['hʌŋkəz] n pl nádegas, traseiro; *on your hunkers* de cócoras

hunt [hʌnt] vt 1 caçar 2 (criminoso) perseguir ♦ vi 1 caçar 2 andar à procura [for, de]; *I've been hunting for the keys* tenho andado à procura das chaves ♦ n 1 caça, caçada 2 (criminosos) perseguição; caça; *the hunt for the terrorists* a caça aos terroristas 3 procura, busca

♦ **hunt down** vt perseguir; andar à caça de

♦ **hunt out** vt encontrar

hunter ['hʌntə] n caçador

hunting ['hʌntɪŋ] n caça

huntsman ['hʌntsmən] n (pl -men) caçador

hurdle ['hɜːdl] n 1 DESP barreira 2 obstáculo; *to clear a hurdle* ultrapassar um obstáculo ♦ npl DESP (atletismo) barreiras;

the 400 metre hurdles os 400 metros barreiras ♦ vt (barreira, obstáculo) transpor, saltar

hurdling ['hɜːdlɪŋ] n DESP corrida de obstáculos

hurdy-gurdy ['hɜːdɪgɜːdi] n (pl -ies) realejo

hurl [hɜːl] vt 1 arremessar, atirar; *he hurled a brick through the window* ele atirou um tijolo pela janela 2 (acusação, insulto) proferir; *to hurl abuse at somebody* injuriar alguém; *to hurl accusations* proferir acusações ♦ n arremesso ❖ *to hurl oneself* atirar-se

hurly-burly ['hɜːliˌbɜːli] n lufa-lufa; azáfama

hurrah [həˈrɑː] interj,n hurra!

hurricane ['hʌrɪkeɪn] n furacão

hurried ['hʌrɪd] adj apressado, rápido

hurry ['hʌri] n (pl -ies) pressa; *I'm in no hurry* não estou com pressa; *to be in a hurry for* estar cheio de pressa para; *to do things in a hurry* fazer as coisas à pressa ♦ vt apressar ♦ vi apressar-se, andar depressa; despachar-se; *hurry up!* despacha-te!; *to hurry away* ir-se embora rapidamente; *to hurry off* partir a toda a pressa

hurt [hɜːt] vt (pret e pp hurt) 1 ferir; magoar; *she hurt her leg* ela feriu-se na perna 2 (sentimentos) magoar; ofender; *to hurt somebody's feelings* magoar alguém 3 prejudicar ♦ vi 1 doer; *my arm hurts* estou com dores no braço 2 magoar; *that hurts* isso magoa ♦ adj ferido; magoado; *I'm hurt* estou ferido ♦ n mágoa, dor ❖ *it won't hurt you to get up early* não te faz mal nenhum levantares-te cedo; *she wouldn't hurt a fly* ela não faz mal a uma mosca

hurtful ['hɜːtful] adj doloroso

hurtle ['hɜːtl] vi ir a grande velocidade; precipitar-se [towards, para] ♦ vt arremessar, lançar

husband ['hʌzbənd] n marido

husbandry ['hʌzbəndri] n *téc* agricultura

hush [hʌʃ] *vt,i* 1 calar 2 sossegar; acalmar ♦ *n* silêncio ♦ *interj* chiu!; silêncio! ❖ **hush money** suborno

♦ **hush up** *vt* 1 (escândalo) abafar 2 calar

hush-hush [ˌhʌʃ'hʌʃ] *adj* secreto; confidencial

husk [hʌsk] *n* casca; folhelho ♦ *vt* descascar; debulhar

huskiness ['hʌskɪnɪs] *n* (voz, som) rouquidão

husky ['hʌski] *adj* {*comp* -ier, *superl* -iest} 1 rouco 2 *col* (homem) matulão ♦ *n* {*pl* -ies} (cão) husky

hustle ['hʌsl] *vt* 1 empurrar [into, para]; *he hustled her through the door* ele empurrou-a porta fora 2 apressar 3 (mercadoria) ver se livre de ♦ *vi* 1 *col* despachar-se 2 *EUA col* prostituir-se ♦ *n* agitação; *the hustle and bustle of the street* a grande agitação da rua

hustler ['hʌslə] *n col* vigarista

hut [hʌt] *n* 1 cabana 2 coberto 3 MIL acampamento

hutch [hʌtʃ] *n* {*pl* -es} coelheira

hyacinth ['haɪəsɪnθ] *n* jacinto

hybrid ['haɪbrɪd] *adj,n* híbrido

hybridism ['haɪbrɪdɪzəm] *n* hibridismo

hybridity [haɪ'brɪdɪti] *n* hibridez

hydrangea [haɪ'dreɪndʒə] *n* hidrângea, hortênsia

hydrant ['haɪdrənt] *n* boca de incêndio

hydrate ['haɪdreɪt] *n* hidrato ♦ *vt* hidratar

hydration [haɪ'dreɪʃn] *n* hidratação

hydraulic [haɪ'drɔːlɪk] *adj* hidráulico

hydraulics [haɪ'drɔːlɪks] *n* hidráulica

hydrochloric [ˌhaɪdrəʊ'klɒrɪk] *adj* clorídrico

hydrodynamic [ˌhaɪdrəʊdaɪ'næmɪk] *adj* hidrodinâmico

hydrodynamics [ˌhaɪdrəʊdaɪ'næmɪks] *n* MEC hidrodinâmica

hydroelectric [ˌhaɪdrəʊɪ'lektrɪk] *adj* hidroelétrico

hydrofoil ['haɪdrəʊfɔɪl] *n* superfície hidrodinâmica

hydrogen ['haɪdrədʒən] *n* hidrogénio ❖ *hydrogen peroxide* água-oxigenada

hydrogenate [haɪ'drɒdʒəneɪt] *vt* hidrogenar

hydrographic [ˌhaɪdrəʊ'græfɪk] *n* hidrográfico

hydrography [haɪ'drɒɡrəfɪ] *n* hidrografia

hydrological [ˌhaɪdrə'lɒdʒɪkl] *adj* hidrológico

hydrologist [haɪ'drɒlədʒɪst] *n* hidrólogo

hydrology [haɪ'drɒlədʒi] *n* hidrologia

hydrolysis [haɪ'drɒlɪsɪs] *n* hidrólise

hydrophilic [ˌhaɪdrəʊ'fɪlɪk] *adj* hidrófilo

hydrophobia [ˌhaɪdrəʊ'fəʊbɪə] *n* MED hidrofobia, raiva

hydrophobic [ˌhaɪdrəʊ'fəʊbɪk] *adj* hidrófobo

hydroplane [ˌhaɪdrəʊpleɪn] *n* hidroavião ♦ *vi* deslizar sobre a água

hydrostatic [ˌhaɪdrəʊ'stætɪk] *adj téc* hidrostático

hydrotherapy [ˌhaɪdrəʊ'θerəpi] *n* MED hidroterapia

hydroxide [haɪ'drɒksaɪd] *n* hidróxido

hyena [haɪ'iːnə] *n* hiena

hygiene ['haɪdʒiːn] *n* higiene

hygienic [ˌhaɪ'dʒiːnɪk] *adj* higiénico

hygienist [ˌhaɪ'dʒiːnɪst] *n* higienista

hymen ['haɪmən] *n* hímen

hymn [hɪm] *n* hino, cântico

hypallage [haɪ'pælədʒi] *n* hipálage

hype [haɪp] *n* 1 *pej* falatório, excitação, entusiasmo 2 *pej* propaganda, promoção ♦ *vt col,pej* publicitar, propagandear

hyperactive [ˌhaɪpər'æktɪv] *adj* hiperativo

hyperactivity [ˌhaɪpəræk'tɪvɪti] *n* hiperatividade

hyperbaton [haɪ'pɜːbətɒn] *n* {*pl* hyperbatons, hyperbata} hipérbato

hyperbola [haɪ'pɜːbələ] *n* GEOM hipérbole

hyperbole [haɪ'pɜːbəli] *n* (figura de estilo) hipérbole

hyperbolic [ˌhaɪpəˈbɒlɪk] *adj* hiperbólico

hypercritical [ˌhaɪpəˈkrɪtɪkl] *adj* hipercrítico

hyperlink [ˈhaɪpəlɪŋk] *n* hiperligação

hypermarket [ˈhaɪpəˌmɑːkɪt] *n* hipermercado

hypersensitive [ˌhaɪpəˈsensɪtɪv] *adj* hipersensível

hyperspace [ˈhaɪpəspeɪs] *n* hiperespaço

hypertension [ˌhaɪpəˈtenʃn] *n* hipertensão

hypertensive [ˌhaɪpəˈtensɪv] *adj* hipertenso

hypertext [ˈhaɪpətekst] *n* INFORM hipertexto

hypertrophy [haɪˈpɜːtrəfi] *n* hipertrofia ♦ *vt* hipertrofiar

hyphen [ˈhaɪfn] *n* hífen

hyphenate [ˈhaɪfəneɪt] *vt* hifenizar

hyphenation [ˌhaɪfənˈeɪʃən] *n* hifenização

hypnosis [hɪpˈnəʊsɪs] *n* hipnose

hypnotic [hɪpˈnɒtɪk] *adj,n* hipnótico

hypnotism [ˈhɪpnətɪzəm] *n* hipnotismo

hypnotist [ˈhɪpnətɪst] *n* hipnotizador

hypnotize [ˈhɪpnətaɪz] *vt* hipnotizar

hypoallergenic [ˌhaɪpəæləˈdʒenɪk] *adj* hipoalergénico

hypochondria [ˌhaɪpəʊˈkɒndrɪə] *n* hipocondria

hypochondriac [ˌhaɪpəʊˈkɒndriæk] *adj,n* hipocondríaco

hypocrisy [hɪˈpɒkrəsi] *n* {*pl* -ies} hipocrisia

hypocrite [ˈhɪpəkrɪt] *n* hipócrita

hypocritical [ˌhɪpəˈkrɪtɪkl] *adj* hipócrita

hypodermal [ˌhaɪpəˈdɜːməl] *adj* hipodérmico

hypodermic [ˌhaɪpəˈdɜːɪnɪk] *adj* hipodérmico

hypodermis [ˌhaɪpəˈdɜːmɪs] *n* BOT,ZOOL hipoderme

hypotension [ˌhaɪpəˈtenʃn] *n* hipotensão

hypotensive [ˌhaɪpəʊˈtensɪv] *adj,n* hipotenso

hypotenuse [haɪˈpɒtənjuːz] *n* GEOM hipotenusa

hypothermia [ˌhaɪpəʊˈθɜːmɪə] *n* hipotermia

hypothesis [haɪˈpɒθəsɪs] *n* {*pl* -theses} hipótese

hypothetical [ˌhaɪpəˈθetɪkl] *adj* hipotético

hysterectomy [ˌhɪstəˈrektəmi] *n* {*pl* -mies} MED histerectomia

hysteria [hɪˈstɪərɪə] *n* histeria

hysterical [hɪˈsterɪkl] *adj* **1** histérico **2** *col* hilariante

hysterics [hɪˈsterɪks] *n* **1** crise nervosa **2** *col* ataque de riso

I

i [aɪ] n {pl i's} (letra) i

I [aɪ] pron pess eu; it's I sou eu

Iberia [aɪ'bɪərɪə] n 1 Ibéria 2 Península Ibérica

Iberian [aɪ'bɪərɪən] adj ibérico ❖ Iberian Peninsula Península Ibérica

ibex ['aɪbeks] n {pl -es} cabrito-montês

ibis ['aɪbɪs] n {pl -es} (ave) íbis

ice [aɪs] n 1 gelo 2 GB gelado, sorvete ♦ vt 1 CUL (bolos) cobrir com glacé 2 (bebida) pôr gelo em ♦ vi gelar ❖ ice cube cubo de gelo; DESP ice hockey hóquei sobre o gelo; EUA ice water água gelada; to break the ice quebrar o gelo; (projeto) to keep on ice deixar em banho-maria; to skate on thin ice estar numa situação delicada

♦ ice over/up vi gelar; cobrir-se de gelo

iceberg ['aɪsbɜːg] n icebergue

icebox ['aɪsbɒks] n 1 congelador 2 EUA frigorífico

icebreaker ['aɪsbreɪkə] n (barco) quebra--gelo

icecap ['aɪskæp] n calota glaciar

ice cream ['aɪskriːm] n gelado, sorvete; vanilla ice cream gelado de baunilha ❖ ice-cream parlour gelataria

iced ['aɪst] adj 1 gelado 2 (bolo) coberto com glacé

Iceland ['aɪslənd] n Islândia

Icelander ['aɪsləndə] n islandês

Icelandic [aɪs'lændɪk] adj islandês ♦ n (língua) islandês

ice-lolly ['aɪslɒlɪ] n GB gelado de água

ice-skate ['aɪskeɪt] n patim de gelo ♦ vi patinar sobre o gelo

ice-skating ['aɪskeɪtɪŋ] n DESP patinagem sobre o gelo

ice tray ['aɪstreɪ] n (gelo) cuvete

ichthyology [ˌɪkθɪ'ɒlədʒɪ] n ictiologia

icicle ['aɪsɪkl] n pingente de gelo

icing ['aɪsɪŋ] n (bolo) cobertura glacé

icon ['aɪkɒn] n ícone

iconoclast [aɪ'kɒnəklæst] n iconoclasta

iconoclastic [aɪˌkɒnə'klæstɪk] adj iconoclástico

iconographic [aɪˌkɒnə'græfɪk] adj iconográfico

iconography [ˌaɪkə'nɒgrəfɪ] n iconografia

icy ['aɪsɪ] adj {comp -ier, superl -iest} 1 gelado 2 coberto de gelo

ID [ɪd] n bilhete de identidade; BI

idea [aɪ'dɪə] n 1 ideia 2 intenção; to have other ideas ter outras intenções 3 conceito; noção; what's your idea of...? o que é que entendes por...?

ideal [aɪ'dɪəl] adj,n ideal

idealism [aɪ'dɪəlɪzəm] n idealismo

idealist [aɪ'dɪəlɪst] n idealista

idealistic [ˌaɪdɪə'lɪstɪk] adj idealista

idealization [aɪˌdɪəlaɪ'zeɪʃn] n idealização

idealize [aɪ'dɪəlaɪz] vt idealizar

idem ['ɪdem] adv idem

identical [aɪ'dentɪkl] adj idêntico [to, a] ❖ identical twins gémeos verdadeiros

identification [aɪˌdentɪfɪ'keɪʃn] n 1 identificação [of, de] 2 documentos (de identificação)

identify [aɪ'dentɪfaɪ] vt identificar

♦ identify with vi 1 (empatia) identificar-se [with, com] 2 relacionar [with, com]

identity [aɪ'dentətɪ] n {pl -ies} identidade; identity card bilhete de identidade

ideogram ['ɪdɪəgræm] n ideograma

ideograph ['ɪdɪəgrɑːf] n ideograma

ideological [ˌaɪdɪə'lɒdʒɪkl] adj ideológico

ideologist [ˌaɪdɪ'ɒlədʒɪst] n ideólogo

ideology [ˌaɪdɪ'ɒlədʒɪ] n {pl -ies} ideologia

idiocy ['ɪdɪəsɪ] n {pl -ies} idiotice; estupidez

idiom ['ɪdɪəm] adj 1 expressão idiomática 2 idioma; língua

idiomatic [ˌɪdɪə'mætɪk] *adj* idiomático

idiosyncrasy [ˌɪdɪə'sɪŋkrəsi] *n {pl -ies)* idiossincrasia

idiosyncratic [ˌɪdɪəsɪŋ'krætɪk] *adj* idiossincrático

idiot ['ɪdɪət] *n* idiota

idiotic [ɪdɪ'ɒtɪk] *adj* idiota; estúpido

idle ['aɪdl] *adj* 1 desocupado; ocioso; *idle hours* horas de ócio 2 indolente; preguiçoso 3 (promessas, palavras) vão; inútil 4 frívolo; superficial ♦ *vi* perder tempo; mandriar ❖ *idle curiosity* pura curiosidade; (carro) *idle running* em ponto morto
   ♦ **idle away** *vt* perder; desperdiçar

idleness ['aɪdlnəs] *n* indolência, ociosidade

idler ['aɪdlə] *n* preguiçoso

idly ['aɪdli] *adv* sem fazer nada; indolentemente

idol ['aɪdl] *n* ídolo

idolater [aɪ'dɒlətə] *n* idólatra

idolatrous [aɪ'dɒlətrəs] *adj* idólatra

idolatry [aɪ'dɒlətri] *n* idolatria

idolize ['aɪdəlaɪz] *vt* idolatrar

idyll ['ɪdəl] *n* idílio

idyllic [ɪ'dɪlɪk] *adj* idílico

i. e. *[sigla de* **id est***]* isto é

if [ɪf] *conj* 1 se 2 embora, ainda que; *it was a pleasant if expensive dinner* foi um jantar agradável, ainda que caro ♦ *n col* se

iffy ['ɪfi] *adj {comp* -ier, *superl* -iest*) col* duvidoso; incerto

igloo ['ɪglu:] *n* iglu

ignite [ɪg'naɪt] *vt,i* 1 inflamar; acender 2 desencadear

ignition [ɪg'nɪʃn] *n* ignição ❖ *ignition key* chave do carro

ignoble [ɪg'nəʊbəl] *adj* ignóbil; infame

ignominious [ˌɪgnə'mɪnɪəs] *adj* ignominioso, vergonhoso

ignominy ['ɪgnəmɪni] *n {pl -ies)* ignomínia

ignoramus [ˌɪgnə'reɪməs] *n {pl -es)* ignorante; estúpido

ignorance ['ɪgnərəns] *n* ignorância

ignorant ['ɪgnərənt] *adj* ignorante [of, de]

ignore [ɪg'nɔ:] *vt* ignorar

iguana [ɪ'gwɑːnə] *n* iguana

ill [ɪl] *adj* 1 doente; *to be ill* estar doente 2 mau; *ill deed* má ação ♦ *adv* mal ♦ *n* mal; *social ills* males sociais ❖ *to be ill at ease* não estar à vontade

ill-advised [ˌɪləd'vaɪzd] *adj* imprudente

ill-assorted [ɪlə'sɔ:tɪd] *adj* (combinação) estranho

illation [ɪ'leɪʃn] *n* ilação

ill-behaved [ɪlbɪ'heɪv] *adj* malcomportado, mal-educado

ill-bred [ɪl'bred] *adj* mal-educado

ill-considered [ɪlkən'sɪdəd] *adj* irrefletido; precipitado

ill-disposed [ɪldɪ'spəʊzd] *adj* com má vontade

illegal [ɪ'li:gl] *adj* ilegal

illegality [ˌɪli:'gæləti] *n {pl -ies)* ilegalidade

illegible [ɪ'ledʒəbl] *adj* ilegível

illegitimacy [ˌɪlɪ'dʒɪtɪməsi] *n {pl -ies)* ilegitimidade

illegitimate [ˌɪlɪ'dʒɪtɪmət] *adj* ilegítimo

ill-equipped [ɪlɪ'kwɪpd] *adj* 1 mal equipado 2 mal preparado

ill-fated [ɪl'feɪtɪd] *adj* funesto; malfadado

ill-founded [ɪl'faʊndɪd] *adj* 1 (suspeita, medo, rumor) infundado 2 (esperança) vão

ill-gotten [ɪl'gɒtn] *adj* adquirido ilegalmente

illicit [ɪ'lɪsɪt] *adj* ilícito

illiteracy [ɪ'lɪtərəsi] *n {pl -ies)* iliteracia; analfabetismo

illiterate [ɪ'lɪtərət] *adj,n* 1 analfabeto 2 ignorante

ill-mannered [ɪl'mænɜːd] *adj* mal-educado, grosseiro

illness ['ɪlnəs] *n* doença

illogical [ɪ'lɒdʒɪkl] *adj* ilógico

ill-omened [ɪl'əʊmənd] *adj* maldito, aziago, de mau augúrio

ill-tempered [ɪl'tempəd] *adj* rabugento, mal-humorado, desagradável

ill-timed [ɪl'taɪmd] *adj* **1** despropositado **2** inoportuno

ill-treat [ɪl'triːt] *vt* maltratar

ill-treatment [ɪl'triːtmənt] *n* maus tratos

illuminate [ɪ'luːmɪneɪt] *vt* **1** (luz) iluminar **2** esclarecer

illuminating [ɪ'luːmɪneɪtɪŋ] *adj* esclarecedor

illumination [ɪˌluːmɪ'neɪʃn] *n* **1** iluminação **2** (livro, etc.) iluminura

illuminator [ɪ'luːmɪneɪtə] *n* **1** dispositivo de iluminação **2** ART iluminador

illusion [ɪ'luːʒn] *n* ilusão

illusionist [ɪ'luːʒənɪst] *n* ilusionista

illusive [ɪ'luːsɪv] *adj* ilusório

illusory [ɪ'luːsəri] *adj* ilusório, enganador

illustrate [ɪlʌstreɪt] *vt* **1** ilustrar **2** esclarecer **3** exemplificar

illustration [ˌɪlə'streɪʃn] *n* **1** (imagens) ilustração **2** exemplo [of, de]

illustrative [ɪ'lʌstrətɪv] *adj* ilustrativo

illustrator [ɪlʌstreɪtə] *n* ilustrador

illustrious [ɪ'lʌstrɪəs] *adj* ilustre, famoso, notável

I'm [aɪm] *contr de* I + am

image ['ɪmɪdʒ] *n* **1** imagem **2** ideia [of, de] ❖ (semelhança) *to be the spitting image of* ser a cara chapada de

imagery ['ɪmɪdʒəri] *n* imagens

imaginable [ɪ'mædʒɪnəbəl] *adj* imaginável; concebível

imaginary [ɪ'mædʒɪnəri] *adj* imaginário

imagination [ɪˌmædʒɪ'neɪʃn] *n* imaginação

imaginative [ɪ'mædʒɪnətɪv] *adj* imaginativo

imagine [ɪ'mædʒɪn] *vt* **1** imaginar **2** imaginar, julgar, pensar, supor; *you can't imagine how sorry he was* não imaginas como ele se arrependeu ❖ *I can't imagine why!* não sei porquê!; *you're imagining things!* estás a sonhar!

imbecile ['ɪmbəsiːl] *adj,n* imbecil, estúpido

imbibe [ɪm'baɪb] *vt* **1** beber **2** (conhecimentos) assimilar

imbroglio [ɪm'brəʊlɪəʊ] *n* imbróglio

imbue [ɪm'bjuː] *vt* imbuir [de, with] ❖ *to be imbued with* estar imbuído de

imitate ['ɪmɪteɪt] *vt* imitar

imitation [ˌɪmɪ'teɪʃn] *n* imitação ♦ *adj* falso; de imitação

imitator ['ɪmɪteɪtə] *n* **1** imitador **2** falsificador

immaculate [ɪ'mækjʊlət] *adj* imaculado, impecável

immanence ['ɪmənəns] *n* imanência; inerência

immanent ['ɪmənənt] *adj* imanente

immaterial [ˌɪmə'tɪərɪəl] *adj* irrelevante, sem importância

immateriality [ˌɪmətɪəri'ælətɪ] *n* {*pl* -ies} **1** imaterialidade **2** irrelevância

immature [ˌɪmə'tjʊə] *adj* imaturo

immaturity [ˌɪmə'tjʊərəti] *n* imaturidade

immeasurable [ɪ'meʒərəbəl] *adj* imenso; infinito

immediacy [ɪ'miːdɪəsi] *n* iminência, urgência

immediate [ɪ'miːdɪət] *adj* **1** imediato **2** próximo

immediately [ɪ'miːdɪətli] *adv* **1** imediatamente **2** diretamente

immemorial [ˌɪmə'mɔːrɪəl] *adj* imemorial

immense [ɪ'mens] *adj* imenso

immensity [ɪ'mensɪti] *n* vastidão, imensidão

immerse [ɪ'mɜːs] *vt,i* mergulhar [in, em] ❖ *to be immersed in* estar absorto em

immersion [ɪ'mɜːʃn] *n* **1** imersão **2** absorção *fig*

immigrant ['ɪmɪɡrənt] *adj,n* imigrante

immigrate ['ɪmɪɡreɪt] *vi* imigrar

immigration [ˌɪmɪ'ɡreɪʃn] *n* imigração

immigratory [ɪ'mɪɡrətɔri] *adj* imigratório

imminence ['ɪmɪnəns] *n* iminência

imminent ['ɪmɪnənt] *adj* iminente

immobile [ɪ'məʊbaɪl] *adj* imóvel

immobility [ˌɪməʊ'bɪlɪti] *n* imobilidade

immobilization [ɪˌməʊbɪlaɪ'zeɪʃn] *n* imobilização

immobilize [ɪ'məʊbɪlaɪz] *vt* **1** imobilizar **2** paralisar

immoderate [ɪ'mɒdərət] *adj* desmesurado; excessivo

immoderation [ˌɪmɒdə'reɪʃn] *n* excesso

immodest [ɪ'mɒdɪst] *adj* **1** vaidoso **2** indecente

immodesty [ɪ'mɒdɪsti] *n* **1** presunção; vaidade **2** falta de pudor; indecência

immoral [ɪ'mɒrəl] *adj* imoral

immorality [ˌɪmə'rælɪti] *n* imoralidade

immortal [ɪ'mɔːtəl] *adj,n* imortal

immortality [ˌɪmɔː'tælɪti] *n* imortalidade

immortalize [ɪ'mɔːtəlaɪz] *vt* imortalizar; perpetuar

immovable [ɪ'muːvəbəl] *adj* **1** fixo **2** (pessoa) inflexível

immune [ɪ'mjuːn] *adj* **1** imune [to, a] **2** isento [from, de] **3** livre [from, de] ♦ MED *immune system* sistema imunitário

immunity [ɪ'mjuːnɪti] *n* imunidade [to, a]

immunization [ˌɪmjunaɪ'zeɪʃn] *n* imunização

immunize ['ɪmjunaɪz] *vt* tornar imune [against, a]; imunizar [against, contra]; *to immunize against serious diseases* imunizar contra doenças graves

immunodeficiency [ˌɪmjunəʊdɪ'fɪʃənsi] *n* imunodeficiência

immunologic [ˌɪmjunə'lɒdʒɪk] *adj* imunológico

immunology [ˌɪmju'nɒlədʒi] *n* imunologia

immunosuppressant [ˌɪmjunəʊsə'presnt] *adj,n* imunossupressor

immutable [ɪ'mjuːtəbəl] *adj* imutável

imp [ɪmp] *n* **1** (contos infantis) diabinho **2** *fig* (criança) peste

impact[1] ['ɪmpækt] *n* impacto [on/upon, em]

impact[2] [ɪm'pækt] *vi* **1** colidir **2** ter impacto [on, em/sobre]; *these costs will impact on our profitability* estes custos vão ter impacto no nosso lucro

impair [ɪm'peə] *vt* **1** prejudicar; enfraquecer; *to impair one's health* prejudicar a saúde **2** comprometer

impaired [ɪm'peəd] *adj* enfraquecido ♦ *n* deficiente

impairment [ɪm'peəmənt] *n* disfunção; insuficiência

impart [ɪm'pɑːt] *vt* **1** comunicar; transmitir **2** conceder; atribuir

impartial [ɪm'pɑːʃl] *adj* imparcial

impartiality [ˌɪmpɑːʃi'ælɪti] *n* imparcialidade

impassable [ɪm'pɑːsəbəl] *adj* (via) intransitável

impasse [æm'pɑːs] *n* impasse

impassioned [ɪm'pæʃnd] *adj* apaixonado

impassive [ɪm'pæsɪv] *adj* **1** impassível, imperturbável **2** indiferente

impatience [ɪm'peɪʃns] *n* **1** impaciência **2** ansiedade [to, de]

impatient [ɪm'peɪʃənt] *adj* **1** impaciente **2** ansioso [for, por]

impeach [ɪm'piːtʃ] *vt* **1** DIR acusar de alta traição ou suborno; acusar [of, de]; *to impeach a person with a crime* acusar uma pessoa de um crime **2** denunciar

impeachment [ɪm'piːtʃmənt] *n* **1** acusação **2** (funcionário público) acusação por crimes graves

impeccable [ɪm'pekəbəl] *adj* impecável

impede [ɪm'piːd] *vt* **1** estorvar; dificultar; embaraçar **2** impedir

impediment [ɪm'pedɪmənt] *n* **1** impedimento [to, para/a] **2** defeito; *speech impediment* defeito de fala

impel [ɪm'pel] *vt* {*pret e pp* -ll-} impelir [to, a/para]; incitar [to, a]; *to impel to greater effort* incitar a um maior esforço

impend [ɪm'pend] *vi* estar iminente

impending [ɪm'pendɪŋ] *adj* iminente

impenetrable [ɪm'penɪtrəbəl] adj impenetrável

impenitence [ɪm'penɪtəns] n impenitência

impenitent [ɪm'penɪtənt] adj impenitente

imperative [ɪm'perətɪv] adj 1 imperativo 2 urgente; indispensável ♦ n LING imperativo

imperceptible [ˌɪmpə'septəbəl] adj impercetível

imperfect [ɪm'pɜːfɪkt] adj imperfeito, defeituoso ♦ n (verbo) imperfeito; *in the imperfect* no imperfeito

imperfection [ˌɪmpə'fekʃn] n imperfeição

imperial [ɪm'pɪərɪəl] adj 1 imperial 2 imponente, majestoso

imperialism [ɪm'pɪərɪəlɪzəm] n imperialismo

imperialist [ɪm'pɪərɪəlɪst] adj,n imperialista

imperil [ɪm'perəl] vt {pret e pp -ll-} pôr em perigo; arriscar

imperious [ɪm'pɪərɪəs] adj imperioso

imperishable [ɪm'perɪʃəbəl] adj imperecível

impermanent [ɪm'pɜːmənənt] adj efémero; transitório

impermeable [ɪm'pɜːmiəbəl] adj impermeável [to, a]

impersonal [ɪm'pɜːsənəl] adj impessoal

impersonality [ɪmˌpɜːsə'nælətɪ] n impessoalidade; frieza

impersonate [ɪm'pɜːsəneɪt] vt 1 imitar 2 fazer-se passar por 3 personificar

impersonation [ɪmˌpɜːsə'neɪʃn] n imitação

impersonator [ɪm'pɜːsəneɪtə] n imitador

impertinence [ɪm'pɜːtɪnəns] n impertinência

impertinent [ɪm'pɜːtɪnənt] adj impertinente

impervious [ɪm'pɜːvɪəs] adj 1 insensível [to, a] 2 impermeável [to, a]

impetigo [ˌɪmpɪ'taɪɡəʊ] n MED impetigo

impetuosity [ɪmˌpetjʊ'ɒsətɪ] n impetuosidade

impetuous [ɪm'petjʊəs] adj impetuoso

impetus ['ɪmpɪtəs] n 1 ímpeto 2 (força) impulso

impiety [ɪm'paɪətɪ] n {pl -ies} impiedade

impious ['ɪmpɪəs] adj ímpio

impish ['ɪmpɪʃ] adj travesso, endiabrado

implacable [ɪm'plækəbəl] adj implacável

implant¹ ['ɪmplɑːnt] n implante

implant² [ɪm'plɑːnt] vt 1 MED fazer o implante de 2 incutir [in, em]; *to implant an idea in someone* meter uma ideia na cabeça de alguém 3 estabelecer

implausible [ɪm'plɔːzəbəl] adj improvável

implement¹ ['ɪmplɪmənt] n utensílio, alfaia

implement² ['ɪmplɪment] vt 1 implementar; levar a efeito, pôr em prática, executar 2 realizar, cumprir

implementation [ˌɪmplɪmən'teɪʃn] n implementação

implicate ['ɪmplɪkeɪt] vt implicar [in, em]

implication [ˌɪmplɪ'keɪʃn] n 1 implicação [in, em] 2 sugestão [of, de]; insinuação [of, de]

implicit [ɪm'plɪsɪt] adj 1 implícito [in, em] 2 absoluto; incondicional

implied [ɪm'plaɪd] adj implícito; subentendido

implode [ɪm'pləʊd] vi implodir

implore [ɪm'plɔː] vt implorar, rogar, suplicar

imploring [ɪm'plɔːrɪŋ] adj de súplica

implosion [ɪm'pləʊʒn] n implosão

imply [ɪm'plaɪ] vt 1 sugerir; insinuar 2 implicar; envolver

impolite [ˌɪmpə'laɪt] adj indelicado

impoliteness [ˌɪmpə'laɪtnəs] n indelicadeza; má educação

imponderable [ɪm'pɒndərəbəl] adj imponderável

import¹ ['ɪmpɔːt] n 1 artigo importado 2 importação 3 *form* importância

import[2] [ım'pɔːt] *vt* **1** importar [**from**, de]; *these cars are imported from Japan* estes carros são importados do Japão **2** significar; querer dizer; *what does it import?* que significa isso? **3** dizer respeito a; *questions that import them nearly* problemas que lhes dizem respeito

importance [ım'pɔːtns] *n* importância

important [ım'pɔːtnt] *adj* importante

importantly [ım'pɔːtntli] *adv* com importância

importation [ˌımpɔː'teıʃn] *n* **1** importação **2** artigo importado

importer [ım'pɔːtə] *n* importador

importune [ˌımpɔː'tjuːn] *vt* importunar ♦ *adj* importuno

impose [ım'pəuz] *vt* **1** impor [**on**, a/sobre] **2** estabelecer; instituir ♦ *vi* abusar [**on**, de]; aproveitar-se [**on**, de]; *they imposed on his good nature* abusaram da bondade dele

imposing [ım'pəuzıŋ] *adj* imponente; grandioso

imposition [ˌımpə'zıʃn] *n* **1** imposição **2** abuso

impossibility [ımˌpɒsı'bılıti] *n* (*pl* -ies) impossibilidade

impossible [ım'pɒsıbəl] *adj,n* impossível

impostor [ım'pɒstə] *n* impostor

imposture [ım'pɒstʃə] *n form* impostura

impotence [ımpətəns] *n* impotência

impotent ['ımpətənt] *adj* impotente

impound [ım'paund] *vt* DIR confiscar; embargar

impoverish [ım'pɒvərıʃ] *vt* **1** empobrecer **2** debilitar, enfraquecer

impoverishment [ım'pɒvərıʃmənt] *n* empobrecimento

impracticable [ım'præktıkəbəl] *adj* impraticável

impractical [ım'præktıkl] *adj* **1** inviável **2** pouco prático

impracticality [ımˌpræktı'kælıti] *n* **1** inviabilidade **2** falta de sentido prático

imprecation [ˌımprı'keıʃn] *n* imprecação

imprecise [ˌımprı'saıs] *adj* impreciso; vago

imprecision [ˌımprı'sıʒən] *n* imprecisão

impregnate[1] ['ımpregnət] *adj* impregnado

impregnate[2] ['ımpregneıt] *vt* **1** impregnar [**with**, com/em]; embeber [**with**, com/em] **2** BIOL fecundar; engravidar **3** *lit* imbuir [**with**, de]

impregnation [ˌımpreg'neıʃn] *n* **1** impregnação **2** fecundação

impress [ım'pres] *vt* **1** impressionar **2** imprimir [**on**, em]; estampar [**on**, em] **3** *(fazer sentir)* incutir [**upon**, em/sobre]; *to impress something on somebody* incutir algo em alguém ❖ *to impress somebody favourably* causar boa impressão; *he wasn't at all impressed* não ficou com muito boa impressão; *to be easily impressed* ser muito sugestionável

impression [ım'preʃn] *n* **1** impressão [**on**, em] **2** imitação [**of**, de] **3** marca **4** (edição) impressão

impressionable [ım'preʃənəbəl] *adj* impressionável

impressionism [ım'preʃənızəm] *n* impressionismo

impressionist [ım'preʃənıst] *adj,n* impressionista

impressionistic [ımˌpreʃə'nıstık] *adj* impressionista

impressive [ım'presıv] *adj* impressionante

imprint[1] ['ımprınt] *n* impressão, marca

imprint[2] [ım'prınt] *vt* imprimir [**on**, em]; marcar [**on**, em]; gravar [**on**, em] ❖ *to be imprinted on one's memory* ser recordado para sempre

imprison [ım'prızn] *vt* aprisionar, encarcerar

imprisonment [ım'prıznmənt] *n* prisão, detenção

improbability [ımˌprɒbə'bılıti] *n* (*pl* -ies) improbabilidade

improbable [ım'prɒbəbəl] *adj* improvável

impromptu [ɪm'prɒmptjuː] *adj* improvisado ♦ *adv* de improviso ♦ *n* improviso

improper [ɪm'prɒpə] *adj* 1 impróprio, inconveniente 2 incorreto

impropriety [ˌɪmprə'praɪətɪ] *n {pl -ies}* 1 impropriedade; inconveniência 2 indecência 3 incorreção

improve [ɪm'pruːv] *vt* 1 melhorar 2 aperfeiçoar 3 (imóvel, propriedade) valorizar ♦ *vi* 1 melhorar 2 fazer progressos ❖ *to improve one's mind* cultivar-se

improvement [ɪm'pruːvmənt] *n* melhoramento [in/on, em/de]; melhoria [in/on, em/de]

improvidence [ɪm'prɒvɪdəns] *n* imprevidência, imprevisão

improvident [ɪm'prɒvɪdənt] *adj* imprevidente, descuidado, desleixado

improvisation [ˌɪmprəvaɪ'zeɪʃn] *n* improviso

improvise ['ɪmprəvaɪz] *vt,i* improvisar; *to improvise on the piano* improvisar ao piano

improviser ['ɪmprəvaɪzə] *n* improvisador

imprudence [ɪm'pruːdns] *n form* imprudência

imprudent [ɪm'pruːdənt] *adj form* imprudente

impudence ['ɪmpjʊdəns] *n form* insolência, descaramento

impudent ['ɪmpjʊdənt] *adj form* insolente; descarado

impugn [ɪm'pjuːn] *vt* impugnar; refutar; contestar

impulse ['ɪmpʌls] *n* 1 impulso 2 estímulo; incentivo

impulsion [ɪm'pʌlʃn] *n form* impulso, ímpeto

impulsive [ɪm'pʌlsɪv] *adj* impulsivo

impunity [ɪm'pjuːnətɪ] *n* impunidade; *with impunity* impunemente

impure [ɪm'pjʊə] *adj* impuro; contaminado

impurity [ɪm'pjʊərətɪ] *n {pl -ies}* impureza

imputable [ɪm'pjuːtəbəl] *adj* imputável

imputation [ˌɪmpjuː'teɪʃn] *n* imputação [of/to, de]

impute [ɪm'pjuːt] *vt* imputar [to, a]; atribuir [to, a]

in [ɪn] *prep* 1 em; *in bed* na cama; *in Lisbon* em Lisboa 2 a; *in the sun* ao sol 3 de; *in wood* de madeira ♦ *adv* 1 em casa; no local de trabalho; *to be in* estar em casa/no local de trabalho; (comboio, autocarro) ter chegado 2 para dentro; *it curves in at the edges* dobra-se para dentro nas extremidades ♦ *adj* 1 *col* na moda 2 (piada) privado ❖ *all in* tudo incluído; *to be in for* estar prestes a; *to be in on* saber de; ter conhecimento de; *to be in with* estar de boas relações com

inability [ˌɪnə'bɪlɪtɪ] *n* incapacidade [to, de]

inaccessible [ˌɪnək'sesəbəl] *adj* inacessível [to, a]

inaccuracy [ɪn'ækjərəsɪ] *n {pl -ies}* inexatidão

inaccurate [ɪn'ækjərət] *adj* inexato

inaction [ɪn'ækʃn] *n* inação

inactive [ɪn'æktɪv] *adj* inativo

inactivity [ˌɪnæk'tɪvətɪ] *n* inatividade

inadequacy [ɪn'ædɪkwəsɪ] *n* incapacidade

inadequate [ɪn'ædɪkwət] *adj* 1 inadequado; impróprio 2 incapaz

inadmissibility [ˌɪnədmɪsə'bɪlɪtɪ] *n* 1 inadmissibilidade 2 DIR improcedência

inadmissible [ˌɪnəd'mɪsəbəl] *adj* inadmissível

inadvertence [ˌɪnəd'vɜːtəns] *n* inadvertência; falta de atenção; distração

inadvertent [ˌɪnəd'vɜːtənt] *adj* 1 involuntário 2 desatento; distraído

inadvisable [ˌɪnəd'vaɪzəbəl] *adj* desaconselhável; imprudente

inalienable [ɪn'eɪlɪənəbəl] *adj* inalienável; *inalienable rights* direitos inalienáveis

inane [ɪ'neɪn] *adj* idiota; imbecil

inanimate [ɪn'ænɪmət] *adj* inanimado

inanition [ˌɪnəˈnɪʃn] n inanição

inanity [ɪˈnænəti] n imbecilidade

inapplicable [ˌɪnəˈplɪkəbəl] adj inaplicável [to, a]

inappropriate [ˌɪnəˈprəʊpriət] adj impróprio [for/to, para]

inapt [ɪnˈæpt] adj form impróprio

inaptitude [ɪnˈæptɪtjuːd] n inaptidão

inarticulate [ˌɪnɑːˈtɪkjʊlət] adj 1 (pessoa) com dificuldades de expressão 2 (expressão) pouco claro

inasmuch [ˌɪnəzˈmʌtʃ] adv enquanto ❖ *inasmuch as* uma vez que; na medida em que

inattention [ˌɪnəˈtenʃn] n falta de atenção [to, a]

inattentive [ˌɪnəˈtentɪv] adj desatento [to, a]

inaudible [ɪnˈɔːdəbəl] adj inaudível

inaugural [ɪˈnɔːgjʊrəl] adj inaugural

inaugurate [ɪˈnɔːgjʊreɪt] vt 1 inaugurar 2 (presidente, etc.) empossar em novo cargo

inauguration [ɪˌnɔːgjʊˈreɪʃn] n 1 inauguração 2 empossamento

inauspicious [ˌɪnɔːˈspɪʃəs] adj pouco auspicioso ❖ *to get off to an inauspicious start* começar mal

inborn [ˈɪnbɔːn] adj inato; congénito

incalculable [ɪnˈkælkjʊləbəl] adj form incalculável

incandescence [ˌɪnkænˈdesəns] n incandescência

incandescent [ˌɪnkænˈdesənt] adj 1 incandescente 2 arrebatado

incantation [ˌɪnkænˈteɪʃn] n encantamento, feitiço

incapability [ɪnˌkeɪpəˈbɪlɪti] n incapacidade

incapable [ɪnˈkeɪpəbəl] adj incapaz [of, de]

incapacitate [ˌɪnkəˈpæsɪteɪt] vt 1 incapacitar [for, para]; *he was incapacitated for work after the accident* ele ficou incapacitado de trabalhar após o acidente 2 DIR declarar inapto

incapacitation [ˌɪnkəpæsɪˈteɪʃn] n incapacitação [for, para]; incapacidade [for, para]; *permanent incapacitation* incapacidade permanente

incapacity [ˌɪnkəˈpæsəti] n (pl -ies) form incapacidade

incarcerate [ɪnˈkuːsəreɪt] vt prender; encarcerar

incarceration [ɪnˌkɑːsəˈreɪʃn] n prisão; encarceramento

incarnate[1] [ɪnˈkɑːneɪt] vt 1 encarnar [in/as, em] 2 personificar; corporizar

incarnate[2] [ɪnˈkɑːnɪt] adj 1 encarnado 2 em pessoa

incarnation [ˌɪnkɑːˈneɪʃn] n 1 encarnação 2 personificação [of, de]

incautious [ɪnˈkɔːʃəs] adj descuidado; imprudente

incendiary [ɪnˈsendiəri] adj,n incendiário

incense[1] [ˈɪnsens] n incenso

incense[2] [ɪnˈsens] vt provocar; enfurecer

incentive [ɪnˈsentɪv] n incentivo; estímulo ♦ adj estimulante

incertitude [ɪnˈsɜːtɪtjuːd] n dúvida, incerteza

incessant [ɪnˈsesnt] adj incessante, contínuo

incest [ˈɪnsest] n incesto

incestuous [ɪnˈsestjuəs] adj incestuoso

inch [ɪntʃ] n (pl -es) polegada (2,54 cm); *cubic inch* polegada cúbica ♦ vi mover-se lentamente; avançar pouco a pouco ❖ *inch by inch* pouco a pouco; *by inches* por pouco; *he knows every inch of the neighbourhood* conhece o lugar como a palma da mão; *not an inch* nada; *not to yield an inch* não ceder um milímetro; *they couldn't see an inch before them* não viam um palmo à frente dos olhos; *to be within an inch of* estar prestes a

incidence [ˈɪnsɪdəns] n incidência [of, de]

incident [ˈɪnsɪdənt] n incidente

incidental [,ɪnsɪ'dentəl] *adj* 1 casual; acidental 2 inerente [to, a] ♦ *n* eventualidade, imprevisto ❖ *incidental music* música de fundo

incidentally [,ɪnsɪ'dentli] *adv* 1 a propósito 2 por acaso

incinerate [ɪn'sɪnəreɪt] *vt* 1 incinerar 2 cremar

incineration [ɪn,sɪnə'reɪʃn] *n* incineração

incinerator [ɪn'sɪnəreɪtə] *n* incineradora

incise [ɪn'saɪz] *vt* 1 fazer uma incisão em 2 (artes) talhar; gravar

incision [ɪn'sɪʒn] *n* incisão

incisive [ɪn'saɪsɪv] *adj* incisivo; perspicaz

incisor [ɪn'saɪzə] *n* dente incisivo

incite [ɪn'saɪt] *vt* 1 incitar [to, a]; instigar [to, a]; *he incited the crowd to rebellion* ele incitou a multidão à revolta 2 estimular

incitement [ɪn'saɪtmənt] *n* incitamento [to, a]; instigação [to, a]

inciter [ɪn'saɪtə] *n* incitador; instigador

incivility [,ɪnsɪ'vɪləti] *n* {*pl* -ies} indelicadeza; descortesia

inclemency [ɪn'klemənsi] *n* inclemência, rigor, dureza

inclement [ɪn'klemənt] *adj* 1 inclemente, duro 2 rigoroso

inclination [,ɪnklɪ'neɪʃn] *n* inclinação ❖ *by inclination* por natureza

incline[1] [ɪn'klaɪn] *n* inclinação; declive

incline[2] [ɪn'klaɪn] *vt* 1 inclinar [to/towards, para] 2 predispor [to/towards, para] ♦ *vi* 1 inclinar-se [to/towards, para] 2 pender [to/towards, para] 3 ter propensão [to/towards, para]; ter tendência [to/towards, para]

inclined [ɪn'klaɪnd] *adj* 1 (declive) inclinado 2 (vontade) disposto [to, a] 3 (talento) com inclinação [to, para] 4 com tendência [to, para]

include [ɪn'klu:d] *vt* 1 incluir; *is service included in the bill?* o serviço está incluído na conta? 2 abranger; conter

including [ɪn'klu:dɪŋ] *prep* incluindo; *including me* contando comigo; *not including...* sem contar com...

inclusion [ɪn'klu:ʒn] *n* inclusão [in, em]

inclusive [ɪn'klu:sɪv] *adj* 1 inclusivo 2 inclusive; *from page 5 to 10 inclusive* da página 5 à 10 inclusive

inclusively [ɪn'klu:sɪvli] *adv* inclusivamente

incognito [,ɪnkɒɡ'ni:təʊ] *adj,adv* incógnito

incoherence [,ɪnkəʊ'hɪərəns] *n* incoerência

incoherent [,ɪnkəʊ'hɪərənt] *adj* incoerente

income ['ɪnkʌm] *n* rendimento(s); *income tax* imposto sobre os rendimentos

incomer ['ɪnkʌmə] *n* 1 recém-chegado 2 imigrante

incoming ['ɪnkʌmɪŋ] *adj* 1 de chegada 2 futuro, próximo ♦ *n* (no plural) receitas; rendimentos ❖ *incoming calls* chamadas do exterior

incommensurable [,ɪnkə'menʃərəbl] *adj* incomensurável

incommensurate [,ɪnkə'menʃərət] *adj* 1 desproporcionado [with, em relação a] 2 incomensurável

incommunicable [,ɪnkə'mju:nɪkəbl] *adj* incomunicável

incommunicado [,ɪnkəmju:nɪ'kɑ:dəʊ] *adj,adv* incomunicável

incomparable [ɪn'kɒmprəbl] *adj* incomparável

incompatibility [ɪnkəm,pætə'bɪlɪti] *n* incompatibilidade

incompatible [,ɪnkəm'pætəbl] *adj* incompatível [with, com]

incompetence [ɪn'kɒmpɪtəns] *n* incompetência

incompetent [ɪn'kɒmpɪtənt] *adj* incompetente

incomplete [,ɪnkəm'pli:t] *adj* incompleto

incomprehensible [ɪn,kɒmprɪ'hensəbl] *adj* incompreensível [to, para]

incomprehension [ˌɪnˌkɒmprɪˈhenʃn] *n* incompreensão

inconceivable [ˌɪnkənˈsiːvəbəl] *adj* inconcebível

inconclusive [ˌɪnkənˈkluːsɪv] *adj* não conclusivo ❖ *to be inconclusive* não dar em nada

incongruent [ɪnˈkɒŋgruənt] *adj* incongruente

incongruity [ˌɪnkɒŋˈgruːəti] *n* (*pl* -ies) incongruência

incongruous [ɪnˈkɒŋgruəs] *adj* 1 impróprio 2 estranho

inconsequence [ɪnˈkɒnsɪkwəns] *n* inconsequência

inconsequent [ɪnˈkɒnsɪkwənt] *adj* 1 inconsequente 2 sem importância

inconsequential [ɪnˌkɒnsɪˈkwenʃl] *adj* 1 inconsequente 2 sem importância

inconsiderate [ˌɪnkənˈsɪdərət] *adj* pouco atencioso [*of*, da parte de]

inconsideration [ɪnkənˌsɪdəˈreɪʃən] *n* falta de consideração

inconsistency [ˌɪnkənˈsɪstənsi] *n* inconsistência

inconsistent [ˌɪnkənˈsɪstənt] *adj* inconsistente [*with*, com] ❖ *to be inconsistent with* não coincidir com

inconsolable [ˌɪnkənˈsəʊləbəl] *adj* inconsolável

inconspicuous [ˌɪnkənˈspɪkjuəs] *adj* discreto, que não dá nas vistas

inconstancy [ɪnˈkɒnstənsi] *n* inconstância

inconstant [ɪnˈkɒnstənt] *adj* inconstante

incontinence [ɪnˈkɒntɪnəns] *n* incontinência

incontinent [ɪnˈkɒntɪnənt] *adj* incontinente

incontrovertible [ˌɪnkɒntrəˈvɜːtəbəl] *adj* incontroverso

inconvenience [ˌɪnkənˈviːniəns] *n* 1 incómodo; transtorno; maçada 2 (*desvantagem*) inconveniente ♦ *vt* incomodar ❖ *to put*

somebody to great inconvenience causar transtorno a alguém

inconvenient [ˌɪnkənˈviːniənt] *adj* inconveniente, impróprio

incorporate[1] [ɪnˈkɔːpərɪt] *adj* incorporado

incorporate[2] [ɪnˈkɔːpəreɪt] *vt* 1 incluir [*in/into*, em]; integrar [*in/into*, em]; incorporar [*in/into*, em] 2 CUL adicionar, juntar 3 EUA integrar em corporação

incorporation [ɪnˌkɔːpəˈreɪʃn] *n* incorporação; inclusão

incorporeal [ˌɪnkɔːˈpɔːriəl] *adj* incorpóreo; imaterial

incorrect [ˌɪnkəˈrekt] *adj* 1 incorreto; errado 2 (*comportamento*) impróprio

incorrectly [ˌɪnkəˈrektli] *adv* 1 incorretamente 2 inadequadamente

incorrectness [ˌɪnkəˈrektnəs] *n* incorreção

incorrigible [ɪnˈkɒrɪdʒəbəl] *adj* incorrigível

incorrupt [ˌɪnkəˈrʌpt] *adj* incorrupto

incorruptible [ˌɪnkəˈrʌptəbəl] *adj* incorruptível

increase[1] [ˈɪnkriːs] *n* aumento [*in*, de]; subida [*in*, de]

increase[2] [ɪnˈkriːs] *vi* 1 aumentar [*in*, de]; subir [*in*, de]; *to increase in price* subir de preço; *to increase in value* valorizar 2 intensificar-se ♦ *vt* 1 aumentar 2 intensificar 3 incrementar ❖ *to increase one's efforts* redobrar os esforços; *to increase one's pace* apressar o passo

increasing [ɪnˈkriːsɪŋ] *adj* crescente

increasingly [ɪnˈkriːsɪŋli] *adv* de forma crescente

incredible [ɪnˈkredəbəl] *adj* incrível; inacreditável

incredulity [ˌɪnkrɪˈdjuːləti] *n* incredulidade

incredulous [ɪnˈkredjuləs] *adj* incrédulo

increment [ˈɪŋkrɪmənt] *n* 1 incremento 2 desenvolvimento; crescimento 3 MAT quantidade diferencial ♦ *vt* aumentar; in-

crementar ❖ **unearned increment** mais-
-valia

incriminate [ɪnˈkrɪmɪneɪt] vt incriminar

incriminating [ɪnˈkrɪmɪneɪtɪŋ] adj incriminatório

incrimination [ɪnˌkrɪmɪˈneɪʃn] n incriminação

incrust [ɪnˈkrʌst] vt 1 incrustar, embutir
2 inserir

incrustation [ˌɪnkrʌˈsteɪʃn] n 1 incrustá-
ção [of, de] 2 revestimento 3 (hábitos) enraizamento

incubate [ˈɪŋkjʊbeɪt] vt,i 1 incubar 2 chocar

incubation [ˌɪnkjʊˈbeɪʃn] n incubação;
(doença) **incubation period** período de incubação

incubator [ˈɪŋkjʊbeɪtə] n incubadora

inculcate [ˈɪnkʌlkeɪt] vt incutir [**in/into**,
a/em]; **they inculcated the will to succeed
in their children** eles incutiram aos filhos
a vontade de vencer

incumbency [ɪnˈkʌmbənsi] n 1 incumbência 2 REL benefício eclesiástico

incumbent [ɪnˈkʌmbənt] n 1 REL possuidor de benefício eclesiástico 2 (cargo administrativo) titular ◆ adj 1 atual; em exercício 2 (responsabilidade) que compete
[**on/upon**, a]; **it is incumbent on/upon
you to warn them** é a ti que compete
avisá-los

incur [ɪnˈkɜː] vt {pret e pp -rr-} 1 incorrer
em; ficar sujeito a; **to incur debts** incorrer
em dívidas; **to incur punishment** incorrer
em castigos 2 sofrer ❖ **incurred expenses**
despesas efetuadas; **to incur ridicule** cair
no ridículo

incurable [ɪnˈkjʊərəbəl] adj 1 incurável
2 incorrigível ◆ n doente incurável

incursion [ɪnˈkɜːʃn] n 1 incursão [**in/into**,
em] 2 (abuso) invasão

indebted [ɪnˈdetɪd] adj 1 endividado 2 em
dívida de gratidão [**to**, para com]

indecency [ɪnˈdiːsnsi] n {pl -ies} indecência

indecent [ɪnˈdiːsənt] adj 1 indecente; obsceno 2 inconveniente

indecipherable [ˌɪndɪˈsaɪfərəbəl] adj indecifrável

indecision [ˌɪndɪˈsɪʒn] n indecisão

indecisive [ˌɪndɪˈsaɪsɪv] adj 1 indeciso
2 inconclusivo

indeclinable [ˌɪndɪˈklaɪnəbəl] adj indecli-
nável

indecorous [ɪnˈdekərəs] adj indecoroso;
indigno

indecorum [ˌɪndɪˈkɔːrəm] n falta de decoro

indeed [ɪnˈdiːd] adv realmente; de facto ◆
interj (surpresa) ai sim!; essa agora!

indefensible [ˌɪndɪˈfensəbəl] adj 1 injustificável; imperdoável 2 indefensável

indefinable [ˌɪndɪˈfaɪnəbəl] adj indefinível

indefinite [ɪnˈdefɪnət] adj 1 indeterminado 2 indefinido

indefinitely [ɪnˈdefɪnətli] adv 1 indefinidamente 2 indeterminadamente

indelible [ɪnˈdeləbəl] adj permanente, indelével

indelicacy [ɪnˈdelɪkəsi] n {pl -ies} indelicadeza

indelicate [ɪnˈdelɪkət] adj indelicado

indemnify [ɪnˈdemnɪfaɪ] vt 1 indemnizar
[**for**, por]; compensar [**for**, por]; ressarcir
[**for**, por]; **I was indemnified for the loss
of my property** fui indemnizado pela
perda da minha propriedade 2 fazer seguro [**against/from**, contra]; **to be indemnified against all risks** ter seguro contra
todos os riscos; **to be indemnified from
fire** ter seguro contra incêndio

indemnity [ɪnˈdemnəti] n {pl -ies} indemnização

indent¹ [ˈɪndent] n 1 GB (encomenda) requisição 2 ⇒ **indentation**

indent² [ɪnˈdent] vt 1 recortar; talhar 2 TIP
indentar; **to indent the text** indentar o

texto 3 gravar em relevo ♦ *vi GB* fazer encomenda, encomendar [**for**, -]; *to indent for a new supply* fazer uma nova encomenda

indentation [,inden'teiʃn] *n* 1 (texto) indentação 2 entalhe; recorte

indenture [in'dentʃə] *vt* contratar como aprendiz

independence [,indi'pendəns] *n* independência

independent [,indi'pendənt] *adj* 1 independente [**of**, de] 2 imparcial

in-depth [,in'depθ] *adj* aprofundado; pormenorizado

indescribable [,indi'skraibəbəl] *adj* indescritível

indestructible [,indi'strʌktəbəl] *adj* indestrutível

indeterminate [,indi'tɜːminət] *adj* indeterminado

indetermination [in,ditɜːmi'neiʃn] *n* indeterminação

index ['indeks] *n* (*pl* indices, indexes) 1 índice, *economic indices* índice económico 2 ficheiro; catálogo 3 MAT expoente 4 indício [**of**, de]; sinal [**of**, de]; indicação [**of**, de] ♦ *vt* 1 indexar [**to**, a] 2 catalogar; classificar ❖ ANAT *index finger* dedo indicador

India ['indiə] *n* Índia

Indian ['indiən] *adj,n* 1 indiano 2 índio ❖ *Indian ink* tinta da China; *Indian Ocean* oceano Índico

indicate ['indikeit] *vt* 1 indicar 2 ser sinal de 3 (*registar*) marcar ♦ *vi* (carro) pôr o pisca ❖ *to be indicated* ser aconselhável; ser o indicado

indication [,indi'keiʃn] *n* indicação; sinal

indicative [in'dikətiv] *adj,n* indicativo

indicator ['indikeitə] *n* 1 indicador 2 *GB* (carro) pisca

indict [in'dait] *vt* DIR acusar [**for**, de]; indiciar [**on**, por]; *he was indicted on the*

charge of forgery ele foi indiciado pelo crime de falsificação

indictment [in'daitmənt] *n* 1 sinal; prova 2 *EUA* acusação

indie ['indi] *adj* (música, banda) independente

indifference [in'difrəns] *n* indiferença, desinteresse

indifferent [in'difrənt] *adj* 1 indiferente; desinteressado 2 medíocre; banal

indigence ['indidʒəns] *n* indigência; penúria; *to live in indigence* viver na penúria

indigenous [in'didʒinəs] *adj* indígena

indigent ['indidʒənt] *adj* indigente

indigestible [,indi'dʒestəbəl] *adj* 1 (comida) indigesto 2 (informação) confuso

indigestion [,indi'dʒestʃn] *n* indigestão

indignant [in'dignənt] *adj* indignado [**at**, com]

indignation [,indig'neiʃn] *n* indignação ❖ *indignation meeting* reunião de protesto

indignity [in'dignəti] *n* (*pl* -ies) indignidade; afronta; vergonha

indigo ['indigəu] *adj,n* (cor) índigo

indirect [,ində'rekt] *adj* indireto

indirectly [,ində'rektli] *adv* indiretamente

indiscipline [in'disiplin] *n* indisciplina

indiscreet [,indi'skriːt] *adj* indiscreto

indiscretion [,indi'skreʃn] *n* indiscrição

indiscriminate [,indi'skriminət] *adj* indiscriminado

indispensable [,indi'spensəbəl] *adj* indispensável [**to**, para]

indisposed [,indi'spəuzd] *adj* 1 maldisposto; indisposto 2 relutante [**to**, em]

indisposition [,indispə'ziʃn] *n* indisposição

indisputable [,indi'spjuːtəbəl] *adj* incontestável

indissoluble [,indi'sɒljubəl] *adj* indissolúvel

indistinct [,indi'stiŋkt] *adj* 1 indistinto 2 confuso

indistinctly [,ɪndɪ'stɪŋktlɪ] *adv* indistintamente

indium ['ɪndɪəm] *n* QUÍM (elemento químico) índio

individual [,ɪndɪ'vɪdʒʊəl] *adj* 1 individual 2 pessoal; particular ♦ *n* indivíduo; pessoa

individualism [,ɪndɪ'vɪdʒʊəlɪzəm] *n* individualismo

individualist [,ɪndɪ'vɪdʒʊəlɪst] *n,adj* individualista

individualistic [,ɪndɪvɪdʒʊə'lɪstɪk] *adj* individualista

individuality [,ɪndɪvɪdʒʊ'ælətɪ] *n* {*pl* -ies} individualidade

individualization [,ɪndɪvɪdʒʊəlaɪ'zeɪʃn] *n* individualização

individualize [,ɪndɪ'vɪdʒʊəlaɪz] *vt* 1 individualizar 2 particularizar 3 (*adaptar*) personalizar

indivisible [,ɪndɪ'vɪzəbəl] *adj* indivisível

indoctrinate [ɪn'dɒktrɪneɪt] *vt* doutrinar

indoctrination [ɪn,dɒktrɪ'neɪʃn] *n* doutrinação

Indo-European [,ɪndəʊjʊərə'piːən] *adj,n* indo-europeu

indolence ['ɪndələns] *n* indolência

indolent ['ɪndələnt] *adj* indolente

Indonesia [,ɪndə'niːzɪə] *n* Indonésia

Indonesian [,ɪndə'niːzɪən] *adj,n* indonésio

indoor ['ɪndɔː] *adj* 1 interior 2 (pista) coberto ❖ *indoor football* futebol de salão

indoors [,ɪn'dɔːz] *adv* dentro de casa; *let's go indoors* vamos para dentro

indorse [ɪn'dɔːs] *vt* 1 endossar; *to indorse a cheque* endossar um cheque 2 apoiar 3 aprovar; sancionar

indorsee [ɪndɔː'siː] *n* endossado

induce [ɪn'djuːs] *vt* 1 induzir [to, a]; levar [to, a] 2 provocar; causar; *to induce drowsiness* provocar sonolência 3 MED (parto) provocar; *to induce labour* provocar o parto 4 inferir

inducement [ɪn'djuːsmənt] *n* incentivo; estímulo

induct [ɪn'dʌkt] *vt* 1 indigitar; empossar; *he was inducted minister* ele foi indigitado ministro 2 recrutar [into, para]; *he was inducted into the Navy* ele foi recrutado para a Marinha

induction [ɪn'dʌkʃn] *n* 1 indução 2 (cargo) indigitação ❖ *induction course* curso de formação

inductive [ɪn'dʌktɪv] *adj* indutivo

inductor [ɪn'dʌktə] *n* ELET indutor

indulge [ɪn'dʌldʒ] *vt* 1 satisfazer; ceder a; *to indulge a whim* satisfazer um capricho 2 estragar com mimos ♦ *vi* 1 entregar-se [in, a]; *he indulged in reading* ele entregou-se à leitura 2 (bebida, comida) abusar [in, de]

indulgence [ɪn'dʌldʒəns] *n* 1 indulgência 2 pequeno prazer, luxo

indulgent [ɪn'dʌldʒənt] *adj* indulgente; tolerante

indult [ɪn'dʌlt] *n* REL indulto

industrial [ɪn'dʌstrɪəl] *adj* industrial ❖ *industrial action* greve; *industrial disease* doença profissional

industrialist [ɪn'dʌstrɪəlɪst] *n* industrial

industrialization [ɪn,dʌstrɪəlaɪ'zeɪʃn] *n* industrialização

industrialize [ɪn'dʌstrɪəlaɪz] *vt* industrializar

industrious [ɪn'dʌstrɪəs] *adj* trabalhador; diligente

industry ['ɪndəstrɪ] *n* {*pl* -ies} indústria

inebriate [ɪ'niːbrɪeɪt] *vt* inebriar; embriagar

inebriating [ɪ'niːbrɪeɪtɪŋ] *adj* embriagante

inebriation [ɪ,niːbrɪ'eɪʃn] *n* 1 embriaguez 2 entusiasmo

inedible [ɪn'edəbəl] *adj* não comestível

ineffable [ɪn'efəbəl] *adj* inefável; indizível

ineffective [,ɪnɪ'fektɪv] *adj* 1 ineficaz; inútil 2 incapaz; incompetente

ineffectual [,ɪnɪ'fektʃʊəl] *adj* ineficaz; inútil

inefficiency [ˌɪnɪˈfɪʃnsɪ] n ineficiência

inefficient [ˌɪnɪˈfɪʃənt] adj ineficiente

inelegance [ɪnˈelɪgəns] n deselegância

inelegant [ɪnˈelɪgənt] adj deselegante

ineligible [ɪnˈelɪdʒəbəl] adj inelegível [for, para]

inept [ɪˈnept] adj 1 inábil; incapaz 2 (comentário) disparatado

ineptitude [ɪˈneptɪtjuːd] n inépcia; falta de jeito

inequality [ˌɪnɪˈkwɒlətɪ] n {pl -ies} desigualdade

inequity [ɪnˈekwətɪ] n {pl -ies} iniquidade; injustiça

inert [ɪˈnɜːt] adj inerte

inertia [ɪˈnɜːʃə] n inércia

inescapable [ˌɪnɪˈskeɪpəbəl] adj inescapável; inevitável

inessential [ˌɪnɪˈsenʃl] adj 1 não essencial 2 de valor insignificante

inestimable [ɪnˈestɪməbəl] adj inestimável; incalculável

inevitability [ɪnˌevɪtəˈbɪlɪtɪ] n inevitabilidade

inevitable [ɪnˈevɪtəbəl] adj inevitável

inexact [ˌɪnɪgˈzækt] adj inexato

inexactitude [ˌɪnɪgˈzæktɪtjuːd] n inexatidão

inexcusable [ˌɪnɪkˈskjuːzəbəl] adj indesculpável

inexhaustible [ˌɪnɪgˈzɔːstəbəl] adj inesgotável

inexpensive [ˌɪnɪkˈspensɪv] adj (preço) acessível; barato

inexperience [ˌɪnɪkˈspɪərɪəns] n inexperiência

inexperienced [ˌɪnɪkˈspɪərɪənst] adj inexperiente

inexpert [ɪnˈekspɜːt] adj inábil

inexplicable [ˌɪnɪkˈsplɪkəbəl] adj inexplicável

inexplicit [ˌɪnɪkˈsplɪsɪt] adj pouco claro; confuso

inexpressible [ˌɪnɪkˈspresəbəl] adj inexprimível

inexpressive [ˌɪnɪkˈspresɪv] adj inexpressivo

inextinguishable [ˌɪnɪkˈstɪŋgwɪʃəbəl] adj inextinguível

inextricable [ˌɪnɪkˈstrɪkəbəl] adj inextricável

infallible [ɪnˈfæləbəl] adj infalível

infamous [ˈɪnfəməs] adj infame

infamy [ˈɪnfəmɪ] n {pl -ies} infâmia

infancy [ˈɪnfənsɪ] n 1 infância 2 início

infant [ˈɪnfənt] n 1 bebé 2 (entre os 4 e os 7 anos) criança 3 menor de idade ✦ **infant mortality** mortalidade infantil; **infant school** pré-primária

infanticide [ɪnˈfæntɪsaɪd] n 1 (crime) infanticídio 2 (criminoso) infanticida

infantile [ˈɪnfəntaɪl] adj infantil

infantilism [ɪnˈfæntɪˌlɪzəm] n MED infantilismo

infantry [ˈɪnfəntrɪ] n infantaria

infantryman [ˈɪnfəntrɪmən] n {pl -men} soldado de infantaria

infarct [ɪnˈfɑːkt] n MED enfarte

infatuated [ɪnˈfætʃʊeɪtɪd] adj louco [with, por]; apaixonado [with, por]

infatuation [ɪnˌfætʃʊˈeɪʃn] n paixão louca |with/for, por]

infect [ɪnˈfekt] vt 1 infetar [with, com] 2 (água, alimentos, etc.) contaminar 3 fig (riso, emoções) contagiar [with, com] ✦ (ferimento) **to become infected** infecionar

infection [ɪnˈfekʃn] n 1 infeção 2 contágio

infectious [ɪnˈfekʃəs] adj 1 contagioso 2 (riso, entusiasmo) contagiante

infer [ɪnˈfɜː] vt {pret e pp -rr-} inferir [from, de]; deduzir [from, de]

inference [ˈɪnfərəns] n inferência; dedução

inferior [ɪnˈfɪərɪə] adj,n inferior

inferiority [ɪnˌfɪərɪˈɒrətɪ] n inferioridade

infernal [ɪnˈfɜːnəl] adj infernal

infertile [ɪn'fɜːtaɪl] *adj* estéril

infertility [ˌɪnfəˈtɪləti] *n* infertilidade

infest [ɪn'fest] *vt* infestar ❖ *to be infested with/by* estar infestado de

infidel ['ɪnfɪdəl] *n* 1 REL infiel 2 REL descrente; ateu

infidelity [ˌɪnfɪˈdeləti] *n* {*pl* -ies} infidelidade

infill ['ɪnfɪl] *n* enchimento

infiltrate ['ɪnfɪltreɪt] *vt* infiltrar-se em ♦ *vi* infiltrar-se

infiltration [ˌɪnfɪlˈtreɪʃn] *n* infiltração

infiltrator ['ɪnfɪltreɪtə] *n* infiltrado

infinite ['ɪnfɪnət] *adj,n* infinito

infinitesimal [ˌɪnfɪnɪˈtesɪməl] *adj* infinitesimal; *infinitesimal quantity* quantidade infinitesimal

infinitive [ɪnˈfɪnɪtɪv] *n* (verbo) infinitivo

infinitude [ɪnˈfɪnɪtjuːd] *n* 1 carácter infinito 2 infinidade [of, de]

infinity [ɪnˈfɪnəti] *n* 1 infinito 2 infinidade [of, de]

infirm [ɪnˈfɜːm] *adj* doente; enfermo

infirmary [ɪnˈfɜːməri] *n* {*pl* -ies} enfermaria

infirmity [ɪnˈfɜːməti] *n* {*pl* -ies} 1 fraqueza; falta de firmeza 2 achaque; enfermidade

infix[1] ['ɪnfɪks] *n* LING infixo

infix[2] [ɪnˈfɪks] *vt* fixar [in, em]; inserir [in, em]

inflame [ɪnˈfleɪm] *vt,i* inflamar(-se)

inflammable [ɪnˈflæməbəl] *adj* 1 (substância) inflamável 2 (situação) explosivo

inflammation [ˌɪnfləˈmeɪʃn] *n* inflamação

inflammatory [ɪnˈflæmətəri] *adj* 1 inflamatório 2 explosivo

inflatable [ɪnˈfleɪtəbəl] *adj,n* insuflável

inflate [ɪnˈfleɪt] *vt* 1 (de ar) encher; *to inflate the tyres of the car* encher os pneus do carro 2 *fig* exagerar 3 *fig* inflacionar; *to inflate the prices* inflacionar os preços ♦ *vi* encher-se de ar; inchar

inflated [ɪnˈfleɪtɪd] *adj* 1 cheio de ar 2 (preço) inflacionado 3 exagerado 4 empolado; pomposo

inflation [ɪnˈfleɪʃn] *n* 1 ECON inflação 2 (ar, gases) enchimento

inflect [ɪnˈflekt] *vt* 1 LING flexionar, conjugar; declinar 2 (voz) infletir

inflection [ɪnˈflekʃn] *n* 1 LING flexão 2 (voz) entoação

inflexibility [ɪnˌfleksəˈbɪləti] *n* inflexibilidade

inflexible [ɪnˈfleksəbəl] *adj* inflexível

inflict [ɪnˈflɪkt] *vt* 1 (sofrimento, castigo) infligir [on, a]; *to inflict pain on someone* infligir dor a alguém 2 causar [on, a] 3 aplicar [on, a]; *to inflict a fine on someone* aplicar uma multa a alguém 4 impor [on, a] ❖ *to inflict oneself on somebody* impor a sua presença a alguém

infliction [ɪnˈflɪkʃn] *n* 1 (pena, castigo) aplicação 2 imposição

inflow ['ɪnfləʊ] *n* influxo; afluxo; *the inflow of manufactured goods* o afluxo de bens manufaturados

influence ['ɪnfluəns] *n* 1 influência [on, sobre]; *to be under the influence of* ser influenciado por; *to exercise influence on someone's behalf* mover influências a favor de alguém 2 prestígio; poder; *people of influence* pessoas influentes ♦ *vt* influir em; influenciar ❖ *influence peddling* tráfico de influências; *to be easily influenced* ser influenciável; *to be under the influence* estar sob o efeito de álcool

influential [ˌɪnfluˈenʃl] *adj* influente

influenza [ˌɪnfluˈenzə] *n form* gripe

influenzal [ˌɪnfluˈenzəl] *adj* gripal

influx ['ɪnflʌks] *n* {*pl* -es} afluência

info ['ɪnfəʊ] *n col* informação

info-excluded [ˌɪnfəʊɪkˈskluːdɪd] *adj,n* infoexcluído

info-exclusion [ˌɪnfəʊɪkˈskluːʒən] *n* infoexclusão

inform [ɪn'fɔːm] vt informar [**of/about**, de]

◆ **inform on/against** vt denunciar; fazer queixa de

informal [ɪn'fɔːməl] adj informal

informality [ˌɪnfɔː'mæləti] n informalidade

informant [ɪn'fɔːmənt] n informador

information [ˌɪnfə'meɪʃn] n informação

❖ **information superhighway** autoestrada de informação

informative [ɪn'fɔːmətɪv] adj informativo

informer [ɪn'fɔːmə] n informador

infotainment [ˌɪnfəʊ'teɪnmənt] n entretenimento cultural

infraction [ɪn'frækʃn] n infração; violação; *infraction of the law* infração à lei

infra dig [ɪnfrə'dɪg] adj pouco digno; degradante

infrared [ˌɪnfrə'red] adj,n infravermelho

infrastructure ['ɪnfrəstrʌktʃə] n infraestrutura

infrequent [ɪn'friːkwənt] adj raro; pouco frequente

infringe [ɪn'frɪndʒ] vt infringir; violar; transgredir; *to infringe a settlement* violar um acordo

◆ **infringe on/upon** vt (direitos, liberdade) restringir; limitar

infringement [ɪn'frɪndʒmənt] n infração [**of**, de]; violação [**of**, de]

infuriate [ɪn'fjʊərieɪt] vt enfurecer; *I was infuriated by their delay* fiquei furioso com o atraso deles

infuriating [ɪn'fjʊərieɪtɪŋ] adj exasperante

infuse [ɪn'fjuːz] vt 1 (bebida) pôr de infusão 2 incutir; inspirar ◆ vi ficar em infusão

infusion [ɪn'fjuːʒn] n 1 (bebida) infusão [**of**, de] 2 (capital, energia, etc.) injeção*fig* [**of**, de]

ingenious [ɪn'dʒiːniəs] adj engenhoso; criativo

ingeniousness [ɪn'dʒiːniəsnəs] n ⇒ **ingenuity**

ingenuity [ˌɪndʒə'njuːəti] n engenho; habilidade

ingenuous [ɪn'dʒenjuəs] adj form ingénuo; inocente

ingestion [ɪn'dʒestʃən] n ingestão

ingot ['ɪŋgət] n (metal) lingote; barra

ingrained [ɪn'greɪnd] adj 1 (sujidade) entranhado 2 (hábito) inveterado

ingratiate [ɪn'greɪʃieɪt] vt *(fazer-se simpático)* insinuar-se [**with**, junto a]; *to ingratiate oneself with someone* insinuar-se junto a alguém

ingratiating [ɪn'greɪʃieɪtɪŋ] adj insinuante; melífluo

ingratitude [ɪn'grætɪtjuːd] n ingratidão

ingredient [ɪn'griːdiənt] n 1 ingrediente 2 elemento; componente

ingrowing [ˌɪn'grəʊɪŋ] adj (unha) encravado

ingurgitate [ɪn'gɜːdʒiteɪt] vt engolir sofregamente

inhabit [ɪn'hæbɪt] vt habitar; residir em; morar em; *this town is inhabited by thousands of people* moram milhares de pessoas nesta cidade

inhabitant [ɪn'hæbɪtənt] n habitante; morador

inhalation [ˌɪnhə'leɪʃn] n inalação; *inhalation of gas* inalação de gás

inhale [ɪn'heɪl] vt inalar; aspirar; inspirar

inhaler [ɪn'heɪlə] n inalador

inherence [ɪn'hɪərəns] n inerência

inherent [ɪn'hɪərənt] adj inerente [**in**, a]

inherit [ɪn'herɪt] vt herdar [**from**, de]

inheritance [ɪn'herɪtəns] n 1 herança 2 património

inheritor [ɪn'herɪtə] n herdeiro

inhibit [ɪn'hɪbɪt] vt 1 inibir; coibir 2 travar; impedir

inhibited [ɪn'hɪbɪtɪd] adj inibido

inhibiting [ɪn'hɪbɪtɪŋ] adj inibidor

inhibition [ˌɪnhɪ'bɪʃn] n inibição

inhospitable [ˌɪnhɒˈspɪtəbəl] *adj* 1 inóspito; *inhospitable place* local inóspito 2 (pessoa) desagradável; antipático

inhuman [ɪnˈhjuːmən] *adj* 1 desumano; cruel 2 não humano

inhumane [ˌɪnhjuːˈmeɪn] *adj* desumano

inhumanity [ˌɪnhjuːˈmænəti] *n* desumanidade

inhume [ɪnˈhjuːm] *vt* inumar; enterrar; sepultar

inimical [ɪˈnɪmɪkl] *adj* inimigo [to, de]; hostil [to, a]; contrário [to, a]

inimitable [ɪˈnɪmɪtəbəl] *adj* inimitável

iniquitous [ɪˈnɪkwɪtəs] *adj* iníquo; injusto; nocivo

iniquity [ɪˈnɪkwəti] *n* {*pl* -ies} iniquidade; injustiça

initial [ɪˈnɪʃl] *adj* inicial; primeiro ♦ *vt* {*pret e pp* -ll-} rubricar; *to initial a document* rubricar um documento ♦ *n* (letra) inicial ❖ *initial expenditure* despesas de instalação

initialism [ɪˈnɪʃəlɪzm] *n* sigla

initialize [ɪˈnɪʃəlaɪz] *vt* com INFORM inicializar

initiate[1] [ɪˈnɪʃɪət] *adj,n* iniciado

initiate[2] [ɪˈnɪʃɪeɪt] *vt* 1 dar início a; começar 2 (projeto, rumor) lançar 3 iniciar [into, em]; *to be initiated into a secret society* ser iniciado numa sociedade secreta

initiation [ɪˌnɪʃɪˈeɪʃn] *n* 1 iniciação 2 início; princípio

initiative [ɪˈnɪʃətɪv] *n* iniciativa

initiator [ɪˈnɪʃɪeɪtə] *n* iniciador

inject [ɪnˈdʒekt] *vt* 1 injetar [into, a/em; with, com]; *he was injected with penicillin* ele levou uma injeção de penicilina 2 vacinar [against, contra] 3 *fig* (dinheiro, energia, etc.) dar uma injeção de *fig*; *to inject new life into something* dar um novo fôlego a

injection [ɪnˈdʒekʃn] *n* injeção

injunction [ɪnˈdʒʌŋkʃn] *n* mandado

injure [ˈɪndʒə] *vt* 1 ferir; *he was injured by a fragment of a shell* ele foi ferido por um estilhaço de uma granada 2 lesar; prejudicar 3 *fig* (sentimentos) ferir; ofender; *to injure people's feelings* ofender os sentimentos alheios

injured [ˈɪndʒəd] *adj* 1 ferido 2 ofendido

injurious [ɪnˈdʒʊərɪəs] *adj* 1 *form* prejudicial [to, a]; *smoking is injurious to health* o tabaco é prejudicial à saúde 2 *form* injurioso; ofensivo; *injurious words* palavras injuriosas

injury [ˈɪndʒəri] *n* {*pl* -ies} 1 lesão; ferimento 2 ofensa; insulto ❖ (desporto) *injury time* tempo de descontos

injustice [ɪnˈdʒʌstɪs] *n* injustiça

ink [ɪŋk] *n* tinta ♦ *vt* pintar; manchar de tinta ❖ (frasco) *ink bottle* tinteiro; *ink eraser* borracha de tinta; *to write in ink* escrever a tinta
  ♦ **ink in** *vt* passar a tinta

inkling [ˈɪŋklɪŋ] *n* 1 suspeita 2 ideia

inkstand [ˈɪŋkstænd] *n* tinteiro

inkwell [ˈɪŋkwel] *n* tinteiro

inky [ˈɪŋki] *adj* {*comp* -ier, *superl* -iest} manchado de tinta

inlaid [ˌɪnˈleɪd] *adj* embutido [with, com]

inland[1] [ˈɪnlənd] *adj* (território) interior

inland[2] [ɪnˈlænd] *adv* no interior; para o interior

in-laws [ˈɪnlɔːz] *npl* sogros

inlay[1] [ˈɪnleɪ] *n* 1 embutido 2 (dente) chumbo

inlay[2] [ˌɪnˈleɪ] *vt* marchetar, embutir; incrustar; *a box inlaid with diamonds* uma caixa incrustada de diamantes

inlet [ˈɪnlet] *n* 1 angra, enseada 2 *téc* (líquido, gás) entrada, admissão

in-line [ɪnˈlaɪn] *adj* em linha ❖ DESP *in-line skates* patins em linha

inmate [ˈɪnmeɪt] *n* 1 (hospital) paciente interno 2 (prisão) detido

inmost [ˈɪnməʊst] *adj* mais íntimo

inn [ɪn] *n* 1 estalagem 2 taberna

innards ['ɪnədz] *n pl* entranhas; vísceras
innate [ɪ'neɪt] *adj* inato
inner ['ɪnə] *adj* 1 interior; interno 2 íntimo; secreto ❖ *inner city* centro da cidade; *inner ear* ouvido interno; (pneu) *inner tube* câmara de ar
innkeeper ['ɪn,kiːpə] *n* estalajadeiro; hoteleiro
innocence ['ɪnəsəns] *n* inocência ❖ *to plead innocence* declarar-se inocente
innocent ['ɪnəsənt] *adj,n* inocente
innocuous [ɪ'nɒkjʊəs] *adj* inócuo; inofensivo
innovate ['ɪnəveɪt] *vt* inovar
innovation [,ɪnə'veɪʃn] *n* inovação
innovative ['ɪnəveɪtɪv] *adj* inovador
innovator ['ɪnəveɪtə] *n* inovador; pioneiro
innuendo [,ɪnju'endəʊ] *n* (*pl* -es) insinuação; alusão indireta ♦ *vi* insinuar; fazer insinuações
innumerable [ɪ'njuːmərəbəl] *adj* inumerável
innumeracy [ɪ'njuːmərəsi] *n* analfabetismo matemático
inoculate [ɪ'nɒkjʊleɪt] *vt* inocular [**against**, contra; **with**, com]; vacinar [**against**, contra; **with**, com]
inoculation [ɪ,nɒkjʊ'leɪʃn] *n* vacina; inoculação
inoffensive [,ɪnə'fensɪv] *adj* inofensivo
inoperative [ɪn'ɒpərətɪv] *adj* inoperante; ineficaz
inopportune [ɪn'ɒpətjuːn] *adj* inoportuno; inconveniente
inopportunity [ɪn,ɒpə'tjuːnəti] *n* inconveniência
inordinate [ɪn'ɔːdɪnət] *adj* desmesurado; excessivo
inorganic [,ɪnɔː'gænɪk] *adj* inorgânico
in-patient ['ɪnpeɪʃənt] *n* (hospital) paciente interno
input ['ɪnpʊt] *n* 1 INFORM (dados) entrada 2 (potência, energia, recursos) incremento; adição; aumento; *labour input* aumento

da mão de obra 3 investimento ♦ *vt* (*pret e pp* input, inputted) (informação) introduzir
inquest ['ɪŋkwest] *n* inquérito
inquire [ɪn'kwaɪə] *vt* perguntar ♦ *vi* 1 fazer perguntas [**about**, sobre] 2 informar-se [**about**, sobre]
♦ **inquire after** *vt* (pedir notícias de) perguntar por
♦ **inquire into** *vt* investigar; *to inquire into a matter* investigar um assunto
inquirer [ɪn'kwaɪərə] *n* inquiridor; investigador
inquiring [ɪn'kwaɪərɪŋ] *adj* 1 interrogativo 2 curioso
inquiry [ɪn'kwaɪəri] *n* (*pl* -ies) 1 pergunta 2 investigação; inquérito ❖ *inquiry desk* (balcão de) informações
inquisition [,ɪnkwɪ'zɪʃn] *n* interrogatório
Inquisition [,ɪnkwɪ'zɪʃn] *n* HIST Inquisição
inquisitive [ɪn'kwɪzətɪv] *adj* 1 interrogativo 2 curioso
inquisitor [ɪn'kwɪzɪtə] *n* 1 interrogador 2 HIST inquisidor
inroads ['ɪnrəʊdz] *n pl* incursão; *to make inroads into* fazer uma incursão em
insalubrious [,ɪnsə'luːbrɪəs] *adj* insalubre
insane [ɪn'seɪn] *adj* louco; maluco; *to go insane* enlouquecer
insanitary [ɪn'sænətəri] *adj* insalubre, anti-higiénico
insanity [ɪn'sænəti] *n* loucura
insatiable [ɪn'seɪʃəbəl] *adj* insaciável
inscribe [ɪn'skraɪb] *vt* 1 fazer uma inscrição em; gravar; *to inscribe one's name on a tree* gravar o nome numa árvore 2 (livro) dedicar a
inscription [ɪn'skrɪpʃn] *n* 1 inscrição 2 (livro) dedicatória
inscrutable [ɪn'skruːtəbəl] *adj* insondável; impenetrável
insect ['ɪnsekt] *n* inseto
insecticide [ɪn'sektɪsaɪd] *adj,n* inseticida
insectivore [ɪn'sektɪvɔː] *n* insetívoro

insectivorous [ˌɪnsek'tɪvərəs] *adj* insetívoro

insecure [ˌɪnsɪ'kjʊə] *adj* inseguro

insecurity [ˌɪnsɪ'kjʊərəti] *n* {*pl* -ies} insegurança

inseminate [ɪn'semɪneɪt] *vt* inseminar

insemination [ɪnˌsemɪ'neɪʃn] *n* inseminação

insensibility [ɪnˌsensə'bɪlɪti] *n form* insensibilidade

insensible [ɪn'sensəbəl] *adj* 1 *form* insensível [to, a] 2 *form* inconsciente [of, de]

insensitive [ɪn'sensətɪv] *adj* insensível; indiferente

insensitivity [ɪnˌsensə'tɪvɪti] *n* insensibilidade

inseparable [ɪn'seprəbəl] *adj* inseparável [from, de]

insert[1] [ɪn'sɜːt] *vt* inserir [in/into, em]; introduzir [in/into, em]

insert[2] ['ɪnsɜːt] *n* (jornal, revista) encarte

insertion [ɪn'sɜːʃn] *n* inserção; introdução

in-service [ɪn'sɜːvɪs] *adj* 1 (formação) contínuo 2 (curso) de aperfeiçoamento

inset ['ɪnset] *n* inserção; incrustação; *golden inset* incrustação dourada

inshore [ɪn'ʃɔː] *adj* costeiro ♦ *adv* próximo da costa

inside [ˌɪn'saɪd] *adj* interior ♦ *adv* dentro ♦ *prep* dentro de; em ♦ *n* interior; o lado de dentro ♦ *npl col* entranhas ❖ *to know something inside out* conhecer uma coisa como a palma da mão; *your shirt is inside out* a tua camisa está vestida do avesso

insider [ɪn'saɪdə] *n* (empresa, instituição) alguém de dentro

insidious [ɪn'sɪdɪəs] *adj* insidioso

insight ['ɪnsaɪt] *n* 1 perspicácia 2 compreensão; conhecimento

insignia [ɪn'sɪɡnɪə] *n* {*pl* insignia} insígnia

insignificance [ˌɪnsɪɡ'nɪfɪkəns] *n* insignificância

insignificant [ˌɪnsɪɡ'nɪfɪkənt] *adj* insignificante

insincere [ˌɪnsɪn'sɪə] *adj* falso

insincerity [ˌɪnsɪn'serɪti] *n* {*pl* -ies} falsidade

insinuate [ɪn'sɪnjueɪt] *vt* 1 insinuar; dar a entender 2 infiltrar-se [into, em]

insinuation [ɪnˌsɪnju'eɪʃn] *n* insinuação

insipid [ɪn'sɪpɪd] *adj* insípido

insipidity [ˌɪnsɪ'pɪdəti] *n* insipidez

insist [ɪn'sɪst] *vi* insistir [on/upon, em]; teimar [on/upon, em]; *I insist upon you having dinner with us* insisto que jante connosco

insistence [ɪn'sɪstəns] *n* insistência [on, em]

insistent [ɪn'sɪstənt] *adj* insistente

insistently [ɪn'sɪstəntli] *adv* insistentemente

insolation [ˌɪnsə'leɪʃn] *n* 1 exposição solar 2 MED *téc* insolação

insole ['ɪnsəʊl] *n* palmilha

insolence ['ɪnsələns] *n* insolência

insolent ['ɪnsələnt] *adj* insolente

insoluble [ɪn'sɒljʊbəl] *adj* 1 (substância) insolúvel; indissolúvel 2 (problema) sem solução

insolvency [ɪn'sɒlvənsi] *n* insolvência; falência

insolvent [ɪn'sɒlvənt] *adj* insolvente; falido

insomnia [ɪn'sɒmnɪə] *n* insónia

insomniac [ɪn'sɒmnɪæk] *n* pessoa que sofre de insónia

insomuch [ˌɪnsəʊ'mʌtʃ] *conj* a tal ponto [as, que]; a ponto [as, de]; de modo [as, que]

insouciance [ɪn'suːsɪəns] *n* despreocupação; indiferença

inspect [ɪn'spekt] *vt* 1 inspecionar 2 verificar; examinar 3 passar em revista; passar revista a; *to inspect a regiment* passar revista a um regimento

inspection [ɪn'spekʃn] *n* 1 inspeção; vistoria 2 verificação

insufferable

inspector [ɪnˈspektə] n 1 inspetor; fiscal 2 GB (polícia) inspetor

inspiration [ˌɪnspəˈreɪʃn] n inspiração

inspirational [ˌɪnspəˈreɪʃənəl] adj inspirador

inspire [ɪnˈspaɪə] vt 1 (transmitir) inspirar; *to inspire trust in someone* inspirar confiança a alguém 2 incentivar [to, a]; encorajar [to, a]; *he inspired me to write* ele incentivou-me a escrever

inspirer [ɪnˈspaɪərə] n inspirador

inspiring [ɪnˈspaɪərɪŋ] adj inspirador

instability [ˌɪnstəˈbɪlɪti] n instabilidade

install [ɪnˈstɔːl] vt 1 (equipamentos) instalar; *to install central heating* instalar aquecimento central 2 (cargo) empossar ❖ (poltrona, etc.) *to install oneself in* recostar-se em

installation [ˌɪnstəˈleɪʃən] n 1 (equipamentos) instalação; montagem 2 (cargo) investidura

installment [ɪnˈstɔːlmənt] n EUA ⇒ **instalment**

instalment [ɪnˈstɔːlmənt] n 1 prestação 2 (coleção) fascículo

instance [ˈɪnstəns] n 1 exemplo; caso; *for instance* por exemplo 2 DIR instância; *court of first instance* tribunal de primeira instância ❖ vt form citar como exemplo ❖ *in the first instance* em primeiro lugar

instant [ˈɪnstənt] n instante; momento ❖ adj 1 imediato 2 (comida) instantâneo ❖ *the next instant* logo a seguir

instantaneous [ˌɪnstənˈteɪniəs] adj instantâneo

instantaneousness [ˌɪnstənˈteɪniəsnəs] n instantaneidade

instead [ɪnˈsted] adv em vez [of, de]; em lugar [of, de]

instep [ˈɪnstep] n peito do pé

instigate [ˈɪnstɪɡeɪt] vt instigar; incitar; *to instigate a rebellion* instigar à rebelião

instigation [ˌɪnstɪˈɡeɪʃn] n instigação [to, a]; incitamento [to, a]

instigator [ˈɪnstɪɡeɪtə] n instigador

instil [ɪnˈstɪl] vt (pret e pp -ll-) (fazer sentir) incutir; infundir

instill [ɪnˈstɪl] vt (pret e pp -ll-) EUA ⇒ **instil**

instinct [ˈɪnstɪŋkt] n 1 instinto 2 intuição; *to follow one's instincts* seguir a intuição

instinctive [ɪnˈstɪŋktɪv] adj instintivo

institute [ˈɪnstɪtjuːt] n instituto ❖ vt 1 instituir; fundar 2 DIR instaurar; *to institute a lawsuit against someone* instaurar um processo contra alguém 3 nomear; *to institute someone in/into an office* nomear alguém para um cargo

institution [ˌɪnstɪˈtjuːʃn] n 1 instituição 2 costume; tradição

institutional [ˌɪnstɪˈtjuːʃənəl] adj institucional

institutionalize [ˌɪnstɪˈtjuːʃnəlaɪz] vt 1 institucionalizar 2 internar

instruct [ɪnˈstrʌkt] vt 1 instruir; ensinar 2 dar instruções a 3 informar; *to instruct someone of a fact* informar alguém de determinado facto

instruction [ɪnˈstrʌkʃn] n 1 instrução; *instructions for use* modo de emprego 2 diretiva; ordem

instructive [ɪnˈstrʌktɪv] adj instrutivo; educativo

instructor [ɪnˈstrʌktə] n instrutor

instrument [ˈɪnstrəmənt] n 1 instrumento 2 (pessoa) joguete

instrumental [ˌɪnstrəˈmentəl] adj (música) instrumental

instrumentalist [ˌɪnstrəˈmentəlɪst] n MÚS instrumentista

instrumentation [ˌɪnstrəmenˈteɪʃn] n instrumentação; orquestração

insubordinate [ˌɪnsəˈbɔːdɪnət] adj insubordinado

insubordination [ˌɪnsəbɔːdɪˈneɪʃn] n insubordinação

insufferable [ɪnˈsʌfrəbəl] adj insuportável

insufficiency [ˌɪnsəˈfɪʃnsi] n insuficiência

insufficient [ˌɪnsəˈfɪʃənt] adj insuficiente [for/to, para]

insular [ˈɪnsjʊlər] adj (ilha) insular

insularity [ˌɪnsjʊˈlærəti] n (ilha) insularidade

insulate [ˈɪnsjʊleɪt] vt 1 isolar [from, de] 2 fig proteger [against, de]

insulating [ˈɪnsjʊleɪtɪŋ] adj isolador, isolante ♦ n isolamento ❖ **insulating tape** fita isoladora

insulation [ˌɪnsjʊˈleɪʃn] n isolamento

insulator [ˈɪnsjʊleɪtə] n isolante; isolador

insulin [ˈɪnsjʊlɪn] n insulina

insult[1] [ˈɪnsʌlt] n insulto; ofensa

insult[2] [ɪnˈsʌlt] vt insultar; afrontar; ofender

insulting [ɪnˈsʌltɪŋ] adj insultuoso; injurioso

insuperable [ɪnˈsuːprəbəl] adj (problema) insuperável; inultrapassável

insurance [ɪnˈʃʊərəns] n 1 seguro; **all-risks insurance** seguro contra todos os riscos; **insurance policy** apólice de seguro 2 proteção [against, contra]

insure [ɪnˈʃʊə] vt 1 pôr no seguro; fazer um seguro de; **to insure one's life for £10,000** fazer um seguro de vida de 10 000 libras 2 EUA (garantir) assegurar ♦ vi 1 fazer um seguro; **to insure against accidents** fazer um seguro contra acidentes 2 proteger-se [against, de]; prevenir [against, -]

insured [ɪnˈʃʊəd] adj no seguro, segurado

insurer [ɪnˈʃʊərər] n agente/companhia de seguros

insurgent [ɪnˈsɜːdʒənt] adj,n revoltado, rebelde; **insurgent group** grupo rebelde

insurmountable [ˌɪnsəˈmaʊntəbəl] adj invencível; insuperável; gigantesco

insurrection [ˌɪnsəˈrekʃn] n insurreição, rebelião

intact [ɪnˈtækt] adj intacto

intake [ˈɪnteɪk] n 1 (ar) inalação 2 (comida, etc.) consumo 3 (grupo de pessoas) leva

intangible [ɪnˈtændʒəbəl] adj impalpável

integer [ˈɪntɪdʒə] n MAT número inteiro

integral [ˈɪntɪɡrəl] adj,n integral

integrate [ˈɪntɪɡreɪt] vt integrar [into, em]; incluir [into, em] ♦ vi integrar-se [into/with, em]; **to integrate with the community** integrar-se na comunidade

integration [ˌɪntɪˈɡreɪʃn] n integração

integrity [ɪnˈteɡrəti] n integridade

intellect [ˈɪntəlekt] n 1 intelecto 2 (pessoa) intelectual

intellectual [ˌɪntɪˈlektʃʊəl] adj,n intelectual

intelligence [ɪnˈtelɪdʒəns] n 1 inteligência; **intelligence quotient** quociente de inteligência 2 (serviços secretos) informação 3 serviços secretos; inteligência ❖ **Intelligence Department** Serviços Secretos

intelligent [ɪnˈtelɪdʒənt] adj inteligente

intelligentsia [ɪnˌtelɪˈdʒentsiə] n os intelectuais

intelligibility [ɪnˌtelɪdʒəˈbɪlɪti] n inteligibilidade

intelligible [ɪnˈtelɪdʒəbəl] adj inteligível; compreensível

intemperate [ɪnˈtempərət] adj 1 intemperado 2 (clima) rigoroso

intend [ɪnˈtend] vt 1 tencionar; ter a intenção de; **she did not intend to insult him** ela não tinha intenção de o insultar 2 (comentário) destinar [for, a] ❖ **it was intended as** era para ser; **was that intended?** isso foi de propósito?

intendance [ɪnˈtendəns] n intendência

intendancy [ɪnˈtendənsi] n intendência

intendant [ɪnˈtendənt] n intendente

intended [ɪnˈtendɪd] adj 1 pretendido 2 destinado [for, a]

intense [ɪnˈtens] adj {comp -er, superl -est} 1 intenso 2 (emoção) profundo

intensification [ɪnˌtensɪfɪˈkeɪʃn] n intensificação

intensifier [ɪn'tensɪfaɪə] n 1 intensificador 2 LING partícula de realce

intensify [ɪn'tensɪfaɪ] vt intensificar ♦ vi intensificar-se

intensity [ɪn'tensəti] n {pl -ies} intensidade

intensive [ɪn'tensɪv] adj intensivo; *intensive care* cuidados intensivos

intent [ɪn'tent] n form intenção ♦ adj 1 fixo 2 determinado; *to be intent on* estar determinado a ❖ *to all intents and purposes* para todos os efeitos

intention [ɪn'tenʃn] n intenção

intentional [ɪn'tenʃənəl] adj intencional

intentionally [ɪn'tenʃənli] adv intencionalmente

inter [ɪn'tɜ:] vt {pret e pp -rr-} sepultar

interact ['ɪntərækt] vi interagir

interaction [ˌɪntər'ækʃn] n interação

interactive [ˌɪntər'æktɪv] adj interativo

interactivity [ˌɪntəræk'tɪvəti] n interatividade

interbreed [ˌɪntə'bri:d] vt,i {pret e pp -bred} cruzar raças diferentes

intercede [ˌɪntə'si:d] vi interceder [for, por; with, junto a]; *to intercede for someone* interceder por alguém; *she asked me to intercede with my boss* ela pediu-me para interceder junto ao meu patrão

intercept [ˌɪntə'sept] vt intercetar

interception [ˌɪntə'sepʃn] n interceção

intercession [ˌɪntə'seʃn] n intercessão; mediação

interchange[1] [ˌɪntə'tʃeɪndʒ] vt trocar [with, por]

interchange[2] ['ɪntətʃeɪndʒ] n intercâmbio

interchangeability [ˌɪntətʃeɪndʒə'bɪlɪti] n permutabilidade

interchangeable [ˌɪntə'tʃeɪndʒəbəl] adj permutável

intercity [ˌɪntə'sɪti] adj intercidades

intercom ['ɪntəkɒm] n intercomunicador

interconnect [ˌɪntəkə'nekt] vt interligar; inter-relacionar ♦ vi interligar-se; inter-relacionar-se

intercontinental [ˌɪntəkɒntɪ'nentəl] adj intercontinental

intercostal [ˌɪntə'kɒstəl] adj intercostal

intercourse ['ɪntəkɔ:s] n form relações sexuais

interdepartmental [ˌɪntədi:pɑ:t'mentəl] adj interdepartamental

interdependence [ˌɪntədɪ'pendəns] n interdependência

interdependent [ˌɪntədɪ'pendənt] adj interdependente

interdict [ˌɪntə'dɪkt] n interdição; *a papal interdict was issued* foi aprovada uma interdição papal ♦ vt interditar

interdiction [ˌɪntə'dɪkʃn] n interdição

interdigital [ˌɪntə'dɪdʒɪtəl] adj interdigital

interdisciplinary [ˌɪntə'dɪsɪplɪnəri] adj interdisciplinar

interest ['ɪntrəst] n 1 interesse [in, em]; *she has no interest in her work* o trabalho que faz não a interessa 2 ECON juro; *low interest* juros baixos 3 ECON participação [in, em]; *she sold her interest in the company* ela vendeu a sua participação na empresa ♦ vt interessar; *this matter interests me a lot* este assunto interessa-me muito

interested ['ɪntrəstɪd] adj interessado [in, em]

interest-free ['ɪntrəstfri:] adj sem juros

interesting ['ɪntrəstɪŋ] adj interessante

interestingly ['ɪntrəstɪŋli] adv de forma interessante ❖ *interestingly enough* curiosamente

interface ['ɪntəfeɪs] n (geral) interface [between, entre] ♦ vt,i fazer a ligação (de); funcionar como interface (de)

interfacing ['ɪntəfeɪsɪŋ] n entretela

interfere [ˌɪntə'fɪə] vi interferir [in, em]; *to interfere in other people's affairs* interferir nos assuntos dos outros

JACIN-V-28

interference [ˌɪntəˈfɪərəns] *n* interferência

interfering [ˌɪntəˈfɪərɪŋ] *adj* intrometido

interim [ˈɪntərɪm] *adj* interino, provisório

interior [ɪnˈtɪərɪə] *adj,n* interior ❖ *interior decorator* decorador de interiores

interject [ˌɪntəˈdʒekt] *vt* interpor, intercalar

interjection [ˌɪntəˈdʒekʃn] *n* interjeição

interlace [ˌɪntəˈleɪs] *vt* entrelaçar

interlink [ˌɪntəˈlɪŋk] *vt* interligar

interlock [ˌɪntəˈlɒk] *vt,i* 1 (dedos) entrelaçar 2 (peças) engrenar; encaixar

interlocutor [ˌɪntəˈlɒkjʊtə] *n form* interlocutor

interloper [ˈɪntələʊpə] *n* intruso

interlude [ˈɪntəluːd] *n* 1 interlúdio 2 intervalo

intermarriage [ˌɪntəˈmærɪdʒ] *n* 1 casamento misto 2 endogamia

intermediary [ˌɪntəˈmiːdɪəri] *n* intermediário

intermediate [ˌɪntəˈmiːdɪət] *adj* intermédio

interminable [ɪnˈtɜːmɪnəbəl] *adj* interminável

intermingle [ˌɪntəˈmɪŋgl] *vt* misturar [**with**, com] ♦ *vi* misturar-se [**with**, com/em]; confundir-se [**with**, com]

intermission [ˌɪntəˈmɪʃn] *n EUA* intervalo

intermittent [ˌɪntəˈmɪtənt] *adj* intermitente

intern[1] [ˈɪntɜːn] *n* 1 *EUA* (médico) interno 2 *EUA* estagiário

intern[2] [ɪnˈtɜːn] *vt* deter

internal [ɪnˈtɜːnəl] *adj* interno, interior

internalize [ɪnˈtɜːnəlaɪz] *vt* 1 interiorizar 2 assimilar; incorporar

international [ˌɪntəˈnæʃnəl] *adj* internacional ♦ *n* jogador internacional ❖ *International Monetary Fund* Fundo Monetário Internacional

internationalization [ˌɪntənæʃnəlaɪˈzeɪʃn] *n* internacionalização

internationalize [ˌɪntəˈnæʃnəlaɪz] *vt* internacionalizar

internaut [ˈɪntənɔːt] *n* cibernauta

internee [ˌɪntɜːˈniː] *n* recluso; prisioneiro

Internet [ˈɪntənet] *n* Internet

internment [ɪnˈtɜːnmənt] *n* detenção

internship [ˈɪntɜːnʃɪp] *n* 1 *EUA* (médico) internato 2 *EUA* estágio

interpellate [ɪnˈtɜːpəleɪt] *vt* interpelar

interpellation [ɪnˌtɜːpəˈleɪʃn] *n* interpelação

interpellator [ɪnˌtɜːpəˈleɪtə] *adj* (Parlamento) interpelador

interpersonal [ˌɪntəˈpɜːsnəl] *adj* interpessoal

interplanetary [ˌɪntəˈplænɪtəri] *adj* interplanetário

interplay [ˈɪntəpleɪ] *n* interação [**between**, entre]

interpolate [ɪnˈtɜːpəleɪt] *vt* interpolar

interpose [ˌɪntəˈpəʊz] *vt* interpor [**between**, entre]

interposition [ˌɪntəpəˈzɪʃn] *n* interposição

interpret [ɪnˈtɜːprɪt] *vt* (geral) interpretar; *to interpret a song* interpretar uma canção ♦ *vi* (tradução) servir de intérprete; traduzir

interpretation [ɪnˌtɜːprɪˈteɪʃn] *n* interpretação

interpretative [ɪnˈtɜːprɪtətɪv] *adj* interpretativo

interpreter [ɪnˈtɜːprɪtə] *n* intérprete

interracial [ˌɪntəˈreɪʃl] *adj* inter-racial

interregnum [ˌɪntəˈregnəm] *n* (*pl* -a, -s) interregno

interrelate [ˌɪntərɪˈleɪt] *vt* inter-relacionar ♦ *vi* inter-relacionar-se

interrelation [ˌɪntərɪˈleɪʃn] *n* inter-relação; interligação

interrelationship [ˌɪntərɪˈleɪʃnʃɪp] *n* inter-relação; interligação

interrogate [ɪnˈterəgeɪt] *vt* interrogar

interrogation [ɪnˌterəˈgeɪʃn] *n* interrogatório; *police interrogations* interrogatórios policiais ❖ **interrogation mark** ponto de interrogação

interrogative [ˌɪntəˈrɒɡətɪv] *adj* interrogativo

interrogator [ɪnˈterəɡeɪtə] *n* interrogador

interrogatory [ˌɪntəˈrɒɡətəri] *n* interrogatório

interrupt [ˌɪntəˈrʌpt] *vt,i* interromper

interruption [ˌɪntəˈrʌpʃn] *n* interrupção

intersect [ˌɪntəˈsekt] *vt* intersetar; cruzar ♦ *vi* cruzar-se; *the two roads intersect* as duas estradas cruzam-se

intersection [ˌɪntəˈsekʃn] *n* 1 (estradas) cruzamento 2 interseção

intersperse [ˌɪntəˈspɜːs] *vt* 1 espalhar 2 intercalar

interstate [ˌɪntəˈsteɪt] *adj* interestadual ♦ *n* EUA autoestrada interestadual

interstice [ɪnˈtɜːstɪs] *n* interstício

intertwine [ˌɪntəˈtwaɪn] *vt,i* entrelaçar(-se); *their fingers were intertwined* tinham os dedos entrelaçados

interurban [ˌɪntərˈɜːbən] *adj* interurbano

interval [ˈɪntəvl] *n* intervalo ❖ *at regular intervals* regularmente

intervene [ˌɪntəˈviːn] *vi* 1 intervir [in, em] 2 ocorrer

intervening [ˌɪntəˈviːnɪŋ] *adj* (tempo) intermédio, *in the intervening years* nos anos seguintes

intervention [ˌɪntəˈvenʃn] *n* intervenção [in, em]

interview [ˈɪntəvjuː] *n* entrevista; *to give an interview* dar uma entrevista ♦ *vt* entrevistar; *she's interviewing him for the job* ela está a entrevistá-lo para o emprego

interviewee [ˌɪntəvjuːˈiː] *n* entrevistado

interviewer [ˈɪntəvjuːə] *n* entrevistador

interweave [ˌɪntəˈwiːv] *vt* 1 entrelaçar 2 combinar

intestinal [ɪnˈtestɪnəl] *adj* intestinal

intestine [ɪnˈtestɪn] *n* intestino; *large/small intestine* intestino grosso/delgado

intimacy [ˈɪntɪməsi] *n* (*pl* -ies) intimidade

intimate[1] [ˈɪntɪmət] *adj* 1 íntimo [with, de] 2 profundo

intimate[2] [ˈɪntɪmeɪt] *vt form* dar a entender, insinuar

intimation [ˌɪntɪˈmeɪʃn] *n* insinuação, sugestão

intimidate [ɪnˈtɪmɪdeɪt] *vt* intimidar

intimidating [ɪnˈtɪmɪdeɪtɪŋ] *adj* que intimida

intimidation [ɪnˌtɪmɪˈdeɪʃn] *n* intimidação

into [ˈɪntuː] *prep* 1 para; *he jumped into the water* ele saltou para a água 2 *to divide 50 into 8* dividir 50 por 8 3 contra; *they crashed into a tree* eles bateram contra uma árvore ❖ *to be into* gostar de

intolerable [ɪnˈtɒlərəbl] *adj* intolerável

intolerance [ɪnˈtɒlərəns] *n* intolerância; *racial intolerance* discriminação racial

intolerant [ɪnˈtɒlərənt] *adj* intolerante

intonation [ˌɪntəˈneɪʃn] *n* entoação

intone [ɪnˈtəʊn] *vt,i* entoar

intoxicant [ɪnˈtɒksɪkənt] *adj* embriagante ♦ *n* bebida alcoólica

intoxicate [ɪnˈtɒksɪkeɪt] *vt* embriagar

intoxicating [ɪnˈtɒksɪkeɪtɪŋ] *adj* embriagante

intoxication [ɪnˌtɒksɪˈkeɪʃn] *n* embriaguez

intracellular [ˌɪntrəˈseljʊlə] *adj* intracelular

intractable [ɪnˈtræktəbl] *adj* intratável

intramuscular [ˌɪntrəˈmʌskjʊlə] *adj* intramuscular

intransigence [ɪnˈtrænsɪdʒəns] *n* intransigência

intransigent [ɪnˈtrænsɪdʒənt] *adj* intransigente

intransitive [ɪnˈtrænsɪtɪv] *adj* intransitivo

intrauterine [ˌɪntrəˈjuːtəraɪn] *adj* intrauterino; (contraceção) *intrauterine device* dispositivo intrauterino

intravenous [ˌɪntrəˈviːnəs] *adj* intravenoso

intrepid [ɪnˈtrepɪd] *adj* intrépido; audaz

intrepidity [ˌɪntrəˈpɪdəti] n intrepidez; audácia

intricacy [ˈɪnˈtrɪkəsi] n (pl -ies) complexidade ♦ npl pormenores

intricate [ˈɪntrɪkət] adj complexo

intrigue [ɪnˈtriːɡ] n 1 intriga; enredo 2 conspiração ♦ vt (interessar) intrigar ♦ vi (tramar) intrigar

intriguer [ɪnˈtriːɡə] n intriguista

intriguing [ɪnˈtriːɡɪŋ] adj intrigante

intrinsic [ɪnˈtrɪnsɪk] adj intrínseco

intro [ˈɪntrəʊ] n (pl -s) col introdução

introduce [ˌɪntrəˈdjuːs] vt 1 apresentar [to, a]; *let me introduce you to my friend* deixe-me apresentá-lo ao meu amigo 2 introduzir [into, em]; *tea was introduced into Europe by the Portuguese* o chá foi introduzido na Europa pelos portugueses 3 instituir; *the department introduced a new procedure* o departamento instituiu um novo procedimento 4 iniciar; *the music introduces the show* a música inicia o espetáculo

introduction [ˌɪntrəˈdʌkʃn] n 1 introdução 2 apresentação; *I'll make the introductions* eu faço as apresentações 3 iniciação [to, a] 4 (procedimento, lei, etc.) instituição

introductory [ˌɪntrəˈdʌktəri] adj introdutório

introspection [ˌɪntrəˈspekʃn] n introspeção

introspective [ˌɪntrəˈspektɪv] adj introspetivo

introversion [ˌɪntrəˈvɜːʃn] n introversão

introvert [ˈɪntrəvɜːt] n introvertido

introverted [ˈɪntrəvɜːtɪd] adj introvertido

intrude [ɪnˈtruːd] vi 1 incomodar 2 intrometer-se [on, em]; interferir [on, com]

intruder [ɪnˈtruːdə] n intruso

intrusion [ɪnˈtruːʒn] n 1 invasão [upon, de] 2 interrupção

intrusive [ɪnˈtruːsɪv] adj importuno; incómodo

intuit [ɪnˈtjuːɪt] vt intuir; compreender por intuição

intuition [ˌɪntjuˈɪʃn] n intuição

intuitive [ɪnˈtjuːɪtɪv] adj intuitivo

intumesce [ˌɪntjuˈmes] vi intumescer

inundate [ˈɪnʌndeɪt] vt 1 (abundância) inundar [with, de]; submergir [with, com] 2 form (cheia) inundar

inundation [ˌɪnʌnˈdeɪʃn] n enchente

inure [ɪˈnjʊə] vt habituar [to, a] ❖ *to be inured to* ser imune a

invade [ɪnˈveɪd] vt,i invadir

invader [ɪnˈveɪdə] n invasor

invading [ɪnˈveɪdɪŋ] adj invasor

invalid[1] [ˈɪnvəlɪd] adj,n (pessoa) inválido ❖ *invalid chair* cadeira de rodas

invalid[2] [ɪnˈvælɪd] adj inválido; *your passport is invalid* o teu passaporte caducou

invalidate [ɪnˈvælɪdeɪt] vt 1 invalidar; *to invalidate an argument* invalidar um argumento 2 anular; *to invalidate the election* anular as eleições 3 (teoria) contestar

invalidation [ɪnˌvælɪˈdeɪʃn] n invalidação; anulação

invalidity [ˌɪnvəˈlɪdəti] n invalidade; nulidade 2 invalidez; *invalidity pension* pensão de invalidez

invaluable [ɪnˈvæljʊəbəl] adj inestimável, incalculável

invariable [ɪnˈveərɪəbəl] adj invariável

invasion [ɪnˈveɪʒn] n invasão

invective [ɪnˈvektɪv] n invetiva

inveigh [ɪnˈveɪ] vt invetivar [against, contra]

inveigle [ɪnˈveɪɡl] vt instigar [into, a]; persuadir [into, a]

invent [ɪnˈvent] vt inventar

invention [ɪnˈvenʃn] n 1 invenção 2 mentira 3 engenho; criatividade

inventive [ɪnˈventɪv] adj inventivo; criativo

inventiveness [ɪnˈventɪvnəs] n inventividade; criatividade

inventor [ɪnˈventə] n inventor

inventory ['ɪnvəntəri] *n* {*pl* -ies} **1** inventário [of, de]; *to make an inventory of the stock* fazer um inventário do armazém **2** *EUA* existência ♦ *vt* fazer o inventário de

inverse [ɪn'vɜːs] *adj,n* inverso

inversion [ɪn'vɜːʃn] *n* inversão

invert [ɪn'vɜːt] *vt* inverter

invertebrate [ɪn'vɜːtɪbrət] *adj,n* invertebrado

inverted [ɪn'vɜːtɪd] *adj* invertido ❖ *inverted commas* aspas

invest [ɪn'vest] *vt* **1** investir [in, em] **2** (poder, autoridade) conceder [with, -]; outorgar [with, -] ♦ *vi* investir [in, em] ❖ (carácter) *to be invested with* assumir; revestir-se de

investigate [ɪn'vestɪgeɪt] *vt,i* investigar

investigation [ɪnˌvestɪ'geɪʃn] *n* investigação

investigative [ɪn'vestɪgətɪv] *adj* de investigação

investigator [ɪn'vestɪgeɪtə] *n* investigador; detetive

investiture [ɪn'vestɪtʃə] *n* investidura; *the investiture of the new president* a investidura do novo presidente

investment [ɪn'vestmənt] *n* investimento [in, em]

investor [ɪn'vestə] *n* investidor

inveterate [ɪn'vetərət] *adj* inveterado

invidious [ɪn'vɪdiəs] *adj* **1** (tarefa) detestável **2** (comparação, escolha) injusto

invigilate [ɪn'vɪdʒɪleɪt] *vt* (exames) fazer a vigilância de

invigilation [ɪnˌvɪdʒɪ'leɪʃn] *n GB* (exames) vigilância

invigilator [ɪn'vɪdʒɪleɪtə] *n* (exame) vigilante

invigorate [ɪn'vɪgəreɪt] *vt* **1** tonificar **2** fortalecer

invigorating [ɪn'vɪgəreɪtɪŋ] *adj* revigorante

invincible [ɪn'vɪnsəbəl] *adj* invencível

inviolability [ɪnˌvaɪələ'bɪlɪti] *n* inviolabilidade

inviolable [ɪn'vaɪələbəl] *adj* inviolável; *their rights are inviolable* os direitos deles são invioláveis

inviolate [ɪn'vaɪələt] *adj* inviolado; intacto

invisibility [ɪnˌvɪzə'bɪlɪti] *n* invisibilidade

invisible [ɪn'vɪzəbəl] *adj* invisível

invitation [ˌɪnvɪ'teɪʃn] *n* convite [to, para]; *by invitation (only)* por convite

invite [ɪn'vaɪt] *vt* **1** convidar [to, para]; *he invited us to his wedding* ele convidou-nos para o casamento **2** solicitar **3** (problemas, críticas) pedir ♦ *n col* convite

inviting [ɪn'vaɪtɪŋ] *adj* convidativo; tentador

in vitro [ɪn'viːtrəʊ] *loc* in vitro; *in vitro fertilization* fertilização in vitro

invocation [ˌɪnvə'keɪʃn] *n* invocação

invoice ['ɪnvɔɪs] *n* fatura; *to make out/draw up the invoice* passar a fatura ♦ *vt* **1** faturar **2** enviar a fatura a

invoke [ɪn'vəʊk] *vt* **1** invocar; *he invoked the law in his own defense* ele invocou a lei em sua defesa **2** implorar; *he invoked their forgiveness* ele implorou-lhes perdão

involuntary [ɪn'vɒləntri] *adj* involuntário

involve [ɪn'vɒlv] *vt* **1** implicar; envolver [in, em]; *the accident involved three cars* houve três carros envolvidos no acidente **2** (crime, confusão) implicar [in, em]; meter *col* [in, em] **3** afetar; dizer respeito a; *this doesn't involve you!* não tens nada com isso!

involved [ɪn'vɒlvd] *adj* **1** envolvido **2** complicado; complexo

involvement [ɪn'vɒlvmənt] *n* **1** envolvimento [in, em]; participação [in, em] **2** relação (amorosa); ligação

invulnerability [ɪnˌvʌlnərə'bɪlɪti] *n* invulnerabilidade

invulnerable [ɪn'vʌlnərəbəl] *adj* invulnerável [to, a]

inward ['ɪnwəd] *adj* interior ♦ *adv* para dentro

inwardly ['ɪnwədli] *adv* interiormente; por dentro

inwards ['ɪnwədz] *adv* GB para dentro

IOC DESP [*sigla de* **International Olympic Committee**] COI [*sigla de* Comité Olímpico Internacional]

iodine ['aɪədiːn] *n* iodo

ion ['aɪən] *n* ião

ionization [aɪənaɪ'zeɪʃn] *n* ionização

ionize ['aɪənaɪz] *vt* ionizar ♦ *vi* ionizar-se

iota [aɪ'əʊtə] *n* 1 ponta; um pouco; *not an iota of truth* sem ponta de verdade 2 (letra grega) iota

IP [*sigla de* **Internet Protocol**] IP

IQ [*sigla de* **Intelligence Quotient**] QI [*sigla de* Quociente de Inteligência]

Iran [ɪ'rɑːn] *n* Irão

Iranian [ɪ'reɪnɪən] *adj,n* iraniano

Iraq [ɪ'rɑːk] *n* Iraque

Iraqi [ɪ'rɑːki] *adj,n* iraquiano

irascible [ɪ'ræsəbəl] *adj* irascível

irate [aɪ'reɪt] *adj* irado

IRC (Internet) [*sigla de* **Internet Relay Chat**] IRC

Ireland ['aɪələnd] *n* Irlanda

iridium [ɪ'rɪdɪəm] *n* QUÍM (elemento químico) irídio

iris ['aɪərɪs] *n* {*pl* -es} (olho, planta) íris

Irish ['aɪərɪʃ] *adj,n* irlandês ♦ *npl* the **Irish** os irlandeses

Irishman ['aɪərɪʃmən] *n* irlandês

Irishwoman ['aɪərɪʃwʊmən] *n* irlandesa

irk [ɜːk] *vt col* chatear; irritar; *it irks me to see people do that* irrita-me ver as pessoas a fazer isso

irksome ['ɜːksəm] *adj* enfadonho; incómodo; *an irksome situation* uma situação incómoda

iron ['aɪən] *n* 1 ferro; *cast iron* ferro fundido 2 ferro de engomar 3 (golfe) taco ♦ *npl* grilhões ♦ *adj* de ferro ♦ *vt,i* (roupa) passar a ferro ❖ *to have an iron constitu-*tion ter uma saúde de ferro; *to have an iron will* ser muito determinado; *to have several irons in the fire* ter muitos assuntos entre mãos; *to rule with an iron hand* governar com mão de ferro; *to strike while the iron's hot* aproveitar a oportunidade

♦ **iron out** *vt* 1 passar a ferro 2 (problema) resolver; solucionar

ironic [aɪ'rɒnɪk] *adj* irónico

ironically [aɪ'rɒnɪkli] *adv* ironicamente

ironing ['aɪənɪŋ] *n* 1 passar a ferro 2 roupa para passar a ferro ❖ *ironing board* tábua de passar a ferro; *to do the ironing* passar a roupa a ferro

ironmonger ['aɪənmʌŋgə] *n* GB ferrageiro ❖ *ironmonger's (shop)* loja de ferragens

ironmongery ['aɪənmʌŋgəri] *n* GB ferragens

ironware ['aɪənweə] *n* ferragens

ironwork ['aɪənwɜːk] *n* objeto em ferro

ironworks ['aɪənwɜːkz] *n* fundição (de ferro)

irony ['aɪərəni] *n* ironia

irradiance [ɪ'reɪdɪəns] *n* FÍS irradiação

irradiate [ɪ'reɪdɪeɪt] *vt* 1 irradiar; *his face irradiated happiness* tinha a felicidade estampada no rosto 2 expor a radiações

irradiation [ɪ,reɪdi'eɪʃn] *n* 1 irradiação 2 *téc* radiação

irrational [ɪ'ræʃnəl] *adj* irracional

irrationality [ɪ,ræʃə'næləti] *n* irracionalidade

irreconcilable [ɪ,rekən'saɪləbəl] *adj* incompatível [**with**, com]; inconciliável [**with**, com]

irrecoverable [,ɪrɪ'kʌvərəbəl] *adj* irrecuperável

irredeemable [,ɪrɪ'diːməbəl] *adj* 1 irremediável; *irredeemable loss* perda irremediável 2 FIN não amortizável

irreducible [,ɪrɪ'djuːsəbəl] *adj* irredutível

irrefutable [,ɪrɪ'fjuːtəbəl] *adj* irrefutável

irregular [ɪ'regjʊlə] *adj* irregular

irregularity [ɪˌregjʊˈlærəti] *n {pl -ies}* irregularidade

irrelevance [ɪˈreləvəns] *n* irrelevância

irrelevancy [ɪˈreləvənsi] *n* irrelevância

irrelevant [ɪˈreləvənt] *adj* irrelevante [**to, para**]

irremediable [ɪrɪˈmiːdiəbəl] *adj* irremediável

irremovable [ɪrɪˈmuːvəbəl] *adj* inamovível

irreparable [ɪˈrepərəbəl] *adj* irreparável

irreplaceable [ɪrɪˈpleɪsəbəl] *adj* insubstituível

irrepressible [ɪrɪˈpresəbəl] *adj* irreprimível

irreproachable [ɪrɪˈprəʊtʃəbəl] *adj* irrepreensível

irresistible [ɪrɪˈzɪstəbəl] *adj* irresistível

irresolute [ɪˈrezəluːt] *adj* irresoluto, indeciso

irresolution [ɪˌrezəˈluːʃn] *n* irresolução; indecisão

irrespective [ɪrɪˈspektɪv] *adj* sem ter em conta [**of, -**]; sem prestar atenção [**of, a**]

irresponsibility [ɪrɪsponsəˈbɪlɪti] *n {pl -ies}* irresponsabilidade

irresponsible [ɪrɪˈsponsəbəl] *adj* irresponsável

irretrievable [ɪrɪˈtriːvəbəl] *adj* **1** irrecuperável **2** irreparável; irremediável; *to do irretrievable harm* causar danos irreparáveis

irreverence [ɪˈrevərəns] *n* irreverência

irreverent [ɪˈrevərənt] *adj* irreverente

irreversible [ɪrɪˈvɜːsəbəl] *adj* irreversível

irrevocable [ɪˈrevəkəbəl] *adj* irrevogável

irrigate [ˈɪrɪgeɪt] *vt* **1** irrigar, regar **2** MED irrigar

irrigation [ɪrɪˈgeɪʃn] *n* irrigação ❖ *irrigation system* sistema de rega

irritant [ˈɪrɪtənt] *adj* irritante ♦ *n* substância que causa irritação

irritate [ˈɪrɪteɪt] *vt* **1** (pele, olhos) causar irritação a; inflamar **2** aborrecer; irritar

irritating [ˈɪrɪteɪtɪŋ] *adj* irritante

irritation [ɪrɪˈteɪʃn] *n* irritação

irruption [ɪˈrʌpʃn] *n* irrupção

is [ɪz] *3ª pessoa singular presente indicativo de* to be

Islam [ˈɪzlɑːm] *n* (religião) islão; (países muçulmanos) Islão

Islamic [ɪzˈlæmɪk] *adj* islâmico

Islamism [ˈɪzləmɪzəm] *n* REL islamismo

island [ˈaɪlənd] *n* ilha

islander [ˈaɪləndə] *n* ilhéu

isle [aɪl] *n lit* ilha

islet [ˈaɪlət] *n* ilhota

isolate [ˈaɪsəleɪt] *vt* **1** isolar [**from**, de] **2** *tér* isolar; *scientists isolated the bacterium* os cientistas isolaram a bactéria

isolated [ˈaɪsəleɪtɪd] *adj* isolado

isolation [ˌaɪsəˈleɪʃn] *n* isolamento ❖ *in isolation* separadamente

isosceles [aɪˈsɒsəliːz] *adj* (triângulo) isósceles

isothermal [ˈaɪsəθɜːməl] *adj* isotérmico

ISP [*sigla de* **Internet service provider**] ISP (entidade fornecedora de serviços de Internet)

Israel [ˈɪzreɪl] *n* Israel

Israeli [ɪzˈreɪli] *adj,n* israelita

Israelite [ˈɪzriəlaɪt] *adj,n* (Bíblia) israelita

issue [ˈɪʃuː] *n* **1** questão; tema; problema **2** emissão; *a new issue of stamps* uma nova emissão de selos **3** (publicação) edição, número; *the latest issue of the magazine* o último número da revista **4** saída, fluxo **5** DIR descendência, progenitura **6** desenlace; resultado ♦ *vt* **1** emitir; *to issue banknotes* emitir notas **2** publicar, editar; *to issue a magazine* publicar uma revista **3** distribuir; entregar; *to issue an order* entregar uma encomenda ♦ *vi* **1** brotar **2** derivar [**from**, de]; resultar [**from**, de] ❖ *to be at issue* estar em questão; estar em discussão; *to duck the issue* fugir à questão; *to make an issue out of* dar demasiada importância a; *to take issue with somebody* discordar de alguém; *let's not confuse the issue* não vamos complicar a questão

issuer [ˈɪʃuːə] *n* emissor; *issuer bank* banco emissor

it [ɪt] *pron pess* 1 ele/ela, a ele/ela, o, a 2 isso, isto; *that's it!* é isso!; *it is raining* está a chover

Italian [ɪˈtæliən] *adj,n* italiano

italic [ɪˈtælɪk] *adj* itálico

italics [ɪˈtælɪks] *n* TIP itálico; *in italics* em itálico

Italy [ˈɪtəli] *n* Itália

itch [ɪtʃ] *n* 1 comichão; prurido 2 *col* desejo; ânsia; *an itch to travel* uma grande vontade de viajar ♦ *vi* fazer comichão; ter comichão; *this wound is itching* esta ferida está a fazer comichão

itching [ˈɪtʃɪŋ] *n* comichão ♦ *adj* ansioso, em pulgas*fig*

itchy [ˈɪtʃi] *adj* que faz comichão

item [ˈaɪtəm] *n* 1 item, ponto 2 peça; *an item of clothing* uma peça de roupa 3 notícia

itemize [ˈaɪtəmaɪz] *vt* 1 listar; especificar 2 (conta) detalhar

itinerant [ɪˈtɪnərənt] *adj* itinerante; ambulante

itinerary [aɪˈtɪnərəri] *n* itinerário

its [ɪts] *pron poss* (objetos, animais) seu; sua; dele; dela

itself [ɪtˈsɛlf] *pron pess refl* se; si mesmo, ele próprio ❖ *in itself* em si; por si só

ivory [ˈaɪvəri] *n* (material, cor) marfim ♦ *adj* 1 de marfim 2 (cor) marfim

Ivory Coast [ˌaɪvərɪˈkəʊst] *n* Costa do Marfim

ivy [ˈaɪvi] *n* {*pl* -ies} hera

J

j [dʒeɪ] *n* {*pl* j's} (letra) j

jab [dʒæb] *n* **1** estocada **2** *col* injeção; *cholera jab* injeção contra a cólera **3** (murro) gancho ♦ *vt* {*pret e pp* -bb-} espetar

jabber ['dʒæbə] *vi,i col* tagarelar, palrar

jack [dʒæk] *n* **1** (carro, etc.) macaco **2** (cartas) valete **3** (bowling) pino **4** ficha; *telephone jack* ficha do telefone

♦ **jack in** *vt col* deixar

♦ **jack up** *vt* **1** (carro) levantar com o macaco **2** (preços) subir

jackal ['dʒækl] *n* (animal) chacal

jackass ['dʒækæs] *n* {*pl* -es} *EUA col,ofens* burro; estúpido

jackboot ['dʒækbuːt] *n* **1** MIL bota de cano alto **2** (repressão) ditadura

jackdaw ['dʒækdɔː] *n* (ave) gralha

jacket ['dʒækɪt] *n* **1** casaco **2** (livro) sobrecapa **3** *EUA* (disco) capa **4** *GB* (batata) casca

jackhammer ['dʒækhæmə] *n EUA* martelo pneumático

jack-knife ['dʒæknaɪf] *n* navalha

jack-of-all-trades ['dʒækəvɔːltreɪdz] *n* habilidoso; faz-tudo

jackpot ['dʒækpɒt] *n* jackpot ❖ *to hit the jackpot* sair-lhe a sorte grande

jacuzzi [dʒəˈkuːzi] *n* jacúzi, jacuzzi

jade [dʒeɪd] *n* (pedra, cor) jade

jaded ['dʒeɪdɪd] *adj* cansado; saturado

jag [dʒæg] *n* **1** recorte **2** *GB col* embriaguez ♦ *vt* {*pret e pp* -gg-} recortar

jagged ['dʒægɪd] *adj* dentado

jaguar ['dʒægjuə] *n* jaguar

jail [dʒeɪl] *n* prisão, cadeia ♦ *vt* prender; *he was jailed for robbery* ele foi preso por roubo

jailbreak ['dʒeɪlbreɪk] *n GB* evasão; fuga da prisão

jalopy [dʒəˈlɒpi] *n ant,col* carripana

jalousie [ˈʒæluːziː] *n* gelosia

jam [dʒæm] *n* **1** geleia, compota; *I love strawberry jam* eu adoro compota de morango **2** *col* aperto, encrenca; *he got into a jam* ele meteu-se numa encrenca ♦ *vt* {*pret e pp* -mm-} **1** meter; *I can't jam anything else in here* não posso meter aqui mais nada **2** obstruir; bloquear ♦ *vi* **1** comprimir; apertar **2** emperrar; *the window is jammed* a janela está emperrada **3** (música) improvisar

Jamaica [dʒəˈmeɪkə] *n* Jamaica

Jamaican [dʒəˈmeɪkən] *adj,n* jamaicano

jamb [dʒæm] *n* (janela, porta) umbral

jamboree [ˌdʒæmbəˈriː] *n* **1** *col* festa ruidosa **2** reunião de escuteiros

jamming ['dʒæmɪŋ] *n* (rádio) interferência

jammy ['dʒæmi] *adj* {*comp* -ier, *superl* -iest} **1** com geleia **2** *GB col* sortudo

jam-packed ['dʒæmpækd] *adj col* cheio, repleto

jangle ['dʒæŋgl] *vt* **1** (ruído metálico) chocalhar; abanar **2** *fig* (irritação) transtornar ♦ *vi* (ruído metálico) chocalhar ♦ *n* ruído metálico

janitor ['dʒænɪtə] *n* porteiro

January ['dʒænjuəri] *n* janeiro

Japan [dʒəˈpæn] *n* Japão

Japanese [ˌdʒæpəˈniːz] *adj,n* japonês

jar [dʒɑː] *n* **1** frasco; pote; *jar of jam* frasco de compota **2** abalo; estremeção; *we felt a jar* nós sentimos um abalo **3** *col* (bebida) copo ♦ *vt* sacudir; abanar; dar um empurrão **4** *vi* **1** (som desagradável) ranger, chiar **2** incomodar [on, -]; *this sound jars on my nerves* este som dá-me cabo da cabeça **3** não condizer [with, com]; chocar [with, com]; *his opinions jar with mine* as opiniões dele chocam com as minhas

jargon ['dʒɑːgən] *n* gíria; *medical jargon* gíria médica

jasmine ['dʒæzmɪn] n jasmim

jasper ['dʒæspə] n MIN jaspe

jaundice ['dʒɔːndɪs] n icterícia

jaunt [dʒɔːnt] n excursão, passeio; *to go for a jaunt in the mountains* fazer uma excursão às montanhas ♦ vi fazer uma excursão; ir em excursão

jaunty ['dʒɔːnti] adj {comp -ier, superl -iest} alegre

javelin ['dʒævlɪn] n DESP dardo; *javelin throwing* lançamento do dardo

jaw [dʒɔː] n 1 ANAT maxila; maxilar 2 col conversa, cavaqueira ♦ npl mandíbulas; *crocodile jaws* mandíbulas do crocodilo ♦ vi col tagarelar, conversar

jawbone ['dʒɔːbəʊn] n maxilar

jay [dʒeɪ] n (ave) gaio

jaywalk ['dʒeɪwɔːk] vi (rua) atravessar fora da passadeira; atravessar de forma imprudente

jazz [dʒæz] n 1 MÚS jazz 2 EUA col disparates; asneiras 3 col animação; barulho ♦ adj de jazz ♦ vt,i 1 tocar música jazz 2 animar ❖ *don't give me that jazz!* não me venhas com histórias!

jazzy ['dʒæzi] adj 1 col parecido com o jazz 2 col vistoso

jealous ['dʒeləs] adj 1 ciumento 2 invejoso; com inveja [of, de]

jealousy ['dʒeləsi] n {pl -ies} 1 ciúme 2 inveja

jeans [dʒiːnz] n pl calças de ganga

jeep [dʒiːp] n jipe

jeer [dʒɪə] vt,i 1 apupar 2 troçar [at, de] ♦ n 1 apupo 2 troça

jello ['dʒeləʊ] n EUA gelatina

jelly ['dʒeli] n {pl -ies} 1 GB gelatina 2 geleia

jellyfish ['dʒelɪfɪʃ] n alforreca

jemmy ['dʒemi] n {pl -ies} GB pé de cabra

jenny ['dʒeni] n {pl -ies} tear

jeopardize ['dʒepədaɪz] vt arriscar, pôr em perigo; *to jeopardize one's life* arriscar a vida

jeopardy ['dʒepədi] n perigo, risco

jerk [dʒɜːk] vt empurrar, sacudir ♦ vi dar solavancos; *the car jerked to a stop* o carro deu um solavanco e parou ♦ n 1 sacudidela, solavanco; empurrão; *to give someone a jerk* dar um empurrão a alguém 2 cal parvo, estúpido

jerky ['dʒɜːki] adj {comp -ier, superl -iest} brusco

jersey ['dʒɜːzi] n 1 GB camisola 2 (tecido) jérsei

jest [dʒest] vi gracejar [with, com], brincar [with, com] ♦ n brincadeira; graça, piada; *he answered me half in jest* ele respondeu-me meio a brincar

jester ['dʒestə] n bobo

Jesuit ['dʒezjuɪt] adj,n REL jesuíta

Jesus ['dʒiːzəs] n Jesus Cristo ♦ interj col (admiração, surpresa, susto) jesus!; credo!

jet [dʒet] n 1 jato [of, de]; *jets of water* jatos de água; *jet aircraft* avião a jato 2 pulverizador, boca 3 azeviche ♦ vt vaporizar, expelir ♦ vi 1 vaporizar, sair 2 col viajar em avião a jato

jet-foil ['dʒetfɔɪl] n hidroflutuador

jet lag ['dʒetlæg] n (diferenças horárias) jet lag

jet-propelled [ˌdʒetprə'peld] adj com propulsão a jato

jetsam ['dʒetsəm] n carga lançada ao mar

jet set ['dʒetset] n jet-set

jet-setter ['dʒetˌsetə] n membro do jet set; colunável

jettison ['dʒetɪsən] vt 1 alijar 2 col desfazer-se de 3 col (ideia, projeto, etc.) esquecer; abandonar ♦ n mercadoria alijada

jetty ['dʒeti] n {pl -ies} molhe; quebra-mar

Jew [dʒuː] n judeu

jewel ['dʒuːəl] n 1 pedra preciosa 2 joia ❖ *jewel case* caixa para CD

jeweller ['dʒuːələ] n joalheiro ❖ (estabelecimento) *jeweller's* joalharia

jewellery ['dʒuːəlri] n joalharia, joias

Jewish ['dʒuːɪʃ] adj judeu; judaico

Jewry ['dʒʊəri] *n* (povo, religião) judaísmo

jib [dʒɪb] *n* 1 lança de guindaste 2 NÁUT bujarrona ♦ *vi* hesitar [at, em]; *he jibbed at signing the contract* ele hesitou em assinar o contrato ❖ *col I don't like the cut of his jib* não gosto do aspeto dele

jiffy ['dʒɪfi] *n* (*pl* -ies) *col* momento; instante

jig [dʒɪg] *n* (dança, música) jiga ♦ *vi* dançar a jiga

jiggered ['dʒɪgəd] *adj* cansado; exausto

jiggery-pokery [‚dʒɪgəri'pəʊkəri] *n col* trapaça; manha

jiggle ['dʒɪgl] *vt,i* sacudir; estremecer

jigsaw ['dʒɪgsɔː] *n* 1 puzzle 2 serra de fita

jihad [dʒɪ'hæd] *n* REL jihad

jilt [dʒɪlt] *vt pej* (relação amorosa) deixar, acabar com

jimmy ['dʒɪmi] *n EUA ⇒* jemmy

jingle ['dʒɪŋgl] *vt,i* tinir; chocalhar ♦ *n* 1 tinido 2 (publicidade) jingle

jink [dʒɪŋk] *vt,i col* fintar ♦ *n col* finta

jinx [dʒɪŋks] *n* 1 maldição; praga; *to put a jinx on* rogar uma praga a 2 mau agouro ♦ *vt* enguiçar; dar azar a ❖ *col to be jinxed* estar amaldiçoado; estar com azar

jinxed [dʒɪŋkst] *adj* enguiçado

jitters ['dʒɪtəz] *npl col* nervosismo; *to get the jitters* ficar nervoso

jittery ['dʒɪtəri] *adj col* nervoso; agitado

job [dʒɒb] *n* 1 emprego; *to be out of a job* estar desempregado 2 tarefa 3 função 4 (dificuldade) carga de trabalhos 5 *col* operação plástica 6 *col* golpe; assalto ❖ *to be just the job* ser mesmo aquilo que é preciso

job-hunting ['dʒɒbhʌntɪŋ] *n* procura de emprego

jobless ['dʒɒbləs] *adj* desempregado

job-related ['dʒɒbrɪleɪtɪd] *adj* de foro profissional

jock [dʒɒk] *n* 1 *EUA col* atleta, desportista 2 *col* disco-jóquei

jockey ['dʒɒki] *n* jóquei ♦ *vt* convencer [into, a]; persuadir [into, a] ❖ (manobras)

they're both jockeying for position eles estão os dois a tentarem arranjar-se o melhor que podem

jockstrap ['dʒɒkstræp] *n* suspensório

jocose [dʒə'kəʊs] *adj* jocoso

jocosity [dʒə'kɒsiti] *n* jocosidade

jocularity [‚dʒɒkjʊ'læriti] *n* graça; jocosidade

jog [dʒɒg] *n* 1 empurrão; abanão; *to give someone a jog* dar um abanão a alguém 2 corrida; *to break into a jog* dar uma corrida ♦ *vt* (*pret e pp* -gg-) sacudir, abanar ♦ *vi* 1 andar aos solavancos 2 DESP correr, fazer jogging; *I go jogging every day* eu faço jogging todos os dias ❖ *jog my memory* refresca-me a memória

jogger ['dʒɒgə] *n* praticante de jogging

jogging ['dʒɒgɪŋ] *n* jogging

joggle ['dʒɒgl] *vt,i* estremecer

johnny ['dʒɒni] *n* (*pl* -ies) *cal* preservativo; camisinha

join [dʒɔɪn] *vt* 1 juntar; unir 2 alistar-se em, ingressar em; *to join the army* ingressar no exército 3 juntar-se a; associar-se a; aderir a ♦ *vi* 1 juntar-se; unir-se 2 (clube, partido, etc.) aderir ♦ *n* junta; ligação ❖ *to join battle* travar combate; *to join forces* aliar esforços; *to join hands* dar as mãos

◆ **join in** *vi* participar; tomar parte

◆ **join up** *vi* MIL alistar-se

joiner ['dʒɔɪnə] *n GB* marceneiro

joinery ['dʒɔɪnəri] *n* marcenaria

joint [dʒɔɪnt] *n* 1 articulação 2 junta; juntura 3 peça de carne 4 *col* lugar, sítio; ponto de encontro 5 *col* espelunca; *to live in a joint* viver numa espelunca 6 *cal* (droga) charro ♦ *adj* comum, conjunto; *joint bank account* conta bancária conjunta ♦ *vt* (carne) talhar ❖ *I put my ankle out of joint* torci o meu tornozelo; *col to put something out of joint* dar cabo de alguma coisa

jointly ['dʒɔɪntli] *adv* conjuntamente; em conjunto

joist ['dʒɔɪst] n viga; barrote

joke [dʒəʊk] n 1 gracejo; anedota; piada; *to crack jokes* contar anedotas 2 (*brincadeira*) partida ♦ vi brincar; mandar piadas [**about**, sobre] ❖ *joking apart* fora de brincadeiras; *I was only joking!* estava a brincar!; *col,pej* **the joke of the village** o bobo da corte; *to make a joke of something* gozar com alguma coisa; *to play a practical joke on someone* pregar uma partida a alguém; *you must be joking!* estás a brincar!

joker ['dʒəʊkə] n 1 brincalhão 2 (cartas) jóquer 3 *pej* idiota ❖ *the joker in the pack* a incógnita

jollity ['dʒɒlɪtɪ] n (*pl* -ies) alegria; jovialidade; regozijo

jolly ['dʒɒlɪ] adj (*comp* -ier, *superl* -iest) alegre; divertido

jolt [dʒəʊlt] n 1 solavanco; *we drove in jolts up the road* seguimos aos solavancos pela estrada acima 2 (emoção) abanão; baque; choque; *I felt a jolt when I heard the news* senti um baque quando ouvi a notícia ♦ vt 1 sacudir, abanar 2 (susto, surpresa) sobressaltar ♦ vi andar aos solavancos

jonquil ['dʒɒŋkwɪl] n BOT junquilho

jostle ['dʒɒsəl] vt empurrar; acotovelar ♦ vi 1 empurrar-se; acotovelar-se; *people jostled to see what had happened* as pessoas acotovelavam-se para ver o que tinha acontecido 2 *fig* (concorrência, competição) atropelar-se

jot [dʒɒt] n bocadinho ♦ vt (*pret e pp* -tt-) anotar; assentar; *he jotted every word the lecturer said* ele anotou todas as palavras do conferencista ❖ *I don't care a jot!* estou-me nas tintas!

♦ *jot down* vt apontar

jotter ['dʒɒtə] n GB bloco de notas

journal ['dʒɜːnəl] n 1 jornal; boletim; *daily journal* jornal diário 2 diário

journalism ['dʒɜːnəlɪzəm] n jornalismo

journalist ['dʒɜːnəlɪst] n jornalista

journalistic [,dʒɜːnə'lɪstɪk] adj jornalístico

journey ['dʒɜːnɪ] n jornada; percurso; trajeto; *a four days' journey* uma jornada de quatro dias ♦ vi (*pret e pp* -ed) viajar

joust [dʒaʊst] n HIST justa ♦ vi HIST correr em torneio

jovial ['dʒəʊvɪəl] adj alegre; jovial

joviality [,dʒəʊvɪ'ælɪtɪ] n jovialidade; alegria

jowl [dʒaʊl] npl papada

joy [dʒɔɪ] n 1 alegria; júbilo 2 GB col sorte; sucesso

joyful ['dʒɔɪfʊl] adj alegre; feliz

joyless ['dʒɔɪləs] adj triste; infeliz

joyous ['dʒɔɪəs] adj lit alegre

joyride ['dʒɔɪraɪd] n passeio em carro roubado ♦ vi passear em carro roubado

joystick ['dʒɔɪstɪk] n 1 INFORM joystick 2 col (avião) alavanca de direção

JPEG INFORM [*sigla de* Joint Photographic Experts Group] JPEG

jubilate ['dʒuːbɪleɪt] vi exultar; rejubilar

jubilee ['dʒuːbɪliː] n jubileu

Judaic [dʒʊ'deɪɪk] adj judaico

Judaism ['dʒuːdeɪɪzəm] n judaísmo

judge [dʒʌdʒ] n 1 DIR juiz 2 árbitro; *the judge of the tournament* o árbitro do torneio 3 especialista 4 avaliador [**of**, para] ♦ vt,i 1 julgar [**by**, através]; *you cannot judge people by the way they look* não podes julgar as pessoas pela aparência 2 arbitrar 3 estimar; calcular; avaliar [**on**, por; **from**, por]; *I judge he must be rich by now* calculo que ele agora deve estar rico; *she was judged on her skills* ela foi avaliada pelas suas capacidades 4 considerar; *I judge you to be quite capable of winning the competition* eu considero que és bem capaz de vencer a competição ❖ *as far as I can judge...* tanto quanto me parece...; *I'll be the judge of that* isso cabe-me a mim decidir

judgement ['dʒʌdʒmənt] n 1 opinião [**on/about/of**, sobre]; parecer [**on/about/of**,

sobre]; *in my judgement* na minha opinião
2 juízo; julgamento; *a fair judgement* um
juízo justo 3 critério; pensamento; princípios; *that is against my better judgement*
isso vai contra os meus princípios ❖ *the
Last Judgement* o Juízo Final; *to pass
judgement on* dar a opinião sobre; *to reserve judgement about something* não fazer
comentários sobre alguma coisa

judgeship ['dʒʌdʒʃɪp] *n* cargo de juiz;
magistratura

judgment ['dʒʌdʒmənt] *n* 1 sentença; decisão 2 opinião [**on/about/of**, sobre]
3 critério; princípios

judicature ['dʒuːdɪkətʃə] *n* 1 judicatura
2 magistratura

judicial [dʒʊ'dɪʃəl] *adj* judicial

judiciary [dʒʊ'dɪʃəri] *n* magistratura

judicious [dʒʊ'dɪʃəs] *adj* judicioso; prudente; sensato

judo ['dʒuːdəʊ] *n* judo

judoist ['dʒuːdəʊɪst] *n* DESP judoca

jug [dʒʌɡ] *n* 1 jarro, caneca; *a jug of water* uma caneca de água 2 EUA cântaro,
bilha 3 *col* prisão, cadeia ♦ *vt* 1 CUL estufar
2 *col* meter na cadeia; encarcerar

juggernaut ['dʒʌɡənɔt] *n* GB camião Tir

juggle ['dʒʌɡəl] *vi* fazer malabarismo(s)
[**with**, com]

juggler ['dʒʌɡlə] *n* malabarista

juggling ['dʒʌɡlɪŋ] *n* malabarismo

jugular ['dʒʌɡjʊlə] *adj,n* jugular

juice [dʒuːs] *n* 1 sumo 2 suco; *digestive
juices* sucos digestivos 3 GB *col* gasolina
4 GB *col* eletricidade

juicer ['dʒuːsə] *n* espremedor (de frutos)

juicy ['dʒuːsi] *adj* {*comp* -ier, *superl* -iest}
1 sumarento 2 *col* picante; *all the juicy
details* todos os pormenores picantes
3 *col* chorudo; *a juicy prize* um prémio
chorudo

ju-jitsu [dʒuː'dʒɪtsuː] *n* DESP jiu-jítsu

jukebox ['dʒuːkbɒks] *n* jukebox

July [dʒə'laɪ] *n* julho

jumble ['dʒʌmbəl] *n* confusão [**of**, de]; baralhada [**of**, de]; misturada [**of**, de]; *the
house is in a jumble* a casa está numa
confusão; *a jumble of documents* uma
baralhada de documentos ♦ *vt* 1 misturar;
baralhar 2 desarrumar; desordenar ❖
jumble sale bazar de caridade

jumbo ['dʒʌmbəʊ] *adj col* grande; gigante
❖ (avião) *jumbo jet* jumbo

jump [dʒʌmp] *n* 1 salto; pulo 2 *fig (aumento)* subida em flecha; disparo *fig* 3 *fig*
(avanço) passo; *a jump forward in the career* um passo em frente na carreira ♦ *vt,i*
1 saltar [**from**, de; **to**, para]; pular [**from**,
de; **to**, para]; *he jumps from one subject
to the other* ele salta de um assunto para
outro 2 *fig* sobressaltar-se; apanhar um
susto; *to jump out of one's skin* ficar sobressaltado 3 *fig* subir; aumentar; disparar; *the number of smokers has jumped
these last years* o número de fumadores
disparou nos últimos anos ❖ *jump suit*
macacão; *to jump at you* saltar à
vista; *to jump queues* passar à frente de
filas; DESP *to jump the gun* fazer uma falsa
partida; DESP *high jump* salto em altura;
DESP *long jump* salto em comprimento;
DESP *pole jump* salto a vara; *you shouldn't
jump to conclusions* não devias tirar conclusões precipitadas

♦ **jump in** *vi* 1 (conversa) intrometer-se
2 meter-se; envolver-se

♦ **jump on** *vt col* cair em cima de; criticar

♦ **jump out at** *vt* saltar à vista de

jumper ['dʒʌmpə] *n* 1 GB camisola 2 EUA
babeiro

jumpsuit ['dʒʌmpsuːt] *n* macacão

jumpy ['dʒʌmpi] *adj* {*comp* -ier, *superl* -iest}
col nervoso; excitado

junction ['dʒʌŋkʃən] *n* cruzamento

juncture ['dʒʌŋktʃə] *n* (*momento*) conjuntura

June [dʒuːn] *n* junho

jungle ['dʒʌŋgəl] *n* **1** selva; matagal **2** amálgama; desordem

junior ['dʒuːnjə] *adj* novo; *he is junior to his brother* ele é mais novo do que o irmão ◆ *n* **1** novo **2** subordinado; subalterno **3** *GB* aluno da primária **4** *DESP* júnior ❖ *GB* (escola) *junior school* primeiro ciclo

junk [dʒʌŋk] *n* **1** tralha; lixo **2** velharias **3** *NÁUT* junco ◆ *vt EUA col* deitar ao lixo ❖ *junk food* comida de plástico; (correio) *junk mail* publicidade não solicitada; *junk shop* loja de ferro-velho; *that's all junk* isso é um disparate pegado

junket ['dʒʌŋkɪt] *vi* banquetear-se ◆ *n* **1** *pej,col* viagem oficial **2** banquete **3** (sobremesa) espécie de leite-creme

junketing ['dʒʌŋkətɪŋ] *n* **1** comezaina **2** *pej* (em honra de delegação oficial) festança

junkie ['dʒʌŋki] *n* **1** *cal* drogado **2** viciado

junta ['dʒʌntə] *n POL* junta militar

Jupiter ['dʒuːpɪtə] *n ASTRON,MIT* Júpiter

Jurassic [dʒʊ'ræsɪk] *adj* jurássico

juridical [dʒʊ'rɪdɪkəl] *adj* jurídico

jurisconsult [,dʒʊərɪs'kɒnsʌlt] *n* jurista; advogado

jurisdiction [,dʒʊərɪs'dɪkʃən] *n* jurisdição; competência

jurisprudence [,dʒʊərɪs'pruːdəns] *n* jurisprudência

jurist ['dʒʊərɪst] *n* jurista

juror ['dʒʊərə] *n* jurado

jury ['dʒʊəri] *n {pl -ies}* júri

juryman ['dʒʊərɪmən] *n {pl -men}* jurado

jurywoman ['dʒʊərɪwʊmən] *n {pl -men}* jurada

just [dʒʌst] *adv* **1** mal; *he could just see them* ele mal os conseguia ver **2** apenas; só **3** quase; mesmo; *just now* agora mesmo **4** exatamente ◆ *adj* justo ❖ *just in case* por via das dúvidas

justice ['dʒʌstɪs] *n* **1** justiça **2** *EUA* juiz

justifiable [dʒʌstɪ'faɪəbəl] *adj* justificável

justification [,dʒʌstɪfɪ'keɪʃən] *n* justificação; razão ❖ *in justification of* em defesa de

justificatory ['dʒʌstɪfɪkeɪtəri] *adj* justificativo

justify ['dʒʌstɪfaɪ] *vt* **1** justificar **2** desculpar **3** *TIP* justificar

justly ['dʒʌstli] *adv* justamente

justness ['dʒʌstnəs] *n* justiça

jut [dʒʌt] *vi {pret e pp -tt-}* sobressair; destacar-se; projetar-se ◆ *n* **1** saliência; *jut of land* ponta de terra **2** ressalto; sacada; *jut window* janela de sacada

jutting ['dʒʌtɪŋ] *adj* saliente; protuberante; *jutting chin* queixo saliente

juvenile ['dʒuːvɪnaɪl] *adj* **1** menor; *juvenile court* tribunal de menores **2** *pej* infantil ◆ *n DIR* menor de idade

juxtapose ['dʒʌkstəpəʊz] *vt* justapor

juxtaposition [,dʒʌkstəpə'zɪʃən] *n* justaposição

K

k [keɪ] n {pl k's} (letra) k

kale [keɪl] n couve de folhas frisadas

kaleidoscope [kəˈlaɪdəskəʊp] n caleidos-cópio

kaleidoscopic [kəˌlaɪdəˈskɒpɪk] adj caleidoscópico

kamikaze [ˌkæmɪˈkæzi] n,adj kamikaze

kangaroo [ˌkæŋɡəˈruː] n canguru

karaoke [ˌkɑːrəˈəʊkɪ] n karaoke

karate [kəˈrɑːti] n karaté, caraté; **karate chop** golpe de karaté

karateka [kəˈrɑːtɪˌkæ] n karateca

karma [ˈkɑːmə] n carma

kayak [ˈkaɪæk] n caiaque

Kazakhstan [ˌkæzækˈstɑːn] n Cazaquistão

kbps INFORM [sigla de **Kilobits per second**] Kbps [sigla de kilobits por segundo]

kebab [kəˈbæb] n CUL kebab

kedgeree [ˈkedʒəriː] n prato quente de peixe, arroz e ovos

keel [kiːl] n NÁUT quilha
♦ **keel over** vi 1 (barco) virar 2 (pessoa) ir-se abaixo

keen [kiːn] adj 1 ansioso [to, por] 2 entusiasmado [on/to, por]; **to be keen on sports** ser um entusiasta do desporto 3 perspicaz 4 profundo; intenso 5 GB (preço) competitivo ♦ **to be keen on someone** ter um fraquinho por alguém

keenly [ˈkiːnli] adv 1 com entusiasmo 2 profundamente

keenness [ˈkiːnnəs] n 1 perspicácia 2 entusiasmo

keep [kiːp] n 1 subsistência; sustento; **to earn one's keep** ganhar o próprio sustento 2 torre de menagem ♦ vt {pret e pp kept} 1 guardar; ficar com; **to keep a secret** guardar um segredo 2 conservar; manter; **to keep a promise** manter uma promessa; ter; **I always keep a spare key**

at my parents tenho sempre uma chave sobresselente nos meus pais 3 atrasar; reter 4 sustentar, olhar por, criar ♦ vi 1 manter-se; ficar; **keep still!** mantém-te quieto! 2 continuar; **keep singing** continua a cantar 3 (alimentos) conservar-se; **the meat won't keep till tomorrow** a carne não se conserva até amanhã ✣ **to keep a lid on** guardar segredo em relação a; **to keep an eye on** vigiar; **to keep one's head** manter o sangue-frio
♦ **keep away** vt 1 manter afastado; **keep the baby away from the stairs** não deixes o bebé ir para as escadas ♦ vi afastar-se; manter-se afastado; **keep away from the edge of the pool** afasta-te da borda da piscina
♦ **keep back** vt 1 reservar; pôr de parte 2 reter; conter 3 não revelar
♦ **keep down** vt 1 manter baixo 2 oprimir; **the country was kept down by a dictator** o país foi oprimido por um ditador 3 restringir; limitar 4 (comida) aguentar (no estômago); **during her illness she couldn't keep food down** durante a doença não aguentava comida no estômago ♦ vi manter-se curvado
♦ **keep from** vt 1 impedir; **the traffic kept me from arriving on time** o trânsito impediu-me de chegar a tempo 2 esconder; **they kept the truth from her** esconderam-lhe a verdade
♦ **keep in** vt 1 reter 2 conter
♦ **keep off** vt 1 manter afastado de 2 evitar; **I must keep off fatty food** tenho de evitar comida gordurosa 3 não falar de; **they kept off politics during dinner** não falaram de política durante o jantar
♦ **keep on** vi 1 continuar; **if you keep on missing classes you'll flunk** se continuas a faltar às aulas vais chumbar 2 não

parar de falar [**about**, sobre]; *he kept on about politics the whole evening* não parou de falar sobre política a noite toda

◆ **keep out** *vt* manter afastado; não deixar entrar

◆ **keep out of** *vt* manter-se afastado de; não se meter em; *try to keep out of trouble* tenta não te meteres em sarilhos

◆ **keep to** *vt* 1 obedecer a; seguir; cumprir; *he didn't keep to the plan* ele não cumpriu o plano 2 limitar a; *I'm keeping the number of guests to the minimum* estou a limitar o número de convidados ao mínimo 3 ficar em

◆ **keep under** *vt* 1 oprimir; *they were kept under by a dictator* foram oprimidos por um ditador 2 controlar; *the fire was kept under by the firemen* o incêndio foi controlado pelos bombeiros 3 manter (sob o efeito de); *the doctor kept him under sedatives* o médico manteve-o sob o efeito de sedativos

◆ **keep up** *vt* 1 manter; *he wasn't able to keep up two houses* não conseguiu manter duas casas; *to keep up appearances* manter as aparências 2 manter acordado; *the storm kept me up the whole night* a tempestade manteve-me acordado toda a noite ◆ *vi* manter-se a par; *he wasn't able to keep up with the rest of the class* não conseguiu manter-se a par do resto da turma

◆ **keep up with** *vt* 1 (*seguir*) acompanhar; *he wasn't able to keep up with the rest of the class* não conseguia acompanhar o resto da turma 2 manter-se em contacto com; *I still keep up with my schoolfriends* ainda mantenho contacto com os meus colegas da escola

keeper ['ki:pə] *n* 1 (animais) tratador 2 guarda 3 *GB col* guarda-redes

keep-fit ['ki:pfɪt] *n GB* ginástica de manutenção

keeping ['ki:pɪŋ] *n* 1 guarda; custódia 2 concordância; harmonia 3 conservação

keepsake ['ki:pseɪk] *n* lembrança; recordação

keg [keg] *n* barril ❖ *GB* **keg beer** cerveja de barril

ken [ken] *n* (conhecimentos) alcance; capacidade de compreensão; *to be beyond one's ken* estar para além da nossa capacidade de compreensão; *within one's ken* ao nosso alcance

kennel ['kenəl] *n* casota do cão

Kenya ['kenjə] *n* Quénia

Kenyan ['kenjən] *adj,n* queniano

kerb [kɜːb] *n GB* (rua) passeio

kerchief ['kɜːtʃɪf] *n* lenço

kermis ['kɜːmɪs] *n* quermesse

kernel ['kɜːnəl] *n* 1 (amêndoa, avelã) miolo 2 âmago; essência

ketchup ['ketʃəp] *n* ketchup

kettle ['ketəl] *n* chaleira

kettledrum ['ketəldrʌm] *n MÚS* timbale

key [ki:] *n* 1 chave 2 (computador, máquina de escrever, piano) tecla 3 MÚS tom; *to change the key of the tune* mudar o tom da melodia 4 (mapa, gráfico) símbolo ◆ *adj* fundamental; essencial; *key points* pontos fundamentais ◆ *vt* digitar; introduzir ❖ **key rack** chaveiro; **key word** palavra-chave

keyboard ['ki:bɔːd] *n* 1 (computador, máquina de escrever, piano) teclado 2 (hotel) chaveiro 3 MÚS instrumento de teclado ◆ *vt* digitar

keyhole ['ki:həʊl] *n* buraco de fechadura

keypad ['ki:pæd] *n* teclado numérico

key ring ['ki:rɪŋ] *n* porta-chaves

keystone ['ki:stəʊn] *n* 1 ARQ (arco) chave; fecho 2 pedra angular; base

keyword ['ki:wɜːd] *n* palavra-chave

kg [*abrev. de* **kilogram**] *n* kg [*abrev. de* quilograma]

khaki ['kɑːki] *adj,n* (tecido, cor) caqui

kibe [kaɪb] *n MED* (especialmente no calcanhar) frieira ❖ *to tread on someone's kibes* pisar os calos a alguém

king-size

kick [kɪk] n 1 pontapé, chuto; DESP (futebol) *free kick* pontapé livre 2 coice, patada ♦ vt dar pontapés a; chutar; *he kicked his sister* ele deu um pontapé à irmã ♦ vi espernear

♦ **kick about** vi (roupa, objetos) andar por aí ♦ vt 1 (ideia) dar voltas a 2 andar aos pontapés a

♦ **kick in** vt deitar abaixo com pontapés

♦ **kick off** vt 1 DESP dar o pontapé de saída 2 arrancar; começar ♦ vt começar

kickboxing ['kɪkbɒksɪŋ] n kickboxing

kickoff ['kɪkɒf] n 1 (futebol) pontapé de saída 2 col arranque

kid [kɪd] n 1 col miúdo, garoto 2 col filho; *I want you to meet my kids* quero que conheças os meus filhos 3 ZOOL cabrito 4 pelica; *kid gloves* luvas de pelica ♦ vi (em gozo) brincar; *I'm just kidding* estou a brincar ♦ vt gozar com; enganar ❖ *no kidding!* a sério?; *this is my kid brother* este é o meu irmão mais novo

kidnap ['kɪdnæp] vt {pret e pp -pp-} raptar; sequestrar ♦ n rapto

kidnapper ['kɪdnæpə] n raptor

kidnapping ['kɪdnæpɪŋ] n rapto

kidney ['kɪdnɪ] n rim ❖ *kidney bean* feijão vermelho

kill [kɪl] n (animal) matança; morte ♦ vt 1 matar 2 destruir; acabar com 3 neutralizar; desligar; *to kill a machine* desligar uma máquina 4 (dor) aliviar ❖ *to kill oneself* suicidar-se; *to kill time* passar o tempo; *to kill two birds with one stone* matar dois coelhos duma cajadada

killer ['kɪlə] n 1 assassino 2 col arraso; coisa excecional

killing ['kɪlɪŋ] n assassínio; homicídio ♦ adj 1 cansativo; esgotante 2 mortal; fatal 3 col divertido

killjoy ['kɪldʒɔɪ] n desmancha-prazeres

kiln [kɪln] n (cal, tijolos) forno, fornalha

kilogram ['kɪləgræm] n quilograma, quilo

kilogramme ['kɪləgræm] n ⇒ kilogram

kiloliter ['kɪləʊliːtə] n EUA ⇒ kilolitre

kilolitre ['kɪləʊliːtə] n quilolitro

kilometer ['kɪləmiːtə] n EUA ⇒ kilometre

kilometre ['kɪləmiːtə] n quilómetro

kilometric ['kɪləmɛtrɪk] adj quilométrico

kilowatt ['kɪləʊwɒt] n quilowatt

kilt [kɪlt] n (saia escocesa) kilt

kimono [kɪ'məʊnəʊ] n quimono

kin [kɪn] n *the next of kin* a família mais próxima

kind [kaɪnd] n espécie; tipo; género; *what kind of person is he?* que tipo de pessoa é que ele é? ♦ adj 1 amável; simpático; *that's very kind of you* é muita amabilidade sua 2 generoso [to, para]; bondoso [to, para] 3 inofensivo ❖ *kind of* mais ou menos; *nothing of the kind* nada disso

kindergarten ['kɪndəgɑːtən] n infantário

kind-hearted [kaɪnd'hɑːtɪd] adj bondoso

kindle ['kɪndəl] vt 1 acender; atear; *to kindle a bonfire* acender uma fogueira 2 fig suscitar; despertar

kindling ['kɪndlɪŋ] n acha; lenha

kindly ['kaɪndlɪ] adv 1 amavelmente; com amabilidade 2 por favor; *would you kindly fill in this form?* fazia o favor de preencher este formulário? ❖ *not to take kindly to* não gostar de

kindness ['kaɪndnəs] n bondade; amabilidade

kindred ['kɪndrɪd] adj aparentado ❖ *kindred spirit* alma gémea

kinematics [kɪnɪ'mætɪks] n FÍS cinemática

kinetic [kɪ'netɪk] adj cinético

kinetics [kɪ'netɪks] n FÍS cinética

king [kɪŋ] n rei; (cartas) *king of hearts* rei de copas ❖ *the three Kings* os três Reis Magos

kingdom ['kɪŋdəm] n reino

kinghood ['kɪŋhʊd] n realeza

kingly ['kɪŋlɪ] adj {comp -ier, superl -iest} 1 real; régio 2 majestoso

king-size ['kɪŋsaɪz] adj 1 extragrande 2 (cigarro) longo 3 col enorme; monumental

DACIN-DP-24

kink [kɪŋk] n 1 (fio, cabelo) nó 2 col tara; mania

kinky ['kɪŋki] adj {comp -ier, superl -iest} bizarro; excêntrico

kinship ['kɪnʃɪp] n 1 parentesco 2 semelhança; proximidade

kiosk ['kiːɒsk] n quiosque

kipper ['kɪpə] n arenque fumado

kirsch [kɪəʃ] n licor de cereja

kiss [kɪs] vt,i beijar ♦ n {pl -es} beijo; to blow someone a kiss atirar um beijo a alguém; to give someone a kiss dar um beijo a alguém; to snatch a kiss roubar um beijo

kit [kɪt] n 1 kit 2 equipamento
  ♦ kit out vt equipar

kitchen ['kɪtʃɪn] n cozinha ❖ kitchen garden horta

kitchenette ['kɪtʃɪnet] n kitchenette

kitchenware ['kɪtʃənweə] n trem de cozinha

kite [kaɪt] n 1 papagaio de papel; to fly a kite lançar um papagaio 2 zool milhafre, peneireiro ♦ vi mover-se de um lado para o outro

kitsch [kɪtʃ] n,adj kitsch

kitten ['kɪtən] n gatinho ❖ (fúria, preocupação) to have kittens ter um ataque

kitty ['kɪti] n {pl -ies} 1 gatinho 2 (jogos) fundo comum; monte 3 col (dinheiro) vaquinha

kiwi ['kiːwi] n 1 (fruto, ave) quivi, kiwi 2 col neozelandês

klaxon ['klæksən] n cláxon

kleptomania [ˌkleptəʊ'meɪnɪə] n cleptomania

kleptomaniac [ˌkleptəʊ'meɪnɪæk] adj,n cleptomaníaco

km [abrev. de kilometre] km [abrev. de quilómetro]

knack [næk] n jeito [for, para]; habilidade [for, para]

knapsack ['næpsæk] n mochila

knave [neɪv] n GB (baralho de cartas) valete

knead [niːd] vt 1 amassar; to knead the dough amassar a massa 2 (músculos) massajar

knee [niː] n joelho; to be on one's knees estar de joelhos ♦ vt dar uma joelhada a ❖ to force someone to their knees humilhar alguém; to go down on one's knees ajoelhar-se

kneecap ['niːkæp] n ANAT rótula ♦ vt {pret e pp -pp-} disparar aos joelhos de

knee-deep ['niːdiːp] adj 1 até aos joelhos; the river was knee-deep o rio dava pelos joelhos 2 fig muito envolvido [in, em]; he is knee-deep in the affair ele está muito envolvido no caso

kneel [niːl] vi {pret e pp knelt} ajoelhar-se

kneeling ['niːlɪŋ] adj ajoelhado; de joelhos

kneepad ['niːpæd] n joelheira

knell [nel] n dobre a finados; to toll the knell dobrar a finados ♦ vi (sinos) dobrar

knew [njuː] pret de to know

knickers ['nɪkəz] npl GB calcinhas

knick-knack ['nɪknæk] n bibelô

knife [naɪf] n {pl -ves} 1 faca 2 navalha ♦ vt apunhalar; esfaquear; he was knifed to death ele foi esfaqueado até à morte ❖ to twist the knife in the wound bater no ceguinho

knife-edge ['naɪfedʒ] n gume de faca ❖ on a knife-edge por um fio

knight [naɪt] n 1 cavaleiro 2 (xadrez) cavalo 3 (cartas) valete ♦ vt armar cavaleiro; dar o título de knight a ❖ knight errant cavaleiro andante; Knight Templar templário; the Knights of the Round Table os cavaleiros da Távola Redonda

knighthood ['naɪthuːd] n dignidade de cavaleiro

knit [nɪt] vt,i {pret e pp knitted, knit} 1 tricotar 2 costurar; passajar; coser 3 unir [together, -]; juntar [together, -] 4 (osso) solidificar ❖ to knit one's brows franzir o sobrolho

knob [nɒb] n 1 maçaneta; puxador 2 (em máquina) botão 3 ponta; bocadinho; add *a knob of butter* junte um bocadinho de manteiga 4 saliência; alto

knock [nɒk] vi 1 (à porta, à janela) bater [at/on, a]; *someone is knocking at the door* está alguém a bater à porta; *to knock on the window* bater à janela 2 palpitar; *my heart knocked like crazy* tinha o coração aos saltos ◆ vt 1 bater em 2 derrubar; *he knocked the jug* ele derrubou a jarra 3 col (criticar) deitar abaixo ◆ n 1 pancada; batida; *a knock at the door* uma pancada na porta 2 golpe; choque ❖ *it knocked me flat* apanhou-me completamente de surpresa; col *knock on wood!* bate na madeira!; *to knock some sense into somebody* enfiar algum juízo na cabeça de alguém

◆ **knock out** vt 1 deixar inconsciente 2 DESP (boxe) pôr fora de combate 3 espantar 4 eliminar

◆ **knock up** vt 1 acordar 2 preparar rapidamente 3 EUA cal engravidar ◆ vi (ténis) bater umas bolas

knockdown ['nɒkdaʊn] adj (preço) reduzido ◆ n combate livre

knocker ['nɒkə] n (porta) aldraba; batente

knocking ['nɒkɪŋ] n 1 batida 2 golpe, pancada

knockout ['nɒkaʊt] n 1 (boxe) knockout 2 col maravilha; espanto ◆ adj 1 (boxe) knockout 2 (competição) eliminatório 3 col fantástico; espetacular

knoll [nəʊl] n elevação; outeiro

knot [nɒt] n 1 nó, laço; *to untie a knot* desfazer um nó 2 NÁUT nó; *the ship sailed at twenty knots* o barco navegava a vinte nós 3 (madeira) nó ◆ vt,i {pret e pp -tt-} dar um nó; atar ❖ *a knot of people* uma aglomeração de gente; *at a rate of knots* a uma velocidade louca; *to knot one's stomach* contrair-se o estômago; fig *to tie oneself in knots* meter os pés pelas mãos

knotty ['nɒtɪ] adj {comp -ier, superl -iest} 1 (problema) difícil 2 nodoso

know [nəʊ] vt,i {pret knew, pp known} 1 saber [about/of, de] 2 conhecer; perceber [about, de]; *he knows about the subject* ele percebe do assunto 3 aperceber-se; *I knew that something had gone wrong* apercebi-me de que algo tinha corrido mal ❖ *as far as I know* tanto quanto sei; *I know it for certain* tenho a certeza absoluta de que; *not that I know of* que eu saiba não; *to get to know* ficar a conhecer; *to know by heart* saber de cor; *to know by sight* conhecer de vista; *to know one's own mind* saber o que se quer; *to make oneself known* dar-se a conhecer

know-all ['nəʊɔːl] n GB col sabichão

know-how ['nəʊhaʊ] n know-how

knowing ['nəʊɪŋ] adj 1 sagaz; inteligente 2 (olhar, sorriso) cúmplice

know-it-all ['nəʊɪtɔːl] n EUA col sabichão

knowledge ['nɒlɪdʒ] n conhecimento; saber; *to my knowledge* que eu saiba

known [nəʊn] pp de to know ◆ adj conhecido; famoso

knuckle ['nʌkəl] n 1 (dedos) nó 2 (carne) pernil

◆ **knuckle under** vi col submeter-se [to, a]; ceder [to, a]

knurl [nɜːl] n protuberância; saliência

KO (boxe) [abrev. de **knockout**] KO

koala [kəʊ'ɑːlə] n coala

kooky ['kuːki] adj EUA col maluco; doido

Koran [kɔː'rɑːn] n REL Corão; Alcorão

Korea [kə'riːə] n Coreia

Korean [kə'riːən] adj,n coreano

korfball ['kɔːfbɔːl] n DESP corfebol

Kremlin ['kremlɪn] n Kremlin

krone ['krəʊnə] n (moeda) coroa dinamarquesa/norueguesa

krypton ['krɪptɒn] n crípton

kudos ['kjuːdɒs] n prestígio; glória ❖ *to get the kudos for* receber os louros por

kung fu ['kʌnfuː] n kung fu

Kurd [kɜːd] n (pessoa) curdo

Kuwait [kʊ'weɪt] n Kuwait

Kuwaiti [kʊ'weɪtɪ] adj,n kuwaitiano

L

l [el] n {pl l's} (letra) l

lab [læb] n col laboratório

label ['leɪbəl] n 1 etiqueta; rótulo 2 companhia discográfica ◆ vt {pret e pp -ll-} 1 etiquetar; rotular 2 fig (qualificar) rotular [as, de]

labor ['leɪbə] n,vi EUA ⇒ labour

laboratory [ləˈbɒrətri] n {pl -ies} laboratório

laborious [ləˈbɔːriəs] adj laborioso; penoso

labour ['leɪbə] n 1 trabalho 2 mão de obra 3 esforços 4 trabalho de parto; *to be in labour* estar em trabalho de parto ◆ vi 1 trabalhar no duro; esforçar-se 2 laborar [under, em]; persistir [under, em] ◆ vt (ideia, argumento) insistir em ❖ *labour camp* campo de trabalhos forçados; *labour market* mercado de trabalho; GB POL *Labour Party* Partido Trabalhista; *hard labour* trabalhos forçados

labourer ['leɪbərə] n trabalhador; operário

labyrinth ['læbərɪnθ] n labirinto

lace [leɪs] n 1 renda; *lace towel* toalha de renda 2 (sapatos) cordão, atacador ◆ vt 1 atar; apertar 2 (ingrediente) misturar [with, com]; *to lace water with the wine* traçar água com o vinho

◆ **lace up** vt apertar os cordões de

lacerate ['læsəreit] vt lacerar; dilacerar

lack [læk] n falta; carência; escassez; *lack of balance* falta de equilíbrio; *lack of water* escassez de água ◆ vt,i ter falta de; carecer de; *to lack self-confidence* ser inseguro ◆ vi escassear ❖ *for lack of* por falta de; *to be lacking in* ter falta de

lackey ['læki] n pej lacaio

lacklustre ['læk‚lʌstə] adj desinteressante; apagado*fig*

laconic [ləˈkɒnɪk] adj lacónico

laconism ['lækənɪzəm] n laconismo

lacquer ['lækə] n (verniz) laca ◆ vt lacar

lacquered ['lækəd] adj (revestimento) lacado

lacrimal ['lækrɪməl] adj lacrimal

lacy ['leɪsi] adj {comp -ier, superl -iest} rendado

lad [læd] n GB ant moço; rapaz

ladder ['lædə] n 1 escada; escadote 2 (meias) malha caída 3 escala; *social ladder* escala social

ladle ['leɪdəl] n (para sopa) concha ◆ vt servir com concha

lady ['leɪdi] n {pl -ies} senhora; *ladies and gentlemen* minhas senhoras e meus senhores; *ladies' room* casa de banho das senhoras

Lady ['leɪdi] n 1 (título honorífico) Lady 2 REL Senhora; *Our Lady* Nossa Senhora

ladybird ['leɪdɪbɜːd] n GB joaninha

ladybug ['leɪdɪbʌg] n EUA joaninha

ladyship ['leɪdɪʃɪp] n (título nobiliário) senhoria

lag [læg] n 1 atraso; demora 2 col cadastrado ◆ vi ficar para trás; arrastar-se [behind, atrás] ◆ vt {pret e pp -gg-} (materiais) isolar

lager ['lɑːgə] n GB cerveja loura

lagoon [ləˈguːn] n lagoa

laid-back ['leɪdbæk] adj col descontraído; relaxado

lair [leə] n 1 toca; covil 2 refúgio

laity ['leɪti] n {pl -ies} os leigos

lake [leɪk] n lago

lamb [læm] n 1 ZOOL cordeiro 2 ZOOL cabrito; anho; borrego 3 fig inocente 4 col querido; lindo ◆ vi (ovelha) parir

lambskin ['læmskɪn] n pelica

lame [leɪm] adj 1 coxo; manco 2 fig pouco convincente; esfarrapado; fraco; *a lame excuse* uma desculpa esfarrapada ◆ vt estropiar; pôr manco

lament [ləˈment] *n* lamento ♦ *vt* lamentar ♦ *vi* lamentar-se [**for/over**, por]; queixar--se [**for/over**, por/de]

lamentation [ˌlæmenˈteɪʃən] *n* lamentação

lamp [læmp] *n* candeeiro; *turn out the lamp* desliga o candeeiro

lamppost [ˈlæmppəʊst] *n* poste de iluminação pública

lamprey [ˈlæmpri] *n* lampreia

lampshade [ˈlæmpʃeɪd] *n* quebra-luz; abajur

LAN INFORM [*sigla de* **Local Area Network**] LAN

lancet [ˈlɑːnsət] *n* 1 lanceta; bisturi 2 ogiva

land [lænd] *n* 1 terra; *to reach land* chegar a terra 2 solo 3 terreno; terra; *a piece of land* um terreno 4 propriedade rural 5 terra; *my native land* a minha terra natal ♦ *vi* 1 AER aterrar; pousar 2 NÁUT atracar; desembarcar ♦ *vt* 1 (mercadoria, objetos) desembarcar; descarregar 2 tirar da água *col* conseguir; fisgar 4 *col* (estalo, murro) pregar [**in**, em] ❖ *land reform* reforma agrária; *land registry* registo de propriedade

landfill [ˈlændfɪl] *n* aterro

landing [ˈlændɪŋ] *n* 1 aterragem; *emergency landing* aterragem de emergência; *landing gear* trem de aterragem 2 (escadas) patamar 3 MIL desembarque 4 GB cais de desembarque

landlady [ˈlændˌleɪdɪ] *n* 1 senhoria 2 GB (pensão, bar) dona

landlord [ˈlændlɔːd] *n* 1 senhorio 2 GB (pensão, bar) dono

landmark [ˈlændmɑːk] *n* marco; *a landmark in painting* um marco na pintura

landmine [ˈlændmaɪn] *n* (explosivo) mina terrestre

landowner [ˈlændˌəʊnə] *n* proprietário de terras

landscape [ˈlændskeɪp] *n* 1 paisagem 2 panorama; *cultural landscape* panorama cultural ❖ *landscape architect* arquiteto paisagista; *landscape gardener* paisagista

landslide [ˈlændslaɪd] *n* 1 desmoronamento; desabamento 2 vitória esmagadora; *he won the elections by a landslide* ele teve uma vitória esmagadora nas eleições

lane [leɪn] *n* 1 (campo) vereda; caminho 2 (cidade) rua; viela; travessa 3 (estrada) faixa de rodagem 4 DESP pista 5 (avião, barco) rota

language [ˈlæŋgwɪdʒ] *n* 1 língua; *foreign language* língua estrangeira 2 linguagem; *sign language* linguagem gestual

languid [ˈlæŋgwɪd] *adj* lânguido

languish [ˈlæŋgwɪʃ] *vi* 1 enlanguescer 2 definhar 3 (projeto) fracassar

languor [ˈlæŋgə] *n* langor; indolência

languorous [ˈlæŋgərəs] *adj* lânguido; langoroso; débil; frouxo

lank [læŋk] *adj* 1 (cabelo) escorrido 2 (corpo) escanzelado; esguio ❖ *to grow lank* emagrecer

lantern [ˈlæntən] *n* lanterna

lanthanium [ˈlænθənəm] *n* QUÍM (elemento químico) lantânio

Laos [laʊs, laʊz] *n* Laos

Laotian [ˈlaʊʃən] *adj,n* laosiano

lap [læp] *n* 1 regaço; colo 2 DESP volta; *lap of honour* volta de honra 3 (de percurso) etapa; troço 4 aba; dobra; bainha ♦ *vt,i* [*pret e pp* pp-] 1 DESP dar volta de avanço 2 (ondas) bater na praia com leve ruído

lapel [ləˈpel] *n* lapela

lapidate [ˈlæpɪdeɪt] *vt* lapidar

lapis lazuli [ˌlæpɪsˈlæzjʊli] *n* lápis-lazúli

Lapland [ˈlæplænd] *n* Lapónia

Laplander [ˈlæpˌlændə] *n* lapão

lapse [læps] *n* 1 (tempo) espaço de tempo 2 lapso; falha; *lapse of memory* lapso, esquecimento 3 *fig* (erro) deslize ♦ *vi* 1 (tempo) passar 2 (comportamento) cair [**into**, em]; *to lapse into bad habits* cair em maus hábitos 3 cometer um lapso 4 caducar; prescrever; *my insurance policy lapsed* a minha apó-

lice de seguro caducou ❖ *to lapse into silence* calar-se

laptop ['læptɒp] n computador portátil

larceny ['lɑːsəni] n {pl -ies} DIR roubo;
furto

lard [lɑːd] n banha de porco ◆ vt CUL lardear [with, com]; entremear [with, com]

larder ['lɑːdə] n despensa

large [lɑːdʒ] adj 1 grande; *a large company*
uma grande empresa; *a large amount of*
uma grande quantidade de 2 vasto; amplo
3 (roupa) largo ❖ *at large* à solta; *how
large is it?* qual é o tamanho?

largely ['lɑːdʒli] adv em grande parte

lark [lɑːk] n 1 (ave) cotovia 2 col brincadeira

larva ['lɑːvə] n {pl -ae} larva

laryngitis [ˌlærɪnˈdʒaɪtɪs] n laringite

larynx ['lærɪŋks] n {pl -xes, -ges} laringe

lasagna [ləˈzænjə] n EUA lasanha

lasagne [ləˈzænjə] n GB lasanha

lascivious [ləˈsɪvɪəs] adj lascivo

laser ['leɪzə] n laser; *laser beams* raios laser; *laser printer* impressora a laser

lash [læʃ] n {pl -es} 1 chicotada 2 chicote
3 pestana ◆ vt 1 chicotear 2 lit (chuva,
vento) fustigar 3 prender [to, a]; amarrar
[to, a] ◆ vi 1 bater forte [against, contra]
2 fazer críticas violentas [into, a]

lass [læs] n rapariga; moça

lasso [læˈsuː] n (vaqueiros) laço ◆ vt laçar

last [lɑːst] adj 1 último; *the last lap* a última etapa 2 passado; anterior; *last week*
na semana passada; *last night* na noite
passada ◆ adv 1 da/pela última vez; *when
I last saw him* da última vez que o vi
2 em último lugar; *to finish last* ficar em
último ◆ vt,i durar; *his speech lasted an
hour* o discurso dele durou uma hora ◆ n
1 o último 2 (sapato) forma ❖ REL *last
rites* extrema-unção; *last but not least*
por último, mas não menos importante;
at last! até que enfim!; *one last thing* só
mais uma coisa; *the day before last* anteontem; *the last but one* o penúltimo;

the last but two antepenúltimo; *to the
last* até ao fim

lastly ['lɑːstli] adv por fim, por último

last-minute [lɑːstˈmɪnɪt] adj de última
hora

latch [lætʃ] n {pl -es} trinco; *the door is
on the latch* a porta está só com o trinco
◆ vt fechar com o trinco

late [leɪt] adj {comp later, superl latest, last}
1 atrasado; *he is always late* ele chega
sempre atrasado 2 tardio 3 falecido; *my
late father* o meu falecido pai ◆ adv {comp
later, superl latest, last} tarde; *it was too
late* foi demasiado tarde ❖ *in their late
fifties* na casa dos cinquenta; *of late* ultimamente; *to keep late hours* deitar-se
tarde

latecomer ['leɪtˌkʌmə] n atrasado

lately ['leɪtli] adv ultimamente; recentemente

latency ['leɪtənsi] n latência

late-night ['leɪtnaɪt] adj tardio; *late-night
television* programas ao fim da noite

latent ['leɪtənt] adj latente

later ['leɪtə] adj posterior; *at a later date*
em data posterior ◆ adv mais tarde; depois; *an hour later* uma hora depois ❖
see you later até logo

lateral ['lætərəl] adj lateral

latest ['leɪtɪst] adj mais recente; *the latest
news* as últimas notícias ❖ *at the latest* o
mais tardar

latex ['leɪteks] n látex

lath [lɑːθ] n ripa

lathe [leɪð] n torno mecânico ❖ *lathe bed*
bancada do torno

lather ['lɑːðə] n 1 (sabão, detergente) espuma 2 (cavalo) suor ◆ vt ensaboar ◆ vi
(detergente, sabão) fazer espuma ❖ (nervosismo) *he is in a lather* ele está uma pilha

latifundium [ˌlætɪˈfʌndɪəm] n {pl -a} latifúndio

Latin ['lætɪn] adj,n latino ◆ n (língua) latim
❖ *Latin America* América Latina

latitude [ˌlætɪˈtjuːd] n latitude

lay

latrine [lə'tri:n] n latrina; retrete

latte ['lɑ:teɪ] n café com leite

latter ['lætə] adj 1 último; recente; *the latter months* os últimos meses 2 segundo; *the latter half of* a segunda metade de ♦ n último

lattice ['lætɪs] n entrançado ❖ (janela) *lattice window* gelosia

Latvia ['lætvɪə] n Letónia

Latvian ['lætvɪən] adj,n letão

laud [lɔ:d] n louvor; *in laud of God* em louvor a Deus ♦ vt louvar

laugh [lɑ:f] n riso; risada; *to break into a laugh* desatar a rir; *to raise a laugh* provocar o riso ♦ vi rir, rir-se ❖ *to laugh in someone's face* rir-se na cara de alguém; *he who laughs last laughs longest* quem ri por último ri melhor; *to have the last laugh* ser o último a rir

laughter ['lɑ:ftə] n riso; risada

launch [lɔ:ntʃ] n {pl -es} 1 lancha 2 (produto) lançamento 3 NÁUT lançamento à água (de barco) ♦ vt 1 (campanha, míssil, ataque) lançar 2 iniciar

launching ['lɔ:ntʃɪŋ] n (produto, nave, etc.) lançamento ❖ *launching pad* plataforma de lançamento

launder ['lɔ:ndə] vt 1 (roupa) lavar e passar 2 *fig* (dinheiro) fazer lavagem de; fazer branqueamento de

launderette [,lɔ:ndə'ret] n GB lavandaria automática

laundering ['lɔ:ndərɪŋ] n 1 lavagem 2 (dinheiro) branqueamento

laundromat ['lɔ:ndrəmæt] n EUA lavandaria automática

laundry ['lɔ:ndri] n {pl -ies} 1 roupa suja/lavada; *to do the laundry* tratar da roupa 2 lavandaria

laureate ['lɔ:rɪt] adj,n laureado

laurel ['lɒrəl] n loureiro ♦ npl louros; glória

lava ['lɑ:və] n lava

lavatory ['lævətri] n {pl -ies} quarto de banho

lavender ['lævɪndə] n alfazema, lavanda

lavish ['lævɪʃ] adj 1 liberal [with, com]; generoso [with, com] 2 gastador; esbanjador 3 sumptuoso 4 abundante ♦ vt esbanjar; *to lavish something on somebody* cobrir alguém de alguma coisa *fig*

law [lɔ:] n 1 lei; *to break/keep the law* infringir/cumprir a lei 2 norma; regra 3 advocacia; direito; *to practise Law* exercer advocacia 4 *col* polícia ❖ *to take the law into one's own hands* fazer justiça pelas próprias mãos

law-abiding ['lɔ:ə,baɪdɪŋ] adj cumpridor da lei

lawbreaker ['lɔ:breɪkə] n criminoso

lawful ['lɔ:fʊl] adj legal

lawless ['lɔ:ləs] adj 1 ilegal; ilegítimo 2 anárquico

lawn [lɔ:n] n relva; relvado; *to mow the lawn* cortar a relva ❖ *lawn sprinkler* dispositivo de rega

lawnmower ['lɔ:nməʊə] n cortador de relva

lawrencium [lə'rensɪəm] n QUIM (elemento químico) laurêncio

lawsuit ['lɔ:su:t] n processo; ação judicial; *to bring a lawsuit against someone* processar alguém

lawyer ['lɔ:jə] n advogado

lax [læks] adj lasso; frouxo

laxative ['læksətɪv] adj,n laxante

lay [leɪ] n 1 contorno; disposição; configuração 2 declive ♦ adj 1 leigo 2 laico; secular ♦ vt {pret e pp laid} 1 pousar; pôr; colocar 2 (ovos) pôr 3 apostar [on, em] 4 imputar; atribuir 5 (cilada) armar; preparar ❖ *to lay a charge* apresentar uma queixa; *to lay the blame on somebody* deitar as culpas para alguém; *to lay the table* pôr a mesa

♦ **lay aside** vt 1 pousar 2 separar; pôr de lado 3 abandonar; desistir de

♦ **lay down** vt 1 pousar; *he laid down his glass* pousou o copo 2 desistir de; rejeitar; renunciar a 3 (armas) depor 4 (plano) formular 5 (regras) estabelecer

◆ **lay off** vt 1 despedir; *the factory is laying off workers* a fábrica está a despedir trabalhadores 2 largar 3 deixar; abandonar

◆ **lay out** vt 1 arrumar; dispor 2 (argumentos) expor 3 ARQ desenhar; conceber 4 planear; organizar 5 (dinheiro) gastar [on, em]; desembolsar [on, em] 6 deitar por terra; atirar ao chão

◆ **lay over** vi EUA passar a noite; fazer uma paragem; pernoitar [in, em]

layabout ['leɪəbaʊt] n GB col vadio; mandrião

layer [leə] n 1 estrato; camada; *a layer of dust* uma camada de pó 2 (galinha) poedeira 3 (alcatifa, etc.) instalador ◆ vt 1 dispor em camadas 2 (cabelo) escalar

layette [leɪ'et] n enxoval de bebé

layman ['leɪmən] n {pl -men} leigo

layoff ['leɪɒf] n 1 despedimento coletivo 2 (emprego) período de baixa

layout ['leɪaʊt] n disposição; arranjo; configuração

laziness ['leɪzɪnəs] n 1 preguiça, indolência 2 lentidão

lazy ['leɪzɪ] adj {comp -ier, superl -iest} 1 preguiçoso; indolente 2 lento

lazybones ['leɪzɪˌbəʊnz] n col mandrião, preguiçoso

lb [abrev. de **pound**] lb [abrev. de libra]

LCD (monitor) [sigla de **liquid crystal display**] LCD

leach [liːtʃ] n {pl -es} 1 lixívia 2 lavagem; *acid leach* lavagem ácida 3 barrela ◆ vt filtrar; separar ◆ vi dissolver-se

lead[1] [led] n 1 chumbo; *lead content* teor de chumbo 2 (lápis) mina 3 EUA bala, chumbo ◆ vt chumbar

lead[2] [liːd] n 1 comando; chefia; governo 2 dianteira 3 vantagem [over, sobre; of, de] 4 exemplo; *to follow somebody's lead* seguir o exemplo de alguém 5 (informação) pista 6 precedência 7 CIN papel prin-

cipal 8 trela ◆ vt {pret e pp led} 1 liderar 2 guiar; conduzir [through, através; to, para] 3 levar ◆ vi (caminho, porta) levar [to/into, a]; dar [to/into, a] ❖ *to lead astray* desencaminhar; *to lead the way* ir à frente; indicar o caminho; *to lead up the garden (path)* enganar; *to take the lead* ir à frente

◆ **lead on** vt enganar; levar col

leaded ['ledɪd] adj com chumbo; *leaded gasoline* gasolina com chumbo

leader ['liːdə] n 1 líder; dirigente 2 GB (orquestra) primeiro-violino 3 EUA maestro 4 GB editorial

leadership ['liːdəʃɪp] n liderança, chefia

lead-free ['ledfriː] adj sem chumbo

lead-in ['liːdɪn] n introdução

leading ['liːdɪŋ] adj 1 principal 2 de destaque ❖ GB *leading article* editorial

leaf [liːf] n {pl -ves} 1 BOT folha 2 (livro) folha, página 3 (metal) folha; *gold leaf* folha de ouro 4 (mesa) aba ◆ vi deitar folhas

◆ **leaf through** vt folhear

leaflet ['liːflət] n panfleto; folheto ◆ vi distribuir folhetos

league [liːg] n 1 DESP liga; *football league* liga de futebol 2 DESP divisão 3 (associação) aliança, liga 4 col classe, categoria; *they're not in the same league* eles não têm a mesma categoria 5 ant légua ◆ vt,i ligar, associar ❖ *League of Nations* Liga das Nações; *to be in league with* estar de conluio com; *this job is out of his league* ele não está à altura deste emprego

leak [liːk] n 1 fenda, abertura; *a leak in the tank* uma fenda no depósito 2 fuga; *the explosion was caused by a gas leak* a explosão foi provocada por uma fuga de gás 3 fig (informação) fuga 4 cal mija pop; *I'm just going to take a leak* vou só dar uma mija ◆ vt 1 verter 2 (informação) passar [to, a] ◆ vi 1 verter, escoar 2 (gás) ter fuga(s)

◆ **leak out** vi 1 (líquido) derramar-se 2 (informação) ser divulgado

lean [li:n] *n* carne magra ♦ *adj* **1** magro **2** (ano) fraco ♦ *vt* apoiar [**on**, **em**]; encostar [**on**, **a**] ♦ *vi* **1** inclinar-se **2** encostar-se [**on**, **a**]

leap [li:p] *n* **1** salto, pulo **2** *fig (aumento)* salto [**in**, **em**] ♦ *vi* saltar; pular; *to leap for joy* pular de alegria **2** *fig* aumentar ❖ *leap year* ano bissexto; *he gave a leap in the dark* ele deu um tiro no escuro

leapfrog ['li:p,frɒg] *n* jogo do eixo ♦ *vi* {*pret e pp* -gg-} saltar ao eixo ♦ *vt fig* saltar, ultrapassar

learn [lɜːn] *vt* **1** aprender; *she learnt her lesson* ela aprendeu a lição **2** decorar, memorizar **3** (novidades) saber de **4** *col* (castigo) ensinar ♦ *vi* {*pret e pp* learned, learnt} **1** aprender; *we all learn from our mistakes* todos aprendemos com os nossos erros **2** ficar a saber [**about/of**, **de**]

learned ['lɜːnɪd] *adj* erudito

learner ['lɜːnə] *n* aluno; estudante; *learner driver* estudante de condução

lease [li:s] *n* arrendamento, aluguer ♦ *vt* alugar, arrendar; *we'll lease this house for two years* vamos arrendar esta casa por dois anos ❖ *to give somebody a new lease of life* dar nova vida a alguém

leasehold ['li:shəʊld] *n* arrendamento ♦ *adj* arrendado ♦ *adv* por arrendamento

leaseholder ['li:shəʊldə] *n* arrendatário

leash [li:ʃ] *n* {*pl* -es} *GB* trela ❖ *to hold/keep someone on a short leash* manter a rédea curta

leasing ['li:sɪŋ] *n* locação, aluguer **2** *FIN* leasing

least [li:st] *pron* mínimo, menos ♦ *adj* menos, menor, mínimo ♦ *adv* menos; *least of all* muito menos

leather ['leðə] *n* couro, cabedal

leave [li:v] *n* **1** (*férias*) licença; *to be on leave* estar de licença **2** permissão [**to**, **para**]; *to ask leave to* pedir permissão para **3** partida, saída ♦ *vt* {*pret e pp* left} **1** deixar **2** sair de **3** esquecer-se de; *I've left the key inside* esqueci-me da chave lá

dentro ♦ *vi* **1** ir-se embora **2** partir [**for**, **para**]; *I'm leaving for London* vou partir para Londres ❖ *leave me alone!* deixa-me em paz!; *let's leave it at that* fiquemos por aqui; *to be left* sobrar

♦ **leave behind** *vt* abandonar; deixar ficar; deixar para trás

♦ **leave out** *vt* **1** excluir; omitir; *the last paragraph was left out* o último parágrafo foi omitido **2** ignorar; pôr de parte; *they left him out* ignoraram-no

leaven ['levən] *n* **1** fermento, levedura **2** *fig* gérmen

leave-taking ['li:vteɪkɪŋ] *n* despedida

leavings ['li:vɪŋz] *n pl* restos

Lebanese ['lebəni:z] *adj,n* libanês

Lebanon ['lebənən] *n* Líbano

lecherous ['letʃərəs] *adj pej* lascivo

lecture ['lektʃə] *n* **1** (universidade) aula; *to attend a lecture* assistir a uma aula **2** conferência; palestra; seminário **3** *fig (repreensão)* sermão [**about/on**, **sobre**] ♦ *vt (repreender)* dar um sermão a ♦ *vi* **1** (universidade) dar aulas **2** fazer uma conferência [**on**, **sobre**]

lecturer ['lektʃərə] *n* **1** conferencista **2** (universidade) professor

lectureship ['lektʃəʃɪp] *n* (universidade) cargo de assistente [**in**, **em**]; *he holds a lectureship in Sociology* ele é assistente de Sociologia

led [led] *pret e pp de* to lead

ledge [ledʒ] *n* **1** (montanha) borda, saliência **2** (janela) peitoril

ledger ['ledʒə] *n* (contabilidade) livro-mestre

leech [li:tʃ] *n* {*pl* -es} sanguessuga

leek [li:k] *n* alho-porro, alho-francês

leer [lɪə] *n* **1** olhar lúbrico **2** olhar mal-intencionado ♦ *vi* olhar de soslaio; olhar lubricamente

leery ['lɪəri] *adj col* desconfiado ❖ *to be leery of* desconfiar de; não se fiar em

leeward ['li:wəd] *n* NÁUT sotavento ♦ *adj,adv* NÁUT a sotavento

leeway ['li:weɪ] *n* 1 AER,NÁUT deriva 2 *fig* espaço de manobra 3 *col* margem de segurança

left [left] *pret e pp de* to leave ♦ *adj* esquerdo ♦ *n* esquerda ♦ *adv* à esquerda; *turn left* vira à esquerda

left-hand ['lefthænd] *adj* esquerda; *on the left-hand side* do lado esquerdo ❖ *left-hand drive* com o volante à esquerda

left-handed [left'hændɪd] *adj* esquerdino; canhoto

left-hander [left'hændə] *n* 1 golpe com a esquerda 2 (pessoa) canhoto

leftover ['leftəʊvə] *n* vestígio *[from, de]* ♦ *npl* (refeição) restos, sobras ♦ *adj* restante

leg [leg] *n* 1 ANAT perna; *to break a leg* partir uma perna 2 (animal) pata 3 CUL perna; *leg of pork* perna de porco 4 (objeto) perna; *a table leg* a perna de uma cadeira 5 (viagem, corrida) etapa; troço ♦ *vt* GB *ant,col* dar à perna ❖ *break a leg* boa sorte

legacy ['legəsi] *n {pl* -ies} legado; herança

legal ['li:gəl] *adj* 1 legal 2 judicial; *the legal system* o sistema judicial ❖ EUA *legal holiday* feriado nacional; *to take legal advice* consultar um advogado

legality [lɪ'gælɪti] *n {pl* -ies} legalidade

legalization [ˌli:gəlaɪ'zeɪʃən] *n* legalização

legalize ['li:gəlaɪz] *vt* legalizar

legend ['ledʒənd] *n* lenda

legendary ['ledʒəndəri] *adj* lendário

leggings ['legɪŋz] *npl* calças elásticas de malha, leggings

legibility [ˌledʒɪ'bɪlɪti] *n* legibilidade

legible ['ledʒɪbəl] *adj* legível

legion ['li:dʒən] *n* legião *[of, de]*

legionary ['li:dʒənri] *n* legionário

legislate ['ledʒɪsleɪt] *vi* legislar

legislation [ˌledʒɪ'sleɪʃən] *n* legislação

legislative ['ledʒɪslətɪv] *adj* legislativo

legislator ['ledʒɪsleɪtə] *n* legislador

legislature ['ledʒɪsleɪtʃə] *n* legislatura

legitimacy [lɪ'dʒɪtɪməsi] *n* legitimidade

legitimate[1] [lɪ'dʒɪtɪmɪt] *adj* 1 legítimo 2 justo; justificado

legitimate[2] [lɪ'dʒɪtɪmeɪt] *vt* legitimar

legitimation [ˌlɪdʒɪtɪ'meɪʃən] *n* legitimação

legitimize [lɪ'dʒɪtɪmaɪz] *vt* legitimar

leguminous [le'gju:mɪnəs] *adj* leguminoso

legwork ['legwɜːk] *n* trabalho duro

leisure ['li:ʒə] *n* 1 tempo livre 2 lazer; *leisure activities* passatempos ❖ *at leisure* sem pressas

lemon ['lemən] *n* 1 (fruto) limão; (árvore) limoeiro 2 (cor) amarelo-limão 3 GB *col* palerma

lemonade ['leməneɪd] *n* limonada

lemur ['li:mə] *n* lémure

lend [lend] *vt {pret e pp* lent} 1 emprestar; *I lent her my car* eu emprestei-lhe o meu carro 2 conferir *[to, a]* ♦ *vi* emprestar ❖ *lend me a hand with this table* dá-me uma mão com esta mesa; *to lend an ear* prestar atenção

length [leŋθ] *n* 1 comprimento; *it has two metres in length* tem dois metros de comprimento; *overall length* comprimento total 2 (tempo) duração ❖ *at length* a fundo; detalhadamente

lengthen ['leŋθən] *vt* alongar; prolongar ♦ *vi* (duração) estender-se, prolongar-se, crescer

lengthways ['leŋθweɪz] *adv* longitudinalmente

lengthwise ['leŋθwaɪz] *adv* ⇒ **lengthways**

lengthy ['leŋθi] *adj {comp* -ier, *superl* -iest} 1 longo 2 prolongado

leniency ['li:nɪənsi] *n* 1 indulgência 2 tolerância

lenient ['li:nɪənt] *adj* 1 indulgente 2 tolerante

lens [lenz] *n {pl* -es} 1 lente; *contact lenses* lentes de contacto 2 (máquina fotográfica) objetiva 3 (olho) cristalino

Lent [lent] *n* REL Quaresma

lentil ['lentıl] n lentilha

Leo ['li:əʊ] n (constelação, signo) Leão

leopard ['lepəd] n leopardo

leotard ['li:ətɑːd] n (bailarinos, ginastas, acrobatas) malha justa

leper ['lepə] n leproso

leprechaun ['leprəkɔːn] n duende

leprosy ['leprəsi] n lepra

leprous ['leprəs] adj leproso

lesbian ['lezbıən] adj,n lésbica

lesbianism ['lezbıənızəm] n lesbianismo

lesion ['li:ʒən] n lesão

Lesotho [ləˈsuːtuː] n Lesoto

less [les] pron,prep,adv menos; *less and less* cada vez menos; *ten less two is eight* dez menos dois é oito

lessen ['lesən] vt,i diminuir

lesser ['lesə] adj menor; *these are lesser problems* são males menores

lesson ['lesən] n aula [in, de]; lição [in, de]

let [let] n 1 aluguer 2 estorvo ♦ vt (pret e pp let) 1 deixar; autorizar; consentir 2 alugar [to, a]; *the room has been let to a student* o quarto foi alugado a um estudante ❖ *let alone* muito menos; *to let go of* largar

♦ *let down* vt 1 desiludir; *he let me down* ele desiludiu-me 2 esvaziar 3 (bainha) descer

♦ *let in on* vt pôr ao corrente de; *they let me in on the plans* puseram-me ao corrente dos planos

♦ *let off* vt 1 dispensar de 2 desculpar; absolver 3 disparar; detonar

♦ *let on* vi 1 (revelar) contar 2 dar a entender

♦ *let out* vt 1 libertar; soltar 2 deixar sair 3 alugar; *she lets out rooms* ela aluga quartos 4 (roupa) alargar; *the trousers have been let out* as calças foram alargadas

letdown ['letdaʊn] n desilusão; deceção

lethal ['li:θəl] adj letal, mortífero

lethargic [ləˈθɑːdʒɪk] adj letárgico

lethargy ['leθədʒi] n letargia

letter ['letə] n 1 letra 2 carta; *to post a letter* pôr uma carta no correio ❖ *letter opener* abre-cartas

letterbox ['letəbɒks] n caixa/marco de correio

lettering ['letərıŋ] n 1 inscrição 2 rótulo; título

letting ['letıŋ] n GB aluguer

lettuce ['letıs] n alface

let-up ['letʌp] n 1 abrandamento; diminuição 2 pausa

leucocyte ['lu:kəʊsaıt] n leucócito

leukaemia [lu:ˈki:mıə] n GB leucemia

leukemia [lu:ˈki:mıə] n EUA ⇒ leukaemia

levee ['levi] n EUA dique; molhe

level ['levəl] n nível; *at a higher/lower level* a um nível mais/menos elevado ♦ vt (pret e pp -ll-) 1 nivelar, aplanar 2 demolir; arrasar 3 apontar [at, a], 4 (acusação) fazer [at, a] ♦ adj 1 horizontal, plano 2 CUL raso; *a level spoonful of flour* uma colher rasa de farinha 3 ao mesmo nível [with, de] 4 seguro ❖ *level crossing* passagem de nível; *I'm on the level* estou a ser sincero; *to be on a level with* estar ao nível de

♦ *level with* vi col ser franco

lever ['li:və] n 1 alavanca 2 manivela; *to push the lever* dar à manivela 3 fig estratagema; *a political lever* um estratagema político ♦ vt levantar por meio de alavanca

levitate ['levıteıt] vi levitar ♦ vt fazer levitar

levitation [ˌlevıˈteıʃən] n levitação

levy ['levi] n (pl -ies) imposto; cobrança ♦ vt lançar [on, sobre]; *to levy a tax on imported goods* lançar um imposto sobre os bens importados

lewd [lu:d] adj 1 lascivo 2 obsceno

lexical ['leksıkəl] adj lexical

lexicographer [ˌleksıˈkɒɡrəfə] n lexicógrafo

lexicography [ˌleksɪˈkɒɡrəfɪ] n lexicografia

lexicological [ˌleksɪkəˈlɒdʒɪkəl] adj lexicológico

lexicon [ˈleksɪkɒn] n léxico

liability [ˌlaɪəˈbɪlɪtɪ] n (pl -ies) 1 responsabilidade [for, por] 2 col problema ♦ npl ECON passivo

liable [ˈlaɪəbəl] adj 1 capaz [to, de]; it's liable to happen é provável que aconteça 2 sujeito [to, a], suscetível [to, de]; the script is liable to alterations o guião está sujeito a alterações 3 responsável [for, por]

liaison [liːˈeɪzɔ̃ŋ] n 1 cooperação; ligação 2 relação, caso amoroso

liar [ˈlaɪə] n mentiroso

libel [ˈlaɪbəl] n DIR calúnia, difamação ♦ vt {pret e pp -ll-} caluniar, difamar

liberal [ˈlɪbərəl] adj 1 liberal 2 generoso 3 (tradução) livre ♦ n liberal

liberalism [ˈlɪbərəlɪzəm] n liberalismo

liberalization [ˌlɪbərəlaɪˈzeɪʃən] n liberalização

liberalize [ˈlɪbərəlaɪz] vt liberalizar

liberate [ˈlɪbəreɪt] vt 1 (prisioneiros) libertar; pôr em liberdade 2 emancipar 3 EUA col roubar

liberation [ˌlɪbəˈreɪʃən] n 1 libertação 2 emancipação

liberator [ˈlɪbəreɪtə] n libertador

Liberia [laɪˈbɪərɪə] n Libéria

Liberian [laɪˈbɪərɪən] adj,n liberiano

libertine [ˈlɪbɜːtiːn] n libertino

liberty [ˈlɪbətɪ] n (pl -ies) 1 liberdade 2 atrevimento; to take the liberty of doing something tomar a liberdade de fazer alguma coisa

libidinous [lɪˈbɪdɪnəs] adj libidinoso

libido [lɪˈbiːdəʊ] n PSIC líbido

Libra [ˈliːbrə] n (pl -s) (constelação, signo) Balança

librarian [laɪˈbreərɪən] n bibliotecário

library [ˈlaɪbrərɪ] n (pl -ies) biblioteca

libretto [lɪˈbretəʊ] n (pl -s, -i) MÚS libreto

Libya [ˈlɪbɪə] n Líbia

Libyan [ˈlɪbɪən] adj,n líbio

licence [ˈlaɪsəns] n 1 GB licença, autorização 2 GB liberdade ❖ licence number matrícula do automóvel

license [ˈlaɪsəns] n EUA ⇒ licence ♦ vt autorizar; dar licença a

licensed [ˈlaɪsənst] adj 1 autorizado; licensed manufacturer fabricante autorizado 2 GB autorizado a vender bebidas alcoólicas

licentious [laɪˈsenʃəs] adj licencioso

lichen [ˈlaɪkən] n líquen

licit [ˈlɪsɪt] adj lícito

lick [lɪk] vt 1 lamber 2 fig (derrotar) dar uma tareia a ♦ vi consumir ♦ n 1 lambidela 2 col (tinta) bocado [of, de] 3 GB col velocidade 4 col soco, murro ❖ to lick one's wounds lamber as feridas; to lick someone's boots lamber as botas a alguém

lid [lɪd] n 1 tampa 2 (olho) pálpebra

lie [laɪ] vi {pret lay, pp lain} 1 estar deitado [on/in, em/a]; he's lying on the sofa está deitado no sofá 2 repousar 3 estar situado ♦ n mentira; to tell a lie mentir ♦ vt,i {pret e pp lied} mentir

♦ **lie back** vi 1 recostar-se; deitar-se para trás 2 relaxar 3 aceitar; conformar-se

♦ **lie down** vi deitar-se

Liechtenstein [ˈlɪktənstaɪn] n Liechtenstein

lieu [ljuː] n form lugar

lieutenant [lefˈtenənt, luːˈtenənt] n tenente

life [laɪf] n (pl -ves) vida; life expectancy esperança de vida

lifebelt [ˈlaɪfbelt] n boia de salvação

lifeboat [ˈlaɪfbəʊt] n barco salva-vidas

lifebuoy [ˈlaɪfbɔɪ] n ⇒ lifebelt

lifeguard [ˈlaɪfɡɑːd] n nadador-salvador

lifejacket [ˈlaɪfdʒækɪt] n colete de salvação

lifeless [ˈlaɪfləs] adj morto; inanimado

lifelike ['laɪflaɪk] adj fiel; realista
lifeline ['laɪflaɪn] n 1 (mergulhador) corda salva-vidas 2 (palma da mão) linha da vida 3 fig tábua de salvação
lifelong ['laɪflɒŋ] adj de toda a vida
lifesaver ['laɪfseɪvə] n 1 nadador-salvador 2 col tábua de salvação
life-saving ['laɪfseɪvɪŋ] n socorrismo ♦ adj de reanimação; de primeiros socorros
life-size ['laɪfsaɪz] adj em tamanho real
lifespan ['laɪfspæn] n 1 esperança de vida 2 período de validade
lifestyle ['laɪfstaɪl] n estilo de vida
lifetime ['laɪftaɪm] n vida; once in a life-time uma vez na vida
lift [lɪft] n 1 elevador 2 (carga) monta-cargas 3 fig incentivo 4 boleia; she gave me a lift home ela deu-me boleia para casa ♦ vt 1 levantar 2 (criança) pegar em; to lift a child up pegar numa criança ao colo 3 (avião) transportar 4 erguer 5 fig (proibição, cerco, bloqueio) (cessar) levantar 6 col (roubar) surripiar, fanar 7 col plagiar ♦ vi 1 (tampa) abrir 2 fig (nevoeiro) levantar
❖ **lift cage** cabine do elevador; to lift somebody's spirits animar alguém; DESP to lift weights fazer musculação; she didn't lift a finger to help me ela não levantou um dedo para me ajudar
♦ **lift off** vi 1 (foguetão) descolar 2 (tampa) levantar
♦ **lift up** vt levantar
lift-off ['lɪftɒf] n (avião, nave espacial) descolagem
ligament ['lɪgəmənt] n ANAT ligamento
ligature ['lɪgətʃə] n ligadura
light [laɪt] n 1 luz; claridade; iluminação 2 (elétrica) luz; to switch/turn/put the light on acender a luz; to switch/turn/put the light off apagar/desligar a luz 3 (estrada) semáforo 4 (veículo) farol 5 col lumes; have you got a light? tem lumes? 6 (olhos) brilho ♦ adj 1 leve 2 (tonalidade) claro 3 suave; a light breeze uma brisa

suave ♦ vt {pret e pp lighted, lit} 1 acender; to light a cigarette acender um cigarro 2 iluminar ♦ vi 1 acender-se 2 iluminar-se ❖ **light bulb** lâmpada; GB in (the) light of tendo em conta; to bring to light trazer a público; to come to light vir a lume
♦ **light up** vt iluminar ♦ vi animar-se; iluminar-se; her face lit up with a smile a cara dela iluminou-se com um sorriso
light-buoy ['laɪtbɔɪ] n boia luminosa
lighten ['laɪtən] vt 1 (luz) iluminar 2 (cor) aclarar 3 (peso, carga) tornar mais leve 4 (impostos) aliviar, reduzir ♦ vi 1 (céu) clarear 2 fig (rosto) iluminar-se 3 fig alegrar-se; relaxar; she lightened at the news ela alegrou-se com as notícias
lighter ['laɪtə] n isqueiro
light-headed [laɪt'hedɪd] adj 1 (tonturas) atordoado 2 pej frívolo
light-hearted [laɪt'hɑːtɪd] adj 1 alegre 2 divertido 3 despreocupado
lighthouse ['laɪthaʊs] n farol
lighting ['laɪtɪŋ] n iluminação
lightly ['laɪtli] adv 1 levemente, ligeiramente 2 levianamente
lightness ['laɪtnəs] n 1 claridade 2 leveza 3 agilidade
lightning ['laɪtnɪŋ] n relâmpago ❖ GB lightning conductor para-raios; EUA lightning rod para-raios; lightning visit visita relâmpago
lightweight ['laɪtweɪt] n (boxe) peso leve ♦ adj 1 leve 2 pej superficial
light-year ['laɪtjɪə] n ano-luz
like [laɪk] vt 1 gostar; I like him gosto dele; how do you like these trousers? gostas destas calças? 2 querer; I'd like a glass of water eu queria um copo de água; which ice cream do you like best? que gelado é que preferes? ♦ prep 1 como; do it like him faz como ele 2 de; it's not like him to leave us alone não é dele deixar-nos sozinhos ♦ n igual; coisa igual ♦ npl gostos ♦ adj {comp more like, superl most like} 1 semelhante, parecido; to be

of like mind pensar da mesma forma 2 *ant* provável ♦ *conj* 1 *col* como; *she cooks like I do* ela cozinha como eu 2 como se; *he acts like he's the owner* ele age como se fosse o dono ♦ *adv col* tipo, cerca de; *it cost me something like £500* custou-me cerca de 500 libras ❖ *like father, like son* tal pai, tal filho; *and the like* e assim; e afins; *that's more like it!* assim já gosto!; *they're as like as two peas in a pod* eles são exatamente iguais

likeable ['laɪkəbəl] *adj* simpático, amável

likelihood ['laɪklɪhʊd] *n* probabilidade [of, de]

likely ['laɪkli] *adj* (*comp* -ier, *superl* -iest) 1 provável 2 *col* adequado ♦ *adv* provavelmente ❖ *not likely!* claro que não!

like-minded [laɪk'maɪndɪd] *adj* parecidos na forma de pensar

liken ['laɪkən] *vt* comparar [to, a]

likeness ['laɪknəs] *n* semelhança [to, com]; parecença [to, com]

likewise ['laɪkwaɪz] *adv* igualmente; do mesmo modo

liking ['laɪkɪŋ] *n* gosto

lilac ['laɪlək] *n* (planta, flor, cor) lilás ♦ *adj* (cor) lilás

lily ['lɪli] *n* (*pl* -ies) lírio

limb [lɪm] *n* 1 ANAT membro 2 BOT ramo ❖ *to be out on a limb* estar numa situação difícil

limbo ['lɪmbəʊ] *n* (*pl* -es) 1 REL limbo 2 *fig* incerteza

lime [laɪm] *n* 1 BOT lima 2 QUÍM cal ♦ *vt* adubar com cal

limelight ['laɪmlaɪt] *n* TEAT ribalta ❖ *to be in the limelight* ser o centro das atenções

limestone ['laɪmstəʊn] *n* calcário

limey ['laɪmi] *n EUA cal,pej* inglês, bife *fig,col*

limit ['lɪmɪt] *n* limite [to/on, para]; *to set a limit* estabelecer um limite; *within limits* dentro de certos limites ♦ *vt* limitar [to, a], restringir [to, a] ❖ *EUA the area is off limits* esta zona é de acesso interdito; *there's a limit to my patience* a minha paciência tem limites

limitation [ˌlɪmɪ'teɪʃən] *n* 1 limite; limitação 2 restrição [on, sobre]

limitative ['lɪmɪtətɪv] *adj* limitativo, restritivo

limited ['lɪmɪtɪd] *adj* limitado; *limited edition* edição limitada ❖ *limited company* sociedade anónima

limo ['lɪməʊ] *n col* limusina

limousine [ˌlɪmə'ziːn] *n* limusina

limp [lɪmp] *vi* 1 coxear; mancar; *he limped to the door* ele coxeou até à porta 2 *pej* gaguejar ♦ *n* coxeio ♦ *adj pej* lânguido, mole; flácido; *a limp handshake* um aperto de mão mole

limpet ['lɪmpɪt] *n* (molusco) lapa

limpid ['lɪmpɪd] *adj* límpido

limy ['laɪmi] *adj* (*comp* -ier, *superl* -iest) calcário

linctus ['lɪŋktʌs] *n* xarope para a tosse

linden ['lɪndən] *n* tília

line [laɪn] *n* 1 (traço) linha; *a straight line* uma linha reta; *to draw a line* fazer uma linha 2 linha, fio; corda 3 fila, bicha; *to stand in line* esperar na fila; *to get into line* ir para a fila 4 (comboio, metro, autocarro) linha; *the train left the line* o comboio descarrilou 5 ruga 6 *col* carta; *drop me a line when you get there* escreve-me uma carta quando lá chegares 7 POL orientação; posição 8 especialidade, ramo; *line of business* ramo de trabalho 9 LIT verso 10 TEAT,CIN deixa 11 (telecomunicações) linha; *the line is engaged* a linha está ocupada 12 NÁUT companhia; *shipping line* companhia de navegação 13 COM (produto) linha ♦ *vt* 1 traçar, riscar; pautar 2 (rugas) enrugar, marcar 3 forrar 4 alinhar ❖ *in line with* de acordo com; MIL *line of fire* linha de fogo; *line of vision* campo de visão; *in the line of duty* no cumprimento do dever; *to step out of line* pisar o risco

♦ **line up** *vi* pôr-se em fila ♦ *vt* 1 pôr em fila 2 preparar; organizar

lineage ['lɪnɪɪdʒ] n linhagem

linear ['lɪnɪə] adj linear

lined ['laɪnd] adj 1 enrugado; *lined face* cara enrugada 2 pautado; *lined paper* papel pautado

lineman ['laɪnmən] n {pl -men} ⇒ **linesman**

linen ['lɪnɪn] n 1 linho 2 (lençóis, toalhas) roupa branca

liner ['laɪnə] n (navio) transatlântico

linesman ['laɪnzmən] n {pl -men} 1 guarda--linha 2 DESP árbitro auxiliar

line-up ['laɪnʌp] n 1 fila 2 alinhamento 3 DESP composição da equipa

linger ['lɪŋɡə] vi 1 tardar; demorar; ficar para trás 2 (cheiro, dor) persistir, perdurar 3 durar, resistir

lingerie ['læːŋʒərɪː] n lingerie

lingo ['lɪŋɡəʊ] n {pl -es} 1 col gíria; jargão 2 pej algaraviada

linguist ['lɪŋɡwɪst] n 1 linguista 2 col poliglota

linguistic [lɪŋ'ɡwɪstɪk] adj linguístico

linguistics [lɪŋ'ɡwɪstɪks] n linguística

lining ['laɪnɪŋ] n 1 forro 2 revestimento

link [lɪŋk] n 1 elo 2 ligação [between, entre]; vínculo [between, entre] 3 INFORM link, hiperligação ♦ vt 1 ligar, unir 2 relacionar ❖ (argumentação) *weak link* ponto franco

♦ **link up** vi 1 associar-se [with, com]; estar relacionado [with, com] 2 encontrar--se [with, com] 3 acoplar-se

linkage ['lɪŋkɪdʒ] n 1 conexão 2 sistema de ligação

link-up ['lɪŋkʌp] n 1 conexão 2 associação; união 3 acoplamento

linoleum [lɪ'nəʊlɪəm] n linóleo

linseed ['lɪnsiːd] n (semente) linhaça

lion ['laɪən] n leão

lioness ['laɪənəs] n leoa

lip [lɪp] n 1 lábio; *lip balm/salve* batom de cieiro 2 (recipiente) borda 3 col insolência

lipid ['lɪpɪd] n lípido

liposuction ['laɪpəʊsʌkʃən] n lipoaspiração

lip-read ['lɪpriːd] vt,i {pret e pp lip-read} ler os lábios

lipstick ['lɪpstɪk] n batom

lip-synch ['lɪpsɪŋk] vt,i fazer playback (de)

liquefaction [ˌlɪkwɪ'fækʃən] n liquefação

liquefy ['lɪkwɪfaɪ] vt liquefazer ♦ vi liquefazer-se

liqueur [lɪ'kjʊə] n licor

liquid ['lɪkwɪd] n líquido ♦ adj 1 líquido 2 (visão) límpido

liquidate ['lɪkwɪdeɪt] vt 1 FIN liquidar 2 col (destruir, matar) liquidar

liquidation [ˌlɪkwɪ'deɪʃən] n liquidação

liquidity [lɪ'kwɪdɪtɪ] n ECON liquidez

liquidize ['lɪkwɪdaɪz] vt,i liquidificar

liquidizer ['lɪkwɪdaɪzə] n liquidificador

liquor ['lɪkə] n álcool; bebidas alcoólicas

liquorice ['lɪkərɪs] n (planta) alcaçuz

lira ['lɪərə] n {pl liras, lire} (moeda antiga) lira

lisp [lɪsp] vt,i ciciar ♦ n cicio

list [lɪst] n lista [of, de] ♦ vt 1 listar, catalogar 2 incluir em lista; *my name isn't listed* o meu nome não consta da lista ❖ *list price* preço de catálogo; *listed building* edifício de interesse histórico

listen ['lɪsən] vi 1 escutar, ouvir [to, -]; *I love listening to music* eu adoro ouvir música; *listen to me* ouve-me 2 dar ouvidos; prestar atenção [to, a]

♦ **listen in** vi 1 (rádio) escutar 2 ouvir às escondidas

listener ['lɪsənə] n ouvinte

listening ['lɪsənɪŋ] n escuta

listing ['lɪstɪŋ] n lista ♦ npl (jornais, revistas) programação de atividades culturais

listless ['lɪstləs] adj apático; indiferente

litany ['lɪtənɪ] n {pl -ies} ladainha

liter ['liːtə] n EUA litro

literacy ['lɪtərəsɪ] n 1 literacia 2 competência; *computer literacy* competência informática

literal ['lıtərəl] *adj* literal
literary ['lıtərəri] *adj* literário
literate ['lıtərıt] *adj* 1 alfabetizado 2 letrado
literature ['lıtrətʃə] *n* 1 literatura 2 bibliografia 3 *col* folhetos
lithium ['lıθıəm] *n* lítio
Lithuania [ˌlıθjuːˈeɪnɪə] *n* Lituânia
Lithuanian [ˌlıθjuːˈeɪnɪən] *adj,n* lituano
litigant ['lıtıgənt] *n* DIR litigante
litigate ['lıtıgeɪt] *vi* DIR litigar
litigation [ˌlıtıˈgeɪʃən] *n* litígio
litigious [lıˈtıdʒəs] *adj* litigioso; contencioso
litre ['liːtə] *n* GB litro
litter ['lıtə] *n* 1 lixo, detritos; *litter bin* caixote do lixo 2 *fig* monte; confusão 3 ZOOL ninhada 4 leiteira ♦ *vt* 1 espalhar, cobrir [with, de/com] 2 sujar ♦ *vi* (animal) parir
little ['lıtəl] *adj* {*comp* less, *superl* least} 1 (tamanho, idade) pequeno 2 (extensão) curto 3 (quantidade) pouco ♦ *adv* pouco ❖ *as little as possible* o menos possível; *little finger* dedo mindinho
Little Bear ['lıtəlbeə] *n* Ursa Menor
littoral ['lıtərəl] *adj,n* GEOG litoral
liturgical [lıˈtɜːdʒıkəl] *adj* litúrgico
liturgy ['lıtədʒi] *n* {*pl* -ies} liturgia
livable ['lıvəbəl] *adv* 1 (espaço) habitável 2 suportável; razoável; tolerável
live[1] [laıv] *adj* 1 vivo 2 (transmissão) em direto 3 (arma, circuito elétrico) carregado 4 (fogo) em brasas 5 (discussão) aceso ♦ *adv* ao vivo
live[2] [lıv] *vi* 1 viver; *he lived in the 18th century* ele viveu no século XVIII 2 morar; viver; *I live in a flat* eu moro num apartamento ♦ *vt* viver; *to live a life of luxury* viver luxuosamente ❖ *live and let live* vive e deixa viver; *col* **live it up** diverte-te; *and they lived happily ever after* e viveram felizes para sempre
♦ **live on** *vi* 1 continuar a viver; sobreviver 2 ficar na memória ♦ *vt* viver de

♦ **live together** *vi* viver juntos
♦ **live up to** *vt* 1 viver de acordo com 2 (expectativas, etc.) corresponder a; estar à altura de
livelihood ['laıvlıhʊd] *n* meio de subsistência ❖ *to earn one's livelihood* ganhar a vida
lively ['laıvli] *adj* {*comp* -ier, *superl* -iest} 1 animado 2 enérgico
liven ['laıvən] *vt,i* animar
♦ **liven up** *vi* animar
liver ['lıvə] *n* fígado
livery ['lıvəri] *n* {*pl* -ies} libré; uniforme
livestock ['laıvstɒk] *n* gado
livid ['lıvıd] *adj* 1 lívido, pálido 2 *col* furioso
living ['lıvıŋ] *adj* vivo ♦ *n* vida; *living conditions* condições de vida ♦ *npl* **the living** os vivos ❖ *living room* sala de estar
lizard ['lızəd] *n* lagarto
llama ['lɑːmə] *n* (animal) lama
load [ləʊd] *n* 1 carga; carregamento 2 peso; *maximum load* peso máximo 3 (eletricidade) carga ♦ *vt* carregar; *to load a gun* carregar uma arma; INFORM *to load a programme* carregar um programa ♦ *vi* carregar; *you can start loading* podes começar a carregar ❖ *get a load of this* ouve-me só esta; *he has loads of money* ele tem montes de dinheiro; *to take a load off someone's mind* tirar um peso da consciência de alguém
♦ **load up** *vt* carregar; *to load up a truck* carregar um camião
loaded ['ləʊdıd] *adj* 1 (arma) carregado 2 (roleta, dados) viciado 3 (pergunta) tendencioso 4 *col* embriagado 5 *col* podre de rico
loader ['ləʊdə] *n* carregador
loaf [ləʊf] *n* {*pl* -ves, -s} 1 pão; pão de forma 2 CUL rolo 3 *col,fig* cabeça ♦ *vi col* vadiar
loafer ['ləʊfə] *n* 1 *col* mandrião 2 (calçado) mocassim

loan [ləʊn] n empréstimo; *to take out a loan* contrair um empréstimo; *this painting is on loan* este quadro é emprestado ♦ vt emprestar; *he loaned me this book* ele emprestou-me este livro

loanword ['ləʊnwɜːd] n estrangeirismo

loath [ləʊθ] adj relutante [to, em]

loathe [ləʊð] vt detestar; *I loathe having to get up so early* detesto ter que me levantar tão cedo

loathsome ['ləʊðsəm] adj detestável; repugnante

lob [lɒb] n DESP (bola) lançamento ♦ vt {pret e pp -bb-} 1 DESP lançar a bola bem alto 2 atirar ao ar

lobby ['lɒbi] n {pl -ies} 1 átrio; *hotel lobby* átrio do hotel 2 antecâmara 3 POL grupo de pressão, lobby ♦ vt pressionar [for, para] ♦ vi fazer pressão [against, contra; for, para]

lobe [ləʊb] n lóbulo

lobotomy [ləˈbɒtəmɪ] n lobotomia

lobster ['lɒbstə] n lagosta

lobule ['lɒbjuːl] n MED lóbulo

local ['ləʊkəl] adj 1 local 2 (dor) localizado ♦ n 1 col habitante local 2 col bar 3 EUA comboio suburbano

locale [ləʊˈkɑːl] n local; cenário

localism ['ləʊkəlɪzm] n 1 bairrismo 2 (expressão, costume) regionalismo

locality [ləʊˈkælɪtɪ] n {pl -ies} form localidade

localize ['ləʊkəlaɪz] vt 1 localizar 2 circunscrever 3 POL descentralizar; regionalizar

locally ['ləʊkəli] adv localmente

locate [ləʊˈkeɪt] vt 1 localizar; encontrar 2 situar ♦ vi EUA estabelecer-se

location [ləʊˈkeɪʃən] n 1 localização 2 CIN exteriores

loch [lɒk] n (Escócia) lago

lock [lɒk] n 1 fechadura; *he had all the locks changed* ele mandou trocar todas as fechaduras 2 fecho 3 (canal) eclusa 4 (cabelo) anel ♦ vt 1 fechar, trancar; *I was locked in the bathroom* fiquei fechado na casa de banho 2 encerrar, guardar 3 (mecanismo) bloquear ♦ vi 1 ficar trancado 2 bloquear ❖ *to keep something/somebody under lock and key* ter qualquer coisa/alguém fechada a sete chaves

◆ **lock away** vt 1 (objeto) fechar a sete chaves 2 (pessoa) fechar; trancar

◆ **lock in** vt 1 fechar 2 prender

◆ **lock up** vi fechar à chave ♦ vt 1 fechar à chave 2 meter na prisão

locker ['lɒkə] n cacifo ❖ *locker room* vestiário

locket ['lɒkɪt] n medalhão

locksmith ['lɒksmɪθ] n serralheiro

lockup ['lɒkʌp] n EUA col prisão

locomotion [ˌləʊkəˈməʊʃən] n locomoção

locomotive [ˌləʊkəˈməʊtɪv] n locomotiva ♦ adj locomotor

locust ['ləʊkəst] n gafanhoto

locution [ləˈkjuːʃən] n 1 (dicção) locução 2 LING (expressão) locução

lodge [lɒdʒ] n 1 (jardim) pavilhão, anexo 2 (porteiro) gabinete 3 (vinho do Porto) cave ♦ vt 1 alojar, albergar 2 (queixa) apresentar 3 (relatório) remeter ♦ vi alojar-se

lodger ['lɒdʒə] n hóspede ❖ *to take in lodgers* alugar quartos

lodging ['lɒdʒɪŋ] n alojamento ♦ npl quartos alugados

loft [lɒft] n 1 sótão; águas-furtadas 2 palheiro 3 (igreja) galeria

lofty ['lɒftɪ] adj {comp -ier, superl -iest} 1 (montanha, torre) alto 2 (sentimento, ideal) elevado 3 (edifício) grandioso 4 pej arrogante

log [lɒg] n 1 toro, cepo 2 registo; diário de bordo; *ship's log* diário de bordo 3 MAT col logaritmo ♦ vt {pret e pp -gg-} 1 registar 2 EUA cortar, devastar

◆ **log in** vi INFORM entrar (no sistema)

◆ **log off** vi INFORM sair (do sistema)

logarithm ['lɒgərɪθəm] n logaritmo

logbook ['lɒgbʊk] n diário de bordo

logger ['lɒgə] n lenhador

DACJN-JP-25

loggerheads ['lɒgəhedz] *n pl fig* turras; *fig* **to be at loggerheads with** andar às turras com

logic ['lɒdʒɪk] *n* lógica

logical ['lɒdʒɪkəl] *adj* lógico

logician [ləʊ'dʒɪʃən] *n* lógico

login ['lɒgɪn] *n* INFORM login

logistic [lə'dʒɪstɪk] *adj* logístico

logistics [lə'dʒɪstɪks] *n* logística

logo ['ləʊgəʊ] *n* logótipo

logon ['lɒgɒn] *n* INFORM logon

loin [lɔɪn] *n* CUL lombo

loincloth ['lɔɪnklɒθ] *n* tanga

loiter ['lɔɪtə] *vi* 1 tardar, demorar 2 rondar

LOL (Internet, e-mail) [*sigla de* **laughing out loud**] LOL

loll [lɒl] *vi* 1 recostar-se, refestelar-se 2 (língua) pender

lollipop ['lɒlɪpɒp] *n* chupa-chupa

London ['lʌndən] *n* Londres

Londoner ['lʌndənə] *n* londrino

lone [ləʊn] *adj* 1 (caçador, explorador) solitário 2 (mãe, pai) solteiro

loneliness ['ləʊnlɪnəs] *n* solidão

lonely ['ləʊnlɪ] *adj* {*comp* -ier, *superl* -iest} 1 (pessoa) sozinho, só 2 (lugar) isolado

loner ['ləʊnə] *n* (pessoa) solitário

lonesome ['ləʊnsəm] *adj* 1 só; sozinho 2 *col* deserto; *a lonesome road* uma estrada deserta

long [lɒŋ] *adj* 1 (tamanho) longo, comprido; *she has long hair* ela tem cabelo comprido 2 (tempo) longo, com grande duração; *it took a long time* demorou muito tempo ♦ *adv* muito tempo; *that was long ago* isso foi há imenso tempo ♦ *vi* desejar, ansiar; *I'm longing to go on holiday* anseio por ir de férias; *I'm longing for a drink* estou mortinha por beber qualquer coisa ❖ DESP *long jump* salto em comprimento; *long time no see!* há quanto tempo!; *GB long vacation* férias grandes; *a long time ago* há muito tempo; *as long as* enquanto; *col at long last* finalmente; *in the long run/term* a longo prazo; *EUA col so long* adeus

longbow ['lɒŋbəʊ] *n* arco

long-distance [lɒŋ'dɪstəns] *adj* 1 de longa distância; de longo curso 2 (telefonema) interurbano

longevity [lɒn'dʒevɪti] *n* longevidade

long-haired [lɒŋ'heəd] *adj* 1 (animal) de pelo comprido 2 *pej* guedelhudo

longhand ['lɒŋhænd] *n* escrita à mão

longing ['lɒŋɪŋ] *n* 1 anseio, desejo 2 nostalgia

longitude ['lɒndʒɪtjuːd] *n* longitude

longitudinal [ˌlɒndʒɪ'tjuːdɪnəl] *adj* longitudinal

long-range [lɒŋ'reɪndʒ] *adj* 1 (planeamento, projeto) de longo prazo 2 (arma, míssil) de longo alcance

long-sighted [lɒŋ'saɪtɪd] *adj* 1 que vê mal ao perto 2 perspicaz

long-sleeved [lɒŋ'sliːvd] *adj* (roupa) de manga comprida

long-term [lɒŋ'tɜːm] *adj* a longo prazo

long-time [ˌlɒŋ'taɪm] *n* de longa data; antigo

long-winded [lɒŋ'wɪndɪd] *adj* prolixo; interminável

longwise ['lɒŋwaɪz] *adv* longitudinalmente

loo [luː] *n* {*pl* -s} *GB col* casa de banho

look [lʊk] *n* 1 olhar 2 vista de olhos 3 (rosto) expressão 4 *fig* aspeto ♦ *vi* 1 olhar [at, para] 2 procurar 3 parecer, aparentar; *it looks like it's going to rain* parece que vai chover ♦ *vt* 1 ver, olhar 2 parecer, aparentar ❖ *to look on the bright side* ver o lado positivo; *by the look of it* pelos vistos

♦ **look after** *vt* 1 tratar de; cuidar de 2 tomar conta de 3 ocupar-se de

♦ **look ahead** *vi* olhar em frente; olhar para o futuro

♦ **look at** *vt* 1 considerar; ponderar; estudar 2 examinar

♦ **look back** *vi* olhar para trás

♦ **look down on** *vt* desprezar

♦ **look for** *vt* procurar; *he's always looking for trouble* ele anda sempre à procura de sarilhos

◆ **look forward to** *vt* esperar (ansiosamente)

◆ **look into** *vt* examinar; investigar; estudar

◆ **look out** *vi* ter cuidado; ir com atenção

◆ **look up to** *vt* admirar; respeitar

lookalike ['lʊkəlaɪk] *n* sósia

lookout ['lʊkaʊt] *n* 1 (posto) vigia 2 vigilante 3 vigilância 4 perspetiva, panorama

look-up ['lʊkʌp] *n* consulta; pesquisa

loom [luːm] *n* tear ◆ *vi* 1 assomar, surgir 2 *fig* (coisa ameaçadora) estar iminente

loon [luːn] *n col* louco; maluco

loony ['luːni] *adj,n col* doido, maluco ❖ *col* **loony bin** manicómio

loop [luːp] *n* 1 laçada 2 presilha; ilhó 3 ELET circuito fechado 4 (linha férrea) desvio ◆ *vt* 1 enlaçar 2 enrolar 3 AER fazer um looping ◆ *vi* dar uma laçada

loophole ['luːphəʊl] *n* 1 buraco; abertura 2 lacuna

loose [luːs] *adj* 1 largo, folgado 2 desapertado; *your shoelace is loose* o teu cordão está desapertado 3 solto; *this page is loose* esta página está solta 4 avulso 5 (tradução) livre 6 *pej* (comportamento) negligente, irresponsável ◆ *vt* 1 soltar, desprender 2 (arma, míssil) disparar ❖ *loose change* trocos, *loose ends* pontas soltas; *to be on the loose* andar à solta; *to have a loose tongue* ter uma língua comprida

loosely ['luːsli] *adv* 1 vagamente 2 aproximadamente 3 livremente

loosen ['luːsən] *vt* 1 soltar; desapertar; desatar; afrouxar; *he loosened his tie* ele afrouxou o nó da gravata 2 libertar ◆ *vi* 1 desfazer-se; desapertar-se 2 afrouxar-se

◆ **loosen up** *vi* 1 soltar-se 2 relaxar

loot [luːt] *n* 1 saque, pilhagem 2 EUA *col,fig* presente, prenda 3 *ant,col* dinheiro ◆ *vt* saquear, pilhar

looter ['luːtə] *n* saqueador

lop [lɒp] *vt* (árvores) desbastar, podar

lopsided [lɒp'saɪdɪd] *adj* inclinado; torto

loquacious [lə'kweɪʃəs] *adj* loquaz

loquacity [lə'kwæsɪti] *n* loquacidade

lord [lɔːd] *n* 1 senhor, amo 2 (título) lorde 3 *fig* (homem poderoso) barão ◆ *vt col* ordenar, dominar

lordship ['lɔːdʃɪp] *n* 1 poder, domínio 2 senhoria

lore [lɔː] *n* saber tradicional

lorry ['lɒri] *n* {*pl* -ies} GB camião

lose [luːz] *vt* {*pret e pp* lost} 1 perder 2 (relógio) atrasar-se em; *the clock has lost five minutes* o relógio atrasou-se cinco minutos ◆ *vi* perder [against, contra; by, por] ❖ *to lose your temper* perder a cabeça; *to lose your nerve* perder a coragem; *to have nothing to lose* não ter nada a perder

loser ['luːzə] *n* 1 perdedor, derrotado 2 *pej* falhado

loss [lɒs] *n* {*pl* -es} 1 perda 2 prejuízo 3 MIL baixa ❖ *it's your loss!* não sabes o que perdes!; *to be at a loss* ficar atrapalhado, sem saber o que fazer

lost [lɒst] *pret e pp de* to lose ◆ *adj* 1 perdido 2 desperdiçado ❖ *get lost!* põe-te a andar!

lot [lɒt] *n* 1 sorte, destino 2 grande quantidade [of, de] 3 sorte; *the children drew lots* as crianças tiraram à sorte 4 lote; quinhão 5 *col* tudo, todo; *take the whole lot* leve tudo

lotion ['ləʊʃən] *n* loção

lottery ['lɒtəri] *n* {*pl* -ies} 1 lotaria 2 rifa

lotto ['lɒtəʊ] *n* loto

lotus ['ləʊtəs] *n* {*pl* -es} lótus

loud [laʊd] *adj* 1 alto; *out loud* em voz alta 2 ruidoso 3 vistoso; espalhafatoso ◆ *adv* 1 alto 2 ruidosamente

loudhailer [laʊd'heɪlə] *n* GB megafone

loudly ['laʊdli] *adv* 1 ruidosamente 2 de forma extravagante

loudspeaker [laʊd'spiːkə] *n* altifalante

lounge [laʊndʒ] *n* 1 sala de estar 2 (descanso) pausa ◆ *vi* 1 vaguear 2 recostar-se, refastelar-se

lounger ['laʊndʒə] n 1 (mobília) espreguiçadeira 2 pej vadio, mandrião

louse [laʊs] n (pl lice) 1 piolho 2 col,pej canalha

lousy ['laʊzi] adj {comp -ier, superl -iest} 1 piolhoso 2 péssimo 3 miserável 4 pej infestado [with, de]

lout [laʊt] n pej rústico

lovable ['lʌvəbəl] adj encantador; adorável

love [lʌv] n 1 amor [for, por] 2 afeição, amizade 3 (predileção) paixão [of/for, por] ♦ vt 1 amar; gostar de; ter afeição a 2 col adorar ❖ *love affair* aventura; ligação (amorosa); (ténis, pingue-pongue) *love all* zero a zero; *love at first sight* amor à primeira vista; *to be in love with* estar apaixonado por; *to make love to* fazer amor com

lovebird ['lʌvbɜːd] n 1 periquito 2 col (namorado, noivo) pombinho fig

loveless ['lʌvləs] adj sem amor, sem afeto; mal amado

lovely ['lʌvli] adj {comp -ier, superl -iest} 1 bonito 2 adorável; encantador

lover ['lʌvə] n 1 amante 2 apreciador [of, de]

lovesick ['lʌvsɪk] adj perdidamente apaixonado

loving ['lʌvɪŋ] adj afetuoso; carinhoso ❖ *in loving memory of* em memória de

lovingly ['lʌvɪŋli] adv ternamente

low [ləʊ] adj 1 (altitude, som, temperatura, valor) baixo 2 MÚS grave 3 (opinião) desfavorável 4 desanimado ♦ adv 1 baixo 2 em voz baixa; suavemente 3 barato ♦ n 1 ponto baixo 2 MET área de baixa pressão

lowbrow ['ləʊbraʊ] adj sem pretensões intelectuais ♦ n pessoa sem pretensões intelectuais

low-cal [ləʊ'kæl] adj (dieta, alimento) de baixas calorias

low-cut [ləʊ'kʌt] adj decotado

lower ['ləʊə] vt,i 1 baixar, descer; *to lower one's voice* baixar a voz; *to lower the*

rents baixar as rendas 2 reduzir em altura 3 arriar; *to lower the flag* arriar a bandeira 4 rebaixar, aviltar, humilhar 5 diminuir

lowest ['ləʊɪst] adj 1 o mais baixo, o inferior 2 ínfimo ❖ *at the lowest* no mínimo

low-fat [ləʊ'fæt] adj (alimento) magro, dietético

low-key [ləʊ'kiː] adj 1 discreto, sóbrio 2 (imagem) sombrio, escuro

lowlands ['ləʊləndz] n pl terras baixas; *the Lowlands of Scotland* as Terras Baixas da Escócia

lowly ['ləʊli] adj {comp -ier, superl -iest} 1 baixo 2 humilde 3 submisso ♦ adv humildemente

low-necked [ləʊ'nekt] adj decotado

low-pitched [ləʊ'pɪtʃt] adj 1 (voz) grave 2 (telhado) com pouca inclinação

low-profile [ləʊ'prəʊfaɪl] adj (evento, iniciativa) discreto, apagado

low-spirited [ləʊ'spɪrɪtɪd] adj deprimido, desanimado

loyal ['lɔɪəl] adj 1 leal [to, a], fiel [to, a] 2 dedicado

loyalty ['lɔɪəlti] n {pl -ies} lealdade [to, a], fidelidade [to, a]

lozenge ['lɒzɪndʒ] n 1 GEOM losango 2 MED pastilha, rebuçado

lubricant ['luːbrɪkənt] adj,n lubrificante

lubricate ['luːbrɪkeɪt] vt lubrificar, olear

lucid ['luːsɪd] adj 1 lúcido 2 (explicação) claro

lucidity [luːˈsɪdɪti] n 1 lucidez 2 (explicação) clareza

luck [lʌk] n sorte ❖ *don't push your luck!* não abuses!; *just my luck!* isto só a mim!

luckily ['lʌkɪli] adv felizmente; por sorte

lucky ['lʌki] adj {comp -ier, superl -iest} feliz ❖ *lucky break* oportunidade; irón *you'll be lucky!* vais ter uma sorte!

lucrative ['luːkrətɪv] adj lucrativo

ludicrous ['lu:dɪkrəs] *adj* ridículo

lug [lʌg] *vt {pret e pp* -gg-} puxar com força [**at**, -]; arrastar com dificuldade [**at**, -] ♦ *n* (objeto) pega, asa

luggage ['lʌgɪdʒ] *n* bagagem

lukewarm ['lu:k'wɔ:m] *adj* **1** morno, tépido **2** pouco entusiástico

lull [lʌl] *n* **1** pausa [**in**, em]; paragem [**in**, em] **2** acalmia **3** embalo ♦ *vt* **1** acalmar **2** embalar

lullaby ['lʌləbaɪ] *n {pl* -ies} canção de embalar

lumbar ['lʌmbə] *adj* lombar

lumber ['lʌmbə] *n* **1** *GB* velharias, trastes velhos **2** *EUA (madeira)* lenha ♦ *vt* sobrecarregar [**with**, com] ♦ *vi EUA* cortar lenha

lumberjack ['lʌmbə,dʒæk] *n* lenhador

luminary ['lu:mɪnərɪ] *n {pl* -ies} **1** (pessoa) luminária **2** corpo luminoso

luminosity [,lu:mɪ'nɒsɪtɪ] *n* luminosidade

luminous ['lu:mɪnəs] *adj* **1** (luz) luminoso **2** (sinal, tinta) fluorescente **3** (ideias) brilhante: inspirador

lump [lʌmp] *n* **1** torrão [**of**, de]; *a lump of sugar* um torrão de açúcar **2** pedaço [**of**, de] **3** grumo **4** *MED* caroço **5** *col* galo; *he got a lump on the head* fez um galo na cabeça **6** *col* burro; imbecil ♦ *vt* juntar, amontoar ♦ *vi* aglomerar-se ❖ *a lump in one's throat* um nó na garganta; (quantia) *a lump sum of* um total de; *in the lump* no conjunto

lunacy ['lu:nəsɪ] *n* loucura

lunar ['lu:nə] *adj* lunar

lunatic ['lu:nətɪk] *adj,n* lunático, doido, maluco ❖ *lunatic asylum* manicómio

lunch [lʌntʃ] *n {pl* -es} almoço; *to have/to take lunch* almoçar ♦ *vi* almoçar ♦ *vt* dar almoço a ❖ *lunch hour* hora de almoço

luncheon ['lʌntʃən] *n form* almoço

lunchtime ['lʌntʃtaɪm] *n* hora de almoço

lung [lʌŋ] *n* pulmão

lunge [lʌndʒ] *n* **1** investida **2** *DESP* (esgrima) estocada; bote ♦ *vt,i* **1** investir [**at/towards**, contra] **2** *DESP* (esgrima) dar um bote ou estocada [**at/towards**, contra]

lupin ['lu:pɪn] *n* tremoço

lupus ['lu:pəs] *n MED* lúpus

lurch [lɜ:tʃ] *n {pl* -es} **1** solavanco **2** (pessoa) cambaleio ♦ *vi* **1** dar um solavanco **2** (pessoa) cambalear ❖ *to lie at lurch* estar à espreita

lure [luə] *n* **1** *(encanto)* atração [**of**, de] **2** engodo; chamariz ♦ *vt* atrair ❖ *to lure somebody away from* afastar alguém de

lurid ['luərɪd] *adj* **1** lúgubre, sinistro **2** (cor) berrante, garrido

lurk [lɜ:k] *vi* ocultar-se [**in**, em]; esconder-se [**in**, em] ❖ *a doubt that lurked in my mind* uma dúvida que ainda me atormentava; *to be on the lurk* estar à espreita

luscious ['lʌʃəs] *adj* **1** agradável; delicioso **2** *col* (pessoa) apetitoso *fig*

lush [lʌʃ] *adj* **1** (vegetação) luxuriante **2** luxuoso ♦ *n cal* bêbedo

lusophony [lu:'znfənɪ] *n* lusofonia

lust [lʌst] *n* **1** luxúria **2** ânsia [**for**, de]

lustful ['lʌstfʊl] *adj* libidinoso

lustre ['lʌstə] *n* **1** lustro; brilho **2** (candelabro) lustre

lustrous ['lʌstrəs] *adj* lustroso; reluzente

lustrum ['lʌstrəm] *n (5 anos)* lustro

lute [lu:t] *n* alaúde

lutetium [lu:'ti:ʃəm] *n QUÍM* (elemento químico) lutécio

Lutheran ['lu:θərən] *adj REL* luterano

Lutheranism ['lu:θərənɪzəm] *n REL* luteranismo

luxate ['lʌkseɪt] *vt* fazer uma luxação em

Luxembourg ['lʌksəmbɜ:g] *n* Luxemburgo

Luxembourger ['lʌksəmbɜ:gə] *n* luxemburguês

luxuriance [lʌg'zjuərɪəns] *n* exuberância; abundância

luxuriant [lʌgˈzjʊərɪənt] *adj* luxuriante; exuberante

luxuriate [lʌgˈzjʊərɪeit] *vi* deleitar-se [in, com]

luxurious [lʌgˈzjʊərɪəs] *adj* luxuoso

luxury [ˈlʌkʃəri] *n {pl* -ies} luxo; *to live in luxury* viver luxuosamente; *we can't afford luxuries* não nos podemos dar a luxos ❖ *luxury goods* artigos de luxo

lycra [ˈlaikrə] *n* (tecido) licra

lymph [limf] *n* linfa

lymphatic [limˈfætik] *adj* linfático ♦ *n* vaso linfático ❖ *lymphatic system* sistema linfático

lynch [lintʃ] *vt* linchar

lynching [ˈlintʃiŋ] *n* linchamento

lynx [liŋks] *n {pl* lynxes, lynx} lince

lyre [ˈlaiə] *n* MÚS lira

lyric [ˈlirik] *adj* lírico ♦ *n* poema ♦ *npl* letra de canção

lyrical [ˈlirikəl] *adj* lírico

lyricism [ˈlirisizəm] *n* lirismo

M

m [em] *n* {*pl* m's} (letra) m
MA [*sigla de* **Master of Arts**] mestrado em Letras; mestre em Letras
macabre [mə'kɑːbrə] *adj* macabro
macaroni [ˌmækə'rəʊni] *n* CUL macarrão
macaronic [ˌmækə'rɒnɪk] *adj* macarrónico
macaw [mə'kɔː] *n* (ave) arara
mace [meɪs] *n* maça, clava
Macedonia [ˌmæsɪ'dəʊnɪə] *n* Macedónia
Macedonian [ˌmæsɪ'dəʊnɪən] *adj,n* macedónio
macerate ['mæsəreɪt] *vt,i* 1 macerar 2 mortificar
maceration [ˌmæsə'reɪʃən] *n* maceração
Machiavellian [ˌmækjə'velɪən] *adj* maquiavélico
machinate ['mækɪneɪt] *vt,i* maquinar, tramar, planear
machine [mə'ʃiːn] *n* 1 máquina, aparelho 2 engenho, maquinismo 3 *téc* computador 4 viatura 5 avião 6 POL aparelho partidário; máquina eleitoral ♦ *vt* 1 trabalhar à máquina 2 coser a máquina ❖ *machine production* produção em série; *machine saw* serra mecânica
machine-gun [mə'ʃiːŋɡʌn] *n* metralhadora ♦ *vt* metralhar
machine-readable [mə'ʃiːn'riːdəbəl] *adj* INFORM eletrónico, em formato digital
machinery [mə'ʃiːnəri] *n* 1 mecanismo 2 maquinaria
machinist [mə'ʃiːnɪst] *n* operário
machismo [mə'tʃiːzməʊ] *n* machismo
macho ['mætʃəʊ] *adj,n* {*pl* -s} *pej* macho; machista
mackerel ['mækrəl] *n* {*pl* mackerel, mackerels} (peixe) cavala
mackintosh ['mækɪntɒʃ] *n* {*pl* -es} casaco impermeável
macrobiotic [ˌmækrəʊbaɪ'ɒtɪk] *adj* macrobiótico

macrobiotics [ˌmækrəʊbaɪ'ɒtɪks] *n* macrobiótica
macrocosm ['mækrəʊkɒzəm] *n* macrocosmo
macroscopic [ˌmækrəʊ'skɒpɪk] *adj* macroscópico
mad [mæd] *adj* 1 doido [with, de] 2 (ciúmes, etc.) louco [with, de] 3 *col* louco [about/on, por]; *they are mad about football* eles são loucos por futebol 4 *col* furioso [with/at, com] 5 (cão) raivoso ❖ *like mad* furiosamente; *mad cow disease* doença das vacas loucas; *to go mad* enlouquecer
Madagascan [ˌmædə'ɡæskən] *adj,n* malgaxe
Madagascar [ˌmædə'ɡæskə] *n* Madagáscar
madam ['mædəm] *n* 1 senhora 2 *pej* mulher autoritária
madcap ['mædkæp] *adj,n* doidivanas, estouvado
madden ['mædən] *vt,i* enlouquecer, ficar louco
made [meɪd] *pret e pp de* to make ♦ *adj* 1 feito, constituído 2 *col* garantido; *if you get that job you'll be made for life* se conseguires esse emprego, tens o futuro garantido
Madeira [mə'dɪərə] *n* vinho da Madeira
made-to-measure [ˌmeɪdtə'meʒə] *adj* feito por medida
madhouse ['mædhaʊs] *n* {*pl* -s} manicómio
madman ['mædmən] *n* {*pl* -men} doido
madness ['mædnɪs] *n* loucura; demência
madrigal ['mædrɪɡəl] *n* madrigal
maestro ['maːestrəʊ] *n* {*pl* -s, -i} maestro
magazine [ˌmæɡə'ziːn] *n* revista
magenta [mə'dʒentə] *adj,n* (cor) magenta
maggot ['mæɡət] *n* larva
Magi ['meɪdʒaɪ] *n pl* Reis Magos

magic ['mædʒɪk] n 1 magia; *black magic* magia negra 2 prestidigitação ♦ adj 1 mágico 2 encantador

magical ['mædʒɪkəl] adj 1 mágico 2 encantador

magician [mə'dʒɪʃən] n 1 mágico 2 ilusionista

magistrate ['mædʒɪstrɪt] n magistrado

magistrature ['mædʒɪstrətʃʊə] n magistratura

magma ['mægmə] n magma

magnanimous [mæg'nænɪməs] adj magnânimo

magnate ['mægneɪt] n magnata

magnesium [mæg'ni:zɪəm] n magnésio

magnet ['mægnɪt] n 1 íman 2 eletroíman 3 *fig* fonte de atração

magnetic [mæg'netɪk] adj magnético; *magnetic tape* fita magnética; *magnetic personality* personalidade magnética

magnetism ['mægnətɪzəm] n magnetismo

magnetization [,mægnətaɪ'zeɪʃən] n magnetização

magnetize ['mægnətaɪz] vt 1 atrair 2 fascinar 3 hipnotizar

magnificent [mæg'nɪfɪsənt] adj magnificente, sumptuoso

magnify ['mægnɪfaɪ] vt 1 ampliar 2 aumentar 3 exagerar

magnifying ['mægnɪfaɪɪŋ] adj que amplia; que aumenta ❖ *magnifying glass* lupa

magnitude ['mægnɪtju:d] n magnitude; grandeza

magnolia [mæg'nəʊlɪə] n magnólia

magpie ['mægpaɪ] n (ave) pega

maharajah [,mɑ:hə'rɑ:dʒə] n marajá

mahogany [mə'hɒgənɪ] n 1 (madeira) mogno 2 (cor) castanho-avermelhado

maid [meɪd] n 1 empregada, criada 2 (hotel) camareira ❖ *maid of honour* dama de honor

maiden ['meɪdən] adj 1 solteiro; *maiden name* nome de solteira 2 inaugural; (navio) *maiden voyage* viagem inaugural

maidenhair ['meɪdənheə] n BOT avenca

mail [meɪl] n 1 correio, correspondência 2 armadura ♦ vt 1 expedir pelo correio [to, para/a], mandar pelo correio [to, para/a] 2 vestir com armadura ❖ *mail order* encomenda feita pelo correio; *by return of mail* na volta do correio

mailbox ['meɪlbɒks] n EUA caixa do correio

mailing list ['meɪlɪŋlɪst] n lista de endereços

mailman ['meɪlmæn] n carteiro

maim [meɪm] vt mutilar, estropiar

main [meɪn] adj principal, mais importante ♦ n 1 (gás, água) conduta principal 2 (eletricidade) cabo principal ♦ npl 1 rede elétrica 2 canalização principal

mainframe ['meɪnfreɪm] n (computador) mainframe, processador central

mainland ['meɪnlənd] n 1 continente 2 terra firme

mainline ['meɪnlaɪn] adj interurbano ♦ vi cal (drogas) injetar-se, chutar-se cal ♦ vt injetar, chutar cal; *to mainline heroine* chutar heroína cal

mainly ['meɪnlɪ] adv principalmente

mainspring ['meɪnsprɪŋ] n motivo principal

mainstream ['meɪnstri:m] n corrente dominante ♦ adj dominante

maintain [meɪn'teɪn] vt 1 manter 2 defender, apoiar; *to maintain an argument* defender um ponto de vista 3 afirmar; *I maintain that* eu afirmo que 4 sustentar; *to maintain someone* sustentar alguém 5 preservar

maintenance ['meɪntɪnəns] n 1 manutenção; conservação 2 sustento; subsistência 3 GB DIR pensão de alimentos ❖ *maintenance man* encarregado da manutenção

maize [meɪz] n milho

majestic [mə'dʒestɪk] adj majestoso, imponente

majesty ['mædʒɪstɪ] n {pl -ies} majestade; *Her Majesty* sua majestade

major ['meɪdʒə] adj **1** maior; *the major part* a maior parte **2** principal; *major role* papel principal **3** mais importante **4** MÚS maior; *B major* si maior ♦ n **1** MIL major **2** MIL comandante **3** EUA (curso universitário) especialização **4** EUA estudante universitário especializado em determinada área

♦ **major in** vt EUA especializar-se em

majority [mə'dʒɒrɪtɪ] n {pl -ies} **1** (quantidade) maioria [of, de]; *to be in the majority* ser a maioria **2** (idade) maioridade

make [meɪk] n **1** forma, feitio **2** marca [of, de] **3** fabrico **4** carácter ♦ vt {pret e pp made} **1** fazer; produzir; fabricar **2** (decisão) tomar **3** forçar, obrigar **4** nomear; *he was made leader of the group* foi nomeado líder do grupo **5** ganhar **6** perfazer; somar **7** calcular **8** construir, criar **9** executar, realizar **10** conseguir ❖ *to make an exception* abrir uma exceção; *col we just made it!* chegámos em cima da hora!; *to be on the make* ser interesseiro; andar no engate

♦ **make of** vt **1** pensar de; achar de **2** entender; compreender; interpretar

♦ **make out** vt **1** perceber; compreender **2** dar a entender; *he made out that he had written the book* tentou convencer-nos que tinha sido ele a escrever o livro **3** fingir **4** (cheque, recibo) passar; *could you make out a receipt?* podia passar-me um recibo? ♦ vi sair-se; sair-se bem

♦ **make up** vt **1** maquilhar; *I still have to make myself up* ainda tenho de me maquilhar **2** (refeição, remédio) preparar **3** (cama) fazer **4** formar; constituir; compor; *the book is made up of several parts* o livro é constituído por diversas partes **5** (história) inventar **6** completar ♦ vi **1** maquilhar-se **2** fazer as pazes

♦ **make up to** vt **1** lisonjear; adular **2** compensar; *I'll make it up to you one day* hei de compensar-te pelo que fizeste

make-believe ['meɪkbɪliːv] n simulação, fingimento ♦ adj **1** falso **2** simulado

maker ['meɪkə] n **1** fabricante, produtor **2** criador

makeshift ['meɪkʃɪft] adj temporário, provisório

make-up ['meɪkʌp] n **1** maquilhagem; *make-up remover* desmaquilhante **2** (ator) caracterização **3** temperamento, carácter

making ['meɪkɪŋ] n **1** fabrico **2** construção **3** criação **4** preparação

maladjustment [ˌmælə'dʒʌstmənt] n **1** inadaptação **2** desajustamento

malady ['mælədɪ] n {pl -ies} form doença

malaria [mə'leərɪə] n malária

Malawi [mə'lɑːwɪ] n Malawi

Malawian [mə'lɑːwɪən] adj,n malawiano

Malaysia [mə'leɪzɪə] n Malásia

Malaysian [mə'leɪzɪən] adj malaio

malcontent ['mælkəntent] adj,n descontente

Maldives ['mɑːldaɪvz] n Maldivas

Maldivian [mɑːl'dɪvɪən] adj,n maldiviano

male [meɪl] adj **1** masculino; *male sex* sexo masculino **2** (planta, animal, ficha) macho ♦ n macho; varão ❖ *male screw* parafuso

malediction [ˌmælɪ'dɪkʃən] n maldição

malevolence [mə'levələns] n malevolência

malevolent [mə'levələnt] adj malévolo

malformation [ˌmælfɔː'meɪʃən] n malformação

malfunction [mæl'fʌŋkʃən] n **1** mau funcionamento **2** avaria ♦ vi **1** funcionar mal **2** avariar

Mali ['mɑːli] n Mali

Malian ['mɑːlɪən] adj,n maliano

malice ['mælɪs] n maldade; *out of malice* por maldade

malicious [mə'lɪʃəs] *adj* 1 (pessoa, intenção) maldoso 2 (prejuízo) doloso; intencional

malign [mə'laɪn] *adj* 1 maligno 2 prejudicial ♦ *vt* difamar, caluniar

malignancy [mə'lɪgnənsi] *n* 1 malignidade 2 malevolência

malignant [mə'lɪgnənt] *adj* 1 mau; maléfico 2 maligno; *malignant tumor* tumor maligno

malinger [mə'lɪŋgə] *vi* fazer-se doente

mall [mɔːl] *n* 1 EUA centro comercial 2 passeio público

malleability [ˌmælɪə'bɪlɪti] *n* maleabilidade

malleable ['mælɪəbəl] *adj* maleável

mallet ['mælɪt] *n* maço, malho, macete

mallow ['mæləʊ] *n* BOT malva

malnutrition [ˌmælnjuːˈtrɪʃən] *n* malnutrição

malpractice [ˌmæl'præktɪs] *n* 1 culpa, delito 2 procedimento condenável 3 DIR negligência médica

malt [mɔːlt] *n* malte

Malta ['mɔːltə] *n* Malta

Maltese [ˌmɔːl'tiːz] *adj,n* maltês

maltreat [ˌmæl'triːt] *vt* maltratar

maltreatment [ˌmæl'triːtmənt] *n* maus tratos

mammal ['mæməl] *n* mamífero

mammalian [mæ'meɪlɪən] *adj* mamífero

mammary ['mæməri] *adj* mamário

mammography [mə'mɒgrəfi] *n* mamografia

mammoth ['mæməθ] *n* mamute

man [mæn] *n* {*pl* -men} 1 homem; *a man of the world* um homem experiente 2 ser humano 3 marido; namorado 4 (jogo de xadrez) peão 5 (jogo das damas) pedra ♦ *interj col* pá ♦ *vt* {*pret e pp* -nn-} 1 tripular, guarnecer 2 assegurar o funcionamento de ❖ *I am your man* sou a pessoa que lhe convém; *no man* ninguém; *no man's land* terra de ninguém; *to the last man* sem exceção

manacle ['mænəkəl] *n* algema ♦ *vt* algemar

manage ['mænɪdʒ] *vt* 1 dirigir; administrar; gerir 2 operar 3 conseguir; *how did you manage it?* como é que conseguiste? 4 (animal) domar, treinar 5 lidar com 6 ser bem sucedido em ♦ *vi* aguentar-se financeiramente ❖ *manage as best you can* arranja-te como puderes; *to manage without something* passar sem alguma coisa

management ['mænɪdʒmənt] *n* 1 administração, gestão 2 corpos gerentes; gerência 3 uso, emprego 4 capacidade, habilidade

manager ['mænədʒə] *n* 1 diretor; *manager's office* gabinete da direção 2 (empresa) gerente 3 (propriedade) administrador 4 TEAT,DESP empresário

managing ['mænɪdʒɪŋ] *n* administração; gerência ♦ *adj* gerente ❖ *managing director* diretor-geral

mandarin ['mændərɪn] *n* 1 (funcionário) mandarim 2 (fruto) tangerina

mandate ['mændeɪt] *n* 1 mandado, mandato; *electoral mandate* mandato de deputado ♦ *vt* 1 confiar sob mandato 2 autorizar

mandatory ['mændətəri] *adj* obrigatório

mandible ['mændɪbəl] *n* mandíbula ♦ *npl* (inseto) pinças

mandolin ['mændəlɪn] *n* MÚS bandolim

mane [meɪn] *n* 1 (cavalo) crina; (leão) juba 2 (pessoa) cabeleira

manga ['mæŋgə] *n* (banda desenhada) manga

manganese ['mæŋgəniːz] *n* manganésio

mango ['mæŋgəʊ] *n* {*pl* -es, -s} (fruto) manga; *mango tree* mangueira

mangy ['meɪndʒi] *adj* {*comp* -ier, *superl* -iest} 1 sarnento 2 col sujo

manhole ['mænhəʊl] *n* poço de inspeção

manhood ['mænhʊd] n masculinidade; virilidade

mania ['meɪnɪə] n 1 PSIC mania [for, de] 2 obsessão

maniac ['meɪnɪæk] adj,n 1 maníaco 2 fanático

maniacal [mə'naɪəkəl] adj maníaco

manic ['mænɪk] adj maníaco

manicure ['mænɪkjʊə] n (tratamento) manicure ♦ vt fazer a manicure de

manicurist ['mænɪkjərɪst] n (profissional) manicura

manifest ['mænɪfest] adj form manifesto, evidente ♦ vt form manifestar, mostrar ✧ to manifest itself manifestar-se

manifestation [ˌmænɪfes'teɪʃən] n manifestação

manifesto [ˌmænɪ'festəʊ] n {pl -es, -s} manifesto

manifold ['mænɪfəʊld] adj 1 muitos 2 numerosos 3 diversos ♦ n téc (motor de automóvel) tubo de distribuição; exhaust manifold tubo de escape

manioc ['mænɪɒk] n mandioca

manipulate [mə'nɪpjʊleɪt] vt 1 manejar; manusear 2 (controlar) manipular 3 forjar, falsificar

manipulation [məˌnɪpjə'leɪʃən] n manipulação

manipulator [mə'nɪpjəleɪtə] n manipulador

mankind [mæn'kaɪnd] n a espécie humana; humanidade

manlike ['mænlaɪk] adj másculo; viril

manliness ['mænlɪnəs] n 1 masculinidade 2 fig força, firmeza

manned ['mænd] adj tripulado

mannequin ['mænɪkɪn] n (boneco) manequim

manner ['mænə] n 1 maneira; modo; in this manner deste modo 2 maneira de ser 3 comportamento 4 método; estilo; in the manner of ao estilo de ♦ npl 1 modos,

maneiras 2 costumes ✧ in a manner of speaking por assim dizer

mannerism ['mænərɪzəm] n 1 mania; tique 2 afetação

manoeuvre [mə'nuːvə] n 1 manobra; bad manoeuvre manobra errada 2 maquinação, ardil ♦ vt,i 1 manobrar 2 maquinar, tramar 3 manipular

manor ['mænə] n 1 feudo 2 herdade

manor-house ['mænəhaʊs] n casa senhorial; solar

manorial [mə'nɔːrɪəl] adj senhorial

manpower ['mænpaʊə] n 1 mão de obra 2 MIL efetivos militares

mansion ['mænʃən] n mansão; solar ♦ npl GB edifício dividido em andares ou apartamentos

manslaughter ['mænslɔːtə] n DIR homicídio involuntário

mantel ['mæntəl] n prateleira de fogão de sala

mantelpiece ['mæntəl,piːs] n 1 armação de tijolo, pedra, etc., por cima do fogão 2 prateleira de fogão

mantis ['mæntɪs] n {pl -es} (inseto) louva-a-deus

mantle ['mæntəl] n 1 manto, capa 2 camada 3 (lâmpada, candeeiro) camisa incandescente ♦ vt cobrir, tapar ♦ vi 1 ficar coberto 2 estender-se como um manto

man-to-man [mæntə'mæn] adv de homem para homem

manual ['mænjʊəl] adj manual ♦ n manual; compêndio

manufacture [ˌmænjʊ'fæktʃə] n 1 manufatura 2 fabrico 3 indústria; the woollen manufacture a indústria de lanifícios ♦ vt 1 manufaturar; fabricar 2 inventar, forjar

manufacturer [ˌmænjʊ'fæktʃərə] n fabricante

manure [mə'njʊə] n estrume; adubo; chemical manure adubo químico ♦ vt adubar; estrumar

manuscript [ˈmænjəˌskrɪpt] *adj,n* manuscrito

many [ˈmeni] *adj* {*comp* more, *superl* most} 1 muitos; *many of us* muitos de nós 2 diversos 3 numerosos ♦ *n* maioria ❖ *one too many* a mais; *twice as many* outros tantos

map [mæp] *n* 1 mapa {*of*, de}; *map of the world* mapa do mundo 2 planta; *sketch map* planta rudimentar ♦ *vt* {*pret e pp* -pp-} 1 fazer o mapa de 2 delinear, traçar 3 indicar no mapa ❖ *col off the map* inexistente; longínquo; sem importância; *col to put something on the map* tornar algo famoso, conhecido

maple [ˈmeɪpəl] *n* (planta) ácer

mar [mɑː] *vt* {*pret e pp* -rr-} 1 estragar 2 desfigurar

marathon [ˈmærəθən] *n* maratona; *marathon runner* maratonista

maraud [məˈrɔːd] *vt* pilhar, saquear

marble [ˈmɑːbəl] *n* 1 mármore; *marble slab* lousa de mármore 2 (bola, jogo) berlinde; *to play marbles* jogar ao berlinde ♦ *adj* marmóreo ♦ *vt* marmorizar ❖ *marble cutter* marmorista; *col to lose one's marbles* perder o juízo

march [mɑːtʃ] *n* {*pl* -es} 1 marcha 2 avanço, progresso 3 MÚS marcha; *dead march* marcha fúnebre 4 (acontecimentos) curso; *the march of events* o curso dos acontecimentos ♦ *vi* 1 marchar 2 avançar ♦ *vt* 1 obrigar a marchar 2 pôr em marcha ❖ *on the march* em marcha

marcher [ˈmɑːtʃə] *n* manifestante

marching [ˈmɑːtʃɪŋ] *adj* que marcha ❖ *marching orders* ordem de despedimento

marchioness [ˈmɑːʃənəs] *n* {*pl* -es} marquesa

Mardi Gras [ˌmɑːdɪˈɡrɑː] *n* Terça-Feira de Carnaval

mare [meə] *n* égua

margarine [ˌmɑːdʒəˈriːn] *n* margarina

margin [ˈmɑːdʒɪn] *n* 1 (lago, rio, texto impresso) margem 2 borda; orla 3 ECON margem de lucro

marginal [ˈmɑːdʒɪnəl] *adj* 1 marginal 2 (alteração, diferença) pequeno, mínimo 3 (terra) pobre

marginate [ˈmɑːdʒɪneɪt] *vt* marginar

marigold [ˈmærɪɡəʊld] *n* BOT malmequer

marijuana [ˌmærɪˈwɑːnə] *n* marijuana

marinade [ˌmærɪˈneɪd] *n* marinada, vinha-d'alhos

marinate [ˈmærɪneɪt] *vt* CUL marinar

marine [məˈriːn] *adj* 1 marinho, marítimo; *marine insurance* seguro marítimo 2 naval; *marine engineer* engenheiro naval ♦ *n* 1 marinha 2 fuzileiro naval

mariner [ˈmærɪnə] *n* NÁUT marinheiro

marionette [ˌmærɪɒˈnet] *n* marioneta; fantoche

marital [ˈmærɪtəl] *adj* marital; conjugal

maritime [ˈmærɪtaɪm] *adj* marítimo

marjoram [ˈmɑːdʒərəm] *n* manjerona; orégãos

mark [mɑːk] *n* 1 marca; sinal 2 característica 3 (escola) nota, classificação; *examination marks* notas de exame 4 símbolo 5 (moeda) marco 6 distinção 7 alvo; objetivo; *to hit/miss the mark* acertar/não acertar no alvo, alcançar/não alcançar os objetivos 8 cicatriz, arranhão ♦ *vt* 1 marcar 2 notar, assinalar, observar 3 (escola) classificar, avaliar 4 caracterizar 5 DESP (adversário) marcar ❖ *to mark someone's words* prestar atenção ao que alguém diz

marker [ˈmɑːkə] *n* 1 indicador 2 (caneta, jogador) marcador 3 poste de sinalização 4 (escola) examinador

market [ˈmɑːkɪt] *n* 1 mercado {*for*, para}; *there's not much of a market for that kind of car* não há grande mercado para esse tipo de carro 2 praça 3 feira 4 comércio ♦ *vt* comercializar, vender ❖ *market report* cotação do mercado; *market research* pesquisa de mercado; *on the*

masquerade

market à venda; *to come to the market* ser posto à venda

marketable ['mɑ:kɪtəbəl] *adj* comerciável, vendável

marketing ['mɑ:kətɪŋ] *n* marketing

markka ['mɑ:kə] *n* (antiga moeda) marca

marksman ['mɑ:ksmən] *n* {*pl* -men} atirador

marl [mɑ:l] *n* (rocha) marga

marlin ['mɑ:lən] *n* (peixe) espadim

marmalade ['mɑ:məleɪd] *n* (laranja, citrinos) compota

marmot ['mɑ:mət] *n* (mamífero) marmota

maroon [mə'ru:n] *adj* (cor) bordeaux, castanho-avermelhado ♦ *n* 1 (cor) bordeaux, castanho-avermelhado 2 petardo ♦ *vt* abandonar numa ilha deserta

marquee [mɑ:'ki:] *n* tenda grande

marquis ['mɑ:kwɪs] *n* marquês

marriage ['mærɪdʒ] *n* casamento, matrimónio

marrow ['mærəʊ] *n* 1 medula 2 *fig* âmago

marry ['mæri] *vt,i* 1 casar [*to*, com]; *she wants to marry her daughter to a rich man* ela quer casar a filha com um homem rico; *col* **to marry money** casar por dinheiro 2 casar-se ♦ *vt* unir; juntar ❖ *not the marrying kind* não ser o tipo de pessoa que quer casar

♦ **marry off** *vt* arranjar casamento

Mars [mɑ:z] *n* ASTRON,MIT Marte

marsh [mɑ:ʃ] *n* {*pl* -es} pântano, paul ❖ *marsh gas* gás metano

marshal ['mɑ:ʃəl] *n* 1 marechal 2 chefe do protocolo 3 *EUA* funcionário com funções de xerife, chefe de polícia ou de bombeiros ♦ *vt* {*pret e pp* -ll-} 1 dispor 2 ordenar 3 dirigir 4 acompanhar, guiar

marshalship ['mɑ:ʃəlʃɪp] *n* marechalato

marshland ['mɑ:ʃlənd] *n* lezíria

marshmallow [,mɑ:'mæləʊ] *n* 1 (planta) alteia 2 (guloseima) goma

marshy ['mɑ:ʃi] *adj* {*comp* -ier, *superl* -iest} pantanoso

marsupial [mɑ:'sju:pɪəl] *adj,n* marsupial

marsupium [mɑ:'sju:prəm] *n* {*pl* -a} marsúpio, bolsa marsupial

mart [mɑ:t] *n* mercado; feira

marten ['mɑ:tɪn] *n* (animal, pele) marta

martial ['mɑ:ʃəl] *adj* marcial

Martian ['mɑ:ʃɪən] *adj,n* marciano

martyr ['mɑ:tə] *n* mártir ♦ *vt* martirizar; atormentar

martyrdom ['mɑ:tədəm] *n* martírio; tormento

marvel ['mɑ:vəl] *n* maravilha; prodígio ♦ *vi* 1 maravilhar-se [*at*, com], ficar maravilhado [*at*, com] 2 admirar-se

marvellous ['mɑ:vələs] *adj* maravilhoso, extraordinário

Marxism ['mɑ:ksɪzəm] *n* marxismo

Marxist ['mɑ:ksɪst] *adj,n* marxista

marzipan ['mɑ:zɪpæn] *n* maçapão

mascara [mæs'kɑ:rə] *n* (cosmética) rímel

mascot ['mæskɒt] *n* mascote

masculine ['mæskjəlɪn] *adj,n* masculino

masculinity [,mæskjə'lɪnɪti] *n* masculinidade

masculinize ['mæskjəlɪnaɪz] *vt* masculinizar

mash [mæʃ] *n* 1 *GB col* puré de batata 2 farelada para animais ♦ *vt* 1 amassar 2 reduzir a puré

mask [mɑ:sk] *n* 1 máscara 2 *fig* disfarce; *to drop the mask* deixar cair a máscara ♦ *vt* 1 mascarar 2 *fig* (sentimentos) esconder sob uma máscara

masochism ['mæzəʊkɪzəm] *n* masoquismo

masochist ['mæzəʊkɪst] *n* masoquista

masochistic [,mæzəʊ'kɪstɪk] *adj* masoquista

mason ['meɪsən] *n* pedreiro

Mason ['meɪsən] *n* mação

masonic [mə'sɒnɪk] *adj* maçónico

masonry ['meɪsənri] *n* maçonaria

masquerade [,mæskə'reɪd] *n* 1 mascarada 2 disfarce, dissimulação ♦ *vi* 1 mascarar-

-se [**as**, de]; disfarçar-se [**as**, de] **2** fazer-se passar [**as**, por]

mass [mæs] n {pl -es} **1** massa [**of**, de] **2** FÍS massa ♦ npl (quantidade) grande número [**of**, de], montão [**of**, de]; masses of people montes de gente ♦ vt,i juntar(-se), congregar(-se), reunir(-se) ♦ adj **1** de massas **2** geral ❖ mass execution execuções em massa; mass production produção em série; (pessoas) the masses as massas

massacre ['mæsəkə] n massacre; chacina ♦ vt massacrar; chacinar

massage ['mæsɑːʒ] n massagem ♦ vt massajar

masseur [mæ'sɜː] n massagista

masseuse [mæ'sɜːz] n massagista

massif ['mæsɪf] n GEOL maciço

massification [ˌmæsɪfɪ'keɪʃən] n massificação

massify ['mæsɪfaɪ] vt {pret e pp -ied} massificar

massive ['mæsɪv] adj **1** maciço; sólido **2** enorme **3** em grande escala; massivo

mass-market ['mæsmɑːkɪt] adj de grande consumo, de massas

mass media [ˌmæs'miːdɪə] n {pl -ae} média, meios de comunicação social

mass-produce [ˌmæsprə'djuːs] vt fabricar em série, produzir em massa

mast [mɑːst] n **1** mastro **2** antena transmissora

mastectomy [mæ'stektəmi] n {pl -ies} mastectomia

master ['mɑːstə] n **1** senhor **2** dono, patrão **3** mestre; conhecedor; master hand mão de mestre **4** original; master copy desenho original **5** capitão de navio mercante ♦ vt **1** dominar, controlar **2** conhecer a fundo ❖ (Universidade) to take one's master's degree fazer o mestrado

mastermind ['mɑːstəmaɪnd] n (pessoa responsável) cérebro

masterpiece ['mɑːstəpiːs] n obra-prima

masterstroke ['mɑːstəstrəʊk] n golpe de mestre

mastery ['mɑːstəri] n {pl -ies} **1** domínio, poder **2** mestria

masticate ['mæstɪkeɪt] vt mastigar, mascar

mastiff ['mæstɪf] n (cão) mastim

mastodon ['mæstədɒn] n mastodonte

masturbate ['mæstəbeɪt] vt,i masturbar(-se)

masturbation [ˌmæstə'beɪʃən] n masturbação

mat [mæt] n **1** esteira **2** tapete de entrada **3** (para tachos, travessas) base ♦ adj baço; mate

match [mætʃ] n {pl -es} **1** fósforo; to strike a match acender um fósforo **2** jogo, partida, desafio **3** luta, combate **4** par ideal [**for**, para] **5** adversário à altura [**for**, de]; I'm no match for her when it comes to arithmetic não sou um adversário à altura dela quando toca a aritmética **6** ligação, união, combinação ♦ vt **1** igualar [**in/for**, em] **2** combinar com ♦ vi combinar, condizer ❖ to be a good match calhar bem

matchbox ['mætʃbɒks] n caixa de fósforos

matching ['mætʃɪŋ] n **1** emparelhamento **2** junção **3** harmonização ♦ adj a condizer

matchless ['mætʃləs] adv incomparável; sem par

matchmaker ['mætʃˌmeɪkə] n casamenteiro

mate [meɪt] n **1** colega, camarada **2** companheiro, cônjuge **3** (xadrez) mate **4** NÁUT piloto **5** ZOOL macho, fêmea ♦ vt,i **1** (animais) acasalar [**with**, com] **2** unir(-se), juntar(-se) **3** derrotar por xeque-mate

material [mə'tɪərɪəl] adj **1** material **2** materialista **3** físico **4** relevante [**to**, para] ♦ n **1** material **2** matéria; raw material matéria-prima **3** informação [**for**, para]

materialism [mə'tɪərɪəlɪzəm] n materialismo

materialist [mə'tɪərɪəlɪst] n materialista

materialistic [mə₁tɪərɪə'lɪstɪk] *adj* materialista, material

materialization [mə₁tɪərɪəlaɪ'zeɪʃən] *n* materialização

materialize [mə'tɪərɪəlaɪz] *vt,i* 1 materializar(-se); realizar(-se); concretizar(-se) 2 aparecer de repente

maternal [mə'tɜːnəl] *adj* maternal, materno

maternity [mə'tɜːnɪti] *n* {*pl* -ies} maternidade ❖ *maternity leave* licença de parto

mathematical [₁mæθɪ'mætɪkəl] *adj* 1 matemático 2 rigoroso, exato

mathematician [₁mæθəmə'tɪʃən] *n* matemático

mathematics [₁mæθɪ'mætɪks] *n* matemática

maths [mæθs] *n col* matemática

matinée ['mætɪneɪ] *n* matiné

matriarch ['meɪtrɪɑːk] *n* matriarca

matriarchy ['meɪtrɪɑːki] *n* matriarcado

matricide ['meɪtrɪsaɪd] *n* 1 (crime) matricídio 2 (pessoa) matricida

matriculate [mə'trɪkjəleɪt] *vt,i* (universidade) matricular(-se)

matriculation [mə'trɪkjə₁leɪʃən] *n* (universidade) matrícula

matrimonial [₁mætrɪ'məunɪəl] *adj* matrimonial

matrimony ['mætrɪmənɪ] *n* {*pl* -ies} matrimónio

matrix ['meɪtrɪks] *n* {*pl* -xes, -ces} 1 (utero, molde) matriz 2 rocha-mãe 3 *fig* fonte

matron ['meɪtrən] *n* 1 *GB* enfermeira-chefe 2 matrona

matt [mæt] *adj* mate

matter ['mætə] *n* 1 assunto, questão; *a matter of opinion* uma questão de opinião 2 problema 3 matéria; substância 4 material ♦ *npl* situação; estado das coisas ♦ *vi* importar, interessar ❖ *as a matter of fact* por acaso; *as a matter of principle* por uma questão de princípio; *as a matter of urgency* assim que possível; *to*

let the matter drop pôr uma pedra sobre o assunto; *it doesn't matter* não faz mal; *no matter what* custe o que custar

matter-of-fact [₁mætərəv'fækt] *adj* 1 (estilo, tom) prosaico 2 (pessoa) prático 3 (análise, opinião) factual

matting ['mætɪŋ] *n* esteira

mattress ['mætrɪs] *n* {*pl* -es} colchão

maturation [₁mætjə'reɪʃən] *n* maturação

mature [mə'tʃuə] *adj* 1 maduro 2 (vinho) envelhecido 3 (decisão) ponderado 4 ECON vencido ♦ *vt,i* 1 crescer 2 amadurecer 3 ECON vencer-se

maturity [mə'tʃuərɪti] *n* 1 maturidade 2 ECON vencimento

maudlin ['mɔːdlɪn] *adj* piegas

maul [mɔːl] *vt* 1 ferir 2 maltratar, molestar 3 *fig* (*criticar*) arrasar

maundy ['mɔːndi] *n* REL lava-pés

Maundy Thursday [₁mɔːndi'θɜːzdɪ] *n* REL Quinta-Feira Santa

Mauritania [₁mɒrɪ'teɪnɪə] *n* Mauritânia

Mauritanian [₁mɒrɪ'teɪnɪən] *adj,n* mauritano

Mauritian [mə'rɪʃən] *adj,n* mauriciano

Mauritius [mə'rɪʃəs] *n* Maurícia

mausoleum [₁mɔːsə'liːəm] *n* {*pl* -a, -s} mausoléu

mauve [məuv] *adj,n* (cor) malva

maverick ['mævərɪk] *adj,n* 1 inconformista 2 independente

mawkish ['mɔːkɪʃ] *adj* 1 lamecha 2 insípido

maxim ['mæksɪm] *n* máxima

maximization [₁mæksɪmaɪ'zeɪʃən] *n* maximização

maximize ['mæksɪmaɪz] *vt* maximizar

maximum ['mæksɪməm] *adj* máximo ♦ *n* {*pl* -a, -s} máximo; *to a maximum* ao máximo

may [meɪ] *v mod* {*pret* might} 1 poder; *may I come in?* posso entrar? 2 ser possível; *he may be tired* é possível que ele esteja cansado ❖ *be that as it may* seja como for; (expressão de desejo) *may you have a merry Christmas!* um bom Natal para ti!

maybe ['meɪbiː] *adv* talvez; possivelmente

mayday ['meɪdeɪ] *n* sinal de pedido de socorro; SOS

mayhem ['meɪhem] *n* caos

mayonnaise ['meɪəneɪz] *n* maionese

mayor [meə] *n* presidente da câmara municipal

mayoress ['meərɪs] *n* **1** presidente de município **2** mulher do presidente de município

maze [meɪz] *n* **1** labirinto **2** *fig* confusão; desorientação; *to be in a maze* estar desorientado ♦ *vt* desorientar; confundir

me [miː] *pron pess* **1** mim; *he made the call for me* ele fez a chamada por mim **2** me, *he bought me a drink* ele pagou-me uma bebida **3** eu; *that's me in the corner* sou eu no canto

meadow ['medəʊ] *n* prado

meagre ['miːgə] *adj* (quantidade) escasso

meal [miːl] *n* **1** refeição; *to prepare a meal* preparar uma refeição **2** farinha

mealtime ['miːltaɪm] *n* hora das refeições

mealy ['miːli] *adj* {comp -ier, superl -iest} farinhento

mean [miːn] *vt* {pret e pp meant} **1** significar; querer dizer **2** representar; significar; *to mean a great deal* ter uma grande importância **3** pretender, querer; *he meant well* ele só queria ajudar **4** tencionar **5** destinar **6** referir-se a; *do you mean my mother?* está a referir-se à minha mãe? ♦ *adj* **1** mau; *mean looking* com mau aspeto **2** mesquinho [with, com] **3** maldoso [to, para]; *a mean trick* uma partida baixa **4** feroz; *mean dog* cão feroz **5** *col* espetacular **6** médio; *mean temperature* temperatura média ♦ *n* **1** média; *arithmetical mean* média aritmética **2** meio-termo

meander [mɪ'ændə] *n* meandro; sinuosidade ♦ *vi* **1** serpentear **2** andar sem destino

meaning ['miːnɪŋ] *n* **1** significado, sentido **2** propósito, intenção ♦ *adj* expressivo; significativo

meaningful ['miːnɪŋfʊl] *adj* **1** significativo; expressivo **2** importante; sério

meaningless ['miːnɪŋləs] *adj* sem significado, sem sentido

meanness ['miːnnəs] *n* malvadez

means [miːnz] *n* meio; modo; *by means of* por meio de ♦ *npl* recursos económicos; bens, posses ❖ *by all means!* com certeza!; *by no means* de forma alguma

meantime ['miːntaɪm] *adv* entretanto; *in the meantime* entretanto

meanwhile ['miːnwaɪl] *adv* entretanto

measles ['miːzəlz] *n* sarampo

measly ['miːzli] *adj* {comp -ier, superl -iest} **1** *col* desprezível; miserável **2** com sarampo

measurable ['meʒərəbəl] *adj* mensurável

measure ['meʒə] *n* **1** medida; *measure of length* medida de comprimento **2** medida; quantidade, dose, proporção **3** medição [of, de] **4** (objeto para medir) medidor; escala **5** medida; quantidade; extensão; *in a certain measure* em certa medida; *within measure* com moderação **6** medida; providência; *preventive measures* medidas preventivas; *to adopt measures to* tomar medidas para **7** MAT divisor; *common measure* divisor comum **8** projeto de lei; medida legislativa **9** MÚS compasso ♦ *vt,i* **1** medir **2** tirar medidas (para um fato) **3** medir; avaliar; determinar ❖ *beyond measure* desmedidamente; *in a large/great measure* em larga medida

❖ **measure up** *vi* estar à altura [to, de] ♦ *vt* tirar as medidas de

measurement ['meʒəmənt] *n* **1** medição; cálculo **2** medida; tamanho

measuring ['meʒərɪŋ] n medição ❖ **meas-uring tape** fita métrica

meat [miːt] n 1 carne; **fresh meat** carne fresca 2 substância ❖ col **easy meat** fácil de enganar; **meat grinder** picadora

meatball ['miːtbɔːl] n almôndega

meatloaf ['miːtləʊf] n rolo de carne

meatus [mɪ'eɪtəs] n (pl -uses, meatus) ANAT meato

meaty ['miːti] adj (comp -ier, superl -iest) carnudo

mechanic [mɪ'kænɪk] n mecânico

mechanical [mɪ'kænɪkəl] adj mecânico

mechanics [mɪ'kænɪks] n mecânica

mechanism ['mekənɪzəm] n mecanismo

mechanization [,mekənaɪ'zeɪʃən] n mecanização

mechanize ['mekənaɪz] vt mecanizar

medal ['medəl] n medalha

medallion [mɪ'dælɪən] n medalhão

medallist ['medəlɪst] n medalhista

meddle ['medəl] vi intrometer-se [in/with, em], interferir [in/with, em/com]

meddler ['medlə] n metediço, intrometido

meddlesome ['medəlsəm] adj intrometido

meddling ['medlɪŋ] adj intrometido

media ['miːdɪə] n (pl -ae) meios de comunicação social, media

mediaeval [,medɪ'iːvəl] adj ⇒ medieval

median ['miːdɪən] n GEOM mediana ♦ adj mediano

mediate ['miːdɪeɪt] vt mediar; **to mediate the peace talks** mediar as conversações de paz ♦ vi mediar [between, entre] ♦ adj mediato

mediation [,miːdɪ'eɪʃən] n mediação

mediator ['miːdɪeɪtə] n mediador

medic ['medɪk] n 1 col médico 2 col estudante de medicina

medical ['medɪkəl] adj médico ♦ n col exame médico

medicate ['medɪkeɪt] vt medicar

medication [,medɪ'keɪʃən] n medicação

medicinal [mə'dɪsɪnəl] adj medicinal

medicine ['medsɪn] n 1 medicina; **to practise medicine** exercer medicina 2 medicamento; fármaco ❖ col **to give someone a taste of their own medicine** pagar na mesma moeda

medieval [,medɪ'iːvəl] adj medieval

mediocre [,miːdɪ'əʊkə] adj medíocre

mediocrity [,miːdɪ'ɒkrɪti] n mediocridade

meditate ['medɪteɪt] vt planear ♦ vi meditar [on/upon, sobre]; **I have to meditate on this matter** tenho que meditar sobre este assunto

meditation [,medɪ'teɪʃən] n meditação [on/upon, sobre]

meditative ['medɪtətɪv] adj meditativo

Mediterranean [,medɪtə'reɪnɪən] adj mediterrâneo ♦ n Mediterrâneo

medium ['miːdɪəm] adj médio; **of medium height** de altura/estatura média ♦ n (pl -a, -s) 1 meio 2 meio de comunicação 3 meio ambiente 4 médium 5 veículo transmissor; meio ❖ (vinho) **medium dry** meio seco

medium-term ['miːdɪəm,tɜːm] adj a médio prazo

medlar ['medlə] n 1 (árvore) nespereira 2 (fruto) nêspera

medley ['medli] n 1 mistura [of, de] 2 MÚS,DESP medley

medulla [mɪ'dʌlə] n (pl -ae, -s) ANAT medula

medusa [mɪ'djuːzə] n ZOOL medusa

meek [miːk] adj 1 meigo, dócil 2 passivo; submisso

meekness ['miːknəs] n 1 docilidade 2 passividade; submissão

meet [miːt] vt (pret e pp met) 1 encontrar 2 conhecer; **nice to meet you** prazer em conhecê-lo 3 (aeroporto, estação) ir esperar 4 cumprir 5 defrontar; enfrentar ♦ vi 1 encontrar-se 2 conhecer-se 3 reunir-se ♦ n 1 encontro desportivo 2 reunião de caçadores para uma caça à raposa ❖ **to**

meet halfway chegar a um compromisso; *there's more to something/someone than meets the eye* ser mais do que parece

meeting ['mi:tɪŋ] *n* 1 reunião 2 encontro; *meeting place* ponto de encontro 3 junta, assembleia 4 comício 5 conferência 6 ponto de confluência

mega ['meɪɡə] *adj* 1 *col* espetacular, fantástico 2 *col* (sucesso) enorme

megahertz ['meɡəhɜːtz] *n* megahertz

megalithic [meɡə'lɪθɪk] *adj* megalítico

megalomania [meɡələʊ'meɪnɪə] *n* megalomania

megalomaniac [meɡələʊ'meɪnɪæk] *adj,n* megalómano

megaphone ['meɡəfəʊn] *n* megafone

meitnerium [maɪt'nɪərɪəm] *n* QUÍM (elemento químico) meitnério

melancholy ['melənkəli] *n* {*pl* -ies) melancolia ♦ *adj* melancólico

melanin ['melanɪn] *n* melanina

melanoma [melə'nəʊmə] *n* melanoma

meliorate ['mi:lɪəreɪt] *vt,i* melhorar

mellifluous [mɪ'lɪfluəs] *adj* melifluo

mellow ['meləʊ] *adj* {*comp* -er, *superl* -est) 1 (fruto) maduro 2 (cor, som, vinho) suave 3 meigo, brando 4 sereno; ajuizado 5 (solo) rico; húmido 6 levemente embriagado ♦ *vt,i* 1 amadurecer 2 suavizar

melodious [mɪ'ləʊdɪəs] *adj* melodioso

melodrama ['melədrɑːmə] *n* melodrama

melodramatic [melədrə'mætɪk] *adj* melodramático

melody ['melədi] *n* {*pl* -ies) melodia

melon ['melən] *n* melão

melt [melt] *vt,i* derreter(-se); fundir(-se) ♦ *n* fusão

♦ **melt away** *vi* 1 desaparecer 2 derreter(-se)

♦ **melt down** *vt* fundir

♦ **melt into** *vt* 1 fundir-se com 2 transformar-se gradualmente em 3 desfazer-se

em; *to melt into tears* desfazer-se em lágrimas

meltdown ['meltdaʊn] *n* 1 (energia nuclear) fusão 2 *col* colapso

melting ['meltɪŋ] *adj* 1 fundente 2 (voz, tom) derretido; meloso ♦ *n* 1 derretimento 2 fusão ❖ *melting pot* mistura de culturas

member ['membə] *n* membro ❖ *member state* estado-membro

membership ['membəʃɪp] *n* 1 qualidade de associado 2 conjunto de sócios

membrane ['membreɪn] *n* membrana

memento [mɪ'mentəʊ] *n* {*pl* -es, -s} lembrança [of, de], recordação [of, de]

memo ['meməʊ] *n* memorando

memoir ['memwɑː] *n* estudo, ensaio ♦ *npl* (livro) memórias

memorabilia [memərə'bɪlɪə] *npl* (objetos) recordações

memorable ['memərəbəl] *adj* memorável

memorandum [memə'rændəm] *n* {*pl* -a, -s} memorando

memorial [mɪ'mɔːrɪəl] *n* monumento de homenagem ♦ *adj* comemorativo ❖ *memorial service* homenagem fúnebre

memorization [mem:əraɪ'zeɪʃən] *n* memorização

memorize ['meməraɪz] *vt* memorizar, decorar

memory ['meməri] *n* {*pl* -ies} memória; *bad memory for names* má memória para nomes; *in memory of* em memória de; INFORM *memory card* cartão de memória

menace ['menəs] *n* 1 ameaça [to, a] 2 *col,fig* horror, peste *fig*; *he's a menace!* ele é uma peste! ♦ *vt* ameaçar

menacing ['menəsɪŋ] *adj* ameaçador

menagerie [mɪ'nædʒəri] *n* coleção de animais ferozes em jaulas

mend [mend] *vt* remendar, arranjar; reparar ♦ *vi* convalescer; recuperar, restabelecer-se ♦ *n* conserto; remendo ❖ *to be on the mend* estar em convalescença; *to* *mend one's fences* redimir-se; *to mend one's ways* corrigir-se; emendar-se

mendelevium [ˌmendəˈliːvɪəm] *n* QUÍM (elemento químico) mendelévio

mendicant [ˈmendɪkənt] *adj,n* mendicante

menfolk [ˈmenfəʊk] *n pl* homens

menial [ˈmiːnɪəl] *adj* 1 (tarefa) menor 2 servil; inferior ♦ *n pej* criado, lacaio

meningitis [ˌmenɪnˈdʒaɪtɪs] *n* meningite

meninx [ˈmiːnɪŋks] *n* {*pl* meninges} ANAT meninge

menopause [ˈmenəpɔːz] *n* menopausa

menstrual [ˈmenstrʊəl] *adj* menstrual

menstruate [ˈmenstrʊeɪt] *vi* menstruar

menstruation [ˌmenstrʊˈeɪʃən] *n* menstruação

mensurable [ˈmenʃʊrəbəl] *adj* 1 mensurável 2 rítmico; ritmado

menswear [ˈmenzweə] *n* roupa de homem

mental [ˈmentəl] *adj* 1 mental; *mental development* desenvolvimento intelectual 2 *col* doido; maluco

mentality [menˈtælɪti] *n* mentalidade

menthol [ˈmenθɒl] *n* mentol

mention [ˈmenʃən] *vt* mencionar, referir; citar; *to mention no names* não citar nomes; *to mention someone in one's will* incluir alguém no testamento ♦ *n* menção, alusão; referência ❖ *don't mention it!* não tens de quê!; *not to mention* além de

mentor [ˈmentɔː] *n* mentor

menu [ˈmenjuː] *n* 1 ementa; *what's on the menu?* qual é a ementa? 2 INFORM menu

mercantile [ˈmɜːkəntaɪl] *adj* mercantil

mercantilism [ˈmɜːkəntɪlɪzəm] *n* mercantilismo

mercenary [ˈmɜːsɪnəri] *adj,n* mercenário

merchandise [ˈmɜːtʃəndaɪz] *n* mercadorias ♦ *vt* comercializar; promover

merchant [ˈmɜːtʃənt] *n* comerciante; negociante ♦ *adj* mercante; *merchant navy* marinha mercante

merciful [ˈmɜːsɪfʊl] *adj* misericordioso

merciless [ˈmɜːsɪləs] *adj* cruel, implacável

mercurochrome [ˌmɜːkjərəʊˈkrəʊm] *n* FARM mercurocromo

mercury [ˈmɜːkjəri] *n* {*pl* -ies} mercúrio

Mercury [ˈmɜːkjəri] *n* ASTRON,MIT Mercúrio

mercy [ˈmɜːsi] *n* {*pl* -ies} 1 misericórdia; compaixão 2 bênção; graça ❖ *at the mercy of* à mercê de; (ato) *mercy killing* eutanásia

mere [mɪə] *adj* mero, simples

merely [ˈmɪəli] *adv* meramente

merengue [məˈreŋeɪ] *n* (música, dança) merengue

merge [mɜːdʒ] *vt,i* 1 combinar(-se) [with, com] 2 fundir(-se) [with, com]; *they merged with a bigger company* eles fundiram-se com uma empresa maior 3 submergir [into, em]; desaparecer [into, em]

merger [ˈmɜːdʒə] *n* ECON fusão

meridian [məˈrɪdɪən] *n* meridiano

meridional [məˈrɪdɪənəl] *adj* meridional

meringue [məˈræŋ] *n* CUL merengue

merit [ˈmerɪt] *n* 1 mérito; valor; reconhecimento; *a person of merit* uma pessoa de mérito 2 qualidade, vantagem ♦ *vt* merecer

mermaid [ˈmɜːmeɪd] *n* sereia

merrily [ˈmerɪli] *adv* alegremente

merriment [ˈmerɪmənt] *n* diversão; galhofa

merry [ˈmeri] *adj* {*comp* -ier, *superl* -iest} 1 divertido, alegre 2 GB *col* alegre, levemente embriagado ❖ *merry Christmas!* feliz Natal!; *the more the merrier* quanto mais melhor

merry-go-round [ˈmerɪɡəʊraʊnd] *n* carrossel

merrymaker [ˈmerɪmeɪkə] *n* folião

mescaline [ˈmeskəlɪn] *n* (droga) mescalina

mesh [meʃ] *n* {*pl* -es} 1 malha (de rede) 2 rede 3 armadilha ♦ *vi* 1 apanhar com rede 2 emaranhar; enredar 3 condizer; encaixar; conjugar-se 4 engrenar

mesmerize [ˈmezməraɪz] *vt* hipnotizar

Mesolithic [,mesəʊ'lɪθɪk] *adj* HIST mesolítico ♦ *n* HIST Mesolítico

mess [mes] *n* {*pl* -es} **1** confusão, desordem; *to make a mess of* fazer uma salgalhada de **2** *col* sarilho; dificuldade; trapalhada **3** MIL messe ♦ *vt,i* **1** pôr em desordem **2** estragar; sujar **3** MIL comer na messe ❖ *to be in a mess* estar uma confusão; estar em maus lençóis

◆ **mess up** *vt* **1** desarrumar **2** sujar **3** deitar a perder ♦ *vi* fazer asneira

◆ **mess with** *vt* **1** envolver-se com; meter-se com; *don't mess with her* não te metas com ela **2** brincar com

message ['mesɪdʒ] *n* {*informação, recado*} mensagem; *to leave a message to* deixar um recado para ♦ *vt* **1** mandar uma mensagem **2** transmitir uma comunicação ❖ (Internet) *message board* fórum de discussão; *col to get the message* perceber

messenger ['mesɪndʒə] *n* mensageiro

Messiah [mɪ'saɪə] *n* REL Messias

messmate ['mesmeɪt] *n* comensal

messy ['mesi] *adj* {*comp* -ier, *superl* -iest} **1** desarrumado; em desordem **2** confuso, complicado **3** desleixado

met [met] *pret e pp de* meet

metabolic [,mɪtə'bɒlɪk] *adj* metabólico

metabolism [mɪ'tæbəlɪzəm] *n* metabolismo

metabolize [mɪ'tæbəlaɪz] *vt* metabolizar

metal ['metəl] *n* metal; *noble metals* metais nobres ♦ *vt* {*pret e pp* -ll-} revestir de metal ❖ *metal detector* detetor de metais; *metal industry* indústria metalúrgica

metalanguage ['metə,læŋgwɪdʒ] *n* metalinguagem

metallic [mɪ'tælɪk] *adj* metálico; *metallic painting* pintura metálica

metallize ['metəlaɪz] *vt* metalizar

metallurgical [,metə'lɜːdʒɪkəl] *adj* metalúrgico

metallurgist [mɪ'tælədʒɪst] *n* metalúrgico

metallurgy [mɪ'tælədʒi] *n* metalurgia

metamorphose [,metə'mɔːfəʊz] *vt,i* metamorfosear [**into**, **em**]

metamorphosis [,metə'mɔːfəsɪs] *n* {*pl* -oses} metamorfose

metaphor ['metəfə] *n* metáfora [**for**, **de**]

metaphorical [,metə'fɒrɪkəl] *adj* metafórico

metaphysical [,metə'fɪzɪkəl] *adj* metafísico

metaphysics [,metə'fɪzɪks] *n* metafísica

metastasis [mə'tæstəsɪs] *n* {*pl* metastases} metástase

metempsychosis [,metəmsaɪ'kəʊsɪs] *n* {*pl* -oses} metempsicose

meteor ['miːtɪə] *n* meteoro

meteoric [,miːti'ɒrɪk] *adj* meteórico

meteorism ['miːtɪərɪzəm] *n* MED meteorismo

meteorite ['miːtɪəraɪt] *n* meteorito

meteorological [,miːtɪərə'lɒdʒɪkəl] *adj* meteorológico

meteorologist [,miːtɪə'rɒlədʒɪst] *n* meteorologista

meteorology [,miːtɪə'rɒlədʒi] *n* meteorologia

meter ['miːtə] *n* **1** contador, medidor **2** *EUA* metro ♦ *vt* medir, contar ❖ *meter reading* leitura do contador; *electric meter* contador da eletricidade

methadone ['meθədəʊn] *n* FARM metadona

methane ['miːθeɪn] *n* metano

method ['meθəd] *n* **1** método; *method of payment* modo de pagamento **2** ordem; organização

methodical [mɪ'θɒdɪkəl] *adj* metódico

Methodism ['meθədɪzəm] *n* REL metodismo

Methodist ['meθədɪst] *adj,n* REL metodista

methodology [,meθə'dɒlədʒi] *n* metodologia

meticulous [mɪ'tɪkjʊləs] *adj* meticuloso

métier ['metieɪ] *n* ofício, profissão

metonymic [,metə'nɪmɪk] *adj* metonímico

metonymy [mɪ'tɒnimi] n metonímia

metre ['miːtə] n 1 GB metro; *cubic metre* metro cúbico; *square metre* metro quadrado 2 GB métrica

metric ['metrɪk] adj métrico

metrication [,metrɪ'keɪʃən] n introdução do sistema métrico

metrics ['metrɪks] n LIT métrica

metropolis [mɪ'trɒpəlɪs] n metrópole

metropolitan [,metrə'pɒlɪtən] adj metropolitano

metrosexual [,metrəʊ'sekʃuəl] adj,n metrossexual

mettle ['metl] n 1 coragem; valentia 2 temperamento ❖ *to show one's mettle* mostrar aquilo de que se é capaz

mew [mjuː] n mio ♦ vi miar

Mexican ['meksɪkən] adj,n mexicano

Mexico ['meksɪkəʊ] n México

mezzanine ['mezəniːn] n sobreloja, mezanino

mezzo-soprano [,metsəʊsə'prɑːnəʊ] n meio-soprano

mi [miː] n MÚS (nota) mi

miaow [mi'aʊ] vi miar ♦ n mio

miasma [mi'æzmə] n {pl -ta, -s} miasma

mica ['maɪkə] n (mineral) mica

microbe ['maɪkrəʊb] n micróbio

microbiological [,maɪkrəʊbaɪə'lɒdʒɪkəl] adj microbiológico

microbiologist [,maɪkrəʊbaɪ'ɒlədʒɪst] n microbiólogo

microbiology [,maɪkrəʊbaɪ'ɒlədʒi] n microbiologia

microchip ['maɪkrəʊtʃɪp] n microchip

microcomputer [,maɪkrəʊkəm'pjuːtə] n microcomputador

microcosm ['maɪkrəʊkɒzəm] n microcosmo

microeconomics [,maɪkrəʊiːkə'nɒmɪks] n microeconomia

microfilm ['maɪkrəʊfɪlm] n microfilme ♦ vt microfilmar

micron ['maɪkrɒn] n mícron

microorganism [,maɪkrəʊ'ɔːgənɪzəm] n microrganismo

microphone ['maɪkrəfəʊn] n microfone

microphotography [,maɪkrəʊfə'tɒgrəfi] n microfotografia

microprocessor [,maɪkrəʊ'prəʊsesə] n microprocessador

microscope ['maɪkrəskəʊp] n microscópio

microscopic [,maɪkrə'skɒpɪk] adj microscópico

microscopy [maɪ'krɒskəpi] n microscopia

microwave ['maɪkrəweɪv] n FÍS micro-onda ♦ vt cozinhar no micro-ondas ❖ (forno) *microwave oven* micro-ondas

micturition [,mɪktjʊ'rɪʃən] n micção

midday [,mɪd'deɪ] n meio-dia

middle ['mɪdl] n 1 centro [of, de], meio [of, de]; parte central [of, de]; *in the middle of* no meio de; *to split down the middle* partir a meio 2 col cintura; cinta; *round the middle* na cintura, em volta da cintura ♦ adj 1 médio; intermédio 2 meio; central; *middle section* secção central; *the middle car* o carro do meio ♦ vt DESP centrar ❖ *middle age* meia-idade; *the Middle Ages* a Idade Média; *the Middle East* o Médio Oriente

middle-aged [,mɪdl'eɪdʒd] adj de meia-idade

middlebrow ['mɪdlbraʊ] n pessoa de nível cultural médio ♦ adj 1 de nível cultural médio 2 mediano 3 convencional; regular

middle-class ['mɪdlklɑːs] adj de classe média

middle-distance [,mɪdəl'dɪstəns] adj DESP (corrida) de meio-fundo

middleman ['mɪdlmæn] n {pl -men} intermediário

middle-of-the-road [,mɪdləvðə'rəʊd] adj 1 moderado 2 (música) comercial ♦ n música comercial

middleweight ['mɪdəlweɪt] n (boxe) peso médio

midfield ['mɪdfiːld] n 1 (futebol) área central 2 (futebolista) médio

midfielder ['mɪdfiːldə] n (futebolista) médio

midge [mɪdʒ] n melga

midget ['mɪdʒɪt] n anão ♦ adj minúsculo

midland ['mɪdlənd] adj,n (região de um país) interior

midlife ['mɪdlaɪf] n meia-idade

midnight ['mɪdnaɪt] n meia-noite ❖ Midnight Mass missa do galo; to burn the midnight oil trabalhar/estudar até tarde

midpoint ['mɪdpɔɪnt] n 1 ponto central 2 ponto intermédio

midriff ['mɪdrɪf] n col barriga

midship ['mɪdʃɪp] adj a meia-nau

midst ['mɪdst] n meio; centro; in the midst of a meio de

midsummer [,mɪd'sʌmə] n solstício do verão

midterm ['mɪdtɜːm] n 1 (escola) meio do semestre; meio do período 2 EUA (escola) exame realizado a meio do ano escolar

midway ['mɪdweɪ] adj,adv a meio caminho

midweek ['mɪdwiːk] n meio da semana

midwife ['mɪdwaɪf] n {pl -wives} parteira

midwifery ['mɪdwaɪfəri] n obstetrícia

midwinter [,mɪd'wɪntə] n solstício do inverno

miffed [mɪft] adj col chateado

might [maɪt] pret de may ♦ n poder, força; with might and main com todas as suas forças

mighty ['maɪti] adj {comp -ier, superl -iest} 1 forte, poderoso 2 grandioso; enorme ♦ adv EUA col muito; it was a mighty good concert foi um concerto excelente

migraine ['maɪgreɪn] n enxaqueca

migrant ['maɪgrənt] n migrante

migrate ['maɪgreɪt] vi migrar

migration [maɪ'greɪʃən] n migração

migratory ['maɪgrətəri] adj migratório

mike [maɪk] n col microfone

mild [maɪld] adj 1 suave; brando 2 (pessoa, carácter) calmo, moderado 3 temperado; mild summer verão temperado

mildew ['mɪldjuː] n míldio

mile [maɪl] n milha; English mile milha terrestre ❖ this is miles better isto é muitíssimo melhor; to go the extra mile to fazer mais um esforço para

mileage ['maɪlɪdʒ] n 1 distância em milhas 2 quilometragem; car with small mileage carro com pouca quilometragem 3 quilómetros; the company pays him mileage a empresa paga-lhe os quilómetros

mileometer [maɪ'lɒmɪtə] n conta-quilómetros

milestone ['maɪlstəʊn] n marco

militancy ['mɪlɪtənsi] n militância

militant ['mɪlɪtənt] adj,n militante

militarism ['mɪlɪtərɪzəm] n militarismo

militarist ['mɪlɪtərɪst] n militarista

militaristic [,mɪlɪtə'rɪstɪk] adj militarista

militarize ['mɪlɪtəraɪz] vt militarizar

military ['mɪlɪtəri] adj militar; to do one's military service cumprir o serviço militar ♦ npl the military os militares; o exército

militate ['mɪlɪteɪt] vt militar

militia [mɪ'lɪʃə] n milícia

militiaman [mɪ'lɪʃəmæn] n {pl -men} miliciano

milk [mɪlk] n leite ♦ adj 1 de leite 2 lácteo; milk diet regime lácteo ♦ vt 1 mungir, ordenhar; to milk the cows mungir as vacas 2 fig explorar; sugar ♦ vi dar leite ❖ milk tooth dente do leite; milk shake batido; no use crying over spilt milk não vale a pena chorar sobre leite derramado

milkmaid ['mɪlkmeɪd] n leiteira

milkman ['mɪlkmən] n {pl -men} leiteiro

milkshake ['mɪlkʃeɪk] n batido (de leite)

milky ['mɪlki] adj {comp -ier, superl -iest} 1 lácteo 2 leitoso ❖ Milky Way Via Láctea

Milky Way [ˌmɪlki'weɪ] n Via Láctea

mill [mɪl] n 1 moinho; engenho; *coffee mill* moinho de café 2 fábrica ♦ vt 1 moer; triturar 2 esmagar, amassar 3 (moeda) serrilhar 4 CUL bater (até fazer espuma) ❖ *cotton mill* fiação; *saw mill* serração; *sugar mill* refinaria de açúcar; *to bring grist to the mill* levar a água ao seu moinho; *to go through the mill* passar as passas do Algarve

millenarian [ˌmɪlɪ'neərɪən] adj,n milenário

millennium [mɪ'lenɪəm] n (pl -a, -s) milénio

millesimal [mɪ'lesɪməl] adj,n milésimo

milliary ['mɪlɪərɪ] adj miliário

milligram ['mɪlɪgræm] n miligrama

milligramme ['mɪlɪgræm] n GB miligrama

milliliter ['mɪlɪliːtə] n EUA mililitro

millilitre ['mɪlɪliːtə] n GB mililitro

millimeter ['mɪlɪmiːtə] n EUA milímetro

millimetre ['mɪlɪmiːtə] n GB milímetro

millinery ['mɪlɪnərɪ] n 1 chapéus de senhora 2 (loja) chapelaria

million ['mɪljən] n milhão ❖ *not in a million years* nunca; *to be one in a million* ser excepcional

millionaire [ˌmɪljə'neə] n milionário

millionth ['mɪljənθ] num ord,n milionésimo

millipede ['mɪlɪpiːd] n centopeia

millpond ['mɪlpɒnd] n (moinho) represa

millstone ['mɪlstəʊn] n (moinho) mó

millwheel ['mɪlwiːl] n roda de moinho

mime [maɪm] n 1 mímica 2 mimo, mímico ♦ vt,i 1 (mímica) mimar 2 fazer playback (de)

mimetic [mɪ'metɪk] adj mimético

mimic ['mɪmɪk] n mimo, mímico ♦ vt {pret e pp -ck-} 1 imitar, copiar 2 simular; fingir

mimicry ['mɪmɪkrɪ] n 1 mímica 2 BIOL mimetismo

mimosa [mɪ'məʊzə] n (árvore, flor) mimosa

minaret ['mɪnəret] n ARQ minarete

mince [mɪns] vt (carne) picar ♦ vi 1 pej andar com afetação 2 pej armar-se ♦ n carne picada ❖ *not to mince matters* não estar com meias medidas; *not to mince one's words* não ter papas na língua

mind [maɪnd] n 1 mente; cabeça; *it never crossed my mind* nunca me passou pela cabeça 2 espírito; alma; *peace of mind* paz de espírito; *to have an open mind* ter um espírito aberto 3 cabeça; inteligência; *to use one's mind* usar a inteligência 4 memória 5 atenção; *let's turn our minds to our work* vamos prestar atenção ao nosso trabalho 6 opinião; *to my mind* na minha opinião 7 razão 8 juízo; *to lose one's mind* perder o juízo ♦ vt,i 1 prestar atenção, ter cuidado; *mind that step* tem cuidado com esse degrau 2 importar; interessar 3 cuidar, tomar conta; *she's minding the children* ela está a tomar conta das crianças ❖ *mind your own business* não tens nada com isso; *do you mind?!* importas te?!; *never mind* esquece; *to set one's mind on doing something* estar decidido a fazer algo

mind-blowing ['maɪndˌbləʊɪŋ] adj 1 col espantoso, incrível 2 col alucinante

mindful ['maɪndfʊl] adj atento [of, a], cuidadoso [of, com]

mindless ['maɪndləs] adj 1 sem interesse 2 sem sentido; gratuito 3 descuidado, negligente 4 indiferente [of, a]

mindset ['maɪndset] n mentalidade; forma de pensar

mine [maɪn] pron poss meu; minha; meus; minhas; *these glasses are mine* estes óculos são meus ♦ n 1 (galeria) mina 2 MIL (engenho) mina ♦ vt,i 1 minar; abrir minas; *to mine the earth for coal* abrir minas para extração de carvão 2 extrair; explorar; *to mine a bed of coal* explorar um jazigo de carvão 3 MIL minar 4 destruir, explodir com ❖ **to be a mine of information** ser um poço de informações

minefield ['maɪnfiːl] n campo minado

miner ['maɪnə] n mineiro

mineral ['mɪnərəl] adj,n mineral ❖ **mineral water** água mineral

mineralization [ˌmɪnərəlaɪˈzeɪʃən] n mineralização

mineralize ['mɪnərəlaɪz] vt,i mineralizar

mineralogist [ˌmɪnəˈrælədʒɪst] n mineralogista

mineralogy [ˌmɪnəˈrælədʒi] n mineralogia

mingle ['mɪŋɡəl] vt,i 1 misturar [with, com], juntar [with, com] 2 associar; ligar 3 associar-se [with, a]; confundir-se [in/with, com]; **she mingled with the crowd** ela misturou-se com a multidão

mingy ['mɪndʒi] adj {comp -ier, superl iest} col forreta; sovina

mini ['mɪni] n minissaia

miniature ['mɪnɪtʃə] n miniatura ♦ adj em miniatura ❖ **miniature golf** minigolfe

miniaturize ['mɪnɪtʃəraɪz] vt miniaturizar; miniaturar

minibar ['mɪnɪbɑː] n (hotel, comboio) minibar

minibreak ['mɪnɪbreɪk] n col fim de semana prolongado, escapadinha

mini-budget [ˌmɪnɪˈbʌdʒɪt] n 1 pequeno orçamento intervalar de ajustamento 2 orçamento suplementar

minibus ['mɪnɪbʌs] n {pl -es} miniautocarro

minicam ['mɪnɪkæm] n máquina fotográfica muito pequena

minim ['mɪnɪm] n MÚS mínima

minimal ['mɪnɪməl] adj 1 mínimo 2 (arte) minimalista

minimalism ['mɪnɪməlɪzm] n minimalismo

minimize ['mɪnɪmaɪz] vt minimizar

minimum ['mɪnɪməm] n {pl -a, -s} mínimo; **to reduce to a minimum** reduzir ao

mínimo ♦ adj mínimo; **minimum wage** salário mínimo

mining ['maɪnɪŋ] n 1 exploração mineira 2 indústria mineira

minion ['mɪnjən] n pej lacaio

miniskirt ['mɪnɪskɜːt] n minissaia

minister ['mɪnɪstə] n 1 POL ministro [of/for, de] 2 REL sacerdote
♦ **minister to** vt ajudar; auxiliar

ministerial [ˌmɪnɪˈstɪərɪəl] adj 1 ministerial 2 governamental

ministration [ˌmɪnɪˈstreɪʃən] n 1 sacerdócio 2 prestação de cuidados; assistência 3 administração; distribuição

ministry ['mɪnɪstri] n 1 ministério; **Ministry of Defence** ministério da Defesa 2 REL sacerdócio; **to join the ministry** tornar-se sacerdote

minivan ['mɪnɪvæn] n (veículo) monovolume

mink [mɪŋk] n (animal, pele) vison

minor ['maɪnə] adj 1 mínimo; pequeno 2 MÚS menor; **in B minor** em si menor 3 secundário; **minor role** papel secundário ♦ n DIR menor

minority [maɪˈnɒrɪti] n {pl -ies} 1 minoria; **ethnic minorities** minorias étnicas 2 DIR menoridade ♦ adj minoritário

minster ['mɪnstə] n catedral; basílica

minstrel ['mɪnstrəl] n menestrel; bardo

mint [mɪnt] n 1 BOT menta, hortelã 2 guloseima de menta 3 casa da moeda 4 col muito dinheiro ♦ vt 1 (moeda) cunhar 2 (palavras) inventar ❖ **in mint condition** em perfeitas condições; como novo

minuend ['mɪnjuend] n MAT diminuendo

minuet [ˌmɪnjuˈet] n MÚS minuete

minus ['maɪnəs] adj 1 negativo; ELET **minus charge** carga negativa 2 desfavorável; **his age is a minus factor** a idade dele é uma desvantagem ♦ prep 1 MAT menos; **10 minus 5 equals 5** 10 menos 5 é igual a 5 2 negativo; **minus 20 degrees** 20 graus negativos 3 col sem; **he was minus one**

tooth ele estava sem um dente ♦ *n* {*pl* -es} 1 MAT sinal menos (-) 2 desvantagem

minuscule ['mɪnɪskjuːl] *adj* minúsculo

minute¹ ['mɪnɪt] *n* 1 (tempo) minuto 2 *col* momento; instante; *hold on a minute* espera um momento 3 (grau) minuto 4 minuta ♦ *npl* 1 atas [of, de] 2 rascunho; notas ♦ *vt* 1 minutar; fazer ata/minuta de; *to minute a meeting* fazer a ata de uma reunião 2 constar da ata; anotar na ata ❖ *any minute now* a qualquer momento; *at the last minute* à última da hora; *at this minute* neste momento; *the minute somebody does something* logo que alguém faz alguma coisa; *this minute* imediatamente

minute² [maɪ'njuːt] *adj* 1 diminuto; minúsculo 2 minucioso; detalhado

minute hand ['mɪnɪthænd] *n* ponteiro dos minutos

minutely [maɪ'njuːtli] *adv* minuciosamente

minuteness [maɪ'njuːtnəs] *n* 1 pequenez 2 minuciosidade

minutiae [mɪ'njuːʃiː] *npl* particularidades [of, de], pormenores [of, de]

miracle ['mɪrəkl] *n* 1 milagre; *by a miracle* por milagre 2 maravilha, prodígio ♦ *adj* milagroso

miraculous [mɪ'rækjuləs] *adj* miraculoso, milagroso

mirage [mɪ'rɑːʒ] *n* miragem

mire ['maɪə] *n* atoleiro, lodaçal

mirror ['mɪrə] *n* 1 espelho 2 *fig* reflexo [of, de], espelho [of, de] ♦ *vt* 1 espelhar, refletir 2 assemelhar-se a

misadventure [ˌmɪsəd'ventʃə] *n* revés, infortúnio

misanthrope ['mɪzənθrəup] *n* misantropo

misanthropic [ˌmɪzən'θrɒpɪk] *adj* misantrópico

misanthropy [mɪ'zænθrəpi] *n* misantropia

misapplication [ˌmɪsæplɪ'keɪʃən] *n* mau uso; aplicação errada [of, de]

misapply [ˌmɪsə'plaɪ] *vt* aplicar erradamente; fazer mau uso de

misapprehend [ˌmɪsæprɪ'hend] *vt* compreender mal

misapprehension [ˌmɪsæprɪ'henʃən] *n* equívoco; mal-entendido

misappropriate [ˌmɪsə'prəuprɪeɪt] *vt* 1 apropriar-se indevidamente de 2 empregar mal; empregar indevidamente 3 delapidar; administrar mal

misappropriation [ˌmɪsəprəuprɪ'eɪʃən] *n* 1 má administração 2 desvio de fundos 3 DIR abuso de confiança

misbegotten [ˌmɪsbɪ'gɒtn] *adj* 1 ilegítimo 2 mal concebido 3 disparatado

misbehave [ˌmɪsbɪ'heɪv] *vt,i* portar-se mal

misbehaviour [ˌmɪsbɪ'heɪvə] *n* mau comportamento

miscalculate [ˌmɪs'kælkjuleɪt] *vt,i* calcular mal

miscalculation [ˌmɪskælkju'leɪʃən] *n* erro de cálculo

miscarriage [ˌmɪs'kærɪdʒ] *n* 1 aborto espontâneo; *to have a miscarriage* sofrer um aborto 2 insucesso; malogro

miscarry [mɪs'kæri] *vi* 1 MED sofrer um aborto espontâneo 2 malograr-se, falhar; *our plan miscarried* o nosso plano falhou 3 perder-se; extraviar-se

miscast [ˌmɪs'kɑːst] *vt* {*pret e pp* miscast} CIN,TEAT,TV escolher mal para um papel

miscegenation [ˌmɪsɪdʒɪ'neɪʃən] *n* miscigenação; mestiçagem

miscellanea [ˌmɪsə'leɪnɪə] *n pl* miscelânea

miscellaneous [ˌmɪsə'leɪnɪəs] *adj* misto, misturado

miscellany [mɪ'seləni] *n* {*pl* -ies} 1 miscelânea 2 antologia

mischief ['mɪstʃɪf] *n* 1 travessura; partida 2 prejuízo, dano

mischievous ['mɪstʃɪvəs] *adj* 1 travesso; traquinas 2 maldoso

misconceive [ˌmɪskən'siːv] *vt,i* 1 ter um conceito errado de 2 compreender mal

misconception [ˌmɪskən'sepʃən] *n* 1 ideia errada 2 equívoco

misconduct¹ [ˌmɪs'kɒndʌkt] *n* mau procedimento, má conduta

misconduct² [ˌmɪskən'dʌkt] *vt* dirigir mal; governar mal

misconstruction [ˌmɪskəns'trʌkʃən] *n* interpretação errada

misconstrue [ˌmɪskən'struː] *vt* interpretar mal

miscount [ˌmɪs'kaʊnt] *n* 1 erro de cálculo 2 soma errada ♦ *vt* contar mal

misdeed [ˌmɪs'diːd] *n* delito, crime

misdemeanour [ˌmɪsdɪ'miːnə] *n* 1 DIR delito pouco grave 2 má ação

misdirect [ˌmɪsdɪ'rekt] *vt* 1 dirigir mal, orientar mal 2 endereçar erradamente 3 dar uma informação errada 4 (revólver, pistola) apontar mal 5 (soco, golpe) calcular mal

mise-en-scène [ˌmiːzɒn'sen] *n* encenação

miser ['maɪzə] *n pej* avarento

miserable ['mɪzərəbəl] *adj* 1 miserável, infeliz; *to feel miserable* sentir-se infeliz 2 miserável, mau; *miserable weather* tempo miserável 3 *pej* desprezível, lastimoso

miserly ['maɪzəli] *adj pej* avarento

misery ['mɪzəri] *n {pl -ies}* 1 tristeza, infelicidade 2 miséria 3 angústia; aflição ❖ *to put someone out of his/her misery* acabar com o sofrimento de alguém; *to make someone's life a misery* tornar a vida de alguém um inferno

misfire [ˌmɪs'faɪə] *vi* 1 (disparo, explosão) falhar 2 (motor) não pegar

misfit ['mɪsfɪt] *n* inadaptado

misfortune [ˌmɪs'fɔːtʃən] *n* 1 infortúnio; desgraça 2 contratempo

misgiving [ˌmɪs'gɪvɪŋ] *n* receio; incerteza, dúvida ♦ *adj* receoso; desconfiado

misgovern [ˌmɪs'gʌvən] *vt* governar mal

mishandle [ˌmɪs'hændl] *vt* 1 lidar mal com 2 maltratar

mishap ['mɪshæp] *n* 1 contratempo; revés 2 acidente; percalço 3 avaria mecânica

mishear [ˌmɪs'hɪə] *vt {pret e pp -d}* ouvir mal

misinform [ˌmɪsɪn'fɔːm] *vt* informar mal

misinformation [ˌmɪsɪnfə'meɪʃən] *n* informação errada

misinterpret [ˌmɪsɪn'tɜːprɪt] *vt* interpretar mal; perceber mal

misinterpretation [ˌmɪsɪntɜːprɪ'teɪʃən] *n* interpretação errada

misjudge [ˌmɪs'dʒʌdʒ] *vt* 1 formar um juízo errado acerca de; julgar mal 2 (quantidade, distância) calcular mal

misjudgment [ˌmɪs'dʒʌdʒmənt] *n* juízo falso; opinião errada

mislay [mɪs'leɪ] *vt {pret e pp -laid}* perder, extraviar

mislead [mɪs'liːd] *vt {pret e pp -led}* 1 induzir em erro 2 enganar, iludir; *to be misled* deixar-se enganar 3 guiar mal, desorientar

misleading [ˌmɪs'liːdɪŋ] *adj* ilusório; enganoso

misled [ˌmɪs'led] *adj* extraviado, desencaminhado

mismanage [ˌmɪs'mænɪdʒ] *vt* gerir mal; administrar mal

mismanagement [ˌmɪs'mænɪdʒmənt] *n* mau governo; má administração

misogynist [mɪ'sɒdʒɪnɪst] *n* misógino

misogynous [mɪ'sɒdʒɪnəs] *adj* misógino

misogyny [mɪ'sɒdʒɪni] *n* misoginia

misplace [ˌmɪs'pleɪs] *vt* 1 colocar em lugar errado 2 perder 3 (afeto, confiança) depositar em pessoa indigna

misprint ['mɪsprɪnt] *n* erro de impressão ♦ *vt* imprimir mal; fazer erro de impressão

mispronounce [ˌmɪsprə'naʊns] *vt,i* pronunciar mal

mispronunciation [ˌmɪsprənʌnsɪˈeɪʃən] n pronúncia incorreta

misquotation [ˌmɪskwəʊˈteɪʃən] n citação errada

misquote [ˌmɪsˈkwəʊt] vt citar erradamente

misread [ˌmɪsˈriːd] vt {pret e pp -read} 1 ler mal 2 interpretar erradamente

misreading [ˌmɪsˈriːdɪŋ] n 1 leitura errada 2 interpretação errada

misreckon [ˌmɪsˈrekən] vt calcular mal

misreport [ˌmɪsrɪˈpɔːt] n relato errado; informação errada ♦ vt informar erradamente

misrepresent [ˌmɪsreprɪˈzent] vt deturpar; adulterar

misrepresentation [ˌmɪsreprɪzenˈteɪʃən] n (factos, ideias) distorção; deturpação

misrule [ˌmɪsˈruːl] n 1 form desgoverno; mau governo 2 form desordem; confusão

miss [mɪs] vt 1 faltar; não comparecer; *he's missed school* ele faltou à escola 2 (tiro) falhar 3 (oportunidade) deixar escapar, não aproveitar 4 perder; *I missed the bus* perdi o autocarro 5 ter saudades de; sentir falta de; *I miss the sun* sinto falta do sol 6 não reparar; não se aperceber; *everybody missed the mistake* ninguém reparou no erro 7 evitar; fugir de; *let's take this shortcut to miss the traffic* vamos por este atalho para fugir ao trânsito 8 (acidente, situação desagradável) escapar de 9 (piada, comentário) não entender, não perceber; *you've missed the whole point* não entendeste nada ♦ vi 1 falhar; não acertar; *she fired at the target but missed* falhou o alvo 2 (motor) falhar 3 faltar; *there's a place missing* falta um lugar ♦ n 1 menina; *Miss Smith* a menina Smith 2 (título de beleza) miss 3 insucesso; falhanço 4 erro; engano 5 tiro perdido ❖ col *to miss the boat* deixar escapar uma oportunidade; *to have a near miss* escapar por pouco

♦ **miss out** vt omitir ♦ vi não aproveitar; perder

missal [ˈmɪsəl] n missal

misshapen [ˌmɪsˈʃeɪpən] adj disforme

missile [ˈmɪsəl] n 1 míssil 2 projétil

missing [ˈmɪsɪŋ] adj 1 (objeto) perdido 2 (pessoa) desaparecido; *missing persons* desaparecidos

mission [ˈmɪʃən] n missão; *mission accomplished* missão cumprida

missionary [ˈmɪʃənəri] adj,n missionário

missis [ˈmɪsɪz] n 1 minha senhora, senhora 2 col (esposa) patroa col

missive [ˈmɪsɪv] n missiva; carta

misspell [ˌmɪsˈspel] vt {pret e pp -spelt, -spelled} soletrar ou escrever erradamente

misspend [ˌmɪsˈspend] vt {pret e pp -spent} dissipar; esbanjar; desperdiçar

mist [mɪst] n 1 névoa; neblina; bruma 2 vapor ♦ vt (plantas) borrifar; salpicar

mistake [mɪsˈteɪk] n erro; engano; *spelling mistake* erro ortográfico; *to make a mistake* fazer um erro, enganar-se ♦ vt {pret -took, pp -taken} compreender ou interpretar mal 2 confundir [for, com]; *there's no mistaking his car* o carro dele é inconfundível ❖ *by mistake* sem querer; *make no mistake about it!* que fique bem claro!

mistaken [mɪsˈteɪkən] pp de to mistake ♦ adj 1 errado 2 enganado 3 trocado; *mistaken identities* identidades trocadas

mister [ˈmɪstə] n senhor; *Mr. Smith* Sr. Smith

mistime [ˌmɪsˈtaɪm] vt 1 calcular mal (no tempo) 2 não fazer na altura certa

mistletoe [ˈmɪsəltəʊ] n (planta) azevinho

mistranslate [ˌmɪstrænzˈleɪt] vt traduzir incorretamente

mistreat [ˌmɪsˈtriːt] vt maltratar

mistress [ˈmɪstrɪs] n {pl -es} 1 amante 2 patroa 3 dona de casa

mistrial [ˌmɪsˈtraɪəl] n 1 erro judicial 2 EUA julgamento nulo

mistrust [mɪs'trʌst] *n* desconfiança; *he has a deep mistrust of politicians* ele tem uma falta de confiança profunda nos políticos ◆ *vt* desconfiar de, suspeitar de

mistrustful [mɪs'trʌstfʊl] *adj* 1 desconfiado [of, em relação a] 2 receoso; apreensivo

misty ['mɪsti] *adj* {*comp* -ier, *superl* -iest} 1 (tempo) nebuloso; enevoado 2 (vidro, espelho) embaciado 3 (olhos) turvo 4 (ideia) indistinto; vago

misunderstand [ˌmɪsʌndə'stænd] *vt* {*pret e pp* -stood} compreender mal; interpretar mal; *I've been misunderstood* fui mal entendido

misunderstanding [ˌmɪsʌndə'stændɪŋ] *n* 1 mal-entendido; equívoco 2 discussão; questão

misuse[1] [ˌmɪs'juːs] *n* 1 (poder, autoridade) abuso [of, de] 2 (tempo, objetos, energia) uso indevido 3 (fundos) desvio

misuse[2] [ˌmɪs'juːz] *vt* 1 (poder, autoridade) abusar de 2 (pessoas) maltratar; tratar injustamente 3 (tempo, objetos, energia) empregar mal; tratar indevidamente 4 (fundos) desviar

mite [maɪt] *n* 1 (inseto) ácaro 2 *col* pequerrucho

mitigate ['mɪtɪgeɪt] *vt form* mitigar, suavizar, atenuar

mitigating ['mɪtɪgeɪtɪŋ] *adj* atenuante

mitigation [ˌmɪtɪ'geɪʃən] *n form* mitigação; atenuação

mitre ['maɪtə] *n* 1 REL mitra 2 esquadria

mix [mɪks] *vt* 1 misturar; juntar; combinar; to mix business with pleasure juntar o útil ao agradável 2 preparar; *she mixed a hot drink* ela preparou uma bebida quente ◆ *vi* 1 conviver [with, com]; dar-se [with, com] 2 misturar-se; *oil and water don't mix* azeite e água não se misturam ◆ *n* {*pl* -es} 1 combinação [of, de]; mistura [of, de] 2 mistura; preparado; *chocolate cake mix* preparado para bolo de chocolate

◆ **mix up** *vt* 1 confundir 2 misturar; baralhar 3 preparar 4 (ingredientes) misturar bem 5 meter-se [with, com], envolver-se [with, com]

mixed [mɪkst] *adj* 1 misturado; combinado 2 (salada) misto 3 (reação, crítica) variável, variado 4 (sentimentos) confuso, contraditório 5 (escola, quarto de banho) misto

mixed-up [ˌmɪkst'ʌp] *adj* 1 envolvido [in, em] 2 confuso, desorientado

mixer ['mɪksə] *n* 1 misturador 2 batedeira 3 refresco

mixture ['mɪkstʃə] *n* 1 mistura [of, de] 2 preparado farmacêutico

mix-up ['mɪksʌp] *n* 1 confusão 2 engano

MMS *n* [*sigla de* Multimedia Messaging Service] MMS (serviço de mensagens multimédia)

mnemonic [nɪ'mɒnɪk] *adj* mnemónico

mnemonics [nɪ'mɒnɪks] *n* mnemónica

moan [məʊn] *n* 1 gemido; *to give a moan of pain* dar um gemido de dor 2 lamento [about, de]; queixume [about, de] ◆ *vt,i* 1 gemer 2 lamentar-se; queixar-se 3 resmungar [at, com]

moat [məʊt] *n* fosso

mob [mɒb] *n* 1 multidão; ajuntamento 2 *col* grupo de pessoas 3 *ant,pej* populaça, ralé ◆ *vt* 1 atacar; agredir; cercar 2 cercar; rodear ❖ *the Mob* a máfia

mobile ['məʊbaɪl] *adj* 1 móvel 2 (televisão, rádio) portátil 3 (clínica, biblioteca) ambulante ◆ *n* (objeto decorativo) móbil ❖ *mobile phone* telemóvel

mobility [məʊ'bɪliti] *n* mobilidade

mobilization [ˌməʊbɪlaɪ'zeɪʃən] *n* mobilização

mobilize ['məʊbɪlaɪz] *vt* 1 (população) mobilizar 2 (ajudas, fundos) angariar 3 MIL (exército) mobilizar ◆ *vi* MIL mobilizar-se

mobster ['mɒbstə] *n* gangster

moccasin ['mɒkəsɪn] *n* (calçado) mocassim

mocha ['mɒkə] *n* (sabor, café) moca

mock [mɒk] vt,i **1** form troçar de; gozar com; rir-se **2** form imitar ridicularizando **3** form inutilizar ♦ adj a fingir; simulado; *a mock battle* uma batalha a fingir ♦ n escárnio; troça; lit *to make mock of* fazer troça de

mockery ['mɒkəri] n {pl -ies} **1** escárnio; troça **2** farsa ❖ *to make a mockery of* ridicularizar

modal ['məʊdl] adj modal; *modal verb* verbo modal

mode [məʊd] n **1** módo; maneira; forma **2** modo de funcionamento; *the camera is on 'auto' mode* a máquina fotográfica esta em modo de funcionamento automático

model ['mɒdl] n **1** modelo; manequim **2** exemplo [of, de] **3** modelo [for, para]; norma [for, para]; padrão [for, para] **4** (carro, máquina) modelo ♦ adj **1** exemplar, *she is a model student* ela é uma aluna exemplar **2** modelo; *a model school* uma escola modelo ♦ vt {pret e pp -ll-} **1** vestir como modelo **2** moldar ♦ vi trabalhar como modelo

modelling ['mɒdlɪŋ] n **1** modelismo **2** profissão de modelo; *she does modelling* ela trabalha como modelo

modem ['məʊdem] n modem

moderate[1] ['mɒdərət] adj **1** (preço, quantidade, opinião, comportamento) moderado; razoável **2** (forno) médio **3** (clima) temperado **4** (vento) bonançoso **5** (resultado) mediano

moderate[2] ['mɒdəreɪt] vt **1** form moderar **2** acalmar(-se) **3** (debate, competição) moderar

moderation [ˌmɒdə'reɪʃən] n moderação

moderator ['mɒdəreɪtə] n **1** (discussão) moderador **2** (jogo, competição) árbitro

modern ['mɒdn] adj **1** (arte, história) contemporâneo **2** atual; novo; recente **3** (atitude, ideia) inovador **4** (língua) moderno; *Modern Greek* Grego Moderno

modern-day ['mɒdndeɪ] adj moderno; atual

modernism ['mɒdənɪzəm] n modernismo

modernist ['mɒdənɪst] adj,n modernista

modernity [mɒ'dɜːnɪti] n modernidade

modernization [ˌmɒdənaɪ'zeɪʃən] n modernização

modernize ['mɒdənaɪz] vt,i modernizar(-se)

modest ['mɒdɪst] adj **1** modesto [about, em relação a] **2** (quantia) módico, moderado **3** (atitude) pudico

modestly ['mɒdɪstli] adv **1** modestamente **2** comedidamente

modesty ['mɒdɪsti] n **1** modéstia, humildade; *modesty forbids* modéstia à parte **2** pudor

modification [ˌmɒdɪfɪ'keɪʃən] n modificação [to, a]; alteração [to, a]

modifier ['mɒdɪfaɪə] n LING modificador

modify ['mɒdɪfaɪ] vt **1** modificar, alterar **2** LING modificar

modular ['mɒdjʊlə] adj modular

modulate ['mɒdjʊleɪt] vt **1** (sinal de rádio) modular **2** (som) variar ♦ vi MUS passar de um som a outro

modulation [ˌmɒdjʊ'leɪʃən] n modulação

module ['mɒdjuːl] n módulo

mogul ['məʊɡəl] n magnata; mandachuva

mohair ['məʊheə] n mohair

moist [mɔɪst] adj húmido; humedecido

moisten ['mɔɪsn] vt,i humedecer(se), molhar(-se) levemente; *she moistened a tissue* ela humedeceu um lenço

moisture ['mɔɪstʃə] n **1** humidade **2** orvalho

moisturize ['mɔɪstʃəraɪz] vt,i **1** (pele) hidratar **2** humedecer; humidificar

moisturizer ['mɔɪstʃəraɪzə] n creme hidratante

mojo ['məʊdʒəʊ] n {pl -os} **1** feitiçaria; magia negra **2** amuleto

molar ['məʊlə] adj,n (dente) molar

molasses [mə'læsɪz] n melaço

Moldavia [mɒl'deɪvɪə] n Moldávia

Moldavian [mɒlˈdeɪvɪən] *adj,n* moldavo

mole [məʊl] *n* 1 (animal, espião) toupeira
2 (pele) sinal 3 QUÍM mole

molecular [məˈlekjʊlə] *adj* molecular

molecule [ˈmɒlɪkjuːl] *n* molécula

molehill [ˈməʊlhɪl] *n* montículo de terra
feito por uma toupeira

molest [məˈlest] *vt* 1 abusar sexualmente
de 2 molestar 3 atacar

mollusc [ˈmɒləsk] *n* molusco

mollycoddle [ˈmɒlɪkɒdl] *vt* 1 apaparicar
2 mimar, estragar com mimos

molt [məʊlt] *n,vt EUA* ⇒ moult

molten [ˈməʊltən] *adj* (metal, pedra) fundido, derretido

molybdenum [məˈlɪbdənəm] *n* molibdénio

mom [mɒm] *n EUA col* mamã

moment [ˈməʊmənt] *n* 1 momento; instante; *for the moment* por enquanto 2 momento oportuno [to, para]

momentary [ˈməʊməntərɪ] *adj* momentâneo; breve

momentous [məʊˈmentəs] *adj* importante; decisivo

momentum [məʊˈmentəm] *n* 1 força; pujança 2 FÍS momento; velocidade

Monaco [ˈmɒnəkəʊ] *n* Mónaco

monarch [ˈmɒnək] *n* monarca

monarchical [mɒˈnɑːkɪkəl] *adj* monárquico

monarchism [ˈmɒnəkɪzəm] *n* monarquismo

monarchist [ˈmɒnəkɪst] *n* monárquico

monarchy [ˈmɒnəkɪ] *n* monarquia

monastery [ˈmɒnəstərɪ] *n* {*pl* -ies) mosteiro

monastic [məˈnæstɪk] *adj* 1 monástico
2 simples; frugal

Monday [ˈmʌndɪ] *n* segunda-feira; *on
Monday* na segunda

Monegasque [ˈmɒnɪgæsk] *adj,n* monegasco

monetary [ˈmʌnɪtərɪ] *adj* monetário

money [ˈmʌnɪ] *n* dinheiro; *to earn money*
ganhar dinheiro ❖ *money market* mercado financeiro; *money order* ordem de
pagamento; *money doesn't grow on trees*
o dinheiro não cai do céu

moneybags [ˈmʌnɪbægz] *n col* ricaço

moneybox [ˈmʌnɪbɒks] *n* 1 mealheiro
2 caixa de esmolas

moneylender [ˈmʌnɪˌlendə] *n* agiota

moneymaker [ˈmʌnɪˌmeɪkə] *n* produto
rentável; negócio rentável

money-spinner [ˈmʌnɪˌspɪnə] *n* negócio
rentável

Mongolia [mɒnˈgəʊlɪə] *n* Mongólia

Mongolian [mɒnˈgəʊlɪən] *adj,n* mongol

Mongoloid [ˈmɒngəlɔɪd] *adj,n* mongoloide

mongrel [ˈmʌngrəl] *n* 1 (cão) rafeiro 2 *col*
coisa híbrida

monitor [ˈmɒnɪtə] *n* 1 (televisão, computador) monitor 2 encarregado, responsável
♦ *vt* 1 monitorizar, controlar 2 pôr sob
escuta

monk [mʌnk] *n* monge

monkey [ˈmʌnkɪ] *n* 1 macaco 2 *col* (criança)
traquina ❖ *monkey bars* espaldar; *monkey
wrench* chave inglesa; *to make a monkey
out of* ridicularizar

monochromatic [ˌmɒnəʊkrəʊˈmætɪk] *adj*
monocromático

monochrome [ˈmɒnəkrəʊm] *adj* monocromático

monocle [ˈmɒnəkəl] *n* monóculo

monogamist [məˈnɒgəmɪst] *n* monógamo

monogamous [məˈnɒgəməs] *adj* monógamo, monogâmico

monogamy [məˈnɒgəmɪ] *n* monogamia

monogram [ˈmɒnəgræm] *n* monograma

monograph [ˈmɒnəgrɑːf] *n* monografia
[on, sobre]

monographic [ˌmɒnəˈgræfɪk] *adj* monográfico

monokini [ˌmɒnəʊˈkɪnɪ] *n* monoquíni

monolingual [ˌmɒnəʊˈlɪŋgjʊəl] *adj* monolingue

monologue ['mɒnəlɒg] n monólogo

monomial [mɒ'nəʊmiəl] n MAT monómio

monoplane ['mɒnəʊpleɪn] n monoplano

monopolist [mə'nɒpəlɪst] n monopolista, monopolizador

monopolization [məˌnɒpəlaɪ'zeɪʃən] n monopolização

monopolize [mə'nɒpəlaɪz] vt monopolizar

monopoly [nɪə'nɒpəli] n (pl -ies) monopólio [on, de]

monorail ['mɒnəʊreɪl] n monocarril

monosyllabic [ˌmɒnəsɪ'læbɪk] adj monossilábico

monosyllable ['mɒnəˌsɪləbəl] n monossílabo

monotheism ['mɒnəʊθiːɪzəm] n monoteísmo

monotheist ['mɒnəθiːɪst] n REL monoteísta

monotheistic [ˌmɒnəθiː'ɪstɪk] adj monoteísta

monotone ['mɒnətəʊn] n tom monocórdico

monotonous [mə'nɒtənəs] adj monótono, enfadonho

monotony [mə'nɒtəni] n monotonia

monoxide [mə'nɒksaɪd] n monóxido

Monseigneur [mɒnsɪ'njə] n (pl Messeigneurs) REL monsenhor

monsignor [mɒnsɪ'njə] n (pl -i) monsenhor

monsoon [mɒn'suːn] n monção

monster ['mɒnstə] n monstro ♦ adj col enorme, gigantesco

monstrance ['mɒnstrəns] n REL ostensório; custódia

monstrosity [mɒns'trɒsɪti] n (pl -ies) monstruosidade

monstrous ['mɒnstrəs] adj 1 monstruoso 2 descomunal 3 ultrajante; absurdo

Montenegrin [ˌmɒntɪ'niːgrɪn] adj,n montenegrino

Montenegro [mɒntɪ'niːgrəʊ] n Montenegro

month [mʌnθ] n mês; once a month uma vez por mês ♦ for months há séculos

monthly ['mʌnθli] adj mensal ♦ adv mensalmente ♦ n (pl -ies) publicação mensal

monticule ['mʌntɪkjʊl] n 1 montículo 2 outeiro

monument ['mɒnjʊmənt] n monumento [to, a]; memorial [to, a]

monumental [ˌmɒnjʊ'mentəl] adj monumental; grandioso

moo [muː] n mugido ♦ vi mugir

mooch [muːtʃ] vt pedinchar; he tried to mooch a beer from me ele pedinchou-me uma cerveja

mood [muːd] n 1 humor, disposição; to be in a bad/good mood estar de mau/bom humor 2 LING modo verbal ♦ to be in a mood estar com os azeites

moodiness ['muːdɪnɪs] n 1 instabilidade de humor 2 mau humor; rabugice 3 melancolia

moody ['muːdi] adj (comp -ier, superl -iest) 1 temperamental, instável 2 mal-humorado

moon [muːn] n 1 Lua; full moon Lua cheia; half moon meia-lua; new moon Lua nova 2 poét mês; many moons ago há muitos meses ♦ vt,i col mostrar o rabo ♦ once in a blue moon quando o rei faz anos; to cry for the moon pedir o impossível

moonbeam ['muːnbiːm] n raio lunar

moonless ['muːnləs] adj sem luar

moonlight ['muːnlaɪt] n luar; by/in the moonlight ao luar ♦ vi (pret e pp -lighted) col ter dois empregos

moonlit ['muːnlɪt] adj iluminado pela Lua

moonshine ['muːnʃaɪn] n 1 luar 2 col tolice; devaneio 3 EUA bebida alcoólica ilegal

moonstruck ['muːnstrʌk] adj aluado

moor [mʊə] n charneca ♦ vt,i ancorar, atracar

moorage ['mʊərɪdʒ] n NÁUT ancoradouro

moorhen ['mʊəhen] n (ave) galinhola

mooring ['muərɪŋ] n 1 ancoragem 2 ancoradouro ♦ npl 1 amarras, cabos 2 fig laços

Moorish ['muərɪʃ] adj mouro, mourisco

moorland ['muələnd] n charneca

moose [mu:s] n alce

moot [mu:t] adj 1 controverso; discutível; *a moot question* uma questão controversa 2 EUA improvável; infundado ♦ vt debater, discutir

mop [mɒp] n 1 esfregona; esfregão 2 col cabelo desgrenhado, juba ♦ vt {pret e pp -pp-} 1 esfregar, limpar com esfregão 2 (lágrimas, suor) secar ❖ EUA *to mop the floor with* arrasar por completo

mope [məʊp] vi 1 sentir-se abatido, triste 2 entediar-se

moral ['mɒrəl] adj 1 moral; *moral duty* dever moral 2 (pessoa) virtuoso, honrado ♦ n moral; *the moral of the story* a moral da história ♦ npl costumes; princípios

morale [mə'rɑ:l] n moral; estado de espírito

moralist ['mɒrəlɪst] n moralista

moralistic [ˌmɒrə'lɪstɪk] adj moralista

morality [mə'rælɪti] n {pl -ies} 1 moralidade 2 ética; *Christian morality* a ética cristã ❖ TEAT *morality play* moralidade

moralization [ˌmɒrəlaɪ'zeɪʃən] n moralização

moralize ['mɒrəlaɪz] vi dar lições de moral; moralizar [about, sobre]; *he keeps moralizing about my behaviour* ele está sempre a moralizar sobre o meu comportamento

morally ['mɒrəli] adv moralmente; eticamente

morass [mə'ræs] n {pl -es} 1 lit pântano; charco 2 fig imbróglio; emaranhado

moratorium [ˌmɒrə'tɔ:rɪəm] n {pl -a, -s} 1 DIR moratória 2 interrupção [on, a]

moratory ['mɒrətəri] adj DIR moratório

moray ['mɒreɪ] n (peixe) moreia

morbid ['mɔ:bɪd] adj 1 mórbido 2 patológico

morbidity [mɔ:'bɪdɪti] n morbidez

mordacity [mɔ:'dæsɪti] n mordacidade

mordant ['mɔ:dənt] adj (crítica, humor) mordaz

more [mɔ:] adj,adv mais; *more expensive than* mais caro do que; *once more* mais uma vez ❖ *more and more* cada vez mais; *more often than not* frequentemente; *what's more* além disso

morello [mə'reləʊ] n ginja

moreover [mɔ:'rəʊvə] adv form além disso, ainda por cima

mores ['mɔ:reɪz] n pl costumes; hábitos

morgue [mɔ:g] n 1 morgue 2 col (jornal) arquivo

moribund ['mɒrɪbʌnd] adj lit moribundo

Mormon ['mɔ:mən] n mórmon

morning ['mɔ:nɪŋ] n manhã; *in the morning* da parte da manhã ♦ adj matinal; da manhã; *a morning walk* um passeio matinal ❖ *good morning!* bom dia!; *morning coat* fraque; (jornal) *morning paper* matutino

morning-after [ˌmɔ:nɪŋ'æftə] adj 1 do seguinte 2 de ressaca

Moroccan [mə'rɒkən] adj,n marroquino

morocco [mə'rɒkəʊ] n marroquim

Morocco [mə'rɒkəʊ] n Marrocos

moron ['mɔ:rɒn] n col,pej imbecil, idiota

morose [mə'rəʊs] adj macambúzio

morpheme ['mɔ:fi:m] n LING morfema

morphine ['mɔ:fi:n] n morfina

morphologic [ˌmɔ:fə'lɒdʒɪk] adj morfológico

morphology [mɔ:'fɒlədʒi] n morfologia

morrow ['mɒrəʊ] n 1 lit amanhã 2 lit futuro

Morse [mɔ:s] vi telegrafar em Morse ❖ *Morse alphabet* alfabeto Morse; *Morse code* código Morse

morsel ['mɔ:səl] n bocado; pedaço

mortal ['mɔ:təl] adj,n mortal

motionless

mortality [mɔː'tælɪti] *n* {*pl* -ies} mortalidade; *infant mortality* mortalidade infantil; *mortality rate* taxa de mortalidade

mortally ['mɔːtəli] *adv* **1** mortalmente; fatalmente **2** gravemente; extremamente

mortar ['mɔːtə] *n* **1** almofariz **2** MIL morteiro **3** argamassa

mortgage ['mɔːgɪdʒ] *n* empréstimo; hipoteca; *to take out a mortgage* contrair um empréstimo; *to pay off a mortgage* pagar um empréstimo ♦ *vt* hipotecar

mortician [mɔː'tɪʃən] *n* EUA armador fúnebre

mortification [,mɔːtɪfɪ'keɪʃən] *n* **1** humilhação; vergonha; *to my utter mortification* para minha grande vergonha **2** REL mortificação; autoflagelação

mortify ['mɔːtɪfaɪ] *vt* **1** humilhar; envergonhar; *to be mortified* ficar muito envergonhado **2** REL mortificar; *to mortify the flesh* mortificar a carne

mortifying ['mɔːtɪfaɪɪŋ] *adj* humilhante; embaraçoso

mortise ['mɔːtɪs] *n* encaixe; entalhe

mortuary ['mɔːtʃuəri] *n* {*pl* -ies} **1** GB morgue **2** EUA sala funerária

mosaic [məʊ'zeɪɪk] *n* mosaico

Moslem ['mɒzləm] *n,adj pej* muçulmano

mosque [mɒsk] *n* mesquita

mosquito [mə'skiːtəʊ] *n* {*pl* -es, -s} mosquito

moss [mɒs] *n* {*pl* -es} musgo

mossy ['mɒsi] *adj* {*comp* -ier, *superl* -iest} musgoso

most [məʊst] *adj,adv* **1** mais; *most often* mais frequentemente **2** *form* muito; *most surprised* muito surpreendido **3** EUA *col* quase; *most every evening* quase todas as noites **4** a maioria, a maior parte; *most of the shops* a maior parte das lojas **5** o maior número de; *most people* o maior número de pessoas ❖ *most likely* muito provavelmente; *at most* no máximo

mostly ['məʊstli] *adv* na maior parte das vezes

motel [məʊ'tel] *n* motel

moth [mɒθ] *n* (inseto) traça

mothball ['mɒθbɔːl] *n* bola de naftalina

moth-eaten ['mɒθiːtən] *adj* **1** roído pela traça **2** em mau estado

mother ['mʌðə] *n* **1** mãe **2** REL madre, abadessa, superiora; *Mother Superior* Madre Superiora ♦ *vt* **1** servir de mãe a, ser mãe de **2** *fig* proteger; cuidar de ❖ *mother country* país de origem; *mother hen* mãe galinha; *mother's boy* menino da mamã; *mother tongue* língua materna

motherboard ['mʌðəbɔːd] *n* INFORM placa-mãe

motherfucker ['mʌðəfʌkə] *n vulg* filho da puta *vulg*

motherhood ['mʌðəhʊd] *n* maternidade

mother-in-law ['mʌðərɪnlɔː] *n* sogra

motherland ['mʌðəlænd] *n* pátria; terra natal

motherless ['mʌðələs] *adj* órfão de mãe

motherly ['mʌðəli] *adj* maternal, materno ♦ *adv* maternalmente

mother-of-pearl [,mʌðərəv'pɜːl] *n* madrepérola

mother-to-be [,mʌðətə'biː] *n* futura mãe

motif [məʊ'tiːf] *n* motivo, tema

motion ['məʊʃən] *n* **1** movimento; marcha **2** gesto; sinal; aceno; *a motion of the hand* um gesto **3** moção; *motion denied* moção rejeitada; *to pass/carry a motion* passar uma moção; *to put forward/propose a motion* apresentar uma moção; *to reject a motion* rejeitar uma moção ♦ *vt,i* fazer sinais; acenar ❖ *form in motion* em movimento; CIN *in slow motion* em câmara lenta; *to go through the motions* fazer o frete; *to put/set in motion* pôr em marcha

motionless ['məʊʃənləs] *adj* imóvel; parado

motivate ['məʊtɪveɪt] *vt* motivar; estimular

motivation [ˌməʊtɪ'veɪʃən] *n* motivação; estímulo

motive ['məʊtɪv] *n* motivo; causa ♦ *adj* motor; motriz; *motive power/force* força motriz

motivity [məʊ'tɪvɪtɪ] *n* motricidade

motley ['mɒtlɪ] *adj* 1 multicolor 2 heterogéneo

motocross ['məʊtəʊkrɒs] *n* motocrosse

motor ['məʊtə] *n* 1 motor 2 *GB col* carro ♦ *adj* 1 motor; motriz 2 motorizado; *motor vehicle* veículo motorizado ♦ *vi* andar de carro; *to motor from Lisbon to Oporto* ir de carro de Lisboa para o Porto ❖ *motor industry* indústria automóvel; *motor show* salão automóvel

motorbike ['məʊtəbaɪk] *n GB col* mota; motocicleta

motorboat ['məʊtəbəʊt] *n* NÁUT barco a motor

motorcade ['məʊtəkeɪd] *n* cortejo de automóveis

motorcycle ['məʊtəˌsaɪkl] *n* mota; motocicleta

motorcycling ['məʊtəˌsaɪklɪŋ] *n* motociclismo

motorcyclist ['məʊtəˌsaɪklɪst] *n* motociclista

motoring ['məʊtərɪŋ] *adj* 1 motorizado; *motoring sports* desportos motorizados 2 automobilístico; *motoring offences* infrações na condução ♦ *n* automobilismo

motorist ['məʊtərɪst] *n* automobilista

motorway ['məʊtəweɪ] *n GB* autoestrada

motto ['mɒtəʊ] *n* {*pl* -es, -s} lema; divisa

mould [məʊld] *n* 1 molde; forma; *casting mould* molde de fundição 2 bolor; mofo 3 húmus ♦ *vt* 1 moldar; modelar; enformar; *to mould the dough* moldar a massa 2 exercer influência sobre; modificar; *to mould a person's character* moldar o carácter de uma pessoa ♦ *vi* ganhar bolor

moulder ['məʊldə] *vi* desfazer-se; reduzir-se a pó

moulding ['məʊldɪŋ] *adj* 1 moldável 2 de moldagem; *moulding process* processo de moldagem ♦ *n* modelagem ❖ CUL *moulding board* tábua de amassar

mouldy ['məʊldɪ] *adj* {*comp* -ier, *superl* -iest} bolorento; com bolor

moult [məʊlt] *n* muda de pena; muda de pelo; *to be in the moult* estar na muda ♦ *vt,i* mudar as penas; mudar o pelo

mound [maʊnd] *n* 1 monte; colina; elevação 2 (coisas) pilha; rima

mount [maʊnt] *n* 1 monte; montanha 2 (animal) montada 3 terreiro; eirado 4 moldura (de quadro, fotografia) 5 engaste; suporte 6 ferragem 7 montagem; instalação ♦ *vt* 1 (cavalo, bicicleta) montar 2 (campanha, ofensiva) lançar; concretizar 3 (exposição, evento) organizar; montar; preparar 4 (peça de teatro) pôr em cena 5 subir; galgar 6 (animais) montar; copular com 7 montar; instalar; armar; *to mount a tent* montar uma tenda 8 encaixilhar; emoldurar 9 (pedra preciosa) encastoar; engastar ♦ *vi* 1 montar; andar a cavalo 2 trepar; subir 3 amontoar-se; elevar-se; aumentar; *the number of unemployed is mounting* o número de desempregados está a aumentar ❖ *Mount Everest* Evereste; *to mount guard over* montar guarda a

mountain ['maʊntɪn] *n* 1 montanha; *mountain chain/range* serra; *mountain pass* desfiladeiro *fig* monte {of, de} ♦ *adj* de montanha; *mountain bike* bicicleta de montanha ❖ *to make a mountain out of a molehill* fazer uma tempestade num copo de água

mountaineer [ˌmaʊntɪ'nɪə] *n* montanhista; alpinista ♦ *vi* praticar montanhismo

mountaineering [ˌmaʊntɪ'nɪərɪŋ] *n* montanhismo; alpinismo

mountainous [ˈmaʊntɪnəs] *adj* 1 montanhoso 2 gigantesco; enorme

mounted [ˈmaʊntɪd] *adj* 1 montado (a cavalo); *mounted police* polícia montada 2 armado; montado

mounting [ˈmaʊntɪŋ] *adj* crescente

mourn [mɔːn] *vt,i* 1 chorar [for/over, por]; *to mourn over someone* chorar pela morte de alguém 2 lamentar(-se) [for/over, por]

mourner [ˈmɔːnə] *n* pessoa enlutada

mournful [ˈmɔːnfʊl] *adj* 1 choroso; pesaroso 2 lúgubre 3 melancólico

mourning [ˈmɔːnɪŋ] *n* 1 luto; *to be in mourning* estar de luto 2 tristeza; sofrimento

mouse[1] [maʊs] *n* {*pl* mice} 1 rato; *to catch mice* apanhar ratos; INFORM *mouse buttons* botões do rato 2 *fig,pej* pessoa tímida ou cobarde

mouse[2] [maʊz] *vi* caçar ratos

mousetrap [ˈmaʊstræp] *n* ratoeira

mousse [muːs] *n* (doce, cabelo) mousse

moustache [məˈstɑːʃ] *n* GB bigode; *to wear a moustache* ter bigode

mouth[1] [maʊθ] *n* 1 boca 2 (garrafa) gargalo 3 (rio) foz 4 (gruta, túnel) entrada, abertura

mouth[2] [maʊð] *vt* 1 dizer com os lábios mas sem fazer som nenhum 2 dizer da boca para fora 3 abocanhar 4 fazer caretas [at, a]

mouthful [ˈmaʊθfʊl] *n* 1 garfada; boca cheia 2 *col* difícil de pronunciar

mouthpiece [ˈmaʊθpiːs] *n* 1 MÚS embocadura 2 (telefone) bocal 3 porta-voz

mouth-to-mouth [ˌmaʊθtəˈmaʊθ] *n* boca a boca

mouthwash [ˈmaʊθwɒʃ] *n* elixir bucal

movable [ˈmuːvəbəl] *adj* 1 móvel 2 amovível; mudável ♦ *npl* DIR (no plural) bens móveis

move [muːv] *n* 1 movimento 2 mudança 3 (jogo) jogada; vez 4 passo; atitude; ato; *to make the first move* dar o primeiro passo ♦ *vt* 1 mover; mudar; *to move house* mudar de casa 2 mudar; alterar; modificar 3 persuadir; levar; *to move a person to do something* convencer alguém a fazer algo 4 (nódoa); limpar; remover 5 propor 6 comover; *to move someone to tears* levar alguém às lágrimas ♦ *vi* 1 mover-se; mexer-se; movimentar-se; *col keep moving!* nao parem! 2 mudar(-se); *I moved to Australia* mudei-me para a Austrália 3 transferir-se [from, de; to, para] 4 jogar; *it's your turn to move* é a tua vez de jogar 5 desenvolver-se; avançar; evoluir 6 girar; *the earth moves round the sun* a Terra gira em volta do Sol ❖ *col get moving!* põe-te a mexer!; *to be on the move* estar em movimento; *col to get a move on* avançar; *to get moving* ir-se embora; *to get something moving* pôr algo a funcionar, em marcha

♦ **move along** *vi* circular; avançar ♦ *vt* fazer avançar

♦ **move back** *vi* 1 recuar; retroceder 2 voltar ♦ *vt* 1 fazer recuar 2 voltar para

♦ **move forward** *vi* avançar ♦ *vt* fazer avançar

♦ **move in** *vt,i* (residência) mudar-se [to, para]

♦ **move on** *vi* 1 (viagem) prosseguir; continuar 2 circular 3 evoluir; avançar 4 passar ♦ *vt* 1 fazer circular 2 (ponteiros do relógio) adiantar

♦ **move out** *vt,i* 1 (casa) mudar-se; *they want to move out to a bigger house* eles querem mudar-se para uma casa maior 2 EUA *col* ir-se embora, partir; *let's move out!* vamos embora!

♦ **move over** *vi* chegar-se para o lado; afastar-se ♦ *vt* afastar

♦ **move up** *vi* ser promovido ♦ *vt* afastar; chegar para o lado

movement [ˈmuːvmənt] *n* 1 (deslocação, atividade) movimento 2 transporte; *movement of freight* transporte de mercadorias movie

3 (relógio) mecanismo 4 MÚS andamento
5 MIL manobra

movie ['muːvi] *n* EUA filme ♦ *npl* EUA cinema; *to go to the movies* ir ao cinema

moviegoer ['muːvigəʊə] *n* espectador de cinema

moving ['muːvɪŋ] *adj* 1 comovedor; emocionante 2 motor ♦ *n* 1 movimento, movimentação 2 (de residência) mudança; *moving van* camião de mudanças

mow [məʊ] *vt,i* {*pret* mowed, *pp* mown} segar; cortar; *to mow a field* ceifar um campo; *to mow the lawn* cortar a relva ♦ *n* EUA granel; celeiro

mower ['məʊə] *n* ceifeiro, segador

Mozambican [ˌməʊzəm'biːkən] *adj,n* moçambicano

Mozambique [ˌməʊzəm'biːk] *n* Moçambique

MP3 INFORM [*sigla de* MPEG audio layer 3] MP3

MPEG INFORM [*sigla de* Moving Pictures Experts Group] MPEG

mph [*sigla de* miles per hour]

Mr [*abrev. de* Mister] Sr. [*abrev. de* senhor]

Mrs (mulher casada) [*abrev. de* Mistress] Sra. [*abrev. de* senhora]

Ms *n* GB (solteira ou casada) menina; senhora

much [mʌtʃ] *adj* muito; bastante ♦ *adv* 1 muito; bastante; *I don't like him much* eu não gosto muito dele 2 grandemente 3 bem 4 muitas vezes ❖ *as much as I know* tanto quanto sei; *how much?* quanto custa?; *col so much for* já chega de

muchness ['mʌtʃnɪs] *n* quantidade; grandeza

muck [mʌk] *n* 1 porcaria; esterco 2 estrume ❖ *muck fly* mosca varejeira

mucosity [mjuː'kɒsɪtɪ] *n* mucosidade

mucous ['mjuːkəs] *adj* mucoso; viscoso ❖ *mucous membrane* mucosa

mucus ['mjuːkəs] *n* muco

mud [mʌd] *n* lama ♦ *vt* {*pret e pp* -dd-} enlamear ❖ *to sling/throw mud at* difamar

muddle ['mʌdl] *n* 1 confusão; desordem 2 sarilho; alhada; *to get in a muddle* meter-se numa alhada ♦ *vt* 1 confundir; complicar 2 desordenar; remexer 3 pôr em desordem; baralhar 4 desnortear

muddy ['mʌdi] *adj* {*comp* -ier, *superl* -iest} 1 (solo) lamacento 2 (sapatos, mãos) enlameado 3 (água) turvo; toldado; lodoso 4 *fig* perturbado; baralhado ♦ *vt* 1 enlamear; sujar 2 (água) toldar; turvar 3 perturbar; confundir

mudguard ['mʌdgɑːd] *n* guarda-lamas

muesli ['mjuːzli] *n* muesli

muff [mʌf] *n* (peça de vestuário) regalo ♦ *vt* falhar; perder; *to muff a ball* falhar uma bola; *to muff a chance* perder uma oportunidade

muffin ['mʌfɪn] *n* muffin

muffle ['mʌfl] *vt* 1 (som) abafar 2 reprimir 3 agasalhar; aconchegar

muffler ['mʌflə] *n* 1 cachecol 2 EUA (automóvel) silenciador

mufti ['mʌfti] *n* (civilização árabe) mufti

mug [mʌg] *n* 1 caneca; *a mug of beer* uma caneca de cerveja 2 *cal* ventas; focinho 3 *cal* morcão ♦ *vt cal* gamar; roubar

mugger ['mʌgə] *n* gatuno; ladrão

muggins ['mʌgɪnz] *n col* pacóvio

mugshot ['mʌgʃɒt] *n* (polícia) identificação fotográfica

mulatto [mjuː'lætəʊ] *n* {*pl* -os, -oes} mulato

mulberry ['mʌlbəri] *n* {*pl* -ies} 1 (fruto) amora 2 (planta) amoreira 3 cor de vinho

mulch [mʌltʃ] *n* adubo orgânico

mule [mjuːl] *n* 1 (animal) mula 2 *col* teimoso; cabeça-dura ♦ *npl* (calçado) chinelas, socas

mull [mʌl] *n Esc* promontório

♦ **mull over** *vt* (problema, proposta) refletir sobre; ponderar

mullet ['mʌlɪt] *n* (peixe) salmonete

murderous

multicellular [ˌmʌltɪ'seljʊlə] *adj* multicelular, pluricelular

multicoloured [ˌmʌltɪ'kʌləd] *adj* multicolor; colorido

multicultural [ˌmʌltɪ'kʌltʃərəl] *adj* multicultural

multiculturalism [ˌmʌltɪ'kʌltʃərəlɪzəm] *n* multiculturalismo

multifarious [ˌmʌltɪ'feəriəs] *adj* variado; diverso

multilateral [ˌmʌltɪ'lætərəl] *adj* multilateral

multilayered [ˌmʌltɪ'leɪəd] *adj* 1 de muitas camadas 2 multifacetado

multilingual [ˌmʌltɪ'lɪŋgwəl] *adj* multilingue; poliglota

multimedia [ˌmʌltɪ'miːdɪə] *adj,n* multimédia

multimillionaire [ˌmʌltɪmɪljə'neə] *n* multimilionário

multinational [ˌmʌltɪ'næʃənəl] *adj,n* multinacional

multiple ['mʌltɪpl] *adj* múltiplo; diversificado ♦ *n* MAT múltiplo

multiplex ['mʌltɪpleks] *n* complexo de cinemas ♦ *adj* 1 múltiplo 2 complexo

multiplicand [ˌmʌltɪplɪ'kænd] *n* MAT multiplicando

multiplication [ˌmʌltɪplɪ'keɪʃən] *n* MAT multiplicação; *multiplication sign* sinal da multiplicação; *multiplication table* tabuada

multiplicative [ˌmʌltɪ'plɪkətɪv] *adj* multiplicativo

multiplicity [ˌmʌltɪ'plɪsɪti] *n* multiplicidade [of, de]

multiplier ['mʌltɪplaɪə] *n* MAT multiplicador

multiply ['mʌltɪplaɪ] *vt* multiplicar [by, por]; *to multiply five by twelve* multiplicar cinco por doze ♦ *vi* multiplicar-se

multipurpose [ˌmʌltɪ'pɜːpəs] *adj* multiusos

multiracial [ˌmʌltɪ'reɪʃəl] *adj* multirracial

multitasking [ˌmʌltɪ'tɑːskɪŋ] *adj,n* INFORM multitarefa

multitude ['mʌltɪtjuːd] *n* multidão ❖ *a multitude of* um grande número de

multiuser [ˌmʌltɪ'juːzə] *adj* INFORM partilhável

multivitamin [ˌmʌltɪ'vɪtəmɪn] *n* complexo multivitamínico

mum [mʌm] *n* GB mamã; mãezinha ♦ *vi* {*pret e pp* -mm-} mascarar-se ❖ *col* (segredo) *mum's the word!* bico calado!; *col* (segredo) *to keep mum* manter a boca fechada

mumble ['mʌmbəl] *vt,i* 1 resmungar por entre dentes 2 balbuciar; *to mumble an excuse* balbuciar uma desculpa ♦ *n* resmungo por entre dentes

mumbo-jumbo [ˌmʌmbəʊ'dʒʌmbəʊ] *n col* treta; letra

mummy ['mʌmi] *n* {*pl* -ies} 1 múmia 2 GB *col* mamã

mumps ['mʌmps] *n* (doença) papeira

munch [mʌntʃ] *vt,i* mastigar ruidosamente

mundane [mʌn'deɪn] *adj* 1 mundano 2 prosaico; vulgar

municipal [mjuː'nɪsɪpəl] *adj* municipal

municipality [mjuːˌnɪsɪ'pælɪti] *n* {*pl* -ies} município

munition [mjuː'nɪʃən] *vt* municiar; equipar ♦ *n* provisões ♦ *npl* MIL munições; equipamento militar

mural ['mjʊərəl] *adj* mural ♦ *n* pintura mural

murder ['mɜːdə] *n* assassínio; homicídio; DIR *murder in the first degree* homicídio com premeditação; DIR *murder in the second degree* homicídio involuntário; *to commit murder* assassinar alguém ♦ *vt* 1 matar; assassinar 2 *fig* (estragar) assassinar

murderer ['mɜːdərə] *n* assassino; homicida

murderous ['mɜːdərəs] *adj* 1 assassino 2 cruel 3 mortal

murky ['mɜːki] adj {comp -ier, superl -iest} obscuro; sombrio

murmur ['mɜːmə] n murmúrio; sussurro; rumor ♦ vt,i 1 murmurar; sussurrar 2 queixar-se

muscatel [ˌmʌskə'tel] n (uva, vinho) moscatel

muscle ['mʌsl] n 1 músculo 2 fig força; pulso ❖ not to move a muscle não mexer um dedo

♦ **muscle in** vt imiscuir-se em

muscular ['mʌskjʊlə] adj 1 muscular; muscular pain dor muscular 2 musculoso; musculado

musculature ['mʌskjʊlətʃə] n musculatura

muse [mjuːz] n musa ♦ vt,i meditar [about/over, sobre]; ponderar [about/over, sobre]; refletir [about/over, sobre]

museum [mjuːˈzɪəm] n museu

mush [mʌʃ] n {pl -es} 1 polpa macia 2 EUA papa de farinha de milho ❖ col that's all mush! isso é tudo uma treta!

mushroom ['mʌʃruːm] n BOT cogumelo; to pick mushrooms apanhar cogumelos ♦ vi expandir-se; proliferar; propagar-se

mushy ['mʌʃi] adj {comp -ier, superl -iest} 1 mole 2 (fruta) demasiado madura 3 (livro, peça) piegas; lamecha

music ['mjuːzɪk] n música; to listen to music ouvir música ❖ music hall espetáculo de variedades

musical ['mjuːzɪkəl] adj 1 musical 2 melodioso; harmonioso 3 (pessoa) com talento musical ♦ n (peça, filme) musical

musicality [ˌmjuːzɪˈkæləti] n musicalidade

musician [mjuːˈzɪʃən] n músico

musing ['mjuːzɪŋ] adj absorto; meditativo ♦ n meditação; êxtase

musk [mʌsk] n 1 (substância) almíscar 2 (animal) almiscareiro

musket ['mʌskɪt] n (arma) mosquete

musketeer [ˌmʌskɪˈtɪə] n mosqueteiro

musky ['mʌski] adj {comp -ier, superl -iest} almiscarado

Muslim ['mʊslɪm] adj,n muçulmano

muslin ['mʌzlɪn] n musselina

mussel ['mʌsl] n mexilhão

must [mʌst] v mod 1 dever; he must be right ele deve ter razão 2 ter que; ter de; you must come with me tens que vir comigo ♦ n 1 col obrigação; to be a must ser imprescindível 2 mosto 3 mofo; bolor ❖ if you must se não há outro remédio

mustache [məˈstɑːʃ] n EUA ⇒ moustache

mustard ['mʌstəd] n mostarda

muster ['mʌstə] vt reunir; juntar; aglomerar ❖ to muster courage ganhar coragem; to pass muster ser aceitável

must-have ['mʌsthæv] adj indispensável; essencial

musty ['mʌsti] adj {comp -ier, superl -iest} bolorento; mofento

mutable ['mjuːtəbəl] adj mutável

mutant ['mjuːtənt] n mutante

mutate ['mjuːteɪt] vt,i mudar [into, para]; alterar [into, para]; transformar-se [into, em]

mutation [mjuːˈteɪʃən] n 1 mutação; transformação 2 mudança; alteração

mute [mjuːt] adj 1 mudo 2 LING (som) surdo ♦ n 1 mudo 2 MÚS (dispositivo) abafador ♦ vt 1 suavizar; abafar 2 diminuir o som de; pôr mais baixo

muteness ['mjuːtnɪs] n mudez

mutilate ['mjuːtɪleɪt] vt 1 mutilar 2 desfigurar; estragar 3 (mensagem) adulterar; distorcer

mutilation [ˌmjuːtɪˈleɪʃən] n mutilação

mutinous ['mjuːtɪnəs] adj revoltoso; rebelde

mutiny ['mjuːtɪni] n {pl -ies} motim; rebelião ♦ vi amotinar-se [against, contra]

mutter ['mʌtə] vt,i 1 resmungar por entre dentes [to, a] 2 queixar-se [about, de]

mutton ['mʌtn] n (carne) carneiro; mutton chop costeleta de carneiro

mutual ['mjuːtʃuəl] adj 1 mútuo 2 recíproco; their feelings were mutual os seus sentimentos eram recíprocos **3** comum; *mutual friend* amigo comum

muzzle ['mʌzl] *n* **1** focinho **2** açaime **3** (arma) boca ♦ *vt* **1** açaimar **2** *fig* silenciar; abafar

my [mai] *adj poss* meu; minha; meus; minhas; *my dear* meu caro, minha querida ❖ *col my foot!* o tanas!; *oh my!* meu Deus!

Myanmar ['maiænmɑ:] *n* Mianmar

mycosis [mai'kəusis] *n* MED micose

myope ['maiəup] *n* míope

myopia [mai'əupiə] *n* miopia

myopic [mai'ɒpik] *adj* míope

myriad ['miriəd] *n lit* miríade

myrrh [mɜ:] *n* (planta) mirra

myrtle ['mɜ:tl] *n* (planta) mirto, murta

myself [mai'self] *pron pess refl* eu mesmo; eu próprio; me; a mim mesmo; *I did it myself* eu próprio o fiz

mysterious [mi'stiəriəs] *adj* misterioso

mystery ['mistəri] *n* {*pl* -ies} mistério; enigma ❖ (romance) *mystery novel* policial

mystic ['mistik] *adj,n* místico

mystical ['mistikəl] *adj* místico

mysticism ['mistisizəm] *n* misticismo

mystification [,mistifi'keiʃən] *n* mistificação

mystify ['mistifai] *vt* **1** mistificar **2** deixar perplexo; desconcertar **3** iludir

mystique [mis'ti:k] *n* **1** mística **2** mistério

myth [miθ] *n* mito

mythic ['miθik] *adj* mítico

mythical ['miθikəl] *adj* **1** mítico **2** imaginário

mythological [,miθə'lɒdʒikəl] *adj* mitológico

mythology [mi'θɒlədʒi] *n* mitologia

N

n [en] *n* {*pl* n's} (letra) n

nab [næb] *vt* {*pret e pp* -bb-} *col* prender; caçar

nacre ['neɪkə] *n* nácar; madrepérola

nag [næg] *vt,i* {*pret e pp* -gg-} **1** importunar; pegar com; chatear; *to nag at someone* pegar com alguém **2** cismar [at, com]

nagger ['nægə] *n col* chato; melga

nail [neɪl] *n* **1** unha; *to bite one's nails* roer as unhas **2** prego; *to draw a nail* arrancar um prego **3** cravo ♦ *vt* **1** pregar; cravar **2** *col* apanhar; desmascarar ❖ *nail file* lima; *nail polish/varnish* verniz para as unhas; *to hit the nail on the head* tocar no ponto principal

♦ **nail down** *vt* **1** pregar **2** *col* apanhar

nail-biter ['neɪlbaɪtə] *n* **1** pessoa que rói as unhas **2** *col* momento de suspense

nail-biting ['neɪlbaɪtɪŋ] *adj* (situação) de suspense; emocionante

naive [naɪ'i:v] *adj* ingénuo, inocente

naïveté [naɪ'i:vteɪ] *n* ingenuidade; inocência

naked ['neɪkɪd] *adj* **1** nu; despido **2** desprotegido; exposto ❖ *the naked truth* a verdade nua e crua; *with the naked eye* a olho nu

nakedly ['neɪkɪdlɪ] *adv* abertamente; às claras

nakedness ['neɪkɪdnɪs] *n* nudez

namby-pamby [,næmbɪ'pæmbɪ] *adj* **1** *col* piegas **2** *col* afetado

name [neɪm] *n* **1** nome; *what's your name?* como é que te chamas? **2** *fig* reputação; nome ♦ *vt* **1** dar nome; *he was named after his father* deram-lhe o nome do pai **2** nomear; designar **3** denominar; chamar ❖ *in name only* só no papel; *in the name of* em nome de; *to call (somebody) names* insultar (alguém); *to make a name for oneself* ganhar nome

nameless ['neɪmləs] *adj* **1** sem nome **2** anónimo; desconhecido **3** (emoção) indescritível

namely ['neɪmlɪ] *adv* nomeadamente

namesake ['neɪmseɪk] *n* homónimo

Namibia [nə'mɪbɪə] *n* Namíbia

Namibian [nə'mɪbɪən] *adj,n* namibiano

nankeen [næŋ'ki:n] *n* (pano, tinta) nanquim

nanny ['nænɪ] *n* {*pl* -ies} **1** ama **2** *GB col* avó

nap [næp] *n* **1** sesta; sono ligeiro; *to take a nap* fazer a sesta, passar pelas brasas **2** (pano) pelo ♦ *vi* {*pret e pp* -pp-} dormir a sesta; dormitar ❖ *to be caught napping* ser apanhado desprevenido

nape [neɪp] *n* nuca; *nape of the neck* cachaço

naphthalene ['næfθəli:n] *n* naftalina

napkin ['næpkɪn] *n* guardanapo; *napkin ring* argola de guardanapo

nappy ['næpɪ] *n* {*pl* -ies} *GB* fralda; *disposable nappies* fraldas descartáveis

narcissism ['nɑ:sɪsɪzəm] *n* narcisismo

narcissist ['nɑ:sɪsɪst] *n* narcisista

narcissistic [nɑ:sɪ'sɪstɪk] *adj* narcisista

narcissus [nɑ:'sɪsəs] *n* {*pl* -uses, -i} narciso

narcotic [nɑ:'kɒtɪk] *adj,n* narcótico

narcotize ['nɑ:kətaɪz] *vt* narcotizar

nard [nɑ:d] *n* BOT nardo

narrate [nə'reɪt] *vt* narrar; relatar

narration [nə'reɪʃən] *n* narração

narrative ['nærətɪv] *n* narrativa; história ♦ *adj* narrativo

narrator [nə'reɪtə] *n* narrador

narrow ['nærəʊ] *adj* {*comp* -er, *superl* -est} **1** estreito; apertado; *a narrow street* uma rua estreita **2** *fig* limitado **3** *fig* magro; reduzido; escasso **4** *fig* (investigação) minucioso ♦ *vt,i* **1** estreitar; contrair; *the street narrows up ahead* a rua vai estreitar ali à

frente 2 reduzir; diminuir 3 franzir; *she narrowed her eyes* ela franziu os olhos
◆ **narrow down** *vt* reduzir; limitar

narrowly ['nærəʊli] *adv* 1 por pouco; à tangente 2 atentamente; de perto

narrow-minded [ˌnærəʊ'maɪndɪd] *adj* tacanho; limitado

NASA *n EUA* [*sigla de* **National Aeronautics and Space Administration**] NASA

nasal ['neɪzəl] *adj* nasal

nascent ['næsənt] *adj* nascente; emergente

nasty ['nɑːsti] *adj* (*comp* -ier, *superl* -iest) 1 desagradável; *a nasty surprise* uma surpresa desagradável 2 perverso; maldoso 3 repugnante; *to have a nasty smell* cheirar mal 4 (ferimento, etc.) grave

natal ['neɪtəl] *adj form* natal; *my natal town* a minha cidade natal

nation ['neɪʃən] *n* 1 nação; país 2 povo

national ['næʃənəl] *adj* nacional ◆ *n* cidadão ❖ *national anthem* hino nacional; *national costume* traje típico; *national holiday* feriado nacional

nationalism ['næʃnəlɪzəm] *n* nacionalismo

nationalist ['næʃnəlɪst] *adj,n* nacionalista

nationality [ˌnæʃə'nælɪti] *n* (*pl* -ies) nacionalidade

nationalization [ˌnæʃnəlaɪ'zeɪʃən] *n* nacionalização

nationalize ['næʃnəlaɪz] *vt* 1 nacionalizar 2 naturalizar ◆ *vi* naturalizar-se

native ['neɪtɪv] *n* nativo ◆ *adj* 1 natal; *native country* país natal 2 (animal, planta) autóctone; indígena 3 inato; natural ❖ *native forest* floresta virgem

Nativity [nə'tɪvɪti] *n* (*pl* -ies) REL Natividade; Natal

NATO ['neɪtəʊ] [*sigla de* **North Atlantic Treaty Organization**] OTAN [*sigla de* Organização do Tratado do Atlântico Norte]

natty ['næti] *adj* (*comp* -ier, *superl* -iest) *col* elegante; giro

natural ['nætʃərəl] *adj* 1 natural; normal 2 (talento) inato 3 (atitude) autêntico; genuíno 4 (filho) biológico ◆ *n* ás; craque

naturalism ['nætʃrəlɪzəm] *n* naturalismo

naturalist ['nætʃrəlɪst] *adj,n* naturalista

naturalization [ˌnætʃrəlaɪ'zeɪʃən] *n* naturalização; *naturalization papers* documentos de naturalização

naturalize ['nætʃrəlaɪz] *vt* naturalizar ◆ *vi* naturalizar-se

naturally ['nætʃrəli] *adv* 1 naturalmente 2 com naturalidade; espontaneamente 3 certamente; claro

nature ['neɪtʃə] *n* 1 natureza 2 índole; temperamento; *by nature* por natureza ❖ *nature study* ciências da natureza; *nature reserve* reserva natural

naturism ['neɪtʃərɪzəm] *n* naturismo

naturist ['neɪtʃərɪst] *adj,n* naturista

naught [nɔːt] *n* nada; *it all came to naught* tudo redundou em nada

naughty ['nɔːti] *adj* (*comp* -ier, *superl* -iest) 1 travesso; maroto 2 *col* (história, anedota) picante

Nauru ['naʊruː] *n* Nauru

Nauruan [ˌnaʊ'ruːən] *adj,n* nauruano

nausea ['nɔːsiə] *n* náusea; enjoo

nauseate ['nɔːsieɪt] *vt* provocar náuseas; enojar; enjoar

nauseating ['nɔːsieɪtɪŋ] *adj* 1 enjoativo 2 repugnante

nauseous ['nɔːsiəs] *adj* 1 enjoado 2 nauseabundo

nautical ['nɔːtɪkəl] *adj* náutico

naval ['neɪvəl] *adj* naval

nave [neɪv] *n* (igreja) nave

navel ['neɪvəl] *n* umbigo ❖ *navel string* cordão umbilical

navigability [ˌnævɪgə'bɪlɪti] *n* navegabilidade

navigable ['nævɪgəbəl] *adj* navegável

navigate ['nævɪgeɪt] *vt* 1 (embarcação) guiar 2 (aeronave) pilotar 3 orientar; guiar ◆ *vi* 1 navegar [by, por] 2 (veículo) conduzir; guiar

navigation [,nævɪ'geɪʃən] n navegação

navigator ['nævɪgeɪtə] n navegador

navy ['neɪvɪ] n {pl -ies} marinha ❖ **navy blue** azul-marinho

navy-blue ['neɪvɪblu:] adj azul-marinho

near [nɪə] adv,prep {comp -er, superl -est} 1 próximo; perto; **near the window** perto da janela; **near to** perto de; **I can't get nearer** não me posso aproximar mais 2 quase; **near the end of the match** quase no final da partida 3 cerca de; **it lasted near a century** durou cerca dum século ♦ adj {comp -er, superl -est} 1 próximo; **near relation** parente próximo; **near translation** tradução fiel 2 (amigo) chegado; íntimo 3 (veículos, animais) esquerdo ♦ vt,i aproximar-se; **as they neared town** à medida que se aproximavam da cidade ❖ **Near East** Próximo Oriente; **near miss** errar o alvo por pouco; **in the near future** num futuro próximo; **to be near at hand** estar à mão de semear;

nearby ['nɪəbaɪ] adj próximo; vizinho; **in the nearby town** na cidade vizinha ♦ adv perto; próximo; **I bought a house nearby** eu comprei uma casa perto

nearly ['nɪəlɪ] adv quase; por pouco; **he nearly fell down** ele por pouco não caiu; **she is nearly sixteen** ela tem quase dezasseis anos ❖ **not nearly** nem pouco mais ou menos

nearness ['nɪənɪs] n proximidade

neat [ni:t] adj {comp -er, superl -est} 1 limpo; impecável 2 EUA col fixe; espetacular 3 form engenhoso; astucioso 4 GB (bebida) puro

nebula ['nebjʊlə] n {pl -ae, -as} ASTRON nebulosa

nebulous ['nebjʊləs] adj nebuloso

necessarily ['nesɪserɪlɪ] adv 1 necessariamente; **not necessarily** não necessariamente 2 inevitavelmente

necessary ['nesɪsərɪ] adj necessário; essencial

necessitate [nɪ'sesɪteɪt] vt necessitar de; exigir; requerer

necessity [nɪ'sesɪtɪ] n {pl -ies} 1 necessidade 2 inevitabilidade ❖ **necessity is the mother of invention** a necessidade aguça o engenho;

neck [nek] n 1 pescoço 2 gola; colarinho 3 (garrafa, etc.) gargalo 4 (terra) istmo ❖ **a neck and neck competition** uma competição taco a taco; **to win by a neck** ganhar à tangente

neckband ['nekbænd] n gola; colarinho

neckerchief ['nekətʃɪf] n lenço de pescoço

necklace ['neklɪs] n colar

neckline ['neklaɪn] n decote

necktie ['nektaɪ] n EUA gravata

necrology [nə'krɒlədʒɪ] n {pl -ies} necrologia

necromancer ['nekrəʊˌmænsə] n necromante

necromancy ['nekrəʊˌmænsɪ] n necromancia

necrophagous [nə'krɒfəgəs] adj necrófago

necropolis [nə'krɒpəlɪs] n necrópole

necrosis [nɪ'krəʊsɪs] n {pl -ses} MED necrose

nectar ['nektə] n néctar

nectarine ['nektərɪn] n nectarina

née [neɪ] adj (nome) de solteira; **Anne Taylor, née Philips** Anne Taylor, em solteira Philips

need [ni:d] n 1 necessidade [for/of, de]; **no need for that** não há necessidade disso; **without the need for** sem necessidade de 2 falta; carência ♦ vt,mod 1 precisar; necessitar; **I need to study harder** preciso de estudar mais; **need I say more?** é preciso dizer mais alguma coisa? 2 querer; desejar; **do you need anything else?** deseja mais alguma coisa? ❖ **if need be** se for necessário; **people in need** os necessitados; **to be in need** passar necessidades

needful ['ni:dfʊl] adj necessário; **do what is needful** faz o que é preciso

neptunium

needle ['niːdl] *n* **1** agulha; *to thread a needle* enfiar uma agulha **2** BOT agulha; *pine needle* agulha de pinheiro **3** seringa; (em farmácias) *needle exchange* troca de seringas ♦ *vt* **1** col espicaçar **2** col arreliar ❖ *to look for a needle in a haystack* procurar uma agulha num palheiro

needless ['niːdləs] *adj* escusado; desnecessário; *needless to say that* escusado será dizer que

needlework ['niːdlwɜːk] *n* costura

needy ['niːdi] *adj* {*comp* -ier, *superl* -iest} **1** pobre; necessitado **2** (afetivamente) carente

negate [nɪ'geɪt] *vt* **1** negar; repudiar **2** invalidar; anular

negation [nɪ'geɪʃən] *n* **1** negação **2** contradição; desacordo

negative ['negətɪv] *adj* **1** negativo **2** col pessimista ♦ *n* **1** FOT negativo **2** resposta negativa; recusa **3** (teste) resultado negativo

neglect [nɪ'glekt] *n* **1** negligência; descuido; desleixo; *neglect of duty* incumprimento de uma obrigação; *out of neglect* por incúria **2** (estado) abandono **3** esquecimento **4** desdém; desprezo ♦ *vt* **1** negligenciar; descurar **2** desprezar; abandonar **3** (oportunidade) desperdiçar **4** esquecer

neglectful [nɪ'glektfʊl] *adj* negligente; descuidado

negligence ['neglɪdʒəns] *n* negligência

negligent ['neglɪdʒənt] *adj* negligente

negotiable [nɪ'gəʊʃəbl] *adj* **1** negociável **2** (caminho, estrada) transitável

negotiate [nɪ'gəʊʃɪeɪt] *vt* **1** negociar; ECON *to negotiate a bill* negociar uma letra; *to negotiate a loan of money* negociar um empréstimo **2** (*fazer negócio*) transacionar **3** (caminho, estrada) percorrer; atravessar; *to negotiate a curve* fazer uma curva ♦ *vi* (*conduzir negociação*) negociar [*with*, com; *for*, para]

negotiating [nɪ'gəʊʃɪeɪtɪŋ] *adj* negociante; contratante ❖ *negotiating table* mesa de negociações

negotiation [nɪ,gəʊʃɪ'eɪʃən] *n* negociação; *peace negotiation* negociações de paz

negotiator [nɪ'gəʊʃɪeɪtə] *n* negociador

neigh [neɪ] *vi* relinchar ♦ *n* relincho

neighbor ['neɪbə] *n,vt,i* EUA ⇒ **neighbour**

neighbour ['neɪbə] *n* **1** vizinho **2** (ser humano) próximo, semelhante ♦ *vt,i* confinar [*with*, com] ❖ *neighbour country* país vizinho

neighbourhood ['neɪbəhʊd] *n* **1** vizinhança; redondezas; *he lives in the neighbourhood* ele vive nas redondezas; *a friendly neighbourhood* uma vizinhança simpática **2** zona; área

neighbouring ['neɪbərɪŋ] *adj* vizinho; próximo

neighbourly ['neɪbəli] *adj* amigável

neither ['naɪðə] *adj* nenhum; nenhuma; nenhum dos dois; *in neither case* em nenhum caso ♦ *conj* nem; *neither John nor Mark went to the cinema* nem o John nem o Mark foram ao cinema ♦ *adv* nem; também não; *he does not know, and neither does he care* ele não sabe e também não se importa

neoclassical [,niːəʊ'klæsɪkəl] *adj* neoclássico

neoclassicism [,niːəʊ'klæsɪsɪzəm] *n* (artes) neoclassicismo

neodymium [,niːəʊ'dɪmɪəm] *n* QUÍM (elemento químico) neodímio

Neolithic [,niːəʊ'lɪθɪk] *adj* neolítico

neologism [,niː'ɒlədʒɪzəm] *n* neologismo

neon ['niːɒn] *n* néon; *neon advertising sign* anúncio luminoso

neonazi [,niːəʊ'nɑːtsi] *adj,n* neonazi

Nepal [nɪ'pɔːl] *n* Nepal

Nepalese [,nepə'liːz] *adj,n* nepalês

nephew ['nefjuː] *n* sobrinho

Neptune ['neptjuːn] *n* ASTRON,MIT Neptuno

neptunium [nep'tjuːnɪəm] *n* QUÍM (elemento químico) neptúnio

nerd [nɜːd] n 1 col,pej totó; col cromo 2 col,pej (tecnologia) fanático

nerve [nɜːv] n 1 ANAT nervo; *optic nerve* nervo ótico 2 *fig* força; coragem; fibra 3 *fig* atrevimento; descaramento; col,fig *you've got a lot of nerve!* tens muita lata! ♦ npl nervos ♦ vp ganhar força; estimular-se ❖ *to get on somebody's nerves* pôr os nervos em franja a alguém; *to lose one's nerve* perder a coragem

nerveless ['nɜːvləs] adj 1 sem sensibilidade; insensível 2 destemido; corajoso

nerve-racking ['nɜːvrækɪŋ] adj enervante

nervous ['nɜːvəs] adj nervoso; *he is nervous about the exam* ele está nervoso por causa do exame

nervousness ['nɜːvəsnɪs] n nervosismo

nervure ['nɜːvjʊə] n BOT,ZOOL nervura

nest [nest] n 1 ninho; *wasp's nest* ninho de vespas 2 *fig* lar; refúgio ♦ vi 1 fazer o ninho 2 *fig* abrigar-se; aconchegar-se

nesting ['nestɪŋ] n 1 (de aves) nidificação 2 (de objetos) encaixe

nestle ['nesl] vt 1 encostar 2 esconder ♦ vi aninhar-se; aconchegar-se; recostar-se

net [net] n 1 (geral) rede 2 entrelaçamento 3 armadilha; laço 4 teia de aranha 5 rede de comunicações 6 ramificação ♦ adj COM líquido; *net income per year* rendimento líquido anual; *net price* preço líquido; *net weight* peso bruto ♦ vt {pret e pp -tt-} 1 (peixe) apanhar com rede 2 obter; açambarcar 3 render; dar de rendimento líquido 4 *fig* apanhar; capturar

Netherlander ['neðələndə] n holandês; neerlandês

Netherlands ['neðələndz] n Países Baixos; Holanda

netiquette ['netɪket] n col (Internet) netiqueta

nettle ['netl] n urtiga ❖ *to grasp the nettle* atacar um problema de frente

network ['netwɜːk] n 1 rede 2 ELET circuito 3 INFORM rede ♦ vt 1 (mensagem, programa) transmitir em rede 2 INFORM (com-

putadores) ligar em rede ❖ *television network* estação de televisão

neuralgia [njʊˈrældʒɪə] n nevralgia

neuralgic [njʊˈrældʒɪk] adj nevrálgico

neurologist [njʊˈrɒlədʒɪst] n neurologista

neurology [njʊˈrɒlədʒɪ] n neurologia

neuron ['njʊərɒn] n neurónio

neurosis [njʊˈrəʊsɪs] n (pl -es) neurose

neurosurgeon ['njʊərəʊsɜːdʒən] n neurocirurgião

neurosurgery ['njʊərəʊsɜːdʒərɪ] n neurocirurgia

neurotic [njʊˈrɒtɪk] adj,n neurótico

neuter ['njuːtə] adj 1 neutro; *to stand neuter* manter a neutralidade 2 LING neutro; *neuter noun* substantivo neutro 3 (animal) castrado, capado ♦ n LING género neutro ♦ vt (animal) castrar, capar

neutral ['njuːtrəl] adj 1 neutral; neutro 2 (automóvel) ponto morto 3 indiferente 4 (cor) neutro 5 QUÍM,ELET neutro ♦ n (automóvel) ponto morto

neutrality [njuːˈtrælɪtɪ] n neutralidade

neutralize ['njuːtrəlaɪz] vt neutralizar

neutron ['njuːtrɒn] n FÍS neutrão

never ['nevə] adv nunca; jamais; *never again* nunca mais ❖ *never is a long way* nunca digas desta água não beberei; *never mind!* não faz mal!

never-ending ['nevərendɪŋ] adj interminável; sem fim

nevermore [ˌnevəˈmɔː] adv lit nunca mais

nevertheless [ˌnevəðəˈles] adv todavia; contudo

new [njuː] adj {comp -er, superl -est} 1 novo; *a new life* uma nova vida 2 recente; *a new discovery* uma descoberta recente 3 moderno 4 (pão, queijo) fresco ❖ *New Year's Day* Dia de Ano Novo

newbie ['njuːbɪ] n col (Internet, computadores) caloiro, novato

newborn ['njuːbɔːn] adj recém-nascido

newcomer ['njuːkʌmə] n recém-chegado

newly ['njuːli] *adv* **1** recentemente; há pouco; *newly painted* pintado de fresco **2** novamente

newly-weds ['njuːliwedz] *n pl* recém--casados; noivos

news [njuːz] *n* **1** notícia; novidade; *this is good news* isto é que são boas notícias **2** (televisão, rádio) noticiário; *the eight o'clock news* o noticiário das oito ❖ *news conference* conferência de imprensa

newsagent ['njuːzˌeɪdʒənt] *n GB* vendedor de jornais ❖ *newsagent's GB* quiosque

newscaster ['njuːzˌkɑːstə] *n EUA* (televisão, rádio) pivô

newsflash ['njuːzflæʃ] *n* notícia de última hora

newsgroup ['njuːzgruːp] *n* (Internet) grupo de discussão

newsletter ['njuːzˌletə] *n* newsletter, boletim informativo

newspaper ['njuːsˌpeɪpə] *n* jornal

newsreader ['njuːzˌriːdə] *n GB* (televisão, rádio) pivô

newsroom ['njuːzruːm] *n* sala de redação

newsstand ['njuːzstænd] *n* quiosque

New Zealand [ˌnjuːˈziːlənd] *n* Nova Zelândia

New Zealander [ˌnjuːˈziːləndə] *adj,n* neozelandês

next [nekst] *adj* **1** próximo, seguinte **2** junto [to, de]; ao lado [to, de] ♦ *adv* depois; em seguida; *what next?* e depois? ❖ *next of kin* o parente mais chegado

nexus ['neksəs] *n* {*pl* nexus, -es} nexo; conexão

NGO [*sigla de* **non-governmental organization**] ONG [*sigla de* organização não governamental]

nib [nɪb] *n* (caneta) bico; ponta

nibble ['nɪbl] *n* **1** mordidela; trinca **2** lanche; merenda; refeição ligeira ♦ *vt,i* **1** depenicar [at, -]; debicar [at, -] **2** roer [at/on, -]

Nicaragua [ˌnɪkəˈræɡjʊə] *n* Nicarágua

Nicaraguan [ˌnɪkəˈræɡjʊən] *adj,n* nicaraguano

nice [naɪs] *adj* **1** simpático, amável; *how nice of you!* é simpático da sua parte **2** bom; agradável; *it is nice here* está-se bem aqui ❖ *nice one* essa foi boa; *nice to meet you* prazer em conhecer-te

nicely ['naɪsli] *adv* **1** bem; *nicely done* bem feito **2** inteligentemente; com esperteza

nicety ['naɪsɪti] *n* {*pl* -ies} detalhe; pormenor

niche [niːʃ] *n* nicho

nick [nɪk] *n* **1** corte; fenda **2** *col* cadeia, prisão ♦ *vt* **1** cortar **2** *GB col* apanhar **3** *col* roubar; surripiar; gamar ❖ *in the nick of time* mesmo a tempo

nickel ['nɪkl] *n* **1** níquel **2** (EUA) moeda de 5 centavos

nickname ['nɪkneɪm] *n* alcunha ♦ *vt* alcunhar

nicotine ['nɪkətiːn] *n* nicotina

niece [niːs] *n* sobrinha

Niger ['naɪdʒə] *n* (país, rio) Níger

Nigeria [naɪˈdʒɪəriə] *n* Nigéria

Nigerian [naɪˈdʒɪəriən] *adj,n* nigeriano

niggard ['nɪɡəd] *adj* avarento; somítico

nigger ['nɪɡə] *n pej* (ofensivo) preto

niggle ['nɪɡl] *vi* **1** arreliar-se **2** cismar ♦ *vt* irritar; chatear ❖ *n* cisma

night [naɪt] *n* noite; *night school* escola noturna, *night shift* turno da noite ❖ *to have an early night* deitar-se cedo

nightclub ['naɪtklʌb] *n* clube noturno

nightdress ['naɪtdres] *n* camisa de noite

nightfall ['naɪtfɔːl] *n* anoitecer; *at night-fall* ao cair da noite

nightgown ['naɪtɡaʊn] *n EUA* camisa de noite

nightingale ['naɪtɪŋɡeɪl] *n* rouxinol

nightly ['naɪtli] *adj* noturno ♦ *adv* todas as noites

nightmare ['naɪtmeə] *n* pesadelo

night-wandering [naɪtˈwɒndərɪŋ] *adj* notívago

nightwatchman [naɪt'wɒtʃmən] n {pl -men} guarda-noturno

nihilism ['nɪhɪlɪzəm] n FIL niilismo

nihilist ['nɪhɪlɪst] n niilista

nihilistic [nɪhɪ'lɪstɪk] adj niilista

nil [nɪl] n 1 nada 2 GB (jogo) zero; *the score was two goals to nil* o resultado foi de dois a zero

nimble ['nɪmbəl] adj {comp -er, superl -est} 1 ágil; hábil 2 (pensamento) vivo; rápido

nincompoop ['nɪŋkəmpuːp] n col palerma; parvo; pacóvio

nine [naɪn] num card,n nove ❖ MAT *to cast out the nines* tirar a prova dos nove

nineteen [naɪn'tiːn] num card,n dezanove ❖ col *to talk nineteen to the dozen* falar pelos cotovelos

nineteenth [naɪn'tiːnθ] num ord,n décimo nono ❖ *on the nineteenth* no dia dezanove

ninetieth ['naɪntɪθ] num ord,n nonagésimo

ninety ['naɪntɪ] num card,n {pl -ies} noventa ❖ (década) *the nineties* os anos noventa; *to be in one's nineties* ter 90 e tal anos

ninny ['nɪnɪ] n {pl -ies} simplório; palerma; totó

ninth ['naɪnθ] num ord,n nono ❖ *on the ninth* no dia nove

niobium [naɪ'əʊbɪəm] n QUÍM (elemento químico) nióbio

nip [nɪp] n 1 gole; trago 2 mordidela; beliscão; *to give someone a nip* beliscar alguém 3 cal,pej amarelo; japonês ♦ vt,i {pret e pp -pp-} 1 picar [at, -]; beliscar [at, -]; mordiscar [at, -] 2 col dar uma saltada [to, a]

nipple ['nɪpl] n 1 mamilo 2 EUA (biberão) tetina

Nipponese [nɪpə'niːz] adj,n nipónico

nippy ['nɪpɪ] adj {comp -ier, superl -iest} 1 col (tempo) fresco 2 GB col rápido

nirvana [nɪə'vɑːnə] n nirvana

nit [nɪt] n 1 lêndea 2 GB col estúpido; parvo ❖ *to pick nits* pôr defeitos em tudo

nitpicker ['nɪtpɪkə] n col coca-bichinhos

nitpicking ['nɪtpɪkɪŋ] adj col implicante; niquento

nitre ['naɪtə] n salitre

nitric ['naɪtrɪk] adj QUÍM nítrico

nitrogen ['naɪtrədʒən] n azoto; nitrogénio

nitroglycerine [naɪtrəʊ'glɪsəriːn] n nitroglicerina

nitwit ['nɪtwɪt] n col imbecil; pateta

no [nəʊ] adv,n não; *she said no* ela disse que não; *the no won in the referendum* o não venceu no referendo ♦ adj nenhum; nenhuma; *there was no mistake* não houve engano ❖ *in no time* num instante; *no more* nunca mais; *no one* ninguém; *no way!* nem pensar!

no. [abrev. de number] n.º [abrev. de número]

nob [nɒb] n 1 cabeça; cachola 2 pessoa fina; aristocrata

nobble ['nɒbl] vt 1 chamar a atenção; fazer sinal 2 enganar; chantagear

nobelium [nəʊ'biːlɪəm] n QUÍM (elemento químico) nobélio

nobiliary [nəʊ'bɪlɪəri] adj nobiliárquico; *nobiliary title* título nobiliárquico

nobility [nəʊ'bɪlɪtɪ] n {pl -ies} nobreza

noble ['nəʊbəl] adj 1 nobre; *a man of noble character* um homem de carácter nobre 2 imponente; majestoso; *a noble building* um edifício imponente 3 (gás) raro ♦ n nobre

nobleman ['nəʊbəlmən] n {pl -men} nobre; aristocrata

noblewoman ['nəʊbəlwʊmən] n {pl -men} nobre; aristocrata

nobody ['nəʊbədɪ] pron ninguém; *nobody is perfect* ninguém é perfeito ♦ n {pl -ies} zé-ninguém

no-brainer ['nəʊbreɪnə] n {pl -s} EUA col tarefa fácil; canja

noctambulist [nɒk'tæmbjʊlɪst] n sonâmbulo

nocturnal [nɒk'tɜːnəl] adj (animal) notívago

nocturne ['nɒktɜːn] *n* MÚS noturno

nod [nɒd] *n* **1** aceno com a cabeça; cumprimento com a cabeça **2** *col* assentimento; *to give the nod* dar o consentimento ♦ *vi* (*pret e pp* -dd-) **1** acenar com a cabeça [to, a] **2** inclinar a cabeça **3** (sono) cabecear **4** (vento, brisa) agitar-se ❖ *to accept a proposal on the nod* aceitar uma proposta de imediato

❖ **nod off** *vi* cabecear; dormitar

nodding ['nɒdɪŋ] *n* **1** aceno de cabeça **2** (sono) cabeceamento ❖ *to be on nodding terms with someone* conhecer alguém superficialmente; *to have a nodding acquaintance with* ter umas luzes de

noddle ['nɒdl] *n col* cabeça; tola; cachola; cachimónia

node [nəʊd] *n* **1** (ramo) nó **2** nódulo

nodose [nə'dəʊs] *adj* nodoso

nodosity [nə'dɒsɪtɪ] *n* nodosidade; protuberância

nodule ['nɒdjuːl] *n* nódulo

Noel [nəʊ'el] *n* (em cartões) Natal

no-go [nəʊ'gəʊ] *adj* **1** cancelado **2** interdito, proibido; *no-go area* zona interdita ♦ *n* **1** *col* projeto cancelado, projeto abortado **2** *col* impasse

noise [nɔɪz] *n* **1** ruído; barulho **2** gritaria **3** interferência ♦ *vt* espalhar; pôr a circular ❖ *noise pollution* poluição sonora

noiseless ['nɔɪzləs] *adj* silencioso; sem barulho

noisy ['nɔɪzɪ] *adj* (*comp* -ier, *superl* -iest) ruidoso; barulhento

nomad ['nəʊmæd] *adj,n* nómada

nomadic [nəʊ'mædɪk] *adj* nómada

nomenclature [nəʊ'meŋklətʃə] *n* nomenclatura

nominal ['nɒmɪnəl] *adj* nominal

nominate ['nɒmɪneɪt] *vt* **1** nomear [as, -; to, para; for, para]; designar [for, para; as, -; to, para]; *he was nominated for best actor* ele foi nomeado para melhor ator; *he was nominated as chairman of the association* ele foi nomeado presidente da associação; *he was nominated to the board* ele foi nomeado para a direção **2** propor como candidato; *to nominate someone for* apresentar alguém como candidato a

nomination [ˌnɒmɪ'neɪʃən] *n* nomeação

nominative ['nɒmɪnətɪv] *adj,n* nominativo

nominee [ˌnɒmɪ'niː] *n* nomeado; candidato

nonagenarian [ˌnəʊnədʒɪ'neərɪən] *adj,n* nonagenário

nonalcoholic [ˌnɒnælkə'hɒlɪk] *adj* sem álcool

non-attendance [ˌnɒnə'tendəns] *n* não comparecimento; não comparência

nonbreaking [nɒn'breɪkəbəl] *adj* **1** inquebrável **2** não separável

nonchalance ['nɒnʃələns] *n* indiferença

nonchalant ['nɒnʃələnt] *adj* indiferente

non-commissioned [nɒnkə'mɪʃənd] *adj* MIL subalterno

non-committal [nɒnkə'mɪtəl] *adj* **1** reservado; prudente **2** não comprometedor

non-contributory [ˌnɒnkən'trɪbjʊtərɪ] *adj* que não obriga a pagamento

nondescript ['nɒndɪskrɪpt] *adj* banal

nondrinker [nɒn'drɪŋkə] *n* abstémio

none [nʌn] *pron* nenhum, nenhuma; *none of you* nenhum de vocês ❖ *none of that!* acaba lá com isso!, *that's none of your business* isso não te diz respeito

non-essential [ˌnɒnɪ'senʃəl] *adj* não essencial; acessório; dispensável ♦ *n* (no plural) artigos secundários; futilidades

nonetheless [ˌnʌnðə'les] *adv form* contudo; todavia

non-existent [ˌnɒnɪg'zɪstənt] *adj* inexistente

non-official [ˌnɒnə'fɪʃəl] *adj* não oficial, oficioso

no-nonsense [ˌnəʊ'nɒnsəns] *adj* prático

non-payment [ˌnɒn'peɪmənt] *n* não pagamento

nonplussed [ˌnɒn'plʌsd] *adj* embaraçado; confuso; perplexo

nonprescription [ˌnɒnprɪˈskrɪpʃən] *adj* FARM (medicamentos) não sujeitos a prescrição médica

non-reflective [ˌnɒnrɪˈflektɪv] *adj* antirreflexo

non-resident [ˌnɒnˈrezɪdənt] *adj* 1 não residente 2 (funcionário) externo

nonsense [ˈnɒnsəns] *n* absurdo; disparate

nonsensical [nɒnˈsensɪkəl] *adj* absurdo; ridículo

non-smoker [ˌnɒnˈsməʊkə] *n* não fumador

non-smoking [ˌnɒnˈsməʊkɪŋ] *adj* 1 reservado a não fumadores 2 não fumador

nonstop [ˌnɒnˈstɒp] *adj* 1 (viagem) direto; sem paragens; *a nonstop train* um comboio direto 2 contínuo

non-violent [ˌnɒnˈvaɪələnt] *adj* não violento, pacífico

noodle [ˈnuːdl] *n* col simplório; idiota; parvo ♦ *npl* macarronete; esparguete

noodles [ˈnuːdlz] *npl* (massa) macarronete

nook [nʊk] *n* recanto

noon [nuːn] *n* meio-dia

noonday [ˈnuːndeɪ] *n* meio do dia

noose [nuːs] *n* nó corredio

nope [nəʊp] *adv* col não

nor [nɔː] *conj* nem; *neither you nor I* nem tu nem eu

Nordic [ˈnɔːdɪk] *adj,n* nórdico; escandinavo

norm [nɔːm] *n* norma

normal [ˈnɔːməl] *adj,n* normal ❖ *in normal circumstances* normalmente

normality [nɔːˈmælɪti] *n* normalidade

normalize [ˈnɔːməlaɪz] *vt* normalizar

normative [ˈnɔːmətɪv] *adj* normativo

north [nɔːθ] *n* norte; *due north* em direção ao norte ♦ *adj* (do) norte ♦ *adv* para norte ❖ *North Pole* Polo Norte

northeast [nɔːθˈiːst] *adj,n* nordeste ♦ *adv* para nordeste

northeasterly [ˌnɔːθˈiːstəli] *adj* de nordeste

northerly [ˈnɔːðəli] *adj* do norte; *northerly latitude* latitude norte

northern [ˈnɔːðən] *adj* do norte ❖ *northern hemisphere* hemisfério norte

northerner [ˈnɔːðənə] *n* (pessoa) nortenho

Northern Ireland [ˌnɔːðənˈaɪələnd] *n* Irlanda do Norte

northernmost [ˈnɔːðənˌməʊst] *adj* mais a norte

North Korea [nɔːθkeˈriːə] *n* Coreia do Norte

north-northeast [nɔːθnɔːθˈiːst] *adj,n* nor-nordeste ♦ *adv* para nor-nordeste

north-northwest [ˌnɔːθnɔːθˈwest] *adj,n* nor-noroeste ♦ *adv* para nor-noroeste

northward [ˈnɔːθwəd] *adv,adj* para norte

northwards [ˈnɔːθwədz] *adv* para norte

northwest [nɔːθˈwest] *adj,n* noroeste ♦ *adv* para noroeste

north-west [ˌnɔːθˈwest] *adj,adv,n* noroeste

north-westerly [ˌnɔːθˈwestəli] *adj* de noroeste

north-western [ˌnɔːθˈwestən] *adj* de noroeste

Norway [ˈnɔːweɪ] *n* Noruega

Norwegian [nɔːˈwiːdʒən] *adj,n* norueguês

nose [nəʊz] *n* 1 nariz 2 focinho 3 olfato; (animal) faro 4 odor; cheiro 5 proa de navio 6 (avião) nariz 7 bico 8 extremidade do cachimbo ♦ *vi* 1 cheirar; farejar 2 andar cuidadosamente; seguir cautelosamente ❖ *col that gets up my nose* isso põe-me fora de mim; *to do something under someone's nose* fazer alguma coisa mesmo debaixo do nariz de alguém; *to stick one's nose into something* meter o nariz onde não se é chamado; *to turn up one's nose at* rejeitar alguma coisa

♦ **nose about/around** *vi* bisbilhotar

nosebleed [ˈnəʊzbliːd] *n* hemorragia nasal

nosedive [ˈnəʊzdaɪv] *n* 1 AER voo picado 2 (preços) baixa acentuada; *nosedive in prices* baixa acentuada de preços; *to take a nosedive* descer a pique ♦ *vi* 1 descer em voo picado **2** baixar acentuadamente; entrar em queda livre

nosegay ['nəʊzɡeɪ] *n* ramalhete; bouquet

nosey ['nəʊzi] *adj* intrometido

no-show ['nəʊʃəʊ] *n* **1** pessoa que não comparece **2** não comparência

nostalgia [nɒ'stældʒə] *n* nostalgia {**for**, de/por}

nostalgic [nɒ'stældʒɪk] *adj* nostálgico

nostril ['nɒstrɪl] *n* narina

nosy ['nəʊzi] *adj* {*comp* -ier, *superl* -iest} *pej* intrometido; coscuvilheiro

not [nɒt] *adv* não; nem; *not always* nem sempre; *not yet* ainda não

notability [ˌnəʊtə'bɪlɪti] *n* {*pl* -ies} **1** notabilidade **2** pessoa notável; celebridade

notable ['nəʊtəbəl] *adj,n* notável

notably ['nəʊtəbli] *adv* **1** notavelmente **2** particularmente

notarial [nəʊ'teəriəl] *adj* notarial

notary ['nəʊtəri] *n* {*pl* -ies} notário

notation [nəʊ'teɪʃən] *n* notação

notch [nɒtʃ] *n* {*pl* -es} **1** entalhe **2** ranhura; corte **3** dente de serra ou roda **4** encaixe ♦ *vt* **1** entalhar **2** ligar por meio de encaixes; *to notch two planks together* ligar duas tábuas por meio de encaixes

note [nəʊt] *n* **1** nota; apontamento; *to take notes* tirar notas **2** bilhete; cartão; linhas **3** (banco) nota; *false note* nota falsa **4** MÚS nota; anotação musical **5** certificado **6** tom **7** característica; qualidade; marca **8** atenção; reparo; *worthy of note* digno de nota **9** distinção; fama; reputação ♦ *vt* **1** notar; reparar em **2** tomar nota; anotar **3** realçar; salientar; enfatizar ❖ *to be of some note* ser de alguma importância; *to make a mental note of* tentar lembrar-se de

♦ **note down** *vt* apontar; anotar

notebook ['nəʊtbʊk] *n* caderno

noted ['nəʊtɪd] *adj* famoso {**for**, por}; conhecido {**for**, por}

notepad ['nəʊtpæd] *n* bloco de apontamentos

noteworthy ['nəʊtˌwɜːði] *adj* notável; digno de registo

nothing ['nʌθɪŋ] *pron* nada; *nothing of the sort* nada disso ♦ *n* zero; *he is a nothing* ele é um zero ❖ *it's all or nothing* é pegar ou largar; *nothing ventured nothing gained* quem não arrisca não petisca

nothingness ['nʌθɪŋnɪs] *n* nada; não existência

notice ['nəʊtɪs] *vt,i* **1** notar; reparar **2** observar; considerar **3** tratar com cortesia **4** comentar; falar sobre **5** despedir **6** intimar ♦ *n* **1** aviso; anúncio; *advance notice* aviso prévio; *notice of receipt* aviso de receção; *without notice* sem aviso prévio **2** pré-aviso; *notice of strike* pré-aviso de greve **3** atenção; observação; *to attract notice* chamar a atenção; *to take notice of* reparar em **4** conhecimento; *to come to one's notice* chegar ao nosso conhecimento **5** crítica; comentário **6** notificação; comunicação; instrução; ordem; *to give out a notice* ler uma comunicação; DIR *serve notice upon* chamar ao tribunal; *until further notice* até nova ordem **7** letreiro; cartaz; anúncio **8** despedimento; *to give a month's notice* dar o prazo de um mês para o despedimento ❖ *at a moment's notice* dentro de momentos; *at short notice* a curto prazo

noticeable ['nəʊtɪsəbəl] *adj* visível; evidente

notification [ˌnəʊtɪfɪ'keɪʃən] *n* *form* notificação

notify ['nəʊtɪfaɪ] *vt* **1** notificar; comunicar **2** (crime) participar **3** DIR intimar

notion ['nəʊʃən] *n* noção {**of**, de}; ideia {**of**, de}

notional ['nəʊʃənəl] *adj* hipotético

notoriety [ˌnəʊtə'raɪəti] *n* {*pl* -ies} notoriedade; fama

notorious [nəʊ'tɔːriəs] *adj* famoso (por maus motivos)

DACIN-DPI-28

notwithstanding [ˌnɒtwɪθ'stændɪŋ] *prep,conj form* apesar de; não obstante

nougat ['nuːgɑː] *n* (doce) nogado

nought [nɔːt] *n GB* zero

noun [naʊn] *n* nome; substantivo; *common/proper noun* nome comum/próprio; *noun phrase* sintagma/grupo nominal

nourish ['nʌrɪʃ] *vt* 1 nutrir; alimentar 2 (solo) adubar; estrumar

nourishing ['nʌrɪʃɪŋ] *adj* nutritivo

nourishment ['nʌrɪʃmənt] *n form* nutrição

nouveau riche [ˌnuːvəʊ'riːʃ] *n* (*pl* nouveaux riches) novo-rico

novel ['nɒvəl] *n* romance; *novel writer* romancista ♦ *adj* novo; original

novelist ['nɒvəlɪst] *n* romancista

novelty ['nɒvltɪ] *n* (*pl* -ies) novidade

November [nəʊ'vembə] *n* novembro

novena [nəʊ'viːnə] *n REL* novena

novice ['nɒvɪs] *n* 1 novato; principiante 2 REL noviço

noviciate [nəʊ'vɪʃɪeɪt] *n* 1 REL noviciado 2 aprendizagem; estágio

novitiate [nəʊ'vɪʃɪɪt] *n* ⇒ noviciate

now [naʊ] *adv* 1 agora; hoje em dia 2 imediatamente; *leave now!* saia imediatamente! ♦ *conj* uma vez que; agora que; *now that you're ready* uma vez que está pronto ♦ *n* agora; presente; *till now* até agora ❖ *by now* por estas horas; *now and then* de vez em quando

nowadays ['naʊədeɪz] *adv* hoje em dia; atualmente

nowhere ['nəʊweə] *adv* em parte alguma; em lado nenhum

noxious ['nɒkʃəs] *adj form* tóxico; nocivo

nozzle ['nɒzl] *n* bico; bocal

nth [enθ] *adj* enésimo

nuance ['njuːɑːns] *n* nuance; matiz

nuclear ['njuːklɪə] *adj* nuclear

nucleus ['njuːklɪəs] *n* (*pl* nuclei) núcleo

nude [njuːd] *adj,n* nu, nua; *to paint nudes* pintar nus; *in the nude* nu

nudge [nʌdʒ] *n* cotovelada, toque com cotovelo ♦ *vt* 1 tocar com cotovelo; acotovelar 2 empurrar; dar encontrão a 3 incentivar; instigar

nudism ['njuːdɪzəm] *n* nudismo

nudist ['njuːdɪst] *n* nudista

nudity ['njuːdɪtɪ] *n* nudez

nugget ['nʌgɪt] *n* 1 (metal) pepita; *gold nugget* pepita de ouro 2 panado; *chicken nuggets* panados de frango

nuisance ['njuːsəns] *n* maçada

nuke [njuːk] *n* 1 *col* arma nuclear 2 *EUA col* central nuclear ♦ *vt* 1 *col* lançar uma bomba nuclear sobre 2 *col* lançar uma ofensiva nuclear sobre 3 *col* cozinhar no micro-ondas

null [nʌl] *adj* nulo; sem validade

nullify ['nʌlɪfaɪ] *vt* 1 anular 2 DIR invalidar

nullity ['nʌlɪtɪ] *n* (*pl* -ies) DIR nulidade

numb [nʌm] *adj* 1 entorpecido; insensível; dormente 2 paralisado [with, de]; *numb with fear* paralisado de medo ♦ *vt* entorpecer; paralisar

number ['nʌmbə] *n* 1 número; algarismo 2 número; quantidade; *a number of people* várias pessoas; *a large number of people* uma grande quantidade de gente 3 (espetáculo) número; ato 4 LING número 5 número (de revista, jornal, publicação periódica) 6 (vestuário) conjunto; combinado 7 MÚS acordes ♦ *vt* 1 numerar 2 incluir-se [among, entre] ❖ *GB number plate* número da matrícula; *any number of things* muitas coisas; *one of a number* um entre muitos; *this is a number one article* este é um artigo do melhor que há; *your days are numbered!* tens os dias contados!

numbering ['nʌmbərɪŋ] *n* numeração

numberless ['nʌmbələs] *adj lit* sem número; inumerável

numbness ['nʌmnɪs] *n* entorpecimento

numeral ['nju:mərəl] n algarismo; número; *Roman numerals* numeração romana

numeration [,nju:mə'reɪʃən] n numeração

numerator ['nju:məreɪtə] n MAT numerador

numerical [nju'merɪkəl] adj numérico

numerous ['nju:mərəs] adj numeroso; inúmero

numismatic [,nju:mɪz'mætɪk] adj numismático

numismatics [,nju:mɪz'mætɪks] n numismática

numismatist [nju'mɪzmətɪst] n numismata

numskull ['nʌmskʌl] n col pacóvio; parvo; palerma

nun [nʌn] n freira

nunnery ['nʌnəri] n {pl -ies} convento de freiras

nuptial ['nʌpʃəl] adj nupcial

nuptials ['nʌpʃəlz] n pl núpcias; casamento

nurse [nɜːs] n 1 enfermeiro; enfermeira 2 ama; *wet nurse* ama de leite ♦ vt 1 (doentes) tratar; assistir 2 curar 3 *fig* acalentar; alimentar; *to nurse a hope* acalentar uma esperança 4 amamentar ♦ vi mamar

nursery ['nɜːsri] n {pl -ies} 1 creche; infantário 2 (plantas) viveiro ❖ *nursery school* infantário; *nursery tale* conto infantil

nursing ['nɜːsɪŋ] n enfermagem ❖ *nursing home* lar de idosos

nurture ['nɜːtʃə] n criação; educação ♦ vt 1 criar; educar 2 *fig* alimentar; acalentar; *to nurture an idea* alimentar uma ideia 3 plantar; tratar de plantas

nut [nʌt] n 1 fruto seco (noz, amêndoa, avelã) 2 (parafuso) porca 3 *col* tolo, maluco, doido 4 *col* fanático 5 *col* tola *col* ❖ *a hard nut to crack* um osso duro de roer; *the nuts and bolts* o básico; o essencial

nutcase ['nʌtkeɪs] n *col,ofens* maluco

nutcracker ['nʌtkrækə] n quebra-nozes

nuthouse ['nʌthaʊs] n *col* manicómio

nutmeg ['nʌtmeg] n noz-moscada

nutrient ['nju:trɪənt] n nutriente

nutrition [nju'trɪʃən] n nutrição

nutritionist [nju'trɪʃənɪst] n nutricionista

nutritious [nju'trɪʃəs] adj nutritivo

nuts [nʌts] adj *col* louco, doido

nutshell ['nʌtʃel] n casca de noz ❖ *in a nutshell* em suma

nutty ['nʌti] adj {comp -ier, superl -iest} 1 *col* doido, maluco 2 a noz; de noz

nuzzle ['nʌzl] vt 1 (animal) encostar o focinho 2 (pessoa) encostar o nariz ♦ vi 1 encostar-se 2 aconchegar-se

nylon ['naɪlon] n nylon

nymph [nɪmf] n ninfa

nymphomania [,nɪmfə'meɪnɪə] n ninfomania

nymphomaniac [,nɪmfə'meɪnɪæk] n ninfomaníaca

O

o [əʊ] *n* (*pl* o's) (letra) o

O [əʊ] *interj* (chamamento) ó

oaf [əʊf] *n* (*pl* -s, -ves) imbecil; idiota

oak [əʊk] *n* carvalho

oar [ɔː] *n* remo ❖ *col* **to stick one's oar in** meter-se onde não se é chamado

oarsman ['ɔːzmən] *n* (*pl* -men) remador

oasis [əʊ'eisis] *n* (*pl* oases) oásis

oat [əʊt] *n* aveia

oatcake ['əʊtkeik] *n* bolacha de aveia

oath [əʊθ] *n* (*pl* -s) juramento; **to be under oath** estar sob juramento

oatmeal ['əʊtmiːl] *n* 1 farinha de aveia 2 *EUA* papas de aveia

obdurate ['ɒbdʒʊrit] *adj* obstinado; teimoso

obedience [ə'biːdiəns] *n* obediência ❖ *in obedience to* em conformidade com

obedient [ə'biːdiənt] *adj* obediente; dócil

obelisk ['ɒbilisk] *n* obelisco

obese [əʊ'biːs] *adj* obeso

obesity [əʊ'biːsiti] *n* obesidade

obey [ə'bei] *vt* obedecer a; acatar; **to obey an order** acatar uma ordem ♦ *vi* obedecer

obit ['ɒbit] *n col* ⇒ **obituary**

obituary [ə'bitʃuəri] *n* necrologia; obituário

object¹ ['ɒbdʒikt] *n* 1 objeto 2 fim; objetivo 3 motivo; tema 4 inconveniente 5 LING objeto; complemento

object² [əb'dʒekt] *vi* 1 levantar objeções [to, a]; opor-se [to, a] 2 importar-se [to, que] 3 protestar [to, contra]; DIR *I object!* protesto! ♦ *vt* objetar a

objectify [ɒb'dʒektifai] *vt* objetivar

objection [əb'dʒekʃən] *n* objeção [to, a]; oposição [to, a]

objectionable [əb'dʒekʃnəbəl] *adj* 1 censurável 2 desagradável ❖ *objectionable language* grosserias

objective [ɒb'dʒektiv] *adj* objetivo ♦ *n* 1 objetivo; propósito 2 FOT objetiva

objectivity [ˌɒbdʒek'tiviti] *n* objetividade

objector [əb'dʒektə] *n* objetor; opositor ❖ *conscientious objector* objetor de consciência

obligate ['ɒbligeit] *vt* obrigar [to, a]

obligation [ˌɒbli'geiʃən] *n* obrigação [to, de]; dever [to, de]; **to be under an obligation to somebody** estar em dívida para com alguém

obligatory [ə'bligətəri] *adj* obrigatório

oblige [ə'blaidʒ] *vt* 1 obrigar [to, a] 2 agradar; fazer um favor a; fazer a vontade a; *will you oblige me?* fazes-me a vontade? ♦ *vi* servir de ajuda; agradar ❖ *I'd be obliged if* ficaria grato se; *much obliged* muito agradecido

obliging [ə'blaidʒiŋ] *adj* prestável; atencioso

oblique [ə'bliːk] *adj* 1 oblíquo; diagonal 2 (olhar) de lado 3 indireto ♦ *n GB* barra obliqua

obliterate [ə'blitəreit] *vt* 1 obliterar; eliminar 2 destruir; aniquilar; fazer desaparecer

obliteration [əˌblitə'reiʃən] *n* 1 obliteração 2 esquecimento

oblivion [ə'bliviən] *n* 1 esquecimento; **to fall/sink into oblivion** cair no esquecimento 2 alheamento

oblivious [ə'bliviəs] *adj* inconsciente [of/to, de]; desconhecedor [of/to, de]; **to be oblivious to something** não ter consciência de algo

oblong ['ɒblɒŋ] *adj* 1 retangular 2 *EUA* oval ♦ *n* retângulo

obnoxious [əb'nɒkʃəs] *adj* detestável; repugnante

oboe ['əʊbəʊ] *n* oboé

oboist ['əʊbəʊist] *n* oboísta

obscene [əb'si:n] adj obsceno

obscenity [əb'si:nɪtɪ] n {pl -ies} obscenidade

obscurantism [ˌɒbskjʊ'ræntɪzəm] n obscurantismo

obscurantist [ˌɒbskjʊ'ræntɪst] adj,n obscurantista

obscure [əb'skjʊə] adj 1 obscuro; pouco claro 2 pouco conhecido 3 recôndito ♦ vt 1 tornar obscuro 2 ocultar

obscurity [əb'skjʊərɪtɪ] n {pl -ies} 1 obscuridade 2 esquecimento; *to fall into obscurity* cair no esquecimento

obsequies ['ɒbsɪkwɪz] n pl exéquias

observable [əb'zɜ:vəbəl] adj 1 observável; perceptível 2 considerável

observance [əb'zɜ:vəns] n 1 (lei) observância; cumprimento 2 rito; prática; *religious observances* práticas religiosas

observant [əb'zɜ:vənt] adj 1 observador, atento 2 cumpridor

observation [ˌɒbzə'veɪʃən] n 1 observação 2 vigilância; (investigação policial) *to be under observation* estar sob vigilância

observatory [əb'zɜ:vətərɪ] n {pl -ies} observatório

observe [əb'zɜ:v] vt,i 1 observar; ver 2 vigiar 3 cumprir; respeitar; *to observe the law* cumprir a lei 4 festejar; *to observe Christmas* festejar o Natal

observer [əb'zɜ:və] n 1 observador 2 espectador

obsess [əb'ses] vt obcecar ❖ *to be obsessed with* estar obcecado com

obsession [əb'seʃən] n obsessão

obsessional [əb'seʃənəl] adj obsessivo

obsessive [əb'sesɪv] adj obsessivo

obsolete ['ɒbsəli:t] adj obsoleto; ultrapassado

obstacle ['ɒbstəkl] n 1 impedimento; dificuldade 2 obstáculo; DESP *obstacle race* corrida de obstáculos

obstetric [ɒb'stetrɪk] adj obstétrico

obstetrician [ˌɒbstə'trɪʃən] n obstetra

obstetrics [ɒb'stetrɪks] n obstetrícia

obstinacy ['ɒbstɪnəsɪ] n obstinação

obstinate ['ɒbstɪnɪt] adj 1 obstinado; teimoso 2 (problema) persistente

obstruct [əb'strʌkt] vt 1 obstruir; bloquear 2 tapar; *to obstruct the view* tapar a vista 3 dificultar

obstruction [əb'strʌkʃən] n 1 obstrução [of, a]; *obstruction of justice* obstrução da justiça 2 bloqueio; oclusão ❖ (estrada) *beware of obstructions* atenção às obras; (trânsito) *to cause an obstruction* impedir a circulação

obstructionism [əb'strʌkʃənɪzəm] n obstrucionismo

obstructionist [əb'strʌkʃənɪst] adj,n obstrucionista

obstructive [əb'strʌktɪv] adj 1 obstrucionista 2 obstrutivo

obtain [əb'teɪn] vt 1 obter; conseguir; alcançar; *to obtain a scholarship* obter uma bolsa de estudo 2 adquirir ♦ vi form prevalecer; subsistir

obtrusive [əb'tru:sɪv] adj incómodo; importuno

obturator ['ɒbtjʊreɪtə] n obturador

obtuse [əb'tju:s] adj obtuso; *obtuse angle* ângulo obtuso

obverse ['ɒbvɜ:s] n 1 lado inverso [of, de] 2 contrário [of, de]; *the obverse of* o contrário de ♦ adj inverso; contrário

obviate ['ɒbvɪeɪt] vt obviar; prevenir; tentar evitar

obvious ['ɒbvɪəs] adj óbvio; evidente

occasion [ə'keɪʒən] n 1 (momento) ocasião; *on the occasion of* por ocasião de 2 oportunidade; ensejo; *on the first occasion* na primeira oportunidade; *should the occasion arise* se houver oportunidade 3 motivo; *to give occasion for scandal* dar motivo a escândalo ♦ vt causar; provocar ❖ *on occasion* de vez em quando; ocasionalmente

occasional [ə'keɪʒənəl] adj ocasional; esporádico

occasionally [əˈkeɪʒənli] adv de vez em quando; ocasionalmente

occidental [ˌɒksɪˈdentəl] adj ocidental

occlusion [əˈkluːʒən] n oclusão; obstrução

occlusive [əˈkluːzɪv] adj (consoante) oclusivo ◆ n consoante oclusiva

occult [əˈkʌlt] adj,n oculto

occultism [ˈɒkəltɪzəm] n ocultismo

occupancy [ˈɒkjʊpənsi] n form ocupação

occupant [ˈɒkjʊpənt] n 1 ocupante 2 inquilino

occupation [ˌɒkjʊˈpeɪʃən] n 1 ocupação, profissão 2 passatempo 3 ocupação; tomada de posse

occupational [ˌɒkjʊˈpeɪʃənəl] adj ocupacional

occupier [ˈɒkjʊpaɪə] n ocupante

occupy [ˈɒkjʊpaɪ] vt 1 (tempo, espaço) ocupar; preencher; abranger 2 (território) ocupar; tomar posse de; *the army occupied the village* o exército ocupou a aldeia 3 (cargo, função) desempenhar; exercer 4 habitar; residir em ❖ *to occupy oneself in doing something* entreter-se com alguma coisa

occur [əˈkɜː] vi {pret e pp -rr-} 1 (acontecer) ocorrer; *the accident occurred at two o'clock* o acidente ocorreu às duas horas 2 passar pela cabeça; *it never occurred to me to ask* nem sequer me lembrei de perguntar 3 surgir; apresentar-se ❖ *should the case occur* se se der o caso
◆ **occur to** vt ocorrer; vir à memória

occurrence [əˈkʌrəns] n ocorrência; acontecimento

ocean [ˈəʊʃən] n 1 oceano 2 *col* montes [of, de]

oceanarium [ˌəʊʃəˈneərɪəm] n {pl oceanariums, oceanaria} oceanário

Oceania [ˌəʊʃɪˈeɪnɪə] n Oceânia

oceanic [ˌəʊʃɪˈænɪk] adj oceânico

oceanographer [ˌəʊʃənˈɒɡrəfə] n oceanógrafo

oceanography [ˌəʊʃənˈɒɡrəfi] n oceanografia

ochre [ˈəʊkə] n,adj (cor) ocre

o'clock [əˈklɒk] adv ⟨*contr de* on the clock⟩ horas; *it's seven o'clock* são sete horas

octagon [ˈɒktəɡən] n octógono

octagonal [ɒkˈtæɡənəl] adj octogonal

octane [ˈɒkteɪn] n QUÍM octana

octave [ˈɒktɪv] n MÚS,LIT oitava

October [ɒkˈtəʊbə] n outubro

octogenarian [ˌɒktəʊdʒɪˈneərɪən] adj,n octogenário

octopus [ˈɒktəpəs] n {pl -es} polvo

ocular [ˈɒkjʊlə] adj ocular

oculist [ˈɒkjʊlɪst] n EUA oculista

odalisque [ˈəʊdəlɪsk] n odalisca

odd [ɒd] adj 1 estranho; invulgar 2 ímpar; *odd number* número ímpar 3 sem par 4 ocasional; acidental; *at odd times* quando calha; *odd jobs* biscates ❖ *odd man out* exceção

oddity [ˈɒdɪti] n {pl -ies} excentricidade, singularidade

oddly [ˈɒdli] adv estranhamente ❖ *oddly enough* curiosamente

odds [ˈɒdz] npl probabilidades; hipóteses; *against all odds* contra todas as probabilidades

ode [əʊd] n LIT ode

odious [ˈəʊdɪəs] adj form odioso

odontological [ɒˌdɒntəˈlɒdʒɪkəl] adj odontológico

odontologist [ˌɒdɒnˈtɒlədʒɪst] n odontologista

odontology [ˌɒdɒnˈtɒlədʒi] n odontologia

odor [ˈəʊdə] n EUA ⇒ odour

odorous [ˈəʊdərəs] adj perfumado

odour [ˈəʊdə] n 1 GB odor; cheiro 2 GB perfume; fragrância

odourless [ˈəʊdələs] adj sem cheiro

odyssey [ˈɒdɪsi] n odisseia

oedema [ɪˈdiːmə] n GB edema

oenological [ˌiːnəˈlɒdʒɪkəl] adj enológico

oenologist [iːˈnɒlədʒɪst] n enólogo

oenology [iːˈnɒlədʒi] n GB enologia

oesophagus [iːˈsɒfəɡəs] n {pl -gi, -guses} GB esófago

offset

of [əv] *prep* 1 de 2 por; *of his own choice* por escolha própria 3 sobre; acerca de 4 (horas) antes; *ten minutes of eleven* dez minutos antes das onze ❖ *of course* claro

off [ɒf] *prep* 1 de; *he took the door off its hinges* ele tirou a porta dos gonzos 2 longe de; *off the village* longe da vila 3 junto a; *off the main road* junto à estrada principal ♦ *adv* 1 longe; *they were far off* eles estavam longe 2 completamente; inteiramente ♦ *adj* 1 (veículo) do lado direito 2 desligado; *the machine is off* a máquina está desligada 3 *col* inaceitável 4 livre; *in one's off time* nos tempos livres 5 (alimento) que não é fresco 6 cancelado; *the wedding is off* o casamento está cancelado ❖ *off and on* de quando em quando; *off season* época baixa; *off they go!* lá vão eles!; *20 per cent off* desconto de 20 por cento

offal [ˈɒfəl] *n* (vísceras) miúdos

off-centre [ɒfsentə] *adj* descentrado

off-chance [ˈɒftʃɑːns] *n on the off-chance* na esperança de

off-colour [ɒfˈkʌlə] *adj* 1 indisposto; adoentado 2 (história, piada) picante

offence [əˈfens] *n* 1 GB crime; delito 2 GB ofensa; injúria; *no offence* não me leves a mal

offend [əˈfend] *vt* 1 ofender; ultrajar 2 (lei, código, princípio) transgredir; infringir; violar ♦ *vi* 1 cometer um delito 2 atentar [against, contra] ❖ *to be easily offended* ser muito suscetível

offender [əˈfendə] *n* delinquente; infrator

offense [əˈfens] *n* EUA ⇒ offence

offensive [əˈfensiv] *adj* ofensivo; *offensive language* linguagem ofensiva; *offensive weapon* arma ofensiva ♦ *n* MIL ofensiva

offer [ˈɒfə] *n* 1 oferta; presente 2 oferta; proposta; *I'll sell the car for the best offer* eu vendo o carro pela melhor oferta; *the offer stands* a oferta mantém-se 3 promoção; *to be on offer* estar em promoção ♦ *vt* 1 oferecer; dar; *to have something to offer* ter algo para dar 2 propor; oferecer 3 apresentar; *to offer an explanation* apresentar uma explicação ♦ *vi* 1 oferecer-se [to, para] 2 (ocasião, oportunidade) surgir ❖ *on offer* à venda

offering [ˈɒfərɪŋ] *n* 1 oferta; oferecimento 2 REL oferenda

offertory [ˈɒfətəri] *n* (*pl* -ies) REL ofertório

offhand [ˌɒfˈhænd] *adj* 1 brusco; ríspido 2 improvisado; espontâneo ♦ *adv* 1 imediatamente 2 de improviso; *to play offhand* tocar de improviso

office [ˈɒfis] *n* 1 gabinete; escritório 2 repartição; *post office* posto de correios 3 cargo; função 4 EUA consultório médico ❖ *office hours* horas de expediente; *to be in office* estar no poder

Office [ˈɒfis] *n* (governo) ministério

officer [ˈɒfisə] *n* 1 oficial; *officer of the navy* oficial da marinha; *customs officer* oficial da alfândega 2 agente da polícia 3 (governo) funcionário

official [əˈfiʃəl] *adj* oficial ♦ *n* alto funcionário

officialdom [əˈfiʃəldəm] *n* funcionalismo; burocracia

officially [əˈfiʃəli] *adv* oficialmente

officiate [əˈfiʃieit] *vi* 1 REL celebrar serviço religioso [at, em]; *to officiate at a marriage* celebrar um casamento 2 exercer funções oficiais; oficiar; *to officiate as a chairman* desempenhar as funções de presidente

officious [əˈfiʃəs] *adj* oficioso

offing [ˈɒfiŋ] *n to be in the offing* estar em perspetiva

off-licence [ˈɒflaisəns] *n* GB (loja) garrafeira

off-limits [ˈɒflimits] *adj* de acesso interdito

offline [ˈɒflain] *adj,adv* INFORM offline

offset [ˈɒfset] *n* 1 BOT renovo; vergôntea 2 contrapeso; compensação 3 TIP offset 4 desvio; desalinhamento ♦ *vt,i* 1 contrabalançar; compensar; *to offset against* *the losses* compensar as perdas 2 BOT lançar rebentos; despontar

offshoot ['ɒfʃuːt] *n* 1 (planta) renovo 2 ramificação

offshore [ɒf'ʃɔː] *adj* 1 costeiro 2 ECON offshore ♦ *adv* ao largo; no mar alto

offside [ˌɒf'saɪd] *n* 1 GB (carro) lado do condutor 2 (futebol, etc.) fora de jogo

offspring ['ɒf,sprɪŋ] *n* 1 descendência 2 ninhada

off-the-record [ˌɒfðə'rekəd] *adj* não oficial

off-white [ɒf'waɪt] *adj* esbranquiçado

often ['ɒːfn] *adv* muitas vezes; frequentemente ❖ *as often as possible* tantas vezes quanto possível; *how often have you been here?* quantas vezes vieste aqui?

ogive ['əʊdʒaɪv] *n* ARQ ogiva

ogle ['əʊgl] *n* olhadela de desejo ♦ *vt* comer com os olhos

ogre ['əʊgə] *n* ogre

oh [əʊ] *interj* oh!; *oh my God!* oh meu Deus!

ohm [əʊm] *n* FÍS ohm

oidium [əʊ'ɪdɪəm] *n* {*pl* oidia} BOT (fungo) oídio

oil [ɔɪl] *n* 1 óleo (animal, vegetal ou mineral) 2 petróleo; *oil refinery* refinaria de petróleo; *oil well* poço de petróleo 3 ART óleo; *oil painting* pintura a óleo ♦ *vt* 1 untar 2 olear; lubrificar ❖ *oil pipeline* oleoduto; *oil rig* plataforma petrolífera; *oil tanker* petroleiro; *olive oil* azeite; *to pour oil on troubled waters* deitar água na fervura

oilcan ['ɔɪlkæn] *n* almotolia

oilcloth ['ɔɪlklɒθ] *n* oleado

oilskin ['ɔɪlskɪn] *n* 1 (tecido) oleado 2 impermeável

oily ['ɔɪlɪ] *adj* {*comp* -ier, *superl* -iest} 1 oleoso; gorduroso 2 pegajoso

oink [ɔɪŋk] *n* (porco) grunhido ♦ *vi* grunhir

ointment ['ɔɪntmənt] *n* unguento ❖ *the fly in the ointment* a pedra no sapato

ok [əʊ'keɪ] *interj, adj, adv, n, vt* ⇒ **okay**

okay [əʊ'keɪ] *adj* 1 *col* tudo bem; muito bem; *they're okay now* agora está tudo bem com eles 2 *col* fixe; porreiro ♦ *adv* 1 bem; *to be doing okay* estar a sair-se bem 2 razoavelmente ♦ *vt* autorizar; deixar; aprovar ♦ *n* acordo; assentimento; *to give the okay* dar luz verde

old [əʊld] *adj* {*comp* older, elder, *superl* oldest, eldest} 1 velho; idoso; *an old man* um senhor idoso; *to grow old* envelhecer 2 antigo ❖ *the old* os idosos ❖ *good old days* bons velhos tempos; *how old are you?* que idade tens?; *I am 13 years old* tenho treze anos; *old age* velhice

olden ['əʊldən] *adj ant* velho; antigo; *in the olden days* em tempos antigos

old-fashioned [ˌəʊld'fæʃənd] *adj* antiquado; ultrapassado

oldie ['əʊldɪ] *n* 1 *col* (canção, filme) clássico 2 *col* velho

olfactory [ɒl'fæktərɪ] *adj* olfativo

oligarch ['ɒligɑːk] *n* oligarca

oligarchy ['ɒligɑːki] *n* {*pl* -es} oligarquia

olive ['ɒlɪv] *n* 1 azeitona; *olive oil* azeite 2 oliveira 3 (cor) verde-azeitona

Olympiad [ə'lɪmpiæd] *n* olimpíada

Olympic [ə'lɪmpɪk] *adj* olímpico ❖ *the Olympic Games* os Jogos Olímpicos

Olympics [ə'lɪmpɪks] *n* Jogos Olímpicos

Olympus [ə'lɪmpəs] *n* MIT Olimpo

Oman [əʊ'mɑːn] *n* Omã

Omani [əʊ'mɑːni] *adj, n* omanense

ombudsman ['ɒmbudzmən] *n* delegado da procuradoria-geral

omega ['əʊmɪgə] *n* (letra grega) ómega

omelet ['ɒmlɪt] *n* EUA ometela

omelette ['ɒmlɪt] *n* ometela

omen ['əʊmən] *n* agoiro; presságio

ominous ['ɒmɪnəs] *adj* agourento

omission [əʊ'mɪʃən] *n* omissão

omit [əʊ'mɪt] *vt* {*pret e pp* -tt-} 1 omitir; excluir 2 deixar passar; esquecer-se de

omnibus ['ɒmnɪbəs] *n* {*pl* -es} 1 antologia 2 GB (rádio, televisão) compacto ♦ *adj* EUA múltiplo; *omnibus bill* projeto de lei múltipla

omnipotence [ɒmˈnɪpətəns] *n* omnipotência

omnipotent [ɒmˈnɪpətənt] *adj* omnipotente

omnipresent [ˌɒmnɪˈprezənt] *adj* omnipresente

omniscience [ɒmˈnɪsɪəns] *n* omnisciência

omniscient [ɒmˈnɪsɪənt] *adj* omnisciente

on [ɒn] *prep* 1 em; sobre; em cima de; *on the table* em cima da mesa; *on Monday* na segunda-feira 2 sobre; acerca de; *a conference on education* uma conferência sobre a educação ♦ *adv* ligado; aceso ❖ *on and off* intermitentemente; *on and on* sem cessar; *the beer is on me* quem paga a cerveja sou eu; *to have nothing on* estar nu

once [wʌns] *adv* 1 uma vez; *I've been here once* já estive cá uma vez 2 antigamente ♦ *conj* assim que; mal ❖ *at once* imediatamente; de uma só vez; *once again* de novo; *once upon a time* era uma vez; *this* desta vez

oncologist [ɒŋˈkɒlədʒɪst] *n* oncologista

oncology [ɒŋˈkɒlədʒi] *n* oncologia

oncoming [ˈɒnˌkʌmɪŋ] *adj* 1 (trânsito) em direção contrária 2 futuro; próximo

one [wʌn] *num card,n* um, uma; *a thousand and one* mil e um; *one after the other* um a seguir ao outro; *one by one* um a um ♦ *adj* único; um só; *their one goal* o único propósito deles ♦ *pron* um, uma; *one Mr Jones* um tal de Sr. Jones ❖ *one and the same* o mesmo; *that's a good one!* boa piada!; *who is this one?* quem é este?

one-night stand [ˌwʌnnaɪtˈstænd] *n* 1 *col* aventura de uma noite 2 (espetáculo) representação única

one-off [ˈwʌnɒf] *adj GB* único ♦ *n GB* peça única

one-parent [ˈwʌnpæərənt] *adj* monoparental; *one-parent family* família monoparental

one-piece [ˈwʌnpiːs] *adj* de uma só peça

one-reeler [ˈwʌnriːlə] *n CIN* curta-metragem

onerous [ˈɒnərəs] *adj form* oneroso

oneself [wʌnˈself] *pron* se; si próprio; si mesmo; *to cut oneself* cortar-se

one-sided [ˈwʌnsaɪdɪd] *adj* 1 parcial; tendencioso 2 unilateral

one-to-one [ˌwʌntəˈwʌn] *adj* 1 individualizado; personalizado 2 com correspondência mútua

one-way [ˈwʌnweɪ] *adj* 1 de sentido único; *one-way street* rua de sentido único 2 de ida; *one-way ticket* bilhete de ida 3 unilateral

ongoing [ˈɒngəʊɪŋ] *adj* em curso

onion [ˈʌnjən] *n* cebola ❖ *to know one's onions* saber com que linhas se cose

online [ˈɒnlaɪn] *adj,adv* (Internet) online

onlooker [ˈɒnˌlʊkə] *n* espectador; *to be an onlooker at* assistir a

only [ˈəʊnli] *adj* único; *only child* filho único ♦ *adv* só; somente; apenas ♦ *conj col* só que; *I like the dress, only it is too expensive* eu gosto do vestido, só que é demasiado caro ❖ *if only* se ao menos; *it's only fair* nada mais justo; *not only* não só

onomastic [ˌɒnəˈmæstɪk] *adj* onomástico; *onomastic file* ficheiro onomástico

onomatopoeia [ˌɒnəmætəˈpiːə] *n* onomatopeia

onomatopoeic [ˌɒnəmætəˈpiːɪk] *adj* onomatopaico

onrush [ˈɒnrʌʃ] *n (pl -es)* avalanche; afluxo

onset [ˈɒnset] *n* 1 começo (*of*, de); princípio (*of*, de) 2 investida; ataque

onshore [ˌɒnˈʃɔː] *adj* 1 em terra 2 (vento) do mar

onslaught [ˈɒnslɔːt] *n* ataque (*on*, a)

onto [ˈɒntʊ] *prep* para

ontological [ˌɒntəˈlɒdʒɪkəl] *adj* ontológico

ontology [ɒnˈtɒlədʒi] *n* ontologia

onus [ˈəʊnəs] *n form* ónus; responsabilidade

onward ['ɒnwəd] *adj* para a frente; progressivo

onwards ['ɒnwədz] *adv* para diante; para a frente; *from now onwards* de agora em diante

onyx ['ɒnɪks] *n* {*pl* -es} (mineral) ónix

oodles ['uːdlz] *n pl* grande quantidade; *oodles of money* montes de dinheiro

oops [ʊps] *interj* (falta de jeito) ups!

ooze [uːz] *n* 1 lama; lodo 2 escorrimento ♦ *vt,i* 1 verter; ressumar 2 *fig* irradiar; transbordar [with, -]; *to ooze with confidence* transbordar confiança

opacity [əʊ'pæsɪti] *n* {*pl* -ies} opacidade

opal ['əʊpəl] *n* (mineral) opala

opaque [əʊ'peɪk] *adj* {*comp* -er, *superl* -est} 1 opaco; baço 2 (sentido) pouco claro

open ['əʊpən] *adj* 1 aberto; *keep your eyes open* mantém os olhos abertos; *with open arms* de braços abertos 2 franco; *to be open with a person* ser franco com alguém 3 aberto [to, a], receptivo [to, a] 4 *(sujeito a)* exposto [to, a] 5 *fig* livre; aberto; público; *an open letter* uma carta aberta; *the meeting is open* o encontro é de entrada livre 6 *fig* suspenso; por resolver ♦ *vt* 1 abrir; *open your eyes* abre os olhos 2 começar; *she opened the conference* ela abriu a conferência 3 inaugurar 4 (construção) abrir; construir; *to open a road* construir uma estrada ♦ *vi* 1 abrir 2 ser inaugurado 3 estrear; *the film opened yesterday* o filme estreou ontem ♦ *n* 1 ar livre; *life in the open* vida ao ar livre 2 DESP torneio ❖ *an open drain* um esgoto a céu aberto; *in the open air* ao ar livre; *to open fire* abrir fogo; *to open one's heart to someone* abrir-se com alguém; *(facto)* *to be out in the open* ser conhecido

◆ **open into/onto** *vt* dar para

◆ **open out** *vt* desdobrar ♦ *vi* 1 (flor) desabrochar 2 (pessoa) abrir-se 3 desdobrar-se 4 crescer; expandir-se

◆ **open up** *vi* 1 (negócio, loja) abrir 2 MIL abrir fogo 3 (flor) abrir 4 (pessoa) abrir-se 5 (porta) abrir ♦ *vt* abrir

open-air ['əʊpneə] *adj* ao ar livre, a céu aberto

opencast ['əʊpənkɑːst] *adj* GB (mina) a céu aberto

open-ended [,əʊpən'endɪd] *adj* 1 (tema) que está em aberto 2 (pergunta) de desenvolvimento 3 ilimitado

opener ['əʊpnə] *n* abridor ❖ *EUA col for openers* para começar

open-eyed [,əʊpən'aɪd] *adj* 1 com os olhos bem abertos 2 atento; alerta

open-handed [,əʊpən'hændɪd] *adj* generoso

open-hearted [,əʊpən'hɑːtɪd] *adj* franco

opening ['əʊpnɪŋ] *n* 1 abertura; inauguração; *opening ceremony* cerimónia de abertura 2 abertura [in, em]; buraco [in, em] 3 oportunidade [for, para] 4 (emprego) vaga [for, para] 5 (floresta) clareira ♦ *adj* de abertura; de estreia; *opening night* noite de estreia ❖ *opening hours* horário de atendimento

openly ['əʊpənli] *adv* abertamente

open-minded [,əʊpən'maɪndɪd] *adj* tolerante

open-mouthed [,əʊpən'maʊðd] *adj,adv* (espanto) boquiaberto

opera ['ɒpərə] *n* ópera

operate ['ɒpəreɪt] *vt* 1 manejar; manobrar; *to operate a machine* manobrar uma máquina 2 (negócio) gerir; explorar ♦ *vi* 1 funcionar; *the machine is not operating* a máquina não está a funcionar 2 trabalhar; *our company operates in the whole world* a nossa empresa trabalha no mundo inteiro 3 MED operar [on, -]; *we will operate on him for appendicitis* nós vamos operá-lo à apendicite ❖ *to be operated by electricity* funcionar a eletricidade

operating ['ɒpəreɪtɪŋ] *adj* 1 operatório; *GB* **operating theatre** bloco operatório; *EUA* **operating room** bloco operatório 2 operativo; INFORM **operating system** sistema operativo 3 (instruções) de funcionamento

operation [ˌɒpə'reɪʃən] *n* 1 operação; *police operation* operação policial; (cirurgia) *to have an operation* ser operado 2 negócio, atividade 3 (máquina, etc.) funcionamento 4 (lei) vigor

operational [ˌɒpə'reɪʃənəl] *adj* operacional

operative ['ɒpərətɪv] *adj* 1 operativo; eficaz 2 em vigor 3 operatório; cirúrgico ♦ *n* 1 operário; trabalhador 2 *EUA* agente secreto

operator ['ɒpəreɪtə] *n* 1 telefonista; *to dial the operator* ligar à telefonista 2 operador 3 *col* manipulador

operetta [ˌɒpə'retə] *n* opereta

ophthalmic [ɒf'θælmɪk] *adj* oftálmico

ophthalmological [ˌɒfθælmə'lɒdʒɪkəl] *adj* oftalmológico

ophthalmologist [ˌɒfθæl'mɒlədʒɪst] *n* oftalmologista

ophthalmology [ˌɒfθæl'mɒlədʒɪ] *n* oftalmologia

opinion [ə'pɪnjən] *n* 1 opinião 2 (especialista) parecer ❖ *opinion poll* sondagem

opinionated [ə'pɪnjəneɪtɪd] *adj pej* dogmático

opium ['əʊpɪəm] *n* ópio

opponent [ə'pəʊnənt] *n* 1 adversário 2 opositor ♦ *adj* oposto; contrário

opportune ['ɒpətjuːn] *adj* oportuno; apropriado

opportunism [ˌɒpə'tjuːnɪzəm] *n* oportunismo

opportunist [ˌɒpə'tjuːnɪst] *n* oportunista

opportunistic [ˌɒpətjuː'nɪstɪk] *adj* oportunista

opportunity [ˌɒpə'tjuːnɪtɪ] *n* (*pl* -ies) oportunidade ❖ *at the earliest opportunity* logo que possível

oppose [ə'pəʊz] *vt* 1 opor; contrapor 2 opor-se a; fazer frente a; *to oppose a marriage* opor-se a um casamento 3 combater; lutar contra 4 impugnar 5 estorvar; impedir

opposing [ə'pəʊzɪŋ] *adj* 1 oposto, contrário 2 adversário; *the opposing team* a equipa adversária

opposite ['ɒpəzɪt] *adj* 1 oposto; contrário; *the opposite sex* o sexo oposto 2 da frente; do outro lado; *the opposite house* a casa em frente ♦ *n* oposto [of, de]; contrário [of, de] ♦ *prep* defronte de; em frente de ♦ *adv* em frente

opposition [ˌɒpə'zɪʃən] *n* 1 oposição [to, a] 2 adversário 3 POL oposição

oppress [ə'pres] *vt* 1 oprimir; tiranizar 2 afligir; atormentar; angustiar

oppression [ə'preʃən] *n* 1 opressão 2 angústia

oppressive [ə'presɪv] *adj* 1 (poder) tirânico 2 (tempo) abafado; sufocante 3 (situação) angustiante

oppressor [ə'presə] *n* opressor, tirano

opprobrium [ə'prəʊbrɪəm] *n* opróbrio

opt [ɒpt] *vi* optar [for, por; between, entre]; *to opt between two alternatives* optar entre duas alternativas
  ♦ **opt out** *vi* 1 abandonar; deixar de participar 2 deixar a segurança social

optic ['ɒptɪk] *adj* ótico

optical ['ɒptɪkəl] *adj* 1 ótico; *optical fibre* fibra ótica 2 visual; *optical effects* efeitos visuais ❖ *optical illusion* ilusão de ótica

optician [ɒp'tɪʃən] *n* oculista

optics ['ɒptɪks] *n* FÍS ótica

optimal ['ɒptɪməl] *adj* ideal

optimism ['ɒptɪmɪzəm] *n* otimismo

optimist ['ɒptɪmɪst] *n* otimista

optimistic [ˌɒptɪ'mɪstɪk] *adj* otimista

optimization [ˌɒptɪmaɪ'zeɪʃən] *n* otimização

optimize ['ɒptɪmaɪz] *vt* otimizar

optimum ['ɒptɪməm] *adj* ótimo; ideal ♦ *n* o ideal

option ['ɒpʃən] n opção; alternativa
optional ['ɒpʃənəl] adj opcional
optometrist [ɒp'tɒmətrɪst] n optometrista
optometry [ɒp'tɒmətrɪ] n optometria
opulence ['ɒpjʊləns] n opulência
opulent ['ɒpjʊlənt] adj opulento
or [ɔː] conj ou; *or something* ou qualquer coisa ❖ *either... or* ou... ou; *or else* senão; *whether.. or* quer... quer
oracle ['ɒrəkl] n oráculo
oral ['ɔːrəl] adj oral; *oral hygiene* higiene oral ❖ n exame oral
orange ['ɒrɪndʒ] n 1 (fruto, cor) laranja; *orange peel* casca de laranja 2 laranjeira; *orange blossom* flores de laranjeira ♦ adj (cor) laranja
orangeade [ˌɒrɪndʒ'eɪd] n laranjada
orangey ['ɒrɪndʒɪ] adj 1 alaranjado 2 com sabor a laranja
orang-outang [ɔːˌræŋuː'tæŋ] n ZOOL orangotango
oration [ə'reɪʃən] n discurso solene
orator ['ɒrətə] n form orador
oratorical [ɒrə'tɒrɪkəl] adj 1 oratório 2 retórico
oratory ['ɒrətrɪ] n (pl -ies) 1 oratória, retórica 2 oratório
orb [ɔːb] n lit orbe; esfera
orbit ['ɔːbɪt] n 1 ASTRON órbita; *the Earth's orbit* a órbita da Terra 2 ANAT órbita 3 fig esfera de ação ♦ vi orbitar ♦ vt girar em torno de ❖ *to put a satellite into orbit* pôr um satélite em órbita
orbital ['ɔːbɪtəl] adj orbital
orchard ['ɔːtʃəd] n pomar
orchestra ['ɔːkɪstrə] n orquestra ❖ (teatro) *orchestra stalls* primeira plateia
orchestral [ɔː'kestrəl] adj orquestral
orchestrate ['ɔːkɪstreɪt] vt 1 MÚS orquestrar 2 fig planear; organizar
orchestration [ɔːkes'treɪʃən] n 1 orquestração 2 planificação; organização
orchid ['ɔːkɪd] n orquídea
ordain [ɔː'deɪn] vt 1 REL ordenar; *to be ordained priest* ser ordenado padre 2 de-

cretar; decidir ❖ *to be ordained by fate* ser o destino
ordeal [ɔː'diːl] n provação; má experiência
order ['ɔːdə] n 1 ordem; *by order of* por ordem de 2 (arrumação) método, ordem; *in order* em ordem 3 DIR lei; ordem pública 4 estado, condições de funcionamento; *this machine is in good working order* esta máquina está em bom estado 5 COM encomenda [for, de]; *order sheet* ordem de encomenda; *to cancel an order* anular uma encomenda 6 COM vale; *postal order* vale postal 7 REL ordem 8 (sociedade) classe 9 norma; procedimento 10 BOT,ZOOL ordem 11 (condecoração) ordem; *Order of Knighthood* Ordem da Cavalaria ♦ vt 1 ordenar; *to order an attack* ordenar um ataque 2 encomendar; mandar vir 3 pôr em ordem 4 MED prescrever; receitar 5 REL ordenar, conferir ordens sacras a ♦ vi pedir; fazer o pedido ❖ *in order to* para; *out of order* fora de serviço; GB (quantia) *to be in the order of* andar na ordem dos; *to be in the order of the day* estar na ordem do dia
  ♦ **order about** vt dar ordens a; mandar
ordering ['ɔːdərɪŋ] n 1 ordem, disposição; ordenação 2 REL ordenação
orderliness ['ɔːdəlɪnɪs] n ordem
orderly ['ɔːdəlɪ] adj 1 arrumado 2 ordeiro; calmo ♦ n (pl -ies) empregado de hospital
ordinal ['ɔːdɪnəl] adj,n ordinal
ordinance ['ɔːdɪnəns] n 1 ordem; determinação; *police ordinance* determinação policial 2 EUA norma; regulamento 3 cerimonial; rito
ordinary ['ɔːdnrɪ] adj 1 normal; habitual 2 banal; vulgar
ordination [ˌɔːdɪ'neɪʃən] n REL ordenação
ordnance ['ɔːdnəns] n artilharia; *piece of ordnance* peça de artilharia
ore [ɔː] n minério
oregano [ɒrɪ'gɑːnəʊ] n orégão
organ ['ɔːgən] n órgão; *organ donor* dador de órgãos; *vital organ* órgão vital

organdie ['ɔːgəndi] n (tecido) organdi
organic [ɔːˈgænɪk] adj 1 orgânico 2 intrínseco
organism ['ɔːgənɪzəm] n organismo
organist ['ɔːgənɪst] n organista
organization [ˌɔːgənaɪˈzeɪʃən] n organização
organizational [ˌɔːgənaɪˈzeɪʃənəl] adj organizacional
organize ['ɔːgənaɪz] vt 1 (arrumação) organizar; ordenar 2 (coordenação) organizar; preparar ♦ vi (trabalhadores) sindicalizar-se
organizer ['ɔːgənaɪzə] n organizador
orgasm ['ɔːgæzəm] n orgasmo
orgy ['ɔːdʒi] n (pl -ies) orgia
orient ['ɔːrɪənt] vt orientar
oriental [ˌɔːrɪˈentəl] adj oriental
orientate ['ɔːrɪenteɪt] vt orientar [to, para] ❖ to orientate oneself orientar-se
orientation [ˌɔːrɪenˈteɪʃən] n orientação
orifice ['ɒrɪfɪs] n orifício
origin ['ɒrɪdʒɪn] n origem; of humble origins de origens humildes
original [əˈrɪdʒənəl] adj,n original
originality [əˌrɪdʒɪˈnælɪti] n (pl -ies) originalidade
originate [əˈrɪdʒɪneɪt] vt originar; dar origem a ♦ vi 1 ter origem [in, em]; surgir [in, em] 2 proceder [from, de]
ornament ['ɔːnəmənt] n 1 ornamento; adorno 2 elemento decorativo ♦ vt ornamentar; adornar
ornamental [ˌɔːnəˈmentəl] adj ornamental; decorativo
ornamentation [ˌɔːnəmenˈteɪʃən] n ornamentação
ornate [ɔːˈneɪt] adj 1 adornado; enfeitado 2 (linguagem) elaborado; rebuscado
ornithological [ˌɔːnɪθəˈlɒdʒɪkəl] adj ornitológico
ornithologist [ˌɔːnɪˈθɒlədʒɪst] n ornitólogo
ornithology [ˌɔːnɪˈθɒlədʒi] n ornitologia
orphan ['ɔːfən] n órfão ♦ vt deixar órfão ❖ to be orphaned ficar órfão

orphanage ['ɔːfənɪdʒ] n orfanato
orthodontic [ˌɔːθəˈdɒntɪk] adj ortodôntico
orthodontics [ˌɔːθəˈdɒntɪks] n ortodontia
orthodontist [ˌɔːθəˈdɒntɪst] n ortodontista
orthodox ['ɔːθədɒks] adj ortodoxo
orthodoxy ['ɔːθədɒksi] n ortodoxia
orthoepy ['ɔːθəʊepi] n LING ortoépia
orthogonal [ɔːˈθɒgənəl] adj MAT ortogonal
orthographic [ˌɔːθəˈgræfɪk] adj ortográfico
orthography [ɔːˈθɒgrəfi] n ortografia
orthopaedic [ˌɔːθəˈpiːdɪk] adj ortopédico
orthopaedics [ˌɔːθəˈpiːdɪks] n ortopedia
orthopaedist [ˌɔːθəˈpiːdɪst] n MED ortopedista
Oscar ['ɒskə] n CIN (prémio) Óscar
oscillate ['ɒsɪleɪt] vi 1 oscilar; baloiçar 2 hesitar; vacilar
oscillation [ˌɒsɪˈleɪʃən] n oscilação
osier ['əʊʒə] n 1 BOT vimeiro 2 vime
osmium ['ɒzmɪəm] n QUÍM (elemento químico) ósmio
osmosis [ɒzˈməʊsɪs] n osmose
osseous ['ɒsɪəs] adj ósseo
ossification [ˌɒsɪfɪˈkeɪʃən] n 1 ossificação 2 fig (ideias, conceitos) esclerosamento
ossify ['ɒsɪfaɪ] vt,i 1 ossificar 2 fig (ideias, conceitos) fossilizar
ostensible [ɒˈstensɪbəl] adj aparente, pretenso
ostentation [ˌɒstenˈteɪʃən] n pej ostentação
ostentatious [ˌɒstenˈteɪʃəs] adj faustoso, aparatoso
osteological [ˌɒstɪəˈlɒdʒɪkəl] adj osteológico
osteology [ˌɒstɪˈɒlədʒi] n osteologia
osteopath ['ɒstɪəpæθ] n osteopata
osteopathy [ˌɒstɪˈɒpəθi] n osteopatia
osteoporosis [ˌɒstɪəʊpəˈrəʊsɪs] n MED osteoporose
ostracism ['ɒstrəsɪzəm] n ostracismo
ostracize ['ɒstrəsaɪz] vt 1 ostracizar; excluir; marginalizar 2 condenar ao ostracismo; banir; proscrever
ostrich ['ɒstrɪtʃ] n (pl -es) avestruz

other ['ʌðə] adj 1 outro, outra, outros, outras 2 diferente ♦ pron o outro, a outra; *one shot the other* um alvejou o outro ♦ adv de outro modo ❖ *in other words* por outras palavras; *on the other hand* por outro lado

otherness ['ʌðənɪs] n diferença; diversidade; alteridade

otherwise ['ʌðəwaɪz] adv de outro modo

otic ['əʊtɪk] adj (ouvido) ótico

otitis [ə'taɪtɪs] n MED otite

otolaryngologist [,əʊtəʊlærɪŋ'gɒlədʒɪst] n MED otorrinolaringologista

otolaryngology [,əʊtəʊlærɪŋ'gɒlədʒi] n MED otorrinolaringologia

otter ['ɒtə] n lontra

ottoman ['ɒtəmən] n {pl -s} (sofá) otomana

ouch ['aʊtʃ] interj (dor súbita) ai!

ought [ɔːt] v mod [sempre seguido da preposição «to»] dever; *you ought to look after your children* devias tomar conta dos teus filhos; *I ought to have said no* eu devia ter dito que não

ounce ['aʊns] n 1 (peso) onça (=28,35 gramas) 2 col pingo [of, de]; *an ounce of decency* um pingo de decência

our ['aʊə] adj poss nosso, nossa

ours ['aʊəz] pron poss (o) nosso, (a) nossa; *a friend of ours* um amigo nosso; *their house is much bigger than ours* a casa deles é muito maior do que a nossa

ourselves [aʊə'selvz] pron pess refl nós mesmos; *we heard ourselves on the radio* nós ouvimo-nos a nós próprios na rádio

oust [aʊst] vt 1 despedir; pôr na rua 2 expulsar 3 desalojar

out [aʊt] adj,adv 1 fora; *my parents are out of the country* os meus pais estão para fora do país; *we don't eat out a lot* nós não comemos fora muitas vezes 2 (flor) aberto; *the roses are out* as rosas estão abertas 3 acabado; terminado; *they sold all the books before the year was out* eles venderam todos os livros antes

de o ano acabar 4 errado; *your calculations are out* os teus cálculos estão errados 5 apagado; extinto 6 esgotado 7 publicado 8 confuso; perplexo 9 exterior 10 distante 11 abertamente; francamente ♦ prep 1 fora [of, de] 2 de [of, -] 3 sem [of, -] 4 em [of, -] ♦ vt,i 1 pôr na rua 2 col deitar fora 3 pôr fora de jogo; pôr K. O. 4 divulgar; denunciar ♦ n 1 pretexto 2 DESP fora; *that isn't an out* aquilo não é um fora ♦ npl POL oposição; *the ins and outs* o Governo e a oposição ❖ *out of* devido a; *out of curiosity* por curiosidade; *out of danger* fora de perigo; *out of love* por amor; *out of the question* fora de questão; *out with it!* desembucha!; *col out you go!* fora!; *I want out* eu quero sair

outage ['aʊtɪdʒ] n 1 interrupção de serviço 2 corte de energia 3 quantidade em falta

outbalance [aʊt'bæləns] vt ultrapassar; prevalecer sobre; pesar mais que; ter mais importância que

outbid [aʊt'bɪd] vt {pret e pp outbid, -bidded} (leilão) cobrir o lanço de; oferecer mais que

outboard ['aʊtbɔːd] adj externo

outbreak ['aʊtbreɪk] n surto [of, de]; *outbreak of an epidemic* surto epidémico

outbuilding ['aʊtbɪldɪŋ] n anexo

outburst ['aʊtbɜːst] n explosão fig; ataque

outcast ['aʊtkɑːst] adj marginalizado ♦ n marginal

outclass [aʊt'klɑːs] vt exceder, superar

outcome ['aʊtkʌm] n resultado

outcry ['aʊtkraɪ] n {pl -ies} protesto

outdated [aʊt'deɪtɪd] adj ultrapassado, antiquado

outdo [aʊt'duː] vt {pret -did, pp -done} superar; ultrapassar

outdoor [aʊt'dɔː] adj exterior; ao ar livre

outdoors [aʊt'dɔːz] adv ao ar livre ♦ n ar livre; natureza

outer ['aʊtə] adj exterior; externo

outermost ['aʊtəməʊst] *adj* extremo; o mais afastado

outfit ['aʊtfɪt] *n* 1 (roupa) equipamento; uniforme 2 (roupa) fato; conjunto 3 *col* (trabalho) equipa ♦ *vt* {*pret e pp* -tt-} 1 equipar 2 vestir

outfitter ['aʊtfɪtə] *n* EUA loja de equipamento desportivo

outflank [aʊt'flæŋk] *vt* 1 MIL flanquear 2 *fig* apanhar de surpresa

outflow ['aʊtfləʊ] *n* saída; fuga

outgoing [,aʊt'gəʊɪŋ] *adj* 1 extrovertido 2 (governo, presidente) cessante 3 de saída; *outgoing calls* chamadas para o exterior; *outgoing mail* correio de saída

outgoings [,aʊt'gəʊɪŋz] *npl* GB despesas habituais

outgrow [aʊt'grəʊ] *vt* {*pret* outgrew, *pp* outgrown} 1 crescer demasiado para; *she outgrew her clothes* ela ficou grande de mais para as roupas 2 crescer mais depressa do que 3 (hábito) superar; deixar para trás; pôr de parte

outgrowth [aʊt'grəʊθ] *n* 1 resultado, consequência 2 protuberância; excrescência

outguess [aʊt'ges] *vt* 1 (intenções) antecipar 2 ser mais esperto que

outhouse ['aʊthaʊs] *n* 1 GB (casa) anexo 2 EUA casa de banho exterior

outing ['aʊtɪŋ] *n* passeio, excursão

outlandish [aʊt'lændɪʃ] *adj* estranho, bizarro

outlast [aʊt'lɑːst] *vt* 1 durar mais do que 2 sobreviver a

outlaw [aʊt'lɔː] *n* 1 fora-da-lei; foragido 2 exilado; banido 3 salteador ♦ *vt* 1 (*declarar ilegal*) proibir 2 proscrever, banir, expulsar

outlay[1] ['aʊtleɪ] *n* investimento inicial

outlay[2] [aʊt'leɪ] *vt* desembolsar

outlet ['aʊtlet] *n* 1 escape [for, para] 2 ponto de venda 3 (loja) outlet 4 EUA tomada (elétrica) 5 escoadouro; cano

outline ['aʊtlaɪn] *n* 1 esboço, rascunho 2 contorno; perfil 3 esquema, resumo;

plano geral, ideias gerais; *in outline* nas suas linhas gerais ♦ *vt* 1 esboçar; delinear 2 dar uma ideia geral de 3 esquematizar

outlive [aʊt'lɪv] *vt* 1 durar mais do que; sobreviver a 2 *fig* resistir a

outlook ['aʊtlʊk] *n* 1 atitude [on, em relação a]; perspetiva [on, em relação a] 2 previsão [over, sobre]

outlying ['aʊtlaɪɪŋ] *adj* afastado, distante

outmanoeuvre [,aʊtmə'nuːvə] *vt* levar a melhor sobre; superar do ponto de vista estratégico

outmoded [aʊt'məʊdɪd] *adj* fora de moda, antiquado

outnumber [aʊt'nʌmbə] *vt* (quantidade) exceder; ultrapassar

out-of-date [,aʊtəv'deɪt] *adj* 1 desatualizado 2 (documento) caducado

out-of-the-way [,aʊtəvðə'weɪ] *adj* 1 distante; afastado 2 insólito; invulgar

outpatient ['aʊtpeɪʃənt] *n* (hospital) paciente externo

outpost ['aʊtpəʊst] *n* MIL posto avançado

output ['aʊtpʊt] *n* 1 produção; rendimento; *maximum/peak output* rendimento máximo 2 (*energia*) potência; *output per hour* potência horária 3 ELET,INFORM saída ♦ *vt* 1 INFORM produzir 2 fornecer

outrage ['aʊtreɪdʒ] *n* 1 ultraje [against, contra]; afronta [against, contra] 2 atentado 3 atrocidade 4 escândalo ♦ *vt* ultrajar; ofender; escandalizar ❖ *to be outraged at* ficar indignado com

outrageous [aʊt'reɪdʒəs] *adj* 1 escandaloso; chocante 2 (preço) exorbitante 3 extravagante

outrider ['aʊtraɪdə] *n* membro de escolta

outright ['aʊtraɪt] *adj* 1 categórico; total 2 (inimigo) declarado 3 (vitória, vencedor) absoluto ♦ *adv* 1 abertamente; frontalmente 2 completamente 3 imediatamente 4 a pronto pagamento

outrun [aʊt'rʌn] *vt* {*pret* -ran, *pp* -run} 1 passar à frente de; ir mais depressa que 2 superar 3 ultrapassar; exceder

outsell [aʊt'sel] *vt* {*pret e pp* outsold} vender mais que

outset ['aʊtset] *n* princípio, início

outshine [aʊt'ʃaɪn] *vt,i* {*pret e pp* -shone} 1 brilhar mais que; ofuscar 2 *fig* ser melhor que

outside [aʊt'saɪd] *adv* lá fora; no exterior ♦ *prep* 1 fora de 2 para além de 3 fora, exceto ♦ *adj* 1 exterior; externo 2 (hipótese, possibilidade) remoto 3 (número, valor) máximo ♦ *n* 1 exterior; parte externa 2 aparência 3 GB (estrada) direita

outsider [aʊt'saɪdə] *n* 1 estranho; pessoa de fora 2 desconhecido

outsize ['aʊtsaɪz] *adj* 1 enorme 2 de tamanho grande

outskirts ['aʊtskɜːts] *npl* arredores

outsmart [aʊt'smɑːt] *vt EUA col* levar a melhor sobre; ser mais esperto que

outspoken [aʊt'spəʊkən] *adj* franco, direto

outspread [ˌaʊt'spred] *adj* estendido; aberto

outstanding [aʊt'stændɪŋ] *adj* 1 notável; extraordinário 2 (importância) vital 3 (questão, trabalho) pendente; por resolver 4 (dívida) por saldar

outstay [aʊt'steɪ] *vt* demorar mais do que ❖ *to outstay one's welcome* abusar da hospitalidade

outstretch [aʊt'stretʃ] *vt* estender, abrir; esticar

outstrip [aʊt'strɪp] *vt* {*pret e pp* -pp-} ultrapassar; superar; ser superior a

out-take ['aʊtteɪk] *n* parte de um filme não incluída na versão final

outvote [aʊt'vəʊt] *vt* vencer na votação ❖ *to be outvoted* perder a votação

outward ['aʊtwəd] *adj* 1 exterior, externo 2 de ida; *outward journey* viagem de ida ♦ *adv* para fora; para o exterior

outwardly ['aʊtwədlɪ] *adv* exteriormente, aparentemente

outwards ['aʊtwəd] *adv* GB para fora; para o exterior

outweigh [aʊt'weɪ] *vt* 1 ser mais pesado que 2 *fig* superar

outwit [aʊt'wɪt] *vt* {*pret e pp* -tt-} 1 (astúcia) ser mais esperto do que 2 iludir; despistar

outworn [aʊt'wɔːn] *adj* ultrapassado, desgastado; *outworn ideas* ideias ultrapassadas

oval ['əʊvəl] *adj,n* oval

ovary ['əʊvərɪ] *n* {*pl* -ies} ovário

ovation [əʊ'veɪʃən] *n* ovação; aplausos

oven ['ʌvn] *n* forno ❖ (calor) *it's like an oven in here* isto aqui parece um forno

over ['əʊvə] *prep* 1 sobre; em cima de; por cima de 2 do outro lado; *over the street* do outro lado da rua 3 mais de; *over twenty people* para cima de vinte pessoas 4 por, durante; *over dinner* durante o jantar 5 por; *he travelled all over the world* ele viajou por todo o mundo ♦ *adv* 1 abaixo 2 do outro lado; ao lado; *sit over here* senta-te deste lado 3 acima 4 de sobra; de reserva; *she had no money over* ela não tinha dinheiro nenhum de sobra 5 todo; por completo; *read it over* lê até ao fim 6 outra vez; *I had to do everything over* tive que fazer tudo de novo ❖ *over and above* para além de; *over and over* vezes sem conta; *to be all over* estar tudo acabado

overact [ˌəʊvər'ækt] *vt,i* 1 exagerar 2 TEAT, CIN representar com exagero

overall ['əʊvərɔːl] *adj* 1 global; total; *overall cost* custo total 2 (vencedor, vitória) absoluto ♦ *adv* 1 em geral; globalmente 2 ao todo; no total 3 na classificação geral ♦ *n* GB bata ♦ *npl* 1 GB fato-macaco; macacão 2 EUA jardineiras

overawe [ˌəʊvər'ɔː] *vt* intimidar; aterrar

overbalance [ˌəʊvə'bæləns] *vt* 1 desequilibrar 2 pesar mais que 3 ser mais importante que ♦ vi perder o equilíbrio; desequilibrar-se ♦ n 1 excedente 2 preponderância

overbear [ˌəʊvəˈbeə] vt {pret -bore, pp -borne} 1 dominar; subjugar 2 levar a melhor sobre

overbearing [ˌəʊvəˈbeərɪŋ] adj prepotente; autoritário

overblown [ˌəʊvəˈbləʊn] adj 1 excessivo; exagerado 2 (flor) demasiado aberta

overboard [ˈəʊvəbɔːd] adv ao mar; à água; *to fall overboard* cair ao mar ❖ *to go overboard* ir longe de mais

overbooking [ˌəʊvəˈbʊkɪŋ] n overbooking, excesso de reservas

overburden [ˌəʊvəˈbɜːdən] vt sobrecarregar

overburdened [ˌəʊvəˈbɜːdənd] adj sobrecarregado [with, de]; *to be overburdened with work* estar sobrecarregado de trabalho

overcast [ˈəʊvəkɑːst] adj nublado, encoberto

overcharge [əʊvəˈtʃɑːdʒ] vt 1 cobrar demasiado por 2 sobrecarregar ♦ vi cobrar um preço excessivo

overcloud [ˌəʊvəˈklaʊd] vt 1 nublar 2 fig entristecer

overcoat [ˈəʊvəkəʊt] n sobretudo

overcome [ˌəʊvəˈkʌm] vt,i {pret -came, pp -come} vencer, derrotar; superar; dominar; *to overcome an obstacle* vencer um obstáculo

overcook [ˌəʊvəˈkʊk] vt recozer; cozer demasiado

overcrowd [ˌəʊvəˈkraʊd] vt abarrotar; encher demasiado

overcrowded [ˌəʊvəˈkraʊdɪd] adj 1 superlotado; a abarrotar 2 superpovoado

overdo [ˌəʊvəˈduː] vt {pret -did, pp -done} 1 exagerar (em); levar demasiado longe 2 CUL cozer demasiado; esturrar

overdone [ˌəʊvəˈdʌn] pp de to overdo ♦ adj CUL muito passado

overdose [ˈəʊvədəʊs] n overdose

overdraft [ˈəʊvədrɑːft] n descoberto bancário; *a €200 overdraft* um saldo negativo de €200

overdraw [ˌəʊvəˈdrɔː] vt,i {pret -drew, pp -drawn} ECON sacar a descoberto

overdrawn [ˌəʊvəˈdrɔːn] adj com saldo negativo; a descoberto

overdress [ˌəʊvəˈdres] vt,i pej vestir demasiado bem

overdressed [ˈəʊvədresd] adj bem vestido de mais (para a ocasião)

overdue [ˌəʊvəˈdjuː] adj 1 atrasado; *the bus is overdue* o autocarro está atrasado 2 ECON vencido; por pagar

overeat [əʊvəˈriːt] vi {pret -ate, pret -eaten} pej comer demasiado

overestimate [əʊvərˈestɪmeɪt] vt,i fazer uma estimativa por cima ♦ n estimativa exagerada

overfill [ˈəʊvəfɪl] vt,i encher demasiado

overflow[1] [ˈəʊvəfləʊ] n 1 excesso 2 enchente 3 transbordamento; cheia 4 tubo de descarga

overflow[2] [ˌəʊvəˈfləʊ] vi transbordar [with, de] ♦ vt inundar

overgrown [ˌəʊvəˈɡrəʊn] adj 1 coberto [with, de]; cheio [with, de] 2 demasiado grande

overhasty [ˌəʊvəˈheɪstɪ] adj precipitado

overhaul [ˈəʊvəhɔːl] vt 1 inspecionar; examinar; vistoriar 2 fazer uma revisão geral a ♦ n revisão geral; inspeção

overhead [ˌəʊvəˈhed] adv 1 em cima; no alto 2 por cima da cabeça ♦ adj 1 aéreo; no alto 2 por cima da cabeça; *overhead kick* pontapé de bicicleta 3 (custos, despesas) geral ♦ n ECON despesas gerais

overhear [ˌəʊvəˈhɪə] vt {pret e pp -heard} ouvir acidentalmente; ouvir por acaso

overheat [ˌəʊvəˈhiːt] vt,i sobreaquecer

overheating [ˌəʊvəˈhiːtɪŋ] n sobreaquecimento

overindulge [ˌəʊvərɪnˈdʌldʒ] vi (cometer excessos) abusar; *she overindulges in choco-*

lates ela abusa dos chocolates ♦ *vt* ser demasiado indulgente com; mimar

overjoyed [ˌəʊvəˈdʒɔɪd] *adj* radiante [at, com]; felicíssimo [at, com]

overkill [ˈəʊvəkɪl] *n* excesso; exagero

overland [ˈəʊvəlænd] *adj* terrestre ♦ *adv* por terra

overlap[1] [ˈəʊvəlæp] *n* 1 sobreposição 2 coincidência

overlap[2] [ˌəʊvəˈlæp] *vi* 1 sobrepor-se 2 coincidir; *these meetings overlap* estas reuniões são à mesma hora

overleaf [ˌəʊvəˈliːf] *adv* no verso; do outro lado da página; *see overleaf* ver no verso

overload[1] [ˈəʊvələʊd] *n* 1 sobrecarga 2 excesso; *information overload* excesso de informação

overload[2] [ˌəʊvəˈləʊd] *vt* sobrecarregar [with, com]; *to overload the electrical system* sobrecarregar o sistema elétrico

overlook [ˌəʊvəˈlʊk] *vt* 1 (*ignorar*) passar por cima de; não ter em conta 2 (*erro*) desculpar; deixar passar 3 dar para; ter vista para; *the window overlooks the street* a janela tem vista para a rua 4 vigiar; superintender

overly [ˈəʊvəli] *adv* demasiadamente

overmanning [ˌəʊvəˈmænɪŋ] *n* excesso de pessoal

overnight [ˌəʊvəˈnaɪt] *adv* 1 durante a noite; *to stay overnight* passar a noite 2 de um dia para o outro; *it all happened overnight* aconteceu tudo de repente

overpass [ˈəʊvəpɑːs] *n EUA* viaduto

overplus [ˈəʊvəplʌs] *n* 1 excedente 2 saldo positivo

overpopulated [ˌəʊvəˈpɒpjʊleɪtɪd] *adj* sobrepovoado

overpopulation [ˌəʊvəpɒpjʊˈleɪʃən] *n* excesso populacional

overpower [ˌəʊvəˈpaʊə] *vt* subjugar; derrotar; dominar

overpowering [ˌəʊvəˈpaʊərɪŋ] *adj* 1 intenso; avassalador 2 (cheiro) muito forte 3 (calor) opressivo; excessivo 4 dominador

overpriced [ˌəʊvəˈpraɪsd] *adj* excessivamente caro

overprize [ˌəʊvəˈpraɪz] *vt* sobrevalorizar

overproduction [ˌəʊvəprəˈdʌkʃən] *n* superprodução

overrate [ˌəʊvəˈreɪt] *vt* sobrevalorizar; sobrestimar

overreach [ˌəʊvəˈriːtʃ] *vt* ultrapassar; exceder ❖ *to overreach oneself* exigir de mais de si mesmo

overreact [ˌəʊvərɪˈækt] *vi* reagir de forma excessiva; exagerar; dramatizar

override [ˌəʊvəˈraɪd] *vt* (*pret* overrode, *pp* overridden) 1 anular 2 ser mais importante que; sobrepor-se a 3 pôr de parte; desprezar

overriding [ˌəʊvəˈraɪdɪŋ] *adj* primordial, principal

overrule [ˌəʊvəˈruːl] *vt* 1 DIR anular; *the judgement was overruled* o julgamento foi anulado 2 indeferir; decidir contra; rejeitar; *to overrule a claim* rejeitar uma pretensão

overrun [ˌəʊvəˈrʌn] *vt* (*pret* overran, *pp* overrun) 1 invadir; devastar 2 infestar; *to be overrun with* estar infestado de 3 exceder 4 inundar ♦ *vi* 1 transbordar 2 exceder o tempo previsto

oversea [ˌəʊvəˈsiː] *adj* 1 ultramarino; do ultramar 2 além do mar ♦ *adv* 1 no ultramar 2 no estrangeiro; *to go oversea* ir para o estrangeiro

overseas [ˌəʊvəˈsiːz] *adj* 1 externo; estrangeiro 2 ultramarino ♦ *adv* no estrangeiro, para o estrangeiro

oversee [ˌəʊvəˈsiː] *vt* (*pret* -saw, *pp* -seen) supervisionar; vigiar; orientar

overseer [ˈəʊvəsɪə] *n* encarregado; supervisor

overshoot [ˌəʊvəˈʃuːt] *vt* (*pret e pp* -shot) ultrapassar; ir além de ❖ *to overshoot the mark* falhar o alvo

oversight [ˈəʊvəsaɪt] *n* 1 omissão, lapso 2 *form* supervisão

oversize [,əuvə'saɪz] *adj* desproporcionado; demasiado grande

oversized [,əuvə'saɪzd] *adj* desproporcionado; demasiado grande

oversleep [,əuvə'sli:p] *vi* {*pret e pp* -slept} adormecer; não acordar a tempo

overspill ['əuvəspɪl] *n* excedente de população

overstaffed ['əuvəsta:fd] *adj* com excesso de pessoal

overstate [,əuvə'steɪt] *vt* exagerar

overstatement [,əuvə'steɪtmənt] *n* exagero

overstep [,əuvə'step] *vt* {*pret e pp* -pp-} 1 ultrapassar 2 abusar de ❖ *to overstep the mark* passar das marcas

overt ['əuvɜ:t] *adj* manifesto; declarado

overtake [,əuvə'teɪk] *vt* {*pret* -took, *pp* -taken} 1 (carro) ultrapassar 2 apanhar de surpresa; surpreender; *the charge against him overtook him* a acusação contra ele apanhou-o de surpresa 3 dominar; assaltar ♦ *vi* (carro) ultrapassar

overtax [,əuvə'tæks] *vt* 1 (impostos, trabalho) sobrecarregar 2 pôr à prova

over-the-counter [,əuvəðə'kauntə] *adj* 1 (produtos farmacêuticos) não sujeito a receita médica 2 ECON (ações, transações) paralelo (à Bolsa)

overthrow[1] ['əuvəθrəu] *n* derrube; deposição

overthrow[2] [,əuvə'θrəu] *vt* {*pret* -threw, *pp* -thrown} derrotar; derrubar; *to overthrow a government* derrubar um governo

overtime ['əuvətaɪm] *n* 1 horas extraordinárias; *to work overtime* fazer horas extraordinárias 2 *EUA* DESP prolongamento

overtone ['əuvətəun] *n* conotação

overtop [,əuvə'tɒp] *vt* {*pret e pp* -pp-} suplantar; ultrapassar

overture ['əuvətjuə] *n* 1 MÚS abertura 2 tentativa de aproximação

overturn [,əuvə'tɜ:n] *vt* 1 virar; pôr de pernas para o ar 2 derrubar; *they overturned the government* eles derrubaram

o governo 3 subverter ♦ *vi* virar; *the boat overturned* o barco virou

overuse[1] ['əuvəju:s] *n* abuso; utilização excessiva

overuse[2] [,əuvə'ju:z] *vt* (uso excessivo) abusar de

overvaluation [,əuvə,vælju'eɪʃən] *n* sobrevalorização

overvalue [,əuvə'vælju:] *vt* 1 sobrevalorizar 2 sobrestimar ♦ *n* sobrevalorização

overview ['əuvəvju:] *n* perspetiva geral

overweight ['əuvəweɪt] *adj* (bagagem, pessoa) com excesso de peso

overwhelm [,əuvə'welm] *vt* dominar; avassalar; esmagar ❖ (emoções) *to be overwhelmed by* ser dominado por

overwhelming [,əuvə'welmɪŋ] *adj* 1 esmagador; avassalador 2 (desejo, necessidade) irresistível 3 (prova) irrefutável

overwork ['əuvəwɜ:k] *n* excesso de trabalho ♦ *vt* (trabalho) sobrecarregar ♦ *vi* trabalhar em excesso

overwrought [,əuvə'rɔ:t] *adj* 1 (agitação) transtornado 2 (excesso de trabalho) exausto 3 (estilo) rebuscado; floreado

ovine ['əuvaɪn] *adj* ZOOL ovino

ovular ['ɒvjʊlə] *adj* ovular

ovulate ['ɒvjʊleɪt] *vi* ter ovulação

ovulation [,ɒvjʊ'leɪʃən] *n* ovulação

ovule ['ɒvju:l] *n* BIOL óvulo

ovum ['əuvəm] *n* {*pl* ova} téc óvulo

owe [əu] *vt* dever; estar em dívida para com; *I owe my parents a lot* devo muito aos meus pais ❖ *I owe you one* fico a dever-te uma; *you owe it to yourself* tu mereces

owing ['əuɪŋ] *adj* (quantia, dinheiro) em dívida; em falta

owing to ['əuɪŋtu] *prep* devido a

owl [aul] *n* mocho; coruja

own [əun] *adj* próprio; do próprio; *for reasons of his own* por razões particulares; *my own sister* a minha própria irmã ♦ *vt* 1 ter; ser dono de 2 responsabilizar-se por 3 admitir; confessar; reconhecer ❖ DESP *own goal* autogolo; *on one's own* sozinho; sem auxílio; *to have nothing of one's own* não ter nada de seu

◆ **own up** vi confessar; admitir

owner ['əʊnə] n proprietário, dono

ownership ['əʊnəʃɪp] n posse; propriedade

ox [ɒks] n {*pl* oxen} boi

oxcart ['ɒkskɑːt] n carro de bois

oxidation [ˌɒksɪ'deɪʃən] n *EUA* QUÍM oxidação

oxide ['ɒksaɪd] n óxido

oxidization [ˌɒksɪdaɪ'zeɪʃənz] n oxidação

oxidize ['ɒksɪdaɪz] vt,i oxidar

oxidizing ['ɒksɪdaɪzɪŋ] adj QUÍM oxidante; *oxidizing agent* oxidante

oxygen ['ɒksɪdʒən] n oxigénio

oxygenate ['ɒksɪdʒɪneɪt] vt oxigenar

oxygenation [ˌɒksɪdʒɪ'neɪʃən] n oxigenação

oxymoron [ˌɒksɪ'mɔːrɒn] n oximoro

oxytone ['ɒksɪtəʊn] adj,n LING oxítono

oyster ['ɔɪstə] n ostra; *oyster bed* viveiro de ostras

oz [*abrev. de* **ounce**]

ozone ['əʊzəʊn] n ozono; *ozone hole* buraco do ozono; *ozone layer* camada do ozono

ozone-friendly ['əʊzəʊnˌfrendli] adj amigo do ozono

P

p [piː] n {pl p's} (letra) p

pace [peɪs] n 1 passo 2 ritmo; marcha; andamento ♦ vt,i 1 andar de um lado para o outro 2 marcar o ritmo (de) ❖ *to pace up and down* andar de um lado para o outro; *at one's own pace* ao seu próprio ritmo, *to keep pace with* acompanhar; *to set the pace* marcar o ritmo

pacemaker ['peɪsmeɪkə] n 1 (aparelho) pacemaker 2 (atleta em corrida) lebre

pacific [pə'sɪfɪk] adj lit pacífico; sossegado

Pacific [pə'sɪfɪk] n (oceano) Pacífico

pacifier ['pæsɪfaɪə] n 1 EUA chupeta 2 pacificador

pacifism ['pæsɪfɪzəm] n pacifismo

pacifist ['pæsɪfɪst] adj,n pacifista

pacify ['pæsɪfaɪ] vt pacificar; acalmar

pack [pæk] n 1 fardo; trouxa 2 alforge; albarda 3 EUA pacote 4 (cartas) baralho 5 matilha 6 quadrilha; bando 7 EUA (cigarros) maço ♦ vt,i 1 enfardar 2 empacotar; embalar 3 fazer as malas 4 encher; apinhar ❖ *pack animal* besta de carga; *pack cloth* serapilheira; *to be a pack of lies* ser tudo mentira

♦ **pack up** vt 1 empacotar 2 pôr na mala ♦ vi 1 fazer as malas 2 avariar-se

package ['pækɪdʒ] n 1 embalagem; pacote; embrulho 2 INFORM conjunto de programas ♦ vt 1 embalar; empacotar 2 promover; publicitar 3 acondicionar ❖ *package holiday* pacote de férias

packaging ['pækɪdʒɪŋ] n 1 embalagem; embrulho 2 (publicidade) tratamento da imagem pública

packed [pækt] adj cheio; a abarrotar ❖ *packed lunch* merenda

packet ['pækɪt] n 1 pacote 2 maço 3 encomenda 4 col dinheirão; *to cost a packet* custar os olhos da cara

packing ['pækɪŋ] n 1 empacotamento; embalagem 2 material de embrulho ❖ *to do one's packing* fazer as malas

pact [pækt] n pacto

pad [pæd] n 1 almofada; coxim 2 (pata de animal, carimbo) almofada 3 (papel) bloco 4 col casa 5 DESP (críquete, hóquei) caneleira 6 EUA penso higiénico ♦ vt,i {pret e pp -dd-} 1 almofadar 2 revestir; forrar 3 andar silenciosamente

♦ **pad out** vt (texto) encher; meter palha

padded ['pædɪd] adj acolchoado; almofadado

paddle ['pædl] n 1 remo 2 (nora) pena, pá 3 pata de pato ♦ vt,i 1 remar 2 chapinhar; patinhar ❖ *paddle boat* barco a remos; *to paddle one's own canoe* governar-se sozinho

paddy ['pædi] n {pl -ies} arrozal

padlock ['pædlɒk] n aloquete; cadeado ♦ vt fechar com um aloquete

paediatric [ˌpiːdɪ'ætrɪk] adj GB pediátrico

paediatrician [ˌpiːdɪə'trɪʃən] n GB pediatra

paediatrics [ˌpiːdɪ'ætrɪks] n MED pediatria

paedophile ['piːdəfaɪl] n GB pedófilo

paedophilia [ˌpiːdə'fɪlɪə] n GB pedofilia

paedophilic [ˌpiːdə'fɪlɪk] adj pedófilo

pagan ['peɪɡən] adj,n pagão

paganism ['peɪɡənɪzəm] n paganismo

page [peɪdʒ] n 1 página; *on the front page* na primeira página 2 paquete; moço de recados 3 pajem ♦ vt 1 paginar 2 (em altifalante) chamar 3 (pager) contactar 4 servir (como pajem)

pageant ['pædʒənt] n 1 representação histórica; quadro vivo 2 EUA concurso de beleza

pager ['peɪdʒə] n pager

paginate ['pædʒɪneɪt] vt paginar

pagination [ˌpædʒɪ'neɪʃən] n paginação

paid [peɪd] *pret e pp de* to pay ♦ *adj* pago; remunerado ❖ *to put paid to* pôr termo a

pail [peɪl] *n EUA* balde

pain [peɪn] *n* 1 (físico, mental) dor; sofrimento; *to cause pain* fazer sofrer 2 *col* chato; chatice ♦ *npl* 1 esforço; trabalho 2 dores de parto ♦ *vt* fazer sofrer; afligir ❖ *col a pain in the ass* um chato; uma chatice; *col a pain in the neck* um chato, uma chatice; *to be at pains to* esforçar-se por; *to take pains to* esforçar-se muito por

painful ['peɪnfʊl] *adj* 1 doloroso 2 penoso

painkiller ['peɪnkɪlə] *n* analgésico

painless ['peɪnləs] *adj* 1 sem dor; indolor 2 fácil; sem esforço

painstaking ['peɪnzteɪkɪŋ] *adj* escrupuloso; meticuloso

paint [peɪnt] *n* 1 tinta 2 pintura; cor 3 *col* maquilhagem ♦ *npl* aguarelas ♦ *vt,i* 1 pintar 2 maquilhar 3 colorir 4 descrever; retratar ❖ *wet paint* pintado de fresco

paintball ['peɪntbɔːl] *n* paintball

paintbrush ['peɪntbrʌʃ] *n* pincel

painter ['peɪntə] *n* pintor

painting ['peɪntɪŋ] *n* 1 pintura 2 quadro; pintura

pair [peə] *n* par; parelha; *pair of shoes* par de sapatos; *the pair of you* vocês os dois ♦ *vt,i* emparelhar ❖ *a pair of scissors* uma tesoura; *a pair of trousers* um par de calças

♦ **pair off** *vt,i* formar pares

pajamas [pə'dʒɑːməz] *npl EUA* pijama; *in one's pajamas* de/em pijama

Pakistan [,pɑːkɪs'tɑːn] *n* Paquistão

Pakistani [,pɑːkɪs'tɑːniː] *adj,n* paquistanês

pal [pæl] *n col* companheiro; amigalhaço

palace ['pælɪs] *n* palácio

Palaeolithic [,pælɪə'lɪθɪk] *adj* paleolítico

palaeontological [,pælɪɒntə'lɒdʒɪkəl] *adj* paleontológico

palaeontology [,pælɪɒn'tɒlədʒɪ] *n* paleontologia

palatal ['pælətəl] *adj,n* palatal

palate ['pælɪt] *n* 1 palato 2 paladar; gosto

palatine ['pælətaɪn] *adj ANAT* palatino

pale [peɪl] *adj* 1 pálido; desmaiado; sem cor; *to turn pale* empalidecer 2 (luz) ténue ♦ *n* 1 estaca; pau aguçado 2 paliçada 3 recinto ♦ *vi* 1 empalidecer; perder a cor 2 desvanecer-se

paleness ['peɪlnɪs] *n* palidez

Palestinian [,pælɪs'tɪnɪən] *adj,n* palestino

palette ['pælɪt] *n* paleta ❖ *palette knife* espátula

palisade [,pælɪ'seɪd] *n* paliçada

pall [pɔːl] *n* 1 pano mortuário 2 caixão 3 *fig* manto; cobertura; *a pall of smoke* uma camada de fumo ♦ *vi* perder o encanto; tornar-se insípido

palladium [pə'leɪdɪəm] *n* {*pl* -s} 1 QUÍM (elemento químico) paládio 2 (*salvaguarda*) paládio

palliative ['pælɪətɪv] *adj,n* paliativo

palm [pɑːm] *n* 1 (mão) palma 2 (medida) palmo 3 BOT palmeira 4 folha de palmeira ♦ *vt* esconder com a mão ❖ REL *Palm Sunday* Domingo de Ramos; *to have someone in the palm of one's hand* ter alguém nas mãos

♦ **palm off** *vt* impingir

palmtop ['pɑːmtɒp] *n* palmtop, computador de bolso

palpable ['pælpəbəl] *adj* palpável; *a palpable lie* uma mentira óbvia

palpate ['pælpeɪt] *vt* apalpar

palpation [pæl'peɪʃən] *n* apalpação, toque

palpitate ['pælpɪteɪt] *vi* palpitar

palpitation [,pælpɪ'teɪʃən] *n* palpitação

paludism ['pæljʊdɪzəm] *n* MED paludismo

pamper ['pæmpə] *vt* mimar; acarinhar

pamphlet ['pæmflɪt] *n* panfleto

pan [pæn] *n* 1 tacho, caçarola 2 *EUA* (forno) tabuleiro 3 (balança) prato 4 *GB* lavatório ♦ *vt* {*pret e pp* -nn-} 1 (metais preciosos) separar 2 *col* criticar, arrasar ♦ *vi* (câmara de filmar) filmar lentamente ❖ *frying pan* frigideira, sertã; *to go down the pan* ir por água abaixo

panama ['pænəmɑː] n (chapéu) panamá

pancake ['pænkeɪk] n CUL panqueca ❖ GB *Pancake Day/Pancake Tuesday* Terça-Feira de Carnaval

pancreas ['pæŋkrɪəs] n pâncreas

panda ['pændə] n panda

pandemonium [,pændɪ'məʊnɪəm] n pandemónio

pane [peɪn] n vidro, vidraça

panel ['pænl] n 1 caixilho 2 (porta) almofada 3 painel; *control panel* painel de controlo 4 quadro elétrico 5 grupo de especialistas 6 DIR lista de jurados; júri ◆ vt {pret e pp -ll-} (portas, janelas) apainelar, almofadar

pang [pæŋ] n 1 angústia 2 dor súbita

panic ['pænɪk] n pânico; *panic attack* ataque de pânico ◆ vi entrar em pânico [at, com]

panicky ['pænɪki] adj col nervoso, ansioso

panic-stricken ['pænɪk,strɪkən] adj aterrorizado

panorama [,pænə'rɑːmə] n 1 panorama 2 panorâmica

panoramic [,pænə'ræmɪk] adj panorâmico

pant [pænt] vi ofegar, *to pant for breath* estar sem fôlego

pantheism ['pænθiːɪzəm] n panteísmo

pantheist ['pænθiːɪst] n panteísta

pantheistic [,pænθiː'ɪstɪk] adj panteísta

pantheon ['pænθiːən] n panteão

panther ['pænθə] n {pl panthers, panther} 1 pantera 2 EUA puma

panties ['pæntiz] npl EUA calcinhas

pantihose ['pæntihəʊz] n pl EUA ⇒ **tights**

pantomime ['pæntəmaɪm] n pantomima

pantry ['pæntri] n {pl -ies} 1 despensa 2 copa

pants [pænts] npl 1 GB cuecas 2 EUA calças

pantyhose ['pæntihəʊz] npl EUA collants; meia-calça

pap [pæp] n 1 papa 2 col treta

papal ['peɪpəl] adj papal, pontifício

paparazzi [,pæpə'rætsi] npl paparazzi

papaya [pə'paɪə] n papaia

paper ['peɪpə] n 1 papel 2 jornal 3 ensaio; dissertação; artigo; palestra 4 (escola, universidade) prova, exame 5 papel de parede ◆ npl documentos ◆ vt forrar a papel ◆ adj de papel ❖ *paper knife* corta-papéis; *paper punch* furador; *on paper* em teoria; por escrito

paperback ['peɪpəbæk] n livro de capa mole

paperclip ['peɪpəklɪp] n clipe

paperweight ['peɪpəweɪt] n pisa-papéis

paperwork ['peɪpəwɜːk] n trabalho burocrático; papelada

paprika ['pæprɪkə] n paprica

Papuan ['pæpuən] adj,n papuano

Papua New Guinea [,pæpuənjuː'gɪni] n Papua Nova Guiné

papyrus [pə'paɪərəs] n {pl -i} (planta, manuscrito) papiro

par [pɑː] n 1 igualdade; equivalência 2 média; *above par* acima da média

parable ['pærəbl] n (narração) parábola

parabola [pə'ræbələ] n {pl -s} GEOM parábola

parabolic [,pærə'bɒlɪk] adj parabólico

parachute ['pærəʃuːt] n paraquedas ◆ vi saltar de paraquedas ◆ vt lançar de paraquedas

parachutist ['pærəʃuːtɪst] n paraquedista

parade [pə'reɪd] n 1 desfile, cortejo; *fashion parade* desfile de moda 2 MIL parada 3 GB zona comercial ◆ vi desfilar ◆ vt 1 passar em revista 2 pej ostentar, exibir ❖ MIL *to be on parade* estar em formatura para revista

paradigm ['pærədɪm] n paradigma

paradise ['pærədaɪs] n paraíso

paradisiac [,pærə'dɪsɪæk] adj paradisíaco

paradox ['pærədɒks] n {pl -es} paradoxo

paradoxical [,pærə'dɒksɪkəl] adj paradoxal

paraffin ['pærəfɪn] n parafina

paraglider ['pærə‚glaɪdə] n 1 (planador) parapente 2 praticante de parapente

paragliding ['pærə‚glaɪdɪŋ] n (atividade) parapente

paragraph ['pærəgrɑːf] n 1 parágrafo 2 (jornais) pequena notícia ♦ vt dividir em parágrafos

Paraguay ['pærəgwaɪ] n Paraguai

Paraguayan [‚pærə'gwaɪən] adj,n paraguaio

parakeet ['pærəkiːt] n periquito

parallel ['pærəlel] adj 1 paralelo [to/with, a]; *parallel lines* linhas paralelas 2 análogo; semelhante ♦ n 1 (semelhança) paralelo 2 GEOG paralelo 3 MAT (linha) paralela ♦ vt ser equivalente a ❖ DESP *parallel bars* barras paralelas; *to draw a parallel between* estabelecer um paralelo entre; *without parallel* sem paralelo, nunca visto

parallelepiped [‚pærəlelə'paɪped] n GEOM paralelepípedo

parallelism ['pærəlelɪzəm] n paralelismo

parallelogram [‚pærə'leləgræm] n paralelogramo

paralyse ['pærəlaɪz] vt paralisar

paralysis [pə'rælɪsɪs] n {pl -lyses} 1 MED paralisia 2 paralisação

paralytic [‚pærə'lɪtɪk] adj,n MED paralítico

paralyze ['pærəlaɪz] vt EUA ⇒ **paralyse**

paramedic [‚pærə'medɪk] n paramédico

parameter [pə'ræmɪtə] n parâmetro

paramount ['pærəmaʊnt] adj primordial

paranoia [‚pærə'nɔɪə] n paranoia

paranoiac [‚pærə'nɔɪæk] adj,n paranoico

paranoid ['pærənɔɪd] adj,n paranoico

paranormal [‚pærə'nɔːməl] adj paranormal

parapet ['pærəpɪt] n (de telhado, ponte) parapeito

paraphernalia [‚pærəfə'neɪlɪə] n parafernália

paraphrase ['pærəfreɪz] n paráfrase [of, de] ♦ vt parafrasear

paraplegic [‚pærə'pliːdʒɪk] n,adj paraplégico

parapsychology [‚pærəsaɪ'kɒlədʒi] n parapsicologia

parasailing ['pærəseɪlɪŋ] n parasailing

parasite ['pærəsaɪt] n parasita

parasitic [‚pærə'sɪtɪk] adj parasita; parasitário

parasol ['pærəsɒl] n guarda-sol

paratrooper [‚pærə'truːpə] n MIL paraquedista

paratroops ['pærətruːps] npl MIL paraquedistas

parcel ['pɑːsl] n 1 embrulho 2 encomenda 3 porção, parte 4 (terreno) parcela, lote ♦ **parcel off** vt dividir em lotes

parch [pɑːtʃ] vt 1 ressequir, secar 2 (torrada) queimar

parched ['pɑːtʃt] adj 1 seco; ressequido 2 col cheio de sede

parchment ['pɑːtʃmənt] n pergaminho

pardon ['pɑːdn] n 1 perdão; desculpa 2 DIR indulto ♦ vt 1 form perdoar 2 DIR conceder indulto a ♦ interj col perdão! ❖ *pardon me* desculpe; *pardon my French* desculpe a linguagem; *I beg your pardon?* como disse? *I beg your pardon* peço desculpa; *if you'll pardon the expression* passe a expressão

parent ['peərənt] n pai, mãe ♦ npl pais ❖ *parent company* empresa mãe

parental [pə'rentəl] adj parental; dos pais

parenthesis [pə'renθɪsɪs] n {pl -theses} parêntese, parêntesis; *in parentheses* entre parênteses

parenthood ['peərənthʊd] n parentalidade

parietal [pə'raɪətəl] adj,n parietal

parish ['pærɪʃ] n {pl -es} paróquia; *parish priest* pároco

parishioner [pə'rɪʃənə] n paroquiano

Parisian [pə'rɪzɪən] adj,n parisiense

parity ['pærɪti] n 1 (direitos) paridade; igualdade 2 ECON paridade monetária

park [pɑːk] n parque; jardim público ♦ vt,i (veículos) estacionar ❖ **to park oneself** instalar-se, abancar; **theme park** parque temático

parking ['pɑːkɪŋ] n (veículos) estacionamento ❖ EUA **parking lot** parque de estacionamento; **parking meter** parquímetro; **parking ticket** multa de estacionamento; **no parking** estacionamento proibido

parliament ['pɑːləmənt] n parlamento; **member of Parliament** deputado

parliamentary [,pɑːlə'mentəri] adj parlamentar

parlour ['pɑːlə] n loja; estabelecimento; **beauty parlour** salão de beleza

Parmesan [,pɑːmɪ'zæn] n (queijo) parmesão

parochial [pə'rəʊkiəl] adj 1 pej provinciano 2 paroquial

parodist ['pærədɪst] n parodista

parody ['pærədi] n (pl -ies) paródia [on/of, de] ♦ vt parodiar

parole [pə'rəʊl] n liberdade condicional; **on parole** em liberdade condicional; **to break parole** violar a liberdade condicional ♦ vt soltar em liberdade condicional

paronym ['pærənɪm] n LING palavra parónima

paronymous [pə'rɒnɪməs] adj LING parónimo

parotid [pə'rɒtɪd] n ANAT parótida

paroxytone [pə'rɒksɪtəʊn] n LING paroxítono

parquet ['pɑːkeɪ] n parquê

parricide ['pærɪsaɪd] n 1 (crime) parricídio 2 (pessoa) parricida

parrot ['pærət] n 1 ZOOL papagaio 2 fig macaco de imitação ♦ vt pej papaguear; imitar ❖ GB **to be sick as a parrot** estar pior que estragado

parsley ['pɑːsli] n (planta) salsa

parson ['pɑːsn] n pároco; vigário

part [pɑːt] n 1 parte; **to be a part of** fazer parte de 2 peça; componente; **spare part** peça sobresselente 3 papel; função 4 TEAT, CIN papel 5 MÚS parte, partitura 6 EUA (cabelo) risca ♦ adv em parte, parcialmente ♦ adj parcial; **part payment** pagamento parcial ♦ vt 1 separar; afastar 2 (cabelo) fazer a risca ♦ vi separar-se; terminar relacionamento ❖ **in these parts** por estas bandas; **on somebody's part** da parte de alguém; **to play a part in** desempenhar um papel importante em; **to take part in** participar em; **to take somebody's part** tomar o partido de alguém

partake [pɑː'teɪk] vi (pret -took, pp -taken) 1 form participar [in, em] 2 form (comida, bebida) aceitar [of, -]; tomar [of, -]

partial ['pɑːʃəl] adj parcial ❖ **to be partial to** gostar muito de

partiality [,pɑːʃi'ælɪti] n (pl -ies) 1 parcialidade 2 preferência [for, por]; predileção [for, por]

partially ['pɑːʃəli] adv parcialmente

participant [pɑː'tɪsɪpənt] adj,n participante [in, em]

participate [pɑː'tɪsɪpeɪt] vi participar [in, em]; tomar parte [in, em]

participation [pɑːtɪsɪ'peɪʃən] n participação

participial [,pɑːtɪ'sɪpiəl] adj LING participial

participle ['pɑːtsɪpl] n particípio

particle ['pɑːtɪkl] n partícula ❖ **not a particle of truth in** nem um pingo de verdade em

particular [pə'tɪkjʊlə] adj 1 específico 2 particular; especial 3 esquisito [about, com]; picuinhas [about, com] ♦ n detalhe ♦ npl informações detalhadas ❖ **in particular** em especial

particularity [,pətɪkjʊ'lærɪti] n (pl -ies) form particularidade; peculiaridade

particularly [pə'tɪkjʊləli] adv especialmente; particularmente ❖ **not particularly!** nem por isso!

parting ['pɑːtɪŋ] n 1 separação; adeus; despedida 2 GB (cabelo) risca ♦ adj de despedida

partisan ['pɑːtɪzæn] n 1 partidário; militante 2 guerrilheiro

partition [pɑː'tɪʃən] n 1 divisão 2 divisória ♦ vt dividir [into, em]; repartir [into, em]

partitive ['pɑːtɪtɪv] adj,n LING partitivo

partly ['pɑːtlɪ] adv em parte

partner ['pɑːtnə] n 1 companheiro; cônjuge 2 (jogo) parceiro 3 (dança) par 4 sócio 5 parceiro ♦ vt ser parceiro de; fazer par com ❖ col **partners in crime** cúmplices

partnership ['pɑːtnəʃɪp] n 1 sociedade 2 parceria

partridge ['pɑːtrɪdʒ] n perdiz

part-time [ˌpɑːt'taɪm] adj,adv em part-time

part-timer [ˌpɑːt'taɪmə] n 1 trabalhador em part-time 2 estudante a tempo parcial

party ['pɑːtɪ] n {pl -ies} 1 festa; to give/throw **a party** dar uma festa 2 POL partido 3 grupo; equipa 4 DIR suspeito ♦ vi EUA col divertir-se ❖ col **party animal** folião, borguista; form **to be a party to** estar envolvido em

pasha ['pɑːʃə] n paxá

pass [pɑːs] vt 1 passar por; cruzar-se com 2 (alfândega, fronteira) passar 3 (carro) ultrapassar 4 (exame) passar a, ser aprovado a 5 passar, dar; **pass the water** passa-me a água 6 (chamada telefónica) passar 7 (candidato) admitir 8 (lei, proposta) aprovar 9 (comentário, opinião) fazer, dar 10 DIR (sentença) proferir 11 DESP (bola) passar 12 (montante) exceder ♦ vi 1 passar 2 (carro) ultrapassar 3 (tempo) passar 4 DIR (propriedade) passar, transferir 5 (dor, memória, oportunidade) passar, desaparecer 6 (exame) passar [in, em] 7 passar-se, acontecer, suceder 8 (comportamento) ser aceite 9 (lei, proposta) ser aprovado 10 (jogo de cartas) passar ♦ n {pl -es} 1 passe, livre-trânsito, autorização 2 (exame) aprovação, passagem; **pass mark** nota mínima para passar 3 DESP passe 4 (montanha) passagem, desfiladeiro 5 fase, etapa, passo ❖ **to pass judgement on** fazer juízo de; to

pass the time passar o tempo; **to be just passing through** estar só de passagem; **to let something pass** não dar importância a algo; col **to make a pass at somebody** tentar engatar alguém

♦ **pass away** vi falecer
♦ **pass for** vt fazer-se passar por
♦ **pass out** vi desmaiar

passage ['pæsɪdʒ] n 1 passagem 2 corredor 3 (livro, peça musical) excerto; trecho 4 (lei) promulgação 5 (viagem) passagem, bilhete

passageway ['pæsɪdʒweɪ] n corredor; passagem

passbook ['pɑːsbʊk] n caderneta bancária

passenger ['pæsɪndʒə] n passageiro

passer-by [ˌpɑːsə'baɪ] n {pl passers-by} transeunte

passing ['pɑːsɪŋ] n 1 passagem 2 fim 3 falecimento 4 aprovação ♦ adj 1 passageiro; breve 2 que passa ❖ **in passing** de passagem

passion ['pæʃən] n paixão [for, por] ❖ **passion fruit** maracujá

passionate ['pæʃənɪt] adj apaixonado

passionately ['pæʃənɪtlɪ] adv apaixonadamente

passion-fruit ['pæʃənfruːt] n BOT maracujá

passive ['pæsɪv] adj passivo ♦ n (gramática) passiva

passivity [pæ'sɪvɪtɪ] n passividade

passport ['pɑːspɔːt] n passaporte ❖ **passport photo** foto tipo passe

password ['pɑːswɜːd] n senha de acesso, password

past [pɑːst] adj 1 último 2 passado 3 anterior ♦ n passado ♦ prep 1 a seguir a; **just past** logo a seguir 2 depois de; **half past six** seis e meia ♦ adv em frente

pasta ['pæstə] n CUL massa

paste [peɪst] n 1 CUL (pastéis) massa 2 CUL patê; pasta; puré 3 cola 4 diamantes artificiais ♦ vt 1 colar; grudar; afixar 2 INFORM colar

pastel [pæs'tel] *n* (lápis, desenho, tons) pastel

pasteurization [ˌpæstʃəraɪ'zeɪʃən] *n* pasteurização

pasteurize ['pæstʃəraɪz] *vt* pasteurizar

pastime ['pɑːstaɪm] *n* passatempo

pasting ['peɪstɪŋ] *n* **1** *GB col* (agressão, derrota) tareia, sova **2** INFORM colagem

pastor ['pɑːstə] *n* (igreja protestante) pastor

pastoral ['pɑːstərəl] *adj* **1** pastoral **2** pastoril, bucólico

pastry ['peɪstri] *n* {*pl* -ies} **1** massa (para tartes); *puff pastry* massa folhada **2** pastel de massa folhada; folhado

pasture ['pɑːstʃə] *n* pasto, pastagem ♦ *vi* pastar ♦ *vt* apascentar; pastorear

pasty ['peɪsti] *adj* {*comp* -ier, *superl* -iest} **1** pálido **2** pastoso ♦ *n* {*pl* -ies} CUL bola

pat [pæt] *vt* **1** dar palmadinhas em **2** acariciar, afagar ♦ *n* palmadinha ♦ *adj* pronto, feito; *pat answers* respostas feitas ❖ *col to pat somebody on the back* elogiar alguém

patch [pætʃ] *n* {*pl* -es} **1** mancha **2** remendo **3** canteiro, pedaço de terra **4** (olho) pala **5** (ferida) emplastro, adesivo ♦ *vt* remendar; consertar ❖ *GB col not to be a patch on* não chegar aos calcanhares de; *GB col to go through a bad patch* passar um mau bocado

patcher ['pætʃə] *n* remendão

patchwork ['pætʃwɜːk] *n* **1** patchwork **2** *fig* mistura; miscelânea ♦ *adj* de retalhos

pâté ['pɑːteɪ] *n* patê

patent ['peɪtənt] *n* patente ♦ *adj* **1** patenteado **2** *form* patente; evidente; óbvio ♦ *vt* patentear

paternal [pə'tɜːnəl] *adj* **1** paternal **2** paterno

paternalism [pə'tɜːnəlɪzəm] *n* paternalismo

paternalistic [pəˌtɜːnə'lɪstɪk] *adj* paternalista

paternity [pə'tɜːnɪti] *n* paternidade

path [pɑːθ] *n* {*pl* -s} **1** caminho **2** percurso

pathetic [pə'θetɪk] *adj* patético

pathogenic [ˌpæθə'dʒenɪk] *adj* MED patogénico

pathological [ˌpæθə'lɒdʒɪkəl] *adj* patológico

pathologist [pə'θɒlədʒɪst] *n* patologista

pathology [pə'θɒlədʒi] *n* patologia

pathway ['pɑːθweɪ] *n* caminho

patience ['peɪʃəns] *n* **1** paciência; *to have the patience of Job* ter a paciência de um santo **2** *GB* (jogo de cartas) paciência

patient ['peɪʃənt] *n* paciente, doente ♦ *adj* paciente

patiently ['peɪʃəntli] *adv* pacientemente

patio ['pætiəʊ] *n* pátio; terraço

patriarch ['peɪtriɑːk] *n* patriarca

patriarchal [ˌpeɪtri'ɑːkəl] *adj* patriarcal

patriarchate [ˌpeɪtri'ɑːkɪt] *n* patriarcado

patrician [pə'trɪʃən] *adj,n* patrício

patrimonial [ˌpætrɪ'məʊnɪəl] *adj* patrimonial

patrimony ['pætrɪməni] *n* {*pl* -ies} *form* património

patriot ['peɪtrɪət] *n* patriota

patriotic [ˌpeɪtri'ɒtɪk] *adj* patriótico

patriotism ['peɪtrɪətɪzəm] *n* patriotismo

patrol [pə'trəʊl] *n* patrulha; ronda ♦ *vt,i* {*pret e pp* -tt-} patrulhar; fazer a ronda ❖ *patrol car* carro-patrulha; *to be on patrol* estar em patrulha

patron ['peɪtrən] *n* patrono; *patron of the arts* mecenas ❖ *patron saint* santo padroeiro

patronage ['pætrənɪdʒ] *n* **1** patrocínio **2** mecenato

patronize ['pætrənaɪz] *vt* **1** tratar de forma condescendente **2** (loja, restaurante) frequentar **3** patrocinar

patronizing ['pætrənaɪzɪŋ] *adj* paternalista; condescendente

pattern ['pætən] *n* **1** modelo, exemplo **2** (estrutura) padrão **3** amostra **4** (roupa) padrão; motivo **5** (costura) molde ♦ *vt* **1** modelar; moldar **2** decorar ❖ *to pat-*

tern oneself on seguir o exemplo de; *to be patterned on* ser feito à semelhança de

paunch ['pɔ:ntʃ] *n* {*pl* -es} *col* pança

pause [pɔ:z] *n* 1 pausa; intervalo; interrupção 2 MÚS pausa ♦ *vi* cessar, parar; *to pause for breath* parar para respirar

pave [peɪv] *vt* pavimentar ❖ *to pave the way for* preparar o terreno para

pavement ['peɪvmənt] *n* 1 GB passeio 2 EUA pavimento

pavilion [pə'vɪljən] *n* pavilhão

paw [pɔ:] *n* 1 (animal) pata 2 *fig,col* mão; pata; *keep your paws off!* tira as patas! ♦ *vt,i* 1 (animal) raspar 2 *col* apalpar

pawn [pɔ:n] *n* 1 (xadrez) peão 2 *fig* joguete ♦ *vt* empenhar, pôr no prego

pawnshop ['pɔ:nʃɒp] *n* casa de penhores

pawpaw ['pɔ:pɔ:] *n* GB papaia

pay [peɪ] *n* salário; ordenado; paga ♦ *vt* {*pret e pp* paid} pagar; *to pay (in) cash* pagar em dinheiro ♦ *vi* 1 pagar [for, por] 2 compensar; *crime doesn't pay* o crime não compensa 3 render; dar lucro ❖ *to pay a call/visit on* fazer uma visita a; *to pay attention* prestar atenção; *to pay through the nose for* custar os olhos da cara

♦ **pay back** *vt* 1 pagar de volta; reembolsar 2 pagar na mesma moeda; vingar-se de

♦ **pay for** *vt* ser castigado por; pagar por

♦ **pay off** *vt* 1 liquidar; saldar 2 subornar 3 despedir; colocar na rua ♦ *vi* compensar; valer a pena

payable ['peɪəbəl] *adj* pagável ❖ (cheque) *payable to* à ordem de

pay-as-you-go [ˌpeɪæzju'gəʊ] *adj* sem assinatura; pré-pago

payback ['peɪbæk] *n* vingança

payday ['peɪdeɪ] *n* dia de pagamento

payment ['peɪmənt] *n* 1 pagamento; *down payment* entrada; *monthly payment* mensalidade 2 recompensa; *as payment for* como recompensa por

payoff ['peɪɒf] *n* 1 *col* recompensa 2 *col* suborno

payphone ['peɪfəʊn] *n* telefone público

pay phone ['peɪfəʊn] *n* cabine telefónica; telefone público

payroll ['peɪrəʊl] *n* folha de pagamentos

PC [*sigla de* **Personal Computer**] PC

PDA *n* [*sigla de* **Personal Digital Assistant**] PDA

PDF *n* [*sigla de* **portable document format**] PDF

pea [pi:] *n* ervilha

peace [pi:s] *n* paz ❖ *to hold your peace* ficar calado; *to keep the peace* manter a ordem

peaceful ['pi:sfʊl] *adj* 1 pacífico 2 sossegado

peacekeeping ['pi:ski:pɪŋ] *adj* de manutenção da paz

peacemaker ['pi:smeɪkə] *n* pacificador; apaziguador

peacetime ['pi:staɪm] *n* tempos de paz

peach [pi:tʃ] *n* {*pl* -es} 1 pêssego 2 cor de pêssego

peacock ['pi:kɒk] *n* pavão

peak [pi:k] *n* 1 (montanha) cume; pico 2 auge; apogeu 3 (boné) pala ♦ *vi* atingir o ponto máximo ♦ *adj* máximo ❖ GB (televisão) *peak time* horário nobre

peal [pi:l] *n* 1 (sinos) repique 2 MÚS carrilhão 3 (trovoada) estrondo, estrépito ♦ *vi* (sinos) ressoar; repicar

peanut ['pi:nʌt] *n* amendoim; *peanut butter* manteiga de amendoim ♦ *npl col* ninharia

pear [peə] *n* pera

pearl [pɜ:l] *n* 1 pérola 2 preciosidade; joia ❖ *to cast pearls before swine* dar pérolas a porcos

peasant ['pezənt] *n* 1 camponês 2 *pej* campónio; bronco

peck [pek] *vt,i* (pássaro) bicar; picar; debicar ♦ *n* 1 bicada 2 *col* beijoca

pectoral ['pektərəl] *adj* peitoral

peculiar [pɪˈkjuːlɪə] *adj* 1 estranho; esquisito 2 próprio [to, de]; característico [to, de]

peculiarity [pɪˌkjuːlɪˈærɪti] *n* {*pl* -ies} 1 particularidade 2 peculiaridade; singularidade

peculiarly [pɪˈkjuːlɪəli] *adv* 1 particularmente; especialmente 2 caracteristicamente; tipicamente

pecuniary [pɪˈkjuːnɪəri] *adj* pecuniário

pedagogical [ˌpedəˈɡɒdʒɪkəl] *adj* pedagógico

pedagogue [ˈpedəɡɒɡ] *n* pedagogo

pedagogy [ˈpedəɡɒdʒi] *n* pedagogia

pedal [ˈpedl] *n* pedal ♦ *vt,i* 1 pedalar 2 andar de bicicleta

pedant [ˈpedənt] *n* pedante

peddle [ˈpedl] *vt* 1 vender de porta em porta 2 (drogas) traficar 3 (boatos) espalhar

peddler [ˈpedlə] *n* 1 EUA vendedor ambulante 2 (drogas) traficante

pedestal [ˈpedɪstəl] *n* pedestal

pedestrian [pɪˈdestrɪən] *n* peão ♦ *adj* 1 para peões; pedonal; GB **pedestrian crossing** passadeira 2 pedestre 3 vulgar; desinteressante

pediatrician [ˌpiːdɪəˈtrɪʃən] *n* EUA pediatra

pediatrics [ˌpiːdɪˈætrɪks] *n* EUA pediatria

pedigree [ˈpedɪɡriː] *n* (animais) pedigree ♦ *adj* (animais) com pedigree

pedlar [ˈpedlə] *n* GB vendedor ambulante

pedophile [ˈpiːdəfaɪl] *n* EUA pedófilo

pedophilia [ˌpiːdəˈfɪliə] *n* EUA pedofilia

pee [piː] *vi col* fazer chichi ♦ *n col* chichi; *col* **to have a pee** fazer chichi

peek [piːk] *vi* espreitar; olhar de relance ♦ *n* espreitadela; **to take a peek at** dar uma espreitadela a

peel [piːl] *vt* descascar; pelar ♦ *vi* 1 descascar-se 2 (pele) esfolar-se ♦ *n* (fruta) casca; pele ❖ *col* **to keep your eyes peeled** manter os olhos bem abertos

peeler [ˈpiːlə] *n* descascador

peeling [ˈpiːlɪŋ] *n* ação de descascar ♦ *npl* cascas

peep [piːp] *n* 1 espreitadela; olhadela; *to have/take a peep at* dar uma espreitadela a 2 (rato) guincho 3 (pássaro) pio ♦ *vi* 1 espreitar, espiar 2 (sol) raiar, romper ❖ *not to want to hear a peep out of* não querer ouvir um pio de

peephole [ˈpiːphəʊl] *n* (porta) vigia; olho mágico

peer [pɪə] *n* 1 par; igual; *one's peers* os seus iguais 2 GB nobre ♦ *vi* olhar com atenção, observar

peeve [piːv] *vt col* irritar; fazer zangar

peevish [ˈpiːvɪʃ] *adj* irritadiço; rabugento

peg [peɡ] *n* 1 cabide 2 (tenda) espia 3 GB mola da roupa 4 MÚS (instrumento de cordas) cravelha ♦ *vt* {*pret e pp* -gg-} 1 fixar, segurar 2 (preços, salários) fixar; estabilizar ❖ *col,pej* **peg leg** perna de pau; GB (roupa) *off the peg* pronto-a-vestir

pejorative [prɪˈdʒɒrətɪv] *adj form* pejorativo

pelican [ˈpelɪkən] *n* pelicano

pell-mell [ˌpelˈmel] *adv* 1 desordenadamente 2 tumultuosamente

pelt [pelt] *n* (animal) pele; pelo ♦ *vt* lançar; arremessar; bombardear ♦ *vi col* correr muito rápido ❖ *to pelt down* chover torrencialmente

pelvic [ˈpelvɪk] *adj* pélvico

pelvis [ˈpelvɪs] *n* {*pl* pelves} pélvis; bacia

pen [pen] *n* 1 caneta 2 (animais) cercado ♦ *vt* {*pret e pp* -nn-} *form* escrever; redigir ❖ (escritor) *pen name* pseudónimo; EUA *pen pal* correspondente; *to put pen to paper* pôr por escrito; passar ao papel

penal [ˈpiːnəl] *adj* 1 penal 2 punível por lei

penalization [ˌpiːnəlaɪˈzeɪʃən] *n* penalização

penalize [ˈpiːnəlaɪz] *vt* 1 penalizar; sancionar 2 (desporto) penalizar; punir 3 prejudicar

penalty [ˈpenlti] *n* {*pl* -ies} 1 pena; *death penalty* pena de morte 2 multa 3 grande penalidade, pénálti; **penalty area** grande área

penance ['penəns] n penitência

pencil ['pensl] n lápis ♦ vt {pret e pp -ll-} EUA escrever a lápis ❖ **pencil box/case** estojo; **pencil sharpener** aguça; **eyebrow pencil** lápis de sobrancelhas

pendant ['pendənt] n (joia) pendente; pingente

pendular ['pendjʊlə] adj pendular; (comboio) **pendular train** pendular

pendulum ['pendjʊləm] n (relógio) pêndulo

penetrate ['penɪtreɪt] vt 1 penetrar; entrar 2 COM entrar no mercado 3 ver, perscrutar

penetrating ['penɪtreɪtɪŋ] adj 1 penetrante 2 (som) agudo 3 perspicaz; astuto

penetration [,penɪ'treɪʃən] n penetração

penfriend ['penfrend] n GB correspondente

penguin ['peŋgwɪn] n pinguim

penicillin [,penɪ'sɪlɪn] n penicilina

peninsula [pɪ'nɪnsjʊlə] n península

peninsular [pɪ'nɪnsjʊlə] adj peninsular

penis ['piːnɪs] n {pl penises, penes} pénis

penitence ['penɪtəns] n penitência

penitent ['penɪtənt] adj,n form penitente

penitentiary [,penɪ'tenʃəri] n {pl -ies} EUA penitenciária

penknife ['pennaɪf] n {pl -ves} canivete

pennant ['penənt] n bandeira triangular

penniless ['penɪləs] adj sem um tostão; miserável

penny ['peni] n {pl pence, pennies} GB (moeda) péni; EUA cêntimo ❖ **a penny for your thoughts** em que pensas?; **in for a penny, in for a pound** perdido por cem, perdido por mil

penny-pinching ['penɪpɪntʃɪŋ] adj avarento

pension ['penʃən] n 1 pensão 2 reforma ♦ vt GB dar uma pensão a ❖ **pension fund** fundo de pensões

pensioner ['penʃənə] n GB pensionista, reformado

pensive ['pensɪv] adj pensativo

pentagon ['pentəgən] n pentágono

pentameter [pen'tæmɪtə] n pentâmetro

pentathlete [pen'tæθliːt] n pentatleta

pentathlon [pen'tæθlən] n pentatlo

Pentecost ['pentɪkɒst] n Pentecostes

penthouse ['penthaʊs] n apartamento luxuoso no último andar

penultimate [pɪ'nʌltɪmɪt] adj penúltimo

people ['piːpl] n {pl -s} 1 pessoas; gente; **a lot of people** muita gente 2 povo; **a man of the people** um homem do povo 3 nação 4 raça; etnia ♦ vt 1 povoar; habitar 2 colonizar ❖ **old people** os idosos; **young people** os jovens

pep [pep] n energia; vigor; dinamismo; **to put some pep into a person** animar uma pessoa ♦ vt {pret e pp -pp-} animar

pepper ['pepə] n 1 BOT,CUL pimenta 2 BOT pimento ♦ vt 1 apimentar 2 crivar de balas ❖ **pepper mill** moinho de pimenta; **pepper pot** pimenteiro

peppercorn ['pepəkɔːn] n grão de pimenta

peppermint ['pepəmɪnt] n hortelã-pimenta

pepperoni [,pepə'rəʊni] n chouriço

per [pɜː] prep por; **kilometres per hour** quilómetros por hora

perceive [pə'siːv] vt 1 perceber, entender, compreender 2 ver, considerar 3 detetar, notar, observar; **he perceived a change in her mood** ele notou uma alteração na disposição dela

percent [pə'sent] adj,adv por cento; **70 percent** 70 por cento

per cent [pə'sent] adj,adv GB ⇒ **percent**

percentage [pə'sentɪdʒ] n percentagem; **in percentage terms** em termos percentuais

perceptible [pə'septibəl] adj percetível

perception [pə'sepʃən] n 1 perceção 2 perspetiva; ponto de vista 3 perspicácia

perceptive [pə'septɪv] adj perspicaz

perch [pɜːtʃ] n {pl -es} 1 ZOOL perca 2 poleiro 3 fig poleiro, pedestal; **to knock**

someone off the perch fazer alguém cair do pedestal ♦ vi empoleirar-se [on, em]; pousar [on, em]

percolate ['pɜːkəleɪt] *vt* filtrar; coar ♦ *vi* 1 passar; deslizar 2 infiltrar-se 3 fazer café 4 (notícia, novidade) chegar, circular

percolator ['pɜːkəleɪtə] *n* cafeteira de filtro

percussion [pəˈkʌʃən] *n* 1 (instrumentos) percussão 2 percussionistas

percussionist [pəˈkʌʃənɪst] *n* percussionista

peremptory [pəˈremptəri] *adj* peremptório; autoritário

perennial [pəˈrenɪəl] *adj* 1 perene; perpétuo; eterno 2 (planta) perene

perfect[1] ['pɜːfɪkt] *adj* perfeito

perfect[2] [pəˈfekt] *vt* aperfeiçoar

perfection [pəˈfekʃən] *n* 1 perfeição 2 aperfeiçoamento

perfectionist [pəˈfekʃənɪst] *adj,n* perfeccionista

perfectly ['pɜːfɪktli] *adv* 1 perfeitamente 2 na perfeição

perfidious [pəˈfɪdɪəs] *adj* pérfido

perforate ['pɜːfəreɪt] *vt* 1 perfurar; furar 2 (papel) picotar; *tear along the perforated line* destacar pelo picotado

perforated ['pɜːfəreɪtɪd] *adj* 1 perfurado 2 picotado

perform [pəˈfɔːm] *vt* 1 TEAT representar; atuar 2 desempenhar; executar; realizar; levar a cabo; cumprir; *to perform an operation* fazer uma operação; *to perform miracles* fazer milagres ♦ *vi* 1 TEAT representar; atuar 2 (máquina, veículo) funcionar, trabalhar ❖ *to perform well* sair-se bem

performance [pəˈfɔːməns] *n* 1 desempenho; prestação 2 atuação; interpretação 3 espetáculo 4 (ação, tarefa, estudo) realização, execução; (função, deveres) cumprimento 5 *col* proeza; trabalheira

performer [pəˈfɔːmə] *n* artista; intérprete

performing [pəˈfɔːmɪŋ] *adj* 1 relacionado com o espetáculo; *performing arts* artes do espetáculo 2 (animal) amestrado

perfume[1] ['pɜːfjuːm] *n* perfume

perfume[2] [pəˈfjuːm] *vt* perfumar; aromatizar

perfumery [pəˈfjuːməri] *n* perfumaria

perfunctory [pəˈfʌŋktəri] *adj* (gesto, sorriso) mecânico; automático

perhaps [pəˈhæps] *adv* talvez; *perhaps not* talvez não

peril ['peril] *n form* perigo

perilous ['periləs] *adj form* perigoso

perimeter [pəˈrɪmɪtə] *n* perímetro

period ['pɪərɪəd] *n* 1 período; época 2 EUA ponto final 3 menstruação; período 4 tempo letivo ♦ *adj* de época

periodic [ˌpɪərɪˈɒdɪk] *adj* periódico; *periodic table* tabela periódica

periodical [ˌpɪərɪˈɒdɪkəl] *n* publicação periódica ♦ *adj* periódico

periodically [ˌpɪərɪˈɒdɪkəli] *adv* periodicamente

periodicity [ˌpɪərɪəˈdɪsɪti] *n* (*pl* -ies) periodicidade

peripheral [pəˈrɪfərəl] *adj* 1 periférico 2 secundário ♦ *n* INFORM periférico

periphery [pəˈrɪfəri] *n* (*pl* -ies) periferia

periphrasis [pəˈrɪfrəsɪs] *n* (*pl* -ases) perífrase

periphrastic [ˌperɪˈfræstɪk] *adj* perifrástico

periscope ['perɪskəʊp] *n* periscópio

perish ['perɪʃ] *vi lit* perecer; morrer; sucumbir ❖ *col perish the thought!* nem é bom pensar!

periwinkle ['perɪwɪŋkl] *n* 1 ZOOL caramujo 2 (cor) azul-claro

perjure ['pɜːdʒə] *vi* DIR *to perjure yourself* perjurar; prestar falso testemunho

perjury ['pɜːdʒəri] *n* (*pl* -ies) DIR perjúrio; falso testemunho; *to commit perjury* cometer perjúrio

perk [pɜːk] *n col* regalia; privilégio ♦ *vt col* fazer café

perky ['pɜːki] *adj {comp* -ier, *superl* -iest} *col*
alegre; animado

perm [pɜːm] *n col* (cabelo) permanente ♦ *vt
col* fazer uma permanente

permanence ['pɜːmənəns] *n* permanência;
continuidade

permanent ['pɜːmənənt] *adj* 1 permanente 2 estável; fixo 3 (dentição) definitivo
♦ *n EUA* (cabelo) permanente

permanently ['pɜːmənəntlɪ] *adv* 1 para
sempre 2 irremediavelmente

permeable ['pɜːmiəbəl] *adj* permeável [to,
a]

permeate ['pɜːmieɪt] *vt* 1 (líquido) penetrar; entrar; passar 2 (ideias, sentimentos)
impregnar ♦ *vi* passar; entrar; infiltrar-se;
*the water permeated through the cracks
in the wall* a água infiltrou-se pelas fendas na parede

permission [pəˈmɪʃən] *n* permissão, autorização

permissive [pəˈmɪsɪv] *adj* permissivo; tolerante

permit[1] ['pɜːmɪt] *n* licença; autorização

permit[2] [pəˈmɪt] *vt {pret e pp* -tt-} 1 *form*
permitir; consentir; autorizar; *you are not
permitted access to the files* você não
está autorizado a aceder aos ficheiros
2 *form* admitir; *the facts permit of no
other explanation* os factos não admitem
outra explicação ♦ *vi* tornar possível; via-
bilizar; permitir

permutable [pɜːˈmjuːtəbəl] *adj* permutável

permutation [ˌpɜːmjuːˈteɪʃən] *n* permuta-
ção

permute [pɜːˈmjuːt] *vt* 1 permutar, trocar
2 combinar

pernickety [pəˈnɪkɪti] *adj GB col* picuinhas

peroxide [pəˈrɒksaɪd] *n* 1 peróxido 2 água
oxigenada

perpendicular [ˌpɜːpənˈdɪkjʊlə] *adj,n* perpendicular

perpetrate ['pɜːpɪtreɪt] *vt form* perpetrar;
(crime) cometer

perpetrator ['pɜːpɪtreɪtə] *n form* (de crime)
autor

perpetual [pəˈpetʃuəl] *adj* 1 perpétuo
2 incessante; ininterrupto

perpetuate [pəˈpetʃueɪt] *vt* 1 perpetuar;
dar continuidade a 2 imortalizar; eternizar

perplex [pəˈpleks] *vt* perturbar; confundir

perplexed [pəˈplekst] *adj* perplexo [by,
com]

perplexity [pəˈpleksɪti] *n {pl* -ies} perplexidade

per se [pɜːˈseɪ] *adv* em si; por si mesmo

persecute ['pɜːsɪkjuːt] *vt* 1 perseguir 2 importunar; incomodar

persecution [ˌpɜːsɪˈkjuːʃən] *n* perseguição;
persecution complex mania da perseguição

persecutor ['pɜːsɪkjuːtə] *n* perseguidor

perseverance [ˌpɜːsɪˈvɪərəns] *n* perseverança; persistência

persevere [ˌpɜːsɪˈvɪə] *vi* perseverar [in,
em]; persistir [in, em]

Persian ['pɜːʃən] *adj,n* persa ❖ *Persian
carpet* tapete persa; *Persian cat* gato
Persa

persimmon [pəˈsɪmən] *n* dióspiro

persist [pəˈsɪst] *vi* 1 persistir; subsistir;
continuar 2 insistir [in, em]; perseverar
[in, em]; teimar [in, em]

persistence [pəˈsɪstns] *n* persistência

persistent [pəˈsɪstənt] *adj* persistente

person ['pɜːsn] *n {pl* people, persons} pessoa ❖ *in person* pessoalmente

persona [pəˈsəʊnə] *n {pl* -ae} imagem; personagem

personal ['pɜːsnəl] *adj* 1 pessoal 2 particular; privado; *personal life* vida privada ❖
personal computer computador pessoal;
personal organizer agenda; *personal
stereo* leitor de CD portátil

personality [ˌpɜːsəˈnælɪti] *n {pl* -ies} personalidade

personalize ['pɜːsənəlaɪz] *vt* personalizar ❖ (automóvel) *personalized number plate* matrícula personalizada

personally ['pɜːsnəli] *adv* pessoalmente ❖ *to take something personally* levar algo a peito

personification [,pɜːsɒnɪfɪ'keɪʃən] *n* personificação

personify [pɜː'sɒnɪfaɪ] *vt* personificar

personnel [,pɜːsə'nel] *n* pessoal ❖ (empresa) *personnel department* departamento de recursos humanos

perspective [pə'spektɪv] *n* perspetiva

perspiration [,pɜːspə'reɪʃən] *n* transpiração

perspire [pəs'paɪə] *vi form* suar; transpirar

persuade [pə'sweɪd] *vt* 1 persuadir [into/to, a], convencer [into/to, a]; *he persuaded his parents into buying him a motorbike* ele persuadiu os pais a comprar-lhe uma mota, *to persuade somebody of the need for something/to do something* convencer alguém da necessidade de fazer alguma coisa 2 demover [out of, de]; *to persuade somebody out of (doing) something* demover alguém de fazer alguma coisa ❖ *to be persuaded that* estar convencido que

persuasion [pə'sweɪʒən] *n* persuasão

persuasive [pə'sweɪsɪv] *adj* persuasivo

pertain [pə'teɪn] *vi* 1 perdurar, existir 2 ser relativo [to, a], pertencer [to, a]

pertinence ['pɜːtɪnəns] *n* pertinência, relevância

pertinent ['pɜːtɪnənt] *adj* pertinente; relevante

Peru [pə'ruː] *n* Peru

Peruvian [pə'ruːvjən] *adj,n* peruano

pervade [pə'veɪd] *vt* 1 (cheiros) exalar, invadir, penetrar 2 (ideias, sentimentos) propagar-se em; espalhar-se em

pervasive [pə'veɪsɪv] *adj* penetrante, intenso

perverse [pə'vɜːs] *adj* perverso

perversion [pə'vɜːʃən] *n* 1 perversão 2 distorção

perversity [pə'vɜːsɪti] *n* {*pl* -ies} perversidade

pervert[1] ['pɜːvɜːt] *n* pervertido, tarado

pervert[2] [pə'vɜːt] *vt* perverter, distorcer

peseta [pə'seɪtə] *n* (antiga moeda) peseta

pesky ['peski] *adj* {*comp* -ier, *superl* -iest} *EUA cal* incómodo; aborrecido

peso ['peɪsəʊ] *n* (moeda) peso

pessimism ['pesɪmɪzəm] *n* pessimismo

pessimist ['pesɪmɪst] *n* pessimista

pessimistic [,pesɪ'mɪstɪk] *adj* pessimista

pest [pest] *n* 1 praga 2 *col* pestinha

pester ['pestə] *vt col* incomodar, importunar

pesticide ['pestɪsaɪd] *n* pesticida

pestle ['pesl] *n* pilão

pet [pet] *n* 1 animal de estimação 2 *GB* amor, querido; *you're a pet!* és um amor!; *pej to be the teacher's pet* ser o aluno preferido do professor ◆ *vt,i* {*pret e pp* -tt-} 1 (crianças, animais) acariciar; fazer festinhas a 2 *col*·(sexo) acariciar-se ◆ *adj* preferido, favorito; *GB washing-up is my pet hate!* lavar a louça é o que eu mais detesto!; *EUA one of his pet peeves is driving* uma das coisas que ele mais detesta é conduzir ❖ *pet name* alcunha familiar; *pet subject* tema preferido

petal ['petəl] *n* pétala

petard [pe'taːd] *n* petardo

peter ['piːtə] *vi* 1 diminuir 2 desaparecer

petition [pɪ'tɪʃən] *n* 1 petição [for, a favor de; against, contra]; abaixo-assinado [for, a favor de; against, contra] 2 *form* rogação ◆ *vi* 1 peticionar [for, a favor de; against, contra] 2 *REL* rogar; *to petition for clemency* rogar clemência ◆ *vt* requerer por meio de petição ❖ *to draw up a petition* redigir uma petição; *to petition for divorce* apresentar ação de divórcio

petitioner [pɪ'tɪʃənə] *n* 1 peticionário; signatário 2 *DIR* queixoso

petrify ['petrɪfaɪ] *vt* 1 petrificar 2 *fig* aterrorizar; *to be petrified with fear* estar aterrorizado

petrol ['petrəl] n GB gasolina; **petrol station** bomba de gasolina; **petrol tank** depósito de gasolina ❖ **petrol bomb** cocktail molotov

petroleum [pɪ'trəʊliəm] n petróleo ❖ **petroleum jelly** vaselina

petticoat ['petɪkəʊt] n (vestuário) combinação

pettiness ['petɪnɪs] n 1 insignificância, irrelevância 2 mesquinhez

petty ['peti] adj {comp -ier, superl -iest} 1 irrelevante, insignificante 2 mesquinho ❖ **petty cash** fundo de maneio; **petty officer** oficial de marinha

petulance ['petʃʊləns] n impertinência

petulant ['petʃʊlənt] adj impertinente

pew [pju:] n (igreja) banco ♦ interj EUA que cheirete!

phalanx ['fælæŋks] n {pl phalanxes, phalanges} ANAT falange

phallus ['fæləs] n {pl -i} falo

phantasm ['fæntæzəm] n lit ilusão

phantom ['fæntəm] n 1 lit fantasma 2 lit ilusão ♦ adj imaginário

Pharaoh ['feərəʊ] n faraó

pharmaceutical [,fɑ:mə'sju:tɪkəl] adj farmacêutico

pharmacist ['fɑ:məsɪst] n farmacêutico ❖ GB **pharmacist's** farmácia

pharmacological [,fɑ:məkə'lɒdʒɪkəl] adj farmacológico

pharmacology [,fɑ:mə'kɒlədʒi] n farmacologia

pharmacy ['fɑ:məsi] n {pl -ies} farmácia

pharyngitis [,færɪn'dʒaɪtɪs] n faringite

pharynx ['færɪŋks] n {pl pharynxes, pharynges} faringe

phase [feɪz] n fase; estado; período ♦ vt fazer por etapas/fases, fasear ❖ **phases of the moon** fases da lua; **a passing phase** uma fase passageira

PhD [,pi:eɪtʃ'di:] n doutoramento; **John Leek, PhD** Doutor John Leek

pheasant ['feznt] n faisão

phenomenal [fɪ'nɒmɪnəl] adj fenomenal, extraordinário

phenomenon [fɪ'nɒmɪnən] n {pl -ena} fenómeno

phew [fju:] interj (cansaço, calor, alívio) ufa!

philanthropic [,fɪlən'θrɒpɪk] adj filantrópico

philanthropist [fɪ'lænθrəpɪst] n filantropo

philanthropy [fɪ'lænθrəpi] n {pl -ies} filantropia

philatelic [,fɪlə'telɪk] adj filatélico

philatelist [fɪ'lætəlɪst] n filatelista

philately [fɪ'lætəli] n filatelia

philharmonic [,fɪlə'mɒnɪk] adj filarmónico

Philippines ['fɪlɪpi:nz] n Filipinas

philological [,fɪlə'lɒdʒɪkəl] adj filológico

philologist [fɪ'lɒlədʒɪst] n filólogo

philology [fɪ'lɒlədʒi] n filologia

philosopher [fɪ'lɒsəfə] n filósofo

philosophic [,fɪlə'sɒfɪk] adj ⇒ **philosophical**

philosophical [,fɪlə'sɒfɪkəl] adj 1 filosófico 2 resignado

philosophize [fɪ'lɒsəfaɪz] vi filosofar [about/on, sobre]

philosophy [fɪ'lɒsəfi] n filosofia

phlegm [flem] n muco nasal

phlegmatic [fleg'mætɪk] adj fleumático, impassível

phobia ['fəʊbiə] n fobia

phoenix ['fi:nɪks] n {pl -es} fénix

phone [fəʊn] n col telefone; **to make a phone call** fazer um telefonema; **to answer/ to pick up the phone** atender o telefone; **to be on the phone** estar (a falar) ao telefone; **to put the phone down/to hang up** desligar o telefone; **to speak to someone over the/by phone** falar com alguém ao telefone ♦ vt,i telefonar; **to phone somebody (up)** telefonar a alguém ❖ **phone bill** conta do telefone; **phone book** lista telefónica; EUA **phone booth** cabina telefónica; GB **phone box** cabina telefónica; **phone directory** lista telefónica; **phone number** número de telefone; **pay phone** telefone público

◆ **phone in** vi 1 (para o local de trabalho) telefonar; **to phone in sick** telefonar para avisar que se está doente 2 (num programa) participar através do telefone

phonecard [ˈfəʊnkɑːd] n cartão telefónico

phone-in [ˈfəʊnɪn] n programa de rádio ou televisão com participação telefónica do público

phoneme [ˈfəʊniːm] n fonema

phonetic [fəˈnetɪk] adj LING fonético ❖ **phonetic alphabet** alfabeto fonético; **phonetic script** transcrição fonética

phonetics [fəˈnetɪks] n fonética

phoney [ˈfəʊni] adj col falso; fingido ◆ n 1 impostor 2 falsificação

phonic [ˈfɒnɪk] adj fónico

phonology [fəˈnɒlədʒi] n fonologia

phosphorescence [ˌfɒsfəˈresəns] n fosforescência

phosphorescent [ˌfɒsfəˈresənt] adj fosforescente

phosphorus [ˈfɒsfərəs] n (elemento químico) fósforo

photo [ˈfəʊtəʊ] n foto, fotografia; **photo booth** cabina de fotos instantâneas; (moda) **photo session/shoot** sessão de fotografias

photocopier [ˌfəʊtəʊˈkɒpɪə] n fotocopiadora

photocopy [ˌfəʊtəʊkɒpi] n {pl -ies} fotocópia ◆ vt fotocopiar

photoelectric [ˌfəʊtəʊɪˈlektrɪk] adj fotoelétrico

photogenic [ˌfəʊtəʊˈdʒenɪk] adj fotogénico

photograph [ˈfəʊtəɡrɑːf] n fotografia; **to take a photograph of somebody/something** tirar uma fotografia a alguém/alguma coisa ◆ vt fotografar; tirar uma fotografia a ❖ **to photograph well/badly** ser fotogénico/não ser fotogénico; **black-and-white photograph** fotografia a preto e branco; **colour photograph** fotografia a cores

photographer [fəˈtɒɡrəfə] n fotógrafo

photographic [ˌfəʊtəˈɡræfɪk] adj fotográfico

photography [fəˈtɒɡrəfi] n fotografia

photojournalism [ˌfəʊtəʊˈdʒɜːnəlɪzəm] n fotojornalismo

photomontage [ˌfəʊtəʊmɒnˈtɑːʒ] n fotomontagem

photon [ˈfəʊtɒn] n fotão

photosensitive [ˌfəʊtəʊˈsensɪtɪv] adj fotossensível

photosynthesis [ˌfəʊtəʊˈsɪnθɪsɪs] n fotossíntese

phototherapy [ˌfəʊtəʊˈθerəpi] n MED fototerapia

phrasal [ˈfreɪzəl] adj relativo a expressão ou grupo de palavras ❖ **phrasal verb** verbo seguido de advérbio ou preposição (ou ambos)

phrase [freɪz] n 1 LING (frase) complemento 2 expressão; **a turn of phrase** uma forma de expressão 3 MÚS passagem ◆ vt 1 formular, exprimir, sugerir 2 MÚS dar expressão ❖ **noun/verb phrase** sintagma nominal/verbal;; **in a phrase** resumindo; **set phrase** frase feita; col **to coin a phrase** como diz o outro

phraseology [ˌfreɪziˈɒlədʒi] n fraseologia

phrasing [ˈfreɪzɪŋ] n 1 formulação, termos 2 MÚS fraseado

phut [fʌt] n col **to go phut**; avariar, dar o berro

physical [ˈfɪzɪkl] adj físico; **to get physical** chegar à violência física ◆ n exame médico

physically [ˈfɪzɪkli] adv fisicamente

physician [fɪˈzɪʃən] n EUA médico

physicist [ˈfɪzɪsɪst] n (profissão) físico

physics [ˈfɪzɪks] n (ciência) física

physiognomic [ˌfɪziəˈɡnɒmɪk] adj fisionómico

physiognomist [ˌfɪziˈɒɡnəmɪst] n fisionomista

physiognomy [ˌfɪzɪˈɒnəmɪ] *n* {*pl* -ies) fisionomia

physiological [ˌfɪzɪəˈlɒdʒɪkəl] *adj* fisiológico

physiologist [ˌfɪzɪˈɒlədʒɪst] *n* fisiologista

physiology [ˌfɪzɪˈɒlədʒɪ] *n* fisiologia

physiotherapist [ˌfɪzɪəʊˈθerəpɪst] *n GB* fisioterapeuta

physiotherapy [ˌfɪzɪəʊˈθerəpɪ] *n GB* fisioterapia

physique [fɪˈziːk] *n* constituição física; físico

pi [paɪ] *n* pi

pianist [ˈpiːənɪst] *n* pianista

piano [pɪˈænəʊ] *n* piano; *to play the piano* tocar piano ♦ *adv,adj* MÚS piano

picaresque [ˌpɪkəˈresk] *adj* picaresco

piccolo [ˈpɪkələʊ] *n* flautim

pick [pɪk] *vt* 1 escolher, selecionar, nomear; *to pick somebody to do something* escolher alguém para desempenhar uma tarefa 2 (flores, frutos) colher, apanhar 3 depenicar, picar 4 furar; esburacar; *to pick holes in something* esburacar alguma coisa 5 *fig* procurar os pontos fracos de alguma coisa ♦ *n* 1 *EUA* escolha; escolhido; *to take one's pick* fazer uma escolha 2 *EUA col* (instrumento musical) palheta 3 picareta ❖ *col the pick of the bunch* o melhor de todos; *to pick one's nose* tirar macacos do nariz; *to pick one's teeth* palitar os dentes; *to pick somebody's pocket* roubar a carteira a alguém

♦ **pick off** *vt* 1 abater 2 colher; arrancar

♦ **pick on** *vt* 1 meter-se com; importunar; pegar com 2 escolher; eleger

♦ **pick out** *vt* 1 escolher; eleger 2 reconhecer; perceber; ver 3 MÚS tocar de ouvido

♦ **pick up** *vi* 1 (saúde, tempo, negócios) melhorar 2 (preços) subir 3 continuar; prosseguir ♦ *vt* 1 levantar; pegar 2 apanhar (do chão) 3 ir buscar 4 arranjar; descobrir 5 (telefone) atender 6 (língua)

aprender 7 (hábito, doença) apanhar 8 ralhar 9 prender

pickaxe [ˈpɪkæks] *n* picareta

picker [ˈpɪkə] *n* apanhador, colhedor

picket [ˈpɪkɪt] *n* 1 MIL piquete; *to be on picket duty* estar de piquete 2 grevista; *to cross a picket line* furar um cordão de grevistas 3 estaca ♦ *vt,i* 1 formar piquete 2 protestar 3 piquetar ❖ *picket fence* vedação de estacas

pickle [ˈpɪkl] *n* 1 *GB* (conserva) escabeche; vinagre; salmoura 2 *EUA* pepino ♦ *npl GB* pickles ♦ *vt* (alimentos) conservar em vinagre ou sal ❖ *col to be in a (pretty) pickle* estar metido numa alhada; *col what a pickle!* que embrulhada!

picklock [ˈpɪklɒk] *n* gazua

pickpocket [ˈpɪkpɒkɪt] *n* carteirista

pick-up [ˈpɪkʌp] *n* 1 (carrinha) pick-up 2 melhoria 3 recolha 4 *col* engate amoroso 5 *EUA* aceleração

picky [ˈpɪkɪ] *adj* {*comp* -ier, *superl* -iest) difícil de satisfazer; exigente

picnic [ˈpɪknɪk] *n* piquenique; *to have a picnic/to go for a picnic* fazer um piquenique ♦ *vi* {*pret e pp* -ck-} fazer/organizar um piquenique ❖ *picnic area/site* zona de piqueniques; *col the exam was no picnic* o exame não foi pera doce

pictorial [pɪkˈtɔːrɪəl] *adj* 1 pictórico 2 ilustrado; em imagens

picture [ˈpɪktʃə] *n* 1 pintura; desenho; retrato; fotografia; ilustração; *to draw a picture* fazer um desenho; *to take a picture of somebody/something* tirar uma fotografia a alguém/alguma coisa 2 imagem [of, de] 3 TV imagem 4 CIN filme ♦ *vt* 1 imaginar; *I pictured her as a kind person* imaginei que ela fosse uma pessoa simpática 2 descrever 3 representar, ilustrar ❖ *picture book* livro ilustrado; *picture editor* editor de imagem; *picture frame* moldura para fotografias; *picture library* fototeca; *col to get the picture* perceber; *col* **to put/keep somebody in the picture** pôr alguém a par de alguma coisa

picturesque [,pɪktʃəˈresk] *adj* pitoresco

pidgin [ˈpɪdʒɪn] *n* (língua) pidgin

pie [paɪ] *n* 1 tarte 2 *GB* empada

piece [piːs] *n* 1 pedaço; bocado; *a piece of advice* um conselho; *a piece of cake* uma fatia de bolo; *a piece of paper* um papel 2 peça; *a piece of clothing* uma peça de roupa 3 (arte) obra; peça 4 notícia; artigo jornalístico 5 moeda ❖ *col* **to be a piece of cake** ser canja; *col* **to go to pieces** ir-se abaixo

piecemeal [ˈpiːsmiːl] *adj* irregular ♦ *adv* de forma irregular

piecework [piːsˈwɜːk] *n* trabalho pago à peça

pier [pɪə] *n* 1 cais; molhe 2 pilar

pierce [pɪəs] *vt* 1 furar; atravessar; *she decided to have her ears pierced* ela decidiu furar as orelhas 2 romper [**through**, -], penetrar [**through**, em]; *the police could not pierce through the barrier* a polícia não conseguiu romper a barreira

piercing [ˈpɪəsɪn] *adj* 1 (olhar) penetrante 2 (som, voz) agudo 3 (vento) cortante 4 (crítica, observação) incisivo 5 (sentimentos) doloroso ♦ *n* piercing, pírcingue

piety [ˈpaɪətɪ] *n* (*pl* -ies) piedade; devoção

pig [pɪg] *n* 1 porco 2 *col,fig* (pessoas) porco, sujo 3 alarve, glutão 4 *cal* (polícia) chui ♦ *vt col* (comida) rapar, limpar ❖ *pig farm* criação de porcos; *EUA irón* **when pigs fly** no dia de S. Nunca

pigeon [ˈpɪdʒɪn] *n* pombo

pigeonhole [ˈpɪdʒɪnhəʊl] *n* 1 (correio) cacifo 2 (escrivaninha, armário, etc.) compartimento para documentos 3 (pombal) abertura ♦ *vt* 1 (documentos) arquivar, classificar 2 *fig* etiquetar como

piggery [ˈpɪgərɪ] *n* (*pl* -ies) chiqueiro

piggy [ˈpɪgɪ] *n* (*pl* -ies) porquinho ❖ *piggy eyes* olhos muito pequenos

piggyback [ˈpɪgɪbæk] *n* 1 cavalitas 2 sistema de transporte de um veículo sobre

outro ♦ *adj,adv* 1 às cavalitas; às costas 2 (veículo) transportado (por outro veículo) 3 complementarmente; juntamente ♦ *vt,i* 1 transportar às cavalitas 2 (veículo) transportar outro veículo 3 complementar; adicionar

pig-headed [pɪgˈhedɪd] *adj* obstinado, teimoso

piglet [ˈpɪglɪt] *n* leitão

pigment [ˈpɪgmənt] *n* pigmento

pigmentation [,pɪgmənˈteɪʃən] *n* pigmentação

pigskin [ˈpɪgskɪn] *n* 1 pele de porco 2 *EUA col* bola de futebol americano

pigsty [ˈpɪgstaɪ] *n* (*pl* -ies) chiqueiro, pocilga

pigtail [ˈpɪgteɪl] *n* trança

pike [paɪk] *n* (*pl* pike) 1 (peixe) lúcio 2 *EUA* autoestrada com portagem 3 (lança) pique

Pilates [pɪˈlɑːtiːz] *n* (exercícios) pilates

pilchard [ˈpɪltʃəd] *n* sardinha

pile [paɪl] *n* 1 monte [of, de], pilha [of, de]; *I have piles of work to do* tenho montes de trabalho para fazer 2 (carpetes e tecidos) pelo 3 *pl* 4 *GB* edifício ♦ *npl GB col* hemorroidas ♦ *vt* empilhar, amontoar; encher; *I piled my plate with strawberries* enchi o meu prato de morangos ❖ *at the bottom/at the top of the pile* no fim/no topo da lista

❖ **pile in** *vi* (pessoas) apertar-se; entrar a monte

❖ **pile out** *vi* sair em debandada

❖ **pile up** *vi* 1 amontoar-se; acumular-se 2 chocar em cadeia ♦ *vt* amontoar; acumular

pile-up [ˈpaɪlʌp] *n* choque em cadeia

pilfer [ˈpɪlfə] *vt* surripiar, roubar

pilferer [ˈpɪlfərə] *n* gatuno

pilgrim [ˈpɪlgrɪm] *n* peregrino

pilgrimage [ˈpɪlgrɪmɪdʒ] *n* peregrinação

pill [pɪl] *n* 1 *FARM* pastilha, medicamento 2 (contraceptivo) pílula; *to be/go on the pill* estar a tomar a pílula; *to come off the pill* deixar de tomar a pílula 3 *EUA col* chato ♦

vi ganhar borboto ❖ *a bitter pill (for somebody) to swallow* um sapo difícil de engolir; *sleeping pill* calmante; *GB to sugar the pill* pôr paninhos quentes; *EUA to sweeten the pill* pôr paninhos quentes

pillage [ˈpɪlɪdʒ] vt pilhar, saquear ♦ n pilhagem, saque

pillar [ˈpɪlə] n 1 pilar 2 coluna comemorativa 3 (de fumo) coluna

pillar-box [ˈpɪləbɒks] n marco do correio

pillbox [ˈpɪlbɒks] n caixa para remédios

pillory [ˈpɪləri] n {pl -ies} pelourinho ♦ vt HIST castigar no pelourinho

pillow [ˈpɪləʊ] n almofada ♦ vt lit (cabeça) encostar, repousar

pillowcase [ˈpɪləʊkeɪs] n fronha da almofada

pilot [ˈpaɪlət] n piloto ♦ vt 1 pilotar 2 guiar 3 liderar 4 testar ❖ (aparelho a gás) *pilot light* chama piloto; *pilot project* projeto piloto; *to pilot a project through Parliament* levar um projeto ao Parlamento

pimento [pɪˈmentəʊ] n pimento

pimp [pɪmp] n chulo, proxeneta ♦ vi ser chulo

pimple [ˈpɪmpəl] n borbulha

pin [pɪn] n 1 alfinete 2 *EUA* broche, alfinete de peito 3 (ficha de eletricidade) perno 4 (bowling) meco 5 crachá 6 (granada) patilha de segurança 7 (golfe) haste com bandeira 8 (roldana) eixo 9 MÚS cravelha, cavilha ♦ npl *GB* col,fig pernas ♦ vt {pret e pp -nn-} 1 prender com alfinetes 2 pregar, prender 3 sujeitar, encurralar, enjaular ❖ ELET *pin plug* ficha com pinos; *EUA to be on pins and needles* estar em pulgas; *to have pins and needles* ter a perna adormecida; *to pin the blame on someone* atirar as culpas para cima de alguém; *you could hear a pin drop* não se ouvia nem uma mosca

♦ **pin down** vt 1 imobilizar 2 identificar 3 obrigar a tomar uma decisão

♦ **pin on** vt 1 (culpa) imputar a 2 (esperança) depositar em

pinball [ˈpɪnbɔːl] n (jogo eletrónico) flipper

pincers [ˈpɪnsəz] npl 1 tenaz; turquês 2 (animal) pinças

pinch [pɪntʃ] vt 1 beliscar; trilhar 2 (sapatos) apertar, magoar 3 *GB* col gamar 4 (preços) afetar 5 *GB* ant,col prender ♦ vi apertar, magoar ♦ n {pl -es} 1 beliscão 2 pitada; *a pinch of salt* uma pitada de sal ❖ *GB at a pinch* numa emergência; *EUA in a pinch* numa emergência; col *to feel the pinch* apertar os cordões à bolsa

pine [paɪn] n 1 BOT pinheiro 2 madeira de pinho ♦ vi definhar, murchar, enfraquecer ❖ *pine cone* pinha; *pine forest* pinhal; *pine kernel/nut* pinhão

pineapple [ˈpaɪnæpl] n ananás

pinewood [ˈpaɪnwʊd] n 1 (madeira) pinho 2 pinhal

ping-pong [ˈpɪŋpɒŋ] n col pingue-pongue

pinion [ˈpɪnjən] vt amarrar ♦ n 1 roda dentada, roda motriz 2 (pássaro) rémige; asa

pink [pɪŋk] adj cor-de-rosa; *to turn pink* corar ♦ n 1 cor-de-rosa 2 (flor) cravina

pinkie [ˈpɪŋki] n col dedo mínimo

pinkish [ˈpɪŋkɪʃ] adj rosado; *pinkish white* rosa pálido

pinnacle [ˈpɪnəkl] n 1 pináculo 2 auge

pinpoint [ˈpɪnpɔɪnt] vt 1 precisar; especificar 2 apontar; identificar ♦ n pontinho ♦ adj exato; *with pinpoint accuracy/precision* com exatidão/precisão milimétrica

pinprick [ˈpɪnprɪk] n 1 picada de alfinete 2 pequeno inconveniente

pinstripe [ˈpɪnstraɪp] n 1 risca 2 tecido às riscas ♦ adj às riscas

pint [paɪnt] n 1 (medida) pinto (56,8 centilitros no Reino Unido ou 47,3 centilitros nos EUA) 2 *GB* cerveja

pint-sized [ˈpaɪntsaɪzd] adj col muito pequeno; mínimo

pioneer [ˌpaɪəˈnɪə] n 1 pioneiro [in/of, de] 2 aventureiro, explorador ♦ vt explorar, descobrir

pip [pɪp] *n* **1** *GB* (fruta) pevide **2** *EUA* (dados, dominó) pinta **3** *GB* (rádio) sinal horário ♦ *vt* {*pret e pp* -pp-} *GB col* (corrida, concurso) derrotar, vencer

pipe [paɪp] *n* **1** cano; tubo; (automóvel) *exhaust pipe* tubo de escape **2** cachimbo; *to smoke a pipe* fumar cachimbo **3** tubo de órgão **4** flauta pastoril ♦ *npl GB col* gaita de foles ♦ *vt* **1** canalizar [into/to, para] **2** (bolos) guarnecer com massa de açúcar **3** (costura) pôr galão ♦ *vi* tocar flauta ou gaita de foles ❖ *pipe dream* sonho impossível; *piped music* música de fundo gravada

♦ *pipe down* *vi* calar-se

pipeline ['paɪplaɪn] *n* (cano) conduta; *gas pipeline* gasoduto; *oil pipeline* oleoduto

piper ['paɪpə] *n MÚS* gaiteiro

pipette [pɪ'pet] *n* pipeta

pipework ['paɪpwɜːk] *n* canalização, conduta

piping ['paɪpɪŋ] *n* **1** canalização, canos; conduta **2** (costura) galão ♦ *adj* (voz) aguda ❖ *to be piping hot* estar a escaldar

pique [piːk] *n* **1** fúria, ressentimento; *a fit of pique* um ataque de fúria **2** (tecido) piqué ♦ *vt* **1** melindrar, ofender **2** *EUA* despertar; espicaçar

piracy ['paɪərəsɪ] *n* {*pl* -ies} pirataria

piranha [pə'rɑːnə] *n* piranha

pirate ['paɪərɪt] *n* pirata ♦ *vt* piratear ❖ *pirate radio* rádio pirata

pirogue [pɪ'rəʊɡ] *n* piroga

pirouette [pɪru'et] *n* pirueta ♦ *vi* fazer piruetas

Pisces ['paɪsiːz] *n* (constelação, signo) Peixes

piss [pɪs] *vi cal* mijar, urinar ♦ *n cal* mijo, urina; *to go for/have/take a piss* ir mijar ♦ *adv cal* extremamente ❖ *cal not have a pot to piss in* não ter onde cair morto; *cal to be on the piss* estar a enfrascar-se/apanhar uma piela; *cal to piss yourself (laughing)* mijar-se a rir; *cal to take the piss out of*

somebody/something gozar alguém/alguma coisa

♦ *piss off* *vi cal* desaparecer; ir à merda *cal*

pissed [pɪst] *adj* **1** *GB cal* podre de bêbedo **2** *EUA cal* lixado, muito zangado

pistachio [pɪ'stɑːʃɪəʊ] *n* pistácio

pistol ['pɪstl] *n* pistola

piston ['pɪstən] *n* pistão, êmbolo

pit [pɪt] *n* **1** buraco, fosso, cova, cavidade **2** mossa, amolgadela **3** (pele) marca **4** (*galeria subterrânea*) mina **5** *col* pocilga *fig* **6** *EUA* (fruta) caroço **7** *EUA ANAT col* axila ♦ *npl GB* (corridas de automóveis) boxes ♦ *vt* **1** marcar, amolgar **2** *EUA* (fruta) retirar o caroço ❖ *col to be the pits* ser péssimo; *to pit your wits against someone* medir forças com alguém

pitch [pɪtʃ] *n* {*pl* -es} **1** *GB DESP* campo **2** intensidade, nível, grau **3** *MÚS* (som) tom; *perfect pitch* ouvido absoluto **4** (basebol) arremesso, lançamento **5** (vendas) estratégia **6** piche, pez **7** *GB* (mercado, rua) barraquinha, tenda **8** (telhado) declive, inclinação ♦ *vt* **1** projetar, arremessar, lançar **2** nivelar **3** *EUA col* (produtos, ideias) publicitar, implantar **4** *MÚS* tonalizar **5** (tenda) montar ♦ *vi* **1** (embarcações, avião) arfar **2** (telhado) inclinar ❖ *as black as pitch* negro como a noite

pitch-black [pɪtʃ'blæk] *adj* negro; muito escuro

pitch-dark [pɪtʃ'dɑːk] *adj* negro; muito escuro

pitcher ['pɪtʃə] *n* **1** *GB* bilha, cântaro **2** *EUA* caneca, jarro **3** (basebol) lançador

pitchfork ['pɪtʃfɔːk] *n AGR* forcado, bidente ♦ *vt* forçar [into/in/onto, a], atirar [into/in/onto, para]

pitfall ['pɪtfɔːl] *n* dificuldade

pitiable ['pɪtɪəbl] *adj* lastimoso, miserável

pitiful ['pɪtɪfʊl] *adj* lastimável, miserável

pitiless ['pɪtɪləs] *adj* **1** impiedoso **2** (vento, sol) fortíssimo

pity ['pɪtɪ] *n* {*pl* -ies} pena [for, de], piedade [for, de]; *what a pity!* que pena! ♦

vt ter pena de ❖ *for pity's sake!* pelo amor de Deus!; *to have/take pity on somebody* ter pena de alguém

pivot ['pɪvət] *n* base, sustentáculo ♦ *vt,i* girar, fazer pivô ❖ *to pivot on* girar em torno de

pixel ['pɪksəl] *n* pixel

pixie ['pɪksi] *n* duende

pizza ['pi:tsə] *n* pizza, piza

pizzeria [pi:tsə'riə] *n* pizzaria, pizaria

placard ['plækɑːd] *n* cartaz

place [pleɪs] *n* 1 lugar, sítio, local, posição 2 *col* casa 3 rua, praça ♦ *vt* 1 pôr; colocar 2 situar, identificar ❖ *all over the place* por todo o lado; *a place in the sun* um lugar ao sol; MAT *decimal place* casa decimal; *in place of* em lugar de; *in somebody's place* no lugar de alguém; *out of place* deslocado; desintegrado; *to change places* trocar de lugar; *to place a bet* fazer uma aposta; *to place an order* fazer uma encomenda; *to take place* ter lugar/acontecer

placebo [plə'siːbəʊ] *n* placebo

placement ['pleɪsmənt] *n* 1 colocação 2 estágio

placenta [plə'sentə] *n* {*pl* -ae, -as} placenta

placid ['plæsɪd] *adj* calmo; tranquilo

plagiarism ['pleɪdʒərɪzəm] *n* plágio

plagiarist ['pleɪdʒərɪst] *n* plagiador

plagiarize ['pleɪdʒəraɪz] *vt,i* plagiar

plague [pleɪg] *n* 1 praga 2 MED epidemia 3 MED peste ♦ *vt* atormentar, afligir, incomodar ❖ *to avoid somebody/something like the plague* fugir de alguém/alguma coisa como da peste

plaice [pleɪs] *n* {*pl* plaice} (peixe) solha

plaid [plæd] *n* 1 padrão escocês 2 manta do traje tradicional escocês

plain [pleɪn] *adj* 1 óbvio; claro; evidente 2 simples 3 sincero; direto 4 pouco atraente ♦ *n* planície ♦ *adv col* absolutamente, completamente ❖ (polícia) *in plain clothes* à paisana

plainly ['pleɪnli] *adv* 1 nitidamente 2 claramente 3 simplesmente

plain-spoken [pleɪn'spəʊkən] *adj* franco; direto

plaintiff ['pleɪntɪf] *n* DIR queixoso

plaintive ['pleɪntɪv] *adj* lamentoso

plait [plæt] *n* GB trança ♦ *vt* GB entrançar

plan [plæn] *n* 1 plano, projeto, programa; *to have plans* ter planos 2 (cidade) mapa 3 (edifício) planta 4 diagrama ♦ *vt* {*pret e pp* -nn-} planear, tencionar 2 projetar, conceber ❖ *to go according to plan* correr de acordo com os planos

plane [pleɪn] *n* 1 avião 2 plano, nível 3 plaina 4 GEOM plano ♦ *adj téc* plano, liso ♦ *vt,i* 1 aplainar 2 (pássaros) planar

planet ['plænɪt] *n* planeta

planetarium [plænɪ'teərɪəm] *n* {*pl* -a} planetário

planetary ['plænɪtəri] *adj* planetário

planisphere ['plænɪsfɪə] *n* planisfério

plank [plæŋk] *n* 1 tábua, prancha 2 ponto principal

plankton ['plæŋtən] *n* plâncton

planner ['plænə] *n* 1 planeador 2 agenda

planning ['plænɪŋ] *n* planeamento; *family planning* planeamento familiar

plant [plɑːnt] *n* 1 BOT planta 2 unidade fabril 3 GB equipamento, maquinaria 4 *col* prova incriminatória 5 informador ♦ *vt* 1 plantar; semear 2 colocar, assentar, pôr; *col to plant a bomb* colocar uma bomba ❖ *to plant an idea in somebody's mind* meter uma ideia na cabeça de alguém

plantation [plæn'teɪʃən] *n* 1 plantação 2 mata

plaque [plæk] *n* 1 placa 2 (dentes) placa bacteriana

plasma ['plæzmə] *n* plasma ❖ (ecrã) *plasma screen* plasma

plaster ['plɑːstə] *n* 1 estuque 2 MED gesso; GB *in plaster* engessado 3 GB penso rápido ♦ *vt* 1 engessar, cobrir com gesso 2 encher, cobrir [with, de/com] 3 estu-

car, rebocar ❖ MED *plaster cast* gesso;
plaster of Paris gesso
plastered ['plɑːstəd] *adj col* bêbedo
plasterer ['plɑːstərə] *n* estucador
plastic ['plæstɪk] *n* plástico ◆ *adj* plástico;
de plástico ❖ *plastic arts* artes plásticas;
plastic surgery cirurgia plástica
Plasticine ['plæstɪsiːn] *n GB* plasticina
plate [pleɪt] *n* 1 prato 2 placa 3 ZOOL escama 4 GEOL placa 5 camada, folha 6 GB
(fogão elétrico) disco 7 (igreja) salva do
ofertório 8 chapa fotográfica 9 (dentes)
placa 10 (basebol) lugar do batedor ◆ *vt*
revestir ❖ *plate rack* escorredor da louça;
number/licence/registration plate matrícula; *to clear/empty your plate* comer
tudo; *col* *to have a lot on your plate* ter
muito com que se preocupar; *col* *to hand
something to somebody on a plate* dar alguma coisa de bandeja a alguém
plateau ['plætəʊ] *n* (*pl* -s, -x) planalto
plateful ['pleɪtfʊl] *n* pratada
platelet ['pleɪtlɪt] *n* (sangue) plaqueta
platform ['plætfɔːm] *n* 1 plataforma 2 estrado, palanque 3 programa partidário
4 (sapatos) sola grossa, cunha
platinum ['plætɪnəm] *n* platina
platonic [plə'tɒnɪk] *adj* platónico
platoon [plə'tuːn] *n* MIL pelotão
platter ['plætə] *n* travessa ❖ *on a silver
platter* de mão beijada; de bandeja
platypus ['plætɪpəs] *n* ornitorrinco
plausible ['plɔːzɪbəl] *adj* 1 (explicação, desculpa) plausível 2 (mentiroso) convincente
play [pleɪ] *vt,vi* 1 brincar 2 jogar [for, por;
against, contra] 3 (teatro) representar; *to
play a role* desempenhar um papel 4 (peça
de teatro) estar em cena 5 MÚS (instrumento)
tocar 6 pôr a tocar; *can you play this CD
for me?* podes pôr este CD a tocar? ◆ *n*
1 brincadeira, divertimento 2 (teatro) peça;
to put on a play encenar uma peça 3 jogo;
fair play jogo limpo 4 folga ❖ *play on
words* trocadilho; *to come into play* entrar
em jogo/linha de conta; *to play a role* ter

um papel importante; *to play cards* jogar
às cartas; *to play dumb/dead* fazer-se de
morto; *to play hard to get* fazer-se de difícil; *to play (it) safe* jogar pelo seguro; *to
play with fire* brincar com o fogo
◆ **play along** *vi* entrar no jogo
◆ **play around** *vi* 1 brincar 2 ter casos
◆ **play back** *vt* voltar a pôr
◆ **play off** *vt* opor ◆ *vi* jogar para desempatar
◆ **play on** *vt* aproveitar-se de; explorar
play-act ['pleɪækt] *vi* fazer teatro
playback ['pleɪbæk] *n GB* (filme, cassete) repetição
playboy ['pleɪbɔɪ] *n* playboy
player ['pleɪə] *n* 1 jogador 2 músico
3 (aparelho) leitor; *CD player* leitor de CD
4 interveniente
playful ['pleɪfʊl] *adj* brincalhão
playground ['pleɪgraʊnd] *n* recreio
playgroup ['pleɪgruːp] *n GB* infantário
playhouse ['pleɪhaʊs] *n* 1 casa de espetáculos 2 (crianças) casa para brincar
play-off ['pleɪɒf] *n* jogo de desempate ◆
npl EUA finais
playroom ['pleɪruːm] *n* quarto de brincar
playschool ['pleɪskuːl] *n GB* jardim de infância
plaything ['pleɪθɪŋ] *n* (pessoa) joguete
playtime ['pleɪtaɪm] *n* 1 GB (escola) hora
do recreio 2 tempo para brincar
playwright ['pleɪraɪt] *n* dramaturgo
plaza ['plɑːzə] *n* 1 praça 2 EUA centro comercial
PLC [sigla de **Public Limited Company**]
SA [sigla de Sociedade Anónima]
plea [pliː] *n* 1 apelo, pedido 2 alegação,
declaração ❖ *on the plea of* sob o pretexto de
plead [pliːd] *vi* 1 apelar, pedir, suplicar
2 declarar-se; *to plead guilty/not guilty/
innocent* declarar-se culpado/não culpado/inocente ◆ *vt* alegar; *to plead ignorance* alegar ignorância/desconhecimento

pleasant ['pleznt] *adj* agradável, simpático
please [pli:z] *interj* por favor, se faz favor ♦ *vt,i* agradar, satisfazer; *to be hard/easy to please* ser difícil/fácil de agradar ❖ *if you please* se faz favor; *please yourself* diverte-te!; *please yourself/do as you please* faça como entender
pleased ['pli:zd] *adj* contente; satisfeito ❖ *pleased to meet you!* muito prazer!
pleasurable ['pleʒərəbəl] *adj* agradável
pleasure ['pleʒə] *n* prazer ❖ *my pleasure* tive todo o gosto, foi um prazer, de nada; *with pleasure* com todo o gosto
pleat [pli:t] *n* prega, plissado ♦ *vt* plissar, fazer pregas
plebeian [plɪ'bi:ən] *n* plebeu
plebiscite ['plebɪsɪt] *n* plebiscito
pledge [pledʒ] *n* 1 *form* promessa, juramento; *to fulfil a pledge* cumprir uma promessa 2 penhor ♦ *vt* 1 prometer, afiançar, comprometer-se; *to pledge support/loyalty* prometer apoio/lealdade 2 empenhar
plenary ['pli:nəri] *adj,n* (*pl* -ies) plenário
plenitude ['plenɪtju:d] *n form* abundância
plentiful ['plentɪfʊl] *adj* abundante
plenty ['plenti] *pron* muito ♦ *adv* suficientemente, bastante, fartura, abundância ❖ *in plenty* em abundância
pleonasm ['pli:ənæzəm] *n* pleonasmo
pliable ['plaɪəbəl] *adj* 1 flexível, maleável 2 influenciável
plica ['plɪkə] *n* (*pl* -ae) 1 plica, dobra, ruga 2 MED plica
pliers ['plaɪəz] *npl* alicate
plinth [plɪnθ] *n* plinto
plod [plɒd] *vi* 1 arrastar-se [**through/along**, por/através de], caminhar com esforço [**through/along**, por/através de] 2 trabalhar com esforço
plonk [plɒŋk] *n* 1 ruído surdo 2 *col* (vinho) zurrapa ♦ *vt* 1 deixar cair 2 afundar
plop [plɒp] *n* (água) chape ♦ *vi* cair com chape

plot [plɒt] *n* 1 enredo, intriga 2 conspiração, conluio; *to hatch a plot* fazer uma conspiração 3 terreno 4 jazigo ♦ *vi* tramar [**against**, contra], conspirar [**against**, contra] ♦ *vt* 1 traçar, desenhar 2 anotar, apontar ❖ *the plot thickens* a questão complica-se
plotter ['plɒtə] *n* 1 conspirador 2 traçador
plough [plaʊ] *n* arado; charrua ♦ *vt,i* cultivar, lavrar, arar
plow [plaʊ] *n,vt,i EUA* ⇒ **plough**
ploy [plɔɪ] *n* (*pl* -s) estratagema; artimanha
pluck [plʌk] *vt* 1 tirar, arrancar; *to pluck your eyebrows* arrancar os pelos das sobrancelhas 2 MÚS (instrumentos de cordas) dedilhar 3 depenar 4 retirar, pôr a salvo 5 *lit* (frutos, flores) colher ❖ *to pluck (up) the courage* ganhar coragem; *to pluck something out of the air* atirar para o ar uma sugestão
plug [plʌg] *n* 1 (eletricidade) ficha, extensão, tomada 2 (lavatório, banheira, ouvidos) tampão 3 *col* (motor) vela de ignição 4 (parafuso) bucha 5 *col* (publicidade) promoção; *to give something a plug* promover alguma coisa ♦ *vt,i* {*pret e pp* -gg-} 1 (buracos) tapar, encher 2 promover ❖ *col to pull the plug on somebody/something* roer a corda a alguém/alguma coisa; *to plug the gap* preencher uma lacuna
  ♦ **plug in** *vt,i* ligar (à tomada)
plughole ['plʌghəʊl] *n* ralo
plum [plʌm] *n* ameixa; *plum tree* ameixeira
plumb [plʌm] *vt* sondar, explorar ♦ *adv* 1 a prumo; verticalmente 2 exatamente; completamente ♦ *adj* perpendicular, vertical ❖ *plumb line* fio de prumo; *out of plumb* torto
plumber ['plʌmə] *n* canalizador
plumbing ['plʌmɪŋ] *n* canalização
plume [plu:m] *n* pluma, pena, penacho ♦ *vt* (penas) limpar

plummet ['plʌmɪt] vi descer, cair a pique

plump [plʌmp] adj rechonchudo, roliço, fofo ♦ vt atirar, pousar; *to plump yourself down* cair no sofá

plunder ['plʌndə] vt,i pilhar, saquear ♦ n pilhagem, saque

plunge [plʌndʒ] vi 1 cair, descer a pique 2 tombar, baixar 3 mergulhar ♦ vt 1 meter em 2 projetar, precipitar, lançar ♦ n 1 queda acentuada, descida a pique 2 mergulho ❖ *to take the plunge* dar o passo decisivo

plunger ['plʌndʒə] n 1 limpa-canos 2 êmbolo

plunk [plʌŋk] n 1 EUA pancada; golpe seco 2 EUA ruído seco ♦ vt,i 1 EUA produzir um som seco 2 EUA cair pesadamente

pluperfect [pluː'pɜːfɪkt] n pretérito mais-que-perfeito

plural ['plʊərəl] n,adj plural

pluralism ['plʊərəlɪzəm] n pluralismo

pluralist ['plʊərəlɪst] adj,n pluralista

plurality [plʊ'rælɪti] n {pl -ies} 1 pluralidade 2 EUA maioria relativa

plus [plʌs] prep mais; *two plus eight* dois mais oito ♦ n 1 col vantagem, mais-valia 2 MAT sinal mais ♦ adj positivo; *plus five degrees* cinco graus positivos ♦ conj além disso

plush [plʌʃ] adj col luxuoso ♦ n {pl -es} felpa

Pluto ['pluːtəʊ] n Plutão

plutonium [pluː'təʊnɪəm] n plutónio

pluvial ['pluːvɪəl] adj pluvial

pluvious ['pluːvɪəs] adj pluvioso; chuvoso

ply [plaɪ] n 1 (tecidos) fio; *three ply cloth* tecido de três fios 2 (papel, madeira) folha; camada; *two ply tissues* lenços de papel de duas folhas ♦ vi (navio, autocarro) fazer carreira ❖ *to ply one's trade* exercer a sua profissão
♦ **ply with** vt 1 encher de; empanturrar com 2 inundar de

plywood ['plaɪwʊd] n (madeira) contraplacado

p.m. adv da tarde; da noite; *the appointment is at 4 p.m.* a consulta é às quatro da tarde

pneumatic [njuː'mætɪk] adj pneumático

pneumonia [njuː'məʊnɪə] n pneumonia

PO [sigla de Post Office] estação dos correios

poach ['pəʊtʃ] vt 1 (ovos) escalfar 2 (carne, peixe) cozer 3 caçar furtivamente 4 plagiar ♦ vi caçar furtivamente

poacher ['pəʊtʃə] n caçador furtivo

PO Box ['piːəʊbɒks] n apartado

pocket ['pɒkɪt] n 1 bolso, algibeira; *in his coat pocket* no bolso do casaco 2 bolsa; *the suitcase had two pockets attached* as mala tinha duas bolsas incorporadas 3 foco; *there were still a few pockets of fire* havia ainda alguns focos de incêndio 4 (bilhar) buraco ♦ vt 1 meter ao bolso 2 embolsar; sacar ❖ *pocket calculator* calculadora de bolso; *pocket handkerchief* lenço; *pocket knife* canivete; GB (crianças) *pocket money* semanada; (carteirista) *to pick someone's pocket* roubar a carteira de alguém; col *to put one's hand into one's pocket* desembolsar algum dinheiro

pocketbook ['pɒkɪtbʊk] n EUA (dinheiro) carteira

pocketful ['pɒkɪtfʊl] n *a pocketful of* um bolso cheio de

pocketknife ['pɒkɪtnaɪf] n canivete

pockmark ['pɒkmɑːk] n marca de varicela

pod [pɒd] n 1 BOT (ervilhas, feijão) casca; vagem 2 (bicho-da-seda) casulo 3 (baleias, focas) pequeno cardume; grupo ♦ vt descascar

podcast ['pɒdkɑːst] n podcast

podgy ['pɒdʒi] adj {comp -ier, superl -iest} rechonchudo, roliço

podiatrist [pə'daɪətrɪst] n EUA podólogo

podiatry [pə'daɪətri] n EUA podologia

podium ['pəʊdɪəm] n {pl -ia} pódio

poem ['pəʊɪm] n poema

poet ['pəʊɪt] n poeta

poetess ['pəʊɪtɪs] n poetisa

poetic [pəʊ'etɪk] adj poético

poetical [pəʊ'etɪkl] adj ⇒ poetic

poetics [pəʊ'etɪks] n poética

poetry ['pəʊɪtri] n poesia

pogrom ['pɒgrəm] n extermínio

poignant ['pɔɪnjənt] adj pungente; comovente

point [pɔɪnt] vt 1 apontar; *to point a gun at somebody* apontar uma arma para alguém 2 marcar, indicar; *he pointed me the right way* ele indicou-me o caminho certo 3 (parede) emboçar ♦ vi apontar [at/to, para; with, com]; indicar; *he pointed at me with the stick* ele apontou para mim com o pau ♦ n 1 (lápis, agulha, faca, etc.) ponta; *a star with 5 points* uma estrela de 5 pontas 2 GEOM,MAT ponto; *a decimal point* um ponto decimal 3 (numa escala, no espaço, no tempo) ponto; *at this point in time* neste momento; *point of departure* ponto de partida 4 (jogo) ponto; *to win/lose a point* ganhar/perder um ponto 5 (ideia, item, detalhe) ponto; questão; facto; *on this point we are agreed* neste ponto estamos de acordo 6 objetivo; sentido; *what's the point?* qual é o objetivo? 7 ponto, característica; *strong/weak point* ponto forte/fraco 8 (termómetro) grau 9 (ballet) pontas; *point shoes* sapatos de pontas 10 ELET tomada 11 (sinal ortográfico) ponto; *full point* ponto final ♦ *point of view* ponto de vista; *to be beside the point* ser irrelevante; *to get the point* perceber; *to get to the point* ir direto ao assunto; *to make your point* provar que se está certo; *up to a point* até certo ponto
♦ **point out** vt 1 apontar para; indicar 2 salientar; mencionar

point-blank [ˌpɔɪnt'blæŋk] adv 1 (dizer) diretamente; (recusar, negar) categoricamente 2 (disparar) à queima-roupa

pointed ['pɔɪntɪd] adj 1 pontiagudo; bicudo; *pointed nose* nariz pontiagudo 2 (olhar) reprovador

pointer ['pɔɪntə] n 1 col dica; indicação 2 indicador; pista 3 (balança, bússola, mapa) ponteiro 4 INFORM cursor

pointless ['pɔɪntləs] adj inútil, vão

poise [pɔɪz] n 1 segurança, autoconfiança 2 porte, postura 3 equilíbrio; *at poise* em equilíbrio ♦ vt equilibrar

poison ['pɔɪzn] n veneno ♦ vt 1 envenenar 2 intoxicar; contaminar ❖ *what's your poison?* que queres beber?

poisoning ['pɔɪznɪŋ] n 1 envenenamento 2 intoxicação; *food poisoning* intoxicação alimentar

poisonous ['pɔɪznəs] adj 1 venenoso 2 tóxico

poke [pəʊk] n 1 empurrão; encontrão; *to give someone a poke* dar um encontrão a alguém 2 cotovelada ♦ vt 1 empurrar; impelir 2 atiçar; *to poke the fire* atiçar o lume 3 meter; *don't poke your finger in the cake* não metas o dedo no bolo ♦ vi 1 (objetos) sair 2 espreitar; assomar; *she poked out of the window* ela espreitou à janela ❖ col *to poke fun at someone* fazer pouco de alguém; col *to poke your nose into* meter-se onde não se é chamado

poker ['pəʊkə] n 1 (fogo) atiçador 2 (jogo de cartas) póquer ❖ col *poker face* rosto inexpressivo

poky ['pəʊki] adj {comp -ier, superl -iest} col (casa, quarto) minúsculo; apertado

Poland ['pəʊlənd] n Polónia

polar ['pəʊlə] adj polar

polarity [pəʊ'lærɪti] n polaridade

polarize ['pəʊlərɑɪz] vt polarizar

Polaroid ['pəʊlərɔɪd] n polaroide

pole [pəʊl] n 1 polo; *North/South Pole* polo norte/sul 2 poste; (bandeira) mastro 3 varão; vara 4 (esqui) bastão ❖ *Pole Star* Estrela Polar; *pole vault* salto à vara

Pole [pəʊl] n polaco

poleaxe ['pəʊlæks] n machado de guerra ♦ vt derrubar; atirar ao chão

polecat ['pəʊlkæt] n 1 toirão 2 EUA doninha fedorenta

polemic [pə'lemɪk] adj form polémico

polemics [pə'lemɪks] n polémica

police [pə'li:s] n pl 1 (organização) polícia; *the police are working on the matter* a polícia está a tratar do assunto; *to join the police* entrar para a polícia 2 (agentes) polícias ♦ vt policiar ❖ *police state* estado totalitário; *police station* esquadra da polícia

policeman [pə'li:smən] n {pl -men} (homem) polícia

policewoman [pə'li:swʊmən] n {pl -men} (mulher) polícia

policy ['pɒlɪsi] n {pl -ies} 1 política; *the company policy* a política da empresa 2 (seguros) apólice

polio ['pəʊlɪəʊ] n poliomielite

polish ['pɒlɪʃ] n 1 polimento; lustro 2 verniz; *nail polish* verniz para as unhas 3 graxa; *black polish* graxa preta 4 requinte, elegância ♦ vt polir; lustrar; *to polish the floor* polir o chão
♦ **polish off** vt 1 (trabalho) despachar; acabar 2 (comida) comer rapidamente

polite [pə'laɪt] adj bem-educado, delicado

politeness [pə'laɪtnɪs] n educação, delicadeza

politic ['pɒlɪtɪk] adj form prudente

political [pə'lɪtɪkəl] adj político

politically [pə'lɪtɪkəli] adv politicamente

politician [pɒlɪ'tɪʃən] n político

politics ['pɒlɪtɪks] n política

polka ['pɒlkə] n (dança, música) polca

poll [pəʊl] n 1 sondagem; *to carry out/conduct a poll* fazer uma sondagem; *opinion poll* sondagem de opinião 2 POL eleições; votação; *to go to the polls* ir votar ♦ vt 1 fazer uma sondagem; sondar 2 (votos) receber, obter

pollen ['pɒlɪn] n pólen

polling ['pəʊlɪŋ] n votação; escrutínio ❖ GB *polling booth* cabina de voto

pollutant [pə'lu:tənt] n poluente

pollute [pə'lu:t] vt poluir; contaminar

pollution [pə'lu:ʃən] n poluição

polo ['pəʊləʊ] n polo; *water polo* polo aquático

polonium [pə'ləʊnɪəm] n polónio

polyclinic [pɒli'klɪnɪk] n MED policlínica

polygamist [pə'lɪgəmɪst] n polígamo

polygamous [pə'lɪgəməs] adj polígamo

polygamy [pə'lɪgəmi] n poligamia

polyglot ['pɒlɪglɒt] adj,n poliglota

polygon ['pɒlɪgən] n polígono

polygraph ['pɒlɪgrɑ:f] n polígrafo

polyhedral [pɒli'hi:drəl] adj GEOM poliédrico, poliedro

polyhedron [pɒli'hi:drən] n {pl -s, -a} poliedro

Polynesia [pɒli'ni:ʒə] n Polinésia

Polynesian [pɒli'ni:ʒən] adj,n polinésio

polynomial [pɒli'nəʊmɪəl] n polinómio

polyp ['pɒlɪp] n pólipo

polyphonic [pɒli'fɒnɪk] adj polifónico

polyphony [pə'lɪfəni] n polifonia

polypus ['pɒlɪpəs] n {pl polypi} MED pólipo

polysyllabic [pɒlɪsɪ'læbɪk] adj polissilábico

polysyllable ['pɒlɪsɪləbəl] n polissílabo

polytechnic [pɒli'teknɪk] n politécnico

polytheism ['pɒliθi:ɪzəm] n politeísmo

polytheist ['pɒliθi:ɪst] n politeísta

polytheistic [pɒliθi:'ɪstɪk] adj politeísta

polyunsaturated [pɒliʌn'sætʃəreɪtɪd] adj polinsaturado

pome [pəʊm] n BOT pomo

pomegranate ['pɒmɪgrænɪt] n romã

pommel ['pʌml] n 1 castão 2 (espada) botão do punho ♦ vt {pret e pp -ll-} EUA socar ❖ DESP *pommel horse* cavalo com arções

pomp [pɒmp] n pompa; fausto

pompom ['pɒmpɒm] n pompom

pompous ['pɒmpəs] adj pomposo; aparatoso

ponce [pɒns] n 1 *cal* (ofensivo) maricas 2 *cal* (ofensivo) chulo

pond [pɒnd] n pequeno lago

ponder ['pɒndə] vt,i ponderar; refletir; meditar; *you must ponder on the subject carefully* deves meditar sobre o assunto cuidadosamente

ponderous ['pɒndərəs] adj (livro, texto, discurso, movimento) pesado

pontiff ['pɒntɪf] n pontífice

pontificate [pɒn'tɪfɪkət] n pontificado

pontoon [pɒn'tuːn] n pontão

pony ['pəʊni] n {pl -ies} pónei; *to ride a pony* andar de pónei

ponytail ['pəʊniteɪl] n (penteado) rabo de cavalo

poo [puː] n GB col cocó; caca ♦ vi GB col fazer cocó

pooch [puːtʃ] n col cachorro

poodle ['puːdl] n cão-d'água

pooh [puː] interj 1 col que cheirete! 2 col que idiotice!

pooh-pooh [,puː'puː] vt col desprezar; fazer pouco de

pool [puːl] n 1 poça; *pools on the sand* poças na areia 2 charco 3 piscina 4 DESP bilhar; *to shoot pool* jogar bilhar 5 vaquinha ♦ vt (esforço, conhecimento) juntar, combinar

poop [puːp] n 1 NÁUT popa 2 col caca, cocó ♦ vi col fazer cocó

poor [pɔː,pʊə] adj 1 pobre 2 fraco; mau; *poor quality* fraca qualidade 3 coitado, pobre; *poor thing!* coitadinho! ♦ npl *the poor* os pobres

poorly ['pʊəli] adv mal; deficientemente; *poorly paid* mal pago ♦ adj GB adoentado, doente

pop [pɒp] n 1 (música) pop; *pop show* espetáculo de música pop 2 estoiro, ruído seco; *the bottle opened with a pop* a garrafa abriu-se com um estoiro 3 EUA col pai 4 col refrigerante gasoso ♦ vt 1 (rolha) fazer saltar 2 rebentar, estoirar; *to pop a balloon* rebentar um balão 3 col pôr; pou-

sar 4 col meter; enfiar ♦ vi 1 estalar 2 rebentar, estoirar 3 (rolha) saltar 4 col aparecer; surgir; vir; *where did you pop from?* de onde é que apareceste? ❖ *pop quiz* teste surpresa; *to pop the question* pedir em casamento

♦ **pop off** vi bater a bota; esticar o pernil

♦ **pop up** vi aparecer

popcorn ['pɒpkɔːn] n pipocas

Pope [pəʊp] n REL Papa

poplar ['pɒplə] n choupo; álamo

poplin ['pɒplɪn] n (tecido) popelina

poppy ['pɒpi] n {pl -ies} papoila

popsicle ['pɒpsɪkəl] n EUA gelado (de água)

populace ['pɒpjʊləs] n form povo; população

popular ['pɒpjʊlə] adj 1 popular 2 (opinião, crença) generalizado

popularity [,pɒpjʊ'lærɪti] n popularidade

popularize ['pɒpjʊləraɪz] vt popularizar

popularly ['pɒpjʊləli] adv popularmente; vulgarmente

populate ['pɒpjʊleɪt] vt povoar; habitar

population [,pɒpjʊ'leɪʃən] n população

populism ['pɒpjʊlɪzəm] n populismo

populist ['pɒpjʊlɪst] adj,n populista

populous ['pɒpjʊləs] adj populoso

pop-up [pɒ'pʌp] n (computador, Internet) pop-up

porcelain ['pɔːslɪn] n porcelana

porch [pɔːtʃ] n {pl -es} 1 átrio 2 EUA alpendre

porcupine ['pɔːkjʊpaɪn] n porco-espinho

pore [pɔː] n poro

pork [pɔːk] n carne de porco; *pork chops* costeletas de porco

porn [pɔːn] n col pornografia

pornographic [,pɔːnə'græfɪk] adj pornográfico

pornography [pɔː'nɒgrəfi] n pornografia

porosity [pɔː'rɒsɪti] n {pl -ies} porosidade

porous ['pɔːrəs] adj poroso

porridge ['pɒrɪdʒ] n papas de aveia

port [pɔːt] n 1 porto; *to come into port* entrar no porto; *to leave port* sair do porto 2 NÁUT bombordo 3 vinho do Porto 4 vigia; escotilha ♦ vt NÁUT virar para bombordo ❖ *any port in a storm* seja quem for ou o que for

portable ['pɔːtəbəl] adj portátil; *portable TV set* televisor portátil

portal ['pɔːtəl] n portal

porter ['pɔːtə] n 1 (de bagagem) carregador 2 porteiro

portfolio [pɔːt'fəʊliəʊ] n 1 (documentos) portfólio 2 POL pasta; *the economics portfolio* pasta da economia 3 ECON carteira

porthole ['pɔːthəʊl] n (navio) vigia; (avião) janela

portico ['pɔːtɪkəʊ] n {pl -s, -es} pórtico

portion ['pɔːʃən] n 1 porção; pedaço; parte; quinhão 2 (refeição) dose ♦ vt repartir, dividir

portrait ['pɔːtrɪt] n retrato

portray [pɔː'treɪ] vt retratar

portrayal [pɔː'treɪəl] n retrato; representação

Portugal ['pɔːtʃʊɡəl] n Portugal

Portuguese [ˌpɔːtʃʊ'ɡiːz] adj,n português

pose [pəʊz] n 1 pose; atitude; postura 2 *pej* afetação ♦ vt colocar, pôr; levantar ♦ vi 1 ART,FOT posar 2 *pej* dar-se ares; armar-se ❖ *to pose as* fazer-se passar por

poser ['pəʊzə] n questão complicada

posh [pɒʃ] adj 1 *col* elegante; fino 2 GB *col* queque, beto

position [pə'zɪʃən] n 1 posição; *the position of the sun* a posição do sol 2 situação; *put yourself in my position* ponha-se na minha situação 3 posto, posição, cargo; *a position of responsibility* um posto de responsabilidade 4 opinião, posição; *to take a position* tomar uma posição 5 postura, atitude; *the right position* a atitude correta ♦ vt posicionar; colocar no lugar ❖ *to be out of position* não estar no sítio correto

positive ['pɒzɪtɪv] adj 1 positivo 2 certo; *to be positive* ter a certeza absoluta 3 firme; categórico 4 irrefutável 5 *col* autêntico ♦ n 1 aspeto positivo 2 (experiência, análise) resultado positivo

positively ['pɒzɪtɪvli] adv 1 absolutamente 2 sem quaisquer dúvidas

positivism ['pɒzɪtɪvɪzəm] n positivismo

positivist ['pɒzɪtɪvɪst] adj,n positivista

posology [pə'sɒlədʒi] n MED posologia

possess [pə'zes] vt possuir, ter ❖ *what possessed you to do that?* que é que deu para fazeres isso?

possession [pə'zeʃən] n 1 posse 2 (território) possessão ♦ npl bens

possessive [pə'zesɪv] adj,n possessivo

possessor [pə'zesə] n possuidor

possibility [ˌpɒsɪ'bɪlɪti] n {pl -ies} possibilidade ♦ npl potencial

possible ['pɒsɪbəl] adj possível

possibly ['pɒsɪbli] adv possivelmente; talvez

post [pəʊst] n 1 GB correio, *by return of post* na volta do correio 2 cargo; posto 3 poste; DESP *col the ball hit the post* a bola foi ao poste ♦ vt 1 pôr no correio; enviar por correio 2 anunciar; afixar 3 (emprego, posto) deslocar; atribuir cargo 4 colocar; destacar ❖ *col to keep somebody posted* manter alguém informado

postage ['pəʊstɪdʒ] n portes; franquia postal

postal ['pəʊstəl] adj postal ❖ *postal vote* voto por correio

postbox ['pəʊstbɒks] n GB marco de correio

postcard ['pəʊstkɑːd] n postal

postcode ['pəʊstkəʊd] n GB código postal

postdate [ˌpəʊst'deɪt] vt pós-datar

poster ['pəʊstə] n 1 cartaz 2 póster

posterior [pɒ'stɪərɪə] adj posterior

posterity [pɒ'sterɪti] n {pl -ies} posteridade

postface ['pəʊstfeɪs] n posfácio

postgraduate [ˌpəʊst'grædʒuɪt] n pós--graduado ♦ adj de pós-graduação

posthumous ['pɒstjʊməs] adj póstumo

postman ['pəʊstmən] n {pl -men} carteiro

postmark ['pəʊstmɑːk] n (correio) carimbo ♦ vt carimbar

postmortem [pəʊst'mɔːtəm] n autópsia

postpone [pəs'pəʊn] vt adiar

postponement [pəs'pəʊnmənt] n adiamento

postscript ['pəʊst,skrɪpt] n pós-escrito

postulate¹ ['pɒstjʊlət] n postulado

postulate² ['pɒstjʊleɪt] vt postular

posture ['pɒstʃə] n postura; posição; to have a good/bad posture ter uma postura boa/má ♦ vi armar-se; dar-se ares

post-war [ˌpəʊst'wɔː] adj do pós-guerra; post-war period pós-guerra

pot [pɒt] n 1 bule 2 cafeteira 3 frasco; pote; a pot of honey um pote de mel 4 vaso 5 col marijuana, erva 6 panela 7 cal pote, penico ♦ vt {pret e pp -tt-} 1 plantar em vaso, pôr em vaso 2 caçar; he potted two rabbits ele caçou dois coelhos 3 (bilhar) acertar no buraco ❖ pot roast carne guisada; pots and pans trem de cozinha; col the pot is calling the kettle black ri-se o roto do esfarrapado; col to have pots of money ter montes de dinheiro

potash ['pɒtæʃ] n potassa

potassium [pə'tæsɪəm] n potássio

potato [pə'teɪtəʊ] n {pl -es} batata ❖ EUA potato chips batatas fritas (de pacote); GB potato crisps batatas fritas (de pacote)

potbelly ['pɒtbelɪ] n col pança

potency ['pəʊtənsɪ] n potência

potent ['pəʊtənt] adj potente

potential [pə'tenʃəl] adj,n potencial

pothole ['pɒthəʊl] n buraco na estrada

potion ['pəʊʃən] n poção; magical potion poção mágica

potter ['pɒtə] n oleiro; ceramista

pottery ['pɒtərɪ] n {pl -ies} 1 olaria 2 louça de barro

potty ['pɒtɪ] adj {comp -ier, superl -iest} col maluco, doido ♦ n {pl -ies} col bacio, penico

pouch ['paʊtʃ] n {pl -es} bolsa

pouffe [puːf] n (assento) pufe

poultry ['pəʊltrɪ] n 1 aves domésticas; poultry farming criação de aves domésticas 2 carne de aves

pounce [paʊns] vi lançar-se [on/upon, sobre]; atirar-se [on/upon, sobre]; the wolf pounced upon the hare o lobo lançou-se sobre a lebre ♦ n ataque

pound [paʊnd] vi 1 bater; martelar; she pounded on the typewriter ela martelava na máquina de escrever; my heart kept pounding o meu coração não parava de bater 2 caminhar pesadamente ♦ vt 1 triturar 2 bater; martelar; stop pounding the drum! deixa de martelar no tambor! ♦ n 1 (moeda) libra esterlina, libra; pound sterling libra esterlina 2 (unidade de peso) libra

pounding ['paʊndɪŋ] n 1 pancadas 2 batida 3 sova, tareia

pour [pɔː] vt 1 deitar; to pour water into a glass deitar água num copo 2 servir; to pour a drink servir uma bebida ♦ vi 1 deitar, derramar 2 afluir; convergir 3 (fumo) sair ❖ chover torrencialmente ❖ to pour cold water on something deitar para baixo; desanimar; to pour oil on troubled waters deitar água na fervura; to pour scorn on escarnecer de

pouring ['pɔːrɪŋ] adj (chuva) torrencial

pout [paʊt] n beicinho; amuo ♦ vi fazer beicinho; amuar

poverty ['pɒvətɪ] n pobreza

powder ['paʊdə] n 1 pó 2 pólvora ♦ vt polvilhar ❖ to powder one's nose retocar a maquilhagem; cal to take a powder dar de frosques

power ['paʊə] n 1 poder, capacidade, habilidade; mental powers faculdades mentais 2 força, poder 3 autoridade, poder, direito 4 MAT expoente; potência; square *power* ao quadrado 5 (nação) potência 6 energia; potência; *full power* potência máxima 7 eletricidade; luz; *power failure* corte de eletricidade; *the power is on* a luz está ligada ♦ *vt* fornecer energia a ❖ *power line* cabo de eletricidade; DIR *power of attorney* procuração; *power station* central elétrica; (carro) *power steering* direção assistida; *to be in power* estar no poder; *to have someone in one's power* dominar alguém; *to take/seize power* tomar o poder

powerful ['pauǝful] *adj* 1 poderoso; potente; *a powerful car* um carro potente 2 (remédio, droga) forte 3 (cheiro, sabor, luz) intenso

powerless ['pauǝlǝs] *adj* impotente; sem força

PR [*sigla de* **Public Relations**] Relações Públicas

practicable ['præktɪkǝbl] *adj* praticável; viável

practical ['præktɪkǝl] *adj* 1 prático 2 eficaz 3 habilidoso ♦ *n col* exame prático

practically ['præktɪkǝli] *adv* 1 praticamente 2 na prática

practice ['præktɪs] *n* 1 hábito, prática, costume; *to be common practice* ser prática corrente 2 exercício, treino 3 prática; *in practice* na prática 4 procedimento 5 (médico, advogado) consultório; prática, exercício da profissão ♦ *vt,i EUA* ⇒ **practise** ❖ *practice makes perfect* prática e serás mestre; *to be in practice* estar em forma; *to be out of practice* estar em baixo de forma

practise ['præktɪs] *vt,i* 1 praticar; *to practise a religion* praticar uma religião 2 treinar; *he is practising English* ele está a treinar o Inglês 3 (profissão) exercer

practitioner [præk'tɪʃnǝ] *n* profissional

pragmatic [præg'mætɪk] *adj* pragmático

pragmatics [præg'mætɪkz] *n* pragmática

pragmatism ['prægmǝtɪzǝm] *n* pragmatismo

prairie ['preǝri] *n* pradaria

praise [preɪz] *n* elogio; louvor; *to be worthy of praise* merecer ser elogiado ♦ *vt* elogiar; louvar; *we all praised him for his courage* todos o elogiámos pela sua coragem

praiseworthy ['preɪzwɜ:ði] *adj* louvável; digno de louvor

pram [præm] *n GB* carrinho de bebé

prance [prɑ:ns] *vi* 1 gingar-se, pavonear-se 2 (cavalo) fazer cabriolas, saltar

prank [præŋk] *n* partida; brincadeira

prankster ['præŋkstǝ] *n* 1 brincalhão 2 *pej* engraçadinho

praseodymium [preɪzɪǝ'dɪmɪǝm] *n* QUÍM (elemento químico) praseodímio

prat [præt] *n col* palerma, parvo

prattle ['prætl] *n col* tagarelice ♦ *vi col* tagarelar [about, sobre]

prawn [prɔ:n] *n* gamba

praxis ['præksɪs] *n* {*pl* praxises, praxes} prática; exercício

pray [preɪ] *vi* 1 rezar [for, por] 2 rogar; suplicar; *I pray to God that everything will turn out all right* rogo a Deus para que tudo corra bem ♦ *vt* rezar ❖ *he is past praying for* ele é um caso perdido

prayer [preǝ] *n* 1 oração 2 súplica; rogo

preach [pri:tʃ] *vt* 1 pregar; *to preach a sermon on* pregar um sermão sobre 2 defender; advogar ♦ *vi* (sermões) pregar [at, a]; *stop preaching at me* para de me pregar sermões ❖ *to practise what you preach* praticar o que se advoga

preacher ['pri:tʃǝ] *n* 1 pregador 2 *EUA* REL pastor

preamble [pri:'æmbǝl] *n* preâmbulo

prearrange [,pri:ǝ'reɪndʒ] *vt* combinar previamente; preparar antecipadamente

precarious [prɪ'keǝriǝs] *adj* precário

precariousness [prɪ'keǝriǝsnɪs] *n* precariedade

precaution [prɪ'kɔ:ʃǝn] *n* precaução; cautela

precautionary [prɪˈkɔːʃnərɪ] *adj* preventivo; *precautionary measures* medidas preventivas

precede [prɪˈsiːd] *vt* 1 preceder 2 anteceder

precedence [ˈpresɪdəns] *n* 1 precedência 2 prioridade

precedent [ˈpresɪdənt] *n* precedente; antecedente

preceding [prɪˈsiːdɪŋ] *adj* precedente; antecedente

precept [ˈpriːsept] *n* preceito, norma

preceptor [priːˈseptə] *n* precetor, mestre

precinct [ˈpriːsɪŋkt] *n* 1 área, zona; recinto 2 *EUA* (policial, administrativo) circunscrição ♦ *npl* instalações

preciosity [ˌpreʃɪˈɒsɪtɪ] *n* preciosismo

precious [ˈpreʃəs] *adj* 1 precioso, valioso 2 querido; *irón* *here is your precious car!* eis o teu querido carro! 3 *pej* afetado

precipice [ˈpresɪpɪs] *n* precipício; despenhadeiro

precipitate[1] [prɪˈsɪpɪtɪt] *adj form* precipitado; irrefletido

precipitate[2] [prɪˈsɪpɪteɪt] *vt* precipitar

precipitation [prɪˌsɪpɪˈteɪʃən] *n* precipitação

precipitous [prɪˈsɪpɪtəs] *adj* 1 (pessoa, ato) precipitado 2 (lugar, terreno) íngreme

précis [ˈpreɪsiː] *n* resumo

precise [prɪˈsaɪs] *adj* 1 preciso; exato 2 meticuloso, minucioso

precisely [prɪˈsaɪslɪ] *adv* precisamente; *precisely so* exatamente

precision [prɪˈsɪʒən] *n* precisão; exatidão

preclude [prɪˈkluːd] *vt* impedir [from, de], evitar [from, -]; *they precluded me from leaving the building* eles impediram-me de deixar o edifício

precocious [prɪˈkəʊʃəs] *adj* precoce

preconception [ˌpriːkənˈsepʃən] *n* preconceito

precooked [ˌpriːˈkʊkt] *adj* pré-cozinhado

precursor [ˌpriːˈkɜːsə] *n* precursor [of/to, de]

predate [priːˈdeɪt] *vt* 1 antedatar, pré-datar 2 anteceder

predator [ˈpredətə] *n* predador

predatory [ˈpredətərɪ] *adj* predatório; voraz

predecessor [ˈpriːdɪsesə] *n* predecessor, antecessor

predestination [prɪˌdestɪˈneɪʃən] *n* predestinação

predestine [prɪˈdestɪn] *vt* predestinar

predetermine [ˌpriːdɪˈtɜːmɪn] *vt* predeterminar

predicament [prɪˈdɪkəmənt] *n* 1 aperto, dificuldade 2 dilema

predicate[1] [ˈpredɪkɪt] *n* predicado

predicate[2] [ˈpredɪkeɪt] *vt* 1 afirmar; proferir 2 basear-se [on/upon, em], fundar-se [on/upon, em]

predication [ˌpredɪˈkeɪʃən] *n* 1 predicação 2 afirmação

predicative [prɪˈdɪkətɪv] *adj* LING predicativo; *predicative adjective* adjetivo predicativo

predict [prɪˈdɪkt] *vt* predizer, prognosticar, prever

predictable [prɪˈdɪktəbəl] *adj* previsível

prediction [prɪˈdɪkʃən] *n* previsão

predilection [ˌpriːdɪˈlekʃən] *n* predileção [for, por]; *he has a predilection for cars* ele tem uma predileção por automóveis

predispose [ˌpriːdɪsˈpəʊz] *vt* predispor [to, para]

predisposition [ˌpriːdɪspəˈzɪʃən] *n* predisposição

predominance [prɪˈdɒmɪnəns] *n* predomínio, preponderância

predominant [prɪˈdɒmɪnənt] *adj* predominante

predominate [prɪˈdɒmɪneɪt] *vi* predominar

pre-eminence [ˌpriːˈemɪnəns] *n* preeminência; primazia; supremacia

pre-eminent [ˌpriːˈemɪnənt] *adj* preeminente; supremo; superior

pre-establish [ˌpriːɪˈstæblɪʃ] vt preestabelecer

pre-existent [ˌpriːɪɡˈzɪstənt] adj preexistente

prefab [ˈpriːfæb] n col casa prefabricada

prefabricated [ˌpriːˈfæbrɪkeɪtəd] adj pré--fabricado

preface [ˈprefɪs] n prefácio [to, a]; prólogo [to, de] ♦ vt prefaciar

prefect [ˈpriːfekt] n 1 (aluno) delegado 2 POL prefeito

prefer [prɪˈfɜː] vt {pret e pp -rr-} 1 preferir [to, a]; *I prefer the red dress to the blue one* eu prefiro o vestido vermelho ao azul; *she prefers singing to studying* ela prefere cantar a estudar 2 DIR (queixa) apresentar [**against**, contra]; (ação judicial) intentar

preferable [ˈprefərəbəl] adj preferível [to, a]; melhor

preference [ˈprefərəns] n preferência

preferential [ˌprefəˈrenʃəl] adj preferencial

prefigure [ˌpriːˈfɪɡə] vt prefigurar

prefix [ˈpriːfɪks] n 1 (palavra) prefixo 2 (telefone) indicativo

pregnancy [ˈpreɡnənsɪ] n gravidez

pregnant [ˈpreɡnənt] adj 1 grávida; *to get pregnant* engravidar 2 (animal) prenhe

preheat [ˌpriːˈhiːt] vt aquecer previamente

prehistoric [ˌpriːhɪsˈtɒrɪk] adj pré-histórico

prehistory [ˌpriːˈhɪstərɪ] n pré-história

prejudge [ˌpriːˈdʒʌdʒ] vt julgar antecipadamente

prejudice [ˈpredʒudɪs] n preconceito [**against**, contra] ♦ vt 1 influenciar [**against**, contra]; predispor [**against**, contra]; *he tried to prejudice me against my family* ele tentou influenciar-me contra a minha família 2 lesar; prejudicar; *you are prejudicing me with your decisions* estás a prejudicar-me com as tuas decisões ❖ *racial prejudice* preconceitos raciais; *to the prejudice of* em detrimento de

prejudicial [ˌpredʒuˈdɪʃəl] adj prejudicial [to, para]

prelate [ˈprelɪt] n REL prelado

preliminary [prɪˈlɪmɪnərɪ] adj preliminar ♦ n {pl -ies} 1 preliminar 2 DESP eliminatória

prelude [ˈpreljuːd] n prelúdio [to, de]

premature [ˈpremətʃə] adj prematuro; precoce

premeditate [priːˈmedɪteɪt] vt premeditar; *the crime had been premeditated* o crime tinha sido premeditado

premeditation [ˌpriːmedɪˈteɪʃən] n premeditação

premier [ˈpremɪə] n primeiro-ministro ♦ adj melhor; mais importante

premiere [ˈpremɪeə] n (filme, peça) estreia

première [ˈpremɪeə] n (de filme, peça de teatro) estreia ♦ vi estrear

premise [ˈpremɪs] n premissa ♦ npl instalações, recinto

premium [ˈpriːmɪəm] n prémio; brinde; recompensa

premonition [ˌpriːməˈnɪʃən] n premonição; pressentimento

premonitory [prɪˈmɒnɪtərɪ] adj premonitório

prenatal [ˌpriːˈneɪtəl] adj pré-natal

prenuptial [priːˈnʌpʃəl] adj pré-nupcial ❖ *prenuptial agreement* acordo pré-nupcial

preoccupation [priːˌɒkjʊˈpeɪʃən] n 1 preocupação 2 obsessão

preoccupied [priːˈɒkjʊpaɪd] adj 1 preocupado [**with**, com]; obcecado [**with**, com] 2 absorto

preoccupy [priːˈɒkjʊpaɪ] vt preocupar

prep [prep] n GB col trabalhos de casa; *have you done your prep?* já acabaste os trabalhos de casa? ❖ GB col *prep school* escola de ensino básico privada

prepaid [priːˈpeɪd] adj 1 pré-pago 2 com porte pago

preparation [ˌprepəˈreɪʃən] n 1 preparação 2 CUL,MED preparado ♦ npl preparativos

preparatory [prɪ'pærətəri] *adj* preparatório ✤ *GB* **preparatory school** escola de ensino básico privada

prepare [prɪ'peə] *vt* **1** preparar [for, para]; *I prepared myself for the exam* eu preparei-me para o exame; *he is preparing dinner* ele está a preparar o jantar **2** organizar

prepayment [,priː'peɪmənt] *n* pré-pagamento

preponderance [prɪ'pɒndərəns] *n* preponderância; predomínio

preponderant [prɪ'pɒndərənt] *adj* predominante; preponderante

preposition [,prepə'zɪʃən] *n* preposição

prepossessing [,priːpə'zesɪŋ] *adj* cativante; atraente

preposterous [prɪ'pɒstərəs] *adj* absurdo; escandaloso

preppy [ˈprepi] *adj,n EUA col* betinho; queque

prerogative [prɪ'rɒgətɪv] *n* prerrogativa; privilégio

presage [ˈpresɪdʒ] *n* presságio; *a presage of tragedy* um presságio de tragédia ♦ *vt* pressagiar; prognosticar

prescribe [prɪ'skraɪb] *vt* **1** (medicação) receitar **2** recomendar **3** *form* ditar; ordenar

prescription [prɪ'skrɪpʃən] *n* **1** receita médica **2** medicamento **3** diretiva

prescriptive [prɪ'skrɪptɪv] *adj* prescritivo

presence [ˈprezəns] *n* presença

present[1] [ˈprezənt] *adj,n* presente; *at the present time* no presente; *birthday present* presente de aniversário

present[2] [prɪ'zent] *vt* **1** presentear, dar, oferecer; *he presented me with a book* ele presenteou-me com um livro **2** (relatório, documento, credencial) apresentar **3** *form* (pedido de desculpas, cumprimentos) apresentar **4** (problema, dificuldade) representar, constituir **5** (filme, peça, programa) apresentar, exibir, dar **6** (programa, pessoa) apresentar ✤ *MIL* **present arms!** apresentar armas!

presentable [prɪ'zentəbəl] *adj* apresentável

presentation [,prezən'teɪʃən] *n* **1** apresentação **2** oferta, presente **3** representação teatral

presenter [prɪ'zentə] *n* (rádio, televisão) apresentador

presentiment [prɪ'zentɪmənt] *n form* pressentimento [of, de]

presently [ˈprezəntli] *adv* **1** em breve **2** presentemente, agora

preservation [,prezə'veɪʃən] *n* **1** preservação; conservação **2** manutenção; *the preservation of peace* a manutenção da paz

preservative [prɪ'zɜːvətɪv] *n* conservante; *no added preservatives* sem conservantes

preserve [prɪ'zɜːv] *n* **1** *CUL* legumes de conserva **2** *CUL* compota **3** reserva **4** domínio ♦ *vt* **1** (comida) conservar **2** preservar; *to preserve nature* preservar a natureza **3** (memória) guardar; (reputação) proteger; manter; *to preserve tradition* manter a tradição; *to preserve one's dignity* manter a dignidade ✤ *game preserve* reserva de caça; *natural preserve* reserva natural

preserved [prɪ'zɜːvd] *adj* **1** (pessoa) conservado; *he is well preserved for his age* ele está bem conservado para a idade **2** (alimentos) de conserva ✤ *preserved food* alimentos de conserva; *preserved fruit* fruta de conserva

preserver [prɪ'zɜːvə] *n* **1** conservador **2** (tradição, costume) defensor

preset [ˈpriːset] *vt* (*pret e pp* preset) programar

preside [prɪ'zaɪd] *vi* presidir [at/over, a]; *to preside at a meeting* presidir a uma reunião

presidency [ˈprezɪdənsi] *n* (*pl* -ies) presidência

president [ˈprezɪdənt] *n* **1** presidente **2** *EUA* (colégio) diretor; reitor **3** (banco, companhia) diretor

president-elect [ˌprezɪdəntɪˈlekt] n presidente eleito (antes de tomar posse)

presidential [ˌprezɪˈdenʃəl] adj presidencial

press [pres] n (pl -es) 1 (jornais, revistas) imprensa; *I saw the news in the press* eu vi a notícia nos jornais 2 prelo, impressora 3 prensa; lagar; *hydraulic press* prensa hidráulica 4 pressão; *give the button another press* carrega outra vez no botão ♦ vt 1 premir, carregar; *to press a button* carregar num botão 2 comprimir 3 pressionar; *he pressed me for an answer* ele pressionou-me para lhe dar uma resposta 4 (planta, fruta) espremer; *to press an orange* espremer uma laranja 5 passar a ferro 6 DIR (queixa) apresentar [**against**, contra] ♦ vi 1 apertar [**on**, -]; *stop pressing on my arm!* não apertes o meu braço!; *people pressed on the street* as pessoas apertavam-se na rua 2 pressionar [**for**, para]; *unions pressed for a raise in salaries* os sindicatos fizeram pressão para obterem um aumento de salários 3 cair [**on/upon**, sobre]; recair [**on/upon**, sobre]; pesar [**on/upon**, sobre] ❖ *press agency* agência noticiosa; *press conference* conferência de imprensa; *press photographer* repórter fotográfico; *press release* comunicado à imprensa; *to get a good/bad press* ter boas/más críticas

pressing [ˈpresɪŋ] adj 1 urgente 2 crítico 3 insistente ♦ n 1 insistência 2 compressão

pressman [ˈpresmæn] n (pl -men) GB jornalista; repórter

press-up [ˈpresʌp] n DESP (exercício físico) flexão

pressure [ˈpreʃə] n 1 FÍS,MEC téc pressão 2 MED tensão; *high blood pressure* hipertensão; *low blood pressure* hipotensão; *pressure drop* queda de pressão 3 força; *wind pressure* força eólica 4 pressão psicológica; *to act under pressure* agir sob pressão 5 urgência; *what's all this pres-*

sure for? para que é tanta urgência? ♦ vt pressionar [**into/to**, a]; *I pressured him into telling us the truth* eu pressionei-o a contar-nos a verdade ❖ *pressure cooker* panela de pressão; *pressure group* grupo de pressão

pressurize [ˈpreʃəraɪz] vt 1 AER pressurizar 2 pressionar; exercer pressão sobre ❖ *pressurized cabin* cabine pressurizada

prestige [preˈstiːʒ] n prestígio

prestigious [preˈstɪdʒəs] adj prestigiado

presumably [prɪˈzjuːməbli] adv presumivelmente

presume [prɪˈzjuːm] vi 1 presumir; supor; *he is presumed dead* presume-se que ele esteja morto; *I presume that this decision is final* suponho que esta decisão seja irrevogável 2 abusar [**on**, de]; *I don't want to presume on your kindness* não quero abusar da sua simpatia ❖ *I presume so* suponho que sim

presumption [prɪˈzʌmpʃən] n 1 conjetura; suposição 2 descaramento, desplante

presumptuous [prɪˈzʌmptʃuəs] adj impertinente; inoportuno

presuppose [ˌpriːsəˈpəʊz] vt pressupor; inferir

presupposition [ˌpriːsʌpəˈzɪʃən] n pressuposição

pretence [prɪˈtens] n 1 GB pretensão 2 GB pretexto, desculpa

pretend [prɪˈtend] vt 1 fingir [**to**, -], simular [**to**, -]; *he was pretending to be ill* ele estava a fingir estar doente 2 pretender ♦ vt fingir, simular; *to pretend sickness* simular doença

pretender [prɪˈtendə] n 1 pretendente 2 fingidor

pretense [prɪˈtens] n 1 EUA pretensão 2 EUA pretexto, desculpa

pretension [prɪˈtenʃən] n pretensão [**to**, a]

pretentious [prɪˈtenʃəs] adj pretensioso; vaidoso

pretentiousness [prɪˈtenʃəsnɪs] n pretensiosismo; petulância

pretext [ˈpriːtekst] n pretexto

pretty [ˈprɪtɪ] adj {comp -ier, superl -iest} 1 bonito, lindo 2 elegante; gentil ♦ adv col bem; that is pretty good isso é bem bom ❖ pretty much the same mais ou menos o mesmo

prevail [prɪˈveɪl] vi 1 prevalecer [in/among, em] 2 triunfar [over, sobre]; levar a melhor [over, sobre] ❖ to prevail on/upon somebody to do something convencer alguém a fazer alguma coisa

prevailing [prɪˈveɪlɪŋ] adj 1 predominante 2 corrente

prevalent [ˈprevələnt] adj preponderante; predominante

prevaricate [prɪˈværɪkeɪt] vi tergiversar; usar subterfúgios

prevarication [prɪˌværɪˈkeɪʃən] n evasiva; subterfúgio

prevaricator [prɪˈværɪkeɪtə] n 1 prevaricador 2 tergiversador

prevent [prɪˈvent] vt 1 prevenir; evitar 2 impedir [from, de]; he was prevented from leaving his house impediram-no de sair de casa

preventable [prɪˈventəbəl] adj evitável

prevention [prɪˈvenʃən] n prevenção ❖ prevention is better than cure mais vale prevenir que remediar

preventive [prɪˈventɪv] adj preventivo

preview [ˈpriːvjuː] n CIN antestreia ♦ vt 1 apresentar em antestreia 2 ver em antestreia

previous [ˈpriːvɪəs] adj prévio; anterior

previously [ˈpriːvɪəslɪ] adv 1 previamente; antecipadamente 2 antes

prewash [ˈpriːwɒʃ] n pré-lavagem

prey [preɪ] n 1 presa; she was an easy prey ela era uma presa fácil 2 pilhagem; saque; all stores were object of prey todas as lojas foram alvo de pilhagens 3 rapina ♦ vt 1 atacar 2 espoliar; pilhar 3 atormentar; oprimir; consumir; afligir;

to prey on one's mind afligir ❖ birds of prey aves de rapina

♦ **prey on/upon** vi 1 (animal, ave) cair sobre 2 (pessoa) aproveitar-se de

price [praɪs] n 1 preço; custo; at a high price a um preço alto; at reduced prices a preços reduzidos 2 valor 3 prémio; to set a price on someone's head pôr a cabeça de alguém a prémio ♦ vt 1 fixar o preço; marcar o preço de 2 avaliar; she was pricing the house ela estava a avaliar a casa ❖ at any price a qualquer preço; average price preço médio; cash price preço a pronto pagamento; cost price preço de custo; fixed price preço fixo; not at any price por nada deste mundo

priceless [ˈpraɪsləs] adj 1 sem preço; inestimável 2 valioso; precioso 3 impagável

prick [prɪk] n 1 picadela; alfinetada; prick of a mosquito picadela de um mosquito 2 ferrão; aguilhão 3 espinho 4 fig remorso 5 cal pilaa 6 cal filho da mãe; safado ♦ vt 1 picar 2 furar; to prick a blister furar uma bolha 3 causar um formigueiro ♦ vi (cabelo, pele) arrepiar; eriçar ❖ prick of conscience remorsos

pricking [ˈprɪkɪŋ] n 1 picada 2 comichão; formigueiro; pricking sensation sensação de formigueiro

prickle [ˈprɪkəl] n 1 pico; espinho 2 sensação de formigueiro ♦ vt 1 picar; furar 2 causar sensação de formigueiro

prickly [ˈprɪklɪ] adj {comp -ier, superl -iest} 1 (planta) com espinhos 2 que dá a sensação de formigueiro 3 melindroso 4 (assunto) delicado

pride [praɪd] n 1 orgulho; to have pride in ter orgulho em; to take pride in sentir orgulho por 2 orgulho; arrogância; vaidade; insolência; to swallow one's pride engolir o orgulho 3 brio; dignidade 4 (de leões) bando ♦ vp orgulhar-se [on, de] ❖ to be nursing one's pride estar a curar as feridas; to be one's pride and joy ser a menina dos olhos de alguém

priest [priːst] *n* padre; sacerdote; *to become a priest* ordenar-se ♦ *vt* REL ordenar ❖ *high priest* pontífice

priestess ['priːstɪs] *n* sacerdotisa

priesthood ['priːsthʊd] *n* 1 sacerdócio; *to enter the priesthood* fazer-se padre 2 clero

priestly ['priːstli] *adj* {*comp* -ier, *superl* -iest} sacerdotal

prig [prɪg] *n* pej pedante; convencido

priggish ['prɪgɪʃ] *adj* pretensioso; afetado

prim [prɪm] *adj* 1 afetado; cerimonioso 2 convencido ♦ *vt* {*pret e pp* -mm-} assumir modos afetados

primacy ['praɪməsi] *n* {*pl* -ies} primazia

prima donna [priːməˈdɒnə] *n* prima-dona

primal ['praɪməl] *adj* 1 primitivo; primordial; original 2 principal; primordial

primarily [ˌpraɪˈmerəli] *adv* principalmente; essencialmente

primary ['praɪməri] *adj* 1 prioritário; primordial 2 primário

primate ['praɪmeɪt] *n* primata

prime [praɪm] *adj* 1 primeiro; primitivo; primordial; *the prime reason* a razão primordial 2 básico, fundamental; principal; *prime motive* móbil principal 3 do melhor que há; máximo; nobre; *this is prime material* isto é material do melhor que há 4 clássico; *a prime example* um exemplo clássico 5 MAT primo ♦ *n* 1 auge, ponto máximo; *the prime of perfection* o cume da perfeição; *to be in the prime of life* estar na plenitude da existência 2 começo; princípio 3 MAT número primo 4 QUÍM átomo simples 5 TIP plica ♦ *vt* 1 preparar 2 informar; comunicar ❖ *prime cost* custo de produção; POL *prime minister* primeiro-ministro; *prime mover* fonte de energia; MAT *prime number* número primo

primetime ['praɪmtaɪm] *n* TV horário nobre ♦ *adj* TV de grande audiência ❖ *primetime TV* programa(s) de horário nobre; *primetime slot* horário nobre

primeval [praɪˈmiːvəl] *adj* primitivo; primordial

primitive ['prɪmɪtɪv] *adj* 1 primitivo 2 original 3 simples; rudimentar

primordial [praɪˈmɔːdiəl] *adj* 1 primordial; fundamental; *primordial reasons* razões primordiais 2 primitivo; *primordial forest* floresta primitiva

primrose ['prɪmrəʊz] *n* (planta) primavera

prince [prɪns] *n* príncipe ❖ *prince charming* príncipe encantado

princely ['prɪnsli] *adj* {*comp* -ier, *superl* -iest} 1 principesco; relativo a príncipe 2 nobre; principesco; magnífico

princess [ˌprɪnˈses] *n* princesa

principal ['prɪnsɪpəl] *adj* principal ♦ *n* 1 (escola) diretor; (universidade) reitor 2 chefe; dirigente 3 (teatro, ópera, etc.) protagonista

principality [ˌprɪnsɪˈpæliti] *n* {*pl* -ies} principado

principally ['prɪnsɪpli] *adv* principalmente; sobretudo

principle ['prɪnsɪpəl] *n* 1 princípio; *guiding principle* princípio orientador 2 causa; origem 3 FIS lei geral 4 QUÍM princípio ativo ❖ *in principle* teoricamente

print [prɪnt] *vt* 1 imprimir 2 publicar 3 gravar [on, em]; marcar [on, em]; *what he said was printed on my mind* o que ele disse ficou-me gravado na memória 4 FOT tirar provas 5 estampar ♦ *n* 1 impressão, *the print of the book* a impressão do livro; *to be in print* estar no prelo; *to be out of print* estar esgotado 2 caracteres 3 estampa; gravura 4 pegada; *the sea erased his prints* o mar apagou as pegadas dele 5 impressão digital 6 FOT prova ♦ *adj* (roupa) estampado ❖ *print run* tiragem; *small print* caracteres minúsculos

printer ['prɪntə] *n* 1 impressora 2 impressor; tipógrafo

printing ['prɪntɪŋ] *n* impressão ❖ *printing press* impressora

printout ['prɪntaʊt] n (computador) impressão

prior ['praɪə] adj 1 anterior; precedente 2 prévio 3 prioritário ♦ n REL prior

priority [praɪ'ɒrɪti] n (pl -ies) prioridade ❖ **priority message** mensagem urgente; **priority right** (direito de) preferência

prise ['praɪz] vt 1 estroncar; abrir à força 2 (informações) arrancar

prism ['prɪzəm] n prisma

prison ['prɪzən] n prisão; cadeia

prisoner ['prɪzənə] n preso; prisioneiro

pristine ['prɪstiːn] adj perfeito; impecável

privacy ['praɪvəsi] n (pl -ies) 1 privacidade 2 intimidade

private ['praɪvɪt] adj 1 privado 2 confidencial; secreto 3 particular; pessoal; **strictly private** estritamente pessoal 4 (lugar) escondido; isolado 5 (pessoa) reservado ♦ n soldado raso ♦ npl col partes íntimas

privately ['praɪvɪtli] adv 1 em particular; em privado 2 secretamente, em segredo 3 intimamente, no íntimo

privation [praɪ'veɪʃən] n privação; carência

privatization [praɪvətaɪ'zeɪʃən] n privatização

privatize ['praɪvətaɪz] vt privatizar

privilege ['prɪvɪlɪdʒ] n 1 privilégio; honra; **it's a privilege to have you with us** é um privilégio tê-lo connosco 2 regalia; benefício 3 imunidade 4 monopólio 5 patente ♦ vt privilegiar; conceder um privilégio a ❖ POL **parliamentary privilege** imunidade parlamentar

prize [praɪz] n 1 prémio; galardão; recompensa 2 sorte; **prize drawing** tirar à sorte ♦ adj 1 premiado; **the prize car** o carro premiado 2 magnífico; extraordinário; valioso; **this is a prize ring to me** este é um anel valioso para mim 3 clássico ♦ vt valorizar ❖ **prize fight** combate de boxe; **prize fighter** pugilista profissional; **prize fighting** boxe profissional; col **no prizes**

for guessing isto é de caras; **Nobel prize** prémio Nobel

prizewinner ['praɪzwɪnə] n premiado ♦

prizewinning ['praɪzwɪnɪŋ] adj premiado; ganhador

pro [prəʊ] n (pl -s) col profissional ♦ prep a favor de ❖ **the pros and cons of** os prós e os contras de

proactive [prəʊ'æktɪv] adj pró-ativo

probability [prɒbə'bɪlɪti] n (pl -ies) probabilidade ❖ **in all probability** muito provavelmente

probable ['prɒbəbəl] adj 1 provável 2 verosímil

probably ['prɒbəbli] adv provavelmente

probation [prə'beɪʃən] n 1 estágio; prova; **to be on probation** estar a estagiar 2 DIR liberdade condicional; **to be on probation** estar em liberdade condicional

probationer [prə'beɪʃənə] n 1 estagiário 2 DIR prisioneiro em liberdade condicional

probe [prəʊb] vt,i 1 sondar [for, para]; examinar; explorar; **you must probe for more information** tens de sondar para obteres mais informações 2 investigar [into, -]; **they are probing into the matter** eles estão a investigar o assunto ♦ n 1 sonda; **space probe** sonda espacial 2 ZOOL antena

probity ['prəʊbɪti] n form probidade

problem ['prɒbləm] n problema; col **no problem!** não há crise!

problematic [prɒblə'mætɪk] adj problemático

problematical [prɒblə'mætɪkəl] adj problemático

procedure [prə'siːdʒə] n procedimento

proceed [prə'siːd] vi 1 seguir; avançar 2 prosseguir [with, com]; continuar [with, com]; **proceed with your work** continua com o trabalho 3 passar [to, a]; **they proceeded to talk about the book** eles passaram então a falar sobre o livro 4 vir [from, de]; provir [from, de]; **the**

profane

sound proceeded from the street o som vinha da rua ♦ *npl* (dinheiro) receitas ❖ *to proceed to violence* recorrer à violência

proceeding [prə'siːdɪŋ] *n* 1 atuação; conduta 2 procedimento 3 processo ♦ *npl* 1 ata 2 DIR ação em tribunal 3 debate

process ['prəʊses] *n* 1 processo; curso de operações 2 processo; método; sistema; *operating process* processo de trabalho 3 curso; marcha ♦ *vt* 1 (dados) processar 2 preparar; *everything must be processed in advance* tudo deve ser preparado antecipadamente 3 (matérias-primas) transformar ❖ *in the process* em simultâneo; *in the process of time* com o tempo; *to be in the process of* estar em vias de

processing ['prəʊsesɪŋ] *n* processamento

procession [prə'seʃən] *n* 1 procissão; *to go in procession* ir em procissão 2 cortejo; *funeral procession* cortejo fúnebre 3 comitiva ♦ *vt,i* 1 desfilar em cortejo 2 ir em procissão

processional [prə'seʃənəl] *adj* processional

processor ['prəʊsesə] *n* processador; IN FORM *word processor* processador de texto

proclaim [prə'kleɪm] *vt* 1 proclamar; anunciar; declarar oficialmente; *he was proclaimed king* proclamaram-no rei; *to have something proclaimed* mandar anunciar determinada coisa 2 indicar; indiciar 3 revelar; mostrar

proclamation [,prɒklə'meɪʃən] *n* proclamação; declaração

proclivity [prə'klɪvɪti] *n* {pl -ies} tendência [to/towards, para]; propensão [to/towards, para]

procrastinate [prə'kræstɪneɪt] *vi* procrastinar; adiar

procreate ['prəʊkrɪeɪt] *vt,i* procriar; gerar

procreation [,prəʊkrɪ'eɪʃən] *n* procriação

procuration [,prɒkjʊ'reɪʃən] *n* procuração; *to act by procuration* agir por procuração; *to give procuration* passar procuração

procurator ['prɒkjʊreɪtə] *n* procurador

procure [prə'kjʊə] *vt* 1 conseguir; obter 2 proporcionar; garantir ♦ *vi* atuar como proxeneta

procurer [prə'kjʊərə] *n* 1 proxeneta 2 medianeiro

prod [prɒd] *vt* {pret e pp -dd-} 1 empurrar; *I prodded him with my hand* eu empurrei-o com a minha mão 2 dar palmada 3 espicaçar; estimular ♦ *n* 1 empurrão leve; palmada; *I felt a prod on my back* eu senti uma palmada nas minhas costas 2 estímulo

prodigal ['prɒdɪgəl] *adj* 1 pródigo 2 esbanjador

prodigious [prə'dɪdʒəs] *adj* 1 prodigioso 2 maravilhoso; estupendo

prodigy ['prɒdɪdʒi] *n* {pl -ies} prodígio

produce[1] ['prɒdjuːs] *n* 1 produto 2 produção

produce[2] [prə'djuːs] *vt* 1 produzir; criar; gerar; *the demonstration produced great effect* a manifestação surtiu grandes efeitos; *to produce a movie* produzir um filme 2 mostrar; apresentar 3 apresentar; avançar 4 preparar; *she produced a fine dinner* ela preparou um jantar requintado 5 TEAT levar à cena

producer [prə'djuːsə] *n* produtor

product ['prɒdʌkt] *n* 1 produto 2 produção 3 rendimento 4 proveito; ganho

production [prə'dʌkʃən] *n* 1 produção 2 (documentos) apresentação 3 publicação 4 produto 5 obra literária ou musical

productive [prə'dʌktɪv] *adj* produtivo

productivity [,prɒdʌk'tɪvɪti] *n* produtividade

profanation [,prɒfə'neɪʃən] *n* profanação

profane [prə'feɪn] *adj* 1 profano; secular; leigo 2 blasfemo; sacrílego; *profane word* blasfémia 3 pagão; *profane practices* práticas pagãs ♦ *vt* profanar; macular

profess [prəˈfes] *vt* **1** professar; confessar; declarar **2** (religião) praticar; professar; seguir; *to profess Christianity* seguir o Cristianismo **3** alegar; fingir

profession [prəˈfeʃən] *n* **1** profissão; carreira **2** afirmação; declaração

professional [prəˈfeʃənəl] *adj,n* profissional

professionalism [prəˈfeʃənəlɪzəm] *n* profissionalismo

professor [prəˈfesə] *n* professor universitário

professorial [ˌprɒfəˈsɔːriəl] *adj* catedrático; professoral

professorship [prəˈfesəʃɪp] *n* **1** *GB* (universidade) cátedra; cargo de professor universitário **2** (universidade) disciplina; cadeira

proffer [ˈprɒfə] *vt* {*pret e pp* -rr-} **1** oferecer; estender; *he proffered his hand to me* ele estendeu-me a mão **2** (conselho) proferir; dar **3** apresentar; propor

proficiency [prəˈfɪʃənsi] *n* {*pl* -ies} competência; proficiência ❖ *proficiency course* curso de aperfeiçoamento

proficient [prəˈfɪʃənt] *adj* hábil; perito

profile [ˈprəʊfaɪl] *n* **1** perfil; silhueta **2** contorno; recorte ❖ *high profile* posição de destaque; proeminência; *low profile* discrição; reserva

profit [ˈprɒfɪt] *n* **1** lucro; ganho; ECON *profit amount* montante de lucros; ECON *profit and loss* lucros e perdas; *to sell at a profit* vender com lucro **2** proveito; vantagem ♦ *vi* lucrar [**by/from**, com]; *he profited a lot by your advice* ele lucrou muito com o teu conselho; *he profited from my indecisions* ele lucrou com as minhas indecisões ❖ ECON *gross profit* lucro bruto; ECON *net profit* lucro líquido; *taxable profits* rendimentos coletáveis

profitability [ˌprɒfɪtəˈbɪləti] *n* lucro

profitable [ˈprɒfɪtəbəl] *adj* **1** lucrativo; rentável **2** proveitoso; vantajoso

profiteer [ˌprɒfɪˈtɪə] *n pej* explorador; especulador ♦ *vi pej* explorar; especular; enriquecer ilicitamente

profiterole [prəˈfɪtərəʊl] *n* CUL profiterole

profound [prəˈfaʊnd] *adj* **1** profundo **2** marcante **3** perspicaz

profundity [prəˈfaʊndɪti] *n* **1** profundidade; profundeza **2** intensidade

profuse [prəˈfjuːs] *adj* abundante; copioso

profusion [prəˈfjuːʒən] *n* abundância

progenitor [prəʊˈdʒenɪtə] *n* **1** progenitor; ascendente **2** *fig* pai; precursor

progeny [ˈprɒdʒɪni] *n* descendência; prole

prognosis [prɒgˈnəʊsɪs] *n* **1** prognóstico **2** vaticínio

prognosticate [prɒgˈnɒstɪkeɪt] *vt* prognosticar; vaticinar; prenunciar

prognostication [prɒgˌnɒstɪˈkeɪʃən] *n* prognosticação

program [ˈprəʊgræm] *n,vt* EUA ⇒ **programme**

programme [ˈprəʊgræm] *n* (geral) programa; TV,RÁD *programme director* diretor de programação; *programme of the government* programa governamental; *TV programme* programa de televisão; *what's the programme for today?* qual é o programa para hoje? ♦ *vt* **1** programar; planear **2** RÁD,TV,INFORM programar

programmer [ˈprəʊgræmə] *n* (computador) programador

programming [ˈprəʊgræmɪŋ] *n* programação

progress[1] [ˈprəʊgres] *n* {*pl* -es} progresso; avanço ❖ *in the progress of time* com o passar do tempo; *to be in progress* estar em curso

progress[2] [prəˈgres] *vi* **1** progredir; melhorar; *to be progressing* estar a progredir **2** avançar; prosseguir

progression [prəˈgreʃən] *n* progressão; avanço

progressive [prəˈgresɪv] *adj* **1** progressivo; gradual **2** para a frente; evolutivo **3** progressista

prohibit [prə'hɪbɪt] *vt* 1 proibir [**from**, **de**]; *it is strictly prohibited to smoke here* é estritamente proibido fumar aqui 2 impedir

prohibition [ˌprəʊhɪ'bɪʃən] *n* proibição; interdição

prohibitive [prəʊ'hɪbɪtɪv] *adj* proibitivo

project[1] ['prɒdʒekt] *n* 1 projeto; plano 2 trabalho; estudo

project[2] [prə'dʒekt] *vt* 1 projetar; lançar 2 delinear; planear; projetar; *to project a trip* planear uma viagem 3 projetar; *to project a film on a wall* projetar um filme numa parede 4 voltar-se; retornar 5 transparecer; aparecer ♦ *vi* projetar-se

projectile [prə'dʒektaɪl] *n* projétil

projection [prə'dʒekʃən] *n* 1 projeção; lançamento 2 saliência; prolongamento 3 (filme) projeção 4 imagem mental

projector [prə'dʒektə] *n* 1 (de imagens) projetor 2 (de luz) holofote 3 (pessoa) projetista

prolepsis [prəʊ'lepsɪs] *n* {*pl* -es} RET prolepse

proletarian [ˌprəʊlɪ'teərɪən] *adj,n* proletário

proletariat [ˌprəʊlɪ'teərɪət] *n* proletariado

pro-life [prəʊ'laɪf] *adj* pró-vida, antiaborto

proliferate [prə'lɪfəreɪt] *vi* proliferar

proliferation [prəˌlɪfə'reɪʃən] *n* proliferação

prolific [prə'lɪfɪk] *adj* prolífico

prolix ['prəʊlɪks] *adj* prolixo; verboso

prolixity [prə'lɪksɪti] *n* prolixidade

prologue ['prəʊlɒg] *n* prólogo; preâmbulo

prolong [prə'lɒŋ] *vt* 1 prolongar; *they prolonged their visit* eles prolongaram a visita 2 prorrogar; estender

prolongation [ˌprəʊlɒŋ'geɪʃən] *n* prolongamento; prorrogação; *the prolongation of a deadline* prolongamento de um prazo

prom ['prɒm] *n* 1 *col* esplanada 2 *EUA* baile de estudantes

promenade [ˌprɒmə'nɑːd] *n* 1 caminho pedonal; passeio público 2 passeio; volta; deambulação 3 *EUA* baile de estudantes ♦ *vi* passear; deambular ❖ *promenade concert* concerto promenade

promethium [prəʊ'miːθɪəm] *n* QUÍM (elemento químico) promécio

prominence ['prɒmɪnəns] *n* proeminência ❖ *to give prominence to* dar realce a

prominent ['prɒmɪnənt] *adj* proeminente

promiscuity [ˌprɒmɪ'skjuːti] *n* promiscuidade

promiscuous [prə'mɪskjuəs] *adj* promíscuo

promise ['prɒmɪs] *n* 1 promessa; palavra dada; *to break a promise* quebrar uma promessa; *to keep one's promise* cumprir o prometido; *to make a promise* fazer uma promessa 2 (pessoa, acontecimento) esperança 3 *fig* sinal ♦ *vt,i* 1 prometer; jurar; *I promise I won't disappoint you* prometo não te desapontar 2 garantir 3 prenunciar; anunciar ❖ *Promised Land* Terra Prometida

promising ['prɒmɪsɪŋ] *adj* 1 prometedor 2 esperançoso

promissory ['prɒmɪsəri] *adj* promissório ❖ ECON *promissory note* promissória

promontory ['prɒməntəri] *n* {*pl* -ies} promontório

promote [prə'məʊt] *vt* 1 (emprego) promover 2 (marketing) promover; fazer publicidade; *to promote a product* promover um produto 3 fomentar; estimular; provocar; *to promote hatred* fomentar o ódio 4 (projeto de lei) apoiar; defender

promoter [prə'məʊtə] *n* 1 promotor 2 (evento desportivo, artístico) organizador

promotion [prə'məʊʃən] *n* 1 promoção 2 progresso; fomento

prompt ['prɒmpt] *adj* 1 imediato; *prompt decision* decisão imediata 2 pronto [**to**, **a**]; *prompt payment* pronto pagamento 3 diligente; rápido; *prompt service* serviço rápido 4 (mercadoria) para entrega imediata ♦ *adv* em ponto ♦ *vt* **1** incitar; provocar; levar a **2** inspirar **3** TEAT servir de ponto a ♦ *n* **1** prazo (de pagamento) **2** TEAT indicação dada pelo ponto

prompter ['prɒmptə] *n* (teatro) ponto

promptly ['prɒmptli] *adv* **1** prontamente; imediatamente **2** pontualmente

promptness ['prɒmptnis] *n* **1** prontidão; desembaraço **2** rapidez

promulgate ['prɒmǝlgeit] *vt* promulgar

promulgation [,prɒmǝl'geiʃǝn] *n* promulgação

prone ['prǝun] *adj* **1** propenso [to, a] **2** estendido; estatelado **3** (terreno) inclinado; íngreme

prong ['prɒŋ] *n* dente de garfo

pronominal [prǝu'nɒminǝl] *adj* LING pronominal

pronoun ['prǝunaun] *n* pronome

pronounce [prǝ'nauns] *vt* **1** pronunciar; articular **2** (sentença) pronunciar; proferir; *the judge pronounced the verdict* o juiz pronunciou o veredito ♦ *vi* pronunciar-se [on, sobre]

pronounced [prǝ'naunst] *adj* pronunciado; acentuado

pronouncement [prǝ'naunsmǝnt] *n form* declaração

pronunciation [prǝ,nʌnsi'eiʃǝn] *n* pronúncia

proof [pru:f] *n* {*pl* -s} **1** prova **2** (bebida) teor alcoólico ♦ *adj form* à prova [against, de]; resistente [against, a] ❖ *the proof of the pudding is in the eating* só experimentando é que se sabe

proofreader ['pru:fri:dǝ] *n* TIP revisor

proofreading ['pru:fri:diŋ] *n* TIP correção de provas; revisão

prop [prɒp] *n* **1** suporte; apoio **2** TEAT,CIN,TV adereço ♦ *vt* {*pret e pp* -pp-} **1** apoiar **2** sustentar; suportar

propaganda [,prɒpǝ'gændǝ] *n* propaganda

propagandist [,prɒpǝ'gændist] *adj,n* propagandista

propagate ['prɒpǝgeit] *vt* **1** propagar; espalhar **2** divulgar; difundir **3** transmitir; *to propagate heat* transmitir calor ♦ *vi* proliferar; reproduzir-se; propagar-se

propagation [,prɒpǝ'geiʃǝn] *n* propagação

propel [prǝ'pel] *vt* {*pret e pp* -ll-} **1** impelir **2** impulsionar; mover

propeller [prǝ'pelǝ] *n* hélice

propelling [prǝ'peliŋ] *adj* propulsor ♦ *n* propulsão ❖ *propelling pencil* lapiseira de minas

propensity [prǝ'pensiti] *n* {*pl* -ies} propensão [to/for, para]; tendência [to/for, para]

proper ['prɒpǝ] *adj* **1** apropriado; adequado **2** próprio; decente **3** característico; peculiar **4** autêntico; verdadeiro

properly ['prɒpǝli] *adv* **1** corretamente; devidamente **2** adequadamente; apropriadamente

property ['prɒpǝti] *n* {*pl* -ies} propriedade

prophecy ['prɒfisi] *n* {*pl* -ies} profecia

prophesy ['prɒfisi] *vt,i* profetizar; predizer

prophet ['prɒfit] *n* profeta

prophetess ['prɒfitis] *n* profetisa

prophetic [prǝ'fetik] *adj* profético

prophylactic [,prɒfi'læktik] *adj* profilático ♦ *n* **1** medicamento preventivo **2** EUA *col* preservativo

prophylaxis [,prɒfi'læksis] *n* {*pl* -xes} profilaxia

propman ['prɒpmǝn] *n* TEAT,CIN,TV aderecista

proponent [prǝ'pǝunǝnt] *n* proponente; defensor

proportion [prǝ'pɔ:ʃǝn] *n* **1** proporção; *in due proportion* na devida proporção **2** quantia **3** parte; percentagem ♦ *npl* dimensões; tamanho ♦ *vt* **1** tornar proporcional **2** ajustar; harmonizar ❖ *to get things out of proportion* exagerar as coisas; *in proportion to/with* em relação a

proportional [prǝ'pɔ:ʃǝnǝl] *adj* proporcional [to, a]

proportionate [prə'pɔ:ʃənɪt] *adj form* proporcional [to, a]

proposal [prə'pəʊzəl] *n* 1 proposta [to, para] 2 pedido de casamento

propose [prə'pəʊz] *vt* propor; sugerir; apresentar; *to propose a motion* apresentar uma moção ♦ *vi* pedir em casamento [to, -] ❖ *to propose a toast to* fazer um brinde a

proposer [prə'pəʊzə] *n* proponente

proposition [ˌprɒpə'zɪʃən] *n* 1 proposta; oferta 2 MAT proposição

proprietary [prə'praɪətəri] *adj* 1 registado; patenteado 2 relativo a propriedade

proprietor [prə'praɪətə] *n* proprietario; dono

propriety [prə'praɪəti] *n {pl -ies}* probidade; correção ♦ *npl* boas maneiras

propulsion [prə'pʌlʃən] *n* propulsão

propulsive [prə'pʌlsɪv] *adj* propulsor

prosaic [prəʊ'zeɪɪk] *adj* prosaico

proscribe [prəʊ'skraɪb] *vt* proscrever; banir; exilar

proscription [prəʊ'skrɪpʃən] *n* proscrição

prose [prəʊz] *n* prosa

prosecute [ˈprɒsɪkju:t] *vt,i* 1 DIR processar [for, por]; mover ação judicial contra 2 prosseguir; continuar

prosecution [ˌprɒsɪ'kju:ʃən] *n* 1 ação judicial 2 acusação; *witness for the prosecution* testemunha de acusação

prosecutor [ˈprɒsɪkju:tə] *n* advogado de acusação

prospect[1] [ˈprɒspekt] *n* perspetiva [of, de]; esperança [of, de] ♦ *npl* expectativas [for, de]

prospect[2] [prəs'pekt] *vi* explorar [for, -]; andar em busca [for, de]; sondar [for, -]

prospective [prə'spektɪv] *adj* 1 em perspetiva 2 futuro 3 possível; provável

prospectus [prə'spektəs] *n {pl -es}* prospeto; folheto

prosper [ˈprɒspə] *vi* prosperar; florescer

prosperity [prɒ'sperɪti] *n {pl -ies}* prosperidade

prosperous [ˈprɒspərəs] *adj* próspero

prostate [ˈprɒsteɪt] *n* próstata

prosthesis [ˈprɒsθɪsɪs] *n {pl prostheses}* MED prótese; *dental prosthesis* prótese dentária

prostitute [ˈprɒstɪtju:t] *n* prostituta; prostituto; *male prostitute* prostituto ♦ *vt* prostituir; *to prostitute oneself* prostituir-se

prostitution [ˌprɒstɪ'tju:ʃən] *n* prostituição

prostrate [ˈprɒstreɪt] *adj* prostrado ♦ *vt* prostrar; deitar por terra

prostration [prɒ'streɪʃən] *n* prostração

protactinium [ˌprəʊtæk'tɪnɪəm] *n* QUÍM (elemento químico) protactínio

protagonist [prəʊ'tægənɪst] *n* protagonista

protect [prə'tekt] *vt* 1 proteger [from, de; against, contra]; defender [from, de; against, contra] 2 auxiliar; amparar

protection [prə'tekʃən] *n* proteção; defesa

protectionism [prə'tekʃənɪzəm] *n* ECON protecionismo

protectionist [prə'tekʃənɪst] *adj,n* protecionista

protective [prə'tektɪv] *adj* protetor; de proteção ❖ (testemunhas, prisioneiros em risco) *protective custody* guarda preventiva

protector [prə'tektə] *n* protetor

protégé [ˈprɒtɪʒeɪ] *n* protegido, favorito

protein [ˈprəʊti:n] *n* proteína

protest[1] [ˈprəʊtest] *n* 1 protesto [against, contra] 2 reclamação

protest[2] [prə'test] *vt,i* 1 GB protestar [at, perante; against, contra] 2 insistir

Protestant [ˈprɒtɪstənt] *adj,n* REL protestante

Protestantism [ˈprɒtɪstəntɪzəm] *n* REL protestantismo

protester [prə'testə] *n* manifestante; protestante

protocol [ˈprəʊtəkɒl] *n* protocolo

proton ['prəʊtɒn] n protão

prototype ['prəʊtətaɪp] n protótipo

protracted [prə'træktɪd] adj prolongado; demorado

protractor [prə'træktə] n 1 GEOM transferidor 2 ANAT músculo extensor

protuberance [prə'tju:bərəns] n protuberância; saliência

protuberant [prə'tju:bərənt] n protuberante; saliente

proud [praʊd] adj 1 orgulhoso; *to be proud of* ter orgulho em 2 arrogante; vaidoso 3 sumptuoso; imponente

prove ['pru:v] v,i (pret -d, pp -d, -n) 1 provar; demonstrar 2 tirar a prova de; verificar a autenticidade de 3 pôr à prova; experimentar ❖ *to prove someone wrong* provar que alguém está errado; *to prove oneself* mostrar o que se vale

provenance ['prɒvnəns] n proveniência; procedência

proverb ['prɒvɜ:b] n provérbio

proverbial [prə'vɜ:bɪəl] adj proverbial

provide [prə'vaɪd] vt 1 dar; fornecer; abastecer [with, de; for, a]; *to provide food for one's family* cuidar do sustento da família 2 proporcionar 3 (lei, regra, decisão) suster; estipular

   ◆ **provide for** vt cuidar de; tratar de

provided [prə'vaɪdɪd] adj abastecido; preparado ◆ conj desde que; contanto que

providence ['prɒvɪdəns] n providência

provident ['prɒvɪdənt] adj previdente; acautelado; prudente

providential [,prɒvɪ'denʃəl] adj providencial; oportuno

provider [prə'vaɪdə] n fornecedor; abastecedor

providing [prə'vaɪdɪŋ] conj desde que; contanto que

province ['prɒvɪns] n 1 província 2 competência; domínio

provincial [prə'vɪnʃəl] adj 1 regional 2 de província 3 provinciano ◆ n provinciano

provision [prə'vɪʒən] n 1 provisão 2 abastecimento; fornecimento; *provision of food* fornecimento de comida 3 preparação; preparativos 4 cláusula ◆ npl provisões; mantimentos; *army provisions* mantimentos do exército ◆ vt abastecer; fornecer ❖ *to make provisions for the future* poupar para o futuro

provisional [prə'vɪʒənəl] adj provisório

proviso [prə'vaɪzəʊ] n (pl -es) condição; reserva; *with the proviso that* com a condição de

provocation [,prɒvə'keɪʃən] n provocação

provocative [prə'vɒkətɪv] adj provocante; provocador

provoke [prə'vəʊk] vt 1 provocar; incitar 2 provocar; causar; motivar 3 irritar; exasperar

prow [praʊ] n (navio) proa

prowl [praʊl] v,t,i 1 andar no encalço; perseguir; andar à caça 2 errar; vaguear ◆ n caça; perseguição ❖ *to be on the prowl* andar à caça

prowler ['praʊlə] n gatuno

proximity [prɒk'sɪmɪti] n (pl -ies) proximidade; vizinhança

proxy ['prɒksi] n (pl -ies) 1 procurador; delegado 2 procuração; *by proxy* por procuração

prude ['pru:d] n pej puritano; pudico

prudence ['pru:dəns] n prudência; discrição

prudent ['pru:dənt] adj prudente; cauteloso

prudish ['pru:dɪʃ] adj pej puritano; pudico

prune ['pru:n] n ameixa seca ◆ vt 1 aparar; podar 2 cortar; reduzir

pruning ['pru:nɪŋ] n poda; *pruning scissors* tesoura de poda

pry [praɪ] vi 1 intrometer-se [into, em]; meter-se [into, em] 2 coscuvilhar [about, sobre]; bisbilhotar [about, sobre] ◆ vt EUA forçar; estroncar; *to pry a door open* estroncar uma porta prying ['praɪɪŋ] adj intrometido; curioso

psalm [sɑːm] n (Bíblia) salmo

pseudonym ['sjuːdənɪm] n pseudónimo [of, de; for, para]

psyche ['saɪki] n psique

psychedelic [ˌsaɪkə'delɪk] adj psicadélico

psychiatric [saɪki'ætrɪk] adj psiquiátrico

psychiatrist [saɪ'kaɪətrɪst] n psiquiatra

psychiatry [saɪ'kaɪətri] n psiquiatria

psychic ['saɪkɪk] adj 1 psíquico 2 extrassensorial ♦ n médium

psycho ['saɪkəʊ] adj,n col psicopata

psychoanalysis [saɪkəʊə'nælɪsɪs] n psicanálise

psychoanalyst [saɪkəʊ'ænəlɪst] n psicanalista

psychological [saɪkə'lɒdʒɪkəl] adj psicológico

psychologist [saɪ'kɒlədʒɪst] n psicólogo

psychology [saɪ'kɒlədʒi] n psicologia

psychopath ['saɪkəʊpæθ] adj,n psicopata

psychopathic [saɪkə'pæθɪk] adj psicopata

psychosis [saɪ'kəʊsɪs] n {pl -oses} psicose

psychotherapy [saɪkəʊ'θerəpi] n psicoterapia

psychotic [saɪ'kɒtɪk] adj,n psicótico

pub ['pʌb] n pub

puberty ['pjuːbəti] n puberdade

pubic ['pjuːbɪk] adj púbico

pubis ['pjuːbɪs] n (osso) púbis

public ['pʌblɪk] adj,n público ❖ EUA public defender advogado oficioso

publication [ˌpʌblɪ'keɪʃən] n (livro, revista, jornal) publicação

publicist ['pʌblɪsɪst] n agente publicitário

publicity [pʌ'blɪsɪti] n publicidade; publicity agent agente publicitário; publicity campaign campanha publicitária

publicize ['pʌblɪsaɪz] vt divulgar; publicitar

publish ['pʌblɪʃ] vt 1 publicar; to publish an article publicar um artigo 2 tornar público; divulgar

publisher ['pʌblɪʃə] n 1 (empresa) editora 2 (pessoa) editor

publishing ['pʌblɪʃɪŋ] n (livro) publicação ❖ publishing house editora

puck [pʌk] n (hóquei no gelo) disco

pucker ['pʌkə] vt,i (cara, lábios, sobrancelhas) enrugar; franzir; vincar

pudding ['pʊdɪŋ] n 1 pudim 2 (sobremesa) doce

puddle ['pʌdl] n 1 poça de água 2 charco; lamaçal 3 argila ♦ vt,i 1 chapinar; chafurdar 2 (argila) amassar

puerile ['pjʊəraɪl] adj pueril; infantil

puff [pʌf] n 1 sopro; baforada; lufada; a puff of wind uma lufada de vento 2 (bolo) sonho 3 fôlego; to be out of puff estar sem fôlego 4 cachimbada 5 (cigarro) passa 6 elogio excessivo ♦ vt,i 1 soprar 2 inchar; he was puffing with pride ele estava inchado de orgulho 3 arquejar; respirar com dificuldade 4 fumar; he was puffing a cigar ele estava a fumar um charuto 5 elogiar excessivamente ❖ CUL puff pastry massa folhada

puffy ['pʌfi] adj {comp -ier, superl -iest} 1 inchado 2 sem fôlego 3 (roupa) entufado

pugilism ['pjuːdʒɪlɪzəm] n pugilismo

pugilist ['pjuːdʒɪlɪst] n pugilista

puke ['pjuːk] vt,i col vomitar ♦ n col vomitado

pull [pʊl] vt,i 1 puxar 2 arrancar; tirar 3 atrair; obter; granjear 4 (tabaco) fumar; he was pulling on his pipe ele estava a fumar cachimbo 5 (músculo) distender 6 GB col engatar; atrair 7 remar 8 (arma) sacar 9 (carro) encostar; parar ♦ n 1 puxão; repelão 2 força de atração 3 chamamento; atração 4 vantagem; influência 5 (tabaco) baforada; cachimbada 6 (bebida) golada 7 maçaneta; puxador ❖ to pull a face fazer uma careta; ficar de trombas; to pull a fast one enganar; to pull one's weight cumprir com a sua parte; to pull some-

body's leg enfiar uma peta a alguém; *to pull strings* puxar os cordelinhos; *to pull the rug from under somebody's feet* tirar o tapete a alguém

◆ **pull apart** *vt* 1 desmontar; separar 2 criticar; deitar por terra

◆ **pull away** *vi* 1 (carro, autocarro) arrancar 2 (comboio) partir

◆ **pull down** *vt* 1 baixar 2 demolir; deitar abaixo 3 (psicologicamente) abater; pôr em baixo

◆ **pull in** *vt* (polícia) deter ◆ *vi* 1 (carro, autocarro) parar, encostar 2 (comboio) chegar

◆ **pull off** *vt* 1 conseguir; concretizar 2 (casaco, sapatos, luvas) tirar ◆ *vi* (veículo) arrancar

◆ **pull out** *vt* 1 (arma) sacar 2 (tropas) retirar 3 (dente, unha) tirar; extrair 4 (to mada) desligar ◆ *vi* 1 retirar-se 2 (comboio) sair da estação 3 (veículo) arrancar

◆ **pull over** *vt,i* (carro) parar, encostar

◆ **pull through** *vt,i* 1 (doença) safar-se 2 (problema, embaraço) sair; resolver

◆ **pull up** *vi* 1 (veículo) parar; encostar 2 recuperar ◆ *vt* 1 içar 2 (planta) arrancar 3 (cadeira) puxar

Pullman ['pʊlmən] *n* (comboio) carruagem de luxo

pull-out ['pʊlaʊt] *n* 1 destacável, colecionável 2 MIL retirada

pullover ['pʊlˌəʊvə] *n* pulôver, camisola

pulmonary ['pʊlmənəri] *adj* pulmonar

pulp ['pʌlp] *n* 1 polpa 2 massa; pasta; *wood pulp* pasta de papel 3 ANAT polpa dentária 4 livros de má qualidade; revistas sensacionalistas ◆ *adj* (livros, revistas) de má qualidade; sensacionalista ◆ *vt* reduzir a polpa

pulpit ['pʊlpɪt] *n* púlpito

pulsate [pʌl'seɪt] *vi* 1 pulsar; palpitar; latejar 2 *lit* vibrar

pulsation [pʌl'seɪʃən] *n* MED pulsação; palpitação

pulse ['pʌls] *n* 1 pulso; pulsação; *pulse rate* pulsações por minuto; *to take somebody's pulse* sentir o pulso de alguém 2 cadência ◆ *npl* leguminosas ◆ *vi* 1 pulsar; palpitar 2 vibrar

pulverization [ˌpʌlvəraɪ'zeɪʃən] *n* pulverização

pulverize ['pʌlvəraɪz] *vt* 1 pulverizar 2 *col* derrotar completamente

pulverizer ['pʌlvəraɪzə] *n* pulverizador

puma ['pjuːmə] *n* puma

pumice ['pʌmɪs] *n* pedra-pomes

pump [pʌmp] *n* 1 bomba; *gas pump* bomba de gasolina; *water pump* bomba de água 2 bombeação ◆ *n pl* 1 GB (desporto) sapatilhas 2 GB (dança) sabrinas 3 EUA sapatos de tacão alto ◆ *vt* 1 bombear 2 (petróleo) extrair 3 *col* sondar; interrogar 4 *col* (informação, segredo) arrancar ◆ *vi* 1 dar à bomba 2 latejar ❖ *col to pump iron* praticar halterofilismo

pumpkin ['pʌmpkɪn] *n* abóbora-menina

pun [pʌn] *n* trocadilho; jogo de palavras ◆ *vi* fazer trocadilhos

punch [pʌntʃ] *vt* 1 dar um murro a, socar 2 furar; perfurar 3 picotar; puncionar 4 (botão, tecla) carregar, premir ◆ *n* (*pl* -es) 1 soco; murro 2 furador 3 (bebida) ponche 4 força; vigor ❖ *col not to pull any punches* não andar com rodeios; *col* (luta) *to pack a hard punch* bater com força

punch-drunk ['pʌntʃdrʌŋk] *adj* aturdido; confuso

punch-up ['pʌntʃʌp] *n col* luta

punctual ['pʌŋktʃʊəl] *adj* pontual

punctuality [ˌpʌŋktʃʊ'ælɪti] *n* pontualidade

punctually ['pʌŋktʃʊəli] *adv* pontualmente

punctuate ['pʌŋktʃʊeɪt] *vt* 1 LING pontuar 2 interromper

punctuation [ˌpʌŋktʃʊ'eɪʃən] *n* pontuação; *punctuation marks* sinais de pontuação

pundit ['pʌndɪt] n especialista; perito

pungent ['pʌndʒənt] adj 1 (sabor, cheiro) forte 2 (som) agudo 3 (dor) lancinante 4 mordaz

punish ['pʌnɪʃ] vt punir; castigar

punishable ['pʌnɪʃəbəl] adj punível

punishment ['pʌnɪʃmənt] n 1 castigo; punição 2 DIR pena

punitive ['pjuːnɪtɪv] adj 1 punitivo 2 (preços, impostos) proibitivo

punk [pʌŋk] n 1 punk 2 EUA col malandro, patife

punt ['pʌnt] n 1 barca; chalana 2 passeio de chalana 3 GB col aposta ♦ vt,i viajar de chalana

puny ['pjuːni] adj (comp -ier, superl -iest) 1 enfezado; franzino 2 insignificante

pup [pʌp] n 1 cachorrinho 2 (foca, lontra) filhote

pupil ['pjuːpəl] n 1 aluno 2 (olho) pupila

puppet ['pʌpɪt] n fantoche; marioneta ♦ **puppet government** governo fantoche

puppy ['pʌpi] n (pl -ies) cachorrinho

purchase ['pɜːtʃɪs] n 1 compra; aquisição; **to make a purchase** fazer uma compra ♦ vt comprar; adquirir ♦ **purchase price** preço de venda; **purchasing power** poder de compra

pure ['pjʊə] adj 1 puro 2 genuíno; autêntico 3 simples 4 inocente ♦ **pure and simple** pura e simplesmente

purebred [pjʊə'bred] adj de puro sangue; de raça pura ♦ n (cavalo) puro-sangue

purée ['pjʊəreɪ] n purê

purely ['pjʊəli] adv puramente; simplesmente

purgation [pɜː'geɪʃən] n purgação

purgative ['pɜːgətɪv] adj,n FARM purgante

purgatory ['pɜːgətəri] n purgatório

purge ['pɜːdʒ] n 1 purga; purgante 2 purgação ♦ vt,i purgar; limpar; purificar

purification [pjʊərɪfɪ'keɪʃən] n purificação

purifier ['pjʊərɪfaɪə] n purificador

purify ['pjʊərɪfaɪ] vt purificar, depurar

purism ['pjʊərɪzəm] n purismo

purist ['pjʊərɪst] n purista

puritan ['pjʊərɪtən] adj,n puritano

puritanic [pjʊərɪ'tænɪk] adj puritano

puritanism ['pjʊərɪtənɪzəm] n puritanismo

purity ['pjʊərɪti] n pureza

purple ['pɜːpəl] adj,n (cor) púrpura; roxo

purport[1] ['pɜːpɔːt] n significado; sentido; alcance

purport[2] [pə'pɔːt] vt,i pretender ser; fingir ser

purpose ['pɜːpəs] n objetivo; finalidade ♦ **on purpose** de propósito

purposeful ['pɜːpəsfʊl] adj determinado; resoluto

purposeless ['pɜːpəsləs] adj sem objetivo; sem finalidade

purposely ['pɜːpəsli] adv de propósito; deliberadamente

purr [pɜː] n (gato) ronrom ♦ vi 1 (gato) ronronar 2 (motor) fazer ruído surdo 3 falar com voz rouca e sensual

purse [pɜːs] n 1 GB porta-moedas 2 GB carteira 3 EUA bolsa; mala 4 fig dinheiro; fundos ♦ vt,i franzir; enrugar ♦ **to hold the purse strings** conter os gastos

pursue [pə'sjuː] vt 1 prosseguir; continuar 2 perseguir; seguir

pursuit [pə'sjuːt] n 1 perseguição 2 busca; procura 3 atividade; ocupação

pus [pʌs] n pus

push [pʊʃ] vt,i 1 empurrar 2 (botão, tecla) premir, pressionar, carregar 3 pressionar; insistir 4 convencer [into, a]; persuadir [into, a]; incitar [into, a] 5 col (droga) traficar 6 impingir 7 col fazer campanha ♦ n (pl -es) 1 empurrão; encontrão; abanão 2 impulso; estímulo; incentivo 3 MIL avanço; investida 4 col dinamismo; iniciativa ♦ **to push one's way** abrir caminho à força; GB **to push the boat out** não olhar a despesas; **to push your luck** abusar da

DAC/NI-DP-32

sorte; *if it comes to the push* em último caso; *to give somebody the push* despedir alguém; terminar uma relação amorosa

◆ **push around** *vt* intimidar; pressionar

◆ **push in** *vi* 1 (fila) passar à frente 2 interromper bruscamente

◆ **push over** *vt* empurrar; fazer cair

◆ **push through** *vt* (lei) fazer aprovar

◆ **push up** *vt* fazer subir

pushchair ['pʊʃtʃeə] *n GB* carrinho de bebé

pusher ['pʊʃə] *n col* (droga) traficante

pushover ['pʊʃəʊvə] *n col* **to be a pushover** ser canja; ser fácil de levar ou derrotar

push-up ['pʊʃʌp] *n EUA* (exercício físico) flexão

pushy ['pʊʃi] *adj* insistente; agressivo

puss [pʊs] *n* {*pl* -es} 1 *col* bichano; gatinho 2 *EUA cal* ventas

pussy ['pʊsi] *n* 1 *col* bichano; gatinho 2 *EUA col,ofens* medricas 3 *vulg* rata*vulg*

pustule ['pʌstjuːl] *n MED* pústula

put [pʊt] *vt* {*pret e pp* put} 1 pôr; colocar; *to put a question* colocar uma questão 2 juntar; adicionar 3 propor; apresentar; *to put a motion* apresentar uma moção ❖ *to put an end to* acabar com; *to put in a good word for* recomendar; *to put to bed* deitar

◆ **put about/around** *vt* espalhar; fazer constar

◆ **put across** *vt* transmitir, comunicar

◆ **put aside** *vt* 1 pôr de lado 2 ignorar; esquecer 3 poupar; pôr de lado

◆ **put away** *vt* 1 arrumar; *put those toys away* arruma esses brinquedos 2 prender; internar 3 poupar; pôr de lado

◆ **put back** *vt* 1 voltar a pôr no lugar 2 atrasar 3 adiar 4 *col* (bebida) deitar abaixo

◆ **put by** *vt* poupar; pôr de lado

◆ **put down** *vt* 1 pousar; *put down the glass* pousa o copo 2 apontar; anotar 3 pôr fim a; reprimir; dominar 4 humi-

lhar 5 abater; *the dog had to be put down* o cão teve de ser abatido

◆ **put forward** *vt* 1 avançar com; sugerir 2 propor; nomear

◆ **put in** *vt* 1 empregar; fazer; investir 2 apresentar; submeter 3 instalar; colocar ◆ *vi* acrescentar; afirmar subitamente

◆ **put off** *vt* 1 adiar 2 convencer a mudar de ideias; fazer desistir (de)

◆ **put on** *vt* 1 vestir; pôr 2 aplicar; pôr 3 levar à cena 4 (peso) aumentar de; *I've put on weight* aumentei de peso 5 (televisão, rádio) ligar 6 (disco, cassete, filme de vídeo) pôr 7 pôr ao lume 8 fazer (uma aposta); apostar em 9 aumentar 10 assumir; fingir; pôr; *he put on a sad look* ele pôs um ar triste 11 gozar com; tentar enganar

◆ **put out** *vt* 1 anunciar; publicar; emitir 2 apagar; *put out the lights* apaga as luzes 3 pôr fora; pôr de fora 4 estender 5 (osso) deslocar 6 dar-se ao trabalho; dar-se ao incómodo

◆ **put through** *vt* 1 (chamada telefónica) passar; ligar 2 concluir; aprovar 3 submeter a

◆ **put together** *vt* montar; organizar

◆ **put up** *vt* 1 construir 2 montar; pôr 3 colar; pôr 4 dar luta a 5 apresentar 6 emprestar; fornecer 7 subir; aumentar 8 dar alojamento; instalar

◆ **put up to** *vt* convencer a; instigar a; desafiar a

◆ **put up with** *vt* suportar; aturar; tolerar

putdown ['pʊtdaʊn] *n col* rabecada; ensaboadela

putrefaction [,pjuːtrɪ'fækʃən] *n* putrefação

putrefy ['pjuːtrɪfaɪ] *vt,i* apodrecer

putt [pʌt] *n* (golfe) tacada leve na bola ◆ *vt,i* {*pret e pp* -tt-} (golfe) dar uma tacada leve na bola

putter ['pʌtə] *n* (golfe) putter

put-up ['pʌtʌp] *adj col* planeado; engendrado

puzzle ['pʌzəl] *vt,i* **1** intrigar; confundir **2** matutar [**about/over**, sobre] ♦ *n* **1** puzzle **2** enigma; quebra-cabeças

puzzled ['pʌzəld] *adj* perplexo; confuso

puzzling ['pʌzlɪŋ] *adj* estranho; intrigante

PVC *n* [*sigla de* **polyvinyl chloride**] PVC (cloreto de polivinilo)

pygmy ['pɪgmɪ] *adj,n* pigmeu

pyjamas [pə'dʒɑːməz] *npl* pijama

pyramid ['pɪrəmɪd] *n* pirâmide

pyre ['paɪə] *n* pira funerária

pyrex ['paɪəreks] *n* pirex

pyromania [ˌpaɪərəʊ'meɪnɪə] *n* piromania

pyromaniac [ˌpaɪərəʊ'meɪnɪæk] *n* piromaníaco

pyrotechnic [ˌpaɪərəʊ'teknɪk] *adj* pirotécnico

pyrotechnical [ˌpaɪərəʊ'teknɪkəl] *adj* pirotécnico

pyrotechnics [ˌpaɪərəʊ'teknɪks] *n* pirotecnia ♦ *npl* (espetáculo) fogo de artifício

pyrotechnist [ˌpaɪərəʊ'teknɪst] *n* pirotécnico

Q

q [kjuː] *n* {*pl* q's} (letra) q

Qatar ['kætɑː] *n* Catar

Qatari ['kætɑːri] *adj,n* catarense

Q-tip ['kjuːtɪp] *n EUA* cotonete

qua ['kweɪ] *prep form* na qualidade de; como

quack ['kwæk] *n* 1 (pato) grasnido 2 curandeiro 3 charlatão ♦ *vi* grasnar

quackery ['kwækəri] *n* {*pl* -ies} charlatanismo

quadrangle ['kwɒdræŋgəl] *n* 1 pátio interior 2 quadrângulo

quadrangular [kwɒ'dræŋgjʊlə] *adj* GEOM quadrangular

quadrant ['kwɒdrənt] *n* quadrante

quadrature ['kwɒdrətʃə] *n* quadratura

quadrilateral [ˌkwɒdrɪ'lætərəl] *adj,n* quadrilátero

quadrille [kwə'drɪl] *n* (dança) quadrilha

quadrillion [kwɒ'drɪljən] *n* quatrilião

quadruped ['kwɒdrʊped] *adj,n* quadrúpede

quadruple ['kwɒdrʊpəl] *adj,n* quádruplo ♦ *vt,i* quadruplicar

quadruplicate[1] [kwɒ'druːplɪkeɪt] *vt,i* quadruplicar

quadruplicate[2] [kwɒ'druːplɪkɪt] *adj,n* quadruplicado

quaff ['kwɒf] *vt* beber em grandes tragos; emborcar

quagmire ['kwɒgmaɪə] *n* 1 lamaçal; atoleiro 2 encrenca

quail ['kweɪl] *n* ZOOL codorniz ♦ *vi* acovardar-se; fraquejar

quaint ['kweɪnt] *adj* pitoresco

quake ['kweɪk] *vi* 1 tremer [**with**, de]; *to quake with fear* tremer de medo 2 oscilar; trepidar ♦ *n* 1 *col* tremor de terra 2 tremor; abalo ❖ *to quake at the knees* ter as pernas a tremer

Quaker ['kweɪkə] *adj,n* REL quacre

Quakerism ['kweɪkərɪzəm] *n* REL quacrismo

qualification [ˌkwɒlɪfɪ'keɪʃən] *n* 1 requisito [**to**, para] 2 competência 3 restrição; limitação 4 (competição) qualificação ♦ *npl* habilitações; *academic qualifications* habilitações académicas

qualified ['kwɒlɪfaɪd] *adj* 1 habilitado; qualificado 2 limitado; condicional

qualifier ['kwɒlɪfaɪə] *n* 1 prova de qualificação 2 (pessoa, equipa) classificado 3 LING modificador

qualify ['kwɒlɪfaɪ] *vi* 1 estar habilitado [**for**, para]; reunir os requisitos [**for**, para] 2 (competição) classificar-se 3 diplomar-se [**as**, em] ♦ *vt* 1 habilitar [**for**, para]; preparar [**for**, para]; *to qualify oneself for a job* preparar-se para determinada função 2 LING qualificar; modificar

qualifying ['kwɒlɪfaɪɪŋ] *adj* qualificativo ❖ *qualifying exam* exame de admissão; *qualifying round* eliminatória

qualitative ['kwɒlɪtətɪv] *adj* qualitativo

quality ['kwɒlɪti] *n* {*pl* -ies} 1 qualidade 2 característica; atributo ♦ *adj* de qualidade

qualm ['kwɑːm] *n* dúvida; incerteza

quandary ['kwɒndəri] *n* {*pl* -ies} dilema

quantify ['kwɒntɪfaɪ] *vt* quantificar

quantitative ['kwɒntɪtətɪv] *adj* quantitativo

quantity ['kwɒntɪti] *n* {*pl* -ies} quantidade

quantum ['kwɒntəm] *n* {*pl* quanta} FÍS quantum; *quantum physics* física quântica ❖ (grande progresso) *quantum leap* salto em frente

quarantine ['kwɒrəntiːn] *n* quarentena; *to be in quarantine* estar de quarentena ♦ *vt* pôr de quarentena

quarrel ['kwɒrəl] *n* 1 discussão; desentendimento; *to have a quarrel about* discutir por causa de **2** motivo de discórdia **3** motivo de queixa; *to have no quarrel with* não ter razão de queixa de ♦ *vi {pret e pp -ll-}* discutir

♦ **quarrel with** *vt* (ideia, etc.) discordar de

quarrelsome ['kwɒrəlsəm] *adj* conflituoso

quarry ['kwɒri] *n {pl -ies}* **1** pedreira **2** (caça) presa ♦ *vt* (pedreira) extrair [from, de]

quart [kwɔːt] *n* medida equivalente a 1,14 litros no Reino Unido e 0,95 nos EUA

quarter ['kwɔːtə] *n* **1** *(quarta parte)* quarto; *a quarter of a mile* um quarto de milha; *to divide something into quarters* dividir algo em quartos **2** quarto de hora; *it's a quarter past six* são seis e um quarto **3** quarto da lua; *moon at the first quarter* Lua no quarto crescente **4** (século) quartel **5** bairro; quarteirão; *residential quarter* bairro residencial **6** trimestre; *EUA* trimestre escolar **7** *EUA* moeda de 25 cêntimos **8** *GB* unidade de peso (equivalente a 13 quilos) ♦ *npl* (aposentos) alojamento ♦ *vt* **1** dividir em quartos **2** alojar ❖ *EUA* MÚS *quarter note* semínima; *all quarters of the globe* os quatro cantos do mundo; *at close quarters* de perto; *from all quarters* de todos os quadrantes

quarter-deck ['kwɔːtədek] *n* NÁUT tombadilho superior

quarterfinal ['kwɔːtəˌfaɪnəl] *n* DESP quartos de final

quarterly ['kwɔːtəli] *adj* trimestral ♦ *adv* trimestralmente ♦ *n* publicação trimestral

quartermaster ['kwɔːtəˌmɑːstə] *n* **1** NÁUT contramestre **2** MIL furriel

quartet [kwɔːtet] *n* quarteto

quartz ['kwɔːts] *n* (mineral) quartzo

quash ['kwɒʃ] *vt* **1** (rebelião) debelar; esmagar; sufocar **2** DIR anular; invalidar; revogar

quasi ['kwɑːzi] *adv* quase

quaternary [kwəˈtɜːnəri] *adj* quaternário

quatrain ['kwɒtreɪn] *n* LIT (versos) quadra

quaver ['kweɪvə] *vt,i* (voz) tremular, vibrar ♦ *n* **1** MÚS colcheia **2** (voz) trémulo **3** (voz) tremor

quavering ['kweɪvərɪŋ] *adj,n* trémulo

quay [kiː] *n* cais

queasiness ['kwiːzɪnɪs] *n* enjoo; náuseas

queasy ['kwiːzi] *adj {comp -ier, superl -iest}* enjoado; maldisposto

queen [kwiːn] *n* **1** rainha; soberana **2** (jogo de cartas) dama **3** *col,pej* homossexual **4** (abelhas, formigas) fêmea reprodutora **5** (xadrez) rainha ♦ *vt* (xadrez) levar peão a dama ❖ *queen bee* abelha-mestra; *Queen Mother* Rainha Mãe; *to queen it over* pavonear-se

queenly ['kwiːnli] *adj* próprio de rainha

queer ['kwɪə] *adj* **1** esquisito; estranho; excêntrico; singular **2** *cal* homossexual **3** enjoado; maldisposto ♦ *n cal* homossexual ♦ *vt* (planos) prejudicar; transtornar ❖ *to queer somebody's pitch* estragar os planos de alguém; *to be queer in the head* não ser bom da cabeça

quell [kwel] *vt* **1** (rebelião) sufocar; esmagar; reprimir **2** (receio, preocupação) dissipar

quench ['kwentʃ] *vt* **1** (incêndio) extinguir, apagar **2** (sede) saciar, matar

querulous ['kwerʊləs] *adj* lamuriento; rabugento

query ['kwɪəri] *n {pl -ies}* **1** pergunta; interrogação; dúvida **2** ponto de interrogação ♦ *vt* **1** perguntar **2** questionar; pôr em dúvida [whether, se]

quest [kwest] *n* busca; procura; *in quest of* em busca de, em demanda de ♦ *vi* andar à procura [for/after, de]; ir no encalço [for/after, de]; *to quest after the truth* andar em busca da verdade

question ['kwestʃən] *n* **1** pergunta; questão; *to ask somebody a question* fazer uma pergunta a alguém **2** *(assunto, problema)* questão; *it's a question of...* é uma questão de... **3** dúvida; incerteza; *there is* *no question* não há dúvidas; *to be open to question* suscitar dúvidas ♦ *vt* 1 interrogar 2 questionar; pôr em dúvida ❖ *question mark* ponto de interrogação; *to be out of the question* estar fora de questão; *to call into question* pôr em dúvida; *to pop the question* pedir em casamento

questionable ['kwestʃənəbəl] *adj* 1 questionável 2 duvidoso

questioner ['kwestʃənə] *n* interrogador

questioning ['kwestʃənɪŋ] *adj* interrogativo ♦ *n* interrogatório

questionnaire [,kwestʃə'neə] *n* questionário escrito

queue [kju:] *n* GB fila, bicha; *to form a queue* fazer uma fila; *to stand in queue* estar na fila ♦ *vi* GB fazer fila

quibble ['kwɪbəl] *n* chicana; sofisma ♦ *vi* contestar sem fundamento; sofismar [**about/over**, em relação a]

quibbler ['kwɪblə] *n* picuinhas

quibbling ['kwɪblɪŋ] *adj* 1 chicaneiro 2 capcioso ♦ *n* sofismas; subterfúgios; evasivas

quiche [ki:ʃ] *n* quiche

quick ['kwɪk] *adj* 1 rápido; veloz 2 perspicaz; esperto ♦ *adv* depressa ♦ *n* 1 (unha) sabugo 2 âmago

quicken ['kwɪkən] *vt* 1 acelerar; apressar; *to quicken the pace* apressar o passo 2 avivar 3 estimular ♦ *vi* 1 acelerar 2 intensificar-se

quicklime ['kwɪklaɪm] *n* cal viva

quickly ['kwɪklɪ] *adv* rapidamente; depressa

quickness ['kwɪknɪs] *n* 1 rapidez 2 perspicácia

quicksand ['kwɪksænd] *n* areia movediça

quickstep ['kwɪkstep] *n* (dança) quickstep

quick-tempered [kwɪk'tempəd] *adj* irritadiço; irascível

quick-witted [kwɪk'wɪtɪd] *adj* perspicaz

quid [kwɪd] *n* GB col (dinheiro) libra

quid pro quo [,kwɪdprəʊ'kwəʊ] *n* troca

quiet ['kwaɪət] *adj* 1 silencioso 2 tranquilo; calmo; sossegado 3 *(reservado)* calado; pouco falador 4 (negócios) com pouco movimento 5 discreto; sóbrio; *quiet style* estilo sóbrio 6 privado; secreto 7 íntimo; *a quiet dinner* um jantar íntimo ♦ *n* 1 silêncio 2 calma; tranquilidade; sossego; *to live in peace and quiet* viver em paz e sossego ♦ *vt* 1 acalmar; tranquilizar 2 silenciar ♦ *vi* 1 acalmar-se 2 silenciar ❖ *quiet!* pouco barulho!; *to keep quiet* não abrir a boca; *to keep something quiet* manter em segredo; (segredo) *on the quiet* pela calada

quieten ['kwaɪətn] *vt,i* ⇒ quiet

quietly ['kwaɪətlɪ] *adv* 1 (voz) baixinho 2 calmamente; tranquilamente 3 discretamente

quill [kwɪl] *n* 1 (ave) pluma 2 pena de escrever 3 (porco-espinho) espinho

quilt [kwɪlt] *n* 1 colcha 2 *col* edredão ♦ *vt* acolchoar

quilted ['kwɪltɪd] *adj* acolchoado

quilting ['kwɪltɪŋ] *n* 1 fabrico de colchas 2 acolchoamento

quince ['kwɪns] *n* marmelo; *quince jam* marmelada

quinine ['kwɪni:n] *n* QUÍM quinina

quinquagenarian [,kwɪŋkwədʒɪ'neərɪən] *adj,n* quinquagenário

quinsy ['kwɪnzɪ] *n* MED anginas; amigdalite

quintessence [kwɪn'tesəns] *n* form quinta--essência

quintessential [,kwɪntɪ'sentʃəl] *adj* típico

quintet [kwɪn'tet] *n* quinteto

quintillion [kwɪn'tɪlɪən] *n* quintilião

quintuple ['kwɪntjʊpəl] *vt,i* quintuplicar

quintuplet ['kwɪntjʊplɪt] *n* (gémeos) quíntuplo

quip [kwɪp] *vi* gracejar ♦ *n* gracejo

quire ['kwaɪə] *n* 1 mão de papel (24 folhas) 2 monte de folhas soltas

quirk ['kwɜːk] n 1 particularidade 2 capricho; **by a quirk of fate** por um capricho do destino

quirky ['kwɜːki] adj {comp -ier, superl -iest} peculiar

quit [kwɪt] vt {pret e pp quit} 1 (escola, emprego, etc.) abandonar; deixar; desistir de 2 parar de; **to quit smoking** deixar de fumar ♦ vi (escola, emprego, etc.) desistir, ir-se embora ❖ **quit it!** para com isso!

quite ['kwaɪt] adv 1 muito; bastante 2 razoavelmente; mais ou menos; **I quite like maths** eu até gosto de matemática 3 GB completamente; **you're quite right** tens toda a razão 4 bem; exatamente

quits ['kwɪts] adj col quites; pago ❖ col **to call it quits** dar o assunto por terminado

quitter ['kwɪtə] n desistente

quiver ['kwɪvə] vi 1 tremer; estremecer 2 vacilar ♦ n tremura; estremecimento

quivering ['kwɪvərɪŋ] adj trémulo

quixotic [kwɪk'sɒtɪk] adj quixotesco

quiz [kwɪz] n {pl -zes} 1 TV concurso 2 questionário; teste ♦ vt {pret e pp -zz-} perguntar; interrogar

quizzical ['kwɪzɪkəl] adj 1 irónico 2 curioso; interrogativo

quorum ['kwɔːrəm] n (assembleia) quórum

quota ['kwəʊtə] n quota, quinhão

quotation [kwəʊ'teɪʃən] n 1 citação 2 orçamento ❖ **quotation marks** aspas

quote [kwəʊt] n 1 citação 2 COM (bolsa) cotação ♦ npl aspas; **in quotes** entre aspas ♦ vt 1 citar 2 orçamentar; fixar um preço para; **to quote a price for something** fixar um preço para algo ♦ vi citar; **to quote from an author** fazer uma citação de um autor ❖ **stocks officially quotes** valores admitidos à cotação oficial

quotient ['kwəʊʃənt] n MAT quociente

R

r [ɑː] n {pl r's} (letra) r

rabbi ['ræbaɪ] n {pl -s} REL rabino; rabi

rabbit ['ræbɪt] n **1** coelho **2** pele de coelho

rabble ['ræbəl] n turba; multidão

rabble-rouser ['ræbəl'raʊzə] n demagogo

rabies ['reɪbiːz] n (doença) raiva

race [reɪs] n **1** DESP corrida; *to run a race* participar numa corrida; *fig a race against time* uma corrida contra o tempo **2** raça; etnia; povo **3** (animal, planta) espécie **4** ascendência; linhagem; geração ♦ npl corridas de cavalos; *to go to the races* ir às corridas de cavalos ♦ vt DESP fazer uma corrida com ♦ vi **1** DESP correr; competir em corrida **2** apressar-se **3** (pulsação) acelerar, disparar **4** (tempo) passar a correr **5** (motor) trabalhar a toda a potência ❖ *race car* carro de corridas

racecourse ['reɪskɔːs] n GB hipódromo

racegoer ['reɪsgəʊə] n aficionado por corridas de cavalos

racehorse ['reɪshɔːs] n cavalo de corrida

racer ['reɪsə] n **1** (pessoa) corredor **2** DESP cavalo/carro/barco de corrida

racetrack ['reɪstræk] n **1** pista de corridas **2** EUA hipódromo

racial ['reɪʃəl] adj racial

racing ['reɪsɪŋ] n (cavalos, carros, bicicletas) corrida ♦ adj de corrida

racism ['reɪsɪzəm] n racismo

racist ['reɪsɪst] adj,n racista

rack [ræk] n **1** cabide **2** porta-revistas **3** porta-bagagem **4** prateleira **5** HIST (instrumento de tortura) cavalete **6** tortura; suplício; tormento; *to be on the rack* sofrer suplícios ♦ vt torturar; atormentar; *she was racked by feelings of guilt* ela estava atormentada por sentimentos de culpa ❖ *to rack one's brains* dar voltas à cabeça; *to go to rack and ruin* estar em ruínas

racket ['rækɪt] n **1** DESP raqueta **2** barulheira; balbúrdia; algazarra **3** trapaça; fraude ♦ vi fazer algazarra [**around/about**, -] ❖ *to make a racket* armar confusão

racketeer [,rækɪ'tɪə] n pej escroque; explorador

racketeering [,rækɪ'tɪərɪŋ] n pej exploração

racoon [rə'kuːn] n ZOOL guaxinim

racy ['reɪsɪ] adj {comp -ier, superl -iest} (anedota, história) picante

radar ['reɪdɑː] n radar

radial ['reɪdɪəl] adj radial

radiance ['reɪdɪəns] n brilho; esplendor

radiant ['reɪdɪənt] adj **1** radiante **2** esplendoroso

radiate ['reɪdɪeɪt] vt,i (luz, calor, sentimentos) irradiar; propagar-se; espalhar-se; *she radiated self-confidence* ela irradiava autoconfiança

radiation [,reɪdɪ'eɪʃən] n radiação

radiator ['reɪdɪeɪtə] n radiador

radical ['rædɪkəl] adj **1** radical **2** EUA cal muito bom ♦ n radical

radicalism ['rædɪkəlɪzəm] n radicalismo

radio ['reɪdɪəʊ] n **1** rádio; *radio contact* contacto via rádio; *to hear on the radio* ouvir no rádio **2** MED radiografia ♦ vt,i contactar via rádio ❖ *radio amateur* radioamador; *radio set* aparelho de rádio; *radio station* estação de rádio

radioactive [,reɪdɪəʊ'æktɪv] adj radioativo

radioactivity [,reɪdɪəʊæk'tɪvɪtɪ] n radioatividade

radio-controlled [,reɪdɪəʊkən'trəʊl] adj telecomandado

radiography [,reɪdɪ'ɒɡrəfɪ] n radiografia

radiotherapy [,reɪdɪəʊ'θerəpɪ] n radioterapia

radish ['rædɪʃ] n rabanete

radium ['reɪdɪəm] n (elemento químico) rádio

radius ['reɪdɪəs] n {pl -ii} 1 raio; *within a 200 metre radius* num raio de 200 metros 2 (osso) rádio

radon ['reɪdɒn] n rádon

raffle ['ræfəl] n 1 rifa; tômbola; sorteio 2 entulho; refugo ♦ vt rifar; sortear

raft ['rɑːft] n 1 jangada 2 (barco) salva-vidas

rafter ['rɑːftə] n (telhado) viga, barrote

rag [ræg] n 1 trapo; farrapo; *in rags* esfarrapado 2 *pej* jornaleco ♦ vt {pret e pp -gg-} 1 GB col escarnecer de; zombar de 2 GB col pregar partidas ❖ *rag doll* boneca de trapos; *glad rags* roupa de domingo; *to go from rags to riches* enriquecer

ragamuffin ['ræɡəˌmʌfɪn] n maltrapilho

rage [reɪdʒ] n 1 raiva; ira; fúria; *in a rage* num acesso de raiva; *to fly into a rage* ter um ataque de fúria 2 moda; voga; furor; *to be all the rage* estar na moda, fazer furor ♦ vi 1 enraivecer-se; enfurecer-se; encolerizar-se 2 vociferar [against, contra]; insurgir-se [against, contra]

ragged ['ræɡɪd] adj 1 (roupa) esfarrapado 2 (pessoa) maltrapilho 3 estafado; esfalfado 4 (superfície, contorno) irregular

raid [reɪd] n 1 MIL ataque, raide; *they are launching a raid on enemy ships* eles estão a lançar um ataque aos navios inimigos 2 (polícia) rusga, batida 3 assalto 4 ECON incursão ♦ vt,i 1 atacar 2 assaltar; roubar; furtar 3 (polícia) fazer uma busca, fazer uma rusga

raider ['reɪdə] n assaltante

rail [reɪl] n 1 corrimão 2 grade; cerca 3 varão, anteparo 4 carril 5 NÁUT amurada ♦ vt cercar com grades; vedar ♦ vi insurgir-se [against, contra] ❖ *to go by rail* ir de comboio; *to go off the rails* descarrilar

railing ['reɪlɪŋ] n grade

railroad ['reɪlrəʊd] n EUA via-férrea, caminho de ferro ♦ vt 1 EUA enviar por comboio 2 EUA pressionar; *he was railroaded into signing the agreement* ele foi pressionado a assinar o acordo

railway ['reɪlweɪ] n GB caminho de ferro ❖ *railway engine* locomotiva

rain [reɪn] n chuva; *in the rain* à chuva ♦ vt,i chover; *it's raining cats and dogs* está a chover torrencialmente ❖ *come rain or shine* faça chuva ou faça sol; *it never rains but it pours* um mal nunca vem só; *to be as right as rain* estar fresco que nem uma alface

rainbow ['reɪnbəʊ] n arco-íris

raincoat ['reɪnkəʊt] n gabardina

raindrop ['reɪndrɒp] n gota de chuva

rainfall ['reɪnfɔːl] n pluviosidade

rainforest ['reɪnfɒrɪst] n floresta tropical

rainproof ['reɪnpruːf] adj impermeável

rainstorm ['reɪnstɔːm] n chuva torrencial; carga d'água

rainy ['reɪnɪ] adj {comp -ier, superl -iest} chuvoso; *a rainy day* um dia de chuva

raise [reɪz] vt 1 levantar; erguer; alçar; *to raise a load* levantar uma carga; *to raise one's voice* levantar a voz 2 (impostos, salários, preços) aumentar 3 melhorar 4 (animais, filhos) criar; *to raise a family* criar uma família 5 (sentimentos) suscitar, provocar; animar; *to raise someone's spirits* levantar o moral de alguém 6 (pergunta, objeção) levantar 7 (dinheiro) arrecadar, angariar 8 REL ressuscitar 9 lit acordar alguém 10 (cerco, embargo) levantar; *to raise a siege* levantar um cerco 11 (jogo de cartas) subir aposta 12 contactar via rádio 13 erigir, edificar; erguer; *to raise a monument* erguer um monumento 14 MAT levantar à potência de ♦ n EUA (salário) aumento; *to get a raise* conseguir um aumento ❖ *to raise funds* angariar fundos; *to raise glasses to* beber à saúde de; *to raise the alarm* dar o alarme; *to raise the roof* fazer uma festança

raiser ['reɪzə] n 1 criador; produtor; *cattle raiser* criador de gado 2 angariador; *fund raiser* angariador de fundos

raisin ['reɪzən] n uva-passa

rajah ['rɑːdʒə] n rajá

rake [reɪk] n 1 ancinho 2 inclinação 3 *ant* libertino; devasso ♦ vt,i 1 (ancinho) limpar, varrer, revolver 2 *fig (procurar)* varrer com o olhar

♦ **rake in** vt (dinheiro) ganhar; juntar

♦ **rake up** vt 1 (folhas) apanhar (com um ancinho) 2 (passado) revolver

rally ['ræli] n 1 comício; reunião; manifestação 2 DESP (automóveis) rali 3 (doença, crise) recobro; recuperação ♦ vt reunir; unir; juntar ♦ vi 1 reunir-se; unir-se; juntar-se 2 recuperar; recobrar as forças; *to rally from an illness* recuperar de uma doença 3 (ações) estar em alta depois de ter estado em baixa

♦ **rally round** vt juntar-se ♦ vi vir em auxílio

ram [ræm] n 1 ZOOL carneiro 2 *téc* aríete ♦ vt {*pret e pp* -mm-} embater; chocar; abalroar ❖ *to ram something down somebody's throat* impingir alguma coisa a alguém

Ramadan [,ræmə'dɑːn] n REL ramadão

ramble ['ræmbəl] n passeio; caminhada ♦ vi 1 passear; caminhar; *we rambled through the woods* fizemos uma caminhada pela floresta 2 balbuciar 3 (planta) crescer em todas as direções

rambling ['ræmblɪŋ] adj 1 (edifício) cheio de recantos 2 (discurso, texto) incoerente; desconexo

ramification [,ræmɪfɪ'keɪʃən] n consequência; repercussão

ramify ['ræmɪfaɪ] vi ramificar-se; propagar--se

ramp [ræmp] n 1 rampa 2 GB lomba

rampage [ræm'peɪdʒ] n barulho; agitação; tumulto ♦ vi provocar distúrbios; fazer barulho ❖ *to be on the rampage* estar furioso

rampant ['ræmpənt] adj 1 descontrolado 2 (planta) que se espalha em todas as direções

rampart ['ræmpɑːt] n muralha

ramrod ['ræmrod] n (espingarda, pistola) vareta

ramshackle ['ræmʃækəl] adj em mau estado

ranch ['rɑːntʃ] n {*pl* -es} fazenda; rancho

rancher ['rɑːntʃə] n rancheiro; fazendeiro

rancid ['rænsɪd] adj rançoso

rancor ['ræŋkə] n EUA rancor

rancorous ['ræŋkərəs] adj rancoroso

rancour ['ræŋkə] n GB rancor

random ['rændəm] adj aleatório, casual ❖ *at random* aleatoriamente, ao acaso

randomization [,rændəmaɪ'zeɪʃən] n seleção aleatória

randomize ['rændəmaɪz] vt selecionar aleatoriamente

range [reɪndʒ] n 1 gama; *a wide range of products* uma ampla gama de produtos 2 âmbito; *within the range of* no âmbito de 3 alcance; (tiro) *at close range* à queima-roupa; *out of range* fora do alcance; *within range* ao alcance 4 (voz, instrumento) registo 5 cordilheira; (montanhas) cadeia 6 EUA pasto 7 EUA fogão de cozinha ♦ vi 1 variar; *to range from something to something* variar entre 2 abarcar; incluir; abranger 3 vaguear [over/through, por] ♦ vt dispor; ordenar; alinhar ❖ *top of the range* topo de gama

♦ **range against** vt discordar de

♦ **range with** vt concordar com

ranger ['reɪndʒə] n guarda-florestal

rank [ræŋk] n 1 posto; categoria 2 fila; MIL fileira 3 classe social; condição social; estatuto ♦ vt 1 classificar; *he was ranked number one worldwide* ele estava classificado como o melhor a nível mundial 2 ter precedência sobre; ser hierarquica-

mente superior a; *generals rank captains*
os generais são hierarquicamente superiores aos capitães 3 ordenar; organizar ♦ vi
ser considerado [-, as]; *the flood ranked
as the worst ever* a cheia foi considerada
a pior de sempre ♦ *adj* 1 malcheiroso;
rançoso 2 completo; total; puro; *rank
fear* puro medo 3 (planta) viçoso; exuberante; luxuriante ❖ *of the first rank* de
primeira categoria, *to break ranks* abandonar uma organização; *to join the ranks
of* tornar-se membro de; *to pull one's
rank on* mostrar quem manda

ranking ['ræŋkɪŋ] *n* ranking; classificação
♦ *adj* do posto mais elevado; *the ranking
officer* o oficial mais graduado

rankle ['ræŋkəl] vi dilacerar; exasperar;
amargurar

ransack ['rænsæk] *vt* 1 saquear; pilhar
2 revistar; rebuscar

ransom ['rænsəm] *n* 1 resgate; *to pay ransom* pagar resgate; *to hold somebody to
ransom* pedir um resgate por alguém
2 refém ♦ *vt* resgatar; pagar resgate por ❖
to hold somebody to ransom por alguém
entre a espada e a parede; chantagear alguém

rant [rænt] *n* 1 linguagem afetada 2 estilo
bombástico ♦ vi 1 arengar; falar de forma
afetada; falar em tom declamatório 2 usar
linguagem bombástica ❖ *to rant and
rave* não parar de falar

rap [ræp] *n* 1 pancada rápida 2 MÚS rap 3
EUA INFORM acusação 4 *EUA* col punição,
castigo; *to beat the rap* escapar ao castigo
♦ *vt* 1 dar uma pancada seca 2 dizer severamente 3 criticar [for, por causa de];
censurar [for, por causa de] ♦ vi 1 dar
uma pancada seca 2 MÚS fazer rap ❖ *a
rap over the knuckles* crítica forte; *to
take the rap for a crime* pagar por um
crime

rape [reɪp] *vt* violar ♦ *n* violação; estupro;
attempted rape tentativa de violação; *to
commit rape* violar

rapid ['ræpɪd] *adj* rápido; veloz

rapidity [rə'pɪdɪti] *n* rapidez; velocidade

rapist ['reɪpɪst] *n* (sexual) violador

rappel [ræ'pel] *n* *EUA* DESP rapel ♦ vi {pret
e pp -ll-} *EUA* DESP praticar rapel

rapport [ræ'pɔː] *n* afinidade [with, com;
between, entre]

rapt [ræpt] *adj* absorto; extasiado

rapture ['ræptʃə] *n* êxtase; enlevo

rare [reə] *adj* 1 raro 2 valioso 3 (carne)
malpassado

rarefaction [ˌreərɪ'fækʃən] *n* rarefação

rarefied ['reərɪfaɪd] *adj* 1 *pej* elitista 2 (ar)
rarefeito; *to become rarefied* rarefazer-se

rarefy ['reərɪfaɪ] *vt* 1 rarefazer; diminuir
2 refinar; purificar ♦ vi rarefazer-se; diminuir

rarely ['reəli] *adv* raramente

rarity ['reərɪti] *n* {pl -ies} raridade

rascal ['rɑːskəl] *adj* (criança) diabrete

rash [ræʃ] *adj* precipitado; irrefletido ♦ *n*
{pl -es} 1 (pele) erupção, irritação 2 série;
sucessão

rasher ['ræʃə] *n* *GB* (fiambre, bacon) fatia

rashness ['ræʃnɪs] *n* precipitação; irreflexão

rasp [rɑːsp] *n* 1 grosa; lima; raspadeira
2 som de fricção ♦ *vt* 1 raspar 2 limar ♦ vi
raspar

raspberry ['rɑːzbəri] *n* {pl -ies} framboesa
❖ *to blow a raspberry* pôr a língua de
fora

rat [ræt] *n* 1 ZOOL ratazana 2 *fig,pej* vira-
-casaca, traidor; sacana ♦ vi caçar ratos ❖
EUA **rat fink** traidor; *I smell a rat!* aqui
há gato!; *to look like a drowned rat* estar
com um aspeto miserável

♦ **rat on** *vt* col bufar*cal*; denunciar

ratchet ['rætʃɪt] *n* (máquina) dente de engrenagem

rate ['reɪt] *n* **1** velocidade, ritmo; *an average rate of 5 kilometres an hour* uma velocidade média de 5 quilómetros por hora; *criminality is increasing at an alarming rate* a criminalidade está a aumentar a um ritmo alarmante **2** taxa; *a high rate of unemployment* uma taxa de desemprego elevada **3** preço; valor **4** classe; categoria; qualidade ♦ *vt* **1** avaliar; classificar **2** apreciar; estimar; admirar **3** merecer; *to rate a mention* ser digno de nota **4** listar; ordenar ♦ *vi* ser considerado [**as**, -]; *he rates as one of the best players* ele é considerado um dos melhores jogadores ❖ *at any rate* de qualquer modo; *at this rate* por este andar; *birth rate* taxa de natalidade; *death rate* taxa de mortalidade; *interest rate* taxa de juro

rateable ['reɪtəbəl] *adj* tributável; taxável

ratepayer ['reɪtpeɪə] *n GB* (impostos) contribuinte

rather ['rɑːðə] *adv* **1** bastante; *a rather difficult question* uma pergunta bastante difícil **2** em vez de; *tea rather than coffee* chá em vez de café **3** mais do que; *it was a lecture rather than a talk* aquilo foi mais uma palestra do que uma conversa ❖ *I would rather...than...* preferia...a...

ratification [ˌrætɪfɪ'keɪʃən] *n* ratificação; homologação

ratify ['rætɪfaɪ] *vt* (tratado, acordo) ratificar; homologar; confirmar

rating ['reɪtɪŋ] *n* **1** nível; *popularity rating* nível de popularidade **2** (filme) classificação ♦ *npl* (televisão, rádio) índices de audiência

ratio ['reɪʃiəʊ] *n* razão; proporção

ration ['ræʃən] *n* **1** ração; racionamento; *ration card* senha de racionamento **2** dose; porção; *we have had our ration of problems for today* já tivemos a nossa dose de problemas por hoje ♦ *npl* provisões ♦ *vt* racionar

♦ **ration out** *vt* racionar

rational ['ræʃənəl] *adj* **1** racional **2** razoável; sensato

rationale [ˌræʃə'nɑːl] *n form* fundamento lógico

rationalism ['ræʃnəlɪzəm] *n* racionalismo

rationalist ['ræʃnəlɪst] *adj,n* racionalista

rationality [ˌræʃə'nælɪti] *n* {*pl* -ies} racionalidade

rationalize ['ræʃnəlaɪz] *vt,i* **1** fundamentar; justificar **2** ponderar **3** (negócio) racionalizar, otimizar

rats [ræts] *interj col* (irritação, contrariedade) raios!; bolas!

rattle ['rætl] *n* **1** chocalho, guizo **2** barulho; algazarra; balbúrdia **3** estrondo; estrépito **4** (tambor) rufo ♦ *vt* **1** chocalhar; sacudir; fazer retinir; *to rattle the dice* agitar os dados **2** desconcertar; agitar; perturbar ♦ *vi* **1** chocalhar; retinir **2** mover-se ruidosamente ❖ *to rattle somebody's cage* irritar alguém

♦ **rattle off** *vt* dizer muito depressa

♦ **rattle on** *vi* falar sem parar

rattlesnake ['rætlsneɪk] *n* cascavel

raucous ['rɔːkəs] *adj* **1** rouco; roufenho **2** barulhento

raunchy ['rɔːntʃi] *adj col* libidinoso

ravage ['rævɪdʒ] *n* devastação; destruição ♦ *npl* estragos, danos ♦ *vt,i* devastar; destruir; arruinar; *ravaged by the war* devastado pela guerra

rave [reɪv] *vi* **1** vociferar **2** delirar; tresvariar **3** empolgar-se [**over**, com]; entusiasmar-se [**over**, com] ♦ *adj* elogioso; *rave review* crítica entusiástica ♦ *n* **1** *GB* grande festa **2** *EUA* artigo elogioso **3** (festa) rave

ravel ['rævəl] *vi* **1** embaraçar-se; emaranhar-se **2** esfiar; desfiar-se

raven ['reɪvən] *n* corvo

ravenous ['rævənəs] *adj* **1** (pessoa) esfomeado **2** (apetite) devorador

raver ['reɪvə] *n col* frequentador de festas

ravine [rə'viːn] *n* ravina; barranco

raving ['reɪvɪŋ] *adj* louco; tresloucado; *raving mad* completamente louco ♦ *n* (no plural) desvario; delírio

ravioli [ˌrævɪ'əʊlɪ] *n* (comida italiana) ravióli

ravish ['rævɪʃ] *vt* 1 violar; estuprar 2 encantar; extasiar; *he was ravished by her beauty* ele ficou extasiado com a beleza dela

ravishing ['rævɪʃɪŋ] *adj* encantador; arrebatador

raw [rɔː] *adj* 1 (comida) cru 2 em bruto; *raw metal* metal bruto; *raw sugar* açúcar não refinado 3 (pele) esfolado; em carne viva 4 inexperiente 5 (sentimentos) puro 6 realista; *a raw description* uma descrição realista ❖ *raw material* matéria-prima; *to touch a raw nerve* tocar num ponto fraco de alguém

ray [reɪ] *n* 1 (sol, luz) raio 2 réstia; *a ray of hope* uma réstia de esperança 3 (peixe) raia

raze [reɪz] *vt* arrasar; destruir; *to raze to the ground* arrasar totalmente

razor ['reɪzə] *n* 1 lâmina de barbear; gilete 2 navalha de barbear ♦ *vt* (barba, cabelo) rapar ♦ *razor blade* lâmina de barbear; *electric razor* máquina de barbear; *to be on the razor's edge* estar na corda bamba

razor-sharp ['reɪzəʃɑːp] *adj* 1 (lâmina, dente) muito afiado 2 (espírito, inteligência) muito agudo

razzle-dazzle [ˌræzəl'dæzəl] *n* 1 *col* algazarra; alvoroço 2 *col* fogo de vista

RDA [*sigla de* **recommended daily allowance**] DDR [*sigla de* dose diária recomendada]

re [riː] *n* MÚS ré

reach [riːtʃ] *vt* 1 alcançar; chegar; atingir; *to reach old age* chegar a velho; *to reach perfection* atingir a perfeição 2 (braço, mão) estender 3 (objetivo) atingir, alcançar; conseguir 4 chegar a; *to reach an agreement* chegar a acordo 5 contactar; entrar em contacto com ♦ *n* 1 alcance;

out of reach fora do alcance; *within reach* ao alcance 2 esfera; poder; alcance 3 distância; *within easy reach* a pouca distância ❖ *to reach for the stars* ser muito ambicioso

react [rɪ'ækt] *vi* reagir [**to/upon**, a]

reaction [rɪ'ækʃən] *n* reação [**to**, a]; *gut reaction* reação imediata ♦ *npl* reflexos; *quick reactions* reflexos rápidos

reactionary [rɪ'ækʃnərɪ] *adj,n* reacionário

reactive [rɪ'æktɪv] *adj* 1 reativo 2 QUÍM reagente

reactor [rɪ'æktə] *n* reator

read [riːd] *n* leitura; *a good read* uma leitura agradável ♦ *vt* (*pret e pp* read) 1 ler; *to read a book* ler um livro 2 interpretar; *the poem can be read as a protest* o poema pode ser interpretado como um protesto 3 (universidade) estudar; *I read literature at university* estudo literatura na universidade 4 marcar; indicar; *the thermometer reads 39°* o termómetro marca 39° 5 entender; *do you read me?* está a entender?, está a ouvir-me? ♦ *vi* ler [**about/of**, acerca/sobre] ❖ *to read between the lines* ler nas entrelinhas; *to read someone's mind* ler os pensamentos de alguém; *to read the future* prever o futuro

♦ **read out** *vt* ler em voz alta; *I'm going to read out the letter* vou ler a carta em voz alta

♦ **read up** *vt* estudar; *you'd better read up the rules* devias estudar os regulamentos ♦ *vi* informar-se; *I can't give my opinion before reading up on the matter* não posso dar a minha opinião antes de me informar sobre o assunto

readable ['riːdəbəl] *adj* 1 (caligrafia) legível 2 (livro, etc.) de leitura agradável

reader ['riːdə] *n* 1 leitor 2 livro de leitura 3 GB (universidade) professor adjunto

readily ['redɪlɪ] *adv* 1 rapidamente 2 prontamente; de boa vontade

readiness ['redɪnəs] n 1 prontidão 2 boa vontade [to, para]

reading ['riːdɪŋ] n 1 leitura 2 interpretação

readjust [ˌriːə'dʒʌst] vt reajustar ◆ vi adaptar-se [to, a]

readmit [ˌriːəd'mɪt] vt readmitir

ready ['redi] adj 1 pronto [to/for, para]; preparado [to/for, para] 2 rápido; imediato 3 diligente; prestável 4 (dinheiro) vivo ◆ vt preparar, aprontar ❖ to be ready for a drink estar desejoso de uma bebida; to be ready to cry estar prestes a chorar

ready-made [ˌredɪ'meɪd] adj 1 pronto; a ready-made meal uma refeição pronta a comer 2 banal, vulgar; ready-made ideas ideias banais

ready-mix ['redɪmɪks] adj instantâneo; ready-mix pudding pudim instantâneo

ready-to-wear [ˌredɪtə'weə] adj pronto-a-vestir

reagent [ri'eɪdʒənt] n QUÍM reagente

real [riːl,rɪəl] adj 1 verdadeiro; real gold ouro verdadeiro 2 real; the real world o mundo real 3 completo; a real idiot um perfeito idiota ◆ adv EUA col muito ◆ n real; realidade ❖ EUA are you for real? estás a falar a sério?

realism ['rɪəlɪzəm] n realismo

realist ['rɪəlɪst] adj,n realista

realistic [rɪə'lɪstɪk] adj realista

reality [rɪ'ælɪti] n (pl -ies) realidade; (sonho) to become a reality concretizar-se ❖ (televisão) reality show reality show

realization [ˌrɪəlaɪ'zeɪʃən] n 1 constatação; consciencialização 2 realização; the realization of a dream a realização de um sonho

realize ['rɪəlaɪz] vt 1 aperceber-se; consciencializar-se; estar ciente; do you realize what you are saying? estás ciente do que estás a dizer? 2 verificar; constatar;

notar; I realized that someone was telling a lie eu constatei que alguém estava a mentir 3 concretizar; realizar; to realize one's hopes ver as suas esperanças realizadas 4 (dinheiro, lucro) obter

really ['rɪəli] adv realmente; mesmo; de facto ❖ oh, really? ai sim?; really? a sério?; really! francamente!

realm [relm] n 1 domínio; esfera 2 reino

real-time [ˌrɪəl'taɪm] adj INFORM em tempo real

ream [riːm] n (papel) resma ◆ npl col páginas e páginas

reanimate [ri'ænɪmeɪt] vt dar coragem; dar nova vida a

reap [riːp] vt ceifar; colher ❖ to reap benefit from tirar proveito de; to reap the fruit of colher os frutos de; he who sows the wind shall reap the whirlwind quem semeia ventos colhe tempestades

reaper ['riːpə] n 1 ceifeiro; segador 2 (máquina) ceifeira

rear [rɪə] n 1 traseiras; he's at the rear of the house ele está nas traseiras da casa 2 retaguarda; the army attacked in the rear o exército atacou pela retaguarda; to take up the rear ocupar os últimos lugares 3 pop traseiro ◆ adj traseiro; the rear entrance was blocked a entrada das traseiras estava bloqueada ◆ vt 1 criar; I decided to rear ducks eu decidi criar patos 2 empinar; levantar ◆ vi 1 erguer-se [over, sobre] 2 empinar-se ❖ rear bumper para-choques traseiro; rear lamp farol traseiro; rear suspension suspensão traseira; rear wheel roda traseira

rearguard ['rɪəgɑːd] n MIL retaguarda

rearmost ['rɪəməʊst] adj último

rearview mirror [ˌrɪəvjuː'mɪrə] n (carro) espelho retrovisor

reason ['riːzən] n 1 (causa) razão [for/to, para]; motivo [for/to, para]; I told him the reason why eu disse-lhe porquê;

name me two reasons dá-me duas razões
2 (entendimento) razão ♦ *vt* calcular ♦ *vi* raciocinar ❖ *by reason of* devido a; *for
some reason* por algum motivo; *to bring
someone to reason* chamar alguém à razão; *to lose one's reason* perder o juízo

♦ **reason with** *vt* chamar à razão; *I
tried to reason with him* tentei chamá-lo
à razão

reasonable ['riːzənəbəl] *adj* razoável; *a
reasonable price* um preço razoável; *be
reasonable!* sê razoável!

reasonably ['riːzənəbli] *adv* 1 racionalmente; sensatamente 2 razoavelmente

reasoning ['riːzənɪŋ] *n* raciocínio

reassure [ˌriːəˈʃʊə] *vt* 1 tranquilizar; reconfortar 2 garantir; *he reassured me
that everything was going just fine* ele
garantiu-me que tudo estava a correr
muito bem

reassuring [ˌriːəˈʃʊərɪŋ] *adj* tranquilizante;
reconfortante

rebate [ˌriːˈbeɪt] *n* 1 reembolso; devolução;
tax rebate reembolso de imposto 2 desconto; abatimento

rebel[1] ['rebəl] *n* rebelde

rebel[2] [rɪˈbel] *vi* revoltar-se [**against**, con-
tra]; insurgir-se [**against**, contra]; amotinar-se [**against**, contra]

rebellion [rɪˈbeljən] *n* rebelião; revolta

rebellious [rɪˈbeljəs] *adj* rebelde

rebirth [ˌriːˈbɜːθ] *n* renascimento

reboot [riːˈbuːt] *vt,i* INFORM (computador, sistema operativo) reiniciar

rebound[1] ['riːbaʊnd] *n* ressalto ❖ *to be on
the rebound* terminar relação e iniciar outra

rebound[2] [rɪˈbaʊnd] *vi* ressaltar; *the ball
rebounded* a bola ressaltou

♦ **rebound on/upon** *vt* sair pela culatra

rebuff [rɪˈbʌf] *n* recusa; rejeição ♦ *vt* recusar; rejeitar

rebuild [ˌriːˈbɪld] *vt* {pret e pp rebuilt} 1 reconstruir; reedificar 2 reformular

rebuke [rɪˈbjuːk] *n* censura; repreensão ♦
vt censurar [**for**, por]; repreender [**for**,
por]

rebut [rɪˈbʌt] *vt* {pret e pp -tt-} refutar; rebater; *he rebutted every word I said* ele
rebateu todas as palavras que eu disse

rebuttal [rɪˈbʌtəl] *n* refutação

recalcitrant [rɪˈkælsɪtrənt] *adj* recalcitrante; obstinado

recall [rɪˈkɔːl] *vt* 1 lembrar-se; recordar-se;
as I recall tanto quanto me lembro; *do
you recall anything at all?* lembra-se de
alguma coisa?; *you might recall* talvez te
lembres 2 chamar de novo 3 MIL (reservis-
tas) recrutar; chamar ao ativo ♦ *n* 1 recordação; *to be beyond recall* ter caído no
esquecimento 2 novo chamamento 3 MIL
recrutamento ❖ MIL (retirada) *to sound the
recall* tocar a reunir

recant [rɪˈkænt] *vt* renegar; retratar ♦ *vi* re-
negar-se; retratar-se

recap ['riːkæp] *vt,i* col recapitular; repetir ♦
n 1 col recapitulação 2 pneu recauchutado

recapitulate [ˌriːkəˈpɪtʃʊleɪt] *vt,i* recapitular

recapitulation [ˌriːkəpɪtʃʊˈleɪʃən] *n* recapitulação

recapture [riːˈkæptʃə] *n* 1 retomada; reconquista 2 recuperação ♦ *vt* 1 recapturar
2 recuperar 3 reconquistar

recast [ˌriːˈkɑːst] *vt* {pret e pp recast} 1 reorganizar; realinhar; *the direction board recast the whole company* o corpo diretivo
reorganizou toda a empresa 2 TEAT reatri-
buir; redistribuir; *all the parts were recast*
todos os papéis foram reatribuídos

recede [rɪˈsiːd] *vi* 1 recuar; retroceder
2 desaparecer; diluir-se; esvair-se 3 diminuir o valor; baixar

receding [rɪˈsiːdɪŋ] *adj* (queixo) metido
para dentro ❖ (cabelo) *receding hairline*
entradas

receipt [rɪˈsiːt] *n* 1 recibo; *to write out a
receipt* passar um recibo 2 quitação 3 re-

cebimento; receção; *I acknowledge the receipt of the product* eu confirmo a receção do produto; *to pay on receipt* pagar após a receção ♦ *npl* (dinheiro) receita ♦ *vt* passar recibo ❖ ECON *receipts and expenses* receitas e despesas; *duplicate receipt* recibo em duplicado

receive [rɪˈsiːv] *vt,i* 1 receber; *I received a package* recebi uma embalagem 2 receber; hospedar; *he received me in his office* ele recebeu-me no consultório dele 3 (clube, organização) admitir [**into,** em] 4 RÁD,TV captar 5 receber; *to receive a disappointment* sofrer uma desilusão 6 REL comungar ❖ *to be on the receiving end* arcar com as consequências

receiver [rɪˈsiːvə] *n* 1 (telefone) auscultador 2 (bens roubados) recetador 3 (aparelho) recetor

recent [ˈriːsənt] *adj* recente

recently [ˈriːsəntli] *adv* recentemente; ultimamente ❖ *as recently as yesterday* ainda ontem

reception [rɪˈsepʃən] *n* 1 (acolhimento, festa) receção 2 (rádio, televisão) captação ❖ *GB reception room* sala de espera

receptionist [rɪˈsepʃənɪst] *n* rececionista

receptive [rɪˈseptɪv] *adj* recetivo, aberto

recess [rɪˈses] *n* 1 pausa; interrupção 2 *EUA* (aulas) intervalo 3 (parede) nicho

recession [rɪˈseʃən] *n* recessão

recharge [ˌriːˈtʃɑːdʒ] *n* recarga ♦ *vt* recarregar

recipe [ˈresɪpi] *n* CUL receita

recipient [rɪˈsɪpiənt] *n* recetor

reciprocal [rɪˈsɪprəkəl] *adj* recíproco

reciprocity [ˌresɪˈprɒsɪti] *n* reciprocidade

recital [rɪˈsaɪtəl] *n* recital

recite [rɪˈsaɪt] *vt,i* recitar; declamar

reckless [ˈrekləs] *adj* imprudente

reckon [ˈrekən] *vt* 1 supor; imaginar; calcular; *I reckon he will soon be here* imagino que ele em breve esteja aqui 2 considerar; *he is reckoned to be one of the*

best writers ele é considerado um dos melhores escritores

reckoning [ˈrekənɪŋ] *n* cálculos; *by my reckoning* segundo os meus cálculos

reclaim [rɪˈkleɪm] *vt* 1 reclamar 2 recuperar; aproveitar 3 tornar cultivável

reclamation [ˌrekləˈmeɪʃən] *n* 1 reivindicação 2 (lixo, resíduos) reciclagem

recline [rɪˈklaɪn] *vi* reclinar-se; recostar-se; *he reclined in his armchair* ele reclinou-se na sua poltrona ♦ *vt* reclinar; *you may recline your seat* podes reclinar o assento

reclining [rɪˈklaɪnɪŋ] *adj* 1 reclinável 2 reclinado

recluse [rɪˈkluːs] *n* eremita

recognition [ˌrekəgˈnɪʃən] *n* 1 reconhecimento; *beyond recognition* irreconhecível 2 aceitação

recognize [ˈrekəgnaɪz] *vt* 1 reconhecer; *I recognized the symptoms* eu reconheci os sintomas 2 reconhecer; declarar legal 3 aceitar 4 recompensar

recoil [rɪˈkɔɪl] *vi* 1 recuar [**at,** perante]; retroceder [**at,** perante; **from,** de] 2 sentir aversão [**from,** de] 3 (arma de fogo) dar coice ♦ *n* 1 recuo 2 (arma de fogo) coice 3 movimento de repulsa

recollect [ˌrekəˈlekt] *vt* lembrar-se de; recordar; *as far as I recollect* tanto quanto me lembro

recollection [ˌrekəˈlekʃən] *n form* recordação

recommend [ˌrekəˈmend] *vt* 1 recomendar [**to,** a; **for,** para]; aconselhar [**to,** a; **for,** para] 2 confiar; entregar

recommendation [ˌrekəmenˈdeɪʃən] *n* recomendação

recompense [ˈrekəmpens] *n* 1 recompensa [**for,** por] 2 prémio; galardão 3 indemnização ♦ *vt* 1 recompensar [**for,** por] 2 indemnizar

reconcile [ˈrekənsaɪl] *vt* 1 reconciliar 2 conciliar [**with/to,** com]; harmonizar [**with/to,** com]

reconciliation [ˌrekənsɪliˈeɪʃən] n 1 reconciliação 2 conciliação

reconquest [ˌriːˈkɒŋkwest] n reconquista

reconsider [ˌriːkənˈsɪdə] vt,i reconsiderar

reconstitute [riːˈkɒnstɪtjuːt] vt reconstituir; reorganizar

reconstitution [ˌriːkɒnstɪˈtjuːʃən] n reconstituição; reorganização

reconstruct [ˌriːkənˈstrʌkt] vt 1 reconstruir 2 reconstituir; recordar; *to reconstruct a crime* fazer a reconstituição de um crime

reconstruction [ˌriːkənˈstrʌkʃən] n 1 reconstrução 2 reconstituição

record[1] [ˈrekɔːd] n 1 registo; *to keep a record of* fazer um registo de 2 disco; *vinyl record* disco em vinil 3 recorde 4 cadastro ❖ *for the record* para que conste; *off the record* confidencialmente; *to set the record straight* pôr os pontos nos is

record[2] [rɪˈkɔːd] vt 1 registar; documentar 2 gravar; *to record on videotape* gravar em vídeo

recorder [rɪˈkɔːdə] n 1 gravador 2 registador 3 MÚS flauta

recording [rɪˈkɔːdɪŋ] n 1 gravação; *recording studio* estúdio de gravação 2 registo

recourse [rɪˈkɔːs] n form recurso

recover [rɪˈkʌvə] vt 1 recuperar; reaver 2 reconquistar 3 (voltar a si) recuperar; *to recover consciousness* recuperar os sentidos ♦ vi recuperar [from, de]; restabelecer-se [from, de]

recovery [rɪˈkʌvəri] n {pl -ies} recuperação; *economic recovery* recuperação económica; *recovery from an accident* recuperação após um acidente

recreate [ˌriːkriˈeɪt] vt recriar

recreation[1] [ˌrekriˈeɪʃən] n divertimento; lazer ❖ GB *recreation ground* campo de jogos

recreation[2] [ˌriːkriˈeɪʃən] n recriação

recreational [ˌrekriˈeɪʃənəl] adj lúdico; recreativo

recriminate [rɪˈkrɪmɪneɪt] vi recriminar

recrimination [rɪˌkrɪmɪˈneɪʃən] n recriminação

recruit [rɪˈkruːt] n 1 MIL recruta 2 aprendiz; principiante 3 novo membro ♦ vt 1 recrutar 2 alistar

recruitment [rɪˈkruːtmənt] n recrutamento

rectal [ˈrektəl] adj retal

rectangle [ˈrektæŋgəl] n retângulo

rectangular [rekˈtæŋgjʊlə] adj retangular

rectification [ˌrektɪfɪˈkeɪʃən] n retificação; correção

rectify [ˈrektɪfaɪ] vt retificar; corrigir

rectilinear [ˌrektɪˈlɪniə] adj retilíneo

rector [ˈrektə] n 1 (universidade) reitor 2 pároco

rectum [ˈrektəm] n reto

recuperate [rɪˈkjuːpəreɪt] vt recuperar; recobrar ♦ vi recuperar [from, de]; convalescer [from, de]; restabelecer-se [from, de]

recuperation [rɪˌkjuːpəˈreɪʃən] n recuperação

recur [rɪˈkɜː] vi {pret e pp -rr-} repetir-se

recurrence [rɪˈkʌrəns] n repetição; recorrência

recurrent [rɪˈkʌrənt] adj que se repete; recorrente

recurring [rɪˈkɜːrɪŋ] adj que se repete; recorrente

recycle [ˌriːˈsaɪkəl] vt reciclar

recycling [ˌriːˈsaɪklɪŋ] n reciclagem

red [red] adj {comp redder, superl reddest} 1 (cor) vermelho, encarnado 2 (face) corado 3 (cabelo) ruivo 4 (vinho) tinto ♦ n 1 (cor) vermelho 2 vinho tinto ❖ *red alert* alerta máximo; *Red Cross* Cruz Vermelha; *red herring* pista falsa, col (burocracia) *red tape* papelada

redcurrant [ˌredˈkʌrənt] n groselha

redden [ˈredən] vi 1 ruborizar-se; corar 2 avermelhar-se ♦ vt avermelhar

DACIN-DP-93

redecorate [ˌriːˈdekəreɪt] vt decorar novamente

redeem [rɪˈdiːm] vt 1 redimir 2 reaver 3 resgatar; libertar 4 (dívida) saldar 5 (promessa, dever) cumprir

redeemer [rɪˈdiːmə] n redentor ❖ REL the Redeemer o Redentor

redemption [rɪˈdempʃən] n 1 redenção; salvação 2 (dinheiro) resgate ❖ to be past redemption não ter hipótese de salvação

red-haired [ˌredˈheəd] adj ruivo

red-handed [ˌredˈhændɪd] adj to catch somebody red-handed apanhar alguém com a boca na botija fig

redhead [ˈredhed] n ruivo

red-hot [ˌredˈhɒt] adj 1 incandescente 2 col ardente; entusiasta

redirect [ˌriːdəˈrekt] vt 1 redirecionar; desviar 2 reenviar

redneck [ˈrednek] n EUA col,pej provinciano

redouble [riːˈdʌbəl] vt redobrar; aumentar

redress [rɪˈdres] n compensação; emenda; past redress irreparável ◆ vt 1 remediar; retificar; corrigir 2 restabelecer; to redress the balance restabelecer o equilíbrio

redskin [ˈredskɪn] n pele-vermelha

reduce [rɪˈdjuːs] vt,i 1 reduzir 2 baixar [to, para]; diminuir [to, para] 3 converter; transformar 4 atenuar

reduction [rɪˈdʌkʃən] n 1 redução 2 (preços) baixa; abatimento

reductive [rɪˈdʌktɪv] adj redutor

redundance [rɪˈdʌndəns] n ⇒ redundancy

redundancy [rɪˈdʌndənsi] n {pl -ies} 1 GB despedimento; redundancy payment indemnização por despedimento 2 redundância

redundant [rɪˈdʌndənt] adj 1 GB desempregado 2 redundante; excessivo

reef [riːf] n 1 recife; baixio; coral reef recife de corais 2 filão; veio

reek [riːk] n 1 mau cheiro; fedor; cheirete ◆ vi tresandar [of/with, a]; feder [of/with, a]; to reek with sweat tresandar a suor

reel [riːl] n 1 (linhas) carrinho 2 rolo; paper in reels papel em rolos 3 CIN bobina 4 dobadeira 5 torniquete 6 turbilhão; rodopio ◆ vt 1 dobar 2 enrolar ◆ vi 1 vacilar; cambalear 2 (após choque) ficar zonzo [from, de]; ficar fora de si 3 andar à roda

re-enact [ˌriːɪˈnækt] vt 1 reconstituir 2 (lei) restabelecer

re-entry [riːˈentri] n {pl -ies} reentrada

re-establish [ˌriːɪˈstæblɪʃ] vt restabelecer; repor

refectory [rɪˈfektəri] n {pl -ies} refeitório

refer [rɪˈfɜː] vt 1 remeter; mandar; I was referred to a cardiologist remeteram-me para um cardiologista 2 atribuir ◆ vi 1 referir; mencionar 2 consultar [to, -]; recorrer [to, a]; reportar-se [to, a] ❖ referring to your letter com referência à sua carta

referee [ˌrefəˈriː] n 1 DESP árbitro 2 avaliador ◆ vt,i arbitrar

refereeing [ˌrefəˈriːɪŋ] n DESP arbitragem

reference [ˈrefərəns] n 1 referência [to, a]; with reference to com referência a 2 consulta [to, a] 3 referência; recomendação; reference letter carta de recomendação

referendum [ˌrefəˈrendəm] n {pl -a, -s} referendo

referral [rɪˈfɜːrəl] n indicação [to, de]; recomendação [to, de]

refill[1] [ˈriːfɪl] n 1 recarga 2 (bebida) rodada

refill[2] [riːˈfɪl] vt 1 voltar a encher 2 recarregar; reabastecer

refine [rɪˈfaɪn] vt 1 purificar; depurar 2 refinar; aperfeiçoar

refined [rɪˈfaɪnd] adj refinado; refined salt/sugar sal/açúcar refinado

refinement [rɪˈfaɪnmənt] n 1 refinação 2 aperfeiçoamento

refinery [rɪˈfaɪnəri] n {pl -ies} refinaria; oil refinery refinaria de petróleo

refit [ˈriːfɪt] vt consertar; remodelar

reflect [rɪˈflekt] vi 1 refletir-se [on, em] 2 refletir [over, sobre]; meditar [over, sobre] ♦ vt refletir; espelhar

reflection [rɪˈflekʃən] n 1 reflexo 2 reflexão; meditação

reflective [rɪˈflektɪv] adj 1 refletor; *reflective jacket* casaco refletor 2 meditativo 3 indicativo; *to be reflective of* ser um reflexo de

reflex [ˈriːfleks] adj,n reflexo

reflexive [riːˈfleksɪv] adj (verbo, pronome) reflexo

reforest [riːˈfɒrɪst] vt reflorestar

reforestation [riːfɒrɪsˈteɪʃən] n reflorestação

reform [rɪˈfɔːm] n 1 reforma; restruturação 2 (comportamento) reabilitação ♦ vt 1 reformar 2 reabilitar ♦ vi emendar-se; corrigir-se; reabilitar-se

reformation [ˌrefəˈmeɪʃən] n *form* reforma; remodelação

Reformation [ˌrefəˈmeɪʃən] n HIST,REL Reforma

reformatory [rɪˈfɔːmətəri] n {pl -ies} EUA reformatório

reformer [rɪˈfɔːmə] n reformista

reformist [rɪˈfɔːmɪst] adj,n reformista

refraction [rɪˈfrækʃən] n refração

refrain [rɪˈfreɪn] n estribilho, refrão ♦ vi abster-se [from, de]

refresh [rɪˈfreʃ] vt 1 refrescar 2 refrigerar 3 renovar 4 relembrar; refrescar; *you must refresh my memory* tens de me refrescar a memória 5 reabastecer

refresher [rɪˈfreʃə] n curso de reciclagem; ação de formação

refreshing [rɪˈfreʃɪŋ] adj 1 refrescante 2 repousante; reparador

refreshment [rɪˈfreʃmənt] n 1 alimento; comida 2 repouso; descanso ♦ npl comes e bebes

refrigerate [rɪˈfrɪdʒəreɪt] vt pôr em frigorífico; congelar

refrigerator [rɪˈfrɪdʒəreɪtə] n frigorífico

refuel [riːˈfjʊəl] vt,i {pret e pp -ll-} (combustível) reabastecer(-se)

refuge [ˈrefjuːdʒ] n refúgio; *to seek refuge* procurar refúgio

refugee [ˌrefjuˈdʒiː] n refugiado

refund[1] [ˈriːfʌnd] n reembolso; restituição

refund[2] [rɪˈfʌnd] vt reembolsar; devolver; restituir

refurbish [riːˈfɜːbɪʃ] vt remodelar, redecorar

refusal [rɪˈfjuːzəl] n recusa; rejeição; *to take no refusal* insistir

refuse[1] [ˈrefjuːs] n lixo; detritos

refuse[2] [rɪˈfjuːz] vt,i 1 recusar; declinar; *he refused my invitation* ele declinou o meu convite 2 rejeitar 3 negar; *he refused every accusation* ele negou todas as acusações

refutable [rɪˈfjuːtəbəl] adj refutável

refutation [ˌrefjuˈteɪʃən] n refutação

refute [rɪˈfjuːt] vt refutar

regain [rɪˈɡeɪn] vt 1 recuperar; readquirir 2 recobrar; *to regain consciousness* recobrar os sentidos

regal [ˈriːɡəl] adj real; régio

regale [rɪˈɡeɪl] vt 1 regalar; deliciar [with, com] 2 presentear [with, com]

regalia [rɪˈɡeɪliə] n indumentária

regard [rɪˈɡɑːd] n consideração [for, por], estima [for, por]; atenção; *to pay no regard to* não fazer caso de ♦ npl cumprimentos; *best regards* com os melhores cumprimentos ♦ vt 1 considerar; *I regard him as my best friend* considero-o o meu melhor amigo 2 ver; observar 3 dizer respeito; *this does not regard you* isto não te diz respeito ❖ *as regards* no que diz respeito a; *to hold someone in high regard* ter alguém em elevada consideração; *with regard to* no que diz respeito a

regarding [rɪˈɡɑːdɪŋ] prep em relação a; relativamente a

regardless [rɪˈɡɑːdləs] adv col apesar de tudo ❖ *regardless of* apesar de

regatta [rɪˈgætə] *n* regata

regency [ˈriːdʒənsɪ] *n* {*pl* -ies} regência

regenerate[1] [rɪˈdʒenərɪt] *adj,n* regenerado

regenerate[2] [rɪˈdʒenəreɪt] *vt,i* regenerar(-se)

regeneration [rɪˌdʒenəˈreɪʃən] *n* regeneração

regenerative [rɪˈdʒenərətɪv] *adj* regenerante

regent [ˈriːdʒənt] *adj,n* regente

reggae [ˈregeɪ] *n* reggae

regicide [ˈredʒɪsaɪd] *n* 1 regicídio 2 regicida

regime [reɪˈʒiːm] *n* 1 regime; *democratic regime* regime democrático 2 dieta

regiment [ˈredʒɪmənt] *n* 1 MIL regimento 2 *fig* grande quantidade ♦ *vt* 1 arregimentar 2 disciplinar

region [ˈriːdʒən] *n* região ♦ *npl* província ❖ (medida, preço) *in the region of* cerca de

regional [ˈriːdʒənəl] *adj* regional

regionalism [ˈriːdʒənəlɪzəm] *n* regionalismo

register [ˈredʒɪstə] *n* 1 registo; relação; recenseamento eleitoral 2 (livro, documento) registo 3 MÚS registo 4 *EUA* caixa registadora ♦ *vt* 1 registar 2 inscrever 3 afirmar; expressar 4 (carta) registar 5 indicar; mostrar 6 (marca) registar ♦ *vi* inscrever-se, matricular-se ❖ *GB* **register office** cartório

registered [ˈredʒɪstəd] *adj* 1 registado; *a registered letter* uma carta registada 2 inscrito; matriculado

registrar [ˌredʒɪsˈtrɑː] *n* 1 funcionário administrativo 2 conservador do registo civil

registration [ˌredʒɪsˈtreɪʃən] *n* 1 registo; *registration of a letter* registo de uma carta 2 *GB* (veículo) matrícula 3 inscrição; *registration fee* taxa de inscrição

registry [ˈredʒɪstrɪ] *n* {*pl* -ies} registo

regress [rɪˈgres] *vi* regredir; retroceder

regression [rɪˈgreʃən] *n* regressão

regressive [rɪˈgresɪv] *adj* regressivo

regret [rɪˈgret] *n* 1 pesar; desgosto; mágoa 2 arrependimento; remorso ♦ *npl* desculpas; *to send one's regrets* enviar as suas desculpas ♦ *vt* {*pret e pp* -tt-} 1 lamentar 2 arrepender-se de

regretful [rɪˈgretful] *adj* arrependido

regrettable [rɪˈgretəbəl] *adj* lamentável

regular [ˈregjʊlə] *adj* 1 regular 2 normal 3 habitual; frequente; *regular customers* clientes habituais ♦ *n* cliente habitual

regularity [ˌregjʊˈlærɪtɪ] *n* regularidade

regularize [ˈregjʊləraɪz] *vt* regularizar

regulate [ˈregjʊleɪt] *vt* 1 regular; regulamentar; regularizar 2 regular; orientar 3 ajustar 4 (relógio) acertar

regulation [ˌregjʊˈleɪʃən] *n* 1 regulamento; regra 2 regulação

regulator [ˈregjʊleɪtə] *n* regulador

regurgitate [rɪˈgɜːdʒɪteɪt] *vt* regurgitar

regurgitation [rɪˌgɜːdʒɪˈteɪʃən] *n* regurgitação

rehabilitate [ˌriːəˈbɪlɪteɪt] *vt* 1 reabilitar 2 recuperar; restaurar; remodelar

rehabilitation [ˌriːəbɪlɪˈteɪʃən] *n* 1 reabilitação 2 (edifício) restauro; recuperação

rehearsal [rɪˈhɜːsəl] *n* ensaio

rehearse [rɪˈhɜːs] *vt* 1 ensaiar 2 enumerar

reign [reɪn] *n* 1 reinado; reino ♦ *vi* 1 reinar 2 dominar; imperar

reimburse [ˌriːɪmˈbɜːs] *vt* reembolsar

rein [reɪn] *n* 1 rédea 2 *fig* domínio; governo; rédea ♦ *vt* 1 (com rédeas) guiar; conduzir 2 *fig* governar, dirigir ❖ *to keep a tight rein on* manter um controlo apertado sobre

reincarnate [ˌriːɪnˈkɑːneɪt] *vt,i* reencarnar

reincarnation [ˌriːɪnkɑːˈneɪʃən] *n* reencarnação

reindeer [ˈreɪndɪə] *n* {*pl* reindeer, -s} rena

reinforce [ˌriːɪnˈfɔːs] *vt* reforçar [**with**, com]; fortalecer [**with**, com] ❖ *reinforced concrete* betão armado

reinforcement [ˌriːɪnˈfɔːsmənt] *n* reforço

reinstate [ˌriːɪnˈsteɪt] *vt* 1 reintegrar; readmitir 2 restituir

reissue [riːˈʃuː] *vt* republicar; reeditar

reiterate [riːˈɪtəreɪt] *vt* reiterar

reiteration [riːˌɪtəˈreɪʃən] *n* reiteração

reject [rɪˈdʒekt] *vt* 1 rejeitar; repudiar 2 renunciar 3 MED rejeitar

rejection [rɪˈdʒekʃən] *n* rejeição

rejoice [rɪˈdʒɔɪs] *vi* regozijar-se [in, com]; alegrar-se [in, com]

rejoin [rɪˈdʒɔɪn] *vt* tornar a juntar; voltar a reunir

rejoinder [rɪˈdʒɔɪndə] *n* réplica; resposta

rejuvenate [rɪˈdʒuːvəneɪt] *vt,i* 1 rejuvenescer 2 reanimar

rejuvenation [rɪˌdʒuːvəˈneɪʃən] *n* 1 rejuvenescimento 2 renovação

rekindle [riːˈkɪndl] *vt,i* reacender(-se); reavivar(-se)

relapse [rɪˈlæps] *n* recaída [into, em]; reincidência [into, em]; *to have a relapse* ter uma recaída ♦ *vi* recair [into, em]; reincidir [into, em]

relate [rɪˈleɪt] *vt* 1 relatar; contar; narrar 2 relacionar ♦ *vi* 1 relacionar-se [to, com] 2 integrar-se; comunicar; *did he relate well to his school friends?* ele integrou-se bem com os colegas da escola? 3 ligar; preocupar-se

related [rɪˈleɪtɪd] *adj* 1 relacionado 2 (família) aparentado

relating [rɪˈleɪtɪŋ] *adj* relativo [to, a]

relation [rɪˈleɪʃən] *n* 1 relação; *in relation to* em relação a 2 parente

relationship [rɪˈleɪʃənʃɪp] *n* 1 relacionamento; relação 2 relação amorosa 3 parentesco

relative [ˈrelətɪv] *n* parente ♦ *adj* 1 relativo; *relative pronoun* pronome relativo 2 *form* referente; *relative to* referente a

relatively [ˈrelətɪvli] *adv* relativamente

relativism [ˈrelətɪvɪzəm] *n* relativismo

relativity [ˌreləˈtɪvɪti] *n* FÍS relatividade

relax [rɪˈlæks] *vt* 1 relaxar; descontrair 2 moderar 3 abrandar; afrouxar ♦ *vi* 1 relaxar; acalmar 2 pôr-se à vontade

relaxation [ˌriːlækˈseɪʃən] *n* 1 relaxamento 2 descontração 3 abrandamento; moderação

relaxing [rɪˈlæksɪŋ] *adj* relaxante

relay[1] [ˈriːleɪ] *n* 1 (corrida) estafeta 2 turno; *in relays* por turnos 3 (televisão, rádio) retransmissor

relay[2] [riːˈleɪ] *vt* 1 transmitir 2 TV,RÁD retransmitir 3 revezar

release [rɪˈliːs] *n* 1 libertação; *release on bail* libertação sob fiança [for, por], (som, produto) lançamento; *the film is on release* o filme já foi lançado 3 anúncio 4 emissão; *release of toxic gas* emissão de gás tóxico 5 FOT obturador 6 ELET,ELETRÓN interruptor 7 (promessa, obrigação) desobriga; libertação 8 entrega 9 transferência de propriedade ♦ *vt* 1 soltar [from, de], libertar [from, de] 2 (disco, livro, bomba, etc.) lançar 3 dispensar 4 desbloquear; ceder; *to release money* desbloquear verbas 5 (dívida) perdoar; remitir 6 transferir direito ou propriedade

relegate [ˈreləɡeɪt] *vt* 1 relegar [to, para] 2 remeter; mandar

relent [rɪˈlent] *vi* 1 aceder; consentir 2 abrandar; amainar; atenuar-se

relentless [rɪˈlentləs] *adj* implacável

relevance [ˈreləvəns] *n* relevância; pertinência

relevant [ˈreləvənt] *adj* relevante; pertinente

reliability [rɪˌlaɪəˈbɪlɪti] *n* fiabilidade; confiança

reliable [rɪˈlaɪəbəl] *adj* 1 fiável; de confiança 2 (informação, fonte) seguro; fidedigno

reliance [rɪˈlaɪəns] *n* dependência [on/upon, de]

reliant [rɪˈlaɪənt] *adj* dependente [on/upon, de]

relic ['relɪk] n relíquia

relief [rɪ'li:f] n 1 alívio 2 auxílio; *relief fund* fundo de auxílio 3 relevo; *relief map* mapa em relevo 4 (guerra) libertação 5 substituto

relieve [rɪ'li:v] vt 1 aliviar [of, de]; *to relieve the pressure* aliviar a pressão 2 demitir; despedir 3 substituir; render; *to relieve a sentry* render uma sentinela 4 MIL libertar; *the town was relieved by foreign troops* a cidade foi libertada por tropas estrangeiras ❖ *to relieve one's feelings* desabafar; *to relieve someone's mind* tranquilizar alguém

religion [rɪ'lɪdʒən] n 1 religião 2 fé; *to loose one's religion* perder a fé

religious [rɪ'lɪdʒəs] adj 1 religioso 2 crente; devoto

religiously [rɪ'lɪdʒəsli] adv religiosamente

religiousness [rɪ'lɪdʒəsnɪs] n religiosidade

relinquish [rɪ'lɪŋkwɪʃ] vt abandonar; abdicar; resignar; *he relinquished power* ele abdicou do poder

relish ['relɪʃ] n 1 prazer; gozo; satisfação; *to eat with great relish* comer com muita satisfação 2 CUL sabor; tempero; *it lacks relish* falta-lhe tempero 3 petisco; iguaria ♦ vt 1 deliciar-se; apreciar 2 temperar

reload [,ri:'ləʊd] vt recarregar; *he reloaded his gun* ele recarregou a arma

reluctance [rɪ'lʌktəns] n relutância

reluctant [rɪ'lʌktənt] adj relutante

rely [rɪ'laɪ] vi 1 depender [on/upon, de]; contar [on/upon, com]; *I've always relied on my parents* eu sempre dependi dos meus pais 2 fiar-se [on, em]; confiar [on, em]; *can you rely on him?* pode-se confiar nele?

remain [rɪ'meɪn] vi 1 permanecer; *the mystery remained unsolved* o mistério ficou por desvendar 2 restar; *if you take 5 from 9, 4 remains* se a 9 tirares 5, restam 4 ❖ *it remains to be seen* veremos;

(carta) *I remain, yours truly* com os melhores cumprimentos

remainder [rɪ'meɪndə] n 1 restantes; *the remainder are in London* os restantes estão em Londres 2 resto; *I gave away the remainder of the books* dei o resto dos livros

remaining [rɪ'meɪnɪŋ] adj restante

remains [rɪ'meɪnz] npl 1 restos 2 restos mortais

remake[1] [rɪ'meɪk] vt 1 refazer; reconstruir 2 arranjar

remake[2] ['rɪmeɪk] n (filme, etc.) nova versão; remake

remark [rɪ'mɑ:k] n observação [on/upon, sobre]; comentário [on/upon, sobre]; nota [on/upon, sobre]; *he made a curious remark* ele fez uma observação curiosa; *to pass a rude remark* fazer um comentário rude ♦ vt,i observar; comentar

remarkable [rɪ'mɑ:kəbəl] adj notável; espantoso

remedial [rɪ'mi:dɪəl] adj 1 (aula, medida) de apoio; de recuperação 2 (exercício, tratamento) terapêutico; de reabilitação

remedy ['remɪdi] n {pl -ies} 1 remédio 2 recurso [for, para]; solução [for, para]; *beyond remedy* sem remédio; *is there any remedy for the problem?* há alguma solução para o problema? 3 DIR recurso ♦ vt remediar

remember [rɪ'membə] vt 1 recordar; lembrar-se; *don't you remember me?* não se lembra de mim? 2 memorizar; saber de cor 3 evocar; recordar; *remember me to him* manda-lhe cumprimentos meus ♦ vi lembrar-se [to, de]; *as far as I can remember* tanto quanto me lembro ❖ *to remember by heart* saber de cor

❖ **remember to** vt mandar cumprimentos; *remember me to him* manda-lhe cumprimentos meus

remembrance [rɪ'membrəns] n lembrança; recordação ❖ *in remembrance of* em memória de

remind [rɪ'maɪnd] vt 1 lembrar [to, para; about/of, de]; *remind me to buy a pen* lembra-me de comprar uma caneta 2 fazer lembrar [of, -]; *he reminds me of my father* ele faz-me lembrar o meu pai

reminder [rɪ'maɪndə] n 1 recordação; lembrança 2 aviso

reminiscence [ˌremɪ'nɪsəns] n reminiscência; recordação ♦ npl memórias

remission [rɪ'mɪʃən] n 1 remissão; perdão 2 GB (pena) redução de pena 3 (doença) remissão

remit[1] ['remɪt] n incumbência

remit[2] [rɪ'mɪt] vt {pret e pp -tt-} 1 enviar; remeter; mandar 2 perdoar; absolver

remittance [rɪ'mɪtəns] n 1 (dinheiro) remessa 2 letra de câmbio

remix[1] [riː'mɪks] vt MÚS remisturar, fazer um remix de

remix[2] ['rɪmɪks] n (música) remix

remnant ['remnənt] n resto; *remnant sale* saldo de restos

remodel [riː'mɒdl] vt {pret e pp -ll-} 1 remodelar 2 reorganizar 3 transformar

remorse [rɪ'mɔːs] n remorso; *to feel remorse* sentir remorsos

remote [rɪ'məʊt] adj {comp -er, superl -est} 1 remoto; distante 2 (ideia, possibilidade) vago 3 (pessoa) reservado ♦ n col (televisão, aparelhagem) comando ❖ *remote control* 1 controlo remoto 2 (televisão, etc.) comando

remotely [rɪ'məʊtli] adv 1 remotamente 2 vagamente

removable [rɪ'muːvəbəl] adj amovível; removível

removal [rɪ'muːvəl] n 1 remoção; retirada 2 GB mudança; *removal company* empresa de mudanças

remove [rɪ'muːv] vt 1 remover; eliminar; *to remove a stain* tirar uma nódoa 2 demitir [from, de]; destituir [from, de]; *he was removed from government* ele foi destituído do governo 3 (atitude, ideia, etc.) erradicar 4 retirar [from, de] 5 mudar [to, para] 6 tirar; despir

remover [rɪ'muːvə] n dissolvente ♦ npl GB companhia de mudanças

remunerate [rɪ'mjuːnəreɪt] vt remunerar; pagar

remuneration [rɪˌmjuːnə'reɪʃən] n form remuneração

Renaissance [rɪ'neɪsəns] n HIST Renascimento

renal ['riːnəl] adj renal

rend [rend] vt rasgar; romper; *she rent her dress* ela rasgou o vestido

render ['rendə] vt 1 dar em troca 2 tornar [to, a]; conceder [to, a]; *to render help to someone* prestar ajuda a alguém 4 traduzir [from, de; into, para]; *he rendered the book from German into English* ele traduziu o livro de alemão para inglês 5 (razões) apresentar 6 (papel, canção) representar; interpretar ❖ *to render good for evil* pagar o mal com o bem; *to render homage to* prestar homenagem a; *to render thanks to* agradecer a; *to render impossible* tornar impossível

renegade ['renɪgeɪd] n 1 renegado; apóstata 2 traidor

renew [rɪ'njuː] vt 1 renovar; *to renew a contract* renovar um contrato; *to renew a lease* renovar um arrendamento 2 reatar [with, com] 3 (peças) substituir; reparar; *some parts of the engine had to be renewed* algumas peças do motor tiveram que ser substituídas 4 reavivar; revivificar

renewable [rɪ'njuːəbəl] adj renovável

renewal [rɪ'njuːəl] n 1 renovação 2 recomeço; reatamento

rennet ['renɪt] n (leite) coalho

renounce [rɪ'naʊns] vt 1 renunciar a; abrir mão de; *he renounced a life of comfort* ele renunciou a uma vida de conforto

2 abdicar; *he renounced the throne* ele abdicou do trono 3 rejeitar; repudiar

renovate ['renəveɪt] *vt* restaurar; renovar

renovation [ˌrenə'veɪʃən] *n* restauro

renown [rɪ'naun] *n* renome; fama

renowned [rɪ'naund] *adj* famoso [**for**, por]; célebre [**for**, por]

rent [rent] *n* 1 renda; aluguer; *he owes me two months' rent* ele deve-me dois meses de renda 2 rasgão; fenda; racha ♦ *vt* alugar

rental ['rentəl] *n* aluguer

renter ['rentə] *n* arrendatário

renunciation [rɪˌnʌnsɪ'eɪʃən] *n* renúncia; abdicação

reoffend [riːə'fend] *vi* (crime) reincidir

reopen [riː'əupən] *vt* reabrir; DIR *to reopen a case* reabrir um processo

reopening [riː'əupənɪŋ] *n* reabertura

reorganization [riːˌɔːgənaɪ'zeɪʃən] *n* reorganização

reorganize [riː'ɔːgənaɪz] *vt* reorganizar

repair [rɪ'peə] *n* 1 reparação; conserto; *under repair* em conserto 2 restauro 3 estado de conservação ♦ *vt* 1 reparar; consertar; *I had my car repaired* eu mandei consertar o meu carro 2 reparar; remediar; *to repair the harm caused* reparar o mal causado ❖ *repair part* peça sobresselente; *repair shop* oficina; *to be beyond repair* não ter conserto; *to be in good repair* estar em bom estado de conservação

repartee [ˌrepɑː'tiː] *n* réplica; resposta pronta

repatriate [riː'pætrɪeɪt] *vt* repatriar

repay [rɪ'peɪ] *vt* 1 pagar; devolver; reembolsar 2 retribuir; *how will I ever be able to repay you?* como é que eu algum dia te irei retribuir? 3 compensar; valer a pena

repayable [rɪ'peɪəbəl] *adj* reembolsável

repeal [rɪ'piːl] *n* 1 revogação; anulação; *the repeal of a law* a revogação de uma

lei 2 rescisão ♦ *vt* 1 revogar; anular 2 rescindir

repeat [rɪ'piːt] *n* 1 repetição; COM *the repeat of an order* a repetição de uma encomenda 2 motivo padrão ♦ *vt* 1 repetir; *can you repeat the song?* podes repetir a canção?; *to repeat oneself* repetir-se 2 (confidência, segredo) revelar; contar ♦ *vi* repetir; *would you mind repeating, please?* importa-se de repetir?

repeatedly [rɪ'piːtɪdli] *adv* repetidamente

repel [rɪ'pel] *vt* {*pret e pp* -ll-} 1 repelir; afastar; *oil and water repel each other* a água e azeite não se misturam 2 rejeitar 3 expulsar 4 manter à distância

repellent [rɪ'pelənt] *adj* repelente; repugnante ♦ *n* repelente; *insect repellent* repelente de insetos

repent [rɪ'pent] *vt,i* arrepender-se [**of**, de; **for**, por]; estar arrependido; *he repented of all his sins* ele arrependeu-se de todos os seus pecados

repentant [rɪ'pentənt] *adj form* arrependido

repercussion [ˌriːpə'kʌʃən] *n* repercussão; consequência

repertoire ['repətwɑː] *n* 1 reportório; repertório 2 capacidade; potencialidade

repertory ['repətəri] *n* {*pl* -ies} teatro de repertório

repetition [ˌrepɪ'tɪʃən] *n* repetição

repetitive [rɪ'petɪtɪv] *adj* repetitivo

rephrase [riː'freɪz] *vt* 1 reformular 2 parafrasear

replace [rɪ'pleɪs] *vt* 1 substituir [**with**, por] 2 repor; restituir

replaceable [rɪ'pleɪsəbəl] *adj* substituível

replacement [rɪ'pleɪsmənt] *n* 1 substituição; *replacement parts* peças sobresselentes 2 substituto

replay[1] [riː'pleɪ] *vt* 1 DESP (jogo) repetir; desempatar 2 (cassete) ver ou ouvir novamente

replay² ['riːpleɪ] n 1 jogo de desempate 2 repetição

replenish [rɪ'plenɪʃ] vt 1 (mercadoria, stock) repor, reabastecer 2 (combustível) atestar

replete [rɪ'pliːt] adj repleto [**with**, de]

replica ['replɪkə] n réplica, cópia

reply [rɪ'plaɪ] vt responder [**to**, a], replicar [**to**, a], retorquir [**to**, a]; *I replied to the advertisement* eu respondi ao anúncio ◆ vi responder; reagir ◆ n resposta [**to**, a]; *she made no reply to my question* ela não respondeu à minha pergunta ❖ *reply coupon* cupão de resposta; (carta) *in reply to* em resposta a

report [rɪ'pɔːt] n 1 relatório [**on**, sobre; **of**, de], relato [**on**, sobre; **of**, de]; *to make a report on ocean pollution* fazer um relatório sobre a poluição dos oceanos 2 *GB* (escola) boletim de avaliação; *EUA* (escola) *report card* boletim de avaliação 3 reportagem 4 rumor, boato 5 estrondo ◆ vt 1 referir, relatar, registar 2 noticiar; *the press reported that he flew from the country* a imprensa noticiou que ele fugiu do país 3 dizer-se, comentar-se 4 comunicar, informar; *I reported the theft to the police* comuniquei o roubo à polícia 5 anunciar; *the council of ministers reported new measures* o conselho de ministros anunciou novas medidas 6 denunciar; *she reported him to the police* ela denunciou-o à polícia ◆ vi anunciar--se; *visitors must report to the reception desk* os visitantes têm de se apresentar na recepção ❖ *annual report* relatório anual; *of bad/good report* de má/boa fama; *weather report* boletim meteorológico; (emprego) *to report sick* meter baixa

reportedly [rɪ'pɔːtɪdli] adv alegadamente; supostamente

reporter [rɪ'pɔːtə] n repórter

repose [rɪ'pəʊz] n repouso, descanso ◆ vi repousar, descansar ❖ *to repose your*

trust in somebody depositar confiança em alguém

repository [rɪ'pɒzɪtəri] n (pl -ies) 1 *form* armazém 2 *form* (conhecimentos) repositório

reprehensible [ˌreprɪ'hensɪbəl] adj reprensível, censurável

reprehension [ˌreprɪ'henʃən] n repreensão, censura, admoestação

represent [ˌreprɪ'zent] vt 1 representar; simbolizar 2 apresentar, descrever

representation [ˌreprɪzen'teɪʃən] n representação ◆ npl *GB* queixa

representative [ˌreprɪ'zentətɪv] n representante ◆ adj representativo

Representative [ˌreprɪ'zentətɪv] n *EUA* (câmara dos representantes) deputado

repress [rɪ'pres] vt reprimir, conter, dominar; *to repress a sneeze* conter um espirro

repression [rɪ'preʃən] n repressão

repressive [rɪ'presɪv] adj repressivo; *repressive measures* medidas repressivas

reprieve [rɪ'priːv] vt (pena de morte) amnistiar, indultar, suspender ◆ n indulto

reprimand ['reprɪmɑːnd] vt repreender, advertir, censurar ◆ n reprimenda, repreensão

reprint¹ ['riːprɪnt] n reimpressão, reedição

reprint² [ˌriː'prɪnt] vt reimprimir, reeditar

reprisal [rɪ'praɪzəl] n represália; retaliação

reprise [rɪ'priːz] n repetição

reproach [rɪ'prəʊtʃ] n (pl -es) 1 crítica, censura, reprovação; *to be above/beyond reproach* ser irrepreensível 2 vergonha ◆ vt 1 censurar, criticar, culpar; *she couldn't stop reproaching herself* ela não conseguia deixar de se censurar 2 condenar

reproachful [rɪ'prəʊtʃfʊl] adj reprovador

reproduce [ˌriːprə'djuːs] vt 1 BIOL reproduzir 2 (fotografia, pintura) reproduzir, copiar ◆ vi BIOL reproduzir-se

reproduction [ˌriːprə'dʌkʃən] n reprodução

reproductive [ˌriːprəˈdʌktɪv] *adj* reprodutor, reprodutivo

reproof [rɪˈpruːf] *n form* reprovação, censura

reprove [rɪˈpruːv] *vt* censurar, reprovar, condenar; *she reproved him for leaving the child alone* ela censurou-o por deixar a criança sozinha

reptile [ˈreptaɪl] *n* réptil

republic [rɪˈpʌblɪk] *n* república

republican [rɪˈpʌblɪkən] *n,adj* republicano

republicanism [rɪˈpʌblɪkənɪzəm] *n* republicanismo

republish [ˌriːˈpʌblɪʃ] *vt* reeditar

repudiate [rɪˈpjuːdɪeɪt] *vt* repudiar, rejeitar

repudiation [rɪˌpjuːdiˈeɪʃən] *n form* repúdio, rejeição

repugnance [rɪˈpʌɡnəns] *n form* repugnância

repulse [rɪˈpʌls] *vt* repelir, rejeitar ♦ *n* repulsa, rejeição

repulsion [rɪˈpʌlʃən] *n* 1 repugnância, aversão 2 FÍS repulsão magnética

repulsive [rɪˈpʌlsɪv] *adj* repulsivo, repugnante

reputation [ˌrepjʊˈteɪʃən] *n* reputação [for, de], fama [for, de]

repute [rɪˈpjuːt] *n* reputação, fama

reputed [rɪˈpjuːtɪd] *adj* reputado, conhecido, afamado; *he is reputed to be a good doctor* ele é conhecido por ser um bom médico

request [rɪˈkwest] *n* 1 pedido [for, de]; solicitação [for, de]; *at/by/on somebody's request* a pedido de; *to grant a request* satisfazer um pedido 2 RÁD discos pedidos ♦ *vt* pedir, solicitar; *you are requested to attend the meeting* solicitamos a sua comparência na reunião

require [rɪˈkwaɪə] *vt* 1 requerer, necessitar; *it requires great care* requer grandes cuidados 2 exigir, obrigar; *as required by law* como a lei obriga

requirement [rɪˈkwaɪəmənt] *n* 1 necessidade, exigência; *to meet a requirement* satisfazer uma exigência 2 (admissão) condição, requisito

requisite [ˈrekwɪzɪt] *adj form* requerido, exigido ♦ *n form* requisito

requisition [ˌrekwɪˈzɪʃən] *vt* requisitar ♦ *n* requisição, pedido

rerun[1] [riːˈrʌn] *vt* {*pp* rerun, *pret* reran} TV,CIN (gravação, série, filme) repor; repetir; tornar a passar

rerun[2] [ˈriːrʌn] *n* 1 (filme, programa) reposição 2 repetição

resale [ˈriːseɪl] *n* revenda

reschedule [riːˈʃedjuːl] *vt* 1 reagendar; tornar a marcar; adiar 2 (dívida) prorrogar o vencimento de

rescind [rɪˈsɪnd] *vt* rescindir, suspender

rescission [rɪˈsɪʒən] *n* rescisão

rescue [ˈreskjuː] *vt* socorrer, salvar, resgatar; *they rescued her from the sea* eles resgataram-na do mar ♦ *n* socorro, salvamento, resgate; *to come to one's rescue* vir em auxílio de alguém ❖ *rescue appliances* material de salvamento; *rescue operation* operação de salvamento; *rescue team* equipa de salvamento

rescuer [ˈreskjuːə] *n* salvador

research [rɪˈsɜːtʃ] *n* {*pl* -es} 1 investigação [into/on, sobre], estudo [into/on, sobre]; *research into pollution causes* investigação sobre as causas da poluição 2 pesquisa, análise ♦ *vt* investigar, estudar, pesquisar; *he's researching the effects of mobile phones on the brain* ele está a investigar os efeitos do telemóvel no cérebro ♦ *vi* fazer investigação ❖ ECON *market research* análise do mercado; (empresa) *operational research* investigação operacional; *research project* projeto de investigação; *research student* estudante de investigação

researcher [rɪˈsɜːtʃə] *n* investigador

resell [riːˈsel] *vt* {*pret e pp* resold} revender

resemblance [rɪ'zembləns] n parecença [between, entre; to, com], semelhança [between, entre; to, com]

resemble [rɪ'zembəl] vt parecer-se com, assemelhar-se a; *they closely resemble each other* eles parecem-se muito um com o outro

resent [rɪ'zent] vt 1 ficar magoado com, ofender-se com, melindrar-se com 2 ficar ressentido com

resentful [rɪ'zentful] adj ressentido, melindrado

resentment [rɪ'zentmənt] n ressentimento

reservation [ˌrezə'veɪʃən] n 1 reserva 2 EUA (índios, animais) reserva

reserve [rɪ'zɜːv] vt reservar; *he reserved a table for two* ele reservou uma mesa para dois; *to reserve one's judgement* reservar-se uma opinião ♦ n 1 reserva; provisão; *to be held in reserve* estar na reserva 2 (área reservada) reserva 3 (personalidade) reserva; frieza 4 ECON preço mínimo 5 reserva, ressalva; restrição; *without reserve* sem reservas ♦ npl MIL reserva ❖ *game reserve* reserva de caça; *gold reserves* reservas de ouro; *natural reserve* reserva natural; *oil reserves* reserva de petróleo

reserved [rɪ'zɜːvd] adj (direito, lugar, pessoa) reservado

reservist [rɪ'zɜːvɪst] n MIL reservista

reservoir ['rezəvwɑː] n 1 reservatório 2 (motor) depósito

reset [ˌriː'set] vt 1 programar; reajustar; acertar; *to reset one's watch* acertar o relógio 2 recolocar, reencaixar 3 (livro) repaginar

reshuffle [riː'ʃʌfəl] vt (cartas) baralhar de novo ♦ n col remodelação ministerial

reside [rɪ'zaɪd] vi residir, morar, habitar

residence ['rezɪdəns] n residência; *to take up residence in* fixar residência em

residency ['rezɪdənsi] n EUA (médico) internato complementar

resident ['rezɪdənt] adj,n residente ♦ n EUA (médico) interno complementar

residential [ˌrezɪ'denʃəl] adj residencial

residual [rɪ'zɪdjuəl] adj 1 form residual 2 líquido; *residual income* rendimento líquido

residue ['rezɪdjuː] n resíduo

resign [rɪ'zaɪn] vi demitir-se [from, de]; *he resigned from the company* ele demitiu-se da empresa ♦ vt 1 resignar-se, submeter-se; *she had to resign herself to wait* ela teve de se resignar a esperar 2 demitir-se de; *to resign one's post/position* abandonar o cargo

resignation [ˌrezɪg'neɪʃən] n 1 demissão; *letter of resignation* carta de demissão 2 resignação

resigner [rɪ'zaɪnə] n resignatário

resilience [rɪ'zɪliəns] n (material, pessoa) resiliência

resilient [rɪ'zɪliənt] adj (material, pessoa) resiliente

resin ['rezɪn] n resina

resist [rɪ'zɪst] vt 1 resistir; *I could not resist watching the film* não consegui resistir a ver o filme 2 oferecer resistência; *to resist arrest* resistir à detenção

resistance [rɪ'zɪstəns] n resistência

resistant [rɪ'zɪstənt] adj resistente

resistor [rɪ'zɪstə] n ELET resistência

resit[1] [riː'sɪt] vt,i GB (exame) repetir

resit[2] ['riːsɪt] n GB (exame) repescagem

resolute ['rezəluːt] adj resoluto, decidido

resolution [ˌrezə'luːʃən] n 1 resolução, decisão; *to make a resolution* tomar uma decisão 2 solução 3 (ecrã, imagem) resolução

resolve [rɪ'zɒlv] vt 1 resolver, solucionar, decidir; *she resolved never to go back there* ela resolveu nunca mais lá voltar 2 POL acordar ♦ n resolução, decisão, determinação

resonance ['rezənəns] n ressonância

resort [rɪ'zɔːt] *n* 1 estância 2 recurso; *as a last resort* em último recurso ❖ *holiday resort* estância de férias; *seaside resort* estância de verão; *ski resort* estância de esqui

◆ *resort to* *vt* recorrer a

resound [rɪ'zaʊnd] *vi* ressoar, ecoar, retumbar

resource [rɪ'sɔːs] *n* recurso, meio, expediente ◆ *npl* (pessoas) qualidades, capacidade, habilidade ◆ *vt* (meios) equipar, fornecer ❖ *human resources* recursos humanos; *natural resources* recursos naturais; *to pool resources* conjugar esforços

resourceful [rɪ'sɔːfʊl] *adj* engenhoso; despachado

respect [rɪ'spekt] *n* respeito [for, por], admiração [for, por], consideração [for, por]; *she has/shows no respect for her mother* ela não tem respeito pela mãe ◆ *vt* respeitar; honrar ❖ *in every respect* em todos os aspetos; (carta comercial) *in respect of* a respeito de; *in some respects* em alguns aspetos; *to give/send your respects* dar/mandar cumprimentos; *to pay your last respects to somebody* prestar a última homenagem a alguém; *with all due respect* com o devido respeito

respectability [rɪ,spektə'bɪlɪti] *n* {*pl* -ies} respeitabilidade

respectable [rɪ'spektəbəl] *adj* 1 respeitável 2 aceitável, satisfatório

respectful [rɪ'spektfʊl] *adj* respeitoso; *to be respectful of* ter respeito por

respecting [rɪ'spektɪŋ] *prep* respeitante a, referente a

respective [rɪ'spektɪv] *adj* respetivo

respectively [rɪ'spektɪvli] *adv* respetivamente

respiration [,respɪ'reɪʃən] *n form* respiração

respirator ['respɪreɪtə] *n* 1 ventilador 2 máscara antigás

respiratory [rɪ'spaɪərətəri] *adj* respiratório

respire [rɪ'spaɪə] *vi* respirar

respite ['respaɪt] *n* 1 pausa [from, de]; descanso [from, de]; *a respite from work* uma pausa no trabalho; *without respite* sem descanso 2 adiamento

respond [rɪ'spɒnd] *vi* responder; reagir; *to respond to a letter* responder a uma carta; MED *she failed to respond to treatment* ela não reagiu ao tratamento

response [rɪ'spɒns] *n* resposta, reação

responsibility [rɪ,spɒnsɪ'bɪlɪti] *n* {*pl* -ies} 1 responsabilidade [for, por] 2 dever, obrigação

responsible [rɪ'spɒnsɪbəl] *adj* responsável [for, por]

responsive [rɪ'spɒnsɪv] *adj* recetivo

rest [rest] *n* 1 resto; *the rest of the day* o resto do dia 2 descanso, repouso; *to have/take a rest* descansar; *well-earned rest* descanso merecido 3 MÚS pausa 4 apoio, base, suporte ◆ *vi* descansar, repousar; *fig she won't rest until she gets a job* ela não descansa enquanto não arranjar um emprego ◆ *vt* encostar ❖ *EUA rest area/stop* estação de serviço; *rest assured* fique descansado; (morte) *rest in peace* descansa em paz; *rest day* dia de descanso; *rest home* lar; *EUA rest room* casa de banho pública; *téc at rest* parado; *GB col give it a rest!* muda de assunto!; *to lay somebody to rest* sepultar alguém; *to lay/put something to rest* pôr de lado/esquecer alguma coisa

restart [,riː'stɑːt] *vt* recomeçar, reiniciar; *to restart a game* reiniciar um jogo

restaurant ['restərɒnt] *n* restaurante ❖ *GB* (comboio) *restaurant car* carruagem--restaurante

restful ['restfʊl] *adj* tranquilo, sossegado

resting ['restɪŋ] *n* descanso ❖ (sepultura) *resting place* última morada

restive ['restɪv] *adj* inquieto

restless ['restləs] *adj* **1** inquieto, agitado **2** (noite) agitado; *to have a restless night* dormir mal

restlessness ['restlısnıs] *n* inquietação, impaciência

restock [ˌriːˈstɒk] *vt,i* reabastecer

restoration [ˌrestəˈreıʃən] *n* **1** (edifício, objeto) restauro **2** (tradição, lei) reintrodução **3** (regime político) restauração **4** (bens) restituição

restorative [rıˈstɔːrətıv] *adj,n* reconstituinte; tónico

restore [rıˈstɔː] *vt* **1** restaurar, recuperar, retomar; *to restore hope/confidence* recuperar a esperança/confiança **2** restituir, devolver ❖ *to restore order* impor a ordem

restorer [rıˈstɔːrə] *n* (arte) restaurador

restrain [rıˈstreın] *vt* **1** impedir [from, de]; evitar [from, que]; *he restrained her from going away* ele impediu-a de ir embora **2** conter, restringir, limitar

restrained [rıˈstreınd] *adj* **1** reprimido; refreado; dominado **2** contido; sóbrio; comedido

restraint [rıˈstreınt] *n* **1** restrição; contenção **2** sangue-frio; comedimento **3** cinto de segurança

restrict [rıˈstrıkt] *vt* restringir, limitar, reduzir; *access is restricted to members* acesso exclusivo a membros

restricted [rıˈstrıktıd] *adj* **1** restrito, limitado **2** (acesso) reservado; (zona) de acesso reservado **3** GB confidencial

restriction [rıˈstrıkʃən] *n* restrição, limitação

restrictive [rıˈstrıktıv] *adj* restritivo, limitativo ❖ LING *restrictive clause* oração relativa restritiva; GB *restrictive practices* práticas concertadas

restructure [riːˈstrʌktʃə] *vt* **1** reestruturar; reorganizar; reformular **2** ECON (empréstimo) renegociar

result [rıˈzʌlt] *n* resultado [of, de], consequência [of, de]; *what was the result?* qual foi o resultado?; *to show/get results* surtir efeito ♦ *npl* (empresa) resultados, balanço ♦ *vi* resultar [from, de], provir [from, de] ❖ *as a result* por consequência; *election results* resultados eleitorais; *the end/final/net result* o resultado final; GB *to get a result* ganhar/vencer
❖ **result in** *vt* causar; produzir

resultant [rıˈzʌltənt] *adj* resultante

resume [rıˈzjuːm] *vt,i* recomeçar, retomar, reatar; *to resume your seat/place* retomar o lugar

résumé ['rezjʊmeı] *n* **1** resumo **2** EUA currículo

resumption [rıˈzʌmpʃən] *n* recomeço; reatamento

resurface [ˌriːˈsɜːfıs] *vt* (piso da estrada) repavimentar ♦ *vi* reaparecer

resurgence [rıˈsɜːdʒəns] *n* ressurgimento; reaparecimento

resurrect [ˌrezəˈrekt] *vt* **1** ressuscitar, reavivar **2** retomar, reintroduzir

resurrection [ˌrezəˈrekʃən] *n* **1** ressurreição **2** retoma

resuscitate [rıˈsʌsıteıt] *vt* MED (respiração) reanimar

resuscitation [rıˌsʌsıˈteıʃən] *n* reanimação

retail ['riːteıl] *n* retalho ♦ *adv* a retalho; *to buy something retail* comprar alguma coisa a retalho ♦ *vt,i* vender a retalho; *to retail at £10* vender-se a retalho por 10 libras ❖ *retail dealer* retalhista; *retail outlet* loja de venda a retalho; GB *retail price index* índice de preços no consumidor; *retail trade/business* comércio a retalho; *wholesale and retail* por junto e a retalho

retailer ['riːteılə] *n* comerciante, retalhista

retain [rıˈteın] *vt* reter, manter, guardar, conservar

retainer [rıˈteınə] *n* quantia fixa (para assegurar os serviços futuros de alguém)

retake[1] [rɪ'teɪk] *vt* 1 MIL reocupar 2 (exame, filme, fotografia) repetir

retake[2] ['rɪteɪk] *n* 1 repetição de cena 2 exame de recuperação

retaliate [rɪ'tælɪeɪt] *vi* retaliar [**against**, -]

retaliation [rɪ,tælɪ'eɪʃən] *n* retaliação, represália

retard[1] [rɪ'tɑːd] *vt* retardar, atrasar

retard[2] ['rɪ:tɑːd] *n* col,ofens atrasado mental *ofens*

retarded [rɪ'tɑːdɪd] *adj* 1 MED atrasado; *mentally retarded person* atrasado mental 2 retardado

retch [retʃ] *n* vómito; esforço feito para vomitar ♦ *vi* fazer esforço para vomitar

retention [rɪ'tenʃən] *n* retenção

retentive [rɪ'tentɪv] *adj* retentivo

rethink [rɪ'θɪŋk] *vt* {*pret e pp* rethought} repensar; reconsiderar

reticence ['retɪsəns] *n* reserva; discrição

reticent ['retɪsənt] *adj* reservado

retina ['retɪnə] *n* {*pl* -as, -ae} retina

retinue ['retɪnjuː] *n* comitiva; séquito

retire [rɪ'taɪə] *vi* 1 reformar-se, aposentar-se; *to retire early* reformar-se antecipadamente 2 retirar-se, ausentar-se 3 MIL bater em retirada 4 deitar-se ♦ *vt* DESP desistir, abandonar

retired [rɪ'taɪəd] *adj* reformado, aposentado

retirement [rɪ'taɪəmənt] *n* 1 reforma; aposentação 2 afastamento [**from**, de] 3 (corrida, competição) abandono [**from**, de] ❖ *retirement home* lar de idosos

retiring [rɪ'taɪərɪŋ] *adj* 1 (pessoa) reservado, introvertido 2 (de cargo ou posto) cessante

retort [rɪ'tɔːt] *vt* retorquir, ripostar ♦ *n* resposta; réplica

retouch [riː'tʌtʃ] *vt* FOT retocar

retrace [rɪ'treɪs] *vt* 1 seguir 2 recordar; rever; *to retrace in one's memory* trazer à memória ❖ *to retrace one's steps* seguir o mesmo caminho

retract [rɪ'trækt] *vt* 1 retratar, desmentir, desdizer; *to retract one's statement* retratar um depoimento 2 retirar; *to retract an offer* retirar uma oferta ♦ *vi* téc retrair, recolher; AER *to retract the undercarriage* recolher o trem de aterragem

retractable [rɪ'træktəbəl] *adj* 1 retráctil 2 revogável

retraction [rɪ'trækʃən] *n* 1 retratação, desmentido 2 téc retração, encolhimento

retrain [,riː'treɪn] *vt* (formação) reciclar ♦ *vi* (formação) reciclar-se

retread ['riː:tred] *vt* recauchutar

retreat [rɪ'triːt] *n* 1 fuga, recuo; *a retreat from reality* uma fuga à realidade 2 MIL retirada; *to beat a retreat* bater em retirada 3 refúgio, abrigo 4 retiro ♦ *vi* 1 recuar 2 retirar-se, afastar-se 3 retirar, modificar; *the president retreated his words* o presidente retirou o que disse 4 ECON desvalorizar-se

retrench [rɪ'trentʃ] *vi* (despesas) reduzir, conter, limitar

retrenchment [rɪ'trentʃmənt] *n* (despesas) contenção, redução

retrial ['riː:traɪəl] *n* DIR novo julgamento

retribution [,retrɪ'bjuːʃən] *n* vingança, desforra

retrieval [rɪ'triːvəl] *n* 1 recuperação 2 salvação; *lost beyond retrieval* irremediavelmente perdido 3 INFORM (informação) extração

retrieve [rɪ'triːv] *vt* 1 recuperar, reaver 2 remediar; salvar; *to retrieve a situation* salvar uma situação 3 INFORM extrair (informação)

retriever [rɪ'triːvə] *n* cão de caça

retro ['retrəʊ] *adj* revivalista ♦ *n* moda revivalista

retroactive [,retrəʊ'æktɪv] *adj* retroativo

retroactivity [,retrəʊ'æktɪvɪtɪ] *n* retroatividade

retrograde ['retrəgreɪd] *adj* retrógrado

revert

retrogress [ˌretrəʊˈgres] vi retroceder; recuar

retrogressive [ˌretrəʊˈgresɪv] adj retrógrado

retrospect [ˈretrəspekt] n retrospeção ❖ **in retrospect** em retrospetiva

retrospective [ˌretrəˈspektɪv] adj 1 retrospetivo 2 com efeitos retroativos ♦ n retrospetiva

retrovirus [ˈretrəʊˌvaɪərəs] n retrovirus

retry [ˌriːˈtraɪ] vt 1 submeter a novo julgamento 2 voltar a tentar

return [rɪˈtɜːn] vi 1 voltar, regressar [to/from, a/de]; *to return to normal* voltar ao normal; *to return* recomeçar ♦ vt 1 devolver; *I have to return these books to the library* tenho que devolver estes livros à biblioteca 2 retribuir 3 (impostos) declarar 4 responder; *to return a letter* responder a uma carta 5 (investimento) render ♦ n 1 regresso, volta, *on your return* no teu regresso 2 devolução 3 retribuição 4 lucro, retorno, rendimento; *return on investment/capital/sales* retorno sobre o investimento/capital/vendas 5 declaração; *tax return* declaração de rendimentos ❖ GB *return match/game* segundo jogo; *return of payment* reembolso; GB *return ticket/fare* bilhete de ida e volta; GB (autocarro, comboio) *day return* bilhete diário; GB (aniversário) *many happy returns (of the day)* que este dia se repita por muitos anos; *the point of no return* um ponto sem retorno; *to make good return* ser lucrativo

returnable [rɪˈtɜːnəbəl] adj reutilizável, recuperável; *returnable bottles* garrafas com depósito

reunify [riːˈjuːnɪfaɪ] vt reunificar

reunion [riːˈjuːnjən] n 1 reunião, encontro 2 reencontro

reunite [ˌriːjuːˈnaɪt] vt juntar, reunir [with, a/com] ♦ vi unificar-se, conciliar-se ❖ *to be reunited with* reencontrar-se com

reusable [riːˈjuːzəbəl] adj reutilizável

reuse [ˌriːˈjuːz] vt reutilizar

rev [rev] n col rotação (de motor de automóvel); col *rev counter* conta-rotações

reveal [rɪˈviːl] vt revelar, mostrar, evidenciar, patentear; *to reveal a secret* revelar um segredo

revealing [rɪˈviːlɪŋ] adj 1 revelador, elucidativo 2 (roupa) decotado

revelation [ˌrevəˈleɪʃən] n revelação

reveller [ˈrevələ] n folião; borguista

revelry [ˈrevəlri] n {pl -ies} festança

revenge [rɪˈvendʒ] n 1 vingança [for, de]; *an act of revenge* um ato de vingança; *in revenge* como castigo 2 DESP desforra ♦ vt vingar ❖ *to be out for revenge* querer vingança; *to get/take revenge on somebody* vingar-se de alguém

revengeful [rɪˈvendʒful] adj vingativo

revenue [ˈrevɪnjuː] n (dinheiro) receitas

revere [rɪˈvɪə] vt reverenciar, respeitar, honrar

reverence [ˈrevərəns] n reverência, respeito

reverend [ˈrevərənd] n,adj reverendo

reverent [ˈrevərənt] adj reverente

reverential [ˌrevəˈrenʃəl] adj respeitoso

reverie [ˈrevəri] n devaneio, fantasia

reversal [rɪˈvɜːsəl] n 1 inversão, mudança 2 revés, contratempo

reverse [rɪˈvɜːs] vt 1 inverter, trocar 2 DIR anular, invalidar ♦ vi (automóvel) fazer marcha-atrás ♦ n 1 inverso, contrário 2 (automóvel) marcha-atrás; *reverse gear* mudança de marcha-atrás ♦ adj inverso, contrário; *in reverse order* na ordem inversa ❖ *quite the reverse* pelo contrário; *the reverse side* o reverso

reversible [rɪˈvɜːsɪbəl] adj reversível

reversing light [rɪˈvɜːsɪŋlaɪt] n luz de marcha-atrás

reversion [rɪˈvɜːʃən] n 1 retorno 2 restituição, devolução

revert [rɪˈvɜːt] vt,i retroceder, regressar

review [rɪ'vju:] n 1 revisão, análise, exame 2 crítica 3 MIL revista, inspeção 4 TEAT revista ♦ vt 1 rever, analisar, examinar 2 MIL passar revista 3 criticar, comentar, recensear

reviewer [rɪ'vju:ə] n crítico

revise [rɪ'vaɪz] vt 1 rever, corrigir 2 GB (para exame) reler, rever

revision [rɪ'vɪʒən] n 1 alteração; modificação 2 reavaliação 3 GB revisão da matéria

revisit [ri:'vɪzɪt] vt 1 revisitar 2 (ideias) rever, recuperar

revival [rɪ'vaɪvəl] n 1 ressurgimento 2 (peça de teatro) reposição em cena

revive [rɪ'vaɪv] vt,i 1 reanimar, despertar 2 recuperar, restaurar 3 TEAT repor

revocable ['revəkəbəl] adj revogável

revocation [,revə'keɪʃən] n revogação

revoke [rɪ'vəuk] vt (lei) revogar, anular

revolt [rɪ'vəult] vi revoltar-se [against, contra], amotinar-se [against, contra] ♦ vt revoltar; indignar ♦ n revolta [against, contra]

revolting [rɪ'vəultɪŋ] adj revoltante, repugnante

revolution [,revə'lu:ʃən] n revolução

revolutionary [,revə'lu:ʃənəri] adj,n revolucionário

revolutionize [,revə'lu:ʃənaɪz] vt revolucionar

revolve [rɪ'vɒlv] vt,i girar, rodar

revolver [rɪ'vɒlvə] n revólver

revolving [rɪ'vɒlvɪŋ] adj giratório

revue [rɪ'vju:] n (espetáculo) revista

revulsion [rɪ'vʌlʃən] n repugnância

reward [rɪ'wɔ:d] n recompensa ♦ vt recompensar ❖ as a reward for como recompensa por

rewarding [rɪ'wɔ:dɪŋ] adj recompensador, gratificante

rewind [,ri:'waɪnd] vt {pret e pp rewound} rebobinar

rewrite [,ri:'raɪt] vt {pret -wrote, pp -written} reescrever

rhapsody ['ræpsədi] n {pl -ies} 1 MÚS rapsódia 2 exaltação

rhenium ['ri:nɪəm] n rénio

rhetoric ['retərɪk] n retórica

rhetorical [rɪ'tɒrɪkəl] adj retórico

rhetorician [,retə'rɪʃən] n retórico

rheumatic [ru:'mætɪk] adj reumático

rheumatism ['ru:mətɪzəm] n reumatismo

rhinitis [rɪ'naɪtɪs] n rinite

rhino ['raɪnəu] n col rinoceronte

rhinoceros [raɪ'nɒsərəs] n rinoceronte

rhodium ['rəudɪəm] n QUÍM (elemento químico) ródio

rhombus ['rɒmbəs] n {pl -es, -i} GEOM losango, rombo

rhyme [raɪm] n rima, verso; to write in rhyme escrever em verso ♦ vt,i rimar ❖ without rhyme or reason sem pés nem cabeça

rhythm ['rɪðəm] n ritmo

rhythmic ['rɪðmɪk] adj rítmico

rhythmical ['rɪðmɪkəl] adj ⇒ rhythmic

rib [rɪb] n 1 ANAT costela; to break a rib partir uma costela 2 ZOOL costeleta; spare ribs costeleta de porco 3 escora ♦ vt {pref e pp -bb-} col gozar ❖ rib cage caixa torácica; to dig somebody in the ribs dar uma cotovelada a alguém

ribbon ['rɪbən] n 1 fita 2 tira; faixa 3 insígnia militar

rice [raɪs] n arroz

rich [rɪtʃ] adj 1 rico; (alimentos) rich in proteins rico em proteínas; to get rich ficar rico 2 (cheiro, som, cor) intenso, forte 3 (alimentos) pesado 4 (solo) fértil ♦ npl the rich os ricos

richly ['rɪtʃli] adv ricamente, luxuosamente

richness ['rɪtʃnɪs] n riqueza

rickets ['rɪkɪts] n raquitismo

ricochet ['rɪkəʃeɪ] vi fazer ricochete, ressaltar ♦ n ricochete

rid [rɪd] vt {pp rid, pret ridded, rid} livrar, libertar ❖ to get rid of livrar-se de

riddance ['rɪdəns] n goodbye and good riddance! adeus, que já vais tarde!, vai e não voltes!

riddle ['rɪdl] n 1 adivinha 2 enigma, mistério; to solve a riddle resolver um enigma 3 crivo, peneira ♦ vt crivar; to be riddled with bullets estar crivado de balas

ride [raɪd] n 1 (cavalo, carro, bicicleta) passeio [in/on, em/de]; volta 2 boleia 3 (floresta) percurso, trilho 4 (comboio, autocarro) viagem ♦ vt,i [pret rode, pp ridden] 1 montar; cavalgar 2 (cavalo, carro, bicicleta) andar a/de ❖ to let something ride ignorar alguma coisa; to take somebody for a ride enganar alguém

rider ['raɪdə] n 1 cavaleiro 2 motociclista 3 ciclista 4 (transporte público) utente

ridge [rɪdʒ] n 1 GEOG cume, cumeada, crista 2 (telhado) cumeeira ♦ vt sulcar

ridicule ['rɪdɪkjuːl] n ridículo, gozo; to be an object of ridicule prestar-se ao ridículo ♦ vt ridicularizar, gozar

ridiculous [rɪ'dɪkjʊləs] adj ridículo

riding ['raɪdɪŋ] n equitação

rife [raɪf] adj abundante, corrente

riff raff ['rɪf,ræf] n pej gentalha; ralé

rifle ['raɪfl] n espingarda; rifle shot tiro de espingarda ♦ vt 1 vasculhar [through, -], rebuscar [through, -] 2 roubar, saquear ❖ rifle range carreira de tiro

rifleman ['raɪfəlmən] n [pl -men] fuzileiro

rift [rɪft] n 1 fenda, fissura 2 (nuvens) brecha 3 (desentendimentos) rutura

rig [rɪg] vt 1 (eleições) fraudar, manipular 2 ECON especular 3 NÁUT armar ♦ n 1 (petróleo) plataforma petrolífera 2 NÁUT armação 3 EUA col camião 4 EUA col tralha

rigging ['rɪgɪŋ] n 1 NÁUT cordame 2 (eleições) manipulação, fraude

right [raɪt] adj 1 (lado) direito 2 certo, correto, exato, justo; that's right! exato! 3 adequado; apropriado ♦ adv 1 bem, direito 2 exatamente, diretamente 3 corretamente 4 satisfatoriamente 5 à direita; to

turn right virar à direita ♦ n 1 direito; as of right como é de direito; human rights direitos humanos 2 direita, lado direito; on your right à sua/vossa direita ♦ vt endireitar, corrigir; to right a wrong corrigir um erro ♦ interj col com certeza, pronto, certo ❖ right now neste momento; all right! muito bem!; I'll be right there/back vou/volto já; it serves somebody right é bem feita; to be on the right track estar no bom caminho; to be right ter razão; to get something right perceber bem alguma coisa

righteous ['raɪtʃəs] adj 1 justo, imparcial 2 justificado

rightful ['raɪtfʊl] adj legítimo

right-hand ['raɪthænd] adj direito; (automóvel) right-hand drive com o volante do lado direito

right-handed [,raɪt'hændɪd] adj destro

rightist ['raɪtɪst] adj POL de direita ♦ n POL pessoa de direita; conservador

rightly ['raɪtli] adv 1 justificadamente 2 corretamente, justamente ❖ and rightly so e com razão

right-minded [,raɪt'maɪndɪd] adj reto; sensato

rightward ['raɪtwəd] adv ⇒ rightwards

rightwards ['raɪtwədz] adv sobre a direita; para a direita

right-wing ['raɪtwɪŋ] adj POL de direita

right-winger [raɪt'wɪŋə] n POL partidário da direita

rigid ['rɪdʒɪd] adj 1 rígido 2 inflexível 3 hirto ❖ to be bored rigid estar a apanhar uma seca

rigidity [rɪ'dʒɪdɪti] n rigidez

rigmarole ['rɪgmərəʊl] n confusão; trapalhada

rigor ['rɪgə] n EUA rigor

rigorous ['rɪgərəs] adj rigoroso

rigour ['rɪgə] n GB rigor

rile [raɪl] vt col irritar, enervar

rim [rɪm] *n* 1 borda, extremidade, orla 2 (bicicleta) jante ♦ *vt* {*pret e pp* -mm-} circundar, cercar

rind [raɪnd] *n* 1 (fruta, queijo) casca 2 (bacon) couro

ring[1] [rɪŋ] *n* 1 anel 2 círculo; argola 3 rodela; aro; roda; anilha 4 (campainha, sino) toque 5 DESP ringue 6 (criminosos) círculo, rede 7 GB (fogão) disco ♦ *vt,i* {*pret* rang, *pp* rung} 1 (campainha, sino) tocar 2 telefonar 3 retinir 4 (ouvidos) zumbir ❖ *does this name ring a bell?* este nome é familiar?; *ring round* circular
  ◆ **ring back** *vt,i* voltar a telefonar
  ◆ **ring up** *vt,i* telefonar

ring[2] [rɪŋ] *vt* {*pret e pp* ringed} 1 cercar; circundar 2 anilhar

ringleader [ˈrɪŋliːdə] *n* (quadrilha, motim) cabecilha

ringside [ˈrɪŋsaɪd] *n* (circo, ringue de boxe) primeira fila ♦ *adj* de primeira fila

ringtone [ˈrɪŋtəʊn] *n* (telemóvel) toque

rink [rɪŋk] *n* (patinagem) rinque

rinse [rɪns] *vt* 1 enxaguar, passar por água 2 (boca) bochechar 3 (cabelo) pintar ♦ *n* 1 enxaguadela 2 (dentes) elixir 3 (cabelo) coloração

riot [ˈraɪət] *n* motim, tumulto, revolta ♦ *vi* amotinar-se, revoltar-se ❖ *to have a riot* divertir-se; *GB col to read somebody the riot act* pregar um sermão a alguém; (pessoas) *to run riot* descontrolar-se, agitar-se

rioter [ˈraɪətə] *n* desordeiro

riotous [ˈraɪətəs] *adj* desordeiro, agitador

rip [rɪp] *vt,i* {*pret e pp* -pp-} rasgar, arrancar ♦ *n* rasgão, corte ❖ *col to let rip (at somebody)* desatinar com alguém; *col to let (something) rip* dar gás; *to rip something open* abrir alguma coisa com um rasgão
  ◆ **rip off** *vt* 1 arrancar 2 roubar

ripe [raɪp] *adj* 1 maduro 2 (queijo) curado 3 (cheiro) azedo ❖ *the time is ripe (for)* é uma altura oportuna para

ripen [ˈraɪpən] *vt,i* amadurecer

rip-off [ˈrɪpɒf] *n* 1 *col* roubalheira; roubo 2 *col* imitação; cópia

ripper [ˈrɪpə] *n* estripador

ripple [ˈrɪpəl] *vt,i* ondular, ondear; *to ripple around/through* percorrer, encher ♦ *n* ondulação, onda ❖ *ripple effect* efeito bola de neve; *a ripple of applause* um crescendo de aplausos

rise [raɪz] *n* 1 subida [in, de]; aumento [in, de]; *a rise in prices* aumento dos preços 2 ascensão 3 elevação ♦ *vi* {*pret* rose, *pp* risen} 1 subir; aumentar 2 levantar-se; erguer-se; *to rise from the table* levantar-se da mesa 3 emergir; subir 4 (massa, bolos, pão) crescer; subir 5 (rio) nascer; *river Douro rises in Spain* o rio Douro nasce em Espanha 6 (sol, lua) nascer ❖ *to give rise to* dar origem a; *to rise to the occasion* mostrar-se à altura das circunstâncias
  ◆ **rise up** *vt,i* 1 revoltar-se 2 (edifício, montanha) erguer-se 3 levantar-se

risible [ˈrɪzɪbəl] *adj* risível

rising [ˈraɪzɪŋ] *n* rebelião, revolta ♦ *adj* ascendente, crescente

risk [rɪsk] *n* risco, perigo ♦ *vt* arriscar ❖ *at risk* em risco; *at your own risk* à sua responsabilidade; *to take a risk/take risks* arriscar

risky [ˈrɪski] *adj* {*comp* -ier, *superl* -iest} arriscado

rissole [ˈrɪsəʊl] *n* 1 croquete 2 rissol

rite [raɪt] *n* rito ❖ *last rites* extrema-unção

ritual [ˈrɪtʃʊəl] *n,adj* ritual

ritzy [ˈrɪtsi] *adj col* elegante; chique

rival [ˈraɪvəl] *adj,n* rival; concorrente; *to have no/few rivals* não ter rival ♦ *vt* rivalizar com; competir com

rivalry [ˈraɪvəlri] *n* {*pl* -ies} 1 rivalidade 2 competição; concorrência

river [ˈrɪvə] *n* rio; *down river* a jusante; *up river* a montante

riverside [ˈrɪvəsaɪd] *n* margem

rogue

rivet ['rɪvɪt] n rebite, cravo, prego ♦ vt {pret e pp -t-, -tt-} 1 prender [on, to], fixar [on, to] 2 fig cativar ❖ to be riveted to the spot/ground estar aterrorizado

riveting ['rɪvɪtɪŋ] adj cativante, sedutor

road [rəʊd] n 1 estrada, rua; main road estrada/rua principal; road safety segurança rodoviária ❖ (bebida) one for the road uma para o caminho; road tax imposto de circulação automóvel; col to hit the road fazer-se à estrada

roadblock ['rəʊdblɒk] n barreira (na estrada)

roadside ['rəʊdsaɪd] n (estrada) berma

roadway ['rəʊdweɪ] n (estrada) faixa de rodagem

roadworks ['rəʊdwɜːks] n obras na estrada

roam [rəʊm] vt,i 1 vaguear, errar; to roam the streets vaguear pelas ruas 2 (olhar) percorrer, explorar

roaming ['rəʊmɪŋ] n (telemóvel) roaming

roar [rɔː] vt,i 1 rugir, bramir 2 vociferar, bramar 3 (fogo) crepitar, estalar ♦ n 1 rugido, bramido 2 estrondo 3 barulheira, confusão ❖ GB to roar with laughter partir-se a rir

roaring ['rɔːrɪŋ] adj 1 estrondoso, retumbante 2 (fogo) crepitante ❖ GB roaring success sucesso estrondoso

roast [rəʊst] vt,i 1 assar 2 torrar, tostar 3 col,irón censurar, criticar ♦ n 1 assado 2 EUA churrasco, barbecue 3 EUA (festa) homenagem ♦ adj 1 assado 2 torrado

roaster ['rəʊstə] n 1 assador; grelha 2 forno de assar

roasting ['rəʊstɪŋ] adj 1 de/para assar 2 abrasador, tórrido

rob [rɒb] vt {pret e pp -bb-} roubar, assaltar, furtar ❖ col to rob somebody blind burlar/intrujar alguém

robber ['rɒbə] n ladrão, gatuno

robbery ['rɒbəri] n {pl -ies} assalto, roubo; armed robbery assalto à mão armada

robe [rəʊb] n 1 manto; túnica 2 roupão, robe

robin ['rɒbɪn] n 1 pisco-de-peito-ruivo 2 tordo-americano

robot ['rəʊbɒt] n robô

robust [rəʊ'bʌst] adj {comp -er, superl -est} 1 robusto, forte 2 firme

robustness [rə'bʌstnəs] n robustez

rock [rɒk] n 1 rocha, rochedo 2 EUA pedra 3 (música) rock ♦ vt,i 1 embalar, baloiçar 2 agitar, abalar ❖ col to rock the boat provocar agitação; as solid/steady as a rock firme que nem uma rocha; (bebidas) on the rocks com gelo; col to be on the rocks estar periclitante

rock-bottom ['rɒk,bɒtəm] adj extremamente baixo; mínimo ♦ n 1 fundo 2 o ponto mais baixo ❖ col to reach/hit rock-bottom estar na pior situação possível

rocker ['rɒkə] n 1 (cadeira, berço) embaladeira 2 (artista, fã) roqueiro 3 EUA cadeira de baloiço ❖ col to be off your rocker não bater bem

rocket ['rɒkɪt] n 1 foguetão; to launch a rocket lançar um foguetão 2 míssil 3 fogo de artifício ♦ vi 1 subir em flecha 2 (vendas) ascender rapidamente [to, a] ❖ GB col to give somebody a rocket dar uma descasca a alguém

rocking chair ['rɒkɪŋtʃeə] n cadeira de baloiço

rocking horse ['rɒkɪŋhɔːs] n cavalinho de baloiço

rocky ['rɒki] adj {comp -ier, superl -iest} pedregoso, rochoso

rococo [rə'kəʊkəʊ] adj,n rococó

rod [rɒd] n 1 vara; vareta 2 cana; fishing rod cana de pesca 3 barra

rodent ['rəʊdənt] n roedor

rodeo ['rəʊdɪəʊ] n rodeio (de gado)

roe [rəʊ] n (peixe) ova

roebuck ['rəʊbʌk] n ZOOL corço

roentgenium [rɒnt'geniəm] n roentgénio

rogue [rəʊg] n joc maroto, malandro

roguish ['rəʊgɪʃ] *adj* maroto, malandro

role [rəʊl] *n* (função) papel; *supporting role* papel secundário ❖ (pessoa) *role model* modelo

role-play ['rəʊlpleɪ] *n* dramatização

roll [rəʊl] *n* 1 rolo, cilindro; *a roll of film* um rolo fotográfico 2 pão, sandes 3 cambalhota; *to do a roll* dar uma cambalhota 4 (avião, embarcação) balouço 5 (gordura) pneu 6 (som) rufar 7 trovão 8 lista, caderno ❖ *vt,i* 1 rolar, rebolar, revolver 2 girar, circular 3 enrolar; *to roll a cigarette* enrolar um cigarro 4 (jogo) lançar, arremessar 5 (avião, embarcação) baloiçar 6 CUL alisar 7 (trovão) ribombar 8 (tambor) rufar 9 (câmaras) estar em ação ❖ *(all) rolled into one* combinado num só; *EUA to be ready to roll* estar pronto para arrancar; (negócio) *to get rolling* começar a rolar; *EUA to roll in his/her grave* dar voltas no túmulo

◆ **roll over** *vi* virar-se

◆ **roll up** *vi* aparecer; chegar ◆ *vt* arregaçar

roller ['rəʊlə] *n* 1 rolo, cilindro 2 (mar) vagalhão ❖ *roller blind* persiana de enrolar; *roller coaster* montanha-russa; *roller skate* patim

Rollerblade ['rəʊləbleɪd] *n* patim em linha ◆ *vi* andar de patins em linha

roller-skate ['rəʊləskeɪt] *n* patim ◆ *vi* patinar

rolling ['rəʊlɪŋ] *adj* 1 ondulante 2 contínuo, regular ❖ *rolling pin* rolo da massa

roll-on ['rəʊlɒn] *n* (desodorizante) roll-on

roly-poly ['rəʊlɪ,pəʊlɪ] *adj col* rechonchudo, roliço

ROM INFORM [*sigla de* **read-only memory**] ROM

Roman ['rəʊmən] *adj,n* romano

romance ['rəʊmæns] *n* 1 romance; aventura amorosa 2 amor, magia, encanto 3 história de amor ◆ *vi* romancear

Romania [rəʊ'meɪnɪə] *n* Roménia

Romanian [rəʊ'meɪnɪən] *adj,n* romeno

romantic [rəʊ'mæntɪk] *adj,n* romântico

romanticism [rəʊ'mæntɪsɪzəm] *n* romantismo

romp [rɒmp] *vi* brincar, fazer diabruras ◆ *n* brincadeira ruidosa

rompers ['rɒmpəz] *npl* (para criança) fato-macaco; babygro

roof [ruːf] *n* {*pl* -s} 1 telhado; *to climb on the roof* subir ao telhado 2 (túnel) teto 3 (veículos) tejadilho 4 céu da boca ◆ *vt* cobrir com telhado ❖ (tejadilho) *roof rack* porta-bagagens; *to go through the roof* subir em flecha; ir aos arames

roofing ['ruːfɪŋ] *n* 1 materiais para telhados 2 construção/manutenção de telhados

rooftop ['ruːftɒp] *n* telhado

rook [rʊk] *n* 1 (ave) gralha 2 (xadrez) torre

rookie ['rʊki] *adj,n* 1 *EUA col* novato, principiante 2 *EUA* DESP júnior

room [ruːm] *n* 1 sala 2 quarto; (hotel) *a double/single bedroom* quarto duplo/single 3 espaço; *to make room for* arranjar espaço para 4 lugar; TEAT,DESP *standing room* lugares em pé ◆ *vi EUA* (quartos) dividir ❖ (hotel) *room service* serviço de quartos; *room temperature* temperatura ambiente; *there's room for improvement* há muito a fazer

roommate [,ruːm'meɪt] *n* 1 companheiro de quarto 2 *EUA* companheiro de casa

roomy ['ruːmi] *adj* {*comp* -ier, *superl* -iest} espaçoso, amplo

roost [ruːst] *n* poleiro ◆ *vi* (aves) empoleirar-se ❖ *col to rule the roost* ser o maioral

rooster ['ruːstə] *n EUA* galo

root [ruːt] *n* 1 raiz 2 *fig* origem, causa; *to be/lie at the root of* estar na origem de 3 LING radical ◆ *vt,i* 1 enraizar 2 remexer, vasculhar ❖ *to destroy something root and branch* cortar o mal pela raiz; *to put down roots* criar/fixar raízes

◆ **root out** *vt* erradicar

rootless ['ru:tləs] *adj* 1 sem raiz 2 *fig* desenraizado

rope [rəʊp] *n* 1 corda; *rope ladder* escada de corda 2 cabo; *tow rope* cabo de reboque ♦ *npl* (ringue) vedação de corda ♦ *vt,i* atar, amarrar ❖ *to be on the ropes* estar nas últimas; *to know the ropes* estar por dentro de um assunto

ropey ['rəʊpi] *adj* (*comp* -ier, *superl* -iest) 1 *col* loteiro; de má qualidade 2 *col* adoentado

rosary ['rəʊzəri] *n* (*pl* -ies) rosário

rose [rəʊz] *n* (flor) rosa; *rose garden* roseiral ♦ *adj,n* cor-de-rosa ❖ *col to be coming up roses* estar a correr lindamente

rosebud ['rəʊzbʌd] *n* (rosa) botão

rosebush ['rəʊzbʊʃ] *n* roseira

rose-coloured ['rəʊzkʌləd] *adj* cor-de-rosa

rosemary ['rəʊzməri] *n* (*pl* -ies) alecrim

rosette [rəʊ'zet] *n* 1 roseta 2 florão

rosewood ['rəʊz‚wʊd] *n* pau-rosa

roster ['rəʊstə] *n* (lista) escala, turno ♦ *vt* (serviço) escalar

rosy ['rəʊzi] *adj* (*comp* -ier, *superl* -iest) 1 rosado, róseo 2 risonho, promissor

rot [rɒt] *vt,i* (*pret e pp* -tt-) apodrecer, deteriorar ♦ *n* podridão, deterioração

rota ['rəʊtə] *n* GB (lista) escala, turno

rotary ['rəʊtəri] *adj* rotativo ♦ *n* (*pl* -ies) EUA rotunda

rotate [rəʊ'teɪt] *vt,i* 1 girar, rodar 2 alternar, revezar 3 AGR (culturas) rodar

rotation [rəʊ'teɪʃən] *n* rotação

rotten ['rɒtən] *adj* 1 podre 2 estragado 3 desonesto 4 *col* terrível, horrível ♦ *adv col* de mais

rough [rʌf] *adj* 1 áspero, rugoso 2 difícil, árduo 3 aproximado; *a rough estimate* uma estimativa aproximada 4 (mar) agitado 5 (terreno) acidentado 6 violento 7 grosseiro 8 tosco

rough-and-ready [rʌfən'redɪ] *adj* 1 rudimentar 2 improvisado

roughen ['rʌfən] *vt,i* tornar(-se) rugoso ou áspero

roughly ['rʌflɪ] *adv* 1 aproximadamente; cerca de 2 grosseiramente; rudemente ❖ *roughly speaking* falando por alto

roughneck ['rʌfnek] *n* EUA grosseirão, rude

roulette [ru:'let] *n* roleta

round [raʊnd] *adj* 1 redondo, circular 2 (números) arredondado 3 (formas) roliço 4 claro; categórico ♦ *adv* 1 à roda; *to move round* andar à roda 2 à volta; em redor 3 de mão em mão 4 a todos; para todos ♦ *prep* 1 à volta de; em torno de 2 por volta de, mais ou menos ♦ *n* 1 ronda 2 (bebidas) rodada 3 (golfe) jogo completo 4 (boxe) round 5 (desporto) partida ♦ *vt* 1 arredondar 2 (esquina) virar, dobrar ❖ *round the corner* ao virar da esquina; *round trip* viagem de ida e volta; *the other way round* ao contrário; *to go round* fazer um desvio; passar por

roundabout ['raʊndəbaʊt] *n* 1 GB rotunda 2 GB carrossel ♦ *adj* indireto

roundly ['raʊndlɪ] *adv* claramente; inequivocamente

round-the-clock [‚raʊndθə'klɒk] *adj* 24 horas por dia

rouse [raʊz] *vt,i* 1 acordar; despertar 2 excitar, evocar 3 dar energia

rousing ['raʊzɪŋ] *adj* estimulante

rout [raʊt] *vt* derrotar; arrasar ♦ *n* derrota total

route [ru:t] *n* caminho; percurso; itinerário; *bus route* linha do autocarro ♦ *vt* 1 despachar 2 encaminhar

routine [ru:'ti:n] *n* 1 rotina 2 (artista) número 3 INFORM rotina ♦ *adj* de rotina; rotineiro

rove [rəʊv] *vi* 1 vaguear, errar 2 observar

row[1] [raʊ] *n* 1 bulha; desentendimento 2 discussão; controvérsia 3 confusão; barafunda ♦ *vi* GB discutir [**about**, por causa de]

row² [rəʊ] *n* fila [of, de]; *in a row* em fila
♦ *vt,i* **1** remar **2** praticar remo ❖ *to go for a row* dar um passeio de barco

rowdy ['raʊdi] *adj,n* arruaceiro; desordeiro

rower ['rəʊə] *n* remador

rowing ['rəʊɪŋ] *n* (atividade, desporto) remo

royal ['rɔɪəl] *adj* **1** (monarquia) real **2** majestoso; magnífico ❖ *royal blue* azul real

royalist ['rɔɪəlɪst] *n* monárquico

royalty ['rɔɪəlti] *n* [*pl* -ies] realeza; membro da realeza ♦ *npl* direitos de autor; royalties

rpm [*sigla de* **revolutions per minute**] rpm [*sigla de* rotações por minuto]

rub [rʌb] *vt,i* [*pret e pp* -bb-} **1** esfregar **2** friccionar **3** roçar **4** limpar; polir ♦ *n* fricção; massagem ❖ *here's the rub* aqui é que a porca torce o rabo; *to rub it in* bater sempre na mesma tecla

♦ **rub off** *vt,i* (giz, tinta) apagar(-se); sair

rubber ['rʌbə] *n* **1** borracha **2** *GB* (para apagar lápis) borracha **3** *GB* (para apagar giz) apagador ❖ *rubber band* elástico

rubber-stamp [,rʌbə'stæmp] *vt* **1** pôr selo em **2** aprovar

rubbish ['rʌbɪʃ] *n* **1** lixo **2** *col* porcaria **3** *col* disparates

rubble ['rʌbəl] *n* escombros; entulho

rubidium [ru:'bɪdɪəm] *n* QUÍM (elemento químico) rubídio

rubric ['ru:brɪk] *n* (título, assunto) rubrica

ruby ['ru:bi] *n* [*pl* -ies] rubi

rucksack ['rʌksæk] *n* *GB* mochila

ruddy ['rʌdi] *adj* [*comp* -ier, *superl* -iest] (rosto) rosado, corado ❖ *col* *that ruddy dog!* o raio do cão!

rude [ru:d] *adj* **1** mal-educado; grosseiro **2** ordinário; indecente

rudely ['ru:dli] *adv* **1** com má educação **2** abruptamente

rudeness ['ru:dnəs] *n* **1** falta de educação **2** indecência

rudiment ['ru:dɪmənt] *n* rudimento

rudimentary [,ru:dɪ'mentəri] *adj* **1** rudimentar **2** elementar; básico

ruffle ['rʌfəl] *vt,i* **1** (penas, pelo) eriçar **2** franzir **3** encrespar **4** agitar; perturbar; enervar ♦ *n* **1** folho **2** agitação; tumulto

rug [rʌg] *n* **1** tapete **2** manta **3** *EUA* capachinho

rugby ['rʌgbi] *n* râguebi

rugged ['rʌgɪd] *adj* **1** (terreno) acidentado, escarpado **2** resistente **3** rude

ruin ['ru:ɪn] *vt,i* **1** estragar; destruir **2** arruinar; levar à falência ♦ *n* **1** ruína; decadência; destruição **2** falência; bancarrota ♦ *npl* ruínas, destroços ❖ *to be the ruin of* ser a desgraça de; *to fall into ruin* entrar em decadência

ruinous ['ru:ɪnəs] *adj* **1** desastroso; arrasador **2** (preço) incomportável

rule [ru:l] *n* **1** regra; norma; *against the rules* contra as regras **2** governo; domínio; *under rule of* sob o domínio de **3** régua ♦ *vt,i* **1** governar; chefiar; controlar **2** decidir; pronunciar-se **3** reger; guiar **4** (linha) traçar ❖ *as a general rule* regra geral; por regra

♦ **rule out** *vt* excluir; pôr de parte

ruled [ru:ld] *adj* (papel) pautado

ruler ['ru:lə] *n* **1** governante **2** soberano, monarca **3** régua

ruling ['ru:lɪŋ] *adj* **1** dominante; preponderante **2** no poder ♦ *n* decisão; parecer

rum [rʌm] *n* (bebida) rum

rumble ['rʌmbəl] *n* **1** ruído surdo **2** estrondo ♦ *vi* **1** ribombar; retumbar **2** trovejar **3** (estômago) roncar

ruminant ['ru:mɪnənt] *adj,n* ruminante

ruminate ['ru:mɪneɪt] *vi* **1** ruminar **2** refletir [about/on, sobre/em]; matutar [about/on, sobre/em]

rummage ['rʌmɪdʒ] *vi* procurar; vasculhar; remexer ♦ *n* busca minuciosa; procura

rumour ['ru:mə] *n* *GB* rumor; boato ♦ *vt* (boato) espalhar, fazer correr

rump [rʌmp] n 1 (bovino) alcatra, rabadilha; (cavalo) garupa; (ave) rabadela 2 col traseiro 3 resto

rumple ['rʌmpəl] vt amarrotar; amarfanhar

run [rʌn] n 1 corrida 2 (transportes públicos) carreira; percurso 3 série, sucessão 4 marcha; curso ♦ vi {pret ran, pp run} 1 correr 2 (máquina) funcionar 3 candidatar-se [for, a] 4 ser válido 5 TEAT estar em representação ♦ vt 1 correr; to run the 100 metres correr os 100 metros 2 governar; administrar 3 controlar 4 INFORM correr; to run a computer program correr um programa de computador 5 col dar boleia; levar ❖ in the long/short run a longo/curto prazo; to be on the run andar em fuga; to be running late estar atrasado; to go for a run ir correr; (rio, poço) to run dry secar

♦ **run across** vt encontrar por acaso

♦ **run away** vi fugir; escapar

♦ **run away with** vt 1 fugir com 2 deixar-se levar por 3 ganhar nas calmas

♦ **run down** vt 1 atropelar 2 criticar, deitar abaixo 3 (pilha) acabar

♦ **run into** vt 1 (problemas) arranjar; estar com 2 encontrar por acaso 3 esbarrar-se contra, bater em

♦ **run out** vi 1 ficar [of, sem] 2 acabar(-se); esgotar(-se) 3 caducar

♦ **run over** vt 1 atropelar 2 rever ♦ vi transbordar

♦ **run through** vt 1 passar por 2 rever 3 passar os olhos por

♦ **run up against** vt deparar-se com

runaway ['rʌnəweɪ] adj 1 fugitivo, em fuga 2 desgovernado; descontrolado 3 (inflação) galopante 4 (sucesso) estrondoso ♦ n fugitivo

rundown[1] ['rʌndaʊn] n 1 resumo (com informação essencial) 2 redução; diminuição

rundown[2] [,rʌn'daʊn] adj 1 abatido; adoentado 2 (edifício) degradado

rung [rʌŋ] pret e pp de to ring ♦ n 1 (escada de mão) degrau 2 nível

run-in ['rʌnɪn] n col briga; desentendimento

runner ['rʌnə] n 1 corredor 2 cavalo (participante numa corrida) 3 contrabandista 4 mensageiro 5 (tapete) passadeira

runner-up [,rʌnər'ʌp] n segundo classificado

running ['rʌnɪŋ] n 1 corrida 2 atletismo; running shoes sapatilhas; running track pista de atletismo 3 comando; direção ♦ adj 1 (água) corrente 2 contínuo; constante ♦ adv consecutivamente

runny ['rʌnɪ] adj 1 (nariz) a pingar 2 (olhos) lacrimejante 3 líquido 4 pouco cozinhado

run-off ['rʌnɒf] n 1 prova final; desempate 2 (eleições) segunda volta

run-through ['rʌnθru:] n ensaio

run-up ['rʌnʌp] n 1 período preparatório 2 corrida preparatória

runway ['rʌnweɪ] n 1 (aviões) pista 2 EUA passerelle

rupee [ru:'pi:] n (moeda) rupia

rupture ['rʌptʃə] n 1 rutura; rompimento 2 desentendimento; desavença 3 MED hérnia ♦ vt,i 1 quebrar 2 romper 3 fraturar

rural ['rʊərəl] adj rural

ruse [ru:z] n estratagema; artimanha

rush [rʌʃ] vt 1 apressar, pressionar 2 fazer à pressa 3 enviar com urgência 4 atacar ♦ vi apressar-se; ir depressa ♦ n {pl -es} 1 pressa; col there's no rush não há pressa 2 correria 3 enchente; grande movimento 4 corrida; grande procura ❖ rush hour hora de ponta; to be in a rush estar com pressa

♦ **rush in** vi entrar a correr

♦ **rush out** vi sair à pressa

rusk [rʌsk] n biscoito (para bebés)

Russia ['rʌʃə] n Rússia

Russian ['rʌʃən] adj,n russo ❖ Russian roulette roleta russa

rust [rʌst] *n* ferrugem ♦ *vt,i* enferrujar
rustic ['rʌstɪk] *adj* rústico ♦ *n* campónio
rustle ['rʌsəl] *vt* 1 murmurar 2 farfalhar 3 (gado) roubar ♦ *vi* farfalhar ♦ *n* 1 murmúrio; sussurro 2 farfalho
rustler ['rʌslə] *n* ladrão de gado
rustproof ['rʌstpruːf] *adj* inoxidável
rusty ['rʌsti] *adj* {*comp* -ier, *superl* -iest} ferrugento; enferrujado
rut [rʌt] *n* 1 sulco 2 ZOOL cio ♦ *vt* sulcar ❖ *to be stuck in a rut* ser escravo da rotina

ruthenium [ruːˈθiːnɪəm] *n* QUÍM (elemento químico) ruténio
rutherfordium [ˌrʌðəˈfɔːdɪəm] *n* QUÍM (elemento químico) rutherfórdio
ruthless ['ruːθləs] *adj* implacável; impiedoso
ruthlessness ['ruːθləsnəs] *n* impiedade; crueldade
Rwanda [ruˈændə] *n* Ruanda
Rwandan [ruˈændən] *adj,n* ruandês
rye [raɪ] *n* centeio; *rye bread* pão de centeio

S

s [es] *n* {*pl* s's} (letra) s

sabbatical [sə'bætɪkəl] *n* licença sabática ♦ *adj* sabático

sable ['seɪbəl] *n* 1 ZOOL marta 2 (material) pelo de marta

sabotage ['sæbətɑːʒ] *vt* 1 (crime) sabotar, danificar 2 (planos, projetos) frustrar, inviabilizar ♦ *n* sabotagem

saboteur ['sæbətɜː] *n* sabotador

sachet ['sæʃeɪ] *n* saqueta

sack [sæk] *n* saco, saca; *sack race* corrida de sacos ♦ *vt* 1 *col* despedir 2 MIL saquear; pilhar ❖ *GB col* **to get the sack** ser despedido; *GB col* **to give someone the sack** despedir alguém

sackcloth ['sæklɒθ] *n* serapilheira

sacrament ['sækrəmənt] *n* sacramento

sacramental [sækrə'mentəl] *adj* sacramental

sacred ['seɪkrɪd] *adj* 1 sagrado 2 (arte) sacro

sacrifice ['sækrɪfaɪs] *n* sacrifício; *to make sacrifices* fazer sacrifícios ♦ *vt* sacrificar [to, a]

sacrilege ['sækrɪlɪdʒ] *n* sacrilégio

sacrilegious [sækrɪ'lɪdʒəs] *adj* sacrílego

sacristy ['sækrɪsti] *n* {*pl* -ies} sacristia

sad [sæd] *adj* {*comp* -dder, *superl* -ddest} triste ❖ *it's sad* é uma pena; *sad to say that* lamento dizer que

sadden ['sædən] *vt* entristecer ♦ *vi* ficar triste

saddle ['sædəl] *n* 1 (cavalo) sela 2 (bicicleta, mota) selim ♦ *vt* (cavalo) selar ❖ **to saddle someone with a problem** meter alguém em sarilhos; (poder) **to be in the saddle** estar no poleiro

saddlebag ['sædəlbæg] *n* 1 alforge 2 (bicicleta) bolsa (de selim)

saddlebow ['sædəlbəʊ] *n* (sela) arção

sadism ['seɪdɪzəm] *n* sadismo

sadist ['seɪdɪst] *n* sádico

sadistic [sə'dɪstɪk] *adj* sádico

sadly ['sædli] *adv* 1 infelizmente 2 tristemente

sadness ['sædnɪs] *n* tristeza

sadomasochism [seɪdəʊ'mæzəʊkɪzəm] *n* sadomasoquismo

sadomasochist [seɪdəʊ'mæzəkɪst] *n* sadomasoquista

sadomasochistic [seɪdəʊmæzə'kɪstɪk] *adj* sadomasoquista

safari [sə'fɑːri] *n* safári

safe [seɪf] *adj* 1 seguro; *a safe area* uma zona segura 2 em segurança; a salvo; *we were safe from attack* estávamos a salvo de ataques 3 cuidadoso 4 certo; *a safe bet* uma aposta certa ♦ *n* cofre ❖ *better safe than sorry* mais vale prevenir do que remediar; *safe and sound* são e salvo

safe-conduct [seɪf'kɒndəkt] *n* salvo--conduto

safeguard ['seɪfgɑːd] *vt* salvaguardar [against, face a]; proteger [against, em relação a] ♦ *n* salvaguarda

safekeeping [seɪf'kiːpɪŋ] *n* for safekeeping por uma questão de segurança

safely ['seɪfli] *adv* 1 em segurança 2 com cuidado 3 em local seguro 4 (afirmar, concluir) com segurança

safety ['seɪfti] *n* segurança; *safety belt* cinto de segurança; *safety pin* alfinete de ama; *safety razor* gilete

saffron ['sæfrən] *n* 1 açafrão 2 cor de açafrão

sag [sæg] *vi* {*pret e pp* -gg-} 1 (coisas) vergar; ceder 2 (ombros) curvar ♦ *n* (superfície) cova; fundo

saga ['sɑːgə] *n* saga

sagacious [sə'geɪʃəs] *adj* form sensato

sagacity [sə'gæsɪti] *n* form sensatez

sage [seɪdʒ] *n* 1 (planta) salva 2 form sábio

Sagittarius [ˌsædʒɪ'teərɪes] *n* (signo) Sagitário

said [sed] *adj form* dito; referido

sail [seɪl] *vi* navegar ◆ *vt* **1** (percurso) navegar; *the ship is sailing west* o barco navega para oeste **2** (embarcação) pilotar; dirigir ◆ *n* (navio, moinho) vela; *to hoist the sails* içar as velas ❖ *to sail under false colours* fingir ser o que não se é; NÁUT *to set sail* zarpar

sailcloth ['seɪlklɒθ] *n* lona

sailing ['seɪlɪŋ] *n* **1** (passatempo, desporto) vela; *to go sailing* praticar vela **2** navegação **3** saída (de uma embarcação) ❖ *sailing boat* barco a vela; *sailing ship* veleiro

sailor ['seɪlə] *n* marinheiro; marujo ❖ *to be a good sailor* não enjoar no mar

saint [seɪnt] *n* santo

sainthood ['seɪnthʊd] *n* santidade

saintly ['seɪntli] *adj* {*comp* -ier, *superl* -iest} santo; de santo

sake [seɪk] *n* causa; motivo; *for the sake of* por causa de ❖ *col for God's sake!* por amor de Deus!; *for your own sake* para teu próprio bem

salacious [sə'leɪʃəs] *adj* obsceno; impudico

salad ['sæləd] *n* salada; *salad bowl* saladeira

salamander [ˌsælə'mændə] *n* salamandra

salami [sə'lɑːmi] *n* salame

salaried ['sælərɪd] *adj* **1** (trabalhador) assalariado **2** (cargo) remunerado

salary ['sæləri] *n* {*pl* -ies} salário mensal

sale [seɪl] *n* venda; *for sale* à venda ◆ *npl* saldos; *all shops are on sales* todas as lojas estão em saldos

salesman ['seɪlzmən] *n* {*pl* -men} vendedor

salesperson ['seɪlzˌpɜːsən] *n* vendedor

saleswoman ['seɪlzwʊmən] *n* {*pl* -men} vendedora

salient ['seɪlɪənt] *adj form* mais relevante; principal

saline ['seɪlaɪn] *adj* salino ❖ *saline solution* soro fisiológico

salinity [sə'lɪnɪti] *n* salinidade

saliva [sə'laɪvə] *n* saliva

salivary [sə'laɪvəri] *adj* salivar

salivate ['sælɪveɪt] *vi* salivar

salivation [ˌsælɪ'veɪʃən] *n* salivação

sallow ['sæləʊ] *adj* pálido, macilento

sally ['sæli] *n* {*pl* -ies} **1** investida, ofensiva **2** gracejo

salmon ['sæmən] *n* {*pl* salmon} salmão

salon ['sælɒŋ] *n* **1** (estética) salão **2** (roupa) boutique **3** (de artistas, escritores) tertúlia

saloon [sə'luːn] *n* **1** GB (carro) três volumes **2** (no Oeste americano) saloon **3** (em pub, hotel) bar **4** (navio) salão

salsa ['sælsə] *n* (música, dança) salsa

salt [sɒlt] *n* sal; *a pinch of salt* uma pitada de sal ◆ *npl* MED sais ◆ *vt* CUL temperar com sal; salgar ◆ *adj* salgado ❖ *salt water* água salgada; *table salt* sal refinado

salt-cellar ['sɒltˌselə] *n* saleiro de mesa

saltpetre [ˌsɒlt'piːtə] *n* salitre

saltworks ['sɒltwɜːks] *n* salina

salty ['sɒlti] *adj* {*comp* -ier, *superl* -iest} salgado

salutary ['sæljʊtəri] *adj form* benéfico

salutation [ˌsæljʊ'teɪʃən] *n* saudação

salute [sə'luːt] *n* **1** MIL continência **2** MIL (canhão) salva **3** (entre conhecidos) cumprimento; saudação ◆ *vt* **1** MIL fazer continência a **2** (pessoas conhecidas) cumprimentar **3** elogiar ◆ *vi* MIL fazer continência

salvage ['sælvɪdʒ] *vt* (bens) salvar; resgatar ◆ *n* **1** (ato) salvamento; resgate; *salvage operations* operações de salvamento **2** (material) salvados

salvation [sæl'veɪʃən] *n* salvação

salver ['sælvə] *n* salva; *silver salver* salva de prata

salvo ['sælvəʊ] *n* {*pl* -es, -s} **1** (tiros) salva **2** (de gargalhadas, palmas) explosão

Samaritan [sə'mærɪtən] *adj,n* samaritano

samarium [sə'meərɪəm] *n* QUÍM (elemento químico) samário

same [seɪm] *adj* mesmo; *at the same time* ao mesmo tempo ♦ *pron* **the same** o mesmo, igual ♦ *adv* **the same** da mesma forma ❖ **all the same** mesmo assim; *it's all the same to me* é-me indiferente; *same to you!* igualmente!

sameness ['seɪmnəs] *n* 1 igualdade 2 *pej* monotonia

Samoan [sə'məʊən] *adj,n* samoano

sample ['sɑːmpəl] *n* amostra; (sondagem) *a representative sample of 200 students* uma amostra representativa de 200 estudantes ♦ *vt* 1 (comida) provar, experimentar 2 (situação) experimentar; testar 3 (ciência) recolher amostra de 4 MÚS misturar ❖ *blood sample* amostra de sangue

sampler ['sɑːmplə] *n* 1 (objeto, tecido) amostra 2 MÚS misturador

sampling ['sɑːmplɪŋ] *n* 1 amostragem 2 MÚS mistura

samurai ['sæmʊraɪ] *n* {*pl* samurai} samurai

sanatorium [ˌsænə'tɔːrɪəm] *n* {*pl* sanatoria} sanatório

sanctify ['sæŋktɪfaɪ] *vt* santificar

sanction ['sæŋkʃən] *n* 1 (medida) punição; castigo 2 POL sanção [on, a; against, contra]; *to impose sanctions on* impor sanções a 3 *form* aprovação; consentimento ♦ *vt form* sancionar; autorizar; consentir

sanctity ['sæŋktɪtɪ] *n* {*pl* -ies} santidade

sanctuary ['sæŋktjʊərɪ] *n* {*pl* -ies} 1 (proteção) refúgio; abrigo 2 (animais) reserva natural 3 (parte de igreja) sacrário 4 direito de asilo

sand [sænd] *n* areia ♦ *npl* areal ♦ *vt* (madeira, metal) lixar ❖ *sand castle* castelo de areia; *sand dune* duna de areia; *shifting sand* areias movediças

sandal ['sændəl] *n* sandália

sandalwood ['sændəlwʊd] *n* (árvore, essência) sândalo

sandbank ['sændbæŋk] *n* banco de areia, baixio

sandman ['sændmən] *n* João Pestana

sandpaper ['sændpeɪpə] *n* lixa ♦ *vt* lixar

sandstone ['sændstəʊn] *n* arenito; grés

sandstorm ['sændstɔːm] *n* tempestade de areia

sandwich ['sænwɪdʒ] *n* {*pl* -es} sanduíche; sande ♦ *vt* entalar [between, em/entre]

sandy ['sændɪ] *adj* {*comp* -ier, *superl* -iest} 1 arenoso; com areia 2 (*cabelo*) louro arruivado

sane [seɪn] *adj* 1 mentalmente são; equilibrado 2 sensato; razoável

sang-froid [ˌsɑːŋ'frwɑː] *n* sangue-frio

sanguinary ['sæŋgwɪnərɪ] *adj* 1 (*cruel*) sanguinário 2 (*violento*) sangrento

sanitary ['sænɪtərɪ] *adj* 1 sanitário; *sanitary facilities* instalações sanitárias 2 higiénico; *sanitary towel/napkin* penso higiénico

sanitation [ˌsænɪ'teɪʃən] *n* condições sanitárias

sanity ['sænɪtɪ] *n* 1 sanidade mental 2 sensatez

Sanskrit ['sænskrɪt] *adj,n* sânscrito

Santa ['sæntə] *n col* Pai Natal

Santa Claus ['sæntəˌklɔːz] *n* Pai Natal

sap [sæp] *n* 1 BOT seiva 2 *fig* vigor, vitalidade; *the sap of youth* o vigor da juventude 3 *col* (estudante) marrão ♦ *vt* {*pret* e *pp* -pp-} (energia, entusiasmo) enfraquecer; minar

sapper ['sæpə] *n* MIL sapador

sapphire ['sæfaɪə] *n* safira

sarcasm ['sɑːkæzəm] *n* sarcasmo

sarcastic [sɑː'kæstɪk] *adj* sarcástico

sarcophagus [sɑː'kɒfəgəs] *n* {*pl* sarcophagi, sarcophaguses} sarcófago

sardine [sɑː'diːn] *n* sardinha ❖ *to be packed like sardines* estar como sardinha em lata

sardonic [sɑː'dɒnɪk] *adj* sarcástico; cínico

sash [sæʃ] *n* {*pl* -es} (sobre fato, vestido) faixa ❖ *sash window* janela de guilhotina

Satan ['seɪtən] *n* Satanás

satanic [sə'tænɪk] adj satânico

satchel ['sætʃəl] n (para a escola) pasta; sacola

satellite ['sætəlaɪt] n satélite; **by satellite** via satélite ❖ **satellite dish** antena parabólica

satiate ['seɪʃɪeɪt] vt saciar

satiety ['seɪʃəti] n saciedade

satin ['sætɪn] n cetim ♦ adj acetinado; de cetim

satire ['sætaɪə] n sátira

satirical [sə'tɪrɪkəl] adj satírico

satirize ['sætəraɪz] vt satirizar

satisfaction [ˌsætɪs'fækʃən] n 1 satisfação 2 (requisitos) preenchimento 3 compensação

satisfactory [ˌsætɪs'fæktəri] adj satisfatório

satisfied ['sætɪsfaɪd] adj 1 satisfeito; contente 2 convencido; persuadido

satisfy ['sætɪsfaɪ] vt 1 (desejos) satisfazer; contentar 2 (necessidades) saciar; mitigar; **to satisfy one's hunger** saciar a fome 3 (dívida) pagar; liquidar; **to satisfy one's creditors** pagar aos credores 4 (requisitos) preencher 5 convencer; persuadir [**of**, de]

saturate ['sætʃəreɪt] vt 1 QUÍM saturar 2 (líquido) encharcar 3 (espaço) encher; infestar

saturation [ˌsætʃə'reɪʃən] n saturação

Saturday ['sætədi] n sábado; **on Saturday** no sábado

Saturn ['sætən] n Saturno

sauce [sɔːs] n molho; **sauce boat** molheira

saucepan ['sɔːspən] n panela (com pega); caçarola

saucer ['sɔːsə] n pires

saucy ['sɔːsi] adj {comp -ier, superl -iest} 1 atrevido, descarado 2 (dito) brejeiro

Saudi Arabia [ˌsaʊdiə'reɪbiə] n Arábia Saudita

Saudi Arabian [ˌsaʊdiə'reɪbiən] adj,n saudita

sauerkraut ['saʊəˌkraʊt] n (couve) chucrute

sauna ['sɔːnə] n sauna

saunter ['sɔːntə] vi vaguear; deambular

sausage ['sɒsɪdʒ] n salsicha

sauté ['səʊteɪ] adj CUL salteado ♦ vt CUL saltear

savage ['sævɪdʒ] adj 1 (natureza) selvagem; **savage animals** animais selvagens 2 (comportamento) cruel; feroz; **savage revenge** vingança cruel ♦ n pej selvagem ♦ vt 1 (animal) atacar ferozmente 2 (pessoa) criticar duramente

savagery ['sævɪdʒri] n {pl -ies} selvajaria; barbaridade

savannah [sə'vænə] n savana

save [seɪv] vt 1 salvar; **to save somebody's life** salvar a vida de alguém; col **to save somebody's skin** salvar a pele a alguém 2 (dinheiro) juntar, poupar; **I'm saving money for a new car** estou a poupar dinheiro para um carro novo 3 (tempo, energia) poupar, economizar; col **save your breath!** poupa o teu latim! 4 DESP (futebol) defender 5 INFORM guardar, gravar ♦ vi 1 (dinheiro) poupar 2 INFORM guardar, gravar ♦ n DESP (futebol) defesa; **to make a good save** fazer uma boa defesa ♦ prep exceto; salvo; **she ate everything save the vegetables** ela comeu tudo exceto os legumes ♦ conj a não ser que; exceto; **they know nothing save what they were told** eles não sabem nada a não ser o que lhes foi dito ❖ **I'll save you the trouble** eu poupo-te o trabalho

saving ['seɪvɪŋ] n (tempo, dinheiro) poupança ♦ npl poupanças, economias ❖ **savings account** conta poupança

saviour ['seɪvɪə] n salvador

savour ['seɪvə] n sabor, paladar; aroma ♦ vt,i saborear; apreciar

savoury ['seɪvəri] adj 1 salgado; **savoury snacks** salgadinhos 2 apetitoso 3 amistoso; agradável

saw [sɔː] pret de to see ♦ vt,i {pret sawed, pp sawn, sawed} (madeira) serrar; cortar ♦ n (carpintaria) serra; serrote; *mechanical saw* serra mecânica

sawdust ['sɔːdʌst] *n* serradura, serrim

sawmill ['sɔːmɪl] *n* (oficina) serração

sax [sæks] *n col* saxofone

Saxon ['sæksən] *n,adj* saxão

saxophone ['sæksəfəʊn] *n* saxofone

saxophonist [sæk'sɒfənɪst] *n* saxofonista

say [seɪ] *vt,i {pret e pp* said} 1 dizer; *it is said that* diz-se que; *to have something to say* ter alguma coisa a dizer; *who says?* quem disse? 2 sugerir; propor; *I say we should forget the whole thing* sugiro que esqueçamos isto tudo 3 supor; *let's say you won the lottery* suponhamos que ganhavas a lotaria ♦ *n* opinião; voto; *don't I have any say in the matter?* eu não tenho voto na matéria? ❖ *GB say what you like* digas o que disseres; *to say nothing of* para não falar de; *easier said than done* falar é fácil; *it goes without saying* escusado será dizer; *what do you say?* o que é que achas?; *whatever you say* como queiras

saying ['seɪɪŋ] *n* ditado; *as the saying goes* como diz o ditado

scab [skæb] *n* 1 (ferida) crosta 2 *pej* fura-greves

scabies ['skeɪbiːz] *n* sarna

scaffold ['skæfəld] *n* 1 (obras) andaime 2 (execuções) cadafalso

scaffolding ['skæfəldɪŋ] *n* andaimes

scald [skɔːld] *vt* 1 (parte do corpo) queimar, escaldar 2 CUL escaldar 3 (líquidos) ferver; *to scald milk* ferver o leite 4 (objetos) esterilizar ♦ *n* queimadura; escaldadela

scale [skeɪl] *n* 1 escala; *drawing to scale* desenho à escala; *on a scale of one to ten* numa escala de um a dez 2 (peixe) escama 3 (dentes) tártaro 4 MÚS escala; *the scale of A* a escala de lá ♦ *vt,i* 1 (montanhas) escalar 2 (peixe) descamar 3 (pintura, tinta) descascar; *the painting is scaling off the wall* a tinta da parede está a descascar ❖ *scale model* modelo à escala; *on a large*

scale em grande escala; *on a small scale* em pequena escala

♦ **scale down** *vt* reduzir à escala

scalene [skeɪ'liːn] *adj scalene triangle* triângulo escaleno

scales [skeɪlz] *n pl* balança ❖ *to tip the scales* fazer pender a balança

scallop ['skɒləp] *n* 1 (molusco) vieira 2 *EUA* CUL escalope

scalp [skælp] *n* 1 couro cabeludo 2 (troféu de guerra) escalpo ♦ *vt* 1 arrancar o couro cabeludo 2 *col* rapar

scalpel ['skælpəl] *n* bisturi

scaly ['skeɪli] *adj {comp* -ier, *superl* -iest} 1 (pele) seco, áspero 2 escamoso

scam [skæm] *n col* falcatrua; vigarice

scamp [skæmp] *n col* (crianças) malandro; maroto; peste

scamper ['skæmpə] *vi* fugir rapidamente

scan [skæn] *vt {pret e pp* -nn-} 1 (documentos) esquadrinhar; ler na diagonal 2 IN-FORM digitalizar 3 (investigação) sondar 4 (radar) varrer, controlar 5 (poesia) escandir

scandal ['skændəl] *n* escândalo

scandalize ['skændəlaɪz] *vt* escandalizar; chocar; *to be scandalized* ficar escandalizado

scandalous ['skændələs] *adj* escandaloso; vergonhoso

scandium ['skændɪəm] *n* QUÍM (elemento químico) escândio

scanner ['skænə] *n* scanner

scant [skænt] *adj {comp* -er, *superl* -est} escasso; pouco; *to pay scant attention* prestar pouca atenção

scanty ['skænti] *adj {comp* -ier, *superl* -iest} reduzido

scapegoat ['skeɪpgəʊt] *n* bode expiatório

scapula ['skæpjələ] *n {pl* -ae} omoplata

scar [skɑː] *n* 1 (pele, superfície) cicatriz 2 *fig* marca; mazela; *to leave scars* deixar mazelas ♦ *vt* 1 deixar com cicatriz(es) 2 *fig* marcar negativamente; *to be scarred for life* ficar com marcas ♦ *vi* cicatrizar

scarce [skeəs] *adj* escasso; insuficiente ❖ *col* **to make oneself scarce** pôr-se a milhas

scarcely ['skeəsli] *adv* 1 mal; quase não; *scarcely ever* quase nunca 2 dificilmente; certamente não; *this is scarcely the place to talk* este não é o melhor sítio para falar

scarcity ['skeəsiti] *n* escassez

scare [skeə] *vt* assustar; amedrontar; pregar um susto; *col* **to scare the hell out of somebody** pregar um grande susto a alguém ♦ *vi* assustar-se; *to scare easily* assustar-se facilmente ♦ *n* 1 (momento) susto; *to give somebody a scare* pregar um susto a alguém 2 (expectativa) alarme; pânico
  ◆ **scare away** *vt* 1 (animais) afugentar; espantar 2 (pressão) intimidar

scarecrow ['skeəkrəʊ] *n* espantalho

scared [skeəd] *adj* assustado; *to be scared of* ter medo de

scaremonger ['skeəmʌŋgə] *n* alarmista

scarf [skɑːf] *n* {*pl* -s, -ves} 1 cachecol 2 lenço; echarpe

scarlet ['skɑːlət] *adj,n* (cor) escarlate ❖ *scarlet fever* escarlatina

scarp [skɑːp] *n* escarpa

scarper ['skɑːpə] *vi GB col* pôr-se a andar, pôr-se a mexer

scary ['skeəri] *adj* {*comp* -ier, *superl* -iest} *col* assustador

scathing ['skeɪðɪŋ] *adj* mordaz; sarcástico

scatter ['skætə] *vt* 1 espalhar 2 dispersar ♦ *vi* dispersar-se; debandar

scatterbrain ['skætəbreɪn] *n col* cabeça no ar, cabeça de vento

scatterbrained ['skætəbreɪnd] *adj col* despassarado

scatty ['skæti] *adj* {*comp* -ier, *superl* -iest} *col* distraído; despassarado

scavenge ['skævɪndʒ] *vt,i* vasculhar; remexer

scenario [sɪ'nɑːrɪəʊ] *n* {*pl* -s} 1 cenário, panorama; *in the worst-case scenario* na pior das hipóteses 2 guião

scene [siːn] *n* 1 cena 2 local; *the scene of the crime* o local do crime 3 *col* (discussão) cena; *to make a scene* fazer uma cena ❖ *behind the scenes* nos bastidores

scenery ['siːnəri] *n* 1 vista; paisagem 2 TEAT cenário

scenic ['siːnɪk] *adj* 1 (vista) panorâmico 2 TEAT cénico

scenography [siː'nɒɡrəfi] *n* TEAT cenografia

scent [sent] *n* 1 (*cheiro*) aroma; fragrância 2 *GB* perfume ♦ *vt* 1 (*cheiro*) farejar 2 (sentimento) pressentir; *to scent danger* pressentir o perigo ❖ *on the scent* no rasto; *to throw the police off the scent* despistar a polícia

sceptic ['skeptɪk] *n GB* cético

sceptical ['skeptɪkəl] *adj GB* cético

scepticism ['skeptɪsɪzəm] *n GB* ceticismo

sceptre ['septə] *n* cetro

schedule ['skedjuːl] *n* 1 programa; agenda; *I've got a full schedule today* hoje tenho a agenda cheia 2 (meios de transporte) horário; tabela ♦ *vt* agendar; marcar ❖ *ahead of schedule* adiantado; *behind schedule* atrasado; *on schedule* à tabela

scheduling ['skedʒəlɪŋ] *n* programação; planeamento

schematic [skɪ'mætɪk] *adj* esquemático

schematize ['skiːmətaɪz] *vt* esquematizar

scheme [skiːm] *n* 1 (*quadro*) esquema 2 (organização) sistema; plano; *a scheme of work* um plano de trabalho 3 *pej* (projeto) maquinação; tramoia ♦ *vi pej* conspirar, maquinar [*against*, contra]

schemer ['skiːmə] *n* intriguista; conspirador

scheming ['skiːmɪŋ] *adj* calculista

schism ['sɪzəm] *n* cisma; dissidência

schist [ʃɪst] *n* xisto

schizophrenia [ˌskɪtsəʊ'friːnɪə] *n* esquizofrenia

schizophrenic [ˌskɪtsəʊ'frenɪk] *adj,n* esquizofrénico

schmuck [ʃmʌk] n EUA col parvo

scholar ['skɒlə] n 1 (académico) erudito 2 (aluno) bolseiro

scholarly ['skɒləli] adj 1 erudito 2 académico

scholarship ['skɒləʃip] n bolsa de estudos; scholarship holder bolseiro

school [skuːl] n 1 (instituição) escola; to go to school ir para a escola 2 (atividade) aulas; before school antes das aulas 3 EUA faculdade; Law school faculdade de Direito 4 grupo; cardume ♦ vt instruir; ensinar ❖ school year ano letivo; EUA to be in school andar a estudar

schoolbag ['skuːlbæg] n (para escola) pasta; mochila

schoolbook ['skuːlbʊk] n manual escolar

schoolboy ['skuːlbɔɪ] n aluno; estudante

schoolchild ['skuːltʃaɪld] n criança (que anda na escola); aluno

schoolgirl ['skuːlgɜːl] n aluna; estudante

schooling ['skuːlɪŋ] n instrução; estudos

schoolmate ['skuːlmeɪt] n GB colega de escola

schoolroom ['skuːlrʊm] n sala de aula

schoolteacher ['skuːltiːtʃə] n professor

schoolwork ['skuːlwɜːk] n trabalho escolar

schoolyard ['skuːljɑːd] n EUA recreio

sciatic [saɪ'ætɪk] n (dor) ciático

sciatica [saɪ'ætɪkə] n (dor) ciática

science ['saɪəns] n ciência

scientific [ˌsaɪən'tɪfɪk] adj científico

scientist ['saɪəntɪst] n cientista

sci-fi ['saɪfaɪ] n col ficção científica

scintillate ['sɪntɪleɪt] vi cintilar; brilhar

scissor ['sɪzə] vt cortar com tesoura

scissors ['sɪzəz] npl tesoura; a pair of scissors uma tesoura

sclerosis [sklə'rəʊsɪs] n esclerose

scoff [skɒf] vi escarnecer [at, de], zombar [at, de], troçar [at, de] ♦ vt GB col devorar ♦ n escárnio, troça

scold [skəʊld] vt repreender; ralhar

scolding ['skəʊldɪŋ] n repreensão; reprimenda

scoliosis [ˌskɒlɪ'əʊsɪs] n MED escoliose

scone [skəʊn] n scone

scoop [skuːp] n 1 (utensílio) concha; colher 2 (gelado) bola 3 col furo jornalístico, cacha ♦ vt 1 (com colher) tirar 2 apanhar; pegar 3 (jornal) revelar em primeira mão ❖ EUA col what's the scoop? qual é a jogada?

scoot [skuːt] vi col pôr-se a mexer; pisgar-se

scooter ['skuːtə] n 1 scooter 2 trotineta

scope [skəʊp] n 1 alcance; âmbito; within the scope of no âmbito de 2 oportunidade; possibilidades

scorch [skɔːtʃ] vt 1 queimar; chamuscar 2 (plantas) secar, ressequir ♦ vi GB (carro) ir a grande velocidade ♦ n (pl -es) queimadura

scorcher ['skɔːtʃə] n col dia abrasador

scorching ['skɔːtʃɪŋ] adj abrasador

score [skɔː] n 1 (prova) pontuação; resultado 2 (teste) nota 3 MÚS partitura 4 CIN banda sonora ♦ vt 1 DESP (golo, ponto) marcar; fazer; meter 2 DESP atribuir pontuação a 3 col (vitória, sucesso) conseguir; atingir ♦ vi 1 DESP marcar golo; pontuar 2 col ter sucesso ❖ col I know the score essa já é velha; col on that score a esse respeito; to settle a score ajustar contas

scoreboard ['skɔːbɔːd] n marcador, painel de resultados

scorer ['skɔːrə] n 1 (basquetebol, críquete) marcador 2 (futebol, hóquei, andebol) goleador

scorn [skɔːn] n desprezo, desdém ♦ vt 1 desprezar, desdenhar 2 não se dignar [to, a]; recusar-se [to, a] ❖ to pour scorn on desprezar

scornful ['skɔːnfʊl] adj desdenhoso

Scorpio ['skɔːpɪəʊ] n (pl -s) (signo) Escorpião

scorpion ['skɔːpjən] n escorpião

Scot [skɒt] n escocês

scotch [skɒtʃ] vt pôr fim a; acabar com

scot-free ['skɒtfri:] adv impunemente

Scotland ['skɒtlənd] n Escócia

Scotsman ['skɒtsmən] n {pl -men} escocês

Scotswoman ['skɒts,wumən] n {pl -men} escocesa

Scottish ['skɒtɪʃ] adj escocês ♦ npl the Scottish escoceses

scoundrel ['skaundrəl] n velhaco; canalha, patife

scour ['skauə] vt 1 (busca) vasculhar; esquadrinhar 2 (limpezas) esfregar

scourge [skɜːdʒ] n 1 flagelo; tragédia 2 chicote ♦ vt 1 (tragédia) assolar; devastar 2 (punição) chicotear

scout [skaut] n 1 (jovem) escuteiro 2 MIL batedor ♦ vt MIL explorar; fazer reconhecimento

scouting ['skautɪŋ] n 1 (prática) escutismo 2 MIL reconhecimento

scowl [skaul] vi fuzilar com os olhos [at, -] ♦ n semblante carregado; cara feia

scrabble ['skræbəl] vi 1 esgadanhar 2 procurar às apalpadelas

scraggy ['skrægi] adj {comp -ier, superl -iest} esquelético

scram [skræm] vi {pret e pp -mm-} EUA col pôr-se a andar, pôr-se a mexer

scramble ['skræmbəl] vi 1 trepar; escalar 2 disputar, lutar [for, por] ♦ vt 1 CUL (ovos) mexer 2 (mensagem, informação) codificar ♦ n 1 subida difícil 2 disputa renhida, luta [for, por]

scrap [skræp] n 1 bocado, pedaço [of, de] 2 col pega, luta 3 sucata; ferro-velho ♦ npl (comida) restos, sobras ♦ vt {pret e pp -pp-} deitar fora; desembaraçar-se de ❖ scrap dealer sucateiro; scrap paper papel de rascunho

scrape [skreip] vt 1 raspar; to scrape a carrot raspar uma cenoura 2 raspar [against, em]; arranhar [against, em] ♦ vi 1 (em objeto) raspar [against/on, em]; the car scraped on the gate o carro raspou no portão 2 (som) chiar ♦ n 1 arranhadela,

arranhão 2 (som) chiadela 3 col enrascada, sarilho ❖ to get into a scrape meter-se num sarilho

scraper ['skreipə] n (utensílio) raspadeira, raspador

scrapheap ['skræphi:p] n monte de sucata ❖ on the scrapheap de lado

scrapings ['skreipɪŋz] n col (restos) raspas

scratch [skrætʃ] vt 1 arranhar 2 (com as unhas) coçar ♦ vi coçar-se ♦ n {pl -es} arranhão; without a scratch sem um arranhão ❖ to be up to scratch ser razoável; to start from scratch começar do zero

scrawl [skrɔːl] vt,i sarrabiscar; garatujar ♦ n sarrabisco; gatafunhada

scream [skriːm] vt,i gritar; berrar; to scream for help gritar por ajuda ♦ n grito ❖ (riso) it was a scream! foi de partir a rir!

screaming ['skriːmɪŋ] n gritaria; berreiro

screech [skriːtʃ] n {pl -es} guincho ♦ vt,i guinchar; chiar

screen [skriːn] n 1 (computador, televisão) ecrã 2 CIN tela 3 biombo ♦ vt 1 MED (doença) despistar 2 encobrir; tapar 3 (pessoas) fazer triagem

screening ['skriːnɪŋ] n 1 (filme) projeção 2 (doença) despistagem 3 (programa) emissão

screenplay ['skriːnplei] n (cinema, televisão) argumento

screensaver ['skriːnseivə] n INFORM screensaver

screenshot ['skriːnʃɒt] n imagem de ecrã

screenwriter [skriːn'raitə] n argumentista

screw [skruː] n 1 parafuso 2 GB cal guarda prisional 3 cal queca vulg ♦ vt 1 aparafusar; atarraxar 2 col extorquir; sacar 3 cal lixar; estragar 4 cal (relação sexual) papar cal ❖ col screw you! vai-te lixar!; to have a screw loose ter um parafuso a menos

♦ **screw up** *vt,i* *cal* lixar; deitar a perder; fazer asneira ❖ *to screw up courage* arranjar coragem

screwball ['skru:bɔl] *adj,n* *EUA* *col* chanfrado; maluco

screwdriver ['skru:draɪvə] *n* **1** chave de parafusos, chave de fendas **2** (bebida) vodka com laranja

screwed-up ['skru:dʌp] *adj* *col* marado; perturbado

scribble ['skrɪbəl] *vt,i* rabiscar, sarrabiscar ♦ *n* rabisco, sarrabisco

scribe [skraɪb] *n* **1** (Antigo Egito) escriba **2** (Idade Média) copista

scrimp [skrɪmp] *vi* poupar, remediar-se [on, com; to, para] ❖ *to scrimp and save* apertar o cinto

script [skrɪpt] *n* **1** guião **2** letra; caligrafia **3** (árabe, cirílico) alfabeto **4** *GB* folha de respostas (de exame) **5** INFORM script

scripture ['skrɪptʃə] *n* escrito sagrado; Escritura

scriptwriter ['skrɪpt,raɪtə] *n* guionista

scroll [skrəʊl] *n* **1** (pergaminho) rolo **2** ARQ voluta; espiral ♦ *vt,i* INFORM (informação no ecrã) deslocar, mover

scrollbar ['skrəʊlbɑ:] *n* INFORM barra de deslocamento

scrooge ['skru:dʒ] *n* avarento

scrotum ['skrəʊtəm] *n* {*pl* -a, -s} escroto

scrounge ['skraʊndʒ] *vt,i* *col* (dinheiro) sacar; cravar ❖ *to be on the scrounge* andar na pedinchice

scrub [skrʌb] *n* **1** esfrega, esfregadela **2** BOT arbusto rasteiro ♦ *vt,i* {*pret e pp* -bb-} **1** (limpezas) esfregar **2** *col* baldar-se a; desistir de

scrubber ['skrʌbə] *n* **1** (para esfregar) escova **2** (gases) purificador; filtro

scruff [skrʌf] *n* {*pl* -s} maltrapilho

scruffy ['skrʌfi] *adj* desmazelado; desleixado

scrunch [skrʌntʃ] *vt,i* esmagar; triturar

scruple ['skru:pəl] *n* escrúpulo

scrupulous ['skru:pjələs] *adj* escrupuloso

scrutinize ['skru:tɪnaɪz] *vt* examinar minuciosamente; escrutinar

scrutiny ['skru:tɪni] *n* {*pl* -ies} exame minucioso

scuba ['sku:bə] *n* escafandro autónomo ❖ *scuba diving* mergulho

scuff [skʌf] *vt* **1** (pés) arrastar **2** (sapatos) gastar; estragar ♦ *vi* andar, arrastando os pés

scull [skʌl] *n* remo curto ♦ *vt,i* remar

scullery ['skʌləri] *n* {*pl* -ies} (cozinha) copa

sculpt [skʌlpt] *vt,i* esculpir

sculptor ['skʌlptə] *n* escultor

sculptural ['skʌlptʃrəl] *adj* escultural

sculpture ['skʌlptʃə] *n* escultura ♦ *vt* esculpir; talhar; *to sculpture in stone* esculpir em pedra

scum [skʌm] *n* **1** (resíduos) espuma suja **2** (metais) escória **3** *pej* ralé; escumalha

scumbag ['skʌmbæg] *n* *cal* patife, sacana

scupper ['skʌpə] *vt* **1** *GB* *col* estragar; dar cabo de; sabotar **2** *GB* (navio) afundar

scurf [skɜ:f] *n* caspa

scurry ['skʌri] *n* {*pl* -ies} correria; debandada ♦ *vi* correr precipitadamente

scurvy ['skɜ:vi] *n* escorbuto

scuttle ['skʌtəl] *vi* (corrida) precipitar-se [for, para]; escapulir-se [for, para]

scythe [saɪð] *n* gadanha ♦ *vt* segar, ceifar

sea [si:] *n* mar; *sea air* maresia; *sea wall* paredão ❖ *sea bass* robalo; *sea horse* cavalo-marinho

seaborgium [si:'bɔ:gɪəm] *n* QUÍM (elemento químico) seabórgio

seaborne ['si:bɔ:n] *adj* transportado por mar

seafarer ['si:feərə] *n* navegante; marinheiro

seafood ['si:fu:d] *n* marisco; *seafood restaurant* marisqueira

seafront ['si:frʌnt] *n* marginal; frente de mar

sea-green ['si:gri:n] *adj,n* (cor) verde-mar

seagull ['si:gʌl] *n* gaivota

seahorse ['si:hɔːs] *n* ZOOL cavalo-marinho

seal [si:l] *n* 1 (com insígnias) selo 2 (objeto) carimbo 3 ZOOL foca ◆ *vt* 1 selar; *to seal a letter* selar uma carta 2 fechar hermeticamente; vedar ❖ *my lips are sealed* a minha boca é um túmulo; *to seal the fate of* traçar o destino de

seam [si:m] *n* 1 costura 2 (mineral, informação) filão ❖ *to be bursting at the seams* estar a rebentar pelas costuras

seaman ['si:mən] *n* {*pl* -men} marinheiro

seamanship ['si:mənʃɪp] *n* náutica

seamstress ['semstrɪs] *n* costureira, modista

seamy [si:mi] *adj* {*comp* -ier, *superl* -iest} sórdido

seance ['seɪɑːns] *n* sessão espírita

seaplane ['si:pleɪn] *n* hidroavião

seaport ['si:pɔːt] *n* porto marítimo

seaquake ['si:kweɪk] *n* maremoto

sear [sɪə] *vt* 1 (calor intenso) calcinar; cauterizar 2 (parte do corpo) queimar 3 (planta) secar 4 marcar; afetar

search [sɜːtʃ] *n* {*pl* -es} busca [of, de]; procura [of, de] ◆ *vt,i* 1 (coisa, ideia) procurar 2 (pessoa, local) fazer busca; revistar ❖ INFORM *search engine* motor de pesquisa; DIR *search warrant* mandado de busca

searcher ['sɜːtʃə] *n* pesquisador, investigador

searchlight ['sɜːtʃlaɪt] *n* holofote

seascape ['si:skeɪp] *n* paisagem marítima

seashell ['si:ʃel] *n* concha

seashore ['si:ʃɔː] *n* costa; litoral

seasick ['si:sɪk] *adj* enjoado; *to get seasick* enjoar a andar de barco

seasickness ['si:sɪknəs] *n* enjoo (em viagens no mar)

seaside ['si:saɪd] *n* beira-mar; praia ❖ *seaside resort* estância balnear

season ['si:zən] *n* 1 (do ano) estação; *the four seasons* as quatro estações 2 época; *dry season* época seca 3 (festividade) quadra 4 (espetáculos) temporada, época 5 (filmes) ciclo ◆ *vt* 1 temperar 2 (madeira) secar ❖ TEAT,DESP *season ticket* bilhete para uma época; *to be in season* ser a época de (fruto); estar com o cio (animal)

seasonable ['si:zənəbəl] *adj* próprio da época

seasonal ['si:zənəl] *adj* sazonal

seasoning ['si:zənɪŋ] *n* tempero

seat [si:t] *n* 1 (cadeira, banco) assento 2 lugar; *this seat is taken* este lugar está ocupado 3 (bicicleta) selim 4 COL traseiro, rabo ◆ *vt* sentar ❖ *please be seated* queiram sentar-se

seatbelt ['si:tbelt] *n* cinto de segurança

seating ['si:tɪŋ] *n* assentos; lugares sentados

seaward ['si:wɜːd] *adv* em direção ao mar

seaweed ['si:wi:d] *n* alga (marinha)

sebaceous [sɪ'beɪʃəs] *adj* sebáceo

sec [sek] *n* COL segundo

secession [sɪ'seʃən] *n* secessão

seclude [sɪ'klu:d] *vt* separar [from, de]; isolar [from, de]

seclusion [sɪ'klu:ʒən] *n* isolamento

second ['sekənd] *adj* (ordem) segundo ◆ *n* 1 (medição de tempo) segundo; *by the second* ao segundo 2 (tempo) momento, instante; *just a second, please* um momento, por favor 3 (ordem) segundo classificado 4 (lojas) artigo com defeito 5 (função) braço direito; assistente 6 (veículos) segunda velocidade 7 segunda via 8 MÚS segunda voz ◆ *adv* em segundo lugar ◆ *vt* apoiar ❖ *on second thoughts* pensando melhor; *to be second to none* ser insuperável; *to have second thoughts* reconsiderar

secondary ['sekəndəri] *adj* secundário

second-best [ˌsekənd'best] *adj* segundo melhor; *to come off second-best* ficar em segundo lugar ◆ *n* segunda escolha

second-class [ˌsekənd'klɑːs] *adj* 1 de segunda categoria 2 (transportes) de segunda classe 3 (correio) normal

second-hand [ˌsekənd'hænd] *adj,adv* em segunda mão

secondly ['sekəndli] *adv* segundo; em segundo lugar

second-rate ['sekənd‚reɪt] *adj* de qualidade inferior; de fraca qualidade

secrecy ['si:krɪsi] *n* 1 sigilo 2 secretismo; mistério

secret ['si:krɪt] *adj* 1 secreto; *secret admirer* admirador secreto 2 misterioso ♦ *n* segredo

secretariat [ˌsekrə'teərɪət] *n* POL secretariado

secretary ['sekrətəri] *n* {*pl* -ies} 1 (funcionário) secretário 2 POL (Reino Unido) ministro; (Estados Unidos) secretário de Estado

secrete [sɪ'kri:t] *vt* FISIOL segregar

secretion [sɪ'kri:ʃən] *n* secreção

secretive ['si:krətɪv] *adj* sigiloso, reservado

secretly ['si:krətli] *adv* secretamente; em segredo

sect [sekt] *n* seita

sectarian [sek'teərɪən] *adj* sectário

section ['sekʃən] *n* 1 (repartição) secção; sector; divisão 2 (inclsão) secção; corte 3 (obra) parte; excerto, trecho ♦ *vt* cortar; seccionar

sector ['sektə] *n* setor

secular ['sekjələ] *adj* secular

secure [sɪ'kjuə] *adj* 1 (condição psicológica) seguro; *to feel secure* sentir-se seguro 2 (coisas) apertado; fixo 3 (situação) certo; estável 4 (estado) protegido; em segurança ♦ *vt* 1 (prevenção) proteger [**from**, de; **against**, contra] 2 (objetos) prender; apertar; atar 3 assegurar; obter

securely [sɪ'kjuəli] *adv* 1 com firmeza; *securely fastened* bem apertado 2 firmemente 3 com segurança

security [sɪ'kjuərɪti] *n* {*pl* -ies} 1 segurança 2 (empréstimos) garantia ♦ *npl* ações; títulos ❖ (Nações Unidas) *Security Council* Conselho de Segurança

sedan [sɪ'dæn] *n* EUA (automóvel) três volumes, sedã

sedate [sɪ'deɪt] *adj* tranquilo; calmo; pacífico ♦ *vt* administrar sedativo, tratar com calmantes

sedation [sɪ'deɪʃən] *n* tratamento com sedativos ❖ *to be under sedation* estar sob efeito de sedativos

sedative ['sedətɪv] *adj,n* sedativo, calmante

sedentary ['sedəntəri] *adj* sedentário

sediment ['sedɪmənt] *n* sedimento

sedimentation [ˌsedɪmen'teɪʃən] *n* sedimentação

seduce [sɪ'dju:s] *vt* 1 (relação amorosa) seduzir 2 instigar, incitar [**into**, a]

seducer [sɪ'dju:sə] *n* sedutor

seduction [sɪ'dʌkʃən] *n* sedução

seductive [sɪ'dʌktɪv] *adj* sedutor; atraente

see [si:] *vt,i* {*pret* saw, *pp* seen} 1 (sentido) ver 2 (raciocínio) entender; compreender; perceber 3 encontrar-se com; ver 4 namorar com; andar com 5 certificar-se de; assegurar-se de 6 acompanhar, levar ♦ *n* sé; catedral ❖ *see you!* até à vista!; *see you tomorrow* até amanhã; *see you in a bit* até já; *to be seeing things* imaginar coisas; *you see* sabes

♦ **see off** *vt* acompanhar; despedir-se de

♦ **see through** *vt* 1 (intenções) entender; perceber 2 (apoio) acompanhar durante

♦ **see to** *vt* tratar de; encarregar-se de; *to see to it that...* certificar-se de que...

seed [si:d] *n* 1 BOT semente 2 (frutos) pevide; caroço 3 DESP (ténis) cabeça de série ♦ *npl fig* origem ♦ *vt* 1 semear [**with**, -] 2 tirar semente, pevide ou caroço a

seedy ['si:di] *adj* {*comp* -ier, *superl* -iest} *col* (aparência) com mau aspeto

seeing ['si:ɪŋ] *conj seeing as/that* visto que; já que

seek [si:k] *vt,i* {*pret* e *pp* sought} 1 procurar; buscar 2 solicitar; pedir 3 tentar; esforçar-se por

seem [si:m] *vi* parecer ❖ *so it seems* parece que sim

seeming ['siːmɪŋ] *adj* aparente

seemingly ['siːmɪŋli] *adv* **1** aparentemente **2** segundo parece

seep [siːp] *vi* (líquido) gotejar; infiltrar-se

seer ['sɪə] *n* vidente; adivinho

seesaw ['siːsɔː] *n* balancé

seethe [siːð] *vi* **1** irritar-se [**with**, com]; ferver [**with**, de] **2** (local) fervilhar [**with**, de]

segment[1] ['segmənt] *n* **1** segmento **2** (fruta) gomo

segment[2] [seg'ment] *vt* segmentar

segmentation [ˌsegmən'teɪʃən] *n* segmentação

segregate ['segrɪgeɪt] *vt* segregar; separar

segregation [ˌsegrɪ'geɪʃən] *n* segregação; separação

seismic ['saɪzmɪk] *adj* sísmico

seismograph ['saɪzmɒgrɑːf] *n* sismógrafo

seismographer [saɪz'mɒgrəfə] *n* (especialista) sismólogo

seismology [saɪz'mɒlədʒi] *n* sismologia

seize [siːz] *vt* **1** agarrar; apanhar; *to seize an opportunity* agarrar uma oportunidade **2** DIR apreender **3** (polícia) capturar; apanhar **4** MIL tomar; invadir **5** (doença, desejo) acometer; atacar

seizure ['siːʒə] *n* **1** (poder, país) tomada; conquista **2** (droga, objetos roubados) apreensão **3** ataque; *epileptic seizure* ataque epiléptico

seldom ['seldəm] *adv* raramente

select [sɪ'lekt] *vt* escolher; selecionar ♦ *adj* **1** selecionado **2** seleto; fino

selection [sɪ'lekʃən] *n* **1** (processo) seleção **2** (lojas) coleção; artigos **3** (livros) coletânea

selective [sɪ'lektɪv] *adj* seletivo

selector [sɪ'lektə] *n* **1** (mecanismo) seletor **2** DESP selecionador

selenium [sɪ'liːnɪəm] *n* selénio

self [self] *n* {*pl* -ves} eu; *inner self* eu interior

self-absorbed [ˌselfəb'sɔːbd] *adj* centrado em si mesmo; egocêntrico

self-adhesive [ˌselfəd'hiːzɪv] *adj* autocolante

self-assurance [ˌselfə'ʃɔːrəns] *n* autoconfiança

self-assured [ˌselfə'ʃɔːd] *adj* autoconfiante, seguro de si mesmo

self-centred [ˌself'sentəd] *adj* egocêntrico

self-confidence [ˌself'kɒnfɪdəns] *n* autoconfiança

self-confident [ˌself'kɒnfɪdənt] *adj* autoconfiante

self-conscious [ˌself'kɒnʃəs] *adj* **1** inibido; envergonhado **2** afetado; artificial

self-contained [ˌselfkən'teɪnd] *adj* autossuficiente; independente

self-control [ˌselfkən'trəl] *n* autodomínio, autocontrolo

self-criticism [ˌself'krɪtɪsɪzəm] *n* autocrítica

self-defeating [ˌselfdɪ'fiːtɪŋ] *adj* contraproducente

self-defence [ˌselfdɪ'fens] *n* autodefesa; DIR *in self-defence* em legítima defesa

self-defense [ˌselfdɪ'fens] *n EUA* ⇒ **self-defence**

self-denial [ˌselfdɪ'naɪəl] *n* abnegação; renúncia

self-destruction [ˌselfdɪ'strʌkʃən] *n* autodestruição

self-destructive [ˌselfdɪs'trʌktɪv] *adj* autodestrutivo

self-esteem [ˌselfɪ'stiːm] *n* amor-próprio; autoestima

self-explanatory [ˌselfɪk'splænətri] *adj* fácil de entender; evidente

self-governing [ˌself'gʌvənɪŋ] *adj* autónomo; independente

self-government [ˌself'gʌvənmənt] *n* autonomia; independência

self-help [ˌself'help] *n* autoajuda

self-indulgent [ˌselfɪn'dʌldʒənt] *adj* autocomplacente

self-interest [ˌself'ɪntrəst] *n* interesse próprio

selfish ['selfɪʃ] adj egoísta

selfishness ['selfɪʃnəs] n egoísmo

selfless ['selfləs] adj altruísta

self-made [self'meɪd] adj que venceu devido ao seu esforço

self-portrait [self'pɔːtreɪt] n autorretrato

self-reliance [selfrɪ'laɪəns] n independência, autonomia

self-respect [selfrɪ'spekt] n autoestima; amor-próprio

self-righteous [self'raɪtʃəs] adj arrogante; moralista

self-satisfaction ['selfsætɪsˌfækʃən] n autossatisfação

self-service [self'sɜːvɪs] n autosserviço, self-service

self-sufficiency [selfsə'fɪʃənsi] n autossuficiência

self-sufficient [selfsə'fɪʃənt] adj autossuficiente

self-taught [self'tɔːt] adj autodidata

self-timer [self'taɪmə] n FOT retardador

sell [sel] vt,i {pret e pp sold} vender
♦ **sell out** vi 1 (venda) esgotar 2 vender-se; trair uma causa

seller ['selə] n vendedor

selling ['selɪŋ] n venda

Sellotape ['seləʊteɪp] n fita-cola

sellout ['selaʊt] n 1 TEAT,CIN,MÚS,DESP espetáculo com lotação esgotada 2 fig,col traição

semantic [sɪ'mæntɪk] adj semântico

semantics [sɪ'mæntɪks] n semântica

semaphore ['seməfɔː] n código de bandeiras

semblance ['semblans] n aparência, aspeto

semen ['siːmən] n sémen

semester [sɪ'mestə] n semestre

semiautomatic [semɪɔːtə'mætɪk] adj semiautomático

semibreve [semɪ'briːv] n GB MÚS semibreve

semicircle ['semɪsɜːkəl] n semicírculo

semicolon [semɪ'kəʊlən] n ponto e vírgula

semiconscious [semi'kɒnʃəs] adj semiconsciente

semi-detached [semɪdɪ'tæʃt] adj geminado ♦ n casa geminada

semi-final [semi'faɪnəl] n meia-final, semifinal

semi-finalist [semi'faɪnəlɪst] n semifinalista

seminal ['semɪnəl] adj seminal

seminar ['semɪnɑː] n seminário, conferência

seminarian [semɪ'neərɪən] n seminarista

seminary ['semɪnəri] n {pl -ies} REL seminário

Semite ['siːmaɪt] n semita

Semitic [sɪ'mɪtɪk] adj semita

semivowel [semɪ'vaʊəl] n semivogal

semi-weekly [semɪ'wiːkli] adj bissemanal

semolina [semə'liːnə] n sêmola

senate ['senɪt] n senado

senator ['senətə] n senador

senatorial [senə'tɔːrɪəl] adj senatorial

send [send] vt {pret e pp sent} 1 (carta, encomenda) mandar, expedir, enviar 2 (pessoa) mandar, mandar ir ❖ **to send somebody packing** mandar alguém dar uma curva; **to send word** passar palavra
♦ **send for** vt 1 (pessoa) mandar chamar 2 mandar buscar, mandar vir
♦ **send in** vt enviar
♦ **send off** vt 1 enviar 2 (coisas); despachar 3 DESP (jogadores) expulsar

sender ['sendə] n remetente

send-off ['sendɒf] n col despedida

Senegal [senɪ'gɔːl] n Senegal

Senegalese [senɪgə'liːz] adj,n senegalês

senile ['siːnaɪl] adj senil

senility [sɪ'nɪlɪti] n senilidade

senior ['siːnɪə] adj 1 superior; sénior 2 mais velho; mais antigo 3 GB (escola) secundário 4 EUA (escola) finalista 5 DESP para seniores ♦ n 1 pessoa mais velha; **he's six years her senior** é mais velho do que ela seis anos **2** superior **3** *EUA* (aluno) finalista **4** *EUA* idoso **5** *GB* DESP sénior

seniority [ˌsɪnɪˈɒrɪtɪ] *n* (numa função) antiguidade

sensation [senˈseɪʃən] *n* sensação ❖ *to cause a sensation* fazer sensação

sensational [senˈseɪʃənəl] *adj* **1** sensacional; fantástico **2** sensacionalista

sensationalism [senˈseɪʃənəlɪzəm] *n* sensacionalismo

sense [sens] *n* **1** (físico) sentido; *the five senses* os cinco sentidos **2** (*intuição*) sensação; perceção **3** (*lucidez*) bom senso; razão; juízo **4** (palavras) sentido; significado ♦ *vt* pressentir; intuir ❖ *in a sense* de certo modo; *in no sense* de modo nenhum; *to come to one's senses* recuperar os sentidos; *to make sense* fazer sentido

senseless [ˈsensləs] *adj* **1** sem sentido **2** inconsciente; sem sentidos **3** insensato

sensibility [ˌsensɪˈbɪlɪtɪ] *n* (*pl* -ies) sensibilidade

sensible [ˈsensəbəl] *adj* **1** sensato **2** (roupas) prático; funcional

sensitive [ˈsensɪtɪv] *adj* (emoções, assunto) sensível

sensitivity [ˌsensɪˈtɪvɪtɪ] *n* **1** (emoções) sensibilidade **2** (reações) suscetibilidade

sensitize [ˈsensɪtaɪz] *vt* sensibilizar; alertar

sensor [ˈsensə] *n* sensor

sensory [ˈsensərɪ] *adj* sensorial ❖ *sensory organs* órgãos dos sentidos

sensual [ˈsenʃʊəl] *adj* sensual

sensuality [ˌsensjʊˈælɪtɪ] *n* sensualidade

sensuous [ˈsensjʊəs] *adj* sensual

sentence [ˈsentəns] *n* **1** LING frase; oração **2** DIR sentença; pena; *to pass sentence* pronunciar uma sentença; *to serve a sentence* cumprir uma pena ♦ *vt* sentenciar; condenar [to, a]

sentiment [ˈsentɪmənt] *n* **1** *form* sentimento **2** sentimentalismo

sentimental [ˌsentɪˈmentəl] *adj* **1** sentimental **2** sentimentalista

sentimentality [ˌsentɪmenˈtælɪtɪ] *n* sentimentalismo

sentinel [ˈsentɪnəl] *n* sentinela; soldado

sentry [ˈsentrɪ] *n* (*pl* -ies) sentinela ❖ *sentry box* guarita

separate[1] [ˈsepərət] *adj* **1** separado **2** diferente; distinto

separate[2] [ˈsepəreɪt] *vt* **1** separar [from, de] **2** (objetos) desunir; desprender; soltar **3** (pessoas) diferenciar [from, de] ♦ *vi* **1** separar-se [from, de]; afastar-se [from, de] **2** (pessoas, casais) separar-se **3** (objetos) desunir-se; desprender-se

separately [ˈseprɪtlɪ] *adv* separadamente

separation [ˌsepəˈreɪʃən] *n* separação

separatism [ˈsepərətɪzəm] *n* separatismo

separatist [ˈsepərətɪst] *adj,n* separatista

separator [ˈsepəreɪtə] *n* (máquina) separador

sepia [ˈsiːpɪə] *n* sépia

September [sepˈtembə] *n* setembro

septic [ˈseptɪk] *adj* séptico; *septic poisoning* septicemia; *septic tank* fossa séptica

septuagenarian [ˌseptjʊədʒɪˈneərɪən] *n* septuagenário

sepulchre [ˈsepəlkə] *n* sepulcro; túmulo ❖ REL *Holy Sepulchre* Santo Sepulcro

sequel [ˈsiːkwəl] *n* **1** consequência; resultado **2** (de filme, livro) sequela; continuação

sequence [ˈsiːkwəns] *n* **1** sequência; ordem **2** série [of, de]; cadeia [of, de] **3** (de filme) cena; sequência

sequential [sɪˈkwenʃəl] *adj* sequencial

sequester [sɪˈkwestə] *vt* DIR apreender; confiscar; arrestar

sequestrate [sɪˈkwestreɪt] *vt* DIR apreender; confiscar; arrestar

sequestration [ˌsiːkwəsˈtreɪʃən] *n* DIR penhora; (até pagamento de dívida) arresto

sequin [ˈsiːkwɪn] *n* lantejoula

serenade [ˌserɪˈneɪd] *n* serenata ♦ *vt* fazer uma serenata

serene [sɪˈriːn] *adj* sereno; calmo; tranquilo ❖ *His/Her Serene Highness* Sua Alteza Sereníssima

serenity [sɪˈrenɪti] *n* serenidade; tranquilidade

serf [sɜːf] *n* {*pl* -s} (feudalismo) servo

serfdom [ˈsɜːfdəm] *n* servidão; sujeição

serge [sɜːdʒ] *n* sarja

sergeant [ˈsɑːdʒənt] *n* **1** MIL sargento **2** (polícia) chefe

serial [ˈsɪərɪəl] *adj* **1** em série; *serial killer* assassino em série **2** de série; *serial number* número de série **3** (publicação) em fascículos ♦ *n* **1** (televisão) série **2** (texto) folhetim

series [ˈsɪərɪz] *n* {*pl* series} **1** série; sucessão **2** sequência **3** (palestras, filmes) ciclo **4** TV,ELET série

serious [ˈsɪərɪəs] *adj* (expressão, situação, carácter) sério

seriously [ˈsɪərɪəsli] *adv* **1** (situação) gravemente **2** (sem brincadeiras) seriamente, a sério

seriousness [ˈsɪərɪəsnəs] *n* seriedade; gravidade ❖ *in all seriousness* muito seriamente

sermon [ˈsɜːmən] *n* sermão

serpent [ˈsɜːpənt] *n lit* serpente

serum [ˈsɪərəm] *n* {*pl* serums} (sanguíneo, para vacina) soro

servant [ˈsɜːvənt] *n* **1** (em casas) empregado **2** (em empresas) funcionário

serve [sɜːv] *vt* **1** (refeição, função) servir; *dinner is served* o jantar está na mesa **2** (produtos) ser suficiente para; chegar para; *there is food to serve everybody* a comida chega para todos **3** COM servir; abastecer **4** (satisfação pessoal) satisfazer; contentar; *nothing ever seems to serve him* nada parece satisfazê-lo **5** DIR (pena) cumprir; *he is serving a two year sentence* ele está a cumprir uma pena de dois anos ♦ *vi* **1** (função) prestar serviço **2** (*adaptar-se*) servir [*for*, de; *to*, para] **3** DESP (ténis, vólei, badminton) servir ♦ *n*

DESP (ténis, vólei, badminton) serviço ❖ *to serve a purpose* servir para alguma coisa; *to serve at mass* ajudar à missa; *irón,col it serves you right!* é bem feito!; DIR *to be served with a notice* ser notificado; *col to be serving time* estar na prisão

server [ˈsɜːvə] *n* **1** INFORM servidor **2** DESP jogador que serve **3** talher **4** EUA empregado (de mesa)

service [ˈsɜːvɪs] *n* **1** serviço; MIL *active service* serviço ativo; *to be on service* estar de serviço **2** REL serviço religioso, missa **3** DESP (ténis, vólei, badminton) serviço **4** (loiça) serviço; *dinner service* serviço de jantar ♦ *npl* ECON (setor de atividade) serviços ♦ *vt* **1** servir; prestar serviço **2** (carro) fazer uma revisão a ❖ *service charge* despesas de mão-de-obra; *service door* porta de serviço; *service station* estação de serviço

serviceable [ˈsɜːvɪsəbəl] *adj* que pode ser usado; operacional

serviette [ˌsɜːvɪˈet] *n GB* guardanapo

servile [ˈsɜːvaɪl] *adj* servil

servitude [ˈsɜːvɪtjuːd] *n* servidão; escravidão

sesame [ˈsesəmi] *n* sésamo

session [ˈseʃən] *n* **1** sessão; *photo session* sessão fotográfica; *to meet in closed session* reunir-se à porta fechada **2** EUA período letivo

set [set] *n* **1** série [of, de]; conjunto [of, de]; *set of tools* conjunto de ferramentas **2** aparelho **3** (louça) serviço; *coffee set* serviço de café **4** CIN cenário, estúdio **5** (jogo) partida ♦ *adj* **1** fixo; pré-definido; estipulado; *a set menu* um menu fixo **2** preparado; *are you set?* estão preparados? ♦ *vt* {*pret e pp* set} **1** (posicionamento) pôr; colocar **2** (medidas) fixar; estipular **3** (aparelhos) acertar; regular; *to set a clock* acertar um relógio **4** (decoração, ação) arranjar; preparar; *to set a trap* preparar uma armadilha **5** (acontecimentos) desenrolar-se [in, em]; passar-se [in, em]

♦ vi 1 (roupa) assentar; ficar; *the jacket sets well* o casaco assenta bem 2 CUL solidificar; secar ❖ CIN *set design* cenografia; *television set* aparelho de televisão; *to set eyes on* pôr a vista em

◆ **set about** vi começar; meter mãos à obra

◆ **set against** vt 1 (situações) contrabalançar com; contrapor a 2 (impostos) deduzir em 3 (inimizades) virar contra; pôr contra

◆ **set apart** vt 1 (objetos) pôr de lado; separar 2 (situações) distinguir, diferenciar [from, de]

◆ **set aside** vt 1 (tempo, dinheiro) reservar; destinar 2 (sentimento, convicção) pôr de lado; rejeitar

◆ **set back** vt 1 (processo) atrasar 2 *col* (dinheiro) custar

◆ **set down** vt 1 (passageiros) deixar sair; largar 2 (ideias, sentimentos) anotar; assentar

◆ **set in** vi instalar-se; chegar; *the night is setting in* a noite está a chegar

◆ **set off** vi (viagem) partir ♦ vt 1 (bomba) detonar 2 (processo) desencadear 3 (emoções) provocar 4 (cor, traço) realçar

◆ **set on** vt (ataque) atiçar; picar

◆ **set out** vi (viagem) partir 2 (processo) iniciar; começar ♦ vt 1 (atividade) preparar; organizar 2 (ideias) expor; apresentar

◆ **set to** vi meter mãos à obra

◆ **set up** vt 1 (estruturas) construir; montar 2 (negócio) abrir, montar 3 (processo) instaurar; desencadear 4 tramar, conspirar; montar uma armadilha; *his enemies have set him up* os inimigos montaram-lhe uma armadilha ♦ vi 1 (negócio, profissão) estabelecer-se [as, como] 2 (fingimento) fazer-se passar [as, por] 3 (físico) pôr em forma

setback ['setbæk] n revés; contrariedade

settee [se'ti:] n sofá

setting ['setɪŋ] n 1 cenário; ambiente 2 (de botão, interruptor) posição 3 parâmetro 4 (joias) engaste 5 arranjo musical

settle ['setəl] vt 1 (questão) resolver; decidir; *that settles the matter* isso resolve a questão 2 (habitar) povoar; colonizar 3 (encontro) combinar 4 (aparelhos) regular 5 (conforto) instalar; colocar; recostar 6 (acordos) pagar; liquidar; *to settle a bill* liquidar um empréstimo ♦ vi 1 (local) instalar-se, fixar-se; *they settled in a beautiful house* eles instalaram-se numa bela casa 2 (pó, agitação) assentar

◆ **settle down** vi 1 (vida) assentar; instalar-se 2 (estado emocional) acalmar-se; tranquilizar-se 3 (antes de ação) preparar-se [to/for, para]

◆ **settle in** vi (nova situação) adaptar-se; acostumar-se; instalar-se

◆ **settle up** vi acertar as contas; liquidar dívida

settled ['setəld] adj 1 fixo; estável 2 povoado 3 instalado; confortável

settlement ['setəlmənt] n 1 acordo; contrato 2 (local) povoação 3 (processo) povoamento; colonização 4 pagamento; liquidação

settler ['setlə] n povoador; colono

set-to ['set,tu] n {pl set-tos} col briga

set-up ['setʌp] n arranjo; organização

seven ['sevən] num card,n sete

seventeen [,sevən'ti:n] num card,n dezassete

seventeenth [,sevən'ti:nθ] num ord,n décimo sétimo ❖ *on the seventeenth* no dia dezassete

seventh ['sevənθ] num ord,n sétimo ❖ *on the seventh* no dia sete

seventieth ['sevəntiθ] num ord,n septuagésimo

seventy ['sevənti] num card,n setenta ❖ (década) *the seventies* os anos setenta; *to be in one's seventies* ter 70 e tal anos

sever ['sevə] vt **1** (coisas) cortar; separar **2** (parte do corpo) decepar **3** (relações) cortar; romper

several ['sevərəl] adj vários

severance ['sevərəns] n **1** rutura, rompimento, corte [from, com; of, de] **2** (despedimento) indemnização ❖ *severance pay* indemnização por despedimento

severe [sɪ'vɪə] adj {comp -er, superl -est} **1** muito grave **2** (pessoa, expressão) severo **3** (tarefa, teste) difícil **4** (aspeto, decoração) sóbrio

severity [sɪ'verɪti] n {pl -ies} **1** (situação) gravidade **2** (comportamento) severidade

sew [səʊ] vt,i {pret sewed, pp sewn} coser; costurar

sewage ['su:ɪdʒ] n águas residuais; esgotos ❖ *sewage farm* estação de tratamento de águas residuais

sewer ['su:ə] n esgoto, cano de esgoto

sewerage ['su:ərɪdʒ] n sistema de esgotos

sewing ['səʊɪŋ] n costura; *sewing machine* máquina de costura

sex [seks] n {pl -es} sexo ❖ *sex appeal* atração sexual; *to have sex with* ter relações sexuais com

sexagenarian [ˌseksədʒɪ'neərɪən] adj,n sexagenário

sexism ['seksɪzəm] n sexismo

sexist ['seksɪst] adj,n sexista

sexologist [sek'sɒlədʒɪst] n sexólogo

sexology [sek'sɒlədʒɪ] n sexologia

sextet ['sekstet] n sexteto

sexton ['sekstən] n sacristão

sextuple ['sekstjʊpəl] adj,n sêxtuplo ♦ vt,i sextuplicar

sexual ['sekʃʊəl] adj sexual

sexuality [sekʃʊ'ælɪti] n sexualidade

sexy ['seksi] adj {comp -ier, superl -iest} sensual; sexy

Seychelles [seɪ'ʃelz] npl Seicheles

shabby ['ʃæbi] adj {comp -ier, superl -iest} **1** (roupas) gasto; coçado **2** (edifício, objeto) em mau estado **3** (pessoa) esfarrapado

shack [ʃæk] n casebre, barraca
  ◆ **shack up** vi col (pessoas) juntar-se; *to shack up with somebody* ir viver com alguém

shackle ['ʃækəl] n algema; *a pair of shackles* um par de algemas ♦ vt algemar; agrilhoar ❖ *to be shackled by the law* ser travado pela lei

shade [ʃeɪd] n **1** (sem sol) sombra; *to keep in the shade* conservar à sombra **2** (candeeiro) quebra-luz, abat-jour **3** EUA estore **4** (cor) tom, tonalidade; matiz **5** (maquilhagem) sombra ♦ npl col óculos de sol ♦ vt escurecer; sombrear ♦ vi fundir-se, confundir-se [into, em] ❖ *to be a shade large* ser demasiado grande; *to move something a shade* mover alguma coisa um tudo-nada; *to put someone in the shade* relegar alguém para segundo plano

shadow ['ʃædəʊ] n **1** (formas) sombra; *the shadow of the building* a sombra do edifício **2** (área) sombra; escuridão **3** fig (indício) vestígio; sombra; *without a shadow of doubt* sem sombra de dúvida ♦ vt **1** lit (luz) sombrear; obscurecer **2** (tempo) nublar; toldar **3** (vigia) seguir de perto; colar-se ❖ POL *shadow cabinet* governo-sombra; POL *shadow minister* ministro-sombra; *to be afraid of one's own shadow* temer a própria sombra; *to be a shadow of one's former self* ser uma sombra do que se era

shady ['ʃeɪdi] adj {comp -ier, superl -iest} **1** (local) à sombra; abrigado do sol **2** (ato, negócio) desonesto; obscuro

shaft [ʃɑːft] n **1** passagem **2** (de elevador, mina) poço **3** haste; cabo **4** (luz) nesga **5** MEC veio; eixo **6** seta; dardo

shag [ʃæg] n **1** col (cabelo) guedelha **2** cal (ato sexual) queca vulg ♦ vt cal dar uma queca

shaggy ['ʃægi] adj {comp -ier, superl -iest} desgrenhado

shah [ʃɑː] n xá

shake [ʃeɪk] vt {pret shook, pp shaken} **1** (pessoa, objeto) sacudir; abanar; agitar

2 (com força) sacudir [**from**, de] 3 (estado mental) abalar ♦ vi 1 (pessoa, situação) tremer 2 (coisa) abanar ♦ n 1 abanão; sacudidela 2 GEOL terramoto; abalo 3 *EUA col* batido ♦ *npl* (corpo) tremores ❖ *col shake a leg!* despachem-se!; *shake before use* agitar antes de usar; *to shake hands with someone* dar um aperto de mão; *to shake like a leaf* tremer como varas verdes

♦ **shake off** *vt* livrar-se de; despachar

♦ **shake up** *vt* 1 (líquidos) mexer; agitar 2 (equilíbrio mental) abalar; afetar

shaken ['ʃeɪkən] *adj* perturbado; abalado

shaker ['ʃeɪkə] *n* misturador

shaky ['ʃeɪki] *adj* {*comp* -ier, *superl* -iest} 1 trémulo 2 instável 3 tremido

shall [ʃəl] *v mod* {*pret* should} 1 (futuro) ir; *I shall miss her* vou sentir a falta dela 2 (perguntas, sugestões) dever; ter de, *shall I go with you?* queres que vá contigo?

shallow ['ʃæləʊ] *adj* {*comp* -er, *superl* -est} 1 (águas) pouco profundo, baixo 2 (pessoa, ideia) fútil; superficial

sham [ʃæm] *n* 1 (situação) farsa; embuste 2 (pessoa) impostor; farsante 3 (objetos) falsificação; imitação ♦ *adj* 1 (situação) pretenso; simulado 2 (material, objeto) postiço; falso ♦ *vt* enganar; ludibriar ♦ *vi* fingir; *he shammed to be ill* ele fingiu estar doente ❖ *sham fight* combate simulado

shamble ['ʃæmbəl] *vi* caminhar tropegamente; cambalear; *he shambled to his room* ele cambaleou até ao quarto

shambles ['ʃæmbəlz] *n* confusão, desordem, caos

shame [ʃeɪm] *n* 1 vergonha; *in shame* com vergonha; *to my shame* para minha vergonha 2 (embaraço) pejo; pudor 3 (sentimento) pena; *what a shame!* que pena! ♦ *vt* humilhar ❖ *shame on you!* devias ter vergonha!

shamefaced ['ʃeɪmfeɪst] *adj* envergonhado

shameful ['ʃeɪmfʊl] *adj* vergonhoso

shameless ['ʃeɪmləs] *adj* descarado; desavergonhado

shampoo [ʃæm'puː] *n* champô ♦ *vt* lavar com champô

shank [ʃæŋk] *n* 1 (ferramenta) haste 2 (de pessoa) canela; (de animal) perna

shanty ['ʃænti] *n* {*pl* -ies} barraca; casebre ❖ *shanty town* bairro de lata

shape [ʃeɪp] *n* 1 forma; feitio; *in the shape of* sob a forma de; *to take shape* tomar forma 2 (pessoa) figura; silhueta 3 (saúde) forma física; *to be in good shape* estar em boa forma; *to keep in shape* manter a forma ♦ *vt* modelar; moldar ❖ *something in the shape of* uma espécie de; *to get one's ideas into shape* ordenar as ideias

♦ **shape up** *vi col* tomar forma ❖ *col* (trabalho) *shape up!* vê lá se atinas!

shapeless ['ʃeɪpləs] *adj* sem forma

share [ʃeə] *n* 1 parte, quinhão, quota [**in**, em; **of**, de]; *he had no share in this* ele não teve nada a ver com isto; *he has had his share of trouble* ele já teve o seu quinhão de problemas 2 ECON ação ♦ *vt* 1 (posse) partilhar, dividir [**with**, por] 2 (ideias, sentimentos) compartilhar ♦ *vi* tomar parte, participar [**in**, em] ❖ *for my share* quanto a mim; *to pay one's share* pagar a sua parte

shareholder ['ʃeəhəʊldə] *n* acionista

shareware ['ʃeəweə] *n* shareware

sharing ['ʃeərɪŋ] *n* 1 (bens) partilha; divisão 2 (fundos) comparticipação

shark [ʃɑːk] *n* 1 tubarão 2 *col* vigarista

sharp [ʃɑːp] *adj* {*comp* -er, *superl* -est} 1 afiado; aguçado 2 (descida, aumento) acentuado 3 (som, dor) agudo 4 (diferença) marcante 5 (tom) ríspido; (crítica) duro 6 (forma, contorno) definido 7 perspicaz 8 elegante 9 (curva) apertado 10 (sabor) ácido, azedo 11 (rosto, nariz) comprido 12 MÚS sustenido ♦ *adv* (hora) em ponto ♦ *n* MÚS sustenido

sharpen ['ʃɑːpən] vt 1 (objeto) afiar 2 (apetite) aguçar; abrir 3 fig (situação) intensificar, agudizar ♦ vi 1 fig (situação) intensificar, agudizar 2 MÚS subir meio tom

sharpener ['ʃɑːpənə] n afiador; **pencil sharpener** apara-lápis, aguça

sharpshooter [ʃɑːpˈʃuːtə] n bom atirador

shatter ['ʃætə] vt 1 (vidro, louça) estilhaçar 2 (emoções, sonhos) destroçar; destruir 3 col (esforço físico) moer; fatigar ♦ vi 1 (louça, vidro) estilhaçar-se 2 (emoções) destroçar; dilacerar

shattering ['ʃætərɪŋ] adj 1 (emoções) esmagador 2 col cansativo, esgotante; **what a shattering day!** que dia mais cansativo!

shave [ʃeɪv] vi 1 (barba) barbear; fazer a barba 2 (com lâmina) fazer depilação 3 (preço, quantia) reduzir; ajustar 4 (madeira) aparar, aplainar ♦ vt 1 fazer a barba, barbear 2 (com lâmina) fazer depilação, depilar ❖ **to be a close shave** ser por um triz; **to have a narrow shave** escapar por pouco; **to have a shave** fazer a barba

shaver ['ʃeɪvə] n máquina de barbear

shaving ['ʃeɪvɪŋ] n barbear ♦ npl aparas ❖ **shaving brush** pincel de barba; **shaving cream/foam** creme/espuma de barbear

shawl [ʃɔːl] n xaile

she [ʃiː] pron pess {pl they} 1 (pessoa, animal) ela 2 aquela ♦ n (bebé) menina; (animal) fêmea

sheaf [ʃiːf] n {pl -ves} 1 (palha) molho; feixe 2 (papel) maço

shear [ʃɪə] n (ovelhas) tosquia ♦ npl 1 (instrumento) tosquiadeira 2 (jardinagem) podão ♦ vt {pret sheared, pp shorn} 1 (ovelhas) tosquiar 2 (jardinagem) podar

shearing ['ʃɪərɪŋ] n 1 (ovelhas) tosquia 2 AGR poda

shears [ʃɪəz] npl tesoura de poda

sheath [ʃiːθ] n 1 (faca, espada) bainha 2 (objeto) invólucro

sheathe [ʃiːð] vt 1 (faca, espada) embainhar 2 (estruturas) recobrir, revestir, forrar [with, com; in, de]

shed [ʃed] n 1 (estação, paragem) abrigo 2 (construção) barracão; telheiro ♦ vt {pret e pp shed} 1 (líquidos) derramar; verter; **to shed tears** derramar lágrimas 2 (cabelo, folhas, penas) perder 3 (emoções) soltar; libertar-se de 4 (luz) lançar; emitir; irradiar 5 (carga) deixar cair; derramar ❖ **to shed light on the matter** esclarecer o assunto

sheen [ʃiːn] n lustro; brilho

sheep [ʃiːp] n {pl sheep} ovelha; carneiro; **a flock of sheep** um rebanho de ovelhas

sheepdog ['ʃiːpdɒg] n cão pastor

sheepfold ['ʃiːpfəʊld] n curral, redil

sheer [ʃɪə] adj 1 (ênfase) puro, simples; mero; **it was sheer coincidence** foi pura coincidência 2 (material) puro 3 (superfície) íngreme; **sheer cliff** penhasco íngreme ♦ vi desviar-se; guinar

sheet [ʃiːt] n 1 lençol 2 (papel) folha 3 placa; chapa 4 camada

sheikh [ʃeɪk] n (chefe árabe) xeque

shelf [ʃelf] n {pl -ves} prateleira

shell [ʃel] n 1 (ovo, frutos secos) casca 2 ZOOL concha 3 (tartaruga, caracol) carapaça 4 MIL obus; bomba 5 (veículos) carcaça ♦ vt 1 (ovos, ervilhas, nozes) descascar 2 MIL bombardear ❖ (timidez) **to crawl out of one's shell** sair da casca

♦ **shell out** vt,i col pagar; desembolsar

shellfish ['ʃelfɪʃ] n marisco

shelter ['ʃeltə] n 1 abrigo 2 (proteção) refúgio ♦ vi (perigo, tempo) abrigar-se; proteger-se ♦ vt acolher; dar abrigo ❖ **to take shelter** proteger-se; **to take shelter from the rain** abrigar-se da chuva

shelve [ʃelv] vt (processo) suspender; interromper ♦ vi (terreno) precipitar-se; descer a pique

shepherd ['ʃepəd] n pastor ❖ CUL **shepherd's pie** empadão

sheriff ['ʃerɪf] n xerife

sherry ['ʃeri] n xerez

shield [ʃiːld] n 1 (arma de defesa) escudo 2 fig proteção, defesa [against, contra] ♦ vt defender, proteger [from, de]

shift [ʃɪft] n 1 (funções) turno 2 (direção) viragem; mudança ♦ vt 1 (rumo) virar; desviar; mudar; *he shifted the course of the conversation* ele desviou a conversa 2 (nódoas) remover ♦ vi (direção) virar ❖ INFORM *shift key* tecla das maiúsculas; *don't shift the blame on them* não lances a culpa sobre eles; *night shift* turno da noite; *to live on shifts* viver de expedientes

shiftless [ˈʃɪftləs] adj indolente; preguiçoso

shifty [ˈʃɪfti] adj {comp -ier, superl -iest} finório

shilling [ˈʃɪlɪŋ] n (moeda antiga) xelim

shin [ʃɪn] n (perna) canela

shinbone [ˈʃɪnbəʊn] n tíbia

shindig [ˈʃɪndɪ] n {pl -ies} col festança; festarola

shine [ʃaɪn] vi {pret e pp shone} 1 (sol) brilhar 2 (luminosidade) brilhar; cintilar 3 (sentimento) irradiar [**from**, de] ♦ vt 1 (luz) apontar [**in**, para] 2 (limpeza) polir; engraxar ♦ n 1 (luminosidade) brilho; fulgor 2 (limpeza) lustro; polimento ❖ *to take a shine to someone* simpatizar de imediato com alguém

shiner [ˈʃaɪnə] n col olho negro

shingle [ˈʃɪŋgəl] n pedrinhas

shiny [ˈʃaɪni] adj {comp -ier, superl -iest} brilhante

ship [ʃɪp] n navio ♦ vt {pret e pp -pp-} 1 (pessoas) embarcar 2 (mercadoria) enviar por barco ❖ *battle ship* navio de guerra; *merchant ship* navio mercante; *ship's cook* cozinheiro de bordo; *to take ship* embarcar

shipmate [ˈʃɪpmeɪt] n companheiro de bordo

shipment [ˈʃɪpmənt] n 1 embarque 2 (mercadoria) carregamento

shipowner [ˈʃɪpəʊnə] n (navio) armador

shipper [ˈʃɪpə] n despachante

shipping [ˈʃɪpɪŋ] n 1 embarcações; navios 2 embarque 3 envio; transporte

shipwreck [ˈʃɪprek] n 1 (acontecimento) naufrágio 2 barco naufragado ❖ *to be shipwrecked* naufragar

shipyard [ˈʃɪpjɑːd] n estaleiro

shire [ˈʃaɪə] n (antiga designação) condado

shirk [ʃɜːk] vt esquivar-se a; furtar-se a

shirt [ʃɜːt] n camisa ❖ *to keep one's shirt on* manter a calma

shirt-tail [ˈʃɜːteɪl] n fralda da camisa

shit [ʃɪt] n vulg merda vulg ♦ vi vulg cagar cal ❖ vulg *I don't give a shit* quero lá saber!; vulg *to be shitting oneself* estar a borrar-se de medo

shiver [ˈʃɪvə] n tremor; arrepio ♦ vi 1 (medo) tremer 2 (frio) tremer; tiritar ❖ col *it gives me the shivers* provoca-me arrepios

shivery [ˈʃɪvəri] adj a tremer ❖ *to feel shivery* estar com arrepios

shoal [ʃəʊl] n (peixes) cardume

shock [ʃɒk] n 1 (estado emocional) choque; abalo; comoção 2 ELET choque; *to get a shock* apanhar um choque 3 (coisas) embate; choque; colisão 4 MED estado de choque ♦ vt 1 (emoções) chocar; abalar 2 (mentalidades) escandalizar; indignar ❖ *shock absorber* amortecedor; *shock therapy* terapia de choque; *shock waves* ondas de choque

shocking [ˈʃɒkɪŋ] adj 1 chocante; revoltante 2 col terrível ❖ (cor) *shocking pink* rosa-choque

shoddy [ˈʃɒdi] adj {comp -ier, superl -iest} mal feito; tosco

shoe [ʃuː] n 1 (pé) sapato; *a pair of shoes* um par de sapatos; *to take off one's shoes* descalçar os sapatos 2 (indústria) calçado 3 (cavalos) ferradura ♦ vt {pret e pp shod} (cavalos) pôr ferradura, ferrar ❖ *put yourself in my shoes* põe-te no meu lugar; *to fill someone's shoes* ocupar o lugar de alguém

shoebrush [ˈʃuːbrʌʃ] n escova dos sapatos

shoehorn [ˈʃuːhɔːn] n calçadeira

shoelace ['ʃuːleɪs] n GB (sapatos) atacador; cordão

shoemaker ['ʃuːmeɪkə] n sapateiro

shoeshiner ['ʃuːʃaɪnə] n engraxador

shoestring ['ʃuːstrɪŋ] n EUA (sapatos) atacador; cordão

shoot [ʃuːt] n 1 BOT rebento; vergôntea 2 GB caçada ♦ vt (pret e pp shot) 1 (arma de fogo) disparar 2 (a tiro) matar; caçar 3 (com um tiro) ferir; acertar 4 cal (droga) (injetar) chutar 5 CIN filmar; *to shoot a scene* filmar uma cena ♦ vi 1 disparar [at, contra] 2 BOT rebentar; brotar 3 EUA cal dizer 4 DESP rematar [at, a] ❖ EUA col *to shoot billiards* jogar bilhar

♦ **shoot down** vt 1 (arma de tiro) abater 2 fig (ideias, opiniões) rebater, deitar por terra

shooter ['ʃuːtə] n atirador

shooting ['ʃuːtɪŋ] n 1 tiroteio 2 assassinato 3 fuzilamento 4 caça (a tiro) 5 filmagem; rodagem ❖ *shooting star* estrela cadente

shop [ʃɒp] n 1 COM (venda) loja 2 (fabricantes) armazém; oficina ♦ vi ir às compras; fazer compras ❖ *shop assistant* empregado de balcão; *shop steward* delegado sindical; *to set up shop* estabelecer-se

shopkeeper ['ʃɒpkiːpə] n comerciante; lojista

shoplifter ['ʃɒplɪftə] n ladrão (numa loja)

shoplifting ['ʃɒplɪftɪŋ] n roubo (em lojas)

shopper ['ʃɒpə] n comprador; freguês

shopping ['ʃɒpɪŋ] n compras; *to go shopping* ir às compras ❖ *shopping centre* centro comercial

shore [ʃɔː] n 1 praia; beira-mar 2 costa; litoral

shorn [ʃɔːn] adj (cabelo) muito curto ❖ *to be shorn of* ficar sem; *to be shorn of all one's belongings* ficar sem nada

short [ʃɔːt] adj 1 curto; pequeno 2 baixo 3 breve 4 com falta [of/on, de]; *to be short on something* ter falta de alguma coisa 5 pouco; escasso 6 brusco ♦ n 1 col

curta-metragem 2 col curto-circuito 3 GB (bebida) shot ♦ npl calções ❖ *short circuit* curto-circuito; *short cut* atalho; *short story* conto; *for short* para abreviar; *in short* em resumo

shortage ['ʃɔːtɪdʒ] n falta, escassez

shortcake ['ʃɔːtkeɪk] n bolachas amanteigadas

shortchange [ʃɔːt'tʃeɪndʒ] vt 1 col enganar-se no troco 2 col enganar; intrujar; burlar

short-circuit [ʃɔːt'sɜːkɪt] n ELET curto-circuito ♦ vt 1 ELET entrar em curto-circuito ♦ vt 1 ELET provocar um curto-circuito 2 fig (dificuldade) resolver 3 fig (plano) boicotar; frustrar

shortcoming ['ʃɔːtˌkʌmɪŋ] n 1 (pessoas) defeito; falha 2 (coisa) lacuna; falta

shortcrust ['ʃɔːtkrʌst] adj CUL amanteigado

shortcut ['ʃɔːtkʌt] n atalho; *to take a shortcut* meter por um atalho ❖ *there's no shortcut to* não há uma fórmula mágica para

shorten ['ʃɔːtən] vt, i 1 (dimensões) diminuir; encurtar 2 (assunto) abreviar; resumir

shortfall ['ʃɔːtfɔl] n défice; buraco

shorthand ['ʃɔːthænd] n estenografia

short-list ['ʃɔːtlɪst] vt pré-selecionar

short-lived ['ʃɔːtlɪvdt] adj passageiro; temporário

shortly ['ʃɔːtli] adv 1 dentro de momentos, em breve 2 rispidamente, bruscamente ❖ *shortly after* pouco depois; *shortly before* pouco antes

short-range [ʃɔːt'reɪndʒ] adj 1 (arma) de curto alcance 2 (objetivos, previsão) a curto prazo

short-sighted ['ʃɔːtˌsaɪtɪd] adj 1 GB míope 2 (pessoa, projeto) de vistas curtas; limitado

short-sightedness ['ʃɔːtˌsaɪtɪdnəs] n 1 MED miopia 2 fig (atitude) tacanhez, falta de visão

short-staffed ['ʃɔːt‚stɑːft] *adj* com pouco pessoal

short-tempered ['ʃɔːt‚tempəd] *adj* irritadiço; implicante

short-term [‚ʃɔːt'tɜːm] *adj* **1** (fim próximo) de curta duração **2** (efeitos) a curto prazo

shot [ʃɒt] *n* **1** tiro, disparo; *to take a shot at someone* disparar contra alguém **2** (canhão, espingarda) bala **3** *col* tentativa **4** fotografia **5** (filme) plano; *a close shot* um grande plano **6** *col* injeção, vacina **7** (lançamento do peso) peso **8** *EUA* (bebida) shot ❖ *a shot in the dark* um tiro no escuro; *big shot* mandachuva; *to do something like a shot* não pensar duas vezes

shotgun ['ʃɒtgʌn] *n* caçadeira

should [ʃʊd] *auxiliar do condicional, pret de* shall ♦ *v mod* **1** (conselho, opinião) dever; *he shouldn't miss classes* ele não devia faltar às aulas; *you should have seen it* devias ter visto **2** *form* (condição) se; *should you need any help, just call me* se necessitar de ajuda, telefone-me ❖ *GB I should have thought* eu já devia saber; *I should know* eu é que sei; *col I should think so* também acho que sim; *irón who should appear but* quem havia de aparecer senão

shoulder ['ʃəʊldə] *n* **1** *ANAT* ombro; *to shrug one's shoulders* encolher os ombros **2** (roupa) ombreira; chumaço **3** *EUA* (estrada) berma ♦ *vt* **1** (culpa, despesas) arcar com; assumir **2** (multidões) acotovelar, empurrar; abrir caminho; *to shoulder one's way through* abrir caminho com os ombros **3** (pesos) pôr às costas ❖ *shoulder bag* carteira com alça a tiracolo; *ANAT shoulder blade* omoplata; *shoulder pad* ombreira; *a shoulder to cry on* um ombro amigo; *col to give somebody the cold shoulder* ignorar alguém

shout [ʃaʊt] *vt,i* gritar; berrar; *to shout at somebody* gritar com alguém; *to shout for help* gritar por ajuda ♦ *n* grito, berro; *to give a shout* dar um grito ❖ *to shout*

something from the rooftops fazer alarde de alguma coisa

shouting ['ʃaʊtɪŋ] *n* gritaria; berreiro ❖ *a shouting match* uma peixeirada*col*

shove [ʃʌv] *vt,i* **1** (pessoa, objeto) empurrar; dar um encontrão a **2** atirar, enfiar ♦ *n* empurrão, encontrão ❖ *when push comes to shove* na hora do aperto

♦ **shove around** *vt* **1** (desvio de objeto) empurrar **2** *col* dar ordens a

♦ **shove off** *vi pop* partir; pôr-se a andar

shovel ['ʃʌvəl] *n* **1** (utensílio) pá **2** (máquina) escavadora ♦ *vt {pret e pp -ll-}* cavar, escavar ❖ *col to shovel food into one's mouth* enfiar comida pela goela abaixo

show [ʃəʊ] *n* **1** (evento) espetáculo **2** (rádio, televisão) programa **3** (exibição) mostra, exposição ♦ *vt {pret* showed, *pp* shown, showed} **1** (indicação) mostrar; indicar **2** (exposição) expor ♦ *vi* **1** (mancha, estado) ver-se; notar-se; *does it show?* vê-se? **2** col (comparência) aparecer; *they didn't show* eles não apareceram ❖ *show business* mundo do espetáculo; *to put up a good show* atuar bem

♦ **show around** *vt* (visita) mostrar; dar a conhecer; *I'll show you around town* vou dar-te a conhecer a cidade

♦ **show off** *vt pej* (vaidade) exibir; ostentar **2** (característica) realçar ♦ *vi pej* armar-se; dar nas vistas

♦ **show up** *vi* **1** (pessoa) aparecer **2** (mancha, revelação) notar-se; ver-se ♦ *vt* **1** (característica, defeito) descobrir; realçar **2** (perante alguém) envergonhar; embaraçar

showbiz ['ʃəʊbɪz] *n col* indústria do espetáculo

showcase ['ʃəʊkeɪs] *n* **1** (sessão) mostra; apresentação **2** (exposição) vitrina; expositor

showdown ['ʃəʊdaʊn] *n* ajuste de contas

shower ['ʃaʊə] *n* **1** (utensílio) chuveiro; *to be in the shower* estar no chuveiro **2** (banho) duche; *to take a shower* tomar um duche **3** (chuva) aguaceiro **4** (neve) nevão

♦ vi tomar um duche ♦ vt **1** borrifar; molhar **2** fig (quantidade) inundar; banhar ❖ *shower cap* touca do banho; *shower gel* gel de banho; *a shower of stars* uma chuva de estrelas

showerproof ['ʃaʊəpru:f] adj impermeável

showgirl ['ʃəʊgɜːl] n **1** corista **2** bailarina

showing ['ʃəʊɪŋ] n **1** (filme, arte) exibição **2** (equipa, candidato) prestação

showman ['ʃəʊmən] n {pl -men} **1** empresário de espetáculos **2** artista

show-off ['ʃəʊɒf] n (pessoa) exibicionista; gabarola

showpiece ['ʃəʊpi:s] n **1** modelo; exemplo **2** orgulho

showplace ['ʃəʊpleɪs] n local de interesse turístico

showroom ['ʃəʊrʊm] n sala de exposições

showy ['ʃəʊɪ] adj {comp -ier, superl iest} vistoso

shrapnel ['ʃræpnəl] n (bomba) estilhaços

shred [ʃred] n **1** (pano) trapo; farrapo; *to be in shreds* estar em farrapos **2** (corte de tecido) bocado; tira; *to rip something to shreds* cortar alguma coisa às tiras ♦ vt {pret e pp -dd-} **1** (alimentos) ralar; esfiar **2** (máquina de cortar papel) esfiar; cortar às tiras ❖ *to pull something to shreds* arrasar alguma coisa pela crítica

shredder ['ʃredə] n (máquina) destruidor de papel

shrewd [ʃru:d] adj astuto; perspicaz

shriek [ʃri:k] vi guinchar; chiar ♦ vt gritar; berrar ♦ n guincho estridente; chio

shrill [ʃrɪl] adj estridente; agudo; penetrante ♦ vt,i guinchar; gritar

shrimp [ʃrɪmp] n **1** camarão; EUA gamba **2** col meia-leca col; minorca col

shrine [ʃraɪn] n **1** (local) santuário **2** (recipiente, túmulo) relicário

shrink [ʃrɪŋk] vt,i {pret shrank, pp shrunk} **1** (roupa) encolher **2** (pessoa) esquivar-se [from, a] ♦ n **1** col,fig psiquiatra **2** col,fig psicólogo

shrinking ['ʃrɪŋkɪŋ] adj tímido; acanhado ❖ col (pessoa tímida) *a shrinking violet* um atadinho

shrink-wrap ['ʃrɪŋkræp] vt {pret e pp -pp-} celofanar

shrivel ['ʃrɪvəl] vt,i {pret e pp -ll-} encarquilhar; murchar

shroud [ʃraʊd] n **1** (cadáveres) mortalha; sudário **2** fig (cobertura) manto [of, de] ♦ vt envolver [in, em]

Shrove Tuesday ['ʃrəʊv,tju:sdi] n Entrudo, Terça-Feira de Carnaval

shrub [ʃrʌb] n arbusto

shrug [ʃrʌg] vt {pret e pp -gg-} (ombros) encolher; *to shrug one's shoulders* encolher os ombros

♦ **shrug off** vt ignorar; não fazer caso de

shudder ['ʃʌdə] vi **1** (emoções) estremecer; sobressaltar-se **2** (máquinas, veículos) abanar; dar solavancos ♦ n **1** (emoções) arrepio; calafrio **2** (movimento) abanão; solavanco

shuffle ['ʃʌfəl] vi (pés) arrastar se ♦ vt **1** (papéis) reordenar; remexer **2** (cartas) baralhar ♦ *give the cards a good shuffle* baralha bem as cartas

shun [ʃʌn] vt {pret e pp -nn-} evitar intencionalmente; esquivar-se

shunt [ʃʌnt] vt,i **1** (pessoas, objetos) deslocar **2** (comboios) mudar de linha

shush [ʃʌʃ] vt,i calar; mandar calar ♦ interj silêncio!, caluda!

shut [ʃʌt] vt {pret e pp shut} **1** (abertura, olhos, boca) fechar **2** (turno, estabelecimento) encerrar ♦ vi **1** (janela, porta) fechar-se **2** (estabelecimento) encerrar ♦ adj fechado ❖ *shut your mouth!* cala a boca!

♦ **shut away** vt guardar; esconder

♦ **shut down** vt,i (estabelecimento comercial, fábrica) fechar; encerrar

♦ **shut in** vt fechar à chave; prender ♦ vp fechar-se

◆ **shut off** vt **1** (abastecimento) suspender; cortar **2** (vista) tapar

◆ **shut out** vt **1** (sentimentos, ideias) afastar; ignorar **2** (obstáculo) barrar

◆ **shut up** vt (num local) fechar; encerrar ◆ vi calar-se

shutdown ['ʃʌtdaʊn] n **1** (fábrica) encerramento **2** (máquina) paragem

shut-in ['ʃʌtɪn] adj **1** (fábrica, loja) fechado; encerrado **2** (doente) confinado em casa

shutter ['ʃʌtə] n **1** portada **2** persiana **3** FOT obturador

shuttle ['ʃʌtl] n **1** (meios de transporte) ida e volta **2** AER vaivém ◆ vi viajar, deslocar-se [**between**, entre] ◆ vt transportar ❖ **shuttle bus** camioneta expresso; **shuttle service** serviço expresso

shuttlecock ['ʃʌtlkɒk] n (badminton) volante

shy [ʃaɪ] adj {comp **shyer**, superl **shyest**} **1** (personalidade) acanhado; tímido; envergonhado **2** (animais) assustadiço; espantadiço ◆ vi (cavalo) espantar-se; assustar-se ❖ EUA **shy of** com falta de; **to fight shy of doing something** evitar fazer alguma coisa

◆ **shy away from** vt (com medo) encolher-se perante; retroceder perante

Siamese [saɪə'miːz] adj,n siamês; **Siamese cat** gato siamês; **Siamese twins** gémeos siameses

sibilant ['sɪbɪlənt] adj,n sibilante

sibling ['sɪblɪŋ] n form irmão; irmã

Sicilian [sɪ'sɪlɪən] adj,n siciliano

Sicily ['sɪsɪlɪ] n Sicília

sick [sɪk] adj **1** doente **2** GB enjoado **3** col farto **4** doentio **5** (piada) de mau gosto ◆ n GB col vómito ◆ npl **the sick** doentes ❖ **sick leave** baixa médica; GB **to be sick** vomitar

sickbay ['sɪkbeɪ] n (em escola, barco) enfermaria

sicken ['sɪkən] vt **1** pôr doente **2** (suscetibilidades) chocar; causar repulsa a ◆ vi ficar

doente ❖ GB (adoecer) **to be sickening for something** estar a chocar alguma coisa

sickle ['sɪkəl] n foice

sickly ['sɪklɪ] adj {comp **-ier**, superl **-iest**} **1** propenso a doenças **2** débil; frágil **3** enjoativo **4** (cor) horroroso

sickness ['sɪknəs] n **1** doença **2** enjoo, náusea

side [saɪd] n **1** lado **2** (corpo) ilharga; flanco **3** (extremidade) borda; beira; margem **4** (monte) encosta; declive; ladeira **5** (disputa) partido; lado ◆ adj **1** (posição) lateral **2** (questão. problema) secundário; menor ❖ **side wind** vento lateral; **side window** janela lateral; **the car is a bit on the high side** o carro está um pouco caro; **to look on the bright side** olhar para o lado positivo; **to take sides** tomar partido

◆ **side with** vt tomar o partido de

sideboard ['saɪdbɔːd] n (mobília) aparador; louceiro ◆ npl GB suíças

sideburns ['saɪdbɜːnz] npl suíças

sidekick ['saɪdkɪk] n col parceiro; braço direito

sidelight ['saɪdlaɪt] n **1** informação (acidental mas esclarecedora) **2** GB farolim

sideline ['saɪdlaɪn] n (trabalho) biscate ◆ npl DESP linha lateral ◆ vt excluir; pôr de parte ❖ **to stand on the sidelines** estar à margem

sidelong ['saɪdlɒŋ] adj de soslaio; de esguelha

sidereal [saɪ'dɪərɪəl] adj ASTRON sideral

sidewalk ['saɪdwɔːk] n EUA passeio; **sidewalk artist** artista de rua

sideways ['saɪdweɪz] adv para o lado, de lado ◆ adj de lado, de esguelha

siege [siːdʒ] n cerco; **to lift a siege** levantar um cerco

Sierra Leone [sɪˌerəlɪ'əʊn] n Serra Leoa

Sierra Leonean [sɪˌerəlɪ'əʊnɪən] adj,n serra-leonês

siesta [sɪ'estə] n sesta

sieve [sɪv] n peneira; coador ◆ vt peneirar; coar

silky

sift [sɪft] vt peneirar; joeirar ❖ (examinar) *to sift through something* fazer uma triagem de alguma coisa

sigh [saɪ] n suspiro; *to let out a sigh of relief* soltar um suspiro de alívio ◆ vi 1 (respiração) suspirar [for, por]; *to sigh with relief* suspirar de alívio 2 (pessoa) sussurrar 3 (vento) assobiar

sight [saɪt] n 1 vista; *to know somebody by sight* conhecer alguém de vista 2 (sentido) visão; *to lose sight* perder a visão 3 (paisagem) vista; panorama 4 (arma) mira ◆ vt avistar; *to sight land* avistar terra ◆ *can't stand the sight of* não poder ver alguma coisa à frente; *to catch sight of something* avistar alguma coisa

sighting ['saɪtɪŋ] n avistamento

sightseeing ['saɪtsiːɪŋ] n passeio turístico ❖ *sightseeing tour* visita guiada

sign [saɪn] n 1 sinal, indício, vestígio [of, de]; *a sign of the times* um sinal dos tempos 2 (com mão) sinal, gesto, aceno 3 (indicação) sinal, sinalização; tabuleta 4 (zodíaco) signo ◆ vt,i 1 (documento, livro) assinar 2 (empresa, publicidade) contratar, assinar contrato com 3 (com mão) fazer sinais, acenar, sinalizar ◆ *sign language* linguagem gestual; REL *the sign of the Cross* o sinal da cruz

◆ **sign away** vt (por escrito) renunciar a

◆ **sign in** vi registar-se ◆ vt (com assinatura) autorizar entrada a; dar visto de entrada a

◆ **sign off** vi (carta) terminar

◆ **sign out** vi 1 (hotel, estabelecimento) assinar o registo de saída 2 (biblioteca) assinar registo de saída de livro

◆ **sign over** vt (bens) assinar cedência de

◆ **sign up** vt (emprego) recrutar; contratar ◆ vi (curso, associação) inscrever-se; matricular-se

signal ['sɪgnəl] n 1 sinal; anúncio, aviso; *at a signal from* ao sinal de; *to give the signal* dar o sinal; *to send out a signal* emitir um sinal 2 indício, indicador ◆ vt 1 (com mãos) acenar, fazer sinais 2 (combinação) expressar; indicar 3 (escrita) assinalar, marcar ◆ vi (pisca-pisca) dar sinal ❖ (caminhos de ferro) *signal failure* falha de sinalização

signalman ['sɪgnəlmən] n (pl -men) (caminhos de ferro) controlador de tráfego

signatory ['sɪgnətəri] n signatário

signature ['sɪgnətʃə] n assinatura; *to collect signatures* recolher assinaturas

signboard ['saɪnbɔːd] n letreiro; tabuleta; placa

significance [sɪg'nɪfɪkəns] n 1 significado; importância; relevância 2 (palavras, atos) sentido

significant [sɪg'nɪfɪkənt] adj significativo

signify ['sɪgnɪfaɪ] vt 1 (interpretação) significar 2 form (sentimentos) exprimir, demonstrar ◆ vi ser significativo; ter importância

signpost ['saɪnpəʊst] n 1 (informação) placa de sinalização 2 (instruções) sinal; indicação ◆ vt sinalizar; dar indicações sobre

silence ['saɪləns] n silêncio, *a one-minute silence* um minuto de silêncio ◆ vt silenciar, calar ◆ interj silêncio! ❖ *silence is golden* o silêncio é de ouro; *to break the silence* quebrar o silêncio

silencer ['saɪlənsə] n silenciador

silent ['saɪlənt] adj 1 silencioso 2 (pessoa) calado 3 (filme, cinema, som) mudo

silhouette [ˌsɪluː'et] n silhueta

silica ['sɪlɪkə] n sílica

silicon ['sɪlɪkən] n silício

silicone ['sɪlɪkəʊn] n silicone

silk [sɪlk] n seda

silken ['sɪlkən] adj 1 sedoso 2 (material) de seda

silkscreen ['sɪlkskriːn] n tela de seda ❖ *silkscreen printing* serigrafia

silkworm ['sɪlkwɜːm] n bicho-da-seda

silky ['sɪlki] adj (comp -ier, superl -iest) 1 sedoso 2 suave

DACPA-DF-96

sill [sɪl] n 1 (janela) parapeito 2 (veículos) estribo

silly ['sɪlɪ] adj {comp -ier, superl -iest} 1 tolo, pateta 2 ridículo ❖ col to bore somebody silly aborrecer alguém de morte; col to laugh oneself silly rir até mais não

silo ['saɪləʊ] n silo

silt [sɪlt] n (rio) sedimentos

silver ['sɪlvə] n 1 prata 2 objetos de prata 3 moedas de pequeno valor ♦ adj 1 de prata 2 (cor) prateado ❖ GB silver paper papel de alumínio

silverware ['sɪlvəweə] n 1 (prata) baixela 2 EUA talheres

simian ['sɪmɪən] adj,n ZOOL símio

similar ['sɪmɪlə] adj parecido, semelhante

similarity [ˌsɪmɪ'lærɪtɪ] n {pl -ies} parecença, semelhança

similarly ['sɪmɪləlɪ] adv 1 de forma semelhante 2 da mesma forma

simile ['sɪmɪlɪ] n símile, comparação

similitude [sɪ'mɪlɪtjuːd] n semelhança, similitude

simmer ['sɪmə] n lume brando; ponto de fervura; to keep on the simmer ferver em lume brando ♦ vt CUL cozer em lume brando ♦ vi 1 CUL ferver em lume brando 2 fig (de cólera) ferver; fervilhar; to simmer with rage ferver de cólera

simper ['sɪmpə] n sorriso afetado ♦ vt,i sorrir afetadamente

simple ['sɪmpəl] adj 1 simples 2 simplório ❖ col keep it simple não compliques; pure and simple tão-só

simple-minded [ˌsɪmpəl'maɪndɪd] adj ingénuo; simplório

simplicity [sɪm'plɪsɪtɪ] n simplicidade

simplification [ˌsɪmplɪfɪ'keɪʃən] n simplificação

simplistic [sɪm'plɪstɪk] adj simplista

simply ['sɪmplɪ] adv 1 simplesmente, meramente 2 (estilo) de modo simples 3 (recursos) modestamente

simulate ['sɪmjəleɪt] vt simular; fingir; imitar; to simulate surprise fingir-se surpreendido

simulation [ˌsɪmjə'leɪʃən] n simulação; fingimento

simulator ['sɪmjəleɪtə] n simulador

simultaneity [ˌsɪməltə'neɪɪtɪ] n simultaneidade

simultaneous [ˌsɪməl'teɪnɪəs] adj simultâneo

sin [sɪn] n 1 (moralidade) pecado; to commit a sin cometer um pecado 2 fig erro, falha ♦ vi {pret e pp -nn-} pecar [against, contra] ❖ GB for my sins mal dos meus pecados; mortal sin pecado mortal; original sin pecado original

since [sɪns] conj 1 (tempo) desde que 2 (causa) visto que; já que ♦ prep desde; since when? desde quando? ♦ adv desde aí; long since há muito tempo

sincere [sɪn'sɪə] adj sincero

sincerely [sɪn'sɪəlɪ] adv sinceramente ❖ EUA (carta comercial) Sincerely (yours) Com os melhores cumprimentos; GB (carta comercial) Yours sincerely Atenciosamente

sincerity [sɪn'serɪtɪ] n sinceridade

sine [saɪn] n MAT seno

sinew ['sɪnjuː] n tendão

sinewy ['sɪnjuːɪ] adj magro e musculado

sinful ['sɪnfʊl] adj pecaminoso

sing [sɪŋ] vt,i {pret sang, pp sung} cantar

Singapore ['sɪŋəpɔː] n Singapura

Singaporean [ˌsɪŋgə'pɔːrɪən] adj,n singapurense

singe [sɪndʒ] vt,i chamuscar ♦ n chamuscadela

singer ['sɪŋə] n cantor

singing ['sɪŋɪŋ] n canto

single ['sɪŋgəl] adj 1 único; not a single nem um único 2 solteiro; single bed cama de solteiro 3 GB (bilhete) de ida ♦ n 1 (disco) single 2 GB (bilhete) ida 3 quarto individual 4 EUA nota de um dólar ♦ npl (ténis, badminton) singles

◆ **single out** vt 1 (escolha) escolher; selecionar 2 (realce) destacar; distinguir

single-handed [ˌsɪŋgəlˈhændɪd] adj,adv sozinho; sem ajuda

single-minded [ˌsɪŋgəlˈmaɪndɪd] adj resoluto; decidido

singlet [ˈsɪŋglət] n GB t-shirt ou camisola interior sem mangas

singly [ˈsɪŋgli] adv isoladamente; separadamente

singsong [ˈsɪŋsɒŋ] n 1 voz aos altos e baixos 2 cantoria

singular [ˈsɪŋgjələ] n singular ◆ adj 1 singular 2 único 3 invulgar

sinister [ˈsɪnɪstə] adj sinistro

sink [sɪŋk] n 1 (cozinha) banca; lava-louça 2 (laboratórios) tanque ◆ vi {pret sank, pp sunk} 1 (algo visível) afundar 2 (veículos) atolar-se 3 (níveis) diminuir; descer 4 fig (estado de espírito) mergulhar [into, em] ◆ vt 1 (em líquido) afundar; mergulhar 2 (negócios) empenhar 3 col (bebidas alcoólicas) emborcar ❖ our spirits sank ficámos desmoralizados; to sink into crisis entrar em crise

◆ **sink in** vi ser compreendido; ser entendido; the warning didn't sink in o aviso não foi entendido

sinking [ˈsɪŋkɪŋ] n afundamento, submersão ◆ adj (moeda) em queda ❖ sinking fund fundo de amortização

sinner [ˈsɪnə] n pecador

sinuous [ˈsɪnjuəs] adj sinuoso, tortuoso

sinus [ˈsaɪnəs] n {pl -es} seio nasal

sinusitis [ˌsaɪnəˈsaɪtɪs] n sinusite

sip [sɪp] vt,i {pret e pp -pp-} bebericar; to sip at an orange juice bebericar um sumo de laranja ◆ n gole, trago; to have a sip beber um gole

siphon [ˈsaɪfən] n sifão

sir [sɜː] n 1 senhor; Dear Sir Exmo. Senhor; Dear Sir or Madam Exmo(a). Senhor(a) 2 GB professor; stor col

Sir [sɜː] n (título honorífico) Sir

sire [ˈsaɪə] n ZOOL garanhão; progenitor ◆ vt ZOOL padrear, cobrir

siren [ˈsaɪərən] n 1 sirene 2 sereia

sirloin [ˈsɜːlɔɪn] n lombo de vaca

sissy [ˈsɪsi] adj,n col,pej maricas

sister [ˈsɪstə] n 1 irmã 2 companheira 3 (semelhança) congénere

Sister [ˈsɪstə] n REL (freira) Irmã

sisterhood [ˈsɪstəhʊd] n 1 (parentesco) situação de irmã 2 REL confraria; irmandade de religiosas

sister-in-law [ˌsɪstərɪnˈlɔː] n {pl sisters-in-law} cunhada

sisterly [ˈsɪstəli] adj de irmã

sit [sɪt] vi {pret e pp sat} 1 sentar-se [on/in, em; at, a] 2 (objeto) pousar 3 (localização) ficar situado, estar situado 4 (organização) ser membro [in/on, de] 5 (sessões) reunir-se 6 (arte) posar [for, para] ◆ vt 1 (pessoa) sentar; pôr 2 (objetos) colocar; ajustar 3 GB (exame) fazer ❖ to sit tight manter-se firme

◆ **sit around** vi col não fazer nada, preguiçar

◆ **sit back** vi col recostar-se; relaxar

◆ **sit down** vi 1 sentar-se 2 (debates) reunir-se; juntar-se

◆ **sit up** vi 1 (após ter estado deitado) sentar-se 2 (noitada) ficar a pé 3 (atenção) estar alerta; tomar consciência

sitcom [ˈsɪtkɒm] n sitcom

site [saɪt] n 1 local; terreno; on site no local 2 (Internet) site; sítio ❖ to be sited in estar localizado em

sitter [ˈsɪtə] n 1 (fotografia, pintura) modelo 2 EUA ama 3 GB (futebol) baliza aberta; to miss a sitter falhar um golo de baliza aberta

sitting [ˈsɪtɪŋ] n 1 (refeições) vez; turno 2 (fotografia, pintura, parlamento) sessão ❖ sitting duck presa fácil; sitting room sala de estar

sitting-room [ˈsɪtɪŋruːm] n sala de estar

situate ['sɪtjʊeɪt] *vt form* (referências) situar; *to situate something in a certain context* situar algo num determinado contexto

situation [ˌsɪtjuˈeɪʃən] *n* situação

sit-up ['sɪtʌp] *n* (exercício) abdominal

six [sɪks] *num card,n* seis ❖ *col* (confusão) *to be at sixes and sevens* estar de pernas para o ar

sixfold ['sɪksfəʊld] *adj* sêxtuplo ♦ *adv* seis vezes mais ❖ *to increase sixfold* sextuplicar

sixteen [sɪksˈtiːn] *num card,n* dezasseis

sixteenth [sɪksˈtiːnθ] *num ord,n* décimo sexto ❖ *on the sixteenth* no dia dezasseis

sixth [sɪksθ] *num ord,n* sexto ❖ *on the sixth* no dia seis

sixties ['sɪkstɪs] *n pl* 1 (idade) sessenta; *to be in one's sixties* estar na casa dos sessenta 2 (década) anos sessenta; *sixties music* música dos anos sessenta

sixtieth ['sɪkstiːθ] *num ord,n* sexagésimo

sixty ['sɪksti] *num card,n* sessenta ❖ (década) *the sixties* os anos sessenta; *to be in one's sixties* ter 60 e tal anos

size [saɪz] *n* 1 (dimensões) tamanho; *in all sizes* de todos os tamanhos; *to be the size of* ser do tamanho de 2 (roupa) tamanho; número; *it's one size too big* é um número acima do meu 3 (pessoas) altura; *she's about my size* ela é da minha altura ♦ *vt* cortar à medida ❖ *that's about the size of it* sim, é mais ou menos isso; *to cut somebody down to size* meter alguém na linha

◆ **size up** *vt col* (acontecimentos) avaliar; analisar

sizeable ['saɪzəbəl] *adj* avultado; considerável

sizzle ['sɪzəl] *n* 1 (fogo) crepitação 2 (fritos) chiadeira ♦ *vi* 1 (fogo) crepitar 2 (som) chiar 3 *col,fig* (calor) queimar; esturricar

skate [skeɪt] *n* 1 (objeto) patim; *a pair of skates* um par de patins 2 ZOOL eiroga, raia ♦ *vi* 1 (gelo, superfície lisa) patinar 2 DESP andar de patins; andar de skate ❖

to be skating on thin ice andar a brincar com o fogo

skateboard ['skeɪtbɔːd] *n* (prancha) skate ♦ *vi* andar de skate

skater ['skeɪtə] *n* 1 patinador 2 praticante de skate

skating ['skeɪtɪŋ] *n* patinagem ❖ *skating rink* ringue de patinagem

skein [skeɪn] *n* 1 (lã) meada 2 ZOOL bando de gansos

skeleton ['skelɪtən] *n* 1 esqueleto; *the human skeleton* o esqueleto humano 2 (trabalho escrito) esboço 3 (edifício) estrutura ❖ *skeleton key* chave-mestra; *skeleton service* serviços mínimos

skeptic ['skeptɪk] *n EUA* cético

skeptical ['skeptɪkəl] *adj EUA* cético

skepticism ['skeptɪsɪzəm] *n EUA* ceticismo

sketch [sketʃ] *n {pl -es}* 1 (desenho) esboço; esquisso; *to make a sketch* fazer um esboço 2 TV (humor) sketch; cena cómica ♦ *vi* desenhar ♦ *vt* esboçar; desenhar; *fig to sketch a smile* esboçar um sorriso ❖ *sketch map* croquis

sketchy ['sketʃi] *adj {comp -ier, superl -iest}* superficial; vago

skew [skjuː] *adj* inclinado, oblíquo, enviesado ♦ *vi* (veículo) guinar; desviar-se

skewer ['skjuːə] *n* espeto ♦ *vt* (no espeto) espetar, enfiar

ski [skiː] *n {pl skis}* DESP esqui ♦ *vi {pret e pp skied}* esquiar ❖ *ski boots* botas para esqui; *ski run* pista de esqui; *ski suit* fato de esqui

skid [skɪd] *n* 1 (veículos) derrapagem; (pneus) *skid marks* marcas de derrapagem 2 (pessoas) escorregadela 3 AER patim de aterragem ♦ *vt,i {pret e pp -dd-}* 1 (automóvel) derrapar 2 (pessoas) escorregar, patinar ❖ (veículos) *skid chains* correntes; *to go into a skid* derrapar

skier ['skiːə] *n* esquiador

skiing ['skiːɪŋ] *n* esqui; *to go skiing* fazer esqui

skilful ['skɪlfʊl] *adj* hábil, habilidoso

skill [skɪl] n 1 perícia, habilidade 2 aptidão, capacidade

skilled [skɪlt] adj 1 especializado; perito 2 hábil; experiente

skim [skɪm] vt,i {pret e pp -mm-} 1 (líquidos) escumar, desengordurar [off/from, -] 2 (leite) desnatar 3 (leitura) folhear, passar os olhos por; to skim through the paper passar os olhos pelo jornal 4 (superfície) roçar 5 (pássaros) planar

skimmed [skɪmd] adj (leite) magro, desnatado

skimmer [skɪmə] n escumadeira

skimp [skɪmp] vt,i (despesas, tempo) restringir; conter

skimpy [skɪmpɪ] adj {comp -ier, superl -iest} 1 muito pequeno; curtíssimo 2 (refeição) pobre

skin [skɪn] n 1 pele 2 (frutos) casca, pele; banana skin casca de banana 3 (animais) pele, couro 4 (superfície) película ◆ vt {pret e pp -nn-} 1 (frutos) descascar 2 (animais) esfolar ❖ to be skin and bone estar escanzelado; to have a thick skin não se deixar perturbar; to save one's skin salvar a pele

skincare [skɪnkeə] n (cosmética) cuidados com a pele; dermoproteção

skin-deep [skɪndiːp] adj superficial, aparente

skinflint [skɪnflɪnt] n col forreta; sovina

skinhead [skɪnhed] n cabeça-rapada, skinhead

skinny [skɪnɪ] adj {comp -ier, superl -iest} col magricela, escanzelado

skint [skɪnt] adj col teso; sem dinheiro

skintight [skɪntaɪt] adj (roupa) justo

skip [skɪp] vi 1 (correria) saltitar 2 (brincadeira) saltar à corda ◆ vt {pret e pp -pp-} 1 col (lapso) saltar; avançar; (escola) to skip a year avançar um ano; to skip from one idea to another saltar de umas ideias para outras 2 (compromisso) faltar; he skipped English classes ele faltou às aulas de Inglês ◆ n 1 salto, pulo 2 (lixo) contentor ❖

skip it! esquece!; to skip town deixar a cidade

skipper [skɪpə] n (barco, equipa) capitão

skirmish [skɜːmɪʃ] n {pl -es} escaramuça, confronto ◆ vi discutir; entrar em confronto

skirt [skɜːt] n 1 saia; a pleated skirt uma saia de pregas 2 (máquinas) capa protetora; saia ◆ npl (camisa, vestido) fralda, aba ◆ vt contornar, circundar; orlar ❖ the skirts of a village a periferia de uma aldeia

skirting [skɜːtɪŋ] n GB (casas) rodapé

skit [skɪt] n (criação) sátira; paródia ◆ vt,i {pret e pp -tt-} parodiar

skittish [skɪtɪʃ] adj 1 (pessoa) leviano; irrefletido 2 (animal) assustadiço

skive [skaɪv] vi col baldar-se ◆ n col balda

skiver [skaɪvə] n GB col (pessoa) baldas; cábula

skulk [skʌlk] n covarde; poltrão ◆ vi (medo, timidez) esquivar-se

skull [skʌl] n 1 crânio 2 col cabeça

skunk [skʌŋk] n 1 doninha fedorenta 2 cal canalha; patife

sky [skaɪ] n {pl skies} céu ❖ the sky's the limit tudo é possível

sky-blue [skaɪbluː] adj azul-celeste

skydive [skaɪdaɪv] vi fazer paraquedismo

skydiving [skaɪdaɪvɪŋ] n paraquedismo

skylight [skaɪlaɪt] n clarabóia

skyline [skaɪlaɪn] n linha do horizonte

skyscraper [skaɪskreɪpə] n arranha-céus

slab [slæb] n 1 (pedra, madeira) laje; placa, bloco 2 porção

slack [slæk] adj 1 frouxo; solto 2 (corda, pele) lasso, bambo 3 (pessoa) indolente, mole 4 (negócio, período) morto, parado ◆ n 1 (corda) folga 2 (orçamento) excedente ◆ vi desleixar-se

slacken [slækən] vt,i 1 (atividade, ritmo) abrandar, afrouxar; moderar 2 (material) alargar; tornar-se lasso

slacker [slækə] n col preguiçoso, mandrião

slag [slæg] n escória

slalom ['slɑːləm] *n* slalom

slam [slæm] *vt* {*pret e pp* -mm-} 1 (janela, porta) bater com; *to slam the door in someone's face* bater com a porta na cara de alguém 2 (com estrondo) pousar; atirar 3 (jornais) criticar; bater em ♦ *vi* (com estrondo) bater; fechar-se ♦ *n* (porta) estrondo

slammer ['slæmə] *n cal* cadeia, prisão

slander ['slɑːndə] *n* calúnia, difamação ♦ *vt* caluniar, difamar

slanderer ['slɑːndərə] *n* caluniador, difamador

slanderous ['slɑːndərəs] *adj* difamatório

slang [slæŋ] *n* gíria; calão

slant [slɑːnt] *vi* inclinar-se; *her handwriting slants* a letra dela é inclinada ♦ *vt* 1 inclinar 2 *fig* favorecer ♦ *n* 1 (superfície) inclinação; declive; *on a slant* em declive 2 (opinião) tendência, pendor, propensão

slanted ['slɑːntɪd] *adj* 1 inclinado 2 tendencioso; parcial

slap [slæp] *vt* 1 (pancada) dar uma bofetada a 2 (objeto) atirar, arremessar; *he slapped the newspaper down* ele atirou com o jornal ♦ *n* palmada, bofetada ♦ *adv col* diretamente, em cheio [**into**, em/a] ❖ *a slap in the face* uma bofetada de luva branca

slapdash ['slæpdæʃ] *adj* descuidado; às três pancadas

slap-up ['slæpʌp] *adj col* (refeição) substancial

slash [slæʃ] *vt* 1 (objeto cortante) golpear, cortar, esfaquear 2 (toque) bater de raspão 3 (caminho) desbastar 4 (quantia) reduzir, cortar ♦ *n* (*pl* -es) 1 (objeto cortante) golpe, corte 2 (toque) raspão 3 TIP (linha oblíqua) barra ❖ *cal to go for a slash* mijar

slat [slæt] *n* 1 (madeira) ripa 2 (persiana) tira

slate [sleɪt] *n* 1 (pedra) ardósia 2 (telhados) telha 3 *EUA* POL lista de candidatos ♦ *vt GB col* (crítica) arrasar; demolir ❖ *to start with a clean slate* começar de novo; *to*

wipe the slate clean pôr uma pedra no assunto

slaughter ['slɔːtə] *vt* 1 (animais) abater 2 (pessoas) massacrar, chacinar 3 DESP *col* derrotar; trucidar ♦ *n* 1 (pessoas) massacre, chacina, carnificina 2 (animais) abate

slaughterer ['slɔːtərə] *n* 1 (animais) carniceiro 2 (pessoas) assassino

slaughterhouse ['slɔːtəˌhaʊs] *n* matadouro

Slav [slɑːv] *n* eslavo

slave [sleɪv] *n* escravo; *fig to be a slave of something* ser escravo de alguma coisa ♦ *vi* esfalfar-se, esgotar-se [**away/over/for**, -]; *they slaved away to prepare the party* eles esfalfaram-se a preparar a festa ❖ *slave labour* trabalho de escravo; *slave trade* tráfico de escravos

slaver ['slævə] *vi* babar-se [**over**, por]

slavery ['sleɪvəri] *n* escravatura, escravidão

Slavic ['slævɪk] *adj* eslavo

slavish ['sleɪvɪʃ] *adj* servil; subserviente

Slavonic [sləˈvɒnɪk] *adj* eslavo

sleaze [sliːz] *n* sordidez; desonestidade

sleazebag ['sliːzbæg] *n EUA col* sacana

sleazy ['sliːzi] *adj* {*comp* -ier, *superl* -iest} 1 *col* (lugar) sórdido 2 *col* (pessoa) nojento

sledge [sledʒ] *n* trenó ♦ *vi* andar de trenó

sleek [sliːk] *adj* 1 lustroso, brilhante 2 elegante 3 bem-vestido

sleep [sliːp] *n* sono; *a good night's sleep* uma boa noite de sono ♦ *vi* {*pret e pp* slept} dormir; *fig to sleep like a log* dormir como uma pedra; *to sleep soundly* dormir profundamente ❖ *deep sleep* sono pesado; *fig don't lose sleep over it* não vale a pena perder o sono com isso; *light sleep* sono leve; *he didn't sleep a wink all night* não pregou olho a noite toda; *to go to sleep* adormecer

♦ **sleep in** *vi GB* dormir até mais tarde
♦ **sleep over** *vi* ficar para dormir

sleeper ['sliːpə] *n* 1 pessoa adormecida 2 (comboio) carruagem-cama

sleepiness ['sli:pɪnəs] n sonolência

sleeping ['sli:pɪŋ] n 1 sono 2 ato de dormir; *sleeping problems* dificuldades em dormir ❖ *Sleeping Beauty* bela Adormecida; *sleeping car* carruagem-cama

sleeping-bag ['sli:pɪŋbæg] n saco-cama

Sleeping Beauty ['sli:pɪŋbju:ti] n Bela Adormecida

sleeping car ['sli:pɪŋkɑ:] n carruagem-cama; vagão-cama

sleepless ['sli:pləs] adj (noite) em branco, em claro

sleepwalk ['sli:pwɔ:k] vi ser sonâmbulo, sofrer de sonambulismo

sleepwalker ['sli:pwɔ:kə] n sonâmbulo

sleepwalking ['sli:pwɔ:kɪŋ] n sonambulismo

sleepy ['sli:pi] adj (comp -ier, superl -iest) 1 sonolento; com sono; *to be sleepy* ter sono 2 (lugar) sossegado, pacato

sleepyhead ['sli:pɪhed] n col dorminhoco

sleet [sli:t] n fiapos de neve ♦ vi (pouca intensidade) nevar

sleeve [sli:v] n 1 manga; *to roll up one's sleeves* arregaçar as mangas 2 (CD, disco) capa, bolsa

sleeveless ['sli:vləs] adj sem mangas

sleigh [sleɪ] n trenó (puxado por animais)

sleight [slaɪt] n *a sleight of hand* um passe de mágica

slender ['slendə] adj 1 (aspeto) esguio; elegante 2 (recursos, esperanças) escasso

slice [slaɪs] n 1 (comida) fatia; *a slice of bread* uma fatia de pão; fig *a slice of the profits* uma fatia dos lucros 2 (peixe) posta 3 CUL pá, espátula 4 DESP (bola) corte ♦ vt 1 cortar em fatias 2 fig,lit cortar, rasgar, furar; *to slice the waves* cortar as ondas 3 DESP (bola) cortar 4 EUA cortar, reduzir; *to slice the funds* cortar os fundos ♦ vi cortar, romper, ferir [through, -] ❖ (atividade) *a slice of the action* um papel; EUA *a slice of the pie* uma fatia dos lucros

slick [slɪk] adj 1 pej habilidoso 2 pej manhoso; dissimulado

slide [slaɪd] vi (pret e pp slid) 1 (pessoa, coisa) deslizar; escorregar 2 (em calhas) deslizar; correr 3 (fuga discreta) esgueirar-se, retirar-se [out/in, de] 4 (preços, moeda) decair, desvalorizar-se ♦ vt empurrar, fazer deslizar ♦ n 1 (crianças) escorregão; escorrega 2 (ato) deslize, escorregadela 3 (cabelo) bandolete 4 FOT slide, diapositivo 5 (níveis) queda, decréscimo 6 (microscópio) lamela ❖ *to be on the slide* estar em queda; *to let things slide* deixar as coisas correr

slider ['slaɪdə] n corrediça

slight [slaɪt] adj (comp -er, superl -est) 1 (nível, quantidade) leve, ligeiro 2 (aspeto) delicado, frágil ♦ vt desprezar; desconsiderar ❖ *I haven't the slightest idea* não faço a menor ideia; *not in the slightest* nem nada que se pareça, *not the slightest doubt* sem a menor dúvida

slim [slɪm] adj (comp -mmer, superl -mmest) 1 (aspeto) elegante, esbelto 2 (objeto) fino, estreito ♦ vi (pret e pp -mm-) (com dieta) emagrecer ♦ vt reduzir, diminuir

slime [slaɪm] n 1 limo; lodo 2 muco

slimy ['slaɪmi] adj (comp -ier, superl -iest) 1 viscoso 2 pej bajulador

sling [slɪŋ] vt (pret e pp slung) 1 col atirar, lançar 2 pendurar, suspender ♦ n 1 (braço ao peito) ligadura 2 (peito, costas) porta-bebés

slingshot ['slɪŋʃɒt] n EUA fisga

slink [slɪŋk] vi escapulir-se, esgueirar-se; ir à socapa

slip [slɪp] vi (pret e pp -pp-) 1 (pessoa, carro) escorregar; resvalar 2 (objeto) escorregar, fugir, escapar [from, de] 3 (nível) piorar; descer 4 (condição) cair, mergulhar; *to slip into a coma* ficar em coma ♦ vt meter, enfiar; *I slipped a note in his pocket* eu meti-lhe uma nota no bolso ♦ n 1 (erro) deslize, lapso 2 (papel) tira 3 (ato) escorregadela 4 (roupa interior) combinação 5 (almofada) fronha ❖ **slip of the tongue** gafe; MED **to slip a disc** deslocar uma vértebra; **to slip one's mind** varrer-se da memória

slipknot ['slɪpknɒt] n nó corredio

slipper ['slɪpə] n chinelo (de quarto); pantufa

slippery ['slɪpəri] adj **1** (piso) escorregadio **2** col traiçoeiro

slipshod ['slɪpʃɒd] adj desleixado; descuidado

slit [slɪt] n abertura; racha, fenda ♦ vt {pret e pp slit} rasgar, rachar, fender ❖ **to slit someone's throat** degolar alguém

slither ['slɪðə] vt,i **1** (pessoa) deslizar; escorregar **2** (veículo) patinar; derrapar

sliver ['slɪvə] n lasca; estilhaço

slob [slɒb] n desleixado; desmazelado

slobber ['slɒbə] vi babar-se

sloe [sləʊ] n abrunho

slog [slɒg] n col estafa ♦ vt,i {pret e pp -gg-} **1** col (trabalho, estudo) esforçar-se muito **2** col andar à pancada

slogan ['sləʊgən] n (publicidade) slogan

sloop [slu:p] n NÁUT chalupa

slop [slɒp] vt,i {pret e pp -pp-} transbordar; entornar, derramar ♦ n (texto, filme) lamechice ♦ npl (ração animal) lavagem

slope [sləʊp] n **1** (montanha, vale) encosta, ladeira **2** (superfície) declive ♦ vi **1** (ato, estado) inclinar-se **2** (superfície) ter um declive

sloping ['sləʊpɪŋ] adj inclinado

sloppy ['slɒpi] adj {comp -ier, superl -iest} **1** desmazelado; descuidado **2** (roupa) largueirão **3** GB col piegas; lamechas

slosh [slɒʃ] vt salpicar; derramar ♦ vi (líquido) agitar-se

sloshed ['slɒʃd] adj col bêbedo, com os copos

slot [slɒt] n **1** (máquina, contentor) ranhura; **insert the coins in the slot** insira as moedas na ranhura **2** TV espaço televisivo ♦ vt {pret e pp -tt-} **1** (máquina) inserir **2** (objeto) encaixar, montar [**together**, -] **3** (horário, sistema) encaixar, enfiar [**in**, **em**]; **to slot**

someone in a place enfiar alguém num lugar

sloth [sləʊθ] n (animal, comportamento) preguiça

slouch [slaʊtʃ] n {pl -es} postura desleixada ♦ vt,i (postura) andar de ombros caídos

slough [slaʊ] n lamaçal, pântano

Slovak ['sləʊvæk] adj,n eslovaco

Slovakia [sləʊ'vɑːkiə] n Eslováquia

Slovenia [sləʊ'viːniə] n Eslovénia

Slovenian [sləʊ'viːniən] adj,n esloveno

slovenly ['slʌvənli] adj {comp -ier, superl -iest} desmazelado, desleixado

slow [sləʊ] adj **1** (movimento) lento, vagaroso; CIN **in slow motion** em câmara lenta **2** (reação) demorado **3** (relógio) atrasado; **my watch is ten minutes slow** o meu relógio está dez minutos atrasado **4** col (capacidades mentais) estúpido, lento; **to be slow off the mark** ser de compreensão lenta **5** (comércio, negócios) frouxo, morto ♦ adv devagar ♦ vt,i abrandar, afrouxar ❖ (progresso) **in the slow lane** a meio gás; (autoestrada) **slow lane** faixa da direita ◆ **slow down** vt,i abrandar, afrouxar ❖ col **slow down there!** calma aí!

slowcoach ['sləʊkəʊtʃ] n {pl -es} GB col molengão; indolente

slowdown ['sləʊdaʊn] n **1** (movimento, ritmo) abrandamento **2** EUA greve de zelo

slowly ['sləʊli] adv devagar, lentamente

slug [slʌg] n **1** ZOOL lesma **2** EUA (armas) bala **3** col (bebida) trago, gole ♦ vt col esmurrar, socar ❖ **to slug it out** tirar a desforra

sluggish ['slʌgɪʃ] adj lento, vagaroso

sluice [slu:s] n comporta ♦ vt (com água corrente) lavar, enxaguar ❖ **sluice gate** represa

slum [slʌm] n **1** bairro degradado **2** col espelunca

slump [slʌmp] vi **1** (atividade) cair, decair **2** (pessoa) atirar-se [**into**, para]; afundar-

-se [**into**, **em**] ♦ *n* **1** (valores, níveis) queda; retrocesso **2** ECON crise; recessão

slur [slɜ:] *vt* **1** (palavras) arrastar; enrolar **2** (afronta) caluniar, difamar; insultar **3** MÚS ligar, modular ♦ *n* **1** (afronta) insulto; calúnia **2** MÚS ligação, modulação

slurp [slɜ:p] *vt,i* sorver ruidosamente

slush [slʌʃ] *n* **1** neve derretida **2** col lamechice ❖ (corrupção) *slush fund* luvas

slut [slʌt] *n vulg* (mulher) galdéria *vulg*, desavergonhada *vulg*

sly [slaɪ] *adj* {*comp* -er, *superl* -est} **1** manhoso, astuto **2** (olhar, sorriso) cúmplice

smack [smæk] *vt* **1** (com mão) dar palmadas; sovar **2** (objeto) esmurrar; bater **3** beijar ruidosamente ♦ *n* **1** (mão aberta) palmada; bofetada; *to give someone a smack* dar uma palmada a alguém **2** (barulho) estalido; pancada **3** *pop* beijoca, chocho **4** *cal* (droga) heroína ♦ *adv* col diretamente; em cheio; *he ran smack into the room* ele correu diretamente para o quarto

smacker ['smækə] *n* **1** *pop* beijoca **2** GB cal libra **3** EUA cal dólar

small [smɔ:l] *adj* {*comp* -er, *superl* -est} **1** (dimensões) pequeno **2** (letras) minúsculo **3** (importância) insignificante **4** (voz) suave ❖ *small talk* conversa de treta

small-minded [ˌsmɔ:l'maɪndɪd] *adj pej* mesquinho

smallpox ['smɔ:lpɒks] *n* varíola

small-scale [smɔ:l'skeɪl] *adj* de pequena dimensão

small-town [ˌsmɔ:l'taʊn] *adj* provinciano; de província

smarmy ['smɑ:mi] *adj* {*comp* -ier, *superl* -iest} col graxista; bajulador

smart [smɑ:t] *adj* **1** inteligente **2** espertinho, engraçadinho **3** chique **4** rápido, ligeiro ♦ *vi* **1** doer; arder **2** sofrer [**from**, **com**] ♦ *n* dor ♦ *npl* col inteligência ❖ col *smart alec* espertinho; cal *smart arse* convencido

smarten ['smɑ:tən] *vt* **1** tornar bonito **2** acelerar

smash [smæʃ] *vt,i* **1** partir **2** desfazer(-se); esmagar(-se) **3** colidir [**into**, **contra**] **4** DESP (bola) arremessar ♦ *n* {*pl* -es} **1** estrondo **2** (automóvel) colisão ❖ (canção, filme) *smash hit* êxito esmagador

smash-up ['smæʃʌp] *n* col acidente de trânsito; colisão

smattering ['smætərɪŋ] *n* conhecimento superficial

smear [smɪə] *n* **1** mancha, nódoa **2** difamação ♦ *vt* **1** untar, besuntar **2** engordurar **3** (pintura) borrar **4** difamar

smell [smel] *n* **1** cheiro, odor **2** fedor, cheirete; *what a smell!* que cheirete! **3** olfato ♦ *vt,i* **1** cheirar **2** cheirar mal ❖ *smelling salts* sais de cheiro; *to smell a rat* desconfiar; *to smell trouble/danger* pressentir complicações

smelly ['smeli] *adj* {*comp* -ier, *superl* -iest} malcheiroso

smelt [smelt] *vt* fundir

smelter ['smeltə] *n* fundição

smile [smaɪl] *vt,i* sorrir ♦ *n* sorriso ❖ *to be all smiles* ser todo sorrisos

smirk [smɜ:k] *n* sorriso presumido ♦ *vi* **1** sorrir afetadamente **2** desfazer-se em sorrisos

smith [smɪθ] *n* ferreiro

smithy ['smɪði] *n* {*pl* -ies} forja

smock [smɒk] *n* bata

smog [smɒg] *n* (nevoeiro e poluição) smog

smoke [sməʊk] *n* **1** fumo **2** cigarro; *to have a smoke* fumar um cigarro **3** cal (droga) erva ♦ *vt* **1** fumar **2** defumar ♦ *vi* **1** fumar **2** fumegar ♦ *vt* (carne, peixe) defumar ❖ *there's no smoke without fire* não há fumo sem fogo; *to go up in smoke* arder; ir por água abaixo

smoke-free ['sməʊkfri:] *adj* onde não se pode fumar

smoker ['sməʊkə] *n* fumador

smokestack ['sməʊkˌstæk] *n* (barco, fábrica) chaminé

smoking ['sməʊkɪŋ] n ato ou hábito de fumar; *to give up smoking* deixar de fumar ♦ adj para fumadores ❖ *no smoking* proibido fumar

smoky ['sməʊki] adj {comp -ier, superl -iest} 1 cheio de fumo 2 fumarento 3 (cheiro, sabor) a fumo

smooch [smuːtʃ] vt,i 1 col estar na marmelada com 2 col dançar agarradinhos ♦ n {pl -es} 1 col marmelada 2 col (música) slow

smooth [smuːð] adj 1 liso, macio, suave 2 (líquido) consistente 3 gracioso 4 equilibrado, constante 5 (pessoas) bajulador 6 agradável 7 (bebida) brando ♦ vt 1 alisar [down, -] 2 espalhar [on/into/over, -] ❖ *smooth talking* conversa fiada

smoothie ['smuːði] n 1 col conquistador 2 (bebida) batido

smoothly ['smuːðli] adv 1 suavemente 2 sem problemas; sobre rodas fig

smother ['smʌðə] vt 1 asfixiar; sufocar 2 cobrir 3 reprimir 4 calar, afastar

smoulder ['sməʊldə] vi 1 arder a fogo lento 2 fig estar latente

SMS n [sigla de *Short Message Service*] SMS

smudge [smʌdʒ] n mancha, borrão ♦ vt,i 1 esborratar 2 manchar(-se)

smug [smʌg] adj {comp -er, superl -est} presunçoso

smuggle ['smʌgəl] vt 1 contrabandear 2 col passar clandestinamente

smuggler ['smʌglə] n 1 contrabandista 2 (droga) traficante

smuggling ['smʌglɪŋ] n 1 contrabando 2 (de droga) tráfico

smut [smʌt] n 1 col obscenidade, indecência 2 fuligem

snack [snæk] n col refeição leve; lanche ♦ vt petiscar ❖ *snack bar* snack-bar

snag [snæg] n 1 obstáculo, dificuldade 2 gancho 3 rasgão ♦ vt {pret e pp -gg-} 1 (malha) repuxar 2 EUA col conseguir

snail [sneɪl] n caracol ❖ col *snail mail* correio tradicional

snake [sneɪk] n ZOOL cobra, serpente ♦ vi serpentear

snakebite ['sneɪkbaɪt] n mordedura de cobra

snakeskin ['sneɪkskɪn] n pele de cobra

snap [snæp] vt {pret e pp -pp-} 1 partir, quebrar 2 col fotografar 3 (dedos) estalar 4 (cão) morder ♦ vi 1 partir, quebrar 2 berrar [at, a] 3 col passar-se ♦ n 1 estalo, estalido 2 FOT instantâneo 3 EUA (fecho) mola ♦ adj precipitado ❖ *snap to it* despacha-te!; mexe-te!; *to snap your fingers* estalar os dedos

snappy ['snæpi] adj {comp -ier, superl -iest} 1 (título, slogan) curto e eficaz 2 irritadiço 3 col elegante 4 alegre

snapshot ['snæpʃɒt] n (fotografia) instantâneo

snare [sneə] n 1 armadilha 2 cilada ♦ vt enredar, armar cilada

snarl [snɑːl] vt,i 1 (animal) rosnar [at, a] 2 (pessoa) resmungar ♦ n rosnadela

snatch [snætʃ] vt 1 arrebatar, apanhar 2 sacar 3 raptar ♦ n {pl -es} 1 (música, conversa) fragmento 2 esticão ❖ *in snatches* aos bocadinhos

snazzy ['snæzi] adj col elegante; vistoso

sneak [sniːk] vi esgueirar-se, andar à socapa ♦ vt col surripiar, roubar ♦ n GB col bufo, queixinhas ❖ *to sneak a look/glance at* olhar disfarçadamente para

sneaker ['sniːkə] n EUA sapatilha

sneaking ['sniːkɪŋ] adj 1 secreto 2 (suspeita, impressão) ligeiro

sneer [snɪə] vi fazer troça [at, de] ♦ n sorriso trocista

sneeze [sniːz] vi espirrar ♦ n espirro ❖ *not to be sneezed at* não ser de desperdiçar

sniff [snɪf] vi fungar ♦ vt 1 cheirar, farejar 2 cal (drogas) snifar ♦ n 1 fungadela 2 aspiração ❖ *not to be sniffed at* não ser de desperdiçar

snigger ['snɪgə] n riso abafado ♦ vi rir à socapa

snip [snɪp] n tesoura, corte ♦ vt {pret e pp -pp-} cortar, aparar ❖ GB to be a snip ser uma pechincha

snipe [snaɪp] n 1 ZOOL narceja 2 fig idiota ♦ vi 1 (francoatirador) disparar 2 dizer mal

sniper ['snaɪpə] n atirador furtivo

snippet ['snɪpɪt] n 1 fragmento 2 excerto

snitch [snɪtʃ] vi col,pej dar informações de alguém [on, -] ♦ vt cal gamar ♦ n 1 col bufo, queixinhas 2 joc nariz

snivel ['snɪvəl] vi {pret e pp -ll-} choramingar, lamuriar-se

snob [snɒb] n snobe

snobbery ['snɒbəri] n snobismo

snobbish ['snɒbɪʃ] adj snobe

snog [snɒg] vi cal curtir ♦ n cal marmelada

snooker ['snuːkə] n snooker ♦ vt col tramar, lixar

snoop [snuːp] vi col bisbilhotar ♦ n col bisbilhoteiro

snooze [snuːz] n col soneca ♦ vi col dormitar

snore [snɔː] vi ressonar ♦ n ronco

snorkel ['snɔːkəl] n (mergulho) tubo de respiração ♦ vi praticar mergulho com tubo de respiração

snorkelling ['snɔːkəlɪŋ] n mergulho (com tubo de respiração)

snort [snɔːt] n 1 resfôlego 2 ruído de máquina a vapor ♦ vt,i 1 resfolegar 2 bufar 3 cal snifar

snot [snɒt] n col ranho

snotty ['snɒti] adj {comp -ier, superl -iest} col ranhoso

snout [snaʊt] n 1 focinho 2 GB col (preso) bufo col

snow [snəʊ] n 1 neve 2 cal cocaína ♦ npl nevão ♦ vi nevar ♦ vt EUA col impressionar ❖ to be snowed in/up estar retido; to be snowed under (with something) não chegar para as encomendas

snowball ['snəʊbɔːl] n bola de neve ♦ vi crescer, desenvolver-se ❖ not to have a snowball's chance in hell não ter hipótese nenhuma

snowboard ['snəʊbɔːd] n DESP snowboard ♦ vi DESP praticar snowboard

snowboarding ['snəʊbɔːdɪŋ] n snowboard

snowflake ['snəʊfleɪk] n floco de neve

snowman ['snəʊmæn] n {pl -men} boneco de neve

snowmobile ['snəʊməbiːl] n moto para a neve

snowstorm ['snəʊstɔːm] n nevão

Snow White ['snəʊ waɪt] n Branca de Neve

snowy ['snəʊi] adj {comp -ier, superl -iest} 1 com neve 2 branco como neve

snub [snʌb] vt {pret e pp -bb-} desprezar ♦ n humilhação ♦ adj (nariz) arrebitado

snuff [snʌf] vt (vela) extinguir, apagar ♦ vi (animal) farejar ♦ n rapé ❖ to snuff it esticar o pernil

snuffbox ['snʌfbɒks] n caixa de rapé

snuffle ['snʌfəl] n fungadela ♦ vt 1 fungar 2 (animais) farejar

snug [snʌg] adj 1 confortável, aconchegado 2 (roupa) que assenta bem

snuggle ['snʌgəl] vi col aconchegar-se

so [səʊ] adv 1 tão; it's so big! é tão grande! 2 também; so do/am I também eu 3 assim 4 pois 5 sim/não; I don't think so acho que não; I think so acho que sim 6 então ♦ conj 1 por isso, portanto 2 então 3 para que, para ❖ so be it! que assim seja!; so far, so good até aqui, tudo bem; EUA so long! adeus!

soak [səʊk] vt 1 embeber [in, em] 2 encharcar 3 pôr de molho

so-and-so ['səʊənsəʊ] n {pl -s} fulano, sujeito

soap [səʊp] n 1 sabão, sabonete 2 col telenovela ♦ vt ensaboar ❖ soap powder detergente da roupa

soar [sɔː] vi 1 planar 2 erguer-se, elevar-se 3 (preços, etc.) subir em flecha 4 intensificar-se

soaring ['sɔːrɪŋ] adj 1 elevado 2 crescente 3 ambicioso

sob [sɒb] *vt,i* soluçar ♦ *n* soluço ❖ *sob story* dramalhão; *to sob your heart out* desfazer-se em soluços

sober ['səʊbə] *adj* 1 sóbrio 2 moderado 3 discreto ♦ *vt* deixar sério ♦ *vi* ficar sério ♦ **sober up** *vi* ficar sóbrio

sobriety [səʊ'braɪəti] *n* 1 sobriedade 2 seriedade

so-called [səʊ'kɔːld] *adj* 1 chamado, assim chamado 2 suposto

soccer ['sɒkə] *n* futebol

sociable ['səʊʃəbəl] *adj* sociável

social ['səʊʃəl] *adj* social

socialism ['səʊʃəlɪzəm] *n* socialismo

socialist ['səʊʃəlɪst] *adj,n* socialista

socialize ['səʊʃəlaɪz] *vt,i* conviver [with, com]

society [sə'saɪəti] *n* {*pl* -ies} 1 sociedade 2 associação

sociological [səʊsɪə'lɒdʒɪkəl] *adj* sociológico

sociologist [səʊsɪ'ɒlədʒɪst] *n* sociólogo

sociology [səʊsɪ'ɒlədʒi] *n* sociologia

sock [sɒk] *n* 1 peúga 2 *col* soco ♦ *vt* socar ❖ *put a sock in it* fecha a matraca; *EUA to knock somebody's socks off* ser apanhado de surpresa

socket ['sɒkɪt] *n* 1 (eletricidade) tomada 2 (num aparelho) saída 3 (olho) órbita 4 (lâmpada) casquilho

sod [sɒd] *n* 1 relvado 2 *pej* estúpido ❖ *cal sod it!* que se lixe!; *to be a sod* ser uma seca

soda ['səʊdə] *n* 1 *EUA* (refresco) gasosa 2 água gaseificada 3 *QUIM* soda

sodden ['sɒdn] *adj* 1 encharcado 2 embrutecido pelo álcool ♦ *vt* 1 empapar 2 encharcar

sodium ['səʊdɪəm] *n* sódio

sodomy ['sɒdəmi] *n* sodomia

sofa ['səʊfə] *n* sofá ❖ *sofa bed* sofá-cama

soft [sɒft] *adj* 1 macio; suave 2 mole 3 (som, cor, luz) suave 4 (vento, chuva) fraco 5 bondoso 6 pouco firme 7 cobarde

8 fácil ❖ *soft drink* refrigerante; *soft drug* droga leve

softball ['sɒftbɔːl] *n* 1 softbol 2 bola de softbol

soft-cover [sɒft'kʌvə] *adj* (livro) brochado

soften ['sɒfən] *vt* 1 suavizar 2 atenuar 3 (água) depurar ♦ *vi* 1 amolecer 2 (comportamento) abrandar 3 (expressão, voz) suavizar

softener ['sɒfənə] *n* (roupa, água) amaciador

softhearted [sɒft'hɑːtɪd] *adj* bondoso

softie ['sɒfti] *n* 1 *col* sentimental 2 *col* fraco, banana

softly ['sɒftli] *adv* 1 suavemente 2 baixinho; sem fazer barulho

softpedal [sɒftpedl] *vt col* minimizar a importância de

soft-spoken [sɒft'spəʊkən] *adj* com uma voz suave

software ['sɒftweə] *n* software

soggy ['sɒgi] *adj* {*comp* -ier, *superl* -iest} 1 encharcado, ensopado 2 (terreno) lamacento

soil [sɔɪl] *n* solo, terra; *on British soil* em solo britânico ♦ *vt* sujar

solace ['sɒlɪs] *n* consolação, conforto; *to find solace in* encontrar consolo em ♦ *vt* consolar, confortar

solar ['səʊlə] *adj* solar; *the solar system* o sistema solar

solarium [səʊ'leərɪəm] *n* {*pl* -ia} solário

solder ['sɒldə] *n téc* solda ♦ *vt,i* soldar

soldier ['səʊldʒə] *n* soldado, militar ❖ *soldier of fortune* mercenário

sole [səʊl] *adj* 1 único 2 exclusivo ♦ *n* 1 (pé) planta 2 (sapato) sola 3 (peixe) linguado

solely ['səʊlli] *adv* unicamente; somente

solemn ['sɒləm] *adj* solene

solemnity [sə'lemnɪti] *n* {*pl* -ies} solenidade

solemnize ['sɒləmnaɪz] *vt* solenizar

sol-fa [sɒl'fɑː] *n MÚS* solfejo ♦ *vt,i* solfejar

solfeggio [sɒlˈfedʒɪəʊ] n {pl -ios, -gi} MÚS solfejo

solicit [səˈlɪsɪt] vt 1 solicitar 2 rogar ♦ vi prostituir-se

solicitation [səˌlɪsɪˈteɪʃən] n 1 solicitação 2 pedido 3 (prostituta) ato de aliciar clientes

soliciting [səˈlɪsɪtɪŋ] n prostituição (por abordagem na rua)

solicitor [səˈlɪsɪtə] n 1 GB advogado 2 EUA vendedor; promotor

solicitous [səˈlɪsɪtəs] adj solícito

solid [ˈsɒlɪd] adj 1 sólido 2 maciço 3 compacto; denso 4 firme, estável 5 forte; resistente 6 unânime, unido 7 contínuo ♦ n sólido

solidarity [sɒlɪˈdærɪti] n {pl -ies} solidariedade

solidification [səˌlɪdɪfɪˈkeɪʃən] n solidificação

solidify [səˈlɪdɪfaɪ] vt,i solidificar

solidity [səˈlɪdɪti] n {pl -ies} solidez

soliloquy [səˈlɪləkwi] n {pl -ies} solilóquio

solitaire [ˈsɒlɪteə] n 1 (joia) solitário 2 EUA (jogo de cartas) paciência

solitary [ˈsɒlɪtəri] adj 1 solitário 2 isolado ♦ npl {pl -ies} col (prisão) solitária

solitude [ˈsɒlɪtjuːd] n solidão

solo [ˈsəʊləʊ] n {pl -s} (música, jogo) solo

soloist [ˈsəʊləʊɪst] n solista

Solomon Islands [ˈsɒləmənaɪləndz] n Ilhas Salomão

solstice [ˈsɒlstɪs] n solstício; **summer solstice** solstício de verão

soluble [ˈsɒljəbəl] adj solúvel

solute [sɒˈljuːt] n soluto

solution [səˈluːʃən] n solução

solvable [ˈsɒlvəbəl] adj 1 solúvel 2 resolúvel

solve [sɒlv] vt resolver; solucionar; **to solve a puzzle** resolver um enigma

solvency [ˈsɒlvənsi] n {pl -ies} solvência

solvent [ˈsɒlvənt] adj,n solvente

Somali [səˈmɑːli] adj,n somáli

Somalia [səˈmɑːlɪə] n Somália

somatic [səˈmætɪk] adj somático

sombre [ˈsɒmbə] adj 1 sombrio 2 melancólico

some [sʌm] adj,pron 1 algum, alguma, alguns, algumas; **some years ago** há alguns anos 2 um pouco (de) ♦ adv 1 um tanto; **would you like some more?** queres mais? 2 cerca de; **some 20 people** umas 20 pessoas

somebody [ˈsʌmbədi] pron alguém; **somebody else** outra pessoa

somehow [ˈsʌmhaʊ] adv 1 de algum modo 2 não sei porquê

someone [ˈsʌmwʌn] pron alguém; **someone else** outra pessoa

somersault [ˈsʌməsɔːlt] n 1 cambalhota 2 salto mortal; **double somersault** duplo salto mortal ♦ vi 1 dar um salto mortal 2 dar uma cambalhota

something [ˈsʌmθɪŋ] pron alguma coisa; qualquer coisa; **something else** outra coisa ❖ **to be something else** ser qualquer coisa de espetacular

sometime [ˈsʌmtaɪm] adv 1 em determinada altura; **sometime soon** em breve 2 qualquer dia; um dia destes

sometimes [ˈsʌmtaɪmz] adv 1 algumas vezes; às vezes 2 de vez em quando

somewhat [ˈsʌmwɒt] adv,pron um tanto, um pouco

somewhere [ˈsʌmweə] adv em alguma parte, algures; **somewhere else** em qualquer outra parte

somnambulism [sɒmˈnæmbjəlɪzəm] n sonambulismo

somnambulist [sɒmˈnæmbjəlɪst] n sonâmbulo

son [sʌn] n filho ❖ vulg **son of a bitch** filho da puta vulg

sonar [ˈsəʊnɑː] n sonar

sonata [səˈnɑːtə] n sonata

song [sɒŋ] n 1 canção 2 canto

songbird [ˈsɒŋbɜːd] n ave canora

songwriter ['sɒŋˌraɪtə] n MÚS compositor

sonic ['sɒnɪk] adj sónico

son-in-law ['sʌnɪnlɔː] n genro

sonnet ['sɒnɪt] n soneto

soon [suːn] adv 1 em breve; brevemente; *soon after* pouco depois 2 cedo; *as soon as possible* o mais cedo possível 3 depressa ❖ *as soon as* assim que; logo que; *no sooner said than done* dito e feito; *see you soon!* até à próxima!

soot [sʊt] n fuligem

soothe [suːð] vt acalmar; aliviar

soothing ['suːðɪŋ] adj calmante; reconfortante

sophistication [səˌfɪstɪˈkeɪʃən] n sofisticação

soporific [ˌsɒpəˈrɪfɪk] adj soporífero

soppy ['sɒpi] adj {comp -ier, superl -iest} col piegas, meloso

soprano [səˈprɑːnəʊ] n {pl -s} MÚS soprano

sorbet ['sɔːbət] n sorvete

sorcerer ['sɔːsərə] n feiticeiro

sorceress ['sɔːsərɪs] n {pl -es} feiticeira

sorcery ['sɔːsəri] n {pl -ies} feitiçaria

sordid ['sɔːdɪd] adj 1 sórdido 2 imundo

sore [sɔː] adj 1 dorido 2 inflamado 3 aborrecido [about, com] ◆ n chaga; ferida ❖ *sore point* assunto delicado

sorrel ['sɒrəl] n (planta) azeda

sorrow ['sɒrəʊ] n 1 tristeza; mágoa; dor [at/for/over, por] 2 nostalgia ◆ vi 1 sentir pena [at/for/over, de] 2 sofrer 3 estar triste

sorry ['sɒri] adj {comp -ier, superl -iest} 1 arrependido 2 lastimoso ❖ *(I'm) sorry!* desculpe!, desculpa!; lamento!; *to be sorry* lamentar; *to feel sorry for* sentir pena de

sort [sɔːt] n 1 espécie 2 tipo; género [of, de]; *they sell many sorts of wine* eles vendem vários tipos de vinho 3 maneira, modo; *in some sort* de certa maneira ◆ vt 1 separar 2 classificar 3 ordenar 4 selecionar ❖ *nothing of the sort* nada disso; *of sorts* de várias espécies

❖ *sort out* vt 1 separar 2 arrumar 3 tratar de 4 organizar

sorting ['sɔːtɪŋ] n 1 seleção; triagem 2 distribuição 3 classificação

SOS [ˌesəʊˈes] n SOS; pedido de ajuda

so-so ['səʊsəʊ] adj,adv assim-assim

soufflé ['suːfleɪ] n soufflé, suflé

soul [səʊl] n 1 alma 2 espírito 3 essência [of, de] 4 (música) soul

soulmate ['səʊlmeɪt] n alma gémea

sound [saʊnd] n 1 som 2 barulho ◆ vi 1 soar 2 parecer ◆ vt 1 sondar 2 LING pronunciar ◆ adj 1 são, saudável 2 prudente; sensato 3 certo, correto 4 perfeito 5 em boas condições 6 (sono) profundo ◆ adv profundamente; *sound asleep* profundamente adormecido ❖ *sound wave* onda sonora; *I don't like the sound of it* isso não me agrada

soundly ['saʊndli] adv 1 (dormir) profundamente 2 acertadamente, sensatamente 3 completamente

soundproof ['saʊndpruːf] adj insonorizado ◆ vt insonorizar

soundproofing ['saʊndpruːfɪŋ] n insonorização

soundtrack ['saʊndtræk] n banda sonora

soup [suːp] n sopa

sour ['saʊə] adj 1 azedo; avinagrado 2 amargo 3 fig irritado ◆ vt,i 1 azedar 2 fermentar

source [sɔːs] n 1 fonte; *a very reliable source* uma fonte segura 2 origem 3 (rio) nascente

south [saʊθ] n sul ◆ adj (do) sul ◆ adv para o sul

South Africa [ˌsaʊθˈæfrɪkə] n África do Sul

South African [ˌsaʊθˈæfrɪkən] adj,n sul-africano

southeast [ˌsaʊθˈiːst] adj,n sudeste, sueste ◆ adv em direção ao sudeste

southeastern [ˌsaʊθˈiːstən] adj do sudeste

southerly ['sʌðəli] adj do sul; meridional

southern ['sʌðən] *adj* 1 do sul; meridional 2 sulista

southerner ['sʌðənə] *n* habitante do Sul

South Korea [sauθke'ri:ə] *n* Coreia do Sul

South Korean [sauθke'ri:ən] *adj,n* sul--coreano

south-southeast [sauθsauθi:st] *adj,n* su--sudeste ♦ *adv* para su-sudeste

south-southwest [sauθsauθ'west] *adj,n* su-sudoeste ♦ *adv* para su sudoeste

southward ['sauθwəd] *adj* situado para o sul ♦ *adv* em direção ao sul

southwest [sauθ'west] *n,adj* sudoeste ♦ *adv* em direção ao sudoeste

southwesterly [sauθ'westəli] *adj* do su-doeste

southwestern [sauθ'westən] *adj* de su-doeste

souvenir [su:və'niə] *n* lembrança, recorda-ção

sovereign ['sovrin] *n* 1 soberano 2 libra de ouro ♦ *adj* (país, poder) soberano

sovereignty ['sovrənti] *n* (*pl* -ies) sobera-nia

Soviet ['səuviət] *adj,n* soviético

sow [sau] *vt* 1 semear [with, com/de] 2 disseminar 3 espalhar ❖ *to sow the seeds of hatred* semear o ódio; *as a man sows, so shall he reap* cada um colhe aquilo que semeia

sower ['səuə] *n* semeador

soy [soi] *n* EUA soja

soya ['soiə] *n* GB soja ❖ *soya bean* semente de soja

spa [spa:] *n* estância termal, termas, spa

space [speis] *n* 1 espaço 2 área; zona 3 distância entre coisas 4 (tempo) período 5 duração 6 TIP espaço entre palavras ♦ *vt* espaçar ♦ *adj* espacial; do espaço ❖ *space agency* agência espacial; *space shuttle* vaivém espacial

spacecraft ['speiskra:ft] *n* nave espacial

spaceship ['speisʃip] *n* nave espacial

spacing ['speisiŋ] *n* 1 espaçamento 2 in-tervalo

spacious ['speiʃəs] *adj* espaçoso

spade [speid] *n* pá ♦ *npl* (cartas) espadas ♦ *vt,i* cavar com pá ❖ *to call a spade a spade* chamar as coisas pelo nome

spaghetti [spə'ɡeti] *n* esparguete

Spain [spein] *n* Espanha

spall [spo:l] *n* (pedra) pedaço, lasca ♦ *vt* (minério) triturar ♦ *vt,i* 1 (pedra) picar 2 lascar

spam [spæm] *n* spam ♦ *vt* enviar correio eletrónico não solicitado a

span [spæn] *n* 1 distância de uma extre-midade a outra 2 arco 3 secção de arco entre dois pontos de apoio 4 período de tempo; duração; *the span of life* a dura-ção da vida 5 envergadura ♦ *vt* 1 atraves-sar 2 estender-se sobre 3 abranger com as mãos 4 medir aos palmos

spangle ['spæŋɡəl] *n* lantejoula ♦ *vt* cobrir de lantejoulas

Spaniard ['spænjəd] *n* espanhol

Spanish ['spæniʃ] *adj,n* espanhol ♦ *npl the Spanish* os espanhóis

spank [spæŋk] *vt* bater em; dar palmadas em

spanking ['spæŋkiŋ] *n* palmadas no rabo ♦ *adj col* espantoso

spanner ['spænə] *n* GB chave-inglesa

spar [spa:] *n* 1 (boxe) defesa 2 AER longa-rina de asa 3 discussão ♦ *vi* (*pret e pp* -rr-) 1 questionar 2 discutir 3 praticar boxe [with, com] 4 disputar

spare [speə] *vt* 1 economizar; poupar 2 dispensar [for, para] 3 evitar 4 respei-tar ♦ *adj* 1 sóbrio 2 poupado 3 livre 4 so-bresselente; de reserva 5 escasso; magro ♦ *n* peça sobresselente ❖ *spare time* tempo livre; *spare tyre* pneu sobresselente; *to spare no expense* não olhar a gastos

sparerib [speə'rib] *n* entrecosto

spark [spa:k] *n* 1 faísca 2 faúlha 3 des-carga elétrica ♦ *vi* faiscar ♦ *vt* EUA *fig* inci-tar

sparkle ['spɑ:kəl] n 1 centelha 2 faúlha 3 vivacidade ♦ vi 1 brilhar; reluzir 2 faiscar

sparkling ['spɑ:klɪŋ] adj 1 cintilante 2 (vinho) espumante; (água) com gás 3 excelente 4 animado

sparrow ['spærəʊ] n pardal

sparrowhawk ['spærəʊˌhɔːk] n ZOOL gavião

sparse [spɑːs] adj 1 escasso 2 disperso

Spartan ['spɑːtən] adj,n espartano; *to lead a Spartan life* levar uma vida espartana

spasm ['spæzəm] n 1 espasmo 2 acesso [of, de]

spasmodic [spæz'mɒdɪk] adj 1 espasmódico 2 intermitente

spate [speɪt] n 1 (ataques, assaltos) onda; vaga 2 série

spatial ['speɪʃəl] adj espacial

spatter ['spætə] n salpico ♦ vt 1 salpicar [with, com/de] 2 difamar ♦ vi cair em gotas [on, em]

spatula ['spætjʊlə] n espátula

spa-water ['spɑːˌwɔːtə] n água mineral

spawn [spɔːn] n 1 (peixe, rãs) ovas; milharas 2 (cogumelos) micélio 3 pej descendência ♦ vi desovar ♦ vt gerar

speak [spiːk] vt {pret spoke, pp spoken} 1 falar; *do you speak English?* sabes falar inglês? 2 dizer; exprimir; *to speak the truth* dizer a verdade ♦ vi 1 falar [about, acerca de/sobre/de; to/with, com] 2 discursar [about/on, sobre/acerca de; to, para] 3 conversar [to/with, com; about/of, sobre/acerca de/de] ❖ *to speak ill of* dizer mal de; *to speak one's mind* ser sincero; *generally speaking* em termos gerais; *so to speak* por assim dizer; *strictly speaking* em rigor

♦ **speak out** vi falar com clareza; falar com franqueza

♦ **speak up** vi 1 dizer o que se pensa 2 falar mais alto

speaker ['spiːkə] n 1 locutor 2 orador 3 falante 4 coluna de som

spear [spɪə] n 1 lança; arpão 2 planta jovem ♦ vt,i 1 atravessar ou espetar com lança 2 BOT germinar, brotar

spearhead ['spɪəhed] n 1 ponta de lança 2 força motriz 3 linha da frente ♦ vt 1 liderar 2 dirigir 3 inaugurar

spearmint ['spɪəmɪnt] n hortelã; menta

spec [spek] n pormenor técnico ♦ npl col óculos

special ['speʃəl] adj 1 especial 2 (sessão, assembleia) extraordinário ♦ n 1 algo especial 2 prato do dia

specialist ['speʃəlɪst] n,adj especialista [in, em]

speciality [ˌspeʃɪ'ælɪti] n {pl -ies} GB especialidade

specialization [ˌspeʃəlaɪ'zeɪʃən] n especialização

specialize ['speʃəlaɪz] vt especializar ♦ vi especializar-se [in, em]

specially ['speʃəli] adv especialmente

specialty ['speʃəlti] n {pl -ies} EUA especialidade

species ['spiːʃiːz] n espécie

specific [spɪ'sɪfɪk] adj específico

specification [ˌspesɪfɪ'keɪʃən] n 1 especificação 2 descrição

specificity [ˌspesɪ'fɪsɪti] n especificidade

specify ['spesɪfaɪ] vt especificar; particularizar; *unless otherwise specified* salvo especificação em contrário

specimen ['spesɪmɪn] n 1 amostra 2 espécime

specious ['spiːʃəs] adj enganador; falso

speck [spek] n 1 mancha [of, de] 2 partícula [of, de] ♦ vt 1 manchar 2 salpicar

speckle ['spekəl] n 1 pequena mancha; ponto ♦ vt 1 sarapintar 2 manchar

spectacle ['spektəkəl] n espetáculo; exibição ♦ npl form óculos

spectacular [spek'tækjʊlə] adj 1 espetacular 2 aparatoso

spectator [spek'teɪtə] n espectador

spectral ['spektrəl] adj espetral

spectre ['spektə] n espetro; fantasma

speculate ['spekjʊleɪt] vi 1 especular [about/on, sobre/acerca de]; meditar 2 ECON especular [in, em]

speculation [ˌspekjʊ'leɪʃən] n especulação

speculative ['spekjʊlətɪv] adj especulativo

speculator ['spekjʊleɪtə] n especulador

speech [spiːtʃ] n (pl -es) 1 discurso; *reported speech* discurso indireto 2 fala; *speech therapy* terapia da fala 3 expressão; *freedom of speech* liberdade de expressão ❖ (banda desenhada) *speech bubble* balão de fala

speechless ['spiːtʃləs] adj sem palavras, mudo

speed [spiːd] n 1 rapidez 2 velocidade; (automóvel) *a five-speed gearbox* caixa de cinco velocidades 3 pressa 4 cal anfetamina ❖ vt,i (pret e pp sped, speeded) 1 apressar-se 2 acelerar, conduzir a grande velocidade ❖ *speed limit* limite de velocidade

❖ **speed up** vt acelerar

speeding ['spiːdɪŋ] n excesso de velocidade; *speeding ticket* multa por excesso de velocidade

speedway ['spiːdweɪ] n corrida de motos

speedy ['spiːdi] adj (comp -ier, superl -iest) rápido

spell [spel] n 1 feitiço; *to cast a spell over someone* enfeitiçar alguém 2 período; breve espaço de tempo 3 turno; *by spells* por turnos ❖ vt,i 1 soletrar 2 escrever 3 (trabalho) revezar

❖ **spell out** vt 1 soletrar 2 explicar

spellbinding ['spelbaɪndɪŋ] adj fascinante

spellbound ['spelbaʊnd] adj encantado, enfeitiçado

spellchecker ['speltʃekə] n (computador) corretor ortográfico

spelling ['spelɪŋ] n ortografia; *spelling mistake* erro ortográfico

spend [spend] vt (pret e pp spent) 1 (dinheiro, recurso) gastar [on, em] 2 (energia, força) consumir, esgotar 3 (tempo) passar

spender ['spendə] n gastador

spending ['spendɪŋ] n despesas; gastos

spendthrift ['spendθrɪft] n gastador

sperm [spɜːm] n 1 espermatozoide 2 esperma

spermatozoon [ˌspɜːmətəʊ'zəʊɒn] n (pl -oa) espermatozoide

spew [spjuː] n vómito ❖ vt,i vomitar

sphere [sfɪə] n esfera

spheric ['sferɪk] adj esférico

spherical ['sferɪkəl] adj esférico

sphincter ['sfɪŋktə] n esfíncter

sphinx [sfɪŋks] n (pl -xes, -ges) esfinge

spice [spaɪs] n 1 especiaria 2 condimentos 3 paladar 4 pitada; *a spice of humor* uma pitada de humor ❖ vt 1 condimentar 2 apimentar

spick-and-span [ˌspɪkən'spæn] adj 1 novo em folha 2 reluzente

spicy ['spaɪsi] adj (comp -ier, superl -iest) 1 condimentado 2 picante

spider ['spaɪdə] n aranha; *spider's web* teia de aranha

spike [spaɪk] n 1 espigão; cravo, cavilha 2 BOT espiga 3 (gráfico) pico ❖ vt 1 cravar; furar 2 BOT deitar espigas ❖ *to spike a drink* adicionar muito álcool a uma bebida; *to spike one's guns* estragar os planos

spikenard ['spaɪknɑːd] n BOT nardo

spill [spɪl] vt 1 entornar; derramar 2 (segredo) revelar; col *to spill the beans* revelar um segredo ❖ vi (pret e pp spilt, spilled) entornar-se; derramar-se ❖ n 1 (líquido) derramamento 2 queda 3 torcida de papel ou lasca de madeira para acender vela ❖ *to spill money* perder dinheiro em apostas

spin [spɪn] n 1 movimento rotativo 2 (carro) passeio; *to go for a spin* ir dar uma volta

DACIN-DP-37

3 rotação 4 *AER* parafuso 5 *col* pânico ♦ *vt* {*pret* spun, span, *pp* spun} 1 rodar 2 fiar 3 tornear ♦ *vi* andar a grande velocidade ♦ **spin out** *vt* 1 (férias) prolongar 2 (discurso) estender; alargar 3 (dinheiro, tempo) esticar

spinach ['spɪnɪdʒ] *n* espinafre(s)

spinal ['spaɪnəl] *adj* espinal; *spinal column* coluna vertebral

spindle ['spɪndl] *n* 1 fuso, roca 2 eixo 3 haste 4 veio ♦ *vi* alongar-se

spin-dry [,spɪn'draɪ] *vt* (roupa) secar na máquina; centrifugar

spine [spaɪn] *n* 1 coluna vertebral 2 (cato, porco-espinho) espinho 3 (livro) lombada

spine-chilling ['spaɪn,tʃɪlɪŋ] *adj* arrepiante; horripilante

spinner ['spɪnə] *n* 1 fiadeiro 2 anzol giratório

spinning ['spɪnɪŋ] *n* fiação ❖ *spinning wheel* roda de fiar

spinster ['spɪnstə] *n* solteirona

spiny ['spaɪni] *adj* espinhoso

spiral ['spaɪərəl] *n* espiral ♦ *adj* em espiral ♦ *vi* {*pret e pp* -ll-} 1 mover-se em espiral 2 subir ou descer em espiral ❖ *spiral staircase* escada de caracol

spire ['spaɪə] *n* pináculo

spirit ['spɪrɪt] *n* 1 espírito; alma 2 personalidade, mentalidade 3 ser sobrenatural 4 princípio vital; essência [of, de] 5 talento ♦ *npl* 1 bebidas alcoólicas 2 estado de espírito ♦ *vt* fazer desaparecer misteriosamente ❖ *in great/high spirits* bem-disposto; *in low/poor spirits* deprimido

spirited ['spɪrɪtɪd] *adj* 1 dinâmico, com garra 2 animado

spiritless ['spɪrɪtləs] *adj* 1 desanimado 2 inanimado

spiritual ['spɪrɪtʃuəl] *adj,n* espiritual

spiritualism ['spɪrɪtʃulɪzəm] *n* espiritismo

spiritualist ['spɪrɪtʃulɪst] *n* espírita, espiritista

spirituality [,spɪrɪtʃu'ælɪti] *n* {*pl* -ies} espiritualidade

spiritually ['spɪrɪtʃuəli] *adv* espiritualmente

spit [spɪt] *n* 1 saliva, cuspo 2 ato de cuspir 3 (churrasco) espeto 4 ponta de terra ♦ *vt,i* {*pret e pp* spat} cuspir [at/in, em/para] ♦ *vt* 1 dizer violentamente 2 espetar ♦ *vi* 1 (chuva) cair levemente 2 (lume) crepitar 3 (gato) bufar ❖ *spit it out!* desembuche!

spite [spaɪt] *n* 1 rancor; *to have a spite against someone* ter rancor a alguém 2 ódio ♦ *vt* 1 ofender 2 contrariar 3 aborrecer ❖ *in spite of* apesar de; *out of spite* por despeito

spiteful ['spaɪtfəl] *adj* rancoroso

spitefully ['spaɪtfəli] *adv* rancorosamente

spittle ['spɪtl] *n* saliva

splash [splæʃ] *n* {*pl* -es} 1 salpico 2 (bebida alcoólica) gota 3 mancha 4 (água) chape 5 *col* sensação; *to make a splash* causar sensação ♦ *vi* chapinhar ♦ *vt* 1 salpicar [with, de/com] 2 (notícia) destacar 3 (dinheiro) esbanjar [on, em]

splashboard ['splæʃbɔːd] *n* (automóvel) guarda-lamas

splatter ['splætə] *vt,i* salpicar

splay [spleɪ] *vt,i* alargar(-se); esticar(-se)

spleen [spliːn] *n* 1 baço 2 má disposição

splendid ['splendɪd] *adj* esplêndido

splendour ['splendə] *n* esplendor

splice [splaɪs] *n* 1 (corda) enlaçamento de duas pontas 2 união de dois cabos ♦ *vt* 1 juntar, unir 2 (corda) entrançar 3 *col* casar ❖ *to sit on the splice* jogar pelo seguro

spliff [splɪf] *n* {*pl* -s} *GB cal* charro

splint [splɪnt] *n* 1 tala 2 lasca 3 *ANAT* perónio ♦ *vt* colocar em talas

splinter ['splɪntə] *n* 1 (madeira) lasca, farpa 2 fragmento; estilhaço ♦ *vt,i* 1 lascar(-se) 2 estilhaçar(-se) 3 (grupo) dividir(-se) ❖ *splinter group* facção dissidente

split [splɪt] *vt* {*pret e pp* split} 1 rachar 2 dividir [into, em] 3 repartir [between, por/entre] 4 *col* trair [on, -]; *don't split on me!* não me traias! ♦ vi 1 separar-se [with, de]; *he split with his wife* ele separou-se da mulher 2 dividir(-se) [into, em] ♦ n 1 fenda, racha [in, em] 2 divisão [in, em/de] ❖ *to split hairs* discutir coisas sem importância; *to split one's sides* rebentar de riso; *to split the difference* chegar a um meio-termo

♦ **split off** *vi,t* separar(-se); partir(-se)

♦ **split up** *vt* dividir ♦ *vi* separar-se

splitting ['splɪtɪŋ] *adj* (dor de cabeça) muito forte

splutter ['splʌtə] *vt* dizer atabalhoadamente ♦ *vi* 1 falar atabalhoadamente 2 crepitar

spoil [spɔɪl] *vt* {*pret e pp* spoilt, spoiled} 1 estragar 2 roubar 3 mimar 4 (boletim de voto) preencher erradamente para que seja anulado 5 deteriorar ♦ *n* 1 objetos roubados 2 presa

spoilsport ['spɔɪlspɔːt] *n col* desmancha-prazeres

spoke [spəʊk] *n* 1 (roda) raio 2 (escada de mão) degrau 3 NÁUT malagueta da roda do leme 4 travão ♦ *vi* (roda) travar 2 (escada de mão) colocar degraus ❖ *to put a spoke in someone's wheel* contrariar os planos de alguém

spokesman ['spəʊksmən] *n* (homem) porta-voz

spokesperson ['spəʊkz,pɜːsən] *n* porta-voz

spokeswoman ['spəʊkswʊmən] *n* {*pl* -men} (mulher) porta-voz

sponge [spʌndʒ] *n* 1 esponja 2 *pej* chupista ♦ *vt* 1 limpar, lavar [down/off/out, com] 2 absorver ♦ *vi* viver às custas de

sponger ['spʌndʒə] *n* parasita

spongy ['spʌndʒi] *adj* {*comp* -ier, *superl* -iest} esponjoso

sponsor ['spɒnsə] *n* 1 patrocinador 2 fiador ♦ *vt* 1 patrocinar; apadrinhar 2 promover

spontaneity [,spɒntə'neɪəti] *n* {*pl* -ies} espontaneidade

spontaneous [spɒn'teɪnɪəs] *adj* espontâneo

spook [spuːk] *n col* fantasma ♦ *vt* 1 assombrar 2 *EUA* assustar ♦ *vi EUA* assustar-se

spooky ['spuːki] *adj* 1 *col* que mete medo 2 *EUA* assustadiço

spool [spuːl] *n* 1 rolo 2 carrinho de linhas ♦ *vt* 1 enrolar 2 INFORM armazenar dados

spoon [spuːn] *n* 1 colher [of, de] 2 objeto em forma de colher 3 tolo ♦ *vt* 1 (com colher) servir 2 mexer com colher 3 comer com colher ❖ *to be born with a silver spoon in the mouth* nascer em berço de ouro

spoonful ['spuːnfʊl] *n* colherada

sporadic [spə'rædɪk] *adj* esporádico

spore [spɔː] *n* esporo

sport [spɔːt] *n* 1 desporto 2 passatempo; jogo; *to say in sport* dizer por brincadeira 3 *fig* bom perdedor 4 troça 5 *col* tipo; *he is a good sport* ele é bom tipo ♦ *vt col* ostentar ♦ *vi* 1 brincar; divertir-se 2 jogar 3 gozar; *to sport with someone* rir-se de alguém

sporting ['spɔːtɪŋ] *adj* 1 desportivo 2 desportista

sportive ['spɔːtɪv] *adj* brincalhão

sports [spɔːts] *adj* desportivo

sportsman ['spɔːtsmən] *n* {*pl* -men} (homem) desportista

sportsperson ['spɔːts,pɜːsən] *n* desportista

sportswear ['spɔːtsweə] *n* roupa desportiva

sportswoman ['spɔːtswʊmən] *n* {*pl* -men} (mulher) desportista

spot [spɒt] *n* 1 mancha [of, de] 2 (corpo) sinal 3 sítio, local 4 ponto sensível 5 situação difícil 6 (empresa) posição 7 lugar de destaque 8 *col* bocado [of, de] ♦ *vt* 1 manchar 2 *col* distinguir, localizar 3 sarapintar 4 *EUA col* (jogo) dar vantagem ao adversário ♦ *vi GB* chuviscar ❖ *on the spot* imediatamente; *to touch the spot* tocar no fundo da questão; *weak spot* ponto fraco

spotless ['spɒtləs] *adj* sem manchas; imaculado

spotlight ['spɒtlaɪt] *n* 1 holofote, projetor 2 figura pública ♦ *vt* {*pret e pp* -lit, -lighted} 1 colocar sob os holofotes 2 colocar em posição de destaque ❖ *to hold the spotlight* ser o centro das atenções

spotted ['spɒtɪd] *adj* 1 às bolas 2 malhado

spouse [spaʊz] *n* cônjuge (marido/mulher)

spout [spaʊt] *n* 1 cano 2 torneira 3 esguicho, jato 4 (bule) bico ♦ *vt* (líquido) esguichar; jorrar ♦ *vi* 1 (baleia) lançar jato de água 2 falar continuamente

sprain [spreɪn] *n* entorse ♦ *vt* (pé, pulso) torcer

sprat [spræt] *n* ZOOL carapau

sprawl [sprɔːl] *n* 1 posição desajeitada 2 atitude ou movimentos indolentes 3 crescimento desorganizado ♦ *vi* 1 escarrapachar-se; estender-se 2 espalhar-se desorganizadamente

spray [spreɪ] *n* 1 água ou outro líquido espalhado em gotas muito finas; borrifo 2 pulverizador, vaporizador 3 (mar) espuma 4 (flores) ramo ♦ *vt* 1 pulverizar 2 borrifar

sprayer ['spreɪə] *n* pulverizador, vaporizador

spread [spred] *n* 1 extensão 2 expansão 3 propagação [of, de] 4 divulgação [of, de] 5 *col* banquete 6 (manteiga, compota) alimento para barrar 7 EUA rancho ♦ *vt* {*pret e pp* spread} 1 (mapa, toalha) estender 2 (manteiga, compota) espalhar 3 (ideia, notícia) divulgar ♦ *vi* espalhar-se [on, em; with, com]

spreadsheet ['spredʃiːt] *n* folha de cálculo

spree [spriː] *n* farra; borga

sprig [sprɪg] *n* raminho

sprightly ['spraɪtli] *adj* {*comp* -ier, *superl* -iest} animado, alegre

spring [sprɪŋ] *n* 1 primavera 2 salto 3 nascente 4 origem 5 mola 6 elasticidade 7 energia ♦ *vi* {*pret* sprang, *pp* sprung} 1 saltar 2 brotar 3 surgir ♦ *vt* 1 abrir ou fechar por meio de mola 2 descarregar 3 mostrar subitamente 4 *col* (prisão) preparar uma fuga 5 abrir uma fenda ❖ *spring water* água de nascente

♦ **spring up** *vi* 1 (vento) levantar-se 2 (dúvida) surgir; aparecer 3 (planta) brotar; nascer

springboard ['sprɪŋbɔːd] *n* 1 trampolim 2 (natação) prancha de saltos 3 rampa de lançamento

spring-like ['sprɪŋlaɪk] *adj* primaveril

sprinkle ['sprɪŋkəl] *n* 1 borrifo, salpico 2 chuvisco ♦ *vt* borrifar; polvilhar [with, com/de] ♦ *vi* chuviscar

sprinkler ['sprɪŋklə] *n* 1 sistema de rega 2 sistema de extinção de incêndios

sprint [sprɪnt] *n* DESP sprint ♦ *vi* 1 sprintar; correr a toda a velocidade 2 arrancar

sprinter ['sprɪntə] *n* velocista, sprinter

sprout [spraʊt] *n* BOT rebento, botão ♦ *vt,i* 1 BOT brotar [from, de] 2 *fig* surgir; aparecer

spruce [spruːs] *adj* asseado

spud [spʌd] *n col* batata

spur [spɜː] *n* 1 espora 2 esporão 3 *fig* estímulo [to, para/a] 4 GEOG pico 5 (caminhos de ferro) ramal curto ♦ *vt* 1 esporear 2 *fig* espicaçar ❖ *to act on the spur of the moment* agir sob o impulso do momento

spurious ['spjʊərɪəs] *adj* falso, ilusório

spurt [spɜːt] *n* 1 esguicho 2 arranque 3 acesso [of, de]; *a spurt of anger* um acesso de cólera ♦ *vt,i* 1 jorrar 2 arrancar 3 DESP embalar 4 (corridas) fazer um esforço súbito

spy [spaɪ] *n* {*pl* spies} espião ♦ *vi* 1 espiar [on/upon, -] 2 ver [into/on, -] 3 vigiar

spyglass ['spaɪglɑːs] *n* binóculo

spying ['spaɪɪŋ] *n* espionagem

squabble ['skwɒbəl] *n* rixa; discussão ♦ *vi* brigar; discutir [**about/over**, sobre/por causa de]

squad [skwɒd] *n* 1 MIL esquadra; pelotão 2 pequeno grupo de pessoas; equipa 3 DESP seleção ♦ *vt {pret e pp* -dd-} formar, dispor em pelotões ❖ *squad car* carro-patrulha

squadron ['skwɒdrən] *n* 1 MIL esquadrão 2 (navios) esquadra 3 (aviões) esquadrilha

squalid ['skwɒlɪd] *adj* imundo

squall [skwɔːl] *n* 1 guincho 2 tempestade 3 (vento) rajada ♦ *vi* guinchar, berrar com dor ou medo

squalor ['skwɒlə] *n* miséria

squander ['skwɒndə] *vt* 1 desperdiçar 2 (dinheiro) esbanjar [**on**, em]

square [skweə] *n* 1 GEOM,MAT quadrado [**of**, de] 2 praça 3 esquadro ♦ *adj* 1 quadrado 2 quadrangular 3 em esquadria [**with**, com] 4 *fig* antiquado 5 (dívida) saldado 6 categórico 7 sincero ♦ *vt,i* 1 quadrar 2 formar ângulo reto 3 enquadrar-se [**with**, com] ♦ *vt* 1 pôr em esquadria 2 MAT elevar ao quadrado 3 saldar 4 subornar ♦ *adv* 1 perpendicularmente 2 em quadrado 3 honestamente ❖ *square metre* metro quadrado; *by the square* exatamente; *to act on the square* proceder honestamente; *to play fair and square* fazer jogo limpo

squash [skwɒʃ] *n {pl* -es} 1 DESP squash 2 multidão compacta 3 sumo de frutas 4 BOT abóbora ♦ *vt* 1 esmagar 2 empurrar 3 reprimir 4 reduzir ao silêncio

squat [skwɒt] *vi {pret e pp* -tt-} 1 agachar-se 2 apoderar-se de terras ou edifícios desocupados ♦ *n* 1 (posição) cócoras 2 pessoa atarracada ♦ *adj* 1 (posição) acocorado 2 (pessoa) atarracado

squawk [skwɔːk] *n* grito agudo ♦ *vi* 1 gritar 2 grasnar 3 queixar-se

squeak [skwiːk] *n* 1 rangido 2 guincho ♦ *vi* 1 chiar 2 guinchar

squeal [skwiːl] *n* guincho ♦ *vi* 1 guinchar 2 *cal* denunciar; bufar [**on**, -]

squeamish ['skwiːmɪʃ] *adj* 1 suscetível 2 que se enoja facilmente

squeeze [skwiːz] *vt* 1 apertar 2 espremer 3 trilhar 4 abraçar 5 oprimir 6 causar dificuldades financeiras ♦ *n* 1 aperto; compressão 2 pequena quantidade [**of**, de] 3 multidão compacta 4 situação difícil 5 *col* (dinheiro) extorsão

♦ *squeeze in vt* 1 arranjar tempo para 2 arranjar espaço para

squeezer ['skwiːzə] *n* 1 espremedor 2 prensa

squelch [skweltʃ] *vt* 1 esmagar; pisar 2 reprimir; fazer calar

squib [skwɪb] *n* 1 (fogo de artifício) bicha de rabear 2 sátira

squid [skwɪd] *n* lula

squint [skwɪnt] *n* 1 estrabismo 2 olhar de soslaio ♦ *adj* 1 estrábico; vesgo 2 oblíquo ♦ *vi* ser estrábico

squire ['skwaɪə] *n* 1 fidalgo rural 2 escudeiro

squirm [skwɜːm] *vi* 1 contorcer-se 2 *fig* sentir embaraço ou mal-estar ♦ *n* contorcimento

squirrel ['skwɪrəl] *n* esquilo

squirt [skwɜːt] *n* 1 esguicho 2 *col* fedelho ♦ *vt,i* 1 esguichar 2 jorrar

squish [skwɪʃ] *n {pl* -es} 1 jato; salpico 2 *col* literatura sentimental ♦ *vi* sair em jato

Sri Lanka [ʃriˈlæŋkə] *n* Sri Lanca

Sri Lankan [sriˈlæŋkən] *adj* do Sri Lanka ♦ *n* natural ou habitante do Sri Lanka

stab [stæb] *n* 1 facada; punhalada [**at**, em] 2 ofensa 3 dor; sensação aguda [**of**, de] 4 tentativa [**at**, de] ♦ *vt {pret e pp* -bb-} 1 apunhalar [**at/in**, em]; *to stab someone in the back* apunhalar alguém pelas costas 2 ofender 3 perfurar

stability [stəˈbɪlɪti] *n* estabilidade

stabilization [steɪbɪlaɪˈzeɪʃən] *n* estabilização

stabilize ['steɪbɪlaɪz] *vt* estabilizar

stable ['steɪbəl] *adj* 1 estável 2 firme; constante ♦ *n* 1 estábulo 2 cavalariça 3 cavalos de corrida de determinada coudelaria ♦ *vt* (animais) pôr ou ter em estábulo ❖ *to lock the stable door after the horse is stolen* casa roubada, trancas na porta

stack [stæk] *n* 1 pilha [of, de] 2 (feno) meda 3 *col* montão [of, de]; *I've got stacks of work to do* tenho carradas de trabalho para fazer ♦ *vt* 1 colocar em medas 2 empilhar [with, de/com] 3 (cartas) fazer batota

♦ **stack up** *vi* comparar-se; equiparar-se [against, a/com]

stadium ['steɪdɪəm] *n* {*pl* -s, stadia} estádio

staff [stɑːf] *n* {*pl* -s, staves} 1 (empresa) pessoal 2 (escola, universidade) corpo docente 3 (instituição) corpo administrativo 4 mastro de bandeira 5 bastão 6 *fig* suporte 7 *MÚS* pauta ♦ *vt* prover de pessoal

stag [stæg] *n* {*pl* -s, stag} veado macho ❖ *stag party* despedida de solteiro

stage [steɪdʒ] *n* 1 palco; estrado 2 *fig* teatro 3 período; fase 4 *fig* cena; *to come on the stage* entrar em cena 5 *DESP* jornada, etapa ♦ *vt* 1 encenar 2 representar 3 organizar ❖ *stage fright* medo da ribalta; *by easy stages* gradualmente; *to reach a critical stage* atingir um ponto crítico

stagecoach ['steɪdʒkəʊtʃ] *n* diligência

stage-manage [ˌsteɪdʒˈmænɪdʒ] *vt TEAT* encenar

stagger ['stægə] *n* cambaleio ♦ *npl* vertigens ♦ *vi* 1 cambalear 2 hesitar ♦ *vt* 1 desconcertar 2 organizar horários

staggering ['stægərɪŋ] *adj* surpreendente, assombroso

staging ['steɪdʒɪŋ] *n* encenação

stagnant ['stægnənt] *adj* estagnado

stagnate [stæg'neɪt] *vi* estagnar

stagnation [stæg'neɪʃən] *n* estagnação

stagy ['steɪdʒi] *adj* {*comp* -ier, *superl* -iest} *pej* teatral; exagerado

stain [steɪn] *n* 1 nódoa 2 coloração ♦ *vt* 1 manchar 2 tingir 3 difamar ♦ *vi* manchar-se ❖ *a stain in one's reputation* uma mancha na reputação de alguém

stainless ['steɪnləs] *adj* sem mancha ❖ *stainless steel* aço inoxidável

stair [steə] *n* degrau ♦ *npl* escadas; *flight of stairs* lanço de escadas

staircase ['steəkeɪs] *n* escadaria

stake [steɪk] *n* 1 estaca 2 pelourinho 3 aposta 4 participação; quota [in, em] ♦ *npl* 1 (corrida de cavalos) dinheiro oferecido como prémio 2 risco ♦ *vt* 1 pôr estacas 2 apostar ❖ *at stake* em jogo; *to sweep the stakes* ganhar tudo

♦ **stake out** *vt* 1 *col* vigiar às escondidas 2 delimitar com estacas

stalactite ['stæləktaɪt] *n* estalactite

stalagmite ['stæləgmaɪt] *n* estalagmite

stale [steɪl] *adj* 1 (alimento, pão) duro; seco 2 (ar) viciado; saturado 3 (informação, notícia) desatualizado; antigo 4 (história, piada) velho; gasto

stalemate ['steɪlmeɪt] *n* 1 (xadrez) xeque 2 beco sem saída; impasse ♦ *vt* 1 (xadrez) colocar adversário na posição de xeque 2 *fig* colocar num impasse

stalk [stɔːk] *n* 1 *BOT* caule; talo 2 haste de fruto ♦ *vt* perseguir ♦ *vi* caminhar de maneira pomposa

stall [stɔːl] *n* 1 estábulo; estrebaria 2 (feira) banca; barraca 3 (compartimento) cubículo 4 (igreja) cadeiras do coro 5 *AER* perda de velocidade ♦ *npl TEAT* plateia ♦ *vt col* adiar ♦ *vi* 1 (motor) parar 2 *col* ganhar tempo

stallion ['stæljən] *n* (cavalo) garanhão

stamen ['steɪmen] *n* estame

stamina ['stæmɪnə] *n* resistência, vigor

stammer ['stæmə] *n* gaguez ♦ *vt,i* gaguejar

stammerer ['stæmərə] *n* gago

stammering ['stæmərɪŋ] *adj* 1 gago 2 *fig* hesitante ♦ *n* gaguez

stamp [stæmp] n 1 selo 2 marca 3 carimbo 4 timbre 5 estampa 6 carácter 7 ato de bater com o pé no chão ♦ vt 1 (carta) selar 2 (documento) carimbar [on, em; with, com] 3 (acontecimento, memória) gravar 4 caracterizar 5 pisar ♦ vi bater com o pé ❖ *stamp duty* imposto de selo
♦ **stamp out** vt 1 acabar com 2 (rebelião) sufocar 3 (com os pés) apagar

stampede [stæmˈpiːd] n (animais, pessoas) debandada ♦ vi fugir em debandada

stance [stɑːns] n posição; postura

stanchion [stɑːnt∫ən] n 1 pilar 2 suporte

stand [stænd] n 1 posto de venda 2 quiosque 3 lugar 4 posição [on, acerca de] 5 suporte 6 bancada 7 praça de táxis 8 *EUA* (tribunal) barra das testemunhas ♦ vi (*pret e pp* stood) 1 estar de pé 2 levantar-se 3 ficar parado 4 estar situado 5 manter-se em vigor 6 candidatar-se [for, a] 7 durar ♦ vt 1 suportar 2 pagar; *to stand a round* pagar uma rodada 3 (líquido) assentar ❖ *to stand on one's own feet* ser independente; *to stand to reason* ser evidente
♦ **stand back** vi distanciar-se
♦ **stand by** vt 1 apoiar 2 (decisão) manter-se firme em 3 (promessa) cumprir ♦ vi 1 ficar parado 2 estar preparado/alerta
♦ **stand down** vi demitir-se; deixar uma função
♦ **stand for** vt 1 significar 2 tolerar
♦ **stand in** vi substituir [for, -]; *she stood in for me while I was ill* ela substituiu-me enquanto estive doente
♦ **stand out** vi 1 sobressair; destacar-se 2 resistir; lutar
♦ **stand up** vi 1 levantar-se; pôr-se de pé 2 resistir; lutar 3 defender-se; fazer frente a

standard [ˈstændəd] n 1 padrão; nível 2 norma; nível de exigência 3 parâmetro; critério 4 princípio 5 estandarte ♦ adj 1 estandardizado 2 oficial 3 (língua) padrão

standard-bearer [ˈstændədˌbeərə] n porta-estandarte

standardization [ˌstændədaɪˈzeɪʃən] n estandardização

standardize [ˈstændədaɪz] vt estandardizar; uniformizar

stand-by [ˈstændbaɪ] adj suplente, de reserva ♦ n suplente, substituto ❖ *to be on stand-by* estar de serviço

stand-in [stændˈɪn] n 1 substituto 2 (filme) duplo

standing [ˈstændɪŋ] adj 1 permanente 2 em pé, de pé ♦ n 1 reputação; estatuto 2 duração

standoffish [stændˈɒfɪʃ] adj distante; reservado

standstill [ˈstændstɪl] n 1 paralisação; imobilização 2 impasse

stanza [ˈstænzə] n estância, estrofe

staple [ˈsteɪpəl] n 1 agrafo 2 alimento essencial 3 COM artigo principal de determinada região ♦ vt agrafar ♦ adj principal; básico

stapler [ˈsteɪplə] n agrafador

star [stɑː] n 1 ASTRON estrela; astro 2 *fig* celebridade 3 (sinal gráfico) asterisco ♦ npl destino ♦ vt 1 apresentar como ator ou atriz principal 2 CIN ter o papel principal [in, em] 3 marcar com asteriscos

starboard [ˈstɑːbəd] n estibordo

starch [stɑːtʃ] n (pl -es) 1 amido; fécula 2 (roupa) goma ♦ vt engomar

stare [steə] vi 1 olhar fixamente [at, para] 2 encarar 3 saltar à vista ♦ n 1 olhar fixo 2 olhar espantado ❖ *to stare someone in the face* saltar à vista de alguém

starfish [ˈstɑːfɪʃ] n (pl -es) estrela-do-mar

stark [stɑːk] adj 1 austero 2 (lugar) deserto 3 (facto, verdade) completo, perfeito 4 notório, claro ♦ adv completamente; *stark naked* nu em pelo

starlight [ˈstɑːlaɪt] n luz das estrelas

starling [ˈstɑːlɪŋ] n estorninho

starlit [ˈstɑːlɪt] adj estrelado

starry ['stɑːri] adj {comp -ier, superl -iest} estrelado

starry-eyed ['stɑːrɪˌaɪd] adj ingénuo; sonhador

start [stɑːt] n 1 início; *from the start* desde o princípio 2 sobressalto 3 origem 4 linha de partida 5 avanço [**on/over**, sobre/em relação a] ♦ vt 1 começar, iniciar 2 causar, originar ♦ vi 1 partir [**at/from**, de] 2 sobressaltar-se [**at**, de/com] 3 (competição desportiva) participar desde o início
  ◆ **start off** vt,i 1 começar 2 partir
  ◆ **start out** vt,i começar
  ◆ **start over** vt recomeçar
  ◆ **start up** vt (carro, máquina) pôr a trabalhar ♦ vi 1 começar 2 (carro) pegar

starter ['stɑːtə] n 1 entrada, aperitivo 2 participante numa corrida 3 DESP juiz de partida 4 (automóvel) motor de arranque ❖ *for starters* para começar

startle ['stɑːtl] vt 1 surpreender 2 sobressaltar

startling ['stɑːtlɪŋ] adj 1 surpreendente 2 alarmante

starvation [stɑːˈveɪʃən] n fome; *to die of starvation* morrer de fome

starve [stɑːv] vi passar fome ♦ vt 1 matar à fome 2 carecer [**of**, de] ❖ *to starve to death* morrer à fome

starving ['stɑːvɪŋ] adj morto de fome; esfomeado

stash [stæʃ] vt 1 col esconder 2 col guardar ♦ n col porção escondida

state [steɪt] n 1 estado [**of**, de]; *state of mind* estado de espírito 2 governo; Estado; país 3 cerimónia, gala ♦ vt 1 declarar 2 informar 3 especificar

stately ['steɪtli] adj {comp -ier, superl -iest} imponente, majestoso

statement ['steɪtmənt] n 1 afirmação 2 declaração; comunicado 3 depoimento 4 extrato bancário 5 relatório

statesman ['steɪtsmən] n {pl -men} estadista

static ['stætɪk] adj 1 estático 2 estável ♦ n interferências (numa transmissão radiofónica ou televisiva)

statics ['stætɪks] n FÍS estática

station ['steɪʃən] n 1 estação 2 (autocarros) paragem 3 (instituição) sede 4 sítio 5 esquadra 6 estação emissora 7 posto; *petrol station* posto de abastecimento ♦ vt 1 nomear para posto ou cargo 2 colocar

stationary ['steɪʃnəri] adj 1 parado 2 fixo 3 sem alteração

stationer ['steɪʃənə] n dono de papelaria ❖ *stationer's* papelaria

statistic [stəˈtɪstɪk] n 1 (número) estatística 2 fig número

statistical [stəˈtɪstɪkəl] adj estatístico

statistics [stəˈtɪstɪks] n estatística

statue ['stætʃuː] n estátua

statuette [ˌstætʃuˈet] n estatueta

stature ['stætʃə] n 1 estatura 2 valor, importância

status ['steɪtəs] n {pl -es} 1 posição, estatuto; *social status* posição social 2 estado; *civil status* estado civil

statute ['stætʃuːt] n 1 lei 2 estatuto

statutory ['stætʃutəri] adj previsto pela lei

staunch [stɔːntʃ] adj 1 fiel; leal 2 incondicional ♦ vt estancar

stave [steɪv] n 1 (pipa) aduela 2 MÚS pauta ♦ vt,i {pret e pp staved, stove} 1 quebrar 2 esmagar-se

stay [steɪ] n 1 estadia 2 DIR adiamento, suspensão 3 escora 4 NÁUT estai ♦ vi 1 ficar [**at**, em; **with**, com]; *to stay to dinner* ficar para jantar 2 permanecer 3 demorar-se 4 deter-se 5 hospedar-se ❖ *to stay put* ficar no mesmo sítio
  ◆ **stay away** vi 1 manter-se longe [**from**, de] 2 não ir
  ◆ **stay behind** vi ficar para trás
  ◆ **stay in** vi ficar em casa
  ◆ **stay up** vi ficar acordado

stead [sted] n form lugar; *in someone's stead* no lugar de alguém

steadfast ['stedfɑːst] *adj* 1 firme; inabalável 2 incondicional

steadiness ['stedɪnɪs] *n* 1 segurança, estabilidade 2 serenidade 3 constância

steady ['stedi] *adj* {*comp* -ier, *superl* -iest} 1 firme; seguro 2 sólido 3 constante 4 uniforme 5 disciplinado ♦ *vt,i* 1 fixar(-se) 2 equilibrar(-se) 3 estabilizar(-se) 4 acalmar ❖ *steady!* cuidado!; *to go steady with somebody* ter uma relação estável com alguém

steak [steɪk] *n* bife

steal [stiːl] *vt,i* {*pret* stole, *pp* stolen} roubar [from, de] ♦ *vi* mover-se silenciosamente ♦ *n EUA col* pechincha ❖ *to steal the show* conquistar a assistência

stealth ['stelθ] *n* coisa feita pela calada

stealthy ['stelθi] *adj* {*comp* -ier, *superl* -iest} furtivo; dissimulado

steam [stiːm] *n* vapor ♦ *vt CUL* cozer no vapor ♦ *vi* 1 fumegar 2 viajar em transporte a vapor; *steam engine* máquina a vapor; *to let off steam* aliviar a tensão; *to run out of steam* perder vitalidade

steamboat ['stiːmbəʊt] *n* barco a vapor

steamer ['stiːmə] *n* 1 navio a vapor 2 panela de pressão

steaming ['stiːmɪŋ] *adj* fumegante ❖ *steaming hot* escaldante

steamship ['stiːmʃɪp] *n* navio a vapor

steamy ['stiːmi] *adj* {*comp* -ier, *superl* -iest} 1 embaciado 2 escaldante

steel [stiːl] *n* aço ♦ *vt* endurecer ❖ *to have nerves of steel* ter nervos de aço

steelworks ['stiːlwɜːks] *n* siderurgia

steep [stiːp] *adj* 1 íngreme 2 (preço) exorbitante 3 (aumento) acentuado ♦ *vt CUL* embeber, demolhar

steeplechase ['stiːpəltʃeɪs] *n* (hipismo, atletismo) corrida de obstáculos

steer [stɪə] *vt,i* 1 conduzir 2 guiar ♦ *n* novilho castrado ❖ *to steer clear of* evitar a presença de

steering ['stɪərɪŋ] *n* (automóvel) direção ❖ *steering wheel* volante

steersman ['stɪəzmən] *n* {*pl* -men} NÁUT timoneiro

stellar ['stelə] *adj* estelar

stem [stem] *n* 1 BOT caule 2 (cachimbo) tubo 3 LING (palavra) radical ♦ *vt form* deter; conter ❖ (navio) *from stem to stern* de popa à proa

stench [stentʃ] *n* {*pl* -es} fedor

stenograph ['stenəgrɑːf] *n* estenógrafo ♦ *vt* estenografar

stenographer [stə'nɒgrəfə] *n EUA* estenógrafo

stenography [stə'nɒgrəfi] *n EUA* estenografia

step [step] *n* 1 passo; *step by step* passo a passo 2 medida; *to take steps* tomar medidas 3 degrau 4 grau; etapa 5 DESP step 6 MÚS intervalo ♦ *npl* escadote ♦ *vi* 1 dar passos; andar 2 pisar [in, em] 3 passear ❖ *mind your step!* veja por onde anda!

◆ **step forward** *vi* voluntariar-se; oferecer-se

◆ **step in** *vi* intervir

stepbrother ['step,brʌðə] *n* meio-irmão

stepchild ['steptʃaɪld] *n* {*pl* -children} enteado

stepdaughter ['step,dɔːtə] *n* enteada

stepfather ['step,fɑːðə] *n* padrasto

stepladder ['step,lædə] *n* escadote

stepmother ['step,mʌðə] *n* madrasta

steppe [step] *n* estepe

stepsister ['step,sɪstə] *n* meia-irmã

stepson ['stepsʌn] *n* enteado

stereo ['steriəʊ] *adj* estéreo ♦ *n* aparelhagem de som

stereotype ['steriətaɪp] *n* estereótipo [of, de] ♦ *vt* estereotipar

sterile ['steraɪl] *adj* 1 estéril 2 esterilizado 3 (solo) infértil

sterility [ste'rɪlɪti] *n* esterilidade

sterilization [,sterɪlaɪ'zeɪʃən] *n* esterilização

sterilize ['sterɪlaɪz] *vt* esterilizar

sterling ['stɜːlɪŋ] *n* (moeda) libra esterlina ♦ *adj* 1 (ouro, prata) de lei 2 excelente

stern [stɜːn] *adj* 1 severo 2 implacável ♦ *n* (navio) popa

sternum ['stɜːnəm] *n* {*pl* -a, -s} esterno

steroid ['stɪərɔɪd] *n* esteroide

stethoscope ['steθəskəʊp] *n* estetoscópio

stew [stjuː] *n* CUL estufado ♦ *vt,i* CUL estufar ❖ *to be in a stew* estar muito ansioso

steward ['stjuːəd] *n* 1 (avião) comissário/assistente de bordo 2 (navio) camareiro 3 GB organizador

stewardess [ˌstjuːəˈdes] *n* 1 (avião) assistente de bordo 2 (navio) camareira

stewed ['stjuːd] *adj* 1 estufado 2 (chá) forte e amargo

stick [stɪk] *n* 1 pau 2 galho 3 bengala 4 vara 5 DESP stick ♦ *vt* {*pret e pp* stuck} 1 espetar [in/into, em] 2 col pôr 3 col aguentar 4 col enfiar 5 colar [in/into/to, em] ♦ *vi* 1 encravar 2 atolar-se ❖ *to give somebody stick* criticar alguém

♦ **stick around** *vi* col deixar-se ficar

♦ **stick out** *vt* 1 (língua, cabeça) pôr de fora 2 aguentar ♦ *vi* 1 estar espetado 2 sobressair

♦ **stick to** *vt* 1 cumprir; manter 2 limitar-se a; cingir-se a

♦ **stick together** *vi* col manter-se unido

sticker ['stɪkə] *n* 1 autocolante 2 cromo

sticking ['stɪkɪŋ] *adj* aderente ❖ *sticking plaster* penso rápido; *sticking point* ponto de discórdia

stick-in-the-mud ['stɪkɪnðəˌmʌd] *n* col caturra; bota de elástico

stickler ['stɪklə] *n* picuinhas

stick-up ['stɪkʌp] *n* col assalto à mão armada

sticky ['stɪki] *adj* {*comp* -ier, *superl* -iest} 1 pegajoso 2 adesivo 3 (tempo) abafado 4 col embaraçoso

stiff [stɪf] *adj* {*comp* -er, *superl* -est} 1 rígido; teso 2 (músculo) dorido 3 perro 4 duro; severo 5 tenso 6 espesso 7 (bebida alcoólica) forte ♦ *adv* col muito ♦ *n* cal cadáver

stiffen ['stɪfn] *vt* enrijecer; endurecer ♦ *vi* 1 ficar tenso 2 (músculos) ficar dorido

stiff-necked ['stɪfˌnekt] *adj* teimoso

stifle ['staɪfəl] *vt* 1 asfixiar 2 reprimir

stifling ['staɪflɪŋ] *adj* (ar) asfixiante

stigma ['stɪɡmə] *n* {*pl* -s} estigma

stigmatism ['stɪɡmətɪzəm] *n* MED estigmatismo

stigmatize ['stɪɡmətaɪz] *vt* estigmatizar

stiletto [stɪˈletəʊ] *n* {*pl* -s} 1 (sapato) salto-agulha 2 (punhal) estilete

still [stɪl] *adv* 1 ainda; *do you still play tennis?* ainda jogas ténis? 2 mesmo assim ♦ *adj* 1 quieto 2 calmo 3 (bebida) sem gás ♦ *n* 1 *lit* calma; sossego 2 alambique ♦ *vt* *lit* acalmar, sossegar ❖ *still and all* apesar de tudo

stillbirth ['stɪlbɜːθ] *n* nascimento de criança já morta

stillborn ['stɪlbɔːn] *adj* nado-morto

stilt [stɪlt] *n* estaca ♦ *npl* andas

stimulant ['stɪmjʊlənt] *n* 1 estimulante 2 estímulo [to, a]

stimulate ['stɪmjʊleɪt] *vt* estimular [to, a]

stimulating ['stɪmjʊleɪtɪŋ] *adj* estimulante

stimulation [ˌstɪmjʊˈleɪʃən] *n* estimulação

stimulus ['stɪmjʊləs] *n* {*pl* -i} estímulo

sting [stɪŋ] *vt,i* {*pret e pp* stung} 1 picar 2 doer; arder 3 ferir; ofender 4 instigar [into, a] ♦ *n* 1 ferrão 2 picadela 3 ardência; dor aguda 4 EUA burla ❖ *to take the sting out of something* tornar alguma coisa mais aprazível

stingy ['stɪndʒi] *adj* {*comp* -ier, *superl* -iest} col avarento

stink [stɪŋk] *vi* {*pret* stank, *pp* stunk} 1 cheirar mal; tresandar [of, a] 2 não prestar ♦ *n* fedor [of, a]

stinking ['stɪŋkɪŋ] *adj* 1 fedorento 2 col péssimo 3 col maldito ❖ *col to be stinking rich* ser podre de rico

stint [stɪnt] *n* período ♦ *vt,i* 1 limitar; privar [of, de] 2 poupar

stipulate ['stɪpjʊleɪt] *vt* estipular

stop

stipulation [ˌstɪpjʊˈleɪʃən] n estipulação

stir [stɜː] vt {pret e pp -rr-} 1 mexer; misturar 2 mover; agitar 3 excitar; despertar 4 instigar [to, a] ◆ vi 1 mexer-se 2 col coscuvilhar ◆ n 1 mexida 2 alvoroço 3 sensação [of, de]

stir-crazy [ˈstɜːkreɪzɪ] adj doido

stir-fry [ˈstɜːfraɪ] vt CUL saltear

stirrup [ˈstɪrəp] n estribo

stitch [stɪtʃ] n {pl -es} 1 ponto 2 pontada ◆ vt,i 1 coser 2 costurar 3 suturar ❖ a stitch in time could save nine mais vale prevenir do que remediar; to be in stitches partir-se a rir

stock [stɒk] n 1 stock 2 ECON ação 3 CUL caldo 4 gado 5 estirpe; linhagem 6 popularidade ◆ vt 1 ter em stock 2 fornecer; abastecer ◆ adj em stock ❖ stock company sociedade anónima; stock excuse desculpa esfarrapada; stock exchange bolsa de valores; out of stock esgotado

stockade [stɒˈkeɪd] n paliçada ◆ vt fortificar

stockbreeder [ˈstɒkˌbriːdə] n criador de gado

stockbroker [ˈstɒkˌbrəʊkə] n corretor da bolsa

stockholder [ˈstɒkˌhəʊldə] n EUA acionista

stocking [ˈstɒkɪŋ] n meia

stockpile [ˈstɒkpaɪl] n reservas ◆ vt armazenar

stockroom [ˈstɒkruːm] n armazém

stocky [ˈstɒki] adj {comp -ier, superl -iest} atarracado

stodge [stɒdʒ] n refeição pesada

stoic [ˈstəʊɪk] n,adj estoico

stoical [ˈstəʊɪkəl] adj estoico

stoicism [ˈstəʊɪsɪzəm] n estoicismo

stoke [stəʊk] vt 1 (lume) atiçar 2 (fornalha) alimentar

   ◆ **stoke up** vt (fogo, sentimentos) alimentar

stole [stəʊl] n estola

stolid [ˈstɒlɪd] adj imperturbável

stomach [ˈstʌmək] n 1 ANAT estômago 2 barriga; stomach ache dor de barriga ◆ vt aguentar; suportar ❖ to turn your stomach dar voltas ao estômago

stomatology [ˌstəʊməˈtɒlədʒi] n MED estomatologia

stomp [stɒmp] vi col andar com passo pesado

stone [stəʊn] n 1 pedra 2 pedra preciosa 3 BOT caroço 4 MED (bexiga, rins) cálculo ◆ vt 1 apedrejar 2 descaroçar ❖ stone dead mortinho da silva

stone-cold [ˌstəʊnˈkəʊld] adj gelado ❖ to be stone-cold sober estar totalmente sóbrio

stoned [stəʊnd] adj 1 col (drogado) pedrado 2 col podre de bêbedo

stonemason [ˈstəʊnˌmeɪsən] n pedreiro

stonework [ˈstəʊnwɜːk] n alvenaria

stooge [stuːdʒ] n pau mandado, fantoche

stool [stuːl] n 1 banco (sem costas) 2 excremento

stoop [stuːp] vi inclinar-se; curvar-se ◆ n 1 corcunda 2 EUA (porta) soleira

stop [stɒp] vt 1 parar; deixar; stop it! pare com isso!; she stopped smoking ela deixou de fumar 2 (máquina) desligar 3 impedir [from, de] 4 vedar; estancar ◆ vi 1 parar; deter-se 2 acabar; terminar 3 col permanecer ◆ n 1 interrupção; pausa 2 fim 3 (autocarro) paragem; (comboio) estação 4 LING consoante oclusiva ❖ to put a stop to something pôr fim a alguma coisa; to stop at nothing to do something não olhar a meios para fazer alguma coisa

   ◆ **stop by** vt,i passar por; fazer uma visita

   ◆ **stop in** vi col fazer uma visita

   ◆ **stop off** vi col (durante uma viagem) parar

   ◆ **stop over** vi 1 (durante uma viagem) parar 2 (voo) fazer escala 3 passar a noite

   ◆ **stop up** vi não se deitar; ficar a pé ◆ vt (buraco, cano) tapar stopcock ['stɒpkɒk] n torneira de segurança

stopgap ['stɒpgæp] n solução provisória; remedeio

stoplight ['stɒplaɪt] n 1 GB sinal vermelho 2 EUA semáforo 3 EUA luz de travagem

stopover ['stɒp,əʊvə] n 1 paragem 2 (voo) escala

stoppage ['stɒpɪdʒ] n 1 paralisação; greve 2 paragem; interrupção 3 obstrução

stopper ['stɒpə] n rolha

stopping ['stɒpɪŋ] n paragem; travagem ❖ (condução) stopping distance distância de segurança

stopwatch ['stɒpwɒtʃ] n cronómetro

storage ['stɔːrɪdʒ] n armazenamento

store [stɔː] n 1 armazém comercial 2 EUA loja 3 reserva ♦ npl mantimentos ♦ vt armazenar

storehouse ['stɔːhaʊs] n 1 armazém; depósito 2 (informação) fonte

storekeeper ['stɔːˌkiːpə] n EUA comerciante; lojista

storey ['stɔːri] n GB andar, piso; a two-storey building um edifício de dois andares

stork [stɔːk] n cegonha

storm [stɔːm] n 1 tempestade 2 fig comoção 3 fig onda; a storm of protest uma onda de protestos ♦ vt 1 invadir 2 atacar ♦ vi 1 andar intempestivamente e enfurecer-se ❖ a storm in a teacup uma tempestade num copo de água; to take by storm tomar de assalto

stormy ['stɔːmi] adj {comp -ier, superl -iest} 1 tempestuoso 2 turbulento

story ['stɔːri] n {pl -ies} 1 história 2 (jornal) artigo 3 mentira 4 EUA piso, andar ❖ (jornal) cover story artigo principal; end of story! e ponto final!; e acabou-se!; to cut a long story short resumindo

storybook ['stɔːrɪbʊk] n livro de histórias infantis

storyline ['stɔːrɪlaɪn] n intriga, enredo

storyteller ['stɔːrɪˌtelə] n contador de histórias

stout [staʊt] adj 1 robusto 2 resistente 3 corajoso; determinado ♦ n cerveja preta

stove [stəʊv] n 1 fogão 2 fogão de sala

stow [stəʊ] vt 1 arrumar 2 NÁUT estivar

❖ stow away vi viajar clandestinamente

stowage ['stəʊɪdʒ] n capacidade de carga

stowaway ['stəʊəweɪ] n (avião, navio) passageiro clandestino

strabismus [strə'bɪzməs] n MED estrabismo

straddle ['strædl] vt 1 sentar-se com as pernas abertas 2 abranger

strafe [strɑːf] vt 1 bombardear 2 fig repreender severamente

straggle ['strægl] vi 1 dispersar-se 2 crescer de modo irregular 3 extraviar-se

straight [streɪt] adj 1 (linha) reto; (parte do corpo, roupa) direito; (cabelo) liso 2 (pessoa) sincero 3 arrumado 4 (escolha) claro 5 consecutivo 6 col heterossexual 7 EUA (bebida) puro ♦ adv 1 a direito; em linha reta 2 diretamente 3 imediatamente 4 direito; to sit up straight sentar-se direito 5 com sinceridade; to play it straight ser sincero ♦ n 1 col heterossexual 2 GB (pista) reta ❖ let me get this straight deixa-me ver se estou a perceber

straightaway [ˌstreɪtə'weɪ] adv imediatamente

straighten ['streɪtn] vt,i endireitar(-se)

❖ straighten out vt 1 resolver 2 esclarecer

❖ straighten up vi (pessoa) endireitar-se ♦ vt arrumar; pôr em ordem

straightforward [ˌstreɪt'fɔːwəd] adj 1 direto; frontal 2 simples; claro

strain [streɪn] n 1 tensão; pressão; to be under strain estar sob pressão 2 problema; dificuldade 3 MED luxação 4 traço de carácter; laivo 5 puxão 6 espécie; variedade ♦ npl (canção) acordes ♦ vt 1 (músculo) distender 2 (voz, vista) forçar 3 abusar; exigir demasiado 4 coar; filtrar 5 provocar conflito ♦ vi 1 esforçar-se

2 esticar-se ❖ *to strain every nerve* dar tudo por tudo

strainer ['streɪnə] *n* coador; passador

strait [streɪt] *n* estreito ❖ *to be in dire straits* estar em apuros

straitjacket ['streɪt,dʒækɪt] *n* camisa de forças

strand [strænd] *n* 1 fio 2 *poét* praia ♦ *vt,i* 1 encalhar 2 (corda) rebentar um dos cordões ou fios

stranded ['strændɪd] *adj* 1 (navio) encalhado 2 preso; sem hipótese de sair

strange [streɪndʒ] *adj* 1 estranho 2 desconhecido ♦ *adv EUA* de forma estranha ❖ *strange to say* por estranho que pareça; *to feel strange* não se sentir bem

strangely ['streɪndʒli] *adv* estranhamente; surpreendentemente

strangeness ['streɪndʒnɪs] *n* estranheza

stranger ['streɪndʒə] *n* 1 estranho; desconhecido 2 forasteiro

strangle ['stræŋgəl] *vt* 1 estrangular 2 sufocar

strangler ['stræŋglə] *n* estrangulador

strangulate ['stræŋgjʊleɪt] *vt* estrangular

strangulation [,stræŋgjʊ'leɪʃən] *n* estrangulamento

strap [stræp] *n* 1 correia 2 tira; alça ♦ *vt* (*pret e pp* -pp-) 1 apertar; prender 2 (corpo) ligar ❖ *to be strapped in* ter o cinto de segurança posto

strapless ['stræpləs] *adj* sem alças

stratagem ['strætədʒəm] *n* estratagema

strategic [strə'tiːdʒɪk] *adj* estratégico

strategics [strə'tiːdʒɪks] *n MIL* estratégia

strategist ['strætɪdʒɪst] *n* estratego

strategy ['strætɪdʒi] *n* estratégia

stratification [,strætɪfɪ'keɪʃən] *n* estratificação

stratify ['strætɪfaɪ] *vt* estratificar

stratosphere ['strætəsfɪə] *n* estratosfera

stratum ['strɑːtəm] *n* (*pl* strata) estrato; camada

stratus ['strɑːtəs] *n* (*pl* strati) (nuvem) estrato

straw [strɔː] *n* 1 (haste seca) palha 2 (para beber) palhinha ❖ *that was the last straw!* isso foi a última gota!

strawberry ['strɔːbəri] *n* (*pl* -ies) 1 morango 2 morangueiro

stray [streɪ] *vi* 1 extraviar-se [from, de] 2 vaguear 3 divagar ♦ *adj* 1 (animal) vadio 2 (objeto) perdido 3 (pessoa) isolado ♦ *n* animal vadio

streak [striːk] *n* 1 listra; risca 2 (cabelo) madeixa 3 (*propensão*) veia; *an artistic streak* uma veia artística 4 *fig* maré; *to be on a winning/loosing streak* estar em maré de sorte/de azar 5 raio luminoso 6 (pedra) filão, veio ♦ *vi* passar como um raio ♦ *vt* listrar

stream [striːm] *n* 1 ribeiro 2 corrente 3 fluxo 4 *fig* onda; *a stream of protest* uma onda de protesto ♦ *vi* 1 fluir; correr 2 ondear; flutuar ❖ *stream of consciousness* monólogo interior; *to come on stream* entrar em funcionamento

streamer ['striːmə] *n* 1 bandeirola 2 serpentina

streamline ['striːmlaɪn] *vt* 1 dar forma aerodinâmica a 2 (atividade, processo) dinamizar ♦ *n* 1 (forma) linha aerodinâmica 2 linha de curso natural de um fluido

street [striːt] *n* rua

streetcar ['striːtkɑː] *n EUA* carro elétrico

streetlamp ['striːtlæmp] *n* candeeiro de iluminação pública

strength [streŋθ] *n* 1 força 2 resistência 3 ponto forte 4 (vento, sol, luz) intensidade 5 (moeda) valor ❖ *in strength* em grande número

strengthen ['streŋθən] *vt,i* 1 fortalecer(-se) 2 reforçar(-se)

strenuous ['strenjʊəs] *adj* 1 extenuante 2 vigoroso

stress [stres] *n* (*pl* -es) 1 stress; pressão 2 *FÍS* força 3 ênfase; *to lay stress on* realçar 4 *LING* acento tónico ♦ *vt* 1 realçar; salientar 2 insistir em 3 acentuar

stressful ['stresfʊl] adj stressante; desgastante

stretch [stretʃ] vi 1 esticar-se 2 espreguiçar-se 3 espalhar-se; prolongar-se ♦ vt 1 alargar 2 estender 3 (regras) quebrar 4 (empenho, esforço) exigir 5 (paciência) abusar ♦ n {pl -es} 1 elasticidade 2 extensão 3 reta; *the final stretch* a reta final 4 período; *for hours at stretch* durante horas a fio 5 col tempo passado na prisão ❖ *to stretch the truth* distorcer a verdade; *to stretch your legs* ir dar uma volta

stretcher ['stretʃə] n maca

stretcher-bearer ['stretʃə,beərə] n maqueiro

stretching ['stretʃɪŋ] n DESP alongamento

strew [stru:] vt {pret -ed, pp -ed, strewn} 1 espalhar; derramar 2 lit salpicar

strict [strɪkt] adj 1 (pessoa) severo; rigoroso 2 (regras) rígido; estrito

strictly ['strɪktlɪ] adv 1 estritamente 2 exatamente 3 severamente

stride [straɪd] vi {pret e pp strode} andar a passos largos ♦ n 1 passada 2 forma de andar 3 progresso 4 ritmo ❖ *to get into one's stride* recuperar o ritmo; *to take something in your stride* não se deixar perturbar por alguma coisa

strident ['straɪdənt] adj 1 (voz, som) estridente 2 (opinião, protesto) forte

strife [straɪf] n conflito(s)

strike [straɪk] vt {pret e pp struck} 1 bater em; chocar com 2 impressionar 3 parecer; *it strikes me as a great idea* parece-me uma ótima ideia 4 agredir 5 (fósforo) acender 6 (trovoada) atingir 7 (ouro, petróleo) descobrir 8 fechar negócio 9 chegar a ♦ vi 1 fazer greve 2 (doença) atacar 3 (trovoada) ser atingido 4 (facto) ocorrer 5 (jogo) pontuar 6 (relógio) dar horas ♦ n 1 greve 2 MIL ataque; golpe 3 descoberta ❖ *general strike* greve geral; *to be on strike* estar em greve; *to go on strike* iniciar uma greve; *to strike a balance* encontrar o ponto de equilíbrio; *to strike*

while the iron is hot malhar o ferro enquanto está quente

◆ **strike back** vi 1 (agressão) ripostar 2 MIL contra-atacar

◆ **strike down** vt abater; derrubar

strikebreaker ['straɪk,breɪkə] n fura-greves

striker ['straɪkə] n 1 grevista 2 (futebol) ponta de lança

striking ['straɪkɪŋ] adj 1 impressionante; notável 2 em greve

string [strɪŋ] n 1 cordel; fio 2 (lojas, hotéis) cadeia 3 (pérolas) enfiada; colar 4 MÚS (instrumento) corda ♦ vt {pret e pp strung} 1 MÚS encordoar 2 enfiar 3 pendurar em corda ❖ *to have more than one string to one's bow* estar prevenido; *to have somebody on a string* ter alguém na mão; *to pull strings* mexer uns cordelinhos

stringent ['strɪndʒənt] adj severo; rigoroso

strip [strɪp] vi 1 despir-se 2 fazer striptease ♦ vt 1 despir 2 arrancar 3 despojar [of, de] 4 desmontar 5 esvaziar ♦ n 1 tira; faixa 2 DESP equipamento 3 striptease ❖ GB *strip cartoon* banda desenhada; (avião) *landing strip* faixa de aterragem

stripe [straɪp] n 1 risca, listra 2 MIL galão ♦ vt listrar

striped [straɪpt] adj às riscas

striptease ['strɪptiːz] n striptease

stripteaser ['strɪptiːzə] n stripteaser; stripper

strive [straɪv] vi {pret strove, pp striven} 1 empenhar-se [to, em] 2 lutar [for/after, por]

stroke [strəʊk] n 1 MED derrame cerebral 2 DESP remada 3 DESP (natação) braçada 4 (golf) tacada 5 (sino, relógio) badalada 6 carícia 7 pincelada 8 golpe 9 rasgo ♦ vt acariciar ❖ *a stroke of luck* um golpe de sorte; *at one stroke* de uma só vez; (horas) *on the stroke of seven* às sete em ponto

stroll [strəʊl] vi 1 passear 2 vaguear ♦ n passeio

stroller ['strəʊlə] n 1 pessoa que passeia 2 EUA carrinho de bebé

strong [strɒŋ] adj 1 forte 2 resistente 3 firme 4 convincente; sólido 5 (apoio) grande 6 (linguagem) impróprio 7 (sotaque) carregado

stronghold ['strɒŋhəʊld] n 1 baluarte 2 reduto

strontium ['strɒnʃɪəm] n estrôncio

strophe ['strəʊfi] n {pl -es} (poesia) estrofe

structural ['strʌktʃərəl] adj estrutural

structure ['strʌktʃə] n 1 estrutura 2 construção 3 rotina ♦ vt 1 estruturar 2 planificar

struggle ['strʌgəl] vi 1 lutar [com, with] 2 esforçar-se [to, por/para] ♦ n luta [between, entre; for, por]

strut [strʌt] n 1 ARQ esteio; coluna 2 andar pomposo ♦ vi {pret e pp -tt-} pej pavonear-se ❖ *to strut your stuff* mostrar o que se vale

strychnine ['strɪkniːn] n QUÍM estricnina

stub [stʌb] n 1 (cigarro) beata 2 (recibo, livro de cheques) talão 3 (lápis) coto

stubble ['stʌbəl] n 1 barba por fazer 2 restolho ♦ vt tirar o restolho

stubborn ['stʌbən] adj teimoso; *stubborn as a mule* teimoso que nem um burro

stubbornness ['stʌbənnɪs] n teimosia

stubby ['stʌbi] adj {comp -ier, superl -iest} roliço

stucco ['stʌkəʊ] n {pl es, -s} estuque ♦ vt estucar

stuck [stʌk] adj 1 encravado 2 entalado 3 preso 4 atolado

stuck-up [stʌk'ʌp] adj arrogante; presumido

stud [stʌd] n 1 (sapatilha) pitão 2 (brinco) argola 3 (punho) botão 4 ZOOL garanhão ♦ vt {pret e pp -dd-} salpicar

student ['stjuːdənt] n 1 estudante; aluno 2 estudioso [of, de]

studied ['stʌdɪd] adj estudado; calculado

studio ['stjuːdɪəʊ] n 1 estúdio 2 atelier 3 (dança) academia ❖ *studio couch* sofá-cama

studious ['stjuːdɪəs] adj 1 estudioso; aplicado 2 cuidadoso

study ['stʌdi] n {pl -ies} 1 estudo [of/into, sobre] 2 gabinete de trabalho ♦ vt 1 investigar; pesquisar 2 (proposta) analisar ♦ vi estudar

stuff [stʌf] n 1 col coisa 2 col tralha 3 material; equipamento 4 matéria 5 personalidade 6 essência ♦ vt 1 encher [with, de] 2 meter [in/into, em] CUL rechear [with, de] 4 col empanturrar-se 5 (animal morto) empalhar ❖ *stuff and nonsense* disparates; *that's the stuff!* é isso mesmo!; *to know one's stuff* entender do assunto; *to stuff your face with* empanturrar-se com

stuffing ['stʌfɪŋ] n 1 CUL recheio 2 enchimento

stuffy ['stʌfi] adj {comp -ier, superl -iest} 1 (espaço) abafado 2 cheio de cerimónias

stumble ['stʌmbəl] vi 1 tropeçar [over/on, em] 2 cambalear 3 gaguejar ♦ n tropeção ❖ *stumbling block* obstáculo

stump [stʌmp] n 1 (árvore) cepo 2 (membro amputado) coto 3 (lápis) toco 4 (dente) arnela ♦ vt col deixar perplexo ♦ vi caminhar pesada e ruidosamente

stun [stʌn] vt {pret e pp nn-} 1 atordoar 2 chocar

stunned ['stʌnd] adj espantado; estupefacto

stunning ['stʌnɪŋ] adj 1 lindo; deslumbrante 2 impressionante

stunt [stʌnt] n 1 acrobacia 2 façanha 3 truque publicitário ♦ vt (crescimento) tolher

stuntman ['stʌntmən] n (cinema) duplo

stupefaction [stjuːpɪ'fækʃən] n estupefação

stupefy ['stjuːpɪfaɪ] vt 1 deixar estupefacto 2 estupidificar

stupendous [stjuː'pendəs] adj estupendo

stupid ['stjuːpɪd] adj estúpido; parvo

stupidity [stjuː'pɪdɪti] n estupidez

stupor ['stjuːpə] n (quase inconsciência) estupor

sturdy ['stɜːdi] adj {comp -ier, superl -iest} 1 robusto 2 resistente 3 firme

sturgeon ['stɜːdʒən] *n* esturjão

stutter ['stʌtə] *vi* gaguejar ♦ *n* gaguez

sty [staɪ] *n* {*pl* -ies} 1 pocilga 2 terçolho

stye [staɪ] *n* terçolho

style [staɪl] *n* 1 estilo 2 modo; maneira 3 género; tipo 4 bom gosto; classe ♦ *vt* 1 estilizar 2 *form* denominar, intitular

stylish ['staɪlɪʃ] *adj* na moda; com estilo

stylist ['staɪlɪst] *n* 1 cabeleireiro 2 (empresa, produto) responsável pela imagem

stylistic [staɪ'lɪstɪk] *adj* estilístico

stylistics [staɪ'lɪstɪks] *n* estilística

suave [swɑːv] *adj* delicado

sub [sʌb] *n* 1 *col* subalterno; subordinado 2 *col* substituto 3 *col* assinatura 4 *col* submarino ♦ *vt,i* {*pret e pp* -bb-} 1 substituir alguém 2 adiantar importância por conta do salário

subaltern ['sʌbəltən] *n* oficial subalterno

subaquatic [ˌsʌbə'kwætɪk] *adj* subaquático

subconscious [sʌb'kɒnʃəs] *adj,n* subconsciente

subcontract[1] [ˌsʌbkən'trækt] *vt* subcontratar

subcontract[2] [sʌb'kɒntrækt] *n* 1 subempreitada 2 subcontrato

subdivide [ˌsʌbdɪ'vaɪd] *vt,i* subdividir(-se)

subdivision [ˌsʌbdɪ'vɪʒən] *n* subdivisão

subdue [səb'djuː] *vt* 1 dominar; conquistar 2 (emoções) reprimir

subheading ['sʌbˌhedɪŋ] *n* subtítulo

subjacent [sʌb'dʒeɪsənt] *adj* subjacente

subject[1] ['sʌbdʒɪkt] *n* 1 tema; assunto 2 (escola) disciplina 3 súbdito 4 (experiência) cobaia 5 (gramática) sujeito

subject[2] [səb'dʒekt] *vt form* subjugar, dominar

subjection [səb'dʒekʃən] *n* sujeição, subordinação

subjective [səb'dʒektɪv] *adj* subjetivo

subjugate ['sʌbdʒʊgeɪt] *vt* subjugar, dominar

subjugation [ˌsʌbdʒʊ'geɪʃən] *n* subjugação

subjunctive [səb'dʒʌŋktɪv] *adj,n* conjuntivo

sublet[1] [sʌb'let] *vt* subalugar [to, a]

sublet[2] ['sʌblet] *n* subarrendamento

sublime [sə'blaɪm] *adj,n* sublime

submarine ['sʌbməriːn] *adj,n* submarino

submerge [səb'mɜːdʒ] *vt* 1 submergir 2 ocultar ♦ *vi* imergir

submersible [səb'mɜːsəbəl] *adj,n* submersível

submersion [səb'mɜːʒən] *n* submersão

submission [səb'mɪʃən] *n* 1 submissão [to, a] 2 (candidatura) apresentação 3 *form* opinião; parecer

submissive [səb'mɪsɪv] *adj* submisso

submit [səb'mɪt] *vt* submeter-se [to, a] ♦ *vt* 1 submeter 2 (candidatura) apresentar 3 *form* alegar

subordinate[1] [sə'bɔːdɪnɪt] *adj,n* subordinado

subordinate[2] [sə'bɔːdɪneɪt] *vt* subordinar, sujeitar [to, a]

subordination [səˌbɔːdɪ'neɪʃən] *n* subordinação

subpoena [sə'piːnə] *n* DIR intimação, citação ♦ *vt* intimar, citar

subscribe [səb'skraɪb] *vt* 1 subscrever 2 (serviço) pagar [for, por] ♦ *vi* 1 (publicação periódica) ser assinante 2 (associação de caridade) dar contribuição [to, a/para]

subscriber [səb'skraɪbə] *n* 1 subscritor 2 partidário

subscript ['sʌbskrɪpt] *adj,n* subscrito

subscription [səb'skrɪpʃən] *n* 1 subscrição 2 (publicação periódica) assinatura

subsequent ['sʌbsɪkwənt] *adj form* posterior ❖ *subsequent to* após

subside [səb'saɪd] *vi* 1 (terreno) aluir 2 (edifício) desabar 3 (vento) amainar

subsidiary [səb'sɪdiəri] *adj* 1 secundário 2 subsidiário ♦ *n* {*pl* -ies} filial

subsidize ['sʌbsɪdaɪz] *vt* subsidiar

subsidy ['sʌbsɪdi] *n* {*pl* -ies} subsídio

subsist [səb'sɪst] *vi* subsistir

subsistence [səb'sɪstəns] *n* subsistência

subsoil ['sʌbsɔɪl] *n* subsolo

subspecies ['sʌbspiːʃiːz] n subespécie

substance ['sʌbstəns] n 1 substância 2 essência; importância 3 (boato, comentário) fundamento

substantial [səb'stænʃəl] adj 1 substancial 2 sólido 3 (refeição) nutritivo

substantially [səb'stænʃəli] adv substancialmente

substantiate [səb'stænʃieit] vt demonstrar a veracidade de; fundamentar

substantive ['sʌbstəntiv] n LING substantivo ♦ adj importante

substitute ['sʌbstɪtjuːt] n 1 substituto; suplente 2 sucedâneo ♦ adj substituto ♦ vt,i substituir [for/with, por]

substitution [ˌsʌbstɪ'tjuːʃən] n substituição

substructure ['sʌbˌstrʌkʃə] n infraestrutura

subterfuge ['sʌbtəfjuːdʒ] n subterfúgio

subterranean [ˌsʌbtə'reiniən] adj subterrâneo

subtitle ['sʌbtaitl] n 1 CIN legenda 2 subtítulo ♦ vt legendar

subtitling ['sʌbtaitliŋ] n CIN legendagem

subtle ['sʌtl] adj 1 subtil 2 ténue 3 engenhoso 4 perspicaz

subtlety ['sʌtlti] n (pl -ies) subtileza

subtly ['sʌtli] adv subtilmente

subtotal [ˌsʌb'təʊtəl] n subtotal

subtract [səb'trækt] vt MAT subtrair; *to subtract 10 from 30* subtrair 10 a 30

subtraction [səb'trækʃən] n subtração

suburb ['sʌbɜːb] n subúrbio

suburban [sə'bɜːbən] adj 1 suburbano 2 tacanho

suburbia [sə'bɜːbiə] n subúrbios

subversion [səb'vɜːʃən] n subversão

subversive [səb'vɜːsiv] adj subversivo ♦ n pessoa subversiva

subvert [səb'vɜːt] vt subverter

subway ['sʌbwei] n 1 EUA metro 2 GB passagem subterrânea

subzero [ˌsʌb'zɪərəʊ] adj (temperatura) abaixo de zero; negativo

succeed [sək'siːd] vi 1 ser bem sucedido; ter êxito 2 surtir o efeito desejado 3 tornar-se herdeiro ♦ vt 1 suceder a 2 substituir ❖ *nothing succeeds like success* sucesso atrai sucesso

succeeding [sək'siːdɪŋ] adj seguinte; sucessivo

success [sək'ses] n {pl -es} sucesso; êxito ❖ *to prove a success* ser bem sucedido

successful [sək'sesful] adj bem-sucedido

successfully [sək'sesfuli] adv com êxito

succession [sək'seʃən] n sucessão ❖ *in succession* consecutivo

successive [sək'sesiv] adj sucessivo

successor [sək'sesə] n sucessor

succinct [sək'sɪŋkt] adj sucinto

succulence ['sʌkjʊləns] n suculência

succulent ['sʌkjʊlənt] adj suculento

succumb [sə'kʌm] vi sucumbir; ceder; render-se [to, a]

such [sʌtʃ] adj,pron 1 tal 2 tão; *he's such a nice man* é um homem tão simpático 3 tanto; *she spoke with such conviction* falou com tanta convicção ❖ *such and such* tal e tal; *such as* tal como; como por exemplo

suchlike ['sʌtʃlaik] adj do género; idêntico ♦ pron coisas do género

suck [sʌk] vt,i 1 chupar 2 mamar 3 aspirar 4 sugar ♦ n 1 sucção 2 chupadela 3 mamada ❖ *EUA it sucks!* não presta para nada!

♦ **suck up** vt col dar graxa a

sucker ['sʌkə] n 1 col otário, trouxa 2 ventosa 3 EUA chupa-chupa ❖ *to be a sucker for* ser tolinho por

suckle ['sʌkəl] vt amamentar ♦ vi mamar

suckling ['sʌklɪŋ] n 1 criança de peito 2 cria que ainda mama

suction ['sʌkʃən] n sucção ❖ *suction cap* ventosa

Sudan [suː'dɑːn] n Sudão

Sudanese [ˌsuːdə'niːz] adj,n sudanês

sudden ['sʌdn] adj súbito; repentino ❖ *all of a sudden* de repente

suddenly ['sʌdnli] *adv* subitamente; inesperadamente

sue [suː] *vt,i* DIR processar

suede [sweɪd] *n* camurça

suffer ['sʌfə] *vt,i* 1 sofrer 2 padecer 3 passar por 4 tolerar; aguentar

suffering ['sʌfərɪŋ] *n* sofrimento; padecimento

sufficient [sə'fɪʃənt] *adj* suficiente

suffix ['sʌfɪks] *n* (*pl* -es) sufixo

suffocate ['sʌfəkeɪt] *vt,i* sufocar

suffocation [ˌsʌfə'keɪʃən] *n* sufocação

suffrage ['sʌfrɪdʒ] *n* direito de voto

sugar ['ʃʊgə] *n* 1 açúcar 2 colher de açúcar ♦ *vt* adoçar

sugar-coated ['ʃʊgəkəʊtɪd] *adj* coberto de açúcar

sugary ['ʃʊgəri] *adj* 1 açucarado 2 lisonjeiro

suggest [sə'dʒest] *vt* 1 sugerir 2 insinuar

suggestible [sə'dʒestɪbəl] *adj* sugestionável

suggestion [sə'dʒestʃən] *n* 1 sugestão; *to make a suggestion* dar uma sugestão 2 indício 3 insinuação

suggestive [sə'dʒestɪv] *adj* sugestivo

suicidal [ˌsuːɪ'saɪdl] *adj* suicida

suicide ['suːɪsaɪd] *n* suicídio; *to commit suicide* suicidar-se

suit [suːt] *n* 1 fato 2 (cartas de jogo) naipe 3 DIR processo ♦ *vt* 1 convir 2 assentar bem 3 adaptar 4 servir para ❖ *suit yourself!* faz o que bem entenderes!

suitability [ˌsuːtə'bɪlɪti] *n* 1 adequação 2 conveniência

suitable ['suːtəbəl] *adj* 1 adequado 2 conveniente

suitably ['suːtəbli] *adv* convenientemente

suitcase ['suːtkeɪs] *n* mala de viagem

suite [swiːt] *n* 1 (hotel, peça musical) suite 2 comitiva 3 (software) pacote; conjunto

sulk [sʌlk] *vi* 1 amuar 2 estar de mau humor ♦ *n* 1 amuo; *to be in a sulk* estar amuado 2 mau humor

sulky ['sʌlki] *n* (*pl* -ies) 1 mal-humorado 2 que costuma amuar

sullen ['sʌlən] *adj* 1 carrancudo 2 (rosto) carregado 3 (tempo) sombrio

sulphate ['sʌlfeɪt] *n* QUÍM sulfato ♦ *vt* sulfatar

sulphur ['sʌlfə] *n* GB enxofre

sulphuric [sʌl'fjʊərɪk] *adj* GB sulfúrico

sultan ['sʌltən] *n* sultão

sultana [sʌl'tɑːnə] *n* sultana

sum [sʌm] *n* 1 soma; montante 2 MAT adição ♦ *npl* col (aritmética) contas; cálculos ♦ *vt* somar ❖ *in sum* em suma

♦ **sum up** *vt* resumir

summarize ['sʌməraɪz] *vt* sumariar; resumir

summary ['sʌməri] *n* (*pl* -ies) resumo ♦ *adj* sumário ❖ *in summary* resumindo

summer ['sʌmə] *n* verão ♦ *npl* *fig* primaveras, anos ♦ *vi* veranear ❖ *summer holidays* férias de verão

summertime ['sʌmətaɪm] *n* verão

summit ['sʌmɪt] *n* 1 (montanha) cume 2 cimeira 3 auge

summon ['sʌmən] *vt* 1 (pessoa, reunião) convocar 2 DIR intimar

♦ **summon up** *vt* 1 (forças) reunir 2 (coragem) ganhar

summons ['sʌmənz] *n* (*pl* -es) DIR intimação ♦ *vt* 1 convocar 2 DIR intimar 3 notificar

sumptuous ['sʌmptʃʊəs] *adj* sumptuoso

sun [sʌn] *n* Sol

sunbathe ['sʌnbeɪð] *vi* tomar um banho de sol

sunbeam ['sʌnbiːm] *n* raio de sol

sunbed ['sʌnbed] *n* 1 aparelho bronzeador 2 espreguiçadeira

sunblock ['sʌnblɒk] *n* protetor solar

sunburn ['sʌnbɜːn] *n* queimadura solar; escaldão

suncream ['sʌnkriːm] *n* protetor solar

Sunday ['sʌndi] *n* domingo; *on Sunday* no domingo

sundial ['sʌnˌdaɪəl] n relógio de sol

sundown ['sʌndaʊn] n pôr do sol

sundry ['sʌndri] adj vários; diversos ♦ n {pl -ies} ♦ npl artigos vários, miudezas ❖ *all and sundry* toda a gente

sunflower ['sʌnˌflaʊə] n girassol

sunglasses ['sʌnˌglɑːsɪz] npl óculos de sol

sunken ['sʌŋkən] adj 1 submerso 2 (rosto, olhos) encovado

sunlight ['sʌnlaɪt] n luz do sol

sunlit ['sʌnlɪt] adj iluminado pelo sol

sunny ['sʌni] adj {comp -ier, superl -iest} 1 soalheiro; ensolarado 2 radiante

sunrise ['sʌnraɪz] n nascer do sol

sunscreen ['sʌnskriːn] n protetor solar

sunset ['sʌnset] n pôr do sol

sunshade ['sʌnʃeɪd] n 1 guarda-sol 2 sombrinha 3 toldo

sunshine ['sʌnʃaɪn] n 1 sol; *in the sunshine* ao sol 2 alegria

sunstroke ['sʌnstrəʊk] n insolação

suntan ['sʌntæn] n bronzeado; *to get a suntan* bronzear-se

super ['suːpə] adv EUA col super

superb [suːˈpɜːb] adj soberbo; magnífico

superficial [ˌsuːpəˈfɪʃəl] adj superficial

superficiality [ˌsuːpəfɪʃɪˈælɪti] n superficialidade

superfluous [suːˈpɜːfluəs] adj supérfluo

superhuman [ˌsuːpəˈhjuːmən] adj sobre--humano

superimpose [ˌsuːpərɪmˈpəʊz] vt sobrepor [on, a]

superior [suːˈpɪərɪə] adj 1 superior 2 excecional, excelente 3 arrogante, presunçoso ♦ n superior

superiority [suːˌpɪərɪˈɒrɪti] n superioridade

superlative [suːˈpɜːlətɪv] adj,n (gramática) superlativo

superman ['suːpəmæn] n {pl -men} super--homem

supermarket ['suːpəˌmɑːkɪt] n supermercado

supermodel ['suːpəmɒdəl] n (moda) top model

supernatural [ˌsuːpəˈnætʃərəl] adj,n sobre-natural

superpower [ˌsuːpəˈpaʊə] n superpotência

supersede [ˌsuːpəˈsiːd] vt 1 suplantar, ultrapassar 2 substituir

supersonic [ˌsuːpəˈsɒnɪk] adj supersónico

superstar ['suːpəstɑː] n superestrela

superstition [ˌsuːpəˈstɪʃən] n superstição

superstitious [ˌsuːpəˈstɪʃəs] adj supersticioso

superstore ['suːpəstɔː] n hipermercado, grande superfície

supervise ['suːpəvaɪz] vt,i 1 supervisionar; superintender 2 dirigir 3 fiscalizar; inspecionar

supervision [ˌsuːpəˈvɪʒən] n 1 supervisão 2 orientação 3 fiscalização

supervisor ['suːpəvaɪzə] n 1 supervisor 2 orientador

superwoman ['suːpəwʊmən] n {pl -men} super-mulher

supper ['sʌpə] n 1 jantar; *to have supper* jantar 2 ceia

supplant [səˈplɑːnt] vt 1 suplantar 2 substituir

supple ['sʌpəl] adj flexível; maleável

supplement ['sʌplɪmənt] n suplemento; complemento ♦ vt complementar

supplementary [ˌsʌplɪˈmentəri] adj suplementar

supplicate ['sʌplɪkeɪt] vt,i suplicar; implorar

supplier [səˈplaɪə] n fornecedor

supply [səˈplaɪ] n 1 abastecimento, fornecimento 2 com oferta ♦ npl provisões, mantimentos; *food supplies* víveres ♦ vt fornecer [with, de; to, a], prover [with, de; to, a] ❖ *supply and demand* oferta e procura; *supply teacher* professor substituto; *in short supply* com pouca oferta

support [səˈpɔːt] n 1 apoio; *financial support* apoio financeiro 2 auxílio, defesa; *in support of* em defesa de 3 suporte 4 sustento ♦ vt 1 apoiar; secundar 2 suportar; apoiar; amparar 3 sustentar; *to support a* *family* sustentar uma família 4 apoiar, auxiliar 5 (mau hábito) alimentar 6 (teoria) provar, demonstrar; *to support a theory* provar uma teoria ❖ *support group* grupo de apoio

supporter [sə'pɔːtə] *n* apoiante

supporting [sə'pɔːtɪŋ] *adj* 1 de apoio; de suporte 2 (ator, papel) secundário

supportive [sə'pɔːtɪv] *adj* compreensivo; solidário

suppose [sə'pəʊz] *vt* 1 supor; imaginar; *I suppose not* suponho que não 2 crer, julgar; *I don't suppose he will come* não creio que ele venha 3 pressupor

supposition [ˌsʌpə'zɪʃən] *n* suposição

suppository [sə'pɒzɪtəri] *n* (*pl* -ies) supositório

suppress [sə'pres] *vt* 1 suprimir 2 (revolta, sentimentos) reprimir 3 (escândalo) abafar 4 (bocejo) conter 5 (factos, verdade) esconder, ocultar

suppression [sə'preʃən] *n* 1 repressão 2 supressão

supremacy [su'preməsi] *n* (*pl* -ies) supremacia

supreme [su'priːm] *adj* 1 supremo; *of supreme importance* de importância vital 2 (esforço) descomunal

surcharge[1] ['sɜːtʃɑːdʒ] *n* sobretaxa

surcharge[2] [sɜː'tʃɑːdʒ] *vt* 1 sobrecarregar 2 levar preço excessivo

sure [ʃʊə] *adj* certo; seguro ❖ *sure!* claro!; *for sure* de certeza; *sure enough* de facto

surely ['ʃɔːli] *adv* certamente

surety ['ʃʊərəti] *n* (*pl* -ies) 1 caução; fiança 2 fiador

surf [sɜːf] *n* (ondas) rebentação ♦ *vi* DESP surfar ♦ *vt* (Internet) navegar; *to surf the Net* navegar na Internet

surface ['sɜːfɪs] *n* superfície; *on the surface* à superfície ♦ *vi* 1 vir à superfície 2 *col* aparecer ♦ *adj* 1 superficial 2 de superfície ❖ *on the surface* exteriormente; *to come to the surface* vir a público

surfboard ['sɜːfbɔːd] *n* prancha de surf

surfer ['sɜːfə] *n* surfista

surfing ['sɜːfɪŋ] *n* surf

surge [sɜːdʒ] *n* 1 vaga; onda; *a surge of refugees* uma vaga de refugiados 2 aumento súbito [in, de] ♦ *vi* 1 (mar) agitar-se 2 (multidão) lançar-se 3 (ondas) rebentar

surgeon ['sɜːdʒən] *n* cirurgião

surgery ['sɜːdʒəri] *n* (*pl* -ies) 1 cirurgia 2 *GB* consultório 3 *GB* consulta 4 *EUA* sala de operações

surgical ['sɜːdʒɪkəl] *adj* cirúrgico

Surinam [ˌsʊərɪ'næm] *n* Suriname

Surinamese [ˌsʊərənə'miːz] *adj,n* surinamês

surmount [sə'maʊnt] *vt* 1 (obstáculo, problema) superar, vencer, ultrapassar 2 coroar; encimar

surmountable [sə'maʊntəbəl] *adj* superável

surname ['sɜːneɪm] *n* apelido

surpass [sə'pɑːs] *vt* 1 superar; ultrapassar 2 exceder; *irón* *to surpass oneself* exceder-se

surplus ['sɜːpləs] *adj,n* excedente

surprise [sə'praɪz] *n* surpresa; *to make a surprise* fazer uma surpresa ♦ *vt* 1 surpreender 2 admirar, espantar ❖ *to be taken by surprise* ser apanhado de surpresa; *to come as a surprise to* surpreender

surprising [sə'praɪzɪŋ] *adj* surpreendente

surreal [sə'rɪəl] *adj* surreal

surrealism [sə'rɪəlɪzəm] *n* surrealismo

surrealist [sə'rɪəlɪst] *adj,n* surrealista

surrender [sə'rendə] *vi* render-se [to, a], entregar-se [to, a] ♦ *vt* 1 renunciar a, abdicar de 2 MIL (cidade) entregar ♦ *n* 1 rendição, capitulação 2 renúncia

surrogate ['sʌrəgɪt] *n* substituto ❖ *surrogate mother* mãe de aluguer

surround [sə'raʊnd] *vt* cercar; rodear; *surrounded by* rodeado de ♦ *n* rodapé

surrounding [sə'raʊndɪŋ] *adj* circundante; envolvente

sweatshirt

surroundings [səˈraʊndɪŋz] *npl* ambiente

surveillance [sɜːˈveɪləns] *n* vigilância; *surveillance cameras* câmaras de vigilância

survey[1] [ˈsɜːveɪ] *n* 1 inquérito, sondagem 2 levantamento; *aerial survey* levantamento aéreo 3 vistoria; inspeção

survey[2] [səˈveɪ] *vt* 1 pesquisar; fazer um inquérito 2 fazer um levantamento 3 vistoriar; inspecionar

surveyor [səˈveɪə] *n* 1 inspetor 2 topógrafo

survival [səˈvaɪvəl] *n* sobrevivência

survive [səˈvaɪv] *vi* sobreviver; subsistir ♦ *vt* 1 sobreviver a; escapar a; *to survive a fire* escapar a um incêndio 2 resistir, suportar

survivor [səˈvaɪvə] *n* sobrevivente

susceptibility [səˌseptəˈbɪlɪti] *n* {*pl* -ies} suscetibilidade [**to**, a]

susceptible [səˈseptəbəl] *adj* suscetível

suspect[1] [ˈsʌspekt] *adj,n* suspeito

suspect[2] [səˈspekt] *vt* suspeitar de, desconfiar de

suspend [səˈspend] *vt* 1 suspender, adiar temporariamente 2 (emprego, escola) suspender [**from**, de] 3 pendurar, suspender

suspender [səˈspendə] *n* liga de meia; *suspender belt* cinto de liga ♦ *npl EUA* suspensórios

suspense [səˈspens] *n* suspense, expectativa

suspension [səˈspenʃən] *n* suspensão

suspicion [səˈspɪʃən] *n* 1 suspeita; *on suspicion of* sob suspeita de 2 desconfiança 3 sinal, indício

suspicious [səˈspɪʃəs] *adj* 1 desconfiado 2 suspeito

sustain [səˈsteɪn] *vt* 1 (peso) sustentar, suportar 2 dar sustento, alimentar 3 (derrota) sofrer 4 sustentar, fundamentar

sustainable [səˈsteɪnəbəl] *adj* sustentável

sustained [səˈsteɪnd] *adj* sustentado; continuado

suture [ˈsuːtʃə] *n* sutura

swagger [ˈswægə] *vi* pavonear-se; menear-se; *to swagger about* pavonear-se ♦ *n* pavoneio

swallow [ˈswɒləʊ] *n* 1 ZOOL andorinha 2 gole, trago ♦ *vt* 1 engolir 2 *fig* (história) acreditar ♦ *vi* engolir em seco ❖ *to swallow the bait* morder a isca; *to swallow your pride* engolir o orgulho

swamp [swɒmp] *n* pântano ♦ *vt* 1 inundar; atolar [**with**, de] 2 sobrecarregar; encher [**with**, de]

swan [swɒn] *n* cisne

swank [swæŋk] *n* 1 *col* armanço 2 arrogância; presunção 3 gabarola, fanfarrão 4 presumido, convencido ♦ *vi* 1 *col* armar-se 2 pavonear-se

swap [swɒp] *vt* {*pret e pp* -pp-} *col* trocar [**for**, por; **with**, com]; *to swap places* trocar de lugar ♦ *n* troca; *to do a swap* fazer uma troca

swarm [swɔːm] *n* 1 (abelhas) enxame 2 (pessoas) multidão, bando ♦ *vi* 1 enxamear 2 aglomerar-se

swastika [ˈswɒstɪkə] *n* suástica

swat [swɒt] *vt* 1 (inseto) esmagar 2 tentar acertar em

swatter [ˈswɒtə] *n* (objeto) mata-moscas

sway [sweɪ] *n* 1 oscilação, balanço 2 influência, domínio; *to hold sway over* dominar ♦ *vi* 1 oscilar, balançar; *to sway on a rope* oscilar numa corda 2 vacilar ♦ *vt* 1 agitar, balançar 2 influenciar

Swaziland [ˈswɑːzɪlænd] *n* Suazilândia

swear [sweə] *vt* {*pret* swore, *pp* sworn} jurar; prometer ♦ *vi* 1 jurar; *to swear on the Bible* jurar sobre a Bíblia 2 blasfemar [**at**, contra]; praguejar [**at**, contra]

swearword [ˈsweəwɜːd] *n* palavrão

sweat [swet] *n* suor, transpiração ♦ *vi* 1 suar, transpirar 2 *col* estar em stress ❖ *sweat gland* glândula sudorípara; *no sweat!* não há problema!

sweater [ˈswetə] *n* camisola

sweatshirt [ˈswetʃɜːt] *n* camisola de algodão, sweatshirt

sweaty ['sweti] *adj* {*comp* -ier, *superl* -iest} 1 suado; transpirado 2 que faz suar

Swede [swi:d] *n* (pessoa) sueco

Sweden ['swi:dn] *n* Suécia

Swedish ['swi:dɪʃ] *adj,n* sueco ♦ *npl the Swedish* os suecos

sweep [swi:p] *vt* {*pret e pp* swept} 1 varrer 2 (chaminé) limpar 3 empurrar; afastar 4 arrastar 5 perscrutar 6 arrasar ♦ *vi* 1 varrer 2 grassar 3 pavonear-se 4 estender-se ♦ *n* 1 varridela 2 extensão; alcance 3 (montanha, linha de água) curva 4 limpeza; revista ❖ (atração) *to sweep somebody off his/her feet* fazer alguém perder a cabeça; *to make a clean sweep* começar de novo

sweeper ['swi:pə] *n* 1 varredor 2 máquina de varrer

sweeping ['swi:pɪŋ] *adj* 1 (alteração, reforma) radical 2 simplista 3 (vitória) extraordinário

sweet [swi:t] *adj* 1 (sabor) doce 2 encantador, amoroso 3 (criança, objeto, animal) querido, fofinho 4 (cheiro) doce, suave 5 (som) melodioso ♦ *n* 1 GB doce; guloseima 2 GB sobremesa

sweeten ['swi:tn] *vt* 1 adoçar 2 tornar atrativo 3 mimar; adular

sweetener ['swi:tnə] *n* adoçante

sweetheart ['swi:thɑ:t] *n* querido

sweetie ['swi:ti] *n* 1 doçura; amorzinho 2 doce, rebuçado

sweetness ['swi:tnɪs] *n* 1 doçura 2 suavidade 3 encanto

swell [swel] *n* 1 inchaço 2 vaga; ondulação 3 MÚS crescendo ♦ *vi* {*pret* swelled, *pp* swelled, swollen} 1 inchar 2 avolumar-se 3 intensificar-se; crescer ♦ *adj* EUA *col* porreiro; fixe

swelling ['swelɪŋ] *n* 1 inchaço 2 protuberância

swelter ['sweltə] *vi* abafar; sufocar

swerve [swɜ:v] *n* (automóvel) guinada ♦ *vi* 1 dar uma guinada 2 desviar-se

swift [swɪft] *adj* 1 rápido 2 veloz ♦ *n* gavião

swim [swɪm] *vt,i* {*pret* swam, *pp* swum} 1 nadar 2 boiar; flutuar 3 inundar; transbordar 4 (cabeça) andar à roda ♦ *n* 1 natação 2 vertigem; tontura *to swim against the tide* remar contra a maré; *to go for a swim* ir nadar

swimmer ['swɪmə] *n* nadador

swimming ['swɪmɪŋ] *n* natação; *swimming pool* piscina; *swimming trunks* calções de banho

swimsuit ['swɪmsu:t] *n* fato de banho

swindle ['swɪndl] *vt* burlar; ludibriar ♦ *n* falcatrua; aldrabice

swindler ['swɪndlə] *n* burlista; aldrabão

swine [swaɪn] *n* 1 suíno; porco 2 *col* patife; sacana

swing [swɪŋ] *n* 1 baloiço 2 balanço; oscilação 3 viragem; mudança 4 MÚS swing ♦ *vt* {*pret e pp* swung} 1 balançar; baloiçar 2 virar; voltar ♦ *vi* 1 balançar; abanar 2 virar; guinar 3 alterar-se; mudar ❖ *swings and roundabouts* perdas e ganhos

swipe [swaɪp] *n* forte pancada ♦ *vi* (com instrumento) dar pancada ♦ *vt col* gamar; fanar

swirl [swɜ:l] *n* 1 redemoinho; remoinho 2 rodopio; turbilhão ♦ *vt* fazer andar à roda; desordenar ♦ *vi* redemoinhar; rodopiar

Swiss [swɪs] *adj,n* suíço ♦ *npl the Swiss* os suíços

switch [swɪtʃ] *n* {*pl* -es} 1 interruptor; disjuntor; *to turn the switch on/off* ligar/desligar o interruptor 2 mudança; viragem 3 troca ♦ *vt,i* 1 mudar [to, para; from, de] 2 trocar [with, com]
♦ **switch off** *vt,i* 1 (luz, televisão) apagar; desligar 2 (gás) fechar 3 (motor) parar; desligar 4 (pessoa) distrair-se; desligar
♦ **switch on** *vt,i* 1 (luz, televisão) ligar; acender 2 (máquina) ligar

switchboard ['swɪtʃbɔ:d] *n* 1 central telefónica 2 quadro elétrico

switchman ['swɪtʃmən] n {pl -men} (caminho de ferro) agulheiro

Switzerland ['swɪtsələnd] n Suíça

swivel ['swɪvəl] n eixo ♦ vt,i {pret e pp -ll-} 1 rodar; girar 2 voltar ❖ **swivel chair** cadeira giratória

swoon [swuːn] n desmaio, desfalecimento ♦ vi 1 desfalecer, desmaiar 2 extasiar-se

swoop [swuːp] vi 1 (guerra, polícia) invadir, atacar com violência 2 (ave, avião) embicar; descer a pique ♦ n 1 descida rápida 2 ataque súbito; investida

swop [swɒp] n,vt {pret e pp -pp-} ⇒ **swap**

sword [sɔːd] n espada

swordfish ['sɔːdfɪʃ] n peixe-espada

swordsman ['sɔːdsmən] n {pl -men} espadachim

swot [swɒt] n col (escola) marrão ♦ vt,i {pret e pp -tt-} col (escola) marrar

syllabic [sɪ'læbɪk] adj silábico

syllable ['sɪləbəl] n sílaba

symbiosis [ˌsɪmbɪ'əʊsɪs] n simbiose

symbol ['sɪmbəl] n símbolo

symbolic [sɪm'bɒlɪk] adj simbólico

symbolism ['sɪmbəlɪzəm] n simbolismo

symbolist ['sɪmbəlɪst] adj,n (arte) simbolista

symbolize ['sɪmbəlaɪz] vt simbolizar

symmetric [sɪ'metrɪk] adj simétrico

symmetrical [sɪ'metrɪkəl] adj simétrico

symmetry ['sɪmɪtrɪ] n simetria

sympathetic [ˌsɪmpə'θetɪk] adj 1 compreensivo 2 solidário

sympathize ['sɪmpəθaɪz] vi 1 compadecer--se [**with**, de]; condoer-se [**with**, com] 2 compreender [**with**, -] 3 (proposta) simpatizar [**with**, com]; agradar

sympathizer ['sɪmpəθaɪzə] n apoiante

sympathy ['sɪmpəθɪ] n {pl -ies} 1 pena; compaixão 2 solidariedade 3 compreensão 4 pêsames; **a letter of sympathy** uma carta de pêsames

symphonic [sɪm'fɒnɪk] adj sinfónico

symphony ['sɪmfənɪ] n {pl -ies} sinfonia ❖ **symphony orchestra** orquestra sinfónica

symposium [sɪm'pəʊzɪəm] n {pl -a, -s} simpósio

symptom ['sɪmptəm] n sintoma

symptomatic [ˌsɪmptə'mætɪk] adj sintomático

synagogue ['sɪnəgɒg] n sinagoga

synchronize ['sɪŋkrənaɪz] vt sincronizar

synchronous ['sɪŋkrənəs] adj sincrónico

syncope ['sɪŋkəpɪ] n síncope

syndicalism ['sɪndɪkəlɪzəm] n sindicalismo

syndicate ['sɪndɪkeɪt] n 1 associação 2 sindicato ♦ vt 1 sindicalizar 2 (cartoon, fotografia) distribuir

syndrome ['sɪndrəʊm] n síndrome

synonym ['sɪnənɪm] n sinónimo

synonymous [sɪ'nɒnɪməs] adj sinónimo

synonymy [sɪ'nɒnəmɪ] n sinonímia

synopsis [sɪ'nɒpsɪs] n {pl -pses} sinopse

syntactic [sɪn'tæktɪk] adj sintático

syntagm ['sɪntæm] n {pl -s} LING sintagma

syntax ['sɪntæks] n {pl -es} sintaxe

synthesis ['sɪnθəsɪs] n {pl -es} síntese

synthesize ['sɪnθəsaɪz] vt sintetizar

synthetic [sɪn'θetɪk] adj sintético

syphilis ['sɪfɪlɪs] n sífilis

Syria ['sɪrɪə] n Síria

Syrian ['sɪrɪən] adj,n sírio

syringe [sɪ'rɪndʒ] n seringa

syrup ['sɪrəp] n 1 xarope 2 calda; **peach syrup** calda de pêssego

system ['sɪstəm] n 1 sistema 2 método; **to lack system** não ter método ❖ col (desabafar) **to get something out of one's system** despejar tudo cá para fora

systematic [ˌsɪstə'mætɪk] adj sistemático

systematize ['sɪstəmətaɪz] vt sistematizar

systole ['sɪstəlɪ] n sístole

T

t [tiː] *n* {*pl* t's} (letra) t
tab [tæb] *n* 1 etiqueta 2 (pagamento) conta 3 (Internet) separador 4 *EUA* (lata) argola
table ['teɪbəl] *n* 1 mesa 2 quadro; tabela 3 *MAT* tabuada 4 comensais 5 tábua ♦ *vt* apresentar; agendar ❖ *table manners* maneiras à mesa; *table of contents* índice
tablecloth ['teɪbəlklɒθ] *n* toalha de mesa
tablespoon ['teɪbəlspuːn] *n* colher de sopa
tablet ['tæblɪt] *n* 1 comprimido; pastilha 2 tabuleta; placa 3 *EUA* bloco (de folhas)
table tennis ['teɪbəl,tenɪs] *n* DESP ténis de mesa
tableware ['teɪbəlweə] *n* artigos para a cozinha e sala de jantar
tabloid ['tæblɔɪd] *n* (jornal) tabloide
taboo [tə'buː] *adj,n* tabu
tabulate ['tæbjuleɪt] *vt* dispor em quadros ou tabelas
tacit ['tæsɪt] *adj* tácito
taciturn ['tæsɪtɜːn] *adj* taciturno
tack [tæk] *n* 1 tacha 2 *NÁUT* bolina; escota 3 *fig* orientação; política 4 (costura) alinhavo ♦ *vt* 1 pregar com tacha 2 (costura) alinhavar ♦ *vi* 1 *NÁUT* velejar em ziguezague 2 mudar de linha de ação
tackle ['tækəl] *vt* 1 lidar com; resolver 2 DESP placar 3 atacar 4 confrontar [on, com; about, com] ♦ *n* 1 DESP equipamento 2 DESP placagem 3 cordame
tacky ['tæki] *adj* {*comp* -ier, *superl* -iest} 1 pegajoso 2 *col* piroso
tact [tækt] *n* tato; diplomacia
tactic ['tæktɪk] *n* tática ♦ *npl* tática militar
tactical ['tæktɪkəl] *adj* tático; estratégico
tactician [tæk'tɪʃən] *n* estratega
tactics ['tæktɪks] *n* tática
tactile ['tæktaɪl] *adj* táctil
tactless ['tæktləs] *adj* sem tato; sem diplomacia
tadpole ['tædpəʊl] *n* girino

taenia ['tiːnɪə] *n* {*pl* -ae, -s} ténia
taffeta ['tæfɪtə] *n* tafetá
tag [tæg] *n* 1 etiqueta 2 citação; trecho 3 (brincadeira de crianças) caça, caçadinhas 4 ponta metálica de cordão 5 estribilho; refrão ♦ *vt* 1 etiquetar 2 colocar citações 3 (jogo das caçadinhas) tocar em ❖ LING *tag question* pergunta em final de afirmação ♦ *tag along* *vi* ir atrás; seguir
Tahiti [tə'hiːti] *n* Taiti
Tahitian [tə'hiːtiən] *adj,n* taitiano
tail [teɪl] *n* 1 cauda; rabo 2 (vestido, cometa) cauda 3 (camisa) fralda 4 (vassoura) cabo 5 (carro, avião) traseira ♦ *npl* fraque ♦ *vt* 1 seguir de perto; perseguir 2 amarrar pela extremidade ❖ *to turn tail* fugir a sete pés
tailback ['teɪlbæk] *n* GB fila de trânsito
tailgate ['teɪlgeɪt] *n* porta da mala do carro
tail-light ['teɪllaɪt] *n* (veículo) luz de presença traseira
tailor ['teɪlə] *n* alfaiate ♦ *vt* 1 (fato) talhar 2 *fig* adaptar
taint [teɪnt] *n* mancha; nódoa ♦ *vt* manchar; viciar
Taiwan [,taɪ'wɑːn] *n* Taiwan
Taiwanese [,taɪwə'niːz] *adj,n* taiwanês
Tajik [tɑː'dʒiːk] *adj,n* tajique
Tajikistan [tɑː,dʒiːkɪ'stɑːn] *n* Tajiquistão
take [teɪk] *vt* {*pret* took, *pp* taken} 1 tomar; *to take a drink* tomar uma bebida 2 levar 3 pegar em; *take that package* pega naquela embalagem 4 aceitar; *take these gloves* aceita estas luvas 5 tirar; *he took the bottle out of the fridge* ele tirou a garrafa do frigorífico 6 prender; agarrar; *he took me by my arm* ele agarrou-me pelo braço 7 subtrair; *take ten from fifteen* subtrai dez a quinze 8 aguentar; suportar 9 escolher 10 precisar, necessitar; *it takes courage to do what he did* é preciso cora-

gem para fazer o que ele fez **11** (consequências) assumir **12** (telefonema) atender ♦ *n* CIN take ❖ *take it from me* acredita em mim; *take it or leave it* é pegar ou largar; *to take a stand* marcar uma posição; *to take by surprise* apanhar de surpresa; *to take for granted* ter como dado adquirido; *to take part in* participar em; (espetáculo, evento) *to take place* acontecer

❖ **take after** *vt* sair a

❖ **take away** *vt* **1** levar; tirar **2** subtrair **3** prender; internar

❖ **take back** *vt* **1** devolver **2** aceitar de volta **3** retirar **4** fazer lembrar

❖ **take in** *vt* **1** acolher; alojar **2** enganar **3** abranger; incluir **4** compreender

❖ **take off** *vt* **1** remover; tirar **2** descontar; deduzir **3** levar ♦ *vi* **1** levantar voo **2** tornar-se popular **3** partir

❖ **take out** *vt* **1** tirar; extrair **2** levar a passear **3** eliminar; matar

❖ **take out on** *vt* descarregar em

❖ **take over** *vt* **1** (empresa, negócio) adquirir **2** invadir; ocupar **3** tomar conta de

❖ **take to** *vt* **1** gostar de **2** habituar-se a

❖ **take up** *vt* **1** dedicar-se a **2** discutir **3** (emprego) arranjar **4** aceitar **5** ocupar; preencher **6** recomeçar

takeaway ['teɪkəweɪ] *n* takeaway

takeoff ['teɪkɒf] *n* **1** (avião) descolagem **2** imitação; caricatura

takeover ['teɪkˌəʊvə] *n* **1** tomada de posse **2** (empresa) aquisição

talc [tælk] *n* (pó) talco

talcum powder ['tælkəmˌpaʊdə] *n* pó de talco

tale [teɪl] *n* história; conto

talent ['tælənt] *n* **1** talento **2** jeito

talented ['tæləntɪd] *adj* talentoso

talisman ['tælɪzmən] *n* talismã

talk [tɔːk] *vi* **1** falar [about, de] **2** conversar **3** pronunciar-se [on/about, sobre] ♦ *vt* falar de; *to talk sport* falar de desporto ♦ *n* **1** conversa **2** palestra **3** rumor; boato

♦ *npl* conversações; negociações ❖ TV *talk show* programa de entrevistas; *col now you're talking* assim já nos começamos a entender; *to be all talk* só ter conversa

talkative ['tɔːkətɪv] *adj* falador

talking-to ['tɔːkɪŋtuː] *n col* descompostura; ensaboadela

tall [tɔːl] *adj* alto; *how tall are you?* qual é a tua altura? ❖ *tall story* história inverosímil

tallow ['tæləʊ] *vt* ensebar ♦ *n* sebo

tambourine [ˌtæmbəˈriːn] *n* pandeireta

tame [teɪm] *adj* **1** dócil; submisso **2** manso; domesticado **3** (atividade) monótono; insípido ♦ *vt* **1** domesticar; amansar **2** controlar

tamer ['teɪmə] *n* domador

tampon ['tæmpɒn] *n* (higiene íntima) tampão

tan [tæn] *n* **1** castanho claro **2** bronzeado; *to get a tan* bronzear-se ♦ *vi* (*pret e pp* -nn-) bronzear-se ♦ *vt* **1** bronzear **2** (couro) curtir

tandem ['tændəm] *adj* (bicicleta) tandem ❖ *in tandem with* conjuntamente com

tang [tæŋ] *n* **1** travo **2** cheiro forte

tangent ['tændʒənt] *n* tangente

tangerine [ˌtændʒəˈriːn] *n* tangerina

tangible ['tændʒəbəl] *adj* concreto; palpável

tangle ['tæŋgəl] *n* **1** confusão; complicação **2** escaramuça ♦ *vt,i* emaranhar(-se); enredar(-se)

tango ['tæŋgəʊ] *n* MÚS tango ♦ *vi* dançar o tango

tank [tæŋk] *n* **1** reservatório, tanque **2** (gasolina, gasóleo) depósito **3** MIL tanque

tankard ['tæŋkəd] *n* caneca de cerveja (de estanho ou prata)

tanker ['tæŋkə] *n* **1** petroleiro **2** camião-cisterna

tanner ['tænə] *n* curtidor

tannery ['tænəri] *n* (*pl* -ies) fábrica de curtumes

tantalum ['tæntələm] *n* tântalo

tantamount ['tæntəmaunt] *adj* equivalente

tantrum ['tæntrəm] *n* birra

Tanzania [,tænzə'niːə] *n* Tanzânia

Tanzanian [,tænzə'niːən] *adj,n* tanzaniano

tap [tæp] *n* 1 torneira 2 pancada ligeira; palmada 3 (bebida) cerveja de barril; *on tap* em barril 4 ELET tomada 5 seira; cabaz 6 sapateado 7 aparelho de escuta ♦ *vt* {*pret e pp* -pp-} dar pancadinhas 2 (com os pés, mãos) bater 3 aproveitar; recorrer a 4 *col* (informação, dinheiro) sacar [for, -]; extorquir [for, -]; extrair [for, -] 5 (telefone) pôr escutas 6 furar; perfurar 7 MED puncionar 8 drenar 9 sangrar; *to tap a tree* sangrar uma árvore ♦ *vi* 1 dar palmadinhas; bater 2 tamborilar

tap-dance ['tæpdɑːns] *vi* sapatear; fazer sapateado ♦ *n* sapateado

tap-dancer ['tæpdɑːnsə] *n* dançarino de sapateado

tap-dancing ['tæpdænsɪŋ] *n* sapateado

tape [teɪp] *n* 1 gravação 2 cassete 3 DESP meta; *to break the tape* chegar em primeiro lugar 4 fita-cola 5 nastro 6 fita métrica ♦ *vt* 1 gravar 2 colar com fita-cola 3 medir com fita métrica ❖ *tape measure* fita métrica; *tape recorder* gravador; *tape session* sessão de gravação

taper ['teɪpə] *n* vela delgada ♦ *vt,i* estreitar; afunilar; *the road tapered ahead* para a frente a rua estreitava

tapestry ['tæpɪstrɪ] *n* {*pl* -ies} tapeçaria

tapeworm ['teɪpwɜːm] *n* ténia

tapioca [,tæpɪ'əʊkə] *n* CUL tapioca

tar [tɑː] *n* alcatrão ♦ *vt* {*pret e pp* -rr-} alcatroar

tarantula [tə'ræntjʊlə] *n* tarântula

tardy ['tɑːdɪ] *adj* {*comp* -ier, *superl* -iest} 1 tardio; atrasado 2 vagaroso

tare [teə] *n* 1 (veículo) tara 2 BOT joio, cizânia ♦ *vt* tarar, avaliar a tara

target ['tɑːgɪt] *n* 1 alvo, mira; *to shoot at the target* atirar ao alvo 2 objetivo 3 (crítica) objeto [of/for, de] ♦ *vt* apontar; visar ❖ *target practice* tiro ao alvo

tariff ['tærɪf] *n* 1 tarifa 2 tabela de preços; tarifário

tarnish ['tɑːnɪʃ] *n* embaciamento; perda de brilho ♦ *vi* deslustrar; perder o brilho; embaciar ♦ *vt* 1 (metal, superfície) deslustrar 2 (reputação) manchar

tarpaulin [tɑː'pɔːlɪn] *n* lona

tarragon ['tærəgən] *n* estragão

tart [tɑːt] *n* tarte ♦ *adj* 1 (sabor) azedo; amargo 2 (tom) ríspido

tartar ['tɑːtə] *n* tártaro

task [tɑːsk] *n* 1 tarefa; incumbência; trabalho; *to carry out a task* executar uma tarefa 2 *fig* empreitada; *this is quite a task* esta é uma empreitada e tanto ♦ *vt* 1 incumbir de 2 sobrecarregar ❖ *to take someone to task* repreender alguém

tassel ['tæsəl] *n* (almofada, cortina) borla

taste [teɪst] *n* 1 paladar; sabor; gosto 2 (*sentido estético*) gosto; *bad taste* mau gosto; *good taste* bom gosto 3 prova; amostra; *do you want to have a taste of this juice?* queres provar deste sumo? 4 discernimento; critério ♦ *vt* 1 provar 2 saborear 3 experimentar ♦ *vi* saber a; *this cooky tastes like honey* esta bolacha sabe a mel ❖ ANAT *taste buds* papilas gustativas; *everyone to his taste* gostos não se discutem; *to develop a taste for* criar gosto por

tasteful ['teɪstfʊl] *adj* com bom gosto

tasteless ['teɪstləs] *adj* 1 sem gosto; insosso 2 de mau gosto

taster ['teɪstə] *n* provador

tasty ['teɪstɪ] *adj* {*comp* -ier, *superl* -iest} saboroso

tatters ['tætəz] *npl* farrapos

tattle ['tætl] *n* tagarelice

tattoo [tə'tu:] n 1 tatuagem 2 tatu, parada militar 3 (tambor) rufo ♦ vt tatuar; fazer tatuagem

taunt [tɔːnt] n sarcasmo; escárnio ♦ vt troçar de; escarnecer de; zombar de

Taurus ['tɔːrəs] n {pl Tauruses, Tauri} (constelação, signo) Touro

taut [tɔːt] adj 1 (arame, fio) esticado 2 (músculo, pessoa) tenso

tavern ['tævən] n taberna

tawdry ['tɔːdri] adj {comp -ier, superl -iest} espalhafatoso; vistoso

tawny ['tɔːni] adj {comp -ier, superl -iest} 1 fulvo; alourado 2 (vinho do Porto) envelhecido em casco por oxidação

tax [tæks] n {pl -es} 1 imposto; taxa; ECON *free of tax* isento de impostos 2 contribuição; tributo 3 encargo ♦ vt 1 taxar; tributar; *to be taxed at the rate of* ser tributado à taxa de 2 pôr à prova; testar 3 confrontar [with, com] ❖ *tax disc* selo automóvel; *tax evasion* evasão fiscal; *tax haven* paraíso fiscal; *tax year* ano fiscal; *tax return* declaração de impostos

taxable ['tæksəbəl] adj (bens, rendimento, etc.) coletável; tributável

taxation [tæk'seɪʃən] n tributação

tax-deductible [tæksdɪ'dʌktɪbəl] adj (despesa) dedutível nos impostos

tax-exempt [tæksɪg'zempt] adj isento de imposto

tax-free ['tæksfri:] adj livre de impostos

taxi ['tæksi] n táxi; *taxi stand* praça de táxis; *to take a taxi* apanhar um táxi

taxicab ['tæksikæb] n táxi

taximeter ['tæksi,mi:tə] n taxímetro

taxonomy [tæk'sɒnəmi] n taxonomia

taxpayer ['tækspeɪə] n contribuinte

tea [ti:] n 1 chá; *a cup of tea* uma chávena de chá 2 GB lanche

teach [ti:tʃ] vt,i {pret e pp taught} 1 ensinar [to, a] dar aulas; lecionar; *he's been teaching for three years* ele dá aulas há três anos 3 instruir; educar 4 mostrar; ex-

plicar 5 amestrar; treinar ❖ *to teach for a living* dedicar-se ao ensino como profissão; *to teach someone a lesson* dar uma lição a alguém; col *that'll teach you!* toma lá que é para aprenderes!

teacher ['ti:tʃə] n professor

teaching ['ti:tʃɪŋ] n ensino; *teaching staff* corpo docente ♦ npl ensinamentos; doutrina

teacup ['ti:kʌp] n chávena de chá

team [ti:m] n 1 equipa; grupo; *a team of scientists* uma equipa de cientistas 2 parelha; junta; *a team of horses* uma parelha de cavalos ♦ vt (cavalos, bois) juntar; atrelar ❖ *team spirit* espírito de equipa; *football team* equipa de futebol

♦ **team up** vi 1 associar-se; fazer equipa [with, com] 2 (cores) combinar

teamwork ['ti:mwɜːk] n trabalho de equipa/grupo

teapot ['ti:pɒt] n bule

tear¹ [tɪə] n 1 lágrima ❖ *tear gas* gás lacrimogéneo; *to be bored to tears* estar morto de tédio

tear² [teə] n rasgão ♦ vt {pret tore, pp torn} 1 rasgar 2 arrancar; *someone has torn a page from the paper* alguém arrancou uma página do jornal 3 dilacerar; despedaçar 4 (ligamentos) romper ♦ vi 1 romper-se 2 irromper; *he tore inside the house* ele irrompeu pela casa dentro 3 rasgar; desfazer ❖ *to be torn between two things* estar dividido entre duas coisas

♦ **tear down** vt (construção) deitar abaixo

♦ **tear open** vt (embrulho) abrir violentamente; desfazer

♦ **tear up** vt 1 rasgar aos bocadinhos 2 destruir

teardrop ['tɪədrɒp] n lágrima

tearful ['tɪəful] adj choroso

tease [ti:z] n 1 gozão; provocador 2 provocação ♦ vt arreliar; meter-se com; implicar com

teaser ['ti:zə] n col pergunta difícil

teaspoon ['tiːspuːn] n colher de chá
teat [tiːt] n 1 (animal) teta 2 GB (biberão) tetina
teatime ['tiːtaɪm] n GB hora do chá, hora do lanche
technetium [tek'nɪʃəm] n tecnécio
technical ['teknɪkəl] adj técnico; **technical support** assistência técnica
technicality [ˌteknɪ'kælɪti] n {pl -ies} questão técnica; pormenor técnico
technician [tek'nɪʃən] n técnico
technique [tek'niːk] n técnica
techno ['teknəʊ] n (música) tecno
technological [ˌteknə'lɒdʒɪkəl] adj tecnológico
technology [tek'nɒlədʒi] n tecnologia
teddy bear ['tedibeə] n ursinho de peluche
tedious ['tiːdiəs] adj fastidioso; aborrecido
teem [tiːm] vi abundar [with, de]; abarrotar [with, de]
teenage ['tiːneɪdʒ] adj adolescente
teenager ['tiːneɪdʒə] n adolescente
teeny ['tiːni] adj col pequenino; minúsculo
teethe [tiːð] vi deitar dentes; começar a ter dentes
teething ['tiːðɪŋ] n dentição
teetotal [ˌtiː'təʊtəl] adj abstémio
teetotaller [tiː'təʊtələ] n abstémio
TEFL n GB [sigla de **teaching English as a foreign language**] ensino do inglês como língua estrangeira
telecommunications [telɪkəmjuːnɪ'keɪʃənz] npl telecomunicações
telefilm ['telɪfɪlm] n TV telefilme
telegram ['telɪgræm] n telegrama
telegraph ['telɪgrɑːf] n telégrafo ♦ vt,i telegrafar, mandar telegrama
telegraphic [ˌtelɪ'græfɪk] adj telegráfico
telepathic [ˌtelɪ'pæθɪk] adj telepático
telepathy [tə'lepəθi] n telepatia
telephone ['telɪfəʊn] n telefone; **to be on the telephone** estar a falar ao telefone; **to talk on the telephone** falar ao telefone ♦

vt,i telefonar ❖ EUA **telephone book** lista telefónica; EUA **telephone booth** cabine telefónica; GB **telephone box** cabine telefónica; **telephone call** telefonema; GB **telephone directory** lista telefónica; **telephone number** número de telefone; **telephone station** central telefónica
telephonist [tə'lefənɪst] n GB telefonista
telephony [tə'lefəni] n telefonia
teleprompter ['telɪˌprɒmptə] n EUA teleponto
telesales ['teliseɪlz] n televendas
telescope ['telɪskəʊp] n telescópio ♦ vt 1 condensar; resumir; sintetizar 2 encaixar
telescopic [ˌtelɪ'skɒpɪk] adj telescópico
teleshopping ['teliʃɒpɪŋ] n telecompras
teletext ['telɪtekst] n teletexto
television ['telɪˌvɪʒən] n televisão; **television set** televisor; **to watch television** ver televisão
tell [tel] vt {pret e pp told} 1 dizer; **to tell the truth** dizer a verdade 2 contar [of, sobre; to, a] 3 falar [about, de] 4 avisar [about, de] 5 mandar; **he told me to leave** ele mandou-me sair 6 distinguir [from, de]; **I can't tell one from the other** eu não consigo distinguir um do outro ♦ vi 1 col (segredo) descair-se; contar 2 fazer-se notar; **her anger was beginning to tell** a sua fúria começava a fazer-se notar ❖ **to tell the votes** fazer a contagem dos votos; **I told you so!** eu bem te dizia!; **only time will tell** o tempo o dirá; **who can tell?** sabe-se lá; **you never can tell** vá-se lá saber; col,irón **you're telling me!** olha-me só a novidade!
♦ **tell apart** vt distinguir; **I couldn't tell the two sisters apart** não consegui distinguir as duas irmãs
♦ **tell off** vt censurar; repreender; ralhar; **she told him off** ela ralhou-lhe

◆ **tell on** *vt* denunciar; fazer queixa de; *he told on his brother* ele fez queixa do irmão

teller ['telə] *n* 1 (banco) caixa 2 (eleições) delegado de contagem de votos

telling ['telɪŋ] *adj* 1 significativo 2 revelador

telltale ['telteɪl] *adj* revelador ◆ *n* GB queixinhas

tellurium [te'ljʊərɪəm] *n* telúrio

telly ['teli] *n col* televisão

temerity [tɪ'merɪti] *n* temeridade

temper ['tempə] *n* 1 temperamento, índole; génio, carácter; *bad temper* mau génio; *to lose one's temper* zangar-se 1 ataque de fúria ◆ *vt* 1 moderar [with, com], temperar [with, com] 2 (metal) dar têmpera 3 *fig* suavizar

temperament ['tempərəmənt] *n* temperamento, carácter

temperamental [,tempərə'mentəl] *adj* temperamental, caprichoso

temperance ['tempərəns] *n* moderação

temperate ['tempərɪt] *adj* (clima) temperado

temperature ['temprətʃə] *n* 1 temperatura 2 febre; *to have a temperature* ter febre

tempest ['tempɪst] *n lit* tempestade; tormenta ❖ *a tempest in a teapot* uma tempestade num copo de água

tempestuous [tem'pestʃʊəs] *adj* tempestuoso; turbulento

Templar ['templə] *n* templário, cavaleiro do Templo; *Knights Templar* Templários

temple ['tempəl] *n* 1 templo 2 ANAT fonte, têmpora

tempo ['tempəʊ] *n* {*pl* tempos, tempi} 1 MÚS tempo 2 ritmo

temporal ['tempərəl] *adj form* temporal

temporary ['tempərəri] *adj* temporário; provisório

temporizer ['tempəraɪzə] *n* temporizador

tempt [tempt] *vt* 1 tentar, seduzir 2 persuadir [into/to, a]

temptation [,temp'teɪʃən] *n* tentação

tempting ['temptɪŋ] *adj* tentador; sedutor

ten [ten] *num card,n* dez ❖ *in tens* às dezenas

tenable ['tenəbəl] *adj* 1 (ideia, teoria) sustentável, defensável 2 (cargo, bolsa) concedido [for, durante]

tenacious [tɪ'neɪʃəs] *adj* tenaz; persistente

tenacity [tɪ'næsɪti] *n* tenacidade; firmeza

tenancy ['tenənsi] *n* {*pl* -ies} arrendamento

tenant ['tenənt] *n* inquilino

tend [tend] *vt,i* 1 cuidar de 2 guardar, vigiar 3 tender [to/towards, a/para], ter tendência [to/towards, a/para]; *those woollens tend to shrink* estas lãs têm tendência a encolher

tendency ['tendənsi] *n* {*pl* -ies} tendência; propensão

tendentious [ten'denʃəs] *adj* tendencioso

tender ['tendə] *adj* 1 (gesto, pessoa) terno; meigo 2 (assunto, questão) delicado; sensível 3 (alimento) tenro 4 (pessoa) imaturo 5 (ferimento) dorido ◆ *n* 1 oferta; proposta 2 orçamento 3 vigia; encarregado ◆ *vt* 1 oferecer; propor 2 apresentar orçamento [for, para], apresentar uma proposta [for, para] ❖ *to tender one's resignation* apresentar a demissão

tender-hearted [tendə'hɑ:tɪd] *adj* compassivo, bondoso

tenderness ['tendənɪs] *n* ternura

tendon ['tendən] *n* tendão

tendril ['tendrəl] *n* gavinha

tenement ['tenɪmənt] *n* prédio (principalmente numa zona pobre)

tenfold ['tenfəʊld] *adj* décuplo

tenner ['tenə] *n* 1 GB *col* nota de dez libras 2 EUA *col* nota de dez dólares

tennis ['tenɪs] *n* ténis; *tennis court* campo de ténis; *to play tennis* jogar ténis

tenor ['tenə] n 1 MÚS tenor 2 conteúdo; teor

tense [tens] n LING tempo ♦ adj 1 tenso 2 esticado ♦ vt 1 retesar; esticar 2 tornar tenso

tension ['tenʃən] n tensão

tent [tent] n tenda; barraca; *to pitch tents* armar barracas/tendas ♦ vt,i acampar

tentacle ['tentəkəl] n tentáculo

tentative ['tentətɪv] adj 1 provisório 2 tímido; hesitante

tenth [tenθ] num ord,n décimo ❖ *on the tenth* no dia dez

tenuous ['tenjuəs] adj ténue

tenure ['tenjuə] n 1 (cargo) ocupação 2 (propriedade) posse

tepid ['tepɪd] adj tépido; morno

terbium ['tɜːbɪəm] n QUÍM (elemento químico) térbio

tercet ['tɜːsɪt] n LIT terceto

term [tɜːm] n 1 termo; limite; fim 2 prazo 3 (escola) período letivo 4 data de vencimento 5 (tribunal) sessão 6 palavra, termo 7 MAT termo ♦ npl 1 relações; *to be on bad terms with someone* estar de más relações com alguém 2 condições ♦ vt 1 chamar 2 nomear; designar 3 classificar [as, de] ❖ *term of a lease* prazo de arrendamento; *term of office* mandado; ordem judicial; *inclusive terms* tudo incluído; *on equal terms* em igualdade de circunstâncias

terminal ['tɜːmɪnəl] adj 1 terminal 2 irreversível ♦ n terminal

terminate ['tɜːmɪneɪt] vt,i 1 terminar; acabar 2 (gravidez) interromper 3 (contrato) rescindir

termination [ˌtɜːmɪ'neɪʃən] n 1 terminação; termo 2 interrupção da gravidez 3 (contrato) rescisão

terminology [ˌtɜːmɪ'nɒlədʒi] n terminologia

terminus ['tɜːmɪnəs] n {pl -uses, -i} término, estação terminal

termite ['tɜːmaɪt] n térmite

terrace ['terəs] n 1 terraço 2 socalco ♦ npl (estádio) bancadas

terrain [tə'reɪn] n terreno

terrapin ['terəpɪn] n tartaruga (de água doce)

terrestrial [tə'restrɪəl] adj terrestre

terrible ['terəbəl] adj 1 terrível 2 péssimo

terribly ['terəbli] adv 1 terrivelmente 2 extremamente, tremendamente

terrific [tə'rɪfɪk] adj 1 espantoso; formidável 2 tremendo; enorme

terrified ['terɪfaɪd] adj aterrorizado

terrify ['terɪfaɪ] vt aterrorizar; apavorar

terrifying ['terɪfaɪɪŋ] adj assustador, terrível

territorial [ˌterɪ'tɔːrɪəl] adj territorial

territory ['terɪtəri] n {pl -ies} território

terror ['terə] n 1 terror; pavor 2 col (criança) pestinha; terrorista

terrorism ['terərɪzəm] n terrorismo

terrorist ['terərɪst] n terrorista

terrorize ['terəraɪz] vt 1 aterrorizar, aterrar 2 dominar pelo terror

terse [tɜːs] adj conciso, seco

tertiary ['tɜːʃəri] adj terciário

test [test] n 1 teste; prova 2 ensaio, experiência 3 MED exame 4 QUÍM análise; *blood test* análise ao sangue ♦ vt 1 testar; provar 2 examinar 3 ensaiar, experimentar ❖ *test flight* voo experimental; *test paper* papel reagente; *test tube* tubo de ensaio

testament ['testəmənt] n 1 testemunho [to, de] 2 testamento

tester ['testə] n 1 pessoa que faz um teste 2 aparelho de verificação 3 amostra

testicle ['testɪkəl] n testículo

testify ['testɪfaɪ] vt 1 testemunhar [against, contra; for, a favor de/por] 2 declarar solenemente; *to testify under oath* declarar sob juramento ♦ vi depor [against, contra; for, a favor de/por]

testimonial [ˌtestɪ'məʊnɪəl] n 1 testemunho 2 recomendação

theology

testimony ['testɪmənɪ] *n* {*pl* -ies} **1** testemunho, depoimento **2** demonstração

testing ['testɪŋ] *n* teste; prova; ensaio

testy ['testɪ] *adj* {*comp* -ier, *superl* -iest} irritadiço

tetanus ['tetənəs] *n* tétano

tether ['teðə] *n* **1** corda, corrente **2** sujeição ♦ *vt* (animal) prender com corda ou corrente; atar ❖ *to be at the end of one's tether* estar pelos cabelos

text [tekst] *n* **1** texto (original) **2** (telemóvel) mensagem **3** passagem bíblica **4** obra; excerto **5** passagem bíblica

textbook ['tekstbʊk] *n* manual escolar ♦ *adj* ideal

textile ['tekstaɪl] *n* têxtil ♦ *npl* produto têxtil

textual ['tekstʃʊəl] *adj* textual

texture ['tekstʃə] *n* textura

Thai [taɪ] *adj,n* tailandês

Thailand ['taɪlænd] *n* Tailândia

thalassotherapy [ˌθæləsəʊˈθerəpɪ] *n* talassoterapia

thallium ['θælɪəm] *n* QUÍM (elemento químico) tálio

than [ðæn,ðən] *conj* **1** (do) que; *bigger than* maior que; *more than ever* mais do que nunca **2** de; *more than a month* mais de um mês

thank [θæŋk] *vt* **1** agradecer [*for*, por] **2** culpar [*for*, por] ♦ *n* **1** agradecimento **2** obrigado; *no, thank you!* não, obrigado! **3** reconhecimento ❖ *thank goodness/heaven!* graças a Deus!

thankful ['θæŋkfʊl] *adj* grato; agradecido

thankless ['θæŋkləs] *adj* ingrato

thanks ['θæŋks] *interj col* obrigado ♦ *npl* agradecimento; gratidão ❖ *thanks to* graças a

thanksgiving [ˌθæŋksˈɡɪvɪŋ] *n* ação de graças

that [ðæt] *adj,pron dem* {*pl* those} **1** aquele, aquela; esse, essa; *at that moment* nesse momento **2** aquilo; isso; *after that* depois disso ♦ *pron rel* {*pl* those} que; *the flowers that you bought* as flores que compraste ♦ *conj* que; *it's important that you remember that* é importante que te lembres disso ♦ *adv* tão; tanto; *I can't walk that far* não consigo andar tanto ❖ *and that's that!* e ponto final!; *that is (to say)* isto é; *that's it* **1** já está **2** é isso

thatch [θætʃ] *n* {*pl* -es} (telhado) cobertura de colmo ♦ *vt* (telhado) cobrir com colmo

thaw [θɔː] *vt* (comida, neve) derreter; descongelar ♦ *vi* **1** (comida, neve) derreter; descongelar **2** (pessoa) descontrair-se ♦ *n* degelo; descongelação

the [ðə] *art def* o, a, os, as

theatre ['θɪətə] *n* **1** teatro; *to go to the theatre* ir ao teatro; *theatre of war* teatro de guerra **2** *EUA* (edifício) cinema **3** *GB* sala de operações

theatrical [θɪˈætrɪkəl] *adj* teatral

theft [θeft] *n* roubo; furto

their [ðeə] *adj poss* deles, delas; seu, sua, seus, suas; *their house* a casa deles

theirs [ðeəz] *pron poss* deles, delas; seu, sua, seus, suas; *a friend of theirs* um amigo deles

them [ðəm] *pron pess* **1** os, as; *I didn't see them* não os vi **2** lhes; *don't tell them* não lhes contes **3** eles, elas; *it's them* são eles

theme [θiːm] *n* **1** tema, assunto **2** motivo musical

themselves [ðəmˈselvz] *pron pess refl* eles mesmos, elas mesmas; se; a si mesmos; *they cut themselves* cortaram-se

then [ðen] *adv* **1** naquela altura; então; *back then* naquele tempo **2** depois; a seguir **3** então; portanto **4** então; *goodbye, then!* então, adeus! ♦ *adj* desse tempo; de então; *the then secretary* o secretário de então ❖ *but then/then again* mas também; por outro lado

theological [θɪəˈlɒdʒɪkəl] *adj* teológico

theologist [θɪˈɒlədʒɪst] *n* teólogo

theology [θɪˈɒlədʒɪ] *n* teologia

theorem [ˈθɪərəm] *n* teorema

theoretical [θɪəˈretɪkəl] *adj* teórico

theoretician [ˌθɪəreˈtɪʃən] *n* teórico

theorize [ˈθɪəraɪz] *vt,i* teorizar [**about/on**, acerca de]; especular [**about/on**, acerca de]

theory [ˈθɪəri] *n* {*pl* -ies} teoria

therapeutic [ˌθerəˈpjuːtɪk] *adj* terapêutico

therapeutics [ˌθerəˈpjuːtɪks] *n* terapêutica

therapist [ˈθerəpɪst] *n* terapeuta

therapy [ˈθerəpi] *n* terapia

there [ðeə] *adv* 1 ali; lá; *it's there* está ali 2 aí; *who is there?* quem está aí? ♦ *interj* pronto!; *there, I've said it!* pronto, já disse! ❖ *I've been there before* já passei por isso; *there to be* haver, existir

thereabouts [ˌðeərəˈbaʊts] *adv* 1 por aí; por ali 2 cerca de; aproximadamente

thereafter [ˌðeərˈɑːftə] *adv form* em seguida; posteriormente

thereby [ˈðeəbaɪ] *adv form* por conseguinte; assim

therefore [ˈðeəfɔː] *adv,conj* portanto; por isso

therein [ˌðeərˈɪn] *adv form* aí; nisso; *there in lies...* aí reside..., aí está...

thereupon [ˌðeərəˈpɒn] *adv* 1 *form* por causa disso 2 *form* ali; lá 3 *form* acerca disso

thermal [ˈθɜːməl] *adj* 1 térmico 2 termal

thermometer [θəˈmɒmɪtə] *n* termómetro

thermonuclear [ˌθɜːməʊˈnjuːklɪə] *adj* termonuclear

thermos [ˈθɜːməs] *n* (garrafa) termo(s)

thermostat [ˈθɜːməstæt] *n* termóstato

thesaurus [θɪˈsɔːrəs] *n* {*pl* -i} thesaurus

these [ðiːz] *adj,pron dem* estes; estas

thesis [ˈθiːsɪs] *n* {*pl* theses} tese

they [ðeɪ] *pron pess* eles, elas ❖ *they say that...* dizem que...

thick [θɪk] *adj* 1 grosso 2 (substância líquida) espesso 3 (nevoeiro, vegetação) denso; compacto 4 *col* tapado, estúpido 5 abundante 6 (sotaque) cerrado 7 (voz) rouco ❖ *through thick and thin* em todas as alturas; para o que der e vier

thicken [ˈθɪkən] *vt* engrossar ♦ *vt,i* 1 condensar 2 espessar 3 *fig* complicar-se

thicket [ˈθɪkɪt] *n* mata; matagal

thickly [ˈθɪkli] *adv* 1 em fatias grossas; em camadas espessas 2 densamente

thickset [ˌθɪkˈset] *adj* robusto

thief [θiːf] *n* {*pl* thieves} ladrão

thieve [θiːv] *vt,i* roubar; furtar

thigh [θaɪ] *n* coxa

thighbone [ˈθaɪbəʊn] *n* fémur

thimble [ˈθɪmbəl] *n* dedal

thin [θɪn] *adj* 1 magro, delgado 2 (cabelo) fino 3 (grupo) pequeno, escasso 4 (vegetação) escasso 5 (molho) aguado, líquido 6 (voz) fraco, débil 7 (cor) pálido, esbatido 8 (argumento, desculpa) pouco convincente, frágil 9 *col* incómodo, desagradável ♦ *vt* 1 adelgaçar 2 atenuar 3 diluir; *to thin (down) a sauce* diluir um molho 4 aclarar 5 reduzir ♦ *vi* rarefazer-se ♦ *adv* 1 levemente 2 fracamente 3 insuficientemente

thing [θɪŋ] *n* coisa; *as things are* no estado atual das coisas ❖ *poor thing!* pobrezinho!

think [θɪŋk] *vi* {*pret e pp* thought} 1 pensar [**about**, em]; refletir [**about**, em/sobre], meditar [**about**, em/sobre]; *what are you thinking about?* em que estás a pensar? 2 julgar; crer, acreditar; *to think fit* julgar conveniente 3 considerar ♦ *vt* 1 imaginar, supor 2 projetar, planear 3 recordar ❖ *to think highly of someone* ter alguém em grande consideração; *to think little of someone* não ter grande consideração por alguém; *I thought as much* bem me parecia

♦ **think through** *vt* considerar bem; refletir sobre/em; *she thought all the possibilities through* ela considerou bem todas as possibilidades

thinker [ˈθɪŋkə] *n* pensador

thinking [ˈθɪŋkɪŋ] n **1** pensamento; reflexão **2** opinião ♦ adj pensante; inteligente

thinly [ˈθɪnli] adv **1** em fatias finas; numa camada fina **2** pouco

third [θɜːd] num ord,n terceiro ❖ *on the third* no dia três

third-degree [ˈθɜːdɪgriː] adj de terceiro grau

third-rate [ˈθɜːdreɪt] adj de terceira categoria

thirst [θɜːst] n sede

thirsty [ˈθɜːsti] adj {comp -ier, superl -iest} sedento, sequioso; *to be thirsty* ter sede

thirteen [ˌθɜːˈtiːn] num card,n treze

thirteenth [ˌθɜːˈtiːnθ] num ord,n décimo terceiro ❖ *on the thirteenth* no dia treze

thirtieth [ˈθɜːtiəθ] num ord,n trigésimo ❖ *on the thirtieth* no dia trinta

thirty [ˈθɜːti] num card,n trinta ❖ (década) *the thirties* os anos trinta; *to be in one's thirties* ter 30 e tal anos

this [ðɪs] adj,pron dem {pl these} **1** este, esta **2** isto ♦ adv assim; *fold it like this* dobre-o assim

thistle [ˈθɪsəl] n cardo

thong [θɒŋ] n **1** correia **2** tira de couro **3** tanga **4** sandália de dedo ♦ vt **1** prender com correia **2** castigar com correia

thoracic [θɔːˈræsɪk] adj torácico

thorax [ˈθɔːræks] n {pl -es, thoraces} tórax

thorium [ˈθɔːriəm] n QUÍM (elemento químico) tório

thorn [θɔːn] n espinho ❖ *a thorn in somebody's side* uma pedra no sapato de alguém

thornbush [ˈθɔːnbʊʃ] n BOT espinheiro

thorny [ˈθɔːni] adj {comp -ier, superl -iest} **1** (planta) espinhoso **2** difícil; complicado

thorough [ˈθʌrə] adj **1** profundo; exaustivo **2** minucioso; meticuloso

thoroughfare [ˈθʌrəfeə] n rua principal ❖ *no thoroughfare* passagem proibida

thoroughgoing [ˌθʌrəˈgəʊɪŋ] adj profundo; minucioso

thoroughly [ˈθʌrəli] adv **1** completamente, inteiramente **2** minuciosamente

those [ðəʊz] adj,pron dem esses, essas; aqueles, aquelas

though [ðəʊ] conj embora; ainda que; *though a bit expensive* ainda que um pouco caro ♦ adv mesmo assim; *isn't it strange, though?* mas não achas estranho? ❖ *strange though it may appear* por muito estranho que pareça

thought [θɔːt] n **1** pensamento **2** ideia; intenção **3** reflexão

thoughtful [ˈθɔːtfʊl] adj **1** atencioso, amável **2** pensativo, meditativo

thoughtless [ˈθɔːtləs] adj **1** sem consideração **2** irrefletido

thousand [ˈθaʊzənd] num card,n mil

thousandth [ˈθaʊzəndθ] num ord,n milésimo

thrall [θrɔːl] n escravo; servo

thrash [θræʃ] vt,i **1** malhar; debulhar **2** sovar; bater em **3** (braços, pernas) bater; sacudir **4** DESP derrotar **5** MEC vibrar ♦ n {pl -es} **1** batimento **2** MEC vibração

thrashing [ˈθræʃɪŋ] n **1** sova, tareia **2** col (num jogo) derrota; humilhação

thread [θred] n **1** fio; linha **2** fibra **3** (narrativa, história) fio [of, de]; sequência [of, de] **4** (luz, água) réstia [of, de]; fio [of, de] **5** (parafuso) espiral **6** filete ♦ vt **1** enfiar; *to thread the needle* enfiar a agulha **2** passar um fio por **3** abrir caminho; atravessar; *to thread one's way through a crowd* abrir caminho através da multidão **4** roscar

threadbare [ˈθredbeə] adj **1** (roupa) gasto, coçado **2** (desculpa) esfarrapado fig

threat [θret] n ameaça

threaten [ˈθretn] vt,i **1** ameaçar [with, com/de]; *to threaten with legal proceedings* ameaçar com o tribunal; *he was threatened with death* ele foi ameaçado de morte **2** estar iminente **3** prenunciar

threatening [ˈθretnɪŋ] adj ameaçador; intimidatório

DACIN-DP-99

three [θri:] *num card*,*n* três
three-dimensional [ˌθri:daɪˈmenʃənəl] *adj* 1 a três dimensões 2 (personagem) com densidade psicológica
threefold [ˈθri:fəʊld] *adj* triplo
thresh [θreʃ] *vt,i* (cereal) malhar, debulhar
thresher [ˈθreʃə] *n* 1 (máquina) debulhadora 2 (pessoa) malhador
threshing [ˈθreʃɪŋ] *n* (cereal) debulha, malha
threshing-floor [ˈθreʃɪŋflɔ:] *n* eira
threshold [ˈθreʃəʊld] *n* 1 soleira, entrada 2 limiar
threw [θru:] *pret de* to throw
thrift [θrɪft] *n* economia, poupança
thrifty [ˈθrɪftɪ] *adj* {*comp* -ier, *superl* -iest} poupado, económico
thrill [θrɪl] *n* 1 arrepio, calafrio 2 estremecimento 3 emoção 4 excitação ♦ *vt,i* 1 fazer vibrar, vibrar 2 fazer estremecer, abanar 3 emocionar
thriller [ˈθrɪlə] *n* thriller, tríler
thrilling [ˈθrɪlɪŋ] *adj* emocionante; excitante
thrive [θraɪv] *vi* {*pret* throve, thrived, *pp* thriven, thrived} prosperar; desenvolver-se
thriving [ˈθraɪvɪŋ] *adj* próspero; florescente
throat [θrəʊt] *n* garganta ❖ *to cut one's own throat* cavar a própria sepultura
throb [θrɒb] *n* 1 pulsação 2 latejo 3 vibração ♦ *vi* {*pret e pp* -bb-} 1 pulsar; palpitar; *her heart throbbed with joy* o coração palpitava-lhe de alegria 2 latejar
throe [θrəʊ] *n* agonia; dor ♦ *npl* 1 dores de parto 2 convulsões ❖ *to be in the throes of something* estar a meio de um processo (desagradável)
thrombosis [ˌθrɒmˈbəʊsɪs] *n* trombose
throne [θrəʊn] *n* trono
throng [θrɒŋ] *n* multidão [of, de]; *throngs of visitors* uma multidão de visitantes ♦ *vt,i* amontoar(-se); apinhar(-se)

throttle [ˈθrɒtl] *n* 1 *col* garganta 2 MEC válvula reguladora ♦ *vt,i* 1 estrangular, sufocar 2 reprimir, suprimir 3 diminuir a potência de, diminuir a velocidade de
through [θru:] *prep* 1 através de; por 2 por meio de 3 devido a 4 durante; *all through the night* durante toda a noite 5 *EUA* até; *Monday through Friday* segunda a sexta ♦ *adv* 1 através 2 de um lado para o outro 3 do princípio ao fim 4 completamente; totalmente ❖ *through and through* completamente
throughout [ˌθru:ˈaʊt] *prep* 1 por todo; ao longo de; *throughout the country* em todo o país 2 em todo; ao longo de; *throughout the year* durante todo o ano ♦ *adv* 1 por toda a parte 2 do princípio ao fim 3 completamente
throw [θrəʊ] *n* 1 lançamento; arremesso; tiro 2 (jogo) jogada; lance ♦ *vt,i* {*pret* threw, *pp* thrown} 1 atirar [at/to, a]; lançar [at/to, a] 2 (objeto) soltar; largar; deixar cair 3 (animais) parir 4 (fio) torcer, fiar 5 (competição) perder de propósito 6 (luz, olhar) dirigir 7 (adversário, pessoa) derrubar, lançar ao chão 8 (alavanca, chave) acionar, mover ❖ *to throw a party* dar uma festa; *to throw down one's tools* fazer greve; *to throw light on a matter* esclarecer um assunto
♦ **throw away** *vt* 1 deitar fora; deitar ao lixo 2 (dinheiro) desperdiçar
♦ **throw in** *vt* 1 fazer (um comentário) 2 *col* incluir; oferecer
♦ **throw out** *vt* 1 deitar fora; deitar ao lixo 2 rejeitar; reprovar 3 despedir 4 (fumo, calor, cheiro) emitir; produzir; deitar
♦ **throw up** *vt* 1 (água, pó, pedras) levantar; atirar 2 montar; *the campers threw up their tents* os campistas montaram as tendas 3 desistir de; abandonar; *she threw up her job* ela desistiu do emprego 4 lançar; revelar ♦ *vi* vomitar
throwaway [ˈθrəʊəweɪ] *adj* descartável

throw-in ['θrəʊɪn] n DESP lançamento (para colocar a bola em jogo)

throwing ['θrəʊɪŋ] n lançamento; arremesso; DESP *javelin throwing* lançamento do dardo; DESP *hammer throwing* lançamento do martelo

thrown [θrəʊn] pp de to throw

thrush [θrʌʃ] n {pl -es} (ave) tordo

thrust [θrʌst] n 1 empurrão 2 impulso 3 ataque, assalto 4 ponto fulcral [of, de] ♦ vt {pret e pp thrust} 1 empurrar; impelir 2 apertar; comprimir 3 furar; ferir 4 introduzir; meter

thud [θʌd] n baque; ruído surdo

thug [θʌg] n indivíduo violento

thulium ['θju:lɪəm] n QUÍM (elemento químico) túlio

thumb [θʌm] n (dedo) polegar ♦ vt 1 pedir boleia 2 (livro) folhear 3 (piano) matraquear ❖ *thumbs up!* viva!; *to have someone under one's thumb* dominar alguém
  ◆ **thumb through** vt folhear

thumbtack ['θʌmtæk] n EUA pionés

thump [θʌmp] n 1 murro 2 pancada 3 baque ♦ vt,i 1 esmurrar 2 espancar 3 martelar; (piano) *to thump out a tune* martelar uma música

thumping ['θʌmpɪŋ] adj col enorme

thunder ['θʌndə] n 1 trovão, trovoada 2 estrondo ♦ vt,i 1 trovejar 2 vociferar ❖ *thunder rod* para-raios

thunderbolt ['θʌndəbəʊlt] n raio, relâmpago

thunderstorm ['θʌndəstɔ:m] n trovoada; tempestade (com trovões)

thunderstruck ['θʌndəstrʌk] adj form pasmado

Thursday ['θɜ:zdi] n quinta-feira; *on Thursday* na quinta-feira

thus [ðʌs] adv form assim ❖ *thus far* até aqui

thwart [θwɔ:t] vt contrariar; frustrar

thyme [taɪm] n tomilho

thyroid ['θaɪrɔɪd] n tiroide

tiara [ti'ɑ:rə] n tiara

Tibet [tɪ'bet] n Tibete

Tibetan [tɪ'betən] adj,n tibetano

tibia ['tɪbɪə] n {pl -ae, -as} tíbia

tic [tɪk] n tique

tick [tɪk] n 1 tiquetaque 2 toque leve 3 marca, visto 4 col instante, momento; *just a tick!* só um segundo! 5 ZOOL carraça 6 col crédito, *to buy on tick* comprar a crédito ♦ vt 1 marcar, assinalar 2 conceder crédito 3 fazer tiquetaque ❖ *at five to the tick* às cinco em ponto
  ◆ **tick off** vt 1 marcar; assinalar 2 GB ralhar; repreender 3 EUA chatear; aborrecer

ticket ['tɪkɪt] n 1 bilhete; *admission ticket* bilhete de entrada; *return ticket* bilhete de ida e volta; *single ticket* bilhete de ida 2 cartão 3 rótulo, etiqueta 4 col multa ♦ vt etiquetar, rotular ❖ *ticket office* bilheteira; *ticket collector* revisor

ticking ['tɪkɪŋ] n 1 (relógio) tiquetaque 2 (colchões, travesseiros) tela

tickle ['tɪkl] n cócegas ♦ vt 1 fazer cócegas a 2 divertir ♦ vi ter cócegas; sentir comichão

ticklish ['tɪklɪʃ] adj 1 que tem cócegas 2 delicado; melindroso

ticktack ['tɪktæk] n tiquetaque

tidal ['taɪdl] adj de maré ❖ *tidal wave* maremoto

tide [taɪd] n 1 maré; *at high tide* na maré alta; *at low tide* na maré baixa 2 (acontecimentos) curso; marcha 3 (moda) corrente; tendência ♦ vt,i 1 transportar 2 vencer ❖ *to go against the tide* remar contra a maré; *to go with the tide* seguir ao sabor da corrente

tidings ['taɪdɪŋz] n pl notícias [of, de]; novidades [of, de]

tidy ['taɪdi] adj {comp -ier, superl -iest} 1 arrumado 2 asseado; limpo 3 (aparência) aprumado; alinhado 4 col bastante grande; considerável ♦ vt 1 arrumar 2 limpar

tie [taɪ] *n* 1 laço; vínculo 2 parentesco 3 gravata 4 corda 5 MÚS ligadura 6 DESP empate 7 *fig* limitação ♦ *vt* 1 atar; amarrar 2 ligar 3 sujeitar [to, a] 4 vincular ♦ *vi* empatar [with, com; for, em]; *I tied with my friend in the game* eu empatei com o meu amigo no jogo ❖ *to play off/shoot off a tie* realizar um jogo de desempate

♦ **tie down** *vt* 1 atar; prender 2 comprometer-se

♦ **tie up** *vt* 1 atar; amarrar 2 ligar; relacionar 3 ocupar 4 (negócio) finalizar; fechar 5 (capital) imobilizar 6 (trânsito) bloquear

tier [tɪə] *n* 1 fila, fileira 2 camada; *in tiers* em camadas, em fileiras 3 (hierarquia) nível ♦ *vt* empilhar; dispor em camadas ❖ NÁUT *first tier* primeiro balcão

tiff [tɪf] *n col* (namorados) arrufo

tiger ['taɪɡə] *n* tigre

tight [taɪt] *adj* 1 apertado 2 firme 3 (segurança, horário, orçamento) apertado 4 esticado 5 (competição) renhido 6 *col* avarento; forreta ♦ *adv* 1 firmemente 2 hermeticamente

tighten ['taɪtn] *vt* 1 apertar; comprimir 2 (corda) esticar 3 (controlo, segurança) reforçar ♦ *vi* 1 comprimir-se 2 intensificar-se ❖ *col* **to tighten one's belt** comer pouco, ser poupado

tight-fisted ['taɪtfɪstɪd] *adj* forreta

tightrope ['taɪtrəʊp] *n* (equilibrismo) corda (bamba)

tights [taɪts] *npl GB* meia-calça; collants; *a pair of tights* uns collants

tigress ['taɪɡrɪs] *n* tigre-fêmea

tilde ['tɪldə] *n* (sinal ortográfico) til

tile [taɪl] *n* 1 azulejo 2 ladrilho 3 telha ♦ *vt* 1 cobrir com azulejos 2 ladrilhar 3 cobrir com telha

till [tɪl] *prep* até ♦ *conj* até que ♦ *vt* cultivar; lavrar ♦ *n* (caixa registadora) gaveta

tilt [tɪlt] *n* 1 torneio; competição 2 inclinação; encosta 3 *fig* disputa, discussão ♦ *vt,i* 1 inclinar; pender 2 empinar 3 atacar ❖ *to ride (at) full tilt* cavalgar a toda a velocidade; *to tilt at a windmill* lutar contra moinhos de vento

timber ['tɪmbə] *n* 1 madeira 2 viga, prancha de madeira 3 árvores destinadas ao fornecimento de madeira ♦ *npl* pernas de pau ♦ *vt* 1 colocar vigas 2 revestir com madeira 3 cortar madeira

timbre ['tɪmbə] *n form* timbre

timbrel ['tɪmbrəl] *n* MÚS adufe

time [taɪm] *n* 1 tempo, duração; *to make up for lost time* compensar tempo perdido 2 época 3 horas 4 espaço de tempo 5 oportunidade 6 MÚS compasso 7 intervalo; *time off* intervalo, pausa 8 prazo 9 hora; *on time* à hora exata 10 tempo disponível 11 momento 12 vez; *four times four is sixteen* quatro vezes quatro são dezasseis; *from time to time* de vez em quando; *time and again* repetidas vezes ♦ *vt* 1 cronometrar 2 escolher o momento de; *to time a remark* escolher a ocasião para fazer uma observação 3 (relógio, motor) regular 4 calcular a duração de ❖ DESP (corrida) *time trial* contrarrelógio; *time zone* fuso horário; *at no time* nunca; *at that time* nessa altura; *for the time being* por agora; *in less than no time/in no time* num instante; *in times to come* no futuro; *to be ahead of one's time* ter ideias avançadas; *to be behind the times* ter ideias retrógradas

time-bomb ['taɪmbɒm] *n* bomba-relógio

timekeeper ['taɪmkiːpə] *n* cronómetro

timeless ['taɪmləs] *adj* intemporal

timeline ['taɪmlaɪn] *n* barra cronológica

timely ['taɪmli] *adj* {*comp* -ier, *superl* -iest} oportuno

timesaving ['taɪmseɪvɪŋ] *adj* que economiza tempo

timetable ['taɪmteɪbəl] *n* 1 horário 2 programa

timid ['tɪmɪd] *adj* medroso

timidity [tɪ'mɪdɪti] *n* acanhamento

titanium

timing ['taɪmɪŋ] n 1 momento escolhido 2 sentido de oportunidade; *good timing* bom sentido de oportunidade 3 cronometragem

tin [tɪn] n 1 lata [of, de]; *a tin of beans* uma lata de feijões 2 estanho 3 CUL forma ♦ vt {pret e pp -nn-} 1 estanhar 2 enlatar

tincture ['tɪŋktʃə] n 1 tintura [of, de]; *tincture of iodine* tintura de iodo 2 coloração

tinder ['tɪndə] n mecha; pavio

tinderbox ['tɪndəbɒks] n 1 caixa com material para fazer lume 2 (situação) barril de pólvora

tinfoil ['tɪnfɔɪl] n papel de estanho

tinge [tɪndʒ] n 1 matiz; cor 2 sabor ♦ vt 1 tingir [with, de]; *I'm going to tinge my dress with green* vou tingir o meu vestido de verde 2 manchar

tingle ['tɪŋgl] n 1 formigueiro 2 ardor 3 zunido ♦ vi zunir; zumbir 2 arder [with, de] 3 vibrar [with, de]

tinker ['tɪŋkə] n 1 caldeireiro; latoeiro 2 remendo ♦ vt,i 1 trabalhar descuidadamente 2 remendar ❖ col *I don't care a tinker's damn* não me importo absolutamente nada; col *that is not worth a tinker's damn* isso não vale absolutamente nada

tinkle ['tɪŋkl] vi (ouvidos) zunir; zumbir ♦ vt fazer tilintar ♦ n zunido; zumbido

tinner ['tɪnə] n 1 estanhador, fundidor de estanho 2 (mina de estanho) mineiro 3 latoeiro, funileiro

tin-opener [,tɪn'əʊpənə] n GB abre-latas

tin-plate ['tɪnpleɪt] n folha de Flandres

tinsel ['tɪnsəl] n tiras de papel brilhante

tinsmith ['tɪnsmɪθ] n latoeiro, funileiro

tint [tɪnt] n 1 tinta 2 cor 3 matiz ♦ vt 1 tingir 2 pintar

tinware ['tɪnweə] n latoaria

tiny ['taɪnɪ] adj {comp -ier, superl -iest} muito pequeno; minúsculo

tip [tɪp] n 1 ponta, extremidade; *I have it on the tip of my tongue* tenho isso na ponta da língua; *to walk on the tips of one's toes* caminhar na ponta dos pés 2 gorjeta, gratificação 3 dica, conselho 4 cume, crista 5 inclinação 6 (Bolsa, corridas de cavalos) informação confidencial 7 pancadinha leve ♦ vt 1 tocar levemente em, tocar com as pontas dos dedos 2 dar gorjeta 3 aconselhar, avisar 4 dar um palpite 5 informar confidencialmente 6 inclinar 7 virar 8 despejar ❖ *from tip to toe* da cabeça aos pés; *hot tip* bom palpite; *you had better take my tip* era melhor fazer o que lhe digo

tipple ['tɪpl] n col bebida alcoólica ♦ vt,i beberricar

tipsy ['tɪpsɪ] adj {comp -ier, superl -iest} (embriaguez) alegre; tocado

tiptoe ['tɪptəʊ] n ponta dos pés; *on tiptoe* em bicos de pés ♦ vi andar na ponta dos pés

tiptop [,tɪp'tɒp] adj col excelente

tirade [taɪ'reɪd] n crítica violenta

tire [taɪə] n EUA pneu ♦ vt,i 1 cansar(-se) [of, de]; *John never tires of talking about his work* o João nunca se cansa de falar do trabalho dele 2 aborrecer(-se) ♦ *tire out* vt esgotar

tired ['taɪəd] adj 1 fatigado; cansado 2 farto [of, de]

tireless ['taɪələs] adj incansável; infatigável

tiresome ['taɪəsəm] adj 1 irritante 2 enfadonho

tiring ['taɪərɪŋ] adj cansativo, fatigante

tisane [tɪ'zæn] n tisana

tissue ['tɪʃuː] n 1 tecido; *muscular tissue* tecido muscular 2 lenço de papel ❖ *tissue paper* papel de seda

tit [tɪt] n 1 (pássaro) chapim 2 col mama

titan ['taɪtən] n titã

titanium [taɪ'teɪnɪəm] n titânio

titbit ['tɪtbɪt] *n* **1** guloseima **2** pedaço; *a titbit of gossip* um mexerico

tithe [taɪð] *n* dízimo

titillate ['tɪtɪleɪt] *vt* **1** fazer cócegas **2** excitar

title ['taɪtl] *n* **1** título; *to renounce one's title* renunciar ao título **2** rótulo **3** distinção honorífica **4** DIR direito [to, a/de]; *title to property* título de propriedade; *to prove one's titles* demonstrar os seus direitos ♦ *npl* CIN,TV genérico ♦ *vt* **1** intitular **2** dar um título a

titleholder ['taɪtlhəʊldə] *n* **1** DESP detentor do título **2** detentor de título de propriedade

tittle-tattle ['tɪtltætl] *n* má-língua; tagarelice; coscuvilhice ♦ *vi* tagarelar; coscuvilhar

tittle-tattler ['tɪtltætlə] *n* mexeriqueiro, coscuvilheiro

titular ['tɪtjʊlə] *adj* titular, nominal

to [tu:] *prep* **1** a; para; (direção) *to go to Paris* ir a/para Paris; [em complemento indireto] *a gift to his wife* um presente para a mulher **2** (posição) a; *to the left of* à esquerda de **3** (limite) até; a; *from beginning to end* do princípio ao fim **4** (tempo que falta) para; *a quarter to five* cinco menos um quarto **5** (opinião, reação) para; *to my despair* para meu desespero **6** com; *to speak to somebody* falar com alguém **7** de; *the heir to the throne* o herdeiro do trono **8** junto a **9** segundo; *to my knowledge* segundo sei ♦ *adv* **1** até ficar fechado; *push the door to* encoste a porta **2** para diante; para a frente ❖ *to and fro* dum lado para o outro

toad [təʊd] *n* **1** sapo **2** *col* pessoa desprezível

toadstool ['təʊdstu:l] *n* cogumelo venenoso

toady ['təʊdi] *n* lambe-botas, bajulador, graxista ♦ *vt* adular servilmente; bajular

toast [təʊst] *n* **1** torrada; *dry toast* torrada sem manteiga **2** brinde [to, a]; *they drank a toast to the Queen* eles fizeram um brinde à Rainha; *to propose a toast* propor um brinde ♦ *vt* **1** torrar; tostar **2** beber à saúde de alguém **3** aquecer; *to toast one's feet* aquecer os pés ao lume ♦ *vi* brindar

toaster ['təʊstə] *n* torradeira

tobacco [tə'bækəʊ] *n* tabaco

tobacconist [tə'bækənɪst] *n* dono de tabacaria

toboggan [tə'bɒgən] *n* tobogã

today [tə'deɪ] *adv* **1** hoje; *today week* de hoje a uma semana **2** atualmente

toddle ['tɒdl] *vi* **1** dar os primeiros passos **2** vacilar; titubear

toddler ['tɒdlə] *n* criança que começa a andar

toe [təʊ] *n* **1** dedo do pé **2** (sapato) biqueira ♦ *vt* (sapato) pôr biqueiras ❖ *to be on one's toes* estar alerta; *to toe the line* submeter-se às ordens; EUA *to toe the mark* cumprir à risca os regulamentos

toecap [təʊkæp] *n* (calçado) biqueira

toffee ['tɒfi] *n* caramelo

toga ['təʊgə] *n* toga

together [tə'geðə] *adv* **1** juntos; *they work together* eles trabalham juntos **2** um ao outro **3** ao mesmo tempo ❖ *all together!* todos ao mesmo tempo!

Togo ['təʊgəʊ] *n* Togo

Togolese [təʊgə'li:z] *adj,n* togolês

toil [tɔɪl] *n* **1** trabalho árduo **2** fadiga ♦ *vi* atarefar-se; esforçar-se

toilet ['tɔɪlɪt] *n* **1** sanita; *to flush the toilet* puxar o autoclismo **2** GB casa de banho ❖ *toilet paper* papel higiénico

toke [təʊk] *n cal* (droga) passa ♦ *vt,i cal* (droga) dar uma passa

token ['təʊkən] *n* **1** prova; sinal **2** (para trocar) vale **3** (máquina) ficha **4** GB cheque-oferta

tolar ['tɒlɑːr] *n* (antiga moeda) tolar

tolerable ['tɒlərəbəl] adj 1 tolerável; suportável 2 razoável

tolerably ['tɒlərəbli] adv razoavelmente

tolerance ['tɒlərəns] n tolerância

tolerant ['tɒlərənt] adj tolerante

tolerate ['tɒləreɪt] vt tolerar; suportar

toll [təʊl] n 1 (pagamento) portagem; *toll road* estrada sujeita a portagem 2 número de baixas; mortalidade 3 (sino) dobre ♦ vt,i 1 tocar a finados 2 pagar ou cobrar portagem ❖ *the toll of the roads* a mortalidade nas estradas

tollbooth ['təʊlbuːθ] n (cabina) portagem

toll-free [təʊl'friː] adj EUA (telefone) gratuito; *toll-free number* número verde ♦ adv EUA gratuitamente

tollgate ['təʊlgeɪt] n (local de pagamento) portagem

tom [tɒm] n col gato (macho)

tomato [tə'mɑːtəʊ] n (pl -es) tomate

tomb [tuːm] n túmulo; sepultura

tombola [tɒm'bəʊlə] n (jogo) tômbola; (recipiente) *tombola drum* tômbola

tomboy ['tɒmbɔɪ] n maria-rapaz

tombstone ['tuːmstəʊn] n lápide, pedra tumular

tomcat ['tɒmkæt] n gato

tome [təʊm] n tomo; volume

tomorrow [tə'mɒrəʊ] adv,n amanhã; *tomorrow afternoon* amanhã à tarde

ton [tʌn] n tonelada ♦ npl col toneladas; montes

tonality [təʊ'nælɪti] n (pl -ies) MÚS tonalidade

tone [təʊn] n 1 tom; timbre 2 som 3 tom de voz; *in a low tone* em voz baixa 4 inflexão, entoação 5 sotaque, acento 6 espírito, carácter 7 tendência geral 8 (cor) matiz, tonalidade 9 vigor, saúde 10 MED tónus ♦ vt 1 afinar 2 entoar 3 dar o tom a ♦ *tone down* vt atenuar; suavizar

toner ['təʊnə] n 1 (impressora, fotocopiadora) toner 2 (cosmética) loção; tónico

Tonga ['tɒŋə] n Tonga

Tongan ['tɒŋən] adj,n tonganês

tongs [tɒŋz] npl tenazes; (gelo, salada) pinça

tongue [tʌŋ] n 1 ANAT língua 2 idioma, língua; *mother tongue* língua materna 3 lingueta 4 (sapato) pala 5 (sino) badalo 6 (carpintaria) macho 7 ZOOL linguado ♦ vt,i 1 tocar com a ponta da língua 2 lamber ❖ *tongue twister* trava-língua; *to be a ready tongue* ter sempre uma resposta na ponta da língua

tonic ['tɒnɪk] n 1 água tónica 2 tónico 3 fortificante 4 MÚS tónica

tonight [tə'naɪt] adv esta noite; hoje à noite

tonsil ['tɒnsəl] n amígdala

tonsillitis [,tɒnsɪ'laɪtɪs] n amigdalite

too [tuː] adv 1 demasiado; *it's too expensive* é demasiado caro 2 muito; *you're too kind* é muito amável 3 também; *me too* também eu 4 ainda por cima

tool [tuːl] n 1 ferramenta; instrumento 2 (pessoa) joguete

toolbar ['tuːlbɑː] n INFORM barra de ferramentas

toolbox ['tuːlbɒks] n caixa de ferramentas

toot [tuːt] n (cláxon) buzinadela ♦ vt (trombeta, cláxon) tocar ♦ vi buzinar ❖ col *to be on the toot* andar no pagode

tooth [tuːθ] n (pl teeth) dente; *tooth of a saw* dente de serra; *wisdom tooth* dente do siso

toothache ['tuːθeɪk] n dor de dentes

toothbrush ['tuːθbrʌʃ] n escova dos dentes

toothless ['tuːθləs] adj desdentado

toothpaste ['tuːθpeɪst] n pasta dos dentes; dentífrico

toothpick ['tuːθpɪk] n palito

top [tɒp] n 1 cume [of, de]; cimo [of, de]; topo [of, de]; *the top of the hill* o cume do monte 2 alto; *from top to bottom* de cima a baixo 3 o melhor [of, de]; *she is always at the top of the class* ela é sempre a melhor aluna da turma 4 (árvore) copa 5 remate, ponta 6 (mesa) cabeceira 7 grau mais elevado; máximo 8 pessoa mais importante; cabeça 9 (automóvel) tejadilho; capota 10 princípio; início ♦ adj 1 cimeiro 2 melhor 3 superior; **top layer** camada superior ♦ vt {pret e pp -pp-} coroar; encimar 2 rematar 3 cobrir [with, com/de] 4 superar, ultrapassar 5 dominar ❖ **at top speed** a toda a velocidade; **he was on top** eles estava em primeiro lugar; **he went to bed on top of his dinner** ele foi para a cama logo a seguir ao jantar; col **the top of the ladder/tree** o máximo numa carreira ou profissão

♦ **top off** vt rematar

topaz ['təʊpæz] n {pl -es} topázio

topcoat ['tɒpkəʊt] n casaco comprido, sobretudo

topic ['tɒpɪk] n tópico; assunto

topical ['tɒpɪkl] adj 1 atual 2 de uso externo, tópico

topless ['tɒpləs] adj em/de topless

topmost ['tɒpməʊst] adj mais alto; superior

topographer [tə'pɒgrəfə] n topógrafo

topographical [tɒpə'græfɪkl] adj topográfico; **topographical survey** levantamento topográfico

topography [tə'pɒgrəfi] n topografia

toponym ['tɒpənɪm] n topónimo

toponymic [ˌtɒpə'nɪmɪk] adj toponímico

toponymy [tə'pɒnɪmi] n toponímia

topple ['tɒpl] vt fazer cair; derrubar; **to topple something down** deitar algo abaixo, derrubar algo ♦ vi cair; tombar; ruir

topsail ['tɒpseɪl] n NÁUT gávea

top-secret [tɒp'siːkrɪt] adj ultrassecreto

topsoil ['tɒpsɔɪl] n húmus; solo arável ♦ vt 1 cobrir com húmus o húmus de

topsy-turvy [ˌtɒpsɪ'tɜːvi] adj virado de pernas para o ar, em pantanas

torch [tɔːtʃ] n {pl -es} 1 GB lanterna 2 tocha; archote ♦ vt pegar fogo a

torchlight ['tɔːtʃlaɪt] n luz de archote

toreador ['tɒriədɔː] n toureiro

torment[1] ['tɔːment] n 1 tormento; angústia 2 sofrimento

torment[2] [tɔː'ment] vt 1 atormentar; afligir; torturar; **he was tormented by remorse** ele estava atormentado pelos remorsos 2 aborrecer

tornado [tɔː'neɪdəʊ] n {pl -es, tornados} tornado

torpedo [tɔː'piːdəʊ] n {pl -es} torpedo

torpor ['tɔːpə] n 1 torpor; entorpecimento 2 sonolência

torrent ['tɒrənt] n torrente

torrential [tə'renʃəl] adj torrencial

torrid ['tɒrɪd] adj tórrido; abrasador

torso ['tɔːsəʊ] n torso

tort [tɔːt] n DIR agravo

tortilla [tɔː'tiːə] n tortilha

tortoise ['tɔːtəs] n tartaruga terrestre

tortuous ['tɔːtʃuəs] adj tortuoso; sinuoso

torture ['tɔːtʃə] n tortura; tormento; suplício; **hearing her playing the violin is torture!** ouvi-la a tocar violino é um suplício! ♦ vt torturar; atormentar

Tory ['tɔːri] n {pl -ies} GB membro do Partido Conservador

toss [tɒs] vt 1 atirar; **to toss a coin** atirar a moeda ao ar, tirar cara ou coroa 2 lançar 3 sacudir 4 perturbar ♦ vi 1 agitar-se 2 (mar) encrespar-se; encapelar-se 3 mexer-se; remexer-se ♦ n 1 lançamento 2 sacudidela 3 (cabeça) aceno ❖ col **I don't give a toss what you think** estou-me nas tintas para o que tu achas; **to toss up for it** decidir alguma coisa atirando moeda ao ar

toss-up ['tɒsʌp] n situação duvidosa; incerteza

tot [tɒt] n 1 col criança pequena; rebento 2 (bebida alcoólica) golinho

total ['təʊtl] n total; **in total** no total ♦ adj 1 total; **total cost** custo total 2 completo ♦ vt {pret e pp -ll-} totalizar; ascender a

totalitarian [ˌtəʊtælɪ'teəriən] adj totalitário

totalitarianism [təʊˌtælɪˈteərɪənɪzəm] *n* POL. totalitarismo

totality [təʊˈtælɪtɪ] *n form* totalidade

totalizator [ˈtəʊtəlaɪzeɪtə] *n* 1 totalizador 2 (corridas de cavalos) caixa registadora

totally [ˈtəʊtəlɪ] *adv* totalmente; completamente

totter [ˈtɒtə] *vi* 1 cambalear 2 fraquejar

toucan [ˈtuːkən] *n* (ave) tucano

touch [tʌtʃ] *vt* 1 tocar em 2 apalpar 3 mexer em 4 chegar a; *his legs don't touch the ground* as pernas dele não chegam ao chão 5 comover; emocionar 6 bater; agredir 7 afetar; perturbar ♦ *n* {*pl* -es} 1 tato 2 toque 3 contacto; *to be in touch with* estar em contacto com; *to get in touch with* entrar em contacto com; *to keep in touch with* manter o contacto com, estar a par de 4 retoque 5 jeito; *to lose one's touch* perder o jeito 6 estilo ❖ *to touch bottom* chegar ao fundo; *to touch the spot* pôr o dedo na ferida; *a touch* um bocado; *at the touch of a button* muito facilmente

    ♦ **touch down** *vi* (avião) aterrar

    ♦ **touch on/upon** *vt* mencionar

touch-and-go [ˌtʌtʃənˈgəʊ] *adj col* incerto; arriscado

touchiness [ˈtʌtʃɪnɪs] *n* irritabilidade; suscetibilidade

touching [ˈtʌtʃɪŋ] *adj* tocante; comovente

touchline [ˈtʌtʃlaɪn] *n* DESP linha lateral

touch-sensitive [ˌtʌtʃˈsensɪtɪv] *adj* táctil; *touch-sensitive screen* ecrã táctil

touchstone [ˈtʌtʃstəʊn] *n* 1 pedra de toque 2 critério de avaliação

touchy [ˈtʌtʃɪ] *adj* {*comp* -ier, *superl* -iest} 1 suscetível; sensível 2 (questão, assunto) delicado

tough [tʌf] *adj* {*comp* -er, *superl* -est} 1 duro; difícil 2 severo; *to be tough on* ser severo com 3 resistente; rijo 4 exigente

toughen [ˈtʌfn] *vt,i* 1 endurecer 2 fortalecer(-se)

toughness [ˈtʌfnɪs] *n* 1 dificuldade 2 dureza 3 resistência

toupee [ˈtuːpeɪ] *n* capachinho; chinó

tour [tʊə] *n* 1 excursão; viagem organizada 2 visita guiada 3 digressão; tournée; *on tour* em tournée ♦ *vt* visitar; viajar por ❖ *tour operator* operador turístico, agência de viagens

tourism [ˈtʊərɪzəm] *n* turismo

tourist [ˈtʊərɪst] *n* turista ♦ *adj* turístico; *tourist attraction* atração turística; (avião) *tourist class* classe económica; *tourist office* posto de turismo

touristy [ˈtʊərɪstɪ] *adj col,pej* demasiado turístico

tournament [ˈtʊənəmənt] *n* torneio

tourniquet [ˈtʊənɪkeɪ] *n* torniquete

tousle [ˈtaʊzl] *vt* (cabelo) despentear, desgrenhar

tout [taʊt] *vt* 1 elogiar 2 (clientela) aliciar, angariar ♦ *vi* (clientela) aliciar, angariar ♦ *n* candongueiro; revendedor

tow [təʊ] *vt* rebocar ♦ *n* reboque; *to take something in tow* levar a reboque; *on tow* a reboque

toward [təˈwɔːd] *prep* EUA ⇒ **towards**

towards [təˈwɔːdz] *prep* 1 (direção, objetivo) para 2 (atitude) com respeito a; relativamente a 3 (tempo) perto de; quase em

towel [ˈtaʊəl] *n* toalha ♦ *vt* secar-se com a toalha ❖ *towel rail* toalheiro; *bath towel* toalhão de banho, *sanitary towel* penso higiénico; *to throw in the towel* dar o braço a torcer

tower [ˈtaʊə] *n* 1 torre 2 fortaleza ♦ *vi* 1 estar em posição superior 2 destacar-se; sobressair ❖ *fig tower of strength* porto de abrigo

town [taʊn] *n* 1 cidade; *a small town* um cidade pequena, uma vila 2 (cidade) centro, baixa ❖ *town hall* câmara municipal; *col to be out on the town* sair à noite

towrope [ˈtəʊrəʊp] *n* cabo de reboque

toxic [ˈtɒksɪk] *adj* tóxico

toxicity [,tɒk'sɪsɪti] *n* toxicidade

toxin ['tɒksɪn] *n* toxina

toy [tɔɪ] *n* 1 brinquedo 2 entretenimento ♦ *adj* (animal) anão, de miniatura ❖ *toy soldier* soldadinho de chumbo
   ♦ **toy with** *vt* brincar com

toyshop ['tɔɪʃɒp] *n* loja de brinquedos

trace [treɪs] *vt* 1 encontrar; *the police traced the missing girl* a polícia encontrou a rapariga desaparecida 2 localizar; *to trace a telephone call* localizar uma chamada telefónica 3 traçar; decalcar 4 seguir a pista 5 pesquisar; investigar ♦ *n* 1 vestígio; traço; sinal 2 rasto; pista; *to disappear without trace* desaparecer sem deixar rasto ❖ *to trace back to* remontar a

trachea [trə'ki:ə] *n* (*pl* -ae) traqueia

tracing ['treɪsɪŋ] *n* decalque

track [træk] *n* 1 pista 2 trilho; carreiro 3 linha férrea 4 vestígio; marca; sinal 5 pegada; rasto; *to be on the track of somebody* andar no encalço de alguém 6 (disco) música 7 DESP pista ♦ *vt* seguir a pista de; andar no encalço de ❖ DESP *track and field* atletismo; (sítio) *off the beaten track* isolado; pouco conhecido; *to cover one's tracks* despistar; *to get off the track* mudar de assunto; *to keep track of* estar a par de; *to make tracks* fazer-se ao caminho
   ♦ **track down** *vt* encontrar; localizar

tracksuit ['træksu:t] *n* fato de treino

tract [trækt] *n* 1 aparelho; trato; *digestive tract* aparelho digestivo 2 extensão; área

tractable ['træktəbəl] *adj* 1 (problema) fácil de resolver 2 (pessoa) afável; dócil

traction ['trækʃən] *n* tração

tractor ['træktə] *n* trator

trade [treɪd] *n* 1 comércio 2 tráfico 3 indústria; *tourist trade* indústria do turismo 4 negócio; *the tricks of the trade* os segredos do negócio 5 ofício; arte 6 profissão; ocupação 7 clientela; *passing trade* clientela esporádica ♦ *vt* 1 negociar 2 comercializar 3 (ações) vender 4 EUA trocar [**for, por**] ♦ *vi* 1 comerciar; negociar 2 EUA trocar [**for, por**] ❖ *trade deficit* défice da balança comercial; *trade fair* feira profissional; *trade route* rota comercial; *trading partner* parceiro comercial; *trade union* sindicato

trademark ['treɪdmɑːk] *n* 1 marca comercial 2 imagem de marca

trade-off ['treɪdɒf] *n* compromisso; acordo

trader ['treɪdə] *n* comerciante; negociante

tradition [trə'dɪʃən] *n* tradição

traditional [trə'dɪʃənəl] *adj* tradicional

traditionalism [trə'dɪʃnəlɪzəm] *n* tradicionalismo

traditionalist [trə'dɪʃnəlɪst] *n,adj* tradicionalista

traffic ['træfɪk] *n* 1 tráfego; trânsito de veículos; *heavy traffic* tráfego intenso 2 tráfico; *drug traffic* tráfico de droga; *traffic in firearms* tráfico de armas de fogo ♦ *vi pej* traficar [**in, -**] ❖ EUA *traffic circle* rotunda; *traffic cop* agente da brigada de trânsito; *traffic jam* engarrafamento; *traffic light* semáforo; EUA *traffic school* escola de condução; *traffic sign* sinal de trânsito

trafficker ['træfɪkə] *n* traficante

tragedy ['trædʒɪdi] *n* (*pl* -ies) tragédia

tragic ['trædʒɪk] *adj* trágico

tragicomedy [,trædʒɪ'kɒmɪdi] *n* (*pl* -ies) tragicomédia

tragicomic [,trædʒɪ'kɒmɪk] *adj* tragicómico

trail [treɪl] *vt* 1 arrastar 2 seguir a pista de; perseguir ♦ *vi* 1 arrastar-se 2 estar a perder; estar em último lugar ♦ *n* 1 rasto; pista 2 pegada 3 trilho; caminho ❖ *to be on somebody's trail* estar no encalço de alguém; *to blaze a trail* descobrir a pólvora

trailblazer ['treɪlbleɪzə] *n* pioneiro; precursor

trailer ['treɪlə] n 1 atrelado 2 EUA caravana 3 (cinema) trailer

train [treɪn] n 1 comboio; *by train* de comboio 2 sequência; *a train of events* uma sequência de eventos 3 fila 4 (vestido) cauda 5 comitiva, séquito ♦ vt 1 ensinar; instruir 2 treinar [for, para] 3 (animal) amestrar, domesticar 4 apontar [at/on, a/para] ♦ vi treinar [for, para]; exercitar se [for, para] ❖ *to bring something in its train* acarretar uma consequência; *to set something in train* pôr em ação

trainee [treɪ'niː] n 1 estagiário; *trainee teacher* professor estagiário 2 aprendiz

traineeship [treɪ'niːʃɪp] n estágio

trainer ['treɪnə] n 1 treinador 2 instrutor; formador 3 GB (calçado) sapatilha

training ['treɪnɪŋ] n 1 formação; *training course* curso de formação 2 (físico) treino

trait [treɪt] n traço; característica

traitor ['treɪtə] n traidor [to, de]

trajectory [trə'dʒektərɪ] n (pl -ies) trajetória

tram [træm] n elétrico

tramcar ['træmkɑː] n elétrico

tramlines ['træmlaɪnz] npl 1 carris do elétrico 2 (ténis) linhas laterais

trammel ['træməl] n 1 (rede de pesca) tresmalho 2 (limitação) peia 3 (instrumento) ciutel ♦ npl empecilho; estorvo; obstáculo ♦ vt (pret e pp -ll-) dificultar; estorvar

tramp [træmp] n 1 pedinte; mendigo; vagabundo 2 caminhada; estopada 3 EUA pej (mulher promíscua) pega cal ♦ vt palmilhar; percorrer a pé ♦ vi caminhar pesadamente

trample ['træmpl] vt 1 pisar; calcar 2 esmagar com os pés ❖ *to trample on/over* espezinhar; menosprezar

trampoline ['træmpəliːn] n trampolim

trance [trɑːns] n 1 transe; *to go into a trance* entrar em transe 2 obsessão; fixação

tranquil ['træŋkwɪl] adj tranquilo; sereno

tranquillity [ˌtræŋ'kwɪlɪtɪ] n tranquilidade

tranquillize ['træŋkwɪlaɪz] vt tranquilizar

tranquillizer ['træŋkwɪlaɪzə] n calmante, sedativo

transact [træn'zækt] vt,i transacionar; negociar

transaction [træn'zækʃən] n transação ♦ npl ata de reunião

transatlantic [ˌtrænzə'tlæntɪk] adj transatlântico

transcend [træn'send] vt,i transcender; superar; ultrapassar

transcendent [træn'sendənt] adj 1 transcendente 2 superior 3 extraordinário

transcendental [ˌtrænsen'dentəl] adj transcendente; transcendental

transcribe [ˌtræn'skraɪb] vt transcrever; copiar

transcript ['trænskrɪpt] n transcrição

transcription [træn'skrɪpʃən] n transcrição

transfer[1] [ˌtræns'fɜː] vt 1 transferir; *they transferred me to another office* transferiram-me para outro escritório; *she transferred the money into my current account* ela transferiu o dinheiro para a minha conta à ordem 2 DIR (direito, propriedade) ceder 3 (avião) fazer transbordo ♦ vi 1 ser transferido; mudar 2 (avião) fazer transbordo

transfer[2] ['trænsfɜː] n 1 transferência 2 transbordo 3 (entre aeroporto e hotel) transfer 4 (bens) transmissão

transferable [ˌtræns'fɜːrəbəl] adj transmissível

transference ['trænsfərəns] n transferência

transfiguration [ˌtrænsfɪgjʊ'reɪʃən] n transfiguração

transfigure [ˌtræns'fɪgə] vt transfigurar

transfix [træns'fɪks] vt trespassar

transform ['trænsfɔːm] vt 1 transformar [into, em]; converter [into, em] 2 modificar

transformation [ˌtrænsfə'meɪʃən] n transformação

transformer [træns'fɔːmə] n ELET transformador

transfusion [træns'fjuːʒən] n transfusão

transgress [træns'gres] vt,i 1 (lei, regras) transgredir, infringir 2 (limite) ultrapassar

transgression [træns'greʃən] n transgressão

transgressor [træns'gresə] n transgressor, infrator

transient ['trænzɪənt] adj transitório; passageiro

transistor [træn'zɪstə] n transístor

transit ['trænsɪt] n 1 trânsito; movimento 2 transporte

transition [træn'zɪʃən] n transição

transitional [træn'zɪʃənəl] adj de transição

transitive ['trænsɪtɪv] adj (verbo) transitivo

transitory ['trænsɪtəri] adj transitório; passageiro; temporário

translate [træns'leɪt] vt 1 traduzir [from, de; into, para] 2 transpor; passar; he translated his ideas into action ele pôs em prática as suas ideias ♦ vi 1 ser traduzido; this word is translated as... esta palavra traduz-se por... 2 traduzir

translation [træns'leɪʃən] n 1 tradução 2 transposição

translator [træns'leɪtə] n tradutor

transmission [trænz'mɪʃən] n 1 transmissão 2 (rádio, televisão) emissão

transmit [trænz'mɪt] vt {pret e pp -tt-} 1 transmitir 2 emitir 3 propagar 4 (calor, eletricidade) conduzir

transmitter [trænz'mɪtə] n transmissor

transparency [ˌtræns'pærənsi] n {pl -ies} transparência

transparent [ˌtræns'pærənt] adj 1 transparente 2 claro, evidente

transpiration [ˌtrænspɪ'reɪʃən] n transpiração

transpire [træns'paɪə] vt,i 1 transpirar 2 acontecer 3 tornar-se conhecido

transplant[1] ['trænsplɑːnt] n transplante

transplant[2] [træns'plɑːnt] vt transplantar

transport[1] ['trænspɔːt] n transporte; public transport transportes públicos

transport[2] [træns'pɔːt] vt transportar

transportation [ˌtrænspɔː'teɪʃən] n EUA transporte; means of transportation meio de transporte

transpose [træns'pəʊz] vt transpor

transsexual [trænz'seksjʊəl] n,adj transexual

transversal [trænz'vɜːsəl] adj transversal

transverse ['trænzvɜːs] adj transversal

transvestite [trænz'vestaɪt] n travesti

trap [træp] n 1 armadilha; ratoeira 2 artimanha; ardil 3 caleche ♦ vt 1 apanhar em armadilha 2 encurralar 3 enganar ❖ to be trapped estar num beco sem saída

trapdoor ['træpdɔː] n alçapão

trapeze [trə'piːz] n (circo) trapézio

trapezium [trə'piːzɪəm] n GEOM trapézio

trapezoid ['træpɪzɔɪd] n EUA GEOM trapézio

trash [træʃ] n {pl -es} 1 EUA lixo 2 porcaria 3 EUA pej gentalha; ralé ♦ vt destruir

trash can ['træʃkæn] n EUA ⇒ dustbin

trashy ['træʃi] adj {comp -ier, superl -iest} de má qualidade; sem valor

trauma ['trɔːmə] n {pl -s, -ta} 1 trauma 2 traumatismo

traumatic [trɔː'mætɪk] adj traumático

traumatism ['trɔːmətɪzəm] n traumatismo

traumatize ['trɔːmətaɪz] vt traumatizar

traumatology [trɔːmə'tɒlədʒi] n MED (ramo) traumatologia

travel ['trævl] vi 1 viajar 2 andar; deslocar-se 3 (luz) propagar-se 4 col andar muito depressa ♦ vt percorrer ♦ n viagem ❖ travel agency agência de viagens

traveller ['trævlə] n viajante ❖ traveller's cheque cheque de viagem

travelling ['trævlɪŋ] *adj* 1 itinerante 2 viajante 3 de viagem ♦ *n* viagens ❖ *travelling salesman* caixeiro viajante

travelogue ['trævəlɒg] *n* filme, documentário ou livro sobre viagens

travesty ['trævɪstɪ] *n* {*pl* -ies} paródia

tray [treɪ] *n* {*pl* -s} tabuleiro; bandeja

treacherous ['tretʃərəs] *adj* 1 traiçoeiro 2 perigoso

treachery ['tretʃərɪ] *n* {*pl* -ies} traição; deslealdade

treacle ['tri:kl] *n* GB melaço

tread [tred] *vi* {*pret* trod, *pp* trodden, trod} 1 calcar [in/on, -]; *you trod on my foot!* calcaste-me! 2 caminhar ♦ *vt* pisar ♦ *n* 1 passo; maneira de andar 2 (degrau, pneu) piso ❖ *to tread on someone's toes* pisar os calos de alguém

treadle ['tredl] *n* pedal

treadmill ['tredmɪl] *n* 1 monotonia; rotina 2 (ginástica) passadeira

treason ['tri:zn] *n* (contra um país) traição

treasure ['treʒə] *n* 1 tesouro 2 preciosidade ♦ *vt* estimar; apreciar muito ❖ *treasure hunt* caça ao tesouro

treasurer ['treʒərə] *n* tesoureiro

treasury ['treʒərɪ] *n* {*pl* -ies} tesouro (público)

treat [tri:t] *vt* 1 tratar 2 considerar 3 (doença) tratar [with, com]; combater [with, com] ♦ *n* 1 prazer; deleite 2 convite ❖ *my treat!* pago eu!

treatise ['tri:tɪz] *n* (estudo) tratado

treatment ['tri:tmənt] *n* tratamento

treaty ['tri:tɪ] *n* {*pl* -ies} (entre países) tratado

treble ['trebl] *adj* 1 triplo 2 MÚS agudo, de soprano ♦ *n* 1 MÚS nota aguda 2 MÚS soprano; voz de soprano ♦ *vt,i* triplicar(-se) ❖ MÚS *treble clef* clave de sol

tree [tri:] *n* árvore

treetop ['tri:tɒp] *n* copa da árvore

trefoil ['trefɔɪl] *n* BOT trevo

trek [trek] *n* caminhada ♦ *vi* {*pret e pp* -kk-} 1 fazer uma jornada árdua 2 *fig* arrastar-se

tremble ['trembl] *vi* 1 tremer; estremecer 2 tremelicar 3 recear; temer ♦ *n* tremura; tremor

tremendous [trə'mendəs] *adj* 1 tremendo 2 formidável; esplêndido

tremor ['tremə] *n* tremor

trench [trentʃ] *n* {*pl* -es} 1 trincheira 2 fosso; vala ❖ *trench coat* gabardina

trend [trend] *n* tendência

trendy ['trendɪ] *adj* na moda

trespass ['trespəs] *vi* 1 (propriedade alheia) invadir [on, -] 2 transgredir ♦ *n* {*pl* -es} 1 (propriedade alheia) invasão 2 transgressão ❖ *no trespassing* entrada proibida

trespasser ['trespəsə] *n* intruso

tress [tres] *n* {*pl* -es} 1 trança 2 madeixa

trial ['traɪəl] *n* 1 julgamento 2 teste; ensaio; prova 3 preocupação ♦ *vt* {*pret e pp* -ll-} testar ❖ *trial period* período de experiência; *by trial and error* por tentativas; *to stand trial* ser julgado

triangle ['traɪæŋgl] *n* 1 triângulo 2 MÚS ferrinhos 3 EUA esquadro

triangular [traɪ'æŋgjʊlə] *adj* triangular

triathlon [traɪ'æθlɒn] *n* triatlo

tribe [traɪb] *n* tribo

tribunal [traɪ'bju:nl] *n* tribunal

tribune ['trɪbju:n] *n* 1 tribuna 2 tribuno

tribute ['trɪbju:t] *n* 1 homenagem; *to pay tribute to* prestar homenagem a 2 tributo

trick [trɪk] *n* 1 truque 2 artimanha; ardil 3 partida; *to play a trick on* pregar uma partida a 4 truque 5 trapaça 6 (jogo de cartas) vaza ♦ *vt,i* enganar; ludibriar ♦ *adj* 1 manhoso 2 traiçoeiro ❖ *col how's tricks?* como vai isso?; *to do the trick* resultar; funcionar

trickle ['trɪkl] *vi* 1 gotejar; pingar 2 escorrer 3 entrar às pinguinhas ♦ *n* 1 gota; pingo 2 fio de água

tricky ['trɪkɪ] *adj* {*comp* -ier, *superl* -iest} 1 complicado, difícil 2 manhoso tricycle ['traɪsɪkl] n triciclo

trident ['traɪdənt] n tridente

trifle ['traɪfl] n ninharia; bagatela; bugiganga ❖ *a trifle* um bocado
◆ **trifle with** vt não levar a sério; brincar com

trifling ['traɪflɪŋ] adj insignificante; sem importância

trigger ['trɪgə] n gatilho ◆ vt desencadear; provocar ❖ *to be the trigger for* desencadear; despoletar

trigonometry [ˌtrɪgə'nɒmətri] n trigonometria

trike [traɪk] n col triciclo

trillion ['trɪliən] n 1 bilião 2 GB ant trilião

trilogy ['trɪlədʒi] n {pl -ies} trilogia

trim [trɪm] vt 1 aparar 2 (planta, arbusto) podar 3 reduzir 4 enfeitar; adornar ◆ n 1 (cabelo) aparadela 2 enfeite, ornamento 3 acabamento; remate ◆ adj {pret e pp -mm-} 1 elegante; em forma 2 bem tratado

trimester [traɪ'mestə] n 1 trimestre 2 EUA período letivo

trimmings ['trɪmɪŋz] n pl 1 enfeite; adorno 2 aparas 3 CUL acompanhamentos

Trinidad and Tobago [ˌtrɪnɪdædən tə'beɪgəʊ] n Trindade e Tobago

trinity ['trɪnɪti] n {pl -ies} form trindade

trinket ['trɪŋkɪt] n bugiganga

trio ['triːəʊ] n {pl -s} trio

trip [trɪp] n 1 viagem e excursão; passeio 3 tropeção 4 cal (drogas) pedrada cal ◆ vt {pret e pp -pp-} passar rasteira; fazer cair ◆ vi tropeçar [over, on]

tripe [traɪp] n 1 CUL tripas 2 col disparates

triple ['trɪpəl] adj triplo ◆ vt,i triplicar ❖ DESP *triple jump* triplo salto

triplet ['trɪplɪt] n 1 trigémeo 2 LIT terceto

triplicate ['trɪplɪkət] adj triplicado

tripod ['traɪpɒd] n tripé

tripper ['trɪpə] n GB excursionista

triumph ['traɪəmf] n 1 triunfo; vitória 2 regozijo; júbilo ◆ vi triunfar; vencer

triumphal [traɪ'ʌmfəl] adj triunfal

triumphant [traɪ'ʌmfənt] adj 1 triunfante; vitorioso 2 exultante

trivial ['trɪviəl] adj insignificante; trivial

triviality [ˌtrɪvi'ælɪti] n {pl -ies} trivialidade

troglodyte ['trɒglədaɪt] n troglodita

trolley ['trɒli] n 1 GB carrinho (de compras) 2 GB (comida, bebidas) carrinho 3 EUA elétrico EUA trólei

trombone [trɒm'bəʊn] n trombone

trombonist [trɒm'bəʊnɪst] n trombonista

troop [truːp] n 1 MIL cavalaria 2 manada; rebanho 3 multidão; magote ◆ npl MIL tropas ◆ vi deslocar-se em conjunto

trooper ['truːpə] n 1 soldado de cavalaria 2 EUA agente da polícia estatal

trophy ['trəʊfi] n {pl -ies} troféu

tropic ['trɒpɪk] n trópico; *Tropic of Cancer/Capricorn* trópico de Câncer/Capricórnio

tropical ['trɒpɪkl] adj tropical

trot [trɒt] n 1 trote 2 (cavalo) corrida a trote 3 passo rápido ◆ npl col diarreia ◆ vi 1 trotar 2 caminhar a passo rápido 3 col andar ❖ *on the trot* consecutivo; ocupado

trotter ['trɒtə] n 1 (porco) chispe 2 cavalo de trote

troubadour ['truːbədʊə] n trovador

trouble ['trʌbəl] n 1 problema [with, com] 2 dificuldade 3 sarilho 4 incómodo; trabalho 5 discussão; conflito ◆ vt 1 preocupar; afligir 2 incomodar; perturbar 3 dar-se ao trabalho de ❖ *to get into trouble* meter-se em sarilhos; *to take the trouble to do something* dar-se ao trabalho de fazer alguma coisa

troubled ['trʌbəld] adj 1 perturbado; aflito 2 agitado

trouble-free ['trʌbəlfriː] adj sem problemas; tranquilo

troublemaker ['trʌbəlmeɪkə] n desordeiro; arruaceiro

troublesome ['trʌblsəm] *adj* problemático

trousers ['trauzəz] *npl* calças

trout [traut] *n* {*pl* trout} truta

truancy ['tru:ənsi] *n* (escola) absentismo

truant ['tru:ənt] *n* (escola) gazeteiro ❖ *col to play truant* fazer gazeta às aulas

truce [tru:s] *n* tréguas

truck [trʌk] *n* 1 camião 2 (comboio) vagão de mercadorias ♦ *vt* transportar de camião ♦ *vi col* ir; andar

trucker ['trʌkə] *n* EUA camionista

truckle ['trʌkl] *vi* ceder [to, a]; sujeitar-se [to, a]

true [tru:] *adj* 1 verdadeiro 2 fiel, leal ♦ *adv* em linha reta; a direito ❖ (sonho) *to come true* concretizar-se

truffle ['trʌfl] *n* (cogumelo, doce) trufa

truly ['tru:li] *adv* 1 verdadeiramente 2 sinceramente

trump [trʌmp] *n* 1 (cartas) trunfo 2 (cartas) naipe de trunfo ♦ *vt* (cartas) trunfar

trumpet ['trʌmpɪt] *n* 1 MÚS trombeta 2 (elefante) barrido ♦ *vt* anunciar aos quatro ventos ❖ *col to blow your own trumpet* vangloriar-se

trumpeter ['trʌmpɪtə] *n* trompetista

truncate ['trʌŋkeɪt] *vt* truncar

truncheon ['trʌntʃən] *n* bastão; cassetete

trunk [trʌŋk] *n* 1 (pessoa, árvore) tronco 2 baú; arca 3 EUA mala do carro, bageira 4 (elefante) tromba ♦ *npl* calções de banho ❖ *trunk call* chamada de longa distância

trust [trʌst] *n* 1 confiança 2 responsabilidade; (empresa) *a position of trust* uma posição de responsabilidade 3 associação; *charitable trust* associação de caridade 4 guarda; (bens) *to hold in trust* confiar à guarda de alguém ♦ *vt* 1 confiar em; acreditar em 2 esperar

trustee [,trʌs'ti:] *n* 1 (herança) curador 2 administrador

trustful ['trʌstful] *adj* confiante; crente

trusting ['trʌstɪŋ] *adj* confiante; crédulo

trustworthy [,trʌst'wɜːði] *adj* digno de confiança

truth [tru:θ] *n* {*pl* -s} 1 verdade; *to tell the truth* dizer a verdade 2 veracidade

truthful ['tru:θful] *adj* 1 verdadeiro; sincero 2 (descrição, retrato) fiel

truthfulness ['tru:θfulnɪs] *n* 1 honestidade 2 veracidade

try [traɪ] *vt* 1 tentar 2 experimentar 3 testar; ensaiar 4 provar 5 DIR julgar ♦ *vi* tentar ♦ *n* 1 tentativa 2 prova 3 ensaio ❖ *to give it a try* tentar; *to try your luck* tentar a sua sorte; *to try your hand at something* experimentar uma atividade

♦ **try on** *vt* (roupa) provar; experimentar

trying ['traɪɪŋ] *adj* penoso, duro

tsar [zɑː] *n* czar

tsarina [zɑː'riːnə] *n* czarina

T-shirt ['tiːʃɜːt] *n* t-shirt

tub [tʌb] *n* 1 EUA banheira 2 tina 3 (margarina, gelado) embalagem

tuba ['tjuːbə] *n* tuba

tubby ['tʌbi] *adj* gorducho; rechonchudo

tube [tjuːb] *n* 1 tubo 2 metro (de Londres) 3 EUA *col* televisão ❖ *col to go down the tubes* ir por água abaixo

tuber ['tjuːbə] *n* tubérculo

tuberculosis [tjuːˌbɜːkjʊ'ləʊsɪs] *n* tuberculose

tuberculous [tjuː'bɜːkjʊləs] *adj* tuberculoso

tuck [tʌk] *vt* 1 enfiar, meter 2 prender 3 esconder 4 (costura) fazer pregas ♦ *n* (costura) prega; dobra; bainha

♦ **tuck in** *vi col* (comida) atacar ♦ *vt* 1 (roupa da cama) aconchegar 2 (fraldas da camisa) meter para dentro

Tuesday ['tjuːzdi] *n* terça-feira

tuft [tʌft] *n* tufo

tug [tʌg] *vt,i* {*pret e pp* -gg-} 1 puxar com força [at, -]; dar puxões [at, -] 2 rebocar ♦ *n* 1 rebocador 2 puxão

tuition [tjuːˈɪʃən] *n* 1 instrução 2 *EUA* propinas

tulip [ˈtjuːlɪp] *n* túlipa

tulle [tjuːl] *n* (tecido) tule

tumble [ˈtʌmbəl] *vi* 1 cair; tombar 2 andar aos tropeções 3 (preço, valor) descer abruptamente ◆ *n* trambolhão; queda; tombo ❖ *tumble dryer* secador de roupa

tumbler [ˈtʌmblə] *n* copo (sem pé)

tummy [ˈtʌmɪ] *n* (*pl* -ies) *col* barriga

tumour [ˈtjuːmə] *n* tumor

tumult [ˈtjuːmʌlt] *n* tumulto

tun [tʌn] *n* tonel; pipa

tuna [ˈtuːnə] *n* atum

tune [tjuːn] *n* melodia; música ◆ *vt* 1 (instrumento musical, motor) afinar 2 (rádio, televisão) sintonizar ❖ *in tune* afinado; *out of tune* desafinado; *to be in/out of tune with* estar/não estar em sintonia com

◆ *tune in* *vt,i* (rádio, televisão) ligar; sintonizar

◆ *tune out* *vi EUA* deixar de prestar atenção

tuner [ˈtjuːnə] *n* 1 (pianos) afinador 2 (rádio, televisão) sintonizador

tungsten [ˈtʌŋstən] *n* tungsténio

tunic [ˈtjuːnɪk] *n* túnica

tuning [ˈtjuːnɪŋ] *n* 1 afinação 2 (carro) tuning ❖ *tuning fork* diapasão

Tunisia [tjuːˈnɪzɪə] *n* Tunísia

Tunisian [tjuːˈnɪzɪən] *adj,n* tunisino

tunnel [ˈtʌnl] *n* 1 túnel 2 galeria subterrânea ◆ *vi* abrir túnel ❖ *pej tunnel vision* vista curta

tunny [ˈtʌnɪ] *n* (*pl* -ies) *GB* atum

turban [ˈtɜːbən] *n* turbante

turbine [ˈtɜːbaɪn] *n* turbina

turbo [ˈtɜːbəʊ] *n* (*pl* -s) turbo

turbulence [ˈtɜːbjʊləns] *n* turbulência

turbulent [ˈtɜːbjʊlənt] *adj* turbulento

tureen [tjʊˈriːn] *n* terrina

turf [tɜːf] *n* (*pl* -s, -ves) 1 relva; relvado 2 *DESP* hipismo ◆ *vt* cobrir de relva

Turk [tɜːk] *n* turco

turkey [ˈtɜːki] *n* 1 peru 2 *EUA col* idiota 3 *EUA* (filme, peça) fiasco

Turkey [ˈtɜːki] *n* Turquia

Turkish [ˈtɜːkɪʃ] *adj,n* turco ❖ *Turkish bath* banho turco

Turkmen [ˈtɜːkmen] *n,adj* turquemeno

Turkmenistan [ˌtɜːkmenɪˈstɑːn] *n* Turquemenistão

turmoil [ˈtɜːmɔɪl] *n* confusão; agitação

turn [tɜːn] *vt* 1 voltar; virar 2 fazer girar 3 ficar; *to turn red* ficar vermelho, corar 4 fazer (anos); *to turn forty* fazer quarenta anos ◆ *vi* 1 virar-se 2 girar; rodar 3 transformar-se [to, em] ◆ *n* 1 volta; *it's your turn* é a tua vez 2 turno 3 viragem 4 curva 5 mudança de direção 6 reviravolta; mudança 7 giro; passeio ❖ *in turn* como consequência; sucessivamente; *to take turns* revezar-se; *to turn a blind eye to* fazer vistas grossas

◆ *turn around* *vi* voltar-se; dar a volta

◆ *turn down* *vt* 1 recusar; não aceitar 2 (som) baixar

◆ *turn in* *vt* entregar à polícia ◆ *vi* ir-se deitar

◆ *turn off* *vt* 1 (eletricidade, gás, máquina) desligar 2 (luz) apagar 3 (torneira) fechar 4 repugnar ◆ *vi* 1 apagar-se 2 (estrada) sair; virar

◆ *turn on* *vt* 1 (eletricidade, gás, máquina) ligar 2 (luz) acender 3 (torneira) abrir 4 excitar; entusiasmar ◆ *vi* 1 ligar-se 2 acender-se

◆ *turn out* *vt* 1 (luz) apagar 2 expulsar ◆ *vi* 1 acabar; terminar 2 revelar-se

◆ *turn over* *vi* 1 virar; virar ao contrário 2 entregar 3 (pensamento) dar voltas a 4 (página) virar ◆ *vi* 1 virar a página 2 capotar

◆ *turn up* *vi* aparecer; chegar ◆ *vt* 1 (volume) pôr mais alto 2 (gás, aquecimento) pôr mais forte 3 descobrir; encontrar

turnabout [ˈtɜːnəbaʊt] *n* reviravolta, mudança radical

turncoat ['tɜːnkəʊt] *n pej* vira-casaca

turned-up [tɜːnd'ʌp] *adj* arrebitado

turning ['tɜːnɪŋ] *n GB* via (que parte de uma estrada) ❖ **turning point** ponto de viragem

turnip ['tɜːnɪp] *n* nabo

turn-off ['tɜːnɒf] *n* 1 (estrada) saída 2 *col* desincentivo

turn-on ['tɜːnɒn] *n col* estímulo; coisa excitante

turnout ['tɜːnaʊt] *n* 1 afluência; adesão 2 (eleições) afluência às urnas

turnover ['tɜːnəʊvə] *n* 1 volume de negócios 2 rotatividade de empregados

turnpike ['tɜːnpaɪk] *n EUA* estrada com portagem

turnround ['tɜːnraʊnd] *n* 1 (passageiros) operação de embarque e desembarque 2 (carga) operação de carga e descarga

turntable ['tɜːnteɪbəl] *n* 1 (gira-discos) prato 2 (ferrovia) plataforma giratória

turn-up ['tɜːnʌp] *n* (calças) dobra

turquoise ['tɜːkwɔɪz] *n* (mineral) turquesa ◆ *adj,n* (cor) azul-turquesa

turtle ['tɜːtl] *n* tartaruga

turtledove ['tɜːtldʌv] *n* (ave) rola

turtleneck ['tɜːtlnek] *n* camisola de gola alta

tush [tʊʃ] *n EUA cal* rabo; traseiro

tussle ['tʌsl] *n* rixa; bulha ◆ *vi* lutar [with, com]; atado à bulha [with, com]

tutor ['tjuːtə] *n* 1 professor particular; explicador 2 professor universitário ◆ *vt* 1 ensinar 2 dar explicações de

tutorial [tjuːˈtɔːrɪəl] *n* 1 (universidade) seminário 2 INFORM tutorial

tutti-frutti [ˌtuːtiˈfruːti] *n* tutti-frutti

tuxedo [tʌkˈsiːdəʊ] *n* {*pl* -s, -es} *EUA* smoking

TV [tiːˈviː] *n* televisão

twaddle ['twɒdl] *n* tolice; disparate

twang [twæŋ] *n* 1 voz fanhosa 2 zunido ◆ *vt* 1 (corda) tanger 2 fazer ressoar ◆ *vi* zunir

tweak [twiːk] *vt* 1 dar um puxão a 2 torcer ◆ *n* 1 puxão 2 beliscão 3 torcida

tweed [twiːd] *n* (tecido) tweed ◆ *npl* roupa de tweed

tweet [twiːt] *vi* chilrear; pipilar ◆ *n* chilreio; pipilo

tweezers ['twiːzəz] *npl* pinça

twelfth [twelfθ] *num ord,n* décimo segundo ❖ **on the twelfth** no dia doze

twelve [twelv] *num card,n* doze

twentieth ['twentiθ] *adj,num ord* vigésimo ❖ **on the twentieth** no dia vinte

twenty ['twenti] *num card,n* vinte ❖ (década) **the twenties** os anos vinte; **to be in one's twenties** ter 20 e tal anos

twice [twaɪs] *adv* duas vezes ❖ **once bitten, twice shy** gato escaldado de água fria tem medo; **once or twice** algumas vezes

twiddle ['twɪdl] *vt,i* 1 girar; fazer andar à volta 2 brincar com 3 torcer ◆ *n* volta; giro

twig [twɪg] *n* (árvore) galho ◆ *vt,i col* perceber, compreender

twilight ['twaɪlaɪt] *n* crepúsculo

twill [twɪl] *n* sarja

twin [twɪn] *adj,n* gémeo ◆ *vt* geminar ❖ **twin town** cidade geminada

twine [twaɪn] *n* cordel; guita ◆ *vt,i* enroscar; entrelaçar

twinge ['twɪndʒ] *n* 1 dor aguda, pontada 2 acesso; sentimento súbito

twinkle ['twɪŋkl] *vi* cintilar; brilhar ◆ *n* cintilação; brilho

twirl [twɜːl] *vt,i* girar; rodar ◆ *n* volta; rodopio

twist [twɪst] *vt* 1 torcer; **to twist your wrist** torcer o pulso 2 girar; rodar 3 distorcer, deformar ◆ *vi* 1 contorcer-se 2 (estrada, rio) virar, desviar-se 3 dançar o twist ◆ *n* 1 torção 2 volta; curva 3 reviravolta; mudança radical 4 cordão; fio 5 (dança) twist ❖ *col* **to twist somebody's arm** pressionar alguém a fazer alguma coisa

twisted ['twɪstɪd] *adj* **1** torcido; enrolado **2** perverso

twister ['twɪstə] *n* **1** *col* aldrabão; vigarista **2** *EUA col* tornado

twit [twɪt] *n col* idiota, parvo

twitch [twɪtʃ] *vi* **1** contrair-se; contorcer--se tremelicar ♦ *vt* puxar; arrancar com um puxão ♦ *n* {*pl* -es} **1** puxão **2** tique nervoso **3** espasmo

twitter ['twɪtə] *vi* **1** chilrear **2** tagarelar ♦ *n* chilreio ❖ *to be all of a twitter* estar num grande alvoroço

two [tu:] *num card,n* dois ❖ *col that makes two of us* já somos dois

two-faced [tu:'feɪst] *adj* hipócrita; falso

twopence ['tʌpəns] *n GB* moeda de dois pence

tycoon [taɪ'ku:n] *n* magnata

tympanum ['tɪmpənəm] *n* {*pl* -a, -s} ANAT,ARQ tímpano

type [taɪp] *n* **1** tipo **2** protótipo; modelo **3** TIP (caracteres) tipo; fonte ♦ *vt,i* (em máquina, computador) digitar; datilografar

typescript ['taɪpskrɪpt] *n* cópia datilografada

typesetter ['taɪpsetə] *n* TIP compositor

typesetting ['taɪpsetɪŋ] *n* TIP composição

typewrite ['taɪpraɪt] *vt,i* {*pp* -written, *pret* -wrote} datilografar

typewriter ['taɪpraɪtə] *n* máquina de escrever

typhoid ['taɪfɔɪd] *n* febre tifoide

typhoon [,taɪ'fu:n] *n* tufão

typhus ['taɪfəs] *n* tifo

typical ['tɪpɪkəl] *adj* típico ❖ *typical!* para variar!

typing ['taɪpɪŋ] *n* datilografia

typist ['taɪpɪst] *n* datilógrafo

typographer [taɪ'pɒgrəfə] *n* TIP tipógrafo

typographic [,taɪpə'græfɪk] *adj* tipográfico

typographical [,taɪpə'græfɪkəl] *adj* tipográfico

typography [taɪ'pɒgrəfi] *n* composição gráfica

tyrannical [tɪ'rænɪkəl] *adj* tirânico

tyranny ['tɪrəni] *n* {*pl* -ies} tirania

tyrant ['taɪərənt] *n* tirano

tyre ['taɪə] *n GB* pneu

tzar [zɑ:] *n* ⇒ **tsar**

tzarina [zɑ:'ri:nə] *n* ⇒ **tsarina**

U

u [juː] *n* {*pl* u's} (letra) u

udder ['ʌdə] *n* teta

UFO [*sigla de* **Unknown Flying Object**] OVNI [*sigla de* Objeto Voador Não Identificado]

Uganda [juːˈgændə] *n* Uganda

Ugandan [juːˈgændən] *adj,n* ugandês

ugly ['ʌgli] *adj* {*comp* -ier, *superl* -iest} 1 feio 2 desagradável; horrível ❖ **ugly duckling** patinho feio

UK [*sigla de* **United Kingdom**] Reino Unido

Ukraine [juːˈkreɪn] *n* Ucrânia

Ukrainian [juːˈkreɪnɪən] *adj,n* ucraniano

ulcer ['ʌlsə] *n* úlcera

ulterior [ʌlˈtɪərɪə] *adj* 1 oculto 2 (ocasião); posterior ❖ **ulterior motive** segundas intenções

ultimate ['ʌltɪmɪt] *adj* 1 derradeiro; final 2 supremo; máximo 3 fundamental

ultimately ['ʌltɪmɪtli] *adv* 1 em última análise; no fim das contas 2 fundamentalmente

ultimatum [ʌltɪˈmeɪtəm] *n* {*pl* -s, -ta} ultimato

ultramarine [ʌltrəməˈriːn] *adj,n* azul--marinho

ultramodern [ʌltrəˈmɒdən] *adj* ultramoderno

ultrasound ['ʌltrəsaʊnd] *n* 1 ultrassom 2 ecografia

ultraviolet [ʌltrəˈvaɪəlɪt] *adj* ultravioleta

umbilical [ʌmˈbɪlɪkəl] *adj* umbilical

umbrage ['ʌmbrɪdʒ] *n* ofensa; ressentimento

umbrella [ʌmˈbrelə] *n* guarda-chuva; chapéu de chuva

umpire ['ʌmpaɪə] *n* DESP árbitro ♦ *vt,i* arbitrar

umpteenth ['ʌmptiːnθ] *adj col* enésimo; **for the umpteenth time** pela enésima vez

UN *n* [*sigla de* **United Nations**] ONU [*sigla de* Organização das Nações Unidas]

unabashed [ʌnəˈbæʃt] *adj* descarado

unable [ʌnˈeɪbəl] *adj* incapaz; **to be unable to do something** não poder/conseguir fazer algo

unabridged [ʌnəˈbrɪdʒd] *adj* integral; completo

unacceptable [ʌnəkˈseptəbəl] *adj* inaceitável; intolerável

unaccommodating [ʌnəˈkɒmədeɪtɪŋ] *adj* 1 de trato difícil 2 pouco prestável

unaccompanied [ʌnəˈkʌmpənɪd] *adj* 1 só; sem companhia 2 MÚS a solo

unaccountable [ʌnəˈkaʊntəbəl] *adj* 1 inexplicável 2 inimputável

unaccounted for [ʌnəˈkaʊntɪdfɔː] *adj* desaparecido

unaccustomed [ʌnəˈkʌstəmd] *adj* 1 desacostumado [**to**, de] 2 pouco habitual

unacknowledged [ʌnəkˈnɒlɪdʒd] *adj* 1 não reconhecido 2 ignorado 3 não oficial

unacquainted [ʌnəˈkweɪntɪd] *adj* pouco familiarizado [**with**, com]

unafraid [ʌnəˈfreɪd] *adj* receoso; **to be unafraid of** não ter medo de

unaided [ʌnˈeɪdɪd] *adj* sem ajuda

unambiguous [ʌnæmˈbɪgjuəs] *adj* inequívoco

unanimity [juːnəˈnɪmɪti] *n* unanimidade

unanimous [juːˈnænɪməs] *adj* unânime; **by a unanimous vote** por unanimidade

unannounced [ʌnəˈnaʊnst] *adj* 1 sem avisar 2 não anunciado; inesperado

unanswerable [ʌnˈɑːnsərəbəl] *adj* 1 incontestável; irrefutável 2 insolúvel

unanswered [ʌnˈɑːnsəd] *adj* sem resposta

unapproachable [ʌnəˈprəʊtʃəbəl] *adj* inacessível

unapt [ʌnˈæpt] *adj* 1 impróprio; descabido 2 incapaz [**to**, de] unashamed [ˌʌnəˈʃeɪmd] *adj* descarado

unasked [ʌnˈɑːskt] *adj* 1 não solicitado; não requisitado; *unasked services* serviços não requisitados 2 (pergunta) por formular; por colocar ♦ *adv* voluntariamente; por iniciativa própria

unassuming [ˌʌnəˈsjuːmɪŋ] *adj* despretensioso; modesto

unattached [ˌʌnəˈtætʃt] *adj* 1 sem ligação; independente 2 descomprometido

unattainable [ˌʌnəˈteɪnəbəl] *adj* inalcançável, inatingível

unattended [ˌʌnəˈtendɪd] *adj* sozinho; sem vigilância

unattractive [ˌʌnəˈtræktɪv] *adj* 1 pouco atraente 2 desagradável

unauthorized [ʌnˈɔːθəraɪzd] *adj* não autorizado

unavailable [ˌʌnəˈveɪləbəl] *adj* 1 indisponível 2 (pessoa) ocupado

unavoidable [ˌʌnəˈvɔɪdəbəl] *adj* inevitável

unaware [ˌʌnəˈweə] *adj to be unaware of* não ter consciência de, ignorar, desconhecer

unawares [ˌʌnəˈweəz] *adv* de surpresa; desprevenido

unbalance [ʌnˈbæləns] *vt* 1 desequilibrar 2 (mentalmente) transtornar; perturbar

unbalanced [ʌnˈbælənst] *adj* 1 desequilibrado 2 (mentalmente) perturbado 3 tendencioso

unbar [ʌnˈbɑː] *vt* (*pret e pp* -rr-) 1 destrancar; desaferrolhar; *he unbarred the gate* ele destrancou o portão 2 *fig* abrir ❖ *to unbar the way* abrir caminho

unbearable [ʌnˈbeərəbəl] *adj* insuportável; insustentável

unbeatable [ʌnˈbiːtəbəl] *adj* imbatível

unbecoming [ˌʌnbɪˈkʌmɪŋ] *adj* 1 impróprio 2 que não fica bem; que não favorece

unbelievable [ˌʌnbɪˈliːvəbəl] *adj* inacreditável

unbeliever [ˌʌnbɪˈliːvə] *n* descrente

unbend [ʌnˈbend] *vt* 1 soltar; afrouxar 2 descontrair; relaxar 3 NÁUT (velas, cordas) soltar ♦ *vi* descontrair; relaxar

unbending [ʌnˈbendɪŋ] *adj* intransigente; inflexível

unbiased [ʌnˈbaɪəst] *adj* imparcial

unblemished [ʌnˈblemɪʃt] *adj* 1 perfeito; sem falha 2 (reputação) intocável 3 imaculado

unblock [ʌnˈblɒk] *vt* 1 desimpedir; desobstruir 2 (nariz) destapar

unbolt [ʌnˈbəʊlt] *vt* destrancar; desaferrolhar

unborn [ʌnˈbɔːn] *adj* 1 por nascer 2 vindouro

unbound [ʌnˈbaʊnd] *adj* 1 liberto; solto 2 desatado

unbreathable [ʌnˈbriːðəbəl] *adj* irrespirável

unbridle [ʌnˈbraɪdl] *vt* 1 desbridar; tirar as rédeas a 2 *fig* dar livre curso a; dar largas a

unbridled [ʌnˈbraɪdld] *adj* desenfreado; incontrolável

unburden [ʌnˈbɜːdn] *vt* descarregar; aliviar ❖ *to unburden oneself* desabafar

unbutton [ʌnˈbʌtn] *vt* desabotoar ♦ *vi col* descontrair; relaxar

uncalled-for [ʌnˈkɔːldfɔː] *adj* 1 desnecessário 2 gratuito; injustificado

uncanny [ʌnˈkæni] *adj* misterioso; estranho

uncared-for [ʌnˈkeədfɔː] *adj* 1 ao abandono 2 desamparado 3 negligenciado 4 (aparência) descuidado

unceasing [ʌnˈsiːsɪŋ] *adj* incessante; contínuo

uncertain [ʌnˈsɜːtn] *adj* 1 incerto; duvidoso 2 inconstante 3 desconhecido; indefinido 4 hesitante

uncertainty [ʌnˈsɜːtnti] *n* (*pl* -ies) incerteza

unchain [ʌnˈtʃeɪn] *vt* 1 desacorrentar 2 libertar

unchallenged [ʌnˈtʃælɪndʒd] *adj* incontestado

unchanging [ʌnˈtʃeɪndʒɪŋ] *adj* inalterável

uncharacteristic [ˌʌnkærɪktəˈrɪstɪk] *adj* incaracterístico

uncharitable [ʌnˈtʃærɪtəbəl] *adj* duro; injusto

unchecked [ʌnˈtʃekt] *adj* desenfreado; descontrolado

uncivil [ʌnˈsɪvɪl] *adj* grosseiro; rude

uncivilized [ʌnˈsɪvɪlaɪzd] *adj* 1 pouco civilizado 2 primitivo

unclaimed [ʌɪˈkleɪmd] *adj* por reclamar; por reivindicar

unclasp [ʌnˈklɑːsp] *vt* 1 desapertar; desabotoar 2 abrir; soltar

uncle [ˈʌŋkl] *n* tio

unclear [ʌnˈklɪə] *adj* pouco claro; confuso

uncloak [ʌnˈkləʊk] *vi* despir o manto, tirar a capa ♦ *vt* 1 (manto, capa) despir, tirar 2 *fig* revelar, desvendar; desmascarar

unclog [ʌnˈklɒg] *vt* (*pret e pp* -gg-) 1 desobstruir 2 desentupir 3 (pele) desincrustar

unclothed [ʌnˈkləʊðd] *adj* despido; nu

uncloud [ʌnˈklaʊd] *vt,i* desanuviar

uncock [ʌnˈkɒk] *vt* (espingarda) desengatilhar

uncoil [ʌnˈkɔɪl] *vt* estender; desenrolar; esticar ♦ *vi* estender-se; desenrolar-se; esticar-se

uncomfortable [ʌnˈkʌmfətəbəl] *adj* 1 desconfortável 2 desagradável; incómodo

uncommitted [ˌʌnkəˈmɪtɪd] *adj* não comprometido

uncommon [ʌnˈkɒmən] *adj* fora do vulgar; invulgar

uncomplimentary [ˌʌnkɒmplɪˈmentəri] *adj* pouco lisonjeiro

uncompromising [ʌnˈkɒmprəmaɪzɪŋ] *adj* inflexível; intransigente

unconcerned [ˌʌnkənˈsɜːnd] *adj* despreocupado; indiferente

unconditional [ˌʌnkənˈdɪʃənəl] *adj* incondicional; sem reservas

uncongenial [ˌʌnkənˈdʒiːniəl] *adj* 1 (pessoa) antipático 2 desagradável 3 inóspito; hostil 4 pouco apropriado

unconnected [ˌʌnkəˈnektɪd] *adj* distinto; sem relação

unconscionable [ʌnˈkɒnʃnəbəl] *adj* 1 pouco razoável 2 excessivo; desmesurado

unconscious [ʌnˈkɒnʃəs] *adj* 1 inconsciente 2 não ciente; *to be unconscious of* não estar ciente de ♦ *n* inconsciente

unconsciousness [ʌnˈkɒnʃəsnɪs] *n* inconsciência

unconsidered [ˌʌnkənˈsɪdəd] *adj* irrefletido; precipitado

unconstitutional [ˌʌnkɒnstɪˈtjuːʃənəl] *adj* inconstitucional

uncontrollable [ˌʌnkənˈtrəʊləbəl] *adj* incontrolável; irresistível

unconventional [ˌʌnkənˈvenʃənəl] *adj* pouco convencional

uncooperative [ˌʌnkəʊˈɒpərətɪv] *adj* que não colabora

uncork [ʌnˈkɔːk] *vt* tirar a rolha de; abrir; *to uncork a bottle* abrir uma garrafa

uncountable [ʌnˈkaʊntəbəl] *adj* não contável

uncouple [ʌnˈkʌpl] *vt* 1 desatrelar 2 desunir

uncouth [ʌnˈkuːθ] *adj* grosseiro; tosco

uncover [ʌnˈkʌvə] *vt* 1 destapar 2 desvendar; revelar; *he would soon uncover the mystery* ele iria em breve desvendar o mistério 3 ARQUEOL desenterrar

uncross [ʌnˈkrɒs] *vt* (braços, pernas) descruzar

unction [ˈʌŋkʃən] *n* REL unção

uncultivated [ʌnˈkʌltɪveɪtɪd] *adj* 1 (terreno) baldio; não cultivado; por cultivar 2 (pessoa) inculto

uncurl [ʌnˈkɜːl] *vt,i* desfrisar, desencaracolar

uncut [ʌnˈkʌt] *adj* 1 não cortado; por cortar 2 (livro, filme) integral 3 (pedra preciosa) não talhado; em bruto

undated [ʌnˈdeɪtɪd] *adj* sem data; não datado

undaunted [ʌnˈdɔːntɪd] *adj* intrépido; destemido

undecided [ˌʌndɪˈsaɪdɪd] *adj* 1 indeciso 2 (questão) pendente; por resolver

undecipherable [ˌʌndɪˈsaɪfərəbəl] *adj* indecifrável

undelivered [ˌʌndɪˈlɪvəd] *adj* não entregue

undeniable [ˌʌndɪˈnaɪəbəl] *adj* inegável; incontestável

under [ˈʌndə] *prep* 1 por baixo de; debaixo de; sob 2 abaixo de; menos de; *under €100* menos de €100 3 sob; em; *under discussion* em discussão; *under pressure* sob pressão 4 (superior hierárquico) às ordens de 5 (lei, regra) de acordo com 6 (num livro, lista) em ♦ *adv* para baixo

underage [ˌʌndəˈreɪdʒ] *adj* por menores de idade; *underage drinking* consumo de álcool por menores

underbrush [ˈʌndəbrʌʃ] *n EUA* vegetação rasteira; mato

undercarriage [ˈʌndəkærɪdʒ] *n* trem de aterragem

underclothes [ˈʌndəkləʊðz] *npl* roupa interior

undercoat [ˈʌndəkəʊt] *n* (tinta) primeira demão

undercover [ˌʌndəˈkʌvə] *adj* 1 (investigação, operação) secreto 2 (agente) à paisana; infiltrado

undercurrent [ˈʌndəkʌrənt] *n* 1 corrente submarina 2 sentimento latente

underdeveloped [ˌʌndədɪˈveləpt] *adj* subdesenvolvido

underdevelopment [ˌʌndədɪˈveləpmənt] *n* subdesenvolvimento

underdone [ˌʌndəˈdʌn] *adj* (alimento) mal passado

underestimate [ˌʌndərˈestɪmeɪt] *vt* 1 subestimar 2 menosprezar

undergarment [ˈʌndəgɑːmənt] *n* peça de roupa interior

undergo [ˌʌndəˈgəʊ] *vt* {*pret* underwent, *pp* undergone} 1 suportar; passar; sofrer; *to undergo much suffering* passar por muito sofrimento 2 ser submetido a ❖ *to undergo surgery* ser operado; (doente) *to undergo treatment* ser tratado

undergraduate [ˌʌndəˈgrædʒuət] *n* estudante universitário (de licenciatura) ♦ *adj* universitário (de licenciatura)

underground [ˈʌndəgraʊnd] *adj* 1 subterrâneo 2 clandestino ♦ *adv* 1 debaixo da terra 2 na clandestinidade

undergrowth [ˈʌndəgrəʊθ] *n* vegetação rasteira

underhand [ˈʌndəhænd] *adj* dissimulado; clandestino

underlie [ˌʌndəˈlaɪ] *vt* {*pret* underlay, *pp* underlain} subjazer a; ser subjacente a

underline [ˌʌndəˈlaɪn] *vt* 1 sublinhar 2 salientar; realçar; enfatizar

underlying [ˌʌndəˈlaɪɪŋ] *adj* subjacente

undermentioned [ˌʌndəˈmenʃənd] *adj* abaixo mencionado

undermine [ˌʌndəˈmaɪn] *vt* 1 minar; destruir 2 enfraquecer; debilitar 3 deteriorar; corroer

underneath [ˌʌndəˈniːθ] *prep* por baixo de; para baixo de ♦ *adv* 1 por baixo, para baixo 2 em baixo, na parte de baixo 3 interiormente; no íntimo ♦ *n* fundo; parte inferior

undernourished [ˌʌndəˈnʌrɪʃt] *adj* subalimentado

undernourishment [ˌʌndəˈnʌrɪʃmənt] *n* subnutrição

underpaid [ˌʌndəˈpeɪd] *adj* mal pago

underpants [ˈʌndəpænts] *npl* cuecas

underpass [ˈʌndəpæs] *n* passagem subterrânea

underplay [ˈʌndəpleɪ] *vt* minimizar; depreciar

underplot [ˈʌndəplɒt] *n* 1 LIT,TEAT,CIN intriga ou enredo secundário 2 episódio 3 maquinação, tramoia

underprivileged [ˌʌndəˈprɪvɪlɪdʒd] *adj* desfavorecido ♦ *npl the underprivileged* os desfavorecidos

underrate [ˌʌndəˈreɪt] *vt* 1 subavaliar; subestimar 2 menosprezar

underscore [ˌʌndəˈskɔː] vt 1 sublinhar 2 salientar; realçar; enfatizar

undersea [ˈʌndəsiː] adj submarino

under-secretary [ˌʌndəˈsekrətəri] n subsecretário

undershirt [ˈʌndəʃɜːt] n EUA camisola interior

underside [ˈʌndəsaɪd] n lado de baixo

undersigned [ˌʌndəˈsaɪnd] adj,n abaixo assinado; *I, the undersigned* eu, abaixo assinado

underskirt [ˈʌndəskɜːt] n saia de baixo

understand [ˌʌndəˈstænd] vt,i {pret e pp understood} 1 compreender; entender; perceber; *is it understood?* está percebido? 2 inferir; interpretar ❖ *to give somebody to understand that* dar a entender a alguém que; *to make oneself understood* fazer-se entender

understanding [ˌʌndəˈstændɪŋ] n 1 compreensão; perceção; *to have an understanding of something* compreender algo 2 acordo; entendimento 3 compreensão; tolerância 4 interpretação ♦ adj compreensivo ❖ *on the understanding that* na condição de que

understatement [ˌʌndəˈsteɪtmənt] n atenuação dos factos; eufemismo

understudy [ˈʌndəstʌdi] n {pl -ies} (ator de teatro) substituto

undertake [ˌʌndəˈteɪk] vt {pret undertook, pp undertaken} 1 empreender 2 encarregar-se de 3 (responsabilidade) assumir ♦ vi comprometer-se [to, a]; responsabilizar-se [to, por]; *he undertook to carry the project through* ele comprometeu-se a levar o projeto até ao fim

undertaker [ˈʌndəteɪkə] n agente funerário

undertaking [ˌʌndəˈteɪkɪŋ] n 1 empreendimento; tarefa; projeto 2 garantia; promessa

undertone [ˈʌndətəʊn] n 1 voz baixa; *to speak in an undertone* falar num murmúrio 2 laivo, indício

undervaluation [ˌʌndəvæljʊˈeɪʃən] n subavaliação

undervalue [ˌʌndəˈvæljuː] vt subestimar; subavaliar

underwater [ˈʌndəwɔːtə] adj submarino; subaquático ♦ adv debaixo de água

underwear [ˈʌndəweə] n roupa interior

underworld [ˈʌndəwɜːld] n 1 submundo 2 MIT inferno

underwrite [ˈʌndəraɪt] vt {pret -wrote, pp -written} 1 (documentos, ações) subscrever 2 custear

underwriter [ˈʌndəraɪtə] n 1 seguradora 2 avaliador (de seguros)

undeserved [ˌʌndɪˈzɜːvd] adj imerecido; indevido

undesirable [ˌʌndɪˈzaɪərəbəl] adj indesejável

undetected [ˌʌndɪˈtektɪd] adj sem ser detetado; despercebido

undeterred [ˌʌndɪˈtɜːd] adj que não se deixa desencorajar [by, por]

undies [ˈʌndɪz] npl col roupa interior

undigested [ˌʌndaɪˈdʒestɪd] adj 1 indigesto 2 fig mal digerido; mal assimilado

undignified [ʌnˈdɪɡnɪfaɪd] adj indigno; pouco digno

undiluted [ˌʌndaɪˈluːtɪd] adj 1 não diluído 2 genuíno, puro

undisciplined [ʌnˈdɪsɪplɪnd] adj indisciplinado

undiscovered [ˌʌndɪsˈkʌvəd] adj por descobrir; desconhecido

undiscriminating [ˌʌndɪsˈkrɪmɪneɪtɪŋ] adj sem discernimento; pouco judicioso

undisguised [ˌʌndɪsˈɡaɪzd] adj manifesto; assumido

undisputed [ˌʌndɪsˈpjuːtɪd] adj incontestável; inquestionável

undisturbed [ˌʌndɪsˈtɜːbd] adj 1 intacto 2 ininterrupto 3 impassível; imperturbável

undivided [ˌʌndɪˈvaɪdɪd] adj indiviso; uno ❖ *you have my undivided attention* sou todo ouvidos

undo [ʌn'du:] vt {pret -did, pp -done} 1 desfazer; desmanchar 2 (erro, mal) reparar; corrigir 3 desatar; *to undo a knot* desfazer um nó 4 (fecho) abrir 5 (compromisso, ordem) anular

undone [ʌn'dʌn] adj 1 inacabado, incompleto 2 (roupa) desapertado

undreamed [ʌn'dri:md] adj nunca sonhado ❖ *undreamed of* impensável

undress [ʌn'dres] vt 1 despir 2 (ferida) tirar ligadura, gaze, etc. a ♦ vi despir-se ❖ *in a state of undress* nu

undue [ʌn'dju:] adj form excessivo

undulate ['ʌndjʊleɪt] vi ondular

undulation [ˌʌndjʊ'leɪʃən] n form ondulação

unduly [ʌn'dju:li] adv form excessivamente; exageradamente

unearned [ʌn'ɜ:nd] adj injusto; imerecido

unearth [ʌn'ɜ:θ] vt 1 desenterrar 2 fig descobrir; desencantar

unearthly [ʌn'ɜ:θli] adj 1 sobrenatural 2 estranho 3 col (hora, tempo) impróprio

unease [ʌn'i:z] n 1 constrangimento; mal-estar 2 inquietação; desassossego

uneasy [ʌn'i:zi] adj {comp -ier, superl -iest} 1 preocupado; *to be uneasy about* estar preocupado com 2 (sensação, atmosfera) incómodo; desagradável 3 agitado

uneconomical [ˌʌni:kə'nɒmɪkəl] adj pouco económico

uneducated [ʌn'edʒukeɪtɪd] adj com poucos estudos; sem instrução

unemotional [ˌʌni'məʊʃənəl] adj 1 frio; impassível 2 objetivo

unemployed [ˌʌnɪm'plɔɪd] adj desempregado ♦ npl *the unemployed* os desempregados

unemployment [ˌʌnɪm'plɔɪmənt] n desemprego; GB *unemployment benefit* subsídio de desemprego; EUA *unemployment compensation* subsídio de desemprego

unequal [ʌn'i:kwəl] adj desigual; desequilibrado

unequalled [ʌn'i:kwəld] adj sem igual; incomparável

unequivocal [ˌʌni'kwɪvəkəl] adj form inequívoco

unerring [ʌn'ɜ:rɪŋ] adj infalível

UNESCO [sigla de United Nations Educational, Scientific and Cultural Organisation] UNESCO

unethical [ʌn'eθɪkəl] adj pouco ético

uneven [ʌn'i:vən] adj 1 irregular 2 desigual 3 (número) ímpar

uneventful [ˌʌnɪ'ventful] adj calmo; sossegado

unexceptional [ˌʌnɪk'sepʃənəl] adj banal; corriqueiro

unexpected [ˌʌnɪks'pektɪd] adj inesperado; imprevisto

unexpectedly [ˌʌnɪks'pektɪdli] adv inesperadamente

unexplored [ˌʌnɪks'plɔ:d] adj desconhecido; por explorar

unfair [ʌn'feə] adj 1 injusto 2 falso; desleal

unfaithful [ʌn'feɪθful] adj infiel [to, a]

unfamiliar [ˌʌnfə'mɪliə] adj 1 desconhecido; *this place is unfamiliar to me* este local é-me desconhecido 2 pouco familiarizado; *to be unfamiliar with* não estar familiarizado com

unfashionable [ʌn'fæʃnəbəl] adj fora de moda

unfasten [ʌn'fɑ:sn] vt desatar; desapertar; abrir

unfavourable [ʌn'feɪvərəbəl] adj desfavorável

unfeasible [ʌn'fi:zəbəl] adj irrealizável

unfeeling [ʌn'fi:lɪŋ] adj insensível

unfetter [ʌn'fetə] vt emancipar; libertar; pôr em liberdade

unfinished [ʌn'fɪnɪʃt] adj inacabado; incompleto ❖ *unfinished business* assunto pendente

unfit [ʌn'fɪt] adj 1 em baixo de forma; *to be unfit* não estar em forma 2 impróprio; *un-*

fit for consumption impróprio para consumo **3** sem capacidade [**for**, de; **to**, para]

unflattering [ʌnˈflætərɪŋ] *adj* pouco lisonjeiro; que não favorece

unfold [ʌnˈfəʊld] *vt* **1** (jornal, mapa) desdobrar; abrir **2** descobrir; revelar; desvendar **3** esclarecer ♦ *vi* **1** desdobrar-se **2** (ideias, capacidades) desenvolver-se; desabrochar *fig* **3** (segredo, mistério) esclarecer-se; desvendar-se

unforeseen [ʌnfɔːˈsiːn] *adj* imprevisto; inesperado

unforgettable [ʌnfəˈgetəbəl] *adj* inesquecível

unforgivable [ʌnfəˈgɪvəbəl] *adj* imperdoável

unfortunate [ʌnˈfɔːtʃnɪt] *adj* **1** sem sorte **2** infeliz; lamentável

unfortunately [ʌnˈfɔːtʃnɪtli] *adv* infelizmente; lamentavelmente

unfounded [ʌnˈfaʊndɪd] *adj* infundado; sem fundamento

unfreeze [ʌnˈfriːz] *vt* {*pret* unfroze, *pp* unfrozen} **1** descongelar **2** (conta, salário) desbloquear ♦ *vi* descongelar-se

unfriendly [ʌnˈfrendli] *adj* **1** antipático **2** hostil

unfruitful [ʌnˈfruːtfʊl] *adj* infrutífero

unfulfilled [ˌʌnfʊlˈfɪld] *adj* **1** frustrado; insatisfeito **2** (sonho, ambição) por realizar

unfurl [ʌnˈtɜːl] *vt* **1** abrir; desenrolar **2** NÁUT desfraldar ♦ *vi* **1** abrir-se; desenrolar-se **2** NÁUT desfraldar-se

unfurnished [ʌnˈfɜːnɪʃt] *adj* por mobilar; desmobilado

ungainly [ʌnˈgeɪnli] *adj* desajeitado

unglue [ʌnˈgluː] *vt* descolar ❖ *to become unglued* descolar-se

ungodly [ʌnˈgɒdli] *adj* ímpio; pecaminoso ❖ *at an ungodly hour* tarde e a más horas

ungraceful [ʌnˈgreɪsfʊl] *adj* sem graça; deselegante

ungracious [ʌnˈgreɪʃəs] *adj* **1** pouco amável; brusco **2** desagradável

ungrammatical [ˌʌngrəˈmætɪkəl] *adj* LING agramatical

ungrateful [ʌnˈgreɪtfʊl] *adj* ingrato

ungratefulness [ʌnˈgreɪtfʊlnɪs] *n* ingratidão

unguarded [ʌnˈgɑːdɪd] *adj* **1** sem vigilância; sem proteção **2** (momento) de descuido; de distração

unhampered [ʌnˈhæmpəd] *adj* desembaraçado; livre [**by**, de]

unhappily [ʌnˈhæpɪli] *adv* **1** infelizmente; lamentavelmente **2** tristemente

unhappiness [ʌnˈhæpɪnɪs] *n* infelicidade

unhappy [ʌnˈhæpi] *adj* {*comp* -ier, *superl* -iest} **1** infeliz, *unhappy remark* comentário infeliz **2** descontente [**with**, com]

unharmed [ʌnˈhɑːmd] *adj* ileso

unhealthy [ʌnˈhelθi] *adj* **1** pouco saudável; que faz mal **2** (pessoa) adoentado **3** doentio

unheard [ʌnˈhɜːd] *adj* não ouvido; não atendido ❖ *unheard of* sem precedentes

unheeded [ʌnˈhiːdɪd] *adj* desprezado; negligenciado; ignorado

unhelpful [ʌnˈhelpfʊl] *adj* **1** inútil **2** (pessoa) pouco prestável

unhinge [ʌnˈhɪndʒ] *vt* **1** desengonçar, tirar dos gonzos; deslocar **2** (mentalmente) transtornar

unholy [ʌnˈhəʊli] *adj* **1** ímpio; pecaminoso **2** profano **3** *col* terrível

unhook [ʌnˈhʊk] *vt* **1** desenganchar **2** desprender; desapertar

unhurt [ʌnˈhɜːt] *adj* ileso

unhygienic [ˌʌnhaɪˈdʒiːnɪk] *adj* insalubre

UNICEF [*sigla de* United Nations Children's Fund] UNICEF (Fundo das Nações Unidas para a Infância)

unicorn [ˈjuːnɪkɔːn] *n* unicórnio

unidentified [ˌʌnaɪˈdentɪfaɪd] *adj* não identificado

unification [ˌjuːnɪfɪˈkeɪʃən] *n* unificação

uniform [ˈjuːnɪfɔːm] *adj* uniforme ♦ *n* uniforme; farda; *dressed in uniform* fardado

uniformity [ˌjuːnɪˈfɔːmɪti] *n* uniformidade

unify ['juːnɪfaɪ] vt unificar; unir

unilateral [ˌjuːnɪ'lætərəl] adj unilateral

unimaginable [ˌʌnɪ'mædʒɪnəbəl] adj 1 inimaginável 2 inconcebível

unimaginative [ˌʌnɪ'mædʒɪnətɪv] adj sem imaginação

unimpaired [ˌʌnɪm'peəd] adj intacto

unimportant [ˌʌnɪm'pɔːtənt] adj sem importância; irrelevante

uninhabited [ˌʌnɪn'hæbɪtɪd] adj desabitado; despovoado

uninhibited [ˌʌnɪn'hɪbɪtɪd] adj desinibido; descomplexado

uninitiated [ˌʌnɪ'nɪʃieɪtɪd] adj leigo

uninspired [ˌʌnɪn'spaɪəd] adj 1 sem inspiração 2 desinteressante; sem chama

uninstall [ˌʌnɪn'stɔːl] vt INFORM desinstalar

unintelligent [ˌʌnɪn'telɪdʒənt] adj pouco inteligente

unintelligible [ˌʌnɪn'telɪdʒəbəl] adj ininteligível, incompreensível

unintentional [ˌʌnɪn'tenʃənəl] adj involuntário; não intencional

uninterested [ʌn'ɪntrɪstɪd] adj desinteressado

uninteresting [ʌn'ɪntərestɪŋ] adj sem interesse; desinteressante

uninterrupted [ˌʌnɪntə'rʌptɪd] adj ininterrupto; contínuo

uninterruptedly [ˌʌnɪntə'rʌptɪdli] adv ininterruptamente; continuamente; incessantemente

uninvited [ˌʌnɪn'vaɪtɪd] adj sem ser convidado

union ['juːnjən] n 1 união 2 (trabalhadores) sindicato; *union card* cartão do sindicato ❖ *Union Jack* bandeira do Reino Unido

unionism ['juːnjənɪzəm] n 1 sindicalismo 2 POL (Irlanda do Norte) unionismo

unionist ['juːnjənɪst] adj,n sindicalista

unionize ['juːnjənaɪz] vi sindicalizar-se ♦ vt sindicalizar

unique [juː'niːk] adj 1 único 2 exclusivo [to, de]

unisex ['juːnɪseks] adj unissexo

unison ['juːnɪsən] n *in unison* em uníssono

unit ['juːnɪt] n 1 unidade; *unit of measurement* unidade de medida 2 (mobiliário) módulo 3 (hospital) serviço; departamento

unitary ['juːnɪtəri] adj unitário

unite [juː'naɪt] vt unir; reunir ♦ vi unir-se

united [juː'naɪtɪd] adj unido; conjunto

United Arab Emirates [juˌnaɪtɪdæ rəb'emərəts] n Emiratos Árabes Unidos

United Kingdom [juˌnaɪtɪd'kɪŋdəm] n Reino Unido

United States of America [juˌnaɪtɪds teɪtsəvə'merɪkə] n Estados Unidos da América

unity ['juːnɪti] n {pl -ies} 1 unidade 2 harmonia; *they lived in perfect unity* eles viviam em perfeita harmonia

universal [juːnɪ'vɜːsəl] adj universal

universality [juːnɪvɜː'sælɪti] n universalidade

universe ['juːnɪvɜːs] n universo

university [juːnɪ'vɜːsɪti] n {pl -ies} universidade

univocal [juːnɪ'vəʊkəl] adj unívoco

unjust [ʌn'dʒʌst] adj injusto

unjustifiable [ʌnˌdʒʌstɪ'faɪəbəl] adj injustificável

unkempt [ʌn'kempt] adj 1 (aparência) mal arranjado; descuidado 2 (cabelo, barba) desgrenhado

unkind [ʌn'kaɪnd] adj indelicado; pouco amável

unknowing [ʌn'nəʊɪŋ] adj ignorante; sem saber; *to be unknowing of something* desconhecer algo

unknown [ʌn'nəʊn] adj,n desconhecido ❖ *unknown quantity* incógnita

unlawful [ʌn'lɔːfʊl] adj ilegal; ilícito

unlearned [ʌn'lɜːnɪd] adj 1 sem estudos; sem instrução 2 (tarefa) sem preparação 3 (não estudado) natural; inato

unleash [ʌn'liːʃ] vt soltar; desencadear

unless [ʌn'les] *conj* a não ser que; a menos que; se não

unlike [ʌn'laɪk] *prep* **1** diferente de; *this is unlike everything I've ever seen* isto é diferente de qualquer coisa que eu já tenha visto **2** não típico de; *it's unlike him to do such a thing* isto nem parece dele **3** ao contrário de; *unlike me, he really loves sports* ao contrário de mim, ele gosta mesmo de desporto ♦ *adj* diferente; *they are quite unlike* são bastante diferentes ❖ MAT (mais e menos) *unlike signs* sinais contrários

unlikelihood [ʌn'laɪklɪhʊd] *n* **1** improbabilidade **2** inverosimilhança

unlikely [ʌn'laɪkli] *adj* **1** pouco provável; improvável **2** inverosímil

unlimited [ʌn'lɪmɪtɪd] *adj* ilimitado

unlit [ʌn'lɪt] *adj* não iluminado

unload [ʌn'ləʊd] *vt* **1** (arma, carga) descarregar [on/onto, sobre] **2** *fig* desabafar [onto, com]; *to unload one's problems onto somebody* desabafar com alguém **3** *col* livrar-se de ♦ *vi* descarregar; fazer a descarga

unloading [ʌn'ləʊdɪŋ] *n* descarga

unlock [ʌn'lɒk] *vt* **1** (com chave) abrir; destrancar **2** *fig* esclarecer; desvendar

unloving [ʌn'lʌvɪŋ] *adj* **1** pouco afetuoso; frio **2** sem afeto

unluckily [ʌn'lʌkɪli] *adv* por azar

unlucky [ʌn'lʌki] *adj* {comp -ier, superl -iest} **1** sem sorte; azarado; *how unlucky!* que azar! **2** que dá azar

unmade [ʌn'meɪd] *adj* **1** (cama) por fazer **2** (estrada) por asfaltar

unmanageable [ʌn'mænɪdʒəbəl] *adj* incontrolável

unmanly [ʌn'mænli] *adj* **1** pouco viril **2** *fig* covarde

unmanned [ʌn'mænd] *adj* não tripulado

unmarked [ʌn'mɑːkt] *adj* **1** não identificado **2** despercebido **3** (jogador) desmarcado

unmarried [ʌn'mærɪd] *adj* solteiro

unmask [ʌn'mɑːsk] *vt* **1** desmascarar **2** *fig* desvendar ♦ *vi* tirar o disfarce

unmatched [ʌn'mætʃt] *adj* único; sem par; incomparável

unmentionable [ʌn'menʃnəbəl] *adj,n* (tema) tabu

unmetered [ʌn'miːtəd] *adj* **1** não sujeito a medição **2** ilimitado, sem restrições; *unmetered Internet access* acesso ilimitado à Internet

unmistakable [ʌnmɪs'teɪkəbəl] *adj* inconfundível

unmitigated [ʌn'mɪtɪgeɪtɪd] *adj* completo, total

unmoor [ʌn'mʊə] *vt* desamarrar

unmoved [ʌn'muːvd] *adj* insensível [by, a]; indiferente [by, a]

unmusical [ʌn'mjuːzɪkəl] *adj* **1** (som) desarmonioso **2** (pessoas) sem musicalidade, sem talento musical

unnamed [ʌn'neɪmd] *adj* anónimo, desconhecido

unnatural [ʌn'nætʃrəl] *adj* anormal; não natural

unnecessary [ʌn'nesəsəri] *adj* desnecessário

unnerve [ʌn'nɜːv] *vt* **1** acobardar **2** enervar

unnoticed [ʌn'nəʊtɪsd] *adj* despercebido; *to pass/go unnoticed* passar despercebido

unnumbered [ʌn'nʌmbəd] *adj* **1** não numerado **2** *lit* inumerável

unobjectionable [ʌnəb'dʒekʃnəbəl] *adj* irrepreensível

unobtrusive [ʌnəb'truːsɪv] *adj* discreto

unofficial [ʌnə'fɪʃəl] *adj* não oficial

unorthodox [ʌn'ɔːθədɒks] *adj* pouco ortodoxo

unpack [ʌn'pæk] *vi* desfazer as malas ♦ *vt* **1** (objetos) desempacotar; desembalar **2** desencaixotar **3** (malas) desfazer

unpaid [ʌn'peɪd] *adj* **1** por pagar; *unpaid bills* contas por pagar **2** não remunerado; *unpaid traineeship* estágio não remunerado

unpalatable [ʌn'pælətəbəl] *adj* **1** (ideia) intolerável **2** (comida) intragável

unparalleled [ʌnˈpærəleld] *adj form* sem paralelo, sem igual

unpatriotic [ʌnpeɪtrɪˈɒtɪk] *adj* antipatriótico

unplanned [ʌnˈplænd] *adj* inesperado; imprevisto

unpleasant [ʌnˈpleznt] *adj* desagradável

unplug [ʌnˈplʌg] *vt* (*pret e pp* -gg-) (tomada) desligar

unplugged [ʌnˈplʌgd] *adj* acústico; *unplugged concert* concerto acústico

unpopular [ʌnˈpɒpjʊlə] *adj* impopular

unpopularity [ʌnˌpɒpjʊˈlærɪti] *n* impopularidade

unprecedented [ʌnˈpresɪdəntɪd] *adj* sem precedentes, sem igual

unpredictable [ʌnprɪˈdɪktəbəl] *adj* imprevisível

unprejudiced [ʌnˈpredʒʊdɪst] *adj* 1 sem preconceitos 2 imparcial

unpremeditated [ʌnprɪˈmedɪteɪtɪd] *adj* não premeditado

unprepared [ʌnprɪˈpeəd] *adj* 1 não preparado; mal preparado 2 improvisado

unpretentious [ʌnprɪˈtenʃəs] *adj* despretensioso; simples

unprincipled [ʌnˈprɪnsɪpəld] *adj* desonesto, sem escrúpulos

unprintable [ʌnˈprɪntəbəl] *adj* que não se pode imprimir

unproductive [ʌnprəˈdʌktɪv] *adj* improdutivo

unprofessional [ʌnprəˈfeʃnəl] *adj* pouco profissional

unprofitable [ʌnˈprɒfɪtəbəl] *adj* (empresa, negócio) não rentável

unprompted [ʌnˈprɒmptɪd] *adj* espontâneo

unprovided [ʌnprəˈvaɪdɪd] *adj* desprovido ❖ *to be left unprovided for* ficar desamparado; ficar sem meios de subsistência

unprovoked [ʌnprəˈvəʊkt] *adj* sem razão; não provocado

unpublished [ʌnˈpʌblɪʃt] *adj* inédito, não publicado

unpunished [ʌnˈpʌnɪʃt] *adj* impune; *to go unpunished* ficar impune

unqualified [ʌnˈkwɒlɪfaɪd] *adj* 1 não qualificado [**for**, para] 2 incondicional; sem reservas

unquenchable [ʌnˈkwentʃəbəl] *adj* 1 inextinguível 2 (sede) insaciável

unquestionable [ʌnˈkwestʃənəbəl] *adj* inquestionável, indiscutível

unquestioned [ʌnˈkwestʃənd] *adj* incontestado, irrefutado

unquestioning [ʌnˈkwestʃənɪŋ] *adj* (obediência, fé) incondicional, total

unquote [ʌnˈkwəʊt] *adv* fim de citação

unravel [ʌnˈrævəl] *vt* 1 (fios, novelos) desenredar; desemaranhar 2 (problema) decifrar, destrinçar, compreender ◆ *vi* 1 desenredar-se; desemaranhar-se 2 *fig* (mistério) desvendar-se

unreachable [ʌnˈriːtʃəbəl] *adj* inatingível; inalcançável

unread [ʌnˈred] *adj* 1 por ler 2 (pessoa) pouco lido

unreal [ʌnˈrɪəl] *adj* 1 irreal 2 falso, ilusório 3 *col* fantástico, excelente

unrealistic [ʌnrɪəˈlɪstɪk] *adj* irrealista

unreasonable [ʌnˈriːznəbəl] *adj* 1 pouco razoável 2 (preço) exorbitante

unrecognizable [ʌnˌrekəɡˈnaɪzəbəl] *adj* irreconhecível

unrecognized [ʌnˈrekəɡnaɪzd] *adj* não reconhecido ❖ *to go unrecognized* passar despercebido

unrefined [ʌnrɪˈfaɪnd] *adj* 1 (açúcar, óleo) não refinado 2 (pessoa) grosseiro; inculto

unrelated [ʌnrɪˈleɪtɪd] *adj* 1 não relacionado 2 (pessoas) não aparentado

unrelenting [ʌnrɪˈlentɪŋ] *adj* 1 *form* incessante, ininterrupto 2 *form* (pessoas) implacável

unreliable [ʌnrɪˈlaɪəbəl] *adj* que não é de confiança

unremitting [ʌnrɪˈmɪtɪŋ] *adj* 1 incessante, contínuo 2 incansável

unrepentant [ˌʌnrɪ'pentənt] *adj* impenitente

unrepresentative [ˌʌnreprɪ'zentətɪv] *adj* pouco representativo; pouco típico

unrequited [ˌʌnrɪ'kwaɪtɪd] *adj* 1 não recompensado 2 não retribuído; não correspondido; *unrequited love* amor não correspondido 3 impune

unreserved [ˌʌnrɪ'zɜːvd] *adj* 1 (lugar) não reservado 2 sem reservas; incondicional 3 franco; sincero

unreservedly [ˌʌnrɪ'zɜːvɪdli] *adj* incondicionalmente; totalmente

unresolved [ˌʌnrɪ'zɒlvd] *adj* 1 (problema) pendente; por resolver 2 irresoluto; indeciso; hesitante

unresponsive [ˌʌnrɪs'pɒnsɪv] *adj* 1 pouco sensível 2 insensível; frio; indiferente 3 que não responde; que não reage

unrest [ʌn'rest] *n* agitação

unrewarded [ˌʌnrɪ'wɔːdɪd] *adj* não recompensado; não reconhecido

unrig [ʌn'rɪg] *vt* {*pret e pp* -gg-} NÁUT desarmar; desaparelhar

unripe [ʌn'raɪp] *adj* (frutos) verde, não maduro

unrivalled [ʌn'raɪvəld] *adj form* inigualável

unroll [ʌn'rəʊl] *vt* desenrolar ♦ *vi* desenrolar-se; *the scene unrolled before our eyes* a cena desenrolou-se perante os nossos olhos

unruffled [ʌn'rʌfəld] *adj* calmo, sereno

unruly [ʌn'ruːli] *adj* rebelde

unsafe [ʌn'seɪf] *adj* 1 perigoso 2 sem proteção

unsaid [ʌn'sed] *adj* não mencionado; *to be left unsaid* ficar por dizer

unsalted [ʌn'sɔːltɪd] *adj* sem sal

unsatisfactory [ˌʌnsætɪs'fæktəri] *adj* insatisfatório; insuficiente

unsavoury [ʌn'seɪvəri] *adj* 1 insípido 2 (pessoa, lugar) com má reputação 3 (assunto) desagradável

unscathed [ʌn'skeɪðd] *adj* ileso

unscented [ʌn'sentɪd] *adj* sem perfume

unscrupulous [ʌn'skruːpjʊləs] *adj* sem escrúpulos

unseasonable [ʌn'siːznəbəl] *adj* (tempo) fora de época

unseasoned [ʌn'siːznd] *adj* 1 (comida) sem tempero 2 *fig* inexperiente; imaturo 3 verde

unseat [ʌn'siːt] *vt* 1 (cavalo) derrubar, deitar abaixo 2 *fig* (cargo) derrubar, destituir, depor

unseemly [ʌn'siːmli] *adj form* impróprio, indecoroso

unseen [ʌn'siːn] *adj* 1 invisível 2 inédito, nunca visto

unselfish [ʌn'selfɪʃ] *adj* altruísta

unsettle [ʌn'setl] *vt* perturbar, agitar, desassossegar

unsettled [ʌn'setəld] *adj* 1 incerto 2 (tempo) instável 3 agitado, desassossegado 4 (problema) por resolver

unsew [ʌn'səʊ] *vt* {*pret* unsewed, *pp* unsewn} descoser, desfazer a costura de; *to come unsewn* descoser-se

unshakeable [ʌn'ʃeɪkəbəl] *adj* inabalável

unshaven [ʌn'ʃeɪvn] *adj* por barbear

unsheathe [ʌn'ʃiːð] *vt* (espada) desembainhar

unsightly [ʌn'saɪtli] *adj* feio; inestético

unskilful [ʌn'skɪlfʊl] *adj* 1 inábil 2 desajeitado, aselha

unskilled [ʌn'skɪlt] *adj* não especializado; *unskilled worker* operário não especializado

unsociable [ʌn'səʊʃəbəl] *adj* antissocial

unsolicited [ˌʌnsə'lɪsɪtɪd] *adj* não solicitado

unsolved [ʌn'sɒlvd] *adj* não esclarecido; por resolver

unsophisticated [ˌʌnsə'fɪstɪkeɪtɪd] *adj* 1 pouco sofisticado; simples 2 rudimentar

unsound [ʌn'saʊnd] *adj* incerto; arriscado

unsparing [ʌn'speərɪŋ] *adj* 1 *form* generoso 2 *form* implacável

unspeakable [ʌn'spiːkəbəl] *adj* 1 indizível 2 (dor) atroz

unspecified [ʌn'spesɪfaɪd] *adj* indeterminado

unspoken [ʌn'spəʊkən] *adj* por dizer; implícito; tácito

unstable [ʌn'steɪbəl] *adj* instável

unstated [ʌn'steɪtɪd] *adj* não referido; não mencionado

unsteady [ʌn'stedi] *adj* 1 instável 2 trémulo ❖ *to be unsteady on one's feet* ter as pernas bambas

unstinting [ʌn'stɪntɪŋ] *adj* generoso ❖ *to be unstinting in one's efforts* não poupar esforços

unstitch [ʌn'stɪtʃ] *vt* descoser ❖ *to come unstitched* descoser-se

unstoppable [ʌn'stɒpəbəl] *adj* imparável

unstressed [ʌn'strest] *adj* (sílaba) átono, não acentuado

unsubstantiated [ˌʌnsəb'stænʃieɪtɪd] *adj* 1 sem substância; sem fundamento 2 não provado

unsuccessful [ˌʌnsək'sesfʊl] *adj* fracassado; falhado

unsuitable [ʌn'sju:təbəl] *adj* impróprio, inadequado

unsuited [ʌn'sju:tɪd] *adj* 1 inepto, incapaz; *he is unsuited for this task* ele não serve para esta tarefa 2 inadequado 3 incompatível [to, com] ❖ *to be unsuited to* não ser feito para

unsure [ʌn'ʃʊə] *adj* inseguro ❖ *to be unsure of oneself* não ter confiança em si mesmo

unsurmountable [ˌʌnsɜ:'maʊntəbəl] *adj* insuperável

unsurpassed [ˌʌnsɜ:'pɑ:st] *adj* sem igual; não igualado

unsuspecting [ˌʌnsəs'pektɪŋ] *adj* que não desconfia de nada

unswerving [ʌn'swɜ:vɪŋ] *adj* inabalável; constante

unsympathetic [ˌʌnsɪmpə'θetɪk] *adj* 1 pouco compreensivo; insensível 2 desagradável

untangle [ʌn'tæŋgəl] *vt* 1 desemaranhar 2 *fig* desenredar, resolver, explicar

untaught [ʌn'tɔ:t] *adj* 1 ignorante, sem instrução 2 (talento) inato, espontâneo

untemper [ʌn'tempə] *vt* (aço) destemperar

untenable [ʌn'tenəbəl] *adj* (argumento, posição) insustentável

unthinkable [ʌn'θɪŋkəbəl] *adj* impensável, inconcebível

untidy [ʌn'taɪdi] *adj* desarrumado

untie [ʌn'taɪ] *vt* desatar, desprender, desapertar

until [ʌn'tɪl] *prep* até; *until now/then* até agora/então ♦ *conj* até (que)

untimely [ʌn'taɪmli] *adj* 1 *form* precoce, prematuro 2 *form* inoportuno

untold [ʌn'təʊld] *adj* 1 incalculável; imenso 2 nunca contado

untouchable [ʌn'tʌʃəbəl] *adj* intocável

untouched [ʌn'tʌtʃt] *adj* 1 intacto 2 (acidente) ileso 3 impassível; indiferente

untranslatable [ˌʌntræns'leɪtəbəl] *adj* intraduzível

untried [ʌn'traɪd] *adj* 1 inexperiente 2 não testado

untrue [ʌn'tru:] *adj* 1 falso 2 infiel [to, a]

ununbium [ə'nənbiəm] *n* QUÍM (elemento químico) unúmbio

ununhexium [ənən'heksiəm] *n* QUÍM (elemento químico) ununhéxio

ununnilium [ənən'nɪliəm] *n* QUÍM (elemento químico) ununnílio

ununoctium [ənən'ɒktiəm] *n* QUÍM (elemento químico) ununóctio

ununquadium [ənən'kwɒːdiəm] *n* QUÍM (elemento químico) ununquádio

unununium [ənən'əniəm] *n* QUÍM (elemento químico) ununúnio

unused [ʌn'ju:zd] *adj* 1 novo; por estrear 2 não acostumado [to, a]; não habituado [to, a]

unusual [ʌn'ju:ʒʊəl] *adj* 1 raro; invulgar 2 estranho; insólito ❖ *that's unusual!* que estranho!

unusually [ʌn'juːʒʊəli] *adv* excecional-
mente, invulgarmente

unusualness [ʌn'juːʒʊəlnəs] *n* invulgaridade; singularidade

unutterable [ʌn'ʌtərəbəl] *adj* inexprimível; indizível

unvanquished [ʌn'væŋkwɪʃt] *adj* invicto

unveil [ʌn'veɪl] *vt* 1 desvelar 2 revelar;
dar a conhecer 3 (inauguração) descerrar

unveiling [ʌn'veɪlɪŋ] *n* 1 revelação 2 (inauguração) descerramento; *unveiling ceremony* cerimónia de descerramento

unwanted [ʌn'wɒntɪd] *adj* indesejado

unwarranted [ʌn'wɒrəntɪd] *adj form* injustificado

unwelcome [ʌn'welkəm] *adj* 1 desagradável; incómodo 2 indesejável

unwell [ʌn'wel] *adj form* adoentado

unwholesome [ʌn'həʊlsəm] *adj* insalubre; doentio

unwilling [ʌn'wɪlɪŋ] *adj* 1 relutante [to,
em]; reticente [to, em] 2 de má vontade

unwillingly [ʌn'wɪlɪŋli] *adv* de má vontade; com relutância

unwind [ʌn'waɪnd] *vt* desenrolar, desdobrar ♦ *vi* 1 desenrolar-se 2 descontrair;
relaxar

unwise [ʌn'waɪz] *adj* insensato, imprudente

unworkable [ʌn'wɜːkəbəl] *adj* impraticável

unworthy [ʌn'wɜːði] *adj* 1 *form* indigno
2 *form* impróprio

unwrap [ʌn'ræp] *vt* {*pret e pp* -pp-} 1 desembrulhar 2 desembalar

unwritten [ʌn'rɪtən] *adj* 1 não escrito
2 (acordo) verbal

unzip [ʌn'zɪp] *vt* {*pret e pp* -pp-} 1 abrir o
fecho de 2 INFORM (ficheiro) descompactar

up [ʌp] *adv* 1 cima, para cima; *from 18 up*
dos 18 para cima; *right side/way up* com o
lado direito para cima 2 em cima, acima; *he
lives one floor up from me* ele vive um andar acima de mim; *we saw a plane up in
the sky* vimos um avião lá em cima 3 (valor,
som) alto; *to turn the volume up* pôr o vo-

lume mais alto 4 *col* pronto, terminado;
lunch is up! o almoço está pronto!; *time is
up!* o tempo terminou 5 até; *up to 20 people* até 20 pessoas 6 à altura [to, de]; *she is
not up to the job* ela não está à altura do
emprego 7 acordado ♦ *prep* acima, em cima
de; *to go up the hill* ir pela encosta acima;
up the river pelo rio acima ♦ *adj* 1 para
cima; *the up lift* o elevador para cima
2 (rua) em obras 3 (computador) em funcionamento 4 (números) em alta 5 instalado,
montado 6 (atmosfera) alegre, divertido ♦ *n*
alto; *ups and downs* altos e baixos ♦ *vt* aumentar ♦ *vi* levantar-se, pôr-se de pé ♦ (envolvimento) *up to your years/neck in* até às
orelhas; *vulg up yours!* vai à merda! *vulg*; *it's
up to you* é contigo; *to be up for it* alinhar;
to be up to here (with) estar pelos cabelos
com alguma coisa; *to be up to something/
no good* estar a tramar alguma coisa; *what's
up?* o que se passa?

upbeat ['ʌpbiːt] *adj col* optimista

upbraid [ʌp'breɪd] *vt* repreender; censurar

upbringing ['ʌpbrɪŋɪŋ] *n* (infância) educação

upcoming ['ʌpkʌmɪŋ] *adj* próximo

update ['ʌpdeɪt] *vt* 1 atualizar 2 pôr ao
corrente [on, de] ♦ *n* atualização [on, de];
an update on the accident uma notícia
atualizada sobre o acidente

upfront [ʌp'frʌnt] *adj* 1 sincero; franco
2 adiantado; *upfront payment* pagamento
adiantado

upgrade ['ʌpgreɪd] *vt* 1 (computador, máquina) melhorar, atualizar 2 (emprego)
promover ♦ *n* INFORM versão mais recente

upheaval [ʌp'hiːvəl] *n* agitação; convulsão

uphill ['ʌphɪl] *adj* 1 ascendente 2 árduo,
penoso ♦ *adv* monte acima

uphold [ʌp'həʊld] *vt* {*pret e pp* upheld}
1 honrar; preservar 2 apoiar; defender ❖
to uphold the law fazer cumprir a lei

upholder [ʌp'həʊldə] *n* defensor; sustentáculo *fig*; bastião *fig*

upholster [ʌp'həʊlstə] *vt* estofar, acolchoar

upholsterer [ʌpˈhəʊlstərə] *n* estofador

upkeep [ˈʌpkiːp] *n* 1 conservação; manutenção 2 despesas de conservação

uplift [ʌpˈlɪft] *n* 1 elevação 2 edificação 3 aumento, incremento ♦ *vt* 1 animar; encorajar 2 inspirar 3 elevar; erguer

uplifting [ʌpˈlɪftɪŋ] *adj* edificante

upload[1] [ˈʌpˈləʊd] *vt* INFORM carregar; fazer o upload de

upload[2] [ˈʌpˈləʊd] *n* INFORM carregamento; upload

upmarket [ˈʌpˈmɑːkɪt] *adj* GB de luxo; topo de gama

upon [əˈpɒn] *prep* em; sobre; *to be based upon something* ser baseado em alguma coisa

upper [ˈʌpə] *adj* 1 superior; *the upper window* a janela superior 2 (parte, posição) alto, elevado; *the upper class* a classe alta ♦ *n* 1 gáspea 2 *cal* (droga) anfetamina ❖ *upper case* maiúsculas; *to gain/get/have the upper hand* levar a melhor

upper-class [ʌpəˈklɑːs] *adj* de classe alta

uppermost [ˈʌpəˌməʊst] *adj* 1 mais alto 2 predominante; preponderante

uppish [ˈʌpɪʃ] *adj* arrogante, altivo, emproado

upright [ˈʌpraɪt] *adj* 1 (posição) direito; vertical 2 íntegro; honesto

upriver [ʌpˈrɪvə] *adj,adv* a montante; rio acima

uproar [ˈʌprɔː] *n* tumulto, alvoroço

uproot [ʌpˈruːt] *vt* 1 desenraizar 2 extirpar; eliminar

upset[1] [ˈʌpset] *n* 1 contrariedade, contratempo 2 (competição) revés 3 *col* desarranjo, indisposição; *stomach/tummy upset* desarranjo intestinal

upset[2] [ˈʌpset] *vt* 1 transtornar, preocupar, afligir 2 (comida) cair mal a 3 afetar, prejudicar, perturbar 4 derrubar; entornar (acidentalmente) ♦ *adj* transtornado; perturbado

upsetting [ʌpˈsetɪŋ] *adj* preocupante

upshot [ˈʌpʃɒt] *n* desfecho, desenlace

upside [ˈʌpsaɪd] *n* 1 (*vantagem*) lado positivo 2 parte de cima ❖ *upside down* ao contrário; de pernas para o ar

upstage [ʌpˈsteɪdʒ] *vt* desviar as atenções de; empurrar para segundo plano ♦ *adj,adv* em segundo plano ♦ *n* (palco) segundo plano

upstairs [ʌpˈsteəz] *adv* 1 para cima 2 no andar de cima, lá em cima ♦ *adj* de cima

upstart [ˈʌpstɑːt] *n pej* presumido

upstate [ˈʌpsteɪt] *adv* EUA no norte (longe das cidades) ♦ *adj* EUA do norte

upstream [ʌpˈstriːm] *adv* 1 contra a corrente 2 a montante

upsurge [ˈʌpsɜːdʒ] *n* 1 recrudescimento [of/in, de] 2 vaga [of/in, de]; *an upsurge in crime* uma vaga de crime 3 acesso [of/in, de]; *an upsurge of anger* um acesso de raiva

upswing [ˈʌpswɪŋ] *n* 1 retoma; recuperação 2 relançamento

uptake [ˈʌpteɪk] *n* 1 consumo 2 BIOL absorção ❖ *to be quick on the uptake* ser perspicaz

uptight [ˈʌptaɪt] *adj* 1 *col* tenso; crispado 2 *col* inibido

up-to-date [ʌptəˈdeɪt] *adj* 1 atualizado; em dia 2 moderno; recente

up-to-the-minute [ʌptəðəˈmɪnɪt] *adj* (informação) de última hora

uptown [ˈʌptaʊn] *adv* na parte alta da cidade ♦ *n* parte alta da cidade

upturn [ˈʌptɜːn] *n* crescimento [in, de]

upward [ˈʌpwəd] *adj* ascendente; para cima 2 (tendência) em alta

upwards [ˈʌpwədz] *adv* para cima; *to look upwards* olhar para cima ❖ *upwards of* mais de

uranium [jʊəˈreɪnɪəm] *n* urânio

Uranus [ˈjʊərənəs] *n* (planeta, divindade) Urano

urban [ˈɜːbən] *adj* urbano

urbane [ɜːˈbeɪn] *adj* cortês; educado

urbanity [ɜːˈbænɪti] *n* urbanidade, cortesia

urea [jʊəˈriːə] *n* ureia

ureter [juəˈriːtə] n uréter

urethra [juəˈriːθrə] n uretra

urge [ɜːdʒ] n ânsia; necessidade; vontade irresistível; *to have the urge to...* sentir o impulso irresistível de... ♦ vt 1 (*insistir*) instar; *to urge somebody to do something* insistir com alguém para que faça alguma coisa 2 recomendar; aconselhar; *to urge that something be done* recomendar que alguma coisa seja feita 3 incitar

urgency [ˈɜːdʒənsi] n urgência; *a matter of urgency* um assunto urgente

urgent [ˈɜːdʒənt] adj urgente; premente; *to be in urgent need of* estar a precisar urgentemente de

uric [ˈjuərɪk] adj úrico; *uric acid* ácido úrico

urinal [juəˈraɪnəl] n urinol

urinary [ˈjuərɪnəri] adj urinário

urinate [ˈjuərɪneɪt] vi urinar

urine [ˈjuərɪn] n urina

URL (Internet) [sigla de **uniform/universal resource locator**] URL

urn [ɜːn] n 1 urna 2 chaleira, cafeteira

urology [juəˈrɒlədʒi] n urologia

Uruguay [ˈjuərəɡwaɪ] n Uruguai

Uruguayan [ˌjuərəˈɡwaɪən] adj,n uruguaio

us [ʌs] pron pess 1 nos; *he gave us a book* ele deu-nos um livro 2 nós; *all of us* todos nós; *with us* connosco 3 GB col me; *give us a look* deixa-me ver

USA [sigla de **United States of America**] EUA [sigla de Estados Unidos da América]

usable [ˈjuːzəbl] adj utilizável

usage [ˈjuːsɪdʒ] n 1 uso; utilização 2 costume; *an old usage* um costume antigo 3 tratamento

USB n INFORM [sigla de **universal serial bus**] USB

use[1] [juːs] n uso; utilização; *to be in use* usar-se ❖ *it's no use* é escusado; *to be out of use* estar fora de serviço; *what's the use (of)?* o que é que adianta?

use[2] [juːz] vt 1 usar; utilizar; empregar; aplicar 2 aproveitar-se de; servir-se de

3 costumar; ter o hábito de; *I didn't use to get up so early* eu não costumava levantar-me tão cedo 4 cal (droga) consumir ❖ col *I could use something* aceito alguma coisa; col *use your head* puxa pela cabeça ♦ **use up** vt gastar; acabar com

used[1] [juːzd] adj usado; em segunda mão; *hardly used* como novo

used[2] [juːst] adj acostumado [to, a]; habituado [to, a]; *to get used to* habituar-se a

used to [juːstə] vt costumar; *I used to smoke* eu costumava fumar

useful [ˈjuːsfəl] adj 1 útil, prestável; *to make yourself useful* ser prestável 2 GB col competente, capaz

usefulness [ˈjuːsfəlnəs] n utilidade

useless [ˈjuːsləs] adj inútil; *to feel useless* sentir-se inútil

user [ˈjuːzə] n 1 utilizador; utente 2 cal (drogas) consumidor

user-friendly [ˌjuːzəˈfrendli] adj de fácil utilização

username [ˈjuːzəneɪm] n nome de utilizador

usher [ˈʌʃə] n 1 (cinema, teatro) arrumador 2 DIR oficial de diligências 3 mestre de cerimónias ♦ vt indicar o caminho [to/into, para]; conduzir [to/into, a]

usherette [ˌʌʃəˈret] n (teatro, cinema) arrumadora

usual [ˈjuːʒuəl] adj usual; habitual ♦ n *the usual* o costume ❖ *as usual* como de costume; como sempre

usually [ˈjuːʒuəli] adv usualmente; normalmente

usufruct [ˈjuːzjuːfrʌkt] n DIR usufruto, gozo

usufructuary [ˌjuːzjuːˈfrʌktʃəri] n DIR usufrutuário

usurp [juːˈzɜːp] vt usurpar

usurpation [ˌjuːzɜːˈpeɪʃən] n usurpação

usurper [juːˈzɜːpə] n usurpador

usury [ˈjuːʒəri] n usura

utensil [juːˈtensəl] n utensílio

uterus [ˈjuːtərəs] n (*pl* uteri) útero

utilitarian [ˌjuːtɪlɪˈteərɪən] adj form prático

utility [juːˈtɪlɪti] *n* {*pl* -ies} **1** *form* utilidade **2** serviço; *public utilities* serviços públicos **3** INFORM utilitário ♦ *adj* utilitário ❖ (casa) *utility room* lavandaria; (carro) *utility vehicle* comercial

utilize [ˈjuːtɪlaɪz] *vt form* utilizar; servir-se de

utmost [ˈʌtməʊst] *adj* extremo, máximo ♦ *n* máximo; *to do/try your utmost* dar o máximo

utopia [juːˈtəʊpiə] *n* utopia

utopian [juːˈtəʊpiən] *adj* utópico

utter [ˈʌtə] *adj* perfeito, absoluto, completo; *you're an utter idiot* tu és um perfeito idiota ♦ *vt* **1** proferir; pronunciar; articular **2** expressar **3** dar; soltar; *to utter a cry* dar um grito

utterance [ˈʌtərəns] *n* **1** *form* afirmação **2** *form* expressão

utterly [ˈʌtəli] *adv* completamente, totalmente

U-turn [ˈjuːtɜːn] *n* **1** (veículo) inversão de marcha **2** reviravolta

UV [*sigla de* **ultraviolet**] UV [*sigla de* ultravioleta]

Uzbek [ˈʊzbek] *adj,n* usbeque

Uzbekistan [ˌʊzbekɪˈstɑːn] *n* Usbequistão

V

v [vi:] *n* {*pl* v's} (letra) v

vacancy ['veɪkənsi] *n* {*pl* -ies} 1 (emprego) vaga 2 (hotel) quarto livre

vacant ['veɪkənt] *adj* 1 vago, vazio; *vacant lot* baldio 2 (expressão) vago; ausente ❖ (jornal) *situations vacant* ofertas de emprego

vacate [vəˈkeɪt] *vt* 1 *form* (quarto, apartamento) desocupar; sair de 2 *form* (cargo) deixar; renunciar a

vacation [vəˈkeɪʃən] *n* 1 (tribunais) férias judiciais 2 (universidade) férias letivas 3 *EUA* férias; *long vacation* férias grandes; *to be on vacation* estar de férias; *to go on vacation* ir de férias; *to take a vacation* tirar férias ♦ *vi EUA* passar férias [in/at, em]

vacationer [vəˈkeɪʃənə] *n EUA* pessoa que está em férias

vaccinate ['væksɪneɪt] *vt* vacinar [against, contra]

vaccination [ˌvæksɪˈneɪʃən] *n* vacinação

vaccine ['væksiːn] *n* vacina

vacillate ['væsɪleɪt] *vi* vacilar; hesitar

vacillation [ˌvæsɪˈleɪʃən] *n form* vacilação; hesitação

vacuous ['vækjʊəs] *adj form* vazio

vacuum ['vækjʊəm] *n* 1 vácuo 2 vazio, lacuna; *to leave a vacuum in someone's life* deixar um vazio na vida de alguém 3 (limpeza) aspiradela ♦ *vt,i* (limpeza) aspirar ❖ *vacuum flask* garrafa-termo

vacuum-clean ['vækjʊəmkliːn] *vt* (limpeza) aspirar

vacuum-cleaner ['vækjʊəmkliːnə] *n* aspirador

vacuum-packed ['vækjʊəmˌpækd] *adj* embalado a vácuo

vagabond ['vægəbɒnd] *n* vagabundo

vagary ['veɪgəri] *n* {*pl* -ies} vicissitude; capricho

vagina [vəˈdʒaɪnə] *n* vagina

vagrancy ['veɪgrənsi] *n* {*pl* -ies} vadiagem

vagrant ['veɪgrənt] *n* vagabundo, vadio

vague [veɪg] *adj* vago, impreciso ❖ *to be vague about something* não dar detalhes em relação a

vaguely ['veɪgli] *adv* vagamente

vagueness ['veɪgnəs] *n* imprecisão

vain [veɪn] *adj* 1 vão; infrutífero 2 *pej* vaidoso ❖ *in vain* em vão

valance ['væləns] *n* 1 dossel 2 *EUA* sanefa

valedictorian [ˌvælɪdɪkˈtɔːriən] *n* 1 *EUA* melhor aluno 2 *EUA* (aluno) orador da cerimónia de fim de curso

valence ['veɪləns] *n EUA* QUÍM,LING valência

valency ['veɪlənsi] *n GB* QUÍM,LING valência

valentine ['væləntaɪn] *n* 1 cartão de S. Valentim 2 destinatário de um cartão de S. Valentim

valet ['væleɪ] *n* 1 (hotel) camareiro 2 (hotel, restaurante, etc.) arrumador de carros

valid ['vælɪd] *adj* 1 (prazo) válido 2 (argumento, etc.) fundamentado; pertinente

validate ['vælɪdeɪt] *vt* 1 validar; legitimar 2 legalizar

validation [ˌvælɪˈdeɪʃən] *n* 1 validação; legitimação 2 legalização

validity [vəˈlɪdɪti] *n* {*pl* -ies} 1 (prazo) validade 2 (argumento, prova) valor; pertinência

valley ['væli] *n* vale

valuable ['væljʊəbəl] *adj* 1 valioso; de valor 2 (informação, recurso, tempo) precioso; (experiência) enriquecedor ♦ *n* (no plural) objetos de valor

valuation [ˌvæljʊˈeɪʃən] *n* avaliação; estimativa

value ['væljuː] *n* 1 valor; *to be of great value* ser muito valioso; *to have sentimental value* ter valor sentimental 2 (moral) valor; *cultural values* valores culturais; *to make a value judgement* fazer um juízo de valor 3 MAT valor ♦ vt 1 valorizar; estimar, apreciar 2 téc avaliar; *the house was valued at a lot of money* a casa foi avaliada em muito dinheiro ❖ *value added tax* imposto sobre o valor acrescentado; *to the value of...* no valor de...

valued ['vælju:d] *adj* estimado, apreciado

valueless ['væljʊləs] *adj* sem valor

valuer ['væljʊə] *n* avaliador

valve [vælv] *n* válvula

vamp [væmp] *n* (mulher) vampe

vampire ['væmpaɪə] *n* vampiro

van [væn] *n* 1 furgoneta 2 *EUA* carrinha 3 (comboio) furgão

vanadium [vəˈneɪdɪəm] *n* vanádio

vandal ['vændəl] *n* vândalo

vandalism ['vændəlɪzəm] *n* vandalismo

vandalize ['vændəlaɪz] *vt* vandalizar

vane [veɪn] *n* 1 cata-vento 2 (hélice) pá

vanguard ['væŋgɑːd] *n* vanguarda; *to be in the vanguard of* estar na vanguarda de

vanilla [vəˈnɪlə] *n* baunilha ♦ *adj* de baunilha; *vanilla essence* essência de baunilha

vanish ['vænɪʃ] *vi* 1 desaparecer 2 dissipar-se; desvanecer-se 3 (espécie) extinguir-se ❖ *to vanish into thin air* evaporar-se; *to vanish off the face of the earth* desaparecer da face da terra; *to vanish without a trace* desaparecer sem deixar rasto

vanishing ['vænɪʃɪŋ] *n* desaparecimento

vanity ['vænɪti] *n* (*pl* -ies) 1 vaidade; presunção 2 futilidade 3 *EUA* toucador ❖ *vanity case* estojo de maquilhagem

vantage ['vɑːntɪdʒ] *n* vantagem

Vanuatu [ˌvænuˈɑːtuː] *n* Vanuatu

vapor ['veɪpə] *n EUA* vapor

vaporize ['veɪpəraɪz] *vt* vaporizar ♦ *vi* evaporar-se

vaporizer ['veɪpəraɪzə] *n* vaporizador; pulverizador

vapour ['veɪpə] *n GB* vapor

variable ['veərɪəbəl] *adj* 1 variável, desigual 2 (tempo) instável 3 (velocidade) regulável ♦ *n* MAT variável

variance ['veərɪəns] *n* diferença; discrepância

variant ['veərɪənt] *n* variante

variation [ˌveərɪˈeɪʃən] *n* variação

varicella [ˌværɪˈselə] *n* téc varicela

varicose ['værɪkəʊs] *adj* varicoso; *varicose veins* varizes

varied ['veərɪd] *adj* variado; diverso

variety [vəˈraɪəti] *n* (*pl* -ies) 1 variedade; diversidade 2 género, tipo, espécie ❖ *variety show* espetáculo de variedades

variola [vəˈraɪələ] *n* MED varíola

various ['veərɪəs] *adj* 1 variado; diverso 2 vários; *at various times* em várias ocasiões

varix ['veərɪks] *n* (*pl* varices) variz

varnish ['vɑːnɪʃ] *n* verniz ♦ *vt* envernizar ❖ *nail varnish* verniz das unhas

vary ['veəri] *vi* variar [in, em; with, segundo] ♦ *vt* 1 alterar 2 diversificar

vascular ['væskjʊlə] *adj* vascular

vase [vɑːz] *n* jarra

vasectomy [vəˈsektəmi] *n* vasectomia

vaseline ['væsɪlɪn] *n* vaselina

vassal ['væsəl] *n* vassalo, súbdito

vassalage ['væsəlɪdʒ] *n* vassalagem

vast [vɑːst] *adj* 1 vasto, extenso 2 imenso, esmagador

vastness ['vɑːstnəs] *n* vastidão; imensidão

vat [væt] *n* 1 cuba, vasilha 2 barril

VAT [*sigla de* **Value Added Tax**] IVA [*sigla de* Imposto sobre o Valor Acrescentado]

Vatican ['vætɪkən] *n* Vaticano

vault [vɔːlt] *n* 1 ARQ abóbada 2 cripta, sepulcro, jazigo 3 sala do cofre-forte 4 DESP salto; *pole vault* salto com vara ♦ *vt* DESP saltar com vara

vaulting ['vɔːltɪŋ] *n* ARQ abaulamento ♦ *adj* (ambição) desmedido ❖ DESP (equipamento) *vaulting horse* cavalo

vaunt [vɔːnt] *vt* elogiar, gabar ❖ *much vaunted* muito elogiado

VCR [*sigla de* **Video Cassette Recorder**] VCR

ventilate

veal [viːl] *n* carne de vitela

vector ['vektə] *n* **1** MAT vetor **2** (doença) portador **3** (aeronave) direção

veer [vɪə] *vi* **1** virar; mudar de direção; mudar de rumo; *to veer to the left* virar à esquerda **2** desviar-se ♦ *n* **1** mudança de direção; desvio **2** mudança de opinião ❖ *to veer round* mudar de opinião

vegan ['viːgən] *n,adj* vegetariano

vegetable ['vedʒɪtəbəl] *n* **1** legume; *green vegetables* hortaliças, verduras **2** (planta) vegetal **3** *col* (pessoa) vegetal ♦ *adj* vegetal; *vegetable oils* óleos vegetais ❖ *vegetable garden* horta

vegetarian [ˌvedʒɪ'teərɪən] *adj,n* vegetariano

vegetarianism [ˌvedʒɪ'teərɪənɪzəm] *n* vegetarianismo

vegetate ['vedʒɪteɪt] *vi* vegetar

vegetation [ˌvedʒɪ'teɪʃən] *n* vegetação

veggie ['vedʒi] *adj,n col* vegetariano

vehemence ['viːəməns] *n* veemência

vehement ['viːəmənt] *adj* veemente

vehicle ['viːəkəl] *n* **1** veículo; *motor vehicles* veículos motorizados **2** meio; *a vehicle for getting something* um meio para obter alguma coisa

vehicular [vɪ'hɪkjʊlə] *adj* de veículos; *vehicular traffic* circulação automóvel

veil [veɪl] *n* véu; *fig a veil of mist* um manto de névoa ♦ *vt* **1** velar, cobrir com véu **2** envolver, encobrir ❖ *a veil of secrecy* uma aura de secretismo; *to draw a veil over something* pôr uma pedra no assunto; REL *to take the veil* entrar para o convento

veiled [veɪld] *adj* velado

vein [veɪn] *n* **1** ANAT veia **2** BOT,ZOOL nervura **3** MIN veio; filão **4** *fig* linha, estilo

velcro ['velkrəʊ] *n* velcro

velocipede [vɪ'lɒsɪpɪd] *n* velocípede

velocity [vɪ'lɒsɪti] *n* {*pl* -ies} velocidade, rapidez

velodrome ['veləʊdrəʊm] *n* velódromo

velum ['viːləm] *n* {*pl* -a} (boca) véu palatino

velvet ['velvɪt] *n* veludo

velveteen [ˌvelvɪ'tiːn] *n* veludilho

velvety ['velvəti] *adj* aveludado

venal ['viːnəl] *adj* venal

vend [vend] *vt* vender em máquina automática

vendetta [ven'detə] *n* contenda; rixa

vending machine ['vendɪŋməʃiːn] *n* máquina de venda automática

vendor ['vendə] *n* vendedor ambulante

veneer [vɪ'nɪə] *n* **1** (madeira) folheado **2** *fig* aparência, verniz; *fig; a veneer of happiness* uma aparência de felicidade ♦ *vt* folhear

venerable ['venərəbəl] *adj* venerável

venerate ['venəreɪt] *vt* venerar; respeitar; reverenciar

veneration [ˌvenə'reɪʃən] *n* veneração

venereal [və'nɪərɪəl] *adj* venéreo

Venetian [vɪ'niːʃən] *adj,n* veneziano ❖ *Venetian blind* estore; veneziana

Venezuela [ˌvenə'zweɪlə] *n* Venezuela

Venezuelan [ˌvenə'zweɪlən] *adj,n* venezuelano

vengeance ['vendʒəns] *n* vingança [on/ upon, de]; *to take vengeance on somebody* vingar-se de alguém

vengeful ['vendʒfʊl] *adj* vingativo

venial ['viːnɪəl] *adj* venial

Venice ['venɪs] *n* Veneza

venison ['venɪzən] *n* carne de veado

venom ['venəm] *n* **1** veneno **2** ódio, rancor

venomous ['venəməs] *adj* venenoso

venous ['viːnəs] *adj* venoso

vent [vent] *n* **1** (ar) saída, respiradouro **2** ZOOL orifício **3** (roupa) racha, abertura ♦ *vt* descarregar; *to vent one's anger on somebody* descarregar a fúria em alguém ❖ *to give vent to* dar livre curso a

ventilate ['ventɪleɪt] *vt* **1** arejar, ventilar **2** *fig* debater

ventilation ['ventɪleɪʃən] *n* 1 ventilação
2 *form* discussão, debate

ventilator ['ventɪleɪtə] *n* ventilador

ventricle ['ventrɪkəl] *n* ventrículo

ventriloquist [ven'trɪləkwɪst] *n* ventrílo-quo

venture ['ventʃə] *n* ECON empreendi-mento arriscado ♦ *vi* aventurar-se, arriscar
♦ *vt* 1 ousar, atrever-se a; *to venture an opinion* ousar uma opinião 2 (jogo) apos-tar, arriscar ❖ *venture capital* capital de risco; *nothing ventured, nothing gained* quem não arrisca, não petisca

venue ['venjuː] *n* 1 local 2 ponto de en-contro 3 (jurisdição) foro

Venus ['viːnəs] *n* ASTRON,MIT Vénus

veracity [və'ræsɪti] *n* veracidade

veranda [və'rændə] *n* varanda

verb [vɜːb] *n* verbo

verbal ['vɜːbəl] *adj* 1 oral; *verbal skills* competências orais 2 verbal ❖ *verbal noun* gerúndio

verbalize ['vɜːbəlaɪz] *vt* (*exprimir*) verbali-zar; traduzir em palavras

verbena [vɜː'biːnə] *n* (planta) verbena

verbose [vɜː'bəʊs] *adj* verboso, prolixo

verdict ['vɜːdɪkt] *n* 1 veredito 2 opinião; *to pass one's verdict on* dar a sua opinião sobre

verdigris ['vɜːdɪgrɪs] *n* verdete

verge [vɜːdʒ] *n* 1 limite 2 borda, orla, margem ❖ *on the verge of* à beira de; *to be on the verge of doing something* estar prestes a fazer alguma coisa
♦ *verge on/upon vt* 1 tocar as raias de
2 estar à beira de 3 (idade) andar à volta de

verifiable ['verɪfaɪəbəl] *adj* verificável

verification [ˌverɪfɪ'keɪʃən] *n* verificação; comprovação

verify ['verɪfaɪ] *vt* 1 verificar 2 comprovar, confirmar

verisimilitude [ˌverɪsɪ'mɪlɪtjuːd] *n* verosi-milhança

vermicelli [ˌvɜːmɪ'seli] *n* CUL aletria

vermicidal [ˌvɜːmɪ'saɪdəl] *adj* vermicida

vermicide ['vɜːmɪsaɪd] *n* vermicida

vermilion [vɜː'mɪlɪən] *adj,n* (cor) verme-lhão

vermin ['vɜːmɪn] *n* 1 bicharada 2 *pej* (pes-soas) escumalha

vermouth ['vɜːmuːθ] *n* vermute

vernacular [və'nækjʊlə] *adj,n* vernáculo

verruca [və'ruːkə] *n* (*pl* -cae, -s) verruga

versatile ['vɜːsətaɪl] *adj* versátil; multiface-tado

versatility [ˌvɜːsə'tɪlɪti] *n* versatilidade

verse [vɜːs] *n* 1 verso(s); *blank verse* verso livre; *in verse* em verso 2 estrofe
3 (Bíblia) versículo

versed [vɜːst] *adj* (*conhecedor*) versado [in, em]

versification [ˌvɜːsɪfɪ'keɪʃən] *n* 1 LIT versi-ficação 2 LIT métrica

versify ['vɜːsɪfaɪ] *vt* versificar; pôr em verso

version ['vɜːʃən] *n* 1 versão 2 tradução

versus ['vɜːsəs] *prep* versus; contra; (jogo, torneio) *Portugal versus France* Portugal contra França

vertebra ['vɜːtɪbrə] *n* (*pl* -ae) vértebra

vertebral ['vɜːtɪbrəl] *adj* vertebral; *verte-bral column* coluna vertebral

vertebrate ['vɜːtɪbrɪt] *adj,n* vertebrado

vertex ['vɜːteks] *n* (*pl* vertices, vertexes) vértice

vertical ['vɜːtɪkəl] *adj,n* vertical

vertigo ['vɜːtɪgəʊ] *n* vertigem; *to suffer from vertigo* ter vertigens

verve [vɜːv] *n* 1 verve 2 entusiasmo; ener-gia

very ['veri] *adv* 1 muito; *I am very sorry* sinto muito 2 precisamente; *the very next morning* precisamente na manhã se-guinte ♦ *adj* (*comp* -ier, *superl* -iest) 1 pre-cisamente; *at that very instant* naquele preciso instante 2 mesmo; *at the very be-ginning/end* mesmo no princípio/fim ❖

the very idea/thought of... só de pensar em...

vesicle ['vesɪkəl] *n* MED (*bolha*) vesícula

vessel ['vesəl] *n* **1** navio, embarcação **2** *form* recipiente **3** ANAT vaso; *blood vessel* vaso sanguíneo

vest [vest] *n* **1** GB camisola interior **2** EUA colete ♦ *vt* investir; conferir; *the authority vested in me* a autoridade que me foi conferida; *to vest somebody with power* conferir poder a alguém ❖ *the authority vested in the people* a autoridade exercida pelo povo; *to have a vested interest in something* ter interesse pessoal em alguma coisa

vestibule ['vestɪbjuːl] *n* vestíbulo, átrio

vestige ['vestɪdʒ] *n* vestígio; indício

vestment ['vestmənt] *n* vestes; paramento

vestry ['vestri] *n* {*pl* -ies} sacristia

vet [vet] *n* **1** *col* veterinário **2** EUA *col* veterano de guerra; ex-combatente ♦ *vt* {*pret e pp* -tt-} GB examinar atentamente

veteran ['vetərən] *adj,n* veterano

veterinarian [,vetərɪ'neərɪən] *n* EUA veterinário

veterinary ['vetərənəri] *adj* veterinário

veto ['viːtəʊ] *n* {*pl* -es} veto [on, em]; *to impose one's veto on* vetar; *to use one's veto* usar o direito de veto ♦ *vt* **1** vetar **2** rejeitar

vex [veks] *vt* **1** aborrecer **2** embaraçar

vexation [vek'seɪʃən] *n form* contrariedade; aborrecimento

vexed ['vekst] *adj* **1** aborrecido; incomodado **2** (*questão, tema*) polémico; controverso

vexing ['veksɪŋ] *adj* incómodo

VHS *n* [*sigla de* **video home system**] VHS

via ['vaɪə,'viːə] *prep* **1** via; *to travel via Milan* viajar via Milão **2** através de

viability [,vaɪə'bɪlɪti] *n* viabilidade

viable ['vaɪəbəl] *adj* **1** viável **2** (*estrada*) em boas condições

viaduct ['vaɪədʌkt] *n* viaduto

vial ['vaɪəl] *n* frasquinho de vidro

vibrant ['vaɪbrənt] *adj* **1** (*som*) vibrante **2** dinâmico; animado **3** (*cores, luz*) forte, vivo

vibrate ['vaɪbreɪt] *vt,i* vibrar

vibration [vaɪ'breɪʃən] *n* **1** vibração **2** FÍS oscilação

vibrator [vaɪ'breɪtə] *n* vibrador

vicar ['vɪkə] *n* **1** (Igreja Católica) vigário, pároco **2** (Igreja Anglicana) pastor

vicarage ['vɪkərɪdʒ] *n* **1** casa do pároco **2** (*funções do pároco*) vicariato

vicarious [vɪ'keərɪəs] *adj* **1** (*experiência, situação*) indireto **2** (*poder*) delegado

vice [vaɪs] *n* **1** vício **2** imoralidade, depravação **3** (*ferramenta*) torno

vice versa [,vaɪsɪ'vɜːsə] *adv* vice-versa, reciprocamente

vicinity [vɪ'sɪnɪti] *n* {*pl* -ies} vizinhança, proximidade; *in the vicinity of* nas proximidades de, aproximadamente

vicious ['vɪʃəs] *adj* **1** cruel **2** maldoso **3** (*pancada, golpe, ataque*) violento **4** (*animais*) feroz ❖ *vicious circle* círculo vicioso

victim ['vɪktɪm] *n* vítima

victimize ['vɪktɪmaɪz] *vt* **1** vitimar **2** (*tratar injustamente*) vitimizar

victorious [vɪk'tɔːrɪəs] *adj* vitorioso; vencedor; *to be victorious over* vencer

victory ['vɪktəri] *n* {*pl* -ies} vitória; triunfo

video ['vɪdiəʊ] *n* (*filme, cassete, aparelho*) vídeo; *available on video* disponível em vídeo ♦ *vt* {*pret e pp* videoed, *p pres* videoing} gravar em vídeo ❖ *video cassette* cassete de vídeo; *video conference* videoconferência; *video club* clube de vídeo; *video game* videojogo; *video recorder* videogravador; *video tape* cassete de vídeo

videoconference [,vɪdiəʊ'kɒnfərəns] *n* videoconferência

videodisc ['vɪdiəʊdɪsk] *n* videodisco

videophone ['vɪdiəʊfəʊn] *n* videofone

videotape ['vɪdiəʊteɪp] *n* videocassete ♦ *vt* gravar em vídeo

videotext [ˈvɪdɪəʊˈtekst] n videotexto

vie [vaɪ] vi competir [with, com]; rivalizar [with, com]; disputar [with, com]; *the two are vying for the support of New York voters* os dois estão a disputar o apoio dos eleitores de Nova York

Vietnam [ˌviːetˈnæm] n Vietname

Vietnamese [ˌviːetnəˈmiːz] adj,n vietnamita

view [vjuː] n 1 (*panorama*) vista; *to block the view* tapar a vista 2 opinião [about/on, sobre]; *his views on politics* a opinião dele sobre política; *in my view* na minha opinião 3 perspetiva, visão; *to have a clear view of the facts* ter uma visão clara dos factos 4 intenção; *with the view of* com a intenção de ♦ vt 1 ver 2 examinar, inspecionar; visionar 3 encarar; considerar ❖ *on view* em exibição, aberto ao público; *within view* à vista

viewer [ˈvjuːə] n 1 telespectador 2 (aparelho) visor

viewership [ˈvjuːəʃɪp] n audiência; conjunto de telespectadores

viewing [ˈvjuːɪŋ] n 1 observação 2 inspeção; exame 3 programação televisiva; *viewing audience* telespectadores 4 (compra de casa) visita

viewpoint [ˈvjuːpɔɪnt] n ponto de vista, perspetiva

vigil [ˈvɪdʒɪl] n vigília

vigilance [ˈvɪdʒɪləns] n vigilância

vigilant [ˈvɪdʒɪlənt] adj vigilante; alerta

vignette [vɪnˈjet] n 1 vinheta 2 ART esboço

vigor [ˈvɪgə] n EUA vigor, energia

vigorous [ˈvɪgərəs] adj vigoroso; enérgico

vigour [ˈvɪgə] n GB vigor, energia

Viking [ˈvaɪkɪŋ] adj,n viking, viquingue

vile [vaɪl] adj 1 vil, desprezível 2 col nojento 3 col (temperamento, tempo) horrível

vilify [ˈvɪlɪfaɪ] vt difamar; caluniar

villa [ˈvɪlə] n 1 casa de campo 2 casa de férias

village [ˈvɪlɪdʒ] n aldeia

villager [ˈvɪlɪdʒə] n GB aldeão

villain [ˈvɪlən] n 1 col patife 2 vilão; *the villain of the piece* o mau da fita

villainous [ˈvɪlənəs] adj ignóbil; infame

villainy [ˈvɪlənɪ] n (pl -ies) vileza

villus [ˈvɪləs] n (pl -i) 1 BOT pelo 2 ANAT vilosidade

vindicate [ˈvɪndɪkeɪt] vt 1 justificar 2 dar razão a

vindication [ˌvɪndɪˈkeɪʃən] n defesa; justificação

vindictive [vɪnˈdɪktɪv] adj vingativo

vine [vaɪn] n 1 vinha, videira 2 planta trepadeira

vinegar [ˈvɪnɪgə] n vinagre

vineyard [ˈvɪnjəd] n vinha

vintage [ˈvɪntɪdʒ] n 1 ano de colheita excecional 2 (vinho) vintage ♦ adj 1 de excelente qualidade 2 (vinho) vintage

vinyl [ˈvaɪnɪl] n vinil

violate [ˈvaɪəleɪt] vt 1 (leis, normas) violar; infringir 2 (local sagrado, sepultura) profanar 3 (sexualmente) violar

violation [ˌvaɪəˈleɪʃən] n 1 violação; *violation of the human rights* violação dos direitos humanos 2 transgressão 3 (locais sagrados, sepulturas) profanação

violence [ˈvaɪələns] n violência

violent [ˈvaɪələnt] adj 1 violento 2 (emoções) intenso

violet [ˈvaɪələt] n (flor, cor) violeta ♦ adj (cor) violeta

violin [ˌvaɪəˈlɪn] n violino

violinist [ˌvaɪəˈlɪnɪst] n violinista

violoncello [ˌvaɪələnˈtʃeləʊ] n MÚS violoncelo

VIP [*sigla de* **Very Important Person**] VIP

viper [ˈvaɪpə] n víbora

viperish [ˈvaɪpərɪʃ] adj 1 viperino 2 fig (*malévolo*) venenoso; *viperish tongue* língua viperina

virgin [ˈvɜːdʒɪn] n virgem ♦ adj 1 virgem; *virgin forest* floresta virgem 2 virginal; puro

virginal ['vɜːdʒɪnəl] *adj* virginal, imaculado, puro

Virgin Islands [,vɜːdʒɪn'aɪləndz] *npl* Ilhas Virgens

virginity [vɜːˈdʒɪnɪti] *n* virgindade

Virgo ['vɜːgəʊ] *n* (constelação, signo) Virgem

virile ['vɪraɪl] *adj* viril

virility [vɪˈrɪlɪti] *n* virilidade

virologist [vaɪˈrɒlədʒɪst] *n* virologista

virology [vaɪˈrɒlədʒɪ] *n* virologia

virtual ['vɜːtʃuəl] *adj* virtual

virtually ['vɜːtʃuəli] *adv* **1** virtualmente **2** na prática; *she's virtually the leader* na prática, é ela a chefe **3** praticamente; quase; *it's virtually the same thing* é quase a mesma coisa

virtue ['vɜːtʃuː] *n* **1** virtude **2** vantagem; mérito **3** propriedade; *healing virtue* propriedades curativas ❖ *by virtue of/in virtue of* em virtude de

virtuosity [,vɜːtjuˈɒsɪti] *n* {*pl* -ies} virtuosismo

virtuous ['vɜːtʃuəs] *adj* virtuoso

virus ['vaɪərəs] *n* {*pl* viruses} vírus ❖ (computador) *virus checker* antivírus

visa ['viːzə] *n* (passaporte) visto ❖ *vt* (passaporte) visar

viscera ['vɪsərə] *n pl* ANAT vísceras

visceral ['vɪsərəl] *adj* visceral

viscount ['vaɪkaʊnt] *n* visconde

viscountess ['vaɪkaʊntɪs] *n* viscondessa

viscous ['vɪskəs] *adj* viscoso

visibility [,vɪzɪˈbɪlɪti] *n* visibilidade

visible ['vɪzəbəl] *adj* visível [**to**, a]

visibly ['vɪzəbli] *adv* visivelmente; manifestamente

vision ['vɪʒən] *n* **1** visão; *to have/see visions* ter visões **2** (sentido) vista; *to have good vision* ter boa vista

visionary ['vɪʒənri] *adj,n* visionário

visit ['vɪzɪt] *n* visita [**to**, a; **from**, de]; *to be on a visit to* estar de visita a; *to have a visit from* receber uma visita de; *to pay a visit to* fazer uma visita a **2** (médico) visita, consulta; *home visit* visita domiciliá-

ria ❖ *vt* **1** visitar; ir ver **2** GB (médico, advogado) consultar ❖ *vi* estar de visita ❖ EUA *to visit with someone* conversar com alguém

visitation [,vɪzɪˈteɪʃən] *n* **1** *form* visita oficial **2** *col* visita prolongada

visiting ['vɪzɪtɪŋ] *adj* de visita; visitante; *visiting hours* horário de visitas

visitor ['vɪzɪtə] *n* **1** visita; convidado; *to have a visitor* receber uma visita **2** turista, visitante

visor ['vaɪzə] *n* **1** viseira **2** EUA (boné) pala **3** (carro) pala

vista ['vɪstə] *n* **1** vista, panorama **2** *fig* perspetiva

visual ['vɪʒuəl] *adj* visual ❖ (computador) *visual display unit* ecrã

visualization [,vɪʒuəlaɪˈzeɪʃən] *n* visualização

visualize ['vɪʒuəlaɪz] *vt* visualizar

vital ['vaɪtəl] *adj* **1** essencial; imprescindível **2** (órgão) vital

vitality [vaɪˈtælɪti] *n* vitalidade; vigor

vitamin ['vɪtəmɪn, 'vaɪtəmɪn] *n* vitamina; *vitamin deficiency* avitaminose

vitiate ['vɪʃieɪt] *vt* **1** corromper, viciar **2** (teoria, argumento) invalidar

viticultural [,vɪtɪˈkʌltʃərəl] *adj* AGR vitícola

viticulture ['vɪtɪkʌltʃə] *n* viticultura

vitreous ['vɪtrɪəs] *adj* vítreo

vitrify ['vɪtrɪfaɪ] *vt,i téc* vitrificar

vivacious [vɪˈveɪʃəs] *adj* alegre; animado

vivid ['vɪvɪd] *adj* **1** (descrição) nítido; pormenorizado **2** (luz) intenso; brilhante **3** (imaginação) fértil

vividly ['vɪvɪdli] *adv* **1** nitidamente; pormenorizadamente **2** intensamente

vividness ['vɪvɪdnəs] *n* **1** vivacidade **2** nitidez **3** (luz) intensidade; brilho

vixen ['vɪksən] *n* **1** raposa fêmea **2** *pej* megera

vizier [vɪˈzɪə] *n* vizir

V-neck ['viːnek] *n* **1** decote em V **2** blusa com decote em V

vocabulary [vəˈkæbjələri] n {pl -ies} vocabulário

vocal [ˈvəʊkəl] adj 1 vocal 2 franco; sincero 3 barulhento ♦ n MÚS pista de voz

vocalic [vəʊˈkælɪk] adj vocálico

vocalist [ˈvəʊkəlɪst] n vocalista, cantor

vocation [vəʊˈkeɪʃən] n vocação [for, para]

vocational [vəʊˈkeɪʃənəl] adj profissional; vocacional

vocative [ˈvɒkətɪv] adj,n vocativo

vociferate [vəˈsɪfəreɪt] vt,i vociferar; gritar

vodka [ˈvɒdkə] n vodca, vodka

vogue [vəʊg] n (moda) voga; to be in vogue estar em voga

voice [vɔɪs] n 1 voz; to raise/lower one's voice levantar/baixar a voz 2 fig voto [in, em]; to have no voice in the matter não ter voto na matéria ♦ vt exprimir, dar voz a ❖ ANAT voice box laringe; LING (frase) in the active/passive voice estar na voz ativa/passiva; to give voice to dar voz a; to make one's voice heard fazer-se ouvir; with one voice em uníssono

voiced [vɔɪst] adj 1 expresso, verbalizado 2 (som) sonoro

voiceless [ˈvɔɪsləs] adj 1 afónico; sem voz 2 LING (consoantes) surdo

voice mail [ˈvɔɪsmeɪl] n voice mail; correio de voz

voice-over [ˈvɔɪsəʊvə] n (comentário em) voz-off

void [vɔɪd] n vazio; vácuo ♦ adj 1 DIR nulo, inválido; null and void nulo, sem qualquer efeito legal 2 fig desprovido [of, de]; void of interest sem interesse ♦ vt 1 DIR anular, invalidar 2 esvaziar 3 (excrementos) evacuar

volatile [ˈvɒlətaɪl] adj 1 (economia, mercado) instável 2 (situação) explosivo 3 (pessoa) volúvel; inconstante 4 (líquido) volátil

volatilization [ˌvɒlætɪlaɪˈzeɪʃən] n volatilização

volatilize [vəˈlætɪlaɪz] vt,i volatilizar

vol-au-vent [ˈvɒləʊvɒn] n CUL vol-au-vent

volcanic [vɒlˈkænɪk] adj 1 vulcânico 2 (temperamento) explosivo

volcano [vɒlˈkeɪnəʊ] n {pl -es} vulcão

volition [vəˈlɪʃən] n vontade; of one's own volition por sua própria vontade

volley [ˈvɒli] n 1 (artilharia) salva 2 fig chuva fig; torrente fig; a volley of oaths uma chuva de insultos 3 DESP batida da bola antes de ela tocar o chão ♦ vi (salva, rajada) disparar; disparar simultaneamente ♦ vt DESP bater a bola no ar

volleyball [ˈvɒlibɔːl] n voleibol

volt [vəʊlt] n ELET volt

voltage [ˈvəʊltɪdʒ] n voltagem, tensão; high/low voltage alta/baixa tensão

voltaic [vɒlˈteɪɪk] adj voltaico; voltaic cell pilha voltaica

volte-face [ˈvɒltˌfɑːs] n reviravolta; mudança de opinião,

volubility [ˌvɒljəˈbɪlɪti] n 1 loquacidade 2 (discurso) fluência

voluble [ˈvɒljəbəl] adj 1 falador 2 (discurso) fluente

volume [ˈvɒljuːm] n (quantidade, livro, som) volume ❖ volume control botão de som; to speak volumes dizer tudo

voluminous [vəˈljuːmɪnəs] adj 1 volumoso 2 (roupa) largo 3 (autor, escritor) produtivo

voluntary [ˈvɒləntəri] adj voluntário

volunteer [ˌvɒlənˈtɪə] n voluntário [for, para] ♦ vi 1 oferecer-se [for/to, para] 2 MIL alistar-se como voluntário ♦ vt (informação, ajuda, sugestão) oferecer

voluptuous [vəˈlʌptjʊəs] adj voluptuoso, sensual

voluptuousness [vəˈlʌptjʊəsnəs] n voluptuosidade, sensualidade

vomit [ˈvɒmɪt] vt,i vomitar ♦ n vómito

voodoo [ˈvuːduː] n vudu

voracious [vəˈreɪʃəs] adj 1 (apetite) voraz, devorador 2 (leitor) insaciável

vortex [ˈvɔːteks] n {pl -ices, -exes} 1 vórtice 2 (situação, sensação) turbilhão

vote [vəʊt] n 1 voto [for, a favor; against, contra] 2 votação 3 sufrágio, direito de voto ♦ vt,i 1 votar [for, a favor; against, contra; on, em] 2 eleger 3 col considerar; *she was voted president* elegeram-na como presidente 4 col propor; sugerir; *I vote that that we go* proponho que vamos ❖ *vote of confidence* voto de confiança; *vote of no confidence* moção de censura

voter ['vəʊtə] n eleitor

voting ['vəʊtɪŋ] n votação ❖ *EUA voting booth* cabina de voto; *GB voting paper* boletim de voto

votive ['vəʊtɪv] adj REL votivo

vouch [vaʊtʃ] n 1 garantia 2 caução ♦ vi 1 responder [for, por] 2 garantir [for, -], atestar [for, -]

voucher ['vaʊtʃə] n 1 vale, voucher 2 talão, recibo

vow [vaʊ] n voto [of, de]; promessa [of, de]; juramento [of, de]; *to break a vow* quebrar um juramento; *to take a vow of poverty* fazer voto de pobreza ♦ vt 1 jurar; prometer; *to vow and declare* jurar

solenemente; *to vow vengeance against* jurar vingança contra 2 fazer voto de; *to vow obedience* fazer voto de obediência 3 dedicar; consagrar ❖ REL *to take the vows* professar

vowel ['vaʊəl] n vogal

voyage ['vɔɪdʒ] n (marítima, espacial) viagem; travessia; *to go on a voyage to* fazer uma viagem de barco a ♦ vt (viagem longa por mar) fazer a travessia de; percorrer ♦ vi viajar por mar

voyager ['vɔɪədʒə] n viajante

voyeur [ˌvwɑːˈjɜː] n voyeur; mirone

vulgar ['vʌlgə] adj 1 vulgar 2 (atitude, comentário, piada) grosseiro; de mau gosto

vulgarity [vʌlˈgærɪti] n {pl -ies} 1 vulgaridade 2 mau gosto; grosseria

vulgarize ['vʌlgəraɪz] vt 1 vulgarizar; banalizar 2 divulgar

vulgarly ['vʌlgəli] adv pej vulgarmente, grosseiramente

vulnerable ['vʌlnərəbəl] adj vulnerável

vulture ['vʌltʃə] n abutre

vulva ['vʌlvə] n {pl -vas, -vae} vulva

W

w ['dʌblju:] *n {pl* w's) (letra) w

wacko ['wækəʊ] *adj,n col* maluco, louco

wacky ['wæki] *adj {comp* -ier, *superl* -iest)
EUA col louco; tolo

wad [wɒd] *n* 1 (notas, papéis) maço [of, de]
2 chumaço ♦ *vt {pret e pp* -dd-) estofar; forrar, acolchoar

wadding ['wɒdɪŋ] *n* 1 forro 2 acolchoamento 3 entretela

waddle ['wɒdəl] *vi* 1 bambolear-se 2 cambalear

wade [weɪd] *n* vau ♦ *vt,i* passar a vau; *to
wade a brook* passar um regato a vau

wafer ['weɪfə] *n* 1 bolacha de baunilha
2 RFI hóstia

waffle ['wɒfəl] *n* 1 waffle 2 *col* tagarelice
3 *col (palavrório)* palha*fig* ♦ *vi* 1 *col* falar pelos
cotovelos 2 *col* dar palha*fig*

waft [wɑ:ft] *vi* pairar; flutuar ♦ *vt* (som, perfume) transportar ♦ *n* 1 aragem 2 (vento) sopro

wag [wæg] *vt,i {pret e pp* -gg-) abanar; sacudir; (cão) *to wag its tail* abanar a cauda ❖
to wag one's tongue dar à língua; *to set
tongues wagging* dar motivo à falatório

wage [weɪdʒ] *n* ordenado semanal ♦ *npl* salário ♦ *vt* (luta, campanha) fazer, empreender; *to wage a campaign against* fazer
campanha contra ❖ *wage claim* reivindicação salarial; *wage earner* assalariado

wager ['weɪdʒə] *n* aposta; parada ♦ *vt* apostar [**on**, em]; *to wager ten pounds on
something* apostar dez libras em alguma
coisa

waggle ['wægəl] *vt* agitar; sacudir ♦ *vi*
agitar-se; menear-se ♦ *n* sacudidela; abanadela

waggon ['wægən] *n GB* ⇒ **wagon**

wagon ['wægən] *n* 1 carroça 2 *GB* (comboio)
vagão de mercadorias ❖ *to be/go on the
wagon* abster-se de bebidas alcoólicas

waif [weɪf] *n* criança abandonada

wail [weɪl] *n* lamento; gemido ♦ *vt,i* gemer;
chorar; lamentar

waist [weɪst] *n* 1 cinta; cintura; *to take
someone round the waist* passar o braço
pela cintura a alguém 2 (roupa) cinta 3 (objetos) parte mais estreita ♦ *vt* (tubo) comprimir, estreitar, apertar

waistband ['weɪstbænd] *n* cinta; *the waistband of a skirt* a cinta de uma saia

waistcoat ['weɪskəʊt] *n* colete

waistline ['weɪstlaɪn] *n* 1 (corpo) cintura
2 (roupa) cinta

wait [weɪt] *n* espera [**for**, por] ♦ *vt* (aguardar)
esperar ♦ *vi* 1 esperar; *wait for me!* espera
por mim!; *to keep someone waiting* deixar
alguém à espera 2 servir; *to wait at table*
servir à mesa ❖ *I can't wait to...* estou ansioso por...; *just you wait* vais ver; não perdes pela demora

◆ **wait on** *vt* servir

◆ **wait up** *vi* esperar acordado [**for**, por]

waiter ['weɪtə] *n* empregado de mesa

waiting ['weɪtɪŋ] *n* espera; *waiting room*
sala de espera ❖ *to play the waiting game*
estar à espera do momento oportuno

waitress ['weɪtrɪs] *n* empregada de mesa

waive [weɪv] *vt* renunciar a; desistir de

wake [weɪk] *vt {pret* woke, *pp* woken]
1 acordar; despertar 2 *fig* estimular
3 (morto) velar ♦ *n* 1 (funeral)
velório 2 (água) rasto ❖ *in the wake of* a seguir a; *to leave something in its wake* deixar um rasto de algo

◆ **wake up** *vt* 1 acordar 2 *fig* despertar; estimular ♦ *vi* acordar; *I woke up late* acordei
tarde ❖ *wake up and smell the coffee!*
acorda para a realidade!

◆ **wake up to** *vt* tomar consciência de;
aperceber-se de

waken ['weɪkən] *vt* **1** despertar, acordar **2** estimular, excitar, provocar ♦ *vi* despertar, acordar

wake-up ['weɪkʌp] *adj* **wake-up call** serviço de despertar; (advertência) chamada de atenção

Wales [weɪlz] *n* País de Gales

walk [wɔːk] *n* **1** andar; passo **2** passeio a pé, caminhada; *let's go for a walk* vamos dar um passeio **3** DESP (atletismo) marcha ♦ *vt* **1** percorrer a pé; atravessar **2** passear; *to walk the dog* passear o cão **3** acompanhar [to, a] ♦ *vi* andar a pé; caminhar ❖ *walk of life* condição social; profissão; *to walk in one's sleep* ser sonâmbulo

● **walk away from** *vt* **1** virar costas a*fig* **2** sair ileso de

● **walk out** *vi* **1** sair subitamente **2** sair em protesto

● **walk out on** *vt* abandonar

walkabout ['wɔːkəbaʊt] *n* **1** volta, passeio **2** (pessoa famosa) banho de multidão

walker ['wɔːkə] *n* **1** passeante **2** transeunte **3** DESP atleta de marcha **4** (crianças) voador **5** (dificuldades a andar) andador

walkie-talkie [ˌwɔːkiˈtɔːki] *n* walkie-talkie

walking ['wɔːkɪŋ] *adj* ambulante ♦ *n* **1** modo de andar **2** marcha **3** caminhada

Walkman® ['wɔːkmən] *n* (aparelho) walkman®

wall [wɔːl] *n* **1** muro **2** muralha **3** (interior) parede ♦ *vt* **1** murar; emparedar **2** amuralhar; fortificar ❖ *wall lamp* aplique

wallet ['wɒlɪt] *n* (dinheiro, cartões) carteira

wallflower ['wɔːlˌflaʊə] *n* BOT goivo

wallop ['wɒləp] *n* **1** sova **2** murro ♦ *vt* **1** bater pesadamente em **2** dar uma tareia a

wallow ['wɒləʊ] *n* **1** charco, lamaçal **2** pocilga ♦ *vi* **1** chafurdar **2** espojar-se ❖ *to wallow in money* nadar em dinheiro

wallpaper ['wɔːlˌpeɪpə] *n* **1** papel de parede **2** (computador) fundo de monitor, wallpaper

walnut ['wɔːlnʌt] *n* **1** (fruto) noz **2** (árvore) nogueira

walrus ['wɔːlrəs] *n* {*pl* -es} morsa

waltz [wɔːlts] *n* (música, dança) valsa ♦ *vi* valsar [round, à volta de]

wan [wɒn] *adj* **1** pálido; macilento **2** triste; apagado **3** (intensidade, luz) fraco

wand [wɒnd] *n* **1** vara **2** varinha de condão

wander ['wɒndə] *vi* **1** vaguear **2** afastar-se [from/off, de]; desviar-se [from/off, de]; *to wander from the subject* afastar-se do assunto ♦ *vt* vaguear por; percorrer ♦ *n* (passeio) volta; *to go for a wander* ir dar uma volta

wanderer ['wɒndərə] *n* **1** vagabundo **2** viajante; nómada*fig*

wane [weɪn] *vi* **1** minguar **2** decrescer; diminuir **3** decair, declinar ❖ *to be on the wane* estar a diminuir; estar em decadência

wannabe ['wɒnəbɪ] *n* **1** *col,pej* aspirante, candidato **2** *col,pej* imitador ♦ *adj* **1** *col,pej* aspirante a **2** *col,pej* de imitação

want [wɒnt] *n* **1** falta [of, de]; carência [of, de] **2** necessidade [of, de] **3** pobreza; miséria; privação ♦ *vt* **1** querer; desejar **2** precisar de; ter necessidade de ♦ *vi* ter necessidade [for, de] ❖ *for want of something better* à falta de melhor

wanted ['wɒntɪd] *adj* (criminoso) procurado ❖ (funcionário) *help wanted* procura-se funcionário; (crime) *to be wanted for* ser procurado por

wanting ['wɒntɪŋ] *adj* **1** com falta [in, de] **2** deficiente; insuficiente

wanton ['wɒntən] *adj* gratuito; arbitrário; *wanton cruelty* crueldade gratuita

WAP INFORM [*sigla de* Wireless Application Protocol] WAP

war [wɔː] *n* **1** guerra; *to be at war with* estar em guerra com; *to declare war on* declarar guerra a **2** conflito; combate; luta ♦ *vi* guerrear; combater ❖ *war cry* grito de guerra; *war of nerves* guerra psicológica

warble ['wɔːbəl] *n* trinado; gorjeio ♦ *vt,i* trinar; gorjear

ward [wɔːd] *n* **1** guarda; defesa **2** menor entregue a um tutor **3** tutela, custódia **4** pupilo **5** (hospital) ala; enfermaria **6** (prisão)

cela 7 (cidade) divisão administrativa ♦ *vt*
1 proteger; guardar 2 defender

♦ **ward off** *vt* 1 evitar 2 desviar 3 defender-se de; prevenir-se contra 4 manter à distância

warden ['wɔːdən] *n* 1 guarda 2 guardião 3 *EUA* governador 4 *EUA* (prisão) diretor 5 porteiro

warder ['wɔːdə] *n* (prisão) guarda

wardrobe ['wɔːdrəʊb] *n* (móvel, peças de roupa) guarda-roupa

warehouse ['weəhaʊs] *n* 1 armazém 2 entreposto

warfare ['wɔːfeə] *n* guerra

warhead ['wɔːhed] *n* MIL ogiva

warm [wɔːm] *adj* 1 quente; *to keep oneself warm* manter-se aquecido 2 morno, tépido 3 (pessoa) afetuoso 4 caloroso, cordial; *a warm welcome* uma receção calorosa 5 (brincadeira de crianças) morno, próximo do objeto procurado ♦ *vt* 1 aquecer 2 requentar 3 *fig* animar ♦ *vi* 1 aquecer 2 animar-se [to, com] 3 (estima, amizade) deixar-se conquistar [to, por] ❖ *warm trail* rasto ainda fresco

♦ **warm up** *vi* 1 (comida, motor) aquecer 2 entusiasmar-se, animar-se 3 DESP fazer o aquecimento ♦ *vt* 1 aquecer 2 entusiasmar, animar

warmth ['wɔːmθ] *n* 1 calor 2 afeto; cordialidade 3 vivacidade

warm-up ['wɔːmʌp] *n* DESP aquecimento; *warm-up exercises* exercícios de aquecimento

warn [wɔːn] *vt* 1 avisar [of, de]; prevenir [of/against, em relação a] 2 informar

♦ **warn off** *vt* ameaçar; meter medo a

warning ['wɔːnɪŋ] *n* aviso; advertência ❖ *let this be a warning to you* que isto te sirva de lição

warp [wɔːp] *n* 1 (madeira) empenamento 2 deformação 3 *fig* perversão ♦ *vt* 1 empenar 2 deformar 3 *fig* distorcer; perverter ♦ *vi* 1 empenar 2 deformar-se 3 *fig* perverter-se

warplane ['wɔːpleɪn] *n* avião de combate

warrant ['wɒrənt] *n* 1 autorização 2 mandado; *warrant of arrest* mandado de captura 3 justificação 4 certificado; garantia 5 ordem de pagamento ♦ *vt* 1 justificar; legitimar 2 autorizar 3 garantir; certificar; confirmar

warrantor ['wɒrəntɔː] *n* DIR abonador, fiador

warranty ['wɒrəntɪ] *n* (*pl* -ies) 1 (produto, serviço) garantia; *it's still under warranty* ainda está dentro do período de garantia 2 autorização

warren ['wɒrən] *n* (animais) lura

warrior ['wɒrɪə] *n* guerreiro; soldado

warship ['wɔːʃɪp] *n* navio de guerra

wart [wɔːt] *n* verruga; cravo

wary ['weərɪ] *adj* (*comp* -ier, *superl* -iest) cauto; prudente ❖ *to be wary of somebody* não confiar em alguém; *to be wary of something* estar de sobreaviso em relação a algo

was [wɒz] 1ª *e* 3ª *pessoas singular pretérito de* to be

wash [wɒʃ] *n* (*pl* -es) 1 lavagem; lavadela 2 (pessoa) banho 3 roupa para lavar 4 embate das ondas 5 leve camada de tinta ♦ *vt* 1 lavar 2 limpar 3 banhar 4 cromar ♦ *vi* 1 lavar-se 2 ser lavável 3 (água) marulhar 4 *col* pegar; *that excuse won't wash* essa desculpa não pega ❖ *to wash ashore* lançar à praia; *to wash one's dirty linen in public* lavar a roupa suja em público; *I wash my hands of it* lavo daí as minhas mãos

♦ **wash away** *vt* 1 levar; arrastar 2 fazer desaparecer

♦ **wash down** *vt* 1 lavar 2 acompanhar com (bebida), regar com *fig*

♦ **wash off** *vt* tirar; lavar

♦ **wash out** *vt* 1 tirar; lavar 2 impossibilitar ♦ *vi* sair (lavando)

♦ **wash up** *vt* 1 (loiça) lavar 2 (mar) trazer; arrastar (para a praia) ♦ *vi* 1 lavar a loiça 2 *EUA* lavar a cara e as mãos

washable ['wɒʃəbəl] *adj* lavável

washbasin ['wɒʃbeɪsən] *n* lavatório

washed-out ['wɒʃtaʊt] *adj* **1** descolorido; deslavado **2** pálido **3** (cansaço) exausto

washer ['wɒʃə] *n* **1** (metal) anilha **2** (borracha) junta **3** *col* máquina de lavar

washing ['wɒʃɪŋ] *n* **1** lavagem **2** roupa para lavar ❖ *washing machine* máquina de lavar roupa; (roupas) *washing powder* detergente

washout ['wɒʃaʊt] *n* **1** *col* fiasco, falhanço **2** (pessoa) desgraça*fig*, desastre*fig*

washtub ['wɒʃtʌb] *n* lavadouro

wasp [wɒsp] *n* (inseto) vespa

waste [weɪst] *n* **1** desperdício [of, de] **2** destruição **3** lixo; resíduos; refugo; sucata ♦ *npl* (terreno) baldio ♦ *adj* **1** supérfluo; inútil **2** para deitar fora; de refugo **3** (terreno) por cultivar; baldio ♦ *vt* **1** desperdiçar [on, em]; gastar [on, em] **2** atrofiar; debilitar **3** consumir; devastar ❖ *waste disposal* triturador de lixo; *to run to waste* desperdiçar-se
  ◆ **waste away** *vi* consumir-se; definhar

wastebasket ['weɪstbɑːskɪt] *n EUA* cesto dos papéis

wasteful ['weɪstfʊl] *adj* **1** (pessoa) esbanjador **2** (gastos) ruinoso **3** (método) pouco económico

wasteland ['weɪstlænd] *n* **1** ermo, baldio **2** *fig* panorama desolador

wastepaper basket [weɪstpeɪpə'bɑːskɪt] *n* (lixo) cesto dos papéis

watch [wɒtʃ] *n* (*pl* -es) **1** relógio de pulso **2** vigilância; *to be on the watch* estar de vigia **3** guarda, sentinela ♦ *vt* **1** ver; observar **2** vigiar; ficar de olho em **3** ter cuidado com; *he has to watch his weight* ele tem de ter cuidado com o peso ♦ *vi* ver; prestar atenção; *when I wasn't watching* quando eu não estava a prestar atenção ❖ *to watch one's step* ter cuidado; *watch what you're doing!* presta atenção ao que estás a fazer!
  ◆ **watch out** *vt* **1** ter cuidado [for, com]; *watch out!* cuidado! **2** prestar atenção [for, a]
  ◆ **watch out for** *vt* ter cuidado com; estar alerta para
  ◆ **watch over** *vt* olhar por

watchdog ['wɒtʃdɒg] *n* cão de guarda

watcher ['wɒtʃə] *n* **1** vigia; guarda **2** observador

watchful ['wɒtʃfʊl] *adj* **1** vigilante; atento **2** cauteloso

watchmaker ['wɒtʃmeɪkə] *n* relojoeiro

watchman ['wɒtʃmən] *n* (*pl* -men) **1** vigia, guarda **2** guarda-noturno

watchtower ['wɒtʃtaʊə] *n* torre de vigia; torre de controlo

watchword ['wɒtʃwɜːd] *n* palavra de ordem, lema

water ['wɔːtə] *n* **1** água **2** maré; *at high water* na maré alta ♦ *vt* **1** regar; *to water the plants* regar as plantas **2** banhar **3** irrigar **4** dar de beber a **5** diluir em água; acrescentar água a ♦ *vi* lacrimejar ❖ BOT *water lily* nenúfar; *in deep water* em dificuldades; *of the first water* de primeira ordem; *to make/pass water* urinar; *to make the mouth water* fazer crescer água na boca
  ◆ **water down** *vt* **1** juntar água a; diluir em água **2** *fig* suavizar (conteúdo forte ou chocante)

waterbed ['wɔːtəbed] *n* colchão de água

watercolour ['wɔːtəkʌlə] *n* aguarela

watercourse ['wɔːtəkɔːs] *n* curso de água; canal

watercress ['wɔːtəkres] *n* (*pl* -es) agrião

waterfall ['wɔːtəfɔːl] *n* queda de água; catarata

watering ['wɔːtərɪŋ] *n* rega; irrigação ❖ *watering can* regador

watermelon ['wɔːtəmelən] *n* melancia

watermill ['wɔːtəmɪl] *n* azenha

waterpark ['wɔːtəpɑːk] *n* aquaparque; parque aquático

waterproof ['wɔːtəpruːf] *adj* impermeável; à prova de água ♦ *n* (casaco) impermeável ♦ *vt* impermeabilizar

water-ski ['wɔːtəskiː] *n* (*pl* -s) DESP (apetrecho) esqui aquático ♦ *vi* fazer esqui aquático, praticar esqui aquático

water-skier ['wɔːtəskɪə] *n* praticante de esqui aquático

water-skiing ['wɔːtəskiːɪŋ] *n* (atividade) esqui aquático

waterspout ['wɔːtəspaʊt] *n* 1 tromba-d'água 2 (canalização) bica

watertight ['wɔːtətaɪt] *adj* 1 estanque; hermético 2 (argumento) irrefutável

waterway ['wɔːtəweɪ] *n* canal

watery ['wɔːtəri] *adj* 1 aquoso; aguado 2 (olhos) lacrimejante 3 pálido

watt [wɒt] *n* watt

wave [weɪv] *n* 1 onda 2 (cabelo) onda 3 *fig* (*grande quantidade*) onda, vaga [of, de] 4 (mão) aceno ♦ *vi* 1 ondular 2 acenar [at, a] ♦ *vt* 1 agitar; brandir 2 (cabelo) ondular ❖ *to wave goodbye to* dizer adeus a

wavelength ['weɪvleŋθ] *n* comprimento de onda ❖ *we're not on the same wavelength* não estamos a conseguir comunicar

waver ['weɪvə] *vi* vacilar; hesitar

wavy ['weɪvi] *adj* {*comp* -ier, *superl* -iest} ondulado, ondeado; *wavy hair* cabelo ondulado

wax [wæks] *n* 1 cera 2 (ouvido) cerume ♦ *vt* 1 encerar 2 depilar (com cera) 3 (Lua) crescer; *to wax and wane* crescer e diminuir

waxwork ['wækswɜːk] *n* figura de cera ♦ *npl* museu de cera

way [weɪ] *n* 1 caminho; via 2 rumo, direção 3 meio; processo 4 trajeto; distância 5 tendência, hábito ♦ *adv* longe, distante ❖ *by the way* já agora; a propósito; *in a way* de certo modo; *no way!* nem pensar!

wayfarer ['weɪfeərə] *n* viajante; caminhante

wayward ['weɪwəd] *adj* 1 rebelde; teimoso 2 difícil; caprichoso

WC [sigla de **Water Closet**] WC

we [wiː] *pron pess* nós

weak [wiːk] *adj* 1 fraco 2 (desculpa, argumento) pouco convincente 3 (café, bebida) pouco forte ❖ *to be weak at the knees* estar com as pernas a tremer

weaken ['wiːkən] *vt* 1 enfraquecer 2 atenuar ♦ *vi* enfraquecer

weakness ['wiːknəs] *n* 1 fraqueza 2 (argumentos) pobreza 3 ponto fraco ❖ *to have a weakness for* ter um fraco por

weal [wiːl] *n* equimose; pisadura

wealth [welθ] *n* 1 riqueza 2 abundância [of, de]

wealthy ['welθi] *adj* {*comp* -ier, *superl* -iest} rico; abastado

wean [wiːn] *vt* 1 (criança) desmamar 2 *col* separar, afastar
♦ **wean off/away** *vt* desabituar de, fazer perder um hábito

weapon ['wepən] *n* arma ♦ *npl* armamento

wear [weə] *n* 1 roupa; *ladies' wear* roupa de senhora 2 uso 3 gasto, desgaste ♦ *vt* {*pret* wore, *pp* worn} 1 vestir; trazer vestido 2 (uso) gastar, desgastar ♦ *vi* 1 gastar-se; desgastar-se 2 durar; (*durar muito*) *to wear well* ser resistente ❖ *wear and tear* desgaste natural; (meia, roupa) *to wear a hole in* fazer um buraco em; *to wear one's heart on one's sleeve* ter o coração ao pé da boca
♦ **wear away** *vt,i* 1 desgastar(-se) 2 gastar(-se)
♦ **wear down** *vt* 1 gastar 2 (*cansar*) fazer ceder; convencer ♦ *vi* desgastar-se
♦ **wear off** *vi* passar; desaparecer gradualmente
♦ **wear on** *vi* (tempo) passar lentamente; *the afternoon wore on* a tarde passou lentamente
♦ **wear out** *vt* 1 gastar; esgotar; *he wears out my patience* ele dá cabo da minha paciência 2 cansar; *she wears me out* ela cansa-me ♦ *vi* ficar/estar gasto; *the sweater is worn out* a camisola está gasta

wearisome ['wɪərɪsəm] *adj* 1 fastidioso; aborrecido 2 trabalhoso

weary ['wɪəri] *adj* {*comp* -ier, *superl* -iest} 1 cansado; exausto 2 (*farto*) cansado [of, de] 3 (tarefa) cansativo; esgotante ♦ *vt* 1 cansar 2 aborrecer [with, com] ♦ *vi* cansar-se

weasel ['wiːzəl] *n* doninha

weather ['weðə] *n* tempo; condições meteorológicas ♦ *vt* 1 (dificuldades) resistir a;

superar; *to weather a crisis* superar uma crise 2 (erosão) desgastar ♦ vi 1 desgastar-se 2 resistir à intempérie ❖ *weather conditions* condições atmosféricas; *weather forecast* previsão meteorológica; *weather report* boletim meteorológico; *weather vane* cata-vento; *to be under the weather* estar adoentado; estar em baixo

weathercock ['weðəkɒk] n cata-vento

weave [wi:v] vt,i {pret wove, pp woven} 1 tecer 2 entrelaçar; entrançar 3 fig urdir; tramar

weaver ['wi:və] n tecelão

web [web] n 1 teia 2 (animais) membrana interdigital

Web [web] n Web, Internet; *Web page* página da Internet

webcam ['webkæm] n webcam

webcast ['webkɑːst] n transmissão pela Internet ♦ vt transmitir pela Internet

webmaster ['webmɑːstə] n (Internet) webmaster

website ['websaɪt] n (Internet) site, sítio

wed [wed] vt {pret e pp -dd-} 1 casar-se com; desposar 2 fig aliar [to, a] ♦ vi casar-se

wedding ['wedɪŋ] n casamento; boda; *wedding dress* vestido de noiva; *wedding ring* aliança

wedge [wedʒ] n 1 cunha; calço 2 (queijo, bolo) fatia ♦ vt 1 firmar com uma cunha; colocar uma cunha em 2 introduzir à força ❖ *the thin end of a wedge* só o princípio

Wednesday ['wenzdi] n quarta-feira

wee [wi:] n col chichi ♦ vi col fazer chichi

weed [wi:d] n 1 erva daninha 2 col,pej trinca-espinhas 3 col tabaco 4 col (droga) erva ♦ vt mondar; arrancar as ervas daninhas a

weedkiller ['wi:dkɪlə] n herbicida

week [wi:k] n semana; *week in, week out* semana após semana; *a week ago today* faz hoje oito dias

weekday ['wi:kdeɪ] n dia útil

weekend ['wi:kend] n fim de semana ♦ vi passar o fim de semana [at, em] ❖ *long weekend* fim de semana prolongado

weekly ['wi:kli] adj semanal ♦ adv 1 semanalmente; *twice weekly* duas vezes por semana 2 uma vez por semana ♦ n {pl -ies} (jornal) semanário

weep [wi:p] vt,i {pret e pp wept} chorar [for/over, de/por] ♦ n choro; lágrimas ❖ *to weep for joy* chorar de alegria; *to weep one's heart out* chorar à vontade

weeping ['wi:pɪŋ] n choro, pranto ♦ adj choroso ❖ *weeping willow* chorão

weevil ['wi:vɪl] n (inseto) gorgulho

weigh [weɪ] vt 1 pesar 2 fig (tomar em consideração) pesar; *to weigh the pros and cons* pesar os prós e os contras 3 comparar [against, com]; *you have to weigh one thing against another* tens de comparar uma coisa com outra ♦ vi 1 pesar; *how much do you weigh?* quanto pesas? 2 (importância) pesar; ter influência ❖ *to weigh anchor* levantar âncora; *to weigh a ton* pesar toneladas

weigh-in [weɪɪn] n {pl -s} DESP pesagem

weight [weɪt] n 1 peso 2 coisa pesada 3 fig valor; importância; *to carry weight* ser importante, ter influência 4 fig fardo, carga; *that's a weight off my mind* isso é um peso que me sai de cima ♦ vt 1 tornar mais pesado; carregar com 2 ponderar; tomar em consideração ❖ DESP *weight training* exercícios com pesos; *weights and measures* pesos e medidas; *to lose weight* emagrecer; *to put on weight* engordar

weightlifter ['weɪtlɪftə] n halterofilista

weightlifting ['weɪtlɪftɪŋ] n halterofilia

weir [wɪə] n barragem, represa

weird [wɪəd] adj 1 estranho, esquisito 2 sinistro

weirdo ['wɪədəʊ] n col,pej (pessoa) anormal

welcome ['welkəm] adj 1 bem-vindo 2 agradável ♦ n 1 boas-vindas 2 acolhimento; *to give a warm welcome to* acolher calorosamente ♦ vt {pret e pp -ed} 1 acolher bem **2** dar as boas-vindas a **3** agradecer; aceitar de bom grado ♦ *interj* bem-vindo! ❖ *you are welcome to do as you like* pode fazer como quiser

weld [weld] *vt,i* **1** soldar **2** ligar **3** caldear **4** *fig* consolidar, fundir ♦ *n* **1** solda **2** caldeamento

welfare ['welfeə] *n* **1** saúde e bem-estar **2** proteção; auxílio **3** segurança social ❖ *welfare work* assistência social

well [wel] *n* **1** poço **2** nascente **3** (escadaria, elevador) vão; caixa ♦ *adj* **1** bem **2** de boa saúde **3** feliz **4** confortável ♦ *adv* (*comp* better, *superl* best) **1** bem **2** satisfatoriamente **3** favoravelmente **4** completamente **5** adequadamente **6** justamente **7** perfeitamente ♦ *vi* brotar; irromper; nascer; *tears welled up in her eyes* as lágrimas brotaram-lhe dos olhos ❖ *well, well!* ora bem!; *as well* também; *as well as* assim como

well-aimed [,wel'eimd] *adj* **1** certeiro **2** adequado

well-balanced [,wel'bælənst] *adj* equilibrado

well-being [,wel'bi:iŋ] *n* **1** bem-estar; conforto **2** felicidade

well-grounded [,wel'graundid] *adj* bem fundado; bem fundamentado

well-heeled [,wel'hi:ld] *adj col* endinheirado

wellingtons ['weliŋtənz] *npl* botas de borracha, galochas

well-known [,wel'nəun] *adj* famoso; célebre ❖ *as is well-known, ...* como é sabido, ...

well-off [,wel'ɒf] *adj* abastado; com posses

well-timed [,wel'taimd] *adj* oportuno

well-to-do [,weltə'du:] *adj* abastado; com posses

well-wisher [,wel'wiʃə] *n* amigo; simpatizante

Welsh [welʃ] *adj,n* galês ♦ *npl the Welsh* os galeses

Welshman ['welʃmən] *n* (*pl* -men) galês

Welshwoman ['welʃwumən] *n* galesa

were [wɜː(r)] *2ª pessoa singular e 1ª, 2ª e 3ª pessoas plural do pretérito de* to be

werewolf ['wɪəwulf] *n* (*pl* -wolves) lobisomem

west [west] *n* oeste, poente, ocidente ♦ *adv* para oeste; em direção ao oeste ♦ *adj* ocidental; oeste

westerly ['westəli] *adj* **1** ocidental **2** de oeste; oeste; *westerly wind* vento oeste

western ['westən] *adj* ocidental; do ocidente ♦ *n* CIN western

westerner ['westənə] *n* ocidental

westward ['westwəd] *adj,adv* em direção ao oeste

wet [wet] *adj* **1** molhado **2** húmido **3** encharcado **4** (tempo) chuvoso **5** *fig* fraco ♦ *vt* (*pret e pp* -tt-) molhar; humedecer ♦ *n* **1** humidade **2** chuva; tempo chuvoso ❖ *wet fish* peixe fresco; *wet paint* pintado de fresco; *to wet the bed* fazer chichi na cama; *to be a wet blanket* ser desmancha-prazeres

whack [wæk] *n* **1** pancada; golpe **2** quinhão; parte **3** *col* tentativa; *to have a whack at it* fazer uma tentativa ♦ *vt* **1** dar uma pancada forte em **2** espancar

whale [weil] *n* baleia

whaler ['weilə] *n* **1** pescador de baleias **2** (barco) baleeiro

wharf [wɔːf] *n* (*pl* -s, -ves) **1** cais **2** molhe ♦ *vt* **1** descarregar no cais **2** (cais) atracar

what [wɒt] *pron interr* **1** que **2** que coisa **3** quê ♦ *pron rel* o que; aquilo que; a coisa que ❖ *well what of it?* e daí?

whatever [,wɒt'evə] *adj,pron* **1** tudo aquilo que; qualquer coisa que **2** seja qual for **3** qualquer ❖ *whatever people may say* digam lá o que disserem

whatsoever [,wɒtsəu'evə] *adj,pron* tudo quanto; tudo o que; seja o que for

wheat [wi:t] *n* trigo

wheedle ['wi:dəl] *vt* **1** lisonjear **2** convencer; *she wheedled him into taking her with him* ela convenceu-o por meio de lisonjas a levá-la com ele

wheel [wi:l] *n* **1** roda **2** (carro) volante de direção; *to take the wheel* sentar-se ao volante ♦ *vt* empurrar ♦ *vi* **1** dar voltas **2** (*virar-se*) girar

wheelbarrow [ˌwiːˈlbærəʊ] *n* carrinho de mão

wheelchair [ˈwiːltʃɛə] *n* cadeira de rodas

wheeze [wiːz] *vi* respirar a custo ♦ *n* **1** respiração asmática **2** *col,ant* ideia engraçada

whelk [welk] *n* (molusco) búzio

when [wen] *adv,conj* **1** quando **2** logo que **3** no tempo em que ❖ *when pigs fly* nunca

whenever [ˌwenˈevə] *adv,conj* sempre que ❖ *whenever you like* quando quiseres

where [wɛə] *adv* onde ❖ *that's where they are mistaken* é aí que eles se enganam

whereabouts [ˌwɛərəˈbaʊts] *n* paradeiro ♦ *adv* onde; em que lugar

whereas [ˌwɛərˈæz] *conj* **1** ao passo que; enquanto que **2** visto que; considerando que

whereby [ˈwɛəbaɪ] *adv* **1** por que; pelo que **2** segundo o qual; através do qual

whereof [ˌwɛərˈɒv] *adv* **1** de que **2** de quem

whereupon [ˌwɛərəˈpɒn] *adv* sobre o que

wherever [ˌwɛərˈevə] *adv,conj* **1** onde quer que **2** para onde quer que

whet [wet] *vt* {*pret* -tt-} **1** aguçar; afiar **2** intensificar ❖ *to whet the appetite* abrir o apetite

whether [ˈweðə] *conj* **1** se; *I don't know whether he comes or not* não sei se ele vem ou não **2** quer; *whether we go or not, the result will be the same* quer vamos quer não, o resultado será o mesmo ❖ *whether you like it or not* quer queiras quer não

whetstone [ˈwetstəʊn] *n* pedra de afiar

whew [fjuːˌhwjuː] *interj* **1** (alívio) uf! **2** (surpresa) credo! **3** (consternação) bolas!

which [wɪtʃ] *adj,pron rel,interr* **1** que; *the books which they bought* os livros que eles compraram **2** o qual, a qual, os quais, as quais; *which of the two is the prettier?* qual das duas é a mais bonita? **3** o que ❖ *I can never tell which is which* nunca sou capaz de os distinguir

whichever [ˌwɪtʃˈevə] *adj,pron* **1** qualquer, quaisquer **2** seja qual for

whiff [wɪf] *n* **1** lufada {*of,* de] **2** (mau cheiro) baforada **3** (escândalo) indícios; suspeita

while [waɪl] *conj* **1** enquanto; *while there is life there is hope* enquanto há vida há esperança **2** ainda que; embora **3** enquanto que; ao passo que ♦ *n* bocado; momento; espaço de tempo; *a long while ago* há muito tempo; *to stay for a short while* ficar durante um breve espaço de tempo ♦ *vt* (*tempo*) passar; *to while away the time* passar o tempo ❖ *between the whiles* nos intervalos; *once in a while* ocasionalmente

whim [wɪm] *n* capricho; extravagância ❖ *as the whim takes him* conforme lhe dá na veneta

whimper [ˈwɪmpə] *n* **1** lamúria; queixume; *without a whimper* sem se queixar **2** gemido ♦ *vi* **1** choramingar; lastimar-se **2** gemer

whimsical [ˈwɪmzɪkəl] *adj* **1** caprichoso **2** (*sorriso*) enigmático **3** (história, etc.) fantasista; bizarro

whine [waɪn] *n* **1** queixume; lamento **2** gemido **3** (*máquina*) rangido ♦ *vi* **1** choramingar **2** gemer **3** lamuriar-se

whip [wɪp] *n* **1** chicote **2** palmada; açoite **3** POL chefe de fila; líder parlamentar **4** CUL natas do céu ♦ *vt,i* **1** dar uma(s) palmada(s) a; açoitar **2** chicotear **3** CUL (ovos, creme) bater **4** *col* (*derrotar*) dar uma tareta a **5** (rapidez de movimentos) sacar de *col*; arrancar ♦ *vi* (*rapidez de movimentos*) dar um salto *fig* [to, a], voar *fig* [to, até] ❖ *to whip the crowd into a frenzy* levar a multidão ao rubro

whiplash [ˈwɪplæʃ] *n* **1** chicotada **2** (num acidente de viação) traumatismo cervical

whippersnapper [ˈwɪpəsnæpə] *n col* borra-botas

whipping [ˈwɪpɪŋ] *n* **1** castigo com chicote **2** sova **3** *col* derrota

whirl [wɜːl] *n* **1** giro; rotação **2** remoinho **3** *fig* turbilhão [of, de]; *her head was in a whirl* ela tinha a cabeça num turbilhão ♦ *vi* **1** rodopiar; andar à roda **2** *fig* (confusão) estar num turbilhão ♦ *vt* fazer rodopiar; dar voltas a

whirlpool ['wɜːlpuːl] *n* redemoinho; turbilhão

whirlwind ['wɜːlwɪnd] *n* 1 turbilhão 2 furacão ❖ *a whirlwind visit* uma visita-relâmpago

whirr [wɜː] *n* zumbido ♦ *vi* zumbir

whisk [wɪsk] *n* 1 sacudidela 2 CUL (ovos) batedeira ♦ *vt* 1 sacudir; abanar; *the dog whisked its tail* o cão abanou a cauda 2 CUL bater 3 levar rapidamente

whisker ['wɪskə] *n* suíça ♦ *npl* (gato, rato) bigodes ❖ *she won the race by a whisker* por pouco não ganhava a corrida

whiskey ['wɪski] *n* ⇒ **whisky**

whisky ['wɪski] *n* (*pl* -ies) uísque

whisper ['wɪspə] *n* 1 sussurro; murmúrio 2 boato, rumor; insinuação ♦ *vt,i* 1 murmurar; sussurrar 2 segredar ❖ *it's being whispered that...* corre o boato que...

whistle ['wɪsl] *n* 1 (objeto) apito 2 (som) assobio ♦ *vi* 1 assobiar 2 apitar ❖ *to blow the whistle on* denunciar; *to wet one's whistle* molhar o bico

white [waɪt] *n* 1 (cor, vinho, pessoa) branco 2 (ovo) clara; *stiff egg whites/stiffly beaten egg whites* claras batidas em castelo 3 (olho) córnea ♦ *npl* roupa branca ♦ *adj* 1 branco 2 pálido ❖ *a white lie* uma mentira piedosa

white-collar [,waɪt'kɒlə] *adj* 1 (trabalho, trabalhador) de escritório 2 (crime) de colarinho branco

whiten ['waɪtən] *vt,i* branquear; embranquecer

whitewash ['waɪtwɒʃ] *n* 1 (construção) cal 2 *fig* branqueamento 3 DESP derrota completa ♦ *vt* 1 caiar 2 *fig* branquear, encobrir 3 DESP derrotar completamente

whitewasher ['waɪtwɒʃə] *n* caiador

whiz [wɪz] *n,vi* ⇒ **whizz**

whizz [wɪz] *n* 1 silvo, assobio 2 zumbido 3 *col* prodígio, génio; *to be a whizz at* ser

barra a ♦ *vi* 1 (projétil) sibilar, silvar 2 zunir ❖ *to whizz past* passar a grande velocidade

who [huː] *pron interr* quem; *who did you talk to?* com quem é que falaste? ♦ *pron rel* que; o qual, a qual, os quais, as quais

whodunit [,huː'dʌnɪt] *n col* (filme, peça, história) policial

whoever [huː'evə] *pron rel* 1 quem quer que; *come out, whoever you are!* saia, quem quer que seja! 2 quem; *whoever told you that?* quem te disse isso?

whole [həʊl] *adj* 1 todo, total, completo 2 (número) inteiro 3 (leite) gordo 4 (alimento) integral 5 são e salvo; ileso ♦ *n* totalidade [of, de] ❖ *as a whole* globalmente; *on the whole* em geral

wholegrain ['həʊlɡreɪn] *adj* (pão, farinha, cereais, etc.) integral

wholehearted [,həʊl'hɑːtɪd] *adj* 1 sincero; empenhado 2 total; incondicional

wholemeal ['həʊlmiːl] *adj* GB integral; *wholemeal bread* pão integral

wholesale ['həʊlseɪl] *n* venda por grosso ou por atacado ♦ *adj* 1 por atacado; grossista 2 indiscriminado; generalizado ♦ *adv* 1 por atacado, por grosso 2 em massa

wholesaler ['həʊlseɪlə] *n* comerciante por atacado; grossista

wholesome ['həʊlsəm] *adj* saudável

wholly ['həʊli] *adv* completamente; totalmente

whom [huːm] *pron interr* quem; *for whom are you keeping those things?* para quem estás a guardar essas coisas? ♦ *pron rel* que; o qual, a qual, os quais, as quais

whooping cough ['huːpɪŋkɒf] *n* tosse convulsa

whopping ['wɒpɪŋ] *adj col* enorme; descomunal

whore [hɔː] *n cal* prostituta

whose [huːz] *pron interr* de quem ♦ *pron rel* cujo, cuja, cujos, cujas; *the boy whose book I found is English* o rapaz, cujo livro eu encontrei, é inglês

why [waɪ] *adv* **1** porquê **2** por que razão; *I wonder why he didn't write to them* pergunto a mim mesmo por que motivo ele não lhes escreveu ♦ *n* {*pl* whys} causa, razão ❖ *why not?* por que não?; *why ... I really don't know* bem ... na realidade não sei; *why it's Richard* olha, é o Richard; *that's why* foi por isso

wick [wɪk] *n* torcida, pavio, mecha

wicked ['wɪkɪd] *adj* **1** maldoso; perverso **2** horrível; terrível

wicker ['wɪkə] *n* vime, verga; *wicker chair* cadeira de vime

wicket ['wɪkɪt] *n* postigo; portinhola

wide [waɪd] *adj* **1** largo **2** de largura; *to be 20 feet wide* ter 20 pés de largura **3** amplo; vasto; extenso **4** (sorriso, olhos) aberto ♦ *adv* **1** longe; *to shoot wide of the mark* errar o alvo por muito **2** completamente; *wide awake* completamente desperto

wide-awake [ˌwaɪdə'weɪk] *adj* **1** desperto, acordado **2** *col* alerta; atento

widely ['waɪdli] *adv* **1** largamente; extensamente **2** muito; *to be widely known* ser muito conhecido

widen ['waɪdən] *vt* **1** alargar **2** estender **3** ampliar

wide-ranging [waɪd'reɪndʒɪŋ] *adj* **1** diversificado **2** abrangente; de grande alcance

widespread ['waɪdspred] *adj* generalizado ❖ *to become widespread* generalizar-se; difundir-se

widow ['wɪdəʊ] *n* viúva

widower ['wɪdəʊə] *n* viúvo

widowhood ['wɪdəʊhʊd] *n* viuvez

width [wɪdθ] *n* **1** largura; *in width* de largura **2** extensão **3** vastidão

wield [wiːld] *vt* **1** empunhar; manejar **2** (poder, influência) exercer **3** governar ❖ *to wield the pen* ser escritor

wife [waɪf] *n* {*pl* wives} esposa; mulher

wig [wɪg] *n* peruca, cabeleira postiça

wild [waɪld] *adj* **1** selvagem **2** (planta) silvestre; bravo **3** (região) agreste **4** (pessoa) furioso **5** (pessoa) louco; descontrolado **6** (ato,

comentário); precipitado, imprudente ♦ *n* estado selvagem; natureza ❖ *it was just a wild guess* disse à sorte; *to run wild* andar à solta; comportar-se como um selvagem

wildcard ['waɪldkɑːd] *n* **1** INFORM carácter de substituição **2** carta fora do baralho *fig*, fator imprevisível **3** DESP convite

wilderness ['wɪldənəs] *n* **1** deserto; ermo **2** natureza *em* estado selvagem **3** *fig* selva

wildlife ['waɪldlaɪf] *n* vida selvagem ❖ *wildlife park* reserva natural

wildness ['waɪldnəs] *n* **1** (animais, plantas) estado selvagem **2** furor; euforia **3** loucura

wile [waɪl] *n* **1** estratagema; ardil, artimanha **2** engano

wilful ['wɪlfʊl] *adj* **1** obstinado; teimoso **2** premeditado; voluntário

will [wɪl] *n* **1** vontade; *at one's will and pleasure* à vontade; *she has no will of her own* ela não tem vontade própria **2** arbítrio; *the freedom of will* o livre-arbítrio **3** desejo; *the will to power* o desejo do poder **4** inclinação **5** testamento; *to make one's will* fazer o testamento **6** determinação, decisão **7** ordem **8** entusiasmo ♦ *vt,i* {*pret e pp* -ed} **1** decidir **2** controlar **3** determinar **4** legar [**to**, a], deixar em testamento [**to**, a] **5** querer ♦ *v mod* {*pret* would} **1** desejar **2** querer; *do as you will* faça como quiser **3** [auxiliar do futuro] *he will speak* ele falará ❖ *will you shut up?* não te importas de te calar?; *she'll be about thirty* deve andar pelos trinta anos; *where there's a will there's a way* querer é poder

willing ['wɪlɪŋ] *adj* **1** cheio de boa vontade **2** de livre vontade; voluntário **3** disposto; *I'm willing to* estou disposto a

willingly ['wɪlɪŋli] *adv* de bom grado; com prazer

willingness ['wɪlɪŋnəs] *n* **1** boa vontade **2** disponibilidade **3** prontidão

will-o'-the-wisp [ˌwɪləðə'wɪsp] *n* **1** fogo-fátuo **2** *fig* quimera

willow ['wɪləʊ] *n* salgueiro

willpower ['wɪlpaʊə] *n* força de vontade

wily ['waɪlɪ] *adj* {*comp* -ier, *superl* -iest} manhoso; astuto

wimp [wɪmp] *n col* banana*fig*; lorpa*fig*

win [wɪn] *vt,i* {*pret e pp* won} **1** ganhar; vencer **2** conseguir; alcançar; conquistar; *to win all hearts* conquistar a simpatia de todos ♦ *n* ganho, vitória ❖ *to win hands down* ganhar com toda a facilidade; *you can't win* não tens hipótese; *you can't win them all* não se pode ganhar sempre
♦ **win back** *vt* recuperar; reconquistar
♦ **win over** *vt* **1** convencer **2** conquistar; *he won the audience over* ele conquistou a assistência

wince [wɪns] *n* **1** (dor, vergonha) careta **2** retraimento; estremecimento ♦ *vi* **1** (dor, vergonha) fazer uma careta **2** retrair-se; estremecer [**at**, perante/devido a]

wind[1] [wɪnd] *n* **1** vento; *to have the wind in one's face* ter vento pela frente **2** fôlego; respiração; *let me get my wind back* deixa-me recuperar o fôlego **3** (*flatulência*) gases **4** *fig*,*pej* palavras ocas **5** MÚS instrumentos de sopro ♦ *vt* {*pret e pp* winded} **1** cortar a respiração a; deixar sem fôlego **2** arejar ❖ *wind power* energia eólica; *to find out how the wind blows* ver de que lado sopra o vento; *to talk to the wind* pregar no deserto

wind[2] [waɪnd] *vt* {*pret e pp* wound} **1** dar voltas a; (manivela) desandar **2** (relógio) dar corda a **3** torcer; enrolar; envolver ♦ *vi* serpentear; ziguezaguear
♦ **wind up** *vt* **1** concluir **2** (negócio) liquidar **3** (janela do carro) fechar **4** (relógio) dar corda a **5** *col* enervar ♦ *vi col* acabar; *we wound up in Spain* acabámos em Espanha

windcheater ['wɪndtʃiːtə] *n* (casaco) corta-vento

winding ['waɪndɪŋ] *adj* **1** tortuoso; sinuoso **2** (escada) em caracol

windmill ['wɪndmɪl] *n* moinho de vento

window ['wɪndəʊ] *n* **1** janela **2** montra **3** (banco, escritório) guichê ❖ (pessoa) *window cleaner* limpa-vidros

window-dressing ['wɪndəʊdresɪŋ] *n* **1** decoração de montras **2** *fig*,*pej* (aparências) pura fachada

window-shop ['wɪndəʊʃɒp] *vi* {*pret e pp* -pp-} ver montras

windowsill ['wɪndəʊsɪl] *n* (janela) peitoril

windpipe ['wɪndpaɪp] *n* traqueia

windscreen ['wɪndskriːn] *n* GB para-brisas; *windscreen wiper* limpa-para-brisas

windshield ['wɪndʃiːld] *n* EUA para-brisas; *windshield wiper* limpa-para-brisas

windsurf ['wɪndsɜːf] *vi* DESP fazer windsurf

windsurfer ['wɪndsɜːfə] *n* praticante de windsurf, windsurfista

windsurfing ['wɪndsɜːfɪŋ] *n* DESP windsurf

windward ['wɪndwəd] *n* barlavento ♦ *adv* a barlavento

windy ['wɪndɪ] *adj* {*comp* -ier, *superl* -iest} **1** ventoso **2** (local) exposto ao vento **3** (discurso) oco **4** GB *col* com gases

wine [waɪn] *n* vinho; *red/white wine* vinho maduro/verde

winemaking ['waɪnmeɪkɪŋ] *n* vinicultura ♦ *adj* vinícola

wineskin ['waɪnskɪn] *n* odre

wing [wɪŋ] *n* **1** asa **2** (edifício) ala; *the west wing of a building* a ala ocidental de um edifício **3** flanco **4** DESP (jogador) ponta, extremo **5** AER esquadrilha ♦ *npl* TEAT bastidores ♦ *vi* voar ❖ *wing mirror* espelho retrovisor exterior; *to take someone under one's wing* tomar alguém sob a sua proteção

wingspan ['wɪŋspæn] *n* (asas) envergadura

wink [wɪŋk] *n* **1** piscar de olhos; piscadela; *to give somebody a wink* piscar o olho a alguém **2** momento, instante ♦ *vi* **1** piscar o olho [**at**, a]; *he winked at her* ele piscou-lhe o olho **2** (estrela, luz) cintilar ❖ *I didn't get a wink of sleep* não preguei olho

winner ['wɪnə] *n* **1** vencedor **2** *col* êxito

winning ['wɪnɪŋ] *adj* **1** vencedor; vitorioso **2** premiado **3** atraente, sedutor ♦ *n* ganho; lucro

winnow ['wɪnəʊ] *vt,i* **1** joeirar **2** *fig* separar, selecionar ♦ *n* crivo

wino ['waɪnəʊ] *n col* bêbedo

winsome ['wɪnsəm] *adj* atraente; encantador

winter ['wɪntə] *n* inverno; *in (the) winter* no inverno ♦ *vi* passar o inverno ❖ DESP *winter sports* desportos de inverno

wintry ['wɪntrɪ] *adj* {*comp* -ier, *superl* -iest} 1 invernoso 2 frio; antipático

wipe [waɪp] *n* 1 limpeza; esfregadela 2 pano de limpeza ♦ *vt* 1 limpar 2 enxugar; *to wipe one's eyes* limpar as lágrimas ❖ *to wipe one's nose* assoar-se; *to wipe the floor with someone* derrotar alguém por completo; *to wipe the slate clean* começar de novo

♦ **wipe out** *vt* 1 limpar 2 aniquilar; exterminar 3 (dívida) liquidar 4 apagar; esquecer

wipeout ['waɪpaʊt] *n* 1 destruição 2 aniquilação, extermínio 3 extinção 4 derrota total 5 DESP (surf) queda 6 falhanço

wiper ['waɪpə] *n* limpa-para-brisas

wire ['waɪə] *n* 1 arame 2 fio de metal 3 fio elétrico 4 EUA telegrama ♦ *vt* 1 prender com arame 2 pôr instalação elétrica em 3 EUA telegrafar [to, a] ❖ *to pull the wires* puxar os cordelinhos

wired ['waɪəd] *adj* 1 reforçado com arame; com vedação ou rede de arame 2 INFORM com ligação à Internet 3 TV com ligação à TV Cabo 4 EUA ELET com escutas 5 *cal* (pessoa) elétrico *fig*

wireless ['waɪələs] *adj* sem fios ♦ *n* rádio

wiretap ['waɪətæp] *n* EUA escuta telefónica ♦ *vt* EUA (telefone) colocar sob escuta

wisdom ['wɪzdəm] *n* 1 sabedoria 2 sensatez ❖ *wisdom tooth* dente do siso

wise [waɪz] *adj* 1 sábio 2 sensato; prudente 3 (decisão) acertado ❖ *to be wise after the event* trancar as portas depois da casa roubada; *pej wise guy* espertinho

♦ **wise up** *vi* (*dar-se conta*) abrir os olhos *fig*

wisecrack ['waɪzkræk] *n col* piada; boca

wish [wɪʃ] *n* {*pl* -es} 1 desejo 2 vontade; *to do something against somebody's wishes* fazer algo contra a vontade de alguém 3 pedido ♦ *npl* votos; (carta) *best wishes* com os melhores cumprimentos ♦ *vt* 1 desejar [for, -]; *to wish for peace* desejar a paz 2 querer;

as you wish como queira ❖ *to make a wish* pedir um desejo; *I wish I knew that before* quem me dera saber isso antes; *I wish it may last* oxalá que isso dure

wishful ['wɪʃfʊl] *adj* desejoso; ansioso ❖ *wishful thinking* esperanças vãs

wishy-washy ['wɪʃɪwɒʃɪ] *adj col* (pessoa) fraco; mole 2 *col* (cor) deslavado 3 *col* (bebida) aguado

wisp [wɪsp] *n* 1 punhado; feixe; tufo 2 (cabelo) madeixa 3 (fumo) espiral

wistaria [wɪs'teərɪə] *n* BOT glicínia

wistful ['wɪstfʊl] *adj* nostálgico

wit [wɪt] *n* 1 perspicácia 2 engenho; talento 3 pessoa espirituosa ❖ *out of one's wits* desorientado

witch [wɪtʃ] *n* {*pl* -es} bruxa; feiticeira ❖ *witch doctor* feiticeiro

witchcraft ['wɪtʃkrɑːft] *n* bruxaria; feitiçaria

with [wɪð] *prep* 1 com; *to work with care* trabalhar com cuidado; *take it with you* leva-o contigo 2 (causa) de; *to tremble with fear* tremer de medo 3 (apoio) por; *I am with you there* concordo contigo nesse ponto 4 apesar de; *with all her faults I like her* apesar de todos os seus defeitos, gosto dela

withdraw [wɪð'drɔː] *vt* {*pret* -drew, *pp* -drawn} 1 retirar [from, de]; *to withdraw something from the market* retirar alguma coisa do mercado 2 retratar-se de 3 renunciar a 4 (dinheiro) levantar [from, de] ♦ *vi* 1 retirar-se; desistir; *to withdraw in favour of somebody* desistir em favor de alguém 2 retratar-se

withdrawal [wɪð'drɔːəl] *n* 1 afastamento 2 retirada 3 (dinheiro) levantamento [from, de] 4 (ordem) revogação 5 (droga) abstinência

wither ['wɪðə] *vt* 1 murchar; secar 2 *fig* fulminar; *she withered him with a look* ela fulminou-o com o olhar ♦ *vi* 1 murchar; secar 2 definhar 3 *fig* desvanecer-se

withering ['wɪðərɪŋ] *adj* 1 que faz murchar 2 *fig* fulminante; de desprezo; *a withering* *glance* um olhar fulminante 3 *fig* (comentário) mordaz

withhold [wɪð'həʊld] *vt* {*pret e pp* withheld} 1 reter; deter 2 sonegar; ocultar; *to withhold the truth* ocultar a verdade 3 recusar, negar; *to withhold one's support from somebody* negar auxílio a alguém 4 impedir

within [wɪ'ðɪn] *prep* 1 no interior; *the noise came from within the house* o barulho veio de dentro da casa 2 dentro de; *within the city walls* dentro dos muros da cidade 3 no prazo de; *within 90 days* no prazo de 90 dias 4 ao alcance de; *within hearing distance* ao alcance do ouvido ♦ *adv* dentro; no interior

without [wɪ'ðaʊt] *prep* sem; *without doubt* sem dúvida

withstand [wɪð'stænd] *vt* {*pret e pp* -stood} 1 resistir a 2 aguentar; suportar

witness ['wɪtnəs] *n* {*pl* -es} 1 testemunha 2 (depoimento, prova) testemunho ♦ *vt* 1 (*ver*) presenciar; assistir a; testemunhar 2 ser testemunha de 3 atestar ❖ *to have a document witnessed* mandar legalizar um documento

witticism ['wɪtɪsɪzəm] *n* dito espirituoso

witty ['wɪti] *adj* {*comp* -ier, *superl* -iest} 1 engenhoso; arguto 2 espirituoso

wizard ['wɪzəd] *n* 1 feiticeiro; bruxo 2 prodígio; perito

wobble ['wɒbəl] *vi* 1 (mesa, cadeira) abanar 2 cambalear 3 (pessoa) vacilar; hesitar [**between**, entre]

wobbly ['wɒbli] *adj* 1 desequilibrado; pouco firme 2 (cadeira, mesa) que abana 3 (pernas) bambo 4 (voz) trémulo 5 hesitante

woe [wəʊ] *n* mágoa; dor ♦ *npl* atribulações

woeful ['wəʊfʊl] *adj* 1 desgraçado; aflito 2 lamentável, triste

wolf [wʊlf] *n* {*pl* wolves} lobo; *wolf's cub* cria de lobo ❖ *hungry as a wolf* faminto; *to cry wolf* dar falso alarme

woman ['wʊmən] *n* {*pl* -men} mulher; senhora

womanhood ['wʊmənhʊd] *n* condição feminina ❖ (mulher) *to reach womanhood* chegar à idade adulta

womanizer ['wʊmənaɪzə] *n* mulherengo

womanizing ['wʊmənaɪzɪŋ] *adj* mulherengo

womankind ['wʊmənkaɪnd] *n* o sexo feminino

womanly ['wʊmənli] *adj* feminino

womb [wuːm] *n* útero; ventre

wonder ['wʌndə] *n* 1 maravilha; prodígio 2 admiração; espanto; *to be filled with wonder* estar abismado ♦ *adj* milagroso; *wonder drug* remédio milagroso ♦ *vt* 1 admirar-se com 2 interrogar-se; perguntar a si mesmo; *I wonder whether she will come* pergunto a mim mesmo se ela virá ♦ *vi* 1 admirar-se 2 estranhar; ter dúvidas; pensar; *it makes you wonder* dá que pensar ❖ *that is no wonder* isso não admira; *to do wonders* ser milagroso

wonderful ['wʌndəfʊl] *adj* admirável; maravilhoso; espantoso

wonderland ['wʌndəlænd] *n* país das maravilhas

wondrous ['wʌndrəs] *adj* extraordinário; maravilhoso

wont [wəʊnt] *adj* acostumado; habituado; *to be wont to* ter o hábito de ♦ *n* hábito; costume

woo [wuː] *vt* 1 namorar; cortejar 2 *fig* (apoios, etc.) tentar conquistar; tentar conseguir

wood [wʊd] *n* 1 madeira 2 (fogueira) lenha 3 bosque, floresta 4 pipa, barril ❖ *out of the woods* livre de perigo

woodcock ['wʊdkɒk] *n* ZOOL galinhola

woodcutter ['wʊdkʌtə] *n* lenhador

wooden ['wʊdən] *adj* 1 de madeira; de pau 2 *col* rígido

woodland ['wʊdlənd] *n* bosque; mata

woodlouse ['wʊdlaʊs] *n* bicho-de-conta

woodpecker ['wʊdpekə] *n* pica-pau

woodwork ['wʊdwɜːk] *n* (atividade, obra) carpintaria

woodworm ['wʊdwɜːm] n caruncho, carcoma

woof [wʊf] n au-au; latido ♦ vi ladrar

wool [wʊl] n lã; *all/pure wool* pura lã ♦ *adj* de lã

woollen ['wʊlən] *adj* de lã; feito de lã

woollens ['wʊlənz] n *pl* malhas; roupa de lã

woolly ['wʊli] *adj* {*comp* -ier, *superl* -iest} 1 de lã 2 vago; impreciso

word [wɜːd] n 1 palavra 2 informação; *we have word that he will arrive tomorrow* fomos informados que ele chega amanhã 3 promessa, garantia 4 ordem ♦ *npl* (canção) texto, letra ♦ *vt* 1 exprimir; frasear 2 redigir; escrever ❖ *by word of mouth* oralmente; *I can't get a word out of him* não consigo arrancar-lhe uma palavra; *in a word* em suma; *in other words* ou seja; por outras palavras, *not in so many words* não exatamente; *to a word* à letra; *to break one's word* faltar à palavra

work [wɜːk] n 1 trabalho 2 emprego; ocupação 3 atividade 4 tarefa 5 (mecanismo) funcionamento 6 (arte, construção, ato) obra; *work of art* obra de arte; (responsabilidade) *this is the work of* isto é obra de ♦ *npl* 1 fábrica, oficina; *chemical works* fábrica de produtos químicos 2 maquinaria, mecanismo ♦ *vt,i* {*pret e pp* worked} 1 trabalhar 2 surtir efeito 3 manobrar 4 calcular 5 fermentar 6 agitar-se 7 funcionar 8 atuar sobre 9 explorar 10 produzir, fabricar 11 conseguir pouco a pouco 12 (ferro) forjar 13 pagar com trabalho ❖ *work experience* experiência de trabalho; *it's all in the day's work* isso é o pão nosso de cada dia; *it works both ways* é um pau de dois bicos; *that won't work* isso não dá resultado; *to be out of work* estar desempregado; *to get to work* meter mãos à obra

♦ **work off** *vt* 1 livrar-se de 2 (dívida) trabalhar para pagar 3 fazer exercício (para baixar o peso)

♦ **work out** *vt* 1 calcular 2 resolver; arranjar uma solução para 3 planear; elaborar 4 perceber, entender 5 (energia, fúria) descarregar ♦ *vi* 1 DESP fazer exercício 2 (quantia) ficar [at, por/em]; *it works out at 20 euros a year* fica por 20 euros por ano 3 resolver-se; acabar bem

♦ **work up** *vt* 1 enervar 2 exaltar 3 excitar 4 aumentar; desenvolver; *to work up an appetite* ficar cheio de fome ♦ *vi* aumentar; intensificar-se

workaholic [ˌwɜːkə'hɒlɪk] n trabalhador compulsivo

workbook ['wɜːkbʊk] n livro de exercícios

worker ['wɜːkə] n trabalhador; operário

workforce ['wɜːkfɔːs] n 1 (empresa) pessoal; mão de obra 2 (país) população ativa

working ['wɜːkɪŋ] *adj* 1 de trabalho 2 (população) ativo, que trabalha 3 que funciona ❖ *working knowledge* conhecimentos na ótica do utilizador

workman ['wɜːkmən] n {*pl* -men} trabalhador; operário

workshop ['wɜːkʃɒp] n oficina; workshop

workstation ['wɜːksteɪʃən] n 1 posto de trabalho 2 INFORM terminal de computador

world [wɜːld] n 1 mundo; *world champion* campeão do mundo; *world music* música étnica 2 gente; *all the world knows* toda a gente sabe ❖ *out of this world* extraordinário; invulgar

world-class [ˌwɜːld'klɑːs] *adj* de nível internacional

worldly ['wɜːldli] *adj* {*comp* -ier, *superl* -iest} 1 mundano 2 secular ❖ *worldly goods* bens materiais

worldwide [ˌwɜːld'waɪd] *adj* mundial, universal ♦ *adv* mundialmente; em todo o mundo

worm [wɜːm] n 1 verme 2 lombriga; bicha*pop*; *to have worms* ter bichas 3 caruncho 4 *fig,pej* (pessoa) canalha ♦ *vt,i* 1 rastejar; deslizar [through, por] 2 desparasitar 3 insinuar-se [into, junto a] ❖ *a can of worms* um problema bicudo

worn [wɔːn] *adj* 1 usado; gasto 2 fatigado; exausto

worn-out [ˌwɔːn'aʊt] *adj* 1 (roupa, calçado) gasto 2 (pessoa) exausto 3 (ideia) batido

worried ['wʌrɪd] *adj* inquieto [**about**, com]; preocupado [**about**, com]

worry ['wʌrɪ] *n* {*pl* -ies} 1 preocupação; inquietação 2 incómodo ♦ *vt* preocupar; afligir ♦ *vi* preocupar-se [**about/over**, com]; afligir-se [**about/over**, com] ❖ *I should worry!* quero lá saber!; *not to worry!* deixa lá!

worrying ['wʌrɪɪŋ] *adj* preocupante; inquietante

worse [wɜːs] *adj* 1 pior 2 em pior estado ♦ *adv* pior; *to get worse* piorar; *worse and worse* cada vez pior; *worse off* em piores condições

worsen ['wɜːsən] *vt,i* piorar; agravar

worship ['wɜːʃɪp] *n* 1 veneração; adoração 2 culto 3 admiração, respeito 4 (formas de tratamento) senhoria, excelência ♦ *vt* {*pret e pp* -pp-} 1 venerar; prestar culto a 2 admirar; ser fã de ♦ *vi* ir à missa ❖ *place of worship* local de culto

worshipper ['wɜːʃɪpə] *n* 1 devoto 2 fã; admirador

worst [wɜːst] *adj* pior ♦ *adv* da pior maneira ♦ *n* o pior ❖ *the worst case scenario* a pior das hipóteses

worth [wɜːθ] *adj* digno; merecedor ♦ *n* 1 valor; mérito 2 importância 3 custo, preço ❖ *for what it's worth* se servir de alguma coisa; *to be worth* valer a pena

worthless ['wɜːθləs] *adj* 1 (objeto) sem valor 2 (pessoa) desprezível 3 (pessoa) inútil

worthwhile ['wɜːθwaɪl] *adj* 1 que vale a pena; *is it worthwhile going there?* valerá a pena ir lá? 2 proveitoso; compensador

worthy ['wɜːðɪ] *adj* {*comp* -ier, *superl* -iest} 1 digno; merecedor; *to be worthy of* merecer 2 louvável

would [wʊd] *auxiliar do condicional, pret de* will

would-be ['wʊdbiː] *adj* 1 aspirante; *would-be actor* aspirante a ator 2 *pej* pretenso; *a would-be poet* um pretenso poeta

wound[1] [wuːnd] *n* 1 ferida, ferimento; *to dress a wound* fazer o curativo a uma ferida 2 chaga; *the five wounds of Christ* as cinco chagas de Cristo 3 *fig* ofensa ♦ *vt,i* ferir

wound[2] [waʊnd] *pret e pp de* to wind

wow [waʊ] *interj* uau!, ena! ♦ *n col* grande êxito, grande sucesso ♦ *vt col (entusiasmar)* arrebatar

wrangle ['ræŋɡəl] *n* discussão; disputa ♦ *vi* discutir; *to wrangle over trifles* discutir por causa de ninharias

wrangler ['ræŋɡlə] *n EUA* vaqueiro

wrap [ræp] *vt* {*pret e pp* -pp-} 1 embrulhar 2 envolver [**in**, em]; rodear [**in**, de] ♦ *n* agasalho; xaile ❖ *to keep something under wraps* manter alguma coisa em segredo; *to wrap somebody in cotton wool* proteger alguém demasiado

♦ *wrap up vi* 1 agasalhar-se 2 calar-se; fechar o bico ♦ *vt* 1 embrulhar 2 concluir; terminar; fechar; *to wrap up the deal* fechar negócio ❖ *to be wrapped up in* estar absorto em

wrapper ['ræpə] *n* 1 invólucro 2 (livro) sobrecapa 3 (jornal) cinta

wrapping ['ræpɪŋ] *n* {*pl* -s} 1 invólucro 2 embrulho; *wrapping paper* papel de embrulho

wrath [rɒθ] *n* ira; raiva

wreak [riːk] *vt* causar; provocar ❖ *to wreak havoc* fazer estragos; *to wreak revenge on* vingar-se de

wreath [riːθ] *n* (forma, flores) coroa

wreathe [riːð] *vt* rodear; envolver ❖ *wreathed in smiles* desfeito em sorrisos

wreck [rek] *n* 1 naufrágio; navio naufragado 2 (barco, carro, avião) destroços 3 *EUA* (carros) acidente 4 *col* (carro) sucata ♦ *vt* 1 arruinar; deitar a perder 2 estragar; destruir 3 fazer naufragar ❖ *to be a nervous wreck* estar com os nervos em franja; *to be a wreck* estar feito num oito

wreckage ['rekɪdʒ] *n* destroços; ruínas; escombros

wrecker ['rekə] *n* 1 *EUA* reboque; pronto-socorro 2 (pessoa) destruidor

wrench [rentʃ] *vt* 1 arrancar; puxar com força 2 (articulações) torcer; *to wrench one's ankle* torcer o tornozelo 3 (factos, sentido de uma frase) falsear; deturpar 4 *fig* (coração) destroçar ♦ n {pl -es} 1 puxão 2 (articulações) entorse 3 (músculos) distensão 4 fig separação dolorosa 5 EUA MEC chave inglesa, chave de porcas ♦ **to wrench open** arrombar; **to wrench oneself free** soltar-se

wrest [rest] vt 1 arrancar [from, de] 2 extorquir [from, a]

wrestle ['resəl] vi 1 lutar [with, com]; andar à luta [with, com] 2 debater-se [with, com] ♦ vt lutar contra ♦ n luta

wrestler ['reslə] n DESP lutador

wrestling ['resliŋ] n DESP luta

wretch [retʃ] n {pl -es} 1 infeliz; desgraçado; **poor wretch!** pobre diabo! 2 canalha, patife

wretched ['retʃid] adj 1 infeliz; miserável 2 péssimo 3 col maldito; **the wretched door won't open!** esta maldita porta não quer abrir!

wriggle ['rigəl] vi 1 contorcer-se; retorcer-se 2 esquivar-se [out of, de]; escapar [out of, a]

wring [riŋ] vt {pret e pp wrung} torcer ❖ **to wring somebody's neck** torcer o pescoço a alguém; **wringing wet** encharcado
♦ **wring from** vt 1 (confissão) arrancar 2 (dinheiro) extorquir

wringer ['riŋə] n (roupas) secador ❖ **to put somebody through the wringer** fazer alguém passar um mau bocado

wrinkle ['riŋkəl] n 1 ruga 2 vinco ♦ vt 1 enrugar; amarrotar 2 (sobrolho) franzir ♦ vi enrugar-se; amarrotar-se

wrist [rist] n 1 pulso 2 (roupa) punho

wristband ['ristbænd] n (camisa) punho

wristwatch ['ristwotʃ] n relógio de pulso

writ [rit] n mandado judicial

write [rait] vt {pret wrote, pp written} 1 escrever; redigir; **to write in pencil** escrever a lápis; **to write somebody a letter** escrever uma carta a alguém 2 MÚS compor 3 (cheque) passar ♦ vi 1 escrever [about, sobre]; **these pens don't write** estas canetas não es-

crevem 2 ser escritor ❖ **it's written all over your face** basta olhar para a tua cara; **to be nothing to write home about** não ser nada do outro mundo

writer ['raitə] n escritor; autor ❖ **writer's block** bloqueio de criatividade

write-up ['raitʌp] n {pl -s} col crítica; recensão

writhe [raið] vi contorcer-se; **to writhe in pain** contorcer-se de dor

writing ['raitiŋ] n 1 (ação, profissão) escrita 2 caligrafia; letra ❖ **writing desk** escrivaninha; **in writing** por escrito

wrong [roŋ] adj 1 errado; incorreto 2 enganado 3 injusto 4 moralmente condenável; **lying is wrong** não se deve mentir 5 impróprio; inoportuno; inconveniente; **at the wrong time** em má altura ♦ adv mal; erradamente; incorretamente; **to get it all wrong** perceber tudo mal ♦ n 1 mal; **to know right from wrong** distinguir o bem e o mal 2 injustiça; **to right a wrong** corrigir uma injustiça, fazer justiça ♦ vt 1 ser injusto com; **to be wronged** ser vítima de injustiça 2 lesar; prejudicar ❖ **the wrong side out** do avesso; **to be in the wrong** estar enganado; **to be wrong** não ter razão; **to get off on the wrong foot** começar mal; **to go wrong** correr mal; **what's wrong?** qual é o problema?

wrongdoer ['roŋduːə] n malfeitor

wrongdoing ['roŋduːiŋ] n maldade

wrongful ['roŋful] adj 1 injusto; injustificado; **wrongful dismissal** despedimento sem justa causa 2 ilegal

wrongly ['roŋli] adv 1 indevidamente; mal 2 injustamente

wrought [roːt] adj 1 forjado 2 lavrado, trabalhado

wry [rai] adj {comp -ier, -yer, superl -iest, -yest} 1 torto 2 irónico; sarcástico

WWW [sigla de **World Wide Web**] WWW

X

x [eks] n {pl **x's**} (letra) x
xenon ['zenɒn] n xénon
xenophobe ['zenəfəʊb] n xenófobo
xenophobia [ˌzenə'fəʊbiə] n xenofobia
xenophobic [ˌzenə'fəʊbik] adj xenófobo
Xerox ['ziərɒks] n fotocópia ♦ vt fotocopiar ❖ **Xerox machine** fotocopiadora

Xmas n [abrev. de **Christmas**]
XML INFORM [sigla de **Extensible Markup Language**] XML
X-ray ['eksreɪ] n 1 raio X 2 radiografia ♦ vt radiografar, tirar uma radiografia a
xylophone ['zaɪləfəʊn] n xilofone
xylophonist [zaɪ'lɒfənɪst] n xilofonista

Y

y [waɪ] n {pl **y's**} (letra) y
yacht [jɒt] n iate; **yacht race** regata
yachtsman ['jɒtsmən] n {pl **-men**} 1 aficionado da vela 2 (desporto) regatista
yak [jæk] n ZOOL iaque ♦ vi {pret e pp **-kk-**} col palrar; tagarelar
yammer ['jæmə] vi 1 tagarelar 2 resmungar; queixar-se ♦ n 1 tagarelice 2 resmunguice; queixas
yank [jæŋk] n puxão; **to give something a yank** dar um puxão a alguma coisa ♦ vt puxar; dar um puxão a ❖ **to yank on the brake** travar bruscamente; **to yank out a tooth** arrancar um dente com um puxão
Yankee ['jæŋki] n col ianque
yap [jæp] vi {pret e pp **-pp-**} 1 ladrar; latir 2 (pessoa) tagarelar; palrar ♦ n latido
yard [jɑːd] n 1 (unidade de medida) jarda 2 pátio 3 EUA jardim; quintal 4 terreno ♦ vt encurralar
yarn [jɑːn] n 1 (têxtil) fio 2 col patranha, grande peta; **to spin a yarn** contar uma patranha
yawn [jɔːn] vi bocejar; **to yawn with boredom** bocejar de aborrecimento ♦ n 1 bocejo 2 col chatice; seca

yeah [jeə] adv col sim
year [jɪə] n ano ♦ npl anos de idade; **he's five years old** ele tem cinco anos ❖ **all year round** durante todo o ano; **for years** há muito tempo
yearbook ['jɪəbʊk] n 1 anuário 2 EUA livro de curso
yearly ['jəli] adj anual ♦ adv anualmente
yearn [jɜːn] vi ansiar [for, por]; estar desejoso [for, de]; **I'm yearning to go home** estou desejoso de ir para casa
yearning ['jɜːnɪŋ] n desejo ardente [for, por/de]; ânsia [for, por/de]
yeast [jiːst] n levedura; fermento
yell [jel] vt,i gritar; berrar [at, com]; **don't you yell at me!** não grites comigo! ♦ n grito; berro; **to give a yell** dar um berro
yellow ['jeləʊ] adj 1 (cor) amarelo 2 fig cobarde 3 (jornais) sensacionalista; **yellow press** imprensa sensacionalista ♦ n (cor) amarelo ♦ vt,i amarelecer ❖ DESP **yellow card** cartão amarelo; MED **yellow fever** febre amarela; DESP (ciclismo) **yellow jersey** camisola-amarela; **Yellow Pages** Páginas Amarelas

yellow-bellied ['jeləubelɪd] *adj col* covarde; medroso

yellow-belly ['jeləubelɪ] *n col* covarde; medricas

yellowish ['jeləuɪʃ] *adj* amarelado

yelp [jelp] *vi* 1 latir; ganir 2 gritar; berrar ♦ *n* 1 latido; ganido 2 grito; berro; *a yelp of terror* um grito de terror

Yemen ['jemən] *n* lémen

Yemeni ['jeməni] *adj,n* iemenita

yen [jen] *n* 1 (moeda japonesa) iene 2 *col* desejo [for, de]

yes [jes] *adv* sim; *to say yes to (something)* aceitar/autorizar (algo)

yes-man ['jesmæn] *n* (indivíduo servil) capacho *fig*

yesterday ['jestədɪ] *adv* ontem; *I wasn't born yesterday!* eu não nasci ontem!; *the day before yesterday* anteontem

yet [jet] *adv* 1 ainda; *they haven't arrived yet* eles ainda não chegaram 2 já; *has he eaten yet?* ele já comeu? 3 até; *as yet* até agora 4 mais; *yet again* mais uma vez ♦ *conj* mas; no entanto; *a simple yet effective system* um sistema simples mas eficaz

yew [ju:] *n* (planta) teixo

yield [ji:ld] *n* 1 produção; *a good yield of wheat* uma boa produção de trigo 2 rendimento ♦ *vt* 1 (*render*) dar de lucro 2 produzir; *the land yielded a good wheat crop* a terra produziu uma boa colheita de trigo 3 entregar; ceder ♦ *vi* 1 ceder [to, a]; *to yield to temptation* ceder à tentação 2 *EUA* (trânsito) dar prioridade [to, a]; ceder passagem [to, a] 3 render-se; entregar-se ❖ *to yield ground* ceder terreno ♦ *yield up* *vt* 1 revelar (segredo) 2 ceder 3 entregar; *to yield up the ghost* entregar a alma ao Criador

yoga ['jəugə] *n* ioga

yoghurt ['jogət] *n* iogurte

yoghurt-maker ['jogət,meɪkə] *n* iogurteira

yogi ['jəugɪ] *n* praticante de ioga

yoke [jəuk] *n* 1 (bois) junta 2 jugo; canga 3 *fig* peso [of, de] ♦ *vt* 1 (bois) emparelhar 2 unir; ligar

yokel ['jəukəl] *n pej* campónio; labrego

yolk [jəuk] *n* (ovo) gema

yonks [joŋks] *n GB col* séculos; *I haven't seen him for yonks* já não o vejo há séculos

you [ju:] *pron pess* 1 tu 2 você; o senhor, a senhora 3 vós; vocês 4 nós; se; *you can never tell!* nunca se sabe!

young [jʌŋ] *adj* {*comp* -er, *superl* -est} 1 jovem; novo 2 recente 3 com ar jovem ♦ *npl the young* os jovens, (animais) filhotes, crias ❖ *to be young at heart* ser jovem de espírito

youngster ['jʌŋstə] *n* jovem

your [jɔ:] *adj poss* 1 teu, tua, teus, tuas 2 seu, sua, seus, suas 3 vosso, vossa, vossos, vossas

yours [jɔ:z] *pron poss* 1 (o) teu, (a) tua, (os) teus, (as) tuas; *my eyes are blue and yours are brown* os meus olhos são azuis e os teus são castanhos 2 (o) seu, (a) sua, (os) seus, (as) suas 3 (o) vosso, (a) vossa, (os) vossos, (as) vossas

yourself [jɔ:'self] *pron pess refl* 1 tu mesmo, ti mesmo 2 você mesmo, você mesma 3 si mesmo, si mesma; o senhor mesmo, a senhora mesma ❖ *by yourself* sozinho

youth [ju:θ] *n* 1 juventude 2 jovem ❖ *youth hostel* pousada da juventude

youthful ['ju:θful] *adj* jovem; juvenil

yowl [jaul] *vi* uivar ♦ *n* uivo

yo-yo ['jəujəu] *n* ioiô

ytterbium [ɪ'tɜ:bɪəm] *n* itérbio

yttrium ['ɪtrɪəm] *n* ítrio

yucky ['jʌkɪ] *adj* {*comp* -ier, *superl* -iest} *col* nojento

yummy ['jʌmɪ] *adj* {*comp* -ier, *comp* -iest} *col* delicioso; saboroso ♦ *interj* que delícia!; que bom!

yuppie ['jʌpɪ] *n* yuppie

Z

z [zed] *n* {*pl* z's} (letra) z

Zambia ['zæmbiə] *n* Zâmbia

Zambian ['zæmbiən] *adj,n* zambiano

zany ['zeini] *adj* {*comp* -ier, *superl* -iest} 1 *col* cómico; engraçado 2 *col* excêntrico

zap [zæp] *vi* {*pret e pp* -pp-} 1 partir com velocidade 2 passar com velocidade 3 (projeto) desenvolver-se rapidamente 4 TV fazer zapping ♦ *vt* 1 destruir; bombardear 2 suprimir; eliminar 3 INFORM apagar 4 *col* espantar 5 *col* cozinhar no micro-ondas 6 enviar com rapidez

zappy ['zæpi] *adj* {*comp* -ier, *superl* -iest} 1 enérgico 2 rápido; veloz

zeal [zi:l] *n* 1 zelo 2 fervor; entusiasmo

zealot ['zelət] *adj,n* fanático

zealotry ['zelətri] *n* fanatismo

zealous ['zeləs] *adj* 1 zeloso 2 fervoroso

zebra ['zi:brə] *n* zebra ❖ GB *zebra crossing* passadeira para peões

Zen [zen] *n* FIL,REL zen

zenith ['zeniθ] *n* 1 zénite 2 apogeu

zero ['ziərəu] *n* {*pl* -s, -es} 1 zero; *ten degrees below zero* dez graus abaixo de zero 2 nada ❖ *zero hour* hora H

♦ **zero in on** *vt* 1 apontar para 2 concentrar-se em; visar

zest [zest] *n* 1 entusiasmo 2 satisfação 3 estímulo 4 (limão, laranja) raspa

zestful ['zestful] *adj* animado; entusiástico

zigzag ['zigzæg] *n* ziguezague ♦ *vi* {*pret e pp* -gg-} andar aos ziguezagues

zilch [ziltʃ] *n col* nada; peva *col*

zillion ['ziljən] *n col* um monte de; imensos

zillionaire [ˌziljə'neə] *n col* multimilionário

Zimbabwe [zim'ba:bwi] *n* Zimbabué

Zimbabwean [zim'ba:bwiən] *adj,n* zimbabuano

zinc [ziŋk] *n* zinco

zip [zip] *n* 1 fecho éclair 2 *col* energia; vigor 3 EUA *col* nada ♦ *vt* {*pret e pp* -pp-} 1 fechar com fecho éclair 2 INFORM zipar ♦ *vi* 1 mover-se com energia 2 agir com vigor 3 passar como um raio ❖ EUA *zip code* código postal

♦ **zip up** *vt,i* fechar com fecho éclair

zipper ['zipə] *n* EUA fecho-éclair

zit [zit] *n col* espinha, borbulha

zither ['ziθə] *n* cítara

zodiac ['zəudiæk] *n* Zodíaco; *signs of the zodiac* signos do Zodíaco

zombie ['zombi] *n* zombie, morto-vivo

zone [zəun] *n* zona; área; *residential zone* área residencial ♦ *vt* dividir em zonas

zonked [zoŋkd] *adj* 1 *cal* exausto 2 *cal* (droga) pedrado 3 *cal* pedó de bêbedo

zoo [zu:] *n* {*pl* -s} 1 jardim zoológico 2 *col* (confusão) circo *fig*

zoological [zəuə'lodʒikəl] *adj* zoológico

zoologist [zu'blədʒist] *n* zoólogo

zoology [zu'blədʒi] *n* zoologia

zoom [zu:m] *n* 1 CIN zoom 2 zunido; zumbido ♦ *vi* 1 subir em flecha 2 zunir; zumbir 3 mover-se rapidamente; passar como um raio; *the car zoomed past us* o carro passou por nós a grande velocidade

♦ **zoom in** *vt* fazer um zoom [**on**, sobre]

♦ **zoom out** *vt* tirar o zoom

zucchini [zu'ki:ni] *n* EUA curgete

NUMERAIS, MEDIDAS
E VERBOS IRREGULARES

NUMERAIS

	Quantificadores numerais cardinais	Cardinal numbers
0	zero	zero
1	um	one
2	dois	two
3	três	three
4	quatro	four
5	cinco	five
6	seis	six
7	sete	seven
8	oito	eight
9	nove	nine
10	dez	ten
11	onze	eleven
12	doze	twelve
13	treze	thirteen
14	catorze	fourteen
15	quinze	fifteen
16	dezasseis	sixteen
17	dezassete	seventeen
18	dezoito	eighteen
19	dezanove	nineteen
20	vinte	twenty
21	vinte e um	twenty-one
22	vinte e dois	twenty-two
23	vinte e três	twenty-three

	Quantificadores numerais cardinais	Cardinal numbers
24	vinte e quatro	twenty-four
25	vinte e cinco	twenty-five
26	vinte e seis	twenty-six
27	vinte e sete	twenty-seven
28	vinte e oito	twenty-eight
29	vinte e nove	twenty-nine
30	trinta	thirty
40	quarenta	forty
50	cinquenta	fifty
60	sessenta	sixty
70	setenta	seventy
71	setenta e um	seventy-one
72	setenta e dois	seventy-two
80	oitenta	eighty
81	oitenta e um	eighty-one
90	noventa	ninety
91	noventa e um	ninety-one
100	cem	a/one hundred
101	cento e um	a/one hundred and one
200	duzentos	two hundred
500	quinhentos	five hundred
1000	mil	a/one thousand
2000	dois mil	two thousand
1 000 000	um milhão	a/one million
1 000 000 000	mil milhões	a/one thousand million

	Adjetivos numerais	**Ordinal numbers**
1.º/1st	primeiro	first
2.º/2nd	segundo	second
3.º/3rd	terceiro	third
4.º/4th	quarto	fourth
5.º/5th	quinto	fifth
6.º/6th	sexto	sixth
7.º/7th	sétimo	seventh
8.º/8th	oitavo	eighth
9.º/9th	nono	ninth
10.º/10th	décimo	tenth
11.º/11th	décimo primeiro; undécimo	eleventh
12.º/12th	décimo segundo; duodécimo	twelfth
13 º/13th	décimo terceiro	thirteenth
14.º/14th	décimo quarto	fourteenth
15 º/15th	décimo quinto	fifteenth
16.º/16th	décimo sexto	sixteenth
17.º/17th	décimo sétimo	seventeenth
18.º/18th	décimo oitavo	eighteenth
19.º/19th	décimo nono	nineteenth
20.º/20th	vigésimo	twentieth
21.º/21st	vigésimo primeiro	twenty-first
22.º/22nd	vigésimo segundo	twenty-second
30.º/30th	trigésimo	thirtieth
31.º/31st	trigésimo primeiro	thirty-first
32.º/32nd	trigésimo segundo	thirty-second
40.º/40th	quadragésimo	fortieth
50.º/50th	quinquagésimo	fiftieth

	Adjetivos numerais	Ordinal numbers
60.º/60th	sexagésimo	sixtieth
70.º/70th	septuagésimo	seventieth
80.º/80th	octogésimo	eightieth
90.º/90th	nonagésimo	ninetieth
100.º/100th	centésimo	hundredth
101.º/101st	centésimo primeiro	hundred and first
500.º/500th	quingentésimo	five hundredth
1000.º/1000th	milésimo	thousandth
1 000 000.º/1 000 000th	milionésimo	millionth

	Quantificadores numerais fracionários	Fractional numbers
1/2	meio	a/one half
1/3	um terço	a/one third
2/3	dois terços	two thirds
1/4	um quarto	a/one quarter
2/4	dois quartos	two quarters
1/5	um quinto	one fifth
1/8	um oitavo	one eighth
1/10	um décimo	one tenth
1/12	um duodécimo; um doze avos	one twelfth
1/20	um vigésimo; um vinte avos	one twentieth
1/100	um centésimo; um cem avos	one hundredth
1/1 000	um milésimo; um mil avos	one thousandth
1/1 000 000	um milionésimo	one millionth

Equivalências entre unidades de medida

Comprimento e distância	1 centímetro	= 10 milímetros	= 0.394 inch
	1 metro	= 100 centímetros	= 39.4 inches/ 1.094 yards
	1 quilómetro	= 1000 metros	= 0.6214 mile
Peso	1 grama	= 1000 miligramas	= 15.43 grains
	1 quilograma	= 1000 gramas	= 2.205 pounds
	1 tonelada	= 1000 quilogramas	= 19.688 hundredweight
Capacidade	1 centilitro	= 10 mililitros	= 0.018 pint (0.021 US pint)
	1 litro	= 100 centilitros	= 1.76 pints (2.1 US pints)
	1 decalitro	= 10 litros	= 2.2 gallons (2.63 US gallons)
Comprimento e distância	1 inch		= 25,4 milímetros
	1 foot	= 12 inches	= 30,48 centímetros
	1 yard	= 3 feet	= 0,914 metro
	1 mile	= 1760 yards	= 1,609 quilómetro
Peso	1 ounce	= 437 grains	= 28,35 gramas
	1 pound	= 16 ounces	= 0,454 quilograma
	1 stone	= 14 pounds	= 6,356 quilogramas
	1 hundredweight	= 8 stone	= 50.8 quilogramas
	1 ton	= 20 hundredweight	= 1016,04 quilogramas
Capacidade [GB]	1 pint	= 20 fluid ounces	= 0,568 litro
	1 quart	= 2 pints	= 1,136 litro
	1 gallon	= 8 pints	= 4,546 litros
Capacidade [EUA]	1 US pint	= 16 US fluid ounces	= 0,473 litro
	1 US quart	= 2 US pints	= 0,946 litro
	1 US gallon	= 4 US quarts	= 3,785 litros

VERBOS IRREGULARES

infinitive	simple past	past participle
arise	arose	arisen
awake	awoke	awoken
be	was	been
bear	bore	borne; born
beat	beat	beaten
become	became	become
befall	befell	befallen
beget	begot	begotten
begin	began	begun
behold	beheld	beheld
bend	bent	bent
bet	bet	bet
bid	bade	bidden
bid	bid	bid
bind	bound	bound
bite	bit	bitten
bleed	bled	bled
blow	blew	blown
break	broke	broken
breed	bred	bred
bring	brought	brought
broadcast	broadcast	broadcast
build	built	built
burn	burnt; burned	burnt; burned
burst	burst	burst
buy	bought	bought
cast	cast	cast
catch	caught	caught
choose	chose	chosen

infinitive	simple past	past participle
cling	clung	clung
come	came	come
cost	cost	cost
creep	crept	crept
cut	cut	cut
deal	dealt	dealt
dig	dug	dug
do	did	done
draw	drew	drawn
dream	dreamt; dreamed	dreamt; dreamed
drink	drank	drunk
drive	drove	driven
eat	ate	eaten
fall	fell	fallen
feed	fed	fed
feel	felt	felt
fight	fought	fought
find	found	found
flee	fled	fled
fling	flung	flung
fly	flew	flown
forbid	forbade	forbidden
forecast	forecasted; forecast	forecasted; forecast
forget	forgot	forgotten
forgive	forgave	forgiven
forsake	forsook	forsaken
freeze	froze	frozen
get	got	got [GB]; gotten [EUA]
give	gave	given
go	went	gone
grind	ground	ground

infinitive	simple past	past participle
grow	grew	grown
hang	hung	hung
have	had	had
hear	heard	heard
hide	hid	hidden
hit	hit	hit
hold	held	held
hurt	hurt	hurt
keep	kept	kept
kneel	knelt kneeled [EUA]	knelt kneeled [EUA]
knit	knit knitted	knit knitted
know	knew	known
lay	laid	laid
lead	led	led
leap	leapt [GB]; leaped [EUA]	leapt [GB]: leaped [EUA]
learn	learnt; learned	learnt; learned
leave	left	left
lend	lent	lent
let	let	let
lie	lay	lain
light	lit; lighted	lit; lighted
lose	lost	lost
make	made	made
mean	meant	meant
meet	met	met
mistake	mistook	mistaken
mow	mowed	mowed; mown
overcome	overcame	overcome
overdo	overdid	overdone
pay	paid	paid

infinitive	simple past	past participle
put	put	put
quit	quit	quit
read	read	read
rid	rid	rid
ride	rode	ridden
ring	rang	rung
rise	rose	risen
run	ran	run
saw	sawed	sawn [GB]; sawed [EUA]
say	said	said
see	saw	seen
seek	sought	sought
sell	sold	sold
send	sent	sent
set	set	set
sew	sewed	sewed; sewn
shake	shook	shaken
shed	shed	shed
shine	shone	shone
shoe	shod	shod
shoot	shot	shot
show	showed	shown; showed
shrink	shrank; shrunk [EUA]	shrunk; shrunken [EUA]
shut	shut	shut
sing	sang	sung
sink	sank	sunk
sit	sat	sat
sleep	slept	slept
slide	slid	slid
sling	slung	slung
slit	slit	slit

infinitive	simple past	past participle
smell	smelt [GB]; smelled [EUA]	smelt [GB]; smelled [EUA]
sow	sowed	sowed; sown
speak	spoke	spoken
speed	sped; speeded	sped; speeded
spell	spelt [GB]; spelled [EUA]	spelt [GB]; spelled [EUA]
spend	spent	spent
spill	spilt [GB]; spilled [EUA]	spilt [GB]; spilled [EUA]
spin	spun	spun
spit	spat; spit [EUA]	spat; spit [EUA]
split	split	split
spoil	spoiled	spoilt
spread	spread	spread
spring	sprang; sprung [EUA]	sprung
stand	stood	stood
steal	stole	stolen
stick	stuck	stuck
sting	stung	stung
stink	stank; stunk	stunk
stride	strode	stridden
strike	struck	struck
string	strung	strung
strive	strove	striven
swear	swore	sworn
sweep	swept	swept
swell	swelled	swollen; swelled
swim	swam	swum
swing	swung	swung
take	took	taken
teach	taught	taught
tear	tore	torn
tell	told	told

infinitive	simple past	past participle
think	thought	thought
throw	threw	thrown
thrust	thrust	thrust
tread	trod	trodden; trod
understand	understood	understood
wake	woke	woken
wear	wore	worn
weave	wove	woven
win	won	won
wind	wound	wound
wring	wrung	wrung
write	wrote	written

PORTUGUÊS-INGLÊS

A

a¹ /ǎ/ nm (letra) a

a² /ǎ/ art def the; *a carteira* the wallet; *as garrafas* the bottles ♦ pron pess 1 (a ela) her; *eu vi-as* I saw them; (objeto, animal) it; *comprei-a ontem* I bought it yesterday 2 (a si) you; *não a via há muito* I haven't seen you for a long time ♦ pron dem that; the; one; *a que está ali* the one over there ♦ prep 1 (direção) to; *ir à escola* to go to school 2 (lugar, posição) on; at; to; *à esquerda/direita* on the left/right; *a sul* to the south; *estar à porta* to be at the door 3 (tempo) at; on; *a 8 de maio* on the eighth of May; *à meia-noite* at midnight 4 (distância) away; *a cinco metros* five metres away 5 (modo) on; in; *a pé* on foot; *às escuras* in the dark 6 (preço) at; *a €10 o quilo* at €10 a kilo 7 (sucesso) by; *pouco a pouco* bit by bit 8 (finalidade) to; *ensinar a ler* to teach to read 9 [complemento indireto] to; *dar algo a alguém* give somebody something, to give something to somebody

à contr da prep a + art def f a

aba nf 1 (chapéu) brim 2 (casaco) tail

abacate nm avocado (pear)

abacaxi nm pineapple

ábaco nm abacus

abada nf 1 pop great quantity, large amount; pop *uma abada de* loads of 2 col (derrota) whitewash

abade nm abbot

abadessa nf abbess

abadia nf abbey

abafadiço adj 1 (tempo) sultry; sweltering; *dia abafadiço* sultry day 2 (espaço) suffocating; stifling; *casa abafadiça* stifling house

abafado adj 1 (lugar) stifling 2 (tempo); sultry 3 (som) muffled 4 (informação, facto) hidden

abafador nm 1 MÚS damper 2 MEC silencer

abafamento nm 1 suffocation 2 (revolta) suppression 3 (encobrimento) cover-up

abafar vt 1 (fogo) to smother 2 (som) to muffle 3 fig to stifle; to hush up; to suppress; *abafar um escândalo* to suppress a scandal; *abafar uma revolta* to stifle a rebellion ♦ vi to suffocate, to stifle

abaixamento nm 1 (nível, som) lowering 2 (preço, valor) reduction 3 (descida) fall

abaixar vt 1 to lower; to bring down 2 to duck; *abaixa a cabeça!* duck your head! ♦ vp to stoop; *ele abaixou-se para apanhar o jornal* he stooped to pick up the newspaper

abaixo adv below; down; *um andar abaixo* one floor below; *pelas escadas abaixo* down the stairs ❖ *abaixo assinado* the undersigned; *abaixo de* below; under

abaixo-assinado nm (documento) petition

abajur nm lampshade

abalada nf pop leaving; *estar de abalada* to be about to leave

abalado adj 1 (instável) shaken 2 (perturbado) upset

abalançar vt to weigh ♦ vp 1 (atrever-se) to dare [a, to]; to venture [a, -] 2 (lançar-se) to rush forward

abalar vt 1 to shock; to upset; *a morte do pai abalou-o* the death of his father upset him 2 to shake; to affect; *abalar a reputação de* to shake someone's reputation ♦ vi *pop* to decamp; to go away; *abalar para a cidade* to leave for town

abalizado adj (pessoa) competent; (opinião) reliable

abalizar vt 1 to survey 2 to measure

abalo nm 1 shake; *abalo sísmico* earth tremor 2 (emocional) shock

abalroamento nm collision; crash

abalroar vt 1 to collide with; to crash into; to run into; *o petroleiro abalroou o veleiro* the oil tanker collided with the sailing boat

abanadela nf 1 fanning 2 jolt; jerk 3 *fig* shock; blow

abananar vt to bewilder; to daze; to stun

abanão nm 1 shake 2 (emocional) shock

abanar vt 1 to shake; to stir; *abanar a cabeça em sinal de reprovação* to shake one's head; *fig* *abanar as consciências* to stir people's minds 2 to jolt 3 (cão) to wag; *abanar a cauda* to wag the tail ♦ vi 1 to quiver; to tremble; to shake 2 (dente) to be loose

abandalhar vt 1 to muddle up; to mess up 2 to debase ♦ vp 1 to debase oneself 2 to become lax; to grow slack

abandonado adj 1 abandoned 2 (lugar) deserted

abandonar vt 1 to abandon; NÁUT *abandonar o navio!* abandon ship! 2 to give up on; to quit; *abandonar um projeto* to give up on a project 3 (pessoa) to walk out on; to ditch *col* 4 (sair de) to leave; *abandonar a sala* to leave the room 5 DESP to withdraw from; *abandonar uma competição* to withdraw from a competition

abandono nm 1 abandonment; abandon 2 (lugar, posto) desertion 3 (competição) withdrawal [de, from] 4 (ideia, plano) giving up; shelving 5 (descuido) neglect

abano nm fan

abarcamento nm 1 forestallment; monopoly 2 (abrangência) inclusion

abarcar vt 1 to embrace 2 (abranger) to include; to comprehend; to comprise 3 to monopolize; to forestall ❖ *querer abarcar o céu com as mãos* to reach for the stars

abarracamento nm 1 MIL *ant* barracks 2 camping; encampment

abarrotar vt to fill up [de, with]; to stuff [de, with]; to cram [de, with]; *estar a abarrotar (de)* to be crammed (with)

abastado adj wealthy; well-off

abastança nf abundance; *viver na abastança* to live in plenty

abastardamento nm 1 debasement 2 degeneration; degradation

abastardar vt to debase; to corrupt 2 to cheapen ♦ vp to degenerate

abastecer vt to provide [de, with]; to supply [de, with]; to furnish [de, with]; *abastecer o mercado de produtos* to supply the market with products ♦ vp to stock up [de, with]; *abastecer-se de lenha* to stock up with wood

abastecimento nm 1 supply; *abastecimento de água* water supply 2 (combustível) refuelling

abatatado adj (nariz) bulbous

abate nm 1 (animal) slaughter 2 (árvores) felling

abater vt 1 (pessoa) to kill, to shoot down 2 (animal) to slaughter 3 (árvore) to fell; to cut down 4 (avião) to shoot down 5 (preços) to diminish, to reduce, to cut 6 (desanimar) to depress ♦ vi to subside; to collapse; *abater com o peso* to collapse under the weight; *o chão abateu* the floor subsided

abatido adj 1 (pessoa) shot (down) 2 (desanimado) depressed

abatimento nm 1 (preço) reduction, discount 2 (desânimo) dejection

abaular vt to make convex; to curve ♦ vp to arch; to curve

abcesso *nm* abscess

abcissa *nf* abscissa

abdicação *nf* abdication

abdicar *vi* to abdicate; *abdicar do trono* to abdicate the throne; *abdicar em favor de* to abdicate in favour of

abdómen *nm* abdomen

abdominal *adj2g* abdominal ♦ *nm* (exercício) sit-up; *fazer abdominais* to do sit-ups

abdução *nf* abduction; *abdução de um membro* abduction of a limb

abduzir *vt* to abduct

abecedário *nm* alphabet

abécula *nf* 1 *col,pej (idiota)* idiot 2 *col,pej (aselha)* oaf

abegão *nm* ZOOL drone

abeirar-se *vp* 1 to draw near [de, -]; *abeirar-se da janela* to draw near the window 2 to walk up [de, to]; *abeirar-se de uma pessoa* to walk up to a person

abelha *nf* bee

abelha-mestra *nf* queen bee

abelhão *nm* drone

abelhudo *adj col (bisbilhoteiro)* nosy; *(metediço)* interfering

abençoado *adj* blessed

abençoar *vt* to bless; *que Deus te abençoe!* God bless you!; *ser abençoado com um dom* to be blessed with a gift

aberração *nf* aberration

aberrante *adj2g* aberrant

aberta *nf* 1 *(tempo)* opening, sunny spell 2 *col* opportunity; break

abertamente *adv* openly

aberto *adj* 1 open; *aberto ao público* open to the public 2 *(tolerante)* open-minded 3 (torneira) running; *deixar uma torneira aberta* to leave a tap running ❖ *em aberto* unfinished

abertura *nf* 1 opening 2 *(buraco)* gap 3 (espírito, mentalidade) open-mindedness 4 MÚS overture

abespinhado *adj* waspish; snappish; angry

abespinhar *vt* to annoy; to bother ♦ *vp* to get angry

abeto *nm* fir

abismado *adj* astonished, amazed

abismal *adj2g* 1 abysmal 2 *(enorme)* huge

abismar *vt* to astonish, to amaze ♦ *vp* to be astonished [com, at]; to be appalled [com, at/by]

abismo *nm* 1 abyss 2 (diferença) gulf [entre, between]

abissal *adj2g* 1 abyssal 2 *(enorme)* huge

abjeção *nf* abjection

abjeto *adj* 1 abject; *na mais abjeta miséria* in the utmost abject poverty 2 vile

abjudicação *nf* DIR dispossession

abjudicar *vt* DIR to dispossess

abjuração *nf* 1 abjuration; renouncement 2 withdrawal; *abjuração de uma proposta* withdrawal of a proposition

abjurar *vt* 1 to abjure; to renounce; *abjurar uma convicção* to renounce a conviction 2 to withdraw; *abjurar a moção* to withdraw the motion

ablação *nf* MED,GEOL ablation

ablativo *adj,nm* ablative

ablução *nf* ablution; *joc fazer as suas abluções* to perform one's ablutions

abnegação *nf* self-denial; abnegation

abnegado *adj* self-sacrificing; selfless

abnegar *vt* to relinquish; to renounce ♦ *vp* to sacrifice oneself

abóbada *nf* vault

abobadar *vt* to vault; to arch; *abobadar o teto* to vault the ceiling

abóbora *nf* pumpkin; squash EUA

abóbora-menina *nf* winter squash

aboboreira *nf* BOT gourd plant

abocanhar *vt* 1 to bite 2 *fig* to snap at

abolição *nf* abolition

abolicionismo *nm* abolitionism

abolicionista *n2g* abolitionist

abolir *vt* to abolish; *abolir uma lei* to abolish a law

abominação *nf* abomination

abominar *vt* to abominate; to abhor

abominável *adj2g* abominable

abonação *nf* 1 (*garantia*) warranty, guarantee 2 (*fiança*) bail

abonado *adj* 1 (*confiável*) creditable 2 (*rico*) wealthy

abonar *vt* 1 to guarantee; *abonar um negócio* to guarantee a business 2 to vouch for; to support

abonatório *adj* favourable

abono *nm* *abono de família* child benefit

abordagem *nf* (*assunto, problema*) approach

abordar *vt* 1 (*assunto, problema*); to tackle 2 (*pessoa*) to approach, to accost; *abordar um desconhecido* to accost a stranger 3 to board; *abordar um navio* to board a ship

abordável *adj2g* 1 approachable; accessible 2 (*assunto, problema*) manageable

aborígene *adj2g* aboriginal ♦ *n?g* aborigine

aborrecer *vt* 1 to bore 2 (*desagradar*) to annoy; to displease ♦ *vp* 1 to be bored [**com**, with]; to get bored [**com**, with]; *aborrecer-se de morte* to be bored to death; *eu aborreci-me com o discurso* I was bored with the speech 2 to get angry [**com**, with]; *eu aborreci-me com ele* I got angry with him 3 (*cansar-se*) to grow weary [**de**, of]; to be fed up [**de**, with]; *ele aborreceu-se de tanto discutir* he grew weary of so much arguing

aborrecido *adj* 1 bored 2 (*zangado*) angry 3 (*maçador*) boring; dull

aborrecimento *nm* 1 (*tédio*) boredom 2 (*irritação*) anger

abortar *vi* 1 (*espontaneamente*) to miscarry, to have a miscarriage 2 (*interrupção voluntária*) to have an abortion; *ela abortou* she had an abortion 3 *fig* (*projeto*) to come to nothing; to fall through

abortivo *adj* abortive ♦ *nm* abortifacient

aborto *nm* 1 (*involuntário*) miscarriage; (*voluntário*) abortion 2 *pej* freak

abotoar *vt* to button, to button up; *abotoa o casaco* button your coat up

abracadabra *nm* abracadabra

abraçar *vt* 1 to hug; to embrace; *abraça-me* hug me; *eles abraçaram-se* they embraced 2 (*ideia, opinião, plano*) to embrace; to adopt; *abraçar uma doutrina* to embrace a doctrine

abraço *nm* hug ❖ (*cartas, mensagens*) *um abraço* best wishes

abrandamento *nm* slowdown

abrandar *vi* 1 (*vento*) to drop; *o vento abrandou* the wind dropped 2 (*emoções, sentimentos*) to soften 3 (*velocidade, ritmo*) to slow down ♦ *vt* 1 (*emoções, sentimentos*) to soften; to appease 2 (*velocidade, ritmo*) to slow down; to slack; *abrandar o passo* to slack one's pace

abranger *vt* 1 to comprise; to include; to comprehend 2 (*compreender*) to grasp 3 to affect; to apply to ❖ *poder abranger-se com a vista* to be within sight

abrasado *adj* 1 on fire 2 *fig* inflamed [**de**, with]

abrasador *adj* scorching; blazing

abrasar *vt* 1 to burn; to set on fire; to scorch 2 *fig* to kindle ♦ *vi* 1 to burn 2 to scorch; *o dia abrasava* the day was scorching

abrasileirar *vi,p* to adopt Brazilian ways and manners

abrasivo *adj* abrasive

abre-cartas *nm2n* paper knife

abre-garrafas *nm2n* bottle opener

abrejeirar *vt* to turn saucy; *abrejeirar um espetáculo* to turn a show saucy ♦ *vp* to turn naughty; *a conversa abrejeirou-se* the conversation turned naughty

abre-latas *nm* tin opener *GB*; can opener *EUA*

abrenúncio *interj ant* God forbid!

abreviação *nf* shortening

abreviar *vt* 1 to abbreviate; *abreviar o nome de uma organização* to abbreviate the name of an organization 2 to shorten; *abreviar uma notícia* to shorten a piece of news

abreviatura *nf* abbreviation

abrigado *adj* sheltered

abrigar *vt* 1 to give shelter to 2 *fig* (sentimentos, dúvidas) to harbour ♦ *vp* 1 to shelter; to take refuge; *abrigar-se da chuva* to shelter from the rain 2 to protect oneself

abrigo *nm* shelter; *procurar abrigo* to look for shelter

abril *nm* April ♣ *Primeiro de abril* All Fools' day; April Fool's Day

abrilhantador *nm* 1 (máquina de lavar louça) rinse agent 2 metal polish ♦ *adj* 1 (louça) rinse 2 (cera, líquido) polish

abrilhantar *vt* 1 to shine; to polish 2 *fig* to add lustre to; to lend brilliance to; to embellish; *a tua presença abrilhantará a cerimónia* your presence will embellish the occasion

abrir *vt* 1 to open; *abre a porta* open the door 2 (com chave) to unlock; *abrir um cofre* to unlock a safe 3 to unfasten; *abrir o cinto* to unfasten the belt ♦ *vi* 1 BOT to blossom; *as flores já abriram* the flowers have already blossomed 2 (tempo) to clear; *o céu abriu* the sky has cleared 3 *fig* to start; *o evento abriu com discurso* the event started with a speech ♦ *vp* to open up; *abrir-se com alguém* to open up to somebody ♣ *abre os olhos!* open your eyes!; *abrir a boca* to yawn; *abrir as asas* to spread the wings; *abrir as cortinas* to draw back the curtains; *abrir a torneira* to turn the tap on; *abrir caminho* to break through; *abrir falência* to go bankrupt; *abrir fogo* to open fire; *abrir mão de* to give up on; *abrir o apetite* to whet the appetite; *abrir uma exceção* to make an exception; *abrir um presente* to unwrap a gift; *não abrir a boca* not to utter a word; *num abrir e fechar de olhos* in the twinkling of an eye

abrunheiro *nm* plum tree

abrunho *nm* plum

abruptamente *adv* 1 abruptly; suddenly 2 (palavras) rudely; curtly ♣ *a porta fechou-se abruptamente* the door slammed shut

abrupto *adj* abrupt

abrutar *vt* to numb; to have a mind-destroying effect on ♦ *vi* 1 to become brutish 2 to become dull

ABS *nm* [sigla de anti-lock braking system]

absentismo *nm* absenteeism

absinto *nm* (bebida, planta) absinthe

absolutamente *adv* absolutely ♣ *absolutamente nada* not at all

absolutismo *nm* absolutism

absolutista *adj,n2g* absolutist

absoluto *adj* 1 absolute 2 unconditional; *dar apoio absoluto* to give unconditional support 3 (total) perfect; *silêncio absoluto* perfect silence

absolver *vt* 1 REL to absolve [de, of]; *Deus absolvê-lo-á de todos os pecados* God will absolve him of all his sins 2 DIR (réu) to acquit 3 *fig* to pardon

absolvição *nf* 1 REL absolution 2 DIR acquittal

absolvido *adj* 1 REL absolved 2 DIR acquitted; *ele foi absolvido* he was pronounced not guilty

absorção *nf* absorption

absorto *adj* absorbed

absorvente *adj2g* 1 absorbent 2 (livro, filme) absorbing 3 (trabalho) time-consuming; (pessoa) demanding

absorver *vt* 1 to absorb; *absorver calor* to absorb heat 2 (líquido) to absorb, to soak up; *absorver a água entornada* to soak up the spilt water 3 *fig* to take in; to drink in; *absorver as palavras de alguém* to drink in someone's words 4 *fig* (consumir) to use up, to drain 5 *fig* to captivate; to engage; to engross

abstémio *adj* teetotal, abstemious ♦ *nm* teetotaller

DACIN-DP-44

abstenção *nf* abstention

abstencionismo *nm* abstentionism

abstencionista *n2g* abstentionist

abster-se *vp* **1** to abstain; (eleições) to abstain from voting; *eu abstenho-me* I abstain **2** to refrain [*de*, from]; *abster-se de fazer alguma coisa* to refrain from doing something ❖ *abster-se de comentários* to forbear any comment

abstinência *nf* abstinence

abstinente *adj2g* abstinent ♦ *n2g* abstainer

abstração *nf* abstraction

abstrair *vt* **1** to abstract **2** (*pôr de parte*) to leave out ♦ *vp* **1** to become lost in thought **2** to withdraw [*de*, from]

abstrato *adj,nm* abstract

absurdo *adj* absurd ♦ *nm* absurdity; nonsense

abulia *nf* abulia

abúlico *adj* abulic; *disposição abúlica* abulic disposition

abundância *nf* abundance; plenty

abundante *adj2g* **1** abundant **2** abounding [*em*, in] **3** (recursos) plentiful **4** (chuva) heavy

abundar *vi* **1** to abound [*em*, in]; *os erros abundaram* mistakes abounded; *a terra abundava em ouro* the place abounded in gold **2** to be rich [*em*, in]; *abundar em beleza* to be rich in beauty

abusar *vi* **1** to go too far; to overstep the mark; *abusar da autoridade* to exceed one's authority **2** to take unfair advantage [*de*, of] **3** (sexualmente) to abuse; *abusar de alguém* to abuse someone sexually **4** to use too much; *abusar do álcool* to drink too much; *abusar do tabaco* to smoke too much **5** to misuse; *abusar da máquina* to misuse the machine

abusivo *adj* (linguagem, comportamento) abusive; (preço) outrageous

abuso *nm* **1** abuse; *abuso de álcool* alcohol abuse; *abuso de confiança* breach of trust **2** (atrevimento) cheekiness*GB*

abutre *nm* vulture

a/c [*abrev. de* **ao cuidado de**] c/o [*abrev. de* care of]

acabado *adj* **1** (trabalho, projeto) finished; complete **2** (relação) over **3** (envelhecido) worn out; aged

acabamento *nm* finish; finishing

acabar *vt* to finish; to end; *acabar um romance* to finish a novel ♦ *vi* **1** to be over; to come to an end; *o festival acabou* the festival is over **2** (tempo) to be up; *o tempo acabou* time is up **3** (prazo) to expire; *o prazo acabou* the deadline has expired **4** *col* (relação) to break up [*com*, with] **5** to put a stop [*com*, to]; to put an end [*com*, to] ♦ *vp* **1** to end; to be over; *acabou-se o espetáculo* the show has ended **2** to run out; *acabar-se a mercadoria* to run out of stock ❖ *acabar bem* to have a happy ending; *acabar de chegar* to have just arrived; *acabar mal* to come to a bad end; *acabar por fazer alguma coisa* to do something after all; *acabou por ser tudo mentira* everything turned out to be a lie; *estar a acabar* to be drawing to an end; *é um nunca acabar de* there is no end to

acabrunhado *adj* downhearted; in low spirits

acabrunhamento *nm* low spirits

acabrunhar *vt* **1** to oppress; to distress **2** to vex ♦ *vp* to get depressed

acácia *nf* acacia

academia *nf* **1** academy **2** (faculdade) college

académico *adj* academic; *habilitações académicas* academic qualifications ♦ *nm* academician

açafate *nm* wicker basket

açafrão *nm* saffron

açaimar *vt* **1** (cão) to muzzle **2** *fig* to muzzle, to repress

açaime *nm* muzzle

acalentar *vt* **1** to rock to sleep; to lull to sleep **2** *fig* (esperança, desejo) to harbour; to cherish; *acalentar a esperança de* to cherish the hope that

acalmar *vt* 1 (nervos) to calm 2 (dores) to relieve, to soothe 3 (ruído) to quiet down 4 (sede, fome) to satisfy ♦ *vi,p* 1 (pessoa) to calm down 2 (vento, dor) to abate; to ease off

acalmia *nf* 1 (pausa) lull; let-up 2 (negócios) slack period

acalorado *adj* 1 hot 2 (discussão) heated; angry 3 (pessoa) worked up 4 passionate

acalorar *vt* 1 to heat up, to warm up 2 *fig* to excite; to inflame ♦ *vp* 1 to heat up 2 *fig* to get heated

acamado *adj* bedridden

acamar *vt* to lay in layers, to arrange in layers ♦ *vi* to fall ill, to be taken ill

acamaradar-se *vp* to associate [com, with]

açambarcador *nm* monopolist ♦ *adj* monopolizing

açambarcamento *nm* monopolizing

açambarcar *vt* 1 (produtos, mercado) to monopolize; to hoard; to buy up 2 *col* to hog, to keep for oneself

acampamento *nm* 1 (ação) camping 2 (lugar) camp

acampar *vi* to camp; *ir acampar* to go camping

acanalhado *adj* 1 childish 2 *pej* immature 3 *pej* low, disreputable

acanhado *adj* 1 (inibido) shy 2 (estreito) cramped, narrow

acanhamento *nm* 1 (inibição) shyness 2 (espaço) narrowness

acanhar *vt* 1 (estreitar) to narrow 2 (espaço) to clutter up 3 (embaraçar) to fluster; to embarrass ♦ *vp* to be shy

ação *nf* 1 action; *entrar em ação* to go into action 2 (ato) deed; *uma boa ação* a good deed 3 DIR lawsuit 4 ECON share ❖ *ação de graças* thanksgiving

acareação *nf* DIR (testemunhas) confrontation

acarear *vt* (testemunhas) to confront; to bring face to face

acariciar *vt* 1 to caress, to fondle 2 (animal) to stroke

acarinhar *vt* 1 to caress; to fondle 2 (valorizar) to cherish 3 *fig* (apoio) to nurture; to support

ácaro *nm* mite

acarretar *vt* 1 to carry, to cart 2 *fig* (problemas, dificuldades) to cause, to entail; to bring about ❖ *acarretar com as consequências* to take/suffer the consequences

acasalar *vt,i* (animais) to mate

acaso *nm* chance, accident; *ao acaso* at random; *por acaso* by chance, actually

acastanhado *adj* brownish

acatamento *nm* (lei, norma) compliance [de, with]

acatar *vt* 1 to respect 2 (leis, normas) to obey, to observe; *acatar a lei* to obey the law; *acatar as regras* to observe the rules

acautelar *vt* 1 (avisar) to warn; to caution 2 (defender) to safeguard; to secure ♦ *vp* 1 to be cautious; to take precautions 2 to be on one's guard [contra, against]; to watch out [em relação a, for]

aceção *nf* meaning, sense

aceder *vi* 1 to accede, to acquiesce, to agree [a, to]; *aceder a um pedido* to assent to a request 2 to reach [a, -]; to attain [a, -] 3 (informação) to access, to gain access [a, to]

acefalia *nf* acephalia

acéfalo *adj* 1 acephalous 2 *fig* inane; mindless

aceitação *nf* 1 acceptance 2 (acolhimento) reception; *ter boa aceitação* to be well received

aceitar *vt,i* 1 to accept; to receive; *aceitar propostas* to accept proposals; *aceitar uma oferta* to accept an offer 2 (concordar) to agree to ❖ *aceitar o desafio* to take up the challenge

aceitável *adj2g* acceptable

aceite *adj2g* **1** accepted **2** *(instituição)* admitted

acelera *n2g col* speeder; speedster *EUA*

aceleração *nf* acceleration

acelerado *adj* **1** *(rápido)* accelerated **2** *(apressado)* hasty

acelerador *nm* accelerator; *carregar no acelerador* to step on the accelerator

acelerar *vt* to accelerate; to speed up; to quicken; *acelerar o passo* to quicken one's pace, to go faster ♦ *vi* **1** to accelerate **2** to step on the accelerator; to step on the gas *col* **3** *(despachar-se)* to hurry up

acenar *vi* **1** *(com a mão)* to wave **2** *(com a cabeça)* to nod

acendalha *nf* tinderbox

acender *vt* **1** *(cigarro, vela, fogo)* to light; *acender o lume* to light the fire; *acender um fósforo* to strike a match **2** *(aparelho, luz)* to turn on, to put on, to switch on; *acender a luz* to switch on the light; *acender os faróis* to switch on the headlights **3** *fig* to ignite ♦ *vp (aparelho, luz)* to come on; to go on; *acendeu-se uma luz vermelha* a red light came on

aceno *nm* **1** *(com a mão)* wave **2** *(com a cabeça)* nod **3** sign, gesture

acento *nm* **1** *(gráfico)* accent; *acento agudo/circunflexo/grave* acute/circumflex/grave accent **2** *(tónico)* stress **3** *(sotaque)* accent **4** emphasis

acentuação *nf* **1** *(gráfica)* accentuation **2** *(tónica)* stress **3** emphasis

acentuado *adj* **1** *(acento gráfico)* accented **2** *(acento tónico)* stressed **3** strong; marked

acentuar *vt* **1** *(palavras)* to accentuate; to stress **2** *(salientar)* to emphasize, to stress ♦ *vp* **1** *(aumentar)* to become more pronounced; to become more marked; to intensify **2** *(palavras)* to have an accent; *esta palavra acentua-se na última sílaba* this word has an accent on the last syllable

acepipe *nm* titbit *GB*, tidbit *EUA* ♦ *nmpl* hors d'oeuvres

ácer *nm* maple

acerbo *adj* acerbic; bitter

acerca de *loc prep* about, concerning, regarding

acercar-se *vp* **1** to draw near [de, to]; to come near [de, to] **2** to approach [de, -]

acérrimo *adj* **1** *(muito acre)* very bitter **2** *(defensor)* staunch

acertado *adj* **1** *(correto)* right, correct **2** *(sensato)* sensible, wise

acertar *vt* **1** to even up **2** *(relógio)* to set right **3** to get right **4** *(combinar)* to arrange; *acertar uma data* to arrange a date ♦ *vi* **1** *(ao disparar)* to hit the target **2** *(teste, jogo)* to get it right; *só acertei duas respostas no teste* I only got two answers right in the test **3** *(encontrar)* to find [com, -]; *acertar com o buraco da fechadura* to find the keyhole ❖ *acertar em cheio/na mosca* to hit bull's eye

acerto *nm* **1** *(ajuste)* adjustment, settlement **2** *(sensatez)* wisdom

acervo *nm* **1** heap, pile **2** DIR estate **3** *(museu)* collection

aceso *adj* **1** *(com chama)* lit, lighted **2** *(luz, aparelho, gás)* on, switched on **3** *(discussão)* heated

acessibilidade *nf* accessibility ♦ *nfpl* approaches

acessível *adj2g* **1** accessible **2** *(fácil)* simple; easy **3** *(pessoa)* approachable **4** *(preço)* affordable

acesso *nm* **1** access [a, to]; *de fácil acesso* easy of access **2** *(via de entrada)* approach road **3** entry; *acesso reservado* no entry **4** *(fúria, tosse)* fit **5** *(Internet)* access [a, to]

acessório *nm* **1** accessory **2** *(cinema, teatro)* prop ♦ *adj* accessory

acetato *nm* QUÍM acetate **2** *(retroprojetor)* transparency

acetinar *vt* to make as smooth as satin; to smooth

acetona *nf* **1** acetone **2** *(unhas)* varnish remover

acha nf log ❖ **deitar achas na fogueira** to stir things up

achacado adj sickly

achado nm 1 find, discovery 2 (pechincha) bargain

achaque nm ailment

achar vt 1 (encontrar) to find, to discover 2 (pensar) to think; **acho que não** I don't think so; **acho que sim** I think so; **ele acha que é esperto** he thinks he is clever 3 (apreciação) to like; **que tal achas o peixe?** how do you like the fish? ♦ vp 1 to find oneself 2 to consider oneself ❖ **achar graça a** to find (something/somebody) amusing

achatar vt,i,p to flatten

achega nf 1 addition 2 help, aid

achincalhamento nm 1 mockery 2 humiliation

achincalhar vt 1 to mock, to ridicule, to make fun of 2 to humiliate

acicatar vt 1 to prod 2 fig to spur; to goad; to stimulate

acicate nm 1 spur 2 fig stimulus

acidentado adj 1 (terreno) rough 2 (experiência, viagem) chequered GB, checkered EUA ♦ nm injured person

acidental adj2g accidental

acidentalmente adv 1 (por acaso) by accident 2 (sem querer) accidentally

acidente nm 1 accident; **acidente de viação** road accident 2 (acaso) chance; accident ❖ **acidente de percurso** setback

acidez nf 1 acidity 2 (sabor) sourness 3 fig bitterness

ácido adj 1 acid; **chuva ácida** acid rain 2 (sabor) sour; (vinho) sharp ♦ nm 1 QUÍM acid 2 col (droga) acid; LSD

acima adv 1 (em cima) above; **acima mencionado** above mentioned 2 (para cima) up; **mais acima** higher up ❖ **acima de** 1 above 2 (idade, quantidade) over; more than; **acima de tudo** above all

acinte nm spite, malice; **por acinte** out of spite, intentionally

acintosamente adv on purpose, intentionally

acintoso adj spiteful; malicious

acinzentado adj greyish GB, grayish EUA

acinzentar vt to paint grey; to make grey ♦ vp to become grey

acionamento nm activation; starting

acionar vt 1 to activate 2 (processo) to put/set in motion; to trigger 3 DIR to sue

acionista n2g shareholder GB, stockholder EUA

acirrar vt to incite; to spur on

aclamação nf 1 acclamation 2 applause

aclamar vt 1 to acclaim 2 (aplaudir) to applaud

aclarar vt 1 to clarify; to explain 2 (cor) to lighten ♦ vi to clear up

aclimatação nf acclimatization GB; acclimation EUA

aclimatar vt to acclimatize GB; to acclimate EUA ♦ vp 1 to become acclimatized GB; to become acclimated EUA 2 (adaptar-se) to get used [a, to]

acne nf acne

aço nm steel; **aço inoxidável** stainless steel ❖ **nervos de aço** nerves of steel

acobardar vt to frighten ♦ vp to lose courage; to chicken out col

acobreado adj,nm (cor) copper; **cabelo acobreado** copper hair

acocorar-se vp to squat down, to crouch

acoitar vt to shelter, to give refuge to ♦ vp to seek shelter [em, in]

açoitar vt to scourge; to flog

açoite nm 1 (chicotada) whipping 2 (chicote) whip 3 col (palmada) spanking

acolá adv there, over there; **acolá em cima** up there; **acolá em baixo** down there

acolchetar vt to hook; to clasp ♦ vp to hook

acolchoado adj (casaco, almofada) quilted, padded

acolchoamento nm quilting, padding, wadding

acolchoar vt 1 to quilt; (forrar) to pad; (esto-far) to upholster

acolhedor adj 1 cosy; comfortable 2 welcoming; hospitable

acolher vt 1 (convidado, ideia, notícia) to welcome 2 (dar abrigo) to shelter; (refugiado, órfão) to take in 3 (aceitar) to accept

acolhimento nm (receção) reception, welcome

acólito nm (clérigo) acolyte; (sacristão) altar server

acomodação nf 1 (alojamento) lodging 2 (adaptação) adaptation

acomodado adj 1 accommodated, installed; settled; **bem acomodado** comfortably installed 2 (resignado) resigned; indifferent

acomodar vt 1 (alojar) to accommodate, to lodge 2 (tornar cómodo) to make comfortable ♦ vp 1 to make oneself comfortable 2 (instalar-se) to settle down 3 (adaptar-se) to adapt, to adjust [a, to]

acompanhamento nm 1 (comitiva) escort 2 supervision; **acompanhamento médico** medical supervision 3 MÚS accompaniment 4 CUL garnish; side dish

acompanhante n2g 1 companion 2 (ato social) escort 3 MÚS accompanist

acompanhar vt 1 to accompany, to go with; **acompanhar a casa** to take somebody home; **acompanhar ao carro** to walk somebody to the car; **acompanhar à porta** to see somebody to the door, to see somebody off/out 2 (fazer companhia a) to keep (somebody) company 3 to follow; to keep up with; **acompanhar de perto** to follow closely 4 MÚS to accompany [a, on] 5 (comida, bebida) to serve with [com, with]

aconchegado adj cosy; snug

aconchegar vt (na cama) to tuck in ♦ vp to snuggle down; to curl up

aconchego nm 1 (conforto) comfort; cosiness 2 (amparo) shelter

acondicionamento nm 1 (arrumação) accommodation, arrangement 2 (objetos, mercadorias) packaging

acondicionar vt 1 to accommodate, to arrange 2 (empacotar objetos, mercadorias) to package

aconselhado adj wise, prudent, judicious, sensible; **bem aconselhado** well-advised; **mal aconselhado** ill-advised

aconselhar vt to advise, to give (somebody) advice; to counsel ♦ vp to seek advice [com, with]; to consult [com, with] ❖ **aconselhar-se com o travesseiro** to sleep on it

aconselhável adj2g advisable

acontecer vi to happen, to occur; to take place; **aconteça o que acontecer** come what may, no matter what; **acontece que** it so happens that; **coisas que acontecem todos os dias** everyday occurrences

acontecimento nm event

açorda nf bread panada

acordado adj 1 (desperto) awake 2 (acordo, contrato) agreed

acórdão nm DIR judgement, ruling

acordar vt 1 (pessoa) to wake (somebody) up, to awake 2 fig (provocar) to arouse ♦ vi 1 (despertar) to wake up 2 (concordar) to agree [em, on]; **acordaram em vender a casa** they agreed on selling the house

acorde nm chord

acordeão nm accordion

acordeonista n2g accordionist

acordo nm agreement; **chegar a acordo** to reach an agreement; **de acordo!** all right!, agreed! ❖ **de acordo com** in accordance with

Açores nmpl Azores

açoriano adj,nm Azorean

acorrentar vt 1 to chain, to fetter 2 fig (prender) to tie down

acorrer vi 1 to come running 2 (acudir) to come (in somebody's aid)

acossar vt 1 (perseguir) to chase 2 (atormentar) to harass, to torment

acostar *vt* NAUT to bring alongside ♦ *vp* 1 to lean back 2 to lie down

acostumar *vt* to accustom [a, to]; to get (someone) used [a, to] ♦ *vp* to accustom oneself [a, to]; to get used [a, to]; to get accustomed [a, to]

açoteia *nf* ARQ terrace

acotovelar *vt* to nudge; to jostle ♦ *vp* to jostle; *as pessoas acotovelavam-se no autocarro* people jostled in the bus

açougue *nm* butcher's, butcher's shop

açougueiro *nm* butcher

acovardar *vt,p* ⇒ **acobardar**

acre *adj2g* 1 (cheiro) acrid; (sabor) bitter 2 severe; harsh ♦ *nm* (medida) acre

acreditação *nf* accreditation

acreditado *adj* 1 (conceituado) reputable 2 (diplomata) accredited

acreditar *vi* to believe [em, in]; *acreditar em Deus* to believe in God ♦ *vt* 1 COM to credit, to give credit to 2 (afiançar) to guarantee 3 (reconhecer) to accredit

acrescentar *vt* 1 to add [a, to]; *acrescentar água a* to add water to 2 (aumentar) to increase

acrescento *nm* 1 addition 2 (aumento) increase

acrescer *vt* to increase ❖ *acresce que* besides; furthermore

acréscimo *nm* (aumento) increase; (subida) rise; (crescimento) growth

acriançado *adj* childish

acridez *nf* 1 (sabor) bitterness, sourness 2 *fig* acrimony; harshness

acrílico *adj,nm* acrylic

acrimónia *nf* acrimony; bitterness; harshness

acrimonioso *adj* acrimonious; bitter

acrobacia *nf* acrobatics; *fazer acrobacias* to perform acrobatics

acrobata *n2g* acrobat

acrobático *adj* acrobatic

acromático *adj* achromatic

acrónimo *nm* acronym

acrópole *nf* acropolis

açúcar *nm* sugar; *açúcar em pó* icing sugar GB, powdered sugar EUA; *sem açúcar* sugar-free, no sugar added

açucarado *adj* (sabor, fruto, vinho) sugary; (sumo) sweetened

açucarar *vt* to sweeten, to sugar

açucareiro *nm* sugar bowl

açucena *nf* white lily

açude *nm* dam

acudir *vi* 1 to come to the rescue [a, of] 2 to answer [a, -]; *acudir ao chamamento* to answer a call ❖ *acudam!* help!

acuidade *nf* (perspicácia) sharpness 2 (sentidos) acuity

açular *vt* 1 (cão) to set [contra, on]; *açular um cão contra alguém* to set a dog on somebody 2 (instigar) to instigate; to incite

aculturação *nf* acculturation

acumulação *nf* 1 accumulation 2 (erros, problemas) series [de, of] 3 (trabalho) backlog

acumulador *nm* accumulator, storage battery

acumular *vt* 1 to accumulate, to heap up, to pile up 2 (dinheiro) to amass 3 (guardar) to store 4 (cargos) to combine; *ele acumula o emprego com as aulas* he combines his job with teaching ♦ *vi,p* 1 (amontoar-se) to accumulate; to collect 2 (juros, dívidas) to accumulate, to build up

acumulativo *adj* cumulative

acupunctor ou **acupuntor** *nm* acupuncturist

acupunctura ou **acupuntura** *nf* acupuncture

acusação *nf* 1 accusation 2 DIR charge; *retirar a acusação* to drop the charges 3 (ministério público) prosecution; *advogado de acusação* prosecutor 4 (correspondência) acknowledgement of receipt

acusado *adj,nm* accused; *ser acusado de* to be charged with

acusador *nm* accuser

acusar *vt* **1** to accuse [**de**, of]; *acusou-o de mentir* she accused him of lying **2** DIR to charge [**de**, with] **3** (*culpar*) to blame [**de/por**, for] **4** (*dar sinais de*) to reveal **5** (*substância*) to show; to detect **6** (correspondência) to acknowledge

acusativo *adj,nm* accusative

acusatório *adj* accusing, accusatory; *um olhar acusatório* an accusing look

acústica *nf* acoustics

acústico *adj* acoustic

adaga *nf* dagger

adágio *nm* **1** (*provérbio*) adage **2** MÚS adagio

adaptação *nf* **1** adaptation; adjustment **2** CIN,TEAT adaptation **3** MÚS arrangement

adaptador *nm* adapter, adaptor

adaptar *vt* **1** to adapt **2** to adjust **3** CIN to adapt [**para**, for]; *o livro foi adaptado para cinema* the book was adapted for a film ♦ *vp* to adjust; to adapt oneself [**a**, to], to get used [**a**, to]; *adaptei-me muito bem a esta cidade* I have adapted myself very well to this town

adaptável *adj2g* adaptable

adega *nf* wine cellar

adelgaçamento *nm* slimming

adelgaçante *adj2g* slimming*GB*, (weight-)reducing*EUA*

adelgaçar *vt* **1** to slim down; to thin down **2** (*diminuir*) to reduce ♦ *vi* (*emagrecer*) to lose weight; to slim

adenda *nf* (*apêndice*) addendum

adensar *vt,p* to thicken

adentro *adv* in, inside, indoors; *noite adentro* through the night

adepto *nm* **1** (doutrina, religião) follower; (partido, teoria) supporter; (atividade) enthusiast **2** DESP supporter; fan

adequação *nf* adequacy [**a**, to]; suitability [**a**, to]; *adequação às necessidades* adequacy to the needs

adequado *adj* adequate [**a**, to]; suitable [**para/a**, for]

adequar *vt* to adapt [**a**, to], to adjust [**a**, to]; *adequar às necessidades* to adjust to the needs

aderecista *n2g* TEAT (homem) propman; (mulher) propwoman

adereço *nm* **1** ornament **2** (moda) accessory ♦ *nmpl* TEAT props

aderência *nf* **1** (material) adherence **2** (automóvel) roadholding

aderente *adj2g* adhesive ♦ *n2g* **1** supporter **2** (serviço) subscriber

aderir *vi* **1** to adhere [**a**, to], to stick [**a**, to]; *a cola não adere à parede* the glue doesn't stick to the wall **2** (partido, causa) to join [**a**, -]; *ela aderiu ao partido* she joined the party **3** (moda) to follow [**a**, -]

adesão *nf* **1** (organização) joining [**a**, -] **2** (apoio) support **3** (inscrição) joining **4** (aderência) adhesion **5** (evento) attendance; (produto) reception

adesivo *adj* adhesive; *fita adesiva* adhesive tape ♦ *nm* (sticking) plaster*GB*; adhesive tape

adestrador *nm* (de animais) trainer, tamer; *adestrador de leões* lion tamer

adestramento *nm* (animais) training; taming

adestrar *vt* (animais) to tame, to train, to break in

adeus *interj* goodbye!, bye-bye! ♦ *nm* goodbye; *dizer adeus* to say goodbye ❖ *col dizer adeus a alguma coisa* to kiss something goodbye

adiamento *nm* postponement; (prazo) extension; (reunião já iniciada) adjournment; (decisão, pagamento) deferment

adiantadamente *adv* in advance, beforehand

adiantado *adj* **1** advanced **2** (precoce) precocious **3** (relógio) fast ♦ *adv* **1** (pagar) in advance **2** (antes da hora) ahead of time

adiantamento *nm* advance

adiantar *vt* **1** (*mover para diante*) to advance; to move forward; to push forward **2** (dinheiro) to advance, to pay beforehand 3 (relógio) to put forward 4 (documentação) to bring forward ♦ vp 1 to make headway 2 to get ahead [a, of]; **adiantar--se a alguém** to get ahead of somebody 3 (tempo) to be early 4 (relógio) to be fast; *o relógio adiantou-se* the watch is fast ♦ vi to make a difference; *não adianta nada* it's no use

adiante adv 1 ahead 2 (lugar) forward; further, *mais adiante* further on 3 (tempo) later; *mais adiante* later on ♦ interj onward!

adiar vt 1 to delay, to postpone, to put off; *a festa foi adiada* the party has been put off 2 (reunião) to adjourn 3 (sem data concreta) to shelve; *eles decidiram adiar a questão* they decided to shelve the question

adição nf addition

adicional adj2g additional

adicionar vt 1 (acrescentar) to add; *o serviço foi adicionado à conta* the service was added to the bill 2 MAT to add up, to sum up

adido nm attaché; *adido cultural* cultural attaché

adiposidade nf 1 adiposity 2 fat

adiposo adj adipose

aditamento nm 1 addition 2 DIR amendment

aditar vt (juntar) to add; to append

aditivo nm additive; *sem aditivos* additive-free

adivinha nf riddle

adivinhação nf (suposição) guessing; (previsão) prediction

adivinhar vt 1 to guess; *como é que adivinhaste?* how did you guess? 2 (prever) to foretell, to foresee, to predict; *adivinhar o futuro* to foresee the future ♦ *adivinhar o que vai na alma de alguém* to read somebody's mind/thoughts; col *adivinhei!* a little bird told me!; *deitar-se a adivinhar* to speak at random

adivinho nm fortune-teller

adjacência nf (proximidade) contiguity, nearness

adjacente adj2g adjacent

adjetivação nf adjectival use

adjetival adj2g adjectival

adjetivar vt LING to use as an adjective 2 fig to qualify

adjetivo nm adjective

adjudicação nf 1 (contrato) award 2 (em leilão) sale

adjudicador nm adjudicator

adjudicar vt DIR (atribuir por concurso) to award [a, to]; *adjudicar um contrato a uma firma* to award a contract to a company

adjudicatário nm 1 (leilão) successful tenderer, contractor 2 (trabalho) purchaser

adjunção nf (acrescento) addition

adjunto adj,nm assistant; *treinador adjunto* assistant coach ♦ nm LING adjunct

adjuvante adj,n2g 1 auxiliary, assistant 2 LIT adjuvant

administração nf 1 (empresa) management; (país) government 2 (pessoas) board 3 (bens, medicamento) administration

administrador nm 1 administrator 2 (gerente) director 3 (fundação) trustee

administrar vt 1 (gerir) to administer 2 (empresa) to manage, to run 3 MED (medicamento) to administer 4 REL (sacramentos) to administer

administrativo adj administrative

admiração nf 1 (respeito) admiration [por, for] 2 (espanto) surprise, astonishment

admirado adj 1 (respeitado) admired [por, by] 2 (surpreendido) surprised [com, at], astonished [com, at/by]

admirador nm admirer

admirar vt 1 to look up to; to admire [por, for]; *eu admiro-o pelo seu trabalho* I admire him for his work 2 (contemplar) to admire; *admirar alguém ao longe* to admire somebody from afar **3** *(causar espanto)* to surprise; **não é de admirar que seja tão caro** it's no wonder that it is so expensive ♦ *vp (ficar surpreendido)* to be amazed [**com**, at], to be astonished [**com**, at/by], to be surprised [**com**, at/by]

admirável *adj2g* admirable

admissão *nf* **1** admission **2** *téc* inlet; *admissão de água* water inlet

admissível *adj2g* admissible

admitir *vt* **1** to admit, to acknowledge, to accept, to concede, to grant; *admitir a derrota* to admit defeat, to concede defeat; *admitamos que* let's suppose that; *admite!* admit it!; *admito que tens razão* I admit that you are right **2** *(entrada)* to admit, to allow in; *admitir a entrada de jovens na discoteca* to admit young people into the club **3** *(contratar)* to take on **4** *(consentir)* to allow, to tolerate; *col* **não admito que vás sozinho** I won't have you going alone ♦ *admitamos que...* let's suppose that...; *é de admitir que tenham sido eles* admittedly it was them

admoestação *nf* **1** *(advertência)* warning **2** *(repreensão)* reprimand

admoestar *vt* **1** *(advertir)* to admonish, to warn **2** *(repreender)* to reprimand, to rebuke

ADN *nm* [sigla de **ácido desoxirribonucleico**] DNA [sigla de deoxyribonucleic acid]

adoçamento *nm* sweetening

adoçante *nm* sweetener ♦ *adj2g* sweetening

adoção *nf* adoption

adoçar *vt* **1** *(chá, café)* to sweeten, to add sugar to **2** *fig (atenuar)* to sweeten, to smooth

adocicado *adj* sweetish

adocicar *vt* to sweeten

adoecer *vi* to fall ill [**com**, with], to be taken ill [**com**, with]; *ela adoeceu com gripe* she fell ill with the flu

adoentado *adj* sickly; unwell

adoentar *vt* to sicken, to make sick

adolescência *nf* adolescence

adolescente *n2g* adolescent, teenager ♦ *adj2g* adolescent, teenage

adoração *nf* *(pessoa)* adoration; *(divindade)* worship

adorador *nm* adorer, worshipper ♦ *adj* adoring

adorar *vt* **1** REL to adore, to worship **2** *(gostar muito de)* to love; *adorei este livro!* I loved this book!

adorável *adj2g* adorable

adormecer *vt* **1** *(fazer dormir)* to put to sleep; *vou adormecer o bebé* I'm going to put the baby to sleep **2** *(causar sono)* to make sleepy, to make drowsy ♦ *vi* **1** to fall asleep, to doze off, to nod off; *adormeci em frente ao televisor* I fell asleep in front of the TV screen; *estava quase a adormecer quando o telefone tocou* I was nearly dropping off when the phone rang **2** *(para além da hora devida)* to oversleep **3** *fig (ficar anestesiado)* to go numb

adormecido *adj* **1** asleep, sleeping **2** *(dormente)* numb

adormecimento *nm* **1** *(sono)* sleepiness; drowsiness **2** *(entorpecimento)* numbness

adornar *vt* **1** to adorn, to decorate; *a sala estava adornada de flores* the room was adorned with flowers **2** CUL to garnish

adorno *nm* ornament

adotado *adj* adopted

adotar *vt* **1** *(perfilhar)* to adopt **2** *(método)* to adopt, to follow, to embrace **3** *(medida)* to take **4** *(livro)* to choose, to select **5** DIR,POL to adopt, to implement; *(lei)* to pass

adotivo *adj* **1** *(perfilhado)* adopted; *filho adotivo* adopted son **2** *(que perfilha)* adoptive; *pais adotivos* adoptive parents

adquirente *n2g* acquirer, buyer, purchaser ♦ *adj2g* acquiring

adquirir *vt* **1** *(comprar)* to acquire, to buy, to purchase; *adquirir por leasing* to lease

2 (*obter*) to acquire, to get, to obtain; *adquirir fama* to gain a reputation; *adquirir um direito* to acquire a right

adrenalina *nf* adrenalin

adro *nm* churchyard

ADSL [*sigla de* Asymmetrical Digital Subscriber Line]

adstringência *nf* astringency

adstringente *adj2g* astringent

adstrito *adj* **1** (*contraído*) astringed, joined together, contracted **2** (*sujeito*) dependent

aduaneiro *adj* customs; *direitos aduaneiros* customs duty

adubação *nf* AGR fertilizing, soil enrichment

adubar *vt* AGR to manure; to fertilize

adubo *nm* fertilizer; *adubo animal* manure; *adubo vegetal* compost

aduela *nf* (*pipa*) stave

adufe *nm* (square) tambourine

adulação *nf* flattery

adulador *nm* flatterer ♦ *adj* flattering

adular *vt* to flatter, to adulate

adulteração *nf* **1** (*alimentos, bebidas*) adulteration **2** (*falsificação*) falsification

adulterar *vt* to adulterate ♦ *vp* (*deteriorar-se*) to go off, to go bad

adultério *nm* adultery

adúltero *nm* adulterer ♦ *adj* adulterous

adulto *adj,nm* adult, grown-up

adunco *adj* hooked; *nariz adunco* hooked nose

advento *nm* advent, arrival

Advento *nm* REL Advent

adverbial *adj2g* adverbial

advérbio *nm* adverb

adversário *nm* opponent ♦ *adj* opposing

adversativo *adj* adversative

adversidade *nf* adversity

adverso *adj* **1** (*desfavorável*) adverse **2** (*contrário*) opposed [a, to]

advertência *nf* **1** (*aviso*) warning **2** (*admoestação*) reprimand

advertir *vt* **1** (*avisar*) to warn [acerca de, of]; to advise [contra, against] **2** (*repreender*) to reprimand

advocacia *nf* law; *exercer a advocacia* to practise law

advogado *nm* lawyer; (Inglaterra) solicitor, barrister; (Estados Unidos da América) counsellor, attorney; *advogado de defesa* counsel for the defence; *advogado de acusação* counsel for the prosecution

advogar *vt* **1** (*defender*) to advocate; to support; to argue for **2** DIR to plead for, to defend ♦ *vi* to work as a lawyer

aereamente *adv* **1** aerially, by air **2** *fig* (*levianamente*) thoughtlessly, carelessly

aéreo *adj* **1** air, aerial **2** (*distraído*) absent-minded

aeróbica *nf* aerobics

aeróbio *adj* aerobic

aerodinâmica *nf* aerodynamics

aerodinâmico *adj* aerodynamic

aeródromo *nm* airfield

aeroespacial *adj2g* aerospace

aerofagia *nf* MED aerophagia

aerofotografia *nf* aerial photograph

aerogare *nf* air terminal

aeromoça *nf* Bras air hostess, stewardess

aeromodelismo *nm* model airplane making

aeromotor *nm* wind engine

aeronauta *n2g* aeronaut

aeronáutica *nf* **1** (*ciência*) aeronautics **2** (*Forças Armadas*) air force

aeronáutico *adj* aeronautical

aeronaval *adj2g* air and sea

aeronave *nf* airship; *aeronave espacial* spaceship

aeroplano *nm* aeroplane GB; airplane EUA

aeroporto *nm* airport

aerossol *nm* acrosol

aerostação *nf* aerostation

aerostática *nf* aerostatics

aerostático *adj* aerostatic

aeróstato *nm* hot-air balloon

aerotransportado *adj* airborne

aerovia *nf Bras* airlane

afã *nm* eagerness; *com afã* eagerly

afabilidade *nf* affability

afadigar-se *vp* 1 *(trabalhar)* to work hard 2 *(cansar-se)* to tire oneself out 3 *(afligir-se)* to worry

afagar *vt (acariciar)* to stroke, to caress, to fondle ❖ *afagar o ego de* to flatter

afago *nm* caress; (a animal) stroke

afamado *adj* famous

afasia *nf* aphasia

afásico *adj* aphasic

afastado *adj* 1 *(distância)* distant [**de**, from], far away [**de**, from] 2 *(de cargo, profissão)* retired 3 *(parentesco)* distant

afastamento *nm* 1 *(distância)* distance 2 *(separação)* parting 3 *(retirada)* withdrawal

afastar *vt* 1 *(distanciar)* to drive away, to take away 2 *(apartar)* to separate 3 *(obstáculo)* to ward off, to put aside, to remove 4 *(pôr de parte)* to dismiss, to lay off ♦ *vp* 1 *(distanciar-se)* to drift apart, to become estranged [**de**, from]; *afastámo-nos gradualmente um do outro* we gradually drifted apart from each other 2 *(desinteressar-se)* to turn away 3 *(ausentar-se)* to go away 4 *(cargo)* to step down 5 MIL *(retirar-se)* to pull back, to draw back, to withdraw ❖ *afastar-se do assunto* to stray from the subject

afável *adj2g* affable

afazeres *nmpl* work; tasks; *ter muitos afazeres* to have a lot to do

afecção *nf* ailment, disease

afegâni *nm* (moeda) afghani

Afeganistão *nm* Afghanistan

afegão *nm* Afghan

afeição *nf* affection

afeiçoado *adj* attached [**a**, to]

afeiçoar *vt* 1 *(afeição)* to win somebody's affection 2 *(dar forma a)* to shape, to mould ♦ *vp* to grow fond [**a, of**]; to grow attached [**a**, to]

aferição *nf* 1 *(avaliação)* evaluation 2 *(medição)* gauging 3 *(na escola)* assessment; *(exame)* test

aferidor *nm* (instrumento) gauge

aferir *vt* 1 *(medir)* to calibrate, to gauge 2 *(comparar)* to compare 3 *(verificar)* to check 4 *(avaliar)* to assess

aferroar *vt* 1 *(espetar)* to prick, to sting 2 *fig (espicaçar)* to spur*fig*, to needle*fig*, to goad*fig*

aferrolhar *vt* 1 *(porta)* to bolt, to lock 2 *(dinheiro, bens preciosos)* to lock away 3 *(prender)* to lock up

afetação *nf* 1 *(presunção)* affectation 2 ECON *(distribuição)* allocation

afetado *adj* affected

afetar *vt* 1 *(prejudicar, influenciar)* to affect; *afetar negativamente* to have an adverse effect on 2 *(fingir)* to pretend, to feign 3 *(destinar a)* to allot, to distribute [**a**, to]

afetividade *nf* affectivity

afetivo *adj* 1 *(problema, relação)* emotional 2 *(pessoa, gesto)* affectionate

afeto *nm* affection ♦ *adj* attached [**a**, to]

afetuoso *adj* affectionate

afiação *nf* 1 *(lápis)* sharpening 2 *(lâminas)* whetting

afiado *adj (faca, lápis)* sharp

afia-lápis *nm* pencil sharpener

afiançar *vt* 1 *(garantir)* to guarantee, to assure, to warrant 2 DIR *(ficar por fiador)* to bail out, to stand surety for somebody, to vouch for somebody, to put up/stand bail for somebody

afiar *vt* 1 *(lápis)* to sharpen 2 *(lâmina)* to whet, to grind

aficionado *nm* enthusiast, fan

afidalgado *adj* gentlemanly, distinguished, noble

afidalgar *vt* to make noble ♦ *vp* to become a noble

afilado *adj* 1 thin, slender 2 (nariz) pointed

afilhada *nf* 1 goddaughter 2 *fig* protégée

afilhado *nm* 1 godson 2 *fig* protégé

afiliar *vt,p* (membro) to affiliate

afim *adj* similar, related

afinação *nf* **1** (instrumento musical) tuning **2** (máquina) adjustment

afinado *adj* **1** well-tuned; in tune; *cantar afinado* to sing in tune **2** (máquina) adjusted **3** *col* (pessoa) angry

afinador *nm* (instrumento musical) tuner

afinal *adv* **1** after all; *afinal de contas* after all **2** (ênfase) then, *que queres tu afinal?* what do you want then?

afinar *vt* **1** to refine **2** MÚS (instrumento) to tune **3** to fine-tune; to polish; to refine

afinco *nm* diligence

afinidade *nf* affinity

afirmação *nf* **1** statement **2** affirmation

afirmar *vt* **1** to affirm, to assert; to maintain; to declare **2** to strengthen; to reinforce ♦ *vp* **1** to assert oneself **2** to be confirmed **3** to be recognized ❖ *afirmar sob juramento* to confirm by oath

afirmativa *nf* affirmative answer

afirmativo *adj* affirmative

afivelar *vt* **1** to buckle **2** (expressão, sorriso) to put on; to adopt

afixação *nf* **1** (informação, resultado) posting; (com pionés) sticking up; *afixação proibida* stick no bills **2** LING affixation

afixar *vt* to put up, to stick, to post; *afixar cartazes* to stick bills

afixo *nm* affix

aflição *nf* distress; anguish

afligir *vt* **1** to distress; to trouble **2** to torment ♦ *vp* to worry [com, about]; *não se aflija com isso* don't worry about it

aflitivo *adj* distressing

aflito *adj* distressed [com, at/by]; upset [com, about/by]

afloramento *nm* **1** touch **2** mention **3** (solo) levelling

aflorar *vt* **1** to touch **2** to mention ♦ *vi* to come into view, to rise out

afluência *nf* **1** (pessoas, dinheiro) influx **2** (líquido) flow

afluente *nm* (rio) tributary

afluir *vi* **1** (rio) to flow [a, to/into; de, from] **2** (pessoas) to flock, to crowd; *afluir em grande número* to flood in

afluxo *nm* **1** (líquido) flow; (sangue) afflux **2** (pessoas) influx; flood

afogado *adj* **1** drowned; *morrer afogado* to drown **2** (sobrecarregado) overwhelmed ♦ *nm* drowned person

afogamento *nm* drowning

afogar *vt* **1** to drown **2** *fig* (conter) to hold back ♦ *vp* to drown, to be drowned ❖ *afogar as mágoas* to drown one's sorrows; *afogar se em pouca água* to get easily upset

afogueado *adj* **1** (depois de correr) breathless **2** (corado) blushing

afoguear *vt* to make (somebody) blush ♦ *vp* to blush

afoito *adj* bold, courageous; brave

afonia *nf* aphonia; loss of voice

afónico *adj* voiceless

afonsino *adj fig* olden; *dos tempos afonsinos* from olden days

aforismo *nm* aphorism

aforístico *adj* aphoristic

aformosear *vt* **1** to embellish **2** to adorn

aforro *nm* (poupança) saving; *certificado de aforro* savings bond

afortunado *adj* fortunate, lucky

afreguesar *vt* to gather (customers); to allure, to captivate ♦ *vp* to become a customer

África *nf* Africa

África do Sul *nf* South Africa

africanismo *nm* Africanism

africano *adj,nm* African

afro-americano *adj,nm* Afro-American

afrodisíaco *adj,nm* aphrodisiac

afronta *nf* affront, insult

afrontado *adj* (indisposto) unwell; sick

afrontamento *nm* (indigestão) nausea, sickness

afrontar *vt* **1** to insult, to outrage **2** (perigo) to face, to encounter; to confront ♦

vp (calor) to feel faint; to feel dizzy ❖
afrontar o perigo confiadamente to ride
out the storm

afrouxamento *nm* **1** (velocidade) slowdown **2** slackening **3** loosening **4** softening

afrouxar *vt* **1** (velocidade, ritmo) to slow
down **2** to loosen **3** to soften ♦ *vi* **1** to
slow down **2** to loosen

afta *nf* aphtha, mouth ulcer

aftershave *nm* aftershave

aftoso *adj* aphthous ❖ **febre aftosa** foot-
and-mouth disease

afugentar *vt* to scare away, to frighten
away

afundamento *nm* **1** (barco) sinking **2** (negócio) collapse

afundanço *nm* (basquetebol) slam dunk

afundar *vt* **1** (barco) to sink **2** (cavidade) to
deepen ♦ *vi* to sink ♦ *vp* **1** to sink **2** *col,fig*
(falhanço) to go under, to bite the dust

afunilamento *nm* tapering; narrowing

afunilar *vt* to taper; to narrow

agá *nm* (letra) aitch

agachar-se *vp* to crouch, to squat

agarotado *adj* **1** fresh-faced **2** boyish,
girlish

agarrado *adj* (preso) stuck [a, to]; (a alguém) attached [a, to] **2** (avarento) stingy **3**
cal (drogas, etc.) addicted [a, to]

agarrar *vt* **1** to grab, to grasp, to clutch;
to lay hold of **2** to seize; *agarrar alguém*
pelo braço to seize a person by the arm ♦
vp to stick [a, to]; to cling [a, to]; *a*
criança agarrou-se à mãe the child clung
to his mother ❖ **agarrar-se com unhas e**
dentes to hold on for grim death

agasalhado *adj* wrapped up

agasalhar *vt,p* (com roupa) to wrap up, to
dress warmly

agasalho *nm* (peça de roupa) coat

agastamento *nm* **1** (enfado) annoyance;
weariness **2** (ira) anger **3** (mau humor) bad
mood

agastar *vt* to irritate; to annoy ♦ *vp* to
flare up, to lose one's temper

ágata *nf* agate

agência *nf* **1** agency; *agência de viagens*
travel agency **2** (filial) branch

agenciar *vt* **1** to manage **2** to be the agent
of; to serve as an agent for **3** to employ

agenda *nf* **1** (livro) diary **2** (plano de trabalho) schedule; *agenda eletrónica* elec-
tronic calendar

agente *nm* **1** agent; *agente de seguros* insurance agent **2** (homem) (polícia) policeman; (mulher) policewoman

agigantar *vt* **1** to give gigantic proportions to **2** *fig* (exagerar) to exaggerate ♦ *vp*
to assume gigantic proportions

ágil *adj* agile

agilidade *nf* agility

agiota *n2g* (Bolsa) speculator

agiotagem *nf* speculation

agir *vi* **1** to act; *agir como intermediário*
to act as a mediator; *ele agiu em favor do*
pai he acted to the advantage of his father
2 to do, to play; *agir com cautela* to play
it safe; *ela agiu mal* she did wrong

agitação *nf* **1** agitation **2** (líquidos) shaking **3** (mar) roughness

agitado *adj* **1** (inquieto) restless **2** (dia) hectic; busy **3** shaken **4** (mar) rough

agitador *nm* agitator

agitar *vt* **1** to agitate; to shake; *agitar an-*
tes de usar shake before use **2** to wave;
agitar os braços to wave one's arms **3** *fig*
to disturb ♦ *vp* **1** (desconforto) to fidget
2 (mar) to get rough

aglomeração *nf* **1** agglomeration **2** (multidão) gathering

aglomerado *adj* heaped up; agglomer-
ated ♦ *nm* **1** agglomerate, mass, heap
2 (construção) chipboard **3** GEOL conglomerate ❖ *aglomerado urbano* urban sprawl

aglomerar *vt* to agglomerate, to heap up,
to cluster ♦ *vp* (multidão) to crowd together

aglutinação nf agglutination

aglutinar vt 1 to agglutinate 2 (colar) to stick together, to glue

agnosticismo nm agnosticism

agnóstico adj,nm agnostic

agonia nf agony; (antes da morte) death pangs

agoniado adj 1 anguished 2 (enjoado) sick

agoniar vt 1 to nauseate; to make sick 2 to afflict; to distress ♦ vp to feel sick; to feel nauseous

agonizante adj2g 1 (moribundo) dying 2 (sofrimento) agonizing

agonizar vi 1 to be dying; to be on the point of death 2 to fade away; to waste away

agora adv 1 now, at present; é agora ou nunca it's now or never 2 (atualmente) today; nowadays ♦ conj but

agosto nm August

agourar vt to augur, to presage; to predict ♦ vi to jinx it; to bring bad luck

agourento adj ominous

agouro nm omen

agraciar vt 1 to invest, to honour [com, with] 2 to reward [com, with]

agradar vi to please; ele consegue agradar a todos he can please everybody; isso não me agrada I don't like this

agradável adj2g 1 pleasant 2 (simpático) nice

agradecer vt to thank [por, for]; to be grateful [por, for]; agradeça-lhe da minha parte give him my best thanks; agradecer antecipadamente to thank in advance; não tem que agradecer not at all

agradecido adj grateful, thankful

agradecimento nm 1 gratitude 2 thanks; apresentar agradecimentos to express one's thanks

agrado nm pleasure, liking; não é do meu agrado it's not to my liking

agrafador nm stapler

agrafar vt to staple

agrafo nm 1 (agrafador) staple 2 MED clip

agramatical adj2g LING ungrammatical

agrário adj agrarian

agravamento nm 1 (conflito, situação) worsening 2 (doença, pena) aggravation 3 (imposto, dívida) increase

agravante adj2g aggravating ♦ nf DIR aggravating circumstance

agravar vt 1 to worsen; to aggravate 2 to add weight to ♦ vp (doença) to become worse

agravo nm 1 offence; insult 2 DIR appeal

agredir vt 1 to attack, to assault; to hit 2 (insultar) to insult, to offend

agregação nf aggregation

agregado nm aggregate ♦ adj 1 aggregate 2 (associado) associated ❖ agregado familiar family

agregar vt 1 (juntar) to aggregate; to collect 2 (acrescentar) to add 3 to annex; to attach

agremiação nf association

agremiar vt to associate

agressão nf aggression

agressividade nf aggressiveness

agressivo adj aggressive

agressor nm aggressor; attacker

agreste adj2g (vegetação) wild; (caminho, terreno) rough; (clima) harsh

agrião nm watercress

agrícola adj2g agricultural

agricultor nm farmer

agricultura nf agriculture, farming; agricultura biológica organic farming

agridoce adj2g 1 bittersweet 2 CUL sweet-and-sour

agrilhoar vt 1 to chain, to fetter 2 fig to restrain, to constrain

agrimensor nm land surveyor; agrimensor de minas mine surveyor

agrimensura nf land surveying; surveying

agronomia nf agronomy

agronómico adj agronomic

agrónomo nm agronomist

agropecuária nf mixed farming

agrupamento nm 1 grouping 2 (conjunto) group

agrupar vt to group; *agrupar em série* to group in series

água nf water; *água com gás* sparkling water; *água doce* fresh water; *água sem gás* still water ❖ *deitar água na fervura* to pour oil on troubled waters; *fazer água na boca* to make the mouth water; *ir por água abaixo* to go down the drain

aguaceiro nm downpour

água-de-colónia nf eau de cologne

aguado adj 1 watered 2 wishy-washy 3 fig frustrated

água-marinha nf aquamarine

água-mel nf mead

água-oxigenada nf hydrogen peroxide

água-pé nf {pl águas-pé} paltry wine

aguar vt 1 to water down; to mix with water 2 (plantas) to irrigate; to water 3 (cores) to tone down 4 fig to frustrate ♦ vp to water at the mouth

aguardar vt,i 1 to wait; *aguardar a vez* to wait for one's turn 2 to await; *aguardar ordens* to await orders

aguardente nf brandy

aguarela nf watercolour GB, watercolor EUA

aguarrás nf turpentine

águas-furtadas nfpl (piso) attic; (apartamento) attic flat

aguça nf pencil sharpener

aguçado adj 1 (afiado) sharp 2 (apurado) quick

aguçar vt 1 to sharpen, to whet; *aguçar o apetite* to whet one's appetite; *aguçar um lápis* to sharpen a pencil 2 fig to excite, to stimulate ♦ vp to become sharper

agudeza nf 1 sharpness 2 (perspicácia) acuteness

agudizar vt to sharpen; to intensify; to make more acute

agudo adj 1 (afiado) sharp 2 (intenso) acute 3 (som) shrill; (voz) high-pitched 4 LING acute ♦ nm MÚS treble

aguentar vt 1 (sustentar) to sustain; to support 2 (suportar) to bear; to put up with; to endure ♦ vi,p to hold out; to stand firm; *aguentar firme* to hold out; *não aguento mais!* I can't stand it any longer! ❖ *aguentar a pressão* to keep up steam; col *aguentar e mostrar cara alegre* to grin and bear it

aguerrido adj 1 aggressive 2 forceful 3 bold

águia nf eagle

aguilhão nm 1 goad 2 (insetos) sting

aguilhoar vt 1 to goad; to prick 2 fig (espicaçar) to spur; to needle

agulha nf needle; (croché) crochet hook; *enfiar a agulha* to thread the needle ❖ *procurar uma agulha no pulheiro* to look for a needle in a haystack

agulheiro nm 1 needle case 2 needle maker 3 (caminhos de ferro) switchman, pointsman

agulheta nf nozzle; *agulheta de jato de água* water jet nozzle; *agulheta de mangueira* watering nozzle

ah interj (espanto, lamento) ah, oh; (alegria) ah; *ah, sim?* oh, really?

ai interj 1 (dor) ouch! 2 (aflição) oh!; (espanto, lamento) ah!, oh!; (alegria) ah! ♦ nm 1 (suspiro) sigh 2 (grito) cry

aí adv 1 there; *ora aí está!* there it is! 2 (então) then; *foi aí que percebi* then I realized ❖ *espera aí!* wait a moment!; *por aí fora* and so on

aia nf (de rainha, princesa) lady-in-waiting

aido nm courtyard; backyard

aileron nm 1 (avião) aileron 2 (automóvel) spoiler

ainda adv 1 still; *ele ainda está na cama* he's still in bed 2 (negação) yet; *ainda não* not yet 3 (comparação) even; *ainda maior* even larger, larger still ❖ *ainda agora* just now; *ainda assim* all the same, even so; *ainda bem!* good!; *ainda que* even though

aio *nm* **1** *ant* chamberlain; valet **2** *ant* tutor

aipo *nm* celery

airado *adj* wanton; loose; *vida airada* loose living

airbag *nm* (automóvel) airbag

airoso *adj* graceful; elegant

ajantarado *adj* *lanche ajantarado* high tea

ajeitar *vt* **1** *(compor)* to adjust; to arrange **2** *(arrumar)* to tidy up ♦ *vp* **1** to manage; *eu cá me ajeitarei sozinho* I can manage on my own **2** *(adaptar-se)* to get the hang [a, of] **3** *(acomodar-se)* to make oneself comfortable

ajoelhar *vi,p* to kneel, to kneel down

ajuda *nf* help; assistance; aid; *dar uma ajuda* to lend a hand

ajudante *n2g* **1** helper **2** *(profissão)* assistant

ajudar *vt* to help; to lend a hand to; to assist; *ajuda-me a atravessar a rua* help me across the street; *em que posso ajudar?* can I be of any assistance?

ajuizado *adj* sensible

ajuizar *vt* **1** DIR to judge **2** *(ponderar)* to consider **3** *(calcular)* to estimate; to assess ♦ *vi* to become more sensible

ajuntamento *nm* gathering; crowd

ajustado *adj* **1** *(combinado)* settled; agreed **2** *(justo)* fair **3** *(adequado)* appropriate; suitable **4** *(roupas)* tight-fitting

ajustamento *nm* **1** (aparelho, peça) adjustment **2** (de contas) settling

ajustar *vt* **1** to adjust; to adapt **2** (contas, disputa) to settle; *ajustar contas* to settle accounts, to get even **3** *(preço)* to agree on **4** *(encaixar)* to fit; *ajustar peças de máquina* to fit parts of machinery ♦ *vp* (adaptar-se) to adapt [a, to], to conform [a, to]; *ajustar-se a alguma coisa* to adapt to something

ajustável *adj2g* adjustable

ajuste *nm* **1** adjustment **2** *(acordo)* agreement ❖ *ajuste de contas* settling of scores

ala *nf* wing

alabastro *nm* alabaster

alado *adj* winged

alagado *adj* *(inundado)* flooded; *(ensopado)* drenched

alagamento *nm* **1** flooding **2** NÁUT (navio) foundering

alagar *vt* **1** to flood, to overflow; *o rio alagou os campos* the river overflowed the fields **2** NÁUT (navio) to founder

alambazar-se *vp* *col* to stuff oneself

alambique *nm* alembic; still

alameda *nf* (tree-lined) avenue

álamo *nm* BOT poplar

alaranjado *adj* orangey, orangish

alarde *nm* boasting

alardear *vt* **1** to show off, to parade; *alardear riquezas* to make a show of one's riches **2** to boast about

alargamento *nm* **1** (organização) enlargement **2** (rua, estrada) widening **3** extension; *alargamento do prazo limite* extension of the deadline

alargar *vt* **1** to enlarge **2** (tornar mais largo) to widen, to broaden **3** (ampliar) to extend **4** (afrouxar) to loosen ♦ *vp* **1** (dinheiro) to spend a lot **2** to stretch **3** (conversa) to lengthen ❖ *col alargar os cordões à bolsa* to put one's hand in one's pocket

alarido *nm* uproar; racket

alarmante *adj2g* alarming

alarmar *vt* to alarm ♦ *vp* to be alarmed; to become frightened

alarme *nm* alarm; *ligar o alarme* to set the alarm

alarmismo *nm* alarmism

alarmista *adj,n2g* alarmist

alarve *n2g* **1** *(grosseiro)* boor **2** *(glutão)* glutton

alastrar *vt,i* **1** *(disseminar)* to spread **2** (navio) to ballast

alaúde *nm* lute

alavanca *nf* lever

alazão *adj* (cor) sorrel ♦ *nm* ZOOL sorrel horse

alba *nf* dawn, daybreak, sunrise

albanês *adj,nm* Albanian

Albânia *nf* Albania

albatroz *nm* albatross

albergar *vt* 1 (hospedar) to put (somebody) up, to take (somebody) in, to accommodate 2 *fig* (abarcar) to comprise

albergaria *nf* guest house

albergue *nm* hostel; **albergue da juventude** youth hostel

alberguista *n2g* hosteller ♦ *adj2g* related to hostel; (pousada de juventude) **cartão de alberguista** youth hostel card

albufeira *nf* 1 lagoon 2 (represa) reservoir

álbum *nm* album

alça *nf* 1 (vestuário) strap 2 (presilha) loop

alcachofra *nf* artichoke

alcaçuz *nm* BOT liquorice

alçada *nf* 1 (competência) sphere of competence 2 (jurisdição) jurisdiction

alcaide *nm* governor

alcalinidade *nf* alkalinity

alcalino *adj* alkaline

alcalinoterroso *adj* QUÍM alkaline-earth; **metais alcalinoterrosos** alkaline-earth metals

alcaloide *nm* alkaloid

alcançado *adj* 1 (conseguido, cumprido) attained; achieved; accomplished 2 (apanhado) caught

alcançar *vt* 1 (apanhar) to reach, to catch 2 (chegar) to get to, to arrive at 3 (conseguir) to obtain, to attain, to achieve; **alcançar um bom resultado** to obtain a good result 4 (abranger) to comprise, to include 5 *col,fig* to understand, to grasp

alcançável *adj2g* 1 within reach 2 (nível) attainable

alcance *nm* 1 reach; **ao alcance de alguém** within somebody's reach 2 (arma, visão) range 3 (possibilidade) power 4 (âmbito) scope

alcandorar *vp* 1 to perch 2 *fig* to get worked up, to get carried away, to get het up

alcantilado *adj* steep, sloping

alçapão *nm* trapdoor

alcaparra *nf* BOT caper

alçar *vt* 1 (elevar) to raise; to lift up 2 (hastear) to hoist ♦ *vp* 1 (levantar-se) to get up 2 (sobressair) to stand out

alcateia *nf* (lobos) (wolf) pack

alcatifa *nf* fitted carpet

alcatifado *adj* carpeted; *fig* (atapetado) **alcatifado de flores** carpeted with flowers

alcatifar *vt* to carpet

alcatra *nf* rump; **bife de alcatra** rump steak

alcatrão *nm* 1 tar 2 (asfalto) asphalt

alcatroar *vt* to tar; **estrada alcatroada** tarred/asphalt road

alce *nm* moose

alcofa *nf* 1 (bebé) carrycot 2 (animal) bed

álcool *nm* 1 alcohol; **sem álcool** alcohol-free, nonalcoholic 2 (para desinfetar) surgical spirit *GB*; rubbing alcohol *EUA*

alcoólatra *n2g* alcoholic

alcoolemia *nf* presence of alcohol in the blood; **teste de alcoolemia** (alcohol) breath test

alcoólico *adj,nm* alcoholic

alcoolímetro *nm* breathalyzer, alcoholometer

alcoolismo *nm* alcoholism

alcoolização *nf* 1 alcoholization 2 (vinho) fortification

alcoolizado *adj* drunk, drunken

alcoolizar *vt* (vinho) to fortify ♦ *vp* to get drunk

Alcorão *nm* REL Koran

alcova *nf* bedroom

alcoviteiro *nm* gossip

alcunha *nf* nickname

alcunhar *vt* to nickname

aldeão *nm* villager

aldeia *nf* village; **aldeia global** global village

al dente *loc adv* CUL al dente
aldraba *nf* 1 *(tranca)* latch 2 *(batente)* door knocker 3 *(trinco)* door handle
aldrabão *nm* 1 *(mentiroso)* liar; fibber 2 *(vigarista)* con artist
aldrabar *vt* 1 *(dinheiro)* to cheat, to swindle; to deceive 2 *(trabalho)* to botch (something) up
aldrabice *nf* 1 *(mentira)* lie; *(história falsa)* cock and bull story 2 *(trapaça)* con
álea *nf* alley, walk
aleatório *adj* random
alecrim *nm* rosemary
alegação *nf* 1 *(afirmação)* claim; *(acusação)* allegation 2 DIR statement
alegar *vt* 1 to allege, to claim; *ele alega que não foi informado* he alleges that he was not informed 2 DIR to plead
alegoria *nf* allegory
alegórico *adj* allegorical
alegrar *vt* 1 *(causar alegria)* to make happy; to please 2 *(animar)* to cheer up; to liven up ♦ *vp* to be glad; to be pleased
alegre *adj2g* 1 *(contente)* happy 2 *(animado)* lively, cheerful 3 *(cor)* bright 4 *(divertido)* funny, amusing 5 *(embriagado)* tipsy
alegria *nf* happiness, joy
alegro *nm* MÚS allegro
aleijado *adj* 1 *(deficiência)* crippled 2 *(magoado)* injured ♦ *nm pej* cripple
aleijão *nm* *(deficiência)* impairment
aleijar *vt* 1 to cripple 2 to hurt; to injure ♦ *vp* to hurt oneself; to injure oneself
aleitamento *nm* feeding
aleitar *vt* to breast-feed, to nurse, to suckle
aleluia *interj* 1 *(louvor, júbilo)* hallelujah! 2 *(finalmente)* at last! ♦ *nf* hallelujah
além *adv* *(ali)* over there; *(mais adiante)* further on ♦ *nm o além* the hereafter ❖ *além de* besides, as well as; *além disso* moreover, besides
Alemanha *nf* Germany
alemão *adj,nm* German

além-fronteiras *adv* abroad
além-mar *adv* overseas ♦ *nm* overseas territories
alentar *vt* to encourage ♦ *vp* to cheer up
alento *nm* *(ânimo)* courage; *(entusiasmo)* enthusiasm
alergénico *adj* allergenic
alergénio *nm* allergen
alergia *nf* allergy [a, to]
alérgico *adj* allergic [a, to]
alergologia *nf* MED allergology
alerta *adv* alert [para, for]; on the alert [para, for] ♦ *adj2g* watchful ♦ *nm* alert; *dar o alerta* to raise the alert
alertar *vt* 1 to alert, to inform; *tenho de alertar a polícia* I must alert the police 2 to warn
aletria *nf* CUL vermicelli
alfa *nm* *(letra)* alpha
alfabético *adj* alphabetical; *por ordem alfabética* in alphabetical order
alfabetização *nf* literacy; *campanha de alfabetização* literacy campaign
alfabetizar *vt,i* to teach to read and write
alfabeto *nm* alphabet
alface *nf* lettuce
alfaia *nf* implement; *alfaias agrícolas* farm implements
alfaiataria *nf* tailor's
alfaiate *nm* tailor
alfândega *nf* 1 *(serviço)* customs 2 *(edifício)* customs house
alfandegário *nm* customs; *direitos alfandegários* customs rights
alfanumérico *adj* alphanumeric
alfarrábio *nm* raggedy old book; second-hand book
alfarrabista *n2g* second-hand bookseller
alfarroba *nf* carob
alfarrobeira *nf* BOT carob tree
alfazema *nf* lavender
alferes *n2g2n* MIL second lieutenant
alfinetada *nf* 1 *(picada)* prick 2 *(crítica)* dig
alfinete *nm* 1 pin 2 *(de peito)* brooch GB; pin EUA 3 *(gravata)* tiepin GB, tie tack EUA

alfinete de ama nm safety pin

alforreca nf jellyfish

alforria nf enfranchisement

alforriar vt to enfranchise, to release

alga nf alga, seaweed

algália nf catheter

algaliar vt to catheterize

algaraviada nf (palavreado incompreensível) double Dutch, gibberish

algarismo nm figure, numeral

algazarra nf uproar, hubbub

álgebra nf algebra

algébrico adj algebraic

algemar vt to handcuff; *algemar alguém* to handcuff somebody, to put handcuffs on somebody

algemas nfpl handcuffs

algeroz nm gutter

algibeira nf pocket

algo pron indef something; anything ♦ adv (um tanto) rather; *acho-o algo estranho* I find him rather strange

algodão nm 1 cotton 2 (para limpar, desinfetar) cotton wool GB, cotton EUA

algodão-doce nm candyfloss GB, cotton candy EUA

algodão em rama nm 1 cotton wool, raw cotton; (cosmética) *discos de algodão em rama* cotton wool pads 2 (algodão hidrófilo) absorbent cotton

algoritmo nm algorithm

algoz nm 1 executioner 2 fig tyrant, brute

alguém pron indef 1 somebody; someone 2 (interrogação) anybody; anyone; *está aqui alguém?* is anyone here?

alguidar nm big bowl

algum quant exist,pron indef 1 some; *algum lugar* somewhere; *alguma coisa* something 2 (interrogação) any; *mais alguma coisa?* anything else? 3 (valor negativo) no; *de modo algum* (not) at all, in no way

algures adv somewhere

alhada nf col mess, jam

alheado adj 1 (distraído) lost in thought 2 (desconhecedor) unaware

alheamento nm 1 (desconhecimento) ignorance; (falta de consciência) unawareness 2 (afastamento) detachment 3 (distração) absent-mindedness

alhear-se vp 1 to lose interest 2 to become lost in thought 3 to distance oneself

alheio adj 1 other people's; *falar da vida alheia* to talk about other people's lives 2 (sem consciência) unaware [a, of] 3 (afastado) detached; removed

alheira nf CUL bread and garlic sausage

alheta nf col *pôr-se na alheta* to clear out

alho nm garlic; *dente de alho* clove of garlic ❖ *misturar alhos com bugalhos* to mix things up

alho-francês nm leek

alho-porro nm leek

ali adv 1 (lugar) there, over there; *ali dentro* in there; *ali em cima* up there 2 (tempo) then; *até ali* until then

aliado adj 1 allied; *forças aliadas* allied forces 2 (associado) associated [a, with]; combined [a, with] ♦ nm ally

aliança nf 1 (acordo) alliance 2 (de casamento) wedding ring

aliar vt 1 (reunir) to ally; to unite; to join together 2 (confederar) to confederate 3 (agrupar) to pair up, to match ♦ vp to ally oneself [a, with]; to form an alliance [a, with]

aliás adv 1 (além disso) besides 2 (ou antes) or rather 3 (diga-se de passagem) incidentally

álibi nm alibi

alicate nm pliers

alicerçado adj fig (fundamentado) grounded, based, founded [em, on]; *argumentos bem alicerçados* well-founded reasons

alicerçar vt 1 to lay the foundations of, to found 2 fig (basear) to found, to base [em, on]

alicerce nm foundation

aliciamento nm 1 (suborno) bribery 2 (sedução) enticement

aliciante adj2g 1 tempting; enticing 2 (agradável) delightful

aliciar vt **1** (seduzir) to allure, to seduce; to tempt **2** to arouse interest in; to motivate; to stimulate **3** (suborno) to bribe

alienação nf alienation

alienado adj **1** (alheado) alienated [de, from] **2** (louco) insane, mentally ill **3** DIR alienated ◆ nm mentally deranged person

alienar vt **1** (geral) to alienate **2** (enlouquecer) to madden, to drive mad ◆ vp to become alienated

alienígena adj,n2g alien

aligátor nm ZOOL alligator

aligeirar vt **1** to lighten **2** to ease off **3** (apressar) to quicken, to speed up; *aligeirar o passo* to quicken your pace

alijamento nm NÁUT jettison, throwing overboard

alijar vt **1** NÁUT (carga) to jettison, to throw overboard **2** (desfazer-se de) to get rid of, to ditch

alimentação nf **1** (comida) food **2** (regime alimentar) diet **3** (ato de alimentar) eating **4** (máquina, sistema) input; (impressora) feed

alimentador nm feeder

alimentar vt **1** to feed **2** (nutrir) to nourish, to nurture **3** fig (fomentar) to encourage, to support, to foster; *alimentar esperanças* to cherish hopes **4** ELET (abastecer) to supply ◆ vp to feed [de, on]; *estes animais alimentam-se de raízes* these animals feed on roots ◆ adj2g food, eating; *banco alimentar* food bank; *cadeia alimentar* food chain; *hábitos alimentares* eating habits; *intoxicação alimentar* food poisoning

alimentício adj **1** food; *géneros alimentícios* foodstuffs **2** (nutritivo) nutritious

alimento nm **1** (comida) food; (sustento) nourishment **2** (espiritual) nourishment

alínea nf **1** (contrato, lei) paragraph **2** (lista) item

alinhado adj aligned, lined up

alinhamento nm **1** alignment **2** (programa, concerto) line-up; (álbum) track listing

alinhar vt **1** to line up [em relação a, with]; to align [em relação a, with] **2** (endireitar) to straighten **3** (nivelar) to level ◆ vi **1** (em fila) to line up; to align **2** col (participar) to join [com, in]; *alinhas connosco na organização da festa?* are you joining us in organizing the party? **3** col (voltar ao bom caminho) to get back on the rails

alinhavado adj **1** (costura) basted, tacked **2** fig (delineado) outlined, drafted

alinhavar vt **1** (costura) to baste, to tack **2** fig (delinear) to draft, to sketch, to outline

alinhavo nm (costura) tack

alinho nm **1** tacking **2** fig (aprumo) neatness, tidiness

alisar vt **1** (amaciar) to smooth out, to flatten **2** (pentear) to straighten, to smooth down **3** (aplainar) to plane, to sand down

alistamento nm **1** MIL enlistment **2** (inscrição) registration; enrolment

alistar vt **1** MIL to enlist [em, into], to recruit [em, into] **2** (inscrever) to enrol [em, on/in] ◆ vp MIL to join; *alistar-se no exército* to join the army

aliteração nf alliteration

aliviar vt **1** to lighten; to ease; to relieve; *aliviar a carga de trabalho* to lighten the workload **2** (minorar) to lessen; to mitigate ◆ vi,p **1** (abrandar) to slow down **2** (acalmar) to ease off; to get better

alívio nm relief; *que alívio!* what a relief!

alma nf soul; *alma gémea* soulmate

almanaque nm almanac

almejado adj desired, longed for

almejar vt to long for; to yearn for

almirantado nm admiralty

almirante n2g admiral

almíscar nm musk

almiscarado adj musky

almoçadeira nf breakfast cup

almoçar *vi* **1** to have lunch, to lunch; *vou almoçar* I am going to have lunch; *ir almoçar ao restaurante* to go to lunch in a restaurant **2** (*pequeno-almoço*) to have breakfast ♦ *vt* **1** to have for lunch; *o que é que vais almoçar?* what are you having for lunch? **2** (*pequeno-almoço*) to have for breakfast

almoço *nm* lunch; *ao almoço* at lunch

almofada *nf* **1** (*cama*) pillow **2** (*sofá, cadeira*) cushion, pillow *EUA* **3** (*para alfinetes*) pincushion **4** (*pata de animal*) pad

almofadado *adj* padded

almofadar *vt* **1** (*acolchoar*) to pad, to stuff **2** (*estofar*) to upholster

almofariz *nm* mortar

almôndega *nf* meatball

almotolia *nf* oilcan

alocação *nf* allocation

alocar *vt* to allocate

aloés *nm2n* aloe

aloirar *vt,i* ⇒ **alourar**

alojamento *nm* accommodation

alojar *vt* **1** (*hospedar*) to put (somebody) up, to accommodate **2** MIL to billet, to quarter **3** (*albergar*) to house, to lodge **4** *téc* (*inserir*) to embed ♦ *vp* **1** (*hospedar-se*) to stay [em, at]; *alojar-se no hotel* to stay at the hotel **2** (*bala*) to be lodged; *a bala alojou-se na cabeça* the bullet lodged in his head

alongamento *nm* **1** (*mais comprido*) lengthening; (*maior*) enlargement **2** (*de prazo*) extension **3** (*exercício físico*) stretch

alongar *vt* **1** (*tornar mais longo*) to lengthen, to extend **2** (*tempo*) to prolong ♦ *vp* **1** (*prolongar-se*) to go on **2** (*estender-se*) to stretch out **3** *fig* (*pessoa*) to ramble on; to lose track of time

aloquete *nm* padlock

alourar *vt* **1** (*cabelo*) to dye blonde **2** CUL to brown ♦ *vi* **1** (*cabelo*) to become blond **2** CUL to get brown

alpaca *nf* **1** ZOOL alpaca **2** (*tecido, lã*) alpaca

alpendre *nm* porch

alpercata *nf* (*calçado*) espadrille

alperce *nm* apricot

alperceiro *nm* BOT apricot tree

alpinismo *nm* mountaineering, mountain climbing

alpinista *n2g* mountaineer, mountain climber

alpino *adj* alpine

alpista *nf* **1** BOT canary grass **2** (*grão*) birdseed

alquimia *nf* alchemy

alquímico *adj* alchemical

alquimista *n2g* alchemist

alsaciano *adj,nm* Alsatian

alta *nf* **1** rise; increase; *em alta* on the up **2** (*do hospital*) discharge; *ter alta* to be discharged

alta-costura *nf* haute couture

alta-fidelidade *nf* (*aparelhagem*) hi-fi

altamente *adv* highly ♦ *adj2g col* wicked; awesome *EUA*

altaneiro *adj* **1** (*ave*) soaring **2** (*árvore, torre*) soaring, dominant, towering **3** *fig* (*pessoa*) proud, arrogant, conceited

altar *nm* altar

altar-mor *nm* high altar

alta-roda *nf* high society

alta-voz *nm* (*telefone*) speakerphone; *em alta-voz* on loudspeaker, on speakerphone

alteia *nf* BOT marshmallow

alteração *nf* **1** (*modificação*) change **2** (*adulteração*) adulteration; (*falsificação*) falsification **3** (*deterioração*) deterioration

alterado *adj* **1** altered, modified, changed **2** *fig* upset; angry, irate

alterar *vt* **1** (*modificar*) to alter, to modify, to change **2** (*perturbar*) to upset, to unnerve **3** (*adulterar*) to distort, to twist; *alterar o sentido de alguma coisa* to twist the meaning of something **4** POL (*Parlamento*) to amend ♦ *vp* **1** (*modificar-se*) to change **2** (*zangar-se*) to get upset; to lose one's temper

alvenaria

altercação nf quarrel, argument

altercar vi to quarrel, to argue heatedly

alter ego nm alter ego

alternadamente adv in turns

alternado adj alternate

alternância nf 1 alternation 2 AGR crop rotation

alternar vt to alternate ♦ vi 1 to alternate [**com**, with; **entre**, between] 2 to take turns

alternativa nf alternative [a, to]

alternativo adj alternative

Alteza nf (título) Highness; *Sua Alteza Real* His/Her Royal Highness

altifalante nm loudspeaker

altista nm FIN (pessoa) bull ♦ adj2g FIN bullish, upward; FIN *tendência altista* upward trend

altitude nf altitude

altivez nf arrogance, haughtiness

altivo adj arrogant, haughty

alto adj 1 tall; high; *ele é mais alto do que o pai* he's taller than his father; *preços altos* high prices 2 (classe social, região) upper 3 (som) loud, (agudo) high; *em voz alta* aloud, out loud 4 (tempo) late; *a altas horas da noite* late in the night ♦ adv (som) aloud, loudly; *lê alto, por favor* read it aloud, please ♦ nm 1 (topo) top; *de alto a baixo* from top to bottom 2 (saltência) bump ♦ interj 1 stop! 2 (desacordo) hold on!

alto-astral adj2g Bras gír (boa disposição) in a good mood ♦ nm Bras gír (sorte) a streak of good luck

alto-relevo nm high relief

altruísmo nm altruism

altruísta adj2g altruistic ♦ n2g altruist

altura nf 1 height; *ele mede 1,70m de altura* he's 1,70m tall 2 (momento) time; *por esta altura* at this time; *em que altura?* when? 3 (buraco, poço, mar) depth

aluado adj (distraído) absent-minded

alucinação nf hallucination

alucinado adj mad, crazy

alucinante adj2g 1 amazing, incredible 2 hallucinatory

alucinar vt 1 to hallucinate 2 (desvairar) to bewitch, to fascinate, to dazzle

alucinogénio nm hallucinogen ♦ adj hallucinogenic

alude nm avalanche

aludir vi 1 to allude [**to**, a], to refer [**to**, a] 2 (implicitamente) to hint [**a**, at]

alugador nm 1 (bicicleta, carro) hirer 2 (casa) landlord

alugar vt (casa) to rent, to let, to lease; (carro, bicicleta) to hire; (terreno) to rent; (à hora) to hire out ❖ (quarto, casa) *aluga-se* (room, house) to let; (bicicleta, barco) *aluga-se* for hire/rent

aluguel ⇒ **aluguer**

aluguer nm 1 (casa, quarto) (ato) renting; (veículo, objeto) hire, rental 2 (casa, quarto) (preço) rent; (veículo, objeto) hire charge, rental

aluimento nm 1 (terras) landslide, landslip 2 (estrutura) collapse, cave in

aluir vi (desmoronar-se) to collapse, to cave in, to give way

alumiar vt 1 to light, to illuminate 2 fig to clarify

alumínio nm aluminium GB, aluminum EUA

alunagem nf moon landing

alunar vi to land on the moon

aluno nm 1 (escola) pupil GB; student 2 (universidade) student

alusão nf (referência) reference [**a**, to]; (indireta) allusion [**a**, to]; *fazer alusão a algo* to mention something

alusivo adj (relativo) relating [**a**, to]

aluvião nf 1 (solo) alluvium 2 (inundação) flood

alvará nm permit; *alvará de construção* building permit

alvejar vt (arma) to aim at, to shoot at

alvenaria nf 1 (arte) masonry 2 (obra) stonework

alveolar *adj2g* alveolar

alvéolo *nm* 1 (pulmão) alveolus; (dentes) socket 2 (favo de mel) cell

alvíssaras *nfpl* reward

alvitrar *vt* to suggest; to propose; to advise ♦ *vi* to make a suggestion

alvitre *nm* suggestion; proposal; piece of advice

alvo *nm* 1 target; *acertar no alvo* to hit the target 2 (dardos) dartboard ♦ *adj* (branco) white

alvorada *nf* 1 (madrugada) dawn 2 MIL reveille

alvorecer *vi* 1 (amanhecer) to dawn 2 *fig* (iniciar) to begin, to arise

alvoroçar *vt* 1 to stir up, to agitate; to throw into turmoil 2 (inquietar) to alarm 3 (entusiasmar) to excite ♦ *vp* 1 (fúria, emoção forte) to get worked up 2 (revoltar-se) to revolt

alvoroço *nm* 1 agitation, commotion 2 (tumulto, motim) riot, uproar 3 (entusiasmo) excitement 4 (pressa) hurry

alvura *nf* 1 (brancura) whiteness 2 *fig* purity

ama *nf* nanny; (na própria casa) childminder

amabilidade *nf* kindness; *que amabilidade a sua!* how kind of you!

amabilíssimo *adj* most kind

amachucar *vt* 1 (papel) to crumple, to scrunch up 2 (tecido) to crease, to wrinkle

amaciador *nm* 1 (cabelo) hair conditioner 2 (roupa) softener

amaciar *vt* 1 to soften, to smooth 2 (alisar) to smooth (out)

amado *adj* loved, beloved ♦ *nm* beloved

amador *adj,nm* amateur

amadorismo *nm* amateurism

amadurecer *vi* 1 (fruto) to ripen 2 *fig* (pessoa) to mature ♦ *vt* 1 (fruto) to ripen 2 *fig* (ideias, projeto) to develop fully

amadurecido *adj* 1 (fruto) ripe 2 (refletido) mature

amadurecimento *nm* 1 (fruto) ripening 2 (pessoa) maturing process; (maturidade) maturity 3 (ideia) maturing

âmago *nm* core, heart

amainar *vt* 1 NÁUT (vela) to furl 2 (diminuir) to lower, to reduce, to diminish ♦ *vi* (tempestade) to abate, to calm down

amaldiçoar *vt* to curse

amálgama *nm* amalgam

amalgamar *vt,p* 1 to amalgamate 2 (misturar) to mix, to blend

amamentação *nf* (bebé) breastfeeding; (animal) suckling

amamentar *vt* to breast-feed

amaneirado *adj* affected, mannered

amanhã *adv* tomorrow; *amanhã de manhã* tomorrow morning; *depois de amanhã* the day after tomorrow ♦ *nm* (futuro) tomorrow

amanhar *vt* 1 (consertar) to fix, to repair 2 (arranjar) to sort out 3 AGR (cultivar) to till, to grow ♦ *vp* 1 (arranjar-se) to dress up 2 *col* to do well

amanhecer *vi* 1 to dawn 2 *fig* (iniciar) to begin, to arise ♦ *nm* dawn, daybreak; *ao amanhecer* at dawn

amanho *nm* 1 (conserto) fix, repair 2 (preparativo) arrangement 3 AGR (cultivo) tillage

amansar *vt* 1 (domar) to tame 2 *fig* (acalmar) to appease, to placate ♦ *vi* 1 to become tame 2 *fig* to calm down

amante *n2g* lover ♦ *adj2g* loving

amanteigado *adj* buttery

amar *vt* to love; *amar alguém* to be in love with someone; *amo-te* I love you

amaragem *nf* sea landing

amarar *vi* 1 (navio) to set sail, to sail away 2 (hidroavião) to land on the sea

amarelado *adj* yellowish

amarelar *vt,i* to yellow

amarelecer *vt,i* to yellow

amarelo *adj* 1 yellow 2 (pele, cara) sallow ♦ *nm* (cor) yellow

amarelo-claro *adj,nm* light yellow

amarelo-escuro *adj,nm* dark yellow

amarelo-torrado *adj* golden yellow ♦ *nm* amber

amarfanhar *vt* 1 *(amachucar)* to crumple, to crinkle 2 *fig (humilhar)* to humiliate

amargamente *adv* bitterly

amargar *vt* 1 to make bitter 2 *fig* to embitter, to cause sorrow to; *amargar a vida de alguém* to make someone's life a misery ♦ *vi* 1 to taste bitter 2 *fig (sofrer)* to suffer

amargo *adj* bitter

amargor *nm* bitterness

amargura *nf* 1 bitterness 2 *(sofrimento)* grief; *(tristeza)* sadness

amarguradamente *adv* bitterly

amargurado *adj* 1 embittered 2 *(angustiado)* distressed; *(triste)* sad

amargurar *vt* 1 to embitter, to make bitter 2 *fig (afligir)* to afflict, to distress

amaricado *adj pej* effeminate

amaricar *vt pej* to make effeminate ♦ *vp pej* to become effeminate

amarra *nf* NÁUT mooring rope; *soltar as amarras* to cast off; *fig* to fly the nest

amarração *nf* 1 *(cordame)* lashing, mooring 2 *(ancoradouro)* anchorage, mooring 3 *Bras col* romantic relationship

amarrar *vt* 1 *(atar)* to tie [a, to], to bind [a, to], to fasten (up) [a, to], *amarrar a corda ao barco* to tie the rope to the boat 2 *(pessoa)* to tie up, to bind; *estar amarrado* to be bound and gagged; *amarrar os pés de alguém* to tie somebody's feet 3 *(cabelo)* to tie; *ela amarrou o cabelo* she tied her hair back 4 *fig (compromisso)* to tie down; to bind, to constrain ♦ *vi* NÁUT *(fundear)* to moor, to anchor, to tie up

amarrotar *vt* to crease, to wrinkle, to rumple

amásia *nf ant,pej* mistress, kept woman

amassadela *nf (amolgadela)* dent

amassado *adj* 1 *(massa)* kneaded 2 *(chapa)* dented 3 *Bras (tecido)* creased, rumpled

amassar *vt* 1 *(massa)* to knead 2 *(chapa)* to dent 3 *(argamassa)* to mix

amável *adj2g* kind, polite; *é muito amável da sua parte* it's very kind of you

amazona *nf* 1 MIT Amazon 2 horsewoman; *montar à amazona* to ride/sit sidesaddle

âmbar *nm* amber

ambição *nf* ambition

ambicionar *vt* to aspire to, to want to, to aim to; *ambicionar a liderança* to aspire to the leadership

ambicioso *adj* ambitious

ambidestro *adj* ambidextrous

ambiência *nf* 1 environment 2 atmosphere

ambientação *nf* adjustment

ambientador *nm* air freshener

ambiental *adj2g* environmental

ambientalismo *nm (ecologia)* environmentalism, conservationism

ambientalista *n2g* environmentalist

ambientar *vt* to settle in, to create conditions for ♦ *vp* 1 to settle in 2 to adapt [a, to]; to adjust [a, to]

ambiente *nm* 1 environment; *amigo do ambiente* environment friendly 2 *(relações pessoais)* atmosphere; *um ambiente familiar* a family atmosphere 3 mood; *ambiente de festa* party mood ♦ *adj inv (de fundo)* background; *música ambiente* background music ❖ INFORM *ambiente de trabalho* desktop

ambiguidade *nf* ambiguity

ambiguo *adj* ambiguous

âmbito *nm* 1 *(alcance)* scope; sphere of action 2 *(contexto)* context; *neste âmbito* in this context

ambivalência *nf* ambivalence

ambivalente *adj2g* ambivalent

ambos *quant univ* both; *ambos aceitaram* they both said yes; *em ambos os lados* on both sides

ambulância *nf* ambulance

ambulante *adj2g* (espetáculo) travelling; (biblioteca, museu) mobile; (músico, artista) strolling; *vendedor ambulante* pedlar*GB*, peddler*EUA*

ambulatório *adj* ambulatory ♦ *nm* (hospital) outpatient department

ameaça *nf* threat, menace

ameaçador *adj* threatening

ameaçar *vt* 1 to threaten, to menace; *ameaçar alguém de morte* to make a death threat against someone; *ameaçar com uma arma* to threaten with a gun 2 to endanger; to put in danger; *ameaçar o ecossistema* to put the ecosystem in danger ♦ *vi* 1 to make threats 2 *fig* to be imminent

amealhar *vt* to save; to economize; *amealhar muito dinheiro* to save a lot of money

ameba *nf* ZOOL amoeba

amedrontado *adj* scared

amedrontar *vt* 1 (assustar) to frighten; to scare 2 (intimidar) to intimidate

ameia *nf* merlon; *as ameias* the battlements

amêijoa *nf* clam

ameixa *nf* plum; *ameixa seca* prune

ameixeira *nf* plum tree

amém *interj* amen! ❖ *dizer amém a tudo* to agree to everything

amêndoa *nf* almond

amendoado *adj* 1 (bolo, licor) almond 2 (olhos) almond-shaped

amendoeira *nf* almond tree

amendoim *nm* peanut

amenidade *nf* 1 *lit* amenity; pleasantness 2 *lit* mildness

ameninado *adj* childish

amenizar *vt* 1 to soften; to make milder 2 to make less unpleasant

ameno *adj* 1 mild; *tempo ameno* mild weather 2 pleasant

América *nf* America

americanizar *vt,p* to Americanize

americano *adj,nm* American

amerício *nm* americium

amesquinhar *vt* 1 (depreciar) to belittle; to disparage 2 (vexar) to humiliate

amestrador *nm* 1 (treinador de animais) trainer; *amestrador de circo* circus trainer 2 (domador) tamer; *amestrador de leões* lion tamer

amestrar *vt* (animais) to train; *amestrar um cão* to train a dog

ametista *nf* amethyst

amianto *nm* asbestos

amiba *nf* ZOOL amoeba

amido *nm* (substância) starch

amieiro *nm* BOT alder

amigalhaço *nm col* mate*GB*, buddy*EUA*

amigar *vp ant* to shack up [com, with]; *ela amigou-se com o namorado* she shacked up with her boyfriend

amigável *adj2g* friendly

amígdala *nf* tonsil

amigdalite *nf* tonsillitis

amigo *nm* friend; *col amigo da onça* false friend ♦ *adj* friendly; *é muito minha amiga* she's a good friend to me ❖ *amigos amigos, negócios à parte* business is business, friendship is friendship; *os amigos são para as ocasiões* a friend in need is a friend indeed

amigo da onça *nm* false friend

amimar *vt* 1 to pamper 2 *pej* to spoil 3 (acarinhar) to fondle, to pet

amistoso *adj* friendly

amiudadamente *adv* frequently; often

amiudar *vt* to do often; to do repeatedly

amiúde *adv* often; frequently

amizade *nf* friendship [com, with]; *travar amizade com* to make friends with ♦ *nfpl* friends; *fazer amizades* to make friends

amnésia *nf* amnesia

amnésico *adj,nm* amnesiac

amnistia *nf* amnesty

amnistiar *vt* to grant an amnesty to; to pardon

amo nm ant master

amolação nf 1 (afiamento) sharpening; grinding 2 Bras col (transtorno) annoyance; nuisance

amolador nm knife sharpener

amolar vt 1 (afiar) to sharpen; to whet; *amolar uma faca* to sharpen a knife 2 Bras col to bother, to pester, to hassle ♦ vp Bras col to get annoyed

amolecer vt,i 1 (substância, pessoa) to soften 2 fig to mellow; *o cansaço amoleceu-o* tiredness mellowed him

amolecimento nm (substância, pessoa) softening

amolgadela nf dent

amolgar vt to dent; *amolgar o carro* to dent one's car

amónia nf QUÍM ammonia

amoniacal adj2g ammoniacal

amoníaco nm ammonia

amontoado nm heap, pile ♦ adj piled up

amontoamento nm heap; pile

amontoar vt to pile up; to heap up

amor nm 1 love; *amor à primeira vista* love at first sight 2 (querido) love; darling ❖ *amor com amor se paga* one good turn deserves another

amora nf (de silvas) blackberry; (de amoreira) mulberry

amoral adj2g amoral

amordaçar vt 1 to gag 2 fig to stifle; to repress

amoreira nf mulberry tree

amorfo adj 1 amorphous 2 (personalidade) apathetic

amornar vt to warm; to warm up ♦ vi to get warmer; *o tempo amornou* the weather has gotten warmer

amoroso adj 1 love; *vida amorosa* love life 2 (encantador) sweet; lovely

amor-perfeito nm pansy

amor-próprio nm self-esteem; self-respect

amortalhar vt to shroud; *amortalhar um cadáver* to shroud a dead body

amortecedor nm shock absorber

amortecer vt 1 (sons) to deaden; to muffle 2 (dor) to weaken, to lessen 3 (impacto) to cushion

amortecimento nm 1 (impacto) absorption 2 (som) muffling

amortização nf (pagamento) repayment

amortizar vt 1 ECON to amortize; *amortizar a dívida pública* to amortize the public debt 2 (dívida) to pay off

amostra nf 1 sample 2 (tecido) swatch 3 (indício) sign 4 (exemplo) example

amostragem nf 1 (recolha de amostras) sampling 2 (amostra) sample

amostrar vt (ciência) to sample

amotinação nf 1 (movimento popular) rebellion, revolt; mutiny 2 POL insurrection

amotinar vt 1 POL to mutiny; to rebel, to revolt 2 fig to stir up ♦ vp to rise [against, contra], to rebel [against, contra], to revolt [against, contra]; *amotinar-se contra o capitão de um navio* to rise against the captain of a ship

amovível adj2g removable

amparar vt 1 (coisa) to prop; *amparar uma prateleira* to prop a shelf 2 (pessoa) to help; to aid; to protect; *amparar um amigo* to help a friend ♦ vp 1 to lean [a, on], to rest [a, on] 2 (segurar-se) to hold on [a, to]; *ampara-te a mim* hold on to me

amparo nm 1 (apoio) support; prop 2 (proteção) protection; support

ampere nm ampere

ampliação nf 1 enlargement; extension 2 (negócio, rede) expansion

ampliador nm 1 FOT enlarger 2 (lente) magnifier

ampliar vt 1 to enlarge; to magnify; *ampliar uma fotografia* to enlarge a photo 2 (construção) to build an extension to 3 (perspetiva) to broaden; *ampliar um debate* to broaden a debate 4 (prazo, limite) to extend

amplidão *nf* 1 (espaço) vastness; largeness 2 (abrangência) extent; *amplidão de um assunto* the extent of a subject

amplificação *nf* amplification

amplificador *nm* (aparelho de som) amplifier ♦ *adj* (som) amplifying

amplificar *vt* 1 (som) to amplify 2 (ampliar) to magnify; to enlarge

amplitude *nf* 1 magnitude; extent 2 FÍS amplitude

amplo *adj* 1 (espaçoso) spacious; (largo) wide 2 (debate, conceito) broad

ampola *nf* (injeção) ampoule; (recipiente) phial, vial EUA

ampulheta *nf* hourglass

amputação *nf* amputation

amputar *vt* 1 MED to amputate 2 fig to cut out

amuado *adj* sulky

amuar *vi* to sulk

amuleto *nm* charm

amuo *nm* sulkiness

amurada *nf* NÁUT (navio) rail

amuralhar *vt* to wall in ♦ *vp* fig,lit to recoil

anabolizante *adj2g* anabolic

anacoluto *nm* LING anacoluthon

anacoreta *n2g* anchorite, hermit

anacrónico *adj* anachronistic

anacronismo *nm* anachronism

anáfora *nf* anaphora

anafórico *adj* anaphoric; *repetição anafórica* anaphoric repetition

anagrama *nm* anagram

anais *nmpl* annals

anal *adj2g* anal

analepse *nf* flashback

analéptico *adj,nm* analeptic

analfabetismo *nm* illiteracy

analfabeto *adj,nm* illiterate

analgésico *nm* painkiller ♦ *adj* painkilling

analisar *vt* 1 to analyse; *analisar uma situação* to analyse a situation 2 LING to parse; *analisar uma frase* to parse a sentence 3 (investigar) to look into

análise *nf* 1 analysis 2 test; *análise ao sangue* blood test ❖ *em última análise* ultimately

analista *n2g* analyst

analítico *adj* analytical

analogia *nf* analogy

analógico *adj* 1 analogical 2 analogue GB, analog EUA; *relógio analógico* analogue clock/watch

analogismo *nm* analogy

análogo *adj* analogous [a, to]

ananás *nm* pineapple

anão *adj,nm* dwarf

anarquia *nf* anarchy

anárquico *adj* anarchic; lawless

anarquismo *nm* POL anarchism

anarquista *n2g* anarchist

anástrofe *nf* anastrophe

anátema *nm* anathema

anatematizar *vt* 1 to anathematize 2 REL to excommunicate

anatomia *nf* anatomy

anatómico *adj* anatomical

anatomista *n2g* anatomist

anatomizar *vt* 1 to anatomize; to dissect 2 fig to analyse in detail

anca *nf* (pessoa) hip; (animal) haunch

ancestral *adj2g* 1 ancestral 2 ancient; former

anchova *nf* anchovy

anciã *nf* elderly woman

ancião *nm* elderly man

ancinho *nm* rake

âncora *nf* anchor

ancoradouro *nm* anchorage

ancorar *vi* to anchor; to cast anchor; to moor

andaime *nm* scaffold

andamento *nm* 1 (progresso) progress; course; *em andamento* under way, in progress 2 (movimento) motion 3 MÚS (ritmo) tempo 4 MÚS (parte) movement

andanças *nfpl* (viagens) wanderings; journeys

andante *adj2g* errant, wandering; *cavaleiro andante* knight-errant ♦ *nm* MÚS andante

andar *vi* **1** *(caminhar)* to walk; *andar a passear* to walk around **2** *(movimentar-se)* to go **3** *(progredir)* to progress; *andar em frente* to move on **4** *(verbo auxiliar)* to be; *andar a estudar muito* to be studying hard **5** *col (estar)* to feel, *ele anda feliz* he feels happy **6** *col (namorar)* to be dating [com, -]; *ele anda com ela* he is dating her ♦ *nm* **1** *(movimento)* walk; gait; *um andar elegante* an elegant gait **2** *(casa)* flat GB; apartment EUA; *viver num andar* to live in a flat **3** *(piso)* floor; *primeiro andar* first floor; *último andar* top floor; *vivo no quarto andar* I live on the fourth floor **4** *(número de piso)* storey GB; story EUA; *edifício com cinco andares* five-storey building ❖ *anda cá!* come here!; *col deixa andar!* let it roll!; *col põe-te a andar!* get lost!; *por este andar* at this pace

andarilho *nm* walker; *(para bebé)* baby walker

andar-modelo *nm* show flat GB; model apartment EUA

andas *nfpl* stilts

andebol *nm* handball

andebolista *n2g* handball player

andor *nm* *(procissões)* platform ♦ *interj pop* out!; scram!

andorinha *nf* swallow

andrajos *nmpl* rags, tatters

andrajoso *adj* ragged

androceu *nm* BOT androecium

androginia *nf* androgyny

andrógino *adj* androgynous ♦ *nm* androgyne

androide *nm* android

andropausa *nf* MED male menopause

anedota *nf* joke; crack

anedótico *adj* **1** *(engraçado)* amusing **2** *(ridículo)* ridiculous

anel *nm* **1** ring; *anel de casamento* wedding ring **2** *(elo de corrente)* link **3** *(cabelo)* curl

anelar *adj2g* ring-shaped; *dedo anelar* ring finger

anemia *nf* anaemia GB, anemia EUA

anémico *adj* anaemic GB; anemic EUA

anémona *nf* anemone

anestesia *nf* **1** *(processo)* anaesthesia GB, anesthesia EUA **2** *(substância)* anaesthetic GB; anesthetic EUA

anestesiante *adj2g* **1** MED anaesthetic **2** *fig* mind-numbing

anestesiar *vt* MED to anaesthetize

anestésico *adj,nm* anaesthetic GB, anesthetic EUA

anestesista *n2g* anaesthetist GB, anesthetist EUA

aneurisma *nm* aneurysm

anexação *nf* **1** *(documento)* attachment **2** *(território)* annexation

anexar *vt* **1** POL to annex **2** *(documento)* to attach; to enclose **3** *(acrescentar informação)* to append [a, to]; *anexar uma crónica ao artigo* to append a chronicle to the article

anexo *adj* **1** *(junto)* annexed **2** *(documento)* attached; *(numa carta)* enclosed ♦ *nm* **1** *(edifício)* annexe **2** *(documento)* attached document; *(numa carta)* enclosure; *(correio eletrónico)* attachment; *envio em anexo* please find enclosed

anfetamina *nf* amphetamine

anfíbio *adj* amphibious ♦ *nm* amphibian

anfiteatro *nm* **1** *(Antiguidade)* amphitheatre GB, amphitheater EUA **2** *(sala)* lecture theatre GB, lecture theater EUA

anfitriã *nf* hostess

anfitrião *nm* host

ânfora *nf* amphora

anfractuosidade *nf* **1** anfractuosity; sinuosity **2** GEOG indentation; *anfractuosidade da costa* indentation of the coastline

anfractuoso *adj* anfractuous

angariação *nf* **1** (dinheiro) raising **2** (*recrutamento*) recruitment

angariador *nm* **1** (dinheiro) fund-raiser **2** (recrutamento) recruiter

angariar *vt* **1** (dinheiro) to raise; *angariar fundos* to raise funds **2** (pessoas) to gather **3** (*atrair*) to attract; *angariar amizades* to attract friendship **4** (eleições) to canvass; *angariar eleitores* to canvass for voters

angelical *adj2g* angelic

angina *nf* (garganta) inflammation of the throat; (amígdalas) tonsillitis

angioma *nm* MED angioma

anglicanismo *nm* Anglicanism

anglicano *adj,nm* Anglican

anglicismo *nm* anglicism

anglo-americano *adj,nm* Anglo-American

anglo-saxão *adj,nm* Anglo-Saxon

Angola *nf* Angola

angolano *adj,nm* Angolan

angorá *adj2g,nm* angora

angra *nf* cove

angular *adj2g* angular

ângulo *nm* **1** angle; *ângulo agudo/reto/obtuso* acute/right/obtuse angle; (perspetiva) *visto por esse ângulo* from that angle **2** (*esquina, canto*) corner

anguloso *adj* angular

angústia *nf* anguish

angustiado *adj* in anguish; distressed

angustiante *adj2g* distressing; anguishing

angustiar *vt* **1** to distress; to make anxious **2** to worry ♦ *vp* **1** to get anxious **2** to worry

anho *nm* lamb

anil *adj,nm* (cor) indigo

anileira *nf* BOT indigo plant

anilha *nf* **1** ring **2** (de parafuso) washer

anilina *nf* QUÍM aniline

animação *nf* **1** (*agitação*) hustle and bustle **2** (diversão) fun, entertainment **3** (*vivacidade*) liveliness **4** (imagens) animation; cartoons

animado *adj* **1** lively **2** (*alegre*) cheerful **3** (*entusiasmado*) excited **4** (imagens) animated

animador *nm* **1** CIN animator **2** (atividades) organizer; activity leader ♦ *adj* encouraging

animal *adj2g,nm* animal; *animal de estimação* pet; *animal selvagem* wild animal

animalesco *adj* bestial

animalidade *nf* animality

animar *vt* **1** (*dar vida*) to animate **2** (*reconfortar*) to comfort; to cheer up; to encourage; to lighten up *col*; *anima-te!* lighten up! **3** (*alegrar*) to enliven; to brighten up; to spice up; *animar uma festa* to enliven a party ♦ *vp* (pessoa) to cheer up, to liven up; to take heart

anímico *adj* mental

animismo *nm* animism

animista *adj,n2g* animist

ânimo *nm* **1** (estado de espírito) spirits; *ânimo!* cheer up! **2** (*coragem*) courage ❖ *de ânimo leve* lightly

animosidade *nf* animosity

aninhar *vt* to nestle ♦ *vp* **1** to nestle **2** (de cócoras) to crouch **3** (*aconchegar-se*) to snuggle

aniquilação *nf* annihilation; destruction

aniquilamento *nm* annihilation; destruction

aniquilar *vt* **1** to annihilate; to destroy **2** *fig* (ideias) to demolish

anis *nm* **1** (planta) anise **2** (licor) anisette

aniversariante *n2g* (homem) birthday boy; (mulher) birthday girl

aniversário *nm* **1** (de nascimento) birthday; *feliz aniversário!* happy birthday! **2** (ocasião festiva) anniversary; *aniversário de casamento* wedding anniversary

anjinho *nm* **1** little angel **2** *pej,irón* (pessoa crédula) greenhorn; sucker; *és mesmo um anjinho!* you're such a greenhorn! ❖ *ir para os anjinhos* to give up the ghost

anjo *nm* angel; *anjo da guarda* guardian angel

ano *nm* year; *de dois em dois anos* every other year; *no ano passado* last year; *quantos anos tens?* how old are you?; *tenho 16 anos* I am sixteen years old ♦ *nmpl* (*aniversário*) birthday; *festa de anos* birthday party

anódino *nm* FARM anodyne ♦ *adj* **1** FARM anodyne **2** *fig* harmless; insignificant

anoitecer *vi* to grow dark; *anoiteceu* night fell; *anoitecia* it was growing dark ♦ *nm* nightfall; dusk; *ao anoitecer* at dusk; *mesmo antes de anoitecer* just before dusk

ano-luz *nm* light-year

anomalia *nf* anomaly

anómalo *adj* anomalous

anona *nf* custard apple

anonimato *nm* anonymity

anónimo *adj* anonymous

anoraque *nm* anorak GB; parka EUA

anorético *adj,nm* anorexic

anorexia *nf* anorexia

anormal *adj2g* **1** abnormal **2** odd; unusual ♦ *n2g pej* (*imbecil*) moron; (*pessoa estranha*) freak

anormalidade *nf* abnormality

anotação *nf* note; (*nota explicativa*) annotation; (*comentário*) comment

anotar *vt* **1** (*apontar*) to make a note of; to write down **2** (*acrescentar notas*) to annotate

anquilosar *vi* **1** MED to ankylose **2** (*ossos, articulações*) to stiffen **3** *fig* to stagnate; to be paralysed

anseio *nm* (*desejo*) longing [**por**, for]; craving [**for**, por]

ânsia *nf* **1** (*desejo*) eagerness **2** (*preocupação*) anxiety

ansiar *vt* (*desejar*) to long for; to yearn for; *ansiar o impossível* to pine for the impossible ♦ *vi* (*desejar*) to long [**por**, for]; to yearn [**por**, for]

ansiedade *nf* anxiety

ansiolítico *nm* anxiolytic

ansioso *adj* **1** (*nervoso*) anxious **2** (*desejoso*) eager [**por**, to]

anta *nf* HIST dolmen

antagónico *adj* opposing

antagonismo *nm* opposition

antagonista *n2g* antagonist

antanho *adv lit* in bygone times; *tempos de antanho* the good old days

antártico *adj* Antarctic

Antártico *nm* Antarctic

Antártida *nf* Antarctica

ante *prep* before

antebraço *nm* forearm

antecâmara *nf* anteroom

antecedência *nf* advance; *com antecedência* in advance, in good time

antecedente *adj2g* preceding ♦ *nm* antecedent ♦ *nmpl* record; history

anteceder *vt* to precede; to come before; *a anteceder o espetáculo* preceding the show

antecessor *nm* predecessor

antecipação *nf* **1** (*data*) bringing forward **2** (*antecedência, adiantamento*) advance **3** (*previsão*) prediction

antecipadamente *adv* in advance

antecipado *adj* **1** early; *reforma antecipada* early retirement **2** (*pagamento*) advance

antecipar *vt* **1** (*expectativa*) to anticipate; to forestall **2** (*prever*) to predict **3** (*prevenir*) to prevent **4** (*data*) to bring forward; *antecipar a consulta* to bring the appointment forward **5** (*dinheiro*) to advance; *antecipar o pagamento* to advance the payment ♦ *vp* **1** (*tempo*) to be early; to get there first **2** to get ahead; *antecipar-se a alguém* to get ahead of somebody

antedata *nf* antedate

antedatar *vt* to antedate

antegozar *vt* (*expectativa*) to anticipate with pleasure; to enjoy in anticipation; to look forward to

antemanhã *nf* dawn; daybreak

antemão *adv de antemão* beforehand; in advance

antemeridiano *adj* antemeridian, a.m.

antena *nf* 1 (rádio, televisão) aerial *GB*, antenna *EUA*; *antena parabólica* satellite dish 2 (*emissão*) air; *entrar em antena* to go on (the) air 3 (*animal*) antenna

anteontem *adv* the day before yesterday

antepara *nf* NÁUT bulkhead

anteparar *vt* to shelter; to shield

anteparo *nm* 1 (*resguardo*) screen 2 (*tapume*) fence 3 (*lareira*) fire screen

antepassado *nm* ancestor

antepenúltimo *adj* third from last

antepor *vt* 1 to put before 2 (*preferir*) to prefer [a, to]

anteposição *nf* 1 precedence 2 (*preferência*) preference 3 LING anteposition

anteposto *adj* 1 placed before 2 preferred

anteprojeto *nm* draft

anterior *adj* 1 (*prévio*) previous 2 (*precedente*) preceding; former 3 (*dianteiro*) front

anteriormente *adv* (*antes*) before; previously

anterrosto *nm* TIP title page

antes *adv* 1 (*tempo*) before; *antes de* before 2 (*opção*) rather; *antes queria ficar* I'd rather stay 3 (*antigamente*) in former times; formerly ❖ *antes pelo contrário* quite the opposite

antessala *nf* 1 ARQ antechamber, anteroom 2 (*sala de espera*) waiting-room

antestreia *nf* preview

antever *vt* to foresee; to predict; *antever um problema* to foresee a problem

antevéspera *nf* the day before the eve

antevisão *nf* (*previsão*) forecast

antiaborto *adj inv* pro-life

antiácido *nm* antacid

antiaéreo *adj* anti-aircraft

antibiótico *nm* antibiotic

anticalcário *adj inv* water softening

anticaspa *adj inv* antidandruff

anticiclone *nm* anticyclone

anticiclónico *adj* anticyclonic

anticlímax *nm* anticlimax

anticoncecional *adj2g,nm* contraceptive

anticongelante *nm* (automóvel) antifreeze

anticonstitucional *adj2g* unconstitutional

anticorpo *nm* antibody

Anticristo *nm* REL Antichrist

antidemocrático *adj* antidemocratic

antidepressivo *adj,nm* antidepressant

antiderrapante *adj2g* (pneu) nonskid; (piso, sola, tapete) nonslip

anti-doping *adj inv* anti-doping; *controlo anti-doping* dope test

antídoto *nm* antidote

antidroga *adj2g* antidrug

antiespasmódico *adj,nm* FARM antispasmodic

antiferrugem *adj inv* antirust

antifogo *adj inv* fireproof

antigamente *adv* in the past

antigo *adj* 1 old 2 (cultura, civilização) ancient 3 (antiguidades) antique 4 (anterior) former

antigovernamental *adj2g* antigovernment

antigripal *adj2g* anti-flu ♦ *nm* flu drug

Antígua e Barbuda *nf* Antigua and Barbuda

antiguidade *nf* 1 (idade) age; antiquity 2 (emprego) seniority ♦ *nfpl* (objeto) antiques; *loja de antiguidades* antique shop

anti-herói *nm* antihero

anti-histamínico *adj,nm* antihistamine

antílope *nm* antelope

antimilitarismo *nm* antimilitarism

antimilitarista *adj2g* antimilitarist

antimónio *nm* antimony

antinomia *nf* antinomy

antinómico *adj* antinomic

antinuclear *adj2g* antinuclear

antioxidante *adj2g,nm* antioxidant

antipatia *nf* dislike [por, for/of]

antipático *adj* unpleasant; disagreeable

antipatizar *vi* to dislike [com, -]; to take a dislike [com, to]; *antipatizar com alguém* to take a dislike to someone

antipatriótico *adj* POL unpatriotic

antipedagógico *adj* pedagogically unsound

antipessoal *adj* antipersonnel; *minas antipessoais* antipersonnel mines

antipirético *nm* antipyretic

antípodas *nmpl* antípodes

antiquado *adj* old-fashioned

antiquário *nm* **1** (pessoa) antique dealer **2** (loja) antique shop

antiqueda *adj inv* hair restoring; *loção antiqueda* hair restorer

antiquíssimo *adj* extremely old

antirracismo *adj inv,nm* antiracism

antirracista *adj,n2g* antiracist

antirreflexo *adj inv* antireflection

antirrevolucionário *adj* antirevolutionary

antirroubo *adj inv* anti-theft; *alarme antirroubo* burglar alarm

antirrugas *adj inv* (produto de beleza) antiwrinkle

antissemita *n2g* anti-Semite ♦ *adj2g* anti-Semitic

antissemitismo *nm* anti-Semitism

antisséptico ou **antissético** *adj,nm* antiseptic

antissísmico *adj* earthquake-resistant

antissocial *adj2g* antisocial

antitabaco *adj inv,nm* anti-smoking

antitanque *adj2g* anti-tank

antiterrorismo *nm* counterterrorism

antiterrorista *adj2g* anti-terrorist

antítese *nf* antithesis

antitetânico *adj* anti-tetanus

antitético *adj* antithetical

antitoxina *nf* antitoxin

antivírus *nm* anti-virus

antologia *nf* anthology

antonímia *nf* antonymy

antónimo *adj* antonymous ♦ *nm* antonym

antracite *nf* anthracite

antraz *nm* anthrax

antro *nm* **1** (local secreto) den **2** (gruta) cave

antropocêntrico *adj* anthropocentric

antropocentrismo *nm* anthropocentrism

antropofagia *nf* anthropophagy; cannibalism

antropófago *adj* cannibalistic ♦ *nm* cannibal

antropoide *adj,n2g* anthropoid

antropologia *nf* anthropology

antropológico *adj* anthropological

antropólogo *nm* anthropologist

antropomórfico *adj* anthropomorphic

antropónimo *nm* anthroponym

anual *adj2g* annual; yearly

anualmente *adv* annually

anuário *nm* **1** yearbook **2** (catálogo oficial) directory

anuência *nf* consent

anuidade *nf* annuity

anuir *vi* to acquiesce [a, to]; to consent [a, to]

anulação *nf* **1** invalidation; (decisão, sentença) overturning; (casamento) annulment **2** (cancelamento) cancellation **3** (golo, lance) disallowing

anular *vt* **1** (contrato) to annul; *anular um negócio* to annul a deal **2** (encomenda, pedido) to cancel; to call off; *anular uma encomenda* to cancel an order **3** DESP (golo) to disallow

Anunciação *nf* REL Annunciation

anunciante *n2g* (publicidade) advertiser

anunciar *vt* **1** (informar) to announce; to report **2** (publicidade) to advertise [em, in/on]; *anunciar na televisão* to advertise on TV

anúncio *nm* **1** (publicidade) advertisement, ad *col*; *anúncios nos jornais* newspaper ads **2** (cartaz) poster **3** (aviso); notice

ânus *nm2n* anus

anzol *nm* fish hook

ao *contr da prep* **a** + *art def m* **o**

aonde *adv* where to

aorta *nf* (artéria) aorta

aórtico *adj* ANAT aortic

apadrinhamento *nm* 1 (patrocínio) sponsoring 2 (apoio) support

apadrinhar *vt* 1 (batismo) to be a godfather to 2 (casamento) to be the best man to 3 (patrocinar) to sponsor 4 (proteger) to protect 5 (apoiar) to support

apagado *adj* 1 (sem vida) dull 2 (cor) dull; faded; (som) muffled, faint ❖ *estar apagado* 1 (luz, aparelho) to be off 2 (fogo, cigarro) to be out

apagador *nm* (quadro) rubber GB; eraser

apagão *nm* power cut

apagar *vt* 1 (luz elétrica, aparelhos) to switch off, to turn off 2 (fogo) to put out, to extinguish 3 (vela) to blow out 4 (cigarro) to stub out 5 (com borracha) to rub out, to erase 6 (quadro) to clean 7 INFORM to delete, to erase ❖ *vp* 1 (vela, cigarro) to go out 2 *fig* (desvanecer-se) to fade away

apainelado *adj* panelled ❖ *nm* panel work

apainelar *vt* to panel

apaixonado *adj* 1 in love [**por**, with] 2 (intenso) passionate ❖ *nm* lover [**de/por**, of]

apaixonar *vt* to fascinate; to absorb; to thrill ❖ *vp* to fall in love [**por**, with]

apalavrar *vt* to make a verbal agreement on

apalpação *nf* palpation

apalpadela *nf* 1 touch 2 (apalpão) grope ❖ *andar às apalpadelas* to grope one's way

apalpão *nm* grope

apalpar *vt* 1 to touch, to feel, to grope 2 MED to palpate 3 (indecentemente) to paw 4 (tecido) to finger ❖ *apalpar o terreno* to see how the land lies, to feel one's way

apanágio *nm* attribute, characteristic

apanha *nf* harvest; (fruta) picking

apanha-bolas *n2g2n* (homem) ball boy; (mulher) ball girl

apanhado *adj* 1 *col* (doido) nuts; wacko 2 *col* (apaixonado) besotted 3 (cabelo) tied up ❖ *nm* (resumo) summary ❖ *nmpl* TV candid camera

apanhador *nm* dustpan

apanhar *vt* 1 to catch; *apanhar frio* to catch cold; *apanhar o autocarro* to catch the bus; *apanhar uma doença* to catch a disease 2 (objeto caído) to pick up 3 (flores, fruta) (colher) to pick; *apanhar flores* to pick flowers 4 (agarrar) to grab 5 (comboio, táxi) to take; *prefiro apanhar o comboio* I'd rather take the train 6 (tareia) to get 7 *col* (ir buscar) to pick (somebody/something) up; *apanho-te à saída do teu emprego* I'll pick you up from your job 8 *col* (encontrar) to get hold of ❖ *vi col* to get a smack; to take a beating ❖ *apanhar alguém de surpresa* to take somebody by surprise; *apanhar sol* to sunbathe; *apanhar um susto* to get a fright

apaniguado *adj,nm* 1 (partidário) follower 2 (protegido) protégé

apaparicar *vt* 1 to pamper 2 *pej* to spoil

aparador *nm* (mobília) sideboard

aparafusar *vt* to screw down/in/on

apara-lápis *nm2n* pencil sharpener

aparar *vt* 1 (cabelo, unhas) to trim, to cut, to clip 2 (árvores) to prune 3 (lápis) to sharpen 4 (golpe, pancada) to parry 5 (queda) to catch

aparas *nfpl* 1 (de madeira) shavings 2 (de metal) filings

aparato *nm* pomp (and ceremony)

aparatoso *adj* 1 showy 2 (queda, acidente) spectacular

aparcamento *nm* parking

aparcar *vt* to park

aparceirar *vt* to take as a partner ❖ *vp* to go into a partnership [**com**, with]; to associate [**com**, with]

aparcelamento *nm* parcelling

aparcelar *vt* to parcel out; to divide into portions

aparecer *vi* 1 to appear, to come into sight, to come out; *o sol apareceu no ho-*

rizonte the sun appeared/came out on the horizon **2** (pessoa, objeto perdido) to turn up; *não aparecer* not to turn up, not to show up **3** (chegar) to show up **4** (visitar) to drop in [**em**, **on**]

aparecimento *nm* appearance

aparelhagem *nf* **1** (som) stereo; hi-fi **2** equipment

aparelhamento *nm* **1** equipment **2** NÁUT (barco) rigging

aparelhar *vt* **1** to prepare **2** (arrear) to saddle, to harness; *aparelhar os cavalos* to harness the horses **3** NÁUT to rig; *aparelhar um navio* to rig a ship

aparelho *nm* **1** device; (máquina) machine; (eletrodoméstico) appliance; (rádio, televisão) set **2** (auditivo) hearing aid **3** (dentes) brace(s) **4** ANAT system

aparência *nf* appearance; *as aparências iludem* appearances can be deceptive ❖ *sob a aparência de* under the guise of

aparentado *adj* **1** (família) related [**com**, **to**] **2** (parecido) similar [**com**, **to**]

aparentar *vt* (parecer) to look, to seem; *aparentar menos idade* to look younger **2** to have the appearance of, to give the appearance of **3** (fingir) to affect, to pretend

aparente *adj2g* apparent; seeming

aparentemente *adv* seemingly; apparently

aparição *nm* **1** appearance **2** (fantasma) apparition

aparo *nm* (de caneta) nib

apartado *nm* PO Box

apartamento *nm* flat GB, apartment EUA

apartar *vt* **1** (separar) to separate; to part; *tentaram apartar os desordeiros* they tried to part the fighters **2** (pôr de lado) to set aside ◆ *vp* (separar-se) to separate; to part

aparte *nm* (frase, comentário) aside

apartheid *nm* apartheid

aparthotel *nm* apart hotel

apart-hotel *nm* serviced flats

aparvalhar *vt* **1** to make silly **2** (espantar) to astonish; to flabbergast **3** (confundir) to bewilder; to confound

apascentar *vt* to pasture, to graze

apassivar *vt* LING to give a passive form to; to put into the passive

apatetado *adj* goofy

apatetar *vt* to make silly

apatia *nf* apathy

apático *adj* apathetic

apátrida *adj2g* stateless ◆ *n2g* stateless person

apavorado *adj* (assustado) terrified

apavorar *vt* **1** to terrify **2** to horrify; to appal ◆ *vi* **1** to be terrifying **2** to be horrifying; to be appalling ◆ *vp* **1** to be terrified **2** to be horrified; to be appalled

apaziguador *adj* pacifying; appeasing

apaziguamento *nm* appeasement

apaziguar *vt* **1** to pacify; to appease **2** to calm, to soothe

apeadeiro *nm* halt

apear *vt* **1** to help to dismount **2** (parede, edifício) to demolish **3** (cargo) to dismiss ◆ *vp* **1** (bicicleta, comboio, autocarro) to get off, to alight; *apeio-me na próxima estação* I'm getting off at the next station **2** (cavalo) to dismount

apedrejamento *nm* stoning

apedrejar *vt* **1** to throw stones at **2** (até à morte) to stone (to death)

apegado *adj* attached [**a**, **to**]

apegar *vt* to attach [**a**, **to**] ◆ *vp* (afeiçoar-se) to become attached [**a**, **to**]

apego *nm* attachment

apelação *nf* DIR appeal

apelante *n2g* DIR appellant

apelar *vi* **1** to appeal; *apelar aos amigos* to appeal to friends; DIR *apelar da sentença* to appeal against the sentence *fig,col* to resort [**para**, **to**]; *apelar para a ignorância/violência* to resort to abuse/violence

apelativo *adj* (atrativo) appealing

apelidação *nf* designation, nomination

apelidar *vt* **1** (*chamar*) to name **2** (*alcunha*) to nickname ♦ *vp* to be called; to go by the name of; to be known by the name of

apelido *nm* **1** (*nome de família*) surname, family name; *apelido de solteira* maiden name **2** (*alcunha*) nickname

apelo *nm* appeal; *fazer um apelo a alguém* to appeal to somebody

apenas *adv* only

apêndice *nm* **1** (*intestino grosso*) appendix; (*outro órgão*) appendage; *foi operado ao apêndice* he had his appendix out **2** (*texto, livro*) appendix

apendicectomia *nf* MED appendectomy

apendicite *nf* appendicitis

apequenar *vt* **1** to shorten **2** (*rebaixar*) to belittle

aperaltado *adj* dressed up

aperaltar-se *vp* to dress up

aperceber-se *vp* **1** (*notar*) to notice; to become aware [**de**, **of**] **2** to realize [**de**, **-**]; *ele apercebeu-se do erro* he realized his mistake

aperfeiçoamento *nm* **1** (*ato*) improving **2** (*melhoramento*) improvement

aperfeiçoar *vt* **1** to improve; *pouco se pode aperfeiçoar* this can hardly be improved **2** to perfect ♦ *vp* to improve; *aperfeiçoar-se em inglês* to improve one's English

aperitivo *nm* **1** (*bebida*) aperitif **2** (*comida*) appetizer

aperreado *adj Bras col* annoyed; angry; vexed

aperrear *vt Bras col* to annoy; to harass; to vex

apertado *adj* **1** (*justo*) tight **2** (*estreito*) narrow **3** (*falta de dinheiro*) hard-up **4** (*curva*) sharp

apertão *nm* **1** squeeze, crush **2** (*multidão*) crowd

apertar *vt* **1** (*agarrar com força*) to hold tight, to grip **2** (*esponja*) to squeeze **3** (*parafuso, tampa, nó, cinto*) to tighten **4** (*fecho, cinto de segurança*) to fasten **5** (*vigilância*) to step up **6** (*a mão*) to shake **7** (*gatilho*) to pull **8** (*roupa, cordões, atacadores*) to do up **9** *fig* (*pessoa*) to put pressure on ♦ *vi* **1** (*sapatos, botas, roupa*) to pinch, to be tight; *estes sapatos apertam-me os pés* these shoes pinch my feet **2** (*chuva, frio*) to get worse **3** (*estrada*) to narrow **4** (*insistir*) to pressure [**com**, **-**] ❖ (*poupança*) *apertar o cinto* to tighten one's belt

aperto *nm* **1** (*multidão*) crush **2** (*sarilhos*) fix **3** (*crise*) crisis **4** (*pressão*) pressure ❖ *aperto de mão* handshake

apesar de *loc prep* in spite of, despite; *apesar de que* although; *apesar disso* nevertheless

apessoado *adj* elegant; *bem apessoado* well-groomed; *mal apessoado* ill-favoured

apetecer *vt* **1** (*comida*) to have an appetite [**-**, **for**] **2** (*ter vontade*) to feel like; to be in the mood [**-**, **to/for**]; *não me apetece falar* I'm not in the mood to talk; *não me apetece sair* I don't feel like going out; *quando te apetecer* when you feel like it, when it pleases you ♦ *vi* (*comida*) to be appetizing

apetecível *adj2g* **1** (*interessante*) appealing; (*tentador*) tempting **2** (*comida*) appetizing

apetência *nf* (*gosto*) taste [**por**, **for**]; (*inclinação*) inclination [**por**, **for**]

apetite *nm* appetite ❖ *bom apetite!* enjoy your meal!

apetitoso *adj* delectable

apetrechar *vt* **1** to fit out, to equip **2** to provide **3** (*barco*) to rig

apetrecho *nm* implement ♦ *nmpl* gear; (*pesca*) tackle

ápice *nm* **1** (*ponta*) apex **2** (*cume*) summit ❖ *num ápice* in no time

apicultor *nm* beekeeper

apicultura *nf* beekeeping

apiedar-se *vp* to feel pity [**de**, **for**]; to take pity [**de**, **on**]

apimentado *adj* **1** (*sabor*) peppery **2** *fig* spicy

apimentar vt **1** to pepper, to put pepper on; to spice with pepper **2** fig to spice up, to add interest to

apinhado adj (cheio) packed [**de**, with]; *apinhado de gente* crowded

apinhar vt to heap up; to crowd, to pack ♦ vp to crowd together

apitar vi **1** (polícia, árbitro) to blow the whistle **2** (carro) to hoot **3** (comboio, cha leira) to whistle ♦ vt (jogo de futebol) to referee

apito nm whistle

aplacar vt **1** (acalmar) to appease, to placate **2** (suavizar) to mitigate

aplainar vt **1** (madeira) to plane, to smooth, to make even **2** (nivelar) to level out

aplanar vt **1** (terreno) to level; to smooth **2** fig (problemas) to smooth out

aplaudir vt,i **1** (bater palmas) to clap; to applaud; *foi muito aplaudido* he was loudly applauded **2** (louvar) to praise

aplauso nm **1** applause **2** (aprovação) approval **3** (elogio) praise

aplicação nf **1** application **2** (lei) enforcement **3** (dinheiro) investment **4** (computador) application

aplicado adj **1** (ciência) applied **2** (trabalhador) hard-working

aplicar vt **1** to apply **2** (dinheiro) to invest **3** (pôr em prática) to put to use ♦ vp (estudo, trabalho) to apply oneself [**a/em**, to]; to work hard

aplicável adj2g applicable [**a**, to]

aplique nm **1** (em tecido) appliqué **2** (candeeiro) wall light

apneia nf apneaGB, apneaEUA

apocalipse nm apocalypse

apocalíptico ou **apocalítico** adj apocalyptic

apoderar-se vp to seize [**de**, -]; to take possession [**de**, of]; to take hold [**de**, of]

apodrecer vi to rot; to go bad; *a fruta apodreceu* the fruit went bad ♦ vt **1** to rot **2** fig (corromper) to corrupt; to contaminate

apodrecido adj rotten

apodrecimento nm rottenness; decay

apogeu nm (auge) height, peak

apoiado adj **1** supported [**por**, by] **2** (encostado) leaning; resting ♦ interj hear, hear!; bravo!

apoiante n2g supporter

apoiar vt **1** (descansar) to lean; to rest; *apoiar o braço* to rest one's arm **2** (dar apoio) to support; to back up; *apoiar energicamente* to give strong support to; *apoiar um partido político* to support a political party **3** (moção) to second **4** (basear) to base [**em**, on] ♦ vp **1** to lean [**em**, on]; *apoia-te no meu braço* lean on my arm **2** fig (basear-se) to be based [**em**, on]

apoio nm **1** support; *apoio moral* moral support **2** (estudo) extra teaching; *aulas de apoio* remedial lessons

apólice nf policy; *apólice de seguro* insurance policy

apologético adj apologetic

apologia nf (elogio) praise

apologista n2g advocate [**de**, of]

apólogo nm LIT apologue

apontador nm **1** (objeto que aponta) (laser) pointer **2** INFORM pointer; (hiperligação) hyperlink

apontamento nm note; *caderno de apontamentos* notebook; *tirar apontamentos* to take notes

apontar vt **1** (com o dedo) to point at, to point to **2** (erro, engano, caso interessante) to point out **3** (notas) to note down, to jot down, to write down **4** (fazer pontaria) to aim [**para**, at], to take aim [**para**, at] **5** (mostrar, indicar) to show **6** (razões) to put forward ♦ vt **1** (com o dedo) to point [**para**, at/to]; *ele está a apontar para o balão* he's pointing at the speech bubble **2** (aparecer) to begin to appear **3** (brotar) to sprout

apoplético adj 1 MED apoplectic 2 col furious

apoplexia nf apoplexy

apoquentação nf worry, vexation, annoyance; *uma vida cheia de apoquentações* a life full of worries

apoquentado adj 1 worried 2 (aborrecido) annoyed

apoquentador adj worrying, vexing, annoying; troublesome ♦ nm troublemaker

apoquentar vt 1 (afligir) to worry; *não se apoquente* don't worry 2 (aborrecer) to annoy; to bother; *não me apoquentes!* don't bother me! ♦ vp to get worried; to fret

apor vt 1 form to append, to affix 2 to add

aportar vi to enter a port; to dock

aportuguesado adj in a Portuguese way

aportuguesar vt to render Portuguese

após prep 1 (depois) after; *um após o outro* one after the other 2 (atrás de) behind

aposentação nf 1 (reforma) retirement 2 (pensão) pension

aposentado nm pensioner ♦ adj retired

aposentadoria nf 1 (reforma) retirement 2 (pensão) pension

aposentar-se vp to retire

aposento nm (quarto) room

aposição nf 1 (acrescento) addition 2 (colocação) placement; (selo) affixation

apossar-se vp to seize [de, -], to take possession [de, of]

aposta nf bet; wager; *fazer uma aposta* to make a bet

apostador nm better

apostar vt to bet ♦ vi 1 to bet [em, on]; *apostar num cavalo* to bet on a horse 2 fig to have faith [em, in]

apostasia nf apostasy

apóstata adj,n2g apostate

apostatar vi to apostatize

aposto adj added ♦ nm LING appositive

apostolado nm REL apostolate

apostólico adj apostolic

apostolizar vt to evangelize

apóstolo nm apostle

apostrofar vt 1 to apostrophize 2 to affront

apóstrofe nf (retórica) apostrophe

apóstrofo nm apostrophe

apótema nm GEOM apothem

apoteose nf apotheosis

apoteótico adj majestic; triumphal

apoucado adj 1 (humilhado) humiliated 2 (diminuído) belittled

apoucamento nm (acanhamento) shyness; lack of self-confidence

apoucar vt 1 (rebaixar) to humiliate; to belittle 2 (diminuir) to lessen

aprazar vt 1 (combinar) to fix; to arrange; to appoint 2 (convocar) to summon

aprazível adj2g (agradável) pleasant

apre interj col (irra) damn!, dammit!

apreçar vt 1 to ask the price of 2 (avaliar) to appraise

apreciação nf 1 (avaliação) assessment; appraisal 2 (opinião) view; opinion

apreciador nm lover, fan

apreciar vt 1 to appreciate; to think highly of; *aprecio muito a sua gentileza* I greatly appreciate your kindness 2 (gostar de) to enjoy 3 (avaliar) to appraise; to assess

apreciativo adj appreciative

apreciável adj2g appreciable; considerable

apreço nm (estima) regard; *ter um grande apreço por alguém* to hold somebody in high regard ❖ *em apreço* in question

apreender vt 1 (confiscar) to seize; DIR to distrain 2 (crime) to apprehend, to arrest 3 (sentido) to apprehend, to understand, to grasp

apreensão nf 1 (mercadoria ilegal) seizure 2 (punição) confiscation 3 (entendimento) grasp; comprehension 4 (ansiedade) apprehension ❖ *apreensão de carta* disqualification from driving

apreensivo adj apprehensive

apregoar vt 1 (vendedor de rua) to cry 2 (anunciar) to proclaim 3 (louvar) to extol; to praise ◆ vp to pretend to be; to boast about being

aprender vt,i to learn; **aprender a escrever** to learn to write; **aprender de cor** to learn by heart ❖ **aprender a lição** to learn one's lesson

aprendiz nm apprentice

aprendizado nm 1 (ofício) apprenticeship; **fazer o aprendizado** to serve one's apprenticeship 2 (profissão) training

aprendizagem nf 1 learning 2 (formação) training

apresentação nf 1 presentation 2 (pessoas) introduction 3 (proposta) submission 4 (aspeto) appearance 5 (livro, produto) launch

apresentador nm (programa) presenter GB; host; (noticiário) newscaster

apresentar vt 1 (mostrar) to present, to exhibit, to show; **apresentar cumprimentos** to present one's respects; **apresentar provas** to present evidence 2 (pessoas) to introduce; **posso apresentar-lhe o meu irmão?** may I introduce you my brother? 3 (programa televisivo) to host 4 (denúncia, reclamação, queixa) to make 5 (demissão) to tender ◆ vp 1 to introduce oneself [a, to] 2 (ocasião, oportunidade) to rise, to present itself 3 (a um exame) to take ❖ **apresentar desculpas** to offer apologies; **apresentar-se bem** to make a good impression

apresentável adj2g presentable

apressado adj 1 in a hurry 2 (rápido) speedy; fast 3 (precipitado) hasty

apressar vt 1 to hurry up; to speed up 2 (ritmo) to quicken; **apressar o passo** to quicken the pace ◆ vp to hurry up, to make haste; **apressa-te!** hurry up!, make haste!

aprestar vt 1 (aprontar) to prepare; to get ready 2 (equipar) to equip; to fit out ◆ vp to get ready

apresto nm 1 tools, implements 2 (equipamento) equipment, gear 3 (preparativos) preparation

aprimorado adj perfected; enhanced; refined

aprimorar vt to perfect, to refine, to improve

aprisionamento nm 1 (captura) capture 2 (detenção) arrest 3 (prisão) imprisonment

aprisionar vt 1 to imprison; to lock up 2 (capturar) to capture, to take prisoner

aprofundamento nm deepening; (assunto, questão) closer look

aprofundar vt 1 to deepen 2 (assunto, questão) to study carefully; to go thoroughly into

aprontar vt 1 to prepare, to get ready 2 to finish ◆ vp to get ready [para, to]

apropriação nf 1 appropriation [de, of] 2 (confiscar) seizure [de, of]

apropriado adj appropriate, suitable

apropriar vt (adaptar) to adapt, to fit up ◆ vp 1 to take over 2 to take possession [de, of]; to appropriate

aprovação nf 1 approval 2 (escola) pass

aprovado adj approved; (exame) **ficar aprovado** to pass

aprovar vt 1 to approve of; **aprovar o comportamento de alguém** to approve of somebody's behaviour 2 (escola) to pass 3 POL (lei) to pass

aproveitador adj,nm (oportunista) opportunist

aproveitamento nm 1 use; exploitation 2 (escolar) performance; marks

aproveitar vt 1 (tirar proveito) to take advantage of 2 (explorar) to make use of; to make the most of 3 (oportunidade, ocasião) to seize, to take 4 (recursos naturais) to exploit ◆ vi to make the most of it ◆ vp to take advantage [de, of]; **aproveitar-se de** to cash in on ❖ **aproveite!** have a good time!

aprovisionamento nm supply, provision

aprovisionar *vt* to provision, to stock, to supply

aproximação *nf* 1 approach 2 (*proximidade*) nearness 3 (*relações*) coming together

aproximado *adj* (*valor*) approximate

aproximar *vt* 1 to bring near, to bring close 2 (*reconciliar*) to bring together ♦ *vp* to come near; to come close; to draw near; to approach; *aproximar-se do fim* to draw to a close, to come to an end; *aproxima-te!* come nearer!, come closer!

aprumado *adj* 1 (*posição vertical*) plumb 2 (*aparência*) neat; smart *GB*

aprumar *vt* 1 to plumb 2 (*endireitar*) to straighten 3 to tidy up ♦ *vp* 1 (*endireitar-se*) to straighten oneself 2 *fig* (*aparência*) to tidy up; to spruce up

aprumo *nm* 1 (*verticalidade*) vertical position 2 (*aparência*) neatness 3 (*correção*) correctness

aptidão *nf* 1 (*capacidade*) aptitude; ability 2 (*disposição inata*) flair 3 (*para situação, função*) fitness

apto *adj* 1 (*situação, função*) fit; suitable 2 (*capaz*) able

apunhalar *vt* 1 to stab; *apunhalar pelas costas* to stab in the back 2 *fig* to offend, to wound *fig*

apupar *vt* to boo; to hoot; *apupar um ator/orador* to hiss and boo an actor/speaker

apupo *nm* boo

apurado *adj* 1 (*averiguado*) ascertained 2 (*sentidos, humor*) sharp 3 (*escolhido*) selected 4 (*competição*) qualified 5 (*aperfeiçoado*) refined

apuramento *nm* 1 (*averiguação*) establishment 2 (*seleção*) selection 3 (*competição*) qualification [**para**, for] 4 (*aperfeiçoamento*) refinement

apurar *vt* 1 (*aperfeiçoar*) to perfect; to improve; to refine 2 to select 3 (*verdade*) to investigate; to determine 4 (*votos*) to count 5 *CUL* to thicken

apuro *nm* (*sarilho*) fix; *estar em apuros* to be in trouble

aquando *conj* when; *aquando de* at the time of

aquaparque *nm* waterpark

aquaplanagem *nf* aquaplaning *GB*; hydroplaning *EUA*

aquaplanar *vi* to aquaplane

aquaplano *nm* aquaplane

aquariano *adj,nm* Aquarian

aquário *nm* (*pequeno*) fishbowl; (*grande*) aquarium

Aquário *nm* (*constelação, signo*) Aquarius

aquartelamento *nm* MIL billet; quarters, barracks

aquartelar *vt* MIL to quarter, to billet, to lodge in barracks

aquático *adj* aquatic; water

aquecedor *nm* heater

aquecer *vt* 1 (*ar, água, alimentos*) to heat 2 (*pessoa, músculo, leite*) to warm; *aquecer as mãos* to warm one's hands ♦ *vi* 1 to get warm; to get hot; *o tempo está a aquecer* the weather is getting warmer 2 DESP (*pessoa*) to warm up ♦ *vp* (*pessoa*) to warm up

aquecimento *nm* 1 (*edifício, sala*) heating; *aquecimento central* central heating 2 (*ambiente*) warming 3 DESP warm-up

aqueduto *nm* aqueduct

aquele *adj* that; [plural] those; *aquele carro* that car; *aquelas casas* those houses ♦ *pron dem* that one; [plural] those; *prefiro aquele* I prefer that one

àquele *contr da prep* a + *pron dem* aquele

aquém *adv* on this side ❖ *ficar aquém de* to fall short of

aqui *adv* 1 (*lugar*) here; *aqui mesmo* right here 2 (*tempo*) now; *até aqui* until now 3 (*aproximadamente*) about; *aqui há três meses* about three months ago ❖ *por aqui* this way; *por aqui e por ali* here and there

aquiescência *nf* acquiescence; consent

aquiescente *adj2g* acquiescent

aquiescer vi to acquiesce [a, to]; to consent [a, to]

aquietação nf 1 appeasement 2 peace, tranquillity

aquietar vt 1 to appease 2 to calm, to quieten ♦ vp to calm down

aquilatar vt 1 (metais) to assay, to value 2 fig (avaliar) to estimate, to appraise

aquilino adj (nariz) aquiline

aquilo pron dem that, it; *aquilo que* what

àquilo contr da prep **a** + pron dem **aquilo**

aquisição nf 1 acquisition 2 (compra) purchase

aquisitivo adj acquisitive; *poder aquisitivo* buying power, purchasing power

aquoso adj aqueous, watery

ar nm 1 air; *ar puro* fresh air; (rádio, televisão) *entrar no ar* to go on (the) air 2 (aspeto) look; *estás com bom ar* you look good ♦ *ar condicionado* (sistema) air conditioning; (aparelho) air conditioner

ara nf altar

árabe n2g 1 (pessoa) Arab 2 (língua) Arabic ♦ adj2g Arab

arabesco nm arabesque

Arábia nf Arabia

Arábia Saudita nf Saudi Arabia

aracnídeo nm arachnid

arado nm plough

aragem nf breeze

arame nm wire, *arame farpado* barbed wire ♦ col *ir aos arames* to go berserk

aranha nf spider ♦ *andar às aranhas* to be at a loss

arar vt to plough

arara nf macaw

araruta nf BOT arrowroot

arauto nm herald

arável adj2g arable

arbitragem nf 1 (futebol, andebol, basquetebol) refereeing; (ténis, basebol, hóquei) umpiring 2 (disputa) arbitration

arbitrar vt 1 (disputa) to arbitrate 2 DESP (futebol, andebol) to referee 3 DESP (críquete, ténis) to umpire

arbitrariedade nf 1 (ação) arbitrary act 2 arbitrariness

arbitrário adj arbitrary

arbítrio nm 1 will; *livre arbítrio* free will 2 judgement; decision

árbitro nm 1 (futebol, andebol, basquetebol) referee; (ténis, basebol, hóquei) umpire; *árbitro auxiliar* assistant referee 2 (disputa) arbitrator

arborização nf tree planting

arborizado adj green, wooded, with trees

arborizar vt to plant trees in

arbustivo adj shrubby

arbusto nm shrub, bush

arca nf chest; (para viagem) trunk; (objetos de valor) coffer ♦ *arca congeladora* (vertical) freezer; (horizontal) chest freezer

arcaboiço nm 1 (ossatura) skeleton 2 (capacidade) strength

arcabuz nm harquebus

arcada nf (série de arcos) arcade; (abóbada) arched vault

arcaico adj archaic

arcaísmo nm archaism

arcanjo nm archangel

arcano nm arcanum, secret, mystery

arção nm saddlebow

arcar vi 1 (lutar) to grapple, to struggle 2 (aguentar) to deal [com, with], to cope [com, with], to face [com, -]; *arcar com as consequências* to bear the consequences; *arcar com uma responsabilidade* to shoulder the responsibility ♦ vt to bow, to curve

arcaria nf arcade

arcebispo nm archbishop

archote nm torch

arco nm 1 arch; *arco do triunfo* triumphal arch 2 (para flecha) bow 3 (brinquedo, barril) hoop 4 (violino) bow 5 GEOM,ELET arc

arco-da-velha nm col *do arco-da-velha* amazing, unbelievable

arco-íris nm rainbow

ar condicionado nm 1 (aparelho) air conditioner 2 (sistema) air conditioning

ardência nf 1 burning 2 (olhos, ferida) sting

ardente adj2g burning

arder vi 1 (fogo) to burn 2 (pele, antisséptico, picada) to sting; (golpe, ferida) to smart ❖ **arder em febre** to be burning up with fever

ardil nm scheme, trick

ardiloso adj 1 (manhoso) cunning 2 (perspicaz) astute

ardina nm newspaper vendor

ardor nm 1 (sensação) burning 2 (sentimentos) ardour GB, ardor EUA

ardósia nf slate

árduo adj arduous, hard

are nm (medida) are

área nf area; (autoestrada) **área de serviço** service area GB, gas station EUA; DESP **grande área** penalty area

areado adj 1 sandy 2 (metais, panelas) polished 3 (refinado) powdered; **açúcar areado** castor sugar GB, powdered sugar EUA

areal nm 1 sand 2 (praia) beach

arear vt 1 to cover with sand 2 (metais) to polish; (panelas) to scour 3 (açúcar) to refine

areeiro nm 1 sand seller 2 sand dune

areento adj sandy, arenaceous

areia nf sand; **areia movediça** quicksand; **castelo de areia** sandcastle

arejado adj 1 airy, well-ventilated 2 (ideias) open-minded

arejamento nm airing, ventilation

arejar vt (quarto, roupa) to air, to ventilate ♦ vi 1 fig (tomar ar) to get some fresh air 2 fig (espairecer) to have a break 3 (fruta) to wither

arejo nm airing, ventilation

arena nf 1 arena 2 (circo, touradas) ring

arenito nm sandstone

arenoso adj sandy

arenque nm herring

aresta nf 1 GEOM edge 2 (esquina) corner

arfar vi to puff and pant; to gasp for breath

argamassa nf mortar

arganaz nm ZOOL dormouse

Argélia nf Algeria

argelino adj,nm Algerian

Argentina nf Argentina

argentino adj,nm Argentinian

argila nf clay

argiloso adj clayey, argillaceous

argola nf 1 ring 2 (brinco) hoop ♦ nfpl (ginástica) rings ❖ col **meter o pé na argola** to put your foot in it

argolada nf col (calinada) clanger GB; blooper EUA

árgon nm argon

argúcia nf astuteness

argucioso adj astute; keen; shrewd; sharp-witted

arguente n2g 1 examiner 2 DIR plaintiff

arguição nf 1 argumentation 2 DIR accusation; plaint GB; complaint EUA

arguido nm DIR formal suspect ♦ adj accused

arguir vt 1 to argue 2 to examine 3 DIR to accuse ♦ vi to argue

argumentação nf line of argument; argumentation

argumentador nm arguer; debater

argumentar vi 1 to argue; **argumentar contra/a favor de** to argue against/for 2 to reason 3 to debate; to discuss

argumentativo adj argumentative

argumentista n2g scriptwriter

argumento nm 1 argument 2 (guião) script; (enredo) story line

arguto adj astute

ária nf MÚS aria

aridez nf 1 (solo, clima) aridity; dryness 2 (esterilidade) barrenness 3 (assunto) dryness

árido adj 1 (solo, clima) arid 2 (estéril) barren 3 (desinteressante) dry; dull

Áries *nm* ASTRON,ASTROL Aries

arisco *adj* unfriendly

aristocracia *nf* aristocracy

aristocrata *n2g* aristocrat

aristocrático *adj* aristocratic

aritmética *nf* arithmetic

aritmético *adj* arithmetic, arithmetical

arlequim *nm* harlequin

arma *nf* weapon; (de fogo) gun ♦ *nfpl* arms; *tráfico de armas* arms trade

armação *nf* 1 framework; structure 2 (óculos) frames

armada *nf* navy; fleet

armadilha *nf* trap; *armar uma armadilha* to set a trap

armadilhado *adj* booby-trapped

armado *adj* 1 (armas) armed 2 (betão) reinforced

armador *nm* 1 (embarcação) shipowner 2 (funeral) funeral director

armadura *nf* (guerreiro) armour GB, armor EUA

armamento *nm* armaments; arms; *corrida ao armamento* arms race

armanço *nm* col boasting; showing-off

armar *vt* 1 MIL to arm, to equip [com, with] 3 to set up; *armar uma cilada (contra alguém)* to set (someone) up, to frame (someone) ♦ *vp* 1 to show off; *ele arma-se em forte* he boasts about his strength 2 to summon up; to pluck up; *ela armou-se de coragem para lhe contar a verdade* she summoned up the courage to tell him the truth

armaria *nf* MIL armoury

armário *nm* 1 cupboard; cabinet 2 (roupa) wardrobe GB, closet EUA

armazém *nm* 1 (edifício) warehouse; (parte de edifício) stockroom; *em armazém* in stock 2 (loja) general store

armazenagem *nf* storage

armazenamento *nm* storage; (em armazém) warehousing

armazenar *vt* to store; to put in storage

armazenista *n2g* (dono, trabalhador) warehouse person

armeiro *nm* armourer

Arménia *nf* Armenia

arménio *adj,nm* Armenian

armilar *adj* (esfera) armillary

arminho *nm* (animal, pele) ermine

armistício *nm* armistice

ARN [sigla de ácido ribonucleico] RNA [sigla de ribonucleic acid]

aro *nm* 1 (arco) hoop; (argola, anel) ring 2 (óculos) rim

aroma *nm* 1 aroma; (perfume) scent; (vinho) bouquet 2 (sabor) flavour GB, flavor EUA

aromaterapeuta *nf* aromatherapist

aromaterapia *nf* aromatherapy

aromático *adj* aromatic; fragrant

aromatização *nf* 1 aromatization 2 (comida) flavouring

aromatizado *adj* 1 scented 2 (comida) flavoured

aromatizar *vt* 1 to aromatize 2 (comida) to flavour

arpão *nm* harpoon

arpejo *nm* MÚS arpeggio

arpoar *vt* to harpoon, to spear with a harpoon

arqueação *nf* 1 gauging 2 arching, vaulting 3 NÁUT tonnage

arqueado *adj* 1 arched; vaulted 2 bent

arquear *vt,p* 1 to arch 2 to warp 3 to gauge

arqueiro *nm* archer

arquejante *adj2g* panting; gasping; short of breath

arquejar *vi* to pant; to gasp

arquejo *nm* pant; gasp

arqueologia *nf* archaeology GB, archeology EUA

arqueológico *adj* archaeological GB, archeological EUA

arqueólogo *nm* archaeologist GB, archeologist EUA

arquétipo *nm* archetype

arquibancada *nf* (anfiteatro, estádio) grandstand

arquiducado *nm* archduchy
arquiduque *nm* archduke
arquiduquesa *nf* archduchess
arquipélago *nm* archipelago
arquitetar *vt* 1 to come up with; to think up 2 to plan
arquiteto *nm* architect
arquitetónica *nf* architectonics
arquitetónico *adj* architectonic
arquitetura *nf* architecture
arquitetural *adj2g* architectural
arquivar *vt* 1 to file 2 to store; to save 3 (*plano*) to shelve
arquivista *n2g* archivist
arquivo *nm* 1 archive 2 (*documentos*) file; record 3 (*móvel*) filing cabinet
arrabaldes *nmpl* (*cidade*) outskirts, suburbs
arraia *nf* 1 frontier; border 2 borderline
arraial *nm* 1 (*festividade*) festival 2 MIL camp
arraia-miúda *nf pej* rabble
arraigado *adj* 1 (*planta*) deep-rooted 2 (*hábitos, tradições*) deep-rooted; inveterate
arraigar *vt* 1 to root 2 to establish; to strengthen ♦ *vp* 1 to take root 2 to establish; to strengthen
arrancar *vt* 1 (*planta, árvore*) to uproot, to root out 2 to snatch; to tear out 3 to pluck out, to pluck away, to pluck off 4 to pull; *arrancar pela raiz* to pull up by the root; *arrancar um dente* to pull out a tooth ♦ *vi* (*carro*) to start ❖ *arrancar os cabelos* to tear your hair out
arranco *nm* 1 jerk; start; (*movimento*) *aos arrancos* by fits and starts 2 gasp; *o arranco final* one's last gasp
arranha-céus *nm* skyscraper
arranhadela *nf* scratch
arranhão *nm* scratch
arranhar *vt* 1 to scratch; to scrape; *ele caiu e arranhou o joelho* he fell and scraped his knee; *a pintura está arranhada* the paint is scratched 2 *fig,col* (língua) to have a smattering of; *ele arranha o italiano* he has a smattering of Italian ♦ *vp* to scratch oneself
arranjado *adj* 1 arranged; planned 2 fixed 3 tidy 4 (*pessoa*) prosperous
arranjar *vt* 1 to arrange 2 to tidy up; to put in order 3 (*consertar*) to fix; to repair 4 to get; to find; *arranjar tempo* to find the time; *arranjar um emprego* to get a job ♦ *vp* 1 to get dressed, to get ready 2 *col* to manage; *col cá me arranjarei!* I'll manage! ❖ *arranjar o cabelo* to have your hair styled; *arranjar as unhas* to have your hands manicured
arranjista *n2g* opportunist
arranjo *nm* 1 (*conserto*) repair 2 arrangement 3 (*acordo*) agreement; (*negociata*) scam
arranque *nm* 1 (*início*) start 2 (*veículo*) starting mechanism 3 (*plantas, árvores*) pulling up
arrapazado *adj* boyish
arrapazar-se *vp* to become boyish
arrasado *adj* 1 (*sentimentos*) devastated 2 (*exausto*) exhausted
arrasamento *nm* demolition; dismantlement
arrasar *vt* 1 to flatten; to level 2 to demolish; to pull down 3 to destroy; to reduce to ruins 4 (*pessoa*) to crush, to devastate 5 (*cansaço*) to exhaust, to wear out ♦ *vi col* to sweep the board *col*
arrastadeira *nf* bedpan
arrastado *adj* 1 (*vagaroso*) sluggish; (*passos*) shuffling 2 (*modo de falar*) slurred
arrastamento *nm* 1 (*pelo chão*) dragging 2 (*demora*) dragging on ❖ *por arrastamento* as a consequence
arrastão *nm* 1 dragging; jerk; *levar de arrastão* to drag 2 (*barco*) trawler 3 (*rede*) trawl
arrastar *vt* 1 to drag; to pull along; to haul; to trail; *arrastar os pés* to drag one's feet 2 to carry away; *o vendaval arrastou o telhado* the windstorm carried the roof away 3 (*voz*) to drawl 4 (*implicar*)

to implicate ♦ *vp* **1** to drag yourself **2** (tempo) to drag on **3** (*humilhar-se*) to crawl*fig* ❖ *arrastar a asa a alguém* to have your eye on someone

arrasto *nm* **1** dragging **2** (pesca) trawling

arrazoado *nm* **1** speech **2** argumentation ♦ *adj* reasonable; sensible

arrazoar *vt* **1** to argue for/that **2** (*alegar*) to plead ♦ *vi* to debate; to discuss

arre *interj col* (*irritação*) damn!

arrear *vt* **1** (cavalo) to harness **2** to furnish

arreata *nf* halter; tether; (cavalo, gado) *levar pela arreata* to lead by the halter

arreatar *vt* (cavalo, gado) to halter, to tether

arrebanhar *vt* **1** (animais) to herd **2** to gather; to assemble **3** *col* to snatch away, to steal

arrebatado *adj* **1** (em êxtase) enraptured **2** (discurso) impassioned

arrebatador *adj* **1** (*deslumbrante*) breathtaking **2** (*entusiasmante*) rousing; impassioned

arrebatamento *nm* fascination; rapture

arrebatar *vt* **1** to snatch; to walk away with **2** to entrance; to enrapture; to enthrall ♦ *vp* **1** to be enthralled, to be entranced **2** (*exaltar-se*) to get carried away

arrebitado *adj* **1** turned up **2** (nariz) snub **3** (pessoa) cheeky

arrebitar *vt,i,p* **1** to turn up; to curl up **2** (*animar*) to perk up; to cheer up ❖ *arrebitar as orelhas* to prick up the ears

arrecada *nf* **1** earring **2** ornament **3** *fig* virtue, asset

arrecadação *nf* storeroom

arrecadar *vt* **1** to store (away) **2** to collect **3** (dinheiro) to put by, to save **4** to obtain; to achieve

arrecuas *nfpl* **às arrecuas** backwards

arredar *vt* to put away, to put aside; to remove ♦ *vp* **1** to move back; to get out of the way **2** to distance oneself ❖ *não arredar pé* to stand by

arredio *adj* **1** reserved; withdrawn **2** unsociable; unfriendly **3** shy; diffident

arredondado *adj* **1** (forma) rounded **2** (número) round

arredondamento *nm* rounding-off

arredondar *vt* **1** to make round; to round off **2** MAT (por defeito) to round down; (por excesso) to round up; *arredondar uma conta* to round off an account, to make a round sum ♦ *vp* **1** to become round **2** (corpo, formas, rosto) to fill out

arredor *adv* around; all round ♦ *adj2g* neighbouring

arredores *nmpl* (cidade) outskirts; (local) surrounding area

arrefecer *vt* to cool, to cool down ♦ *vi* **1** to get cold; to get colder; *a comida arrefeceu* the food got cold **2** (sentimentos, relacionamento) to cool

arrefecimento *nm* cooling

arregaçar *vt* **1** (mangas, calças) to roll up **2** to turn up, to tuck up ❖ *col* (trabalho) *arregaçar as mangas* to roll up your sleeves

arregalar *vt* (olhos) to open wide; *de olhos arregalados* goggle eyed, staring

arreganhar *vt* to open; *arreganhar a tacha* to laugh; (animal) *arreganhar os dentes* to snarl

arregimentar *vt* **1** to regiment **2** *fig* to gather

arreigar *vt,p* ⇒ arraigar

arreios *nmpl* gear

arrelia *nf* **1** (aborrecimento) bother **2** (irritação) irritation

arreliador *adj* **1** annoying; bothersome **2** teasing **3** worrying

arreliar *vt* **1** to irritate; to get on (somebody's) nerves **2** to tease ♦ *vp* to get cross; to get angry; to get irritated; *ela arrelia-se facilmente* she gets angry easily

arrelvar *vt* to turf; to grass over

arrematação *nf* public sale; auction

arrematador *nm* **1** (leilão) buyer **2** (leilão) bidder ♦ *adj* (leilão) outbidding

arrematar vt 1 (leilão) to sell 2 (leilão) to buy 3 to finish; to complete

arremedar vt 1 to mimic; to ape; to imitate 2 to caricature; to parody

arremedo nm 1 imitation 2 counterfeit 3 parody; caricature

arremessar vt 1 to throw; to fling; to hurl 2 to cast aside; to cast away

arremesso nm throwing

arremeter vi 1 to charge [**contra**, against]; to bear down [**contra**, on] 2 to rush [**a**, at] ♦ vt to hurl, to throw

arremetida nf 1 charge; attack 2 onrush 3 impulse

arrendamento nm 1 (ato de arrendar) renting; lettingGB 2 (dinheiro) rent

arrendar vt 1 (tomar de arrendamento) to lease, to rent; *arrendámos um apartamento* we rented an apartment 2 (dar de arrendamento) to rent out [**a**, to], to lease out [**a**, to], to let [**a**, to]; *ela arrendou o apartamento a um casal* she rented out her apartment to a couple

arrendatário nm tenant

arrepanhar vt 1 to wrinkle; to crease 2 to collect; to gather 3 (dinheiro) to save 4 to snatch; to steal 5 (cabelo) to tie back

arrepelar vt to pull out; to tear out ♦ vp to tear one's hair out

arrepender-se vp 1 to regret; *hás de arrepender-te!* you'll live to rue it!, you'll regret it!; *ele arrependeu-se de ter comprado o carro* he regretted having bought the car 2 REL to repent [**de**, of]; *arrependeu-se dos seus pecados* he repented of his sins

arrependido adj 1 sorry 2 (pecado) repentant

arrependimento nm 1 regret 2 (pecado) repentance

arrepiado adj 1 (frio, medo) shivering 2 (pele) covered in goose pimples 3 (cabelo, pelos) standing on end 4 (apavorado) horrified

arrepiante adj2g 1 (assustador) horrifying 2 (história) creepy; (silêncio) eerie; (grito) blood-curdling

arrepiar vt 1 (frio, medo) to cause to shiver, to cause to shudder 2 to make somebody's hair stand on end 3 to cause gooseflesh 4 to give somebody the creeps; to give the shivers; to make someone's flesh creep ♦ vp to get gooseflesh

arrepio nm shiver; *isso causa-me arrepios* it gives me the creeps

arrestar vt to seize; to confiscate; to impound

arresto nm DIR distraint

arrevesado adj 1 tortuous 2 complex 3 obscure; unclear

arrevesar vt 1 to turn upside down 2 to reverse 3 to obscure

arrevessar vt 1 to vomit; to throw up 2 to throw; to hurl; to fling

arriar vt to lower, to haul down; *arriar a bandeira* to lower the flag ♦ vi to give up

arriba nf cliff

arribação nf 1 NÁUT dockage 2 (aves) migration; *ave de arribação* bird of passage, migratory bird 3 convalescence

arribar vi 1 NÁUT to dock 2 to arrive 3 to go up 4 (depois de doença) to recover, to get better, to recuperate

arriscado adj risky

arriscar vt 1 to risk, to put at risk; *arriscar a vida* to risk one's neckcol 2 to venture; *arriscar uma opinião* to venture an opinion 3 to hazard; *arriscar um palpite* to hazard a guess ♦ vp to take risks ❖ *quem não arrisca não petisca* nothing ventured, nothing gained

arritmia nf arrhythmia

arrivismo nm 1 social climbing 2 opportunism; unscrupulousness

arrivista n2g 1 social climber 2 opportunist ♦ adj2g opportunistic; unscrupulous

arroba nf 1 (unidade de medida) 32 lb or 15 kg 2 INFORM at

arrogância nf arrogance

arrogante adj2g arrogant

arrogar vt 1 to arrogate 2 to claim, to assume ♦ vp to take upon oneself

arroio nm brook

arrojado adj (ousado) bold

arrojar vt to throw; to hurl 2 to drag ♦ vp 1 to throw oneself 2 to summon up the courage [a, to]; to have the audacity [a, to]

arrojo nm boldness

arrolamento nm 1 COM inventory 2 (lista) enrolment 3 MIL enlistment

arrolar vt 1 COM to inventory, to make an inventory of 2 (lista) to enrol 3 MIL to enlist, to recruit

arromba nf de arromba amazing, great

arrombamento nm break-in

arrombar vt 1 to break into; arrombar uma casa to break into a house 2 to break open; arrombar uma porta to break a door open

arrostar vt to brave, to brave out; to face ♦ vi,p to come face to face [com, with]

arrotar vi to belch, to burp ❖ fig arrotar postas de pescada to show off, to blow your own trumpet

arroteamento nm (terra) clearance

arrotear vt (terra) to clear for cultivation

arroteia nf 1 (processo) clearing 2 (terra) recently cleared land

arroto nm belch, burp

arroubar vt to enrapture; to enthrall ♦ vp to go into ecstasies

arroubo nm ecstasy; rapture

arroxeado adj purplish

arroxear vt,i to purple

arroz nm rice; arroz integral brown rice

arrozal nm rice field

arroz-doce nm rice pudding

arruaça nf disturbance

arruaceiro nm troublemaker ♦ adj rowdy

arruamento nm (rua) street

arruda nf BOT rue

arrufar vt to ruffle; to irritate ♦ vp 1 to sulk 2 to get angry 3 to take offence

arrufo nm (namorados) tiff

arruinado adj ruined

arruinar vt 1 to ruin; arruinar a vida to ruin one's life 2 to destroy 3 to bankrupt ♦ vp to go bankrupt

arruivado adj reddish

arrulhar vi (pombos, namorados) to coo

arrulho nm (pombos) cooing

arrumação nf 1 (ato de arrumar) tidying (up) 2 (espaço) storage space

arrumado adj 1 tidy 2 organized 3 (resolvido) taken care of; settled

arrumador nm 1 (cinema, teatro) usher 2 (carros) parking attendant

arrumar vt 1 to put in order 2 (casa) to tidy (up) 3 (carro) to park ♦ vp 1 pop to get a job 2 pop to get married 3 Bras (para sair) to spruce yourself up ❖ arrumar as botas to retire

arrumo nm tidiness ♦ nmpl (quarto) junk room; (edifício) shed

arsenal nm arsenal

arsénico nm arsenic

arsénio nm arsenic

arte nf 1 art; obra de arte work of art 2 (habilidade) skill; talent

artefacto nm artefact GB, artifact EUA

artemísia nf BOT artemisia

artéria nf artery

arterial adj2g arterial; tensão arterial blood pressure

arteriosclerose nf arteriosclerosis

artesanal adj2g 1 handcrafted; handmade 2 (pouco elaborado) crude

artesanato nm (objetos, arte) handicrafts; feira de artesanato craft fair

artesão nm artisan

artesiano adj artesian; poço artesiano artesian well

ártico adj Arctic

Ártico nm Arctic

articulação nf 1 ANAT joint 2 (fala) articulation

articulado adj (objeto) jointed; (veículo) articulated; (desdobrável) folding

articular vt 1 to articulate 2 to join; to link

articulista n2g (jornalismo) columnist; contributor

artífice nm artisan

artificial adj2g artificial

artificialidade nf artificiality

artificialismo nm artificiality

artifício nm 1 (artimanha) trick 2 (afetação) affectation

artificioso adj 1 artificial 2 artful; crafty

artigo nm 1 article; (jornalismo) artigo de fundo feature article; LING artigo definido/indefinido definite/indefinite article 2 piece; artigo de vestuário piece of clothing

artilhar vt to fortify with artillery

artilharia nf artillery

artilheiro nm MIL artilleryman

artimanha nf trick

artista n2g artist

artístico adj artistic

artrite nf arthritis

artrítico adj MED arthritic

artrose nf arthrosis

arvorar vt 1 (velas) to unfurl 2 (bandeira) to hoist 3 (levantar) to lift up, to haul up ♦ vi to escape; to run away ❖ arvorar-se em to pretend to be

árvore nf tree; árvore de Natal Christmas tree

arvoredo nm trees; woodland

ás nm ace

asa nf 1 (avião, ave) wing 2 (panela, cesto) handle

asa-delta nf (atividade) hang-gliding; (aparelho) hang-glider

asbesto nm asbestos

ascendência nf 1 (antepassados) ancestry 2 (influência) ascendancy [sobre, over]

ascendente adj2g upward ♦ n2g (antepassado) ancestor ♦ nm 1 influence; power 2 ASTROL ascendant

ascender vi 1 to ascend; to rise; ascender ao trono to ascend the throne 2 to be promoted; to rise in rank or status; fig ascender aos mais altos cargos to reach the top of the tree 3 to go up; to move upwards; to climb

ascensão nf 1 (subida) ascent 2 (êxito, poder) rise; ascension 3 (cargo, carreira) promotion

ascensional adj2g ascendant; movimento ascensional upward movement

ascensor nm lift GB; elevator EUA

ascese nf ascesis

asceta n2g ascetic

ascético adj ascetic

ascetismo nm asceticism

asco nm (nojo) disgust; repulsion

aselha n2g 1 col (desastrado) clumsy person 2 col (condutor) bad driver

asfaltar vt to asphalt; estrada asfaltada asphalt road

asfalto nm asphalt

asfixia nf asphyxia

asfixiante adj2g 1 asphyxiating; suffocating 2 fig stifling; oppressive

asfixiar vt 1 to asphyxiate; to suffocate 2 fig to crush ♦ vi to asphyxiate; to suffocate; to stifle

Ásia nf Asia

asiático adj,nm Asian

asilado nm 1 (assistência social) inmate 2 POL refugee

asilar vt 1 to give asylum to 2 to take in 3 (internar) to put in a home ♦ vp to find refuge

asilo nm 1 (lar) home; (idosos) old people's home 2 POL asylum

asma nf asthma

asmático adj,nm asthmatic

asneira nf 1 (disparate) stupid thing 2 (erro) mistake 3 (palavrão) swear word

asno nm 1 donkey 2 (idiota) idiot, ass

aspar vt to put in inverted commas

aspas nfpl quotation marks, inverted commas GB; *entre aspas* in inverted commas

aspereza nf 1 (superfície) roughness 2 (*rispidez*) harshness

aspergir vt 1 to sprinkle 2 REL to sprinkle with holy water

áspero adj 1 rough 2 (*ríspido*) harsh

aspersão nf sprinkling

aspeto nm 1 appearance; look, *ter bom aspeto* to look well 2 (questão) aspect; side; angle

aspiração nf 1 (*ambição*) aspiration 2 (*inspiração*) inhalation 3 (*sucção*) suction 4 (*limpeza*) vacuuming

aspirador nm 1 vacuum-cleaner 2 (fluidos) aspirator

aspirante n2g 1 aspirant [a, to]; (competição) contender [a, for] 2 MIL officer cadet

aspirar vt 1 (aspirador) to vacuum 2 to inhale; to breathe in 3 LING to aspirate 4 téc (fluidos) to aspirate, to draw by suction ♦ vi 1 to aspire [a, to]; *ela aspira a ser bailarina* she aspires to be a ballerina 2 to vacuum

aspirina nf aspirin

asquerosidade nf 1 filthiness 2 loathsomeness; foulness 3 vileness

asqueroso adj repulsive; (sujo, sórdido) squalid

assacar vt to slander

assadeira nf roasting tin

assado adj 1 (no forno) roast; (vegetais, fruta) baked; (na grelha) grilled 2 col (pele) rashed ♦ nm CUL roast

assador nm 1 (utensílio) roasting tin 2 (pessoa) roaster

assadura nf 1 CUL roasting 2 (bebé) nappy rash GB, diaper rash EUA

assalariado nm wage earner ♦ adj wage-earning

assalariar vt 1 (contratar) to hire, to engage, to employ 2 (pagar) to salary

assaltante n2g 1 (rua) mugger 2 (banco, loja) robber 3 (casa) burglar

assaltar vt 1 (casa) to break into, to burgle 2 (pessoa) to mug 3 (banco) to rob 4 (atacar) to attack

assalto nm 1 (banco, loja, pessoa) robbery 2 (casa) burglary, break-in 3 (pessoa em local público) mugging 4 (boxe) round

assanhado adj 1 (zangado) angry 2 (atiradiço) flirtatious

assanhar vt 1 to enrage; to infuriate 2 to irritate 3 to provoke 4 to excite ♦ vp to fly into a rage; to get furious

assar vt (carne) to roast; (batatas) to bake; *assar na grelha* to grill GB, to broil EUA ♦ vi 1 to roast 2 fig (calor) to be roasting; to be burning up

assarapantar vt 1 (espantar) to dumbfound; to flabbergast col 2 (sobressaltar) to startle 3 (aturdir) to stun; to daze

assassinar vt 1 to murder; (pessoa importante) to assassinate 2 fig (executar mal) to butcher

assassinato nm murder; (político) assassination

assassínio nm murder; (político) assassination

assassino nm murderer, (de político) assassin

assaz adv 1 lit extremely; exceedingly; *assaz bem* extremely well 2 lit (bastante) quite; rather; *este assunto é assaz grave* this mater is quite serious

asseado adj clean; neat

assear vt to clean; to tidy up; to neaten

assediar vt 1 to harass; to persecute 2 to assail; *assediar com perguntas* to bombard with questions, to assail with questions

assédio nm harassment

assegurar vt 1 to secure 2 (garantir) to ensure; to guarantee 3 (afiançar) to assure; *ele assegurou-me que viria hoje à noite* he assured me he would come tonight ♦ vp to make sure; *assegura-te de que está tudo em ordem* make sure everything is ok

DACIN-DP-47

asseio *nm* cleanliness

asselvajar *vt* to make savage ♦ *vp* to become savage

assembleia *nf* 1 (*reunião*) meeting 2 (*órgão político*) assembly

assembleia-geral *nf* general meeting

assemelhar *vt* 1 to make alike 2 to compare ♦ *vp* 1 to be alike; *eles assemelham-se muito* they are very much alike 2 to resemble; to be similar to; to look like; *ele assemelha-se muito ao pai* he closely resembles his father

assenhorear-se *vp* to take possession [de, of]

assentada *nf de uma assentada* at one sitting

assentar *vt* 1 to register; to write down 2 to lay down, to place; *ele assentou a mesa no chão* he placed the table on the ground 3 to decide; to determine ♦ *vi* 1 (roupa) to fit; *esse vestido assenta-lhe como uma luva* that dress fits you perfectly 2 (adequação) to suit; to be suited for 3 (fundamentos) to be based [em, on] 4 (estabilidade) to settle down ♦ *vp* 1 to sit down 2 MIL to enlist

assente *adj2g* 1 (*baseado*) based [em, on] 2 (*combinado*) agreed

assentimento *nm* agreement; consent

assentir *vi* to assent; to consent

assento *nm* seat

assepsia *nf* asepsis

asséptico ou **assético** *adj* aseptic

asserção *nf* assertion

assertivo *adj* assertive

assessor *nm* 1 adviser; consultant 2 officer; *assessor de imprensa* press officer

assessorar *vt* 1 to assist 2 to advise 3 to act as consultant to

assessoria *nf* 1 consultancy 2 (órgão) advisory body

asseverar *vt* to asseverate; to guarantee

assexuado *adj* asexual

assexualidade *nf* asexuality

assiduamente *adv* assiduously

assiduidade *nf* assiduity

assíduo *adj* 1 (*frequente*) regular; frequent 2 (*constante*) constant

assim *adv* 1 (*deste modo*) like this; (*desse modo*) like that 2 (*em tal grau*) that; *estava assim tão bom?* was it that good? ♦ *conj* (*portanto*) so; therefore ❖ *assim como* as well as; *assim que* as soon as

assim-assim *adv* so-so

assimetria *nf* asymmetry

assimétrico *adj* asymmetrical

assimilação *nf* assimilation

assimilar *vt* 1 to assimilate 2 (*apreender*) to take in; to grasp 3 *fig* to absorb

assinalado *adj* 1 marked 2 distinguished 3 celebrated 4 (animais, mercadorias) branded

assinalar *vt* 1 (*marcar*) to mark, to signal 2 to be a sign of 3 to indicate 4 to celebrate 5 (animais, mercadorias) to earmark ♦ *vp* to distinguish oneself

assinalável *adj2g* 1 (*significativo*) significant 2 (*extraordinário*) remarkable

assinante *n2g* 1 (jornais, revistas, telefone) subscriber [de, to] 2 (documento, petição) signer

assinar *vt* 1 (nome) to sign; *assinar um acordo* to sign an agreement 2 (revista, jornal) to subscribe [-, to]; *assinar uma revista* to subscribe to a magazine

assinatura *nf* 1 (nome) signature 2 (revista, jornal) subscription 3 (ato) signing

assíndeto *nm* LING asyndeton

assisado *adj* wise, prudent

assistência *nf* 1 (auxílio) assistance; support; (seguro automóvel) *assistência em viagem* breakdown assistance 2 (cuidados) care 3 (público) audience; (num estádio) crowd

assistente *adj2g* 1 (apoio) assistant 2 (presente) attending ♦ *n2g* 1 (apoio) assistant 2 (público) member of the audience ❖ (avião) *assistente de bordo* flight attendant; *assistente social* social worker

assistir vi **1** to be present [a, at]; to be there **2** (aula, conferência) to attend [a, at]; *assistir às conferências* to attend the lectures **3** (filme, espetáculo) to watch [a, -] **4** (acidente) to witness [a, -] ♦ vt **1** to help; to assist **2** (cuidar de) to attend; to care for; *assistir um doente* to attend a sick person ❖ *assistir o direito de* to have a right to

assoalhada nf room

assoalhar vt to floor, to plank

assoar vt (nariz) to blow; *assoar o nariz* to blow one's nose ♦ vp to blow one's nose

assoberbado adj **1** (sobrecarregado) overwhelmed; swamped fig; *assoberbado de trabalho* overwhelmed by work **2** (arrogante) haughty; supercilious

assoberbar vt **1** (sobrecarregar) to overwhelm; to swamp **2** to treat with contempt ♦ vp to become haughty

assobiar vt **1** to whistle; *assobiar uma canção* to whistle a tune **2** (apupar) to hiss; to boo; *assobiar um ator* to hiss an actor ♦ vi **1** (pessoa, pássaro, navio, vento) to whistle **2** (cobra) to hiss; *a cobra assobia* the snake hisses **3** (velocidade) to whizz **4** (vaiar) to boo

assobio nm **1** whistle **2** (vaias) boo **3** (vento) whistling **4** (cobra, vapor) hiss

associação nf association

associado nm (sociedade) associate; (grupo, organização) member ♦ adj **1** associated [a, to/with] **2** (grupo, organização) associate

associar vt **1** to associate [a, with]; *associar o nome de alguém* to associate somebody's name with **2** to combine; to link; to connect **3** COM (como sócio) to take as a partner ♦ vp **1** COM to enter into partnership, to associate [a, with]; *ele associou-se ao irmão* he associated with his brother **2** (juntar-se) to join

associativo adj associative ❖ DESP *massa associativa* (sócios) members; (adeptos) supporters

assolar vt to devastate, to ravage; *assolado pela tempestade* devastated by the storm

assoldar vt to hire, to engage

assomar vi **1** (aparecer) to appear; to come out; *assomar ao cimo do monte* to appear at the top of the hill **2** (tornar-se visível) to show

assombração nf apparition

assombrado adj haunted

assombrar vt **1** (pasmar) to astonish, to amaze **2** (assustar) to frighten **3** (fantasmas, espíritos) to haunt ♦ vp **1** to be astonished **2** (escurecer) to cloud over

assombro nm **1** (pasmo) amazement **2** (maravilha) wonder

assombroso adj amazing; astonishing

assomo nm **1** (aparecimento) appearance **2** (indício) sign; trace; hint **3** (manifestação súbita) outburst; *assomo de energia* outburst of energy

assoreamento nm silting

assorear vt to silt; to sand

assuada nf **1** (algazarra) uproar, tumult **2** (vaias) booing, hissing

assumir vt (cargo, responsabilidade) to assume; to take on, to take upon oneself; *assumir a direção de uma empresa* to take on the management of a company ❖ *ele assumiu as responsabilidades* he rose to the occasion

assunção nf **1** assumption **2** taking on [de, of]

Assunção nf REL Assumption; REL *Assunção da Virgem Maria* Assumption of Our Blessed Lady

assunto nm **1** (tema) subject; *mudar de assunto* to change the subject **2** (questão) matter; *assuntos pessoais* personal matters ❖ col *ir direito ao assunto* to cut to the chase

assustadiço adj easily frightened; jumpy col

assustado adj frightened; scared

assustador adj frightening

assustar *vt* 1 to frighten, to terrify 2 (*sobressaltar*) to startle; *assustaste-me por entrares tão repentinamente* you startled me by bursting in ♦ *vp* to be frightened; *não se assuste!* don't be frightened!

ástato *nm* astatine

asterisco *nm* asterisk

asteroide *nm* asteroid

astigmático *adj* astigmatic

astigmatismo *nm* astigmatism

astral *adj2g* astral, sidereal ♦ *nm Bras col* (*disposição*) mood

astro *nm* 1 heavenly body 2 (*vedeta*) star

astrofísica *nf* astrophysics

astrofísico *adj* astrophysical ♦ *nm* astrophysicist

astrolábio *nm* astrolabe

astrologia *nf* astrology

astrológico *adj* astrological

astrólogo *nm* astrologer

astronauta *n2g* astronaut

astronáutica *nf* astronautics

astronomia *nf* astronomy

astronómico *adj* astronomical

astrónomo *nm* astronomer

astúcia *nf* astuteness, cunning

astucioso *adj* astute; shrewd; cunning; sly

astuto *adj* astute; cunning

ata *nf* minutes

atabalhoadamente *adv* 1 clumsily 2 hastily

atabalhoado *adj* 1 (*feito à pressa*) slapdash 2 (*descuidado*) sloppy 3 (*desastrado*) clumsy

atabalhoamento *nm* 1 disorder; confusion 2 clumsiness 3 shoddiness 4 hastiness

atabalhoar *vt* 1 to do clumsily; to make a hash of *col*; to bungle 2 (tarefa, trabalho) to scamp

atacado *adj* attacked ❖ COM *comprar por atacado* to buy (goods) wholesale; *preços por atacado* wholesale prices

atacador *nm* (*sapato*) shoelace

atacante *n2g* attacker ♦ *adj2g* attacking

atacar *vt* 1 to attack 2 (*criticar*) to criticize 3 *col* (*fazer mal*) to affect; to upset; *este medicamento pode atacar o estômago* this medication may upset your stomach 4 AER to raid

atadinho *adj col,pej* bashful; clumsy; awkward ♦ *nm col,pej* shrinking violet

atafulhar *vt* to cram [com, with], to stuff [com, with]; to fill up [com, with]; *atafulhar uma criança com comida* to stuff a child with food

atalaia *n2g* (*sentinela*) sentinel

atalhar *vt* 1 (*interromper*) to interrupt 2 (*encurtar*) to cut short; to shorten

atalho *nm* short cut

atamancar *vt* to bungle, to botch

atapetar *vt* to carpet

ataque *nm* 1 attack 2 seizure, fit, stroke ❖ *ao ataque!* charge!

atar *vt* (fio, corda) to bind, to tie, to fasten ❖ *col ele não ata nem desata* he doesn't make up his mind

atarantado *adj* in a spin; dazed

atarantar *vt* 1 (*aturdir*) to stun; to daze 2 (*enervar*) to embarrass; to put ill at ease ♦ *vp* to be confused; to get nervous

atarefado *adj* busy, occupied

atarefar *vt* to keep busy ♦ *vp* to be busy; to work hard

atarracado *adj* dumpy

atarraxar *vt* to rivet, to screw

atascar *vt* to stick in the mud, to stick in the mire ♦ *vp* 1 to get stuck in the mud 2 *fig* to get bungled up; to get bogged down

ataviar *vt* to adorn ♦ *vp* to dress up; to spruce up

atávico *adj* atavistic

atavio *nm* ornament

atavismo *nm* BIOL atavism

atchim *interj* atishoo! *GB*, achoo!

até *prep* 1 (tempo) until, till 2 (valor superior) up to; (valor inferior) down to 3 (lugar) as far as; *até ao portão* as far as the gate

4 (despedida) see you; *até amanhã!* see you tomorrow! ♦ *adv* (*mesmo*) even ❖ *até aqui tudo bem* so far so good; *até que enfim!* at last!

atear *vt* **1** (fogo) to set fire to, to kindle **2** *fig* to stir up; to ignite ♦ *vp* to kindle; to start burning

ateísmo *nm* atheism

atelier *nm* **1** (arte) studio **2** (empresa) firm **3** (formação) workshop **4** (costura) workroom; (alta-costura) atelier

atemorizar *vt* **1** (assustar) to frighten **2** (intimidar) to intimidate ♦ *vp* to be filled with fear, to get frightened

atempadamente *adv* in advance

atenção *nf* **1** attention **2** (cuidado) care **3** (simpatia) kindness **4** *col* (oferta) gift; (desconto) reduction ❖ (correspondência) *à atenção de* for the attention of; *digno de atenção* noteworthy

atenciosamente *adv* kindly; thoughtfully

atencioso *adj* kind

atendedor *nm* *atendedor de chamadas* answering machine; answerphone*GB*

atender *vt* **1** (clientes) to attend to, to serve; *atender um cliente* to serve a customer **2** (restaurante) to wait on **3** (telefone) to answer; *atender o telefone* to answer the phone **4** to pay attention to ♦ *vi* to pay attention ❖ *atender um pedido* to answer a request

atendimento *nm* service

ateniense *adj,n2g* Athenian

atenrar *vt* to make tender

atentado *nm* **1** attack; *atentado terrorista* terrorist attack **2** (contra a vida) attempt

atentamente *adv* (com atenção) carefully; *leia atentamente as instruções* read the instructions carefully ❖ (correspondência) *Atentamente* Yours sincerely*GB*; Sincerely yours*EUA*

atentar *vi* **1** (refletir sobre) to ponder, to consider [em, -] **2** (prestar atenção a) to pay attention [em, to]; to mind [em, -] **3** to make an attempt on [contra, on]; to commit a crime [contra, against]

atento *adj* **1** attentive **2** (cuidadoso) careful

atenuação *nf* reduction

atenuante *adj2g* extenuating ♦ *nf* extenuating circumstance

atenuar *vt* **1** (diminuir) to attenuate, to diminish, to lessen **2** (suavizar) to soften, to cushion

aterrador *adj* terrifying

aterragem *nf* landing; *aterragem de emergência* crash landing

aterrar *vt* **1** (medo) to frighten, to appal **2** (terra) to cover with earth ♦ *vi* AFR to land

aterro *nm* landfill; *aterro sanitário* sanitary landfill

aterrorizador *adj* frightful, terrifying

aterrorizar *vt* to terrify, to horrify

ater-se *vp* to stick [a, to], to keep [a, to]

atestação *nf* **1** attestation, confirmation **2** testimony

atestado *nm* certificate; *atestado médico* medical certificate ♦ *adj* **1** (depósito) full **2** *col* (bêbedo) loaded

atestar *vt* **1** (certificar) to certify **2** (garantir) to attest, to testify, to confirm **3** (encher) to fill up; *atestar o depósito de gasolina* to fill up the tank **4** *col* to cram [de, with]

ateu *adj* atheistic ♦ *nm* atheist

atiçador *nm* poker

atiçamento *nm* **1** (fogo) poking **2** *fig* (provocação) instigation, provocation

atiçar *vt* **1** (fogo) to poke; to fan, to stoke up **2** (provocar) to stir up, to instigate

atilado *adj* sensible; wise

atilho *nm* tie

atinado *adj* sensible

atinar *vi* **1** (acertar) to guess right; to find out **2** *col* (apanhar o jeito) to get the hang [com, of] **3** (entender) to figure out [com, -]; *não atino com o que ele diz* I cannot make out what he is saying **4** *col* (ganhar juízo) to grow up; to wise up

atinente *adj2g* relative [**a**, to], concerning

atingir *vt* **1** (*alcançar*) to attain, to reach; *atingir o ponto culminante* to reach the climax **2** (*objetivo*) to achieve **3** (*acertar*) to hit; *ele atingiu o alvo* he hit the target **4** (*compreender*) to understand **5** (*dizer respeito*) to affect ❖ *atingir a maioridade* to come of age

atingível *adj2g* **1** attainable; achievable; feasible **2** (*ideia*) (*compreensível*) accessible

atípico *adj* atypical

atiradiço *adj* cheeky; saucy

atirador *nm* shooter

atirar *vt* **1** (*lançar*) to throw; to toss; to cast; *atirar ao ar* to toss up **2** (*derrubar*) to knock; *atirar ao chão* to knock down ♦ *vi* (*disparar*) to shoot [**a/contra**, at]; *atirar a matar* to shoot to kill; *atirar ao alvo* to shoot at the target ♦ *vp* **1** (*lançar-se*) to throw oneself **2** *pop* to flirt [**a**, with]; to make advances [**a**, to] **3** (*atacar*) jump [**a**, on]; to set [**a**, upon]; *o cão atirou-se a mim* the dog set upon me ❖ *atirar (algo) à cara de alguém* to throw (something) in someone's face; *pop atirar com a porta* to slam the door; *atirar-se de cabeça* to rush headlong

atitude *nf* attitude ❖ *tomar uma atitude* to do something

ativação *nf* activation

ativar *vt* **1** (*pôr em funcionamento*) to activate, to set in motion **2** (*estimular*) to motivate

atividade *nf* **1** activity **2** (*emprego*) job **3** (*empresa*) line of business **4** (*agitação*) bustle

ativismo *nm* activism

ativista *adj,n2g* activist

ativo *adj* active ♦ *nm* ECON assets; *ativo e passivo* assets and liabilities

atlântico *adj* Atlantic

Atlântico *nm* the Atlantic (Ocean)

atlas *nm* (*livro*) atlas

atleta *n2g* athlete

atlético *adj* athletic

atletismo *nm* athletics GB; track and field EUA

atmosfera *nf* atmosphere

atmosférico *adj* atmospheric

ato *nm* **1** act, deed; *um ato de violência* an act of violence **2** ceremony; *ato público* public ceremony **3** TEAT,DIR act; *uma peça com quatro atos* a four-act play ❖ *no ato* on the spot, straight away

atol *nm* atoll

atoleimado *adj* silly; foolish

atoleiro *nm* **1** mire; swamp **2** *fig* degradation, disgrace

atómico *adj* atomic

atomismo *nm* atomism

atomização *nf* atomization

atomizar *vt* **1** to atomize **2** to spray

átomo *nm* atom

atonia *nf* MED,LING atony

atónito *adj* astonished

átono *adj* unstressed

ator *nm* actor

atordoado *adj* **1** (*com pancada*) dazed **2** (*tonto*) dizzy **3** (*surpresa, choque*) staggered

atordoamento *nm* **1** amazement; astonishment; stupefaction **2** dizziness

atordoar *vt* **1** (*estontear*) to stun; to daze **2** to make dizzy

atormentado *adj* tormented [**com**, by]; in torment

atormentador *adj* tormenting

atormentar *vt* **1** to torture, to torment **2** (*arreliar*) to tease ♦ *vp* to fret

atracação *nf* NÁUT boarding; mooring, docking

atração *nf* attraction

atracar *vt* **1** NÁUT to land, to moor **2** NÁUT (*encostar*) to come alongside

atraente *adj2g* attractive

atraiçoado *adj* **1** betrayed **2** *fig* (*denunciado*) given away

atraiçoar *vt* **1** to betray **2** *fig* to give away

atrair *vt* 1 to attract 2 to appeal to; to interest

atrapalhação *nf* 1 (*confusão*) confusion 2 (*barafunda*) mess 3 (*embaraço*) embarrassment 4 (*ao mexer-se*) clumsiness

atrapalhado *adj* 1 (*embaraçado*) embarrassed 2 (*confundido*) confused 3 (*com excesso de trabalho*) busy 4 (*falta de dinheiro*) short of money

atrapalhar *vt* 1 (*embaraçar*) to embarrass 2 (*confundir*) to confuse; to muddle up 3 (*dificultar*) to hinder; to get in the way of ♦ *vp* 1 (*embaraçar-se*) to feel embarrassed 2 (*confundir-se*) to become confused; to get muddled up 3 (*perturbar-se*) to be upset; *ele atrapalha-se com pouca coisa* he is upset by trifles

atrás *adv* 1 (*para trás*) back 2 (*ao fundo*) at the back; (*veículo*) in the back 3 (*anteriormente*) before 4 (*tempo*) ago

atrasado *adj* 1 late; *estou atrasado* I'm late 2 (*relógio*) slow 3 (*projeto, obras*) behind schedule 4 (*pouco desenvolvido*) backward 5 (*pagamento*) overdue ♦ *nm* (*a chegar*) latecomer; (*a terminar*) late finisher

atrasar *vt* 1 to delay; *não me atrases mais!* don't delay me any longer!; *atrasar o serviço* to get behind in one's duties 2 (*relógio*) to put back; *ele atrasou o relógio* he put the clock back 3 (*progresso, desenvolvimento*) to hold back ♦ *vi* to stay/remain behind ♦ *vp* 1 (*pessoa, transporte*) to be late 2 (*pagamento*) to get into arrears 3 (*trabalho*) to fall behind 4 (*relógio*) to be slow

atraso *nm* 1 delay; *desculpem o atraso* I'm sorry I'm late 2 (*no desenvolvimento*) backwardness 3 (*mental*) retardation 4 (*pagamento*) overdue

atrativo *adj* attractive ♦ *nm* attraction; charm

atravancar *vt* to obstruct, to block; to jam; to clog

através *adv* 1 (*por meio de*) through; *através dos campos* through the fields; *através dos séculos* throughout the centuries 2 across; *através dos mares* across the seas

através de *loc prep* 1 (*por meio de*) through; *através dos campos* through the fields 2 across; *através dos mares* across the seas

atravessado *adj* 1 (*posição*) laid across 2 (*na garganta*) stuck (in one's throat)

atravessar *vt* 1 (*rua, rio*) to cross; *atravessar a correr* to run across; *atravessar a rua* to cross the street; *ajudar alguém a atravessar a rua* to help someone across the street 2 to pass through; *atravessar um canal* to pass through a channel 3 (*crise*) to go through; *ele está a atravessar um momento crítico* he is going through a crisis 4 (*pôr ao través*) to lay across ♦ *vp* to be in the way; *fig atravessar-se no caminho de alguém* to cross a person's path

atreito *adj* given [a, to], prone [a, to]; *ele é atreito a doenças* he is prone to illness 2 disposed, inclined

atrelado *nm* trailer

atrelagem *nf* coupling; hitching

atrelar *vt* 1 (*viaturas*) to couple (up) 2 to take in tow ♦ *vp fig* to latch on [a, to], to cling [a, to]

atrever-se *vp* to dare [a, to], to venture [a, to]; *como te atreves?* how dare you?

atrevido *adj* 1 (*corajoso*) bold; audacious 2 (*descarado*) cheeky

atrevimento *nm* 1 (*ousadia*) boldness; audacity 2 cheek; nerve *col*

atribuição *nf* 1 (*origem, autoria*) attribution 2 (*tarefa, função*) assigning 3 (*prémio, recompensa*) awarding ♦ *nfpl* (*competências*) powers

atribuir *vt* 1 (*imputar*) to attribute, to ascribe [a, to] 2 to attach; *atribuir importância a* to attach importance to 3 (*tarefa, função*) to assign 4 (*prémio, recompensa*) to award

atribulação nf 1 (aflição) distress 2 (contratempo) setback

atribulado adj 1 (dia) (agitado) eventful 2 (vida) troubled; difficult

atribular vt to distress

atributivo adj attributive

atributo nm 1 (característica) attribute; feature 2 LING attributive adjective

átrio nm 1 (à entrada) lobby 2 (pátio) courtyard

atrito nm 1 (fricção) friction 2 (desentendimento) disagreement

atriz nf actress

atroar vt (fazer estremecer) to shake ♦ vi to thunder, to roar; to resound

atrocidade nf atrocity

atrofia nf atrophy

atrofiado adj 1 (parte do corpo) atrophied 2 (reprimido) repressed

atrofiar vt to atrophy

atropelamento nm (veículo) running over

atropelar vt 1 to run over, to run down 2 (derrubar) to knock down 3 fig (passar por cima de) to trample over; to walk over; to disregard ♦ vp 1 (pressa) to rush around 2 (apinhar-se desordenadamente) to crowd together

atropelo nm 1 (lei, direitos) violation [a/de, of] 2 (encontrão) push

atroz adj2g 1 atrocious 2 (dor) excruciating

atuação nf 1 (cinema, teatro) performance 2 (conduta) action

atual adj2g present, current

atualidade nf present (time); **na atualidade** nowadays

atualização nf 1 updating 2 (formação) refresher course 3 INFORM upgrade

atualizar vt 1 to update; to modernize 2 (formação) to refresh 3 INFORM to upgrade

atualmente adv currently, at the moment

atuar vi 1 to act, to intervene 2 (palco) to perform, to play 3 (medicamentos) to have an effect 4 (funcionar) to work

atulhar vt 1 to clutter up 2 to cram [de, with]

atum nm tuna (fish)

aturado adj persevering; ceaseless, unceasing; **trabalho aturado** ceaseless work

aturar vt to bear, to endure; to put up with

aturdido adj stunned

aturdimento nm 1 dizziness 2 amazement, bewilderment

aturdir vt 1 to make dizzy, to stun 2 to amaze, to bewilder

au-au nm infant bow-wow; doggie

audácia nf 1 boldness 2 (insolência) impudence; cheek

audacioso adj ⇒ audaz

audaz adj2g 1 bold 2 (insolente) insolent

audição nf 1 (sentido) hearing 2 (para televisão, cinema) audition 3 DIR hearing 4 MÚS recital

audiência nf 1 audience 2 DIR session, hearing ♦ nfpl TV ratings

áudio adj inv,nm audio

audiocassete nf audiotape

audiolivro nm audiobook

audiovisual adj2g audiovisual ♦ nm 1 (materiais) audiovisual materials 2 (meios) audiovisual media

auditivo adj 1 hearing; **dificuldades auditivas** hearing difficulties 2 auditory; **nervo auditivo** auditory nerve

auditor nm auditor

auditoria nf audit

auditório nm 1 (recinto) hall, auditorium EUA 2 (ouvintes, espectadores) audience

audível adj2g audible

auferir vt 1 to get, to gain, to obtain; **auferir grandes lucros no negócio** to make large profits in business 2 to enjoy

auge nm top; peak; height

augurar vt to augur; **augurar bem** to augur well

augúrio nm omen

augusto adj (nobre) august

aula *nf* lesson, class; *dar aulas* to teach ♦ *nfpl* (*tempo na escola*) school; *depois das aulas* after school

aumentar *vt* 1 (*quantidade*) to increase; *aumentar as dificuldades* to increase the difficulties; *aumentar a produção* to increase the output 2 (*tamanho*) to extend, to enlarge; *aumentar uma fotografia* to enlarge a photograph 3 (*lente*) to magnify 4 (*salários, preços*) to raise; to put up; *aumentar o preço* to raise the price; *aumentar a renda da casa* to put up the rent of the house ♦ *vi* (*salários, preços*) to rise, to go up

aumentativo *adj,nm* LING augmentative

aumento *nm* 1 increase; rise 2 (*salário*) (pay) rise *GB*, (pay) raise *EUA* 3 (*ampliação*) enlargement

aura *nf* aura

áureo *adj* golden; *tempos áureos* golden days

auréola *nf* halo

aureolar *vt* to halo

aurícula *nf* 1 (*coração*) atrium 2 (*ouvido*) auricle

auricular *nm* earpiece; (*com microfone*) headset ♦ *adj2g* 1 (*ouvido*) auricular 2 (*coração*) atrial

aurora *nf* dawn; *ao romper da aurora* at daybreak

auscultação *nf* 1 MED auscultation 2 (*sondagem*) sounding

auscultador *nm* (*telefone*) receiver ♦ *nmpl* headphones

auscultar *vt* 1 MED to auscultate, to sound with the stethoscope 2 (*sondagem*) to sound

ausência *nf* absence [de, of]

ausentar-se *vp* (*partir*) to leave; to go away

ausente *adj2g* absent; away ♦ *n2g* absentee

auspício *nm* (*presságio*) omen; augury

auspicioso *adj* auspicious; promising

austeridade *nf* austerity

austero *adj* austere

austral *adj2g* southern

Austrália *nf* Australia

australiano *adj,nm* Australian

Áustria *nf* Austria

austríaco *adj,nm* Austrian

autarca *n2g* (*presidente da câmara*) mayor

autarquia *nf* (*poder local*) council; *o presidente da autarquia* the mayor

autárquico *adj* local; municipal

autenticação *nf* authentication

autenticado *adj* DIR authenticated; certified

autenticar *vt* DIR to authenticate; to certify

autenticidade *nf* authenticity

autêntico *adj* 1 authentic; genuine 2 (*verdadeiro*) real

autismo *nm* autism

autista *adj2g* autistic ♦ *n2g* autistic person

auto *nm* 1 DIR (*processo*) proceedings 2 DIR (*registo*) report 3 TEAT play

autoajuda *nf* self-help

autoavaliação *nf* self-assessment

autobiografia *nf* autobiography

autobiográfico *adj* autobiographical

autobronzeador *nm* self-tanning lotion

autocarro *nm* bus

autoclismo *nm* toilet flush; *puxar o autoclismo* to flush the toilet

autocolante *nm* sticker ♦ *adj2g* self-adhesive

autoconfiança *nf* self-confidence

autoconfiante *adj2g* self-confident

autocontrolo *nm* self-control

autocracia *nf* autocracy

autocrata *n2g* autocrat

autocrático *adj* autocratic

autocrítica *nf* self-criticism

autocrítico *adj* self-critical

autóctone *adj2g* indigenous ♦ *n2g* native

auto de fé *nm* auto-da-fé

autodefesa *nf* self-defence

autodestruição *nf* self-destruction
autodestrutivo *adj* self-destructive
autodeterminação *nf* self-determination
autodidata *adj2g* self-taught
autodisciplina *nf* self-discipline
autodomínio *nm* self-control
autódromo *nm* racecourse *GB*; racetrack *EUA*
autoestima *nf* self-esteem
autoestrada *nf* motorway *GB*, freeway *EUA*
autogolo *nm* own goal
autografar *vt* to autograph
autógrafo *nm* autograph
automação *nf* automation
automaticamente *adv* automatically
automático *adj* automatic
automatismo *nm* automatism
automatização *nf* automation
automatizar *vt* to automatize
autómato *nm* automaton
automedicar-se *vp* to medicate oneself
automobilismo *nm* DESP motor racing *GB*; auto racing *EUA*
automobilista *n2g* 1 motorist 2 DESP motor racer *GB*; auto racer *EUA*
automobilístico *adj* motor; car
automotora *nf* railcar
automóvel *nm* car, motor car; automobile *EUA* ♦ *adj2g* car; automobile *EUA*
autonomia *nf* 1 autonomy 2 (país, região) self-government 3 (bateria) life
autónomo *adj* autonomous
autópsia *nf* autopsy, post-mortem
autopsiar *vt* MED to conduct an autopsy on
autopullman *nm* coach
autor *nm* 1 (livro, texto, ideia) author; (canção) writer; (filme) maker 2 (criador) creator 3 (em tribunal) the plaintiff 4 (crime) perpetrator
autoria *nf* 1 (obra) authorship 2 (crime) responsibility
autoridade *nf* authority
autoritário *adj* authoritarian
autoritarismo *nm* authoritarianism

autorização *nf* permission [**para**, to]; authorization [**para**, to]
autorizado *adj* 1 authorized 2 (digno de crédito) authoritative
autorizar *vt* 1 to authorize; to allow 2 to approve 3 to give authority to
autorrádio *nm* car radio
autorretrato *nm* self-portrait
autossatisfação *nf* self-satisfaction
autossuficiente *adj2g* self-sufficient
autossugestão *nf* autosuggestion
autuação *nf* 1 fine 2 DIR proceedings
autuar *vt* to fine; to charge
auxiliador *adj* 1 auxiliary, helping 2 assisting ♦ *nm* 1 helper 2 assistant 3 auxiliary
auxiliar *vt* 1 (ajudar) to help [**a**, to]; to give aid to [**a**, to]; to lend a hand to *col* 2 to assist ♦ *n2g* 1 auxiliary; assistant 2 helper 3 (recurso, estratégia) aid ♦ *adj2g* auxiliary; LING **verbo auxiliar** auxiliary verb ❖ **auxiliar administrativo** administrative assistant
auxílio *nm* help, assistance
aval *nm* 1 (apoio) backing 2 (autorização) permission 3 (garantia) guarantee
avalancha *nf* ⇒ **avalanche**
avalanche *nf* avalanche
avaliação *nf* 1 assessment; evaluation; **teste de avaliação** test 2 (emprego) appraisal 3 (propriedade, quadro, joia) valuation
avaliado *adj* 1 (valor, custo) valued; estimated; assessed 2 (examinado) appraised
avaliador *nm* 1 assessor 2 (propriedades, objetos) valuer
avaliar *vt* 1 to evaluate 2 to value, to estimate, appraise; **avaliar os danos** to appraise the damages; **mandar avaliar uma joia** to have a piece of jewellery appraised 3 (escola) to assess
avalista *n2g* guarantor
avalizar *vt* 1 to guarantee; to vouch for 2 to support; to back
avançada *nf* assault; attack

avançado adj 1 advanced 2 (ideias) progressive ♦ nm 1 DESP forward 2 (toldo) awning ❖ **hora avançada** late hour

avançar vt 1 to advance 2 to put forward ♦ vi 1 to progress; to move forward; to move on 2 to go ahead [with, com] 3 MIL to advance [contra, upon]

avanço nm 1 (movimento) forward movement 2 (progresso) advance 3 (vantagem) lead ❖ **de avanço** beforehand

avantajado adj (corpulento) large

avante adv ahead ❖ **levar a sua avante** to get one's way

avarento adj miserly ♦ nm miser

avareza nf meanness

avaria nf 1 failure 2 (veículo, mecanismo) breakdown ❖ **serviço de avarias** repair service

avariado adj broken; not working; (elevador, telefone) out of order; (veículo) broken down

avariar vt 1 to damage 2 (veículo, mecanismo) to cause a breakdown to 3 to cause to malfunction ♦ vi,p 1 (veículo, mecanismo) to break down 2 to become damaged 3 to malfunction

avaro adj avaricious; tight-fisted; stingy ♦ nm miser; skinflint

avassalador adj overwhelming

avassalar vt to overwhelm

ave nf bird

ave-do-paraíso nf ZOOL,BOT bird of paradise

aveia nf oats

avelã nf hazelnut ❖ **cor de avelã** hazel

aveleira nf BOT hazel tree

aveludado adj velvety

aveludar vt 1 to make soft like velvet 2 fig to soften

ave-maria nf Hail Mary; (música) Ave Maria

avenca nf BOT maidenhair

avença nf (quantia) subscription; (preço fixo) flat rate 2 (acordo) agreement

avenida nf avenue

avental nm apron

aventar vt 1 to air 2 (ideia, hipótese) to suggest, to put forward

aventura nf 1 adventure 2 (ligação amorosa) fling; (adultério) affair

aventurar vt 1 to venture; to dare 2 to risk; to try one's chance on ♦ vp 1 to venture [em, into] 2 to take the chance ❖ **aventurar-se em maus negócios** to launch out into bad speculations

aventureiro nm adventurer ♦ adj adventurous

averbamento nm 1 (registo) record 2 (autorização) clearance

averbar vt 1 to register 2 to annotate

averiguação nf investigation; inquiry; enquiry GB

averiguar vt to inquire; to investigate; **averiguar um assunto** to inquire into a matter

avermelhado adj reddish

avermelhar vt,p to redden

aversão nf aversion [a, to]

avessas nfpl **às avessas** inside out, back to front

avesso nm 1 (roupa) inside; **do avesso** inside out 2 (parte de trás) reverse; back ♦ adj adverse [a, to]

avestruz nm ostrich

avezar vt to accustom ♦ vp to get used [a, to]

aviação nf 1 aviation 2 MIL air force

aviado adj 1 (atendido) served 2 (expedido) dispatched 3 (pronto) ready

aviador nm pilot

aviamento nm 1 arrangement, preparation 2 furnishing 3 (mercadorias) dispatching

avião nm plane, aeroplane GB, airplane EUA

aviar vt 1 to dispatch 2 (cliente) to attend to, to serve 3 to prepare 4 to make up; **aviar uma receita médica** to make up a prescription ♦ vp 1 to hurry; to make haste 2 (arranjar-se) to manage; to get by

aviário nm poultry farm

avícola *adj2g* of poultry farming or breeding

avicultor *nm* 1 (*aves de capoeira*) poultry farmer 2 (*passatempo*) aviculturist

avicultura *nf* 1 (*aves de capoeira*) poultry farming 2 (*passatempo*) aviculture

avidez *nf* eagerness

ávido *adj* eager [**de**, for]

aviltante *adj2g* debasing; degrading; disgraceful; *procedimento aviltante* disgraceful behaviour

aviltar *vt* to debase; to degrade

avinagrado *adj* vinegary

avinagrar *vt* to sour ♦ *vp* to turn sour

avinhado *adj* 1 winy 2 *fig* drunk

avinhar *vt* 1 to season with wine 2 to mix with wine ♦ *vp* to get drunk

avioneta *nf* light aircraft

avisado *adj* 1 (*advertido*) warned 2 (*sensato*) sensible 3 (*informado*) well-informed

avisar *vt* 1 (*advertir*) to warn 2 (*comunicar*) to notify 3 (*informar*) to let know ❖ *avisar com um mês de antecedência* to give a month's notice

aviso *nm* 1 (*advertência*) warning 2 (*comunicação*) notice; *aviso prévio* advance notice ❖ *aviso de receção* acknowledgement (of receipt)

avistar *vt* 1 to see; to sight 2 (*entrever*) to catch sight of; to get a glimpse of

avitaminose *nf* MED avitaminosis

avivar *vt* 1 to brighten 2 (*intensificar*) to sharpen; to intensify 3 to stoke up; *avivar o fogo* to stoke up the fire 4 (*memórias*) to bring back

avizinhar-se *vp* to lie ahead

avo *nm* fraction; *três doze avos* three twelfths

avó *nf* grandmother; grandma *col*

avô *nm* grandfather; grandpa *col*

avolumar *vt* 1 (volume) to swell 2 (quantidade) to increase; to add to ♦ *vp* 1 to swell 2 to increase 3 to get bigger

à-vontade *nm* 1 (*descontração*) ease 2 (*confiança*) confidence

avós *nmpl* 1 grandparents 2 (*antepassados*) ancestors

avozinha *nf col* granny

avozinho *nm col* grandpa, grandad

avulso *adj* individual; separate; (*alimento*) loose; (*ideia*) loose

avultado *adj* (*grande*) large; (*prejuízos*) extensive

avultar *vi* 1 to increase 2 (*sobressair*) to stand out ♦ *vt* to add to

axadrezado *adj* checkered, chequered *GB*

axial *adj2g* axial

axila *nf* armpit

axioma *nm* axiom

axiomático *adj* axiomatic

áxis *nm2n* axis

azado *adj* propitious, favourable; *o momento azado* the right moment

azáfama *nf* 1 (*bulício*) bustle 2 (*pressa*) hurry

azálea *nf* azalea

azar *nm* 1 bad luck; *estar com azar* to be down on one's luck 2 (*infelicidade*) mishap ❖ *irón azar!* too bad!; tough luck!

azarento *adj* unlucky ♦ *nm* unlucky person

azedar *vt* 1 to sour 2 *fig* to embitter ♦ *vi* to turn sour, to go sour; *fig as coisas azedaram* things have turned sour

azedo *adj* 1 sour 2 (pessoa) bitter 3 (atitude) harsh, rough

azedume *nm* 1 (sabor) sourness 2 (atitude) bitterness

azeite *nm* olive oil ❖ *col estar com os azeites* to be in a mood

azeitona *nf* olive

azenha *nf* watermill

azerbaijano *adj,nm* Azerbaijani

Azerbaijão *nm* Azerbaijan

azevia *nf* ZOOL (peixe) flounder

azeviche *nm* (pedra) jet; *cor de azeviche* jet-black

azevinho *nm* holly

azia *nf* heartburn

aziago *adj* unlucky; ill-fated, ill-omened; *um dia aziago* an ill-omened day

azinhaga *nf* lane

azinheira *nf* holm oak

azo *nm* occasion; *dar azo a* to give rise to

azoratado *adj* **1** stunned; dumbfounded **2** silly; foolish

azoratar *vt* to stun; to dumbfound

azotado *adj* QUÍM nitrogenous

azoto *nm* nitrogen

azougado *adj* **1** *(irrequieto)* restless **2** *(esperto)* clever; sharp

azucrinar *vt col* to pester

azul *adj2g,nm* blue

azulado *adj* bluish

azulão *adj,nm* bright blue

azul-bebé *adj inv,nm* baby blue

azul-celeste *adj inv,nm* sky blue

azul-claro *adj,nm* light blue

azul-cobalto *adj inv,nm* cobalt blue

azulejo *nm* glazed tile

azul-escuro *adj,nm* dark blue

azul-marinho *adj inv,nm* navy blue

azul-turquesa *adj inv,nm* turquoise

B

b *nm* (letra) b

B2B *nm* [sigla de business-to-business]

B2C *nm* [sigla de business-to-consumer]

Baamas *nfpl* Bahamas

baamiano *adj,nm* Bahamian

baba *nf* dribble ❖ *chorar baba e ranho* to cry one's eyes out

babá *nf Bras* nanny

babadinho *adj col* doting [**por**, on]; *estar babadinho por alguém* to dote on someone

babado *adj* 1 wet with dribble 2 (*orgulhoso*) proud

babar *vt* to slaver on, to slobber on, to dribble on, to drool on ♦ *vp* to slaver, to slobber, to dribble, to drool; *babar-se por* to drool over, to be crazy about; *babar-se por alguém* to dote on someone

babeiro *nm* bib

babete *nm/f* bib

baboseira *nf col* nonsense

babuino *nm* baboon

babygro *nm* Babygro

bacalhau *nm* 1 (fresco) cod; (seco) dried cod, stockfish 2 *col* shake; handshake

bacalhoeiro *nm* 1 (comerciante) cod seller 2 (barco) cod fishing boat

bacamarte *nm* 1 (arma antiga) blunderbuss 2 (livro) old heavy book

bacanal *nf* orgy

bacharel *nm* (universidade) bachelor

bacharelato *nm* (universidade) bachelor's degree

bacia *nf* 1 (objeto) bowl; (para lavar roupa) tub 2 ANAT pelvis 3 GEOG,GEOL basin

bacilo *nm* bacillus

bacilose *nf* MED bacillus infection

bacio *nm* 1 chamber pot 2 (para crianças) potty

baço *adj* 1 (luz, cor) dim; dull 2 (metal) tarnished ♦ *nm* ANAT spleen

bacoco *adj col* silly

bacon *nm* bacon

bacorada *nf col* (disparate) stupid thing; *dizer bacoradas* to talk nonsense

bácoro *nm* piglet; piggy

bactéria *nf* bacterium

bacteriano *adj* bacterial; *placa bacteriana* dental plaque

bacteriologia *nf* BIOL bacteriology

bacteriologista *n2g* BIOL bacteriologist

báculo *nm* (bispo) crosier

badagaio *nm* 1 *col* (pessoa) fainting fit; *deu-lhe o badagaio* he fainted 2 *col* (coisa) breakdown

badalada *nf* stroke

badalado *adj* talked about

badalar *vi* 1 (sino) to clang; to chime 2 (relógio) to strike ♦ *vt fig,pop* to talk about; to publicize

badalhoco *adj* dirty; filthy ♦ *nm* (pessoa suja) slob

badalo *nm* clapper

badame *nm* chisel; crosscut chisel

badameco *nm* 1 *col* (idiota) jerk 2 *col* (inútil) good-for-nothing

badana *nf* (livro) flap

badejo *nm* whiting

badminton *nm* badminton

bafejar *vt* 1 (respiração) to breathe on; to puff 2 *fig* (destino) to favour; *bafejado pela sorte* favoured by fate

bafejo *nm* 1 (sopro) breath; puff 2 *fig* (sorte) stroke; *um bafejo de sorte* a stroke of luck

bafiento *adj* 1 mouldy; musty 2 *fig* old-fashioned, fusty; *fig ideias bafientas* fusty ideas

bafio *nm* musty smell; *cheirar a bafio* to smell musty

bafo *nm* (respiração) breath

baforada *nf* 1 (fumo) puff 2 (vento, ar) blast

baga *nf* herry

bagaço *nm* (bebida) brandy

bagageira *nf* (mala) boot GB; trunk EUA

bagageiro *nm* (profissão) porter

bagagem *nf* 1 luggage GB; baggage EUA 2 (conhecimentos) knowledge; (experiência) experience

bagalhoça *nf pop* (dinheiro) dough

bagatela *nf* 1 (ninharia) trifle 2 (pechincha) bargain

bago *nm* 1 (uva) grape 2 (cereal) grain

baguete *nf* baguette

bagulho *nm* 1 BOT grapeseed

bagunça *nf* Bras col mess

baía *nf* bay

baila *nf* dance ❖ vir à baila to come up; estar/andar na baila to be talked about

bailado *nm* 1 (espetáculo) ballet 2 dance

bailar *vt,i* to dance

bailarico *nm* dance party

bailarino *nm* 1 dancer 2 (ballet) ballet dancer; (mulher) ballerina

baile *nm* ball, dance; baile de máscaras masked ball ❖ dar um baile a alguém to make a fool of somebody; levar um baile de alguém to be mocked by someone

bainha *nf* 1 (roupa) hem 2 (faca, espada) sheath

baio *adj* (cor, cavalo) bay

baioneta *nf* bayonet

bairrismo *nm* parochialism pej

bairrista *adj2g* parochial pej

bairro *nm* 1 (zona) neighbourhood GB; neighborhood EUA; (parte característica) quarter 2 (divisão administrativa) district

bairro de lata *nm* shanty town

baiuca *nf* (barraca) shack; shanty

baixa *nf* 1 (queda) fall; drop 2 (diminuição) decrease 3 (doença) sick leave; estar de baixa to be on sick leave 4 (cidade) downtown 5 (vítima) casualty

baixa-mar *nf* low tide

baixar *vt* 1 to lower 2 to reduce 3 (som) to turn down; baixar o volume do rádio to turn down the volume of the radio ❖ vi

1 (preços, temperatura) to drop; a temperatura baixou the temperature dropped 2 (maré) to ebb ❖ vp 1 (curvar-se) to bend down; baixar-se para apanhar alguma coisa to bend down to pick something up 2 (desviar-se) to duck ❖ col baixar a bolinha to eat humble pie; baixar os braços to give up

baixela *nf* (serviço de mesa) tableware; baixela de prata silver plate

baixeza *nf* baseness

baixinho *adv* 1 (falar, dizer) softly 2 (em segredo) secretly

baixio *nm* sandbank

baixista *n2g* bass player

baixo *adj* 1 (pessoa) short 2 (edifício, preço, som) low 3 (qualidade) poor 4 (pouco profundo) shallow 5 (desprezível) mean 6 (classe social, região) lower ❖ adv softly; in a low voice; falar baixo to speak softly ❖ nm (instrumento) bass

baixo-relevo *nm* (escultura) bas-relief

bajulação *nf* sycophancy

bajulador *adj* flattering ❖ nm flatterer

bajular *vt* 1 to cajole 2 (lisonjear) to flatter

bala *nf* bullet; à prova de bala bulletproof

balada *nf* ballad

balança *nf* 1 scales 2 ECON balance; balança comercial balance of trade 3 (constelação, signo) Libra

balançar *vi* 1 (agitar) to swing; to sway 2 (hesitar) to hesitate [entre, between] ❖ vt 1 (abanar) to swing; to sway 2 (equilibrar) to balance 3 (pesar) to weigh

balancé *nm* seesaw

balancete *nm* trial balance

balanço *nm* 1 (avaliação) assessment 2 ECON (documento) balance sheet 3 (oscilação) swing

balão *nm* 1 balloon; balão de ar quente hot-air balloon 2 (banda desenhada) bubble 3 (teste de alcoolemia) breathalyzer 4 (laboratório) flask

balastro *nm* (caminho de ferro) ballast

balaustrada *nf* balustrade

balaústre *nm* baluster

balbuciante *adj2g* stuttering; stammering

balbuciar *vt,i* 1 (*gaguejar*) to stammer; to stutter 2 (*falar entre dentes*) to mumble; to mutter

balbúrdia *nf* 1 (*confusão*) mess 2 (barulho) hubbub

balcão *nm* 1 counter; (bar) bar; (informações) desk 2 (cozinha) worktop*GB*; counter*EUA* 3 TEAT circle 4 (*varanda*) balcony

balda *nf col* chaos; mess

baldão *nm* 1 (*contrariedade*) nuisance 2 (*afronta*) insult ❖ **andar aos baldões** to be going through a bad patch; **de baldão** pell-mell

baldar *vt* (projeto) to frustrate; to thwart ♦ *vp* 1 to skive off 2 *col* to skip [a, -]; **baldar-se ao trabalho** to skip work; **baldar-se às aulas** to play truant, to bunk off

baldas *adj,n2g2n col* slacker

balde *nm* 1 bucket 2 (lixo) (rubbish) bin*GB*, garbage can*EUA* ❖ **um balde de água fria** a slap in the face

baldio *nm* uncultivated land ♦ *adj* uncultivated

baldroca *nf col* (*logro*) swindle; **trocas e baldrocas** shady dealings

baleeiro *nm* (pessoa, barco) whaler

baleia *nf* whale

balela *nf* 1 *col* (*mentira*) lie; fib 2 *col* (*disparate*) rubbish

balido *nm* baa

balir *vi* to bleat

balística *nf* ballistics

balístico *adj* ballistic; **míssil balístico** ballistic missile

baliza *nf* 1 DESP goal 2 (*limite*) boundary 3 (*boia*) buoy

balizador *nm* 1 (pessoa) setter of marks 2 (instrumento) marker

balizamento *nm* marking; demarcation

balizar *vt* to mark out; to demarcate

ballet *nm* ballet

balnear *adj2g* bathing; **época balnear** bathing season

balneário *nm* changing room; locker room*EUA*

balofo *adj* 1 (*gordo*) plump; tubby 2 (*superficial*) shallow

baloiçar *vt* to swing; to dangle; **baloiçar as pernas** to swing one's legs ♦ *vi,p* to rock; to swing

baloiço *nm* swing; **andar de baloiço** to go on the swings

balonismo *nm* ballooning

balouçar *vt,i* ⇒ baloiçar

balouço *nm* ⇒ baloiço

balsa *nf* 1 (*jangada*) raft 2 (*dorna*) mashing tub

balsâmico *adj* balsamic

bálsamo *nm* balm

balseira *nf* wine vat

balseiro *nm* 1 (*condutor de balsa*) raftsman 2 (*dorna*) wine tub

baluarte *nm* (*fortificação*) bastion; (*local seguro*) stronghold

balúrdio *nm col* (*dinheirão*) packet*col*

bambear *vt* 1 (corda, elástico) to slacken; to loosen 2 *fig* (*enfraquecer*) to weaken

bâmbi *nm* fawn

bambo *adj* 1 (elástico, corda) slack; loose 2 (*instável*) wobbly

bambolear *vt,i* (*menear*) to sway; to swing; to shake ♦ *vp* to swing one's hips

bambu *nm* bamboo

bambúrrio *nm ant* lucky hit, lucky strike

banal *adj2g* trivial; banal

banalidade *nf* banality; triviality

banalizar *vt* 1 to trivialize 2 (*menorizar*) to belittle

banana *nf* banana ♦ *nm col* (*lorpa*) wimp

bananeira *nf* banana tree

banca *nf* 1 (cozinha) sink 2 (mercado) stall 3 (jornais, revistas) newsstand 4 (finanças) banking system

bancada *nf* 1 (estádio) stand 2 (cozinha) worktop

bancário *nm* bank employee ♦ *adj* banking; bank; **conta bancária** bank account

bancarrota nf bankruptcy

banco nm 1 (estabelecimento) bank; *Banco Mundial* World Bank 2 (assento) bench; (individual) stool; *banco de jardim* park bench; *banco de piano* piano stool 3 (igreja) pew 4 (automóvel) seat 5 (suplentes) bench

banda nf 1 (música) band 2 (lado) side 3 (faixa) strip ❖ CIN *banda sonora* soundtrack; INFORM *banda larga* broadband

banda desenhada nf comics; comic strip; comic books

bandalheira nf (confusão) mess; muddle

bandalho nm 1 pej good-for-nothing 2 pej guttersnipe

bandarilha nf (tourada) banderilla

bandarilhar vt (tourada) to stick banderillas into

bandarilheiro nm (tourada) banderillero

bandear-se vp to change sides; to side [para, with]

bandeira nf flag ❖ *rir a bandeiras despregadas* to laugh one's head off

bandeirada nf (táxi) minimum fare

bandeja nf 1 (tabuleiro) tray 2 (em prata) salver ❖ *dar (algo) de bandeja* to hand (something) on a plate

bandido nm 1 bandit 2 (pessoa desprezível) scumbag cal

banditismo nm banditry; organized crime; *combate ao banditismo* organized crime fight

bando nm 1 (aves) flock 2 (crime) gang 3 (pessoas) swarm

bandó nm (cabelo) headband; fillet

bandoleiro nm Bras bandit; highwayman

bandolete nf hairband

bandolim nm mandolin

bandulho nm col belly; *encher o bandulho* to stuff one's belly

bangaló nm bungalow

Bangladeche nm Bangladesh

bangladechiano adj,nm Bangladeshi

banha nf 1 fat; *banha de porco* lard 2 col (no corpo) roll of fat

banhar vt 1 (objeto) to bathe [em, in]; to dip [em, in] 2 fig to wash; *o mar banhava a areia* the sea washed the sand ❖ vp (mar, rio) to bathe [em, in]; *banhar-se no mar* to bathe in the sea

banheira nf bath GB, bathtub EUA; *tapete de banheira* bathmat

banheiro nm (vigilância de praia) lifeguard

banhista n2g bather

banho nm 1 (banheira) bath 2 (chuveiro) shower 3 (mar, piscina) swim; dip

banho-maria nm *em banho-maria* in a bain-marie

banimento nm banishment; expulsion

banir vt 1 (expulsar) to banish [de, from] 2 (proibir) to ban 3 (excluir) to exclude [de, from]

banjo nm banjo

banqueiro nm banker

banquete nm banquet

banquetear-se vp 1 to banquet 2 (empanturrar-se) to feast [com, on]

banzar vt col to dumbfound; to flabbergast

banzé nm col fuss; *armar um banzé* to make a fuss

baque nm 1 (ruído) thud 2 (revés) setback

baquear vi 1 to thud 2 (cair) to tumble down

baqueta nf drumstick

bar nm 1 bar; *empregado de bar* barman, bartender 2 (móvel) drinks cabinet

baraça nf string

baraço nm (corda) rope; cord

barafunda nf 1 (desarrumação) mess 2 (bulício) bedlam

barafustar vi 1 col (armar confusão) to make a fuss 2 col (discutir) to argue [com, with]; *barafustar com alguém* to argue with someone

baralhada nf muddle; mess

baralhar vt 1 (jogo de cartas) to shuffle; *baralhar as cartas* to shuffle a pack of cards 2 (confundir) to mix up 3 (ideias) to confuse

DACIN-DP-48

baralho *nm* (cartas) pack*GB*, deck

barão *nm* baron

barata *nf* cockroach

barateamento *nm* price reduction; cut in prices

baratear *vt* **1** *(baixar preço)* to lower the price of **2** *(regatear)* to haggle over the price of

barato *adj* cheap; inexpensive ♦ *adv* cheaply

barba *nf* beard; (de alguns dias) stubble; *fazer a barba* to shave ❖ *nas barbas de alguém* under somebody's nose

barbada *nf* (cavalo) lower jaw

barbadense *adj,n2g* Barbadian

barbado *adj* bearded

Barbados *nmpl* Barbados

barbante *nm* string; twine

barbaridade *nf* **1** *(crueldade)* barbarity **2** *(disparate)* nonsense

barbárie *nf* barbarism

bárbaro *nm* barbarian ♦ *adj* barbaric

barbatana *nf* **1** (peixe) fin **2** (natação) flipper

barbear *vt* to shave; *máquina de barbear* shaver; *por barbear* unshaven ♦ *vp* to shave; *barbeio-me todos os dias* I shave everyday

barbearia *nf* barber's*GB*; barbershop*EUA*

barbeiro *nm* (profissão) barber

barbela *nf* **1** (bovinos, cães) dewlap **2** (pessoa) double chin

barbicha *nf* goatee

barbitúrico *nm* barbiturate

barbudo *adj* bearded

barca *nf* boat; (rio, canal) barge

barcaça *nf* (barca grande) barge

barcarola *nf* MÚS,LIT barcarole

barco *nm* boat; (navio) ship; *barco a vapor* steamer ❖ *estar no mesmo barco* to be in the same boat

bardo *nm* (trovador) bard

Barém *nm* Bahrain

baremita *adj,n2g* Bahraini

baril *adj2g col* cool; great

bário *nm* barium

barítono *nm* baritone

barlavento *nm* windward

barman *nm* barman; bartender*EUA*

barométrico *adj* barometric, barometrical

barómetro *nm* barometer

baronesa *nf* baroness

baronia *nf* barony

barqueiro *nm* NÁUT boatman; bargee

barra *nf* **1** bar; INFORM *barra de deslocamento* scrollbar **2** (risca) stripe **3** (ouro, prata) ingot **4** (sinal) slash (/) **5** *col* (especialista) whizz

barraca *nf* **1** *(cabana)* hut **2** (feira) stall **3** (habitação) shanty ❖ *armar barraca* to make a scene

barracão *nm* shed

barragem *nf* dam

barranco *nm* ravine; gorge

barraqueiro *adj* **1** *(desordeiro)* unruly **2** *(barulhento)* noisy

barrar *vt* **1** *(impedir)* to bar; to obstruct; *barrar o caminho a alguém* to bar someone's way **2** CUL to spread [em, on]; *barrar manteiga no pão* to spread butter on the bread

barreira *nf* **1** barrier **2** (valor) mark **3** (limite) limit **4** (atletismo) hurdle

barreiro *nm* clay pit

barrela *nf* **1** (lavagem) wash; scrub **2** (lixívia) lye

barrento *adj* clayey

barrete *nm* beret ❖ *enfiar o/um barrete (ser enganado)* to be fooled

barrica *nf* cask

barricada *nf* barricade

barricar *vt* to barricade; to block

barriga *nf* **1** belly; stomach; *encher a barriga* to stuff one's belly **2** (gravidez) bump ❖ *barriga da perna* calf

barrigada *nf* bellyful; *uma barrigada de riso* a bellyful of laughter

bater

barrigudo *adj* big-bellied; pot-bellied
barril *nm* barrel
barrista *n2g* 1 DESP (barras paralelas) gymnast 2 potter
barro *nm* clay
barroco *adj,nm* baroque
barrote *nm* beam
barulheira *nf* (ruído) racket; din
barulhento *adj* noisy
barulho *nm* 1 noise 2 (alvoroço) fuss 3 (discussão) row
basáltico *adj* basaltic
basalto *nm* basalt
basbaque *n2g* 1 *pej* (mirone) onlooker 2 *col,pej* (parvo) dolt; ninny; moron
base *nf* 1 base; INFORM *base de dados* database 2 (essência) basis 3 (cosmética) foundation 4 (tacho, travessa) tablemat; (copo) coaster
basear *vt* 1 to base [em, on/upon] 2 to ground [em, on] ♦ *vp* 1 to be based [em, on/upon]; *basear-se numa história tradicional* to be based on a traditional story 2 to be grounded [em, on]
basebol *nm* baseball; *jogador de basebol* baseball player
básico *adj* 1 basic 2 *pej* (pessoa) simpleminded 3 (escolaridade, ensino) compulsory ♦ *nm* basics
basilar *adj2g* basic, fundamental
basílica *nf* basilica
basquetebol *nm* basketball
basquetebolista *n2g* basketball player
basta *interj* stop!, enough!, that will do!
bastante *adv* 1 [com adjetivo] quite; *bastante útil* quite useful 2 [com verbo] a lot; a great deal ♦ *quant* exist a lot of; plenty of; *bastante espaço* plenty of room ♦ *adj2g* (suficiente) enough
bastão *nm* 1 (polícia) baton 2 (basebol) bat 3 (esqui) ski pole
bastar *vi* to be enough
bastardia *nf* bastardy
bastardo *nm* illegitimate child

bastião *nm* bastion
bastidor *nm* (bordados) embroidery frame ♦ *nmpl* TEAT,TV stage wings; *nos bastidores* behind the scenes, backstage
bastidores *nmpl* (palco) wings; *nos/aos bastidores* backstage
basto *adj* (espesso) thick; dense
bastonada *nf* blow with a baton
bastonário *nm* chairman, chairwoman
bata *nf* 1 overall 2 (médico) white coat; (cirurgião, doente) gown 3 (limpeza) uniform
batalha *nf* battle ❖ (jogo) *batalha naval* battleships
batalhador *nm* fighter ♦ *adj* 1 (lutador) fighting 2 *fig* (perseverante) persevering
batalhão *nm* 1 MIL battalion 2 (multidão) army *fig*; swarm *fig*
batalhar *vi* 1 MIL to fight; to battle 2 *fig* to struggle hard; to strive; *batalhar por melhores condições de vida* to strive for better living conditions
batata *nf* potato; (aos palitos) *batatas fritas* chips GB, French fries EUA; (de pacote) (potato) crisps GB, (potato) chips EUA ❖ *ficar com a batata quente* to be left holding the baby
batatada *nf* 1 large quantity of potatoes 2 *fig,col* punch-up; brawl ❖ *correr (alguém) a batatada* to chase (someone) off
batata-doce *nf* sweet potato
batateira *nf* potato plant
bate-boca *nm* 1 *Bras* (discussão) quarrel; argument 2 (gritaria) row
batedeira *nf* (elétrica) mixer; electric whisk
batedor *nm* 1 MIL scout 2 (basebol) batter 3 (críquete) batsman 4 escort; *batedores da polícia* police escort
bátega *nf* (chuva) shower
batel *nm* small boat
batelada *nf* *col* loads [de, of]; a bunch [de, of]
batente *nm* knocker
bater *vt* 1 (vencer) to beat, to defeat; *ele bateu o adversário* he beat his opponent 2 CUL (ovos) to beat; *ela estava a bater os*

ovos she was beating the eggs **3** (horas) to strike; *o relógio bateu às seis horas* the clock struck six **4** CUL (natas) to whip **5** (asas) to flap; *bater as asas* to flap the wings ♦ *vi* **1** *(palpitar)* to beat **2** to hit [contra, -]; *o carro bateu contra a árvore* the car hit the tree **3** (colisão) to crash; *bater com o carro* to crash one's car **4** (à porta) to knock [a, at]; *bater à porta* to knock at the door ♦ *vp* to fight ❖ *bater com a porta* to slam the door; *bater o pé* to stamp one's foot; *bater o recorde* to break the record; *bater palmas* to clap

bateria *nf* **1** MÚS drums **2** (telemóvel, testes) battery

baterista *n2g* drummer

batida *nf* (coração, música) beat

batido *nm* milk shake ♦ *adj* (assunto) hackneyed

batimento *nm* beating; *batimento cardíaco* heartbeat

batina *nf* cassock

batismal *adj2g* baptismal

batismo *nm* baptism; christening

batista *adj,n2g* Baptist

batistério *nm* REL baptistery

batizado *nm* christening

batizar *vt* **1** REL (cerimónia) to baptize **2** REL (dar o nome) to christen **3** *pop* (bebida) to water down

batom *nm* ⇒ **bâton**

bâton *nm* lipstick; *bâton de cieiro* lip salve GB, lip balm EUA

batoque *nm* **1** bung **2** stopper **3** *fig,pej* (pessoa gorda) dumpling

batota *nf* cheating; *fazer batota* to cheat

batoteiro *nm* cheat ♦ *adj* cheating

batotice *nf* cheat

batráquio *adj,nm* batrachian

batucar *vi* to hammer, to drum

batuque *nm* (instrumento) African drum

batuta *nf* MÚS baton

baú *nm* trunk

baunilha *nf* vanilla

bavaroise *nf* bavarois

bazar *nf* market; bazaar

bazófia *nf* boasting

bazofiar *vi* to boast; to brag

bazuca *nf* bazooka

bê-á-bá *nm* ABC GB, ABCs EUA

beata *nf* (cigarro) cigarette end; stub

beatice *nf* (religião) hypocrisy

beatificação *nf* beatification

beatificar *vt* to beatify

beatífico *adj* beatific

beato *nm* (devoto) pious person ♦ *adj* **1** blessed **2** *pej* excessively pious

bêbado *adj,nm* ⇒ **bêbedo**

bebé *n2g* baby

bebedeira *nf* drunken state; *apanhar uma bebedeira* to get drunk

bêbedo *adj,nm* drunk

bebedor *nm* drinker

bebedouro *nm* **1** (gado) trough; (pássaro) drinker **2** (parque, jardim) drinking fountain

bebé-proveta *nm* test-tube baby

beber *vt* **1** to drink **2** (planta, substância) to soak up; to absorb **3** *fig* (pessoa) (absorver) to drink in ♦ *vi* to drink; *beber à saúde de alguém* to drink to somebody's health; *beber da garrafa* to drink from the bottle ❖ *beber como uma esponja* to drink like a fish; *beber de um trago* to drink off in one gulp

beberagem *nf* drink, drinking

bebericar *vt,i* to sip

beberrão *nm pej* drunkard

bebida *nf* **1** drink **2** (vício) drinking; *deixar a bebida* to stop drinking

bebível *adj* **1** drinkable **2** potable

beca *nf* toga; magistrate's gown

bechamel *nm* béchamel sauce

beco *nm* alley; *beco sem saída* blind alley, dead end

bedame *nm* mortise, chisel

bedelho *nm col* *meter o bedelho em alguma coisa* to poke one's nose into something

bedeteca *nf* cartoon library; comic book library

bege *adj2g,nm* beige

begónia *nf* begonia

beicinho *nm* pout; *fazer beicinho* to pout

beiço *nm pop* lip; *lamber os beiços* to lick one's lips

beija-flor *nm* hummingbird

beija-mão *nm* a sovereign's levée; formal reception

beijar *vt* to kiss ❖ *col ele beija o chão que ela pisa* he worships the ground she treads on

beijo *nm* kiss

beijoca *nf col* smack; peck

beijocar *vt* to kiss often

beijoqueiro *adj col* fond of kissing

beira *nf* edge; side; *na beira do prato* on the side of the plate ❖ *à beira de 1 (ao lado de)* next to **2** *(na iminência de)* on the verge of

beiral *nm (telhado)* eaves

beira-mar *nf* seashore, seaside

beladona *nf* BOT belladonna

belas-artes *nfpl* fine arts

belas-letras *nfpl* belles-lettres, literature

beldade *nf* beauty

beleza *nf* beauty ❖ *acabar em beleza* to finish in style

belfo *adj* thick-lipped

belga *adj,n2g* Belgian

Bélgica *nf* Belgium

beliche *nm* bunk

bélico *adj* military

beligerância *nf* belligerence

beligerante *adj,n2g* belligerent

beliscadura *nf* **1** pinch, nip **2** *fig* scratch; *fig escapou sem uma beliscadura* he got out without a scratch

beliscão *nm* pinch

beliscar *vt* **1** to pinch, to nip **2** *(comida)* to nibble

Belize *nm* Belize

belizense *adj,n2g* Belizean

belo *adj* **1** *(bonito)* beautiful **2** *(ótimo)* fine; great

bel-prazer *adj* free will ❖ *a seu bel-prazer* as one sees fit

beltrano *nm* Mr./Mrs. So-and-so

beltrão *nm* Mr. So-and-so

bem *adv* **1** well, right; *não me sinto bem hoje* I don't feel well today **2** *(muito)* very, much; *está bem sujo* it's very dirty **3** *(exatamente)* quite **4** *(corretamente)* right **5** *(adequado)* OK, all right; *pareceu-lhes bem* they thought it was OK ◆ *nm* **1** good; *o bem e o mal* good and evil, right and wrong **2** *(dádiva)* gift **3** *(produto)* item; *bens e serviços* goods and services ◆ *nmpl (posses)* belongings; possessions ❖ *a bem ou a mal* whether you like it or not; *ora bem!* well now!

bem-amado *adj,nm* beloved, well-beloved, darling

bem-aventurado *adj* blessed; fortunate

bem-aventurança *nf* bliss, happiness ◆ *nfpl* REL the Beatitudes

bem-comportado *adj* well-behaved

bem disposto *adj* in a good mood

bem-educado *adj* polite

bem-estar *nm* well-being

bem-falante *adj2g* well-spoken

bem-fazer *vi* to do good

bem-humorado *adj* in a good mood

bem-intencionado *adj (pessoa)* well-intentioned; *(ato)* well-meant

bem-me-quer *nm* daisy

bemol *nm* MÚS flat

bem-parecido *adj* good-looking; *(homem)* handsome

bem-posto *adj* well-dressed; elegant

bem-querer *nm* affection ◆ *vt* **1** to love **2** to wish well

bem-vindo *adj* welcome; *bem-vindo a Portugal!* welcome to Portugal!

bem-visto *adj* **1** *(conceituado)* esteemed **2** *(popular)* well thought of **3** *(aceite)* accepted

bênção *nf* blessing

bendito *adj* blessed

bendizer *vt* 1 *(louvar)* to praise 2 *(abençoar)* to bless

beneficência *nf* charity

beneficente *adj2g* beneficent; *(organiza-ção)* charitable

beneficiação *nf* improvement

beneficiar *vi* to benefit [com/de, from]; *eles beneficiaram do desconto* they benefited from the reduction ♦ *vt* 1 to benefit 2 *(favorecer)* to favour 3 *(melhorar)* to improve

beneficiário *nm* beneficiary

benefício *nm* benefit, advantage ❖ *dar o benefício da dúvida* to give the benefit of the doubt

benéfico *adj* beneficial

benemérito *adj* praiseworthy ♦ *nm* benefactor

beneplácito *nm* approval

benesse *nf* benefit

benevolência *nf* benevolence

benevolente *adj2g* benevolent

benévolo *adj* benevolent

benfazejo *adj* 1 beneficial 2 charitable 3 kind; generous

benfeitor *nm* benefactor

benfeitoria *nf* benefit; improvement

bengala *nf* walking stick; cane

bengaleiro *nm* 1 *(guarda-chuvas)* umbrella stand; *(casacos)* coat stand 2 *(teatro, discoteca)* cloakroom

benignidade *nf* 1 benignity 2 kindness

benigno *adj* benign

Benim *nm* Benin

beninense *adj,n2g* Beninese

benjamim *nm* youngest child

benjoeiro *nm* BOT benzoin tree

benjoim *nm* benzoin

benquerença *nf* fondness, affection

benquistar *vt* to reconcile; to bring together ♦ *vp* to win the general goodwill

benquisto *adj* esteemed

bento *adj* (água) holy

benzer *vt* to bless ♦ *vp* to bless oneself; to make the sign of the cross

benzina *nf* benzine

berbequim *nm* drill

berbicacho *nm col* fix; difficulty

berbigão *nm* cockle

berçário *nm* 1 (hospital, maternidade) nursery 2 *(creche)* creche GB, daycare center EUA

berço *nm* (bebé) cot GB, crib EUA; (de baloiço) cradle

beribéri *nm* MED beriberi

berílio *nm* beryllium

beringela *nf* aubergine GB; eggplant EUA

berlinda *nf estar na berlinda* to be in the spotlight

berlinde *nm* marble; *jogar ao berlinde* to play marbles

berlinense *n2g* Berliner ♦ *adj2g* from Berlin

berloque *nm* 1 trinket; bauble 2 *(pulseira, fio)* charm ❖ *por artes de berliques e berloques* as if by magic

berma *nf* 1 *(estrada)* side; kerbside 2 *(au-toestrada)* hard shoulder GB

bermudas *nfpl* Bermuda shorts

berquélio *nm* berkelium

berra *nf estar na berra* to be in vogue

berrante *adj2g* (cor) gaudy

berrar *vi* 1 to bellow 2 *(chorar)* to bawl 3 *(gritar)* to shout

berreiro *nm* (gritaria) shouting; (bebé, criança) bawling

berro *nm* scream; shout; yell

besouro *nm* beetle

besta¹ /é/ *nf* (arma) crossbow

besta² /ê/ *nf* 1 (animal) beast 2 *pej (pessoa desprezível)* swine 3 *pej (estúpido)* idiot; *aquela besta quadrada* that moron

besteiro *nm* crossbow man

bestial *adj2g col (excelente)* great, brilliant

bestialidade *nf* 1 bestiality 2 stupidity

bestiário *nm* bestiary

best-seller *nm* bestseller

besugo nm sea bream

besuntar vt to grease; to oil

beta nf (letra) beta

betão nm concrete

beta tester n2g beta tester

beterraba nf beetroot GB, beet EUA

betinho nm posh GB; preppy EUA

beto nm posh GB; preppy EUA

betoneira nf concrete mixer

bétula nf BOT birch tree

betumar vt to cement

betume nm bitumen

bexiga nf bladder ♦ nfpl pop (varíola) smallpox

bezerro nm calf

bianual adj2g 1 (de dois em dois anos) biennial; two-yearly 2 (duas vezes por ano) biannual; twice-yearly

biaxial adj2g FÍS biaxial

bibe nm (child's) overall, smock

bibelô nm knick-knack

bibelot nm ⇒ bibelô

biberão nm feeding bottle

Bíblia nf Bible

bíblico adj biblical

bibliófilo nm bibliophile

bibliografia nf bibliography

bibliográfico adj bibliographical

bibliógrafo nm bibliographer

biblioteca nf library

bibliotecário nm librarian

bica nf 1 (cano) drainpipe 2 (chafariz) fountain 3 (café) espresso ♦ **suar em bica** to drip with sweat

bicada nf peck

bicameral adj2g POL bicameral

bicanca nf pop conk, hooter

bicar vt to peck

bicarbonato nm bicarbonate

bicéfalo adj two-headed

bicentenário nm bicentenary GB, bicentennial EUA

bíceps nm2n biceps

bicha nf 1 (lombriga, verme) worm 2 (fila) queue GB, line EUA 3 cal,ofens (homossexual) queer ofens

bichanar vt,i to whisper

bichano nm col puss, pussy cat

bicharada nf animals

bicharoco nm bug; worm

bichento adj wormy; worm-eaten

bichinho nm 1 little bug 2 fig,col (interesse, mania) bug; **ela tem o bichinho das viagens** she was bitten by the travel bug

bicho nm 1 (animal) animal 2 (inseto) bug 3 (verme) worm ♦ **que bicho lhe mordeu?** what's bugging him?

bicho-carpinteiro nm woodworm ♦ **ter bichos-carpinteiros** to have ants in one's pants

bicho-da-seda nm silkworm

bicho-de-conta nm woodlouse

bicho de sete cabeças nm2n col big deal

bicho do mato nm (pessoa) loner

bicho-papão nm bogeyman

bichoso adj wormy; worm-eaten

bicicleta nf bicycle; bike

bico nm 1 (pássaro) beak 2 (caneta) nib 3 (lápis) point 4 (bule, chaleira) spout 5 (fogão) burner; **bico de gás** gas burner ♦ **em bicos de pés** on tiptoe

bico de obra nm hard nut to crack

bico de pato nm milk roll used for sandwiches

bicolor adj2g two-coloured GB, two-colored EUA

bicudo adj 1 (pontiagudo) pointed; sharp 2 (difícil) difficult; tricky

bidão nm drum

bidé nm bidet

bidente nm pitchfork

biela nf MEC connecting rod

Bielorrússia nf Belarus

bielorrusso adj,nm Belarusian

bienal adj2g,nf biennial

biénio nm biennium

bife nm steak ♦ col **estar feito ao bife** to be dead meat

bífido adj BOT,ZOOL bifid

bifurcação nf fork, bifurcation

bifurcar vt to bifurcate, to fork ♦ vp to branch off

bigamia nf bigamy

bígamo adj bigamous ♦ nm bigamist

bigode nm 1 moustache GB, mustache EUA 2 (gato, rato, foca, etc.) whisker 3 (camarão) antenna

bigorna nf anvil

bi-horário adj *tarifa bi-horária* two-rate tariff; *contador bi-horário* Economy 7 electricity meter

bijutaria nf costume jewellery GB, costume jewelry EUA

bilateral adj2g bilateral

bilha nf (vaso) clay jug GB; clay pitcher EUA

bilhar nm (com três bolas) billiards; (com 16 bolas) pool

bilhete nm 1 (espetáculos, cinema, etc.) ticket 2 (recado) note ✣ *bilhete de identidade* identity card

bilheteira nf 1 ticket office 2 (cinema, teatro) box office

bilheteiro nm 1 ticket seller 2 box-office clerk

bilhete-postal nm postcard

bilião quant num 1 trillion; *2.4 biliões de euros* 2.4 trillion euros 2 (grande número) billion

biliar adj2g biliary

bilingue adj2g bilingual

bilinguismo nm bilingualism

bílis nf bile

biltre nm scoundrel, rascal

bimbo nm pop,pej bumpkin; hillbilly

bimensal adj2g bimonthly

bimestral adj2g bimonthly

bimotor nm twin-engined plane

binário adj 1 binary 2 MÚS duple

bingo nm bingo

binóculo nm binoculars

binómio nm binomial

biocombustível nm biofuel

biodegradável adj2g biodegradable

biogénese nf biogenesis

biografar vt to write the biography of

biografia nf biography

biográfico adj biographical

biógrafo nm biographer

biologia nf biology

biológico adj biological

biólogo nm biologist

bioma nm biome

biomassa nf biomass

biombo nm screen

biomédico adj biomedical

biónica nf bionics

biónico adj bionic

biópsia nf biopsy

bioquímica nf biochemistry

biorritmo nm biorhythm

biossegurança nf biosecurity

biossíntese nf biosynthesis

biotecnologia nf biotechnology

bioterrorismo nm bioterrorism

bióxido nm dioxide

bip nm 1 (som) beep 2 (aparelho) bleeper GB, beeper EUA

bipartição nf bipartition

bipartidário adj two-party

bipartidarismo nm two-party system

bípede adj2g bipedal ♦ n2g biped

biplano nm biplane

biqueira nf (ponta de calçado) toe; (reforço de calçado) toecap

biqueiro nm pop kick

biquíni nm bikini

birmanês adj,nm Burmese

Birmânia nf (atual Myanmar) Burma

birra nf 1 (choro, irritação) tantrum; *fazer (uma) birra* to throw a tantrum 2 (amuo) sulk

birrento adj 1 (rabugento) grumpy 2 (amuado) sulky

bis nm2n encore ♦ interj encore!

bisão nm 1 ZOOL bison 2 ZOOL American buffalo

bisar *vt* 1 (*público*) to ask for an encore of; *pediram-lhe para bisar* he got an encore, he was encored 2 (*artista*) to repeat, to do an encore of

bisavó *nf* great-grandmother

bisavô *nm* great-grandfather

bisavós *nmpl* great-grandparents

bisbilhotar *vi* 1 (*falar*) to gossip 2 (*espiar*) to snoop; to nose around

bisbilhoteiro *nm* 1 (*coscuvilheiro*) gossip 2 (*intrometido*) snoop ♦ *adj* nosy; snooping

bisbilhotice *nf* (*falatório*) gossip, chitchat

bisca *nf* 1 (*jogo de cartas*) whist 2 (*manilha*) manille; seven

biscate *nm* odd job

biscateiro *nm* odd-job man; odd-jobber

biscoitaria *nf* 1 biscuit factory; cookie factory *EUA* 2 biscuit shop; cookie store *EUA*

biscoito *nm* biscuit

bisel *nm* bevel; chamfer

bismuto *nm* bismuth

bisnaga *nf* 1 (*brinquedo*) water pistol 2 (*creme, gel, tinta*) tube

bisneta *nf* great-granddaughter

bisneto *nm* great-grandson

bisonho *adj* 1 (*principiante*) inexperienced 2 (*desinteressante*) dull

bisonte *nm* bison

bispado *nm* REL bishopric

bispo *nm* bishop

bissecção *nf* GEOM bisection

bissemanal *adj2g* twice-weekly

bissetor *nm* GEOM bisector ♦ *adj* GEOM bisecting

bissetriz *nf* bisector

bissexto *adj,nm* (*ano*) leap

bissexual *adj,n2g* bisexual

bisturi *nm* scalpel

bit *nm* INFORM bit

bitmap *nm* INFORM bitmap

bitola *nf* 1 (*norma*) standard measure 2 (*padrão*) pattern

bivacar *vi* to bivouac

bivalve *adj2g,nm* bivalve

bivaque *nm* bivouac

bizantino *adj,nm* Byzantine

bizarria *nf* eccentricity

bizarro *adj* bizarre

blackout *nm* blackout

blasfemador *nm* blasphemer ♦ *adj* blasphemous

blasfemar *vi* 1 REL to blaspheme 2 (*palavrões*) to curse, to swear

blasfémia *nf* blasphemy

blasfemo *adj* blasphemous ♦ *nm* blasphemer

blaterar *vi* (*camelo*) to bleat

blazer *nm* (*casaco desportivo*) blazer

blenorragia *nf* MED blennorrhagia; gonorrhea

blindado *adj* (*veículo*) armoured ♦ *nm* armoured car ❖ *porta blindada* steel security door

blindagem *nf* armour-plating; *blindagem de aço* steel armour

blindar *vt* 1 to armour-plate 2 (*porta*) to reinforce

bloco *nm* 1 (*conjunto*) unit 2 block 3 (*notas, apontamentos*) writing pad, notepad

blog *nm* ⇒ **blogue**

blogosfera *nf* blogosphere

blogue *nm* blog; weblog

bloguista *n2g* blogger

bloquear *vt* 1 to block; *bloquear uma estrada* to block a road; *bloquear um jogador* to block a player 2 MIL to blockade ♦ *vi* 1 (*pessoa*) to have a mental block 2 (*mecanismo*) to get stuck

bloqueio *nm* 1 blocking 2 (*estrada*) roadblock 3 PSIC mental block 4 (*mecanismo*) jamming 5 INFORM crash 6 MIL blockade

bluff *nm* bluff; *fazer bluff* to bluff

blusa *nf* blouse

blusão *nm* jacket

blush *nm* (*cosmética*) blusher

boa *nf* (*sarilho*) tight spot; *metido numa boa* in a tight spot ❖ *boa!* all right!; *andar na boa vai ela* to be having a good time; *às boas* in a friendly way; *dizer das*

boas a alguém to give somebody a good talking-to; *col* ***estar numa boa*** to be doing fine

boa-fé *nf* (intenção) good faith

boa-noite *nf* **1** good evening **2** (despedida) good night

boas-festas *nfpl* (Natal) Christmas greetings

boas-vindas *nfpl* welcome; ***dar as boas-vindas a alguém*** to welcome somebody

boa-tarde *nf* good afternoon

boateiro *nm* scandalmonger; rumour-monger

boato *nm* rumour *GB*, rumor *EUA*; ***corre o boato de que...*** rumour has it that...

bobear *vi* to play the buffoon; to jest, to joke

bobina *nf* **1** (filme, fios) reel **2** ELET coil

bobo *nm* (Idade Média) jester

boca *nf* **1** mouth **2** (abertura) opening; (entrada) entrance **3** (fogão) ring **4** col (comentário) dig; gibe ❖ ***dizer alguma coisa da boca para fora*** to say something without meaning it

boca de incêndio *nf* fire hydrant

boca de sino *adj inv* bell-bottomed; ***calças à boca de sino*** bell-bottoms

bocado *nm* **1** (pedaço) bit, piece **2** (comida) morsel, scrap **3** (tempo) while ❖ ***passar um mau bocado*** to go through a hard time

bocal *nm* **1** (telefone, aparelho) mouthpiece **2** (vaso, frasco) mouth **3** (cano) nozzle

boçal *adj2g* coarse; uncouth

boçalidade *nf* **1** (grosseria) coarseness; boorishness **2** (ignorância) simple-mindedness

bocejar *vi* to yawn

bocejo *nm* yawn

boceta *nf* little box; ***boceta de Pandora*** Pandora's box

bochecha *nf* cheek

bochechar *vi* to rinse one's mouth

bochecho *nm* rinsing of the mouth

bochechudo *adj* chubby-cheeked

bócio *nm* goitre *GB*, goiter *EUA*

boda *nf* wedding

bode *nm* billy goat ❖ ***bode expiatório*** scapegoat

bodega *nf* (porcaria); mess

body *nm* body *GB*; bodysuit *EUA*

bodyboard *nm* bodyboarding; ***fazer bodyboard*** to go bodyboarding

boémia *nf* (ociosidade) idleness

boémio *adj,nm* (estilo de vida) bohemian

bofes *nmpl* (pulmões) lungs ❖ ***deitar os bofes pela boca*** to be out of breath

bofetada *nf* slap

bofetão *nm* **1** hard slap **2** fig hard blow

bófia *nf cal* cops ◆ *n2g cal* (agente) cop

bóhrio *nm* bohrium

boi *nm* ox

bóia *nf* **1** life buoy; (insuflável) swim ring/tube **2** (marca flutuante) buoy

boião *nm* jar

boiar *vi* to float

boicotar *vt* to boycott

boicote *nf* boycott

boieiro *nm* herdsman, ox driver

boina *nf* beret

bojo *nm* **1** (garrafa) belly **2** (saliência) bulge

bojudo *adj* **1** bulgy **2** big-bellied, pot-bellied

bola[1] /ó/ *nf* **1** ball **2** col (futebol) football **3** (gelado) scoop **4** (sabão) bubble **5** (padrão) spot; polka dot ❖ *col* ***não bater bem da bola*** to have a screw loose; (ora) ***bolas!*** (irritação) damn!

bola[2] /ô/ *nf* CUL meat pie

bolacha *nf* **1** (doce) biscuit *GB*; cookie *EUA* **2** (salgada) cracker

bolachudo *adj* chubby-cheeked

bolada *nf* **1** stroke of a ball **2** (críquete) bowl **3** fig,col (oportunidade) opportunity **4** col (dinheiro) lump sum; ***ele ganhou uma bolada*** he hit the jackpot

bolar *vt,i* **1** to throw a ball, to hit a ball **2** Bras pop (arquitetar) to think up

bolbo *nm* bulb

bolboso adj BOT bulbous

bolçar vt to vomit, to throw up

boleeiro nm coachman, driver

boleia nf lift, ride

bolero nm bolero

boletim nm 1 (informação) report; bulletin 2 (impresso) form 3 (publicação) newsletter 4 (totoloto, totobola) coupon

bolha nf 1 (ar, sabão) bubble 2 (pele) blister

bólide n2g 1 meteor 2 col fast car

bolina nf NÁUT bowline; *andar à bolina* to haul close

bolinar vi NÁUT to haul a sail to windward

Bolívia nf Bolivia

boliviano adj,nm Bolivian

bolo nm 1 cake; *bolo de anos* birthday cake 2 (saque, herança) loot ❖ *bolo alimentar* bolus; *feito num bolo* in a mess

bolor nm mould GB, mold EUA

bolorento adj mouldy GB, moldy EUA

bolota nf acorn

bolsa nf 1 (saca) bag 2 (dinheiro) purse 3 (óculos) case 4 ECON stock exchange 5 ANAT bursa; sac ❖ *bolsa de estudo* grant; scholarship

bolsar vi 1 to pucker up 2 to swell

bolseiro nm 1 (bolsa de estudos) grant holder 2 (tesoureiro) treasurer

bolsista n2g ECON stockbroker

bolso nm pocket; *edição de bolso* pocket edition

bom adj 1 good; *essa é boa!* that's a good one! 2 (bondoso) kind 3 (saúde) well, fine 4 (tempo) nice ◆ nm 1 good 2 (classificação escolar) B ◆ interj well!

bomba nf 1 (explosivo) bomb; *ameaça de bomba* bomb threat 2 (ar, água, gasolina) pump 3 (incêndio) fire engine/hose 4 (notícia) bombshell ❖ *bomba de gasolina* petrol station EUA, gas station EUA

bombardeamento nm (aéreo) bombing; (com artilharia) bombardment

bombardear vt 1 (bombas) to bomb; (mísseis) to bombard, to shell 2 fig (perguntas,

cartas) to bombard [com, with]; *bombardearam o Presidente com perguntas* they bombarded the President with questions

bombardeio nm MIL bombing; bombardment

bombardeiro nm (avião) bomber

bomba-relógio nm time bomb

bombástico adj 1 bombastic 2 (revelação) sensational; (notícia) bombshell

bombazina nf corduroy

bombazine nf ⇒ bombazina

bombear vt 1 to bomb; to bombard 2 to pump 3 Bras (espreitar) to watch, to spy

bombeiro nm firefighter, fireman

bombista n2g bomber

bombo nm (instrumento) bass drum ❖ *ser o bombo da festa* to be the laughing stock

bombom nm chocolate

bombordo nm port

bom-dia nm good morning

bom-serás nm kind soul; softie

bom-tom nm politeness, good manners

bonacheirão adj good-natured

bonança nf 1 (mar) fair weather 2 calm

bondade nf goodness, kindness

bondoso adj kind, good

boné nm cap

boneca nf doll

boneco nm 1 doll 2 (ventríloquo, manequim) dummy 3 (fantoche) puppet ❖ *falar para o boneco* to talk to the wall

bonificação nf 1 bonus 2 discount

bonificar vi 1 to give a bonus to 2 to improve

bonito adj 1 pretty, beautiful 2 (homem) handsome, good-looking 3 (casa, tempo, gesto) nice, lovely ❖ *fizeste-a bonita!* a pretty mess you've made of it!

bonomia nf good nature; affability

bonsai nm bonsai

bónus nm2n 1 bonus 2 discount

boom nm (crescimento repentino) boom

boquear vt 1 (ofegante) to gasp, to pant for breath 2 (agonia) to breathe one's last boquiaberto *adj* gaping

boquilha *nf* (cigarro) cigarette holder

boquim *nm* MÚS (instrumento) mouthpiece

borato *nm* QUÍM borate; *borato de sódio* borax

borboleta *nf* butterfly

borboletear *vi* 1 to flutter 2 to wander

borbotão *nm* gush, spurt; *sair aos borbotões* to gush out

borbotar *vi* to gush out, to spurt out ♦ *vt* to pour forth

borboto *nm* (em tecido) lint; fluff GB

borbulha *nf* 1 (pele) spot, pimple 2 (líquido) bubble; *sem borbulhas* still; *com borbulhas* fizzy

borbulhagem *nf* MED rash, skin eruption

borbulhante *adj2g* 1 bubbling 2 (a ferver) boiling

borbulhar *vi* 1 to bubble 2 (jorrar) to gush out

borco *nm de borco* face down, upside down

borda *nf* 1 (beira) edge; brink 2 (margem) bank 3 (passeio) curb GB; kerb EUA

bordado *adj* embroidered ♦ *nm* embroidery

bordão *nm* 1 staff, stick 2 (frase) catch-phrase

bordar *vt* to embroider

bordeaux *adj inv,nm2n* burgundy

bordejar *vt* (estar à beira de) to be on the brink of

bordel *nm* brothel

bordo *nm* 1 board; *a bordo* aboard, on board 2 (prato, banheira, piscina) edge

bordô *adj inv,nm2n* ⇒ *bordeaux*

bordoada *nf* blow

boreal *adj2g* boreal, northern

borga *nf* partying; *andar na borga* to be out partying

borla *nf* (oferta) freebie; (bilhete grátis) free ticket; (volta grátis) free ride ♣ *col à/de borla* for free

bornal *nm* haversack, rucksack, provision bag

boro *nm* boron

boroa *nf* ⇒ *broa*

borra *nf* (café, vinho) dregs

borra-botas *n2g2n col* good-for-nothing

borracha *nf* 1 rubber 2 (para apagar) eraser, rubber GB

borrachão *nm pop* boozer

borracheira *nf pop* (bebedeira) drunkenness

borracho *nm* 1 (bêbedo) drunkard 2 *col* (pessoa) bombshell 3 ZOOL young pigeon

borrada *nf* 1 (coisa mal feita) botch 2 (sujeira) mess

borralheiro *adj* homy

borralho *nm fig* hearth, fireside; *ao borralho* by the fireside ♦ *nmpl* embers

borrão *nm* 1 (tinta) blot 2 (rascunho) rough draft 3 (mancha) stain

borrar *vt* 1 to blot; to smudge 2 to stain ♣ *borrar a pintura* to spoil everything; *col borrar-se de medo* to be shit-scared

borratar *vt* to stain; to smudge

borrego *nm* lamb

borrifar *vt* to sprinkle, to splatter, to spatter ♦ *vp col* not to care; *estou-me a borrifar* I couldn't care less, I don't give a damn

borrifo *nm* spray, sprinkling

Bósnia e Herzegovina *nf* Bosnia-Herzegovina

bósnio *adj,nm* Bosnian

bosque *nm* wood(s)

bossa *nf* hump

bosta *nf* 1 dung 2 *cal* crap *cal*

bostela *nf* MED pustule; blister

bota *nf* boot ♣ *col bater a bota* to kick the bucket

bota de elástico *n2g* old fogey *col*

bota-fora *nm* 1 NÁUT launching 2 (despedida) send-off

botânica *nf* botany

botânico *adj* botanical ♦ *nm* botanist

botão *nm* 1 (roupa) button; *botões de punho* cufflinks 2 (planta) bud

bravio

botar *vt pop* ⇒ **deitar**

bote *nm* boat; *bote salva-vidas* lifeboat

botica *nf ant* pharmacy, chemist's

boticário *nm ant* pharmacist, chemist

botija *nf* 1 (gás, oxigénio) cylinder; bottle 2 (água quente) hot-water bottle

botim *nm* ankle boot

boto *adj* 1 (utensílio cortante) dull, blunt 2 *fig* (estúpido) thick

botoeira *nf* buttonhole

Botsuana *nm* Botswana

botsuano *adj,nm* Botswanan

bouça *nf* thicket

bourbon *nm* (bebida) bourbon

boutique *nf* (loja) boutique

bovino *adj,nm* bovine; *gado bovino* cattle

bowling *nm* bowling

boxe *nm* boxing

boxer *nm* (cão) boxer

boxers *nmpl* boxer shorts

boxeur *nm* boxer

braça *nf* NÁUT fathom

braçada *nf* (natação) stroke

braçadeira *nf* 1 (faixa) armband 2 (suporte) clamp

braçado *nm* armful

braçal *adj2g* manual; *trabulhador braçal* manual worker

bracelete *nm* 1 bracelet, bangle 2 (relógio) strap

braço *nm* 1 arm; *de braço dado* arm in arm 2 (rio) branch ❖ *braço direito* right-hand man/woman; *dar o braço a torcer* to give in

braço de ferro *nm* 1 arm-wrestling 2 (conflito) clash; face-off

braço-direito *nm* right-hand man

bradar *vt,i* to shout, to yell, to cry out; *bradar por socorro* to cry out for help ❖ *isto é de bradar aos céus!* for crying out loud!

brado *nm* (grito) cry, shout, yell

braguilha *nf* (calças) fly

braille *nm* Braille

brainstorming *nm* brainstorming

brâmane *nm* REL Brahmin

bramar *vi* 1 (veado, animal) to rut 2 (gritar) to yell 3 (animal) to bellow; to growl

bramido *nm* roar

bramir *vi* 1 (animal) to growl; to bellow 2 to yell, to bellow

branca *nf* 1 white hair 2 (esquecimento) blank

Branca de Neve *nf* Snow White

branco *adj* 1 (cor, raça) white 2 (pele) light-skinned 3 (medo, susto) livid ◆ *nm* (cor, pessoa) white ❖ *passar a noite em branco* to have a sleepless night

brancura *nf* whiteness

brandir *vt* (arma) to brandish

brando *adj* 1 gentle 2 (mole) soft 3 (tempo, carácter) mild 4 (lume) low

brandura *nf* 1 (suavidade) gentleness 2 (tempo, carácter) mildness

brandy *nm* (aguardente) brandy

branqueação *nf* 1 (branquear) bleaching, whitening 2 (caiar) whitewash

branqueamento *nm* 1 (branquear) bleaching, whitening 2 (dinheiro) laundering

branquear *vt* 1 (corar) to whiten, to bleach 2 (caiar) to whitewash 3 (dinheiro) to launder ◆ *vi* to turn white

branquejar *vi* to whiten, to turn white

brânquia *nf* gill

brasa *nf* 1 ember 2 (pessoa atraente) bombshell; stunner ❖ *passar pelas brasas* to doze off; *puxar a brasa à sua sardinha* to bring grist to one's mill

brasão *nm* coat of arms

braseiro *nm* brazier; firepan

brasido *nm* embers

Brasil *nm* Brazil

brasileirismo *nm* Brazilianism

brasileiro *adj,nm* Brazilian

bravata *nf* bravado, boasting

bravatear *vi* 1 to boast, to brag 2 to menace

bravio *adj* (terreno, plantas, animais) wild

bravo adj 1 (corajoso) brave 2 (animal, planta) wild 3 (mar) rough ♦ interj bravo!, well done!

bravura nf 1 (valentia) bravery 2 (ferocidade) fierceness

breca nf pop cramp ❖ com a breca! I'll be damned!

brecagem nf (de veículo) turning circle

brecha nf breach, gap, opening

brejeirar vi 1 (malícia) to be saucy 2 pej to be vulgar

brejeirice nf 1 (malícia) sauciness 2 pej vulgarity

brejeiro adj 1 (malicioso) saucy 2 (ordinário) vulgar

brejo nm marsh, swamp ❖ pop ir para o brejo to go down the drain

breu nm pitch ❖ escuro como breu pitch-black

breve adj2g short, brief ♦ adv soon; até breve! see you soon!

brevemente adv 1 (sucintamente) briefly; shortly 2 (dentro de pouco tempo) soon

brevete nm pilot's licence

breviário nm 1 REL breviary 2 compendium

brevidade nf brevity; com a maior brevidade as soon as possible

bricabraque nm bric-a-brac; loja de bricabraque old curiosity shop

bricolage nm do-it-yourself

brida nf rein, bridle ❖ a toda a brida at full speed

bridar vt 1 to bridle 2 fig to restrain, to repress

briga nf 1 (luta) fight 2 (discussão) quarrel, argument

brigada nf 1 MIL brigade 2 (polícia) squad; brigada antiterrorismo anti-terrorist squad

brigadeiro nm 1 MIL brigadier 2 (doce) chocolate truffle

brigão nm troublemaker ♦ adj quarrelsome

brigar vi 1 (lutar) to fight [por, for/over; contra, against] 2 (discutir) to argue, to quarrel [com, with; por, about/over; com, with] 3 (zangar-se) to fall out

brilhante adj2g 1 (luz, cor) bright 2 (superfície) shiny 3 (notável) brilliant 4 (prometedor) promising ♦ nm diamond

brilhantina nf brilliantine

brilhantismo nm brilliance

brilhar vi 1 to shine, to glow, to glitter; o Sol brilhava the sun was shining 2 fig to do brilliantly; ele brilhou em Português este ano he did brilliantly in Portuguese this year

brilho nm 1 (luminosidade) brightness 2 (superfície) shine; (pele) glow 3 (olhos, joia) sparkle

brincadeira nf 1 (gracejo) joke 2 (jogo) game 3 (partida) prank; trick ❖ deixa-te de brincadeiras! be serious

brincalhão nm joker, teaser ♦ adj playful

brincar vi 1 to play; to have fun; brincar às escondidas to play hide-and-seek 2 (gracejar) to joke, to tease; estar a brincar to be joking, to be kidding

brinco nm earring ❖ num brinco spotless

brincos-de-princesa nmpl BOT fuchsia

brindar vi to toast, to drink a toast [a, to] ♦ vt (presentear) to offer [com, -]

brinde nm 1 toast 2 (presente) gift

brinquedo nm toy

brio nm 1 self-respect; dignity 2 (empenho) effort

brioche nm brioche

briol nm col (muito frio) brass monkeys GB cal; está um briol! it's brass monkeys!, it's freezing!

brioso adj 1 self-respecting, self-confident 2 (corajoso) brave; strong; determined

briquete nm (carvão) briquette

brisa nf breeze

brita nf gravel

britadeira nf crusher

britador nm 1 (trabalhador) stonebreaker 2 (máquina) crusher

britânico *adj* British ♦ *nm* British person; **os Britânicos** the British

britar *vt* to shatter; (pedra) to break

broa *nf* maize bread

broca *nf* drill

brocado *nm* (tecido) brocade

brocar *vt* to drill, to bore

brocha *nf* stud, tack; axle pin

brochado *adj* stitched; *livro brochado* paperback

brochador *nm* book binder

brochar *vt* **1** *pop* (livros) to stitch **2** (sapatos) to nail

broche *nm* (joia) brooch

brochura *nf* brochure

brócolos *nmpl* broccoli

bromo *nm* bromine

bronca *nf* (sarilho) mess; botch-up

bronco *adj* **1** (estúpido) stupid **2** (grosseiro) rough

broncopneumonia *nf* MED bronchopneumonia

brônquio *nm* bronchus

bronquiolo *nm* bronchiole

bronquite *nf* bronchitis

bronze *nm* **1** bronze **2** (tom moreno) suntan

bronzeado *nm* tan; suntan ♦ *adj* tanned; suntanned

bronzeador *nm* suntan lotion

bronzeamento *nm* **1** bronzing **2** (pele) tanning; suntanning

bronzear *vt* to tan ♦ *vp* to get a suntan

brotar *vi* **1** (líquido) to spout out, to gush out **2** BOT to sprout **3** *fig* (surgir) to spring **4** *fig* (ideias) to pop up ♦ *vt* **1** BOT (planta) to sprout **2** to produce

brownie *nm* brownie

broxa *nf* paintbrush

bruaca *nf* **1** *Bras* saddlebag **2** *Bras pej* (mulher) hag

brucelose *nf* brucellosis

bruços *nmpl* (natação) breaststroke ❖ *de bruços* face down

bruma *nf* mist, haze

brumoso *adj* misty, hazy, foggy

Brunei *nm* Brunei

brusco *adj* **1** (atitude) abrupt, brusque **2** (palavras) curt; *resposta brusca* curt reply **3** (repentino) sudden

brusquidão *nf* abruptness, brusqueness

brutal *adj2g* **1** (violento) brutal, savage **2** (enorme) huge **3** *col* (espetacular) amazing

brutalidade *nf* brutality

brutalizar *vt* **1** to brutalize **2** to ill-treat

brutalmente *adv* brutally

brutamontes *nm2n* (agressividade) brute

bruto *adj* **1** (agressivo) aggressive **2** (grosseiro) rude **3** (material) raw **4** (peso, rendimento, lucro) gross ♦ *nm* brute

bruxa *nf* **1** witch **2** (mulher má ou velha) hag, witch

bruxaria *nf* witchcraft

bruxedo *nm* witchcraft

bruxo *nm* wizard, sorcerer

bruxuleante *adj2g* flickering

bruxulear *vi* to flicker

BTT [*sigla de* **bicicleta todo o terreno**] ATB [*sigla de* all-terrain bicycle]

bubónico *adj* MED bubonic, *peste bubónica* bubonic plague

bucal *adj2g* oral

bucha *nf* **1** (rolha) plug **2** *col* (comida) hunk ♦ *n2g pej* fatso *col*

bucho *nm* stomach; (aves) crop

buço *nm* down

bucólico *adj* bucolic

Buda *nm* Buddha

budismo *nm* Buddhism

budista *adj,n2g* Buddhist

bueiro *nm* storm drain

búfalo *nm* buffalo

bufão *nm* **1** (bobo) buffoon **2** (fanfarrão) boaster

bufar *vi* **1** to puff **2** *fig* (protestar) to moan, to grumble **3** *fig* (irritação) to be fuming **4** *fig,pop* (denunciar) to squeal **5** *fig* (bazofiar) to brag ♦ *vt* **1** to blow **2** *col* (escola) to whisper (the answer)

bufete *nm* 1 (refeição) buffet 2 (numa escola) tuck shop*GB*

bufo *nm col* (*delator*) snitch

bug *nm* bug

bugalho *nm* BOT gallnut ❖ *fig* **misturar alhos com bugalhos** to mix up things

bugiar *vi* to mess around; *col* **mandar alguém bugiar** to send somebody packing

bugiganga *nf* trinket

bugio *nm* ZOOL ape, monkey

bujarrona *nf* NÁUT jib

bula *nf* 1 bull; *Bula Papal* Papal bull 2 (em medicamento) directions for use

buldogue *nm* (cão) bulldog

bule *nm* teapot

bulevar *nm* boulevard

Bulgária *nf* Bulgaria

búlgaro *adj,nm* Bulgarian

bulha *nf* fight; *andar à bulha* to fight

bulhar *vi* to quarrel; to fight

bulício *nm* hustle and bustle

buliçoso *adj* 1 (agitado) restless 2 (ruidoso) noisy

bulimia *nf* bulimia

bulímico *adj,nm* bulimic

bulir *vi* 1 to move; to stir 2 *pop* to touch; to meddle [em, with]

bullying *nm* bullying

bumerangue *nm* boomerang

bungee-jumping *nm* bungee jumping

buraco *nm* 1 hole; *buraco da fechadura* keyhole; *buracos nas estradas* potholes 2 (agulha) eye

burburinho *nm* 1 (vozes) hubbub 2 rumour 3 (tumulto) uproar

burca *nf* burka, burqa

bureta *nf* QUÍM burette

burgau *nm* gravel, shingle, rubble

burgo *nm* borough, village

burgomestre *nm* burgomaster

burguês *adj,nm* bourgeois

burguesia *nf* 1 bourgeoisie 2 middle classes

buril *nm* chisel, burin

burilar *vt* 1 to engrave 2 *fig* (aprimorar) to perfect, to refine

burla *nf* fraud; swindle

burlão *nm* swindler

burlar *vt* to swindle; to dupe

burlesco *adj* 1 comic 2 burlesque

burocracia *nf* bureaucracy

burocrata *n2g* bureaucrat

burocrático *adj* bureaucratic

burocratizar *vt* to bureaucratize

Burquina Faso *nm* Burkina Faso

burrice *nf* 1 (asneira) stupid thing 2 (estupidez) stupidity

burro *nm* 1 (animal) donkey 2 (imbecil) idiot; moron 3 (pessoa) half-wit ◆ *adj* dumb; thick

Burundi *nm* Burundi

burundiano *adj,nm* Burundian

bus *nm* 1 (faixa na estrada) bus lane 2 EI FT,INFORM bus

busca *nf* search

buscar *vt* 1 to fetch; to get; *ir buscar* to go and get; *vir buscar* to come and get 2 (de carro) to pick up; *mandar buscar* to send for 3 (procurar) to look for; to search for

busílis *nm* (ponto fundamental) nub; *aí é que está o busílis* there's the nub

bússola *nf* compass

busto *nm* bust

butano *adj,nm* butane

Butão *nm* Bhutan

buxo *nm* BOT box, boxwood

buzina *nf* horn; *tocar a buzina* to sound one's horn

buzinada *nf* toot, honk

buzinão *nm* horn-honking protest

buzinar *vi* to sound one's horn; to hoot; to toot

búzio *nm* 1 (concha) shell 2 (molusco) murex

byte *nm* byte

C

c *nm* (letra) c

cá *adv* 1 (lugar) here, over here 2 (tempo) now; at this time; *há uns tempos para cá* lately

cã *nf* white hair

cabaça *nf* (fruto) calabash

cabaceira *nf* BOT (arvore) gourd

cabal *adj2g* 1 (completo) full 2 (rigoroso) accurate; precise

cabala *nf* 1 cabbala 2 plot

cabalista *n2g* cabalist

cabalmente *adv* 1 fully 2 accurately 3 conclusively

cabana *nf* hut; shack

cabaré *nm* cabaret

cabaz *nm* hamper, basket

cabeça *nf* head; *dos pés à cabeça* from head to toe 2 (frente) head; (lista) top 3 (inteligência) intelligence; brains 4 (pessoa) bright person ♦ *n2g* (chefe) head; leader ✧ (espetáculos) *cabeça de cartaz* top of the bill; leading attraction; *cabeça de casal* head of the family; *cabeça de lista* chief candidate; col *cabeça de vento* featherbrain; *cabeça dura* stubborn person; *cabeça rapada* skinhead; (bebida, sucesso) *subir à cabeça* to go to one's head

cabeçada *nf* 1 (acidental) bang; (deliberada) head butt; (recebida) blow on the head 2 DESP header

cabeça de cartaz *n2g* (espetáculos) top of the bill; leading attraction

cabeça de casal *n2g* head of the family

cabeça de lista *n2g* main candidate

cabeça de série *n2g* DESP (ténis) seed

cabeça de vento *n2g* scatterbrain ♦ *adj2g* scatterbrained; light-headed

cabeça-dura *adj2g* stubborn; pig-headed; obstinate ♦ *n2g* (teimosia) mule *fig*

cabeçalho *nm* 1 (jornal) masthead; (carta) letterhead 2 (texto de computador) header

cabeça no ar *n2g* scatterbrain ♦ *adj2g* scatterbrained; light-headed

cabecear *vi* 1 (sono) to nod 2 DESP (futebol) to head the ball ♦ *vt* DESP to head

cabeceira *nf* 1 (cama) headboard 2 (mesa) head

cabecilha *n2g* (bando) ringleader

cabeço *nm* 1 (outeiro) knoll, hillock 2 (cume) top, hilltop

cabeçudo *adj* 1 big-headed 2 (teimoso) pig-headed; obstinate

cabedal *nm* 1 leather 2 col (aspeto físico) brawn; sturdiness 3 (riqueza) money

cabeleira *nf* 1 (peruca) wig 2 (cabelo) hair

cabeleireiro *nm* 1 (pessoa) hairdresser 2 (local) hairdresser's

cabelo *nm* hair ✧ *estar pelos cabelos com* to be fed up with

cabeludo *adj* 1 (pessoa) long-haired; (parte do corpo) hairy 2 (problema) complicated

caber *vi* 1 to fit, to have room enough 2 (passar) to go [em, through] 3 (tarefa) to be up [a, to] 4 (vir a propósito) to be appropriate ✧ *não caber em si de...* to be bursting with...; *caber em sorte* to fall to one's lot

cabide *nm* 1 (cruzeta) hanger 2 (gancho para pendurar) coat hook 3 (móvel) coat stand

cabidela *nf* fowl giblets and blood stew; *arroz de cabidela* chicken blood rice

cabido *nm* REL chapter

cabimento *nm* adequacy; appropriateness; *ter cabimento* to be appropriate

cabina *nf* 1 booth; *cabina telefónica* telephone box GB, telephone booth EUA 2 (piloto) cockpit; (passageiros) cabin; (comboio) compartment

cabine *nf* ⇒ cabina

cabisbaixo *adj* (desanimado) crestfallen

DACIN-0P-49

cabo nm 1 end 2 GEOG cape 3 rope 4 ELET cable 5 MIL corporal 6 (faca, utensílios) handle ❖ **dar cabo de** to mess up

cabograma nm cablegram

cabotino nm 1 TEAT second-rate actor, ham actor 2 charlatan ♦ adj (pessoa) affected; theatrical; pompous

Cabo Verde nm Cape Verde

cabo-verdiano adj,nm Cape Verdean

cabra nf goat

cabra-cega nf (jogo) blind man's buff

cabrão nm (bode) billy goat

cabriola nf caper; gambol

cabrito nm 1 ZOOL kid 2 CUL lamb

cabrito-montês nm mountain goat

cábula nf (escola) crib ♦ n2g (estudante) truant; skiver ♦ adj2g (estudante) lazy; slack

cabular vi 1 to play truant 2 to slack 3 to cheat

caca nf 1 col,infant pooh 2 col shit; rubbish

caça nf 1 (atividade) hunting; **caça ilegal** poaching 2 (animais) game 3 (perseguição) chase, pursuit ♦ nm (avião) fighter

caçada nf 1 (atividade) hunt 2 (perseguição) chase; pursuit

caçadeira nf (arma) shotgun

caçadinhas nfpl (jogo) tag; **brincar às caçadinhas** to play tag

caçador nm hunter; **caçador furtivo** poacher

caçar vt 1 to hunt; **caçar em terreno proibido** to poach 2 (com espingarda) to shoot 3 to pursue; to chase; to hunt down 4 col,fig to catch; to get

cacarejar vi (galinha) to cluck, to cackle

cacarejo nm (galinha) cluck; (galo) crowing

caçarola nf casserole

cacatua nf cockatoo

cacau nm (planta, bebida) cocoa

cacaueiro nm (árvore) cacao

caçava nf CUL (farinha) cassava, manioc

cacete nm 1 club; cudgel; stick 2 (pão) baguette

cacetear vt to cudgel, to beat with a cudgel; to club

cachaça nf sugar cane brandy

cachaço nm 1 nape 2 (animal) clod; neck

cachalote nm cachalot, sperm whale

cache nf (memória de computador) cache

cachecol nm scarf

cachet nm (pagamento) fee

cachimbo nm pipe

cachimónia nf pop (cabeça) noddle, nut, coconut; **não estar bom da cachimónia** to be out of your mind

cacho nm 1 bunch 2 (de cabelo) curl

cachoar vi to bubble

cachoeira nf waterfall

cachola nf col nut; noddle ❖ **ficar com uma grande cachola** to suffer a big disappointment

cachopa nf pop lass, lassie

cachopo nm col kid, boy

cachorro nm 1 pup, puppy 2 (sanduíche) hot dog

cachorro-quente nm hot dog

cachucho nm 1 col massive ring; ring with a big diamond 2 col diamond

cacifo nm locker

cacique nm cacique

caciquismo nm influence of a cacique

caco nm 1 piece; **feito em cacos** smashed to pieces 2 col (pessoa) wreck

caçoada nf mockery; jest

caçoar vt,i to mock

cacofonia nf cacophony

cacofónico adj LING cacophonous

caçoila nf casserole

cada quant univ 1 each; **cada um** each one 2 (tempo) every; **cada dois dias** every other day ❖ **cada coisa a seu tempo** all in good time; **tens cada uma!** what a nonsense!; **um de cada vez** one at a time

cadafalso nm (forca) scaffold; gallows

cadastrado nm (pessoa) previously convicted

cadastrar vt to register, to enter in the criminal record

cadastro nm criminal record

cadáver nm (pessoa) corpse, body; (animal) carcass

cadavérico adj cadaverous

cadeado nm padlock; *fechado a cadeado* padlocked

cadeia nf 1 chain 2 (sucessão) series 3 (prisão) jail

cadeira nf 1 chair 2 (disciplina) subject

cadeirado nm (igreja, teatro) stalls

cadeirão nm 1 armchair 2 (universidade) difficult subject

cadela nf bitch

cadência nf cadence, rhythm

cadenciado adj cadenced; rhythmic

cadenciar vt to give cadence to; to give rhythm to

cadente adj2g falling; *estrela cadente* shooting star

caderneta nf 1 (caderno pequeno) notebook 2 (banco) bankbook 3 (escola) school report book 4 (cromos) sticker album

caderno nm 1 notebook; *caderno de exercícios* exercise book 2 (jornal) section

cadete n2g cadet

cadinho nm crucible ❖ *cadinho de cultura* melting pot

cádmio nm cadmium

caducar vi 1 (documento, prazo) to expire 2 col (pessoa) to get old

caducidade nf 1 BOT deciduousness 2 (validade, prazo) expiry 3 decadence 4 senility; old age

caduco adj 1 BOT deciduous 2 (documento) expired 3 (pessoa) senile

café nm 1 coffee; *tomar um café* to have a coffee 2 (estabelecimento) coffee bar/shop; café ❖ Bras *café da manhã* breakfast

café-concerto nm café with live music

cafeína nf caffeine; *sem cafeína* caffeine-free

cafetaria nf coffee shop/bar

cafeteira nf coffeepot; coffee-maker

cáfila nf 1 (camelos) coffle 2 caravan 3 fig,pej mob, rabble

cafuné nm caress

cagaço nm pop fright; panic; *apanhar um cagaço* to get a fright

cágado nm freshwater turtle

caganeira nf cal the runs, the trots

cagar vt cal (sujar) to dirty ❖ vi cal to crap cal, to shit vulg ❖ vp 1 cal to shit yourself vulg 2 cal to get dirty ❖ cal *cagar-se de medo* to be shit scared; cal *estou-me a cagar para a política* I don't give a shit about politics

cagufa nf col fear; panic; *estar cheio de cagufa* to be scared stiff

caiador nm whitewasher

caiaque nm kayak

caiar vt to whitewash

cãibra nf cramp

caicai nm (top) boob tube GB, tube top EUA; (soutien) strapless bra

caído adj 1 fallen 2 (desanimado) downhearted; low-spirited 3 col (apaixonado) head over heels in love [por, with] ❖ *caído do céu* out of the blue

caipira nm Bras yokel; bumpkin ❖ adj2g Bras coarse; boorish

caipirinha nf caipirinha

cair vi 1 to fall (down); *cair ao chão* to fall to the ground; *as taxas de juro caíram a pique* interest rates fell steeply 2 (cabelo, dente) to fall out 3 (construção) to collapse; to fall apart 4 (engano) to be taken in ❖ *cair como um pato* to fall for it; *cair do céu* to drop out of the blue; *cair em desgraça* to fall from grace; *cair em si* to come to one's senses; *cair morto* to drop dead; *cair no esquecimento* to sink into oblivion; *cair numa armadilha* to fall into a trap; *ao cair da noite* at nightfall

cais nm 1 (porto) quay 2 (comboio, metro) platform

caixa *nf* 1 box 2 *(estojo)* case 3 *(loja)* checkout; till; *caixa registadora* cash register ♦ *n2g* 1 *(loja)* cashier 2 *(banco)* teller ❖ *caixa de correio* 1 letterbox*GB*, mailbox*EUA* (eletrónica) electronic mailbox; *(automóvel)* *caixa de velocidades* gearbox; *não dar uma para a caixa* to do nothing well

caixa de óculos *n2g col* four-eyes

caixa-forte *nf* safe, strongbox

caixão *nm* coffin; casket*EUA*

caixeiro *nm* 1 *(banco, loja)* cashier 2 *(escritório)* clerk 3 *(loja)* shop assistant

caixeiro-viajante *nm* commercial traveller; traveling salesman*EUA*

caixilharia *nf* *(janelas, portas)* framework

caixilho *nm* *(janela, porta, quadro)* frame

caixote *nm* 1 *(cartão)* cardboard box 2 *(madeira, plástico)* crate 3 *(lixo)* dustbin*GB*; garbage can*EUA*

cajado *nf* *(de pastor)* shepherd's crook

caju *nm* 1 *(árvore)* cashew tree 2 *(fruto)* cashew nut

cajueiro *nm* BOT cashew tree

cal *nf* lime; *cal viva* quicklime

calaboiço *nm* ⇒ calabouço

calabouço *nm* dungeon

calada *nf* *pela calada* on the sly; on the quiet

calado *adj* silent; quiet

calafetagem *nf* caulking

calafetar *vt* 1 to caulk 2 *(fendas)* to fill up, to stop

calafrio *nm* shiver

calamidade *nf* calamity

calamitoso *adj* calamitous; disastrous

calão *nm* slang; *(linguagem técnica)* jargon

calar *vt* 1 to silence; to keep quiet 2 *(esconder)* to keep to oneself ♦ *vi* to be quiet; to shut up ♦ *vp* 1 to stop talking; to shut up 2 to remain silent ❖ *quem cala consente* silence gives consent

calçada *nf* cobbled street

calçadeira *nf* shoehorn

calcadela *nf* tread; *deram-me uma calcadela* somebody stepped on my foot

calçado *nm* footwear

calcador *nm* 1 *(máquina de costura)* clamp 2 shoe 2 presser

calcanhar *nm* heel ❖ *calcanhar de Aquiles* Achilles heel; *não chegar aos calcanhares de alguém* not to be fit to tie somebody's shoelaces

calção *nm* shorts; *calções de banho* swimming trunks

calcar *vt* 1 to tread; to trample 2 *fig (humilhar)* to walk all over

calçar *vt* 1 *(luvas, meias, sapatos)* to put on 2 *(número)* to take; *que número calças?* what size do you take? 3 to provide shoes for ♦ *vp* to put one's shoes on

calcário *nm* GEOL limestone

calças *nfpl* trousers*GB*; pants*EUA*; *calças de ganga* jeans

calcetamento *nm* paving

calcetar *vt* to pave

calcetaria *nf* art of paving

calceteiro *nm* paver

calcificação *nf* calcification

calcificar *vt* to calcify

calcinação *nf* calcination

calcinar *vt* 1 to calcine 2 to burn to ashes

calcinhas *nfpl* knickers*GB*; panties*EUA*

cálcio *nm* calcium

calço *nm* 1 wedge 2 *(de travões)* brake shoe

calções *nmpl* shorts

calcorrear *vt* to tramp

calculadora *nf* *(máquina)* calculator

calcular *vt* 1 to calculate; to work out; *já calculei a quantidade de tinta necessária* I've worked out the amount of paint necessary 2 *(aproximadamente)* to reckon, to estimate; *calculo que estejam aqui umas sessenta pessoas* I reckon there must be around sixty people here ❖ *col calculo!* I bet!; *calculo que sim* I think so

calculista *adj2g* calculating; scheming ♦ *n2g* calculating person

cálculo *nm* 1 MAT calculation 2 *(estimativa)* estimate 3 MED stone

calda *nf* 1 (com açúcar) syrup 2 (para arroz) stock; broth ♦ *nfpl* thermal springs; spa

caldear *vt* to weld

caldeira *nf* (aquecimento) boiler

caldeirada *nf* CUL fish stew

caldeirão *nm* cauldron

caldeiraria *nf* coppersmith's

caldeireiro *nm* coppersmith

caldo *nm* 1 soup; *caldo verde* kale and potato broth 2 (para cozinhar) stock; *caldo de galinha* chicken stock

caleche *nf* caleche

calefação *nf* calefaction

caleidoscópico *adj* kaleidoscopic

caleidoscópio *nm* kaleidoscope

caleira *nf* (telhado) gutter

calejado *adj* 1 (mão) calloused 2 *(endurecido)* hardened 3 *(experiente)* experienced

calejar *vt* to harden

calendário *nm* calendar

calha *nf* 1 (para líquidos) irrigation channel; *(caleira)* gutter 2 *(caminhos de terro)* rail ❖ *ao calha* at random

calhamaço *nm col* weighty tome

calhambeque *nm col* (carro) heap; banger *GB*; clunker *EUA*

calhar *vi* 1 to fall [a, on]; to happen to be; *o meu aniversário calha a um sábado* my birthday falls on a Saturday; *calhou eu não poder ir* it so happened that I couldn't go 2 (prémio) to go [a, to]; *o prémio calhou à minha irmã* the prize went to my sister ❖ *calhar bem* to come just at the right time; *calhar mal* to come at the wrong time; *se calhar* maybe; who knows?; *vir mesmo a calhar* to come in handy

calhau *nm* stone; (grande) boulder

calibragem *nf* calibration

calibrar *vt* to calibrate

calibre *nm* calibre *GB*, caliber *EUA*

cálice *nm* 1 stemmed glass; *cálice de vinho do Porto* Port glass 2 REL chalice 3 BOT calyx

calicida *nm* corn remover

calidez *nf* warmth

cálido *adj* warm

califa *nm* caliph

califado *nm* caliphate

califórnio *nm* californium

caligrafia *nf* 1 (arte) calligraphy 2 (letra) handwriting

calinada *nf* blunder; blooper

calista *n2g* chiropodist

calma *nf* calm; *manter a calma* to keep calm; *(tem) calma!* take it easy!, calm down!

calmante *nm* 1 (dores) painkiller 2 (nervos) tranquillizer ♦ *adj2g* calming, soothing

calmaria *nf* calm

calmo *adj* calm; quiet

calo *nm* (mão, planta do pé) callus; (dedo do pé) corn ❖ *pisar os calos a alguém* to step on someone's toes

caloiro *nm* 1 (universidade) fresher *GB*, freshman *EUA* 2 (principiante) beginner; rookie *EUA*

calor *nm* 1 heat; *estou a morrer de calor* I'm roasting 2 *(entusiasmo)* eagerness; ardour ♦ *nmpl* hot flushes *GB*; hot flashes *EUA*

caloria *nf* calorie

calórico *adj* caloric

calorífero *nm* heater, heating stove

caloroso *adj* warm; friendly

calosidade *nf* callosity

caloso *adj* calloused

calota *nf* GEOM calotte ❖ *calota glacial* icecap

calote *nm col* bad debt; *pregar o calote* not to pay a debt

calotear *vt* to owe money to ♦ *vi* 1 not to pay a debt 2 to swindle

caloteiro *nm col* bad payer

caluda *interj* hush!

calúnia *nf* slander; (por escrito) libel

caluniador *nm* slanderer; (por escrito) libeller

caluniar *vt* to slander; to calumniate

calunioso *adj* slanderous; (por escrito) libellous

calva *nf* bald patch

calvário *nm* torment

calvície *nf* baldness

calvinismo *nm* REL Calvinism

calvinista *n2g* Calvinist ♦ *adj2g* Calvinistic

calvo *adj* bald; *ficar calvo* to go bald

cama *nf* bed; *ir para a cama* to go to bed

camada *nf* 1 layer; *camada de ozono* ozone layer 2 (gelo) sheet 3 (tinta, verniz) coat

camafeu *nm* 1 cameo 2 *pop,pej* ugly person

camaleão *nm* chameleon

câmara *nf* 1 (instituição) house; council; *câmara municipal*; (organismo) town council; (edifício) town hall 2 (aparelho) camera; *câmara fotográfica* camera 3 (compartimento) chamber ❖ (cinema, televisão) *em câmara lenta* in slow motion

câmara-ardente *nf* chapel of rest

camarada *n2g* 1 (de partido) comrade 2 (amigo) mate; pal

camaradagem *nf* friendship; camaraderie

câmara de ar *nf* (roda de bicicleta) inner tube

camarão *nm* shrimp

camarário *adj* municipal

camarata *nf* dormitory

camareira *nf* 1 (corte) maid of honour 2 maid, chambermaid

camareiro *nm* chamberlain

camarim *nm* dressing room

camarista *n2g* 1 councilman 2 chamberlain

camaroeiro *nm* shrimp net

Camarões *nmpl* Cameroon

camaronês *adj,nm* Cameroonian

camarote *nm* 1 (navio) cabin 2 (teatro) box

cambada *nf pej* (pessoas) bunch; gang

cambaio *adj* bandy-legged

cambalacho *nm* swindle; fraud

cambaleante *adj2g* tottering; staggering

cambalear *vi* to totter; to stagger

cambaleio *nm* tottering; staggering

cambalhota *nf* 1 somersault; roll; *dar uma cambalhota* to do a somersault 2 (queda) tumble

cambar *vi* 1 to bandy one's legs 2 to stagger 3 (sapatos) to wear down at the heel

cambial *adj2g* exchange; *cotação cambial* exchange rate

cambiante *adj2g* changing ♦ *nm* shade; tint; nuance

cambiar *vt* 1 to change 2 (dinheiro) to exchange

câmbio *nm* exchange; *taxa do câmbio* exchange rate

cambista *n2g* money changer

Camboja *nm* Cambodia

cambojano *adj,nm* Cambodian

cambraia *nf* (tecido) cambric

cameleira *nf* (árvore) camellia

camélia *nf* (flor) camellia

camelo *nm* 1 camel 2 *col,pej* (pessoa) dunce; dolt

camião *nm* lorry GB; truck EUA

camião-cisterna *nm* tanker

caminhada *nf* long walk; (curta) stroll

caminhante *n2g* walker; stroller

caminhar *vi* to walk; to stroll ♦ *vt* to cover; *caminhámos 5 km* we've covered 5 km

caminheiro *nm* walker; wayfarer

caminho *nm* 1 (via) path; track 2 (direção) way; route; *indicar o caminho a alguém* to show someone the way 3 (viagem) journey ❖ *col já é meio caminho andado* it's half the battle; *estar no bom caminho* to be on the right track

caminho de ferro *nm* railway*GB*; railroad*EUA*

camionagem *nf* haulage*GB*; trucking*EUA*

camioneta *nf* (carga) van; (caixa aberta) pick-up; (passageiros) coach

camionista *n2g* truck driver

camisa *nf* **1** (de homem) shirt **2** (de senhora) blouse **3** (de noite) nightdress, nightgown

camisa de forças *nf* straitjacket

camisa de Vénus *nf* condom

camisaria *nf* shirt shop

camiseiro *nm* **1** (móvel) chest of drawers **2** (pessoa) shirtmaker

camiseta *nf Bras* t-shirt

camisinha *nf col* condom

camisola *nf* sweater; jersey*GB*; jumper*GB*; *camisola interior* vest*GB*, undershirt*EUA*

camisola-amarela *nm* (ciclismo) yellow jersey

camomila *nf* camomile

campa *nf* **1** (sepultura) grave **2** (lápide) gravestone

campainha *nf* **1** bell; *tocar à campainha* to ring the bell **2** (sininho) handbell

campal *adj2g batalha campal* pitched battle

campanário *nm* (igreja) belfry, bell tower

campanha *nf* campaign; *campanha eleitoral* election campaign

campânula *nf* **1** BOT campanula, bell-flower **2** bell-glass

campeão *nm* champion; *campeão do mundo* world champion

campeonato *nm* championship

campestre *adj* rural, country

campina *nf* plain; meadowland

campino *nm* (camponês) peasant

campismo *nm* camping; *fazer campismo* to go camping

campista *n2g* camper

campo *nm* **1** (terreno) field **2** (zona rural) countryside, country **3** (futebol, râguebi) field; (ténis, basquete, vólei) court; (golfe)

course **4** (estádio) ground **5** (área de atividade) field; area **6** (acampamento) camp

camponês *nm* peasant

campónio *nm pej* yokel; hick*EUA*

campo-santo *nm* cemetery; graveyard

campus *nm* (terrenos universitários) campus

camuflagem *nf* camouflage

camuflar *vt* **1** to camouflage **2** *fig* to disguise; to cover up

camurça *nf* **1** (animal) chamois **2** (pele, tecido) suede

cana *nf* **1** BOT cane **2** (pesca) rod **3** (bengala) walking stick; cane **4** (nariz) bridge of the nose

canábis *nf* cannabis

Canadá *nm* Canada

cana-de-açúcar *nf* sugar cane

canadiana *nf* **1** (muleta) crutch **2** (tenda) ridge tent

canadiano *adj,nm* Canadian

canal *nm* **1** channel; *canal de televisão* TV channel **2** (artificial) canal **3** ANAT duct; *canal lacrimal* tear duct ❖ *Canal da Mancha* English Channel

canalha *nf* (crianças) kids ◆ *n2g* rascal; scoundrel

canalhada *nf* **1** (crianças) kids **2** dirty trick

canalhice *nf* dirty trick

canalização *nf* **1** (instalação) plumbing **2** (canos) piping; pipes

canalizador *nm* plumber

canalizar *vt* **1** to canalize; to plumb in **2** (direcionar) to direct; to channel

canapé *nm* **1** (sofá) settee **2** CUL canapé

canário *nm* canary

canastra *nf* basket

canastrão *nm* ham actor

canavial *nm* cane plantation

cancã *nf* (dança) cancan

canção *nf* song

cancela *nf* **1** wrought-iron gate **2** (passagem de nível) barrier

cancelamento *nm* cancellation

cancelar *vt* (evento, atividade) to cancel; to call off; *cancelar um voo* to cancel a flight

câncer *nm Bras* ⇒ **cancro**

Câncer *nm* ASTRON Cancer; *trópico de Câncer* the Tropic of Cancer

cancerígeno *adj* carcinogenic

canceroso *adj* cancerous

cancioneiro *nm* 1 MÚS songbook 2 LIT anthology

cançoneta *nf* MÚS ditty

cançonetista *n2g* singer; songster

cancro *nm* cancer; *cancro do pulmão* lung cancer

candeeiro *nm* lamp; (iluminação pública) streetlight, streetlamp

candeia *nf* oil lamp

candelabro *nm* 1 (de teto) chandelier 2 (castiçal) candelabra

candente *adj2g* 1 incandescent 2 burning; (assunto) controversial

cândi *adj2g* candied; *açúcar cândi* candied sugar

candidatar-se *vp* 1 (eleições) to run [a, for] 2 (emprego, bolsa de estudos) to apply [a, for]

candidato *nm* 1 (cargo político) candidate 2 (emprego, bolsa de estudos) applicant

candidatura *nf* 1 (cargo político) candidature 2 (emprego, bolsa de estudos) application

cândido *adj* 1 innocent 2 (ingénuo) naïve

candonga *nf* 1 (contrabando) smuggling 2 (mercado negro) black market

candongueiro *nm* (contrabandista) smuggler

candura *nf* 1 innocence 2 (ingenuidade) naïveté

caneca *nf* 1 (para beber) mug 2 (para servir) jug*GB*, pitcher*EUA*

caneco *nm* large mug

canela *nf* 1 cinnamon 2 (perna) shin

canelada *nf* kick on the shin

canelado *adj* grooved; furrowed; fluted ❖ *cartão canelado* corrugated cardboard

canelar *vt* (abrir estrias) to groove; to furrow

caneleira *nf* 1 (árvore) cinnamon tree 2 (proteção) shin pad/guard

canelones *nmpl* cannelloni

caneta *nf* pen; *caneta de tinta permanente* fountain-pen ♦ *nfpl col* spectacles; *força nas canetas!* stand on your heels!

cânfora *nf* camphor

canforado *adj* camphorated

canga *nf* (animais de carga) yoke

cangalhas *nfpl* 1 (animais de carga) pack-saddles 2 col,fig (óculos) spectacles ❖ (desordem) *de cangalhas* upside down

cangalheiro *nm* (agente funerário) undertaker

cangalho *nm* 1 pop (objeto) piece of junk 2 pej (pessoa) good-for-nothing

cangar *vt* (animais) to yoke

canguru *nm* kangaroo

cânhamo *nm* (planta) hemp

canhão *nm* 1 MIL cannon 2 (espingarda, pistola) barrel 3 (fechadura) cylinder lock

canhestro *adj* 1 left-handed 2 (desajeitado) clumsy

canhoneira *nf* 1 MIL,NÁUT (barco) gunboat 2 MIL (abertura para canhão) embrasure; hole

canhoto *adj* left-handed ♦ *nm* left-handed person

canibal *adj,n2g* cannibal

canibalismo *nm* cannibalism

caniçal *nm* reedbed

caniche *nm* poodle

canície *nf* 1 (cabelo grisalho) grey hair 2 fig (velhice) old age

caniço *nm* BOT reed

canícula *nf* (calor intenso) heatwave; dog days

canil *nm* dog pound

canino *adj* canine ♦ *nm* (dente) canine (tooth)

canivete *nm* penknife

canja *nf* chicken soup ❖ *(facilidade)* **é canja!** it's a piece of cake!

cano *nm* **1** pipe; tube **2** *(esgoto)* sewer **3** *(bota)* bootleg **4** *(espingarda)* barrel

canoa *nf* canoe

canoagem *nf* canoeing

canoeiro *nm* **1** *(fabricante)* canoe manufacturer **2** canoeist

canoísta *n2g* canoeist

cânon *nm* ⇒ **cânone**

cânone *nm* canon

canónico *adj* canonical

canonização *nf* canonization

canonizar *vt* to canonize; to beatify

canoro *adj* melodious; **ave canora** songbird

cansaço *nm* tiredness; **estar morto de cansaço** to be dead tired

cansado *adj* **1** tired; weary **2** *(farto)* fed up [de, with]

cansar *vt* **1** to tire out; to exhaust **2** *(saturar)* to annoy ♦ *vp* to get tired ♦ *vi* **1** to be tiring **2** *(aborrecimento)* to be boring; *(saturação)* **isso já cansa!** I'm sick of that!

cansativo *adj* **1** *(fatigante)* tiring **2** *(aborrecido)* tedious; boring

canseira *nf* **1** *(cansaço)* fatigue **2** *(trabalho)* toil

cantada *nf* Bras col sweet talk

cantão *nm* canton, district

cantar *vi* to sing; **cantar bem** to sing well ♦ *vt* to sing; **cantar ópera** to sing opera ♦ *nm* singing; song ❖ **cantar de galo** to blow one's trumpet; **cantar vitória antes do tempo** to count the chickens before they're hatched

cantaria *nf* stonework; masonry

cântaro *nm* pitcher, jug ❖ **chove a cântaros** it is raining cats and dogs

cantarolar *vt,i* to hum; to croon

cantata *nf* cantata

canteiro *nm* *(flores)* flowerbed

cântico *nm* canticle; **cântico de Natal** Christmas carol

cantiga *nf* **1** song; **cantiga de embalar** lullaby **2** *(mentira)* story; fib

cantil *nm* **1** *(água)* canteen **2** *(bebidas alcoólicas)* flask

cantilena *nf* ditty; singsong

cantina *nf* *(escola, empresa)* canteen GB, cafeteria EUA; *(universidade)* refectory; *(quartel)* mess

canto *nm* **1** corner; **canto da boca** corner of the mouth; DESP **pontapé de canto** corner kick **2** *(folha, livro)* edge **3** *(arte)* singing; *(cântico)* chant **4** *(pássaro)* song; *(galo)* crow ❖ **ser posto a um canto** to be put on the shelf

cantoneiro *nm* road mender

cantor *nm* singer

cantoria *nf* singing

canudo *nm* **1** *(tubo)* tube; pipe **2** col *(diploma)* university degree

canyoning *nm* canyoning

cão *nm* **1** dog; **cão de caça** hound; **cão de guarda** ? *(arma de fogo)* cock ❖ **cão que ladra não morde** barking dogs don't bite; **ser como cão e gato** to fight like cat and dog

cão-guia *nm* guide dog

cão polícia *nm* police dog

caos *nm* chaos

caótico *adj* chaotic

capa *nf* **1** *(livro, revista)* cover; *(disco, CD)* sleeve GB; jacket EUA **2** *(vestuário)* cape **3** *(pasta)* folder **4** *(revestimento)* layer

capacete *nm* helmet

capachinho *nm* toupee; hairpiece

capacho *nm* doormat

capacidade *nf* **1** *(potencialidade)* capability; ability **2** *(recipiente, máquina, sala)* capacity

capacitar *vt* **1** to enable [para, to] **2** to persuade [de, of] ♦ *vp* *(autoconvencer-se)* to convince oneself [de, of]; to persuade oneself [de, of]

capado *adj* castrated; neutered

capador *nm* gelder

capanga *nm Bras* henchman

capão *nm* 1 (galo) capon 2 (cavalo) gelding

capar *vt* 1 (animal) to castrate; to neuter; *capar um gato* to neuter a cat 2 (cavalo) to geld

capataz *nm* foreman; overseer

capaz *adj2g* capable [*de*, of]; able [*de*, to]; *ser muito capaz* to be very capable ❖ (possibilidade) *é capaz* it might

capcioso *adj lit* captious; *argumento capcioso* captious argument ❖ *pergunta capciosa* trick question

capela *nf* (igreja) chapel

capela-mor *nf* sanctuary

capelania *nf* REL chaplaincy

capelão *nm* chaplain

capelinha *nf* 1 small chapel 2 *fig* restricted group

capelo *nm* 1 (capuz) hood 2 (cardeal) cardinal's hat 3 (pessoa doutorada) doctor's cap

capicua *nf* palindrome

capilar *adj2g* hair ♦ *nm* capillary

capilé *nm* (xarope) maidenhair syrup

capim *nm Bras* grass

capital *nf* (cidade) capital ♦ *nm* ECON capital ♦ *adj2g* 1 crucial; vital 2 DIR (máximo) capital

capitalismo *nm* capitalism

capitalista *adj,n2g* capitalist

capitalização *nf* capitalization

capitalizar *vt* 1 to capitalize 2 (tirar proveito de) to capitalize on

capitanear *vt* 1 to lead; to head 2 (tropas) to command 3 (equipa) to captain

capitania *nf* captaincy

capitão *nm* captain

capitel *nm* (coluna) capital; (pilastra) chapter

capitólio *nm* capitol

capitulação *nf* capitulation

capitular *vi* 1 MIL to capitulate 2 to surrender

capítulo *nm* (de livro) chapter; (de série) episode

capô *nm* (automóvel) bonnet *GB*; hood *EUA*

capoeira *nf* 1 coop; henhouse 2 (luta, desporto) capoeira

capota *nf* convertible top; hood *GB*

capotar *vi* 1 (carro) to overturn 2 (avião) to nosedive

capote *nm* cloak

caprichar *vi* to do one's best

capricho *nm* whim; *por capricho* on a whim

caprichoso *adj* whimsical

Capricórnio *nm* (constelação, signo) Capricorn

caprino *adj* caprine

cápsula *nf* 1 (garrafas) cap; top 2 (medicamento) capsule 3 (espacial) space capsule

captação *nf* 1 TV.RÁD reception 2 (conquista) winning [*de*, of] 3 (entendimento) grasping; understanding

captar *vt* 1 to catch; to capture 2 TV.RÁD to receive; *captar a emissão* to receive the emission 3 (atrair) to attract; *captar a atenção* to attract the attention 4 (entender) to grasp; to apprehend

captura *nf* 1 (pessoa, animal) capture 2 (bens) apprehension

capturar *vt* 1 (animal) to capture; to catch 2 (pessoa) to capture; to arrest

Capuchinho Vermelho *nm* Little Red Riding Hood

capuchino *nm* cappuccino

capucho *nm* 1 (vestuário) hood 2 (frade) capuchin

capuz *nm* hood

caquético *adj pej* gaga; senile

caqui *nm* (tecido, cor) khaki

cara *nf* 1 (rosto) face 2 (aspeto) look 3 (moeda) head; *cara ou coroa* heads or tails ❖ *dar de caras com* to bump into; *ser a cara chapada de alguém* to be someone's spitting image

carabina *nf* carbine

caraças *interj* **1** *col* (surpresa) gosh!; jeez **2** *col* (contrariedade) damn!

caracol *nm* **1** snail **2** (cabelo) curl ✣ ***andar a passo de caracol*** to move at a snail's pace

carácter ou **caráter** *nm* **1** (personalidade) character **2** (índole) nature; ***de carácter oficial*** of an official nature **3** INFORM character

característica ou **caraterística** *nf* characteristic

característico ou **caraterístico** *adj* characteristic

caracterização ou **caraterização** *nf* **1** (descrição) characterization **2** (maquilhagem) make-up

caracterizar ou **caraterizar** *vt* **1** (descrever) to characterize **2** (ilustrar) to typify **3** (maquilhagem) to do the make-up for ♦ *vp* to be characterized [**por**, by]

carago *interj col* damn!

Caraíbas *nfpl* Caribbean

caramanchão *nm* arbour; bower

caramba *interj* **1** *col* (surpresa) gosh!; jeez **2** *col* (contrariedade) damn!

caramelizar *vt,i* CUL to caramelize

caramelo *nm* **1** (açúcar) caramel **2** (guloseima) toffee **3** *col* (sujeito) guy

cara-metade *nf col* better half

caramujo *nm* periwinkle

caranguejo *nm* crab

Caranguejo *nm* (constelação, signo) Cancer

carantonha *nf* grimace

carapaça *nf* **1** (animal) shell; carapace **2** *fig* armour

carapau *nm* sprat

carapim *nm* (bebé) bootee

carapinha *nf* frizzy hair

carapuça *nf* cap; hood ✣ ***enfiar a carapuça*** to take it personally; ***qual carapuça!*** nonsense!

carapuço *nm* cap

caravana *nf* (veículo, viajantes) caravan

caravela *nf* caravel

carbónico *adj* QUÍM carbonic; ***óxido carbónico*** carbonic oxide

carbonizar *vt* **1** to carbonize **2** (queimar) to burn to cinders ✣ ***morrer carbonizado*** to be burnt to death

carbono *nm* carbon

carbúnculo *nm* carbuncle

carburação *nf* carburation

carburador *nm* carburettor GB, carburetor EUA

carburante *nm* (motores) fuel

carcaça *nf* **1** (animal) carcass **2** (pão) bread roll

carcela *nf* (calças) fly

cárcere *nm* prison, jail

carcereiro *nm* jailer, gaoler GB

carcinoma *nm* carcinoma

carcoma *nm* (inseto) woodworm

carcomido *adj* worm-eaten

carda *nf* (lã) card

cardador *nm* (lã) carder

cardápio *nm* menu

cardar *vt* to card; ***máquina de cardar*** carding machine

cardeal *adj2g,nm* cardinal

cardíaco *adj* cardiac; ***ataque cardíaco*** heart attack ♦ *nm* heart patient

cardinal *adj2g* **1** (numeral) cardinal **2** (principal) main; fundamental

cardiologia *nf* cardiology

cardiologista *n2g* cardiologist

cardiopulmonar *adj2g* cardiopulmonary

cardiorrespiratório *adj* MED cardiorespiratory

cardiovascular *adj2g* cardiovascular

cardo *nm* thistle

cardume *nm* (peixe) shoal

careca *n2g* (pessoa) bald person ♦ *nf* (calvície) baldness ♦ *adj2g* **1** bald; ***ficar careca*** to grow bald **2** (cheque) dud

carecer vi 1 to be lacking [**de**, in]; to lack [**de**, -]; *carecer de fundamento* to fall short of the truth 2 to be short [**de**, of] 3 to stand in need [**de**, of]; *carecer de assistência* to stand in need of help

carecimento nm 1 (*falta*) lack 2 (*necessidade*) want; need

careiro adj 1 expensive 2 col (*vendedor, loja*) that sells dear

carência nf 1 (*falta*) lack [**de**, of] 2 (*necessidade*) need [**de**, of] 3 MED deficiency

carente adj2g 1 lacking [**de**, in]; in need 2 (*afetivamente*) needy

carestia nf costliness; high prices

careta nf face, grimace; *fazer caretas* to make faces

carga nf 1 (*camião*) load; (*navio, avião*) cargo 2 (*bateria, arma*) charge 3 (*caneta*) refill ❖ MIL *à carga!* charge!; col *por que carga de água?* why on earth?

cargo nm 1 (*função*) post, position 2 (*responsabilidade*) charge; *ter a seu cargo* to be in charge of

cargueiro nm cargo ship

cariado adj (*dente*) decayed

cariar vt MED (*dente*) to cause to decay ♦ vi MED (*dente*) to decay

caribenho adj,nm Caribbean

caricato adj 1 droll; amusing 2 pej ludicrous; ridicule

caricatura nf caricature

caricatural adj2g ludicrous; ridiculous

caricaturar vt to caricature

caricaturista n2g caricaturist

carícia nf caress; stroke; *fazer carícias a* to fondle

caridade nf 1 (*bondade*) kindness; (*piedade*) mercy 2 (*dinheiro*) charity

caridoso adj (*bondoso*) kind, charitable; (*compassivo*) merciful

cárie nf 1 caries; tooth decay 2 (*dente furado*) cavity

caril nm curry

carimbar vt 1 (*validar*) to stamp 2 (*correio*) to postmark

carimbo nm 1 stamp 2 (*correio*) postmark

carinho nm 1 affection; tenderness 2 (*dedicação*) loving care 3 (*carícia*) caress

carinhoso adj (*afetuoso*) loving; affectionate

carioca nm weak coffee ♦ adj2g of Rio de Janeiro ♦ n2g native or inhabitant of Rio de Janeiro ❖ *carioca de limão* small cup of lemon tea

carisma nm charisma

carismático adj charismatic

caritativo adj charitable

cariz nm nature; *de cariz científico* of a scientific nature

carjacking nm carjacking

carlinga nf 1 (*avião*) cockpit 2 (*barco*) keelson

carmesim adj2g,nm crimson

carmim adj,nm carmine

carnação nf 1 (*tom de pele*) complexion 2 (*carne*) flesh

carnal adj2g carnal

carnalidade nf carnality; sensuality

Carnaval nm 1 (*festa*) carnival 2 REL Shrovetide

carnavalesco adj carnival

carne nf 1 (*pessoa, fruto*) flesh 2 (*alimento*) meat; *carne de porco* pork; *carne de vaca* beef ❖ *em carne e osso* in person; *nem carne nem peixe* neither fish nor fowl

carneiro nm 1 ZOOL ram 2 CUL mutton

Carneiro nm (*constelação, signo*) Aries

carniceiro nm butcher

carnificina nf carnage, slaughter

carnívoro adj carnivorous ♦ nm carnivore

carnudo adj fleshy

caro adj 1 (*preço*) expensive 2 dear; *meu caro* my dear ♦ adv 1 at a high price 2 (*atitude*) dearly

carocha *nf* (inseto) beetle ♦ *nm* (carro) beetle*GB*; bug*EUA*

caroço *nm* 1 (frutos) stone*GB*, pit*EUA* 2 MED lump 3 *pop* (dinheiro) cash

carola *nf pop* (cabeça) nut*col* ♦ *n2g col* enthusiast; buff ♦ *adj2g pej* overpious

carolice *nf* 1 (gosto) dedication 2 *pej* pietism

carolo *nm* 1 BOT cob 2 (pancada) clout 3 (inchaço) lump; growth

carótida *nf* carotid

carpa *nf* carp

carpete *nf* carpet

carpintaria *nf* 1 (ofício) carpentry 2 (oficina) carpenter's

carpinteiro *nm* carpenter

carpir *vi* 1 (chorar) to weep; to wail 2 (sofrer) to suffer

carraça *nf* tick

carrada *nf* 1 cartload 2 *fig* (grande quantidade) loads [de, of] ❖ *às carradas* abundantly; by the cartload

carranca *nf* 1 (cara carrancuda) frown 2 ARQ mask

carrancudo *adj* 1 (pessoa) frowning; surly 2 (tempo) dark; gloomy

carrapato *nm* 1 tick, bedbug 2 *fig,pej* nagger

carrapito *nm* (cabelo) bun

carrascão *adj* (vinho) rough

carrasco *nm* 1 executioner; (forca) hangman 2 *fig* tyrant

carraspana *nf col* drunkenness; *apanhar uma carraspana* to get plastered

carrear *vt* 1 to cart 2 (transportar) to carry 3 (provocar) to cause

carregado *adj* 1 (carga) charged; loaded 2 (atmosfera) heavy 3 (cheio) full 4 (céu) overcast; cloudy 5 (semblante) sullen 6 (cor) deep 7 (pronúncia) heavy

carregador *nm* 1 (dispositivo, trabalhador) loader 2 (estação) porter 3 (bateria) charger

carregamento *nm* 1 (ato de carregar) loading 2 (carga) load; cargo 3 INFORM upload

carregar *vt* 1 (mercadoria, arma) to load; *carregar um camião* to load a truck; *carregar uma arma* to load a gun 2 (bateria) to charge 3 INFORM to download 4 (franzir) to knit; *carregar o sobrolho* to knit one's brows ♦ *vi* 1 MIL to charge [sobre, over]; to attack [sobre, over]; *carregar sobre o inimigo* to charge over the enemy 2 (premir) to press [em, -]; *carregar no botão de iniciar* to press the initiate button 3 (arcar) to bear [com, -]; *carregar com a responsabilidade* to bear the responsibility

carreira *nf* 1 (vida profissional) career 2 (fila) row 3 (avião, barco) route

carreiro *nm* (caminho) footpath; track

carreta *nf* cart, handcart; *carreta de bagagens* barrow

carreto *nm* 1 (preço de transporte) freight 2 *fig* (encargo) charge

carril *nm* 1 (comboio, elétrico) rail 2 (sulco) rut

carrilhão *nm* carillon

carrilho *nm* BOT (espiga) ear ❖ *col,fig comer a dois carrilhos* to have too many irons in the fire

carrinha *nf* 1 estate car*GB*; station wagon*EUA* 2 (transporte de mercadorias) van 3 (de caixa aberta) pick-up (truck)

carrinho *nm* 1 (de bebé) pram*GB*, buggy*EUA* 2 (supermercado) trolley; *carrinho de compras* shopping cart*EUA* 3 (costura) reel; *carrinho de linhas* cotton reel 4 (brinquedo) toy car ❖ *carrinho de mão* wheelbarrow; *carrinhos de choque* dodgem cars*GB*; bumper cars*EUA*

carripana *nf col* banger*GB*; clunker*EUA*

carro *nm* car; *andar de carro* to drive

carroça *nf* cart; wagon

carroçaria *nf* (automóvel) bodywork

carroceiro *nm ant* carter

carro-patrulha *nm* squad car; patrol car

carrossel *nm* merry-go-round; roundabout *GB*; carousel *EUA*

carruagem *nf* (comboio) carriage *GB*; car *EUA*

carruagem-cama *nf* sleeping-car

carruagem-restaurante *nf* dining-car

carta *nf* 1 letter; *pôr uma carta no correio* to post a letter 2 (jogo) card 3 (mapa) map 4 (restaurante) menu 5 *col* (de condução) driving licence *GB*, driver's license *EUA*

carta-branca *nf* carte blanche; free hand

cartada *nf* trick ❖ *jogar a última cartada* to play one's last card

carta de condução *nf* driving licence; driver's licence *EUA*

cartão *nm* 1 card; *cartão de crédito* credit card 2 (papelão) cardboard

cartaz *nm* poster, bill; *é proibido afixar cartazes* stick no bills

carteira *nf* 1 (de bolso) wallet 2 (de mão) handbag *GB*; purse *EUA* 3 (secretária) desk

carteirista *n2g* pickpocket

carteiro *nm* postman

cartel *nm* (associação) cartel

cartilagem *nf* cartilage

cartilagíneo *adj* MED cartilaginous; *tecido cartilagíneo* cartilaginous tissue

cartilha *nf* 1 (aprendizagem da leitura); primer 2 REL catechism

cartografia *nf* cartography

cartográfico *adj* cartographic

cartógrafo *nm* cartographer

cartola *nf* top hat

cartolina *nf* thin cardboard

cartomancia *nf* cartomancy

cartomante *n2g* fortune-teller

cartonado *adj* (encadernação) in boards

cartonagem *nf* (livros) boarding; bookbinding

cartonar *vt* to board, to bind

cartoon *nm* (desenho) cartoon

cartoonista *n2g* cartoonist

cartório *nm* register office; (notário) notary's office

cartucheira *nf* cartridge belt, cartridge band

cartucho *nm* 1 (arma, impressora) cartridge 2 (saco de papel) paper cone

caruma *nf* dry pine needles

carunchar *vi* 1 to become worm-eaten 2 (desfazer-se) to rot away 3 *fig* (envelhecer) to get on in years

caruncho *nm* woodworm

carunchoso *adj* 1 (com caruncho) worm-eaten, wormy 2 (em decadência) rotten 3 *fig* (velho) over the hill

carvalho *nm* oak

carvão *nm* 1 coal 2 (para desenho) charcoal 3 *fig* charred stick

carvoaria *nf* 1 (estabelecimento) coal merchant's 2 (forno) charcoal kiln

carvoeira *nf* 1 (despensa) coal cellar 2 (mina) colliery; pit

carvoeiro *nm* 1 coalman 2 coal merchant ❖ *barco carvoeiro* collier

casa *nf* 1 (residência) house 2 (lar) home 3 (estabelecimento) company, firm; *casa comercial* commercial firm 4 (botão) buttonhole 5 (xadrez, damas) square ❖ *casa cheia* full house; *casa de banho* (em casa) bathroom; (em local público) toilet *GB*, restroom *EUA*

casaca *nf* tailcoat ❖ *cortar na casaca de* to backbite

casacão *nm* overcoat

casaco *nm* (curto) jacket; (comprido) coat; *casaco de malha* cardigan

casa de banho *nf* bathroom

casado *adj* married [com, to]

casadoiro *adj* marriageable

casal *nm* 1 (pessoas) couple 2 (animais) pair

casamenteiro *nm* matchmaker

casamento *nm* 1 marriage; *pedir (alguém) em casamento* to propose to (somebody) 2 (cerimónia) wedding

casar *vt* 1 to marry 2 *fig* to match ◆ *vi,p* 1 to get married; *casar-se pela igreja* to have a church wedding; *casar pelo civil* to get married in a registry office 2 *fig* to combine

casarão *nm* mansion

casario *nm* row of houses

casca *nf* 1 (noz, ovo) shell 2 (fruta) peel 3 (banana, cebola) skin 4 (queijo, limão) rind 5 (cereais) husk 6 (leguminosas) pod 7 (árvore) bark ❖ *sair da casca* to come out of one's shell

cascalheira *nf* 1 gravel bed 2 (riso) chortle 3 rattling noise 4 difficult breathing

cascalho *nm* 1 gravel 2 (praia) shingle 3 *col* (trocos) loose change

cascar *vt* 1 to bark 2 to peel ♦ *vi* (bater) to beat up

cascata *nf* cascade, waterfall

cascavel *nf* rattlesnake

casco *nm* 1 (animal) hoof 2 (navio) hull ❖ *em cascos de rolha* in the middle of nowhere

casebre *nm* shack; hovel

caseiro *adj* 1 (pessoa) home-loving 2 home-made; *pão caseiro* home-made bread ♦ *nm* (inquilino) tenant

caserna *nf* MIL barracks

casinha *nf* 1 small house 2 *col* (casa de banho) loo GB; john EUA

casino *nm* casino

casmurro *adj* (teimoso) stubborn, headstrong

caso *nm* 1 case 2 (aventura amorosa) affair ♦ *conj* in case, if; *caso ele te pergunte* if he asks you ❖ *caso contrário* otherwise; *não vir ao caso* to be irrelevant

casota *nf* (cão) kennel; doghouse EUA

caspa *nf* dandruff

casquilho *nm* (lâmpada) thread

casquinha *nf* 1 plated metal 2 thin rind

cassete *nf* (vídeo, áudio) tape, cassette; *cassete virgem* blank tape

cassetete *nm* truncheon GB; nightstick EUA

casta *nf* 1 (grupo social) caste 2 (estirpe) lineage 3 (variedade) species; *uma casta de uvas* a species of grapes

castanha *nf* chestnut

castanheiro *nm* chestnut tree

castanho *adj* (cor) brown ♦ *nm* 1 (cor) brown 2 (madeira) chestnut

castanholas *nfpl* castanets

castão *nm* 1 knob, handle 2 head

castelão *nm* castellan

castelhano *adj,nm* Castilian

castelo *nm* castle

castiçal *nm* candlestick

castiço *adj* 1 pure, genuine 2 *col* (engraçado) funny

castidade *nf* chastity

castigar *vt* 1 to punish [por, for]; *castigaram-me por ter mentido* I was punished for telling lies 2 DESP to penalize ❖ *col castiga-o severamente!* give it to him hot!

castigo *nm* 1 (ato) punishment 2 (pena) penalty

casting *nm* casting

casto *adj* chaste

castor *nm* beaver

castração *nf* castration

castrado *adj* castrated ♦ *nm* eunuch

castrador *adj* castrating; emasculating ♦ *nm* gelder, castrator

castrar *vt* 1 to castrate; to emasculate 2 (cavalo) to geld 3 (animal doméstico) to neuter

casual *adj2g* casual, unexpected

casualidade *nf* chance; accident; *por casualidade* by chance

casulo *nm* 1 (insetos) cocoon 2 BOT seed capsule

cata *nf col* search; *andar à cata de* to be in search of

cataclismo *nm* cataclysm

catacumbas *nfpl* catacombs

catadupa *nf* waterfall ❖ *em catadupa* abundantly

catadura nf 1 countenance; look 2 mood; *estar de má catadura* to be in a bad mood

catalepsia nf MED catalepsy

cataléptico adj cataleptic

catalisador nm 1 QUÍM catalyst 2 (automóvel) catalytic converter

catalisar vt 1 to catalyse 2 to bring about

catálise nf catalysis

catalogação nf cataloguing GB, cataloging EUA

catalogar vt to catalogue GB; to catalog EUA

catálogo nm catalogue GB; catalog EUA

catana nf (faca) large knife

cataplasma nm poultice

catapulta nf catapult

catapultar vt to catapult [para, to]

catar vt 1 (piolhos) to delouse 2 (procurar) to look for, to search for 3 (arroz) to clean

Catar nm Qatar

catarata nf 1 waterfall 2 MED cataract

catarense adj,n2g Qatari

catarro nm catarrh

catarse nf catharsis

catártico adj cathartic

catástrofe nf catastrophe; disaster

catastrófico adj catastrophic; disastrous

catatonia nf MED catatonia

catatónico adj MED catatonic

catatua nf cockatoo

cata-vento nm 1 weather vane, weathercock 2 fig fickle person

catecismo nm catechism

cátedra nf 1 (universidade) chair; professorship 2 REL cathedra

catedral nf cathedral

catedrático nm professor

categoria nf 1 (grupo) category 2 (emprego) grade 3 (qualidade) quality; class ❖ LING *categoria gramatical* part of speech

categórico adj categorical

categorizar vi to categorize

catenária nf (geral) catenary

catequese nf catechesis

catequista n2g catechist

catequização nf REL catechization; indoctrination

catequizar vt REL to catechize

catering nm (serviço) catering (service); (empresa) catering company

caterva nf crowd; gang; *uma caterva de miúdos* a gang of urchins

cateter nm catheter

cateto nm cathetus

catita adj2g neat and smart

cativante adj2g captivating

cativar vt to captivate; to charm

cativeiro nm captivity

cativo adj,nm captive

cato nm cactus

catódico adj cathodic; *raio catódico* cathode ray

cátodo nm ELET cathode

catolicismo nm Catholicism

católico adj,nm Catholic

catorze quant num fourteen; *o dia catorze* the fourteenth

catraio nm col kid

catrapus interj crash!

catre nm 1 folding bed 2 camp bed

caturra adj2g headstrong; obstinate

caturrar vi to be stubborn

caturrice nf obstinacy; stubbornness

caução nf 1 DIR bail; *liberto sob caução* out on bail 2 (garantia) guarantee

caucionar vt 1 to bail 2 to guarantee

cauda nf 1 (animal, avião, cometa) tail 2 (vestido) train 3 (fila, corrida) rear

caudal nm (rio) flow ♦ adj2g caudal

caudaloso adj (rio) fast-flowing

caule nm stem, stalk

causa nf 1 cause 2 DIR (ação judicial) lawsuit, case ❖ *em causa* in question; at stake; *por causa de* on account of

causador nm causer; cause

causal adj2g causal

causalidade nf causality

causar vt 1 to cause, to be the cause of; *causar dissabores* to cause trouble 2 to bring about; to occasion ❖ *causar alegria* to make you happy; *causar dano* to be harmful; *causar má impressão* to make a bad impression

causativo *adj* causative

causticação *nf* 1 cauterization 2 *fig* trouble, annoyance

causticar *vt* 1 to cauterize 2 *fig* to tease, to annoy

causticidade *nf* causticity

cáustico *adj* caustic; corrosive

cautela *nf* 1 caution, precaution; *à cautela* as a precaution 2 (lotaria) share 3 (penhores) pawn ticket

cauteleiro *nm* lottery ticket seller

cauteloso *adj* cautious

cautério *nm* cautery

cauterização *nf* cauterization

cauterizar *vt* 1 to cauterize 2 *fig (extirpar)* to root out

cauto *adj* 1 cautious; prudent 2 (resposta) guarded

cavaco *nm* (lenha) chip; splinter ❖ *col não dar cavaco* 1 (resposta) to say nothing 2 (atenção) to pay no attention

cavado *adj* 1 (cavidade) hollowed 2 (olhos) sunken 3 (roupa) low-cut

cavador *nm* digger

cavadora *nf* digger; ploughing machine

cavala *nf* mackerel

cavalaria *nf* 1 MIL cavalry 2 *(equitação)* riding

cavalariça *nf* stable

cavaleiras *nfpl às cavaleiras* piggyback, pickaback

cavaleiro *nm* 1 rider, horseman 2 HIST knight

cavalete *nm* 1 (pintura) easel 2 (violino) bridge

cavalgada *nf* ride

cavalgadura *nf* 1 (animal) mount 2 *fig,pej* (pessoa) donkey; idiot

cavalgar *vt* to ride ♦ *vi* to ride [**em**, on]; *cavalgar num cavalo* to ride on a horse ❖ *cavalgar sobre* to jump over

cavalheiresco *adj* gentlemanly; chivalrous

cavalheirismo *nm* chivalry; gallantry

cavalheiro *nm* gentleman

cavalitas *nfpl às cavalitas* piggyback

cavalo *nm* 1 (animal) horse 2 (xadrez) knight 3 (ginástica) vaulting horse 4 MEC horsepower

cavalo de batalha *nm* hobbyhorse; *fazer cavalo de batalha de* to insist on

cavalo-marinho *nm* sea horse

cavaquear *vi col* to chat

cavaqueira *nf col* chat

cavaquinho *nm* small guitar

cavar *vt* (terra) to dig ♦ *vi* 1 to dig 2 (animal) to burrow

cave *nf* 1 (casa) basement, cellar 2 (vinho) wine cellar

caveira *nf* skull

caverna *nf* cavern

cavername *nm* 1 NÁUT framework 2 skeleton

cavernoso *adj* cavernous; hollow

caviar *nm* caviar

cavidade *nf* 1 cavity 2 hole

cavilha *nf* 1 (madeira) peg 2 (metal) pin

cavo *adj* 1 hollow 2 concave

caxemira *nf* cashmere

cazaquistanês *adj,nm* Kazakh

Cazaquistão *nm* Kazakhstan

CD *nm* [sigla de Compact Disc]

CD-ROM *nm* [sigla de Compact Disc Read-Only Memory]

cear *vi* to have supper

cebola *nf* onion

cebolada *nf* CUL fried-onion garnish

cebolinho *nm* chives

cedência *nf* 1 compromise; concession 2 (propriedade) transfer

ceder *vt* 1 (lugar) to give up [**a**, to]; *cedi o meu lugar a um senhor idoso* I gave my seat up to an old gentleman **2** to transfer **3** (*emprestar*) to lend ♦ *vi* **1** to yield [**a**, **to**]; to give in [**a**, **to**]; *ceder à pressão* to yield to pressure **2** (*ir abaixo*) to give way; to cave in; *a prateleira cedeu com o peso dos livros* the shelf gave way under the weight of the books

cedilha *nf* cedilla

cedilhar *vt* to mark with a cedilla

cedo *adv* **1** early; *levantar-se cedo* to get up early **2** (*em breve*) soon; *mais cedo ou mais tarde* sooner or later

cedro *nm* **1** (*árvore*) cedar **2** (*madeira*) cedarwood

cédula *nf* certificate

cefaleia *nf* migraine

cefálico *adj* cephalic

cegar *vi* **1** to go blind **2** *fig* to be dazzling ♦ *vt* **1** to blind **2** *fig* (*ofuscar*) to dazzle

cegarrega *nf* **1** ZOOL cicada **2** (som) prattle, tattle

cego *adj* blind ♦ *nm* blind person ❖ *às cegas* blindly

cegonha *nf* stork

cegueira *nf* blindness

ceia *nf* supper

ceifa *nf* harvest, reaping

ceifar *vt* **1** to reap, to harvest, to crop **2** *fig* (vidas) to wipe out

ceifeira *nf* (máquina) harvester

ceifeiro *nm* reaper

Ceilão *nm* (atual Sri Lanka) Ceylon

cela *nf* cell

celebérrimo *adj* extremely famous

celebração *nf* celebration

celebrado *adj* celebrated; renowned; famous

celebrante *n2g* celebrant

celebrar *vt* **1** (festejar) to celebrate; *celebrar o acontecimento* to celebrate the occasion **2** (exaltar) to praise **3** (acordo) to seal **4** (contrato) to sign; *celebrar contrato com o Sporting* to sign for Sporting **5** REL to say, to celebrate ♦ *vi* REL to say mass

célebre *adj2g* famous, celebrated

celebridade *nf* (pessoa, fama) celebrity

celebrizar *vt* to make famous ♦ *vp* to become famous

celeiro *nm* barn; granary

celerado *adj* villainous; depraved ♦ *nm* scoundrel

célere *adj2g* swift; quick

celeridade *nf* celerity; swiftness

celeste *adj2g* **1** celestial **2** (divino) heavenly

celestial *adj2g* **1** celestial **2** (divino) heavenly

celeuma *nf* **1** hubbub; uproar **2** controversy

celha *nf* eyelash

celibatário *adj,nm* celibate

celibato *nm* celibacy

celofane *nm* cellophane

Celsius *adj inv* Celsius; *10 graus Celsius* ten degrees Celsius

celta *adj2g* Celtic ♦ *n2g* Celt ♦ *nm* (língua) Celtic

céltico *adj* Celtic

célula *nf* cell

celular *adj2g* cell; cellular ♦ *nm* Bras mobile phone GB; cellphone EUA

celulite *nf* **1** (acumulação) cellulite **2** (inflamação, infeção) cellulitis

celuloide *nm* celluloid

celulose *nf* cellulose

cem *quant num* one/a hundred

cemitério *nm* **1** cemetery **2** (igreja) graveyard

cena *nf* **1** scene **2** (palco) stage; *entrar em cena* to go on stage

cenário *nm* **1** TEAT,CIN scenery, set **2** (de acontecimento) setting, scene; *cenário do crime* scene of the crime **3** (panorama) scenario

cénico *adj* scenic

cenografia *nf* **1** TEAT stage design **2** CIN set design

cenógrafo *nm* **1** TEAT stage designer **2** CIN set designer

cenoura nf carrot

censo nm census

censor nm censor

censura nf 1 (obras, filmes) censorship 2 (crítica) criticism

censurar vt 1 (repreender) to censure 2 (reprovar) to reproach [**por**, for] 3 (filme, livro, etc.) to censor

censurável adj reprehensible

centáurea nf BOT cornflower, centaury

centauro nm centaur

centavo nm cent ❖ **não vale um centavo** it's not worth a penny

centeio nm rye

centelha nf spark

centena nf hundred; **às centenas** by the hundreds

centenário adj centenarian ♦ nm (comemoração) centenary GB; centennial EUA

centesimal adj?g centesimal

centésimo adj num hundredth

centiare nm centiare

centígrado adj centigrade

centigrama nm centigramme GB, centigram EUA

centilitro nm centilitre GB, centiliter EUA

centímetro nm centimetre GB, centimeter EUA

cêntimo nm cent

cento num card,nm hundred; **cento e um** a hundred and one ❖ **por cento** per cent GB; percent EUA

centopeia nf centipede, millipede

central adj2g 1 central 2 (importância) main ♦ nf 1 power station; **central nuclear** nuclear power station 2 (sede) head office, headquarters ❖ **central telefónica** telephone exchange

centralização nf centralization

centralizado adj central ❖ (carro) **fecho centralizado** central locking

centralizador adj centralizing

centralizar vt to centralize

centrar vt 1 to centre; **centrar a fotografia numa página** to centre the photo on a page 2 fig (atenção, olhar) to focus [**em**, on] ♦ vi DESP to centre

centrifugação nf centrifugation

centrifugadora nf centrifuge; (roupa) spin-dryer; (sumos) juice extractor

centrifugar vt 1 to centrifuge 2 (roupa) to spin-dry

centrífugo adj centrifugal

centrípeto adj centripetal

centro nm centre GB, center EUA ❖ **centro comercial** shopping centre GB, mall EUA; **centro de mesa** centrepiece GB, centerpiece EUA

centuplicar vt to increase a hundredfold; to multiply a hundredfold

cêntuplo quant num centuple

centúria nf HIST century

centurião nm HIST centurion

cepa nf (árvore) stump; (videira) stock ❖ **não sair da cepa torta** to make no progress

cepo nm (toro de árvore) block, log

cera nf 1 (velas, depilação) wax 2 (ouvidos) earwax

cerâmica nf 1 (arte) ceramics; pottery 2 (objeto) piece of pottery

cerâmico adj ceramic

ceramista n2g ceramic artist; potter

cerca nf (de arame, madeira) fence; (de plantas) hedge ❖ **cerca de** 1 (aproximadamente) about; around 2 (perto de) near

cercado adj 1 surrounded 2 fenced in

cercadura nf 1 (barreira) fence 2 (borda) border; edge

cercanias nfpl surroundings, environs

cercar vt 1 to surround 2 (com cerca) to fence in 3 to enclose [**de/com**, with] 4 MIL to besiege; to surround

cerce adv short; **cortar cerce** to cut short

cercear vt 1 to cut short 2 to limit

cerco nm MIL siege

cerda nf bristle

cereal nm cereal

cerebelo *nm* cerebellum

cerebral *adj2g* cerebral; brain; *tumor cerebral* brain tumour

cérebro *nm* 1 brain 2 *fig (inteligência)* brain(s), mind 3 *fig (líder)* brains; *ser o cérebro do projeto* to be the brains behind the project

cerebrospinal *adj2g* cerebrospinal

cereja *nf* cherry

cerejeira *nf* cherry tree

cerimónia *nf* ceremony; *cerimónia de abertura* opening ceremony; *fazer cerimónia* to stand on ceremony

cerimonial *adj2g,nm* ceremonial

cerimonioso *adj* ceremonious

cério *nm* cerium

cerne *nm* 1 *(árvore)* heartwood 2 *(núcleo)* core

ceroulas *nfpl* drawers

cerrado *adj* 1 *(nevoeiro, vegetação)* thick, dense 2 *(punho)* clenched 3 *(noite)* dark 4 *(pronúncia)* thick

cerrar *vt* 1 *(punhos)* to clench 2 *(colocar cerca)* to fence in ♦ *vp* to close in

cerro *nm* hillock

certa *nf* certainty ❖ *pela certa* for sure; *levar alguém à certa* to take someone in

certame *nm* 1 *(concurso)* contest 2 *(exposição)* exhibition

certamente *adv* certainly

certeiro *adj* 1 *(precisão)* well-aimed 2 *(acertado)* right 3 *(perspicaz)* shrewd

certeza *nf* certainty; *ter a certeza* to be sure; *ter a certeza absoluta* to be positive

certidão *nf* certificate

certificação *nf* certification

certificado *nm* certificate; *certificado de habilitações* qualification certificate

certificador *nm* certifier

certificar *vt* 1 *(curso)* to certify 2 *(assegurar)* to assure (somebody) [de, of] ♦ *vp* to make certain [de, of]; to make sure [de, of]; *certificar-se de alguma coisa* to make sure of something

certificativo *adj* certificatory

certo *adj* 1 *(garantido, convencido)* certain; sure 2 *(correto)* correct 3 *(exato)* right; *o relógio está certo* the watch is right 4 *(combinado)* fixed ♦ *det indef* 1 *(determinado)* certain 2 *(algum)* some ♦ *adv* 1 certainly 2 *(responder, agir)* correctly ❖ *ao certo* for sure; *até certo ponto* to some extent; *dar certo* to work

cerveja *nf* beer; *cerveja de pressão* draught beer*GB*, draft beer*EUA*

cervejaria *nf* 1 *(bar)* pub 2 *(fábrica)* brewery

cervejeiro *nm* brewer ♦ *adj (fábrica)* *indústria cervejeira* brewery

cervical *adj2g* cervical

cerviz *nf (nuca)* cervix

cervo *nm* stag

cerzideira *nf ant* darner, mender

cerzir *vt ant* to darn

cesariana *nf* Caesarean section; C-section

césio *nm* caesium*GB*, cesium*EUA*

cessação *nf* 1 *(termo)* cessation; end 2 *(interrupção)* suspension

cessante *adj2g* 1 *(demissionário)* resigning 2 *(terminado)* ceasing

cessar *vt* 1 to cease; *cessar fogo* to cease fire 2 *(suspender)* to stop ♦ *vi* 1 *(parar)* to cease; to stop 2 *(acabar)* to come to an end

cessar-fogo *nm* ceasefire

cesta *nf* basket

cestaria *nf* basketry, basketwork

cesteiro *nm* basket maker

cesto *nm* basket ❖ *(basquete)* *cesto!* it's a score!; *cesto de papéis* wastepaper basket

cesura *nf* 1 *LIT* caesura 2 *MED* cut; incision

cesurar *vt* 1 *LIT* to pause, to intercalate a caesura in 2 *MED* to make an incision

cetáceo *adj,nm* cetacean

ceticismo *nm* scepticism*GB*; skepticism*EUA*

cético *adj* sceptical*GB*; skeptical*EUA* ♦ *nm* sceptic*GB*; skeptic*EUA*

cetim *nm* satin

cetro *nm* sceptre

céu *nm* sky; *céu limpo* blue sky ❖ *céus!* good heavens!

Céu *nm* REL Heaven

céu da boca *nm* palate; roof of the mouth

cevada *nf* 1 barley 2 *(bebida)* barley water

cevar *vt* to fatten

chá *nm* tea; *colher de chá* tea spoon ❖ *que falta de chá!* how rude!

chacal *nm* jackal

chácara *nf* 1 *Bras* farm 2 *Bras* country house

chachada *nf col* load of rubbish GB, load of garbage EUA

chacina *nf* slaughter; massacre

chacinar *vt* to slaughter; to butcher

chacota *nf* mockery; *fazer chacota de* to make fun of

chacotear *vt,i* to mock

Chade *nm* Chad

chadiano *adj,nm* Chad

chafariz *nm* *(fontanário)* fountain

chafurdar *vi* to wallow [em, in]

chafurdice *nf* 1 *(lama)* wallow 2 *(imundície)* filth

chaga *nf* 1 *(ferida)* sore; wound 2 *(cicatriz)* scar 3 *col,pej* *(pessoa)* pest

chagar *vt* 1 to cover with ulcers 2 *fig,col* *(irritar)* to nag; *chagar a paciência de alguém* to nag at someone's patience

chalaça *nf* joke

chalacear *vi* to jest

chalado *adj col* nuts; daft

chalé *nm* cottage

chaleira *nf* kettle

chalupa *nf* NÁUT sloop ♦ *adj2g col* nuts; daft

chama *nf* flame; *em chamas* in flames

chamada *nf* 1 *(telefone, aeroporto)* call; *chamada interurbana* long-distance call 2 *(escola)* roll call 3 *(texto)* reference mark ❖ *chamada de atenção* 1 *(repreensão)* reprimand 2 *(aviso)* warning

chamamento *nm* *(apelo)* calling

chamar *vt* 1 to call; *chamar a atenção para* to call attention to; *chamar à ordem* to call to order; *chamar à parte* to call aside; *chamar alguém* to call someone; *mandar chamar* to send for 2 *(dar nome)* to name ♦ *vp* to be called; *como te chamas?* what is your name?; *chamo-me Francisco* my name is Francisco ❖ *chamar nomes a alguém* to call someone names; *(acenar)* *chamar um táxi* to hail for a taxi

chamariz *nm* decoy; lure

chaminé *nf* *(casa)* chimney; *(fábrica, locomotiva)* chimney GB, smokestack EUA; *(barco)* funnel GB, smokestack EUA

champanhe *nm* champagne

champô *nm* shampoo

chamuscar *vt* to singe; to scorch

chanca *nf* *(de madeira)* clog

chance *nf* chance

chancela *nf* 1 *(marca)* seal 2 *(selo)* rubber stamp 3 *(rubrica)* signature

chancelar *vt* 1 *(marcar)* to seal 2 *(selar)* to rubber-stamp 3 *(assinar)* to sign

chanceler *n2g* chancellor

chanfrado *adj col* nuts; daft

chantagear *vt* to blackmail

chantagem *nf* blackmail; *fazer chantagem com alguém* to blackmail someone

chantagista *n2g* blackmailer

chantili *nm* ⇒ chantilly

chantilly *nm* whipped cream

chão *nm* 1 *(solo)* ground; soil; *deitar ao chão* to throw down 2 *(casa)* floor

chapa *nf* 1 plate; sheet 2 *(fotografia, radiografia)* plate

chapada *nf* *(bofetada)* slap; smack; *dar uma chapada a alguém* to slap someone; *só à chapada!* I could beat someone!

chapado *adj* 1 *(perfeito)* stark; absolute; *idiota chapado* stark idiot 2 *(exato)* exact; *ser a cara chapada de alguém* to be the spitting image of someone

chapar *vt* to plate ♦ *vp col* *(cair)* to fall flat

chaparia *nf* plating; platework

chaparreiro *nm* BOT holm oak

chaparro *nm* holm oak

chapear *vt* 1 (*revestir de chapa*) to plate 2 (*achatar*) to flatten

chapelaria *nf* (loja, de senhor); hatter's; (loja, de senhora) milliner's

chapeleiro *nm* (de senhor) hatter; (de senhora) milliner

chapéu *nm* hat; *pôr o chapéu* to put on one's hat

chapéu de chuva *nm* umbrella

chapéu de sol *nm* sunshade

chapinhar *vi* to splash about

charada *nf* (verbal) riddle; (com gestos) charade

charadista *n2g* riddler

charanga *nf* brass band

charco *nm* 1 (*poça*) puddle; pool 2 (*área pantanosa*) marsh 3 (*lodaçal*) bog

charcutaria *nf* 1 (loja) pork-butcher's shop 2 (produtos) cold meats GB, cold cuts EUA

charivari *nm* (barulheira) shivaree; hubbub

charla *nf* chat; tattle; prattle

charlar *vi* to chat; to tattle; to prattle

charlatanismo *nf* charlatanism; imposture; quackery

charlatão *nm* 1 (*aldrabão*) charlatan 2 (*médico*) quack 3 (*vendedor*) crook

charlota *nf* CUL charlotte

charme *nm* charm

charmoso *adj* charming

charneca *nf* heath, moor

charneira *nf* 1 (*dobradiça*) hinge 2 (*junção*) joint 3 *fig,lit* (*transição*) transition

charpa *nf* 1 sash; band 2 (para braço partido) sling

charro *nm col* (droga) joint cal

charrua *nf* plough GB; plow EUA

charter *nm* charter plane ♦ *adj* charter

charuteiro *nm* cigar maker

charuto *nm* cigar

chassi *nm* (automóvel, avião) chassis

chateado *adj* 1 (*zangado*) angry 2 (*irritado*) upset 3 (*aborrecido*) bored

chatear *vt col* (*aborrecer*) to pester; to nag; *não me chateies mais* stop pestering me ♦ *vp* 1 *col* (*zangar-se*) to get angry [com, with] 2 *col* (*aborrecimento*) to get bored

chatice *nf* 1 *col* (aborrecimento) drag 2 *col* (incómodo) nuisance

chato *adj* 1 (*plano*) flat; level 2 *col* (aborrecimento) boring; dull ♦ *nm col* nagger; bore

chauvinismo *nm* chauvinism

chauvinista *adj,n2g* chauvinist

chavalada *nf col* group of kids

chavalo *nm col* kid

chavão *nm* (lugar-comum) cliché

chave *nf* key; *fechar à chave* to lock up; *molho de chaves* bunch of keys ❖ *chave de parafusos* screwdriver

chave-inglesa *nf* adjustable spanner GB, adjustable wrench EUA

chaveiro *nm* 1 (armário) key cabinet 2 (argola) key-ring

chave-mestra *nf* master key, passkey

chávena *nf* cup

chaveta *nf* (sinal gráfico) brace

chavetar *vt* 1 TIP to bracket 2 (firmar posição) to wedge

chavo *nm col não ter um chavo* to be penniless

check-in *nm* check-in

checkout *nm* checkout

check-up *nm* check-up

checo *adj,nm* (pessoa) Czech

cheeseburger *nm* cheeseburger

chefe *n2g* 1 (*responsável*) chief; boss; *o chefe é que manda* you're the boss 2 (*líder*) head; leader ♦ *nm* (cozinha) chef

chefia *nf* 1 (*liderança*) leadership 2 (*direção*) headship 3 (*pessoas*) managers

chefiar *vt* 1 to be in command of; *chefiar as operações* to be in command of the operations 2 (estar na direção de) to be at the head of 3 (*liderar*) to lead

chega *interj* enough!, stop that!; *já chega!* that's enough! ♦ *nf col (repreensão)* dressing-down

chegada *nf* 1 arrival [a, at; de, from] 2 *(meta)* finishing line

chegado *adj* 1 *(próximo)* near 2 *(íntimo)* close

chegar *vi* 1 *(viagem)* to arrive [de, from; a, in]; *chegar a Paris* to arrive in Paris; *chegar às seis da tarde* to arrive at six p.m.; *chegar atrasado* to arrive late; *chegar mesmo a tempo* to come just in time; *ele acabou de chegar* he has just arrived 2 *(atingir)* to reach; *chegar ao destino* to reach one's destination 3 *(vir)* to come; *chegar a um acordo* to come to an understanding; *chegar ao fim* to come to an end 4 *(ser suficiente)* to be enough [para, for] ♦ *vp (aproximar-se)* to draw near ♦ *chega e sobra* enough is enough; *chega-te para lá!* step away!; *col chegaram-lhe bem* he was beaten up hard; *já chega!* that is enough!; *onde queres chegar?* what do you mean by that?

cheia *nf* flood

cheio *adj* 1 full [de, of]; *estou cheio* I'm full 2 *(abundância)* abounding [de, in]; covered [de, in], *um jardim cheio de flores* a garden abounding in flowers 3 *(espaço)* packed; crammed 4 *col (farto)* fed up; *estar cheio de tudo* to be fed up with everything ♦ *(no alvo)* *em cheio* right on the spot

cheirar *vt* 1 to smell; *cheirar uma flor* to smell a flower 2 *(farejar)* to scent; *cheirar uma presa* to scent a prey 3 *fig (suspeitar)* to sense; *cheira-me a problema* I sense trouble ♦ *vi* 1 to smell [a, of]; *cheirar a perfume* to smell of perfume 2 *(mau cheiro)* to stink [a, of]; *cheira mal* it stinks 3 *fig (bisbilhotar)* to pry; to snoop; *que estás para aqui a cheirar?* what are you snooping around? ♦ *col cheira-me a esturro* I smell a rat; *col isso não me*

cheira nada bem there's something fishy in it

cheirete *nm* stink; stench; *que cheirete!* it stinks!

cheiro *nm* 1 smell [a, of] 2 *(perfume)* scent 3 *(mau cheiro)* stench

cheiroso *adj* scented; fragrant

cheque *nm* cheque.GB; check.EUA; *cheque ao portador* bearer cheque; *cheque em branco* blank cheque; *pagar em cheque* to pay by cheque

cheque-livro *nm* book token

cheque-prenda *nm* gift voucher

cherne *nm* turbot

cheta *nf col estar sem cheta* to be penniless

chiadeira *nf* creaking; squeaking

chiar *vi* 1 to creak; to squeak 2 to sizzle

chibar-se *vp col* to blab; to squeal.col,fig

chibata *nf (vergasta)* birch; switch

chibatar *vt* to birch; to cane; to whip

chibo *nm* 1 ZOOL kid 2 *col (delator)* squealer; snitch

chiça *interj col (espanto)* blimey!; *(incredulidade)* get out!; *(desprezo)* rubbish!

chicana *nf* 1 *(corridas)* chicane 2 *(tramoia)* chicanery; cavil, quibble

chicanar *vi* to cavil, to quibble

chicha *nf* 1 *infant* meat 2 *pop (comida)* chow

chicharro *nm* horse mackerel

chichi *nm col* wee; pee; *fazer chichi* to wee; *fazer chichi na cama* to wet the bed

chiclete *nf col* chewing gum, gum

chi-coração *nm col* cuddle, hug

chicória *nf* chicory

chicotada *nf* lash

chicote *nm* whip

chicotear *vt* to whip; to lash

chiffon *nm (tecido)* chiffon

chifre *nm* 1 horn 2 *(veado)* antler

chifrudo *adj pej,pop (pessoa)* cheated

chila *nf* fig leaf squash; Malabar gourd

Chile *nm* Chile

chileno *adj,nm* Chilean

chili *nm* chilli

chilindró *nm col (prisão)* slammer

chilique *nm* 1 *col (desmaio)* faint 2 *col (ataque)* fit

chilreada *nf* chirping; chirruping

chilrear *vi* to chirp; to chirrup; to twitter

chilreio *nm* chirp; twitter

chimpanzé *nm* chimpanzee; chimp

China *nf* China

chinchila *nf* chinchilla

chinela *nf* 1 *(casa)* mule 2 *(exterior)* flip-flop*GB*; thong*EUA*

chinelo *nm* 1 *(casa)* slipper 2 *(exterior)* flip-flop*GB*; thong*EUA*

chinês *adj,nm* Chinese

chinesice *nf* 1 *(bugiganga)* knick-knack 2 *pej (esquisitice)* eccentricity

chinfrim *nm col* racket; uproar

chinfrinar *vi* 1 *col (barulho)* to make a racket 2 *col (confusão)* to cause a commotion

chinfrineira *nf* 1 *col (barulheira)* racket; *que chinfrineira é esta?* what's all this racket? 2 *col (altercação)* uproar; row

chinó *nm* wig; toupée

chio *nm* 1 *(pessoa, animal)* shriek; squeak 2 *(porta)* creak; *(travão, pneu)* screech

chip *nm* INFORM chip

Chipre *nm* Cyprus

chique *adj2g* stylish; chic

chiqueiro *nm* pigsty

chispa *nf* spark; flash

chispar *vi* 1 to sparkle; to spark 2 *fig (fúria)* to flare up ❖ *Bras* chispa daqui! beat it!

chispe *nm* trotter

chiste *nm* jest; witticism; quip

chita *nf* 1 *(animal)* cheetah 2 *(tecido)* chintz

choça *nf* 1 hut 2 *col (prisão)* slammer

chocadeira *nf* 1 *(animais)* hatchery 2 incubator

chocagem *nf* hatching

chocalhar *vi* 1 *(som)* to jingle 2 *fig (riso)* to burst out laughing ❖ *vt (líquido)* to shake

chocalheiro *nm fig* blabber; telltale

chocalho *nm* 1 *(animais)* bell; *(vaca)* cowbell 2 *(guizo)* rattle

chocante *adj2g* shocking; appalling

chocar *vt* 1 to shock; to appal 2 *(ovos)* to hatch; to incubate; *chocar os ovos* to hatch the eggs 3 *col (doença)* to come down with; *chocar uma gripe* to be coming down with a flu ❖ *vi* 1 *(colidir)* to collide [com, into]; to crash [contra, into]; *o carro chocou contra uma árvore* the car crashed into a tree 2 *(pessoas, ideias, cores)* to clash [com, with]

chocarrear *vi* to jest; to joke

chocarreiro *nm* 1 *(bobo)* jester; fool 2 *(gozão)* scoffer; mocker

chocarrice *nf* 1 *(palhaçada)* buffoonery 2 *(gozo)* scoff

chocho *adj* 1 *(seco)* dried 2 *(oco)* hollow 3 *(ovo)* addled 4 *col (enfadonho)* dull; boring 5 *col (pessoa)* in low spirits ❖ *nm col (beijo)* peck, smacker

choco *adj* 1 *(galinha)* broody 2 *(ovo)* addled 3 *(água)* stagnant 4 *(bebida)* flat 5 *col (aborrecido)* dull 6 *col (adoentado)* ill ❖ *nm* cuttlefish

chocolate *nm* chocolate

chocolateira *nf* chocolate pot

chofre *nm de chofre* all of a sudden

choldra *nf* 1 *pej (mob)* gang; bunch of brawlers 2 *(mixórdia)* hotchpotch

choque *nm* 1 *(colisão)* crash; collision 2 *(emocional, elétrico)* shock 3 *(conflito)* clash

choradeira *nf* 1 *(choro)* wailing 2 *(lamúria)* whining; *para com a choradeira!* stop whining!

choramingar *vi* 1 *(soluçar)* to whimper; to sob 2 *(gemer)* to whine

choramingas *n2g2n* crybaby, whiner

chorão *nm* **1** (planta) weeping willow **2** (pessoa) crybaby

chorar *vi* to cry; to weep; *chorar de alegria* to weep for joy; *desatar a chorar* to burst into tears ♦ *vt* to mourn; *chorar a morte de alguém* to mourn someone's death ♦ *vp* to whine; to complain ❖ *chorar como uma Madalena* to cry one's eyes out

choro *nm* crying, weeping

choroso *adj* weepy; tearful

chorrilho *nm* series; *chorrilho de asneiras* a lot of nonsense

chorudo *adj* **1** *col* (lucrativo) profitable **2** *col* (considerável) large

choupana *nf* hut

choupo *nm* poplar

chourição *nm* pepperoni

chouriço *nm* **1** smoked pork sausage **2** (portas, janelas) draught excluder

chover *vi* **1** to rain; *está a chover torrencialmente* it's raining cats and dogs; *parece que vai chover* it looks like rain **2** (aguaceiro) to shower; to pour ❖ *choveram convites* invitations poured in; *isso é chover no molhado* that's pointless; *quer chova, quer faça sol* come rain or shine

chucha *nf pop* (chupeta) dummy GB; pacifier EUA

chuchadeira *nf* **1** *pop* (chupeta) dummy GB; pacifier EUA **2** *pop* (gozo) mockery

chuchar *vt* to suck ♦ *vi* **1** to suck **2** to make fun [com, of]; *chuchar com alguém* to make fun of somebody ❖ *ficar a chuchar no dedo* to get nothing

chuço *nm col* (guarda-chuva) brolly

chui *nm col* cop

chular *vt* **1** *cal* to be a pimp for **2** *cal* to exploit **3** *cal* to cadge

chulé *nm col* smell of cheesy feet

chulear *vt* to whipstitch

chulice *nf col* exploitation

chulo *nm* **1** *pej* (de prostituta) pimp **2** *col* (aproveitador) exploiter

chumaço *nm* (ombreira) shoulder pad

chumbar *vt* **1** to lead **2** (dente) to fill; *chumbar um dente* to fill a tooth **3** *col* (escola) to flunk; *chumbar o ano* to flunk the school year ♦ *vi col* (escola) to flunk [a, -]; *chumbar a matemática* to flunk maths

chumbo *nm* **1** lead **2** (arma) bullet **3** (dente) filling **4** *col* (escola) failure

chunga *adj2g* **1** *col,pej* (qualidade) naff; tacky **2** *col,pej* (ambiente, aparência) out

chupa-chupa *nm* lollipop

chupado *adj* **1** sucked **2** *pop* skinny; bony; *cara chupada* skinny face

chupa-mel *nm* BOT honeysuckle

chupão *nm col* (marca) hickey

chupar *vt* **1** to suck; *chupar um rebuçado* to suck a candy **2** (absorver) to absorb; to soak up

chupeta *nf* dummy GB; pacifier EUA

chupista *n2g* sponger; scrounger; bloodsucker

churrasco *nm* barbecue; *frango no churrasco* grilled chicken

churrasqueira *nf* grill

chutar *vt* to kick; *chutar a bola* to kick the ball ♦ *vi* **1** to kick; *chutar à baliza* to kick to the goal **2** *col,fig* (dizer) to speak up **3** *Bras col,fig* (tentar acertar) to shoot; *chuta um número* shoot a number

chuteira *nf* football boot

chuto *nm* **1** kick **2** *col* (droga) shot

chuva *nf* **1** rain, *chuva miudinha* drizzle **2** (flores, presentes) shower; (críticas, balas) hail

chuvada *nf* shower; downpour

chuveiro *nm* shower

chuviscar *vi* to drizzle

chuvisco *nm* drizzle

chuvoso *adj* rainy

cianeto *nm* cyanide

ciática *nf* sciatica

ciático *adj* sciatic

cibercafé *nm* cybercafé

cibercrime *nm* cybercrime

ciberespaço *nm* cyberspace
cibernauta *n2g* Internaut, cybernaut
cibernética *nf* cybernetics
ciborgue *nm* cyborg
cicatriz *nf* scar
cicatrização *nf* 1 scar formation 2 (*cura*) healing
cicatrizar *vt,i* to cicatrize *téc*; to heal
cicerone *nm* cicerone
ciciar *vt,i lit* to whisper; to murmur; *ciciar um segredo* to whisper a secret
cicio *nm lit* whisper; murmur
cíclame *nm* BOT cyclamen
cíclame n *nm* BOT cyclamen
cíclico *adj* cyclical, cyclic
ciclismo *nm* cycling
ciclista *n2g* cyclist
ciclo *nm* 1 cycle 2 (escola) school 3 (conferências) course
ciclomotor *nm* moped
ciclone *nm* cyclone
ciclónico *adj* cyclonic
cicloturismo *nm* bicycle touring
ciclovia *nf* cycle lane
cicuta *nf* BOT hemlock
cidadania *nf* citizenship
cidadão *nm* citizen
cidade *nf* town; (grande e importante) city
cidade-dormitório *nf* dormitory town *GB*; bedroom community *EUA*
cidadela *nf* citadel
cidreira *nf* 1 (erva) lemon balm 2 (árvore) citron tree
cieiro *nm* chap; *lábios com cieiro* chapped lips
ciência *nf* 1 science 2 (conhecimentos) knowledge 3 (habilidade) skill
ciente *adj2g* aware [de, of]
científico *adj* scientific
cientista *n2g* scientist
cifra *nf* 1 (algarismo) figure 2 (número total) number 3 (montante) sum 4 (código) cipher, code
cifrão *nm* (dólar) sign $

cifrar *vt* 1 to cipher; to encode 2 INFORM to encrypt ♦ *vp* to amount [em, to]; *cifrar-se em muito dinheiro* to amount to a lot of money
cigano *adj,nm* gypsy, gipsy
cigarra *nf* cicada
cigarreira *nf* cigarette case
cigarrilha *nf* cigarillo
cigarro *nm* cigarette; *acender um cigarro* to light up a cigarette
cilada *nf* ambush; trap; *cair numa cilada* to be framed
cilha *nf* saddle girth
cilindrada *nf* 1 (capacidade) cylinder capacity 2 (volume) cylinder volume
cilindrar *vt* 1 to roll 2 *fig* (derrotar) to rout; to steamroller *fig*; *cilindrar a equipa adversária* to rout the opposite team
cilíndrico *adj* cylindrical
cilindro *nm* GEOM,MEC cylinder
cílio *nm* 1 BIOL cilium 2 ANAT cilium; eyelash
cima *nf* top; *de cima a baixo* from top to bottom; *em cima de* on top of; *lá em cima* up there; *para cima* upwards; *por cima* above
címbalo *nm* MÚS cymbal; *o percutir dos címbalos* the clashing of the cymbals
cimeira *nf* summit; conference
cimeiro *adj* 1 (o mais alto) highest; uppermost 2 (muito importante) capital
cimentação *nf* cementing
cimentar *vt* 1 to cement 2 *fig* (firmar) to strengthen; to consolidate
cimento *nm* cement
cimo *nm* top; summit; *no cimo* at the top
cinco *quant num* five; *o dia cinco* the fifth
Cinderela *nf* Cinderella
cindir *vt* to divide; to sever; to cut
cineasta *n2g* filmmaker *GB*, moviemaker *EUA*
cineclube *nm* film club/society
cinéfilo *nm* filmgoer *GB*; moviegoer *EUA*
cinegética *nf* hunting

cinegético adj hunting; espécies cinegé-
ticas game
cinema nm 1 cinema 2 (local) cinema GB;
movie theatre/house EUA
cinemateca nf 1 (arquivo) film library
2 (local) cinematheque
cinemática nf FÍS kinematics
cinematografia nf cinematography
cinematográfico adj film GB; movie EUA
cinematógrafo nm film projector GB;
movie projector EUA
cinética nf kinetics
cinético adj kinetic
cingir vt 1 (abraçar) to hold tight 2 (rodear)
to surround; to encircle 3 (restringir) to
limit; to restrict ♦ vp (limitar-se) to restrict
oneself [a, to]; to stick [a, to]; cingir-se
ao necessário to stick to the point
cínico nm cynic ♦ adj cynical
cinismo nm cynicism
cinquenta quant num fifty; os anos cinquenta the fifties
cinquentenário nm fiftieth anniversary
cinta nf 1 (faixa) band; strip 2 (roupa interior) girdle 3 (cintura) waist 4 (livro) band;
(jornal, revista) wrapper
cintar vt 1 (atar) to bind up; to strap up
2 (casaco) to tighten
cintilante adj2g sparkling; twinkling
cintilar vi to scintillate; to sparkle; to glisten; to glitter
cinto nm belt; cinto de segurança seat/
safety belt ❖ apertar o cinto to tighten
one's belt
cintura nf 1 waist 2 (roupa) waistline
cinturão nm (artes marciais) belt; cinturão
negro black belt
cinza nf ash ♦ adj inv,nm (cor) ash-grey GB,
ash-gray EUA
cinzeiro nm ashtray
cinzel nm chisel
cinzelador nm engraver; carver
cinzelar vt 1 to chisel 2 to engrave; to
carve 3 fig (aperfeiçoar) to polish

cinzento adj,nm grey GB; gray EUA
cio nm (macho) rut; (fêmea) heat; época do
cio mating season
cioso adj 1 (zeloso) zealous; conscientious
2 (possessivo) jealous [de, of]
cipreste nm cypress
cipriota adj,n2g Cypriot
ciranda nf 1 (peneira) screen 2 (dança) circle dance
cirandar vt (peneirar) to winnow ♦ vi to
stroll [por, about]
circense adj2g circus; fatos circenses circus costumes
circo nm 1 circus 2 col,fig (caos) zoo fig
circuito nm circuit; circuito de corrida
racing circuit ❖ circuito turístico organized tour
circulação nf 1 circulation; pôr em circulação to put into circulation 2 (trânsito)
traffic; circulação proibida closed to vehicles
circular adj2g circular ♦ nf (carta) circular
letter ♦ vi 1 to circulate 2 (sangue) to flow
3 (transitar) to move [por, around]; circular pela cidade to move around the town
4 fig (passar) to pass round; a mensagem
circulou the message passed round
circulatório adj circulatory
círculo nm circle; traçar um círculo to
draw a circle
circum-navegação nf circumnavigation
circum-navegar vt to circumnavigate
circuncidar vt to circumcise
circuncisão nf circumcision
circundante adj2g surrounding
circundar vt to surround; to enclose; to
encircle; sebes altas circundam a propriedade high hedges enclose the property
circunferência nf circumference
circunflexo adj (acento) circumflex
circunlóquio nm circumlocution
circunscrever vt 1 to circumscribe
2 (restringir) to restrict; circunscrever a li-

berdade de alguém to restrict someone's freedom 3 (*rodear*) to enclose; to contain ♦ *vp* to limit oneself [a, to]; to restrict [a, to]; *circunscrever-se a uma função* to limit oneself to a single task

circunscrição *nf* circumscription; boundary

circunspeção *nf* circumspection

circunspecto *adj* circumspect

circunstância *nf* circumstance

circunstancial *adj2g* circumstantial

circunstanciar *vt* to tell (something) in detail

circunstante *n2g* onlooker; bystander ♦ *adj2g* surrounding

circunvalação *nf* (*estrada*) ring road

circunvizinhança *nf* 1 neighbourhood, vicinity 2 (*arredores*) surroundings, environs

circunvizinho *adj* neighbouring

circunvolução *nf* BIOL,MED,ZOOL circumvolution

círio *nm* candle

cirrose *nf* cirrhosis

cirurgia *nf* surgery

cirurgião *nm* surgeon

cirúrgico *adj* surgical

cisalhas *nfpl* filings

cisão *nf* split, division

cisco *nm* 1 (*pó*) dust 2 (*no olho*) speck

cisma *nf* 1 (*obsessão*) obsession, fixation 2 (*preocupação*) worry ♦ *nm* (*dissidência*) schism

cismar *vi* 1 to become fixated [com, on] 2 to agonize [com, about] ♦ *vt* (*insistir*) to get into one's head [que, that]

cisne *nm* swan

cisterna *nf* tank, cistern

citação *nf* 1 quotation 2 DIR (*intimação*) summons, subpoena

citadino *adj* urban ♦ *nm* city dweller

citado *adj* mentioned

citar *vt* 1 (*mencionar*) to cite, to mention, to quote, to name; *citar um exemplo* to

quote an example 2 DIR (*intimar*) to summon, to subpoena

citologia *nf* cytology

citoplasma *nm* BIOL cytoplasm

cítrico *adj* QUÍM citric; *ácido cítrico* citric acid

citrino *nm* citrus fruit

ciúme *nm* jealousy

ciumeira *nf* col fit of jealousy

ciumento *adj* jealous ♦ *nm* jealous person

cível *adj2g* DIR civil ♦ *nm* DIR civil court

cívico *adj* civic ❖ *educação cívica* civics

civil *adj2g* civil ♦ *adj,n2g* (*não militar*) civilian ❖ *estado civil* marital status

civilidade *nf* civility; politeness

civilização *nf* civilization

civilizado *adj* civilized

civilizar *vt* to civilize; to educate

civismo *nm* civic-mindedness

clã *nm* clan

clamar *vi* 1 (*protesto*) to clamour [por, for] 2 (*gritar*) to cry out ♦ *vt* to beg

clamor *nm* clamour GB, clamor EUA

clamoroso *adj* 1 (*ruído*) loud, noisy 2 (*erro*) glaring

clandestinidade *nf* secrecy ❖ *na clandestinidade* underground

clandestino *adj* 1 (*secreto*) clandestine, secret 2 (*ilegal*) underground ♦ *nm* illegal immigrant

claque *nf* supporters; fans

claquete *nf* clapperboard

clara *nf* (*ovo*) white; *claras batidas em castelo* stiff egg whites

claraboia *nf* skylight

claramente *adv* clearly, plainly

clarão *nm* 1 (*cintilação*) flash 2 (*claridade*) gleam, glimmer

claras *nfpl* às claras openly

clarear *vt* 1 to brighten 2 (*abrir espaço*) to make clear 3 fig (*esclarecer*) to clarify ♦ *vi* 1 (*céu*) to clear up 2 (*tempo*) to brighten up 3 (*amanhecer*) to dawn, to grow light

clareira *nf* (*floresta*) clearing; glade

clister

clarete *adj2g* (cor) light red ♦ *nm* (vinho) claret

clareza *nf* clarity, clearness ❖ *com clareza* clearly

claridade *nf* (luz) light, brightness

clarificação *nf* clarification; explanation

clarificador *adj* clarifying

clarificar *vt* (esclarecer) to clarify, to make clear ♦ *vp* (esclarecer-se) to become clear; to be cleared up

clarim *nm* bugle

clarinete *nm* clarinet

clarinetista *n2g* clarinettist

clarividência *nf* clear-sightedness

clarividente *adj2g* clear-sighted

claro *adj* 1 (evidente) clear, evident 2 (luz) bright 3 (cor) light, light-coloured ♦ *adv* clearly, plainly ♦ *interj* of course!; *claro que não!* of course not!; *claro que sim!* of course! ❖ *claro como água* crystal-clear; *deixar claro* to make something clear

classe *nf* 1 class; *classe de palavras* word class, part of speech 2 (grupo profissional) profession

classicismo *nm* classicism

clássico *adj* 1 classical; *música clássica* classical music 2 (típico) classic, usual; *exemplo clássico* classic example ♦ *nm* classic

classificação *nf* 1 classification 2 (nota) mark *GB*, grade *EUA* 3 *DESP* (resultados) placings, *classificação geral* league table

classificado *adj* classified ❖ *o primeiro classificado* the winner; *o segundo classificado* the runner-up

classificador *adj* classifying ♦ *nm* 1 classifier 2 (arquivo) file, document file

classificados *nmpl* classified ads

classificar *vt* 1 to class, to classify 2 (escola) to mark, to grade 3 (descrever) to label [de, as], to describe [de, as] ♦ *vp* to qualify [para, for]; *classificar-se para a final* to qualify for the final

claudicar *vi* 1 (coxear) to limp, to hobble 2 *fig* (hesitar) to hesitate

claustro *nm* cloister

claustrofobia *nf* claustrophobia

claustrofóbico *adj* claustrophobic

cláusula *nf* clause, condition

clausura *nf* seclusion, confinement

clava *nf* club, cudgel

clave *nf* clef; *clave de fá* bass clef; *clave de sol* treble clef

clavícula *nf* collarbone, clavicle

cláxon *nm* horn; *tocar o cláxon* to sound the horn

clemência *nf* mercy; clemency

clemente *adj2g* merciful

clementina *nf* clementine

clepsidra *nf* clepsydra

cleptomania *nf* kleptomania

cleptomaníaco *adj,nm* kleptomaniac

clerical *adj2g* clerical

clérigo *nm* clergyman

clero *nm* clergy

clicar *vi* to click [em/sobre, on]

clicável *adj2g* clickable

cliché *nm* (lugar-comum) cliché

cliente *n2g* 1 (loja, restaurante) customer; *cliente habitual* regular customer 2 (empresa, advogado) client

clientela *nf* 1 (loja, restaurante) customers 2 (empresa, advogado) clientele

clima *nm* 1 climate 2 *fig* atmosphere; *clima de tensão* tense atmosphere

climatérico *adj* weather

climatizado *adj* air-conditioned

clímax *nm* climax

clínica *nf* 1 clinic 2 *MED* (atividade) (medical) practice; *clínica geral* general practice

clínico *adj* clinical ♦ *nm* clinician; *clínico geral* general practitioner

clipe *nm* 1 (para papel) paper clip 2 (video-clipe) music video

clique *nm* click

clister *nm* enema

clitóris *nf* clitoris

clivagem *nf* 1 (*separação*) split; gap 2 cleavage

clivar *vt* 1 to cleave 2 to split

cloaca *nf* ZOOL cloaca

clonagem *nf* cloning

clonar *vt* BIOL to clone

clone *n2g* clone

cloreto *nm* chloride

clorídrico *adj* hydrochloric

cloro *nm* chlorine

clorofila *nf* chlorophyll

clorofórmio *nm* chloroform

clube *nm* club; **clube de futebol** football club

coabitação *nf* cohabitation

coabitante *n2g* cohabitant; housemate, flatmate

coabitar *vi* to live together, to cohabit

coação *nf* coercion; duress; **sob coação** under coercion, under duress

coadjuvante *n2g* 1 coadjutant 2 (*crime*) accomplice

coadjuvar *vt* 1 to assist; to help 2 to work with 3 (*crime*) to be an accomplice to

coador *nm* strainer

coadquirente *n2g* joint purchaser

coadquirir *vt* to purchase jointly

coadunar *vt* 1 (*unir*) to join, to unite 2 (*conciliar*) to combine ♦ *vp* to combine; to mix

coagir *vt* 1 to coerce [a, into] 2 to constrain [a, to]

coagulação *nf* coagulation, clotting

coagulante *adj2g,nm* coagulant

coagular *vt,i* 1 BIOL,MED (*sangue*) to coagulate, to clot 2 to curdle

coágulo *nm* clot, coagulum

coala *nm* koala (bear)

coalhada *nf* CUL curd, curdled milk

coalhar *vt,i* to curdle

coalho *nm* (*leite*) curd

coaquisição *nf* joint purchase

coar *vt* 1 (*líquidos*) to strain 2 (*alimentos sólidos*) to colander

coartar *vt* 1 to restrain; to limit 2 to inhibit

coautor *nm* 1 (*texto, obra*) co-author 2 (*crime*) accomplice

coaxar *vi* to croak

cobaia *nf* guinea pig

cobalto *nm* cobalt

cobarde *adj2g* cowardly ♦ *n2g* coward

cobardia *nf* cowardice

coberta *nf* 1 (*cama*) bedspread, bedcover 2 (*navio*) deck

coberto[1] /é/ *adj* 1 covered [de/com, in/with] 2 (*cheio*) full [de, of] 3 (*com teto*) covered; (*interior*) indoor

coberto[2] /é/ *nm* shed

cobertor *nm* blanket

cobertura *nf* 1 covering 2 (*comunicação social*) coverage 3 (*seguros*) cover GB; coverage EUA 4 CUL coverage 5 (*provisão*) funds

cobiça *nf* 1 (*ganância*) greed 2 (*inveja*) envy 3 (*de algo pertencente a outro*) covetousness

cobiçar *vt* 1 to covet 2 (*invejar*) to envy

cobói *nm* ⇒ **cowboy**

cobra *nf* snake ❖ *dizer cobras e lagartos de alguém* to bad-mouth somebody

cobrador *nm* 1 (*dívidas, faturas*) collector 2 (*autocarro*) conductor

cobrança *nf* 1 (*tarifas*) charging 2 (*dívida, impostos*) collection ❖ *à cobrança* cash on delivery

cobrar *vt* 1 (*preço*) to charge 2 (*imposto, dívida, juros*) to collect

cobre *nm* copper

cobrir *vt* 1 to cover [com, with]; *cobrir despesas de viagem* to cover travelling expenses 2 CUL to coat [com, with] 3 (*casa*) to put a roof on ♦ *vp* 1 to put on one's hat 2 to cover oneself up

cobro *nm* *pôr cobro a* to put an end to

coca *nf* 1 (*arbusto*) coca 2 *col* (*cocaína*) coke

coça *nf* beating, thrashing

coca-bichinhos *n2g* nitpicker

coçado adj (roupa) threadbare, worn out

cocaína nf cocaine

cocar vt pop to spy on

coçar vt to scratch

cóccix nm coccyx

cócegas nfpl tickle; *fazer cócegas* to tickle; *ter cócegas* to be ticklish

coceira nf itch, itching

coche nm coach

cocheira nf stable

cocheiro nm coachman

cochichar vi to whisper

cochicho nm whisper

cocktail nm 1 (bebida, salada) cocktail 2 (festa, evento) cocktail party

coco nm coconut

cocó nm infant poo GB, poop EUA

cócoras nfpl *de cócoras* squatting; *pôr-se de cócoras* to squat

coda nf MÚS coda

côdea nf 1 (pão) crust 2 (queijo) rind

códex nm codex

códice nm ⇒ códex

codificação nf 1 coding 2 (canal de televisão) encryption 3 (leis) codification

codificar vt 1 INFORM to code 2 (leis) to codify

código nm code; *código de barras* bar code; *código postal* postcode GB, zip code EUA; *decifrar um código* to break/crack a code

codorniz nf quail

coeficiente nm coefficient

coelho nm rabbit ❖ *matar dois coelhos de uma cajadada* to kill two birds with one stone

coempção nf DIR joint purchase

coentro nm coriander

coerção nf coercion

coercível adj2g coercible

coercivo adj coercive

coerência nf 1 (texto) coherence 2 (pessoa) consistency

coerente adj2g 1 (texto) coherent 2 (pessoa) consistent

coesão nf cohesion

coeso adj cohesive

coetâneo adj,nm contemporary

coevo adj form coeval

coexistência nf coexistence

coexistente adj2g coexistent

coexistir vi to coexist [com, with]

cofiar vt to smooth

cofre nm 1 safe; *cofre com segredo* combination safe 2 (dinheiro disponível) coffer; *os cofres do Estado* the coffers of the state

cofre-forte nm strongbox

cogitação nf cogitation

cogitar vi to cogitate [em, about]; to ponder [sobre, over]

cognição nf cognition

cognitivo adj cognitive

cognome nm nickname, cognomen

cognominar vt to nickname

cogumelo nm mushroom; *cogumelo venenoso* toadstool

coibir vt 1 to restrain; to restrict 2 to inhibit ◆ vp 1 to feel inhibited 2 to abstain [de, from]; *coibir-se de fumar* to abstain from smoking

coice nm 1 (animal) kick; *dar coices* to kick 2 (arma) recoil

coima nf fine

coimar vt to fine

coincidência nf coincidence

coincidente adj2g coincident [com, with]

coincidir vi 1 to coincide [com, with]; *a chegada dela coincidiu com a nossa partida* her arrival coincided with our departure 2 (concordar) to agree

coincineradora nf incineration plant

coincinerar vt to incinerate; (para produzir energia) to co-incinerate

coiote nm coyote

coisa nf thing; *alguma coisa* something; *outra coisa* something else ❖ *coisa de* about; *cada coisa a seu tempo* all in good time; *dizer coisa com coisa* to make sense

coitado *nm* poor thing, wretch

coito *nm* coitus

cola *nf* 1 glue; *tubo de cola* tube of glue 2 (bebida) cola; Coke

colaboração *nf* collaboration, cooperation ❖ *com a colaboração de* in association with

colaborador *nm* 1 (pesquisa, projeto) collaborator 2 (trabalhador) worker 3 (em jornal, revista) contributor

colaborar *vi* 1 to collaborate [**com**, with; **em**, on] 2 to cooperate [**com**, with] 3 (publicação) to contribute [**em**, to]

colagem *nf* 1 glueing 2 (artes) collage; *fazer uma colagem* to make a collage

colapso *nm* collapse; breakdown

colar *vt* to glue; to paste ❖ *vt* to stick ❖ *nm* necklace; *colar de pérolas* pearl necklace, string of pearls

colarinho *nm* (camisa) collar

colateral *adj2g* collateral

cola-tudo *nf2n* instant glue; super glue

colcha *nf* bedspread; quilt

colchão *nm* 1 mattress 2 (ginásio) mat 3 (insuflável) airbed

colcheia *nf* MÚS quaver

colchete *nm* (parêntesis reto) square bracket ❖ *nmpl* (roupa) hook; (só ganchos) hooks; (ganchos e argolas) hooks and eyes

coldre *nm* holster

coleante *adj2g* winding; sinuous

coleção *nf* collection

colecionador *nm* collector

colecionar *vt* to collect

colecionável *adj2g* collectable ❖ *nm* (revista, jornal) pull-out

colega *n2g* 1 (trabalho) colleague; workmate 2 (escola) classmate 3 (amigo) mate; pal

colegial *adj2g* 1 (escola) school 2 collegial ❖ *n2g* (rapaz) schoolboy; (rapariga) schoolgirl

colégio *nm* 1 (private) school; *colégio interno* boarding school 2 (associação) college

coleira *nf* (animal) collar

cólera *nf* 1 fury, anger, rage 2 (doença) cholera

colérico *adj* furious; in a rage

colesterol *nm* cholesterol

coleta *nf* collection

coletânea *nf* collection; *coletânea de discos* record collection

coletar *vt* 1 ECON (tributar) to tax, to levy 2 (peditório) to collect

coletável *adj2g* taxable

colete *nm* 1 (fato) waistcoat GB; vest EUA 2 (camisola sem mangas) sleeveless jacket 3 (proteção) vest; *colete à prova de bala* bulletproof vest

colete de forças *nm* straitjacket

coletividade *nf* 1 association 2 community

coletivismo *nm* collectivism

coletivo *adj* 1 collective 2 (de grupo) group; *bilhete coletivo* group ticket 3 (transporte) public

coletor *nm* 1 (esgotos) sewer 2 collector

colheita *nf* 1 (atividade) harvest 2 (produto colhido) crop 3 (vinho) vintage 4 (sangue, urina) collection; (órgãos, tecidos) removal

colher[1] /ê/ *nf* 1 (objeto) spoon 2 (conteúdo) spoonful; *uma colher de farinha* a spoonful of flour 3 (construção) trowel

colher[2] /ê/ *vt* 1 (frutos, flores, legumes) to pick 2 (cereais) to harvest

colherada *nf* spoonful

colhida *nf* goring

colibri *nm* hummingbird

cólica *nf* colic

colidir *vi* 1 to collide [**com**, with]; to crash [**com**, into]; *os dois aviões colidiram* the two planes collided with each other 2 *fig* (conflito) to clash

coligação *nf* coalition

coligar *vt* to bring together ♦ *vp* (*unir-se*) to join forces **2** POL to form a coalition

coligir *vt* to collect, to gather

colina *nf* hill

colírio *nm* eye drops

colisão *nf* collision; crash

coliseu *nm* coliseum

colite *nf* MED colitis

collants *nmpl* tights GB, pantihose EUA

colmatar *vt* (*suprir*) to fill in; to bridge; *colmatar uma lacuna* to bridge a gap

colmeal *nm* apiary

colmeia *nf* beehive

colmo *nm* **1** (*caule*) stem, stalk **2** (*palha*) thatch

colo *nm* **1** (*regaço*) lap **2** (*pescoço*) neck **3** (*peito*) bosom

colocação *nf* **1** placing; positioning **2** (*disposição*) arrangement **3** (*pessoas*) placement **4** (*cargo*) job, position

colocar *vt* **1** to put; to place **2** (*empregar*) to find a job for, to place **3** (*problema, questão, dúvidas*) to raise, to put forward **4** (*bomba*) to plant

Colômbia *nf* Colombia

colombiano *adj,nm* Colombian

cólon *nm* colon

colónia *nf* **1** colony **2** (*perfume*) cologne ❖ *colónia de férias* holiday camp GB, summer camp EUA

colonial *adj2g* colonial

colonização *nf* colonization

colonizador *nm* colonizer, settler ♦ *adj* colonizing

colonizar *vt* to colonize, to settle

colono *nm* colonist, settler

coloquial *adj2g* colloquial

coloquialismo *nm* colloquialism

colóquio *nm* conference

coloração *nf* **1** (*cor*) colour GB, color EUA **2** (*ato de colorir*) colouring GB, coloring EUA

colorau *nm* paprika

colorido *adj* colourful GB, colorful EUA ♦ *nm* (*cores*) colours GB, colors EUA

colorir *vt* to colour

colossal *adj2g* colossal

colosso *nm* colossus

columbofilia *nf* pigeon breeding; pigeon fancying

columbófilo *nm* pigeon breeder; pigeon fancier

coluna *nf* **1** column **2** (hi-fi, rádio) stereo speaker **3** (vertebral) spine; spinal column

colunável *n2g* socialite

colunista *n2g* columnist

com *prep* **1** with; *estás chateado com ela?* are you upset with her? **2** (*em relação a*) to; *fui muito simpática com eles* she was very nice to them **3** (*alimento*) and; *pão com manteiga* bread and butter ❖ *com que então!* so!

coma *nm* coma

comadre *nf* **1** (*madrinha de filho*) godmother of one's child; (*mãe de afilhado*) mother of one's godchild **2** pop (*tratamento familiar*) dear col **3** col (*mexeriqueira*) gossip

comadrio *nm* **1** pop relationship between godmothers **2** (*amizade*) friendship

comandante *n2g* commander; commanding officer

comandar *vt* to command; to be in charge of; to lead

comando *nm* **1** (*direção*) control; (*liderança*) leadership **2** (televisão, aparelhagem) remote; (consola) controller **3** MIL (*chefia*) command **4** MIL (*soldado*) commando

comarca *nf* judicial district

combalido *adj* **1** (*enfraquecido*) debilitated **2** (*abalado*) shaken

combalir *vt* **1** (*enfraquecer*) to debilitate, to weaken **2** (*deteriorar*) to spoil

combate *nm* **1** combat, fight, battle **2** (boxe) match

combatente *n2g* fighter, combatant

combater *vt* **1** to fight, to struggle against, to combat **2** (*opor-se*) to oppose ♦ *vi* to fight

combatividade *nf* fighting spirit

combativo *adj* combative

combinação *nf* 1 combination 2 *(acordo)* agreement 3 *(vestuário)* slip

combinado *adj* 1 combined 2 *(acordado)* settled, agreed ♦ *nm* 1 *(acordo)* agreement 2 *(prato de restaurante)* combo 3 *(frigorífico)* fridge-freezer*GB*

combinar *vt* 1 to combine 2 *(roupa)* to match 3 to agree to 4 *(planear)* to arrange, to plan ♦ *vi* 1 to match; to go well [com, with]; *o preto combina com o branco* black goes well with white 2 *(roupa)* to match, to go together ♦ *vp* 1 *(harmonizar-se)* to go together, to match 2 *(juntar-se)* to combine

comboio *nm* train; *apanhar o comboio* to catch the train

combustão *nf* combustion

combustível *nm* fuel ♦ *adj2g* combustible

começar *vt* to begin, to start, to initiate ♦ *vi* to begin, to start ❖ *começar do zero* to start from scratch; *começar mal* to get off on the wrong foot; *para começar* for starters

começo *nm* start, beginning; *no começo* in the beginning; *ter começo* to begin

comédia *nf* comedy

comediante *n2g* comedian

comedido *adj* moderate

comedimento *nm* moderation

comedir-se *vp* to control oneself; to restrain oneself

comemoração *nf* 1 *(celebração)* celebration 2 *(recordação)* commemoration

comemorar *vt* 1 to celebrate 2 *(recordar)* to commemorate

comemorativo *adj* commemorative

comenda *nf* *(distinção)* knighthood; *(insígnia)* insignia

comendador *nm* knight commander

comensal *n2g* diner

comentador *nm* commentator

comentar *vt* 1 to comment on 2 *(criticar)* to criticize

comentário *nm* 1 comment, remark; *sem comentários!* no comment! 2 *(texto, televisão)* commentary

comer *vt* 1 to eat; *dar de comer a* to feed 2 *(xadrez, damas)* to take, to capture 3 *(ferrugem)* to eat away; to corrode 4 *fig (enganar)* to dupe ♦ *vi* to eat ♦ *nm* 1 *(alimento)* food 2 *(refeição)* meal ❖ *comer o pão que o Diabo amassou* to have a hard time

comercial *adj2g* commercial

comercialização *nf* marketing; *(venda)* sale

comercializar *vt* to commercialize, to market

comerciante *n2g* 1 trader 2 *(dono de loja)* shopkeeper

comerciar *vt,i* to trade, to deal in, to do business

comércio *nm* 1 trade; commerce 2 *(lojas)* shops*GB*; stores*EUA*

comestível *adj2g* edible

cometa *nm* comet

cometer *vt* 1 *(delito, infração)* to commit 2 *(erro)* to make

cometimento *nm* undertaking

comezaina *nf* col feast, banquet

comezinho *adj* plain, simple

comichão *nf* itch, itching; *fazer comichão* to itch

comício *nm* rally; *comício público* public rally

cómico *adj* 1 *(engraçado)* funny, amusing 2 *(de comédia)* comic; *ator cómico* comedy actor ♦ *nm* *(humorista)* comedian; *(ator)* comic actor

comida *nf* food

comigo *pron pess* with me, to me; *comigo mesmo/próprio* with myself

comilão *adj* gluttonous ♦ *nm* glutton

cominho *nm* cumin

comiseração *nf* sympathy

comissão *nf* 1 *(comité)* committee 2 *(percentagem)* commission; *uma comissão de 5 por cento* a 5 per cent commission

comissariado *nm* 1 commission 2 (*grupo nomeado*) committee

comissário *nm* 1 (*representante*) commissioner; *alto comissário* High Commissioner 2 (*polícia*) police inspector ❖ *comissário de bordo* flight attendant

comissionista *n2g* commission agent

comité *nm* committee; *comité de boas vindas* welcoming committee

comitiva *nf* entourage

como *adv* 1 (*de que modo*) how; *como está?* how are you?; (*apresentações*) how do you do? 2 what ... like; *como é que ele é?* what's he like? 3 (*pedido para repetir*) sorry; excuse me; *como? não ouvi* sorry? I didn't quite hear that ♦ *conj* as ❖ *como assim?!* how then?!

comoção *nf* emotion

cómoda *nf* chest of drawers

comodidade *nf* comfort; *viver com comodidade* to live in comfort

comodismo *nm* self-indulgence; slackness

comodista *adj2g* slack; sluggish

cómodo *adj* 1 comfortable, cosy 2 convenient

comorense *adj,n2g* Comoran

Comores *nfpl* Comoros

cômoro *nm* hillock

comovedor *adj* moving; touching

comovente *adj2g* moving; touching

comover *vt* to move; to touch ♦ *vp* to be moved

comovido *adj* touched; moved

compacto *adj* compact ♦ *nm* TV omnibus*GB*

compactuar *vt* to agree [com, with], to make a pact [com, with]

compadecer *vt* to move; to arouse pity ♦ *vp* to take pity [de, on]; to feel sorry [de, for]; *a senhora compadeceu-se da pobre criança* the lady took pity on the poor child

compadecido *adj* compassionate; sympathetic

compadre *nm* 1 (*padrinho do filho*) godfather of one's child; (*pai do afilhado*) father of one's godchild 2 *pop* (*tratamento familiar*) old man

compaixão *nf* pity, compassion

companha *nf* MIL,NÁUT crew

companheirismo *nm* companionship; comradeship

companheiro *nm* 1 (*que faz companhia*) companion 2 (*colega*) colleague; mate 3 (*em relação amorosa*) partner 4 (*amigo*) friend; buddy*col*

companhia *nf* 1 company; *fazer companhia a alguém* to keep a person company 2 company, firm; *companhia de seguros* insurance company

comparação *nf* comparison

comparar *vt* to compare [a, to; com, with]; *compara o meu livro com o teu* compare my book with yours

comparativo *adj* comparative

comparável *adj* comparable

comparecer *vi* 1 (*aparecer*) to show up; to attend; *comparecer numa reunião* to attend a meeting 2 (*tribunal*) to appear; *comparecer em tribunal* to appear in court

comparecimento *nm* appearance; *falta de comparecimento* failure to appear

comparência *nf* appearance, attendance

comparsa *n2g* accomplice

comparticipação *nf* 1 (*financeira*) support 2 (*medicamento, cuidados médicos*) reimbursement 3 (*participação*) participation

comparticipar *vi* 1 to take part in 2 to subsidize; to finance

compartilhar *vt* to share; to partake

compartimento *nm* 1 (*edifício*) room 2 (*móvel*) compartment

compassado *adj* measured; slow

compassar *vt* 1 to measure with compasses 2 MÚS to beat time

compassivo *adj* compassionate

compasso *nm* 1 pair of compasses 2 MÚS time; *fora do compasso* out of time

compatibilidade *nf* compatibility

compatível *adj2g* compatible [**com**, with]

compatriota *n2g* compatriot

compelir *vt* to compel; to force

compêndio *nm* 1 textbook 2 compendium

compenetração *nf* conviction; certitude; belief

compenetrado *adj* 1 *(concentrado)* focused [**em**, on] 2 *(convencido)* convinced

compenetrar-se *vp* to convince oneself [**de**, of]

compensação *nf* 1 compensation 2 *(recompensa)* reward 3 DESP stoppage time 4 *(escola)* remedial work; *aulas de compensação* remedial lessons

compensador *adj* compensatory; rewarding

compensar *vt* 1 *(contrabalançar)* to compensate for, to make up for; *nada pode compensar a perda de um amigo* nothing can make up for the loss of a friend 2 *(recompensar)* to repay; *não sei como compensar-te* I don't know how to repay you 3 *(indemnizar)* to compensate ♦ *vi* to pay ❖ *o crime não compensa* crime doesn't pay

compensatório *adj* compensatory; rewarding

competência *nf* 1 *(aptidão)* competence 2 responsibility 3 DIR *(juridição)* competence

competente *adj2g* competent

competição *nf* competition

competidor *nm* 1 DESP competitor 2 *(candidato)* contestant; contender

competir *vi* to compete [**com**, with; **por**, for]

competitivo *adj* competitive

compilação *nf* compilation

compilador *nm* compiler

compilar *vt* to compile, to collect

compita *nf* competition

complacência *nf* 1 indulgence 2 complacency; self-satisfaction; pleasure

complacente *adj2g* indulgent

compleição *nf* 1 *(física)* constitution, build 2 *(psicológica)* temperament

complementar *adj* complementary ♦ *vt* to complement ♦ *vp* to complement each other

complemento *nm* 1 complement; supplement 2 LING object; *complemento direto/indireto* direct/indirect object

completamente *adv* completely; absolutely

completar *vt* to complete; to finish; to conclude

completo *adj* 1 complete 2 *(nome)* full 3 *(abrangente)* comprehensive; *(exaustivo)* thorough 4 *(desportista)* all-round

complexidade *nf* complexity

complexo *adj* complex ♦ *nm* complex; *complexo desportivo* sports complex

complicação *nf* 1 *(problema)* problem; *(dificuldade)* difficulty 2 *(confusão)* mess 3 MED complication

complicado *adj* complicated

complicar *vt* 1 to complicate 2 to make worse; to make more difficult; *complicar a vida a alguém* to make someone's life difficult ♦ *vi* to make things worse ♦ *vp* to become complicated; to worsen, to get worse

complô *nm* plot; conspiracy

componente *adj2g,nm/f* component

compor *vt* 1 MÚS to compose; *compor uma sinfonia* to compose a symphony 2 to arrange 3 to mend; to repair ♦ *vp* to consist [**de**, of]; to be composed [**de**, of]

comporta *nf* floodgate, sluice

comportamento *nm* behaviour; conduct

comportar *vt* 1 to contain; to comprise 2 to bear; *não posso comportar tantas despesas* I can't bear so many expenses ♦ *vp* to behave

comportável *adj2g* **1** (custo) affordable **2** bearable; tolerable

composição *nf* **1** (escola) essay **2** (comboio) train

compósito *adj* composite

compositor *nm* (peça musical) composer; (canção) songwriter

composto *adj* **1** (constituído) consisting [**por**, **of**] **2** (palavra) compound **3** (arranjado) tidy; neat ♦ *nm* compound

compostura *nf* composure

compota *nf* jam

compoteira *nf* jam jar

compra *nf* **1** purchase; *compra e venda* purchase and sale **2** buy; *uma boa compra* a good buy ♦ *nfpl* shopping; *ir às compras* to go shopping

comprador *nm* buyer

comprar *vt* to buy; *comprei o carro a um amigo* I bought the car from a friend

comprazer-se *vp* to delight [**em**, **in**]; to take pleasure [**em**, **in**]

comprazimento *nm* complaisance

compreender *vt* **1** to understand **2** (incluir) to comprise; to include ❖ *compreendes?* you see?

compreensão *nf* understanding

compreensível *adj2g* understandable

compreensivo *adj* understanding

compressa *nf* compress

compressão *nf* compression

compressor *nm* compressor

comprido *adj* long ❖ *ao comprido* lengthways

comprimento *nm* length; *tem dez metros de comprimento* it is ten metres long

comprimido *nm* pill; tablet *GB* ♦ *adj* compressed

comprimir *vt* **1** to compress; to squeeze **2** to condense

comprometedor *adj* compromising

comprometer *vt* **1** to compromise; to jeopardize; to endanger ♦ *vp* **1** to commit oneself; *ele comprometeu-se a ajudá-la* he committed himself to helping her **2** (casamento) to get engaged

comprometido *adj* **1** (noivo) engaged **2** (implicado) implicated **3** (culpado) guilty **4** (em risco) jeopardized

comprometimento *nm* **1** engagement; commitment **2** (perturbação) embarrassment **3** (culpa) responsibility

compromisso *nm* **1** (obrigação) commitment **2** (encontro) appointment; engagement **3** (entendimento) compromise

comprovação *nf* **1** confirmation; corroboration **2** evidence; proof

comprovar *vt* **1** (verificar) to verify **2** (confirmar) to confirm; to corroborate **3** (demonstrar) to prove

comprovativo *nm* **1** (de compra) receipt **2** proof ♦ *adj* supporting

compulsão *nf* compulsion [**de**, **to**]

compulsivo *adj* compulsive

compunção *nf* compunction; contrition

compungido *adj* compunctious; contrite

computação *nf* computation

computador *nm* computer; *computador portátil* laptop

computar *vt* to compute; to calculate

cômputo *nm* computation; calculation

comum *adj2g* **1** common **2** (amigo, conhecido) mutual

comummente *adv* **1** (geralmente) generally **2** (habitualmente) usually

comuna *nf* commune ♦ *adj,n2g* col,pej (comunista) commie

comunal *adj2g* communal ♦ *n2g* communard

comungar *vi* **1** REL to take communion; to receive Holy Communion **2** (proximidade, partilha) to agree [**de**, **with**]; to partake [**de**, **of**]

comunhão *nf* communion

comunicação *nf* **1** communication; *órgãos de comunicação social* mass media **2** (em congresso) paper **3** (declaração) statement

comunicado *nm* announcement; (oficial) communiqué ❖ *comunicado à imprensa* press release

comunicador *nm* communicator

comunicante *adj2g* communicating

comunicar *vt* 1 *(informar)* to communicate; to announce; to tell 2 (doença infeciosa) to communicate, to pass on ♦ *vi* 1 to communicate [com, with]; *os pais não sabem comunicar com os filhos* parents don't know how to communicate with their children 2 to get in touch [com, with]; *não consigo comunicar com ela* I can't get in touch with her

comunicativo *adj* communicative

comunidade *nf* community

comunismo *nm* communism

comunista *adj,n2g* communist

comunitário *adj* 1 communal 2 *(da União Europeia)* EU, Community; *as normas comunitárias* EU rules

comutação *nf* 1 *(troca)* exchange; *(substituição)* substitution 2 (pena, castigo) commutation

comutador *nm* ELET commutator

comutar *vt* 1 DIR (pena) to commute 2 to exchange; to interchange

comutativo *adj* MAT commutative

comutável *adj2g* commutable; DIR *pena comutável* commutable sentence

concatenação *nf* concatenation

concatenar *vt* to concatenate; to link together

concavidade *nf* concavity

côncavo *adj* concave

conceber *vt* 1 to conceive, to become pregnant with 2 to think up; to conceive; to create 3 to imagine ♦ *vi* to conceive, to become pregnant

concebível *adj2g* conceivable

conceção *nf* conception

conceder *vt* 1 to allow; to permit 2 (direitos, regalias, empréstimo) to grant, to concede 3 *(reconhecer)* to admit; to concede

conceito *nm* concept

conceituado *adj* 1 (pessoa) eminent 2 (marca, produto, etc.) prestigious

concelhio *adj* municipal

concelho *nm* municipality

concentração *nf* 1 concentration 2 *(encontro)* rally; meeting

concentrado *adj* concentrated ♦ *nm* concentrate

concentrar *vt* 1 (atenção, esforços) to concentrate [em, on], to focus [em, on] 2 (líquido) to concentrate 3 (pessoas, tropas) to gather 4 (poder) to centralize ♦ *vi* 1 to concentrate [em, on]; to focus [em, on]; *não consigo concentrar-me no exame* I can't concentrate on my exam 2 *(reunir-se)* to come together, to assemble

concêntrico *adj* concentric

conceptual ou **concetual** *adj2g* conceptual

conceptualismo ou **concetualismo** *nm* conceptualism

concernente *adj2g* concerning [a, -]

concernir *vi* to concern; to refer to; to relate to

concertado *adj* concerted; planned; *uma ação concertada de vários países* a concerted action of several countries

concertar *vt* 1 to concert, to arrange by mutual agreement 2 to harmonize ♦ *vp* to concert, to reach an agreement

concertina *nf* concertina

concertista *n2g* concert performer

concerto *nm* 1 concert; *concerto de rock* rock concert 2 (composição) concerto; *concerto para piano* piano concerto

concessão *nf* 1 concession 2 granting, awarding

concessionário *nm* (comerciante autorizado) dealer

concessivo *adj* concessive

concessor *nm* grantor

concha *nf* 1 shell 2 (colher) ladle

conchavo nm connivance; **de conchavo** in connivance

concidadão nm fellow citizen

conciliábulo nm conclave; secret meeting

conciliação nf conciliation; reconciliation

conciliador nm peacemaker; conciliator ♦ adj conciliatory

conciliar vt 1 (inimigos) to conciliate, to reconcile 2 (interesses opostos) to reconcile 3 to harmonize, to bring to harmony

conciliável adj2g reconcilable

concílio nm council

concisão nf conciseness

conciso adj concise; brief

conclave nm conclave

concludente adj2g conclusive; decisive; **provas concludentes** conclusive proof

concluir vt 1 (terminar) to conclude; to put an end to 2 (deduzir) to conclude; to infer 3 (negócio) to close ♦ vi to finish, to come to an end

conclusão nf (fim, dedução) conclusion; **tirar conclusões precipitadas** to jump to conclusions

conclusivo adj conclusive

concomitante adj2g concomitant

concordância nf 1 (conformidade) accordance 2 (acordo) agreement 3 LING agreement; concord

concordante adj2g concordant; agreeing

concordar vi 1 to agree [com, with]; **concordo com ele em tudo** I agree with him on everything; **concordar com um plano** to agree to a plan 2 LING to agree

concordata nf 1 concordat 2 COM composition

concórdia nf concord; harmony

concorrência nf competition; **concorrência desleal** unfair competition

concorrente n2g 1 contestant 2 (empresa) competitor 3 opponent; rival ♦ adj2g competing

concorrer vi 1 to compete [com, with]; **estamos a concorrer com empresas estrangeiras** we're competing with foreign companies 2 to apply [a, for/to]; **concorrer a um lugar** to apply to a position 3 to contribute [para, to]

concorrido adj popular

concreção nf GEOL,MED concretion

concretização nf fulfilment; realization

concretizar vt to fulfil; to achieve; **concretizar um sonho** to make a dream come true, to fulfil a dream

concreto adj 1 concrete; real 2 specific ♦ nm concrete

concubina nf concubine

concubinato nm concubinage

concupiscência nf lust

concupiscente adj2g lustful

concurso nm 1 competition; contest; **concurso de beleza** beauty contest 2 (televisão) quiz show

concussão nf MED concussion

condado nm county

condão nm gift ♦ **ter o condão de** to be able to; **varinha de condão** magic wand

conde nm count, earl GB

condecoração nf decoration

condecorar vt to decorate, to grant a decoration

condenação nf 1 (desaprovação) condemnation 2 DIR conviction; (pena) sentence

condenado nm convict ♦ adj 1 condemned 2 DIR convicted 3 (destinado) doomed

condenar vt 1 (desaprovar) to condemn; to blame 2 DIR to sentence [a, to]; to condemn [a, to]; **ele foi condenado a dez anos de prisão** he was sentenced to ten years in prison

condenatório adj condemnatory

condenável adj2g reprehensible

condensação nf condensation

condensar vt **1** (gases, líquidos, vapores) to condense, to concentrate **2** (resumir) to abridge, to condense ♦ vp to condense

condescendência nf condescension

condescendente adj2g **1** tolerant; indulgent **2** (com superioridade) patronizing

condescender vi to condescend [em, to]; to comply [em, to]

condessa nf countess

condestável nm HIST constable

condição nf **1** condition; *em condição alguma* on no condition **2** (acordo, contrato) condition, term **3** (social) rank; status

condicionado adj **1** PSIC conditioned **2** restricted; limited; *trânsito condicionado* restricted traffic

condicional adj2g,nm conditional

condicionamento nm conditioning

condicionante nf **1** (fator) factor **2** (restrição) constraint

condicionar vt to condition; to determine

condigno adj fitting

condimentar vt to season; to flavour; *ela condimentou a carne com sal e ervas aromáticas* she seasoned the meat with salt and herbs

condimento nm seasoning

condiscípulo nm fellow student

condizente adj2g suitable [com, to]

condizer vi to match; to go well [com, with]; *as cortinas condizem com o papel de parede* the curtains match the wallpaper

condoer-se vp to sympathize [de, with]; to take pity [de, on]; *ela condoeu-se da criança* she took pity on the child

condoído adj moved; touched

condolências nfpl condolences; *apresentar condolências* to offer one's condolences

condomínio nm **1** (apartamentos) commonhold development GB; condominium EUA; *condomínio fechado* private develop-

ment GB, private condominium EUA **2** (dinheiro) condominium fee EUA

condor nm condor

condução nf **1** (veículo) driving; *carta de condução* driving licence **2** FÍS conduction

conducente adj2g conducive [a, to]

conduta nf **1** (comportamento) conduct; *código de conduta* code of conduct **2** (cano, tubo) pipe; duct

condutividade nf conductivity

condutivo adj conductive

conduto nm conduit; pipe

condutor nm **1** (veículo) driver; *condutor de autocarro* bus driver **2** (material) conductor ♦ adj conductive

conduzir vt **1** (automóvel) to drive **2** (mota) to ride **3** (encaminhar) to lead [a, to]; *as pistas conduziram o polícia ao local do crime* the clues led the policeman to the scene of the crime ♦ vi to drive; *não sei conduzir* I can't drive ♦ vp (comportar-se) to behave oneself

cone nm cone

conectivo ou **conetivo** adj connective; linking

cónego nm canon

conexão nf connection

conexo adj coherent

confeção nf **1** (realização) making [de, of] **2** (indústria) clothing industry

confecionar vt **1** to make **2** (refeição) to prepare

confederação nf confederation, confederacy

confederar vt,p to confederate; to associate

confeitaria nf **1** (estabelecimento) confectioner's **2** (bolos, etc.) confectionery

confeiteiro nm confectioner; *açúcar de confeiteiro* icing sugar

confeito nm CUL comfit

conferência *nf* 1 *(palestra)* lecture; talk 2 *(reunião)* conference; *conferência de imprensa* press conference

conferenciar *vi* to confer [**com**, with]; *o presidente está a conferenciar com os conselheiros* the president is conferring with his advisors

conferencista *n2g* speaker

conferir *vt* 1 to check; to verify 2 *(título)* to confer [**a**, on], to bestow [**a**, on]; *a universidade conferiu um grau honorário ao professor* the university conferred an honorary degree on the professor ♦ *vi* *(estar conforme)* to confer [**com**, with]

confessar *vt* 1 *(admitir)* to confess; to admit; *tenho de confessar que te menti* I must confess I lied to you 2 *(crime, pecado)* to confess; to own up to; *confessar um crime* to confess to a crime 3 REL *(padre)* to hear in confession ♦ *vi* to confess ♦ *vp* RFL to go to confession

confessional *adj2g* confessional

confessionário *nm* confessional

confesso *adj* self-confessed; declared

confessor *nm* confessor

confetes *nmpl* confetti

confetti *nmpl* confetti

confiado *adj* confident

confiança *nf* 1 confidence; trust; *ser de confiança* to be trustworthy; to be reliable 2 *(relacionamento)* familiarity; *ter confiança com alguém* to be on close terms with someone

confiante *adj2g* confident

confiar *vt* 1 *(depositar)* to entrust; *confiar uma coisa a alguém* to entrust someone with something 2 *(segredo, problema)* to confide ♦ *vi* 1 to trust [**em**, (in)]; to rely [**em**, on/upon]; *confiar em alguém* to rely upon a person; *não confio em ti* I don't trust you 2 *(acreditar)* to be confident [**que**, that] ♦ *vp* to confide [**a**, in]

confidência *nf* confidence

confidencial *adj2g* confidential; *informações confidenciais* classified information

confidenciar *vt* to confide [**a**, to]

confidente *n2g* confidant

configuração *nf* 1 configuration; shape 2 INFORM configuration

configurar *vt* 1 to shape 2 INFORM to configure ♦ *vp* to take form, to take shape

confim *nm* limit; boundary ♦ *adj* bordering ❖ *os confins do mundo* the end of the world

confinante *adj2g* bordering

confinar *vi* to border [**com**, on] ♦ *vt* to confine ❖ *estar confinado à cama* to be confined to bed

confins *nmpl* depths; outer reaches

confirmação *nf* confirmation

confirmar *vt* 1 *(opinião, suspeição, tese)* to confirm, to support 2 *(reforçar)* to strengthen; to reinforce 3 *(acordo, tratado)* to ratify, to endorse

confiscação *nf* confiscation

confiscar *vt* to confiscate; to seize; *a polícia confiscou as armas* the police confiscated the weapons

confissão *nf* confession

conflagração *nf* 1 *(incêndio)* conflagration 2 *(guerra)* flare-up 3 tumult

conflagrar *vt* 1 to set fire to 2 to agitate

conflito *nm* conflict; *entrar em conflito com* to come into conflict with

conflituoso *adj* 1 *(pessoa)* quarrelsome; aggressive 2 *(atribulado)* troubled

confluência *nf* confluence

confluente *adj,n2g* confluent

confluir *vi* to converge; to come together

conformação *nf* 1 resignation; acceptance 2 form; shape

conformado *adj* resigned

conformar *vt* 1 to shape 2 to adapt [**a**, to] ♦ *vp* 1 *(aceitar)* to give in; to resign oneself [**com**, to] 2 *(contentar-se)* to be content [**com**, with]; to be happy [**com**, with]

conforme *adj2g* **1** identical; similar **2** suitable; appropriate ♦ *prep* according to; in accordance with; *conforme as circunstâncias* according to circumstances ♦ *conj* as; *conforme li no jornal* as I read in the newspaper

conformidade *nf* conformity; *em conformidade com* in conformity with

conformismo *nm* conformism

conformista *adj,n2g* conformist

confortar *vt* **1** *(fortificar)* to strengthen; to invigorate **2** *(consolar)* to comfort

confortável *adj2g* comfortable; comfy *col*

conforto *nm* comfort

confrade *nm* **1** REL *(confraria)* brother **2** colleague

confrangedor *adj* **1** distressing; painful; upsetting **2** *(embaraçoso)* embarrassing

confranger *vt* **1** to distress; to upset **2** *(vexar)* to embarrass

confrangimento *nm* **1** anguish; distress **2** embarrassment

confraria *nf* brotherhood

confraternização *nf* fraternization

confraternizar *vi* to fraternize [com, with]

confrontação *nf* **1** confrontation **2** comparison

confrontar *vt* **1** to confront [com, with]; *confrontámos os suspeitos com as provas* we confronted the suspects with the evidence **2** to compare; to confront **3** *(edifício)* *(estar defronte)* to be opposite to ♦ *vp* *(enfrentar)* to come face to face [com, with]; *só agora é que ela vai confrontar-se com as dificuldades* only now will she face the difficulties

confronto *nm* **1** confrontation; conflict **2** comparison

confundido *adj* confused; puzzled

confundir *vt* **1** *(misturar)* to mix up; *não confundas tudo!* don't mix everything up! **2** *(baralhar)* to confuse; to puzzle; *não me confundas!* stop confusing me! **3** *(enganar-se)* to mistake [com, for]; *confundi o sal com o açúcar* I mistook the salt for the sugar **4** *(perturbar)* to embarrass ♦ *vp* **1** to get confused **2** to make a mistake **3** *(perturbação)* to be embarrassed

confusão *nf* **1** *(dúvida)* confusion; *fazer confusão* to get confused **2** *(engano)* mistake; mix-up **3** *(sarilhos)* trouble **4** *(desorganização)* mess; *que confusão!* what a mess!

confuso *adj* **1** *(pessoa)* confused **2** *(pouco claro)* confusing

congelação *nf* freezing

congelado *adj* frozen ♦ *nm* (no plural) frozen food

congelador *nm* (parte do frigorífico) freezer

congelamento *nm* **1** *(congelação)* freezing **2** *(dinheiro)* freeze

congelar *vt,i* to freeze; *congelar uma conta* to freeze an account

congeminar *vt* to think up; to devise; *congeminar um plano* to devise a plan

congénere *adj2g* of the same kind ♦ *nm* fellow being

congénito *adj* congenital

congestão *nf* congestion

congestionado *adj* congested

congestionar *vt* to congest; to block ♦ *vp* **1** to become congested **2** *(rosto)* to go red

conglomeração *nf* conglomeration

conglomerado *adj,nm* conglomerate

conglomerar *vt* to conglomerate

Congo *nm* Congo

congolês *adj,nm* Congolese

congratulação *nf* congratulation

congratular *vt* to congratulate; to felicitate; *congratulo-te pela tua vitória* I congratulate you on your victory ♦ *vp* **1** to be pleased [com, with]; to be happy [com, about] **2** to congratulate oneself [com, on]; *congratulo-me com a minha sorte* I congratulate myself on my good luck

congregação *nf* **1** congregation **2** *(esforços)* coordination; *(meios)* combination

congregar *vt,p* to congregate; to assemble; to gather

congressista *n2g* **1** (congress) participant **2** POL (homem) congressman; (mulher) congresswoman

congresso *nm* congress

congro *nm* conger

congruência *nf* **1** (coerência) coherence **2** (consistência) consistency

congruente *adj2g* **1** coherent **2** consistent [com, with]

conhaque *nm* cognac

conhecedor *nm* expert; connoisseur ♦ *adj* aware

conhecer *vt* **1** to know; *conheço esta cidade como a palma da minha mão* I know this city like the back of my hand; *conheces algum restaurante aqui perto?* do you know of any restaurant nearby? **2** (saber) to know [de, about]; to be an expert [de, in] **3** (travar conhecimento) to meet; to get to know; *conheci a minha melhor amiga na faculdade* I met my best friend at University; *conhecemo-nos há muito tempo* we've known each other for a long time; *prazer em conhecê-lo!* pleased to meet you! ❖ *conhecer alguém de ginjeira* to know someone inside out; *conhecer de nome* to know by name; *conhecer de vista* to know by sight

conhecido *nm* acquaintance ♦ *adj* **1** (famoso) well-known **2** acquainted

conhecimento *nm* **1** knowledge; *tomar conhecimento de* to find out about **2** (influências) connections; *tem muitos conhecimentos* he has friends in high places ❖ *com conhecimento de causa* with due knowledge

cónico *adj* conical; GEOM conic

conivência *nf* connivance [com, in]

conivente *adj2g* conniving

conjetura *nf* conjecture

conjetural *adj2g* conjectural

conjeturar *vt* to conjecture; to speculate

conjugação *nf* **1** (junção, união) combination **2** (gramática) conjugation

conjugal *adj2g* marital; *vida conjugal* married life

conjugalidade *nf* conjugality

conjugar *vt* **1** (verbos) to conjugate **2** (combinar) to combine ♦ *vp* to converge

cônjuge *n2g* spouse

conjunção *nf* conjunction

conjuntamente *adv* jointly

conjuntiva *nf* ANAT conjunctiva

conjuntivite *nf* conjunctivitis

conjuntivo *adj* (tecido) connective ♦ *adj,nm* (gramática) subjunctive

conjunto *nm* **1** (grupo) set; group; MAT *conjunto vazio* empty set **2** (totalidade) whole; *no conjunto* on the whole **3** (musical) group; (música clássica) ensemble ♦ *adj* joint ❖ *em conjunto* together

conjuntura *nf* conjuncture, circumstances

conjura *nf* plot; conspiracy; *participar numa conjura* to take part in a plot

conjurado *nm* conspirator ♦ *adj* conspiring, involved in a plot

conjurar *vt* **1** to conspire; to plot **2** to exorcize ♦ *vi* to conspire; to plot ♦ *vp* to take part in a plot [contra, against]

conluio *nm* conspiracy, plot

connosco *pron pess* with us; *queres vir connosco?* do you want to come with us?

conotação *nf* connotation

conotar *vt* to connote

conotativo *adj* connotative

conquanto *conj* **1** (ainda que) although **2** (desde que) as long as

conquista *nf* **1** conquest **2** (vitória) victory; (feito) achievement

conquistador *nm* **1** conqueror **2** (pessoa de sucesso) achiever **3** (sedutor) ladykiller; (sedutora) femme fatale

conquistar *vt* **1** (terras, corações) to conquer **2** (encantar) to win over, to charm; *a tua simpatia conquistou-me imediata-*

mente your kindness won me over instantly 3 (*ganhar*) to attain; to win; *ela conquistou a fama mundial* she won world fame

consagração *nf* 1 REL consecration 2 (de *artista*) recognition 3 (*entrega*) devotion

consagrado *adj* 1 (*célebre*) renowned; acclaimed 2 (*dedicado*) devoted [a, to]; dedicated [a, to] 3 REL consecrated

consagrar *vt* 1 REL to consecrate 2 (*palavra, expressão*) to establish 3 (*artista, obra*) to confirm; to acclaim 4 (*homenagear*) to pay tribute to 5 (*devotar*) to dedicate [a, to] ♦ *vp* to devote oneself

consanguíneo *adj* consanguineous

consanguinidade *nf* consanguinity; blood relation

consciência *nf* 1 (moral) conscience 2 (conhecimento) awareness; *ter consciência de* to be aware of 3 (sentidos) consciousness

consciencialização *nf* awareness

consciencializar *vt* to make (somebody) aware [de, of]; to raise (people's) awareness [para, to] ♦ *vp* to become aware; to realize [que, that]

consciencioso *adj* conscientious

consciente *adj2g* 1 (sentidos) conscious 2 (ciente) aware 3 (sensato) sensible

consecução *nf* achievement; attainment

consecutivamente *adv* consecutively

consecutivo *adj* consecutive

conseguinte *adj2g por conseguinte* therefore, consequently

conseguir *vt* 1 to get; to obtain; *eu consigo sempre o que quero* I always get what I want 2 (objetivo) to manage; to succeed; *consegui passar no exame* I succeeded in passing the examination 3 (capacidade) can; *não consigo dormir* I can't sleep ♦ *vi* to succeed; to do it; *consegui!* I did it!

conselheiro *nm* adviser

conselho *nm* 1 (recomendação) advice 2 (grupo, assembleia) council; board ❖ (escola) *conselho executivo* school board

consenso *nm* consensus

consensual *adj2g* consensual

consentâneo *adj* 1 appropriate [a, to] 2 in accordance [com, with]

consentimento *nm* consent

consentir *vt* to allow; *não consinto que me trates assim!* I won't allow you to treat me like this! ♦ *vi* to agree [em, to]; to consent [em, to]

consequência *nf* consequence; result; *em consequência de* in consequence of, due to

consequente *adj2g* 1 (resultante) consequent; resultant 2 (coerente) consistent

consequentemente *adv* consequently; therefore

consertador *nm* repairer

consertar *vt* to repair; to mend; to fix

conserto *nm* repair

conserva *nf* tinned food; *sardinhas de conserva* tinned sardines

conservação *nf* conservation

conservador *adj,nm* conservative ♦ *nm* (museu) curator

conservadorismo *nm* conservatism

conservante *nm* preservative; *sem corantes nem conservantes* no colourings or preservatives

conservar *vt* 1 (alimentos) to preserve 2 (manter) to maintain; to keep ♦ *vp* 1 (manter-se) to keep 2 (perdurar) to survive

conservatória *nf* registry

conservatório *nm* conservatoire

conserveiro *nm* tinner ♦ *adj* tinned

consideração *nf* 1 (atenção) consideration; *em consideração a* considering 2 (respeito) esteem; regard 3 (comentário) comment

considerado *adj* 1 (pensado) considered 2 (apreciado) respected

considerando *nm* **1** motive; reason **2** consideration

considerar *vt* **1** (*tomar em consideração*) to take into account, to take into consideration **2** (*refletir*) to consider; to contemplate; *não considerei essa hipótese* I didn't contemplate that hypothesis **3** (*julgar*) to regard; to consider **4** (*estimar*) to esteem; *considerar muito uma pessoa* to hold someone in high esteem

considerável *adj2g* considerable; substantial

consignação *nf* consignment; *à consignação* on consignment

consigo *pron pess* **1** (*com ele*) with him; (*com ela*) with her **2** (*com eles*) with them **3** (*com você*) with you **4** (coisa, animal) with it; (coisa, animal) with them

consistência *nf* consistency

consistente *adj2g* **1** consistent **2** (*espesso*) thick

consistir *vi* to consist [em, of/in]

consoada *nf* (*ceia*) Christmas supper

consoante *nf* (letra, som) consonant ♦ *prep* (*segundo*) according to; *consoante o gosto de cada um* according to one's taste

consoar *vi* to have one's Christmas supper

consola *nf* console; *consola de jogos* video game console

consolação *nf* consolation; comfort

consolador *nm* comforter ♦ *adj* consoling; comforting; *uma ideia consoladora* a comforting thought

consolar *vt* to comfort ♦ *vp* (regalar-se) to relish [com, -]; to enjoy [com, -]

consolidação *nf* **1** (*reforço*) consolidation **2** (*fortalecimento*) strengthening

consolidar *vt* **1** (*fortificar*) to consolidate; to reinforce **2** (*amizade*) to strengthen

consolo *nm* **1** (*conforto*) consolation; comfort **2** (*prazer*) delight

consonância *nf* (*conformidade*) consonance

consonante *adj2g* consonant

consorciar *vt* ECON to associate ♦ *vp* ECON to be affiliated [com, with]; to associate oneself [com, with]

consórcio *nm* consortium

consorte *n2g* consort

conspícuo *adj* conspicuous

conspiração *nf* conspiracy; plot

conspirador *nm* conspirator; plotter

conspirar *vi* to conspire [contra, against]; to plot [contra, against]; *conspirar contra o governo* to plot against the government

conspiratório *adj* conspiratorial

conspurcação *nf* soiling

conspurcar *vt* **1** to dirty **2** (*corromper*) to corrupt; to tarnish

constância *nf* constancy

constante *adj2g* **1** constant **2** (*referido*) mentioned [em, in] **3** (pessoa, equipa) consistent ♦ *nf* constant feature

constar *vi* **1** (*estar registado*) to be reported [em, in]; *conforme consta nos autos* as it is reported in the minutes **2** (*dizer-se*) to be told; *constou-me que* I heard that **3** (*consistir*) to consist [de, of] **4** (*assunto*) to be [de, about]

constatação *nf* **1** (*confirmação*) verification **2** (*consciência*) realization; perception

constatar *vt* **1** (*aperceber-se*) to realize **2** (*evidência*) to verify

constelação *nf* constellation

consternação *nf* consternation; dismay

consternado *adj* dismayed [com, at/by]

consternar *vt* to dismay

constipação *nf* cold; *apanhar uma constipação* to catch a cold

constipado *adj* with a cold; *estou muito constipado* I have a terrible cold

constipar-se *vp* to catch a cold

constitucional *adj2g* constitutional

constitucionalidade *nf* constitutionality

constituição *nf* **1** constitution **2** (*composição*) composition **3** (*formação*) formation

constituído *adj* set; formed; *pessoa bem constituída* well-set person ❖ *ser constituído por* to be composed of

constituinte *adj,n2g* constituent

constituir *vt* 1 *(representar)* to constitute; to represent; *constituir um perigo* to constitute danger 2 *(estabelecer)* to set up; to establish; *constituir uma nova empresa* to set up a new firm 3 *(formar)* to form; to put together; to make up ❖ *constituir família* to get married

constitutivo *adj* constitutive

constrangedor *adj* 1 *(embaraçoso)* embarrassing 2 *(limitador)* restrictive

constranger *vt* 1 *(compelir)* to constrain [a, to]; to compel [a, to] 2 *(embaraçar)* to inhibit; to embarrass

constrangido *adj (embaraçado)* embarrassed; awkward

constrangimento *nm* 1 *(embaraço)* embarrassment; inhibition 2 *(limitação)* constraint

constrição *nf* 1 *(restrição)* constriction; restriction 2 *(aperto)* tightness

constritivo *adj* 1 *(restritivo)* constrictive; restrictive 2 *(apertado)* tight

construção *nf* construction

construir *vt* 1 to construct; to build; *construir uma casa* to build a house; *construir uma estrada* to construct a road 2 *(formar)* to organize; to form 3 LING to make; *construir uma frase* to make a sentence

construtivo *adj* constructive; positive

construtor *nm* builder

construtora *nf (empresa)* construction company

consubstanciação *nf* consubstantiation

consubstancial *adj2g* consubstantial

cônsul *nm* consul

consulado *nm* 1 *(edifício)* consulate 2 *(cargo)* consulship

consulesa *nf* consul

consulta *nf* 1 *(médica)* appointment 2 *(discussão)* consultation [a, with] 3 *(inquérito)* survey; poll 4 *(de obra)* reference

consultar *vt* 1 *(aconselhar-se)* to consult; to take advice with; to see; *consultar um perito* to consult an expert; *consultar o médico* to see a doctor 2 *(livro)* to look up; *consultar uma palavra no dicionário* to look up a word in the dictionary

consultivo *adj* consultative; advisory

consultor *nm* consultant; adviser

consultoria *nf* consultancy

consultório *nm* 1 *(médico)* office; surgery GB 2 *(aconselhamento)* consultancy

consumação *nf* 1 consummation 2 *(crime)* perpetration

consumado *adj* consummate; accomplished ❖ *facto consumado* accomplished fact

consumar *vt* to consummate; *consumar o casamento* to consummate marriage

consumição *nf (preocupação)* distress; anxiety

consumido *adj* 1 *(gasto)* spent 2 *(aflito)* worried; upset; *estar consumido de preocupação* to be worried to death

consumidor *nm* 1 consumer 2 *(drogas)* user

consumir *vt* 1 (bens) to consume; *consumir petróleo* to consume oil 2 *(gastar)* to use up; *consumir todo o combustível* to use up the fuel 3 *(fogo)* to burn down 4 (drogas) to take

consumismo *nm* consumerism

consumista *adj2g* consumerist

consumo *nm* 1 consumption; *bens de consumo* consumer goods 2 *(de drogas)* use; abuse 3 *(bebidas)* drinks; *consumo mínimo* minimum drink price

conta *nf* 1 *(bancária, email, contabilidade)* account 2 *(cálculo)* sum 3 *(despesas)* bill; *a conta do telefone* the phone bill 4 *(em restaurante, café)* bill GB; check EUA; *pedir a conta* to ask for the bill 5 *(dívida)* tab; *po-*

nha na conta put it on my tab **6** (*de colar*) bead ❖ *afinal de contas* after all; *dar-se conta de* to realize; *fazer de conta* to pretend; *tomar conta de* to take care of

contabilidade *nf* **1** accounting; accountancy **2** (*departamento*) accounts department

contabilista *n2g* accountant

conta-corrente *nf* current account

contactar *vt* (*carta, telefone*) to contact; to reach; *vou tentar contactá-lo* I'll try to contact him

contacto *nm* contact; *manter-se em contacto* to keep in touch

contador *nm* (*aparelho*) counter; (*água, gás, eletricidade*) meter

contadoria *nf* **1** (*gabinete*) accountant's office **2** (*tesouraria*) treasury

contagem *nf* counting; *contagem dos votos* vote counting

contagiante *adj2g* contagious

contagiar *vt* to infect [com, with]; to contaminate [com, with]

contágio *nm* contagion; infection

contagioso *adj* contagious

conta-gotas *nm* dropper

contaminação *nf* contamination

contaminador *adj* contaminating ♦ *nm* QUÍM contaminant

contaminar *vt* **1** (*contagiar*) to contaminate **2** (*poluir*) to pollute

contanto que *loc conj* provided that

conta-quilómetros *nm2n* odometer; mileometer GB

contar *vt* **1** (*narrar*) to tell; to narrate; *contaram-me que* I was told that **2** (*números*) to count ♦ *vi* **1** (*números*) to count; *contar pelos dedos* to count on one's fingers; *contar até cem* to count up to a hundred **2** (*esperar*) to expect; *estou a contar convosco para jantar* I'm expecting you for dinner; *sem contar* unexpectedly **3** (*confiar*) to rely; *contar com alguém* to rely on somebody; *conte com isso* rely upon it ❖

conta comigo! include me in!; *sem contar com* not counting with; *tudo conta* everything matters

conta-rotações *nm* tachometer; rev counter

contemplação *nf* **1** contemplation **2** (*benevolência*) leniency

contemplar *vt* **1** (*meditar*) to contemplate; to meditate **2** (*observar*) to gaze; to stare **3** (*dar*) to award; *ser contemplado com um prémio* to be awarded ♦ *vp* (*observar-se*) to look [a, at]; to stare [a, at]; *contemplar-se ao espelho* to look at oneself on the mirror

contemplativo *adj* contemplative

contemporaneidade *nf* contemporaneity

contemporâneo *adj,nm* contemporary

contemporização *nf* lit forbearance

contemporizar *vi* to compromise

contenção *nf* restraint

contencioso *adj* **1** contentious **2** DIR litigious ♦ *nm* **1** DIR litigation **2** (*departamento*) legal department

contenda *nf* (*discussão*) dispute

contentamento *nm* contentment; joy

contentar *vt* to please; *contentar alguém* to please someone ♦ *vp* to content oneself [com, with]; to be satisfied [com, with]; *não se contenta com nada* nothing seems to satisfy him ❖ *contentar-se com pouco* not to ask for much

contente *adj2g* (*feliz*) happy; (*satisfeito*) pleased

contento *nm* (*satisfação*) satisfaction; contentment; *a contento de todos* to everyone's satisfaction

contentor *nm* **1** (*recipiente*) container **2** (*lixo*) skip GB, dumpster EUA

conter *vt* **1** (*ter*) to contain; to hold **2** (*incluir*) to include; *a embalagem contém um brinde* the package includes a gift **3** (*suster*) to refrain; *conter o riso* to refrain from laughing ♦ *vp* to restrain oneself; to refrain; *tive de conter-me para não o in-sultar* I had to hold my tongue not to swear at him

conterrâneo *nm* (mesma terra) fellow citizen; (mesmo país) compatriot

contestação *nf* 1 (protesto) protest 2 (objeção) objection 3 (polémica) controversy

contestador *nm* 1 (desafiador) challenger 2 (refutador) refuter ♦ *adj* 1 (competidor) contesting 2 (desafiador) challenging 3 (refutador) refuting

contestar *vt* 1 (refutar) to contest, to refute 2 (desafiar) to challenge; to dispute 3 (contradizer) to contradict; to deny

contestável *adj2g* questionable

conteúdo *nm* 1 (embalagem, recipiente) contents 2 (assunto, ideia) content

contexto *nm* context

contextualizar *vt* to contextualize; to put into context

contigo *pron pess* with you; *vou contigo* I'll go with you

contiguidade *nf* 1 adjacency 2 (proximidade) nearness

contíguo *adj* adjacent

continência *nf* 1 continence 2 MIL salute

continental *adj2g* continental

continente *nm* continent

contingência *nf* contingency

contingente *adj2g,nm* contingent

continuação *nf* 1 (sequência) follow-up; *a continuação da série* the follow-up of the series 2 (retoma) resumption

continuador *nm* follower; disciple

continuar *vt* 1 to continue 2 to go on [-, with]; to carry on [-, with]; *continuar a história* to go on with the story ♦ *vi* 1 (não parar) to continue [com, with]; to go on [com, with]; to carry on [com, with]; *continua!* go on!; *continua no próximo episódio* to be continued; *a luta continua* the fight goes on 2 (persistir) to persevere [a, in]

continuidade *nf* continuity

contínuo *adj* 1 (frequente) continual 2 (ininterrupto) continuous ♦ *nm* caretaker

contista *n2g* short story writer

conto *nm* 1 LIT short story 2 (história) tale 3 *ant* (dinheiro) thousand escudos ✣ *quem conta um conto acrescenta um ponto* a tale never loses in the telling

contorção *nf* contortion

contorcer *vt* 1 to contort; to twist; *contorcer a cara* to contort one's face 2 (corpo) to squirm; to wriggle ♦ *vp* 1 (mexer o corpo) to squirm 2 (dor) to convulse; *contorcer-se de dores* to convulse with pain

contorcionista *n2g* contortionist

contornar *vt* 1 (lugar, tema) to skirt; *contornar a rua* to skirt the street 2 (rotunda) to go round

contorno *nm* outline, contour

contra *prep* 1 against 2 (resultado) to; *dez contra um* ten to one ♦ *nm* (desvantagem) drawback; *os prós e os contras* the pros and cons ✣ *ser do contra* to disagree with everything

contra-almirante *n2g* rear admiral

contra-atacar *vt* to counterattack

contra-ataque *nm* counterattack

contrabaixista *n2g* double bass player

contrabaixo *nm* (instrumento) double bass

contrabalançar *vt* to counterbalance

contrabandear *vi* to smuggle; to contraband; *contrabandear armas* to smuggle guns

contrabandismo *nm* smuggling

contrabandista *n2g* smuggler

contrabando *nm* 1 (atividade) smuggling; *fazer contrabando* to smuggle 2 (bens) contraband

contrabateria *nf* MIL counter-battery

contração *nf* contraction

contracapa *nf* (livro) back cover

contraceção *nf* contraception

contracenar *vi* CIN,TEAT to act [com, with]

contracetivo *adj,nm* contraceptive
contracorrente *nf* cross-current
contracurva *nf* reverse curve
contradição *nf* contradiction; *cair em contradição* to contradict oneself
contradita *nf* 1 DIR contradiction 2 *(negação)* gainsay; denial
contraditar *vt* to contradict; to refute
contraditório *adj* contradictory
contradizer *vt* 1 *(opor)* to contradict; to dispute 2 *(negar)* to deny ♦ *vp* to contradict oneself; *ele não parava de contradizer-se* he kept on contradicting himself
contraente *adj,2g* contracting ♦ *n2g* contracting party; *os contraentes do negócio* contracting parties of the affair
contraespionagem *nf* counter-espionage
contrafação *nf* counterfeit
contrafator *nm* counterfeiter
contrafazer *vt* 1 *(falsificar)* to counterfeit; to forge 2 *(constranger)* to embarrass
contrafé *nf* DIR summons; copy of a summons
contrafeito *adj* 1 *(falso)* counterfeited 2 *(contrariado)* unwilling 3 *(forçado)* forced
contraindicação *nf* contraindication
contraindicado *adj* contraindicated
contraindicar *vt* FARM to contraindicate
contrainformação *nf* counterintelligence
contrair *vt* 1 *(apertar)* to contract 2 *(doença)* to contract 3 *(encolher)* to shorten 4 *(dívida)* to run up; *contrair uma dívida pesada* to run up a heavy debt 5 LING to contract; to join ♦ *vp* 1 *(apertar-se)* to contract; *o músculo contraiu-se* the muscle contracted 2 *(encolher-se)* to shrink ❖ *contrair matrimónio com alguém* to marry someone
contralto *nm,n2g* contralto
contraluz *nf* backlighting
contramão *nf* wrong side; *seguir em contramão* to drive on the wrong side of the road

contramarcha *nf* countermarch
contramarchar *vi* to countermarch
contramaré *nf* ebb tide
contramedida *nf* countermeasure
contramestre *nm* foreman; overseer; NÁUT *contramestre de navio* boatswain
contraofensiva *nf* counter-offensive
contraordem *nf* counter order
contraordenação *nf* offence GB, offense EUA
contraordenar *vt* to countermand
contrapartida *nf* counterpart; compensation ❖ *em contrapartida* on the other hand
contrapasso *nm* *(andar, dançar)* back step
contrapesar *vt* 1 *(verificar peso)* to counterbalance; to counterweigh 2 *(avaliar)* to countervail; *contrapesar as consequências* to countervail the consequences
contrapeso *nm* 1 *(objeto)* counterweight 2 *fig* counterbalance [a, to]
contraplacado *nm* plywood
contraponto *nm* counterpoint
contrapor *vt* 1 to set in opposition [a, to] 2 to contrast [a, with] ♦ *vi* *(argumentos)* to argue [que, that] ♦ *vp* to be opposed [a, to]
contraposição *nf* contrast ❖ *em contraposição* by contrast; on the other hand; *em contraposição a* in contrast to/with
contraproducente *adj,2g* counterproductive
contraproposta *nf* counter-proposal
contraprova *nf* 1 *(investigação)* counterproof 2 TIP revise
contraprovar *vt* to counterprove
contrariamente *adv* contrary [a, to]
contrariar *vt* 1 to contradict; to dispute; *contrariar uma ideia* to contradict an idea 2 *(projeto)* to thwart 3 *(arreliar)* to annoy; to antagonize; *estar contrariado* to be annoyed
contrariedade *nf* 1 *(dificuldade)* difficulty; *(contratempo)* mishap 2 *(incómodo)* annoyance

DACIN-DIP-52

contrário *adj* **1** opposite; *em sentido contrário* in the opposite direction **2** (equipa, lado, perspetiva) opposing **3** (*contra*) opposed [a, to] ♦ *nm* (*oposto*) opposite ❖ *caso contrário* otherwise; *muito pelo contrário* quite the opposite; *pelo contrário* on the contrary

Contrarreforma *nf* HIST Counter Reformation

contrarregra *n2g* TEAT callboy; page

contrarréplica *nf* **1** DIR rejoinder **2** (*resposta*) retort

contrarrevolução *nf* counter-revolution

contrassenha *nf* countersign

contrassenso *nm* nonsense

contrastador *nm* assayer ♦ *adj* contrasting

contrastante *adj2g* contrasting

contrastar *vt* **1** (*comparar*) to contrast [com, with]; *contrastar uma ideia com outra* to contrast one idea with another **2** (*colocar o contraste*) to assay; *contrastar um anel de ouro* to assay a gold ring ♦ *vi* **1** to contrast [com, with] **2** (*opor*) to oppose [em, in]

contrastaria *nf* assayer's office

contraste *nm* **1** contrast **2** (joia) hallmark

contratação *nf* **1** (emprego) hiring **2** (jogador, artista) signing

contratado *adj* **1** (emprego) employed on contract; *professores contratados* teachers on contract **2** (para um serviço) hired; *assassino contratado* hired assassin

contratador *nm* (empresa) contractor; undertaker

contratante *adj2g* contracting ♦ *n2g* contractor

contratar *vt* **1** to contract; *contratar novos trabalhadores* to contract new workers **2** (prestação de serviços) to hire; to take on; *contratar um jardineiro por uma tarde* to hire a gardener for an afternoon **3** (*acordar*) to settle; to agree **4** (músicos, teatro) to engage

contratempo *nm* setback; mishap

contrato *nm* contract

contratorpedeiro *nm* destroyer

contratual *adj2g* contractual

contravenção *nf* DIR contravention

contraveneno *nm* counterpoison

contraventor *nm* transgressor; contravener

contraversão *nf* **1** (*versão contrária*) opposite version **2** (*inversão*) inversion

contribuição *nf* **1** contribution **2** (imposto) tax

contribuinte *n2g* taxpayer; *cartão de contribuinte* taxpayer card

contribuir *vi* **1** to contribute [para, to] **2** (para caridade) to donate [com, -]

contributo *nm* contribution

contrição *nf* contrition

contrito *adj* contrite

controlador *nm* (profissão) controller; *controlador aéreo* air-traffic controller

controlar *vt* **1** to get hold of; *controlar a situação* to get hold of the situation **2** (*governar*) to dominate; to rule; *controlar um país* to dominate a country **3** (*verificar*) to control; to regulate; *controlar uma máquina* to control a machine ♦ *vp* to control oneself; to hold back

controlo *nm* control ❖ *controlo à distância* remote control

controvérsia *nf* controversy

controverso *adj* controversial

contudo *adv* nevertheless; however

contumácia *nf* **1** (*teimosia*) obstinacy; stubbornness **2** DIR contumacy

contumaz *adj2g* **1** DIR contumacious **2** (*teimoso*) obstinate; stubborn

contundente *adj2g* **1** (objeto) blunt **2** (*agressivo*) harsh

contundir *vt* to contuse; to bruise

conturbação *nf* **1** (*agitação*) agitation; anxiety **2** (*perturbação*) disturbance

conturbado *adj* troubled

conturbar vt 1 (agitar) to trouble; to agitate 2 (perturbar) to disturb; to upset

contusão nf contusion

convalescença nf convalescence

convalescente adj,n2g convalescent

convalescer vi to convalesce; to recuperate; *convalescer de uma doença grave* to convalesce from a dangerous disease

convecção nf FÍS convection

convenção nf 1 convention 2 (acordo) agreement

convencer vt 1 (fazer crer) to convince [de, about/of]; *convencer alguém de um facto* to convince someone of a fact 2 (persuadir) to persuade [a/de, to]; *convencer alguém a comprar um produto* to persuade someone to buy a product ◆ vp to convince oneself [de, of]; *convencer-se de uma mentira* to convince oneself of a lie

convencido adj 1 (convicto) convinced 2 col (pretensioso) conceited; big-headed ◆ nm big-head; *és um convencido!* you're such a big-head!

convencimento nm 1 (convicção) conviction 2 (persuasão) persuasion

convencional adj2g conventional

convencionalismo nm conventionalism

convencionar vt (estipular) to stipulate

conveniência nf 1 convenience; *loja de conveniência* convenience store 2 (vantagem) advantage

conveniente adj2g 1 (próprio) fit; suitable 2 (útil) handy 3 (vantajoso) convenient

convénio nm agreement

convento nm convent

conventual adj2g conventual

convergência nf convergence

convergente adj2g convergent

convergir vi to converge [em, on]

conversa nf 1 conversation; talk; *estar na conversa* to be chatting away 2 (intrujice) rubbish

conversação nf 1 conversation 2 (negociação) talk

conversador nm communicator ◆ adj talkative

conversão nf conversion

conversar vi to talk [com, with; sobre, about]; to chat [sobre, about]; *conversámos sobre tudo* we chatted about everything

conversível adj2g convertible

converso adj converted ◆ nm REL,POL convert

conversor nm converter

converter vt 1 (transformar) to convert [em, into]; *converter em energia* to convert into energy 2 (mudar, cambiar) to change [em, into]; *converter euros em dólares* to change euros into dollars ◆ vp REL,POL to become converted [a, to]

convertido adj converted ◆ nm convert

convés nm deck

convexidade nf convexity

convexo adj convex

convicção nf conviction

convicto adj 1 convinced 2 (certo) sure; certain

convidado nm guest ◆ adj invited [para, to]

convidar vt 1 (para evento) to invite [para, to] 2 (solicitar) to ask [a, to]; *convido-o a sair daqui* I am asking you to leave

convidativo adj inviting

convincente adj2g convincing

convir vi 1 (ser conveniente) to suit; to fit; *como lhe convier* at your own convenience; *se lhe convém* if that suits you 2 (ser próprio) to be proper; to be wise; *não convém* I don't think that's wise

convite nm 1 invitation [para, to]; *aceitar um convite* to accept an invitation 2 (cartão) invitation card

conviva n2g 1 (convidado) guest 2 (festividades) feaster 3 (jantaradas) banqueter, banqueteer

convivência nf 1 (coexistência) coexistence 2 (familiaridade) familiarity 3 (contacto) regular contact

conviver vi to socialize; to get together

convívio nm 1 (reunião) get-together; gathering 2 (contacto) regular contact

convocação nf 1 (eleições, greve) call [de, for] 2 (reunião) convening [de, of] 3 (jogador) call-up GB

convocar vt 1 to summon; to call together; *convocar o Parlamento* to summon Parliament 2 (greve, reunião) to call; *convocar uma reunião* to call a meeting 3 (eleições) to hold; *convocar eleições* to hold an election

convocatória nf 1 notification 2 (chamada) summons 3 (greve) call

convosco pron pess with you; *isso é convosco* that's up to you

convulsão nf convulsion

convulsivo adj convulsive

convulso adj convulsed; contorted ❖ *tosse convulsa* whooping cough

coocorrência nf co-occurrence

cooperação nf cooperation

cooperante adj2g cooperative

cooperar vi to cooperate [com, with]; to collaborate [com, with]; *cooperar com o governo* to cooperate with the government

cooperativa nf cooperative

cooperativismo nm ECON cooperativism

cooperativo adj cooperative

coordenação nf 1 coordination 2 (orientação) direction; management

coordenada nf coordinate

coordenado adj 1 coordinated 2 (gramática) coordinate

coordenador nm (organizador) coordinator; organizer

coordenar vt 1 (projeto) to coordinate; to organize; *coordenar ideias* to coordinate ideas 2 (movimentos) to coordinate; to regulate

coordenativo adj coordinative; coordinating ❖ LING *conjunção coordenativa* coordinating conjunction

copa nf 1 (cozinha) pantry 2 (árvore) top 3 (soutien) cup ♦ nfpl (jogo de cartas) hearts

coparticipação nf co-participation

copeiro nm 1 (armário) cupboard 2 (criado) butler

cópia nf copy; *cópia de segurança* backup; *fazer uma cópia* to make a copy

copiador nm 1 (pessoa) copyist; transcriber 2 (máquina) copier, copying press

copianço nm 1 col (escola) cheating 2 col (cábula) crib

copiar vt 1 (fazer cópia) to copy; to transcribe; INFORM *copiar um ficheiro* to copy a file; *copiar uma citação* to transcribe a quotation 2 (imitar) to imitate; *copiar o estilo de alguém* to imitate somebody's ways ♦ vi col (escola) to crib [em, in]; to cheat [em, in]; *copiei no teste de Matemática* I cheated in my Maths test

copiloto n2g 1 (avião) co-pilot 2 (automóvel) co-driver

copioso adj copious; abundant

copista n2g copyist

copla nf MÚS,LIT couplet

copo nm 1 glass 2 col (bebida) drink; *vamos beber um copo!* let's have a drink!

copo-d'água nm wedding reception

copropriedade nf joint ownership

coproprietário nm co-owner; joint owner

cópula nf copulation

copular vi to copulate [com, with]

copulativo adj (verbo) linking

coqueiro nm coconut palm

coqueluche nf 1 (moda) fad 2 (pessoa) star

cor¹ /ô/ nm *de cor* by heart

cor² /ô/ nf colour GB, color EUA; *a cores* in colour

coração nm heart ❖ *de partir o coração* heartbreaking; *do fundo do coração* straight from the heart

corado adj 1 (rosado) rosy 2 (com vergonha) red

coragem nf courage; guts col

corajoso adj courageous; brave

coral nm 1 (animal, substância) coral 2 (grupo de cantores) choral society ♦ adj2g choral

corante nm 1 (alimentar) colouring GB, coloring EUA; **sem corantes nem conservantes** no artificial colours or preservatives 2 (para tecido, madeira) stain

corar vi (faces) to blush; to flush; **corar de vergonha** to blush in shame ♦ vt (roupa) to bleach

corça nf row deer, doe

corcel nm lit (cavalo veloz) steed

corço nm roebuck; roe deer

corcova nf hump; hunchback pej

corcunda nf (curvatura) hump ♦ n2g (pessoa) hunchback

corda nf 1 rope; **corda para saltar** skipping rope 2 (para roupa) line 3 MÚS string 4 (mecanismo) clockwork, spring ❖ **cordas vocais** vocal cords; **estar com a corda na garganta** to have one's back to the wall

cordame nm NÁUT cordage

cordão nm 1 (calçado) lace, shoelace; **apertar os cordões** to tie one's laces 2 (fio, corda) cord 3 (joia) chain ❖ **cordão umbilical** umbilical cord; **abrir os cordões à bolsa** to loosen the purse strings

cordato adj 1 (amistoso) friendly; kind 2 (sensato) wise

cordeiro nm lamb

cordel nm string

cor de laranja adj inv,nm (cor) orange

cordelinhos nmpl **mexer os cordelinhos** to pull strings

cor-de-rosa adj inv,nm (cor) pink ❖ **sonhos cor-de-rosa!** sweet dreams!

cor de tijolo adj inv,nm brick red

cor de vinho adj inv,nm wine red; burgundy

cordial adj2g (amistoso) cordial; friendly

cordialidade nf cordiality

cordilheira nf mountain range

cordoaria nf 1 (manufatura) ropemaking industry 2 (fábrica) rope factory

cordoeiro nm ant ropemaker

coreano adj,nm Korean

Coreia nf Korea

Coreia do Norte nf North Korea

Coreia do Sul nf South Korea

coreografar vt to choreograph

coreografia nf choreography

coreográfico adj choreographic

coreógrafo nm choreographer

coreto nm bandstand

corfebol nm DESP korfball

coricida nm corn remover

corinto nm currant

corisco nm flash of lightning ❖ col **raios e coriscos!** damn it!

corista n2g (coro) chorister ♦ nf chorus girl

corja nf 1 (patifes) bunch of crooks 2 (bando) bunch [de, of]

cornada nf thrust with the horns

córnea nf cornea

corneta nf (instrumento) cornet; (no exército) bugle

corneteiro nm 1 MÚS bugler 2 MÚS (trompetista) trumpeter

cornetim nm cornet

corneto nm 1 ANAT turbinate bone 2 CUL (gelado) cornet

cornflakes nmpl cornflakes

cornija nf cornice

corno nm 1 horn 2 (caracol) tentacle; antenna

cornucópia nf cornucopia

cornudo adj (boi, veado) horned

coro nm 1 (igreja, escola) choir 2 chorus; **dizer em coro** to say in chorus

coroa nf 1 crown 2 (flores) wreath 3 (moeda) tails; **cara ou coroa?** heads or tails? 4 (dente) crown

coroação nf coronation

coroado *adj* crowned ❖ *uma iniciativa coroada de êxito* a fully successful event

coroamento *nm* 1 (reis) coronation 2 *fig* final touch

coroar *vt* to crown; *coroar de glória* to crown with glory

corola *nf* BOT corolla

corolário *nm* corollary [de, of]; *ser o corolário de uma carreira* to be the corollary of a career

coronário *adj* coronary

coronel *nm* colonel

coronha *nf* butt

corpete *nm* bodice

corpo *nm* 1 body 2 (pessoal) staff 3 (consistência) body; consistency 4 (parte principal) main body ❖ *corpo diplomático* diplomatic corps; *de corpo e alma* heart and soul

corporação *nf* corporation

corporal *adj2g* body

corporativismo *nm* corporatism

corporativo *adj* corporate

corpóreo *adj2g* corporeal

corporizar *vt* 1 (personificar) to embody 2 (materializar) to materialize 3 *fig* (simbolizar) to represent

corpulência *nf* heftiness; (de pessoa) hefty build

corpulento *adj* hefty

corpus *nm* corpus

corpúsculo *nm* corpuscle

correção *nf* 1 correction 2 (precisão) accuracy; precision 3 (retidão) correctness 4 (de teste) marking GB; grading EUA

correcional *adj2g* correctional ❖ *tribunal correcional* correctional court

corrediça *nf* slide, slider

corredio *adj* 1 (deslizante) sliding; *nó corredio* slipknot 2 (corredor) running

corredor *nm* 1 corridor; (mais amplo) hallway 2 (comboio) corridor; (avião) aisle 3 (na estrada) lane 4 runner; *corredor da*

maratona marathon runner 5 (automóveis) racer

corregedor *nm* HIST chief magistrate

correia *nf* 1 strap 2 (máquina) belt 3 (bicicleta) chain

correio *nm* 1 mail; post GB; *na volta do correio* by return of post 2 (de droga) courier ◆ *nmpl* (edifício) post office ❖ *correio aéreo* airmail; *correio azul* first-class mail GB; express mail EUA; *correio eletrónico* e-mail, email

correlação *nf* correlation

correlacionar *vt* to correlate

correlativo *adj,nm* correlative

correligionário *nm* 1 POL fellow party member 2 REL co-religionist

corrente *nf* 1 (água, eletricidade) current 2 (correia) chain 3 (tendência) tendency ◆ *adj2g* 1 (normal) common; usual 2 (atual) current; present 3 (sem parar) running ◆ *nm* (costume) common practice 2 (mês) this month ❖ *corrente de ar* draught GB, draft EUA; *corrente sanguínea* bloodstream; *estar ao corrente da situação* to know what is going on

correntemente *adv* 1 (habitualmente) usually 2 (atualmente) presently

correnteza *nf* 1 (rio) current 2 (ar) draught 3 (casas) row

correr *vi* 1 to run, to race; *correr atrás de* to run after 2 (apressar-se) to hurry 3 (líquido) to flow, to run 4 (boato, notícia) to go around, to be said; *corre o boato de que* it is said that 5 (tempo) to pass, to elapse ◆ *vt* 1 to run 2 DESP to compete 3 (viajar) to travel across; *correr o mundo* to travel 4 (risco) to run 5 (expulsar) to drive out 6 (cortinas) to draw 7 INFORM (programa) to run ❖ *correr às mil maravilhas* to go really well; *correr com alguém* to get rid of somebody; *correr perigo* to be in danger; *nos dias que correm* nowadays

correria *nf* rush

correspondência *nf* correspondence

correspondente *adj2g* corresponding [a, to] ♦ *n2g* **1** (*jornalista*) correspondent **2** *col* (*cartas*) penfriend

corresponder *vi* to correspond [a, with/to] ♦ *vt* (*retribuir*) to reciprocate ♦ *vp* (*cartas*) to correspond [com, with], to exchange letters [com, with]

corretagem *nf* brokerage

corretivo *adj* corrective ♦ *nm* (*castigo*) punishment

correto *adj* correct

corretor[1] */é/ nm* **1** (*teste*) marker *GB*; grader *EUA* **2** (*tinta*) correction fluid; Tipp-Ex

corretor[2] */é/ nm* broker

corretora *nf* broker's

corrida *nf* **1** (*competição*) race **2** (*pressa*) run; *numa corrida* at a run **3** (*táxi*) ride **4** (*repreensão*) telling-off; *levar uma corrida* to get a talking-to ❖ *corrida de touros* bullfight

corrido *adj* (*expulso*) driven out, driven away

corrigir *vt* **1** (*retificar*) to correct, to amend, to make amends for **2** (*testes*) to mark, to correct **3** *TIP* to read; *corrigir provas tipográficas* to read proofs **4** (*castigar*) to punish ♦ *vp* to mend one's ways

corrigível *adj2g* rectifiable

corrimão *nm* (*escada*) banister, handrail

corrimento *nm* discharge

corriqueiro *adj* common, ordinary

corroboração *nf* corroboration

corroborante *adj2g* corroborative

corroborar *vt* to corroborate, to confirm

corroer *vt* **1** (*metais*) to corrode **2** (*gastar-se*) to erode, to eat away ♦ *vp* **1** to corrode **2** (*gastar-se*) to erode

corroído *adj* **1** (*metal*) corroded **2** (*gasto*) eaten away, eroded

corromper *vt* **1** to corrupt **2** (*adulterar*) to adulterate **3** (*subornar*) to bribe ♦ *vp* to become corrupted

corrosão *nf* corrosion

corrosivo *adj,nm* corrosive

corrupção *nf* corruption

corrupio *nm* *col* hustle and bustle

corruptela *nf* *LING* corruption

corruptível *adj2g* corruptible

corrupto *adj* corrupt

corsário *nm* corsair ♦ *nmpl* (*calças*) capri pants, capris

cortadela *nf* *col* cut

cortador *nm* **1** (*talhante*) butcher **2** (*faca de trinchar*) carver **3** (*relva*) mower

corta-mato *nm* (*desporto*) cross-country running; (*corrida*) cross-country race

cortante *adj2g* **1** (*objeto*) sharp **2** (*vento*) cutting

corta-papéis *nm* paper knife

corta-papel *nm* paper knife

cortar *vt* **1** to cut, to chop; *cortar ao meio* to cut in halves; *cortar aos bocados* to cut to pieces; (*no cabeleireiro*) *cortar o cabelo* to have one's hair cut **2** (*água, telefone*) to cut off **3** (*com tesoura*) to cut out **4** (*estrada, rua*) to close **5** (*árvore*) to cut down, to fell **6** (*conversa*) to interrupt, to cut short **7** (*relva*) to mow, to cut **8** (*jogo de cartas*) (*trunfar*) to trump; (*baralho*) to cut ♦ *vp* (*golpear-se*) to cut oneself ❖ *cortar a direito* to make a clean sweep; *cortar o coração* to break one's heart; *cortar na casaca* to backbite, to slag off

corta-unhas *nm* nail clippers

corte[1] */ó/ nm* **1** cut; *corte de energia* power cut; *fiz um corte no dedo* I've cut my finger **2** (*de cabelo*) haircut **3** (*roupa*) cut ♦ *nf* (*curral*) stable

corte[2] */ô/ nf* **1** (*monarca*) court **2** (*namoro*) courtship; *fazer a corte a* to court, to woo ♦ *nfpl* (*assembleia*) assembly; parliament

cortejar *vt* **1** (*fazer a corte*) to court, to woo **2** (*lisonjear*) to flatter

cortejo *nm* procession; (*festivo*) parade

cortês *adj* courteous, polite

cortesã *nf* (*dama da corte*) courtier

cortesão nm courtier ♦ adj courtly

cortesia nf courtesy; *por cortesia* out of courtesy

córtex nm cortex

cortiça nf cork

cortical adj2g BOT,MED cortical

corticeiro nm 1 cork worker, cork gatherer 2 cork dealer

cortiço nm (abelhas) beehive

cortina nf curtain; *correr as cortinas* to draw the curtains

cortinado nm curtains, drapes

cortisona nf cortisone

coruja nf owl

corujão nm eagle owl

corveta nf corvette

corvo nm crow, raven

cós nm2n waistband

coscorão nm CUL fritter

coscuvilhar vi col to gossip

coscuvilheiro nm gossip; busybody ♦ adj nosy

coscuvilhice nf gossip

cosedura nf sewing, stitching

coser vt to sew, to stitch; *coser um botão* to sew a button ♦ vi to sew, to stitch

cosmética nf cosmetics

cosmético adj,nm cosmetic

cósmico adj cosmic

cosmogonia nf cosmogony

cosmografia nf ASTRON cosmography

cosmográfico adj ASTRON cosmographic

cosmógrafo nm ASTRON cosmographer

cosmologia nf cosmology

cosmológico adj ASTRON cosmological

cosmonauta n2g cosmonaut, astronaut

cosmopolita adj2g cosmopolitan

cosmopolitismo nm cosmopolitanism

cosmos nm2n cosmos

cosseno nm cosine

cossignatário nm cosignatory

costa nf coast, shore ♦ nfpl 1 back; *deitar--se de costas* to lie on one's back; *dor de costas* backache 2 (natação) backstroke ❖

apunhalar alguém pelas costas to stab someone in the back; *ter as costas quentes* to have friends in high places

costado nm 1 ANAT pop back 2 NÁUT broadside

Costa do Marfim nf Ivory Coast

costal adj2g ANAT,ZOOL costal

costaneira nf coarse paper

Costa Rica nf Costa Rica

costa-riquenho adj,nm Costa Rican

costear vt 1 to follow the coast 2 (circundar) to go round ♦ vi to follow the coast

costeiro adj coastal

costela nf rib; *costelas flutuantes* floating ribs

costeleta nf (porco) chop

costumar vt 1 (no presente) to usually do something; *eu costumo ir a este restaurante* I usually go to this restaurant 2 (no passado) to use to do something; *ele costumava dizer...* he used to say; *eu costumava vir aqui* I used to come here ♦ vi to be accustomed to, to be in the habit of

costume nm 1 habit; *perder o costume de* to kick the habit of 2 (povo, país) custom 3 (habitual) usual; *como de costume* as usual; *vou querer o costume* I'll have the usual

costumeiro adj (usual) usual, habitual; customary

costura nf 1 (atividade) sewing; *máquina de costura* sewing machine 2 (peça de roupa) seam; *sem costura* seamless

costurar vt,i to sew, to stitch

costureira nf seamstress; (modista) dressmaker

costureiro nm 1 (alta-costura) couturier; fashion designer 2 (que confeciona) dressmaker

cota nf 1 (parte) share; portion 2 (limite) quota 3 (clube, associação, etc.) membership fee ♦ n2g col old person

craque

cotação *nf* 1 (ações) price; (moeda) value 2 (*ato de cotar*) quotation 3 (teste, exame) marks; *cotação máxima* full marks

cotado *adj* 1 ECON (ação) quoted 2 *fig* (*conceituado*) well thought of, highly regarded

cotangente *nf* cotangent

cotão *nm* fluff

cota-parte *nf* share

cotar *vt* 1 to rate; (ações) to quote; to value 2 (*avaliar*) to assess

cotejar *vt* to check, to compare

cotejo *nm* comparison; collation

cotização *nf* 1 ECON quotation 2 (*quota*) membership fee, subscription

cotizar *vt* 1 to quote; to rate 2 (*pagar cota*) to pay a subscription ♦ *vp* to participate, to share

coto *nm* stump

cotonete *nf* cotton bud GB, cotton swab EUA

cotovelada *nf* 1 (*para abrir caminho*) shove 2 (*para chamar a atenção*) nudge

cotoveleira *nf* 1 DESP elbow pad 2 (*camisola, casaco*) elbow patch

cotovelo *nm* elbow ❖ *dor de cotovelo* jealousy, envy; *falar pelos cotovelos* to talk nineteen to the dozen

cotovia *nf* lark

coudelaria *nf* MIL stud farm

couraça *nf* cuirass

couraçado *adj* 1 ZOOL with a shell 2 (*blindado*) armoured, armour-plated ♦ *nm* NÁUT battleship

couraçar *vt* 1 to cover with armour, to put a breastplate on 2 NÁUT to cover with armour-plating 3 *fig* (*proteger*) to protect ♦ *vp* 1 to protect oneself 2 to become indifferent, to harden

couro *nm* 1 leather; *blusão de couro* leather jacket 2 (animal) hide 3 *col* (*em situação difícil*) neck; *salvar o couro a alguém* to save somebody's neck

court *nm* DESP court; *court de ténis* tennis court

coutada *nf* game reserve, hunting ground

couteiro *nm* gamekeeper

couto *nm* 1 (*coutada*) game reserve, hunting ground 2 *fig* (*refúgio*) refuge, shelter

couve *nf* cabbage

couve-de-bruxelas *nf* Brussels sprout

couve-flor *nf* cauliflower

couve-lombarda *nf* Savoy cabbage

couve-roxa *nf* red cabbage

couvert *nf* (aperitivos) starters GB; entrées GB

cova *nf* 1 (buraco) hole 2 (*sepultura*) grave

covarde *adj,n2g* ⇒ cobarde

covardia *nf* ⇒ covardia

coveiro *nm* gravedigger

covil *nm* den, lair

covinha *nf* (queixo, face) dimple

cowboy *nm* cowboy

coxa *nf* 1 thigh 2 CUL leg; *coxa de frango* chicken leg

coxear *vi* to limp, to hobble

coxia *nf* aisle

coxo *adj* lame ♦ *nm* lame person

cozedura *nf* cooking, boiling; (forno) baking

cozer *vt* 1 CUL (em água) to boil 2 CUL (no forno) to bake ♦ *vi* CUL to cook ❖ *cozer a bebedeira* to sleep it off

cozido *adj* (em água) boiled; (no forno) baked; *ovo cozido* hard-boiled egg ♦ *nm* CUL stew

cozinha *nf* 1 kitchen 2 (gastronomia) cookery, cuisine

cozinhado *nm* (*prato*) dish

cozinhar *vt,i* CUL to cook; *não sei cozinhar* I can't cook

cozinheiro *nm* cook

CPU *nm* INFORM [sigla de central processing unit]

crachá *nm* badge

craniano *adj* cranial; *traumatismo craniano* concussion

crânio *nm* 1 skull; cranium 2 (*pessoa inteligente*) genius; brain

crápula *n2g* *col* crook, swindler

craque *n2g* ace

crasso *adj* (erro) huge, serious; (ignorância) crass

cratera *nf* crater

crava *n2g col* cadger

cravanço *nm col* cadging

cravar *vt* 1 (prego) to drive in, to nail 2 (estaca, faca, punhal) to stick 3 (unhas, dentes, garras) to dig into 4 (pedras preciosas) to set 5 (os olhos) to stare at, to rivet the eyes on 6 *col,pej* (dinheiro, cigarros) to scrounge something off, to ask for

craveira *nf* 1 (medida) measure 2 (reputação) repute

craveiro *nm* BOT carnation, pink

cravejado *adj* (pedras preciosas) set [de, with]

cravejamento *nm* 1 (fixação) nailing 2 (pedras preciosas) setting

cravejar *vt* 1 (com pregos) to stud, to nail 2 (pedras preciosas) to set

cravelha *nf* MÚS tuning peg

cravina *nf* BOT pink

cravinho *nm* clove

cravista *n2g* MÚS harpsichordist

cravo *nm* 1 (flor) carnation 2 (na pele) wart 3 (instrumento) harpsichord

cravo-da-índia *nm* clove

crawl *nm* DESP crawl; *nadar crawl* to do the crawl

cré *nm* GEOL chalk

creche *nf* day nursery GB; day care center EUA

credência *nf* 1 REL credence table 2 (aparador) sideboard

credenciado *adj* accredited

credencial *nf* document; certificate ♦ *nfpl* credentials

credenciar *vt* to qualify

credibilidade *nf* credibility

creditar *vt* 1 ECON to credit 2 to grant credit to, to loan

crédito *nm* 1 credit; *cartão de crédito* credit card 2 (empréstimo) loan; *crédito à habitação* home loan 3 (credibilidade) credibility

credível *adj2g* credible, believable

credo *nm* creed ♦ *interj* (surpresa) heavens!, good heavens!

credor *nm* creditor ♦ *adj* worthy, deserving

credulidade *nf* credulity, gullibility

crédulo *adj* credulous

cremação *nf* cremation

cremado *adj* cremated

cremar *vt* to cremate

crematório *nm* crematorium

creme *nm* 1 cream; *creme hidratante* moisturizing cream 2 (sopa) soup 3 (leite-creme) crème brûlée ♦ *adj inv,nm* (cor) cream

cremoso *adj* creamy

crença *nf* (convicção) belief

crendice *nf* superstition

crente *n2g* believer ♦ *adj2g* 1 (religioso) religious 2 (convicto) confident 3 (ingénuo) naive

crepe *nf* (tecido, panqueca) crepe

crepitante *adj2g* crackling

crepitar *vi* (fogo) to crackle

crepuscular *adj2g* twilight

crepúsculo *nm* (da tarde) twilight; (da manhã) dawn

crer *vt* 1 to believe [em, in]; *creio que sim* I believe so, I suppose so, I think so; *fazer crer* to make believe; *não creio* I don't think so, I believe not 2 (presumir) to suppose ♦ *vi* (ter fé) to believe [em, in]; *crer em Deus* to believe in God ♦ *vp* (julgar-se) to believe oneself to be ❖ *col ver para crer* seeing is believing

crescendo *nm* crescendo

crescente *adj2g* increasing, growing ♦ *nm* (fase da Lua) crescent

crescer *vi* 1 to grow, to grow up; *deixar crescer a barba* to grow a beard; *deixar crescer o cabelo* to let one's hair grow 2 (aumentar) to increase; *crescer em população* to increase in population 3 (medrar) to thrive 4 (sobejar) to be left over 5 CUL (bolo) to rise ❖ *fazer crescer água na boca* to be mouth-watering

crescido *adj* **1** (pessoa) grown-up, grown **2** (velho) old; *ser demasiado crescido para brincar* to be too old to play

crescimento *nm* growth

crespo *adj* **1** (cabelo) frizzy **2** (mar) choppy **3** (áspero) rough

crestar *vt* to singe, to scorch ♦ *vi* to burn

cretinice *nf* stupidity, stupid thing

cretinismo *nm* stupidity, stupid thing

cretino *nm* idiot, moron ♦ *adj* cretinous, moronic

cria *nf* baby; (cão, foca) pup; (gato, coelho) kitten; (leão, tigre, etc.) cub; (ave) chick; *alimentar as crias* to feed its young

criação *nf* **1** creation **2** (animais) breeding

criada *nf* maid, servant; *criada de quarto* chambermaid

criadagem *nf* servants

criado *nm* servant

criador *nm* **1** creator **2** (animais) breeder ♦ *adj* creative

criança *nf* child; kid ♦ *adj2g* childish

criançada *nf* children, kids

criancice *nf* childishness

criar *vt* **1** to create; to make; *criar distúrbios* to make trouble **2** (produzir) to produce **3** (inventar) to invent **4** (crianças, filhos) to bring up, to educate **5** (plantas) to grow; *criar raízes* to take root **6** (animais) to breed, to raise, to rear **7** (amamentar) to suckle, to nurse **8** (fundar) to set up ♦ *vp* (crescer) to grow up, to be brought up

criatividade *nf* creativity

criativo *adj,nm* creative

criatura *nf* creature

cricri *nm* (grilo) chirr

cricrilar *vi* (grilo) to chirp

crime *nm* crime; *arma do crime* murder weapon; *cometer um crime* to commit a crime

criminal *adj2g* criminal

criminalidade *nf* crime

criminalizar *vt* to criminalize

criminologia *nf* criminology

criminologista *n2g* criminologist

criminoso *adj,nm* criminal

crina *nf* mane

crinolina *nf* (tecido) crinoline

crioulo *adj,nm* Creole

cripta *nf* crypt

críptico *adj* cryptic

crípton *nm* krypton

críquete *nm* cricket

crisálida *nf* chrysalis

crisântemo *nm* chrysanthemum

crise *nf* **1** crisis; *estar em crise* to be in crisis **2** attack; *uma crise de pânico* a panic attack

crisma *n2g* (sacramento) confirmation

crismar *vt* REL to confirm ♦ *vp* REL to be confirmed, to get confirmed

crisol *nm* MEC,QUÍM crucible, melting pot

crispação *nf* (conflito) friction, tension

crispar *vt* **1** (enrugar) to wrinkle **2** (encrespar) to curl, to crisp ♦ *vp* (contrair-se) to twitch

crista *nf* crest; (galo) comb

cristal *nm* crystal

cristaleira *nf* display cabinet

cristalino *adj* crystal clear ♦ *nm* (olho) crystalline lens

cristalização *nf* crystallization

cristalizado *adj* crystallized

cristalizar *vt* to crystallize ♦ *vi* **1** to crystallize **2** *fig* to remain unchanged

cristalografia *nf* GEOL crystallography

cristandade *nf* **1** (povos) Christendom **2** (qualidade) Christianity

cristão *adj,nm* REL Christian

cristianismo *nm* Christianity

cristianizar *vt* REL to Christianize

Cristo *nm* Christ

critério *nm* **1** (norma) criterion **2** (juízo) judgement, discretion

criterioso *adj* **1** (sensato) sensible **2** (rigoroso) rigorous

crítica *nf* **1** (censura) criticism **2** (livro, espetáculo) review **3** (pessoas) critics

criticar vt **1** to criticize **2** (avaliar) to judge, to evaluate **3** (filme, obra) to review

crítico nm critic ♦ adj critical

crivar vt **1** (peneirar) to sift **2** (balas) to riddle [**de**, with] **3** (insultos, perguntas) to bombard [**de**, with]

crível adj2g believable

crivo nm (peneira) sieve

Croácia nf Croatia

croata adj,n2g Croat

crocante adj2g crunchy, crisp

croché nm crochet; *agulha de croché* crochet hook

crocodilo nm crocodile

croissant nm croissant

cromado adj chrome; chromium-plated

cromagem nf chromium-plating

cromar vt to plate with chromium, to chrome

cromático adj MÚS chromatic

crómico adj QUÍM chromic

crómio nm chromium

cromo nm **1** (autocolante) sticker; (não autocolante) picture card **2** col (pessoa) character

cromossoma nm chromosome

crónica nf **1** (jornal, revista) column **2** (história, narrativa) chronicle

crónico adj chronic

cronista n2g **1** (jornal, revista) columnist **2** (historiador) chronicler

cronógrafo nm **1** (cronista) chronicler **2** (instrumento) chronograph

cronologia nf chronology

cronológico adj chronological

cronometragem nf timekeeping

cronometrar vt to time, to clock

cronómetro nm stopwatch, chronometer

croquete nm croquette

croqui nm sketch

crosta nf **1** crust; *crosta terrestre* the earth's crust **2** (ferida) scab

croupier nm croupier

cru adj **1** (por cozinhar) raw **2** (mal cozinhado) underdone **3** (cor) natural **4** (inexperiente) inexperienced

cruamente adv bluntly, crudely

crucial adj2g (decisivo) crucial

crucificação nf crucifixion

crucificar vt **1** REL to crucify **2** fig (martirizar) to torture

crucifixo nm crucifix

crude nm crude oil

cruel adj2g cruel

crueldade nf cruelty

crueza nf **1** (cru) rawness **2** (cruel) cruelty, ruthlessness

crupiê nm (jogo) croupier

crustáceo nm crustacean

cruz nf cross

cruzada nf crusade

cruzado adj crossed; *de braços cruzados* with one's arms folded; *de pernas cruzadas* with one's legs crossed ♦ nm HIST crusader

cruzador nm MIL cruiser

cruzamento nm **1** (estrada) crossroads **2** (animais, plantas) cross

cruzar vt **1** to cross; *cruzar as pernas* to cross one's legs **2** (braços) to fold **3** NÁUT to cruise **4** (animais, plantas) to cross-breed ♦ vp **1** (dispor em cruz) to cross **2** (encontrar--se) to meet [**com**, -]; *cruzar-se no caminho* to cross one's path

cruzeiro nm **1** (viagem) cruise **2** (navio) cruiser

cruzeta nf (cabide) coat hanger

Cruz Vermelha nf Red Cross

cu nm cal arse GB; ass EUA

cuba nf vat, reservoir

Cuba nf Cuba

cubano adj,nm Cuban

cubata nf hut

cubatura nf cubature

cúbico adj cubic ❖ *raiz cúbica* cube root

cubículo nm cubicle

cubismo nm cubism

cubista adj,n2g cubist

cúbito nm ulna

cubo nm **1** cube; *cubo de gelo* ice cube; *três ao cubo* three cubed **2** (brinquedo) brick

cuco *nm* cuckoo

cuecas *nfpl* **1** (de homem) underpants **2** (de mulher) knickers*GB*, panties*EUA*

cuidado *nm* care; *tem cuidado!* be careful!; *cuidado com o cão* beware of the dog ♦ *adj* **1** careful **2** (aspeto) neat ✥ *cuidado!* **1** (perigo iminente) look out! **2** (conselho) be careful!; *todo o cuidado é pouco* you can't be too careful

cuidadoso *adj* careful [**com**, with]

cuidar *vi* **1** to take care [**de**, of], to look after [**de**, -]; *cuidar da casa* to take care of the house **2** (*refletir*) to think, to meditate ♦ *vp* (aparência) to look after oneself

cujo *det rel* whose

culatra *nf* breech

culinária *nf* cookery

culinário *adj* culinary

culminante *adj2g* highest

culminar *vi* to culminate, to reach the highest point

culpa *nf* **1** (*responsabilidade*) fault, blame **2** (*sentimento*) guilt ✥ *por culpa de* because of

culpabilidade *nf* culpability, guilt

culpabilizar *vt* **1** to blame **2** (*incriminar*) to accuse, to incriminate ♦ *vp* to blame oneself, to take the blame

culpado *adj* guilty [**de**, of]; *declarar-se culpado* to plead guilty ♦ *nm* (delito) culprit; (situação) person to blame

culpar *vt* **1** to blame **2** (*incriminar*) to incriminate, to accuse **3** DIR (na justiça) to find guilty ♦ *vp* to take the blame

cultivador *nm* AGR (*agricultor*) grower

cultivar *vt* **1** (flores, plantas) to grow **2** to cultivate; *cultivar o espírito* to cultivate the mind ♦ *vp* (instruir-se) to acquire knowledge ✥ *cultivar uma amizade* to cultivate a person's friendship

cultivável *adj2g* cultivable

cultivo *nm* (terra) cultivation; (plantas, fruta) growing

culto *adj* (instruído) educated, cultured ♦ *nm* (veneração) cult, worship

cultura *nf* **1** culture; *cultura geral* general knowledge **2** (produto cultivado) crop

cultural *adj2g* cultural; *centro cultural* arts centre

culturismo *nm* body-building

culturista *n2g* body-builder

cume *nm* top, peak

cúmplice *n2g* accomplice ♦ *adj2g* (olhar, sorriso) knowing

cumplicidade *nf* **1** (num crime) complicity **2** (numa relação) intimacy

cumpridor *adj* dutiful, diligent

cumprimentar *vt* **1** (*saudar*) to greet, to salute **2** (*felicitar*) to compliment, to congratulate ♦ *vi* **1** (*saudar*) to greet, to salute **2** (*felicitar*) to compliment, to congratulate

cumprimento *nm* **1** execution; fulfilment **2** (lei, regra) compliance **3** (*saudação*) greeting **4** (*elogio*) compliment **5** (*estima*) regard; *eles mandam cumprimentos* they send their regards

cumprir *vt* **1** (promessa, obrigação) to fulfil **2** (lei, ordem) to comply with, to obey; *fazer cumprir* to enforce **3** (ordem) to carry out **4** (palavra) to keep **5** (prazo) to meet **6** (pena) to serve **7** (dever) to do; *cumprir serviço militar* to do one's military service ♦ *vi* (convir) to be necessary ♦ *vp* (realizar-se) to come true, to be fulfilled

cumular *vt* to accumulate, to heap; *cumular favores* to heap favours

cumulativo *adj* cumulative

cúmulo *nm* height ✥ *para cúmulo* to top it all

cunha *nf* **1** (objeto) wedge **2** (contactos) connections ✥ *à cunha* crowded

cunhada *nf* sister-in-law

cunhado *nm* brother-in-law

cunhal *nm* angle, corner

cunhar *vt* **1** (moedas) to mint **2** (expressão, palavras) to coin

cunho *nm* **1** (moedas) coin die **2** (*marca*) mark; (*carácter*) nature

cupão *nm* coupon

cupidez nf greed, cupidity

cúpula nf dome

cura nf 1 cure [para/de, for] 2 (tratamento) treatment ♦ nm priest

curaçau nm (licor) curaçao

curado adj 1 MED (pessoa, doença) healed 2 (alimento) cured

curador nm 1 DIR (menores, órfãos) guardian, tutor 2 (instituição) trustee

curadoria nf 1 curatorship 2 DIR guardianship

curandeiro nm 1 folk healer 2 pej (charlatão) quack (doctor)

curar vt 1 MED (doença) to cure, to heal 2 (alimentos) to cure; *curar presunto* to cure ham ♦ vp (restabelecer-se) to recover [de, from], to be cured [de, from]; *curar-se do sarampo* to recover from the measles

curativo adj healing ♦ nm (ferida) dressing

curdo nm Kurd

curgete nf courgette GB; zucchini EUA

cúria nf curia

curial adj2g 1 REL curial 2 fig proper, convenient

cúrio nm curium

curiosamente adv curiously enough; the curious thing is that

curiosidade nf 1 curiosity 2 (informação) interesting fact

curioso nm 1 (pessoa curiosa) curious person 2 (observador) onlooker 3 (bisbilhoteiro) busybody ♦ adj 1 curious, eager 2 (bisbilhoteiro) curious; nosy 3 (interessante) interesting

curral nm pen

currículo nm 1 (documento) curriculum vitae form, CV 2 (plano de estudos) curriculum 3 (experiência) record

cursar vt 1 (aulas, escola) to attend 2 (curso) to follow 3 (matéria) to study

curso nm 1 course; *curso de verão* summer course 2 (licenciatura) degree 3 (distância) distance

cursor nm cursor

curta-metragem nf CIN short film

curtidor nm tanner

curtimento nm tanning

curtir vt 1 (couro) to tan; *curtir peles* to tan leather hides 2 col (gostar) to dig, to enjoy; col *não curto futebol* I don't dig football ♦ vi col to have fun

curto adj short; *cabelo curto* short hair

curto-circuito nm short circuit

curtume nm tanning

curva nf 1 curve 2 (estrada, rio) bend ❖ col *vai dar uma curva!* get lost!

curvado adj bent, curved; *curvado pelos anos* bent with age, resigned

curvar vt 1 to bend, to curve; *curvar a cabeça* to bend one's head 2 (objeto) to arch, to crook ♦ vi 1 to bow, to bow down 2 to bend, to stoop ♦ vp 1 (inclinar-se) to bend, to bow 2 fig (submeter-se) to submit [perante, to]; *curvar-se perante alguém* to submit to someone

curvatura nf curvature

curvilíneo adj 1 curvilinear 2 (corpo) curvaceous

curvo adj curved

cusca n2g col gossip; (bisbilhoteiro) busybody

cuscuz nm couscous

cúspide nf 1 cusp 2 (folha) prick

cuspir vt 1 to spit; *cuspir sangue* to spit blood 2 (lançar) to toss ♦ vi to spit [em, at]; *cuspir em alguém* to spit at somebody ❖ *cuspir no prato em que se come* to bite the hand that feeds you

cuspo nm spit

custa nf cost; *custas judiciais* legal costs ❖ *à(s) custa(s) de* 1 at the expense of 2 (através de) through

custar vt to cost; *custar muito dinheiro* to cost a lot of money; *quanto custa?* how much does it cost? ♦ vi 1 (ser doloroso) to be painful; *custa-me falar-te assim* it pains me to talk to you like this 2 (ser difícil) to be difficult, to be hard; *custa a crer!* it is hard to believe! 3 (ser caro) to be expensive

❖ *custa-lhe a compreender* he is slow to understand; *custar os olhos da cara* to cost an arm and a leg, to cost a fortune; *custe o que custar* at any price, at all costs

custeamento *nm* 1 payment 2 expense

custear *vt* 1 to bear the cost of 2 to pay ❖ *custear as despesas* to cover the expenses

custo *nm* cost; *custo de vida* cost of living ❖ *a todo o custo* at all cost

custódia *nf* custody; *pôr sob a custódia de* to place in the custody of

custoso *adj* 1 (*difícil*) difficult, hard 2 (*caro*) costly

cutâneo *adj* cutaneous

cutelaria *nf* 1 cutlery 2 cutler's shop

cuteleiro *nm* cutler

cutelo *nm* cleaver

cutícula *nf* cuticle

cútis *nf* cutis, skin

cuvete *nf* ice cube tray

czar *nm* tsar

czarina *nf* tsarina

D

d *nm* (letra) d

da *contr da prep* de + *art def f* a

dádiva *nf* (oferta, dom) gift

dado *adj* 1 (oferecido, determinado) given 2 (sociável) sociable 3 (propenso) prone [a, to] ♦ *nm* 1 (jogo) die; **jogar aos dados** to play dice 2 (informação) piece of information; fact 3 INFORM datum; **base de dados** database ❖ **dado que** considering that

dador *nm* donor

daí *adv* 1 (desse lugar) from there; **sai daí!** get out of there! 2 (desse momento) from then; **daí em diante** from then on, thenceforth ❖ *col* **e daí?** so what?

dali *adv* 1 (desse lugar) from there, from over there 2 (tempo) **dali em diante** ever since, from then on, thenceforth

dália *nf* dahlia

dálmata *nm* (cão) Dalmatian

daltónico *adj* colour-blind GB, color-blind EUA

daltonismo *nm* colour-blindness GB, color-blindness EUA

dama *nf* 1 (senhora) lady 2 (xadrez, cartas) queen ♦ *nfpl* (jogo) draughts GB; checkers EUA ❖ **dama de honor** bridesmaid

damasco *nm* 1 (fruto) apricot 2 (tecido) damask

damasqueiro *nm* apricot tree

danado *adj* 1 (zangado) angry, furious 2 (mau) wicked 3 (malandro) naughty

dança *nf* dance; **dança folclórica** folk dance

dançar *vt,i* 1 to dance; **quer dançar comigo?** will you dance with me?; **dançar o tango** to tango 2 *fig* to move, to tremble

dançarino *nm* dancer

dândi *nm* dandy

danificar *vt* 1 to damage, to spoil 2 DIR to damnify

daninho *adj* 1 harmful, wicked 2 (génio) nasty ❖ BOT **ervas daninhas** weeds

dano *nm* 1 damage; **danos e prejuízos** damages 2 (pessoa) harm; **causar dano a** to harm

dantes *adv* formerly; before

daquela *contr da prep* de + *pron dem f* aquela

daquele 1 that, of that 2 from that 3 of him who

daqui *adv* 1 (espaço) from here 2 (tempo) from now; hence; **daqui em diante** from now on, henceforth ❖ **daqui a pouco** soon, shortly; **daqui a um mês** in a month's time, within a month

daquilo 1 of that 2 from that

dar *vt* 1 to give; **ele deu-me a chave** he gave me the key 2 (aulas) to teach; **dar Ciências** to teach science 3 (matéria) to do; **estamos a dar os verbos irregulares** we're doing the irregular verbs 4 to strike; **o relógio deu as doze** the clock struck twelve 5 (fruto, flor) to bear; **dar fruto** to bear fruit 6 (cartas) to deal 7 (problemas) to cause 8 (fruto, leite) to produce ♦ *vi* 1 (bater) to hit, to strike 2 (encontrar) to find, to come across; **dar com uma coisa** to find something 3 (ser suficiente) to be enough [para, for/to]; **isto dá para tudo?** is this enough for everything? 4 (ataque) to have; **deu-lhe um ataque de coração** he had a heart attack 5 (ser possível) to be possible; **dá para trocar dinheiro aqui?** is it possible to exchange money here? 6 (ir ter) to lead to [para, to]; **este caminho dá para o rio** this path leads to the river 7 (estar voltado) to overlook; **o meu quarto dá para o jardim** my bedroom overlooks the garden ♦ *vp* 1 to give oneself up to, to devote oneself to 2 (acontecer) to happen 3 (sair-se) to get on; **dar-se bem/mal com** to get on well/badly with 4 (com alguém) to get on [com, with]; *dar-se bem com alguém* to get on well with somebody ❖ (corpo) *dar à costa* to be washed ashore; *dar à língua* to wag one's tongue; *dar à luz* to give birth to; (hospital) *dar alta a um doente* to discharge a patient; *dar cabo de* to put an end to; *dar ela por ela* to give and take; *dar em doido* to go mad; *dar motivo a* to give ground for; *dar nas vistas* to strike the eye; *dar o braço a torcer* to yield; *dar para os negocios* to have a flair for business; col *dar pela coisa* to catch on to something; *dar um passeio* to take a walk; *dar uma vista de olhos* to browse; *dar-se a conhecer* to make oneself known; *dar-se por* to pretend to be; *dê lá por onde der* come what may; *deu-me na cabeça escrever* I took it into my head to write; *isso vem a dar ao mesmo* it all comes to the same thing; *tanto se me dá como se me deu* that's nothing to do with me

dardejar vt to dart

dardo nm 1 (jogo) dart 2 DESP javelin; *lançar o dardo* to throw the javelin

darmstádio nm darmstadtium

data nf 1 (tempo) date 2 (grande quantidade) large quantity

data-limite nf deadline, closing date

datar vt to date; to put a date on; *datar um documento* to date a document ♦ vi to date [de, from]; *datar de 1985* to date from 1985

datilografar ou **dactilografar** vt to type, to typewrite

datilografia ou **dactilografia** nf typewriting; typing

datilógrafo ou **dactilógrafo** nm typist

dativo adj,nm dative

d. C. [abrev. de depois de Cristo] AD [abrev. de Anno Domini]

DDR [sigla de dose diária recomendada] RDA [sigla de recommended daily allowance]

de prep 1 (origem) from; *veio do Porto* he came from Oporto 2 (tempo) by; in; at; *de dia* by day; *de noite* at night; *de tarde* in the afternoon 3 (meio de transporte) by; *viajar de comboio* to travel by train 4 of; *um copo de água* a glass of water 5 (autoria) by 6 (frequência) from; every; *de dez em dez dias* every ten days 7 (cores) in; *vestido de branco* dressed in white

deambulação nf stroll

deambular vi to roam, to rove, to wander

deão nm dean

debaixo adv under [de, -]; underneath [de, -]; below [de, -]

debalde adv in vain

debandada nf stampede

debandar vt,i to rout out; to split; to disperse

debate nm debate; discussion

debater vt to debate; to argue; to discuss ♦ vp to struggle, to strive

debelação nf 1 extinction 2 suppression 3 (doença) cure

debelar vt 1 to extinguish 2 to subdue 3 (crise) to overcome 4 (doença) to cure

debicar vt to peck

débil adj2g 1 (pessoa) weak 2 (ténue) dim

debilidade nf weakness; debility

debilitação nf enfeeblement; weakness; debilitation

debilitar vt to debilitate; to enfeeble; to weaken ♦ vp to become weak

debitar vt COM to debit, to charge; *debitar em conta* to debit the account

débito nm debit

debochado nm debauched person ♦ adj 1 debauched 2 (pessoa) sardonic 3 (tom, modo) mocking

debochar vt 1 to debauch 2 to lead astray 3 to pervert

deboche nm 1 debauchery 2 gibe

debruar vt 1 (roupa) to edge, to hem 2 (desenho) to adorn

debruçar-se vp 1 (inclinar-se) to lean over 2 (assunto, problema) to pore over [sobre, over]

debrum nm hem

debulha nf threshing

debulhadora *nf* threshing machine
debulhar *vt* 1 (grão) to thresh, to thrash 2 (descascar) to shell ❖ *col* **debulhar-se em lágrimas** to melt into tears
debutante *n2g* débutante
debutar *vi* to make one's début
década *nf* decade; *a década de oitenta* the eighties
decadência *nf* decadence
decadente *adj2g* decadent
decagrama *nm* decagram *GB*, dekagram *EUA*
decair *vi* 1 to decline; to decay 2 to fall away 3 to sink 4 (estabelecimento) to go downhill 5 (pressão, velocidade) to drop
decalcar *vt* 1 (desenho) to transfer 2 to trace 3 *fig* to imitate, to copy
decalitro *nm* decalitre *GB*, decaliter *EUA*
decálogo *nm* decalogue
decalque *nm* 1 (desenho) tracing 2 (imitação) copy
decâmetro *nm* decametre *GB*, decameter *EUA*
decano *nm* 1 dean 2 senior, elder; *decano dos oficiais* senior officer
decantação *nf* decanting
decantar *vt* 1 (líquido) to decant; to pour out 2 (purificar) to purify
decapitação *nf* decapitation; beheading
decapitar *vt* to decapitate; to behead
decassílabo *nm* decasyllable
decatlo *nm* decathlon
deceção *nf* deception; disappointment
dececionar *vt* 1 (desiludir) to disappoint 2 (falhar) to let down ♦ *vp* to be disappointed
decência *nf* decency
decénio *nm* decade
decente *adj2g* decent
decepar *vt* to mutilate; to cut off, to maim
decerto *adv* surely, certainly
decididamente *adv* definitively, decidedly
decidido *adj* 1 decided; settled, resolved 2 (pessoa) determined; resolute; *estar decidido a* to be bent on, to be determined to

decidir *vt* 1 (determinar) to decide, to determine; to settle 2 (solucionar) to resolve ♦ *vp* 1 to make up one's mind; *vê lá se te decides!* make up your mind! 2 to decide [a, to; por, on]; *decidimo-nos todos pelo vermelho* we all decided on the red one ❖ *DIR* **decidir a favor de** to find for
decifração *nf* decipherment
decifrar *vt* 1 (escrita) to decipher; to make out 2 (mensagem) to decode 3 (enigma) to solve
decigrama *nm* decigram
decilitro *nm* decilitre *GB*, deciliter *EUA*
decimal *adj2g* decimal
decímetro *nm* decimetre *GB*, decimeter *EUA*
décimo *adj num* tenth
decisão *nf* decision; *tomar uma decisão* to make a decision
decisivo *adj* decisive
declamação *nf* declamation
declamador *nm* declaimer
declamar *vt* 1 to declaim [contra, against]; *declamar contra* to declaim against 2 (poemas) to recite
declaração *nf* 1 declaration 2 (depoimento) statement
declarado *adj* 1 (intenção) declared 2 (evidente) clear
declarante *n2g* 1 deponent 2 witness
declarar *vt* 1 (em público) to state 2 to declare; *declarar alguém culpado* to declare guilty; *tem alguma coisa a declarar?* have you anything to declare? 3 to proclaim, to affirm 4 (confessar) to confess ♦ *vp* (manifestar-se) to come out, to pronounce oneself, to declare oneself [a favor de, in favour of; contra, against]; *declarar-se a favor de alguma coisa* to come out in favour of something; *declarar-se contra alguma coisa* to come out against something ❖ **declarar inocente** to clear from blame; **declarar-se culpado** to plead guilty; **declarar-se inocente** to plead not guilty

declarativo *adj* declarative
declinação *nf* **1** LING declension **2** ASTRON declination
declinar *vt* **1** *(recusar)* to decline, to refuse; *declinar uma proposta* to decline a proposal LING to decline ♦ *vi* **1** to decrease **2** *(decair)* to decay **3** *(sol)* to go down ❖ *declinar responsabilidades* to wash one's hands of the matter
declinável *adj2g* declinable
declínio *nm* decline
declive *nm* slope
decompor *vt* to decompose ♦ *vp* to decompose; to rot
decomposição *nf* decomposition
decoração *nf* decoration
decorador *nm* decorator; *decorador de montras* window dresser
decorar *vt* **1** *(ornamentar)* to decorate; to adorn; *decorar montras* to dress windows **2** *(memorizar)* to learn by heart; to commit to memory
decorativo *adj* decorative
decoro *nm* *(decência)* decorum
decoroso *adj* decorous; decent; seemly
decorrente *adj2g* resulting [**de**, from]
decorrer *vi* **1** *(tempo)* to pass, to elapse **2** to run **3** *(acontecer)* to happen, to take place ♦ *nm* course; *no decorrer dos tempos* in the course of time, as time goes on
decotado *adj* low-cut; *vestido decotado* low-cut dress
decote *nm* neckline; *decote redondo* crew neck, *decote subido* high neck
decrépito *adj* decrepit
decrescente *adj2g* decreasing; *por ordem decrescente* in descending order
decrescer *vi* **1** to decrease; to decay; to lessen **2** *(lua)* to wane
decréscimo *nm* decrease
decretar *vt* **1** to decree **2** *(determinar)* to determine; to order **3** *(estado de sítio)* to declare **4** *(anunciar)* to announce
decreto *nm* decree; *promulgar um decreto* to issue a decree

decreto-lei *nm* decree-law
decuplicar *vt* to increase tenfold
décuplo *quant num* **1** tenfold **2** decuple
decurso *nm* course; *no decurso de um mês* in the course of a month
dedada *nf* fingermark
dedal *nm* thimble
dedeira *nf* fingerstall
dedicação *nf* **1** devotion [**a**, to]; dedication [**a**, to] **2** affection
dedicado *adj* dedicated [**a**, to], devoted [**a**, to]; *dedicado aos pacientes* devoted to his patients; *amigo dedicado* a loving friend
dedicar *vt* **1** *(poema, canção)* to dedicate [**a**, to]; *dediquei o livro ao meu pai* I dedicated the book to my father **2** *(tempo, atenção)* to devote [**a**, to] **3** *(autografar)* to autograph ♦ *vp* **1** to devote oneself [**a**, to]; *dedicar-se ao estudo* to devote oneself to study **2** to apply oneself
dedicatória *nf* dedication
dedilhar *vt* to finger
dedo *nm* **1** *(mão)* finger **2** *(pé)* toe **3** *(animal)* digit ❖ *col* **dar dois dedos de conversa** to have a chinwag with; *não mexer um dedo* not to lift a finger
dedução *nf* deduction
dedutível *adj2g* deductible
dedutivo *adj* deductive
deduzir *vt* **1** *(quantia)* to deduct, to subtract; *deduzir uma quantia* to deduct a sum **2** *(concluir)* to deduce [**de**, from], to infer [**de**, from]
defeção *nf* **1** defection **2** *(deserção)* desertion **3** revolt
defecar *vi* to defecate
defeito *nm* **1** defect; *defeito na fala* speech defect **2** *(moral)* fault **3** *(roupa)* flaw ❖ *por defeito* by default
defeituoso *adj* defective, faulty
defender *vt* **1** DIR to defend **2** *(proteger)* to protect **3** *(golo)* to save **4** to guard **5** *(ideia)* to stand up for; *defender uma opinião* to stand up for an opinion ♦ *vp* **1** *(ataque)* to defend oneself [**de**, against]; *defender-se de*

um ataque to defend oneself against an attack **2** (frio) to protect oneself [**de**, against]; *defender-se do frio* to protect oneself against cold ❖ *col defender com unhas e dentes* to fight tooth and nail; (universidade) *defender uma tese* to submit a thesis

defensável *adj* defensible

defensiva *nf* defensive; *na defensiva* on the defensive

defensivo *adj* defensive

defensor *nm* defender

deferência *nf* (estima) deference

deferido *adj* **1** granted **2** allowed

deferimento *nm* granting

deferir *vt* **1** to confer **2** (pedido, petição) to grant **3** to concede **4** (prémio, condecoração) to award ♦ *vi* **1** (pedido, petição) to grant **2** (sugestão) to accept **3** to defer to

defesa *nf* **1** defence GB; defense EUA; *atuar em legítima defesa* to act in self-defence **2** (proteção) protection; *defesa do consumidor* consumer protection **3** (animal) tusk ♦ *n2g* DESP back

defeso *adj* restricted, prohibited ♦ *nm* (caça) closed season

defetivo *adj* (verbo) defective

défice *nm* deficit; shortage

deficiência *nf* **1** (insuficiência) deficiency **2** (física, mental) disability

deficiente *adj2g* **1** disabled, handicapped *ofens* **2** (insuficiente) deficient [**em**, in] **3** (imperfeito) faulty ♦ *n2g* person with disability

deficitário *adj* in deficit

definhamento *nm* **1** decay **2** pining away; weakening

definhar *vi* **1** to waste away; to pine away; to wane; *ele está a definhar por falta de alimento* he is wasting away for lack of food **2** BOT to wither

definição *nf* definition

definido *adj* **1** definite; *artigo definido* definite article **2** (preciso) precise **3** (demarcado) defined

definir *vt* **1** to define; *definir a posição* to define one's position **2** to set out **3** (explicar) to explain ♦ *vp* **1** (ganhar forma) to take form **2** (decidir-se) to make a decision **3** (explicar-se) to make one's position clear **4** (tomar uma posição) to come out [**contra**, against; **a favor de**, in favour of] **5** (descrever-se) to describe oneself [**como**, as]

definitivamente *adv* **1** (sem dúvida) definitely **2** (permanentemente) for good

definitivo *adj* **1** (solução) definitive **2** (final) final

deflação *nf* deflation

deflacionário *adj* deflationary

deflagração *nf* deflagration

deflagrar *vi* **1** to burst out **2** (bomba) to explode **3** (incêndio) to deflagrate

deformação *nf* **1** (corpo) deformation **2** (imagem, pensamento) distortion

deformar *vt* **1** (corpo) to deform **2** (rosto) to disfigure **3** (imagem, pensamento) to distort **4** (roupa) to put out of shape ♦ *vp* **1** (vestuário) to lose shape **2** (corpo) to become deformed **3** (imagem, pensamento) to become distorted

deformidade *nf* deformity

defraudamento *nm* defraudation; fraud

defraudar *vt* to defraud; to cheat

defrontar *vt* **1** to face **2** (enfrentar) to confront ♦ *vi* **1** to come face to face [**com**, with] **2** to face [**com**, -] ♦ *vp* to face each other

defronte *adv* **1** opposite to **2** before **3** (em frente) in front of

defumado *adj* smoked, cured

defumar *vt* **1** (alimentos) to smoke **2** (perfumar) to perfume

defunto *nm* deceased; dead person ♦ *adj* deceased; dead

degelo *nm* thaw

degeneração *nf* degeneration

degenerado *adj,nm* degenerate

degenerar *vi* to degenerate [**em**, into]; *degenerar em algo* to degenerate into something ♦ *vp* to become degenerate

deliberativo

degenerescência *nf* degeneration

deglutir *vt* to swallow

degola *nf* decapitation, beheading

degolar *vt* to behead; to decapitate

degradação *nf* degradation

degradado *adj* 1 degraded 2 (local, edifício) rundown

degradante *adj2g* (situação, condição) degrading

degradar *vt* 1 to degrade 2 to debase ♦ *vp* (deteriorar-se) to deteriorate

degrau *nm* 1 (escada) step 2 (escadote) rung 3 (nível) degree

degredar *vt* to banish, to exile

degredo *nm* banishment; exile

degustação *nf* tasting

degustar *vt* 1 (vinho) to taste 2 (comida) to degustate 3 (saborear) to savour

deitado *adj* 1 (estendido) lying down 2 (na cama) in bed; *estar deitado* to be in bed

deitar *vt* 1 (estender) to lay down 2 (pôr na cama) to put to bed 3 (líquidos) to pour 4 (lançar) to cast 5 (colocar) to put; *deita isso no lixo* put it in the bin 6 (atirar) to throw; *deitar fora* to throw away ♦ *vp* 1 (estender-se) to lie down 2 (na cama) to go to bed ❖ *deitar a culpa a* to lay the blame on; *deitar a mão a* to lay hold of; *deitar abaixo* to knock down; *deitar-se tarde* to stay up late

deítico ou **deíctico** *adj,nm* deictic

deixa *nf* TEAT cue ❖ *pegar na deixa de* to take one's cue from

deixar *vt* 1 to leave; *deixar para trás* to leave behind; *deixo isso consigo* I'll leave it to you 2 (permitir) to let, to allow; *deixa-me ver* let me see; *deixar alguém ficar mal* to let someone down; *não o deixes fazer o que ele quer* don't let him get away with it 3 (desistir, despedir-se) to quit 4 *col* (namorado/a) to dump 5 (herança) to bequeath; *deixar em testamento* to bequeath ♦ *vi* 1 (abandonar) to give up [de, -]; *deixar de estudar* to give up your studies 2 (parar) to stop [de, -]; *deixou de*

chover it's stopped raining ♦ *vp* 1 (ceder) to yield to 2 (acabar) to stop; *deixa-te de brincadeiras* stop fooling around; *col deixa-te de histórias* stop beating about the bush ❖ *deixar muito a desejar* to leave something to be desired; *deixe lá isso!* let it be!; *não posso deixar de* I can't help

dejeção *nf* dejection

dejetar *vi* to defecate

dejeto *nm* faeces

dela *contr da prep* de + *pron pess* ela

delação *nf* denunciation

delapidação *nf* 1 dilapidation 2 dissipation, squandering

delapidar *vt* 1 to dilapidate 2 to dissipate; to waste

delatar *vt* 1 (denunciar) to accuse, to denounce 2 (pessoa) to inform on 3 (à polícia) to report

delator *nm* informer

dele *contr da prep* de + *pron pess* ele

delegação *nf* delegation

delegacia *nf* 1 delegacy 2 *Bras* police station

delegado *nm* 1 (representante) delegate 2 commissioner ❖ *delegado/a de turma* class representative

delegar *vt* to delegate; to assign

deleitar *vt* to delight; to please ♦ *vp* 1 to take pleasure [em, in] 2 to be delighted [com, with; em, at/in]

deleite *nm* delight

delfim *nm* 1 ZOOL dolphin 2 *ant* (xadrez) bishop 3 HIST Dauphin 4 heir

delgado *adj* 1 (espessura) thin 2 (pessoa) slender, slim

deliberação *nf* deliberation

deliberadamente *adv* deliberately

deliberado *adj* deliberate, intentional

deliberar *vt* to decide; to resolve ♦ *vi* to deliberate; to ponder

deliberativo *adj* deliberative

delicadeza *nf* 1 (*qualidade*) delicacy 2 (*cortesia*) kindness, courtesy; *que delicadeza!* how thoughtful!

delicado *adj* 1 (*suave*) delicate 2 (*cortês*) polite; thoughtful 3 (*com tato*) tactful 4 (*frágil*) fragile

delícia *nf* 1 (*prazer*) delight; *que delícia!* how lovely! 2 (comida) dainty; *ser uma delícia* to be delicious

deliciar *vt* to delight; to please; to charm ♦ *vp* 1 to delight oneself 2 to take delight [com, in]; *deliciar-se com algo* to take delight in something

delicioso *adj* 1 (*sabor, cheiro*) delicious 2 (*encantador*) delightful; lovely

delimitação *nf* delimitation

delimitar *vt* 1 to delimit 2 to mark out 3 to restrict

delineamento *nm* delineation

delinear *vt* to delineate; to trace; to draw; to outline

delinquência *nf* delinquency

delinquente *adj,n2g* delinquent

delirante *adj2g* 1 (*febril*) delirious 2 *col* (*incrível*) amazing

delirar *vi* 1 (*febre*) to be delirious 2 (*prazer*) to go wild; *a assistência delirou de entusiasmo* the audience went wild with excitement 3 (*dizer disparates*) to talk nonsense

delírio *nm* 1 *MED* delirium 2 (*excitação*) enthusiasm

delito *nm* crime; *cometer um delito* to commit a crime ❖ *em flagrante delito* in the very act

delonga *nf* delay; *sem mais delongas* without further delay

delta *nm* (*letra, rio*) delta

demagogia *nf* demagogy

demagógico *adj* demagogic

demagogo *nm* demagogue GB, demagog EUA

demais *adv* 1 (*além disso*) besides 2 (*demasiado*) too much 3 (*muitíssimo*) very much ♦ *pron indef* the others; *ajudar os demais* to help the others

demanda *nf* 1 (*procura*) search 2 DIR lawsuit 3 (*disputa*) claim

demandante *n2g* DIR plaintiff

demandar *vt* 1 DIR to sue at law, to sue; *demandar terra* to sue for land 2 (*exigir, reclamar*) to claim, to want, to demand 3 to seek 4 (*porto*) to head for

demão *nf* (*tinta*) coat, coating; *dar uma demão a* to coat

demarcação *nf* demarcation

demarcar *vt* 1 to limit 2 (*delimitar*) to demarcate ♦ *vp* 1 to diverge 2 to stand apart

demasia *nf* excess; *em demasia* in excess, too much

demasiado *adj* 1 excessive 2 too much; *demasiada comida* too much food 3 too many; *demasiadas coisas* too many things ♦ *adv* too much; *fumas demasiado* you smoke too much

demência *nf* dementia

demente *adj2g* demented; insane

demérito *nm* demerit ♦ *adj* unworthy

demissão *nf* 1 (*voluntária*) resignation 2 (*forçada*) dismissal

demissionário *adj* resigning

demitir *vt* to dismiss; to discharge ♦ *vp* 1 to resign [de, from]; *demitir-se de um cargo* to resign from a post 2 (*dever, responsabilidade*) to abdicate [de, -]; *demitir-se de qualquer responsabilidade em relação a* to abdicate every responsibility in

demiurgo *nm* demiurge

democracia *nf* democracy

democrata *n2g* democrat ♦ *adj* democratic

democrático *adj* democratic

democratização *nf* democratization

democratizar *vt* to democratize

demografia *nf* demography

demográfico *adj* demographic

demógrafo *nm* demographer

demolhar *vt* to soak

demolição *nf* demolition

demolidor *adj* demolishing ♦ *nm* demolisher

demolir vt 1 to demolish; to knock down; *demolir um edifício* to demolish a building 2 *fig* to destroy

demoníaco adj demoniac

Demónio nm Devil; Demon

demonstração nf 1 demonstration 2 (*manifestação*) show, display 3 (*prova*) proof

demonstrador nm demonstrator

demonstrar vt 1 to demonstrate 2 to exhibit 3 (*comprovar*) to prove 4 (*sentimentos*) to show

demonstrativo adj demonstrative

demora nf delay; *sem mais demora* without further delay

demorado adj 1 (*atrasado*) late 2 (*lento*) lengthy

demorar vt 1 to delay 2 to slow down ♦ vi 1 (*tardar a vir*) to be late 2 (*conserto*) to take time ♦ vp 1 to linger 2 (*permanecer*) to stay for a long time 3 to be long; *demoras-te?* will you be long?; *não te demores com isso!* don't be long about it!

demover vt to dissuade [de, from]; *demover alguém de algo* to dissuade somebody from doing something, to talk somebody out of something

denegrir vt 1 to blacken 2 (*difamar*) to denigrate

denodo nm intrepidity; boldness

denominação nf denomination

denominador nm MAT denominator

denominar vt 1 to name 2 to call 3 to designate ♦ vp 1 to be called, to be named 2 (*a si mesmo*) to call oneself

denotação nm denotation

denotar vt 1 to denote 2 (*indicar*) to indicate 3 (*significar*) to signify

densidade nf density

denso adj dense; thick

dentada nf bite

dentado adj toothed

dentadura nf teeth; *dentadura postiça* denture, dental plate

dental adj2g dental

dentar vt 1 to bite; to cut into; to nip 2 to indent

dentário adj dental

dente nm 1 tooth; *dor de dentes* toothache 2 (animal) fang; (elefante) tusk 3 (alho) clove 4 (garfo, ancinho) prong 5 (roda) cog ❖ *falar entre dentes* to mutter

dente-de-leão nm dandelion

dentição nf 1 (dentes) teeth; *primeira dentição* milk teeth 2 (formação dos dentes) teething

dentífrico nm toothpaste

dentista n2g dentist; *ir ao dentista* to go to the dentist's

dentro adv 1 (local) in; inside; *aqui dentro* in here 2 (tempo) within; in; *dentro de momentos* in a little while 3 (restrição) within; *dentro do que é razoável* within reason

dentuça nf bucktooth ♦ n2g toothy person

denúncia nf 1 (acusação) accusation; denunciation 2 (indício) sign

denunciante n2g informer; denouncer

denunciar vt 1 (condenar) to denounce; to condemn 2 (acusar) to accuse 3 (à polícia) to frame; *denunciar alguém à polícia* to frame someone

deontologia nf deontology; code of practice; *deontologia médica* medical deontology

deontológico adj deontological; *código deontológico* deontological code

deparar vi 1 (encontrar) to come across; *deparar com alguém* to come across someone 2 to run [com, into] ♦ vp (enfrentar) to face [com, with]; *deparar-se com um problema* to be faced with a problem

departamental adj2g departmental

departamento nm department

depenado adj 1 (sem penas) plucked 2 col (sem dinheiro) penniless; broke

depenar vt 1 (aves) to pluck 2 (extorquir dinheiro) to skin; to strip of money; to fleece

dependência *nf* 1 dependence [de, -]
2 (*vício*) addiction 3 (*construção*) outbuilding 4 (*filial*) branch

dependente *adj2g* 1 dependent [de,
on/upon] 2 (*viciado*) addicted [de, to] ♦
n2g dependant, dependent

depender *vi* 1 to depend [de, on/upon];
isso depende that depends; *isso depende
de ti* it is up to you 2 (*assentar*) to rest
[de, on] 3 (*estar subordinado*) to be subject
[a, to]; *depende da sua aprovação* it is
subject to your approval

dependurar *vt* to suspend [em, on]; to
hang [em, on]; *dependurar a roupa na
corda* to hang the washing on the line;
dependurar um quadro na parede to
hang a painting on the wall

depenicar *vt* 1 (*aves*) to peck; to beak
2 (*pessoas*) to nibble, to nibble at; to pick;
depenicar a comida to nibble one's food

depilação *nf* 1 hair removal; depilation
2 (a cera) waxing 3 (com lâmina) shaving

depiladora *nf* (arrancando) epilator; (cor-
tando) lady shaver

depilar *vt* 1 to depilate 2 (com cera) to
wax 3 (com lâmina) to shave

depilatório *nm* depilatory; hair remover
♦ *adj* depilatory; hair removing

deplorar *vt* 1 (condenar) to deplore 2 (lamentar) to lament; to regret

deplorável *adj2g* 1 (lastimável) deplorable
2 (abominável) appalling

depoente *adj,n2g* deponent

depoimento *nm* evidence; testimony;
deposition; *prestar depoimento* to give
evidence

depois *adv* 1 (mais tarde) later; after; *muito
depois* long after 2 (em seguida) afterwards;
then; *só depois é que começámos* only
then did we start 3 (mais à frente) after
that; *a casa dele é depois* his house is after that ❖ *depois de/que* after; *e depois?*
1 (seguimento) and then what? 2 (indiferença) so what?

depor *vt* 1 (armas) to lay down 2 (poder)
to depose; to oust; to throw out 3 (colocar)
to place; to put; to set ♦ *vi* DIR to testify;
to give evidence

deportação *nf* deportation

deportado *adj* deported ♦ *nm* deportee

deportar *vt* to deport

deposição *nf* deposition

depositar *vt* 1 to deposit [em, in]; *depositar uma quantia num banco* to deposit
a sum in the bank; *depositar uma embalagem num cacifo* to deposit a package in
the luggage office 2 (confiança) to entrust
[em, to]; *depositar confiança em alguém*
to entrust confidence to someone 3 to
have [em, on]; *depositar esperança em
alguém* to have high expectations on
someone

depositário *nm* depositary; trustee

depósito *nm* 1 (de dinheiro) deposit 2 (veículo) tank; *encher o depósito* to fill up, to
tank up 3 (sedimento) sediment; deposit

depravação *nf* depravation

depravado *adj* depraved; corrupt

depravar *vt* to deprave; to corrupt

depreciação *nf* depreciation

depreciar *vt* 1 (subavaliar) to depreciate;
to devalue; to undervalue 2 (menosprezar)
to belittle; to trivialize 3 (criticar) to disparage

depreciativo *adj* 1 disparaging, derogatory 2 (palavra, sentido) pejorative

depreender *vt* 1 (aperceber-se) to perceive
2 (deduzir) to deduce; to infer 3 (concluir)
to conclude; to gather; *daí se depreende
que...* so you can gather that...

depreensão *nf* 1 (dedução) deduction; inference 2 (conclusão) conclusion

depressa *adv* 1 (velocidade) fast; quickly
2 (tempo) soon ❖ *mais depressa!* hurry
up!

depressão *nf* depression

depressivo *adj* depressive

deprimente *adj2g* depressing

deprimido adj depressed; *sentir-se deprimido* to feel down

deprimir vt to depress; to sadden; to put down

depuração nf depuration

depurador nm (substância) purifier

depurar vt 1 (purificar) to depurate; to purify 2 (limpar) to cleanse

deputado nm POL member of Parliament GB; representative EUA

dérbi nm DESP derby

derby nm ⇒ **dérbi**

deriva nf drift; *andar à deriva* to drift, to be adrift

derivação nf derivation

derivada nf MAT derivative

derivado nm 1 (produto) by-product 2 LING derivative ♦ adj derived

derivar vi to derive [de, from]; to come [de, from]

derivativo adj derivative

dermatite nf dermatitis

dermatologia nf dermatology

dermatológico adj dermatological

dermatologista n2g dermatologist

derme nf dermis

dérmico adj dermal

dermoprotetor adj kind to the skin; skincare ❖ *creme dermoprotetor* barrier cream

derradeiro adj (último) last; final

derramamento nm 1 (líquidos) spilling 2 (sangue, lágrimas) shedding 3 (petróleo) spillage; discharge

derramar vt 1 to pour; to stream 2 (lágrimas, sangue) to shed ♦ vi (entornar) to spill; *o leite derramou* the milk has spilt

derrame nm 1 (fuga de líquido) spillage 2 (hemorragia) haemorrhage GB, hemorrhage EUA

derrapagem nf skid; skidding

derrapar vi 1 (automóveis) to skid 2 (deslizar) to slide

derreado adj (cansado) worn-out; exhausted

derrear vt (extenuar) to wear out; to exhaust

derreter vt 1 (neve, gelo) to melt; to thaw 2 (dissolver) to dissolve ♦ vi (gelo, neve) to thaw ♦ vp 1 to melt; *a manteiga derreteu-se* butter melted 2 fig to dote [por, on]; *ele derrete-se por ela* he dotes on her

derrocada nf 1 (edifícios) collapse 2 (ruína) ruin

derrogação nf DIR derogation [de, to]

derrogar vt 1 DIR to derogate 2 (anular) to annul; to abolish; to eradicate

derrogatório adj DIR derogatory; *cláusula derrogatória* derogatory clause

derrota nf defeat; *sofrer uma derrota* to be defeated

derrotar vt 1 to defeat; to beat; *derrotaram-nos à tangente* we were beaten by an inch 2 (destroçar) to rout

derrotismo nm defeatism; pessimism

derrotista adj,n2g defeatist

derrubar vt 1 POL to overthrow; to topple; to overturn; *derrubar o governo* to topple the government 2 DESP to knock down; *derrubar o adversário* to knock one's opponent down 3 (objeto) to throw down 4 (árvore) to fell; to cut down; to chop

derrube nm 1 POL overthrow; overturn 2 DESP,MIL (derrota) felling 3 (árvores) felling; chopping 4 (objeto, barreira) throwing down

desabafar vi 1 (abrir-se) to open up [com, with; sobre, about]; to open one's heart [com, with; sobre, about]; *desabafar com alguém* to open up with someone; *desabafar sobre alguma coisa* to open up about something 2 (conversar) to talk; *preciso de alguém com quem desabafar* I need someone to talk to

desabafo nm (emoções, sentimentos) expression of one's feelings

desabamento nm 1 collapse; *desabamento de um edifício* collapse of a building 2 (terras) landslide

desabar vi (construções) to collapse; to tumble down

desabitado adj uninhabited; deserted

desabitar vt (casa) to abandon; to empty

desabituar vt to disaccustom ♦ vp to grow unaccustomed [**de**, to]

desabono nm discredit; disrepute

desabotoar vt (roupa) to unbutton; **desabotoar o casaco** to unbutton one's coat

desabrido adj 1 (áspero) sharp; bitter 2 (tempestuoso) fiery; violent

desabrigado adj (local) unsheltered

desabrochar vi 1 (flor) to bloom; to blossom 2 fig (aparecer) to show; to open; to come out

desaçaimar vt (tirar açaime) to unmuzzle

desacato nm 1 (desrespeito) disrespect; insolence 2 (afronta) affront [**a**, to]; **desacato à autoridade** affront to the authority

desacerto nm 1 (erro) mistake; error 2 (tolice) nonsense

desacompanhado adj 1 (só) alone 2 (desprotegido) unprotected

desaconselhar vt 1 to advise against 2 to dissuade [**de**, from]

desaconselhável adj2g inadvisable

desacordo nm (falta de acordo) disagreement [**com**, with]

desacorrentar vt 1 (corrente) to unchain 2 (trela) to unleash 3 fig to let loose; to free

desacostumado adj 1 (desabituado) unaccustomed; unused 2 (invulgar) unusual; unfamiliar

desacostumar vt to disaccustom ♦ vp to lose the habit [**de**, of]; to get unused [**de**, to]; **desacostumar-se de ir ao cinema** to get unused to going to the cinema

desacreditado adj 1 (sem crédito) discredited 2 (depreciado) undervalued

desacreditar vt 1 (causar o descrédito) to discredit; **descreditar alguém** to bring someone into discredit 2 (difamar) to slander

desafeiçoar-se vp 1 (perder interesse) to lose interest; to cease to love 2 (distanciar-se) to distance oneself [**de**, from]; **desafeiçoar-se de alguém** to distance oneself from someone

desafeto adj 1 (dissidente) disaffected; alienated 2 (hostil) hostile; enemy

desafiador adj 1 (competição) challenging 2 (provocador) defying ♦ nm 1 (competidor) challenger; competitor; rival 2 (rebelde) defiant; rebel

desafiar vt 1 (competição, duelo) to challenge [**para**, to]; to dare [**a/para**, to]; **desafio-te a negar a verdade** I dare you to deny the truth; **desafio-te para um duelo** I challenge you to a duel 2 (desobedecer) to defy; to disobey; **desafiar a lei** to defy the law

desafinação nf 1 MÚS dissonance 2 (desarmonia) lack of harmony; disharmony

desafinado adj 1 (em dissonância) dissonant; discordant 2 MÚS out of tune

desafinar vi MÚS to be out of tune

desafio nm 1 challenge 2 (comportamento, atitude) defiance 3 DESP match

desafogado adj 1 (espaço) spacious; ample 2 (abastado) well-off 3 (aliviado) relieved

desafogar vt 1 (libertar) to loose; to set free 2 (descomprimir) to ease up ♦ vp (aliviar-se) to be at ease; to be relieved

desafogo nm 1 (financeiro) wealth 2 (alívio) relief 3 (desembaraço) ease

desaforado adj 1 (petulante) impudent; insolent 2 (atrevido) saucy; cheeky

desaforar vt DIR to exempt from groundrent

desaforo nm 1 (petulância) insolence; impudence 2 (atrevimento) sauciness; cheekiness

desafortunado adj unlucky; unfortunate

desafronta nf 1 (reparação) redress; reparation 2 (vingança) revenge; retaliation; vengeance

desagradar vi 1 (não agradar) to displease [a, -]; to annoy [a, -] 2 (não satisfazer) to fail to satisfy

desagradável adj2g 1 (pouco agradável) unpleasant; displeasing 2 (pessoa) unfriendly

desagrado nm displeasure, dislike

desagravar vt 1 (reparar falta) to redress; to repair 2 (atenuar) to lessen; to mitigate

desagravo nm reparation; redress

desagregação nf disintegration

desagregar vt 1 (desunir) to disintegrate; to break up 2 (espalhar) to scatter; to crumble

desaguamento nm drainage

desaguar vi 1 (rio) to flow [em, into]; *o rio desagua no mar* the river flows into the sea 2 (em sarjeta) to drain

desaire nm (contrariedade) setback

desajeitado adj 1 (desastrado) awkward; clumsy 2 (sem habilidade) unskilful

desajudar vt 1 (obstaculizar) to hinder; to hamper 2 (não ajudar) to be unhelpful

desajuizado adj 1 (sem juízo) silly; foolish 2 (insensato) unwise; thoughtless 3 (louco) loony; insane

desajustamento nm (inadequação) inappropriateness; inadequacy; unsuitability

desajustar vt 1 (desordenar) to put out of order 2 (desencaixar) to pull apart

desajuste nm 1 (inadequação) inappropriateness; inadequacy 2 (máquina) maladjustment

desalentar vt to discourage; to dishearten ♦ vi (perder ânimo) to lose heart

desalento nm (desânimo) discouragement

desalgemar vt to unshackle; to unfetter

desalinhado adj 1 (posição) out of alignment 2 (desarrumado) untidy 3 (roupa, cabelo) dishevelled

desalinhar vt 1 (desarrumar) to rumple; to ruffle 2 (desorganizar) to disorder; to put out of order 3 (pôr fora de sítio) to misplace

desalinhavar vt (costura) to remove loose stitches from

desalinho nm 1 (desarrumação) mess; untidiness 2 (desmazelo) slovenliness

desalmado adj inhuman; cruel; nasty

desalojar vt 1 (expulsar) to evict 2 (deslocar) to dislodge

desamão nf à desamão out-of-the-way

desamarrar vt 1 (corda, amarra) to unbind 2 (desapertar) to untie; to unfasten ♦ vi NÁUT to unmoor; to weigh anchor ♦ vp to get loose

desamor nm 1 (sem amor) lovelessness 2 (desagrado) dislike

desamparado adj 1 (abandonado) forsaken; abandoned 2 (desprotegido) unprotected

desamparar vt 1 (abandonar) to forsake; to abandon 2 (deixar de apoiar) to deprive of assistance

desamparo nm 1 (abandono) abandonment 2 (desproteção) helplessness 3 (pobreza) destitution

desancar vt pop to beat; to thrash; to hit

desanda nf 1 pop (descompostura) dressing-down; talking-to 2 pop (tareia) beating; thrashing

desandar vi 1 (debandar) to run away; to decamp; *desanda!* get going!, beat it! 2 (piorar) to get worse 3 (voltar para trás) to turn back; to recoil ♦ vt (recuar) to turn back

desanimado adj (sem ânimo) discouraged; downcast

desanimador adj discouraging; disheartening

desanimar vi to lose heart; *não desanimes!* lighten up! ♦ vt to discourage

desânimo nm discouragement

desaninhar-se vp 1 (sair do ninho) to leave the nest 2 fig (levantar-se) to get up

desanuviado adj 1 (céu) clear; bright 2 (pessoa) relaxed

desanuviar vi 1 (céu) to clear up; *o dia desanuviou* the day cleared up 2 fig (animar-se) to cheer up; to lighten up ♦ vt fig (animar-se) to cheer up; to lighten up

desaparafusado *adj* **1** (parafuso) loose; unscrewed **2** *fig* (maluco) loony; goofy; unscrewed

desaparafusar *vt* to unscrew ♦ *vp* to get loose

desaparecer *vi* **1** (deixar de se ver) to disappear [*de*, from]; to vanish [*por*, for]; *desaparecer por uns tempos* to disappear for a while; *desaparecer de vista* to disappear from your sight **2** (perder-se) to be lost; *as minhas chaves desapareceram* I have lost my keys **3** (desvanecer-se) to fade out [*em*, in]; *desaparecer na distância* to fade out in the distance **4** (esconder-se) to hide away; to disappear; *o sol desapareceu por detrás das nuvens* the sun hid away behind the clouds **5** (extinguir-se) to become extinct

desaparecido *adj* missing; *ser dado como desaparecido* to be reported missing ♦ *nm* missing person

desaparecimento *nm* **1** (pessoa) disappearance; vanishing **2** (extinção) extinction

desaparelhar *vt* **1** NÁUT to unrig; to unmast **2** (cavalo) to unharness

desapegado *adj* indifferent; uncaring; unfeeling

desapego *nm* detachment, indifference

desapertar *vt* **1** (botão, nó, gancho) to unfasten; *desapertar o cinto de segurança* to unfasten the seat-belt **2** (laço) to unlace **3** (nó) to untie **4** (botão) to unbutton

desapiedado *adj* **1** (situação, pessoa) merciless; pitiless **2** (pessoa) ruthless; cruel; implacable; relentless

desapoiado *adj* **1** (só) alone; by oneself; on one's own; *estar desapoiado* to be on one's own **2** (sem apoios) unsupported

desapontado *adj* (dececionado) disappointed [*com*, at]

desapontamento *nm* disappointment

desapontar *vt* (dececionar) to disappoint

desaprender *vt* to unlearn

desapropriação *nf* **1** (expropriação) dispossession **2** (desalojar) eviction

desapropriado *adj* **1** (desadequado) inappropriate; unsuitable **2** (sem posse) dispossessed

desapropriar *vt* **1** (retirar posse de) to dispossess [*de*, of]; to strip [*de*, of]; *desapropriar alguém de* to dispossess someone of **2** (desalojar) to evict

desaprovação *nf* (reprovação) disapproval

desaprovar *vt* **1** (reprovar) to disapprove **2** (rejeitar) to reject; to turn down **3** (criticar) to censure; to criticize

desaproveitado *adj* **1** (desperdiçado) wasted; squandered **2** (ao abandono) abandoned; derelict **3** (não usufruído) not used to advantage

desaproveitar *vt* (desperdiçar) to waste; to squander

desarborização *nf* deforestation

desarborizar *vt* to deforest

desarmado *adj* unarmed

desarmamento *nm* disarmament

desarmar *vt* **1** (tirar armas) to disarm **2** (desaparelhar) to dismantle **3** *fig* (surpreender) to take by surprise

desarme *nm* **1** (armas) disarmament **2** DESP disarming; *desarme do adversário* disarming of the opponent player

desarmonia *nf* disharmony; disagreement

desarmónico *adj* MÚS inharmonious; unmusical

desarmonioso *adj* **1** MÚS disharmonious; discordant **2** (divergente) divergent; conflicting

desarraigar *vt* **1** (planta) to unroot; to root up; to uproot **2** *fig* to root out

desarranjado *adj* **1** (desconjuntado) out of joint **2** (avariado) broken down **3** (desarrumado) untidy **4** (desmazelado) sloppy

desarranjar *vt* **1** (descompor) to disarrange **2** (desorganizar) to disorder; to put out of order **3** (perturbar) to upset; to trouble **4** (desarrumar) to mess up; to make untidy

desarranjo *nm* **1** (confusão) confusion; disorder **2** (desarrumação) mess

desarrazoado *adj* (*irracional*) unreasonable; **discussão desarrazoada** unreasonable argument

desarrazoar *vi* (*disparatar*) to talk nonsense; to rave; to rant

desarrumação *nf* untidiness; mess

desarrumado *adj* 1 (*locais*) disorderly; untidy 2 (*pessoas*) untidy; disorganized

desarrumar *vt* 1 (*desorganizar*) to mess up; to make untidy 2 (*tirar do sítio*) to displace

desarvorar *vi* 1 (*fugir*) to decamp; to fly away 2 (*desaparecer*) to move away; to leave ♦ *vt* NÁUT to dismast

desasar *vt* 1 (*tirar asas*) to clip the wings of; **desasar um inseto** to clip the wings of an insect 2 *fig* (*bater*) to give a drubbing to

desasseio *nm* untidiness; uncleanliness; mess

desassombrar *vt* to encourage; to embolden

desassombro *nm* 1 (*coragem*) courage 2 (*franqueza*) straightforwardness

desassossegar *vt* 1 (*preocupar*) to worry 2 (*inquietar*) to disquiet; to unsettle 3 (*perturbar*) to disturb; to distress

desassossego *nm* 1 (*inquietação*) uneasiness; disquiet 2 (*sarilho*) trouble; disruption

desastrado *adj* clumsy; awkward

desastre *nm* 1 (*meios de transporte*) accident; crash 2 (*catástrofe*) catastrophe; disaster

desastroso *adj* disastrous

desatar *vt* 1 (*despertar*) to untie; to unfasten 2 (*cordões*) to unlace 3 (*soltar*) to loosen; *fig* **desatar a língua** to loosen one's tongue ♦ *vi* 1 (*começar*) to begin to; to start; **desatar a correr** to start running; **desatar a gritar** to start screaming 2 (*chorar, rir*) to burst; **desatar a rir** to burst into laughter; **desatar a chorar** to burst into tears ♦ *vp* (*laço, cordão*) to get untied

desatarraxar *vt* to unscrew

desatascar *vt* 1 (*tirar da lama*) to pull out of the mud 2 (*tubo, cano*) to clear

desatenção *nf* lack of attention

desatento *adj* 1 (*distraído*) absent-minded 2 (*desatencioso*) uncaring

desaterrar *vt* 1 (*escavar*) to excavate 2 (*aplanar*) to level; to raze 3 (*lixo*) to clear away; to remove

desaterro *nm* 1 (*escavação*) excavation 2 (*aplanação*) levelling

desatinado *adj* 1 (*maluco*) crazy; nuts 2 (*zangado*) angry; annoyed

desatinar *vt* to madden; to infuriate ♦ *vi* to go crazy; to flip out; to crack up; **desatinar com alguém** to go mad at someone

desatino *nm* 1 (*loucura*) madness 2 (*confusão*) confusion 3 (*disparate*) nonsense

desativação *nf* deactivation

desativar *vt* to deactivate

desatolar *vt* to pull out of mud, to draw out of mud

desatrelar *vt* 1 (*desunir*) to unlink 2 (*soltar*) to unleash 3 (*bois*) to unyoke

desatualizado *adj* 1 (*fora de moda*) out-of-date; outdated 2 (*antiquado*) old-fashioned

desatualizar *vt* to make (something) obsolete ♦ *vp* to become obsolete; to become outmoded

desautorizar *vt* 1 (*votar ao descrédito*) to discredit; to bring into disrepute 2 (*negar autoridade*) to deny authority to

desavença *nf* 1 (*desacordo*) disagreement 2 (*zanga*) quarrel; conflict

desavergonhado *adj* 1 (*vergonhoso*) shameless 2 (*sem pudor*) unbashful

desavindo *adj* in conflict

desbaratar *vt* 1 (*derrotar*) to defeat; to crush 2 (*desperdiçar*) to squander; to waste; to dissipate; **desbaratar a herança** to dissipate the inheritance

desbarato *nm* 1 (*derrota*) defeat 2 (*dissipação*) waste

desbarbar *vt* 1 (*barbear*) to shave 2 (*aparar*) to cut off filaments; to clip; to trim

desbastar *vt* **1** *(aparar)* to trim; to clip **2** *(cortar levemente)* to pare down; **desbastar o cabelo** to pare down one's hair

desbaste *nm* **1** *(aparamento)* trim **2** *(corte)* cut **3** *(razia)* havoc; devastation

desbloquear *vt* **1** *(rio)* to raise the blockade of; **desbloquear o telemóvel** to unlock the mobile phone **2** *fig* to free; to release

desbloqueio *nm* **1** *(levantar bloqueio)* unblocking **2** *(libertação)* release; setting free

desbocado *adj* foul-mouthed; abusive

desbordar *vi* *(rio)* to overflow

desbotado *adj* **1** *(pelo sol)* bleached **2** *(cor desmaiada)* faint; slight

desbotar *vi* to lose colour; to bleach; *a camisa desbotou* the shirt has bleached ♦ *vt* to discolour; to fade; to bleach

desbragado *adj pej* impudent; abusive; obscene; **linguagem desbragada** abusive language

desbravar *vt* **1** *(terras)* to grub up; to tame; to conquer **2** *(animais)* to tame; to domesticate

descabelado *adj* **1** *(calvo)* bald; hairless **2** *(despenteado)* shaggy; unkempt

descabelar *vt* **1** *(despentear)* to dishevel **2** *(tirar cabelo)* to pull out somebody's hair

descabido *adj* **1** *(impróprio)* improper; unbecoming **2** *(sem sentido)* out of purpose **3** *(disparatado)* absurd

descafeinado *nm* decaffeinated coffee; decaf ♦ *adj* decaffeinated

descafeinar *vt* to decaffeinate

descair *vi* *(superfície)* to droop; to sag ♦ *vp col* to let something slip; to let out

descalabro *nm* **1** *(ruína)* ruin; destruction; devastation **2** *(derrota)* defeat; rout

descalçadela *nf pop* dressing-down; scolding

descalçar *vt* to take off; to remove; **descalçar os sapatos** to take off the shoes; **descalçar as luvas** to take off the gloves ♦ *vp* to take off one's shoes ❖ **descalçar a bota** to get out of a scrape

descalcificação *nf* decalcification

descalcificar *vt* to decalcify

descalço *adj,adv* in bare feet, barefoot

descambar *vi* **1** *(pender)* to slide down **2** *fig (degradar-se)* to go downhill; *isto já está a descambar* things are going downhill

descamisar *vt* **1** AGR to husk **2** *(roupa)* to take off a shirt

descampado *nm* **1** *(terreno)* open country **2** *(deserto)* desert

descansado *adj* **1** not worried; *esteja descansado* don't worry **2** *(descontraído)* relaxed; rested; **durma descansado** sleep well **3** *(sem imprevistos)* uneventful

descansar *vi* **1** *(repousar)* to rest; to take a rest; **descansar um pouco** to take a short rest **2** *(dormir)* to sleep, to be asleep; **estar a descansar** to be asleep **3** *(fazer uma pausa)* to pause; to have a break; **descansar durante duas horas** to have two hours break **4** *(não se preocupar)* not to worry; to relax; *está tudo bem, descanse* don't worry, everything is all right ♦ *vt* **1** *(repousar)* to rest; **descansar o corpo** to rest one's body **2** *(tranquilizar)* to reassure **3** *(aliviar)* to relieve

descanso *nm* **1** *(repouso)* rest **2** *(intervalo)* pause; break **3** *(alívio)* relief **4** *(apoio)* hook; **tirar o telefone do descanso** to take the phone off the hook

descapacitar-se *vp* to dissuade oneself; to change one's mind

descapotável *adj2g,nm* convertible

descaracterizado ou **descaraterizado** *adj* characterless

descaracterizar ou **descaraterizar** *vt* **1** *pej (locais)* to disfigure; to deface; to mar **2** *(maquilhagem)* to undo the make-up

descarado *adj* cheeky; saucy; shameless

descaramento *nm col* nerve; cheek; *que descaramento!* the nerve!

descarga *nf* **1** discharge **2** *(mercadoria)* unloading; *(barco)* unshipment **3** *(emo-*

ções) outlet [**de**, for] **4** MIL salvo; discharge

descargo nm **1** (funções) discharge **2** (alívio) relief; *por descargo de consciência* for conscience sake

descarnado adj **1** (sem carne) fleshless **2** (magro) lean; bony; skinny

descarnar vt **1** (tirar a carne) to strip off **2** (emagrecer) to make lean; to grow thin **3** (dentes) to bare

descaroçador nm corer

descarregador nm (doca) docker, unloader

descarregamento nm (carga) unloading

descarregar vt **1** (arma, mercadoria) to unload **2** ELET to discharge **3** (aliviar) to relieve **4** (frustração, raiva, cólera) to vent; *descarregar em cima de alguém* to take it out on somebody ♦ vp ELET (bateria, pilha) to go flat

descarrilamento nm (comboio) derailment

descarrilar vt to derail ♦ vi **1** (carruagem) to run off the rails, to leave the rails **2** fig (sair do bom caminho) to go off the rails

descartar vt **1** (cartas) to discard **2** (candidato, possibilidade) to rule out ♦ vp to get rid [**de**, of]; *descartar-se de uma pessoa chata* to get rid of a boring person

descartável adj2g disposable

descarte nm **1** (jogo de cartas) discard **2** fig (evasão) excuse

descascador nm (fruta, vegetais) peeler

descascar vt **1** (fruta) to peel **2** (ervilhas, marisco, nozes) to shell **3** (cereais) to husk **4** col (repreender) to tear a strip off somebody ♦ vi **1** (pele) to peel **2** ZOOL (cobra) to shed its skin

descendência nf **1** (origem) descent, lineage **2** (geração vindoura) descendants, offspring

descendente n2g descendant [**de**, of] ♦ adj2g **1** (filiação) descendent [**de**, from] **2** (direção) downward; descending

descender vi **1** to be descended [**de**, from] **2** (derivar) to derive [**de**, from]; to come [**de**, from]; to proceed [**de**, from]

descentralização nf decentralization

descentralizador adj decentralizing

descentralizar vt to decentralize

descentrar vt to deviate from the centre

descer vt **1** (escadas, ladeira) to go down, to come down; *descer as escadas* to go downstairs **2** (objetos) to take down ♦ vi **1** to go down, to come down **2** (do autocarro, bicicleta, cavalo, comboio) to get off; (do carro) to get out **3** (nível, preços, temperatura) to drop **4** DESP (de divisão, lugar) to be relegated [**a**, to] ❖ *descer ao nível de alguém* to descend to somebody's level

descerramento nm **1** (revelação) disclosure **2** (lápide) unveiling ceremony

descerrar vt **1** (abrir) to open **2** (revelar) to disclose, to reveal **3** (lápide) to unveil

descida nf **1** descent **2** (declive) slope **3** (temperatura, preços) fall, drop **4** DESP (de divisão, lugar) relegation

desclassificação nf disqualification

desclassificado adj **1** DESP disqualified **2** (desacreditado) discredited ♦ nm social outcast

desclassificar vt **1** DESP to disqualify **2** (desacreditar) to discredit

descoberta nf **1** discovery; *fazer uma descoberta* to make a discovery **2** find; *descoberta arqueológica* archaeological find **3** (invenção) invention

descoberto adj **1** discovered **2** (exposto) exposed **3** (nu) bare, naked **4** (sem cobertura) uncovered ❖ *a descoberto* in the open; (conta) *pôr a descoberto* to overdraw

descobridor nm discoverer; explorer

descobrimento nm (descoberta) discovery, find

descobrir vt **1** (encontrar) to discover, to find; *descobrir uma ilha* to discover an island; *descobrir uma vacina* to discover a vaccine **2** (destapar) to uncover **3** (averiguar) to find out 4 (petróleo) to strike ♦ *vp* (*tirar o chapéu*) to take off one's hat

descoco *nm col* impudence, effrontery, nerve

descodificador *nm* decoder

descodificar *vt* (código, escrita, enigma) to decode, to decipher; to crack *col*

descolagem *nf* AER take-off

descolamento *nm* 1 (autocolante) unsticking 2 MED detachment; *descolamento da retina* detachment of the retina

descolar *vt* 1 (autocolante) to unstick, to unglue 2 (separar) to detach, to remove ♦ *vi* AER to take off; to lift off ♦ *vp* to come off

descoloração *nf* QUÍM discolouration

descolorante *adj2g* discolouring, bleaching

descolorido *adj* uncoloured, faded

descomedido *adj* 1 (imoderado) immoderate 2 (enorme) enormous

descomedimento *nm* 1 (excesso) excess 2 (grosseria) rudeness

descompactar *vt* INFORM to unzip

descompassado *adj* 1 (enorme) enormous 2 (desproporcionado) disproportionate 3 MÚS (ritmo) out of step

descompensado *adj* unbalanced

descompor *vt* 1 (desordenar, alterar) to make something untidy; to disarrange, to unsettle 2 (repreender) to scold, to tell off

descomposto *adj* 1 (desarrumado) disorderly 2 (sem pudor) indecorous 3 (transtornado) upset

descompostura *nf* 1 (falta de compostura) loss of composure 2 (repriminda) scold, talking-to, dressing-down; *dar/passar uma descompostura a alguém* to give someone a good talking-to, to give somebody a dressing-down

descompressão *nf* FÍS decompression; *câmara de descompressão* decompression chamber

descomprimir *vt* to decompress

descomprometido *adj* (pessoa) single, free

descomunal *adj2g* 1 (extraordinário) unusual, extraordinary 2 (colossal) enormous, huge

desconcentrar *vt* to distract ♦ *vp* to lose one's concentration

desconcertado *adj* disconcerted; *ficar desconcertado* to be taken aback

desconcertante *adj2g* 1 (embaraçoso) disconcerting 2 (perturbador) upsetting

desconcertar *vt* 1 to disconcert 2 (desorientar) to baffle 3 (transtornar) to disturb

desconcerto *nm* 1 (desordem) disorder, disarray 2 (discordância) disagreement

desconchavar *vt* 1 (deslocar) to put out of joint 2 (desligar) to disconnect

desconexão *nf* disconnection

desconexo *adj* 1 (incoerente) incoherent 2 (sem conexão) disconnected, unrelated

desconfiado *adj* suspicious, distrustful, mistrustful ♦ *nm* suspicious person

desconfiança *nf* 1 suspicion, distrust, mistrust 2 (ciúmes) jealousy

desconfiar *vt* 1 (suspeitar) to suspect, to be suspicious 2 (duvidar) to doubt 3 (supor) to suppose ♦ *vi* 1 to distrust [de, -], to mistrust [de, -]; *ela desconfiou dos motivos dele* she distrusted his motives 2 to have the feeling [que, that]

desconforme *adj2g* 1 (divergente) divergent, at variance 2 (descomunal) enormous, stupendous 3 (desproporcional) disproportionate

desconfortável *adj2g* uncomfortable

desconforto *nm* discomfort

descongelação *nf* FÍS thaw, thawing

descongelar *vt* 1 (alimento, frigorífico) to defrost, to unfreeze 2 (degelar) to thaw out ♦ *vp* (derreter-se) to melt

descongestionante *adj2g,nm* FARM decongestant

descongestionar *vt* 1 (cabeça, trânsito) to clear 2 MED to relieve

desconhecedor adj (ignorante) ignorant [de, of]; unaware [de, of]

desconhecer vt 1 (ignorar) to ignore, not to know 2 (não reconhecer) not to recognize

desconhecido adj 1 unknown, unheard of 2 (misterioso) strange ♦ nm stranger; outsider

desconhecimento nm 1 ignorance 2 (ingratidão) ingratitude

desconjuntar vt 1 MED (articulação, ossos) to dislocate 2 to disunite, to disjoint ♦ vp (desfazer-se) to come apart

desconsideração nf 1 (desrespeito) disrespect, disregard 2 (ofensa) offence

desconsiderar vt 1 to disregard, to ignore 2 (vexar) to humiliate, to snub

desconsolado adj 1 (pesaroso) miserable, disconsolate 2 col (insípido) insipid 3 col (sem graça) dull, cheerless; **estar desconsolado** to be dispirited

desconsolo nf (tristeza) sorrow, distress

descontaminação nf decontamination

descontaminar vt to decontaminate

descontar vt 1 (abater) to deduct, to deduce 2 fig (não fazer caso) to make light of

descontentamento nm discontentment [com, with]; dissatisfaction [com, with]

descontentar vt 1 (desgostar) to discontent, to dissatisfy, displease 2 (contrariar) to upset

descontente adj2g 1 discontented [com, with]; dissatisfied [com, with]; displeased [com, with] 2 (triste) unhappy

descontextualizar vt to take out of context

descontinuar vt to discontinue, to stop, to interrupt

descontinuidade nf discontinuity

descontínuo adj discontinuous, intermittent

desconto nm 1 discount; **com desconto** at a discount; **um desconto de cinco por cento** a five per cent discount 2 (abatimento) reduction ❖ **dar desconto a** to make allowances for

descontração nf relaxation

descontraído adj 1 (relaxado) relaxed 2 (informal) casual, informal

descontrair vt,i to relax

descontrolado adj 1 (máquina) out of control 2 (pessoa) hysterical

descontrolar vt 1 to unsettle 2 to disturb the mechanism of ♦ vp 1 (pessoa) to lose control 2 (máquina) to go out of control 3 (situação) to be/get out of hand

descontrolo nm lack of control

desconversar vi to change the subject

desconvocar vt to call off

descoordenação nf lack of coordination

descoordenar vt to disorganize, to unsettle

descorado adj 1 (sem cor) colourless 2 (desbotado) faded 3 (pálido) pale

descorar vt to discolour ♦ vi (empalidecer) to fade, to pale, to become pale

descortês adj discourteous, impolite

descortesia nf discourtesy, politeness, rudeness

descorticar vt (casca) to peel

descortinar vt 1 (retrato) to unveil 2 fig (avistar) to catch sight of 3 fig (solução) to find out

descoser vt 1 to unstitch, to unsew 2 (rasgar) to rip apart ♦ vp 1 to come apart at the seams 2 to come off 3 col (segredo) to spill the beans; to let the cat out of the bag

descosido adj 1 unstitched, unsewn 2 fig (desconexo) incoherent, disconnected

descravar vt to pull out

descrédito nm 1 discredit; **lançar o descrédito sobre** to throw discredit on 2 (desonra) dishonour

descrença nf unbelief, disbelief

descrente n2g 1 unbeliever, disbeliever 2 (cético) sceptic GB, skeptic EUA ♦ adj2g unbelieving

descrer vi to disbelieve [de, in], not to believe [de, in]; **descrer da Humanidade** to disbelieve in Humanity

DACIN-DP-54

descrever vt 1 (fazer descrição) to describe 2 (traçar) to draw, to describe

descrição nf description; *corresponder à descrição de* to answer to the description of, to fit the description of

descritivo adj descriptive

descruzar vt to uncross; *descruzar as pernas* to straighten the legs

descuidado adj 1 (careless [com, about], negligent [com, about], neglectful [com, about]; *descuidado com a aparência* careless about one's appearance 2 col (desleixado) scruffy

descuidar vt 1 (descurar) to neglect, to disregard; *descuidar a aparência* to be neglectful of one's appearance 2 (não fazer caso) to overlook ♦ vp 1 to be careless 2 to become careless

descuido nm 1 (erro) oversight, slip, careless mistake; *por descuido* inadvertently 2 (falta de cuidado) carelessness

desculpa nf 1 (justificativa) excuse [para, for]; *arranjar desculpas* to make excuses 2 (pedido de perdão) apology

desculpar vt 1 (perdoar) to forgive, to pardon; *desculpar alguma coisa a alguém* to forgive somebody for something 2 to excuse; (para pedir perdão) *desculpe* sorry; (para chamar a atenção) excuse me; (quando não se ouviu bem) sorry, I beg your pardon ♦ vp to apologize

descurar vt to neglect, to disregard

desde prep 1 (lugar) from... to...; *caminhei desde a praia até ao restaurante* I walked from the beach to the restaurant 2 (tempo) *desde então* ever since, from then on ♦ conj (contanto que) *desde que* since, as long as

desdém nm disdain, contempt, scorn; *com desdém* disdainfully; col *tratar com desdém* to spit upon

desdenhar vt to disdain, to scorn

desdenhoso adj disdainful, scornful; dismissive

desdentado adj toothless

desdita nf 1 (infelicidade) unhappiness 2 (infortúnio) misfortune, bad luck

desdizer vt 1 (desmentir) to deny 2 (contradizer) to contradict ♦ vp to contradict oneself

desdobramento nm 1 (ato de desdobrar) deployment, unfolding 2 (divisão) ramification 3 (desenvolvimento) development

desdobrar vt 1 (mapa, papel) to unfold 2 (dividir) to split up 3 MIL (armamento, tropas) to deploy 4 (tecido) to unfurl 5 (esforços) to increase, to redouble ♦ vp 1 to unfold 2 (empenhar-se) to work hard, to make a big effort

desdouro nm 1 (mácula) blemish, tarnish, stain 2 fig (descrédito) discredit

desdramatizar vt to soften; to play down

desejar vt 1 to want; to desire 2 to wish ❖ *desejar ardentemente* to long for; *desejar boa sorte a alguém* to wish somebody good luck; *que deseja?* what would you like?; *deixar a desejar* to leave a lot to be desired

desejável adj2g desirable

desejo nm 1 wish; *satisfazer um desejo* to make a wish come true 2 (anseio) desire, longing 3 (apetite) craving; *ter desejos de* to have a craving for

desejoso adj 1 desirous [de, of] 2 anxious, keen

deselegância nf inelegance, clumsiness

deselegante adj2g (gesto, resposta) inelegant, clumsy

desemaranhar vt 1 to disentangle, to untangle; *desemaranhar o cabelo* to get the tangles out of one's hair 2 (decifrar) to unravel

desembaciar vt 1 to dry the steam of 2 to demist

desembalar vt (embrulho) to unpack, to unwrap

desembaraçado adj 1 (desenrascado) resourceful 2 (expedito) efficient 3 (desinibido) uninhibited

desembaraçar vt 1 (*livrar*) to free 2 (*desenredar*) to disentangle 3 (*desobstruir*) to clear ♦ vp to get rid [de, of]; *desembaraçar-se de alguém* to get rid of someone

desembaraço nm 1 (*desenvoltura*) resourcefulness 2 (*facilidade*) ease 3 (*confiança*) confidence

desembarcadouro nm landing place, wharf, quay, dock

desembarcar vi 1 (*carga*) to unload 2 (*passageiros*) to put on shore, to set ashore ♦ vi to land, to disembark

desembargador nm (Tribunal da Relação) judge

desembargar vt 1 ECON to lift an embargo 2 to dispatch 3 (*resolver*) to free, to clear

desembargo nm ECON removal of an embargo

desembarque nm 1 landing, disembarkation 2 (aeroporto) arrivals 3 (mercadoria) unloading

desembocar vi 1 (rio) to flow [em, into]; *o rio desemboca no mar* the river flows into the sea 2 (rua, túnel) to lead [em, into]; *esta estrada desemboca no jardim* this road leads into the garden

desembolsar vt to spend, to pay out, to expend, to disburse

desembolso nm expenditure, disbursement

desembriagar vt to sober up

desembrulhar vt 1 to unwrap, to unpack 2 fig (*esclarecer*) to clear up

desembuchar vi col (*falar*) to spit it out; *desembuche!* speak out, spit it out!

desemoldurar vt to take out of the frame

desempacotamento nm unpacking

desempacotar vt to unpack, to unwrap

desempanar vt (carro) to repair

desempatar vt to decide ♦ vi 1 DESP (corrida, jogo) to play it off, to decide 2 POL (eleição) to break the deadlock

desempate nm tie-break; DESP *jogo de desempate* play-off

desempedernir vt to soften

desempenar vt to straighten

desempenhar vt 1 (*cumprir*) to perform, to carry out, to fulfil 2 CIN,TEAT (papel) to play 3 (cargo) to hold 4 (dívidas) to free from debt

desempenho nm 1 CIN,TEAT (papel) performance, acting 2 (obrigações, tarefas) fulfilment

desemperrar vt to loosen

desempoeirado adj 1 (sem pó) dusted 2 fig (sem preconceitos) open-minded

desempoeirar vt to dust

desempregado adj unemployed ♦ nm unemployed person; *os desempregados* the unemployed

desemprego nm unemployment; col *estar no desemprego* to be unemployed, to be/go on the dole GB; *subsídio de desemprego* unemployment benefit, dole GB; unemployment compensation EUA

desencadeamento nm 1 (ato de desencadear) activation, triggering 2 (princípio) beginning

desencadear vt 1 (soltar) to unleash, to let loose 2 (causar) to trigger, to set off ♦ vp (suceder inesperadamente) to break out

desencaixar vt 1 to dismount 2 (deslocar) to dislocate, to dislodge ♦ vp to get out of place

desencaixe nm disjointing

desencaixilhar vt to remove from its frame

desencaixotar vt to unpack

desencalacrar vt 1 to get (someone) out of trouble 2 to free of debt

desencalhar vt NÁUT to get afloat ♦ vi NÁUT to get afloat

desencalhe nm NÁUT refloating, getting afloat

desencaminhar vt 1 to mislead, to lead astray 2 fig to corrupt, to pervert

desencantado adj 1 (desiludido) disenchanted; disappointed 2 col (encontrado) discovered; found out

desencantar vt 1 (*desiludir*) to disenchant, to disappoint 2 (*descobrir*) to find, to unearth

desencanto nm disenchantment, disappointment

desencarreirar vt,p ⇒ **desencaminhar**

desencontrar-se vp 1 (*não se encontrar*) to miss each other 2 to disagree

desencontro nm 1 failure to meet 2 (*divergência*) disagreement, divergence

desencorajador adj discouraging, disheartening

desencorajar vt to discourage

desencostar vp 1 (*afastar*) to move away from [de, from] (*endireitar-se*) to stand up straight ♦ vt to move away

desencravar vt 1 to take off 2 fig (*desenrascar*) to get out of a fix

desendividar vt to pay off someone's debts ♦ vp to pay one's debts, to get out of debt

desenfadar vt 1 (*divertir*) to amuse, to entertain 2 (*animar*) to cheer up

desenfado nm recreation, amusement

desenfardar vt to unpack

desenfeitiçar vt to free from a spell

desenferrujar vt 1 (metal) to remove the rust from 2 fig (língua) to brush up 3 fig (pernas) to stretch

desenformar vt CUL (bolo, tarte) to remove from a mould

desenfreado adj 1 (*descomedido*) unbridled 2 (*desregrado*) unruly, wild

desenfrear vt to unbridle ♦ vp 1 (cavalo) to take the bit in its teeth 2 fig (*enfurecer-se*) to get angry, to get furious 3 fig (*exceder-se*) to lose one's self control

desenganar vt 1 to disillusion 2 (*esclarecer*) to open somebody's eyes 3 MED (doente) to declare incurable, to give no hope of recovery ♦ vp 1 to become disillusioned 2 to realize the truth

desengano nm 1 disillusion, disillusionment 2 (*desapontamento*) disappointment

desengarrafar vt to take out of a bottle

desengatar vt 1 to unhook 2 (*desatrelar*) to uncouple

desengate nm disengagement

desengatilhar vt to pull the trigger, to fire

desengonçado adj 1 (objeto) rickety 2 (pessoa) ungainly, clumsy

desengonçar vt to unhinge, to disjoint, to dislocate ♦ vp fig to wiggle

desengordurar vt to remove the grease from, to scour

desenguiçar vt col to bring better luck to

desenhador nm 1 draughtsman GB; draftsman EUA; designer 2 (banda desenhada) cartoonist

desenhar vt 1 to draw 2 (mobiliário, produtos, vestuário) to design ♦ vp 1 (*destacar-se*) to stand out 2 (*esboçar-se*) to take shape

desenho nm 1 drawing; *desenho geométrico* technical drawing 2 design; *desenho gráfico* graphic design 3 (*esboço*) sketch ❖ *desenhos animados* cartoons

desenjoar vt 1 to relieve of nausea 2 (*distrair*) to amuse, to entertain

desenlace nm denouement, outcome; *desenlace feliz* happy ending

desenquadrar vt to unframe

desenraizar vt 1 to uproot 2 fig (*extrair*) to extract ♦ vp to lose one's roots

desenrascar vt 1 to disentangle 2 fig to help somebody out; to get somebody out of a tight spot ♦ vp 1 col to manage; to get by 2 (problemas) to fend for oneself

desenredar vt 1 to disentangle; to unravel 2 (dúvida) to clear up; to clarify; to sort out ♦ vp to extricate oneself [de, from]

desenrolar vt 1 (papel, rolo) to unroll 2 (cabo) to unwind 3 (narrativa) to develop, to unfold ♦ vp fig to unfold

desenroscar vt to unscrew

desenrugar vt 1 to unwrinkle 2 to smooth

desentalar vt 1 to free 2 fig (sarilho) to get out of a tight spot

desentediar vt to amuse, to entertain, to cheer up

desentender-se vp to fall out [com, with]

desentendido adj misunderstood ❖ fazer-se de desentendido to pretend not to understand

desentendimento nm 1 misunderstanding 2 (desacordo) disagreement

desenterramento nm exhumation

desenterrar vt 1 to dig up, to excavate 2 (informação) to unearth 3 (cadáver) to exhume

desentorpecer vt to warm up; desentorpecer as pernas to stretch one's legs

desentortar vt to straighten up

desentrançar vt to unplait

desentranhar vt 1 to disembowel, to eviscerate 2 fig (arrancar) to draw out

desentupidor nm plumber's helper

desentupir vt (cano) to unblock

desenvencilhar vt to disentangle, to untie ♦ vp (livrar-se) to free oneself

desenvolto adj 1 (desembaraçado) self-assured, confident 2 (agil, ligeiro) nimble, brisk

desenvoltura nf 1 (desembaraço) self-confidence 2 (agilidade) nimbleness, agility, briskness 3 (vivacidade) liveliness

desenvolver vt to develop; desenvolver os músculos to develop the muscles ♦ vp 1 to develop 2 (progredir) to evolve

desenvolvido adj developed; ECON países desenvolvidos developed countries

desenvolvimento nm 1 development; países em vias de desenvolvimento developing countries; os recentes desenvolvimentos the latest developments 2 (crescimento) growth

desenxabido adj 1 (comida) insipid 2 (pessoa) dull

desenxovalhar vt 1 (limpar) to clean 2 (lavar) to wash 3 fig to clear one's name ♦ vp fig to clear one's name

desequilibrado adj 1 unbalanced; dieta desequilibrada unbalanced diet; pessoa desequilibrada unbalanced person 2 fig,col crazy

desequilibrar vt (pessoa) to throw off balance, to unbalance ♦ vp to lose one's balance

desequilíbrio nm 1 imbalance 2 (mental) derangement

deserção nf desertion

deserdar vt DIR to disinherit

desertar vt to desert, to abandon ♦ vi MIL to desert, to run away

desertificação nf desertification

deserto adj 1 (desabitado) desert, deserted, forsaken; ilha deserta desert island 2 (solitário) lonely ♦ nm desert

desertor nm deserter

desesperado adj 1 desperate 2 (caso, situação) hopeless; tentativa desesperada hopeless attempt

desesperar vt 1 to drive to despair 2 (enfurecer) to infuriate ♦ vi to despair, to give up all hope ♦ vp 1 to become desperate, to despair 2 (encolerizar-se) to become infuriated

desespero nm despair, desperation

desestabilização nf destabilization

desestabilizar vt to destabilize; to disrupt

desfaçatez nf 1 (descaramento) nerve, effrontery 2 (insolência) impudence

desfalcar vt 1 (dinheiro) to embezzle 2 (defraudar) to swindle 3 (diminuir) to reduce

desfalecer vi 1 (desmaiar) to faint, to swoon 2 (enfraquecer) to weaken 3 (desalentar) to lose heart

desfalecimento nm (desmaio) faint, swoon

desfalque nm 1 embezzlement, misappropriation 2 (diminuição) reduction

desfasado adj out of step [de, with]

desfastio nm 1 appetite 2 (distração) amusement

desfavor nm 1 dislike 2 disregard

desfavorável adj2g 1 unfavourable [**para**, for/to] 2 (adverso) adverse

desfavorecer vt 1 to be unfavourable to 2 to treat less favourably

desfavorecido adj 1 ill-favoured 2 poor; needy ♦ nm one of the underprivileged; *os desfavorecidos* the underprivileged

desfazer vt 1 (embrulho, nó) to undo 2 to dissolve 3 CUL (batatas, cenoura, fruta) to mash 4 (destruir) to smash 5 (dúvida, engano) to dispel; (mistério) to clear up 6 (mala) to unpack 7 (noivado) to break off ♦ vp 1 (costura, nó) to come undone 2 (derreter-se) to melt 3 (livrar-se) to get rid [**de**, of] 4 (casamento) to break up ✤ *desfazer-se em lágrimas* to cry one's eyes out, to burst into tears; *desfazer-se em desculpas* to offer many excuses

desfecho nm outcome, denouement, ending

desfeita nf 1 (ultraje) outrage 2 (insulto) insult, slight

desfeito adj 1 (desmanchado) undone 2 (dissolvido) dissolved 3 (contrato) broken 4 (pessoa) weary, destroyed

desferir vt 1 (golpe) to strike 2 (pontapé) to give 3 (ataque) to launch 4 (flecha) to fire, to shoot off

desfiar vt 1 (tecido) to unweave, to unravel 2 CUL (bacalhau, frango) to tear into thin shreds ♦ vp (tecido) to fray, to become frayed ✤ *desfiar o rosário* to tell all your problems

desfiguração nf disfiguration

desfigurar vt 1 (cidade, pessoa) to disfigure; *paisagem desfigurada* disfigured landscape 2 (texto) to twist

desfilada nf 1 (desfile) parade 2 (sucessão) series ✤ *à desfilada* at full speed

desfiladeiro nm gorge, defile

desfilar vi to parade, to march

desfile nm parade, procession ✤ *desfile de moda* fashion show

desfloração nf deflowering

desflorar vt to deflower

desflorestação nf deforestation

desflorestar vt to deforest

desfocado adj 1 out of focus 2 (foto, imagem) blurred

desfocar vt to put out of focus ♦ vi to be out of focus

desfolhada nf (milho) shucking

desfolhar vt to strip, to pull off ♦ vp to shed leaves

desforra nf revenge; *tirar a desforra* to get even

desforrar-se vp to take revenge; to get even [**de**, with]

desfragmentar vt INFORM to defragment

desfraldar vt 1 NÁUT (velas) to unfurl 2 (bandeira) to hoist

desfrisar vt to straighten

desfrutar vi 1 (deliciar-se) to enjoy [**de**, -] 2 (zombar) to mock [**de**, -], to jest [**de**, at]

desfrute nm 1 (deleite) enjoyment 2 (zombaria) mockery, ridicule; *dar-se ao desfrute* to become an object of ridicule

desgarrada nf MÚS popular song; *cantar à desgarrada* to sing impromptu in competition

desgarrado adj 1 stray, lost, gone astray 2 NÁUT (navio) off course ✤ *ovelha desgarrada* black sheep

desgastante adj2g wearing, stressful

desgastar vt 1 to wear out 2 GEOL (rochas) to wear away; to erode ♦ vp to wear away

desgaste nm 1 (máquinas, mobiliário, vestuário) wear and tear, wearing out 2 GEOL (rochas) erosion; *desgaste por atrito* detrition 3 (emocional) stress and strain

desgostar vt 1 (desagradar) to displease, to disgust 2 (arreliar) to annoy, to upset 3 (afligir) to grieve ♦ vp 1 (perder o gosto) to lose one's liking [**de**, for] 2 to be displeased

desgosto nm 1 (pesar) sorrow, grief; *desgosto de amor* heartbreak; *morrer de*

desinteresse

desgosto to die of grief 2 displeasure; annoyance

desgostoso *adj* 1 (*triste*) sad; sorrowful, regretful; *sentir-se desgostoso* to sorrow at, to feel sad 2 (*descontente*) displeased, discontent

desgovernado *adj* 1 (*mal gerido*) mismanaged 2 (*automóvel, barco*) out of control

desgovernar *vt* (*gerir mal*) to mismanage, to misgovern ♦ *vi,p* 1 (*automóvel, barco*) to get out of control 2 (*desregrar-se*) to lose one's self-control

desgoverno *nm* 1 (*má gestão*) mismanagement 2 (*desperdício*) wastefulness, waste

desgraça *nf* 1 (*acontecimento*); disaster 2 (*azar*) misfortune 3 (*vergonha*) disgrace

desgraçado *adj* 1 (*infeliz*) miserable 2 (*pobre*) poor ♦ *nm* wretch

desgraçar *vt* 1 to disgrace; to dishonour; to discredit 2 (*pessoa*) to ruin, to bring to ruin 3 (*bens*) to squander, to waste ♦ *vp* 1 to disgrace yourself 2 to ruin yourself

desgravar *vt* to wipe; to rub off

desgrenhado *adj* dishevelled; tousled

desgrenhar *vt* (*cabelo*) to dishevel, to tousle

desguarnecido *adj* 1 MIL (*cidade, fronteira*) without garrison 2 unfurnished

desidratação *nf* 1 dehydration; *desidratação da pele* skin dehydration 2 (*alimentos*) desiccation

desidratado *adj* 1 dehydrated 2 desiccated

desidratar *vt* 1 to dehydrate 2 to desiccate ♦ *vi* to dehydrate, to lose water

design *nm* design

designação *nf* 1 designation; denomination; name 2 (*cargo*) designation; appointment; nomination

designadamente *adv* 1 namely 2 especially

designar *vt* 1 (*nomear, escolher*) to appoint; to name; *designar um sucessor* to name a successor 2 (*indicar*) to show; to indicate 3 to represent

designer *n2g* designer; *designer de moda* fashion designer

desígnio *nm* plan; design

desigual *adj2g* 1 (*injusto*) unequal; unfair 2 (*desequilibrado*) uneven 3 (*textura, superfície*) uneven; irregular

desigualdade *nf* inequality

desiludido *adj* disappointed

desiludir *vt* to disappoint; to disillusion; to let down ♦ *vp* to be disillusioned; to be disappointed

desilusão *nf* disappointment

desimpedido *adj* free; clear; *o caminho está desimpedido* the coast is clear

desimpedir *vt* 1 to clear; to free; *desimpedir o caminho* to clear the way 2 to unblock; to unclog

desincrustação *nf* descaling

desincrustar *vt* to take out the scale from

desinência *nf* LING ending, termination

desinfeção *nf* disinfection

desinfestação *nf* disinfestation

desinfestar *vt* to disinfest

desinfetante *adj2g,nm* disinfectant; antiseptic

desinfetar *vt* to disinfect; to cleanse

desinformação *nf* disinformation

desinibido *adj* uninhibited; open

desinstalar *vt* INFORM to uninstall

desintegração *nf* disintegration

desintegrar *vt* to disintegrate ♦ *vp* to disintegrate; to break apart, to come apart; to crumble

desinteressado *adj* 1 uninterested [por, in]; indifferent [por, to] 2 (*imparcial*) impartial; objective 3 (*não interesseiro*) unselfish

desinteressante *adj2g* uninteresting; dull

desinteressar-se *vp* to lose interest [de, in]

desinteresse *nm* 1 disinterest [por, in] 2 (*imparcialidade*) impartiality 3 (*altruísmo*) unselfishness

desintoxicação *nf* detoxication; detoxification; (álcool, drogas) *cura de desintoxicação* detox

desintoxicar *vt* to detoxify, to detoxicate

desirmanado *adj* 1 mismatched 2 without a pair

desirmanar *vt* 1 (conjunto, par) to break up, to separate 2 to mismatch, to mismate

desistência *nf* 1 giving up 2 withdrawal

desistente *n2g* 1 (competição, estudos) dropout 2 loser

desistir *vi* 1 to give up [de, on] 2 (estudos, competição) to drop out [de, of], to withdraw [de, from]; *ele desistiu da faculdade* he dropped out of college

desktop *nm* INFORM desktop

deslaçar *vt* (nó) to untie, to undo

deslavado *adj* 1 (desbotado) faded, washed out 2 (sem interesse) dull

desleal *adj2g* disloyal; untrue

deslealdade *nf* 1 disloyalty; falseness, falsehood, falsity 2 untruthfulness

desleixado *adj* 1 careless; slovenly 2 (desinteressado) negligent; inattentive

desleixar *vt* to neglect; to disregard ♦ *vp* to grow careless

desleixo *nm* 1 negligence 2 slovenliness; carelessness 3 neglect

desligado *adj* 1 (aparelho) disconnected; off; *a televisão está desligada* the TV is off 2 *fig* (pessoa) uninterested; indifferent

desligar *vt* 1 to turn off; *desliga a luz!* turn off the light! 2 to disconnect; *desligar a eletricidade* to cut off the electricity; *desligar da corrente* to unplug; *desligar o telefone* to hang up, to ring off GB ♦ *vi,p* 1 (desinteressar-se) to turn off; to lose interest 2 to become disconnected 3 (associação, partido) to leave

deslindar *vt* 1 (crime, mistério) to clear up, to solve 2 (novelo, meada) to disentangle 3 to explain

deslizante *adj2g* 1 sliding 2 slippery 3 ECON (taxa) sliding, variable

deslizar *vi* 1 to slide; to glide 2 (escorregar) to slip

deslize *nm* 1 slide; slip 2 (lapso) blunder; slip (of the tongue)

deslocação *nf* 1 MED (osso) dislocation 2 displacement 3 trip; journey

deslocado *adj* 1 dislocated, disjointed, out of joint 2 displaced; dislocated; out of place

deslocamento *nm* 1 displacement 2 dislocation

deslocar *vt* 1 MED (osso) to dislocate, to displace 2 to move ♦ *vp* to travel; *ela deslocou-se ao estrangeiro* she travelled abroad; *ele desloca-se sempre de carro* he always travels by car 2 to move

deslumbrado *adj* dazzled [com, by]; fascinated [com, by]

deslumbramento *nm* 1 dazzlement; bewitchment 2 awe; fascination

deslumbrante *adj2g* 1 dazzling; splendid; magnificent 2 fascinating; enthralling

deslumbrar *vt* (ofuscar, fascinar) to dazzle ♦ *vi* to dazzle; to go to one's head ♦ *vp* 1 to be dazzled 2 to be fascinated

deslustrar *vt* 1 to tarnish; to dull 2 *fig* to blemish

deslustre *nm* 1 tarnish; dullness 2 discredit; dishonour

desmaiado *adj* 1 (pessoa) unconscious; senseless 2 (cor) faded, pale 3 (som) faint, low

desmaiar *vi* 1 (perder os sentidos) to faint; to pass out; to lose consciousness; to swoon 2 (cor, brilho) to fade; to pale

desmaio *nm* faint; blackout; swoon *lit*

desmamar *vt* 1 (criança) to wean 2 *fig* to emancipate

desmame *nm* weaning

desmancha-prazeres *n2g2n* spoilsport; killjoy; party pooper *EUA*

desmanchar *vt* 1 (nó, laço) to undo, to untie 2 (máquina) to take to pieces, to dismantle 3 (namoro, noivado) to put an end to ♦ *vp* to come undone ❖ *desmanchar- -se a rir* to fall about laughing

desmancho *nm* 1 *pop* abortion; *fazer um desmancho* to have an abortion 2 *pop* (*aborto espontâneo*) miscarriage; *ter um desmancho* to have a miscarriage

desmantelamento *nm* dismantling

desmantelar *vt* 1 to dismantle 2 to demolish 3 NÁUT to unrig

desmaquilhante *nm* cleanser; make-up remover ♦ *adj2g* cleansing; *leite desmaquilhante* cleansing milk

desmaquilhar *vt* to cleanse; to take off the make-up ♦ *vp* to take off the make-up

desmarcar *vt* 1 (*consulta, reunião*) to cancel 2 to take away the marks ♦ *vp* DESP to shake off one's marker

desmascarar *vt* to unmask; to expose; to nail; *desmascarar uma mentira* to nail a lie; *o ladrão foi desmascarado* the thief was unmasked ♦ *vp* to take off one's mask

desmaterializar-se *vp* 1 to dematerialize 2 to vanish; to evaporate

desmazelado *adj* careless; slovenly; scruffy ♦ *nm* slob; sloven

desmazelar-se *vp* to neglect oneself

desmazelo *nm* 1 negligence; carelessness 2 slovenliness; untidiness; carelessness

desmedido *adj* 1 excessive, exaggerate 2 disproportionate 3 (*enorme*) enormous

desmembramento *nm* dismemberment; partition; segmentation

desmembrar *vt* 1 to dismember 2 *fig* to divide ♦ *vp* to be divided; to be separated

desmemoriado *adj* forgetful

desmemoriar-se *vp* to lose one's memory

desmentido *nm* disclaimer; denial; refutation ♦ *adj* refuted; denied

desmentir *vt* 1 to deny; to disclaim; *desmentir uma notícia* to deny a story 2 to contradict

desmerecer *vt,i* to prove oneself unworthy of

desmerecimento *nm* 1 unworthiness 2 demerit, fault

desmesura *nf* 1 rudeness; indelicacy 2 excess

desmesurado *adj* 1 enormous 2 immoderate; excessive

desmilitarização *nf* demilitarization

desmilitarizar *vt* to demilitarize

desmiolado *nm* scatterbrain ♦ *adj* harebrained; silly

desmistificação *nf* demystification

desmistificar *vt* to demystify

desmobilização *nf* demobilization; MIL *desmobilização de tropas* troop demobilization

desmobilizar *vt* 1 MIL (*tropas*) to demobilize 2 to disband

desmontar *vt* 1 to get off 2 to take to pieces; to dismantle; to disassemble ♦ *vi* 1 to get off 2 (*cavalo*) to dismount

desmontável *adj* that can be dismantled; that can be disassembled

desmoralização *nf* 1 demoralization 2 depravation; corruption

desmoralizado *adj* demoralized; discouraged; dispirited

desmoralizador *adj* demoralizing; discouraging; demotivating

desmoralizar *vt* 1 (*desmotivar*) to demoralize; to dispirit; to discourage 2 (*corromper*) to corrupt; to pervert; to deprave

desmoronamento *nm* collapse; breakdown

desmoronar *vi,p* 1 (*planos*) to fall down, to fail, to fall through 2 to collapse; to crumble

desmotivação *nf* 1 (*ato*) demotivation; discouragement 2 (*estado de espírito*) lack of motivation; despondency

desmotivado *adj* demotivated

desmotivante *adj2g* demotivating; discouraging

desmotivar *vt* to demotivate; to discourage; to dishearten ♦ *vp* to lose all motivation

desnacionalização *nf* denationalization; privatization

desnatado *adj* skimmed; *leite desnatado* skimmed milk

desnatar *vt* to skim; to cream

desnaturado *adj* cruel; inhuman

desnaturalizar *vt* to denaturalize

desnaturar *vt* 1 to denature 2 to pervert; to corrupt

desnecessariamente *adv* unnecessarily

desnecessário *adj* 1 (não necessário) unnecessary; needless; dispensable 2 (*excessivo*) superfluous; redundant

desnível *nm* 1 unevenness 2 drop; declivity

desnivelado *adj* uneven

desnivelar *vt* to make uneven ♦ *vp* to become uneven

desnorteado *adj* 1 disorientated, disoriented; lost 2 bewildered; confused

desnorteamento *nm* 1 disorientation 2 bewilderment; perplexity

desnortear *vt* 1 to disorientate 2 to mislead; to lead astray 3 to bewilder; to baffle; to confuse ♦ *vp* 1 to lose one's way; to go astray 2 to get confused; to lose one's bearings

desnudar *vt* (*despir*) to denude; to bare ♦ *vp* to undress

desnutrição *nf* malnutrition, malnourishment

desnutrido *adj* underfed; malnourished

desobedecer *vi* to disobey [a, -]; *desobedecer às regras* to disobey the rules; *ela desobedeceu à mãe* she disobeyed her mother

desobediência *nf* disobedience [a, to]

desobediente *adj2g* 1 disobedient [a, to]; disobeying 2 insubordinate

desobriga *nf* discharge; acquittance

desobrigar *vt* 1 to exempt [de, from] 2 to free [de, from/of] ♦ *vp* to free oneself from a duty/an obligation

desobstrução *nf* clearing; clearance; clear-out

desobstruir *vt* 1 to clear away; to clear out 2 to unblock

desocupação *nf* 1 MIL withdrawal 2 (*ato de desocupar*) vacating 3 (*desemprego*) unemployment 4 idleness

desocupado *adj* 1 (casa, mesa) unoccupied; vacant 2 (*disponível*) free 3 (*ocioso*) idle

desocupar *vt* 1 (edifício) to vacate 2 to clear 3 to empty 4 MIL to pull out; to retreat

desodorizante *nm,adj2g* deodorant

desodorizar *vt* to deodorize

desolação *nf* desolation

desolado *adj* 1 (local) desolate; dreary 2 (pessoa) desolate; miserable; wretched

desolador *adj* devastating

desolar *vt* 1 (lugar) to desolate; to devastate; to ruin 2 (pessoa) to desolate; to deject; to sadden

desolhar *vt* 1 BOT (das plantas) to remove the buds of 2 to poke (somebody's) eye out

desonerar *vt* 1 (dever) to exonerate from; to release from 2 (posto, emprego) to discharge, to dismiss

desonestidade *nf* dishonesty; deceitfulness

desonesto *adj* dishonest; deceitful; crooked

desonra *nf* 1 dishonour; ignominy; disgrace 2 dishonourable act

desonrar *vt* to dishonour; to disgrace; to discredit

desonroso *adj* 1 dishonourable; disgraceful; humiliating 2 (vitória) unfair; inglorious

desopilar *vt* 1 to clear 2 to relieve 3 *fig* to cheer up ♦ *vi* to cheer up ❖ *desopilar o fígado* to laugh a lot

desoras *nfpl a desoras* very late, at the last minute

desordeiro *nm* rioter; ruffian ♦ *adj* unruly; riotous; mutinous

desordem nf 1 (desarrumação) disorder; untidiness; mess 2 (confusão) chaos; disarray; confusion 3 (tumulto) riot; quarrel

desordenado adj disorderly; untidy; messy

desordenar vt 1 (desarrumar) to untidy; to disarrange; to jumble 2 (desorganizar) to disorganize 3 (confundir) to confuse; to muddle up

desorganização nf 1 disorganization 2 confusion; chaos

desorganizar vt to disorganize; to jumble; to mix up

desorientação nf 1 disorientation 2 bewilderment; confusion

desorientado adj 1 (perdido) lost; adrift 2 (confuso) disoriented; confused; bewildered

desorientar vt 1 (desnortear) to disorientate 2 (confundir) to confuse 3 (desvairar) to bewilder; to perplex ♦ vp 1 (desnortear-se) to lose direction 2 (confundir-se) to become confused

desossar vt to bone

desova nf spawn

desovar vi to spawn

desoxidação nf deoxidization

desoxidante nm deoxidizer ♦ adj2g deoxidizing

desoxidar vt to deoxidize

despachado adj 1 (desembaraçado) resourceful; quick 2 (pronto) ready 3 (eficiente) efficient

despachante n2g 1 (de mercadorias) dispatcher 2 (funcionário alfandegário) customs officer

despachar vt 1 (mercadorias, etc.) to dispatch, to ship 2 (tarefa) to accomplish, to finish off 3 (problema) to solve; to deal with ♦ vp to hurry up; **despacha-te!** hurry up!

despacho nm 1 (mensagem, mercadorias) dispatch; **dar despacho a alguma coisa** to dispatch something 2 resolution; decision 3 promptness; efficiency

desparafusado adj (louco) with a screw loose

desparafusar vt to unscrew

desparasitar vt to delouse

despatriado nm expatriate ♦ adj exiled

despedaçado adj 1 torn 2 broken in pieces

despedaçar vt 1 to break to pieces; to shatter 2 to tear

despedida nf 1 farewell; goodbye; **festa de despedida** farewell party 2 end; **a despedida do verão** the end of the summer ❖ **despedida de solteiro** stag party

despedido adj dismissed

despedimento nm dismissal; **despedimento sem justa causa** wrongful dismissal

despedir vt to dismiss; to discharge; to sackcol, to firecal ♦ vp 1 to resign 2 to say goodbye; **despedir-se à francesa** to leave without saying goodbye; **fomos despedir-nos dele à estação** we saw him off at the train station

despegar vt 1 to unglue; to unstick 2 to detach 3 to separate ♦ vi,p 1 to unglue 2 to come apart 3 to break off

despeitado adj 1 (vingativo) spiteful; vindictive 2 (magoado) hurt; distressed; sad

despeitar vt to spite; to vex

despeito nm spite; **por despeito** out of spite

despejar vt 1 (recipiente) to empty; **ele despejou o caixote do lixo** he emptied the garbage can 2 (lixo, resíduos) to dump 3 (líquidos) to pour [em, in/into]; **despeja a água no lavatório** pour the water in the sink 4 DIR (habitação) to evict [de, from] ♦ vp to get empty

despejo nm 1 eviction; **ordem de despejo** eviction notice 2 (ato de despejar) dumping

despenalização nf decriminalization; legalization

despenalizar vt to decriminalize; to legalize

despenhadeiro *nm* cliff

despenhar-se *vp* 1 (avião) to crash 2 (cair) to plunge

despensa *nf* larder; pantry

despenteado *adj* (cabelo) tousled, dishevelled

despentear *vt* (cabelo) to mess up, to tousle, to dishevel; *não me despenteies!* don't mess up my hair!

despercebido *adj* unnoticed; *fazer-se despercebido* to pretend not to have noticed something; *passar despercebido* to escape (somebody's) notice, to go unnoticed

desperdiçar *vt* 1 (esbanjar) to waste; to squander; *desperdiçar dinheiro* to squander money 2 (juventude, talento, oportunidade) to waste, to throw away; *desperdicei uma oportunidade única* I threw away a unique opportunity

desperdício *nm* waste ♦ *nmpl* (lixo) rubbish

despersonalizar *vt* 1 (pessoa) to depersonalize, to deprive of personality 2 to depersonalize; to make impersonal ♦ *vp* PSIC to lose one's sense of identity, to lose one's personality

despertador *nm* alarm clock, alarm watch; *o despertador tocou às cinco da manhã* the alarm went off at five in the morning; *pôr o despertador para as sete* to set the alarm for seven o'clock

despertar *vt* 1 to wake, to wake up 2 (apetite) to whet, to stimulate 3 (curiosidade, interesse) to arouse; to excite 4 (ódios, paixões) to arouse ♦ *vi* 1 (acordar) to wake (up); to awaken 2 (aperceber-se, compreender) to wake up [para, to]

desperto *adj* 1 awake 2 *fig* excited

despesa *nf* expense; *despesas de educação* educational expenses; *não olhar a despesas* to spare no expense

despesismo *nm* overspending

despesista *adj2g* wasteful; spendthrift

despiciendo *adj* despicable; contemptible

despido *adj* 1 undressed; naked 2 (árvore) bare 3 *fig* free [de, of]; *despido de preconceitos* unprejudiced

despigmentação *nf* depigmentation

despique *nm* 1 revenge; retaliation 2 competition

despir *vt* 1 (roupas) to take off 2 (pessoa) to undress, to unclothe ♦ *vp* 1 to undress; *ela despiu-se e foi para a cama* she undressed and went to bed 2 *fig* (árvore) to lose leaves

despistado *adj* (distraído) featherbrained; absent-minded

despistar *vt* 1 to mislead; to disorientate; to lead astray 2 (polícia) to shake off 3 (doença) to detect; to screen ♦ *vp* 1 to lose one's way; to go astray 2 (carro) to crash

despiste *nm* 1 (veículo) skid 2 (lapso) slip

desplante *nm* audacity; cheek

despojado *adj* 1 stripped [de, of]; robbed [de, of] 2 (estilo) sober

despojamento *nm* 1 despoliation; plundering 2 *fig* austerity; modesty; simplicity

despojar *vt* 1 to strip [de, of] 2 to deprive [de, of] 3 DIR to dispossess

despojos *nmpl* 1 remains 2 (de guerra) spoils

despolarização *nf* depolarization

despolarizar *vt* to depolarize

despoletar *vt* 1 (bomba, granada) to defuse 2 (ocasionar) to bring about; to spark off, to trigger off; to give rise to 3 (paixões) to arouse

despolitizar *vt* to depoliticize

despontar *vi* 1 BOT to sprout; to bud; to peep out 2 (dia) to break; to peep out; *acordei mal o dia despontou* I woke up as soon as the day broke 3 to appear; to emerge

desportista *n2g* (homem) sportsman; (mulher) sportswoman

desportivismo *nm* sportsmanship; fair play; fairness

desportivo *adj* **1** sporting; sports; *carro desportivo* sports car **2** (roupa) casual; sporty

desporto *nm* **1** sport; *desportos aquáticos* aquatic sports; *fazer/praticar desporto* to practice some sport **2** pastime; hobby; *por desporto* as a hobby, as a pastime

desporto-rei *nm col* football GB, soccer EUA

desposar *vt* to marry, to get married to; to espouse

déspota *n2g* despot; absolute ruler; tyrant

despótico *adj* despotic; tyrannical

despotismo *nm* despotism; autocracy; totalitarianism

despovoado *adj* depopulated ♦ *nm* desert place

despovoar *vt* to depopulate, to reduce the population of ♦ *vp* to depopulate, to decline in population

desprender *vt* **1** to unfasten; to loosen; to unbind **2** to untie **3** to unhook ♦ *vp* **1** to loosen, to get loose **2** (o que estava pendurado) to fall **3** *fig* to distance oneself [de, from]

desprendido *adj* **1** (solto) loose **2** (abnegado) selfless **3** (desinteressado) indifferent

desprendimento *nm* **1** unfastening **2** (abnegação) self-abnegation, self-denial; self-sacrifice **3** (indiferença) detachment; aloofness; indifference

despreocupação *nf* carefreeness; freedom from worries; tranquillity

despreocupado *adj* **1** (sem preocupações) carefree; trouble-free; relaxed **2** (descontraído) easy-going; casual; relaxed in manner

despressurizar *vt* to depressurize ♦ *vi* to be depressurized

desprestigiar *vt* **1** (fazer perder o prestígio) to discredit; to bring into disrepute; to demean **2** (não dar o devido valor) to depreciate; to disparage; to underestimate ♦ *vp* to fall into disrepute

desprestígio *nm* disrepute, ill repute; discredit; bad reputation

despretensão *nf* **1** unpretentiousness; modesty; simplicity **2** lack of interest

despretensioso *adj* **1** modest; unassuming; unpretentious **2** uninterested

desprevenção *nf* **1** lack of prevention **2** carelessness; negligence; unwariness

desprevenido *adj* **1** unwary; careless; negligent **2** unprepared; caught by surprise ❖ *apanhar alguém desprevenido* to catch somebody napping

desprezado *adj* **1** despised; scorned **2** underestimated; undervalued

desprezar *vt* **1** (tratar com desprezo) to despise; to scorn; to look down on **2** (menosprezar) to underestimate; to undervalue **3** (não dar atenção) to give no attention to; to neglect

desprezível *adj* despicable; vile; contemptible

desprezo *nm* **1** disdain; contempt; scorn **2** (renúncia) renunciation; *desprezo dos confortos materiais* renunciation of material comforts

desprimor *nm* **1** discourtesy; rudeness; indelicacy **2** bad taste; indecorousness

desprivilegiado *nm* disadvantaged person; *os desprivilegiados da sociedade* the socially deprived, the underprivileged ♦ *adj* disadvantaged; underprivileged

despromoção *nf* demotion

despromover *vt* to demote; to downgrade

despromovido *adj* demoted; downgraded

desproporção *nf* **1** disproportion **2** unevenness; imbalance

desproporcionado *adj* disproportionate; unbalanced; out of proportion

desproporcionar *vt* to make disproportionate

desproposidato *adj* **1** (inoportuno) inopportune; unseasonable; inconvenient

2 (*disparatado*) ridiculous; senseless; pointless

despropositar vi **1** to talk nonsense **2** to act unreasonably

despropósito nm **1** nonsense; absurdity; silliness **2** huge amount; *um despropósito de livros velhos* a huge amount of old books

desprotegido adj unprotected

desprover vt to deprive [**de**, **of**]

desprovido adj **1** deprived [**de**, **of**]; lacking [**de**, **in**] **2** devoid [**de**, **of**]

despudor nm impropriety; indecency

desqualificação nf **1** (*concurso, competição*) disqualification **2** discredit; disrepute

desqualificado adj disqualified

desqualificar vt to disqualify ♦ vp **1** to get disqualified **2** to fall into disrepute

desquitar vt to divorce ♦ vp **1** to divorce, to get divorced **2** (*desforrar-se*) to get one's own back on

desquite nm Bras divorce

desratização nf mice extermination

desratizar vt to exterminate mice

desregrado adj **1** (*indisciplinado*) unruly; undisciplined **2** (*imoderado*) immoderate; excessive

desregramento nm **1** (*indisciplina*) unruliness **2** (*descomedimento*) excess; immoderation, immoderateness

desrespeitador adj **1** disrespectful **2** impolite; rude; discourteous

desrespeitar vt to behave disrespectfully towards

desrespeito nm **1** disrespect **2** insolence; cheek

desrespeitoso adj disrespectful

dessa contr da prep **de** + pron dem f **essa**

desse contr da prep **de** + pron dem m **esse**

dessensibilização nf desensitization

dessensibilizar vt to desensitize; to render insensitive; to numb ♦ vp to lose sensitivity; to become insensitive

desserviço nm **1** disservice; ill turn **2** bad service

dessincronizado adj not synchronized

dessoldar vt to unsolder

desta contr da prep **de** + pron dem f **esta**

destacado adj **1** (*excelente*) outstanding; remarkable **2** (*em evidência*) stressed; underlined **3** (*forças de trabalho, tropas*) detached

destacamento nm **1** (*funções*) assignment **2** MIL detachment

destacar vt **1** (*funções*) to assign [**para**, **to**] **2** MIL to detach **3** (*fazer sobressair*) to highlight; to stress; to underline ♦ vp to stand out; to be prominent; *ele destaca-se entre os outros oradores* he stands out among the other orators

destacável adj detachable ♦ nm pull-out

destapar vt **1** (*tampa, testo*) to take the lid off, to open **2** to pull the bedclothes off **3** to uncover; to reveal; to expose

destaque nm prominence; *de destaque* outstanding; *pôr em destaque* to highlight

deste **1** of this **2** from this

destemido adj fearless; bold

destempero nm **1** (*disparate*) nonsense; silliness; absurdity **2** (*fúria*) wrath; anger

desterrado nm exile; expatriate ♦ adj **1** exiled **2** far away from home

desterrar vt (*exilar*) to exile; to expatriate; to expel; to banish ♦ vp **1** (*exilar-se*) to go into exile **2** (*afastar-se*) to distance oneself

desterro nm **1** banishment; expatriation; exile **2** (*local de exílio*) exile **3** isolation

destilação nf distillation

destilado adj distilled

destilar vt **1** to distil **2** to exude ♦ vi **1** to trickle down **2** to exude

destilaria nf distillery

destinar vt **1** (*predestinar*) to destine; to fate; to predestine **2** (*verbas*) to allocate; to set apart; *verbas destinadas para ajuda humanitária* money allocated for humanitary aid ♦ vp to be destined [**a**, **for**]

destinatário nm **1** (*carta, encomenda*) addressee **2** LING (*mensagem*) receiver ❖ **cha-**

mada a pagar no destinatário reverse charge call

destino *nm* 1 fate; destiny 2 (*viagem*) destination

destituição *nf* 1 (*demissão*) dismissal; discharge 2 (*privação*) destitution [de, of]

destituir *vt* 1 (*demitir*) to dismiss [de, from] 2 (*privar*) to deprive [de, of]

destoar *vi* 1 (*não condizer*) to clash [de, with] 2 (*divergir*) to clash [de, with]; to jar [de, with]; to be at odds [de, with] 3 MÚS to be out of tune

destrambelhado *adj* 1 (*amalucado*) foolish; daft; crazy 2 (*trapalhão*) clumsy; awkward 3 (*desorganizado*) scatterbrained

destrambelhar *vt* to drive mad ♦ *vi* to become deranged

destrancar *vt* to unbolt; to unlock; to unbar

destravado *adj* 1 (*veículo*) without the brakes on 2 (*maluco*) crazy 3 (*disparatado*) silly; foolish

destravar *vt* 1 (*automóvel*) to release the brake of 2 to unfetter

destreinado *adj* 1 out of practice 2 DESP out of training

destreza *nf* skill; dexterity

destro *adj* 1 (*hábil*) dexterous; skilful; deft 2 (*astuto, sagaz*) clever; shrewd; astute 3 (*que usa a mão direita*) right-handed

destroçar *vt* 1 (*arruinar*) to destroy; to ruin 2 (*despedaçar*) to shatter; to break; *fig* **ele está com o coração destroçado** he is broken-hearted

destroço *nm* destruction ♦ *nmpl* (*navio*) wreckage; rubble

destronar *vt* 1 (*expulsar do trono*) to dethrone 2 (*derrotar*) to beat; **ele destronou o recordista mundial** he beat the world's record holder

destruição *nf* 1 destruction; devastation; ruin, ruining 2 extermination; annihilation

destruído *adj* 1 destroyed; ruined 2 devastated

destruidor *adj* destructive; harmful ♦ *nm* destroyer

destruir *vt* 1 to destroy; to devastate; to ravage 2 to annihilate; to exterminate

destrutivo *adj* 1 destructive; harmful; **críticas destrutivas** destructive criticism 2 ruinous; disastrous

desumanidade *nf* inhumanity

desumanização *nf* dehumanization

desumanizar *vt* to dehumanize ♦ *vp* to become dehumanized

desumano *adj* inhumane

desumidificador *nm* dehumidifier

desumidificar *vt* to dehumidify

desunião *nf* 1 disunion 2 disagreement

desunir *vt* to disunite; to disjoin; to separate ♦ *vp* to break up; to separate

desuso *nm* disuse; **cair em desuso** to fall into disuse, to go out of use

desvairado *adj* deranged; insane

desvairar *vt* 1 (*enfurecer-se*) to madden; to drive mad; to rave 2 (*desconcertar*) to bewilder; to baffle ♦ *vi* 1 (*descontrolar-se*) to rave 2 (*enlouquecer*) to go crazy; to freak out; to be out of one's mind

desvalido *adj* 1 (*inútil*) helpless 2 (*abandonado*) destitute; disgraced; wretched; forlorn ♦ *nm* wretch

desvalorização *nf* devaluation

desvalorizar *vt* 1 ECON (*moeda, bens*) to depreciate 2 ECON (*moeda face ao ouro*) to devalue 3 (*pessoas, coisas*) to undervalue; to underrate, to underestimate; to depreciate; **desvalorizar um acontecimento** not to take much account of an event

desvanecer *vt* 1 *lit* (*nevoeiro, dúvidas*) to dissipate; to disperse 2 *lit* (*esperanças, crenças*) to dispel ♦ *vp lit* (*esbater-se*) to wane; to fade away; to melt away

desvanecimento *nm* 1 *lit* (*dissipação*) dissipation 2 *lit* (*esvaecimento*) waning; fading away

desvantagem *nf* 1 disadvantage; **estar em desvantagem** to be at a disadvantage 2 inconvenience; drawback; **é só desvan-**

tagens there are way too much drawbacks 3 *(falha)* handicap

desvantajoso *adj* unfavourable *GB*, unfavorable *EUA*

desvão *nm* 1 *(recanto)* nook, recess; corner 2 *(sótão)* garret; attic, loft

desvario *nm* 1 *(loucura)* madness 2 *(asneira)* crazy thing

desvelo *nm* 1 *(atenção)* loving care; kindness 2 *(cuidado)* zeal 3 *(devoção)* devotion; dedication

desvendar *vt* 1 *(mistério)* to discover; to solve; to unveil 2 *(adivinha)* to unriddle; to unravel; to disentangle 3 *(revelar)* to reveal; to tell 4 *(tirar venda)* to take the blindfold from someone's eyes

desventura *nf* 1 *(infortúnio)* misfortune; mishap 2 *(infelicidade)* misery; unhappiness 3 *(miséria)* wretchedness

desventurado *adj* 1 *(infeliz)* unfortunate, unhappy; hapless; ill-fated 2 *(miserável)* wretched

desviância *nf* *(comportamentos)* deviance

desviante *adj2g* deviant

desviar *vt* 1 *(caminho)* to deflect; to turn 2 *(olhos)* to turn away; to look aside 3 *(objeto)* to remove; to take away; to put something out of the way 4 *fig* to lead astray 5 *(conversa)* to digress; *fig desviar a conversa* to beat about the bush 6 *(enganar)* to divert; *desviar as atenções* to divert attention 7 *(dinheiro)* to embezzle [*de*, from]; *desviar fundos de uma empresa* to embezzle funds from a company 8 *(aviões)* to hijack; *o avião foi desviado para Roma* the plane was hijacked to Rome ♦ *vp* 1 *(assunto, conversa)* to digress [*de*, from]; *desviar-se da questão* to digress from the issue 2 *(movimento)* to swerve; *o carro desviou-se mesmo a tempo* the car swerved right in the nick of time 3 *(pessoa)* to step aside; *pode fazer o favor de desviar-se?* can you step aside, please?

desvincular *vt* 1 *(propriedade)* to disentail 2 *(compromisso)* to free of [*de*, of] 3 *(objeto)* to untie; to disengage ♦ *vp* to disassociate oneself [*de*, of]; to free oneself [*de*, of]

desvio *nm* 1 *(direção)* deflection; turn 2 *(deviation)* deviation; *desvio padrão* standard deviation 3 *(trânsito)* detour 4 *(dinheiro)* embezzlement 5 *(assunto)* digression; turn

desvirginar *vt* to deflower; to take someone's virginity

desvirtuar *vt* 1 *(depreciação)* to depreciate; to devalue 2 *(falsear)* to bring into disrepute

desvitalizar *vt* 1 *(tirar vida)* to devitalize 2 *(dentes)* to kill the nerve of (a tooth)

detalhadamente *adv* in detail; in depth

detalhado *adj* detailed; thorough

detalhar *vt* to go into details; to give a full report of; *não vamos agora detalhar o que aconteceu* let's not go into details about what happened

detalhe *nm* detail

deteção *nf* 1 *(notar)* detection; *deteção de incêndios* fire detection 2 *(descobrir)* discovery

detenção *nf* arrest

detentor *nm* holder; *detentor do título* title-holder

deter *vt* 1 *(prender)* to detain [*por*, for]; to arrest [*por*, for]; *ser detido por crimes graves* to be arrested for felony; *ser detido por posse de armas* to be arrested for possession of guns 2 *(reter)* to detain; to hold; to keep ♦ *vp* 1 *(parar)* to stop; *deter-se numa montra* to stop before a shop window 2 *(imobilizar-se)* to stand still

detergente *nm* detergent

deterioração *nf* 1 *(situação)* deterioration; impairment; degeneration 2 *(alimentos)* decay; decomposition 3 *(saúde)* deterioration; worsening; *deterioração da saúde* deterioration of health

deteriorado *adj* 1 damaged; in bad condition 2 *(visão, audição)* impaired 3 *(alimento)* rotten

deteriorar vt (situação) to deteriorate; to impair ♦ vp 1 (situação) to deteriorate; to degenerate 2 (saúde) to deteriorate; to get worse 3 (alimentos) to decay; to decompose

determinação nf determination

determinado adj 1 (resoluto) determined 2 (definido) defined; fixed ♦ quant exist certain

determinante adj2g decisive; determinant ♦ nm (gramática) determiner ♦ nf (motivo) cause

determinar vt 1 (decidir) to determine; to decide 2 (organizar) to determine; to settle; to regulate; to stipulate 3 (achar) to determine; to ascertain; to discover 4 (valor) to work out; to figure out EUA

determinativo adj 1 (conclusivo) determinative; final; conclusive 2 LING determinative

determinismo nm FIL,PSIC determinism

determinista adj2g deterministic ♦ n2g determinist

detestar vt (odiar) to detest; to loathe; to hate

detestável adj2g detestable; loathsome; hateful

detetar vt 1 (notar) to detect; to notice; *detetar uma avaria* to detect a fault 2 (descobrir) to detect; to discover; to find 3 (sentir) to detect; to sense

detetive n2g detective; *detetive privado* private eye

detetor nm detector; *detetor de incêndios* fire detector; *detetor de metais* metal detector

detido nm 1 person under arrest; prisoner 2 (prisão) inmate ♦ adj (trânsito) trapped; *ficar detido num engarrafamento de trânsito* to be trapped in a traffic jam

detonação nf 1 (explosão) detonation; explosion; *detonação de uma bomba* detonation of a bomb 2 (barulho) bang; blast

detonador nm detonator; torpedo GB

detonar vi 1 (explodir) to detonate; to explode 2 (ruído) to bang; to blast

detração nf 1 (depreciação) detraction; derogation; disparagement 2 (difamação) defamation; calumny; slander; backbiting

detrás adv 1 (atrás) behind; *detrás de todos* behind all others; *por detrás da casa* behind the house 2 (depois) after; *detrás do cortejo* after the parade

detrator nm 1 pej (crítico) detractor; critic 2 pej (difamador) slanderer

detrimento nm (prejuízo) detriment; *em detrimento de* to the detriment of

detrito nm (obras, destroços) detritus; debris; rubble

deturpação nf 1 (distorção) misrepresentation; distortion; *deturpação do sentido de uma frase* distortion of the meaning of a sentence 2 pej (alteração) disfigurement 3 (má interpretação) misinterpretation

deturpar vt 1 (distorcer) to misrepresent; to distort 2 (alterar) to disfigure; to alter 3 (interpretar mal) to misread; to misinterpret

deus nm god; *deuses pagãos* pagan gods

Deus nm REL God

deus-dará nm *ao deus-dará* at random

devagar adv 1 (sem pressas) slowly; slow; *ir muito devagar* to move slow 2 (pouco a pouco) little by little ❖ *devagar se vai ao longe* fair and soft goes far in a day

devanear vi 1 (sonhar) to daydream 2 (delirar) to rave

devaneio nm lit (sonho) daydream; reverie

devassa nf (da privacidade) invasion

devassado adj 1 (local) opened; exposed; unprotected 2 (pessoas) exposed; *vidas devassadas* exposed lives

devassamento nm 1 (privacidade) invasion of privacy 2 (desproteção) exposure

devassar vt 1 (expor) to expose 2 (privacidade) to invade someone's privacy

devassidão nf pej (libertinagem) licentiousness; lewdness; debauchery

DACIN-DP-55

devasso *nm pej* libertine ♦ *adj* **1** *pej (corrupto)* dissolute; corrupt **2** *pej (lascivo)* licentious; lewd; lascivious

devastação *nf* devastation; destruction

devastador *adj* devastating

devastar *vt* to devastate; to destroy; to ravage

deve *nm* COM debit; *deve e haver* debit and credit

devedor *nm* debtor

dever *nm* duty; obligation; *cumprir o dever* to fulfil one's duty ♦ *nmpl* homework; *já fizeste os deveres?* have you done your homework yet? ♦ *vt* **1** *(dinheiro, favor)* to owe [a, to]; *dever dinheiro a alguém* to owe money to someone; *col (favor) fico-te a dever uma* I owe you one **2** should; ought to; *devias seguir o meu conselho* you should follow my advice **3** *(probabilidade)* must; *deve ser assim* it must be so ♦ *vi* **1** *(ter dívidas)* to be in debt **2** *(dinheiro)* to owe; *quanto devo?* how much do I owe you? ♦ *vp* to be due [a, to]; *isso deve-se a* that is due to

deveras *adv* **1** *(de facto)* indeed; *deveras?* indeed? **2** *(verdadeiramente)* truly; *um facto deveras importante* a truly important aspect

devesa *nf* **1** *(arvoredo)* shrubbery; grove **2** *(tapada)* enclosure

devidamente *adv* **1** *(adequadamente)* properly; adequately; *devidamente equipado* properly equipped **2** *(convenientemente)* properly; decently; *devidamente vestido* decently dressed

devido *adj* due; *na altura devida* in due course, at the right time ❖ *devido a* due to; owing to; *com o devido respeito* if I may say so

devoção *nf* devotion

devolução *nf* **1** return **2** *(reembolso)* refund

devoluto *adj* **1** *(vago)* vacant; empty; *casa devoluta* vacant house **2** *(devolvido)* return; *mercadoria devoluta* return merchandise

devolver *vt* *(objeto)* to return; to hand back; to give back; *devolve-me o dinheiro!* give me back my money!

devolvido *adj* return; turned back; *carta devolvida* return letter

devorador *adj* **1** *(insaciável)* devouring; insatiable **2** *(interesse, paixão)* devouring; consuming **3** *(apetite)* ravenous; *fome devoradora* ravenous hunger ♦ *nm* devourer

devorar *vt* **1** *(comer sofregamente)* to devour; to wolf; to raven; to eat up; *devorou tudo o que lhe puseram à frente* he devoured everything that was laid before him **2** *(paixão)* to consume **3** *fig* to devour; *devorar um livro* to devour a book

devotar *vt* **1** REL to devote **2** to dedicate [a, to]; to devote [a, to]; *devotar a vida ao trabalho* to dedicate one's life to work ♦ *vp* **1** REL to devote **2** *(dedicar-se)* to dedicate oneself [a, to]; to devote oneself [a, to]; *devotar-se ao estudo* to devote oneself to studies

devoto *adj* **1** *(religioso)* devout **2** *(dedicado)* devoted

dez *quant num* ten; *o dia dez* the tenth

dezanove *quant num* nineteen; *o dia 19* the nineteenth

dezasseis *quant num* sixteen; *o dia dezasseis* the sixteenth

dezassete *quant num* seventeen; *o dia dezassete* the seventeenth

dezembro *nm* December

dezena *nf* **1** *(número)* ten; *col uma dezena de vezes* about ten times **2** MAT unit of ten ❖ *às dezenas* by the dozen

dezoito *quant num* eighteen; *o dia dezoito* the eighteenth

dia *nm* day; *de dia* by day; *dia sim, dia não* every other day; *todos os dias* every single day ❖ *de um dia para outro* overnight; *estar em dia* to be up-to-date

dia a dia *nm* everyday life

diabetes *nf2n* MED diabetes

diabético *adj,nm* diabetic

diabo *nm* devil

diabólico *adj* diabolical; devilish; *uma ideia diabólica* a devilish idea

diabrete *nm* 1 imp 2 *fig* (criança) little devil

diabrura *nf* trick; devilry

diacho *nm pop* imp; little devil ❖ *que diacho!* what the hell!

diácono *nm* deacon

diacrítico *adj* diacritic, diacritical; *sinais diacríticos* diacritics

diadema *nm* diadem; tiara

diáfano *adj lit* diaphanous; gauzy

diafragma *nm* 1 ANAT,FOT diaphragm 2 (contracetivo) diaphragm; cap

diagnosticar *vt* MED to diagnose; *foi-lhe diagnosticado um cancro* his illness was diagnosed as cancer

diagnóstico *nm* MED diagnosis; *fazer o diagnóstico da doença* to diagnose the disease ♦ *adj* MED diagnostic

diagonal *adj2g,nf* diagonal

diagrama *nm* 1 (esquema) diagram; scheme 2 (esboço) sketch

dialética *nf* dialectics

dialético *adj* dialectical ♦ *nm* dialectician

dialeto *nm* 1 LING (variante) dialect 2 LING (regionalismo) patois

diálise *nf* MED dialysis

dialogar *vi* 1 to dialogue 2 (conversar) to talk [sobre, about; com, with]; to converse [sobre, about; com, with]

diálogo *nm* 1 conversation; talk 2 (num texto, filme) dialogue, dialog*EUA*

diamante *nm* diamond

diametralmente *adv* diametrically; *diametralmente opostos* diametrically opposed

diâmetro *nm* diameter

diante *adv diante de* in front of; *(perante)* in the presence of; *(face a)* in view of; *em diante* on; onwards

dianteira *nf* 1 (liderança) lead; *estar na dianteira* to have the lead; *tomar a dianteira* to take the lead 2 (frente) front

dianteiro *adj* leading

diapasão *nm* 1 MÚS diapason; range; pitch 2 MÚS (instrumento) tuning fork; diapason ❖ *neste diapasão* under these circumstances; *por este diapasão* thus considering

diaporama *nm* slide show with sound

diapositivo *nm* FOT slide, transparency

diária *nf* 1 (rendimento) daily income 2 (despesa) daily charge; daily expense

diário *adj* daily; *caderno diário* notebook; *uso diário* daily use ♦ *nm* 1 (pessoal) diary, journal; *ter um diário* to keep a diary 2 (jornal) daily newspaper, daily paper ❖ *diário de bordo* log book

diarreia *nf* MED diarrhoea

diáspora *nf* diaspora

diástole *nf* diastole

diatribe *nf* diatribe [contra, against]

dica *nf col* tip; hint

dicção *nf* diction

dicionário *nm* dictionary; *dicionário de verbos* verbal dictionary; *procurar uma palavra no dicionário* to look up a word in the dictionary

dicionarista *n2g* lexicographer

dicionarizar *vt* 1 (organizar) to compile (a dictionary) 2 (introduzir palavra) to include (a word) in the dictionary

dicotomia *nf* dichotomy

dicotómico *adj* dichotomic

didascália *nf* TEAT stage direction; acting rules

didática *nf* didactics; pedagogy; teachings

didático *adj* teaching; pedagogical; educational

dieta *nf* diet

dietética *nf* dietetics

dietético *adj* dietetic

dietista *n2g* dietician

difamação *nf* 1 (destruir reputação) defamation; detraction 2 (caluniar) slander; calumny; smear

difamador adj slanderous ♦ nm slanderer

difamar vt 1 (prejudicar reputação) to defame; to detract 2 (caluniar) to slander

difamatório adj 1 (insultuoso) defamatory 2 (calunioso) slanderous; calumnious

diferença nf difference; descubra as diferenças spot the difference ❖ fazer diferença 1 (efeito, influência) to make a difference 2 (transtorno) to cause trouble

diferenciação nf differentiation; distinction

diferencial adj2g,nm MAT,ECON differential

diferenciar vt (distinguir) to distinguish, to differentiate [-, between] ♦ vp 1 (divergir) to differ; to diverge 2 (afastar-se) to stand apart

diferendo nm disagreement [entre, between]; conflict [entre, between]

diferente adj2g (distinto) different [de, from]; distinct [de, from]

diferir vi 1 (ser diferente) to differ [de, from]; diferir de caso para caso to differ from one case to the other 2 (discordar) to differ; to disagree ♦ vt (adiar) to defer; to put off; to postpone

difícil adj2g 1 difficult 2 (improvável) unlikely

dificílimo adj very difficult

dificilmente adv 1 (improbabilidade) hardly; barely 2 (com dificuldade) with difficulty; painfully

dificuldade nf difficulty; levantar dificuldades to create difficulties; ter dificuldade em fazer alguma coisa to have difficulty in doing something 2 (obstáculo) obstacle; hindrance 3 (aflição) distress; estar em dificuldades to be in trouble

dificultar vt to make difficult; to make things harder

difração nf FÍS diffraction

difteria nf MED diphtheria

difundir vt 1 (espalhar luz) to diffuse; to spread; to scatter 2 (escrito) to publish; to give out 3 (transmissão) to broadcast; to transmit ♦ vp 1 (informação) to circulate; a notícia difundiu-se rapidamente the news spread out quickly 2 (derramar) to diffuse; to scatter

difusão nf FÍS diffusion; difusão de luz diffusion of light 2 (circulação) circulation; dissemination 3 (transmissão) transmission; broadcast

difuso adj 1 (luz) dim; diffuse 2 (impreciso) vague; imprecise

difusor nm diffuser

digerir vt 1 (alimentação) to digest 2 (informação, conhecimento) to digest; to absorb; to assimilate

digestão nf digestion ❖ de difícil digestão hard to swallow

digestivo adj digestive; aparelho digestivo digestive tract; sistema digestivo digestive system ♦ nm (alimento, bebida) digestive

digital adj2g 1 INFORM digital; gravação digital digital recording; relógio digital digital watch 2 (dedos) digital; finger; impressões digitais fingerprints

digitalizador nm INFORM scanner

digitalizar vt INFORM to digitize

digitar vt to type; to key, to key in

dígito nm digit

dignar-se vp to deign [a/-, to]; to condescend [a/-, to]

dignidade nf 1 (princípio moral) dignity; dignidade humana human dignity 2 (tributo) honour; tribute; distinction 3 (valor) merit; worth; value

dignificação nf 1 (engrandecimento) dignification; ennoblement 2 (exaltação) exaltation

dignificar vt to dignify; to ennoble; to honour; to elevate

dignitário nm dignitary

digno adj 1 (respeitável) honourable GB, honorable EUA 2 (condições) decent 3 (merecedor) worthy [de, of]

digressão nf 1 (ronda) tour; digressão europeia European tour 2 (divagação) digression

diocesano

digressivo *adj* digressive

dilação *nf* 1 (*adiamento*) deferment, deferral; postponement 2 (*prorrogação*) prorogation; prolongation 3 (*atraso*) delay; *sem dilação* without delay

dilacerar *vt* 1 (*desfazer*) to tear to pieces 2 (*ferir*) to lacerate; to gash 3 (*perfurar*) to pierce

dilapidação *nf* lit dilapidation; *dilapidação do património* dilapidation of one's heritage

dilapidar *vt* to dilapidate; to squander; to waste

dilatação *nf* 1 (*extensão*) dilatation; extension 2 (*aumento*) expansion; growth 3 (*prorrogação*) prolongation; prorogation

dilatado *adj* 1 dilated; (*estômago*) distended 2 (*comprido*) long

dilatar *vt* 1 (*olhos*) to dilate 2 (*prolongar*) to extend; to prolong; *o prazo foi dilatado* the deadline was extended

dilatório *adj* dilatory

dilema *nm* dilemma; quandary; *estar num dilema* to find oneself in a dilemma

diletante *n2g* dilettante; dabbler ♦ *adj2g* dilettantish

diletantismo *nm* dilettantism

diligência *nf* 1 (*zelo*) diligence 2 (*prontidão*) promptness 3 (*providência*) measure; step 4 (*procedimento*) procedure

diligenciar *vt* 1 (*executar*) to endeavour; to carry out 2 (*esforçar-se*) to do one's best; to exert oneself

diligente *adj2g* careful; diligent

diluente *nm* thinner, diluent

diluição *nf* dilution

diluir *vt* to dilute; to water down ♦ *vp* lit,fig to fade away; *diluir-se na distância* to fade away in the distance

dilúvio *nm* deluge ❖ (Bíblia) *o Dilúvio* the Flood; the Deluge

dimensão *nf* dimension; *a três dimensões* three-dimensional

diminuendo *nm* 1 MAT minuend 2 MÚS diminuendo

diminuição *nf* 1 (*decréscimo*) decrease; reduction 2 (*abrandamento*) slack; drop; *diminuição de velocidade* drop of speed 3 MAT subtraction

diminuidor *nm* MAT subtrahend

diminuir *vt* 1 (*reduzir*) to diminish; to reduce; *diminuir as despesas* to reduce expenses 2 (*valor*) to lower; *diminuir o preço* to lower the price 3 (*abrandar*) to slacken; to slow down; *diminuir a velocidade* to slow down 4 MAT to subtract ♦ *vi* 1 (*grau, quantia*) to diminish; to decrease; *o número de alunos diminuiu* the number of students has decreased 2 (*temperatura*) to drop; *o calor diminuiu* the heat has dropped 3 MAT to subtract ♦ *vp* (*rebaixar-se*) to demean oneself; to humiliate oneself

diminutivo *adj,nm* LING diminutive

diminuto *adj* (*minúsculo*) small; tiny, minute

Dinamarca *nf* Denmark

dinamarquês *adj* Danish ♦ *nm* 1 (*pessoa*) Dane 2 (língua) Danish

dinâmica *nf* 1 dynamic 2 FÍS (ciência) dynamics

dinâmico *adj* (geral) dynamic

dinamismo *nm* 1 dynamism 2 initiative

dinamitar *vt* 1 (com dinamite) to dynamite 2 (*explodir*) to blow up

dinamite *nf* dynamite

dinamizar *vt* 1 to energize 2 (*ativar*) to activate

dínamo *nm* MEC dynamo

dinastia *nf* dynasty; *a dinastia de Aviz* the Aviz dynasty

dinástico *adj* dynastic

dinheirão *nm* col a lot of money; a pile of money; heaps of money

dinheiro *nm* 1 money; (trocos) *dinheiro miúdo* small change 2 (notas ou moedas) cash; *pagar em dinheiro* to pay in cash

dinossauro *nm* dinosaur

diocesano *adj* REL diocesan

diocese *nf* diocese
díodo *nm* diode
dioptria *nf* dioptre *GB*, diopter *EUA*
diospireiro *nm* persimmon tree
diospiro *nm* ⇒ **dióspiro**
dióspiro *nm* persimmon
dióxido *nm* dioxide; **dióxido de carbono** carbon dioxide
dioxina *nf* QUÍM dioxin
diploma *nm* **1** (de curso) diploma **2** (documento certificativo) certificate
diplomacia *nf* diplomacy
diplomado *adj* **1** (com um certificado) certificated **2** (com um curso) graduated ♦ *nm* graduate; **um diplomado em Física** a physics graduate
diplomar *vt* **1** (certificar) to grant a certificate to **2** (atribuir diploma) to award (someone) a diploma ♦ *vp* (obter curso) to graduate; to get a degree
diplomata *n2g* diplomat
diplomático *adj* diplomatic ❖ **corpo diplomático** diplomatic corps
díptico *nm* (artes) diptych
dique *nm* **1** (represa) dyke, dike **2** (barragem) dam
direção *nf* **1** (sentido) direction; **em direção a** towards **2** (gestão) management **3** (endereço) address **4** (administração) board of directors **5** MEC steering; **direção assistida** power steering
direita *nf* **1** (lado) right; right side; **à direita** on the right **2** POL the right; right wing; **extrema direita** far/extreme right
direito *adj* **1** (certo) right; **isto não está direito** this is not right **2** (posição) straight; **põe-te direito!** straighten yourself up! **3** (justo) just; fair ♦ *nm* **1** right; **ter direito a** to have the right to **2** (ciência, curso) law **3** (imposto) duty ❖ **direitos de autor** copyright
direta *nf col* all-nighter; **fazer uma direta** to stay up all night
diretiva *nf* directive; instruction

diretivo *adj* **1** (comando) directive; **corpo diretivo** board of directors **2** (gestão) managerial
direto *adj* **1** direct **2** (voo, comboio) nonstop **3** (transmissão) live **4** (pessoa) straightforward; (pergunta, resposta) straight ♦ *adv* directly; straight; **ir direto ao assunto** to get straight to the point
diretor *nm* **1** (responsável) director **2** (gestor) manager **3** (escola) headmaster; principal ♦ *adj2g* directorial
diretor-geral *nm* director general
diretoria *nf* **1** board of directors **2** (cargo) directorship
diretório *nm* directory
diretriz *nf* **1** (instrução) directive **2** GEOM directrix
dirigente *n2g* **1** leader; head **2** (associação, clube) officer ♦ *adj2g* **1** (instruções) directing; guiding **2** (governante) ruling; **classes dirigentes** ruling classes
dirigir *vt* **1** (comandar) to lead; to command; **dirigir as operações** to command the operations **2** (direcionar) to direct [**para**, to/towards]; (atenção, esforços) to focus [**para**, on] **3** (automóvel) to steer; **dirigiu o carro para a esquerda** he steered his car to the left ♦ *vp* **1** to go [**a**, to]; **dirija-se às informações** go to the information desk **2** (falar) to address [**a**, -]; **dirigir-se a alguém** to address someone
dirigível *nm* airship
discar *vt* to dial; **discar um número no telefone** to dial a number on the phone
discente *adj2g* studying, learning; **corpo discente** the student body
discernimento *nm lit* discernment; judgement; **perder o discernimento** to go crazy
discernir *vt* **1** (perceber) to discern; to make out **2** (distinguir) to distinguish
disciplina *nf* **1** (escola, saber) subject; **qual é a tua disciplina favorita?** what's your favourite subject? **2** (ordem) discipline; or-

dislexia

der; *disciplina militar* military discipline
3 *(castigo)* punishment

disciplinado *adj* 1 *(controlado)* disciplined; orderly; controlled 2 *(organizado)* disciplined; organized

disciplinar *adj2g* disciplinary; *problemas disciplinares* disciplinary problems ♦ *vt* 1 *(ordenar)* to discipline; to put in order 2 *(regular)* to regulate; to organize 3 *(castigar)* to discipline, to punish

discípulo *nm* disciple

disco *nm* 1 disc, disk EUA 2 *(de música)* record INFORM disk 4 *(atletismo)* discus

disco-jóquei *n2g* disc jockey

discordância *nf* disagreement [com, with]

discordante *adj2g* 1 *(pontos de vista)* conflicting; discordant 2 divergent 3 *fig (contrastante)* clashing

discordar *vi* 1 *(opinião)* to disagree [de, with] 2 *fig (contrastar)* to clash

discórdia *nf* 1 *(diferença de opiniões)* discord; discordance 2 *(discussões)* quarrelling

discorrer *vi* 1 *(argumentar)* to reason; to argue 2 *(explanar)* to discourse [sobre, on]; *discorrer sobre um assunto* to discourse on a subject

discoteca *nf* 1 *(clube)* club; discotheque 2 *(loja)* music shop 3 *(coleção)* CD collection; record collection

discrepância *nf* discrepancy

discrepante *adj2g* 1 *(discordante)* discrepant; divergent 2 *(contraditório)* contradictory; incongruous

discreto *adj* 1 *(reservado)* discreet 2 *(cauteloso)* cautious; prudent; careful 3 *(cor)* sober; low-key

discrição *nf* 1 *(reserva)* discretion; tact; reserve 2 *(cautela)* caution; prudence ♦ *à discrição* at one's discretion

discricionário *adj* 1 *(sem condições)* discretionary 2 *(arbitrário)* arbitrary 3 *(ilimitado)* unlimited

discriminação *nf* 1 discrimination 2 *(distinção)* distinction [entre, between]

discriminar *vt* 1 *(sexo, raça)* to discriminate 2 *(distinguir)* to discern; to distinguish

discriminatório *adj* discriminatory; biased

discursar *vi* 1 *(fazer discurso)* to make a speech 2 *(dissertar)* to discourse [sobre, on]; *discursar sobre política* to discourse on politics

discursivo *adj* discursive

discurso *nm* speech

discussão *nf* 1 *(conflito)* argument; quarrel 2 *(debate)* discussion

discutir *vt* *(debater)* to discuss ♦ *vi (altercar)* to argue [com, with]; to quarrel [com, with]; to fight [com, with]; *discutir com alguém* to fight with someone

discutível *adj2g* 1 debatable 2 *(controverso)* controversial

disenteria *nf* MED dysentery

disentérico *adj* MED dysenteric

disfarçado *adj* 1 *(com disfarce)* in disguise; *disfarçado de* disguised as 2 *(secretamente)* undercover 3 *(escondido)* concealed 4 *(falso)* fake; phoney

disfarçar *vt* 1 *(por disfarce)* to disguise 2 *(ocultar)* to hide 3 *(bocejo)* to suppress; to stifle ♦ *vi* to feign indifference ♦ *vp* to put on a disguise; to disguise oneself; *disfarçar-se de pirata* to put on a disguise of a pirate

disfarce *nm* disguise

disfasia *nf* MED dysphasia

disforme *adj2g* 1 deformed 2 *(monstruoso)* monstrous; grotesque

disformidade *nf* 1 *(deformação)* deformity 2 *(monstruosidade)* monstrosity; eyesore

disfuncional *adj2g* dysfunctional

disjunção *nf* 1 LING disjunction 2 *(separação)* disjunction; disunion

disjuntivo *adj* LING disjunctive; *oração disjuntiva* disjunctive clause

disjuntor *nm* ELET circuit breaker

dislate *nm* lit nonsense

dislexia *nf* MED dyslexia

disléxico *adj* MED dyslexic

díspar *adj2g* disparate; unequal

disparador *nm* 1 (arma) trigger 2 (máquina fotográfica) shutter; *disparador automático* self-timer

disparar *vt* 1 (arma) to shoot; to fire 2 (arma, bomba) to let off ♦ *vi* 1 to shoot; to fire; *disparar à queima-roupa* to fire at point-blank range 2 *fig* (correr) to bolt; to dash; *disparar porta fora* to make a dash for the door 3 *fig* (subir rapidamente) to jump; to shoot up; to soar; *fig os preços dispararam* prices have soared ♦ *vp* to go off

disparatado *adj* 1 (sem sentido) nonsensical 2 (tolo) foolish; silly

disparatar *vi* 1 (dizer disparates) to talk foolishly; to drivel on; to rabbit on 2 (fazer asneira) to blunder; to bungle

disparate *nm* nonsense; rubbish

disparidade *nf* disparity [de, in]

disparo *nm* 1 (tiro) shot 2 FOT shot; snap

dispêndio *nm* expenditure

dispendioso *adj* expensive; pricey; costly

dispensa *nf* 1 exemption 2 (demissão) dismissal

dispensado *adj* 1 (de licença) free; *está dispensado por hoje* you are free for today 2 (despedido) dismissed; *está dispensado* you are dismissed

dispensar *vt* 1 (prescindir) to dispense with; to discard; to do without; *dispenso ajudas* I can manage on my own; *dispenso truques desses* I can do without those tricks 2 (isentar) to exempt 3 (despedir) to dismiss; *dispensar mão de obra* to dismiss workers 4 (dever) to release from; to excuse from; *hoje dispenso-o do trabalho* you are excused from work today 5 (ceder, emprestar) to spare; *podes dispensar-me este livro?* can you spare me this book?

dispensário *nm* dispensary

dispensável *adj2g* 1 (objeto) dispensable 2 (pessoa) disposable; expendable

dispepsia *nf* MED dyspepsia

dispersão *nf* 1 dispersion 2 (desatenção) abstraction

dispersar *vt* 1 (pessoas, coisas) to disperse; to scatter; to break up 2 (difundir) to diffuse; to disseminate ♦ *vi,p* 1 (estado de espírito) to become lost in thought 2 (pessoas, coisas) to disperse; to scatter; to break up; *as pessoas dispersaram* people have broken up 3 (texto, discurso) to digress

disperso *adj* 1 (espalhado) scattered; disperse 2 (difuso) diffuse; imprecise; vague 3 (estado de espírito) abstract; absent-minded

displicência *nf* 1 (negligência) negligence; carelessness 2 (aborrecimento) annoyance

displicente *adj2g* 1 (descuidado) negligent; careless 2 (aborrecido) annoyed 3 (desagradável) displeasing; unpleasant

dispneia *nf* MED dyspnoea

dispneico *adj* MED dyspnoeic

disponibilidade *nf* availability

disponibilizar *vt* (providenciar) to provide ♦ *vp* to offer [para, to]; to volunteer [para, to]; *disponibilizar-se para ajudar* to volunteer to help

disponível *adj2g* available

dispor *vt* 1 to lay out 2 to arrange 3 (estabelecer) to determine; to stipulate ♦ *vi* 1 (ter) to have [de, -]; to possess [de, -]; *não dispor de tempo suficiente* not to have enough time 2 (usufruir) to dispose [de, of]; *dispor de fundos* to dispose of funds ♦ *vp* to be willing [a, to] ♦ *nm* disposal; *ao seu dispor* at your disposal ❖ *col dispõe sempre!* any time!

disposição *nf* 1 (estado de espírito) mood 2 (colocação) arrangement; disposition 3 (serviço) disposal; *à sua disposição* at your disposal; *má disposição* (mau humor) bad temper; (enjoo) sickness

dispositivo *nm* 1 (instrumento) device; gadget; *dispositivo eletrónico* electronic device 2 (estrutura) apparatus; *dispositivo militar* military apparatus; *dispositivo de* *segurança* safety apparatus **3** (*máquina, veículo*) gear

disposto *adj* **1** (*pronto*) prepared [**a**, **to**] **2** (*organizado*) arranged; laid out

disprósio *nm* dysprosium

disputa *nf* **1** dispute **2** (*luta*) fight

disputar *vt* **1** (*contender*) to dispute; to contend; *disputar a vitória* to dispute the victory **2** (*questionar*) to debate; to question; *disputar uma verdade* to question a truth **3** DESP to compete for; to contest; to play; *disputar um torneio* to play in a tournament; *disputar uma corrida* to race

disquete *nf* INFORM diskette, floppy disk; INFORM *disquete de arranque* boot disk

dissabor *nm* **1** (*deceção*) disappointment; let-down; *foi um grande dissabor* it was such a let-down **2** (*incómodo*) nuisance

dissecação *nf* dissection

dissecar *vt* (*geral*) to dissect

dissecção *nf* ⇒ dissecação

dissemelhança *nf* dissimilarity; difference

disseminação *nf* dissemination; spreading

disseminar *vt* to disseminate; to diffuse; to scatter; to spread

dissertação *nf* **1** (*discurso*) dissertation; speech **2** (*ensaio*) dissertation; essay

dissertar *vi* **1** (*discurso*) to dissertate [**sobre**, **on**] **2** (*escrito*) to write an essay [**sobre**, **on**]

dissidência *nf* **1** (*cisão*) dissidence **2** (*forte discordância*) dissent; contention; disagreement

dissidente *adj,n2g* dissident; *dissidente político* political dissident

dissilábico *adj* LING dissyllabic

dissilabo *nm* LING dissyllable

dissimulação *nf* **1** (*fingimento*) dissimulation; deception **2** (*ocultação*) camouflage; occultation

dissimulado *adj* **1** (*falso*) false; hypocritical; two-faced **2** (*ardiloso*) sly **3** (*escondido*) hidden; camouflaged; disguised ♦ *nm pej* hypocrite

dissimular *vt* **1** (*sentimentos*) to dissimulate; to hide **2** *fig* (*disfarçar*) to disguise; to feign **3** (*esconder*) to conceal; to hide ♦ *vi* to dissimulate; to deceive; to dissemble

dissipação *nf* **1** (*desvanecimento*) dissipation; disappearance **2** (*desregramento*) dissipation; debauchery; *levar uma vida de dissipação* to lead a life of dissipation **3** (*esbanjamento*) waste; squandering; *dissipação de dinheiro* squandering of money

dissipar *vt* **1** to dispel; *dissipar dúvidas* to dispel doubt **2** (*esbanjar*) to dissipate; to waste; to squander; *dissipar uma fortuna* to dissipate a fortune ♦ *vp* (*desaparecer*) to vanish; to disappear; to dissipate; *as nuvens dissiparam-se* clouds vanished, the sky cleared

disso *contr da prep de* + *pron dem* isso

dissociação *nf* dissociation; disconnection; severance

dissociar *vt* **1** (*separar*) to dissociate **2** (*desligar*) to disconnect ♦ *vp* to dissociate oneself [**de**, **from**]; to distance oneself [**de**, **from**]

dissolução *nf* **1** (*assembleia, associação, casamento*) dissolution **2** (*desintegração*) disintegration **3** QUIM dissolution

dissoluto *adj pej,fig* dissolute; licentious; *levar uma vida dissoluta* to lead a dissolute life

dissolvente *adj2g* QUIM solvent ♦ *nm* **1** (*líquido que dissolve*) solvent **2** (*diluente*) thinner

dissolver *vt* **1** to dissolve [**em**, **in**] **2** (*casamento, parlamento*) to dissolve **3** (*liquefazer*) to liquefy **4** *fig* to break up; *dissolver uma aliança* to break up an alliance ♦ *vp* **1** (*líquido*) to dissolve **2** (*desvanecer-se*) to vanish; to fade away

dissonância *nf* **1** MÚS dissonance; disharmony **2** (*discórdia*) discord; disagreement

dissonante *adj2g* 1 MÚS dissonant; inharmonious; harsh 2 (*discordante*) discordant; disagreeing

dissuadir *vt* to dissuade [**de**, from]; to discourage [**de**, from]; *dissuadir alguém de um propósito* to dissuade someone from doing something

dissuasão *nf* dissuasion; determent

dissuasivo *adj* dissuasive; discouraging; deterrent

distância *nf* distance

distanciamento *nm* 1 (*distância*) distance; remoteness 2 (*separação*) parting; separation

distanciar *vt* (*objetos*) to separate; to set apart ♦ *vp* 1 to distance oneself [**de**, from]; to detach oneself [**de**, from]; *distanciar-se dos amigos* to distance oneself from our friends 2 (*deixar para tras*) to leave behind; *distanciar-se do passado* to leave the past behind

distante *adj2g* 1 distant [**de**, from]; remote; *locais distantes* far away places 2 (*temperamento*) distant; reserved

distar *vi* 1 (*distância*) to be distant [**de**, from]; *distar uma milha do rio* to be one mile distant from the river 2 (*afastamento*) to be away

distender *vt* 1 (*dilatar*) to distend; to swell; to enlarge 2 (*expandir*) to expand 3 (*retesar*) to stretch; *distender os músculos* to stretch one's muscles

distensão *nf* 1 MED distension; swelling 2 (*músculo*) wrench; *fazer uma distensão muscular* to sprain a muscle

dístico *nm* 1 LIT (*versos*) distich, couplet 2 (*rótulo*) inscription; label

distinção *nf* distinction

distinguir *vt* to distinguish [**de**, from; **entre**, between]; to differentiate [**de**, from; **entre**, between]; *distinguir um do outro* to distinguish one from the other ♦ *vp* to distinguish oneself [**em**, in]; to excel [**em**, in]; *ele distinguiu-se nos estu-*dos he distinguished himself in his studies

distintivo *adj* distinctive ♦ *nm* 1 (*para identificação*) badge 2 (*sinal*) sign

distinto *adj* 1 (*diferente*) different; distinct 2 (*nítido, notável*) distinct 3 (*respeitável*) distinguished

disto *contr da prep* de + *pron dem* isto ♦ *disto se depreende que...* of this comes out that...; about this; of this; *gostas disto?* do you like this?; *muito antes disto* long before this

distorção *nf* 1 distortion; misrepresentation; *distorção da realidade* distortion of reality 2 (*interpretação errada*) misinterpretation; misread

distorcer *vt* (*factos, imagem, som*) to distort, to twist

distração *nf* 1 (*falta de atenção*) absent-mindedness; *por distração* inadvertently 2 (*divertimento*) distraction, amusement; *para distração* for pleasure 3 (*descuido*) oversight

distraído *adj* 1 absent-minded; *estar distraído* to be miles away; *fazer-se de distraído* to pretend not to notice 2 (*sem atenção*) inattentive 3 (*divertido*) amused, entertained

distrair *vt* 1 (*tornar desatento*) to distract, to divert 2 (*divertir*) to amuse ♦ *vp* 1 to be distracted; *distrair-se com as horas* to lose track of time 2 (*divertir-se*) to amuse oneself 3 (*passar o tempo*) to pass one's time

distribuição *nf* 1 distribution 2 (*porta a porta*) delivery 3 (*atribuição*) allocation

distribuidor *nm* 1 distributor, distribution company 2 (*grossista*) wholesaler 3 MEC distributor

distribuidora *nf* CIN film distributor

distribuir *vt* 1 (*comida, panfletos, roupas*) to distribute 2 (*fotocópias*) to hand out 3 (*repartir*) to share 4 (*cartas*) to deliver

distributivo *adj* distributive

distrital *adj2g* district, concerning a district

divino

distrito *nm* district; *distrito urbano* urban district

distrofia *nf* MED dystrophy; *distrofia muscular* muscular dystrophy

distúrbio *nm* 1 disturbance, trouble 2 (*violento*) riot; *criar distúrbios* to make trouble; *provocar distúrbios* to cause a disturbance 3 PSIC disorder; *distúrbio afetivo* emotional disorder

dita *nf* (*sorte*) luck, chance, fortune

ditado *nm* 1 (*escola*) dictation; (*alunos*) *fazer um ditado* to take dictation 2 (*provérbio*) saying, proverb; *como diz o ditado...* as the saying goes...

ditador *nm* dictator, tyrant

ditadura *nf* dictatorship, tyranny; *durante a ditadura militar* under the military dictatorship

ditame *nm* 1 (*consciência*) dictate; *seguir os ditames da consciência* to follow/obey the dictates of one's conscience 2 (*regra*) rule, precept 3 (*ordem*) order

ditar *vt* 1 to dictate 2 (*impor*) to impose 3 DIR (*sentença*) to pass

ditatorial *adj2g* dictatorial; tyrannical

dito *adj* said ♦ *nm* saying ✤ *dar o dito por não dito* to go back on one's word; *dito e feito* no sooner said than done

dito-cujo *nm col* you know-who

ditongação *nf* LING diphthongization

ditongo *nm* LING diphthong

ditoso *adj* (*feliz, afortunado*) happy, fortunate 2 (*próspero*) prosperous

diurese *nf* MED diuresis

diurético *adj,nm* FARM diuretic

diurno *adj* 1 day, daytime, daily; *voos diurnos* daytime flights 2 ASTRON,BOT,ZOOL diurnal

diva *nf* diva

divã *nm* divan, couch, sofa

divagação *nf* digression, rambling

divagar *vi* 1 (*assunto*) to digress, to wander off, to ramble on 2 (*vaguear*) to wander, to stray

divergência *nf* 1 divergence, deviation 2 (*de opinião*) disagreement

divergente *adj2g* divergent; *opiniões divergentes* divergent opinions

divergir *vi* 1 to diverge [*de*, from] 2 (*opinião*) to disagree, to differ, to diverge

diversão *nf* 1 (*entretenimento*) entertainment 2 (*para desviar atenção*) diversion

diversidade *nf* diversity

diversificação *nf* diversification, variation

diversificar *vt* 1 to diversify 2 COM (*expandir*) to branch out, to diversify into ♦ *vi* to diversify, to vary

diverso *adj* 1 different, diverse 2 [plural] various, several; *de diversas formas* in various ways; *diversas vezes* several times

divertido *adj* 1 amusing, entertaining 2 (*engraçado*) funny; *ser muito divertido* to be great fun 3 (*agradável*) enjoyable

divertimento *nm* amusement, entertainment, fun

divertir *vt* to amuse, to entertain ♦ *vp* to have a good time, to enjoy oneself, to have fun

dívida *nf* debt; *estar em dívida para com alguém* to owe somebody

dividendo *nm* (*geral*) dividend ✤ (*lucros*) *dar dividendos* to pay dividends

dividido *adj* 1 divided 2 (*indeciso*) undecided

dividir *vt* 1 (*comida, despesas, lucro, recompensa*) to divide, to share 2 (*separar*) to separate ♦ *vp* to be divided, to divide, to split up

divinal *adj2g* 1 godlike, divine 2 *col,fig* (*maravilhoso*) excellent, divine

divinatório *adj* divinatory; prophetic

divindade *nf* 1 (*natureza divina*) divinity; *divindade grega* Greek divinity 2 (*entidade pagã*) deity

divinização *nf* deification, divinization

divinizar *vt* to deify

divino *adj* 1 godlike, divine; *dádiva divina* godsend 2 *col,fig* excellent, divine

divisa nf 1 (*moeda estrangeira*) foreign currency 2 (*lema*) motto; (*emblema*) emblem

divisão nf 1 division 2 (*casa*) room 3 DESP league, division

divisar vt 1 (*avistar*) to make out, to discern, to see 2 (*delimitar*) to delimit

divisor nm MAT divisor; **divisor comum** common divisor

divisória nf (*casa*) partition

divisório adj dividing; **linha divisória** dividing line

divorciado adj divorced ♦ nm divorcée

divorciar vt 1 to divorce 2 *fig* (*separar*) to separate ♦ vp to get divorced [**de**, from]

divórcio nm divorce; **requerer o divórcio** to sue for divorce

divulgação nf 1 divulging, diffusion 2 (*segredo*) revelation, disclosure

divulgar vt 1 (*notícias*) to spread 2 (*segredo*) to reveal; to divulge 3 COM (*produto*) to market ♦ vp to become known

dizer vt 1 to say; to tell; to utter; **disse que sim** he said yes 2 (*narrar*) to narrate; (*versos*) to recite ♦ vi (*condizer*) to go well with, to match ♦ vp 1 to call oneself, to claim to be 2 to be said; **diz-se que...** it is said that..., they say that... ♦ nm (*dito*) saying ❖ **dizer a verdade** to tell the truth; **dizer respeito a** to concern; **bem te disse!** I told you so!; **isso tem muito que se lhe diga** there's more to it than meets the eye; **não digas!** you don't say!; **por assim dizer** so to speak; **que é que isto quer dizer?** what does it mean?; **quer dizer** that is to say; in other words; **sem dizer nada** without a word

dízima nf 1 (*décima parte*) tenth 2 (*imposto*) tax

dizimar vt to decimate; to wipe out

dízimo nm (*décima parte*) tenth

DJ n2g [*sigla de disc jockey*]

do *contr da prep* **de** + *art def m* **o**

dó nm 1 pity, compassion; **sem dó nem piedade** ruthlessly; **ter dó de alguém** to take pity on somebody 2 MÚS (*nota musical*) do; (*tom*) C

doação nf donation, gift; MED **doação de órgãos** organ donation; **fazer uma doação** to make a donation

doador nm donor; MED **doador de órgãos** organ donor; MED **doador de sangue** blood donor

doar vt (*bens, dinheiro, órgãos, sangue*) to donate [**a**, to], to give [**a**, to]; **doar dinheiro para a investigação sobre o cancro** to donate money to cancer research

dobar vt (*fio, linha*) to reel, to wind

dobra nf 1 (*tecido*) fold, pleat; (*envelope, livro*) flap 2 (*calças*) turn-up GB; cuff EUA 3 GEOL fold, folding, bend

dobrada nf CUL tripe

dobradiça nf hinge

dobrado adj 1 folded 2 (*vergado*) stooping, bent 3 CIN,TV dubbed

dobragem nf 1 folding 2 CIN,TV dubbing

dobrar vt 1 (*duplicar*) to double 2 (*papel*) to fold 3 CIN,TV to dub [**em**, into]; **dobrar um filme sueco em português** to dub a Swedish film into Portuguese 4 (*barra de ferro, joelho*) to bend 5 (*esquina*) to turn, to go round 6 *fig* (*convencer*) to talk somebody round ♦ vi 1 (*duplicar-se*) to double 2 (*sinos*) to toll ♦ vp (*curvar-se*) to bend over ❖ **dobrar a língua** to hold one's tongue

dobro *quant num* double

doca nf dock

doçaria nf confectionery

doce adj2g 1 sweet, sugary 2 (*água*) fresh 3 (*pessoa, voz*) gentle, soft ♦ nm 1 sweet 2 (*compota*) jam; (*de citrinos*) marmalade

doce-amargo adj bitter-sweet ♦ nm bitter-sweetness

doceiro nm confectioner

docente n2g teacher ♦ adj2g teaching; **corpo docente** teaching staff

dócil adj2g docile, submissive

docilidade nf docility

docudrama nm CIN,TV docudrama

documentação *nf* 1 documentation 2 (*de pessoa*) papers; (*de carro*) documents

documental *adj2g* documentary; *prova documental* documentary evidence/proof

documentar *vt* to document, to supply with documents ♦ *vp* (*informar-se*) to study, to get information

documentário *adj,nm* documentary

documento *nm* document; *redigir um documento* to draw up a document ♦ *nmpl* (*de uma pessoa*) papers; (*de carro*) documents

doçura *nf* 1 sweetness 2 (*ternura*) gentleness, softness, meekness

doença *nf* MED illness, sickness; disease ❖ *doença contagiosa* contagious disease; *doença crónica* chronic disease; *doença mental* mental illness

doente *adj2g* MED sick, ill; *estar doente* to be sick ♦ *n2g* 1 MED sick person; *os doentes* the sick 2 (*paciente*) patient; *doente de consulta externa* outpatient; *doente internado no hospital* in-patient

doentio *adj* 1 (*débil*) sickly 2 (*clima, comida*) unhealthy, unwholesome 3 *pej* (*curiosidade, interesse*) morbid

doer *vi* 1 (*estômago, perna*) to hurt 2 (*cabeça, dentes, músculo*) to ache 3 (*pesar*) to grieve ♦ *vp* to resent, to be offended

doge *nm* doge

dogma *nm* dogma

dogmático *adj* dogmatic; opinionated

dogmatismo *nm* dogmatism

doidivanas *n2g* hare-brained person

doido *adj* mad; crazy; insane; *col doido varrido* raving mad; *ficar doido* to go mad ♦ *nm pej* mad person

dói-dói *nm infant* wound, bruise

dois *quant num* two; *os dois* both of them, the two of them; *os dois livros* both books ♦ *nm* 1 (*número*) two; *dois a dois* in twos, in pairs 2 (*data*) the second; *a 2 de agosto* on the second of August 3 (*carta de jogar, dados, dominó*) deuce ❖ *somar dois mais dois* to put two and two together

dois-pontos *nm2n* colon

dólar *nm* dollar; *col* buck EUA

dólmen *nm* HIST dolmen, cromlech

dolo *nm* fraud; deceit

doloroso *adj* 1 (*que dói*) painful, aching 2 (*amargurado*) distressing, sorrowful

doloso *adj* 1 (*intencional*) deliberate 2 (*fraudulento*) fraudulent

dom *nm* gift, talent

Dom *nm* Dom; King

domador *nm* tamer; *domador de leões* lion tamer

domar *vt* 1 to tame, to domesticate; *domar um animal selvagem* to tame a wild animal 2 (*cavalo*) to break in 3 (*subjugar*) to subdue

doméstica *nf* 1 (*dona de casa*) housewife 2 (*empregada*) housemaid

domesticar *vt* 1 to domesticate, to tame 2 *fig* (*civilizar*) to civilize ♦ *vp* (*amansar-se*) to become tame

domesticável *adj2g* 1 tameable 2 trainable

domesticidade *nf* domesticity, homeliness

doméstico *adj* 1 household; *tarefas domésticas* household chores, housework 2 domestic; *animais domésticos* domestic animals ♦ *nm* (*funcionário*) domestic

domiciliário *adj* domiciliary; *visita domiciliária* domiciliary visit, house call

domicílio *nm* 1 (*residência*) home, residence, dwelling; *entrega ao domicílio* delivery service; *mudança de domicílio* change of address 2 DIR (*sede*) domicile

dominador *adj* 1 (*pessoa, personalidade*) domineering, dominating, ruling 2 (*olhar*) imposing

dominante *adj2g* 1 dominant, ruling; *cor dominante* dominant colour 2 (*predominante*) predominant, prevailing

dominar *vt* 1 to dominate, to rule, to control; *dominar a situação* to gain/get the upper hand of 2 (*reprimir*) to repress 3 (*língua estrangeira*) to be fluent in, to speak fluently **4** *(matéria, técnica)* to be good at ♦ *vi (preponderar)* to dominate, to prevail ♦ *vp (conter-se)* to control oneself, to keep one's temper

domingo *nm* Sunday

domingueiro *adj* belonging to Sunday; *col,joc* **fatos domingueiros** one's Sunday best

Domínica *nf* Dominica

dominical *adj2g* Sunday; REL **escola dominical** Sunday School

dominicano *adj,nm* Dominican

domínio *nm* **1** *(controlo)* control **2** *(território)* domain **3** *(âmbito)* field, sphere **4** *(língua estrangeira)* command **5** INFORM domain

dominó *nm* **1** *(jogo)* dominoes; **jogar dominó** to play dominoes **2** *(pedra)* domino ❖ **efeito dominó** domino effect

Dona *nf* **1** *(título)* lady; queen; **Dona Maria I** Queen Maria I **2** *col* Mrs.

donativo *nm* **1** donation; **fazer um donativo** to make a donation **2** *(presente)* gift, present

dondoca *nf* Bras col posh woman

doninha *nf* weasel; **doninha fedorenta** polecat

dono *nm* **owner**

donut® *nm* doughnut

donzela *nf* maiden

dopar *vt* to dope

doping *nm* doping

dor *nf* **1** pain; **dor de cabeça** headache; **dores de garganta** sore throat **2** *(mágoa)* grief ❖ **dor de cotovelo** jealousy

doravante *adv* from now on, in the future; henceforth, henceforward

dorido *adj* **1** *(que dói)* sore, aching, painful **2** *(magoado)* sorrowful

dormente *adj2g* numb; asleep; **tenho o pé esquerdo dormente** my left foot is gone to sleep

dormida *nf (onde se pernoita)* night's lodging

dorminhoco *nm col* sleepyhead

dormir *vi* to sleep; **dorme bem!** sleep tight!; **estar meio a dormir** to be half asleep; **muitas noites sem dormir** many sleepless nights; **não deixar alguém dormir** to keep somebody awake; **não dormir nada** not to sleep a wink ♦ *vt* to sleep; **dormir a sesta** to take a nap ❖ **dormir como uma pedra** to sleep like a log; **dormir fora de casa** to sleep out

dormitar *vi* to doze, to drowse; to slumber

dormitório *nm* dormitory

dorsal *adj2g* dorsal; **espinha dorsal** spine, backbone

dorso *nm* back; **dorso da mão** back of the hand

DOS *nm* INFORM *[sigla de* Disk Operating System*]*

dosagem *nf* dosage

dose *nf* **1** *(de medicamento)* dose **2** *(de droga)* hit; *(em embrulho)* wrap **3** *(quantidade)* amount

doseador *nm* measuring cap, measure

doseamento *nm* dosing

dosear *vt* to divide into doses, to measure out

dosificador *nm* dispenser; **dosificador de sabonete** soap dispenser

dosificar *vt* to divide into doses, to measure out

dossel *nm* canopy; **cama de dossel** fourposter, canopied bed

dossiê *nm* ⇒ **dossier**

dossier *nm* **1** *(processo)* file *[sobre,* on*]*, dossier *[sobre,* on*]* **2** *(escolar)* folder

dotação *nf* donation, allocation, endowment

dotado *adj* **1** *(talentoso)* gifted, talented **2** *(de uma qualidade)* endowed *[de,* with*]* **3** *(equipado)* equipped *[de,* with*]*

dotar *vt* **1** *(dote)* to give a dowry to **2** to endow *[de,* with*]*; **dotar um hospital de camas** to endow a hospital with beds

dote *nm* 1 (de casamento) dowry 2 *fig (talento)* gift, talent; *ter dotes musicais* to have a gift for music

dourada *nf* (peixe) gilded catfish

dourado *adj* 1 golden 2 *(revestido a ouro)* gilt, gilded ♦ *nm* (cor) gilt

dourar *vt* 1 to gild, to cover with a thin layer of gold 2 *fig (tornar brilhante)* to brighten 3 *fig (embelezar, disfarçar)* to embellish, to adorn, to disguise; *dourar a pílula* to sugar the pill

douto *adj (instruído)* learned, erudite

doutor *nm* 1 doctor 2 (licenciado) graduate

doutorado *nm* doctor

doutoramento *nm* doctorate, doctor's degree, PhD; *fazer o doutoramento* to get a doctorate

doutorando *nm* candidate for a doctor's degree

doutorar *vt* to confer the degree of doctor ♦ *vp* to graduate

doutrina *nf* doctrine

doutrinação *nf* indoctrination; POL *doutrinação política* political indoctrination; REL *doutrinação religiosa* religious indoctrination

doutrinal *adj2g* doctrinal; *diferenças doutrinais* doctrinal differences

doutrinar *vt pej* to indoctrinate; to teach

doutrinário *adj* doctrinaire

doutro of another, from another

doze *quant num* twelve; *o dia doze* the twelfth

dracma *nm* (antiga moeda) drachma

draga *nf* dredge, dredger

dragagem *nf* dredging

draga-minas *nm* NÁUT minesweeper

dragão *nm* 1 dragon 2 MIL dragoon

dragar *vt* to dredge

drageia *nf* tablet

dragona *nf* MIL epaulette

drama *nm* 1 drama; tragedy 2 TEAT drama; *drama histórico* historical drama

dramático *adj* (geral) dramatic; TEAT *arte dramática* dramatics

dramatismo *nm* (emoções fortes) drama

dramatização *nf* (de uma situação, julgamento) dramatization

dramatizar *vt,i* to dramatize

dramaturgia *nf* TEAT dramaturgy

dramaturgo *nm* TEAT playwright, dramatist

drástico *adj* drastic; *medidas drásticas* drastic measures; *mudança drástica* drastic change

drenagem *nf* drainage, draining

drenar *vt* to drain

dreno *nm* 1 (tubo) drain, drainpipe 2 (vala) drainage ditch

driblagem *nf* DESP dribble

driblar *vt* DESP to dribble

drive *nf* INFORM drive

droga *nf* 1 (substância) drug; *drogas leves* soft drugs; *drogas pesadas* hard drugs 2 *fig,pej* shit ♦ *interj* damn!

drogado *nm* addict, drug addict ♦ *adj* on drugs, drugged

drogar *vt* to drug ♦ *vp* to take drugs, to use drugs, to be on drugs

drogaria *nf* chemist's GB; drugstore EUA, pharmacy

dromedário *nm* ZOOL dromedary

drope *nm* (rebuçado) drop

druida *nm* druid

drupa *nf* BOT drupe

dualidade *nf* duality

dualismo *nm* dualism

dualista *adj2g* dualistic ♦ *n2g* dualist

duas *quant num* two; *duas vezes* twice ❖ *das duas uma* either... or...

dúbio *adj* 1 (duvidoso) dubious, doubtful 2 (hesitante) hesitating 3 (impreciso) vague, uncertain

dubitativo *adj* doubtful

dúbnio *nm* dubnium

ducado *nm* 1 dukedom, duchy 2 (moeda) ducat

ducal *adj2g* ducal

duche *nm* shower; *tomar um duche* to have/take a shower

ducto *nm* ANAT duct; *ductos biliares* bile ducts

duelista *n2g* duellist, dueller

duelo *nm* duel; *bater-se em duelo* to fight a duel, to duel; *desafiar alguém para um duelo* to challenge somebody to a duel

duende *nm* elf, goblin

dueto *nm* MÚS duet, duo

dum *contr da prep* de + *art indef m* um

duna *nf* dune

duo *nm* 1 MÚS (par) duo 2 MÚS (composição) duet

duodecimal *adj2g* duodecimal

duodécimo *adj num* twelfth

duodeno *nm* duodenum

dupla *nf* 1 pair, couple, duo 2 DESP (ténis) doubles

duplex *nm* ⇒ **dúplex**

dúplex *nm* maisonette GB; duplex apartment EUA

duplicação *nf* doubling, duplication

duplicado *adj,nm* duplicate; *duplicado de uma chave* duplicate key ❖ *em duplicado* in duplicate

duplicar *vt* to duplicate ♦ *vi* to double

duplicata *nf* 1 (*duplicado*) duplicate 2 ECON trade note, bill

duplicidade *nf* duplicity, double-dealing

duplo *adj* double, dual; *duplo sentido* double meaning ♦ *nm* CIN stuntman, double

duque *nm* 1 (título) duke 2 (jogo de cartas) deuce

duquesa *nf* (título) duchess

durabilidade *nf* durability

duração *nf* 1 duration; *de curta duração* of short duration; *de pouca duração* short-lived 2 (filme) length 3 (lâmpada, pilhas) life; *pilhas de longa duração* long-life batteries

duradouro *adj* lasting

durante *prep* 1 during, throughout; *durante a nossa vida* throughout our life; *durante o dia* during the day 2 for; *durante algum tempo* for some time; *durante uma hora* for an hour

durar *vi* 1 to last; *durar muito* to last a long time 2 (*subsistir*) to endure

dureza *nf* 1 hardness, stiffness; QUÍM *dureza da água* water hardness 2 *fig* (*severidade*) harshness, hardness

duro *adj* 1 hard; solid 2 (*forte, resistente*) tough 3 (pão) stale

dúvida *nf* 1 doubt; *pôr em dúvida* to doubt; *sem dúvida!* absolutely! 2 (*pergunta*) question

duvidar *vt* to doubt, to question; *duvido! I* doubt it! ♦ *vi* 1 (*estar na dúvida*) to be uncertain; *duvidar de* to have doubts about, to distrust, to mistrust 2 (*hesitar*) to hesitate

duvidoso *adj* 1 doubtful; *carácter duvidoso* doubtful character 2 (*suspeito*) suspicious, dubious, questionable

duzentos *quant num* two hundred

dúzia *nf* dozen; *à dúzia* by the dozen; *meia dúzia* half a dozen

E

e¹ /é/ nm (letra) e

e² /i/ conj 1 LING (copulativa) and 2 (frases interrogativas) and what about 3 (para designar as horas) past; *8 e 10* 10 past 8

ébano nm ebony

ebook nm ⇒ e-book

e-book nm e-book

ebriedade nf drunkenness

ébrio nm drunkard ♦ adj drunk, drunken; intoxicated

ebulição nf 1 FÍS boiling, ebullition 2 fig excitement ❖ *entrar em ebulição* to come to the boil; *ponto de ebulição* boiling point

écharpe nf scarf

éclair nm éclair

eclesiástico adj ecclesiastical ♦ nm clergyman

eclético adj,nm eclectic

ecletismo nm eclecticism

eclipsar vt 1 ASTRON to eclipse 2 fig (ofuscar) to outshine; to overshadow ♦ vp (desaparecer) to disappear

eclipse nm ASTRON eclipse ❖ *eclipse lunar* lunar eclipse; *eclipse solar* eclipse of the sun

eclíptica ou **eclítica** nf ASTRON ecliptic

eclíptico ou **eclítico** adj ASTRON ecliptic

eclodir vi 1 (surgir) to appear, to emerge 2 (estourar) to break out 3 (desabrochar) to bloom

écloga nf LIT eclogue

eclosão nf 1 appearance, emergence 2 (insetos) eclosion

eclusa nf 1 (canal) lock, lockage 2 (comporta) floodgate 3 (represa) dam

eco nm 1 (repetir) echo; *fazer eco* to echo 2 repercussion; *ter eco* to have repercussions

ecoar vt 1 (repetir) to repeat 2 (ressoar) to resound ♦ vi (fazer eco) to echo

ecocardiograma nm echocardiogram

ecodesenvolvimento nm ecodevelopment

ecoeficiência nf eco-efficiency

ecografia nf MED ultrasound scan

ecologia nf 1 BIOL ecology 2 (escola) environmental studies

ecológico adj BIOL ecological; *catástrofe ecológica* ecological catastrophe

ecologista n2g ecologist, environmentalist ♦ adj2g environmental; *grupos ecologistas* environmental groups

economia nf 1 (administração) economy 2 (ciência) economics ♦ nfpl (poupanças) savings; *fazer economias* to save, to put aside/by ❖ *economia de mercado* market economy; *economia doméstica* household management, housekeeping

economicista adj2g economicist

económico adj 1 ECON economic; *crescimento económico* economic growth 2 (barato, rentável) economical; *carro económico* economical car 3 (pessoa) thrifty

economista n2g economist

economizar vt 1 to economize, to cut costs 2 (poupar) to save; *economizar tempo* to save time ♦ vi to economize, to save

ecopista nf nature trail

ecoponto nm drop-off recycling location

ecoproduto nm eco-friendly product

ecossistema nm BIOL ecosystem

ecrã nm screen

ecstasy nm (droga) ecstasy

ecuménico adj ecumenical

eczema nm MED eczema

edema nm MED edema; swelling

éden nm eden, paradise

edénico adj Edenic

edição nf 1 (publicação) publishing 2 (livro, texto, jornal) edition 3 CIN,INFORM editing 4 (evento, concurso) round

edificação nf 1 (construção) building, construction 2 fig (aperfeiçoamento) edification

edificante adj2g 1 edifying 2 (moralizador) uplifting, moralizing

edificar vt 1 (construir) to construct, to build up 2 fig (espiritualmente) to edify, to instruct, to enlighten

edifício nm building; edifice; **edifício público** public building

edil nm HIST aedile, councilman

edilidade nf HIST aedileship, town council

edital nm 1 (oficial) proclamation, edict 2 (publicidade) placard, advertisement

editar vt 1 (publicar) to publish 2 INFORM to edit

édito nm (ordem judicial) edict, proclamation

editor nm 1 (o que publica) publisher 2 (o que coordena) editor 3 INFORM editor; **editor de texto** text editor

editora nf (casa editorial) publishing house, publisher

editorial adj2g editorial, publishing; **política editorial** editorial policy ♦ nm editorial, leading article

edredão nm eiderdown, down quilt

educação nf 1 (ensino) education 2 (dos filhos) upbringing; **boa educação** good upbringing 3 (cortesia) manners; **falta de educação** rudeness, impoliteness; **não ter educação** to have no manners ❖ **educação especial** special education; special needs education; **educação física** physical education; **Ministro da Educação** the Minister of Education

educacional adj2g educational

educado adj 1 (culto) educated 2 (cortês) polite; well-mannered

educador nm educator, teacher; **educador de infância** infant teacher

educando nm pupil, student

educar vt 1 (instruir) to educate 2 (criar) to bring up 3 (animais) to train

educativo adj 1 educational; **brinquedos educativos** educational toys; (escola) **material educativo** teaching aids 2 (programa, sistema) education

efebo nm ephebe

efeito nm 1 (resultado) effect 2 (fim, objetivo) purpose; **para efeitos de** for the purpose of ❖ **efeito de estufa** greenhouse effect; **efeito secundário** side effect; **efeitos especiais** special effects

eféméride nf daily news items

efémero adj ephemeral, fleeting; **prazeres efémeros** ephemeral pleasures

efeminação nf effeminacy

efeminado adj pej (modos, voz) effeminate, womanish, unmanly

efeminar vt to make effeminate ♦ vp to become effeminate

efervescência nf 1 effervescence 2 fig excitement

efervescente adj2g 1 (bebida) effervescent; col fizzy 2 fig (pessoa, temperamento) hot-headed

efervescer vi to effervesce, to bubble up

efetivamente adv 1 effectively, in effect 2 (realmente) really, actually, in fact 3 (resposta) that's right

efetivar vt 1 (cortes, mudanças) to effect, to carry out, to accomplish 2 (tornar efetivo) to get tenure, to be given tenure 3 (levar a efeito) to bring into effect, to put into effect

efetividade nf 1 effectiveness 2 (realidade) reality

efetivo adj 1 effective; **controlo efetivo** effective control 2 (real) real, actual 3 (cargo, funcionário) permanent ♦ nm MIL force

efetuar vt 1 (realizar) to achieve, to accomplish, to fulfil 2 (executar) to effect, to carry out; **efetuar um pagamento** to pay; **efetuar uma paragem** to stop ♦ vp (ter lugar) to take place

eficácia nf 1 (de uma pessoa) efficiency 2 MED (de um tratamento) effectiveness, efficacy

eficaz adj2g **1** MED (tratamento) effective **2** (pessoa) efficient, capable

eficiência nf efficiency

eficiente adj2g efficient, competent

efígie nf effigy, image; *em efígie* in effigy

efluente adj2g flowing ♦ nm effluent; *efluente industrial* industrial effluent; *estação de tratamento de efluentes* effluent treatment plant

efusão nf **1** effusion, pouring out **2** fig enthusiasm

efusivo adj effusive, enthusiastic

égide nf aegis ❖ *sob a égide de* under the aegis of

egípcio adj Egyptian ♦ nm Egyptian

Egito nm Egypt

ego nm PSIC ego; *fazer bem ao ego* to be good for one's ego

egocêntrico adj pej egocentric, self-centred

egocentrismo nm egocentrism

egoísmo nm selfishness, egoism

egoísta adj2g selfish, egoistic ♦ n2g egoist

égua nf mare

eh interj hey!

eia interj cheer up!, come on!

einstéinio nm einsteinium

eira nf threshing floor ❖ *não ter eira nem beira* to be down and out

eis adv here it is

eito nm *a eito* uninterruptedly

eixo nm **1** (roda) axle **2** (máquina) shaft, spindle **3** axis; *eixo imaginário* imaginary axis **4** (jogo) leap-frog

ejaculação nf ejaculation, discharge; MED *ejaculação precoce* premature ejaculation

ejacular vt (líquido) to spurt ♦ vi (sémen) to ejaculate

ejeção nf ejection

ejetor nm ejector; jet pump

ela pron pess (sujeito) she; (com preposições) her; (coisa) it; *ela mesma/própria* herself ❖ col *ela por ela* quite the same

elaboração nf **1** elaboration **2** (preparação) preparation **3** (teoria) working out

elaborar vt **1** (preparar) to prepare **2** (fazer) to make, to produce **3** (redigir) to draw up **4** (teoria) to work out

elasticidade nf **1** (objeto) elasticity **2** (pessoa) suppleness

elástico adj **1** elastic; *material elástico* elastic material **2** (atleta) flexible, supple **3** (colchão) springy ♦ nm **1** (para papéis) clastic band **2** (roupa) elastic ❖ *punho elástico* wristband

eldorado nm El Dorado

ele pron pess (sujeito) he; (com preposições) him; (coisa) it; *ele mesmo/próprio* himself

e-learning nm e-learning

elefante nm elephant

elegância nf elegance, gracefulness; *andar com elegância* to walk gracefully; *ter elegância* to be graceful

elegante adj2g **1** elegant, graceful **2** (na moda) fashionable **3** (esbelto) handsome

eleger vt **1** (eleição) to elect **2** (escolher) to choose, to select ♦ vp to get elected

elegia nf LIT elegy

elegíaco adj elegiac

elegibilidade nf eligibility

elegível adj2g eligible [para, for/to]

eleição nf **1** election; poll; *convocar eleições* to call an election **2** (escolha) choice ❖ *eleições legislativas* general election; *dia de eleições* polling day

eleito adj **1** elected **2** (escolhido) chosen

eleitor nm elector; voter

eleitorado nm electorate; body of electors

eleitoral adj2g electoral ❖ *campanha eleitoral* electoral campaign; *fraude eleitoral* ballot-box stuffing; *lista eleitoral* list of candidates

elementar adj **1** elementary; *conhecimento elementar* elementary knowledge **2** (fundamental) basic, fundamental

elemento nm **1** element **2** (equipa) member **3** (parte) component

elenco nm **1** list **2** TEAT,CIN cast

eletrão nm FÍS electron

eletricidade nf electricity; *movido a eletricidade* worked by electricity ❖ *eletricidade estática* static electricity; *fio de eletricidade* cable

eletricista n2g electrician

elétrico adj 1 electric, electrical 2 fig nervous ◆ nm tramcar ❖ *cobertor elétrico* electric blanket; *corrente elétrica* electric current; *instalação elétrica* electrical wiring

eletrificação nf electrification

eletrificar vt to electrify

eletrizante adj2g 1 electrifying 2 fig electrifying; exciting

eletrizar vt 1 to electrify 2 fig to thrill, to excite

eletrocardiograma nm electrocardiogram

eletrocussão nf electrocution

eletrocutar vt to electrocute

eletrodinamismo nm FÍS electrodynamics

elétrodo nm ELET electrode ❖ *elétrodo negativo* cathode; *elétrodo positivo* anode

eletrodoméstico nm electrical appliance

eletroencefalograma nm brain scan

eletroíman nm FÍS electromagnet, electrical magnet

eletrólise nf FÍS,QUÍM electrolysis

eletrolítico adj FÍS,QUÍM electrolytic

eletrólito nm FÍS,QUÍM electrolyte

eletromagnético adj ELET electromagnetic

eletromagnetismo nm ELET electromagnetism

eletrónica nf ELET electronics

eletrónico adj ELET electronic ❖ *calculadora eletrónica* electronic calculator

eletroquímica nf QUÍM electrochemistry

eletrostático adj FÍS electrostatic

eletrotecnia nf electrical engineering

eletroterapia nf MED electrotherapy

elevação nf 1 (altura, nível) height 2 (terreno) elevation; bump 3 (ato) raising 4 (aumento) rise; increase

elevado adj 1 high 2 (pensamento, estilo) elevated 3 (distinto) noble

elevador nm lift ❖ *elevador de serviço* service lift

elevar vt 1 to elevate 2 (preço, voz) to raise; *elevar a voz* to raise the voice 3 (levantar) to lift up 4 MAT to raise [a, to]; *elevar a uma potência* to raise to a power ◆ vp 1 to amount to 2 (erguer-se) to rise; *elevar-se no ar* to rise in the air

elidir vt 1 to cut off 2 to elide

eliminação nf 1 elimination 2 DESP expulsion

eliminar vt 1 to eliminate; to exclude 2 to cut off; to strike out; *eliminar um obstáculo* to clear away an obstacle 3 (suprimir) to delete 4 MED to expel 5 DESP to eliminate

eliminatória nf DESP heat, qualifying round

eliminatório adj eliminatory, disqualifying

elipse nf 1 GEOM ellipse 2 LING ellipsis

elíptico adj elliptical, elliptic

elisão nf 1 LING elision 2 suppression

elite nf elite

elitista adj,n2g elitist

elixir nm elixir

elmo nm HIST,MIL helmet

elo nm 1 link 2 (afetivo) tie; bond

elocução nf elocution

elogiar vt to praise [por, for/on]; to commend [por, for]; col *elogiar ao máximo* to praise to the sky

elogio nm 1 praise 2 (cumprimento) compliment

eloquência nf 1 eloquence 2 (persuasão) persuasiveness

eloquente adj2g 1 eloquent 2 (persuasivo) persuasive ❖ col *ser eloquente* to have a silver tongue

El Salvador *nm* El Salvador

elucidar *vt* to elucidate; to explain; to make clear

elucidativo *adj* informative, explanatory

em *prep* **1** (lugar) at; in; *em casa* at home; *em Portugal* in Portugal **2** (sobre) on; *na mesa* on the table **3** (tempo) in; on; *em julho* in July; *na segunda-feira* on Monday **4** (modo, meio) in; *em silêncio* in silence **5** (estado) in; at; *em lágrimas* in tears **6** (proporção) out of; *três em cinco* three out of five

ema *nf* emu

emagrecer *vi* **1** to lose weight; *emagrecer três quilos* to loose three kilos **2** (dieta) to slim; to become thin ♦ *vt* to make slim

emagrecimento *nm* **1** loss of weight, emaciation **2** (dieta) slimming

email *nm* INFORM email

emalar *vt* to put into a trunk; to pack up

emanação *nf* emanation

emanar *vi* **1** to come from, to proceed from **2** (luz, calor) to emanate [de, from] **3** (odor) to exhale

emancipação *nf* **1** emancipation; liberation **2** (maioridade) coming of age

emancipado *adj* **1** emancipated, independent **2** (maioridade) of age

emancipar *vt* to emancipate; to liberate; to free ♦ *vp* **1** to emancipate oneself **2** to break loose **3** (maioridade) to come of age

emaranhado *adj* entangled; tangled ♦ *nm* entanglement

emaranhar *vt* to tangle; to entangle ♦ *vp* **1** to involve oneself [em, in] (cabelo) to get tangled **3** fig to get into a mess

embaciado *adj* **1** tarnished **2** (vidro, superfície) misted **3** (olhos) misty

embaciar *vt* **1** to tarnish **2** (vidro) to steam up **3** (olhos) to cloud ♦ *vi* **1** (vapor) to steam up **2** (olhos) to mist over

embainhar *vt* (espada) to sheathe

embaixada *nf* embassy

embaixador *nm* ambassador

embaixatriz *nf* ambassadress

embalado *adj* **1** (arma) loaded **2** (acelerado) speedy **3** (apressado) in a hurry ❖ *ir embalado* to race along

embalagem *nf* package, packing; *embalagem incluída* packing included; *embalagem original* original package

embalar *vt* **1** (empacotar) to pack **2** (criança) to rock **3** (sossegar) to lull

embalo *nm* **1** lull **2** (balanço) rocking **3** (impulso) rush ❖ *aproveitar o embalo* to take the opportunity

embalsamador *nm* embalmer

embalsamar *vt* **1** (cadáver) to embalm **2** (aves) to stuff

embalsamento *nm* vatting; (mosto do vinho) tubbing

embalsar *vt* to tub, to put into a vat

embaraçado *adj* **1** (constrangido) embarrassed; *deixar alguém embaraçado* to leave a person in the lurch **2** (confuso) confused

embaraçar *vt* **1** (constranger) to embarrass **2** (estorvar) to hinder **3** (complicar) to complicate **4** (obstruir) to obstruct ♦ *vp* to become embarrassed

embaraço *nm* **1** (constrangimento) embarrassment; unease **2** (estorvo) hindrance; impediment **3** (complicação) trouble, *evitar embaraços* to steer clear of difficulties; *sair de embaraços* to get out of a tight corner

embaraçoso *adj* **1** embarrassing **2** (perturbador) troublesome **3** (complicado) difficult

embaralhar *vt* **1** (confundir) to confuse, to mix **2** (cartas) to shuffle

embaratecer *vt* to cheapen ♦ *vi* to grow cheap

embarcação *nf* boat; vessel; *embarcação a remos* rowing boat

embarcadouro *nm* wharf; pier

embarcar *vt* **1** (passageiros) to embark; to put on board **2** (mercadorias) to load ♦ *vi* **1** (navio) to embark; to go on board **2** (avião) to board **3** (tripulante) to join a ship 4 *fig* to take part [**em**, in] ❖ *embarcar em algo* to fall for something

embargar *vt* 1 to embargo, to ban 2 *(colocar obstáculos)* to hinder 3 DIR to seize

embargo *nm* 1 embargo; *levantar um embargo* to take off an embargo 2 DIR seizure ❖ *sem embargo* nevertheless

embarque *nm* 1 (pessoas) boarding, embarkation; *está a decorrer o embarque do voo AZ34* flight AZ34 is now boarding 2 (mercadorias) shipping, shipment; *documentos de embarque* shipping documents

embarrar *vi* 1 to touch 2 to run [**em**, against]

embarrilar *vt* to barrel

embasbacado *adj* dumbfounded, open-mouthed; *ficar embasbacado* to be dumbfounded

embate *nm* 1 collision; clash 2 *fig (acometida)* shock; outburst

embater *vi* to shock; to collide with

embatucado *adj* silent

embatucar *vt* to perplex, to confound ♦ *vi* to be dumbfounded

embebedar *vt,i* to make drunk ♦ *vp* to get drunk [**com**, on]

embeber *vt* to imbibe; to drink in; to drench ♦ *vp* to be soaked in; to become absorbed in

embeiçar *vt pop* to put a spell on, to bewitch ❖ *estar embeiçado por* to be in love with

embelezamento *nm* embellishment

embelezar *vt* 1 to embellish; to adorn 2 (casa) to brighten up ♦ *vp* to make oneself beautiful

embevecer *vt* to charm; to captivate ♦ *vp* 1 to be captivated; to be enravished 2 to be transported [**com**, with]

embevecimento *nm* rapture

embezerrar *vi* 1 *pop* to frown; to scowl 2 *pop* to be in the sulks

embicar *vi* 1 to stumble, to trip 2 *col* to have a tiff [**com**, with], to quarrel [**com**,

with] 3 *col* to head [**para**, for]; *embicar para alguma coisa* to head for something

embirração *nf* 1 stubbornness 2 antipathy; dislike

embirrar *vi* 1 *(teimar)* to be stubborn; to be obstinate 2 to insist [**que**, that] 3 *(implicar)* to take a dislike [**com**, to]; *embirrar com alguma coisa* to take a dislike to something

embirrento *adj* 1 querulous 2 stubborn

emblema *nm* 1 emblem 2 (roupa) badge

emblemático *adj* emblematic

embocadura *nf* 1 (instrumento) mouthpiece 2 (rio) mouth 3 (freio) bit

embolia *nf* MED embolism

êmbolo *nm* MEC piston

embolsar *vt* to pocket

embondeiro *nm* BOT baobab, monkey bread

embonecar *vt* to trim; to doll up ♦ *vp* to doll oneself up; to get dolled up

embora *conj* though, although; *embora não gostasse dele* though I didn't like him; *muito embora* although ♦ *adv* away; *ir-se embora* to go away, to leave; *vai-te embora* go away!, off you go! ♦ *interj* be off! ❖ *vamos embora* let's go

emborcar *vt* to dump; to empty

emborrachar *vt* to intoxicate ♦ *vp* to get drunk

emboscada *nf* ambush; *armar uma emboscada a alguém* to lay an ambush for someone

emboscar *vt* to ambush ♦ *vp* to lurk

embotamento *nm* numbness; dullness

embotar *vt* 1 (lâmina) to blunt 2 *fig* to dull ♦ *vp* to grow dull

embraiagem *nf* MEC clutch ❖ *disco de embraiagem* clutch plate; *pedal de embraiagem* clutch pedal

embraiar *vt* to put into gear

embrechado *nm* inlaid work ♦ *adj* inlaid

embrenhar-se *vp* 1 to penetrate deep [**em/por**, into] 2 (em pensamentos) to be absorbed

embriagado adj 1 (bêbedo) drunk; intoxicated; tipsy 2 fig (extasiado) enraptured

embriagar vt 1 to intoxicate, to make drunk; to tipple 2 (extasiar) to enrapture ♦ vp 1 to get drunk [com, on]; *ele embriagou-se com cerveja* he got drunk on beer 2 fig (extasiar-se) to be enraptured

embriaguez nf 1 drunkenness; intoxication 2 fig (êxtase) rapture

embrião nm BIOL embryo

embriologia nf BIOL embryology

embriologista n2g embryologist

embrionário adj BIOL,MED in embryo, embryonic

embrulhada nf 1 confusion; imbroglio; entanglement 2 col mess; *meter-se numa embrulhada* to get into a mess; *que embrulhada!* what a mess!

embrulhado adj 1 (pacote) wrapped up 2 (enredado) entangled 3 fig (iludido) deceived, deluded ❖ *todo embrulhado* all in a muddle

embrulhar vt 1 (presente, embalagem) to wrap up [em, in]; to pack up [em, in]; *embrulhar em papel* to wrap up in paper 2 (enrolar) to roll up 3 fig (confundir) to muddle up 4 fig (enganar) to cheat, to deceive 5 (estômago) to upset ♦ vp 1 to wrap oneself up 2 to become complicated 3 (tempo) to be overcast

embrulho nm (pacote) package, parcel, packet; *fazer um embrulho* to wrap up a parcel

embrutecedor adj numbing; mind-destroying

embrutecer vt to numb; to have a mind-destroying effect on ♦ vi,p 1 to become brutish 2 to become dull

embrutecimento nm 1 brutalization 2 numbing

embuste nm 1 (ardil) trick; cheat 2 (engano) deception

embusteiro nm liar; impostor

embutido nm inlaid work ♦ adj ARQ built-in; fitted; *armários embutidos* fitted cupboards

embutir vt 1 (armário) to build in 2 (marfim) to inlay

emenda nf 1 (correção) correction 2 (lei) amendment 3 (ligação) joint 4 (remendo) patch ❖ *é pior a emenda do que o soneto* the remedy is worse than the disease

emendar vt 1 (erros, defeitos) to correct 2 (lei) to amend 3 (provas) to emend 4 (reparar) to mend 5 (juntar) to put together ♦ vp fig to mend one's ways; to turn over a new leaf

ementa nf menu; *ementa turística* set menu

emergência nf 1 emergency 2 (crise) crisis 3 (surgimento) emergence; rising ❖ *em caso de emergência* in case of emergency; *saída de emergência* emergency exit

emergente adj2g emergent, emerging

emergir vi 1 to emerge; to come up 2 to appear; to come into view

emérito adj remarkable; emeritus

emersão nf emersion

emerso adj emerged; afloat

emético adj,nm MED emetic; vomitory

emigração nf emigration [de, from; para, to]

emigrado adj,nm emigrant

emigrante n2g emigrant

emigrar vi 1 to emigrate [de, from; para, to] 2 (aves) to migrate

eminência nf 1 eminence 2 (título) Eminence

eminente adj2g 1 eminent; remarkable 2 (elevado) high

emir nm emir

emirado nm emirate

Emiratos Árabes Unidos nmpl United Arab Emirates

emissão nf 1 (emanação) emission 2 (programa) broadcast, transmission 3 (notas, selos, ações) issue

emissário *nm* emissary; messenger

emissor *adj* 1 (notas) issuing 2 broadcasting ♦ *nm* 1 emitter, sender 2 transmitter; *emissor automático* automatic transmitter

emissora *nf* 1 (estação) broadcasting station 2 (empresa) broadcasting company ❖ *emissora de rádio* radio station

emitir *vt* 1 (calor, luz, som) to emit; *emitir calor* to emit heat 2 (notas, documentos) to issue; *emitir um passaporte* to issue a passport 3 RÁD,TV to broadcast 4 (opinião) to utter, to express

emoção *nf* 1 (comoção) emotion 2 (excitação) excitement; *que emoção!* how exciting!

emocional *adj2g* emotional

emocionante *adj2g* 1 (comovente) emotional; moving 2 (excitante) thrilling, exciting

emocionar *vt* 1 (comover) to move 2 (excitar) to thrill ♦ *vp* 1 (comover-se) to be moved [com, by] 2 (excitar-se) to get excited [com, about]

emoldurar *vt* to frame

emoliente *adj2g* MED emollient, softening

emolumentos *nmpl* emoluments

emoticon *nm* (Internet) emoticon

emotividade *nf* emotiveness

emotivo *adj* emotional, emotive

empacotamento *nm* packing; casing

empacotar *vt* to pack up; to bale ♦ *vi col* (morrer) to pop one's clogs

empada *nf* 1 (grande) pie 2 (pequena) pasty

empadão *nm* 1 (carne) meat pie 2 (peixe) fish pie

empáfia *nf* haughtiness; presumption

empalhador *nm* taxidermist

empalhamento *nm* 1 packing with straw 2 (animais) stuffing 3 (garrafas) casing

empalhar *vt* 1 (louça, fruta) to pack up with straw 2 (animais) to stuff

empalidecer *vi* to grow pale

empalmar *vt* 1 to hide 2 (furtar) to pilfer, to snitch

empanar *vt fig* to tarnish ♦ *vi col* (carro) to get stuck; to break down

empancar *vi* to block ♦ *vt* 1 to hold back 2 (obstruir) to clog

empanturrar *vt* to glut; to stuff ♦ *vp* (comida) to gorge oneself; to stuff oneself [de/com, with]

empapar *vt* to soak; to drench ♦ *vp* to get soaked

emparceirar *vt* to join; to match

emparedar *vt* to wall up; to cloister ♦ *vp* to immure oneself

emparelhamento *nm* matching, pairing

emparelhar *vt* 1 to couple 2 (equiparar) to match ♦ *vi* 1 to rival 2 to be equal [com, to] ♦ *vp* to pair

empastar *vt* 1 to paste up; to get thick 2 to plaster [de, with]; *empastar o cabelo de gordura* to plaster the hair with grease ♦ *vp* to get thick; to turn into paste

empatado *adj* 1 (jogo) drawn; *estar empatados* to be even 2 (dinheiro) tied up 3 (atrasado) delayed

empatar *vt* 1 (dinheiro) to invest; *empatar capital* to invest money 2 (embaraçar) to hinder 3 (tempo) to take up [com/em, on], to dwell [com/em, on]; *empatar tempo com qualquer coisa* to dwell on something ♦ *vi* 1 (votação, concurso) to tie; *as duas equipas empataram* the two teams tied 2 DESP (resultado final) to draw [com, with]; *empataram com o Manchester United* they drew with Manchester United 3 DESP to equalize; *temos de empatar antes do intervalo* we must equalize before half-time

empate *nm* 1 (jogo) draw; *um empate a dois* a two-all draw 2 (concurso, votação) tie 3 (xadrez) stalemate 4 (obstáculo) hindrance 5 (negociações) deadlock

empatia *nf* empathy

empecilho *nm* obstacle

empeçonhar *vt* to poison

empedernido *adj* **1** hardened, stony **2** hard-hearted **3** confirmed, inveterate

empedernir *vt* **1** to petrify **2** to harden **3** to make hard-hearted ♦ *vp* to grow cruel

empedrado *adj* paved ♦ *nm* stone pavement

empedramento *nm* **1** paving **2** pavement

empedrar *vt* **1** to pave **2** to petrify ♦ *vi,p* to harden

empenhado *adj* **1** (*penhorado*) pawned **2** (*endividado*) indebted; *col* **estar empenhado até aos olhos** to be up to the ears in debt **3** (*interessado*) interested [*em, in*]

empenhar *vt* **1** (*penhorar*) to pawn **2** (*palavra*) to pledge; **empenhar a palavra** to pledge one's word **3** (*empregar*) to exert ♦ *vp* **1** (*endividar-se*) to run into debt **2** (*esforçar-se*) to bind oneself [*em, to*] **3** (*interessar-se*) to take interest [*em, in*]

empenho *nm* **1** (*esforço*) pawn **2** (*interesse*) interest (*esforço*) commitment [*em, to*]; **ele pôs todo o empenho neste projeto** he committed himself wholeheartedly to this project

emperrado *adj* **1** jammed **2** (*porta*) stiff **3** (*chave*) stuck

emperramento *nm* **1** jamming **2** sticking fast **3** *fig* obstinacy, stubbornness

emperrar *vi* **1** (*junta*) to be stiff **2** (*gaveta, porta*) to stick **3** (*máquina*) to jam, to be jammed **4** (*encravar*) to get stuck [*em, in*] **5** (*teimar*) to be stubborn ♦ *vt* **1** (*porta, junta*) to make stiff **2** (*máquina*) to jam **3** to harden

empertigado *adj* proud; stiff-necked

empertigar *vt* **1** to straighten **2** to make stiff ♦ *vp* **1** to stand up straight **2** to strut

empestar *vt* (*infetar*) to infect; to contaminate ♦ *vi* to stink [*a, of*]

empilhadora *nf* pallet truck, stacking truck

empilhamento *nm* heaping up; stacking

empilhar *vt* to heap up; to pile up, to stack; **empilhar a madeira** to pile the wood

empinado *adj* **1** (*direito*) straight, upright **2** (*colina*) steep **3** (*cavalo*) reared

empinar *vt* **1** to raise **2** *col* to drink to the dregs **3** *gír* to memorize; to cram; to swot *GB* **4** (*ressaltar*) to thrust out ♦ *vp* **1** (*cavalo*) to rear up **2** *col* (*ser arrogante*) to become haughty

empírico *adj* empiric, empirical ♦ *nm* empiric, empiricist

empirismo *nm* empiricism

emplastro *nm* **1** *MED* plaster **2** *fig* ailing person

empoar *vt* **1** to powder **2** to dust

empobrecer *vt* **1** to impoverish **2** (*solo*) to deplete ♦ *vi* to grow poor

empobrecimento *nm* **1** impoverishment **2** (*solo*) depletion

empoeirar *vt* to cover in dust

empola *nf* **1** (*pele*) blister **2** (*água*) bubble

empolado *adj* **1** swollen; inflated **2** (*pele*) blistered **3** (*estilo*) bombastic

empolamento *nm* *MED* swelling, blistering

empolar *vi* **1** to puff up **2** (*pele*) to rise up in blisters ♦ *vp* **1** to blister **2** (*ser orgulhoso*) to grow proud

empoleirar *vt* (*pássaro*) to roost ♦ *vp* to perch

empolgante *adj2g* overpowering; thrilling

empolgar *vt* to stimulate, to thrill

emporcalhar *vt* to dirty ♦ *vp* **1** (*sujar-se*) to get dirty **2** (*rebaixar-se*) to degrade oneself

empório *nm* **1** (*armazém*) emporium **2** (*mercado*) market **3** trade centre

empossar *vt* to appoint; to install in office

empreendedor *nm* entrepreneur ♦ *adj* enterprising; **homem empreendedor** man full of enterprise ❖ **espírito empreendedor** spirit of enterprise

empreendedorismo *nm* entrepreneurship

empreender *vt* to undertake; to enterprise

empreendimento *nm* enterprise; undertaking; *empreendimento arriscado* dangerous undertaking

empregado *nm* 1 employee 2 (*escritório*) clerk 3 (*limpeza*) cleaner 4 (*restaurante*) waiter 5 (*loja*) shop assistant ♦ *adj* 1 employed 2 applied

empregador *nm* (*patrão*) employer; boss

empregar *vt* 1 (*pessoal*) to employ; to engage 2 (*utilizar*) to use; *empregar a força* to use violence 3 (*tempo, dinheiro*) to spend [**em**, on]; *empregar mal o tempo* to waste your time ♦ *vp* 1 (*emprego*) to get a job 2 (*ocupar-se*) to occupy oneself 3 (*dedicar-se*) to apply oneself

emprego *nm* 1 (*trabalho*) job; *candidatar-se a um emprego* to apply for a job 2 (*local*) office 3 (*utilização*) use, application

empreitada *nf* 1 contract job 2 taskwork; *trabalhar de empreitada* to be on taskwork 3 enterprise, venture ❖ *de empreitada* by the job

empreiteiro *nm* contractor

empresa *nf* 1 company, firm; *empresa privada* private company 2 (*projeto*) enterprise; undertaking

empresário *nm* 1 (*homem*) businessman; (*mulher*) businesswoman 2 (*artístico*) manager, agent 3 TEAT impresario

emprestado *adj* lent, loaned; *pedir emprestado* to borrow

emprestador *nm* lender, loaner

emprestar *vt* to lend, to loan; *emprestar dinheiro* to lend money; *emprestas-me o teu lápis?* may I borrow your pencil?

empréstimo *nm* 1 lending 2 (*objeto*) borrowing 3 (*financeiro*) loan; *contrair um empréstimo* to take out a loan; *pedir um empréstimo* to ask somebody for the loan of ❖ *empréstimo hipotecário* mortgage; *empréstimo bancário* bank loan

emproado *adj* proud; haughty; arrogant

empunhar *vt* to handle; to seize

empurrão *nm* push; shove

empurrar *vt* 1 to push; to shove; *empurrar o carrinho de compras* to push the shopping trolley; *não empurre!* stop pushing! 2 (*pressionar*) to push [**para**, into]; *a família empurrou-o para o jornalismo* his family pushed him into studying journalism

emudecer *vt* 1 (*calar*) to silence 2 (*perder a fala*) to strike dumb ♦ *vi* 1 to be silent 2 to grow dumb

emulação *nf* emulation

emular *vt* to emulate

êmulo *adj* emulous ♦ *nm* competitor, emulator

emulsão *nf* emulsion

emulsionante *nm* emulsifier ♦ *adj2g* emulsifying

emulsionar *vt* to emulsify

ena *interj* wow!; gosh!

enaltecer *vt* to exalt; to praise

enamorado *adj* 1 (*apaixonado*) in love [**de**, with]; enamoured [**de**, of]; *estar enamorado de alguém* to be in love with someone 2 (*encantado*) enchanted

enamorar-se *vp* to fall in love [**de**, with]

encabeçar *vt* to be at the head of, to head

encabular *vt* Bras to embarrass ♦ *vi,p* Bras to be embarrassed

encadeamento *nm* 1 (*série*) chain 2 (*conexão*) link 3 LIT enjambment

encadear *vt* 1 to chain 2 (*ideias*) to link; to connect

encadernação *nf* 1 (*capa*) cover 2 (*encadernar*) binding

encadernador *nm* bookbinder

encadernar *vt* to bind

encaixar *vt* 1 (*pôr em caixa*) to box; to encase 2 (*juntar*) to fit [-, in; -, together; **em**, into] 3 (*inserir*) to insert ♦ *vi* 1 to fit; *não encaixa* it doesn't fit 2 (*carpintaria*) to rabbet ♦ *vp* to fit [**em**, in] ❖ *col encaixar na cabeça* to get into one's head

encaixe nm 1 groove, notch 2 (ato de encaixar) fitting 3 (buraco) socket

encaixilhar vt 1 (quadro) to frame 2 (janela) to sash

encaixotamento nm 1 boxing 2 package, packing up

encaixotar vt 1 to box 2 to pack up

encalacrar vt col to put in a sad pickle; to get somebody into trouble ♦ vp to run into debt

encalço nm pursuit; track; *ir no encalço de* to follow, to track, to trace

encalhado adj 1 aground, stranded 2 (mercadoria) unsaleable 3 pej (solteiro) unmarried

encalhamento nm stranding, grounding

encalhar vt to ground, to strand ♦ vi 1 NÁUT to run ashore, to run aground 2 fig (processo) to grind to a halt 3 (mercadoria) to be returned, not to sell 4 pej (ficar solteiro) to be left on the shelf

encalhe nm fig (dificuldade) obstacle, difficulty

encaminhamento nm 1 guidance, counselling 2 INFORM routing

encaminhar vt 1 (dirigir) to lead, to direct, to guide 2 (pôr no bom caminho) to put on the right path 3 (processo) to set in motion 4 (aconselhar) to advise ♦ vp to set out [para, for]; to head [para, for]; *encaminharam-se para casa* they headed home

encanamento nm piping; plumbing

encandeamento nm dazzle

encandear vt 1 to dazzle 2 to hallucinate 3 fig to charm

encantado adj 1 delighted [com, with], overjoyed [com, with], pleased [com, with]; *estar encantado com alguma coisa* to be delighted with something 2 (enfeitiçado) enchanted; under a charm 3 (fascinado) to be smitten [por, with]; *ele estava encantado por ela* he was smitten with her ❖ *príncipe encantado* prince charming

encantador nm charmer; *encantador de serpentes* snake charmer ♦ adj 1 charming, delightful 2 lovely; cute

encantamento nm 1 (fascinação) enchantment, charm 2 (magia) spell; *romper um encantamento* to break a spell

encantar vt 1 (cativar) to charm, to enchant 2 (deliciar) to delight 3 (enfeitiçar) to bewitch

encanto nm 1 enchantment, charm; *é um encanto* it is charming; *ela é um encanto* she's lovely 2 (feitiço) spell; *quebrar o encanto* to break the spell

encapar vt 1 (cobrir) to cloak 2 (envolver) to wrap up 3 (livro) to put a cover on

encapelado adj (mar) rough, swollen

encapelar vt (mar) to swell, to rise ♦ vp (mar) to get rough

encapotar vt 1 (encobrir) to cloak 2 (disfarçar) to disguise ♦ vp to be disguised

encaracolado adj curly, curled

encaracolar vt 1 (cabelo) to curl 2 to twist; to spiral ♦ vp to curl up

encarapuçar vt 1 to put a hood on 2 to cover the head of

encarar vt 1 (enfrentar) to face; *encarar uma pessoa* to look a person full in the face 2 (olhar) to stare at 3 (considerar) to consider ❖ *encarar as coisas como elas são* to face the facts

encarceramento nm incarceration, imprisonment

encarcerar vt to incarcerate; to imprison

encardido adj 1 (roupa, casa) grimy, dirty 2 (pele) sallow

encardir vi to soil; to foul; to get grimy

encarecer vt (subir o preço) to raise the price of ♦ vi to go up in price; *está tudo a encarecer* everything is going up

encarecimento nm 1 (valorização) endearment 2 (preço) increase 3 (exagero) exaggeration

encargo nm 1 (responsabilidade) responsibility 2 (cargo, missão) job; assignment

3 *(obrigação)* obligation 4 *(financeiro)* burden

encarnação *nf* 1 incarnation 2 embodiment

encarnado *nm* (cor) red ♦ *adj* 1 incarnate, embodied 2 (cor) red

encarnar *vt* 1 to embody 2 TEAT to play ♦ *vi,p* to incarnate; to be embodied

encarniçado *adj (feroz)* fierce; furious

encarquilhar *vt* 1 (pele) to wrinkle 2 (enrugar) to crumple ♦ *vp* 1 (fruta) to wither 2 (pele) to get wrinkled, to be wrinkled

encarregado *nm* 1 *(negócios)* manager; agent 2 *(supervisor)* person in charge ♦ *adj* in charge [de, of]

encarregar *vt* 1 to charge [de, with], to entrust [de, with]; *encarregar alguém de algo* to charge a person with something 2 to commit ♦ *vp* 1 *(comprometer-se)* to undertake; *encarregar-se de fazer algo* to undertake to do something 2 *(ser responsável)* to take charge of; *encarregar-se de alguma coisa* to take charge of something 3 *(cuidar)* to look after; *quem se encarrega do bebé?* who will look after the baby? ❖ *eu encarrego-me dele* I'll tackle him

encarreirar *vt* 1 *(guiar)* to guide, to lead 2 (negócios) to run 3 (moralmente) to put on the right track ♦ *vi* to go right

encarrilar *vt* 1 to put on the rails 2 to direct ♦ *vi* 1 to go right 2 *fig* to succeed

encartado *adj* 1 chartered 2 registered 3 licensed ♦ *solicitador encartado* solicitor at law

encartar *vt* (diploma, patente) to register

encasacar *vt,p* to dress up

encasquetar *vt fig* to get into one's head; *encasquetar uma ideia* to get an idea into one's head

encastoar *vt* 1 to enchase 2 (diamantes) to set 3 (joias) to mount

encastrado *adj* 1 inlaid; inserted 2 (armário) built-in

encastrar *vt* 1 (joias, pedras) to embed 2 *(incrustar)* to insert; to inlay 3 *(encaixar)* to build in

encavacar *vt,i* to pout; to be embarrassed

encefálico *adj* MED encephalic

encefalite *nf* MED encephalitis

encéfalo *nm* encephalon

encenação *nf* 1 TEAT (peça) staging 2 *(produção)* production 3 *fig (fingimento)* simulation ❖ *col fazer encenação* to put it on

encenador *nm* stage manager, stage director

encenar *vt* 1 TEAT to stage, to stage-manage 2 *(produzir)* to produce 3 *fig (fingir)* put on

encerado *adj* waxed, polished

enceramento *nm* wax polishing, waxing

encerar *vt* to wax

encerramento *nm* 1 (estabelecimento) closure 2 (cerimónia) closing; *discurso de encerramento* closing speech

encerrar *vt* 1 to shut, to close; *encerrar uma conta bancária* to close a bank account 2 (reunião, audiência) to end 3 *(limitar)* to limit; to bound

encetar *vt* 1 *(iniciar)* to begin; to start 2 *(começar a cortar)* to cut

encharcado *adj* 1 drenched; soaked 2 (terreno) swamped

encharcar *vt* 1 to drench; to soak; to wet 2 *(alagar)* to flood ♦ *vp* to get drenched

enchente *nf* 1 *(cheia)* overflow; flood 2 *fig* abundance [de, of]; overflow [de, of]; *uma enchente de gente* an overflow of people

encher *vt* 1 to fill [de, with]; (depósito da gasolina) to fill up; *encher até transbordar* to fill to the brim; *encher de mais* to overfill 2 to stuff; to cram 3 (com ar) to inflate; to blow up; (pneu) to pump up ♦ *vi* (maré) to rise ♦ *vp* 1 (recipiente, sala) to fill up 2 (de comida) to stuff yourself 3 *col* to get tired; to be fed up ❖ *encher as medidas* to come up to one's expectations; *encher-se de coragem* to screw up your courage; *encher-se de orgulho* to swell with pride

enchido *nm* CUL sausage

enchimento *nm* 1 filling up 2 stuffing

encíclica *nf* REL encyclical

enciclopédia *nf* encyclopaedia

enciclopédico *adj* encyclopaedic

enciclopedista *n2g* encyclopaedist

encimar *vt* 1 to top; to surmount; to head 2 to raise; to elevate

enciumar *vt* to make jealous ♦ *vp* to feel jealous

enclausurar *vt* 1 to enclose 2 to imprison ♦ *vp* to shut oneself up

enclave *nm* enclave

enclítica *nf* LING enclitic

enclítico *adj* LING enclitic

encoberta *nf* (*esconderijo*) hiding place; shelter ❖ *às encobertas* furtively

encoberto *adj* 1 (*escondido*) hidden, concealed 2 (*disfarçado*) disguised 3 (*céu, dia*) overcast; cloudy

encobridor *nm* 1 concealer 2 col (*receptador*) fence ♦ *adj* concealing

encobrimento *nm* 1 concealment; hiding; *encobrimento de um criminoso* harbouring a criminal 2 (*objetos roubados*) fencing

encobrir *vt* 1 to conceal; to hide; *encobrir um crime* to conceal a crime 2 DIR (*criminoso*) to harbour ♦ *vp* 1 to hide oneself 2 (*céu*) to cloud over

encolerizar *vt* to anger; to enrage ♦ *vp* to get angry; to lose one's temper

encolher *vi* to shrink ♦ *vt* 1 to shrink; to shorten 2 (*ombros*) to shrug; *encolher os ombros* to shrug one's shoulders ♦ *vp* 1 to shrink back 2 to grow smaller

encolhido *adj* 1 shrunken 2 (*tímido*) shy

encomenda *nf* 1 order; *feito por encomenda* made to order 2 (*pacote*) parcel 3 (*trabalho*) commission

encomendar *vt* to order; *encomendei o livro na loja* I've ordered the book from the shop ♦ *vp* to commend; *encomendar-se a Deus* to commend oneself to God

encomiástico *adj* encomiastic; laudatory

encómio *nm* praise; panegyric

encontrão *nm* shove; push

encontrar *vt* 1 (*coisa*) to find; to discover 2 (*pessoa*) to meet; to come across; *encontrar alguém por acaso* to chance upon someone; *encontrar alguém no caminho* to come across someone in the street ♦ *vp* 1 (*encontro marcado*) to meet [*com*, with] 2 (*por acaso*) to run into; to come across; *encontrámo-nos numa loja* I ran into her in a shop ❖ *encontrar obstáculos* to meet with obstacles; *encontrar-se à venda no mercado* to be on sale in the market

encontro *nm* 1 (*amigos*) appointment; (*amoroso*) date 2 (*reunião*) meeting 3 (*colisão*) collision 4 DESP contest; (*futebol*) match

encorajador *adj* encouraging; *notícias encorajadoras* heartening news

encorajamento *nm* encouragement

encorajar *vt* to encourage; to hearten; to cheer up

encornar *vt* 1 vulg to cheat on 2 gir to swot; to con ♦ *vi* 1 to collide; to stumble 2 to be stricken by the horns

encorpado *adj* (*pessoa*) corpulent

encorpar *vt* to thicken; to bulk ♦ *vi* to grow stout; to fatten

encorrilhado *adj* wrinkled

encorrilhar *vt* 1 to wrinkle 2 (*encarquilhar*) to shrivel ♦ *vi* 1 to wrinkle; *este tecido encorrilha facilmente* this fabric wrinkles easily 2 (*encarquilhar*) to shrivel

encosta *nf* slope; hillside ❖ *encosta abaixo* downhill; *encosta acima* uphill; *pela encosta abaixo* down the slope

encostado *adj* 1 leaning [*a*, on/against]; standing against [*a*, against] 2 (*porta, janela*) ajar; *deixar a porta encostada* to leave the door ajar

encostar *vt* 1 to prop [*a*, against/on] 2 to lean [*a*, on]; *encostou a cabeça ao ombro*

dele she leaned her head on his shoulder
3 *(carro)* to pull over 4 *(porta, janela)* to
leave ajar ♦ *vi (carro)* pull over ♦ *vp*
1 *(apoiar-se)* to lean [a, against/on]; **en-
costa-te ao meu braço** lean on my arm
2 *(reclinar-se)* to lean back ❖ **encostar alguém à parede** to drive someone to the
wall

encosto *nm* 1 prop; stay 2 *(cadeira)* back

encravar *vt* 1 to nail; to get stuck 2 *(joia)*
to set 3 *(arma de fogo)* to spike ♦ *vi* to nail;
to get stuck ♦ *vp* to put oneself in a fix

encrenca *nf* fix; trouble; **meter-se em en-
crencas** to get into trouble

encrespar *vt* 1 to curl 2 *(cabelo)* to frizzle
♦ *vi* 1 to wrinkle 2 *(mar)* to foam ♦ *vp* to
get cross; to get angry; to rage

encriptação *nf* INFORM encryption; encrypting

encriptar *vt* INFORM to encrypt

encruado *adj* 1 underdone; raw 2 *(bolo)*
soggy; indigestible

encruzilhada *nf* crossroads

encurralar *vt* 1 to stable 2 to confine
3 *fig* to trap; to corner

encurtamento *nm* shortening; curtail-
ment

encurtar *vt* 1 *(roupa, cabelo)* to shorten; to
trim 2 *(atalhar)* to shorten; to abridge; **encurtar o caminho** to cut across 3 *(reduzir)*
to diminish 4 *(resumir)* to abbreviate

encurvar *vt* 1 *(dobrar)* to bend 2 *(linha)* to
curve

endecha *nf* dirge

endemia *nf* MED endemic disease

endémico *adj* endemic

endereçamento *nm* addressing

endereçar *vt* 1 *(pôr endereço)* to address
[a, to] 2 *(enviar)* to send [a, to]; to direct
[a, to] 3 *(sorriso, palavras)* to address; to
direct ♦ *vp* to approach

endereço *nm* address; INFORM **endereço
de correio eletrónico** e-mail address

endeusamento *nm* deification

endeusar *vt* to deify

endiabrado *adj* naughty; mischievous

endinheirado *adj* rich; moneyed

endireita *nm pop* bonesetter

endireitar *vt* 1 *(pôr direito)* to straighten
2 *(corrigir)* to set right; to correct ♦ *vi* 1 *(ficar direito)* to straighten [-, out] 2 *fig (corrigir-se)* to amend ♦ *vp* to stand upright

endívia *nf* endive

endividado *adj* in debt

endividamento *nm* indebtedness

endividar *vt,p* to run into debt

endocarpo *nm* BOT endocarp

endócrino *adj* MED endocrine

endógeno *adj* BIOL endogenous

endoidecer *vt* to madden; to drive mad
♦ *vi* to go mad

endoscópio *nm* endoscope

endosmose *nf* endosmosis

endossado *adj* endorsed ♦ *nm* endorsee

endossante *n2g* endorser

endossar *vt* to endorse; **endossar um
cheque** to endorse a cheque

endosso *nm* endorsement

endovenoso *adj* intravenous

endurecer *vt* 1 *(tornar duro)* to harden; to
make hard 2 *fig* to make insensitive ♦ *vi*
1 to harden 2 to toughen

endurecido *adj* 1 *(rijo)* hardened 2 *(resistente)* callous 3 *(insensível)* hard-hearted;
cruel

endurecimento *nm* 1 hardening; stiffen-
ing 2 *(zona endurecida)* hardness; rigidity
3 *(insensibilidade)* harshness; roughness

enegrecer *vt* 1 *(cor)* to blacken 2 *(escurecer)* to darken 3 *fig* to denigrate; to vilify ♦
vi to grow dark

energético *adj* energizing; energetic

energia *nf* energy; **fornecer energia** to
provide/supply energy; **estar sem energia**
to be lacking in energy ❖ **energia elétrica** electric power; **energia eólica** wind
power

enérgico *adj* 1 energetic 2 *(pessoa, atitude)*
dynamic; vigorous 3 *(poderoso)* potent;
powerful

energúmeno *nm pej* ignorant

enervante *adj2g* irritating; enervating

enervar *vt* **1** (*pôr nervoso*) to make somebody nervous **2** (*irritar*) to get on somebody's nerves; to irritate; *col* **ele enerva-me** he really gets to me; *col* **não te enerves com isso** don't let it get to you ◆ *vp* **1** to be upset **2** to become/get nervous

enésimo *adj num* nth; *a enésima potência* to the nth power ◆ *adj col* umpteenth; *pela enésima vez* for the umpteenth time

enevoado *adj* **1** (*nuvens*) cloudy **2** (*nevoeiro*) foggy

enfadar *vt* **1** (*aborrecer*) to bore **2** (*fartar*) to annoy; to tire ◆ *vp* to get bored

enfado *nm* boredom; tediousness

enfadonho *adj* tiresome; boring

enfaixar *vt* to swaddle; to swathe

enfardar *vt* to pack up; to bale ◆ *vi col* (*tareia*) to be beaten

enfarinhar *vt* to flour; to powder ◆ *vp fig* to get a smattering of

enfarpelar *vt,p* to dress up

enfarruscar *vt* to soot; to blacken

enfartado *adj col* full up; crammed

enfartamento *nm* (*sensação*) glut

enfartar *vt* to cram [com, with]; to glut [com, with] ◆ *vp* to stuff oneself [com, with]

enfarte *nm* MED coronary; heart attack

ênfase *nf* emphasis; *dar ênfase a* to emphasize, to put emphasis on

enfastiado *adj* bored ❖ *estar enfastiado de tudo* to be sick at heart

enfastiar *vt* to bore; to tire ◆ *vp* to get fed up

enfático *adj* emphatic; *tornar enfático* to emphasize

enfatuado *adj pej* conceited; arrogant

enfeitar *vt* **1** (*embelezar*) to adorn; to embellish; to trim; *enfeitar um vestido* to trim a dress **2** (*decorar*) to decorate [com, with] **3** (*montra*) to dress

enfeite *nm* ornament; decoration; trimming ❖ *enfeites de Natal* Christmas ornaments

enfeitiçar *vt* **1** to bewitch; to cast a spell on; to put a spell on **2** *fig* to seduce; to enchant

enfermagem *nf* nursing

enfermar *vi* to be taken ill, to fall ill ❖ *enfermar de* to suffer from

enfermaria *nf* (*hospital*) ward; (*escola, instituição*) infirmary

enfermeiro *nm* nurse; *enfermeiro chefe* charge nurse, head nurse

enfermidade *nf* disease; illness; sickness

enfermo *adj* sick; ill ◆ *nm* patient

enferrujado *adj* rusty

enferrujar *vt* to rust ◆ *vp* to go rusty

enfezado *adj* stunted; rachitic

enfezar *vt* to stunt (the growth of); to dwarf

enfiada *nf* row; rank; file ❖ *de enfiada* one after another, at a stretch

enfiar *vt* **1** to thread; to string; *enfiar um colar* to string a necklace, *enfiar uma agulha* to thread a needle **2** (*roupa, sapatos*) to slip on ◆ *vp* to slip [em, into]

enfileirar *vt* to range; to rank ◆ *vi* to rank; to come into line

enfim *adv* **1** finally; at length; *até que enfim!* at last! **2** (*resumindo*) in short; to cut a long story short

enfisema *nf* MED emphysema

enforcado *nm* hanged man/woman ◆ *adj* hanged

enforcamento *nm* hanging

enforcar *vt* to hang ◆ *vp* **1** to hang oneself **2** *col* to get married

enformar *vt* **1** to shape; to mould **2** (*sapateiro*) to put on the last ◆ *vi* to develop; to grow

enfraquecer *vt* to weaken; to debilitate ◆ *vi* to weaken

enfraquecimento *nm* weakening

enfrascar vt 1 to bottle 2 pop (embebedar) to fill up ♦ vp 1 (ensopar-se) to soak 2 pop (embebedar-se) to get drunk

enfrentar vt 1 to face; to withstand; to confront; **enfrentar um perigo** to face danger 2 (encarar) to face up to; **enfrentar a realidade** to face up to reality

enfronhar vt 1 to put (the pillow) into the pillowcase ♦ vp col (concentrar-se) to bury oneself [em, in]

enfunar vt 1 (vela) to fill out; to swell 2 fig to puff up

enfurecer vt to infuriate; to enrage ♦ vp 1 to lose one's temper; to get mad [com, at] 2 fig (mar, vento) to rage

enfurecido adj 1 furious; angry; mad 2 fig (mar) rough

engaço nm rake

engaiolar vt 1 to cage 2 fig to imprison 3 col to coop up in

engajar vt to engage; to recruit

engalanar vt to adorn; to embellish ♦ vp to dress up

engalfinhar-se vp to fight; to wrestle

enganado adj 1 (errado) mistaken; wrong; **estar enganado** to be mistaken 2 (burlado) deceived; betrayed; **ser enganado** to be deceived

enganador adj 1 (impostor) misleading 2 (ilusório) deceptive

enganar vt 1 (trair) to cheat on 2 (iludir) to mislead; to deceive; **enganar alguém** to lead someone up the garden path ♦ vp 1 (equivocar-se) to be wrong; **enganar-se no caminho** to take the wrong road 2 (iludir-se) to be mistaken; **enganar-se a respeito de alguém** to be mistaken about someone 3 (cometer erro) to make a mistake

enganchar vt to hook; to grapple ♦ vp to become entangled

engano nm 1 (erro) mistake; **por engano** by mistake, by accident 2 (mal-entendido) misunderstanding; **deve haver um engano** there must be some misunderstand-ing 3 (ilusão) delusion; deception ❖ (tele-fone) **é engano!** you've got the wrong number!

enganoso adj 1 (ilusório) deceptive 2 (falso) misleading

engarrafamento nm 1 (bebidas) bottling 2 (trânsito) traffic jam

engarrafar vt 1 (bebidas) to bottle 2 (trân-sito) to jam

engasgado adj 1 choked [com, on] 2 (fig.) speechless; strangled

engasgar vt to choke ♦ vp 1 to choke [com, on]; **engasgar-se com pão** to choke on bread 2 (com palavras) to get stuck; **ele engasgou-se nesta palavra** he got stuck on this word

engastar vt to enchase; (diamante) to set; (pedra preciosa em ouro) to mount

engatar vt 1 to cramp; to hook 2 (atrelar) to hitch; to couple; **engatar um atrelado** to hitch a trailer; **engatar uma carrua-gem** to couple a carriage 3 (automóvel) to put into gear 4 col (uma pessoa) to chat (somebody) up; to get off with

engatatão nm col lady's man

engate nm 1 cramp; clamp 2 coupling 3 col (pessoas) pickup; flirt

engatilhar vt 1 to cock; **engatilhar a es-pingarda** to cock the gun 2 fig to prepare

engavetar vt 1 to put into a drawer 2 col (prender) to bust

engelhado adj 1 (tecido, papel) creasy; puckered; crumpled 2 (com rugas) wrin-kled; shrivelled 3 (desalinhado) rumpled

engelhar vt to crease; to wrinkle; to shrivel

engendrar vt 1 (gerar) to engender; to beget 2 (conceber) to make up

engenhar vt 1 to contrive; to invent 2 to scheme; to plan

engenharia nf engineering ❖ **engenharia agrícola** agronomy; **engenharia civil** civil engineering; **engenharia mecânica** me-chanical engineering

engenheiro nm engineer ❖ *engenheiro agrónomo* agronomist; *engenheiro de som* sound engineer; *engenheiro químico* chemical engineer

engenho nm 1 MIL engine; device; *engenho explosivo* explosive device 2 *(moinho)* mill 3 fig art; skill; ingenuity

engenhoca nf col contraption; gadget

engenhoso adj 1 *(hábil)* ingenious; skilful 2 *(talentoso)* clever

engessado adj in plaster; *tenho a perna engessada* my leg's in plaster

engessar vt to plaster

englobar vt 1 *(juntar)* to include 2 *(abarcar)* to comprise

engodar vt 1 to bait 2 fig to allure; to decoy

engodo nm 1 bait; decoy 2 fig enticement; allurement

engolir vt 1 to swallow 2 *(comer depressa)* to gobble; *ele engoliu o almoço* he gobbled his lunch ❖ *engolir em seco* to gulp

engomar vt 1 *(com goma)* to starch 2 *(passar a ferro)* to iron

engorda nf *(animais)* force-feeding; fattening

engordar vi 1 to put on weight 2 *(alimento)* to be fattening ♦ vt to fatten up

engordurar vt 1 *(com gordura)* to grease 2 *(com óleo)* to oil

engraçado adj 1 *(divertido)* funny; amusing; *que engraçado!* how funny! 2 *(curioso)* odd; strange; funny 3 *(giro)* cute; pretty ❖ *fazer-se de engraçado* to play the clown

engraçar vi *(gostar, simpatizar)* to like [com, -]; to fall [com, for]

engrandecer vt 1 *(alargar)* to enlarge 2 *(enobrecer)* to dignify; to honour

engrandecimento nm 1 *(desenvolvimento)* enlargement; growth; rise 2 *(elevação)* improvement

engravatar-se vp 1 to put a tie on 2 fig *(arranjar-se)* to dress up

engravidar vt to get (somebody) pregnant ♦ vi to become pregnant

engraxador nm 1 shoeblack 2 fig *(bajulador)* bootlicker

engraxar vt 1 to polish; to shine 2 fig *(bajular)* to bootlick; to butter up

engrenagem nf *(dispositivo)* gear; *roda de engrenagem* gear wheel

engrenar vt 1 to put into gear; to gear (up, down) 2 to connect

engripar vi to catch a cold; to catch the flu

engrossar vt,i 1 to thicken 2 *(aumentar)* to increase

enguia nf eel

enguiçar vt 1 *(máquina)* to break down 2 *(mau-olhado)* to bring ill luck to; to bewitch

enguiço nm *(mau-olhado)* ill luck; bad omen; evil eye

enigma nm puzzle; enigma; riddle

enigmático adj enigmatic; puzzling

enjaular vt 1 to jail; to cage 2 fig *(prisão)* to put into jail

enjeitado adj rejected; abandoned ♦ nm ant foundling; abandoned child

enjeitar vt 1 *(rejeitar)* to reject 2 ant *(criança)* to expose

enjoado adj 1 sick; (no mar) seasick; *estar enjoado* to be seasick 2 *(farto)* sick and tired; *já estou enjoado de o ouvir a falar* I'm sick and tired of listening to him

enjoar vt to make (somebody) sick; to turn one's stomach; *isso enjoa-me* that makes me sick ♦ vi to get sick; (no mar) to get seasick

enjoativo adj sickening; nauseating

enjoo nm nausea; (no mar) seasickness

enlaçar vt 1 *(atar)* to tie 2 *(cingir)* to entwine 3 *(abraçar)* to hold

enlace nm 1 *(união)* connection; union 2 *(casamento)* marriage

enlameado adj muddy

enlamear vt 1 to soil with mud; to dirty 2 fig (reputação) to stain ♦ vp to get muddy; to get covered in mud

enlanguescer vi to languish

enlatado adj tinned; canned ♦ nm tinned food; canned food

enlatar vt to tin; to can

enlear vt 1 (enrolar) to entangle 2 fig (enredar) to entangle; to involve 3 fig (embaraçar) to confuse

enleio nm 1 entanglement 2 embarrassment

enlevado adj enraptured; in ecstasy

enlevar vt to ravish; to enchant ♦ vp to be enraptured [com, with]

enlevo nm 1 rapture; ecstasy; ravishment 2 happiness; bliss; joy

enlouquecer vt 1 to drive mad 2 (irritar) to anger ♦ vi to go mad

enobrecer vt to ennoble; to dignify

enobrecimento nm ennoblement; dignification

enodoar vt to stain; to soil

enojado adj disgusted [com, at]

enojar vt to disgust; to make sick ♦ vt to be disgusted

enologia nf oenology

enológico adj oenological

enólogo nm oenologist

enorme adj huge, enormous

enormidade nf 1 enormity; hugeness 2 (asneira) atrocity; outrage

enquadramento nm framing

enquadrar vt 1 to frame 2 to fit in ♦ vi to fit; to go with ♦ vp to accommodate; to conform

enquanto conj 1 (duração) while; as long as; enquanto esteve no hospital while he was in hospital 2 (simultaneidade) as; at the same time as; sorria enquanto falava she smiled as she spoke 3 (contraste) while; whereas; ele é bom aluno, enquanto que o irmão não he's a good student, while his brother is not 4 (na qualidade de) as; enquanto professor as a teacher ❖ por enquanto for the time being

enraivecer vt to enrage; to anger; to infuriate ♦ vp to get angry/wild

enraizamento nm 1 taking root 2 fig settling down

enraizar vt,i 1 to root; to take root 2 fig to settle

enrascada nf pop fix; tight spot; meter-se numa enrascada to get into a tight spot

enrascar vt 1 to entangle 2 col to entangle; to embroil

enredar vt 1 to net 2 to entangle

enredo nm 1 (livro) plot; storyline 2 (intriga) intrigue

enregelar vi to freeze

enrijar vt,i 1 (tornar rijo) to harden; to stiffen 2 (robustecer) to strengthen; to grow strong

enriquecer vt 1 (tornar rico) to make rich 2 (melhorar) to enrich; to improve; enriquecer o vocabulário to improve one's vocabulary ♦ vi to get rich

enriquecimento nm 1 acquiring of wealth 2 (melhoramento) improvement

enrodilhar vt 1 (enrolar) to roll up 2 (amarrotar) to wrinkle 3 (emaranhar) to entangle

enrolar vt 1 (papel, tapete) to roll up; (cigarro) to roll; (fio, corda) to wind up; (cabo) to coil up 2 (cabelo) to curl 3 (onda) to swell 4 fig (enganar) to con; to deceive ♦ vp 1 to wind 2 (embrulhar-se) to wrap up, to roll up 3 (serpente) to coil up

enroscar vt 1 (atarraxar) to screw on; enroscar a tampa to screw the top on 2 (enrolar) to roll round; to coil; to twist ♦ vp 1 (cão, gato) to curl up 2 (cobra) to coil up

enroupar vt to clothe

enrouquecer vt,i to hoarsen

enrugar vt 1 (pele) to wrinkle 2 (roupa) to crease 3 (papel) to crumple ❖ enrugar a testa to frown

ensaboar vt 1 to soap 2 col (reprimenda) to scold; to rebuke

ensacar vt to bag; to pack (into bags)

ensaiar *vt* **1** to practise **2** MÚS,TEAT to rehearse; *ensaiar um papel* to rehearse a role **3** (*tentar*) to attempt; to try

ensaio *nm* **1** LIT essay **2** MÚS,TEAT rehearsal; TEAT *ensaio geral* dress rehearsal **3** test

ensaísta *n2g* LIT essayist

ensanguentado *adj* bloodstained

ensanguentar *vt* to cover with blood; to stain with blood

ensarilhar *vt* **1** to entangle **2** *fig* to entangle; to embroil

enseada *nf* inlet; cove; bay

ensebar *vt* **1** (*pôr gordura*) to grease **2** (*sujar*) to stain; to soil

ensejo *nm* opportunity; chance; occasion

ensilar *vt* AGR to ensilage

ensimesmado *adj* lost in thought

ensimesmar-se *vp* to muse; to moon

ensinamento *nm* teaching; lesson

ensinar *vt* **1** to teach; *ensinar alguém a ler* to teach someone (how) to read; *ensinar línguas* to teach languages **2** (*mostrar*) to show; *ensina-me o caminho* show me the way **3** (*animal*) to train

ensino *nm* **1** education; instruction; *ensino básico* basic compulsory education **2** (*profissão*) teaching

ensombrar *vt* **1** to cast a shadow over **2** *fig* (*entristecer*) to haunt

ensopado *adj* soaked; wet ♦ *nm* CUL stew; ragout

ensopar *vt* to soak; to dunk; to dip [em, in] ♦ *vp* to get soaked

ensurdecedor *adj* deafening; *barulho ensurdecedor* deafening noise

ensurdecer *vt* to deafen ♦ *vi* to go deaf

ensurdecimento *nm* deafness

entabular *vt* **1** to board; to plank **2** to begin **3** (*negociações*) to enter into **4** (*conversa*) to start

entaipar *vt* to enclose; to wall up

entalação *nf* **1** pressure; tightening **2** *fig* fix; tight corner

entalado *adj* **1** drawn together; tightened; (*pessoas*) packed **2** *fig* in a tight corner ❖ *entalados como sardinhas em lata* packed like sardines

entalar *vt* **1** to get (something) caught [in, em]; *entalei o dedo na janela* I got my finger caught in the window **2** (*prender*) to tighten **3** *fig* (*comprometer*) to embarrass ♦ *vp* to get caught; *entalei-me na porta* I got caught in the door

entalhar *vt* to carve; to engrave

entalhe *nm* **1** carving; engraving **2** (*corte*) cut; incision

entanto *adv* in the meantime; meanwhile ❖ *no entanto* however; nevertheless

então *adv* **1** (*nesse momento*) then; by then; *até então* till then **2** (*naquele tempo*) at that time; by that time **3** (*nesse caso*) so ♦ *interj* **1** (*espanto*) now then!; well then! **2** (*impaciência, discordância*) so what? **3** (*ânimo*) come on!

entardecer *vi* to draw on (the evening) ♦ *nm* evening; nightfall; close of day

ente *nm* being; living being; creature ❖ *entes queridos* loved ones

enteado *nm* (*homem*) stepson; (*mulher*) stepdaughter

entediar *vt* to bore ♦ *vp* to get bored

entender *vt* **1** (*compreender*) to understand; *não entender bem o sentido* not to grasp the meaning **2** (*achar*) to believe [que, that] **3** (*ouvir*) to hear; *não entendi nada do que disseste* I couldn't hear a thing you said ♦ *vi* **1** (*compreender*) to understand; *não consigo entender* I can't understand **2** (*ser sabedor*) to master [de, -] ♦ *vp* **1** (*concordar*) to agree **2** (*dar-se bem*) to get on [com, with] ♦ *nm* opinion; understanding; *no meu entender* in my opinion ❖ *dar a entender qualquer coisa* to give a hint; to imply something; *fazer-se entender* to make oneself clear/understood

entendido *nm* expert; specialist ♦ *adj* **1** understood **2** (*conhecedor*) skilled **3** (*combinado*) settled; agreed

entendimento *nm* **1** (*compreensão*) understanding; discernment **2** (*acordo*) agreement; understanding ❖ *chegar a um entendimento* to reach an understanding

enternecedor *adj* moving; touching

enternecer *vt* to move; to touch ♦ *vp* to be moved; to be touched

enterrar *vt* **1** to bury **2** to sink [em, into]; *enterrar os pés na areia* to sink your feet into the sand **3** *fig* (*esquecer*) to lay aside; to forget about; *enterrar o passado* to put one's past behind ♦ *vp* **1** (*comprometer-se*) to be caught out **2** (*refastelar-se*) to sink [em, into]; *enterrar-se numa poltrona* to sink into an armchair

enterro *nm* burial; funeral

entesar *vt* **1** to harden; to toughen **2** to tighten ♦ *vp* to become stiff

entesourar *vt* (*riquezas, bens*) to hoard; to treasure

entidade *nf* **1** entity **2** being ❖ *entidade patronal* employer

entoação *nf* MÚS intonation; modulation; tone; *voz com uma entoação doce* soft-toned voice

entoar *vt,i* to intone; to carol

entomologia *nf* ZOOL entomology

entontecer *vt* **1** to make dizzy **2** to stun; to daze ♦ *vi* to become dizzy

entornar *vt* **1** (*líquido*) to spill; to pour out; *entornar um copo de água* to spill a glass of water **2** *col* (*beber de golada*) to knock back ♦ *vp* (*líquido*) to spill; (*recipiente*) to fall over

entorpecer *vt* to numb ♦ *vp* to go numb

entorpecimento *nm* numbness; torpor

entorse *nf* sprain; wrench; *fazer uma entorse num tornozelo* to sprain one's ankle

entortar *vt* to bend; to crook; *entortar os olhos* to squint the eyes ♦ *vi* to grow awry

entrada *nf* **1** (*local*) entrance; hall **2** (*admissão*) entry; entrance; *entrada grátis* free entrance **3** (*pagamento*) down payment **4** (*refeição*) starter **5** (*para carros*) access drive ♦ *nfpl* (*cabelo*) receding hairline

entrançar *vt* **1** (*cabelo*) to braid **2** to plait; to interweave

entranhado *adj* deep; deeply rooted

entranhar-se *vp* to penetrate; to go deep

entranhas *nfpl* entrails

entrar *vi* **1** to enter; to come in; to go in/inside; to step in; *entrar à força* to rush in by force; *entrar para o comboio* to get on the train; *mandar entrar* to send (someone) in; *posso entrar?* may I come in? **2** (*associação, clube, tropa*) to join; *entrar para a tropa* to join the army **3** (*jogo*) to play; to join in **4** (*brincadeira*) to take part in **5** to penetrate **6** (*mudanças*) to engage **7** INFORM to log in ❖ *col entrar com alguém* to pull someone's leg; *entrar em detalhes* to go into details; *entrar em férias* to start your holidays; *entrar em vigor* to come into effect; *entrar por um ouvido e sair pelo outro* to go in one ear and out the other

entravar *vt* to hinder; to inhibit

entrave *nm* hindrance; obstacle

entre *prep* **1** (*dois*) between; *entre a árvore e o carro* between the tree and the car **2** (*vários*) among; amongst; *entre eles* among themselves

entreaberto *adj* ajar; unclosed; half-open

entreabrir *vt,i* to half-open; to set ajar

entreato *nm* TEAT,MÚS interlude

entrecho *nm* plot; story; intrigue

entrecortar *vt* to interrupt; to intersect; *com voz entrecortada* in a broken voice

entrecosto *nm* CUL entrecôte

entrecruzar-se *vp* to intersect

entrega *nf* **1** delivery; *entrega ao domicílio* home delivery; *entrega contra reembolso* cash on delivery **2** (*em mão*) handing over **3** (*rendição*) surrender **4** (*dedicação*) dedication [a, to]

entregador *nm* delivery man, delivery boy

entregar *vt* **1** (*produto, objeto*) to deliver; *o carteiro entregou uma carta* the postman delivered a letter **2** (*documento*) to hand in; *entregar um trabalho ao professor* to hand in a project to the teacher **3** (*em mão*) to hand over [a, to]; *entregar um livro a alguém* to hand a book over to someone **4** *pej* (*denunciar*) to betray; to sell out; to double-cross **5** (*confiar alguma coisa*) to confide [a, to]; to entrust [a, to] ♦ *vp* **1** (*a alguém ou alguma coisa*) to give oneself up [a, to]; *entregar-se ao vício* to give oneself up to vice **2** (*render-se*) to surrender [a, to]; *entregar-se ao inimigo* to surrender to the enemy **3** (*empenhar-se*) to commit oneself [a, to]; *entregar-se a um projeto* to commit oneself to a project ♦ *entregar a alma ao criador* to go to kingdom come; *entregar o jogo* to throw in the towel

entregue *adj2g* **1** (*carta, objeto*) delivered; handed over **2** (*aos cuidados de alguém*) taken care of ♦ *estar entregue a si próprio* to be on one's own; *estar entregue aos seus pensamentos* to be lost in thought

entrelaçado *adj* **1** (*enlaçado*) interlaced; intertwined **2** (*emaranhado*) interwoven

entrelaçamento *nm* **1** (*juntar*) interlacing **2** (*emaranhar*) interweaving

entrelaçar *vt* to interweave; to interlace

entrelinha *nf* interlineation ♦ *ler nas entrelinhas* to read between the lines

entrelinhamento *nm* line spacing

entrelinhar *vt* to interline

entremear *vt* to intermeddle; to intermingle

entremeio *nm* **1** (*tira de renda*) lace insertion **2** (*espaço*) interval; gap

entrementes *adv ant* meanwhile; in the meantime

entreolhar-se *vp* to exchange glances

entreposto *nm* **1** (*armazém*) warehouse **2** emporium

entretanto *adv* in the meantime; meanwhile ♦ *nm* (*espaço de tempo*) time lag; time gap; *no entretanto* in the meantime

entretela *nf* (*tecido*) buckram; backing

entretém *nm pop* ⇒ **entretenimento**

entretenimento *nm* **1** (*divertimento*) amusement; enjoyment; diversion **2** (*espetáculo*) entertainment; show **3** (*passatempo*) hobby; pastime

entreter *vt* **1** (*divertir*) to amuse **2** (*espectadores*) to entertain **3** (*desviar atenções*) to distract; to sidetrack ♦ *vp* to spend the time

entretido *adj* (*ocupado*) busy [com/a, with]; occupied [com/a, with]; *estar entretido a ler* to be enjoying a book

entrevado *nm* paralytic; invalid; cripple ♦ *adj* paralytic, paralytical; crippled

entrever *vt* **1** to catch a glimpse of **2** (*prever*) to foresee; to anticipate

entrevista *nf* **1** interview [para, for; a, to]; *dar uma entrevista a* to give an interview to **2** (*consulta*) appointment **3** (*reunião*) meeting

entrevistado *nm* interviewee

entrevistador *nm* interviewer

entrevistar *vt* to interview

entrincheiramento *nm* MIL entrenchment

entrincheirar *vt* MIL to entrench ♦ *vp* **1** MIL to entrench **2** *fig* (*defender-se*) to defend oneself

entristecer *vt* to sadden ♦ *vi* to be sad

entronar *vt* to enthrone; to crown

entroncado *adj* **1** (*corpo*) broad-shouldered **2** (*construção*) well-set

entroncamento *nm* junction

entroncar *vt* **1** (*juntar*) to join **2** (*inserir*) to insert; to include ♦ *vi* **1** (*estradas*) to converge [em, into] **2** (*engrossar*) to thicken

entronização *nf* enthronement

entronizar *vt* to enthrone; to crown

Entrudo *nm* Carnival; *Terça-Feira de Entrudo* Pancake Day

entulhar *vt* **1** (*encher*) to fill up with rubbish **2** (*amontoar*) to heap up [de, with]; to store up [de, with]; *entulhar um quarto de tralha* to heap up a room with junk

entulho *nm* 1 (*lixo*) rubbish; trash; refuse 2 (*de obras*) waste material; rubble; debris

entupido *adj* 1 obstructed; blocked; *cano entupido* blocked pipe 2 (*nariz*) bunged up; obstructed

entupir *vt* 1 (*cano, nariz*) to obstruct; to bung up 2 (*trânsito*) to clog; to jam ♦ *vi,p* 1 (*obstruir-se*) to get obstructed; to block 2 (*trânsito*) to clog; to jam 3 *fig* (*embatucar-se*) to choke on words

entusiasmado *adj* thrilled; enthusiastic

entusiasmar *vt* 1 to excite 2 (*instigar*) to incite [**a**, to]; to instigate [**a**, to] ♦ *vp* 1 to get excited [**com**, about]; to be enthusiastic [**com**, about]; *entusiasmar-se com um filme* to be enthusiastic about a film 2 (*arrebatar-se*) to be carried away [**com**, by]; *entusiasmar-se com a ideia* to be carried away by the thought

entusiasmo *nm* enthusiasm

entusiasta *n2g* enthusiast

entusiástico *adj* enthusiastic; excited

enublado *adj* 1 (*com nuvens*) overcast; cloudy 2 (*com nevoeiro*) foggy; misty 3 *fig* (*escuro*) dark

enumeração *nf* 1 (*conta*) enumeration; numbering 2 (*pormenorização*) enumeration; detailing; specification

enumerar *vt* 1 (*contar*) to enumerate; to number; to count 2 (*enunciar*) to name 3 (*pormenorizar*) to enumerate; to detail; to list; to specify

enunciação *nf* 1 (*articulação*) enunciation; articulation 2 (*expressão*) enunciation; statement; expression

enunciado *nm* 1 (*discurso*) statement 2 (*teste*) test sheet

enunciar *vt* 1 (*pronunciar*) to enunciate; to pronounce 2 (*declarar*) to enunciate; to express; to state

enunciativo *adj* enunciative; declarative

envaidecer *vt* to make vain; to praise; to puff up ♦ *vp* to grow vain; to become proud

envasilhar *vt* 1 (*pôr em vasilha*) to put into vessels 2 (*pôr em barril*) to cask; to barrel 3 (*engarrafar*) to bottle

envelhecer *vi* 1 (*pessoa*) to grow old; to become old 2 (*objeto, vinho*) to grow old; to age

envelhecido *adj* aged; grown old; *de aspeto envelhecido* old-looking

envelhecimento *nm* ageing; *envelhecimento do vinho* ageing of the wine

envelope *nm* envelope

envenenamento *nm* poisoning

envenenar *vt* 1 to poison 2 *fig* (*relações, situações*) to poison; to taint 3 (*corromper*) to corrupt ♦ *vp* to take poison

enveredar *vi* 1 (*partir*) to follow; to set out 2 *fig* to follow [**por**, -]; *enveredar por uma carreira artística* to follow an artistic career

envergadura *nf* 1 (*avião, ave*) wingspan 2 (*vela*) breadth 3 *fig* (*importância*) importance

envergar *vt* 1 (*vestir*) to put on 2 (*trazer vestido*) to wear

envergonhado *adj* 1 (*embaraçado*) embarrassed [**por**, by; **com**, about] 2 (*tímido*) shy

envergonhar *vt* to embarrass; to shame; to put to shame ♦ *vp* (*embaraçar-se*) to feel ashamed; to feel embarrassed

envernizar *vt* 1 (*polir*) to varnish 2 (*polir*) to polish 3 (*polir com laca*) to lacquer

enviado *adj* sent ♦ *nm* 1 POL envoy; emissary 2 (*jornalismo*) correspondent ❖ (*jornalismo*) *enviado especial* special correspondent

enviar *vt* (*objeto, pessoa*) to send [**a**, to]; dispatch [**a**, to]; to forward [**a**, to]; *envia-me a resposta* send me your answer ❖ *enviar na volta do correio* to send by return of post

envidar *vt* to endeavour; to strive ❖ *envidar os melhores esforços para* to do one's best to

envidraçado adj (of) glass; *paredes envidraçadas* glass walls

envidraçar vt to glaze

enviesado adj 1 oblique 2 (inclinado) slanting 3 fig (brusco) harsh

enviesar vt (inclinar) to slant; to slope; to tilt; to incline ♦ vi (voltar) to turn [para, to]; to deviate [para, to]; to deflect [para, to]; *enviesar para a esquerda* to turn to the left

envilecer vt lit (rebaixar) to degrade; to demean ♦ vp lit to degrade oneself

envinagrar vt (temperar) to season with vinegar ♦ vp 1 (azedar) to turn sour 2 fig to take offence [com, at]

envio nm 1 (carta, embrulho) sending 2 (em barco) shipment 3 (de dinheiro) remittance; *envio de fundos* remittance of funds

enviuvar vi (mulher) to become a widow; (homem) to become a widower; *ele enviuvou em novo* he became a widower at an early age

envolto adj 1 (envolvido) enveloped [em, by] 2 (rodeado) wrapped up [em, in]; *estar envolto em mistério* to be wrapped up in mystery

envolvente adj2g 1 (interessante) absorbing, engrossing; *enredo envolvente* engrossing plot 2 (emocionante) compelling; appealing

envolver vt 1 (embrulhar) to wrap up [em, in]; *a cidade estava envolta em nevoeiro* the town was wrapped up in fog 2 (abraço) to enfold; to embrace 3 (abranger) to comprise; to reach; *assunto que envolve muitos aspetos* a far-reaching subject 4 (cobrir) to envelop; to engulf 5 fig (implicar) to involve [em, in]; *envolver alguém num crime* to involve someone in a crime ♦ vp 1 (pessoas) to get involved [com, with; em, in]; *envolver-se com alguém* to get involved with someone; *envolver-se num negócio* to get involved in a business 2 (cobrir-se) to wrap oneself up [em, in]

envolvido adj involved

envolvimento nm 1 (situação) involvement; participation; *envolvimento num crime* involvement in a crime 2 (relação) romantic involvement; affair; *o seu envolvimento com ela* his affair with her

enxada nf hoe

enxadrezar vt to checker

enxaguadela nf rinse

enxaguar vt 1 (passar por água) to rinse; *enxaguar a roupa suja* to rinse the laundry 2 (lavar) to wash

enxame nm 1 (abelhas) swarm 2 fig (pessoas) swarm; multitude

enxamear vi 1 (abelhas) to swarm 2 fig (pessoas, animais) to swarm; to flock

enxaqueca nf MED migraine

enxerga nf pallet; straw bed

enxergar vt 1 to see; *eu não conseguia enxergar nada* I couldn't see a thing 2 fig (entender) to grasp; to get; *não enxergar nada* not to get it

enxertar vt BOT to graft

enxerto nm graft ❖ *levar um enxerto de porrada* to be beaten up hard

enxofre nm QUÍM sulphur; brimstone

enxotar vt 1 (pessoas, animais) to drive away; to scare away 2 (moscas) to swatter

enxoval nm 1 (bebé) layette 2 (noiva) trousseau

enxovalhado adj 1 (amarrotado) wrinkled; crumpled; rumpled; *roupas enxovalhadas* rumpled clothes 2 (descuidado) slovenly 3 fig (reputação) tainted; discredited

enxovalhar vt 1 (manchar) to dirty; to stain 2 (amarrotar) to wrinkle; to crumple 3 fig (reputação) to discredit; to tarnish

enxovalho nm 1 (desarrumação) untidiness; mess 2 fig (insulto) insult; offence

enxovia nf 1 (prisão) dungeon 2 fig,col (casa) joint; shanty

enxugar vt 1 to dry 2 (louça) to dry up; to wipe ♦ vi to dry

enxurrada *nf* 1 torrent; flux; rush 2 *(chu-vada)* shower 3 *fig* torrent; hail; *enxur-rada de perguntas* hail of questions

enxuto *adj* dry; *tempo enxuto* dry weather; *olhos enxutos* dry eyes ❖ *enxuto de carnes* slim; lean

enzima *nf* QUÍM enzyme

eólico *adj* aeolian; aeolic; *energia eólica* wind power

epicarpo *nm* BOT epicarp

epiceno *adj* LING epicene

epicentro *nm* GEOL epicentre

épico *adj* epic; *um autor épico* an epic author ♦ *nm* epic

epicurismo *nm* epicureanism

epicurista *adj,n2g* Epicurean

epidemia *nf* 1 MED epidemic; plague; *epi-demia da sida* aids epidemic 2 *(contágio)* contagion; contamination

epidémico *adj* 1 MED epidemic, epidemi-cal 2 *(contagioso)* contagious; infectious

epiderme *nf* epidermis

epidérmico *adj* ANAT epidermic

epidural *adj2g,nf* epidural

epifania *nf* epiphany

Epifania *nf* REL Epiphany

epigástrio *nm* ANAT epigastrium

epiglote *nf* epiglottis

epígono *nm* (arte) epigone

epígrafe *nf* 1 LIT epigraph; motto 2 *(ins-crição em edifício)* inscription 3 *(título)* heading; title

epigrama *nm* LIT epigram

epilepsia *nf* MED epilepsy

epiléptico *nm* (pessoa) epileptic ♦ *adj* epileptic; *ataque epiléptico* an epileptic fit

epilogar *vt* *(escrever epílogo)* to write the epilogue of

epílogo *nm* LIT epilogue

episcopado *nm* 1 REL (função) episcopacy 2 REL (duração) episcopate

episcopal *adj2g* episcopal

episódico *adj* episodic; sporadic; *aconte-cimento episódico* episodic event

episódio *nm* 1 *(acontecimento)* episode; event; *episódio histórico* historical event 2 TV episode; *episódios seguintes* follow-ing episodes; *último episódio da série* fi-nal episode of the series

epístola *nf* REL,LIT epistle

epistolar *adj2g* epistolary; LIT *romance epistolar* epistolary novel

epistolografia *nf* epistolography

epitáfio *nm* epitaph

epitélio *nm* epithelium

epíteto *nm* 1 LING epithet 2 *(alcunha)* nick-name

epítome *nm* epitome; model

época *nf* 1 age; time; *naquela época* at that time 2 *(temporada)* season

epopeia *nf* LIT,CIN epic

equação *nf* MAT equation; *equação de pri-meiro grau* simple equation

equacionar *vt* 1 MAT to equate, to make an equation 2 *(sistematizar)* to equate; *há que equacionar o problema* the problem must be equated

equador *nm* equator

Equador *nm* Ecuador

equalizador *nm* (instrumento) equalizer

equânime *adj2g* 1 *lit* (atitude) equanimous 2 *(neutral)* impartial

equanimidade *nf* equanimity

equato-guineense *adj,n2g* Equatorial Guinean

equatorial *adj2g* GEOG equatorial; *clima equatorial* equatorial climate

equatoriano *adj,nm* Ecuadorian

equestre *adj2g* equestrian; *estátua eques-tre* equestrian statue

equiângulo *adj* MAT equiangular

equidade *nf* equity

equídeo *nm* equine; horse ♦ *adj* equine

equidistância *nf* equidistance

equidistante *adj2g* equidistant

equilátero *adj* MAT equilateral

equilibrado *adj* 1 balanced 2 (mental-mente) sound; sane

equilibrar *vt* **1** to balance **2** *(compensar)* to compensate; to offset ♦ *vp* to keep one's balance [**em**, on]; *ele tentava equilibrar--se na corda* he tried to keep his balance on the tightrope

equilíbrio *nm* balance; equilibrium

equilibrista *n2g* tightrope walker

equimose *nf* MED contusion; bruise

equino *adj* equine

equinócio *nm* equinox

equipa *nf* **1** team **2** CIN,TV crew

equipado *adj* equipped; *bem equipado* well equipped; *mal equipado* ill equipped

equipagem *nf* **1** *(apetrechos)* gear; equipment; outfit **2** *(tripulação)* crew

equipamento *nm* **1** equipment **2** DESP strip

equipar *vt* **1** *(apetrechar)* to equip [with, com; para, for]; *equipar um grupo para uma expedição* to equip a team for an expedition **2** to furnish; *equipar um escritório* to furnish an office ♦ *vp* *(vestir-se)* to put on an outfit [para, for] **2** to equip oneself [com, with; para, for]

equiparação *nf* **1** *(nivelamento)* equalization; levelling; *equiparação dos níveis de riqueza* levelling of wealth **2** *(comparação)* comparison

equiparar *vt* **1** *(comparar)* to compare [a, to]; *equiparar um facto ao outro* to compare one fact to the other **2** *(nivelar)* to put on the same footing; to level off, to level out ♦ *vp* to compare [a, to]

equiparável *adj2g* comparable [a, to]; equal [a, to]

equitação *nf* **1** DESP riding **2** horsemanship

equitativo *adj* equitable; just

equivalência *nf* equivalence; correspondence; *equivalência de valores* equivalence of values

equivalente *nm* equivalent [de, of] ♦ *adj2g* equivalent [a, to]

equivaler *vi* to be equivalent [a, to]

equivocar *vt* to equivocate; to mislead ♦ *vp* to be mistaken

equívoco *nm* **1** *(engano)* mistake **2** *(mal--entendido)* misunderstanding ♦ *adj* equivocal; ambiguous ❖ *por equívoco* in error

era *nf* era; age

erário *nm* exchequer; treasury

érbio *nm* erbium

ereção *nf* erection

eremita *n2g* hermit; anchorite

eremitério *nm* hermitage

erétil *adj2g* erectile

ereto *adj* *(geral)* erect

ergonomia *nf* ergonomics

ergonómico *adj* ergonomic; *veículo ergonómico* ergonomic vehicle

erguer *vt* **1** *(objeto)* to lift; to raise **2** *(olhos, cabeça)* to lift **3** *(voz)* to raise **4** *(erigir)* to build; to erect ♦ *vp* **1** *(levantar-se)* to stand up **2** *(pôr-se direito)* to raise oneself **3** *lit (edifício, montanha)* to rear; to tower

eriçar *vt* **1** *(pelo, pele)* to bristle **2** *(penas)* to ruffle ♦ *vp* **1** *(pelo, pele)* to bristle **2** *col (irritar-se)* to lose one's cool **3** *(medo)* to shudder; to shiver

erigir *vt* to erect; to build; to rise

Eritreia *nf* Eritrea

eritreu *adj,nm* Eritrean

ermida *nf* **1** *(capela em ermo)* hermitage **2** *(capela)* chapel

ermo *adj* solitary; desert ♦ *nm* wilderness; wasteland

erosão *nf* **1** *(natureza)* erosion **2** *fig (situações)* degradation; deterioration

erosivo *adj* erosive

erótico *adj* erotic

erotismo *nm* eroticism

erradamente *adv* erroneously; wrongly; mistakenly

erradicação *nf* eradication; removal

erradicar *vt* **1** to eradicate **2** *(doença)* to stamp out

errado *adj* **1** *(enganado)* mistaken; *estás errado* you are mistaken **2** *(incorreto)* wrong;

é errado da parte dele it is quite wrong of him 3 *(ideias, crenças)* erroneous; false

errante *adj2g* wandering

errar *vt* 1 *(cometer erro)* to fail; to be wrong [em relação, about]; *errar o exercício* to fail the exercise 2 *(falhar)* to miss; *errar o alvo* to miss the target ♦ *vi* 1 *(equivocar-se)* to be wrong [em, in]; to be mistaken [em, in]; *não há que errar* there is no mistaking 2 *(andar sem destino)* to wander [por, in]; to roam [por, in] ❖ *errar é humano* to err is human

errata *nf* erratum

errático *adj* erratic; *movimento errático* erratic movement

erro *nm* error; mistake; *erro crasso* big mistake ❖ *salvo erro* if I am not mistaken

errôneo *adj* erroneous

eructação *nf* belch; burp

eructar *vi* to belch; to burp

erudição *nf* erudition; learning

erudito *nm* scholar; learned person ♦ *adj* erudite; learned

erupção *nf* 1 GEOL eruption; *entrar em erupção* to erupt 2 *(cutânea)* rash

eruptivo *adj* eruptive

erva *nf* 1 grass 2 *(chá, remédio)* herb 3 *cal (droga)* grass ❖ *erva daninha* weed

erva-cidreira *nf* balm

erva-doce *nf* *(planta)* anise; *(semente)* aniseed

ervanária *nf* *(loja)* herbalist's

ervanário *nm* 1 *(pessoa)* herbalist 2 *(loja)* herbalist's

ervilha *nf* pea

ervilha-de-cheiro *nf* BOT sweet pea

ervilheira *nf* pea

esbaforido *adj* out of breath

esbagoar *vt* to pick grapes off (a bunch)

esbanjador *nm* squanderer ♦ *adj (gastador)* prodigal; extravagant; profligate

esbanjamento *nm* dissipation; squandering; waste

esbanjar *vt* 1 *(recursos)* to squander 2 *(dinheiro)* to splash out [em, on]; to waste [em, on]

esbarrar *vi (objetos)* to collide ♦ *vp* 1 *(embater)* to crash [contra, into/against]; to hit [contra, into/against]; to collide [contra, into/against]; *esbarrar-se contra uma parede* to hit against a wall 2 *col* to come across; *esbarrei-me com ele no teatro* I came across him at the theatre

esbater *vt* 1 *(cor)* to tone down; to shade off 2 *fig (atenuar)* to diminish; to attenuate 3 *fig (problema)* to smooth over ♦ *vp* 1 *(até desaparecer)* to fade away; to die out 2 *(atenuar-se)* to fade out; to fizzle out; *esbater-se no tempo* to fade out with the passing of the time

esbelteza *nf* slenderness

esbelto *adj* 1 slender; slim 2 elegant

esboçar *vt (desenho, plano)* to sketch; to outline ❖ *esboçar uma tentativa* to give it a try; *esboçar um sorriso* to twitch the corners of the lips

esboço *nm* 1 ART sketch 2 *(rascunho)* draft 3 LIT synopsis; summary

esbofetear *vt* 1 to slap; to smack; to slap someone's face

esboroar *vt* 1 *(pó)* to reduce to dust; to break up 2 *(pedaços)* to crumble ♦ *vp* 1 *(desfazer-se em pó)* to crumble into dust 2 *(desmoronar-se)* to fall in; to tumble down

esborrachar *vt* 1 *(esmagar)* to crush 2 *(apertar muito)* to squash; to squeeze ♦ *vp* 1 to get squashed 2 *col (queda)* to fall flat

esbracejar *vi* to wave one's arms; to gesticulate; to gesture

esbranquiçado *adj* whitish; off-white

esbugalhado *adj* goggled; *olhos esbugalhados* goggled eyes

esbugalhar *vt* 1 *(olhos)* to goggle 2 *(esmigalhar)* to crush; to crumble

esburacado *adj* 1 *(estrada)* full of holes 2 *(paredes)* bored; pierced

esburacar *vt* to bore; to drill; to make holes

escabeche *nm* **1** CUL pickling brine **2** *fig* row; *armar um escabeche* to make a scene

escabroso *adj* **1** (*acidentado*) rugged; craggy **2** (*indecoroso*) vulgar **3** *fig* (*assunto*) ticklish; delicate

escacar *vt* **1** to break to pieces **2** (*rachar*) to splinter

escada *nf* **1** stairs **2** (*escadaria*) staircase ❖ *escada rolante* escalator

escadaria *nf* **1** staircase **2** (*lanço de escadas*) set of stairs; stairway

escadório *nm* staircase

escadote *nm* stepladder

escafandro *nm* diving-suit

escala *nf* **1** scale; (*desenho, mapa*) *desenhar em escala* to draw to scale; *em grande/larga escala* on a large scale **2** (*navio*) port of call **3** (*avião*) stopover

escalada *nf* **1** DESP climbing **2** (*agravamento*) escalation; increase

escalão *nm* **1** (*degrau*) step **2** (*carreira*) rung; rank **3** MIL echelon

escalar *vt* **1** (*montanha*) to climb; to scale **2** (*árvore*) to climb **3** (*cabelo*) to layer

escaldado *adj* **1** (*queimado*) scalded; burnt **2** *fig* experienced ❖ (*provérbio*) *gato escaldado de água fria tem medo* a burnt child dreads the fire

escaldante *adj2g* **1** (*temperatura*) hot; scalding **2** (*tempo*) scorching; *um dia escaldante* a scorching day ❖ *notícias escaldantes* hot news

escaldão *nm* sunburn; *apanhar um escaldão* to get sunburnt

escaldar *vt* **1** to scald **2** CUL to blanch; to boil; *escaldar amêndoas* to blanch almonds ♦ *vi* to scald; *a sopa está a escaldar* the soup is scalding ♦ *vp* **1** (*queimadura*) to scald oneself; to burn oneself **2** *fig* (*prejudicar-se*) to burn one's fingers

escaleno *adj* ANAT,GEOM scalene

escaler *nm* **1** NÁUT (*salva-vidas*) lifeboat **2** NÁUT,MIL cutter

escalfado *adj* poached; *ovos escalfados* poached eggs

escalfar *vt* (*ovos*) to poach

escalonar *vt* **1** (*determinar escalão*) to grade; to classify **2** (*estipular*) to schedule **3** MIL to echelon

escalope *nm* escalope GB, scallop EUA

escalpe *nm* scalp

escalpelizar *vt* **1** MED to dissect **2** *fig* (*assunto*) to analyse carefully; to dissect

escama *nf* scale

escamar *vt* to scale; to take the scales off ♦ *vp* col to get angry; to get mad

escamoso *adj* scaly; layered; *pele escamosa* scaly skin

escamotear *vt* **1** (*truque*) to palm **2** (*pequeno roubo*) to pilfer

escanção *nm* cupbearer

escancarado *adj* **1** wide-open **2** *fig* (*descarado*) unabashed ❖ *de portas escancaradas* with doors wide open

escancarar *vt* **1** (*porta*) to set wide open; to open wide **2** (*situação*) to expose

escandalizar *vt* to outrage; to shock; to scandalize ♦ *vp* to feel outraged [com, with]; to be shocked [com, with]

escândalo *nm* **1** (*situação*) scandal; *fazer um escândalo* to make a scandal **2** (*ato ofensivo*) outrage; *foi um autêntico escândalo* it was an outrage

escandaloso *adj* **1** (*comportamento*) scandalous; outrageous **2** (*situação*) scandalous; shocking **3** (*vergonhoso*) shameful

escandinavo *adj,nm* Scandinavian

escândio *nm* scandium

escandir *vt* (*versos*) to scan; to syllable

escangalhar *vt* **1** (*mecanismo*) to break down **2** (*partir*) to break to pieces **3** (*desmontar*) to disjoint; to disconnect **4** (*situação*) to ruin; *escangalhaste tudo!* you've ruined everything ♦ *vp* to break down; *o rádio escangalhou-se* the tuner has broken down

escanhoar *vt,p* to shave

escantilhão *nm* **1** (*medida*) gauge **2** (*molde*) moulding

escanzelado *adj* skin and bones

escapada *nf* 1 (*aventura*) escapade; exploit 2 (*fuga*) evasion; flight; escape

escapadela *nf* ⇒ **escapada**

escapar *vi* 1 (*fugir*) to escape [*de*, from]; to get away [*de*, from]; *escapar da polícia* to escape from the police 2 (*situação, dever*) to escape [*de*, from]; to wriggle out [*de*, of] 3 (*segredo*) to slip; *deixar escapar* to drop 4 (*situação, pergunta*) to avoid [*a*, -]; to shun [*a*, -]; *escapar a uma pergunta* to shun a question ♦ *vp* 1 (*de prisão*) to evade; to escape 2 (*escapulir-se*) to steal away; to sneak away 3 (*esquecimento, desleixe*) to slip; *escapar-se da memória* to slip one's mind; *escapou-se-me* I let it slip ❖ *escapar de boa* to have a lucky escape; *escapar por um triz* to have a narrow escape

escaparate *nm* 1 (*móvel*) showcase 2 (*vitrina*) display window; shop-window; *o livro já está nos escaparates* the book is out

escapatória *nf* 1 (*pergunta, situação*) subterfuge; dodge 2 (*meio hábil de fugir*) loophole *fig* ❖ *não há escapatória* there's no way out

escape *nm* 1 (*automóvel*) exhaust 2 PSIC escape [*a*, from]; *escape à realidade* escape from reality

escapulir-se *vp* to get away; to escape

escaqueirar *vt* to break to pieces; to shatter ♦ *vp* to splinter; to smash to bits; *escaqueirar-se no chão* to smash to bits on the floor

escarafunchar *vt* 1 (*esgravatar*) to rake 2 (*ouvido*) to scratch; to pick 3 *col* (*revolver*) to rummage 4 *fig,col* (*coscuvilhar*) to pry into; to snoop into

escaramuça *nf* 1 (*batalha*) skirmish; fight 2 (*discussão*) skirmish; conflict

escaravelho *nm* beetle

escarcéu *nm* 1 (*mar*) billow 2 *fig* (*alarido*) uproar; fuss

escarlate *adj2g,nm* (*cor*) scarlet

escarlatina *nf* MED scarlet fever

escarnecer *vi* to scoff; to mock; to make fun [*de*, of]; *escarnecer dos outros* to make fun of others

escarninho *adj* 1 (*trocista*) mocking; scornful 2 (*sarcástico*) sarcastic

escárnio *nm* 1 (*mofa*) mockery; scorn 2 (*sarcasmo*) sarcasm

escarpa *nf* 1 (*encosta*) slope 2 (*fortificação*) escarpment

escarpado *adj* 1 (*íngreme*) steep 2 (*inclinado*) sloping; slanting

escarpar *vt* to slope; to slant

escarranchado *adj pop* astride; straddled

escarrapachado *adj* 1 *pop* (*pernas*) astride; straddled 2 *pop,fig* (*revelado*) exposed; *saiu tudo escarrapachado no jornal* it is all there black and white in the paper

escarrapachar *vt* (*atirar ao chão*) to fling to the ground ♦ *vp pop* (*queda de pessoa*) to fall flat [*em*, on]; *escarrapachou-se no chão* he fell flat on the floor

escarrar *vi* to spit

escarro *nm* spit; gob

escassear *vi* 1 (*faltar*) to lack 2 (*haver pouco*) to become scarce; to fall short; *a produção escasseia* production falls short 3 (*tempo*) to run short; *o tempo escasseia* time is running short

escassez *nf* 1 (*haver pouco*) scarcity [*de*, of]; *escassez de alimentos* scarcity of food 2 (*falta*) lack [*de*, of]; *escassez de tempo* lack of time

escasso *adj* (*insuficiente*) sparse; short; *o tempo é escasso* there is not much time left ❖ *escassas vezes* seldom

escatologia *nf* 1 scatology 2 REL,FIL eschatology

escatológico *adj* 1 scatological 2 REL,FIL eschatological

escavação *nf* 1 (*covas*) digging 2 *téc* excavation; *escavações arqueológicas* archaeological excavations

escavadora *nf* 1 *(a vapor)* steam shovel 2 *(mecânica)* digger, mechanical digger; excavator

escavar *vt* to dig; to excavate

esclarecedor *adj* 1 *(esclarecimento)* enlightening; illuminating 2 *(explicação)* explanatory; elucidatory

esclarecer *vt* 1 *(dúvida, explicação)* to explain; to clear up; *esclarecer uma dúvida* to clear up a doubt 2 *(desentendimentos)* to clear up; *estamos esclarecidos?* is that clear? 3 *(enigma, mistério)* to solve ♦ *vp (dúvida, enigma)* to clear up

esclarecido *adj* learned

esclarecimento *nm* 1 *(desentendimento, dúvida)* clearing up 2 *(informação)* enlightenment [**sobre**, about]; explanation [**sobre**, about] 3 *(mistérios)* solving

esclerosado *adj* 1 sclerotic 2 *fig,pej* senile

esclerosar *vi* MED to sclerose ♦ *vp* MED to become sclerotic

esclerose *nf* MED sclerosis ❖ *esclerose múltipla* multiple sclerosis

escoadouro *nm* 1 *(canalizações)* drain 2 *(valas)* sewer; gutter; ditch

escoamento *nm* 1 *(vazamento de líquidos)* flowing off 2 *(canalização)* drainage 3 *(mercadoria)* selling

escoar *vt* 1 *(líquido)* to drain 2 *(mercadoria)* to sell out ♦ *vp* 1 *(fluir)* to glide away; to flow away 2 *(desaparecer)* to disappear; to fade away

escocês *nm* Scot; *(homem)* Scotsman; *(mulher)* Scotswoman ♦ *adj* Scottish; *pronúncia escocesa* Scottish accent

Escócia *nf* Scotland

escoicear *vt,i (cavalo)* to kick

escola *nf* 1 school; *andar na escola* to go to school 2 *(ensino superior)* college; school EUA 3 *fig (coaching)* experience; *falta-lhe escola* he needs more coaching

escolar *adj2g* school; academic; *em idade escolar* of a school age ❖ *ano escolar* school year; *período escolar* school term

escolaridade *nf* schooling ❖ *escolaridade obrigatória* compulsory schooling

escolarizar *vt* to school

escolástica *nf* scholasticism

escolástico *adj* scholastic

escolha *nf* choice ❖ *à escolha* take your pick

escolher *vt* 1 *(selecionar)* to choose; to select; to pick; *escolher à vontade* to take your pick 2 *(preferir)* to choose; to prefer ❖ *(provérbio) quem muito escolhe pouco acerta* he who goes further fares worse; *tem de escolher um ou outro* you can't have it both ways

escolhido *adj* 1 *(selecionado)* chosen; selected; *bem escolhido* well-chosen 2 *(preferido)* chosen; preferred ♦ *nm* appointee; the chosen one

escolho *nm* 1 *(rochedo, recife)* reef; rock; cliff 2 *fig (obstáculo)* hindrance; obstacle

escoliose *nf* MED scoliosis

escolta *nf* 1 *(pessoa, veículo)* escort; *escolta policial* police escort 2 *(proteção)* guard; *escolta armada* armed guard

escoltar *vt* 1 to escort; to convoy; to accompany 2 *(dirigir)* to guide

escombros *nmpl* rubble; ruins ❖ *ficar em escombros* to crumble

esconder *vt* 1 *(objeto, pessoa)* to hide 2 *(informação, sentimento)* to hide; to conceal 3 *(guardar segredo)* to hold back; to keep; *esconder algo de alguém* to keep something from someone ♦ *vp* to hide oneself; to go into hiding

esconderijo *nm* 1 *(local)* hideout; hiding place 2 *(refúgio)* refuge; shelter

escondidas *nfpl (jogo)* hide-and-seek; *vamos jogar às escondidas* let's play hide and seek ❖ *às escondidas* stealthily; on the sly

esconjurar *vt* 1 *(exorcizar)* to exorcise 2 *(amaldiçoar)* to curse; to swear

esconjuro *nm* 1 *(exorcismo)* exorcism 2 *(maldição)* malediction; curse

escopo nm (propósito) purpose; aim

escopro nm chisel, flat chisel

escora nf 1 shore; prop 2 fig support

escoramento nm 1 prop; propping up 2 support

escorar vi to prop; to support; to hold up; (muro, teto) to shore up

escorbuto nm MED scurvy

escória nf 1 (metal) slag; dross 2 (carvão) slag 3 fig,pej scum; dregs (of society)

escoriação nf scratch; graze; grazing

escoriar vt 1 to graze; to scrape 2 to excoriate; to abrade

escorpião nm scorpion

Escorpião nm (constelação, signo) Scorpio

escorraçar vt to drive/chase away; to expel; to banish

escorredor nm 1 (loiça) drainer; (banca) draining board 2 (alimentos) colander

escorrega nm ⇒ escorregão

escorregadio adj slippery

escorregão nm (parque infantil) slide

escorregar vi to slip; to slide; to take a false step; *escorregar na lama* to slip in the mud 2 fig to make a blunder

escorreito adj healthy; sound; vigorous

escorrer vt 1 (loiça) to drain 2 (alimentos) to colander ♦ vi 1 to flow off 2 to drain; *deixar a loiça a escorrer* to leave the dishes to drain 3 to drip; *estou a escorrer* I'm dripping wet; *pôr a roupa a escorrer* to hang up the washing to drip

escorripichar vt to drink dry

escota nf NÁUT sheet

escotilha nf hatch; hatchway

escova nf brush; *escova de dentes* toothbrush; *escova do cabelo* hairbrush

escovagem nf brushing; brush

escovar vt 1 (cabelo, peça de roupa) to brush; *escovar o fato* to brush one's suit 2 (cavalo, cão) to groom 3 fig,col (bajulação) to suck up to

escravatura nf 1 (escravidão) slavery 2 (tráfico) slave trade

escravidão nf 1 slavery; enslavement 2 (servidão) servitude

escravizar vt to enslave

escravo nm slave ♦ adj slavish; servile ❖ *escravo do trabalho* slave to work

escrevente nm 1 clerk 2 copyist; scribe

escrever vt 1 to write; *escrever um livro* to write a book; *escrever umas linhas a alguém* to drop a few lines to someone 2 to spell; *como é que se escreve o seu nome?* how do you spell your name? ♦ vi to write; *escrever à máquina* to typewrite; *escrever em computador* to type; *escrever por extenso* to write in full ♦ vp to correspond

escriba nm scribe

escrita nf 1 writing 2 (caligrafia) handwriting 3 bookkeeping; *fazer a escrita* to keep the books

escrito nm 1 piece of writing 2 bill; letter; note ♦ adj written ❖ *pôr por escrito* to commit to paper; to set down in writing

escritor nm writer

escritório nm 1 (local de trabalho) office 2 (em casa) study

escritura nf DIR deed

Escritura nf Scripture

escrituração nf bookkeeping; accounts; *fazer a escrituração* to do the bookkeeping

escriturar vt 1 to register; to write down 2 COM to keep books

escriturário nm 1 clerk 2 bookkeeper

escrivaninha nf desk; writing desk

escrivão nm 1 clerk; notary 2 (tribunal) clerk

escroque nm swindler; crook

escroto nm scrotum

escrúpulo nm scruple; reluctance ❖ *pessoa sem escrúpulos* unscrupulous person

escrupuloso adj 1 (íntegro) scrupulous; upright; *pouco escrupuloso* unscrupulous 2 (meticuloso) meticulous; careful

escrutínio nm ballot ❖ *escrutínio secreto* secret vote

escudeiro *nm* squire; valet

escudo *nm* 1 shield 2 escutcheon; arms; *escudo de armas* coat of arms 3 (antiga moeda) escudo

esculpir *vt* to sculpt; (madeira, pedra) to carve; (ouro, prata) to chase; (mármore) to chisel; *esculpir em pedra* to cut in stone

escultor *nm* sculptor

escultura *nf* 1 (obra) sculpture 2 (arte) sculpture; carving

escultural *adj2g* sculptural

escuma *nf* 1 (onda) foam 2 (líquido a ferver, saliva) froth; foam

escumadeira *nf* skimmer

escumalha *nf* scum; rabble; dregs

escumar *vt* to skim ♦ *vi* to foam; *escumar de raiva* to fret and fume

escuras *nfpl às escuras* in the dark

escurecer *vt* 1 to darken; to dim 2 *fig* to obscure; to cloud ♦ *vi* to grow dark; to darken

escurecimento *nm* darkening

escuridão *nf* 1 darkness; dark; *na escuridão* in the dark 2 *fig* ignorance

escuro *adj* 1 dark; *está a ficar escuro* it's getting dark; *escuro como breu* pitch-black 2 (pão) brown ♦ *nm* dark; *ter medo do escuro* to be afraid of the dark

escusado *adj* unnecessary, needless ❖ *escusado será dizer* it goes without saying; needless to say

escusar *vt* 1 (dispensar) to excuse [de, from]; to exempt [de, from] 2 (desculpar) to excuse ♦ *vp* to apologize [por, for]

escuta *nf* listening; *à escuta* on the alert, listening; *estar à escuta* to be on the watch ♦ *n2g* (escuteiro) scout ❖ *escuta eletrónica* phone tapping, bugging; *aparelho de escuta* sound locator, bug

escutar *vt* (ouvir) to listen [-, to]

escuteiro *nm* boy scout; girl scout

escutismo *nm* scouting

esdrúxulo *adj* LING proparoxytone

esfacelar *vt* 1 to gangrene 2 (despedaçar) to blow to pieces 3 (destruir) to ravage; to smash

esfalfar *vt* to exhaust; to wear out

esfaquear *vt* to knife; to stab

esfarelar *vt,p* to crumble

esfarrapado *adj* 1 (pessoa) ragged; in rags; *andar esfarrapado* to go about in rags 2 (roupa) torn; tattered; *as minhas calças estão esfarrapadas* my trousers are in tatters

esfarrapar *vt* to tear; to rip

esfera *nf* sphere

esférico *adj* spherical; spheric; round ♦ *nm* DESP ball

esferográfica *nf* biro; ballpoint (pen)

esferovite *nf* 1 PVC (polyvinyl chloride) 2 polystyrene

esfíncter *nm* sphincter

esfinge *nf* 1 sphinx 2 *fig* inscrutable person

esfolar *vt* 1 (tirar pele) to skin; to flay 2 (arranhar) to scratch; to graze; to scrape 3 *fig* (explorar) to fleece

esfoliação *nf* exfoliation

esfoliante *nm,adj2g* exfoliant

esfoliar *vt,i* to exfoliate

esfomeado *adj* starving, hungry

esforçar-se *vp* to exert oneself; to strive [por/para, to]; to try hard [por/para, to]; *ele esforçou-se por chegar primeiro* he strived to get there first; *eles esforçaram-se muito* they tried hard

esforço *nm* effort; *fazer um esforço* to make an effort

esfrangalhar *vt* to break to pieces; to shatter

esfregão *nm* scourer

esfregar *vt* 1 to scrub; *esfregar o chão* to scrub the floor 2 (panela, tacho) to scour 3 (friccionar) to rub; *esfregar os olhos* to rub one's eyes

esfregona *nf* mop

esfriar *vt* to cool (something) down; to cool off; to refrigerate ♦ *vi* 1 to get cold;

to cool 2 *fig (esmorecer)* to cool down; to cool; *o entusiasmo estava a esfriar* the enthusiasm was cooling down

esfumado *adj* smoky; shaded; blurred ♦ *nm* stump

esfumar *vt* to shade (off); to smooth out; to blur; to stump

esfuminho *nm* stump

esfuziante *adj2g* lively; beaming (with happiness)

esgaçar *vt,i,p* to fray; to wear

esgadanhar *vt* to scratch; to claw ♦ *vp* 1 to claw oneself 2 *fig (desespero)* to tear your hair out

esgalgado *adj* lean; thin; skinny

esganar *vt* 1 *(estrangular)* to strangle 2 *(sufocar)* to choke; to stifle ♦ *vp* 1 to hang oneself 2 *fig* to be greedy

esganiçado *adj* shrill; piercing

esganiçar *vt,p* to shriek; to screech

esgar *nm* grimace

esgatanhar *vt* to scratch; to claw

esgazeado *adj (olhos, expressão)* glaring

esgotado *adj* 1 sold out 2 *(livro)* out of print 3 *(cansado)* exhausted; tired out ❖ *(teatro, concerto) lotação esgotada* full house

esgotamento *nm* 1 *(estado, ação)* exhaustion 2 MED breakdown; collapse ❖ *esgotamento nervoso* nervous breakdown

esgotar *vt* 1 *(recursos)* to drain; to use up; *esgotámos as nossas reservas* we've used up our stock 2 *(pessoa, tema, paciência)* to exhaust; to wear out; *esgotar um tema* to exhaust a subject ♦ *vi (mercadoria)* to be sold out ♦ *vp* 1 *(livro, bilhetes)* to be sold out 2 *(forças, energia, paciência)* to run out; *a minha paciência está a esgotar-se* I'm running out of patience

esgoto *nm* drain; gutter ❖ *esgoto a céu aberto* open drain; *rede de esgoto* sewage system

esgravatar *vt* 1 to scrape; to scratch 2 *(nariz, dentes)* to pick 3 *(ave)* to peck [at] 4 *fig* to search; to inquire

esgrima *nf* DESP fencing; *professor de esgrima* fencing master; *praticar esgrima* to fence

esgrimir *vi* to fence ♦ *vt* 1 to brandish 2 *(discussão)* to put forward (arguments)

esgrimista *n2g* fencer

esguedelhar *vt (cabelo)* to dishevel; to tousle; to rumple

esgueirar-se *vp* to slip away; to sneak off

esguelha *nf* bias ❖ *de esguelha* at an angle

esguichar *vt* to squirt; to gush ♦ *vi* to squirt; to jet; to spurt out

esguicho *nm* squirt; gush

esguio *adj* slender

eslavo *nm* Slav ♦ *adj* Slavonic; Slavic

eslovaco *adj,nm* Slovak, Slovakian

Eslováquia *nf* Slovakia

Eslovénia *nf* Slovenia

esloveno *adj,nm* Slovenian

esmagador *adj* crushing; overwhelming

esmagamento *nm* crushing; smashing; squeezing

esmagar *vt* 1 to crush 2 *(objeto mole)* to squash 3 *(em papa)* to mash 4 *(em pó)* to grind 5 *(rebelião)* to crush, to suppress 6 *(dominar)* to overwhelm 7 *(jogo) (derrotar)* to hammer

esmaltar *vt* to enamel

esmalte *nm* enamel; *louça de esmalte* enamel ware

esmerado *adj* careful

esmeralda *nf* emerald

esmerar-se *vp* 1 to do one's best; to excel oneself 2 *(esforçar-se)* to take great pains [a, to]

esmeril *nm* emery; *lixa de esmeril* emery paper ❖ *roda de esmeril* grinding wheel

esmero *nm* care; neatness

esmigalhar *vt* 1 *(pão, bolachas)* to crumble; to mash 2 *(esmagar)* to crush ♦ *vp (pão, rocha)* to crumble

esmiuçar *vt (examinar)* to analyse; to go through (something) in detail

esmo *nm* rough estimate ❖ *a esmo* at random

esmola *nf* alms; charity; *dar uma esmola a alguém* to give alms to somebody ❖ *caixa de esmolas* poor box; *pedir esmola* to beg

esmorecer *vt* **1** (*desencorajar*) to discourage; to dishearten **2** (*afrouxar*) to slow down ♦ *vi* **1** (*desencorajar-se*) to lose heart **2** (*sentimento, luz*) to fade away

esmorecimento *nm* **1** discouragement, despondency **2** weakening

esmoucar *vt* **1** to chip **2** to spoil; to damage **3** to bruise; to hurt

esmurrar *vt* **1** (*dar murros*) to box; to punch **2** (*amolgar*) to dent; *esmurrar o carro* to dent the car

és-nordeste *nm* east-northeast

esófago *nm* oesophagus *GB*; esophagus *EUA*

esotérico *adj* esoteric

espaçado *adj* **1** (*no espaço*) spaced out; with an interval **2** (*no tempo*) postponed **3** (*visita*) occasional; *a intervalos espaçados* at regular intervals

espaçamento *nm* **1** spacing; interval **2** TIP kerning

espaçar *vt* **1** (*pôr intervalos*) to space out; to set at intervals **2** (*ampliar*) to extend; to enlarge **3** (*adiar*) to delay; to put off; to postpone

espacejar *vt* TIP to space

espacial *adj2g* **1** spatial **2** space ❖ *nave espacial* space ship; *estação espacial* space station

espaço *nm* **1** (*extensão*) space **2** (*a ocupar*) room; *espaço livre* free room **3** (*tempo*) interval; period

espaçoso *adj* spacious; roomy

espada *nf* (*arma*) sword; *desembainhar a espada* to draw the sword; *embainhar a espada* to sheathe the sword ♦ *nfpl* (*naipe*) spades; *rei de espadas* king of spades ❖ *entre a espada e a parede* between the devil and the deep blue sea

espadachim *nm* swordsman

espadarte *nm* swordfish

espadaúdo *adj* broad-shouldered

espádua *nf* scapula; shoulder-blade

espairecer *vi* **1** (*passear*) to stroll; to go for a walk **2** (*distrair-se*) to amuse oneself

espaldar *nm* **1** (*ginásio*) wall bars **2** back of a chair

espalhafato *nm* **1** (*confusão*) disorder; commotion **2** (*barulho*) bustle; fuss; *fazer um espalhafato* to make a fuss **3** (*ostentação*) extravagance

espalhafatoso *adj* **1** *pej* (*espampanante*) garish; ostentatious; showy **2** (*barulhento*) noisy; fussy

espalhanço *nm* **1** *pop* failure **2** *gír* ((*exame, teste*)) fail; flunk *EUA*

espalhar *vt* **1** (*estender*) to spread **2** (*papéis, flores*) to strew **3** (*sementes*) to scatter **4** (*barrar*) to spread; *espalhar a manteiga na torrada* to spread the butter on the toast **5** (*polvilhar*) to sprinkle **6** (*pomada*) to apply **7** (*difundir*) to spread; *espalhar uma notícia* to spread the news ♦ *vp* **1** (*notícia, doença*) to spread **2** (*objetos*) to scatter **3** *col* (*cair*) to fall flat **4** (*exame*) to slip up

espalmar *vt* **1** (*esmagar*) to flatten; to lay flat; to squash; *espalmar uma caixa* to flatten a box **2** (*estender*) to lay out; to spread ♦ *vp* to flatten oneself [**contra**, against]; *espalmar-se contra a parede* to flatten oneself against the wall

espampanante *adj2g* extravagant; ostentatious; showy

espanador *nm* duster; feather duster

espanar *vt* to dust

espancar *vt* to beat (somebody) up

Espanha *nf* Spain

espanhol *nm* **1** (*pessoa*) Spaniard; *os espanhóis* the Spanish **2** (*língua*) Spanish ♦ *adj* Spanish

espantado *adj* astonished [**com**, at]; amazed [**com**, at]

espantalho *nm* scarecrow

DACIN-01-58

espantar vt 1 (surpreender) to surprise; to amaze; to astonish 2 (assustar) to frighten; to scare 3 (afugentar) to drive (somebody/something) away; **espantar a caça** to drive the game away; fig **espantar o sono** to drive the sleep away ♦ vp 1 (surpreender-se) to be astonished 2 (fugir) to run off

espanto nm 1 (surpresa) amazement; astonishment 2 (pasmo) marvel; wonder ❖ **fazer ar de espanto** to look amazed

espantoso adj 1 (extraordinário) wonderful; amazing; marvellous 2 (assombroso) dreadful; frightful

espargata nf splits; **fazer a espargata** to do the splits

espargir vt to pour; to spread; to splash

espargo nm asparagus

esparguete nm spaghetti

esparregado nm CUL purée of green vegetables

esparrela nf snare; noose; trap ❖ **cair na esparrela** to fall/walk into a trap

esparrinhar vt to splash ♦ vi to gush; to spurt; to jet

esparso adj (espalhado) sparse; spread; scattered

espartano adj,nm Spartan

espartilho nm corset

esparto nm BOT esparto

espasmo nm MED spasm; cramp

espasmódico adj spasmodic

espatifar vt 1 to shatter; to crush; to break to pieces; to wreck; **espatifei o meu carro** I wrecked the car 2 fig (dinheiro) to waste; to squander; **espatifar uma fortuna** to squander a fortune

espátula nf spatula

espavorido adj frightened; scared; terrified

especar vi to stand still; to freeze; to stop short; **ficou especada no meio da sala** she stood still in the middle of the room

especial adj2g 1 (particular) special; **por especial favor** by special favour 2 (excelente) remarkable; exceptional; **tenho um vinho especial** I've got an exceptional wine ❖ **edição especial** special edition

especialidade nf speciality GB, specialty EUA

especialista n2g 1 (perito) specialist; expert; **ela é especialista em arte** she's a specialist in art 2 MED specialist; **especialista em doenças cardíacas** heart specialist ♦ adj2g specialist; expert

especialização nf specialization [em, in]; **fazer uma especialização em química** to specialize in chemistry

especializado adj 1 specialized [em, in] 2 (trabalhador) skilled

especializar vt 1 to specialize 2 to particularize ♦ vp to specialize [em, in]; **especializar-se em cirurgia** to specialize in surgery

especialmente adv 1 (particularmente) especially; **adoro música, especialmente música clássica** I love music, especially classical music 2 (expressamente) specially; **desenhado especialmente para** specially designed for

especiaria nf spice

espécie nf 1 (género) sort; kind; variety 2 BOT,ZOOL species; **espécie extinta** extinct species 3 goods; **pagar em espécie** to pay in goods ❖ **da pior espécie** of the worst sort; **fazer espécie** to intrigue

especificação nf specification

especificar vt to specify; to detail; to particularize

especificidade nf specificity

específico adj specific; particular

espécime nm 1 (amostra) specimen; sample 2 (exemplo) example 3 (modelo, padrão) pattern; model

espectador ou **espetador** nm 1 TV viewer; CIN,TEAT member of the audience 2 DESP spectator 3 (testemunha) onlooker; bystander

especulação nf 1 speculation [sobre, about]; **pura especulação** pure speculation 2 ECON speculation ❖ **especulação imobiliária** property speculation

especulador nm ECON speculator; *especulador da bolsa* stock-market speculator

especular vi 1 to speculate [*sobre*, on/about] 2 ECON to speculate; *especular na alta* to make a bull speculation

especulativo adj speculative

espeleologia nf DESP speleology; caving; spelunking EUA

espeleólogo nm speleologist; spelunker EUA

espelhar vt 1 to mirror; to reflect 2 to polish

espelharia nf mirror factory; mirror industry

espelho nm 1 mirror; looking-glass; *ver-se ao espelho* to look at yourself in the mirror 2 fig model, example 3 (fechadura) escutcheon (of a lock) ❖ (interior) *espelho retrovisor* rearview mirror; (exterior) *espelho retrovisor direito/esquerdo* right/left-hand wing mirror

espelunca nf col slum; dump

espera nf 1 waiting; (período) wait; *estar à espera de* to be waiting for 2 (demora) delay 3 (cilada) ambush; trap; *fazer uma espera* to ambush ❖ *sala de espera* waiting-room

esperança nf 1 hope; *ter a esperança de* to hope that; *ter esperança em* to hope for 2 expectancy; *esperança de vida* life expectancy 3 DESP (pessoa) hope; *ele é uma das grandes esperanças do ténis* he's one of the most promising tennis players ❖ *alimentar esperanças* to cherish hopes; *estar de esperanças* to be expecting (a baby); *na esperança de que* in hope that

esperançoso adj 1 hopeful 2 confident; trusting

esperanto nm Esperanto

esperar vi to wait; *espera por mim* wait for me; *estou à espera do autocarro* I'm waiting for the bus; *fazer alguém esperar* to keep someone waiting ♦ vt 1 to hope for; *é melhor do que eu esperava* it's better than I hoped for 2 to expect;

era de esperar it was to be expected; *não estava à espera que viesses* I wasn't expecting you to come ❖ *esperar a vez* to wait one's turn; *esperar por uma ocasião favorável* to wait till the clouds roll by; *espero que não* I hope not; *espero que sim* I hope so

esperma nf sperm ❖ *banco de esperma* sperm bank

espermatozoide nm spermatozoon

espernear vi to kick; to stamp; to throw a tantrum

espertalhão nm wise guy col

esperteza nf 1 (inteligência) cleverness 2 (manha) cunning; sagacity; craft 3 (vivacidade) liveliness; vivacity

esperto adj 1 (inteligente) clever; smart 2 (astuto) sharp

espessamento nm thickening

espessar vt,i (molho, liquido) to thicken; to compact

espesso adj thick; dense

espessura nf thickness; *ter 20 centimetros de espessura* to be 20 centimetres thick

espetacular adj2g 1 (impressionante) spectacular 2 (excelente) excellent

espetáculo nm 1 TEAT,MÚS show; performance 2 (demonstração) exhibition; display 3 (cena, escândalo) scene; *dar espetáculo* to make a scene 4 col something else; *ser um espetáculo* to be great

espetada nf (comida) kebab

espetanço nm 1 sting; prick 2 fig (falhanço) fiasco; blunder

espetar vt 1 (alfinete) (picar) to prick; to pierce; to spit; (garfo) to gore 2 (cravar) to stick; *espetar uma faca em algo* to stick a knife into something ♦ vp 1 to prick yourself 2 fig (falhar) to fail; to blunder 3 col (de carro) to crash; *espetei-me contra uma árvore* I crashed against a tree 4 (exame) to fail

espeto nm spit; skewer; *assar no espeto* to spit-roast ❖ (magreza) *ele é um espeto* he's thin as a lath/rake

espetral ou **espectral** adj2g spectral; ghostly

espetro ou **espectro** nm 1 spectre; ghost 2 FÍS spectrum ❖ *espetro solar* solar spectrum

espevitar vt 1 (pessoa) to wake 2 (encorajar) to spur 3 (inteligência, imaginação) to stimulate 4 (curiosidade) to arouse 5 (lume) to poke

espezinhar vt 1 to tread [-, on]; to trample [-, on]; to stamp [-, on]; *ser espezinhado pela multidão* to be trampled by the crowd 2 fig (humilhar) to humiliate

espia nf spy; secret agent; informer

espião nm spy; secret agent; informer

espiar vt 1 to spy on 2 to watch out for

espicaçar vt 1 (picar) to peck; (furar) to pierce; to prick 2 (esporear) to spur 3 fig (instigar) to spur; to urge; to incite

espiga nf 1 (trigo, cevada) ear; (milho) cob 2 (grupo de flores) spike

espigado adj 1 spiked 2 col grown-up 3 (pontas do cabelo) ragged

espigão nm 1 (haste) spike 2 (unhas) hangnail

espigar vi 1 to ear; to seed 2 col to grow up

espigo nm hangnail

espigueiro nm granary

espinafre nm spinach

espinal adj2g spinal

espingarda nf rifle; *tiro de espingarda* rifle shot ❖ *espingarda de ar comprimido* air gun, air rifle; *espingarda de caça* shotgun; *espingarda de dois canos* double-barrelled gun

espinha nf 1 spine; *espinha dorsal* spine 2 (peixe) fishbone 3 (borbulha) pimple 4 fig trouble; obstacle

espinheiro nm thorn bush; bramble bush

espinho nm 1 (planta) thorn 2 (animal) spine 3 fig difficulty; obstacle

espinhoso adj 1 thorny; prickly 2 fig difficult; hard; *uma tarefa espinhosa* a troublesome task 3 fig tricky

espiolhar vt 1 to delouse 2 fig to look carefully into

espionagem nf spying; espionage

espionar vt 1 to spy on 2 col (espreitar) to sneak on ♦ vi 1 to spy 2 col (espreitar) to sneak on people

espiral nf spiral; spire ♦ adj2g spiral ❖ (livro, caderno) *argolas em espiral* spiral binding; *escadas em espiral* spiral staircase

espírita adj,n2g medium

espiritismo nm spiritualism; *ir a uma sessão de espiritismo* to attend a seance

espírito nm 1 spirit; *espírito de equipa* team spirit 2 (mente) mind; *estado de espírito* mood 3 (fantasma) ghost

espiritual adj2g spiritual; *vida espiritual* spiritual life ♦ nm MÚS spiritual ❖ *diretor espiritual* father confessor

espiritualidade nf spirituality

espirituoso adj 1 witty; humorous 2 (bebida); *bebida espirituosa* spirit

espirrar vi to sneeze ♦ vt (esguichar) to gush out; to spurt; to squirt

espirro nm sneeze; *dar um espirro* to sneeze

esplanada nf outdoor café; *vamos para a esplanada* let's sit outside

esplêndido adj 1 (fantástico) excellent; brilliant 2 (luxuoso) magnificent

esplendor nm splendour GB, splendor EUA

espojar vt (rebolar) to roll ♦ vp (rebolar-se) to wallow; to sprawl

espoleta nf cap; fuse; detonator

espoliar vt 1 (cidade) to pillage; to plunder 2 (loja, casa) to loot; to strip 3 (expropriar) to dispossess

espólio nm 1 (restos) remains 2 (guerra) booty; spoils 3 DIR (bens) assets; estate

esponja nf 1 ZOOL sponge 2 (material) sponge; *limpar com uma esponja* to sponge 3 col,fig sponge; drunkard; wineskin ❖ *passar uma esponja sobre* to draw a curtain over

esponjoso *adj* spongy; porous

esponsais *nmpl* betrothal; marriage ❖ *celebrar os esponsais* to get engaged

espontaneidade *nf* spontaneity

espontâneo *adj* spontaneous ❖ *de livre e espontânea vontade* of one's own free will

espontar *vt* to clip; to trim; *espontar o cabelo* to trim one's hair ♦ *vi* 1 BOT to bud; to sprout 2 (dia) to break

espora *nf* spur

esporádico *adj* sporadic

esporão *nm* 1 spur 2 (galo) spur 3 (barco) head

esporear *vt* 1 to spur 2 *fig* to stimulate

esporo *nm* spore

esposar *vt* to marry; to wed

esposo *nm* (homem) husband; (mulher) wife

espraiar *vt* 1 to cast ashore 2 to spread; to expand ♦ *vp* 1 (rio, mar) to ebb 2 to spread abroad 3 *fig* to speak at length upon

espreguiçadeira *nf* 1 chaise longue; lounger 2 (praia) deck chair

espreguiçar-se *vp* to stretch oneself

espreita *nf* peep; furtive glance ❖ *estar à espreita de* to be on the lookout for

espreitadela *nf* peep; peeping; *dar uma espreitadela* to have a peep at

espreitar *vi* to lurk ♦ *vt* 1 to spy on; to peep at; *espreitar para dentro* to peep in/into; *espreitar para fora* to peep out 2 (esperar escondido) to lie in wait for

espremedor *nm* squeezer; *espremedor de laranjas* orange squeezer ❖ *espremedor elétrico* juicer

espremer *vt* 1 (citrinos, esponja) to squeeze; (uvas) to press 2 (à mão) to wring; (na máquina) to spin-dry 3 *fig* (interrogar) to pump (someone)

espuma *nf* 1 (mar) foam 2 (banho) bubble 3 (sabonete, champô, detergente) lather 4 (para o cabelo) mousse 5 (cerveja) froth ❖ *espuma de barbear* shaving foam

espumante *nm* 1 champagne 2 sparkling wine ♦ *adj2g* 1 bubbly; foamy 2 (vinho) sparkling 3 *fig* (furioso) raging

espumar *vi* 1 to foam; to froth; to lather 2 (bebidas com gás) to bubble; to sparkle ❖ *espumar de raiva* to foam at the mouth

espumoso *adj* 1 bubbly; foamy 2 (vinho) sparkling 3 (cerveja) frothy ♦ *nm* 1 champagne 2 sparkling wine

espúrio *adj* 1 spurious; illegitimate 2 *fig* false; counterfeit

esquadra *nf* 1 (polícia) police station 2 (navios de guerra) fleet 3 (soldados) squad

esquadrão *nm* 1 MIL squadron 2 *fig* (multidão) troop; band

esquadria *nf* GEOM square; *corte em esquadria* squaring; *pôr em esquadria* to square

esquadrilha *nf* squadron

esquadrinhar *vt* to search; to ferret about; to go through in detail; *eu esquadrinhei a gaveta* I ferreted about in the drawer

esquadro *nm* set square; *esquadro em T* T-square

esquálido *adj* squalid; foul; filthy

esquartejamento *nm* quartering; tearing up; (no talho) cutting up

esquartejar *vt* to quarter; to tear up; (no talho) to cut up

esquecer *vt* to forget; *esqueci isso por completo* I completely forgot about it ♦ *vi* to forget ♦ *vp* to forget; to leave behind; *esqueci-me de trazer o livro* I forgot to bring the book; *esqueci-me do casaco* I left my coat behind ❖ *quem não aparece esquece* out of sight, out of mind

esquecido *adj* 1 (objeto) forgotten; *esquecido há muito* long forgotten 2 (pessoa) forgetful

esquecimento *nm* 1 (falta de memória) forgetfulness 2 oblivion ❖ *(um assunto) deixar cair no esquecimento* to let a matter drop

esquelético adj col skinny

esqueleto nm 1 skeleton 2 (estrutura) framework 3 fig sketch

esquema nm 1 (plano) scheme 2 (resumo) outline, plan 3 (diagrama) diagram ❖ **esquema de segurança** security operation

esquemático adj 1 schematic 2 pej oversimplified

esquematizar vt 1 (planejar) to schematize, to diagram 2 (resumir) to outline

esquentador nm heater; gas heater, warming pan

esquentar vt 1 to warm; to overheat 2 fig (irritar) to annoy ♦ vp (irritar-se) to get annoyed

esquerda nf 1 left; **virar à esquerda** to turn left 2 POL left-wing; **políticos de esquerda** left-wing politicians

esquerdino adj left-handed

esquerdo adj left

esqui nm 1 ski 2 DESP (atividade) skiing; **fazer esqui** to go skiing ❖ DESP **esqui aquático** water-skiing

esquiador nm DESP skier

esquiar vi DESP to ski; **gosto muito de esquiar** I love skiing

esquilo nm squirrel

esquimó adj,n2g Eskimo

esquina nf 1 corner 2 (orla) edge

esquisitice nf eccentricity; oddity

esquisito adj 1 (estranho) odd; strange; weird col 2 (exigente) choosy; hard to please

esquivar-se vp 1 to avoid [a/de, -] 2 (fisicamente) to dodge [a/de, -]

esquivo adj (reservado) distant, reserved, standoffish 2 (acanhado) coy; shy

esquizofrenia nf MED schizophrenia

esquizofrénico adj,nm MED schizophrenic

esse adj that; **esses livros** those books ♦ pron dem 1 (coisa) that one; **não quero esses** I don't want those 2 the former ❖ **ainda mais essa!** that's all we need!; **essa é boa!** that's a good one!; **por essas e por outras** for these and other reasons

essência nf 1 (ser) essence 2 (existência) nature 3 (aroma) perfume; scent

essencial adj2g 1 essential [para, to/for] 2 (principal) main ♦ nm main thing; essence

és-sudeste nm east-southeast

estabelecer vt 1 (determinar, ordenar) to establish 2 (decidir) to settle 3 (fundar) to set up; **estabelecer uma sociedade** to set up a company 4 (recorde) to set ♦ vp 1 (decidir) to establish that; to decide that 2 (fixar-se) to settle 3 (negócio) to set up; **estabelecer-se por conta própria** to set up your own business

estabelecimento nm 1 (instituição) establishment; **estabelecimento de ensino** school 2 (loja) shop 3 (preços, prazos) fixing; setting

estabilidade nf stability

estabilização nf stabilization; balancing

estabilizar vt 1 to stabilize 2 (determinar) to settle, to fix ♦ vi,p to stabilize; **o doente estabilizou** the patient's condition has stabilized

estábulo nm 1 (cavalos) stable 2 (vacas) cowshed

estaca nf 1 (pau) stake; post 2 (tenda) peg 3 (parte de ramo) cutting ❖ **voltar à estaca zero** to go back to square one

estação nf 1 (transportes) station 2 (ano) season; **meia estação** cool season 3 (repartição) office; **estação dos correios** post office ❖ **estação de serviço** service station

estacar vt 1 to stake, to prop 2 (proteger) to protect 3 (apoiar) to support ♦ vi to stop short, to halt

estacionamento nm 1 parking; **estacionamento proibido** no parking 2 (espaço) parking space 3 (lugar, parque) car park

estacionar vt to park ♦ vi 1 (situação, pessoa) to remain stationary 2 (veículo) to park; **estacionar em segunda fila** to double-park

estacionário adj stationary; **doença estacionária** stationary disease

estada nf stay; staying; sojourn

estadão nm pop pomp; display; magnificence

estadia nf 1 (permanência) stay; sojourn 2 (gastos) living expenses; *pagar os custos da viagem e a estadia* to pay travel and living expenses

estádio nm 1 DESP stadium 2 (período) period 3 (fase) phase

estadista n2g (homem) statesman; (mulher) stateswoman

estado nm 1 state; *estado de espírito* state of mind 2 (de saúde, conservação) condition 3 (país, parte de país) state

estado-maior nm staff; General Staff; *Estado-Maior do Exército* General Staff of the Army

estado-membro nm member state

Estados Unidos da América nmpl United States of America

estafa nf 1 (fadiga) fatigue 2 (esgotamento) nervous exhaustion 3 (faina) hard work

estafado adj tired out; exhausted

estafar vt to tire, to fatigue; to weary

estafermo nm 1 scarecrow 2 (inútil) good for-nothing 3 (pessoa repugnante) creep

estafeta n2g courier; messenger ❖ DESP (corridas) *corrida de estafetas* relay race

estagiar vi to be in training; to take a training post; to do a traineeship

estagiário nm 1 trainee 2 (professor) trainee teacher 3 (médico) junior doctor

estágio nm 1 (aprendizagem) traineeship 2 (fase) stage

estagnação nf stagnation

estagnado adj stagnant; still

estagnar vi 1 (água) to stagnate 2 (negociações) to come to a standstill ♦ vt 1 to make stagnant 2 (país) to bring to a standstill

estalactite nf stalactite

estalada nf col slap; *dar uma estalada a alguém* to slap a person

estaladiço adj (alimento) crunchy, crisp

estalagem nf inn; hostelry

estalagmite nf stalagmite

estalajadeiro nm innkeeper

estalão nm standard; gauge

estalar vt 1 to crack; *fazer estalar um chicote* to crack a whip 2 (língua) to click 3 (dedos) to snap 4 (quebrar) to break ♦ vi 1 (fender) to crack 2 (crepitar) to crackle 3 (ruído) to clap 4 (guerra) to break out; *a guerra estalou* the war broke out

estaleiro nm dockyard, shipyard ❖ *estaleiros navais* naval construction works

estalido nm 1 crack; (língua) click 3 (dedos) snap 4 (fogueira) crackle

estalo nm 1 crack; (madeira a arder) crackle; (língua) click; (dedos) snap 2 (bofetada) slap

estame nm BOT stamen

estampa nf 1 (figura impressa) print 2 (ilustração) picture; plate; *estampas a cores* colour plates

estampado adj printed; *vestido estampado* printed dress ♦ nm 1 (tecido) print 2 (padrão) pattern ❖ *tinha a angústia estampada no rosto* his anxiety was written on his face

estampagem nf printing; stamping

estampar vt 1 (marcar) to stamp; *estampar couro* to stamp leather 2 (imprimir) to print ♦ vp col (acidente) to have an accident; to crash [contra, into]; *estampar-se contra uma parede* to crash into a wall

estampido nm 1 noise; crack 2 (arma) bang

estancar vt 1 (sangue) to stanch 2 (parar, cessar) to stop; *estancar uma fuga* to stop a leak 3 (drenar) to drain ♦ vi (vedar) to run dry

estância nf 1 resort 2 LIT stanza ❖ *estância balnear* seaside resort

estandardização nf standardization

estandardizar vt to standardize

estandarte nm standard; banner

estanho nm tin

estanque adj 1 (impermeável) tight; watertight 2 (vedado) staunched

estante nf 1 (armário) bookshelf, bookcase 2 (prateleira) shelf 3 (suporte) stand; desk; *estante para músicas* music stand

estapafúrdio adj 1 (excêntrico) extravagant; *um vestido estapafúrdio* an extravagant dress 2 (bizarro) freakish

estar vi 1 (encontrar-se) to be 2 (aspeto) to look; *estás muito bonita* you look very nice 3 to lie in [em, in]; *o segredo está na originalidade* the success lies in its originality 4 (data, tempo, temperatura) to be; *está frio/calor* it's cold/hot; *estamos a 3 de maio* it's the third of May; *os Açores estão com 30 graus* it's 30 °C in the Azores 5 (em casa) to be in; *a Ana está?* is Anna in? 6 (fora de casa) to be out 7 (modo) to be; *estar com medo* to be afraid; *estar doente* to be ill; *estar em si* to be in one's right mind; *estar fora de si* to be out of one's mind ❖ (telefone) *está?* hello?; *está bem!* ok!; *como está?* how are you?; *deixa estar!* we'll see about that!

estardalhaço nm fuss; racket

estarrecer vt 1 (assustar) to frighten 2 (espantar) to amaze

estatal adj2g state-owned; state; *escola estatal* state school

estatelar-se vp to fall flat on one's face

estática nf 1 (interferências) static 2 FÍS statics

estático adj 1 static 2 (imóvel) motionless

estatística nf statistics

estatístico adj statistic(al) ♦ nm (profissional) statistician

estátua nf statue ❖ *como uma estátua* stock-still

estatuária nf statuary

estatuário nm sculptor ♦ adj statuary

estatueta nf statuette

estatuir vt to ordain; to decide, to decree; to settle

estatura nf stature; height

estatutário adj statutory

estatuto nm (condição) status ♦ nmpl (instituição, associação) statutes

estavanado adj 1 (distraído) light in the head 2 (desastrado) clumsy

estável adj2g 1 (situação, economia, saúde) stable; *um governo estável* a stable government 2 (durável) lasting

este[1] /é/ nm east

este[2] /é/ det dem this; [plural] these ♦ pron dem 1 (coisa) this one; *prefiro este* I prefer this one 2 (pessoa) this; *quem é este?* who's this? 3 (último referido) the latter

esteio nm 1 prop; support 2 NÁUT stay 3 fig help, protection

esteira nf 1 (tapete) straw mat, mat 2 (barco) wake 3 (caminho) path

esteirar vt to mat

estelar adj2g stellar; starry

estendal nm 1 (corda) clothes line 2 (de montar) clothes horse

estender vt 1 (desdobrar, espalhar) to spread out; *estender um mapa* to spread a map out 2 (braços, pernas) to stretch out 3 (alargar) to extend; *estender o prazo das matrículas* to extend the registration period 4 (roupa) to hang out 5 (massa) to roll out 6 (conversa) to draw out 7 (corda) to pull tight 8 (mão) to hold out, to reach out ♦ vp 1 (deitar-se) to lie down 2 (assunto) to dwell upon; *estender-se sobre um assunto* to dwell upon a subject 3 (espaço) to stretch; *o jardim estende-se até ao lago* the garden stretches down to the lake 4 (temporal) to last; *o debate estendeu-se horas e horas* the debate lasted hours 5 (propagar-se) to spread; *a epidemia estendeu-se a todo o país* the epidemic spread through the whole country 6 col (estatelar-se) to fall flat 7 col (exame) to fail

estenderete nm 1 downright failure 2 (trapalhada) mess

estenodatilografia ou **estenodactilografia** nf shorthand typewriting

estenodatilógrafo ou **estenodactilógrafo** nm shorthand typist

estenografar vt to stenograph, to take down/write in shorthand

estenografia nf shorthand; stenography

estenógrafo nm stenographer; shorthand writer

estepe nf steppe

éster nm QUÍM ester

esterco nm (estrume) dung; manure

estéreo adj stereo

estereotipar vt to stereotype

estereótipo nm stereotype

estéril adj2g 1 (pessoa, animal) sterile 2 (terra) infertile 3 (inútil) futile

esterilidade nf 1 (pessoa, animal) sterility 2 (terra) infertility 3 (escassez) dearth

esterilização nf sterilization

esterilizar vt (pessoa, animal, objeto) to sterilize; *esterilizar instrumentos cirúrgicos* to sterilize surgical instruments

esterlino adj,nm sterling ❖ *libra esterlina* pound sterling

esterno nm sternum; breastbone

esternutatório adj,n2g sternutatory

esteroide nm steroid ❖ *esteroide anabolizante* anabolic steroid

esterqueira nf dunghill, dump

estertor nm death rattle

esteta n2g aesthete

estética nf aesthetics

esteticista n2g beautician

estético adj aesthetic

estetoscópio nm MED stethoscope

estibordo nm NÁUT starboard

esticão nm pull; tug; yank

esticar vt 1 (alongar) to extend 2 (corda) to stretch 3 (braço, perna) to stretch out 4 (dinheiro) to spin out 5 (alisar) to smooth ❖ vp (espreguiçar-se) to stretch out ❖ *esticar o pernil* to snuff it, to kick the bucket

estigma nm stigma

estigmatizar vt 1 to stigmatize 2 (marginalizar) to ostracize 3 (acusar) to blame

estilha nf chip

estilhaçar vt 1 to break to pieces; to splinter 2 (despedaçar) to shatter ❖ vi to fly into splinters ❖ vp to shatter

estilhaço nm chip; splinter

estilista n2g (moda) fashion designer, stylist

estilística nf art of style; stylistics

estilístico adj stylistic

estilizar vt 1 to stylize 2 (ornamentar) to ornament

estilo nm style ❖ *cheio de estilo* stylish; *estilo de vida* way of life; lifestyle

estima nf 1 esteem 2 (consideração) regard; *ser tido em grande estima* to be held in high regard 3 (afeto) affection

estimação nf 1 (estimativa) estimate, calculation 2 (estima) esteem, respect ❖ *animal de estimação* pet

estimado adj 1 esteemed; respected 2 (correspondência) dear; *estimado senhor* dear sir ❖ *bem estimado* well cared for

estimar vt 1 (ter estima) to prize; to have a high regard for 2 (cuidar) to treasure; to take good care of 3 (avaliar) to estimate [em, at]; to value [em, at]; *estimar em quarenta euros* to value at forty euros 4 (apreciar) to appreciate ❖ *estimar muito* to value

estimativa nf 1 estimate; *fazer uma estimativa de algo* to estimate something 2 (avaliação) valuation 3 (cálculo) calculation ❖ *estimativa de custo* estimate, costing

estimulante adj2g stimulating; exciting ❖ nm stimulant; *a cafeína é um estimulante* caffeine is a stimulant

estimular vt 1 to stimulate; to spur; to urge 2 (incentivar) to encourage

estímulo nm stimulus; incentive

estio nm summer; *no rigor do estio* in the height of summer

estiolar *vt,i,p* 1 *(enfraquecer)* to weaken; to fade 2 *(arrasar)* to blight

estipêndio *nm* stipend; salary; pay

estipulação *nf* 1 stipulation; condition 2 *(cláusula)* clause

estipular *vt* to stipulate; to settle; *estipular condições* to settle terms

estirador *nm* drawing board

estirar *vt* 1 to extend; to stretch 2 NÁUT to roll; to draw

estirpe *nf* race; lineage ❖ *de baixa estirpe* of humble origin

estiva *nf* NÁUT stowage

estivador *nm* docker; stevedore

estival *adj2g* aestival; summery

estofador *nm* upholsterer

estofar *vt* 1 *(móveis)* to upholster; *cadeira estofada* upholstered chair 2 *(acolchoar)* to stuff; to cushion

estofo *nm* 1 *(móveis)* upholstery 2 *(acolchoamento)* padding

estoicismo *nm* 1 stoicism 2 *(rigidez)* severity

estoico *nm* stoic ♦ *adj* 1 stoical 2 *(severo)* severe

estoirar *vi* 1 *(rebentar)* to explode 2 *(pneu)* to burst ♦ *vt* 1 *(quebrar)* to break open 2 (empresa) to burst up; to smash ❖ *estoirar os miolos* to blow out one's brains

estojo *nm* 1 *(canetas, lápis)* pencil case 2 *(óculos, joias)* case 3 *(arma)* cover 4 *(com várias peças)* kit; *estojo de ferramentas* toolkit

estola *nf* stole

estomacal *adj2g* stomachic

estômago *nm* stomach; *de estômago vazio* on an empty stomach; *dor de estômago* stomach ache ❖ *dar a volta ao estômago* to turn one's stomach, to make one's stomach rise

estomatologia *nf* MED stomatology

estomatoscópio *nm* MED stomatoscope

Estónia *nf* Estonia

estónio *adj,nm* Estonian

estonteante *adj2g* 1 stunning 2 *(fascinante)* fascinating

estopa *nf* tow

estopada *nf* 1 quantity of tow 2 *fig (aborrecimento)* nuisance; annoyance

estore *nm* 1 blind 2 *(persiana)* window shade

estorninho *nm* starling

estorvar *vt* 1 *(dificultar)* to embarrass 2 *(impedir)* to hinder; *estorvar o trabalho de alguém* to hinder someone in his work 3 *(constranger)* to constrain 4 *fig (importunar)* to bother

estorvo *nm* 1 *(dificultação)* embarrassment 2 *(obstáculo)* hindrance; obstacle 3 *(aborrecimento)* bother

estourar *vt* 1 to burst 2 *(explodir)* to explode ♦ *vi* 1 to explode 2 *(pneu)* to burst 3 *(escândalo)* to blow up 4 *(guerra)* to break out 5 *(chegar)* to turn up 6 *(zangar-se)* to blow up

estouro *nm* 1 *(explosão)* burst; explosion 2 *(ruído)* crash ❖ *col ser um estouro* to be great

estouvado *adj* hare-brained; foolish

estrábico *adj* MED cross-eyed; squint-eyed

estrabismo *nm* MED strabismus; squint

estraçalhar *vt* 1 *(pessoa)* to cut up, to dismember 2 *(livro, objeto)* to pull to pieces

estrada *nf* 1 road; *beira da estrada* road side; *estrada de mau piso* rough road 2 *(via rápida)* highway ❖ *estrada nacional* main road

estrado *nm* 1 *(palanque)* platform 2 *(cama)* base

estragado *adj* 1 *(pessoa)* wasted; spoiled; *criança estragada com mimo* a thoroughly spoiled child 2 *(danificado)* damaged 3 *(saúde)* ruined 4 *(alimento)* rotten; deteriorated; off; *o peixe estava estragado* the fish was off 5 *(máquina)* out of order

estragão *nm* tarragon

estragar *vt* 1 to spoil; *estragar a roupa* to spoil one's clothes 2 *(arruinar)* to ruin

3 (saúde) to damage **4** (mimar) to spoil **5** (máquina) to break **6** (desperdiçar) to waste ♦ vp **1** (avariar) to break down **2** (comida) to go off **3** (fruta) to go bad **4** (planos) to be ruined **5** (desperdiçar-se) to be wasted; *a comida que se estragou!* what a waste of food!

estrago nm **1** (dano) damage **2** (desperdício) waste **3** (destruição) destruction

estrangeirado adj foreign-looking; *modos estrangeirados* foreign ways

estrangeirismo nm loanword; foreign word

estrangeiro nm **1** foreigner **2** (estranho) stranger ♦ adj **1** foreign, outlandish **2** (estranho) strange, alien ❖ *ir ao estrangeiro* to go abroad; *no estrangeiro* abroad

estrangulador nm strangler

estrangulamento nm **1** strangulation; strangling **2** (asfixia) suffocation

estrangular vt **1** to strangle **2** (sufocar) to throttle

estranhar vt **1** (achar estranho) to find strange **2** (surpreender-se com) to be surprised at; to wonder at; *estranhei a tua conduta* I was surprised at your behaviour **3** (sentir-se desconfortável) to feel uneasy with ❖ *estranhar a alimentação* to take a dislike to food

estranheza nf **1** (estranho) strangeness; oddness **2** (admiração) surprise **3** (embaraço) shyness

estranho nm **1** (desconhecido) stranger **2** (de fora) foreigner; outsider ♦ adj **1** strange; *por mais estranho que pareça* strangely enough **2** (esquisito) odd ❖ *o nome não me é estranho* the name rings a bell

estratagema nm **1** MIL stratagem **2** (subterfúgio) artifice **3** (ardil) trick

estratégia nf strategy; strategics

estratégico adj strategic, tactical

estratego nm strategist

estratificação nf stratification

estratificar vt to stratify

estrato nm **1** GEOL stratum; layer **2** (social) stratum **3** (nuvens) status

estratosfera nf stratosphere

estreante adj2g new ♦ n2g newcomer; beginner

estrear vt **1** (roupa) to wear for the first time; *estrear um fato* to wear a suit for the first time **2** (inaugurar) to inaugurate **3** (peça de teatro) to perform for the first time, to stage for the first time **4** (veículo) to use for the first time **5** CIN (filme) to premiere ♦ vi **1** CIN (filme) to premiere **2** TEAT (peça) to open ♦ vp **1** to make one's debut **2** (ator, jogador) to make one's first appearance

estrebaria nf stable

estrebuchar vi to struggle

estreia nf **1** (filme, peça) premiere **2** (artista, desportista) debut **3** first time

estreitamento nm **1** (diminuição) narrowing **2** (relações) strengthening; *estreitamento de relações* strengthening of friendship/ties **3** (aperto) tightening

estreitar vt **1** (reduzir) to narrow **2** (diminuir) to diminish; to shorten **3** (roupa) to take in **4** (relações) to strengthen ♦ vi (estrada) to narrow ♦ vp **1** (relações) to deepen **2** (reduzir-se) to become narrower ❖ *estreitar nos braços* to clasp in one's arms

estreiteza nf **1** (aperto) narrowness **2** (regulamentos) strictness **3** (mentalidade) narrow-mindedness

estreito adj **1** (pouco largo) narrow **2** (relação, vínculo) close **3** (rigoroso) strict; (vigilância) close ♦ nm GEOG strait

estrela nf **1** ASTRON star **2** CIN star; celebrity **3** fig (destino) fortune; destiny ❖ *estrela cadente* shooting star; *estrela de cinema* film star; (dor) *ver estrelas* to see stars

estrelado adj **1** (céu) starry; starlit **2** (ovos) fried; *ovos estrelados* fried eggs

estrela-do-mar nf starfish

estrelar vt **1** (céu) to star **2** (ovo) to fry

estrelato nm stardom; *atingir o estrelato* to rise to stardom

estremadura *nf* frontier, border

estremar *vt* 1 to demarcate 2 (*distinguir*) to distinguish

estremeção *nf* shaking; shudder; thrill

estremecer *vi* 1 (*vibrar*) to shake 2 (*tremer*) to tremble; to quake 3 (*arrepiar-se, horrorizar-se*) to shudder; **estremecer de medo** to shudder with fear

estremecimento *nm* 1 (*sacudidela*) shake 2 (*arrepio*) shudder 3 (*amizade*) tension

estremunhado *adj* 1 (*ensonado*) half-asleep 2 (*desorientado*) bewildered

estrépito *nm* noise; clatter

estria *nf* 1 (*pele*) stretch mark 2 (*ranhura*) groove; stria

estribar *vt* 1 (*basear*) to base 2 (*firmar no estribo*) to put one's foot in the stirrup ♦ *vp* 1 (*basear-se*) to base [em, on/upon] 2 (*apoiar-se*) to rely [em, on]

estribeira *nf* stirrup ❖ *col* **perder as estribeiras** to lose one's temper

estribilho *nm* 1 MÚS chorus 2 (*poema*) refrain

estribo *nm* 1 (*cavalo*) stirrup 2 (*degrau*) step 3 *fig* (*apoio*) support

estricnina *nf* QUÍM strychnine

estridência *nf* shrillness

estridente *adj2g* strident, shrill, piercing

estripador *nm* ripper

estripar *vt* to disembowel, to eviscerate

estrito *adj* 1 (*restrito*) restricted 2 (*rigoroso*) strict; precise; **no sentido estrito da palavra** in the strict sense of the word

estrofe *nf* LIT strophe, stanza

estroina *adj2g* hare-brained ♦ *n2g* 1 (*boémio*) bohemian person 2 (*esbanjador*) waster

estroinice *nf* 1 (*loucura*) folly; extravagance 2 (*pândega*) spree

estrôncio *nm* strontium

estrondear *vi* (*troar*) to roar; to thunder

estrondo *nm* 1 (*som*) roar; crash 2 *fig* (*aparato*) pomp; ostentation; **com grande estrondo** ostentatiously

estrondoso *adj* 1 (*ruidoso*) noisy 2 (*aplausos*) thunderous 3 (*sucesso*) resounding

estropiado *adj* 1 maimed 2 (*mutilado*) mutilated 3 (*cavalo*) hobbling

estropiar *vi* 1 (*aleijar*) to maim; to cripple 2 (*texto*) to mutilate 3 (*pronúncia*) to mispronounce

estrugido *nm* fried onions

estrumar *vt* 1 to manure; **estrumar a terra** to manure the land 2 (*fertilizar*) to fertilize

estrume *nm* manure; dung

estrumeira *nf* dunghill

estrutura *nf* 1 structure; **a estrutura de um edifício** the structure of a building 2 (*armação*) frame; framework 3 (*contextura*) composition

estrutural *adj2g* structural

estruturar *vt* to structure

estuário *nm* estuary

estucador *nm* stucco worker; plasterer

estucar *vt* to stucco

estudado *adj* 1 studied 2 (*afetado*) affected 3 (*premeditado*) premeditated

estudante *n2g* 1 (*universidade*) student 2 (*escola*) pupil

estudar *vt* 1 to study; **estudar todos os aspetos da questão** to study all sides of the question 2 (*documento*) to read 3 (*analisar*) to examine ♦ *vi* 1 to be a student 2 to study; **andar a estudar** to be studying

estúdio *nm* 1 (*rádio, televisão*) studio 2 (*apartamento*) studio flat, studio ❖ **estúdio cinematográfico** film studio

estudioso *adj* 1 studious 2 (*aplicado*) hard-working; diligent

estudo *nm* 1 (*científico*) study; **estudo da História** study of History 2 (*aprendizagem*) learning; **estudo profundo** deep learning 3 (*escolaridade*) education; **não ter estudos** to lack education ❖ **estudo de mercado** consumer research

estufa *nf* 1 greenhouse; glasshouse 2 (*fogão*) plate warmer ❖ **este quarto é uma estufa** this room is like an oven; **efeito de estufa** greenhouse effect

estufado *nm* stew ♦ *adj* stewed

estufar *vt* CUL to stew

estugar *vt* **1** to quicken one's steps **2** *(acelerar)* to hasten

estupefação *nf* **1** MED stupefaction **2** *(admiração)* amazement

estupefaciente *nm* **1** narcotic; stupefacient **2** *col* dope **3** *(droga)* drug ♦ *adj2g* narcotic; stupefacient

estupefacto *adj* amazed; stupefied

estupendo *adj* **1** amazing; astonishing **2** *(maravilhoso)* wonderful **3** *col* fantastic

estupidez *nf* **1** stupidity **2** (ato, dito) stupid thing; *que estupidez!* what a stupid thing to do!

estupidificar *vt* to stupefy ♦ *vp* to grow stupid

estúpido *nm* **1** dunce; idiot **2** *cal* moron **3** *(grosseiro)* oaf ♦ *adj* **1** stupid; dull, dullish **2** *(disparatado)* senseless

estupor *nm* **1** MED stupor **2** *col* *(sacana)* bastard

estuprar *vt* to rape; to ravish

estupro *nm* rape; violation

estuque *nm* **1** stucco **2** (massa) plaster

esturjão *nm* sturgeon

esturrar *vt* to burn up; to scorch ♦ *vp* to be burned; to get scorched ❖ *col um dia de esturrar* a scorching day

esturricar *vi* **1** (comida) to burn **2** *(secar)* to dry

esturro *nm* burning; *cheirar a esturro* to smell of burning ❖ *cheira-me a esturro* I smell a rat

esvair-se *vp* **1** *(desaparecer)* to evaporate; to vanish **2** *(desfalecer)* to faint, to fall into a swoon

esvaziamento *nm* **1** emptying **2** *(exaustão)* exhaustion **3** *(evacuação)* evacuation

esvaziar *vt* **1** to empty; *esvaziar uma garrafa de vinho* to empty a bottle of wine **2** (pneu) to deflate

esverdeado *adj* greenish

esvoaçar *vi* to flutter

etapa *nf* **1** *(fase)* stage; *por etapas* in stages **2** (caminho) stop **3** DESP stage

etc. [*abrev. de* et cetera] etc.

éter *nm* ether

etéreo *adj* **1** ethereal; aerial **2** *(celestial)* heavenly

eternidade *nf* eternity ❖ *(muito tempo)* *uma eternidade* ages

eternizar *vt* **1** *(tornar eterno)* to eternize **2** (pessoa) to immortalize

eterno *adj* eternal; everlasting

ética *nf* ethics

ético *adj* ethical

etílico *adj* QUÍM ethyl; *álcool etílico* ethyl alcohol

étimo *nm* **1** etymon **2** (palavra) root

etimologia *nf* LING etymology

etimológico *adj* LING etymological

etíope *adj,n2g* Ethiopian ♦ *nm* (língua) Ethiopic

Etiópia *nf* Ethiopia

etiqueta *nf* **1** (colada, pegada) label; (atada) tag **2** *(boas maneiras)* etiquette

etiquetagem *nf* labelling

etiquetar *vt* **1** to label, to tag **2** *fig (rotular)* to brand

etnia *nf* ethnic group

étnico *adj* ethnic ❖ *limpeza étnica* ethnic cleansing; *música étnica* world music

etnografia *nf* ethnography

etnográfico *adj* ethnographic, ethnographical

etnógrafo *nm* ethnographer

etnologia *nf* ethnology

etnológico *adj* ethnologic

etnólogo *nm* ethnologist

eu *pron pess* **1** (sujeito) I; *vou eu e a minha irmã* my sister and I will go **2** (comparações, com preposições) me; *como eu* like me ❖ *eu próprio* myself

eucalipto *nm* eucalyptus

eucaristia *nf* REL Eucharist

eucarístico *adj* Eucharistic

eufemismo *nm* LING euphemism

eufonia *nf* euphony
eufónico *adj* euphonic
euforia *nf* euphoria; exuberance
eufórico *adj* euphoric; exuberant; overjoyed
eugenia *nf* eugenics
eunuco *nm* eunuch
eureka *interj* eureka!
euritmia *nf* eurhythmy
euro *nm* Euro
eurodivisa *nf* ECON Eurocurrency
Europa *nf* Europe
europeizar *vt* to Europeanize ♦ *vp* to become Europeanized
europeu *adj,nm* European
európio *nm* europium
eurozona *nf* Eurozone
eutanásia *nf* euthanasia
evacuação *nf* 1 evacuation; *evacuação da população civil* evacuation of the civilian population 2 MED discharge
evacuar *vt* 1 *(transportar)* to evacuate; *evacuar os refugiados* to evacuate the refugees 2 MIL to withdraw from 3 MED to discharge 4 *(partir, sair)* to leave ♦ *vi* to defecate
evadir-se *vp* to escape [de, from]
evangelho *nm* gospel
evangélico *adj* evangelical
evangelista *n2g* evangelist
evangelização *nf* evangelization
evangelizador *nm* evangelist ♦ *adj* evangelistic
evangelizar *vt* to evangelize
evaporação *nf* evaporation
evaporar *vt* to evaporate ♦ *vp* 1 to evaporate 2 *(desaparecer)* to vanish
evasão *nf* 1 *(distração)* evasion 2 *(fuga)* escape; *tentativa de evasão* attempt to escape ❖ *evasão fiscal* tax evasion
evasiva *nf* 1 *(escapatória)* evasion; *respondeu com evasivas* his answers were only evasions 2 *(subterfúgio)* subterfuge
evasivo *adj* evasive, elusive
evento *nm* 1 *(acontecimento)* event, happening 2 *(incidente)* incident

eventual *adj2g* 1 *(ocasional)* occasional 2 *(possível)* possible
eventualidade *nf* 1 *(casualidade)* eventuality 2 *(possibilidade)* possibility; chance
evicção *nf* DIR eviction
evidência *nf* 1 obviousness; clearness 2 evidence; testimony ❖ *em evidência* in evidence
evidenciar *vt* 1 *(mostrar)* to show 2 *(comprovar)* to prove; to evince ♦ *vp* 1 *(destacar)* to stand out 2 *(demonstrar)* to be obvious; to be evident
evidente *adj2g* evident; clear
evitar *vt* 1 *(esquivar-se)* to avoid; *faz tudo para me evitar* he does everything he can to avoid me 2 *(prevenir)* to prevent; *evitar uma catástrofe* to prevent a disaster 3 *(golpe, obstáculo)* to dodge ❖ *não consigo evitar* I can't help it
evitável *adj2g* avoidable, preventable
evocação *nf* 1 *(lembranças)* evocation 2 *(espíritos)* invocation
evocar *vt* 1 *(recordar)* to evoke; to call to mind 2 *(espíritos)* to summon up; to invoke
evocativo *adj* evocative
evolução *nf* 1 evolution; development; *a evolução da criança* child development 2 MIL,NÁUT manoeuvres ❖ *teoria da evolução* theory of evolution
evolucionismo *nm* evolutionism
evolucionista *adj* evolutionary ♦ *n2g* evolutionist
evoluir *vi* 1 to develop; to progress 2 to evolve
evolutivo *adj* evolutionary
exacerbar *vt* to exacerbate ♦ *vp* *(agravar-se)* to worsen; to deteriorate
exagerado *adj* exaggerated; excessive; *não sejas exagerado* don't exaggerate
exagerar *vt,i* 1 *(aumentar)* to exaggerate; to overemphasize 2 *(fazer de mais)* to overdo it 3 *(reação)* to overreact; *não vamos exagerar* let's not exaggerate

exagero *nm* exaggeration; excess; *pode-se dizer sem exagero que* one can say without any exaggeration that

exalação *nf* exhalation; emanation

exalar *vt* 1 (gás, vapor, odor) to exhale; to emit; to free; *exalar um odor* to exhale an odour 2 to exhale; to breathe out; *exalar o último suspiro* to breath one's last, to gasp one's last breath

exaltação *nf* 1 (*excitação*) exaltation; excitement 2 (*irritação*) irritation; anger; *estar num estado de grande exaltação* to be in a state of fury 3 (*engrandecimento, louvor*) elevation; exaltation; glorification

exaltado *adj* 1 (*excitado*) excited; *os ânimos estão exaltados* feelings are running high 2 (*irritado*) angry; hot-headed 3 (*fanático*) fanatical

exaltar *vt* 1 (*excitar*) to exalt 2 (*irritar*) to annoy; to anger 3 (*louvar*) to praise; exalt; *exaltar as qualidades de alguém* to praise someone's attributes ♦ *vp* 1 (*irritar-se*) to lose one's temper; to get worked up; *não se exalte* keep your temper 2 (*excitar-se*) to get excited

exame *nm* 1 exam; test 2 (*saúde*) test 3 (*análise, inspeção*) examination

examinador *nm* examiner

examinando *nm* examinee; candidate; sitter

examinar *vt* 1 (*observar*) to eye; to study; to examine; (pessoa) to look someone up and down; *examinar superficialmente* to run over 2 (*doente*) to examine 3 (*máquina*) to check; to overhaul 4 (*caso, situação*) to investigate; to look into 5 (*conta*) to check; to verify 6 (*documento*) to examine; to study 7 (*pessoa*) to test; to put (someone) to the test; to examine ♦ *examinar a fundo* to see into

exangue *adj2g* 1 bloodless 2 (*pálido*) pale; colourless 3 (*enfraquecido*) weak; feeble; debilitated

exarar *vt* to register; to set down; to draw up; *exarar uma escritura* to draw up a deed

exasperação *nf* exasperation; irritation; anger

exasperante *adj2g* exasperating

exasperar *vt* 1 to exasperate; to irritate; *a espera estava a exasperá-lo* the waiting was exasperating him 2 (dor, sentimento) to aggravate ♦ *vp* to get angry; to become exasperated

exatamente *adv* exactly; precisely; *são exatamente onze horas* it's precisely eleven o'clock

exatidão *nf* 1 (*precisão*) exactness; precision; accuracy 2 (*pontualidade*) punctuality 3 (*perfeição*) correctness

exato *adj* 1 (número, quantidade) exact; precise; *para ser exato* to be exact 2 (descrição) exact; accurate; *uma descrição exata* an exact description 3 (*idêntico*) identical; exact; *uma cópia exata* an identical copy ❖ *ciências exatas* exact sciences

exaustão *nf* exhaustion; intense fatigue

exaustivo *adj* 1 (*minucioso*) thorough; exhaustive; *uma procura exaustiva* a thorough search 2 (*cansativo*) exhausting

exausto *adj* exhausted

exaustor *nm* extractor fan; ventilator

exceção *nf* exception; *abrir uma exceção* to make an exception ❖ *à exceção de* except for; *sem exceção* without exception

excecional *adj2g* exceptional

excedente *adj2g* exceeding; surplus; extra ♦ *nm* 1 surplus; excess; overplus 2 overage

exceder *vt* to exceed; to surpass; to excel; *exceder em coragem* to excel another in courage; *exceder os seus poderes* to exceed one's powers ♦ *vp* 1 (*suplantar-se*) to excel oneself 2 (*exagerar*) to overdo; *excedeste-te no sal* you overdid the salt 3 (*enfurecer-se*) to fly into a passion ❖ *exceder* *as expectativas* to surpass one's expectations

excelência *nf* excellence; *por excelência* par excellence

Excelência *nf* Excellency; *Sua Excelência* His/Her Excellency

excelente *adj2g* 1 excellent 2 (escola) A

excelentíssimo *adj* most excellent ❖ *Excelentíssimo Senhor* Dear Sir

excelso *adj* sublime; eminent; high

excentricidade *nf* 1 eccentricity; extravagance; oddity 2 GEOM,MEC eccentricity

excêntrico *adj* 1 eccentric; odd; unconventional 2 MEC eccentric ♦ *nm* 1 eccentric 2 *pej* crank 3 MEC cam

excerto *nm* excerpt [de, from]; extract [de, from]; *um excerto de um livro* an extract from a book

excessivo *adj* 1 excessive, exceeding; *trabalho excessivo* too much work 2 (preço) exorbitant 3 (apetite) inordinate

excesso *nm* 1 (imoderação) excess 2 (excedente) surplus

exceto *prep* except (for); but; *todos exceto um* all but one

excetuar *vt* to except [-, from]; to exclude; *sem excetuar ninguém* without excluding anyone, no one excluded

excipiente *nm* FARM excipient

excisão *nf* excision; amputation

excisar *vt* to excise; to amputate

excitação *nf* 1 (entusiasmo) excitement 2 (sexual) arousal

excitado *adj* 1 (entusiasmado) excited 2 (sexualmente) aroused

excitante *adj2g* 1 exciting; stimulating 2 (sexualmente) arousing; sexy ♦ *nm* (droga, medicamento) stimulant

excitar *vt* 1 (entusiasmar) to excite; *não excites as crianças* don't excite the children 2 (exaltar) to inflame; to stir up 3 (músculo, órgão) to excite; to stimulate 4 (sexualmente, sentimentos) to arouse; *excitar os ódios* to arouse hatred ♦ *vp* to get excited [com, about/over]

exclamação *nf* 1 exclamation [de, of]; outcry [de, of]; *uma exclamação de surpresa* an exclamation of surprise 2 LING exclamation; *ponto de exclamação* exclamation mark

exclamar *vt* to exclaim; to cry out

exclamatório *adj* exclamatory

excluir *vt* to exclude; to reject; *excluir a possibilidade de* to exclude the possibility of; *excluir um candidato* to turn down a candidate

exclusão *nf* 1 exclusion; rejection; *à exclusão de* excluding, to the exclusion of 2 (organização) (expulsão) expulsion; (sala, reunião) ejection ❖ *exclusão social* social exclusion

exclusividade *nf* exclusivity; *ter a exclusividade de uma reportagem* to have exclusive coverage of an event; *ter um contrato de exclusividade* to have an exclusive contract

exclusivismo *nm* exclusivism

exclusivo *adj* 1 (único) exclusive; *modelo exclusivo* exclusive model 2 (pessoal) sole ♦ *nm* 1 exclusive; monopoly 2 privilege 3 (jornal) scoop

ex-combatente *n2g* ex-serviceman

excomungado *adj* REL excommunicated; expelled ♦ *nm* REL excommunicate

excomungar *vt* REL to excommunicate

excomunhão *nf* excommunication

excreção *nf* excretion; evacuation

excremento *nm* excrement

excrescência *nf* excrescence; excrescency

excretar *vt* to excrete

excretor *adj* excretory

excruciar *vt* to excruciate; to torture; to torment

excursão *nf* excursion

excursionista *n2g* excursionist; tripper

execrável *adj2g* (abominável) detestable; abominable

execução *nf* 1 execution; carrying out; *pôr em execução* to put into operation

2 (música, peça) performance **3** (lei) enforcement **4** (sentença, pena) execution

executante n2g **1** MÚS,TEAT performer; executant **2** pej (subordinado) underling

executar vt **1** (tarefa, ordem, plano) to carry out; to execute; (trabalho) to complete; (missão) to accomplish; (promessa) to fulfil; *executar as ordens de alguém* to carry out someone's orders **2** (testamento) to execute; (sentença) to carry out; *executar um mandado de prisão* to serve a warrant **3** (pessoa) to execute **4** MÚS,TEAT to perform; (peça musical) to execute

executável adj2g **1** feasible **2** INFORM executable; *ficheiro executável* executable file

executivo adj,nm executive

executor nm **1** executioner **2** (carrasco) executioner **3** (testamenteiro) executor

exegese nf exegesis

exegético adj exegetic

exemplar adj exemplary ♦ nm **1** copy; *exemplar grátis* free copy **2** model

exemplaridade nf exemplariness

exemplificação nf exemplification

exemplificar vt to exemplify; to illustrate

exemplo nm example; instance; *como exemplo* as an example ✤ *dar um bom exemplo* to set a good example; *por exemplo* for instance, for example; *servir de exemplo* to be an example

exéquias nfpl exequies; obsequies

exequibilidade nf feasibility

exequível adj2g feasible; executable

exercer vt **1** (profissão) to practise; *exercer medicina/advocacia* to practise medicine/law **2** (autoridade, influência) to exercise; to exert; *exercer pressão sobre alguém* to exert pressure on somebody; *exercer um direito* to exercise a right **3** (função) to act; *exercer as funções de* to act as ♦ vi (profissão) to practise; *já não exerço* I no longer practise

exercício nm **1** exercise; *exercício físico* (physical) exercise **2** (de profissão) practice

exercitar vt **1** (corpo, espírito, memória) to train; to exercise **2** (atleta, equipa) to train ♦ vp **1** to practise; to exercise; *exercitar-se em* to train oneself to do something **2** (atleta) to train

exército nm army; *corpo de exército* army corps; *estar no exército* to be in the army ✤ *exército permanente* standing army

exibição nf **1** exhibition; display **2** (filme, programa) showing; screening **3** (desempenho) performance **4** pej showing off

exibicionismo nm exhibitionism

exibicionista n2g exhibitionist ♦ adj exhibitionistic

exibir vt **1** (mostrar) to exhibit; to show; to display **2** (ostentar) to flaunt; to display; to show off **3** (filme, peça, etc.) to exhibit ♦ vp to show off; to parade

exigência nf **1** demand **2** (necessidade) requirement

exigente adj2g demanding; pressing; exacting

exigir vt **1** to require; to demand; to claim; *exigir demasiado* to be very demanding; *exigir uma indemnização* to demand compensation **2** (requerer) to demand; to require; to call for; *esta planta exige grande cuidado* this plant requires a lot of care; *este trabalho exige uma grande atenção* this work requires the closest attention

exiguidade nf **1** (pequenez) narrowness; smallness; exiguity **2** (insuficiência) scantiness

exíguo adj **1** (diminuto) cramped; tiny **2** (escasso) scanty; meagre

exilado nm exile; deportee; refugee ♦ adj exiled; in exile; *estar exilado* to be in exile

exilar vt to exile; to banish; to send into exile; to extradite ♦ vp to go into exile

exílio nm exile; banishment; *ir para o exílio* to go into exile

DACIN-DP-59

exímio *adj* distinguished; excellent; renowned

eximir *vt* to exempt [**de**, from]; to free [**de**, from]; *eximir alguém de responsabilidades* to free someone from his/her responsibilities ♦ *vp* to shun [**de**, from]; to excuse oneself [**de**, from]; to free oneself [**de**, from]; *eximir-se de um compromisso* to excuse oneself from an engagement

existência *nf* existence

existencial *adj2g* existential; *crise existencial* existential crisis

existencialismo *nm* existentialism

existencialista *adj,n2g* existentialist

existente *adj2g* **1** (matéria) existing; existent **2** (seres) living; existing; alive **3** in stock

existir *vi* **1** to exist; to be; *isso não existe* that doesn't exist **2** (viver) to live

êxito *nm* success; *com êxito* successfully; *não ter êxito* to fail, not succeed ✧ *êxito de bilheteira* box-office hit; *êxito de livraria* bestseller

ex-líbris *nm2n* ex libris

êxodo *nm* exodus

exoneração *nf* **1** (de culpa, de um encargo) exoneration **2** (despedimento) discharge; dismissal **3** (dispensa) exemption

exonerar *vt* **1** (de culpa, de um encargo) to exonerate; to exempt **2** (despedir) to dismiss; to relieve; to discharge ♦ *vp* (demitir-se) to resign

exorbitância *nf* **1** (preço) exorbitance; *pedir uma exorbitância* to ask an exorbitant price **2** (exagero) excessiveness; excess

exorbitante *adj2g* **1** (preço, quantia) exorbitant; steep; *a conta foi exorbitante* the bill was pretty steep **2** (exagerado) excessive **3** (pedido) immoderate; unreasonable

exorcismo *nm* exorcism

exorcista *n2g* exorcist

exorcizar *vt* to exorcize

exórdio *nm* exordium

exortação *nf* **1** exhortation [**a**, to] **2** admonition

exortar *vt* to exhort; to encourage; to persuade

exosmose *nf* FÍS exosmosis

exótico *adj* **1** exotic; foreign; *flores exóticas* exotic flowers **2** (esquisito) extravagant; odd; weird

exotismo *nm* exoticism

expandir *vt* **1** (alargar) to expand; to enlarge **2** (desenvolver) to develop **3** (dilatar) to expand; to extend **4** (divulgar) to spread ♦ *vp* **1** to expand; to branch out **2** (dilatar-se) to expand **3** (divulgar-se) to spread **4** *fig* (desabafar) to open one's heart

expansão *nf* **1** expansion **2** (difusão) spreading

expansividade *nf* expansiveness

expansivo *adj* **1** (pessoa) expansive; effusive; open-hearted **2** (gás, substância) expansive

expatriação *nf* expatriation; banishment; exile

expatriado *nm* expatriate ♦ *adj* expatriated; banished

expatriar *vt* to expatriate; to banish ♦ *vp* **1** to emigrate **2** to go into exile

expectante *ou* **expetante** *adj2g* expectant

expectativa *ou* **expetativa** *nf* **1** expectation **2** (suspense) suspense; *manter alguém na expectativa* to keep someone in suspense

expedição *nf* **1** expedition **2** (envio) dispatch; (por navio) shipping

expedicionário *nm* **1** member of an expedition **2** MIL expeditionary force ♦ *adj* expeditionary

expedidor *nm* **1** sender; shipper; dispatcher **2** forwarding agent

expediente *nm* **1** (horário de trabalho) working hours **2** (correspondência) official correspondence **3** (recurso) expedient

expedir *vt* **1** (mercadoria) to send; to dispatch; to ship; *expedir mercadorias* to send off goods **2** (correio, telegrama) to send; *expedir por correio* to send by post

expedito adj **1** (rápido) expeditious; quick; prompt **2** (desembaraçado) ready; resourceful

expelir vt to expel; to eject; to throw out

expensas nfpl expense; cost; charge ❖ *às expensas de* at the expense of

experiência nf **1** (situação) experience **2** (científico) experiment **3** (tentativa) trial ❖ *à experiência* on trial

experiente adj2g experienced

experimentação nf experimentation; *fase de experimentação* experimental phase

experimentado adj **1** (pessoa) experienced **2** (método) tested; tried

experimental adj2g experimental

experimentar vt **1** (testar) to experiment; to test; to try out **2** (fazer uma tentativa) to try; *experimenta outra chave* try another key; *experimente!* give it a try!, try it! **3** (roupa) (provar) to try out; (comida, bebida) to taste, to try; *experimenta esta saia* try on this skirt; *experimenta este vinho* have a taste of this wine **4** (sentir, passar por) to experience; to feel; (aumento) to show; *experimentar grandes dificuldades* to experience great difficulty **5** (atrever-se a) to dare; to try

expetoração nf expectoration

expetorante adj2g,nm FARM expectorant

expetorar vt,i to expectorate

expiação nf expiation; atonement

expiar vt **1** REL to expiate; to atone for **2** (crime, erro) to expiate; to make amends for

expiatório adj **1** expiatory **2** REL expiatory; redeeming ❖ *ser o bode expiatório* to be the scapegoat

expiração nf **1** (respiração) expiration; breathing out; exhalation **2** (de um prazo) expiration, expiry; (de um período) cessation, termination; *data de expiração* expiration/expiry date

expirar vt to expire; to breathe out; to exhale ♦ vi **1** (respiração) to breathe out **2** (morrer) to pass away; to die **3** (prazo, contrato) to terminate; to end; to expire

explanação nf explanation; exposition

explanar vt to explain; to expound

expletivo adj LING expletive

explicação nf explanation ♦ nfpl private lessons

explicador nm tutor; coach; private teacher

explicar vt **1** (esclarecer) to explain; to tell; to expound **2** (justificar) justify; *explicar a presença de alguém* to justify someone's presence **3** (ensinar) to explain; to teach **4** (sensações, sentimentos) (descrever) describe ♦ vp to explain oneself; to make oneself understood; to make oneself clear

explicativo adj explanatory; elucidative

explícito adj explicit

explodir vi **1** (rebentar) to explode; to blow up; to burst out; *explodiu uma bomba* a bomb exploded **2** fig to explode; *explodir de raiva* to explode in rage ♦ vt (fazer explodir) to blow up; to detonate; to explode

exploração nf **1** exploitation **2** (gestão) running **3** (de território) exploration

explorador nm **1** (investigador) explorer; researcher **2** fig (de pessoas) exploiter ♦ adj exploiting; exploring

explorar vt **1** (território) to explore; *explorar novas regiões* to explore new countries **2** (investigar) to search into; to analyse; to study; *explorar a mente humana* to study the human mind **3** (negócio) to run; to exploit **4** (especular) to exploit; to take advantage of **5** MIL to reconnoitre **6** (mina) to drill; to prospect **7** (uma pessoa) to use, to exploit

explosão nf **1** explosion; blast **2** fig (aumento) explosion; outbreak; *explosão demográfica* population explosion **3** fig (sentimentos) outburst; *uma explosão de alegria* an outburst of joy

explosivo *adj,nm* explosive ❖ *situação explosiva* explosive situation

exponente *nm* 1 MAT exponent 2 (*pessoa*) exponent

expor *vt* 1 (*mostrar, patentear*) to show; (*obras de arte*) to exhibit; (*mercadoria*) to display; *expor na montra* to exhibit in the shop-window 2 FOT to expose 3 (*corpo, pele*) (*exibir*) to expose 4 (*arriscar*) to expose 5 (*um assunto*) to present; to state; *expor toda a questão* to state the whole case ◆ *vi* (*fazer uma exposição*) to exhibit ◆ *vp* to expose oneself [a, to]; *expor-se a muitos perigos* to expose oneself to many dangers

exportação *nf* export; exportation ❖ *empresa de exportação* export firm

exportador *nm* exporter ◆ *adj* exporting

exportar *vt* to export

exportável *adj2g* exportable

exposição *nf* 1 (*arte*) exhibition, show; (*mercadorias*) display; (*feira*) fair 2 (*apresentação*) presentation 3 FOT exposure 4 (*ao sol, ao vento*) exposure

expositivo *adj* explanatory; descriptive

expositor *nm* 1 display stand 2 exhibitor, showcase

exposto *adj* 1 exposed 2 (*obra, objeto*) on exhibition; (*artigo, produto*) on display 3 (*fratura*) open

expressamente *adv* 1 (*deliberadamente*) on purpose; deliberately; *vim expressamente para te visitar* I came on purpose to visit you 2 (*especificamente*) expressly; specifically

expressão *nf* expression

expressar *vt* to express; to show; to state; *expressar os seus sentimentos* to express one's feelings ◆ *vp* to express oneself; to speak

expressionismo *nm* expressionism

expressionista *adj,n2g* expressionist

expressividade *nf* expressiveness

expressivo *adj* 1 (*significativo*) expressive; meaningful; revealing 2 (*vivo*) expressive; vivid

expresso *adj* express ◆ *nm* 1 (*transporte*) express 2 (*café*) espresso

exprimir *vt* 1 to express; to declare; to state; to voice; *exprimir gratidão* to express one's gratitude 2 (*significar*) to show; to denote ◆ *vp* to express oneself

expropriação *nf* expropriation; dispossession ❖ *expropriação de terras* expropriation of land

expropriar *vt* to dispossess; to expropriate; to seize

expulsão *nf* 1 expulsion; ejection; banishment 2 DESP sending-off 3 (*escola*) expulsion; (*universidade*) sending down

expulsar *vt* 1 to expel; to eject; to throw out 2 DESP to send off 3 (*escola*) to expel; (*universidade*) to send down 4 (*inquilino*) to evict 5 (*de casa*) to kick out

expulso *adj* 1 expelled; banished 2 (*escola*) expelled, (*universidade*) sent down; *o estudante foi expulso da universidade* the student was sent down 3 (*inquilino*) evicted

expurgação *nf* expurgation; cleansing; purging

expurgar *vt* 1 to expurgate; to purge 2 (*ferida*) to clean; to cleanse 3 *fig* to purge

exsudação *nf* exudation

exsudar *vt* to exude

êxtase *nm* ecstasy; rapture

extasiar *vt* to transport; to enrapture

extático *adj* ecstatic; enraptured

extemporâneo *adj* extemporaneous; extempore

extensão *nf* 1 (*aumento*) enlargement; extension 2 (*área*) area; (*comprimento*) length 3 (*de problema, estragos*) extent 4 (*telefone*) extension 5 (*fio elétrico*) extension (lead)*GB*, extension cord*EUA* 6 (*cabelo*) hair extension

extensível *adj2g* extendable; *mesa extensível* extendable table 2 applicable

extensivo *adj* extensive; *ser extensivo a* to extend to

extenso *adj* 1 (*em tamanho*) extensive; large 2 (*longo*) long ❖ *por extenso* in full

extenuação *nf* **1** (*exaustão*) extenuation; exhaustion; prostration **2** (*enfraquecimento*) debility; weakness

extenuado *adj* **1** (*cansado*) exhausted; worn out **2** (*fraco*) weak; weakened

extenuante *adj2g* **1** extenuating; exhausting; draining **2** weakening; debilitating

extenuar *vt* **1** (*esgotar*) to wear out; to exhaust; to tire out **2** (*debilitar*) to weaken ♦ *vp* to tire oneself out

exterior *adj2g* **1** exterior; external; outer **2** (*estrangeiro*) foreign ♦ *nm* **1** (*superfície externa*) exterior; outside **2** (*pessoa*) appearance **3** (*estrangeiro*) abroad; overseas

exterioridade *nf* **1** exteriority **2** outward appearance

exteriorização *nf* externalization; expression

exteriorizar *vt* to show; to reveal; to express outwardly; *exteriorizar os sentimentos* to express one's feelings

exterminação *nf* extermination; destruction

exterminador *nm* exterminator

exterminar *vt* **1** (*pessoas*) to exterminate; to massacre **2** (*insetos, parasitas*) to exterminate **3** *fig* to eradicate; to abolish

extermínio *nm* **1** extermination **2** extinction; *o extermínio de animais selvagens* the extinction of wild animals **3** *fig* (*costumes, tradições*) extinction; annihilation

externato *nm* day school

externo *adj* **1** external; outer; (*medicamento*) *de uso externo* external use only **2** (*aluno*) day **3** (*estrangeiro*) foreign ♦ *nm* (*aluno*) day pupil

extinção *nf* **1** (*apagamento*) extinction; *extinção de um incêndio* extinction of a fire **2** (*extermínio*) extinction; destruction **3** (*abolição*) abolition; *extinção da pena de morte* abolition of death penalty ❖ *espécies em vias de extinção* endangered species

extinguir *vt* **1** to suppress; to eradicate; to extinguish **2** (*fogo*) to extinguish; to

put out **3** (*espécie, epidemia*) to wipe out; to eradicate; *extinguir uma epidemia* to eradicate an epidemic **4** (*nação, raça*) annihilate **5** (*força, energia*) to sap; to decline **6** (*esperança, fé*) to crush ♦ *vp* **1** (*fogo, luz*) to go out **2** (*espécie*) to die out; to become extinct; to disappear **3** (*amor*) to die away **4** (*prazo*) to expire; to run out

extinto *adj* **1** extinct **2** (*logo*) extinguished

extintor *nm* extinguisher; *extintor de incêndios* fire extinguisher

extirpação *nf* **1** extirpation; eradication **2** MED removal; extraction

extirpar *vt* **1** (*planta*) to root out; to pull up **2** MED to remove; to extract **3** *fig* to eradicate; to abolish; to wipe out

extorquir *vt* **1** (*dinheiro, bens*) to extort; *extorquir dinheiro a* to extort money out of **2** (*informação, confissão*) to wring

extorsão *nf* **1** extortion; *crime de extorsão* criminal extortion **2** (*chantagem*) blackmail; coercion

extorsionista *n2g* extortioner

extra *nm* **1** extra **2** *col* (*gratificação*) freebie ♦ *adj inv* extra; additional; *trabalhar horas extra* to work extra time

extração *nf* **1** extraction; removal **2** (*sorteio*) draw **3** INFORM retrieval

extraconjugal *adj2g* extramarital

extracurricular *adj2g* extracurricular

extradição *nf* extradition

extraditar *vt* to extradite

extrafino *adj* extra fine; superfine ❖ *açúcar extrafino* caster sugar

extrair *vt* **1** to extract; to draw; *extrair carvão* to extract coal **2** (*dente*) to pull out; to extract **3** MAT to extract; *extrair a raiz quadrada* to extract the square root

extrajudicial *adj2g* extrajudicial

extramatrimonial *adj2g* extramarital

extramuros *adv* outside the city

extranet *nf* INFORM extranet

extraordinariamente *adv* extraordinarily

extraordinário *adj* 1 extraordinary 2 (*trabalho*) overtime 3 (*extra*) additional; extra

extrapolar *vt* to extrapolate

extrassensorial *adj2g* extrasensory ❖ *perceção extrassensorial* extrasensory perception

extraterrestre *adj,n2g* extraterrestrial

extraterritorial *adj2g* extraterritorial

extrato *nm* 1 (*substância*) extract; *extrato de plantas* plant extract 2 (*trecho*) extract; excerpt; passage 3 (*bancário*) bank statement; statement of account

extrauterino *adj* extrauterine

extravagância *nf* 1 extravagance; eccentricity; excess 2 oddity; queerness

extravagante *adj2g* 1 (*comportamento, ideia*) extravagant 2 (*pessoa*) flamboyant; bizarre ♦ *n2g* flamboyant person

extravasar *vt* 1 to pour; to extravasate 2 *fig* (*limite*) to overstep 3 *fig* (*sentimentos, emoção*) to pour out ♦ *vi* 1 (*transbordar*) to overflow 2 (*derramar*) to pour out

extraviado *adj* 1 (*pessoa, objeto, carta*) missing, lost; miscarried 2 (*dinheiro*) stolen 3 *fig* (*desencaminhado*) gone astray

extraviar *vt* 1 (*objeto*) to mislay; to lose 2 (*desencaminhar*) to lead astray; to mislead; to pervert ♦ *vp* 1 (*pessoa*) to get lost 2 (*objeto*) to get mislaid; to go astray; *a carta extraviou-se* the letter has gone astray 3 *fig* (*desencaminhar-se*) to go astray

extravio *nm* 1 deviation 2 (*desfalque*) embezzlement 3 (*perda*) loss

extremamente *adv* exceedingly

extremar *vt* 1 (*exagerar*) to carry out to extremes; to overdo 2 (*separar*) to separate 3 (*assinalar*) to mark out; to demarcate ♦ *vp* to do one's best

extrema-unção *nf* extreme unction

extremidade *nf* 1 (*ponta*) end; (de dedo, faca) tip 2 (*limite, beira*) edge 3 (*membro*) limb

extremismo *nm* extremism

extremista *adj,n2g* extremist

extremo *adj,nm* extreme

extremoso *adj* loving; affectionate; devoted

extrínseco *adj* 1 (*exterior*) extrinsic 2 (*acessório*) external; not inherent

extrovertido *nm* extrovert ♦ *adj* extroverted; sociable

extrusão *nf* extrusion

exuberância *nf* 1 (*entusiasmo*) exuberance; enthusiasm 2 (*abundância*) abundance; luxury

exuberante *adj2g* 1 exuberant 2 (*pessoa*) flamboyant 3 (formas, corpo) full

exultação *nf* exultation; jubilation; joy

exultante *adj2g* exultant; jubilant; ecstatic

exultar *vi* to exult; to rejoice; to jubilate; *exultar de alegria* to jump for joy

exumação *nf* exhumation

exumar *vt* to exhume; to unbury

eyeliner *nm* (*cosmética*) eyeliner

F

f *nm* (letra) f

fá *nm* MÚS F, fa

fã *n2g* fan; admirer

fábrica *nf* factory

fabricação *nf* 1 manufacture; production; making 2 *fig* (invenção) fabrication

fabricante *n2g* manufacturer; maker

fabricar *vt* 1 (produzir) to make; to manufacture; to produce 2 *fig* (inventar) to fabricate; to invent ❖ *fabricado em Portugal* made in Portugal; *fabricar em série* to mass-produce

fabrico *nm* manufacture; production; making ❖ *fabrico em série* mass production; *de fabrico artesanal* handmade; *de fabrico caseiro* home-made

fabril *adj2g* manufacturing; industrial

fábula *nf* 1 LIT fable 2 (mito) myth; legend

fabuloso *adj* fabulous

faca *nf* knife; *afiar uma faca* to sharpen a knife; *cortar com uma faca* to cut with a knife ❖ *ambiente de cortar à faca* tense situation; *ir à faca* to undergo an operation; *ter a faca e o queijo na mão* to hold all the trumps

facada *nf* 1 stab; *dar uma facada a alguém* to stab someone; *levar uma facada* to get stabbed 2 *fig* (emoções) shock; blow; painful surprise 3 *fig* fraud; embezzlement

façanha *nf* deed; feat

fação *nf* 1 POL faction; party; *fação política* political party 2 (grupo divergente) faction; wing

faccionário *nm* party member; partisan ♦ *adj* factional

facciosismo *nm* factiousness; partiality; bias

faccioso *adj* factious

face *nf* 1 (rosto) face 2 (bochecha) cheek 3 (superfície) face; surface; *à face de* on the surface of ❖ *em face de* in view of

faceta *nf* 1 (face) facet 2 (característica) side; feature; aspect

facetar *vt* to facet; to cut

fachada *nf* 1 ARQ front; façade; *fachada lateral* side façade 2 *fig* (aparência) outward show

facho *nm* torch ❖ *facho olímpico* Olympic torch

facial *adj2g* facial; *paralisia facial* facial paralysis

fácies *nm2n* countenance; look

fácil *adj2g* 1 easy; simple; *fácil de obter* easy to get 2 (acessível) easy; accessible; *essa pergunta é fácil* that's an easy question 3 (leviano) easy; facile ❖ *coisa fácil* child's play

facilidade *nf* (capacidade) facility; ease; *com toda a facilidade* quite easily, with ease ♦ *nfpl* facilities; *com facilidades de pagamento* on easy terms

facilitação *nf* facilitation

facilitar *vt* 1 (simplificar) to make easy; to facilitate 2 (proporcionar) to provide; to supply with; *facilitar a acomodação* to provide accommodation

facilmente *adv* easily; with ease; *ela zanga-se facilmente* she gets angry easily

facínora *n2g* criminal; villain ♦ *adj2g* criminal

fac-símile *nm* facsimile

facto *nm* fact ❖ *de facto* in fact

factual *adj2g* factual; real; actual

faculdade *nf* 1 (capacidade) faculty; ability; *perder as faculdades* to lose one's faculties 2 (poder) faculty; power; *faculdades mentais* mental powers 3 (universidade) faculty, college; *andar na faculdade* to go to college; *faculdade de direito* faculty of law, law school

facultar vt 1 (*permitir*) to allow; *facultar a entrada a alguém* to allow someone in 2 (*conceder*) to grant; to facilitate

facultativo adj optional

fada nf fairy ❖ *fada madrinha* fairy godmother; *conto de fadas* fairy tale; fairy story

fadar vt to destine; to fate

fadário nm 1 fate; destiny 2 (*vida difícil*) hard life; struggle

fadiga nf 1 (*cansaço*) fatigue; exhaustion; weariness 2 (*trabalho árduo*) toil; hard work; labour

fadista n2g fado singer

fado nm 1 (*destino*) fate, destiny, doom 2 MÚS fado, Portuguese folk song

fagote nm MÚS bassoon

fagotista n2g MÚS bassoonist

fagulha nf spark

faia nf 1 (*árvore*) beech 2 (*madeira*) beech-wood

faial nm beech grove

faiança nf (*louça*) faience; earthenware; *faiança portuguesa* Portuguese faience

faina nf (*trabalho*) work

faisão nm pheasant

faísca nf 1 (*chispa*) spark; gleam 2 (*raio*) streak of lightning; thunderbolt 3 ELET (*descarga elétrica*) spark ❖ *lançar faíscas* to throw off sparks

faiscar vi 1 (*metal, fogo*) to sparkle; to flash 2 (*cintilar*) to twinkle; to glitter

faixa nf 1 (*para a cintura*) sash; waistband 2 (*tira*) band; strip 3 (*ligadura*) bandage 4 (*estrada*) lane 5 (*disco, CD*) track ❖ *faixa etária* age group

fala nf speech ❖ *ficar sem fala* to be speechless

fala-barato nm pej fast talker

falácia nf 1 (*erro*) fallacy; misconception; delusion 2 (*engano*) deceit; trick

falacioso adj 1 (*enganador*) fallacious 2 (*aldrabão*) deceitful; misleading

falador nm chatterbox ♦ adj talkative; communicative

falange nf phalanx

falangeta nf terminal phalanx

falar vi 1 (*com, to; de/em/sobre, about*) to speak [*com*, with; *de/em/sobre*, about]; to talk [*com*, with; *de/em/sobre*, about]; *ele falou comigo* he spoke to me 2 (*assunto*) to talk [*sobre*, about]; to refer [*sobre/de/em*, to]; to mention [*sobre/em/de*, -]; *ele falou-me nisso* he mentioned that 3 (*dizer*) to say; *não fales mais nisso* say no more about it ♦ vt 1 (*língua*) to speak; *ela fala alemão* she speaks German 2 (*dizer*) to speak; to tell; to say; *falar a verdade* to speak the truth ♦ vp to speak; to talk; *eles não se falam há anos* they haven't spoken for years ♦ nm speech ❖ *falar ao ouvido de alguém* to whisper in someone's ear; *falar em público* to speak in public; *falar para a parede* to talk to a brick wall; *falando a sério* joking apart; *isso vai dar que falar* that will set people talking; *olha quem fala!* look who's talking!; *por falar nisso* by the way

falatório nm 1 (*má-língua*) gossip 2 (*vozearia*) chattering

falcão nm hawk; falcon

falcatrua nf (*fraude*) fraud; cheat; swindle

falcoaria nf falconry; hawking

falecer vi to die, to pass away

falecido adj,nm deceased

falecimento nm death; departure

falência nf 1 bankruptcy; insolvency; *ir à falência* to go bankrupt 2 (*falhanço*) failure

falésia nf cliff

falha nf 1 (*erro*) mistake; error 2 (*defeito*) defect; flaw 3 (*lacuna*) gap

falhado adj unfulfilled ♦ nm loser

falhanço nm flop; fiasco

falhar vi 1 (*não acertar*) to fail; to miss; *falhar o alvo* to miss the target 2 (*não se realizar*) to fail; *o plano falhou* the plan failed 3 (*errar*) to be wrong 4 (*travões*) to fail ♦ vt 1 (*errar*) to miss 2 (*enganar-se*) to fail

falho *adj (carecido)* wanting [de, in]; lacking [de, in]

fálico *adj* phallic

falido *adj* bankrupt; broke

falinha *nf* whisper ❖ **falinhas mansas** sweet talk; **com falinhas mansas** honeytongued

falir *vi* 1 to go bankrupt 2 to fail

falível *adj2g* fallible; liable to error

falo *nm* phallus

falsário *nm (falsificador)* forger; counterfeiter

falsear *vt* 1 *(falsificar)* to counterfeit; to forge 2 *(adulterar)* to give a false account of; to distort

falsete *nm* MÚS falsetto ❖ **voz de falsete** shrill voice

falsidade *nf* 1 falsehood; untruthfulness 2 *(mentira)* lie

falsificação *nf* 1 *(ato)* falsification 2 *(objeto)* forgery 3 *(dinheiro)* counterfeiting

falsificado *adj* (assinatura, documento, dinheiro, joias) forged; counterfeit; fake

falsificador *nm* 1 *(de objetos)* forger 2 *(de dinheiro)* counterfeiter

falsificar *vt* 1 to falsify 2 *(objeto)* to forge; **falsificar uma assinatura** to forge a signature 3 *(dinheiro)* to counterfeit

falso *adj* 1 false 2 *(moeda)* false, counterfeit 3 *(quadro)* forged 4 *(joia)* fake ♦ *nm* hypocrite

falta *nf* 1 lack [de, of]; **por falta de** for lack of 2 *(ausência)* absence 3 DESP foul 4 *(erro)* error 5 *(infração)* offence GB, offense EUA ❖ **sem falta** without delay; **sentir a falta de** to miss

faltar *vi* 1 to be missing; (pessoa) to be absent; **falta-me um livro** one of my books is missing; *col* **faltar às aulas** to miss classes, to cut classes; **quem falta?** who's missing? 2 *(fazer falta)* to be lacking 3 *(falhar)* to fail; **faltaram-me as forças** my strength failed me 4 *(não cumprir)* to fail; **faltar à palavra** to break one's word; **faltar ao respeito a alguém** to be rude to someone, to show disrespect to someone 5 to remain; to be left; **falta pouco para** it won't be long till; **faltam cinco minutos para as nove** it's five to nine; **quanto falta para Lisboa?** how much further is it to Lisbon?

falto *adj* lacking [de, in]; short [de, of]; void [de, of]; **falto de imaginação** void of imagination

faltoso *adj* absent

fama *nf* 1 *(renome)* fame; **ganhar fama** to become famous 2 *(reputação)* reputation

famigerado *adj pej* notorious; infamous

família *nf* 1 family; household; **o mais velho da família** the eldest of the family 2 *(categoria)* family; group; category ❖ **de boas famílias** well-born; **estar em família** to be among friends; **a Sagrada Família** the Holy Family

familiar *adj2g* 1 *(da família)* family; of the family 2 *(conhecido)* familiar; well-known 3 LING colloquial ♦ *n2g* relative; relation

familiaridade *nf* 1 *(conhecimento)* familiarity; knowledge 2 *(intimidade)* intimacy 3 *(informalidade)* informality

familiarizar *vt* to familiarize [com, with]; to make familiar [com, with] ♦ *vp* to grow familiar [com, with], to familiarize oneself [com, with]

faminto *adj* 1 *(esfomeado)* famished; hungry; starving 2 *fig (ávido)* longing [de, for]; craving [de, for]; **faminto de riqueza** craving for riches

famoso *adj* famous [por, for]; well-known [por, for] ♦ *nm* famous person; celebrity

fanar *vt col* to steal; to pinch; to rob

fanático *adj* fanatic ♦ *nm* 1 fanatic; addict *fig*; **fanático do futebol** soccer addict 2 *(fundamentalista)* bigot

fanatismo *nm* 1 fanaticism 2 *(fundamentalismo)* bigotry

faneca *nf* whiting pout

fanfarra *nf* brass band; fanfare

fanfarrão *adj* swanky; boastful ♦ *nm* show-off; braggart; boaster

fanfarronada nf boast; swaggering; bragging

fanfarronar vi to boast; to brag; to swagger; to show off

fanfarronice nf boast; swaggering; bragging

fanhoso adj 1 snuffling 2 nasal

fanico nm 1 (desmaio) fainting; swoon 2 (pedaço) morsel; bit ❖ **dar-lhe o fanico** to freak out

fantasia nf 1 fantasy 2 (fato) costume 3 (joia) costume jewellery

fantasiar vt to fancy; to imagine; to dream ♦ vi to fantasize; to daydream ♦ vp to put on a fancy dress

fantasista adj2g imaginary; fictional

fantasma nm ghost

fantasmagórico adj ghostly; sinister

fantástico adj fantastic

fantochada nf 1 (espetáculo com fantoches) puppet show; puppets 2 fig (palhaçada) nonsense; *mas que fantochada vem a ser esta?* what's all this nonsense about?

fantoche nm puppet

fanzine nf fanzine

faqueiro nm 1 canteen 2 knife case

faquir nm fakir

faraó nm HIST Pharaoh

faraónico adj 1 (próprio dos faraós) Pharaonic 2 fig (grandioso) gigantic; colossal; majestic

farda nf 1 (polícia, soldado, estudante, funcionário) uniform 2 (soldados) regimentals 3 (criados) livery

fardado adj in uniform; *soldados fardados* soldiers in uniform

fardar vt to dress in uniform ♦ vp to put on one's uniform

fardo nm 1 (tecido, papel, cereais) bale 2 fig burden

farejar vt 1 to scent; to smell out; to sniff; *farejar o rasto de um coelho* to smell out a rabbit 2 (informação) to nose out ♦ vi to sniff

farejo nm sniff

farelo nm 1 (farinha) bran 2 fig (insignificância) trifle

farfalhada nf 1 (barulho) rustle; rustling 2 fig (bazófia) boast; brag

farfalhar vi (ruído) to rustle

farfalheira nf 1 (ruído) rustle; rustling 2 col (tosse) chesty cough

farináceo adj starchy

faringe nf pharynx

faringite nf MED pharyngitis

farinha nf flour

farinha de pau nf cassava, manioc flour

farinheira nf flour pork sausage

farinhento adj floury; mealy

farmacêutico nm (pessoa) chemist; pharmacist ♦ adj pharmaceutical; *artigos farmacêuticos* pharmaceutical items; *empresas farmacêuticas* pharmaceutical companies

farmácia nf 1 (estabelecimento) chemist's, pharmacy; pharmacist's; drugstore EUA 2 (ciência) pharmacy

fármaco nm medicine

farmacologia nf pharmacology

farmacológico adj pharmacological

farnel nm 1 (marmita) knapsack; lunch box 2 (para viagem) provisions

faro nm 1 (navegação) scent; smell 2 fig (intuição) intuition ❖ **ter faro para o negócio** to have a nose for business

faroeste nm Far West; Wild West

farofa nf cream puff

farol nm 1 (navegação) lighthouse 2 (automóvel) headlight; light; *faróis de nevoeiro* fog lamps GB, fog lights EUA; *farol de trás* rear light

faroleiro nm lighthouse keeper

farolim nm (automóvel) sidelight; *farolim traseiro* rear sidelight

farpa nf 1 (arame) barb 2 (madeira) splinter

farpado adj barbed; *arame farpado* barbed wire

farpar vt 1 (pôr farpa) to barb 2 (rasgar) to tear; to rag

farpela *nf col* (apresentação) getup

farra *nf col* partying

farrapada *nf* heap of rags

farrapo *nm* 1 (pano) rag; (peça de roupa) tatters 2 *fig* (pessoa) wreck

farripa *nf* thin hair

farrusco *adj* 1 (com fuligem) sooty 2 *(escuro)* dark; shady

farsa *nf* 1 TEAT farce 2 *fig (embuste)* sham, fiction

farsante *adj2g* lying; deceitful ♦ *n2g* 1 (ator) buffoon; clown 2 *(intrujão)* impostor; fraud

farta *nf à farta* in plenty

fartar *vt* 1 (comida, prazer) to satiate; *fartar a vista* to satiate one's eyes 2 *(alimentar em excesso)* to overfeed 3 (aborrecimento) to tire; to weary ♦ *vp* 1 *(comer muito)* to gorge oneself; to glut oneself 2 *(aborrecer-se)* to get fed up [de, with] ❖ *fartar-se de chorar* to cry one's eyes out; *fartar-se de rir* to laugh one's head off

farto *adj* 1 (quantidade) abundant; *uma colheita farta* an abundant crop 2 *(aborrecido)* fed up [de, with]; *estar farto da rotina quotidiana* to be fed up with the daily routine

fartote *nm col* glut; overabundance; *um fartote de golos* a lot of goals

fartura *nf* 1 *(abundância)* abundance; plenty; *com fartura* in plenty 2 CUL strip of fried dough

fascículo *nm* 1 (plano, história) instalment 2 BOT fascicle

fascinação *nf* ⇒ **fascínio**

fascinado *adj* fascinated; *lançar um olhar fascinado a alguém* to cast a fascinated glance to someone

fascinante *adj2g* fascinating; *uma história fascinante* a fascinating story

fascinar *vt* 1 to fascinate; *que te fascina mais na ciência?* what fascinates you the most in science? 2 *(seduzir)* to charm

fascínio *nf* 1 (estado de espírito) fascination; absorption 2 *(atração)* charm [de, of]; appeal [de, of]

fascismo *nm* POL fascism

fascista *adj,n2g* POL fascist; *regime fascista* fascist regime

fase *nf* phase; *fase inicial* initial phase; *as quatro fases da lua* the four phases of the moon

fasear *vt* to phase; *fasear o projeto* to phase the plan

fasquia *nf* 1 *(ripa de madeira)* lath 2 DESP bar ❖ *elevar demasiado a fasquia* to demand way too much

fastidioso *adj (aborrecido)* tedious; wearisome

fastio *nm* 1 *(falta de apetite)* lack of appetite 2 *(aversão)* aversion; repugnance 3 *(tédio)* boredom; tedium

fatal *adj2g* 1 *(mortal)* fatal 2 *(inevitável)* inevitable

fatalidade *nf (destino, acontecimento)* fatality

fatalismo *nm* fatalism

fatalista *n2g* fatalist ♦ *adj2g* fatalistic

fatalmente *adv* fatally; inevitably

fatela *adj2g* 1 *col,pej (de má qualidade)* cheesy 2 *col,pej* (atitude) corny

fatia *nf* 1 slice; piece; *em fatias* sliced; *cortar às fatias* to slice up 2 *(parte)* slice; share

fatiar *vt* to slice, to slice up; to cut into slices

fatídico *adj* 1 *(destino)* fateful 2 *(morte)* fatal, tragic

fatigado *adj* exhausted; weary

fatigante *adj2g* tiresome; wearisome; *um dia fatigante* a tiresome day

fatigar *vt* 1 *(cansar)* to tire out; to fatigue; to weary 2 *(aborrecer)* to bore; to weary ♦ *vp* 1 *(cansar-se)* to get tired 2 *(fartar-se)* to get fed up [de, with]

fatiota *nf* 1 *col* (fato) rig; drapes 2 *col* (vestido) threads; togs; rags

fato *nm* suit ❖ *fato de banho* swimsuit; bathing suit; *fato de treino* tracksuit

fato-macaco *nm* overalls

fator *nm* 1 factor; element; part 2 MAT factor

fatorial *adj2g,nm* MAT factorial

fátuo *adj* 1 (*ignorante*) fatuous; foolish; ignorant 2 (*frívolo*) vain; conceited

fatura *nf* invoice; bill ❖ *pagar a fatura* to pay the price

faturação *nf* invoicing

faturar *vt* 1 (*mercadoria, serviço*) to invoice; to bill; to charge for 2 (*dinheiro*) to turn over; *o filme faturou vários milhões de dólares* the film turned over several million dollars

faúlha *nf* spark ❖ (*discussão*) *até fez faúlha!* the sparks flew!; (*situação*) *fazer faúlha* to heat up

fauna *nf* fauna

fausto *nm* (*luxo*) pomp; splendour; magnificence

faustoso *adj* 1 (*luxuoso*) pompous; splendorous; magnificent; luxurious 2 (*vistoso*) ostentatious; showy; flamboyant

fava *nf* broad bean

faveira *nf* BOT (*planta*) broad bean

favela *nf* Bras shanty town

favo *nm* honeycomb

favor *nm* favour GB, favor EUA ❖ *faz favor!* excuse me!

favorável *adj2g* favourable GB, favorable EUA

favorecer *vt* 1 (*preferência*) to favour 2 (*apoiar*) to promote; to foster; to support; to help; *favorecer o desenvolvimento de alguma coisa* to promote the development of something 3 (*ficar bem*) to become; *não o favorece* that doesn't become him

favorecido *nm* favoured

favorecimento *nm* favours GB, favors EUA

favoritismo *nm* favouritism

favorito *adj* favourite; *o meu cantor favorito* my favourite singer ♦ *nm* favourite; *não há favoritos* there is no favourite

fax *nm* (*mensagem, aparelho, sistema*) fax; *manda-me por fax a resposta* fax me your answer

faxina *nf* 1 (*limpeza de casa*) housework; *fazer a faxina* to do one's housework 2 MIL (*limpeza de quartel*) fatigue duty; *estar de faxina* to be on fatigue

fazenda *nf* 1 (*tecido*) cloth 2 (*quinta*) plantation; ranch 3 (*finanças*) tax office

fazendeiro *nm* landowner

fazer *vt* 1 (*criação, formulação, ação*) to make; *fazer a cama* to make the bed; *fazer uma oferta* to make an offer 2 to do; *fazer justiça* to do justice; *fazer negócio* to do business 3 (*influenciar*) to make; *isso fez-me mudar de ideias* that made me change my mind; *isso faz-me sentir melhor* that makes me feel better 4 (*realizar*) to carry out; to perform; *fazer tudo até ao fim* to carry through one's task 5 (*aniversário*) to turn; *fazer vinte anos* to turn twenty; *quando fazes anos?* when is your birthday? ♦ *vp* 1 to grow into, to become; to turn; *fazer-se homem* to grow into a man; *fazer-se velho* to grow old 2 (*sedução*) to hit on [a, -]; *fazer-se a alguém* to hit on someone 3 (*tornar-se*) to get; *está a fazer-se tarde* it is getting late ♦ *vi* 1 to do; *faça como quiser* do as you please; *que é que tu fazes?* what's your job?; *que estás a fazer?* what are you doing? 2 (*representar*) to play [de, -]; *ele faz de ladrão na série* he plays a thief in the series 3 (*saúde*) to be; to do; *fazer mal ao estômago* that is bad for your stomach; *isto vai fazer-te bem* this will do you good ❖ *fazer a barba* to shave; *fazer amor* to make love; *fazer de conta* to make believe; *fazer desporto* to practise sport; *fazer pouco de alguém* to make fun of someone; col *faz-se por isso* you do your best; *fazer uma reclamação* to put in a claim; *não faz mal!* never mind!; *não saber o que fazer* to be at a loss; *que é feito dele?* what has become of him?;

tanto faz! all the same!; *ter mais que fazer* to have other fish to fry

faz-tudo n2g (habilidoso) jack-of-all-trades; handyman

fé nf faith [em, in] ❖ *dar fé de alguma coisa* to notice something

fealdade nf lit ugliness; plainness; uncomeliness; unsightliness

febra nf (carne) lean meat

febre nf fever; *estar com febre* to have a fever; (obsessão) *a febre do futebol* football fever

febre dos fenos nf MED hay fever

febril adj2g 1 MED feverish; *em estado febril* feverishly 2 fig (exaltado) feverish, passionate

fechado adj 1 (porta, janela, torneira, olhos) closed; shut 2 (com chave) locked 3 (pessoa) reserved; distant

fechadura nf lock ❖ *fechadura de segredo* puzzle lock; *buraco da fechadura* keyhole

fechamento nm closing down; shutting down

fechar vt 1 (porta, loja, olhos) to close; *fechar a porta* to close the door, to shut the door; *fecha os olhos!* close your eyes!; *fechar um negócio* to close a bargain; *fechar uma conta* to close an account 2 (trancar) to lock; *fechar a porta à chave* to lock the door; *fechar com ferrolho* to bolt; *fechar com tranca* to bar 3 (torneira) to turn off 4 (terreno) to enclose; to fence in 5 (cortina) to draw; *fechar as cortinas* to draw the curtains ♦ vi 1 (encerrar permanentemente) to be shut down; to close down; *a loja fechou há uns anos* the store was shut down a few years ago 2 (findar) to come to an end ♦ vp 1 (atingir) to come to an end; *fechou-se um ciclo* we have come full circle 2 (calar-se) to shut up ❖ *fechar com chave de ouro* to end in beauty; *fechar-se em copas* to clam up

fecho nm 1 (roupa) zip; zipperEUA; *fechar o fecho* to zip up 2 (ferrolho) bolt; fastener 3 (porta) lock 4 (encerramento) closing; *horário de fecho* closing time ❖ (automóvel) *fecho centralizado* central locking system

fécula nf starch; *fécula de batata* potato flour

fecundação nf BIOL fertilization

fecundar vt BIOL to fertilize

fecundidade nf fecundity; fruitfulness; fig *a fecundidade da obra de alguém* the fecundity of someone's work

fecundo adj fecund, fertile

fedelho nm pop brat; punk

feder vi pop (cheiro) to stink [a, of]; to reek [a, of]

federação nf 1 POL federation; *uma federação de Estados* a federation of states 2 (organizações) federation; association; league

federal adj2g federal; *estado federal* federal state

federalismo nm POL federalism

federalista adj,n2g federalist; *sistema federalista* federalist system

federar vt to federate ♦ vp to form a federation; to become member of a federation

fedor nm stench; stink

fedorento adj 1 cal stinking 2 (fétido) smelly; fetid ♦ nm pop (chato) pain in the neck, pain in the arse

feedback nm feedback; *não ter feedback* not to get any feedback

feição nf 1 (traço) feature; trait; characteristic 2 (figura) figure; form; shape ♦ nfpl features; *feições regulares* clean-cut features ❖ *o vento está de feição* the wind is fair

feijão nm bean

feijão-frade nm cowpea, black-eyed pea

feijão-verde nm green bean

feijão-vermelho nm kidney bean

feijoada nf dish made of beans and several kinds of meat

feijoeiro *nm* bean plant

feio *adj* 1 (aspeto, situação) ugly 2 (*insultuoso*) rude; *palavras feias* rude words

feira *nf* 1 (*mercado*) street market 2 (*evento*) fair; show 3 *fig* confusion; (*desarrumação*) mess ❖ *feira da ladra* flea market; *feira popular* funfair

feirante *n2g* stallholder

feita *nf* occasion; time; *desta feita* this time, on this occasion

feitiçaria *nf* 1 (atividade) sorcery; witchcraft; witchery 2 (*efeito*) enchantment; spell; charm

feiticeira *nf* witch; sorceress

feiticeiro *nm* sorcerer

feitiço *nm* spell ❖ *virou-se o feitiço contra o feiticeiro* to plan backfired

feitio *nm* 1 (*forma*) shape 2 (*temperamento*) temper

feito *adj* 1 made; *feito à mão* handmade 2 (resultado) done; *um trabalho bem feito* a well done job 3 (*pronto*) ready; concluded ♦ *nm* feat; achievement ❖ *dito e feito* no sooner said than done; *estou feito!* that's it for me!; *bem feito!* it serves you/him/her right!

feitor *nm* (propriedade) steward; custodian

feitoria *nf* 1 trading depot 2 (de terrenos) stewardship

feitura *nf* 1 (processo) making; *a feitura do filme* the making of the film 2 (*fabrico*) workmanship; *uma feitura perfeita* perfect workmanship

feixe *nm* 1 (de luz, laser) beam 2 (*molho*) bundle

fel *nm* 1 bile; gall 2 *fig* (*azedume*) bitterness; spite; *palavras de fel* bitter words

feldspato *nm* MIN feldspar

felicidade *nf* 1 (estado) happiness; *andar em busca da felicidade* to search for happiness 2 (sorte) luck; *muitas felicidades!* good luck to you!; *ter a felicidade de* to be lucky enough to

felicitações *nfpl* congratulations [*por*, *on*]

felicitar *vt* (elogio) to congratulate [*por*, *on*]; *gostaria de felicitá-lo por tudo o que fez* may I congratulate you on what you have done?

felino *adj,nm* feline

feliz *adj2g* 1 (estado) happy; *dar-se por muito feliz* to count oneself happy; *um casamento feliz* a happy marriage 2 (ocasião) merry; joyful; *feliz Natal!* merry Christmas! 3 (acaso) fortunate; lucky

felizardo *nm* lucky devil; lucky dog

felizmente *adv* happily; fortunately

felonia *nf* (*traição*) treachery; treason

felpo *nm* (tecido) nap; pile

felpudo *adj* 1 (com penugem) downy 2 (com pelo) hairy

feltro *nm* felt; *caneta de feltro* felt-tip pen; *chapéu de feltro* felt hat

fêmea *nf* 1 (animal) female; *um tigre fêmea* a female tiger 2 (gancho) eye 3 (parafuso) nut

feminilidade *nf* femininity

feminino *adj* 1 LING feminine; *pronome feminino* feminine pronoun; *substantivo feminino* feminine noun 2 (de mulher) feminine; *o sexo feminino* the feminine gender ♦ *nm* LING feminine; *no feminino* in the feminine

feminismo *nm* feminism

feminista *adj,n2g* feminist; *conceitos feministas* feminist concepts

fémur *nm* femur, thighbone

fenda *nf* 1 (louça, parede) crack; split 2 (rocha, terra) fissure; crevice 3 (frincha) chink

fender *vt* 1 (rachar) to crack; to chink 2 (separar) to split; to cleave

fenecer *vi* 1 (morrer) to die; to pass away 2 (esmorecer) to fade away; to wane 3 (murchar) to wither; to wilt

feng shui *nm* feng shui

fenício *adj,nm* Phoenician

fénix *nf* MIT phoenix ❖ *fénix renascida* phoenix resurrected

feno *nm* hay

fervedor

fenomenal *adj2g* 1 (*incrível*) phenomenal; incredible 2 (*colossal*) prodigious; colossal 3 (*espantoso*) remarkable; amazing

fenómeno *nm* phenomenon; *fenómenos por explicar* unexplained phenomena

fera *nf* wild beast; wild animal

feriado *nm* holiday

férias *nfpl* holidays GB; vacation EUA; *estar de férias* to be on holiday

ferida *nf* 1 (*ferimento*) wound, injury; *cicatrizar uma ferida* to heal a wound 2 *fig* (*mágoa*) hurt ❖ *pôr o dedo na ferida* to touch a person on the raw

ferido *adj* 1 (*fisicamente*) wounded; injured 2 (*emocionalmente*) hurt ♦ *nm* casualty

ferimento *nm* wound; injury; *ferimentos graves* severe injury

ferir *vt* 1 (*ferida*) to wound; to injure; *ferido em combate* wounded in action 2 *fig* (*magoar*) to hurt; *ferir os sentimentos de alguém* to hurt someone's feelings 3 (*ofender*) to vex ♦ *vp* to get injured; to hurt oneself; to get hurt ❖ *ferir a vista* to be an eyesore

fermentação *nf* 1 QUÍM fermentation; leavening 2 *fig* (*agitação*) agitation; turmoil

fermentar *vi* to ferment ♦ *vt* 1 to ferment 2 *fig* (*agitar*) to agitate; to excite

fermento *nm* (*de padeiro*) yeast; *fermento em pó* baking powder

férmio *nm* fermium

ferocidade *nf* 1 (*animais*) ferocity 2 *fig* (*crueldade*) cruelty

feroz *adj2g* 1 fierce; ferocious 2 (*cruel*) cruel

ferradela *nf* (*cão, inseto*) bite

ferrador *nm* 1 (*ferreiro*) blacksmith 2 (*de cavalos*) farrier

ferradura *nf* horseshoe

ferrageiro *nm* (*pessoa*) ironmonger; hardware dealer

ferragem *nf* 1 (*utensílios*) ironmongery; hardware 2 (*peça*) iron fitting ❖ *loja de ferragens* hardware store

ferramenta *nf* tool; *caixa de ferramentas* tool box

ferrão *nm* (*inseto*) sting; *ferrão de abelha* bee sting

ferrar *vt* 1 (*morder*) to bite 2 (*cavalo*) to shoe 3 (*gado*) to brand

ferreiro *nm* (*ofício*) blacksmith; smith ❖ (*provérbio*) *em casa de ferreiro espeto de pau* the cobbler's wife is the worst shod

ferrenho *adj* 1 *fig* (*pessoa*) inflexible, hard 2 *fig* (*adepto*) fanatic

férreo *adj* firm; hard; inflexible ❖ *linha férrea* railway track

ferrete *nm* 1 (*utensílio*) branding iron 2 (*marca*) stigma; mark

ferrinhos *nmpl* MÚS triangle

ferro *nm* 1 (*metal*) iron 2 (*de engomar*) iron; *passar a ferro* to iron ❖ *ferro forjado* wrought iron; *ninguém é de ferro* we are only human

ferroada *nf* 1 (*picada*) prick 2 *fig* (*censura*) stinging remark; rebuke

ferroar *vt* 1 (*picadela*) to sting 2 *fig* (*arreliar*) to tease

ferrolho *nm* bolt; *fechar com ferrolho* to bolt

ferro-velho *nm* 1 (*sucata*) scrap iron 2 junk-dealer; junk shop 3 (*em segunda mão*) second-hand dealer

ferrovia *nf* railway; railroad EUA

ferroviário *adj* railway GB; railroad EUA

ferrugem *nf* rust; *ganhar ferrugem* to rust away

ferrugento *adj* rusty; rusted; *latas ferrugentas* rusty tins

ferryboat *nm* ferryboat

fértil *adj2g* fertile

fertilidade *nf* fertility; fecundity

fertilização *nf* fertilization ❖ *fertilização in vitro* in vitro fertilization

fertilizante *nm* AGR fertilizer ♦ *adj2g* fertilizing

fertilizar *vt* BIOL to fertilize; to fecundate

fervedor *nm* boiler

ferver vi 1 to boil; *água a ferver* boiling water; *ferver de mais* to overboil 2 *fig* *(enervar-se)* to seethe; to fume ♦ vt to boil; *ferver o leite* to boil the milk ❖ *ferver em pouca água* to flare up for nothing

fervilhar vi 1 *(ferver)* to simmer; to boil 2 *fig* *(abundar)* to swarm [de, with]; *fervilhar de gente* to swarm with people

fervor nm *(ardor)* fervour; enthusiasm; zeal

fervoroso adj fervent; *adeptos fervorosos* fervent supporters

fervura nf *(ebulição)* boiling; *levantar fervura* to boil up ❖ *pôr/deitar água na fervura* to pour oil on troubled waters

festa nf 1 party; *festa de aniversário* birthday party 2 *(religiosa)* feast 3 *(comemoração)* celebration 4 *(carícia)* stroke; caress ❖ *Boas Festas!* Merry Christmas!

festão nm festoon; garland

festejar vt to celebrate; to commemorate; *festejar o quinto aniversário de casamento* to celebrate the fifth wedding anniversary; *festejar um golo* to celebrate a goal ♦ vi *(festa)* to have a party; *temos de festejar* we must have a party

festejo nm celebration; festivity

festim nm feast; banquet

festival nm 1 *(evento)* festival; *festivais de verão* summer festivals 2 *col* show; display

festivaleiro adj 1 *col* festival; merrymaking; *gente festivaleira* festival people 2 *pej* downmarket; tacky

festividade nf *(celebração)* festivity; festival

festivo adj 1 *(época, evento)* festive 2 *(festa)* joyous

fetal adj2g foetal; *posição fetal* foetal position

fetiche nm fetish

fetichismo nm fetishism

fetichista n2g fetishist ♦ adj2g fetishistic

fétido adj fetid; stinking

feto nm 1 *(embrião)* foetus GB, fetus EUA 2 *(planta)* fern

feudal adj2g feudal

feudalismo nm HIST feudalism

feudo nm HIST feud

fêvera nf *(carne)* lean meat

fevereiro nm February

fezes nfpl faeces; excrement

fiação nf 1 *(processo)* spinning; *fiação e tecelagem* spinning and weaving 2 *(fábrica)* textile mill; *fiação de seda* silk mill

fiada nf 1 *(série)* course; *fiada de tijolos* course of bricks 2 *(fila)* line; row

fiado adj 1 *(fios)* spun 2 *(a crédito)* on credit; on trust; *comprar fiado* to buy on credit

fiador nm guarantor; surety; *servir de fiador* to stand surety

fiambre nm ham

fiança nf 1 *(caução)* guaranty; security 2 *(montante)* guarantee; guaranty 3 DIR bail; *pagar a fiança a alguém* to bail a person out; *sair sob fiança* to be out on bail

fiapo nm thread

fiar vt *(fio, lã)* to spin ♦ vp to trust [em, to]; to rely [em, on] ♦ vi 1 *(venda ou compra)* to sell on credit 2 *(fio)* to spin 3 *(confiança)* to trust; *ele não é de fiar* he is not to be trusted ❖ *fia-te nessa!* yeah, sure!

fiasco nm *(fracasso)* fiasco; flop; blunder

fiável adj2g trustworthy; dependable

fibra nf 1 fibre 2 *fig (coragem)* guts; nerve ❖ *fibra de vidro* fibreglass; *fibra ótica* optical fibre

fibrocimento nm fibrocement; asbestos cement EUA

fibroma nm MED fibroma

fibrose nf MED fibrosis

ficar vi 1 to stay; *ficar em casa* to stay at home; *ficar para trás* to lay behind; *não quero ficar para trás* I don't want to be left behind 2 *(permanecer)* to remain; to stay; *ficar na mesma* to stay the same 3 *(manter)* to keep; *fica com isso* keep it; *ficar calado* to keep quiet 4 *(estado de espírito)* to be; to feel; *ficar com medo* to be scared; *ficar triste* to be sad; *fico contente* I'm glad 5 (*situar-se*) to be [**em**, **in**; **junto a**, by]; *a casa fica junto ao mar* the house is by the sea; *isso fica no centro da cidade* that is in the town centre 6 (*classificação*) to be placed [**em**, -]; *ficar em terceiro* to be placed third 7 (*assentar bem*) to become; to suit; to fit; *o vestido fica-te mesmo bem* the dress really becomes you 8 (*expectativa*) to be supposed [**de**, to]; *ele ficou de me telefonar* he was supposed to call me ♦ *vp col* not to go further; *fico-me por aqui* I won't go any further ❖ *em que ficamos então?* what are we to do then?; *ficar de pé* to stand; *ficar na sua* to stick to one's point; *ficar por fazer* to be left undone; *ficar velho* to grow old

ficção *nf* 1 LIT fiction 2 *fig* fiction; fabrication; *isso é pura ficção* that is sheer fiction ❖ LIT *ficção científica* science fiction

ficcional *adj2g* fictional

ficcionista *n2g* storyteller; writer; fiction writer

ficha *nf* 1 (biblioteca, ficheiro) card 2 (dados pessoais) record; file 3 (eléctrica) plug; *ficha tripla* three-way plug 4 (escola) handout; *ficha de trabalho* exercise sheet; *ficha de avaliação* evaluation test 5 (de jogo) chip

ficheiro *nm* 1 INFORM file; *abrir um ficheiro* to open a file; *gravar um ficheiro* to save a file 2 (armário) file; filing cabinet; *pôr em ficheiro* to file

fictício *adj* fictitious

fidalgo *nm* 1 HIST (nobre) nobleman 2 (de boas famílias) lord

fidalguia *nf* 1 (estado) nobility 2 (classe social) the nobles

fidedigno *adj* reliable; trustworthy

fidelidade *nf* 1 (moral) fidelity; faithfulness; *fidelidade conjugal* marital fidelity 2 (lealdade) loyalty; fidelity; faithfulness 3 (exatidão) accuracy; fidelity

fiduciário *adj* ECON fiduciary; *aumento de circulação fiduciária* the expansion of the currency

fieira *nf* 1 (fila) row; line; file 2 (fio) string; thread 3 (telhado) ridgepole 4 (minérios) vein; seam

fiel *adj2g* 1 (leal) faithful; loyal 2 (descrição, relato) exact; accurate ♦ *nm* (balança) pointer ♦ *nmpl* (crentes) the faithful

fifia *nf* 1 MÚS discordance; *dar uma fifia* to be out of tune 2 *fig* (erro crasso) blunder; gaffe; *que fifia!* what a blunder!

figa *nf* amulet; lucky charm ❖ *fazer figas* to cross one's fingers

figadeira *nf pop* liver disease, liver complaint

fígado *nm* liver

figo *nm* fig

figueira *nf* fig tree

figura *nf* 1 figure; (aparência) *boa figura* fine figure; *figura geométrica* geometrical figure; *figuras históricas* historical figures 2 (imagem) picture

figuração *nf* TEAT,CIN walk-on parts; bit parts; *fazer figuração* to work as an extra, to do a walk-on part

figurado *adj* figurative

figurante *n2g* TEAT,CIN extra

figurão *nm col* big shot; bigwig ❖ *fazer um figurão* to cut a great figure

figurar *vi* (aparecer) to figure [**em**, in]; to feature [**em**, in]; to come up [**em**, in]; *figurar numa lista* to come up in a list ♦ *vt* (simbolizar) to stand for; to represent

figurativo *adj* figurative; *arte figurativa* figurative art

figurino *nm* 1 (revista de moda) fashion magazine; fashion plate 2 *fig* (modelo) model; example

Fiji *nfpl* Fiji

fila *nf* 1 (lado a lado) row 2 (frente com costas) line; *em fila indiana* in single file 3 (espera) queue GB; line EUA

filamento *nm* 1 (fio) filament; thread 2 (fibra) filament; fibre 3 (lâmpada) filament; *lâmpada com filamento* filament bulb

filantropia *nf* philanthropy

DACN-DP-60

filantrópico *adj* philanthropic
filantropo *nm* philanthropist
filão *nm* MIN vein; seam
filar *vt* 1 (*abocanhar*) to bite; to snap 2 (*caça*) to catch 3 *col,fig* (*roubar*) to steal; to pinch; to snatch 4 *fig,col* (*sedução*) to bat the eyes at
filarmónica *nf* MÚS brass band; philharmonic
filarmónico *adj* MÚS philharmonic; *orquestra filarmónica* Philharmonic Orchestra
filatelia *nf* philately
filatélico *adj* philatelic
filatelista *n2g* philatelist, postage stamp collector
fileira *nf* 1 (*geral*) rank; row; *fileira de casas* row of houses 2 (*pessoas*) file; line 3 MIL ranks; *cerrar fileiras* to close ranks
filete *nm* fillet; *filetes de pescada* whiting fillets
filha *nf* daughter
filho *nm* 1 son 2 (*de animal*) young ♦ *nmpl* (*rapazes, raparigas*) children; (*só rapazes*) sons ❖ *filho de peixe sabe nadar* a chip off the old block
filhó *nf* fritter
filhote *nm* 1 (*mamíferos*) baby animal; cub 2 (*pássaros*) nestling; fledgling 3 *col,fig* (*pessoa*) baby; deary
filiação *nf* 1 (*pais*) filiation; affiliation 2 (*grupo, partido*) affiliation [em, to]
filial *nf* branch; affiliation; *filial de um banco* affiliation of a bank, local branch of a bank
filiar *vt* 1 (*grupo, partido*) to affiliate; to admit; to incorporate as member 2 (*adoção*) to adopt ♦ *vp* (*partido, grupo*) to join [em, -]; to affiliate [em, to]; *filiar-se num partido politico* to affiliate to a political party
filigrana *nf* filigree
Filipinas *nfpl* Philippines
filmagem *nf* shooting; filming
filmar *vt* to film; to shoot; *filmar um acontecimento* to film an event

filme *nm* 1 CIN film*GB*; movie*EUA* 2 (*fotografia, reportagem*) film ❖ *col tirem-me deste filme!* get me out of here!
filmografia *nf* filmography
filologia *nf* philology
filológico *adj* philological
filólogo *nm* philologist
filosofal *adj2g* philosophic, philosophical ❖ *pedra filosofal* philosopher's stone
filosofar *vi* to philosophize; to theorize
filosofia *nf* philosophy
filosófico *adj* philosophic, philosophical
filósofo *nm* philosopher
filtragem *nf* filtering; filtration
filtrar *vt* to filter
filtro *nm* 1 (*utensílio*) filter; *papel de filtro* filtering paper 2 (*tabaco*) filter tip; *cigarro de filtro* filter-tipped cigarette, filter cigarette
fim *nm* 1 (*final*) end; *chegar ao fim* to come to an end 2 (*finalidade*) purpose; aim; *com que fim?* to what purpose? ❖ *a fim de* in order to; *a fim de que* so that; *por fim* at last
fim de semana *nm* weekend; *bom fim de semana!* have a nice weekend!; *durante o fim de semana* during the weekend ❖ *fim de semana prolongado* long weekend
finado *adj* dead; deceased ♦ *nm* dead person; deceased; *dia de Finados* All Soul's Day
final *adj2g* 1 (*final*) final; last; *etapa final* final stage 2 (*conclusivo*) conclusive; decisive; definite ♦ *nm* 1 (*fim*) end; *final feliz* happy end; *no final* in the end 2 (*desfecho*) ending; closing; *o final do filme* the closing of the film ♦ *nf* DESP final; *a final do campeonato do mundo de futebol* the final of the football world championship
finalidade *nf* (*propósito*) purpose; aim; goal ❖ *com esta finalidade* to this effect; *sem finalidade* aimless; purposeless
finalista *n2g* DESP finalist ❖ *aluno finalista* senior pupil

finalizar *vt* to finish; to conclude

finalmente *adv* 1 (*por fim*) finally; at last, lastly 2 (*por último*) in conclusion

finanças *nfpl* (*gestão, fundos*) finances; *como estás de finanças?* how well are your finances? ❖ *ministro das Finanças* Chancellor of the Exchequer

financeiro *adj* financial; *a nível financeiro* in financial terms; *dificuldades financeiras* financial difficulties

financiador *nm* financier; funder

financiamento *nm* 1 (*ato*) financing; funding 2 (*montante*) finance; *faltar o financiamento* not to have enough finance; *financiamento privado* private finance

financiar *vt* to finance; to fund; *financiar um evento* to finance an event

finar-se *vp* (*morrer*) to pass away

finca-pé *nm* obstinacy; stubbornness ❖ *fazer finca-pé* to put one's foot down

findar *vt* (*acabar*) to finish; to end; to conclude ◆ *vi* (*prazo*) to be over; to be due; *quando finda o prazo?* when is the deadline due?

fineza *nf* 1 (*delicadeza*) politeness; gentleness; kindness 2 (*perspicácia*) sharpness; shrewdness; sagacity ❖ *quer ter a fineza de me seguir?* would you be so kind as to follow me?

fingido *adj* false; dissimulated ◆ *nm* (*impostor*) fake

fingidor *nm* pretender

fingimento *nm* 1 (*simulação*) pretence; simulation 2 (*hipocrisia*) hypocrisy; dissimulation

fingir *vt* 1 (*dissimulação*) to pretend; *fingir não ouvir* to pretend not to hear 2 (*falsidade*) to feign; to simulate; to fake; *fingir preocupação* to feign concern ◆ *vi,p* (*dissimulação*) to pretend; *para de fingir* stop pretending; *ela fingiu-se doente* she pretended to be sick

finito *adj* finite; limited; *número finito* finite number

finlandês *adj* Finnish ◆ *nm* 1 (*pessoa*) Finn 2 (*língua*) Finnish

Finlândia *nf* Finland

fino *adj* 1 (*espessura*) thin 2 (*magro*) thin; slender 3 (*requintado*) refined; elegant 4 (*esperto*) clever; sharp 5 (*voz*) high ◆ *nm* (*cerveja*) glass of lager

finório *adj col* sly; crafty

finta *nf* DESP feint; *fazer uma finta* to feint

fintar *vt* 1 DESP (*boxe*) to feint 2 DESP (*futebol*) to dribble 3 *fig* (*enganar*) to deceive; to cheat

finura *nf* 1 (*espessura*) fineness; thinness 2 (*magreza*) thinness; slenderness; slimness 3 (*requinte*) elegance; fineness

fio *nm* 1 (*tecido*) thread 2 (*cordel*) string 3 (*elétrico*) wire 4 (*de água, sangue*) trickle; (*de azeite*) drizzle 5 (*joia*) chain ❖ *fio dental* 1 dental floss 2 (*biquíni, roupa interior*) thong; *horas a fio* hours on end

fio de prumo *nm* plumb line

fiorde *nm* fiord

firewall *nf* INFORM firewall

firma *nf* firm; business company; enterprise

firmamento *nm* firmament; sky

firmar *vt* 1 (*assentar*) to make steady; to settle 2 (*segurar*) to secure; to hold on; to set; to fix 3 POL to settle; to reach; *firmar um acordo* to settle an agreement

firme *adj2g* firm

firmemente *adv* 1 (*sem se mover*) firmly 2 (*com força*) strongly 3 (*com resolução*) resolutely; unwavering

firmeza *nf* 1 firmness 2 (*determinação*) tenacity

fiscal *adj2g* tax; *ano fiscal* tax year GB, fiscal year EUA ◆ *n2g* 1 inspector 2 (*de alfândega*) customs officer

fiscalidade *nf* 1 ECON (*sistema*) tax system 2 ECON (*processo*) taxation

fiscalização *nf* 1 (*dentro de organização*) control 2 (*a nível governamental*) inspection

fiscalizar *vt* 1 (*departamento*) to control 2 (*governo*) to inspect

fisco nm 1 exchequer 2 (tributação) Inland Revenue GB; Internal Revenue System EUA

fisga nf catapult GB; slingshot EUA

fisgar vt (perceber) to get the meaning of; to sort out; *já fisguei o esquema todo* I've already sorted things out

física nf physics

físico adj physical ♦ nm 1 (cientista) physicist 2 (corpo) physique

fisiologia nf physiology

fisiológico adj physiological

fisiologista n2g physiologist

fisionomia nf features

fisionómico adj physiognomic

fisionomista n2g physiognomist

fisioterapeuta n2g physiotherapist GB; physical therapist EUA

fisioterapia nf physiotherapy GB; physical therapy EUA

fissão nf fission

fissura nf crack; fissure

fistula nf fistula

fita nf 1 (tecido) ribbon; (cabelo) band 2 (tira) strip 3 (filme) film GB; movie EUA 4 (de cassete) tape 5 col (fingimento) act; *é tudo fita!* it's all an act! ❖ *fita adesiva* adhesive tape; *fita métrica* tape measure

fita-cola nf Sellotape GB; Scotch tape EUA

fitar vt (fixar a vista em) to stare [-, at]; to glare [-, at/upon]

fiteiro nm (pessoa) cheater; deceiver; trickster

fito nm (objetivo) aim; goal; intention ♦ adj (olhar) fixed

fivela nf buckle; clasp

fixação nf 1 fixing; fastening 2 (obsessão) fixation [por, about/on]; obsession [por, for]

fixador nm (cabelo) hair spray; hair cream

fixar vt 1 (prender) to fix; to fasten; to secure 2 (prazo, preço, taxa) to fix; to settle; to specify; *o banco central fixou a taxa de juro* the central bank fixed the interest rate 3 (fitar) to stare at 4 (memorizar) to memorize; to learn by heart 5 (instalar) to

establish; to set up; *fixar residência* to take up residence ♦ vp 1 (instalar-se) to settle down; to take up residence [em, in] 2 to be set [em, on]; *quando ele se fixa numa coisa, ninguém o demove* when he is set on something, nobody can dissuade him

fixe adj2g col cool, great

fixo adj 1 fixed; *endereço fixo* fixed address 2 (pregado) nailed 3 (estável) stable; steady

flacidez nf 1 (pele, músculos) flaccidity; flabbiness 2 fig (caráter) feebleness; weakness

flácido adj flaccid; flabby

flagelação nf flagellation

flagelar vt to flagellate

flagelo nm 1 (chicote) whip 2 (calamidade) scourge

flagrante adj2g flagrant; glaring ❖ *em flagrante* in the act

flambê adj2g CUL flambé

flamejante adj2g 1 (fogo) flaming 2 (resplandecente) sparkling; glittering; shining

flamenco nm flamenco; *dançar flamenco* to dance flamenco

flamengo adj Flemish ♦ nm 1 (pessoa) Fleming 2 (língua) Flemish

flamingo nm flamingo

flan nm CUL crème caramel GB; flan EUA

flanco nm flank, side

flanela nf flannel; *camisa de flanela* flannel shirt

flanquear vt 1 MIL (defender o flanco) to flank 2 MIL (atacar de flanco) to attack the enemy's flank

flash nm FOT flashlight, flash

flashback nm CIN,LIT flashback

flatulência nf MED flatulence

flatulento adj flatulent

flauta nf MÚS flute

flautear vi 1 MÚS to play the flute, to flute 2 pop to loaf about, to idle 3 pop to amuse oneself 4 pop to cheat

flauteio nm 1 MÚS fluting 2 Bras pop idle life

flautim nm MÚS piccolo

flautista n2g MÚS flautist, flutist, flute player

flecha nf arrow; *arco e flecha* bow and arrow; *lançar uma flecha* to shoot an arrow ❖ *rápido como uma flecha* quick as a flash; (preços) *subir em flecha* to shoot up

fletir vt to flex; to bend; *fletir os joelhos* to flex your knees

fleuma nf phlegm

fleumático adj 1 (sereno) phlegmatic; self-possessed; restrained 2 (indiferente) indifferent

flexão nf 1 bending; flexion; flection 2 (exercício físico) press-up GB, push-up EUA 3 LING inflection

flexibilidade nf 1 flexibility; nimbleness 2 (versatilidade) adaptability; versatility

flexionar vt LING to inflect

flexível adj2g flexible

flipado adj col freaked out; crazy; *uma ideia flipada* a crazy idea

flipar vi col to flip out, to go berserk

flippers nmpl (jogo eletrónico) pinball

flirt nm flirt

flirtar vt to flirt [com, with]

floco nm flake

flor nf 1 flower 2 (árvore de fruto) blossom; *flor de laranjeira* orange blossom ❖ *não ser flor que se cheire* to be a bad lot; *ser uma flor de estufa* to be very touchy

flora nf flora

floração nf (florescência) blossoming; flowering

floral adj2g floral; *um vestido com um padrão floral* a dress with a floral pattern

floreado adj (estilo) florid; ornate; overwrought

florear vt 1 (adornar) to ornate; to embellish; to adorn 2 (estilo) to overwrite

floreio nm flourish

floreira nf flowerpot; flower vase

florescência nf BOT florescence; flowering

florescente adj2g 1 (planta) in flower, in bloom 2 (próspero) prosperous; thriving; prospering

florescer vi 1 (dar flor) to bloom; to blossom 2 (prosperar) to prosper; to flourish

florescimento nm 1 blooming; blossoming 2 flourishing; thriving; prosperity

floresta nf forest; *floresta tropical* rain forest; *floresta virgem* primeval forest

florestação nf afforestation

florestal adj2g forest; *guarda florestal* forester; *incêndio florestal* forest fire

florestar vt to afforest

florete nm (esgrima) foil

floricultor nm flower grower; floriculturist

floricultura nf flower growing; floriculture

florido adj 1 (em flor) in bloom, in flower 2 (enfeitado com flores) florid; flowery 3 (embelezado) ornate; florid; adorned

florim nm (antiga moeda) florin

florir vi 1 to flower; to bloom; to blossom 2 fig to flourish; to thrive

florista n2g (pessoa) florist; flower seller ♦ nf (loja) florist's; flower shop

fluência nf fluency

fluente adj2g fluent [em, in]

fluentemente adv fluently; *ele fala alemão fluentemente* he speaks German fluently

fluidez nf 1 (qualidade) fluidity 2 flow; *a fluidez do trânsito* the flow of traffic 3 fluency; *a fluidez de um discurso* the fluency of a speech

fluido nm fluid ♦ adj 1 (que desliza com facilidade) fluid 2 (linguagem, estilo) fluent

fluir vi to flow

flúor nm 1 fluorine 2 (dentifrico) fluoride

fluorescência nf fluorescence

fluorescente adj2g 1 fluorescent; *lâmpada fluorescente* fluorescent lamp 2 (sinal, tinta) luminous ❖ *marcador fluorescente* highlighter

fluoreto nm QUÍM fluoride

flutuação nf fluctuation

flutuador nm float ♦ adj floating

flutuante adj2g 1 floating 2 (nível, mercado) fluctuating

flutuar vi 1 (boiar) to float 2 (ao vento) to flutter 3 fig (vacilar) to hesitate; to vacillate 4 fig (variar) to fluctuate; to vary

fluvial adj2g fluvial; river; *praia fluvial* river beach

fluxo nm 1 flux; *fluxo de sangue* blood flux 2 flow; *o fluxo das águas* the flow of the water 3 fig abundance; overflow

FMI [sigla de **Fundo Monetário Internacional**] IMF [sigla de International Monetary Fund]

fobia nf phobia [**de**, about]

fóbico adj phobic

foca nf seal

focagem nf FOT focussing

focal adj2g focal; FOT *distância focal* focal distance

focar vt 1 FOT to focus 2 (assunto, questão) to approach

focinheira nf 1 (focinho) muzzle; snout 2 noseband 3 pop (cara) mug 4 pop (carranca) scowl; frown

focinho nm 1 (animal) snout; muzzle 2 pop (cara) mug; *cair de focinho* to fall flat on one's face; *levar um murro no focinho* to get punched in the mug

foco nm 1 FOT focus; focal point 2 (luz) spotlight 3 source; *um foco de infeção* a source of infection ♦ *pôr em foco* to bring into focus

foder vt,i vulg to fuck vulg ♦ vulg *foda-se!* fuck! vulg

fofo adj 1 (material) soft 2 col (pessoa) plump; chubby 3 col (amoroso) cute; sweet

fofoca nf Bras a piece of gossip

fofocar vi Bras to gossip

fofoqueiro nm Bras gossiper

fogaça nf sweet bread

fogão nm cooker, stove EUA; *fogão a gás* gas stove; *fogão elétrico* electric stove ♦ *fogão de sala* fireplace

fogareiro nm little stove

fogo nm fire; *deitar fogo a* to set fire to, to set on fire; (armas) *abrir fogo* to open fire ♦ *fogo posto* arson; *à prova de fogo* fireproof

fogo de artifício nm 1 (dispositivo) firework 2 (espetáculo) fireworks

fogo de vista nm 1 showy display, razzle-dazzle 2 (palavras sem valor) hot air

fogo-fátuo nm will-o'-the-wisp

fogosidade nf 1 (impetuosidade) impetuosity; rashness; recklessness 2 (ardor) enthusiasm; passion; ardour

fogoso adj 1 (impaciente) impetuous 2 (apaixonado) passionate 3 (irascível) fiery; hot headed; quick-tempered

fogueira nf fire, bonfire; *fazer uma fogueira* to build a fire ♦ *deitar achas na fogueira* to add fuel to the fire

foguetão nm rocket

foguete nm rocket; *lançar um foguete* to launch a rocket ♦ *como um foguete* very quickly; *deitar foguetes* to celebrate; *não lances os foguetes antes da festa* don't count your chickens before they're hatched

fogueteiro nm pyrotechnist

foice nf sickle ♦ *meter a foice em seara alheia* to stick one's nose in someone else's business

folar nm 1 CUL Easter cake 2 Easter gift

folclore nm 1 folklore 2 (dança) folk-dance; *um rancho de folclore* a group of folk-dancers

folclórico adj 1 folkloric 2 pej (berrante) garish; gaudy; showy

fole nm 1 (a pair of) bellows 2 Bras MÚS mouth organ

fôlego nm breath; *estar sem fôlego* to be out of breath

foleiro adj 1 col (de mau gosto) tasteless; tacky; kitschy 2 col (desagradável) nasty; rude; *uma boca foleira* a nasty remark

folga nf 1 time off; day off; *estar de folga* to be off duty 2 rest; break

folgado adj 1 (roupa) loose, loose-fitting 2 (vida) comfortable; well off 3 Bras (atrevido) cheeky; impertinent

folgar vi 1 (tirar folga) to have time off; to have free time; *ele folga duas vezes por semana* he takes time off twice a week 2 (descansar) to rest 3 (divertir-se) to amuse oneself; to have fun 4 (regozijar) to be delighted; *folgo muito em ver-te!* I'm delighted to see you!

folha nf 1 (planta) leaf 2 (papel) sheet 3 (metal) foil ❖ *novo em folha* brand new

folha de Flandres nf tin plate

folhado adj CUL flaky; *massa folhada* puff pastry ♦ nm CUL turnover

folhagem nf foliage

folheado nm 1 veneer; *folheado de nogueira* walnut veneer 2 laminate

folhear vt (livro, revista) to leaf through, to thumb through, to turn over the pages of

folheta nf 1 small leaf 2 tin-plate

folhetim nm 1 (texto) serial 2 soap opera

folhetinista n2g serial writer

folheto nm leaflet; pamphlet; brochure

folho nm 1 (roupa) flounce; frill; ruffle 2 (roupa de cama) dust ruffle

folia nf revelry; spree

folião nm reveller; merrymaker; raver

folículo nm ANAT,BOT follicle

fólio nm folio

fome nf 1 hunger; famine; *estar com/ter fome* to be hungry 2 fig (desejo ardente) hunger [de, for]; yearning [de, for]; *fome de poder* hunger for power

fomentar vt 1 (promover) to promote; to support; to encourage; to foster 2 (instigar) to foment; to instigate; to provoke; *ele foi acusado de fomentar a discórdia* he was accused of fomenting discord

fomento nm 1 (estímulo) promotion; support; fostering 2 (incitamento) fomentation; instigation; incitation

fondue nm fondue

fonema nm LING phoneme

fonética nf LING phonetics

fonético adj phonetic

fónico adj phonic

fonologia nf LING phonology

fonológico adj phonological

fontanário nm drinking fountain GB; water fountain EUA

fonte nf 1 (nascente) spring 2 (chafariz) fountain 2 (origem) source ♦ nfpl ANAT (têmpora) temples

fora adv 1 outside; *ir lá para fora* to go outside 2 out; *passámos o dia inteiro fora* we were out all day 3 (no estrangeiro) abroad; *ele foi para fora* he travelled abroad ♦ prep 1 (para além de) besides 2 (sem contar com) not including ♦ interj out!

fora da lei n2g2n outlaw; criminal

fora de jogo nm DESP offside

foragido nm (fugitivo) fugitive; runaway

foral nm HIST charter

forasteiro nm stranger; outsider

forca nf gallows

força nf 1 force, *à/pela força* by force; *força aérea* air force 2 strength; *força interior* inner strength

forcado nm 1 AGR pitchfork, hay fork 2 (tourada) bullfighter; torero

forçado adj forced

forçar vt 1 (coagir) to force [a, to]; to compel [a, to]; to coerce, [a, into]; *ela forçou-me a assinar o contrato* she coerced me into signing the contract 2 (vista, voz) to strain; *forçar a vista* to strain your eyes 3 (arrombar) to force (open); to break open; *forçar uma fechadura* to force a lock

fórceps nm MED forceps

forçosamente adv necessarily; inevitably

forçoso *adj* unavoidable; inevitable; ineluctable

forense *adj2g* forensic

forja *nf* **1** (*oficina de ferreiro*) forge **2** (*fornalha*) furnace; hearth; forge ❖ *estar na forja* to be in preparation

forjado *adj* **1** (*falsificação*) forged **2** (*ferro*) wrought; *uma cama de ferro forjado* a wrought iron bed **3** (*criado*) created; invented; devised

forjar *vt* **1** (*metal*) to forge **2** (*falsificar*) to forge; to fabricate; *forjar um documento* to fabricate a document **3** *fig* (*criar*) to invent; to create

forma¹ /ó/ *nf* **1** (*feitio*) shape; form; *tomar forma* to take shape **2** (*modo*) manner; way; *desta forma* in this way **3** (*condição física*) shape; fitness; *em forma* in shape ❖ *de alguma forma* somehow; *de forma alguma* by no means; *de outra forma* otherwise; *de qualquer forma* anyway

forma² /ó/ *nf* **1** mould GB, mold EUA; (*para bolo*) tin GB, pan EUA **2** (*de sapato*) last

formação *nf* **1** formation **2** (*educação*) upbringing **3** (*ensino*) education **4** training; *formação profissional* vocational training

formado *adj* **1** formed; constituted **2** (*licenciado*) graduated [**em**, in]; *ela é formada em Direito* she has a degree in Law

formador *nm* instructor; trainer; educator

formal *adj2g* formal

formalidade *nf* **1** (*norma de procedimento*) formality; *este exame é apenas uma formalidade* this exam is a mere formality; *formalidades legais* legal formalities **2** (*etiqueta*) ceremony; formality; etiquette

formalismo *nm* formalism

formalista *adj,n2g* formalist

formalizar *vt* to formalize

formalmente *adv* formally

formando *nm* trainee

formão *nm* chisel

formar *vt* **1** (*dar forma a*) to shape; to form; to create **2** (*opinião, ideia*) to form; *já formei a minha opinião sobre ela* I've formed my opinion about her **3** (*frase*) to build **4** (*fundar*) to found; to set up; to establish **5** (*educar*) to raise ♦ *vp* **1** (*surgir*) to appear; to emerge **2** (*curso universitário*) to graduate

formatação *nf* INFORM formatting

formatar *vt* INFORM to format

formativo *adj* **1** formative **2** educational

formato *nm* format

formatura *nf* **1** (*universidade*) graduation; *dia da formatura* graduation day **2** MIL formation

formidável *adj2g* **1** (*fantástico*) wonderful; splendid **2** (*colossal*) huge; gigantic

formiga *nf* ant

formigar *vi* **1** (*sentir comichão*) to be itching **2** (*multidão*) to be swarming [**de**, with]; to be teeming [**de**, with]

formigueiro *nm* **1** (*ninho de formigas*) anthill **2** (*comichão*) pins and needles **3** (*multidão*) crowd

formol *nm* QUÍM formaldehyde

formoso *adj* **1** ant (*pessoa*) beautiful; comely; fair **2** ant (*aprazível*) pleasant

formosura *nf* beauty; *ela é uma formosura!* she is a beauty!

fórmula *nf* formula; *fórmula química* chemical formula; *uma fórmula mágica* a magic formula ❖ DESP *Fórmula Um* Formula One

formulação *nf* formulation

formular *vt* **1** to formulate **2** to express

formulário *nm* formulary

fornada *nf* batch

fornalha *nf* furnace

fornecedor *nm* **1** supplier **2** (*restauração*) caterer

fornecer *vt* to supply; *fornecer mantimentos a* to supply with provisions; *fornecer informações* to provide information

fornecimento nm supply; delivery; distribution

fornicação nf fornication, sexual intercourse

fornicar vt to fornicate with; to have sexual intercourse with ♦ vi to fornicate; to have sex

forno nm 1 (cozinha) oven; *aqui dentro está um forno!* it's like an oven in here! 2 (industrial) furnace

foro nm 1 court of justice 2 nature; character; *problemas do foro íntimo* problems of an intimate nature

forquilha nf fork; hayfork; pitch fork

forrado adj 1 (roupa) lined; *uma saia forrada a seda* a silk-lined skirt 2 (mobília) upholstered

forragem nf fodder; forage

forrar vt 1 (roupa) to line 2 (parede) to (wall)paper 3 (mobília) to upholster

forreta n2g miser; niggard; cheapskate EUA

forro nm 1 (de roupa) lining 2 (de mobília) cover, covering 3 (de parede) wallpaper

forrobodó nm spree; rave-up; party

fortalecer vt 1 to strengthen 2 (animar) to encourage 3 (corroborar) to confirm; to consolidate; to corroborate

fortalecimento nf 1 strengthening 2 reinforcement; consolidation

fortaleza nf 1 (fortificação) fortress 2 (força) strength

forte adj 1 (geral) strong 2 (cor) bright; strong 3 (chuva) heavy 4 (crítica, dor) severe ♦ nm 1 MIL fort 2 (talento) forte; *matemática não é o meu forte* maths is not my forte

fortificação nf MIL fortification

fortificante adj2g invigorating; fortifying ♦ nm tonic

fortificar vt 1 (fortalecer) to strengthen 2 MIL to fortify

fortuito adj fortuitous; accidental; casual

fortuna nf 1 (riqueza, sorte) fortune 2 (destino) fate; destiny

fórum nm forum

fosco adj 1 dim 2 (baço) dull; lustreless; tarnished 3 (vidro) frosted

fosforescência nf phosphorescence

fosforescente adj2g phosphorescent

fósforo nm 1 phosphorus 2 match; *caixa de fósforos* matchbox

fossa nf 1 sewer; cesspit 2 (cova) hole; *cavar uma fossa* to dig a hole 3 ANAT fossa

fóssil nm fossil

fossilização nf fossilization

fossilizar vt,i to fossilize

fosso nm 1 (trincheira) trench 2 (valeta) ditch 3 fig (abismo) gulf [entre, between]; gap [entre, between]; *há um fosso enorme entre as gerações deles* there's an enormous gap between their generations

fotão nm FÍS photon

foto nm col photo; *tirar uma foto* to take a photo; *uma foto de família* a family photo

fotocomposição nf filmsetting

fotocompositor nm filmsetter

fotocópia nf photocopy; *fotocópia a cores* colour photocopy; *tirar fotocópias de um documento* to make photocopies of a document

fotocopiadora nf photocopier; photocopying machine

fotocopiar vt to photocopy

fotodepilação nf photoepilation

fotoelétrico adj photoelectric; *célula fotoelétrica* photoelectric cell, electric eye

fotogenia nf photogeny

fotogénico adj photogenic; *ser fotogénico* to be photogenic, to photograph well

fotografar vt to photograph; to take a photograph of

fotografia nf 1 (retrato) photograph, photo; *fotografia tipo passe* passport photo 2 (arte) photography

fotográfico adj photographic ❖ *máquina fotográfica* camera; *memória fotográfica* photographic memory; *sessão fotográfica* photo shoot

fotógrafo _nm_ photographer; _fotógrafo de moda_ fashion photographer

fotojornalismo _nm_ photojournalism

fotomontagem _nf_ photomontage

fotonovela _nf_ photo romance

fotorreportagem _nf_ photo story

fotossensível _adj2g_ photosensitive

fotossíntese _nf_ photosynthesis

fototerapia _nf_ MED phototherapy

fotovoltaico _adj_ photovoltaic

foz _nf_ (de rio) mouth

fração _nf_ 1 MAT fraction 2 (_porção_) fraction; fragment; portion

fracassar _vi_ to fail; to fall through; to break down; not to succeed; _o meu plano fracassou_ my plan fell through; _as conversações de paz fracassaram_ the peace talks broke down

fracasso _nm_ failure

fracionamento _nm_ fractionation; division; fragmentation

fracionar _vt_ to fractionate; to fragment; to divide

fracionário _adj_ fractional

fraco _adj_ 1 weak; _sentir-se fraco_ to feel weak 2 poor; _de fraca qualidade_ of poor quality 3 (luz) dim; (voz) faint ♦ _nm_ (_predileção_) weakness ❖ _não dar parte fraca_ not to give in

frade _nm_ monk

fraga _nf_ (_rocha escarpada_) crag; cliff

fragata _nf_ frigate

frágil _adj2g_ 1 (objeto) fragile; breakable; frail 2 (pessoa) weak; feeble; frail

fragilidade _nf_ 1 (_qualidade do que é frágil_) fragility 2 (_debilidade_) frailty; weakness

fragmentação _nf_ fragmentation; separation

fragmentar _vt_ to fragment; to break up; to split up ♦ _vp_ to fragment; to break up

fragmentário _adj_ fragmentary

fragmento _nm_ 1 fragment; piece; part 2 (de madeira, vidro) splinter

fragrância _nf_ fragrance; perfume

fragrante _adj2g_ fragrant; aromatic; perfumed

fralda _nf_ 1 nappy_GB_; diaper_EUA_; _mudar a fralda ao bebé_ to change the baby's nappy 2 (de camisa) shirt-tail

fraldário _nm_ baby changing station

framboesa _nf_ raspberry

framboeseiro _nm_ raspberry cane, raspberry bush

França _nf_ France

francamente _adv_ frankly; honestly; sincerely

francês _adj_ French ♦ _nm_ 1 (homem) Frenchman; (mulher) Frenchwoman; _os franceses_ the French 2 (língua) French ❖ _despedir-se à francesa_ to take French leave

francesismo _nm_ Gallicism

frâncio _nm_ francium

franciscano _adj,nm_ Franciscan; _frade franciscano_ Franciscan friar ❖ _pobreza franciscana_ extreme poverty

franco _adj_ 1 (sincero) frank; sincere 2 (impostos) free ♦ _nm_ (moeda) franc

franco-atirador _nm_ sniper

francófono _adj,nm_ francophone; _população francófona_ francophone population

frangalho _nm_ 1 (_farrapo_) rag; tatter 2 (coisa de pouco valor) worthless thing ❖ _fazer em frangalhos_ to tear to pieces; _ficar feito num frangalho_ to have your nerves in a frazzle

franganito _nm pej_ (pessoa) whippersnapper; pup

frango _nm_ chicken ❖ _frango de churrasco_ barbecued chicken

franja _nf_ 1 (cabelo) fringe_GB_; bangs_EUA_; _usar franja_ to wear a fringe 2 (tecido) fringe; trimming

franquear _vt_ 1 to clear 2 to grant free access to 3 to exempt from taxes or duties 4 to give; to offer; to provide 5 (carta) to frank; to stamp

franqueza _nf_ frankness; sincerity ❖ _para dizer com franqueza_ to speak candidly

franquia *nf* **1** (*regalia*) exemption from duties **2** (*portes de correio*) postage

franquiar *vt* (*carta, encomenda*) to stamp, to frank

franzido *adj* **1** (*tecido*) gathered in folds **2** (*sobrolho, testa*) wrinkled

franzino *adj* **1** (*pessoa*) feeble; frail **2** (*corpo*) puny; small

franzir *vt* (*testa, sobrancelha*) to wrinkle ✤ *franzir o sobrolho* to frown

fraque *nm* dress coat

fraquejar *vi* **1** (*enfraquecer*) to weaken **2** (*ceder*) to yield; to give in; to surrender

fraqueza *nf* weakness; *um momento de fraqueza* a weak moment

fraquinho *nm* **1** weakness; *ter um fraquinho por alguma coisa* to have a weakness for something **2** (*paixoneta*) crush; *ter um fraquinho por alguém* to have a crush on somebody

frasco *nm* **1** (*de comprimidos*) bottle **2** (*de perfume*) flask **3** (*de compota, geleia*) jar

frase *nf* sentence; *construir uma frase* to build a sentence ✤ *frase feita* saying; meaningless phrase

fraseado *nm* phrasing; wording; style

frasear *vi* to phrase

fraseologia *nf* LING phraseology

frásico *adj* phrasal

fraternal *adj2g* fraternal; brotherly

fraternidade *nf* fraternity; brotherhood

fraterno *adj* fraternal; brotherly

fratricida *n2g* fratricide ♦ *adj* fratricidal

fratricídio *nm* fratricide

fratura *nf* fracture

fraturar *vt* to fracture

fraude *nf* fraud; *fraude fiscal* tax fraud

fraudulento *adj* fraudulent; deceitful; dishonest

freelance *n2g* freelance

freelancer *n2g* ⇒ **freelance**

freeware *nm* INFORM freeware

freguês *nm* customer; client ✤ *o freguês tem sempre razão* the customer is always right

freguesia *nf* **1** (*clientela*) customers; clients **2** (*concelho*) parish; community

frei *nm* friar

freio *nm* **1** (*veículo*) brake **2** (*cavalo*) bit **3** *fig* repression

freira *nf* nun; *ir para freira* to become a nun ✤ *colégio de freiras* Catholic school

freixo *nm* ash tree

frenesim *nm* frenzy; excitement

frenético *adj* **1** frantic; frenetic; frenzied **2** furious; in a rage

frente *nf* front ✤ *à frente de* ahead of; *de frente para* facing; *fazer frente a alguém* to stand up to someone; (*impressão*) *frente e verso* on both sides

frente a frente *nm* face-to-face debate

frequência *nf* **1** frequency **2** (*ensino superior*) examination **3** attendance [*de*, at]; *a frequência das aulas* attendance at school ✤ *alta/baixa frequência* high/low frequency; *com frequência* frequently; (*rádio*) *frequência modulada* frequency modulation

frequentador *nm* regular customer

frequentar *vt* **1** to frequent; to visit regularly **2** (*loja*) to patronize; to be a regular (customer) at **3** (*curso, escola*) to attend; *frequentar Direito* to read Law

frequente *adj2g* **1** frequent **2** (*habitual*) common

fresca *nf* cool air; fresh breeze; *à fresca* in the cool air

fresco *adj* **1** (*temperatura*) cool; fresh **2** (*alimento*) fresh **3** (*notícia*) latest ♦ *nm* (*pintura*) fresco

frescote *adj* **1** (*tempo*) chilly **2** (*pessoa*) cheeky

frescura *nf* **1** freshness **2** coolness **3** vigour

fresta *nf* chink; slit; gap

fretamento *nm* **1** chartering **2** (*navio*) affreightment

fretar *vt* to charter

frete *nm* **1** (*transporte*) freight **2** *col* bore; *que frete!* what a bore!

fretenir vi (cigarra) to chirr
fricandó nm CUL fricandeau
fricassé nm fricassee
fricativa nf LING (consoante) fricative
fricativo adj LING fricative
fricção nf 1 friction; rubbing; chafing 2 fig (conflito) clash; disagreement; conflict
friccionar vt to rub
frieira nf chilblain
frieza nf 1 (frio) coolness; cold 2 (indiferença) indifference; cold-heartedness; tratar alguém com frieza to give somebody the cold shoulder
frigideira nf frying pan
frigidez nf frigidity
frígido adj frigid
frigir vt to fry
frigorífico nm refrigerator; fridge
frincha nf chink; slit; gap
frio adj cold ♦ nm cold; estou com muito frio I'm very cold ♦ a sangue frio in cold blood; cold-bloodedly
friorento adj sensitive to cold
frisa nf TEAT box
frisado adj (cabelo) wavy, curly
frisagem nf curling, frizzing
frisar vt 1 (cabelo) to curl; to frizz 2 fig (salientar) to lay stress on
friso nm ARQ frieze
fritada nf CUL fry, fry-up
fritadeira nf electric fryer
fritar vt to fry
frito adj fried; batatas fritas chips, fried potatoes ♦ nm piece of fried food ❖ (pessoa) estar frito to be done for
frivolidade nf frivolity
frívolo adj frivolous
frondoso adj leafy
fronha nf pillowcase
frontal adj2g 1 (ataque) frontal 2 (pessoa) frank 3 (choque) head-on
frontalidade nf straightforwardness; honesty
frontão nm ARQ pediment

frontaria nf ARQ front; façade
fronte nf forehead; brow
fronteira nf boundary; border; atravessar a fronteira to cross the border
fronteiriço adj bordering; border
frontispício nm 1 (livro) frontispiece 2 ARQ façade; forefront
frota nf fleet; frota mercante merchant fleet
frouxidão nf 1 (abrandamento) slackness 2 (debilidade) weakness 3 (indecisão) indecision
frouxo adj 1 (elástico, corda) slack 2 (indolente) remiss 3 (fraco) feeble, weak 4 col (tolerante) soft
frugal adj2g 1 (refeição) frugal; scanty 2 (pessoa) thrifty
frugalidade nf frugality
fruição nf 1 (gozo) fruition 2 (satisfação) enjoyment, satisfaction
fruir vt to enjoy; fruir de algo to enjoy something
frustração nf frustration
frustrado adj 1 (pessoa) frustrated 2 (planos) thwarted
frustrar vt 1 (pessoa) to frustrate 2 (planos) to thwart; frustrar os planos de alguém to thwart somebody's plans ♦ vp (projetos, planos) to fail; to come to nothing ❖ o negócio frustrou-se the affair is off
fruta nf fruit
frutaria nf fruiterer's; greengrocer's; greengrocery
fruteira nf 1 (cesto) fruit basket 2 (louça) fruit bowl
fruticultor nm fruit farmer, fruit grower
fruticultura nf fruit farming, fruit growing
frutífero adj 1 (árvore) fructiferous 2 fig (proveitoso) fruitful; useful
frutificação nf fructification
frutificar vi to bear fruit, to fructify

fruto nm 1 fruit 2 (benefício) fruit; benefit; **dar frutos** to bear fruit 3 (resultado) result; consequence

frutuoso adj 1 fruitful 2 (negócio) profitable

fúcsia nf (planta, cor) fuchsia

fuga nf 1 (evasão) flight, escape; **pôr em fuga** to put to flight 2 (gás, água) leak 3 (a responsabilidade, obrigação) evasion 4 MÚS fugue

fugacidade nf fugacity

fugaz adj2g fleeting

fugida nf flight ❖ **dar uma fugida** to pop out for a moment; **de fugida** in a hurry

fugidio adj 1 fleeting 2 (passageiro) passing

fugido adj on the run

fugir vi 1 (prisão) to escape [de, from]; **fugiram da prisão** they escaped from prison 2 (casa, colégio) to run away [de, from]; **ela fugiu de casa** she ran away from home 3 (país) to flee; **fugiram do país** they have fled the country ❖ **fugir ao assunto** to stray from the subject; **fugir a sete pés** to show a clean pair of heels; **fugir à justiça** to evade justice

fugitivo adj fugitive, runaway ♦ nm fugitive

fuinha nf weasel ♦ n2g (avarento) miser

fulano nm Mr. So-and-So, what's-his-name ❖ **fulana de tal** Jean Doe, **fulano, sicrano e beltrano** Tom, Dick and Harry

fulcral adj2g 1 (central) central 2 (decisivo) decisive

fulcro nm 1 (ponto crucial) fulcrum 2 (ponto de apoio) basis, support

fuligem nf soot

fulminante adj2g 1 (que lança raios) fulminating 2 (doença) sudden 3 (olhar) withering

fulminar vt 1 to fulminate 2 (raio) to thunder 3 (ferir, matar) to strike down 4 (olhar) to wither

fulo adj col furious; wild

fumaça nf smoke screen

fumado adj smoked; **salmão fumado** smoked salmon

fumador adj smoking ♦ nm smoker; **fumador passivo** passive smoker; **não fumador** non-smoker ❖ (transportes, restaurantes) **fumador ou não fumador?** smoking or non-smoking?

fumar vt,i to smoke; **deixar de fumar** to give up smoking ❖ **proibido fumar** no smoking

fumarento adj smoky

fumegante adj2g steaming

fumegar vi 1 (fumo) to smoke 2 (vapor) to steam

fumeiro nm 1 chimney 2 (carnes) fumatory

fumigação nf fumigation

fumigar vi to fumigate

fumo nm 1 (fogo) smoke; **cortina de fumo** smoke screen 2 (gás, vapor) fume; **fumo do tubo de escape** exhaust fumes ❖ **sala de fumo** smoke room

função nf 1 function 2 (cargo) duty 3 (papel) role ❖ **em função de** according to

funcho nm fennel

funcional adj2g functional

funcionamento nm working, operation; **funcionamento irregular** irregular working; **modo de funcionamento** working method ❖ **pôr em funcionamento** to set going, to start

funcionar vi 1 to function 2 (máquina) to work, to run 3 (resultar) to work 4 (combustível) to run [a, on]; **este carro funciona a gasóleo** this car runs on diesel ❖ **não funciona** it's out of order

funcionário nm 1 employee 2 (representante) official; **funcionário da ONU** a UN official ❖ **funcionário público** civil servant

fundação nf 1 (criação) establishment 2 (instituição) foundation 3 (base) base, basis ❖ **fundação de beneficência** charitable institution; *fundação particular* private trust

fundador *nm* founder ♦ *adj* founder, founding; *os membros fundadores* the founder members

fundamentado *adj* founded, justified; *bem fundamentado* well-founded, well-grounded

fundamental *adj2g* 1 (*básico*) fundamental 2 (*essencial*) essential

fundamentalismo *nm* fundamentalism

fundamentalista *adj,n2g* fundamentalist

fundamentar *vt* 1 to found 2 (*argumento*) to substantiate 3 (*basear*) to base [**em**, on]

fundamento *nm* 1 (*razão*) reason, cause 2 (*base*) foundation 3 (*motivo*) ground ❖ *sem fundamento* unfounded

fundão *nm* whirlpool

fundar *vt* 1 (*criar*) to found; to establish; *fundar um hospital* to found a hospital; *fundar uma sociedade* to establish a society 2 (*basear*) to base [**em**, on/upon]; to ground [**em**, on]

fundeadouro *nm* NÁUT anchorage place

fundear *vt,i* NÁUT to anchor

fundiário *adj* agrarian

fundição *nf* 1 (*fábrica*) foundry 2 (*atividade*) casting, fusion ❖ *fundição de ferro* iron foundry, ironworks

fundido *adj* 1 cast 2 melted 3 (*lâmpada*, *fusível*) blown, burnt out

fundilho *nm* (*calças*) seat

fundir *vt* 1 (*unir*) to fuse 2 (*em molde*) to cast, to found 3 (*metal*) to smelt, to melt down 4 (*lâmpada*, *fusível*) to burn out, to blow ♦ *vp* 1 (*derreter-se*) to melt 2 (*juntar-se*) to merge, to fuse

fundo *adj* deep ♦ *nm* 1 bottom; *chegar ao fundo da questão* to get to the bottom of a subject 2 (*quadro*) background 3 (*loja*, *quarto*) end 4 (*rua*, *corredor*) end ♦ *nmpl* funds ❖ *ir ao fundo* to sink

fúnebre *adj2g* 1 (*funeral*) funeral; funereal; *cortejo fúnebre* funeral procession 2 (*aparência*) gloomy, mournful

funeral *nm* funeral; *ir a um funeral* to attend a funeral

funerário *adj* funeral; *agência funerária* funeral parlour GB, funeral home EUA

funesto *adj* fatal; ill-fated

fungadela *nf* sniff

fungar *vt,i* to sniff

fungicida *nm* fungicide

fungo *nm* fungus

funicular *adj,nm* funicular

funil *nm* funnel

funilaria *nf* tinsmith's workshop

funileiro *nm* tinsmith; plumber; tinker

furacão *nm* 1 hurricane 2 (*redemoinho*) whirlwind ❖ *entrar como um furacão* to storm in

furado *adj* 1 (*perfurado*) bored 2 (*pneu*) flat 3 (*orelha*) pierced 4 (*dente*) bad 5 col (*frustrado*) spoiled, frustrated

furador *nm* 1 (*broca*) borer, piercer 2 (*papel*) paper punch

fura-greves *n2g2n* strikebreaker

furão *nm* ferret

furar *vt* 1 (*perfurar*) to bore 2 (*berbequim*) to drill 3 (*papel*) to punch holes in 4 (*pneu*) to puncture; *furar um pneu* to puncture a tyre 5 (*orelha*) to pierce 6 (*fila*) to jump ❖ *furar uma greve* to break a strike

fura-vidas *n2g2n* col go-getter

furgão *nm* luggage van

furgoneta *nf* van

fúria *nf* fury, rage, anger; *explosão de fúria* a fit of temper

furibundo *adj* 1 furious, mad 2 (*raivoso*) raging, raving

furioso *adj* 1 furious, mad 2 (*raivoso*) raging, raving

furna *nf* cavern

furo *nm* 1 (*buraco*) hole 2 (*pneu*) puncture 3 col (*aulas*) free period

furor *nm* 1 (*ira*) fury, rage 2 (*entusiasmo*) enthusiasm ❖ *fazer furor* to be all the rage

furriel *nm* MIL quartermaster sergeant

furtar *vt* **1** to steal **2** (*coisas de pouco valor*) to pilfer ◆ *vp* (*esquivar-se*) to avoid [**a**, -], to evade [**a**, -]; *furtar-se a responsabilidades* to evade responsibility ❖ *furtar as voltas* to dodge (a pursuer)

furtivo *adj* furtive, stealthy; *um olhar furtivo* a furtive glance ❖ *caçador furtivo* poacher

furto *nm* theft, robbery

furúnculo *nm* MED furuncle, boil, blotch

fusa *nf* MÚS demisemiquaver

fusão *nf* **1** fusion **2** (*gelo, metais*) melting; *ponto de fusão* melting point **3** (*empresas*) merger

fuselagem *nf* AER fuselage

fusível *nm* ELET fuse; *houve um fusível que se queimou* a fuse blew out ❖ *caixa de fusíveis* fuse box

fuso *nm* (*para fiar*) spindle ❖ *fuso horário* time zone

fustigação *nf* **1** (*açoite*) whipping **2** (*punição*) flogging

fustigar *vt* **1** (*açoitar*) to whip, to flog **2** *fig* (*censurar*) to criticize severely

futebol *nm* football GB; soccer; *futebol de salão* indoor football

futebolista *n2g* DESP football player, footballer

fútil *adj2g* **1** (*inútil*) futile; *pessoa fútil* a futile person **2** (*frívolo*) frivolous **3** (*insignificante*) trivial

futilidade *nf* **1** (*inutilidade*) futility **2** (*insignificância*) triviality, trifle

futsal *nm* futsal; indoor soccer

futurismo *nm* (*arte*) futurism

futurista *adj2g* futuristic

futuro *nm* **1** future; *assegurar o futuro da família* to provide for the future of one's family **2** LING future tense ◆ *adj* future, coming ❖ *de futuro* for the future; in future; *num futuro distante* in the distant future; *num futuro próximo* in the near future

fuzil *nm* rifle, flintlock

fuzilamento *nm* shooting

fuzilar *vt* to shoot

fuzileiro *nm* fusilier ❖ *fuzileiro naval* marine

G

g *nm* (letra) g

Gabão *nm* Gabon

gabar *vt* to praise [-, for]; *gabaram-lhe a coragem* they praised him for his courage ♦ *vp* to boast [*de*, about/of]; to brag [*de*, about]

gabardina *nf* 1 raincoat 2 (impermeável) waterproof coat

gabarito *nm* 1 (modelo) model 2 *fig* (classe, categoria) calibre; *de gabarito* of high caliber 3 (instrumento de medição) gauge

gabarola *n2g* boaster

gabarolice *nf* boasting, boastful talk

gabinete *nm* 1 (departamento) office; *gabinete de imprensa* press office 2 POL cabinet 3 (escritório) office 4 *col* small study, den

gabonês *adj,nm* Gabonese

gadanha *nf* (ferramenta) scythe

gado *nm* livestock; (bovino) cattle; *gado ovino* sheep; *gado suíno* pigs

gadolínio *nm* (elemento químico) gadolinium

gaélico *adj* Gaelic ♦ *nm* (língua) Gaelic

gafanhoto *nm* grasshopper

gafe *nf* gaffe; blunder

gagá *adj2g* *col,pej* gaga; *estar gagá* to be gaga

gago *nm* stammerer, stutterer ♦ *adj* stuttering

gaguejar *vi* to stammer, to stutter ♦ *vt* (resposta) to stammer

gaguez *nf* stammering, stutter

gaiato *nm* urchin, lad ♦ *adj* playful

gaio *nm* ZOOL jay

gaiola *nf* 1 (pássaro) cage; *gaiola de pássaros* birdcage 2 *fig* (prisão) prison

gaita *nf* pipe, reed ♦ *interj* damn!

gaita de foles *nf* MÚS bagpipes

gaiteiro *nm* 1 bagpiper 2 *fig* (pessoa) merrymaker

gaivota *nf* 1 seagull 2 (barco) pedalo

gajo *nm* *col* bloke; guy

gala *nf* gala, pomp, show; *dia de gala* gala day ❖ *fazer gala de* to make a show of; *traje de gala* formal dress

galã *nm* 1 *fig* (conquistador) ladies' man 2 (ator) romantic lead

galáctico *adj* galactic

galantaria *nf* gallantry; flattery

galante *adj2g* 1 (gentil) gallant 2 (cortês) elegant 3 (bem vestido) well dressed

galanteador *nm* 1 (gentil) gallant 2 (amante) lover

galantear *vt* to court, to woo

galanteio *nm* gallantry, courtship

galantina *nf* CUL galantine

galão *nm* 1 MIL stripe 2 (medida) gallon 3 (bebida) long white coffee

galardão *nm* 1 (prémio) prize, award 2 (recompensa) reward

galardoar *vt* 1 to award a prize to; *ser galardoado com* to be awarded 2 to reward; *galardoar um ato de bravura* to reward a deed of bravery

galáxia *nf* ASTRON galaxy

galé *nf* galley

galeão *nm* galleon

galeota *nf* NÁUT galliot

galera *nf* galley

galeria *nf* 1 (arte) gallery 2 TEAT gods 3 (mina) drift way, tunnel ❖ *galeria comercial* shopping arcade

galês *adj* Welsh ♦ *nm* 1 (homem) Welshman; (mulher) Welshwoman; *os Galeses* the Welsh 2 (língua) Welsh

galfarro *nm* 1 *ant,pej* bailiff 2 glutton

galgar *vt* 1 (saltar) to leap over; to jump 2 (atravessar) to cross

galgo *nm* greyhound

galhardete *nm* pennant

galhardia *nf* 1 (elegância) elegance, grace 2 (bravura, gentileza) gallantry

galhardo *adj* **1** *(elegante)* elegant **2** *(bravo, gentil)* gallant, gracious

galheta *nf* **1** cruet, burette **2** *col (bofetada)* slap

galheteiro *nm* cruet stand, cruet set

galho *nm* **1** *(animal)* horn **2** *(árvore)* branch

galhofa *nf* banter; fun; *fazer galhofa de* to make fun of

galhofar *vi* to banter, to be joking

galhofeiro *adj* playful ♦ *nm* joker, jester

galicismo *nm* Gallicism

gálico *adj* Gallic

galinha *nf* **1** *(animal)* hen **2** CUL chicken; *galinha assada* roasted chicken ❖ *quando as galinhas tiverem dentes* when pigs fly

galinha-da-índia *nf* ZOOL guinea fowl

galinheiro *nm (lugar)* coop, hen-house

galinhola *nf* ZOOL woodcock

gálio *nm* gallium

galo *nm* **1** *(ave)* cock, rooster **2** *col (inchaço)* bump

galocha *nf* galosh, golosh ♦ *nfpl* rubbers; wellingtons

galopada *nf* gallop

galopante *adj2g* galloping

galopar *vi* to gallop

galope *nm* gallop; *a galope* at full gallop

galvânico *adj* FÍS galvanic; *corrente galvânica* galvanic current

galvanização *nf* galvanization

galvanizar *vt* **1** *(metalurgia)* to galvanize **2** *fig (estimular)* to stimulate

gama *nf* **1** MÚS gamut, scale **2** *fig (série)* range; *uma vasta gama de* a wide range of ♦ *nm (letra)* gamma

gamão *nm (jogo)* backgammon

gamar *vt pop* to pinch, to nick, to snitch

gamba *nf* prawn

Gâmbia *nf* Gambia

gambiano *adj,nm* Gambian

gambito *nm* gambit

gamela *nf* trough, bin

gâmeta *nm* BIOL gamete

gamo *nm* ZOOL deer; *gamo vulgar* fallow deer

gana *nf* **1** *(desejo)* desire, wish **2** *(ódio)* hate ❖ *ter ganas de* to have a good mind to

Gana *nm* Ghana

ganadaria *nf* livestock farming

ganância *nf* **1** *(avidez)* greed **2** *(usura)* usury

ganancioso *adj* covetous; greedy

gancho *nm* **1** hook **2** *(cabelo)* hairpin **3** *(murro)* jab **4** *(calças)* crotch

gandaia *nf* **1** *(vadiagem)* idleness **2** *(farra)* living it up ❖ *andar na gandaia* to gad about

ganês *adj,nm* Ghanaian

ganga *nf* **1** *(minerais)* gangue **2** *(tecido)* nankeen ❖ *calças de ganga* blue jeans

gânglio *nm* ganglion

gangrena *nf* MED gangrene

gangrenar *vt,i* to gangrene

gângster *nm* gangster

ganhador *nm* winner ♦ *adj* winning

ganha-pão *nm* **1** *col* breadwinner **2** *(subsistência)* livelihood

ganhar *vt* **1** *(geral)* to win; *ganhar a lotaria* to win the lottery **2** *(experiência, força, tempo)* to gain [em, by; com, from]; *ganhar a confiança* to gain the confidence; *ganhar fama* to gain a reputation; *que ganho eu em te dizer?* what do I gain by telling you? **3** *(obter)* to obtain **4** *(adquirir)* to get **5** *(dinheiro, respeito)* to earn ♦ *vi* **1** *(vencer)* to win **2** *(derrotar)* to beat [a, -]; *Portugal ganhou à Alemanha* Portugal beat Germany ❖ *ganhar sem dificuldade* to win hands down; *ganhei o dia* it made my day; *ficar a ganhar com alguma coisa* to do well out of something

ganho *nm (lucro)* gain, profit ♦ *nmpl* **1** *(capital)* earnings **2** *(jogo)* winnings ❖ *ganhos e perdas* profit and loss

ganido *nm* **1** *(cão)* bark, yelp **2** *(pessoa)* squeal

ganir *vi* **1** *(cão)* to yelp **2** *(pessoa)* to squeal

ganso *nm* goose, gander

ganza *nf col* dope; *fumar uma ganza* to smoke dope

ganzar-se *vp col* to get high; to smoke dope

garagem *nf* garage

garagista *n2g* 1 (*dono*) garage owner 2 (*empregado*) garage mechanic, garageman

garanhão *nm* 1 (*cavalo*) stallion, sire 2 *fig* (*homem*) stud

garante *nm* guarantor; guarantee

garantia *nf* 1 (*segurança*) guarantee 2 warranty; guarantee; *estar na garantia* to be under guarantee

garantir *vt* 1 (*afiançar, responsabilizar-se*) to guarantee 2 (*certificar*) to warrant 3 (*assegurar*) to assure; *garanto-te que virão* they'll come, I assure you

garatuja *nf* scrawl, scribble

garatujar *vi* to scrawl, to scribble

garboso *adj* dashing

garça *nf* heron

gardénia *nf* gardenia

gare *nf* (*caminhos de ferro*) platform

garfo *nm* fork ❖ *ser um bom garfo* to be a hearty eater

gargalhada *nf* burst of laughter, peal of laughter, guffaw; *desatar às gargalhadas* to break into laughter

gargalo *nm* (*garrafa*) neck

garganta *nf* 1 throat 2 (*desfiladeiro*) gorge 3 (*bazófia*) bluff; *é só garganta!* he's bluffing!

gargantilha *nf* (*joia*) choker

gargarejar *vi* to gargle

gargarejo *nm* 1 (*líquido*) gargle 2 (*ação*) gargling

gárgula *nf* gargoyle

garino *nm col* kid

garotada *nf* 1 (*criançada*) kids 2 (*partida*) prank

garoto *nm* 1 kid; boy 2 (*bebida*) short caffè latte

garra *nf* 1 (*animal*) claw 2 (*ave de rapina*) talon 3 *fig* (*determinação*) guts ♦ *nfpl fig* clutches

garrafa *nf* bottle; *de/em garrafa* bottled

garrafal *adj2g* round, huge; *letras garrafais* round letters

garrafão *nm* flagon, demijohn

garrafa-termo *nf* thermos flask

garrafeira *nf* 1 wine cellar 2 (*loja*) off-licence

garraiada *nf* steer fight

garraio *nm* steer, bullock

garrano *nm col* (*cavalo*) nag

garrido *adj* 1 (*vistoso*) showy 2 (*colorido*) colourful 3 (*alegre*) lively

garrotar *vt* 1 MED to apply a tourniquet to 2 (*atar*) to bind, to pinion 3 *ant* (*tortura*) to garrotte

garrote *nm* 1 MED tourniquet 2 *ant* (*tortura*) garrotte

garrotilho *nm* MED croup

garupa *nf* 1 (*cavalo*) croup, hind quarters 2 (*moto*) back seat ❖ *ir na garupa do cavalo* to ride pillion

gás *nm* gas; *fuga de gás* gas leak ♦ *nmpl* MED wind; *ter gases* to be troubled with wind ❖ *gás lacrimógeneo* tear gas; *a meio gás* slowly; *a todo o gás* at full speed

gasear *vt* to gas

gaseificado *adj* (*bebidas*) carbonated; sparkling

gaseificar *vt* 1 QUÍM to gasify 2 (*bebidas*) to carbonate

gasoduto *nm* gas pipeline

gasóleo *nm* diesel

gasolina *nf* petrol; gasoline ❖ *bomba de gasolina* filling station

gasolineira *nf* petrol station*GB*, gas station*EUA*

gasómetro *nm* gasometer

gasosa *nf* fizzy drink, soda pop

gasoso *adj* 1 QUÍM gaseous 2 (*água*) sparkling 3 (*bebida*) fizzy ❖ *água gasosa* tonic water

gáspea *nf* vamp

gastador *nm* spendthrift; spender

gastar *vt* 1 (*dinheiro, tempo*) to spend [*em*, *on*]; *gasto muito em revistas* I spend a lot on magazines 2 (*esgotar*) to use up;

gastaste-me o perfume todo you've used up all my perfume **3** (*desperdiçar*) to waste; **gastar tempo e dinheiro** to waste time and money **4** (*vestuário, calçado*) to wear out **5** (*gasolina, eletricidade*) to use **6** (*saúde*) to damage ♦ *vp* **1** (*desgastar*) to wear off, to wear away **2** (*diminuir*) to wear out, to wear down ❖ *col* **gastar dinheiro à larga** to spend money like water

gasto *adj* **1** (*roupa, sapatos*) worn out **2** (*tempo, dinheiro*) spent **3** (*água, eletricidade*) used up **4** (*desperdiçado*) wasted ♦ *nm* **1** (*água, eletricidade*) consumption **2** (*despesa*) expense

gástrico *adj* MED gastric ❖ **úlcera gástrica** gastric ulcer

gastrite *nf* MED gastritis

gastroenterite *nf* MED gastroenteritis

gastronomia *nf* gastronomy

gastronómico *adj* gastronomic

gastrónomo *nm* gastronome, gourmet

Gata-Borralheira *nf* Cinderella

gatafunho *nm* **1** (*escrita*) scrawl, scribble **2** (*desenho*) doodle

gatilho *nm* trigger; **apertar o gatilho** to pull the trigger

gatinhar *vi* to crawl

gato *nm* **1** cat; (*macho*) tom-cat **2** (*grampo*) cramp

gato-bravo *nm* **1** ZOOL wildcat **2** ZOOL lynx

gato-pingado *nm* **1** *pop* (*sem importância*) pallbearer **2** *fig* (*sem utilidade*) nonentity

gatuno *nm* thief

gáudio *nm* pleasure, joy ❖ **para gáudio de** to the great entertainment of

gaulês *adj* Gaulish ♦ *nm* Gaul, Gaulish

gávea *nf* NÁUT topsail

gaveta *nf* drawer

gavetão *nm* large drawer

gavião *nm* (*ave*) sparrowhawk

gavinha *nf* BOT tendril

gaze *nf* gauze

gazela *nf* gazelle

gazeta *nf* newspaper ❖ *col* **fazer gazeta** to play truant

gazua *nf* picklock

geada *nf* frost, hoar-frost, ice

gêiser *nm* GEOL geyser

gel *nm* gel ❖ **gel de banho** bath gel; **gel para o cabelo** hair gel

geladeira *nf* **1** (*industrial*) icebox **2** (*congelador*) freezer, deep freeze; **geladeira para sorvetes** ice-cream freezer **3** Bras (*frigorífico*) fridge, refrigerator

gelado *nm* ice cream ♦ *adj* (*congelado, muito frio*) frozen

gelar *vt,i* **1** (*congelar*) to freeze **2** (*arrefecer muito*) to chill ❖ **o sangue gelou-lhe nas veias** his blood ran cold

gelataria *nf* ice-cream parlour

gelatina *nf* **1** (*ingrediente*) gelatine **2** (*doce*) jelly

gelatinoso *adj* gelatinous

geleia *nf* **1** (*fruta*) jelly; jam **2** (*carne*) jelly

gélido *adj* **1** (*gelo*) icy; gelid **2** (*geada*) frosty **3** *fig* (*comportamento*) cold; gelid; icy

gelo *nm* ice; **cubo de gelo** ice cube ❖ **quebrar o gelo** to break the ice

gelosia *nf* jalousie; window shutter

gema *nf* **1** (*ovo*) yolk **2** (*pedra preciosa*) gem

gemada *nf* (*com brandy*) egg-flip

gémeo *adj,nm* twin, **gémeos verdadeiros** identical twins

Gémeos *nmpl* (*constelação, signo*) Gemini

gemer *vi* **1** (*som baixo*) to moan; to groan [**de**, with]; **gemer de dor** to groan with pain **2** (*som agudo*) to wail; to howl [**de**, with]

gemido *nm* **1** (*baixo*) groan; moan; **soltar um gemido** to groan **2** (*agudo*) wailing; howl; cry

geminação *nf* gemination

geminado *adj* **1** (*gémeos*) geminate, geminated **2** (*edifícios*) semi-detached; **casas geminadas** semi-detached houses **3** (*interligações*) linked; **cidades geminadas** linked towns

geminar vt to geminate; to double

gene nm BIOL gene

genealogia nf 1 (gerações) genealogy 2 (linhagem) genealogy; lineage; pedigree 3 fig (proveniência) origin

genealógico adj genealogical, genealogic ✦ *árvore genealógica* family tree

genealogista n2g genealogist

genebra nf (bebida) gin

general nm MIL general; *general de divisão* major general

generalidade nf generality; *na generalidade* in general

generalista adj2g general-purpose

generalização nf 1 (atribuição) generalization; *generalização abusiva* abusive generalization 2 (vulgarização) massification; *generalização do uso do telemóvel* massive use of mobile phones

generalizado adj 1 (vulgarização) generalized; widespread; *ideia generalizada* generalized idea 2 (massas) massive; large-scale; *uso generalizado de antidepressivos* massive use of antidepressants

generalizar vt 1 (tornar geral) to generalize 2 (difundir) to spread 3 (banalizar) to trivialize ✦ vi to generalize ✦ vp to become widespread

generativo adj generative

genericamente adv generically; in general; as a rule

genérico adj generic ✦ nm 1 FARM generic drug 2 CIN,TV credits

género nm 1 (tipo) kind; sort; type 2 LING gender 3 BIOL genus 4 (arte) genre ✦ nmpl (artigos) goods

generosidade nf 1 (comportamento) generosity 2 (bondade) kindness 3 (altruísmo) selflessness; unselfishness

generoso adj generous

génese nf genesis; origin

genética nf genetics

geneticista n2g geneticist

genético adj genetic ✦ *código genético* genetic code

gengibre nm ginger

gengiva nf gum

gengivite nf MED gingivitis

genial adj2g 1 brilliant 2 (fantástico) splendid; great; *ideia genial* great idea

genica nf col energy

génio nm 1 (talento) genius 2 (temperamento) nature; temper 3 (espírito) genie

genital adj2g genital; *órgãos genitais* genitals, genitalia

genitivo adj,nm LING genitive

genocídio nm genocide

genoma nm BIOL (genética) genome

genro nm son-in-law

gentalha nf pej mob; riff-raff; rabble

gente nf 1 (pessoas) people 2 (multidão) crowd 3 (alguém) someone, somebody; anyone, anybody; *há gente em casa?* is there anyone at home? 4 col (nós) we; you

gentil adj2g 1 (suave) gentle; mild 2 (amável) kind; affable; *é muito gentil da sua parte* that is very kind of you

gentileza nf 1 (suavidade) gentleness; mildness 2 (delicadeza) kindness 3 (educação) politeness; urbanity ✦ *é muita gentileza da sua parte* that is very kind of you; form *por gentileza...* I beg your pardon...

gentil-homem nm 1 (fidalgo) gentleman 2 (nobreza) nobleman

gentílico adj (não judeu) gentile

gentio adj,nm (não judeu) gentile

genuflectir vi to genuflect; to kneel down

genuflexão nf genuflexion

genuíno adj 1 (real) genuine; authentic 2 (verdadeiro) genuine; sincere; *sentimentos genuínos* sincere feelings

geocêntrico adj geocentric; *teoria geocêntrica* geocentric theory

geocentrismo nm geocentric theory

geodésico adj MAT geodesic

geofísica nf geophysics

geofísico adj geophysical ✦ nm geophysicist ✦ *engenharia geofísica* geophysical engineering

gesticular

gcografia nf geography
geográfico adj geographical
geógrafo nm geographer
geologia nf geology
geológico adj geological
geólogo nm geologist
geómetra n2g geometrician
geometria nf geometry ❖ **geometria analítica** analytic geometry; **geometria descritiva** descriptive geometry
geométrico adj geometric; geometrical
geopolítica nf geopolitics
geopolítico adj geopolitical
Geórgia nf Georgia
georgiano adj,nm Georgian
geotermia nf geothermal science
geotérmico adj geothermal; **energia geotérmica** geothermal energy
geração nf 1 generation; **a última geração** the last generation 2 (formação) formation; creation ❖ **de última geração** high-end
gerador adj generative ♦ nm 1 (eletricidade) generator 2 (criador) breeder 3 (pai) progenitor
geral adj2g 1 (abrangência) general; **cultura geral** general knowledge 2 (acesso) common; public; **é de domínio geral que...** it is common knowledge that... ♦ nf TEAT gallery ❖ **de um modo geral** on the whole; **em geral** in general
geralmente adv in general; usually; **geralmente vêm juntos** they usually come together
gerânio nm geranium
gerar vt 1 (criação) to beget; to create; to generate; **gerar novos seres** to beget new beings 2 (produzir) to produce; to generate; **gerar novas fontes de rendimento** to produce new sources of income 3 (eletricidade) to generate 4 (sentimentos) to generate; to give rise to; **gerar controvérsia** to give rise to controversy ♦ vp (surgir) to come about; to happen; **gerou-se grande confusão** a great hubbub came about

geratriz nf GEOM generatrix
gerência nf 1 (corpo diretivo) management; board of directors 2 (processo) management
gerente n2g manager ♦ adj2g managing ❖ **gerente de banco** bank manager; **sócio gerente** managing partner
geriatra n2g geriatrician
geriatria nf MED geriatrics
geriátrico adj MED geriatric
geringonça nf col (objeto) contraption; gadget; **para que serve esta geringonça?** what's this gadget for?
gerir vt to administer; to run; to manage; **gerir os recursos** to administer one's resources
germânico adj Germanic; **cultura germânica** Germanic culture; **estudos germânicos** German studies
germânio nm germanium
germe nm germ; **em germe** in germ
gérmen nm 1 BIOL germ 2 BIOL (embrião) germ; embryo 3 fig (ideias) origin; germ; source
germicida nm germicide ♦ adj germicidal; **substâncias germicidas** germicidal substances
germinação nf (plantas, ideias) germination
germinar vi 1 BOT to germinate; to sprout 2 fig (ideias, sentimentos) to germinate; to originate
gerúndio nm LING gerund
gesso nm 1 (arte) plaster; gesso 2 MED (material) plaster of Paris; gypsum 3 MED plaster cast
gesta nf LIT gest
gestação nf 1 (gravidez) gestation; pregnancy 2 fig (desenvolvimento) gestation; formation; development
gestão nf 1 (departamento) management 2 (direção) administration
gesticulação nf gesticulation; gesturing
gesticular vi to gesticulate; to gesture

gesto nm gesture

gestor nm 1 (departamento) manager 2 (direção) director ❖ **gestor de conta** account executive

gestual adj2g using gestures ❖ **linguagem gestual** sign language

giesta nf broom

giga nf flat wicker basket

gigabyte nm INFORM gigabyte

gigante adj2g gigantic; huge ♦ nm giant

gigantesco adj gigantic; huge

gigawatt nm gigawatt

gila nf BOT,CUL squash, gourd

gilete nf razor

gim nm gin; **gim tónico** gin and tonic

gimnodesportivo adj sporting ❖ **pavilhão gimnodesportivo** sports centre; sports complex

gin nm (bebida) gin

ginásio nm gymnasium; gym col

ginasta n2g gymnast

ginástica nf DESP gymnastics; **aula de ginástica** gym lesson ❖ **ginástica de manutenção** keep-fit

gincana nf gymkhana

gineceu nm BOT gynoecium

ginecologia nf gynaecology

ginecológico adj gynaecological

ginecologista n2g gynaecologist

gineta nf ZOOL genet

gingão nm 1 (vaidoso) strutter; waddler 2 (trapalhão) swaggerer 3 fig,pej (desordeiro) bully

gingar vt (tornear as ancas) to swing; to waddle; **gingar as ancas** to swing the hips

ginger ale nm (bebida) ginger ale

ginja nf morello cherry

ginjeira nf morello tree ❖ **conhecer alguém de ginjeira** to know someone inside out

ginjinha nf cherry brandy

gira-discos nm record player

girafa nf giraffe

girar vi 1 to turn round; **girar o volante** to turn the wheel round 2 (volta completa) to revolve; **a Terra gira em volta do sol** the Earth revolves around the sun 3 (rodar) to gyrate; to rotate; to whirl round 4 (em velocidade) to spin; to swivel 5 (conversa, debate) to revolve [em torno de, around]; to centre [em torno de, on]

girassol nm sunflower

giratório adj gyratory ❖ **cadeira giratória** swivel chair, revolving chair; **porta giratória** revolving door

gíria nf (linguagem técnica) jargon; argot; **a gíria dos médicos** medical jargon

girino nm tadpole

giro adj col (pessoas, objetos) cute; **é tão giro!** it's so cute! ♦ nm 1 (volta) rotation 2 (ronda) circuit; beat; **fazer o giro** to be on one's beat 3 col (passeio) stroll

giz nm chalk; **pau de giz** piece of chalk

gizar vt 1 to chalk out 2 (esboçar) to delineate; to outline; to draw

glacial adj2g 1 glacial 2 (gelado) frozen 3 fig (comportamento) glacial; icy; cold

glaciar nm GEOL glacier

glaciário adj GEOL glacial

gladiador nm HIST gladiator

gladíolo nm gladiolus

glamoroso adj glamorous

glamour nm glamour

glande nf 1 ANAT glans 2 BOT acorn

glândula nf gland

glandular adj2g glandular

glaucoma nm MED glaucoma

glicerina nf glycerin

glicínia nf wistaria

glicose nf BIOL,QUÍM glucose

global adj2g 1 (mundial) global 2 (genérico) general ❖ **quantia global** lump sum; **no global** on the whole

globalidade nf generality; **a globalidade das pessoas** people in general

globalização nf POL,ECON globalization

globalmente adv in general; on the whole

globo *nm* **1** (mundo) globe, world **2** (objeto) globe **3** (esfera) sphere

glóbulo *nm* (sangue) corpuscle; blood cell ❖ **glóbulos brancos** white corpuscles; **glóbulos vermelhos** red corpuscles

glória *nf* glory; triumph

glorificação *nf* glorification [de, of]; praise [de, of]

glorificar *vt* **1** (elogiar) to glorify; to praise **2** REL to glorify; to worship

glorioso *adj* **1** (ilustre) glorious; famous **2** (estupendo) glorious; wonderful **3** (celestial) glorious; heavenly

glosa *nf* **1** LIT (versos) gloss **2** (explicação) gloss; comment

glosar *vt* **1** LIT to gloss **2** (explicar) to gloss; to elucidate

glossário *nm* glossary

glote *nf* glottis

glucose *nf* BIOL.QUÍM glucose

glutão *nm* glutton ♦ *adj* gluttonous, voracious

glúten *nm* gluten

gnomo *nm* gnome

gnose *nf* gnosis

gnosticismo *nm* Gnosticism

gnóstico *adj,nm* gnostic

gnu *nm* gnu

godé *nm* ART pot ❖ **saia de godé** flared skirt

godo *nm* (pedra) pebble

goela *nf* col pipes; throat; guzzle ❖ col **molhar a goela** to wet one's whistle

gofre *nm* waffle

goiaba *nf* guava

goiabada *nf* guava jam

goiabeira *nf* BOT guava, guava tree

goiveiro *nm* BOT wallflower

goivo *nm* wallflower

gola *nf* (roupa) collar; **gola alta** polo neck

golada *nf* gulp; swig; **beber de uma golada** to drink in one gulp

gole *nm* **1** (pequena quantidade) sip; **bebe um gole** have a sip **2** (golada de líquido) gulp; swig; **de um só gole** in one gulp

goleada *nf* DESP high score

goleador *nm* DESP scorer

golfada *nf* **1** (líquido) gush; jet; spout; spurt **2** (vento) gust; blast ❖ **golfada de sangue** jet of blood

golfar *vi* **1** (líquidos) to spout out; to gush out; to jet **2** (vento) to gust; to blast; to flurry

golfe *nm* DESP golf ❖ **campo de golfe** golf course; **jogador de golfe** golfer

golfinho *nm* dolphin

golfo *nm* gulf

golo *nm* goal; **defender um golo certo** to save the goal; **marcar um golo** to score

golpe *nm* **1** (corte) cut **2** (pancada, abalo) blow **3** (lance) stroke; **golpe de sorte** stroke of luck **4** POL coup; **golpe militar** military coup

golpear *vt* **1** (cortar) to cut; to slash **2** fig (ferir) to hurt; to wound

goma *nf* **1** (guloseima) gum, gumdrop **2** (cola) glue **3** (para linho) starch

gomar *vi* (plantas) to bud; to sprout ♦ *vt* (roupa) to starch

gomo *nm* **1** (planta) bud; **uma árvore em gomos** a tree in bud **2** (fruto) segment; **gomo de laranja** orange segment

gôndola *nf* gondola

gondoleiro *nm* gondolier

gongo *nm* gong

goniómetro *nm* goniometer

gonorreia *nf* MED gonorrhoea

gonzo *nm* hinge; **estar fora dos gonzos** to be off the hinges

gorar *vt* to frustrate; to block; to thwart; **gorar os intentos de alguém** to frustrate someone's intents ♦ *vp* to fail; to fall through; to go wrong; **o plano gorou-se** the plan fell through

goraz *nm* sea bream

gordo *adj* **1** (excesso de peso) fat; overweight **2** (alimento) fatty ❖ col **nunca o vi mais gordo** I don't know him from Adam

gorducho *adj* plump; chubby

gordura *nf* 1 (alimentos) fat 2 (óleo) grease; **nódoa de gordura** grease spot 3 (pessoa) fatness

gorduroso *adj* 1 (óleo) greasy; oily 2 (gordo) fat

gorgulho *nm* weevil

gorila *nm* gorilla

gorjeta *nf* tip; **dar uma gorjeta** to give a tip, to tip

gorra *nf* 1 (gorro) cap 2 (boina) cap; beret

gorro *nm* round cap; cap

gostar *vi* 1 to like [de, -]; **gostar de chocolate** to like chocolate; **gostar muito de alguma coisa** to hold something dear; **gostava mais de ir ao cinema do que ficar em casa** I would rather go to the cinema than stay at home; **gostavas de vir?** would you like to come?; **não gostar de alguma coisa** to have a dislike for something 2 (simpatizar) to be fond [de, of]; to be keen [de, on]; **gostar de desporto** to be fond of sports 3 (amor) to love [de, -]; **gostar de alguém** to love someone 4 (apreciar) to enjoy [de, -]; to like [de, -]; **gostaste da viagem?** did you enjoy your trip?

gosto *nm* taste; **bom gosto** good taste ❖ **a teu gosto** as you please; **gostos não se discutem** there is no accounting for tastes

gostoso *adj* 1 (saboroso) tasty 2 (agradável) pleasant; agreeable

gota *nf* 1 (líquido, medicamento) drop 2 MED gout

goteira *nf* 1 (caleira) gutter; trough 2 (fenda) leak

gotejamento *nm* dripping

gotejar *vi* to drip

gótico *adj,nm* (arte) Gothic; **estilo gótico** Gothic style

gotícula *nf* droplet

goto *nm pop* windpipe ❖ **cair no goto** to take one's fancy

governação *nf* 1 (comandar) governing; ruling; **a governação de um país** the ruling of a country 2 (gerir) management; direction

governador *nm* POL governor

governador-geral *nm* Governor-General

governamental *adj2g* governmental ❖ **decisão governamental** government decision

governanta *nf* (criada) governess

governante *adj2g* governing ♦ *n2g* leader; ruler

governar *vt* 1 (gerir um governo) to govern 2 (dirigir) to rule 3 NÁUT to steer ♦ vi 1 to govern 2 NÁUT to steer; to take the helm ♦ *vp col* (arranjar-se) to manage; **ele governa-se como pode** he does his best to manage his own affairs

governo *nm* 1 government; **membros do governo** the Cabinet 2 (gestão) administration; management

governo-sombra *nm* POL shadow cabinet

gozar *vt* 1 (disfrutar) to enjoy; **gozar a vista** to enjoy the view 2 (troçar) to make fun of; **gozar alguém** to make fun of someone 3 (sentidos) to delight in; to take pleasure in 4 (usufruir) to have; to enjoy; **gozar férias** to be on holiday ♦ vi 1 to make fun [com, of]; to laugh [com, at]; **gozar com a cara de alguém** to laugh at someone's face 2 to possess [de, -]; to enjoy [de, -]; **gozar de boa saúde** to enjoy good health

gozo *nm* 1 (prazer) pleasure; satisfaction; joy 2 (troça) fun; *col* **ele está no gozo** he is just kidding 3 (posse) possession; enjoyment

GPS *nm* [sigla de Global Positioning System]

graal *nm* grail ❖ **o Santo Graal** the Holy Grail

Grã-Bretanha *nf* Great Britain; Britain

graça *nf* 1 (piada) crack; joke 2 (graciosidade) grace; elegance ❖ **graças a** thanks to; **de graça** for free

gracejar *vi* 1 (piadas) to jest; to joke; to make jokes 2 (pequenas provocações) to banter [sobre, about]; **gracejar sobre o**

acontecido to banter about what happened

gracejo nm 1 (*dito espirituoso*) jest; witticism 2 (*piada*) joke; crack

gracioso adj 1 (*elegante*) gracious; graceful; elegant 2 (*delgado*) slender; slim

graçola nf pej stupid joke; wisecrack; jive

gradação nf gradation; *gradações de cor* colour gradations

gradativo adj (*gradual*) gradual

grade nf 1 (janela, porta) grille 2 (*vedação*) bar 3 (para garrafas) crate ❖ *atrás das grades* behind bars

gradeado nm ⇒ gradeamento

gradeamento nm railing

gradear vt 1 (janelas, portas) to put bars up at 2 (vedação) to toil

grado nm 1 (gosto) liking; *não é do meu grado* I don't like it 2 (vontade) will; *de bom grado* gladly, willingly; *de mau grado* unwillingly 3 GEOM grade

graduação nf 1 (*medida em graus*) graduation 2 MIL grade; rank

graduado adj graduated; graduate ♦ nm graduate ❖ *frasco graduado* graduated flask; *óculos graduados* prescription glasses

gradual adj2g gradual; progressive

gradualmente adv bit by bit; little by little

graduar vt 1 (*regular*) to graduate 2 fig (*classificar*) to classify; to categorize ♦ vp (*universidade*) to graduate [em, in]; to take a degree [em, in]; *graduar-se em Física* to graduate in Physics

grã-duquesa nf grand duchess

grafar vt 1 (*escrever*) to write down 2 (*ortografar*) to spell

graffiti nm graffiti; *uma parede cheia de graffiti* a wall filled with graffiti

grafia nf 1 (*ortografia*) spelling 2 (*caligrafia*) handwriting

gráfica nf (*empresa*) printing firm

gráfico adj graphic; *design gráfico* graphic design ♦ nm graph; chart

grafismo nm graphics

grafite nf graphite

grafologia nf graphology

grafólogo nm graphologist

grafonola nf gramophone

grageia nf FARM coated pill

grainha nf pip

gralha nf 1 (ave) rook 2 (*escrita*) misprint; spelling mistake 3 col (*pessoa*) chatterbox

grama nm (*medida de peso*) gram, gramme EUA ♦ nf Bras (relva) grass

gramar vt 1 pop (*gostar*) to be keen on; *não gramar alguém* not to be wild about someone 2 pop (*aturar*) to put up with

gramática nf 1 (*ciência*) grammar 2 (*livro*) grammar book, grammar; *gramática de Inglês* English grammar

gramatical adj2g grammatical; *regras gramaticais* grammatical rules

gramático nm grammarian

gramínea nf grass

gramofone nm gramophone

grampo nm 1 (para colar madeiras) clamp 2 (para unir blocos) cramp

granada nf 1 MIL grenade; shell 2 (pedra) garnet 3 (cor) garnet red

granadeiro nm MIL grenadier

grande adj2g 1 big; great 2 (*espaçoso*) large; roomy 3 (*grandioso*) great; grand 4 (*alto*) tall 5 (*quantia*) large 6 (*notável*) great ❖ *à grande* in style

grandeza nf 1 (tamanho, dimensões) greatness 2 (importância, poder) magnitude 3 (*grandiosidade*) grandeur; magnificence

grandiloquência nf lit grandiloquence

grandiloquente adj2g lit grandiloquent; grand

grandiosidade nf 1 (importância) grandiosity; greatness 2 (dimensões) vastness

grandioso adj 1 (*imponente*) imposing; grand 2 (impressive) impressive 3 (*eminente*) eminent; great 3 (ideias, objetivos) lofty; exalted

granel nm 1 (*celeiro*) barn 2 TIP galley proof ❖ *a granel* in bulk; col *isso há a granel* there are heaps of it

granítico *adj* granitic; *pedra granítica* granitic stone

granito *nm* granite

granizo *nm* hail

granja *nf* (*propriedade*) grange

granjear *vt* 1 (*conseguir*) to get; to obtain; to acquire 2 *fig* to win; *granjear a amizade de alguém* to win somebody's friendship ✧ *granjear fama* to become famous

granulação *nf* granulation

granulado *adj* 1 (*grãos grandes*) granulated; *açúcar granulado* granulated sugar 2 (*em grão*) grainy; granular

granular *adj2g* granular ♦ *vt* to granulate

grânulo *nm* granule

grão *nm* 1 (*cereais, arroz*) grain 2 (*café*) bean 3 (*de poeira, pó*) speck ✧ *grão a grão enche a galinha o papo* many a mickle makes a muckle

grão-de-bico *nm* chickpea

grão-ducado *nm* grand duchy

grão-duque *nm* grand duke

grasnar *vi* 1 (*pato*) to quack 2 (*corvo, gralha*) to caw; to croak

grasnido *nm* 1 (*patos*) quack 2 (*gralhas, corvos*) caw; croak 3 (*pássaros assustados*) squawk

grassar *vi* to spread; to disseminate

gratidão *nf* gratitude [por, for]; thankfulness [por, for]

gratificação *nf* 1 (*extra*) bonus 2 (*gorjeta*) tip; gratuity 3 (*recompensa*) reward

gratificante *adj2g* gratifying; rewarding; *um trabalho gratificante* a gratifying job

gratificar *vt* 1 (*recompensar*) to reward 2 (*agradar*) to gratify; to please 3 (*dar gorjeta*) to tip

gratinado *adj* au gratin ♦ *nm* gratin

gratinar *vi* CUL to gratinate

grátis *adv* free

grato *adj* grateful; thankful

gratuitidade *nf* (*ato, custo*) gratuitousness

gratuito *adj* 1 (*preço*) free 2 (*injustificado*) gratuitous

grau *nm* 1 degree; *grau centígrado* degree Celsius; *grau comparativo* comparative degree 2 (*nível*) level; *grau de dificuldade* level of difficulty

graúdo *adj* 1 (*pessoas, animais, coisas*) big; great; large 2 (*pessoa*) grown-up

gravação *nf* 1 (*som, imagem*) recording; *gravação de vídeo* VCR recording 2 (*metal, madeira, pedra*) engraving

gravador *nm* 1 (*pessoa*) engraver 2 (*som, imagem*) recorder ✧ *gravador de cassetes* tape recorder; *gravador de vídeo* VCR

gravar *vt* 1 (*fita magnética*) to tape 2 (*som, imagem*) to record; *gravar um disco* to record 3 INFORM to save [em, in]; *gravar na disquete* to save in the floppy disc 4 (*pedra*) to engrave 5 (*madeira*) to carve; to cut 6 (*memória*) to stamp; to sink; *ficar gravado na memória* to be stamped on one's memory

gravata *nf* tie, necktie

grave *adj2g* 1 serious; *acidente grave* serious accident; *uma questão grave* a serious issue 2 (*som*) low 3 (*voz*) deep 4 (*acento*) grave; (*palavra*) paroxytone

gravemente *adv* seriously; badly

graveto *nm* 1 (*ramo*) twig 2 *fig,pop* (*dinheiro*) dough; beans; money

grávida *nf* pregnant woman

gravidade *nf* gravity

gravidez *nf* pregnancy ✧ *gravidez indesejada* unwanted pregnancy; *teste de gravidez* pregnancy test

grávido *adj* pregnant [de, with; de, by]; *estar grávida de gémeos* to be pregnant with twins

gravilha *nf* gravel

gravitação *nf* FÍS gravitation

gravitar *vi* 1 to gravitate [em direção a, towards] 2 to be drawn [em direção a, towards]

gravoso *adj* 1 (*muito sério*) grievous; serious 2 (*gravidade*) aggravating; *circunstâncias gravosas* aggravating circumstances

grosso

gravura nf 1 (pedra, madeira, metal) engraving 2 (livro) picture; illustration ❖ **gravura rupestre** rock engraving

graxa nf 1 (sapatos) shoe polish 2 fig,col butter; flattery ❖ **dar graxa a alguém** to butter someone up

graxista n2g col toady; crawler

Grécia nf Greece ❖ **Grécia Antiga** Ancient Greece

greda nf 1 MIN (argila) clay 2 MIN (talco) soapstone

gregário adj gregarious; **animais gregários** gregarious animals

grego adj,nm Greek; **filósofos gregos** Greek philosophers ❖ **agradar a gregos e a troianos** to please everybody; **ver-se grego para fazer alguma coisa** to find it hard to do something

gregoriano adj Gregorian; **canto gregoriano** Gregorian chant, plainsong

grelar vi to sprout

grelha nf 1 (para cozinhar) barbecue; grill 2 (grade) grille 3 (tabela) chart 4 TV programmes GB, programs EUA

grelhado adj grilled GB, broiled EUA ♦ nm grill

grelhador nm grill

grelhar vt to grill

grelo nm 1 (rebento) sprout 2 (nabos) turnip shoot 3 (couve) cabbage shoot

grémio nm 1 (corporação) guild; union 2 (associação) club; society; association

grená nm,adj2g (cor) garnet

grés nm (obras) sandstone

greta nf 1 (fenda) crack 2 (pele, lábios) chap

gretar vi 1 (ferida) to slit 2 (racha) to crack

greve nf strike; **convocar uma greve** to call a strike; **fazer greve** to go on strike ❖ **greve de fome** hunger strike; **greve geral** general strike

grevista n2g striker

grifo nm 1 MIT griffin 2 ZOOL (abutre) griffon vulture

grilhão nm (cordão de ouro) gold chain ♦ nmpl (algemas) fetters

grilheta nf (correntes) fetter; shackle

grilo nm cricket

grinalda nf garland; wreath

gringo nm pej,col gringo

gripal adj2g influenzal

gripar vi 1 (doença) to catch flu 2 (motor) to seize up; to jam

gripe nf flu; influenza

grisalho adj 1 (cor) greyish; grey 2 (pessoa) grey-haired; **cabelo grisalho** grey hair

gritante adj2g (chocante) shocking; appalling

gritar vi 1 (susto, medo) to cry; to yell 2 (grito agudo) to scream; to shriek 3 (falar alto) to shout [por, for]; to cry [por, for]; (zanga) **gritar com alguém** to shout at someone; **gritar por socorro** to cry for help; **não me grites!** don't shout at me! 4 (choro, dor) to yell; to cry ♦ vt (chamar alto) to call out; to cry out; **gritar o nome de alguém** to call out someone's name

gritaria nf shouting; screaming

grito nm 1 (choro) cry; yell; (agudo) scream

grogue nm (bebida) grog ♦ adj2g col (bêbedo) drunk; tipsy; **ele está grogue!** he's drunk!

gronelandês adj,nm Greenlander

Gronelândia nf Greenland

grosa nf 1 (doze dúzias) gross 2 (lima) wood rasp

groselha nf 1 (fruto) gooseberry 2 (sumo) gooseberry juice

groselheira nf BOT gooseberry

grosseirão nm brute; boor

grosseiro adj 1 (indelicado) rude; (linguagem) crude 2 (material, objeto) coarse 3 (não exato) rough 4 (erro, injustiça) glaring

grosseria nf 1 coarseness 2 (desrespeito) rudeness; disrespect 3 (palavrão) rude word

grossista n2g wholesaler, wholesale dealer

grosso adj 1 (espessura) thick 2 (voz) deep 3 (rude) rude ♦ nm (maior parte) bulk ❖ **a/por grosso** wholesale

grossura nf 1 (*espessura*) thickness; *dois metros de grossura* two metres thick 2 (*tamanho*) size 3 (*dimensões*) bigness; largeness

grotesco adj pej (*aberrante*) grotesque; hideous ♦ nm grotesque

grou nm ZOOL crane

grua nf 1 (*guindaste*) crane 2 (barcos, poços de petróleo) derrick

grudar vt (*colar*) to glue; to stick ♦ vi 1 Bras col (*não largar alguém*) to cling [em, to]; to hang on [em, to]; *grudar em alguém* to hang on to someone 2 (*colar*) to glue; to stick

grude nm 1 (*cola*) glue 2 (*pasta*) paste

grumete nm 1 NÁUT (*marinheiro*) seaman 2 (*criado*) cabin boy

grumo nm 1 (*sólidos*) lump 2 (*líquido*) clot

grunhido nm grunt; *o grunhido de um porco* a pig's grunt

grunhir vi 1 (porco) to grunt 2 fig (*resmungar*) to grumble; to moan

grupo nm 1 group 2 (*banda*) band; *um grupo de rock* a rock band

gruta nf GEOL cave; cavern

guache nm ART gouache

guarda nf 1 guard 2 (de menores) custody 3 (*cuidado*) care ♦ n2g (*polícia*) officer

guarda-chuva nm umbrella; *fechar o guarda-chuva* to put your umbrella down

guarda-costas n2g bodyguard

guardador nm 1 (museu, animais) keeper 2 (*vigilante*) watchman 3 (hospital, hotel) warden

guarda-fatos nm wardrobe

guarda-fiscal n2g 1 (fronteira) customs officer 2 (*guarda-costeiro*) coastguard

guarda-florestal n2g forester; forest ranger

guarda-fogo nm fireguard

guarda-joias nm2n jewel case, jewel box

guarda-lamas nm2n mudguard GB; fender EUA

guarda-linha n2g line guard; line keeper

guarda-livros n2g2n book-keeper; accountant

guardanapo nm napkin; serviette

guarda-noturno nm night watchman

guardar vt 1 (*vigiar*) to guard [de, from; -, against]; to watch 2 (*proteger*) to protect; to shelter; to keep 3 (*manter*) to keep; *guardar um segredo* to keep a secret 4 (dinheiro) to put away; to save up 5 (*conservar*) to preserve; *tens de guardar o leite no frigorífico* you must preserve the milk in the fridge

guarda-redes n2g2n DESP goalkeeper; keeper

guarda-roupa nm (móvel, departamento) wardrobe

guarda-sol nm parasol; sunshade

guarda-vento nm windbreak

guarda-vestidos nm wardrobe

guardião nm guardian

guarida nf 1 (*covil*) den 2 (*proteção*) shelter [a, to]; *dar guarida a alguém* to give shelter to someone

guarita nf sentry box

guarnecer vt 1 (*adornar*) to garnish; to adorn 2 (*fornecer*) to furnish; to provide with 3 MIL to fortify; to garrison; to man

guarnecimento nm 1 (*adorno*) garnishing 2 (*fornecimento*) furnishing 3 MIL garrison

guarnição nf 1 (tropas) garrison 2 CUL garnish

Guatemala nf Guatemala

guatemalteco adj,nm Guatemalan

guelra nf gill ❖ *ter sangue na guelra* to be full of zest

guerra nf war; *declarar guerra a* to declare war on; *estar em guerra com* to be at war with

guerrear vt 1 (guerra) to make war 2 (*lutar*) to fight; to struggle

guerreiro nm warrior ♦ adj warlike

guerrilha nf guerilla warfare

guerrilheiro nm guerilla fighter

gueto *nm* ghetto

guia *n2g* **1** guide, leader **2** (turismo) tour leader ♦ *nm* guidebook

guiador *nm* steering wheel

guianês *adj,nm* **1** (Guiana Francesa) Guianese **2** (Guiana) Guyanese

guião *nm* CIN script

guiar *vt* **1** (veículos) to drive; *guiar um carro* to drive a car **2** (barco) to steer **3** (aconselhar) to guide [a, into]; to advise [a, to] ♦ *vi* **1** (indicar caminho) to lead the way **2** (carro) to drive; *guiar a toda a velocidade* to drive at full speed ♦ *vp* (orientar-se) to find one's way [por, by]; to guide oneself [por, by]; *guiar-se pelo mapa* to guide oneself by the map

guiché *nm* **1** (balcão fechado) window; ticket window **2** (balcão de atendimento) desk; counter, *guiché de informações* information desk

guilhotina *nf* **1** (executar pessoas) guillotine **2** (cortar papel) paper-cutter; guillotine

guilhotinar *vt* **1** (execução) to guillotine; to behead **2** (papel) to guillotine

guinada *nf* **1** (desvio) swerve; *dar uma guinada* to swerve **2** (de navio) yaw **3** (dor) stab

guinar *vi* **1** (automóvel) to swerve; to veer **2** (barco, avião) to yaw; to pitch

guinchar *vi* **1** (som agudo) to squeal **2** (grito ou riso agudo) to shriek; to screech

guincho *nm* **1** squeal, shriek; *o guincho dos travões* the squeal of brakes **2** (máquina) winch

guindar *vt* **1** (com guincho) to hoist; to winch **2** (com guindaste) to crane; to move with crane **3** *fig* to lift; to hoist; to raise ♦ *vp* to raise oneself; *fig guindar-se às alturas* to raise one's expectations

guindaste *nm* crane

Guiné-Bissau *nf* Guinea-Bissau

guineense *adj,n2g* Guinean

Guiné Equatorial *nf* Equatorial Guinea

guinéu *nm* (antiga moeda) guinea

guionista *n2g* CIN,TV scriptwriter

guisa *nf* way, manner ❖ *à guisa de* just as, like

guisado *adj* stewed ♦ *nm* stew

guisar *vt* to stew

guita *nf* **1** (fio) string **2** col (dinheiro) dough, cash; *ele está cheio de guita* he is loaded

guitarra *nf* MÚS guitar; *tocar guitarra* to play the guitar

guitarrista *n2g* guitar player, guitarist

guizo *nm* **1** (para bebés) rattle **2** (sininho) little bell

gula *nf* gluttony

gulodice *nf* **1** (rebuçado) candy **2** (sobremesa) sweet; afters **3** (gula) gluttony

guloseima *nf* **1** (rebuçado) candy **2** (doce) goody; treat **3** (algo apetitoso) delicacy; titbit

guloso *adj* **1** (voraz) greedy **2** (comilão) gluttonous; *ser guloso* to have a sweet tooth ♦ *nm* sweet tooth

gume *nm* edge; *gume de uma faca* edge of a knife ❖ *espada de dois gumes* two-edged sword

guru *nm* guru

gustação *nf* **1** (ato de provar) gustation **2** (sabor) tasting

gustativo *adj* gustatory; *células gustativas* gustatory cells

gutural *adj2g* guttural; harsh; *som gutural* guttural sound

H

h *nm* (letra) h

hábil *adj2g* **1** (*capaz*) skilful; handy **2** (*astuto*) clever; ingenious

habilidade *nf* **1** (*aptidão*) skill **2** (*perspicácia*) cleverness; smartness ♦ *nfpl* (*truques*) tricks ❖ **ter habilidade para** to be good at

habilidoso *adj* skilful; handy ♦ *nm* handyman; jack-of-all-trades

habilitação *nf* **1** (*capacidade*) ability; capacity **2** DIR entitlement ♦ *nfpl* (*qualificações*) qualifications; **habilitações literárias** academic qualifications; **que habilitações tem?** what are your qualifications?

habilitado *adj* **1** (*que possui habilitações*) qualified **2** (*apto*) able; fit; capable

habilitar *vt* **1** (*qualificar*) to qualify; to entitle **2** (*preparar*) to prepare [**para**, for]; to make ready [**para**, for] ♦ *vp* to apply [**a**, for]

habilmente *adv* **1** (*com habilidade*) skilfully **2** (*com perspicácia*) cleverly; cunningly

habitabilidade *nf* habitability; **condições de habitabilidade** habitability conditions

habitação *nf* **1** (*moradia*) residence; dwelling; house **2** (*ato de habitar*) habitation; occupation

habitacional *adj2g* dwelling; housing; **problema habitacional** the housing problem

habitáculo *nm* (*automóvel*) cabin; safety cell

habitante *n2g* **1** (*país, povoação*) inhabitant **2** (*local, casa*) dweller; resident

habitar *vt* to inhabit ♦ *vi* to live [**em**, in]; to dwell [**em**, in]

habitat *nm* habitat; **habitat natural** natural habitat

habitável *adj2g* habitable

hábito *nm* habit ❖ (*provérbio*) **o hábito não faz o monge** clothes don't make the man

habituação *nf* **1** (*hábito*) growing habit; habituation **2** (*vício*) addiction; **a nicotina causa habituação** nicotine causes addiction

habituado *adj* used [**a**, to]

habitual *adj2g* **1** (*hábito*) usual; habitual; customary **2** (*frequente*) frequent; usual; regular ❖ **como é habitual** as usual; as always

habitualmente *adv* **1** (*hábito*) usually; as a habit **2** (*frequência*) frequently; often

habituar *vt* to habituate [**a**, to]; to accustom [**a**, to]; to get used [**a**, to] ♦ *vp* to get used [**a**, to]; to become accustomed [**a**, to]; to accustom oneself [**a**, to]

háfnio *nm* hafnium

hagiografia *nf* hagiography

Haiti *nm* Haiti

hálito *nm* breath ❖ **mau hálito** halitosis; bad breath

hall *nm* **1** (*casa*) entrance hall **2** (*hotel*) lobby

halo *nm* halo; aureole

halogéneo *nm* QUÍM halogen ❖ **lâmpada de halogéneo** halogen electric bulb

haltere *nm* DESP dumb-bell

halterofilia *nf* DESP weightlifting

halterofilista *n2g* DESP weightlifter

hambúrguer *nm* hamburger

hamster *nm* hamster

hangar *nm* AER hangar

haraquíri *nm* hara-kiri

hardware *nm* INFORM hardware

harém *nm* harem

harmonia *nf* (*geral*) harmony ❖ **em harmonia com** in harmony with

harmónica *nf* MÚS harmonica, mouth organ

harmónico *adj* harmonic

harmónio *nm* MÚS harmonium; reed organ

harmonioso *adj* 1 (*melodioso*) harmonious; tuneful; melodious 2 (*proporcionado*) harmonious; well-proportioned

harmonização *nf* harmonization

harmonizar *vt* to harmonize; *harmonizar ideias* to harmonize opinions ♦ *vp* (*concordar*) to harmonize [**com**, with]; to concur [**com**, with]

harpa *nf* MÚS harp

harpista *n2g* harper, harpist

hássio *nm* hassium

hasta *nf* (*leilão*) auction ❖ *vender em hasta pública* to sell by public auction

haste *nf* (*bandeira*) pole; staff 2 (*de óculos*) arm 3 (*ramo*) stem; (*talo*) stalk 4 (*veado*) antler

hastear *vt* (*bandeira, etc.*) to hoist; to run up

Havai *nm* Hawaii

havano *nm* (*charuto*) Havana, Havana cigar

haver *vt* 1 (*existir*) there to be; *há there is, there are*; *há aqui algo de estranho* there is something wrong here 2 (*acontecer*) to happen; *que é que houve?* what happened? ♦ *nm* COM credit ♦ *nmpl* (*bens*) possessions ❖ *há muito tempo* a long time ago; *há pouco tempo* recently; *há um ano* a year ago; *haja o que houver* come what may; *devia haver* there should be; *pode haver* there may be; *que há com ele?* what's up with him?

haxixe *nm* (*droga*) hashish; hash *col*; pot *col*

heavy metal *nm* MÚS heavy metal

hebdomadário *adj* weekly ♦ *nm* 1 (*jornal*) weekly paper 2 (*revista*) weekly magazine

hebraico *adj* Hebraic, Hebrew ♦ *nm* (*língua*) Hebrew

hebreu *adj,nm* Hebrew

hecatombe *nf* disaster; catastrophe

hectare *nm* (*medida*) hectare

hectograma *nm* hectogram, hectogramme *GB*

hectolitro *nm* (*medida*) hectolitre

hediondo *adj* 1 (*horroroso*) hideous; ghastly; awful 2 (*malvado*) mean; nasty 3 (*assustador*) frightful; appalling; shocking

hedonismo *nm* hedonism

hedonista *adj2g* hedonistic ♦ *n2g* hedonist

hegemonia *nf* hegemony

hegemónico *adj* hegemonic

helénico *adj* Hellenic

hélice *nf* 1 (*avião, barco*) propeller; *pá de hélice* propeller blade 2 (*helicóptero*) rotor blade 3 (*espiral*) spiral; coil

helicoidal *adj2g* helicoidal

helicóptero *nm* AER helicopter; chopper *col* ❖ MIL *helicóptero de combate* helicopter gunship

hélio *nm* helium

heliocêntrico *adj* heliocentric ❖ ASTRON *teoria heliocêntrica* heliocentric theory

heliocentrismo *nm* heliocentric theory

heliporto *nm* AER heliport

hem *interj* eh?; what?; hey!

hematologia *nf* BIOL,MED haematology

hematoma *nm* MED haematoma

hemiciclo *nm* 1 (*meio círculo*) hemicycle; semicircle 2 (*parlamento*) floor

hemiplegia *nf* MED hemiplegia

hemiplégico *adj,nm* hemiplegic

hemisfério *nm* hemisphere

hemistíquio *nm* LIT hemistich

hemodiálise *nf* MED haemodialysis

hemofilia *nf* MED haemophilia

hemofílico *adj,nm* haemophiliac

hemoglobina *nf* BIOL haemoglobin

hemorragia *nf* MED haemorrhage; *hemorragia cerebral* cerebral haemorrhage; *hemorragia nasal* nasal haemorrhage

hemorroidas *nfpl* MED haemorrhoids; piles *col*

hepático *adj* hepatic; *doença hepática* hepatic illness

hepatite *nf* MED hepatitis
hera *nf* ivy
heráldica *nf* heraldry
heráldico *adj* heraldic
herança *nf* **1** (bens, dinheiro) inheritance; heritage **2** BIOL (genética) heredity **3** (legado) legacy; bequest
herbário *nm* (coleção, compartimento) herbarium
herbicida *nm* weedkiller; herbicide
herbívoro *adj* herbivorous ♦ *nm* herbivore
hercúleo *adj* Herculean
herdade *nf* **1** (quinta) farm **2** (propriedade) estate; property
herdar *vt* to inherit [de, from]; *herdar uma fortuna* to inherit a fortune
herdeiro *nm* heir [to, de]; *herdeiro do trono* heir to the throne
hereditariedade *nf* heredity
hereditário *adj* hereditary; *doença hereditária* hereditary illness; *título hereditário* hereditary title
herege *adj2g* heretical ♦ *n2g* heretic
heresia *nf* **1** heresy **2** fig (disparate) nonsense
hermafrodita *adj,n2g* hermaphrodite
hermafroditismo *nm* hermaphroditism
hermenêutica *nf* hermeneutics
hermenêutico *adj* hermeneutic
hermeticamente *adv* hermetically; *hermeticamente fechado* hermetically closed
hermético *adj* **1** (objeto) hermetic; airtight **2** (texto) hermetic
hérnia *nf* MED hernia; rupture
herói *nm* **1** (livro, filme) hero **2** (feito) hero; braveman **3** (ídolo) hero; idol
heroico *adj* heroic; brave; *feitos heroicos* heroic deeds
heroína *nf* (droga) heroin
heroísmo *nm* heroism; bravery; *um ato de heroísmo* an act of heroism
herpes *nm2n* MED herpes; *herpes labial* cold sore, oral herpes

hesitação *nf* hesitation ❖ *sem a mínima hesitação* without the slightest hesitation
hesitante *adj2g* hesitant [em, to]
hesitar *vi* **1** (incerteza) to hesitate [em, to]; *não hesite em perguntar* don't hesitate to ask **2** (indecisão) to waver [entre, between]; to hesitate [entre, between] ❖ *sem hesitar* without flinching
heterodoxia *nf* heterodoxy
heterodoxo *adj* heterodox; unorthodox ♦ *nm* heterodox person
heterogamia *nf* BIOL heterogamy
heterogeneidade *nf* heterogeneity
heterogéneo *adj* heterogeneous
heterónimo *nm* LIT heteronym
heterossexual *adj,n2g* heterosexual
heterossexualidade *nf* heterosexuality
heurística *nf* heuristics
heurístico *adj* heuristic
hexágono *nm* GEOM hexagon
hexâmetro *nm* (verso) hexameter
hiato *nm* hiatus; *um hiato no tempo* a hiatus in time
hibernação *nf* hibernation
hibernar *vi* to hibernate
hibridez *nf* hybridity
hibridismo *nm* hybridism; *hibridismo cultural* cultural hybridism
híbrido *adj* **1** (ser vivo) hybrid; cross-bred **2** (substância) composite; hybrid ♦ *nm* BIOL hybrid; cross
hidrângea *nf* hydrangea
hidratação *nf* **1** hydration **2** (pele) moisturizing
hidratante *adj2g* moisturizing ♦ *nm* moisturizing cream
hidratar *vt* **1** to hydrate **2** (pele) to moisturize
hidrato *nm* QUÍM hydrate; *hidrato de carbono* carbohydrate
hidráulica *nf* hydraulics
hidráulico *adj* hydraulic; *sistema hidráulico* hydraulic system
hidroavião *nm* AER seaplane; hydroplane

hidrodinâmica *nf* MED hydrodynamics
hidrodinâmico *adj* hydrodynamic
hidroelétrico *adj* hydroelectric; **central hidroelétrica** hydroelectric station
hidrófilo *adj* 1 hydrophilic 2 *(absorvente)* absorbent; **algodão hidrófilo** cotton wool GB, absorbent cotton EUA
hidrofobia *nf* hydrophobia
hidrófobo *adj* hydrophobic ♦ *nm* hydrophobic person
hidrófugo *adj* waterproof
hidrogenar *vt* QUÍM *(substância)* to hydrogenate
hidrogénio *nm* hydrogen
hidroginástica *nf* DESP aquarobics
hidrografia *nf* GEOG hydrography
hidrográfico *adj* hydrographic; **bacia hidrográfica** watershed
hidrólise *nf* QUÍM hydrolysis
hidrologia *nf* hydrology
hidrológico *adj* hydrologic, hydrological
hidrólogo *nm* hydrologist
hidromel *nm* mead
hidroplano *nm* ⇒ **hidroavião**
hidrostático *adj* hydrostatic; **pressão hidrostática** hydrostatic pressure
hidroterapia *nf* MED hydrotherapy
hidróxido *nm* QUÍM hydroxide
hiena *nf* hyena
hierarquia *nf* hierarchy
hierárquico *adj* hierarchical
hierarquizar *vt* to hierarchize
hieróglifo *nm* hieroglyph
hífen *nm* hyphen; dash
hifenizar *vt* to hyphenate
higiene *nf* hygiene; **higiene oral** mouth hygiene; **higiene pessoal** personal hygiene
higiénico *adj* hygienic ♦ **papel higiénico** toilet paper
higienista *n2g* hygienist
hilariante *adj2g* hilarious ♦ **gás hilariante** laughing gas
hilaridade *nf* hilarity

hímen *nm* hymen
hindu *adj,n2g* Hindu
hinduísmo *nm* Hinduism
hino *nm* anthem; hymn ♦ **hino nacional** national anthem
hipálage *nf* LING hypallage
hiperatividade *nf* hyperactivity
hiperativo *adj* hyperactive
hipérbato *nm* hyperbaton
hipérbole *nf* hyperbole
hiperbólico *adj* hyperbolic; **estilo hiperbólico** hyperbolic style
hipercorrecção *nf* hypercorrection
hipercrítico *adj* hypercritical
hiperespaço *nm* hyperspace
hiperligação *nf* INFORM hyperlink
hipermercado *nm* hypermarket
hipersensibilidade *nf* hypersensitivity [a, to]; **hipersensibilidade à luz** hypersensitivity to light
hipersensível *adj2g* hypersensitive
hipertensão *nf* MED hypertension
hipertenso *adj* hypertensive ♦ *nm* MED hypertensive person
hipertexto *nm* INFORM hypertext
hipertrofia *nf* MED hypertrophy
hipertrofiar *vt* to hypertrophy
hiperventilar *vt* 1 *(paciente)* to hyperventilate 2 *(local)* to overventilate
hípico *adj* equestrian ♦ DESP **concurso hípico** equestrian event; DESP **concurso hípico de saltos** show jumping competition
hipismo *nm* DESP horse riding
hipnose *nf* hypnosis
hipnótico *adj,nm* hypnotic
hipnotismo *nm* hypnotism
hipnotizador *nm* hypnotist
hipnotizar *vt* 1 to hypnotize 2 *fig (fascinio)* to mesmerize; to fascinate
hipoalergénico *adj* FARM *(substância)* hypoallergenic
hipocondria *nf* MED hypochondria
hipocondríaco *adj,nm* hypochondriac
hipocrisia *nf* hypocrisy

hipócrita *adj2g* hypocritical ◆ *n2g* hypocrite

hipoderme *nf* hypodermis

hipodérmico *adj* hypodermic; *injeção hipodérmica* hypodermic injection; *seringa hipodérmica* hypodermic syringe

hipódromo *nm* racetrack

hipopótamo *nm* hippopotamus

hipoteca *nf* mortgage

hipotecar *vt* 1 to mortgage 2 *fig (pôr em risco)* to jeopardize

hipotecário *adj* mortgage; *obrigações hipotecárias* mortgage bonds

hipotensão *nf* MED hypotension; *sofrer de hipotensão* to suffer from hypotension

hipotenso *adj,nm* hypotensive

hipotenusa *nf* GEOM hypotenuse

hipotermia *nf* MED hypothermia; exposure

hipótese *nf* 1 *(suposição)* hypothesis; assumption; *isto é só uma hipótese* this is a sheer assumption 2 *(possibilidade)* chance [de, of]; possibility [de, of]; *há alguma hipótese de conseguir o emprego?* is there any chance of getting the job? 3 *(teoria)* hypothesis; *formular uma hipótese* to propose a hypothesis ❖ *não ter hipóteses* to have no chance; *na pior das hipóteses* at the worst

hipotético *adj* hypothetical

hirsuto *adj* 1 *(cabelo)* hirsute 2 *(áspero)* rough; harsh

hirto *adj* stiff; rigid

hispânico *adj* Hispanic; Spanish

hispano-americano *adj* Hispano-American

histerectomia *nf* MED hysterectomy

histeria *nf* MED hysteria; hysterics ❖ *histeria coletiva* mass hysteria

histérico *adj* hysterical; *riso histérico* hysterical laughter

histerismo *nm* MED hysteria; hysterics

histologia *nf* BIOL histology

histologista *n2g* histologist

história *nf* 1 *(factos)* history 2 *(narração)* story

historiador *nm* historian

historial *nm* history; record; account

historicidade *nf* historicity

histórico *adj* 1 *(relativo à história)* historical 2 *(memorável)* historic; memorable 3 *(verdadeiro)* historical; true; *baseado em factos históricos* based on historical facts

historieta *nf* 1 *(narrativa breve)* short story; tale 2 *(anedota)* yarn

historiografia *nf* historiography

historiógrafo *nm* historiographer

histrião *nm* 1 ham actor 2 *fig (palhaço)* buffoon; clown

histriónico *adj* histrionic; theatrical

hodierno *adj* contemporary; modern; present

hoje *adv* today ❖ *hoje em dia* nowadays; *até hoje* up till now

Holanda *nf* the Netherlands; Holland

holandês *adj* Dutch ◆ *nm* 1 *(homem)* Dutchman; *(mulher)* Dutchwoman 2 *(língua)* Dutch

holístico *adj* holistic

hólmio *nm* holmium

holocausto *nm* holocaust

holofote *nm* 1 *(busca)* searchlight 2 *(foco)* spotlight

holograma *nm* hologram

hombridade *nf* *(carácter)* nobleness; worthiness

homem *nm* 1 *(indivíduo)* man 2 *(humanidade)* mankind 3 *pop (marido)* husband; man ❖ *homem prevenido vale por dois* forewarned is forearmed

homem-rã *nm* *(mergulhador)* frogman

homenageado *nm* guest of honour; honouree

homenagear *vt* to pay homage to; to pay tribute to; to honour

homenagem *nf* homage; tribute ❖ *prestar homenagem a* to pay homage to; to pay tribute to

homeopatia *nf* MED homeopathy

homeopático *adj* homeopathic; *tratamento homeopático* homeopathic treatment

homepage *nf* homepage

homicida *n2g* homicide; murderer; killer ♦ *adj2g* homicidal; murderous; *tendências homicidas* homicidal tendencies

homicídio *nm* homicide; murder

homilia *nf* REL homily

homófono *adj* LING homophonous

homogeneizar *vt* to homogenize

homogéneo *adj* homogeneous; uniform

homógrafo *adj* LING homographic; *palavra homógrafa* homograph

homologação *nf* ratification; recognition

homologar *vt* to approve; to ratify

homólogo *adj* homologous; corresponding ♦ *nm* counterpart

homonímia *nf* LING homonymy

homónimo *adj* LING homonymous

homossexual *adj,n2g* homosexual; gay

homossexualidade *nf* homosexuality

Honduras *nfpl* Honduras

hondurenho *adj,nm* Honduran

honestidade *nf* (*integridade*) honesty; integrity

honesto *adj* 1 (*íntegro*) honest; upright; reliable 2 (*sincero*) honest; frank; open

honor *nm* ant honour; *dama de honor* maid of honour

honorário *adj* (*estatuto, membro*) honorary ♦ *nmpl* fees; emoluments

honorífico *adj* 1 (*atribuição*) honorary 2 (*tributo*) honorific

honra *nf* honour ❖ *em honra de* in honour of; *fazer as honras da casa* to do the honours; *ter a honra de* to have the honour of

honradez *nf* honesty; integrity

honrado *adj* 1 (*respeitável*) honourable; respectable; *gente honrada* respectable people 2 (*honesto*) honest; reliable; trustworthy 3 (*decente*) decent; virtuous

honrar *vt* 1 (*respeitar*) to honour; to respect 2 (*homenagear*) to honour

honraria *nf* (*distinção*) distinction; privilege; rank ♦ *nfpl* (*homenagem*) honours

honroso *adj* 1 (*que honra*) honourable 2 (*digno*) creditable; dignified

hóquei *nm* DESP hockey ❖ *hóquei em campo* field hockey; *hóquei em patins* roller-skate hockey; *hóquei sobre o gelo* ice hockey

hora *nf* 1 hour; *meia hora* half an hour 2 (*tempo*) time; *a qualquer hora* at any time 3 (*momento*) moment; *chegou a hora* the moment has come ❖ *hora de ponta* rush hour; *hora H* zero hour

horário *adj* 1 (*de hora a hora*) hourly 2 time; *fuso horário* time zone ♦ *nm* (*escola, transportes*) timetable; schedule ❖ *horário de trabalho* working hours; *horário nobre* primetime

horda *nf* horde; multitude; mass

horizontal *adj2g* horizontal; *linha horizontal* horizontal line

horizonte *nm* 1 horizon; skyline; *no horizonte* on the horizon 2 *fig* (*perspetiva*) horizon; perspective; *há que alargar os horizontes* you must broaden your horizons

hormona *nf* BIOL hormone

hormonal *adj2g* hormonal; *tratamento hormonal* hormone treatment

horóscopo *nm* horoscope

horrendo *adj* horrible; horrifying; frightful

horripilante *adj2g* 1 (*terrível*) horrifying; horrific; terrible 2 (*assustador*) hair-raising; ghastly; terrifying

horrível *adj2g* awful; dreadful; appalling

horror *nm* 1 (*pavor*) horror; terror; fear 2 (*aversão*) horror; abhorrence ❖ *que horror!* how awful!; *ser um horror* to be awful; to be a nightmare; *ter horror a* to loathe

horrorizar *vt* 1 (*aterrorizar*) to terrify; to petrify 2 (*assustar*) to frighten; to scare

horroroso *adj* 1 horrible; terrible 2 *(feio)* hideous

horta *nf* vegetable garden, kitchen garden

hortaliça *nf* greens, green vegetables

hortelã *nf* mint

hortelã-pimenta *nf* peppermint

hortense *adj2g* horticultural; *produto hortense* kitchen garden produce

hortênsia *nf* hydrangea

hortícola *adj2g* horticultural; *produtos hortícolas* horticultural items

horticultor *nm* horticulturist

horticultura *nf* horticulture

horto *nm* market garden *GB*; truck farm *EUA*

hosana *nf* hosanna

hospedar *vt* to lodge; to put up ♦ *vp* to lodge; to put up; to take lodgings

hospedaria *nf* inn; hostel

hóspede *n2g* 1 *(visita)* guest 2 (hotel) lodger; boarder

hospedeira *nf* (avião) hostess ❖ *hospedeira de bordo/do ar* stewardess; air hostess

hospedeiro *nm* BIOL (organismo) host

hospício *nm* 1 *ant (manicómio)* madhouse 2 (para pobres) home

hospital *nm* hospital

hospitalar *adj2g* hospital

hospitaleiro *adj* hospitable

hospitalidade *nf* hospitality ❖ *abusar da hospitalidade de alguém* to wear out one's welcome

hospitalização *nf* hospitalization

hospitalizar *vt* to hospitalize; to send into hospital

hoste *nf* 1 *(exército)* troop, army 2 *fig (bando)* gang

hóstia *nf* host

hostil *adj2g* 1 *(inimigo)* hostile [a, to] 2 *(agressivo)* aggressive

hostilidade *nf* hostility ♦ *nfpl (guerra)* hostilities; *suspender as hostilidades* to suspend hostilities

hostilizar *vt* 1 *(opor)* to oppose; to antagonize 2 (guerra) to wage war on

hotel *nm* hotel ❖ *hotel de cinco estrelas* five star hotel

hotelaria *nf* 1 (atividade) catering business 2 (curso) hotel management

hoteleiro *nm* hotel manager, hotelier ♦ *adj* hotel; *indústria hoteleira* hotel industry

hovercraft *nm* hovercraft

hulha *nf* pit coal, black coal

hulheira *nf* coal pit, coal mine; colliery

hum *interj* hem!, hum!, humph!

humanidade *nf* 1 *(género humano)* humankind 2 *(compaixão)* humanity ♦ *nfpl* (área de estudo) humanities

humanismo *nm* humanism

humanista *adj,n2g* humanist

humanitário *adj* humanitarian; *ajuda humanitária* humanitarian aid

humanitarismo *nm* humanitarianism

humanização *nf* humanization

humanizar *vt* to humanize ♦ *vp* to become more human

humano *adj* 1 human; *direitos humanos* human rights 2 *(bondoso)* humane ♦ *nm* human being

humanoide *adj,n2g* humanoid

humedecer *vt* to dampen; to moisten

humedecimento *nm* moistening, damping

humidade *nf* 1 (atmosfera) humidity 2 (vapor) moisture; *humidade do ar* moisture of the air 3 (parede) dampness, damp; *esta parede tem humidade* this wall is damp

humidificação *nf* humidification, moistening

humidificar *vt* to humidify

húmido *adj* 1 (clima) humid 2 (ar) moist 3 (relva) wet 4 (roupa) damp

humildade *nf* 1 *(modéstia)* humility; modesty 2 *(pobreza)* humbleness

humilde *adj2g* 1 *(modesto)* humble, modest 2 *(pobre)* low, poor ❖ *de origem humilde* lowborn

humilhação *nf* humiliation; abasement; *sofrer humilhações* to be humiliated

humilhante *adj2g* humiliating

humilhar *vt* to humiliate; to humble; to abase ♦ *vp* to humble oneself; to abase oneself

humor *nm* 1 (*comicidade*) humour; ***ter sentido de humor*** to have a good sense of humour 2 (*disposição*) mood; ***estar de bom/mau humor*** to be in a good/bad mood ❖ ***humor negro*** black comedy

humorista *n2g* 1 (*escritor*) humorist 2 (*ator*) comedian

humorístico *adj* humorous

húmus *nm* BIOL humus

húngaro *adj,nm* Hungarian ♦ *nm* (*língua*) Hungarian

Hungria *nf* Hungary

hurra *interj* hurrah!

I

i *nm* (letra) i
ianque *adj,n2g* Yankee
ião *nm* QUÍM ion
iaque *nm* ZOOL yak
iate *nm* yacht
ibérico *adj* Iberian
íbis *nf2n* ibis
içar *vt* 1 (bandeira) to hoist, to lift 2 (vela) to haul up
icebergue *nm* iceberg
ícone *nm* (geral) icon
iconoclasta *adj2g* iconoclastic ♦ *n2g* iconoclast
iconoclástico *adj* iconoclastic
iconografia *nf* iconography
iconográfico *adj* iconographic
icterícia ou **iterícia** *nf* MED jaundice
ictiologia *nf* ichthyology
ida *nf* 1 (marcha) going 2 (partida) departure, setting off ❖ **bilhete de ida e volta** return ticket; round-trip ticket; **na ida** on the way there
idade *nf* 1 age; **não aparentar a idade** not to look one's age 2 (anos) years; **um ano de idade** one year old; **que idade tem?** how old are you? 3 (época) age ❖ **Idade Média** the Middle Ages; **Idade da Pedra** the Stone Age; **pessoa de idade** an elderly person
ideal *adj2g* ideal; **o sítio ideal** the ideal place ♦ *nm* (princípio, valor) ideal
idealismo *nm* idealism
idealista *adj* idealistic ♦ *n2g* idealist
idealização *nf* idealization
idealizar *vt* 1 to idealize 2 (imaginar) to fancy, to dream 3 (planear) to devise, to create
ideia *nf* 1 idea; **transmitir uma ideia** to convey an idea 2 (mente) mind
idem *pron* dem ditto; idem

idêntico *adj* identical [a, to]; **é idêntico ao meu** it's identical to mine
identidade *nf* identity ❖ **bilhete de identidade** identity card
identificação *nf* identification
identificar *vt* 1 to identify; **não identificado** unidentified 2 (reconhecer) to recognize ♦ *vp* 1 (documentação) to identify oneself 2 (empatia) to identify [com, with]
ideograma *nm* ideogram
ideologia *nf* ideology
ideológico *adj* ideological
ideólogo *nm* ideologist
idílico *adj* idyllic
idílio *nm* idyll
idioma *nm* idiom, language
idiomático *adj* idiomatic ❖ **expressão idiomática** idiomatic expression
idiossincrasia *nf* idiosyncrasy
idiossincrático *adj* idiosyncratic
idiota *adj* idiot, idiotic ♦ *nm* idiot ❖ **idiota chapado** tomfool; drivelling idiot
idiotia *nf* MED idiocy
idiotice *nf* 1 silliness, idiocy 2 (disparate) nonsense; **dizer idiotices** to talk nonsense
idólatra *adj2g* idolatrous ♦ *n2g* idolater
idolatrar *vt* 1 to idolize 2 *fig* (adorar) to adore
idolatria *nf* 1 idolatry 2 *fig* (admiração) admiration
ídolo *nm* 1 idol 2 *fig* false god
idoneidade *nf* 1 suitability; fitness 2 reliability
idóneo *adj* 1 (adequado) suitable, fit 2 (de confiança) reliable
idoso *adj* elderly, old ♦ *nm* (homem) elderly man; (mulher) elderly woman; **os idosos** the elderly
lémen *nm* Yemen
iene *nm* (moeda japonesa) yen
iglu *nm* igloo

ignição *nf* ignition ❖ *chave de ignição* ignition key

ignóbil *adj2g* ignoble

ignomínia *nf* ignominy; infamy; dishonour

ignominioso *adj* ignominious; dishonourable; shameful

ignorado *adj* 1 ignored 2 *(desconhecido)* unknown

ignorância *nf* 1 *(desconhecimento)* ignorance; *por ignorância* out of ignorance 2 *(inexperiência)* inexperience 3 *(analfabetismo)* illiteracy

ignorante *adj2g* 1 ignorant 2 *(iletrado)* unlearned ♦ *n2g* ignoramus

ignorar *vt* 1 *(desconhecer)* to ignore, not to know; *ignorar o facto* to be ignorant of the fact 2 *(não dar atenção)* to disregard

igreja *nf* church; *ir à igreja* to go to church ❖ *Igreja Anglicana* the Anglican Church, the Church of England

igual *adj2g* 1 equal; *duas partes iguais* two equal parts 2 *(idêntico)* just like [a, -]; *aquela saia é igual à tua* that skirt is just like yours 3 *(superfície)* even ♦ *n2g* equal; *nunca veremos outro igual* we shall never see his equal ❖ *de igual para igual* between equals; *sem igual* without equal

igualar *vt* 1 *(tornar igual)* to equal 2 *(nivelar)* to level 3 to be equal to; to match ♦ *vi* DESP to equalize ♦ *vp (comparar-se)* to compare [a, to]

igualdade *nf* 1 *(paridade)* equality 2 *(uniformidade)* evenness, uniformity ❖ *igualdade de direitos* equal rights; *estar em pé de igualdade com* to be on an equal footing with

igualha *nf* equal condition; *pej pessoas da igualha dele* the likes of him

igualitário *adj* egalitarian

igualmente *adv* 1 equally; in an equal manner; *eles são igualmente culpados* they are equally guilty 2 *(também)* likewise, also 3 *(saudação)* the same to you!

igualzinho *adj* perfectly equal, identical

iguana *nf* iguana

iguaria *nf* delicacy

ilação *nf* 1 *(inferência)* illation 2 *(dedução)* deduction

ilegal *adj2g* illegal, illicit

ilegalidade *nf* illegality

ilegitimidade *nf* illegitimacy

ilegítimo *adj* 1 illegitimate 2 *(ilegal)* illegal

ilegível *adj2g* illegible

ileso *adj* unhurt, uninjured; *ele sai sempre ileso* he always comes off clear

iletrado *adj* 1 *(analfabeto)* illiterate 2 *(ignorante)* uneducated

ilha *nf* 1 island 2 *(com nome próprio)* isle ❖ *Ilhas Britânicas* British Isles

ilharga *nf* 1 flank 2 ANAT side

Ilhas Malvinas *nfpl* Falkland Islands

Ilhas Salomão *nfpl* Solomon Islands

Ilhas Virgens *nfpl* Virgin Islands

ilhéu *adj* insular ♦ *nm* 1 *(pessoa)* islander 2 *(ilhota)* islet

ilhó *nm* eyelet

ilhota *nf* islet

ilibação *nf* *(inocência)* innocence

ilibar *vt* 1 *(inocentar)* to declare not guilty of 2 *(reabilitar)* to rehabilitate

ilícito *adj* illicit, illegal; unlawful; *venda ilícita* illicit sale

ilimitado *adj* 1 *(sem restrições)* unlimited; *confiança ilimitada* unlimited confidence 2 *(infinito)* infinite 3 *(sem limites)* boundless

ilíquido *adj* *(rendimento)* gross

iliteracia *nf* illiteracy

ilógico *adj* 1 *(irracional)* illogical 2 *(absurdo)* absurd

iludir *vt* to delude; to deceive; *iludir alguém* to deceive someone ♦ *vp* to deceive oneself

iluminação *nf* 1 lighting; illumination 2 *fig (esclarecimento)* enlightenment

iluminado *adj* 1 lighted [**com**, by]; lit [**com**, with] 2 *fig (esclarecido)* enlightened ♦ *nm* visionary

iluminar *vt* 1 (casas, ruas) to illuminate; to light up 2 (*apontar uma luz*) to shine a light [-, on] 3 (*esclarecer*) to enlighten ♦ *vp* to light up; *a cara dele iluminou-se* his face lit up

Iluminismo *nm* Enlightenment

iluminura *nf* illumination

ilusão *nf* 1 illusion 2 (*engano*) delusion ❖ *ilusão de ótica* optical illusion

ilusionismo *nm* conjuring

ilusionista *n2g* conjurer; illusionist

ilusório *adj* 1 illusory 2 (*enganador*) deceptive

ilustração *nf* 1 (livro) picture, plate 2 (*exemplo*) illustration

ilustrado *adj* 1 (com gravuras) illustrated; *bem ilustrado* well-illustrated 2 (*instruído*) learned, erudite

ilustrador *nm* illustrator

ilustrar *vt* (geral) to illustrate

ilustrativo *adj* illustrative

ilustre *adj2g* illustrious, famous; *de descendência ilustre* of high birth ❖ *um ilustre desconhecido* a complete stranger

imaculado *adj* immaculate ❖ *Imaculada Conceição* Immaculate Conception

imagem *nf* 1 image 2 CIN,TV picture 3 (figura pública) public image 4 (espelho) reflection

imaginação *nf* 1 (fantasia) fancy, fantasy 2 (criatividade) imagination ❖ *dar largas à imaginação* to give free rein to one's imagination; *sem imaginação* unimaginative

imaginar *vt* 1 to imagine 2 (conceber) to conceive; to create 3 (supor) to suppose ❖ *imagine!* just fancy!

imaginário *adj* 1 imaginary 2 (ilusório) illusory ♦ *nm* the imagination

imaginativo *adj* imaginative, fanciful

imaginável *adj2g* imaginable

íman *nm* magnet

imanência *nf* immanence

imanente *adj2g* 1 immanent 2 (inerente) inherent [a, in]

imaterial *adj2g* immaterial, incorporeal

imaturidade *nf* immaturity

imaturo *adj* 1 immature 2 (não desenvolvido) undeveloped 3 (prematuro) premature

imbatível *adj2g* 1 (preço, recorde) unbeatable 2 (invencível) invincible

imbecil *n2g* 1 (idiota) imbecile, idiot; jerk*col*; *cala-te, imbecil!* be quiet, you idiot! 2 (estúpido) stupid ♦ *adj2g* 1 (idiota) imbecile 2 (estúpido) stupid; *não sejas imbecil!* don't be stupid!

imberbe *adj2g* 1 (sem barba) beardless 2 (imaturo) immature

imbróglio *nm* 1 (confusão) imbroglio 2 (mal-entendido) misunderstanding

imbuir *vt* 1 (sentimentos) to imbue [de, with] 2 (impregnar) to impregnate [de, with]

imediações *nfpl* vicinity; *nas imediações de* in the vicinity of

imediatamente *adv* immediately, at once, right away; *eles decidiram a questão imediatamente* they came to a decision then and there

imediato *adj* 1 immediate; *uma resposta imediata* a prompt answer 2 (seguinte) next [a, to] 3 (instantâneo) without delay, prompt; *entrega imediata* prompt delivery ❖ *de imediato* straight away

imemorial *adj2g* immemorial; *desde tempos imemoriais* from time immemorial

imensidão *nf* immensity, vastness

imenso *adj* immense; vast; enormous ♦ *adv* a lot; *choveu imenso* it rained a lot ❖ *lamento imenso* I'm awfully sorry

imerecido *adj* undeserved

imergir *vt,i* to immerse

imersão *nf* (submersão) immersion, submersion ❖ *em imersão* under water

imerso *adj* immersed

imigração *nf* immigration

imigrante *adj,n2g* immigrant

imigrar *vi* to immigrate

imigratório *adj* immigratory

iminência *nf* imminence

iminente *adj2g* 1 (*prestes a acontecer*) imminent, impending; **estar iminente** to impend 2 (*próximo*) upcoming ❖ **perigo iminente** imminent danger

imiscuir-se *vp* to interfere [**em**, with]; to meddle [**em**, with]

imitação *nf* 1 imitation 2 (*cópia*) copy 3 (*espetáculo*) impersonation; impersonation ❖ **imitação fraudulenta** fake; **cuidado com as imitações!** beware of imitations!

imitador *nm* 1 imitator 2 (*espetáculo*) impressionist; impersonator

imitar *vt* 1 (*copiar*) to imitate; to copy 2 (*parodiar*) to mimic; **imita muito bem os professores** he's really good at mimicking the teachers 3 (*espetáculo*) to impersonate

imobiliária *nf* estate agent's

imobiliário *adj* immovable; **setor imobiliário** real estate ♦ *nm* 1 real estate, immovable property 2 DIR immovables

imobilidade *nf* immobility

imobilismo *nm* aversion to progress

imobilização *nf* immobilization; **imobilização do capital** lock-up of capital

imobilizar *vt* 1 to immobilize 2 (*parar*) to stop 3 COM (*capital*) to tie up 4 (*progresso*) to bring to a standstill ♦ *vp* to come to a stop

imoderação *nf* immoderation

imoderado *adj* immoderate; unreasonable

imolação *nf* sacrifice

imolar *vt* to sacrifice

imoral *adj2g* immoral

imoralidade *nf* immorality

imortal *adj,n2g* immortal

imortalidade *nf* immortality

imortalizar *vt* to immortalize; to render immortal

imóvel *adj2g* 1 immobile 2 (*parado*) motionless, still; **permanecer imóvel** to stand still ♦ *nm* 1 (*edifício*) building 2 DIR real estate

impaciência *nf* impatience

impacientar *vt* to make impatient; to exasperate ♦ *vp* 1 to lose one's patience 2 to get worked up [**com**, about]

impaciente *adj2g* 1 impatient 2 (*agitado*) restless

impacto *nm* (geral) impact ❖ **impacto ambiental** environmental impact; **causar impacto** to cause a stir; to make an impact

impagável *adj2g* 1 (*inestimável*) priceless 2 (*hilariante*) priceless; hilarious

impalpável *adj2g* impalpable

ímpar *adj2g* 1 (*número*) odd; **número ímpar** odd number 2 (*único*) single; unique

imparável *adj2g* unstoppable

imparcial *adj2g* impartial [**em relação a**, towards]

imparcialidade *nf* impartiality

impasse *nm* impasse, deadlock

impassível *adj2g* 1 (*imperturbável*) impassive 2 (*indiferente*) insensitive

impavidez *nf* 1 (*intrepidez*) intrepidity 2 (*coragem*) fearlessness

impávido *adj* 1 (*destemido*) fearless, intrepid 2 (*corajoso*) brave ❖ **impávido e sereno** not bothered

impecável *adj2g* 1 impeccable 2 (*perfeito*) faultless 3 (*pessoa*) great; **é um tipo impecável** he's a great guy

impedido *adj* 1 hindered, prevented 2 (*linha telefónica*) engaged 3 (*trânsito*) blocked

impedimento *nm* 1 (*obstáculo*) obstacle; hindrance 2 DIR impediment

impedir *vt* 1 (*impossibilitar*) to prevent [**de**, from] 2 (*dificultar*) to hinder; to hamper

impeditivo *adj* deterrent, preventive

impelir *vt* 1 (*dar impulso a*) to propel; to drive forward 2 *fig* (*incitar*) to impel; to incite

impenetrável *adj2g* 1 (*que não dá passagem*) impenetrable; **florestas impenetráveis** impenetrable forests 2 (*incompreensível*) incomprehensible, inscrutable

impenitência *nf* impenitence; unrepentance

impenitente *adj2g* impenitent, unrepentant

impensado *adj* 1 thoughtless, rash 2 (*inesperado*) unexpected

impensável *adj2g* unthinkable, inconceivable

imperador *nm* emperor

imperar *vi* 1 (*governar*) to rule 2 (*prevalecer*) to prevail

imperativo *adj* 1 imperative; **uma ordem imperativa** an imperative order 2 (*dominante*) commanding ♦ *nm* LING (*modo*) imperative

imperatriz *nf* empress

impercetível *adj2g* 1 imperceptible 2 (*sem discernimento*) indiscernible, unapparent

imperdível *adj2g* (filme, espetáculo) unmissable

imperdoável *adj2g* unforgivable, inexcusable

imperecível *adj2g* imperishable

imperfeição *nf* 1 imperfection 2 (*defeito*) defect; fault

imperfeito *adj* 1 imperfect; **trabalho muito imperfeito** poorly done work 2 (*defeituoso*) defective ♦ *nm* LING (*tempo verbal*) imperfect

imperial *adj2g* imperial

imperialismo *nm* imperialism

imperialista *adj,n2g* imperialist

imperícia *nf* 1 (*inexperiência*) unskilfulness 2 (*inaptidão*) ineptitude

império *nm* empire

imperioso *adj* 1 (tom, olhar) imperious; commanding 2 (necessidade) urgent, pressing

impermeabilizar *vt* to waterproof

impermeável *adj2g* 1 (tecido, roupa) waterproof 2 (geral) impermeable [**a**, to]; impervious [**a**, to] ♦ *nm* (casaco) waterproof, mackintosh, raincoat

imperscrutável *adj2g* inscrutable

impertinência *nf* impertinence

impertinente *adj2g* impertinent

imperturbável *adj2g* 1 (*tranquilo*) undisturbed 2 (*inabalável*) unmovable

impessoal *adj2g* impersonal

impessoalidade *nf* impersonality

impetigo *nm* MED impetigo

ímpeto *nm* 1 (*força*) impetus 2 (*movimento súbito*) start; **levantar-se num ímpeto** to get up with a start 3 (*impulso*) impulse; urge

impetuosidade *nf* 1 impetuosity 2 (*violência*) violence 3 (*veemência*) vehemence

impetuoso *adj* 1 (ato) rash, hasty 2 (pessoa); passionate

impiedade *nf* 1 impiety 2 (*crueldade*) cruelty 3 (*implacável*) mercilessness

impiedoso *adj* 1 unmerciful, merciless 2 (*cruel*) hard-hearted

impigem *nf* MED tetter, eczema

impingir *vt* 1 (*impor*) to impose [**a**, upon] 2 (mentiras, mercadorias) to foist [**a**, on]

ímpio *adj* impious

implacável *adj2g* 1 implacable 2 (destino, perseguição) relentless 3 (pessoa) unforgiving

implantação *nf* 1 implementation 2 (*introdução*) introduction 3 MED implant

implantar *vt* 1 MED to implant 2 (*estabelecer*) to implement 3 (*fixar*) to fix

implante *nm* MED implant

implementação *nf* implementation

implementar *vt* 1 to implement 2 (*executar*) to fulfil, to perform

implemento *nm* 1 implement 2 (*cumprimento*) fulfilment 3 (*acabamento*) completion

implicação *nf* implication

implicância *nf* tease, annoyance

implicante *adj2g* 1 nitpicking 2 (*rabugento*) peevish

implicar *vt* 1 (*comprometer*) to implicate; **implicaram-no no assassinato** he was implicated in the murder 2 (*acarretar*) to involve 3 (*pressupor*) to imply ♦ *vi* 1 (*discutir*) to pick a quarrel 2 (*chatear*) to tease, to pick [com, on]; **implicar com alguém** to pick on somebody 3 (*incriminar*) to incriminate

implícito *adj* 1 implicit 2 (*implicado*) implied

implodir *vi* to implode

implorar *vt* to implore [-, for], to beg [-, for]

implosão *nf* implosion

imponderável *adj2g* 1 imponderable 2 (*inapreciável*) inappreciable

imponência *nf* magnificence, splendour

imponente *adj2g* 1 imposing; sumptuous 2 (*pomposo*) stately

impopular *adj* unpopular

impopularidade *nf* unpopularity

impor *vt* 1 (*condições, multa*) to impose [a, on] 2 (*respeito, ordem*) to command ♦ *vp* 1 (*afirmar-se*) to assert oneself 2 (*fazer-se respeitar*) to command respect 3 (*prevalecer*) to prevail [-, over] ❖ DIR **impor recurso** to appeal

importação *nf* 1 (*ato*) importation, imports; **reduzir as importações** to reduce imports 2 (*mercadoria*) import; **importação de trigo** the import of wheat ❖ **importação e exportação** import and export

importador *nm* importer

importância *nf* 1 importance; **um ar de importância** an air of importance 2 (*dinheiro*) sum; amount ❖ **não tem importância** never mind

importante *adj2g* 1 important; **é muito importante** it is very important 2 (*considerável*) considerable; **um importante número de ofertas** a considerable number of offers ♦ *nm* the essential point ❖ **dar-se ares de importante** to give oneself airs

importar *vt* 1 COM to import; **Portugal importa petróleo** Portugal imports oil 2 (*quantidade*) to amount to 3 (*custar*) to cost 4 (*interessar*) to concern ♦ *vi* (*ter importância*) to matter; **não importa** it doesn't matter ♦ *vp* 1 to mind [de/que, if]; **im-**

porta-se de fechar a porta? do you mind shutting the door?; **se não se importa** if you don't mind 2 (*preocupar-se*) to care [com, about]; **parece não se importar com os filhos** he doesn't seem to care about his children; *col* **pouco me importa!** I couldn't care less!

importunar *vt* 1 to importune 2 (*aborrecer*) to annoy 3 (*molestar*) to harass

importuno *adj* 1 (*inoportuno*) importune 2 (*perturbador*) troublesome

imposição *nf* 1 (*imposto, encargo*) imposition 2 (*regra*) rule

impossibilidade *nf* impossibility; **ver-se na impossibilidade de** to be deprived of the means to

impossibilitar *vt* 1 to render impossible; **impossibilitar algo** to make something impossible 2 (*incapacitar*) to disable

impossível *adj2g* impossible; **é impossível!** it's impossible!, that's not possible! ❖ **pedir o impossível** to cry for the moon

imposto *nm* 1 (*contribuição*) tax; **isento de imposto** tax-free 2 (*taxa*) duty, **imposto de selo** stamp duty ❖ **imposto predial** house tax; **imposto sobre o rendimento** income tax; **imposto sobre o valor acrescentado** value added tax

impostor *nm* 1 impostor, deceiver 2 (*charlatão*) charlatan

impostura *nf* 1 imposture 2 (*fingimento*) deceit, sham

impotência *nf* (*geral*) impotence

impotente *adj2g* 1 MED impotent 2 (*incapaz*) impotent; powerless

impraticável *adj2g* 1 impracticable 2 (*rua, rio*) impassable

imprecação *nf* (*praga*) imprecation, curse

imprecisão *nf* inaccuracy; imprecision

impreciso *adj* 1 (*falta de rigor*) inaccurate 2 (*indefinido*) vague; undefined

impregnação *nf* impregnation

impregnar *vt* to impregnate [de, with] ♦ *vp* to be impregnated [de, with]

imprensa nf 1 (jornalistas) press 2 (jornais) papers

imprescindível adj2g indispensable

impressão nf 1 (sensação) impression 2 (processo) printing; *erro de impressão* misprint 3 (cópia) printout ❖ *impressão digital* fingerprint

impressionante adj2g 1 (comovente) moving, affecting, touching; *uma cena impressionante* a touching scene 2 (impressivo) impressive; *um feito impressionante* an impressive achievement 3 (espetacular) striking; *uma beleza impressionante* a striking beauty

impressionar vt 1 (causar respeito) to impress 2 (emocionar) to move; to affect ❖ vp (comover-se) to be moved [com, by]

impressionável adj2g 1 impressionable 2 (suscetível) sensitive

impressionismo nm impressionism

impressionista adj2g impressionistic ❖ n2g impressionist

impresso adj printed; *impresso no verso* printed on the back ❖ nm 1 (folheto) leaflet 2 (formulário) form; *preencher um impresso* to fill in a form 3 (impressão) printed matter

impressor nm printer

impressora nf INFORM printer; *impressora laser* laser printer

impreterível adj2g 1 (compromisso) essential 2 (prazo) final

impreterivelmente adv without delay

imprevidência nf 1 improvidence 2 (negligência) carelessness, negligence

imprevidente adj2g 1 improvident 2 (descuidado) careless 3 (negligente) heedless

imprevisão nf 1 improvidence 2 (descuido) carelessness 3 (negligência) negligence

imprevisível adj2g unpredictable; unforeseeable

imprevisto adj unforeseen, unexpected; *despesas imprevistas* unforeseen charges ❖ nm accident, unexpected event; *surgiu um imprevisto* something came up

imprimir vt 1 to print; *imprimir um jornal* to print off a newspaper 2 (marca) to stamp 3 INFORM to print out 4 fig (inspirar) inspire

improbabilidade nf improbability

improcedência nf 1 want of basis, groundlessness 2 DIR inadmissibility

improcedente adj2g 1 (infundado) groundless, unfounded 2 (ilógico) illogical 3 DIR inadmissible

improdutivo adj 1 unproductive 2 (ineficaz) ineffective 3 (não lucrativo) unprofitable

impropério nm insult, affront; *proferir impropérios* to use bad language

impropriedade nf 1 (moral) impropriety 2 (inadequação) unsuitability

impróprio adj 1 (inadequado) unsuitable [para, for]; *água imprópria para consumo* water unsuitable for human consumption 2 (indecente) improper; *piada imprópria* blue joke

improvável adj2g 1 (acontecimento) improbable 2 (inverosímil) unlikely

improvidência nf 1 improvidence 2 (negligência) negligence, carelessness

improvidente adj2g 1 improvident 2 (descuidado) careless

improvisação nf 1 improvisation 2 MÚS impromptu

improvisador nm improviser

improvisar vt 1 to improvise; *improvisar um discurso* to improvise a speech 2 MÚS to extemporize

improviso nm improvisation ❖ *falar de improviso* to speak impromptu

imprudência nf 1 rashness 2 (descuidado) carelessness

imprudente adj2g 1 (irrefletido) rash 2 (condutor) careless

impudico adj 1 immodest 2 (despudor) shameless, indecent

impugnação nf refutation

impugnar *vt* to refute

impulsionar *vt* 1 *(impelir)* to impel 2 *fig (estimular)* to promote

impulsivo *adj* 1 impulsive 2 *(precipitado)* hasty 3 *(impetuoso)* hot-headed

impulso *nm* 1 impulse 2 *fig (estímulo)* boost ❖ *num impulso* on an impulse

impune *adj* unpunished; *ele saiu impune* he left scot-free

impunemente *adv* with impunity

impunidade *nf* impunity

impureza *nf* 1 impurity 2 *(sujidade)* uncleanness

impuro *adj* 1 impure 2 *(adulterado)* adulterated

imputação *nf* 1 imputation 2 *(acusação)* accusation

imputar *vt* 1 to impute [a, to] 2 *(atribuir)* to attribute [a, to]; to ascribe [a, to] 3 *(acusar)* to blame [-, for]; *imputar algo a alguém* to blame somebody for something

imputável *adj2g* imputable

imundície *nf* 1 *(porcaria)* dirt, filth 2 *(lixo)* rubbish

imundo *adj* filthy

imune *adj* immune [a, to]

imunidade *nf* 1 immunity 2 *(imposto, responsabilidade)* exemption ❖ *imunidade diplomática* diplomatic immunity

imunitário *adj* MED *(sistema, defesas)* immune

imunização *nf* immunization

imunizar *vt* MED to immunize [contra, against]; *imunizar alguém contra uma doença* to immunize somebody against a disease

imunodeficiência *nf* MED immunodeficiency

imunologia *nf* immunology

imunológico *adj* immunologic

imunossupressor *adj,nm* immunosuppressant

imutável *adj2g* 1 *(que não se pode mudar)* immutable; unalterable 2 *(constante)* unchanging

inabalável *adj2g* 1 *(crença, confiança, opinião)* unshakeable; firm; deep-rooted 2 *(pessoa)* intrepid 3 *(laços, vínculos)* deep-seated; unbreakable

inábil *adj2g* 1 *(sem habilidade)* unskilful; inept 2 *(desajeitado)* clumsy; awkward

inabitável *adj2g* uninhabitable

inacabado *adj* unfinished; incomplete

inação *nf (falta de ação)* inaction; inactivity

inaceitável *adj2g* unacceptable; inadmissible

inacessível *adj2g* 1 inaccessible 2 *(inalcançável)* unattainable

inacreditável *adj2g* incredible, unbelievable

inadaptação *nf* maladjustment

inadaptado *nm* misfit ❖ *adj* 1 *(pessoa)* maladjusted 2 unsuitable

inadequado *adj* unsuitable; inappropriate

inadiável *adj2g* 1 *(que não pode ser adiado)* that cannot be delayed, that cannot be postponed 2 *(urgente)* pressing; urgent; *uma decisão inadiável* a pressing decision

inadmissível *adj2g* inadmissible; unacceptable; *um comportamento inadmissível* unacceptable behaviour

inadvertência *nf (falta de atenção)* inadvertence; carelessness

inadvertidamente *adv* inadvertently

inalação *nf* inhalation

inalador *nm* inhaler

inalar *vt* to inhale; to breathe in

inalcançável *adj2g* unattainable; impossible

inalienável *adj2g* inalienable; untransferable; *direitos inalienáveis* inalienable rights

inalterado *adj* 1 unaltered; unchanged 2 *(pessoa)* undisturbed

inalterável *adj2g* unalterable; unchangeable

inamovível *adj2g* 1 immovable, unmovable 2 (cargo, posto) irremovable

inane *adj2g* 1 (vazio) inane; empty 2 (fútil, ridículo) fatuous; senseless

inanição *nf* inanition

inanidade *nf* inanity

inanimado *adj* inanimate

inaplicável *adj2g* 1 inapplicable 2 unsuitable; inappropriate

inaptidão *nf* incompetence; inability

inapto *adj* (sem aptidão) inapt; incompetent; unskilful

inatacável *adj2g* (incontestável) unquestionable; incontestable

inatingível *adj2g* 1 (inalcançável) unattainable 2 (incompreensível) incomprehensible

inatividade *nf* 1 inactivity; inertia 2 (reforma) retirement

inativo *adj* inactive

inato *adj* innate; inborn; *qualidades inatas* innate qualities

inaudito *adj* unprecedented; unheard of; unparalleled

inaudível *adj2g* inaudible

inauguração *nf* inauguration

inaugural *adj2g* inaugural; *discurso inaugural* inaugural speech

inaugurar *vt* to inaugurate; to (declare) open

incalculável *adj2g* inestimable; immeasurable; incalculable

incandescência *nf* incandescence; glow

incandescente *adj2g* incandescent; glowing; red-hot

incansável *adj2g* tireless

incapacidade *nf* 1 incapacity [para, for] 2 incapability; *incapacidade física* physical disablement

incapacitar *vt* 1 (tornar incapaz) to incapacitate; to render incapable 2 (fisicamente) to disable; to cripple

incapaz *adj* 1 (que não consegue) incapable [de, of]; unable [de, to] 2 (inapto) incompetent; inept

incaracterístico ou **incaraterístico** *adj* uncharacteristic [de, of]

incauto *adj* 1 unwary; careless 2 (irrefletido) incautious; imprudent

incendiar *vt* 1 to set on fire, to set fire to 2 (provocar) to ignite; to give rise to ♦ *vp* 1 to catch fire 2 (excitar-se) to become excited

incendiário *nm* arsonist; incendiary ♦ *adj* incendiary; *bomba incendiária* incendiary bomb, firebomb

incêndio *nm* fire; *incêndio florestal* forest fire

incenso *nm* incense

incentivar *vt* 1 (estimular) to encourage [a, to]; to stimulate [a, to]; to inspire [a, to] 2 ECON to give incentives to

incentivo *nm* 1 incentive [a, for; to] 2 (motivação) incitement; encouragement

incerteza *nf* uncertainty; incertitude; doubt

incerto *adj* uncertain

incessante *adj2g* 1 (que não cessa) incessant; unceasing; endless 2 (contínuo) continual; constant

incesto *nm* incest

incestuoso *adj* incestuous

inchaço *nm* swelling

inchado *adj* 1 swollen 2 (vaidoso) puffed up

inchar *vt,i* 1 to swell 2 *fig* (orgulho) to puff up

incidência *nf* incidence ❖ *ângulo de incidência* angle of incidence

incidente *nm* incident; event

incidir *vi* to fall [em, upon]

incineração *nf* incineration

incineradora *nf* incinerator

incinerar *vt* to incinerate

incipiente *adj2g* incipient; initial

incisão *nf* incision; cut

incisivo *adj* **1** *(cortante)* sharp; pointed; acute **2** *(crítica, palavras)* incisive; mordant ♦ *nm* *(dente)* incisor

incitação *nf* **1** *(instigação)* incitement; instigation; exhortation **2** *(estímulo)* stimulus

incitar *vt* **1** *(estimular)* to incite [**a**, to]; to urge [**a**, to]; to exhort [**a**, to] **2** *(instigar)* to instigate; **incitar à violência** to instigate violence

inclassificável *adj2g* **1** unclassifiable **2** *(censurável)* despicable; unworthy

inclemência *nf* inclemency; mercilessness; *a inclemência do tempo* the inclemency of the weather

inclemente *adj2g* inclement; merciless; pitiless

inclinação *nf* **1** inclination **2** *(tendência)* tendency [**para**, to] **3** *(afeição)* affection [**por**, for]

inclinado *adj* **1** *(oblíquo)* inclined; leaning **2** *(propenso)* prone [**a**, to]

inclinar *vt* **1** *(posição)* to incline **2** *(cabeça)* to bow; to bend **3** *(levar a, predispor)* to incline [**a**, to]; to dispose [**a**, to]; to predispose [**a**, to] ♦ *vi* to slope ♦ *vp* **1** *(curvar-se, baixar-se)* to bend (down); to bow (down); to lean; *inclinar-se para a frente* to lean forward; *inclinar-se para trás* to lean back **2** *(ter jeito para)* to have a bent for [**para**, for]; to have an inclination [**para**, for] **3** *(interessar-se)* to incline [**por**, towards]; to feel drawn [**por**, to]

incluído *adj* included; *está tudo incluído no preço* everything is included in the price

incluindo *adv* including; *ao todo somos seis, incluindo a minha irmã* we're six in all, including my sister

incluir *vt* to include; *este preço não inclui o imposto* this price doesn't include tax ♦ *vp* to be included [**em**, in]

inclusão *nf* inclusion [**em**, in]

inclusivamente *adv* inclusively

inclusive *adv* inclusively; inclusive

inclusivo *adj* inclusive

incluso *adj* **1** included [**em**, in] **2** enclosed [**em**, in] **3** *(dente)* impacted

incoerência *nf* incoherence

incoerente *adj2g* **1** *(ideias)* incoherent; illogical **2** *(discurso)* disconnected

incógnita *nf* **1** MAT *(equação)* unknown quantity **2** *(mistério)* mystery; enigma

incógnito *adj* **1** unknown; *o remetente da carta é incógnito* the sender of the letter is unknown **2** *(sob disfarce)* incognito; in disguise; under cover

incolor *adj2g* colourless

incólume *adj2g* **1** intact; untouched **2** safe and sound

incomensurável *adj2g* **1** *(que não se pode medir)* immeasurable; inestimable **2** *(imenso)* immense; huge

incomodado *adj* **1** disturbed; annoyed; bothered **2** *(indisposto)* indisposed; ill **3** *(preocupado)* troubled [**com**, with]

incomodar *vt* *(importunar)* to disturb; to trouble; to bother [**com**, with]; *ela está sempre a incomodar-me* she bothers me all the time; *peço desculpa por incomodá-lo* I hate to disturb you ♦ *vp* **1** to worry [**com**, about; over]; *não se incomode com isso* don't worry about that, never mind that **2** to get upset [**com**, about] ♣ *não incomodar* do not disturb

incomodativo *adj* disagreeable; unpleasant; inconvenient

incómodo *adj* **1** *(desconfortável)* uncomfortable; *esta cadeira é muito incómoda* this chair is very uncomfortable **2** *(que perturba)* annoying; upsetting; distressing ♦ *nm* **1** *(maçada)* trouble; inconvenience; *dar-se ao incómodo de fazer alguma coisa* to take the trouble to do something **2** *(indisposição)* ailment

incomparável *adj2g* incomparable [**a**, to]

incomparavelmente *adv* incomparably

incompatibilidade *nf* incompatibility [**com**, with]

incompatível adj2g incompatible [com, with]

incompetência nf incompetence; incapacity

incompetente adj2g incompetent; unfit [para, for]; *um empregado incompetente* an incompetent employee

incompleto adj 1 (*não acabado*) incomplete; unfinished 2 (*imperfeito*) imperfect

incomplexo adj simple; uncomplicated; plain

incomportável adj2g unaffordable; unsustainable; *custos incomportáveis* unsustainable costs

incompreendido adj misunderstood; misinterpreted

incompreensão nf incomprehension; failure to understand

incompreensível adj2g incomprehensible; unintelligible

incomunicável adj2g incommunicable; unspeakable

inconcebível adj2g 1 (*impensável*) inconceivable; unimaginable; unthinkable 2 (*inacreditável*) incredible; extraordinary

inconciliável adj2g irreconcilable [com, with]; incompatible [com, with]

inconcludente adj2g inconclusive

incondicional adj2g unconditional

inconfessável adj2g 1 that cannot be confessed; unspeakable 2 (*vergonhoso*) shameful; scandalous; *um desejo inconfessável* a shameful desire

inconfesso adj secret

inconfidência nf 1 indiscretion 2 (*falta de confiança*) lack of trust, distrust

inconformismo nm nonconformity

inconformista n2g nonconformist

inconfundível adj2g unmistakable

inconfundivelmente adv unmistakably

incongruência nf incongruity

incongruente adj2g 1 incongruous 2 (*inadequado*) unsuitable [com, to]; inappropriate [com, to]

inconsciência nf 1 unconsciousness 2 (*irresponsabilidade*) irresponsibility; thoughtlessness

inconsciente adj2g 1 unconscious; *desejos inconscientes* unconscious desires 2 unaware [de, of] 3 (*irresponsável*) thoughtless; irresponsible ♦ nm the unconscious

inconsequência nf 1 inconsistency; incoherence 2 (*irreflexão*) thoughtlessness

inconsequente adj2g 1 inconsequential; illogical 2 (*incoerente*) incoherent; incongruous 3 (*irrefletido*) hasty

inconsistência nf inconsistency; incoherence; inconstancy

inconsistente adj2g 1 (*material*) unstable 2 (*incoerente*) inconsistent; incoherent

inconsolável adj2g desolate

inconstância nf 1 (*volubilidade*) inconstancy; moodiness 2 (*instabilidade*) variability; changeability

inconstante adj2g 1 (*que muda*) changeable; inconstant 2 (*de carácter instável*) inconstant; fickle; *comportamento inconstante* fickle behaviour

inconstitucional adj2g unconstitutional; *medida inconstitucional* unconstitutional measure

inconstitucionalidade nf unconstitutionality

incontável adj2g uncountable

incontestado adj undisputed; unchallenged; *o vencedor incontestado* the undisputed winner

incontestável adj2g indisputable; unquestionable

incontinência nf incontinence ❖ *incontinência urinária* incontinence of urine

incontinente adj2g incontinent; *doentes incontinentes* incontinent patients

incontrolável adj2g uncontrollable

incontroverso adj 1 uncontroversial 2 (*incontestável*) incontrovertible; indisputable

inconveniência nf 1 inconvenience 2 (*grosseria*) impropriety; indelicacy

inconveniente adj2g 1 (inoportuno) inconvenient; inopportune 2 (indelicado) impolite 3 (indecoroso) indecorous ♦ nm 1 (obstáculo, transtorno) inconvenience; hindrance 2 (desvantagem) disadvantage

incorporação nf incorporation; integration

incorporar vt,i,p to incorporate [em, in; into]

incorpóreo adj incorporeal

incorreção nf 1 (imprecisão) inaccuracy 2 (erro) mistake; error 3 (indelicadeza) impoliteness

incorrer vi to incur [em, -]

incorreto adj 1 (inexato) incorrect; inaccurate; wrong 2 (indelicado) impolite; **ser incorreto** to have bad manners

incorrigível adj2g incorrigible; incurable

incorruptível adj2g incorruptible

incredulidade nf 1 incredulity; unbelief 2 (dúvida) doubt; suspicion

incrédulo adj incredulous; sceptical; unbelieving ♦ nm unbeliever

incrementação nf 1 expansion; enlargement 2 development

incrementar vt 1 to expand; to enlarge; to increase 2 (fomentar) to promote; to foment

incremento nm 1 expansion 2 promotion

incriminação nf incrimination; accusation

incriminar vt to incriminate; to prove guilty

incriminatório adj incriminating; **provas incriminatórias** incriminating evidence

incrível adj2g incredible

incrustação nf incrustation

incrustar vt 1 to incrust 2 to inlay 3 (pedras preciosas) to set; **ele mandou incrustar o diamante no anel** he had the diamond set on a ring

incubação nf 1 MED incubation; **o período de incubação de uma doença** the incubation period of a disease 2 (de ovos) hatching; incubation

incubadora nf incubator

incubar vt 1 (ovos) to incubate; to hatch; to brood 2 (doença) to incubate ♦ vi to hatch

inculcar vt to inculcate [em, in/into]

inculto adj 1 (terra) uncultivated 2 (sem educação) uncultured, unrefined; uncultivated

incumbência nf 1 incumbency [como, as] 2 duty; mission

incumbir vt to put in charge [de, of] ♦ vp to take upon oneself [de, to]

incurável adj2g 1 incurable; **uma doença incurável** an incurable disease 2 (irremediável) irremediable; irreparable

incúria nf negligence; carelessness

incursão nf incursion

incutir vt 1 (infundir) to instil [em, in]; to inculcate [em, in] 2 (inspirar) to inspire

indagar vt to inquire; to investigate ♦ vi to make inquiries; to investigate

indecência nf 1 indecency 2 (desrespeito) impoliteness; disrespect 3 (dito, ato) obscenity

indecente adj2g 1 (vergonhoso) indecent; shameful 2 (inconveniente) inconvenient

indecifrável adj2g indecipherable; unintelligible

indecisão nf indecision; irresolution

indeciso adj undecided, irresolute; hesitating ♦ nm (eleições) floating voter

indecoroso adj indecorous; improper

indefensável adj2g indefensible; inexcusable

indeferido adj rejected; refused; denied

indeferir vt to reject; to refuse; to deny

indefeso adj (desprotegido) helpless; defenceless

indefinidamente adv indefinitely

indefinido adj indefinite

indefinível adj2g indefinable; indescribable

indelével adj2g indelible

DACIN-DP-63

indelicadeza *nf* indelicacy; impoliteness; incivility

indelicado *adj* 1 *(grosseiro)* indelicate; crude 2 *(mal-educado)* impolite; uncivil

indemnidade *nf* indemnity

indemnização *nf* 1 *(montante)* indemnity; compensation; *pagar uma indemnização a* to pay an indemnity to 2 *(ato de indemnizar)* indemnification

indemnizar *vt* to indemnify [**por**, for]; to compensate [**por**, for]; *ser indemnizado por* to receive compensation for

indentação *nf* TIP indentation

independência *nf* independence; autonomy; *independência financeira* financial independence

independente *adj2g* 1 independent [**de**, of] 2 *(autónomo)* autonomous; self-sufficient ◆ *n2g* POL independent

independentemente *adv* 1 independently 2 regardless [**de**, of]; irrespective [**de**, of]

indescritível *adj2g* indescribable; beyond description

indesculpável *adj2g* inexcusable; unforgivable

indesejado *adj* 1 unwanted; unwished for; *uma gravidez indesejada* an unwanted pregnancy 2 unwelcome; *uma visita indesejada* an unwelcome visitor

indesejável *adj2g* unwanted

indestrutível *adj2g* 1 indestructible 2 *(eterno)* imperishable; everlasting

indeterminação *nf* 1 indetermination 2 *(hesitação)* indecision; irresolution

indeterminado *adj* 1 *(incerto)* indeterminate; indefinite 2 *(indeciso)* irresolute

indevidamente *adv* 1 wrongly; incorrectly 2 improperly

indevido *adj* 1 *(impróprio)* improper; wrong 2 *(injusto)* unjust; unfair; undeserved

index *nm* 1 index 2 *(dedo)* index finger, forefinger

indexar *vt* to index

Índia *nf* India

indiano *adj,nm* Indian ❖ *em fila indiana* in Indian file; in single file

indicação *nf* 1 *(instrução)* direction; instruction 2 *(dica)* suggestion 3 *(sinal)* sign [**de**, of] 4 *(recomendação)* recommendation; advice; *por indicação de* on the orders of

indicado *adj* suitable [**para**, for]; appropriate [**para**, for]

indicador *adj* indicative [**de**, of]; symptomatic [**de**, of] ◆ *nm* 1 indicator 2 *(dedo)* index finger, forefinger

indicar *vt* 1 *(apontar)* to point at 2 *(ser indício de)* to indicate; to be a sign of 3 *(aconselhar)* to recommend; to suggest 4 *(fazer referência a)* to mention; to refer to

indicativo *adj* indicative; *modo indicativo* indicative mood ◆ *nm* 1 LING indicative 2 *(telefone)* dialling code

índice *nm* 1 index 2 *(taxa)* rate; index; *o índice de desemprego* the unemployment index/rate 3 *(nível)* level; *índice de álcool no sangue* blood alcohol level

indiciação *nf* DIR indictment

indiciar *vt* 1 DIR to indict, to accuse 2 *(ser indício de)* to indicate; to denote; to be a sign of

indício *nm* sign [**de**, of]; indication [**de**, of]

índico *adj* Indian; *Oceano Índico* Indian Ocean

indiferença *nf* *(desinteresse)* indifference; detachment

indiferente *adj2g* indifferent

indígena *adj2g* indigenous; *povos indígenas* indigenous peoples ◆ *n2g* native

indigência *nf* *(pobreza extrema)* indigence; poverty

indigente *adj2g* indigent; poor; needy ◆ *n2g* indigent person

indigestão *nf* indigestion; *ter uma indigestão* to suffer from indigestion

indigesto *adj* indigestible

indigitação *nf* nomination; appointment

indigitar *vt* (*nomear*) to designate; to appoint; to nominate

indignação *nf* indignation

indignado *adj* indignant

indignar *vt* to arouse indignation; *a atitude dele indignou os colegas* his attitude aroused the indignation of his coworkers ♦ *vp* to grow indignant [com, at/about]

indignidade *nf* indignity

indigno *adj* unworthy [de, of]

índio *adj,nm* (*pessoa*) Indian ♦ *nm* (*elemento químico*) indium

indireta *nf col* insinuation; hint; *mandar uma indireta* to drop a hint

indiretamente *adv* indirectly

indireto *adj* indirect; *efeitos indiretos* indirect effects ❖ LING *complemento indireto* indirect object; LING *discurso indireto* reported speech

indisciplina *nf* indiscipline, lack of discipline

indisciplinado *adj* undisciplined; unruly; disobedient

indiscreto *adj* 1 (*bisbilhoteiro*) indiscreet; gossipy 2 (*sem tato*) tactless; thoughtless

indiscrição *nf* 1 (*falta de discrição*) indiscretion 2 (*imprudência*) imprudence 3 (*gafe*) gaffe; blunder

indiscriminadamente *adv* aimlessly; randomly

indiscriminado *adj* indiscriminate

indiscutível *adj2g* indisputable; unquestionable; undeniable

indiscutivelmente *adv* unarguably; unquestionably; undoubtedly

indisfarçável *adj2g* undeniable

indispensável *adj2g* 1 (*obrigatório*) indispensable; obligatory; mandatory 2 (*essencial*) essential; vital ❖ *apenas o indispensável* the bare essentials

indisponibilidade *nf* unavailability

indisponível *adj2g* 1 unavailable 2 busy

indispor *vt* 1 (*indisposição física*) to upset 2 (*incomodar*) to upset; to disturb; to annoy ♦ *vp* to grow angry

indisposição *nf* indisposition; ailment

indisposto *adj* indisposed; slightly unwell

indissociável *adj2g* inseparable [de, from]

indissolúvel *adj2g* (*substância*) indissoluble

indistinção *nf* indistinctness

indistinto *adj* 1 indistinct; indistinguishable 2 (*confuso*) vague; unclear

individual *adj2g* 1 individual; (*comida*) *doses individuais* individual portions 2 (*quarto*) single; *quarto individual* single room

individualidade *nf* 1 individuality 2 (*pessoa célebre*) personality; celebrity

individualismo *nm* 1 individualism 2 *pej* (*egoísmo*) selfishness

individualista *adj2g* 1 individualistic 2 *pej* selfish ♦ *n2g* individualist

individualização *nf* individualization

individualizar *vt* to individualize; to distinguish

individualmente *adv* individually; separately

indivíduo *nm* individual; person

indivisível *adj2g* indivisible

indizível *adj2g* unspeakable; unutterable

indo-europeu *adj,nm* Indo-European

índole *nf* character; temper

indolência *nf* indolence; idleness

indolente *adj2g* indolent; idle

indolor *adj2g* painless; *parto indolor* painless childbirth

Indonésia *nf* Indonesia

indonésio *adj,nm* Indonesian

indubitável *adj2g* undoubtable; undeniable; indisputable

indubitavelmente *adv* undoubtedly

indução *nf* induction

indulgência *nf* indulgence

indulgente *adj2g* indulgent

indultar *vt* to pardon; to forgive

indulto *nm* pardon; amnesty

indumentária *nf* costume; clothing

indústria *nf* industry ❖ *indústrias pesadas* heavy industries; *indústria petrolífera* oil business; *indústria têxtil* clothing industry

industrial *adj2g* industrial ♦ *n2g* industrialist ❖ *revolução industrial* industrial revolution; *zona industrial* industrial park

industrialização *nf* industrialization

industrializar *vt,p* to industrialize

indutivo *adj* inductive

indutor *nm* ELET inductor

induzir *vt* 1 *(incitar)* to induce [**a**, to]; *ele induziu-a a aceitar o emprego* he induced her to take the job 2 *(inferir)* to infer [**de**, from]; to deduce [**de**, from] ❖ *induzir em erro* to lead into error

inebriante *adj2g* intoxicating; inebriating

inebriar *vt* to inebriate; to intoxicate

inédito *adj* 1 *(obra)* unpublished 2 *(acontecimento)* unprecedented ♦ *nm* unpublished work

inefável *adj2g* ineffable

ineficácia *nf* inefficiency; ineffectiveness

ineficaz *adj2g* 1 ineffective, ineffectual 2 *(inútil)* useless; futile

ineficiência *nf* inefficiency

ineficiente *adj2g* inefficient

inegável *adj2g* undeniable; incontestable; irrefutable

inelegível *adj2g* ineligible [**para**, for]

inépcia *nf* ineptitude; unskilfulness

inepto *adj* *(inábil)* inept, inapt; unskilful; unskilled

inequívoco *adj* unequivocal; unambiguous

inércia *nf* 1 inertia; apathy 2 FÍS inertia

inerência *nf* inherence

inerente *adj2g* inherent [**a**, in]; intrinsic [**a**, to]

inerte *adj2g* *(que não tem movimento)* inert; motionless

inesgotável *adj2g* inexhaustible; unceasing; endless

inesperadamente *adv* 1 unexpectedly 2 suddenly

inesperado *adj* unexpected; unforeseen; sudden

inesquecível *adj2g* unforgettable; memorable

inestético *adj* unaesthetic; unsightly

inestimável *adj2g* inestimable; invaluable; priceless

inevitabilidade *nf* inevitability

inevitável *adj2g* inevitable; unavoidable

inexatidão *nf* inexactitude; inaccuracy; imprecision

inexato *adj* inexact; inaccurate; imprecise

inexcedível *adj2g* unsurpassable; unbeatable

inexequível *adj2g* impracticable; impossible

inexistência *nf* 1 non-existence 2 lack [**de**, of]; want [**de**, of]

inexistente *adj2g* non-existent

inexorável *adj2g* relentless; inexorable; implacable; inflexible

inexperiência *nf* inexperience [**em**, in]

inexperiente *adj2g* 1 inexperienced [**em**, in] 2 *(ingénuo)* innocent; naïve

inexplicável *adj2g* inexplicable; unexplainable

inexplorado *adj* unexplored

inexpressivo *adj* inexpressive

inexprimível *adj2g* 1 inexpressible 2 *(indizível)* unspeakable; unutterable

inextinguível *adj2g* inextinguishable; ineradicable

inextricável *adj2g* 1 *(emaranhado)* inextricable 2 *(complicado)* unsolvable

infalível *adj2g* infallible; unfailing

infame *adj2g* 1 *(desacreditado)* infamous; disreputable 2 *(desprezível)* despicable ♦ *n2g* infamous fellow

infâmia *nf* 1 infamy 2 disgrace

infância *nf* 1 childhood; *amigo de infância* childhood friend; *recordações de uma infância feliz* memories of a happy childhood 2 *fig (princípio)* infancy

infantaria *nf* MIL infantry; foot-soldiers; *infantaria a cavalo* mounted infantry

infantário *nm* nursery school; nursery

infante *nm* 1 *(filho de rei)* infante; prince 2 MIL infantryman, foot-soldier

infanticida *adj,n2g* infanticide

infanticídio *nm* infanticide

infantil *adj2g* 1 *(criança)* infantile 2 *pej* immature; childish ❖ *não sejas infantil!* grow up!

infantilismo *nm* MED infantilism

infeção *nf* MED infection ❖ *risco de infeção* risk of infection

infecionar ou **infeccionar** *vt* to infect [com, with] ◆ *vi* to become infected

infecioso ou **infeccioso** *adj* infectious, contagious

infelicidade *nf* 1 unhappiness 2 *(acontecimento)* misfortune

infeliz *adj2g* 1 unhappy; miserable 2 *(sem sorte)* unfortunate; unlucky

infelizmente *adv* unfortunately

inferência *nf* inference; deduction; conclusion

inferior *adj* 1 *(qualidade)* inferior [a, to]; *de qualidade inferior* of inferior quality; *em nada inferior a* in no way inferior to 2 lower; *as classes inferiores* the lower classes; *membro inferior* lower limb ◆ *nm* subordinate ❖ *ser inferior a alguém* to be inferior to someone

inferioridade *nf* inferiority ❖ *complexo de inferioridade* inferiority complex

inferiorizar *vt* 1 *(diminuir o valor)* to diminish; to belittle; to depreciate 2 *(desprezar)* to look down on

inferir *vt* to infer [de, from]; to deduce [de, from]

infernal *adj2g* infernal; hellish; *que barulheira infernal!* what an infernal racket!

infernizar *vt* to torment; to torture; *infernizar a vida de alguém* to make someone's life hell

inferno *nm* hell ❖ *vai para o inferno!* go to hell!

infértil *adj2g* infertile; barren

infertilidade *nf* infertility; barrenness

infestar *vt* to infest; to plague

infetar *vt* to infect [com, with]; to contaminate ◆ *vi* to become infected

infidelidade *nf* 1 *(adultério)* infidelity; adultery 2 *(falta de lealdade)* unfaithfulness; disloyalty

infiel *adj2g* 1 *(adúltero)* unfaithful [a, to] 2 *(desleal)* disloyal [a, to] ◆ *n2g* REL unbeliever

infiltração *nf* infiltration

infiltrado *adj* infiltrated ◆ *nm* infiltrator

infiltrar *vt,p* to infiltrate [em, into]

ínfimo *adj* lowest; meanest ❖ *de ínfima qualidade* of the lowest quality

infindável *adj2g* endless; unending; ceaseless

infinidade *nf* infinity [de, of]; infinitude [de, of]

infinitesimal *adj2g* infinitesimal

infinitivo *nm* LING *(modo)* infinitive

infinito *adj* infinite ◆ *nm* the infinite

infixo *nm* LING infix

inflação *nf* ECON inflation; *reduzir a inflação* to bring down inflation; *taxa anual de inflação* annual inflation rate

inflacionar *vt* 1 to inflate; *isso vai inflacionar os preços* this will inflate prices 2 *(moeda)* to devalue

inflamação *nf* MED inflammation

inflamado *adj* 1 *(inflamação)* inflamed 2 *fig* passionate; vehement

inflamar *vt* 1 MED to inflame 2 *(fogo)* to ignite; to set on fire 3 *fig (exaltar)* to inflame; to excite

inflamatório *adj* MED inflammatory

inflamável *adj2g* *(substância)* inflammable

infletir *vt* 1 to inflect; to bend; to curve 2 LING to inflect

inflexão *nf* inflection

inflexibilidade *nf* inflexibility

inflexível *adj2g* 1 *(que não se dobra)* inflexible; unbendable; stiff 2 *(intransigente)* uncompromising

infligir *vt* to inflict [**a**, on/upon]; to impose [**a**, on/upon]

influência *nf* influence

influenciar *vt* 1 to influence; to exert influence on 2 *(alterar)* to affect 3 *(condicionar)* to bias

influenciável *adj2g* easily influenced; easily led

influente *adj2g* influential; powerful; *um empresário influente* an influential businessman

influenza *nf* MED influenza

influir *vi* 1 to exert influence [**em**, on] 2 *(ter importância)* to matter

influxo *nm* inflow; influx

infoexcluído *adj* info-excluded

infoexclusão *nf* info-exclusion

informação *nf* information ♦ *nfpl* (telefone) directory enquiries; information *EUA* ❖ *serviços de informação* Intelligence Department

informador *nm* informant; (da polícia) informer

informal *adj2g* 1 informal; *uma reunião informal* an informal meeting 2 (roupa) casual

informar *vt* to inform [**de**, of/about] ♦ *vp* 1 to ask for information [**de/sobre**, about/on] 2 to keep informed ❖ *form informamos que...* we would like to inform you that...

informática *nf* computing; computer science

informático *nm* computer expert, computer scientist ♦ *adj* computing

informativo *adj* informative

informatizar *vt* to computerize

informe *adj2g* 1 shapeless 2 *(incompleto)* unfinished; incomplete 3 *(monstruoso)* grotesque; monstrous ♦ *nm* piece of information

infortúnio *nm* misfortune

infração *nf* 1 (de lei, regra) infraction [**de**, of]; violation [**de**, of] 2 DESP foul play

infraestrutura *nf* infrastructure

infrator *nm* criminal offender; infractor

infravermelho *adj,nm* infrared

infringir *vt* to infringe; to violate; *infringir a lei* to break the law

infrutífero *adj* 1 unfruitful 2 *fig* (vão) useless; vain; futile

infundado *adj* groundless

infundir *vt* 1 to instil [**em**, in/into]; to inculcate [**em**, in/into] 2 *(sentimentos)* to inspire; *infundir medo* to inspire fear

infusão *nf* of infusion [**de**, of]

ingenuidade *nf* naivety

ingénuo *adj* naïve; ingenuous

ingerência *nf* interference [**em**, in]; intrusion [**em**, in]

ingerir *vt* to swallow; to ingest

ingestão *nf* ingestion; swallowing

Inglaterra *nf* England

inglês *adj* English ♦ *nm* 1 (homem) Englishman; (mulher) Englishwoman; *os ingleses* the English 2 (língua) English ❖ *isso é só para inglês ver* that's just show-off

inglório *adj* (vergonhoso) shameful; ignominious; *uma derrota inglória* a shameful defeat

ingovernável *adj2g* 1 (país, situação) ungovernable; uncontrollable 2 (máquina, situação) unmanageable

ingratidão *nf* ingratitude; ungratefulness

ingrato *adj* 1 (pessoa) ungrateful 2 (atividade) thankless; unpleasant; *uma tarefa ingrata* a thankless task

ingrediente *nm* 1 ingredient; *os ingredientes de um bolo* the ingredients of a cake 2 *fig* (componente) ingredient; component

íngreme *adj2g* steep; *uma estrada íngreme* a steep road

ingressar vi **1** (escola, universidade) to gain admission [em, to] **2** (associação) to join [em, -]; to enter [em, into]; to become a member [em, of]; *ingressar numa sociedade* to enter into a partnership **3** MIL to join [em, -]; to enlist [em, -]; *ingressar na Força Aérea* to join the Air Force

ingresso nm **1** (bilhete) ticket **2** (admissão) admission; access; *preço de ingresso* admission fare

inibição nf inhibition

inibido adj inhibited; repressed; *sentir-se inibido* to be/feel inhibited

inibir vt to inhibit; to repress

iniciação nf **1** (primeira experiência) initiation **2** (formação) introduction [a, to]

iniciado adj initiated ♦ nm initiate

iniciador nm initiator

inicial adj2g initial; *o objetivo inicial* the initial aim ♦ nf (letra) initial, initial letter; *as iniciais de um nome* the initials of a name

inicialmente adv in the beginning; initially

iniciar vt **1** (começar) to initiate; to start; *iniciar um torneio* to initiate a tournament **2** (primeira experiência) to initiate [em, into] ♦ vp **1** to enter; *iniciou-se no mundo da política* he entered in the world of politics **2** (sociedade) to be admitted [em, to] **3** (acontecimento) to begin; to start

iniciativa nf initiative ❖ *por iniciativa própria* on one's own initiative; *ter capacidade de iniciativa* to have initiative; *tomar a iniciativa* to take the initiative

início nm beginning; start; outset ❖ *desde o início* from the outset; *ter início* to start off

inigualável adj2g unparalleled

inimaginável adj2g unimaginable; inconceivable

inimigo nm enemy; foe; *derrotar os inimigos* to defeat one's enemies ♦ adj enemy

inimitável adj2g inimitable

inimizade nf enmity; hostility

ininteligível adj2g unintelligible; incomprehensible

ininterrupto adj uninterrupted; unceasing; constant

iniquidade nf iniquity; injustice

iníquo adj iniquitous

injeção nf **1** injection; shot col **2** col (aborrecimento) bore

injetado adj **1** (injeção) injected **2** (inflamação) bloodshot; inflamed; *olhos injetados* bloodshot eyes

injetar vt to inject [em, into]; *injetar o antibiótico nas veias* to inject the antibiotic into one's veins ♦ vp (drogas) to shoot oneself

injúria nf **1** (ofensa) insult, offence **2** (calúnia) slander; calumny

injuriar vt **1** (insultar) to insult **2** (caluniar) to slander; to defame

injurioso adj **1** (insultuoso) insulting; injurious **2** (calunioso) slanderous

injustamente adv unjustly; unfairly

injustiça nf injustice; unfairness

injustificável adj2g unjustifiable; inexcusable

injusto adj unjust; unfair; inequitable

inobservância nf (regras) disobedience; violation

inocência nf (condição) innocence; *proclamar a sua inocência* to protest one's innocence **2** (ingenuidade) naivety; innocence ❖ *a idade da inocência* the age of innocence

inocentar vt **1** (crime) to declare not guilty; to acquit **2** (transgressão) to clear [de, of]

inocente adj2g **1** (culpa) innocent; guiltless; DIR *declarar inocente* to declare not guilty **2** (ingénuo) naïve ♦ n2g innocent ❖ *fazer-se de inocente* to play the innocent

inoculação nf inoculation; vaccination

inocular vt to inoculate [com, with; contra, against]; *inocular alguém contra o tétano* to inoculate someone against tetanus

inócuo *adj (inofensivo)* innocuous; harmless; inoffensive

inodoro *adj* odourless; scentless ❖ *gás inodoro* odourless gas

inofensivo *adj* harmless

inolvidável *adj2g* unforgettable; memorable

inoperante *adj2g* inoperative

inopinadamente *adv* 1 *(inesperadamente)* unexpectedly; surprisingly 2 *(de súbito)* suddenly

inopinado *adj* unexpected; unforeseen

inoportuno *adj* inopportune; inconvenient

inorgânico *adj* inorganic ❖ *química inorgânica* inorganic chemistry

inóspito *adj (local)* inhospitable; desolate; barren

inovação *nf* innovation; *inovação tecnológica* technological innovation

inovador *adj* innovative; progressive ♦ *nm* innovator; pioneer

inovar *vt* to innovate

inoxidável *adj2g* rustproof ❖ *aço inoxidável* stainless steel

inqualificável *adj2g* 1 unqualified 2 *(vergonhoso)* contemptible; despicable; *ato inqualificável* despicable deed

inquebrável *adj2g* unbreakable; nonbreaking

inquérito *nm* 1 *(opinião pública)* survey 2 *(polícia)* inquiry; investigation; *abrir um inquérito* to hold an inquiry ❖ *inquérito preliminar* preliminary inquest

inquestionável *adj2g* unquestionable

inquietação *nf* 1 *(agitação)* restlessness; unrest 2 *(perturbação)* uneasiness; worry 3 *(preocupação)* anxiety; anxiousness; concern

inquietar *vt* to worry ♦ *vp* to fret [com, over/about]; to worry [com, about]; *inquietar-se com a demora* to fret over the delay; *não se inquiete* don't worry

inquieto *adj* 1 *(agitado)* restless 2 *(preocupado)* worried; concerned

inquilino *nm* tenant

inquiridor *adj* inquisitive

inquirir *vt* 1 *(investigar)* to inquire into; to look into; to investigate 2 *(perguntar)* to inquire; to ask; to query EUA 3 *(testemunha)* to inquire; to interrogate; to question

Inquisição *nf* HIST Inquisition, Office

inquisidor *nm* inquisitor; interrogator ♦ *adj* inquisitive; *olhar inquisidor* inquisitive glance

insaciável *adj2g* 1 *(condição mental)* insatiable; unquenchable 2 *(sentidos)* voracious; insatiable; *apetite insaciável* voracious appetite

insalubre *adj2g* noxious; unhealthy

insanável *adj2g* irretrievable; irreparable; irremediable; *danos insanáveis* irretrievable damage

insatisfação *nf* dissatisfaction [**com**, with]

insatisfeito *adj* dissatisfied [**com**, with]

inscrever *vt* 1 *(pôr em lista)* to register [**em**, at]; to sign in [**em**, at] 2 *(escola, universidade)* to enrol [**em**, on] 3 *(gravação)* to inscribe [**em**, on] ♦ *vp* 1 to register [**em**, at]; *já te inscreveste?* have you registered yet? 2 MIL to enlist [**em**, in/into]; *inscrever-se na Força Aérea* to enlist in the Air Force 3 *(escola, universidade)* to enrol [**em**, in]; *inscrever-se num curso de tradução* to enrol in a translation course

inscrição *nf* 1 *(matrícula)* enrolment 2 *(competição)* entry 3 *(em pedra ou metal)* inscription

inscrito *adj* 1 *(registado)* registered 2 *(escola, associação)* enrolled; *membros inscritos* enrolled members

insegurança *nf* 1 *(sentimentos, situação)* insecurity 2 *(incerteza)* uncertainty; doubt 3 *(perigo)* lack of safety

inseguro *adj* 1 *(sem confiança)* insecure; *sentir-se inseguro* to feel insecure 2 *(duvidoso)* uncertain; doubtful 3 *(situação)* unsafe; insecure

inseminação *nf* insemination ❖ *inseminação artificial* artificial insemination

inseminar *vt* to inseminate

insensato *adj* 1 unwise; unreasonable 2 (*tolo*) foolish; silly

insensibilidade *nf* insensitivity [a, to]

insensibilizar *vt* to numb; to dull; to deaden

insensível *adj2g* (sentidos) insensitive [a, to]

inseparável *adj2g* inseparable [de, from]

inserção *nf* insertion ❖ *inserção social* social integration

inserir *vt* 1 to insert [em, in/into] 2 (sociedade) to integrate [em, into]

inseticida ou **insecticida** *adj,nm* insecticide; *pó inseticida* insect powder

insetívoro ou **insectívoro** *adj* insectivorous ♦ *nm* insectivore

inseto *nm* insect

insidioso *adj* 1 (invulgar) insidious 2 (traição) treacherous 3 (manhoso) cunning; sly; deceitful

insigne *adj2g* (pessoa) eminent; illustrious

insígnia *nf* 1 (organizações) emblem; insignia 2 *fig* (símbolo) token; symbol

insignificância *nf* 1 insignificance; *a insignificância da soma* the insignificance of the sum 2 (ninharia) trifle; triviality; *preocupar-se com insignificâncias* to worry about trifles

insignificante *adj2g* insignificant; unimportant

insinceridade *nf* insincerity

insincero *adj* insincere

insinuação *nf* insinuation; hint

insinuante *adj2g* 1 insinuating 2 charming

insinuar *vt* to insinuate; to hint at; *que estás a insinuar?* what are you insinuating? ♦ *vp* 1 *pej* (meio) to worm one's way [em, into] 2 (sedução) to make a pass [junto a, at]

insipidez *nf* (sabor) insipidity; unsavouriness; tastelessness

insípido *adj* 1 (sabor) insipid; tasteless; savourless 2 *fig* (monotonia) dull; uninteresting

insistência *nf* 1 insistence [em, on] 2 (persistência) persistence 3 (teimosia) stubbornness

insistente *adj2g* 1 insistent 2 (persistente) persistent 3 (teimoso) stubborn

insistir *vi* 1 to insist [em, on/upon] 2 (persistir) to persist [em, in] 3 (discurso, discussão) to make a point of 4 to pressure [com, -]; *insistir com alguém* to pressure someone

insolação *nf* MED sunstroke

insolência *nf* 1 (comportamento) insolence; rudeness 2 arrogance

insolente *adj2g* 1 (comportamento) insolent; rude 2 arrogant

insólito *adj* 1 (invulgar) extremely unusual; uncommon 2 (nunca visto) unprecedented; unheard-of

insolúvel *adj2g* 1 (substância) insoluble 2 *fig* (sem solução) unsolvable; insoluble

insolvência *nf* (falência) insolvency; bankruptcy

insolvente *adj2g* (falência) insolvent; bankrupt

insondável *adj2g* unfathomable, impenetrable

insónia *nf* insomnia; sleeplessness; *ter insónias* to suffer from insomnia

insonorização *nf* soundproofing

insosso *adj* 1 (sem sal) unsalted 2 (sem sabor) unsavoury; insipid; tasteless 3 *fig* (sem interesse) dull; boring

inspeção *nf* inspection; examination ❖ *inspeção sanitária* health inspection

inspecionar *vt* to inspect; to investigate; to look into

inspetor *nm* inspector

inspiração *nf* 1 (criação) inspiration 2 (respiração) breathing; inhaling ❖ *estar sem inspiração* to lack inspiration; *fontes de inspiração* sources of inspiration

inspirador *nm* inspirer ♦ *adj* inspiring; inspirational

inspirar *vt* 1 to inspire [a, to] 2 (sentimentos) to inspire [a, in]; *inspirar confiança a alguém* to inspire trust in someone 3 (respiração) to breathe in; to inhale ♦ *vi* (respiração) to breathe in; to inhale; *inspire!* breathe in! ♦ *vp* to get inspiration [em, from]

instabilidade *nf* 1 (situação) instability 2 (desequilíbrio) unsteadiness

instalação *nf* 1 installation 2 (equipamento) fitting; equipment 3 (colocação) setting-in ♦ *nfpl* (edifício) facilities

instalar *vt* (maquinaria) to install; to set up; to fit out ♦ *vp* 1 (estabelecer-se) to settle 2 (acomodar-se) to sit comfortably 3 (negócios) to set up business [em, in]

instância *nf* 1 (exemplo) instance; case 2 DIR lawsuit; *tribunal de primeira instância* court of first instance; *tribunal de última instância* court of last resource ❖ *em última instância* as a last resource

instantaneamente *adv* instantly

instantaneidade *nf* instantaneousness

instantâneo *adj* 1 (imediato) instantaneous; immediate; *a reação foi instantânea* reaction was instantaneous 2 (súbito) sudden; *morte instantânea* sudden death 3 (alimentos) instant; *café instantâneo* instant coffee

instante *nm* instant; moment ❖ *a cada instante* all the time; *nesse preciso instante* at that very moment; *num instante* in a moment

instar *vi* (pressionar) to urge [a que, to] ♦ *vt* (solicitar) to request [a, to]

instauração *nf* establishment

instaurar *vt* 1 (estabelecer) to establish; to institute 2 DIR (processo) to bring [contra, against]

instável *adj2g* 1 (equilíbrio) unsteady; shaky 2 (situação) unstable; unpredictable 3 (pessoa) unstable; unbalanced

instigação *nf* instigation [a, to]; incitement [a, to]

instigar *vt* to instigate [a, to]; to incite [a, to]

instilar *vt* to instil; to inculcate

instintivo *adj* 1 instinctive; *reação instintiva* instinctive reaction 2 (impulsos) spontaneous 3 (mente) intuitive

instinto *nm* 1 instinct; *instinto de sobrevivência* survival instinct; *agir por instinto* to act on instinct 2 (mente) intuition

institucional *adj2g* institutional

institucionalizar *vt* to institutionalize

instituição *nf* 1 (organização) institution; *instituição de caridade* charitable institution 2 (processo) setting-up; establishment

instituir *vt* 1 (regra, sistema) to institute; to establish 2 (fundação) to set up; to found 3 (nomear) to appoint [em, to]

instituto *nm* 1 (ensino, investigação) institute 2 (arte) academy; institute ❖ *instituto de beleza* beauty salon; *instituto de investigação médica* medical research institute; *instituto de línguas* language institute

instrução *nf* 1 (ensino) instruction; teaching; education 2 (aprendizagem) education; learning; training ♦ *nfpl* (indicações, ordens) instructions; *seguir as instruções* to follow instructions; *receber instruções para* to be instructed to

instruído *adj* learned; well-read; cultured

instruir *vt* 1 (ordens) to instruct 2 (ensino) to train ♦ *vp* to learn

instrumentação *nf* MÚS instrumentation; orchestration

instrumental *adj2g* instrumental

instrumentista *n2g* MÚS instrumentalist

instrumento *nm* 1 (ferramentas) instrument; tool 2 MÚS instrument

instrutivo *adj* instructive; informative

instrutor *nm* instructor; trainer; teacher

insubmisso *adj* insubordinate

insubordinação *nf* insubordination

insubordinado *adj* insubordinate ♦ *nm* (*rebelde*) insubordinate person; rebel

insubstituível *adj2g* irreplaceable

insucesso *nm* failure; flop ❖ *insucesso escolar* academic failure

insuficiência *nf* 1 (*escassez*) insufficiency; shortage 2 MED insufficiency; failure; *insuficiência renal* kidney failure

insuficiente *adj2g* insufficient ♦ *nm* (nota de escola) D; *tive insuficiente no teste* I got a D on the test

insuflar *vt* (sopro) to breathe into

insuflável *adj2g* inflatable ❖ *colchão insuflável* airbed

insular *adj2g* insular

insularidade *nf* insularity

insulina *nf* insulin

insultar *vt* (linguagem, ato) to insult; to be offensive to

insulto *nm* insult

insultuoso *adj* (insulto) insulting; abusive; *linguagem insultuosa* foul language

insuperável *adj2g* 1 (obstáculo) insurmountable; insuperable; *dificuldades insuperáveis* insurmountable difficulties 2 (competição) unbeatable 3 (sem paralelo) unrivalled; unmatched; unparalleled

insuportável *adj2g* unbearable; intolerable

insurgir-se *vp* (revolta) to rebel [contra, against]

insurreição *nf* 1 insurrection 2 riot

insuspeito *adj* unsuspected; unknown

insustentável *adj2g* 1 (argumento) untenable 2 unbearable; intolerable; *situação insustentável* unbearable situation

intacto *adj* 1 (inteireza) intact 2 *fig* (pureza) untouched

íntegra *nf* totality; full text ❖ *na íntegra* in full

integração *nf* integration

integral *adj2g* 1 (completo) comprehensive 2 (alimento) whole; *pão integral* wholemeal bread 3 MAT integral ♦ *nf* MAT integral

integralidade *nf* entirety ❖ *na integralidade* in its entirety

integralmente *adv* in its entirety; completely

integrante *adj2g* integral ❖ *parte integrante* integral part

integrar *vt* 1 to integrate [em, into]; *integrar na sociedade* to integrate into society 2 (pertencer) to be part of; to take part in; *integrar uma equipa* to be part of a team

integridade *nf* integrity; honesty

íntegro *adj* 1 (totalidade) whole; complete; entire 2 (moral) upright; honest; righteous

inteiramente *adv* entirely; absolutely

inteirar *vt* (informar) to inform; to tell ♦ *vp* to find out [de, about]; to learn [de, about]; *inteirar-se de um assunto* to learn about a matter

inteiro *adj* 1 entire; whole 2 MAT integer ❖ *por inteiro* fully

intelecto *nm* intellect

intelectual *adj,n2g* intellectual; *atividade intelectual* intellectual activity

inteligência *nf* 1 intelligence 2 (agudeza de espírito) wit ❖ *inteligência artificial* artificial intelligence

inteligente *adj2g* intelligent

inteligibilidade *nf* intelligibility

inteligível *adj2g* intelligible

intempérie *nf* (tempo) bad weather; inclemency ❖ *exposto à intempérie* exposed to the elements

intempestivo *adj* 1 (tempo) untimely 2 (súbito) sudden; unforeseen

intenção *nf* intention ❖ *segundas intenções* ulterior motive

intencional *adj2g* intentional; premeditated; deliberate

intencionalmente *adv* intentionally; on purpose; deliberately

intendência *nf* 1 (departamento) superintendence; intendance 2 MIL intendance

intendente *n2g* 1 (repartição) intendant 2 (polícia) superintendent

intensidade *nf* (geral) intensity

intensificação *nf* 1 (*aumento*) intensification; enhancement 2 (*agravamento*) aggravation

intensificador *nm* intensifier ♦ *adj* intensifying; enhancing

intensificar *vt* 1 (força) to intensify 2 (*reforçar*) to enhance; to heighten

intensivo *adj* intensive ❖ *cuidados intensivos* intensive care; *curso intensivo* crash course

intenso *adj* intense

interação *nf* interaction; interplay

interajuda *nf* cooperation; teamwork

interatividade *nf* interactivity

interativo *adj* interactive; *atividades interativas* interactive activities

intercalar *vt* to insert

intercâmbio *nm* interchange; exchange; *intercâmbio de ideias* interchange of ideas

interceção *nf* 1 (mensagem, viajante) interception 2 (sinal de rádio) interception; interference

interceder *vi* to intercede [**por**, for; **junto de**, with]; *interceder por alguém* to intercede for someone

intercessão *nf* intercession; mediation; intervention

intercetar *vt* 1 (viajante, encomenda) to intercept 2 (sinal de rádio) to intercept; to interfere

intercomunicador *nf* (aparelho) intercom

intercontinental *adj2g* intercontinental; *viagem intercontinental* intercontinental voyage

intercostal *adj2g* ANAT intercostal

interdependência *nf* interdependence

interdependente *adj2g* interdependent

interdição *nf* (*proibição*) interdiction; prohibition

interdigital *adj2g* interdigital

interdisciplinar *adj2g* interdisciplinary

interditar *vt* to interdict

interdito *adj* (*proibido*) forbidden; *filme interdito a menores de dezoito anos* NC-17, No One 17 and Under Admitted ♦ *nm* interdict

interessado *adj* 1 (curiosidade) interested [**em**, in] 2 (empenho) interested [**em**, in]; concerned [**em**, in]; *mostrou-se interessado em aprender mais sobre o tema* he showed interest in learning the subject further 3 DIR concerned [**em**, in]; *as partes interessadas* the concerned parties ♦ *nm* interested party

interessante *adj2g* 1 interesting 2 (*absorvente*) engrossing; absorbing; *um livro interessante* an engrossing book

interessar *vt* to interest ♦ *vi* to be interesting ♦ *vp* 1 (gosto) to be interested [**por**, in]; to take an interest [**por**, in] 2 (empenho) to concern; *isso interessa-me* that interests me ❖ *a quem interessar* to whom it may concern; *não interessa* it doesn't matter; *não interessar para nada* to be of no value whatsoever

interesse *nm* interest [**por/em**, in]; *perder o interesse em* to lose interest in

interesseiro *adj* self-interested ♦ *nm* false friend

interface *nf* interface

interferência *nf* interference

interferir *vi* (intervenção) to interfere [**em**, in/with]

ínterim *nm* interim; meantime; interval ❖ *neste ínterim* in the meantime

interinamente *adv* temporarily

interino *adj* temporary; interim

interior *adj2g* 1 interior 2 (estradas, autódromos) inside; *faixa interior* inside lane ♦ *nm* 1 interior; inside 2 (território) inland; interior

interioridade *nf* interiority; *os custos da interioridade* the expenses of living in the interior

interiorização *nf* internalization

interiorizar *vt* to internalize; *interiorizar conhecimentos* to internalize knowledge

interiormente adv 1 (espaço) interiorly; inwardly 2 (íntimo) deep down inside; inwardly; privately

interjeição nf LING interjection

interligado adj interconnected; interrelated

interligar vt to interconnect; to interrelate

interlocutor nm 1 (diálogo) interlocutor 2 (contenda) interlocutor; mediator

interlúdio nm 1 MUS interlude 2 (pausa) interlude; break

intermediário nm go-between; middleman; intermediary

intermédio adj 1 intermediate 2 (tamanho) medium; average ❖ *por intermédio de* through

interminável adj2g endless; never-ending; interminable

intermitente adj2g intermittent

internacional adj2g international ❖ *comércio internacional* international trade; *direito internacional* international law; *relações internacionais* international relations

internacionalização nf internationalization

internacionalizar vt to internationalize

internamento nm hospitalization

internar vt 1 (hospital, clínica) to hospitalize 2 (doenças mentais) to commit; *internar alguém numa clínica para doentes mentais* to commit someone to a mental institution

internato nm boarding school

Internet nf INFORM Internet

interno adj 1 internal 2 (aluno) boarding

interpelação nf interpellation; *interpelação ao Governo* interpellation to the Government

interpelador nm interpellator

interpelar vt to interpellate; to question; *interpelar um ministro* to interpellate a minister

interpessoal adj2g interpersonal; *relações interpessoais* interpersonal relations

interplanetário adj interplanetary; *espaço interplanetário* interplanetary space

interpolar vt (incluir) to interpolate; to insert

interpor vt 1 (intercalar) to interpose; to put between 2 (acrescentar) to insert; to add 3 DIR to lodge; *interpor um recurso* to lodge an appeal ❖ vp to come [entre, between]; to interpose [entre, between]; *interpor-se entre os dois lutadores* to interpose between the two fighters

interposição nf 1 (inclusão) interposition; insertion 2 DIR lodging; *interposição de recurso* lodging of an appeal

interpretação nf 1 interpretation; *interpretação de textos* interpretation of a text 2 (músico, ator) performance 3 (tradução) interpreting

interpretar vt 1 (situação) to interpret; to take; to make out; *como interpretas a reação dele?* how do you take his reaction? 2 (texto, filme) to interpret 3 (tradução) to interpret; to translate 4 (músico, ator) to interpret; to perform

interpretativo adj interpretative

intérprete n2g 1 (tradutor) interpreter; translator 2 (arte, música, representação) performer

inter-racial adj2g interracial

interregno nm (intervalo) interregnum; *neste interregno* in the meantime

inter-relação nf interrelationship [entre, between]; correspondence [entre, between]

inter-relacionado adj interrelated; interconnected; linked

inter-relacionar vt to interrelate; to interconnect

interrogação nf 1 (ação) interrogation; inquiry; query 2 (pergunta) question 3 fig doubt; *ainda estava cheia de interrogações* she was still full of doubts ❖ *ponto de interrogação* question mark

interrogador nm interrogator

interrogar *vt* 1 to interrogate; to question 2 (investigação criminal) to cross-examine; to examine; *interrogar testemunhas* to cross-examine witnesses

interrogativo *adj* interrogative; inquisitive; *olhar interrogativo* inquisitive glance ❖ *pronome interrogativo* interrogative pronoun

interrogatório *nm* 1 (tribunal) cross-examination 2 (investigação) inquiry, enquiry 3 (geral) interrogation

interromper *vt* to interrupt

interrupção *nf* 1 interruption; break 2 (*corte*) cutting off

interruptor ou **interrutor** *nm* switch; *desligar o interruptor* to switch off; *interruptor da luz* electric light switch; *ligar o interruptor* to switch on

interseção ou **intersecção** *nf* intersection

intersetar ou **intersectar** *vt* to intersect

interstício *nm* interstice

interurbano *adj* 1 (entre cidades) interurban; *autocarros interurbanos* interurban buses 2 (telefone) long-distance; *chamada interurbana* long-distance call

intervalo *nm* 1 interval; *com curtos intervalos* at short intervals; *com intervalos de* at intervals of 2 (*pausa*) break; *vamos fazer um intervalo* let's take a break 3 (espaço) gap 4 DESP half-time 5 MÚS interval

intervenção *nf* 1 intervention 2 MED operation

interveniente *adj2g* intervening ♦ *n2g* participant

intervir *vi* (participação) to intervene [em, in]; to take action [em, in]; *intervir numa disputa* to intervene in a dispute

intestinal *adj2g* intestinal

intestino *nm* intestine; *intestino delgado* small intestine; *intestino grosso* large intestine

intimação *nf* 1 intimation; announcement; notification 2 DIR summons; subpoena

intimar *vt* DIR (*notificar*) to summon; to notify

intimidação *nf* intimidation

intimidade *nf* 1 (*proximidade*) intimacy; closeness; *ter uma relação de intimidade com alguém* to have a close relationship with someone 2 (*privacidade*) intimacy; privacy

intimidar *vt* to intimidate

íntimo *adj* 1 (amizade) intimate; close; *amigos íntimos* close friends 2 (espaço) intimate; cosy; *restaurante íntimo* cosy restaurant 3 (privado) intimate; private; *conversa íntima* private conversation ♦ *nm* core; heart; *no seu íntimo* deep down inside

intitular *vt* to give a title to; to name ♦ *vp* 1 (livro, canção, etc.) to be entitled; to be called 2 to call oneself

intocável *adj2g* untouchable

intolerância *nf* intolerance

intolerante *adj2g* intolerant

intolerável *adj2g* intolerable; insufferable; unbearable

intoxicação *nf* poisoning; *intoxicação alimentar* food poisoning

intoxicar *vt* to poison

intracelular *adj2g* intracellular

intraduzível *adj2g* untranslatable

intragável *adj2g* 1 (comida) uneatable 2 *fig,pej* (insuportável) unbearable; insufferable; *um filme intragável* an insufferable film

intramuscular *adj2g* intramuscular

intransigência *nf* intransigence; inflexibility

intransigente *adj2g* intransigent; inflexible

intransitável *adj2g* (via) impassable

intransitivo *adj* LING intransitive; *verbo intransitivo* intransitive verb

intransmissível *adj2g* untransferable

intransponível *adj2g* insurmountable

intratável *adj2g* 1 intractable 2 (pessoa) unsociable

intrauterino *adj* ANAT intrauterine ❖ (contraceção) *dispositivo intrauterino* intrauterine device

intravenoso *adj* intravenous

intrepidez *nf* (coragem) intrepidity; dauntlessness

intrépido *adj* (sem medo) intrepid; fearless; dauntless

intriga *nf* 1 (maquinação) intrigue; plotting 2 (enredo) plot

intrigante *adj2g* intriguing; puzzling; baffling

intrigar *vt* 1 (perplexidade) to intrigue; to perplex; to puzzle; *o telefonema intrigou-me* the call puzzled me 2 (conspiração) to intrigue; to plot; to scheme ❖ *vi* to intrigue; to gossip; to tell tales

intriguista *n2g* schemer; plotter; intriguer

intrincado *adj* 1 intricate 2 (complexo) complex

intrínseco *adj* intrinsic; inherent; *qualidades intrínsecas* intrinsic qualities

introdução *nf* 1 introduction; *introdução de novas ideias* introduction of new ideas 2 (obra) introduction; preface; foreword

introdutório *adj* introductory; preliminary

introduzir *vt* 1 to introduce [em, in]; to bring in; *introduzir novas tecnologias* to bring in new technologies 2 (estabelecimento) to establish; to set up; *introduzir novas regras* to set up new regulations

intrometer-se *vp* to meddle [em, in]; to interfere [em, in]

intrometido *adj* meddlesome; interfering ❖ *nm* meddler

intromissão *nf* interference [em, in]

introspeção *nf* introspection; *momentos de introspeção* moments of introspection

introspetivo *adj* introspective

introversão *nf* introversion

introvertido *adj* introverted ❖ *nm* introvert

intrujão *adj* deceitful ❖ *nm* cheat

intrujar *vt* 1 (vigarice) to swindle 2 (enganar) to deceive; to fool; to take in; *não te deixes intrujar* don't let yourself be taken in

intruso *nm* 1 (festa, local) intruder 2 (propriedade) trespasser

intuição *nf* 1 (sentidos) intuition; instinct; *a minha intuição diz-me* my intuition tells me so 2 (conhecimento) perception; insight

intuir *vt* to intuit; to guess

intuitivo *adj* intuitive; instinctive

intuito *nm* aim; objective

intumescer *vi* to intumesce

inultrapassável *adj2g* unsurpassable; insurmountable

inumar *vt* to inhume

inundação *nf* flood

inundar *vt* 1 to flood 2 *fig* to inundate [com, with]

inusitado *adj* unusual; uncommon; never seen before

inútil *adj2g* 1 (sem utilidade) useless 2 (vão) vain; pointless ❖ *n2g* a good-for-nothing; *não passava de um inútil* he was nothing but a good-for-nothing

inutilidade *nf* uselessness

inutilizar *vt* 1 (estragar) to damage 2 (pessoa) to disable; to cripple; *o acidente inutilizou-o* the accident disabled him 3 (anular) to invalidate

inutilmente *adv* in vain; of no use; uselessly

invadir *vt* (geral) to invade

invalidação *nf* invalidation

invalidade *nf* DIR invalidity; nullity; *invalidade de um casamento* invalidity of a marriage

invalidar *vt* to invalidate

invalidez *nf* MED invalidity; disability; handicap ❖ *pensão de invalidez* invalidity pension

inválido *adj* 1 (pessoa) disabled; handicapped 2 (validade) invalid; *o contrato foi considerado inválido* the contract was considered invalid ♦ *nm* (pessoa) disabled person; handicapped person

invariável *adj2g* **1** (*imutável*) invariable; unchangeable **2** (*constante*) firm; persistent; constant

invasão *nf* invasion ❖ *invasão de privacidade* invasion of privacy

invasor *adj* invading; *tropas invasoras* invading troops ♦ *nm* invader

inveja *nf* envy

invejar *vt* to envy

invejável *adj2g* enviable

invejoso *adj* envious [de, of] ♦ *nm* envious person

invenção *nf* **1** (*invento*) invention **2** *pej* (*imaginação*) fabrication

invencível *adj2g* **1** (*competição*) unbeatable; invincible; *uma equipa invencível* an unbeatable team **2** (*território*) unconquerable; undefeatable

inventar *vt* **1** (*engenho, técnica*) to invent; *inventar uma nova máquina* to invent a new machine **2** (*história, mentira*) to make up **3** (*plano, esquema*) to devise; to conceive

inventariar *vt* to draw up an inventory; to register

inventário *nm* (*listagem*) inventory [de, of]

inventiva *nf* inventiveness; imagination

inventivo *adj* inventive

invento *nm* invention

inventor *nm* inventor

inverdade *nf* untruth

inverno *nm* winter; *inverno rigoroso* hard winter ❖ *desportos de inverno* winter sports

invernoso *adj* wintry

inverosímil *adj2g* unlikely

inverosimilhança *nf* unlikelihood

inversão *nf* inversion; reversal ❖ *inversão de marcha* reversing of motion; turning round

inverso *adj* **1** inverse; reverse; *em ordem inversa* in reverse order **2** (*contrário*) opposite

invertebrado *adj,nm* invertebrate

inverter *vt* to invert; to reverse; *inverter a ordem natural das coisas* to reverse the natural course of things

invés *nm* contrary ❖ *ao invés* on the contrary; *ao invés disso* instead of that

investida *nf* (*ataque*) assault; attack

investidor *nm* ECON investor

investidura *nf* investiture

investigação *nf* **1** (*polícia, ciência*) investigation; *investigação criminal* crime investigation **2** (*pesquisa*) research; *investigação científica* scientific research; *trabalho de investigação* research work

investigador *nm* **1** (*polícia, função*) investigator **2** (*pesquisa*) researcher

investigar *vt* **1** (*crime*) to investigate; to look into **2** (*pesquisar*) to do research on; to research ❖ *investigar a fundo* to go to the root of the matter

investimento *nm* **1** ECON investment [em, in]; outlay **2** (*bens*) investment; acquisition

investir *vt* **1** to invest [em, in]; *investir capitais* to invest money **2** (*cargo, título*) to invest [em, with]; to install [em, in]; *investir alguém num cargo* to invest someone with an office ♦ *vi* **1** to invest [em, in] **2** to attack [sobre, -]; to assault [sobre, -]

inveterado *adj* (*empedernido*) inveterate; confirmed; chronic; *fumador inveterado* an inveterate smoker; *um músico inveterado* an inveterate musician

invetiva *nf* invective

inviabilidade *nf* unfeasibility

inviável *adj2g* impracticable; unfeasible

invicto *adj* (*invencível*) unvanquished; invincible; unconquered

inviolável *adj2g* inviolable

invisível *adj2g* invisible

invisual *adj2g* blind ♦ *n2g* blind person

invocação *nf* invocation

invocar *vt* to invoke

invólucro *nm* **1** (*embrulho*) wrapping; wrapper; *invólucro de papel* paper wrapping **2** (*embalagem*) pack; packet *EUA*

involuntário *adj* **1** (movimento) involuntary **2** (erro) unintentional

invulgar *adj* uncommon, unusual

invulnerabilidade *nf* invulnerability

invulnerável *adj2g* invulnerable

iodo *nm* iodine; *tintura de iodo* tincture of iodine

ioga *nf* yoga

iogurte *nm* yoghurt; *iogurte magro* low-fat yoghurt

iogurteira *nf* yoghurt-maker

ioió *nm* yo-yo

IP [*sigla de* Internet Protocol]

ir *vi* **1** (geral) to go; *ir a pé* to go on foot; (transportes) *ir de carro/comboio* to go by car/train; (estado) *como vão as coisas?* how are things going? **2** MAT to carry; *22 e vão dois* 22 and carry two ♦ *vp* **1** (partir) to go away, to depart; *ir-se embora* to go away **2** (luz, dor) to go; *foi-se a luz* the electricity's gone ❖ (caminho) *ir dar a* to lead to; *ir ter com* to meet

ira *nf* anger, rage, wrath; *acesso de ira* fit of rage

irado *adj* irate, enraged; *olhar irado* angry stare

iraniano *adj,nm* Iranian

Irão *nm* Iran

Iraque *nm* Iraq

iraquiano *adj,nm* Iraqi

irascível *adj2g* irascible

irídio *nm* iridium

íris *nf* ANAT,BOT iris

Irlanda *nf* Ireland

Irlanda do Norte *nf* Northern Ireland

irlandês *adj* Irish ♦ *nm* **1** (homem) Irishman; (mulher) Irishwoman; *os irlandeses* the Irish **2** (língua) Irish

irmã *nf* sister; *irmã mais nova* youngest sister

irmandade *nf* **1** (entre homens) brotherhood; (entre mulheres) sisterhood **2** (associação) association

irmão *nm* brother

ironia *nf* irony ❖ *ironia do destino* the irony of fate

ironicamente *adv* **1** ironically **2** (sarcasticamente) sarcastically

irónico *adj* ironic; *ser irónico* to be ironic

ironizar *vi* **1** to use irony **2** to speak ironically

irra *interj* hell!, damn!; Christ!

irracional *adj2g* irrational

irracionalidade *nf* irrationality

irradiação *nf* irradiation; radiation

irradiar *vt* to irradiate; to radiate

irreal *adj2g* **1** (não real) unreal **2** (imaginário) imaginary

irrealizável *adj2g* unfeasible; unfulfillable

irreconciliável *adj2g* irreconcilable

irreconhecível *adj2g* unrecognizable

irrecuperável *adj2g* irrecoverable; irretrievable

irrecusável *adj2g* **1** (convite) that cannot be refused **2** (incontestável) irrefutable

irredutível *adj2g* irreducible

irrefletido *adj* **1** (inconsiderado) inconsiderate, thoughtless **2** (precipitado) rash; *de maneira irrefletida* rashly

irrefutável *adj2g* irrefutable

irregular *adj* **1** irregular **2** (situação) abnormal; *uma situação irregular* an abnormal situation ❖ LING *verbo irregular* irregular verb

irregularidade *nf* **1** irregularity **2** (superfície) unevenness; *irregularidades do terreno* unevenness of the ground

irrelevância *nf* irrelevancy

irrelevante *adj2g* irrelevant

irremediável *adj2g* **1** (situação) irremediable **2** (sem remédio) incurable **3** (irrecuperável) irrecoverable

irreparável *adj2g* **1** (estragos, situação) irreparable; *perda irreparável* irreparable loss **2** (irremediável) irremediable, irretrievable

irrepreensível *adj2g* irreproachable, impeccable

DACIN-DP-64

irreprimível adj2g irrepressible; uncontrollable

irrequieto adj (inquieto) turbulent, restless; *criança irrequieta* a restless child

irresistível adj2g 1 irresistible; *encantos irresistíveis* irresistible charms 2 (desejo) overwhelming

irresolução nf irresolution; indecision

irresoluto adj (pessoa) irresolute, indecisive

irresolúvel adj2g insoluble

irrespirável adj2g unbreathable

irresponsabilidade nf irresponsibility

irresponsável adj2g (pessoa, ato) irresponsible; *pessoa irresponsável* an irresponsible person

irreverência nf irreverence

irreverente adj2g irreverent

irreversível adj2g irreversible

irrevogável adj2g 1 (não revogável) irrevocable 2 (definitivo) final

irrigação nf 1 AGR irrigation, watering 2 MED circulation; *irrigação sanguínea* circulation

irrigar vt 1 to irrigate, to water 2 MED to irrigate, to wash

irrisório adj derisory

irritação nf 1 (nervosismo, cólera) irritation, anger 2 (pele, olhos) rash, irritation

irritante adj2g irritant, irritating, annoying

irritar vt 1 (enervar) to irritate; to anger; to annoy 2 (pele, olhos) to inflame, to irritate ♦ vp to get angry [com, with; por, about], to get annoyed [com, with; por, about] ♦ *irritar-se por tudo e por nada* to get annoyed very easily

irritável adj2g irascible, short-tempered

irromper vi to burst [em, in/into]

irrupção nf irruption

isca nf (pesca) bait, decoy

isco nm (pesca) bait ❖ *isco artificial* fishing fly; *morder o isco* to take the bait; to swallow the bait

isenção nf exemption [de, from]

isentar vt 1 (dispensar) to exempt [de, from]; *isentar do serviço militar* to exempt from service in the army 2 (livrar) to free [de, from]; *isentar de restrições* to free from restrictions

isento adj 1 exempt; free 2 (imparcial) impartial

islâmico adj Islamic

islamismo nm Islamism

islandês adj Icelandic ♦ nm 1 (pessoa) Icelander 2 (língua) Icelandic

Islândia nf Iceland

Islão nm Islam

isolado adj 1 (separado) isolated 2 (solitário) secluded, lonely 3 ELET insulated

isolamento nm 1 isolation 2 insulation; *isolamento acústico* sound insulation

isolante adj2g insulating ♦ nm insulator, insulating material

isolar vt 1 (separar) to isolate [de, from] 2 (ruído) to soundproof 3 (pôr incomunicável) to cut off [de, from] 4 ELET to insulate [de, from] ♦ vp to isolate oneself [de, from]

isósceles adj inv (triângulo, trapézio) isosceles

isotérmico adj isothermal ❖ *saco isotérmico* cool bag

ISP [sigla de Internet service provider]

isqueiro nm lighter

Israel nm Israel

israelita adj,n2g Israeli

isso pron dem that; *é só isso?* is that all? ❖ *é isso mesmo* that's it; *nem por isso* not really

isto pron dem this ❖ *isto é* that is

Itália nf Italy

italiano adj,nm Italian

itálico nm italics; *em itálico* in italics ♦ adj italic

item nm item

itérbio nm ytterbium

itinerante adj2g itinerant

itinerário nm itinerary

ítrio nm yttrium

IVA [sigla de Imposto sobre o Valor Acrescentado] VAT [sigla de Value Added Tax]

J

j *nm* (letra) j

já *adv* **1** (imediatamente) now; right away; **vou já!** I'm coming! **2** (passado) already; (em perguntas) yet **3** (alguma vez) ever **4** (agora) by now; already **5** (uso enfático); **já sei** I know ♦ *conj* on the other hand ♦ **já agora** by the way; **já não** no longer; **já que** since

jacaré *nm* alligator

jacente *adj2g* lying, recumbent

jacinto *nm* hyacinth

jackpot *nm* jackpot

jactância *nf* **1** boastfulness, bragging **2** (altivez) pride

jactancioso *adj* (gabarolas) boastful

jacúzi *nm* jacuzzi

jade *nm* jade

jaguar *nm* jaguar

Jamaica *nf* Jamaica

jamaicano *adj,nm* Jamaican

jamais *adv* **1** never; **jamais conheci alguém assim** I've never known anyone like him **2** (com palavra negativa) ever; **ninguém jamais o tratou assim** nobody ever treated him like that

janeiro *nm* January

janela *nf* **1** window; **olhar pela janela** to look out the window; **reservar um lugar à janela** to book a window seat **2** (parede, telhado) opening ♦ **janela de guilhotina** sash window; **deitar pela janela fora** to throw out of the window; **peitoril de janela** window-sill

jangada *nf* raft, float

janota *adj* **1** (elegante) smart **2** pej foppish

jantar *nm* dinner; **ao jantar** at dinner time ♦ *vt* to have for dinner ♦ *vi* to have dinner, to dine; **jantar fora de casa** to dine out ♦ **jantar de despedida** farewell dinner

jante *nf* (automóvel) wheel rim

Japão *nm* Japan

japonês *adj,nm* Japanese

jaqueta *nf* short jacket

jaquetão *nm* double-breasted coat

jarda *nf* (unidade de medida) yard

jardim *nm* garden ♦ **jardim zoológico** zoo

jardim-infantil *nm* kindergarten, nursery school

jardinagem *nf* gardening

jardinar *vi* to garden

jardineiras *nfpl* (calças) dungarees

jardineiro *nm* gardener

jarra *nf* (flores) vase

jarrete *nm* ANAT hamstring

jarro *nm* **1** jug GB, pitcher EUA **2** (planta, flor) arum lily; arum

jasmim *nm* jasmine

jaspe *nm* MIN jasper

jato *nm* **1** (água) jet, stream **2** (luz) flash **3** (ar) blast **4** (avião, motor) jet ♦ **a jato** at full speed

jaula *nf* **1** cage **2** col (prisão) jail

javali *nm* (macho) wild boar; (fêmea) wild sow

javardo *nm* **1** ZOOL wild boar **2** (tosco, desajeitado) clumsy fellow **3** (patife) rascal ♦ *adj* **1** (campónio) boorish **2** (imundo) nasty, filthy

jazer *vi* to lie ♦ **aqui jaz** here lies

jazida *nf* **1** GEOL (minerais) bed, deposit; **uma jazida de carvão** a coalfield **2** (cemitério) resting place **3** (arqueologia) site

jazigo *nm* **1** (monumento funerário) tomb; **jazigo de família** family tomb **2** (cemitério) grave **3** GEOL (minerais) bed, deposit, field; **jazigo de minerais** ore bed

jazz *nm* MÚS jazz

jeito *nm* **1** (habilidade) skill, flair **2** (modo) way **3** (lesão) sprain **4** (arranjo) fixing; **dar um jeito na televisão** to fix the television

5 col (favor) favour GB, favor EUA ❖ **com jeito** gently

jeitoso adj **1** (hábil) handy, skilful **2** (elegante) handsome **3** (apropriado) suitable

jejuar vi **1** to fast **2** fig to abstain [de, from]

jejum nm fast, fasting; **estar de jejum** to be fasting; **quebrar o jejum** to break one's fast

jerico nm donkey, ass

jeropiga nm unfermented wine

jesuíta adj,nm Jesuit

jesus interj bless me! ♦ nm REL Jesus

jibóia nf boa constrictor

Jibuti nm Djibouti

jiga nf (dança) jig

jipe nm jeep

jiu-jitsu nm ju-jitsu

joalharia nf **1** (jóias) jewellery **2** (loja) jeweller's

joalheiro nm jeweller

joanete nm MED bunion

joaninha nf ladybird GB; ladybug EUA

joão-ninguém nm a nobody

jocosidade nf jocosity

jocoso adj jocose

joelhada nf blow with the knee; **dar uma joelhada em alguém** to knee somebody

joelheira nf **1** DESP kneepad **2** MED knee support **3** (remendo) knee patch

joelho nm knee

jogada nf **1** (vez) play **2** (jogo) move **3** (lançamento) throw, hit **4** (tacada) stroke **5** (negócio) scheme

jogador nm **1** (competição) player; **jogador de futebol** football player **2** (a dinheiro) gambler **3** (Bolsa) speculator; **jogador na Bolsa** speculator on Change

jogar vt **1** (futebol, cartas) to play; **jogar às escondidas** to play hide and seek **2** (jogos de azar) to gamble; **jogar a dinheiro** to gamble **3** (dados) to throw; **joga os dados** throw the dice **4** to put money [em, on]; **jogar 30 euros num cavalo** to put 30 euros on a horse **5** (Bolsa) to speculate ♦ vi

1 to play; col **jogar limpo/sujo** to play fair/dirty **2** (jogos de azar) to gamble ❖ **jogar a última cartada** to sink or swim; **jogar na lotaria** to buy a lottery ticket

jogo nm **1** game; **jogo de tabuleiro** board game **2** (a dinheiro) gambling **3** DESP match **4** (conjunto) set **5** (artimanha) trick; **jogo sujo** dirty tricks ❖ **abrir o jogo** to lay one's cards on the table; **em jogo** at stake; **Jogos Olímpicos** Olympic Games

jogral nm jester

joguete nm **1** plaything, toy **2** (bobo) fool ❖ **ser um joguete nas mãos de alguém** to be a tool in someone's hands

jóia nf **1** (adorno) jewel, piece of jewellery; **ele comprou-lhe uma jóia** he bought her a jewel **2** (inscrição, taxa) entrance fee, membership fee **3** col (pessoa) darling, treasure; col **ela é uma jóia** she's a treasure

joio nm darnel, cockle

jóquei nm DESP (cavaleiro) jockey

jóquer nm (cartas) joker

jornada nf **1** (viagem) journey **2** (dia) a day's work **3** DESP round

jornal nm **1** newspaper; paper col; **jornal diário** daily paper **2** news

jornaleco nm pej rag

jornaleiro nm **1** day labourer **2** (assalariado) journeyman

jornalismo nm journalism

jornalista n2g journalist

jornalístico adj journalistic

jorrar vt to spout out, to gush out, to shoot out; **o sangue jorrava da ferida** the blood was spouting from the wound

jorro nm **1** jet **2** (abundante) gush; **a jorros** in torrents **3** (sangue) spurt

jovem adj2g **1** young **2** (aspeto) youthful ♦ n2g young person, youth

jovial adj2g **1** jovial **2** (alegre) cheerful, jolly

jovialidade nf joviality

joystick nm joystick

juramento

JPEG INFORM [sigla de Joint Photographic Experts Group]

juba nf (leão) mane 2 (cabelo) mop

jubilação nf 1 (exaltação) jubilation 2 (aposentação) retirement

jubilado adj (aposentado) retired

jubilar vt (aposentar) to pension off, to retire ♦ vi (exultar) to exult ♦ vp to retire

jubileu nm Jubilee

júbilo nm jubilation

judaico adj 1 Judaic 2 (judeu) Jewish

judaísmo nm Judaism

judas nm (traidor) traitor, false friend

judeu adj Jewish ♦ nm Jew

judia nf Jewess

judicatura nf 1 (magistratura) judicature 2 (cargo) judge's office

judicial adj2g judicial; *separação judicial* judicial separation

judiciária nf (polícia) police

judiciário adj judiciary

judicioso adj judicious, prudent, wise

judo nm DESP judo

judoca n2g DESP judoist

jugo nm 1 (canga de bois) yoke 2 fig (submissão) servitude, obedience 3 fig (opressão) oppression

jugular adj2g jugular; *veias jugulares* jugular veins

juiz nm 1 judge 2 DESP referee

juízo nm 1 good sense, common sense 2 (sentença, opinião) judgement ❖ col *moer o juízo* to bother

julgado adj 1 (sentença) judged 2 (decidido) decided ♦ nm 1 jurisdiction 2 (cargo) judicature, judgeship

julgamento nm 1 (parecer) judgement 2 (veredito) sentence 3 DIR (audiência) trial; *ser submetido a julgamento* to stand trial

julgar vt 1 (considerar, avaliar) to judge; *até onde posso julgar* as far as I can judge 2 (sentenciar) to pass sentence upon 3 (achar) to think, to suppose; *julgo que não* I don't think so; *julgo que sim* I think

so ♦ vp to think of oneself [-, as]; *julgar-se feliz* to count oneself happy

julho nm July

jumento nm donkey; ass

junção nf 1 (ligação) connection 2 ELET connection

junco nm rush

junho nm June

júnior adj2g junior, younger ♦ n2g DESP junior; *ele joga nos juniores* he plays in the junior team

junquilho nm jonquil

junta nf 1 (corporação) council; *junta de freguesia* parish council 2 (ligação) joint 3 (comissão) board, committee 4 (bois) yoke

juntamente adv jointly, together [com, with]

juntar vt 1 (unir, ligar) to join, to unite; to put together; *juntamos as mesas?* shall we put the tables together?; *juntei os dois pedaços* I've joined the two pieces 2 (emparelhar) to couple 3 (reunir) to bring together 4 (adicionar) to add; *junte um pouco de água* add a little water 5 (dinheiro) (poupar) to save up; *ando a juntar dinheiro para um skate* I'm saving up for a skateboard 6 (recolher) to collect ♦ vp 1 (reunir-se) to gather, to meet 2 (com um fim) to club together [para, to] 3 (casal) to move in together 4 (associar-se) to join up

junto adj 1 (um com o outro) together 2 (ligado) joined 3 (em anexo) attached, enclosed ♦ adv 1 (juntamente) together 2 (próximo) near, next 3 (em anexo) enclosed; *junto segue* please find enclosed

Júpiter nm Jupiter

jura nf 1 (juramento) oath 2 (compromisso solene) vow 3 (praga) curse

jurado adj sworn ♦ nm juror, member of a jury; *bancada dos jurados* jury-box

juramento nm oath; *prestar juramento* to take an oath; *sob juramento* on/upon one's oath

jurar *vt* **1** to swear **2** (*voto solene*) to vow to, to promise ♦ *vi* (*fazer juramento*) to take an oath ❖ *jurar em falso* to commit perjury; *juro por Deus!* I swear to God!

jurássico *adj* Jurassic

júri *nm* **1** (*concurso*) panel of judges **2** DIR jury; *membro do júri* member of the jury, juror **3** (*exame*) examining board

jurídico *adj* juridical

jurisconsulto *nm* (*jurista*) jurist; jurisconsult; legal expert

jurisdição *nf* jurisdiction

jurisprudência *nf* DIR jurisprudence

jurista *n2g* **1** DIR jurist **2** DIR (*advogado*) lawyer

juro *nm* ECON interest; *juros vencidos* interest due ❖ *juros de mora* interest on deferred payment

jus *nm* right; *fazer jus a algo* to live up to something

jusante *nf* ebb tide; *a jusante* downstream

justa *nf* HIST joust ❖ *à justa* just enough

justamente *adv* **1** (*precisamente*) exactly, just; *encontrei-o justamente onde me disseste* I found it just where you told me **2** (*de modo justo*) fairly, rightfully

justapor *vt* to juxtapose [a, with]; *justapor algo a algo* to juxtapose something with something ♦ *vp* to be juxtaposed

justaposição *nf* juxtaposition

justeza *nf* **1** (*justo*) justness, correctness **2** (*precisão*) precision **3** (*exatidão*) accuracy

justiça *nf* justice

justiceiro *nm* defender of the justice

justificação *nf* justification [para, for]

justificar *vt* **1** to justify **2** (*demonstrar*) to prove **3** (*desculpar*) to excuse; *justificar a ausência* to excuse one's absence **4** (*explicar*) to give reasons [-, for]; *justifica a tua resposta* give reasons for your answer

justificativo *adj* **1** justificatory **2** (*comprobante*) supporting

justificável *adj2g* justifiable

justo *adj* **1** fair **2** (*apertado*) tight **3** (*preciso*) exact; accurate

juvenil *adj2g* **1** (*roupa*) teenage; *moda juvenil* teenage fashion **2** (*carácter, ar*) youthful **3** DESP junior

juventude *nf* **1** (*idade*) youth **2** (*jovialidade*) youthfulness **3** (*jovens*) young people; *a juventude de hoje* the young people/youth of today

K

k *nm* (letra) k
karaoke *nm* MÚS (aparelho, bar, atividade) karaoke
karaté *nm* DESP karate
karateca *n2g* DESP karateka
kart *nm* go-kart
karting *nm* DESP go-karting
kartódromo *nm* circuit for karting races
ketchup *nm* ketchup

kickboxing *nm* kickboxing
kilowatt *nm* kilowatt
kitchenette *nf* kitchenette
kitsch *adj2g,nm* kitsch
kiwi *nm* **1** (fruto) kiwi fruit; (planta) kiwi **2** (ave) kiwi
kung fu *nm* DESP kung fu
Kuwait *nm* Kuwait

L

l *nm* (letra) l

lá *adv* **1** (lugar) there; *cá e lá* here and there **2** (tempo) then; *até lá* until then ♦ *nm* MÚS A ♦ (estrangeiro) *lá fora* abroad; *anda lá!* come on!; *sei lá!* don't ask me!

lã *nf* **1** wool **2** (ovelha) fleece ♦ *lã virgem* new wool; *de lã* woollen; *de pura lã* pure wool

labareda *nf* (fogo) blaze; flame

lábia *nf* prattle, babble ♦ *ter muita lábia* to be honey-tongued; to be glib

lábio *nm* lip

labirinto *nm* **1** labyrinth **2** (jardim) maze

laboral *adj2g* labour; working ♦ *horário laboral* working hours

laborar *vi* to labour; *laborar num erro* to labour under a mistake

laboratório *nm* laboratory; lab *col*

laborioso *adj* laborious; hard

labrego *adj* **1** (rústico) rustic **2** (grosseiro) boorish ♦ *nm* boor, yokel, bumpkin

labuta *nf* **1** (trabalho árduo) toil **2** struggle; *a vida é uma labuta constante* life is a continual struggle

labutar *vi* to labour; to struggle

laca *nf* **1** (cabelo) hair spray **2** (verniz) lacquer

laçada *nf* slipknot

lacado *adj* lacquered

lacaio *nm* lackey

lacar *vt* to lacquer

lacerar *vt* to lacerate

laço *nm* **1** (laçada) bow **2** (fita) ribbon **3** (gravata) knot **4** *fig* (vínculo) bond, tie

lacónico *adj* laconic, terse

laconismo *nm* terseness, laconism

lacrar *vt* to seal

lacre *nm* sealing wax

lacrimal *adj2g* lacrimal; *glândulas lacrimais* lacrimal glands

lacrimejar *vi* (olhos) to water

lacrimogéneo *adj* tear ♦ *gás lacrimogéneo* tear gas

lácteo *adj* milky ♦ *produtos lácteos* dairy products

lacuna *nf* gap; *preencher uma lacuna* to fill a gap

lacustre *adj2g* lake; *bacia lacustre* lake basin; *habitações lacustres* lake dwellings

ladainha *nf* **1** litany **2** *fig* rigmarole

ladear *vt* **1** (acompanhar ao lado) to go along **2** (flanquear) to flank

ladeira *nf* hillside

lado *nm* **1** side; *ao lado de* beside; *lado a lado* side by side **2** (rumo) direction, way; *olhar para todos os lados* to look in all directions **3** (lugar) place; *em algum lado* somewhere ♦ *por outro lado* on the other hand; *por um lado* on the one hand

ladrão *nm* **1** thief **2** (bancos) robber **3** (casas) burglar **4** (automóveis) carjacker

ladrar *vi* to bark [a, at]

ladrilho *nm* **1** (azulejo) tile **2** (tijolo) brick **3** (chão) tiled floor

lagar *nm* press

lagarta *nf* caterpillar

lagartixa *nf* gecko

lagarto *nm* lizard

lago *nm* **1** (natural) lake; *região de lagos* lake district **2** (jardim, parque) pond

lagoa *nf* (laguna) lagoon

lagosta *nf* lobster; spiny lobster; *viveiro de lagostas* lobster bed

lagostim *nm* crayfish

lágrima *nf* tear ♦ *lágrimas de crocodilo* crocodile tears; *derramar lágrimas de sangue* to shed bitter tears

laguna *nf* lagoon

laia *nf* (pessoa) type, sort; *da mesma laia* of that type ♦ *à laia de* by way of

laico *adj* **1** lay **2** secular

laivo *nm (mancha)* stain ♦ *nmpl (indícios)* trace [de, of], streak [de, of]

laje *nf* 1 *(construção exterior)* paving stone, flagstone 2 *(construção interior)* floor tile 3 *(placa)* slab; *laje de granito* granite slab

lajear *vt* to pave; to flag

lama *nf* mud ♦ *nm (animal)* llama

lamaçal *nm* quagmire, mire

lamacento *adj* muddy; *caminhos lamacentos* muddy roads

lambada *nf* 1 *(bofetada)* slap 2 *(dança)* lambada

lambão *adj pop* gluttonous, greedy ♦ *nm pop* glutton, sweet tooth

lambareiro *nm* glutton

lambe-botas *n2g2n* crawler *fig*; toady

lamber *vt* to lick ❖ *lamber as botas a alguém* to lick someone's boots

lambisgoia *nf col* bimbo

lambreta *nf* scooter

lambuzar *vt* 1 *(besuntar)* to besmear 2 *(sujar)* to dirty 3 *(manchar)* to stain

lamechas *adj inv* 1 *(sentimental)* mawkish; *ser lamechas* to be sentimental 2 *(piegas)* soppy

lamentação *nf (queixa)* lament, complaint

lamentar *vt* to lament, to regret ♦ *vp* 1 *(lastimar-se)* to lament 2 *(queixar-se)* to complain [em relação a, about] ❖ *lamentamos informar que* we regret to inform you that; *lamento imenso* I'm terribly sorry

lamentável *adj2g* 1 *(deplorável)* deplorable 2 *(erro, injustiça)* regrettable 3 *(aspeto, condição)* pitiful

lamento *nm* 1 lament 2 *(gemido)* moan

lâmina *nf* 1 blade 2 *(placa metálica)* plate 3 *(microscópio)* slide 4 *(persiana)* slat

lâmpada *nf* light bulb ❖ *lâmpada de incandescência* glow-lamp; *lâmpada elétrica* electric bulb; *lâmpada fluorescente* fluorescent light

lamparina *nf* 1 *ant* lamp 2 *ant (azeite)* oil lamp

lampejo *nm* 1 *(raio de luz)* gleam, glare 2 *(brilho fugaz)* glimpse 3 *(clarão)* flash

lampião *nm* 1 *(casa)* lantern 2 *(rua)* street-lamp 3 *(jardim)* garden light

lampreia *nf* lamprey

lamúria *nf (queixa)* lament; complaint

lamuriar *vi,p (queixar-se)* to complain [de, about]

LAN INFORM [sigla de Local Area Network]

lança *nf* lance, spear ❖ *meter uma lança em África* to set the Thames on fire

lança-chamas *nm2n* flame-thrower

lançador *nm* 1 thrower 2 *(leilão)* bidder 3 DESP *(basebol)* pitcher

lança-granadas *nm* grenade launcher

lançamento *nm* 1 throwing 2 *(produto, míssil)* launch 3 *(disco, filme)* release

lançar *vt* 1 DESP to throw 2 *(produto, míssil)* to launch; *lançar no mercado* to put on the market 3 *(disco, filme)* to release 4 COM *(em livro)* to enter; *lançar uma verba em conta* to enter an item ♦ *vp (atirar-se)* to throw oneself [para, at]

lance *nm* 1 *(arremesso)* throwing, throw 2 *(acontecimento)* event; incident 3 *(leilão)* bid 4 *(jogada)* shot

lanceta *nf* lancet

lancetar *vt (com lanceta)* to prick

lancha *nf* launch

lanchar *vi* to have tea; *lanchamos às seis* we have tea at six o'clock ♦ *vt* 1 *(à tarde)* to take afternoon tea 2 *(refeição rápida)* to have a snack

lanche *nm* 1 *(refeição rápida)* snack 2 *(tarde)* afternoon tea ❖ *lanche ajantarado* high tea

lancheira *nf* lunch case, lunch box

lanço *nm* 1 *(arremesso)* throw, cast; *lanço de dados* throw of dice; *lanço de rede* a cast of the net 2 *(escadas)* flight 3 *(estrada)* stretch ❖ *(dados) bom lanço* lucky throw

langor *nm* lassitude

langoroso *adj* languorous

languidez *nf* 1 languor, lassitude 2 *(fraqueza)* weakness

lânguido adj languid

lanho nm slash, cut, gash

lanifício nm woollen good ♦ nmpl woollens

lantânio nm lanthanum

lantejoula nf sequin, spangle; vestido enfeitado de lantejoulas dress trimmed with spangles

lanterna nf 1 lantern 2 (portátil) torch; flashlight ❖ lanterna mágica magic lantern

lanugem nf 1 (frutos, aves) down 2 (substância) fluffy substance 3 (superfície) nap

Laos nm Laos

laosiano adj,nm Laotian

lapa nf 1 (caverna) den 2 (molusco) limpet 3 col (pessoa) bore

lapão adj,nm Laplander

lapela nf lapel ❖ (flor) na lapela in the buttonhole

lapidar vt 1 (pedras preciosas) to lapidate 2 fig (refinar) to refine

lápide nf 1 (tumular) tombstone, gravestone 2 (comemorativa) memorial stone

lápis nm pencil; a lápis in pencil ❖ lápis de cor coloured pencil; crayon; lápis dos olhos eye pencil

lapiseira nf propelling pencil GB; mechanical pencil EUA

lápis-lazúli nm lapis lazuli

Lapónia nf Lapland

lapso nm 1 (erro) mistake; por lapso by mistake 2 (memória) slip 3 (tempo) period of time

laqueação nf MED ligature

laquear vt to tie the arteries

lar nm 1 (casa) home 2 (família) family, household ❖ lar de terceira idade old people's home; lar doce lar home sweet home

laracha nf pop joke, jest

laranja nf orange ♦ adj inv,nm (cor) orange

laranjada nf orange juice

laranjeira nf orange tree

larápio nm pilferer; thief

lardear vt (carne) to lard

lareira nf fireplace; estar à lareira to be by the fireplace

larga nf looseness ❖ viver à larga to be well off; dar largas a to give vent to; dar largas à imaginação to set one's imagination free

largada nf 1 (animais, balões) release 2 DESP start

largamente adv 1 widely; broadly 2 extensively

largar vt 1 (lançar) to release 2 (bomba) to drop 3 (soltar) to let go; to drop; larga isso! drop it!; larga-me! let me go! ♦ vp pop (gases intestinais) to break wind

largo adj 1 (medida, extensão) broad; wide; estrada muito larga wide open road 2 (roupa) loose; baggy; calças largas baggy trousers 3 (tempo) many; durante largos anos for many years ♦ nm 1 (praça) square; plaza 2 open sea; fazer-se ao largo to put out to sea

largura nf width; breadth; qual é a largura da sala? how wide is the room?; ter um metro de largura to be one metre wide

laringe nf larynx

laringite nf MED laryngitis

larva nf BIOL larva; grub; larvas de insetos insect larvae

lasanha nf lasagne, lasagna

lasca nf 1 (fragmento) chip 2 (madeira, metal) splinter 3 (comida) morsel

lascado adj chipped

lascar vt to splinter; to chip ♦ vi to split; to split up

lascívia nf lust

lascivo adj lascivious; lustful; lewd

laser nf FÍS laser ❖ raios laser laser beams

lassidão nf 1 (letargia) lethargy 2 (cansaço) weariness

lasso adj (cansado) weary

lástima nf 1 (pena) pity 2 (pessoa) dreadful state; ela está uma lástima she is in a dreadful state

lastimar vt (lamentar) to deplore; to regret
♦ vp (queixar-se) to complain
lastimável adj2g regrettable; pitiful; deplorable
lastrar vt to ballast
lastro nm ballast
lata nf **1** can; tin **2** fig,col (descaramento) cheek; nerve; *tens muita lata!* you've got a lot of nerve! ❖ *conservas em lata* tinned goods; canned goods
latada nf **1** (grade) trellis **2** (barulho de latas) jangle; clank; rattle
latão nm yellow brass, brass
latejante adj2g throbbing
latejar vi to throb
latejo nm throb
latente adj2g latent; dormant; *doença latente* latent disease
lateral adj2g lateral; *questão lateral* lateral issue
látex nm latex
laticínio ou **lacticínio** nm dairy product
latido nm (cães) bark
latifundiário nm large land owner
latifúndio nm AGR latifundium; large estate
latim nm Latin ❖ *escusas de gastar o teu latim* you can save your breath
latino adj,nm Latin
latino-americano adj,nm Latin-American ❖ *países latino-americanos* Latin-American countries
latir vi to bark
latitude nf latitude
lato adj broad; wide ❖ *em sentido lato* in the broad sense of the word
latrina nf latrine
laureado adj,nm laureate; *poeta laureado* poet laureate
laurear vt (homenagem, prémio) to laureate; to honour
laurêncio nm lawrencium
lauto adj (abundância) plentiful; abundant; copious

lava nf lava
lavabo nm (lavatório) washbasin ♦ nmpl (casa de banho) toilet
lavadeira nf ant washerwoman
lavadela nf (banho) light wash; scrub; *dar uma lavadela a* to give it a scrub
lavado adj **1** (roupa) clean **2** (louça) washed ❖ *estar lavado em lágrimas* to cry one's heart out
lavadouro nm **1** (tanque público) washing place **2** (tanque) washtub **3** (pia) sink; washbasin
lavagante nm crayfish
lavagem nf **1** (limpeza) wash, washing **2** (comida de porco) hog wash; swill; slops ❖ *lavagem a seco* dry cleaning; *lavagem cerebral* brainwash; ECON *lavagem de dinheiro* money laundering
lava-louça nm sink, kitchen sink
lavanda nf lavender
lavandaria nf **1** (estabelecimento) dry cleaner's **2** (divisão em casa) utility room **3** (divisão em edifício) laundry ❖ *levar à lavandaria* to have (something) cleaned; to take (something) to the cleaner's
lava-pés nm maundy
lavar vt (roupa, louça, corpo) to wash; *lavar a cabeça* to wash one's hair; *lavar a louça* to do the dishes; *lavar a roupa* to do the laundry; *lavar as mãos* to wash one's hands; *lavar os dentes* to brush one's teeth ❖ *lavo daí as minhas mãos* I wash my hands of it
lavatório nm washbasin; sink; lavatory
lavável adj2g washable
lavor nm (costura) needlework
lavoura nf **1** AGR (atividade) husbandry; farming **2** AGR (lavra) tillage
lavra nf **1** AGR (processo) tillage; farming **2** fig (fabrico) make
lavrador nm **1** (trabalhador agrícola) farmhand **2** (proprietário) farmer; *casa de lavradores* farmhouse
lavrar vt **1** (arar) to plough **2** (cultivar) to till; to cultivate **3** (documento) to draw up;

lavrar uma ata to draw up an official report; *lavrar um auto* to draw up a deed

laxante *adj2g,nm* FARM laxative

lazer *nm* 1 (*ócio*) leisure; relaxation 2 (*tempo livre*) spare time; free time; recreation

LCD (monitor) [*sigla de* liquid crystal display]

leal *adj2g* loyal; faithful

lealdade *nf* 1 (*confiança*) loyalty; fair play 2 (*relações*) faithfulness 3 (*sinceridade*) honesty

leão *nm* lion

Leão *nm* (constelação, signo) Leo

leão-marinho *nm* sea-lion

lebre *nf* hare

lecionar *vt,i* (aulas) to teach; to lecture [**sobre**, about]

legado *nm* legacy

legal *adj2g* legal; lawful ❖ *em termos legais* legally speaking; *recorrer a meios legais* to take legal proceedings

legalidade *nf* legality; legitimacy; lawfulness

legalização *nf* legalization

legalizar *vt* 1 (situação) to legalize 2 (documento) to certify; to validate

legalmente *adv* according to law; legally

legar *vt* 1 (herança) to bequeath 2 *fig* to pass on

legenda *nf* 1 CIN,TV subtitle 2 (jornais, livros) caption 3 (*inscrição*) inscription

legendado *adj* subtitled

legendagem *nf* 1 CIN,TV subtitling 2 (jornais, livros) captioning

legião *nf* 1 MIL legion; *legião estrangeira* foreign legion 2 *fig* (*multidão*) legion; hoards; masses

legibilidade *nf* legibility; readability

legionário *nm* MIL legionary

legislação *nf* legislation

legislador *nm* legislator; lawmaker

legislar *vt* to legislate

legislativo *adj* legislative ❖ *reformas legislativas* legislative reform

legislatura *nf* legislature; legislative body

legista *n2g* DIR jurist

legitimação *nf* legitimation

legitimar *vt* to legitimize; to sanction; to validate

legitimidade *nf* legitimacy; legality; validity

legítimo *adj* legitimate ❖ *em legítima defesa* in self-defense

legível *adj2g* legible; readable

légua *nf ant* league ❖ *légua marítima* marine league

legume *nm* vegetable; *legumes frescos* green vegetables

leguminoso *adj* leguminous

lei *nf* 1 (autoridade) law; *infringir a lei* to break the law 2 (*regra*) rule; regulation ❖ *lei orgânica* constitutional law; *a lei do mais forte* the law of the jungle; *a lei do menor esforço* the principle of least effort

leigo *adj* lay ◆ *nm* lay person

leilão *nf* auction; *levar a leilão* to sale at an auction; *vender tudo em leilão* to auction off

leiloar *vt* to auction; to sell by auction

leiloeira *nf* auction house

leiloeiro *nm* auctioneer

leitão *nm* sucking pig, suckling pig

leitaria *nf* 1 creamery 2 (venda de leite e gelados) milk bar 3 (venda, recolha) dairy

leite *nm* milk; *leite gordo* whole milk; *leite magro* skimmed milk *GB*, skim milk *EUA*

leite-creme *nm* custard

leiteira *nf* 1 (recipiente) milk pot, milk jug 2 (pessoa) milkmaid

leiteiro *nm* milkman

leito *nm* (geral) bed; *leito do rio* river bed, river bottom

leitor *nm* 1 (textos) reader 2 (universidade) foreign language assistant 3 (palestra) lecturer ❖ *leitor de CD* CD player; *leitor de cassetes* tape recorder; *leitor ótico* optical character reader

leitorado *nm* language assistantship

leitoso *adj* milky

leitura *nf* **1** (texto) reading; *leitura fácil* easy reading; *uma boa leitura* a good reading **2** (interpretação) reading; interpretation; understanding

lema *nm* **1** (divisa) motto **2** (publicidade) slogan

lembrança *nf* **1** (memória) recollection **2** (pequeno presente) souvenir ♦ *nfpl* (cumprimento) regards; *de lembranças minhas à sua mãe* give my regards to your mother

lembrar *vt* **1** (passado) to remember; to recall; to recollect **2** (pessoa) to remind [**de**, **to**]; to remind [**de**, of/to] ♦ *vp* **1** (memória) to remember [**de**, -]; to recall [**de**, -]; *não me lembro do número* I can't remember the number **2** (fixar na memória) to bear in mind; *lembra-te disto* mark my words ❖ *se bem me lembro* if I remember rightly; *tanto quanto me lembro* to the best of my recollection

leme *nm* rudder

lémure *nm* ZOOL lemur

lenço *nm* handkerchief; hankie ❖ *lenço de papel* tissue; *lenço do pescoço* scarf

lençol *nm* sheet ❖ *estar em maus lençóis* to be in a tight corner

lenda *nf* **1** (história tradicional) legend **2** (mito) myth

lendário *adj* **1** (lenda) legendary **2** (fama) legendary; renowned; famous

lêndea *nf* nit

lengalenga *nf* rigmarole

lenha *nf* wood; firewood ❖ *arranjar lenha para se queimar* to make a rod for one's own back

lenhador *nm* woodcutter; lumberjack

lenocínio *nm* procuring; pimping*col*

lentamente *adv* slowly

lente *nf* lens ❖ *lentes de contacto* contact lenses

lentidão *nf* **1** (movimento) slowness **2** (ritmo, duração) sluggishness

lentilha *nf* lentil

lento *adj* slow

leoa *nf* lioness

leopardo *nm* leopard

lepra *nf* MED leprosy

leprosaria *nf* leper hospital

leproso *adj* leprous ♦ *nm* leper

leque *nm* **1** (objeto) fan **2** (gama) range

ler *vt* to read; *ler um livro* to read a book; *ler os pensamentos de alguém* to read someone's thoughts ♦ *vi* to read; *aprender a ler e a escrever* to learn how to read and write; *ele não sabe ler* he can't read; *ler em voz alta* to read aloud; *ler por alto* to skim over ❖ *ler de fio a pavio* to read through; *ler nas entrelinhas* to read between the lines

léria *nf* nonsense

lés *nm* east ❖ *de lés a lés* coast to coast

lesão *nf* MED injury; lesion; *ter uma lesão grave* to be seriously injured

lesar *vt* (prejudicar) to harm; to damage; to impair; *lesar a reputação de alguém* to damage someone's reputation; *lesar os interesses de alguém* to impair someone's interests

lesbianismo *nm* lesbianism

lésbica *adj,nf* lesbian

lesionado *adj* MED injured; hurt

lesionar *vt* to injure; to hurt; to wound ♦ *vp* to get injured

lesivo *adj* (prejudicial) damaging; *lesivo para a reputação de alguém* damaging to someone's reputation

lesma *nf* slug

Lesoto *nm* Lesotho

leste *nm* east

letal *adj2g* lethal; mortal; deadly

letão *adj,nm* Latvian

letargia *nf* lethargy

letárgico *adj* lethargic

letivo *adj* academic ❖ *ano letivo* school year; *período letivo* term

Letónia *nf* Latvia

letra *nf* **1** (alfabeto) letter **2** (caligrafia) handwriting **3** (música) lyrics **4** ECON bill;

pagar uma letra to meet a bill ♦ *nfpl* arts; humanities

letrado *adj* learned

letreiro *nm* sign; notice

léu *nm pop* drag ❖ *ao léu* naked

leucemia *nf* leukaemia GB; leukemia EUA

leucócito *nm* leucocyte

leva *nf* 1 (*grupo*) intake; *a leva de estudantes deste ano* this year's intake of students 2 MIL levy

levada *nf* 1 (*corrente*) stream 2 (*curso de água*) watercourse 3 (*chuvadas*) torrent

levadiço *adj* movable; mobile ❖ *ponte levadiça* drawbridge

levado *adj* 1 (*incitado*) instigated 2 (*intrujado*) duped; *foste levado!* you have been taken! 3 (*maroto*) naughty; *levado da breca* very naughty

levantamento *nm* 1 (*ação de levantar*) raising 2 (*revolta*) insubordination; rebellion 3 (*banco*) withdrawal; *levantamento de dinheiro* withdrawal of money 4 (*embargo*) lifting

levantar *vt* 1 (*voz, objeto*) to raise; to lift 2 to raise; *levantar dúvidas* to raise doubts 3 to pick up; *levantar o auscultador do telefone* to pick up the phone 4 (*banco*) to withdraw; *levantar dinheiro do banco* to withdraw money from the bank 5 (*voo*) to take off ♦ *vi* (*tempo*) to clear up ♦ *vp* 1 (*de assento*) to stand up; *levantar-se de um pulo* to spring up 2 (*de cama*) to get up; to rise; *levantar-se cedo* to get up early ❖ *levantar a mesa* to clear the table; *levantar-se da mesa* to leave the table; CUL *levantar fervura* to begin boiling

levar *vt* 1 to take; *leva o casaco* take the coat; *levar pela mão* to take by the hand 2 (*transportar*) to carry; *quem leva o saco?* who carries the bag? 3 (*afastar*) to take away; *leva isso daqui* take that away from here; *levar à força* to take away by force 4 (*conter*) to hold 5 (*vida*) to lead; *levar uma vida de cão* to lead a dog's life

6 (*preço*) to charge; to ask for 7 to lead; *levar a crer* to lead to believe ♦ *vi col* (*pancada*) to be smacked; to be hit ❖ *levar a cabo* to carry it out; *levar a peito* to take it personally; *levar a mal* to take something amiss; *levar a sério* to take it seriously; *levar a sua avante* to have it one's own way; MED *levar uma injeção* to have an injection

leve *adj* 1 (*pouco peso*) light 2 (*ténue*) thin; faint; *uma leve esperança* a faint hope 3 (*suave*) soft; mild 4 (*ligeiro*) slight; *uma leve constipação* a slight cold

levedar *vt* (*massa*) to leaven ♦ *vi* (*pão*) to ferment

levedura *nf* (*massa*) yeast; leaven

levemente *adv* 1 (*ao de leve*) lightly 2 (*por pouco*) slightly

leveza *nf* lightness

leviandade *nf* 1 (*inconsciência*) thoughtlessness 2 (*superficialidade*) frivolity; superficiality

leviano *adj* 1 (*inconsciência*) thoughtless; light-headed 2 frivolous; superficial; light

levitação *nf* levitation

levitar *vi* (*corpo*) to levitate

lexical *adj2g* lexical

léxico *nm* lexicon

lexicografia *nf* LING lexicography

lexicógrafo *nm* lexicographer

lezíria *nf* marshland

lhe *pron pess* (*a ele*) (to) him; (*a ela*) (to) her; (*neutro*) it; (*a você*) you

lhes *pron pess pl* 1 (*a eles, a elas*) them 2 (*a vocês*) you

liamba *nf* BOT hemp

liame *nm* 1 (*ligação*) bond; tie 2 NÁUT cordage; rigging

libanês *adj,nm* Lebanese

Líbano *nm* Lebanon

libelinha *nf* dragonfly

libelo *nm* 1 (*escrito*) libel; *lançar um libelo contra alguém* to libel someone 2 (*sátira*) lampoon

libélula *nf* dragonfly

liberal adj,n2g liberal

liberalidade nf 1 (generosidade) generosity 2 (tolerância) tolerance 3 (mentalidade) broad-mindedness, open-mindedness

liberalismo nm POL liberalism

liberalização nf ECON liberalization; *liberalização do mercado* trade liberalization

liberalizar vt to liberalize

liberdade nf freedom; liberty ❖ *estar em liberdade condicional* to be on probation

Libéria nf Liberia

liberiano adj,nm Liberian

libertação nf 1 (pessoas) release 2 (calor, energia, gases) release; emission 3 (liberdade) liberation; freedom

libertador nm liberator

libertar vt 1 (pôr em liberdade) to set free 2 (soltar) to release 3 (calor, energia) to release; to discharge; to emit ♦ vp 1 (livrar-se) to get rid [de, of] 2 (soltar-se) to set oneself free [de, from]

libertinagem nf licentiousness

libertino adj licentious ♦ nm libertine

liberto adj free; *liberto de todas as restrições* free from restrictions

Líbia nf Libya

libidinoso adj libidinous; lustful

líbido nf PSIC libido

líbio adj,nm Libyan

libra nf pound ❖ *libra esterlina* pound sterling; *libra irlandesa* punt

libré nf livery; *criados de libré* servants in livery

libreto nm libretto

lição nf 1 (escola) lesson 2 fig (sermão) lecture; lesson; *não preciso das tuas lições* stop lecturing me ❖ *dar uma lição a alguém* to teach somebody a lesson; *que isto te sirva de lição* let this be a lesson to you; *serviu-lhe de lição* it served him right

liceal adj2g of a secondary schoolGB; of a high schoolEUA

licença nf 1 (permissão) permission; consent 2 (documento) licenceGB; licenseEUA 3 (dispensa legal) leave; *estar de licença* to be on leave ❖ *dá-me licença?* excuse me!, may I?

licenciado nm (universidade) graduate; *licenciado em Letras* Master of Arts ♦ adj 1 (licença) authorized; allowed 2 (estudos) graduate

licenciamento nm (autorização) licensing

licenciar vt (autorização) to license; to authorize ♦ vp (universidade) to graduate

licenciatura nf graduation; academic degree

licenciosidade nf licentiousness

licencioso adj licentious

liceu nm grammar school, secondary schoolGB; high schoolEUA

licitação nf (leilão) bidding

licitador nm bidder

licitamente adv lawfully; legally; under legal terms

licitar vt 1 (vender) to sell by auction 2 (comprar) to bid for ♦ vi to bid

lícito adj 1 (legal) licit; legal 2 (legítimo) lawful

licor nm liqueur

licra nf (tecido) lycra

lida nf 1 (trabalho) toil 2 (tarefa) chore ❖ *lida doméstica* housework

lidar vi 1 (enfrentar) to deal [com, with]; *como vamos lidar com este problema?* how will we deal with this problem? 2 (luta) to fight [com, -]; to struggle [com, -]

lide nf 1 (labuta) toil 2 (luta) fight; struggle 3 (tourada) bullfighting

líder n2g leader

liderança nf 1 (organização, grupo) leadership; *capacidade de liderança* leadership ability 2 (competição) head; top; *estar na liderança da corrida* to be at the head of the race

liderar vt to lead; to be at the head of

Liechtenstein nm Liechtenstein

lifting nm (rosto) facelift

liga nf 1 (aliança) alliance; league; pact 2 QUÍM alloy 3 DESP league; *Liga dos*

Campeões Champions League **4** (meia) garter

ligação *nf* **1** (*relação*) connection; association; *em ligação com* in connection with **2** (telefone) connection; call; *a ligação está feita* the call is through **3** (relação amorosa) relationship

ligado *adj* **1** connected [a, to] **2** (pessoas) attached [a, to] **3** (luz, aparelho) switched-on **4** (com ligadura) bandaged

ligadura *nf* **1** (ferida) bandage **2** (material cirúrgico) ligature

ligamento *nm* ligament

ligar *vt* **1** (*juntar*) to unite; to join; to link up **2** (canos, fios) to connect; to link **3** (*relacionar*) to connect **4** (luz, aparelho) to switch on, to turn on; *liga a televisão* turn the TV on **5** ELET to plug in; *ligar a ficha à corrente* to plug in **6** MED to bandage; *ligar o braço* to bandage the arm ♦ *vi* **1** (*dar importância*) to care [a, for]; to pay attention [a, to]; *ele não me liga nenhuma* he pays no attention to me; *não ligues* never mind **2** (telefone) to phone [a, to]; to ring up [a, -] ♦ *vp* (sentimentos) to grow attached [a, to]

ligeiramente *adv* (ao de leve) slightly

ligeireza *nf* **1** (*leveza*) lightness **2** *fig* (*irreflexão*) thoughtlessness

ligeiro *adj* **1** (leve) light; superficial **2** (ao de leve) slight; *um toque ligeiro* a slight touch

light *adj inv* **1** (alimento) low-calorie **2** (bebida) low-alcohol **3** diet; *cola light* diet cola **4** *pej* lowbrow; *literatura light* lowbrow literature

lilás *nm* (planta, flor) lilac ♦ *adj2g,nm* (cor) lilac; mauve

lima *nf* **1** (utensílio) file **2** (fruto) sweet lime

limalha *nf* (metal) file dust; (ferro) iron filings

limão *nm* lemon

limar *vt* **1** (metal, madeira, unhas) to file; to smooth **2** *fig* (*aperfeiçoar*) to polish; *limar as arestas* to polish up

limbo *nm* limbo

limiar *nm* **1** (*soleira da porta*) doorstep; threshold **2** (entrada) entrance **3** *fig* (começo) brink; beginning; *no limiar de* at the beginning of

limitação *nf* **1** (*restrição*) limitation; restriction **2** (*incapacidade*) limitation; shortcoming; *conhecer as suas limitações* to know one's limitations

limitado *adj* **1** (espaço) limited; restricted; circumscribed **2** (número) limited; *edição limitada* limited edition **3** *fig* (pessoa) narrow-minded; unintelligent ❖ ECON *companhia limitada* limited company

limitar *vt* **1** (restrição) to limit; to restrict; *limitar as entradas* to limit entries; *limitar despesas* to limit expenditure **2** (espaço) to limit; to bound; to circumscribe ♦ *vp* to limit oneself [a, to]; to do no more [a, than]; *limitei-me a dizer que não* I just said no

limitativo *adj* limiting; restrictive; confining

limite *nm* limit

limítrofe *adj2g* bordering; *concelhos limítrofes* bordering districts

limo *nm* **1** seaweed **2** (lodo) slime

limoeiro *nm* lemon tree

limonada *nf* lemonade

limpa-chaminés *n2g2n* chimney sweeper

limpadela *nf* clean; *dar uma limpadela a alguma coisa* to give something a clean

limpa-neves *nm2n* snowplough

limpa-nódoas *nm2n* stain remover

limpa-para-brisas *nm2n* wiper, windscreen wiper, windshield wiper EUA

limpar *vt* **1** (geral) to clean; to tidy up **2** (pó, louça, lágrimas) to wipe; to rub **3** (ferida) to cleanse **4** *col* to clean out; to wipe; *os ladrões limparam a loja* the thieves wiped out the store ❖ *limpar a seco* to dry-clean; *limpar o pó* to dust

limpa-vidros nm2n (detergente) window cleaning fluid

limpeza nf 1 (processo) cleaning; *fazer grandes limpezas à casa* to clean down the house; *fazer limpezas* to clean up 2 (estado) neatness 3 *fig,col* (roubo) snatch; knock-over; *foi uma limpeza total* it was quite a snatch ✦ *limpeza a seco* dry cleaning

limpidez nf (céu, brilho) clearness; brightness

límpido adj 1 limpid; crystal-clear 2 (céu) clear

limpo adj 1 (sem sujidade) clean 2 (céu) clear; bright 3 (honesto) fair 4 (dinheiro) net; clear ✦ *tirar a limpo* to get to the bottom of a thing

limusina nf limousine; limo *col*

lince nm lynx

linchamento nm lynching

linchar vt to lynch

lindamente adv 1 (beleza) beautifully 2 (bem) well; fine

lindo adj 1 beautiful 2 (mulher) pretty; (homem) handsome

linear adj2g linear

linfa nf lymph

linfático adj lymphatic ✦ *glândula linfática* lymph gland; *sistema linfático* lymphatic system; *vaso linfático* lymphatic

lingerie nf lingerie; women's underwear

lingote nm ingot; *lingote de ouro* ingot of gold

língua nf 1 tongue 2 (idioma) language ✦ *dar à língua* to chatter; *dar com a língua nos dentes* to let the cat out of the bag

linguado nm 1 (peixe) sole 2 *col* (beijo) French kiss, deep kiss

linguagem nf language; *linguagem ofensiva* rude language ✦ *linguagem corporal* body language; INFORM *linguagem de programação* programming language; *linguagem gestual* sign language

linguareiro adj pop gossipy ✦ nm pop gossip

linguiça nf spicy sausage

linguista n2g linguist

linguística nf linguistics

linguístico adj linguistic; *estudos linguísticos* linguistic studies

linha nf 1 line 2 (fio) thread; line 3 INFORM line; connection; *em linha* online 4 (forma física) figure; *manter a linha* to keep one's figure 5 (comboios, etc.) railway ✦ *linha de ação* course of action; *em linhas gerais* generally speaking

linhaça nf 1 (semente) linseed 2 (óleo) linseed oil

linhagem nf (famílias) lineage

linho nm 1 (planta) flax 2 (tecido) linen

linkar vt INFORM to link

linóleo nm linoleum, lino, *chão revestido a linóleo* linoleum floor

lípido nm BIOL,QUÍM lipid

lipoaspiração nf MED liposuction

lipossolúvel adj2g fat-soluble

liquefação nf liquefaction

liquefazer vt,p to liquefy

liquefeito adj liquefied

líquen nm lichen

liquidação nf 1 (falência) liquidation; winding-up, *mandado de liquidação* winding-up order 2 (loja) clearance sale; sell-out 3 (crime de morte) murder ✦ *liquidação total* clearance sale

liquidar vt 1 (falência) to liquidate; to wind up 2 (recheio de loja) to sell out 3 (conta) to close; *liquidar uma dívida* to pay off a debt 4 *fig* (matar) to kill; to murder; *liquidar alguém* to kill someone

liquidez nf ECON liquidity; *liquidez de uma empresa* liquidity of a firm

liquidificador nm liquidizer

liquidificar vt to liquidize

líquido nm liquid; fluid ✦ adj 1 liquid 2 ECON (quantia) net

lira nf 1 MÚS lyre 2 (antiga moeda) lira

lírica *nf* LIT poetry; lyric poetry

lírico *adj* 1 LIT lyric 2 *(romântico)* sentimental 3 *(irrealista)* unpractical; unreasonable

lírio *nm* lily

lirismo *nm* LIT lyricism

liso *adj* 1 *(regular)* smooth; even 2 *(plano)* plain; flat 3 *(cabelo)* straight 4 *(sem nada)* blank 5 *(cor)* plain 6 *col* broke; *estou completamente liso* I'm broke

lisonja *nf* flattery

lisonjear *vt* to flatter

lisonjeiro *adj* flattering; ingratiating

lista *nf* 1 *(rol)* list 2 *(risca)* stripe 3 *(ementa)* menu; carte ❖ *lista telefónica* phone directory

listagem *nf* listing, list

listar *vt* to list; to catalogue; to index

listra *nf* stripe; streak

listrar *vt* to stripe; to streak

lisura *nf* 1 *(textura)* smoothness 2 *fig (sinceridade)* honesty; sincerity

litania *nf* litany

liteira *nf* *(transporte)* litter

literacia *nf* literacy

literal *adj2g* literal; *no sentido literal* in the literal sense; *tradução literal* literal translation

literário *adj* literary; *obra literária* literary work

literato *nm* man of letters

literatura *nf* literature

litigante *n2g* DIR litigant; plaintiff; accused

litigar *vi* DIR *(advogado)* to litigate ♦ *vt* DIR *(ir a tribunal)* to go to law; to litigate

litígio *nm* 1 DIR *(processo em tribunal)* litigation; lawsuit 2 *(desentendimento)* dispute [**com**, against]; *entrar em litígio com* to go into dispute against

litigioso *adj* litigious; *divórcio litigioso* litigious divorce; *processo litigioso* litigious lawsuit

lítio *nm* lithium

litoral *nm* coastline, coastal region, littoral ♦ *adj2g* coastal, littoral

litro *nm* litre GB; liter EUA ❖ *col* é *igual ao litro* I couldn't care less

Lituânia *nf* Lithuania

lituano *adj,nm* Lithuanian

liturgia *nf* liturgy

litúrgico *adj* liturgical

lívido *adj* 1 *(palidez)* pale; livid; *rostos lívidos* livid faces 2 *(fúria)* livid; furious; *livido de raiva* livid with rage

livrar *vt* 1 *(libertar)* to release [**de**, from]; to free [**de**, from] 2 *(salvar)* to save [**de**, from] ♦ *vp* 1 *(libertar-se)* to free oneself [**de**, from]; to save [**de**, from] 2 *(desembaraçar-se)* to get rid [**de**, of]; *livrar-se de alguém* to get rid of someone 3 *(escapar--se)* to escape [**de**, from] ❖ *Deus me livre!* God forbid!; *livrar-se de boa* to have a narrow escape

livraria *nf* bookshop GB, bookstore EUA

livre *adj* 1 *(liberdade)* free 2 *(espaço)* open; *ao ar livre* in the open air 3 *(disponível)* free; available 4 *(sem obstáculos)* clear 5 *(salvo)* out [**de**, of] ♦ *nm* *(futebol)* free kick; *livre de canto* corner kick

livre-arbítrio *nm* free will

livre-câmbio *nm* ECON free trade

livreiro *nm* bookseller

livremente *adv* freely; *circular livremente* to walk around freely

livre-pensador *nm* free-thinker

livresco *adj* bookish

livrete *nm* 1 *(livro pequeno)* booklet 2 *(documento)* registration; *livrete do carro* car registration

livre-trânsito *nm* free pass

livro *nm* book

lixa *nf* *(material)* sandpaper; glasspaper

lixar *vt* 1 to sandpaper; to glasspaper 2 *cal* to brass off; to tick off ♦ *vp cal* to screw up; *que se lixe!* screw it!; *vai-te lixar!* go to hell!

lixeira *nf* dump; dumping ground

lixeiro *nm* dustman; garbage collector

lixívia *nf* bleach

lixo *nm* rubbish *GB*; garbage *EUA*; trash *EUA*

lobby *nm* lobby; pressure group

lóbi *nm* ⇒ **lobby**

lobisomem *nm* werewolf

lobo[1] /ó/ *nm* lobe; *lobo da orelha* ear's lobe

lobo[2] /ô/ *nm* wolf

lobotomia *nf* MED lobotomy

lóbulo *nm* **1** ANAT lobule **2** BOT lobe

locação *nf* **1** (*arrendamento*) letting out; leasing; renting **2** (*fundos*) allocation

local *adj2g* local; *autoridades locais* local authority ◆ *nm* **1** (*sítio*) place **2** (*ponto específico*) site; *local arqueológico* archaeological site **3** (*povoação*) locality ❖ *local de nascimento* birthplace; *local de trabalho* workplace

localidade *nf* place; site

localização *nf* **1** (*ação*) location **2** (*local*) locale; site

localizar *vt* **1** (*situar*) to locate; to pinpoint **2** (*procurar*) to track down **3** (*restringir*) to localize; to contain ◆ *vp* to be situated [*em*, in]; to be located [*em*, in]

loção *nf* lotion ❖ *loção de barbear* shaving lotion; *loção para depois da barba* aftershave lotion

locatário *nm* **1** (*quarto*) lodger **2** (*inquilino*) tenant

locomoção *nf* locomotion

locomotiva *nf* railway engine; locomotive

locomotor *adj* (*órgãos*) locomotive

locução *nf* **1** locution; diction **2** LING locution; phrase

locutor *nm* **1** (*geral*) announcer; *locutor de continuidade* continuity announcer **2** (*notícias*) newscaster

lodo *nm* (*lama*) mud

logaritmo *nm* MAT logarithm

lógica *nf* logic; *tem lógica* that's logic

lógico *adj* logical; reasonable; *argumento lógico* logical argument ◆ *nm* logician ❖ *é lógico* of course

login *nm* INFORM login

logística *nf* logistics

logo *adv* **1** (*mais tarde*) later **2** (*imediatamente*) right away, at once **3** (*em breve*) soon ◆ *conj* therefore, so ❖ *até logo!* see you later!; *logo que* as soon as

logon *nm* INFORM logon

logotipo *nm* ⇒ **logótipo**

logótipo *nm* logo; logotype

lograr *vt* **1** (*obter*) to obtain **2** (*alcançar*) to achieve **3** (*enganar*) to cheat

logro *nm* (*engano*) deceit; *cair no logro* to fall into the trap

loiça *nf* ⇒ **louça**

loiro *adj,nm* ⇒ **louro**

loja *nf* **1** shop **2** (*maçónica*) lodge ❖ *loja de brinquedos* toyshop

lojista *n2g* shopkeeper

LOL (Internet, e-mail) [*sigla de* laughing out loud]

lomba *nf* **1** (*cume*) lump, ridge **2** (*ladeira*) slope **3** (*estrada*) ramp

lombada *nf* **1** (*livro*) spine, back **2** (*animal*) rump

lombar *adj2g* lumbar

lombo *nm* **1** loin; *lombo de vaca* sirloin **2** *pop* back

lombriga *nf* ringworm

lona *nf* canvas, sailcloth ❖ *estar nas lonas* to be broke

Londres *nf* London

londrino *nm* Londoner ◆ *adj* London; from London

longa-metragem *nf* CIN feature film, full-length movie

longe *adv* far, far away ❖ *ao longe* in the distance; *de longe* **1** from a distance **2** (*sem dúvida*) by far; *longe da vista, longe do coração* out of sight, out of mind

longevidade *nf* longevity

longínquo *adj* distant, remote, faraway; *regiões longínquas* the remote regions

longitude *nf* longitude

longitudinal *adj2g* longitudinal

longo adj 1 (extenso, comprido) long 2 (demorado) lengthy ❖ **ao longo de** along; throughout

lontra nf otter

looping nm looping; (avião) **fazer loopings** to loop the loop

loquacidade nf loquacity

loquaz adj2g loquacious, talkative

loquete nm padlock

lorde nm lord

lorpa n2g pej dimwit; fool ♦ adj2g pej idiotic; foolish

losango nm GEOM rhombus

lota nf fish market

lotação nf 1 (recinto, veículo) capacity 2 (vinhos) blending ❖ **lotação esgotada** full house

lotaria nf lottery; **bilhete de lotaria** lottery ticket; **ganhar um prémio na lotaria** to draw a prize in the lottery

lote nm 1 (terreno) plot 2 (leilão) lot 3 (porção) share, portion

loteamento nm division into lots

loto nm (jogo) lotto

lótus nm2n lotus

louça nf 1 tableware; dishes; **lavar a louça** to do the dishes 2 (conjunto) crockery ❖ **louça de barro** earthenware

louco adj mad, crazy ♦ nm madman

loucura nf 1 madness, folly; **fazer uma loucura** to do a foolish thing 2 (demência) insanity ❖ **que loucura!** it's mad!

loureiro nm laurel

louro adj (cabelo, mulher) blonde; (homem) blond ♦ nm 1 (homem) blond man; (mulher) blonde 2 BOT laurel 3 CUL bay leaf ♦ nmpl laurels; honours

lousa nf (ardósia) slate

louva-a-deus nm praying mantis

louvar vt to praise [por, for]

louvável adj2g laudable; praiseworthy; creditable

louvor nm praise, commendation; **digno de louvor** praiseworthy

lua nf moon; **lua cheia** full moon; **lua nova** new moon ❖ **andar na lua** to be in the clouds

lua de mel nf honeymoon

luar nm moonlight; **iluminado pelo luar** moonlit

lúbrico adj (lascivo) lascivious, lewd

lubrificante adj2g,nm lubricant

lubrificar vt to lubricate

lucidez nf lucidity; clearness

lúcido adj lucid; clear-headed

lúcio nm (peixe) pike

lucrar vt 1 (ganhar) to gain 2 (tirar proveito) to profit [com, from; em, by] ♦ vi to make a profit

lucrativo adj lucrative, profitable; **negócio lucrativo** lucrative trade

lucro nm 1 profit; **com lucro** at a profit 2 (benefício) gain; profit

ludibriar vt to deceive

lúdico adj entertaining; recreational

lufada nf (vento) gust, blast ❖ **ser uma lufada de ar fresco** to be a breath of fresh air

lufa-lufa nf col hurly-burly ❖ **andar numa lufa-lufa** to be on the rush

lugar nm 1 (sítio, posição) place 2 (cinema, teatro, veículo) seat 3 (espaço) space, room; **deixar lugar para** to leave room for ❖ **dar lugar a** to give place to; **em lugar de** instead of; **em primeiro lugar** firstly

lugar-comum nm commonplace, cliché

lúgubre adj2g gloomy

lula nf squid

lume nm 1 (fogo) fire 2 (cigarro) light; col **tem lumes?** have you got a light? ❖ **vir a lume** to come to light

luminária nf 1 light 2 fig (pessoa) luminary

luminosidade nf 1 (luz) luminosity 2 (brilho) brightness

luminoso adj 1 (luz) luminous; bright 2 (letreiro) illuminated 3 fig (ideia) brilliant

lunar adj2g lunar

lunático *nm* lunatic

luneta *nf* eyeglass

lupa *nf* magnifying glass

lúpulo *nm* hop

lúpus *nm* MED lupus

luso *adj* Portuguese

lusofonia *nf* lusophony

lusófono *adj* Portuguese-speaking ✦ *nm* Portuguese speaker

lustre *nm* (*candelabro*) lustre

lustro *nm* 1 (*brilho*) lustre 2 (*cinco anos*) lustrum

lustroso *adj* lustrous, shiny, glossy

luta *nf* 1 (*combate*) fight [**contra**, against; **por**, for] 2 (*conflito*) struggle; *luta de classes* class struggle ✦ DESP *luta livre* wrestling

lutador *nm* 1 fighter 2 DESP wrestler

lutar *vi* 1 to struggle [**para/por**, for] 2 (*combater*) to fight [**por**, for; **contra**, against] 3 DESP to wrestle ✦ *lutar em vão* to beat the air

lutécio *nm* lutetium

luteranismo *nm* REL Lutheranism

luterano *adj* Lutheran

luto *nm* 1 mourning; *estar de luto* to be in mourning 2 (*traje*) mourning dress

luva *nf* (*mãos*) glove; *luvas de borracha* rubber gloves ✦ *assentar como uma luva* to fit like a glove

luxação *nf* MED dislocation

Luxemburgo *nm* Luxembourg

luxemburguês *adj* of/from Luxembourg ✦ *nm* Luxembourger

luxo *nm* luxury ✦ *dar-se ao luxo de* to allow oneself to; *de luxo* luxury; luxurious

luxuoso *adj* luxurious; *casa luxuosa* luxurious house

luxúria *nf* lust, lasciviousness

luxuriante *adj2g* luxuriant

luz *nf* light; *desligar a luz* to switch off the light, to turn off the light ✦ *nfpl* 1 *fig* (*noções*) notions; *ter umas luzes de* to have a nodding acquaintance with 2 (*automóvel*) headlights ✦ (*ordem para avançar*) *luz verde* go-ahead; *à luz do dia* in broad daylight; (*filho*) *dar à luz* to give birth to

luzidio *adj* shiny

luzir *vi* to glitter, to gleam ✦ *nem tudo o que luz é ouro* all that glitters is not gold

M

m *nm* (letra) m

maca *nf* 1 MED stretcher 2 (padiola) litter

maça *nf* 1 club 2 (clava) mace

maçã *nf* apple ❖ **maçãs do rosto** cheekbones

macabro *adj* macabre, gruesome

macaca *nf* (jogo) hopscotch

macacão *nm* 1 (roupa de trabalho) overall 2 (calças de peito) dungarees

macaco *nm* 1 monkey; ape 2 MEC screw jack ❖ **macaco de imitação** copycat

maçada *nf* (aborrecimento) bore, nuisance; **dava-lhe muita maçada?** would it trouble you too much?; **que maçada!** what a bore!

maçã de Adão *nf* Adam's apple

maçador *adj* 1 (chato) boring 2 (cansativo) tiresome ♦ *nm* (pessoa) bore; **ser um grande maçador** to be an awful bore

maçaneta *nf* 1 (porta) doorknob, door handle 2 (porta, gaveta) knob, handle

maçapão *nm* marzipan

macaquear *vt* to ape; to mimic

maçar *vt* 1 (importunar) to bother, to pester; **maçar uma pessoa** to bother a person 2 (chatear) to bore; **estar horrivelmente maçado** to be bored to death ♦ *vp* 1 (incomodar-se) to trouble oneself 2 (chatear-se) to get bored

maçarico *nm* 1 (chama) blowtorch, blowpipe; **maçarico de soldar** welding torch 2 col (pessoa) beginner

maçaroca *nf* (milho) maize cob, corn cob

macarrão *nm* macaroni

macarronete *nm* thin macaroni

macarrónico *adj* macaronic; **latim macarrónico** dog Latin

Macedónia *nf* Macedonia

macedónio *adj,nm* Macedonian

machado *nm* axe ❖ **feito a machado** bungled

machão *nm* 1 macho man 2 (valentão) tough guy

machismo *nm* machismo, male chauvinism

machista *adj2g,nm* male chauvinist

macho *nm* 1 (sexo) male 2 col (homem viril) stud; **macho man** 3 (mula) mule 4 téc (peça) tap ♦ *adj* male, virile

machucar *vt* 1 (pisar, magoar) to bruise 2 (esmagar) to crush 3 (ferir) to hurt

maciço *adj* 1 (objeto) solid 2 (espesso) thick 3 (quantidade) massive ♦ *nm* GEOL massif

macieira *nf* apple tree

macilento *adj* 1 (pálido) wan, pale 2 (magro) lean

macio *adj* 1 (tenro) soft 2 (liso) smooth

maço *nm* 1 packet 2 (notas) bundle, wad 3 (martelo) mallet

maçonaria *nf* masonry, freemasonry

maçónico *adj* masonic, freemasonic ♦ *nm* mason, freemason

má-criação *nf* 1 (rudeza) rudeness 2 (grosseria) coarseness

macrobiótica *nf* 1 macrobiotics 2 (dieta) macrobiotic diet

macrobiótico *adj* macrobiotic

macrocosmo *nm* macrocosm

macroscópico *adj* macroscopic

maçudo *adj* 1 (cansativo) tiresome 2 (aborrecido) dull

mácula *nf* 1 (mancha) stain, spot, taint 2 (desonra) infamy, dishonour

macular *vt* 1 (manchar) to stain, to sully 2 (desonrar) to dishonour, to shame

macumba *nf* 1 Bras voodoo 2 Bras (feitiçaria) sorcery

Madagáscar *nm* Madagascar

madame *nf* 1 (senhora) lady 2 (esposa) wife

madeira *nf* 1 (material) wood; **de madeira** wooden 2 (construção) timber ❖ **bater na madeira** to touch wood

madeiramento nm 1 (casa) timberwork 2 (obra) woodwork

madeixa nf 1 (cabelo) lock 2 (cabeleireiro) highlight; *fazer madeixas* to have highlights put in one's hair

madrasta nf stepmother

madre nf (convento) mother

madrepérola nf mother-of-pearl

madressilva nf honeysuckle

madrigal nm MÚS madrigal

madrinha nf 1 (batismo) godmother; *ser madrinha de uma criança* to stand godmother to a child 2 fig (patrocinadora) patron

madrugada nf dawn, daybreak; *de madrugada* at daybreak

madrugar vi (levantar-se) to rise early, to get up early

maduro adj 1 (fruta) ripe 2 (pessoa, vinho) mature 3 (sensato) wise; mature

mãe nf 1 mother; *mãe de família* wife and mother 2 fig (fonte) source [de, of] ❖ *futura mãe* expectant mother

maestro nm MÚS conductor, maestro

mafarrico nm 1 (Diabo) devil, deuce 2 (criança) wayward child

má-fé nf malicious intent

máfia nf mafia, Mob

mafioso nm mafioso, mobster, gangster ♦ adj mafia

magenta adj2g,nf (cor) magenta

magia nf 1 magic 2 (bruxaria) sorcery, witchcraft ❖ *magia negra* black magic

magicar vi 1 (matutar) to brood [em, about/over] 2 (considerar) to rack one's brain

mágico adj magical, magic ♦ nm (ilusionista) magician ❖ *por artes mágicas* as if by magic

magistério nm 1 (profissão) the teaching profession 2 (ensino) teaching 3 (professorado) teachers

magistrado nm magistrate

magistral adj2g 1 (magnífico) magnificent 2 (perfeito) perfect

magistratura nf 1 (funções) judgeship 2 (profissionais) judges

magnânimo adj 1 magnanimous, generous 2 (nobre) noble

magnata n2g magnate, tycoon

magnésio nm magnesium

magnético adj magnetic ❖ *campo magnético* magnetic field

magnetismo nm magnetism

magnífico adj (esplendoroso) magnificent; splendid; *voz magnífica* magnificent voice

magnitude nf 1 magnitude 2 (importância) importance

magno adj great

magnólia nf magnolia

mago nm magician ❖ *os três reis magos* the three wise men

mágoa nf sorrow, grief, sadness ♦ nfpl (lamentações) complaints

magoado adj 1 (emocional) hurt 2 (físico) hurt; injured

magoar vt 1 (físico) to hurt; to injure 2 (emocional) to hurt ♦ vp to get injured; to hurt oneself

magote nm 1 (pessoas) crowd; swarm 2 (coisas) heap, mass; *aos magotes* masses of it

magreza nf 1 leanness; thinness 2 (escassez) spareness

magricela adj2g skinny ♦ n2g barebones, skinny person

magro adj 1 (pessoa) slim; thin 2 (carne) lean 3 (alimento) low-fat 4 (leite) skimmed

magusto nm 1 (fogueira) fire for roasting chestnuts 2 (castanhas) roast chestnuts

maia nf yellow broom

maio nm May

maiô nm 1 Bras (de ginástica) leotard 2 Bras (fato de banho) swimsuit

maionese nf mayonnaise

maior *adj* 1 *(comparativo)* bigger [do que, than]; *Londres é maior do que Lisboa* London is bigger than Lisbon 2 *(superlativo)* biggest; *o maior dos três* the biggest of the three 3 MÚS major; *dó maior* C major ❖ *ser maior de idade* to be of age

maioral *nm* 1 chief, boss 2 *(responsável)* head; higher-up

maioria *nf* majority; *a maioria de* most of ❖ *maioria absoluta* absolute majority; *maioria silenciosa* silent majority; *estar em maioria* to be in the majority

maioridade *nf* majority; *atingir a maioridade* to come of age

mais *adv* 1 *(comparativo)* more [do que, than]; *ela é mais inteligente do que eu* she is more intelligent than me 2 *(superlativo)* most [de, in/of]; *a loja que mais livros vendeu* the shop that has sold most books 3 *(aliás)* moreover 4 *(com pronomes interrogativos, indefinidos)* else; *mais alguém?* anybody else?; *que mais?* what else? 5 *(frases negativas)* only; *não sabemos mais do que isto* we only know that 6 *(de sobra)* spare; *ter uma caneta a mais* to have a spare pen ♦ *quant exist,pron indef* more ♦ *nm* MAT *(sinal)* plus ♦ *conj* 1 and 2 MAT plus; *dois mais dois são quatro* two plus two are four ❖ *mais ou menos* more or less; *por mais que* whatever, however; *sem mais nem menos* out of the blue

maisena *nf* maize starch

mais-que-perfeito *adj,nm* LING pluperfect

mais-valia *nf* ECON surplus value; unearned increment

maiúscula *nf* capital letter; *escreva em maiúsculas* write in block letters/in capitals

majestade *nf* 1 *(título)* majesty; *Sua Majestade* His (Her) Majesty; *Vossa Majestade* your Majesty 2 *(pompa)* grandeur 3 *(dignidade)* dignity

majestoso *adj* 1 majestic 2 *(solene)* stately

major *nm* MIL major

majorete *nf* majorette

mal *adv* 1 badly 2 *(quase não)* hardly; *(quase nunca)* hardly ever 3 *(desfavoravelmente)* ill; *falar mal de* to speak ill of 4 bad; *parecer mal* to look bad 5 *(errado moralmente)* wrongly ♦ *nm* 1 evil 2 *(problema)* problem 3 *(dano)* harm ♦ *conj* *(assim que)* as soon as, no sooner ... than; *mal chegaram* as soon as they arrived ❖ *de mal a pior* out of the frying pan into the fire; *há males que vêm por bem* every cloud has a silver lining; *não faz mal!* never mind!

mala *nf* 1 *(viagem)* suitcase; *fazer as malas* to pack 2 *(carro)* boot GB, trunk EUA 3 *(carteira)* handbag

malabarismo *nm* 1 juggling 2 *fig (estratagema)* balancing act

malabarista *n2g* 1 juggler 2 *fig (intriguista)* smooth operator

mal-agradecido *adj* ungrateful

malagueta *nf* chilli pepper

malaio *adj,nm* Malaysian

malandro *nm* rascal, scamp ♦ *adj* mischievous; naughty; malicious

malar *nm* cheekbone

malária *nf* MED malaria

Malásia *nf* Malaysia

Malawi *nm* Malawi

malawiano *adj,nm* Malawian

malcheiroso *adj* smelly, stinking

malcriado *adj* 1 *(grosseiro)* rude 2 ill-bred, impolite

maldade *nf* 1 *(malícia)* malice 2 *(ruindade)* wickedness, evil 3 *(mau comportamento)* naughtiness; *fazer maldades* to be naughty

maldição *nf* curse, malediction

maldisposto *adj* 1 *(saúde)* indisposed, out of sorts 2 *(humor)* in a bad mood, grumpy, cross

maldito *adj* 1 *(amaldiçoado)* cursed, damned 2 *(mau agoiro)* ill-omened

Maldivas *nfpl* Maldives

maldiviano adj,nm Maldivian

maldizer vt 1 (difamar) to slander, to defame 2 (amaldiçoar) to curse

maldoso adj 1 (mau) wicked, bad 2 (malicioso) mischievous 3 (mal-intencionado) ill-meant

maleabilidade nf 1 malleability 2 (elasticidade) elasticity, give

maleável adj2g 1 malleable, supple 2 (flexível) pliable

maledicência nf slander, malicious gossip

maledicente adj2g slanderous, defamatory ♦ n2g slanderer, backbiter

mal-educado adj 1 ill-bred, ill-mannered 2 (grosseiro) rude

malefício nm (dano) harm, damage

maléfico adj 1 (malévolo) evil 2 (nocivo) harmful, noxious

mal-encarado adj 1 ugly, ill-looking 2 (antipático) unfriendly; disagreeable

mal-entendido nm 1 misunderstanding 2 (engano) mistake

mal-estar nm 1 (indisposição) indisposition, discomfort 2 (embaraço) uncomfortableness, uneasiness

maleta nf small suitcase, grip

malevolência nf 1 malevolence; malice 2 (rancor) ill-will

malévolo adj2g 1 malevolent 2 (maligno) malignant 3 (rancoroso) spiteful

malfadado adj 1 ill-fated 2 (sem sorte) unlucky 3 (viagem) fateful

malfeitor nm crook, villain

malformação nf malformation

malga nf bowl

malgaxe adj,n2g Madagascan

malha nf 1 (tecido) knitwear; **fazer malha** to knit 2 (rede) mesh 3 (meia) ladder 4 (ballet, ginástica) leotard 5 (jogo) quoit; **jogar a malha** to play at quoits 6 (animal) spot

malhação nf Bras DESP keep-fit

malhado adj (animal) spotted

malhar vt 1 (cereais) to thresh 2 (bater) to beat ♦ vi 1 (bater) to beat 2 (martelar) to hammer ❖ **malhar em ferro frio** to make ropes out of sand

malho nm (maço) mallet

mal-humorado adj ill-tempered; **estar mal-humorado** to be in a bad mood 2 (antipático) unfriendly

Mali nm Mali

maliano adj,nm Malian

malícia nf 1 malice 2 (malevolência) malevolence, spite

malicioso adj 1 (malévolo) malicious 2 (interpretação) dirty-minded 3 (maroto) naughty

maligno adj 1 MED malignant 2 (prejudicial) pernicious 3 (malévolo) malevolent ❖ **tumor maligno** malignant tumour

má-língua nf (ação) gossip, backbiting ♦ n2g (pessoa) backbiter ❖ **dizem as más-línguas que...** gossip has it that...

mal-intencionado adj evil-minded, malicious

malmequer nm daisy

malnutrição nf malnutrition

malograr vt 1 (frustrar) to frustrate 2 (confundir) to baffle 3 (planos) to spoil ♦ vp 1 (fracassar) to fail 2 (não ter êxito) to miscarry 3 (planos) to fall through, to fall flat

malogro nm failure

malpassado adj 1 underdone 2 (bife) rare

malquerença nf malevolence; animosity

malquistar-se vp to fall out [com, with]; **malquistar-se com alguém** to fall out with someone

malta nf 1 (amigos) gang 2 (populaça) mob

Malta nm Malta

malte nm malt

maltês adj,nm Maltese

maltrapilho adj ragged, tattered ♦ nm ragamuffin, scoundrel

maltratar vt 1 to ill-treat, to ill-use 2 (verbalmente) to abuse 3 (estragar) to damage

maluco *adj* mad [**por**, about], crazy [**por**, about]; *ela é maluca por chocolate* she's mad about chocolate; *isso põe-me maluco* it drives me crazy ♦ *nm* madman

maluqueira *nf* madness, foolishness; *deu-lhe na maluqueira ir para a América* he got the wild idea of going to America

maluquice *nf* 1 (*loucura*) madness 2 (*ideia*) wild notion 3 (*disparate*) crazy thing; *é uma maluquice ir sozinho* it's crazy to go alone

malva *nf* mallow ♦ *adj inv,nm* (*cor*) mauve

malvadez *nf* 1 wickedness, malignancy 2 (*ato*) wicked thing

malvado *adj* wicked ♦ *nm* malefactor, criminal

mama *nf* breast, teat; boob*pop* ❖ *cancro da mama* breast cancer

mamã *nf* mum; mummy

mamada *nf* feeding, nursing, suckling

mamar *vt,i* 1 to suck; *dar de mamar* to suckle, to breastfeed 2 (*bebé*) to feed 3 *col* (*dinheiro*) to extort

mamário *adj* mammary

mamarracho *nm* eyesore

mamífero *nm* mammal ♦ *adj* mammalian

mamilo *nm* nipple

mamografia *nf* MED mammography

mamute *nm* mammoth

manada *nf* 1 (*gado*) herd, drove 2 *col* (*punhado*) handful [**of**, de]

manancial *nm* 1 spring 2 *fig* (*fonte*) source, fountain 3 *fig* (*abundância*) wealth

mancar *vi* to limp; to hobble

mancha *nf* 1 (*sujidade*) stain 2 (*pele*) spot, mark 3 *fig* (*mácula*) spot

manchado *adj* stained [**de**, with]

manchar *vt* 1 (*sujar*) to stain [**de**, with]; *manchar de vinho* to stain with wine 2 (*reputação*) to soil, to dishonour

manchete *nf* headline

manco *adj* 1 *pop* (*estropiado*) crippled 2 *pop* (*coxo*) lame ♦ *nm pop* cripple, lame person

mandachuva *nm* 1 (*figurão*) big shot 2 (*chefe*) boss, leader

mandado *nm* 1 (*ordem*) order 2 DIR writ, injunction, warrant ❖ *mandado de prisão* warrant of arrest; *um mandado de busca* a search warrant

mandamento *nm* commandment

mandão *adj* bossy ♦ *nm* bossy boots*col*

mandar *vt* 1 (*ordenar*) to command, to order 2 (*enviar*) to send; *mandar buscar* to send for; *mandar embora* to send away 3 (*encomendar, levar*) to have something done; *mande-me fazer isto* get this done for me; *vou mandar limpá-lo* I'm going to have it cleaned 4 (*atirar*) to cast ♦ *vi* 1 (*governo*) to be in power 2 to be the leader 3 (*chefe*) to be the boss; *gostar de mandar nos outros* to enjoy bossing people around

mandarim *nm* mandarin

mandatar *vt* 1 (*nomear*) to appoint 2 (*delegar*) to delegate

mandatário *nm* 1 (*delegado*) delegate 2 (*representante*) representative

mandato *nm* 1 (*autorização*) mandate 2 POL term of office 3 (*ordem*) order

mandíbula *nf* mandible

mandioca *nf* manioc, cassava

mando *nm* 1 (*comando*) command, rule; *a mando de* by order of 2 (*poder*) power, authority

mandrião *nm* idler, sluggard, lazybones; *é um mandrião* he's a lazybones ♦ *adj* idle, lazy

mandriar *vi* to idle, to laze around

maneio *nm* 1 handling 2 (*gestão*) management, administration

maneira *nf* (*modo*) manner, way; *de outra maneira* elsewhere ♦ *nfpl* (*comportamento*) manners; *ter boas maneiras* to have good manners ❖ *de maneira nenhuma* by no means

maneirismo *nm* mannerism

manejar vt 1 (instrumento) to handle 2 (máquina) to operate [com, with] 3 (lidar) to deal [com, with]

manejável adj2g 1 handy 2 (flexível) pliable 3 (manobrável) manageable

manejo nm 1 handling 2 (manejamento) management

manequim nm 1 (montra) dummy 2 (pessoa) model

maneta n2g 1 pop (sem mão) one-handed person 2 pop (sem braço) one-armed person ♦ adj2g pop one-handed

manga nf 1 (roupa) sleeve 2 (fruto) mango 3 (banda desenhada) manga 4 (aeroporto) jetway; jet bridge

manganésio nm manganese

mangar vi to mock; to tease

mangueira nf 1 (água) hose; mangueira de incêndio fire hose 2 (árvore) mango tree

manha nf 1 (astúcia) cunning; ter manha to be cunning 2 (ardil) trick 3 (fingimento) act; fazer manha to put on an act ❖ usar de manha to play the fox

manhã nf morning

manhoso adj cunning; crafty; artful

mania nf 1 MED mania; mania da perseguição persecution mania 2 (obsessão) craze 3 (passatempo) hobby; tem a mania de colecionar selos his hobby is collecting stamps

maníaco nm maniac ♦ adj maniac, crazy

manicómio nm mental hospital

manicura nf 1 (pessoa) manicurist 2 (tratamento) manicure

manietar vt 1 to manacle, to handcuff 2 (prender) to restrain

manif nf col demo

manifestação nf 1 (protesto) demonstration 2 (expressão) expression, display; uma manifestação de apoio an expression of support

manifestante nm demonstrator

manifestar vt 1 (expressar) to express; manifestar a sua opinião to express one's opinion 2 (revelar) to show ♦ vp 1 to demonstrate [contra, against; a favor de, in favour of]; manifestar-se contra a guerra to demonstrate against war 2 (pronunciar-se) to express an opinion

manifesto adj evident, clear ♦ nm manifesto

manigância nf trick, manoeuvre

manipulação nf manipulation, handling ❖ manipulação genética genetic manipulation

manipulador nm manipulator

manipular vt 1 to manipulate; não te deixes manipular don't let yourself be manipulated 2 (manejar) to handle 3 (genética) to engineer

manípulo nm handle; manipulo das velocidades gear handle/lever

manivela nf handle, crank; dar à manivela to crank

manjar nm 1 (iguaria) delicacy, titbit 2 (comida) food

manjedoura nf manger

manjericão nm sweet basil

manjerico nm basil

manjerona nf marjoram

manobra nf 1 (carro, barco, avião) manoeuvre GB, maneuver EUA 2 (comboio) shunting 3 fig move

manobrar vt 1 to manoeuvre 2 (manusear) to handle 3 (mecanismo) to operate 4 (manipular) to manipulate

manopla nf 1 gauntlet 2 fig paw

mansão nf mansion

mansarda nf garret

mansinho adj very docile, very meek ❖ de mansinho softly; gently

manso adj 1 (pessoa) meek 2 (mar) calm 3 (animal) tame

manta nf 1 (cobertor) blanket 2 (viagem) rug 3 (xaile) shawl ❖ pintar a manta to paint the town red

manteiga nf 1 butter; pôr manteiga em to butter 2 (bajulação) flattery

manter vt 1 (*preservar*) to maintain 2 (*conservar*) to keep 3 (financeiramente) to support 4 (*afirmar*) to affirm 5 (princípios) to abide [-, by]; *manter uma decisão* to abide by one's decision ♦ vp 1 (situação, problema) to remain; *manter-se calmo* to keep/remain calm 2 (*sustentar-se*) to support oneself ❖ *manter-se ao corrente* to be up to date; *manter-se firme* to stand one's ground

mantimento nm (manutenção) maintenance ♦ nmpl (*provisões*) provisions, victuals; *prover-se de mantimentos* to furnish oneself with provisions

manto nm mantle, cloak ❖ *manto de neve* a blanket of snow

manual adj2g manual, handmade ♦ nm 1 manual, handbook 2 (escola) textbook, schoolbook ❖ *manual de instruções* instruction manual

manufatura nf manufacture, producing

manufaturar vt to manufacture

manuscrito nm manuscript ♦ adj handwritten; manuscript

manusear vt 1 to handle 2 (livro) to thumb through

manutenção nf 1 (*conservação*) maintenance 2 (*administração*) management

mão nf 1 hand; *de mãos dadas* holding hands 2 (de animal) forefoot 3 (de tinta) coat 4 (ajuda) help; *dar uma mão a* to lend a hand to 5 (*controlo*) control [em, over] 6 (jeito) hand [para, for] 7 DESP leg ❖ *abrir mão de* to forgo; *à mão* (close) at hand

mão-cheia nf handful [de, of]

mão de obra nf labour; *mão de obra barata* cheap labour; *mão de obra especializada* skilled labour

mãos-largas n2g open-handed person; generous person

mapa nm map; *mapa de estradas* road map

mapa-múndi nm map of the world

maqueiro nm stretcher-bearer

maqueta nf ⇒ maquete

maquete nf ARQ,ART model

maquia nf (de dinheiro) sum; *uma bela maquia* a good sum of money

maquiavélico adj Machiavellian; *um plano maquiavélico* a Machiavellian plan

maquilhador nm make-up artist

maquilhagem nf make-up; *pôr maquilhagem* to put on make-up

maquilhar vt to make up ♦ vp to put on make-up

máquina nf 1 machine; *máquina de barbear* electric razor, shaver; *máquina de café* espresso machine 2 col efficient worker; *ele é uma máquina!* he is very efficient

maquinação nf machination; plot; scheme

maquinal adj2g automatic; mechanical; *uma reação maquinal* a mechanical response

maquinar vt to machinate; to plot

maquinaria nf 1 machinery; *maquinaria pesada* heavy machinery 2 (casa das máquinas) engine room

maquineta nf contraption; gadget

maquinismo nm 1 machinery 2 mechanism

maquinista n2g 1 (de comboio) engine driver; engineer EUA 2 (*construtor de máquinas*) machinist

mar nm 1 sea, ocean 2 fig (abundância) stream

maraca nf maraca

maracujá nm passion fruit

marado adj col nuts; screwed-up col

marajá nm maharajah

marasmo nm 1 apathy; lethargy 2 stagnation; inactivity

maratona nf DESP marathon; *correr a maratona* to run the marathon

maratonista n2g marathon runner

maravilha nf wonder; marvel; *as sete maravilhas do mundo* the seven wonders of the world ❖ *às mil maravilhas* fine and dandy; *fazer maravilhas* to work wonders

maravilhado *adj* amazed; awestruck; overwhelmed

maravilhar *vt* to amaze; to overwhelm ♦ *vp* to be struck with wonder; to be amazed

maravilhosamente *adv* marvellously; wonderfully; admirably

maravilhoso *adj* marvellous; wonderful

marca *nf* 1 (*sinal distintivo, característica*) mark; sign 2 (*produto*) brand; make 3 (*cicatriz*) scar ❖ *marca registada* trademark; *passar das marcas* to overstep the mark

marcação *nf* 1 (*reserva*) reservation; booking 2 (*consulta*) appointment 3 (*de adversário*) marking

marcado *adj* 1 (*reservado*) booked; reserved 2 (*assinalado*) marked 3 (*combinado*) agreed

marcador *nm* 1 (*caneta*) marker, marker pen GB; *marcador fluorescente* highlighter 2 (*livro, internet*) bookmark 3 (*golo*) scorer 4 (*quadro*) scoreboard

marçano *nm* apprentice

marcante *adj2g* 1 (*notável*) remarkable; outstanding 2 (*acontecimento*) important; momentous

marcar *vt* 1 to mark; *marcar uma falta a alguém* to mark someone absent 2 (*influenciar*) to leave its mark on 3 (*número de telefone*) to dial 4 (*consulta, data, reunião*) to arrange; to set 5 (*reservar*) to book; to reserve 6 DESP to score; *marcar um golo* to score a goal 7 DESP to mark; *os defesas estão a marcar o avançado* the defence is marking the forward 8 (*gado*) to brand ❖ *marcar a diferença* to stand out

marcenaria *nf* joinery; cabinet-making

marceneiro *nm* joiner; cabinet-maker

marcha *nf* 1 march; *abrandar a marcha* to slow down 2 (atletismo) walk

marcha-atrás *nf* reverse; *fazer marcha-atrás* to reverse

marchar *vi* 1 to march 2 to walk 3 (*prosseguir*) to advance; to progress

marcial *adj2g* martial ❖ *artes marciais* martial arts; *lei marcial* martial law

marciano *adj,nm* Martian

marco *nm* 1 milestone; landmark 2 (de fronteira) boundary 3 (de correio) letter box GB, mailbox EUA 4 (antiga moeda) mark

março *nm* March

maré *nf* 1 tide; *maré alta/cheia* high tide; *maré baixa* low tide 2 *fig* streak; series; *uma maré de desgraças* a series of misfortunes ❖ *andar ao sabor da maré* to go with the flow

marechal *nm* MIL marshal

marechalato *nm* marshalship

marejar-se *vp* to fill; *os seus olhos marejaram-se de lágrimas* his eyes filled with tears

maremoto *nm* 1 seaquake 2 (*onda gigante*) tidal wave

maresia *nf* sea breeze

marfim *nm* ivory

marga *nf* GEOL marl

margarida *nf* daisy

margarina *nf* margarine

margem *nf* 1 (rio, lago, canal) bank; shore 2 (texto impresso) margin ❖ *margem de erro* margin of error; *margem de manobra* room for manoeuvre

marginal *adj2g* marginal ♦ *n2g* 1 outcast 2 (*criminoso*) delinquent ♦ *nf* esplanade; coast road

marginalidade *nf* 1 exclusion; *marginalidade social* social exclusion 2 delinquency

marginalização *nf* segregation; ostracism; *marginalização das minorias* ostracism of minorities

marginalizar *vt* 1 to segregate; to ostracize 2 to ignore; to neglect

marginar *vt* (folha) to marginate

maria-rapaz *nf* tomboy

maricas *nm* 1 (*indivíduo efeminado*) sissy, pansy 2 *pej* (homossexual) fag, faggot

3 (*medricas*) sissy, coward ♦ *adj inv* 1 (*efeminado*) sissy; effeminate 2 *pej* gay 3 (*medricas*) cowardly; chicken-hearted; sissy

marido *nm* husband

marijuana *nf* marijuana

marimbar-se *vp* not to care

marinada *nf* marinade

marinar *vt* CUL to marinate

marinha *nf* navy; *ele alistou-se na Marinha* he joined the Navy; *oficial da Marinha* Navy officer, marine ❖ *marinha mercante* merchant navy; *marinha de guerra* (war) navy

marinheiro *nm* sailor; seaman ❖ *marinheiro de água doce* inexperienced sailor

marinho *adj* 1 marine; *biologia marinha* marine biology 2 sea; *ave marinha* sea bird

mariola *nm* rascal

marioneta *nf* puppet; *espetáculo de marionetas* puppet show

mariposa *nf* (borboleta, natação) butterfly

mariquice *nf* 1 effeminacy 2 (*futilidade*) trifle

marisco *nm* 1 ZOOL shellfish 2 CUL seafood

marisqueira *nf* seafood restaurant

marital *adj2g* marital

marítimo *adj* 1 maritime; *uma grande potência marítima* a great maritime power 2 sea; *brisa marítima* sea breeze

marketing *nm* marketing; *campanha de marketing* marketing campaign

marmanjo *nm* 1 (*patife*) rogue; rascal 2 *col* grown man 3 (*rapagão*) hulk; lout

marmelada *nf* 1 quince jam 2 *col* (carícias, beijos) smooch; snog

marmeleiro *nm* quince tree

marmelo *nm* quince

marmita *nf* small pot

mármore *nm* marble

marmorizar *vt* to marble

marmota *nf* 1 (peixe) whiting 2 (animal roedor) marmot

marosca *nf* trick; dodge

maroto *adj* 1 (*atrevido*) saucy; pert; impudent 2 (*malandro*) naughty ♦ *nm* 1 rascal; imp; rogue 2 saucy fellow

marquês *nm* marquis; marquess GB

marquesa *nf* 1 (*nobreza*) marquise; marchioness GB 2 MED (examination) table 3 (*canapé*) couch

marquise *nf* glass veranda

marrada *nf* butt; head-butt; jab

marrafa *nf* (franja) forelock; fringe

marralhar *vi* 1 (*insistir, teimar em*) to insist on; to make a point of 2 (*regatear preços*) to bargain; to haggle

marrão *nm* *cal* swot GB, grind EUA

marrar *vi* 1 (*dar marrada*) to butt 2 (*teimar*) to insist 3 *col* (escola) to cram for an exam, to swot for an exam

marreca *nf* hunch

Marrocos *nmpl* Morocco

marroquim *nm* morocco (leather)

marroquinaria *nf* 1 Morocco leather factory 2 Morocco leather articles

marroquino *adj,nm* Moroccan

marsupial *adj2g,nm* marsupial

marsúpio *nm* 1 (animal) pouch 2 (bebés) sling

marta *nf* marten; *pelo de marta* marten fur

Marte *nm* Mars

martelada *nf* hammer blow

martelar *vt* to hammer ♦ *vi* 1 to hammer 2 (*insistir*) to harp on; *ela não para de martelar no mesmo assunto* she doesn't quit harping on the same subject ❖ *martelar em ferro frio* to flog a dead horse

martelo *nm* 1 hammer 2 (no tribunal, em leilões) gavel ❖ *martelo pneumático* jackhammer

mártir *n2g* martyr; *um mártir da liberdade* a martyr for the cause of freedom

martírio *nm* 1 martyrdom 2 *fig* torment; torture; suffering

martirizar *vt* 1 to martyr 2 *fig* to torment; to torture

marujo nm sailor; seaman

marulhar vi 1 (mar) (agitar-se) to surge 2 (mar) (fazer barulho) to roar

marxismo nm Marxism

marxista adj,n2g Marxist

mas conj but; yet; **não só... mas também** not only... but also ◆ nm (obstáculo, senão) but; obstacle ❖ **nem mas nem meio mas! (there are) no buts about it!**

mascar vt,i (mastigar) to chew

máscara nf 1 mask 2 (disfarce) disguise; mask; (desmascarar) **tirar a máscara a alguém** to unmask someone, to expose someone ❖ **máscara de mergulho** snorkelling mask; **máscara de oxigénio** oxygen mask; (cosmética) **máscara facial** face mask

mascarada nf masquerade

mascarado adj 1 in fancy dress 2 in disguise; masked

mascarar vt 1 (pôr um disfarce) to dress up as 2 (disfarçar) to mask; to disguise; to conceal ◆ vp 1 to dress up [de, as]; **ela mascarou-se de bruxa** she dressed up as a witch 2 to put on a mask

mascarilha nf mask

mascavado adj (não refinado) unrefined; raw; **açúcar mascavado** raw sugar

mascote nm mascot

masculinidade nf masculinity; manliness

masculinizar vt to make masculine ◆ vp to develop manly characteristics

masculino adj 1 masculine; manly 2 LING masculine; **substantivos masculinos** masculine nouns

másculo adj manly; masculine; **feições másculas** manly features

masmorra nf dungeon

masoquismo nm masochism

masoquista n2g masochist ◆ adj2g masochistic

massa nf 1 (substância) paste 2 CUL pasta 3 (bolos) dough; pastry 4 FÍS mass 5 col (di-

nheiro) dosh; dough ❖ **massa cinzenta** grey matter

massacrar vt 1 to massacre; to slaughter 2 fig to plague [com, with]; to pester [com, with]; to tease [com, with]

massacre nm massacre; slaughter; **sobreviver a um massacre** to survive a massacre

massagem nf massage; **fazer uma massagem a alguém** to give somebody a massage; **uma massagem nas costas** a back massage

massagista n2g (homem) masseur; (mulher) masseuse

massajar vt to massage

masseira nf kneading trough

massificar vt 1 to generalize 2 to influence (through mass communication) ◆ vp to become stereotyped

mastigação nf chewing

mastigar vt 1 (mascar) to chew; to masticate; to munch 2 (murmurar) to mumble; to mutter 3 (ponderar) to consider; to ponder

mastim nm ZOOL mastiff

mastodonte nm 1 ZOOL mastodon 2 (brutamontes) hulk; lump

mastro nm mast

masturbação nf masturbation

masturbar vt,p to masturbate

mata nf wood

mata-bicho nm 1 (porção de bebida alcoólica) tot; nip 2 (refeição ligeira) snack

mata-borrão nm blotting paper

matadouro nm slaughterhouse; abattoir

matagal nm 1 (bosque denso) thicket; brake 2 (confusão) tangle; confusion; mess

matança nf slaughter; massacre

matar vt 1 to kill; to put to death; to murder 2 fig (satisfazer) to quench; to satisfy; **matar a fome** to satisfy one's hunger; **matar a sede** to quench one's thirst 3 fig to kill; **matar o tempo** to kill time, to while away time 4 (animais) to slaughter ◆ vi to kill ◆ vp 1 to kill yourself; to commit suicide 2 (ralar-se) to worry; to fret ❖ **matar à fome** to starve somebody to death; **matar dois coelhos de uma cajadada** to kill two birds with one stone; **esse vestido fica-te a matar** that dress suits you to perfection

mate nm (xadrez) mate, checkmate

matemática nf mathematics, maths col

matemático nm mathematician ♦ adj mathematical

matéria nf 1 matter 2 (assunto) subject; **ser perito na matéria** to be an expert on the subject

material nm 1 (tecido) material; fabric 2 material; **materiais de construção** building materials; **material escolar** school materials 3 equipment; **material desportivo** sports equipment ♦ adj2g material; **bens materiais** worldly goods; **o mundo material** the material world

materialismo nm materialism

materialista n2g materialist ♦ adj2g materialistic

materialização nf materialization

materializar vt,p to materialize

matéria-prima nf raw material

maternal adj2g maternal; motherly

maternidade nf 1 maternity; motherhood 2 (hospital, clínica) maternity, maternity hospital

materno adj 1 motherly; maternal; **avô materno** maternal grandfather 2 mother; **língua materna** mother tongue

matilha nf 1 (cães) pack 2 fig,pej (pessoas) gang; mob

matinal adj2g morning; **café matinal** morning coffee

matinée nf TEAT,CIN matinée, afternoon performance

matiz nm nuance; shade; hue

matizar vt (colorir) to colour; to tinge

mato nm wood(s) ❖ col **ser mato** to be very common

matraca nf 1 rattle 2 fig (boca) mouth

matraquilhos nmpl table football

matrecos nmpl col ⇒ **matraquilhos**

matreiro adj cunning; sly

matriarca nf matriarch

matriarcado nm matriarchy

matriarcal adj2g matriarchal

matricida n2g matricide ♦ adj2g matricidal

matricídio nm matricide

matrícula nf 1 (em escola, curso) enrolment; registration 2 (automóvel) number plate GB, license plate EUA

matricular vt,p (em escola, curso) to enrol [em, in/for]; to register

matrimonial adj2g matrimonial; marital; **votos matrimoniais** marital vows

matrimónio nm matrimony; marriage

matriz nf 1 (origem, fonte) origin; source 2 MAT matrix ♦ adj 1 original; initial 2 main ❖ **igreja matriz** main church

matulão nm pop hulk; bruiser

maturação nf 1 (desenvolvimento) maturation; development 2 (amadurecimento) ripening

maturidade nf 1 maturity; adulthood; **atingir a maturidade** to reach maturity 2 full development

matutar vi to muse [em, about/ on/ over]; to brood [em, about/ on/ over]; **ela ainda está a matutar no que ele lhe disse** she is still brooding over what he said to her

matutino adj morning ♦ nm morning paper

mau adj 1 bad; **mau tempo** bad weather 2 (maléfico) evil; wicked 3 poor; **em mau estado** in a poor condition ♦ nm bad person

mau-olhado nm evil eye

Maurícia nf Mauritius

mauriciano adj,nm Mauritian

Mauritânia nf Mauritania

mauritano adj,nm Mauritanian

mausoléu nm mausoleum

maus-tratos nmpl physical abuse

maxila nf jawbone

maxilar *nm* jaw; maxilla

máxima *nf* 1 maxim; saying 2 (meteorologia) maximum temperature

máximo *adj* 1 maximum; *prisão de segurança máxima* maximum security prison 2 highest; *a nota máxima* the highest mark ♦ *nm* maximum; *um máximo de 15 pessoas* a maximum of 15 people; *ao máximo* to the maximum ♦ *nmpl* (automóvel) high beams; *com os máximos ligados* with the high beams on ❖ *é o máximo que posso fazer por ti* that is all I can do for you; *no máximo* at the most; tops; *ser o máximo* to be great

mazela *nf* ailment; illness

me *pron pess* 1 me; *ela bateu-me* she hit me 2 to me; *não me faças isso!* don't you do that to me! 3 myself; *cortei-me numa faca* I cut myself on a knife

meada *nf* (lã) hank ❖ *perder o fio à meada* to lose the thread of the story

meado *nm* middle; *em meados de junho* in mid-June

mealheiro *nm* 1 moneybox; piggy bank 2 col (poupanças) savings; nest egg

meandro *nm* meander; turn; twist

meato *nm* 1 ANAT meatus 2 (pequeno canal) duct

mecânica *nf* mechanics ❖ *mecânica quântica* quantum mechanics

mecânico *nm* mechanic; *mecânico de automóveis* car mechanic ♦ *adj* 1 mechanical; *avaria mecânica* mechanical failure 2 (automático) mechanical; automatic; *ela deu-nos uma resposta mecânica* she gave us a mechanical answer ❖ *engenheiro mecânico* mechanical engineer

mecanismo *nm* mechanism; *mecanismo do relógio* watch mechanism ❖ *mecanismo de defesa* defence mechanism

mecanização *nf* mechanization

mecanizar *vt* to mechanize

mecenas *n2g* 1 (arte) patron 2 (patrocinador) sponsor

mecenato *nm* 1 arts patronage 2 sponsorship

mecha *nf* 1 lamp wick 2 (de cabelo) lock ❖ *col na mecha* at full speed

meda *nf* stack; heap; pile; *meda de palha* straw stack

medalha *nf* 1 medal; *atribuir uma medalha* to award a medal 2 (joia) medallion

medalhão *nm* medallion

medalhista *n2g* medallist

média *nf* 1 average 2 (escola) average mark 3 (velocidade) average speed 4 MAT mean

mediação *nf* mediation [em, in]; intervention [em, in]

mediador *nm* 1 mediator; arbitrator 2 agent; *mediador de seguros* insurance agent ♦ *adj* mediatory

mediana *nf* GEOM,ZOOL median

medianeiro *nm* 1 (intermediário) middleman; intermediary; go-between 2 (de conflito) arbitrator; mediator ♦ *adj* intermediate; medial; middle

mediania *nf* 1 average 2 pej mediocrity

mediano *adj* 1 (qualidade) mediocre; ordinary 2 (estatura, altura) medium

mediante *prep* by means of, thanks to

mediar *vt* 1 (dividir) to divide in two 2 (intervir) to mediate; *mediar um conflito* to mediate a conflict ♦ *vi* 1 (estar no meio) to lie between; to be in the middle 2 (intervir) to mediate [em, in]; to be a mediator [em, in]; *mediar num processo de paz* to be a mediator in a peace process

mediático *adj* public; in the public eye; *personalidade mediática* public figure

mediato *adj* indirect

medicação *nf* medication; *estar sob medicação* to be on medication

medicamentar *vt* to medicate

medicamento *nm* drug; medicine; *medicamentos de venda livre* drugs without prescription

medição nf measurement; measuring; *sistema métrico de medição* the metric system of measurement

medicar vt to medicate; to treat with medication

medicina nf medicine ❖ *faculdade de medicina* medical school; *medicina alternativa* alternative medicine; *medicina dentária* dentistry

medicinal adj2g 1 medicinal; *ervas medicinais* medicinal herbs 2 medicated; *champô medicinal* medicated shampoo

médico nm doctor; physician EUA ♦ adj medical; *investigação médica* medical research ❖ *médico de clínica geral* general practitioner; *médico de família* family doctor; *médico especialista* specialist, consultant

médico-cirurgião nm surgeon

medida nf 1 measurement 2 (providência) measure; *medidas de precaução* preventive measures ❖ *à medida de* according to; *na medida do possível* as far as possible; *em certa medida* to some extent

medieval adj2g mediaeval, medieval

médio adj 1 middle; *classe média* middle class 2 medium; *um homem de altura média* a man of medium height 3 average; *temperatura média* average temperature ♦ nm DESP halfback, half ♦ nmpl (automóvel) dipped beams ❖ *a Idade Média* the Middle Ages; *o Médio Oriente* the Middle East

mediocre adj 1 (mediano) mediocre; average 2 (de qualidade inferior) second-rate; inferior

mediocridade nf mediocrity

medir vt 1 to measure; *esta sala mede dez metros quadrados* this room measures ten square meters 2 (pessoa) to be... tall; *ele mede um metro e oitenta* he is 1,80 metres tall 3 (calcular) to estimate; *medir as consequências* to estimate the consequences 4 (avaliar) to assess; to judge 5 (ponderar) to ponder; to weigh;

medir as palavras to weigh your words ❖ *medir alguém de alto a baixo* to look somebody up and down; *medir forças com* to match one's strength with

meditação nf meditation

meditar vt,i to meditate

mediterrâneo adj Mediterranean

mediterrânico adj Mediterranean; *clima mediterrânico* Mediterranean climate

médium n2g (vidente) medium

medo nm fear; *estar a morrer de medo* to be terrified

medonho adj 1 (assustador) frightening; terrifying; horrifying 2 (horrível, feio) hideous; awful; ugly

medrar vi 1 (crescer) to grow 2 (prosperar) to thrive; to prosper

medricas n2g2n yellow-belly; sissy; coward ♦ adj inv yellow-bellied; chicken; cowardly

medronheiro nm BOT arbutus (tree)

medronho nm arbutus berry

medroso adj fearful

medula nf ANAT,BOT medulla; marrow; *medula óssea* bone marrow ❖ *até à medula* to the marrow

medusa nf medusa, jellyfish

megafone nm megaphone

megalítico adj megalithic

megalomania nf megalomania

megalomaníaco adj,nm megalomaniac

megalómano nm megalomaniac

megera nf pej shrew

meia nf 1 (curta) sock; *um par de meias* a pair of socks 2 (até meio da perna) stocking ❖ *a meias* fifty-fifty; *pagar a meias* to go halves on

meia-calça nf tights GB, pantihose EUA

meia de leite nf big cup of milk with coffee

meia-estação nf spring/autumn; lightweight

meia-final nf DESP semi-final; *passar à meia-final* to be through to the semi-final

meia-idade *nf* middle age; *de meia-idade* middle-aged

meia-noite *nf* midnight

meia-pensão *nf* (hotel) half board

meia-verdade *nf* half-truth

meia-volta *nf* **1** half turn; *dar meia-volta* to make a half turn **2** MIL about-turn

meigo *adj* **1** (pessoa) tender; loving; affectionate **2** (voz, olhar, expressão) soft; gentle; kind

meiguice *nf* **1** (pessoa) tenderness **2** (voz, olhar) gentleness; kindness ◆ *nfpl* caresses

meio *nm* **1** (centro) middle **2** (metade) half; *ano e meio* a year and a half **3** (maneira) way; means **4** (ambiente) environment ◆ *nmpl* (recursos) means; resources ◆ *adj* half; (comida) *meia dose* half a serving ◆ *adv* half; *ele está meio a dormir* he is half asleep ❖ *a meio* halfway through; *por meio de* by means of

meio-campo *nm* **1** DESP (zona do campo) midfield **2** DESP (jogador) halfback

meio-dia *nm* midday; noon; *ao meio-dia* at midday/noon

meio-irmão *nm* half-brother

meio-morto *adj* (cansaço) half-dead

meio-soprano *nm* mezzo-soprano

meio-tempo *nm* DESP half-time

meio-termo *nm* compromise; happy medium; *encontrar o meio-termo entre...* to strike the happy medium between...

meitnério *nm* meitnerium

mel *nm* honey ❖ *favo de mel* honeycomb

melaço *nm* molasses

melancia *nf* watermelon

melancolia *nf* melancholy

melancólico *adj* melancholic, melancholy; *canções melancólicas* melancholy songs

melanina *nf* BIOL melanin

melanoma *nm* melanoma

melão *nm* melon

melena *nf* **1** a mop of (long) hair **2** fringe

melga *nf* **1** gnat, midge **2** col (pessoa) nagger; pest

melhor *adj2g* **1** (comparativo) better [do que, than]; *não há nada melhor do que* there's nothing better than **2** (superlativo) best; *a minha melhor amiga* my best friend ◆ *adv* better; *ela pinta muito melhor do que eu* she paints much better than I do ◆ *nm* best; *ele é o melhor!* he is the greatest! ❖ *tanto melhor* so much the better

melhora *nf* improvement ◆ *nfpl* change for the better; recovery; *as melhoras!* get well soon!

melhoramento *nm* improvement

melhorar *vt* to improve; *tenho de melhorar o meu inglês* I must improve my English ◆ *vi* **1** to improve; to get better; to take a turn for the better **2** (depois de doença) to get better; to recover **3** (tempo) to clear up

melhoria *nf* **1** improvement [de, in]; betterment [de, in] **2** (depois de doença) recovery

melifluo *adj* mellifluous; sugary

melindrar *vt* to offend; to hurt ◆ *vp* to take offence

melindre *nm* touchiness; susceptibility

melindroso *adj* **1** (suscetível) touchy; susceptible **2** (débil) frail **3** (questão, assunto) tricky

meloa *nf* cantaloupe melon

melodia *nf* melody; tune

melódico *adj* melodious

melodioso *adj* **1** melodious; tuneful **2** harmonious

melodrama *nm* melodrama

melodramático *adj* melodramatic

melómano *nm* music lover ◆ *adj* music-loving

melro *nm* blackbird

membrana *nf* membrane

membro *nm* **1** member [de, of]; *um membro da família* a member of the family **2** ANAT limb

memorando *nm* memorandum; memo col

memorável *adj2g* memorable; unforgettable

memória *nf* memory; recollection; *perda de memória* memory loss ♦ *nfpl* LIT memoirs ❖ *memória auditiva* verbal memory; *em memória de* in loving memory of; *se a memória não me falha* if my memory serves me well

memorial *nm* memorial; *um memorial às vítimas da guerra* a memorial to the victims of the war

memorização *nf* memorization

memorizar *vt* to commit to memory; to memorize

menção *nf* mention; *fazer menção a* to mention ❖ *menção honrosa* honourable mention

mencionar *vt* to mention; to make mention of; to refer to; *abaixo mencionado* undermentioned; *acima mencionado* aforementioned

mendelévio *nm* mendelevium

mendicante *adj,n2g* mendicant; *frade mendicante* mendicant friar

mendicidade *nf* poverty; indigence; beggary

mendigar *vt,i* to beg

mendigo *nm* beggar

menear *vt* 1 (*corpo*) to wag; to wiggle 2 (*espada*) to brandish ♦ *vp* to waddle; to swing one's body

menestrel *nm* minstrel

menina *nf* 1 (*little*) girl; *uma menina de seis anos* a six-year-old girl 2 Miss; *é a menina Isabel* this is Miss Isabel ❖ *ser a menina dos olhos de alguém* to be the apple of somebody's eye

meninge *nf* meninx

meningite *nf* MED meningitis

meninice *nf* childhood

menino *nm* (*rapaz*) (*little*) boy ♦ *nmpl* (*miúdos*) kids ❖ *menino da mamã* mummy's boy; *menino prodígio* child prodigy

menopausa *nf* menopause

menor *adj2g* 1 (*comparativo*) smaller [do que, than]; *a minha casa é menor do que a tua* my house is smaller than yours 2 (*superlativo*) smallest; *ele é o menor dos cinco primos* he is the smallest of the five cousins 3 (*de idade*) underage 4 (*pouco importante*) minor 5 MÚS minor; *dó menor* C minor ♦ *n2g* minor

menoridade *nf* minority

menos *adv* 1 fewest; less; *devias fumar menos* you should smoke less 2 (*comparativo*) less [do que, than] 3 (*superlativo*) the least ♦ *quant exist,pron indef* less; fewer; *tenho menos trabalho* I have less work ♦ *prep* 1 (*exceto*) except; *tudo menos isso* anything but that 2 MAT minus; *dez menos três são sete* ten minus three is seven 3 (*horas*) to; *dez menos um quarto* a quarter to ten

menosprezar *vt* to undervalue; to underestimate

menosprezo *nm* 1 (*subestimação*) underestimation 2 (*desprezo*) contempt; disdain

mensageiro *nm* messenger; go-between

mensagem *nf* message

mensal *adj2g* monthly

mensalidade *nf* 1 (*que se paga*) monthly payment, instalment 2 (*que se recebe*) monthly allowance

mensalmente *adv* monthly

menstruação *nf* menstruation; period; *estar com a menstruação* to have one's period

menstrual *adj2g* menstrual; *ciclo menstrual* menstrual cycle; *dores menstruais* cramps

menstruar *vi* to menstruate

mensurável *adj2g* measurable; mensurable

menta *nf* BOT,CUL mint; *com sabor a menta* mint-flavoured

mental *adj2g* mental ❖ *cálculo mental* mental arithmetic

mentalidade *nf* mentality; mind

mente nf 1 mind; intellect; *ele tem uma mente brilhante* he has a brilliant mind 2 imagination; mind; *uma mente fértil* a fertile imagination ❖ *ter em mente* to have in mind

mentecapto adj foolish; silly

mentir vi to lie [a, to]

mentira nf lie; *dizer mentiras* to tell lies ❖ *uma mentira descarada* a barefaced lie; *uma mentira piedosa* a white lie

mentiroso nm liar; *és um grande mentiroso!* you're a big liar! ♦ adj lying; untruthful; deceitful

mentol nm menthol

mentor nm mentor

menu nm 1 (*ementa*) menu 2 INFORM menu ❖ *menu turístico* tourist menu

meramente adv 1 (*simplesmente*) merely; purely; simply 2 (*unicamente*) only; solely

mercado nm market

mercador nm merchant ❖ *fazer ouvidos de mercador* to turn a deaf ear

mercadoria nf goods; merchandise

mercante adj2g merchant; *marinha mercante* merchant navy GB, merchant marine EUA

mercantil adj2g mercantile; commercial

mercantilismo nm ECON mercantilism

mercê nf mercy; *à mercê de* at the mercy of

mercearia nf grocer's (shop), grocery shop ♦ nfpl (*produtos*) groceries

merceeiro nm grocer

mercenário adj,nm mercenary

mercúrio nm mercury

mercurocromo nm FARM mercurochrome

merda nf vulg shit vulg; crap cal ❖ vulg *de merda* crappy cal; vulg *vai à merda!* piss off! vulg

merecedor adj worthy [de, of]; deserving [de, of]

merecer vt 1 to deserve; *a vossa equipa mereceu ganhar* your team deserved to win 2 to be worthy of; *ele merece o*

nosso respeito he is worthy of our respect ❖ *ter o que se merece* to get what you deserve

merecidamente adv deservedly

merecido adj deserved

merecimento nm 1 merit 2 worthiness

merenda nf afternoon snack

merendar vt,i to take an afternoon snack

merengue nm 1 CUL meringue 2 (*música, dança*) merengue

meretriz nf prostitute; whore

mergulhador nm diver

mergulhar vi to dive, to plunge; *ele mergulhou no rio* he dived into the river ♦ vt to dip; *mergulhei o biscoito no chá* I dipped the biscuit in the tea

mergulho nm 1 dive 2 (*banho rápido*) dip; plunge; *ir dar um mergulho* to go for a dip ❖ *fato de mergulho* diving suit; (*piscina*) *prancha de mergulho* diving board

meridiano adj,nm meridian

meridional adj2g meridional; southern

meritíssimo adj well-deserving; *Meritíssimo (Juiz)* your Honour

mérito nm 1 (*pessoa*) merit 2 (*pessoa, coisa*) worth ❖ *por mérito próprio* on its merits

meritório adj creditable; praiseworthy; laudable

mero adj mere; *uma mera formalidade* a mere formality; *por mero acaso* by pure chance

mês nm month; *daqui a um mês* in a month's time

mesa nf 1 table; *pôr a mesa* to lay/set the table 2 (*comida*) food 3 (*em hotel, pensão*) board

mesada nf monthly allowance

mesa de cabeceira nf bedside table GB, night table EUA

mescalina nf QUÍM (*droga*) mescaline

mescla nf mixture [de, of]; medley [de, of]

meseta nf plateau; tableland

mesmo *det,pron* dem 1 same; *na mesma ocasião* on the same occasion 2 (*próprio*) -self; *fi-lo eu mesmo* I did it myself ♦ *adv* 1 just; *ele saiu agora mesmo* he's just left 2 even; *mesmo que chova* even if it rains 3 really; *vens mesmo à festa?* are you really coming to the party? ♦ *nm* same thing

mesolítico *adj* Mesolithic

mesquinhez *nf* 1 (*perversidade*) meanness; nastiness 2 (*sovinice*) niggardliness; meanness

mesquinho *adj* 1 (*perverso*) mean; nasty 2 (*insignificante*) paltry; petty; trifling 3 (*sovina*) niggardly; stingy

mesquita *nf* mosque

Messias *nm* REL Messiah

mester *nm* craft; trade; skill

mestiçagem *nf* 1 (*pessoas*) interbreeding 2 ZOOL crossbreeding, crossing 3 BOT crossing

mestiçar *vt* 1 (*pessoas*) to interbreed 2 (*espécies*) to crossbreed

mestiço *nm* mestizo; mixed blood ♦ *adj* 1 of mixed breed 2 (*cão*) mongrel

mestrado *nm* (*universidade*) master's degree

mestre *nm* (*especialista*) master; expert ♦ *adj* chief; main ❖ *golpe de mestre* masterstroke; *essa foi de mestre!* you couldn't beat that one!

mestre de obras *nm* contractor; foreman; work supervisor

mestria *nf* 1 (*arte*) artistry 2 (*excelência, poder*) mastery 3 (*conhecimentos*) expertise 4 (*habilidade*) skill; dexterity

mesura *nf* 1 (*ombros*) (*vénia*) bow; (*joelhos*) curtsy, curtsey; *fazer mesuras* to bow and scrape 2 (*elogio*) courtesy; civility

meta *nf* 1 (*fim*) end; limit 2 DESP finishing post, finishing line; *passar a meta* to cross the finishing line 3 (*objetivo*) goal, aim; *atingir as nossas metas* to reach one's goals

metabólico *adj* BIOL metabolic

metabolismo *nm* BIOL metabolism

metabolizar *vt* to metabolize

metade *nf* half; *pagar metade* to pay half ❖ *deixar as coisas pela metade* to do things by halves

metadona *nf* FARM methadone

metafísica *nf* metaphysics

metafísico *adj* metaphysical

metáfora *nf* LIT metaphor

metafórico *adj* metaphorical; *linguagem metafórica* metaphorical language

metal *nm* 1 QUÍM metal; *metal precioso* precious metal 2 *fig,col* (*dinheiro*) coin; dough; *metal sonante* hard cash ♦ *nmpl* MÚS brass

metálico *adj* 1 (*metal*) metallic 2 (*som*) metallic; harsh; *som metálico* metallic sound

metalinguagem *nf* LING metalanguage

metalizado *adj* metallic; *cor metalizada* metallic colour

metalizar *vt* to metallize

metalurgia *nf* metallurgy

metalúrgico *adj* metallurgic ♦ *nm* metallurgist

metamorfose *nf* 1 metamorphosis 2 *fig* change; transformation

metamorfosear *vt* to metamorphose; to transfigure; to transmute

metano *nm* QUÍM methane

metástase *nf* MED metastasis

metediço *adj* col,pej nosy; interfering ♦ *nm* col,pej busybody; nosy parker

metempsicose *nf* metempsychosis

meteórico *adj* 1 ASTRON meteoric 2 *fig* meteoric; dazzling; *uma carreira meteórica* a meteoric career

meteorismo *nm* MED meteorism

meteorito *nm* ASTRON meteorite; *cratera de meteorito* meteorite crater

meteoro *nm* ASTRON meteor

meteorologia *nf* meteorology

meteorológico *adj* meteorological ❖ *boletim meteorológico* weather report

meteorologista *n2g* meteorologist

meter *vt* **1** (*introduzir*) to put; *meter gasolina* to refuel **2** (*enfiar*) to thrust; *ele meteu o papel no bolso* he thrust the paper into his pocket **3** (*início*) to set; *meter mãos à obra* to set to work ♦ *vp* **1** to meddle [**com**, with]; to pick a quarrel [**com**, with]; *não te metas comigo!* don't meddle with me! **2** (*intrometer-se*) to interfere [**em**, in]; *meter-se na vida alheia* to meddle in other people's business **3** (*iniciar alguma coisa*) to start; to set out **4** (*envolver-se*) to get [**em**, into]; *meter-se em alhadas* to get into trouble **5** (*relação amorosa*) to get involved [**com**, with] ❖ *meter na cabeça* to put into one's head; *meter-se na bebida* to take to drinking; *col mete-te na tua vida!* mind your own business!; *no que me meti!* what have I let myself in for!

meticuloso *adj* **1** (*pessoa*) meticulous; fastidious **2** (*atividade*) painstaking; scrupulous

metódico *adj* methodical; systematic

metodismo *nm* REL Methodism

metodista *adj,n2g* REL Methodist

método *nm* method; *com método* methodically

metodologia *nf* methodology

metodólogo *nm* methodologist

metonímia *nf* LIT metonymy

metonímico *adj* LIT metonymic

metralhadora *nf* machine-gun

metralhar *vt* to machine-gun

métrica *nf* LIT metrics

métrico *adj* metrical ❖ *sistema métrico* metric system

metro *nm* **1** (*unidade de medida*) metre *GB*, meter *EUA* **2** *col* (*meio de transporte*) tube *GB*, subway *EUA* ❖ *metro articulado* folding rule

metrópole *nf* metropolis

metropolitano *adj* metropolitan ♦ *nm* (*meio de transporte*) underground *GB*, tube *GB*; subway *EUA* ❖ *área metropolitana* metropolitan area

metrossexual *adj,n2g* metrosexual

meu *det poss* my; *o meu amigo* my friend; *um amigo meu* a friend of mine ♦ *pron poss* mine; *isso é meu* that's mine ❖ *col que aconteceu, meu?* what happened, man?

mexer *vt* **1** (*alimentos*) to stir; *acrescente a farinha e mexa* stir the flour in; *mexer o café* to stir one's coffee **2** (*partes do corpo*) to stir; *mexer o corpo* to stir one's body ♦ *vi* **1** (*tocar*) to touch [**em**, -]; *não mexas em nada* don't touch anything **2** (*com as mãos*) to fidget [**em**, with]; to fiddle [**em**, with] **3** (*sentimentos*) to stir up; *isso mexe comigo* that really stirs me up ♦ *vp* (*movimento*) to stir; to move ❖ *mexe-te!* get a move on!

mexericar *vi* **1** (*causar desentendimentos*) to intrigue; to scheme **2** (*bisbilhotar*) to gossip

mexerico *nm* gossip; rumour

mexeriqueiro *nm* gossip; busybody

mexicano *adj,nm* Mexican

México *nm* Mexico

mexida *nf* (*mudança*) change; transformation

mexido *adj* **1** (*pessoa*) active; dynamic **2** (*ambiente*) lively; animated **3** (*ovos*) scrambled

mexilhão *nm* mussel

mezinha *nf* old wives' remedy

mi *nm* MÚS E, mi

miado *nm* mew, mewing

Mianmar *nm* Myanmar

miar *vi* to mew, to meow, to miaow

miasma *nm* MED miasma

mica *nf* mica

micção *nf* micturition

micose *nf* MED mycosis

micróbio *nm* microbe

microbiologia *nf* microbiology

microchip *nm* INFORM microchip

microcomputador *nm* INFORM microcomputer

microcosmo *nm* microcosm

microeconomia *nf* ECON microeconomics

microfilme *nm* microfilm

microfone *nm* microphone; mike *col*

microfotografia *nf* microphotography

mícron *nm* micron

micro-ondas *nm2n* (eletrodoméstico) microwave

microprocessador *nm* INFORM microprocessor, micro

microrganismo *nm* BIOL microorganism

microscopia *nf* microscopy

microscópico *adj* microscopic

microscópio *nm* microscope; *ao microscópio* under a microscope

mictório *nm* urinal

migalha *nf* **1** (pão, bolos) crumb; *migalha de pão* breadcrumb **2** (porção) small amount; crumb; bit ❖ *ficar com as migalhas* to be left with the crumbs

migração *nf* migration

migrar *vi* to migrate

migratório *adj* migratory; *aves migratórias* migratory birds

mijadela *nf cal* piss; leak

mijar *vi cal* to piss; to pee ◆ *vp cal* to piss; to wet oneself; *mijar-se nas calças* to wet one's pants

mijo *nm cal,pop* piss

mil *quant num* thousand

milagre *nm* miracle ❖ *fazer milagres* to work miracles; *não faço milagres* I'm no miracle worker; *por milagre* by a miracle

milagrosamente *adv* miraculously

milagroso *adj* **1** miraculous; *cura milagrosa* miracle cure **2** (extraordinário) amazing

míldio *nm* blight

milenar *adj2g* millenary

milenário *adj,nm* millenarian

milénio *nm* millennium

milésima *adj num* millesimal; thousandth ◆ *nf* thousandth part; millesimal part

milésimo *adj num* thousandth

milha *nf* mile ❖ *ficar a milhas de* to be miles away from

milhafre *nm* kite

milhão *quant num* million; *um milhão de vezes* a million times

milhar *nm* a thousand; *aos milhares* by the thousands

milhentos *adj* thousands

milho *nm* maize *GB*; corn *EUA*

miliário *nm* milliary; *marco miliário* milestone

milícia *nf* militia

miliciano *nm* militiaman

miligrama *nm* milligramme *GB*, milligram *EUA*

mililitro *nm* millilitre *GB*; milliliter *EUA*

milímetro *nm* millimetre *GB*; millimeter *EUA*

milionário *nm* millionaire

milionésimo *adj num* millionth

militância *nf* militancy; *militância política* political militancy

militante *n2g* militant; active member ◆ *adj2g* militant

militar *adj2g* military; *agente da polícia militar* military policeman; *polícia militar* military police ◆ *nm* soldier; member of the army; *ser militar* to be in the army ◆ *vi* to militate; to be a militant; to be an active member [em, of]

militarismo *nm* militarism

militarista *n2g* militarist; activist ◆ *adj2g* militaristic; *estado militarista* militaristic state

militarizar *vt* to militarize

mim *pron pess* me; *faz isso por mim* do it for me; *para mim* for myself

mimado *adj* spoilt; *criança mimada* spoilt child

mimalho *adj* spoilt; *criança mimalha* spoilt child ◆ *nm* crybaby

mimar *vt* **1** (tratar bem) to pamper **2** (indulgência) to spoil

mimético *adj* mimetic; representational

mimetismo *nm* mimicry

mímica *nf* mime

mimo *nm* 1 *(carícia)* caress 2 pampering; *estragar alguém com mimos* to spoil someone 3 *(prenda)* present; gift

mimosa *nf* mimosa

mimoso *adj* delicate

mina *nf* 1 *(minério)* mine; pit 2 *(lapiseira)* lead; refill 3 MIL *(bomba)* mine; *mina antipessoal* land mine ❖ *mina de carvão* coal mine; *mina de ouro* gold mine; *descobrir uma mina* to strike oil

minar *vt* 1 MIL *(pôr minas)* to mine; *minar um campo* to mine a field 2 MIN *(explorar minas)* to dig 3 *fig (corroer)* to undermine; *minar um projeto* to undermine a plan

minarete *nm* ARQ minaret

mindinho *nm* little finger

mineiro *nm* miner; *(carvão)* collier GB ♦ *adj* mining; *região mineira* mining district

mineral *adj2g,nm* mineral; *água mineral* mineral water; *reino mineral* mineral kingdom

mineralização *nf* mineralization

mineralizar *vt* to mineralize

mineralogia *nf* mineralogy

mineralogista *n2g* mineralogist

minério *nm* ore

míngua *nf* lack; want; *à míngua de* for want of

minguante *adj2g* decreasing ❖ *quarto minguante* last quarter

minguar *vi* 1 to shrink 2 *(diminuir)* to decrease; to diminish 3 *(escassear)* to become scarce

minha *det poss* my; *a minha casa* my house; *uma amiga minha* a friend of mine ♦ *pron poss* mine; *esta é minha* this one is mine

minhoca *nf* earthworm ❖ *ter minhocas na cabeça* to think nonsense

miniatura *nf* miniature; *em miniatura* in miniature

minigolfe *nm* miniature golf

minimalismo *nm* minimalism

minimalista *adj2g* minimal ♦ *n2g* minimalist

minimizar *vt* 1 *(redução)* to minimize 2 *(depreciação)* to play down

mínimo *adj* minimum; *salário mínimo* minimum wage ♦ *nm* 1 minimum 2 *(dedo)* little finger ♦ *nmpl (faróis)* sidelights GB, parking lights EUA ❖ *no mínimo* at the least; *o mínimo possível* as little as possible

minissaia *nf* miniskirt

ministerial *adj2g* ministerial ❖ *crise ministerial* cabinet crisis

ministeriável *adj2g* qualified to be a minister

ministério *nm* ministry; office ❖ *Ministério Público* public prosecutor's office; district attorney's office EUA

ministrar *vt* 1 *(fornecer)* to supply 2 *(medicamento, injeção)* to administer

ministro *nm* minister; secretary

minorar *vt* 1 *(diminuir)* to reduce 2 *(atenuar)* to downplay

minoria *nf* minority; *estar em minoria* to be in a/the minority; *minorias étnicas* ethnic minorities

minúcia *nf* detail; minuteness; *em minúcia* in detail

minuciosamente *adv* minutely; meticulously

minucioso *adj* 1 *(exigente)* meticulous 2 *(implicativo)* particular; fussy 3 *(estudo, trabalho)* accurate; precise; *descrições minuciosas* minute descriptions

minudência *nf* detail

minuete *nm* MÚS minuet

minúscula *nf* lower case, small letter

minúsculo *adj* minuscule; tiny; small

minuta *nf* minute; *escrever minutas* to take minutes

minutar *vt* to minute

minuto *nm* minute; *falta um minuto* one minute left

mioleira nf 1 (miolos) brains 2 fig (juízo) sense

miolo nm 1 (pão) crumb 2 (nozes) kernel ♦ nmpl col (cérebro) brains

míope adj MED myopic; short-sighted col ♦ n2g MED myope; short-sighted person col

miopia nf MED myopia; short-sightedness col

miosótis nf forget-me-not

mira nf 1 (arma) sight 2 fig (objetivo) goal; aim; *ter alguma coisa em mira* to aim at something ❖ *ponto de mira* line of sight

mirabolante adj2g incredible

miraculoso adj miraculous; amazing

miradouro nm 1 sightseeing point 2 (em edifício) glassed-in balcony

miragem nf 1 mirage 2 fig (ilusão) delusion; deception

mirante nm ⇒ miradouro

mirar vt 1 (olhar) to look [-, at]; to stare [-, at]; to glance [-, at] 2 (pontaria) to aim [-, at] ♦ vp to look at oneself; to gaze at oneself; *mirar-se ao espelho* to look at oneself in the mirror

miríade nf lit myriad

mirolho adj col squinting ♦ nm col squint-eyed person

mirone n2g onlooker; spectator; bystander

mirra nf myrrh

mirrar vi 1 (plantas) to wither; to shrivel 2 (pessoas) to wither; to shrink

mirtilo nm blueberry

mirto nm BOT myrtle

misantropia nf misanthropy

misantrópico adj misanthropic

misantropo adj misanthropic ♦ nm misanthrope

miscelânea nf miscellany, miscellanea; assortment; medley

miscigenação nf miscegenation

miserável adj2g 1 (pobre) poor 2 (desgraçado) wretched 3 (sem valor) worthless 4 (quantia) paltry; meagre ♦ n2g 1 (infeliz) wretch 2 (pedinte) beggar

miséria nf 1 (pobreza) poverty 2 (condição) wretchedness; squalor 3 (pouca quantidade) trifle; sheer nothing ❖ *viver na miséria* to live in misery and want

misericórdia nf 1 (comiseração) mercy [de, on]; pity [de, on]; *pedir misericórdia* to cry for mercy 2 (instituição) charity, charitable institution 3 (perdão) forgiveness; pardon ❖ *golpe de misericórdia* finishing stroke

misericordioso adj merciful; compassionate

mísero adj 1 (pobre) poor 2 (sem valor) worthless 3 (quantidade) sheer; mere; *uns míseros tostões* a sheer nothing

misógino nm misogynist ♦ adj misogynous

miss nf 1 (concurso de beleza) Miss 2 (mulher bonita) stunner

missa nf Mass; *ajudar à missa* to serve at Mass ❖ *missa do galo* midnight Mass; col *não sabes da missa a metade* you don't know half of it

missal nm missal, Mass book

missanga nf bead

missão nf (geral) mission ❖ *missão diplomática* diplomatic mission

míssil nm missile ❖ *míssil de longo alcance* long-range missile

missionário nm missionary

missiva nf lit missive; letter

mistela nf hotchpotch

mister nm 1 (necessidade) need, necessity; *ser mister* to be absolutely necessary 2 (obrigação) duty; obligation 3 (incumbência) job; task

míster nm 1 gír (futebol) coach 2 (concurso) male winner in beauty competition

mistério nm mystery ❖ *fazer mistério de* to make a mystery of

misterioso adj mysterious; enigmatic

mística nf mystique

misticismo nm mysticism

místico adj,nm mystic

mistificação *nf* mystification

mistificar *vt* **1** to mystify; to baffle **2** (*intrigar*) to puzzle

misto *adj* mixed ♦ *nm* mixture; blend

mistura *nf* **1** mixture **2** (*bebidas*) blend **3** editing

misturador *nm* **1** (*aparelho*) mixer **2** MÚS sampler

misturar *vt* to mix **2** (*juntar*) to combine **3** (*mexer*) to stir together **4** MÚS to sample **5** CUL (*adicionar*) to add ♦ *vp* (*pessoas*) to mingle; to mix; *misturar-se com os outros* to mingle with others

mítico *adj* mythical

mitigação *nf* mitigation; alleviation

mitigar *vt* (*aliviar*) to mitigate; to alleviate; to relieve

mito *nm* myth

mitologia *nf* mythology ♦ *mitologia grega* Greek mythology

mitológico *adj* mythological; *deuses mitológicos* mythological gods

mitra *nf* mitre

miudagem *nf* kids; brats

miudeza *nf* (*minúcia*) detail ♦ *nfpl* (*coisas pequenas*) minutiae; small things

miudinho *adj* **1** *pej* (*implicativo*) particular; fussy **2** *pej* (*mesquinhice*) nitpicking **3** (*exigente*) demanding ♦ *nm pej* nitpicker

miúdo *adj* **1** (*tamanho*) tiny; minute **2** (*magro*) slender; slim ♦ *nm* (*jovem*) kid ♦ *nmpl* **1** (*trocos*) small change **2** (*animais*) (*vísceras*) offal; (*aves*) giblets ♦ *arraia miúda* mob, rabble; *despesas miúdas* petty expenses

mixórdia *nf pej* hotchpotch; jumble

MMS *nf* [*sigla de* **Multimedia Messaging Service**]

mnemónica *nf* mnemonics

mnemónico *adj* mnemonic

mó *nf* **1** (*moinho*) millstone **2** (*para afiar*) grindstone ♦ *estar na mó de cima* to be in the ascendant

moagem *nf* (*moinho*) milling ♦ *fábrica de moagem* flour mill

móbil *nm* (*motivo*) cause; motive ♦ *o móbil do crime* the motive of the crime

mobilado *adj* furnished; *apartamento mobilado* furnished flat

mobilar *vt* **1** (*mobílias, adornos*) to furnish **2** (*equipamento*) to fit up; to kit out

mobília *nf* furniture; *mobília completa* a suite of furniture

mobiliário *nm* furniture; fittings

mobilidade *nf* mobility

mobilização *nf* mobilization

mobilizar *vt* to mobilize; to gather

moca *nf* **1** (*bastão*) club; cudgel **2** (*café*) mocha **3** *cal* (*ressaca*) hangover; *apanhar uma moca* to get drunk

moça *nf* girl; lass

moçambicano *adj,nm* Mozambican

Moçambique *nm* Mozambique

moção *nf* motion ♦ *moção de censura* motion of censure; *moção de confiança* confidence motion

mocassim *nm* (*calçado*) loafer

mochila *nf* rucksack; backpack EUA

mocho *nm* **1** owl **2** (*assento*) stool

mocidade *nf* youth

moço *adj* young; *ele é ainda muito moço* he is still very young ♦ *nm* **1** (*idade*) young person **2** (*serviçal*) servant; boy; *moço de recados* errand boy

moda *nf* **1** (*novas tendências*) fashion; *a última moda* the latest fashion **2** (*costumes*) way; custom; *à nossa moda* our way ♦ *estar na moda* to be all the fashion; *fora de moda* out of fashion, old-fashioned; *lançar a moda* to set the trend

modal *adj2g* modal; *verbos modais* modal verbs

modalidade *nf* **1** modality **2** DESP sport; *qual é a tua modalidade desportiva favorita?* what sport do you like the most?

modelação *nf* moulding; shaping

modelar *adj2g* (*exemplo*) exemplary; *um caso modelar* an exemplary case ♦ *vt* **1** (*moldar*) to mould; to shape **2** (*adaptar*) to adapt; to adjust; to fit

modelo *nm* (geral) model; *modelo de virtudes* a model of virtue ♦ *n2g* **1** (moda) model **2** (pintura, escultura) model; sitter ❖ *passagem de modelos* fashion show

modem *nm* INFORM modem

moderação *nf* moderation

moderadamente *adv* moderately

moderado *adj* **1** POL moderate; middle-of-the-road **2** (temperamento) moderate **3** (preços) affordable; moderate; *despesas moderadas* affordable expenses ♦ *nm* POL moderate

moderador *adj* moderating ♦ *nm* **1** (discussão, debate) moderator **2** (instrumento) regulator

moderar *vt* **1** to moderate **2** (restringir) to restrain; to cut down **3** (velocidade) to slow down; *moderar a marcha* to slow down **4** (discussão, debate) to moderate; to mediate; *moderar as negociações* to mediate negotiations ♦ *vp* to check oneself; to control oneself

modernamente *adv* (hoje em dia) nowadays; at present

modernice *nf pej* modern stuff

modernidade *nf* modernity

modernismo *nm* modernism

modernista *adj,n2g* modernist; *arte modernista* modernist art

modernização *nf* modernization; updating

modernizar *vt* to modernize; to update

moderno *adj* modern

modéstia *nf* modesty

modesto *adj* **1** (despretensioso) modest **2** (humilde) humble

módico *adj* small; low

modificação *nf* (mudança) modification; change; *modificação de planos* change of plans

modificador *adj* modifying ♦ *nm* modifier

modificar *vt* (mudar) to modify; to alter; to change ♦ *vp* (personalidade) to change

modista *nf* dressmaker; seamstress

modo *nm* **1** way; manner **2** (verbo) mood; (advérbio) manner **3** MÚS mode ♦ *nmpl* (atitudes) manners; *com bons modos* politely ❖ *de certo modo* in a way; *de modo geral* broadly speaking; *de modo que* in order that, so that

modorra *nf* drowsiness

modulação *nf* modulation ❖ *modulação de frequência* frequency modulation

modular *adj2g* modular ♦ *vt* to modulate

módulo *nm* **1** (unidade) module; component; unit **2** AER (cápsula) capsule; module

moeda *nf* **1** (peça) coin **2** (unidade monetária) currency; *moeda única* single currency ❖ *casa da moeda* the mint; *atirar a moeda ao ar* to toss up a coin; *pagar na mesma moeda* to give tit for tat

moela *nf* gizzard

moer *vt* **1** (grãos) to grind **2** (esmagar) to crush **3** *col* (cansar) to tire; to weary **4** *col* (bater) to cudgel; to beat; *moer alguém de pancada* to cudgel someone **5** *fig,col* to grind down; to nag; *moer o juízo a alguém* to nag someone

mofa *nf* mockery

mofar *vi* to mock [**de**, at]; to poke fun [**de**, at]

mofo *nm* **1** (bafio) mould; mildew; *cheiro a mofo* mouldy smell, frowst **2** (bolor) must

mogno *nm* **1** (madeira) mahogany **2** (árvore) mahogany tree

mohair *nm* (lã) mohair

moído *adj* **1** (grão) ground; crushed **2** *fig* (cansado) dead-beat, worn-out; exhausted

moinho *nm* **1** (edifício) mill; *moinho de água* water mill; *moinho de vento* windmill **2** (utensílio) mill; grinder; *moinho de café* coffee grinder ❖ (provérbio) *levar a água ao seu moinho* to bring grist to one's mill

moita *nf* thicket

mola nf 1 (peça) spring; *colchão de molas* spring mattress 2 (roupa) peg 3 (carteiras) clutch; *mola de iman* magnetic clutch

molar adj2g,nm molar

moldar vt to mould; to shape ♦ vp (ajustar--se) to adjust oneself [a, to]

moldável adj2g 1 flexible 2 (influenciável) pliable 3 (pessoa) adaptable

Moldávia nf Moldavia

moldavo adj,nm Moldavian

molde nm 1 (forma) cast; mould 2 (padrão) pattern; model

moldura nf frame; picture frame; *moldura de madeira* wooden frame

mole adj 1 (coisa) soft; smooth 2 (pessoa) soft; mellow; soft-hearted 3 pej (preguiça) indolent; lazy

molécula nf molecule

molecular adj2g molecular

moleiro nm miller

molengão nm col lazybones; sleepyhead ♦ adj col lazy; idle

moleque nm Bras brat; imp

molestar vt 1 (incomodar) to bother 2 (asse-diar) to harass 3 (abusos sexuais) to molest

moléstia nf 1 (doença) illness; sickness 2 (incómodo) nuisance

moletão nm (lã) wool padding, (algodão) cotton padding

molete nm (pão) roll

moleza nf 1 (suavidade) softness; smooth-ness 2 (preguiça) slackness; laziness

molha nf col wetting; *apanhar uma molha* to get a wetting, to get wet through

molhar vt to wet; *molhar os lábios* to wet one's lips ♦ vp to get wet; to get soaked; *ele molhou-se todo* he got wet through

molhe nm mole; breakwater

molheira nf sauce boat; (carne) gravy boat

molho[1] /ó/ nm 1 (chaves, ervas) bunch 2 (palha, cereais) sheaf 3 (lenha, papéis) bundle

molho[2] /ô/ nm 1 sauce; *molho picante* hot sauce 2 (de carne) gravy ❖ *estar de molho* to be sick in bed; *pôr de molho* to put to soak

molibdénio nm molybdenum

molusco nm mollusc

momentaneamente adv for an instant; for a moment

momentâneo adj 1 (breve) momentary; brief 2 (transitório) transient; transitory

momento nm 1 moment 2 (ocasião) time; *chegou o teu momento* your time has come ❖ *a todo o momento* at any time; *até ao momento* up to now

Mónaco nm Monaco

monarca nm monarch

monarquia nf monarchy

monárquico adj monarchical ♦ nm monar-chist; royalist

monarquismo nm monarchism

monarquista n2g monarchist

monástico adj monastic; monachal

monção nf monsoon

monda nf weeding

mondar vt,i 1 AGR (desbastar) to weed; to hoe 2 fig (limpar) to clear, to clear out

monegasco adj,nm Monegasque

monetário adj monetary; *união econó-mica e monetária* economic and mone-tary union

monge nm monk

mongol adj,n2g Mongolian

Mongólia nf Mongolia

mongoloide n2g 1 (raça) Mongoloid 2 col (insulto) mongoloid

monitor nm 1 INFORM,TV monitor; screen 2 (professor) instructor

monitorizar vt to monitor

monja nf nun

monocarril nm monorail

monocórdico adj monotonous

monocromático adj monochromatic, monochrome

monóculo nm 1 (lente) monocle 2 (luneta) eyeglass

monogamia nf monogamy

monogâmico *adj* monogamous, monogamic

monógamo *adj* monogamous ◆ *nm* monogamist

monografia *nf* monograph

monográfico *adj* monographic

monograma *nm* monogram

monolingue *adj2g* monolingual

monólogo *nm* monologue; soliloquy ❖ LIT *monólogo interior* stream of consciousness

monómio *nm* MAT monomial

monoparental *adj2g* single-parent; *família monoparental* single-parent family

monoplano *nm* AER monoplane

monopólio *nm* monopoly

monopolista *n2g* monopolist

monopolização *nf* monopolization

monopolizador *nm* monopolist

monopolizar *vt* 1 to monopolize 2 *col* to hog; to keep for oneself

monoquíni *nm* monokini

monossilábico *adj* 1 LING monosyllabic 2 *fig (lacónico)* monosyllabic; terse

monossílabo *nm* LING monosyllable

monoteísmo *nm* monotheism

monoteísta *adj2g* monotheistic ◆ *n2g* monotheist

monotonia *nf* 1 monotony 2 dreariness

monótono *adj* monotonous

monovolume *nm (veículo)* minivan

monóxido *nm* QUÍM monoxide; *monóxido de carbono* carbon monoxide

monsenhor *nm* 1 REL Monsignor 2 *(título)* Monseigneur

monstro *nm* monster

monstruosidade *nf* monstrosity

monstruoso *adj* 1 *(dimensões)* monstrous; gigantic 2 *(abominável)* monstrous; shocking

monta *nf* 1 *(quantia)* amount 2 *(custo)* cost; expense ❖ *coisa de pouca monta* a trifle; *de monta* of consequence

monta-cargas *nm2n* goods lift; elevator

montagem *nf* 1 assembly; *linha de montagem* assembly line 2 *(filme)* editing; *(espetáculo)* staging

montanha *nf* 1 mountain; *cadeia de montanhas* mountain range 2 *fig (pilha)* heap; pile; mountain

montanha-russa *nf* roller-coaster

montanhismo *nm* DESP mountaineering, mountain climbing; *praticar montanhismo* to mountaineer

montanhista *n2g* mountain climber, mountaineer

montanhoso *adj* mountainous

montante *nm* 1 *(quantia)* amount; sum; *no montante de* amounting to 2 *(rio)* upstream; *a montante* upstream, up-river

montão *nm* heap; pile

montar *vt* 1 *(equitação, ciclismo)* to ride; to mount 2 *(exposição)* to put on 3 *(objetos)* to fit up 4 *(campanha)* to launch 5 *(fábricas)* to assemble 6 COM to set up; *montar um negócio* to set up business 7 *(campismo)* to pitch; *montar uma tenda* to pitch a tent ◆ *vi (equitação)* to go riding

monte *nm* 1 hill; mountain 2 *(pilha)* heap; pile

montenegrino *adj,nm* Montenegrin

Montenegro *nm* Montenegro

montículo *nm* monticule, mound, hillock

montra *nf* shop window; *decoração de montras* window-dressing; *ver as montras* to window-shop

monumental *adj2g* 1 monumental 2 *fig (grandioso)* majestic 3 *col (enorme)* huge

monumento *nm* 1 monument; *monumento nacional* national monument 2 memorial

mora *nf* delay, respite ❖ *juros de mora* interest on delayed payment

morada *nf* 1 *(endereço)* address 2 *(residência)* residence, home; domicile ❖ *a última morada* the grave

moradia *nf* residence, house, dwelling

morador nm 1 (casa, bairro) resident 2 (casa alugada) tenant 3 (habitante) inhabitant ♦ adj resident [em, in]

moral adj2g moral, ethical; dever moral moral duty ♦ nf 1 (conclusão) moral, morals; *moral da história* moral of the story 2 (ética) ethics ♦ nm (ânimo) morale; *o moral das tropas é excelente* the morale of the troops is excellent

moralidade nf morality

moralista adj2g moralistic ♦ n2g moralist

moralização nf moralization

moralizar vt to moralize ♦ vi to make moral reflections

morango nm strawberry

morangueiro nm strawberry plant

morar vi to live; onde mora? where do you live? ❖ (mudanças) *ir morar para* to move to

moratória nf 1 moratorium 2 (atraso) delay

moratório adj 1 moratory 2 (dilatório) delaying

morbidez nf morbidity

mórbido adj morbid

morcão nm pop dork

morcego nm bat

morcela nf black pudding GB; blood sausage EUA

mordaça nf gag; pôr uma mordaça a alguém to gag somebody

mordacidade nf mordacity; sarcasm

mordaz adj2g 1 (incisivo) mordant; sarcastic 2 (cáustico) caustic

mordedela nf bite, nibble

mordedura nf bite, nip; mordedura de cobra venenosa poisonous snake bite

morder vt,i (pessoa, cão) to bite; morder os lábios to bite one's lips ❖ *morder-se de inveja* to grow green with envy; *morder o isco* to take the bait

mordiscar vt to nibble

mordomia nf 1 (regalia) perk 2 (luxo) luxury

mordomo nm butler, steward

moreia nf moray, moray eel

morena nf brunette

moreno adj 1 (pele) dark-skinned; tez morena dark complexion 2 (cabelo) dark-haired 3 (bronzeado) suntanned; brown; *ficar moreno* to get a suntan ♦ nm dark-haired person

mortes nmpl col grub; nosh GB

morfina nf QUÍM,FARM morphine

morfologia nf morphology

morfológico adj morphologic

morgue nf mortuary, morgue

moribundo adj moribund, dying ♦ nm dying person

mormente adv mainly, especially, chiefly

mórmon nm Mormon

morno adj lukewarm, tepid

morosidade nf 1 slowness 2 (lentidão) tardiness

moroso adj slow; sluggish

morrer vi 1 to die 2 fig (desvanecer-se) to fade away 3 (desejo) to long [por, for] ❖ *morrer de curiosidade* to be dying to know; morrer de fome to starve to death; *morrer de frio* to freeze to death; morrer de riso to kill oneself laughing

morrinha nf (chuvisco) drizzle

morro nm 1 (monte) hillock 2 Bras (favela) shanty town; slum

morsa nf walrus, morse

morse nm Morse Code

mortadela nf Italian sausage, salami

mortal adj2g 1 mortal 2 (veneno, inimigo) deadly 3 (doença, acidente) fatal ♦ n2g mortal

mortalha nf 1 (cadáver) shroud 2 (cigarro) cigarette paper

mortalidade nf mortality ❖ *mortalidade infantil* infant mortality; taxa de mortalidade death rate

mortandade nf 1 slaughter 2 (massacre) massacre

morte nf death; por morte de on the death of

morteiro *nm* MIL mortar

mortiço *adj* 1 (*fogo*) dying 2 (*olhar*) dull 3 (*desanimado*) spiritless

mortífero *adj* deadly, lethal

mortificação *nf* mortification

mortificante *adj2g* mortifying

mortificar *vt* to mortify

morto *adj* 1 dead 2 (*assassinado*) killed; murdered ♦ *nm* dead person ❖ *morto de cansaço* dead tired; *não ter onde cair morto* not to have a penny to one's name

mortuário *adj* mortuary ❖ *casa mortuária* funeral home

mosaico *nm* 1 mosaic 2 *fig* miscellany

mosca *nf* 1 fly 2 (*barbicha*) goatee ❖ *estar às moscas* to be empty; *não faz mal a uma mosca* he wouldn't hurt a fly

moscardo *nm* gadfly

moscatel *adj2g,nm* muscatel; *vinho moscatel* muscatel wine

mosquete *nm* 1 musket 2 *col* slap

mosqueteiro *nm* musketeer

mosquiteiro *nm* mosquito curtain, mosquito net

mosquito *nm* mosquito

mossa *nf* dent ❖ (*emocionalmente*) *fazer mossa a* to affect

mostarda *nf* BOT,CUL mustard ❖ *subir a mostarda ao nariz* to take the huff

mosteiro *nm* 1 monastery 2 (*freiras*) convent

mosto *nm* (*vinho*) must

mostra *nf* (*exibição*) show, display ♦ *nfpl* (*sinais*) signs, indications; *dar mostras de* to show signs of ❖ *à mostra* uncovered, bare, naked

mostrador *nm* (*relógio*) dial, face

mostrar *vt* 1 to show 2 (*mercadorias*) to display, to exhibit 3 (*indicar*) to point out 4 (*provar*) to demonstrate, to prove; *mostrou ser indigno* he proved to be unworthy ♦ *vp* 1 (*parecer*) to appear, to seem 2 (*exibir-se*) to show off ❖ *mostrar os dentes* to snarl

mostrengo *nm* monster

mostruário *nm* 1 collection of samples 2 showcase 3 (*loja*) shop window

mota *nf* motorbike, motorcycle; bike *col*

motard *n2g* biker

mote *nm* motto

motel *nm* motel

motim *nm* 1 riot, rebellion; *promover um motim* to stir up a rebellion 2 (*militar*) mutiny

motivação *nf* motivation

motivar *vt* 1 (*incentivar*) to motivate 2 (*causar*) to cause; to give rise to; *motivar uma reclamação* to give grounds for complaint

motivo *nm* 1 (*causa*) cause, reason 2 (*padrão*) pattern 3 MÚS motif

moto[1] /mótó/ *nf* (*motorizada*) bike

moto[2] /mótu/ *nm* 1 (*lema*) motto; *de moto próprio* of one's own accord 2 (*impulso*) motion; *moto contínuo* continual motion

motocicleta *nf* motorcycle

motociclismo *nm* motorcycling

motociclista *n2g* motorcyclist

motocrosse *nm* DESP motocross

moto quatro *nf* quad bike

motoqueiro *nm* biker, motorcyclist

motor *nm* 1 motor; *barco a motor* motorboat 2 (*carro, avião*) engine ♦ *adj* 1 motor; *nervo motor* motor nerve 2 *téc* driving ❖ *motor de arranque* starter

motorista *n2g* 1 driver 2 (*automobilista*) motorist

motosserra *nf* chain saw

motricidade *nf* motivity

motriz *adj* motive, driving; *força motriz* driving force

mouco *adj pop* deaf ♦ *nm pop* deaf person

mourisco *adj* Moorish

mouro *adj* Moorish ♦ *nm* Moor

mousse *nf* (*geral*) mousse

movediço *adj* (*instável*) unstable, changeable ❖ *areias movediças* quicksand

móvel *adj2g* movable, mobile; **bens móveis** personal property ♦ *nm* 1 (*peça de mobília*) piece of furniture; **os móveis estavam cobertos de pó** the furniture was covered in dust 2 (*causa*) motive, cause

mover *vt* 1 (*mudar de sítio*) to move; to shift; to remove 2 (*induzir*) to persuade 3 (*comover*) to affect, to touch ♦ *vp* 1 to move 2 (*deslocar-se*) to walk, to go; **mover-se pesadamente** to pound along ❖ **mover céu e terra** to move heaven and earth; DIR **mover uma ação contra alguém** to bring an action against somebody

movimentação *nf* 1 movement, motion 2 (*rua*) bustle

movimentado *adj* (*rua, lugar*) busy; **rua muito movimentada** busy street 2 (*animado*) lively; **um bar muito movimentado** a very popular bar

movimentar *vt* 1 to move (*animar*) to liven up

movimento *nm* 1 movement, motion; **em movimento** in motion 2 (*lojas, ruas*) activity, bustle 3 (*trânsito*) traffic 4 (*dinheiro*) turnover 5 MÚS time

MP3 INFORM [*sigla de* MPEG audio layer 3]

MPFG INFORM [*sigla de* Moving Pictures Experts Group]

muco *nm* mucus

mucosa *nf* mucous membrane

mucosidade *nf* mucosity

mucoso *adj* mucous

muçulmano *adj,nm* Muslim

muda *nf* 1 change; **muda de roupa** change of clothes 2 (*transformação*) transformation 3 (*penas*) moulting

mudança *nf* 1 (*alteração*) change 2 (*casa*) move; **camioneta das mudanças** removal van 3 (*vento*) shifting 4 (*automóvel*) gear

mudar *vt* 1 (*alterar*) to change [*de, -*] 2 (*transformar*) to transform ♦ *vi* 1 (*casa*) to move; **mudar de casa** to move 2 (*trocar*) to change 3 TEAT to shift; **mudar de cena** to shift the scene ♦ *vp* (*casa*) to move ❖ **mudar a fralda** to change a nappy; **mudar de ideias** to change your mind; **mudar de roupa** to change; **mudar o disco** to drop the subject

mudez *nf* muteness, dumbness

mudo *adj* 1 dumb, mute 2 CIN silent 3 LING silent; **letras mudas** silent letters ♦ *nm* mute, dumb person ❖ **cinema mudo** silent films

muesli *nm* muesli; granola

muffin *nm* muffin

mugido *nm* 1 (*touro*) bellow 2 (*vaca*) moo

mugir *vi* 1 (*touro*) to bellow 2 (*vaca*) to moo, to low

muito *quant exist* 1 (*em grande quantidade*) a lot of; plenty of 2 [*frases negativas e interrogativas*] much; a lot of ♦ *pron indef* 1 [*singular*] much 2 [*plural*] many ♦ *adv* 1 [*com adjetivo ou advérbio*] very; very much 2 much; **muito mais interessante** much more interesting 3 a lot; **doer muito** to hurt a lot 4 (*demasiado*) too much; **muito mais** interessante he drank too much

mula *nf* mule

mulato *adj,nm* mulatto

muleta *nf* 1 (*andar*) crutch; **andar de muletas** to walk on crutches 2 *fig* (*apoio*) support

mulher *nf* 1 woman 2 (*esposa*) wife ❖ **direitos das mulheres** women's rights

mulher a dias *nf* daily help; cleaning lady, domestic help

mulherengo *nm* womanizer ♦ *adj* womanizing

mulher-polícia *nf* policewoman

multa *nf* fine; **apanhar uma multa** to get fined; **pagar multa** to pay a fine

multar *vt* to fine; **multar em dez libras** to fine a person £10

multibanco *nm* 1 (*cartão*) cash card; cashpoint card 2 (*caixa*) cash dispenser, cashpoint GB; ATM, Automatic Teller Machine EUA

multicolor *adj* multicoloured

multicultural *adj* multicultural

multiculturalismo *nm* multiculturalism

multidão *nf* 1 crowd 2 *pej* mob ❖ *uma multidão de* lots of

multifacetado *adj* versatile; multitalented

multilateral *adj2g* multilateral

multilingue *adj* multilingual

multimédia *adj,nm* multimedia

multimilionário *nm* multimillionaire

multinacional *adj2g* multinational ◆ *nf* ECON multinational corporation, multinational

multiplicação *nf* multiplication

multiplicador *adj* MAT multiplying ◆ *nm* multiplier, multiplicator

multiplicando *nm* MAT multiplicand

multiplicar *vt* to multiply [**por**, by]; *multiplicar dois por quatro* to multiply two by four ◆ *vp* 1 to multiply 2 (*produzir-se*) to grow

multiplicativo *adj* multiplicative

multiplicidade *nf* multiplicity

múltiplo *adj* 1 (aposta, escolha) multiple; *escolha múltipla* multiple choice; *uma fratura múltipla* a multiple fracture 2 (*numerosos*) numerous ◆ *nm* MAT multiple

multirracial *adj2g* multiracial

multitarefa *nf* INFORM multitasking

multiusos *adj inv* multipurpose

múmia *nf* mummy

mundanidade *nf* 1 worldliness 2 mundane life

mundano *adj* worldly, mundane

mundial *adj2g* 1 worldwide 2 (guerra, recorde) world; *Primeira Guerra Mundial* First World War ◆ *nm* (campeonato) world championship; *Mundial de Futebol* World Cup

mundo *nm* 1 world; *dar volta ao mundo* to go round the world 2 (*terra*) the earth 3 (*grande quantidade*) a large quantity ❖ *meio mundo* all the world and his wife; *não ser nada de outro mundo* to be noth-

ing to write home about; *vir ao mundo* to come into the world

mungir *vt* to milk

munição *nf* (armas) ammunition ◆ *nfpl* MIL munitions, supplies; *falta de munições* shortage of munitions

municipal *adj2g* municipal ❖ (organismo) *polícia municipal* local police

municipalidade *nf* municipality, city council

munícipe *n2g* (homem) townsman; (mulher) townswoman

município *nm* 1 municipality 2 (*divisão administrativa*) township 3 (*câmara*) city council

munir *vt* to provide [**de**, with] ◆ *vp* to provide oneself with; *munir-se dos fundos necessários* to furnish oneself with the necessary funds

mural *adj2g,nm* mural

muralha *nf* 1 (muro) wall 2 (fortaleza) rampart ❖ *Muralha da China* Great Wall of China

murar *vt* (muro) to wall, to enclose; *murar um jardim* to enclose a garden

murchar *vi* 1 (flor) to wither 2 *fig* to fade

murcho *adj* 1 (flor) wilting, withered 2 *fig* (débil) languid, resigned

murmurar *vt* to murmur ◆ *vi* 1 (*segredar*) to murmur, to whisper 2 (*queixar-se*) to grumble 3 (*maldizer*) to backbite, to gossip [-, about]

murmúrio *nm* 1 murmur, whisper 2 (*queixa*) complaint

muro *nm* wall

murro *nm* punch, cuff; *levar um murro de alguém* to be punched by somebody

murta *nf* myrtle

musa *nf* 1 muse 2 (*inspiração*) poetical inspiration

musculação *nf* DESP body-building; *praticante de musculação* body-builder

muscular *adj* muscular; *lesão muscular* a muscle injury; *tecido muscular* muscular tissue

musculatura *nf* musculature

músculo *nm* 1 muscle 2 *fig (força)* strength; *ter músculo* to be strong

musculoso *adj* muscular

museu *nm* 1 museum; *museu aeronáutico* air museum 2 *(pintura)* gallery

musgo *nm* moss

musgoso *adj* mossy

música *nf* 1 music 2 *col (canção)* song ❖ *dar música a alguém* to wind somebody up

musical *adj2g* musical; *instrumento musical* musical instrument ♦ *nm (peça, filme)* musical ❖ *fundo musical* background music

musicalidade *nf* musicality

musicar *vt* to set to music

músico *nm* musician

musselina *nf* muslin

mutação *nf* mutation

mutante *adj,n2g* mutant

mutável *adj2g* 1 mutable 2 *(variável)* changeable

mutilação *nf* mutilation

mutilado *adj* 1 mutilated 2 *(pessoa)* maimed ♦ *nm (inválido)* disabled person; cripple

mutilar *vt* to mutilate

mutismo *nm* muteness, dumbness

mutuamente *adv* 1 mutually 2 *(um ao outro)* each other, one another; *odeiam-se mutuamente* they hate each other

mútuo *adj* mutual, reciprocal; *de mútuo acordo* by mutual consent ❖ *sociedade de socorros mútuos* mutual benefit society

N

n *nm* (letra) n
na *contr da prep* em + *art def* f a
nabiça *nf* turnip greens
nabo *nm* **1** turnip **2** col (*estúpido*) block-head, dork ❖ *tirar nabos da púcara* to worm information out of somebody
nação *nf* nation ❖ *Nações Unidas* United Nations
nácar *nm* **1** (*madrepérola*) mother-of-pearl **2** (cor) pink
nacarado *adj* nacreous, mother-of-pearl
nacional *adj2g* **1** (da nação) national; *bandeira nacional* national flag **2** (de âmbito interno) domestic; *produtos nacionais* domestic goods; *voos nacionais* domestic flights
nacionalidade *nf* nationality; *ter dupla nacionalidade* to have dual nationality
nacionalismo *nm* nationalism
nacionalista *adj,n2g* nationalist
nacionalização *nf* **1** ECON nationalization **2** (estrangeiro) naturalization
nacionalizar *vt* **1** ECON to nationalize **2** (estrangeiro) to naturalize ♦ *vp* to become naturalized
naco *nm* piece, slice
nada *pron indef* nothing, anything; *não fez nada* he has done nothing; *não quero nada* I don't want anything ♦ *adv* not at all; *nada mau* not bad at all ♦ *nm* emptiness ❖ *antes de mais nada* first of all; *de nada!* don't mention it!; *por nada* for no reason at all
nadador *nm* swimmer
nadador-salvador *nm* lifeguard
nadar *vi* to swim ❖ *nadar como um prego* to sink like a stone; *nadar em dinheiro* to roll in money
nádega *nf* buttock
nado *nm* swim ❖ *ir a nado* to go swimming
nado-morto *nm* still-born

naftalina *nf* QUÍM naphthalene
naipe *nm* (cartas) suit
Namíbia *nf* Namibia
namíbio *adj,nm* Namibian
namorada *nf* girlfriend
namorado *nm* boyfriend
namorador *adj* (pessoa) flirtatious ♦ *nm* flirter, womanizer
namorar *vt* **1** to date **2** fig (*cobiçar*) to covet ♦ *vi* **1** (pessoa) to have a boyfriend/girlfriend **2** (casal) to go out together; to be dating [com, -]
namorico *nm* col flirtation, flirt
namoro *nm* **1** (relação) relationship **2** (ação de namorar) courtship
nanar *vi* infant to sleep
nanismo *nm* dwarfism
nanquim *nm* **1** (tecido) nankeen **2** (cor) nankeen **3** (tinta da China) Indian ink
não *adv* **1** (resposta) no; *não, obrigado* no, thank you **2** (frase negativa) not; *não é um bom exemplo* it's not a good example ♦ *nm* no
não fumador *nm* non-smoker
não identificado *adj* unidentified
não-sei-quê *nm* something
naperon *nm* table mat GB, place mat EUA
naquele *contr da prep* em + *pron dem* m aquele
naquilo *contr da prep* em + *pron dem inv* aquilo
narcisismo *nm* narcissism
narcisista *adj2g* narcissistic ♦ *n2g* narcissist
narciso *nm* narcissus
narcótico *adj,nm* FARM narcotic
narcotizar *vt* to narcotize, to drug
narcotraficante *n2g* drug trafficker
narcotráfico *nm* drug traffic
narigudo *adj* long-nosed; *ser narigudo* to have a big nose

narina *nf* nostril

nariz *nm* nose; *nariz arrebitado* turned-up nose, snub nose ❖ *meter o nariz em tudo* to poke one's nose into everything; to nose around; *torcer o nariz a* to turn up one's nose at

narração *nf* 1 narration, narrative 2 *(relato)* account

narrador *nm* 1 narrator 2 storyteller

narrar *vt* to narrate; to tell

narrativa *nf* narrative, tale

narrativo *adj* narrative

nasal *adj2g* ANAT,LING nasal

nascença *nf* 1 *(nascimento)* birth 2 *(origem)* origin, source ❖ *de nascença* from birth; by birth

nascente *nf* 1 *(água)* spring; *nascente de água* water spring 2 GEOL *(rio)* source ♦ *nm* East, Orient ♦ *adj2g* 1 new 2 (Sol) rising

nascer *vi* 1 *(pessoa, animal)* to be born 2 (Sol) to rise 3 *(ave)* to hatch 4 *(planta)* to sprout 5 *(cabelo)* to grow 6 *(dente)* to come through 7 *(dia)* to dawn 8 *(ter origem)* to come into existence, to come into being ♦ *nm* 1 birth 2 (Sol) rising ❖ *nascer em berço de ouro* to be born with a silver spoon in one's mouth; *eu não nasci ontem* I wasn't born yesterday

nascimento *nm* 1 birth 2 *(origem)* origin 3 *(estirpe)* descent

nata *nf* 1 *(leite)* skin 2 *(pastel)* cream cake 3 *(elite)* cream ♦ *nfpl* whipped cream

natação *nf* DESP swimming

natal *adj2g* native; *país natal* native country

Natal *nm* Christmas; *Feliz Natal!* Merry Christmas!

natalício *adj* 1 *(Natal)* Christmas; *época natalícia* Christmas tide 2 natal; *aniversário natalício* birthday 3 *(terra, local)* birth

natalidade *nf* birth ❖ *taxa de natalidade* birth rate

natividade *nf* 1 birth 2 REL the Nativity 3 *(Natal)* Christmas

nativo *adj,nm* native

nato *adj* born; *um músico nato* a born musician

natural *adj2g* 1 natural; *sumo de laranja natural* freshly squeezed orange juice 2 *(temperatura)* at room temperature 3 *(iogurte)* plain 4 *(oriundo)* native [de, of]

naturalidade *nf* 1 *(simplicidade)* simplicity 2 *(espontaneidade)* spontaneity; *agir com a maior naturalidade* to act as if nothing had happened 3 *(nascimento)* birthplace

naturalismo *nm* naturalism

naturalista *adj,n2g* naturalist

naturalização *nf* naturalization

naturalizar *vt* to naturalize ♦ *vp* to become naturalized

naturalmente *adv* naturally ♦ *interj (certamente)* naturally!, of course!

natureza *nf* 1 nature 2 *(espécie)* kind, sort, class 3 *(carácter)* character, nature; *natureza humana* human nature

natureza-morta *nf* ART still life

naturismo *nm* *(nudismo)* naturism

naturista *adj,n2g* naturist

nau *nf* vessel

naufragar *vi* 1 to be shipwrecked 2 *fig (fracassar)* to fail

naufrágio *nm* 1 shipwreck 2 *fig (malogro)* failure

náufrago *nm* castaway, shipwrecked person

Nauru *nm* Nauru

nauruano *adj,nm* Nauruan

náusea *nf* 1 *(enjoo)* nausea; *ter náuseas* to feel nauseous/sick 2 *col (repulsa)* sickness, nausea; *dá-me náuseas* it's disgusting

nauseabundo *adj* 1 *(cheiro)* nauseating, sickening 2 *(aparência, aspeto)* disgusting, loathsome

náutica *nf* 1 navigation; seamanship 2 *(ciência)* nautical science

náutico *adj* 1 *(instrumento, ciência, desporto)* nautical 2 *(clube)* sailing

naval *adj2g* naval

navalha *nf* 1 *(arma)* knife 2 *(barba)* razor

navalhada *nf* cut with a knife, knifing, stabbing; *dar uma navalhada a alguém*

to knife/stab someone; **levar uma navalhada** to be knifed/stabbed

nave nf 1 ship, craft 2 ARQ nave, aisle

navegabilidade nf navigability, seaworthiness; **condições de navegabilidade** state
of seaworthiness

navegação nf 1 navigation 2 (comércio)
shipping; **companhia de navegação** shipping company 3 (viagem) voyage ✣ **navegação aérea** air traffic

navegador nm 1 navigator 2 DESP (automóvel) navigator ♦ adj 1 (povo, nação) sea-
faring 2 (tripulante, técnico) navigation

navegante nm 1 navigator, seaman, sailor
2 (que dirige navio ou avião) navigator ♦
adj2g seagoing

navegar vi 1 (barcos) to sail 2 (aviões) to
fly 3 INFORM to surf; **navegar na Internet**
to surf the Net

navegável adj2g navigable

navio nm ship, vessel; **navio de guerra**
warship; **navio mercante** merchant ship ✣
ficar a ver navios to be left high and dry

navio-cisterna nm NÁUT tanker

nazi adj,n2g Nazi

nazismo nm Nazism

neblina nf mist; **neblina matinal** morning
mist

nebulosa nf ASTRON nebula

nebulosidade nf cloudiness

nebuloso adj 1 misty, foggy 2 (céu)
cloudy 3 fig (ideias, futuro) hazy, vague

necessariamente adv 1 necessarily 2 (certamente) of course

necessário adj necessary, needful; **se for
necessário** if need be

necessidade nf 1 (coisa imprescindível) necessity; **o aquecimento é uma necessidade** heating is a necessity 2 (o que se ne-
cessita) need [de, for] 3 (pobreza) poverty;
want ✣ **fazer as necessidades** to do as
nature calls; **não há necessidade** there's
no need; **passar necessidades** to be in
need

necessitado adj 1 needy 2 (carente) in
need [de, of] ♦ nm poor person, needy
person; **ajudar os necessitados** to help
the poor/the needy

necessitar vt,i to need [de, -]; to be in
need [de, of]; **necessitar de alguma coisa**
to need something

necrófago adj ZOOL necrophagous

necrologia nf 1 (registo de falecimento)
necrology 2 (jornal) obituary

necromancia nf necromancy

necromante n2g necromancer

necrópole nf necropolis

necrose nf MED necrosis

necrotério nm morgue

néctar nm nectar

nectarina nf nectarine

neerlandês adj Netherlandish; Dutch ♦
nm 1 (pessoa) Netherlander 2 (língua)
Dutch

nefasto adj 1 (nocivo) harmful 2 unlucky;
ill-fated

nega nf 1 col (recusa) refusal 2 col (resultado
negativo, nota) fail; **apanhar uma nega** to
get a fail

negação nf 1 negation 2 (desmentido) denial 3 (recusa) refusal 4 LING negation

negar vt,i to deny; to refuse ♦ vp to refuse
[a, to] ✣ **negar a pés juntos** to deny
flatly; **não se pode negar que** it is undeniable that

negativa nf 1 LING negative 2 (recusa) denial, refusal 3 (classificação) F, negative
mark; **tenho duas negativas** I got F in
two subjects ✣ **ver as coisas pela negativa** to look on the black side

negativismo nm negativism; pessimism

negativo adj (geral) negative ♦ nm FOT
photographic negative, negative

negligência nf negligence; carelessness ✣
por negligência through negligence

negligenciar vt 1 (trabalho, responsabilidade) to neglect 2 (ignorar) to disregard

negligente adj2g negligent, careless

negociação *nf* 1 negotiation; *entrar em negociações com* to enter into negotiations with 2 *(transação)* transaction 3 *(acordo)* deal

negociador *nm* 1 *(comerciante)* trader 2 *(empresário)* businessman 3 POL negotiator

negociante *n2g* 1 *(comerciante)* merchandiser, merchant 2 *(empresário)* businessman; *negociante honrado* honest businessman

negociar *vt* 1 POL to negotiate 2 COM to trade ♦ *vi* 1 to trade [em, in]; to deal [em, in]; *negociar em alguma coisa* to trade in something 2 to negotiate [com, with]; *negociar com alguém* to do business with somebody

negociata *nf* shady transaction, dubious affair ❖ *negociatas* wheeling and dealing

negociável *adj2g* negotiable

negócio *nm* 1 business; *homem/mulher de negócios* businessman/businesswoman 2 *(transação)* deal; *mau negócio* bad deal ❖ *negócio escuro* shady business; *negócio fechado* it's a deal; *fazer um bom negócio* to strike a bargain

negra *nf* 1 *(raça)* black woman 2 *pop (nódoa negra)* bruise

negrito *nm* TIP hold; *a negrito* in bold

negro *adj* 1 *(cor)* black 2 *(pele)* dark 3 *fig (terrível)* gloomy, black ♦ *nm* 1 *(cor)* black 2 black person

nele *contr da prep em + pron pess m ele*

nem *conj* 1 *(negativa dupla)* nor, neither; *nem eu* neither do I; *nem um nem outro* neither one nor the other 2 *(nem sequer)* not even; *nem mesmo* not even ❖ *nem mais nem menos* that's just it; *nem que* not even if

nenhum *quant univ* no, not any; *não é nenhum tolo* he's no fool ♦ *pron indef (nem um só)* none, not one; *nenhum deles* none of them

nenhures *adv* nowhere

nenúfar *nm* water lily

neoclássico *adj* neoclassic, neoclassical

neodímio *nm* neodymium

neolítico *adj* Neolithic

neologismo *nm* LING neologism

néon *nm* neon

neonazi *adj,n2g* neonazi

neozelandês *adj,nm* New Zealander

Nepal *nm* Nepal

nepalês *adj,nm* Nepalese

népia *nf col* nothing; not a thing

neptúnio *nm* neptunium

Neptuno *nm* Neptune

nervo *nm* 1 nerve 2 *(carne)* sinew ♦ *nmpl (irritabilidade)* nerves ❖ *andar com os nervos à flor da pele* to be on edge; *que nervos!* how irritating!

nervosismo *nm* 1 nervousness 2 *(irritabilidade)* nervous irritability

nervoso *adj* 1 nervous; *ficar nervoso* to get nervous; *sistema nervoso* nervous system 2 *(irritável)* irritable, touchy

nervura *nf* 1 BOT,ZOOL nervure, vein 2 ARQ rib; *nervuras de uma abóbada* ribs of an arch

néscio *adj* 1 *(idiota)* idiot, ignorant 2 *(insensato)* foolish

nesga *nf* 1 *(costura)* bit 2 *(pedaço)* piece 3 *(mesa, terra)* corner, patch

nêspera *nf* medlar

nespereira *nf* medlar tree

nesse *contr da prep em + pron dem m esse*

neste *contr da prep em + pron dem m este*

net *nf col* Internet; Net

neta *nf* granddaughter

netiqueta *nf* (Internet) netiquette

neto *nm* grandson

neura *nf pop* depression; dejection ♦ *adj2g pop* depressed; dejected; in the dumps

neurocirurgia *nf* MED neurosurgery

neurocirurgião *nm* neurosurgeon

neurologia *nf* MED neurology

neurologista *n2g* neurologist

neurónio *nm* neuron; nerve cell

neurose *nf* MED neurosis

neurótico *adj,nm* neurotic

neurotransmissor *nm* neurotransmitter

neutral *adj2g* **1** (*imparcial*) impartial **2** DIR,POL (*país*) neutral

neutralidade *nf* neutrality

neutralizar *vt* **1** to neutralize **2** (*anular*) to counteract **3** MIL to render ineffective

neutrão *nm* FÍS neutron

neutro *adj* **1** neutral **2** LING (*género*) neuter ♦ *nm* ELET,LING neuter

nevão *nm* **1** heavy snowfall, snowstorm **2** (*neve acumulada*) snowdrift

nevar *vi* to snow

neve *nf* snow; **boneco de neve** snowman

névoa *nf* **1** fog, mist **2** (*olhos*) film

nevoeiro *nm* fog, mist; **está muito nevoeiro** it's very foggy

nevoento *adj* foggy

nevralgia *nf* MED neuralgia

nevrálgico *adj* neuralgic

nexo *nm* **1** (*ligação*) nexus, link **2** (*coerência*) coherence ❖ **sem nexo** incoherent

Nicarágua *nf* Nicaragua

nicaraguano *adj,nm* Nicaraguan

nicho *nm* (*parede, muro, habitação*) niche

nicles *adv* col nothing at all

nicotina *nf* QUÍM nicotine

nidificação *nf* nesting

nidificar *vt* to nest

Níger *nm* (*país, rio*) Niger

Nigéria *nf* Nigeria

nigeriano *adj,nm* Nigerian

niilismo *nm* nihilism

niilista *n2g* nihilist ♦ *adj2g* nihilistic

ninfa *nf* nymph

ninfomania *nf* nymphomania

ninfomaníaca *nf* nymphomaniac

ninguém *pron indef* **1** (*nenhuma pessoa*) nobody; no one; **ninguém sabe** nobody knows **2** (*qualquer pessoa*) anybody; anyone; **melhor do que ninguém** better than anybody

ninhada *nf* **1** litter; (*aves*) brood **2** col (*filhos*) children; brood

ninharia *nf* (*insignificância*) trifle; triviality

ninho *nm* **1** (*pássaros*) nest **2** (*animais selvagens*) lair **3** col (*lar*) home

ninja *n2g* ninja

nióbio *nm* niobium

nipónico *adj* Nipponese, Japanese

níquel *nm* nickel

niquento *adj* **1** (*difícil de satisfazer*) nitpicking; hard to please **2** (*rabugento*) peevish; touchy

niquice *nf* trifle; insignificance

nirvana *nm* nirvana

nisso *contr da prep* em + *pron dem* isso

nisto *contr da prep* em + *pron dem* isto

nitidamente *adv* distinctly; clearly

nitidez *nf* **1** (*clareza*) clarity; clearness **2** FOT sharpness **3** (*de pensamentos, ideias*) comprehensibility; clarity; intelligibility

nítido *adj* **1** (*fotografia, imagem*) sharp **2** (*transparente, límpido*) clear; transparent **3** (*inconfundível*) unmistakable; obvious; clear

nítrico *adj* nitric

nitrogénio *nm* QUÍM nitrogen

nitroglicerina *nf* QUÍM nitroglycerine

nível *nm* **1** level **2** (*categoria*) rank; status; position **3** fig (*gabarito*) class; distinction; **uma pessoa com nível** a distinct person **4** (*instrumento*) level ❖ **nível de vida** standard of living

nivelação *nf* levelling

nivelador *nm* leveller

nivelamento *nm* levelling

nivelar *vt* **1** to level; **nivelar por baixo/por cima** to level down/up **2** (*diferenças*) to reconcile ♦ *vp* to level off; to even out

no *contr da prep* em + *art def m* o

nó *nm* **1** knot; **dar um nó** to tie a knot **2** (*vínculo*) bond; tie **3** (*dedo*) knuckle **4** (*estrada*) junction GB; intersection EUA ❖ (*casar*) **dar o nó** to tie the knot

nobel *nm* [também com maiúscula] (*prémio*) Nobel prize ♦ *n2g* (*pessoa*) Nobel laureate

nobélio *nm* nobelium

nobiliárquico *adj* nobiliary

nobre *adj* **1** noble; **uma família nobre** a noble family **2** (*ilustre*) illustrious; distinguished ♦ *n2g* noble

nobreza nf 1 nobility; aristocracy; *membro da nobreza* member of the nobility 2 (de carácter) dignity; nobility; excellence

noção nf notion; idea ♦ nfpl fundamentals [de, of]

nocivo adj harmful

noctívago *a grafia preferível é* **notívago**

nódoa nf 1 (mancha) stain 2 (reputação) blemish ❖ **nódoa negra** bruise; *ser uma nódoa a* to be hopeless at

nodosidade nf nodosity

nodoso adj nodose

nódulo nm nodule

nogado nm nougat

nogueira nf walnut tree

noitada nf 1 a night out 2 (estudo, trabalho) all-nighter ❖ *fazer uma noitada* to be up all night

noite nf 1 night; *esta noite* tonight 2 (fim do dia) evening 3 (vida noturna) nightlife ❖ *boa noite!* 1 (saudação) good evening! 2 (despedida, antes de ir dormir) good night!

noitinha nf nightfall, dusk ❖ *à noitinha* at nightfall/ dusk

noiva nf 1 (noivado) fiancée 2 (cerimónia) bride

noivado nm engagement; *romper o noivado com* to break off the engagement to

noivo nm groom, bridegroom ♦ nmpl 1 (noivado) engaged couple 2 (cerimónia) the bride and the groom

nojento adj 1 disgusting; gross 2 (atitude, ato) despicable; contemptible 3 (que se enoja facilmente) queasy

nojo nm 1 disgust [de, at/for]; repugnance [de, for] 2 filthiness; *o teu quarto está um nojo!* your room is filthy! ❖ *que nojo!* gross!

nómada n2g nomad ♦ adj2g nomadic; *tribos nómadas* nomadic tribes

nome nm 1 name; *nome completo* full name 2 (gramática) noun ❖ *em nome de* on behalf of

nomeação nf 1 (cargo, função) nomination; appointment 2 (galardão) nomination [para, for]

nomeada nf reputation

nomeadamente adv 1 namely 2 particularly; especially

nomeado adj 1 (cargo) appointed; designated 2 (nome) named

nomear vt 1 to nominate 2 (nome) to name; to call by name 3 (cargo, função) to appoint [-, as]; to designate [-, as]

nomenclatura nf nomenclature; terminology

nominal adj2g 1 (nome) nominal 2 ECON face; *valor nominal* face value 3 LING nominal

nominativo adj,nm LING nominative

nonagenário adj,nm nonagenarian

nonagésimo adj num ninetieth

nono num ord,nm ninth

nora nf daughter-in-law ❖ *andar à nora* to be confused; *ver-se à nora para fazer alguma coisa* to have difficulty in doing something

nordeste nm northeast

nórdico adj,nm Nordic; *os países nórdicos* the Nordic countries

norma nf 1 (regra) rule; regulation; *as normas da escola* school regulations 2 (requisito) standard; *normas europeias* European standards ❖ *por norma* normally; as a rule

normal adj2g normal; usual

normalidade nf normality; *voltar à normalidade* to return to normal

normalizar vt,p to normalize

normalmente adv normally; usually; ordinarily

normativo adj 1 normative 2 prescriptive; *gramática normativa* prescriptive grammar

nor-nordeste nm north-northeast

nor-noroeste nm north-northwest

noroeste nm northwest

nortada nf north wind, northerly wind

norte nm north

norte-americano adj,nm North American

nortear vt to guide; to lead ♦ vp to be guided [**por**, by]

Noruega nf Norway

norueguês adj,nm Norwegian

nos pron pess 1 (complemento) us; ele cha-mou-nos he called us 2 (reflexo) ourselves; nós lavamo-nos we wash ourselves 3 (recíproco) each other; conhecemo-nos há anos we've known each other for years

nós pron pess 1 (sujeito) we; nós adoramo--nos we love each other 2 (com preposições) us; quanto a nós as for us 3 (recíproco) ourselves

nosso det poss our; a nossa casa é bonita our house is beautiful; um amigo nosso a friend of ours ♦ pron poss ours; gosto mais do nosso I like ours better ♦ nm (posse) our things ♦ nmpl (familiares) our relatives; our family ❖ à nossa! cheers!; nos nossos dias nowadays

nostalgia nf nostalgia [**de**, for]; ter nos-talgia de to feel nostalgic for

nostálgico adj nostalgic

nota nf 1 (apontamento) note; annotation 2 (escola) mark GB; grade EUA 3 (dinheiro) note GB; bill EUA 4 MÚS note ❖ nota de ro-dapé footnote; custar uma nota preta to cost a fortune

notabilizar vt to make famous ♦ vp to be-come famous

notação nf notation

notar vt 1 (reparar) to notice; to take notice of 2 (comentar) to observe; to comment; to remark

notariado nm notary's office

notarial adj2g notarial

notário nm 1 (pessoa) notary (public) 2 (local) notary's office

notável adj2g 1 (digno de atenção) remark-able; extraordinary 2 (eminente) promi-nent; notable 3 (distinto) distinguished; il-lustrious

notícia nf news; boas/más notícias good/bad news

noticiar vt to publish; to report

noticiário nm the news; newscast

noticioso adj news; agência noticiosa news agency, press agency

notificação nf 1 notification 2 DIR sum-mons; citation; ela recebeu uma notifica-ção para comparecer em tribunal she re-ceived a summons to appear in court

notificar vt 1 to notify [**de**, of]; to inform [**de**, of] 2 DIR to summon; to cite; ele foi notificado para comparecer em tribunal como testemunha he was summoned to appear in court as a witness

notívago ou **noctívago** nm (pessoa) night owl col ♦ adj noctivagous

notoriedade nf 1 (do que é bom) fame; re-pute; prestige 2 (do que é mau) notoriety; disrepute

notório adj 1 (óbvio) evident; obvious 2 (público, conhecido) public; well-known

noturno adj 1 nocturnal 2 (vida) night ♦ nm MÚS nocturne

noutro contr da prep em + pron dem outro ❖ noutro dia some other day; noutro lu-gar somewhere else, elsewhere, in some other place; noutros tempos long ago

nova nf (notícia) tidings [**de**, of]; boas novas glad tidings

novamente adv again; once more

novato nm beginner ♦ adj inexperienced

Nova Zelândia nf New Zealand

nove quant num nine; o dia nove the ninth

novecentos quant num nine hundred

novela nf 1 LIT short story; narrative 2 TV soap opera

novelista n2g story writer

novelo nm 1 ball; novelo de lã ball of wool 2 fig (enredo) mix-up; tangle

novembro nm November

novena nf REL novena

noventa quant num ninety; os anos noventa the nineties

noviciado nm REL noviciate

noviço nm novice

novidade nf 1 news; piece of news; *contar as novidades* to tell the news 2 novelty

novilho nm steer; young bull

novo adj 1 new 2 (pessoa) young ❖ *novo em folha* brand new; *começar de novo* to start over; *de novo* again

novo-rico nm nouveau riche; parvenu; upstart

novo-riquismo nm ostentation; flashiness

noz nf 1 walnut 2 (de manteiga) knob

noz-moscada nf BOT,CUL nutmeg

nu adj 1 (pessoa) naked; nude 2 (parte do corpo) bare ♦ nm ART nude ❖ (segredo) *pôr a nu* to expose

nuance nf nuance

nublado adj (céu) cloudy, overcast

nublar vt 1 (céu) to cloud; to cover with clouds 2 fig (escurecer) to darken; to shade ♦ vp (céu) to cloud over; to become overcast

nuca nf nape; back of the neck

nuclear adj2g 1 nuclear; *bomba nuclear* nuclear bomb 2 FÍS nuclear, of the nucleus

núcleo nm 1 (de átomo, célula) nucleus 2 (de fruto) kernel 3 (de questão) crux; kernel

nudez nf nudity; nakedness

nudismo nm nudism; naturism; *praticar nudismo* to practise nudism

nudista n2g nudist; naturist; *uma praia de nudistas* a nudist beach

nulidade nf 1 (falta de validade) nullity; invalidity 2 (insignificância) nothingness; insignificance 3 col (pessoa incompetente) failure; *ele é uma nulidade como professor* he is a failure as a teacher

nulo adj 1 null; *resultados nulos* null results 2 DIR (inválido) null and void; invalid 3 (vão, ineficaz) useless; pointless; vain

num contr da prep em + art indef um

numeração nf numeration ❖ *numeração árabe/romana* Arabic/Roman numerals

numerado adj 1 numbered 2 in numerical order

numerador nm MAT numerator

numeral nm 1 number 2 numeral ♦ adj2g numeral ❖ *numeral cardinal* cardinal number; *numeral ordinal* ordinal number

numerar vt to number

numerário nm cash; money; *pagar em numerário* to pay in cash

numérico adj numerical ❖ *por ordem numérica* in numerical order

número nm 1 MAT,LING number 2 (publicação, espetáculo) number; *um número de dança* a dance number 3 (roupa, sapatos) size

numeroso adj numerous

numismata n2g numismatist

numismática nf numismatics

numismático adj numismatic

nunca adv 1 (nenhuma vez) never; *nunca antes* never before 2 (alguma vez) ever; *quase nunca* hardly ever ❖ *nunca digas nunca* never say never; *nunca se sabe* you never know

nupcial adj2g nuptial; wedding

núpcias nfpl wedding; *noite de núpcias* wedding night ❖ *casar em segundas núpcias* to marry for the second time

nutrição nf 1 nutrition 2 nourishment

nutricionismo nm nutrition; dietetics

nutricionista n2g nutritionist

nutriente nm nutrient ♦ adj2g nourishing

nutrir vt 1 (alimentar) to nourish; to feed 2 (sentimento) to foster; to nurture; to cherish 3 (estimular) to stimulate; to encourage ♦ vp to feed oneself [de, on]

nutritivo adj nutritious; nourishing

nuvem nf cloud ❖ *cair das nuvens* to wake up to reality

nylon nm nylon

O

o¹ /ó/ nm (letra) o

o² /u/ art def **1** the; *o carro* the car has broken down; *o Pedro levou-me ao cinema* Pedro took me to the cinema **2** (por cada) a; per; *€5 o quilo* €5 a kilo ♦ *pron pess* **1** (a ele) him; *ela viu-o* she saw him **2** (objeto, animal) it; *devolvi-o* I returned it **3** (a si) you; *eu vi-o ontem* I saw you yesterday ♦ *pron dem* **1** (este, esse, aquele) the one; that **2** (aquilo) what; *o que eu queria* what I wanted

oásis nm oasis

obcecado adj obsessed ♦ nm maniac

obcecar vt to obsess; to haunt

obedecer vi to obey [a, to]; to comply [a, with]; *obedecer às leis* to comply with rules

obediência nf **1** obedience [a, to]; compliance [a, with] **2** (sujeição) submission; meekness; docility ❖ *em obediência a* in compliance with; in obedience to; *prestar obediência a* to pay obedience to

obediente adj2g **1** (que obedece) obedient; compliant; dutiful **2** (submisso) submissive; meek; docile

obelisco nm ARQ.HIST obelisk

obesidade nf obesity

obeso adj obese; fat; overweight

óbice nm hindrance; impediment; obstacle

óbito nm death ❖ *certidão de óbito* death certificate

obituário adj,nm obituary

objeção nf objection; *levantar objeções a* to raise objections to ❖ *objeção de consciência* conscience objection

objetar vt to object; to oppose ♦ vi to object [a, to]

objetiva nf FOT objective; lens

objetivar vt to objectify

objetividade nf **1** objectivity **2** impartiality

objetivo adj,nm objective

objeto nm **1** object; thing; item **2** (estudo) subject **3** LING object; *objeto direto* direct object; *objeto indireto* indirect object ❖ *objeto de desejo* object of desire; *objetos de valor* valuables

objetor nm objector ❖ *objetor de consciência* conscientious objector

oblíqua nf GEOM oblique line

oblíquo adj **1** oblique; slanting **2** (olhar) sideways; sidelong

obliteração nf obliteration

obliterador nm ticket punch

obliterar vt **1** (apagar) to obliterate; to efface; to blot out **2** (bilhete, selo) to validate

obnóxio adj despicable; contemptible

oboé nm MÚS oboe

oboísta n2g MÚS oboist

obra nf **1** (artística) work **2** (ação, feito) deed; feat **3** (construção) construction site ♦ nfpl (estrada) roadworks; (casa) home improvements ❖ *obra de arte* work of art

obra-prima nf masterpiece, masterwork

obrar vi (defecar) to evacuate; to excrete

obreiro nm labourer; worker

obrigação nf obligation; *cumprir as suas obrigações* to fulfil one's obligations

obrigacionista n2g ECON bondholder

obrigado adj **1** (forçado) compelled [a, to]; forced [a, to]; *ele viu-se obrigado a assinar o cheque* he was forced to sign the check **2** (grato) thankful [por, for]; grateful [por, for] ♦ interj thank you!, thanks!; *muito obrigado!* many thanks!, much obliged!, thank you very much!

obrigar vt **1** (forçar) to compel [a, to]; to force [a, to]; to constrain [a, to]; to oblige [a, to]; *obrigar alguém a fazer alguma coisa* to force somebody to do something 2 *(exigir)* to require; to demand ♦ *vp* 1 *(comprometer-se)* to commit yourself [a, to] 2 *(responsabilizar-se)* to assume responsibility [por, for]

obrigatoriamente *adv* compulsorily; obligatorily

obrigatório *adj* obligatory; compulsory; mandatory

obscenidade *nf* obscenity; indecency ❖ *dizer obscenidades* to curse

obsceno *adj* obscene; indecent

obscurantismo *nm* obscurantism

obscurantista *adj,n2g* obscurantist

obscurecer *vt* 1 to obscure 2 *(ofuscar)* to outshine 3 *(confundir, baralhar)* to confuse; to mix up; to confound

obscuridade *nf* 1 *(escuridão)* obscurity; darkness 2 *fig (falta de clareza)* unclearness

obscuro *adj* 1 *(escuro)* obscure; dark 2 *fig (difícil de compreender)* obscure; unclear 3 *fig (secreto)* hidden; secret; concealed

obsequiar *vt* 1 *(favor, serviço)* to do a favour to 2 *(tratar com agrado)* to treat kindly 3 *(presentear)* to offer; to present (somebody) [com, with]

obséquio *nm* kindness; favour; *faça-me o obséquio de abrir a porta* do me a favour and open the door ❖ *por obséquio* please

observação *nf* 1 observation 2 *(ordem, regulamento)* observance [de, of]

observador *nm* observer ♦ *adj* 1 observant; perceptive; shrewd 2 *(ordem, regulamento)* observant; compliant

observância *nf (cumprimento)* observance [de, of]; compliance [de, with]

observar *vt* 1 to observe; to watch 2 *(notar)* to notice; to perceive 3 *(cumprir)* to comply with; to observe; to obey; *observar as regras da sociedade* to observe the rules of society 4 *(comentar)* to remark; to comment

observatório *nm* observatory ❖ *observatório astronómico* astronomical observatory; *observatório meteorológico* weather station

observável *adj2g* observable

obsessão *nf* obsession [por, with]; fixation [por, with]

obsessivo *adj* obsessive

obsoleto *adj* obsolete; out of date; *tornar-se obsoleto* to become obsolete

obstaculizar *vt* to obstruct; to hinder

obstáculo *nm* obstacle [a, to]; hindrance [a, to]; impediment [a, to]

obstante *adj2g* hindering; *não obstante o mau tempo, não cancelámos a viagem* despite the bad weather, we didn't cancel the trip; *o tempo está péssimo; não obstante, não vamos cancelar a viagem* the weather is awful; however, we are not cancelling the trip

obstar *vt* to hinder; to impede; to hamper ♦ *vi* 1 to object [a, to]; to oppose [a, -]; *o pai obstou ao casamento da filha* the father objected to his daughter's marriage 2 to be an obstacle to; to be an impediment to

obstetra *n2g* obstetrician

obstetrícia *nf* MED obstetrics

obstétrico *adj* obstetric, obstetrical

obstinação *nf* 1 *(teimosia)* obstinacy; stubbornness 2 *(persistência)* tenacity; persistence

obstinado *adj* 1 *(teimoso)* obstinate; stubborn 2 *(persistente)* persistent

obstinar-se *vp* to insist [em, on]; to persevere [em, in]; to persist [em, in]

obstipação *nf* MED constipation

obstrução *nf* obstruction ❖ MED *obstrução intestinal* intestinal obstruction

obstrucionismo *nm* POL obstructionism

obstrucionista *adj,n2g* obstructionist

obstruir *vt* 1 to obstruct; to clog; to block up 2 *(impedir)* to hinder; to impede; to hamper

obtenção *nf* 1 *(aquisição)* obtention [de, of] 2 achievement; accomplishment ❖ *obtenção de visto* the obtainment of a visa

obter *vt* **1** *(adquirir)* to obtain; to get; to acquire **2** *(conseguir, alcançar)* to achieve; to accomplish; to attain

obturar *vt* **1** *(obstruir)* to obstruct; to block up; to clog **2** *(tapar, fechar)* to seal; to close (up); to plug (up)

obtuso *adj* **1** *(ângulo)* obtuse **2** *fig,pej (estúpido)* stupid; dull

obus *nm* MIL howitzer, shell

obviamente *adv* obviously

obviar *vt* **1** to prevent; to stop; to put a stop to **2** to obviate; to preclude

óbvio *adj* obvious; evident ❖ *por razões óbvias* for obvious reasons

ocasião *nf* occasion ❖ *(preço) de ocasião* cut-price

ocasional *adj2g* **1** *(esporádico)* occasional; sporadic; casual **2** *(casual)* accidental; casual

ocasionalmente *adv* occasionally

ocasionar *vt* to occasion; to bring about; to give rise to; to cause

ocaso *nm* **1** sunset; sundown; nightfall **2** *fig (declínio)* decline; decay

oceanário *nm* oceanarium

Oceânia *nf* Oceania

oceânico *adj* ocean; oceanic; *correntes oceânicas* ocean currents

oceano *nm* ocean; *as profundezas do oceano* the depths of the ocean ❖ *Oceano Atlântico* Atlantic Ocean; *Oceano Índico* Indian Ocean; *Oceano Pacífico* Pacific Ocean

oceanografia *nf* oceanography

oceanógrafo *nm* oceanographer

ocidental *adj2g* western ♦ *n2g* westerner

ocidente *nm* the West

ócio *nm* **1** *(tempo livre)* leisure time; free time **2** *(preguiça)* idleness; indolence

ociosidade *nf* idleness; indolence; laziness

ocioso *adj* **1** *(desocupado)* inactive; unemployed; unoccupied **2** *(preguiçoso)* idle; lazy; indolent **3** *(inútil)* pointless; useless ♦ *nm* idler

oclusão *nf* occlusion

oclusivo *adj* occlusive; *consoante oclusiva* occlusive consonant

oco *adj* **1** hollow; void; empty **2** *fig (vão)* vain; futile; useless **3** *fig (ignorante)* empty-headed; ignorant

ocorrência *nf* *(acontecimento)* occurrence; event; incident

ocorrente *adj2g* **1** occasional; casual; incidental **2** occurring

ocorrer *vi* **1** *(suceder)* to occur; to happen; to take place; *ocorreu uma coisa inesperada* something came up **2** *(vir à memória)* to occur [a, to]

ocre *nm* ochre

octana *nf* octane

octogenário *adj,nm* octogenarian

octogésimo *adj num* eightieth

octogonal *adj2g* octagonal

octógono *nm* octagon

ocular *adj2g* (of the) eye; ocular; *globo ocular* eyeball; *testemunha ocular* eye-witness

oculista *nm* *(estabelecimento)* optician's ♦ *n2g (pessoa)* optometrist; optician*GB*

óculos *nmpl* spectacles, glasses, eyeglasses; *usar óculos* to wear glasses ❖ *óculos de proteção* goggles; *óculos de sol* sunglasses

ocultação *nf* concealment; hiding

ocultar *vt* **1** *(esconder)* to conceal; to hide **2** *(não revelar)* to conceal; to keep secret; to hush up; *ocultar um segredo* to hush up a secret

ocultas *nfpl* *às ocultas* secretly, in secret

ocultismo *nm* **1** *(crença)* occultism **2** *(artes)* occult sciences

oculto *adj* **1** occult; *ciências ocultas* the occult sciences **2** *(escondido)* hidden; concealed **3** *(secreto)* secret; unknown; mysterious ♦ *nm* the occult; the supernatural

ocupação *nf* **1** *(profissão)* occupation; job **2** *(passatempo)* pastime; hobby **3** MIL occupation

ocupado adj 1 (pessoa) busy [com, with] 2 (lugar) taken 3 (local, território) occupied 4 (telefone) engaged GB; busy EUA

ocupar vt 1 (espaço) to occupy; to take up; to fill; *a mesa ocupa quase toda a sala de jantar* the table takes up most of the dining room 2 (cargo, função) to hold; to fill 3 (território) to occupy; to conquest 4 (tempo) to do ♦ vp to take care [de, of]; to busy yourself [de, with]

odalisca nf odalisque

ode nf LIT ode

odiar vt to hate; to abhor; to loathe; *eles odeiam-se* they loathe each other

ódio nm hatred; hate

odioso adj hateful; repulsive

odisseia nf 1 odyssey 2 fig adventurous journey

odontologia nf MED odontology; dentistry

odontológico adj odontological

odontologista n2g odontologist ♦ adj odontological

odor nm 1 smell; odour GB; odor EUA 2 (agradável) fragrance; scent; aroma 3 (desagradável) stench; stink

odre nm wineskin

oés-noroeste nm west-northwest

oés-sudoeste nm west-southwest

oeste nm west

ofegante adj2g (fôlego) panting; out of breath; breathless

ofegar vi to pant; to gasp; to breathe heavily

ofender vt 1 (magoar) to hurt (someone's feelings); to offend; *eu não queria ofender* I meant no offence 2 (insultar) to insult ♦ vp to take offence [com, at]

ofensa nf 1 (afronta) affront [a, to]; insult [a, to] 2 REL (pecado) sin ❖ *sem ofensa* no offence

ofensiva nf offensive; attack

ofensivo adj 1 (insultuoso) offensive; insulting; *comentários ofensivos* offensive remarks 2 (que ataca) attacking; offensive

oferecer vt 1 (dar, proporcionar) to offer; *ter muito para oferecer* to have a lot to offer 2 (dedicar) to dedicate [a, to] ♦ vp to offer [para, to]; *ele ofereceu-se para fazer o jantar* he offered to cook supper ❖ *oferecer resistência* to offer resistance

oferenda nf offering

oferta nf 1 offer 2 (presente) gift; present 3 ECON supply; *oferta e procura* supply and demand 4 (leilão) bid

ofertar vt to offer

ofertório nm offertory

offline adj inv,adv offline

offshore adj inv offshore ♦ nm ECON offshore

oficial adj2g official; *residência oficial* official residence; *uma visita oficial ao Japão* an official visit to Japan ♦ n2g 1 MIL officer; *oficial da marinha* navy officer; *oficial do exército* army officer 2 official; *oficial do governo* government official 3 clerk; *oficial de justiça* clerk of the court

oficializar vt 1 (tornar público) to make official; to announce; *o casal oficializou o divórcio* the couple announced their divorce 2 (tornar oficial) to sanction

oficialmente adv officially

oficina nf 1 workshop; *oficina de carpinteiro* carpenter's workshop 2 (mecânica) garage; *o carro está na oficina a arranjar* the car is being repaired

oficinal adj2g 1 (of a) workshop 2 FARM (medicamentos) medicinal

ofício nm 1 (arte) trade; craft; *aprender um ofício* to learn a trade 2 (profissão) job; occupation 3 (função) role; function 4 (carta oficial) official note

oficioso adj 1 (notícia, fonte) unofficial; off-the-record 2 (prestável) obliging; helpful

oftálmico adj ophthalmic

oftalmologia nf MED ophthalmology

oftalmológico adj ophthalmological

oftalmologista n2g ophthalmologist; optician; eye doctor

ofuscante *adj2g* **1** blinding; *uma luz ofuscante* a blinding light **2** *(deslumbrante)* dazzling; overwhelming; overpowering

ofuscar *vt* **1** *(obscurecer)* to obscure; to eclipse **2** *(visão)* to blind; to dazzle; *a luz do sol ofuscou-me* the sunlight blinded me **3** *fig (deslumbrar)* to overwhelm **4** *fig (confundir)* to muddle; to befuddle

ogiva *nf* **1** ARQ ogive, diagonal rib **2** MIL warhead; *ogiva nuclear* nuclear warhead

ogre *nm* ogre

oh *interj* oh!

ohm *nm* FÍS ohm

oídio *nm* oidium; blight

oitava *nf* MÚS,LIT octave

oitavo *adj num* eighth

oitavos de final *nmpl* eighth-finals

oitenta *quant num* eighty; *os anos oitenta* the eighties

oito *quant num* eight; *o dia oito* the eighth ❖ *oito ou oitenta* all or nothing; *ficar feito num oito* to be exhausted

oitocentos *quant num* eight hundred

olá *interj* hello!, hi!

olaria *nf* **1** pottery; earthenware; ceramics **2** *(oficina)* pottery; potter's workshop

oleado *nm* **1** oilskin **2** linoleum

oleandro *nm* BOT oleander

olear *vt* to oil; to grease

oleiro *nm* potter; *roda de oleiro* potter's wheel

óleo *nm* **1** oil **2** ART oil paint, oils; *um quadro a óleo* an oil painting ❖ *óleo de amêndoas doces* almond oil; *óleo de fígado de bacalhau* cod liver oil; *óleo de girassol* sunflower oil

oleoduto *nm* oil pipeline

oleosidade *nf* **1** oiliness **2** greasiness

oleoso *adj* **1** oily **2** *(cabelo, pele)* greasy

olfativo *adj* olfactory; *órgãos olfativos* olfactory organs

olfato *nm* smell; olfaction; *o sentido do olfato* the sense of smell

olhadela *nf* quick look; glimpse; *dar uma olhadela a* to give something a quick look

olhar *nm* glance; look; *eles trocaram olhares furtivos* they exchanged furtive glances; *um olhar triste* a sad look ♦ *vt* to look at; *ela olhou-o por alguns instantes* she looked at him for a few moments ♦ *vi* to look [**para**, at]; *olha para mim* look at me; *olhar à volta* to look round; *olhar de relance para* to glance at; *para onde estás a olhar?* what are you staring at? ♦ *vp* **1** to look at yourself; *ele olhou-se ao espelho* he looked at himself in the mirror **2** to look at each other ❖ *olhar alguém olhos nos olhos* to look at somebody in the face; *olhar por alguém* to look after someone; *olhar de esguelha* to look sideways; *olha quem fala!* look who's talking!

olheiras *nfpl* dark circles, dark rings; *estar com olheiras* to have dark rings under the eyes

olho *nm* **1** eye; *a olho nu* with the naked eye **2** *(hortaliça)* heart ❖ *a olhos vistos* clearly; *não pregar olho* not to sleep a wink; *num abrir e fechar de olhos* in the blink of an eye

oligarca *n2g* oligarch

oligarquia *nf* oligarchy

oligárquico *adj* oligarchic

olimpíada *nf* Olympiad; *Olimpíadas de Matemática* mathematics Olympiads ❖ *as Olimpíadas* the Olympic Games

olímpico *adj* Olympic; *atleta olímpico* Olympic athlete ❖ *Jogos Olímpicos* Olympic Games; Olympics

Olimpo *nm* MIT Olympus

olival *nm* olive grove

oliveira *nf* olive tree

olivicultura *nf* olive culture

olmeiro *nm* BOT elm tree

olmo *nm* elm tree

Omã *nm* Oman

omanense *adj,n2g* Omani

ombrear *vi* to rival [**com**, with]; to measure up [**com**, to]

ombreira *nf* **1** shoulder pad; *um casaco com ombreiras* a jacket with shoulder pads **2** ARQ doorpost

ombro *nm* shoulder; *largo de ombros* broad-shouldered, well-built

ómega *nm* (letra grega) omega

omeleta *nf* omelette GB, omelet EUA

ominoso *adj* ominous; inauspicious

omissão *nf* **1** omission; lacuna **2** withholding; *omissão de provas* withholding of evidence

omisso *adj* **1** (omitido) omitted; left out **2** (descuidado) negligent; careless

omitir *vt* **1** (não mencionar) to omit; to leave out **2** to keep (secret); to hide; *a secretária omitiu informação ao seu superior* the secretary kept some information from her superior

omnipotência *nf* omnipotence

omnipotente *adj2g* omnipotent

omnipresente *adj2g* omnipresent

omnisciência *nf* omniscience

omnisciente *adj2g* omniscient

omnívoro *adj* omnivorous ♦ *nm* omnivore

omoplata *nf* shoulder blade, scapula

onça *nf* (animal, medida de peso) ounce

oncologia *nf* MED oncology

oncologista *n2g* oncologist

onda *nf* wave ❖ *ir na onda* to swim with the tide

onde *adv* where; *onde estás?* where are you? ❖ *onde quer que* wherever

ondulação *nf* **1** (água) ripple; ruffle; waves **2** undulation **3** (cabelo) waviness

ondulado *adj* **1** (cabelo) wavy **2** (papel, chapa) corrugated

ondular *vt* **1** to wave; *ondular o cabelo* to wave one's hair **2** (papel, chapa) to corrugate ♦ *vi* to undulate

onerar *vt* **1** (sobrecarregar) to burden; to place a burden on; *um país onerado com altas indemnizações* a country burdened with high compensation payments **2** (tributar) to tax; to impose a tax on

oneroso *adj* **1** onerous; burdensome **2** expensive

ONG *nf* [sigla de **organização não governamental**] NGO [sigla de non-governmental organization]

ónix *nm2n* onyx

online *adj inv,adv* online

onomástica *nf* onomastics; onomasiology

onomástico *adj* onomastic

onomatopeia *nf* LING onomatopoeia

onomatopeico *adj* onomatopoeic

ontem *adv* yesterday; *ontem à tarde* yesterday afternoon ❖ *olhar para ontem* to have your head in the clouds

ontologia *nf* ontology

ontológico *adj* ontological

ONU *nf* [sigla de **Organização das Nações Unidas**] UN [sigla de United Nations]

ónus *nm2n* **1** onus; burden **2** tax

onze *quant num* eleven; *o dia onze* the eleventh

oó *nm infant* beddy-byes; *fazer oó* to go to beddy-byes

opacidade *nf* opacity

opaco *adj* **1** opaque **2** fig (significado) obscure

opala *nf* opal

opção *nf* option; choice

opcional *adj2g* optional

ópera *nf* **1** (espetáculo) opera; *ir à ópera* to go to the opera **2** (edifício) opera house

operação *nf* **1** operation **2** ECON transaction; deal

operacional *adj2g* operational

operador *nm* **1** MED surgeon **2** (aparelho) operator ❖ CIN,TV *operador de câmara* cameraman; camerawoman

operadora *nf* (empresa) operator; *operadora turística* tour operator

operar *vt* **1** MED to operate on; to perform surgery on; *operar um paciente* to operate on a patient **2** (provocar) to bring about ♦ *vi* **1** MED to operate; to perform surgery

2 *(funcionar)* to work; to have the desired effect

operariado *nm* working classes; proletariat

operário *nm* worker, workman; *a classe operária* the working class

operativo *adj* operative ❖ INFORM *sistema operativo* operating system

operatório *adj* 1 operative 2 operating; MED *bloco operatório* operating theatre*GB*, operating room*EUA*

opinar *vt,i* to give an opinion [sobre, about/ on]

opinião *nf* opinion; view; *opinião pública* public opinion

ópio *nm* opium

opíparo *adj* 1 *(magnífico)* sumptuous; magnificent; splendid 2 *(abundante)* abundant; plentiful

oponente *n2g* opponent; opposer

opor *vt (contrapor)* to reply with; to counter with ♦ *vp* 1 (opinião, atitude) to be [a, against]; *opor-se à ideia* to be against the idea 2 *(objetar)* to object [a, to]; to protest [a, against]

oportunamente *adv* 1 *(a tempo)* in due time 2 *(na ocasião própria)* at a suitable time

oportunidade *nf* 1 opportunity; *aproveitar a oportunidade* to seize the opportunity; *perder uma oportunidade* to let an opportunity slip 2 *(possibilidade)* chance; opportunity; *ainda não tive oportunidade* I haven't had the chance yet 3 *(momento)* occasion; *chegou a tua oportunidade* your moment has come ❖ *igualdade de oportunidades* equal opportunities

oportunismo *nm* opportunism

oportunista *n2g* opportunist ♦ *adj2g* opportunistic

oportuno *adj* 1 *(conveniente)* opportune; convenient 2 *(adequado)* suitable

oposição *nf* 1 POL opposition; *chefe da oposição* leader of the opposition; *ser da*

oposição to be in opposition 2 *(resistência)* opposition; resistance

opositor *nm* opponent; adversary; enemy

oposto *adj* 1 *(contrário)* opposite 2 *(que está em frente)* facing; opposite; *a casa oposta* the opposite house ♦ *nm* contrary; opposite; reverse ❖ *o sexo oposto* the opposite sex

opressão *nf (geral)* oppression; POL *regime de opressão* oppressive regime

opressivo *adj* oppressive

opressor *nm* oppressor; persecutor; tyrant

oprimir *vt* to oppress

opróbrio *nm* opprobrium

optar *vi (decisão)* to opt [por, for]; to decide [por, to]; *optar por outra solução* to opt for another solution; *optei por não dizer nada* I decided not to say anything

optativo *adj* optional

optometria *nf* optometry

opulência *nf* opulence; affluence

opulento *adj (riqueza)* opulent; affluent

ora *conj* 1 *(mas)* but 2 *(por isso)* therefore 3 *(ou)* either; *ora diz que sim, ora diz que não* he either says yes or no ❖ *ora bolas!* damn it!; *ora essa!* why!; *por ora* for the present; for the time being; for now

oração *nf* 1 *(prece)* prayer 2 LING clause

oráculo *nm (pessoa, local)* oracle

orador *nm* orator; speaker

oral *adj2g* 1 spoken; oral 2 oral; *comprimidos de ingestão oral* pills to be taken orally ♦ *nf (exame)* oral, oral test

oralidade *nf* orality

orangotango *nm* orang-utang

orar *vi* to pray

oratória *nf* oratory

oratório *nm* oratory

orbe *nm* orb; sphere; globe

órbita *nf* 1 ASTRON orbit 2 ANAT eye socket 3 *fig (âmbito)* sphere of action

orbital *adj2g* orbital

orçamental *adj2g* budgetary; *políticas orçamentais* budgetary policies

orçamentar *vt* 1 (*atribuir verbas*) to budget for 2 (*calcular*) to estimate

orçamento *nm* budget; *baixo orçamento* low budget

orçar *vt* to budget ♦ *vi* 1 (*calcular*) to estimate; to calculate 2 (*quantia*) to amount [em, to]; *orçar em milhares de euros* to amount to thousands of euros

ordeiro *adj* orderly

ordem *nf* 1 order; *ordem alfabética* alphabetical order 2 (aviso) notice; warrant; *até nova ordem* until further notice 3 (*arrumação*) order; tidiness ✤ *ordem de despejo* eviction notice; *às suas ordens* at your disposal

Ordem *nf* (*associação*) association; *Ordem dos Advogados* Bar Association

ordenação *nf* 1 (*disposição*) ordering; arrangement 2 REL ordination

ordenadamente *adv* 1 (sequência) in order; in an orderly way 2 (arrumação) tidily; in order

ordenado *nm* salary; wage ♦ *adj* ordered; in order

ordenança *nf* 1 (*mandado*) ordinance; regulation 2 (funcionário) orderly

ordenar *vt* 1 (*mandar*) to order; to command; *ordeno-te que saias!* I command you to go! 2 (sequência) to put in order; *ordenar alguma coisa por ordem alfabética* to put something in alphabetical order 3 (*dispor*) to arrange; to dispose; *ordenar os móveis* to arrange the furniture 4 REL to ordain ♦ *vp* REL to take orders ✤ *ordenar as ideias* to collect one's thoughts

ordenha *nf* milking

ordenhar *vt* to milk

ordinal *adj2g* ordinal; *número ordinal* ordinal number ♦ *nm* ordinal number

ordinarice *nf* vulgarity

ordinário *adj* 1 (*habitual*) common; ordinary 2 *pej* (grosseiro) vulgar; rude; *homem ordinário* rude man ✤ *de ordinário* usually

orégão *nm* oregano

orelha *nf* ear; *orelhas arrebitadas* pricked ears ✤ *até às orelhas* from head to toe

orelheira *nf* 1 (porco) pig's ears 2 CUL pork's ears

órfã *nf* orphan

orfanato *nm* orphanage

orfandade *nf* orphanhood

órfão *nm* orphan ♦ *adj* (*desprovido*) bereft [de, of]

orfeão *nm* 1 MÚS (*associação*) choral society 2 MÚS (*coro*) choir

organdi *nm* (*tecido*) organdie

orgânica *nf* 1 (*estrutura*) structure 2 (regras) law; regulations 3 (*organização*) organization; arrangement

orgânico *adj* organic; *química orgânica* organic chemistry

organigrama *nm* (empresa, organização) organization chart

organismo *nm* 1 BIOL organism 2 (instituição) organization; body

organista *n2g* MÚS organist

organização *nf* 1 organization; *organização de um evento* organization of an event 2 (*associação*) institution; organization; *organização sem fins lucrativos* non-profit-making organization ✤ *Organização Mundial de Saúde* World Health Organization

organizador *adj* organizing ♦ *nm* organizer

organizar *vt* 1 (*eventos*) to organize; *organizar uma manifestação* to organize a demonstration 2 (estruturar, ordenar) to organize ♦ *vp* to get organized

órgão *nm* ANAT,MÚS organ ✤ *órgãos de comunicação social* mass media; *órgãos digestivos* digestive organs

orgasmo *nm* orgasm

orgia *nf* orgy

orgulhar *vt* to make proud ♦ *vp* to be proud [de, of]; to take pride [de, in], to pride oneself [**de**, on]; to glory [**de**, in]; *orgulhar-se do seu trabalho* to pride oneself in one's work

orgulho *nm* 1 (*vaidade*) pride 2 (*arrogância*) arrogance; pride; haughtiness ❖ *perder o orgulho* to lose one's pride; *ser o orgulho de alguém* to be someone's pride; *ter orgulho em* to be proud of

orgulhoso *adj* proud

orientação *nf* orientation

orientador *nm* 1 (*escola*) tutor 2 (*conselheiro*) adviser 3 (*guia*) guide

oriental *adj2g* eastern; oriental ♦ *n2g* Oriental

orientar *vt* 1 (*guiar*) to direct; to guide 2 (*liderar*) to lead; to direct 3 (*conselhos*) to advise ♦ *vp* to find one's bearings

Oriente *nm* East ❖ *Extremo Oriente* Far East; *Médio Oriente* Middle East; *Próximo Oriente* Near East

orifício *nm* 1 (*abertura*) opening; mouth; orifice 2 (*buraco*) orifice; hole

origem *nf* 1 (*princípio*) origin; source 2 (*pessoa*) extraction; *de origem portuguesa* of Portuguese extraction 3 (*causa*) cause; origin ❖ *dar origem a* to give rise to; *país de origem* fatherland

originador *adj* originating ♦ *nm* originator; causer; creator

original *adj2g* (*geral*) original ♦ *nm* (*documento, obra de arte*) original

originalidade *nf* originality

originar *vt* to originate; to cause to begin; *ser originado por* to grow out of

originário *adj* (*pessoa*) native [**de**, of]; *ser originário de* to come from

oriundo *adj* native [**de**, of]; descendant [**de**, from]

orizicultura *nf* AGR rice growing

orla *nf* 1 (*fímbria*) edge; border; skirt 2 (*bainha*) hem 3 (*beira*) edge; brink ❖ *orla marítima* seafront

ornamentação *nf* ornamentation; decoration

ornamental *adj2g* ornamental; decorative

ornamentar *vt* to ornament; to adorn; to decorate

ornamento *nm* (*objeto*) ornament

ornar *vt* 1 (*adornar*) to ornament; to decorate; to adorn; to trim 2 (*embelezar*) to embellish

ornato *nm* ornament; adornment

ornitologia *nf* ornithology

ornitólogo *nm* ornithologist

ornitorrinco *nm* platypus

orquestra *nf* orchestra ❖ *orquestra filarmónica* philharmonic orchestra; *orquestra sinfónica* symphony orchestra

orquestração *nf* MÚS orchestration

orquestral *adj2g* orchestral

orquestrar *vt* 1 MÚS to orchestrate 2 *fig* (*organizar*) to orchestrate; *orquestrar uma campanha contra alguém* to orchestrate a campaign against someone

orquídea *nf* orchid

ortodoxia *nf* orthodoxy

ortodoxo *adj* orthodox; *pouco ortodoxo* unorthodox

ortoépia *nf* LING orthoepy

ortogonal *adj2g* orthogonal

ortografia *nf* LING orthography; spelling

ortográfico *adj* orthographic; spelling

ortopedia *nf* MED orthopaedics

ortopédico *adj* orthopaedic; *sapatos ortopédicos* orthopaedic shoes

ortopedista *n2g* MED orthopaedist

orvalhada *nf* dewfall

orvalhar *vi* to dew

orvalho *nm* dew; *gotas de orvalho* dewdrops

Óscar *nm* CIN (*prémio*) Oscar

oscilação *nf* 1 FÍS oscillation 2 ECON fluctuation; *oscilação de mercado* market fluctuation

oscilante *adj2g* (*movimento*) oscillating; swaying

oscilar *vi* 1 (*movimento*) to oscillate; to swing; to sway 2 (*variar*) to fluctuate; to oscillate

osga *nf* gecko

ósmio *nm* osmium

osmose *nf* osmosis

ossada *nf* bones; heap of bones; remains

ossário *nm* ossuary; charnel house

ossatura *nf* frame; skeletal structure

ósseo *adj* bony; osseous

ossificação *nf* ossification

ossificar *vt* 1 (*processo*) to ossify; to fossilize 2 *fig* (*endurecer*) to ossify; to harden

osso *nm* bone ❖ *em carne e osso* in flesh and blood; *osso duro de roer* a hard nut to crack

ossudo *adj* bony; large boned

ostensivamente *adv* ostensibly; deliberately; on purpose

ostensivo *adj* 1 (*objeto*) ostensible; showy 2 (*pessoa*) ostentatious; flashy; flamboyant 3 (*comportamento*) ostentatious; conspicuous

ostensório *nm* REL monstrance

ostentação *nf* 1 (*exibição*) parade; show; exhibition 2 (*aparato*) ostentation; pomp 3 (*vaidade*) boasting, brag

ostentar *vt* to display; to exhibit; to show

osteologia *nf* ANAT osteology

osteológico *adj* osteological

osteopata *n2g* osteopath

osteopatia *nf* MED osteopathy

osteoporose *nf* MED osteoporosis

ostra *nf* oyster

ostracismo *nm* ostracism

ostracizar *vt* to ostracize

otário *nm* pop dumbhead; dummy

ótica *nf* 1 FÍS optics 2 (*estabelecimento*) optician's 3 (*opinião*) point of view; opinion

ótico[1] *adj* 1 (*instrumento, efeito*) optical 2 (*nervo*) optic

ótico[2] *adj* otic; auricular; auditory

otimismo *nm* optimism

otimista *adj2g* optimistic; confident ♦ *n2g* optimist

otimização *nf* optimization

otimizar *vt* to optimize

ótimo *adj* 1 very good; excellent 2 (*ideal*) optimum; ideal

otite *nf* MED otitis

otomana *nf* ottoman

otorrinolaringologia *nf* MED otolaryngology

otorrinolaringologista *n2g* otolaryngologist; ear, nose and throat specialist

ou *conj* or; *ou... ou* either... or; *ou ficas ou vais* either you stay or you go; *ou então...* or else... ❖ *ou seja* that is

ourar *vi* to feel dizzy

ouriço *nm* 1 BOT chestnut bur 2 ZOOL hedgehog

ouriço-cacheiro *nm* hedgehog

ouriço-do-mar *nm* sea urchin

ourives *nm2n* goldsmith; jeweller

ourivesaria *nf* 1 (*loja*) jeweller's; jewellery 2 (*arte*) jewelry

ouro *nm* (*metal*) gold; *com banho de ouro* gold-plated; *de ouro* golden ♦ *nmpl* (*jogo de cartas*) diamonds; *ás de ouros* ace of diamonds

ousadia *nf* 1 (*audácia*) boldness; *ter a ousadia de fazer alguma coisa* to be so bold as to do something 2 (*atrevimento*) nerve; cheek

ousado *adj* 1 (*coragem*) bold 2 (*atrevimento*) forward

ousar *vt* 1 (*atrever-se*) to dare; *não ousarias tal!* you wouldn't dare such a thing! 2 (*arriscar*) to venture 3 (*tentar*) to try

outeiro *nm* hillock

outiva *nf* hearing ❖ *de outiva* from hearsay

outlet *nm* (*loja*) outlet

outonal *adj2g* autumnal

outono *nm* autumn; fall EUA

outorga *nf* DIR grant; charter

outorgante *n2g* DIR grantor

outorgar *vt* 1 (*conceder*) to grant 2 DIR to execute; draw up

outrem *pron indef* somebody else, someone else

outro *det indef,dem* **1** another; *escreveu outro livro* he wrote another book **2** other; *a outra chave* the other key ♦ *pron indef,dem* **1** another one, another; *posso comer outro?* can I have another one? **2** other one, other

outrora *adv* formerly; long ago

outubro *nm* October

ouvido *nm* **1** ear **2** *(audição)* hearing ❖ *dar ouvidos a* to listen to; *fazer ouvidos de mercador* to turn a deaf ear to; *ser todo ouvidos* to be all ears

ouvinte *n2g* **1** *(quem ouve)* listener; hearer **2** listener

ouvir *vt* **1** *(todos os sons)* to hear; *não ouço nada* I can't hear a thing **2** *(escutar)* to listen; *ouve-me!* listen to me!; *ouvir música* to listen to music **3** *(sem querer)* to overhear; *ouvir alguém dizer* to overhear someone

ova *nf* ZOOL spawn; CUL roe ❖ *uma ova!* you wish!

ovação *nf* *(aplauso)* ovation; burst of applause

ovacionar *vt* to applaud; to acclaim; to cheer

oval *adj2g,nf* oval

ovário *nm* ovary

ovelha *nf* sheep; *(fêmea)* ewe ❖ *ovelha negra* black sheep

overbooking *nm* overbooking

overdose *nf* overdose; *morrer de overdose* to die of overdose; *ter uma overdose* to take an overdose

ovino *adj* ovine; *gado ovino* ovine cattle

óvni *nm* UFO, unidentified flying object

ovnilogia *nf* ufology

ovo *nm* egg; *ovo cozido* boiled egg; *ovo estrelado* fried egg; *ovos mexidos* scrambled eggs

ovulação *nf* BIOL ovulation

ovular *vi* BIOL to ovulate

óvulo *nm* BIOL ovule

oxalá *interj* would to God!, God grant! ❖ *oxalá que assim seja!* may it be so!

oxidação *nf* **1** QUÍM oxidation **2** *(ferrugem)* rusting

oxidante *adj2g* QUÍM oxidizing ♦ *nm* QUÍM oxidizing agent

oxidar *vt* QUÍM to oxidize ♦ *vi* **1** QUÍM to oxidize **2** *(enferrujar)* to rust

óxido *nm* QUÍM oxide ❖ *óxido de ferro* iron oxide

oxigenar *vt* **1** QUÍM to oxygenate **2** *(cabelo)* to bleach; *oxigenar o cabelo* to have one's hair bleached

oxigénio *nm* QUÍM oxygen

oximoro *nm* LING oxymoron

oxítono *adj* LING oxytone

oxiúro *nm* pinworm

ozono *nm* QUÍM ozone ❖ *camada de ozono* ozone layer

P

p nm (letra) p

pá nf 1 (quadrada) spade; *pá de praia* beach spade 2 (redonda) shovel; *pá e apanhador* shovel and pick 3 (remo) blade ♦ interj col man; *então, pá, como vais?* hey, man, how are you doing?

pacatez nf 1 (local) tranquillity; quietness 2 (pessoa) calmness; peacefulness

pacato adj 1 (pessoa) peaceful; placid; mild 2 (local) quiet; tranquil

pacemaker nm MED pacemaker

pachorra nf 1 pop (lentidão) sluggishness; slowness 2 pop (paciência) patience; *não tenho pachorra para isto* I've run out of patience for this

pachorrento adj col (lentidão) sluggish; slow

paciência nf patience; *esgotar a paciência* to run out of patience

paciente adj2g patient ♦ n2g (doente) patient

pacificador adj pacifying ♦ nm peacemaker

pacificar vt 1 to pacify; to appease 2 (acalmar) to calm down; to quiet down

pacífico adj pacific; peaceful

Pacífico nm (oceano) Pacific

pacifismo nm pacifism

pacifista adj,n2g pacifist; *movimento pacifista* pacifist movement

paço nm 1 (palácio) palace 2 fig (corte) court ❖ *paços do concelho* Town Hall

pacote nm 1 (embalagem) parcel 2 (embalagem pequena) package 3 carton; *pacote de leite* milk carton 4 ECON package

pacotilha nf cheap junk; trash ❖ *de pacotilha* second-rate

pacóvio nm simpleton; silly person ♦ adj silly

pacto nm pact; deal; agreement ❖ *pacto de não agressão* non-aggression pact

pactuar vi to make a pact; to make a deal [com, with]; to compromise oneself [com, to]; *não pactuarei com isso* I will not compromise myself to such a thing

padaria nf 1 (fabrico) bakery 2 (loja) baker's shop, baker's

padecer vi to suffer [de, from]; *padecer de uma doença incurável* to suffer from an incurable disease

padeiro nm baker

padiola nf 1 (maca) stretcher 2 (para transportar coisas) handbarrow

padrão nm 1 pattern 2 (monumento) stone pillar

padrasto nm stepfather

padre nm priest; father

padrinho nm 1 (batismo) godfather 2 (casamento) best man 3 (duelo) second

padroeiro nm patron, patron saint ♦ adj patron ❖ *santo padroeiro* patron saint

paelha nf paella

paga nf 1 (pagamento) payment 2 (salário) salary; wage 3 (recompensa) reward 4 col (vingança) revenge

pagamento nm 1 (salário) pay; wage 2 (ato) payment

paganismo nm paganism

pagão adj,nm pagan

pagar vt 1 (ato) to pay; *pagar a meias* to go halves on, to go fifty-fifty; *queria pagar, se faz favor!* check, please! 2 (liquidação) to pay off; *pagar uma dívida* to pay off a debt ❖ *pagar na mesma moeda* to give tit for tat

página nf page

paginação nf pagination

paginar vt 1 (artes gráficas) to lay out; to make into pages 2 to paginate; to page, to page up

pago *adj* 1 (conta saldada) sold out; *estamos pagos* now we're even 2 (remunerado) paid; *trabalho pago* paid work

pagode *nm col* (alegria) spree; merriment

pai *nm* father; dad *col* ♦ *nmpl* (pai e mãe) parents; *os meus pais* my parents ❖ *sai ao pai* he takes after his father; *tal pai, tal filho* like father like son

Pai Natal *nm* Santa Claus

painel *nm* 1 ART panel 2 (comandos) panel; board ❖ *painel de controlo* control panel

paintball *nm* DESP paintball

paio *nm* CUL smoked pork sausage

paiol *nm* MIL magazine; ammunition storeroom

pairar *vi* 1 to hover [*sobre*, over]; to hang [*sobre*, over]; *paira uma tempestade sobre nós* a thunderstorm is brewing over our heads 2 *fig* (ver do alto) to soar; to tower

país *nm* country ❖ *país das maravilhas* wonderland; *país em vias de desenvolvimento* developing country; *país natal* fatherland

paisagem *nf* scenery; landscape

paisagista *n2g* 1 (pintor) landscape painter 2 (arquiteto) landscape architect, landscape gardener

paisana *nm* civilian; *à paisana* in civilian clothes

País de Gales *nm* Wales

paixão *nf* passion [*por*, for]; *falar com paixão* to speak passionately

paixoneta *nf* infatuation; crush *col*

pajem *nm* HIST page

pala *nf* (boné) peak; eyeshade ♦ *nfpl* (burros, cavalos) blinkers ❖ *viver à pala de alguém* to live at someone's expenses

palacete *nm* small palace; mansion

palácio *nm* palace ❖ *Palácio da Justiça* Courthouse

paladar *nm* 1 (sentido) taste; palate 2 (sabor) flavour 3 ANAT palate

paládio *nm* palladium

palanque *nm* platform; stand; stage

palatal *adj2g* ANAT,LING palatal

palato *nm* 1 ANAT palate 2 (gosto) taste

palavra *nf* word ❖ *palavra de honra!* upon my word; *em poucas palavras* in short

palavra-chave *nf* keyword

palavrão *nm* 1 (calão) swearword; obscene word, obscenity 2 (palavra difícil) long word; difficult word

palavras-cruzadas *nfpl* crosswords, crossword puzzle

palavreado *nm* prattle; babble

palavrinha *nf col* small talk; word; *posso dar-lhe uma palavrinha?* can I have a word with you?

palco *nm* stage

palcio *nm col* chit-chat; natter

paleolítico *nm* Palaeolithic age; *homem do Paleolítico* Palaeolithic man ♦ *adj* Palaeolithic

paleontologia *nf* palaeontology

paleontológico *adj* palaeontological

palerma *n2g* silly person; fool ♦ *adj2g* silly; stupid

palermice *nf* silliness; stupidity; foolishness

palestino *adj,nm* Palestinian

palestra *nf* lecture; *dar uma palestra sobre* to hold a lecture on

paleta *nf* (pintura) palette

paletó *nm* (casaco) jacket; (sobretudo) overcoat

palha *nf* 1 straw 2 (ninharia) trifle 3 (na escrita) pap; waffle; *só escrevi palha* I only wrote pap ❖ *por dá cá aquela palha* for nothing

palhaçada *nf* 1 clowning; buffoonery 2 *fig* (disparate) fooling around; messing around

palhaço *nm* 1 clown 2 *fig* (brincalhão) clown; joker

palha de aço *nf* steel wool

palheiro *nm* haystack

palhete *adj2g* (vinho) pale; *vinho palhete* pale wine

palhinha *nf* 1 wicker; *cadeira de palhinha* wicker chair 2 (para beber) straw; *beber por uma palhinha* to drink through a straw ♦ *nm* (chapéu) straw hat

palhota *nf* (cabana) thatched hut

paliativo *adj,nm* 1 ARM pulliative

paliçada *nf* 1 (defesa) palisade 2 (barreira) fence; stake

palidez *nf* paleness; pallor

pálido *adj* pale; pallid; *estar pálido* to look pale

palitar *vt* to pick; *palitar os dentes* to pick the teeth

paliteiro *nm* toothpick holder

palito *nm* 1 toothpick 2 *fig,col* (pessoa) bag of bones, stack of bones, beanpole

palma *nf* 1 (mão) palm 2 (árvore) palm tree 3 (folha) palm leaf ♦ *nfpl* (aplausos) clap; clapping; *bater palmas* to clap; *uma salva de palmas* a round of applause

palmada *nf* slap, smack, clout; *dar palmadas nas costas* to slap on the back; *dar uma palmada a alguém* to slap someone

palmar *vt col* (surripiar) to pilfer, to snitch

palmatória *nf* (castigo) ferule ♦ *dar a mão à palmatória* to admit one's guilt, *um erro de palmatória* a blunder

palmeira *nf* palm tree

palmier *nm* palmier

palmilha *nf* 1 (sapato) insole 2 (meia) foot of sock

palmilhar *vt* 1 (sapatos) to sole 2 (meias) to foot 3 (caminhar) to walk; to trudge; *palmilhar quilómetros* to walk for miles

palmito *nm* 1 (tipo de palmeira) palmetto; fan palm 2 (folha) palm leaf 3 (comestível) palm heart

palmo *nm* (medida) span ♦ *palmo a palmo* inch by inch; *não ver um palmo à frente do nariz* not to see a thing

palmtop *nm* (computador) palmtop

palpar *vt* 1 to touch; to feel 2 MED to palpate; to examine

palpável *adj2g* palpable; tangible

pálpebra *nf* eyelid

palpitação *nf* 1 (batimentos cardíacos) palpitation; *sessenta palpitações por minuto* sixty heartbeats a minute 2 (coração agitado) throbbing; *palpitações do coração* heart-throbs

palpitar *vi* 1 (coração) to pulsate; to throb 2 (pressentimento) to have an inkling; to have a feeling; *palpita-me* 1 have an inkling

palpite *nm* 1 (pressentimento) hunch; feeling 2 (dica) hint; tip

palpo *nm* 1 ZOOL (aranha) feeler 2 ZOOL palp, palpus ♦ *ver-se em palpos de aranha* to be at a loss

palrar *vi* 1 *col* to prattle; to chatter 2 (bebé) to babble

paludismo *nm* MED malaria, paludism

panaché *nm* (bebida) shandy

panado *adj* breaded; crumbed with bread; *costeletas panadas* breaded chops

panamá *nm* panama, panama hat

panar *vt* CUL to bread, to coat with breadcrumbs

panca *nf col* (falha mental) crank, *ele tem uma panca* he's got a screw loose

pança *nf col* paunch; pot belly; *encher a pança* to stuff one's belly

pancada *nf* 1 (murro) blow; stroke 2 (barulho) bang 3 (tareia) beating 4 *col* (mania) crank ♦ *feito às três pancadas* sloppily done

pancadaria *nf* 1 (altercação) brawl; punch-up 2 (bater em alguém) beating

pâncreas *nm* pancreas

pançudo *adj* big-bellied, pot-bellied

panda *nm* panda

pândega *nf* spree; *ir para a pândega* to go on a spree

pandereta *nf* MÚS tambourine

pandeiro *nm* MÚS timbrel

pandemónio *nm* pandemonium; chaos

panela *nf* pot; *panela de pressão* pressure cooker; *panelas e tachos* pots and pans

paneleiro *nm* 1 potter ♦ *cal,pej (homossexual)* gay; fag

panfleto *nm* 1 *(folheto)* pamphlet; booklet 2 POL *(texto)* lampoon

pânico *nm* panic

panificação *nf* baking; *indústria de panificação* baking industry

panificar *vt* to bake

pano *nm* 1 cloth 2 TEAT curtain; *subir o pano* to raise the curtain ♦ *pano de fundo* background

panorama *nm* panorama; landscape; scenery

panorâmico *adj* panoramic; *vista panorâmica* panoramic view

panqueca *nf* pancake

pantana *nf pop* marsh ♦ *pop dar em pantanas* to go to the dogs; *col está tudo em pantanas* everything is upside down

pantanal *nm* marshland

pântano *nm* swamp; marsh; bog

panteão *nm* pantheon

panteísmo *nm* pantheism

panteísta *n2g* pantheist ♦ *adj2g* pantheistic

pantera *nf* panther

pantomina *nf* 1 TEAT pantomime; mime show; dumb show 2 *fig (situação)* farce

pantufa *nf* slipper

pão *nm* 1 *(individual)* bread; *pão com manteiga* bread and butter; *pão integral* wholemeal bread; *pão ralado* breadcrumbs 2 *(para cortar em fatias)* loaf; bread; *pão de forma* tin loaf 3 *fig (alimento)* food; nourishment ♦ *pão pão, queijo queijo* to call a spade a spade

pão de ló *nm* sponge cake

papa *nf* 1 *(bebés, doentes)* pap; mush 2 *(de cereais)* porridge ♦ *nm* Pope ♦ *não ter papas na língua* to be outspoken

papá *nm col* dad, daddy

papada *nf* double chin

papa-formigas *nm* anteater

papagaio *nm* 1 parrot 2 *(de papel)* kite; *lançar um papagaio* to fly a kite

papaguear *vt (repetir)* to parrot; to echo

papaia *nf* papaya

papal *adj2g* papal

papanicolau *nm* MED smear, smear test

papão *nm infant* bogey, bogeyman

papar *vt,i infant* to eat

paparazzi *nmpl* paparazzi

papeira *nf* MED mumps

papel *nm* 1 paper 2 piece of paper 3 TEAT,CIN part; role; *papel principal/secundário* leading/supporting role 4 *fig,col (dinheiro)* dough ♦ *nmpl (documentos)* papers; documents

papelada *nf* 1 *(quantidade)* heap of papers 2 *(documentos)* documents; papers

papelão *nm* pasteboard

papelaria *nf* stationer's, stationer

papeleira *nf* desk; bureau GB

papelote *nm* curlpaper

papiro *nm* papyrus

papo *nm* 1 *(inchaço)* swell; swelling 2 *(de ave)* crop ♦ *col estar de papo para o ar* to be lying on one's back; *col isso já está no papo* that's in the bag

papoila *nf* poppy

papo-seco *nm* roll, bread-roll

paprica *nf* paprika

papuano *adj,nm* Papuan

Papua Nova Guiné *nf* Papua New Guinea

paquete *nm* 1 *(navio)* liner 2 *(funcionário)* errand boy; message boy 3 *(hotel)* bellboy

paquistanês *adj,nm* Pakistani

Paquistão *nm* Pakistan

par *adj* 1 MAT even; *número par* even number 2 *(parecido)* similar; alike ♦ *nm* pair; *aos pares* in pairs; *um par de calças* a pair of trousers ♦ *aberto de par em par* wide open; *a par* side by side

para *prep* 1 *(direção)* to; *para mim* to me; *para onde?* where to? 2 *(objetivo)* for; *não* *servir para nada* to be good for nothing **3** (*finalidade*) in order to; *para ser feliz* in order to be happy **4** (*temporal*) for; around; *para o ano* next year

parabéns *nmpl* congratulations; *dar os parabéns a alguém por...* to congratulate someone on... ♦ *interj* (*aniversário*) happy birthday!

parábola *nf* **1** (*narração*) allegory; parable **2** GEOM parabola

parabólica *nf* satellite dish

para-brisas *nm* (*automóvel*) windscreen*GB*; windshield*EUA*

para-choques *nm* (*automóvel*) bumper

parada *nf* **1** (*desfile*) parade; *participar numa parada* to parade **2** (*jogada*) stake; *subir a parada* to raise the stake

paradeiro *nm* whereabouts; *ninguém sabe do paradeiro dele* no one knows his whereabouts

paradigma *nm* paradigm

paradisíaco *adj* paradisiac; heavenly; *paisagens paradisíacas* paradisiac landscapes

parado *adj* **1** (*imóvel*) still; motionless **2** *col* (*aborrecido*) uneventful; dull

paradoxal *adj2g* paradoxical

paradoxo *nm* paradox

parafina *nf* paraffin

paráfrase *nf* LING paraphrase

parafrasear *vt* LING to paraphrase

parafuso *nm* **1** (*parede*) screw **2** (*unir peças*) bolt; *parafuso com porca* nut screw ♦ *chave de parafusos* screwdriver; *ter um parafuso a menos* to have a screw loose

paragem *nf* **1** (*ação de parar*) stopping; stop **2** (*local*) stopping place **3** (*pausa*) break; pause **4** (*meios de transporte*) stop ♦ *nfpl* hereabouts; place; *por estas paragens* hereabouts

parágrafo *nm* **1** (*texto*) paragraph; *dividir em parágrafos* to paragraph **2** (*contrato*) clause

Paraguai *nm* Paraguay

paraguaio *adj,nm* Paraguayan

paraíso *nm* paradise; heaven

para-lamas *nm* (*automóvel*) mudguard, splashboard

paralela *nf* GEOM parallel; *traçar uma paralela* to draw up a parallel

paralelepípedo *nm* GEOM parallelepiped

paralelismo *nm* parallelism

paralelo *adj* parallel ♦ *nm* **1** parallel; equivalent; *sem paralelo* unparalleled **2** GEOG parallel

paralelogramo *nm* GEOM parallelogram

paralisação *nf* **1** (*processo, atividade*) stoppage **2** (*entorpecimento*) paralysing; numbing

paralisar *vt* **1** (*parte do corpo*) to paralyse **2** (*atividade, processo*) to paralyse; to stop

paralisia *nf* **1** MED paralysis **2** (*entorpecimento*) numbness ♦ *paralisia cerebral* brain palsy

paralítico *adj,nm* MED paralytic

paramédico *nm* paramedic

paramentar-se *vp* REL to put on the vestments

paramento *nm* (*sacerdotes*) vestment; robe

parâmetro *nm* parameter

parangona *nf* **1** TIP paragon **2** (*jornal*) headline

paranoia *nf* paranoia

paranoico *adj,nm* paranoid

paranormal *adj2g,nm* paranormal; supernatural; *fenómenos paranormais* paranormal phenomena

paraolimpíadas *nfpl* DESP Special Olympics; Paralympics

paraolímpico *adj* DESP special olympic, paralympic; *atleta paraolímpico* special olympic athlete

parapeito *nm* parapet; *parapeito de janela* window sill

parapente *nm* **1** (*planador*) paraglider **2** DESP (*atividade*) paragliding; *voar em parapente* to paraglide

paraplégico *adj,nm* MED paraplegic

parapsicologia *nf* parapsychology

parapsicólogo *nm* parapsychologist

paraquedas *nm* parachute; *saltar de paraquedas* to parachute

paraquedismo *nm* skydiving; parachute jumping

paraquedista *n2g* 1 skydiver; parachutist 2 MIL paratrooper; MIL *tropas paraquedistas* paratroops

parar *vt* 1 (trânsito, processo) to stop; *mandar parar* to halt; *sem parar* ceaselessly 2 (interromper) to stop; to hold; *parar um movimento* to hold a movement ♦ *vi* 1 (processo) to stop; *parar de chover* to stop raining 2 (passo) to halt 3 (acabar) to come to an end 4 *col* to hang [*por*, around]; *ele costuma parar por aqui* he usually hangs about this neighbourhood; *ninguém sabe por onde ele para* no one knows his whereabouts

para-raios *nm* lightning conductor GB; lightning rod EUA

parasita *nm* 1 BIOL parasite 2 *fig* (pessoa) parasite; sponger; leech ♦ *adj2g* BIOL parasitic; *insetos parasitas* parasitic insects

para-vento *nm* windscreen; windbreaker

parceiro *nm* 1 (sócio) partner; collaborator 2 (colega) partner; mate; colleague 3 (relação amorosa) partner

parcela *nf* 1 parcel 2 (divisão) share; part; *uma parcela dos lucros* a share in profit

parcelar *vt* 1 (dividir) to divide into parts 2 (terreno) to parcel ♦ *adj2g* 1 (dividido) divided into parts 2 (parcial) partial; incomplete

parceria *nf* partnership [*com*, with]; alliance [*com*, with]; *em parceria com* in partnership with

parcial *adj2g* 1 (não isento) partial; biassed 2 (não acabado) partial; incomplete

parcialidade *nf* 1 (falta de isenção) partiality; bias 2 (preferência) partiality; preference

parcialmente *adv* partially; partly

parcimónia *nf* moderation; *com parcimónia* moderately

parcimonioso *adj* moderate

parco *adj* 1 (quantidade, tamanho) scanty; sparse; *ser parco em palavras* to be short of words 2 (escasso) slender; poor; *parcos meios* slender means

parcómetro *nm* parking meter

pardal *nm* sparrow

pardieiro *nm* hovel; shack; dump

pardo *adj* 1 (acinzentado) grey; greyish 2 (cinza acastanhado) dun

parecença *nf* resemblance; likeness

parecer *vi* 1 to seem; to look like; *parece que* it seems like, it looks as though 2 (opinião) to think; to seem; *está-me a parecer que* it seems to me that ♦ *vp* 1 (semelhança) to look [*com*, like]; to resemble [*com*, -]; *ele parece-se com o irmão* he looks just like his brother 2 (soar) to sound like; *parece-me tudo uma grande mentira* it all sounds like a big lie to me ♦ *nm* 1 (ar) looks; appearance; *ter bom parecer* to be good-looking 2 (opinião) opinion; comment; statement 3 DIR judgement; verdict; counsel ♦ (conveniências) *parecer mal* to be unbecoming; *ao que parece* apparently

parecido *adj* resembling; alike; *são muito parecidos um com o outro* they look alike

paredão *nm* 1 (praia) breakwater 2 (porto) pier

parede *nf* wall ♦ *as paredes têm ouvidos* walls have ears; *ir à parede* to be pushed to the wall; *viver paredes meias com* to live next to

parede-mestra *nf* main wall

parelha *nf* 1 (par) couple; pair; *que parelha!* what a pair! 2 (cavalos) team; *uma parelha de pónies* a team of ponies

parental *adj2g* parental

parentalidade *nf* parenthood

parente *n2g* relative

parentesco *nm* kinship; relationship

parêntese *nm* bracket; parenthesis *EUA*; *parênteses curvos* round brackets; *parênteses retos* square brackets

pária *nm* outcast

paridade *nf* parity; equality

parietal *adj2g* 1 ANAT parietal 2 *(parede)* mural ♦ *nm* ANAT parietal

parir *vt* to give birth to; to cub; to bring forth ♦ *vi* to give birth

parisiense *adj,n2g* Parisian

parka *nf* parka; hooded jacket

parlamentar *adj2g* parliamentary; *assento parlamentar* a chair in parliament ♦ *n2g* member of parliament

parlamentarismo *nm* POL parliamentary system

parlamento *nm* parliament; *Parlamento Europeu* European Parliament

parmesão *adj* Parmesan ♦ *nm* Parmesan cheese

pároco *nm* parish priest; parson

paródia *nf* 1 parody 2 *(festança)* spree; shindig

parodiar *vt* to parody

parodista *n2g* parodist

parolice *nf* tackiness

parolo *adj* tacky; corny ♦ *nm col* bumpkin; hillbilly

parónimo *adj* LING paronymous; *palavra parónima* paronym

paróquia *nf (zona)* parish

paroquial *adj2g* parochial; *registo paroquial* parochial register

paroquiano *nm* parishioner ♦ *adj* parochial

parótida *nf* parotid gland

paroxítono *adj,nm* LING paroxytone; *palavras paroxitonas* paroxytone words

parque *nm* 1 park 2 *(de bebé)* playpen ❖ *parque de campismo* campsite, camping park; *parque de diversões* amusement park

parquê *nm* parquet, parquet flooring

parquete *nm* parquet, parquet flooring

parquímetro *nm* parking meter

parra *nf* vine leaf ❖ *muita parra e pouca uva* much cry and little wool

parreira *nf* 1 BOT vine; grapevine 2 *(suporte de videiras)* trellis

parte *nf* 1 part; *em partes iguais* in equal parts; *parte do corpo* part of the body 2 *(sítio)* place; *por toda a parte* everywhere 3 *(lado)* side; *por parte do pai* on one's father's side 4 DIR,ECON party 5 *(comunicação)* report; *dar parte de doente* to report sick 6 DESP half ♦ *nfpl col (órgãos genitais)* private parts

parteira *nf* midwife

parteiro *nm* obstetrician

partição *nf* partition; division

participação *nf* 1 *(tomar parte)* participation; involvement 2 *(informações)* communication; report 3 ECON share

participante *n2g* 1 *(atividade)* participant [em, in] 2 *(que colabora)* collaborator; partner ♦ *adj2g* 1 *(tomar parte)* participating 2 *(colaboração)* sharing; collaborating

participar *vi* 1 *(tomar parte)* to participate [em, in]; to take part [em, in]; to join [em, in]; *participar numa atividade* to participate in an activity 2 *(associar-se)* to associate [em, with]; to join [em, -] 3 *(partilhar)* to share [em, in]; *participar nos lucros* to have a share in the profits ♦ *vt* 1 *(informar)* to inform; to report 2 *(queixar-se de)* to give notice of; to complain; *participar um crime à polícia* to give notice of a crime to the police

participial *adj2g* LING participial

particípio *nm* LING participle; *particípio passado* past participle

partícula *nf (geral)* particle

particular *adj2g* 1 *(privado)* private; *casa particular* private house 2 *(íntimo)* private; personal; *em particular* privately, particularly 3 *(peculiar)* particular; peculiar ♦ *nm* individual; *a casa é de um particular* it is a private house ♦ *nmpl* (*pormenores*) particulars; details

particularidade *nf* (*singularidade*) particularity; peculiarity; singularity

particularizar *vt* 1 (*singularizar*) to particularize; to singularize 2 (*especificar*) to specify

partida *nf* 1 (*saída*) departure; leaving 2 (*arranque*) start 3 DESP match; game 4 (*brincadeira*) trick; prank ✿ *à partida* 1 from the beginning 2 (*em princípio*) in principle

partidário *nm* partisan; supporter

partido *nm* 1 POL party; *filiar-se num partido* to join a party 2 (*parceiro*) match; catch; *ser um bom partido* to be a good catch 3 (*apoio*) side; *tomar o partido de alguém* to side with someone ♦ *adj* (*quebrado*) broken; cracked; in pieces ✿ *Partido Conservador* Conservative Party; *Partido Trabalhista* Labour Party; *tirar partido de* to take advantage of

partilha *nf* division; sharing out; *fazer partilhas* to divide up an inheritance

partilhar *vt* to share [com, with]; *partilhar alguma coisa com alguém* to share something with someone ♦ *vi* (*partilha*) to share [de, -]; to partake [de, -]; *partilhar da mesma opinião* to share the same opinion; *partilhar dos mesmos gostos* to like the same things

partir *vt* 1 (*quebrar*) to break; *partir ao meio* to cut in halves; *partir aos bocados* to break in pieces; *partir em dois* to break in two, to halve; *partir um braço* to break an arm 2 (*dividir*) to divide; to parcel out ♦ *vi* (*ir embora*) to depart [para, for]; to leave [para, to]; to go away [para, to]; *a que horas parte o comboio?* what time does the train leave?; *estar para partir* to be about to leave ✿ *a partir de 1 de maio* from the 1st May on; *a partir de agora* from now on

partitivo *adj,nm* LING partitive

partitura *nf* MÚS score

parto *nm* labour GB, labor EUA; childbirth

parturiente *nf* woman in labour

parvo *nm* 1 (*tolo*) fool; silly; *fazer figura de parvo* to make a fool of oneself 2 (*estúpido*) idiot; jerk; dumb ♦ *adj* 1 (*tolo*) foolish; silly 2 (*estúpido*) stupid; dumb

parvoíce *nf* 1 (*tolice*) nonsense 2 (*idiotice*) stupidity

parvónia *nf* 1 col,pej dullsville; the back of beyond; the middle of nowhere 2 col,pej (*campo*) country; countryside

pascácio *nm* 1 (*estúpido*) idiot; stupid 2 (*simplório*) simpleton; dork; dupe

pascal *adj2g* (*Páscoa*) paschal; *celebração pascal* paschal feast

Páscoa *nf* Easter ✿ *domingo de Páscoa* Easter Sunday

Pascoela *nf* Low Sunday

pasmaceira *nf* col,pej (*tédio*) boredom; idleness

pasmado *adj* astonished; amazed; dumbfounded

pasmar *vi* to be amazed; to be astonished; *pasmem!* behold!

pasmo *nm* 1 (*admiração*) amazement; astonishment 2 (*surpresa*) wonder; surprise; *olhar com pasmo* to stare in wonder 3 (*perplexidade*) bewilderment; perplexity

paspalhão *nm* pop (*parvo*) silly person; fool; dumbhead

pasquim *nm* pej rag

passa *nf* 1 (*uva*) raisin 2 (*cigarro*) puff; drag; *dar uma passa num cigarro* to take a puff of a cigarette

passada *nf* 1 (*andar*) step; *ouvir passadas* to hear footsteps 2 (*ritmo*) pace; *a passadas regulares* in a steady pace

passadeira *nf* 1 (*escadas*) stair carpet; (*corredor*) carpet; *passadeira vermelha* red carpet 2 (*rua*) zebra crossing, pedestrian crossing GB; crosswalk EUA; *passadeira com semáforo* pelican crossing

passadiço *nm* 1 (*caminho pedonal*) way; footway 2 (*ponte pedonal*) footbridge

passado *nm* past ♦ *adj* **1** (tempo) last; later; *o mês passado* last month **2** (história) past; gone **3** *col* (descontrolado) crazy; *deves estar passado!* you must be crazy! **4** (carne) done; (sopa) strained

passador *nm* **1** (líquidos) strainer **2** (comida) colander **3** (droga) smuggler

passageiro *adj* **1** (movimento) passing; moving; *nuvens passageiras* passing clouds **2** (fugaz) fleeting; transient; *momentos passageiros* fleeting moments ♦ *nm* **1** (meios de transportes) passenger **2** (viajante) traveller ✤ *passageiro clandestino* stowaway

passagem *nf* **1** (tempo) passage; *com a passagem dos anos* as years went by **2** (caminho) passage, way; *passagem para peões* pedestrian crossing **3** (bilhete) ticket; (custo) fare; *quanto custou a passagem?* how much was the fare? **4** (excerto) passage; section ✤ *passagem de modelos* fashion show; *passagem de nível* level crossing

passajar *vt* **1** (pontos) to stitch **2** (lã, meias) to darn

passante *n2g* passer-by; walker

passaporte *nm* passport; *passaporte nacional* national passport

passar *vi* **1** (movimento) to pass; to go, *deixa-me passar!* let me through!; *passar à tangente* to scrape through **2** (ultrapassar) to go beyond; *passar à frente* to get ahead, to move ahead of **3** (atravessar) to go through; to suffer; to endure; *passar por diversas provações* to go through several hardships **4** (tempo) to go by; to pass; *à medida que o tempo passava* as time went by **5** (cumprimento, estado) to do; *como passou?* how do you do?; *passar bem* to do well, to be in good health **6** (exame) to pass **7** (dor, barulho, estado) to come to an end; to finish; to stop; to pass **8** (avançar) to proceed [a, to]; to go [a, to]; to move [a, to]; *passar a outro assunto* to proceed to another matter ♦ *vt* **1** (atravessar) to pass; to go through **2** (tempo) to spend; *passar tempo* to spend time **3** (ultrapassar) to overtake; *passar um carro a altas velocidades* to overtake a car at high speed **4** (aprovar) to pass; to approve; to enact; *passar uma lei no parlamento* to approve a law at Parliament **5** (objeto) to hand; *passa-me a travessa, se faz favor* hand me the plate, please **6** (informações, ideias) to convey; to put across **7** (ilegalidade) to smuggle; to deal in; *passar droga* to deal in drugs **8** (roupa) to iron; to press **9** (exceder) to exceed; to surpass; *passar o limite de velocidade* to surpass the speed limit **10** DESP to pass; *passar a bola ao adversário* to pass the ball to one's opponent **11** (casa comercial) to sell (with trade) ♦ *vp* **1** (acontecer) to happen; to go on; *que se passa?* what's going on? **2** to pretend to be [por, -] **3** *col* (perder o controlo) to go berserk; to freak out; *passou-se!* he freaked out! ✤ *passar pela cabeça* to cross one's mind; (escapar ao olhar) *passar por cima* to overlook; *passar um cheque* to write a cheque; *não consigo passar sem isso* I cannot do without it; (reconforto) *pronto, já passou* now, it's all right

passarela *nf* catwalk

passarinho *nm* little bird, birdie

pássaro *nm* bird ♦ *mais vale um pássaro na mão do que dois a voar* a bird in the hand is worth two in the bush

passatempo *nm* hobby

passe *nm* **1** DESP pass; *o ponta de lança fez um passe perfeito* the striker made a perfect pass **2** (transportes) pass; *passe de autocarro* bus pass **3** (licença) licence; permit

passear *vi* **1** (dar uma volta) to take a walk, to go for a walk **2** (deambular) to stroll; *passear pela praia* to stroll along the beach ♦ *vt* to walk; to take for a walk; *passear o cão* to walk the dog ✤ *mandar* *alguém passear* to send somebody packing; *vai passear!* get out of here!

passeio *nm* 1 walk; stroll 2 *(viagem)* outing; trip; tour 3 *(ruas)* pavement *GB*; sidewalk *EUA*

passe-partout *nm* picture frame

passerelle *nf* (desfile) catwalk *GB*; runway *EUA*

passe-vite *nm* potato masher

passional *adj2g* 1 (crime) of passion; *crime passional* crime of passion 2 *(apaixonado)* passionate

passiva *nf* LING passive voice, passive

passível *adj2g* 1 (*suscetível*) susceptible [de, to]; vulnerable [de, to]; *passível de ataque* vulnerable to an attack 2 *(sujeito)* subject [de, to]

passividade *nf* passivity; inertia

passivo *adj* 1 (*ausência de ação*) passive; unresponsive; *resistência passiva* passive resistance 2 LING passive; *voz passiva* passive voice

passo *nm* 1 (*movimento do pé*) step; *passo a passo* step by step 2 (*ao andar*) walk 3 (*ritmo*) pace 4 (*excerto*) passage; excerpt 5 (*jogada*) move ❖ *passo em falso* wrong move; *ao passo que* while

password *nf* password

pasta *nf* 1 (*documentos*) briefcase 2 (*trabalhos*) portfolio 3 (*escola*) schoolbag 4 (*substância*) paste; *pasta de dentes* toothpaste 5 INFORM folder 6 *pop* (*dinheiro*) dough

pastagem *nf* pasture, pasturage, pastureland

pastar *vt* (*gado*) to pasture; to put out to pasture ♦ *vi* (*gado*) to pasture; to graze

pastel *nm* 1 (*doce*) pastry; tart 2 (*carne, compota*) pie; pasty; *pastel de carne* meat pasty 3 (*cor*) pastel ♦ *adj2g* (*cor*) pastel

pastelão *nm* 1 CUL puff pastry pie 2 *pop* (*preguiçoso*) lazybones; sluggard

pastelaria *nf* confectionery, confectioner's; baker's; cake shop

pasteleiro *nm* pastry-cook; baker

pasteurização *nf* pasteurization

pasteurizar *vt* to pasteurize

pastiche *nm lit* pastiche; imitation; copy

pastilha *nf* 1 (*comprimido*) pill 2 (*para chupar*) pastille; lozenge 3 gum; *pastilha elástica* chewing gum

pasto *nm* pastureland; pasture

pastor *nm* 1 (*profissão*) shepherd 2 (*padre*) minister, pastor

pastoral *nf* LIT pastoral

pastor-alemão *nm* (raça de cão) German shepherd; Alsatian

pastorícia *nf* 1 (*atividade*) herding 2 (*ação de pastar*) pasturage; grazing

pastoso *adj* 1 (*viscoso*) clammy; slimy 2 (*pegajoso*) sticky 3 (*voz*) muzzy

pata *nf* 1 (*de animal*) paw; (*de ave*) foot 2 female duck

patacoada *nf col* nonsense; rubbish; crap

patada *nf col* kick

patamar *nm* 1 (*escadas*) landing 2 (*planalto*) plateau 3 *fig* (*nível*) stage; level; *neste patamar* at this level

patarata *adj2g* 1 (*idiota*) idiotic 2 (*tolo*) fool; silly ♦ *n2g* (*simplório*) simpleton; bubblehead; idiot

patavina *nf* nothing; *não perceber patavina de* to make neither head nor tail of

patê *nm* pâté

patego *adj col* stupid; jerk; dork ♦ *nm col* stupid person; jerk; dork

patente *adj2g* patent; obvious; clear ♦ *nf* 1 (direito oficial) patent 2 MIL rank

patentear *vt* 1 (*evidenciar*) to manifest; to show 2 (*registo oficial*) to patent

paternal *adj2g* paternal; fatherly; *amor paternal* fatherly love

paternalismo *nm* paternalism

paternalista *adj2g* paternalistic, paternalist

paternidade *nf* paternity; fatherhood ❖ *licença de paternidade* paternity leave

paterno *adj* paternal; fatherly; *avó paterna* paternal grandmother

pateta *n2g* **1** simpleton; jerk **2** *(tolo)* fool; silly **3** *(estúpido)* blockhead; dumbhead ♦ *adj2g* **1** *(disparatado)* foolish; silly **2** *(estúpido)* stupid; dumb

patetice *nf* **1** *(disparate)* nonsense; rubbish **2** *(tolice)* silliness; foolishness

patético *adj* pathetic; pitiable

patíbulo *nm* scaffold; gallows

patifaria *nf* wickedness; meanness

patife *nm* villain; rascal

patilha *nf* (latas de conserva) tin ring; can ring *EUA* ♦ *nfpl (suíças)* whiskers, side whiskers

patim *nm* roller skate ❖ *patins em linha* in-line skates; rollerblades

patinador *nm* skater

patinagem *nf* skating ❖ *patinagem artística* figure skating; *patinagem no gelo* ice skating

patinar *vi* **1** (gelo, recinto) to skate; *ir patinar* to go skating **2** *(derrapar)* to skid; to slide

pátio *nm* yard; courtyard; *pátio da escola* school yard

pato *nm* (espécie) duck; (macho) drake ❖ *caiu que nem um pato* he got it in the neck

patogénico *adj* pathogenic

patologia *nf* pathology

patológico *adj* pathologic, pathological

patologista *n2g* pathologist

patranha *nf* fib; lie

patrão *nm* boss; employer

pátria *nf* homeland

patriarca *nm* patriarch

patriarcado *nm* patriarchate

patriarcal *adj2g* patriarchal

patrício *adj,nm* patrician

patrimonial *adj2g* patrimonial

património *nm* **1** *(herança)* patrimony; heritage **2** *(propriedade)* property; estate **3** (valor cultural) heritage ❖ *património do Estado* State property; *património mundial* world heritage

patriota *n2g* patriot

patriótico *adj* patriotic

patriotismo *nm* patriotism

patroa *nf* **1** (empresa) boss; employer **2** (dona de casa) lady of the house **3** *pop (esposa)* wife

patrocinador *nm* sponsor; *(mecenas)* patron; *patrocinador de um acontecimento* sponsor of an event

patrocinar *vt* **1** (atribuição de fundos) to sponsor; to support **2** (fazer mecenato) to patronize **3** *(apoiar)* to support; to protect; *patrocinar uma causa* to support a cause

patrocínio *nm* **1** (fundos) sponsorship; funding; backing **2** (mecenato) patronage **3** *(apoio)* support; protection

patronal *adj2g* employer's ❖ *entidade patronal* employer

patronato *nm* **1** (empregadores) body of employers **2** (mecenato) patronage

patrono *nm* **1** patron saint **2** *(patrocinador)* sponsor **3** (defensor) patron

patrulha *nf* patrol

patrulhar *vt* to patrol; *patrulhar as ruas* to patrol the streets ♦ *vi* to patrol; to go on patrol

patuscada *nf* **1** (ao ar livre) garden party; picnic **2** (churrascada) barbecue

patusco *adj* **1** *col (alegre)* cheerful; funny; light-hearted **2** *col (tolo)* silly; foolish

pau *nm* **1** (madeira) stick; piece of wood **2** (arma) cudgel; *bater em alguém com um pau* to cudgel someone ♦ *nmpl (cartas)* clubs; *ás de paus* ace of clubs ❖ *jogar com um pau de dois bicos* to hunt with the hounds and run with the hare; *põe-te a pau!* beware!

pau-brasil *nm* Brazil wood

pau de cabeleira *n2g* chaperon; *servir de pau de cabeleira* to play gooseberry

paulada *nf* blow; stroke; cudgel blow

paulatinamente *adv* slowly; little by little; gradually

paulatino *adj* slow, slowly; gradual; by degrees

pau-mandado *nm col,pej* plaything; cat's paw; dupe

pausa *nf (intervalo)* pause; break

pausado *adj* 1 *(lento)* slow 2 *(relaxado)* leisurely; relaxed 3 *(meditado)* measured

pausar *vi (parar)* to pause; to stop

pauta *nf* 1 MÚS stave 2 *(lista)* register; list; roll 3 ECON tariff 4 *(papel)* paper-ruler

pautado *adj (papel)* ruled; *folhas pautadas* ruled sheets

pautar *vt* 1 *(linhas em papel)* to rule 2 *(orientar)* to direct; to lead ♦ *vp* to be defined [*por*, by]; to be characterized [*por*, by]

pavão *nm* peacock

pavilhão *nm* 1 DESP pavilion 2 *(feira)* stand

pavimentar *vt* to pave

pavimento *nm* 1 *(chão)* floor 2 *(ruas)* surface of a road; pavement *EUA*

pavio *nm* wick; *pavio de uma vela* wick of a candle ♦ *de fio a pavio* from beginning to end

pavonear *vt (exibir)* to display; to parade; to show off ♦ *vp* 1 *(armar-se)* to show off; to parade 2 *(gabar-se)* to boast; to brag

pavor *nm* dread; terror ♦ *ter pavor de* to have a horror of

pavoroso *adj* frightful; dreadful

paxá *nm* pasha

paz *nf* peace ♦ *deixar em paz* to leave alone; *deixa-me em paz!* let me be!

PDA *nm* [sigla de Personal Digital Assistant]

PDF *nm* [sigla de portable document format]

pé *nm* 1 foot; *ir a pé* to go on foot 2 *(medida)* foot; *30 pés de comprimento* 30-foot length 3 *(mobília)* leg 4 *(planta, copo)* stem ♦ *pé ante pé* on tiptoe; *ao pé* nearby; *meter os pés pelas mãos* to mess up

peão *nm* 1 pedestrian; *rua para peões* pedestrian street 2 *(xadrez)* pawn 3 *fig (joguete)* pawn; puppet

peça *nf* 1 *(parte de um todo)* piece; item 2 *(material)* part; *peças sobresselentes* spare parts 3 TEAT play 4 *(partida)* trick; prank 5 *(jogos)* playing piece

pecado *nm* sin

pecador *nm* sinner; wrongdoer

pecaminoso *adj* sinful

pecar *vi* 1 REL to sin 2 to err; *pecar por excesso de* to err on the side of

pechincha *nf* bargain; find; *isto foi cá uma pechincha!* this was really a find

peçonha *nf* 1 *(veneno)* poison; (cobras, aranhas) venom 2 *fig,pej (malícia)* venom; spite

pé-coxinho *nm* hop; *a pé-coxinho* hopping

pecuária *nf* cattle breeding, cattle raising

pecuário *adj* cattle ❖ *indústria pecuária* cattle industry

peculato *nm* DIR peculation; embezzlement; *cometer peculato* to peculate

peculiar *adj2g* peculiar

peculiaridade *nf* peculiarity

pecúlio *nm* savings; nest-egg

pecuniário *adj* pecuniary; monetary

pedaço *nm* 1 *(bocado)* piece 2 *(de tempo)* some time

pedagogia *nf* pedagogy

pedagógico *adj* pedagogical; *material pedagógico* teaching aids

pedagogo *nm* pedagogue

pedal *nm* pedal

pedalar *vi* to pedal

pedante *adj2g pej (ares de superioridade)* pedantic; pretentious ♦ *n2g* 1 *pej* pedant 2 *pej (gabarolas)* braggart; show-off

pé de atleta *nm (micose)* athlete's foot

pé de cabra *nm* crowbar

pé de galinha *nm (ruga)* crow's foot

pé de galo *nm* hop; *mesa de pé de galo* pedestal table

pé-de-meia *nm* savings; nest-egg; *ter um bom pé-de-meia* to have some money put away

pederasta *nm* homosexual; gay

pederneira *nf* flint; firestone

pedestal nm base; stand; pedestal ❖ *pôr num pedestal* to set on a pedestal

pedestre adj2g pedestrian

pedestrianismo nm DESP hiking

pé de vento nm (confusão) hullabaloo; commotion; *armaram cá um pé de vento* they caused a hell of a hullabaloo

pediatra n2g paediatrician

pediatria nf MED paediatrics

pedicuro nm pedicure; chiropodist

pedido nm 1 (demanda) request; demand 2 (apelo) appeal; call 3 (encomenda) order; request 4 (casamento) proposal

pedigree nm pedigree

pedinchar vt pej (pedir) to beg ♦ vi 1 pej (pedir) to beg [por, for] 2 pej (lamentar-se) to whine [por, for]

pedinte n2g beggar

pedir vt 1 (solicitar) to ask for; *pedir desculpas* to apologize; *pedir esclarecimentos* to ask for explanations; *pedir um conselho* to ask for a piece of advice; *pedir um favor* to ask a favour 2 (implorar) to beg for; to implore 3 (apelar) to call; *pedir ajuda* to call for help 4 (requerer) to re quest; to demand; *pedir a vistoria de um perito* to demand an expert's survey; *pedir indemnização* to claim damages from 5 COM (encomendar) to order ♦ vi 1 (esmolas) to beg 2 COM (encomendar) to order 3 (rezar) to pray [a, to]; *pedir a Deus* to pray to God ❖ *pedir alguém em casamento* to propose to someone; *pedir emprestado a* to borrow from

peditório nm 1 (obra de caridade) collection 2 (pedintes) begging

pedofilia nf paedophilia

pedófilo nm paedophile; child molester ♦ adj paedophilic

pedonal adj2g pedestrian; *zona pedonal* pedestrian precinct

pedra nf 1 stone 2 (jogo de damas) piece; man 3 (túmulo) tombstone 4 (grão) grain

pedrada nf 1 blow with a stone 2 fig,cal (drogas) trip; *estar com uma pedrada* to be stoned

pedrado adj col stoned; high

pedra-pomes nf pumice stone

pedregoso adj stony; rocky; *caminho pedregoso* stony path

pedregulho nm boulder

pedreira nf stone quarry; stone pit

pedreiro nm mason, stonemason

pedrês adj2g spotted; speckled

peeling nm (esfoliação) face peel; exfoliation

pega[1] /é/ nf 1 (mala, tacho) handle 2 (de tecido) pot holder; (para o forno) oven mitt 3 (disputa) quarrel; row; *ter uma pega com* to have a row with 4 (tourada) grappling

pega[2] /é/ nf 1 (ave) magpie 2 cal whore; tramp EUA

pegada nf 1 (pés) footprint; footmark 2 (vestígios) trace; track; *seguir as pegadas de alguém* to follow someone's track

pegajoso adj sticky; slimy

pegar vi 1 BOT to take root 2 (colar) to stick; to glue 3 (levantar, agarrar) to take [em, up]; to seize [em, -]; to hold [em, up]; *pegar em alguém ao colo* to take someone up in one's arms 4 (carro) to start; *o carro não pega* the car won't start 5 (provocar) to tease [com, -]; *estão sempre a pegar comigo* they keep teasing me ♦ vt 1 (doenças) to infect; *ele pegou-me a gripe* he infected me with the flu 2 (juntar) to join; to put together; to unite 3 (lume) to set; *a casa pegou fogo* the house set on fire; *pegar fogo a* to set fire to 4 (tourada) to grapple ♦ vp 1 (colar-se) to cling; to stick; to glue 2 MED to be catching; *isso pega-se?* is that catching? 3 fig (discussão, luta) to quarrel; to have a row; *eles pegaram-se* they had a row

peido nm cal fart cal

peito nm 1 chest 2 (seio) breast; bosom; *criança de peito* breast-fed child 3 (carne) brisket; (de ave) breast

peitoral adj2g,nm pectoral

peitoril *nm* 1 (varanda, corrimão) parapet 2 (janela) window sill

peixaria *nf* fishmonger's; fish market

peixe *nm* fish; *peixe fresco* wet fish ❖ *filho de peixe sabe nadar* like father like son

peixe-espada *nm* swordfish

peixeiro *nm* fishmonger

Peixes *nmpl* (constelação, signo) Pisces

pejado *adj* crammed [**de**, with]; full [**de**, of]

pejo *nm* shyness

pejorativo *adj* pejorative; disparaging; *comentários pejorativos* disparaging comments

pela through; by; for the; *pelas cinco horas* around 5 o'clock; *pela força* by force; *pela minha parte* I for one; *pela rua acima* up the street ♦ *contr de por a*

pelada *nf* 1 MED alopecia 2 (floresta) clearing

pelagem *nf* fur; (cão) coat of hair

pelar *vt* 1 (cabelo, pelos) to pull off 2 CUL (legumes) to peel; (amêndoas) to blanch 3 (cortiça) to bark ♦ *vp* to be keen [**por**, on]; to enjoy [**por**, -]; *fig pelar-se por alguma coisa* to do anything for something

pele *nf* 1 (pessoas) skin 2 (tez) complexion; *pele clara* light complexion 3 (animais) fur 4 (couro) leather 5 (fruta, legumes) peel ❖ *pele de galinha* goose flesh, goose pimples

pele-vermelha *n2g* redskin; American Indian

pelica *nf* kid; *luvas de pelica* kid gloves

pelicano *nm* pelican

película *nf* CIN,FOT film ❖ *película aderente* clingfilm*GB*; plastic wrap*EUA*

pelo[1] /ê/ *nm* 1 (pessoas) hair 2 (animais) fur 3 (pano) nap ❖ *em pelo* naked

pelo[2] /e/ *contr de por o* through; by; for; at; on; *pelo caminho* on one's way; *pelo mesmo motivo* for the same reason; *pelo mesmo preço* at the same price; *pelo que me diz respeito* as far as I am concerned

❖ *pelo contrário* on the contrary; *pelo menos* at least

pelota *nf* (bola) pellet ❖ *em pelota* stark naked

pelotão *nm* 1 MIL platoon 2 DESP (corridas, ciclismo) bunch ❖ *pelotão de fuzilamento* firing squad

pelourinho *nm* pillory

pelouro *nm* 1 MIL (bala) cannonball 2 (serviços) office; department

peluche *nm* 1 (pelúcia) plush 2 (brinquedo) soft toy, cuddly toy, fluffy toy; *urso de peluche* teddy bear

peludo *adj* hairy

pélvico *adj* pelvic

pélvis *nf* pelvis

pena *nf* 1 (aves) feather 2 (caneta) quill 3 (sentimento) pity; *ter pena de* to be sorry for, to pity 4 (castigo) penalty; punishment ❖ *valer a pena* to be worthwhile

penacho *nm* plume; plume of feathers

penada *nf* stroke of the quill ❖ *de uma penada* in a flash

penal *adj2g* penal ❖ *código penal* penal code

penalidade *nf* 1 DIR penalty; punishment 2 DESP penalty; *grande penalidade* penalty

penalizante *adj2g* 1 (castigo) punishing; *um resultado penalizante* a punishing score 2 (dor) sorrowful; grievous

penalizar *vt* 1 (afligir) to distress; to grieve; to pain; *penaliza-me ver-te assim* it pains me to see you this way 2 (prejudicar) to harm; to hinder ♦ *vp* to regret

penálti *nm* DESP penalty; *assinalar um penálti* to give a penalty

penar *vi* (sofrer) to be in pain; to suffer; to grieve

penca *nf* 1 white cabbage 2 *col* (nariz) hooter

pendente *adj2g* 1 (pendurado) hanging; suspended 2 (questão, trabalho) pending; standing; *assuntos pendentes* pending matters ♦ *nm* (ornamento) pendant

pender vi 1 (algo pendurado) to hang; to be suspended; *pender por um fio* to hang by a thread 2 (inclinação) to lean; to slant; *pender para a direita* to slant to the right

pendor nm 1 (inclinação) declivity; inclination 2 (tendência) drift; trend

pendular adj2g pendular ♦ nm (comboio) pendular train

pêndulo nm pendulum

pendura n2g col (pessoa) leech; hanger-on

pendurado adj hanging [em, on] ❖ (expectativa, impasse) *deixar alguém pendurado* to leave someone dangling

pendurar vt to hang; *pendurar um quadro* to hang a painting

penedo nm rock; boulder

peneira nf (objeto) sieve; (máquina) sifting machine ♦ nfpl col,pej show-off; snobbery; *ele só tem peneiras* he is full of himself

peneirar vt (cereais, terra) to sift

peneirento nm col,pej prig; snob; goody-goody ♦ adj col,pej priggish; show-off

penetra n2g col crasher; intruder; uninvited guest

penetração nf (geral) penetration

penetrante adj2g 1 (dor, som) piercing; sharp 2 (olhar) sharp; piercing; probing 3 (cheiro) pervading

penetrar vi 1 (entrar) to penetrate [em, -]; *penetrar em território inimigo* to penetrate enemy territory 2 (líquido, espião) to infiltrate [em, -] ♦ vt 1 (entrar) to penetrate; to enter 2 (perceber) to grasp

penha nf crag; cliff

penhasco nm cliff; ravine

penhor nm 1 (empenhar bens) pawn 2 (prova) pledge; guarantee; *como penhor da minha palavra* as a pledge of my word ❖ *casa de penhores* pawnbroker, pawn shop

penhora nf DIR seizure

penhorar vt 1 (indivíduo) to pawn 2 DIR (Estado) to seize; to confiscate; to distrain

péni nm penny

penicilina nf FARM penicillin

penico nm chamber pot; jerry col

península nf peninsula

peninsular adj2g peninsular

pénis nm penis

penitência nf 1 (arrependimento) penitence; repentance 2 (castigo) penance

penitenciar vt (castigar) to penance ♦ vp (arrepender-se) to do penance; to repent

penitenciária nf prison; penitentiary EUA

penitenciário nm prisoner

penitente adj,n2g penitent

penoso adj 1 (doloroso) painful 2 (trabalhoso) difficult; hard

pensado adj deliberate; intentional

pensador nm thinker

pensamento nm thought ❖ *vir ao pensamento* to come to mind

pensão nf 1 (acomodação) boarding house; guest house 2 (subsídios, reformas) pension ❖ *pensão de alimentos* alimony; *pensão de reforma* old age pension

pensão-completa nf (hotéis) full board

pensar vi 1 to think [em, of]; *penso que ele não está a dizer a verdade* I don't think he's telling the truth; *em que estás tu a pensar?* what are you thinking of? 2 (para si mesmo) to wonder; *estava apenas a pensar* I was just wondering ♦ vt 1 (opinião) to think [que, that] 2 (ferida) to dress ❖ *pensa bem!* think it over!; *pensando melhor* on second thoughts; *dar que pensar* to give food for thought; *não penses mais nisso!* forget it!; *pensando bem, ...* all things considered, ...; *ter mais em que pensar* to have other things on one's mind

pensativo adj thoughtful; *estar pensativo* to be lost in thought

pensionista n2g pensioner; *caderneta de pensionista* pension book; *regime pensionista* pension scheme

penso nm dressing ❖ *penso higiénico* sanitary towel GB, sanitary napkin EUA; *penso rápido* band-aid; plaster

pentágono *nm* GEOM pentagon
pentâmetro *nm* LIT pentameter
pentatlo *nm* DESP pentathlon
pente *nm* 1 (*cabelo*) comb 2 (*para a lã*) card ❖ *passar a pente fino* to search all over
penteado *nm* hairdo ♦ *adj* combed; *cabelo bem penteado* well combed hair
pentear *vt* 1 (*cabelo*) to comb 2 (*cavalo*) to curry ♦ *vp* to comb one's hair; to do one's hair ❖ *vai pentear macacos!* get lost!
Pentecostes *nm* Pentecost
penugem *nf* 1 (*aves*) down 2 (*tecidos*) fluff
penugento *adj* 1 (*aves*) downy 2 (*tecidos*) fluffy
penúltimo *adj* the last but one; penultimate
penumbra *nf* 1 (*escuridão*) half-light; dark 2 (*crepúsculo*) dusk ❖ *na penumbra* in the dark
penúria *nf* poverty
pepineiro *nm* BOT cucumber plant
pepino *nm* cucumber
pepita *nf* nugget; *pepita de ouro* gold nugget
pequena *nf* 1 (*rapariga*) girl 2 *col* (*namorada*) girlfriend
pequenada *nf* children
pequenino *nm* child; little one ♦ *adj* tiny; very little; very small
pequeno *adj* 1 (*dimensões*) small 2 (*quantidade*) little 3 (*baixo*) short ♦ *nm* 1 (*criança*) child; little one; *os pequenos brincavam na rua* the little ones were playing in the street 2 (*rapaz*) boy; youngster; lad ❖ *quando eu era pequeno* when I was growing up
pequeno-almoço *nm* breakfast ❖ *pequeno-almoço à inglesa* English breakfast
pequeno-burguês *adj* petty bourgeois; middle class ♦ *nm* petty bourgeois
pera *nf* 1 pear 2 (*barba*) goatee 3 (*interruptor*) switch ❖ *não ser pera doce* to be no picnic
perante *prep* 1 (*na presença de*) before 2 (*face a*) in the face of

perca *nf* perch
percalço *nm* 1 (*contratempo*) mishap; misfortune; contretemps 2 (*transtorno*) drawback; hindrance; obstacle
perceba *nm* goose barnacle
perceber *vt* 1 to understand; to comprehend; *não percebi nada do que ele disse* I didn't understand a word of what he said 2 (*ver, distinguir*) to perceive; to make out; to see; to discern 3 (*ouvir*) to hear; to perceive 4 (*sentir*) to sense; to feel; *o cão percebeu a presença de estranhos* the dog sensed the presence of strangers
perceção *nf* 1 (*apreensão*) perception 2 (*compreensão*) insight; understanding
percentagem *nf* percentage; rate
percentual *adj2g* percentage; *a inflação subiu um ponto percentual* inflation has risen one percentage point ❖ *em termos percentuais* in percentage terms
percetível *adj2g* 1 perceptible; perceivable 2 (*visível*) discernible; visible
percetivo *adj* perceptive; sharp; observant
percevejo *nm* bedbug
percorrer *vt* 1 (*a pé*) to cover; *percorremos trinta quilómetros num dia* we covered thirty kilometres in a day 2 (*país*) to travel over; *o candidato percorreu todo o país em campanha* the candidate travelled all over the country in campaign 3 (*analisar*) to look over; to go through
percurso *nm* 1 course; route 2 distance ❖ (*parque*) *percurso pedestre* nature trail
percussão *nf* percussion ❖ MÚS *instrumentos de percussão* percussion instruments
percussionista *n2g* percussionist
perda *nf* 1 loss; *perda de sangue* loss of blood; *sentimento de perda* sense of loss 2 (*desperdício*) waste; *vir aqui foi uma perda de tempo* coming here was a waste of time 3 *fig* (*morte*) death; loss
perdão *nm* 1 pardon; (*com o seu*) *perdão!* excuse me!; (*peço*) *perdão!* (I beg

your) pardon!, I am sorry! **2** forgiveness; **pedir perdão a alguém por alguma coisa** to ask somebody for forgiveness for something **3** DIR pardon; **perdão de uma dívida** pardon of a debt; **conceder um perdão** to grant a pardon

perdedor *nm* loser ♦ *adj* losing ❖ **mau perdedor** bad loser

perder *vt* **1** (geral) to lose; **perder a calma** to lose one's temper; **perder o emprego** to lose one's job; **perder o interesse por** to lose interest in **2** (oportunidade, transporte) to miss; **eu não perdia esta peça por nada deste mundo** I wouldn't miss this play for the world **3** (desperdiçar) to waste; **perder tempo** to waste time **4** (ser derrotado) to lose; **ele perdeu as eleições por menos de mil votos** he lost the elections by less than a 1000 votes; **perder um jogo** to lose a game ♦ *vi* **1** (sofrer derrota) to lose; to be defeated **2** (ação, dinheiro) to lose value ♦ *vp* **1** (desorientar-se) to get lost; to lose one's bearings; to go astray **2** *fig* (desgraçar-se) to fall into ruin ❖ **perder o fio à meada** to lose the thread of the story; **perder o juízo** to lose your mind; **perder o norte** to lose one's bearings; **não tens nada a perder** you have nothing to lose

perdição *nf* **1** (desgraça) downfall; disgrace **2** (imoralidade) immorality; iniquity **3** *col* (tentação) weakness [-, for]; soft spot [-, for]

perdidamente *adv* desperately; extremely; **perdidamente apaixonado** desperately in love

perdido *adj* lost ❖ **perdido por cem, perdido por mil** in for a penny, in for a pound

perdigoto *nm* dribble

perdigueiro *nm* (cão) pointer; gun dog

perdiz *nf* partridge

perdoar *vt* **1** to forgive; **nunca te perdoarei pelo que me disseste** I will never forgive you for what you said **2** (delicadeza) to excuse; to pardon; **perdoe a minha ignorância, mas o que significa isto?** pardon my ignorance, but what does this mean?; **perdoe a minha interrupção** excuse my interrupting you **3** (dívida, castigo) to pardon; **perdoar uma dívida** to pardon a debt ♦ *vi* to forgive

perdulário *nm* spendthrift; prodigal; squanderer ♦ *adj* prodigal; wasteful; extravagant

perdurar *vi* **1** to last long **2** to endure; to survive

perecer *vi* **1** to perish **2** to die; to lose one's life; to expire

perecível *adj2g* perishable

peregrinação *nf* pilgrimage; **ir em peregrinação** to go on a pilgrimage

peregrinar *vi* **1** (peregrinação) to go on a pilgrimage **2** *fig* (vaguear) to wander like a pilgrim

peregrino *nm* pilgrim

pereira *nf* pear tree

perene *adj2g* **1** (árvore, planta) perennial **2** (eterno) eternal; everlasting; endless

perentório *adj* decisive; ultimate

perfazer *vt* (totalizar) to amount to; to total; to add up to; **os rendimentos mensais dele perfazem 3 mil euros** his monthly earnings amount to 3 thousand euros

perfecionismo ou **perfeccionismo** *nm* perfectionism

perfecionista ou **perfeccionista** *adj,n2g* perfectionist

perfeição *nf* perfection; **o desempenho da atriz esteve perto da perfeição** the performance of the actress was close to perfection ❖ **na perfeição** beautifully

perfeitamente *adv* perfectly; **a reação dela é perfeitamente normal** her reaction is perfectly normal

perfeito *adj* **1** perfect **2** absolute; complete

pérfido *adj* perfidious

perfil *nm* (geral) profile; *traçar o perfil de* to profile ❖ *perfil psicológico* psychological profile; *de perfil* in profile

perfilar *vt* 1 to profile 2 MIL (soldados) to line up ♦ *vp* to straighten up

perfilhação *nf* 1 (do filho de outrem) adoption 2 (do próprio filho) affiliation

perfilhar *vt* 1 (o filho de outrem) to adopt 2 (o próprio filho) to admit paternity of

perfumado *adj* scented; *velas perfumadas* scented candles

perfumar *vt* to perfume; to scent

perfumaria *nf* perfumery

perfume *nm* perfume

perfuradora *nf* drill ❖ *perfuradora elétrica* electric drill; *perfuradora pneumática* pneumatic drill

perfurar *vt* 1 (geral) to perforate; to pierce 2 (terreno) to bore; to drill

pergaminho *nm* parchment

pergunta *nf* question

perguntar *vt* to ask; *perguntar o preço* to ask the price ♦ *vi* to ask [**por**, after]; to inquire [**por**, after]; *perguntar por alguém* to inquire after somebody ♦ *vp* to wonder

perícia *nf* expertise; skill

periclitante *adj2g* 1 unstable 2 (arriscado) risky; chancy; uncertain 3 (em perigo) in danger

periferia *nf* 1 (geral) periphery 2 (de cidade) outskirts; *eles vivem na periferia de Londres* they live on the outskirts of London

periférico *adj* peripheral ♦ *nm* INFORM peripheral ❖ MED *visão periférica* peripheral vision

perífrase *nf* periphrasis

perifrástico *adj* periphrastic

perigo *nm* danger; *correr perigo* to be in danger

perigoso *adj* 1 dangerous; perilous; unsafe 2 (arriscado) risky; chancy

perímetro *nm* perimeter

periodicamente *adv* periodically; regularly

periodicidade *nf* periodicity [**de**, of]; frequency [**de**, of]

periódico *adj* periodic; periodical ♦ *nm* (jornal) newspaper

período *nm* 1 (espaço de tempo) period 2 (escola) term GB; trimester EUA 3 (menstruação) period 4 LING sentence

peripécia *nf* 1 (incidente) incident; episode 2 (aventura) adventure

périplo *nm* 1 (por mar) circumnavigation 2 (viagem) journey; voyage

periquito *nm* parakeet

periscópio *nm* periscope

peritagem *nf* overhaul; *fazer a peritagem do carro* to have the car overhauled

perito *adj,nm* (especialista) expert; specialist

perjúrio *nm* 1 DIR (falso testemunho) perjury; breach of an oath 2 (promessa) breach of a promise

permanecer *vi* 1 (manter-se) to remain 2 (local) to stay 3 (persistir) to stay behind; to be left

permanência *nf* 1 (continuidade) permanence; constancy; steadfastness 2 (estada) stay; *a permanência dele aqui causa muito incómodo* his stay here causes a lot of trouble ❖ *em permanência* permanently

permanente *adj2g* 1 permanent 2 (duradouro) enduring ♦ *nf* (cabelo) perm, permanent wave; *fazer uma permanente* to have a perm

permanentemente *adv* permanently

permeável *adj2g* 1 permeable [**a**, to] 2 fig receptive [**a**, to]

permeio *adv* de permeio between, in the middle of

permissão *nf* permission; *com a sua permissão* with your permission

permissivo *adj* 1 permissive; assenting; acquiescent 2 (tolerante) tolerant; liberal

permitir *vt* 1 (consentir) to allow [-, to]; to consent [-, to]; to permit [-, to]; *não é* *permitido fumar* smoking is not allowed; *não são permitidas fotografias durante o espetáculo* photographs are not allowed during the show; *vamos à praia, se o tempo o permitir* we're going to the beach, weather permitting **2** *(possibilitar)* to allow

permuta *nf* exchange [de, of]

permutar *vt* to exchange; to trade

permutável *adj2g* exchangeable

perna *nf* leg; *de pernas cruzadas* cross-legged

pernicioso *adj* pernicious; harmful

pernil *nm* **1** slender leg **2** (de porco) leg ❖ *esticar o pernil* to kick the bucket

perno *nm* pin; bolt

pernoitar *vi* to stay overnight [em, in]

pero *nm* sweet apple ❖ *são como um pero* as fit as a fiddle

pérola *nf* **1** pearl; *um colar de pérolas* a pearl necklace **2** *fig (gota)* drop; bead ❖ *dar pérolas a porcos* to cast pearls before swine

perpendicular *adj* perpendicular [a, to] ♦ *nf* GEOM perpendicular line

perpetração *nf* perpetration

perpetrador *nm* perpetrator

perpetrar *vt* (crime) to perpetrate; to commit

perpetuar *vt* **1** *(dar continuidade)* to perpetuate; to give continuity to **2** *(imortalizar)* to immortalize; to eternalize ♦ *vp* **1** to last forever **2** to go on

perpétuo *adj* **1** *(eterno)* perpetual; eternal; everlasting **2** *(contínuo)* continuous; incessant; perpetual **3** (cargo, função) permanent

perplexidade *nf* **1** perplexity **2** *(dúvida)* doubt

perplexo *adj* **1** *(espantado)* perplexed **2** *(indeciso)* irresolute; hesitating

perro *adj pop* (fechadura, porta) stiff

persa *adj2g* Persian ♦ *nm* (língua) Persian ♦ *n2g* (pessoa) Persian ❖ *gato persa* Persian cat; *tapete persa* Persian carpet

perscrutar *vt* to look into

perseguição *nf* **1** chase; pursuit [de, of] **2** *(repressão)* persecution [de, of]

perseguidor *nm* persecutor; chaser

perseguir *vt* **1** to chase; *o cão perseguiu o gato* the dog chased the cat **2** to persecute; *os judeus foram perseguidos pela Inquisição* Jews were persecuted by the Inquisition

perseverança *nf* perseverance; persistence; determination

perseverante *adj2g* persevering; persistent; tenacious

perseverar *vi* to persevere [em, in]; to persist [em, in]

persiana *nf* blind; *subir/baixar as persianas* to pull up/to pull down the blinds

pérsico *adj* Persian; *Golfo Pérsico* Persian Gulf

persignar-se *vp* to make the sign of the cross; to bless yourself

persistência *nf* persistence; perseverance; determination

persistente *adj2g* persistent

persistir *vi* **1** *(perseverar)* to persist [em, in]; to persevere [em, in]; *ela persiste na busca da verdade* she persists in her search for the truth **2** *(insistir)* to insist; *ela persiste em não falar com ele* she insists on not speaking to him **3** *(perdurar)* to persist; to continue (to exist); *persistem algumas dúvidas* there are still some doubts

personagem *nm/f* **1** (filme, obra) character; *personagem principal* main character; *personagem secundária* minor character **2** *(pessoa ilustre)* personality; personage; celebrity

personagem-tipo *nm/f* type character

personalidade *nf* **1** *(carácter)* personality; character; *ter uma personalidade forte* to have a strong character **2** *(celebridade)* personality; personage; celebrity; *personali-*

dades públicas public figures ❖ PSIC *dupla personalidade* split personality

personalizar *vt (tornar pessoal)* to personalize; to individualize

personificação *nf* personification

personificar *vt* to personify

perspetiva *nf* 1 perspective 2 *(possibilidade)* prospect; possibility

perspetivar *vt* to put in perspective

perspicácia *nf* acumen; insight

perspicaz *adj2g* discerning; shrewd; sagacious

persuadir *vt* 1 to persuade [a, to] 2 *(convencer)* to persuade [de, of]; to convince [de, of]; *o réu persuadiu o juiz da sua inocência* the accused persuaded the judge of his innocence

persuasão *nf* persuasion ❖ *poder de persuasão* power of persuasion; persuasiveness

persuasivo *adj* persuasive; convincing

pertença *nf* property; *este edifício é pertença da universidade* this building is university property

pertencente *adj2g* 1 belonging [a, to] 2 *(relativo a)* pertaining [a, to]

pertencer *vi* 1 *(posse)* to belong [a, to]; *este relógio pertence ao meu pai* this watch belongs to my father 2 *(dizer respeito)* to pertain [a, to] 3 *(ser membro de)* to be part of; *Portugal pertence à União Europeia* Portugal is part of the European Union

pertences *nmpl* belongings

pertinência *nf* pertinence; relevance

pertinente *adj2g* pertinent; relevant; *uma pergunta pertinente* a pertinent question

perto *adv* 1 *(distância)* near; close; nearby 2 *(tempo)* nearly; close ❖ *perto de* 1 *(espaço)* close to 2 *(aproximadamente)* nearly; *de perto* closely; *por perto* nearby; close by

perturbação *nf* 1 *(alteração, transtorno)* disturbance; disruption; upset 2 *(problema)* trouble; problem; *perturbações respiratórias* respiratory problems 3 *(mental)* derangement ❖ *perturbação da ordem pública* disturbance of public order

perturbador *adj* 1 disturbing 2 *(indisciplina)* disruptive; unruly

perturbar *vt* 1 *(transtornar)* to upset; to disturb; *as más notícias perturbaram-na* the bad news upset her 2 *(prejudicar)* to disturb; to disrupt 3 *(incomodar)* to bother; to disturb

peru *nm* turkey; *peru recheado* stuffed turkey

Peru *nm* Peru

peruano *adj,nm* Peruvian

peruca *nf* wig; *usar peruca* to wear a wig

perversão *nf* perversion ❖ *perversão sexual* sexual perversion/deviation

perversidade *nf* perversity

perverso *adj* 1 perverse 2 *(malvado)* wicked; evil

perverter *vt* to pervert ♦ *vp* to become perverted

pesadelo *nm* nightmare

pesado *adj* 1 *(objeto, pessoa)* heavy 2 *(intenso)* intense; strong 3 *(árduo)* hard; arduous 4 *(tenso)* heavy; tense

pesagem *nf* 1 weighing 2 DESP weigh-in

pêsames *nmpl* condolences; *dar os pêsames a* to offer your condolences to

pesar *vt* 1 *(objeto, pessoa)* to weigh; *ela pesa 52 quilos* she weighs 52 kilos; *quanto pesas?* how much do you weigh?, how heavy are you? 2 *(ponderar)* to weigh; *pesar as palavras* to weigh your words 3 *(avaliar)* to estimate; to weigh up; to assess; *pesar os prós e os contras* to weigh up the pros and the cons ♦ *vi* 1 *(importunar)* to oppress; to burden 2 *(influenciar)* to influence; to make a difference ♦ *nm* 1 *(mágoa)* sorrow; grief 2 *(arrependimento)* regret; remorse

pesaroso *adj* 1 *(triste)* sorrowful; unhappy; sad 2 *(arrependido)* sorry; regretful

pesca nf 1 (atividade) fishing; *barco de pesca* fishing boat; *ir à pesca* to go fishing 2 (indústria) fishery

pescada nf hake

pescador nm fisherman; fisher

pescar vt 1 to fish [-, for]; *pescar truta* to fish for trout 2 *fig* (arranjar) to get; to obtain 3 *fig,col* (perceber) to understand; *não pesco nada de alemão* I can't understand a single word of German ♦ vi to go fishing; *amanhã vamos pescar* we're going fishing tomorrow

pescaria nf 1 fishing 2 (grande quantidade de peixe) good haul, good catch

pescoço nm neck

peseta nf (antiga moeda) peseta

peso nm 1 weight; *perder peso* to lose weight; DESP *peso pesado* heavyweight 2 (fardo) burden 3 (moeda) peso ♦ *de peso* important; *ter dois pesos e duas medidas* to be unfair

pespontar vt to backstitch

pesponto nm backstitch

pesqueiro adj fishing

pesquisa nf 1 research; *fazer pesquisa* to do research; *pesquisa científica* scientific research 2 investigation 3 INFORM search

pesquisador nm 1 researcher 2 investigator

pesquisar vt,i to research [-, into]

pêssego nm peach ♦ *pele de pêssego* peachy skin

pêssego-careca nm nectarine

pessegueiro nm peach tree

pessimamente adv dreadfully; awfully

pessimismo nm pessimism

pessimista adj2g pessimistic ♦ n2g pessimist

péssimo adj terrible; awful

pessoa nf person; *qualquer pessoa* anyone

pessoal adj2g 1 personal; *recorde pessoal* personal best; *vida pessoal* personal life 2 LING personal; *pronomes pessoais* personal pronouns 3 private; *assuntos pessoais* private matters ♦ nm 1 (funcionários) personnel; staff; *o pessoal da segurança* the security personnel 2 col guys; *olá, pessoal!* hi guys! 3 col people

pessoalmente adv personally; in person

pestana nf eyelash

pestanejar vi to blink; to wink ♦ *sem pestanejar* without a wince

pestanejo nm blinking; winking

peste nf 1 (epidemia) plague; *um surto de peste* an outburst of plague 2 fig (pessoa) menace ♦ MED *peste bubónica* bubonic plague; *Peste Negra* Black Death

pesticida nm pesticide

pestilento adj (cheiro) stinking; foul-smelling

peta nf col fib; white lie; *contar uma peta* to tell a fib

pétala nf petal

petardo nm 1 MIL petard 2 (fogo de artifício) cracker

petição nf (pedido, requerimento) petition

peticionário nm petitioner

petiscar vt to nibble; to pick at; *petiscámos uns aperitivos* we nibbled some appetizers ♦ vi to have a snack

petisco nm delicacy; dainty; treat ♦ nmpl nibbles

petrificar vt 1 to petrify; to turn to stone 2 fig (aterrorizar) to petrify; to paralyse (with fear) ♦ vi,p to petrify

petroleiro nm (navio) oil tanker

petróleo nm oil; petroleum; *petróleo bruto* crude

petrolífero adj 1 oil-bearing 2 oil

petroquímica nf petrochemistry

petulância nf 1 (insolência) cheekiness; impertinence 2 (arrogância, vaidade) arrogance; presumption

petulante adj2g 1 (atrevido) cheeky; impertinent; saucy 2 (vaidoso) conceited; vain

peúga nf sock; *um par de peúgas* a pair of socks

peugada nf **1** (*pegada*) footstep **2** track; trail; *ir na peugada de alguém* to follow someone's tracks

pevide nf pip; seed

pia nf **1** (quarto de banho) washbasin **2** (cozinha, roupa) sink **3** (para animais) trough

piada nf **1** joke, crack **2** (*graça*) fun

piamente adv **1** (*com devoção*) piously; devotedly **2** (*sinceramente*) earnestly; sincerely

pianista n2g pianist; piano player

piano nm MÚS piano; *tocar piano* to play the piano ❖ *piano de cauda* grand piano; *piano vertical* upright piano

pião nm **1** (brinquedo) top; *fazer girar o pião* to spin the top **2** col (automóvel) spin; *o carro fez um pião* the car went into a spin

piar vi (pássaro) to peep; to tweet

PIB ECON [sigla de **Produto Interno Bruto**] GDP [sigla de Gross Domestic Product]

pica nm col (transportes públicos) inspector ♦ nf **1** (*picadela*) sting **2** col (*injeção*) injection

picada nf **1** (de inseto) sting **2** (de outro animal) bite **3** (de agulha, alfinete) prick **4** (*dor aguda*) prick; twinge; tingle

picadeiro nm riding school

picado adj **1** pricked; stung **2** (carne) minced **3** (cebola) chopped **4** (mar) rough ♦ nm CUL hash ❖ *voo picado* nosedive

picadora nf mincer

picanha nf rump steak

picante adj2g **1** (comida) spicy; hot **2** (anedota) saucy; bawdy

pica-pau nm woodpecker

picar vt **1** (agulha, espinho) to prick; *ela picou o dedo numa agulha* she pricked her finger on a needle **2** (insetos) to sting; *fui picada no braço por uma abelha* I was stung in my arm by a bee **3** (mosquitos, serpentes) to bite **4** (pássaro) to peck **5** (*furar*) to pierce; to punch; *o revisor picou-me o bilhete* the ticket inspector

punched my ticket **6** CUL to mince; *picar carne* to mince some meat **7** fig (provocar) to tease; to tempt ♦ vi **1** (roupa, tecido) to itch; to prickle; *esta camisola pica muito* this sweater really itches **2** (barba, bigode) to tickle; to prickle; *a tua barba pica* your beard tickles **3** (avião) to do a nosedive ♦ vp to prick yourself; *ela picou-se nas roseiras* she pricked herself in the rosebushes ❖ *picar o ponto* to punch your time card

picaresco adj LIT picaresque

picareta nf pickaxe

piche nm pitch; tar

picheleiro nm **1** (canalizador) plumber **2** (fabricante de peças de estanho) tinsmith

pickles nmpl pickles

pick-up nf (carrinha) pick-up

pico nm **1** (montanha) summit; peak **2** (planta) thorn; prickle **3** (auge) climax; peak **4** col a little more; odd; *era meia-noite e pico* it was just after midnight

picotado adj perforated ♦ nm perforations; *destacar pelo picotado* tear out along the perforations

picotar vt **1** (papel) to perforate **2** (bilhete) to punch

pictórico adj pictorial

picuinhas adj inv fussy; choosy

piedade nf **1** (devoção) piety **2** (compaixão) mercy; compassion

piedoso adj **1** merciful; pitiful **2** (devoto) devout; pious

piegas adj inv **1** (lamecha) maudlin; mawkish **2** (medricas) yellow-bellied; bashful

pieguice nf **1** (sentimentalismo) mawkishness; sentimentalism **2** (medo) bashfulness

pieira nf wheeze

piela nf col drunkenness; *apanhar uma piela* to get drunk

piercing nm piercing

pifar vt pop (roubar) to pilfer; to snitch; to pinch ♦ vi (mecanismo, veículo) to conk out; to break down; *o rádio pifou* the radio conked out

pífaro *nm* MÚS fife

pigarrear *vi* to clear one's throat

pigarro *nm* frog in the throat; *ter pigarro na garganta* to have a tickle in one's throat, to have a a frog in one's throat

pigmentação *nf* pigmentation

pigmentar *vt* to pigment, to dye, to colour

pigmento *nm* pigment

pigmeu *nm* pygmy

pijama *nm* pyjamas; *calças de pijama* pyjama trousers; *um pijama* a pair of pyjamas

pila *nf* col willy

pilão *nm* 1 (*de almofariz*) pestle 2 (*martelo pneumático*) mallet 3 *pop* (*patife*) rascal; knave

pilar *nm* ARQ (*decorativo*) pillar; (*não decorativo*) pier; column

pilates *nm2n* (*exercícios*) Pilates

pilha *nf* 1 (*monte*) pile [*de*, of]; heap [*de*, of] 2 (*bateria*) battery 3 col (*lanterna*) torch; flashlight ❖ *uma pilha de nervos* a bag of nerves

pilhagem *nf* 1 (*durante a guerra*) pillage; plundering 2 (*em lojas, casas*) looting

pilhar *vt,i* to pillage; to plunder

pilinha *nf* infant willy GB; weenie EUA

pilotar *vt* 1 (*avião*) to fly; to pilot 2 (*navio*) to steer; to pilot 3 (*carro de corrida*) to drive

piloto *n2g* pilot ♦ *adj* pilot; trial; *programa piloto* pilot programme ❖ *piloto automático* automatic pilot; *piloto de corridas* race driver

pílula *nf* 1 FARM (*comprimido*) pill; tablet 2 FARM (*contracetivo oral*) the pill; *a pílula do dia seguinte* the morning-after pill; *tomar a pílula* to be on the pill ❖ *dourar a pílula* to sweeten the pill

pimba *adj2g pej* downmarket; tacky

pimenta *nf* pepper

pimentão *nm* pepper

pimenteira *nf* pepper plant

pimenteiro *nm* 1 pepper plant 2 (*recipiente*) pepper pot

pimento *nm* chili pepper

pinacoteca *nf* 1 art collection 2 art gallery

pináculo *nm* 1 ARQ pinnacle 2 (*de monte*) peak

pinça *nf* 1 tweezers; (pair of) pincers 2 (*da lagosta*) pincers

píncaro *nm* peak; top ❖ *estar nos píncaros* to be on top of the world; *pôr alguém nos píncaros* to put someone on a pedestal

pincel *nm* 1 paintbrush 2 col (*maçada*) bore ❖ *pincel de barbear* shaving brush

pincelada *nf* brush stroke; *umas pinceladas de tinta* a few dabs of paint

pincelar *vt* 1 to brush 2 to paint 3 to daub

pinchar *vi* 1 (*pular*) to jump; to leap; to hop 2 (*bola*) to bounce; to rebound

pincho *nm* leap; jump; hop

pindérico *adj* 1 *pej* shabby 2 poor; miserable ♦ *nm* 1 shabby person 2 miserable person

pinga *nf* 1 drop [*de*, of]; *uma pinga de leite* a drop of milk 2 *fig,pop* (*álcool*) booze; *gostar da pinga* to enjoy a tipple ❖ *ficar sem pinga de sangue* to become as white as a sheet

pingar *vi* 1 (*gotejar*) to drip; to trickle; *a torneira está a pingar* the tap is dripping 2 (*chuviscar*) to rain; *já está a pingar* it's beginning to rain ♦ *vt* (*deitar pingos em*) to trickle

pingente *nm* pendant

pingo *nm* 1 (*gota*) drop [*de*, of] 2 (*bebida*) short caffè latte 3 col (*pequena quantidade*) a tiny bit ❖ *pingo no nariz* snivel; runny nose

pingue *nm* lard; dripping

pingue-pongue *nm* DESP ping-pong, table tennis

pinguim *nm* penguin

pinha *nf* pine cone

pinhal *nm* pine forest

pinhão *nm* pine nut; pine kernel

pinheiro nm pine

pinho nm (madeira) pinewood

pino nm 1 (ginástica) handstand; *fazer o pino* to stand on one's hands 2 (auge) peak; height; *no pino do verão* in the peak of summer 3 (bowling) pin

pinote nm (de cavalo) curvet; caper

pinta nf 1 (mancha) spot, mark 2 (bolinha) dot 3 fig appearance; look ❖ *ele tem muita pinta* he is very good-looking; *não gosto da pinta daquele tipo* I don't like the look of that guy

pintainho nm chick; baby chicken

pintar vt 1 to paint; *mandámos pintar a casa* we had the house painted; *pintámos a parede de branco* we painted the wall white; *ela gosta de pintar paisagens a óleo* she likes to paint landscapes in oil 2 (cabelo) to dye; *a minha amiga pintou o cabelo de loiro* my friend dyed her hair blonde 3 (descrever, retratar) to paint; to portray 4 (imaginar) to imagine; to picture; *ela não é como eu a pintava* she's not as I had imagined ♦ vi to change colour ♦ vp (cosmética) to put on make-up ❖ *pintar a manta* to paint the town red

pintarroxo nm robin

pintassilgo nm finch

pinto nm chick, baby chicken

pintor nm 1 painter 2 (construção civil) decorator

pintura nf 1 (atividade, quadro) painting 2 (de objeto, casa, carro) painting; coat of paint 3 (maquilhagem) make-up

pio nm 1 (ave) chirp; tweet 2 (coruja) cry ♦ adj 1 (devoto) pious; devout 2 (caridoso) charitable; generous ❖ *não dar um pio* to not say a word; *nem mais um pio!* shut up!; *perder o pio* to lose the speech; to be left speechless

piolho nm louse

pioneiro nm pioneer; ground-breaker; *um pioneiro no campo da robótica* a pioneer in the field of robotics ♦ adj innovating; ground-breaking; *um projeto pioneiro* a ground-breaking project

pionés nm drawing pin GB; thumbtack EUA

pior adj2g 1 (comparativo) worse [do que, than] 2 (superlativo) worst; *o pior até hoje* the worst so far ♦ adv 1 (comparativo) worse; *cada vez pior* worse and worse 2 (superlativo) worst; *pior de tudo, torci um pé* worst of all, I twisted a foot ♦ nm worst ❖ *pior ainda* worse still; *cada vez pior* worse and worse

piorar vi to grow worse; to get worse; to worsen; *o doente piorou durante a noite* the patient got worse during the night; *o tempo piorou* the weather got worse ♦ vt to worsen; to make worse; *não piores as coisas* don't make things worse

piorio nm col awfulness; *ser do piorio* to be absolutely dreadful

pipa nf 1 cask; barrel; keg 2 col (grande quantidade) a lot of

piparote nm flick

pipeta nf pipette

pipo nm keg; cask; barrel

pipoca nf popcorn

pique nm *a pique* sheer down; (avião) *ir a pique* to do a nose dive; (navio) to sink

piquenique nm picnic; *fazer um piquenique* to go for a picnic

piquete nm picket

pira nf pyre

pirâmide nf GEOM pyramid

piranha nf piranha

pirar vi col to go mad ♦ vp col to take off; to scarper; to run away

pirata nm pirate; *navio de piratas* pirate ship ♦ adj2g pirate; *gravações pirata* pirate recordings; *rádio pirata* pirate radio station ❖ *pirata do ar* hijacker; *pirata informático* hacker

pirataria nf piracy ❖ *pirataria informática* computer hacking

piratear vt,i 1 to pirate; to plagiarize 2 to pirate; to plunder

pires nm2n saucer

pirex nm pyrex

pirilampo nm glow-worm, firefly

piripiri nm ⇒ piripíri

piripíri nm chilli pepper*GB*, chili pepper*EUA*

piroga nf pirogue

piroso adj col,pej chintzy; corny

pirotecnia nf pyrotechnics

pirotécnico adj pyrotechnic, pyrotechnical ♦ nm pyrotechnist

pirralho nm brat

pirueta nf pirouette; spin; whirl

pisada nf 1 footstep, tread 2 (uvas) pressing ❖ seguir as pisadas de alguém to follow in someone's footsteps

pisadura nf bruise

pisa-papéis nm paperweight

pisar vt 1 (calcar) to tread [-, on]; to trample [-, on]; os homens estão a pisar as uvas para fazer o vinho the men are treading grapes to make wine; pisaste-me you trod on my foot 2 (esmagar) to crush, to smash with your feet fig (humilhar) to humiliate; to disgrace 4 (pôr o pé) to tread; pisar os palcos to tread the stage ❖ pisar o risco to step out of line

pisca nm (carro) indicator; blinker*EUA*

piscadela nf 1 wink; blink 2 twinkle

pisca-pisca nm (carro) winker; blinker

piscar vt to wink; to blink; ela piscou-lhe o olho she winked at him ♦ vi 1 (luzes) to twinkle 2 (olhos) to blink ❖ num piscar de olhos in the blink of an eye

piscatório adj fishing; aldeia piscatória fishing village

piscicultor nm fish farmer

piscicultura nf fish farming

piscina nf swimming pool; piscina interior indoor pool; piscina exterior outdoor pool

pisgar-se vp col to scarper; to run away

piso nm 1 (pavimento) paving; piso de cimento concrete paving 2 (andar) storey; floor; um edifício de dois pisos a two-storey building 3 (chão) floor; ground

pista nf 1 (corrida) running track 2 (aeroporto) runway 3 (comboio) railway track 4 (dança) dance floor 5 (rasto) trail; trace 6 (indício) clue; hint; lead

pistácio nm pistachio

pistão nm piston

pistola nf 1 pistol; gun 2 (de tinta) sprayer ❖ pistola automática automatic pistol; pistola de água water pistol

pitada nf pinch; uma pitada de sal a pinch of salt

pitéu nm dainty; delicacy

pitoresco adj picturesque; idyllic; charming

pitosga adj2g short-sighted

piurso adj col angry; cross

pivete nm stink; stench

pivô nm 1 pivot 2 TV anchorman, anchorwoman

piza nf pizza

pizaria nf pizzeria

placa nf 1 (metal) plate; sheet 2 (comemorativa, decorativa) plaque 3 (tabuleta) sign 4 (dentadura postiça) dentures; false teeth 5 (bacteriana) plaque 6 (fogão) hotplate ❖ placa da matrícula number plate*GB*; license plate*EUA*; placa de som sound card; placa gráfica graphic card

placagem nf DESP tackling

placa-mãe nf INFORM motherboard

placar[1] /a/ nm 1 (competição desportiva) scoreboard 2 (avisos, informações) notice board

placar[2] /â/ vt 1 (acalmar) to calm down 2 DESP (râguebi) to tackle; to bring down

placebo nm placebo

placenta nf placenta

plácido adj serene; calm

plafom nm ⇒ plafond

plafond nm (gastos) spending limit; (crédito) credit limit

plagiador nm plagiarist ♦ adj plagiaristic

plagiar vt to plagiarize

plágio nm plagiarism

plaina nf plane

planado adj (ave, avião) gliding; *descer em voo planado* to glide down; *voo planado* gliding flight

planador nm AER glider ♦ adj gliding

planalto nm plateau

planar vi 1 to plane 2 to glide

plâncton nm BIOL plankton

planeamento nm planning ❖ *planeamento familiar* family planning; *planeamento urbanístico* town planning

planear vt to plan; *estou a planear ir de férias para a semana* I'm planning on going on holiday next week

planeta nm planet

planetário nm planetarium ♦ adj planetary ❖ *sistema planetário* planetary system

planície nf plain; prairie

planificação nf planning

planificar vt to plan; to design; to think out

planisfério nm planisphere

plano adj flat, plane ♦ nm 1 (projeto) plan; project 2 (nível) plane; level; *neste plano* at this level

planta nf 1 plant; *plantas medicinais* medicinal herbs 2 (do pé) sole 3 (de edifício) plan

plantação nf 1 (cultivo) planting 2 (terreno cultivado) plantation; *plantação de açúcar* sugar plantation

plantão nm service; duty ❖ *estar de plantão* to be on duty; to be on call

plantar vt to plant; to cultivate; *plantar árvores* to plant trees

plantel nm DESP squad

plaqueta nf platelet

plasma nm 1 plasma 2 (ecrã) plasma screen

plasmar vt to model; to shape; to mould

plástica nf MED plastic surgery

plasticina nf Plasticine

plástico nm plastic; *indústria do plástico* plastics industry ♦ adj plastic ❖ *artes*

plásticas plastic arts; MED *cirurgia plástica* plastic surgery

plataforma nf 1 (estação) platform 2 (palanque) platform; stage 3 (terraço) terrace ❖ *plataforma petrolífera* oil rig; oil platform

plátano nm plane tree

plateau nm CIN,TV set

plateia nf 1 (sala de espetáculos) main level; stalls GB; *fundo da plateia* pit 2 (público) audience; public; viewers

platina nf QUÍM platinum

platónico adj Platonic; *amor platónico* Platonic love

plausível adj2g plausible; reasonable

playback nm lip-sync; *fazer playback* to lip-sync

plebe nf lower class; masses

plebeu adj,nm plebeian

plebiscito nm plebiscite

pleito nm 1 DIR lawsuit, suit; action at law 2 (contestação) argument; contestation

plenamente adv completely; absolutely

plenário nm (sessão) plenary; *convocar um plenário* to call for a plenary ♦ adj 1 (completo) complete; entire; absolute 2 (reunião) plenary; *sessão plenária* plenary meeting

plenitude nf 1 peak; prime; plenitude lit 2 fullness

pleno adj 1 (cheio) full; filled; *dar plenos poderes* to invest with full powers 2 (completo) complete; entire ❖ *em pleno dia* in broad daylight; *em pleno inverno* in the middle of winter

pleonasmo nm pleonasm; redundancy

plica nf TIP accent

plinto nm ARQ plinth

plissado adj pleated ♦ nm pleating

plissar vt to pleat

pluma nf plume; feather

plural adj2g,nm LING plural

pluralidade nf plurality; multiplicity

pluralismo nm pluralism; diversity

pluralista adj2g pluralist

pluricelular *adj2g* BIOL multicellular

Plutão *nm* Pluto

plutónio *nm* plutonium

pluvial *adj2g* pluvial; rainy

pluviosidade *nf* rainfall; precipitation

pluvioso *adj* pluvious; rainy

pneu *nm* 1 (carros) tyre; *pneu furado* flat tyre; *pneu sobresselente* spare tyre 2 *col* (barriga) belly fatness

pneumático *adj* pneumatic ♦ *nm* (*pneu*) tyre

pneumonia *nf* MED pneumonia

pó *nm* 1 (sujidade) dust 2 powder; *detergente em pó* powder detergent; *pó de talco* talcum powder

pobre *adj2g* 1 (alimento) poor; needy 2 (qualidade) poor; bad ♦ *n2g* poor person

pobreza *nf* poverty

poça *nf* puddle; pool; *poça de sangue* pool of blood ❖ *meter o pé na poça* to blow it

poção *nf* potion

pochete *nf* pouch, bag; (à cintura) bum bag GB, fanny pack GB

pocilga *nf* 1 (para porcos) pigsty, pen; sty 2 *fig* pigsty; dump; tip

poço *nm* 1 well 2 (escavação) pit 3 (elevador) shaft

poda *nf* pruning; lopping

podar *vt* to prune; to lop

podcast *nm* podcast

pó de arroz *nm* face powder

podengo *nm* (cão) setter

poder *vi* 1 (autorização) may; *posso entrar?* may I come in? 2 (capacidade) can; to be able to 3 (possibilidade) can; *não pode ser verdade!* that can't be true!; *vou fazer o que puder* I will do all that I can 4 (suposição) may; might; *ele pode ter perdido o comboio* he might have missed the train 5 (aguentar) to hold [com, -]; *podes com isso?* can you hold that? ♦ *nm* 1 power; authority; *assumir o poder* to assume power 2 (capacidade) capacity; ability ❖ COM *poder de compra* purchas-

ing power; *em poder de* in the hands of; *não pode ser!* that's impossible!; *não posso com ele!* I can't stand him!; (provérbio) *querer é poder* where there is a will there is a way

poderio *nm* 1 (poder) power; authority 2 (domínio) might

poderoso *adj* 1 (poder) powerful; strong 2 (domínio) mighty 3 *col,fig* (intenso) stunning; awesome

pódio *nm* podium; *subir ao pódio* to mount the podium

podologia *nf* chiropody; podiatry EUA

podólogo *nm* chiropodist; podiatrist EUA

podre *adj2g* 1 (alimento) rotten; decomposed 2 (dentes) carious; decayed ♦ *nm* (parte podre) rot ♦ *nmpl* dirt ❖ *podre de rico* loaded

podridão *nf* 1 decay; rottenness 2 (costumes) decay

poedeira *adj* (galinha) laying; *boa poedeira* good layer

poeira *nf* dust ❖ *deixar assentar a poeira* to let the dust settle; *deitar poeira nos olhos de alguém* to throw dust in someone's eyes

poeirento *adj* dusty

poema *nm* poem; *recitar um poema* to recite a poem

poente *adj2g* setting ♦ *nm* west ❖ *sol poente* setting sun

poesia *nf* poetry

poeta *n2g* poet

poética *nf* poetics

poético *adj* poetical, poetic; *prosa poética* poetic prose

poetisa *nf* poetess

pois *conj* because; since; as ♦ *adv* yes; right; *pois, eu sei* yes, I know

poiso *nm* 1 stand; station 2 (lugar predileto) hangout

polaco *adj* Polish ♦ *nm* 1 (pessoa) Pole 2 (língua) Polish

polar *adj2g* polar; *Estrela Polar* Pole Star; *urso polar* polar bear

polaridade nf polarity; polarization
polarizar vt to polarize
polaroide nf Polaroid; *máquina pola-roide* Polaroid camera
polca nf MÚS polka
poldro nm colt
polegada nf (medida) inch
polegar nm thumb
poleiro nm roost
polémica nf polemics; controversy
polémico adj controversial, polemical
pólen nm pollen
polibã nm shower base
polícia nf (instituição) police ♦ n2g (agente) policeman, police officer; cop col ❖ *polícia de choque* riot police; *esquadra da polícia* police station
policial adj2g police; *forças policiais* police forces ♦ nm LIT crime novel
policiamento nm policing; patrol; patrolling
policiar vt to police; to patrol
policlínica nf polyclinic
policopiar vt to duplicate; to copy
polidez nf 1 (comportamento) politeness 2 (superfície lisa) smoothness
polido adj 1 (comportamento) polite; courteous 2 (superfície lisa) smooth; even
poliedro nm GEOM polyhedron ♦ adj GEOM polyhedral
poliéster nm polyester
polifonia nf MÚS polyphony
polifónico adj polyphonic
poligamia nf polygamy
polígamo nm polygamist ♦ adj polygamous
poliglota adj,n2g polyglot
polígono nm GEOM polygon
Polinésia nf Polynesia
polinésio adj,nm Polynesian
polinómio nm MAT polynomial
polinsaturado adj polyunsaturated
poliomielite nf MED polio
pólipo nm polyp

polir vt 1 to polish 2 fig (comportamento) to polish; to civilize
polissilábico adj polysyllabic
polissílabo adj LING polysyllabic ♦ nm LING polysyllable
politécnico adj polytechnic; *instituto politécnico* polytechnic
politeísmo nm polytheism
politeísta adj2g polytheistic ♦ n2g polytheist
política nf 1 (ciência) politics 2 (medidas) policy; *política ambiental* environmental policy
político adj political; *prisioneiro político* political prisoner ♦ nm politician; statesman
politiquice nf pej petty politics; politicking
polivalente adj2g 1 QUÍM,BIOL polyvalent 2 (usos) multipurpose
polo nm 1 GEOG,FÍS pole 2 DESP polo; *jogo de polo* polo match; *polo aquático* water polo 3 (camisola) jumper; sweater; (manga curta) polo shirt ❖ *Polo Norte* North Pole; *Polo Sul* South Pole
Polónia nf Poland
polónio nm polonium
polpa nf (fruta, legume) pulp; flesh
poltrona nf armchair; easy chair
poluente adj2g polluting ♦ nm pollutant
poluição nf pollution; contamination ❖ *poluição atmosférica* air pollution; *poluição sonora* noise pollution
poluído adj polluted; contaminated; *zona poluída* polluted area
poluir vt to pollute; to contaminate
polvilhador nm CUL dredger
polvilhar vt CUL to sprinkle [**com**, with]; to dredge [**com**, with]
polvo nm octopus
pólvora nf gunpowder ❖ pej *descobrir a pólvora* to reinvent the wheel
polvorosa nf flurry; commotion; stir; *estar tudo em polvorosa* to be all up in a stir

pomada nf cream; ointment

pomar nm 1 (campo) orchard; **pomar de pessegueiros** peach orchard 2 (loja) greengrocer's

pomba nf dove

pombal nm dovecote

pombo nm pigeon

pombo-correio nm carrier pigeon; homing pigeon

pomo nm pome ❖ **pomo de discórdia** apple of discord

pompa nf pomp; ostentation ❖ **com pompa e circunstância** stately

pompom nm pompom

pomposo adj (pessoa, atitude, cerimónia) pompous

ponche nm punch

ponderação nf 1 (reflexão) reflection; meditation 2 (avaliação) evaluation; appraisal

ponderado adj 1 (prudência) prudent; wise; judicious 2 (refletido) measured

ponderar vt 1 (avaliar) to evaluate; to weigh 2 (refletir sobre) to measure ♦ vi (refletir) to think [sobre, over]; to ponder [sobre, on]; **ponderar sobre a questão** to ponder on the issue

pónei nm pony

ponta nf 1 (extremidade) extremity; end 2 tip; **pontas dos dedos** fingertips 3 (limite) border; edge; **na ponta da mesa** at the edge of the table 4 (topo) summit; peak ❖ **até à ponta dos cabelos** up to one's ears

pontada nf (dor aguda) twinge; (de lado) stitch

ponta de lança nm DESP (futebol) striker

pontão nm (plataforma) pontoon

pontapé nm kick; **dar um pontapé** to kick ❖ DESP **pontapé de saída** kick-off; fig,col **há aos pontapés** there are loads of it

pontapear vt to kick

pontaria nf aim; **errar a pontaria** to miss one's aim; **fazer pontaria** to take aim

ponte nf 1 bridge 2 NÁUT deck; bridge 3 AER shuttle 4 (dia) long weekend

ponteado nm (costura) stitching

pontear vt 1 (superfície) to dot; to fleck 2 (costura) to baste; to tack; to stitch

ponteiro nm 1 (escola, palestra) pointer 2 (relógio, balança) hand 3 (instrumentos) pointer; needle

pontiagudo adj sharp; pointed

pontificado nm pontificate; papacy

pontificar vi 1 REL to pontificate 2 (discurso, opinião) to pontificate

pontífice nm the Pope

ponto nm 1 (posicionamento) point; **ponto de partida** point of departure 2 (lugar) spot; **ponto de encontro** meeting place 3 full stop, periodEUA; **ponto de interrogação** question mark; **ponto e vírgula** semicolon 4 (marca) dot 5 (costura) stitch; **ponto de cruz** cross stitch 6 (escola) test 7 TEAT prompter 8 col (pessoa) character; **és um ponto!** you're a character! ♦ nmpl (jogos) score

ponto-morto nm (automóvel) neutral

pontuação nf 1 LING punctuation; **sinal de pontuação** punctuation mark 2 DESP score; **quadro da pontuação** score board

pontual adj2g 1 (pessoa) punctual; on time 2 (situação) accidental; **um caso pontual** an isolated incident

pontualidade nf punctuality

pontualmente adv 1 in due time; punctually 2 (situação) casually; accidentally

pontuar vt,i 1 (texto) to punctuate 2 DESP to score

pop nm pop; **música pop** pop music

popa nf stern

popelina nf (tecido) poplin

popó nm infant car

populaça nf 1 (povo) populace; masses 2 pej (desordeiros) mob; rabble

população nf population; **aumento de população** increase in population

populacional adj2g population; people

popular *adj2g* 1 popular; widespread; *crenças populares* widespread belief 2 popular; *era uma pessoa popular* he was a popular person 3 (tradição) folk; *canção popular* folk song ◆ *n2g* man in the street; *os populares revoltaram-se* the people in the street were angry

popularidade *nf* popularity

popularizar *vt* to popularize

populismo *nm pej* populism

populista *adj,n2g* populist; *político populista* populist politician

pop-up *nm/f* (computador, Internet) pop-up

póquer *nm* poker; *jogo de póquer* poker game

por *prep* 1 by; *por mar* by sea 2 (lugar) through; *andar pela praia* to walk through the beach 3 (causa) out of; *agir por medo* to act out of fear 4 for; *trabalhar por dinheiro* to work for money 5 (distribuição) per; *dez por pessoa* ten per person

pôr *vt* 1 (colocar) to put; *pôr à venda* to put up for sale; *pôr de parte* to put aside; *pôr termo a* to put an end to 2 (disposição) to lay; to place; to set; *pôr a mesa* to lay the table; *pôr as cartas na mesa* to lay one's cards on the table 3 (movimento) to start; to set; to carry out; *pôr em andamento* to start rolling 4 (ovos) to lay 5 (estabelecer) to set; *nunca lá pus os pés* I've never set my foot there 6 (aparelho) to turn; *põe o rádio mais alto* turn the radio up; *põe o rádio mais baixo* turn the radio down ◆ *vp* 1 (sol) to set 2 (posição) to stand up; to rise; *põe-te a pé!* stand up!; *pôr-se de joelhos* to kneel down 3 (iniciar algo) to start [a, to] ❖ *põe-te no meu lugar* put yourself in my position; *pôr tudo em pratos limpos* to clear things up; *sem tirar nem pôr* precisely

porão *nm* 1 hold 2 (arrecadação) storeroom

porca *nf* 1 (animal) sow 2 (peça) screw nut ❖ *aí é que a porca torce o rabo* that's where the shoe pinches

porcalhão *adj* dirty ◆ *nm col* pig; dirty fellow

porção *nf* 1 (parte) portion; share 2 (grande quantidade) a lot [de, of]

porcaria *nf* 1 (sujidade) dirt; filth 2 *cal* crap 3 (obscenidade) smut; filth

porcelana *nf* 1 (material) porcelain 2 (louça) china; chinaware

porco *nm* 1 pig 2 CUL pork; *carne de porco* pork meat ◆ *adj* (sujo) dirty; filthy

porco-espinho *nm* porcupine

pôr do sol *nm* sunset; *ao pôr do sol* at sunset

porém *adv* yet; but; however

porfia *nf* 1 (teimosia) insistence 2 (disputa) strife; dispute; *à porfia* in competition

porfiar *vi* to persist; to insist

pormenor *nm* detail, *em pormenor* in detail; *entrar em pormenores* to go into details

pormenorizar *vt* to detail; to go into details

pornografia *nf* pornography

pornográfico *adj* pornographic, porn

poro *nm* pore

poroso *adj* 1 (relativo a poros) porous 2 (algo absorvente) spongy

porquanto *conj* since; seeing that

porque *conj* because; as ◆ *pron interr* why; *porque não?* why not?

porquê *pron interr* why ◆ *nm* cause; reason

porquinho-da-índia *nm* guinea pig

porra *interj vulg* (impaciência) damn!; shit! *vulg*

porrada *nf* 1 *pop* (sova) thrashing; beating 2 *col* (grande quantidade) loads [de, of]

porreiro *adj col* cool; great ◆ *interj col* great!; cool!

porta *nf* door; *bater com a porta* to slam the door ❖ *de porta em porta* from door to door

porta-aviões *nm* aircraft-carrier, carrier

porta-bagagem *nm* 1 (veículo) luggage carrier, carrier 2 (automóvel) boot; trunk *EUA*

porta-bandeira *nm* ensign-bearer, standard-bearer

porta-bebés *nm2n* sling

porta-chaves *nm* 1 (carteira) key holder 2 (anel) key-ring

portada *nf* 1 (porta) portal 2 (janela) shutter

portador *nm* 1 (cheque, documento) bearer; holder 2 MED carrier 3 (objetos) porter

porta-estandarte *n2g* ensign-bearer, standard-bearer

portagem *nf* 1 (quantia) toll 2 (local) toll; tollgate, tollbooth

porta-guardanapos *nm2n* 1 (argola) napkin ring 2 napkin holder

portajar *vt* to impose a toll on

porta-joias *nm* (caixa) jewel box; (estojo) jewel case

portal *nm* 1 (portão) gateway 2 (porta imponente) portal

porta-lápis *nm* pencil box, pencil case

porta-luvas *nm* (automóvel) glove compartment

porta-moedas *nm* purse

portanto *conj* 1 (por isso) therefore; consequently; as a consequence 2 (então) so

portão *nm* gate; gateway

portaria *nf* 1 (edifício) main door; front door 2 (hotel) reception desk 3 POL (diretiva) governmental order

portar-se *vp* to behave; *portar-se bem* to behave; *portar-se mal* to misbehave

portátil *adj2g* portable; *computador portátil* laptop, portable computer; *telefone portátil* portable phone ♦ *nm* INFORM laptop

portável *adj2g* portable

porta-voz *n2g* spokesperson

porte *nm* 1 (correios) postage 2 (taxa) carriage; *porte pago* carriage paid

porteiro *nm* 1 (edifício) doorkeeper; doorman 2 (cinema) commissionaire 3 (escola, instituição) caretaker; janitor ❖ *porteiro automático* entryphone

portento *nm* prodigy; marvel; wonder

portfólio *nm* portfolio

pórtico *nm* ARQ portico

portinhola *nf* 1 (porta) small door 2 (janela de navio ou avião) porthole

porto *nm* 1 port; (mais pequeno) harbour 2 (vinho) port; port wine

portuário *adj* port; *cidade portuária* port town

Portugal *nm* Portugal

português *adj,nm* Portuguese

porventura *adv* 1 (casualidade) by chance; by accident; *se porventura o vir* if you happen to see him 2 (hipótese) perhaps; maybe; *achas porventura que eu faria tal coisa?* have you ever thought that I might do such a thing?

porvir *nm* lit future; time to come

pós *prep* post

posar *vi* to pose [para, for]

pós-datar *vt* to postdate

pose *nf* 1 (para retrato) pose 2 (forma de estar) poise; elegance

pós-escrito *nm* postscript

posfácio *nm* postscript, postface

pós-graduação *nf* (universidade) post-graduation

pós-guerra *nm* post-war period

posição *nf* 1 (espaço) position; *posição horizontal* horizontal position; *posição vertical* vertical position 2 (opinião) position; opinion 3 (desporto, hierarquia) rank

posicionamento *nm* positioning

posicionar *vt* to position; to place ♦ *vp* to position oneself

positiva *nf* (escola) positive mark; positive test; *tiveste positiva?* did you make it?

positivismo *nm* positivism

positivista *adj,n2g* positivist

positivo *adj* 1 positive 2 (resposta) affirmative

posologia *nf* 1 FARM (dosagem) posology; dosage 2 FARM (instruções) directions for use

possante *adj2g* powerful; strong

posse *nf* possession ♦ *nfpl* (património) wealth; belongings

possessão *nf* possession

possessivo *adj* 1 possessive; *uma pessoa possessiva* a possessive person 2 LING possessive ❖ *pronome possessivo* possessive pronoun

possesso *adj* 1 (espíritos) possessed 2 (furioso) mad; angry; *ele ficou possesso* he was mad

possibilidade *nf* possibility; *não há qualquer possibilidade* there is no possibility ♦ *nfpl* (dinheiro) means; *possibilidades económicas* financial means

possibilitar *vt* to make possible; to enable

possível *adj2g,nm* possible

possivelmente *adv* possibly; perhaps; probably

possuidor *nm* owner; possessor

possuir *vt* (objeto, bem) to possess; to own; to have

post *nm* (grupo de discussão, blogue) post

posta *nf* 1 (fatia) slice; piece; *posta de carne* slice of meat 2 (peixe) steak; *posta de salmão* salmon steak ❖ *arrotar postas de pescada* to brag

postal *adj2g* postal; *vale postal* postal order ♦ *nm* postcard; card; *postal ilustrado* postcard

postar *vt* (em grupo de discussão, blogue) to post

posta-restante *nf* poste restante GB; general delivery EUA

poste *nm* post; pole ❖ DESP *postes da baliza* goalposts; *poste de iluminação* lamppost

poster ou **póster** *nm* poster

posteridade *nf* posterity ❖ *ficar para a posteridade* to go down in history; to be handed down to posterity

posterior *adj2g* 1 (tempo) posterior; subsequent; *ser posterior a* to be subsequent to 2 (seguinte) following; later 3 (animais) posterior; hind; rear

posteriormente *adv* later on; subsequently

postiço *adj* false; artificial ❖ *cabeleira postiça* wig; *dentes postiços* false teeth

postigo *nm* 1 (janela) peep window; peephole 2 (bilheteira) ticket office

posto *nm* 1 (emprego) post 2 (local) station; post; *posto de observação* observation post 3 MIL rank; *de posto inferior* lower in rank ♦ *adj* 1 (objeto) placed; put; set 2 (sol) set ❖ *posto que* since; as; *estar a postos* to be ready

postulado *nm* postulate

postular *vt* to postulate

póstumo *adj* posthumous

postura *nf* 1 (corpo) posture 2 (comportamento) attitude 3 (ovos) laying

pós-venda *adj2g* aftersales ❖ *serviço pós-venda* aftersales service, client assistance

potassa *nf* potash

potássio *nm* potassium

potável *adj2g* drinkable; *água potável* drinking water

pote *nm* 1 (recipiente) pot 2 (bacio) chamber pot ❖ *está a chover a potes* it's raining cats and dogs

potência *nf* 1 (poder) power; *de grande potência* high-powered 2 (capacidade) potency; *potência sexual* sexual potency 3 MAT power; *elevar à terceira potência* to raise into the third power

potencial *adj2g* potential; possible ♦ *nm* potential; *ter muito potencial* to have a lot of potential

potencialidade *nf* potential; *uma pessoa cheia de potencialidades* a person full of potential

potente *adj2g* 1 (força) powerful; strong; potent 2 *fig,col* (acontecimento) wild; impressive

potro *nm* colt

pouca-vergonha *nf col* shamelessness; shame; *que pouca-vergonha!* outrageous!

pouco *quant exist,pron indef* **1** (quantidade) little **2** [plural] few; *poucos vieram* only a few came ♦ *adv* (quantidade) little; not much; *pouco a pouco* little by little ♦ *nm* (quantidade) little; bit; *um pouco de* a bit of ❖ *estar por pouco* to hang by a thread; *pouco depois* soon after

poupa *nf* **1** (de ave) crest **2** (cabelo) quiff

poupado *adj* economical; thrifty; sparing

poupança *nf* thrift; savings ❖ *conta poupança* savings account

poupar *vt* **1** (dinheiro, esforços) to save; *poupar dinheiro* to save money, to save up **2** (não fazer mal a) to spare ♦ *vp* (proteção) to spare [a, from]; *não se poupar a esforços* to spare no pains; *poupa-me os detalhes* spare me from details

pousada *nf* travel inn; lodge, lodging house; guest house ❖ *pousada de juventude* youth hostel

pousar *vt* **1** (objeto, pessoa ao colo) to put down; to set down; *pousa a mala* put your suitcase down **2** (telefone) to hang up ♦ *vi* **1** (avião) to land **2** (pássaro) to perch

pousio *nm AGR* fallow land

pouso *nm* resting place ❖ *não ter pouso certo* to move from place to place

povo *nm* **1** people; *os povos de língua inglesa* English-speaking people **2** (populaça) crowd; populace **3** (tradições) folk; *cultura do povo* folk culture

povoação *nf* **1** (vila) village **2** (conjunto de casas) settlement **3** (habitantes) population

povoado *adj* populous; peopled ♦ *nm* **1** (vila) village **2** (grupo de casas) settlement

povoador *nm* **1** (local) settler **2** (colónia) colonist

povoar *vt* **1** to populate **2** (colónia) to colonize **3** (território) to settle ♦ *vp* to become populated

praça *nf* **1** (largo) square; plaza **2** (feira, mercado) market place ❖ *praça de táxis* taxi rank; taxi stand; *praça de touros* bullring

praceta *nf* small square

pradaria *nf* prairie

prado *nm* meadow

praga *nf* **1** (maldição) curse; *lançar uma praga a alguém* to curse someone **2** (calamidade) plague

pragmática *nf* pragmatics

pragmático *adj* pragmatic; practical

pragmatismo *nm* pragmatism

praguejar *vi* **1** (maldição) to curse; to damn **2** (insulto) to curse; to swear

praia *nf* **1** (mar, rio) beach; *ir à praia* to go to the beach **2** (costa) seaside; shore; *estância de praia* shore resort

prancha *nf* board; plank ❖ (natação) *prancha de batimentos* kick board; *prancha de surf* surfboard; (natação) *prancha para mergulho* diving board

prancheta *nf* drawing board

pranto *nm* **1** (queixume) wailing; whining **2** (choro) weeping; tears

praseodímio *nm* praseodymium

prata *nf* silver; *medalha de prata* silver medal ♦ *nfpl* (louçaria) silverware

pratada *nf* plateful

prateado *adj* **1** (tonalidade) silver; silvery **2** (revestido a prata) silver-plated

pratear *vt* to silver

prateleira *nf* **1** (móvel) shelf **2** (estante) rack; *preciso de uma prateleira para os livros* I need a rack for my books

prática *nf* **1** (execução, ato) practice; *pôr em prática* to put into practice **2** (experiência) experience [em, in]; *falta de prática* inexperience, lack of experience; *ter prática em* to be experienced in **3** (forma de ação) practice; procedure; *prática corrente* common practice

praticamente *adv* practically

praticante *adj2g* practising ♦ *n2g* practitioner; *praticante de desporto* sporty person

praticar *vt,i* (atividade, desporto) to practise; to exercise ♦ *vi* to practise; to exercise

praticável *adj2g* practicable; practical; feasible

prático *adj* 1 (pessoas) practical; matter-of-fact; *espírito prático* practical mind 2 (roupa) practical; functional; casual 3 (com experiência) skilled; experienced

prato *nm* 1 dish; plate 2 CUL course; *prato do dia* today's special 3 (balança) pan ♦ *nmpl* MÚS cymbals

praxar *vt col* to initiate

praxe *nf* 1 (costumes) custom; tradition 2 *col* (universidade) hazing; initiation ritual

prazer *nm* pleasure; *com todo o prazer* with pleasure; *ter prazer em* to find pleasure in

prazo *nm* term; *a curto/longo prazo* in the short/long term; *prazo de validade* expiry date; *prazo limite* deadline

preâmbulo *nm* 1 preamble 2 preface

pré-aviso *nm* advance notice; *pré-aviso de greve* strike notice; *pré-aviso de um mês* a month's notice, a month's warning

precariedade *nf* 1 (fragilidade) precariousness 2 (insegurança) insecurity

precário *adj* precarious; insecure; *situação precária* narrow circumstances

preçário *nm* price list

precaução *nf* precaution ❖ *por precaução* as a precaution; *tomar precauções contra* to take precautions against

precaver *vt* to warn [de, of]; to forewarn [de, of]; to caution [de, against] ♦ *vp* to take precautions [de, of; contra, against]

precavido *adj* cautious; careful

prece *nf* prayer

precedência *nf* precedence

precedente *nm* precedent; *abrir um precedente* to set a precedent ♦ *adj2g* preceding; previous; *um caso precedente* a preceding case ❖ *sem precedentes* unheard of

preceder *vt,i* to precede; to come before

preceito *nm* 1 (princípio) precept; maxim; principle 2 (regra) rule; etiquette; *seguir todos os preceitos* to observe etiquette

precetor *nm* preceptor; tutor; teacher

preciosidade *nf* 1 (qualidade) preciousness 2 (coisa, pessoa) jewel *fig*

preciosismo *nm pej* (linguagem, ato) preciosity

precioso *adj* precious

precipício *nm* precipice; cliff; *cair num precipício* to fall into a cliff

precipitação *nf* 1 precipitation; *precipitação atmosférica* rainfall 2 (pressa) hastiness

precipitadamente *adv* hurriedly; hastily

precipitado *adj* rash; hasty; *tirar conclusões precipitadas* to jump to conclusions

precipitar *vt* (pressa) to precipitate; to hasten; *precipitar os acontecimentos* to precipitate events ♦ *vp* 1 (agir irrefletidamente) to be hasty; to jump to conclusions 2 (lançar-se) to rush [para, for]; to dash [para, to]; *precipitar-se para* to make a dash for; *precipitar-se para a rua* to dash into the street

precisamente *adv* precisely; exactly ❖ *mais precisamente* to be precise

precisão *nf* precision; accuracy; exactness

precisar *vi* 1 (necessitar) to need [de, -]; to want [de, -]; *precisa de mais alguma coisa?* do you need anything else?; *tu não precisas disso* you don't need that 2 (ter de) must [de, -]; have to [de, -]; need to [de, -]; *não precisa de ir* you needn't go; *já não precisar de* to have no further use for; *preciso de vê-lo* I have to see him ♦ *vt* to specify; to clarify ♦ *vp* to be in want ❖ *precisa-se* wanted

preciso *adj* 1 (necessário) necessary; needful; *se for preciso* in case of need 2 (claro) accurate; precise; exact 3 (exato) precise; exact

preço nm 1 price; cost; *qual é o preço disto?* how much is this? 2 (serviço) charge; *preço do bilhete* ticket charge ❖ *ao preço da chuva* for a song; *não ter preço* to be priceless

precoce adj2g 1 precocious 2 premature; early

precocidade nf precocity

preconcebido adj preconceived

preconceito nm prejudice; preconception

preconceituoso adj prejudiced; biased

preconizar vt 1 (defender) to advocate 2 (recomendar) to recommend; to advise

pré-cozinhado adj precooked

precursor adj precursory ♦ nm precursor; forerunner; predecessor

predador nm predator ♦ adj predatory

pré-datado adj (cheque) previously dated

predecessor nm predecessor

predestinação nf predestination

predestinar vt to predestine

predeterminar vt to predetermine

predial adj2g (of) building ❖ *contribuição predial* land tax; property tax

prédica nf 1 REL sermon; preaching 2 (discurso) speech

predicado nm 1 LING predicate 2 (característica) attribute; quality; talent

predileção nf preference; liking

predileto adj 1 (coisas) favourite; pet 2 (pessoas) favourite; *o sobrinho predileto* one's favourite nephew

prédio nm 1 (edifício) building; *ele vive num prédio velho* he lives in an old building; *prédio de apartamentos* apartment building 2 (propriedade) estate; property

predispor vt 1 to predispose [a, to] 2 (preparar) to prepare [para, for] ♦ vp to prepare yourself [para, for]; to get ready [para, for]

predisposição nf inclination; tendency

predizer vt to foretell; to predict; *predizer o futuro* to foretell the future

predominância nf predominance; preponderance

predominante adj2g predominant; preponderant

predominar vi to prevail [sobre, over]; to predominate [sobre, over]

predomínio nm 1 (preponderância) predominance; preponderance 2 (domínio) supremacy; dominion

pré-eleitoral adj2g pre-election

preeminência nf pre-eminence; excellence; peerlessness; magnificence

preeminente adj2g pre-eminent; peerless; excellent

preencher vt 1 (impresso, formulário) to fill in 2 (requisitos, critérios) to fulfil; to meet; to satisfy 3 (cargo, vaga) to fill; *a vaga já está preenchida* the vacancy has already been filled 4 (tempo, necessidade) to fill in

preenchimento nm filling (in)

preestabelecer vt to pre-establish; to predetermine

preexistente adj2g pre-existent

pré-fabricado adj prefabricated

prefaciar vt to preface

prefácio nm preface, foreword; introduction

prefeito nm 1 prefect 2 (escola, universidade) monitor, proctor 3 Bras mayor

preferência nf 1 (predileção) preference [por, for]; predilection [por, for] 2 (prioridade) priority; privilege; precedence ❖ *de preferência* preferably

preferencial adj2g preferential

preferido adj favourite; *é um dos meus filmes preferidos* it's one of my favourite movies ♦ nm favourite; *estas bolachas são as minhas preferidas* these cookies are my favourite

preferir vt to prefer; *preferia ir sozinha* I would rather go alone; *prefiro chá a café* I prefer tea to coffee

preferível *adj2g* preferable; *é preferível não lhe contarmos a verdade* it is preferable not to tell her the truth

prefigurar *vt* to prefigure; to foreshadow ♦ *vp (estar iminente)* to be on the way

prefixar *vt* LING to prefix

prefixo *nm* LING prefix

prega *nf* 1 *(costura)* fold; pleat; *saia de pregas* pleated skirt 2 *(ruga)* crease; wrinkle

pregação *nf* sermon

pregador *nm* preacher

pregão *nm* 1 *(street)* cry 2 announcement

pregar[1] */é/ vt* 1 to preach; *pregar a palavra de Deus* to preach the word of God 2 *(anunciar)* to proclaim; to announce ♦ *vi* to evangelize ❖ *pregar aos peixes* to fall on deaf ears

pregar[2] */e/ vt* 1 *(prego)* to hammer [*em*, into]; *pregar um prego numa parede* to hammer a nail into a wall 2 *(tábua)* to nail [*em*, into] 3 *(alfinete, pionés, etc.)* to pin 4 *(botão)* to sew on 5 *col (bofetada, soco)* to land [*em*, in] ❖ *pregar uma partida a alguém* to play a prank on someone; *pregar uma rasteira a alguém* to trip somebody up; *pregar um susto a alguém* to give somebody a fright; *não pregar olho* not to sleep a wink

prego *nm* 1 nail; tack; *pregar um prego* to hammer a nail 2 CUL steak; *prego em pão* steak sandwich 3 *col (casa de penhores)* pawnshop; *pôr no prego* to put in pawn ❖ *prego a fundo!* step on it!

pregoeiro *nm* 1 crier 2 *(leilão)* auctioneer

pregueado *adj* pleated ♦ *nm* pleats, pleating

preguear *vt* to pleat, to make pleats in

preguiça *nf* 1 laziness; sloth; *ter preguiça* to be lazy 2 *(animal)* sloth

preguiçar *vi* to idle (away); to laze (about)

preguiçoso *adj* lazy; idle ♦ *nm* lazybones; idler

pré-história *nf* prehistory

pré-histórico *adj* prehistoric

preia-mar *nf* high tide

pré-impressão *nf* prepress

prejudicar *vt* 1 *(lesar)* to be harmful to; to be bad for; to harm 2 *(danificar)* to damage 3 *(reputação)* to sully; to tarnish

prejudicial *adj2g* prejudicial [**a/para**, to]; harmful [**a/para**, to]

prejuízo *nm* 1 ECON loss 2 *(dano)* damage; harm ❖ *em prejuízo de* to the detriment of

prelado *nm* prelate

pré-lavagem *nf* prewash

preleção *nf* lecture

preliminar *adj2g* preliminary ♦ *nm* 1 preliminaries; prelude 2 prologue; introduction ♦ *nmpl* (sexo) foreplay

prelo *nm* press; printing press; *este artigo acabou de sair do prelo* this article is hot off the press ❖ *estar no prelo* to be in the press

prelúdio *nm* 1 introduction; prologue; prelude 2 MÚS prelude

prematuro *adj* 1 *(bebé, parto)* premature; preterm 2 *(precoce)* premature; precocious

premeditação *nf* premeditation; preplanning; forethought

premeditadamente *adv* with premeditation

premeditar *vt* to premeditate; to scheme; to preplan

premente *adj2g* urgent; pressing; *um assunto premente* a pressing matter

premiado *adj* 1 prizewinning; award-winning; *ator premiado* award-winning actor 2 *(sorteado)* winning; *bilhete de lotaria premiado* winning lottery ticket ♦ *nm* prizewinner, award winner

premiar *vt* 1 *(galardoar)* to award a prize to 2 *(recompensar)* to reward

prémio *nm* 1 prize 2 *(recompensa)* bonus; reward 3 *(de seguro)* premium

premir *vt* to press; to push

premissa *nf* premise

premonição *nf* 1 (*pressentimento*) premonition 2 (*aviso*) forewarning

premonitório *adj* premonitory

pré-natal *adj2g* antenatal *GB*; prenatal *EUA*

prenda *nf* gift; present

prendado *adj* talented; gifted; skilled

prender *vt* 1 (*deter*) to arrest; *prender alguém por ter cometido algo* to arrest someone for something 2 (*fechar*) to lock up; *ela prendeu o cão na garagem* she locked up her dog in the garage 3 (*fixar*) to attach; to fasten; to fix; *ele prendeu a prateleira à parede* he fixed the counter to the wall 4 (*cabelo*) to tie back 5 *fig* (*cativar*) to attract; to captivate 6 *fig* (*laço afetivo*) to bind; *nada me prende a esta cidade* nothing binds me to this city ♦ *vp* 1 (*ficar preso*) to get stuck, to get caught; *o meu cabelo prendeu-se no botão do casaco* my hair got caught on the button of the jacket 2 (*relacionar-se*) to be related [**com**, to] 3 *fig* (*afeiçoar-se, casar-se*) to tie yourself down

prenhe *adj2g* (*animal*) pregnant

prenome *nm* forename; first name; Christian name

prensa *nf* 1 (*compressão*) press 2 (*máquina impressora*) printing press

prensar *vt* to press

prenunciar *vt* 1 (*pressagiar*) to forebode; to portend 2 (*prever*) to foretell; to predict

prenúncio *nm* 1 (*presságio*) premonition; foreboding 2 (*previsão*) prognostic; prediction; forecast

pré-nupcial *adj2g* antenuptial, prenuptial; *acordo pré-nupcial* antenuptial contract

preocupação *nf* 1 (*sentimento*) anxiety; worry; apprehension 2 (*problema*) care; worry; problem

preocupado *adj* worried [**com**, about]; concerned [**com**, about]

preocupante *adj2g* worrying

preocupar *vt* to worry; to bother; *preocupa-me que ela fume tanto* it worries me that she smokes so much ♦ *vp* to worry [**com**, about]; to get worried [**com**, about]; *não te preocupes comigo!* don't worry about me!

pré-pagamento *nm* prepayment

preparação *nf* preparation

preparado *adj* prepared [**para**, for]; ready [**para**, for] ♦ *nm* preparation

preparador *nm* trainer ❖ *preparador físico* coach

preparar *vt,p* 1 to prepare [**para**, for]; to (make) ready [**para**, for] 2 (*organizar*) to arrange; to plan; *preparar uma festa* to arrange a party ♦ *vp* to get ready [**para**, for]; to prepare yourself [**para**, for]; *ela preparou-se para sair* she got ready to go out; *prepara-te para uma grande surpresa* prepare for a big surprise

preparativo *nm* preparation ♦ *nmpl* preparations; arrangements

preparatório *adj* preparatory; *escola preparatória* prep school

preponderância *nf* preponderance; predominance; supremacy

preponderante *adj2g* 1 (*predominante*) preponderant; predominant; prevailing 2 (*importante*) decisive; important

preponderar *vi* to predominate

preposição *nf* LING preposition

preposicional *adj2g* prepositional

prepotência *nf* tyranny

prepotente *adj2g* overbearing; tyrannical; authoritarian

pré-primária *nf* infant school

pré-reforma *nf* early retirement

pré-requisito *nm* prerequisite

prerrogativa *nf* prerogative [**de**, of]; privilege [**de**, of]

presa *nf* 1 prey 2 (*lobo, serpente*) fang 3 (*garra de ave de rapina*) talon 4 (*elefante*) tusk

presbiterianismo *nm* Presbyterianism

presbiteriano *nm,adj* presbyterian

prescindir *vi* to renounce [**de**, -]; to give up [**de**, with]; to do without [**de**, -]; *prescindo da tua ajuda* I can do without your help

prescindível *adj2g* dispensable; unnecessary

prescrever *vt* 1 (*medicamento*) to prescribe 2 (*determinar*) to establish; to determine 3 (*recomendar*) to recommend; to suggest ♦ *vi* DIR to lapse; to expire

prescrição *nf* 1 (*receita médica*) prescription 2 DIR expiration 3 (*ordem*) command; order; directive

prescritivo *adj* prescriptive

prescrito *adj* 1 (*medicamento, tratamento*) prescribed; ordered 2 (*lei, contrato*) extinct

pré-seleção *nf* preselection

presença *nf* 1 presence; *a presença dele incomoda-me* his presence annoys me 2 (*existência*) existence; *a análise revelou a presença de álcool no sangue* the blood test revealed the presence of alcohol in the blood ❖ *presença de espírito* presence of mind; *na presença de* in the presence of

presenciar *vt* to witness

presente *nm* 1 (*tempo atual*) the present 2 (*prenda*) present, gift; *presentes de Natal* Christmas presents 3 LING present tense ♦ *adj2g* 1 (*comparência*) present; *estar presente (em)* to be present (at) 2 (*atual*) present; current; *no tempo presente* at the present time ❖ *ter presente* to bear in mind

presentear *vt* to present [**com**, with]

presentemente *adv* 1 (*agora*) at present; now; presently 2 (*atualmente*) nowadays; at the present time

presépio *nm* crib

preservação *nf* 1 (*conservação*) preservation; *a preservação do centro histórico da cidade* the preservation of the historical centre of the city 2 (*proteção*) protec-

tion; conservation; *a preservação da natureza* the conservation of nature

preservar *vt* 1 (*conservar*) to preserve; to conserve; to maintain; *preservar a qualidade da água* to maintain the quality of water 2 (*proteger*) to keep safe; to protect; to safeguard; *medidas para preservar os animais selvagens* measures to protect wildlife

preservativo *nm* condom; prophylactic*EUA*; sheath*GB*

presidência *nf* 1 POL (*país*) presidency 2 (*empresa, instituição*) chairmanship; administration; *assumir a presidência* to take the chair, to chair 3 (*câmara*) mayoralty

presidencial *adj2g* presidential; *eleições presidenciais* presidential election

presidente *n2g* 1 (*país, banco, instituição*) president; *presidente da associação de estudantes* president of the students' union; *Presidente da República* President of the Republic 2 (*empresa*) chairman, chairwoman; *a presidente da companhia petrolífera* the chairwoman of the oil company; *presidente do conselho executivo* Chief Executive Officer 3 (*câmara*) mayor

presidiário *nm* convict; prisoner

presídio *nm* (*cadeia*) prison; jail

presidir *vi* 1 (*comandar*) to preside [**a**, at/over]; to chair [**a**, -]; *presidir à reunião* to chair the meeting, to preside at the meeting 2 to take the chair

presilha *nf* (*calças*) (belt) loop

preso *adj* 1 (*cadeia*) arrested 2 stuck; *ficar preso no trânsito* to be stuck in traffic 3 (*atado*) tied [**a**, to] 4 (*ligado*) bound; tied ♦ *nm* prisoner

pressa *nf* haste; hurry; rush; *à pressa* in haste; in a hurry; *não tenha pressa!* take your time!

pressagiar *vt* 1 (*agoirar*) to presage; to foreshadow; to augur; to bode 2 (*prever*) to foretell; to predict

presságio nm presage; omen

pressão nf pressure; *estar sob pressão* to be under pressure; *pressão arterial* blood pressure

pressentimento nm 1 (coisa má) foreboding, presentiment 2 (palpite) feeling; *tenho o pressentimento de que ele não vem* I have the feeling he is not coming; *um bom pressentimento* a good feeling

pressentir vt 1 (perigo) to forebode; to foretell; to predict 2 (sentir) to feel

pressionar vt 1 (pessoa) to pressure [a, to/into]; to put pressure on [a, to/into] 2 (botão, tecla) to press; to push

pressupor vt 1 to presuppose; to presume; to assume; *pressuponho que sejas o irmão dele* I presume you to be his brother 2 to imply

pressuposição nf presupposition; presumption

pressuposto nm (premissa) assumption; premise ♦ adj 1 (suposto) assumed; presupposed 2 (esperado) taken for granted; expected

prestação nf 1 (quantia) instalment 2 (desempenho) performance 3 (de serviços) providing, rendering

prestar vt 1 (serviços) to render, to provide; *honorários por serviços prestados* payment for services rendered 2 (atenção, homenagem) to pay; *meninos, prestem atenção!* children, pay attention!; *os alunos prestaram homenagem ao professor reformado* the students paid homage to the retired teacher 3 (juramento) to take; *a testemunha prestou juramento no tribunal* the witness took an oath in court ♦ vi to be of use; *não prestar para nada* to be good for nothing, to be of no use ♦ vp 1 (ser adequado) to lend oneself; to be suitable for; *a voz dela presta-se a este tipo de canções* her voice lends itself for this type of songs 2 (estar disposto a) to volunteer; to offer (oneself)

prestável adj2g 1 (pessoa) obliging; helpful 2 (objeto) useful; of use

prestes adj2g ready ❖ *prestes a* ready to; about to; *estar prestes a* to be on the point of

prestidigitação nf conjuring; magic

prestidigitador nm prestidigitator; illusionist

prestigiar vt to confer prestige to ♦ vp to gain prestige

prestígio nm prestige; *um hotel de prestígio internacional* a hotel of international prestige

préstimo nm 1 (utilidade) usefulness; utility 2 (valor) merit; worth

presumido adj conceited; self-important; presumptuous

presumir vt to presume; to assume; to suppose

presumível adj2g alleged; suspected; *o presumível assassino* the suspected murderer

presunção nf (geral) presumption

presunçoso adj conceited; arrogant

presunto nm smoked ham

pretendente n2g (cargo, trono, lugar) claimant [a, to]; pretender [a, to]

pretender vt 1 (desejar) to wish; to want 2 (tencionar) to intend to 3 (ambicionar) to aspire to

pretensão nf 1 (exigência) pretension; claim 2 (intenção) aim; goal

pretensiosismo nm arrogance; conceit

pretensioso adj pretentious; conceited

pretenso adj 1 supposed; assumed; presumed 2 would-be; *um pretenso escritor* a would-be writer

preterir vt 1 (posto, emprego) to pass over; *ele foi preterido a favor do outro candidato* he was passed over in favour of the other candidate 2 (excluir) to exclude

pretérito nm LING past tense

pretextar vt to allege

pretexto nm pretext; excuse

preto *adj,nm* (cor) black; *uma fotografia a preto e branco* a black and white photo ♦ *nm pej* (pessoa) black, coloured ❖ *pôr alguma coisa preto no branco* to put something down in black and white

prevalecer *vi* 1 (*superar*) to prevail [sobre, over] 2 (*predominar*) to predominate; to preponderate

prevalência *nf* predominance; primacy

prevaricação *nf* breach of one's duty

prevaricador *nm* prevaricator, breaker of one's duty

prevaricar *vi* to break one's duty

prevenção *nf* 1 prevention 2 (*alerta*) alert

prevenido *adj* forewarned; prepared ❖ *homem prevenido vale por dois* forewarned is forearmed

prevenir *vt* 1 (*prever*) to anticipate; to forecast 2 (*avisar*) to forewarn [em relação a, against]; to caution [em relação a, against] 3 (*evitar*) to prevent; to avoid ♦ *vp* (*preparar-se*) to prepare yourself ❖ *mais vale prevenir que remediar* prevention is better than cure

preventivo *adj* preventive; *medicina preventiva* preventive medicine

prever *vt* to predict; to foresee; to anticipate

previamente *adv* previously

previdência *nf* providence; foresight; far-sightedness

previdente *adj2g* provident; long-sighted; foresighted

prévio *adj* 1 previous; prior; *aviso prévio* prior notice 2 former; earlier

previsão *nf* forecast; prediction; estimate

previsível *adj2g* 1 predictable; foreseeable; *resultados previsíveis* foreseeable results 2 *pej* predictable; uninteresting

previsto *adj* 1 foreseen; predicted; *tal como previsto* as foreseen 2 expected; *o comboio tem chegada prevista para as 10 horas* the train is expected at 10 o'-clock

prezado *adj* 1 dear; (carta) *prezada amiga* my dear friend 2 esteemed; respected; admired

prezar *vt* 1 (*estimar*) to esteem; to prize; to respect 2 (*dar valor*) to value; to treasure; *prezo a minha liberdade* I treasure my freedom

primacial *adj2g* primal; fundamental

primado *nm* primacy; supremacy; predominance

prima-dona *nf* MÚS prima donna

primar *vi* (*distinguir-se*) to stand out [por, for]; *este artista prima pela originalidade* this artist stands out for his originality

primária *nf* primary school

primário *adj* 1 primary; *cores primárias* primary colours; *escola primária* primary school 2 (*fundamental*) prime; *necessidade primária* prime necessity 3 *pej* (*primitivo*) primitive

primata *nm* primate

primavera *nf* 1 (estação do ano) spring 2 (*juventude*) youth ♦ *nfpl* (anos de idade) years of age

primaveril *adj2g* springlike

primazia *nf* 1 (*superioridade*) primacy; superiority 2 (*prioridade*) priority; precedence; *o clube dá primazia aos sócios* the club gives priority to its members

primeira *nf* 1 (automóvel) first (gear); *meter a primeira* to put the car in first 2 (classe) first class; *ela só viaja em primeira* she only travels first class; *hotel de primeira* first-class hotel

primeiro *adj* 1 first; *a primeira vez* the first time 2 (*essencial*) fundamental; basic ♦ *adj num* first ♦ *adv* firstly; first ❖ *primeiros socorros* first aid; *em primeira mão* first-hand

primeiro-ministro *nm* prime minister; premier

primitivo *adj* 1 primitive; *o homem primitivo* primitive man; *tribos primitivas* primitive tribes 2 (*rudimentar*) rudimentary

primo nm cousin ♦ adj 1 (número) prime 2 (matéria) raw

primogénito adj,nm firstborn

primor nm 1 (perfeição) perfection; excellence; magnificence 2 (beleza) beauty; charm 3 (requinte) refinement; fineness; delicacy ❖ com primor delicately

primordial adj2g 1 (primitivo) primordial; primeval; primitive 2 (principal) main; most important

primórdios nmpl (origem) origin; beginning

primoroso adj exquisite; excellent; perfect

princesa nf princess; a princesa real the royal princess

principado nm 1 (título) princedom 2 (nação) principality; principate

principal adj2g 1 main; principal; chief 2 (ator) leading ♦ nm (o mais importante) the main thing

principalmente adv principally; mainly; chiefly

príncipe nm prince ❖ príncipe encantado Prince Charming; príncipe herdeiro Crown Prince

principesco adj princely

principiante n2g beginner; novice ❖ sorte de principiante beginner's luck

principiar vt to begin; to start ♦ vi to begin [a, to]; to start [a, -]; principiei a estudar hoje I started studying today

princípio nm 1 (início) beginning; start 2 (moral) principle 3 (regra) principle; rule; law ❖ em princípio in principle; partindo do princípio que assuming that

prior nm prior

prioridade nf 1 (geral) priority; dar prioridade a to give priority to 2 (estrada) right of way; dar prioridade a to give right of way; ter prioridade to have right of way

prioritário adj urgent; assunto prioritário urgent business

prisão nf 1 (cadeia) prison; jail; ir para a prisão to go to prison 2 (detenção) arrest; capture 3 (clausura) arrest; custody ❖ prisão de ventre constipation

prisca nf cigarette end, cigarette butt

prisional adj2g prison

prisioneiro nm prisoner; convict ❖ prisioneiro de guerra prisoner of war; prisioneiro político political prisoner; prisoner of conscience

prisma nm 1 GEOM prism 2 fig (ponto de vista) point of view; perspective; não vejo as coisas por esse prisma I don't see the issue from that perspective

privação nf deprivation [de, of] ♦ nfpl hardship; passar privações to suffer hardship

privacidade nf privacy

privada nf 1 water closet 2 (pública) latrine; toilet 3 col (universidade) private university; ele estuda numa privada he studies in a private university

privado adj 1 (privativo, pessoal) private; personal 2 (carenciado) deprived [de, of] ❖ em privado in private

privar vt to deprive [de, of] ♦ vi to be on intimate terms [com, with]; to rub shoulders [com, with] ♦ vp to deprive yourself [de, of]

privativo adj private

privatização nf privatization

privatizar vt to privatize

privilegiado adj 1 privileged; estar numa posição privilegiada to be in a privileged position 2 (sortudo) fortunate; lucky; considero-me privilegiada por ter emprego I count myself lucky for having a job ♦ nm privileged person; lucky person

privilegiar vt to favour; to privilege

privilégio nm privilege

pró nm pro; advantage ♦ adv in favour of, for, pro ❖ nem pró nem contra neither for nor against; os prós e os contras the pros and cons

proa *nf* prow; bow

pró-ativo *adj* proactive

probabilidade *nf* probability

problema *nm* 1 problem; trouble 2 MAT problem

problemático *adj* 1 problem; problematic; *uma criança problemática* a problem child 2 (pessoa) difficult

procedência *nf* 1 (origem) origin; provenance 2 (linhagem) descent; ancestry

procedente *adj2g* coming [de, from]

proceder *vi* 1 (agir) to behave; to act; *proceder bem* to do the right thing; *proceder mal* to act wrongly 2 (ter origem) to originate [de, in]; to arise [de, from]; to come [de, from]; *este vocábulo procede do Latim* this word comes from Latin 3 (levar a efeito) to proceed [a, with]; get on [a, with]

procedimento *nm* 1 procedure; *seguir os procedimentos de segurança* to follow the safety procedures 2 (comportamento) conduct; behaviour; *mau procedimento* wrongdoing

processador *nm* INFORM processor ❖ INFORM *processador de texto* word processor

processamento *nm* processing ❖ INFORM *processamento de dados* data processing; INFORM *processamento de texto* word processing

processar *vt* 1 DIR to sue; to proceed against 2 INFORM to process

processional *adj2g* processional

processo *nm* 1 process 2 DIR lawsuit 3 (documentos) file

procissão *nf* procession; train

proclamação *nf* proclamation; announcement; declaration

proclamar *vt* 1 (anunciar) to proclaim; to announce; to declare; *proclamar a independência* to declare independence 2 (eleger) to proclaim; *a população proclamou-o rei* the people proclaimed him king ♦

vp to proclaim oneself; *ele proclamou-se rei* he proclaimed himself king

procriação *nf* procreation; reproduction

procriar *vt,i* to procreate; to reproduce

procura *nf* 1 (busca) search; pursuit 2 ECON demand; *oferta e procura* supply and demand

procuração *nf* DIR power of attorney

procurador *nm* attorney ❖ *Procurador Geral da República* Attorney General

procuradoria *nf* attorneyship

procurar *vt* 1 (andar à procura) to search for; to look for; *procurar emprego* to look for a job; *procurei o livro em todo o lado* I've searched everywhere for the book 2 (tentar) to try; *procurei falar com ela* I tried to talk to her ❖ *procurar uma agulha num palheiro* to look for a needle in a haystack; *procura-se apartamento* flat wanted

prodigalizar *vt* (esbanjar) to waste; to squander; to lavish

prodígio *nm* prodigy

prodigioso *adj* prodigious

pródigo *adj* 1 (gastador) prodigal; wasteful; spendthrift 2 (generoso) generous ❖ *filho pródigo* prodigal son

produção *nf* 1 production; (fabrico) *custos de produção* production costs; CIN,TV *produção cinematográfica* film production 2 (produto, obra) product; production

produtividade *nf* productivity

produtivo *adj* 1 productive; *um trabalhador altamente produtivo* a highly productive worker 2 fertile; *solo produtivo* fertile soil

produto *nm* (geral) product; *o lançamento de novos produtos* the launch of new products; *o produto de 2 e 3 é 6* the product of 2 and 3 is 6 ❖ *produtos de limpeza* cosmetics; ECON *produto interno bruto* gross domestic product; *produtos naturais* natural produce

produtor nm (geral) producer ♦ adj producing; *um país produtor de cortiça* a cork-producing country

produzido adj col (pessoa) dressed up

produzir vt 1 (fabricar) to produce; to manufacture 2 (produtos naturais) to produce; to grow 3 (render) to produce; to bear; to yield; *esta macieira produz muita fruta* this apple tree yields a lot of fruit 4 (originar) to cause; to produce 5 CIN,TV to produce ♦ vp 1 (aperaltar-se) to dress up 2 (ocorrer) to happen; to occur; to take place

proeminência nf 1 (saliência) prominence 2 (importância) prominence; importance

proeminente adj2g 1 (importante) important; eminent; prominent 2 (saliente) prominent; protuberant

proeza nf deed; feat; achievement

prof n2g col teacher

profanação nf profanation

profanar vt to profane; to desecrate; to debase; *profanar um local sagrado* to profane a sacred place

profano adj 1 (sacrílego) profane; sacrilegious 2 (secular) secular; temporal ♦ nm (leigo) lay person

profecia nf prophecy; forecast; prediction

proferir vt 1 (palavra, som) to utter 2 (acusação, insulto) to hurl

professar vt 1 (reconhecer publicamente) to profess; to claim 2 (crença, religião) to profess ♦ vi to take religious vows

professor nm 1 (escola) teacher; *professora de Inglês* English teacher 2 (universidade) professor; full professor EUA ❖ *Professor Doutor* Doctor

professorado nm 1 (grupo, estatuto) professorate 2 (atividade) teaching profession

profeta nm prophet

profético adj prophetic

profetisa nf prophetess

profetizar vt to prophesy; to predict; to foresee

proficiência nf proficiency; expertness

proficiente adj2g proficient [em, in]; expert [em, in]

profícuo adj 1 (útil) useful 2 (proveitoso) profitable 3 (vantajoso) advantageous

profilático adj prophylactic; *tratamento profilático* prophylactic treatment

profilaxia nf MED prophylaxis

profissão nf profession; *ele é químico de profissão* he's a chemist by profession

profissional adj2g 1 professional; *formação profissional* professional training 2 (competente) professional; competent; *a minha secretária é muito profissional* my secretary is highly professional ♦ n2g professional; *profissionais de saúde* health professionals

profiterole nf CUL profiterole

profundeza nf depth; *as profundezas do oceano* the depths of the ocean

profundidade nf 1 depth; *a uma profundidade de 100 metros* at a depth of 100 metres 2 (sentimentos) depth; strength ❖ *em profundidade* deeply

profundo adj 1 (fundo) deep; *águas profundas* deep waters; *um corte profundo* a deep cut 2 (intenso) deep; strong; *sentimentos profundos* strong feelings 3 (respiração, sono) deep; heavy

profusão nf profusion

progénie nf 1 (descendência) progeny; progeniture; offspring 2 (ascendência) ancestry; lineage

progenitor nm 1 (procriador) progenitor; mother; father 2 (antepassado) ancestor

prognosticar vt 1 (pressagiar) to prognosticate; to foretell; to predict 2 (doença) to diagnose

prognóstico nm 1 (previsão, indício) prognosis; forecast; prediction 2 MED prognosis

programa nm 1 programme GB; program EUA 2 (plano) programme GB; program EUA; plan 3 (escola, universidade) syllabus, curriculum 4 INFORM program

programação nf 1 (*planeamento*) planning 2 INFORM programming; *linguagem de programação* programming language 3 TV programming

programador nm INFORM programmer

programar vt 1 (*planear*) to plan; to programme; to arrange; *programar as férias* to plan your holidays 2 (computador, máquina) to program; *ele programou o vídeo para gravar o noticiário* he programmed the VCR to record the newscast

progredir vi 1 (conhecimento, pessoa) to progress; to develop; *este aluno progrediu muito* this student made good progress 2 (tempo, situação) to improve; to progress; *a situação está a progredir lentamente* the situation is slowly improving

progressão nf progression ❖ *progressão na carreira* career progression

progressista adj2g progressive

progressivo adj progressive; *um aumento progressivo dos impostos* a progressive rise in taxes

progresso nm progress ❖ *progresso tecnológico* technological progress; *fazer grandes progressos* to make great progress

proibição nf prohibition; forbiddance ❖ *sinal de proibição* prohibition sign

proibido adj forbidden ❖ *proibido fumar* no smoking; *proibida a entrada* no entry

proibir vt to forbid [de, to]; to prohibit [de, from]; *a mãe proibiu-a de ir ao concerto* her mother forbade her to go to the concert; *estás proibida de falar sobre o assunto* you are forbidden to mention the subject

proibitivo adj 1 (lei) prohibitive; repressive; inhibitory 2 (preço) prohibitive; exorbitant

projeção nf 1 (luz, imagem) projection 2 (*importância*) importance 3 (*lançamento*) toss; thrust

projetar vt 1 (*lançar*) to cast; to throw; to toss 2 ARQ to sketch; *projetar um edifício* to sketch a building 3 (*planear*) to plan; to project; to program 4 (luz, imagem, som) to project ❖ vp 1 (*atirar-se*) to throw yourself 2 (*prolongar-se*) to cast a shadow; *o edifício projeta-se no rio* the building casts a shadow on the water 3 (*tornar-se conhecido*) to achieve fame

projétil nm projectile; missile

projeto nm 1 project; plan 2 (*esboço*) sketch; draft

projetor nm projector ❖ *projetor de diapositivos* slide projector

prol nm profit; advantage ❖ *em prol de* in favour of

prole nf (*descendência*) offspring; progeny

prolepse nf LIT prolepsis

proletariado nm proletariat

proletário adj,nm proletarian

proliferação nf proliferation; spread; propagation

proliferar vi to proliferate; to spread; to propagate

prolífico adj prolific; fertile; fruitful

prolixo adj (discurso) prolix; lengthy; tedious

prólogo nm LIT,TEAT,MÚS prologue

prolongado adj 1 prolonged; extended 2 (*de grande duração*) long; lengthy ❖ *após doença prolongada* after a long illness

prolongamento nm 1 (geral) prolongation 2 (prazo) extension 3 DESP extra time GB; overtime EUA

prolongar vt to prolong; to lengthen; to extend ❖ vp 1 (*estender-se*) to stretch; *esta rua prolonga-se até à rotunda* this street stretches to the roundabout 2 (*durar*) to go on; to last; *a festa prolongou-se até de madrugada* the party lasted until dawn

promécio nm promethium

promessa nf 1 promise 2 REL vow

prometedor adj promising, full of promise; auspicious; *um futuro prometedor* a promising future

prometer vt to promise [a, (to)] ❖ vi to be promising; *esta noite promete!*

tonight will be fun! ❖ *prometer mundos e fundos* to promise the earth

prometido adj promised ❖ *o prometido é devido* you must keep your promises

promiscuidade nf promiscuity

promíscuo adj promiscuous

promissor adj promising

promissória nf ECON promissory note

promoção nf 1 (profissional) promotion [a, to] 2 (produtos) promotion; marketing 3 (desconto) promotion; discount

promontório nm promontory

promotor nm promoter; *promotor de eventos culturais* cultural promoter ❖ *promotor imobiliário* property developer; *promotor de vendas* sales representative; DIR *promotor público* public prosecutor

promover vt 1 (profissão) to promote; *ela foi promovida a diretora de vendas* she was promoted to sales manager 2 (fomentar) to promote; to further; to advance

promulgação nf promulgation

promulgar vt to promulgate

pronome nm pronoun

pronominal adj2g pronominal

prontamente adv readily; promptly; immediately

prontidão nf 1 (desembaraço) readiness [para, to]; willingness [para, to] 2 (rapidez) promptness; swiftness ❖ *com prontidão* promptly; quickly

prontificar vt (ajuda, meios) to offer ♦ vp to offer oneself [a, to]; to volunteer [a, to]; *ela prontificou-se a ajudar* she volunteered to help

pronto adj 1 ready [para, for/to] 2 (imediato) prompt; *pronto pagamento* prompt payment

pronto-a-vestir nm 1 ready-to-wear 2 (estabelecimento) ready-to-wear shop

pronto-socorro nm 1 ambulance 2 (assistência automóvel) breakdown lorry; wrecker EUA

prontuário nm handbook; manual

pronúncia nf pronunciation; accent ❖ *pronúncia do Norte* northern accent

pronunciado adj 1 (proferido) uttered 2 (pronunciado) marked; pronounced 3 (nítido) clear

pronunciar vt 1 (som, palavra) to pronounce; to utter 2 (discurso) to deliver ♦ vp to express an opinion; (manifestar-se) to declare oneself [contra, against, a favor de, in favour of]

propagação nf propagation; spread

propaganda nf 1 (ideológica) propaganda; *uma campanha de propaganda política* a political propaganda campaign 2 (publicidade) advertising

propagandista n2g propagandist ♦ adj2g propagandistic

propagar vt,p to propagate; to spread; *o incêndio propagou-se* the fire spread

propensão nf propensity; tendency

propenso adj inclined [a, to]; prone [a, to]

propiciar vt 1 (favorecer) to contribute to 2 (proporcionar) to offer

propício adj propitious; favourable

propina nf 1 fee 2 (universidade) tuition fees GB; tuition EUA

proponente adj2g 1 proponent 2 proposer ♦ n2g 1 (ideia) proponent; supporter 2 (proposta) proposer

propor vt to propose; to suggest; *propor alterações à lei* to propose changes to the law ♦ vp 1 to intend [a, to] 2 to be willing [a, to]

proporção nf (geral) proportion ❖ *em proporções iguais* in equal proportions

proporcionado adj 1 proportioned; in proportion; *bem proporcionado* well-proportioned 2 balanced; harmonious

proporcional adj2g proportional [a, to]

proporcionalmente adv proportionally

proporcionar vt 1 (dar) to provide; to give; to offer 2 (dar ensejo para) to cause; to give rise to; to bring about ♦ vp (ocasião, oportunidade) to present itself

proposição nf 1 (proposta) proposition; proposal 2 (declaração) assertion; statement 3 LING sentence

propositadamente adv on purpose; intentionally

propositado adj intentional; deliberate

propósito nm 1 (intenção) intention; design 2 (objetivo) aim; purpose ❖ *a propósito* by the way; *de propósito* intentionally; on purpose

proposta nf proposal; proposition; offer

propriamente adv 1 (no sentido próprio) properly 2 (exatamente) really; *ele não é propriamente um bom cantor* he's not really a good singer

propriedade nf 1 property 2 (quinta) land; farm

proprietário nm 1 proprietor; owner 2 (de terras) landlord, landlady

próprio adj 1 own; *o meu próprio filho* my own son 2 (mesmo) self; *ele próprio me contou* he told me himself 3 (apropriado) proper; appropriate 4 (exato) precise; exact 5 (característico) characteristic [de, of]

propulsão nf propulsion; propelling ❖ *propulsão a jato* jet propulsion; *propulsão a vapor* steam propulsion

propulsor adj propelling; propulsive; *turbina propulsora* propeller turbine ♦ nm propeller

prorrogação nf 1 (prolongamento) extension; *prorrogação de contrato* contract extension 2 (adiamento) adjournment

prorrogar vt 1 (prolongar) to extend; to protract 2 (adiar) to postpone; to adjourn

prorrogável adj2g (que se pode prolongar) extendable

prosa nf LIT prose

prosador nm prose writer; proser

prosaico adj prosaic; ordinary; commonplace

prosápia nf (bazófia) boast; brag

proscrever vt 1 (banir, exilar) to proscribe; to banish; to exile 2 (proibir) to forbid

proscrição nf 1 (expulsão) proscription; banishment 2 (proibição) prohibition

proscrito nm (exilado) exile; expatriate ♦ adj banished; exiled

prospeção nf 1 (pesquisa) research; study 2 (recursos) prospecting; exploring; *prospeção petrolífera* oil prospecting ❖ ECON *prospeção de mercado* market research

prosperar vi 1 (desenvolver-se) to prosper; to thrive 2 (enriquecer) to become rich

prosperidade nf prosperity

próspero adj prosperous

prospeto nm prospectus; brochure; leaflet

prossecução nf pursuit; *a prossecução dos objetivos* the pursuit of one's goals

prosseguir vt,i to continue; to carry on

próstata nf prostate

prosternação nf prostration

prosternar-se vp to prostrate yourself

prostituição nf prostitution ❖ *prostituição infantil* child prostitution

prostituir-se vp to prostitute oneself

prostituta nf prostitute

prostração nf prostration

prostrar-se vp to prostrate yourself

protactínio nm protactinium

protagonista n2g 1 LIT main character, protagonist 2 CIN,TEAT (ator) leading man; *o papel de protagonista* the leading role 3 (acontecimento) main protagonist

protagonizar vt 1 TEAT,CIN to take the leading role 2 (acontecimento) to lead; to take the lead

protão nm FÍS proton

proteção nf 1 (defesa) protection; security; defence 2 (abrigo) shelter

protecionismo nm POL,ECON protectionism

protecionista adj,n2g protectionist

proteger vt 1 to protect [de, from]; to guard [de, from] 2 (preservar) to protect; to preserve; *proteger o ambiente* to protect the environment

protegido adj protected ♦ nm protégé

proteína nf BIOL protein

protelação nf protraction; postponement; delay

protelar vt to delay; to adjourn; to put off

prótese nf 1 MED prosthesis 2 MED (membro) artificial limb

protestante adj,n2g Protestant

protestantismo nm Protestantism

protestar vi 1 (insurgir-se) to protest [contra, against; por, for] 2 (manifestação) to demonstrate [contra, against; por, for]; *protestar por melhores salários* to demand better salaries 3 (queixar-se) to complain

protesto nm protest; *apresentar um protesto* to make a protest; *levantar protestos* to give rise to protests

protetor nm protector ❖ *protetor solar* sunscreen

protocolar adj2g of protocol; *situação protocolar* a matter of protocol

protocolo nm protocol

protótipo nm prototype; *este carro é um protótipo* this is a prototype car

protuberância nf (saliência) protuberance; bump

protuberante adj2g protuberant; protruding

prova nf 1 (demonstração) proof 2 (investigação) evidence 3 (escola) test 4 DESP competition 5 (roupa, calçado) fitting 6 (alimento, vinho) tasting ❖ *à prova de água* waterproof; *pôr à prova* to put to the test

provação nf 1 (prova) probation; trial 2 (situação aflitiva) hardship; distress; misfortune

provador nm 1 (lojas de roupa) fitting room 2 (profissão) taster; *provador de vinhos* wine taster

provar vt 1 (demonstrar) to prove; to show; *ficou tudo provado* everything was proven 2 (alimento, bebida) to taste; *deixa-me provar isso* let me have a taste of it 3 (roupa) to try on

provável adj2g probable; likely ❖ *é provável* probably

provavelmente adv probably; possibly

provedor nm 1 (fornecedor) purveyor 2 (instituições de caridade) head of a charitable institution; director 3 (jornalismo, organização) ombudsman

proveito nm profit; gain; benefit ❖ *bom proveito!* enjoy your meal!

proveitoso adj 1 (lucrativo) profitable; lucrative 2 (vantajoso) advantageous 3 (útil) useful

proveniência nf provenance; source; origin

proveniente adj2g proceeding [de, from]; coming from [de, from]

provento nm profit; gain

prover vt to provide [de, with]; to supply [de, with]

proverbial adj2g proverbial

provérbio nm proverb; maxim; adage

proveta nf test tube ❖ *bebé proveta* test-tube baby

providência nf precaution; prevention; *tomar providências* to take precautions

providencial adj2g providential; fortunate; lucky

providenciar vi (tomar medidas) to take measures ♦ vt (fornecer) to provide; to supply

providente adj2g provident; prudent

provido adj furnished [de, with]; provided [de, with]; equipped [de, with]; *provido de tudo o que é necessário* equipped with everything that is necessary

provimento nm 1 DIR grant; *dar provimento* to grant a petition; *negar provimento* to refuse a petition 2 (nomeação) appointment 3 (fornecimento) supply; provisioning

província nf 1 province 2 (fora da cidade) country; *viver na província* to live in the country

provincianismo *nm pej* provincialism

provinciano *adj pej* provincial; parochial
♦ *nm pej* provincial

provir *vi* 1 (*resultar*) to proceed [de, from]
2 (*origem*) to come [de, from]

provisão *nf* 1 DIR provision 2 (*abasteci-mento*) supply ♦ *nfpl* (*mantimentos*) provi-sions; victuals; supplies

provisional *adj2g* provisional; temporary

provisório *adj* provisional; temporary;
governo provisório provisional govern-ment

provocação *nf* 1 (*atitude*) provocation
2 (*desafio*) challenge

provocador *adj* provocative ♦ *nm* 1 (*arre-liador*) teaser 2 (*agitador*) agitator

provocante *adj2g* 1 (*atitude*) provocative
2 (*aspeto físico*) attractive; sensual; tempt-ing

provocar *vt* 1 (*causar*) to give rise to; to
cause; to provoke; to prompt 2 (*desafiar*)
to challenge; to dare 3 (*seduzir*) to tempt;
to excite ❖ *provocar o parto* to induce
birth; *provocar uma briga* to pick a fight

proxeneta *n2g* pander; go-between;
pimp*col*

proximidade *nf* proximity ♦ *nfpl* (*arredo-res*) surroundings; vicinity; *nas proximi-dades de* in the vicinity of

próximo *adj* 1 (*espaço*) near; close; *pró-ximo da praia* near the beach 2 (*tempo*)
next; *no próximo mês* next month 3 (*imi-nente*) imminent ♦ *adv* near; close ♦ *nm* (*se-melhante*) neighbour*GB*, neighbor*EUA*

prudência *nf* prudence

prudente *adj2g* 1 (*cuidadoso*) prudent; cau-tious; careful 2 (*sensato*) wise; sensible;
discreet

prumo *nm* (*fio de prumo*) plumb line ❖ *a
prumo* vertically

prurido *nm* itch

pseudónimo *nm* 1 pseudonym; assumed
name 2 (*escritor*) pen name; nom de
plume

psicadélico *adj* psychedelic; *luzes psica-délicas* psychedelic lights

psicanálise *nf* psychoanalysis

psicanalista *n2g* analyst; psychoanalyst

psicologia *nf* psychology ❖ *psicologia
social* social psychology

psicológico *adj* psychological

psicólogo *nm* psychologist

psicopata *n2g* psychopath; psycho*col*

psicose *nf* MED psychosis

psicossomático *adj* psychosomatic

psicotécnico *adj* psychotechnical ❖ *teste
psicotécnico* aptitude test; achievement
test

psicoterapia *nf* psychotherapy

psique *nf* psyche

psiquiatra *n2g* psychiatrist

psiquiatria *nf* MED psychiatry

psiquiátrico *adj* psychiatric; *perturba-ções psiquiátricas* psychiatric disorders

psíquico *adj* psychic

psiu *interj* 1 (*silêncio*) hush! 2 (*chamada*)
pst!

pub *nm* pub

puberdade *nf* puberty

púbico *adj* pubic; *pelos púbicos* pubic
hair

púbis *nf2n* pubis

publicação *nf* 1 (*obra, revista, jornal*) pub-lishing; printing 2 (*obra publicada*) publica-tion

publicar *vt* to publish; to issue

publicidade *nf* 1 (*anúncios*) advertising;
fazer publicidade a to advertise 2 (*divulga-ção*) publicity ❖ *agência de publicidade*
publicity bureau

publicista *n2g* publicist

publicitar *vt* 1 (*anúncios*) to advertise
2 (*campanha, evento*) to publicize

publicitário *adj* advertising ♦ *nm* (*pessoa*)
advertising executive ❖ *anúncio publici-tário* commercial; (*papel*) *anúncio publici-tário* advert; advertisement

público *adj* public; *empresa pública* pub-lic enterprise; *jardim público* public garden ♦ nm 1 public; *aberto ao público* open to the public 2 (teatro, concerto) audience ❖ *em público* publicly; in public; *tornar público* to announce (publicly)

público-alvo nm 1 (produto) target customer; target market 2 (programa, publicação) target audience

púcaro nm mug

pudico adj 1 pej prudish; priggish; prim 2 (envergonhado) bashful; modest; shy

pudim nm pudding; *forma de pudim* pudding basin

pudor nm 1 (timidez) shyness; bashfulness 2 (modéstia) modesty

puericultura nf MED child care

pueril adj2g 1 (de crianças) puerile 2 (atitude, mentalidade) childish

pufe nm (assento) pouffe

pugilato nm fight; wrestle; row

pugilismo nm DESP pugilism, boxing

pugilista n2g DESP pugilist; boxer

pugnar vi 1 (lutar) to fight [por, for]; to struggle [por, for] 2 to stand up [por, for]; *pugnar por princípios* to stand up for principles

puir vt to wear out; to use up

pujança nf strength; vigour; might

pujante adj2g 1 (vigoroso) vigorous; hearty 2 (exuberante) magnificent; exuberant

pular vi 1 (saltar) to jump [sobre, over]; *pular sobre a sebe* to jump over the hedge 2 (saltitar) to skip; to spring 3 (salto alto ou longo) to leap; to bound ♦ vt (objeto, obstáculo) to jump over ❖ *pular de alegria* to jump for joy

pulga nf flea ❖ *estar com a pulga atrás da orelha* to smell a rat

pulgão nm aphid

pulha adj2g contemptible ♦ n2g pej rogue; rotter

pulmão nm lung

pulmonar adj2g pulmonary; *doença pulmonar* pulmonary disease

pulo nm jump; leap ❖ *aos pulos* by leaps and bounds; *levantar-se de um pulo* to

rise with a bound; *o meu coração deu um pulo* my heart jumped

pulôver nm sweater; jumper; pullover

púlpito nm pulpit

pulsação nf pulsation; pulse

pulsar vi (coração) to pulse; to throb

pulseira nf bracelet; bangle ❖ *pulseira de relógio* watch bracelet

pulso nm 1 wrist 2 (pulsação) pulse; beat; *tomar o pulso a* to feel the pulse of 3 fig (força) strength; authority

pulular vi (abundar) to swarm [de, with]; to abound [de, in]

pulverização nf 1 (pó) pulverization 2 (líquido) spraying

pulverizador nm 1 (pó) pulverizer 2 (líquido) sprayer

pulverizar vt 1 (pó) to pulverize; to grind 2 (líquido) to spray

pum interj bang!; boom!

puma nm puma, cougar

pumba interj boom!, bang!

punção nf MED punch

punhado nm 1 (mão-cheia) handful 2 (pequena quantidade) a few

punhal nm dagger

punhalada nf stab

punho nm 1 ANAT fist 2 (manga) cuff; *botão de punho* cuff link 3 (arma, utensílio, instrumento) handle; grasp; *punho de remo* grasp of an oar ❖ *pelo próprio punho* in his own handwriting

punição nf punishment

punir vt to punish

punitivo adj punitive

punível adj2g punishable; *punível por lei* punishable by law

punk adj,n2g punk; *música punk* punk music

pupila nf pupil

pupilo nm 1 (discípulo) pupil; protégé 2 (órfão sob tutela) ward

puramente adv purely; simply; merely

puré nm 1 purée, mash 2 (sopa) thick soup

pureza *nf* 1 (geral) purity 2 (*castidade*) chastity; purity; innocence
purga *nf* FARM purge
purgante *adj,nm* FARM purgative; laxative
purgar *vt* 1 MED to purge 2 (*purificar*) to purify; to clean; to cleanse
Purgatório *nm* purgatory
purificação *nf* purification
purificador *nm* purifier ♦ *adj* purifying ❖ *purificador de ar* air purifier
purificar *vt* (*livrar de impurezas*) to purify
purismo *nm* LING purism
purista *adj,n2g* purist
puritanismo *nm* Puritanism
puritano *adj* 1 puritan 2 *pej* prudish ♦ *nm* 1 puritan 2 *pej* prude
puro *adj* 1 pure 2 (bebidas) neat
puro-sangue *nm* thorough-bred, pure-bred
púrpura *adj2g,nf* (cor) purple
pus *nm2n* MED pus; *criar pus* to gather pus
pústula *nf* MED pustule
puta *nf vulg* whore *vulg*; bitch *vulg*
puto *nm col* kid; boy
putrefação *nf* putrefaction; decomposition

puxado *adj* 1 *col* (trabalho, teste) hard; tough; difficult 2 *col* (preço) expensive; pricey; dear 3 (alimento) hot; highly seasoned
puxador *nm* 1 (porta) door handle; (redondo) knob 2 (gaveta) handle
puxão *nm* 1 (*esticão*) pull 2 (com força) tug ❖ *dar um puxão de orelhas a alguém* to pull somebody's ear
puxar *vt* 1 (objeto, pessoa) to pull; *puxar o cabelo a alguém* to pull someone's hair 2 (*arrastar*) to drag 3 (*rebocar*) to tug; to haul; *puxar um carro* to haul a car ♦ *vi* 1 (ato) to pull; *puxar com força* to pull hard 2 *fig* (incentivo) to cheer [*por*, -]; *puxar por uma equipa* to spur a team 3 *pop* (*ser parecido*) to take [**a**, after]; *ele puxou ao pai* he takes after his father ❖ *puxar a brasa à sua sardinha* to bring grist to one's mill; *puxar as orelhas a alguém* to pull somebody's ear; *puxar os cordelinhos* to pull the strings; *puxar pela cabeça* to rack one's brains
puxo *nm* (cabelo) hair bob, bun
puzzle *nm* puzzle
PVC *nm* [sigla de polyvinyl chloride]

Q

q *nm* (letra) q

QI [*sigla de* Quociente de Inteligência] IQ [*sigla de* Intelligence Quotient]

quacre *nm* REL Quaker

quacrismo *nm* REL Quakerism

quadra *nf* 1 (época) season; *quadra festiva* festive season 2 (cartas) four 3 LIT (versos) quatrain; four-line stanza

quadradinhos *nmpl* (banda desenhada) cartoon squares; *história em quadradinhos* comic strip

quadrado *nm* MAT,GEOM square; *três ao quadrado* square of three ♦ *adj* 1 MAT,GEOM square 2 *fig,pej* (mentalidade) rigid

quadragésimo *adj num* fortieth

quadrangular *adj2g* quadrangular; tetragonal

quadrângulo *nm* GEOM quadrangle

quadrante *nm* 1 GEOM quadrant 2 (relógio) dial

quadrar *vi* 1 to be appropriate; to please 2 (ficar bem) to agree [com, with]; to suit [com, -]

quadratura *nf* quadrature

quadrícula *nf* squares; grid

quadriculado *adj* (papel) squared; *papel quadriculado* squared paper ♦ *nm* square pattern

quadricular *vt* to square

quadril *nm* haunch; hip

quadrilátero *adj,nm* GEOM quadrilateral

quadrilha *nf* 1 (ladrões) gang 2 (dança) quadrille

quadrinómio *nm* MAT four monomial

quadro *nm* 1 (pintura) painting; picture 2 (escola) board 3 (funcionários) staff 4 (tabela) table; chart

quadrúpede *adj2g,nm* quadruped

quadruplicado *adj,nm* quadruplicate ❖ *em quadruplicado* in quadruplicate

quadruplicar *vt,i* to quadruple

quádruplo *quant num* quadruple

qual *pron interr* 1 which; *qual dos dois?* which of the two? 2 what; *qual livro?* what book? 3 who; *qual é o teu cantor favorito?* who's your favourite singer? ♦ *pron rel* 1 (coisa indeterminada) what; *seja qual for a resposta* no matter what the answer is 2 (pessoas) who 3 (pessoas, coisas) that 4 (coisas) which ♦ *interj* nonsense!; what!; *qual quê!* you wish! ❖ *tal e qual* that is just it

qualidade *nf* 1 (produto) quality; *de elevada qualidade* high-quality; *de má qualidade* poor-quality 2 (atributo) characteristic; attribute 3 (representação) capacity; *na qualidade de* in the capacity of ❖ *qualidade de vida* quality of life

qualificação *nf* 1 DESP qualification 2 (habilitação) qualification; skill ♦ *nfpl* (estudos) qualifications

qualificado *adj* qualified; *trabalhador qualificado* qualified worker

qualificar *vt* to qualify; to describe [de, as] ♦ *vp* (prova) to qualify

qualificativo *adj* qualifying ♦ *nm* qualifier ❖ LING *adjetivo qualificativo* qualifier

qualitativo *adj* qualitative

qualquer *quant univ, pron indef* 1 any; *qualquer pessoa* anybody; *qualquer coisa* anything; *em qualquer lugar* anywhere 2 (em dois) either; *qualquer dos dois serve* either one will do

quando *adv,conj* when; *até quando?* until when? ❖ *quando muito* at most; *seja quando for* any time

quantia *nf* sum; amount

quântico *adj* quantum; *física quântica* quantum physics

quantidade *nf* 1 (número) quantity; number 2 (porção) amount [de, of]

quantitativo adj quantitative; *análise quantitativa* quantitative analysis

quanto pron interr **1** how much; *quanto custa?* how much is it? **2** how many; *quantos livros compraste?* how many books did you buy? **3** (tempo) how long; *quanto tempo leva?* how long does it take? ◆ adv as; *é tão alto quanto o pai* he is as tall as his father ❖ *quanto a mim* as for me; *quanto antes* as soon as possible

quão adv lit how; *quão inteligente ele era* how bright he was

quarenta quant num forty; *os anos quarenta* the forties

quarentão nm forty-something; person in his/her forties

quarentena nf quarantine; *pôr de quarentena* to quarantine

Quaresma nf Lent

quarta-feira nf Wednesday

quarteirão nm **1** (edificação) block, block of houses; *a dois quarteirões de distância* two blocks away **2** twenty-five; *um quarteirão de sardinhas* twenty-five sardines

quartel nm **1** (instalações militares) barracks **2** (posto) station; *quartel dos bombeiros* fire station **3** (quarta parte) quarter

quartel-general nm MIL. headquarters

quarteto nm quartet

quartilho nm pint

quarto adj num fourth ◆ nm **1** (divisão em casa) room; *quarto de banho* bathroom; *quarto para alugar* room to let **2** quarter; (lua) *quarto crescente* first quarter; *um quarto de hora* a quarter of an hour; *um quarto de litro* a quarter of a litre

quartos de final nmpl quarterfinal

quartzo nm quartz

quase adv **1** (prestes) almost; nearly; *estou quase pronto* I'm almost ready **2** [frases negativas] scarcely; hardly; *quase não te conseguia ver* I could hardly see you

quaternário adj quaternary

Quaternário nm (período) Quaternário

quatrilião quant num septillion

quatro quant num four; *o dia quatro* the fourth

quatrocentos quant num four hundred

que conj that; *eu sei que tens razão* I know (that) you're right ◆ pron rel **1** (pessoas) who, that; *a rapariga que está à janela* the girl who is at the window **2** (coisas) which, that; *a carta que estou a escrever* the letter (that) I am writing ◆ pron interr what?; *que há de novo?* what's new? ◆ adv (seguido de adjetivo) how; (seguido de substantivo) what; *que lindo!* how pretty!; *que pena!* what a pity!

quê pron interr what?; *o quê?!* what?!; *para quê?* what for? ❖ *não tem de quê* you're welcome; *sem quê nem porquê* for no good reason

quebra nf **1** (perda) loss; *quebra de receitas* loss of income **2** (rutura) break; breach

quebra-cabeças nm2n **1** (jogo) brainteaser; riddle **2** (problema) a hard nut to crack

quebra-gelo nm icebreaker

quebra-luz nf shade; lampshade

quebra-mar nm breakwater; mole

quebra-nozes nm2n nutcracker

quebrar vt (objeto) to break; to smash ◆ vp **1** (objeto, osso) to break; to smash **2** (estilhaçar) to shatter

queca nf vulg shag cal

queda nf **1** fall **2** (descida) drop **3** (avião) crash **4** (declínio) downfall; decline **5** (talento) talent ❖ *queda de água* waterfall; *queda de cabelo* hair loss

quedo adj quiet; still; calm; *estar mudo e quedo* to stand absolutely still

queijada nf small cheesecake

queijaria nf **1** (produção) cheese making **2** (estabelecimento) cheese dairy

queijeiro nm cheese maker

queijo nm cheese; *queijo flamengo* Dutch cheese; *queijo ralado* grated cheese

queima *nf* burning ❖ *queima das fitas* university ritual to celebrate the end of the school year

queimada *nf* burning; clearing of the soil by fire

queimado *adj* 1 (*ação do fogo*) burnt 2 (*exposição ao sol*) sunburnt 3 (*plantas*) dried up 4 *col* (*tramado*) in trouble

queimadura *nf* burn; *queimadura de primeiro grau* first degree burn; *queimadura solar* sunburn

queimar *vt* 1 (*fogo*) to burn; *queimar lenha* to burn wood 2 (*com líquido*) to scald 3 (*sol*) to parch; *o sol queimou as plantas* the sun parched the plants ♦ *vp* 1 (*escaldar-se*) to scald oneself 2 *col,fig* (*estar tramado*) to be done for ❖ *queimar as pestanas* to work overnight; *queimar o último cartucho* to fire one's last shot; *arranjar lenha para se queimar* to make a rod for one's own back

queima-roupa *nf à queima-roupa* point-blank

queiró *nm* BOT heather

queixa *nf* 1 DIR complaint; charge; *apresentar queixa contra* to press charges against 2 (*reclamação*) complaint; *não ter razão de queixa* to have no cause for complaint

queixada *nf* ANAT jawbone

queixar-se *vp* to complain [*de*, about]

queixinhas *n2g2n col* tattletale

queixo *nm* chin

queixoso *nm* DIR plaintiff, complainant

queixume *nm* 1 (*reclamação*) complaint 2 (*lamento*) lament; lamentation 3 (*gemido*) groan; moan

quejando *adj* such

quelha *nf* lane; alley

quem *pron interr* who; *quem está aí?* who's there?; *de quem é isto?* whose is this? ♦ *pron rel* who; *gostava de saber quem fez isso* I'd like to know who did that ♦ *pron indef* whoever; anyone who; *seja quem for* whoever it may be

Quénia *nm* Kenya

queniano *adj,nm* Kenyan

quente *adj2g* 1 (*alta temperatura*) hot; *tempo quente* hot weather; *um banho quente* a hot bath 2 (*temperatura amena*) warm 3 *fig* (*ambiente*) hot; exciting ❖ *ficar com a batata quente* to be left holding the baby

queque *nm* small cake ♦ *n2g* posh GB; preppy EUA

quer *conj* 1 (*alternativa*) either... or...; *quer ele quer ela* either him or her 2 (*na negativa*) whether... or...; *quer ele queira quer não* whether he likes it or not

querela *nf* dispute; quarrel

querer *vt* 1 to want; *queres que eu saia?* do you want me to leave?; (*pedido*) *queria um café, se faz favor* an espresso, please 2 (*desejar*) to wish; *como queira* as you wish ❖ *querer dizer* to mean; *querer é poder* where there's a will there's a way; *sem querer* unintentionally; (*provérbio*) *quem tudo quer tudo perde* grasp all lose all

querido *adj,nm* dear; darling

quermesse *nf* 1 (*festividade*) kermess 2 (*caridade*) bazaar

querubim *nm* cherub

questão *nf* 1 question; *em questão* in question 2 (*assunto*) issue; point 3 (*assunto*) matter ❖ *faço questão* I insist

questionar *vt* (*interrogar*) to question; to interrogate ♦ *vi* to quarrel ♦ *vp* to wonder; *questiono-me se eles serão felizes* I wonder if they are happy

questionário *nm* 1 (*conjunto de perguntas*) questionnaire; list of questions 2 (*passatempo*) quiz

questionável *adj2g* questionable; doubtful; dubious

questiúncula *nf* disagreement; argument

quiçá *adv* perhaps; maybe

quiche *nf* quiche

quieto *adj* **1** (sem movimento) motionless; still **2** *(calmo)* quiet; calm; *está quieto!* quiet down!

quilate *nm* **1** carat **2** *fig (perfeição)* excellence; perfection; *algo deste quilate* a thing of such excellence

quilha *nf* keel

quilo *nm* (medição) kilo; *um quilo de arroz* a kilo of rice

quilograma *nm* kilogram, kilogramme *GB*

quilolitro *nm* kilolitre *GB*; kiloliter *EUA*

quilometragem *nf* distance in kilometres

quilométrico *adj* kilometric

quilómetro *nm* kilometre *GB*; kilometer *EUA*

quilowatt *nm* FÍS kilowatt

quimera *nf* wild fancy; fantasy; dream

quimérico *adj* unrealistic

química *nf* chemistry

químico *adj* chemical ♦ *nm* (profissional) chemist

quimioterapia *nf* MED chemotherapy

quimo *nm* BIOL chyme

quimono *nm* kimono

quina *nf* **1** (brasão) shield **2** (cartas) five **3** (ângulo) sharp edge

quingentésimo *adj,num* five hundredth

quinhão *nm* share; part

quinhentos *quant num* five hundred

quinina *nf* QUÍM quinine

quinquagenário *adj,nm* quinquagenarian

quinquagésimo *adj num* fiftieth

quinquilharia *nf* cheap jewellery; bauble

quinta *nf* farm ❖ *estar nas suas sete quintas* to be as happy as a sandboy

quinta-essência *nf* quintessence

quinta-feira *nf* Thursday

quintal *nm* **1** kitchen garden; backyard *EUA* **2** (medida) a hundredweight; quintal

quinteto *nm* MÚS quintet

quintilião *quant num* nonillion

quinto *adj num* fifth

quintuplicar *vt* to quintuple

quintuplo *quant num* quintuple

quinze *quant num* fifteen; *o dia quinze* the fifteenth; *quinze dias* fortnight

quinzena *nf* fortnight; two weeks

quinzenal *adj2g* fortnightly; *jornal quinzenal* fortnightly newspaper

quinzenalmente *adv* fortnightly

quiosque *nm* kiosk; newsagent

quiproquó *nm* quid pro quo; misunderstanding

quiromancia *nf* palmistry

quiromante *n2g* palmist

quisto *nm* MED cyst

quitação *nf* (dívida) acquittance

quite *adj* (livre) free; released ❖ *estamos quites* we're even

quivi *nm* BOT,ZOOL kiwi

quixotesco *adj* quixotic

quociente *nm* MAT quotient ❖ *quociente de inteligência* intelligence quotient

quórum *nm* (assembleia) quorum

quota *nf* **1** (parte) share; portion **2** (bens) quota; allowance ♦ *nfpl* subscription dues

quota-parte *nf* share

quotidiano *adj* daily; quotidian ♦ *nm* everyday life

R

r nm (letra) r

rã nf frog

rabanada nf 1 CUL French toast 2 (vento) blast, gust

rabanete nm radish

rábano nm horse radish

rabeca nf fiddle; violin

rabecada nf pop (reprimenda) reprimand; rebuke

rabi nm rabbi

rabicho nm pigtail

rabino nm rabbi ♦ adj col (malandreco) naughty

rabiscar vt,i to scrawl; to scribble

rabisco nm scrawl; scribble

rabo nm 1 (animal) tail 2 (pessoas) bottom, bum ❖ **deitar o rabo do olho a** to peep at; **fugir com o rabo à seringa** to avoid responsibilities

rabo de cavalo nm (penteado) ponytail

rabo de palha nm col bad reputation

rabugento adj (resmungão) grouchy; grumpy

rábula nf 1 TEAT small part; supporting part 2 (cena) sketch

raça nf race

ração nf ration

racha nf 1 (algo partido) split; crack 2 (rocha, parede) fissure; crevice 3 (saia, vestido) split

rachar vt 1 (cabeça, lábio) to split 2 (lenha) to chop 3 (fender) to break up; to split up; to crack ❖ **ou vai ou racha** it's make or break; **um frio de rachar** bitter cold

racial adj2g racial ❖ **segregação racial** racial segregation

raciocinar vt to reason

raciocínio nm 1 reasoning 2 (capacidade) thinking ability; intelligence

racional adj2g rational; reasonable; **ser racional** rational being

racionalidade nf rationality

racionalismo nm rationalism

racionalista adj,n2g rationalist

racionalizar vt to rationalize; **racionalizar as despesas** to rationalize the expenses

racionalmente adv rationally; reasonably; logically

racionamento nm rationing; **racionamento dos alimentos** food rationing

racionar vt to ration

racismo nm racism

racista adj,n2g racist

radar nm radar

radiação nf radiation

radiador nm radiator

radial adj2g radial

radiante adj2g 1 (brilho) bright 2 (alegria) radiant; happy; glowing

radicado adj settled; based

radical adj2g 1 radical 2 (desporto, atividade) extreme ♦ nm radical

radicalismo nm radicalism

radicar vt 1 to root 2 to base [em, in] ♦ vp 1 (planta) to take root 2 (fixar-se) to settle down [em, in]; **radicou-se no campo** he settled down in the country

rádio nm 1 (aparelho) radio set, radio 2 (osso) radius 3 (elemento químico) radium ♦ nf (instituição) radio; **estação de rádio** radio station

radioamador nm 1 (atividade) amateur radio 2 (pessoa) amateur radio operator; ham

radioatividade nf radioactivity

radioativo adj radioactive; **resíduos radioativos** radioactive waste

rádio-despertador nm radio alarm clock

radiodifusão nf broadcasting

radiofónico adj of the radio, radio

radiografar vt to X-ray

radiografia nf X-ray; radiography; **tirar uma radiografia** to have an X-ray taken

radioso *adj* **1** (claridade, luminosidade) radiant **2** (expressão) radiant; cheerful; joyful

radioterapia *nf* MED radiotherapy

rádon *nm* radon

rafeiro *nm col* (cão) mongrel

râguebi *nm* DESP rugby; *jogo de râguebi* rugby match

raia *nf* **1** (peixe) ray **2** (fronteira) border, frontier ♦ *nfpl* limits

raiar *vt* **1** (estriar) to streak **2** (tocar os limites de) to border on ♦ *vi* **1** (dia) to break **2** (aparecer) to appear

raide *nm* raid

rainha *nf* queen; (cartas) *rainha de paus* queen of clubs

rainha-cláudia *nf* greengage

raio *nm* **1** ray; *raios X* X-rays **2** GEOM radius **3** (distância) range **4** (roda) spoke **5** *fig* sphere ♦ *interj cal* damn!; *cal raios o partam!* damn him!

raiva *nf* **1** (ira) anger, fury **2** (ressentimento) grudge; *ter raiva a alguém* to bear somebody a grudge **3** (doença) rabies

raivoso *adj* **1** (furioso) furious, angry **2** (doença) rabid

raiz *nf* **1** root; *arrancar pela raiz* to pull up by the roots; MAT *raiz cúbica/quadrada* cube/square root **2** (origem) origin, source

rajá *nm* rajah

rajada *nf* **1** (vento) blast, gust, squall; *forte rajada* a heavy squall; *rajada de vento* blast of wind **2** (tiros) burst **3** (corrente ininterrupta) barrage; *uma rajada de insultos* a barrage of insults

ralação *nf* worry; *ter muitas ralações* to have many worries

ralado *adj* **1** (pão, amêndoa) grated **2** *fig* (preocupado) worried

ralador *nm* grater, scraper

ralar *vt* **1** CUL (comida) to grate **2** *fig* (inquietar) to worry, to annoy; *não se ralar* not to care a pin ♦ *vp* **1** (preocupar-se) to worry [com, about]; *não se rale com isso* don't worry about it **2** (dar importância) to care [com, about] ♦ *ralar a paciência de alguém* to try someone's patience

ralé *nf pej* low people, mob, populace

ralhar *vi* to scold, to rebuke, to tell off; *ralhar com alguém* to tell somebody off

rali *nm* (corrida) rally

rally *nm* ⇒ rali

ralo *nm* **1** (banheira, pia) drain **2** (regador) nozzle **3** (líquidos) strainer; *ralo de aspiração* strainer ♦ *adj* (cabelo, tecido) thin

RAM INFORM [sigla de random access memory]

rama *nf* **1** (árvore, planta) foliage; branches **2** (em rama) raw; *algodão em rama* raw cotton ♦ *pela rama* superficially

ramada *nf* **1** (latada, parreira) trellis **2** (árvore) branches, boughs

ramadão *nm* Ramadan

ramagem *nf* **1** (árvore, planta) branches, foliage **2** (desenho) floral pattern

ramal *nm* **1** branch **2** (caminhos de ferro) branch line **3** (estrada) branch road **4** (telefone) telephone extension line

ramerrão *nm* (rotina) routine; *o ramerrão de todos os dias* the daily routine

ramificação *nf* ramification

ramificar *vt,p* **1** to ramify [em, into], to branch out/off [em, into] **2** (subdividir-se) to divide [em, into]; *o curso ramifica-se em três áreas* the course is divided into three areas

ramo *nm* **1** (árvore) branch, bough **2** (flores) bunch **3** (atividade, domínio) line **4** (descendência) branch

rampa *nf* **1** (plano inclinado, ligação) ramp **2** (ladeira) slope **3** (plataforma) pad, ramp; *rampa de lançamento* launching pad

rancheiro *nm* (fazendeiro) rancher

rancho *nm* **1** (grupo) band, gang **2** (crianças) swarm **3** (herdade) ranch **4** (folclore) group of folk dancers **5** CUL dish made with chickpea, pasta and various meats

ranço *nm* rancidity; *cheirar a ranço* to smell rancid; *criar ranço* to go rancid

rancor nm grudge; **guardar rancor por alguém** to bear somebody a grudge

rancoroso adj resentful

rançoso adj (alimento, produto) rancid; **toucinho rançoso** rancid pork fat

ranger vi (porta, soalho) to creak, to grate ♦ vt (dentes) to grind, to gnash; **ranger os dentes** to gnash the teeth

rangido nm 1 (porta) creak 2 (dentes) gnashing, grinding

ranho nm 1 (nariz) mucus, run 2 (animais) snivel

ranhoso adj 1 (nariz) running, snotty 2 (criança) snivelling 3 fig (reles) rotten

ranhura nf 1 (superfície) groove 2 (moeda) slot; **introduza uma moeda na ranhura** drop a coin in the slot 3 TIP notch

rap nm MÚS rap

rapar vt 1 (tacho, panela) to scrape, to rub out 2 (barba, cabelo) to shave; **rapar o cabelo** to shave one's head

rapariga nf girl

rapaz nm 1 (criança, menino) boy 2 col (homem jovem) young man, young fellow, lad; **um bom rapaz** a nice fellow

rapaziada nf 1 (grupo) group of boys, gang 2 (travessura) boyish trick

rapazote nm kid; lad

rapé nm snuff

rapel nm DESP abseil GB; rappel EUA

rapidamente adv rapidly, quickly

rapidez nf 1 (velocidade) speed, velocity 2 (ligeireza) rapidity, quickness; **com rapidez** quickly; **ele calcula com rapidez e precisão** he is quick and accurate with figures

rápido adj 1 (velocidade) fast, swift, speedy; **um voo rápido** a speedy flight 2 (duração) quick, short ♦ nm (comboio) express

rapina nf 1 (pilhagem) plundering, robbery 2 (extorsão violenta) prey ❖ **ave de rapina** bird of prey

rapinar vt to plunder, to pilfer, to rob

raposa nf 1 (macho ou fêmea) fox; (fêmea) vixen 2 (pele) fox fur 3 (manhoso) crafty person

rapsódia nf rhapsody

raptar vt to kidnap; to abduct

rapto nm kidnap; abduction

raptor nm kidnapper

raqueta nf ⇒ raquete

raquete nf 1 (ténis, badminton) racket 2 (ténis de mesa) bat

raquitismo nm rickets

rarear vi 1 to become rare 2 (cabelos) to thin 3 (casas) to thin out

rarefação nf 1 FÍS rarefaction 2 (diminuição) lessening, reduction

rarefazer vt (gás, ar) to rarefy ♦ vp to become rarefied

rarefeito adj rarefied

raridade nf 1 rarity 2 (objeto, acontecimento) curiosity

raro adj 1 (pouco comum) rare 2 (pouco frequente) exceptional, uncommon, infrequent

rasante adj2g 1 (voo) low-flying; **voo rasante** low flight 2 (tiro) low

rasar vt 1 (terreno) to level, to flatten 2 (encher) to fill to the top 3 (roçar, passar) to skim

rasca adj2g 1 pop (má qualidade) trashy, shabby, cheap 2 pop (ideia, projeto) poor ❖ **estar à rasca** to be in trouble; **ver-se à rasca para** to have trouble with

rascunhar vt 1 (esboço) to sketch 2 (carta, ofício) to draft, to make a rough copy of 3 (texto, frases) to scribble

rascunho nm 1 (texto, desenho) rough copy, rough draft; **fazer o rascunho de** to draft; **papel de rascunho** rough paper 2 (esboço, plano) rough outline

rasgado adj 1 (roupa, tecido, papel) torn 2 (boca, olhos) almond, large 3 (elogio, aplauso) frank 4 (gesto, sorriso) unreserved, wide

rasgão nm 1 (buraco) tear; **um rasgão no casaco** a tear in my coat 2 (fenda) split

3 (*arranhão*) graze, cut; *um rasgão no joelho* a cut in the knee

rasgar *vt* 1 (papel) to tear up, to tear to pieces, to rip; *rasgar um papel ao meio* to tear a piece of paper in half 2 (roupa, tecido) to tear 3 (pele, carne) to cut open ♦ *vp* to tear; *este tecido rasga-se facilmente* this material tears easily

rasgo *nm* 1 (*rasgão*) tear, rip 2 (ímpeto) burst, flight; *rasgo de imaginação* flight of imagination 3 (*ação nobre*) noble act [de, of]; *num rasgo de coragem* in a noble act of courage

raso *adj* 1 (*plano*) plain 2 (terreno, chão) flat 3 (salto, sapato) flat 4 (soldado) private 5 (ângulo) straight

raspa *nf* 1 scrape, rasp 2 (*lasca*) shaving 3 CUL zest, grated peel; *raspa de limão* grated lemon peel

raspadeira *nf* scraper

raspagem *nf* 1 (*alisamento*) shaving 2 (tinta) scraping 3 MED curettage

raspanete *nm* telling-off; *dar um raspanete a alguém* to tell somebody off

raspão *nm* scratch, scrape, graze; *tocar de raspão* to graze

raspar *vt* 1 (superfície) to scrape, to scratch 2 (casca) to grate; *raspar um casca de laranja* to grate the skin of an orange 3 (inscrição) to erase, to rase 4 (cenoura, batata) to peel, to scrape 5 (*ferir de raspão*) to graze ♦ *vp col* to sneak off

rasteira *nf* 1 tripping up; *passar uma rasteira a alguém* to trip somebody up 2 *fig* (armadilha) trap; (tramar alguém) *passar uma rasteira a* to set someone up ❖ (exames) *perguntas com rasteira* tricky questions

rasteiro *adj* 1 (planta) creeping 2 *fig* (ordinário) common

rastejante *adj2g* 1 (planta) creeping 2 (animal) crawling

rastejar *vi* 1 (planta) to creep 2 (animal) to crawl 3 *fig* (rebaixar-se) to grovel

rastilho *nm* 1 (fio) fuse; *atear o rastilho* to light the fuse 2 *fig* (causa, pretexto) cause, reason; *servir de rastilho a* to trigger

rasto *nm* 1 (vestígio, pista) trace, vestige; *desapareceu sem deixar rasto* he disappeared without a trace 2 (animal, veículo) track, trail; *perder o rasto* to lose the trail ❖ *andar de rastos* to crawl; *de rastos* exhausted

rastrear *vt* 1 to track down, to trace 2 MED (doença) to screen

rastreio *nm* 1 (rasto) tracking, tracing 2 MED (doença) screening; *rastreio da tuberculose* screening for tuberculosis

rasura *nf* (rasurar) erasure, rubbing out; *sem rasura* clean

rasurar *vt* to rub out, to scratch out, to erase

ratazana *nf* rat; *ratazana dos esgotos* sewer rat

ratear *vt* to share

rateio *nm* ECON share, spreading

raticida *nm* rat poison

ratificação *nf* ratification

ratificar *vt* to ratify

rato *nm* (animal, dispositivo) mouse

rato-chino *nm* ZOOL guinea pig

ratoeira *nf* 1 mousetrap 2 (armadilha) snare, trap; *cair na ratoeira* to fall into a trap

rave *nf* (festa) rave

ravina *nf* ravine, gully

ravióli *nm* (comida italiana) ravioli

razão *nf* reason; *não ter razão* to be wrong; *ter razão* to be right 2 (causa, motivo) reason, motive; *não ter razão para* to have no reason to; *sem qualquer razão* for no reason 3 MAT rate, ratio; *à razão de* at the rate of

razia *nf* 1 (destruição) destruction 2 (maus resultados) disaster

razoável *adj2g* 1 reasonable; *um pedido razoável* a reasonable request 2 (moderado, sensato) moderate, sensible 3 (fortuna, quantia) considerable

razoavelmente adv 1 (razoável) reasonably 2 (razão) rightly, justly

ré nf defendant, accused ♦ nm MÚS D, re

reabastecer vt 1 (despensa, quartel) to replenish 2 (veículo) to refuel 3 (mantimentos) to supply

reabertura nf reopening

reabilitação nf (regeneração) reform, rehabilitation; **reabilitação de um delinquente** reform of a delinquent

reabilitar vt to rehabilitate ♦ vp to rehabilitate oneself

reabrir vt,i to reopen

reação nf 1 (resposta) reaction; **a reação do público** the public's reaction 2 FÍS,QUÍM reaction 3 (oposição) opposition, struggle ❖ **reação em cadeia** chain reaction

reacionário adj,nm POL reactionary

readmitir vt 1 to readmit [em, to]; **readmitiram-no na escola** he was readmitted to school 2 (funcionário) to reinstate

reagente adj2g reactive, reacting; **papel reagente** test paper ♦ nm QUÍM reagent

reagir vi 1 to react [a, to]; **reagir à notícia** to react to the news 2 (resistir) to resist, to fight 3 (responder) to respond [a, to], to react [a, to]; **o doente não está a reagir ao tratamento** the patient is not responding to the treatment

reajustamento nm 1 (nova regulação) readjustment; **reajustamento salarial** readjustment of wages 2 (nova ordem) rearrangement; **reajustamento das peças** rearrangement of the parts

reajustar vt to readjust ♦ vp to adapt [a, to]

real nm 1 (o que existe) reality 2 (moeda) real ♦ adj2g 1 real; **a vida real** real life 2 (caso, história) true 3 (realeza) royal

realçar vt 1 to enhance, to heighten 2 (cores) to brighten 3 (destacar) to emphasize, to stress

realce nm 1 (destaque) emphasis, distinction; **dar realce a** to set off, to enhance 2 (brilho) highlight 3 (contraste) relief

realejo nm barrel-organ; **tocador de realejo** organ-grinder

realeza nf royalty

realidade nf reality ❖ **realidade virtual** virtual reality; **na realidade** in fact, actually

realismo nm 1 realism 2 reality; **o realismo da cena** the reality of the scene 3 (monarquia) royalism ♦ LIT **realismo mágico** magical realism

realista adj2g 1 realistic, lifelike 2 (monarquia) royalistic ♦ n2g 1 realist 2 (monarquia) royalist

realização nf 1 (projeto, trabalho) execution 2 (sonho, objetivo) fulfilment 3 CIN direction

realizador nm 1 accomplisher, executor 2 CIN director

realizar vt 1 (objetivo) to achieve, to accomplish 2 (sonho, ambições) to fulfil 3 (projeto, trabalho) to carry out; **realizar um plano** to carry out a plan 4 CIN (filme) to direct 5 (reunião) to hold ♦ vp 1 (reunião, evento) to be held, to take place 2 (sonhos) to come true; **o sonho realizou-se** the dream came true 3 (pessoa) to fulfil oneself

realizável adj2g 1 (tarefa, atividade) accomplishable, achievable 2 (obra, programa, projeto) feasible 3 (sonho, promessa) possible

realmente adv 1 (verdadeiramente) really 2 (de facto) in fact, actually, indeed

reanimação nf MED revival

reanimar vt 1 MED to revive 2 (esperança, confiança) to revive; to put new life into

reatar vt 1 (nó) to tie again, to rebind 2 (conversa, relação, negociação) to resume, to renew, to re-establish; **reatar as relações** to renew acquaintance

reativo adj reactive

reator nm AER,FÍS reactor

reaver vt 1 (dinheiro, documento) to recover, to recuperate, to retrieve 2 (direito, credibilidade) to regain

reavivar vt 1 (cor, fogo) to revive, to restore 2 fig (acontecimento, recordação) to renew ♦ vp (reavivar-se) to flare up

rebaixa nf reduction

rebaixamento nm 1 (altura) lowering, reduction 2 fig (humilhação) depreciation, humiliation

rebaixar vt 1 (teto, degrau) to lower 2 (preço) to depreciate 3 fig (humilhar) to humiliate, to debase ♦ vp (dignidade) to cheapen oneself, to humiliate oneself

rebanho nm 1 (ovelhas, carneiros) flock 2 (gado, cabras) herd 3 fig,pej (pessoas) sheep

rebate nm (sinal) alarm, alert; *tocar a rebate* to sound the alarm ❖ *rebate de consciência* remorse

rebater vt (ideia, argumento) to refute

rebatível adj2g reclining; *bancos rebatíveis* reclining seats

rebelde adj2g rebellious 2 (desobediente) wayward ♦ n2g rebel

rebeldia nf (revolta) rebellion, revolt

rebelião nf 1 (revolta) rebellion, revolt 2 (rebeldia) insurrection, insubordination

rebentação nf 1 bursting; explosion 2 (ondas) surf

rebentamento nm explosion, outburst

rebentar vi 1 (balão, pneu, emoções) to burst 2 (plantas) to sprout 3 (flores) to bud 4 (bomba) to explode 5 (guerra, epidemia) to break out 6 (tempestade, onda) to break; *as ondas rebentam na areia* the waves break on the sand ♦ vt 1 (fazer explodir) to blow up; *rebentar um edifício* to blow up a building 2 (balão) to burst 3 (fusíveis) to blow 4 (corda) to snap ❖ *rebentar pelas costuras* to burst at the seams

rebento nm 1 BOT shoot 2 fig (filho) offspring

rebobinar vt,i to rewind

rebocador nm towboat, tug

rebocar vt (carro, navio) to tow

rebolar vi to roll, to tumble; *rebolar pela escada abaixo* to tumble downstairs ♦ vt

(ancas, corpo) to waddle, to wiggle, to swing

reboque nm 1 (ato) tow 2 (veículo com grua) breakdown truck 3 (atrelado) trailer ❖ (pessoa) *a reboque* on tow

rebordo nm edge, border

rebuçado nm (caramelo) candy, sweet

rebuliço nm 1 (multidão) tumult, hubbub 2 (agitação) fuss, agitation 3 (ruído, discórdia) noise, row; *armar rebuliço* to start a row

rebuscado adj 1 searched 2 fig (estilo, escrita) far-fetched

rebuscar vt 1 (bolsa, gavetas) to search, to ransack; *rebuscar as algibeiras* to rummage through one's pockets 2 fig (estilo, discurso) to refine

recado nm 1 (mensagem) message; *dar um recado* to deliver a message 2 (encargo) errand; *fazer um recado* to go on errands for someone, to run errands ❖ *dar conta do recado* to be successful

recaída nf 1 MED relapse; *o doente teve uma recaída grave* the patient has had a serious relapse 2 fig (reincidência num erro) relapse

recair vi 1 to relapse [-, into/in] 2 (culpa, responsabilidade) to fall [sobre, on]; *as culpas recaíram sobre ele* the blame fell on him

recalcado adj 1 (terra, terreno) trodden down, beaten 2 (reprimido) kept down 3 PSIC (sentimento, pessoa) repressed

recalcamento nm 1 (terra) treading down 2 PSIC (sentimento, pessoa) suppression, repression; *recalcamento de um desejo* repression of a desire

recalcar vt 1 (terreno) to tread down 2 PSIC (sentimento, pessoa) to suppress, to repress

recalcitrante adj2g recalcitrant

recalcitrar vi 1 to retort rudely 2 (insurgir-se) to resist

recambiar vt 1 COM (letra) to return; *recambiar uma letra* to return a bill 2 col (alguém) to send back 3 (algo) to return

recanto nm 1 (canto) corner, recess 2 (esconderijo) retreat, hiding place 3 (compartimento) compartment, cubicle

recapitulação nf recapitulation

recapitular vt 1 (relembrar) to recapitulate, to sum up, to summarize 2 (factos) to review 3 (matéria) to revise

recarga nf 1 (caneta) refill 2 (segunda investida) second charge

recarregar vt 1 (recipiente, veículo) to reload, to refill 2 (bateria) to recharge ❖ **recarregar as baterias** to recharge one's batteries

recatado adj 1 (pessoa, vida) discreet 2 (local) secluded, retired; **vivia numa aldeia recatada** she lived in a secluded village

recato nm 1 (pudor) modesty 2 (recolhimento) secrecy, retirement

recauchutar vt (pneu) to retread

recear vt (temer) to fear; **recear o pior** to fear the worst ♦ vi (sentir preocupação) to fear [por, for]

receber vt 1 (algo) to receive; **receber um convite** to receive an invitation 2 (amigos, visitante) to welcome; **receber alguém com alegria** to give a warm welcome to someone 3 (hóspedes, refugiados) to take in, to admit 4 (notícias) to hear [de, from] 5 (ganhar) to earn 6 (paciente) to see ♦ vi 1 (convidados) to entertain 2 (ser pago) to be paid

receção nf 1 (carta, encomenda) receipt [de, of]; **acusar a receção de** to acknowledge receipt of 2 (estabelecimento) reception 3 (acolhimento) welcoming 4 (festa) party

rececionista n2g receptionist, reception clerk

receio nm 1 (medo) fear [de, that] 2 (preocupação) concern, worry

receita nf 1 CUL recipe 2 MED prescription 3 ECON income

receitar vt 1 MED to prescribe; **receitar um medicamento** to prescribe a medicine 2 fig (recomendar) to advise

recém-casado adj,nm newly-wed

recém-chegado nm newcomer; new arrival ♦ adj newly arrived

recém-nascido nm newborn child ♦ adj newborn

recenseador nm census taker, pollster

recenseamento nm (estatística) census; **boletim de recenseamento** census paper ❖ **recenseamento eleitoral** polling

recensear vt 1 (população) to take a census of 2 (bens, espécies) to make an inventory of

recente adj2g 1 (descoberta) recent 2 (edifício, construção) new, modern 3 (marcas) fresh

recentemente adv recently, lately

receoso adj 1 (medroso) fearful 2 (tímido) timid

recessão nf ECON recession

recesso nm (lugar afastado) recess, retreat

recetar vt 1 (espólio, dinheiro, ouro) to receive, to conceal 2 (artigos roubados) to fence col

recetivo adj 1 (compreensivo) receptive [a, to], open-minded 2 MED (organismo) susceptible, vulnerable [a, to]; **recetivo a certas doenças** vulnerable to some diseases

recetor nm receiver; **recetor de rádio** radio receiver; **emissor e recetor** transmitter and receiver ♦ adj receiving

rechaçar vt 1 (ataque) to repel, to drive back 2 (oferta) to turn down

rechamada nf redialling

recheado adj 1 (carne, batatas) stuffed; **peru recheado** stuffed turkey 2 fig (repleto) filled, full [de, of]

rechear vt 1 CUL to stuff 2 CUL (empadas) to fill 3 fig (enriquecer) to fill [com, with]

recheio nm 1 CUL stuffing, filling 2 stuffing; **o recheio das almofadas** the stuffing of the pillows 3 (casa) furniture; **recheio de uma casa** contents of a house

rechonchudo adj (gordo) chubby, plump

recibo nm receipt, acquittance, voucher; *passar um recibo por* to write out a receipt for

reciclagem nf 1 (objetos, substâncias) recycling 2 (pessoas) retraining

reciclar vt 1 (objetos, substâncias) to recycle 2 (pessoas) to retrain

reciclável adj2g recyclable

recife nm reef, ridge; *recife de coral* coral reef

recinto nm 1 (espaço delimitado) enclosure; enclosed area 2 (desportos) rink, court

recipiente nm 1 (vasilha) vessel 2 QUÍM recipient, receptacle 3 FÍS receiver

reciprocidade nf reciprocity

recíproco adj reciprocal, mutual

récita nf 1 TEAT performance 2 (recitação) recital

recital nm 1 (poesia) recital, recitation 2 MÚS recital, musical performance, concert

recitar vt to recite

reclamação nf 1 (queixa) complaint, protest 2 DIR claim

reclamar vt 1 (reivindicar) to claim 2 (exigir) to demand ♦ vi 1 (restaurante, hotel) to complain [de, about]; *reclamaram da comida* they complained about the food 2 (protestar) to protest

reclame nm 1 (anúncio) advertisement; *fazer grande reclame* to advertise largely 2 (cartaz) poster, display; *reclame luminoso* electric sign

reclinar vt (corpo, cabeça) to recline, to lean back ♦ vp (recostar-se) to lean back

reclusão nf 1 (prisão) prison 2 (clausura) seclusion 3 MIL detention ❖ *casa de reclusão* house of correction

recluso nm 1 (prisioneiro) prisoner; convict 2 fig (isolamento) hermit

recobrar vt to recover

recolha nf 1 (colheita) gathering, harvesting 2 (pesquisa) gathering, collecting; *recolha de elementos* gathering of elements ❖ *recolha de automóveis* garage; car park

recolher vt 1 to collect 2 (documentos, poemas) to compile 3 (depoimento) to gather 4 (velas, roupa a secar) to take in 5 (gado) to bring in 6 (acolher) to shelter ♦ vi (regressar) to return home, to come back; *recolheram a casa tarde* they came home late ♦ vp 1 (retirar-se) to retire 2 (abrigar-se) to take shelter 3 (ir para a cama) to go to bed ❖ *recolher obrigatório* curfew

recomeçar vt,i to start again

recomeço nm 1 new beginning, fresh start 2 (escola, aulas) reopening

recomendação nf 1 (indicação, sugestão) recommendation 2 (conselho) advice, guidance 3 (aviso) warning; *fazer uma recomendação* to give a warning ❖ *carta de recomendação* letter of recommendation, letter of introduction

recomendar vt 1 (sugerir) to recommend 2 (indicar para cargo) to recommend 3 (lembrar) to remind [que, to], to urge [que, to]

recompensa nf (prémio) prize, reward

recompensar vt (premiar) to reward [por, for]

recompor vt 1 to reorganize 2 to rearrange ♦ vp 1 (retomar a compostura) to recover oneself 2 (restabelecer-se) to recover [de, from]

reconciliação nf reconciliation

reconciliar vt to reconcile ♦ vp 1 to be reconciled [com, with]; *reconciliar-se com alguém* to make friends again with somebody 2 (zanga) to patch things up 3 (nações) to make peace

recôndito adj 1 (lugar) hidden 2 fig (pensamento, desejo) inner ♦ nm nook, corner

reconduzir vt 1 to lead back [a, to] 2 (cargo) to reinstate

reconfortante adj2g 1 (apoio, palavra) comforting 2 (passeio, alimento) invigorating, refreshing

reconfortar vt 1 (reanimar) to comfort 2 (revigorar) to invigorate, to refresh

reconhecer vt 1 (*identificar, validar*) to recognize 2 (*admitir*) to admit, to acknowledge; **reconhecer o erro** to admit one's mistake 3 (*assinatura*) to ratify, to witness; **reconhecer a assinatura** to witness the signature 4 MIL (*terreno, região*) to reconnoitre ♦ vp 1 to recognize oneself 2 (*identificar-se reciprocamente*) to recognize each other 3 (*confessar-se*) to acknowledge; **reconhecer-se culpado** to acknowledge one's guilt

reconhecido adj 1 (*agradecido*) thankful, grateful; **estar reconhecido** to be grateful to 2 (*mérito, utilidade*) acknowledged, accepted, recognized 3 (*identificado*) recognized

reconhecimento nm 1 recognition, acknowledgement 2 (*gratidão*) gratefulness, gratitude 3 MIL reconnaissance 4 (*assinatura*) witnessing

reconquista nf reconquest, recovery

reconquistar vt 1 (*readquirir*) to recover 2 (*conquista*) to reconquer

reconsiderar vt,i to reconsider

reconstituição nf 1 reconstitution 2 reconstruction; **reconstituição de um crime** reconstruction of the crime scene

reconstituinte nm FARM tonic ♦ adj2g restorative, invigorating

reconstituir vt 1 to reconstitute 2 (*crime*) to reconstruct; to piece together 3 (*monumento, objeto*) to restore 4 (*forças*) to recover

reconstrução nf reconstruction

reconstruir vt 1 (*cidade, monumento*) to rebuild 2 (*país, sociedade*) to reconstruct

recordação nf 1 (*memória*) memory, remembrance 2 (*turismo*) souvenir

recordar vt 1 (*lembrar-se de*) to remember 2 (*lembrar a alguém*) to remind of 3 (*vir à ideia*) to call to mind ♦ vp to remember [de, -]

recorde nm record; **bater um recorde** to break a record ❖ **recorde de pista coberta** indoor record; **recorde do mundo** world record

recorrência nf recurrence

recorrente adj2g recurrent, recurring

recorrer vi 1 (*fazer uso*) to resort [a, to]; **recorrer à violência** to resort to violence 2 DIR to appeal [de, against]; **recorrer da sentença** to appeal against a verdict 3 (*auxílio*) to turn [a, to]

recortar vt 1 (*papel, figura*) to cut out, to clip 2 *fig* (*destacar*) to outline

recorte nm 1 (*jornal*) cutting, clipping 2 (*linha limite*) outline, border, sketch 3 (*contorno*) outline

recostar vt to recline, to lean, to rest ♦ vp to lean back; **recostar-se numa poltrona** to install oneself in an armchair

recozer vt to overcook

recrear vt to re-create; to amuse ♦ vp to amuse oneself

recreativo adj recreational

recreio nm 1 diversion, recreation 2 (*local*) playground 3 (*escola*) (*intervalo*) break, playtime ❖ **barco de recreio** pleasure boat

recriação nf 1 re-creation 2 (*reconstrução*) reconstruction 3 (*nova versão*) remake

recriar vt 1 to recreate 2 (*filme*) to remake

recriminação nf recrimination

recriminar vt (*acusar*) to recriminate

recrudescência nf 1 upsurge 2 (*aumento*) increase

recruta n2g recruit ♦ nf (*instrução*) military training

recrutamento nm 1 MIL recruitment 2 (*alistamento, registo*) enlistment, enrolment 3 (*emprego*) hiring

recrutar vt 1 MIL to recruit 2 (*alistar, registar*) to enlist 3 (*emprego*) to hire

récua nf (*cavalos*) drove 2 (*mulas*) pack

recuar vi 1 (*andar para trás*) to go back 2 (*exército*) to retreat 3 (*carro*) to back 4 *fig* (*ceder*) to back down ♦ vt 1 to push back; to move back; to draw back 2 (*carro*) to back 3 (*muro, vedação*) to put further back

recuo nm 1 (ato de recuar) backing 2 MIL retreat 3 (arma) recoil

recuperação nf 1 recovery 2 (reaproveitamento) reuse, recycling 3 (reinserção social) rehabilitation

recuperar vt 1 (dinheiro) to recover 2 (monumento, pintura) to restore 3 (saúde, forças) to recover; to get back col 4 (reabilitar) to rehabilitate 5 (tema, assunto) to take up again 6 (tempo, aulas) to make up for; *recuperar o tempo perdido* to make up for lost time ♦ vi to recover [de, from]; *recuperar de uma doença* to recover from an illness

recurso nm 1 (meio) recourse 2 DIR appeal 3 (qualquer meio) resort; *em último recurso* as a last resort ♦ nmpl (meios) resources

recusa nf 1 refusal; *recusa formal* point-blank refusal 2 (negação) denial

recusar vt 1 (presente, cargo, convite) to refuse, to reject; *recusar uma oferta* to refuse an offer; *recusar um convite* to decline an invitation 2 (negar) to deny ♦ vp to refuse [a, to]; *recusaram-se a vir* they refused to come

redação nf 1 (ação) writing 2 (exercício escolar) essay; composition 3 (jornal) editorial office 4 (redatores) editorial staff

redarguir vt,i (retorquir) to retort

redator nm 1 writer 2 (jornalismo) editor

rede nf 1 net; *rede de pesca* fishing net 2 (comunicações) network 3 (água, luz) mains 4 DESP,INFORM net 5 (segurança) safety net 6 (cama de rede) hammock 7 (organização, sucursal) chain, network 8 (cabelo) hairnet

rédea nf rein ❖ *à rédea solta* at full speed; freely

redemoinho nm 1 whirl 2 (água) whirlpool 3 (vento) whirlwind

redenção nf redemption

redentor adj redeeming ♦ nm redeemer, saviour

redigir vt,i to write; *redigir uma carta* to write a letter

redimir vt 1 REL to redeem 2 (salvar) to save, to deliver ♦ vp to make up [por, for]

redobrar vt 1 (esforços) to increase 2 (multiplicar) to multiply ♦ vi 1 (aumentar) to increase 2 (intensificar) to intensify

redoma nf glass case, glass dome ❖ *viver numa redoma* to be wrapped in cotton wool

redondezas nfpl (arredores) surroundings; *nas redondezas* in the vicinity

redondo adj 1 round, circular 2 fig (gordo) fat, plump

redor nm contour ❖ *ao/em redor* around

redução nf 1 (desconto, diminuição) reduction, decrease; *redução de impostos* tax reduction 2 (conversão) conversion 3 MAT,QUÍM,MED reduction

redundância nf redundancy

redundante adj2g redundant

redundar vi to result [em, in]; *a iniciativa redundou num fracasso* the initiative ended in failure

redutor adj 1 reductive 2 pej reductionist

reduzido adj 1 reduced 2 (pequeno) tiny 3 (limitado) limited

reduzir vt 1 to reduce, to diminish, to cut down; *reduzir a velocidade* to slow down 2 (medidas, valores) to convert 3 (abreviar) to abridge

reedição nf 1 TIP reissue, re-edition 2 (nova edição) new edition

reeditar vt 1 (livro) to reissue, to republish 2 fig (repetir) to repeat

reembolsar vt 1 (gastos) to reimburse 2 (quantidade paga) to refund

reembolsável adj2g 1 (quantia) reimbursable 2 (empréstimo) repayable

reembolso nm refund; repayment ❖ *contra reembolso* cash on delivery

reencarnação nf reincarnation

reencarnar vi to reincarnate

reencontrar vt 1 (alguém) to meet again 2 (algo) to find again ♦ vp to meet again

reentrância *nf* 1 hollow, cavity 2 (estátua) recess

reenviar *vt* 1 to send again; to forward [**para**, to] 2 (devolver) to return

reenvio *nm* 1 return, forwarding 2 (remissão) cross-reference

reescrever *vt* to rewrite

reestruturar *vt* to restructure

refastelar-se *vp* to lean back

refazer *vt* 1 (trabalho) to redo, to remake 2 (reparações) to repair 3 to reorganize 4 (vida, amizade) to rebuild ♦ *vp* to recover [**de**, from]; **refazer-se de uma doença** to recover from an illness

refeição *nf* meal; **na hora da refeição** at meal time

refeito *adj* 1 (conta) remade; redone 2 (edifício) restored 3 (restabelecido) recovered; as good as new

refeitório *nm* 1 (escola, fábrica) canteen, cafeteria, refectory 2 (sala de refeições) dining hall

refém *n2g* hostage; **fazer alguém refém** to take somebody hostage

referência *nf* 1 reference, allusion; **fazer referência a** to refer to 2 (exemplo) model, example [**para**, to]; **ser uma referência para alguém** to be an example to someone ♦ *nfpl* (informações) references, information; **ter boas referências** to have good references

referendar *vt* 1 (documento) to countersign; to endorse 2 (assunto) to vote in a referendum

referendo *nm* referendum; **realizar um referendo** to hold a referendum

referente *adj2g* concerning [**a**, -]; regarding [**a**, -]

referido *adj* 1 quoted; cited 2 mentioned 3 (assunto, acontecimento) brought up; mentioned

referir *vt* to refer to; to mention ♦ *vp* to refer [**a**, to]

refilão *adj* 1 (que se queixa) grumbling 2 (respondão) snappy ♦ *nm* grumbler

refilar *vi* 1 (ripostar) to retort; to bite back 2 (resmungar) to grumble; to complain

refinado *adj* 1 (produto) refined; **açúcar refinado** refined sugar 2 (requintado) polished; sophisticated; refined

refinamento *nm* refinement

refinar *vt* 1 (produto) to refine; to purify 2 (pessoa) to educate; to polish

refinaria *nf* refinery ❖ **refinaria de açúcar** sugar refinery

refletido *adj* 1 (sensato) wise 2 (cauteloso) prudent; cautious

refletir *vt* 1 (imagem) to mirror; to reflect 2 (revelar) to reflect; to show; to reveal ♦ *vi* (ponderar) to reflect [**em/sobre**, on/upon]; to ponder [**em/sobre**, about/on/over]; to muse [**em/sobre**, about/on/over] ♦ *vp* 1 to reflect; to be reflected [**em**, -]

reflexão *nf* 1 (de luz, calor, imagem) reflection 2 (meditação) reflection [**sobre**, on]; **tempo de reflexão** time for reflection

reflexivo *adj* 1 LING reflexive; **pronome reflexivo** reflexive pronoun 2 (que medita) reflective; pensive; meditative 3 (calmo) calm

reflexo *nm* 1 (luz, imagem) reflection 2 (ato involuntário) reflex 3 (consequência) reflection; result, consequence ♦ *adj* reflex; **reação reflexa** reflex response ❖ PSIC **reflexo condicionado** conditioned reflex

reflorestamento *nm* reforestation

reflorestar *vt* to reforest

refogado *nm* sauté ♦ *nm* CUL onion sauce

refogar *vt* CUL to stew

reforçar *vt* 1 to strengthen; to reinforce 2 (ideia) to emphasize; to stress 3 (segurança, vigilância) to tighten 4 MIL to reinforce ♦ *vp* to grow stronger

reforço *nm* 1 booster; reinforcement; strengthening 2 MIL reinforcement; **enviar reforços** to send in reinforcements

reforma *nf* 1 reform; **reforma ortográfica** spelling reform 2 retirement; **estar na re-**

forma to be retired 3 *(pensão)* retirement pension

Reforma *nf* REL,HIST Reformation

reformado *adj* 1 retired; *um professor reformado* a retired teacher 2 *(melhorado)* reformed; improved ♦ *nm* 1 pensioner; retiree EUA 2 *(idoso)* senior citizen

reformador *nm* reformer ♦ *adj* reformative

reformar *vt* 1 *(melhorar)* to reform; to improve 2 *(dar a reforma)* to pension off ♦ *vp* to retire; to go into retirement

reformatório *nm* reformatory GB; reform school EUA

reformista *adj,n2g* reformist

refração *nf* refraction

refrão *nm* refrain

refratário *adj* refractory ♦ *nm* 1 defaulter 2 MIL absentee

refrear *vt* 1 to contain; to restrain 2 to bridle ♦ *vp* to contain oneself

refrega *nf* 1 skirmish 2 fray, fight

refrescante *adj2g* 1 *(bebida)* refreshing; cool; thirst-quenching 2 *(revigorante)* invigorating

refrescar *vt* 1 *(tornar mais fresco)* to freshen; to cool; to refrigerate 2 *(revigorar)* to refresh; *refrescar a memória* to refresh your memory ♦ *vi* 1 *(arrefecer)* to cool down 2 *(acalmar)* to calm down; to cool down ♦ *vp* 1 *(matar a sede)* to quench your thirst 2 *(lavar-se)* to freshen up

refresco *nm* refreshment

refrigerante *nm* soft drink, cool drink

refugiado *nm* refugee

refugiar *vp* 1 *(abrigar-se)* to take shelter [em, in]; to hide [em, in] 2 *(exilar-se)* to take refuge [em, in]; *ele refugiou-se no país vizinho* he took refuge in the neighbouring country

refúgio *nm* refuge; shelter

refugo *nm* reject, waste matter

refutação *nf* refutation

refutar *vt* 1 *(negar, desmentir)* to refute 2 *(contestar)* to dispute; to argue against

refutável *adj2g* refutable

rega *nf* watering; irrigation

regaço *nm* 1 *(colo)* lap 2 *(seio)* bosom

regador *nm* watering can

regalar *vt* 1 *(agradar)* to delight; to please 2 *(entreter)* to entertain [com, with] ♦ *vp* to delight yourself [a, in]; to entertain yourself [com, with]

regalia *nf* 1 privilege; perk 2 *(real)* royal prerogative

regalo *nm* 1 *(prazer)* delight; pleasure 2 *(mimo)* treat; luxury 3 *(abafo)* muff

regar *vt* 1 to water; to irrigate; *regar as plantas* to water the plants 2 *fig* to wash down; *fig regar o jantar a vinho* to wash the dinner down with wine

regata *nf* DESP regatta; boat race

regatear *vt,i* to bargain; to haggle (over)

regateio *nm* bargaining; haggling

regateiro *nm* haggler, bargainer

regato *nm* stream

regência *nf* 1 regency 2 rule

regeneração *nf* 1 regeneration; *regeneração celular* cell regeneration 2 *(revitalização)* revival; revitalization

regenerante *adj2g* regenerative

regenerar *vt* 1 to regenerate 2 *(reformar, melhorar)* to reform; to improve; to better ♦ *vp* 1 to regenerate 2 *(pessoa)* to go straight

regente *adj2g* 1 regent 2 ruling ♦ *n2g* 1 (Estado) regent 2 MÚS *(orquestra)* conductor 3 *(cadeira universitária)* tutor ❖ *príncipe regente* Prince Regent

reger *vt* 1 *(governar)* to rule; to govern 2 *(guiar, orientar)* to lead; to guide 3 *(orquestra)* to conduct 4 *(cadeira universitária)* to tutor 5 LING to govern ♦ *vp* to be guided [por, by]

região *nf* 1 *(zona)* region 2 (administrativa) district ❖ *região autónoma* autonomous region

regicida *n2g* regicide

regicídio *nm* regicide

regime *nm* **1** POL regime **2** *(sistema)* system **3** *(dieta)* diet; *fazer regime* to be on a diet **4** *(casamento)* marital regime

regimento *nm* MIL regiment

régio *adj* royal; kingly

regional *adj2g* regional; local; *jornal regional* regional newspaper

regionalismo *nm* regionalism

regionalização *nf* regionalization

registador *adj* registering ❖ *caixa registadora* cash register

registar *vt* **1** to register **2** *(dados)* to record; to register; to write down

registo *nm* **1** *(oficial)* registration **2** record; register; *registo de despesas* record of expenses **3** *(civil)* register office, registry

rego *nm* **1** furrow **2** drain **3** trench

regozijar *vi* to be delighted [com, by]; to rejoice

regozijo *nm* delight; pleasure

regra *nf* rule; *cumprir as regras* to follow the rules; *em regra* as a rule ❖ *regras de segurança* safety rule

regrado *adj* **1** *(com regras)* regular; systematic; steady **2** *(vida)* orderly **3** *(pessoa)* reasonable; moderate

regrar *vt* to regulate

regredir *vi* to regress

regressão *nf* regression

regressar *vi* to come back; to return

regressivo *adj* regressive

regresso *nm* **1** return; *no caminho do regresso* on the way back **2** *(vedeta)* comeback ❖ *regresso a casa* homecoming

régua *nf* ruler

regueifa *nf* *(pão)* twist bread

reguila *adj2g* **1** col *(malandro)* naughty **2** col *(refilão)* cheeky

regulação *nf* **1** regulation **2** adjustment; settlement

regulador *adj* regulating

regulamentação *nf* **1** *(ato de regulamentar)* regulation; *regulamentação do comércio* regulation of trade **2** *(regulamento)* rules; regulation; *de acordo com a regulamentação* according to the rules

regulamentar *vt* to regulate; to subject to regulations ❖ *adj2g* in accordance with the rules

regulamento *nm* regulation; rules

regular *adj2g* **1** regular; steady; MED *pulso regular* regular pulse **2** *(simétrico)* uniform; evenly shaped; symmetrical **3** *(mediano)* average; ordinary; *um aluno regular* an average student **4** LING regular; *verbos regulares* regular verbs ❖ *vt* **1** *(sujeitar a regras)* to regulate; to subject to regulations **2** *(ajustar)* to adjust; *regular o volume* to adjust the volume ❖ *vi* *(funcionar)* to work well ❖ *vp* to be guided [por, by] ❖ *não regular bem da cabeça* to be out of one's mind

regularidade *nf* **1** *(frequência)* regularity; frequency; *com regularidade* frequently **2** *(feições)* regularity; symmetry

regularizar *vt* **1** to regularize **2** *(sujeitar a regras)* to regulate

regularmente *adv* regularly

regulável *adj2g* adjustable

regurgitação *nf* regurgitation

regurgitar *vt,i* to regurgitate

rei *nm* king ❖ *Dia de Reis* Epiphany; *os Reis Magos* the Three Wise Men; *trazer o rei na barriga* to be full of oneself

reimpressão *nf* reprint

reimprimir *vt* to reprint

reinado *nm* reign

reinante *adj2g* ruling; dominant; prevailing

reinar *vi* **1** *(governar)* to reign; to rule; to govern **2** *(predominar)* to prevail

reincidência *nf* **1** *(recaída)* relapse **2** *(erro)* backslide

reincidente *adj2g* relapsing

reincidir *vi* **1** to relapse [em, into] **2** DIR to commit a second offence

reinício *nm* restart; new beginning

reino *nm* kingdom

Reino Unido *nm* United Kingdom

reiteração *nf* reiteration

reiterar *vt* to reiterate; to repeat

reitor *nm* rector

reitoria *nf* 1 (cargo) rectorship 2 (gabinete) rectory

reivindicação *nf* 1 DIR claim 2 (exigência) demand ❖ **reivindicação salarial** wage claim

reivindicar *vt* 1 DIR to claim 2 to demand; *reivindicar salários mais altos* to demand higher wages

rejeição *nf* 1 rejection 2 (convite, oferta) refusal

rejeitar *vt* 1 to reject 2 (convite, oferta) to refuse; to turn down 3 (pôr de parte) to discard

rejubilar *vi,p* to rejoice; to be delighted

rejuvenescer *vt* to rejuvenate; to breathe new life into ♦ *vi* to rejuvenate; to gain new life

rejuvenescimento *nm* rejuvenation

relação *nf* 1 (pessoas, países) relation; relationship 2 (entre factos) connection; relation 3 (amorosa) relationship 4 (lista) listing 5 (proporção) proportion; *na relação de 3 para 1* in the proportion of 3 to 1 ❖ *em relação a* regarding; as for

relacionado *adj* 1 (facto, raciocínio) related 2 (pessoa) connected; *ele é uma pessoa bem relacionada* he's a well connected person

relacionamento *nm* relation; relationship

relacionar *vt* to relate; to connect; to associate ♦ *vp* 1 (amigo) to be friends [com, with] 2 (conhecer) to get acquainted [com, with]

relâmpago *nm* lightning, thunderbolt

relance *nm* glance ❖ *de relance* at a single glance; *num relance* in the twinkling of an eye

relatar *vt* 1 (fazer relatório) to report 2 (contar, narrar) to narrate; to tell

relativamente *adv* 1 in relation to; concerning; *relativamente à conversa de on-*

tem in relation to yesterday's conversation 2 relatively; fairly; *foi relativamente barato* it was fairly cheap

relatividade *nf* relativity ❖ *teoria da relatividade* theory of relativity

relativismo *nm* relativism

relativo *adj* relative ❖ *com relativa frequência* with some frequency

relato *nm* 1 account; narration; report 2 (desportivo) commentary

relator *nm* 1 reporter 2 (desportivo) commentator

relatório *nm* report; *relatório médico* medical report

relaxado *adj* 1 (descontraído) relaxed; easygoing 2 (músculos) loose; slack; relaxed

relaxante *adj2g* relaxing

relaxar *vt,i* 1 (descontrair) to relax 2 (músculos) to slacken; to relax 3 (nó) to loosen up ♦ *vp* 1 *pej* to grow slack 2 *pej* to weaken

relegar *vt* to relegate [para, to]

relembrar *vt* to remind ♦ *vi* to remember

relento *nm* open air ❖ *ao relento* in the open air

reles *adj inv* 1 (de má qualidade) lousy; second-rate 2 (sem valor) worthless

relevância *nf* relevance; importance; *um comentário sem qualquer relevância* a comment of no relevance whatsoever

relevante *adj2g* 1 relevant; important; *essa pergunta não é relevante* that question is not relevant 2 (que sobressai) outstanding; eminent

relevar *vt* (perdoar) to forgive

relevo *nm* 1 (saliência) relief 2 (eminência) eminence; distinction; *pôr alguma coisa em relevo* to make something stand out ❖ *de relevo* of importance

religião *nf* religion

religiosidade *nf* religiousness

religioso *adj* religious ♦ *nm* (homem) monk; (mulher) nun

relinchar *vi* to neigh

relincho *nm* neigh

relíquia *nf* relic ♦ *nfpl* antiques ❖ *relíquias sagradas* holy relics

relógio *nm* **1** (de parede, de mesa) clock; *adiantar o relógio* to set the clock forward **2** (de pulso) watch; *o meu relógio está adiantado/atrasado* my watch is fast/slow; *o relógio adiantou-se/atrasou-se 5 minutos* the watch gained/lost 5 minutes **3** (de sol) sundial ❖ *relógio biológico* biological clock

relojoaria *nf* watchmaker's (shop)

relojoeiro *nm* watchmaker

relutância *nf* (hesitação) reluctance [em, to]; unwillingness [em, to]

relutante *adj2g* reluctant [em, to]; unwilling [em, to]

reluzente *adj2g* gleaming; shiny

reluzir *vi* to glitter; to gleam

relva *nf* grass

relvado *nm* lawn

remador *nm* rower; oarsman

remake *nm* (filme, etc.) remake

remanso *nm* stillness

remar *vi* to row ❖ *remar contra a maré* to swim against the tide

rematar *vt* **1** (completar) to finish off **2** (últimos retoques) to put the finishing touches on **3** (encimar) to crown; to top ♦ *vi* DESP to shoot; to strike; *rematar à baliza* to shoot at the goal; *rematar de cabeça* to head the ball

remate *nm* **1** (conclusão) conclusion **2** (final) end **3** (retoque) finishing touch **4** (costura) trimming **5** DESP shot; strike

remedeio *nm pop* stopgap; improvisation

remediado *adj col* (pessoa) comfortably off

remediar *vt* to remedy; to rectify; to correct ♦ *vp* to make shift

remédio *nm* **1** (medicamento) medicine; remedy; *tomar o remédio* to take your medicine **2** fig (solução) remedy; solution; *não há remédio* it's useless

remela *nf* (olhos) sticky secretion

remendar *vt* **1** (com remendo) to patch; to mend; to repair **2** (buraco) to darn; to stitch up **3** fig to correct

remendo *nm* **1** gusset; patch **2** fig (solução) solution

remessa *nf* **1** shipment; dispatch **2** (carga) load; shipment **3** (dinheiro) remittance

remetente *n2g* sender

remeter *vt* **1** (enviar) to send; to ship; to dispatch **2** (dinheiro) to remit **3** (recomendação) to refer [para, to]; *o médico remeteu o paciente para um especialista* the doctor referred the patient to a specialist

remexer *vt* **1** to rummage; to search; to fumble; *ela remexeu na bolsa à procura das chaves* she fumbled in her purse for her keys **2** (mexer) to stir

reminiscência *nf* reminiscence; recollection; remembrance; memory

remissão *nf* **1** (obra, texto) cross-reference **2** (perdão) remission; forgiveness **3** DIR (pena) acquittal

remissivo *adj* cross-referencing

remix *nm* (música) remix

remo *nm* **1** oar, paddle **2** DESP (atividade) rowing; *praticar remo* to do rowing ❖ *barco a remos* rowing boat

remoção *nf* removal; *remoção de nódoas* stain removal

remodelação *nf* **1** reshaping **2** reorganization **3** (ministerial) reshuffle

remodelar *vt* to remodel; to reshape

remoer *vt* **1** to grind again **2** fig (repensar) to chew (something) over ♦ *vi* **1** to ruminate **2** fig (repensar) to chew the problem over

remoinho *nm* **1** whirl **2** (de vento) whirlwind **3** (de água) whirlpool

remontar *vi* to date back [a, to]; to go back [a, to]; *este edifício remonta ao início do século* this building dates back to the beginning of the century

remoque *nm* scoff; taunt

remorder-se *vp* to be consumed [de, with]

remorso nm (arrependimento) remorse; *sentir remorsos* to feel remorse

remoto adj 1 (no espaço) remote; isolated; *uma ilha remota* a remote island 2 (no tempo) remote; distant; *no passado remoto* in the remote past 3 (recordação) vague; faint

remover vt to remove

removível adj2g removable

remuneração nf 1 (salário) remuneration; salary 2 (recompensa) reward; compensation

remunerar vt to remunerate [por, for]; to reward [por, for]

rena nf reindeer

renal adj2g renal; *insuficiência renal* renal failure

Renascença nf Renaissance

renascentista adj2g Renaissance; *literatura renascentista* Renaissance literature

renascer vi 1 to be reborn 2 (reanimar) to revive 3 (rejuvenescer) to gain new life; to rejuvenesce 4 (reaparecer) to reappear

renascimento nm rebirth; renascence; revival

Renascimento nm Renaissance

renda nf 1 lace 2 (aluguer) rent; *aumentar a renda* to put the rent up; *pagar a renda da casa* to pay the house rent

rendado adj lacy; lace-trimmed

render vt 1 (dar rendimento) to yield; *o meu negócio rendeu 20% de lucro* my business has yielded 20% profit 2 (prestar) to pay; to render; *render homenagem a* to pay homage to 3 (substituir) to relieve; *o guarda foi rendido seis horas depois* the sentry was relieved six hours later ♦ vi 1 (negócio) to pay; to prove profitable 2 (tempo) to be productive; *o dia de trabalho rendeu muito* my work day was very productive 3 (durar) to last; *este detergente rende mais do que o outro* this detergent lasts longer than the other ♦ vp to surrender (yourself); to give yourself

up; *os sequestradores renderam-se* the hijackers surrendered

rendição nf surrender; capitulation

rendimento nm 1 income 2 (empresa, país) revenue 3 (desempenho) performance 4 (lucro) profit; gain

renegado nm renegade

renegar vt 1 (negar) to deny; to disclaim 2 (repudiar) to repudiate; to reject; to scorn

renhido adj fierce

rénio nm rhenium

renitência nf 1 reluctance 2 obstinacy; persistency

renitente adj2g 1 reluctant 2 obstinate; persistent

renome nm renown; repute; *de renome* renowned; famous

renovação nf (edifício, mobiliário) renovation; remodelling 2 (contrato, documento) renewal

renovador adj 1 reforming 2 revolutionary ♦ nm renewer

renovar vt 1 (contrato, documento) to renew 2 (edifício, mobiliário) to renovate; to remodel

renovável adj2g renewable

rentabilidade nf profitability

rentabilizar vt to make a profit on; to make profitable; *rentabilizar um investimento* to make a profit on an investment

rentável adj2g profitable; lucrative; cost-effective

rente adj2g very short; *cortar rente* to cut short ♦ adv close [a, to]; *rente ao chão* close to the ground

renúncia nf 1 renunciation; giving up 2 (cargo) resignation 3 (trono) abdication

renunciar vt (cargo, oferta, direito) to renounce ♦ vi 1 (cargo) to resign 2 (trono) to abdicate

reorganização nf reorganization

reorganizar vt 1 to reorganize 2 (melhorar, reformar) to reform; to improve

repa nf (cabelo) fringe

reparação *nf* 1 *(conserto)* repair; fixing up; *reparação de avarias* damage repair 2 *(desagravo)* reparation; amends

reparar *vt* 1 *(consertar)* to repair; to fix 2 *(desagravar)* to make amends for; to make up for ♦ *vi* to notice [**em**, -]; to take notice [**em**, of]

reparo *nm* 1 *(conserto)* repair; fixing 2 *(crítica)* criticism 3 *(comentário)* comment; remark; *fazer um reparo* to make a remark

repartição *nf* 1 *(divisão)* partition; division 2 *(departamento)* department 3 *(escritório)* bureau; office

repartir *vt* 1 *(distribuir)* to divide; to distribute; *a professora repartiu os rebuçados pelas crianças* the teacher divided the candies between the children 2 *(partilhar)* to share; *ela repartiu o bolo com a irmã* she shared the cake with her sister

repatriar *vt* to repatriate

repelão *nm* 1 *(empurrão)* push; shove 2 *(puxão)* pull; jerk ❖ *de repelão* violently

repelente *adj2g* repugnant; disgusting; repulsive ♦ *nm* repellent; *repelente de insetos* insect repellent

repelir *vt* 1 to repel; to ward off 2 *(rejeitar)* to reject

repensar *vt* 1 *(pensar novamente)* to rethink 2 *(refletir)* to reflect on; to think over

repente *nm* outburst ❖ *de repente* suddenly

repentinamente *adv* suddenly; all of a sudden

repentino *adj* sudden; unexpected

repercussão *nf* repercussion; consequence

repercutir *vt,i* 1 to reverberate; to echo 2 to send back ♦ *vp* to affect; to have an effect; *a crise económica repercute-se na vida de todos* the economic crisis affects the lives of everyone

repertório *nm* repertory, repertoire

repescagem *nf (exame, competição)* resit; *(exame) fazer repescagem* to resit an exam

repescar *vt* 1 to recover; to retrieve 2 to give a second chance to

repetente *n2g* repeater; repeat student

repetição *nf* repetition

repetidamente *adv* 1 repeatedly 2 frequently

repetir *vt* to repeat ♦ *vp* 1 to recur; to repeat itself 2 to say again

repetitivo *adj* repetitive

repicar *vt,i (sinos)* to chime

repisar *vt* to repeat over and over again

repleto *adj* 1 *(cheio)* replete [**de**, with] 2 *(bem provido)* well-supplied [**de**, with]

réplica *nf* 1 *(cópia)* replica; copy; reproduction 2 *(resposta)* retort; response

replicar *vt,i (retorquir)* to reply; to retort

repolho *nm* round cabbage

repontão *adj* impertinent; cheeky ♦ *nm* impertinent person

repontar *vi (retorquir)* to retort

repor *vt* 1 to put back 2 *(devolver)* to return; *ele repôs o dinheiro que roubou* he returned the money he had stolen 3 *(restabelecer)* to restore; *repor a ordem* to restore order 4 *(instalar de novo)* to reinstall 5 *(programa de TV)* to rerun

reportagem *nf* 1 news report 2 reporting; *reportagem objetiva* objective reporting

reportar-se *vp* to refer [**a**, to]; to allude [**a**, to]

repórter *n2g* reporter; journalist

repertório *nm* repertory, repertoire

reposição *nf* 1 *(substituição)* replacement 2 *(restituição)* return 3 *(de programa de TV)* rerun

repositório *nm* repository

reposteiro *nm* door curtain

repousante *adj2g* restful; relaxing; peaceful

repousar *vi* to rest, to take a rest ♦ *vt* 1 *(acalmar)* to calm 2 *(olhar)* to rest [**em**, on]

repouso *nm (descanso)* rest

repreender *vt* to reprimand; to scold

repreensão *nf* reprehension

repreensível *adj2g* reprehensible

represa *nf* dam

represália *nf* retaliation; reprisal

represar *vt* 1 *(açudar)* to dam 2 *(reprimir)* to repress; to restrain

representação *nf* 1 representation 2 *(espetáculo)* performance 3 *(atores)* acting

representante *n2g* representative

representar *vt* 1 to represent 2 *(ilustrar)* to depict; to picture; *este quadro representa a minha visão da sociedade* this picture depicts my view of society 3 *(ator)* to play the part of ◆ *vi* (ator) to act; *adoro representar!* I love acting!

representativo *adj* representative [de, of]

repressão *nf* repression

repressivo *adj* repressive; *medidas repressivas* repressive measures

reprimenda *nf* reprimand

reprimir *vt* 1 *(conter, controlar)* to repress; to restrain; to control; *reprimir as emoções* to repress one's feelings 2 *(oprimir)* to suppress; *reprimir uma rebelião* to suppress a rebellion

reprodução *nf* (geral) reproduction; *reprodução de som* sound reproduction; *época de reprodução* breeding season ❖ DIR *direito de reprodução* copyright

reprodutivo *adj* reproductive; *órgãos reprodutivos* reproductive organs

reproduzir *vt* 1 to reproduce 2 *(copiar)* to duplicate; to copy ◆ *vp* to reproduce; to breed

reprovação *nf* 1 *(chumbo)* fail 2 *(condenação)* reproach

reprovador *adj* reproachful; disapproving; *um olhar reprovador* a disapproving look

reprovar *vt* 1 *(chumbar)* to fail; *o professor reprovou o aluno* the teacher failed the student 2 *(censurar)* to disapprove of; to condemn; to criticize 3 *(rejeitar)* to re-

ject ◆ *vi* to fail; *ela reprovou a matemática* she failed in mathematics; *ela reprovou no exame de condução* she failed her driving test

réptil *nm* reptile

repto *nm* challenge; *lançar um repto a alguém* to challenge someone

república *nf* 1 POL republic 2 *(universidade)* student's hostel

República Checa *nf* Czech Republic

República Dominicana *nf* Dominican Republic

republicanismo *nm* republicanism

republicano *adj,nm* republican; *partido republicano* republican party

repudiar *vt* 1 to repudiate 2 *(condenar)* to condemn; to reproach 3 *(rejeitar)* to reject; to refuse

repúdio *nm* repudiation; rejection

repugnância *nf* 1 *(aversão, nojo)* repugnance [por, for]; aversion [por, for] 2 *(carácter repulsivo)* repulsiveness

repugnante *adj2g* 1 *(repulsivo)* repugnant; repulsive; disgusting 2 *(odioso)* loathsome

repugnar *vt* to disgust ◆ *vi* to be repugnant

repulsa *nf* repulsion; disgust

repulsivo *adj* repulsive; disgusting

reputação *nf* reputation; fame

reputado *adj* famous; renowned; reputed

repuxar *vt* 1 *(esticar)* to stretch 2 *(puxar)* to pull hard

repuxo *nm* 1 water spout 2 jet of water

requeijão *nm* cottage cheese

requentado *adj* 1 reheated; *comida requentada* reheated food 2 *fig* (história, novidade) rehashed

requentar *vt* to reheat

requerente *n2g* 1 petitioner 2 applicant

requerer *vt* 1 *(solicitar)* to request; *requerer autorização* to request permission 2 *(requisitar)* to request; to apply for; to petition for; *a defesa requereu uma audiência* the defence petitioned for a hearing 3 *(implicar)* to require; to demand;

este exame requer muito estudo this exam requires hard study

requerimento *nm* **1** DIR petition **2** *(pedido)* request

requintado *adj* **1** *(pessoa)* refined; sophisticated; cultivated **2** *(ambiente)* refined; luxurious

requinte *nm* **1** *(pessoa)* refinement; sophistication **2** *(ambiente)* class; luxury

requisição *nf* DIR requisition **2** request

requisitar *vt* **1** to request **2** DIR to requisition

requisito *nm* requisite; requirement; *preencher os requisitos* to fulfil all the requirements

rês *nf* a head of cattle ❖ *(pessoa) má rês* a bad lot

rescaldo *nm* **1** *(cinzas)* cinders; embers **2** *fig* aftermath

rescindir *vt* to rescind; to revoke; to annul; *rescindir um contrato* to rescind a contract

rescisão *nf* rescission; *rescisão de um contrato* rescission from a contract

rés do chão *nm* ground floor

resenha *nf* **1** *(publicação)* write-up; review **2** description

reserva *nf* **1** reserve; stock; *pôr de reserva* to store **2** *(marcação)* reservation **3** *(área protegida)* reserve **4** *(discrição)* discretion **5** MIL the reserve

reservado *adj* **1** *(marcado)* reserved; booked **2** *(distante, guardado)* reserved **3** *(confidencial)* confidential **4** *(restrito)* restricted

reservar *vt* **1** *(marcar)* to book; to reserve; *reservar uma mesa para duas pessoas* to reserve a table for two; *reservar um quarto* to book a room **2** *(guardar)* to reserve; to put aside ♦ *vp* to claim; *reservar-se o direito de fazer alguma coisa* to claim the right to do something

reservatório *nm* **1** reservoir **2** tank

resfriado *nm* chill; cold; *apanhar um resfriado* to catch a chill

resgatar *vt* **1** *(libertar)* to ransom **2** *(dívida, hipoteca)* to redeem; to pay

resgate *nm* **1** ransom **2** redemption

resguardar *vt* **1** *(abrigar)* to shelter **2** *(proteger)* to protect ♦ *vp* **1** *(abrigar-se)* to take shelter **2** *(proteger-se)* to protect oneself

resguardo *nm* **1** *(vedação)* fence **2** *(de cama)* undersheet

residência *nf* **1** residence; abode; *residência oficial* official residence **2** *(universitária)* hall of residence ❖ *visto de residência* residence permit

residencial *adj2g* residential; *bairro residencial* residential district ♦ *nf* guest house

residente *adj,n2g* resident

residir *vi* **1** *(morar)* to reside [em, at/in] **2** *(consistir)* to lie [em, in]

residual *adj2g* residual

resíduo *nm* residue ♦ *nmpl (lixo)* waste

resignação *nf* **1** *(conformação)* resignation; forbearance; *ela aceitou a situação com resignação* she accepted the situation with resignation **2** *(demissão voluntária)* resignation

resignado *adj* resigned [com, to]; reconciled [com, to]

resignar *vt* *(demitir-se)* to resign ♦ *vp* to be resigned [com, to]

resiliência *nf* (material, pessoa) resilience

resiliente *adj2g* (material, pessoa) resilient

resina *nf* resin

resistência *nf* **1** resistance [a, to] **2** *(força, vigor)* stamina; vigour **3** ELET resistance; *(fio)* resistor

resistente *adj2g* **1** resistant **2** *(robusto)* durable; strong; solid

resistir *vi* **1** to resist [a, to]; to oppose [a, -]; to offer resistance [a, to]; *resistir à pressão* to resist to pressure **2** *(tentação)* to resist [a, -]; to say no [a, to]; *resistir à tentação de* to resist the temptation of

resma *nf* ream

resmungar *vt* to mutter, to mumble ♦ *vi* 1 to grumble; to complain 2 to mutter, to mumble

resolução *nf* resolution

resoluto *adj* 1 (*decidido*) resolute; firm; determined 2 (*corajoso*) bold; daring

resolver *vt* 1 (*solucionar*) to resolve; to solve; to find a solution for 2 (*decidir*) to decide to 3 MAT to solve; *resolver uma equação* to solve an equation ♦ *vp* to decide [a, to]

respeitabilidade *nf* respectability

respeitado *adj* 1 respected 2 esteemed; considered 3 admired

respeitante *adj2g* concerning [a, -]; referring [a, to]

respeitar *vt* 1 (*admirar*) to respect; *respeitar a opinião de alguém* to respect somebody's opinion 2 (*cumprir*) to observe; to follow; to comply with; *respeitar o regulamento* to comply with the rules ♦ *vi* to concern [a, -]; to regard [a, -] ❖ *no que respeita a* as regards

respeitável *adj2g* respectable; honourable

respeito *nm* 1 respect 2 (*cumprimento*) observance ❖ *dizer respeito a* to concern

respeitoso *adj* respectful

respetivamente *adv* respectively

respetivo *adj* 1 respective 2 corresponding

respiração *nf* breathing; respiration; *conter a respiração* to hold one's breath

respiradouro *nm* air shaft

respirar *vt,i* to breathe; *respirar ar puro* to breathe fresh air ❖ *respirar fundo* to take a deep breath

respiratório *adj* respiratory; *aparelho respiratório* respiratory tract

resplandecente *adj2g* 1 shining; bright 2 aglow [de, with]

responder *vt* 1 (*dizer em resposta*) to answer; *responder a um questionário* to answer a questionnaire 2 (*replicar*) to reply ♦ *vi* 1 to answer back 2 (*responsabilizar-se*) to answer [por, for], to vouch [por, for]; *eu respondo por ele* I will answer for him 3 (*reagir*) to respond [a, to]; *responder a um tratamento* to respond to treatment

responsabilidade *nf* 1 responsibility 2 DIR,ECON liability

responsabilizar *vt* 1 to hold responsible [por, for] 2 to blame [por, for] ♦ *vp* to be responsible [por, for], to answer [por, for], to take responsibility [por, for]

responsável *adj2g* responsible [por, for] ♦ *n2g* 1 (*encarregado*) person in charge 2 (*causador, culpado*) person to blame; culprit

resposta *nf* 1 (*réplica*) answer, reply 2 DIR appeal 3 (*reação*) response, reaction 4 (*solução*) solution

ressaca *nf* 1 *fig* (*bebedeira*) hangover 2 *fig* (*consequências*) aftereffect; *a ressaca eleitoral* aftereffects of the elections

ressacar *vi* col (*bebedeira*) to have a hangover

ressaibo *nm* 1 (*comida*) bad taste 2 (*vestígio*) vestige

ressaltar *vt* (*realçar*) to stress ♦ *vi* (*fazer ressalto*) to bounce

ressalto *nm* 1 (*saliência*) salience, projection 2 (*salto de corpo elástico*) rebound

ressalva *nf* 1 (*correção*) correction 2 (*salvaguarda*) safeguard 3 (*condição*) reservation

ressalvar *vt* 1 (*erro, lapso*) to correct 2 (*exceção*) to except 3 (*direitos*) to safeguard 4 (*situações, casos*) to exempt

ressarcimento *nm* 1 (*compensação*) compensation, indemnity 2 (*recuperação*) recuperation

ressarcir *vt* 1 to make amends [de, for] 2 (*compensar*) to compensate [de, for]; *ressarcir uma perda* to make good a loss

ressentido *adj* 1 (*melindrado*) resentful 2 (*afetado*) hurt, affected ❖ *ficar ressentido* to bear a grudge

ressentimento *nm* resentment; grudge

ressentir-se *vp* **1** to resent [**com**, -]; to take offence [**com**, at] **2** to feel the effects [**com**, of]

ressequido *adj* **1** (corpo, rosto) withered, shrivelled **2** (garganta, olhos) dry **3** (planta, terra) parched

ressequir *vt* **1** (corpo, rosto) to wither, to shrivel **2** (planta, terra) to parch ♦ *vi,p* to shrivel, to wither

ressoar *vi* **1** to resound **2** (ecoar) to echo

ressonância *nf* **1** (som) resonance, acoustics, ring; *ressonância acústica* acoustic resonance **2** FÍS,MED,MÚS resonance; *ressonância magnética* magnetic resonance

ressonar *vi* to snore

ressurgimento *nm* **1** (renovação) revival **2** (reaparição) reappearance, resurrection

ressurgir *vi* to reappear

ressurreição *nf* resurrection

ressuscitar *vt* **1** (trazer de volta à vida) to resuscitate, to restore to life **2** (costume, prática) to revive ♦ *vi* (morto) to rise again

restabelecer *vt* **1** (comunicação, contacto) to re-establish **2** (lei, regime, ordem) to restore, to bring back ♦ *vp* (saúde) to recover [**de**, from]; *restabelecer-se de uma doença* to recover from an illness; *restabelecer-se depressa* to make a quick recovery

restabelecimento *nm* **1** re-establishment **2** (saúde) recovery [**de**, from]; *em vias de restabelecimento* on the way to recovery **3** (ordem) restoration

restante *adj2g* remaining ♦ *nm* remainder; rest

restar *vi* **1** (esperança, dúvida) to remain **2** (sobejar) to be left over **3** (ter) to have left; *é tudo quanto me resta* that's all I have left

restauração *nf* **1** (monumento) restoration; *restauração de obras de arte* the restoration of works of art **2** (costumes, usos) revival **3** (renovação) renewal

restaurador *adj* **1** (produto) restorative **2** *téc* restoration ♦ *nm* **1** restorer **2** (produto) polish

restaurante *nm* restaurant

restaurar *vt* **1** (edifício, móvel) to restore, to repair; *restaurar uma igreja* to restore a church **2** (costume, uso) to re-establish, to restore ♦ *restaurar o equilíbrio* to redress the balance

restauro *nm* **1** restoration; *restauro de obras de arte* the restoration of works of art **2** revival, renewal

réstia *nf* ray; *réstia de esperança* ray of hope

restituição *nf* **1** return, restitution **2** (cargo) reinstatement

restituir *vt* **1** (devolver) to return, to give back; *restituir um livro* to return a book **2** (forças, saúde, calma) to restore **3** (dinheiro) to repay

resto *nm* **1** (excedente, restante) rest **2** MAT remainder ♦ *nmpl* **1** (comida) scraps, leftovers **2** (cinzas, ossos) remains ♦ *de resto* besides

restrição *nf* **1** restriction **2** (limitação) restraint

restringir *vt* **1** (acesso, abertura) to restrict; *restringir as atividades* to restrict one's activities **2** (despesas) to cut down, to limit; *restringir as despesas* to limit one's expenses ♦ *vp* to restrict oneself [**a**, to]

restritivo *adj* restrictive

restrito *adj* **1** restricted, limited; *número restrito de convites* limited number of invitations **2** (sentido) strict; *no sentido mais restrito* in the narrowest sense

resultado *nm* **1** result **2** (solução) solution **3** DESP score ♦ *nmpl* (percentagem, pontuação) results

resultante *adj2g* resultant [**de**, from], resulting [**de**, from]

resultar *vi* **1** (funcionar) to work; *resulta!* it works! **2** (consequências) to result [**em**, in] **3** (decorrer) to result [**de**, from], to arise [**de**, from]

resumir *vt* **1** (texto, livro) to summarize, to abridge **2** (informações, dados) to sum up ◆ *vp* (*consistir*) to consist [a/em, in/of]; *a questão resume-se a isto* the question boils down to this

resumo *nm* summary, abridgement; *em resumo* in short; *resumo das notícias* news summary

resvalar *vi* (*deslizar*) to slide, to slip, to glide, to skid; *resvalar por uma ladeira* to slide down a slope

resvés *adv* close, exactly, just enough; *o carro passou, mas resvés* the car got through, but only just

reta *nf* **1** (linha) straight line **2** (estrada) stretch of a straight road ❖ *na reta final* in the closing stages

retaguarda *nf* **1** (parte traseira) rear, back; *estar na retaguarda* to be in the rear; *fechar a retaguarda* to bring up the rear **2** MIL rearguard

retal ou **rectal** *adj2g* rectal

retalhar *vt* **1** to shred, to cut into shreds **2** (papel, tecido) to cut out **3** (terreno, território) to divide up

retalhista *n2g* retailer ◆ *adj* retail

retalho *nm* **1** (tecido) remnant, scrap; *comprei um retalho de fazenda* I bought a remnant of cloth **2** (preços, negócio) retail; *a retalho* at retail; *vender a retalho* to sell something retail

retaliação *nf* retaliation, reprisal

retaliar *vt* **1** (inimigo) to pay back **2** (vexame, humilhação) to retaliate ◆ *vi* to retaliate

retangular *adj2g* rectangular

retângulo *nm* GEOM rectangle ◆ *adj* rectangular

retardador *nm* **1** retarder **2** FOT self-timer

retardar *vt* **1** (adiar, atrasar) to delay; *retardar a chegada* to delay one's arrival **2** (funcionamento, processo) to keep back **3** (andamento, passo) to slow down

retardatário *nm* latecomer; late arrival ◆ *adj* (alguém) late

retemperar *vt* (recuperar) to reinvigorate, to invigorate, to stimulate

retenção *nf* **1** (ato de reter) confiscation **2** retention **3** ECON discount; *retenção na fonte* discount at source

retentivo *adj* retentive; *memória retentiva* retentive memory

reter *vt* **1** (guardar) to retain, to keep **2** (pessoa) to detain, to hold **3** (memorizar) to remember **4** (lágrimas, impulsos) to hold back **5** (parar) to stop ◆ *vp* **1** (conter-se) to restrain oneself; to check oneself **2** (parar) to stop

retesar *vt,p* **1** (fio) to stretch, to tighten **2** (músculos) to stiffen, to harden

reticência *nf* (reserva) reticence, reserve ◆ *nfpl* LING suspension points

reticente *adj2g* reticent

retidão *nf* rectitude, uprightness, righteousness

retificação *nf* **1** rectification **2** (ajuste) adjustment, correction **3** MEC adjustment; *retificação dos travões* adjustment of the brakes

retificar *vt* **1** to rectify; to correct **2** MEC (motor) to tune

retilíneo *adj* **1** rectilinear **2** (aresta, segmento) straight

retina *nf* retina

retirada *nf* **1** (ato de retirar) removal **2** MIL retreat; *bater em retirada* to beat a retreat, to be in full retreat

retirado *adj* **1** (isolado) secluded, isolated **2** (aposentado) retired

retirar *vt* **1** (objeto, substância) to remove; *retirar mercadorias da alfândega* to clear goods from the custom-house **2** (valor, quantia) to withdraw, to draw out **3** (recursos) to extract **4** (afirmação, acusação) to take back **5** (ajuda, liberdade) to deprive of ◆ *vi* MIL to withdraw, to retreat ◆ *vp* **1** to leave, to go away **2** (desistir) to withdraw [de, from] **3** (retirar-se, abandonar) to retire [de, from]; *retirar-se da vida política* to retire from political life

retiro nm 1 (*isolamento*) retreat; *fazer um retiro espiritual* to go into retreat 2 (*sítio ermo*) hideaway, refuge

reto adj 1 (*caminho, linha*) straight 2 (*posição*) upright 3 (*ângulo*) right 4 (*pessoa*) honest ♦ nm ANAT rectum

retocar vt (*obra, pintura*) to retouch, to touch up

retoma nf 1 return, resumption, recapture 2 ECON recovery

retomar vt 1 (*liderança, chefia*) to take again, to resume; *retomar o lugar* to resume one's post 2 (*assunto, conversa, etc.*) to restart; to take up; to renew

retoque nm 1 retouch, finishing touch; *dar o último retoque* to give the finishing touch to 2 (*emenda*) improvement, correction

retórica nf rhetoric ❖ *figura de retórica* figure of speech

retórico adj rhetorical ♦ nm rhetorician

retorno nm 1 (*regresso*) return; *viagem de retorno* homeward journey, journey back 2 (*devolução de bens*) exchange

retorquir vt,i to retort, to reply

retraído adj 1 fig (*reticente*) reticent, reserved 2 fig (*tímido*) shy

retraimento nm 1 FÍS retraction, contraction 2 fig (*contenção*) reserve, contention 3 fig (*timidez*) shyness

retrair vt 1 (*ato de retrair*) to withdraw, to retract 2 (*membros*) to draw in, to pull in 3 (*órgão, músculo*) to contract 4 (*sentimentos*) to hold back, to control 5 fig (*intimidar*) to intimidate ♦ vp 1 (*pensamentos*) to conceal one's thoughts 2 fig (*encolher-se*) to shrink back

retransmissor nm transmitter ♦ adj retransmitting, broadcasting

retransmitir vt RÁD,TV to broadcast again

retratação nf (*erro*) retraction 2 (*abjuração*) recantation

retratar vt 1 ART to portray 2 FOT to photograph 3 (*descrever*) to describe, to depict

retratar-se vp 1 (*hesitar*) to flinch, to wince 2 (*palavra*) to withdraw one's word

retratista n2g 1 portrait painter 2 FOT photographer

retrato nm 1 (*representação*) portrait; *retrato de corpo inteiro* full-length portrait 2 FOT photograph; *tirar um retrato* to take a photograph

retrete nf water closet, toilet, lavatory

retribuição nf 1 (*retribuir*) retribution 2 (*recompensa*) reward

retribuir vt 1 (*corresponder*) to return, to repay [-, for]; *retribuir cumprimentos* to return compliments 2 (*recompensar*) to reward

retroatividade nf retroactivity

retroativo adj retroactive ♦ nm retroactive payment

retroceder vi 1 to retrogress, to regress 2 (*decair*) to decline 3 (*desistir*) to back down

retrocesso nm 1 regression 2 (*doença*) aggravation 3 (economia) slowdown

retrógrado adj retrograde; backward

retroprojetor nm overhead projector

retrospetiva nf retrospective ❖ *em retrospetiva* in retrospect

retrospetivo adj retrospective

retroversão nf LING translation

retrovírus nm2n retrovirus

retrovisor nm 1 rearview mirror 2 (*exterior*) wing mirror

retumbante adj2g 1 resounding 2 fig (*êxito*) overwhelming

réu nm DIR accused, defendant; *levante-se o réu!* will the accused please rise!

reumático adj rheumatic ♦ nm 1 (*doença*) rheumatism 2 (*doente*) person with rheumatism

reumatismo nm MED rheumatism

reunião nf 1 (*negócios*) meeting 2 (*reencontro*) reunion 3 (*social*) gathering, party

reunificar vt to reunite, to reunify

reunir vt 1 (*partes*) to reunite 2 (*pessoas*) to bring together, to assemble, to gather

3 (objetos, dados) to collect 4 (qualidades) to combine; to fulfil; **reunir as condições necessárias** to fulfil all the requirements ♦ *vi* to meet ♦ *vp* 1 (*unir-se*) to join 2 (*juntar-se*) to meet; to get together; **reunir-se em assembleia** to hold a meeting

revelação *nf* 1 (segredo) revelation, disclosure 2 FOT development

revelar *vt* 1 to reveal; to disclose 2 FOT to develop 3 (*trair*) to betray; **revelar um segredo** to betray a secret 4 (qualidades, sentimentos) to show; **revelar o seu carácter** to show one's true colours ♦ *vp* 1 to reveal oneself, to turn out to be; **ela revelou-se muito esperta** she turned out to be very clever 2 (*mostrar-se*) to appear

revelia *nf* default, non-attendance; **julgar à revelia** to judge by default

revenda *nf* resale, wholesale; **desconto para revenda** trade discount

revendedor *nm* retailer

rever *vt* 1 (*tornar a ver*) to see again 2 (*texto*) to revise, to look over; **rever e corrigir um livro** to revise and correct a book; **rever provas tipográficas** to read proofs 3 (opinião, teoria, proposta, tese) to re-examine, to correct

reverência *nf* 1 (respeito, veneração) reverence, respect, veneration; **sua reverência** His Reverence 2 (*vénia*) bow; **fazer uma reverência** to bow

reverenciar *vt* to revere

reverendo *nm* reverend

reverente *adj2g* reverent, respectful, reverential

reversível *adj2g* reversible

reverso *nm* 1 (face oposta) reverse 2 (oposto) opposite ❖ **o reverso da medalha** the other side of the coin

reverter *vi* 1 to revert [**para**, to], to return [**para**, to]; **reverter a favor de** to be to the advantage of 2 (*recair*) to turn [**contra**, against]; **receio que a situação reverta contra ela** I'm afraid the situation will turn against him 3 (*resultar*) to result [**em**, **in**]

revés *nm* 1 (contrariedade) misfortune 2 (falhanço) drawback, failure 3 (reverso) reverse

revestimento *nm* 1 (o que reveste) coating, covering; **o chão tem um revestimento de cortiça** the floor has a cork covering 2 (caixa) lining 3 (cobertura) wrapping; **tira o revestimento de celofane** take off the cellophane wrapping

revestir *vt* 1 to face, to coat [**de**, with]; **revestir de aço** to coat with steel 2 (parede) to cover 3 (roupa) to clothe ♦ *vp* 1 (poderes) to assume, to take on 2 to arm oneself [**de**, with] 3 (carácter) (assumir) to be invested [**de**, with]

revezamento *nm* 1 taking turns 2 (alternativa) alternation

revezar *vt* 1 (alternar) to alternate 2 (trocar com alguém) to rotate ♦ *vp* to take turns

revigorante *adj2g* invigorating, refreshing

revirar *vt* 1 (tornar a virar) to turn again 2 (bolsos) to turn inside out 3 (olhos) to roll; **revirar os olhos** to roll one's eyes ♦ *vp* (dar voltas) to twist and turn

reviravolta *nf* 1 (mudança) sudden change, turnabout 2 (argumento, situação) turn 3 (opinião) reversal 4 (mudança de direção) about-turn, U-turn

revisão *nf* 1 (escola) revision 2 (verificação) examination, check 3 (automóvel) service 4 (máquina) overhaul

revisar *vt* 1 (passaporte) to put a visa on, to visa 2 (rever) to revise 3 (verificar) to examine; **revisar o bilhete** to clip the ticket

revisor *nm* 1 TIP proofreader 2 (bilhetes) ticket inspector, ticket collector

revista *nf* 1 (busca) search 2 (publicação) magazine 3 MIL inspection, review 4 TEAT revue

revistar *vt* 1 MIL (tropas) to review 2 (examinar) to examine 3 (polícia) to search; **os**

passageiros foram revistados the passengers were searched

reviver vt (emoção, situação) to relive ♦ vi (renascer) to return to life

revoada nf 1 (ato de revoar) flying back 2 (pássaros) flight 3 (pessoas) batch 4 (oportunidade) opportunity ❖ col *às revoadas* in flocks

revogação nf 1 (lei) repeal, revocation 2 (ordem) reversal

revogar vt 1 (artigo, lei) to revoke, to repeal; *revogar uma lei* to repeal a law; *revogar uma sentença* to revoke a sentence 2 (decisão, acordo) to annul

revogável adj2g revocable

revolta nf 1 revolt, insurrection, rebellion; *abafar uma revolta* to suppress a rebellion 2 (indignação) indignation, outrage; *aquelas palavras causaram-lhe revolta* those words caused her indignation 3 fig (repugnância) disgust, repugnance

revoltado adj 1 revolted 2 (indignado) outraged 3 (com repugnância) disgusted ♦ nm rebel, mutineer

revoltante adj2g revolting, shocking, disgusting; *é revoltante!* it is shocking!

revoltar vt 1 (insurgir) to revolt 2 (indispor) to turn against 3 (indignar) to outrage ♦ vi to be outrageous ♦ vp 1 to rebel [contra, against] 2 (indignar-se) to be outraged [com, by]

revolução nf 1 revolution 2 (mudança radical) radical change

revolucionar vt to revolutionize

revolucionário adj,nm revolutionary

revolver vt 1 (girar) to revolve 2 (gaveta) to rummage in, to search; *revolver os bolsos* to rummage the pockets ❖ *revolver o céu e a terra* to move heaven and earth

revólver nm revolver, gun

reza nf prayer, praying

rezar vt 1 (oração) to pray; *rezar uma oração* to say a prayer 2 (referir) to say; *lá reza o ditado* as the saying goes ♦ vi to

pray [por, for]; *rezar por alguém* to pray for somebody

ria nf estuary, mouth of a river

riacho nm brook; creek EUA

ribalta nf 1 footlights; *luzes da ribalta* footlights 2 TEAT stage 3 fig (cena) limelight; *ribalta política* political limelight

ribanceira nf 1 (rampa) steep slope 2 (margem) steep river bank 3 (precipício) cliff

ribeira nf (riacho) small river, stream, brook

ribeiro nm brook, stream

ribombar vi 1 (trovejar) to thunder, to roar 2 (ressoar) to resound, to boom

ricaço adj very rich, wealthy ♦ nm wealthy man; big shot fig

rícino nm BOT ricinus, castor oil plant; *óleo de rícino* castor oil

rico adj 1 (que tem riqueza) rich [em, in], wealthy 2 (loja, empresa) prosperous 3 (campo, região) fertile ♦ nm *os ricos* the rich

ricochete nm ricochet, skip, rebound; *fazer ricochete* to ricochet

ridicularizar vt 1 (zombar) to ridicule, to make fun of 2 (escarnecer) to mock at

ridículo adj 1 (alguém) ridiculous 2 (cena, figura) laughable ❖ *cair no ridículo* to make a fool of oneself

rifa nf 1 (sorteio) raffle; *vender em rifas* to sell in a raffle 2 (bilhete) raffle ticket

rifar vt (sortear) to raffle

rigidez nf 1 (dureza) rigidity, stiffness; *rigidez muscular* muscular rigidity 2 (austeridade) severity, strictness 3 (inflexibilidade) inflexibility

rígido adj 1 (rijo, duro) rigid, hard 2 (severo) harsh, strict

rigor nm 1 (meticulosidade) rigour GB, rigor EUA 2 (severidade) harshness, austerity 3 (exatidão) precision 4 (tempo) inclemency

rigoroso adj 1 (meticuloso) rigorous 2 (severo) strict, severe 3 (castigo) harsh

rijeza nf toughness, rigidity, hardness

rijo *adj* **1** (material, superfície) hard, tough; *carne rija* tough meat **2** *fig* (resistente) robust, tough; *rijo e são* hale and hearty **3** *fig* (festa, pancada) big, great

rim *nm* kidney

rima *nf* **1** rhyme **2** (pilha) heap

rimar *vt* to rhyme, to put into rhyme ♦ *vi* **1** to make rhymes **2** *fig* (concordar) to agree, to suit

rímel *nm* (cosmética) mascara

ringue *nm* ring

rinite *nf* MED rhinitis

rinoceronte *nm* rhinoceros

rio *nm* river ♦ *nmpl fig* (grande quantidade) piles [de, of]

ripa *nf* batten, lath

ripostar *vi* (retorquir) to retort, to retaliate

riqueza *nf* **1** (dinheiro) wealth **2** (fartura) abundance **3** (fertilidade) fertility

rir *vi* **1** to laugh; *desatar a rir* to break into a laugh, to burst into laughter **2** (sorrir) to smile **3** (gracejar) to joke, to jest ♦ *vp* **1** to laugh; *rir-se na cara de alguém* to laugh in a person's face **2** (escarnecer) to laugh [de, at]; *rir-se à custa de alguém* to laugh at someone's expense

risada *nf* laughter, loud laugh; *soltar uma risada* to give a loud laugh

risca *nf* **1** (traço, linha) line **2** (cabelo) parting **3** (roupa) stripe, streak ❖ *à risca* to the letter

riscado *adj* **1** (tecido) striped **2** (papel) lined **3** (frase, nome) crossed out **4** (suprimido) excluded

riscar *vt* **1** (superfície) to scratch **2** (apagar) to strike out, to cross out; *riscar o nome da lista* to strike the name off the list; *riscar uma palavra* to strike out a word **3** (esboçar, traçar) to trace, to outline

risco *nm* **1** (perigo) risk, danger **2** (rabisco) scribble

risível *adj2g* risible, laughable, comical

riso *nm* laughing; laugh; laughter ❖ *morrer de riso* to split one's sides with laughter; *um ataque de riso* a fit of laughter

risonho *adj* **1** (pessoa) cheerful, laughing **2** (cara) smiling; *rosto risonho* a smiling face **3** (futuro) bright

risota *nf* **1** (riso) laughter **2** (troça) sneer

rispidez *nf* harshness

ríspido *adj* harsh, rough

rissol *nm* rissole

rítmico *adj* rhythmic, rhythmical

ritmo *nm* **1** MÚS, LIT rhythm, cadence **2** (movimento ou ruído) movement; *o ritmo das ondas* the movement of the waves ❖ *ao ritmo de* at the pace of

rito *nm* **1** REL rite **2** (cerimónia) ritual

ritual *adj2g,nm* ritual

rival *adj2g* **1** rival **2** (antagonista) emulous ♦ *n2g* **1** rival; *sem rival* without a rival **2** (antagonista) emulator

rivalidade *nf* (competição) rivalry; competition

rivalizar *vi* **1** (igualar-se em mérito) to rival [com, with] **2** (competir) to compete [com, with]

rixa *nf* quarrel, row, brawl

roaming *nm* (telemóvel) roaming

robalo *nm* sea bass

robe *nm* dressing-gown, robe, bathrobe

robô *nm* robot

robustez *nf* robustness, vigour

robusto *adj* **1** (atleta) strong, vigorous, robust **2** (resistente) hardy, sturdy

roca *nf* distaff

roçar *vi* **1** (tocar ao de leve) to graze, to skim **2** *fig* (atingir) to border on; *isso roça a loucura* that borders on madness

rocha *nf* **1** rock **2** (penedo) crag

rochedo *nm* cliff, rock

rochoso *adj* **1** rocky **2** (pedregoso) stony

rococó *nm* rococo ♦ *adj* **1** (arquitetura) rococo **2** *fig* eccentric

rocódromo *nm* DESP climbing wall

roda *nf* **1** (peça, veículo) wheel **2** (amigos) circle **3** *fig* (lotaria) lottery **4** (saia, vestido) width

rodada *nf* (bebidas) round

rodado *adj* 1 (*que tem rodas*) wheeled 2 (*vestido*) wide 3 (*veículo*) run in 4 (*experiente*) experienced

rodagem *nf* 1 (*rodas*) set of wheels 2 (*automóvel*) running in; *em rodagem* running-in

rodapé *nm* 1 (*parede*) skirting, skirting board 2 (*página*) foot; *nota de rodapé* footnote

rodar *vt* 1 (*girar*) to turn; *rodar a chave* to turn the key 2 (*girar rapidamente*) to wheel, to spin 3 CIN (*filme*) to shoot; *rodar um filme* to shoot a film ◆ *vi* 1 (*girar*) to turn round 2 (*adquirir movimento*) to roll 3 (*rodopiar*) to whirl, to spin

roda-viva *nf* bustle, rush, merry-go-round; *andar numa roda-viva* to be always on the go

rodear *vt* 1 (*circundar*) to surround, to encircle 2 (*assunto, questão*) to beat about the bush; *rodear um assunto difícil* to beat about the bush 3 (*sítio, objeto*) to go round ◆ *vp* to surround oneself [de, with]; to be accompanied [de, by]

rodeio *nm* 1 (*discurso*) circumlocution 2 (*subterfúgio*) subterfuge, evasion; *encher-se de rodeios* to beat about the bush; *sem rodeios* bluntly 3 (*gado*) rodeo

rodela *nf* 1 (*pedaço*) slice 2 (*pequena roda*) small ring; *rodela de ananás* pineapple ring

rodilha *nf* 1 (*esfregão*) dishcloth, mop 2 (*para transporte à cabeça*) cloth pad 3 *fig* (*peça roupa*) rag

rodízio *nm* 1 (*mesas*) caster, castor, trundle 2 (*haste*) wooden pole

rodopiar *vi* to whirl, to rotate

rodopio *nm* 1 (*rodar*) whirl, spin 2 (*cabelo*) twist

rodovalho *nm* turbot

rodoviário *adj* 1 (*estrada*) road 2 (*polícia*) traffic

roedor *adj,nm* rodent

roentgénio *nm* roentgenium

roer *vt* 1 (*dentes*) to gnaw, to bite, to nibble 2 (*corroer*) to erode, to eat away 3 *fig* (*inquietar*) to weigh on ◆ *vp* to fret, to worry; *col* **roer-se de inveja** be eaten up with envy ❖ **roer as unhas** to bite one's nails

rogar *vt* 1 to beg, to entreat 2 (*rezar*) to pray [a, to]

rogo *nm* request; petition; entreaty; prayer; *a rogo de* at the request of

rojão *nm* stewed pork

rol *nm* 1 (*lista*) roll, list 2 (*registo*) record

rola *nf* turtledove

rolar *vi* 1 (*cair*) to roll 2 (*decorrer*) to roll by ◆ *vt* (*virar*) to turn

roldana *nf* pulley

roldão *nm* confusion; *de roldão* confusedly, pell-mell

roleta *nf* roulette ❖ *roleta russa* Russian roulette

rolha *nf* 1 cork; *tirar a rolha* to uncork 2 (*de vidro*) stopper

rolhar *vt* to cork; to stopper

roliço *adj* 1 cylindrical 2 (*corpo, pernas*) plump; chubby

roll-on *nm* (*desodorizante*) roll-on

rolo *nm* 1 (*papel*) roll, *rolo de papel higiénico* paper roll, toilet tissue tube 2 (*pintura, cabelo*) roller 3 (*massa*) rolling pin 4 FOT film

ROM INFORM [*sigla de* read-only memory]

romã *nf* pomegranate

romagem *nf* pilgrimage

romance *nm* 1 LIT novel 2 (*caso amoroso*) romance 3 *fig* (*história*) complicated story

romancear *vt* 1 to romance 2 (*exagerar*) to exaggerate ◆ *vi* 1 (*escrever*) to write novels 2 (*fantasiar*) to fantasize

romancista *n2g* novelist

romanesco *adj* 1 LIT Romanesque 2 (*romântico*) fanciful, romantic

românico *adj* 1 ARQ Romanesque 2 LING Romance

romano _adj,nm_ (pessoa) Roman; _números romanos_ Roman numerals

romântico _adj,nm_ romantic

romantismo _nm_ romanticism

romaria _nf_ 1 (peregrinação) pilgrimage 2 (festa popular) popular festival 3 _fig_ (multidão) crowd

romãzeira _nf_ pomegranate tree

rombo _adj_ blunt, flat ♦ _nm_ 1 (navio) leak 2 (buraco) hole 3 (prejuízo) loss 4 (desfalque) embezzlement

romeiro _nm_ pilgrim

Roménia _nf_ Romania

romeno _adj,nm_ Romanian

rompante _nm_ impetuosity, outburst; _de rompante_ impetuously

romper _vt_ 1 (corda, fio) to break 2 (rasgar, furar) to tear 3 (calçado) to wear out 4 (atravessar) to break through 5 _fig_ (contrato, promessa) to break off ♦ _vi_ 1 (penetrar violentamente) to push through; _romper pela multidão_ to push through the crowd 2 (aparecer) to come through 3 (relação) to break up [com, with] 4 (sol, manhã) to break through ♦ _vp_ 1 (rasgar-se) to get torn; _a blusa rompeu-se_ the blouse got torn 2 (partir-se) to break, to snap; _a corda rompeu-se_ the rope broke 3 _fig_ (interromper-se) to be broken

roncar _vi_ 1 (ressoar) to snore 2 (ruído) to rumble, to roar 3 (grunhir) to grunt

ronco _nm_ 1 (ressoar) snore 2 (ruído contínuo) roar 3 (grunhido) grunt

ronda _nf_ 1 (grupo de vigilantes) patrol 2 (vigilância) round, beat; _fazer a ronda_ to make one's rounds, to go one's rounds 3 _fig_ (conversações) talk

rondar _vt_ 1 (fazer a ronda) to round, to watch, to patrol 2 (espreitar) to lurk round 3 (ameaçar) to threaten 4 (idade) to be around; _já ronda os sessenta anos_ she is around sixty ♦ _vi_ 1 (vigiar) to patrol 2 (espreitar) to lurk round

ronrom _nm_ purr, purring

ronronar _vi_ to purr

roqueiro _nm_ (artista, fã de rock) rocker

rosa _nf_ rose; _botão de rosa_ rosebud ♦ _adj inv,nm_ (cor) pink

rosácea _nf_ ARQ rose window

rosa-choque _adj inv,nm_ shocking pink

rosado _adj_ rosy, pinky

rosa dos ventos _nf_ compass rose

rosário _nm_ 1 REL rosary 2 _fig_ (série) series

rosbife _nm_ roast beef

rosca _nf_ 1 (parafuso) screw thread 2 (espiral) spiral 3 (pão) rusk

roseira _nf_ rose, rosebush

roseiral _nm_ rose garden

roseta _nf_ 1 (roda dentada) rowel 2 (face) red spot 3 (croché) rosette

rosmaninho _nm_ French lavender

rosnadela _nf_ 1 (rosnar) snarl, growl 2 _fig_ (murmurar) muttering

rosnar _vt,i_ 1 (som ameaçador) to snarl 2 _fig_ (murmurar) to murmur 3 _fig_ (resmungar) to grumble

rossio _nm_ public square

rosto _nm_ 1 (cara) face; countenance 2 (livro) front

rota _nf_ 1 (rumo, direção) route, course; _o navio saiu da rota_ the ship went off course 2 (caminho) way, path; _as nossas rotas cruzaram-se_ our paths crossed

rotação _nf_ 1 rotation 2 (ocorrência periódica) alternation, recurrence

rotativo _adj_ rotary, rotative

roteiro _nm_ 1 (viagem) plan of a trip 2 (filme) script 3 (região) guidebook, road map 4 NÁUT map of course

rotina _nf_ 1 routine 2 (costume) custom, practice

rotineiro _adj_ routine, customary

roto _adj_ 1 (roupa, calçado) ragged, tattered, torn 2 _col,fig_ (exausto) exhausted ❖ _um mãos rotas_ a spendthrift

rótula _nf_ kneecap, patella

rotular _vt_ to label

rótulo _nm_ label; _pôr um rótulo em_ to put a label on

rotunda *nf* 1 roundabout 2 ARQ rotunda

roubalheira *nf* 1 (*série de roubos*) robbery, theft 2 col (*preço exagerado*) exorbitant charge 3 (*fraude*) fraud

roubar *vt* 1 (dinheiro, carteira) to steal; *roubar um beijo* to steal a kiss 2 (loja) to shoplift

roubo *nm* 1 theft, robbery 2 col (preço excessivo) daylight robbery

rouco *adj* hoarse

roulotte *nf* caravan

roupa *nf* 1 clothes, clothing, *roupas para homem* men's wear; *roupas para senhora* ladies' wear 2 (*para lavar*) washing; *estender a roupa* to hang out the washing ♦ *roupa branca* linen; *roupa interior* underwear; *chegar a roupa ao pelo a alguém* to take one's slipper to someone

roupagem *nf* clothing

roupão *nm* dressing-gown; *roupão de banho* bathrobe

roupeiro *nm* wardrobe

rouquidão *nf* hoarseness

rouxinol *nm* nightingale

roxo *nm* (cor) violet, purple ♦ *adj* 1 (cor) violet, purple 2 (mãos, lábios) blue

rpm [sigla de **rotações por minuto**] rpm [sigla de revolutions per minute]

rua *nf* 1 street; *atravessar a rua* to cross the street; *rua secundária* by-street 2 (*exterior*) out; *na rua* outside; *rua!* out! 3 (moradores) the whole street ♦ *pôr na rua* to give the sack

Ruanda *nm* Rwanda

ruandês *adj,nm* Rwandan

rubéola *nf* MED German measles

rubi *nm* ruby

rubídio *nm* rubidium

rubor *nm* (face) blush, flush

ruborizar-se *vp* (corar) to blush, to flush

rubrica *nf* 1 (*assinatura abreviada*) signed initials; *a minha rubrica é esta* these are my initials 2 (*assunto*) heading, item

rubricar *vt* to initial

rubro *adj* red, ruddy, red-hot; *ao rubro* red-hot

ruço *adj* 1 (cabelo, barba) grey; *cabelo ruço* sandy hair 2 (casaco, tecido) faded

rude *adj2g* rude

rudeza *nf* 1 (*grosseria*) rudeness, coarseness, roughness 2 (*qualidade, estado*) severity, harshness 3 (*ignorância*) ignorance

rudimentar *adj2g* rudimentary, elementary

rudimento *nm* rudiment

ruela *nf* lane, by-street

rufar *vt,i* to drum; *rufar o tambor* to beat the drum

rufia *nm* 1 bully, ruffian, scoundrel 2 (prostitutas) pimp

rufião *nm* bully, ruffian, scoundrel

rufo *nm* drumbeat, roll

ruga *nf* 1 (pele) wrinkle, line, *fazer rugas* to wrinkle 2 (dobra) crease

rugido *nm* roar

rugir *vi* 1 to roar; *o leão ruge* the lion roars 2 (seda) to rustle

rugoso *adj* 1 (pele) wrinkled 2 (terreno) rough 3 (tecido) creased, corrugated

ruído *nm* 1 (barulho) noise, din; *o ruído das máquinas* the rattle of the machinery; *ruído surdo* muffled noise 2 fig (alvoroço) uproar, fuss

ruidoso *adj* 1 noisy 2 fig (aparatoso) showy

ruim *adj* 1 (malvado) bad, wicked, *homem ruim* a wicked man 2 (prejudicial) bad

ruína *nf* 1 (construção) ruin 2 (decadência) downfall, disaster

ruindade *nf* 1 wickedness, meanness 2 (malícia) malice

ruinoso *adj* 1 ruinously expensive 2 (gastos) wasteful 3 (prejudicial) destructive

ruir *vi* 1 (desabar) to collapse, to tumble 2 fig (deixar de existir) to crumble down

ruivo *adj* 1 (cabelo) red, ginger 2 (pessoa) red-haired ♦ *nm* (peixe) red surmullet

rulote *nf* ⇒ **roulotte**

rum *nm* rum

rumar vt to steer, to set a course ♦ vi to head [para, for]

ruminação nf 1 rumination 2 fig (meditação) meditation

ruminante adj2g,nm ruminant

ruminar vi 1 (animal) to ruminate; to chew the cud 2 fig (matutar) to muse; to chew the cud ♦ vt (animal) to ruminate

rumo nm 1 (rota) course; route 2 (vida, situação) way; bearings

rumor nm 1 (boato) rumour 2 (som, vozes) rumble; murmur

rupestre adj2g rock; *arte rupestre* rock art; *pinturas rupestres* rock engravings

rupia nf rupee

rural adj2g rural; *vida rural* rural life

rusga nf search; *fazer uma rusga* to make a search

Rússia nf Russia

russo adj,nm Russian

rústico adj 1 (do campo) rustic 2 pej (grosseiro) rude; boorish ♦ nm peasant

ruténio nm ruthenium

rutherfórdio nm rutherfordium

rutura nf 1 (relações) breach; rupture; split 2 (lesão física) rupture; hernia 3 ELET break

S

s *nm* (letra) s
sábado *nm* Saturday
sabão *nm* soap; *bola de sabão* soap bubble; *pau de sabão* bar of soap
sabático *adj* sabbatical ❖ *licença sabática* study leave
sabedoria *nf* 1 (da experiência) wisdom 2 (estudo) knowledge
saber *nm* learning; knowledge ♦ *vt* 1 (ter conhecimento) to know 2 (entender) to know; to understand 3 (capacidade) can; *sabes nadar?* can you swim? 4 (descobrir) to find out; *eu soube isso ontem* I found that out yesterday 5 (aperceber-se) to be aware of; *eu sei isso* I'm aware of that ♦ *vi* 1 to know; *saber de cor* to know by heart; *que eu saiba* as far as I know, for all I know, *se eu soubesse* if only I knew; *sei lá!* how should I know? 2 (sabor) to taste [a, like]; *saber a morangos* to taste like strawberries; *saber bem* to taste well ❖ *a saber* namely; *não querer saber* not to give a damn; *não saber a quantas anda* to be at a loss; *se isto vem a saber-se* if this comes out
sabichão *nm pej* wise guy
sabido *adj* 1 (prudente) wise; prudent 2 (esperto) cunning; smart; shrewd 3 (com experiência) experienced ❖ *como é sabido* as everyone knows
sábio *adj* 1 wise 2 (estudos) learned; knowledgeable ♦ *nm* (conhecimentos) wise man; sage
sabonete *nm* toilet soap
saboneteira *nf* 1 (casa de banho) soap dish 2 (caixa) soapbox
sabor *nm* (alimentos) taste; flavour *GB*, flavor *EUA* ❖ *ir ao sabor da maré* to go with the flow
saborear *vt* 1 (gosto) to savour 2 *fig* (situação, acontecimento) to enjoy; to relish

saboroso *adj* 1 (sabor) savoury; tasty; appetizing 2 (agradável) pleasant
sabotador *nm* saboteur
sabotagem *nf* sabotage
sabotar *vt* to sabotage; to undermine
sabrina *nf* (calçado) pump
sabugo *nm* 1 (unhas) quick 2 *BOT* elder
saca *nf* bag; *saca de compras* shopping bag
sacada *nf* *ARQ* (varada) balcony
sacador *nm* drawer
sacana *n2g* creep; sleazebag *EUA*
sacão *nm* jolt; jerk; start
sacar *vt* 1 (arma, faca) to draw; to pull; *sacar uma faca* to draw a knife 2 (informações) to pull out; to take out 3 *COM* to draw ♦ *vi* to draw out [de, -], to pull out [de, -]; *sacar de um revólver* to pull out a gun
saca-rolhas *nm* corkscrew
sacerdócio *nm* priesthood
sacerdotal *adj2g* priestly; pastoral; *obrigações sacerdotais* pastoral duties
sacerdote *nm* priest; clergyman
sacerdotisa *nf* priestess
sachar *vt* to weed, to rake; to hoe
sacho *nm* weeding hoe
sachola *nf* small hoe
saciar *vt* 1 (fome) to satiate 2 (sede) to quench
saciedade *nf* satiety; fullness; surfeit
saco *nm* 1 (compras) bag; *saco de plástico* plastic bag 2 sack; *um saco de batatas* a sack of potatoes; *sacos de areia* sacks of sand ❖ *meter tudo no mesmo saco* to lump together; *não cair em saco roto* to serve a purpose
saco-cama *nm* sleeping bag
sacola *nf* 1 (para a escola) satchel 2 (mochila) knapsack
sacramental *adj2g* *REL* sacramental

sacramento *nm* sacrament

sacrário *nm* tabernacle

sacrificar *vt* 1 to sacrifice 2 *fig (abdicar)* to give up on; to sacrifice; to renounce; *sacrificar os próprios interesses* to sacrifice one's own interests ♦ *vp* to sacrifice oneself [*por*, for]; *sacrificar-se pelos outros* to sacrifice oneself for the others

sacrifício *nm* sacrifice

sacrilégio *nm* sacrilege

sacrílego *adj* sacrilegious

sacristão *nm* sexton

sacristia *nf* sacristy

sacro *adj* sacred; holy

sacudidela *nf* shake; *dá-lhe uma sacudidela* give it a shake

sacudir *vt* 1 *(movimento)* to shake 2 *(pó)* to dust; to shake off 3 *fig (mentalidades)* to stir 4 *(cauda)* to wag ♦ *vp* to shake oneself

sádico *adj* sadistic ♦ *nm* sadist

sadio *adj* sound; healthy

sadismo *nm* sadism

sadomasoquismo *nm* sadomasochism

sadomasoquista *adj2g* sadomasochistic ♦ *n2g* sadomasochist

safa *nf col (borracha)* rubber ♦ *interj* good gracious!; dear God!

safado *adj col (malvadez)* shameless; wicked ♦ *nm* scoundrel; trickster

safanão *nm* 1 *(abanão)* shake 2 *(empurrão)* push; shove

safar *vt* 1 *(com borracha)* to rub out 2 *col (de perigo)* to help out [*de*, from]; to rescue [*de*, from] ♦ *vp* 1 *(escapulir-se)* to get away; to sneak away 2 *(desenrascar-se)* to make it

safári *nm* safari

safira *nf* sapphire

safo *adj* 1 *col (de perigo)* clear 2 *col (livre)* free

safra *nf* harvest; crop

saga *nf* saga

sagacidade *nf* sagacity

sagaz *adj2g (perspicaz)* shrewd; sharp

Sagitário *nm (constelação, signo)* Sagittarius

sagração *nf* 1 *(bispo)* consecration; ordination 2 *(rei)* coronation

sagrado *adj* sacred; holy ❖ *Sagrada Família* Holy Family; *Sagrado Coração* Sacred Heart

sagrar *vt* to consecrate ♦ *vp fig (vencer)* to conquer; to win; *sagraram-se campeões* they conquered the championship

saguão *nm* 1 *(pátio)* inner yard 2 *(alpendre)* porch

saia *nf* skirt

saia-calça *nf* culottes; divided skirt

saia-casaco *nm* costume; lady's suit, suit

saída *nf* 1 *(porta)* exit; *saída de emergência* emergency exit 2 *(escape, trajeto)* way out; outlet 3 *(comentário)* witty retort ❖ *à saída* on the way out

saída de banho *nf* bathrobe

saída de praia *nf* beach robe

saído *adj* 1 *(protuberante)* jutting out; sticking out 2 *pop (atrevido)* bold; cheeky; *ser saído da casca* to have got the nerve

saiote *nm* petticoat

sair *vi* 1 to leave; to go out; *acaba de sair* he has just left 2 *(depressa)* to get out 3 *(edição, etc.)* to be released; to come out 4 *(semelhanças)* to take after [*a*, after]; *ele sai ao pai* he takes after his father 5 *(problemas)* to get out [*de*, of]; *sair de um aperto* to pull through 6 *(nódoa)* to come off ♦ *vp* 1 *(de situação)* to do; *afinal ele saiu-se bem* he did well after all 2 *(resultar)* to come out [*com*, with]; *saiu-se com uma daquelas* he came out with one of those sayings ❖ *sair caro* to come out dear; *sair precipitadamente* to rush out

sal *nm* salt; *sal refinado* table salt

sala *nf* room; *sala de aula* classroom

salada *nf* salad; *temperar a salada* to dress the salad

saladeira *nf* salad bowl

salamaleque nm (vénia) bow ♦ nmpl pej affected compliments; *cheio de salamaleques* full of P's and Q's

salamandra nf 1 salamander 2 (aquecimento) stove

salame nm salami

salão nm 1 (estabelecimento) salon; parlour; *salão de beleza* beauty salon 2 (sala grande) hall; *salão de baile* dance hall 3 (exposição) salon, show; *salão automóvel* car show

salário nm salary; wage ❖ *salário mínimo* minimum wage

saldar vt 1 (contas) to settle 2 (dívida) to pay off 3 (preço) to sell at low price

saldo nm 1 balance; *saldo bancário* bank balance 2 col (restante) remainder; rest ♦ nmpl (compras) sales; *estar em saldos* to be on sales

saleta nf sitting-room

salgadinhos nmpl snacks; hors d'oeuvres

salgado adj salted; salty

salgalhada nf 1 col (mistura) hotchpotch 2 col (desordem) mess

salgar vt 1 CUL to salt; (em excesso) to add too much salt to 2 CUL (conserva) to put in brine, to preserve in brine

salgueiro nm willow

saliência nf 1 (em superfície) bulge; hump 2 (ponta) salience; protuberance

salientar vt 1 (fazer notar) to point out; to stress 2 (de superfície) to jut out; to stick out ♦ vp (desempenho) to stand out

saliente adj2g 1 (superfície) projecting; jutting 2 (importância) salient; striking

salina nf saltworks

salinidade nf salinity

salino adj saline

salitre nm saltpetre

saliva nf saliva; spit

salivação nf salivation

salivar vi (segregação de saliva) to salivate ♦ adj2g salivary ❖ *glândulas salivares* salivary glands

salmão nm salmon

salmo nm psalm

salmonete nm red mullet

salmoura nf brine

saloio nm 1 pop (do campo) peasant 2 pop,pej (parolo) yokel; bumpkin; hillbilly EUA ♦ adj 1 (campestre) rustic 2 pop,pej (grosseiro) loutish; coarse ❖ *esperteza saloia* low cunning

salpicão nm pork sausage

salpicar vt 1 (líquido) to sprinkle [de, with]; to spatter [de, with] 2 (pó) to powder [de, with]; to sprinkle [de, with]; *salpicar de açúcar* to powder with sugar 3 (manchas) to speckle [de, -]; to fleck [de, -]; *salpicar de lama* to splash with mud

salpico nm 1 (mancha, ponto) speck; spot 2 (líquido, substância) spatter; sprinkling

salsa nf 1 (planta) parsley 2 MÚS salsa

salsada nf mess; muddle; confusion

salsicha nf sausage

saltada nf popping; *dar uma saltada a casa de alguém* to pop in to someone's house

saltar vi 1 (para o alto) to jump; to leap 2 (rapidez) to spring; to hop; *saltar da cama* to hop out of bed 3 (saltitar) to skip; *saltar à corda* to skip 4 (assunto) to jump [de, from]; to switch [de, from]; *saltar de um assunto para outro* to jump from one subject to another ♦ vt 1 (obstáculo) to jump (over) 2 (omissão) to jump; to skip; *ele saltou três páginas do livro* he skipped three pages of the book ❖ *saltar à vista* to be obvious; *saltar de paraquedas* to parachute; *os factos saltam à vista* facts stare us in the face

salteado adj 1 (alternância) alternated 2 CUL sauté

salteador nm highwayman

saltear vt 1 CUL to sauté 2 (alternar) to alternate

saltimbanco nm member of a travelling circus

saltitar vi to skip; to hop

salto nm 1 leap; jump; *de um salto* at a jump 2 (*pequeno salto*) hop 3 (*sapatos*) heel

salubre adj2g salubrious; healthy

salubridade nf salubrity; wholesomeness

salutar adj2g 1 (*saudável*) healthy 2 (*benéfico*) salutary; beneficial

salva nf 1 BOT sage 2 MIL salvo 3 (*bandeja*) salver; tray

salvação nf salvation

salvador nm saviour; rescuer ♦ adj saving; rescuing

salvados nmpl salvage; salvaged goods

salvaguarda nf 1 (*garantia*) safeguard 2 (*proteção*) security; protection

salvaguardar vt to safeguard

salvamento nm salvation; rescue

salvar vt 1 to save 2 (*resgatar*) to rescue [de, from]; to save [de, from]; *salvar alguém de um incêndio* to rescue people from a fire ♦ vp to get away; to make one's escape ❖ *salve-se quem puder!* every man for himself!

salva-vidas nm2n lifeboat

salve-rainha nf REL Salve Regina

salvo adj safe; *estar a salvo* to be free from danger ♦ prep save; except; but for ❖ *salvo seja!* God forbid!

salvo-conduto nm safe-conduct

samário nm QUÍM (*elemento químico*) samarium

samaritano adj,nm Samaritan

samarra nf 1 (*casaco de pastor*) sheepskin coat 2 (*sobretudo curto*) short overcoat

samba nm MÚS samba

samoano adj,nm Samoan

samurai adj2g,nm samurai; *tradição samurai* samurai tradition

sanar vt 1 (*doença*) to cure; to heal 2 fig (*situação*) to remedy; to mend

sanatório nm sanatorium

sanção nf 1 (*medidas*) sanction; *sanções económicas* economic sanctions 2 (*aprovação*) ratification; approval 3 (*multa*) fine; penalty

sancionar vt to sanction; to ratify; to approve

sandália nf sandal

sândalo nm (*árvore, perfume*) sandalwood

sande nf col sandwich

sandes nf2n col sandwich

sanduíche nf sandwich

saneamento nm 1 (*detritos*) sewerage 2 (*higiene*) sanitation

sanear vt 1 (*saúde*) to render salubrious, to make healthy 2 fig (*despedir*) to dismiss; to fire

sanefa nf pelmet

sanfona nf MÚS hurdy-gurdy

sangrar vi to bleed

sangrento adj bloody

sangria nf 1 (ato de sangrar) bleeding 2 (*derramamento de sangue*) bloodshed; bloodletting 3 (*bebida*) sangria

sangue nm 1 BIOL blood; *análise ao sangue* blood count 2 fig (*família*) blood ❖ *estar na massa do sangue* to be in one's blood; *ficar sem pinga de sangue* to have one's heart in one's mouth

sangue-frio nm composure; calm; *perder o sangue-frio* to lose one's head ❖ (*crime*) *a sangue-frio* in cold blood

sanguessuga nf 1 leech 2 fig,pej (*explorador*) bloodsucker

sanguinário adj bloodthirsty; sanguinary

sanguíneo adj (*sangue*) of the blood ❖ *grupo sanguíneo* blood group

sanidade nf 1 (*condição mental*) sanity 2 (*higiene*) hygiene 3 (*discernimento*) sanity; soundness

sanita nf toilet; lavatory; loo

sanitário adj sanitary; hygienic; *condições sanitárias* sanitary conditions

sânscrito nm Sanskrit

santidade *nf* holiness; sanctity ❖ *Sua Santidade* His Holiness

santificar *vt* to sanctify

santo *adj* holy; saintly ♦ *nm* saint ❖ *Santo Deus!* good heavens!; *dia de Todos os Santos* All Saints' Day; *todo o santo dia* all day long

santo-e-senha *nm* password; watchword

santola *nf* spider-crab

santuário *nm* sanctuary; shrine

são *adj* **1** (*saudável*) sound; healthy **2** (*condição mental*) sane **3** REL saint

sapa *nf* (*pá*) shovel; spade ❖ *trabalho de sapa* underhand work

sapador *nm* MIL sapper

sapar *vt* **1** (*armadilha*) to undermine; to sabotage **2** (*escavação*) to dig; to sap

sapatada *nf* slap

sapataria *nf* **1** (*fabricante*) shoemaker's **2** (*loja*) shoe shop

sapateado *nm* tap-dance, *dançar sapateado* to tap-dance

sapatear *vi* **1** (*dança*) to tap-dance **2** (*bater com o pé*) to stamp

sapateira *nf* rock crab

sapateiro *nm* **1** (*fabricante*) shoemaker **2** (*consertos*) cobbler

sapatilha *nf* **1** (*para desporto*) sneaker **2** (*para corrida*) running shoe **3** (*lona*) plimsoll; pump; gym shoe

sapato *nm* shoe; *sapatos de salto alto* high heels

sapiência *nf* wisdom; knowledge

sapo *nm* toad ❖ *engolir sapos vivos* to swallow a bitter pill

saque *nm* **1** plunder, pillage **2** draft; bill

saqueador *nm* plunderer; looter; pillager

saquear *vt* to plunder; to loot; to sack

saqueta *nf* sachet

saraiva *nf* hail

saraivada *nf* **1** (*meteorologia*) hailstorm **2** *fig* (*grande quantidade*) shower [**de**, of]; torrent [**de**, of]

saraivar *vi* to hail

sarampo *nm* MED measles

sarar *vi* **1** (*curar*) to cure; to heal **2** (*recuperar*) to recover [**de**, from] ♦ *vt* to heal; to cure

sarau *nm* evening party

sarça *nf* BOT bramble

sarcasmo *nm* **1** (*dito*) sarcasm; taunt **2** (*expressão facial*) sneer

sarcástico *adj* **1** (*dito*) sarcastic; biting **2** (*humor*) ironic; dry

sarcófago *nm* sarcophagus

sarda *nf* (*pele*) freckle

sardanisca *nf* gecko

sardão *nm* lizard

sardento *adj* freckled, freckly

sardinha *nf* sardine; *lata de sardinhas* tin of sardines ❖ *como sardinhas em lata* packed like sardines

sardinhada *nf* sardine barbecue

sardinheira *nf* geranium

sardónico *adj* sardonic; sneering

sargaço *nm* seaweed

sargento *nm* MIL sergeant

sarilho *nm* (*trapalhada*) mess; trouble; *meter-se em sarilhos* to get into trouble, to get into a mess

sarja *nf* serge

sarjeta *nf* gutter

sarna *nf* scabies

sarnento *adj* **1** (*rugosidade na pele*) scabious **2** (*comichão*) itchy **3** (*animal doente*) mangy; scruffy

sarrabiscar *vt,i* to scrawl; to scribble

sarrabisco *nm* scrawl, scribbling

sarrabulho *nm* CUL dish made with pig's blood and giblets

sarro *nm* **1** (*dentes*) tartar **2** (*língua*) fur (on the tongue)

Satanás *nm* Satan; the Devil

satânico *adj* Satanic

satélite *nm* satellite; *transmissão via satélite* transmission by satellite

sátira *nf* satire

satírico *adj* (*escrito*) satirical; *jornal satírico* satirical newspaper ♦ *nm* satirist

satirizar vt to satirize

satisfação nf 1 satisfaction; pleasure; delight 2 (realização) accomplishment; fulfilment 3 (explicação) explanation; *pedir satisfações* to demand an explanation

satisfatório adj satisfactory

satisfazer vt 1 (pedido, necessidade) to satisfy; to meet 2 (desempenho) to fulfil 3 to please; *nada o satisfaz* nothing pleases him 4 (contentar) to be enough for ♦ vi (agradar) to please; *difícil de satisfazer* hard to please ♦ vp (contentar-se) to be satisfied

satisfeito adj 1 (contente) satisfied; pleased; *dar-se por satisfeito com* to be satisfied with 2 (com comida) satiated

saturação nf saturation

saturado adj 1 saturated 2 fig (farto) sick to death; tired; fed up

saturar vt 1 to saturate [de, with] 2 col (aborrecer) to tire 3 (mercado) to glut

Saturno nm Saturn

saudação nf greeting

saudade nf 1 (anseio) longing; yearning; *ter saudades de alguém* to miss someone 2 (casa, país) homesickness; *ter saudades de casa* to be homesick 3 (sentimento) nostalgia ❖ *dê-lhe saudades minhas* remember me to him

saudar vt to greet

saudável adj2g healthy; sound

saúde nf health; healthiness; *estar bem de saúde* to be in good health ♦ interj cheers! ❖ *beber à saúde de* to drink to somebody's health; *casa de saúde* nursing home; *tratar da saúde de alguém* to fix someone

saudita adj,n2g Saudi Arabian

saudosismo nm (saudade) nostalgia

saudosista adj2g nostalgic; sentimental

saudoso adj 1 (nostalgia) nostalgic 2 (casa, país) homesick

sauna nf sauna; *fazer sauna* to take a sauna

savana nf savannah

saxão adj,nm Saxon

saxofone nm MÚS saxophone; sax col; *tocar saxofone* to play the saxophone

saxofonista n2g MÚS saxophone player, saxophonist

saxónico adj Saxon

sazonal adj2g seasonal

scanear vt INFORM to copy with a scanner

scanner nm INFORM scanner

scone nm scone

scooter nf (lambreta) scooter

screensaver nm INFORM screensaver

se conj 1 (possibilidade) if; *como se* as if 2 (alternativa) whether; *se sim ou não* whether or not 3 (no caso de) in case; *se assim for* in that case ♦ pron pess 1 (masculino) himself; (feminino) herself; (objeto, animal) itself; (plural) themselves; *eles magoaram-se* they hurt themselves 2 (um ao outro) each other; one another; *eles amam-se* they love each other 3 (impessoal) you; one; *nunca se sabe* you never know ❖ *se bem que* although

sé nf cathedral

seabórgio nm seaborgium

seara nf (milho, cevada) cornfield; (trigo) wheat field

sebáceo adj sebaceous; *glândulas sebáceas* sebaceous glands

sebe nf 1 (arbustos) hedge; *sebe viva* quickset hedge 2 (vedação) fence

sebenta nf 1 (caderno) notebook 2 (bloco de notas) notepad; jotter 3 (livro informativo) leaflet; booklet

sebento adj 1 (untuoso) greasy; oily 2 (sujo) dirty; filthy

sebo nm (vela, sabão) tallow

seca nf 1 drought 2 fig,col (aborrecimento) bore; fag; *que seca!* what a fag!

secador nm (roupas, cabelo) dryer

secagem nf 1 (roupa, cabelo) drying 2 (madeira) seasoning

secar vi 1 to dry; to dry up 2 (planta) to wither ♦ vt 1 to dry; to dry up 2 (terra) to parch; to bake; *o sol secou o terreno* the sun parched the ground

secção nf section

seccionar vt to section

secessão nf secession

seco adj 1 dry 2 (alimentos) dried 3 (pão) stale 4 (atitude) cold; distant 5 (magro) slim

secreção nf secretion

secreta nf 1 (serviços, polícia) intelligence services; secret police 2 pop (casa de banho) latrine; privy

secretamente adv secretly, in secret

secretaria nf 1 (repartição) office 2 (instituição de governo) secretary ❖ *secretaria de Estado* Secretary of State

secretária nf 1 (funcionária) secretary 2 (peça de mobiliário) desk, writing desk

secretariado nm 1 secretariat 2 (curso) secretarial course

secretariar vt to work as a secretary for

secretário nm secretary ❖ *secretário de Estado* Secretary of State

secreto adj 1 (privado) secret; private 2 (escondido) secret; hidden; *porta secreta* hidden door ❖ *os serviços secretos* the Secret Services

sectário adj,nm sectarian

secular adj2g secular

século nm century; *século XX* twentieth century ♦ nmpl (muito tempo) ages; *há séculos* for ages

secundário adj 1 (importância) secondary; *assuntos secundários* secondary issues; *tudo isso é secundário* that is all secondary 2 (acessório) unimportant; accessory 3 CIN,TEAT (representação) supporting; *papel secundário* supporting role

secura nf 1 (falta de humidade) drought; dryness 2 fig (frieza) harshness; sharpness

seda nf silk

sedativo adj,nm sedative; *sob efeito de sedativos* under sedation

sede[1] /é/ nf 1 (organização, empresa) headquarters 2 seat; *sede do Governo* seat of the Government

sede[2] /é/ nf 1 thirst; *matar a sede* to quench one's thirst; *ter sede* to be thirsty 2 fig (ânsia) craving

sedentário adj sedentary; *levar uma vida sedentária* to lead a sedentary life

sedentarismo nm sedentariness

sedento adj 1 (sequioso) thirsty; dry 2 fig (ansioso) eager [de, for]; thirsty [de, for]; *sedento de atividade* eager for action

sediado adj seated [em, in]; settled [em, in]

sedimentação nf sedimentation; settling

sedimentar vt,i 1 to settle 2 to consolidate

sedimento nm sediment

sedoso adj silky

sedução nf seduction

sedutor adj 1 seductive 2 fig tempting ♦ nm 1 (relação amorosa) seducer 2 (influência) charmer; flatterer

seduzir vt 1 (pessoa) to seduce 2 (encantar) to charm 3 (atrair) to tempt

segar vt AGR to mow; to reap

segmentação nf segmentation

segmentar vt to segment ♦ vp to split

segmento nm segment

segredar vt,i to whisper; to murmur; *segredar ao ouvido de alguém* to whisper in someone's ear

segredo nm 1 (informação) secret; *dizer um segredo* to tell a secret; *guardar um segredo* to keep a secret 2 (mistério) secret; mystery; *em segredo* in secret, in secrecy, secretly 3 (secretismo) secrecy ❖ *estar no segredo dos deuses* to be in the lap of gods

segregação nf segregation ❖ *segregação racial* racial segregation

segregar *vt* 1 (*separação*) to segregate 2 BIOL to secrete

seguida *nf* continuation ❖ *de seguida* 1 (*a seguir*) next 2 (*um a seguir ao outro*) one after the other; *em seguida* next, then

seguidamente *adv* 1 (*a seguir*) afterwards; then 2 (*ininterruptamente*) incessantly; continually

seguido *adj* 1 (*a seguir*) followed [**de**, by] 2 (*incessante*) continuous; uninterrupted; *tratamento seguido* continuous treatment 3 (*tempo*) running; in a row; *três dias seguidos* three days running

seguidor *nm* 1 (*clube, grupo, fé*) follower 2 (*apoiante*) supporter

seguimento *nm* following; follow-up; *no seguimento de* following

seguinte *adj2g* following; next; *o seguinte, se faz favor!* next, please!

seguir *vt* 1 to follow; *seguir uma pista* to follow a lead; *siga-me!* follow me 2 (*ideias, modelos*) to follow; *seguir o exemplo de alguém* to follow someone's example ❖ *vi* 1 (*enveredar*) to turn [**por**, to]; to go on [**por**, in]; *seguir por uma estrada velha* to turn to an old road (*automóvel*) to drive; *pode seguir!* you may drive on! ❖ *vp* 1 (*por escrito*) to follow; to ensue; *segue-se a descrição do que aconteceu* the events were as follows ❖ *a seguir!* next!; *logo a seguir* just then; *quem se segue?* who's next?; *que se irá seguir?* what next?

segunda *nf* 1 (*dia da semana*) Monday 2 col (*meios de transporte*) second class; *viajar em segunda* to travel second class 3 (*velocidade*) second gear; *meter a segunda* to turn to second gear 4 MÚS second ❖ (*qualidade*) *de segunda* second-class

segunda-feira *nf* Monday

segundo *num ord,adj* second; *o segundo dia* the second day ❖ *nm* 1 (*tempo*) second 2 (*instante*) second; moment; *é só um segundo* just a moment, please ❖ *prep* according to ❖ *em segunda mão* second-hand

seguradora *nf* insurance company; insurer

seguramente *adv* 1 (*certamente*) surely; certainly 2 (*em segurança*) securely; safely

segurança *nf* 1 (*geral*) security 2 (*ausência de perigo*) safety; *em segurança* safely 3 (*confiança*) confidence; certainty; *falar com segurança* to speak with confidence ❖ *n2g* (*vigilante*) watchman ❖ *segurança na estrada* road safety; *segurança social* social security; welfare

segurar *vt* 1 (*pessoa*) to hold; to seize; *segurar alguém pelo braço* to hold someone by the arm 2 (*fazer seguro*) to insure; *segurar contra incêndios* to insure against fire ❖ *vi* (*pegar*) to hold [**em**, -]; *segura nisto* hold this ❖ *vp* to hold on; *segura-te bem!* hold on tight!

seguro *adj* 1 (*sentimentos, situações*) safe; *sentir-se seguro* to feel safe 2 (*fixo*) steady; solid; stable 3 (*de confiança*) trustworthy; reliable; *uma fonte segura* a trustworthy source ❖ *nm* insurance; *seguro contra todos os riscos* all-risks insurance; *apólice de seguros* insurance policy ❖ *o seguro morreu de velho* better safe than sorry; *jogar pelo seguro* to be on the safe side

Seicheles *nfpl* Seychelles

seio *nm* (*mama*) breast; (*peito*) bosom

seis *quant num* six; *o dia seis* the sixth

seiscentista *adj2g* of the seventeenth century

seiscentos *quant num* six hundred

seita *nf* 1 REL,POL sect; cult; *seita religiosa* religious sect 2 fig,pej (*grupo*) gang; *são todos da mesma seita!* they all belong to the same gang

seiva *nf* sap

seixo *nm* pebble

seja *interj* so be it! ❖ *seja como for* be that as it may

sela *nf* saddle

selado *adj* 1 *(com selo)* stamped; *papel selado* stamped paper 2 *(trancado)* sealed

selar *vt* 1 *(cavalo)* to saddle 2 *(carta, produto)* to seal; *selar uma garrafa* to seal a bottle 3 *(carimbar)* to stamp; *selar uma carta* to stamp a letter 4 *(acordo)* to finish; to settle

seleção *nf* selection

selecionador *nm* 1 *(quem escolhe)* selector; chooser 2 *(treinador)* coach

selecionar *vt* to select; to choose; to pick

selénio *nm* selenium

seleta *nf* anthology

seletivo *adj* selective; *processo seletivo* selective process

seleto *adj* select

self-service *nm* self-service

selha *nf* 1 *(lavagem de louça)* washtub 2 *(recipiente)* wooden vessel

selim *nm* saddle

selo *nm* 1 *(carimbo oficial)* seal; *selo de garantia* guarantee seal 2 *(correspondência)* stamp; *colocar um selo em* to stick a stamp on ❖ *selo branco* embossed seal; *selo fiscal* revenue stamp

selva *nf* jungle; *selva amazónica* Amazon jungle

selvagem *adj2g* 1 *(estado puro)* wild; *animais selvagens* wild animals 2 *pej (selvático)* savage; *comportamento selvagem* savage behaviour ❖ *n2g* savage; barbarian

selvajaria *nf* cruelty; savagery

sem *prep* without; *sem avisar* without warning; *sem demora* without delay

sem-abrigo *adj inv* homeless ❖ *n2g2n* homeless person

semáforo *nm* *(trânsito automóvel)* traffic light, light

semana *nf* week; *semana sim, semana não* every other week

semanada *nf* weekly allowance

semanal *adj2g* weekly; *jornal semanal* weekly newspaper

semanalmente *adv* weekly; every week

semanário *nm* weekly paper

semântica *nf* LING semantics

semântico *adj* semantic

semblante *nm* 1 *lit (cara)* countenance, face 2 *lit (aparência)* appearance; look

sem-cerimónia *nf* 1 *(estar à vontade)* off-handedness; informality 2 *(grosseria)* impoliteness; rudeness

sêmea *nf* bran bread

semeador *nm* 1 *(pessoa)* sower 2 *(máquina)* sowing-machine

semear *vt* 1 AGR to sow; *semear um campo* to sow a field 2 *fig (espalhar)* to spread; to scatter ❖ *semear a discórdia* to sow discord; *semear o pânico* to spread panic; *à mão de semear* within one's reach

semelhança *nf* similitude, similarity; *à semelhança de* just like

semelhante *adj2g (parecido)* similar; alike ❖ *det dem (tal)* such a; *ele fez semelhante confusão* he made such a mess ❖ *pron dem* such a thing; *nunca ouvi semelhante* I have never heard such a thing ❖ *nm* fellow being

sémen *nm* sperm, semen

semente *nf* 1 seed 2 *(origem)* source; seed

sementeira *nf* 1 *(ato)* sowing 2 *(campo)* cultivated field

semestral *adj2g* half-yearly, biannual

semestre *nm* half year; *(universidade)* semester

sem-fim *nm* infinity; *um sem-fim de* an infinity of

semiautomático *adj* semiautomatic

semibreve *nf* MÚS semibreve

semicírculo *nm* semicircle

semiconsciente *adj2g* semiconscious

semideus *nm* demigod

semifinal *nf* DESP semifinal

semifinalista *n2g* DESP semifinalist

semi-interno *adj* day-boarding ❖ *nm* day boarder

seminal adj2g BIOL seminal; germinative ❖ **glândula seminal** spermary

seminário nm 1 REL seminary 2 (conferência) seminar

seminarista nm seminarian

semínima nf MÚS crotchet

seminu adj half-naked

semiótica nf semiotics

semiótico adj semiotic

semita n2g Semite ♦ adj2g Semitic

semítico adj Semitic

semivogal nf LING glide; semivowel

sem-número nm infinity [de, of]; **num sem-número de situações** in countless occasions

sêmola nf semolina

sem-par adj2g unequalled, unique

sempre adv 1 always; **nem sempre** not always 2 (afinal) after all; actually; **sempre vou** I'm going after all ❖ **sempre que** whenever; **como sempre** as usual; **para sempre** forever

senado nm 1 (instituição) senate 2 (edifício) senate house

senador nm senator

senão prep except; but; **não come senão bolachas** he eats nothing but cookies ♦ conj otherwise; or else; **corre senão chegas tarde** run or else you'll be late ♦ nm (dificuldade) but ❖ **eis senão quando** when all of a sudden

senda nf 1 track; trail 2 fig path

Senegal nm Senegal

senegalês adj,nm Senegalese

senha nf 1 (palavra) password 2 (bilhete) ticket 3 (para levantar) voucher; **uma senha de café** a coffee voucher 4 MIL sign

senhor nm 1 man; **o senhor do andar de cima** the man who lives upstairs 2 form (você) you; **e para o senhor?** and for you? 3 (com nome, cargo) Mr GB, Mr. EUA; **o senhor Santos** Mr Santos 4 (patrão) master

senhora nf 1 woman, lady; **uma senhora de idade** an elderly woman 2 form (você)

you; **a senhora tem horas?** do you have the time? 3 (com nome, cargo) Mrs GB, Mrs. EUA; Ms GB, Ms. EUA; **a senhora Santos** Mrs Santos, Ms Santos 4 (patroa) mistress

senhorial adj2g manorial; **casa senhorial** manor-house

senhoril adj2g 1 (elegância) elegant; distinguished 2 (modos) ladylike

senhorio nm (homem) landlord; (mulher) landlady

senil adj2g senile

senilidade nf senility

sénior adj,n2g senior

seno nm MAT sine; **seno de ângulo** sine of angle

sensaborão adj insipid; dull; boring; **um espetáculo sensaborão** a dull show

sensaboria nf 1 insipidity; dreariness; dullness 2 awful bore col

sensação nf 1 sensation; feeling 2 (sucesso) hit 3 (acontecimento) sensation; **causar sensação** to create a sensation

sensacional adj2g sensational

sensacionalismo nm sensationalism

sensacionalista adj2g sensational; sensationalist

sensatez nf 1 (bom senso) wisdom; good sense 2 (prudência) prudence

sensato adj wise; sagacious

sensibilidade nf sensitivity

sensibilização nf sensitization; raising of awareness

sensibilizar vt 1 (alertar) to sensitize [para, to]; to raise (people's) awareness [para, of]; **sensibilizar as pessoas para o problema** to sensitize people to the problem 2 fig (emocionar) to touch; to move

sensível adj2g sensitive

sensivelmente adv 1 (sentidos) visibly; perceptibly 2 (aproximadamente) approximately; nearly

senso nm 1 (faculdade) sense 2 (sensatez) reason; wisdom; **uma pessoa de senso** a wise person ❖ *senso comum* common sense; *bom senso* good sense

sensorial *adj2g* sensory

sensual *adj2g* sensual

sensualidade *nf* sensuality

sentado *adj* seated; *cinco lugares sentados* five seats; *estar sentado* to be sitting

sentar *vt* to seat ♦ *vp* to sit down; *não se quer sentar?* won't you sit down?; *sente-se!* sit down!, take a seat!; *sentar-se direito* to sit up straight

sentença *nf* DIR sentence; penalty; *cumprir uma sentença* to serve a sentence, to serve one's time 2 (*ditado popular*) saying; maxim ❖ *cada cabeça sua sentença* so many heads, so many wits

sentenciar *vt,i* to sentence; *sentenciar alguém a morte* to sentence someone to death

sentido *nm* 1 (função) sense; *os cinco sentidos* the five senses 2 (significado) sense, meaning 3 (percurso) direction; way; *rua de sentido único* one-way street ♦ *adj* 1 (sinceridade) sincere; heart-felt 2 (ofendido) hurt; offended

sentimental *adj2g* 1 sentimental 2 (vida amorosa) (of) love; *vida sentimental* love life

sentimentalismo *nm* sentimentality

sentimento *nm* (emoção) feeling ♦ *nmpl* (condolências) condolences; sympathies; *os meus sentimentos* my sympathies

sentinela *nf* MIL sentry; *estar de sentinela* to be on sentry

sentir *vt* 1 (dor, emoção) to feel 2 (temperatura) to feel; to be; *sentir frio* to be cold 3 (lamentar) to regret; to feel sorry; *sinto muito* I am sorry ♦ *vp* 1 to feel; *como te sentes?* how do you feel?; *sentir-se melhor* to feel better 2 (ofensa) to resent [com, -]; to take offence [com, at]; *ela sentiu-se com o comentário* she resented the comment ❖ *sentir-se à altura* to feel equal to

separação *nf* 1 (ato) separation 2 (estado) separateness 3 (relação) separation; break-up; divorce

separadamente *adv* 1 (à parte) separately 2 (individualmente) individually

separado *adj* 1 separate; *quero tudo separado* I want it separate 2 (relação) separated; *eles estão separados* they are separated

separador *nm* 1 (estradas) separator 2 (cadernos, ficheiros) divider; *separadores avulsos* insertable dividers

separar *vt* 1 (objetos, pessoas) to separate 2 (ideias, opiniões) to distinguish between; to make a distinction between ♦ *vp* 1 (casal) to break up; to split up 2 (afastamento) to part [de, with]

separatismo *nm* POL separatism; autonomy

separatista *adj,n2g* POL separatist; *movimento separatista* separatist movement

sépia *nf* sépia; *fotografia a sépia* sepia photograph

séptico ou sético *adj* MED septic

septuagenário *adj,nm* septuagenarian

septuagésimo *adj num* seventieth

sepulcro *nm* sepulchre; tomb, grave

sepultar *vt* to bury

sepultura *nf* grave; tomb

sequaz *n2g* follower; partisan

sequela *nf* 1 (livro, filme, peça) sequel; follow-up 2 (acontecimento) sequel; consequence; development ♦ *nfpl* MED after-effects; side-effects

sequência *nf* 1 (objetos, acontecimentos) sequence; succession 2 (continuação) continuation; follow-up; *na sequência de alguma coisa* following something 3 (filme) sequence; scene

sequencial *adj2g* sequential

sequenciar *vt* to sequence

sequer

sequer *adv* even; *não houve um único sequer* there wasn't even one; *nem sequer me perguntou!* he didn't even ask me!

sequestrador *nm* 1 kidnapper; abductor 2 (avião) hijacker

sequestrar *vt* 1 (rapto) to abduct; to kidnap 2 DIR (propriedade) to sequestrate, to sequester; to confiscate

sequestro *nm* 1 (pessoa) abduction; kidnap 2 (avião) hijack 3 DIR (bens) sequestration; confiscation; seizure

sequioso *adj* 1 (sede) thirsty 2 (secura) parched; dried up 3 *fig* (avidez) eager [de, for]; avid [de, for]; keen [de, on]

séquito *nm* retinue; train; escort

sequoia *nf* BOT sequoia

ser *nm* (criaturas) being; *seres vivos* living creatures ♦ *vi* 1 to be; *e assim foi!* and so it was!; *és tu?* is that you? 2 (acontecimento) to happen; *que é?* what's the matter?; *que foi?* what happened? 3 (incerteza) to wonder; *será que ele vem?* I wonder if he'll come 4 (pertença) to belong [de, to]; *de quem é isto?* who is this from?; *ser de alguém* to belong to someone 5 (proveniência) to be [de, from]; to come [de, from]; *de onde és?* where do you come from? ❖ *a não ser que* unless; (contos) *era uma vez* once upon a time; *se assim for* if that be the case; *seja como for* nevertheless; *seja qual for* whatever

serão *nm* 1 (tempo) evening; *ao serão* in the evening 2 *fig* (trabalho extra) night work; *fazer serão* to work overtime, to stay up at night

serapilheira *nf* burlap; sackcloth

sereia *nf* 1 MIT mermaid 2 (toque de alarme) siren

serenar *vt* to calm; to quiet down ♦ *vi* 1 (vento) to stop blowing 2 (pessoa) to quiet down; to calm down

serenata *nf* serenade

serenidade *nf* 1 (tempo, estado) serenity 2 (pessoa) serenity; self-control

sereno *adj* serene; calm; tranquil

seriação *nf* 1 (ato) seriation; classification 2 (organização) arrangement; organization; putting in order

seriamente *adv* seriously

série *nf* 1 (sequência) series; sequence 2 (televisão) series 3 (quantidade) bunch; *uma série de mentiras* a bunch of lies 4 (automóveis) class ❖ *fora de série* exceptional

seriedade *nf* (comportamento) seriousness; earnestness; *com toda a seriedude* in earnest, earnestly

seringa *nf* syringe, *seringa hipodérmica* hypodermic syringe

sério *adj* 1 serious 2 (honesto) honest ❖ *a sério* 1 (fora de brincadeiras) seriously 2 (verdadeiramente) in earnest; *col a sério?* really?

sermão *nm* 1 REL sermon 2 (repriimenda) lecture

seronegativo *adj* HIV negative ♦ *nm* HIV-negative person

seropositivo *adj* HIV positive ♦ *nm* HIV-positive person

serpente *nf* serpent; snake

serpentear *vi* 1 (movimento) to snake; to wind 2 (sucessão de curvas) to zigzag; to meander

serpentina *nf* (festas) streamer

serra *nf* (utensílio de corte) saw; *serra circular* circular saw; *serra elétrica* power saw

serração *nf* (oficina) sawmill

serradura *nf* sawdust

Serra Leoa *nf* Sierra Leone

serra-leonês *adj,nm* Sierra Leonean

serralharia *nf* (oficina) blacksmith's; smithy; forge

serralheiro *nm* blacksmith, smithy; locksmith

serrania *nf* ridge of mountains; mountain range

serrar *vt* to saw; to saw off; *serrar um toro* to saw through a log

serrilha *nf* serration

serrim *nm* sawdust

serrote *nm* handsaw

sertã *nf* frying pan

sertão *nm* 1 (interior) backwoods 2 (floresta) woods

servente *n2g* 1 (funcionário) servant 2 (ajudante) helper; assistant 3 (mensageiro) errand boy

serventia *nf* 1 (função) service 2 (utilidade) use; usefulness

serviçal *adj2g* 1 (objeto) serviceable 2 (pessoa) obliging; accommodating ♦ *n2g* servant

serviço *nm* 1 service; *ao serviço* in active service; *serviço de jantar* dinner service 2 (emprego) duty; *estar de serviço* to be on duty 3 (funcionamento) work; *fora de serviço* out of work ❖ (asneira) *lindo serviço!* great!

servidão *nf* servitude; slavery; bondage

servidor *nm* 1 (criado) servant 2 (funcionário) attendant 3 INFORM server

servil *adj2g pej* servile; subservient

servilismo *nm* servility; subservience

servir *vt* 1 (préstimo) to serve; to work for; *servir o interesse público* to serve the public interest 2 (utilidade) to be of use to; *em que posso servi-lo?* what can I do for you?; *para que serve isso?* what is it for? 3 (estabelecimento comercial) to serve; to attend on; *servir um cliente* to serve a client 4 (refeições) to serve out; *servir a sobremesa* to serve out dessert ♦ *vi* 1 (restaurante) to wait upon; *servir à mesa* to wait at tables 2 (roupa) to fit; to suit; *este vestido já não me serve* this dress doesn't fit me any more 3 (ser o necessário) to do; to be enough; *qualquer coisa serve* any old thing will do; *serve muito bem* it will do very well; *também serve* it'll just do the same 4 (utilidade) to be of use; to suit a purpose; *não serve de nada* it is of no use 5 DESP to serve ♦ *vp* 1 (à mesa) to help oneself; *sirva-se* help yourself 2 (usar) to make use [de, of]

servo *nm* HIST serf

sésamo *nm* sesame

sessão *nf* 1 (instituição) session; sitting; *abrir a sessão* to open the session 2 (reunião) meeting 3 (espetáculo) show; performance

sessenta *quant num* sixty; *os anos sessenta* the sixties

sesta *nf* siesta; nap; *fazer uma sesta* to take a nap

seta *nf* arrow

sete *quant num* seven; *o dia sete* the seventh

setecentista *adj2g* of the eighteenth century

setecentos *quant num* seven hundred

setembro *nm* September

setenta *quant num* seventy; *os anos setenta* the seventies

setentrional *adj2g* northern

sétimo *adj num* seventh

setor ou **sector** *nm* 1 sector 2 (repartição) department, office ❖ *setor privado* private sector

setter *nm* (cão) setter

seu *adj poss* 1 (dele) his, (dela) her; (coisa, animal) its 2 (deles, delas) their 3 (de você/vosso) your ♦ *pron poss* 1 (dele) his; (dela) hers; (coisa, animal) its 2 (deles/delas) theirs 3 (de você/vosso) yours

severidade *nf* severity

severo *adj* severe

sevícia *nf* abuse

sexagenário *nm* sexagenarian

sexagésimo *adj num* sixtieth

sexismo *nm* sexism

sexista *adj,n2g* sexist

sexo *nm* 1 sex; *o sexo oposto* the opposite sex 2 (características de género) gender 3 (ato sexual) intercourse; sex; *sexo seguro* safe sex

sexologia *nf* sexology

sexólogo *nm* sexologist

sexta-feira *nf* Friday

sexteto *nm* MÚS sextet

sexto adj num sixth

sextuplicar vt to sextuple; to multiply by six

sêxtuplo quant num sextuple

sexual adj2g sexual; *atração sexual* sex appeal; *órgãos sexuais* sex organs

sexualidade nf sexuality

sexualmente adv sexually

sexy adj2g sexy

shareware nm shareware

shopping nm shopping centre; mall EUA

shot nm (bebida) short GB; shot EUA

si nm MÚS B ◆ pron pess **1** (ele) himself; (ela) herself; (objeto, animal) itself; *para si próprio* to himself **2** (genérico) oneself; *estar fora de si* to be beside oneself **3** (você) yourself; you; *cabe-lhe a si decidir* it's up to you to decide ❖ *por si só* in itself

siamês adj,nm Siamese; (bebés) *siameses* Siamese twins; *gato siamês* Siamese cat

sibilante adj2g sibilant; hissing ◆ nf LING (consoante) hiss; sibilant

sibilar vi **1** (som) to hiss **2** (assobio) to whistle **3** (bala) to zip

Sicília nf Sicily

siciliano adj,nm Sicilian

sicrano nm such a one; Mr. So-and-so

SIDA nf MED AIDS; *doente com sida* AIDS patient

siderado adj stupefied [com, at]; bewildered [com, at]

sideral adj2g ASTRON sidereal

siderar vt to stagger; to stupefy

siderurgia nf **1** (indústria) iron and steel industry **2** (atividade) ironworks; steelworks

siderúrgico adj of iron and steel; *oficina siderúrgica* ironmonger

sidra nf (bebida) cider

sifão nm siphon

sífilis nf MED syphilis

sigilo nm **1** (secretismo) secrecy; secret **2** REL seal

sigla nf initialism, acronym

signatário adj,nm (documento) signatory

significação nf meaning; sense; signification

significado nm meaning

significar vt **1** (querer dizer) to mean; to signify; *que significa esta palavra?* what does this word mean? **2** (importância) to mean [para, to]; to matter [para, to]

significativo adj **1** (com significado) significative; meaningful **2** (importante) significant

signo nm sign

sílaba nf LING syllable; *sílaba átona* unstressed syllable; *sílaba tónica* stressed syllable

silábico adj syllabic

silenciador nm **1** (arma) silencer **2** (motor) silencer; muffler

silenciar vt **1** (impor silêncio a) to silence **2** (ocultar) to hush up ◆ vp to be silent

silêncio nm silence ◆ interj silence!; hush! ❖ *em silêncio* in silence; *em silêncio absoluto* in complete silence; *guardar silêncio* to keep quiet

silencioso adj **1** silent **2** (calmo) silent; quiet; calm

silhueta nf silhouette; contour; profile

sílica nf QUÍM silica

silício nm silicon

silicone nf QUÍM silicone

silo nm silo

silogismo nm syllogism

silva nf bramble; blackberry bush

silvar vi to hiss; to whistle

silvestre adj2g wild; *flores silvestres* wild flowers

silvicultor nm forestry expert

silvicultura nf forestry

silvo nm **1** (som agudo) hiss **2** (assobio) whistle

sim adv yes ◆ nm yes; consent ❖ *claro que sim!* of course!; *dia sim, dia não* every other day; *pelo sim, pelo não* just in case

simbiose nf symbiosis

simbólico adj symbolic

simbolismo nm 1 (símbolos) symbolism; imagery 2 (arte) symbolism

simbolista adj,n2g symbolist

simbolizar vt to symbolize; to represent

símbolo nm symbol [de, of]

simbologia nf symbology

simetria nf symmetry

simétrico adj symmetric; symmetrical

similar adj2g similar; alike

símile nm simile

símio nm simian; ape; monkey

simpatia nf 1 (afinidade) liking [por, for] 2 (amabilidade) kindness; friendliness 3 (ideia, causa, etc.) inclination [por, towards] ❖ **ser uma simpatia** to be a delightful person

simpático adj nice; friendly

simpatizante n2g sympathizer; supporter; well-wisher

simpatizar vi 1 (pessoa) to take a liking [com, to]; to like [com, -]; *eu simpatizo com ele* I like him 2 (ideia, sugestão) to approve [com, of]; *eu simpatizo com essa ideia* I approve of that idea

simples adj inv simple

simplesmente adv simply; just; merely

simplicidade nf 1 simplicity 2 (ingenuidade) innocence; naivety

simplificação nf simplification

simplificar vt to simplify; to make something easy

simplista adj2g simplistic; oversimplified

simplório adj simpleton; idiot; dumbhead ♦ adj simple-minded; naïve

simpósio nm symposium; conference

simulação nf 1 (fingimento) simulation; pretence 2 (máquina, procedimento, etc.) simulation; **simulação efetuada por computador** computer simulation ❖ **simulação de incêndio** fire drill

simulacro nm 1 (imitação) imitation; simulation; pretence 2 (ludíbrio) sham; fake; fraud

simulador nm (instrumento) simulator; **simulador de voo** flight simulator

simular vt 1 to simulate 2 (fingir) to feign

simultaneamente adv simultaneously; at the same time

simultaneidade nf simultaneity

simultâneo adj simultaneous

sina nf pop destiny; fate, **ler a sina** to tell someone's fortune

sinagoga nf synagogue

sinal nm 1 sign; MAT **sinal de mais** plus sign; **sinal de trânsito** traffic sign 2 (pele) mole; (de nascença) birthmark 3 (gesto) sign; gesture 4 (dinheiro) advance 5 (vestígio) trace ❖ **por sinal** as a matter of fact

sinaleiro nm (trânsito) traffic policeman

sinalização nf 1 (ato) signalling; signposting 2 (estradas) road signs

sinalizar vt 1 (indicar) to signal; to indicate 2 (marca) to mark

sinceramente adv honestly; sincerely

sinceridade nf sincerity ❖ **com toda a sinceridade** in all sincerity

sincero adj 1 (franco) sincere; frank 2 (verdadeiro) honest; true ❖ **para ser sincero** to be honest

síncope nf LING,MED syncope

sincrónico adj synchronous

sincronizar vt 1 (tempo) to synchronize 2 (rádio) to tune in

sindical adj2g unionistic

sindicalismo nm unionism, trade unionism

sindicalista adj2g trade unionistic, unionistic ♦ n2g trade unionist, unionist

sindicalizar vt to unionize ♦ vp to become unionized

sindicância nf inquiry; investigation

sindicato nm trade, trade union

síndroma nf ⇒ **síndrome**

síndrome nf MED syndrome

sinecura nf soft job, cushy job

sineiro nm bell ringer

sinfonia nf MÚS symphony

sinfónico *adj* symphonic; *orquestra sinfónica* symphony orchestra

Singapura *nf* Singapore

singapurense *adj,n2g* Singaporean

singelo *adj* 1 (*simples*) simple; plain 2 (*despretensioso*) unpretentious

single *nm* (disco) single

singrar *vi* 1 NÁUT to sail 2 *fig* (*progredir*) to do well

singular *adj2g* 1 LING (número) singular 2 (*raro*) peculiar; odd 3 (*único*) unique; *um acontecimento singular* a unique event ♦ *nm* LING singular

sinistrado *adj* 1 (pessoas) injured 2 (coisas) damaged; crashed ♦ *nm* (*ferido*) injured person, victim

sinistralidade *nf* accident rate

sinistro *adj* 1 (*terrífico*) sinister; ominous; *um homem de aspeto sinistro* a sinister looking man 2 (*horrível*) eerie ♦ *nm* (*acidente*) disaster; accident

sino *nm* bell

sinonímia *nf* LING synonymy

sinónimo *nm* synonym

sinopse *nf* synopsis; outline; summary

sintagma *nf* LING syntagm; phrase

sintagmático *adj* LING syntagmatic

sintático *adj* syntactic; syntactical; *análise sintática* syntactic analysis

sintaxe *nf* LING syntax

síntese *nf* synthesis

sintético *adj* 1 (*resumido*) concise 2 (*artificial*) synthetic; man-made

sintetizador *nm* MÚS synthesizer

sintetizar *vt* 1 (*resumir*) to abridge; to cut; to shorten 2 (*produzir*) to synthetize; to manufacture

sintoma *nm* 1 MED symptom; *ter sintomas de febre* to have symptoms of flu 2 *fig* (*indício*) sign [de, of]

sintomático *adj* 1 symptomatic [de, of] 2 indicative [de, of]

sintomatologia *nf* symptomatology

sintonia *nf* (rádio) tuning ❖ *estar em sintonia com* to be in tune with

sintonização *nf* tuning in

sintonizado *adj* tuned; *estar sintonizado* to be in tune; *não estar sintonizado* to be out of tune

sintonizar *vt* to tune in, to tune; *sintonizar o rádio* to tune the radio

sinuoso *adj* sinuous; winding

sinusite *nf* MED sinusitis

sirene *nf* (polícia, bombeiros, ambulâncias) siren

Síria *nf* Syria

sírio *adj,nm* Syrian

sísmico *adj* seismic

sismo *nm* earthquake

sismógrafo *nm* 1 (pessoa) seismographer 2 (instrumento) seismograph

sismologia *nf* seismology

siso *nm* sense; judgement ❖ *dentes do siso* wisdom teeth

sistema *nm* system ❖ *por sistema* as a rule

sistematicamente *adv* 1 (método) systematically; methodically 2 (frequência) systematically, as a system; frequently

sistemático *adj* 1 (método) systematic; methodical 2 (frequência) regular; usual

sistematização *nf* systematization; organization

sistematizar *vt* to systematize; to organize; to order

sístole *nf* systole

sisudo *adj* 1 (comportamento) serious; grave 2 (prudência) circumspect; prudent

sitcom *nf* (série televisiva) sitcom

site *nm* (Internet) site

sitiar *vt* to besiege

sítio *nm* 1 place; *fora do sítio* out of place 2 (Internet) site

situação *nf* 1 (geral) situation 2 (emprego) job; position ❖ *que situação!* what a situation!

situado *adj* located; situated; *estar situado* to lie

situar *vt* 1 (*colocar*) to situate; to place; to set 2 (*encontrar*) to locate; to find ♦ *vp* 1 to be 2 to take place

skate *nm* skateboard; *andar de skate* to skateboard

sketch *nm* (cinema, televisão) sketch

skinhead *n2g* skinhead

slalom *nm* slalom

slide *nm* (*diapositivo*) slide

slip *nm* briefs

slogan *nm* slogan

slow *nm* MÚS slow music; ballad

smoking *nm* tuxedo

snack-bar *nm* snack bar; diner

snifar *vt* cal to sniff; *snifar cola* to sniff glue

snobe *n2g* snob ♦ *adj2g* snobbish; pretentious; superior

snobismo *nm* snobbery

snooker *nm* (bilhar) snooker

snowboard *nm* 1 (prancha) snowboard 2 (atividade) snowboarding

só *adj2g* 1 (*sem companhia*) alone 2 (*solitário*) lonely 3 (*único*) only; *um só sobrevivente* one only survivor ♦ *adv* only; *ele só chega às duas* he will only arrive at two ❖ *não só... mas também* not only... but also; both... and

soalheiro *adj* sunny; *dia soalheiro* sunny day

soalho *nm* wooden floor

soar *vi* 1 (som, voz) to sound 2 (ressoar) to echo; to reverberate; to ring ♦ *vt* (alerta) to sound; *soar o alarme* to sound the alarm ❖ *soar bem* to sound well; *soar familiar* to ring a bell

sob *prep* under; *sob juramento* under oath

sobejamente *adv* exceedingly; *sobejamente conhecido* far too well-known, widely known

sobejar *vi* 1 (*exceder*) to superabound; to exceed 2 (*sobrar*) to be left over; *quanto sobeja?* how much is left over?

soberania *nf* sovereignty ❖ *órgãos de soberania* organs of power

soberano *adj,nm* sovereign; *Estado soberano* sovereign state

soberba *nf* arrogance; pride

soberbo *adj* 1 (*magnífico*) superb; magnificent 2 (*arrogante*) haughty; arrogant

sobra *nf* (*excedente*) overplus; surplus; *há de sobra* there's more than enough ♦ *nfpl* 1 (comida) leftovers; scraps 2 (objetos) remains; remnants

sobrado *nm* wooden floor

sobranceiro *adj* 1 (*arrogante*) arrogant 2 (*pendente*) hanging [a, over]

sobrancelha *nf* eyebrow; *franzir as sobrancelhas* to knit one's brows, to frown

sobranceria *nf* arrogance

sobrar *vi* to be left over; *não sobrou nada* there was nothing left; *quanto te sobrou?* how much have you got left?

sobre *prep* 1 (sem tocar) over; above; *mesmo sobre as nossas cabeças* right above our heads 2 (a tocar) on; on top of; *sobre a mesa* on the table 3 (a respeito de) on; about; *falar sobre* to speak about

sobreaquecer *vt* to overheat

sobreaquecimento *nm* overheating; *o sobreaquecimento da Terra* the overheating of the Earth

sobreavaliar *vt* to overrate; to overvalue

sobreaviso *nm* warning; precaution ❖ *estar de sobreaviso em relação a* to be wary of

sobrecapa *nf* (livro) jacket; dust cover

sobrecarga *nf* 1 (veículo) overload 2 (trabalho) overcharge

sobrecarregado *adj* overburdened; *estar sobrecarregado de trabalho* to be overburdened with work

sobrecarregar *vt* 1 (veículo) to overweight; to overload 2 (taxa, imposto) to overcharge; to overtax **3** (tarefa) to overwork; to overburden **4** ELET to overload

sobrecasaca *nf* frock coat

sobredotado *adj* gifted ♦ *nm* gifted child

sobreiro *nm* cork oak, cork tree

sobrelotado *adj* overloaded; *autocarros sobrelotados* overloaded buses

sobremaneira *adv* **1** (muito) greatly; a lot **2** (excesso) excessively; extremely

sobremesa *nf* dessert; *que há de sobremesa?* what's for dessert?

sobrenatural *adj2g,nm* supernatural

sobrenome *nm* **1** (apelido) surname; family name **2** (alcunha) nickname

sobrepor *vt* **1** to superimpose [a, to] **2** (em camadas) to overlay; to overlap **3** (objetos) to stack; to pile up ♦ *vp* **1** to be superimposed **2** (sucessão) to come between; *outros acontecimentos se sobrepuseram* other things came between

sobreposição *nf* **1** (acontecimentos, coisas) overlapping **2** FOT superimposition

sobrepovoado *adj* overpopulated; overcrowded

sobrescrito *nm* envelope

sobressair *vi* to stand out

sobressalente *adj2g* ⇒ sobresselente

sobressaltado *adj* startled; *acordar sobressaltado* to wake with a start

sobressaltar *vt* (assustar) to startle ♦ *vp* (assustar-se) to be startled; to start

sobressalto *nm* **1** (surpresa, medo) start; *levantar-se de sobressalto* to start up **2** (medo) fear; fright

sobresselente *adj2g* spare; *peças sobresselentes* spare parts; *pneu sobresselente* spare tyre

sobrestimar *vt* to overrate; to overvalue; to overestimate

sobretaxa *nf* surtax; extra charge; additional charge

sobretudo *nm* overcoat ♦ *adv* above all; mainly

sobrevalorização *nf* overvaluation; overestimation

sobrevalorizar *vt* to overrate; to overprize

sobrevir *vi* to occur; to befall; *sobreveio uma desgraça* a misfortune occurred

sobrevivência *nf* survival; *a luta pela sobrevivência* the struggle for survival

sobrevivente *n2g* survivor ♦ *adj2g* surviving

sobreviver *vi* **1** (doença, calamidade) to survive; to escape; *ele sobreviveu* he survived **2** (viver mais tempo) to outlive [a, -]; to survive [a, -]; *sobreviver aos irmãos* to outlive one's brothers and sisters **3** (subsistir) to survive [com, on]; to live [com, with]; to subsist [com, on]; *sobreviver com quase nada* to subsist on nearly nothing at all

sobrevoar *vt* to fly over, to overfly

sobriedade *nf* **1** (moderação) sobriety; moderation **2** (bebida) sobriety

sobrinha *nf* niece

sobrinha-neta *nf* grandniece

sobrinho *nm* nephew

sobrinho-neto *nm* grandnephew

sóbrio *adj* (geral) sober; *ele parecia sóbrio* he looked sober

sobrolho *nm* eyebrow ❖ *franzir o sobrolho* to frown

soca *nf* clog

socalco *nm* ledge

socapa *nf* stealth ❖ *à socapa* stealthily; in secrecy; furtively; *rir à socapa* to laugh in one's sleeve

socar *vt* **1** (dar socos) to punch **2** (massa de pão) to knead

social *adj2g* (geral) social

socialismo *nm* POL socialism

socialista *adj,n2g* socialist

socialização *nf* socialization

sociável *adj2g* **1** sociable; *tornar-se pouco sociável* to retire into oneself, to be unsociable 2 (*comunicativo*) talkative, communicative

sociedade *nf* 1 society 2 ECON company; *sociedade anónima* incorporated company 3 (*parceria*) partnership

sócio *nm* 1 (clube, associação) member 2 partner, associate 3 *col* (*companheiro*) fellow, partner ❖ *sócio capitalista* moneyed partner; *sócio gerente* active/managing partner

sociologia *nf* sociology

sociológico *adj* sociological

sociólogo *nm* sociologist

soço¹ /ô/ *nm* (calçado) clog

soço² /ô/ *nm* (murro) punch

soçobrar *vi* 1 (*afundar*) to sink, to go to the bottom 2 (*aniquilar-se*) to fall

socorrer *vt* 1 (*acudir*) to help, to aid, to rescue; *socorrer os náufragos* to rescue the shipwrecked 2 (*prestar auxílio*) to assist ❖ *vp* to have recourse [*de*, to], to resort [*de*, to]

socorrismo *nm* first aid

socorrista *n2g* first aider

socorro *nm* help, relief, assistance, aid ❖ *interj* help!

soda *nf* 1 QUÍM soda; *soda cáustica* caustic soda 2 (bebida) soda water; *whisky com soda* whisky and soda

sódio *nm* sodium

sodomia *nf* sodomy

soerguer *vt* 1 (*país*) to lift, to raise 2 (*cabeça*) to raise

sofá *nm* sofa; couch

sofá-cama *nm* studio couch; sofa bed

sofisticado *adj* sophisticated

sofredor *adj* suffering ❖ *nm* sufferer

sôfrego *adj* 1 (comer, beber) greedy, voracious 2 (*ávido*) keen 3 *fig* (*desejoso*) eager [*de*, for]

sofreguidão *nf* 1 (comida ou bebida) greediness, eagerness 2 (*ambição*) greed 3 (*impaciência*) impatience

sofrer *vt* 1 to suffer, to grieve, to be in pain 2 (calúnia, humilhações) to bear, to endure 3 (derrota, abalo) to go through, to suffer; *sofrer uma derrota* to suffer defeat 4 (acidente, ataque) to have; *sofrer um acidente* to have an accident ❖ *vi* 1 (doença) to suffer [*de*, from] 2 (*ter sofrimento*) to suffer [*com*, with]

sofrimento *nm* 1 (*padecimento*) suffering, pain 2 (*angústia*) anguish

sofrível *adj2g* 1 (*tolerável*) tolerable, passable 2 (nota, resultado) mediocre

softbol *nm* softball

software *nm* INFORM software, *engenharia de software* software engineering

sogra *nf* mother-in-law

sogro *nm* father-in-law

soja *nf* 1 (planta) soya; *rebento de soja* soya bean GB, soybean EUA 2 (alimento) soy sauce

sol *nm* 1 sun; *nascer do sol* sunrise 2 (*luz solar*) sunshine; sunlight 3 MÚS G ❖ *sol de pouca dura* flash in the pan

sola *nf* 1 (couro) hide, leather 2 (sapato) sole; *sapatos de sola de borracha* rubber-soled shoes ❖ *dar à sola* to run off

solar *adj2g* 1 (relativo ao Sol) solar; *sistema solar* solar system 2 (creme, protetor) sun; *protetor solar* sunscreen, suntan lotion ❖ *nm* (mansão) manor house

solarengo *adj* manorial

solário *nm* solarium

solavanco *nm* (veículo) jolt; *andar aos solavancos* to jolt along

solda *nf* (substância) solder

soldado *nm* soldier; *soldado raso* private

soldar *vt* to solder, to weld, to braze

soldo *nm* (salário) wages, salary

soleira *nf* 1 (porta) doorstep 2 (carruagem) footboard

solene *adj2g* 1 (*pomposo*) solemn 2 (*grave, sério*) grave, serious

solenidade *nf* 1 solemnity 2 (ato solene) ceremony 3 (gravidade) gravity, solemnity

soletração *nf* spelling

soletrar *vt* 1 (palavra) to spell; *soletra o meu nome* spell my name 2 (texto) to read word by word

solfejar *vt* MÚS to sol-fa

solfejo *nm* sol-fa, solfeggio

solha *nf* 1 (peixe) flounder 2 *col* slap

solicitação *nf* requesting

solicitador *nm* legal adviser

solicitar *vt* 1 to request 2 (pedir) to ask [-, for]; *solicitar uma assinatura* to ask for a signature 3 (benefícios, privilégios) to look [-, for]

solícito *adj* 1 (prestável) solicitous; helpful 2 (atencioso) attentive; careful

solidão *nf* 1 (estado) solitude 2 (sensação) loneliness

solidariedade *nf* solidarity, support; *solidariedade social* social support

solidário *adj* 1 (causa) sympathetic 2 (que apoia) supportive [com, towards]; *ser solidário com alguém* to support somebody

solidarizar-se *vp* to show solidarity [com, with]

solidez *nf* solidity, strength

solidificação *nf* solidification

solidificar *vt,i* 1 (líquido) to solidify 2 (endurecer) to harden

sólido *adj* 1 solid 2 firm; strong ♦ *nm* GEOM solid

solilóquio *nm* soliloquy

solista *n2g* MÚS soloist

solitária *nf* 1 (ténia) tapeworm, taenia 2 (prisão) solitary

solitário *adj* 1 (pessoa) solitary 2 (lugar) lonely, retired, isolated ♦ *nm* 1 (pessoa) loner 2 (joia) solitaire

solo *nm* 1 (terra) soil, earth, land; *solo argiloso* clayey soil 2 MÚS solo; *um solo de violino* a violin solo

solstício *nm* ASTRON solstice; *solstício de verão* summer solstice

solta *nf* release, freeing ❖ *à solta* on the loose; *andar à solta* to be at large

soltar *vt* 1 (desatar) to loosen, to untie, to unfasten 2 (libertar) to set free, to release 3 (largar) to let go [-, of]; *solta-me!* let go of me! 4 (cabelo) to let down 5 (freio, animais) to release ♦ *vp* 1 (desprender-se) to come loose 2 (desinibir-se) to let oneself go 3 (libertar-se) to escape ❖ *soltar a língua* to loosen one's tongue

solteirão *nm* confirmed bachelor

solteiro *adj* unmarried, single ♦ *nm* bachelor; single man

solteirona *nf pej* old maid; spinster

solto *adj* 1 (que anda à solta) loose 2 (livre) free 3 (desatado) undone; untied 4 (verso) blank

solução *nf* 1 (resolução) solution [para, to]; *solução para o problema* solution to the problem 2 QUÍM,FÍS solution; *solução aquosa* aqueous solution

soluçar *vi* 1 (ter soluços) to hiccup 2 (chorar) to sob

solucionar *vt* to solve

soluço *nm* 1 hiccup 2 (choro) sob ❖ *aos soluços* in drips and drabs

soluto *nm* FÍS,QUÍM solute

solúvel *adj2g* 1 (substância) soluble 2 (problema) solvable

solvência *nf* 1 (solvibilidade) solvency 2 (dívida) paying, liquidation

solvente *adj2g* 1 (substância, produto) dissolving 2 (dívida) solvent ♦ *nm* QUÍM solvent

som *nm* sound ❖ *ao som de* to the sound of; *à prova de som* sound-proof

soma *nf* 1 MAT (adição) sum, addition; *fazer a soma* to add up 2 MAT (resultado) total, sum; *a soma de 2 e 2 é 4* the sum of 2 and 2 is 4 3 (quantia) amount, sum

somáli *adj,n2g* Somali

Somália *nf* Somalia

somar *vt* 1 MAT (adicionar) to sum, to add up 2 (ser equivalente a) to add up [-, to]; *a despesa soma 40 euros* the expenses add up to 40 euros ❖ *conta de somar* sum;

addition

somático adj somatic, physical

somatório nm 1 (soma total) sum 2 (totalidade) total, sum total

sombra nf 1 (ausência de sol) shade 2 (silhueta) shadow 3 (cosmético) eyeshadow 4 (vestígio) trace

sombreado nm ART shading

sombrinha nf sunshade, parasol

sombrio adj 1 (escuro) shady, dark; *lugar sombrio* shady spot 2 (triste) gloomy 3 (rosto) grim

somenos adj of little worth

somente adv only, solely, merely; *tão somente* only

somítico adj stingy, close-fisted ♦ nm miser

sonambulismo nm somnambulism, sleep-walking

sonâmbulo nm somnambulist, sleep-walker ♦ adj somnambulistic

sonante adj2g (famoso) high-sounding ♦ *em metal sonante* in hard cash; in cash

sonar nm sonar

sonata nf MÚS sonata

sonda nf 1 (astronáutica) probe 2 MED tube, probe ♦ *sonda espacial* space probe

sondagem nf 1 (opinião pública) opinion poll, poll 2 MED probing

sondar vt 1 (opinião pública) to sound out, to research 2 MED to probe, to catheter

soneca nf nap ♦ *dormir uma soneca* to take a nap; to have a snooze; to have a doze

sonegação nf 1 concealing 2 (furto) theft

sonegador nm concealer

sonegar vt (omitir) to withhold; *sonegar provas* to withhold evidence

soneira nf pop drowsiness

soneto nm LIT sonnet

sonhador nm dreamer, daydreamer ♦ adj dreamy

sonhar vi 1 (ter sonhos) to dream [com, about/of] 2 fig (fantasiar) to daydream 3 (aspirar a) to idealize, to long [com, for]; *sonhar com um mundo melhor* to long for a better world ♦ *sonhar acordado* to daydream

sonho nm 1 (durante o sono) dream 2 (aspiração) dream, ambition; *realizar todos os sonhos* to fulfil all one's dreams 3 fig (ilusão) illusion

sónico adj sonic

sonífero adj soporific ♦ nm FARM sleeping drug, sleeping pill

sono nm 1 (estado) sleep; *sono profundo* sound sleep; *sono reparador* refreshing sleep 2 (sonolência) sleepiness ♦ *cheio de sono* heavy with sleep; *ter sono leve* to be a light sleeper

sonolência nf drowsiness; sleepiness

sonolento adj drowsy, sleepy

sonoplastia nf 1 CIN,TEAT,TV sound moulding, sound effects 2 (efeitos acústicos) sound track

sonoridade nf sonority

sonoro adj 1 sound 2 (gargalhada, voz) resounding 3 (consoante) voiced

sonso nm shammer, slyboots ♦ adj sly, cunning

sopa nf soup

sopapo nm slap

sopé nm (montanha) foot, base

soporífero adj soporific ♦ nm FARM sleeping drug

soprano n2g MÚS soprano

soprar vt 1 (vento) to blow 2 (balão, saco) to blow up ♦ vi to blow

sopro nm 1 (ato de soprar) blow, blowing 2 (hálito) breath, breathing 3 MED murmur; *sopro cardíaco* cardiac murmur

soquete nf ankle sock

sórdido adj 1 (sujo) squalid; sordid 2 (vil) mean 3 (obsceno) indecent, dirty

sorna nf indolence, laziness ♦ n2g lazybones, lazy person

soro *nm* 1 MED serum 2 (*leite*) whey ❖ **soro fisiológico** saline solution

sorrateiro *adj* 1 (*matreiro*) cunning, crafty 2 (*manhoso*) stealthy

sorrelfa *nf* dissimulation, hypocrisy ❖ **à sorrelfa** secretly; by stealth

sorridente *adj2g* 1 (*que sorri*) smiling 2 (*alegre*) cheerful

sorrir *vi* to smile [a/para, at]; **sorrir a/para alguém** to smile at someone ❖ **a sorte sorriu-lhe** fortune smiled upon him

sorriso *nm* smile ❖ **sorriso amarelo** forced smile

sorte *nf* 1 (*fortuna*) luck; **boa sorte!** good luck! 2 (*destino*) fate, fortune 3 (*acaso*) chance ❖ **tirar à sorte** to draw lots

sortear *vt* 1 (*tirar à sorte*) to draw lots 2 (*rifar*) to raffle

sorteio *nm* 1 draw 2 (*rifa*) lottery, raffle ❖ **por sorteio** by lot

sortido *adj* assorted, mixed ♦ *nm* assortment

sortudo *adj* lucky ♦ *nm* lucky devil, lucky dog

sorumbático *adj* gloomy, sullen, dour

sorvedouro *nm* 1 (*abismo*) gulf, abyss 2 *fig* (*causa de ruína*) bottomless pit

sorver *vt* 1 (*engolir*) to sip 2 (*tragar*) to swallow up

sorvete *nm* ice cream

sorveteira *nf* ice-cream maker, ice-cream freezer

sorvo *nm* sip, gulp

sósia *n2g* look-alike, double, dead ringer

soslaio *nm* askew, aslant ❖ **olhar de soslaio** to look askance at

sossegado *adj* quiet, calm

sossegar *vt* to calm ♦ *vi* to be quiet, to calm down

sossego *nm* calm, quiet, peace

sotaina *nf* cassock

sótão *nm* attic, loft

sotaque *nm* accent

sotavento *nm* lee; **a sotavento** leeward

soterramento *nm* burying

soterrar *vt* to bury, to cover up

soturno *adj* 1 (*sombrio*) sullen, gloomy 2 (*taciturno*) taciturn

soufflé *nm* soufflé

soul *nm* (*música*) soul

soutien *nm* bra, brassiere

souto *nm* chestnut grove

sova *nf* thrashing, beating, hiding; **dar uma sova** to give a good hiding

sovaco *nm* armpit

sovar *vt* (*bater em*) to thrash, to beat

sovina *n2g* miser, skinflint ♦ *adj2g* miserly, mean, stingy

sozinho *adj* 1 (*sem companhia*) all alone; **estava sozinha em casa** she was alone in the house 2 (*sem ajuda*) by oneself; **o menino já come sozinho** the boy can eat by himself now

spa *nm* (*termas*) spa

spam *nm* (*correio eletrónico*) spam

spray *nm* (*jato, pulverizador*) spray

sprint *nm* DESP sprint

sprintar *vi* DESP to sprint

sprinter *n2g* (*corredor*) sprinter

squash *nm* DESP squash

Sr. [*abrev. de* **Senhor**] Mr.

Sr.ª [*abrev. de* **Senhora**] Mrs.

Sra. [*abrev. de* **Senhora**] Mrs.

Sri Lanca *nm* Sri Lanka

stand *nm* stand

step *nm* 1 (*modalidade*) step 2 (*plataforma*) stepping platform

stick *nm* (*hóquei, golfe*) stick

stock *nm* (*mercadorias*) stock

stress *nm* stress

stressante *adj2g* stressful

stressar *vt col* to stress; to put under stress ♦ *vi,p col* to get stressed

striptease *nm* striptease

strogonoff *nm* CUL stroganoff, beef stroganoff

suado *adj* sweaty, perspiring

suar vi 1 *(transpirar)* to sweat, to perspire 2 *fig (esforçar-se muito)* to work hard ❖ *suar em bica* to sweat buckets

suástica *nf* swastika

suave *adj2g* 1 *(cor, som)* soft 2 *(superfície)* soft; smooth 3 *(castigo, clima, sabor)* mild; gentle

suavidade *nf* 1 *(afabilidade)* gentleness 2 *(aprazível aos sentidos)* smoothness, softness 3 *(brandura)* mildness

suavização *nf* smoothing, softening

suavizar *vt* 1 *(tornar suave)* to smooth, to soothe 2 *(atenuar)* to mitigate, to relieve

Suazilândia *nf* Swaziland

subalimentação *nf* underfeeding

subalterno *adj,nm* subaltern, subordinate

subaquático *adj* subaquatic; underwater

subavaliar *vt* to underestimate

subchefe *nm* deputy chief, assistant director

subconsciente *adj2g,nm* subconscious

subdesenvolvido *adj* underdeveloped

subdesenvolvimento *nm* underdevelopment

súdito *nm* subject

subdividir *vt* to subdivide

subdivisão *nf* subdivision

subentender *vt* to understand; to imply; *isso subentende-se* that goes without saying

subentendido *adj* implied, implicit ♦ *nm* insinuation

subestimar *vt* to undervalue, to underrate, to underestimate

subida *nf* 1 *(ascensão)* climb, slope, way up 2 *(encosta)* slope 3 *(aumento)* rise [de, in], rising; *uma subida de preços* a rise in prices

subir vi 1 *(ir ou vir para cima)* to go up, to come up; *subimos ao segundo andar* we went up to the second floor 2 *(trepar)* to climb 3 *(temperatura, rio)* to rise 4 *(maré)* to come in 5 *(preços)* to go up; *subir em flecha* to shoot up ♦ *vt* 1 *(escadas, rua)* to go up, to come up 2 *(montanha)* to climb 3 *(pôr mais para cima)* to put up 4 *(volume)* to turn up 5 *(preços)* to raise, to put up 6 *(persiana)* to raise ❖ *subir à cabeça* to go to one's head; *subir pelas paredes* to hit the roof

subitamente *adv* suddenly, all of a sudden

súbito *adj* sudden, hasty ❖ *de súbito* all of a sudden; suddenly; *morte súbita* sudden death

subjacente *adj2g* subjacent *form*, underlying

subjetividade *nf* subjectivity

subjetivo *adj* subjective

subjugação *nf* subjugation

subjugar *vt* 1 to subjugate, to master, to subdue 2 *(inimigo)* to overpower 3 *(moralmente)* to dominate

sublevação *nf* uprising; revolt

sublevar *vt* to revolt ♦ *vp* to rise up, to rebel

sublimado *adj* sublimated ♦ *nm* sublimate

sublimar *vt* to sublimate ♦ *vp (enaltecer-se)* to distinguish oneself

sublime *adj2g* 1 sublime 2 *(magnífico)* magnificent

sublinhar *vt* 1 *(palavra)* to underline, to underscore 2 *fig (realçar)* to highlight, to stress

submarino *nm* submarine, U-boat ♦ *adj* submarine, underwater; *corrente submarina* undercurrent

submergir *vt* 1 *(margem, terreno)* to submerge 2 *(afundar)* to sink 3 *(inundar)* to flood

submersão *nf* submersion

submersível *adj2g* submersible ♦ *nm* submarine

submerso *adj* submerged, underwater

submeter *vt* 1 *(procurar aprovação)* to submit [a, to]; *submeter o projeto ao conselho* to submit the project to the council

2 *(expor)* to subject [a, to] 3 *(dominar)* to subdue ♦ *vp* 1 *(sujeitar-se)* to submit [a, to] 2 *(tratamento, operação, etc.)* *(sofrer)* to undergo [a, -]

submissão *nf* submission, submissiveness, humility

submisso *adj* 1 submissive 2 *(obediente)* yielding, obedient, humble

submundo *nm* underworld

subordinação *nf* subordination

subordinado *adj* 1 *(dependência)* subordinate, inferior, subject [a, to] 2 LING *(oração)* subordinate ♦ *nm* underling, subordinate

subordinar *vt* to subordinate, to subject [a, to]; *estar subordinado a alguém* to be subject to somebody

subornador *nm* briber

subornar *vt* to bribe

suborno *nm* bribery

subproduto *nm* by-product, secondary product

sub-reptício *adj* surreptitious, secret, underhand

subscrever *vt* 1 *(opinião, ações)* to subscribe to 2 *(assinar)* to sign 3 *(jornal, revista etc.)* to take out a subscription for ♦ *vp (assinar)* to sign one's name

subscrição *nf* 1 *(produto, serviço)* subscription 2 *(contribuição)* contribution [para, to] 3 *(assinatura)* signature

subscrito *adj,nm* subscript

subscritor *nm* subscriber

subsecretário *nm* under-secretary ❖ *subsecretário de Estado* under-secretary of State

subsequente *adj2g* subsequent ❖ *subsequente a* subsequent to; following

subsidiar *vt* to subsidize

subsídio *nm* subsidy; grant ❖ *subsídio de desemprego* unemployment benefit

subsistência *nf* subsistence

subsistente *adj2g* remaining; surviving

subsistir *vi* 1 *(viver)* to subsist 2 *(perdurar)* to survive, to remain; *a dúvida subsiste* the doubt remains

subsolo *nm* 1 GEOL subsoil 2 *(construção)* basement, underground

substância *nf* 1 *(geral)* substance 2 *(essência)* essence ❖ *sem substância* lacking in substance

substancial *adj2g* 1 subtantial 2 *(nutritivo)* nourishing; *refeição substancial* a substantial/solid meal

substantivo *nm* LING noun, substantive

substituição *nf* substitution; replacement

substituir *vt* 1 *(trocar)* to substitute [por, with]; to replace [por, with] 2 *(fazer as vezes de)* to stand in [-, for] 3 *(pneu, fechadura)* to change 4 *(tomar o lugar de)* to take the place of

substituível *adj2g* replaceable

substituto *nm* substitute, fill-in, deputy ♦ *adj* substituting

subterfúgio *nm* subterfuge

subterrâneo *adj* subterranean, underground; *passagem subterrânea* subterranean passage ♦ *nm* subterranean chamber

subtil *adj2g* 1 *(ténue)* subtle 2 *(fino)* thin; fine 3 *fig (perspicaz)* acute, astute

subtileza *nf* 1 subtlety 2 *(delicadeza)* refinement 3 *(astúcia)* sharpness

subtítulo *nm* subtitle, subheading

subtração *nf* MAT subtraction

subtrair *vt* 1 MAT to subtract 2 *(roubar)* to steal

suburbano *adj* suburban

subúrbio *nm* suburb ♦ *nmpl* outskirts, suburbs; *viver nos subúrbios* to live in the suburbs

subversão *nf* subversion

subversivo *adj* subversive

subverter *vt* 1 *(inverter, deturpar)* to subvert 2 *(corromper)* to corrupt

sucata nf 1 (material inutilizado) scraps, scrap metal 2 (local) scrapyard, scrapheap; **mandar para a sucata** to place on the scrapheap

sucateiro nm scrap dealer

sucção nf suction

sucedâneo adj,nm substitute

suceder vi 1 (emprego, cargo) to succeed 2 (acontecer) to happen, to occur 3 (seguir--se) to follow ♦ vp (seguir-se) to follow

sucedido nm event, fact ❖ **ser bem sucedido** to succeed

sucessão nf 1 succession 2 (descendência) heirs

sucessivo adj successive; **durante dias sucessivos** for days running; **três grandes vitórias sucessivas** three great victories in succession

sucesso nm 1 (êxito) success; **não ter sucesso** to fail 2 (acontecimento) event 3 (filme, música) hit; **foi um sucesso** it was a hit

sucessor nm 1 (cargo, função) successor [a/de, to] 2 (herdeiro) heir

sucinto adj succinct, concise

suco nm juice; **suco gástrico** gastric juice

suculência nf succulence

suculento adj succulent, juicy

sucumbir vi 1 (render) to yield [a, to], to succumb [a, to] 2 (esmorecer) to die

sucursal nf branch

sudanês adj,nm Sudanese

Sudão nm Sudan

sudário nm 1 (mortalha) shroud, winding sheet 2 REL sudarium

sudeste nm southeast

sudoeste nm southwest

Suécia nf Sweden

sueco adj Swedish ♦ nm 1 (pessoa) Swede 2 (língua) Swedish

suficiência nf sufficiency

suficiente nm 1 (classificação) sufficient 2 (o que basta) enough; **mais do que o suficiente** more than enough ♦ adj2g 1 (que satisfaz) fair, satisfactory 2 (bastante) sufficient 3 (que basta) enough

sufixo nm LING suffix

sufocante adj2g suffocating, stifling

sufocar vt 1 (asfixiar) to suffocate 2 (abafar) to stifle ♦ vi 1 (perder a respiração) to choke 2 (dificultar a respiração) to stifle, to suffocate

sufoco nm suffocation, choking ❖ **estar num sufoco** to be in trouble

sufrágio nm suffrage, vote ❖ **sufrágio universal** universal suffrage

sugar vt 1 (sorver) to suck 2 (extrair) to absorb 3 fig (extorquir) to extort

sugerir vt 1 (dar a entender) to suggest, to imply, to hint 2 (propor) to propose

sugestão nf suggestion, hint, insinuation; **por sugestão de** at the suggestion of

sugestionar vt to influence by suggestion, to suggest

sugestionável adj2g suggestible, impressionable

sugestivo adj suggestive

Suíça nf Switzerland

suíças nfpl sideburns

suicida adj 1 (tendências) suicidal; self-destructive 2 (ação, ataque) suicide; **missão suicida** suicide mission ♦ n2g suicide

suicidar-se vp to commit suicide

suicídio nm suicide

suíço adj,nm (pessoa) Swiss

suinicultor nm pig breeder

suinicultura nf pig breeding

suíno nm pig, hog ♦ adj 1 (gado) swinish 2 (peste) swine

suite nf suite ❖ **suite presidencial** the presidential suite

sujar vt 1 to dirty; **sujou a camisa** he dirtied his shirt 2 fig (nome, honra) to stain, to sully ♦ vp to become dirty, to get dirty

sujeição nf 1 subjection 2 (submissão) servitude

sujeitar vt 1 (submeter) to subject [a, to] 2 (dominar) to subdue ♦ vp (submeter-se) to subject oneself [**a**, to], to submit [**a**, to]; *sujeitar-se à crítica* to subject oneself to criticism

sujeito *nm* 1 LING subject 2 *(indivíduo)* person ♦ *adj* 1 *(submetido)* subject [**a**, to] 2 *(exposto)* liable [**a**, to/for]

sujidade *nf* 1 *(imundície)* filth 2 *(estado)* dirtiness

sujo *adj* 1 *(imundo)* dirty, unclean; *mãos sujas* dirty hands 2 *fig (desonesto)* dishonest

sul *nm* south

sul-africano *nm* (pessoa) South African ♦ *adj* South African

sul-americano *nm* (pessoa) South American ♦ *adj* South American

sulcar *vt* to furrow, to plough

sulco *nm* 1 AGR furrow 2 *(disco, metal)* groove 3 *(rasto)* track

sul-coreano *adj,nm* South Korean

sulfato *nm* QUÍM sulphate

sulfúrico *adj* QUÍM sulphuric; *ácido sulfúrico* sulphuric acid

sultana *nf* (uva) sultana

sultão *nm* Sultan

suma *nf* abridgement ❖ *em suma* in sum; in short

sumarento *adj* juicy, succulent; *peras sumarentas* juicy pears

sumariar *vt* 1 *(assunto, conteúdo, proposta)* to summarize 2 *(ação, aula)* to sum up

sumário *adj* 1 *(breve)* brief, concise 2 DIR summary ♦ *nm* summary, digest, précis

sumiço *nm* disappearance ❖ *dar sumiço em* to do away with; *levar sumiço* to disappear; to vanish

sumidade *nf* (pessoa) prominent person, celebrity, authority

sumir *vi,p* 1 *(desaparecer)* to disappear, to vanish 2 *(dissipar-se)* to be gone

sumo *nm* 1 juice; *sumo de laranja* orange juice 2 DESP sumo ♦ *adj* 1 *(supremo)* highest, supreme 2 *(elevado)* sovereign ❖ *Sumo Pontífice* Sovereign Pontiff

sumptuoso *adj* sumptuous, splendid, lavish

súmula *nf* epitome; summing-up

suor *nm* 1 *(transpiração)* sweat, perspiration 2 *fig (trabalho)* effort; hard work ❖ *com o suor do rosto* by the sweat of one's brow

super *adv col* super; really; very ♦ *adj inv col* super; great; fantastic

superação *nf* 1 overcoming 2 improvement

superar *vt* 1 *(ultrapassar)* to surpass, to exceed, to outdo 2 *(inimigo, dificuldade)* to overcome; *superar um obstáculo* to overcome an obstacle 3 to improve

superável *adj2g* surmountable

superficial *adj2g* superficial

superficialidade *nf* superficiality, shallowness

superfície *nf* 1 surface 2 *(extensão)* area

supérfluo *adj* 1 superfluous 2 *(despesas)* needless, unnecessary

super-homem *nm* superman

superior *adj* 1 *(acima de)* higher [**a**, than] 2 *(quantidade)* greater [**a**, than] 3 *(qualidade)* superior [**a**, to]; *era superior ao rival* he was superior to his rival 4 *(nível, ponto, lábio)* upper, top 5 *(oficial)* senior ♦ *nm* superior

superiora *nf* REL Mother Superior

superioridade *nf* superiority

superlativo *adj,nm* LING superlative

superlotado *adj* full, overcrowded; jam-packed *col*

supermercado *nm* supermarket

superpopulação *nf* overpopulation, overcrowding

superpotência *nf* superpower

superpovoado *adj* overpopulated, crowded

superpovoamento *nm* overpopulation

superprodução *nf* overproduction

supersónico *adj* supersonic

superstição *nf* superstition

supersticioso *adj* superstitious

supervisão nf supervision

supervisionar vt to supervise

supervisor nm supervisor

suplantar vt to supplant

suplementar adj2g 1 supplementary 2 (adicional) additional, extra

suplemento nm 1 (jornal, revista, etc.) supplement 2 (dinheiro) extra charge

suplente adj2g 1 (substituto) stand-by, substitutive 2 (pneu, peça) spare ♦ n2g 1 DESP substitute, reserve 2 TEAT understudy ❖ DESP *ser suplente* to be on the bench

súplica nf 1 (pedido) request; entreaty 2 (prece) plea 3 (ato de suplicar) pleading

suplicante adj2g supplicating, entreating, beseeching

suplicar vt to beg; to implore; *supliquei--lhe que não o fizesse* I begged him not to do it

suplício nm 1 torture 2 (sofrimento) torment, suffering

supor vt to suppose, to imagine, to presume; *suponhamos que...* let's assume that...; *suponho que não* I suppose not, I guess not; *suponho que sim* I suppose so, I guess so

suportar vt 1 (sustentar) to support, to hold up 2 (pessoa, situação) to put up with, to bear, to endure; *não posso suportar o barulho* I can't stand the noise; *não suportar uma pessoa* to be unable to bear a person; *suportar as despesas* to bear the expenses 3 (peso, pressão, dor) to withstand

suportável adj2g (dor, medo, ruído) tolerable, bearable

suporte nm 1 support 2 (comunicação) medium; aid ❖ INFORM *suporte de dados* data carrier

suposição nf supposition, conjecture, assumption; *baseado em suposições* based on supposition; *isto é uma mera suposição* this is mere presumption

supositório nm FARM suppository

suposto adj 1 supposed; assumed 2 (presumível) alleged

supracitado adj above-mentioned, above-named

supramencionado adj above-mentioned; aforementioned

suprassumo nm state of the art; cream; height

supremacia nf supremacy

supremo adj supreme ❖ *Supremo Tribunal* Supreme Court

supressão nf 1 (extinção) suppression; extinction 2 (omissão) exclusion; omission 3 (redução) reduction; *supressão de despesas* expense reduction

suprimento nm 1 (suplemento) supplement 2 (ajuda) aid; help 3 (empréstimo) loan

suprimir vt 1 (eliminar) to suppress; to do away with; to eliminate 2 (cancelar) to cancel 3 (omitir) to omit

suprir vt 1 (satisfazer) to fulfil; *suprir uma carência* to fulfil a need 2 (complementar) to supplement

surdez nf deafness

surdina nf MÚS mute ❖ *em surdina* silently; *falar em surdina* to speak in whispers

surdo adj 1 deaf; *ficar surdo* to go deaf; *ser surdo de nascença* to be born deaf 2 LING (consoante) voiceless, unvoiced ♦ nm deaf person ❖ *surdo como uma porta* as deaf as a post

surdo-mudo adj,nm hearing-and-speech-impaired; deaf-mute ofens

surf nm surfing

surfar vi to surf

surfista n2g surfer

surgimento nf appearance; emergence; advent

surgir vi 1 (aparecer) to appear; to show up; to come forth 2 (emergir) to emerge

Suriname nm Suriname

surinamês adj,nm Surinamese

surpreendente adj2g surprising; amazing; astonishing

surpreender vt 1 (causar surpresa) to surprise; to amaze; to astonish 2 (apanhar em flagrante) to take by surprise; to catch unawares; to surprise; *a polícia surpreendeu os ladrões* the police took the burglars by surprise ♦ vp to be surprised

surpreendido adj 1 (admirado) surprised; amazed; astonished 2 (apanhado em flagrante) taken by surprise; caught unawares

surpresa nf surprise ❖ *fazer uma surpresa a alguém* to surprise somebody; *ser apanhado de surpresa* to be taken by surprise

surra nf thrashing; beating

surrado adj threadbare; tattered

surrar vt 1 (peles) to curry 2 (dar uma surra) to thrash; to beat

surrealismo nm surrealism

surrealista adj,n2g surrealist

surripiar vt pop to pilfer; to filch

surtida nf MIL sortie, sally

surtir vt to originate; to bring about ❖ *surtir efeito* to take effect; to work

surto nm 1 (aparecimento repentino) outbreak; wave 2 (desenvolvimento) boom; *um inesperado surto económico* an unexpected economic boom

suscetibilidade nf 1 (vulnerabilidade) susceptibility [a, to] 2 (sensibilidade) sensibility, touchiness ♦ nfpl susceptibilities; *ferir suscetibilidades* to offend the susceptibilities

suscetível adj2g 1 (vulnerável) susceptible [a, to]; liable [a, to]; prone [a, to] 2 (melindroso) sensitive; touchy 3 (passível) susceptible [de, of]

suscitar vt 1 to raise; to excite; to arouse; *suscitar a curiosidade de alguém* to arouse someone's curiosity; *suscitar interesse em* to raise interest in 2 (causar) to cause; to bring on

sushi nm sushi

suspeição nf suspicion; mistrust

suspeita nf suspicion; *sob suspeita* under suspicion

suspeitar vt (supor, julgar) to suspect; to feel; to think; *suspeito que eles podem estar a mentir* I suspect that they might be lying ♦ vi 1 to suspect [de, -]; *sem suspeitar de nada* suspecting nothing 2 (desconfiança) to mistrust [de, -]

suspeito nm suspect ♦ adj 1 suspicious; *altamente suspeito* highly suspect 2 (responsável) suspected [de, of]

suspender vt 1 (interromper) to interrupt; to discontinue; to suspend 2 (aplicar suspensão) to suspend, [de, from]; *o meu irmão foi suspenso da escola durante um mês* my brother was suspended from school for a month 3 (cancelar) to cancel; *suspender uma encomenda* to cancel an order 4 (pendurar) to hang; to suspend

suspensão nf 1 (interdição) suspension [de, from] 2 (interrupção) suspension; interruption 3 (automóvel) suspension

suspense nm suspense ❖ *filme de suspense* thriller

suspenso adj 1 (interrompido) suspended; interrupted 2 (adiado) adjourned 3 (interditado) suspended 4 (pendurado) hanging

suspensórios nmpl braces GB, suspenders EUA

suspirar vi to sigh ❖ (desejo) *suspirar por* to long for

suspiro nm sigh; *soltar um suspiro de alívio* to let out a sigh of relief ❖ *dar o último suspiro* to die

sussurrar vi to whisper; to murmur

sussurro nm whisper; murmur

sustenido nm MÚS sharp

sustentação nf 1 (apoio) support; help; aid 2 (manutenção) maintenance

sustentáculo nm 1 (estrutura) support; prop; stay 2 (pessoa) mainstay; supporter

sustentar *vt* **1** *(estrutura)* to sustain; to bear **2** *(financeiro)* to maintain; to keep; to provide for **3** *(apoiar)* to support; to help; to stand by **4** *(financiar)* to sponsor; to support; *sustentar uma causa* to sponsor a cause ♦ *vp* to sustain oneself; to support oneself; to be self-sufficient

sustentável *adj2g* **1** sustainable; *desenvolvimento sustentável* sustainable development **2** *(defensável)* defensible; *esta proposta é pouco sustentável* this suggestion is hardly defensible

sustento *nm* **1** *(condições materiais)* maintenance; upkeep **2** *(ganha-pão)* breadwinner

suster *vt* **1** *(estrutura)* to sustain; to bear; to hold **2** *(refrear)* to restrain; to stifle **3** *(fazer parar)* to stop; to bring to a halt **4** *(respiração)* to hold

susto *nm* fright; scare

su-sudeste *nm* south-southeast

su-sudoeste *nm* south-southwest

sutura *nf* suture

suturar *vt* MED to suture; to stitch

sweatshirt *nf* *(camisola)* sweatshirt

T

t *nm* (letra) t

tabacaria *nf* tobacconist's (shop)

tabaco *nm* **1** tobacco **2** cigarettes; *um maço de tabaco* a pack of cigarettes

tabagismo *nm* smoking addiction

tabaqueira *nf* snuffbox

tabefe *nm col* slap

tabela *nf* **1** (quadro) table **2** (lista) list **3** (horário) timetable **4** (basquetebol) backboard ❖ *apanhar por tabela* to be unjustly punished

tabelamento *nm* price listing

tabelar *vt* to set prices

tabelião *nm* notary public

taberna *nf* tavern; pub

tabique *nm* partition wall

tablete *nf* bar; *tablete de chocolate* chocolate bar

tablier *nm* (automóvel) instrument panel

tabloide *nm* (jornal) tabloid

tabu *adj,nm* taboo

tábua *nf* **1** board; *tábua de engomar* ironing board **2** (tabela) table

tabuada *nf* MAT (multiplication) table; *a tabuada dos cinco* the five times table

tabuleiro *nm* **1** (bandeja) tray **2** (forno) baking tray **3** (jogo) board; *tabuleiro de xadrez* chessboard **4** (ponte) platform

tabuleta *nf* signboard

tac *nmf* MED CAT scan

taça *nf* **1** (tigela) bowl; *taça de gelado* ice cream bowl **2** (copo) glass; *taça de champanhe* champagne glass **3** DESP cup; *taça UEFA* UEFA cup

tacanhez *nf* narrow-mindedness; pettiness; small-mindedness

tacanho *adj* narrow-minded; petty; small-minded

tacão *nm* heel; *sapatos de tacão alto* high heels

tacha *nf* stud; tack

tachar *vt* (rotular) to brand [de, as]

tacho *nm* **1** (recipiente) pan; pot **2** *fig,col* a cushy number, an easy job; *arranjar um tacho* to got a cushy number

tacitamente *adv* tacitly

tácito *adj* tacit; unstated; *acordo tácito* tacit agreement

taciturno *adj* taciturn; silent

taco *nm* **1** (bilhar) cue **2** (golfe) club **3** (basebol) bat **4** (soalho) plank

tactil ou **tátil** *adj2g* tactile

tafetá *nm* taffeta

tagarela *n2g* chatterbox ♦ *adj2g* talkative; chatty

tagarelar *vi* **1** to chatter; to babble; to prattle **2** (bisbilhotar) to gossip

tagarelice *nf* **1** chatter; prattle; *estar na tagarelice* to chatter away **2** (bisbilhotice) gossip

tai-chi *nm* T'ai chi

tailandês *adj,nm* Thai

Tailândia *nf* Thailand

tainha *nf* grey mullet

taipal *nm* lath wall

Taiti *nm* Tahiti

taitiano *adj,nm* Tahitian

Taiwan *nf* Taiwan

taiwanês *adj,nm* Taiwanese

tajique *adj,n2g* Tajik

Tajiquistão *nm* Tajikistan

takeaway *nm* (comida pronta) takeaway

tal *det,pron* **1** *dem* such; *uma tal coisa!* such a thing! ♦ *quant exist* (intensificação) such (a) great ♦ *pron indef* that; such a thing; *eu nunca disse tal* I never said such a thing ♦ *n2g* one; *o/a tal* the one ❖ *tal como* such as; *tal pai, tal filho* like father, like son

tala *nf* splint

talão *nm* **1** counterfoil; receipt **2** (de cheques) chequebook

talassoterapia *nf* thalassotherapy

talco *nm* talc, talcum; *pó de talco* talcum powder

talento *nm* 1 talent [para, for]; gift [para, for]; *ele tem muito talento para a música* he has a great gift for music 2 (pessoa) talented person; talent; *jovens talentos* young talents

talentoso *adj* talented

talha *nf* carving; *talha dourada* golden carving

talhada *nf* (fatia) slice; wedge; *uma talhada de melão* a wedge of melon

talhado *adj* 1 (pedra) cut 2 (madeira) carved 3 (pessoa) fit [para, for]; cut out [para, for]

talhante *n2g* butcher

talhão *nm* 1 (canteiro) garden bed 2 (de terreno) allotment; garden plot

talhar *vt* 1 (cortar) to cut 2 (madeira, pedra) to carve 3 (roupa) to tailor ♦ *vi* (leite) to curdle

talhe *nm* 1 (peça de roupa) cut; style 2 (forma) shape; form ❖ *vir a talhe de foice* to come at the right moment

talher *nm* knife and fork ♦ *nmpl* cutlery; flatware; *pôr os talheres na mesa* to set the cutlery on the table ❖ *ser um bom talher* to be a big eater

talho *nm* (loja) butcher's

tálio *nm* thallium

talismã *nm* talisman; amulet

talk-show *nm* (televisão) talk show

talo *nm* stalk

taluda *nf* col jackpot; *ganhar a taluda* to win the jackpot

talvez *adv* perhaps; maybe; *talvez pudéssemos ir ao cinema* maybe we could go to the cinema

tamanco *nm* clog

tamanho *nm* size; *que tamanho vestes?* what size do you take?

tâmara *nf* date

tamareira *nf* BOT date palm

também *adv, conj* 1 also; too; as well; *também eu* so do I, me too 2 (em frases negativas) either; neither; *também não perguntei* I didn't ask either; *eu também não* me neither

tambor *nm* 1 (instrumento) drum; *tocar tambor* to play the drum 2 (de máquina) drum; roller 3 (de arma) barrel

tamboril *nm* monkfish

tamborilar *vi* 1 to patter 2 to drum

tampa *nf* 1 (recipiente) lid 2 (caneta, garrafa) cap; top 3 (nega) brush-off; rebuff

tampão *nm* 1 (para vedar) plug; stopper 2 (menstruação) tampon 3 (ouvidos) earplug 4 (automóvel) hubcap

tampo *nm* 1 (de mesa) table top 2 (tampa) lid; top

tanas *nm* col a nobody ❖ *o tanas!* that's what you think!

tanga *nf* 1 (cueca) tanga; G-string 2 (veste primitiva) loincloth 3 col (troça) mockery; *dar tanga a alguém* to pull somebody's leg ❖ *estar de tanga* to be penniless

tangente *adj2g, nf* GEOM tangent ❖ *à tangente* by the skin of one's teeth

tangerina *nf* tangerine; mandarin

tangerineira *nf* tangerine tree

tango *nm* tango

tanoaria *nf* 1 (oficina) cooper's (shop) 2 (ofício) cooperage

tanoeiro *nm* cooper

tanque *nm* 1 (reservatório) tank; *tanque de água* water tank 2 (para lavar roupa) wash tub 3 MIL tank

tanso *nm* simpleton; fool; nincompoop ♦ *adj* 1 (pacóvio) foolish; silly; daft 2 (burro) dumb; stupid

tântalo *nm* tantalum

tanto *quant exist, pron indef* 1 so much; *tenho tanto trabalho!* I have so much work to do! 2 (plural) so many; *tantas pessoas* so many people ♦ *adv* 1 so much; *ele comeu tanto que ficou enjoado* he ate so much that he felt sick 2 (temporal) so long; *demoraste tanto* you took so long ♦

nm bit ❖ *tanto... como* both... and...;
tanto melhor so much the better; *tanto quanto* as much as; *tanto quanto sei* as far as I know; *um tanto ou quanto* a little

Tanzânia *nf* Tanzania

tanzaniano *adj,nm* Tanzanian

tão *adv* 1 so; *ele é tão lindo!* he's so handsome! 2 such; *ela é tão boa pessoa* she's such a good person 3 that; *não é assim tão mau* it's not that bad; *nunca tinha ido tão longe* I had never gone that far ❖ *tão... como/quanto* as... as; *és tão egoísta como eu* you're as selfish as I am

tão-pouco *adv* nor

tão-só *adv* only; but

tapada *nf* 1 (*parque*) park 2 (*reserva de caça*) hunting ground

tapado *adj* 1 (*coberto*) covered (up) 2 (*nariz*) blocked 3 *col* (*pessoa*) stupid; thick; dense

tapar *vt* 1 (*cobrir*) to cover 2 (*ocultar*) to screen, to hide 3 (*um buraco*) to stop; to block up 4 (*cobrir com tampa*) to put the lid on 5 (*cobrir com cobertor*) to wrap up; *ela tapou o filho com um cobertor* she wrapped her son up with a blanket

tapeçaria *nf* tapestry

tapete *nm* 1 carpet; rug 2 INFORM (*para o rato*) mouse mat *GB*, mouse pad *EUA* ❖ *tapete rolante* conveyor belt; *tapete voador* magic carpet

tapioca *nf* tapioca

tapume *nm* 1 (*divisória*) screen; partition 2 (*sebe*) fence; hedge

taquicardia *nf* MED tachycardia

tara *nf* 1 (*de veículo*) tare 2 (*obsessão*) mania; craze 3 (*fetiche*) fetish

tarado *adj* crazy ❖ *nm* 1 (*maluco*) nutcase 2 (*fanático*) maniac

tarântula *nf* tarantula

tardar *vi* 1 (*demorar*) to take time; to be long 2 (*atrasar-se*) to come late ❖ *o mais tardar* at the latest

tarde *adv* late; *chegar tarde* to be late ❖ *nf* afternoon; *boa tarde!* good afternoon! ❖ *mais vale tarde do que nunca* better late than never

tardinha *nf* nightfall; *à tardinha* in the evening

tareco *nm pop* cat; puss ❖ *nmpl pop* knick-knacks; trinkets

tarefa *nf* task; job; *cumprir uma tarefa* to carry out a task

tareia *nf* thrashing; beating

tarifa *nf* 1 DIR tariff; duty; *tarifa alfandegária* customs duty 2 (*preço fixo*) tariff; fare; *tarifas aéreas* air fares

tarimba *nf* bunk, bunk-bed

tarja *nf* (*de papel, livro*) border; edging

tarraxa *nf* screw

tártaro *nm* (*dentes, vinho*) tartar

tartaruga *nf* (*marinha*) (sea) turtle; (*terrestre*) tortoise

tarte *nf* 1 (*com cobertura*) pie; *tarte de maçã* apple pie 2 (*doce, sem cobertura*) tart; *tarte de morango* strawberry tart

tasca *nf* pub; tavern

tatear *vt,i* 1 (*tocar*) to feel; to touch 2 (*procurar*) to grope 3 *fig* (*sondar*) to sound out

tática *nf* tactic; strategy

tático *adj* tactical; *erro tático* tactical error

tato *nm* 1 (*sentido*) touch; *sentido do tato* sense of touch 2 (*diplomacia*) tact; diplomacy

tatu *nm* (*animal*) armadillo

tatuagem *nf* tattoo; *fazer uma tatuagem no braço* to have your arm tattooed

tatuar *vt* to tattoo

tauromaquia *nf* bullfighting; tauromachy

tautau *nm infant* smack; *levar tautau* to get a smack

taxa *nf* 1 tax; fee; *taxa única* single tax 2 (*índice*) rate; *taxa de juro* interest rate

taxar *vt* 1 (*tributar*) to tax; to tariff 2 (*ter na conta de*) to rate [**de**, as]

taxativamente *adv* 1 restrictedly 2 strictly

taxativo *adj* limitative

táxi nm taxi; cab

taxímetro nm taximeter

taxista n2g taxi driver

taxonomia nf taxonomy

taxonómico adj taxonomic

tchau interj bye!; see you!

tchim-tchim interj cheers!

te pron pess **1** you; for/to you; *amanhã telefono-te* I'll call you tomorrow; *eu explico-te tudo* I'll explain everything to you **2** (reflexo) yourself; *veste-te* dress yourself

tear nm loom

teatral adj2g **1** (relativo ao teatro) theatrical; dramatic **2** pej (pouco natural) stagy; theatrical; melodramatic

teatro nm **1** (local) theatre; playhouse **2** (arte) theatre; *ir ao teatro* to go to the theatre **3** fig (exagero) dramatics

tecelagem nf weaving

tecelão nm weaver

tecer vt **1** to weave **2** (engendrar) to contrive; to devise; *tecer um plano* to contrive a plan ❖ *tecer um elogio* to make a compliment

tecido nm **1** cloth; material; fabric **2** BIOL, NAT tissue; *tecido nervoso* nervous tissue ♦ adj woven

tecla nf key; *carregar numa tecla* to press a key ❖ *estás sempre a bater na mesma tecla* you're always harping on the same subject

teclado nm keyboard

tecnécio nm technetium

técnica nf **1** technique; technology **2** (estratégia) method

técnico adj technical; *apoio técnico* technical support; *termos técnicos* technical terms ♦ nm technician

tecno nm (música) techno

tecnologia nf technology; *alta tecnologia* high technology

tecnológico adj technological

tédio nm boredom; *que tédio!* what a bore!

teia nf **1** (de aranha) cobweb; spider's web **2** (de espionagem) spy ring **3** (rede) web; network; *uma teia de estradas* a network of roads

teima nf **1** (teimosia) stubbornness; obstinacy **2** (capricho) whim

teimar vi to persist [em, in]; to insist [em, on]

teimosia nf obstinacy; stubbornness

teimoso adj stubborn; headstrong

teixo nm BOT yew

tejadilho nm (de veículo) roof

tela nf **1** (de pintura) canvas **2** (de cinema) movie screen **3** (quadro) painting **4** (tecido de linho) linen cloth

telecomando nm remote control

telecompras nfpl teleshopping

telecomunicações nfpl telecommunications; *rede de telecomunicações* telecommunications network

teledisco nm video clip

teleférico nm cable car

telefonar vi to telephone [a, -]; to phone [a, -]; to call [a, -]; to give a ring [a, to]; *importa-se de telefonar mais tarde?* could you phone back later?

telefone nm **1** telephone; phone **2** col phone number

telefonema nm call; phone call

telefonia nf radio; wireless set; *ouvir telefonia* to listen to the radio

telefónico adj phone; telephone; *cabina telefónica* telephone box GB, telephone booth EUA

telefonista n2g telephonist GB; telephone operator EUA

telegrafar vt,i to telegraph; to cable

telegráfico adj telegraphic

telegrafista n2g telegraph operator, telegrapher

telégrafo nm telegraph; *por telégrafo* by wire

telegrama nm telegram

telejornal *nm* newscast; news; *ver o telejornal das oito* to watch the eight o'clock news

telemática *nf* telematics

telemóvel *nm* mobile phone *GB*; cellular phone, cellphone *EUA*

telenovela *nf* soap opera

teleobjetiva *nf* FOT telephoto lens

telepata *n2g* telepathist

telepatia *nf* telepathy

telepático *adj* telepathic

teleponto *nm* TV autocue *GB*; teleprompter *EUA*

telescópico *adj* telescopic

telescópio *nm* telescope

telespectador ou **telespetador** *nm* viewer

teletexto *nm* teletext

teletrabalho *nm* teleworking; telecommuting

televendas *nfpl* telesales; telemarketing; telephone selling

televisão *nf* 1 (aparelho) television; television set; *televisão a cores* colour television 2 television; TV; *ver televisão* to watch television

televisivo *adj* television; TV; *programa televisivo* television programme

televisor *nm* television set, telly *col*

telha *nf* 1 (telhado) roof tile 2 *fig* bad mood; *estar com a telha* to be in a bad mood 3 *fig* head; *ela só faz o que lhe dá na telha* she only does what she wants; *ele não é bom da telha* he's not right in the head

telhado *nm* roof; *telhado de colmo* thatched roof

telúrio *nm* tellurium

tema *nm* 1 (assunto) subject; topic 2 (arte) theme

temática *nf* themes

temático *adj* thematic

temente *adj2g* fearing

temer *vt* (recear) to fear; to dread; to be afraid of; *temer o pior* to fear the worst

temerário *adj* 1 (audacioso) daring; bold; audacious 2 (arriscado) risky; dangerous

temeridade *nf* temerity; audacity; boldness

temeroso *adj* 1 (terrível) dreadful 2 (medroso) timorous; fearful

temido *adj* dreaded; feared

temível *adj2g* dreadful; fearful

temor *nm* 1 (medo) fear; dread 2 (respeito) awe

têmpera *nf* (de metais) tempering

temperado *adj* 1 (clima) temperate, mild 2 (comida) seasoned; *bem temperado* well-seasoned

temperamental *adj2g* temperamental; moody

temperamento *nm* 1 (feitio) temperament; disposition 2 (estado de espírito) temper

temperança *nf* temperance; moderation

temperar *vt* 1 (comida) to season; to spice 2 (moderar) to temper; to moderate

temperatura *nf* 1 temperature; *descida da temperatura* a drop in temperature 2 (febre) fever; temperature; *a menina está com temperatura* the little girl is running a temperature

tempero *nm* (alimentos) seasoning; (salada) dressing

tempestade *nf* storm; tempest; *tempestade de areia* sand storm ❖ *uma tempestade num copo de água* a storm in a teacup

tempestuoso *adj* 1 (tempo) tempestuous; stormy 2 (pessoa) fiery; violent

templário *nm* Templar ♦ *nmpl* Knights Templar

templo *nm* temple

tempo *nm* 1 time; *há muito tempo* a long time ago 2 MET weather 3 (de jogo) half 4 (verbo) tense ❖ *a seu tempo* in due time; *a tempo e horas* in time; *com tempo* in advance

têmpora *nf* temple

temporada nf 1 (algum tempo) some time; spell 2 (atividade) season; *temporada de caça* hunting season

temporal nm tempest; storm ♦ adj2g time; *limite temporal* time limit

temporariamente adv temporarily

temporário adj temporary; transient; provisional

temporizador nm temporizer

tenacidade nf tenacity

tenaz adj2g (persistente) tenacious; persevering; determined ♦ nf (ferramenta) tongs ♦ nfpl (crustáceos) pincers

tenção nf intention; intent

tencionar vt to intend; to mean; to have in mind; *não tenciono ir à festa* I don't intend to go to the party

tenda nf 1 tent; *desmontar a tenda* to take down the tent; *montar a tenda* to put up the tent 2 (feira, mercado) stall

tendão nm tendon; sinew

tendência nf 1 (inclinação) tendency 2 (moda, política, etc.) trend

tendencioso adj tendentious; partial; biased

tender vi (ter tendência) to tend [a/para, to/towards]

tenebroso adj 1 (escuro) dark; gloomy 2 (assustador) frightful; dreadful

tenente nm MIL lieutenant

ténia nf taenia, tapeworm

ténis nm2n 1 DESP tennis 2 (sapatilha) tennis shoes

ténis de mesa nm2n DESP table tennis

tenista n2g tennis player

tenor nm MÚS tenor

tenro adj (alimento) tender ♦ *de tenra idade* at a tender age

tensão nf 1 (stress) tension; strain 2 pressure; *tensão arterial* blood pressure 3 ELET tension

tenso adj tense

tentação nf temptation ♦ *cair na tentação* to yield to temptation

tentáculo nm tentacle

tentador adj tempting; *uma proposta tentadora* a tempting offer

tentar vt 1 (experimentar) to try; to attempt 2 (aliciar) to allure, to tempt ❖ *tentar o destino* to tempt fate

tentativa nf attempt; try ❖ *tentativa de suicídio* suicide attempt; *fazer uma nova tentativa* to have another try; to have another shot; to give it another go; *por tentativas* by trial and error

tentilhão nm finch

ténue adj 1 (luz) dim 2 (fino) thin; tenuous 3 (subtil) subtle

teologia nf theology

teológico adj theological

teólogo nm theologist

teor nm 1 (texto, conversa) tenor; purport 2 QUÍM content; *baixo teor alcoólico* low alcohol content; *teor de zinco* zinc contents

teorema nm MAT theorem

teoria nf theory ❖ *teoria da relatividade* theory of relativity

teoricamente adv theoretically; in theory

teórico nm theoretician ♦ adj theoretical

teorizar vt to theorize [sobre, on]

tépido adj tepid; lukewarm; warmish

ter vt 1 (geral) to have; *ela tem cinco filhos* she has five children; *ter um bebé* to have a baby; *ter uma ideia* to have an idea 2 (possuir) to possess; to own; to have (got); *ele tem duas casas e cinco carros* he owns two houses and five cars 3 (conter) to contain; *a tua composição tem alguns erros* your essay contains some mistakes 4 (idade, sensação) to be; *quantos anos tens?* how old are you?; *ter calor* to be hot 5 (dor, doença) to have; *ele teve um ataque cardíaco* he had a heart attack; *ter dores de cabeça* to have a headache 6 (receber) to get; *ter uma nota* to get a mark 7 (medidas) to be; *o muro tem três metros de altura* the wall is three meters high 8 (conversa) to hold; to have ❖ (obrigação) *ter de/que* to have to; *ir ter a* to lead to; *ir ter com* to meet; (resposta a agradecimento) *não tem de quê* not at all; *o que é que tens?* what's the matter with you?

terapeuta *n2g* therapist

terapêutica *nf* MED therapeutics

terapêutico *adj* therapeutic, therapeutical

terapia *nf* therapy ❖ *terapia da fala* speech therapy; *terapia de grupo* group therapy

térbio *nm* terbium

terça *nf col* Tuesday

terça-feira *nf* Tuesday

terceira *nf* (automóvel) third gear

terceira idade *nf* seniority

terceiro *adj num ord* third ♦ *nm* 1 third 2 (*mediador*) mediator; third party

Terceiro Mundo *nm* Third World

terceto *nm* 1 LIT tercet 2 MÚS trio

terciário *adj* tertiary; *setor terciário* tertiary sector

terço *nm* 1 (*terça parte*) third part, third 2 REL rosary; *rezar o terço* to say one's beads

terçol *nm* MED sty

terebintina *nf* QUÍM turpentine

termal *adj2g* thermal; *água termal* thermal water

termas *nfpl* thermal baths; hot springs

térmico *adj* thermal; *energia térmica* thermal energy

terminação *nf* 1 (*fim*) termination; ending 2 LING ending

terminal *adj2g,nm* (geral) terminal

terminante *adj2g* 1 (*categórico*) categorical; absolute 2 (*decisivo*) conclusive; decisive

terminantemente *adv* 1 categorically 2 once and for all

terminar *vt* to end; to finish; to terminate; *eles terminaram a relação* they ended their relationship; *terminar um contrato* to terminate a contract ♦ *vi* to end; to come to an end; to be over; *está*

terminado it's over; *o filme terminou às onze horas* the film finished at eleven o'clock

término *nm* 1 (*fim*) finish; end 2 (*limite*) limit

terminologia *nf* terminology

térmite *nf* termite

termo[1] */ê/ nm* (garrafa) Thermos flask *GB*, Thermos bottle *EUA*

termo[2] */ê/ nm* 1 (*fim*) end 2 (*vocábulo*) term; word ♦ *nmpl* (*boas maneiras*) good manners; *ter termos* to have good manners ❖ *em termos de* in terms of; *meio termo* compromise

termómetro *nm* thermometer

termonuclear *adj2g* thermonuclear

termóstato *nm* thermostat

terno *adj* tender; fond; loving ♦ *nm* 1 (*jogo de cartas*) three 2 *col* (*queda*) fall; tumble; *dar um terno* to take a tumble

ternura *nf* tenderness; fondness; lovingness

terra *nf* 1 (*superfície terrestre*) land 2 (*terreno*) soil; ground 3 (*país*) land; country

Terra *nf* (*planeta*) Earth

terra a terra *adj inv* 1 (*prático*) commonsense; down-to-earth 2 (*franco*) straightforward

terraço *nm* terrace

terramoto *nm* earthquake

terraplenagem *nf* ground levelling

terraplenar *vt* to level ground

terráqueo *nm* earthling

terreiro *nm* 1 (*adro*) public square 2 (*terreno livre*) yard

terreno *nm* 1 (*solo*) ground; soil 2 GEOG terrain; *terreno montanhoso* mountainous terrain 3 (*lote*) plot; site; *terreno para construção* building plot ♦ *adj* earthly

térreo *adj* ground; *piso térreo* ground floor

terrestre *adj2g* terrestrial

terrina *nf* tureen

territorial adj2g territorial; *águas territoriais* territorial waters

território nm (geral) territory

terrível adj2g terrible; shocking; dreadful

terrivelmente adv terribly

terror nm 1 (medo) terror; dread 2 CIN horror; *filme de terror* horror film

terrorismo nm terrorism; *combater o terrorismo* to fight terrorism

terrorista adj,n2g terrorist

tertúlia nf get-together; gathering

tesão nm vulg hard-on

tese nf 1 thesis 2 (argumento) thesis; argument ❖ *tese de doutoramento* doctoral thesis

teso adj 1 (sem flexibilidade) stiff; rigid 2 (esticado) tight; taut 3 pop (sem dinheiro) broke

tesoura nf scissors, *a* pair of scissors; *onde está a tesoura?* where are the scissors?

tesouraria nf 1 (finanças públicas) treasury 2 (instituição, empresa) treasurer's department, treasury

tesoureiro nm 1 (finanças públicas) treasurer 2 (empresa, instituição) cashier

tesouro nm 1 (dinheiro, joias) treasure 2 (erário) exchequer; Treasury 3 fig (estima, valor) treasure; precious

testa nf forehead; brow

testa de ferro nm figurehead

testamento nm 1 DIR will 2 fig (texto extenso) long text

testar vi 1 (experimentar) to try out; to test; *testar um modelo novo de um carro* to test a new model of a car 2 (conhecimento) to test; to examine; *testar os conhecimentos* to put one's knowledge to the test

teste nm test ❖ *teste surpresa* pop quiz

testemunha nf witness

testemunhar vt 1 DIR to testify 2 (comprovar) to testify to; to attest; to witness to 3 (presenciar) to witness; to see ♦ vi DIR to give evidence [**contra**, against; **a favor de**, for]

testemunho nm 1 (declaração) testimony; statement 2 (prova) proof [**de**, of]; token [**de**, of]; *em testemunho da minha amizade* as a token of my friendship 3 DESP (estafeta) baton

testículo nm testicle

testo nm lid; cover

teta nf (animal) udder

tétano nm MED tetanus

tetina nf (biberão) teat GB, nipple EUA

teto nm 1 (de construção) ceiling 2 (de automóvel) roof; *teto de abrir* sun roof 3 (limite) limit; ceiling

tetraneto nm (homem) great-great-great-grandson; (mulher) great-great-great-granddaughter

tetravó nf great-great-great-grandmother

tetravô nm great-great-great-grandfather

tétrico adj gruesome, macabre

tétum nm (língua) Tetum

teu det poss your; *o teu carro* your car; *um amigo teu* a friend of yours ♦ pron poss yours; *isto é teu* this is yours

têxtil adj2g textile; *indústria têxtil* textile industry

texto nm text

textual adj2g 1 (texto) textual; *análise textual* textual analysis 2 (literal) literal; word by word

textualmente adv 1 textually 2 (literalmente) literally; in fact

textura nf 1 texture 2 (composição) structure

texugo nm badger

tez nf complexion

thriller nm thriller

ti pron pess you; *isto é para ti* this is for you

tia nf aunt

tia-avó nf great-aunt

tiara nf tiara

tibetano adj,nm Tibetan

Tibete nm Tibet

tíbia nf shinbone, tibia

tibieza nf 1 (frieza) coldness; indifference 2 (frouxidão) slackness; carelessness

tíbio *adj* **1** *lit* (*morno*) lukewarm; tepid **2** *lit* (*displicente*) indifferent; negligent

tifo *nm* MED typhus

tifoide *adj* MED typhoid; *febre tifoide* typhoid fever, typhus fever

tigela *nf* bowl ✣ *de meia tigela* shabby

tigre *nm* tiger

tijoleira *nf* tile; *chão de tijoleira* tile floor

tijolo *nm* brick

til *nm* LING tilde

tília *nf* lime tree GB; linden EUA; *chá de tília* lime tea

tilintar *vi* (*metal, vidro*) to clink, to chink; to tinkle

timbale *nm* MÚS timbal, kettledrum

timbrado *adj* **1** (*papel selado*) stamped **2** (*com cabeçalho impresso*) with a letterhead

timbrar *vt* to stamp

timbre *nm* **1** (*carimbo*) stamp; mark; seal **2** MÚS (*voz, instrumento*) timbre

timidez *nf* shyness; timidity

tímido *adj* shy; timid

timing *nm* **1** (*tempo*) schedule; *este projeto tem um timing apertado* the schedule on this project is tight **2** (*escolha do momento*) timing; *o timing não foi adequado* the timing was wrong

timoneiro *nm* **1** NÁUT helmsman; coxswain; steersman **2** *fig* (*chefe*) leader; head

timorense *adj,n2g* East Timorese

Timor Leste *nm* East Timor

tímpano *nm* tympanum, eardrum

tina *nf* (*recipiente*) vat; tub

tingir *vt* **1** (*meter em tinta*) to dye **2** (*cabelo*) to tint; to dye **3** (*mudar a cor*) to tinge [de, with]; *tingir de azul* to tinge with blue

tinhoso *adj col* (*invejoso*) grudging

tinido *nm col* (*louça*) clink, clink

tinir *vi* (*vidro, metal*) to chink; to clink

tino *nm* **1** (*juízo*) judgment; sense **2** (*prudência*) prudence; caution ✣ *com tino* wisely; *perder o tino* to lose one's mind; *sem tino nenhum* bearing no sense at all

tinta *nf* **1** (*escrita, impressão*) ink **2** (*roupa, cabelo*) dye; *tinta para o cabelo* hair dye **3** (*paredes, quadros*) paint ✣ *estar-se nas tintas* not to care a straw

tinta da China *nf* Indian ink

tinteiro *nm* **1** (*canetas*) ink bottle; inkpot **2** INFORM (*impressora*) cartridge

tintim *nm* *tintim por tintim* in full detail

tinto *adj* (*vinho*) red

tintura *nf* FARM tincture

tinturaria *nf* dyer's

tintureiro *nm* dyer

tio *nm* uncle

tio-avô *nm* great-uncle

típico *adj* **1** (*representativo*) typical; characteristic; representative **2** (*próprio*) typical [de, of]; *isso é típico dele* that's typical of him **3** (*região*) regional; provincial; *trajes típicos* regional costumes

tipo *nm* **1** (*género*) type; kind **2** *col* (*indivíduo*) guy; chap

tipografia *nf* **1** (*atividade*) typography; printing **2** (*oficina*) printing office; print shop

tipográfico *adj* typographical; *erro tipográfico* printing error

tipógrafo *nm* typographer; compositor; typesetter

tique *nm* **1** (*som*) tick **2** (*espasmo*) twitch; tic ✣ *tique nervoso* nervous tic; nervous twitch

tiquetaque *nm* tictac; ticking ✣ *fazer tiquetaque* to tictac

tira *nf* **1** (*papel, pano*) strip; shred **2** (*fita*) ribbon **3** (*faixa*) band ✣ *tira de banda desenhada* comic strip

tira-cápsulas *nm2n* bottle opener

tiracolo *nm* *a tiracolo* slung from the shoulder

tirada *nf* **1** (*discurso*) long speech **2** (*caminhada*) long walk; stretch **3** (*acesso repentino*) outburst; flash

tiragem *nf* **1** circulation; output; edition **2** (*livros, jornais, revistas*) number of copies **3** (*ar*) draught, draft

tira-linhas *nm2n* drawing-pen

tiramisu *nm* (sobremesa) tiramisu

tirania *nf* tyranny; oppression

tirânico *adj* tyrannical; despotic; oppressive

tirano *nm* tyrant; oppressor

tira-nódoas *nm2n* stain remover

tirar *vt* 1 (retirar) to take off; to remove; *tira as mãos daí!* hands off! 2 (afastar) to draw away; to take away; *tira isso daqui* take that away 3 (extorquir) to take, *tiraram-me o lápis* someone has taken my pencil 4 (dente) to extract; to pull out 5 (documento, classificação) to get; to obtain 6 (roupa) to take off 7 (curso) to take on 8 (conclusão) to draw ✤ *tirar à sorte* to draw lots; *tirar as medidas à alguma coisa* to measure something up; *tirar partido de* to take advantage of; *tirar uma fotografia* to take a photo; *sem tirar nem pôr* no more and no less

tiritar *vi* to shiver; to tremble; to quiver

tiro *nm* 1 (disparo) shot; gunshot; *levar um tiro* to be shot 2 (atividade) shooting; firing ✤ *tiro ao alvo* target practice

tiroide *nf* thyroid

tiroteio *nm* shooting; shoot-out

tisana *nf* FARM tisane, ptisan

titã *nm* MIT Titan

titânio *nm* titanium

titular *n2g* 1 (ministério) minister 2 (detentor) holder; *titular de uma conta* holder of an account 3 DESP title-holder

titularidade *nf* titularity

título *nm* 1 title 2 (jornal) headline 3 (documento) deed; bond 4 (motivo) motive; *a título de curiosidade* out of curiosity ✤ *a título pessoal* on an individual basis

toa *nf* random ✤ *à toa* at random; inconsiderately

toada *nf* (melodia) tune

toalha *nf* 1 (mesa) cloth; *toalha de mesa* tablecloth; *pôr a toalha* to lay the cloth 2 (quarto de banho) towel; *toalha das*

mãos hand towel; *toalha de banho* bath towel

toalhete *nm* (higiene) tissue; small towel

tobogã *nm* toboggan

toca *nf* 1 (animais pequenos) burrow; hole; dwelling 2 (animais ferozes) den; lair

tocado *adj* 1 touched 2 (fruta, legume) bruised 3 (com álcool) tipsy, slightly drunk

tocador *nm* player

tocante *adj2g* 1 (tato) touching; moving 2 (assunto) concerning; *no tocante a essa questão* as far as this issue is concerned

tocar *vt* 1 MÚS (instrumento) to play; to blow (a trumpet, a horn) 2 (tato) to touch 3 (estar próximo de) to be contiguous to 4 fig (comover) to move; to touch ✤ *vi* 1 (com as mãos) to touch [em, -]; *ele gosta de tocar em tudo* he likes to touch everything 2 (campainha) to ring; *estão a tocar à porta* the doorbell is ringing; *o telefone está a tocar* the phone is ringing 3 (sino) to ring; to toll 4 (assunto) to mention [em, -]; to talk [em, about]; *ele recusa-se a tocar nesse assunto* he refuses to talk about that ✤ *pelo que me toca* as far as I am concerned

tocha *nf* torch

toco *nm* 1 (árvore, dentes) stump 2 (cigarro, lápis) stub; end

todavia *adv* 1 (contudo) nevertheless; yet; however 2 (ainda assim) all the same

todo *det indef* 1 all; every; *toda a gente* everybody 2 (qualquer) any; *a todo o momento* at any time ◆ *pron indef* [plural] all; everybody; everyone ◆ *adj* whole ◆ *adv* through; all over ✤ *a todo o momento* any time now

todo-o-terreno *nm2n* all-terrain; land rover

todo-poderoso *adj* almighty

tofu *nm* tofu

toga *nf* **1** HIST (Roma antiga) toga **2** (magistrado, professor universitário, advogado) gown; robe

Togo *nm* Togo

togolês *adj,nm* Togolese

toilette *nf* **1** (roupa) outfit **2** (higiene pessoal) personal hygiene

tojo *nm* furze; gorse

tola *nf pop* (cabeça) nut *col*

tolar *nm* (antiga moeda) tolar

toldar *vt* **1** (cobrir com toldo) to hang an awning over **2** (tempo) to cloud, to gloom ♦ *vp* (tempo) to get cloudy

toldo *nm* (loja, varanda) awning; canopy

tolerância *nf* **1** (atitude) tolerance; openmindedness **2** (resistência) resistance; endurance ❖ (trabalho) *tolerância de ponto* leave for a day off; *tolerância zero* zero tolerance

tolerante *adj2g* **1** (pessoa) tolerant; openminded **2** (organismo) tolerant; resistant

tolerar *vt* **1** (aceitação) to tolerate **2** (aturar) to suffer; to bear; to put up with

tolher *vt* to hinder; to check; to thwart

tolice *nf* **1** (disparate) nonsense **2** (loucura) silliness; folly; craziness

tolo *adj* foolish; silly ♦ *nm* fool ❖ *fazer figura de tolo* to act the fool

tom *nm* (geral) tone ❖ (voz) *baixar o tom* to lower one's voice

tomada *nf* **1** taking; *tomada de decisões* decision-making **2** (eletricidade) socket **3** (conquista) capture

tomado *adj* **1** (ingestão) taken **2** (domínio) seized; overtaken; *tomado de medo* overtaken by fear

tomar *vt* **1** (geral) to take **2** (alimento, bebida) to have; *tomar o pequeno-almoço* to have breakfast; *tomar um café* to have a cup of coffee **3** (medicamento, injeção) to take **4** MIL (ocupar) to capture; to take **5** (coragem) to gain **6** (considerar) to take [por, for]; to think [por, -]; *por quem*

me tomas? who do you think I am? ❖ *tomar a iniciativa* to take the initiative; *tomar a liberdade de* to take the liberty of; *tomar conta de alguém* to look after someone; *tomar medidas* to take measures

tomate *nm* tomato ❖ *cal* (coragem) *ter tomates* to have balls *cal*

tomateiro *nm* tomato plant

tombadilho *nm* poop deck

tombar *vt,i* **1** (queda) to topple over; to fall over **2** (inclinar) to tilt; to incline

tombo *nm* tumble; fall; *dar um tombo* to fall down

tômbola *nf* tombola

tomilho *nm* thyme

tomo *nm* (obra) tome; volume

tomografia *nf* MED tomography

tona *nf* (água) surface ❖ *à tona de água* afloat, awash; *vir à tona* to come to the surface; to emerge

tonalidade *nf* (cor) hue; tint; shade

tonel *nm* tun; vat

tonelada *nf* ton

toner *nm* (impressora, fotocopiadora) toner

Tonga *nm* Tonga

tonganês *adj,nm* Tongan

tónica *nf* **1** (tema principal) main point; main topic **2** LING stressed syllable

tónico *adj* **1** (substância) tonic; *água tónica* tonic water; *gim tónico* gin and tonic **2** LING stressed ♦ *nm* FARM tonic

tonificante *adj2g* invigorating

tonificar *vt* (pele, músculo) to strengthen; to invigorate

tonto *adj* **1** (atordoado) giddy, dizzy **2** (idiota) silly; daft

tontura *nf* **1** (estado) dizziness, giddiness; *estou com tonturas* I feel dizzy **2** (vertigem) vertigo

top *nm* **1** (roupa) top **2** (tabela de vendas) charts

topar *vt col* (perceber) to get; to figure out; *estou a topar* I get it

topázio *nm* topaz

tópico nm topic; theme; *por tópicos* in topic ♦ adj **1** topical **2** FARM external; *uso tópico* external use

topless nm topless

topo nm top; summit; peak

topografia nf topography

topográfico adj topographical

topógrafo nm topographer

toponímia nf toponymy; place names

toponímico adj toponymic, toponymical

topónimo nm toponym, place name

toque nm **1** (tato) touch **2** (sinos) chime **3** (campainha, telefone) ringing **4** (telefonema) ring; *depois dou-te um toque* I'll give you a ring later **5** (buzina) toot; hoot **6** (telemóvel) ringtone

torácico adj thoracic

toranja nf grapefruit

tórax nm thorax

torcer vt **1** (geral) to twist **2** (roupa) to wring **3** (distorcer) to distort; to twist **4** (articulação, osso) to sprain; to wrench; to twist ❖ *torcer o nariz a alguma coisa* to turn one's nose up at something; *torcer por* to support; to root for; *não dar o braço a torcer* not to give in

torcicolo nm (pescoço) stiff neck; crick in the neck

tordo nm thrush

torga nf BOT heather

tório nm thorium

tormenta nf storm; tempest

tormento nm **1** (tortura) torment; torture **2** (dor extrema) torment; agony; anguish

tornado nm tornado; cyclone

tornar vt (fazer) to make; to render; *a vida tornou-o duro* life hardened him ♦ vi **1** (repetir) to do again; *não tornes a fazer tal coisa* don't you ever do such a thing again **2** (regressar) to return [a, to]; to come back [a, to] ♦ vp **1** (crescimento) to become [em, -]; to grow [em, into] **2** (transformar-se) to become; to change into ❖ *tornar a si* to recover one's senses

tornear vt **1** (voltar) to turn **2** (peça, objeto) to shape **3** (espaço, lugar) to go round **4** fig (evitar) to bypass

torneio nm DESP tournament

torneira nf tap GB; faucet EUA

torniquete nm MED (instrumento) tourniquet

torno nm **1** (madeira, metal) lathe **2** (utensílio para prender objeto) vice; clamp **3** (oleiro) potter's wheel ❖ *em torno de* about, around

tornozelo nm

toro nm **1** (tronco cortado) log **2** (resto de árvore cortada) stump

torpe adj2g base; vile

torpedeiro nm torpedo boat

torpedo nm MIL torpedo

torpor nm **1** MED (estado físico) torpor; drowsiness **2** fig (estado psicológico) lethargy; numbness

torrada nf toast

torradeira nf toaster

torrão nm (porção) lump

torrar vt tó toast; to roast

torre nf **1** (geral) tower **2** (xadrez) rook, castle ❖ *Torre de Babel* Tower of Babel, (aeroporto) *torre de controlo* control tower

torreira nf blazing sun; scalding heat

torrencial adj2g torrential, *chuva torrencial* pouring rain

torrencialmente adv in torrent; flowing down; *está a chover torrencialmente* it's raining cats and dogs

torrente nf **1** torrent **2** fig (grande quantidade) torrent [de, of]; stream [de, of]

torresmo nm crackling

tórrido adj torrid; scorching; scalding

torso nm torso; trunk

torta nf (sem cobertura) tart; (com cobertura) pie

torteira nf (forma) pie dish, pie plate

tortilha nf tortilla

torto adj **1** (torcido) crooked; bent; twisted **2** (enviesado) awry; not straight **3** (resposta) blunt ❖ *a torto e a direito* by hook or by crook

tortuoso *adj* tortuous; twisted; sinuous

tortura *nf* 1 (*tormento*) torture 2 *fig* (*angústia*) anguish; pain; torment ❖ *estar a ser torturado* to be under torture

torturar *vt* to torture

tosco *adj* 1 (*grosseiro*) coarse; uncouth; rough 2 (*desajeitado*) awkward; clumsy

tosquia *nf* shearing

tosquiador *nm* shearer

tosquiar *vt* 1 (*ovelhas*) to shear 2 (*cães, cavalos*) to clip

tosse *nf* cough; *ter tosse* to have a cough ❖ *tosse convulsa* whooping cough

tossicar *vi* 1 (*tosse seca*) to hack 2 (*tosse persistente*) to give a little cough; to cough slightly

tossir *vi* to cough

tosta *nf* 1 (*pão*) toast 2 *col* (*calor*) heat; *que tosta!* what a blazing heat! ❖ *tosta mista* ham and cheese toast

tostão *nm* old Portuguese coin ❖ *não ter um tostão* not to have a cent

tostar *vt* 1 (*pão*) to toast 2 (*assado*) to roast 3 (*pele*) to parch

total *adj2g* total; whole ♦ *nm* total

totalidade *nf* totality; whole; entirety ❖ *na totalidade* on the whole

totalista *n2g* betting winner

totalitário *adj* POL totalitarian

totalitarismo *nm* POL totalitarianism

totalizar *vt* to total

totalmente *adv* totally; completely; entirely

totó *nm col* (*lorpa*) simpleton; dork ♦ *nmpl* (*cabelo*) bunches

totobola *nm* football pools

totoloto *nm* lotto

touca *nf* 1 cap 2 (*banheira, chuveiro*) shower cap 3 (*piscina*) swim cap

toucador *nm* dressing table

toucinho *nm* bacon

toupeira *nf* mole

tourada *nf* 1 bullfight 2 *fig* (*desordem*) hubbub

toureador *nm* bullfighter

tourear *vt,i* to fight bulls

toureio *nm* bullfighting

toureiro *nm* bullfighter, toreador

tournée *nf* tour ❖ *fazer uma tournée* to go on a tour

touro *nm* bull

Touro *nm* (*constelação, signo*) Taurus

toutinegra *nf* blackcap

toxicidade *nf* toxicity; poisonousness

tóxico *adj* toxic; poisonous ♦ *nm* 1 (*veneno*) poison 2 (*droga*) drug

toxicodependência *nf* drug addiction

toxicodependente *n2g* drug addict, addict

toxina *nf* MED toxin

trabalhado *adj* (*material*) wrought; elaborate

trabalhador *nm* worker; employee ♦ *adj* 1 (*pessoa*) hard-working 2 (*classe*) working

trabalhar *vi* 1 (*atividade*) to work [em, in]; *trabalhar à hora* to work by the hour; *onde trabalhas?* where do you work? 2 (*objeto*) to operate, to work [com, with]; *trabalhar com o computador* to operate a computer 3 (*motor, carro, máquina*) to start; to run; *a máquina já está a trabalhar* the machine is running already; *põe o carro a trabalhar* start the car 4 (*objetivo*) to work [para, for] ♦ *vt* 1 (*material*) to work 2 (*terra*) to till

trabalheira *nf* hard work; *que trabalheira!* what an effort!

trabalhista *adj2g* POL Labour; *partido trabalhista* Labour Party ♦ *n2g* POL Labour Party member

trabalho *nm* 1 (*ato*) work 2 (*emprego*) job; employment 3 (*tarefa*) task 4 (*esforço*) effort ❖ *trabalho de casa* homework

trabalhoso *adj* 1 (*árduo*) laborious; toilsome 2 (*difícil*) demanding 3 (*cansativo*) tiresome

traça *nf* clothes moth

traçado *adj* 1 (esquema) outlined; designed 2 (plano, projeto) planned 3 (papel, tecido) moth-eaten ♦ *nm* 1 (esboço) outline; sketch 2 (planeamento) planning; *traçado de uma estrada* road planning

tração *nf* 1 traction; *tração elétrica* electric traction 2 (veículo) drive; *tração às quatro rodas* four-wheel drive

traçar *vt* 1 (linha) to draw 2 (esboçar) to outline; to sketch 3 (plano, projeto) to draw; to delineate 4 (capa) to tuck up

tracejado *nm* dotted line ♦ *adj* dotted

traço *nm* 1 (linha) line 2 (feição) feature; trait 3 *fig* (vestígio) track; sign; trace

tradição *nf* tradition ❖ *tradições populares* folklore

tradicional *adj2g* traditional

tradicionalismo *nm* traditionalism

tradicionalista *n2g* traditionalist ♦ *adj2g* traditional

tradução *nf* 1 (línguas) translation [de, from; para, into]; *tradução simultânea* simultaneous translation 2 *fig* (interpretação) interpretation, explanation

tradutor *nm* translator; (oral) interpreter

traduzir *vt* 1 (línguas) to translate [de, from; para, into]; to render into; *traduzir do francês para o português* to translate from French into Portuguese 2 *fig* (interpretação) to interpret 3 *fig* (exprimir) to express ♦ *vp* (resultado) to result [em, in]

tráfego *nm* 1 (trânsito) traffic; *tráfego aéreo* air traffic 2 (comércio) trade; commerce

traficante *n2g* dealer; trafficker ❖ *traficante de drogas* drug trafficker; drug pusher

traficar *vt* (negócio ilegal) to traffic in; *traficar droga* to traffic in drugs ♦ *vi* (negócio ilegal) to traffic; to deal

tráfico *nm* (negócio ilegal) traffic ❖ *tráfico de armas* gunrunning; *tráfico de drogas* drug traffic; *tráfico de influências* influence peddling

tragédia *nf* 1 LIT tragedy 2 *fig* (acontecimento) tragedy; calamity; disaster

trágico *adj* 1 tragic; *heróis trágicos* tragic heroes 2 *fig* (acontecimento) tragic; fatal; disastrous

tragicomédia *nf* TEAT tragicomedy

tragicómico *adj* tragicomic

trago *nm* gulp; draught; *beber de um trago* to empty at one gulp

traição *nf* 1 treason; *crime de alta traição* high treason 2 (amizade) betrayal

traiçoeiro *adj* treacherous; disloyal; unfaithful

traidor *nm* traitor; betrayer

trailer *nm* (cinema) trailer

traineira *nf* trawler

trair *vt* 1 (geral) to betray 2 (relação) to cheat on 3 (denunciar) to give away

trajar *vt,i* to dress; to wear

traje *nm* 1 (cerimónia) dress; *traje de cerimónia* full dress, formal dress; *traje de noite* evening dress 2 (país) costume; *museu do traje* costume museum ❖ *em trajes menores* in one's underwear

trajeto *nm* 1 (percurso) way; course; road; *no trajeto para casa* on one's way home 2 (viagem) journey

trajetória *nf* trajectory

tralha *nf col* stuff; gear

trama *nf* 1 (fio) woof; weft 2 *fig* (conspiração, enredo) plot

tramado *adj* 1 *pop* (complicado) messy 2 *pop* (enganado) swindled

tramar *vt* 1 (conspirar) to plot; to conspire 2 *pop* (prejudicar) to frame; *tramaram-no* he was framed

trambolhão *nm* tumble; fall; *dar um trambolhão* to fall flat down ❖ *andar aos trambolhões* to come tumbling down

trâmite *nm* (caminho) course; path ♦ *nmpl* (procedimentos) procedures; *seguir os trâmites legais* to follow legal procedures

tramoia *nf pop* plot; scheme

trampa *nf pop* crap; shit; dung

trampolim nm 1 (ginástica) trampoline; springboard 2 (piscina) diving-board

tranca nf bar; sash fastener

trança nf 1 (cabelo) plait; pigtail 2 (fios) braid

trancar vt 1 (barra) to bar 2 (ferrolho) to bolt 3 (porta) to lock 4 (documento) to cancel

tranquilamente adv quietly; calmly; peacefully

tranquilidade nf 1 (paz) tranquillity; peacefulness 2 (sossego) calmness; stillness; quietness

tranquilizador adj tranquillizing; reassuring

tranquilizante nm FARM tranquillizer

tranquilizar vt 1 (acalmar) to tranquillize; to calm down 2 (reconfortar) to reassure; *tranquilizar alguém* to reassure a person ♦ vp to calm down; to quieten

tranquilo adj 1 tranquil; peaceful 2 (pessoa) serene; tranquil; calm

transação nf 1 (troca) transaction 2 (acordo) agreement 3 (negócio) deal; business

transacionar vt,i 1 (bens) to transact 2 (negociar) to deal

transatlântico adj transatlantic ♦ nm transatlantic liner

transato adj last; past

transbordar vi 1 (curso de água) to overflow 2 (recipiente) to brim over; to spill over 3 fig (sentimento) to overflow [de, with]; *transbordar de felicidade* to overflow with happiness

transbordo nm (passageiros, mercadorias) transhipment; transfer; *fazer transbordo* to change GB, to transfer EUA

transcendência nf transcendency

transcendental adj2g transcendental; *meditação transcendental* transcendental meditation

transcendente adj2g transcendent

transcender vt 1 (ultrapassar) to surpass 2 (exceder) to exceed

transcontinental adj2g transcontinental

transcrever vi to transcribe; to copy out

transcrição nf 1 (reprodução) transcription; copy 2 (texto transcrito) transcript ❖ LING *transcrição fonética* phonetic transcription

transe nm (hipnose) trance; *entrar em transe* to go into a trance

transeunte n2g passer-by; pedestrian

transexual adj,n2g transsexual

transfer nm (entre aeroporto e hotel) transfer

transferência nf 1 (pessoa, objeto) transference; transfer 2 (mudança) change; shift 3 ECON (bancária) giro

transferidor nm GEOM protractor

transferir vt 1 (pessoa, objeto) to transfer 2 (poder, governo) to hand over 3 (mudar) to shift; to change 4 (tempo) to postpone 5 ECON to transfer; convey

transfiguração nf transfiguration; transformation

transfigurar vt to transfigure; to transform ♦ vp 1 (expressão) to be transfigured 2 (transformação) to be transformed

transformação nf transformation

transformador nm ELET transformer

transformar vt 1 (modificar) to transform, to change [em, into] 2 (converter) to convert [em, into] ♦ vp to change, to be transformed, to become [em, into]

transfusão nf transfusion ❖ MED *transfusão de sangue* blood transfusion

transgénico adj (organismo, planta) genetically modified

transgredir vt (lei, regras) to break, to transgress; to infringe

transgressão nf 1 (valores) transgression 2 (lei) infringement; violation 3 (pacto) breach

transgressor nm transgressor; lawbreaker

transição nf transition; *uma época de transição* a period of transition

transigência nf 1 (aceitação) compliance; compromise 2 (tolerância) tolerance

transigente adj2g 1 (acordo) compliant; compromising 2 broadminded; (tolerante) tolerant

transigir vi 1 (acordo) to comply; to compromise 2 (cedência) to yield

transístor nm ELET transistor

transitar vi 1 (atravessar) to pass [para, to] 2 (circular) to circulate; to move

transitável adj2g passable

transitivo adj LING (verbo) transitive

trânsito nm 1 (estradas) traffic 2 (passageiros, mercadorias) transit; passageiros em trânsito passengers in transit

transitório adj 1 (passageiro) transitory; temporary 2 (efémero) transient

translação nf FÍS translation

transladação nf (objetos) removal; conveyance

transladar vt ⇒ trasladar

transmigração nf transmigration

transmissão nf 1 (passagem) transmission; transmissão de conhecimentos transmission of knowledge 2 broadcast; transmission; transmissão ao vivo live broadcast 3 MEC transmission; sistema de transmissão system of transmission ❖ transmissão de pensamento thought transmission

transmissível adj2g transmittable; doença sexualmente transmissível sexually transmitted disease

transmissor nm transmitter

transmitir vt 1 (geral) to transmit 2 RÁD,TV (programa) to broadcast 3 (vírus, doença) to infect with; to contaminate with 4 (ideia, conhecimento) to pass on; to convey

transparecer vi to show through

transparência nf 1 (textura) transparency 2 FOT transparency; slide

transparente adj2g 1 (material) transparent 2 fig (evidente) clear; plain

transpiração nf 1 perspiration; transpiration 2 (suor) sweat

transpirar vi 1 (pessoa) to perspire 2 fig (notícia) to leak out; to transpire

transplantar vt to transplant

transplante nm MED transplant; transplante de coração heart transplant

transpor vt 1 (barreira) to leap over; to get over 2 (dificuldade) to overcome

transportadora nf (empresa) carrier ❖ transportadora aérea air company; transportadora de mobiliário haulage company

transportar vt 1 (mercadorias) to transport; to carry 2 (levar) to carry; transportar uma mala to carry a suitcase ❖ COM a transportar to be carried forward

transporte nm 1 (ação, veículo) transport 2 transfer

transposição nf transposition

transtornado adj upset; disturbed

transtornar vt to upset; to disorganize

transtorno nm 1 (ato) inconvenience 2 fig (contratempo) disturbance, annoyance 3 fig (perturbação mental) mental disorder

transversal adj2g 1 transverse; linha transversal transverse line 2 (rua) side; rua transversal side street

trapaça nf trick; swindle

trapacear vi 1 (burla) to swindle; to trick; to defraud 2 (fazer batota) to cheat ♦ vt (fraude) to cheat on

trapaceiro nm cheat; trickster ♦ adj deceitful

trapalhada nf mess; que trapalhada! what a mess!

trapalhão nm 1 (desastrado) clumsy; awkward; és tão trapalhão! you're so clumsy! 2 (trabalho) bungler; incompetent

trapézio nm 1 DESP trapeze 2 GEOM trapezium GB; trapezoid EUA

trapezista n2g trapezist, trapeze artist

trapo nm rag; boneca de trapos rag doll

traque nm col fart; dar um traque to break wind

traqueia nf trachea, windpipe

traquejo nm pop experience; practice; *ter muito traquejo em alguma coisa* to have a lot of experience in something

traquina adj2g (criança) naughty; wild ♦ n2g brat; naughty child

traquinice nf prank; practical joke

trás adv 1 behind; *por trás* from behind 2 back; *porta de trás* back door ♦ interj bang!

traseira nf back part; rear ♦ nfpl (casa) back; rear ❖ *fugir pelas traseiras* to get away through the back

traseiro adj back; rear ♦ nm col behind; backside

trasladação nf 1 (mudança de sítio) removal 2 (transporte) conveyance

trasladar vt (mudar de sítio) to remove

traste nm 1 (coisa velha) piece of junk 2 pej (pessoa) good-for-nothing; creep

tratado nm 1 (estudo, obra) treatise 2 POL treaty; *tratado de paz* peace treaty

tratador nm groom; trainer

tratamento nm 1 (físico) treatment 2 (cuidados a doentes) nursing 3 (entre pessoas) form of address 4 (lixo, resíduos) disposal

tratante n2g pej crook

tratar vt 1 MED to treat 2 (dirigir-se a alguém) to treat; to address 3 (abordar) to treat; to handle; *trata o assunto com cuidado* handle the matter carefully 4 (lixo, resíduos) to dispose of ♦ vi 1 to nurse [de, -]; *tratar de um doente* to nurse a patient 2 (assunto, situação) to take care [de, of]; *eu trato disso* I'll take care of it ♦ vp 1 (saúde) to be under treatment 2 (assunto) to be the matter; *trata-se de...* the question is...; *de que se trata* what's the matter? ❖ *não se trata disso* that is not the point

trato¹ nm tract

trato² nm 1 (modos) manner 2 (acordo) agreement; pact; treaty

trator nm tractor; *trator agrícola* farm tractor

trauma nm PSIC trauma; *trauma de infância* childhood trauma

traumático adj traumatic; *experiências traumáticas* traumatic experiences

traumatismo nm MED traumatism; *traumatismo craniano* concussion

traumatizante adj2g (experiência) damaging

traumatizar vt to traumatize

traumatologia nf 1 MED traumatology 2 (hospital) casualty department; emergency department

trautear vt,i to hum

travado adj 1 (veículo) with the brakes on; *deixaste o carro travado?* have you put the brakes on? 2 (saia) hobble 3 (porta) locked

travagem nf brake, braking; *travagem brusca* sudden braking

trava-línguas nm2n tongue-twister

travão nm (veículo) brake; *travão de mão* handbrake ❖ *pôr travão a* to put a curb on

travar vt 1 (aparelho, veículo) to brake 2 (processo) to hinder 3 (porta) to lock 4 (luta) to fight; *travar uma batalha* to fight a battle 5 fig (refrear) to check; *travar a língua* to check one's tongue ♦ vi (veículo) to brake; *travar a fundo* to step on the brakes ❖ *travar conhecimento com alguém* to make someone's acquaintance

trave nf beam, crossbeam ❖ DESP *trave olímpica* beam

travejamento nm timberwork; framework; house frame

través nm *de través* crosswise

travessa nf 1 (rua) crossroad; narrow street; by-street 2 (para comida) plate; dish 3 (cabelo) side-comb

travessão nm 1 LING (sinal gráfico) dash 2 (cabelo) slide 3 (balança) beam

travesseira nf pillow

travesseiro nm bolster ❖ *consultar o travesseiro* to sleep on it

travessia nf crossing; passage; *travessia do canal da Mancha* crossing of the English Channel

travesso adj (criança) naughty; playful

travessura nf prank; practical joke

travesti n2g transvestite

travo nm bad taste; acrid taste

trazer vt 1 (transportar) to bring; *traz isso contigo* bring it with you 2 (objeto) to carry; *trazer uma mala* to carry a suitcase 3 (peça de vestuário) to wear; to have on, *que trazes vestido?* what do you have on? 4 (informações) to bear; to bring; *trazer más notícias* to be the bearer of bad news 5 (consequências) to bring about

trecho nm 1 MÚS piece 2 (obra) passage; extract

trégua nf (pausa) rest; pause ♦ nfpl (guerra) truce

treinador nm 1 DESP coach, trainer; *treinador de uma equipa de futebol* coach of a football team 2 (animais) trainer; (domador) tamer

treinar vt,i 1 DESP to train; (treinador) to coach 2 (exercitar) to practise

treino nm 1 DESP training; exercise 2 practice

trejeito nm 1 (careta) grimace 2 (tique nervoso) twitch

trekking nm (desporto) trekking

trela nf (cão) leash; lead; *levar o cão pela trela* to take the dog on the leash ♦ *dar trela a alguém* to let someone speak

trem nm 1 (conjunto) set; *trem de cozinha* kitchen set 2 (instrumento) gear; AER *trem de aterragem* landing gear 3 Bras (comboio) train

trema nf LING diaeresis

tremelicar vi 1 to tremble; to quiver 2 (frio) to shiver 3 (objeto) to wobble

tremelique nm trembling; shiver ♦ *aos tremeliques* shivering with fear

tremendo adj 1 (terrível) dreadful; terrible 2 (assustador) awful; frightful 3 fig (intensidade) immense; impressive

tremente adj2g 1 (susto, frio, doença) trembling; quivering; shivering 2 (voz) quavering

tremer vi 1 (medo, frio) to tremble [de, with]; to shiver [de, with] 2 (voz) to quaver 3 (abanar) to shake; *a terra tremeu* the earth shook 4 (chama, luz) to flicker ♦ *tremer como varas verdes* to shake in one's shoes

tremido adj 1 (que treme) shaky; wobbly 2 (duvidoso) shaky; doubtful 3 (fraco) feeble 4 (imagem) out of focus

tremoço nm lupin

tremor nm 1 (pessoa) trembling; shiver 2 (edifício, terra) quake

trémulo adj 1 trembling; *lábios trémulos* trembling lips; *mãos trémulas* trembling hands 2 (voz) quavering 3 (luz) flickering

tremura nf trembling; shiver; quiver

trenó nm sledge GB, sled EUA; (puxado por animais) sleigh

trepadeira nf creeper; climber

trepar vi 1 (subir) to climb [a, to] 2 (planta) to creep; to clamber up

trepidação nf 1 (movimento) trepidation 2 (agitação) bustle; stir; fuss

trepidar vi to shake; to tremble

três num card,nm three; *o dia três* the third

tresandar vi (cheiro) to stink [a, of]; *tresandar a vinho* to stink of wine

tresloucado adj mad; deranged; insane

tresmalhado adj (animal) stray; *ovelha tresmalhada* stray sheep

trespassar vt 1 (estabelecimento) (vender) to put on sale; (alugar) to hire 2 (bala, seta, etc.) to pierce through

trespasse nm (propriedade) transfer; conveyance

treta nf 1 (balela) nonsense 2 (estratagema) trick

trevas nfpl darkness; *a idade das trevas* the age of darkness

trevo nm clover

treze quant num thirteen; *o dia treze* the thirteenth

trezentos *quant num* three hundred

triagem *nf* sorting; screening

triangular *adj2g* triangular; *uma forma triangular* a triangular shape

triângulo *nm* triangle ❖ (veículo) *triângulo de sinalização* warning triangle

triar *vt* to sort; to screen

triatlo *nm* DESP triathlon

tribo *nf* tribe; *chefe de uma tribo* head of a tribe; *membro de uma tribo* tribesman

tribuna *nf* 1 (palanque) tribune; platform 2 (sala de espetáculos) balcony

tribunal *nm* court, court of justice; law court; *levar a tribunal* to lay a case before the court ❖ *Tribunal da Relação* Court of Appeal; *tribunal de contas* audit department of exchequer; *tribunal de trabalho* industrial tribunal

tribuno *nm* tribune

tributação *nf* taxation ❖ *sem tributação* tax-free

tributar *vt* to tax

tributável *adj2g* 1 (imposto) taxable 2 (cálculo) assessable

tributo *nm* 1 (homenagem) tribute; homage; *prestar tributo a alguém* to pay a tribute to someone 2 (imposto) tax

triciclo *nm* tricycle; trike

tricô *nm* knitting; *agulha de tricô* knitting needle; *fazer tricô* to knit

tricolor *adj2g* tricoloured

tricotar *vi* to knit

tridente *nm* trident

tridimensional *adj2g* three-dimensional; *imagem tridimensional* three-dimensional image

trigémeos *nm* triplets

trigésimo *adj num* thirtieth

trigo *nm* wheat; *pão de trigo* wheat bread

trigonometria *nf* MAT trigonometry

triler *nm* ⇒ thriller

trilhar *vt* 1 (entalar) to pinch; *trilhar os dedos na porta* to pinch one's fingers on the door 2 (caminho) to beat; to tread

3 (pisar) to tread ❖ *trilhar o seu próprio caminho* to follow one's own path

trilho *nm* 1 (carril) rail 2 (caminho) track; path

trilião *quant num* quintillion

trilogia *nf* trilogy

trimestral *adj2g* quarterly, trimonthly

trimestre *nm* quarter; trimester

trinado *nm* trill; warble; chirrup, chirp

trinca *nf* bite; *dar uma trinca em* to have a bite at

trinca-espinhas *n2g2n pop* spindle-shanks, spindlelegs

trincar *vt* 1 (morder) to bite; *trincar a língua* to bite one's tongue 2 (mastigar) to chew; (algo duro) to crunch

trincha *nf* (pincel) paintbrush

trinchar *vt* CUL (carne) to carve

trincheira *nf* MIL trench

trinco *nm* (porta) latch

trindade *nf* trinity

Trindade e Tobago *nf* Trinidad and Tobago

trineto *nm* (homem) great-great-grandson; (mulher) great-great-granddaughter

trinómio *nm* MAT trinomial

trinta *quant num* thirty; *o dia trinta* the thirtieth; *os anos trinta* the thirties

trintão *nm* thirtysomething

trio *nm* trio

tripa *nf* tripe

tripar *vi cal* to flip; to freak out

tripé *nm* tripod

tripla *nf* ELET (ficha) triple plug socket

triplicado *adj,nm* triplicate ❖ *em triplicado* in triplicate

triplicar *vt* to triple; to treble; to triplicate

triplo *quant num* triple ♦ *adj* triple; threefold

tripulação *nf* crew; (avião) aircrew

tripulante *n2g* crew member; (barco) seaman

tripular *vt* 1 NÁUT,AER (pessoal) to man 2 NÁUT,AER (dirigir) to steer; to operate

trisavó nf great-great-grandmother

trisavô nm great-great-grandfather

trissomia nf MED trisomy

triste adj2g 1 (pessoa, situação) sad; *estar triste* to feel sad; *um acontecimento triste* a sad event 2 (lamentável) poor

tristeza nf sadness; sorrow

tristonho adj 1 (pessoa) sad-looking; sad; melancholy 2 (tempo, lugar) gloomy

trituradora nf grinder; crushing machine

triturar vt to grind

triunfal adj2g triumphal

triunfante adj2g triumphant; victorious

triunfar vi 1 (vitória) to triumph [sobre, over]; to prevail [sobre, over]; *triunfar sobre os inimigos* to triumph over one's enemies 2 (ultrapassar) to overcome [sobre, -]; *triunfar sobre as adversidades* to overcome the obstacles

triunfo nm triumph; victory; success

trivial adj2g trivial; commonplace

trivialidade nf triviality; pettiness; insignificance

triz nm instant, moment ❖ *foi por um triz!* that was close!; *por um triz* by a hair's breadth

troca nf 1 (geral) exchange; switch; swap 2 (negócios, acordos) barter 3 (ideias, processos) interchange ❖ *troca de palavras* exchange of words; *em troca* in return

troça nf mockery; derision; *fazer troça de* to make fun of

trocadilho nm pun; play on words

trocado nm (dinheiro) change, small change

trocar vt 1 (geral) to exchange; *trocar dinheiro* to exchange money 2 (lugares, coisas) to change; to switch; to swap; *pode trocar de lugar comigo?* can you change places with me? 3 (opiniões, ideias) to interchange 4 (substituir) to replace; *trocar os móveis* to replace the furniture ♦ vi to change [de, -]; *trocar de casa* to move; *trocar de roupa* to change clothes

troçar vi (gozo) to mock [de, -]; to make fun [de, of]; *troçar de alguém* to make fun of somebody

troca-tintas n2g2n (aldrabão) humbug; trickster

trocista adj2g mocking; scornful; *um sorriso trocista* a mocking smile ♦ n2g mocker; scoffer

troco nm (dinheiro) change, odd money; *fique com o troco* keep the change ♦ nmpl small change ❖ *a troco de* in return for; in exchange for

troço nm 1 (estrada) stretch 2 (couves) cabbage stalk 3 (pedaço) fragment; piece

troféu nm trophy

troglodita n2g troglodyte

trolha nm construction worker

tromba nf 1 (elefante) trunk 2 MET waterspout 3 pop (cara) face ❖ *estar de trombas* to pull a long face

tromba-d'água nf waterspout

trombeta nf MÚS trumpet

trombone nm MÚS trombone

trombonista n2g trombonist

trombose nf MED thrombosis

trombudo adj (carrancudo) sulky; sullen

trompa nf MÚS horn 2 ANAT tube

trompete nm MÚS trumpet

trompetista n2g trumpeter, trumpet player

tronco nm 1 (árvore) trunk; *tronco de madeira* log 2 ANAT torso, trunk 3 (genealogia) stock; lineage

trono nm throne; *o herdeiro do trono* the heir to the throne; *subir ao trono* to ascend to the throne

tropa nf 1 (soldados) troop 2 (exército) army 3 col (serviço militar) military service, national service; *fazer a tropa* to do national service

tropeção nm stumble; *dar um tropeção* to stumble

tropeçar vi to stumble [em, on]; to trip [em, over]; *tropeçar nas palavras* to stumble; *tropeçar numa pedra* to trip over a stone

trôpego *adj* shaky; unsteady; doddering

tropelia *nf* 1 (*partida*) prank; practical joke 2 (*travessura*) mischief; trouble; trick 3 (*confusão*) uproar; confusion

tropical *adj2g* tropical

trópico *nm* tropic

trotar *vi* to trot

trote *nm* trot; *a trote* trotting ❖ (*pessoa*) *ir a trote* to be in haste

trotinete *nf* scooter

trouxa *nf* (*roupa*) bundle; pack ♦ *n2g col* (*pessoa*) sucker

trova *nf* LIT ballad, song

trovador *nm* LIT troubadour; bard

trovadoresco *adj* courtly; *poesia trovadoresca* courtly troubadour poetry

trovão *nm* thunder; (*muito forte*) thunderclap

trovejar *vi* to thunder

trovoada *nf* thunderstorm

trucidar *vt* 1 (*assassinar*) to kill; to murder 2 (*mutilar*) to mangle; to mutilate; to maim; *foi trucidado pelo comboio* he was mangled by the train

trufa *nf* BOT,CUL truffle

truncar *vt* 1 (*árvore*) to cut off, to lop off 2 (*obra*) to truncate 3 (*mutilar*) to mutilate; to maim 4 (*cortar*) to shorten

trunfar *vi* (*jogo de cartas*) to trump, to play a trump card

trunfo *nm* (*jogo de cartas*) trumps; trump card ❖ *ter os trunfos na mão* to hold all the cards

truque *nm* 1 trick; *qual é o truque?* what's the catch?; *um truque de magia* a magic trick 2 (*esquema*) dodge; scheme

truta *nf* trout

truz-truz *interj* knock-knock

t-shirt *nf* T-shirt

tu *pron pess* you; *e tu?* what about you? ❖ *ser tu cá tu lá* to be on most friendly terms

tua *det poss* your; *é esta a tua casa?* is this your house?; *uma amiga tua* a friend of yours ♦ *pron poss* yours; *é tua* it's yours

tuba *nf* MÚS tuba

tubagem *nf* 1 (*canalização*) piping; tubing 2 (*longas distâncias*) pipeline

tubarão *nm* shark

tubérculo *nm* tuber

tuberculose *nf* MED tuberculosis, TB

tuberculoso *adj* MED suffering from tuberculosis; tuberculous ♦ *nm* TB sufferer

tubo *nm* 1 (*cano*) pipe 2 (*embalagem*) tube; *tubo de pasta de dentes* tube of toothpaste

tucano *nm* ZOOL toucan

tudo *pron indef* 1 (*totalidade*) all; *tudo junto* all together 2 (*todas as coisas*) everything; *tudo é possível* anything is possible

tudo-nada *nm* little bit; jot; trifle

tufão *nm* typhoon, hurricane

tufo *nm* (*cabelo, vegetação*) tuft

tule *nm* (*tecido*) tulle

túlio *nm* thulium

tulipa *nf* ⇒ **túlipa**

túlipa *nf* tulip

tumba *interj* crash!; bang!

tumor *nm* MED tumour ❖ MED *tumor cerebral* brain tumour

tumular *adj2g* of the tomb; *pedra tumular* tombstone

túmulo *nm* tomb; grave

tumulto *nm* tumult; turmoil; commotion

tuna *nf* musical group of University students

túnel *nm* tunnel

tuneladora *nf* (*máquina*) tunneller

tungsténio *nm* tungsten

túnica *nf* tunic

tuning *nm* (*carro*) tuning

Tunísia *nf* Tunisia

tunisiano *adj,nm* Tunisian

tunisino *adj,nm* Tunisian

tupperware *nm* Tupperware

turba *nf* rabble; mob

turbante *nm* turban

turbilhão *nm* **1** (água) swirl; whirl; eddy **2** (vento) whirlwind; whirl **3** *fig* (processo, ato) bustling activity; bustle; stir

turbina *nf* turbine

turbo *nm* MEC turbo ❖ *motor turbo* turbo engine

turbulência *nf* **1** (instabilidade atmosférica) turbulence **2** (agitação) turbulence; unrest; unsteadiness

turbulento *adj* turbulent

turco *adj* Turkish ♦ *nm* **1** (pessoa) Turk **2** (língua) Turkish ❖ *banho turco* Turkish bath; *pano turco* Turkish towelling

turfa *nf* turf

turismo *nm* **1** (geral) tourism **2** (negócio) tourist trade; tourist industry ❖ *turismo rural* tourism in the country; *posto de turismo* tourism office

turista *n2g* tourist

turístico *adj* tourist; *visita turística* tourist visit

turma *nf* (escola) class; *chefe de turma* head boy, head girl

turno *nm* **1** (trabalho) shift; *turno da noite* night shift **2** (vez) turn ❖ *por turnos* by turns; by spells; *por seu turno* in his turn

Turquemenistão *nm* Turkmenistan

turquemeno *adj,nm* Turkmen

turquês *nf* pincers

turquesa *nf* MIN turquoise ♦ *adj2g,nm* (cor) turquoise

Turquia *nf* Turkey

turra *nf* pop butt with the head ❖ *andar às turras com alguém* to be on bad terms with somebody

turvar *vt* **1** to cloud **2** (preocupação) to disturb

turvo *adj* **1** (água, ar) muddy; cloudy **2** (escuro) dark; obscure; dim

tuta-e-meia *nf* pop trifle; bargain; *comprar por tuta-e-meia* to buy for a song

tutano *nm* marrow ❖ *até ao tutano* to the marrow

tutela *nf* **1** DIR guardianship [de, -]; *estar sob a tutela de alguém* to be under someone's guardianship **2** *fig* (proteção) protection [de, of]; care [de, of]

tutelar *adj2g* tutelary; protective ♦ *vt* **1** DIR to tutor **2** *fig* (proteger) to protect; to guard

tutor *nm* DIR tutor; guardian

tutorial *nm* INFORM tutorial

tutti frutti *adj inv* tutti-frutti

tweed *nm* (tecido) tweed

U

u *nm (letra)* u
Ucrânia *nf* Ukraine
ucraniano *adj,nm* Ukrainian
UE [*sigla de* **União Europeia**] EU [*sigla de* European Union]
uf *interj* phew!
ufa *interj* whew!; what a relief!
ufano *adj* proud; boasting; bragging
Uganda *nm* Uganda
ugandês *adj,nm* Ugandan
ui *interj* **1** *(dor)* ouch! **2** *(surpresa)* wow!; oh!
uísque *nm* whisky GB; whiskey EUA; *uísque com gelo* whisky on the rocks
uivar *vi* to howl
uivo *nm* howl
úlcera *nf* MED ulcer ❖ *úlcera gástrica* gastric ulcer
ulmeiro *nm* BOT elm tree
ulterior *adj2g (tempo futuro)* ulterior; further; future
ulteriormente *adv* afterwards; later
última *nf col* latest; news; *qual é a última?* what's new?
ultimamente *adv* lately, of late; recently
ultimar *vt* to finalize; to complete; to settle
ultimato *nm* ultimatum; *fazer um ultimato a* to give (someone) an ultimatum, to deliver an ultimatum to
último *adj* **1** *(sequência)* last; *pela última vez* for the last time **2** *(conclusivo)* final; last; *último retoque* final touch **3** *(enumeração)* latter; *o último mencionado* the latter **4** *(edifício)* top ♦ *nm* last
ultrajante *adj2g* **1** *(insultuoso)* insulting **2** *(ofensivo)* outrageous
ultrajar *vt* to outrage; to insult
ultraje *nm* **1** *(insulto)* insult; abuse **2** *(ofensa)* outrage; offence

ultraleve *nm* AER ultralight, ultralight plane, ultralight craft
ultramar *nm* overseas territories; *ele navegou para o ultramar* he sailed overseas
ultramarino *adj* overseas
ultramoderno *adj* ultramodern
ultrapassado *adj (antiquado)* outmoded, outdated; old-fashioned; *ideias ultrapassadas* old-fashioned ideas
ultrapassagem *nf* overtaking; *fazer uma ultrapassagem a um camião* to overtake a truck
ultrapassar *vt* **1** *(automóvel)* to overtake; to pass **2** *(a pé)* to go by; to pass, to pass by **3** *(superar)* to surpass; to exceed; *ultrapassar os nossos próprios limites* to surpass one's own limits **4** *(ser melhor)* to outdo [em, in] **5** *(abuso)* to go beyond ❖ *isto ultrapassa-me* it's beyond me
ultrassecreto *adj* top-secret
ultrassom *nm* FÍS ultrasound
ultravioleta *adj inv* ultraviolet; *raios ultravioleta* ultraviolet rays
um *art indef* **1** a; an; *um cão* a dog; *um elefante* an elephant **2** *(alguns)* some; a few; *uns anos atrás* some years ago **3** *(aproximadamente)* about; some; *um bom par de horas* about a couple of hours ♦ *quant num one*; *um a um* one by one; *um deles* one of them ❖ *um ao outro* each other; *um e outro* both
umbigo *nm* navel
umbilical *adj2g* umbilical; *cordão umbilical* umbilical cord
unânime *adj* unanimous; united; *por voto unânime* by unanimous vote
unanimidade *nf* unanimity; accord ❖ *por unanimidade* unanimously
unção *nf* unction
undécimo *adj num* eleventh

UNESCO *nf* [sigla de United Nations Educational, Scientific and Cultural Organisation]

ungir *vt* to anoint [de/com, with]

unguento *nm* FARM ointment

unha *nf* **1** (pessoas) nail, fingernail; *unha encravada* ingrowing nail; *unhas dos pés* toe nails **2** (garra) claw; (ave de rapina) talon; *as unhas dos gatos* cat's claws ❖ *por uma unha negra* by a scratch

unhas de fome *n2g2n* niggard

união *nf* **1** (países, pessoas) alliance **2** union ❖ *União Europeia* European Union; *a união faz a força* united we stand, divided we fall

unicamente *adv* **1** (somente) only; merely **2** (exclusivamente) uniquely; solely; exclusively

UNICEF *nf* [sigla de United Nations Children's Fund]

único *adj* **1** (somente um) only; *ele era o único a saber* he was the only one to know; *fui lá uma única vez* I only went there once **2** (situação) sole; *com o único propósito de* with the sole purpose of **3** (invulgar) unique; exceptional; *ter um talento único* to have a unique talent ❖ *ser filho único* to be an only child; *preço único* set price; *tamanho único* one size

unicórnio *nm* unicorn

unidade *nf* **1** (união) unity **2** unit; *unidade de tempo* time unit; *unidade militar* army unit

unido *adj* **1** (instituições, acordos) united; linked **2** (amizades) close **3** (objetos) joined, joint; connected

unificação *nf* unification; *unificação económica* economic unification

unificar *vt* to unify

uniforme *adj2g* uniform; regular ♦ *nm* (farda) uniform

uniformidade *nf* uniformity

uniformização *nf* standardization

uniformizar *vt* to standardize

unilateral *adj2g* unilateral; one-sided; *declaração unilateral* unilateral declaration

unionismo *nm* POL unionism

unionista *adj,n2g* POL unionist

unir *vt* to unite; to join ♦ *vp* (pessoas, organizações) to unite [a, with]; to join [a, -]; *uniram-se para enfrentar o poder* they joined forces to fight the power

unissexo *adj inv* unisex

uníssono *adj* unisonous; in harmony ♦ *nm* MÚS unison; *em uníssono* in unison

unitário *adj* unitary ❖ *preço unitário* price per item

universal *adj2g* **1** (total, geral) universal; general **2** (mundial) universal; global; *leis universais* universal laws

universalidade *nf* universality

universidade *nf* university

universitário *adj* **1** (curso, aluno) university; *tirar um curso universitário* to take a university degree **2** (honras) academic ♦ *nm* **1** (aluno) university student **2** (docente) university teacher

universo *nm* **1** ASTRON universe **2** fig environment; sphere

unívoco *adj* univocal

uno *adj* sole; one only; unique

untar *vt* CUL to grease ❖ *untar as mãos a alguém* to grease someone's palm

unto *nm* **1** (banha de porco) lard, dripping **2** (gordura) grease

unúmbio *nm* QUÍM (elemento químico) ununbium

ununhéxio *nm* QUÍM (elemento químico) ununhexium

ununnílio *nm* QUÍM ant (elemento químico) ⇒ **darmstádio**

ununóctio *nm* QUÍM (elemento químico) ununoctium

ununquádio *nm* QUÍM (elemento químico) ununquadium

ununúnio *nm* QUÍM ant (elemento químico) ununumium

upgrade *nm* (computador, máquina) upgrade

upload *nm* (computador) upload
ups *interj* (falta de jeito) oops!
urânio *nm* uranium; *urânio empobrecido* depleted uranium
Urano *nm* Uranus
urbanidade *nf* 1 (cidades) urbanity 2 (maneiras) urbanity; politeness
urbanismo *nm* town planning, urbanization
urbanização *nf* 1 (processo) urbanization 2 (conjunto de casas) house estate, block of flats
urbanizar *vt* (cidades) to develop
urbano *adj* 1 (cidades) urban; *zonas urbanas* urban areas 2 (comportamento) urbane; polite
urbe *nf* city, town
urdir *vt* 1 (tecelagem) to warp; to weave 2 (conspiração) to plot
ureia *nf* BIOL urea
uréter *nm* ureter
uretra *nf* urethra
urgência *nf* 1 (pressa) urgency; *com urgência* urgently; *ter urgência em* to be urgent to 2 (hospitais) emergency services
urgente *adj2g* urgent; pressing; *um assunto urgente* a pressing matter
urgir *vi* 1 (necessitar ação rápida) to be urgent 2 (pressionar) to urge; to press; *o tempo urge* time is pressing
úrico *adj* BIOL uric; *ácido úrico* uric acid
urina *nf* urine
urinar *vi* to urinate
urinário *adj* urinary; *aparelho urinário* urinary tract
urinol *nm* urinal
URL (Internet) [sigla de uniform/universal resource locator]
urna *nf* 1 (caixão) coffin; cask EUA 2 (cinzas de cadáver) urn 3 (eleições) ballot box
urologia *nf* MED urology
urologista *n2g* urologist
urrar *vi* to roar; to bellow
urro *nm* roar; bellow

Ursa Maior *nf* ASTRON Ursa Major; Great Bear
Ursa Menor *nf* ASTRON Ursa Minor; Little Bear
urso *nm* bear ✣ *fazer figura de urso* to make a fool of oneself
urticária *nf* MED hives
urtiga *nf* nettle
Uruguai *nm* Uruguay
uruguaio *adj,nm* Uruguayan
urze *nf* heather
usado *adj* 1 (gasto) worn out; used up 2 (em segunda mão) second-hand; *carros usados* second-hand cars 3 (habitual) usual; frequent
usar *vt* 1 (geral) to use 2 (roupa, estilo) to wear; to have on; *usar cabelo curto* to wear one's hair short 3 (recorrer) to use; to employ; *usar a força* to use force 4 *pej* (pessoas) to use; to exploit; *ele usa toda a gente* he uses everybody ♦ *vi* (expediente) to employ [de, -]; to exercise [de, -]; *usar dos seus direitos* to exercise one's rights ♦ *vp* (moda) to be fashionable, to be in; *isso já não se usa* that is no longer the fashion
USB INFORM [sigla de universal serial bus]
usbeque *adj,n2g* Uzbek
Usbequistão *nm* Uzbekistan
useiro *adj* accustomed
uso *nm* 1 (utilização) use; usage 2 (tradição) custom; practice 3 (roupa) wear ✣ *de uso corrente* in common use
usual *adj2g* usual; ordinary
usualmente *adv* usually; normally
usuário *nm* user
usufruir *vi* 1 (fruir) to enjoy [de, -] 2 DIR to have the usufruct of
usufruto *nm* DIR usufruct
usufrutuário *nm* DIR usufructuary
usura *nf* usury
usurário *adj* usurious ♦ *nm* usurer; loan shark
usurpação *nf* usurpation

usurpador *adj* usurping; seizing ♦ *nm* usurper; seizer

usurpar *vt* to usurp; to seize

utensílio *nm* 1 (tarefas domésticas) utensil; implement; *utensílios de cozinha* cooking utensils 2 (ferramenta) tool

utente *adj2g* user

útero *nm* uterus; womb

útil *adj2g* 1 useful 2 (pessoa) useful; helpful; *posso ser-lhe útil?* can I be of any use to you? ❖ *dias úteis* weekdays; working days

utilidade *nf* utility, usefulness; use

utilitário *adj* utilitarian; economical ♦ *nm* INFORM utility program ❖ *veículo utilitário* utility vehicle

utilização *nf* use; utilization

utilizador *nm* user; *utilizador de computadores* computer user

utilizar *vt* 1 (objeto) to use; *utilizar um computador* to use a computer 2 (ato) to put to use; *utilizar os meios ao seu dispor* to deploy resources at one's disposal ♦ *vp* to take advantage of

utopia *nf* utopia

utópico *adj* utopian

UV [sigla de **ultravioleta**] UV [sigla de ultraviolet]

uva *nf* grape; *um cacho de uvas* a bunch of grapes

uva-passa *nf* raisin

V

v *nm* (letra) v

vaca *nf* 1 (animal) cow 2 (carne) beef; *carne de vaca assada* roast beef ❖ *nem que a vaca tussa* come rain or come shine

vacaria *nf* 1 (curral de vacas) cowshed 2 (recolha de leite) dairy

vacilação *nf* 1 (*hesitação*) vacillation; hesitation 2 (*oscilação*) oscillation

vacilante *adj2g* 1 (hesitação) vacillating; hesitating 2 (oscilação) wavering; unstable

vacilar *vi* 1 (*hesitar*) to vacillate; to hesitate; to waver 2 (*oscilar*) to oscillate; to waver 3 (*cambalear*) to stumble; to lurch

vacina *nf* vaccine; *vacina da gripe* flu vaccine

vacinação *nf* vaccination

vacinar *vt* to vaccinate; to inoculate ♦ *vp* to get vaccinated [contra, against]; *vacinar-se contra a varicela* to get vaccinated against smallpox

vácuo *nm* 1 Fís vacuum 2 void ♦ *adj* vacuous; empty

vadiagem *nf* 1 vagrancy 2 (ócio) idleness

vadiar *vi* 1 to wander [por, in]; to roam [por, around]; to ramble [por, over]; *vadear pelas ruas* to wander in the streets 2 *fig* (ócio) to idle

vadio *adj* 1 (*vagabundo*) vagrant 2 stray; *cães vadios* stray dogs ♦ *nm* vagabond; tramp; bum

vaga *nf* 1 (onda) wave 2 (emprego) vacancy; *preencher uma vaga* to in a vacancy 3 (curso) place

vagabundagem *nf* vagrancy

vagabundo *adj* 1 vagrant; vagabond 2 (sem destino) wandering ♦ *nm* 1 vagabond; tramp; bum 2 (quem passeia) wanderer

vagão *nm* (comboios) carriage; car; coach

vagão-cama *nm* sleeping-car

vagão-restaurante *nm* dining-car

vagar *vi* 1 (cargo) to become vacant 2 (sítio) to become empty ♦ *vt* (lugar, cargo) to vacate ♦ *nm* leisure; idleness; *com vagar* slowly; *não ter vagar para nada* to have no free time

vagaroso *adj* 1 (movimentos) slow, slow-moving; sluggish 2 (sem pressas) leisurely; unhurried

vagem *nf* 1 (casca) pod 2 (feijão-verde) green bean; French bean*GB*

vagido *nm* 1 (bebé) baby's cry 2 (gemido) wail

vagina *nf* vagina

vago *adj* 1 (imagem, conceito) vague 2 (cargo, sítio) vacant; *este lugar está vago?* is this seat taken?; *o lugar ainda está vago* the post is still vacant 3 (tempo) free; spare; *nas horas vagas* in one's free time

vagoneta *nf* trolley

vaguear *vi* to stroll; to ramble; to wander

vaia *nf* hoot; boo; jeer

vaiar *vt* to hoot down; to boo; to jeer

vaidade *nf* vanity; conceit

vaidoso *adj* vain; conceited

vai-não-vai *adv* on the point of; almost; nearly; *estive vai-não-vai para te ligar* I almost called you

vaivém *nm* 1 (movimento) to and fro motion 2 (pessoas) comings and goings 3 (aeronave) shuttle

vala *nf* 1 (estrada, campo) ditch 2 (trincheira) trench 3 (sepultura) grave; *vala comum* common grave

vale *nm* 1 GEOG valley 2 (documento) voucher; *vale de compras* voucher ❖ *vale postal* postal order; money order

valência *nf* QUÍM valency*GB*; valence*EUA*

valentão *adj* col,irón bragging; swaggering ♦ *nm* col,irón braggart

valente *adj2g* 1 (carácter, ato) brave; courageous 2 (temerário) fearless

valentia *nf* bravery; courage

valer *vt* 1 (dinheiro) to be worth 2 to be equivalent to; *valer o mesmo que* to be equivalent to ♦ *vi* (ser válido) to be valid ♦ *vp* (recorrer) to turn [de, to] ❖ *valer a pena* to be worth it; to be worthwhile; *vale tudo!* anything goes!; *a valer* truly; for real; *isso não vale!* that's not (playing) fair!; *fazer valer os seus direitos* to assert one's rights

valeta *nf* gutter

valete *nm* (cartas) knave, jack

valia *nf* (valor) value; worth; *de pouca valia* of little worth

validação *nf* validation; confirmation; *validação de um resultado* validation of a result

validade *nf* validity; *dentro da validade* within validity

validar *vt* 1 (confirmação) to validate; to confirm 2 (lei, derisão) to ratify

válido *adj* 1 (argumentação) valid 2 (documento) valid; legal

valioso *adj* 1 (valor) valuable 2 (caro) expensive; pricey

valor *nm* 1 (quantia) value, *valor declarado* declared value 2 (preço) price; *saber o valor exato* to know the right price 3 (mérito) value; worth ♦ *nmpl* 1 values; principles 2 (bens) securities; *valores imóveis* real estate; *valores móveis* movables

valorização *nf* 1 (moeda, ato) increase in value 2 (desenvolvimento) development; improvement

valorizar *vt* 1 (moeda, objetos) to increase in value 2 (estima) to value 3 (enriquecer) to develop; to improve 4 (atitude) to enhance; to stress

valsa *nf* MÚS waltz

valsar *vi* to waltz

válvula *nf* 1 BIOL,MEC valve, *válvula de segurança* safety valve 2 ELET plug

vampe *nf* vamp

vampiro *nm* vampire

vanádio *nm* vanadium

vandalismo *nm* vandalism; hooliganism; *um ato de vandalismo puro* an act of sheer vandalism

vandalizar *vt* to vandalize

vândalo *nm* vandal; hooligan

vangloriar-se *vp* to boast [de, about]; to brag [de, of, about]

vanguarda *nf* 1 (inovação) vanguard; forefront 2 (arte, movimento) avant-garde

vanguardista *adj2g* avant-garde

vantagem *nf* 1 (condição) advantage; *estar em vantagem* to have the advantage; *levar vantagem sobre os adversários* to be ahead of one's opponents 2 (ganho) profit; gain; *tirar vantagem de alguma coisa* to benefit from something

vantajoso *adj* 1 (circunstâncias) favourable 2 (lucro) profitable

Vanuatu *nm* Vanuatu

vão *adj* vain; futile ♦ *nm* empty space, opening ❖ *em vão* in vain

vapor *nm* 1 steam; vapour GB, vapor EUA 2 (barco) steamer

vaporizador *nm* vaporizer; sprayer

vaporizar *vt* to spray ♦ *vp* (passar a estado gasoso) to vaporize

vaqueiro *nm* cowboy

vara *nf* 1 (pau fino) twig; stick 2 (pau grosso) pole; rod 3 (porcos) herd of swine

varanda *nf* 1 balcony 2 (alpendre) veranda; porch

varão *nm* 1 (homem) male; man, *o filho varão* the son 2 (corrimão) rail 3 (cortina) curtain rod

vareja *nf* (mosca) bluebottle, blowfly

varejeira *nf* bluebottle; blowfly

vareta *nf* 1 (vara) rod 2 (guarda-chuva) rib 3 (bússola) leg

variação *nf* variation

variado *adj* 1 (diverso) diverse; different 2 (amplo) varied; wide-ranging; *uma variada gama de produtos* a wide range of products

variante *nf* 1 (elemento) variant 2 (curso) branch

variar *vt* (mudar) to vary; to change; *variar as refeições* to vary one's meals ♦ *vi* 1 to vary [em, in]; to differ [em, in]; *variar em tamanho* to vary in size 2 (mudar) to change [de, -]; *variar de cor* to change colour 3 (pop) (delirar) to rave; to be delirious ❖ *para variar* for a change

variável *adj2g* variable; changeable ♦ *nf* MAT variable

varicela *nf* MED chickenpox

variedade *nf* variety ♦ *nfpl* variety; *um espetáculo de variedades* a variety show

varinha *nf* 1 (vara) pointer 2 (magia) wand; *varinha de condão* magic wand 3 (eletrodoméstico) mixer, electric mixer

varino *nm* fishmonger

varíola *nf* MED variola; smallpox

vários *quant exist,pron indef* 1 (número impreciso) several; *há vários dias* several days ago 2 (diversos) diverse; various

variz *nf* MED varix; varicose vein

varredor *nm* sweeper

varrer *vt,i* to sweep ♦ *vp* to vanish; to slip; *col varreu-se-me da ideia* it slipped my mind

várzea *nf* tilled plain; meadow

vasa *nf* (fundo de rios) silt; ooze

vascular *adj2g* BIOL vascular

vasculhar *vt* 1 to rummage 2 (investigação) to dig into

vasectomia *nf* MED vasectomy

vaselina *nf* vaseline; petroleum jelly

vasilha *nf* 1 (recipiente) vessel; container 2 (pipa) cask

vasilhame *nm* casks

vaso *nm* 1 (plantas); flowerpot 2 ANAT vessel

vassalagem *nf* vassalage; servitude

vassalo *nm* vassal; bondsman

vassoura *nf* sweep; broom

vastidão *nf* vastness; immensity

vasto *adj* vast; immense; huge

Vaticano *nm* the Vatican

vau *nm* ford; *passar um rio a vau* to ford a river

vazante *nf* (maré) reflux, ebb

vazão *nf* 1 (líquido) drainage; outflow 2 (mercadoria) outlet 3 (clientes) service; attendance; *dar vazão aos clientes* to see to customers

vazar *vt* 1 (espaço) to empty 2 (líquido) to drain; to outflow ♦ *vi* 1 (marés) to flow, to ebb 2 *col (ir embora)* to take a hike; to beat it; *vaza daqui!* beat it!

vazio *adj* 1 empty 2 (sem emoções) blank ♦ *nm* 1 (vácuo) vacuum; void 2 (sentimento) emptiness

veado *nm* 1 (animal) deer 2 (carne) venison

vedação *nf* fence

vedado *adj* 1 (com muro) fenced; walled in 2 (recipiente) tight 3 (fechado) closed; *vedado ao trânsito* closed to traffic

vedar *vt* 1 (espaço, terreno) to enclose; to fence; *vedar um recinto* to fence a place 2 (recipiente) to shut tight; to close tight 3 (passagem) to close 4 (proibir) to restrict ♦ *vi* (líquido) to stop leaking; *a torneira não veda bem* the tap leaks

vedeta *nf* CIN,TV star; *uma vedeta televisiva* a TV star

veemência *nf* vehemence; impetuosity

veemente *adj2g* vehement; impetuous

vegetação *nf* vegetation

vegetal *adj2g* 1 vegetable 2 (papel) greaseproof ♦ *nm* (planta, pessoa) vegetable

vegetar *vi* (pessoa) to vegetate

vegetarianismo *nm* vegetarianism

vegetariano *adj,nm* vegetarian

veia *nf* 1 ANAT,BOT vein 2 MIN vein; seam 3 *fig (talento)* talent; gift

veicular *vt* to convey; to send out

veículo *nm* vehicle

veio *nm* 1 (madeira) grain 2 MIN seam; vein

vela *nf* 1 (barco, moinho) sail 2 DESP sailing; *praticar vela* to sail 3 (de cera) candle 4 (de automóvel) spark plug

velado adj 1 (discrição) veiled; guarded 2 (iluminação fraca) subdued; dim; *luz velada* subdued light

velar vt 1 (pôr véu) to veil 2 (esconder) to veil; to conceal 3 (doente) to watch ♦ vi (cuidar) to watch [**por**, over]

velcro nm velcro

veleiro nm sailing boat; sailing ship

velejador nm sailor

velejar vi to sail

velhacaria nf dishonesty

velhaco adj 1 (malvadez) knavish; roguish 2 (matreirice) crafty ♦ nm rascal

velharia nf (coisa velha) old stuff; old junk ♦ nfpl (antiguidades) antiques

velhice nf old age

velho adj 1 old; *ficar velho* to get old 2 (desatualizado) old-fashioned ♦ nm old man

velhote nm (homem) old man; (mulher) old woman

velocidade nf 1 speed; velocity; *a toda a velocidade* at full speed, at full swing 2 MEC (automóvel) gear; *caixa de velocidades* gearbox; *meter a primeira velocidade* to put on first gear ❖ *velocidade da luz* speed of light; *velocidade do som* sound speed

velocímetro nm speedometer

velocípede nm velocipede

velocipedismo nm cycling

velocipedista n2g cyclist

velocista n2g DESP sprinter

velódromo nm velodrome

velório nm wake

veloz adj2g speedy; swift; quick

veludo nm velvet

venal adj2g (corrupto) venal

vencedor adj winning; victorious ♦ nm 1 (competição) winner 2 (guerra, batalha) conqueror

vencer vt 1 (competição) to win; *vencer o campeonato* to win the championship 2 (adversário) to beat; to defeat 3 (infeção) to subdue 4 (adversidade) to overcome; to get through 5 (sentimentos) to repress; to hold back ♦ vi to win ♦ vp 1 ECON (letra) to fall due 2 (findar) to expire; to come to an end; *o prazo venceu-se* the deadline expired

vencido adj 1 (subjugação) vanquished; overcome 2 (competição) defeated; beaten 3 due; *juros vencidos* due interest ❖ *dar-se por vencido* to give in

vencimento nm 1 (salário) pay; wage; salary 2 (juros, prazo) due time; expiration; *ao vencimento* when due

venda nf 1 (transação) sale; *à venda* now on sale; *para venda* for sale 2 (ato) selling; *preço de venda* selling price 3 (dos olhos) blindfold

vendar vt to blindfold

vendaval nm 1 (ventania) gale 2 (tempestade) storm

vendedor nm 1 (loja) shop assistant 2 (venda direta) salesperson; salesman

vender vt to sell [a, on; a, at] ♦ vp 1 to be sold; to be on sale 2 fig (pessoa) to sell oneself ❖ *vender saúde* to be as fit as a fiddle; *vende-se* for sale; *ter para dar e vender* to have enough and to spare

vendilhão nm pedlar; hawker

veneno nm 1 (substância) poison; (cobra) venom 2 fig (maledicência) malice, spite; venom; *lá está ela a meter veneno* there comes her venom again!

venenoso adj poisonous

veneração nf (culto) veneration; worship

venerando adj venerable; revered

venerar vt to venerate; to worship

venerável adj,n2g venerable

venéreo adj MED venereal; *doença venérea* venereal disease

veneta nf 1 col (acesso) fit 2 col (capricho) fancy; whim ❖ *dar na veneta* to take into one's head

Veneza nf Venice

veneziana nf (estore) Venetian blind

veneziano adj,nm Venetian

Venezuela *nf* Venezuela
venezuelano *adj,nm* Venezuelan
vénia *nf* bow; *fazer uma vénia* to take a bow
venial *adj2g* venial
venoso *adj* BIOL (sangue) venous
venta *nf pop (narina)* nostril ◆ *nfpl pop (nariz)* nose; *levas nas ventas!* I'll smack your face!
ventania *nf* gale; high wind
ventar *vi* to blow; to be windy
ventilação *nf* ventilation; airing
ventilador *nm* ventilator; fan
ventilar *vt* 1 (ar) to ventilate; to air 2 (ideias) to ventilate; to divulge
vento *nm* wind; *faz vento* the wind is blowing ◆ *ir de vento em popa* to do very well
ventoinha *nf (aparelho)* fan; *ventoinha de teto* ceiling fan; *ventoinha elétrica* electric fan
ventosa *nf* 1 (borracha, plástico) suction pad 2 (animal) sucker 3 (parto) ventouse
ventoso *adj (vento)* windy
ventre *nm* 1 (barriga) belly 2 (útero) womb
ventrículo *nm* ventricle
ventríloquo *nm* ventriloquist; *boneco de ventríloquo* ventriloquist's dummy
ventura *nf* 1 (sorte) fortune; good luck 2 (acaso) chance
venturoso *adj* lucky; fortunate
Vénus *nf* Venus
ver *vt* 1 (visão) to see; *já o viste?* have you seen him yet?; *não vejo nada* I can't see a thing 2 (olhar para) to look; *vê-me isto* take a look at this 3 (reparar) to notice 4 (com atenção) to watch; *ver televisão* to watch television 5 (verificar) to see; to check; *vê se é esse o caso* check if that is the case ◆ *vi* to see ◆ *vp* 1 (encontrar-se) to find oneself; *ver-se numa situação difícil* to find oneself in a difficult situation 2 (imaginar-se) to see oneself; to picture oneself; *não me vejo a fazer isso* I don't

picture myself doing such a thing ◆ *ver para crer* seeing is believing; *vê lá o que fazes!* mind you!; *veremos* wait and see; *a meu ver* as I see it; *col eu vi logo!* I knew it!; *não ter nada a ver com* to have nothing to do with; *não ver bem a questão* to miss the point; *ter a ver com* to have to do with
veracidade *nf* veracity; truthfulness
veraneante *n2g* holidaymaker
veranear *vi* to spend the summer [em, in/at]
verão *nm* 1 (estação do ano) summer 2 (período) summertime
verba *nf* 1 (quantia) sum 2 (fundo) fund
verbal *adj2g* 1 LING verbal 2 (oralidade) oral; verbal
verbalizar *vt* to verbalize; to put into words
verbalmente *adv* orally
verbena *nf* BOT verbena
verbete *nm* (dicionário) entry
verbo *nm* 1 LING verb; *verbo auxiliar* auxiliary verb 2 (palavra) word
verborreia *nf* verbiage; verbosity
verdade *nf* truth; *dizer a verdade* to tell the truth ◆ *na verdade* in fact
verdadeiro *adj* 1 true; *uma história verdadeira* a true story; *um amigo verdadeiro* a true friend 2 (autêntico) real; veritable; *foi uma verdadeira enxurrada* it was a veritable downpour 3 (gémeos) identical
verde *adj2g* 1 (cor) green 2 (fruta) unripe ◆ *nm* (cor) green ◆ *verde de inveja* green with envy; *verdes anos* young days
verde-garrafa *adj inv,nm* bottle green
verdejante *adj2g* green
verdelhão *nm* greenfinch
verde-mar *adj2g,nm* sea-green
verdete *nm* verdigris
verdugo *nm* (carrasco) hangman; executioner

verdura nf 1 (cor) greenness 2 (vegetação) foliage; verdure 3 (legumes) vegetables; greens

vereação nf 1 (organismo) town council 2 (membros de câmara) the council members

vereador nm town councillor

vereda nf footpath

veredito ou **veredicto** nm DIR verdict; **dar o veredito de** to return the verdict of

verga nf twig ❖ **cadeira de verga** wicker chair

vergão nm 1 (pau) pole 2 (marca na pele) weal; welt

vergar vt 1 (dobrar) to bend 2 (subjugar) to abase; to subjugate ♦ vi to bend ♦ vp 1 (dobrar o corpo) to bow; to stoop 2 (submeter-se) to submit [a, to]

vergasta nf birch; rod

vergastada nf birch blow

vergastar vt to whip; to lash; to flog

vergonha nf shame; **estar com vergonha** to feel ashamed; **corar de vergonha** to flush with shame

vergonhoso adj (ato, experiência) shameful; disgraceful

verídico adj true; truthful

verificação nf 1 (investigação) verification; examination 2 (controlo) checking

verificar vt 1 (facto, situação) to check 2 (teoria) to verify; to examine ♦ vp (acontecer) to happen; to take place

verme nm worm

vermelhão nm (cor) vermilion

vermelho adj,nm (cor) red ❖ (corar) **ficar vermelho** to blush

vermicida adj2g vermicidal ♦ nm vermicide

vermute nm vermouth

vernáculo adj,nm vernacular

verniz nm varnish; polish ❖ **verniz das unhas** nail varnish; nail polish

verosímil adj2g 1 (credível) credible 2 (provável) likely; probable

verosimilhança nf 1 verisimilitude 2 (probabilidade) probability; likeness

verruga nf wart

versado adj versed [em, in]; learned [em, in]

versão nf version

versar vi to deal [sobre, with]; to consist [sobre, of]

versátil adj2g versatile

versatilidade nf versatility

versículo nm verse

versificação nf LIT versification

versificar vt to versify

versilibrismo nm LIT vers libre, free verse

verso nm 1 LIT verse; line; **os primeiros versos do poema** the first lines of the poem 2 (de folha) verso ❖ **em verso** in verse; **imprimir frente e verso** to print on both sides; **ver no verso** see overleaf

versus prep versus; against

vértebra nf vertebra

vertebrado adj,nm vertebrate

vertebral adj2g vertebral; spinal

vertente nf 1 (encosta) slope; side 2 (ponto de vista) point of view; aspect

verter vt 1 (vazar) to pour out [para, into] 2 (derramar) to spill 3 (lágrimas) to shed ♦ vi 1 to leak 2 (gota a gota) to ooze; to trickle; to seep

vertical adj2g,nf vertical

vértice nm 1 (polígonos) vertex 2 (topo) apex; top; summit 3 (organização) apex; head

vertigem nf 1 (alturas) vertigo; **causar vertigens** to give vertigo 2 (tontura) dizziness; giddiness 3 fig (agitação) frenzy

vertiginoso adj vertiginous; giddy

verve nf lit verve; gusto

vesgo adj pej squinting, squint-eyed; cross-eyed ♦ nm pej squint-eyed person, squinter

vesícula nf (bolha) vesicle ❖ **vesícula biliar** gall bladder

vespa nf wasp

vespão *nm* hornet

vespeiro *nm* wasp's nest

véspera *nf* 1 (festividades) eve; **véspera de Ano Novo** New Year's Eve; **véspera de Natal** Christmas Eve 2 (ocasião) day before, previous day ❖ **preparar tudo de véspera** to prepare everything in advance

vespertino *adj* evening ♦ *nm* evening paper

veste *nf* dress; clothing

vestiário *nm* 1 (local de diversão) cloakroom *GB*; checkroom *EUA* 2 *DESP* changing room, dressing room 3 (provador) fitting room

vestíbulo *nm* vestibule; entrance hall; lobby

vestido *nm* dress ♦ *adj* dressed; **vestido de preto** dressed in black ❖ **vestido de noiva** wedding dress; **bem vestido** well-dressed

vestígio *nm* vestige

vestimenta *nf* (fato) garment; clothing

vestir *vt* 1 (peça de roupa) to put on; **vestir o casaco** to put on one's coat 2 (outra pessoa) to dress; **já vestiste o bebé?** have you dressed the baby yet? 3 (trazer vestido) to wear ♦ *vp* 1 to get dressed 2 (estilo de roupa) to dress; **ele veste-se muito bem** he dresses really well; **vestir-se de branco** to dress in white

vestuário *nm* clothes; clothing; dress

vetar *vt* POL to veto; to block

veterano *adj,nm* veteran

veterinária *nf* veterinary medicine

veterinário *nm* veterinary surgeon, vet; veterinarian *EUA* ♦ *adj* veterinary

veto *nm* veto; **ter o poder de veto** to have the power of veto

vetor *nm* MAT vector

véu *nm* 1 veil; **véu de noiva** bride's veil 2 *fig* (disfarce) veil; disguise

vexado *adj* humiliated; ashamed

vexame *nm* (humilhação) shame; humiliation; **que vexame!** how shameful!

vexar *vt* to vex

vez *nf* 1 (ocasião) time; **da próxima vez** next time 2 (oportunidade) turn; **chegou a tua vez** your turn has come ♦ *nfpl* times; multiplied by; **5 vezes 5 é igual a 25** 5 times 5 makes 25 ❖ **de vez** once and for all; **de vez em quando** now and then; occasionally; **duas vezes** twice; **em vez de** instead of

vezeiro *adj* accustomed; used

vezes *adv* MAT times; multiplied by; **5 vezes 5 é igual a 25** 5 times 5 makes 25

VHS [sigla de video home system]

via *nf* 1 (caminho) way; **via de acesso** road 2 (procedimento) method; procedure 3 (cópia) copy; **segunda via** replacement, duplicate 4 ANAT tract ♦ *prep* via; **ir para Roma via Madrid** to go to Rome via Madrid ❖ **em vias de** in the process of

viabilidade *nf* viability

viação *nf* (trânsito) traffic ❖ **acidente de viação** car accident

viaduto *nm* viaduct

via-férrea *nf* railway *GB*, railroad *EUA*

viagem *nf* 1 trip; journey; **boa viagem!** have a nice trip!; **viagem de ida e volta** return trip 2 (mais longa) travel 3 (por mar) voyage

viajante *adj2g* travelling ♦ *n2g* 1 traveller 2 (meio de transporte) passenger

viajar *vi* to travel [para, to; por, by]

Via Láctea *nf* ASTRON Milky Way

viandante *n2g* traveller; (a pé) wayfarer

via-sacra *nf* REL Way of the Cross

viatura *nf* vehicle

viável *adj2g* 1 (transitável) viable 2 (possível) sustainable; possible

víbora *nf* viper; adder

vibração *nf* vibration ♦ *nfpl col* vibes; **más vibrações** bad vibes

vibrador *nm* vibrator

vibrante *adj2g* 1 (som) vibrant 2 *fig* (emoções) thrilling; vibrant

vibrar *vi* 1 to vibrate 2 *fig* (emoções) to be overcome with emotion

vicariato *nm* vicarage

vice-campeão *nm* runner-up; *sagrar-se vice-campeão* to finish runner-up

vice-presidente *n2g* vice-president

vice-rei *nm* viceroy

vice-versa *adv* vice versa

viciado *adj* 1 (*pessoa*) addicted [em, to] 2 (*ar, ambiente*) stuffy

viciante *adj2g* addictive

viciar *vt* 1 (*substâncias, atos*) to make addicted 2 (*corromper*) to corrupt; to debase; to pervert ♦ *vp* to become addicted [em, to]; *viciar-se na droga* to become addicted to drugs

vício *nm* 1 (*drogas, álcool, jogo*) addiction [em, to] 2 (*mau hábito*) bad habit

vicioso *adj* vicious; *ciclo vicioso* vicious circle

vicissitude *nf* (*infortúnio*) reverse (of fortune) ♦ *as vicissitudes da vida* life's ups and downs

viço *nm* (*vegetação*) exuberance ♦ *sem viço* withered

viçoso *adj* (*vegetação*) exuberant

vida *nf* 1 life 2 (*período de tempo*) lifetime 3 (*vivacidade*) liveliness ♦ *com vida* alive; *meter-se na vida de alguém* to interfere in somebody's life

vide *nf* (*ramo*) vine branch; (*planta*) grapevine

videasta *n2g* video director

videira *nf* vine, grapevine

vidente *n2g* 1 (*profeta*) seer; prophet 2 (*espírita*) clairvoyant; psychic

vídeo *nm* (*aparelho, filme*) video; *gravar em vídeo* to video

videocassete *nf* video cassette, video tape

videochamada *nf* video call

videoclip *nm* TV clip

videoclube *nm* video club

videoconferência *nf* videoconference

videodisco *nm* videodisc

videofone *nm* videophone

videojogo *nm* video game

videoporteiro *nm* video door telephone

videotexto *nm* videotext

videovigilância *nf* video surveillance

vidraça *nf* window pane

vidrado *adj* 1 (*olhos*) glassy 2 *col* (*apaixonado*) crazy [em, about]

vidrão *nm* bottle bank

vidrar *vt* to glaze

vidraria *nf* 1 (*fábrica*) glass factory; glazier's 2 (*atividade*) glasswork

vidreiro *nm* glazier

vidrilho *nm* glass bead

vidro *nm* 1 (*material*) glass; *objetos de vidro* glassware 2 (*janela*) pane 3 (*veículos*) window; *vidros elétricos* power windows ♦ *vidro duplo* double glazing; *vidro fosco* frosted glass; *olho de vidro* glass eye

viela *nf* alley; alleyway

viés *nm* obliquity ♦ *cortado em viés* cut on the bias; *olhar de viés* to look from the corner of one's eye

Vietname *nm* Vietnam

vietnamita *adj,n2g* Vietnamese ♦ *nm* (*língua*) Vietnamese

viga *nf* 1 (*de madeira*) beam; joist 2 (*de ferro, etc.*) girder

vigamento *nm* (*estrutura*) frame

viga-mestra *nf* bearer

vigarice *nf* 1 (*pessoas*) swindle 2 (*documentos, esquemas*) fraud

vigário *nm* vicar ♦ *ensinar o pai-nosso ao vigário* to teach one's grandmother how to suck eggs

vigarista *n2g* swindler; crook

vigarizar *vt* to swindle

vigência *nf* validity ♦ *entrar em vigência* to come into force; *estar em vigência* to be in force

vigente *adj2g* in force; in effect; in operation

vigésimo *adj num* twentieth

vigia *nf* 1 (*vigilância*) watch; look-out; *estar de vigia* to be on the watch 2 (*janela*) peephole 3 (*navio, avião*) porthole ♦ *n2g* (*profissão*) sentinel

vigiar *vt* **1** to watch **2** (*estar atento*) to look out for; to keep an eye on **3** (*tomar conta*) to look after ♦ *vi* to watch; to be on the watch

vigilância *nf* **1** (*ação*) surveillance **2** (*cuidado*) care; watchfulness ❖ *estar sob vigilância* to be under watch

vigilante *adj2g* **1** (*precaução*) vigilant; watchful **2** (*atenção*) cautious; attentive ♦ *n2g* **1** guard **2** (*exames*) invigilator *GB*; proctor *EUA*

vigília *nf* **1** (*doente, trabalho*) vigil **2** (*insónia*) insomnia; sleeplessness

vigor *nm* (*força*) vigour *GB*, vigor *EUA*; energy ❖ *entrar em vigor* (*regra, lei, acordo*) to come into force

vigorar *vi* to be in force

vigoroso *adj* (*físico*) vigorous; strong; robust

vil *adj2g* vile; base; despicable

vila *nf* **1** (*povoação*) small town; village **2** (*casa*) country house, villa

vilão *nm* (*personagem*) villain

vileza *nf* **1** (*qualidade*) vileness; baseness **2** (*comportamento*) vile act; despicable deed

vilosidade *nf* villus; *vilosidades intestinais* intestinal villi

vime *nm* osier; wicker; *cesto de vime* wicker basket

vimeiro *nm* osier

vinagre *nm* vinegar

vincado *adj* **1** (*tecido, papel*) creased; *calças vincadas* creased trousers **2** *fig* (*argumento*) stressed

vincar *vt* **1** (*papel, tecido*) to crease **2** *fig* (*argumento*) to emphasize; to stress; to enhance

vinco *nm* (*papel, tecido*) crease; *o vinco das calças* the crease in someone's trousers

vinculado *adj* (*contrato*) bond; *trabalhadores vinculados* bond workers

vincular *vt* to tie [a, to]; to bind [a, to]

vinculativo *adj* **1** (*herança*) entailing **2** (*compromisso*) obligational; compulsory

vínculo *nm* **1** (*ligação, obrigação*) tie; link **2** (*herança*) entail **3** (*contrato*) bond

vinda *nf* coming; arrival ❖ *à vinda* on one's way back

vindima *nf* grape harvest; grape gathering

vindimador *nm* grape harvester, grape picker

vindimar *vt* to gather grapes

vindouro *nm* future; forthcoming; *as gerações vindouras* the future generations

vingador *nm* avenger

vingança *nf* vengeance; revenge

vingar *vt* to revenge ♦ *vi* (*plano, negócio, etc.*) to thrive; to do well ♦ *vp* to take revenge [de, on]; to get even [de, with]; *vingar-se de alguém* to take revenge on somebody

vingativo *adj* revengeful; vindictive

vinha *nf* vineyard

vinhateiro *nm* wine merchant ♦ *adj* winegrowing; *país vinhateiro* wine-growing country

vinheta *nf* **1** vignette **2** (*banda desenhada*) cartoon

vinho *nm* wine

vinícola *adj2g* winemaking; wine-growing; *região vinícola* wine-growing area

vinil *nm* vinyl; *disco em vinil* vinyl record

vintage *nm* (*vinho*) vintage

vinte *quant num* twenty; *o dia vinte* the twentieth

vintém *nm* old Portuguese coin ❖ *não ter vintém* to be flat broken

vintena *nf* **1** (*grupo de vinte*) set of twenty **2** (*vigésima parte*) the twentieth part

viola *nf* MÚS guitar; *tocar viola* to play the guitar

violação *nf* **1** (*pessoa*) rape **2** (*lei, regra*) violation; infringement

violador *nm* rapist

violão *nm* MÚS French guitar

violar *vt* **1** (*pessoa*) to rape; to violate **2** (*lei, regras*) to break; to infringe; to violate **3** (privacidade) to violate, to desecrate **4** (local) to trespass

violência *nf* **1** (atitude) violence; force; *recorrer à violência* to apply force **2** intensity ❖ *violência doméstica* domestic violence

violentar *vt* (pessoa) to rape

violento *adj* **1** violent; *ação violenta* violent action; *morte violenta* violent death **2** (emoções) intense; impetuous; vehement

violeta *nf* violet ♦ *adj inv,nm* (cor) violet

violinista *n2g* violinist

violino *nm* MÚS violin; fiddle *col*

violoncelista *n2g* cellist

violoncelo *nm* MÚS cello

VIP [*sigla de* Very Important Person]

viperino *adj* **1** (víbora) viper-like **2** *fig* (venenoso) viperish; venomous; *língua viperina* venomous tongue

vir *vi* **1** (geral) to come; *ele vem aí* there he comes; *vens connosco?* do you want to come with us?; *vir para dentro* to come in **2** (origem) to come [*de*, from]; *de onde vens?* where do you come from? ❖ *vir a baila* to come up; *vir à cabeça* to spring to mind; *isso não vem ao caso* that is irrelevant; *mandar vir com alguém* to give a lecture to someone; *que vem a ser isto?* what's all this about?; *vem no jornal de hoje* it is on today's paper

vira-casaca *n2g* turncoat

viragem *nf* **1** (mudança) change **2** (automóvel) turn **3** (transição) turning; *ponto de viragem* turning point

vira-lata *nm col* mutt

virar *vt* to turn; to turn over; *virar uma camisola do avesso* to turn a sweater inside out ♦ *vi* **1** (direção) to turn; *vira à direita* turn right **2** (capotar) to capsize ♦ *vp* **1** (voltar-se) to turn; *virar-se para o lado* to turn aside **2** *pop* (atacar) to attack [*a*, -]; *virar-se a alguém* to attack someone ❖ *virar a casaca* to turn one's coat; *virar a página* to turn over a new leaf; *virar as*

costas a to turn one's back on; *não saber para onde se virar* not to know which way to turn

virgem *adj2g* **1** virgin **2** (cassete, CD) blank

Virgem *nf* **1** (constelação, signo) Virgo **2** REL Virgin

virginal *adj2g* virginal

virgindade *nf* virginity

vírgula *nf* comma

viril *adj2g* manly; virile; masculine

virilha *nf* groin

virilidade *nf* virility

virologia *nf* virology

virologista *n2g* virologist

virose *nf* virus infection

virtual *adj2g* virtual

virtude *nf* virtue ❖ *em virtude de* on account of; *por virtude de* by virtue of

virtuosismo *nm* virtuosity

virtuoso *adj* virtuous

vírus *nm2n* virus

visado *adj* **1** (pessoas) aimed; concerned; *todos os cidadãos visados* all the concerned citizens **2** (lei) legal; *cheque visado* certified cheque

visão *nf* **1** (sentido) vision; sight; *problemas de visão* sight problems **2** (alucinação) vision; hallucination; *ter visões* to see things **3** (ponto de vista) view; opinion ❖ *visão geral* overview

visar *vt* **1** (objetivo) to aim at **2** (passaporte) to visa **3** (autorização) to visa; to ratify

víscera *nf* viscera

visceral *adj2g* visceral

visco *nm* (pássaros) birdlime

visconde *nm* viscount

viscondessa *nf* viscountess

viscoso *adj* viscous; adhesive; sticky

viseira *nf* **1** (capacete) visor **2** (boné) peak

visibilidade *nf* visibility; *fraca visibilidade* low visibility

visionar *vt* to view; to watch

visionário *adj,nm* visionary

visita *nf* 1 (ato) visit; *fazer uma visita a alguém* to pay a visit to someone 2 (pessoa) visitor ❖ *visita de estudo* field trip; *col visita de médico* short visit

visitante *adj2g* visiting; DESP *equipa visitante* visiting team ♦ *n2g* visitor; caller

visitar *vt* 1 (pessoas) to visit; to pay a visit to 2 (local) to visit; to see

visível *adj2g* 1 visible 2 (evidente) apparent; clear

visivelmente *adv* visibly; clearly

vislumbrar *vt* to catch a glimpse of; to catch sight of; to make out

vislumbre *nm* 1 (luz) glimmer; flicker 2 (imagem) glimpse; flash 3 *fig* (vestígio) glimmer; *um vislumbre de esperança* a glimmer of hope

vison *nm* mink; *casaco de vison* mink coat

visor *nm* 1 (arma) sight 2 FOT viewfinder

vista *nf* 1 (olhos) sight; eyesight 2 (paisagem) view ❖ *à primeira vista* at first sight; *longe da vista, longe do coração* out of sight, out of mind

visto *nm* 1 (passaporte) visa; permit 2 (sinal) tick; *pôr um visto no teste* to tick a test ♦ *adj* 1 (exame) examined 2 *col* (conhecido) very common ❖ *visto que* since; *bem visto!* good point!; *pelos vistos* apparently

vistoria *nf* inspection; survey; *fazer uma vistoria a* to inspect

vistoriar *vt* to inspect; to survey; to examine

vistoso *adj* showy; flashy

visual *adj2g* visual; *artes visuais* visual arts; *meios visuais* visual aids ♦ *nm* look

visualização *nf* visualization

visualizar *vt* 1 to visualize 2 INFORM to display

vital *adj2g* vital

vitalício *adj* for life; lifelong ❖ *pensão vitalícia* life annuity

vitalidade *nf* vitality

vitamina *nf* BIOL vitamin ❖ *vitamina C* vitamin C

vitamínico *adj* vitamin; *carências vitamínicas* vitamin deficiencies; *teor vitamínico* vitamin content

vitela *nf* 1 (animal) calf 2 (carne) veal

vitelo *nm* calf

vitícola *adj2g* vine-growing; wine-producing

viticultor *nm* wine grower; wine producer

viticultura *nf* wine growing

vítima *nf* victim; casualty ❖ *fazer-se de vítima* to play the victim; *ser vítima de* to fall victim to

vitimar *vt* (morte) to victimize; to cause casualty; *o acidente vitimou dez pessoas* the accident caused ten casualties

vitimizar *vt* to victimize ♦ *vp* to play the victim

vitória *nf* victory; triumph

vitorioso *adj* victorious; triumphant

vitral *nm* (janela) stained-glass window ♦ *nmpl* (arte) stained glass

vítreo *adj* 1 vitreous 2 glassy

vitrificar *vt,i* to vitrify

vitrina *nf* 1 (montra em loja) shop window 2 (armário) showcase

viúva *nf* widow

viuvez *nf* widowhood

viúvo *nm* widower

viva *nm* cheer; *dar vivas a alguém* to cheer someone ♦ *interj* 1 (bravo) hurrah!, hurray! 2 (olá) hi!, hello! 3 (após espirro) God bless you!; gesundheit!

vivacidade *nf* 1 (situação) vivacity; liveliness; animation 2 (personalidade) spirit; wit

vivalma *nf* living soul ❖ *não ver vivalma* not to see a living soul

viveiro *nm* 1 (peixes) fish farm 2 (plantas) nursery 3 *fig* breeding ground

vivência *nf* living experience

vivenda *nf* villa; cottage

viver *vi* 1 (ter vida) to live; to be alive; *enquanto eu viver* for as long as I live; *viver até à idade de* to live to the age of 2 (morar) to live [em, in; com, with]; *onde vives?* where do you live?; *viver com os* *pais* to live with one's parents; *viver em Paris* to live in Paris 3 *(subsistir)* to live [*de*, on]; *viver da caridade alheia* to live on other people's charity; *viver de expedientes* to live by one's wits ♦ *vt (experiência)* to live, to live through; to experience ♣ *viver de* to live on

víveres *nmpl* provisions; victuals

vivido *adj* experienced; with much life experience; *ele é uma pessoa vivida* he knows the ways of the world

vivo *adj* 1 alive, living 2 *(cor)* bright 3 *(inteligência)* quick; sharp ♣ *concerto ao vivo* live concert

vizinhança *nf* 1 *(pessoas)* neighbourhood; *uma vizinhança simpática* a friendly neighbourhood 2 *(locais)* vicinity; neighbourhood; nearness

vizinho *nm* neighbour GB; neighbor EUA ♦ *adj* neighbouring; near; adjacent

vizir *nm* vizier

voador *adj* flying ♦ *nm (para crianças)* walker, baby walker

voar *vi* 1 *(ave, avião)* to fly; *voar sobre uma cidade* to fly over a town 2 *fig (pressa)* to run ♣ *o tempo voa* time flies

vocabulário *nm* vocabulary; words

vocábulo *nm* LING vocable; word

vocação *nf* vocation

vocacionado *adj* with vocation [*para*, for]

vocacional *adj2g* vocational; *teste vocacional* vocational test

vocal *adj2g* vocal; *cordas vocais* vocal cords

vocálico *adj* vocalic; *sons vocálicos* vocalic sounds

vocalista *n2g* vocalist; lead singer

vocativo *adj,nm* LING vocative

você *pron pess* 1 *(tratamento formal)* you 2 [plural] *(vós)* you; *isto foi feito por vocês* you did it 3 *Bras (tu)* you; *para você* for you

vociferar *vt,i* to vociferate; to shout

vodka *nf* vodka

voga *nf* vogue; fashion ♣ *estar em voga* to be in vogue; *estar muito em voga* to be all the rage; to be all the fashion

vogal *nf* LING vowel ♦ *n2g (assembleia)* voter; member of a board

vogar *vi* 1 *(água)* to float; to drift 2 *(ar)* to glide; to drift

voice mail *nm* voice mail

volante *nm* 1 *(automóvel)* steering wheel 2 DESP *(badminton)* shuttle, shuttlecock

volátil *adj2g* 1 QUÍM volatile 2 *(situação, pessoa)* volatile; fickle; unstable

volatilizar *vt* QUÍM to volatilize ♦ *vp* QUÍM to become volatile

vol-au-vent *nm* vol-au-vent

vólei *nm* DESP col volleyball

voleibol *nm* DESP volleyball

volfrâmio *nm* tungsten

volt *nm* ELET volt

volta *nf* 1 turn; rotation 2 *(passeio)* stroll 3 *(regresso)* return; *bilhete de ida e volta* return ticket GB, round-trip ticket EUA 4 *(modificação)* turn 5 DESP lap 6 *(etapas)* round ♣ *(local)* *em volta de* around; *por volta de* about; *volta e meia* once in a while

voltagem *nf* ELET voltage

voltar *vt* to turn ♦ *vi* 1 *(regressar)* to come back [*de*, from]; to return [*de*, from]; *quando voltas?* when are you coming back?; *voltar de uma viagem* to return from a journey 2 *(direção)* to turn [*a*, to]; *voltar à direita* to turn right; *voltar para trás* to turn back 3 *(fazer de novo)* to do again [*a*, -]; *voltar a tentar* to try again ♦ *vp* to turn round ♣ *voltar a si* to come back to one's senses; *volto já* back soon

volume *nm* 1 volume 2 *(tamanho)* size 3 *(embalagem)* parcel; package

volumoso *adj* 1 voluminous 2 *(objeto)* bulky

voluntariado *nm* 1 *(atividade)* voluntary service; *organização de voluntariado* voluntary organization; *trabalho de vo* *luntariado* voluntary work **2** (as pessoas) the volunteers

voluntariamente *adv* voluntarily; by choice

voluntário *nm* volunteer; *exército de voluntários* volunteer army; *há voluntários?* is there any volunteer? ♦ *adj* **1** (atividade) voluntary **2** (vontade) willing; spontaneous

voluntarioso *adj* (determinação) head-strong; self-willed; obstinate

volúpia *nf* **1** (desejo) lust **2** (sensualidade) voluptuousness; sensuality

voluptuosidade *nf* voluptuousness

voluptuoso *adj* voluptuous

volúvel *adj2g* inconstant; fickle

volvido *adj* after; *volvidos anos* years gone by; *volvidos dez anos* ten years afterwards

vomitado *nm* vomit

vomitar *vt* **1** to throw up **2** *fig,pej* to spew ♦ *vi* to throw up

vómito *nm* vomit; *estar com vómitos* to be vomiting ❖ *isso dá vómitos* that makes me sick

vontade *nf* **1** will; *de minha livre vontade* at my own free will **2** (desejo) wish ❖ *de boa vontade* willingly

voo *nm* **1** flight **2** (ação) flying ❖ *levantar voo* to take off

voraz *adj2g* voracious

vórtice *nm* vortex

vos *pron pess* you; *depois digo-vos* I'll tell you later

vós *pron pess* you

vosso *det poss* your; *na vossa casa* at your place ♦ *pron poss* yours; *isto é vosso?* is this yours?

votação *nf* **1** (ato) voting; *decidir por votação* to decide by vote; *levar a votação* to put to vote **2** (eleição política) polls

votante *n2g* voter ♦ *adj2g* voting; *a população votante* all the voters

votar *vi* **1** (dar o voto) to vote [a favor, for; contra, against; em, in]; *votar a favor de um partido* to vote for a party; *votar contra uma proposta de lei* to vote against a bill **2** (ato) to cast a vote, to vote; *já votaste?* have you voted yet? ♦ *vt* (decisões) to vote, to put to vote

votivo *adj* votive

voto *nm* **1** vote **2** REL vow ♦ *nmpl* (desejo) wishes; *votos de felicidade* best wishes

voucher *nm* (vale) voucher

vovó *nf col* granny, grandma

vovô *nm col* grandpa

voyeur *n2g* (mirone) voyeur

voz *nf* voice

vozeirão *nm* thundering voice

voz-off *nf* CIN,TV voice-over

vudu *nm* voodoo

vulcânico *adj* volcanic; *erupção vulcânica* volcanic eruption

vulcão *nm* volcano

vulgar *adj2g* **1** (normal) ordinary; *gente vulgar* ordinary people **2** (banal) common; trivial **3** (grosseiro) vulgar; coarse; rude ❖ *fora do vulgar* out of the ordinary

vulgaridade *nf* **1** (banalidade) triviality; pettiness **2** (grosseria) vulgarity; coarseness; rudeness

vulgarizar *vt* to turn normal, to turn common ♦ *vp* to popularize; to become fashion

vulgarmente *adv* usually; commonly; normally

vulgo *nm* **1** the people; the common people **2** (pessoa normal) the man in the street

vulnerável *adj2g* vulnerable

vulto *nm* **1** (rosto) face; visage; countenance **2** (figura) shape; figure ❖ *de vulto* important

vulva *nf* vulva

W

w nm (letra) w
waffle nf (bolacha) waffle
walkie-talkie nm walkie-talkie
walkman® nm Walkman
wallpaper nm (monitor) wallpaper
WAP INFORM [sigla de Wireless Application Protocol]
watt nm watt
WC [sigla de **Water Closet**] WC
Web nf (Internet) Web

webcam nf webcam
webmaster n2g (Internet) webmaster
western nm CIN western
whisky nm whisky, whiskey
windsurf nm DESP windsurfing; *praticar windsurf* to windsurf
windsurfista n2g windsurfer
workshop nf workshop; study group
WWW [sigla de **World Wide Web**] WWW

X

x nm (letra) x
xá nm shah
xadrez nm 1 (jogo) chess 2 (padrão) checked cloth; checked material; *casaco de xadrez* checked coat
xaile nm shawl
xarope nm FARM syrup
x-ato nm craft knife; cutter
xelim nm shilling
xenofobia nf xenophobia
xenófobo nm xenophobe ♦ adj xenophobic
xénon nm xenon
xeque nm 1 (xadrez) check 2 (Arábia) sheikh 3 fig (risco) stake; *pôr alguma coisa em xeque* to put something at stake

xeque-mate nm checkmate
xerez nm sherry
xerife nm sheriff
xexé adj col senile
xícara nf cup
xilofone nm MÚS xylophone
xilofonista n2g MÚS xylophonist
xisto nm GEOL schist
xiu interj sh; shush; hush
xô interj 1 (animais) shoo! 2 col.fig (pessoas) get out of here!, get a hike!
xonar vi col to sleep

Y

y nm (letra) y
yoga nm yoga

yuppie n2g yuppie

Z

z _nm_ (letra) z

Zâmbia _nf_ Zambia

zanga _nf_ quarrel; fight

zangado _adj_ angry; **estar zangado com alguém** to be angry with someone

zângão _nm_ drone; male honeybee

zangar _vt_ to anger; to make angry ♦ _vp_ **1** (discussão) to get angry [**com**, with]; to get cross [**com**, with] **2** (relacionamento) to have a fall-out

zapping _nm_ channel-surfing, channel-hopping; **fazer zapping** to zap

zaragata _nf_ **1** (altercação) quarrel; fight **2** (desordem) disturbance; disorder

zaragateiro _adj_ noisy; rowdy ♦ _nm_ hooligan

zarolho _adj_ squint-eyed; one-eyed ♦ _nm_ squint-eyed person; one-eyed person

zarpar _vi_ NÁUT to set sail, to sail away

zás _interj_ bang!, slash!, crash!

zebra _nf_ zebra

zelador _nm_ overseer

zelar _vi_ to watch [**por**, over]; to take care [**por**, of]; to look [**por**, after]

zelo _nm_ **1** (dedicação) zeal **2** (cuidado) care

zeloso _adj_ zealous

zen _nm_ Zen

zé-ninguém _nm pop,pej_ a nobody

zé-povinho _nm_ the people; the man in the street

zero _quant num_ zero ♦ _nm col_ (nada de nada) zilch ❖ **começar do zero** to start from scratch

ziguezague _nm_ zigzag; **ir aos ziguezagues** to zigzag

zimbabuano _adj,nm_ Zimbabwean

Zimbabué _nm_ Zimbabwe

zinco _nm_ zinc

zipar _vt_ INFORM to zip

Zodíaco _nm_ zodiac; **os signos do Zodíaco** the signs of the zodiac

zombar _vt_ to mock [**de**, -]; to make fun [**de**, of]

zombie _nm_ zombie

zona _nf_ **1** area; **ele vive nesta zona** he lives in this area **2** (território) region; **nesta zona do país** in this region of the country **3** (espaço demarcado) zone; **zona militar** military zone ❖ **zona industrial** industrial park; **zona reservada** restricted area

zonzo _adj_ dizzy, giddy

zoologia _nf_ zoology

zoológico _adj_ zoological ❖ **jardim zoológico** zoo, zoological garden

zoólogo _nm_ zoologist

zoom _nm_ **1** CIN,FOT (lente) zoom lens **2** CIN,FOT (plano) zoom; **fazer um zoom** to zoom in

zumbido _nm_ **1** (abelhas, vespas) buzz **2** (insetos, máquinas) hum

zumbir _vi_ to buzz

zunzum _nm_ buzz

zurrar _vi_ to bray

zurro _nm_ bray

zurzir _vi_ to thrash

Guia de consulta

entrada

acuidade *nf* **1** (*perspicácia*) sharpness **2** (*sentidos*) acuity
açular *vt* **1** (*cão*) to set [**contra**, on]; *açular um cão contra alguém* to set a dog on somebody **2** (*instigar*) to instigate; to incite
aculturação *nf* acculturation

tradução

acumulação *nf* **1** accumulation **2** (*erros, problemas*) series [**de**, of] **3** (*trabalho*) backlog

categoria gramatical

acumulador *nm* accumulator, storage battery
acumular *vt* **1** to accumulate, to heap up, to pile up **2** (*dinheiro*) to amass **3** (*guardar*) to store **4** (*cargos*) to combine; *ele acumula o emprego com as aulas* he combines his job with teaching ♦ *vi,p* **1** (*amontoar-se*) to accumulate; to collect **2** (*juros, dívidas*) to accumulate, to build up
acumulativo *adj* cumulative
acupunctor ou **acupuntor** *nm* acupuncturist

distinção de sentidos

dupla grafia decorrente do Acordo Ortográfico

boicotar *vt* to boycott
boicote *nf* boycott
boieiro *nm* herdsman, ox driver
boina *nf* beret
bojo *nm* **1** (*garrafa*) belly **2** (*saliência*) bulge
bojudo *adj* **1** bulgy **2** big-bellied, pot-bellied
bola¹ /ó/ *nf* **1** ball **2** *col* (*futebol*) football **3** (*gelado*) scoop **4** (*sabão*) bubble **5** (*padrão*) spot; polka dot ❖ *col não bater bem da bola* to have a screw loose; *(ora) bolas!* (*irritação*) damn!
bola² /ó/ *nf* CUL meat pie
bolacha *nf* **1** (*doce*) biscuit *GB*; cookie *EUA* **2** (*salgada*) cracker
bolachudo *adj* chubby-cheeked

sinónimo

indicação de pronúncia

distinção de palavras homógrafas